明石日常生活語辞典
―俚言と共通語の橋渡し―
橘　幸男　著
武蔵野書院

目　次

はじめに　iii

凡　例　vii

明石日常生活語辞典――俚言と共通語の橋渡し――

あ	1	い	42	う	73	え	94	お	102
か	136	き	181	く	200	け	217	こ	228
さ	259	し	276	す	322	せ	339	そ	351
た	362	ち	386	つ	406	て	420	と	438
な	468	に	488	ぬ	497	ね	500	の	508
は	515	ひ	551	ふ	579	へ	599	ほ	613
ま	638	み	659	む	671	め	678	も	686
や	697			ゆ	709			よ	714
ら	726	り	728	る	732	れ	732	ろ	734
わ	735							ん	745

文法と活用表　747

わが郷土　791

筆者紹介　813

おわりに　819

はじめに

1　方言と共通語の関係

『明石日常生活語辞典』は、兵庫県明石市の地域の日常生活で使われている言葉、および最近まで使われていた言葉について記述します。

ある一定の地域で使われている言葉を方言といいます。同じ日本語であっても、言葉は地域によって異なった発達を遂げて、音韻・アクセント・語彙・語法などの上で違った様相を見せています。方言とは、そのような言葉の体系です。個々の言葉（単語）などを方言ということもありますが、本来は全体の体系を指す言葉です。

ところで、「方言集」とか「方言辞典」とか言われるものは、その地域特有の言葉を収集したものが一般的です。地域特有の言葉は「俚言」と言いますが、その意味ではたいていの方言集は、俚言集であり俚言辞典です。

私たちは日常の生活において、方言を使って話したり聞いたりしているのですが、その場合、俚言だけを用いて表現することは不可能です。山は「やま」であり、海は「うみ」であり、石は「いし」です。全国共通語と同じ言葉を使っています。ただし、ある地域の方言において、「やま」という言葉の意味や用法が全国共通語の意味・用法とぴったり一致するとは限りません。

俚言集は、それぞれの地域の言葉の有り様を特徴的に示していますから価値のあるものですが、俚言集はその地域で使われている言葉の全体像を示しているわけではありません。

例えば兵庫県明石市に住む人は、共通語と同じ言葉をたくさん使っています。共通語は、全国共通語だけでなく、西日本に広がっている共通語、近畿地方で広く使われている共通語も使います。それとともに、もっと狭い地域だけで使うような言葉も使います。兵庫県に広がる言葉、兵庫県南部の言葉、明石市の地域に限って使われる言葉……というように、幾層もの言葉の広がりがあって、その中で言語生活を営んでいるのです。極端なものとしてはごく狭い地域でしか使わない言葉もありますが、その数は、全体から見れば、ごくわずかに過ぎません。

私は、兵庫県明石方言で使われている言葉を、俚言と共通語という区別を設けずに記述しようと考えます。同じような意味を俚言と共通語の両方で表現することも可能です。この辞典では、よく似た意味を持つ言葉はお互いに参照できるようにします。それによって、俚言と共通語との関係も明らかになると考えます。互いに参照する言葉を示すことによって、この日常生活語辞典に、同義語辞典や類語辞典の性格も持たせようと考えるのです。

2　日常生活語とは

この辞典は、「日常生活語」という言い方をしますが、それは俚言に限らず、日常生活でごく普通に使う言葉の全体を記述しようと考えるからです。

個人の持つ語彙は、ひとりひとり異なりますが、その地域に住む人たちがほぼ共通して使っている言葉を「日常生活語」と考えます。言葉は伝達の手段として使われますから、自分ひとりだけに了解しうるようなものではありません。

別の言い方をすれば、自分の意思や感情などを周囲の人に伝えようとする場合は、相手の人にも理解してもらえるような言葉を使います。自分にもわかり周囲の人にもわかってもらえるような言葉の体系を持っていて、その中の言葉を使って伝達し合っているのです。

言葉は教育によって得られるという要素が多いことは否定できません。現代社会において教育を受けない人はいません。けれども、仮に組織的・系統的な教育を受けなくても日常生活の中から学んで身につけている言葉もあるはずで、そのようなものを「日常生活語」と名付けることにします。

ただし、どのような定義をしようとも、ひとつひとつの言葉を「日常生活語」の範疇に入れるか入れないかについては、百人百様の考えがあることは承知しています。この辞典は、厳密な定義をして、どこまでが「日常生活語」であるというような堅苦しい区別はしません。最終的には、筆者の取捨選択にお任せくださいとしか言いようがありません。

それは、なぜ『明石日常生活語辞典』を編集するのかという目的と関わることです。使用頻度が高い・低いとか、共通語の色合いが強い・弱いとか、その他いろいろな尺度を設けることは可能でしょうが、この辞典では数値や傾向によって判断するつもりはまったくありません。あくまでも明石の言葉として現に使っている、あるいは使っていたことのある言葉を記録することが目的です。

3　本書が記述する地点

この辞典は明石方言について記述しますが、明石市の言葉の平均的な姿を記述しようとするものではありません。

基盤とする地点を限定して言うと、兵庫県明石市大久保町西島（おおくぼちょうにしじま）および大久保町江井島（えいがしま）です。西島と江井島は大字の名前です。2つの地域は合わせて「江井島」と呼ぶことが多く、小学校の校区が同じで、生活や文化の基盤が同じです。その西島と江井島で使われている言葉、使われた言葉を集めたのがこの辞典です。

言葉の体系は、ひとりひとりが少しずつ異なったものを持っていると言っても過言ではありません。もし、私の身近にいる人がこれと同じような辞典を作ったとしたら、まったく同じものが出来上がるとは思いません。しょっちゅう聞いたり言ったりしている言葉は同じでしょうが、細かなところでは完全に一致するわけではありません。私の身近な隣人がこの辞典を見て、異議を唱えることがあっても不思議ではありません。

この辞典を読んで、この言葉は使わないと言う人がいてもおかしくはありませんし、別の言葉を加えるべきだと主張する人がいてもおかしくはありません。それはたくさん出版されている全国共通語の国語辞典が一冊ごとに異なるものであるということにも似ています。

したがって、極端な言い方をすれば、この辞典は、兵庫県明石市大久保町西島に生まれて以来、ずっとそこに居住している私個人の辞典であると言ってよいと思います。全国共通語も使い、近畿地域に広く分布する言葉も使い、東播磨から神戸市西部にかけて分布する言葉も使い、もっと狭い範囲にしか分布していない言葉も使う、そんな私自身の語彙を並べ挙げたものです。ただし、そのような辞典がこれまでになかったということも事実なのです。

4　本書が記述する時代

言葉は父母から子へ伝えられていくものです。父母は、その父母から伝えられています。子は、さらにその子へと伝えていきます。

自分を中心に考えると、祖父母や父母の世代から伝えられ、子や孫の世代に伝えていくものです。つまり、自分を真ん中に置くと5つの世代です。昔の言葉と言っても、それは自分にとっては祖父母や父母の言葉のことになります。後の世代に伝えていくと言っても、せいぜい子や孫の世代まででしょう。

この『明石日常生活語辞典』で記録しようとする言葉の範囲は、祖父母の世代、父母の世代、自分たちの世代という3世代が使っていた言葉、あるいは、使っている言葉です。それを子や孫の世代に伝えたいという思いがあって、『明石日常生活語辞典』を作るのです。

子は、その子や孫に伝えていきます。孫は、さらにその子や孫に伝えていきます。さらに、孫の孫も、その子や孫に伝えていきます。言葉とはそういうものです。そのための一つの手がかりとしての『明石日常生活語辞典』です。

個人的なことを述べて恐縮ですが、私の父母は大正生まれであり、祖父母は明治生まれです。私は昭和（戦中）の生まれです。私の子は昭和生まれであり、孫は平成生まれです。

明石の言葉の中には古い日本語も含まれています。帰ったり去ったりすることを「いぬ（去ぬ）」と言います。古典の学習では、ナ行変格活用をする語であると教えられています。けれども、私たちは古典で勉強したからこの言葉を使っているわけではありません。祖父母や父母が使い続けてきたからこの言葉を知って、使っているのです。そして、次代の人たちも、この言葉を使うでしょう。

5　編集者の立場・資格

私が『明石日常生活語辞典』を編集するという立場について説明をします。明石方言（細かく言うと明石市大久保町西島および江井島の方言）について、私には調査者（研究者）の立場があります。一方で、私には被調査者（話者）の立場があります。

私は、かつて文化庁が全国で行った「各地方言収集緊急調査」の兵庫県調査員のひとりとして調査にあたりました。この緊急調査の実施時期は都道府県によって多少の違いがありましたが、兵庫県の調査は1983年（昭和58年）から1985年（昭和60年）の３年間にわたって実施しました。

その調査では、被調査者（話者）について、全国共通の要件がありました。一つ目は、被調査者（話者）の年齢は調査時において60歳以上とするということでした。二つ目は、被調査者（話者）の居住歴はその土地で生まれ育ち、よその土地に住んだことのない人、あるいは、その期間が短い人とするということでした。他の土地で暮らしたことのある期間は２～３年以内でないといけないという制約がありました。

この方言収集緊急調査を行った当時は、60歳以上の人の中には兵役で外国にいた経験がある人が多数いました。全国各地の出身者と長い間にわたって生活をともにすれば言葉に影響があらわれるのは当然のことです。それとは別に、故郷を離れて大学生活を送ったり、会社員として各地を転勤したりした人は、被調査者（話者）としての資格を持たないとしたのでした。純粋にその土地の方言を記録しようとしたのですから当然のことでした。もちろん、その要件がありましたから被調査者（話者）の選定には苦労をしました。私は神戸市の中でも古くから住み続けておられる方の多い兵庫区の和田岬（わだみさき）の地域を調査対象として選びましたが、被調査者（話者）の要件を満たす方は多くはありませんでした。とりわけ、結婚によって故郷を離れることの多い女性について被調査者（話者）の要件をそなえた方を見つけることはたいへんでした。

さて、方言調査の上記のような要件に照らし合わせると、現在の私は兵庫県明石市大久保町西島と江井島の方言についての被調査者（話者）の要件を十分に備えていることになります。

前述のように、私は生まれたところも、生活を営んできたきたところも、そして多分、私が生涯を終えるところも、住所は番地に至るまでまったく同じです。

正直に言いますと、結婚した当初の1970年（昭和45年）からの１年半の間だけは、住所が兵庫県加古川市平岡町新在家であったのですが、現住所との距離は10㎞以内で、しょっちゅう実家と往来していました。

6　本書の特徴

方言は、音韻・アクセント・語彙・語法などをすべてひっくるめた言葉の体系ですが、方言辞典は語彙に注目して記述をしています。そして、その語彙は、俚言、すなわち地方的な特色を持った言葉を中心にして編集されているのが、方言辞典の大半のやり方です。そのような方言辞典を作ることは価値のある営みであるのですが、どの地域に住む人であっても、俚言だけを使って話したり聞いたりすることはできません。

ほぼ同じ内容のことを俚言でも表現でき、共通語でも表現できます。まったく同じ意味だと思われる場合もありますし、微妙に異なる場合もありますが、俚言と共通語とをうまく使いながら言語生活を行っています。俚言と共通語は言語生活の両輪です。

俚言と共通語を含めた辞典を作ることが、その土地の言語生活の有り様を如実に表すことになると考えます。本書が副題に「俚言と共通語の橋渡し」と記しているのはそのような理由によります。

『明石日常生活語辞典』にはさまざまな特徴を持たせようと工夫をしましたが、そのうちの５つを書いておきます。

①この辞典は、類義語辞典の性格をそなえています。言葉と言葉を参照することを随所で行っています。俚言と共通語との区別は考えないで、その対照を行っています。

②この辞典は、辞典を編集している時点だけでなく、時間を遡って使われていた言葉も記述しています。

③この辞典は、話し言葉の要素が強いとして国語辞典などに採録されていない言葉を積極的に取り入れています。擬音語･擬態語などや、発音の変化した（訛った）言葉も多く記載しています。微妙に発音の異なる言葉を別見出しとして取り上げています。これは収録語数を増やすという意図ではなく、その語を見つけやすくするために行うのです。

④この辞典は、すべての語義について用例を書き入れています。各地で作られている方言集（俚言集）の残念な点は、収められている用例が少ないということです。この辞典では、それぞれの意味内容に沿って、必ず用例を書き入れることにしました。前述のように私は明石方言の被調査者（話者）の資格をそなえていると思っていますので、実際の言語生活から採集した用例とともに、内省に基づいて用例を作成することもしました。

　用例の文はすべて文節ごとに分かち書きをして、さらに品詞分解をして、他の言葉（見出し語）と対照できるようにしています。

⑤この辞典は、文法的説明を積極的に取り入れています。品詞名や活用の仕方などがわかるようにしています。

7　写真について

　言葉は、形あるものも表しますが、一方で形のないものも表します。

　生活の中に存在した「もの」がなくなると、それを表す言葉も消えていかざるを得ません。言葉には実物を指し示せるものもあれば、心の中に存在して形のないものを表す言葉もあります。辞典に収めた言葉について、その形あるものを表す写真がある場合は掲載します。それらの写真の大半は明石市立文化博物館のご厚意によりご提供いただきました。巻末の「わが郷土」に掲載の写真は、筆者自身が撮影した写真を用います。

　辞典部分と巻末を含めて、★印を付しているのが筆者の撮影であり、それ以外は明石市立文化博物館のご提供です。

8　追記

　本書を刊行する2019年は、1919年（大正８年）に明石市が市制を施行してからちょうど100年になります。この100年の間に、地域の言葉の様子は大きな変化を遂げてきたはずです。出版していただく武蔵野書院も同じ年の創業で、今年が100年にあたります。奇しくも一致しましたが、そのようなときに出版できることを嬉しく思います。

　本書は、現時点ですぐさま方言研究に役立つものであるかどうかはわかりません。けれども、何年か後、何十年か後の方言研究者が、明石の俚言の姿、関西の共通語の姿、全国共通語の姿を調べようとするときに、資料として役立つものとなることを願って編集しました。後の時代の研究者が、本書から資料的価値を見出していただけるならば、筆者としてこれに過ぎる喜びはありません。

　わが子、わが孫、そして明石や近隣にお住まいの方々すべてに向けて、このような記録を残しておきたいという気持ちをこめて本書を編集しました。

凡　例

この辞典の記述の仕方についての概略を述べます。

この辞典は文法に関することも記述の内容として扱っております。けれども、文法に関心のない方は、その記述を無視して、ひとつひとつの言葉の意味や用例のみを見ていただいても差し支えはありません。また、文法についてのやや詳しい説明や活用表は、巻末に記載しております。

1　見出し語

この辞典は、明石方言（詳しく言うと明石市大久保町西島および江井島の方言）で使われる言葉を、俚言と共通語の区別なく扱います。この辞典の目的は、俚言も共通語も使う言語生活（語彙）の全体を、辞典の形で記録することです。明石市大久保町西島および江井島とつながりのある固有名詞の一部も収録します。

見出し語は**太字**で書きます。文字は平仮名を使いますが、外来語に由来する言葉はカタカナを使います。原則として現代仮名遣いにしたがって表記します。

見出し語の後の〔　〕内に実際の発音を書きます。発音の変化や、発音の崩れも〔　〕内に書きます。長音は「ー」で書きます。外来語に由来する言葉も、発音は平仮名で書きます。

発音の変化のうち、長音になるもの、長音がなくなるものは、基本的には同一の見出しで扱います。同じ言葉に促音や撥音が加わったり省かれたりするものは、基本的には別の見出しにします。長音になったり長音でなくなったりすることによって、別の言葉であるという意識が生じる言葉は別の見出しにします。

見出し語は、類似の発音もできるだけ別の見出し語としての項目を作ります。いろいろな語形から辞典を引きやすくするためです。

見出し語を並べる順は、一般の国語辞典と同じにします。ただし拗音・促音（小さな文字で「ゃ」「ゅ」「ょ」「っ」と表記するもの）とそれに準じるもの（例えば「ぇ」など）は、そうでない発音（大きな文字で表記するもの）より後ろに並べます。

連語や成句も見出し語に採用します。ただし、単語と連語の間に明瞭な区別を設けることは不可能です。連語と成句の間についても同じです。

なお、現在では差別的な表現と思われている言葉であっても、本書の性格に鑑み、あえて載せることにしました。ご理解ください。

2　漢字表記

見出し語の次に、【漢字表記】を記します。漢字表記は、意味をとらえやすくする目的で書きますから、漢字は常用漢字の枠にとらわれず、考えられる漢字であればなるべく書きます。意味や語源との関係を示すためです。発音が崩れたものや発音が融合したものなどは【(　)】として書くことがあります。

外来語に由来する言葉は、参考のため、【言語名＝もとの言語の綴り】を書きます。

3　品詞など

【漢字表記】の次に、《品詞》などを書きます。品詞の分類のしかたは、一般的な学校文法によります。以下、それぞれの品詞などについて簡単に説明します。

品詞は大別すると、名詞、動詞、形容詞、形容動詞、副詞、連体詞、接続詞、感動詞、助動詞、助詞になりますが、それをさらに分類したり、細かく注記したりしながら示します。また、品詞以外の書き方をするものもあります。

上の品詞のうち、名詞、動詞、形容詞、形容動詞、副詞、連体詞、接続詞、感動詞を自立語と言い、助動詞、助詞を付属語と言います。

ただし、品詞を厳格に区別することは難しく、筆者の判断によって行っているものがあります。

2つ以上の品詞の性格を持つ言葉は、それぞれの品詞名を併記します。

（1）名詞

○《名詞》は、人やものの名前を表したり、物事の状態などを名付けたりする言葉で、活用のない言葉のことです。

《名詞》は、普通名詞を表します。それ以外に、《固有名詞》《代名詞》《数詞》として区別するものがあります。

○《固有名詞》は、地名、人名、商品名など、そのものだけに限って付けられた名前です。

この辞典では、西島と江井島地区の字名など、この方言の特徴を理解するのに役立つと思われる地名も取り上げますが、明石市内全体の地名にまで広げることはしません。

○《代名詞》は、一般の名詞の代わりに、そのものを直接指し示すのに使う言葉です。

○《数詞》は、数によって数量や順序などを表す言葉です。「3にん（人）」「5ひき（匹）」などです。この辞典では、本方言における「ものの数え方」を示すために、「にん（人）」「つき（月）」などでは、「1」から「10」まで（または、「12」まで）をすべて見出しにしているものがあります。

○ものごとの順序を表す「いちばん（一番）」「だいさん（第三）」などを序数詞と言いますが、それは普通の名詞として扱います。また、「れい（零）」「いち（一）」「に（二）」などの基数を表す言葉も普通の名詞として扱います。

（2）動詞

○《動詞》は、ものごとの動作・作用・状態・存在などを表す言葉で、活用がある言葉です。終止形は一般にウ段の音で終わります。

○《動詞》には、品詞名のうしろに、「○行○段活用」というように「活用の種類」を記します。活用の種類は、大きく分けると五段活用、上一段活用、下一段活用、変格活用ですが、それに加えて活用の行を示します。補助動詞についても、動詞と同様に記します。

○他の品詞と併記して、《動詞する》としている語がたくさんあります。本方言では「○○をする」というときの「を」を省略することがしばしば、あります。その場合は複合のサ行変格活用動詞として扱います。

例えば「べんきょう【勉強】」は名詞ですが、「べんきょうする」という動詞の用法があります。本方言では「べんきょう・を・　する」の「を」を省略することが多く、一語の動詞という意識で使われることが多いのです。このような例は、全国共通語に比べると格段に多いので、《名詞、動詞する》と記した言葉の数はかなりの数になります。

「する」で代表させていますが、「べんきょう【勉強】」を例にすれば、「べんきょうする」の他に「べんきょうできる」（可能の意味）や「べんきょうさす」（使役の意味）などとなることもあります。けれども、そのような表現の変化をいちいち取り上げることはしません。

○動詞の連用形は名詞となることがあります。すべての動詞でそのような使い方をしているわけではありませんので、名詞になることが多い語は、それぞれの項目の末尾に、「■名詞化＝○○」のように示します。名詞化した言葉の使い方が多かったり、特別な意味が付与されたりするものは、独立した見出しとして項目を作っているものもあります。

○可能動詞、使役動詞は原則として見出し語に採用しませんが、特別の意味が付与される言葉は見出し語に採用することがあります。

（3）形容詞

○《形容詞》は、ものごとの性質や状態などを表す言葉で、活用がある言葉です。終止形は一般にイの音で終わります。

○形容詞の言い切りの形（終止形）は、基本的に「たかい【高い】」「まぶしい【眩しい】」のように「い」で終わりますが、後ろから２音節目が「まぶしい」の「し」のようにイ段音である場合は、語末が長音化して「…しー」となります。

○《形容詞》には、品詞名のうしろに、「○○型」というように「活用の種類」を記します。活用の種類は、大きく分けるとアイ型、イイ型、ウイ型、エエ型、オイ型と特殊型になります。補助形容詞についても、形容詞と同様に記します。

（４）形容動詞

○《形容動詞》は、ものごとの性質や状態などを表す言葉で、活用がある言葉です。終止形は一般に「や」「だ」「だす」「です」で終わります。

○言い切りの形（終止形）は、基本的に「げんきや【元気や】」のようになりますが、この辞典では語幹の部分である「げんき【元気】」を見出し語とします。

○《形容動詞》は、すべて《形容動詞や》と表記しています。これは、見出し語に「や」をつけて形容動詞の終止形となることを表します。終止形は「や」だけでなく「だ」「だす」「です」などとなることもありますが、煩雑さを避けるため「や」と記します。

　例えば、げんき【元気】《形容動詞や》の終止形は、「げんきや」「げんきだ」「げんきだす」「げんきです」などの形があります。

○加えて、《形容動詞や（ナ）》または《形容動詞や（ノ）》と記しています。これは連体形が「げんきな・　ひと（人）」となる語と、「がぶがぶの・　ふく（服）」となる語があることを区別するためです。連体形の活用語尾に「な」と「の」の両方が存在する場合は、よく現れる方を前にして（ノ・ナ）のように書きます。

○形容動詞としている語は、語幹だけの言い方で名詞としての働きもします。ほぼ例外なく成り立ちますので、「■名詞化＝○○」という注記はしません。

　ただし、名詞としての使い方が主で、ときに形容動詞としての使い方があるという語については《名詞、形容動詞や》という順序で書きます。

○説明の中で、「体言」「用言」という言葉を使うことがあります。

　「体言」とは、前述のように、人やものの名前を表したり、物事の状態などを名付けたりする言葉の中で、活用のない言葉のことです。名詞がそれにあたります。

　「用言」とは、活用のある言葉で、単独で述語となりうる言葉です。動詞、形容詞、形容動詞がそれにあたります。

（５）副詞

○《副詞》は、活用しない言葉で、主に用言を修飾する言葉です。

○《副詞》は、単に《副詞》と表示したものと、《副詞に》、《副詞と》などと表示したものとがあります。それは、見出し語だけの使い方と、見出し語に「に」や「と」がついた使い方とがあることを示します。

　例えば、「あげく【挙げ句】」という言葉は「あげく・　あめ（雨）・まで・　ふ（降）っ・てき・た」とも言い「あげくに・　あめ・まで・　ふっ・てき・た」とも言います。「あおあお【青々】」は「あおあお・　しげ（繁）る」とも言い「あおあおと・　しげる」とも言います。

　この辞典では、擬音語や擬態語にあたる副詞もできるだけ多く採り上げることにします。擬音語や擬態語には方言としての特徴が色濃く現れることがあるからです。

（６）連体詞

○《連体詞》は、活用しない言葉で、主として体言（名詞的な働きをする部分）を修飾する働きをする言葉です。

（7）接続詞

○《接続詞》は、活用しない言葉で、前の文や語句などを受けて、後ろの文や語句との関係などを示して続いていく言葉です。

（8）感動詞

○《感動詞》は、活用しない言葉で、感動、呼びかけ、応答、挨拶などを表す言葉です。感動詞は、その言葉ひとつだけで文になることがあります。

○感動詞には、ほぼ同じ意味・用法を表しながら、発音が微妙に異なることがあります。そのような発音の違いも、なるべく見出し語として取り上げます。

（9）助動詞

○《助動詞》は、付属語（常に自立語に付いて用いられる語で、単独では文節を作ることができない語）で、活用する言葉です。

○助動詞は、他の語に付いて、打ち消し、過去、完了、推量、意思、使役、受け身、可能、自発、尊敬、希望、伝聞などの意味を表します。

（10）助詞

○《助詞》は、付属語で活用しない言葉です。

○助詞は、語句と語句との関係を示したり、一定の意味を添えたりする言葉です。

○助詞は、《格助詞》、《副助詞》、《接続助詞》、《終助詞》に分類します。

○格助詞のうち、《格助詞（準体助詞）》は、体言（名詞）に準じる働きをする言葉で、「の」「のん」「ん」の３語があります。

（11）補助動詞など

○《補助動詞》は、本来の独立した動詞としての使い方から離れて、他の語について補助的な役割をする言葉です。

○補助動詞は、ほとんどすべてが「て」で始まる（前の動詞によっては「で」で始まる）語です。「て」の項目の中で集中的に記述をしていますが、探し出すときの簡便さのために、「て」を除いた言葉も、参照見出しとして設けています。

　例えば、「なが（長）い・　しょーせつ（小説）・を・　いっしゅーかん（一週間）・で・　よ（読）ん・でしまう。」と言う場合、「てしまう」が補助動詞ですが、「しまう」という見出しを設けて、「てしまう」を見るようにと誘導します。

○なお、ごく少数ですが、本来の形容詞としての使い方から離れて、他の語について補助的な役割をする《補助形容詞》（例えば、「てほしい」「てない」）があります。

（12）接頭語、接尾語

○《接頭語》は、単独では用いられることがなく、他の語の上に付いて、意味を添えたり、調子を整えたりする言葉です。

○《接尾語》は、単独では用いられることがなく、他の語の下に付いて、意味を添えたり、調子を整えたりする言葉です。

○接尾語が付くことによって、もとの言葉の品詞が変わることがあります。接尾語には、可能な範囲で、［…に付く］という注記をするとともに、その接尾語を伴った言葉の活用の仕方についても書きます。

（13）連語、成句

○《連語》は、いくつかの語がひとまとまりになった言葉です。もとの単語に分けて、それぞれの単語の品詞名も示します。

○《成句》も、いくつかの語がひとまとまりになった言葉ですが、その言葉全体として、慣用的な意味を表現しています。成句は単語に分けることはしません。

4　意味

それぞれの言葉の意味は、短い言葉で置き換えることをしないで、わかりやすく説明するようにします。専門用語はできるだけ避けて、日常の言葉を使ってわかりやすく説明します。言葉の意味の説明については、小型の国語辞典の記述よりも詳しい記述になるように努めます。

言葉の意味がいくつかに分類できる場合は①②③…のように書きますが、その分類に厳格な決まりがあるわけではありません。これは、たいていの国語辞典にも当てはまることですが、便宜的な分類に過ぎません。細かく分類することもあれば、大雑把な分類をしている場合もあります。

言葉の意味は、できるだけ詳しい表現で置き換えるように努力しますが、その言葉の意味とイコールになる説明もありますし、「(……である) 様子」というように書く場合もありますし、「(……する) 言葉」というように書く場合もあります。それらを統一した書き方にすることは、事実上、無理だと思われます。

「幼児語」と記しているのは、幼児が使ったり、大人が幼児に向かって使ったりすることの多い言葉です。

なお、見出し語になっている言葉自体を、説明の中で使うことは極力避けますが、それが不可能な場合があります。

5　用例

この辞典は、それぞれの言葉の意味ごとに、用例を示します。用例は「　」内に書きます。できるだけ文の形で表現しますが、句の形（体言止めの用例など）もあります。用例の仮名遣いは、発音に近い表記にします。長音は「ー」で記します。

ただし、現代仮名遣いの助詞「は」「へ」「を」は、読むときの煩雑さを避けるため、「わ」「え」「お」に置き換えることはしません。外来語に由来する言葉はカタカナで書きます。

用例は、その語に２つ以上の品詞がある場合、それぞれのものを示すように努めますが、そのようになっていない場合もあります。

用例の文は品詞に基づいて文節に分けて、ひとつの文節内においては単語と単語の間に「·」の印を入れます。これが、この辞典の大きな特徴です。ひとつひとつの用例を品詞分解しているのです。分解したそれぞれの言葉は、この辞典の項目を引くことによって確かめられます。用例が２文にわたることがありますが、その場合は、前の文の最後に句点「。」を入れます。

用例は、実際の言語生活に現れた使い方を載せることを原則としますが、それがなかなか難しいという現実があります。実際の言語生活から採取した用例も多く含まれていますが、現実の話し言葉の中では冗長な表現になることも多いので、それを端的な例文として再構成している場合もあります。また、筆者が本方言の被調査者としての資格（「はじめに」を参照）を有するということに基づいて例文を作成することもしています。

用例文は、平仮名書きとしますが、その文の意味を理解しやすくするために（　）で漢字を示します。（　）内の漢字は、例えば、「うちあげはなび（打上花火）」のように、送り仮名を省略することがあります。また、「どっこんでー（＝じゃんけんぽん）」のように意味を説明する場合もあり、（＝　）という形で示します。

6　参考

★印の後ろには、その言葉に関することを、やや詳しく説明したりエッセイ風に書いたりしている箇所があります。補足説明などが長文になる場合は、巻末の「わが郷土」に書いていますから参照してください。

◆印の後ろには、補助的な説明を記します。

■印の後ろには、対語、名詞化した言葉、自動詞･他動詞などについて記します。対語は、反対語とか反意語とか言うことがありますが。反対や反意という意味を追究すると難しい問題が生じます。軽く参考程度にご覧ください。

7　他の見出し語との対応

この辞典は、類語辞典、関連語辞典の性格も持っています。その語と重なる意味や、かなり類似した意味を持つ言葉がある場合は、〔⇒　〕で示します。発音の変化がある場合も同様にします。それぞれを別の項目として見出しにしていますから、確かめることができます。類似の発音が多い言葉の場合は、参照する見出し語が多くなって、やや煩わしくなっている場合がありますがお許しください。

あ

あ〔**ああ、あー**〕《感動詞》 ①物事に反応して心が動いたときに発する言葉。「あー・　しんど。ちょっと(一寸)・　やす(休)み・たい・な。」②肯定の気持ちや、承諾する気持ちなどを伝えるときに発する言葉。「あ・　おまえ(前)・の・　ゆ(言)ー・よーに・　し・たる。」③相手に対して反応したり呼びかけたりするときに発する言葉。「あー・　だれ(誰)・や・と・　おも(思)・たら・　あんた・かいな。」〔⇒**あっ**〕

ああ〔**あー**〕《副詞》 あのように。「あー・　し・たら・　はよ(早)ー・　でけ(出来)・た・ん・や・なー。」〔⇒**あない**〕

あああ〔**あーあー**〕《感動詞》 物事に反応して強く心が動いたときに発する言葉。「あーあー・　こない・　てん(点)・を・　と(取)ら・れ・たら・　この・　しあい(試合)・は・　もー・　ま(負)け・や。」「あーあー・　なんぼ・　べんきょー(勉強)し・ても・　あたま(頭)・に・　はい(入)ら・へん・ねん。」◆「ああ」を２回繰り返した言葉であるが、特に深く嘆いたり心配したりするときに使うことが多い。追いつめられたような気持ちを表すことも多い。

ああいう〔**あーゆー**〕【**ああ言う**】《連体詞》 あのような。「しゅーせんちょくご(終戦直後)・の・　あーゆー・　じだい(時代)・は・　みんな(皆)・　つら(辛)い・　おも(思)い・を・　し・た・なー。」「わし・は・　あーゆー・　がい(具合)・に・　じょーず(上手)に・は・　でけ(出来)・へん。」

ああいうたらこういう〔**あーゆーたらこーゆー**〕【**ああ言うたらこう言う**】《連語＝ああ(副詞)・いう(動詞)・たら(助動詞)・こう(副詞)・いう(動詞)》 こちらが発言すれば、相手がきちんと反論する。達者な口答えをしたり、逆らった言い方をしたりする。言い訳をして逃れようとする。「あーゆーたらこーいー・やがっ・て・　なんぼ・でも・　さか(逆)らい・やがる・ねん。」「あーゆーたらこーゆー・　しと(人)・や・さかい・　あの・　しと(人)・に・は・　くち(口)・で・は・　か(勝)て・ん。」〔⇒**ああいやこういう**【**ああ言やこう言う**】〕

ああいうよう〔**あーゆーよー**〕【**ああ言う様**】《形容動詞や(ナ)》 あのような様子。「あーゆーよーな・　やりかた・を・　し・たら・　うま(上手)い・こと・　いく・ねん・なー。」

ああいやこういう〔**あーいやこーゆー**〕【**ああ言やこう言う**】《連語＝ああ(副詞)・いや(動詞)・こう(副詞)・いう(動詞)》 こちらが発言すれば、相手がきちんと反論する。達者な口答えをしたり、逆らった言い方をしたりする。言い訳をして逃れようとする。「あーいやこーゆー・て・　こっち・の・　ゆ(言)ー・　こと・なんか・　いっこ(一個)も・　き(聞)こ・ー・と・　せー・へん。」「あーいやこーゆー・　ひと(人)・に・は・　くち(口)・で・は・　ま(負)け・てまう・なー。」〔⇒**ああいうたらこういう**【**ああ言うたらこう言う**】〕

アース〔**あーす**〕【**英語＝earth**】《名詞、動詞する》 異常な電圧によって感電することを避けるため、電気機器から地面へ電気が流れるようにした線。また、電気が地面に流れること。「あーす・を・　ひ(引)ー・とか・んと・　かんでん(感電)し・まっ・せ。」「せん(線)・を・　ひ(引)ー・とい・たら・　あーすし・て・　あんしん(安心)や。」

ああせいこうせい〔**あーせーこーせー**〕【**ああ為いこう為い**】《連語＝ああ(副詞)・せい(動詞)・こう(副詞)・せい(動詞)》 一つ一つの行動を指示すること。こまごまとしたことまで指図をすること。「あーせーこーせー・と・い(言)わ・れ・たら・　どない・　し・たら・　え(良)ー・の・か・　こま(困)っ・てまう・がな。」

ああめんそうめんひやそうめん〔**あーめんそーめんひやそーめん**〕【**アーメン素麺冷素麺**】《連語＝ああめん(名詞)・そうめん(名詞)・ひやそうめん(名詞)》 よくないことが起こりそうなときなどに、そうならないように祈って唱える言葉。「そんな・　たいやく(大役)・は・　わたし(私)・に・　あ(当)たら・ん・よーに・　し・てください。あーめんそーめんひやそーめん。」◆キリスト教徒が唱える「アーメン」という言葉を基にして、「めん」という発音を脚韻として続けた言葉である。敬虔な祈りの意識は薄れて、言葉遊びのようになっている。「そーめん」は素麺、「ひやそーめん」は冷やした素麺のことである。

ああん〔**あーん**〕《名詞、動詞する》 口を大きく開くこと。「くち(口)・を・　おも(思)いきり・　あーんし・てください。」

ああん〔**あーん**〕《感動詞》 ①子どもなどが、大声を出して泣くときの声。「あーん・　あーん・と・　な(泣)か・れ・て・　こま(困)っ・ても・た。」②口を大きく開いたときに出る声。「あーん・と・　ゆ(言)ー・て・　こえ(声)・を・　だ(出)し・てみ・なさい。」〔①⇒**わあん**〕

あい【**藍**】《名詞》 濃く深い青色。黒みを帯びた青色。「きょー(今日)・の・　うみ(海)・は・　あお(青)・より・も・　あい・に・　み(見)える。」〔⇒**あいいろ**【**藍色**】〕

あい【(間)】《名詞》 ①２つ以上のものにはさまれた狭い場所。ものとものとの間の、空いている部分。「えら(偉)い・　ひと(人)・の・　あい・に・　はさ(挟)まっ・て・こ(小)もー・に・　なっ・とっ・てん。」「となり(隣)・の・　いえ(家)・と・の・　あい・は・　かき(垣)・が・　あ(有)る・ねん。」②一続きの時間にはさまれた、別の短い時間。連続している動作や状態が途切れる時。「しごと(仕事)・の・　あい・に・　いっぷく(一服)し・て・　たばこ(煙草)・を・　す(吸)ー。」③特別ではない普段の日。平生。「あい・は・　うま(美味)い・　もん・を・　く(食)ー・とら・へん・ねん。」④休日でない日。月曜日から金曜日(または土曜日)までの日。「あい・は・　あんま(余)り・　おきゃく(客)さん・は・　き(来)・てくれ・へん。」〔①②⇒**あいだ**【**間**】、**あいま**【**合間**】、**ま**【**間**】。①⇒**すき**【**隙**】、**すきま**【**隙間**】。③④⇒**あいだのひ**【**間の日**】〕

あい【(彼い)】《代名詞》 ①空間的にあるいは心理的に、自分からも相手からも離れているもの。「あい・を・　と(取)っ・てほしー・ねん。」②時間的に、自分からも相手からも離れているもの。「わたし(私)・は・　あい・から・　でんしゃ(電車)・に・　の(乗)っ・て・　かい(帰)り・まし・てん。」③自分も相手も知っているものごと。「あい・は・　もー・　う(売)っ・てまい・まし・た。」④離れたところにいる、目下の人。「あい・に・　やらし・たら・　え(良)ー・ねん。」◆「あえ」のように発音することもある。〔⇒**あれ**【**彼**】、**あいつ**【**彼奴**】〕

あい【**合い**】《接尾語》［動詞の連用形に付く］ 相手や周りの人と同じ動作をすることを表す言葉。相手や周りの人と競う状態になることを表す言葉。「つか(掴)みあい・の・　けんか(喧嘩)・を・　し・とる。」「いじ(意地)・の・　は(張)りあい・を・　し・とっ・たら・　なかよ(仲良)ー・　なら・れ・へん。」〔⇒**あいこ**【**合いこ**】、**あいっこ**【**合いっこ**】、**やい**【(合い)】、**やいこ**【(合いこ)】、や

いっこ【(合いっこ)】〕

あいいろ【藍色】《名詞》 濃く深い青色。黒みを帯びた青色。「あいいろ・の・　しぼ(絞)り・の・　てぬぐ(手拭)い・を・　あたま(頭)・に・　ま(巻)い・て・　おど(踊)る。」〔⇒**あい**【藍】〕

あいかぎ【合い鍵】《名詞》 その錠に合うように作った、別の鍵。「げしゅく(下宿)し・とる・　こども(子供)・の・あぱーと(アパート)・の・　あいかぎ・を・　も(持)っ・とる。」

あいかわらず【相変わらず】《形容動詞や(ノ・ナ)》 従来や普段に比べて、少しも変わりがない様子。「あの・　しと(人)・は・　あいかわらずに・　おんな(同)じ・　はなし(話)・ばっかり・　する。」「あいかわらずの・　にこにこがお(顔)・で・　あいそ(愛想)・の・　え(良)ー・　ひと(人)・や。」「あいかわらず・　げんき(元気)で・　やっ・とり・ます。」◆語幹だけの副詞的な用法も多い。

あいきょう〔**あいきょー、あいきょ**〕【愛嬌】《名詞》 にこにこして、周囲の人に好感を与えて可愛いこと。人づきあいが良く、好ましさを感じさせること。「あんた・の・まご(孫)はん・は・　あいきょー・が・　あっ・て・　かい(可愛)らしー・なー。」「あいきょー・が・　なかっ・たら・　しょーばい(商売)・は・　はんじょー(繁昌)せー・へん。」

あいぐい【間食い】《名詞、動詞する》 決まった食事と食事の間に、ちょっとしたものを食べること。間食をすること。「あいぐい・に・は・　なんきんまめ(南京豆)・が・　ある・ぞ。」「あいぐいする・さかい・　ばんめし(晩飯)・を・　く(食)わ・れ・へん・の・やろ。」◆そのときの食べ物のことは、「おやつ【お八つ】」「ええもん【良え物】」「なんど【何ど】」「ちん【賃】」「おちん【お賃】」などと言う。

あいこ【相子】《名詞》 ①互いに勝ち負けがないこと。「しあい(試合)・は・　あいこ・で・　お(終)わっ・ても・た。」「どっこんでー(＝じゃんけんぽん)・　あいこ・で・　ほい。」②互いに貸し借りがないこと。差し引きがゼロであること。「こないだ・　さかな(魚)・　もろ(貰)・た・さかい・　これ・で・　あいこ・に・　し・とこ。」

あいこ【合いこ】《接尾語》[動詞の連用形に付く] 相手や周りの人と同じ動作をすることを表す言葉。相手や周りの人と競う状態になることを表す言葉。「さいご(最後)・は・　なぐ(殴)りあいこ・に・　なっ・ても・た。」「たんぼ(田圃)・の・　どろ(泥)・の・　か(掛)けあいこ・を・し・て・　あそ(遊)ぶ。」〔⇒**あい**【合い】、**あいっこ**【合いっこ】、**やい**【(合い)】、**やいこ**【(合いこ)】、**やいっこ**【(合いっこ)】〕

あいことば【合い言葉】《名詞》 ①仲間同士に通じるように、前もって決めておく合図の言葉。「あいことば・は・やま(山)・と・　かわ(川)・に・　し・とこ・か。」②団体や仲間たちの目標や主張などを込めて、決めた言い方。キャッチフレーズやモットー。「いっかいせん(一回戦)・に・　か(勝)つ・　こと・を・　あいことば・に・し・て・　れんしゅー(練習)する。」

あいさ《名詞、副詞に》 そのことがあるのは、時たまであったり稀であったりすること。また、そのようである様子。「あいさに・　おーさか(大阪)・から・　もど(戻)っ・てき・て・　うっとこ(＝我が家)・に・　よ(寄)っ・てくれる・ねん。」「ひとつき(一月)・も・　にゅーいん(入院)し・とる・さかい・　あいさに・　かお(顔)・を・　み(見)・に・　い(行)っ・たげ・て・な。」「はんしん(阪神)・は・あいさに・しか・　ゆーしょー(優勝)せー・へん・ねん。」「あいさに・　ゆーだち(夕立)・が・　あっ・たら・　すず(涼)しなる・ねん・けど・な。」◆副詞「あいさに」の用法が多く、名詞の用法は稀である。

あいさつ【挨拶】《名詞、動詞する》 ①人に会ったときや別れるときに、やりとりする言葉や動作。「あいさつ・も・　せ・んと・　かえ(帰)っ・てき・た・ん・かいな。」②会合などで改まって話をしたり、手紙などで改まって述べたりする言葉。「あんた・が・　あいさつせ・なんだら・　ぼーねんかい(忘年会)・が・　はじ(始)まら・へん・がな。」「あわ(慌)て・とっ・た・さかい・　あいさつ・を・ぬ(抜)かし・て・　よーじ(用事)・を・　か(書)い・た。」

あいしょう〔**あいしょー**〕【相性】《名詞》 ①相手との間における、互いの性格や気持ちの響き具合。「あいつ(彼奴)・と・は・　むかし(昔)・から・　あいしょー・が・　わる(悪)い・ねん。」「あいつ(彼奴)ら・は・　あいしょー・の・　え(良)ー・　みょーと(夫婦)・や・なー。」②対応するときに生じる、強弱・好悪などの気持ちの傾向。「あの・　ちーむ(チーム)・に・は・　あいしょー・が・　わる(悪)ー・て・　よー・　ま(負)ける。」

アイス〔**あいす**〕【英語＝ice】《名詞》 ①「アイスクリーム【英語＝ice cream】」「アイスクリン【英語＝(ice cream)】」「アイスキャンデー【英語＝ice candy】」などの氷菓子を指して、それを短く言う言葉。「あつ(暑)い・さかい・　あいす・でも・　く(食)い・たい・な。」②冷たく冷やした飲み物。氷を入れた飲み物。「きっさてん(喫茶店)・で・　あいす・の・　こーひー(コーヒー)・を・　の(飲)ん・だ。」

あいず【合図】《名詞、動詞する》 当事者同士で、前もって決めた方法で知らせること。動作・音・光など、言葉以外の方法で知らせること。「しあい(試合)・の・　とき・の・あいず・を・　き(決)め・とく。」「かため(片目)・を・つむ(瞑)っ・て・　あいずする。」

アイスキャンデー〔**あいすきゃんでー**〕【英語＝ice candy】《名詞》 甘みや果汁などを加えた水を棒状に凍らせた菓子。「じてんしゃ(自転車)・に・　はこ(箱)・を・　つ(積)ん・で・　あいすきゃんで　・を・　う(売)り・に・く(来)る。」◆かつては、単に「キャンデー【英語＝candy】」と言うときには「アイスキャンデー【英語＝ice candy】」を指すことが多かった。〔⇒**キャンデー**【英語＝candy】〕

アイスクリーム〔**あいすくりーむ**〕【英語＝ice cream】《名詞》 牛乳や砂糖や卵の黄身などを混ぜて凍らせた菓子。「あつ(暑)い・さかいに・　あいすくりーむ・が・　うま(美味)い・なー。」◆かつては、単に「クリーム【英語＝cream】」と言うときには「アイスクリーム」を指すことが多かった。〔⇒**クリーム**【英語＝cream】〕

アイスクリン〔**あいすくりん**〕【英語＝(ice cream)】《名詞》「アイスクリーム【英語＝ice cream】」の発音が変化した言葉。「まつり(祭)・に・　なっ・たら・　あいすくりん・を・　う(売)っ・とっ・た。」◆かつては、乳脂肪分が少なくてシャーベットのようなものを「あいすくりん」と言っていたことがある。「アイスクリン」という言い方を、地方色のある言い方として意図的に使っているような場合もある。大阪あたりで「アイスクリン」はごく自然な言い方であろうが、高知市でも「アイスクリン」と書いてあるのを見た。

あいそう〔**あいそー、あいそ**〕【愛想】《名詞、動詞する》 ①相手を喜ばせたり好感を持たせたりする言葉や対応の仕方。「ほんま(本真)に・　なに(何)・を・　おも(思)・とる・か・しら・ん・けど・　あいそ・だけ・は・　じょーず

(上手)な・　ひと(人)・や。」「あいそ・が・　え(良)ー・ひと(人)・は・　なに(何)かと・　きも(気持)ち・が・　え(良)ー。」②相手に対する、心を込めたもてなし。「なに(何)・も・　あいそ・　でき(出来)・まへ・ん・けど・ゆっくりし・ていっ・て・な。」③愛情や好意を持って相手に接しようとする気持ち。「ゆ(言)ー・た・　こと・を・　まも(守)ら・へん・さかい・　あいつ(彼奴)・に・は・あいそ・が・　の(無)ー・なっ・た。」■対語＝「ぶあいそう【無愛想】」

あいそう(が)つきる〔**あいそー(が)つきる、あいそ(が)つきる**〕【愛想(が)尽きる】《動詞・カ行上一段活用》 期待はずれで、がっかりして嫌になる。特別な親しい気持ちなどを持ち続けることができなくなる。「あいそがつき・て・　それ・から・は・　つきあい・を・　し・とら・へん・ねん。」「はんしん(阪神)・が・　よわ(弱)い・の・に・は・　あいそがつき・た。」

あいそう(が)ない〔**あいそー(が)ない、あいそ(が)ない**〕【愛想(が)無い】《形容詞・特殊型》 ①つっけんどんで、高くとまっているようである。風情や可愛げがない。相手に対する思いやりがない。「あいそがない・　ひと(人)・は・　そん(損)・を・　し・まっ・せ。」「なん(何)・の・　え(絵)ー・も・　か(描)い・とら・ん・　あいそーない・　うちわ(団扇)・や。」②相手に対するもてなしや対応が十分でない。「よそ(余所)・を・　む(向)い・て・　あいそがない・　へんじ(返事)・を・　し・やがっ・た。」「もの(物)・を・　こ(買)ー・たっ・た・のに・　あいそない・てんいん(店員)・やっ・た。」

あいそうなし〔**あいそーなし、あいそなし**〕【愛想無し】《形容動詞や(ナ・ノ)、名詞》 ①つっけんどんで、高くとまっているような様子。風情や可愛げがない様子。相手に対する思いやりがない様子。「あいつ(彼奴)・は・あいさつ(挨拶)・も・　せ・ん・よーな・　あいそなしな・　やつ(奴)・や。」「あの・　あいそなし・は・　ちゃんと・　へんじ(返事)・を・　し・よら・ん。」②相手に対するもてなしや対応が十分でない様子。「せっかく(折角)・き(来)・てくれ・た・のに・　えらい・　あいそなしで・す(済)ん・まへ・ん。」

あいそうもくそもない〔**あいそーもくそもない、あいそもくそもない**〕【愛想も糞も無い】《連語＝あいそう(名詞)・も(副助詞)・くそ(名詞)・も(副助詞)・ない(形容詞)》 人に好感を持たれるような動作の片鱗も見せない様子。つっけんどんな様子。とりつく島もないほどに人を寄せつけない様子。「あんな・　い(言)ーかた・を・し・たら・　あいそもくそもない・がな。」■句末が、「あいそうもくそもあらへん【愛想も糞も有らへん】」というように変化することがある。「あいそもくそもあらへん・よーな・　てんいん(店員)・が・　おっ・た。」

あいそうらしい〔**あいそーらしー、あいそらしー**〕【愛想らしい】《形容詞・イイ型》 人に好感を持たれるような動作や言葉をそなえて、好ましい。「あいそらしー・むすめ(娘)はん・や・さかい・　だれ(誰)・に・でも・　す(好)か・れ・とる。」

あいそうわらい〔**あいそーわらい、あいそわらい**〕【愛想笑い】《名詞、動詞する》 相手に気に入られようとして意識的に声をあげて笑ったり微笑んだりすること。「むっつりせ・んと・　あいそーわらい・ぐらい・　し・たら・　え(良)ー・のに。」「あの・　ひと(人)・の・　あいそわらい・に・は・　だまさ・れ・へん・ぞ。」

あいだ【間】《名詞》 ①2つ以上のものにはさまれた狭い場所。ものとものとの間の、空いている部分。「き(木)ー・と・　き(木)ー・の・　あいだ・に・　くも(蜘蛛)・が・　す(巣)ー・を・　は(張)っ・とる。」②一続きの時間にはさまれた、別の短い時間。連続している動作や状態が途切れる時。「てれび(テレビ)・の・　こまーしゃる(コマーシャル)・が・　ある・　あいだ・に・　べんじょ(便所)・へ・　い(行)く。」③ある場所からある場所までの一続きの空間や、距離。「あかし(明石)・と・あわじ(淡路)・の・　あいだ・に・　おーはし(大橋)・が・　か(架)かっ・た。」④時間の間隔。ある時からある時までの一続きの時間。「じゅーねん(十年)・も・の・　なが(長)い・　あいだ・　おせわ(世話)・に・　なり・まし・た。」⑤人と人との関係。「おやこ(親子)・の・　あいだ・は・　うま(巧)い・こと・　いっ・とる。」⑥特別ではない普段の日。平生。「あいだ・は・　しょーがつ(正月)・みたいな・　うま(美味)い・　もん・は・　く(食)わ・れ・へん。」「しけん(試験)・の・　とき(時)・だけ・や・なしに・　あいだ・から・　べんきょー(勉強)し・とき・や。」⑦休日でない日。月曜日から金曜日(または土曜日)までの日。「あいだ・は・　ひちじ(七時)・に・　なっ・たら・　みせ(店)・が・　し(閉)まる。」〔①②⇒**あい【(間)】、あいま【合間】、ま【間】**。①⇒**すき【隙】、すきま【隙間】**。⑥⑦⇒**あいだのひ【間の日】**〕

あいだがら【間柄】《名詞》 人と人の結びつきの関係や、家族や親戚としての関係。「なか(仲)・の・　え(良)ー・あいだがら・や・さかい・　なん(何)・でも・　たの(頼)みやすい。」「あいつ(彼奴)・と・は・　いとこ(従兄弟)・の・　あいだがら・や。」

あいたくちがふさがらへん【開いた口が塞がらへん】《連語＝あい(動詞)・た(助動詞)・くち(名詞)・が(格助詞)・ふさがら(動詞)・へん(助動詞)》 あきれて、ものが言えない。「くち(口)・から・　で(出)まかせ・ばっかり・　ゆ(言)ー・て・　あの・　ひと(人)・に・は・　あいたくちがふさがらへん。」■句末が、「あいたくちがふさがらない【開いた口が塞がらない】」「…ふさがらん【…塞がらん】」となることもある。

あいだのひ〔**あいだのひー**〕【間の日】《名詞》 ①特別ではない普段の日。平生。「あいだのひ・は・　いっしょーけんめー(一生懸命)・　はたら(働)い・て・　まつり(祭)・に・　なっ・たら・　やす(休)む・ねん。」②休日でない日。月曜日から金曜日(または土曜日)までの日。「あいだのひー・は・　いそが(忙)しゅー・て・　さんぱつや(散髪屋)・に・も・　い(行)か・れ・へん。」〔⇒**あい【間】、あいだ【間】**〕

あいちゃく【愛着】《名詞》 慣れ親しんだ人やものから離れたくない、失いたくないと思う気持ち。「じぶん(自分)・が・　う(生)まれ・た・　むら(村)・に・は・　やっぱ(矢張)り・　あいちゃく・が・　ある。」「あいちゃく・が・　ある・　ほーげん(方言)・は・　いつ・まで・も・　つか(使)い・たい・なー。」

あいつ【彼奴】《名詞》 ①離れたところにいる、目下の人。「あいつ・は・　わし・の・　こーはい(後輩)・や。」②空間的にあるいは心理的に、自分からも相手からも離れているもの。「あいつ・は・　やすもん(安物)・やっ・た・さかい・　じっき(直)に・　めげ(＝壊れ)・て・も・た。」◆①②ともに、くだけた言い方、相手に親しみをこめた言い方、相手を見下げた言い方などの働きをしている。〔⇒**あれ【彼】、あい【(彼い)】**〕

あいっこ【合いっこ】《接尾語(名詞を作る)》［動詞の連用形に付く］ 相手や周りの人と同じ動作をすることを表す言葉。相手や周りの人と競う状態になることを表す言葉。「いつまでも・　にら(睨)みあいっこ・は・　や(止)め・なはれ。」〔⇒**あい【合い】、あいこ【合いこ】、やい【(合い)】、やいこ【(合いこ)】、やいっこ【(合いっこ)】**〕

あいづち【相槌】《名詞》　相手が話している間に、ごく短い言葉を発したり、うなずいたりすること。「あいづち・を・　う(打)っ・て・　き(聞)ー・てくれ・た・さかい・　はなし(話)・が・　しやすかっ・た。」

あいつとこ【彼奴所】《名詞》　①あの人の住んでいる家屋。「あいつとこ・は・　さんがいだて(三階建)・や。」②あの人の家族。「あいつとこ・は・　ごにんかぞく(五人家族)・や。」◆①②ともに、くだけた言い方、相手に親しみをこめた言い方、相手を見下げた言い方、目下の人に対する言い方などの働きをしている。〔⇒**あいつんとこ【彼奴ん所】**〕

あいつんとこ【彼奴ん所】《名詞》　①あの人の住んでいる家屋。「あいつんとこ・は・　こないだ・　た(建)てかえ・た。」②あの人の家族。「あいつんとこ・は・　こども(子供)・が・　ふたり(二人)・　おる。」◆①②ともに、くだけた言い方、相手に親しみをこめた言い方、相手を見下げた言い方、目下の人に対する言い方などの働きをしている。「あいつんとこ」の「ん」は、格助詞の「の」が撥音便となったものである。〔⇒**あいつとこ【彼奴所】**〕

あいて【相手】《名詞》　①自分と一緒に何かをする人。「りょこー(旅行)・に・　い(行)き・たい・けど・　あいて・が・　おら・なん・だら・　い(行)か・れ・へん。」②何かを競い合ったりするときの、自分たちに対抗する立場の人。「あいて・が・　つよ(強)すぎ・た・ん・や・さかい・　ま(負)け・ても・　しょがない。」〔①⇒**あいぼう【相棒】**〕

あいにく【生憎】《形容動詞や(ナ・ノ)》　都合の悪いことが起こる様子。事柄が思うように運ばない様子。「さっき・　う(売)れ・ても・てん。あいにくやっ・た・なー。」「うんどーかい(運動会)・の・　ひ(日)・は・　あいにく・　あめ(雨)・に・　なっ・ても・た。」◆自分の意志や願望とは裏腹に、そのようになってしまうという語感が伴う。語幹だけの副詞的な用法もある。

あいのこ【間の子、合の子】《名詞》　①混血の人や動物。「いのぶた(猪豚)・　ゆ(言)ー・たら・　いのしし(猪)・と・　ぶた(豚)・の・　あいのこ・なん・やて。」②どちらにも属さないような、中間的な存在。「こうもり(蝙蝠)・は・　とり(鳥)・と・　けもの(獣)・の・　あいのこ・や。」「むかし(昔)・　とろりーばす(トロリーバス)・と・　ゆ(言)ー・　あいのこ・の・　でんしゃ(電車)・が・　あっ・た。」◆①の意味で人を指して言う場合には、差別的な響きが伴うので、現在ではなるべく使わないようになっている。

あいのて〔**あいのてー**〕【合いの手】《名詞》　①歌や踊りなどの間に入れる掛け声や手拍子など。「うた(歌)・の・　あいま(合間)・に・　あいのて・を・　い(入)れる。」②相手が話しているときに、さしはさむ身振りや、ちょっとした言葉。「あいのてー・を・　い(入)れ・られ・たら・　しゃべ(喋)りにくい・がな。」◆②は、「あいづち【相槌】」よりも長い言葉を指して使うことが多い。

あいのり【相乗り】《名詞、動詞する》　同じ乗り物に、他の人と一緒に乗ること。「し(知)ら・ん・　ひと(人)・と・　あいのり・の・　ふね(船)・で・　つ(釣)り・に・　い(行)っ・た。」「たくしー(タクシー)・で・　あいのりし・まへ・ん・か。」

あいふく【間服、合服】《名詞》　暑い盛りや寒い盛りでないときに着る服。春・秋などに着る服。「ちょっと(一寸)・　ぬく(温)ー・　なっ・てき・た・さかい・　あいふく・に・　しょ・ー。」「いま(今)・は・　うらじ(裏地)・の・　うす(薄)い・　あいふく・が・　え(良)ー。」■対語＝「なつふく【夏服】」「ふゆふく【冬服】」

あいぼう〔**あいぼー**〕【相棒】《名詞》　自分と一緒に何かをする人。一緒に物事を行うときの仲間。「せ(背)ー・の・　ちが(違)う・　あいぼー・やっ・たら・　おも(重)たい・　にもつ(荷物)・は・　かき(＝担ぎ)にくい。」「まんざい(漫才)・の・　あいぼー・が・　にゅーいん(入院)し・た・ん・やて。」〔⇒**あいて【相手】**〕

あいま【合間】《名詞》　①２つ以上のものにはさまれた狭い場所。ものとものとの間の、空いている部分。「き(木)・の・　えだ(枝)・の・　あいま・から・　そら(空)・が・　み(見)える。」「たんす(箪笥)・の・　あいま・に・　せんす(扇子)・を・　お(落)とし・ても・た。」②一続きの時間にはさまれた、別の短い時間。連続している動作や状態が途切れる時。「しごと(仕事)・の・　あいま・に・　たばこ(煙草)・を・　す(吸)ー。」「ぶたい(舞台)・の・　まく(幕)・の・　あいま・に・　べんとー(弁当)・を・　く(食)う。」〔①②⇒**あい【(間)】、あいだ【間】、ま【間】**。①⇒**すき【隙】、すきま【隙間】**〕

あいまい【曖昧】《形容動詞や(ナ)》　ものごとの内容や手順などが決まらなくて、はっきりしない様子。はっきりしないので判断がつかない様子。ものごとを決定したり、結論づけたりしない様子。「あいまいな・　い(言)ーかた・を・　し・たら・　みんな(皆)・に・　わから・へん・やろ。」「かね(金)・の・　けーさん(計算)・を・　あいまいに・　し・たら・　おこ(怒)ら・れる・ぞ。」〔⇒**あやふや、うやむや【有耶無耶】**〕

あいます【(上います)】《動詞・サ行五段活用》　「与える」ということを謙譲して言う言葉。献上する。「めんら(珍)しー・　おかし(菓子)・やっ・た・さかい・　こ(買)ー・てき・て・　ともだち(友達)・に・　あいまし・てん。」◆動詞「あげる【上げる】」に、丁寧の意の助動詞「ます」が続いて一語に熟した言葉「あげます」で、それが音変化をした。〔⇒**あえます【(上えます)】、あげます【上げます】、やいます【(遣います)】、やえます【(遣えます)】、さしあげる【差し上げる】**〕

あいます【(上います)】《補助動詞・サ行五段活用》　⇒**てあいます**〔**であいます**〕【(て上います)】《補助動詞・サ行五段活用》**を参照**

あいや《名詞、動詞する》　①人や動物が体を支えて、立ったり歩いたり跳んだりするときに使う体の部分。「じっと・　ざぶとん(座布団)・に・　すわ(座)っ・とっ・たら・　あいや・が・　しび(痺)れ・た。」②歩き始めた幼児が、ぎこちなく頼りない感じで歩くこと。「たった(＝おんぶ)・　し・たろ・か・　じぶん(自分)・で・　あいやする・か。」◆幼児語。〔⇒**あいよ、あんよ**。①⇒**あし【足、脚】**〕

あいよ《名詞、動詞する》　①人や動物が体を支えて、立ったり歩いたり跳んだりするときに使う体の部分。「あいよ・が・　もつ(縺)れ・て・　こけ・ても・た。」②歩き始めた幼児が、ぎこちなく頼りない感じで歩くこと。「はよ(早)ー・　あいよする・よーに・　なっ・たら・　え(良)ー・のに・なー。」◆幼児語。〔⇒**あいや、あんよ**。①⇒**あし【足、脚】**〕

アイロン〔**あいろん**〕【英語＝iron。本来は「鉄」の意味】《名詞》　炭火や電熱などによって、布などの皺を伸ばしたり折り目をつけたりする、金属でできた器具。「しわ

(皺)・が・　よっ・た・さかい・　あいろん・を・　か(掛)け・とい・てんか。」「むかし(昔)・は・　すみ(炭)・を・　い(入)れ・て・　つか(使)う・　あいろん・が・　あ(有)っ・た。」◆今では「アイロン」と言えば電熱によるものを指すが、かつては炭火を入れて使うものがあった。電熱を使うものへの過渡期には「でんきアイロン【電気アイロン】」という言葉も使われた。

炭火を入れて使うアイロン

あう【合う、会う、遭う】《動詞・ワア行五段活用》 ①約束をして出会う。顔をあわせる。「じゅーじ(十時)・に・　えき(駅)・で・　あう・　こと・に・　し・とる。」②たまたま出会う。偶然に出会う。思いがけなく出会う。「ぐーぜん(偶然)に・　め(目)ー・が・　あう。」「みち(道)・が・　こ(混)ん・で・　じかん(時間)・が・　かかっ・て・　えら(酷)い・　めー・に・　おー・た。」「じこ(事故)・に・　あわ・ん・よーに・　き(気)ーつけ・よ。」③同じになる。一致する。「ともだち(友達)・と・　かんが(考)え・が・　おー・た。」④集まって一つになる。合流する。「ここ(此処)・で・　ふた(二)つ・の・　みち(道)・が・　あう。」⑤ぴったりする。つりあう。調和する。「からだ(体)・に・　おー・た・　ふく(服)・を・　き(着)る。」「ふく(服)・と・　ずぼん(ズボン)・の・　いろ(色)・が・　おー・とる。」「びん(瓶)・と・　ふた(蓋)・と・が・　ちょうど(丁度)・　あう。」■他動詞は「あわせる【合わせる】」「あわせる【会わせる】」「あわす【合わす】」「あわす【会わす、遭わす】」

あう【合う】《接尾語(動詞を作る・ワア行五段活用)》［動詞の連用形に付く］ 相手や周りの人と同じ動作をすることを表す言葉。相手や周りの人と競う状態になることを表す言葉。「じしん(地震)・の・　とき・の・　ひなん(避難)・の・　こと・を・　みんな(皆)・で・　はな(話)しあう。」「きょーだい(兄弟)・で・　けんか(喧嘩)しあう・　こと・は・　や(止)め・なはれ。」

アウト〔**あうと**〕【英語＝out】《名詞》 ①遊びやスポーツで、塁に出られなくなったり、安全圏を逸脱したりすること。「そこ(其処)・へ・　に(逃)げ・たら・　あうと・や・ぞ。」②遊びやスポーツで、失敗や失格であると判定されたり判断されたりすること。「あうと・が・　みっ(三)つ・で・　ちぇんじ(チェンジ)・や。」■対語＝「セーフ【英語＝safe】」

あえ【(彼え)】《代名詞》**⇒あい【(彼い)】を参照。**

あえます【(上えます)】《動詞・サ行五段活用》「与える」ということを謙譲して言う言葉。献上する。「うち・の・　こども(子供)・の・　おふる(古)・の・　ふく(服)・を・　あえまし・て・　き(着)・てもろ・て・ます。」◆動詞「あげる【上げる】」に、丁寧の意の助動詞「ます」が続いて一語に熟した言葉「あげます」で、それが音変化をした。〔**⇒あいます**【(上います)】、**あげます**【上げます】、**やいます**【(遣います)】、**やえます**【(遣えます)】、**さしあげる**【差し上げる】〕

あえます【(上えます)】《補助動詞・サ行五段活用》**⇒てあえます**〔**であえます**〕【(て上えます)】《補助動詞・サ行五段活用》**を参照**

あえる【和える】《動詞・ア行下一段活用》 野菜、魚、貝などを、味噌、酢、醤油、胡麻、豆腐などと混ぜて味付けをする。「ほうれんそー(菠薐草)・と・　ちりめんじゃこ(縮緬雑魚)・を・　あえる。」■名詞化＝**あえ**【和え】

あえん【亜鉛】《名詞》 青みがかった銀白色をした、錆びにくい金属。「うす(薄)い・　てっぱん(鉄板)・に・　あえん・を・　めっき(鍍金)し・た・　とたんいた(トタン板)・を・　ぐる(周)り・に・　は(張)る。」

あお【青】《名詞》 ①赤・黄とともに3原色の一つで、よく晴れた空のような色。「うみ(海)・も・　あお・や・し・　そら(空)・も・　あお・や。」②草木の葉のような色。「あお・の・　いろ(色)・を・　し・た・　むし(虫)・が・　うご(動)い・とる。」③進んでもよいという意味を表す交通の合図。「おーだんほどー(横断歩道)・を・　あお・で・　わた(渡)る。」〔**⇒あおいろ**【青色】。②③**⇒みどり**【緑】、**みどりいろ**。③**⇒あおしんごう**【青信号】、**みどりしんごう**【緑信号】〕

あおあお【青々】《副詞と、動詞する》 青や緑の色が強くて、鮮やかに見える様子。緑の木や草があたりに広がっている様子。「はる(春)・に・　なっ・て・　はたけ(畑)・が・　あおあおと・　み(見)える・よーに・　なっ・た。」「あおあおし・て・　おい(美味)しそーな・　みずな(水菜)・や・な。」

あおい【葵】《名詞》 ハート形の葉をしていて、夏に白・赤・紫などの大形の5弁の花を咲かせる植物。「あおい・の・　はな(花)・が・　した(下)・の・　ほー(方)・から・　じゅんばん(順番)・に・　さ(咲)き・よる。」

あおい【青い】《形容詞・オイ型》 ①よく晴れた空のような色である。「あおい・　うみ(海)・の・　む(向)こー・に・　にゅーどーぐも(入道雲)・が・　で(出)・とる。」「おきなわ(沖縄)・の・　あおい・　うみ(海)・で・　およ(泳)い・でみ・たい・なー。」②草木の葉のような色である。「あおい・　ぴーまん(ピーマン)・が・　おい(美味)しそーや。」③病気や恐怖などによって、顔色などが血の気を失って青ざめて見える。「ま(未)だ・　かお(顔)・が・　あおい・さかい・　ね(寝)・とっ・た・　ほー・が・　え(良)ー・ぞ。」④野菜や果物の実などが、まだ熟していない。「この・　とまと(トマト)・は・　まだ・　あおい・さかい・　ちぎっ・たら・　あか・ん。」〔③④**⇒あおじろい**【青白い】〕

あおいろ【青色】《名詞》 ①赤・黄とともに3原色の一つで、よく晴れた空のような色。「あおいろ・の・　じ(地)ー・に・　しろ(白)・で・　え(絵)・が・　か(描)い・てある・　ぽすたー(ポスター)・は・　めだ(目立)つ・なー。」②草木の葉のような色。「はる(春)・に・　なっ・て・　あぜみち(畦道)・が・　あおいろ・に・　なっ・とる。」③進んでもよいという意味を表す交通の合図。「あおいろ・に・　なる・まで・　おちつ(落着)い・て・　ま(待)ち・なはれ。」〔**⇒あお**【青】。②③**⇒みどり**【緑】、**みどりいろ**【緑色】。③**⇒あおしんごう**【青信号】、**みどりしんごう**【緑信号】〕

あおうめ【青梅】《名詞》 まだ熟しきっていない、緑色の梅の実。「あおうめ・が・　みせ(店)・に・　なら(並)ぶ・　きせつ(季節)・に・　なっ・た。」

あおかび【青黴】《名詞》 餅、パンなどに生える、青みがかったり白っぽかったりする黴。「あおかび・が・　は(生)え・た・　もち(餅)・は・　く(食)ー・な・よ。」〔**⇒あおかべ**【(青黴)】〕

あおかべ【(青黴)】《名詞》 餅、パンなどに生える、青みがかったり白っぽかったりする黴。「あおかべ・が・　でけ(出来)・て・　きも(気持)ち・が・　わる(悪)い。」〔**⇒あおかび**【青黴】〕

あおぐ【扇ぐ、煽ぐ】《動詞・ガ行五段活用》 うちわや扇子などを動かして風を起こして送る。また、そのようにして火の勢いを強くする。「ね(寝)・とる・　こ(子)ー・を・　うちわ(団扇)・で・　あおい・だる。」「おくどさん・が・　き(消)え・そーに・　なっ・た・さかい・　ばたばた・　あおぐ。」

あおくさい【青臭い】《形容詞・アイ型》 ①青い草や生の菜っぱの臭いをかいだときの感じである。「この・　きゅーり(胡瓜)・は・　あおくさい・　かだ(＝臭い)・が・　する。」②若くて未熟な人のような感じである。「あおくさい・　もの・の・　い(言)ーかた・を・　する・　やつ(奴)・や。」

あおさ《名詞》 浅い海の岩に生える、やや硬くて葉が広く、緑色をした海藻。「いそ(磯)・の・　いし(石)・に・　あおさ・が・　いっぱい(一杯)・　は(生)え・とる。」「あおさ・は・　た(食)べ・られ・へん・から・　と(採)ら・んときぃ。」

あおじそ【青紫蘇】《名詞》 刺身のつまなどに使う、紫蘇の一種で白い花が咲き、緑色の葉で香りの強い植物。また、その葉。「そーめん(素麺)・の・　やくみ(薬味)・に・　あおじそ・を・　つか(使)う。」■対語＝「あかじそ【赤紫蘇】」

あおじろい【青白い】《形容詞・オイ型》 ①病気や恐怖などによって、顔色などが血の気を失って極端に青ざめて見える。「あおじろい・　かお(顔)・を・　し・て・　からだ(体)・の・　ぐあい(具合)・が・　わる(悪)い・の・と・　ちゃ(違)う・か。」②野菜や果物の実などが、まだまだ熟していない。「あおじろい・　いろ(色)・の・　なすび(茄子)・は・　もーちょっと(一寸)・　おい・とこ・か。」〔⇒**あおい【青い】**〕

あおしんごう〔あおしんごー〕【青信号】《名詞》 進んでもよいという意味を表す交通の合図。「あわ(慌)て・たら・　あか・ん・ぞ。まだ・　あおしんごー・に・　なっ・とら・へん。」〔⇒**あお【青】、あおいろ【青色】、みどり【緑】、みどりいろ【緑色】、みどりしんごう【緑信号】**〕

あおすじ【青筋】《名詞》 皮膚の上から青く見える静脈。「うち・の・　おじー(祖父)さん・は・　や(痩)せ・て・　あおすじ・が・　み(見)える。」「おこ(怒)っ・たら・　あおすじ・が・　めだ(目立)つ・よーに・　なる・ぞ。」「あおすじ・を・　た(立)て・て・　どな(怒鳴)りこん・でき・た。」

あおぞら【青空】《名詞》 ①青く晴れわたった空。「なつ(夏)・の・　あおぞら・に・　にゅーどーぐも(入道雲)・が・　で(出)・てき・た。」②屋根がなくて、空が丸見えである場所。建物の外。「あおぞら・で・　いちば(市場)・を・　ひら(開)い・とる。」「あおぞら・で・　ちょーれー(朝礼)・を・　する。」「しゅーせんご(終戦後)・は・　こーしゃ(校舎)・が・　の(無)ー・て・　あおぞら・の・　きょーしつ(教室)・も・　あっ・た。」

あおなる〔あおーなる〕【青なる】《動詞・ラ行五段活用》 ①恐さを感じたり、心配したりして、顔から血の気がなくなる。「いちまんえんさつ(一万円札)・の・　はい(入)っ・とる・　さいふ(財布)・を・　お(落)とし・て・　あおなっ・た。」②青くないものが青くなる。青色が濃くなる。緑色でないものが緑色になる。緑色が濃くなる。「おき(沖)・へ・　で(出)・たら・　うみ(海)・の・　いろ(色)・が・　あおーなっ・た。」「しろ(白)い・　とまと(トマト)・が・　あおーなり・かけ・た。」

あおぬき【仰ぬき】《名詞》 ①顔やものを上に向けること。「しゃしん(写真)・の・　かお(顔)・が・　ちょっと(一寸)・　あおぬき・に・　なっ・とる。」②体の胸や腹のある方を上に向けること。上向きになって寝転ぶこと。「あおぬき・の・　しせー(姿勢)・で・　てんてき(点滴)・を・　う(打)っ・てもらう。」「あか(赤)んぼー・を・　あおぬき・に・　ね(寝)かす。」■対語＝「うつぶき【俯き】」「うつむき【俯き】」「うつむけ【俯け】」「うつぶけ【俯け】」「うつむせ【俯せ】」「うつぶせ【俯せ】」〔⇒**あおむき【仰向き】、あおのき【仰のき】、あおむけ【仰向け】、あおぬけ【仰ぬけ】、あおのけ【仰のけ】**〕

あおぬく【仰ぬく】《動詞・カ行五段活用》 ①顔を上に向ける。「しゃしん(写真)・　と(撮)り・まっ・さかい・　もーちょっと(一寸)・　あおぬい・てください。」②体の胸や腹のある方を上に向ける。「あおぬか・し・て・　たんか(担架)・に・　の(載)せる。」■他動詞は「あおぬける【仰ぬける】」■対語＝「うつむく【俯向く】」「うつぶく【(俯く)】」■名詞化＝**あおぬき【仰ぬき】**〔⇒**あおのく【仰のく】、あおむく【仰向く】**〕

あおぬけ【仰ぬけ】《名詞》 ①顔やものを上に向けること。「あおぬけ・の・　まま(儘)・やっ・たら・　まぶ(眩)しー・て・　しょがない。」②体の胸や腹のある方を上に向けること。上向きになって寝転ぶこと。「にんぎょー(人形)・を・　あおぬけ・に・　ころ(転)ばし・とる。」「べっど(ベッド)・から・　あおぬけ・で・　お(落)ち・た。」■対語＝「うつぶき【俯き】」「うつむき【俯き】」「うつむけ【俯け】」「うつぶけ【俯け】」「うつむせ【俯せ】」「うつぶせ【俯せ】」〔⇒**あおむき【仰向き】、あおぬき【仰ぬき】、あおのき【仰のき】、あおむけ【仰向け】、あおのけ【仰のけ】**〕

あおぬける【(仰向ける)】《動詞・カ行下一段活用》 ①顔やものを上に向けさせる。「かがみ(鏡)・を・　ちょっと(一寸)・　あおぬけ・てくれ・へん・か。」②体の胸や腹のある方を上に向けさせる。「からだ(体)・を・　あおぬけ・て・　ね(寝)・なはれ。」■自動詞は「あおぬく【仰ぬく】」■対語＝「うつぶせる【俯せる】」「うつむせる【(俯せる)】」「うつむける【俯ける】」「うつぶける【(俯ける)】」■名詞化＝**あおぬけ【仰ぬけ】**〔⇒**あおのける【(仰向ける)】、あおむける【仰向ける】**〕

あおねぎ【青葱】《名詞》 緑色の部分が多いねぎ。「みそしる(味噌汁)・に・　とーふ(豆腐)・と・　あおねぎ・を・　い(入)れる。」■対語＝「しろねぎ【白葱】」

あおのき【仰のき】《名詞》 ①顔やものを上に向けること。「あおのき・で・　うちあげはなび(打上花火)・を・　み(見)る。」②体の胸や腹のある方を上に向けること。上向きになって寝転ぶこと。「あおのき・で・　しょーぎ(床机)・に・　ねころ(寝転)ぶ。」■対語＝「うつぶき【俯き】」「うつむき【俯き】」「うつむけ【俯け】」「うつぶけ【俯け】」「うつむせ【俯せ】」「うつぶせ【俯せ】」〔⇒**あおむき【仰向き】、あおぬき【仰ぬき】、あおむけ【仰向け】、あおぬけ【仰ぬけ】、あおのけ【仰のけ】**〕

あおのく【仰のく】《動詞・カ行五段活用》 ①顔を上に向ける。「ゆき(雪)・が・　ふ(降)っ・てき・た・さかい・　あおのい・て・　くち(口)・を・　あ(開)ける。」②体の胸や腹のある方を上に向ける。「あおのい・て・　ひるね(昼寝)・を・　する。」■他動詞は「あおのける【(仰向ける)】」■対語＝「うつむく【俯向く】」「うつぶく【(俯く)】」■名詞化＝**あおのき【仰のき】**〔⇒**あおぬく【仰ぬく】、あおむく【仰向く】**〕

あおのけ【仰のけ】《名詞》 ①顔やものを上に向けること。「みんな(皆)・の・　かお(顔)・が・　あおのけ・に・　なっ・とる・さかい・　もーちょっと(一寸)・　した(下)・を・　む(向)い・てください。」②体の胸や腹のある方を上に向けること。上向きになって寝転ぶこと。「あおのけ・に・　し・て・　あたま(頭)・を・　ひ(冷)やし・てやる。」■対語＝「うつぶき【俯き】」「うつむき

【俯き】」「うつむけ【俯け】」「うつぶけ【俯け】」「うつむせ【俯せ】」「うつぶせ【俯せ】」〔⇒**あおむき**【仰向き】、**あおぬき**【仰ぬき】、**あおのき**【仰のき】、**あおむけ**【仰向け】、**あおぬけ**【仰ぬけ】〕

あおのける【(仰向ける)】《動詞・カ行下一段活用》 ①顔やものを上に向けさせる。「みんな(皆)・で・　かお(顔)・を・　あおのけ・て・　げっしょく(月食)・を・　み(見)る。」②体の胸や腹のある方を上に向けさせる。「からだ(体)・を・　あおのけ・て・　はら(腹)・を・　だ(出)し・て・　よー・　ね(寝)・とる・なー。」■自動詞は「あおのく【仰のく】」■対語＝「うつぶせる【俯せる】」「うつむせる【(俯せる)】」「うつむける【俯ける】」「うつぶける【(俯ける)】」■名詞化＝**あおのけ**【仰のけ】〔⇒**あおぬける**【(仰向ける)】、**あおむける**【仰向ける】〕

あおのり【青海苔】《名詞》 浅い海の岩などに付き、細長く緑色をした海苔。「あおのり・を・　ごはん(飯)・に・　ふ(振)りかける。」

あおば【青葉】《名詞》 ①初夏の頃の、木々の鮮やかな緑色をした葉。「あおば・が・　きれー(綺麗)な・　きせつ(季節)・に・　なっ・た・なー。」②種から芽を出したばかりの葉。「で(出)・てき・た・　あおば・を・　むし(虫)・が・　く(食)・ても・た・みたいや。」

あおばな【青洟】《名詞》 鼻から垂らしている青白く太い粘液。「あおばな・を・　た(垂)らし・て・　ふく(服)・の・　そでぐち(袖口)・で・　ふ(拭)き・よる。」◆「あおばな・を・　たらす」ことを、かつては比喩的に「うどん(饂飩)・を・　た(垂)らす」と言っていた。最近は、「あおばな」を垂らした子供を見かけなくなってしまった。

あおびょうたん〔あおびょーたん〕【青瓢箪】《形容動詞や(ノ)、名詞》 やせて青白くて、弱々しく感じられる様子、また、そのような人。「あんな・　あおびょーたんや・さかい・　はよ(速)ー・に・は・　よー・　はし(走)ら・へん・やろ。」〔⇒**あおびょったん**【(青瓢箪)】、**あおべったん**【(青瓢箪)】〕

あおびょったん【(青瓢箪)】《形容動詞や(ノ)、名詞》 やせて青白くて弱々しく感じられる様子、また、そのような人。「こども(子供)・の・　ころ(頃)・は・　あおびょったんで・　みんな(皆)・が・　しんぱい(心配)し・てくれ・て・た・ん・や。」〔⇒**あおびょうたん**【青瓢箪】、**あおべったん**【(青瓢箪)】〕

あおべったん【(青瓢箪)】《形容動詞や(ノ)、名詞》 やせて青白くて弱々しく感じられる様子、また、そのような人。「にゅーいん(入院)し・て・　ひ(陽)ー・に・　あ(当)たら・ん・さかい・　あおべったんの・　かお(顔)・に・　なっ・ても・た。」〔⇒**あおびょうたん**【青瓢箪】、**あおびょったん**【(青瓢箪)】〕

あおべら【青べら】《名詞》 瀬戸内海などに多くすむ美しい小魚「べら」のうち、薄い青や緑色などをしている雄の方。「あか(赤)べら・より・も・　あおべら・の・　ほー(方)・が・　おー(大)きい。」◆近海で獲れる、なじみの深い魚である「べら」は、「あおべら【青べら】」「あかべら【赤べら】」と区別して言うことが多い。■対語＝「あかべら【赤べら】」

あおみ【青み】《名詞》 ①副食にするために畑などで育てる植物のうち、とくに緑色をしたもの。「この・　べんとー(弁当)・は・　にく(肉)・が・　おー(多)ー・て・　あおみ・が・　た(足)ら・へん。」②青いと感じられる状態。また、その程度。「この・　しゃしん(写真)・は・　うみ(海)・や・　そら(空)・の・　あおみ・が・　きれー(綺麗)や。」③緑色だと感じられる状態。また、その程度。「か(枯)れ・とっ・た・　くさ(草)・に・　あおみ・が・　で(出)・てき・た。」〔①⇒**あおもん**【青物】〕

あおむき【仰向き】《名詞》 ①顔やものを上に向けること。「あおむき・で・　おー(大)きな・　こえ(声)・で・　どな(怒鳴)る。」②体の胸や腹のある方を上に向けること。上向きになって寝転ぶこと。「あおむき・から・　ねがえ(寝返)り・を・　うつ。」■対語＝「うつぶき【俯き】」「うつむき【俯き】」「うつむけ【俯け】」「うつぶけ【俯け】」「うつむせ【俯せ】」「うつぶせ【俯せ】」〔⇒**あおぬき**【仰ぬき】、**あおのき**【仰のき】、**あおむけ**【仰向け】、**あおぬけ**【仰ぬけ】、**あおのけ**【仰のけ】〕

あおむく【仰向く】《動詞・カ行五段活用》 ①顔を上に向ける。「あおむい・とっ・たら・　め(目)ー・に・　ごみ(塵)・が・　はい(入)っ・た。」②体の胸や腹のある方を上に向ける。「あおむい・て・　よこ(横)・に・　なる。」■他動詞は「あおむける【仰向ける】」■対語＝「うつむく【俯く】」「うつぶく【(俯く)】」■名詞化＝**あおむき**【仰向き】〔⇒**あおぬく**【仰ぬく】、**あおのく**【仰のく】〕

あおむけ【仰向け】《名詞》 ①顔やものを上に向けること。「かお(顔)・を・　あおむけ・に・　し・て・　はら(腹)・から・　こえ(声)・を・　だ(出)せ。」②体の胸や腹のある方を上に向けること。上向きになって寝転ぶこと。「あおむけ・に・　ね(寝)ころん・で・　ほん(本)・を・　よ(読)む。」■対語＝「うつぶき【俯き】」「うつむき【俯き】」「うつむけ【俯け】」「うつぶけ【俯け】」「うつむせ【俯せ】」「うつぶせ【俯せ】」〔⇒**あおむき**【仰向き】、**あおぬき**【仰ぬき】、**あおのき**【仰のき】、**あおぬけ**【仰ぬけ】、**あおのけ**【仰のけ】〕

あおむける【仰向ける】《動詞・カ行下一段活用》 ①顔やものを上に向けさせる。「あおむけ・てくれ・なんだら・　かお(顔)・が・　み(見)え・へん。」②体の胸や腹のある方を上に向けさせる。「かめ(亀)・を・　あおむけ・たら・　ひっくりかえ(返)っ・て・　よー・　もと(元)・に・　もど(戻)ら・へん。」■自動詞は「あおむく【仰向く】」■対語＝「うつぶせる【俯せる】」「うつむせる【(俯せる)】」「うつむける【俯ける】」「うつぶける【(俯ける)】」■名詞化＝**あおむけ**【仰向け】〔⇒**あおぬける**【(仰向ける)】、**あおのける**【(仰向ける)】〕

あおむし【青虫】《名詞》 蝶や蛾などの、緑色をした幼虫。「は(葉)ー・の・　うら(裏)・に・　あおむし・が・　つ(付)い・とる。」

あおもん【青物】《名詞》 ①副食にするために、畑などで育てる植物。「たいふー(台風)・で・　やら・れ・て・　あおもん・の・　ねだん(値段)・が・　あ(上)がっ・た。」②副食にするために畑などで育てる植物のうち、とくに緑色をしたもの。「ふゆ(冬)・は・　あおもん・が・　すけ(少)ない。」◆「あおもん【青物】」は野菜という種類に重点を置いた表現であるのに対して、「あおみ【青み】」は色に注目した表現である。〔①⇒**やさい**【野菜】。②⇒**あおみ**【青み】〕

あおもんや【青物屋】《名詞》 野菜を中心とした食料品を売る店。「あおもんや・が・　の(無)ーなっ・た・さかい・　すーぱー(スーパー)・で・　か(買)う。」〔⇒**やおや**【八百屋】〕

あか【赤】《名詞》 ①青・黄とともに３原色の一つで、血や燃える火のような色。「あか・の・　くれよん(クレヨン)・を・　ぬ(塗)る。」②収入よりも支出が多いこと。損失が生じていること。「こんげつ(今月)・は・　あか・に・　なっ・て・　くる(苦)しー。」③進んではいけないという意味を表す交通の合図。「あか・や・さかいに・　わた

あ

(渡)っ・たら・　あか・ん。」◆①は、赤系統の色を広く指すこともある。〔②⇒**あかじ【赤字】**。③⇒**あかしんごう【赤信号】**〕

あか【銅、赤(金)】《名詞》 曲げたり延ばしたりの加工がしやすく、熱や電気をよく伝える、赤みがかった金属(元素)。「あか・の・　はりがね(針金)・で・　でんき(電気)・を・　とー(通)す。」〔⇒**あかがね【銅、赤金】、どう【銅】**〕

あか【垢】《名詞》 ①古くなった皮膚と、汗や脂やほこりなどとがいっしょになった汚れ。「きゃんぷ(キャンプ)・から・　もど(戻)っ・て・　みっか(三日)・ぶり・の・　ふろ(風呂)・で・　あか・を・　お(落)とす。」②水に溶けている物質が入れ物の底に溜まったり表面に浮かんだりしているもの。「ぽっと(ポット)・の・　なか(中)・の・　あか・を・　そーじ(掃除)する。」

あか【淦】《名詞》 漁船などの船板の間からしみ込んできて、船底にたまる水。「あか・が・　た(溜)まっ・た・さかい・　く(汲)みだし・た。」

あかあか【赤々】《副詞と》 鮮やかな真っ赤である様子。「すとーぶ(ストーブ)・の・　ひ(火)ー・が・　あかあかと・　も(燃)え・とる。」

あかあか【明々】《副詞と》 電灯や月の光などが、とても明るい様子。「ひるま(昼間)・や・のに・　あかあかと・　でんき(電気)・を・　つ(点)け・とる。」

あかあんしんしろしんぱい【赤安心白心配】《成句》 赤組は負けないので安心だ、白組は弱くて心配だろう、ということをはやしたてる言葉。◆小学校の運動会で、赤組と白組に分かれて競争するときに、赤組が唱える言葉で、赤組の優位を誇示する言葉である。「あか【赤】」と「あんしん【安心】」は頭韻であり、「しろ【白】」と「しんぱい【心配】」も頭韻である。これに対して白組が自分たちの優位を誇示して唱えるのは、「しろしっかりあかあかん【白しっかり赤あかん】」という言葉である。

あかい【赤い】《形容詞・アイ型》 燃える火のような色をしている。血のような色をしている。「あかい　りんご(林檎)・が・　おい(美味)しそーや。」「ゆーや(夕焼)け・の・　あかい・　そら(空)・に・　とんび(鳶)・が・　と(飛)ん・どる。」

あかい【明い】《形容詞・アイ型》 ①光がじゅうぶんにあって、ものがよく見える。「そら(空)・が・　あこー・に・　なっ・た。」「この・　いえ(家)・の・　ざしき(座敷)・は・　あかい・なー。」②色が鮮やかである。「え(良)ー・　しゃしんき(写真機)・で・　と(撮)っ・た・　しゃしん(写真)・や・さかい・　いろ・が・　あかい・なー。」③物事をよく知っている。見通しが見える。「むら(村)・の・　しきた(仕来)り・の・　こと(事)・に・　あかい・　ひと(人)・や。」④望みが持てる。陽気である。「らいねん(来年)・は・　けーき(景気)・の・　あかい・　とし(年)・に・　し・たい・なー。」■対語＝「くらい【暗い】」〔⇒**あかるい【明るい】**〕

あかいはね【赤い羽根】《名詞》 毎年10月から全国的に行われる、大勢の人から寄付金を集めて恵まれない人などを助ける事業で、寄付をした人には赤く染めた羽根が渡される催し。また、そのときに渡される羽根。「あかいはね・を・　むね(胸)・に・　つける。」「あかいはね・の・　ぼきん(募金)・に・　きょーりょく(協力)する。」〔⇒**きょうどうぼきん【共同募金】**〕

あかいわし【赤鰯】《形容動詞や(ノ)》 刃物や刀などが真っ赤に錆び付いている様子。また、そのような刃物や刀。「あかいわしの・　ほちょ(包丁)・で・は・　き(切)れ・ん・わ・なー。」

あかえい〔**あかえー**〕【赤鱏】《名詞》 菱形で平たい形をして、背中は赤みを帯びた色で、腹は白色の、瀬戸内海などにすむ魚。「あかえー・の・　ほね(骨)・は・　こりこりし・て・　うま(美味)い。」

あかかえ【淦かえ】《名詞・動詞する》 船板の間からしみ込んで船底にたまった水を汲み出すこと。また、そのときに使う道具。「ふね(舟)・の・　あかかえ・を・　する。」◆道具は、木でできていて、ちり取りのような形をした小さなものである。〔動詞⇒**あか(を)かえる【淦(を)かえる】**〕

あかがね【銅、赤金】《名詞》 曲げたり延ばしたりの加工がしやすく、熱や電気をよく伝える、赤みがかった金属(元素)。「あかがね・で・　ふ(葺)い・た・　やね(屋根)・の・　いえ(家)・が・　ある。」〔⇒**あか【銅、赤(金)】、どう【銅】**〕

あかぎれ【皹】《名詞、動詞する》 寒さや労働によって、手や足の表面にできる細かい裂け目。「あかぎれ・に・　こーやく(膏薬)・を・　ぬ(塗)る。」

あがく【足掻く】《動詞・カ行五段活用》 ①自由になろうとして、苦しんで手足や体を動かす。ばたばた暴れる。「つ(釣)っ・た・　さかな(魚)・が・　あがい・とる。」②焦っていらいらする。苦しみから逃れるために、いろんなことを試みる。「いま(今)さら・　あがい・ても・　なん(何)・の・　た(足)し・に・も・　なら・ん。」◆「もがく【藻掻く】」よりも「あがく【足掻く】」の方が方言色が強いように感じられる。■名詞化＝**あがき【足掻き】**〔⇒**もがく【藻掻く】**〕

あかご【赤子】《名詞》 生まれたばかりの子。乳児。「あかご・は・　かい(可愛)らしー・なー。」〔⇒**あかんぼう【赤ん坊】、あかちゃん【赤ちゃん】**〕

あかごのて(を)ひねる〔**あかごのてー(を)ひねる**〕【赤子の手(を)捻る】《動詞・ラ行五段活用》〔比喩表現として〕強い者が弱い者を思いのままに扱う。強い者が弱い者に簡単にうち勝つ。「あかごのてーをひねっ・て・　げっきゅーと(月給取)り・から・　ぜーきん(税金)・を・　ぎょーさん(仰山)・　ま(巻)きあげ・よる。」「わしら・の・　ちーむ(チーム)・は・　よお(弱)ー・て・　あかごのてをひねら・れ・た・よーに・　ま(負)け・ても・た。」

あかごはん【赤御飯】《名詞》 お祝いの時などに作る、餅米に小豆を入れて蒸したご飯。「ごーかく(合格)・の・　おいわ(祝)い・に・　あかごはん・を・　た(炊)く。」◆幼児語に近い。〔⇒**せきはん【赤飯】、おこわ【お強】**〕

あかさび【赤錆び】《名詞、形容動詞や(ノ)》 鉄などが赤い色を帯びて、もろくなったり傷んだりしているもの。また、そのような様子。「あかさびに・　なっ・た・　いかり(錨)・が・　お(置)い・てある。」

あかし【明石】《固有名詞》 ①行政区画としての明石市。「あかし・は・　し(市)・に・　なっ・て・から・　ひゃくねん(百年)・に・　なる・ねん。」②明石市の地域。「あかし・の・　ほーげんしゅー(方言集)・を・　つく(作)っ・とる・ねん。」③明石市の中心市街地。「あかし・で・　かいもん(買物)・を・　する。」④ＪＲ山陽線(神戸線)および山陽電気鉄道の明石駅「あかし・で・　ばす(バス)・に・　の(乗)りかえる。」

あかじ【赤字】《名詞》 ①訂正をしたり注意を促したりするために、赤い色で書いた文字。「まちご(間違)ー・た・　とこ(所)・は・　あかじ・で・　なお(直)し・とい・てんか。」②収入よりも支出が多いこと。損失が生じてい

ること。「きゅーりょー(給料)・が・　へ(減)っ・た・さかい・　あかじ・に・　なっ・た。」〔②⇒**あか【赤】**〕

あかじそ【赤紫蘇】《名詞》　梅干しや生姜の色づけなどに使う、紫蘇の一種で赤紫色の花が咲き、赤紫色の葉で香りの強い植物。また、その葉。「あかじそ・は・　うめ(梅)・を・　つ(漬)ける・　とき・に・　つか(使)う。」■対語＝「あおじそ【青紫蘇】」

あかしまへん《連語＝あか(動詞)・しまへん(助動詞)》　①だめです。うまくいきません。役に立ちません。「そんな・　やりかた(方)・で・は・　あかしまへん・やろ。」②弱いのです。意気地がありません。「この・　こ(子)・は・いえ(家)・で・は・　つよ(強)い・けど・　そと(外)・へ・で(出)・たら・　あかしまへん・ねん。」③してはいけません。「しんごー(信号)・を・　まも(守)ら・な・　あかしまへん。」〔⇒**あかん、あかへん、あけへん、あきまへん、あきゃせん、あきゃへん、あきゃん**〕

あかしろ【赤白】《名詞》　対抗するために２つに分かれた、赤組と白組。「あかしろ・が・　いま(今)・は・　どーてん(同点)・や。」〔⇒**こうはく【紅白】**〕

あかしんごう〔**あかしんごー**〕【赤信号】《名詞》　①進んではいけないという意味を表す交通の合図。「あかしんごー・に・　なっ・たら・　わた(渡)っ・たら・　あか・ん・ぞ。」②危険な状態になっていること。前途がたちゆかなくなっていること。「かいしゃ(会社)・が・　あかしんごー・に・　なっ・た。」〔①⇒**あか【赤】**〕

あかす【明かす】《動詞・サ行五段活用》　①内緒にしていたことなどを説明して聞かせる。隠していたことをはっきりと表に出す。「てじな(手品)・の・　たね(種)・を・あかす。」②夜から朝まで寝ないで過ごす。「やま(山)・の・　なか(中)・で・　みち(道)・に・　まよ(迷)ー・て・ひとばん(一晩)・　あかし・た・　ひと(人)・が・　おっ・た・ん・やて。」■名詞化＝**あかし【明かし】**

あかする〔**あかーする**〕【赤する】《動詞・サ行変格活用》　①赤くないものを赤くする。赤色を濃くする。「おひ(日)さん・の・　いろ(色)・は・　ちょっと・　あかし・て・か(描)い・たら・　どない・や。」②恥ずかしさや怒りなどを感じて顔を赤らめる。「おこ(怒)ら・れ・て・　かお(顔)・を・　あかーし・て・　した(下)・を・　む(向)い・とる。」■自動詞は「あかなる【赤なる】」〔⇒**あこする【(赤する)】**〕

あかする〔**あかーする**〕【明する】《動詞・サ行変格活用》　①暗い状態を明るくする。「てれび(テレビ)・の・　がめん(画面)・を・　あかーする。」②性格などを、朗らかで楽しそうにする。「みんな(皆)・の・　まえ(前)・で・は・むり(無理)に・でも・　あかーする・の・が・　え(良)ー・と・　おも(思)う・よ。」■自動詞は「あかなる【明なる】」■対語＝「くらする【暗する】」〔⇒**あこする【明する】**〕

あかちゃん【赤ちゃん】《名詞》　生まれたばかりの子。乳児。「おたく(宅)・の・　あかちゃん・は・　だいぶ・　おー(大)きなっ・た・なー。」◆親しみを込めて使う愛称である。〔⇒**あかご【赤子】、あかんぼう【赤ん坊】**〕

あかちん【赤チン。「チン」はオランダ語＝tinctuurの略】《名詞》　傷ができたときなどにつける、マーキュロクロームという水溶液。「す(擦)りむい・たら・　あかちん・　ぬ(塗)っ・とけ。」◆現在の日本では製造中止。

あがったり【上がったり】《形容動詞や(ノ)》　商売などが正常にたちゆかなくなる様子。売り上げなどが少ない様子。「けーき(景気)・が・　わる(悪)ー・　なっ・て・みせ(店)・は・　あがったりや。」

あかつち【赤土】《名詞》　鉄分を含んでいて、赤茶色で粘りけのある土。「どて(土手)・が・　くず(崩)れ・て・　あかつち・が・　み(見)え・とる。」

あかつめ【赤爪】《名詞》　溝や路地などにすむ、赤い色の爪をした蟹。「あめ(雨)・が・　ふ(降)っ・たら・　あかつめ・が・　よー・　で(出)・てくる。」◆地域でよく見られた蟹であるが、最近では見かけることが少なくなった。開発の影響であろうか。

あかでんわ【赤電話】《名詞》　硬貨を入れれば誰でも使えるようになっている公衆用の電話機。「びょーいん(病院)・の・　あかでんわ・から・　よーす(様子)・を・　し(知)らす。」

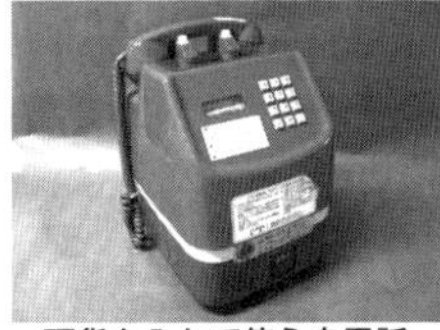
硬貨を入れて使う赤電話

あかとんぼ【赤蜻蛉】《名詞》　秋に群をつくって飛ぶ、体の色が赤くて小型のとんぼ。「ちょっと(一寸)・　すず(涼)しゅー・　なっ・た・と・　おも(思)・たら・　あかとんぼ・が・　と(飛)ん・どる。」

あかなる〔**あかーなる**〕【赤なる】《動詞・ラ行五段活用》　①赤くないものが赤くなる。赤色が濃くなる。「ひばし(火箸)・の・　さき(先)・が・　あかーなる。」「ゆーや(夕焼)け・で・　そら(空)・が・　あかなる。」②恥ずかしさや怒りなどを感じて顔が赤らむ。赤面する。「みち(道)・で・　ころ(転)ん・で・　あかなっ・た。」「みんな・に・わら(笑)わ・れ・て・　あかなっ・とる。」■他動詞は「あかする【赤する】」〔⇒**あこなる【(赤なる)】**〕

あかなる〔**あかーなる**〕【明なる】《動詞・ラ行五段活用》　①暗い状態から明るくなる。「なつ(夏)・に・　なっ・て・　あかなる・の・が・　はよ(早)ー・　なっ・た。」「あかなっ・て・　せみ(蝉)・が・　な(鳴)きだし・た・ので・め(目)・が・　さ(覚)め・た。」「ひがし(東)・の・　そら(空)・が・　あかなっ・てき・た。」②性格などが、朗らかで楽しそうになる。「ごーかく(合格)し・て・　じしん(自信)・を・　も(持)つ・よーに・　なっ・て・　あかーなっ・た。」「かいしゃ(会社)・に・　つと(勤)める・よーに・　なっ・て・　ひとがら(人柄)・が・　あかなっ・た。」■他動詞は「あかする【明する】」■対語＝「くらなる【暗なる】」〔⇒**あこなる【明なる】**〕

あかぬけする【垢抜けする】《動詞・サ行変格活用》　姿形や行動などが洗練されていて、美しさをそなえている。「とーきょー(東京)・から・　き(来)・た・　てんこーせー(転校生)・は・　やっぱり・　あかぬけし・とる・なー。」「てれび(テレビ)・に・　で(出)る・よーな・　ひと(人)・は・　ふく(服)・の・　き(着)かた・が・　あかぬけし・とる。」◆名詞「あかぬけ」や、動詞「あかぬける」は使わない。

あかねがわ〔**あかねがー**〕【赤根川】《固有名詞》　明石市大久保町の北部から、明石市大久保町西島まで流れる、小さな川。「やない(柳井)・の・　あかねがー・の・　どて(土手)・の・　さくら(桜)・は・　きれー(綺麗)や。」

あかのたにん【赤の他人】《名詞》　血のつながりなどはなく、その他の人間関係もまったくない人。「あかのたにん・でも・　しんさい(震災)・の・　とき・は・　みんな(皆)・　きょーだい(兄弟)・みたいに・　たす(助)けおー・た・ん・や。」

あかはじ【赤恥】《名詞》　人前でかくひどい恥。「あいつ(彼奴)・に・　あかはじ・　かかさ・れ・た。」

あかはだか【赤裸】《形容動詞や(ノ)、名詞》　①衣類などを何も身に付けていない様子。また、そのような人。

「こども(子供)・の・　ころ(頃)・は・　あかはだかで・　およ(泳)い・どっ・た。」「むかし(昔)・は・　お(追)いは(剥)ぎ・に・　あかはだかに・　さ・れ・た・と・　ゆー・　はなし(話)・が・　あっ・た。」②財産などを失って、体のほかには何も持っていない様子。また、そのような人。「かいしゃ(会社)・が・　つぶれ・て・　あかはだかに・　なっ・た。」〔⇒**まるはだか【丸裸】、すっぱだか【素っ裸】、すっとんとん**。①⇒**すっぽん、すっぽんぽん、すっぽんぽんのまるはだか【すっぽんぽんの丸裸】**〕

あかべ〔**あかべー**〕【赤べ】《感動詞》　相手を拒絶したくなったり、嫌悪の気持ちが強くなったりしたときに、相手に向かって言う言葉。「おまえ(前)・なんか・に・　やら・へん・わい。あかべー。」◆実際に、指を目元にあてて、赤目をむく動作を伴うことが多い。〔⇒**あかんべ【赤んべ】、あっかんべ【(赤かんべ)】、あかべのべ【赤べのべ】**〕

あかべっぴんさん【赤別嬪さん】《名詞、感動詞》　相手を拒絶したくなったり、嫌悪の気持ちが強くなったりしたときに、相手に向かって、指を目元にあてて、赤目をむく動作を伴って言う言葉を、擬人的に表現するもの。この言葉にはおかしみなどがこもっていて、相手に強く響かないようにという工夫が見られる。「あかべっぴんさん。み(見)せ・たる・けど・　あげ・ませ・ん。」◆「べっぴんさん」は、もともと「弁天さん」と言っていたのかもしれない。〔⇒**あかべっぴんさんしりかんのんさん【赤別嬪さん尻観音さん】**〕

あかべっぴんさんしりかんのんさん【赤別嬪さん尻観音さん】《名詞、感動詞》　相手を拒絶したくなったり、嫌悪の気持ちが強くなったりしたときに、相手に向かって、指を目元にあてて、赤目をむく動作を伴って言う言葉を、擬人的に表現するもの。この言葉にはおかしみなどがこもっていて、相手に強く響かないようにという工夫が見られる。「あんた・と・は・　あそ(遊)ば・へん・ねん。あかべっぴんさんしりかんのんさん。」◆「べっぴんさん」は、もともと「弁天さん」と言っていたのかもしれない。〔⇒**あかべっぴんさん【赤別嬪さん】**〕

あかべのべ〔**あかべのベー、あかベーのベー**〕【赤べのべ】《感動詞》　相手を拒絶したくなったり、嫌悪の気持ちが強くなったりしたときに、相手に向かって言う言葉。「あかべのベー。み(見)せ・たっ・た・けど・　やら・へん・わい。」◆実際に、指を目元にあてて、赤目をむく動作を伴うことが多い。「あかべ」よりも意味が強まる。〔⇒**あかべ【赤べ】、あかんべ【赤んべ】、あっかんべ【(赤かんべ)】**〕

あかべら【赤べら】《名詞》　瀬戸内海などに多くすむ美しい小魚「べら」のうち、薄い赤や茶色などをしている雌の方。「あかべら・の・　うろこ(鱗)・は・　ちー(小)そー・て・　やろ(柔)こい。」■対語＝「**あおべら【青べら】**」

あかへん《連語＝あか(動詞)・へん(助動詞)》　①だめだ。うまくいかない。役に立たない。「たからくじ(宝籤)・は・　なんべん(何遍)・　こ(買)ー・ても・　あかへん・ねん。」②弱い。意気地がない。「き(気)ー・が・　あかへん・　こ(子)ー・や。」③してはいけない。「じてんしゃ(自転車)・に・　ふたりの(二人乗)りし・たら・　あかへん。」「わすれもん(忘物)・を・　し・たら・　あかへん・やろ。」〔⇒**あかん、あけへん、あきまへん、あかしまへん、あきゃせん、あきゃへん、あきゃん**〕

あかみ【赤み】《名詞》　赤いと感じられること。また、その程度。「あかみ・の・　ある・　かみ(紙)・に・　いんさつ(印刷)する。」「たいいん(退院)し・て・　かお(顔)・に・　あかみ・が・　もど(戻)っ・た。」

あかみ【赤身】《名詞》　まぐろ、かつおなどのように、赤い色をした魚肉。牛肉、豚肉などの脂の少ない部分。「まぐろ(鮪)・の・　あかみ・を・　た(食)べる。」「あかみ・の・　にく(肉)・を・　か(買)う。」■対語＝「**しろみ【白身】**」

あかり【明かり】《名詞》　①電灯、ろうそく、たいまつなど、暗いところを照らすための用具。また、それによる光。「くら(暗)い・さかいに・　かいちゅーでんとー(懐中電灯)・か・　なん(何)・か・の・　あかり・を・　も(持)っ・て・　い(行)け・よ。」「こーべ(神戸)・の・　まち(町)・の・　あかり・が・　ひろ(広)がっ・とる。」②あたりが明るい状態であること。「つき(月)・が・　あかり・に・　なっ・とる。」〔①⇒**ひ【灯】**〕

あがり【上がり】《名詞》　①上に向かうこと。高くなること。「てんすー(点数)・の・　あがり・も・　おー(大)きー・けど・　さがり・も・　おー(大)きー。」②終わりになること。「しごと(仕事)・は・　なんじ(何時)・で・　あがり・に・　なる・ん・です・か。」③必要なものがすべて整って、ものごとが完成すること。また、そのようになったもの。「へーい・　いっちょー(一丁)・　あがり。」④双六での最後の場所。双六の最後の場所に進むこと。「もー・　ちょっと(一寸)・で・　あがり・に・　なる。」⑤収入。売り上げ。「きょー(今日)・は・　みせ(店)・の・　あがり・が・　おー(多)い。」■対語＝①「**さがり【下がり】**」〔③⇒**できあがり【出来上がり】**〕

あがり【上がり】《接尾語(名詞を作る)》［名詞に付く］　①以前にその職業・立場・状態などであったことを表す言葉。「せんせー(先生)あがり・は・　とし(歳)とっ・ても・　えら(偉)そーに・　し・とる。」②続いていた動作や状態などが終わることを表す言葉。「あんた・は・　びょーき(病気)あがり・や・さかい・　むり(無理)し・て・　はたら(働)か・ん・よーに・　し・なはれ。」「あめ(雨)あがり・の・　にじ(虹)・は・　きれー(綺麗)や。」

あがりくち〔**あがりぐち**〕【上がり口】《名詞》　①土間から座敷へ上がるところ。「あがりぐち・で・　はなし(話)・を・　する・の・も・　なん(何)・や・さかい・　まー・　ざしき(座敷)・に・　あがっ・ておくん・なはれ。」②階段などに上がるところ。「ふすま(襖)・を・　あ(開)け・たら・　だんばしご(段梯子)・の・　あがりぐち・が・　ある。」③坂や山などに登るとっかかりの場所。「ろっこーざん(六甲山)・へ・の・　あがりぐち・は・　あっちこっち・に・　ある。」〔①⇒**あがりこぐち【上がり小口】**、③⇒**のぼりぐち【登り口】**〕

あがりこぐち【上がり小口】《名詞》　土間から座敷へ上がるところ。「あがりこぐち・から・　した(下)・へ・　すべ(滑)りおち・た。」〔⇒**あがりくち【上がり口】**〕

あがりさがり【上がり下がり】《名詞、動詞する》　昇ることと降りること。上に向かったり下に向かったりすること。「みち(道)・が・　あがりさがりし・とる。」「さか(坂)・の・　あがりさがり・が・　きつい。」「しけん(試験)・の・　てんすー(点数)・の・　あがりさがり・が・　おー(大)きー。」■他動詞は「**あげさげ【上げ下げ】**」

あかりとり【明かり取り】《名詞》　家の中に光を取り入れるための設備。また、それが設けられている場所。「おー(大)きな・　いえ(家)・に・は・　あかりとり・の・　てんまど(天窓)・が・　ある。」

あがりめ【上がり目】《名詞》　狐の目のように、目尻が上に向いているもの。「あいつ(彼奴)・は・　あがりめ・や・さかい・　ちょっと・　おと(恐)ろしー・　かお(顔)・や。」■対語＝「さがりめ【下がり目】」〔⇒**つりめ【吊り目】**〕

あがりめ　さがりめ　ぐるっとまわって　にゃんこのめ〔**あがりめー　さがりめー　ぐるっとまーって　にゃんこのめー**〕【上がり目、下がり目、ぐるっと回って、にゃんこの目】《成句》　左右両方の目尻を、人差し指を使って、上げたり下げたり廻したりしながら唱える言葉。「ぐるっと」は「ぐるりと」になることがあり、「にゃんこのめ」は「ねこ【猫】のめ【目】」になることがある。

あかる【明かる】《動詞・ラ行五段活用》　①夜が明けて、明るくなる。しだいに明るさが増す。「なつ(夏)・は・　あかっ・てくる・の・が・　はや(早)い・なー。」②雨が止んで、しだいに晴れる。「あめ(雨)・が・　やん・で・　にし(西)・の・　そら(空)・が・　あかっ・てき・た。」

あかる【空かる】《動詞・ラ行五段活用》　中がからっぽになる。中をからっぽにすることができる。「みんな(皆)・が・　い(去)ん・で・　きょーしつ(教室)・が・　あかっ・た。」「ごみばこ(塵箱)・を・　あかる・の・は・　どこ・やろ・か。」

あがる【上がる、挙がる】《動詞・ラ行五段活用》　①低いところから高いところへ移る。上に向かう。「じてんしゃ(自転車)・を・　お(押)し・て・　さか(坂)・を・　あがる。」「ざしき(座敷)・へ・　あがる。」「てんぼーだい(展望台)・へ・　あがる。」②海上から陸上へ移る。海上での勤務を終える。「ふね(船)・から・　おか(陸)・に・　あがる。」③水などの中から、出る。「ふろ(風呂)・から・　あがっ・て・　びーる(ビール)・を・　の(飲)む。」「ぷーる(プール)・から・　あがっ・て・　きが(着替)える。」④手や腕などが上に伸びる。「しつもん(質問)する・　て(手)ー・が・　あがる。」「ふみきり(踏切)・が・　あがっ・た。」⑤程度が高くなる。上昇する。「おんど(温度)・が・　あがっ・て・　あつ(暑)い。」「やさい(野菜)・の・　ね(値)ー・が・　にわり(二割)・ほど・　あがっ・た。」⑥上達する。「れんしゅー(練習)し・た・さかい・　じ(字)ー・を・　か(書)く・　て(手)ー・が・　あがっ・た。」⑦上の段階に進む。学校に入学する。進級する。「しょーがっこー(小学校)・に・　あがる。」「そろばん(算盤)・の・　にきゅー(二級)・に・　あがっ・た。」⑧完成する。できる。終わる。「いっしゅーかん(一週間)・で・　なんとか・　しごと(仕事)・が・　あがっ・た。」「りょーり(料理)・が・　あがっ・た・よ。」⑨一定の期間や任務が終わる。学校を卒業する。「こーとーがっこー(高等学校)・を・　あがっ・て・　はたら(働)きはじめ・た。」「けんしゅー(研修)・の・　きかん(期間)・を・　あがる。」⑩雨や雪が降りやむ。「あがっ・た・さかい・　かさ(傘)・を・　たた(畳)む。」⑪木や草が枯れる。「からからの・　ひ(日)ー・が・　つづ(続)い・て・　きゅーり(胡瓜)・が・　あがっ・て・もた。」「むし(虫)・に・　く(食)わ・れ・て・　き(木)ー・が・　あがっ・た。」⑫緊張して落ち着きがなくなる。のぼせて呆然となる。「まえ(前)・に・　で(出)・たら・　あがっ・ても・て・　はなし(話)・を・　わす(忘)れ・た。」「あんた・が・　しかい(司会)する・ん・や・から・　あがっ・たら・　こま(困)る・よ。」⑬見つけだされる。「しょーこ(証拠)・が・　あがっ・とる・ぞ。」⑭「食べる」「飲む」の尊敬語。召し上がる。「なに(何)・を・　あがり・ます・か。」⑮「行く」の謙譲語。参る。「あした(明日)・の・　あさ(朝)・に・　あがり・ます。」■対語＝①「おりる【降りる、下りる】」、「くだる【下る】」「さがる【下がる】」■他動詞は「あげる【上げる、挙げる】」■名詞化＝**あがり**【上がり】〔①⇒**のぼる【上る、登る】**。⑤⇒**たかなる【高なる】、たこなる【高なる】**〕

あがる【揚がる】《動詞・ラ行五段活用》　①空中の高いところへ移る。「たこ(凧)・が・　じょーず(上手)に・　あがっ・た。」「はなび(花火)・が・　あがる。」②熱い油の中に入れて火を通した食べ物が、食べられるようになる。「てんぷら・が・　え(良)ー・　いろ(色)・に・　あがっ・た。」■他動詞は「あげる【揚げる】」。■対語＝①「さがる【下がる】」

あがる【上がる】《接尾語・ラ行五段活用》〔動詞の連用形に付く〕　その動作や状態がそれ以上続かない段階に達したことを表す言葉。すっかりそのようになるということを表す言葉。「ごはん(飯)・が・　た(炊)きあがる。」「そら(空)・が・　は(晴)れあがっ・た。」■他動詞をつくる接尾語は「あげる」■名詞化＝**あがり**【上がり】

あかるい【明るい】《形容詞・ウイ型》　①光がじゅうぶんにあって、ものがよく見える。「でんき(電気)・が・　あかるー・て・　まぶ(眩)しー・ぐらい・や。」②色が鮮やかである。「もっと・　あかるい・　いろ(色)・を・　つか(使)い・なさい。」③物事をよく知っている。見通しが見える。「あいつ(彼奴)・は・　けーり(経理)・に・　あかるい・ねん。」④望みが持てる。陽気である。「あかるい・　しと(人)・や・さかい・　みんな(皆)・に・　す(好)か・れ・とる。」■対語＝「くらい【暗い】」〔⇒**あかい【明い】**〕

あか(を)かえる【淦(を)かえる】《動詞・ア行下一段活用》　船板の間からしみ込んで船底にたまった水を汲み出す「てんま(伝馬)・の・　あかをかえる。」◆「あか(を)くむ【淦(を)汲む】」とも言うが、「あか(を)かえる【淦(を)かえる】」とか「あかかえ【淦かえ】」という言葉が多く使われる。〔⇒**あかかえ【淦かえ】(する)**〕

あかん《連語＝あか(動詞)・ん(助動詞)》　①だめだ。うまくいかない。役に立たない。「あかん。きょーじゅー(今日中)・に・は・　でけ(出来)・へん。」「こんな・　うす(薄)い・　ふくろ(袋)・は・　そこ(底)・が・　ぬ(抜)け・そーで・　あかん。」②弱い。意気地がない。「ひとり(一人)・で・　よー・　い(行)か・ん・の・か。あかん・　やつ(奴)・や・なー。」③してはいけない。「しんごー(信号)・を・　むし(無視)し・たら・　あかん・がな。」◆「めだかの学校」という童謡の「そっと・　のぞ(覗)い・て・　み(見)てごらん」という部分を、悪童どもは「そっと・　のぞい・て・　み・たら・　あかん」と言い合っていた思い出がある。〔⇒**あかへん、あけへん、あきまへん、あかしまへん、あきゃせん、あきゃへん、あきゃん**〕

あかんたれ《形容動詞や(ノ・ナ)、名詞》　うまくできなくて駄目な様子。体や心の持ち方が弱い様子。また、そのような人。「しとまえ(人前)・で・　しゃべら・れ・へん・の・かいな。そんな・　あかんたれな・　こと・　ゆ(言)わ・んとき。」「あんな・　あかんたれ・に・　まか(任)し・ても・　だいじょーぶ(大丈夫)・かいな。」

あかんべ〔**あかんべー**〕【赤んべ】《感動詞》　相手を拒絶したくなったり、嫌悪の気持ちが強くなったりしたときに、相手に向かって言う言葉。「あかんべー。み(見)せ・たる・だけ・や・　やら・へん・わい。」◆実際に、指を目元にあてて、赤目をむく動作を伴うことが多い。さらに強調するときには「あかんべーのべー」などと言うことがある。〔⇒**あかべ【赤べ】、あっかんべ【(赤かんべ)】、あかべのべ【赤べのべ】**〕

あかんぼう〔**あかんぼー、あかんぼ**〕【赤ん坊】《名詞》　生まれたばかりの子。乳児。「あかんぼー・を・　そだ(育)てる・の・に・　て(手)がかかる。」〔⇒**あかご【赤子】、あ**

かちゃん【赤ちゃん】〕

あき【秋】《名詞》 ①四季の一つで夏と冬の間にあって、二十四節気では立秋から立冬の前日まで、現在の暦では9月から11月までの期間。「あき・の・　まつり(祭)・は・　じゅーがつ(十月)・の・　すえ(末)・や。」②穀物の穫り入れの頃。また、その時期の作業。「あき・は・　どの・　いえ(家)・も・　みんな・　いそが(忙)しー。」「あき・の・　あいだ(間)・は・　かいしゃ(会社)・を・　やす(休)む。」「もーじき・　むぎ(麦)・の・　あき・や。」

あき【空き・明き】《名詞》 ①ものが詰まっていないで、場所などが空いていること。空っぽの場所。「あぱーと(アパート)・に・　あき・が・　あ(有)る・そーや。」②時間と時間の間にすきまがあること。休みの時間。「あき・の・　じかん(時間)・に・　こーひー(コーヒー)・を・　の(飲)む。」③座席や役職などがふさがっていないこと。欠員や空席など。「あき・が・　あっ・たら・　やと(雇)・てほしー・なー。」

あき【飽き】《名詞》 同じことが長く続いて、それ以上は続けることができないと感じて、うんざりする気持ち。「おんな(同)じ・　もん(物)・を・　た(食)べ・とっ・たら・　あき・が・　き(来)・た。」◆カ行上一段活用動詞「あきる【飽きる】」の連用形も、カ行五段活用動詞「あく【飽く】」の連用形も、ともに「あき【飽き】」である。

あきあき【飽き飽き】《形容動詞や(ノ)、動詞する》 これ以上は続けることができないと、強くうんざりする様子。「こんな・　しごと(仕事)・は・　もー・　あきあきです・わ。」「おもろ(面白)ない・　はなし(話)・やっ・た・さかい・　あきあきし・た。」

あきかぜ【秋風】《名詞》 秋のはじめ頃に吹く、ひんやりした風。「あきかぜ・が・　ふ(吹)い・て・　むし(虫)・も・　よー・　な(鳴)く・よーに・　なっ・た。」■関連語＝「はるかぜ【春風】」

あきかん【空き缶】《名詞》 中にものが入っていない缶。中のものを使い終えて、空になった缶。「じゅーす(ジュース)・の・　あきかん・は・　じぶん(自分)・で・　しまつ(始末)し・てください。」

あきぐち【秋口】《名詞》 秋の初めの頃。「あきぐち・に・　なっ・たら・　いろんな・　むし(虫)・が・　な(鳴)く。」◆春、夏、冬に同様の言い方はしない。春には「はるさき【春先】」という言葉がある。

あきこぐち【秋小口】《名詞》 秋のほんの初めの頃。「あきこぐち・に・　なっ・たら・　ちょっと・　すず(涼)しー・　かぜ(風)・が・　ふ(吹)い・てくる。」◆春、夏、冬に同様の言い方はしない。

あきざくら【秋桜】《名詞》 茎は細く直立し、葉は細い線形に分かれ、秋になると枝先ごとに白、濃い紅色、薄い紅色などの花を咲かせる草。「きれー(綺麗)な・　あきざくら・が・　いっぱい(一杯)・　さ(咲)い・とる。」〔⇒**コスモス**【英語＝cosmos】〕

あきしょう〔あきしょー〕【飽き性】《形容動詞や(ノ)、名詞》 根気がなく、取り組んでいるものごとにすぐ飽きてしまう様子。また、そのような人。「あきしょーで・　しごと(仕事)・が・　つづ(続)か・へん・　ひと(人)・や。」■対語＝「こりしょう【凝り性】」

あきち【空き地】《名詞》 使われていない土地。建物などが建っていない土地。「こ(小)まい・　ころ(頃)・は・　みんな(皆)・で・　あきち・に・　はい(入)りこん・で・　よー・　あそ(遊)ん・だ・　もん・や。」

あきない【商い】《名詞、動詞する》 物を売ったり買ったりすること。「あいつ(彼奴)・は・　あきない・が・　うま(巧)い・なー。」〔⇒**しょうばい**【商売】〕

あきなう【商う】《動詞・ワア行五段活用》 物を売ったり買ったりする。「あそこ・に・　あっ・た・の・は・　なに(何)・を・　あきのー・とる・　みせ(店)・やっ・た・かいなー。」◆生活するための仕事に従事するという感じが強い言葉である。■名詞化＝**あきない**【商い】〔⇒**しょうばい**【商売】(する)〕

あきばこ【空き箱】《名詞》 中にものが入っていない箱。中のものを使い終えて、空になった箱。「おかし(菓子)・の・　あきばこ・を・　つこ(使)・て・　こーさく(工作)・を・　する。」

あきばれ【秋晴れ】《名詞》 秋の空が青く澄んで、高いところまで晴れ渡ること。「しょーがっこー(小学校)・の・　うんどーかい(運動会)・の・　ひ(日)ー・は・　みごと(見事)な・　あきばれ・やっ・た。」◆春・夏・冬に同様の言い方はしない。

あきびん【空き瓶】《名詞》 中に液体などが入っていない瓶。中のものを使い終えて、空になった瓶。「あきびん・は・　きちんと・　しまつ(始末)し・ておくれ。」

あきまつり【秋祭り】《名詞》 秋の季節に、収穫に感謝するなどの意味を込めて催す、神社の祭礼。「なかお(中尾)・の・　すみよしじんじゃ(住吉神社)・の・　あきまつり・は・　このへん(辺)・で・は・　いちばん(一番)・　おそ(遅)ー・て・　じゅーがつ(十月)・の・　すえ(末)・や。」

あきまへん《連語＝あき(動詞)・まへ(助動詞)・ん(助動詞)》 ①だめです。うまくいきません。役に立ちません。「そんな・　やりかた(方)・で・は・　あきまへん。」「あきまへん。もー(儲)かり・まへ・ん。」②弱いです。意気地がありません。「あんた・の・　きも(気持)ち・が・　あきまへん・のや。」③してはいけません。「うそ(嘘)・を・　つい・たら・　あきまへん・ぞ。」「そんな・　こと・を・　し・たら・　あきまへん。」〔⇒**あかん、あかへん、あけへん、あかしまへん、あきゃせん、あきゃへん、あきゃん**〕

あきまめ【秋豆】《名詞》 豆腐・味噌・醬油などの原料として使う、高さ60センチ程度で、白・赤紫などの花をつけて種を収穫する植物。大豆。「あきまめ・を・　ゆ(茹)で・て・　つまみ・に・　する。」◆秋に収穫する豆であることによって、このように言う。

あきや【空き家】《名詞》 人が住んでいない家。「あきや・が・　う(売)り・に・　だ(出)さ・れ・とる。」

あきゃせん《連語＝あきゃ(動詞)・せん(助動詞)》 ①だめだ。うまくいかない。役に立たない。「けーさん(計算)・を・　まちご(間違)・たら・　あきゃせん・ぞ。」「しけん(試験)・を・　なんべん(何遍)・　う(受)け・ても・　あきゃせん・ねん。」②弱い。意気地がない。「また・　ま(負)け・ても・て・　あきゃせん・　やつ(奴)・や。」③してはいけない。「やくそく(約束)・は・　まも(守)ら・んと・　あきゃせん。」「あかしんごー(赤信号)・で・　わた(渡)っ・たら・　あきゃせん・やろ。」〔⇒**あかん、あかへん、あけへん、あきまへん、あかしまへん、あきゃへん、あきゃん**〕

あきゃへん《連語＝あきゃ(動詞)・へん(助動詞)》 ①だめだ。うまくいかない。役に立たない。「わし・を・　だま(騙)そ・ー・と・　おも(思)・ても・　あきゃへん・ぞ。」②弱い。意気地がない。「ほんま(本真)に・　あきゃへん・　ちーむ(チーム)・や・なー。」③してはいけない。「きょー(今日)・は・　さぶ(寒)い・さかい・　くつした(靴下)・を・　は(履)か・んと・　あきゃへん。」〔⇒**あかん、あかへん、あけへん、あきまへん、あかしまへん、あきゃせん、あきゃん**〕

あきゃん《連語＝あきゃ(動詞)・ん(助動詞)》 ①だめだ。うまくいかない。役に立たない。「こんな・　やすもん(安物)・の・　てぶくろ(手袋)・は・　じっき(直)に・　やぶ(破)れ・ても・て・　あきゃん・がな。」②弱い。意気地がない。「まえ(前)・へ・　で(出)・たら・　あ(上)がっ・ても・て・　あきゃん・　やつ(奴)・や。」③してはいけない。「しんごー(信号)・を・　まも(守)ら・んと・　あきゃん・ぞ。」〔⇒**あかん、あかへん、あけへん、あきまへん、あかしまへん、あきゃせん、あきゃへん**〕

あきらめる【諦める】《動詞・マ行下一段活用》 ①望んでいたことが実現できないと考えて、その思いを持ち続けることをやめる。「わる(悪)い・　こと・が・　あっ・たら・　え(良)ー・　こと・も・　おます・やろ。い(生)き・とる・　こと・を・　あきらめ・たら・　あか・ん・よ。」②望みが持てなくなって、努力することをやめる。「あきらめ・んと・　さいご(最後)・まで・　はし(走)り・なはれ。」■名詞化＝**あきらめ【諦め】**〔②⇒**すてる【捨てる】、してる【(捨てる)】、ほかす【放下す】**〕

あきる【飽きる】《動詞・カ行上一段活用》 ①同じことが長く続いて、それ以上は続けることができないと感じて、うんざりする。「べんきょー(勉強)・に・　あきる・と・　てれび(テレビ)・を・　み(見)る・ねん。」②堪能して満たされた気持ちになる。十分すぎてそれ以上は欲しくなくなる。「さけ(酒)・は・　なんぼ・　の(飲)ん・でも・　あき・へん・なー。」■名詞化＝**あき【飽き】**〔⇒**あく【飽く】**〕

あきれかえる【呆れ返る】《動詞・ラ行五段活用》 思いがけないことや、程度の甚だしいことに驚いて、言葉をまったく失って、すっかりあっけにとられる。「あきれかえっ・て・　なん(何)・も・　い(言)わ・れ・へん。」◆「あきれる【呆れる】」を強めて言う言葉である。

あきれる【呆れる】《動詞・ラ行下一段活用》 思いがけないことや、程度の甚だしいことに驚いて、言葉を失って、あっけにとられる。「ことし(今年)・の・　あつ(暑)さ・は・　ほんま(本真)に・　あきれる・　ほど・の・　もん・です・なー。」

あきんど【商人】《名詞》 ものの売買をしている人。商業に従事している人。「あきんど・は・　くち(口)・が・　じょーず(上手)や・さかい・　よー・　たし(確)かめ・た・　ほー(方)・が・　よろしー・よ。」〔⇒**しょうばいにん【商売人】**〕

あく【灰汁】《名詞》 ①植物の中に含まれている成分で、渋みを感じたりのどがひりひり刺激されるように感じたりするもの。「ゆ(茹)で・て・　な(菜)っぱ・の・　あく・を・　ぬ(抜)く。」②人柄や文章などに見られる、どぎつさが感じられる強い個性。「あく・の・　つよ(強)い・　ひと(人)・や・さかい・　つきあいにくい。」

あく【空く】《動詞・カ行五段活用》 ①中に入っていたものが空(から)になる。そこにあったものがなくなる。空間に余裕ができる。「いっしょーびん(一升瓶)・が・　いっぽん(一本)・　あい・た。」「れーぞーこ(冷蔵庫)・を・　こがた(小型)・に・　し・たら・　よこ(横)・に・　すきま(隙間)・が・　あい・た。」②詰まっていた部分に、空間などができる。「やま(山)・に・　とんねる(トンネル)・が・　あい・た。」③使っていたものを、使わなくなる。「て(手)ー・が・　あい・たら・　てっと(手伝)ー・て・な。」「からだ(体)・が・　あい・とる。」④時間に余裕ができる。ひまになる。「ひる(昼)から・は・　よてー(予定)・が・　あい・とる。」⑤数量や距離などの差が大きくなる。または、その差が大きい状態である。「いちい(一位)・と・の・　さ(差)・が・　あい・た。」■他動詞は「あける【空ける】」■対語＝「ふさがる【塞がる】」〔⑥⇒**あらく【空らく】**〕

あく【明く】《動詞・カ行五段活用》 ①前にあったものが去って、新しいものになる。特に、太陽が昇って明るくなる。「よる(夜)・が・　あく。」「とし(年)・が・　あい・て・　ことし(今年)・は・　ちゅーがくせー(中学生)・に・　なる。」②ある期間にわたって続いていたものが終わって、新しいものが始まる。特に、年・月・日が始まる。「なが(長)い・　つゆ(梅雨)・が・　あい・た。」「なつやす(夏休)み・が・　あい・て・　にがっき(二学期)・に・　なる。」「ちゅーかんしけん(中間試験)・が・　あい・た・さかい・　えーが(映画)・を・　み(見)・に・　い(行)く。」■対語＝「くれる【暮れる】」■名詞化＝**あき【明き】**〔⇒**あける【明ける】**〕

あく【開く】《動詞・カ行五段活用》 ①閉じたり塞がったりしていたものが広がった状態になる。「め(目)ー・が・　あい・たら・　はちじ(八時)・やっ・た。」「もん(門)・が・　あく・まで・　ま(待)つ。」②活動が始まる。店などが営業する。「でぱーと(デパート)・は・　くじ(九時)・に・　あく。」■対語＝「しまる【閉まる】」■他動詞は「あける【開ける】」〔①⇒**ひらく【開く】**〕

あく【飽く】《動詞・カ行五段活用》 ①同じことが長く続いて、それ以上は続けることができないと感じて、うんざりする。「しけんべんきょー(試験勉強)・に・　あい・ても・た。」②堪能して満たされた気持ちになる。十分すぎてそれ以上は欲しくなくなる。「すいか(西瓜)・は・　なんぼ・　た(食)べ・ても・　あか・へん。」■名詞化＝**あき【飽き】**〔⇒**あきる【飽きる】**〕

あく《動詞・カ行五段活用》 ものごとがうまくいく。状況が都合よく運ぶ。こと足りる。「あく・とか・　あか・ん・とか・なんか・　かんが(考)え・んと・　がんば(頑張)っ・てみ・ん・かいな。」「そんな・　こと(事)・　し・たっ・て・　あか・へん・やろ。」◆「あく」は、打ち消しを伴った表現となることが多い。その場合は、「あか・ん」「あか・へん」「あき・まへん」「あか・しまへん」「あけ・へん」などとなる。その場合の意味は、〔①だめだ。うまくいかない。役に立たない。②弱い。意気地がない。③してはいけない。〕などである。〔⇒**いく**〕

あくあかん《名詞》 うまくできることと、できないこと。成功することと失敗すること。「あくあかん・は・　やっ・てみ・な・　わから・へん。」〔⇒**いくいかん**〕

あくかあかんか《連語＝あく(動詞)・か(副助詞)・あか(動詞)・ん(助動詞)・か(副助詞)》 できるか、できないか。うまくいくか、うまくいかないか。「あいつ・の・　ちから(力)・やっ・たら・　あくかあかんか・　わから・へん。」◆結果がどちらであるのかわからないという気持ちを表す言葉。〔⇒**いくかいかんか**〕

あくしゅ【握手】《名詞、動詞する》 親しみ・喜び・感謝などの気持ちを表すために、手を握り合うこと。「さいなら・の・　あくしゅ・を・　する。」

あくせく《副詞と、動詞する》 ①いろんなことに追われて、休めないほど忙しい様子。「いちねんじゅー(一年中)・　あくせくと・　はたら(働)い・とる。」「そないに・　あくせくせ・んと・　もっと・　お(落)ちつき・なはれ。」②経済的に余裕がなく、生活に追われている様子。「あくせく・　かせ(稼)が・なんだら・　い(生)き・ていか・れ・へん。」

あくだし【灰汁出し】《名詞、動詞する》 野菜などの苦みの強い成分を、水につけたり、ゆでたりして、取り除

あ

くこと。「わらび(蕨)・の・ あくだし・を・ する。」〔⇒**あくぬき【灰汁抜き】**〕

あくち《名詞》 口の端などが切れる炎症。口の端にできる小さな腫れ物。「あくち・が・ き(切)れ・て・ いた(痛)い。」「あくち・が・ でけ(出来)・とる。」

あくどい《形容詞・オイ型》 ①ものごとのやり方がひどくて、たちが悪い。「しゃっきん(借金)・の・ あくどい・と(取)りたて・を・ する・ ひと(人)・が・ おる。」②色や味が、しつこくて嫌な感じである。「あくどい・いろ(色)・の・ じゅーす(ジュース)・や・なー。」

あくぬき【灰汁抜き】《名詞、動詞する》 野菜などの苦みの強い成分を、水につけたり、ゆでたりして、取り除くこと。「あくぬきし・たら・ た(食)べ・られる・ぞ。」〔⇒**あくだし【灰汁出し】**〕

あくび【欠伸】《名詞、動詞する》 眠くなったときや、退屈したときなどに、自然に口が大きく開いて起こる深い呼吸。「ひと(人)・の・ はなし(話)・を・ き(聞)き・ながら・ あくび・を・ し・たら・ しつれー(失礼)や。」

あぐむ【倦む】《動詞・マ行五段活用》 手のつけようがなく、どのようにしようかと考え込む。ものごとが行き詰まって、持て余す。「あぐん・どっ・ても・ じかん(時間)・が・ た(経)つ・ばっかり・や・さかい・ はよ(早)ー・ はじ(始)め・なはれ。」

あぐら【胡座】《名詞》 両足を腰の前に組んで、楽に座ること。「ぎょーぎ(行儀)・に・ すわ(座)っ・たら・ しび(痺)れ・が・ きれる・さかい・ あぐら・に・ さし・てもらい・ます。」「えんりょ(遠慮)せ・んと・ どーぞ・ あぐら・に・ し・てください。」

あぐら(を)かく【胡座(を)かく】《動詞・カ行五段活用》 両足を腰の前に組んで、楽に座る。「あぐらかい・て・ しょーぎ(将棋)・を・ さす。」〔⇒**あぐら(を)くむ【胡座(を)組む】**〕

あぐら(を)くむ【胡座(を)組む】《動詞・マ行五段活用》 両足を腰の前に組んで、楽に座る。「あぐらくん・で・ てれび(テレビ)・を・ み(見)る。」〔⇒**あぐら(を)かく【胡座(を)かく】**〕

あくるあさ【明くる朝】《名詞》 何かの日の次に来る朝。翌朝。「あくるあさ・は・ ろくじ(六時)・に・ しゅっぱつ(出発)し・まし・てん。」〔⇒**あけのあさ【明けの朝】**〕

あくるしゅう〔あくるしゅー〕【明くる週】《名詞》 何かの週の次に来る週。翌週。「けっしょーせん(決勝戦)・は・ あくるしゅー・に・ の(延)び・た。」〔⇒**あけのしゅう【明けの週】**〕

あくるつき【明くる月】《名詞》 何かの月の次に来る月。翌月。「その・ あくるつき・に・も・ たいふー(台風)・が・き(来)・た。」〔⇒**あけのつき【明けの月】、あとのつき【後の月】**〕

あくるとし【明くる年】《名詞》 何かの年の次に来る年。翌年。「ゆーしょー(優勝)し・た・ あくるとし・は・ さんい(三位)・に・ なっ・ても・た。」〔⇒**あけのとし【明けの年】、あとのとし【後の年】**〕

あくるひ〔あくるひー〕【明くる日】《名詞》 その日の、次の日。「たいふー(台風)・の・ とー(通)っ・た・ あくるひー・は・ え(良)ー・ てんき(天気)・に・ なっ・た。」◆他に、「あくるげつようび【明くる月曜日】」(=何かの日の次に来る月曜日)などの言い方もできる。〔⇒**あけのひ【明けの日】、あとのひ【後の日】、よくじつ【翌日】**〕

あけ【明け】《名詞》 ①一年が始まるとき。「らいねん(来年)・の・ あけ・に・ いっぺん(一遍)・ あつ(集)まろ・か。」②一つの月の初めのとき。「ひちがつ(七月)・の・ あけ・は・ まだ・ つゆ(梅雨)・やろ。」③一日の始まり。太陽が昇る時刻。夜が終わって明るくなること。「このごろ・は・ あけ・が・ はよ(早)ー・ なっ・た。」④季節や続いたものから抜け出るとき。「ひがん(彼岸)・の・ あけ・は・ にじゅーろくにち(二十六日)・や。」■対語=「くれ【暮れ】」〔①⇒**としあけ【年明け】**。②⇒**つきはじめ【月初め】**。③⇒**よあけ【夜明け】**〕

あげ【揚げ】《名詞》 薄く切った豆腐を油で揚げたもの。「みそしる(味噌汁)・に・ わかめ(若布)・と・ あげ・を・ い(入)れる。」◆「あつあげ【厚揚げ】」と区別する場合は「うすあげ」と言う。■対語=「あつあげ【厚揚げ】」〔⇒**あぶらあげ【油揚げ】、あぶらげ【(油揚げ)】、うすあげ【薄揚げ】**〕

あけあけ【開け開け】《形容動詞や(ノ)》 食べ物などの入った瓶や缶などを開けたばかりの様子。「あけあけの・ しょーゆ(醤油)・の・ びん(瓶)・から・ つ(注)ぐ。」〔⇒**あけたて【開け立て】**〕

あげあげ【揚げ揚げ】《形容動詞や(ノ)》 肉・魚・野菜などを油で揚げたばかりの様子。「あげあげの・ てんぷら・を・ ふーふー・ い(言)ー・ながら・ た(食)べ・た。」〔⇒**あげたて【揚げ立て】**〕

あげあし【揚げ足】《名詞》 ちょっとした言葉尻や言い間違いを捉えて、大げさに批判などをすること。また、その内容。「あげあし・を・ つか(捕)まえ・られ・ん・よーに・ はなし(話)する。」

あげあしとり【揚げ足取り】《名詞、動詞する》 ちょっとした言葉尻や言い間違いを捉えて、大げさに批判などをすること。また、それをする人。「あいつ(彼奴)・は・ あげあしとり・が・ す(好)きや・ねん。」「ひと(人)・の・ あげあしとりする・の・は・ や(止)め・なはれ。」

あげあし(を)とる【揚げ足(を)取る】《動詞・ラ行五段活用》 ちょっとした言葉尻や言い間違いを捉えて、大げさに批判などをする。「まー(周)り・の・ しと(人)・の・ あげあしとっ・たら・ きら(嫌)わ・れる・ぞ。」■名詞化=**あげあしとり【揚げ足取り】**

あけがた【明け方】《名詞》 太陽が昇ろうとする少し前の、まだ暗さが残る頃。「きょー(今日)・の・ あけがた・は・ さぶ(寒)かっ・た。」■対語=「くれがた【暮れ方】」

あげく【挙げ句】《名詞》 最後に行き着いた段階。「も(揉)め・た・ あげく・は・ なに(何)・も・ き(決)まら・なんだ。」◆良くない結果に終わった場合に使うことが多い。〔⇒**あげくのはて【挙げ句の果て】**〕

あげく【挙げ句】《副詞に》 さらに加えて、その上に。「さぶ(寒)い・ ひ(日)ー・やっ・た・のに・ あげくに・ あめ(雨)・まで・ ふ(降)っ・てき・た。」◆良くないことが加わる場合に使うことが多い。〔⇒**あげくのはて【挙げ句の果て】**〕

あげくのはて【挙げ句の果て】《名詞》 最後の最後に行き着いた段階「なん(何)やかや・ しつもん(質問)さ・れ・て・ こま(困)っ・た・ん・や・けど・ あげくのはて・は・ ごーかく(合格)・に・ なら・なんだ。」◆「あげく【挙げ句】」に、同義語の「はて【果て】」を加えた強調表現である。〔⇒**あげく【挙げ句】**〕

あげくのはて【挙げ句の果て】《副詞に》 さらに加えて、その上に。「あかじ(赤字)・が・ つづ(続)い・て・ あげくのはてに・ とーさん(倒産)し・ても・た。」◆「あげく【挙げ句】」に、同義語の「はて【果て】」を加えた強調表現である。〔⇒**あげく【挙げ句】**〕

あげさげ【上げ下げ】《名詞、動詞する》 上げることと下げること。上に向かわせたり下に向かわせたりすること。「あさばん(朝晩)・　ぶつだん(仏壇)・に・　ごはん(飯)・の・　あげさげ・を・　する。」「むかし(昔)・は・　ふみきり(踏切)・の・　あげさげ・を・　する・　ひと(人)・が・　おっ・た。」■自動詞は「あがりさがり【上がり下がり】」

あけすけ【明け透け】《副詞に・と》　遠慮をしないで、思ったことをそのまま言う様子。ものを包み隠さない様子。「あけすけと・　もの・を・　ゆ(言)ー・　ひと(人)・や・なー。」「そないに・　あけすけに・　ゆ(言)ー・たら・　きら(嫌)わ・れる・ぞ。」

あげそこ〔**あげぞこ**〕【上げ底】《名詞、動詞する》　中味が多いように見せかけるために、箱などの底を高くすること。また、そのようなもの。「おかし(菓子)・の・　はこ(箱)・が・　あげそこ・に・　なっ・とっ・た。」〔⇒**げすいた**【げす板】〕

あけたて【開け立て】《形容動詞や(ノ)》　食べ物などの入った瓶や缶などを開けたばかりの様子。「せん(栓)・を・　あけたての・　さけ(酒)・や・さかい・　かお(香)り・が・　え(良)ー。」〔⇒**あけあけ**【開け開け】〕

あげたて【揚げ立て】《形容動詞や(ノ)》　肉・魚・野菜などを油で揚げたばかりの様子。「あげたての・　てんぷら(天麩羅)・は・　うまい。」〔⇒**あげあげ**【揚げ揚げ】〕

あけっぱなし【開けっ放し】《形容動詞や(ノ)》　①窓や戸などをいっぱいに開けている様子。「あけっぱなしの・　まど(窓)・を・　わす(忘)れ・ん・よーに・　し(閉)め・て・な。」②開けたままで、無防備に放置する様子。「あけっぱなしで・　かいもん(買物)・に・　い(行)っ・たら・　よーじん(用心)・が・　わる(悪)い・よ。」③隠し立てをしないで、ありのままを見せる様子。「あけっぱなしに・　なん(何)・でも・　ゆ(言)ー・てまう。」

あけっぱなす【開けっ放す】《動詞・サ行五段活用》　①窓や戸などをいっぱいに開ける。「あけっぱなし・て・　すず(涼)しー・　かぜ(風)・を・　い(入)れる。」②開けたままで、無防備に放置する。隠し立てをしないで、ありのままを見せる。「みせ(店)・を・　あけっぱなし・て・　だれ(誰)・も・　おら・へん。」■名詞化＝**あけっぱなし**【開けっ放し】

あけてもくれても【明けても暮れても】《副詞》　毎日毎日欠かさず。間を置くことなく、いつも繰り返して。「まご(孫)・は・　あけてもくれても・　ぶかつ(部活)・ばっかり・　し・て・　ひとっ(一)つも・　べんきょー(勉強)し・よら・へん。」

あけのあさ【明けの朝】《名詞》　何かの日の次に来る朝。翌朝。「たいふー(台風)・は・　その・　あけのあさ・に・は・　おさまり・まし・てん。」〔⇒**あくるあさ**【明くる朝】〕

あけのしゅう〔**あけのしゅー**〕【明けの週】《名詞》　何かの週の次に来る週。翌週。「ひがん(彼岸)・の・　あけのしゅー・に・　はかまい(墓参)り・に・　い(行)っ・た。」〔⇒**あくるしゅう**【明くる週】〕

あけのつき【明けの月】《名詞》　何かの月の次に来る月。翌月。「あけのつき・は・　あめ(雨)・が・　ふ(降)ら・なんだ。」〔⇒**あくるつき**【明くる月】、**あとのつき**【後の月】〕

あけのとし【明けの年】《名詞》　何かの年の次に来る年。翌年。「こども・が・　しょーがっこー(小学校)・に・　にゅーがく(入学)し・た・　あけのとし・に・　ここ・へ・　ひ(引)っこし・てき・まし・てん。」〔⇒**あくるとし**【明くる年】、**あとのとし**【後の年】〕

あけのひ〔**あけのひー**〕【明けの日】《名詞》　その日の、次の日。「あけのひー・に・　あとしまつ(後始末)・の・　そーじ(掃除)・を・　し・た。」◆他に、「あけのげつようび【明けの月曜日】」(＝何かの日の次に来る月曜日)などの言い方もできる。〔⇒**あくるひ**【明くる日】、**あとのひ**【後の日】、**よくじつ**【翌日】〕

あげはちょう〔**あげはちょー**〕【揚羽蝶】《名詞》　淡い黄色の地に、黒い筋や斑紋がある羽根を持つ、大型の蝶。「ひまわり(向日葵)・に・　あげはちょー・が・　と(飛)ん・でき・た。」

あけへん《連語＝あけ(動詞)・へん(助動詞)》　①だめだ。うまくいかない。役に立たない。「でんしゃ(電車)・に・　ま(間)にあ(合)う・と・　おも(思)・て・　はし(走)っ・てん・けど・　あけへん・なんだ。」「どない・　し・ても・　うまいこと・　なわと(縄跳)び・が・　でけ・んと・　あけへん・ねん。」②弱い。意気地がない。「けんか(喧嘩)・も・　よー・　せ・ん・よーな・　あけへん・　やつ(奴)・や。」「あけへん・さかいに・　もっと・　れんしゅー(練習)・を・　つづ(続)け・なはれ。」③してはいけない。「ざしき(座敷)・で・　あば(暴)れ・たら・　あけへん。」「めんきょ(免許)・を・　も(持)た・んと・　うんてん(運転)し・たら・　あけへん・ぞ。」〔⇒**あかん**、**あかへん**、**あきまへん**、**あかしまへん**、**あきゃせん**、**あきゃへん**、**あきゃん**〕

あげます【上げます】《動詞・サ行五段活用》「与える」ということを謙譲して言う言葉。献上する。「この・　まんじゅー(饅頭)・を・　あんた・に・　あげます。」◆動詞「あげる【上げる】」に、丁寧の意の助動詞「ます」が続いて一語に熟した言葉である。〔⇒**あいます**【(上います)】、**あえます**【(上えます)】、**やいます**【(遣います)】、**やえます**【(遣えます)】、**さしあげる**【差し上げる】〕

あげます【上げます】《補助動詞・サ行五段活用》⇒**てあげます**〔**であげます**〕【て上げます】《補助動詞・サ行五段活用》**を参照**

あげもん【揚げ物】《名詞、動詞する》　①魚、肉、野菜などにパン粉や溶いた小麦粉をつけて、油で揚げた料理。「さつまいも(薩摩芋)・の・　あげもん・は・　うま(美味)かっ・た。」②魚や野菜などを、パン粉や溶いた小麦粉を付けないで油で揚げたもの。「かきもち(餅)・を・　あげもん・に・　する。」〔①⇒**てんぷら**【ポルトガル語＝tempero から】、**てんぽら**【ポルトガル語＝ tempero から】、**フライ**【英語＝ fry】。②⇒**すあげ**【素揚げ】〕

あける【開ける】《動詞・カ行下一段活用》　①閉じたり塞がったりしていたものを広がった状態にする。閉じたり畳んだり、収めてあったりしたものを開く。「あまど(雨戸)・を・　あける。」「みせ(店)・の・　と(戸)・を・　あける。」「ほん(本)・の・　ぺーじ(ページ)・を・　あける。」②活動を始める。店などが営業をする。「はちじ(八時)・に・　みせ(店)・を・　あける。」③心の中をありのままに言う。包み隠さずに言う。「あけ・た・　はなし(話)・を・　する・と・　あいつ(彼奴)・は・　たよ(頼)り・に・　なら・ん・　おとこ(男)・や。」■対語＝①「とじる【閉じる】」「しめる【閉める】」■自動詞は「あく【開く】」〔①⇒**ひらく**【開く】、**ひろげる**【広げる】〕

あける【明ける】《動詞・カ行下一段活用》　①前にあったものが去って、新しいものになる。特に、太陽が昇って明るくなる。「よ(夜)・が・　あける・の・が・　はよ(早)ー・　なっ・た。」②ある期間にわたって続いていたものが終わって、新しいものが始まる。特に、年・月・日が始まる。「なが(長)い・　つゆ(梅雨)・が・　あけ・た。」「おやじ(親父)・の・　しじゅーくにち(四十九日)・が・　あける。」「とし(年)・が・　あけ・て・　はつもーで(初詣)・に・　い(行)く。」■対語＝「くれる【暮れる】」■名詞化＝**あけ**【明け】〔⇒**あく**【明く】〕

あける【空ける】《動詞・カ行下一段活用》 ①中に入っていたものを空(から)にする。そこにあったものをなくす。空間に余裕をつくる。「さかづき(盃)・を・　もー・いっぱい(一杯)・　あけ・なはれ。」「へや(部屋)・を・　あけ・て・　ひと(人)・に・　か(貸)す。」②詰まっていた部分に、空間などを作る。「きり(錐)・で・　あな(穴)・を・　あける。」「ぼく(僕)・の・　せき(席)・を・　あけ・とい・てくれ。」③使っていたものを、使わなくする。「あした(明日)・は・　いちにち(一日)・　くるま(車)・を・　あけ・とい・てほしー・ねん。」④時間に余裕をつくる。ひまをつくる。「そーだん(相談)し・たい・こと・が・　ある・さかい・　にっちょーび(日曜日)・の・　ゆーがた(夕方)・は・　あけ・とい・てんか。」⑤入っているものを、あたりにぶちまける。「たらい(盥)・の・　みず(水)・を・　にわ(庭)・に・　あける。」⑥数量や距離などの差を大きくする。または、その差を大きい状態で保つ。「うしろ(後)・と・の・　さ(差)ー・を・　あけ・て・　ごーるいん(ゴールイン)し・た。」■自動詞は「あく【空く】」■対語＝「ふさぐ【塞ぐ】」〔⑥⇒**あらける**【空らける】、**はなす**【離す】〕

あげる【上げる、挙げる】《動詞・ガ行下一段活用》 ①低いところから高いところへ移す。上に向かわせる。「はこ(箱)・を・　たな(棚)・に・　あげる。」②海上から陸上に荷物を移す。「みなと(港)・で・　にもつ(荷物)・を・　あげる。」③神や仏に供える。「りょこー(旅行)・の・　おみやげ(土産)・を・　ぶつだん(仏壇)・に・　あげる。」④値段を高くする。「しんぶんだい(新聞代)・を・　あげ・やがっ・た。」⑤程度や勢いを高くする。「すぴーど(スピード)・を・　あげる。」⑥「与える」の丁寧な言い方。「あんた・に・　この・　ほん(本)・を・　あげる。」⑦式などをする。「じんじゃ(神社)・で・　けっこんしき(結婚式)・を・　あげ・た。」⑧食べたり飲んだりしたものを吐き出す。「の(飲)みすぎ・て・　く(食)・た・　もん(物)・を・　あげ・ても・た。」■対語＝①「さげる【下げる】」、「おろす【下ろす】」。■自動詞は「あがる【上がる、挙がる】」〔④⇒ **たかする**【高する】、**たこする**【高する】。⑧⇒**もどす**【戻す】〕

あげる【揚げる】《動詞・ガ行下一段活用》 ①空中の高いところへ移るようにさせる。「かどぐち(門口)・に・　こっき(国旗)・を・　あげる。」「たこ(凧)・を・　あげる。」②食べ物を熱い油の中に入れて火を通して、食べられるようにする。「いも(芋)・を・　あげる。」■自動詞は「あがる【揚がる】」■対語＝①「さげる【下げる】」

あげる【上げる】《接尾語・ガ行下一段活用》［動詞の連用形に付く］ その動作や状態がそれ以上続かない段階に達するようにさせることを表す言葉。すっかりそのようにするということを表す言葉。「しくだい(宿題)を・　し(仕)あげる。」「こども・を・　そだ(育)てあげ・て・から・　もーいっぺん(一遍)・　かいしゃ(会社)・に・　つと(勤)め・た。」■自動詞をつくる接尾語は「あがる」■名詞化＝**あげ**【上げ】

あけわたす【明け渡す】《動詞・サ行五段活用》 自分のいたところや立場・地位などから退いて、それを他人に渡す。「なご(長)ー・　す(住)ん・だ・　いえ(家)・を・　あけわたす。」■名詞化＝**あけわたし**【明け渡し】

あこ《名詞》 離れている、あの場所。かつての、あの時。あの状態。「あこ・に・　お(置)い・とい・た・　ほん(本)・を・　し(知)ら・ん・か。」「とけー(時計)・は・　あこ・に・　わす(忘)れ・てき・た・みたいや。」「あこ・で・　もーいっぺん(一遍)・　ふ(踏)んばっ・とい・たら・　よ(良)かっ・てん・けど・な。」「あこ・から・　けーき(景気)・の・　わる(悪)い・　じだい(時代)・に・　はい(入)っ・たん・や。」〔⇒**あそこ**、**あしこ**、**あすこ**、**あっこ**〕

あご【顎】《名詞》 ①口の上下にあって、食べ物をかんだり声を出すのに役立つ部分。「あご・に・　もち(餅)・が・　ひっつい・て・　と(取)れ・へん。」②顔の下の方にあって、口より下の部分の外側。「あご・の・　なが(長)い・　ひと(人)・が・　たず(訪)ね・てき・た・よ。」「あご・が・　ふっくらと・　し・た・　ひと(人)・や。」〔⇒**あごた**【顎た】、**あごたん**【顎たん】、**おとがい**〕

アコーデオン〔あこーでおん〕【英語＝ accordion】《名詞》 蛇腹を伸縮させて空気を出し入れしながら、鍵盤を用いて音を出す楽器。手風琴。「あこーでおん・の・　ばんそー(伴奏)・で・　りゅーこーか(流行歌)・を・　うた(歌)う。」

あこする〔あこーする〕【(赤する)】《動詞・サ行変格活用》 ①赤くないものを赤くする。赤色を濃くする。「とまと(トマト)・は・　もーちょっと(一寸)・　あこーし・て・から・　ちぎる・　こと・に・　する。」②恥ずかしさや怒りなどを感じて顔を赤らめる。「かお(顔)・を・　あこーし・て・　おこ(怒)っ・とる。」■自動詞は「あこなる【(赤なる)】」〔⇒**あかする**【赤する】〕

あこする〔あこーする〕【明する】《動詞・サ行変格活用》 ①暗い状態を明るくする。「でんき(電気)・を・　つ(点)け・て・　あこし・てくれ・へん・か。」②性格などを、朗らかで楽しそうにする。「くらす(クラス)・を・　あこーする・　こ(子)・は・　にんきもん(人気者)・に・　なる。」■自動詞は「あこなる【明なる】」■対語＝「くろする【暗する】」〔⇒**あかする**【明する】〕

あごた【顎た】《名詞》 ①口の上下にあって、食べ物をかんだり声を出すのに役立つ部分。「あごた・の・　か(噛)みあわせ・が・　わる(悪)い。」②顔の下の方にあって、口より下の部分の外側。「あいつ(彼奴)・は・　あごた・が・　とが(尖)っ・とる・ねん。」「あごた・に・　ごはんつぶ(飯粒)・が・　つ(付)い・とる・よ。」〔⇒**あご**【顎】、**あごたん**【顎たん】、**おとがい**〕

あごたん【顎たん】《名詞》 ①口の上下にあって、食べ物をかんだり声を出すのに役立つ部分。「かた(硬)い・　もん・を・　か(噛)ん・で・　あごたん・が・　つか(疲)れ・た。」「あごたん・が・　はず(外)れ・た。」②顔の下の方にあって、口より下の部分の外側。「あごたん・に・　ひげ(髭)・を・　はやし・とる。」〔⇒**あご**【顎】、**あごた**【顎た】、**おとがい**〕

あごでつかう【顎で使う】《動詞・ワア行五段活用》 威張った態度で他人に指図や命令をする。「ひと(人)・を・　あごでつかう・よーな・　こと・を・　し・たら・　あかん。」

あこなる〔あこーなる〕【(赤なる)】《動詞・ラ行五段活用》 ①赤くないものが赤くなる。赤色が濃くなる。「かき(柿)・の・　み(実)・が・　あこーなっ・た。」②恥ずかしさや怒りなどを感じて顔が赤らむ。赤面する。「は(恥)ずかしゅー・て・　かお(顔)・が・　あこなっ・た。」■他動詞は「あこする【(赤する)】」〔⇒**あかなる**【赤なる】〕

あこなる〔あこーなる〕【明なる】《動詞・ラ行五段活用》 ①暗い状態から明るくなる。「あめ(雨)・が・　や(止)ん・で・　そら(空)・が・　あこーなっ・た。」「でんき(電気)・を・　つ(点)け・たら・　あこなっ・た。」②性格などが、朗らかで楽しそうになる。「ぶかつ(部活)・に・　はい(入)っ・て・から・　だいぶ(大分)・　あこなっ・た。」■他動詞は「あこする【明する】」■対語＝「くろなる【暗なる】」〔⇒**あかなる【明なる】**〕

あごひぼ【(顎紐)】《名詞》　風で飛ばされないように、かぶるときに帽子から顎に向けて掛ける紐。「かぜ(風)・が・　つお(強)い・さかい・　あごひぼ・を・　ひ(引)っかけ・とく。」〔⇒**あごひも【顎紐】**〕

あごひも【顎紐】《名詞》　風で飛ばされないように、かぶるときに帽子から顎に向けて掛ける紐。「がくせーぼー(学生帽)・に・　つ(付)い・とる・　あごひも・は・　かざ(飾)り・や。」〔⇒**あごひぼ【(顎紐)】**〕

あさ【朝】《名詞》　①夜が明けた頃。日の出から数時間の間。「あさ・　め(目)・が・　さ(覚)め・たら・　あめ(雨)・が・　ふ(降)っ・とっ・た。」②午前。日の出から正午までの間。「なつやす(夏休)み・は・　あさ・の・　うち・に・　しゅくだい(宿題)・を・　する。」③一日の始まりに食べる食事。「あさ・は・　もー・　た(食)べ・た・か。」〔③⇒**あさごはん【朝御飯】、あさめし【朝飯】、ちょうしょく【朝食】**〕

あさ【麻】《名詞》　①夏に薄緑色の小さな花が咲き、茎の皮から繊維を作る植物。「あさ・が・　なら(並)ん・で・　は(生)え・とる。」②その植物の繊維で作った布。「なつ(夏)・は・　あさ・の・　ざぶとん(座布団)・を・　つか(使)う。」

あざ【痣】《名詞》　①皮膚にできる、赤や黒の色をした部分。「かお(顔)・に・　あざ・が・　ある。」②体を強く撲ったりして、内出血を起こして青く見えるところ。「う(撲)っ・て・　あざ・に・　なっ・た。」◆②は「し(死)ん・どる・　ところ」とも言う。

あさい【浅い】《形容詞・アイ型》　①水面や地面からの距離が短い。「つち(土)・の・　あさい・　とこ(所)・に・　たね(種)・を・　まく。」「きすご(鱚)・は・　あさい・　うみ(海)・に・　す(棲)ん・どる。」②外までの距離が短い。奥行きが近い。「いす(椅子)・に・　あそー・　すわ(座)る。」③色が濃くない。「あさい・　みどりいろ(緑色)・の・　ふく(服)・を・　き(着)・とる。」④内容が薄い。内容を理解するのは簡単である。「きのー(昨日)・の・　こーえん(講演)・の・　なかみ(中味)・は・　あさかっ・た。」⑤表面的な親しさである。関係が並みの程度である。「あいつ(彼奴)・と・は・　あさい・　つきあい・やっ・た。」⑥日数や時間があまり経っていない。「この・　しごと(仕事)・の・　けーけんねんすー(経験年数)・は・　あさい。」■対語＝「ふかい【深い】」

あさがけ【朝駆け】《名詞》　朝の、比較的早い時間帯。「あさがけ・に・　よーじ(用事)・に・　い(行)く。」〔⇒**あさがた【朝方】**〕

あさがお【朝顔】《名詞》　夏の早朝に、さまざまな色のじょうごのような形の花を咲かせるつる草。「なつ(夏)・の・　あさ(朝)・は・　あさがお・を・　み(見)る・の・が・　たの(楽)しみ・や。」

あさがた【朝方】《名詞》　朝の、比較的早い時間帯。「あさがた・に・　しごと(仕事)・を・　す(済)まし・てしも・た。」■対語＝「ゆうがた【夕方】」「ばんがた【晩方】」〔⇒**あさがけ【朝駆け】**〕

あさぎり【朝霧】《固有名詞》　ＪＲ山陽線(神戸線)の朝霧駅およびその周辺。「あさぎり・で・　お(降)り・たら・　め(目)のまえ・が・　おーくらかいがん(大蔵海岸)・や。」

あさぐろい【浅黒い】《形容詞・オイ型》　人の皮膚の色が茶褐色をしている。「ひ(陽)・に・　や(焼)け・て・　あさぐろい・　からだ(体)・に・　なっ・た。」

あさごはん【朝御飯】《名詞》　一日の始まりに食べる食事。「あさごはん・は・　ひちじ(七時)・に・　た(食)べる。」■対語＝「ひるごはん【昼御飯】」「ばんごはん【晩御飯】」〔⇒**あさめし【朝飯】、ちょうしょく【朝食】、あさ【朝】**〕

あささ【浅さ】《名詞》　表面から底や奥までの距離。また、それがたいした距離でないこと。「かいすいよくじょー(海水浴場)・の・　あささ・を・　しら(調)べる。」■対語＝「ふかさ【深さ】」

あさせ【浅瀬】《名詞》　海や川で、底が浅いところ。「あさせ・で・　ふね(船)・の・　そこ(底)・が・　つか(支)える。」

あさづけ【浅漬け】《名詞》　糠や塩などで短い日数や時間だけ漬けた茄子、胡瓜、大根などの漬け物。「なすび(茄子)・の・　あさづけ・で・　おちゃづ(茶漬)け・を・　た(食)べる。」

あさって【明後日】《名詞》　明日の次の日。明後日。「あさって・の・　にちよー(日曜)・は・　うんどーかい(運動会)・や。」◆「きょう【今日】」より後の一日ごとの言い方は、「あした【明日】」「あさって【明後日】」「しあさって【明々後日、四明後日】」「ごあさって【五明後日】」となる。戯れて、「ろくあさって【(六明後日)】」「なな あさって【(七明後日)】」と続けることもある。

あさっぱら【朝っぱら】《名詞》　朝早い時刻。「あさっぱら・から・　さけ(酒)・　の(飲)ん・で・　こま(困)っ・た・やつ(奴)・や。」「あさっぱら・に・　おー(大)けな・　おと(音)・を・　だ(出)し・て・　やかま(喧)しー・なー。」◆どちらかというと、望ましくないことについて言うことが多い。

あさばん【朝晩】《名詞》　①朝と晩。「あさばん・　ひ(冷)える・よーに・　なっ・てき・た。」②朝となく晩となく、いつでも。「きょーだい(兄弟)・で・　あさばん・　けんか(喧嘩)・ばっかし・　し・とる。」

あさひ【朝日】《名詞》　朝に昇る太陽。朝の、昇って間もない太陽。また、その光。「まど(窓)・に・　あさひ・が・　あ(当)たっ・て・　まぶ(眩)しー。」■対語＝「ゆうひ【夕日】」

あさぶら【麻裏】《名詞》　平たく編んだ麻の繊維を使って作った草履。麻裏草履に似せて、ゴムだけで成型した草履。「しょーがっこー(小学校)・の・　ころ(頃)・は・　あさぶら・　は(履)い・て・　がっこー(学校)・へ・　い(行)き・よっ・た・なー。」◆昭和30年代では、もっぱらゴム製のものを指していた。

あさま【朝間】《名詞》　朝のうち。午前中。「あさま・は・　よー・　ひ(冷)え・て・　さぶ(寒)かっ・た・なー。」〔⇒**あさんま【朝ん間】**〕

あざみ【薊】《名詞》　野山に生えて夏に赤紫色の花をつける、葉の縁にとげのある草花。「あざみ・を・　て(手)・で・　さわ(触)っ・たら・　いた(痛)い・ぞ。」

あさめし【朝飯】《名詞》　一日の始まりに食べる食事。「あさめし・に・は・　みそしる(味噌汁)・が・　な(無)い・と・　あか・ん。」◆「あさごはん【朝御飯】」のややぞんざいな言い方である。■対語＝「ひるめし【昼飯】」「ばんめし【晩飯】」〔⇒**あさごはん【朝御飯】、ちょうしょく【朝食】、あさ【朝】**〕

あさめしまえ【朝飯前】《名詞、形容動詞や(ノ)》　①朝食を食べる前の時間。「まいにち(毎日)・　あさめしまえ・に・　さんぽ(散歩)する。」②ものごとをたやすく行う様子。なんでもなくできる様子。「その・ぐらい・の・けーさん(計算)・は・　あさめしまえや。」〔②⇒**いちころ【一ころ】、おちゃのこ【お茶の子】、おちゃのこさいさい【お茶の子さいさい】、へのかっぱ【屁の河童】**〕

あさやけ【朝焼け】《名詞、動詞する》　太陽が昇る頃、東の空が赤く染まること。「あさやけ・の・　そら(空)・が・　きれー(綺麗)や。」■対語＝「**ゆうやけ【夕焼け】**」

あざらし【海豹】《名詞》　寒い地方に住む、4つの足はひれのようになっていて首が短く、泳ぎのうまい哺乳類の大形動物。「どーぶつえん(動物園)・で・　あざらし・を・　み(見)る。」

あさり【浅蜊】《名詞》　浅い海の砂地にすむ、食用となる小さな二枚貝。「しおひが(潮干狩)り・で・　ほ(掘)っ・てき・た・　あさり・の・　おつい(汁)・は・　うま(美味)い・なー。」〔⇒**あさりがい【浅蜊貝】**〕

あさり【漁り】《接尾語》［名詞に付く］　欲しいものを手に入れようとして、探し回ること。「ふるほん(古本)あさり・を・　し・て・　はんにち(半日)・　す(過)ごし・た。」「からす(鴉)・が・　ごみばこ(塵箱)あさり・を・　し・よる。」

あさりがい【浅蜊貝】《名詞》　浅い海の砂地にすむ、食用となる小さな二枚貝。「あさりがい・を・　つくだに(佃煮)・に・　する。」〔⇒**あさり【浅蜊】**〕

あさる【漁る】《動詞・ラ行五段活用》　①食べ物を手に入れようとして、探し求める。「ねこ(猫)・が・　ごみ(塵)・を・　あさっ・とる。」②欲しいものを手に入れようとして、探し回る。「こっとーひん(骨董品)・を・　あさっ・て・　ほ(掘)りだしもん・を・　み(見)つけ・た。」■名詞化＝**あさり【漁り】**

あさんま【朝ん間】《名詞》　朝のうち。午前中。「あさんま・に・　よーじ(用事)・を・　す(済)まし・てまう。」◆「あさんま・の・うち」とも言うので、「あさんま」を単に〈朝〉という意味で使うこともあるようである。〔⇒**あさま【朝間】**〕

あし【足、脚】《名詞》　①人や動物が体を支えて、立ったり歩いたり跳んだりするときに使う体の部分。「こけ・て・　あし・を・　くんにゃかし(＝捻挫し)・た。」②足首から下の部分。「あし・の・　うら(裏)・が・　いた(痛)い。」③物の下の方にあって、それ全体を支えている部分。「つくえ(机)・の・　あし・が・　ぐらつい・てき・た。」〔①⇒**あいや、あいよ、あんよ**〕

あし《名詞》　自分自身を指す言葉。「あし・は・　そんな・こと・は・　し(知)ら・ん。」〔⇒**あっし、あて、うち【内】、わたい【(私)】、わい、わし、わっし【(私)】、わたし【私】、わて、おれ【俺】、おら【(俺)】、おい【(俺)】、ぼく【僕】**〕

あじ【味】《名詞》　食べたり飲んだりしたときに舌で得られる、甘い・辛い・渋い・熱い・冷たいなどのさまざまな感じ。「え(良)ー・　あじ・の・　たまごやき(玉子焼)・や。」

あじ【鯵】《名詞》　暖かい海にすみ、背中は青く腹は銀色で、うろこの変形した硬い突起を体側に持つ魚。「あじ・を・　ひら(開)き・に・　する。」「あじ・の・　ひもの(干物)・を・　や(焼)く。」

あしあと【足跡】《名詞》　歩いた後に残る、足の形。「いぬ(犬)・の・　あしあと・が・　のこ(残)っ・とる。」〔⇒**あしがた【足形】**〕

あしいた【足痛】《名詞》　怪我や疲労などによって足が痛むこと。「あしいた・で・　ある(歩)き・にくい。」

あしおと【足音】《名詞》　歩いたり走ったりするときに、足が地面や床などにあたって出る音。「げた(下駄)・の・　あしおと・が・　ちか(近)づい・てき・た。」

あしか【海驢】《名詞》　体は黒褐色で4つの足はひれのようになっていて、オットセイよりも大きな体の、海にすむ哺乳類の動物。「あしか・が・　じょーず(上手)に・　およ(泳)い・どる。」

あしかけ【足掛け】《名詞、動詞する》　①年・月・日を数えるときの、はじめ・終わりの半端な年・月・日の数字も1として数えるやりかた。「あしかけ・　さんねん(三年)・　かかっ・て・　いえ(家)・を・　た(建)てかえ・た。」②鉄棒に足をかけて上がったり回転したりすること。「やっと・　あしかけし・て・　あ(上)がれる・よーに・　なっ・た。」③相撲・柔道などの競技で、自分の足を相手の足にかけて倒すやり方。「むちゃ(無茶)な・　あしかけ・は・　ひきょう(卑怯)や・ぞ。」

あじかげん【味加減】《名詞》　食べ物に調味料などで味をつけること。また、その程度。「す(酢)・を・　い(入)れる・　あじかげん・が・　むつか(難)しー。」

あしがた【足形】《名詞》　歩いた後に残る、足の形。「たたみ(畳)・の・　うえ(上)・に・　どろぼー(泥棒)・の・　あしがた・が・　つ(付)い・とる。」〔⇒**あしあと【足跡】**〕

あしがはやい【足が速い】《形容詞・アイ型》　①食べ物が腐りやすい。「まんじゅー(饅頭)・は・　あしがはやい・さかい・　は(早)よ・　た(食)べ・なはれ。」②歩いたり走ったりする速度が高い。「あしがはやい・　やつ(奴)・に・　お(追)いぬか・れ・ても・た。」③ものがどんどん売れる。「あの・　しなもん(品物)・は・　あしがはよー・て・　う(売)りきれ・ても・た。」

あしくび【足首】《名詞》　脚の先端部で、自在に屈曲できる、かかとの上の細くなっている部分。「あしくび・に・　ほーたい(包帯)・を・　ま(巻)く。」

あじけない【味気ない】《形容詞・アイ型》　ものごとに面白みや張り合いがない。風情に欠けて、つまらない。「はんしん(阪神)・が・　ま(負)け・た・　ひ(日)ー・は・　あじけない・のー。」「あじけない・　はな(話)しかた・を・　する・　やつ(奴)や。」

あしこ《名詞》　離れている、あの場所。かつての、あの時。あの状態。「あしこ・の・　やま(山)・に・　のぼ(登)ろ・か。」「あしこ・で・　て(手)ー・を・　う(打)っ・とか・な・　あか・ん・やろ。」〔⇒**あすこ、あっこ、あそこ、あこ**〕

あしこら〔あしこらー〕《名詞》　あの場所のあたり。あの時のあたり。「あしこら・に・　えき(駅)・が・　ある・ん・やろ。」◆複数を表すのではなく、ぼかして言うときに使う。〔⇒**あすこら、あっこら、あそこら、あしこらへん、あすこらへん、あそこらへん、あっこらへん、あっちら、あっちらへん**〕

あしこらへん《名詞》　あの場所のあたり。あの時のあたり。「あしこらへん・まで・　ある(歩)い・ていか・へん・か。」〔⇒**あすこらへん、あっこらへん、あそこらへん、あしこら、あすこら、あそこら、あっこら、あっちら、あっちらへん**〕

あじさい【紫陽花】《名詞》　梅雨の頃などに、青白色・紫色・薄紅色などの小さな花が丸く集まって咲く、背の低い落葉樹。「あじさい・が・　つゆ(梅雨)・の・　あめ(雨)・に・　ぬ(濡)れ・とる。」

あした【明日】《名詞》　今日の次の日。「あした・の・　てんき(天気)・は・　あめ(雨)・みたいや。」「あした・の・いのち(命)・は・　だれ(誰)・に・も・　わから・へん。」◆明日のことを「**あしたのひ【明日の日】**」と言い、明朝のことを「**あしたのあさ【明日の朝】**」と言い、明日の日中の時間帯のことを「**あしたのひる【明日の昼】**」

と言い､明晩のことを「あしたのばん【明日の晩】」と言うことがある。明日から後の言い方は､「あした【明日】」「あさって【明後日】」「しあさって【明々後日】」「ごあさって【五・明後日】」「ろくあさって【六・明後日】」となる。「なぁあさって」以降はほとんど使わない。〔⇒**あす**【明日】〕

あしつぎ【足継ぎ】《名詞》 高いところのものを取ったり、高いところで何かをするときに乗る台。足下の高さを補うためのもの。「あしつぎ・に・　の(載)っ・て・　たな(棚)・の・　うえ(上)・を・　せーり(整理)する。」〔⇒**ふんまえ**【踏ん前】、**ふみだい**【踏み台】〕

あじない【味ない】《形容詞・アイ型》 ①材料や味付けが良くなくて、美味しくない。「ね(値)ー・の・　わ(割)り・に・は・　あじない・　りょーり(料理)・や。」②水っぽくて味が乏しい。味がついていないようで良くない。「あじない・さかい・　しょーゆ(醤油)・を・　かける。」③味を感じることができない。「かぜ(風邪)・で・　ねつ(熱)・が・　あっ・て・　ごはん(飯)・が・　あじない・ねん。」■対語＝「うまい【(美味い)】」「おいしい【美味しい】」「いける」〔⇒**もみない**。①②⇒**うまない**【美味ない】、**うもない**【(美味ない)】。①⇒**まずい**【不味い】。②⇒**うすい**【薄い】、**みずくさい**【水臭い】、**あまい**【甘い】〕

あしのうら【足の裏】《名詞》 足首から先の、地面につく側。「あしのうら・が・　は(腫)れ・て・　ある(歩)き・にくい。」■対語＝「あしのこう【足の甲】」

あしのこう〔**あしのこー**〕【足の甲】《名詞》 足首から先の、爪のある側。「あしの・　うえ(上)・に・　もの・を・　お(落)とし・て・　あしのこー・が・　いた(痛)い・ねん。」■対語＝「あしのうら【足の裏】」

あしば【足場】《名詞》 ①高い所へ上ったりそこで仕事をするときに、足を置く場所。「じゅるじゅるの・　たんぼ(田圃)・の・　あしば・の・　わる(悪)い・　ところ・で・　しごと(仕事)する。」②高いところでの作業のために、パイプなどを組んで作ったもの。「あしば・を・　く(組)ん・で・　いえ(家)・の・　かべ(壁)・を・　ぬ(塗)る。」

あしふみ〔**あしぶみ**〕【足踏み】《名詞、動詞する》 ①同じところを動かないで、歩くように足を上げ下げすること。「その・　ば(場)・で・　あしふみ・を・　し・なさい。」②ものごとがはかどらない状態にあること。「はな(話)しあい・は・　あしぶみ・で・　まえ(前)・へ・　すす(進)ん・どら・へん。」③足で踏んで機械類を動かすこと。「あしふみ・の・　みしん(ミシン)・で・　ぞーきん(雑巾)・を・　ぬ(縫)う。」

あじみ〔**あじみー**〕【味見】《名詞、動詞する》 少し食べたり飲んだりして、味の様子を試すこと。「うめしゅ(梅酒)・の・　あじみ・を・　し・たら・　うま(美味)かっ・た。」

あしむき【足向き】《名詞､動詞する》 互いに足を寄せ合う位置にあること。足をある方向に向けていること。「ひと(一)つ・の・　こたつ(炬燵)・に・　あしむき・に・　ふとん(布団)・を・　ひ(敷)く。」■対語＝「あたまむき【頭向き】」〔⇒**あしむけ**【足向け】〕

あしむけ【足向け】《名詞、動詞する》 互いに足を寄せ合う位置にあること。足をある方向に向けていること。「あの・　ひと(人)・に・は・　あしむけ・で・　ね(寝)・られ・へん。」■対語＝「あたまむけ【頭向け】」〔⇒**あしむき**【足向き】〕

あじもしゃしゃりもない【味もしゃしゃりも無い】《形容詞・特殊型》 ①食べ物や飲み物が、味わいや風味に欠けている。「やすもん(安物)・の・　さけ(酒)・は・　あじもしゃしゃりもない・なー。」②ものの言い方がつっけんどんで、話し合ったり考えたりしようとする余地がない。「あんな・　い(言)ーかた・を・　し・たら・　あじもしゃしゃりもない・やない・か。」◆「あじもしゃしゃりもあら・へん」という言い方もする。

あしもと【足元・足下】《名詞》 ①立っている足のまわり。歩いている足のまわり。「あめ(雨)・が・　ふ(降)っ・て・　あしもと・が・　わる(悪)い・のに・　よー・　き(来)・てくれ・た。」「あしもと・の・　ごみ(塵)・を・　ひら(拾)う。」②歩くときの足の運び具合。「の(飲)みすぎ・て・　あしもと・が・　ふらふらする。」

あしら〔**あしらー**〕《名詞》 ①自分たちを指す言葉。「そんな・　むつか(難)しー・　こと・は・　あしら・に・　わかる・かい。」②遠慮したり卑下したりする気持ちをこめて、自分自身を指す言葉。「あしらー・　あした(明日)・　つ(釣)り・に・　い(行)く・ねん。」〔⇒**あっしら**、**あてら**、**うちら**【内ら】、**わたいら**【(私ら)】、**わいら**【(我ら)】、**わしら**、**わっしら**【(私ら)】、**わたしら**【私ら】、**わてら**、**おれら**【俺ら】、**おらら**【(俺ら)】、**おいら**【(俺ら)】、**ぼくら**【僕ら】〕

あじわう【味わう】《動詞・ワア行五段活用》 食べ物や飲み物の味を試してみたり、おいしさを楽しんだりする。「がつがつ・　く(食)わ・んと・　あじおー・て・　た(食)べ・なはれ。」■名詞化＝**あじわい**【味わい】

あじをおぼえる【味を覚える】《動詞・ア行下一段活用》 ①一度食べたものの味を記憶する。「ちー(小)さい・　こ(子)・や・けど・　おい(美味)しー・　もん・の・　あじをおぼえ・とる・ねん。」②一度うまくいったので、再び同じことを期待する。「いっとー(一等)・に・　あ(当)たっ・て・　たからくじ(宝籤)・の・　あじをおぼえ・ても・た。」〔②⇒**あじをしめる**【味を占める】〕

あじをしめる【味を占める】《動詞・マ行下一段活用》 一度うまくいったので､再び同じことを期待する。「あじをしめ・て・　かぶ(株)・を・　こ(買)ー・た・けど・　こんど(今度)・は・　あか・なんだ。」〔⇒**あじをおぼえる**【味を覚える】〕

あす【明日】《名詞》 今日の次の日。「また・　あす・　よ(寄)せ・てもらい・ます。」◆「あした」と言うことが多く､「あす」はやや改まった場合などに使うことが多い。〔⇒**あした**【明日】〕

あずかる【預かる】《動詞・ラ行五段活用》 ①他人のものなどを引き受けて、責任を持って保管する。「ともだち(友達)・の・　あか(赤)ちゃん・を・　あずかる。」②金融機関が貯金を引き受ける。「のーきょー(農協)・も・　てーき(定期)・で・　あずかっ・てくれる。」■他動詞は「あずける【預ける】」■名詞化＝**あずかり**【預かり】

あずき【小豆】《名詞》 餡や赤飯などを作るのに使う､細長いさやの中に黒みがかった赤色の種ができる豆。「どらやき・に・　あずき・の・　あん(餡)・を・　い(入)れる。」

あずける【預ける】《動詞・カ行下一段活用》 ①自分のものを他人に渡して、保管してもらう。「いえ(家)・の・　かぎ(鍵)・を・　あずけ・とく。」②金融機関に貯金する。「ぎんこー(銀行)・に・　あずけ・ても・　りし(利子)・が・　すけ(少)ない。」■自動詞は「あずかる【預かる】」■名詞化＝**あずけ**【預け】

あすこ《名詞》 離れている、あの場所。かつての、あの時。あの状態。「あすこ・に・　お(置)い・た・けど・　と(取)り・に・　い(行)っ・たら・　もー・　な(無)かっ・た。」

「あすこ・から・　ちょーし(調子)・が・　わる(悪)ー・なり・かけ・た・ん・や。」〔**⇒あしこ、あっこ、あそこ、あこ**〕

あすこら〔**あすこらー**〕《名詞》 あの場所のあたり。あの時のあたり。「あすこら・に・　かわ(川)・が・　なが(流)れ・とる・はず・や。」◆複数を表すのではなく、ぼかして言うときに使う。〔**⇒あっこら、あしこら、あそこら、あしこらへん、あすこらへん、あそこらへん、あっこらへん、あっちら、あっちらへん**〕

あすこらへん《名詞》 あの場所のあたり。あの時のあたり。「あすこらへん・から・　かいしゃ(会社)・の・　けーき(景気)・が・　よ(良)ーなっ・てき・た。」〔**⇒あしこらへん、あっこらへん、あそこらへん、あしこら、あすこら、あそこら、あっこら、あっちら、あっちらへん**〕

あせ【汗】《名詞》 暑さを感じたり、労働や運動をしたり、緊張したりしたときに、自然と皮膚から出てくる塩気を含んだ分泌液。「はし(走)っ・たら・　あせ・　かい・て・　べとべとに・　なっ・た。」

あぜ【畦】《名詞》 ①土を細長く盛り上げて田畑の区画の仕切りにしたもの。「あぜ・に・　まめ(豆)・を・　う(植)え・た。」②畑で、種をまいたり作物を植えたりするために、間隔をおいて幾筋も土を細長く盛り上げたもの。「あぜ・を・　つく(作)っ・て・　なえ(苗)・を・　う(植)える。」◆「あで」という発音にもなる。〔①**⇒あぜみち**【**畦道**】。②**⇒うね**【**畝**】〕

あせかき【汗かき】《名詞》 大量に汗をかく傾向のある人。「あいつ(彼奴)・は・　あせかき・の・　しょーぶん(性分)・や。」

あせだく【汗だく】《形容動詞や(ノ)》 暑かったり労働や運動をしたりして、大量に汗をかいて、後から後から流れ出る様子。「あさ(朝)・から・　あせだくで・　そーじ(掃除)・を・　し・た。」

あせびっしょり【汗びっしょり】《形容動詞や(ノ)》 汗を大量にかいて、すっかり濡れている様子。「えき(駅)・から・　はし(走)っ・てき・た・さかい・　あせびっしょりに・　なっ・た。」

あせぶ【(汗疹)】《名詞》 ひどく汗をかいたために、皮膚にできる赤い小さな吹き出物。「あせぶ・を・　て(手)ー・で・　か(掻)い・たら・　あか・ん・よ。」〔**⇒あせも**【**汗疹**】**、あせぼ**【**(汗疹)**】〕

あせふき【汗拭き】《名詞》 流れる汗をぬぐうのに用いる、手ぬぐいやタオルやハンカチなど。「あせふき・を・　こし(腰)・に・　さ(下)げ・て・　そーじ(掃除)・を・　する。」

あせぼ【(汗疹)】《名詞》 ひどく汗をかいたために、皮膚にできる赤い小さな吹き出物。「せなか(背中)・に・　あせぼ・が・　でけ(出来)・て・　かい(痒)い・ねん。」〔**⇒あせも**【**汗疹**】**、あせぶ**【**(汗疹)**】〕

あぜまめ【畦豆】《名詞》 田の畦を利用して植える大豆。「あぜまめ・を・　い(入)れ・て・　ごはん(飯)・を・　た(炊)く。」◆「あでまめ」という発音にもなる。

あせみず【汗水】《名詞》 働いたり運動したりして、水のように流れ出る汗。「あせみず・　た(垂)らし・て・　はたら(働)く。」

あぜみち【畦道】《名詞》 土を細長く盛り上げて田畑の区画の仕切りにしたもの。「あぜみち・に・　たんぽこ(蒲公英)・が・　さ(咲)い・とる。」◆「あでみち」という発音にもなる。〔**⇒あぜ**【**畦**】〕

あせも【汗疹】《名詞》 ひどく汗をかいたために、皮膚にできる赤い小さな吹き出物。「あか(赤)ちゃん・の・　あせも・に・　てんかふ(天花粉)・を・　ぬ(塗)る。」〔**⇒あせぼ**【**(汗疹)**】**、あせぶ**【**(汗疹)**】〕

あせり【焦り】《名詞》 ①先を急ぐような気持ちになって、いらいらすること。「あせり・が・　じこ(事故)・の・もと・や。」②そのことが実現するようにと気をもんで、落ちつきを失うこと。「あせり・が・　あっ・たら・　しあい(試合)・に・　か(勝)た・れ・へん・ぞ。」

あせる【焦る】《動詞・ラ行五段活用》 先を急ぐような気持ちになって、いらいらして気をもむ。そのことが実現するようにと思って気をもんで、落ちつきを失う。「あせっ・て・　ごはん(飯)・　た(食)べ・とっ・て・　おちゃわん(茶碗)・を・　お(落)とし・ても・た。」■名詞化＝**あせり**【**焦り**】〔**⇒せく**【**急く**】**、せける**【**急ける**】**、きがせく**【**気が急く**】〕

あせる【褪せる】《動詞・サ行下一段活用》 太陽に当たったり時間が経ったりして、本来そなえていた色や艶などが、薄くなったり鮮やかさがなくなったりする。「かーてん(カーテン)・の・　いろ(色)・が・　あせる。」

あそこ《名詞》 離れている、あの場所。かつての、あの時。あの状態。「あそこ・に・　み(見)える・の・が・　あかしかいきょーおーはし(明石海峡大橋)・や。」「あそこ・の・　みせ(店)・は・　いつも・　はんじょー(繁盛)し・とる。」◆「あすこ」と言うことが多く、「あそこ」はやや改まった場合などに使うことが多い。〔**⇒あすこ、あっこ、あしこ、あこ**〕

あそこら〔**あそこらー**〕《名詞》 あの場所のあたり。あの時のあたり。「あそこらー・の・　みせ(店)・は・　ねぎ(値切)っ・ても・　ま(負)け・てくれ・へん・やろ。」◆複数を表すのではなく、ぼかして言うときに使う。「あすこら」と言うことが多く、「あそこら」はやや改まった場合などに使うことが多い。〔**⇒あすこら、あっこら、あしこら、あしこらへん、あすこらへん、あそこらへん、あっこらへん、あっちら、あっちらへん**〕

あそこらへん《名詞》 あの辺り。「あそこらへん・は・　こーきゅーじゅーたくがい(高級住宅街)・や・なー。」◆「あすこらへん」と言うことが多く、「あそこらへん」はやや改まった場合などに使うことが多い。〔**⇒あすこらへん、あっこらへん、あしこらへん、あっちらへん、あしこら、あすこら、あそこら、あっこら、あっちら**〕

あそび【遊び】《名詞》 面白いことや好きなことをして楽しむこと。趣味や娯楽で好きなことをすること。「あそび・に・　い(行)っ・て・　まだ・　かえ(帰)っ・てこ・ん。」「あそび・で・　しろ(城)・の・　こと・を・　しら(調)べる。」

あそびはんぶん【遊び半分】《形容動詞や(ノ)》 集中心や熱意を失って、ものごとに一生懸命に取り組まない様子。「あそびはんぶんで・　べんきょー(勉強)し・たら・　み(身)・に・　つ(付)か・へん。」

あそぶ【遊ぶ】《動詞・バ行五段活用》 ①面白いことや好きなことをして楽しむ。「てにす(テニス)・を・　し・て・　あそぶ。」②仕事や勉強をしないで時を過ごす。「あそん・どっ・たら・　きゅーりょー(給料)・を・　もら(貰)わ・れ・へん。」③利用や活用をしていない。「あそん・どる・　とち(土地)・が・　ある。」■名詞化＝**あそび**【**遊び**】

あた〔**あたっ**〕《副詞》 大変であるという意味を表したり、不快感を表したりするときに使う言葉。なんとまあ。馬鹿げたことに。「あた・　てんき(天気)・が・　わる(悪)い。」「あんな・　こと・を・　い(言)わ・れ・て・　あた・はら(腹)・が・　た(立)つ。」◆意味は、接頭語(次の見出し語)と同じであるが、長い句の前に付くことがあり、その場合は副詞と考えられる。

あた〔あたっ〕《接頭語》［形容詞･形容動詞などの前に付く］ 大変であるという意味を表したり、不快感を表したりするときに使う言葉。なんとまあ。馬鹿げたことに。「いま(今)･から･ い(行)け･と･ い(言)わ･れ･たって･ そんな･ あたしんど(辛労)い･ こと･なんか･ でけ(出来)･まへん。」「いぬ(犬)･が･ あたちゃな(汚)い･ うんこ･を･ し･とる。」◆形容詞の前に付いて、「あたあほらしー【阿呆らしい】」「あたしんどい【辛労い】」「あたおもろない【面白ない】」「あたおとろしー【恐ろしい】」「あためんどい」「あためんどくさい【面倒くさい】」「あたあつい【暑い】」「あたっちゃない【(汚い)】」などとなる。また、形容動詞の前に付いて、「あたせっしょう【殺生】や」などとなる。

あだ【仇】《名詞》 悪意を持った仕返し。遺恨。「おん(恩)･が･ あだ･に･ なる･よーな･ こと･を･ する。」

あだうち【仇討ち】《名詞、動詞する》 自分の主君や肉親などを害した人を討って恨みを晴らすこと。強い敵意を持って仕返しをすること。敵を攻撃して殺すこと。「あこーろーし(赤穂浪士)･の･ あだうち･の･ はなし(話)･が･ また(又)･ えーが(映画)･に･ なっ･た。」

あたたかい【暖かい】《形容詞･アイ型》 気候･温度などが寒すぎず暑すぎず、ほどよい感じである。保温の効果のある衣類などを身につけて、体に寒さを感じない。「じゅーにがつ(十二月)･に･ おきなわ(沖縄)･へ･ い(行)っ･たら･ こっち･と･ ちご(違)･て･ あたたかかっ･た。」

あたたかい【温かい】《形容詞･アイ型》 気持ちが通い合って情け深い。愛情や思いやりがこもっている。「みんな(皆)･が･ あたたかく･ かんげー(歓迎)し･てくれ･た。」

あだな【渾名】《名詞》 他人を親しんだり嘲ったりするために、その人の特徴などをとらえて、本名以外に付けた呼び名。「このごろ･の･ こども(子供)･は･ あだな･で･ よ(呼)びあわ･へん･さかい･ あじけ(味気)ない･ きも(気持)ち･が･ する。」

あたふた《副詞と、動詞する》 予想外のことに出くわしたりして、対応にあせって、ばたばたと慌てる様子。「あたふたし･とっ･たら･ けが(怪我)する･で。」

あだべた《名詞》 ①土地の表面。土の上。「あたべた･に･ すわ(座)っ･たら･ ふく(服)･が･ よご(汚)れる。」②布団や畳などが敷かれているところから外れた場所。下にものを敷かないで、そこから外れたところ。「ふとん(布団)･から･ で(出)･ても･て･ あだべた(＝畳の上)･で･ ね(寝)･とる。」「あだべた･に･ すわ(座)ら･んと･ ざぶとん(座布団)･を･ ひ(敷)ー･てください。」「あだべた(＝板の間)･や･なし･に･ たたみ(畳)･に･ すわ(座)り･なはれ。」〔⇒**じべた**【地べた】。①⇒**じめん**【地面】〕

あたま【頭】《名詞》 ①人や動物の体の中で、目･鼻･口などがあって、いちばん頂の部分。「あたま･を･ うご(動)かさ･ない･で･ じっと･ し･てください。」②額よりも上の部分。体のいちばん上の部分。「ぼーし(帽子)･を･ かぶ(被)ら･へん･さかい･ あたま･の･ あた(辺)り･が･ よー･ や(焼)け･とる。」③一番上の部分。尖った先や、先端の部分。「くぎ(釘)･の･ あたま･を･ たた(叩)く。」④列などのはじめ。先頭。「あたま･から･ かぞ(数)え･て･ ごにんめ(五人目)･に･ なら(並)ぶ。」⑤考える力。「あたま･の･ え(良)ー･ ひと(人)･が･ うらや(羨)ましー。」〔⇒**どたま**【(ど頭)】。①②⑤⇒**おつむ**。①⇒**くび**【首】。②⇒**てんてん**〕

あたまいた【頭痛】《名詞》 ①頭部に痛みを感じること。「かぜ(風邪)･を･ ひー･て･ あたまいた･に･ なっ･て･ かいしゃ(会社)･を･ やす(休)ん･だ。」②困った事柄。心の痛み。「いま(今)･は･ むすこ(息子)･が･ あたまいた･の･ たね(種)･や･ねん。」◆「ずつう【頭痛】」よりも、「あたまいた【頭痛】」を使う方が多い。〔⇒**ずつう**【頭痛】〕

あたまがあがる【頭が上がる】《動詞･ラ行五段活用》 恩や引け目などがなくて、屈辱感･劣等感などがない。「しゅーしょく(就職)し･て･ やっと･ おや(親)･に･ あたまがあがる･よーに･ なっ･た。」◆打ち消しの「…あがら･ん」「…あがら･へん」という形で使うことが多い。「こども(子供)･の･ とき(時)･から･ あいつ(彼奴)･に･は･ あたまがあがら･へん･ねん。」

あたまがかたい【頭が固い】《形容詞･アイ型》 物わかりが悪い。融通がきかない。「あいつ(彼奴)･は･ あたまがかとー･て･ ひと(人)･の･ ゆ(言)ー･ こと･を･ き(聞)か･へん。」

あたまかくしてしりかくさず【頭隠して尻隠さず】《連語＝あたま(名詞)･かくし(動詞)･て(接続助詞)･しり(名詞)･かくさ(動詞)･ず(助動詞)》 肝腎な部分や全体を隠したつもりであるのに一部分が見えていること。「ほ(頬)っぺた･に･ きなこ(黄粉)･が･ つ(付)い･とる･よ。あたまかくしてしりかくさず･や･ぞ。」◆いろはカルタの言葉であるが、日常生活でもよく使われる。

あたまがさがる【頭が下がる】《動詞･サ行五段活用》 感心して、自然に敬う気持ちになる。尊敬に値する。「まいあさ(毎朝)･ みち(道)･を･ きれー(綺麗)に･ そーじ(掃除)し･てくれ･て･ あたまがさがる･ ひと(人)･や。」

あたまかず【頭数】《名詞》 人の数。特に、何かを行うのに必要な人の数。「しゅっせき(出席)･の･ ひと(人)･の･ あたまかず･を･ かぞ(数)える。」「じゅーにん(十人)･ほど･の･ あたまかず･が･ あつ(集)まら･なんだら･ ちゅーし(中止)･に･ する。」〔⇒**にんずう**【人数】〕

あたまがふるい【頭が古い】《形容詞･ウイ型》 従来からの考え方に固執している。「としょり(年寄)･は･ あたまがふるー･ても･ しょがない･やろ。」

あたまのくろいねずみ【頭の黒い鼠】《名詞》 置いていた食べ物を、こっそりと食べてしまう人。「あたまのくろいねずみ･が･ まんじゅー(饅頭)･を･ く(食)･ても･た。」

あたまのさら【頭の皿】《名詞》 頭のてっぺんの部分の骨。頭蓋骨。「と(跳)びあがっ･て･ てんじょー(天井)･で･ あたまのさら･を･ う(撲)っ･た。」

あたまむき【頭向き】《名詞、動詞する》 互いに頭を寄せ合う位置にあること。頭をある方向に向けていること。「みなみ(南)･を･ あたまむき･に･ し･て･ ね(寝)る。」■対語＝「あしむき【足向き】」「しりむき【尻向き】」「おいどむき【おいど向き】」〔⇒**あたまむけ**【頭向け】〕

あたまむけ【頭向け】《名詞、動詞する》 互いに頭を寄せ合う位置にあること。頭をある方向に向けていること。「あたまむけ･で･ とんど(＝焚き火)･の･ まわ(周)り･に･ あつ(集)まる。」「みち(道)･に･ あたまむけ･に･ し･て･ くるま(車)･を･ と(停)める。」■対語

＝「あしむけ【足向け】」「しりむけ【尻向け】」「おいどむけ【おいど向け】」〔⇒**あたまむき**【頭向き】〕

あたま(を)かかえる【頭(を)抱える】《動詞・ア行下一段活用》 ものごとに行き詰まって、考え込んだり悩んだりする。「しょーばい(商売)・が・　うま(巧)いこと・　いか・へん・さかい・　あたまかかえ・とる。」

あたま(を)ひねる【頭(を)捻る】《動詞・ラ行五段活用》 解決策などをあれこれ考える。一生懸命に問題や課題の答えを考える。「みんな(皆)・で・　あたまをひねっ・た・けど・　なん(何)・も・　おも(思)いつか・ず・や。」

あたま(を)ゆう〔**あたま(を)ゆー**〕【頭(を)結う】《動詞・ワア行五段活用》 髪を結んで整える。きちんとした髪型にする。「かみさん（＝髪結いさん)・に・　い(行)っ・て・　あたまをゆー・てもらう。」

あたらしい〔**あたらしー**〕【新しい】《形容詞・イイ型》 ①作られたり始まったりしてから、まだ時間があまり経っていない。最近のことである。「あたらしー・　げた(下駄)・や・のに・　は(歯)ー・が・　お(折)れ・た。」②斬新さがある。今までにない、初めてのものである。「みせ(店)・で・　あたらしー・　おかし(菓子)・を・　み(見)つけ・た。」「かんが(考)えかた・が・　あたらしー・さかい・　おもしろ(面白)い・と・　おも(思)う。」③変化した後のものである。「あたらしー・　こーしゃ(校舎)・に・　うつ(移)る。」④新鮮である。「あたらしー・　やさい(野菜)・は・　うま(美味)い。」■対語＝「ふるい【古い】」

あたらしがり【新しがり】《名詞、形容動詞や(ノ)》 新しく売り出された物などを、すぐに買おうとしたり、実際に買ってしまうこと。目新しいものが好きであること。また、そのようにする人。「あたらしがりや・から・　ぱそこん(パソコン)・を・　こ(買)ー・た・ん・も・　はや(早)かっ・た。」〔⇒**あたらしもんくい**【新し物食い】、**あたらしや**【新し屋】、**はつもんくい**【初物食い】〕

あたらしもんくい【新し物食い】《名詞》 新しく売り出された物などを、すぐに買おうとしたり、実際に買ってしまうこと。目新しいものが好きであること。また、そのようにする人。「あたらしもんくい・が・　また(又)・　やく(役)・に・　た(立)た・ん・　もん・を・　こ(買)ー・てき・た。」〔⇒**あたらしがり**【新しがり】、**あたらしや**【新し屋】、**はつもんくい**【初物食い】〕

あたらしや【新し屋】《名詞》 新しく売り出された物などを、すぐに買おうとしたり、実際に買ってしまうこと。目新しいものが好きであること。また、そのようにする人。「あたらしや・や・さかい・　しんがた(新型)・の・　けーたい(携帯)・を・　も(持)っ・とる。」〔⇒**あたらしがり**【新しがり】、**あたらしもんくい**【新し物食い】、**はつもんくい**【初物食い】〕

あたり【辺り】《名詞》 ①ある場所から近い範囲。付近。「きゅー(急)に・　あめ(雨)・が・　ふ(降)っ・て・　あたり・が・　くろ(暗)ー・　なっ・た。」②おおよその目安や見当をつけた場所。「さんのみや(三宮)・の・　あたり・で・　う(売)っ・とる・やろ。」

あたり【当たり】《名詞》 ①抽選などで選ばれること。くじに当たること。思惑などが思い通りにうまくいくこと。「あたり・の・　くじ(籤)・を・　ひ(引)ー・た。」②ぶつかること。「あたり・が・　わる(悪)ー・て・　ひっくりかえっ・た。」③人とつきあったり、物に触ったりしたときの感じ。「まわ(周)り・の・　ひと(人)・へ・の・　あたり・が・　え(良)ー。」「あたり・が・　き(来)・た・んで・　つ(釣)りあげ・た。」④与えられる数量。分け前。割り当て。「それ・が・　あんた・の・　あたり・や。」■対語＝①「はずれ【外れ】」「すか」「すかたん」「すこたん」〔①⇒**とうせん**【当籤】。④⇒**あたりぶん**【当たり分】〕

あたり【当たり】《接尾語》 それを単位として。「ひとり(一人)あたり・　にほん(二本)・ずつ・　と(取)っ・てください。」「いちきろ(一キロ)あたり・　ごひゃくえん(五百円)・で・　う(売)る。」「いっけん(一軒)あたり・　せんえん(千円)・の・　きふ(寄付)・を・　し・てもらう。」

あたり【辺り】《接尾語》 おおよその見当をつけた時や所などを示す言葉。「らいしゅー(来週)あたり・　たいふー(台風)・が・　き(来)・そーや。」

あたりき【当たりき】《形容動詞や(ノ)》 どう考えても、そのようであるべきだと思われる様子。「おまえ(前)・が・　い(行)か・ん と・　いか・ん・の・は・　あたりきやろ。」◆やや戯れた言い方である。〔⇒**あたりきしゃりき**【当たりきしゃりき】、**あたりまえ**【当たり前】、**あたりまい**【(当たり前)】、**とうぜん**【当然】〕

あたりきしゃりき【当たりきしゃりき】《形容動詞や(ノ)》 どう考えても、そのようであるべきだと思われる様子。「かね(金)・を・　だ(出)し・て・　か(買)う・の・は・　あたりきしゃりきや。」◆かなり戯れた言い方である。〔⇒**あたりき**【当たりき】、**あたりまえ**【当たり前】、**あたりまい**【(当たり前)】、**とうぜん**【当然】〕

あたりさわり〔**あたりさーり**〕【当たり障り】《名詞》 他のものとの関係に差し支えが生じること。他のものに影響を及ぼすこと。「あたりさわり・の・　な(無)い・　い(言)ーかた・を・　する。」

あたりどし【当たり年】《名詞》 ①作物や漁獲物などがたくさん得られたり、良質のものが得られたりする年。「ことし(今年)・は・　すいか(西瓜)・の・　あたりどし・や。」②幸運に恵まれる年。「たからくじ(宝籤)・に・　あ(当)たっ・て・　ことし(今年)・は・　わし・の・　あたりどし・やっ・た。」

あたりぶん【当たり分】《名詞》 与えられる数量。分け前。割り当て。「あんた・の・　あたりぶん・は・　ごこ(五個)・や。」「き(来)・とる・　ひと(人)・が・　おー(多)い・さかい・　ひとり(一人)・の・　あたりぶん・は・　すく(少)ない。」〔⇒**あたり**【当たり】〕

あたりまい【(当たり前)】《形容動詞や(ノ)》 ①どう考えても、そのようであるべきだと思われる様子。「しけん(試験)・の・　まえ(前)・に・　べんきょー(勉強)する・の・は・　あたりまいの・　こと・や。」②変わったところがなく普通である様子。特別でない様子。「あたりまいに・　べんきょー(勉強)し・とっ・たら・　そつぎょー(卒業)・は・　でき(出来)る。」〔⇒**あたりまえ**【当たり前】。①⇒**とうぜん**【当然】、**あたりき**【当たりき】、**あたりきしゃりき**【当たりきしゃりき】〕

あたりまえ【当たり前】《形容動詞や(ノ)》 ①どう考えても、そのようであるべきだと思われる様子。「つゆ(梅雨)・や・さかい・　かび(黴)・が・　は(生)える・の・は・　あたりまえや。」②変わったところがなく普通である様子。特別でない様子。「あたりまえの・　やりかた・で・　やっ・てみる。」〔⇒**あたりまい**【(当たり前)】。①⇒**とうぜん**【当然】、**あたりき**【当たりき】、**あたりきしゃりき**【当たりきしゃりき】〕

あたる【当たる】《動詞・ラ行五段活用》 ①ものにぶつかる。触れる。「じてんしゃ(自転車)・に・　の(乗)っ・とっ・て・　でんしんばしら(電信柱)・に・　あたっ・た。」「ひと(人)・に・　あたら・ん・よーに・　ある(歩)く。」②狙っていたものに命中する。狙ったとおりにうまくいく。「まと(的)・の・　まんなか・に・　あたっ・た。」「しけん(試験)・で・　やま・が・　あたっ・て・　うれ(嬉)しかっ・た。」③酷い目にあわせる。腹立たしさなどを誰かに向ける。「あいつ・　ひとり(一人)・に・　あたら・ん・でも・　え(良)ー・やろ。」④体に害を受ける。中毒する。「きのー(昨日)・　く(食)・た・　もん・に・　あたっ・た。」⑤ものが腐る。「この・　すいか(西瓜)・は・　あたっ・とる・みたいや。」⑥何かを受けることができる。貰える。「しんどい・　しごと(仕事)・やさかい・　たか(高)い・　きゅーりょー(給料)・が・　あたる。」「みっか(三日)・ずつ・　やす(休)み・が・　あたる・　こと・に・　なっ・た。」「かいがんそーじ(海岸掃除)・に・　で(出)・たら・　じゅーす(ジュース)・が・　あたる・ねん。」⑦冷気・暖気・熱気・風の流れ・光などを受けるようにする。たき火・火鉢などの近くに寄って暖まる。「たきび(焚火)・に・　あたっ・て・から・　しごと(仕事)・を・　はじ(始)める。」「おひ(日)さん・に・　あたる。」「せんぷーき(扇風機)・に・　あたる。」⑧他の人から指名などを受ける。「じぎょーちゅー(授業中)・に・　あたっ・て・　こま(困)っ・た。」■対語②＝「はずれる【外れる】」■他動詞は「あてる【当てる】」■名詞化＝**あたり【当たり】**

あたん《名詞、動詞する》　①何かをされた恨みを晴らすために、相手からされたのと同じようなことや、それ以上のことをやり返すこと。または、そのような行為。復讐。「ちょっと・　ゆ(言)ー・た・だけ・や・のに・　あたん・を・　さ・れ・た。」「ねずみ(鼠)・が・　てんじょー(天井)・で・　あたんし・て・　はし(走)りまわっ・とる。」②腹立たしさのあまりに、手元にあるものを投げ飛ばすこと。「あたんし・て・　ごはん(飯)・を・　ひっくりかえし・た。」◆①は、正面から堂々と仕返しをするのではなく、ひそかに行ったり、他に当てつけて行ったりするようなことを表すことが多い。〔②⇒**なげうち【投げ打ち】**〕

あちい〔**あちー**〕【(熱い)】《形容詞・イイ型》　①固体や気体の温度が高くて、触れるとやけどをするように感じる。驚くばかりの高熱である。「すなはま(砂浜)・が・　や(焼)け・て・　ごっつい・　あちー・なー。」②体温が高いと感じる。「でぼちん・が・　あちー・さかい・　みずまくら(水枕)・を・　し・てやる。」■対語＝「つめたい【冷たい】」「ちめたい【(冷たい)】」「ちべたい【(冷たい)】」「つべたい【(冷たい)】」。①＝「ひやい【冷やい】」「ひやこい【冷やこい】」「ひやっこい【冷やっこい】」〔⇒**あつい【熱い】**〕

あちち【熱ちち】《名詞、動詞する》　①火や熱湯などに触れて、皮膚がただれること。また、そのようになったところ。「おゆ(湯)・を・　ひっくりかえし・たら・　あちちする・よ。」②つぼにあたる皮膚の上に置いたもぐさに火をつけて、その熱の刺激で病気を治す方法。「ごんたし・たら・　あちち・を・　すえる・ぞ。」③火や炭や熱湯などの熱いもの。「あちち・を・　さわ(触)っ・たら・　あか・ん・よ。」◆幼児語。〔⇒**あちゃちゃ【熱ちゃちゃ】、あつつ【熱つつ】**。①⇒**やけど【火傷】、やけちゃ【焼けちゃ】**。②⇒**やいと【(焼処)】、きゅう【灸】、おきゅう【お灸】**〕

あちゃ〔**あちゃー**〕《感動詞》　失敗したときなどに思わず口に出る言葉。しまった。「あちゃー・　さいふ(財布)・を・　わす(忘)れ・てき・た・がいな。」〔⇒**ありゃ**〕

あちゃちゃ【熱ちゃちゃ】《名詞、動詞する》　①火や熱湯などに触れて、皮膚がただれること。また、そのようになったところ。「あちゃちゃせ・ん・よーに・　き(気)ーつけ・なはれ。」②つぼにあたる皮膚の上に置いたもぐさに火をつけて、その熱の刺激で病気を治す方法。「あちゃちゃ・の・　もぐさ・を・　すえる。」③火や炭や熱湯などの熱いもの。「あちゃちゃ・の・　おいも(芋)・を・　しんぶん(新聞)・で・　つつ(包)む。」◆幼児語。〔⇒**あちち【熱ちち】、あつつ【熱つつ】**。①⇒**やけど【火傷】、やけちゃ【焼けちゃ】**。②⇒**やいと【(焼処)】、きゅう【灸】、おきゅう【お灸】**〕

あちゃら《名詞》　①自分から遠い位置。自分から遠い位置にあるもの。「もっと・　あちゃら・へ・　い(行)っ・て・　あそ(遊)び・なさい。」②あの人。あの人たち。「あちゃら・は・　どない・　ゆ(言)ー・とっ・て・の。」③外国。「あちゃら・から・　き(来)た・　はくらいひん(舶来品)・を・　こ(買)ー・た。」■対語＝「こちゃら」〔⇒**あちら、あっち、あっちゃ**。②⇒**あちゃらはん、あちらはん**〕

あちゃらこちゃら《名詞》　自分から遠い位置にあるものと近い位置にあるものを含めた、いくつかのもの。あたり全体。「こけ・て・　しゃつ(シャツ)・の・　あちゃらこちゃら・が・　やぶ(破)れ・た。」〔⇒**あちらこちら、あっちこっち、あっちゃこっちゃ**〕

あちゃらはん《名詞》　①あの人。あの人たち。「あちゃらはん・の・　かんが(考)え・も・　き(聞)か・んと・　き(決)め・られ・へん。」②外国人。「あちゃらはん・の・　たべもん(食物)・は・　あぶら(脂)っこい。」◆敬意を込めた言い方である。■対語＝「こちゃらはん」〔⇒**あちらはん**。①⇒**あちゃら、あちら、あっち、あっちゃ**〕

あちら《名詞》　①自分から遠い位置。自分から遠い位置にあるもの。「あちら・の・　たてもの(建物)・が・　びょーいん(病院)・です。」②あの人。あの人たち。「あちら・の・　かんが(考)え・も・　き(聞)ー・とか・な・　いか・ん。」③外国。「あちら・で・　はやっ・とる・　うた(歌)・を・　き(聞)く。」■対語＝「こちら」〔⇒**あちゃら、あっち、あっちゃ**。②⇒**あちゃらはん、あちらはん**〕

あちらこちら《名詞》　自分から遠い位置にあるものと近い位置にあるものを含めた、いくつかのもの。あたり全体。「かいじょー(会場)・の・　あちらこちら・から・　て(手)ー・が・　あ(挙)がっ・た。」〔⇒**あちゃらこちゃら、あっちこっち、あっちゃこっちゃ**〕

あちらはん《名詞》　①あの人。あの人たち。「あちらはん・の・　きも(気持)ち・は・　よー・　わから・へん。」②外国人。「あちらはん・は・　ばたー(バター)・や・　ちーず(チーズ)・が・　す(好)きや・なー。」◆敬意を込めた言い方である。■対語＝「こちらはん」〔⇒**あちゃらはん**。①⇒**あちゃら、あちら、あっち、あっちゃ**〕

あつ【圧】《名詞》　ある物体を押さえる力や噴き出す力。「すいどーかん(水道管)・の・　あつ・が・　たか(高)い。」

あっ《感動詞》　①物事に反応して心が動いたときに発する言葉。「あっ・　こわ(怖)。あの・　ひと(人)・に・　ちょっと(一寸)・　もの・を・　ゆ(言)ー・たら・　い(言)ーかえさ・れ・てまう。」「あっ・　ちこく(遅刻)・や。ま(間)にあわ・へん。」②肯定の気持ちや、承諾する気持ちなどを伝えるときに発する言葉。「あっ・　わかっ・た。わし・に・　まか(任)し・とき。」③相手に対して反応したり呼びかけたりするときに発する言葉。「あっ・　あぶ(危)ない・　と(止)まれ。」〔⇒**あ**〕

あつあげ【厚揚げ】《名詞》　厚く切った豆腐を油で揚げたもの。「いも(芋)・と・　あつあげ・を・　いっしょ(一緒)に・　た(炊)く。」■対語＝「うすあげ【薄揚げ】」

あつあつ【熱々】《形容動詞や(ノ)、名詞》　①できたばかりで、熱さが強く残っている様子。また、そのようなもの。「や(焼)きたての・　あつあつ・が・　いっちゃん(一番)・　うまい。」「やきいも(焼芋)・の・　あつあつ・を・　ほー(頬)ばる。」「あつあつの・　やきいも(焼芋)・を・　こ(買)ー・てき・た。」②焼け付くような熱さを持っている様子。「あつあつに・　や(焼)けつい・た・　すな(砂)・の・　うえ(上)・を・　ある(歩)く。」③男女がたいへん仲むつまじい様子。「あいつ(彼奴)ら・は・　あつあつの・　しんこん(新婚)・や・ねん。」◆①は、口に入れられないほど熱い様子を表し、「ぬくぬく」よりも熱を感じる。

あつい【暑い】《形容詞・ウイ型》 気温や体で感じる温度が適温より高い。苦痛を覚えるほどに気温が高い。自分の体温に近かったり高く感じられたりする。「むちゃくちゃ・　あつい・　ひ(日)ー・が・　つづ(続)き・まん・なー。」■対語＝「さむい【寒い】」「さぶい【寒い】」

あつい【熱い】《形容詞・ウイ型》 ①固体や気体の温度が高くて、触れるとやけどをするように感じる。驚くばかりの高熱である。「あつい・　こーひー(コーヒー)・が・　の(飲)み・たい。」「ごっつい・　あつい・　ゆ(湯)ー・や・さかい・　うめ・た。」②体温が高いと感じる。「たいおんけー(体温計)・で・　はか(計)っ・たら・　からだ(体)・が・　ごっつー・　あつー・　なっ・とる。」■対語＝「つめたい【冷たい】」「ちめたい【(冷たい)】」「ちべたい【(冷たい)】」「つべたい【(冷たい)】」。①＝「ひやい【冷やい】」「ひやこい【冷やこい】」「ひやっこい【冷やっこい】」〔⇒**あちい**【(熱い)】〕

あつい【厚い】《形容詞・ウイ型》 平らな形のもので、かなりの厚みがある。物の表と裏などの間に幅がある。「あつい・　かみ(紙)・や・さかい・　き(切)りにくい。」「あつい・　おこの(好)みやき・を・　や(焼)い・た。」■対語＝「うすい【薄い】」〔⇒**ぶあつい**【分厚い】、**ふとい**【太い】、**ぶっとい**【(太い)】、**ぶとい**【(太い)】〕

あつかう【扱う】《動詞・ワア行五段活用》 ①手で持ったり動かしたりして、その機能を発揮させる。「ほちょ(包丁)・は・　じょーず(上手)に・　あつかわ・な・　けが(怪我)する　て。」②自分の仕事の範囲として、受け持つ。ものを売買したりする。「なに(何)・を・　あつこー・とる・　みせ(店)・でっ・か。」■名詞化＝**あつかい**【扱い】。〔①⇒**つかう**【使う】〕

あつかましい〔**あつかましー**〕【厚かましい】《形容詞・イイ型》 ①金銭や品物に対する所有欲が強い。「あいつ(彼奴)・は・　なん(何)・でも・　じぶん(自分)・の・　もん・に・　し・てまう・　あつかましー・　やつ(奴)・や。」②恥を恥とも感じないほど、自分勝手に好きなことをする様子。自分の利益になるように行動する様子。「じぶん(自分)・の・　こと・を・　まるで・　にんきもん(人気者)・の・よーに・　おも(思)・て・　あつかましー・に・　し・やがっ・とる。」③行動などが粗雑である。落ち着きがなくて、そそっかしい。「あつかましー・　ある(歩)きかた・を・　する・　ひと(人)・や。」「あつかましー・　きかい(機械)・の・　つか(使)いかた・を・　し・たら・　けが(怪我)する・ぞ。」「あつかましー・　けーさん(計算)・を・　し・とる・さかい・　やりなお(直)さ・な・　あか・ん。」〔②⇒**ずうずうしい**【図々しい】。③⇒**あらっぽい**【荒っぽい】、**あらくたい**【荒くたい】〕

あつがり【暑がり】《名詞》 他の人よりよけいに暑さを感じること。また、そのように感じる人。暑くて仕方がないという姿勢や態度をとっていること。また、そのような人。「あつがり・や・さかい・　なつ(夏)・に・　なっ・たら・　いつも・　あせ(汗)びっしょりや。」■対語＝「さむがり【寒がり】」「さぶがり【寒がり】」「かじけ」

あっかんべ〔**あっかんべー**〕【(赤っかんべ)】《感動詞》 相手を拒絶したくなったり、嫌悪の気持ちが強くなったりしたときに、相手に向かって言う言葉。「あっかんべ・　おまえ(前)・の・　ゆ(言)ー・　こと・なんか・　き(聞)ー・たら・へん。」◆実際に、指を目元にあてて、赤目をむく動作を伴うことが多い。さらに強調するときには「あっかんべーのべー」などと言うことがある。〔⇒**あかべ**【赤べ】、**あかんべ**【赤んべ】、**あかべのべ**【赤べのべ】〕

あつぎ【厚着】《名詞、動詞する》 衣服を何枚も重ねて着ること。「あつぎ・を・　し・たら・　かえって・　かぜ(風邪)・を・　ひく・ぞ。」■類語＝「うすぎ【薄着】」

あつくるしい〔**あつくるしー**〕【暑苦しい】《形容詞・イイ型》 ①温度や湿度が高くて、苦しさを感じるほどである様子。「つゆ(梅雨)・に・　なっ・て・　あつくるしー・　ひ(日)・が・　つづ(続)い・とる。」②見た目に暑く感じて、印象が良くない様子。「あつくるしー・　かっこー(格好)・を・　し・て・　すん・まへ・ん。」〔⇒**あつくろしい**【(暑苦しい)】〕

あつくろしい〔**あつくろしー**〕【(暑苦しい)】《形容詞・イイ型》 ①温度や湿度が高くて、苦しさを感じるほどである様子。「きょー(今日)・も・　あつくろしー・　いちにち(一日)・やっ・た。」②見た目に暑く感じて、印象が良くない様子。「はし(走)っ・てき・た・さかい・　あせ(汗)・を・　かい・て・　あつくろしー・て・　ごめん(御免)・や・で。」〔⇒**あつくるしい**【暑苦しい】〕

あっこ《名詞》 離れている、あの場所。かつての、あの時。あの状態。「その・　にもつ(荷物)・は・　あっこ・に・　お(置)い・とい・てんか。」「あっこ・の・　いけ(池)・に・　はまっ・てん。」「かじ(火事)・に・　なっ・た・　いえ(家)・は・　あっこ・や・ねん。」「あっこ・で・　てん(点)・を・　と(取)ら・なんだ・さかい・　ま(負)け・ても・た・ん・や。」〔⇒**あすこ**、**あしこ**、**あそこ**、**あこ**〕

あっこら〔**あっこらー**〕《名詞》 あの場所のあたり。あの時のあたり。「あっこら・を・　さが(探)し・たら・　み(見)つかる・やろ。」「ふる(古)い・　えき(駅)・は・　あっこら・に・　あっ・た・　はず・や。」「あっこら・から・　ちょーし(調子)・が・　おかしー・　なっ・てき・てん。」◆複数を表すのではなく、ぼかして言うときに使う。〔⇒**あすこら**、**あしこら**、**あそこら**、**あっちら**、**あしこらへん**、**あすこらへん**、**あそこらへん**、**あっこらへん**、**あっちらへん**〕

あっこらへん《名詞》 あの場所のあたり。あの時のあたり。あの状態のあたり。「あっこらへん・の・　はと(波止)・で・　つ(釣)り・まほ・か。」「あっこらへん・の・　みせ(店)・で・　う(売)っ・とる・やろ。」「あっこらへん・は・　まだ・　のんき(暢気)に・　せーかつ(生活)し・とっ・た・　じだい(時代)・や。」〔⇒**あすこらへん**、**あしこらへん**、**あそこらへん**、**あっちらへん**、**あしこら**、**あすこら**、**あそこら**、**あっこら**、**あっちら**〕

あつさ【熱さ】《名詞》 ものの温度が高いこと。ものの温度の高い程度。「あぶら(油)・の・　あつさ・を・　み(見)・て・　てんぷら(天麩羅)・を・　あ(揚)げる。」■類語＝「つめたさ【冷たさ】」

あつさ【暑さ】《名詞》 気温が高いこと。気温の高い程度。「ことし(今年)・の・　なつ(夏)・の・　あつさ・は・　きょねん(去年)・と・は・　だいぶ・　ちが(違)う・なー。」「あつさ・も・　さむ(寒)さ・も・　ひがん(彼岸)・まで・と・　い(言)ー・まっ・しゃ・ろ。もうじき・　ぬく

(温)ー・　なり・まっ・せ。」■対語＝「さむさ【寒さ】」「さぶさ【寒さ】」

あつさ【厚さ】《名詞》　物の表と裏、上と下などにある幅の程度。「あつさ・　いっすん(一寸)・の・　いた(板)・が・　ほ(欲)しー・ねん。」〔**⇒うすさ【薄さ】、あつみ【厚み】**〕

あっさり《形容動詞や(ノ)、動詞する》　①人柄が穏やかで、気兼ねをしなくてもよいような様子。態度や性格などがしつこくない様子。性質が淡泊である様子。「あっさりし・た・　ひと(人)・や・さかい・　しんよー(信用)し・たら・　よろしー・やろ。」②抵抗感を感じないほどに、ものごとが行なわれる様子。ものごとを行うのに手数がかからない様子。「たん(尋)ね・たら・　あっさり・　こたえ(答)・を・　お(教)せ・てくれ・た。」③味や色や形などが、淡泊であったり簡素であったりしている様子。「あっさりし・た・　らーめん(ラーメン)・を・　た(食)べ・た。」◆語幹だけの副詞的な用法もある。

あつし《名詞》 木綿などでできた分厚い布を織って作った上っ張りの衣服。「さむ(寒)い・さかい・　あつし・を・　き(着)・ていく。」◆漁師などが着ることが多かった。

あっし《名詞》　自分自身を指す言葉。「その・　しごと(仕事)・は・　あっし・に・　まか(任)し・てください・な。」〔**⇒あし、あて、うち【内】、わたい【(私)】、わい、わし、わっし【(私)】、わたし【私】、わて、おれ【俺】、おら【(俺)】、おい【(俺)】、ぼく【僕】**〕

あっしら〔**あっしらー**〕《名詞》　①自分たちを指す言葉。「あっしら・は・　かえ(帰)り・に・　の(飲)み・に・　い(行)く・ん・や。」②遠慮したり卑下したりする気持ちをこめて、自分自身を指す言葉。「え(絵)・を・　か(描)く・の・は・　あっしら・　へた(下手)や・ねん。」〔**⇒あしら、あてら、うちら【内ら】、わたいら【(私ら)】、わいら【(我ら)】、わしら、わっしら【(私ら)】、わたしら【私ら】、わてら、おれら【俺ら】、おらら【(俺ら)】、おいら【(俺ら)】、ぼくら【僕ら】**〕

あっち《名詞》　①自分から遠い位置。自分から遠い位置にあるもの。「ここ・やのー・て・　あっち・に・　あつ(集)まっ・てください。」「あっち・の・　みず(水)・は・　にが(苦)い・ぞ。」②あの人。あの人たち。「あっち・に・　い(言)わ・れ・て・　はんたい(反対)・は・　でけ(出来)・なんだ。」③外国。「あっち・の・　えーが(映画)・は・　じ(字)ー・を・　よ(読)む・の・が・　しんどい。」■対語＝「こっち」〔**⇒あっちゃ、あちゃら、あちら。②⇒あちゃらはん、あちらはん**〕

あっちこっち《名詞》　自分から遠い位置にあるものと近い位置にあるものを含めた、いくつかのもの。あたり全体。「あっちこっち・　さが(探)し・た・けど・　う(売)っ・とら・なんだ。」〔**⇒あっちゃこっちゃ、あちらこちら、あちゃらこちゃら**〕

あっちこっち《名詞、形容動詞や(ノ)、動詞する》　ものの上下・左右・前後・表裏などが、逆であること。互い違いになったりして、揃っていないこと。「はきもん(履物)・が・　あっちこっちに・　なっ・とる・ぞ。」〔**⇒あっちゃこっちゃ、あっちゃいこっちゃい、へっちゃい、へっちゃいこっちゃい、へこさか【へこ逆】、へこさかだいみょうじん【へこ逆大明神】、あべこべ、へこちん**〕

あっちゃ《名詞》　①自分から遠い位置。自分から遠い位置にあるもの。「あっちゃ・から・　と(取)っ・てき・なはれ。」②あの人。あの人たち。「あっちゃ・が・　どない・　ゆ(言)ー・とる・か・　し(知)ら・ん・けど・　こっちゃ・は・　こっちゃ・の・　かんが(考)え・で・　い(行)こ・ー。」③外国。「あっちゃ・の・　くいもん(食物)・を・　く(食)ー・の・は・　にがて(苦手)や・ねん。」■対語＝「こっちゃ」〔**⇒あっち、あちゃら、あちら。②⇒あちゃらはん、あちらはん**〕

あっちゃいこっちゃい《名詞、形容動詞や(ノ)、動詞する》　ものの上下・左右・前後・表裏などが、逆であること。互い違いになったりして、揃っていないこと。「くつ(靴)・を・　あっちゃいこっちゃいに・　は(履)い・とる。」「あっちゃいこっちゃいに・　し・たら・　ちょーど(丁度)・　うまいこと・　はま(填)る・やろ。」〔**⇒あっちこっち、あっちゃこっちゃ、へっちゃい、へっちゃいこっちゃい、へこさか【へこ逆】、へこさかだいみょうじん【へこ逆大明神】、あべこべ、へこちん**〕

あっちゃこっちゃ《名詞》　自分から遠い位置にあるものと近い位置にあるものを含めた、いくつかのもの。あたり全体。「あっちゃこっちゃ・に・　し(知)っ・た・　ひと(人)・が・　いっぱい(一杯)・　おる・ねん。」〔**⇒あっちこっち、あちらこちら、あちゃらこちゃら**〕

あっちゃこっちゃ《名詞、形容動詞や(ノ)、動詞する》　ものの上下・左右・前後・表裏などが、逆であること。互い違いになったりして、揃っていないこと。「けーと(毛糸)・の・　ふく(服)・を・　まえうしろ(前後)・　あっちゃこっちゃに・　き(着)・とる。」「ふたり(二人)・に・　だ(出)す・　てがみ(手紙)・を・　あっちゃこっちゃに・　ふーとー(封筒)・に・　い(入)れ・て・　だ(出)し・ても・た。」〔**⇒あっちこっち、あっちゃいこっちゃい、へっちゃい、へっちゃいこっちゃい、へこさか【へこ逆】、へこさかだいみょうじん【へこ逆大明神】、あべこべ、へつちん**〕

あっちら《名詞》　あの場所のあたり。あの時のあたり。「あっちら・に・　ある・やろ。」「あっちら・の・　こと・は・　もー・　わす(忘)れ・ても・た。」◆複数を表すのではなく、ぼかして言うときに使う。〔**⇒あしこらへん、あっこらへん、あすこらへん、あそこらへんあしこら、あすこら、あそこら、あっこら、あっちら**〕

あっちらへん《名詞》　あの場所のあたり。あの時のあたり。「あっちらへん・を・　さが(探)し・てみ・てください。」「いちばん(一番)・　くる(苦)しかっ・た・ん・は・　あっちらへん・の・　とき(時)・やろ・なー。」〔**⇒あしこらへん、あっこらへん、あすこらへん、あそこらへん、あっちらへん、あしこら、あすこら、あそこら、あっこら**〕

あつつ【熱つつ】《名詞、動詞する》　①火や熱湯などに触れて、皮膚がただれること。また、そのようになったところ。「て(手)ー・に・　あつつし・た。」②つぼにあたる皮膚の上に置いたもぐさに火をつけて、その熱の刺激で病気を治す方法。「せなか(背中)・に・　あつつ・を・　すえる。」③火や炭や熱湯などの熱いもの。「あつつ・が・　も(燃)え・とる。」「あつつ・を・　さ(冷)まし・て・　の(飲)む。」◆幼児語。〔**⇒あちち【熱ちち】、あちゃちゃ【熱ちゃちゃ】。①⇒やけど【火傷】、やけちゃ【焼けちゃ】。②⇒やいと【(焼処)】、きゅう【灸】、おきゅう【お灸】**〕

あっというま〔**あっとゆーま**〕【あっと言う間】《名詞、副詞に》　ほんの僅かな時間。「じらこらもー・とる・　うち・に・　あっとゆーまに・　ばん(晩)・に・　なっ・ても・た。」

あっぱ《名詞、動詞する》　人や動物が、消化された食べ物のかすを肛門から出すこと。また、その排出されたもの。大便。「みち(道)・の・　まんなか・に・　うし(牛)・

の・　あっぱ・が・　お(落)ち・とる。」〔⇒**うんこ、うんうん、うんち、うんちゃん、ばば、べん【便】、くそ【糞】、だい【大】**〕

あっはっは《感動詞》 口を大きく開けて笑う様子。大きく口を開けて笑うときに出す声。「あっはっは・　それ・は・　おもろい・　はなし(話)・や・なー。」「あっはっは・　これ・が・　わら(笑)わ・んと・　おれる・かい。」◆人を馬鹿にしたような笑いのときにも使う。〔⇒**あはは**〕

あっぱっぱ〔**あっぱっぱー**〕《名詞》 夏に女性が家の中で着る、簡単なワンピース。簡単服。「なつ(夏)・は・　あっぱっぱ・が・　すず(涼)しー・て・　え(良)ー・なー。」

あつばる【集ばる】《動詞・ラ行五段活用》 離れた場所にあった人やものなどが、ひとつの所に移動する。「がっこー(学校)・に・　あつばっ・て・　えんそく(遠足)・に・　い(行)く。」■他動詞は「あつべる【集べる】」■名詞化＝**あつばり【集ばり】**〔⇒**あつまる【集まる】、よる【寄る】**〕

あっぷあっぷ《形容動詞や(ノ)》 経済などがぎりぎりの状態にある様子。困難な状態に押しつぶされそうになって苦しんでいる様子。「やす(安)い・　きゅーりょー(給料)・で・　ひとつき(一月)・　あっぷあっぷし・て・　く(暮)らし・とる・ねん。」「ごにん(五人)・の・　かぞく(家族)・を・　やしな(養)う・の・は・　あっぷあっぷや。」〔⇒**あっぷっぷ**〕

あっぷあっぷする《動詞・サ行変格活用》 水に溺れそうになってもがく。水に溺れる。「かわ(川)・の・　なか(中)・で・　あっぷあっぷし・とる・　ひと(人)・が・　おる・さかい・　はよ(早)ー・　たす(助)け・たれ。」〔⇒**あっぷっぷする、ぶくぶくする**〕

あっぷっぷ《形容動詞や(ノ)》 経済などがぎりぎりの状態にある様子。困難な状態に押しつぶされそうになって苦しんでいる様子。「きゅーりょー(月給)・だけ・で・は・　く(暮)らし・が・　あっぷっぷや。」〔⇒**あっぷあっぷ**〕

あっぷっぷする《動詞・サ行変格活用》 水の中で溺れそうになってもがく。水に溺れる。「おき(沖)・の・　ほー(方)・へ・　で(出)・たら・　あっぷっぷする・か・も・　しれ・ん・さかい・　や(止)め・とき。」〔⇒**あっぷあっぷする、ぶくぶくする**〕

アップル〔**あっぷる**〕【英語＝apple】《名詞》 りんごジュースのような味や風味がする飲み物。「らむね(ラムネ)・も・　す(好)きや・し・　あっぷる・も・　す(好)きや。」［**巻末「わが郷土」の「アップル」の項を参照**］

あつべる【集べる】《動詞・マ行下一段活用》 離れた場所にいた人やものをひとつの所にいるようにする。「きふ(寄付)・を・　あつべる。」「みち(道)・の・　おちば(落葉)・を・　あつべ・て・　も(燃)やす。」■自動詞は「あつばる【集ばる】」〔⇒**あつめる【集める】、よせる【寄せる】**〕

あっぽ【阿っ呆】《名詞、形容動詞や(ナ・ノ)》 ①ぼんやりしていて、頼りないところがあること。鋭さに欠けたり手抜かりが生じたりすること。また、そのような人。「しょーがっこー(小学校)・へ・　い(行)く・ん・や・さかい・　あっぽな・　こと・を・　し・たら・　あか・ん・よ。」②機能や働きが失われること。効き目がないこと。「はんどる(ハンドル)・が・　あっぽに・　なっ・とる。」◆幼児語。〔⇒**あほう【阿呆】、だぼ、ばか【馬鹿】**。①⇒**ぬけ【抜け】、まぬけ【間抜け】、ぼけ【呆け】、ぬけさく【抜け作】、あほうたれ【阿呆垂れ】、あほうだら【阿呆垂ら】、あほんだら【(阿呆垂ら)】、あほんだれ【(阿呆垂れ)】、だぼさく【だぼ作】、ぼけさく【呆け作】、ぼけなす【呆けなす】、とぼけさく【惚け作】、ばかもん【馬鹿者】、ばかたれ【馬鹿垂れ】**〕

あつまり【集まり】《名詞》 多くの人がひとつの所に寄ること。集会。「みんな・の・　あつまり・が・　わる(悪)い・なー。」「あつまり・は・　らいしゅー(来週)・に・しょ・ー・か。」「しやくしょ(市役所)・の・　せつめー(説明)・を・　き(聞)く・　あつまり・が・　ある・そーや。」

あつまる【集まる】《動詞・ラ行五段活用》 離れた場所にあった人やものなどが、ひとつの所に移動する。「はちじ(八時)・に・　こーかいどー(公会堂)・に・　あつまる。」■他動詞は「あつめる【集める】」■名詞化＝**あつまり【集まり】**〔⇒**あつばる【集ばる】、よる【寄る】**〕

あつみ【厚さ】《名詞》 ①物の表と裏、上と下などにある幅の程度。「あつみ・が・　にせんち(二センチ)・ほど・の・　てっぱん(鉄板)・を・　ひ(敷)く。」②物の表と裏、上と下などに幅の手応えが感じられること。他のものより幅の手応えが感じられること。「ひょーし(表紙)・の・　あつみ・が・　な(無)かっ・たら・　ひんそー(貧相)な・　ほん(本)・に・　なっ・てまう。」「あつみ・の・　ある・　ぼーるがみ(ボール紙)・が・　ほ(欲)しー・なー。」〔①⇒**あつさ【厚さ】、うすさ【薄さ】**〕

あつめる【集める】《動詞・マ行下一段活用》 離れた場所にいた人やものをひとつの所にいるようにする。「どよーび(土曜日)・に・　ふねんぶつ(不燃物)・を・　あつめる。」■自動詞は「あつまる【集まる】」〔⇒**あつべる【集べる】、よせる【寄せる】**〕

あつらえ【誂え】《名詞》 頼んで、自分の思うように作ってもらうこと。また、そのようにして作ったもの。「あつらえ・の・　いっちょらい(一張羅)・の・　ふく(服)・を・き(着)る。」

あつらえる【誂える】《動詞・ア行下一段活用》 ①頼んで、自分の思うように作ってもらう。「ひさ(久)しぶりに・くつ(靴)・を・　あつらえ・た。」②注文する。特に、前もって予約注文する。「ほーじ(法事)・の・　ひ(日)・の・りょーり(料理)・を・　あつらえ・とく。」■名詞化＝**あつらえ【誂え】**

あて【当て】《名詞》 ①目を付けて見るところ。目指すところ。手に入れようとねらうもの。「あて・も・　の(無)ー・ある(歩)きまわっ・とる。」②見込み。期待するもの。頼りにするもの。「しゅーしょく(就職)する・の・に・え(良)ー・　あて・は・　あり・まん・の・か。」「なん(何)・ぞ・　あて・が・　ある・ん・やろ。」「あて・が・　はず(外)れる。」③補修に使う布や板など。「あて・の・　きれ(布)・を・　さが(探)す。」④酒などを飲むときに食べる簡単な料理。「とりあえず・　びーる(ビール)・や。あて・は・　なん・でも・　かま(構)・へん。」〔①②⇒**あてど【当て所】**。①⇒**めあて【目当て】**。④⇒**つまみ【抓み】**〕

あて《名詞》 自分自身を指す言葉。「この・　こ(子)・は・　あて・の・　まご(孫)・です・ねん。」「あて・が・　い(行)っ・て・　はなし(話)・を・　し・てき・ます。」◆女性が使うことが多い。「あたい」という言い方はしない。〔⇒**あし、あっし、うち【内】、わたい【(私)】、わい、わし、わっし【(私)】、わたし【私】、わて、おれ【俺】、おら【(俺)】、おい【(俺)】、ぼく【僕】**〕

あで【(畦)】《名詞》 **⇒あぜ【畦】を参照。**

あてがう【宛う】《動詞・ワア行五段活用》 ①ぴったりとくっつけて当てる。「お(折)れ・た・　うで(腕)・に・　き(木)ー・を・　あてがう。」②割り当てて与える。適当に見つくろって与える。「ぱん(パン)・　いっこ(一個)・ずつ・　あてご・とい・たら・　ちょっと・の・　あいだ

(間)・は・　しず(静)かに・　し・とる・やろ。」「こども(子供)・に・　えほん(絵本)・を・　あてがう。」■名詞化＝**あてがい【宛い】**

あて(が)はずれる【当て(が)外れる】《動詞・ラ行下一段活用》　予期したとおりではない。見込みどおりに事柄が進展しない。「あてがはずれ・て・　たからくじ(宝籤)・が・　あ(当)たら・なんだ。」■名詞化＝**あてはずれ【当て外れ】**

あてこすり【当て擦り】《名詞》　遠回しに、人の悪口や皮肉などを言うこと。他のことにことよせてなじること。つらあて。「あてこすり・みたいに・　ゆ(言)わ・んと・　はっきり・　ゆ(言)ー・てんか。」◆マッチのことを「あてこすり」(当てて擦って発火させる)と表現することもある。

あてこする【当て擦る】《動詞・ラ行五段活用》　遠回しに、人の悪口や皮肉などを言う。他のことにことよせてなじる。つらあてをする。「み(見)・た・だけ・で・　か(買)わ・なんだら・　てんいん(店員)・に・　あてこすら・れ・て・　ひにく(皮肉)・を・　い(言)わ・れ・てん。」■名詞化＝**あてこすり【当て擦り】**

あてさき【宛先】《名詞》　手紙や荷物などの送り先としての、住所・所在地や名前など。「おくりもん(贈物)・の・　あてさき・を・　まちが(間違)わ・ん・よーに・　か(書)く。」〔⇒**あてな【宛名】**〕

あてすっぽ〔あてすっぽー、あてずっぽ、あてずっぽー〕《名詞、形容動詞や(ノ)》　特別な拠りどころや理由もなく推量すること。深く考えたりしないで、適当に言ったり行ったりすること。「あてすっぽで・　ゆ(言)ー・たら・　あ(当)たっ・た。」「あてすっぽで・　ばっと(バット)・　ふ(振)っ・ても・　あ(当)たる・　とき(時)・が・　ある。」

あてつけ【当て付け】《名詞、動詞する》　何かにかこつけて、悪く言ったり態度で現したりすること。「あてつけ・を・　い(言)わ・んと・　もっと・　はっきり・　ゆ(言)ー・たら・　どない・や・ねん。」

あてつける【当て付ける】《動詞・カ行下一段活用》　何かにかこつけて、悪く言ったり、態度で現したりする。「じぶん(自分)・の・　しっぱい(失敗)・を・　わし・に・　あてつけ・やがっ・た。」■名詞化＝**あてつけ【当て付け】**

あてど【当て所】《名詞》　①目を付けて見るところ。目指すところ。手に入れようとねらうもの。「あてど・が・　わから・ん・ままに・　ある(歩)きまわっ・とる。」②見込み。期待するもの。頼りにするもの。「かね(金)・を・　か(借)る・　あてど・は・　あら・へん。」◆「あて【当て】」を使う方が多い。〔⇒**あて【当て】**。①⇒**めあて【目当て】**〕

あてな【宛名】《名詞》　手紙や荷物などの送り先としての名前。「はがき(葉書)・の・　あてな・を・　まちご(間違)ー・て・　か(書)い・た。」〔⇒**あてさき【宛先】**〕

あてはずれ【当て外れ】《形容動詞や(ノ)》　期待していたとおりではない様子。見込みどおりに事柄が進展しない様子。「ことし(今年)・の・　はんしん(阪神)・は・　あてはずれで・　よわ(弱)い・のー。」

あてはまる【当て填る】《動詞・ラ行五段活用》　あるものによく合ったり該当したりする。「むかし(昔)・の・　ちゅーがっこー(中学校)・は・　いま(今)・の・　こーとーがっこー(高等学校)・に・　あてはまる。」■他動詞は「あてはめる【当て填める】」

あてはめる【当て填める】《動詞・マ行下一段活用》　①あるものにうまく合わせたり該当させたりする。「げんかん(玄関)・に・　あてはめ・て・　え(絵)ー・を・　えら(選)ぶ。」②配分などをする。「きふきん(寄付金)・の・　がく(額)・を・　いっけん(一軒)・ごと・に・　あてはめる。」■自動詞は「あてはまる【当て填る】」■名詞化＝**あてはめ【当て填め】**

あでまめ【(畦豆)】《名詞》　⇒**あぜまめ【畦豆】を参照。**

あでみち【(畦道)】《名詞》　⇒**あぜみち【畦道】を参照。**

あてもん【当て物】《名詞、動詞する》　①くじ引きなどで景品を割り当てるやり方。特に、駄菓子屋などで子ども相手に行うくじ引き。「いっかい(一回)・　じゅーえん(十円)・で・　あてもん・を・　ひ(引)く。」「あてもん・で・　いっとー(一等)・が・　あ(当)たっ・た。」②可能性の少ないもの。あまり期待してはいけないもの。「あてもん・や・さかい・　きたい(期待)せ・んとい・て・な。」◆「あてもん【当て物】」は、近所の駄菓子屋にもあったが、祭りの夜店などにもあった。三角くじを引いたり、何本もの糸の中から１本を選んで引いたり、ルーレットを回したり、レバーを操作したりと、「あてもん」にはいろんなやり方があった。良いものが当たるかもしれないという期待感と、引く瞬間のどきどきする思いと、駄目であっても次回に望みを託す気持ちも込めて、子どもたちは「あてもん」に引き込まれていく。大人になっても、会社などの行事(忘年会など)に「あてもん」を登場させる。「くじびき【籤引き】」という冷静な言葉よりも、「あてもん」という言い方に引かれるのは、大人も子どもも変わりがない。

くじ引きの当て物

あてら〔あてらー〕《名詞》　①自分たちを指す言葉。「あてら・は・　ここ・で・　ま(待)っ・とき・まほ・か。」②遠慮したり卑下したりする気持ちをこめて、自分自身を指す言葉。「あてらー・　そんな・　むつか(難)しー・　こと・は・　わから・へん。」◆①②ともに、女性が使うことが多い。「あたいら」という言い方はしない。〔⇒**あしら、あっしら、うちら【内ら】、わたいら【(私ら)】、わいら【(我ら)】、わしら、わっしら【(私ら)】、わたしら【私ら】、わてら、おれら【俺ら】、おらら【(俺ら)】、おいら【(俺ら)】、ぼくら【僕ら】**〕

あてる【当てる】《動詞・タ行下一段活用》　①ものにぶつからせる。触れさせる。「ぼーる(ボール)・を・　かべ(壁)・に・　あて・たら・　あか・ん・ぞ。」「じてんしゃ(自転車)・に・　の(乗)っ・とっ・て・　おー(大)けな・き(木)ー・に・　あて・た。」②おおうようにして、あてがう。「てぬぐい(手拭)・を・　はな(鼻)・に・　あてる。」「やぶ(破)れ・た・　ところ・に・　つ(継)ぎ・を・　あてる。」③狙っていたものに命中させる。狙ったとおりにうまくいくようにする。「まと(的)・の・　まんなか・に・　あてる。」「けんしょー(懸賞)・を・　あてる。」④割り当てて与える。「ひとり(一人)・　せんえん(千円)・ずつ・　あて・て・　あつ(集)める。」「やす(休)み・を・　みっか(三日)・ずつ・　あてる。」⑤冷気・暖気・熱気・風の流れ・光などを受けるようにさせる。「せんたくもん(洗濯物)・を・　かぜ(風)・に・　あて・て・　かわ(乾)かす。」「すとーぶ(ストーブ)・に・　あてる。」「おひ(日)さん・に・　あてる。」「ぱーま(パーマ)・を・　あてる。」⑥予定する。当てにする。充当する。「あんた・を・　とーばん(当番)・の・　ひとり(一人)・に・　あて・とく・ぞー。」⑦他の人に指名などをする。「まえ(前)・から・　ごにんめ

（五人目）・の・　ひと（人）・を・　あてる。」◆⑤の場合のパーマは、「かける」とも言う。■自動詞は「あたる【当たる】」

あと【後】《名詞》　①人の顔が向いている方の反対側。自分が進んでいる方向の反対側。また、その方向にある場所。「わたし（私）・の・　あと・から・　つい・てき・なさい。」②ものごとが終わってからの時間。現在よりも先の時期。「あと・で・　よー・　はんせー（反省）し・なはれ。」「あと・で・　れんらく（連絡）し・ます。」③続いているものごとで、現在以降の部分。「あと・から・　なんにん（何人）・　き（来）・て・です・か。」「あと・は・　あいつ（彼奴）・に・　まか（任）せ・とこ・ー。」■反対語＝「まえ【前】」「さき【先】」〔①⇒**うしろ**【後ろ】、**おしろ**【（後ろ）】〕

あと【跡】《名詞》　①ものが存在した形跡。何かが動いたり通ったりして、残った形跡。「ねこ（猫）・が・　ある（歩）い・た・　あと・が・　こんくりーと（コンクリート）・に・　のこ（残）っ・とる。」②何かが行われたしるしとして推測できるもの。「か（書）きなおし・た・　えんぴつ（鉛筆）・の・　あと・が・　わかる。」③以前に何かが行われたり存在したりした場所。「しろ（城）・の・　あと・が・　こーえん（公園）・に・　せーび（整備）さ・れ・た。」〔①⇒**かた**【形】〕

あとあし【後足】《名詞》　①動物の４本足のうち、後ろの方の２本の足。「いぬ（犬）・が・　あとあし・を・　あ（上）げ・て・　しょんべん（小便）・を・　し・とる。」②人が片足を踏み出したときに、残っている方の足。「あとあし・を・　まえあし・の・　かかと（踵）・に・　くっつける。」■対語＝「まえあし【前足】」〔⇒**うしろあし**【後ろ足】、**おしろあし**【（後ろ足）】〕

あとあじ【後味】《名詞》　①ものを食べたあとに口に残る味。「この・　みかん（蜜柑）・の・　あとあじ・は・　さっぱり・　し・とる。」②物事が終わったあとに関係者の間に残る、不快な感じ。「とちゅー（途中）・で・　も（揉）め・て・　あとあじ・の・　わる（悪）い・　しあい（試合）・やっ・た。」〔⇒**あとくち**【後口】〕

あとあと【後々】《名詞》　現在からのちのこと。将来。「あとあと・　けんか（喧嘩）せ・ん・よーに・　きちんと・　なかなお（仲直）りし・とき。」〔⇒**さきざき**【先々】〕

あとおし【後押し】《名詞、動詞する》　①道や坂などで、手助けのために後ろから押すこと。「りやかー（リヤカー）・の・　あとおし・を・　し・てください。」②励ましたり手助けしたりすること。また、そのようにする人。「みんな（皆）・の・　あとおし・で・　ゆーしょー（優勝）・が・　でけ・た。」

あとかけ【後掛け】《名詞、動詞する》　幼児の履き物が脱げないように、足と履き物の後ろの辺りとを紐などによって結びつけること。「じょり（草履）・の・　あとかけ・を・　する。」

あとかたづけ【後片付け】《名詞、動詞する》　何かをすることによって汚れたり散らかったりしたものなどを元通りに整理すること。混乱した物事に決着をつけること。他人の行った、良くないことがらを収拾すること。「しょくじ（食事）・の・　あとかたづけ・を・　する。」〔⇒**あとしまつ**【後始末】、**しまつ**【始末】、**かたづけ**【片付け】〕

あとくち【後口】《名詞》　①ものを食べたあとに口に残る味。「まんじゅー（饅頭）・の・　あとくち・が・　わる（悪）い・さかい・　おちゃ（茶）・でも・　の（飲）も・か。」②物事が終わったあとに関係者の間に残る、不快な感じ。「かいけつ（解決）し・た・けど・　あとくち・は・　よ（良）ー・ない・　こと・やっ・た。」〔⇒**あとあじ**【後味】〕

あとさき【後先】《名詞、動詞する》　①場所としての前と後ろ。「れつ（列）・の・　あとさき・に・　せんせー（先生）・が・　つ（付）い・とる。」②時間としての前と後ろ。「めし（飯）・の・　あとさき・に・　おちゃ（茶）・を・　の（飲）む。」③物事の順序。また、それが逆になること。「あとさき・　かんが（考）え・て・　もの・を・　ゆ（言）わ・んと・　いか・ん。」「あいさつ（挨拶）し・てもらう・　じゅんばん（順番）・が・　あとさきし・ても・てん。」〔⇒**まえうしろ**【前後ろ】、**まえおしろ**【（前後ろ）】、**ぜんご**【前後】〕

あとさし《名詞、動詞する》　互いに足を向け合う形で横になること。足を向け合う形に布団を敷いて、足先を一つの炬燵に集めて暖をとって寝ること。「こども・　ふたり（二人）・を・　あとさし・に・　し・て・　ふとん（布団）・を・　ひ（敷）く。」

あとしまつ【後始末】《名詞、動詞する》　何かをすることによって汚れたり散らかったりしたものなどを元通りに整理すること。混乱した物事に決着をつけること。他人の行った、良くないことがらを収拾すること。「うんどーかい（運動会）・の・　あとしまつ・を・　する。」「けんか（喧嘩）・の・　あとしまつする。」〔⇒**あとかたづけ**【後片付け】、**しまつ**【始末】、**かたづけ**【片付け】〕

あとじょり【（後寄り）】《名詞、動詞する》　前を向いたままで後ろにさがること。「あとじょりし・て・　みぞ（溝）・に・　はまっ・た。」〔⇒**あとより**【後寄り】〕

あとつぎ【跡継ぎ、後継ぎ】《名詞、動詞する》　①家の財産などを相続すること。また、相続をする人。「あんたとこ・は・　しっかりし・た・　あとつぎ・が・　おっ・て・　よろしー・なー。」②前任者や師匠などのあとを受け継ぐこと。また、そのようにする人。「せんぱい（先輩）・の・　あとつぎ・を・　し・て・　かんとく（監督）・に・　なる。」〔①⇒**あととり**【跡取り】〕

あととり【跡取り】《名詞、動詞する》　家の財産などを相続すること。また、相続をする人。「うち・は・　おんな（女）・の・　こ（子）ー・ばっかり・で・　あととり・が・　おら・ん・ねん。」〔⇒**あとつぎ**【跡継ぎ】〕

あととりむすこ【跡取り息子】《名詞》　家の財産などを相続する男子。「おたく（宅）・は・　しっかりし・た・　あととりむすこ・や・なー。」■対語＝「あととりむすめ【跡取り娘】」

あととりむすめ【跡取り娘】《名詞》　婿養子を迎えて、家の財産などを相続する女子。「あととりむすめ・に・　おとこ（男）・の・　こ（子）ー・が・　う（生）まれ・て・　ひとあんしん（一安心）・を・　し・とる・ん・や。」■対語＝「あととりむすこ【跡取り息子】」

あとのつき【後の月】《名詞》　①何かの月の次に来る月。翌月。「うんどーかい（運動会）・を・　あとのつき・に・　の（延）ばし・た。」②今月の前の月。「あとのつき・の・　いつか（五日）・に・　な（亡）くなっ・た・そーや。」◆②の用例は少ないが、時には言うことがある。〔①⇒**あくるつき**【明くる月】、**あけのつき**【明けの月】。②⇒**せんげつ**【先月】、**さきのつき**【先の月】〕

あとのとし【後の年】《名詞》　①何かの年の次に来る年。翌年。「あとのとし・に・は・　たいふー（台風）・は・　こ（来）・なんだ。」②今年の前の年。「あとのとし・の・　たいふー（台風）・は・　ごっつかっ・た・なー。」◆②の用例は少ないが、時には言うことがある。〔①⇒**あくるとし**【明くる年】、**あけのとし**【明けの年】。②⇒**きょね**

ん【去年】、きょうねん【(去年)】、さくねん【昨年】〕

あとのひ〔あとのひー〕【後の日】《名詞》 その日の、次の日。「あとのひー・に・　あやま(謝)り・に・　い(行)っ・た。」〔⇒**あくるひ**、**あけのひ**【明けの日】、**よくじつ**【翌日】〕

あとばらい【後払い】《名詞、動詞する》 給料や代金などをあとで渡すこと。「いま(今)・　かね(金)・が・　な(無)い・さかい・　あとばらい・に・　し・ておくん・なはれ。」「この・　ばす(バス)・は・　あとばらい・や。」■対語＝「まえばらい【前払い】」「まいばらい【(前払い)】」「さきばらい【先払い】」

あとまわし〔あとまーし〕【後回し】《名詞、動詞する》 先にすべきことを、後に残してすること。順番を変えて後ろの方に移すこと。「しくだい(宿題)・を・　あとまーし・に・　し・て・　あそ(遊)ん・で・ばっかり・や。」

あともどり【後戻り】《名詞、動詞する》 ①進んできた道を引き返すこと。「い(行)きすぎ・て・　あともどりする。」②時間的に逆の方向に向かうこと。「あともどりし・て・　こども(子供)・の・　ころ(頃)・の・　はなし(話)・に・　なっ・た。」③良い方へ向かっていたことが、以前の良くない方へ向かうようになること。「あつ(暑)さ・が・　あともどりし・た。」「さぶ(寒)ー・　なっ・て・　びょーき(病気)・が・　あともどりし・た。」

あとより【後寄り】《名詞、動詞する》 前を向いたままで後ろにさがること。「こども(子供)・が・　あとより・で・　ある(歩)ける・よーに・　なっ・た。」「じどーしゃ(自動車)・を・　あとよりさ・せる。」〔⇒**あとじょり**【(後寄り)】〕

あとより【後寄り】《名詞》 全体の中で、後ろの部分に属すること。「せき(席)・は・　あとより・やっ・た・さかい・　ちょっと・　み(見)にくかっ・た。」■対語＝「まえより【前寄り】」〔⇒**うしろより**【後ろ寄り】〕

あと(を)つぐ【跡(を)継ぐ、後(を)継ぐ】《動詞・ガ行五段活用》 ①家の財産などを相続する。「おや(親)・の・　あとをつい・で・　しょーばい(商売)し・とる・ねん。」②前任者や師匠などのあとを受け継ぐ。「たいしょく(退職)し・た・　せんぱい(先輩)・の・　あとつい・で・　しごと(仕事)・を・　する。」■名詞化＝**あとつぎ**【跡継ぎ】

あと(を)ひく【後(を)引く】《動詞・カ行五段活用》 ①ものごとが終末を迎えないで、問題が残っている。「けんか(喧嘩)・が・　あとをひー・て・　しっくり・　いか・へん・ねん。」「かぜ(風邪)・が・　すっきりと・　せ・んと・　あとひー・とる。」②味や香りなどが、のちまで残る。「ひつこい・　あじ(味)・が・　あとひー・て・　こま(困)る・なー。」

あな【穴】《名詞》 ①表面がえぐられて、まわりの面よりも窪んだところ。「にわ(庭)・に・　あな・を・　ほ(掘)っ・て・　いけ(池)・を・　こしらえる。」②奥の方や向こう側まで突き抜けているところ。「ほり(塀)・に・　あな・が・　あ(空)い・とる。」③人体の表面にある空洞で、体内に連なるところ。「みみ(耳)・の・　あな・を・　ほじくっ・て・　よー・　き(聞)け。」④損をしたり不足したりすること。また、その額。「そん(損)し・た・　あな・を・　う(埋)める。」

あない《副詞に》 あのように。「あない・　し・たら・　はよ(速)ー・　はし(走)れる・ん・や・なー。」「あないに・　たか(高)い・　もん・は・　よー・　か(買)わ・ん。」■類語＝「こない」「そない」「ほない」「どない」〔⇒**ああ**〕

あないな《連体詞》 形や状態などが、あれと同じような。あれほどの程度の。「あないな・　い(言)ーかた・を・　さ・れ・たら・　だい(誰)・でも・　おこ(怒)る・わ・のー。」「あないな・　こと・を・　よー・　へーき(平気)で・　ゆ(言)ー・　もん・や。」〔⇒**あんな**〕

あないなん《名詞》 形や状態などが、あれと同じようなもの。あれほどの程度のもの。「あないなん・は・　いちまんえん(一万円)・で・は・　か(買)わ・れ・へん。」「あないなん・は・　いはん(違反)し・た・　やりかた・や。」〔⇒**あんなん**〕

あなうめ【穴埋め】《名詞、動詞する》 ①えぐられて窪んでいるところやくり抜かれているところを元のようにすること。「うんどーじょー(運動場)・に・　でけ・た・　あなうめ・を・　し・た。」②損をしたり不足したりしたところを補うこと。「こども・の・　しゃっきん(借金)・を・　あなうめする。」

あなご【穴子】《名詞》 近海の底の砂地にすみ、鰻に似た魚で、鰻よりもあっさりした味のする細長い魚。「あなご・の・　お(押)しずし(寿司)・を・　こしらえる。」◆瀬戸内海でよく獲れて、焼きあなごは明石・高砂あたりの名産品になっている。

あなた【貴方】《名詞》 軽い敬意を込めて、相手を指す言葉。「あなた・が・　い(行)っ・たら・　よろしー・のに。」◆一般には「あんた【(貴方)】」を多く使い、「あなた【貴方】」は改まった場合などに使う。〔⇒**あんた**【(貴方)】、**おたく**【お宅】、**おまはん**【(お前はん)】、**おうち**【お家】〕

あなどる【侮る】《動詞・ラ行五段活用》 相手の力などを軽く見て、軽んじたり馬鹿にしたりする。「わし・を・　あなどり・やがっ・て・　おぼ(憶)え・とけ。」

あなもん【穴門】《名詞》 鉄道線路などの下を潜ってトンネルになっている、断面の小さな道。「あなもん・は・　ひと(人)・しか・　とー(通)ら・れ・へん。」〔巻末「わが郷土」の「あなもん」の項を参照〕

あに【兄】《名詞》 きょうだいのうち、年上の男性。「あに・が・　ふたり(二人)・　おり・ます・ねん。」

あにき【兄貴】《名詞》 年上の、男のきょうだいのことを親しんで言う言葉。「あにき・は・　わし・より・　みっ(三)つ・　うえ(上)・や。」■対語＝「あねき【姉貴】」

あにきさん【兄貴さん】《名詞》 相手や第三者の、年上の男きょうだいのことを敬って言う言葉。「あんた・の・　あにきさん・は・　おげんき(元気)です・か。」■対語＝「あねきさん【姉貴さん】」

あにさん【兄さん】《名詞》 相手や第三者の、年上の男きょうだいのことを敬ったり、親しみを込めたりして言う言葉。「あんた・は・　あにさん・と・　なんぼ・　とし(歳)・が・　はな(離)れ・とる・の。」■対語＝「あねさん【姉さん】」「あねはん【姉はん】」

あね【姉】《名詞》 きょうだいのうち、年上の女性。「わたし(私)・の・　あね・は・　ひめじ(姫路)・に・　よめい(嫁入)りし・とり・ます。」

あねき【姉貴】《名詞》 年上の、女のきょうだいのことを親しんで言う言葉。「あねき・に・　むすこ(息子)・が・　ふたり(二人)・　おり・ます。」◆使用頻度は低い。■対語＝「あにき【兄貴】」

あねきさん【姉貴さん】《名詞》 相手や第三者の、年上の女きょうだいのことを敬って言う言葉。「こないだ・　あんた・の・　あねきさん・と・　あ(会)い・まし・た・よ。」◆「あねはん」を多く使うので、「あねきさん」の使用頻度は低い。■対語＝「あにきさん【兄貴さん】」

あねさん【姉さん】《名詞》 相手や第三者の、年上の女きょうだいのことを敬ったり、親しみを込めたりして言う言葉。「わし・は・　あんた・の・　あねさん・と・　おな(同)いどし・や。」■対語＝「あにさん【兄さん】」〔⇒**あねはん【姉はん】**〕

あねさんにょうぼう〔あねさんにょーぼ、あねさんにょーぼー〕【姉さん女房】《名詞》　妻が年上である夫婦。夫より年上である妻。「あの・　いえ(家)・は・　あねさんにょーぼー・や。」〔⇒**あねはんにょうぼう【姉はん女房】**〕

あねはん【姉はん】《名詞》　相手や第三者の、年上の女きょうだいのことを敬ったり、親しみを込めたりして言う言葉。「あんた・の・　あねはん・は・　どこ・に・　す(住)ん・どっ・て・のん。」◆「あねはん」は使うが、「あにはん」という言い方はしない。■対語＝「あにさん【兄さん】」〔⇒**あねさん【姉さん】**〕

あねはんにょうぼう〔あねはんにょーぼ、あねはんにょーぼー〕【姉はん女房】《名詞》　妻が年上である夫婦。夫より年上である妻。「わこ(若)ー・　み(見)え・て・　あねはんにょーぼー・の・よーに・は・　み(見)え・ん・なー。」〔⇒**あねさんにょうぼう【姉さん女房】**〕

あの【彼の】《連体詞》　①空間的にあるいは心理的に、自分からも相手からも離れているものを指し示す言葉。「あの・　あた(辺)り・に・　えき(駅)・が・　ある。」②時間的に、自分からも相手からも離れているものを指し示す言葉。「あの・　じぶん(時分)・が・　いっちゃん(一番)・　くる(苦)しかっ・た・なー。」「あの・　じこ(事故)・が・　あっ・た・ん・は・　おとどし(一昨年)・や。」③自分も相手も知っている物事を指し示す言葉。「あの・　はなし(話)・は・　もー・　かいけつ(解決)し・た。」「あの・　おとこ(男)・は・　さけの(酒飲)み・や・なー。」

あのなあ〔あのな、あのなー〕《感動詞》　呼びかけたり、言葉を少しためらって発したりするときに使う言葉。「あのなー・　ちょっと(一寸)・　かんが(考)え・てくれ・へん・か。」〔⇒**あんなあ、あののう、あんのう**〕

あののう〔あのの、あののー〕《感動詞》　呼びかけたり、言葉を少しためらって発したりするときに使う言葉。「あののー・　わし・の・　ゆ(言)ー・　こと・も・　き(聞)ー・てくれ・や。」◆少しぞんざいな言い方である。〔⇒**あんのう、あのなあ、あんなあ**〕

あのへん【あの辺】《名詞》　①あの場所の辺り。「あのへん・に・　しやくしょ(市役所)・が・　ある。」②あの時のあたり。「あのへん・が・　いちばん(一番)・　こーちょー(好調)な・　じだい(時代)・やっ・た。」

あのよ【彼の世】《名詞》　人が死んでから行くと考えられているところ。「あのよ・の・　こと・なんか・　かんが(考)え・へん。」■対語＝「このよ【此の世】」〔⇒**てんごく【天国】**〕

アパート〔あぱーと〕【英語＝apartment house の略】《名詞》　一つの建物の中を区切って住宅としているもの。「わか(若)い・　とき(時)・は・　あぱーと・に・　す(住)ん・どっ・た。」◆建物全体のことも言い、一つひとつの住宅のことも言う。「あぱーと」と発音する人もいる。

あばて【(慌て)】《名詞》　①落ち着きを失った人。まごついたり、そそっかしくしている人。「あばて・や・さかい・　てーき(定期)・を・　わす(忘)れ・てき・た。」②突然のできごとに出会って、ふだんの落ち着きを失うこと。うろたえたり、まごついたりすること。「あばて・を・　せ・ん・よーに・　お(落)ちつけ。」〔⇒**あわて【慌て】**。①⇒**あわてがみ【慌てがみ】、あばてがみ【(慌てがみ)】、あわてもん【慌て者】、あばてもん【(慌て者)】、あわてんぼう【慌てん坊】、あばてんぼう【(慌てん坊)】**〕

あばてがみ【(慌てがみ)】《名詞》　落ち着きを失った人。まごついたり、そそっかしくしている人。「あばてがみ・や・なー。もっと・　ゆっくり・　し・なはれ。」〔⇒**あわて【慌て】、あばて【(慌て)】、あわてがみ【慌てがみ】、あわてもん【慌て者】、あばてもん【(慌て者)】、あわてんぼう【慌てん坊】、あばてんぼう【(慌てん坊)】**〕

あばてもん【(慌て者)】《名詞》　落ち着きを失った人。まごついたり、そそっかしくしている人。「あんた・は・　あばてもん・や・さかい・　よー・　わす(忘)れもん・を・する・なー。」〔⇒**あわて【慌て】、あばて【(慌て)】、あわてがみ【慌てがみ】、あばてがみ【(慌てがみ)】、あわてもん【慌て者】、あわてんぼう【慌てん坊】、あばてんぼう【(慌てん坊)】**〕

あばてる【(慌てる)】《動詞・タ行下一段活用》　①不意をつかれて落ち着きを失う。驚いてまごまごする。「あばて・たら・　けが(怪我)する・ぞ。」②びっくりして、その事態を解消するためにひどく急ぐ。「あばて・い・でも・　て(手)ー・を・　あ(上)げ・たら・　ばす(バス)・が・ま(待)っ・てくれる。」■名詞化＝**あばて【(慌て)】**〔⇒**あわてる【慌てる】**〕

あばてんぼう〔あばてんぼー、あばてんぼ〕【(慌てん坊)】《名詞》　落ち着きを失った人。まごついたり、そそっかしくしている人。「あばてんぼー・が・　また・　わす(忘)れもん・を・　し・た。」〔⇒**あわて【慌て】、あばて【(慌て)】、あわてがみ【慌てがみ】、あばてがみ【(慌てがみ)】、あわてもん【慌て者】、あばてもん【(慌て者)】、あわてんぼう【慌てん坊】**〕

あはは《感動詞》　口を大きく開けて笑う様子。大きく口を開けて笑うときに出す声。「あはは・　この・　まんざい(漫才)・は・　おもろ(面白)い・なー。」〔⇒**あっはっは**〕

あばば《名詞、動詞する》　大きくあけた口に手を当てたり離したりすることを小刻みに続けてその時に同時に発音すること。手を小刻みにあけた口に当てたり離したりしながら発音する言葉。「この・　こ(子)・は・　あばば・が・　でけ(出来)る・よーに・　なっ・た。」◆幼児語。「あばばばば…」と続けて言うこともある。

あばよ《感動詞》　人と別れるときに言う言葉。「あばよ。ほんなら・　また・　あした(明日)。」◆本来は、「会はばや」(また会いたい)という言葉に由来すると言われているが、日常の言葉としては、やや丁寧さに欠けるという印象が伴う。

あばら【肋】《名詞》　①胸の内側を囲むように、背骨から前に曲がって出ている左右12本ずつの骨。「あばら・の・　あた(辺)り・が・　いた(痛)い。」②魚などの、太くて中心になっている骨。「あばら・に・　つ(付)い・とる・　み(身)ー・まで・　せせっ・て・　く(食)う。」〔⇒**あばらぼね【肋骨】**。①⇒**ろっこつ【肋骨】**〕

あばらぼね【肋骨】《名詞》　①胸の内側を囲むように、背骨から前に曲がって出ている左右12本ずつの骨。「こけ・て・　むね(胸)・を・　う(撲)っ・て・　あばらぼね・に・　ひび・が・　はい(入)っ・た。」②魚などの、太くて中心になっている骨。「あばらぼね・は・　かた(堅)い・さかい・　き(気)ーつけ・て・　た(食)べ・なはれ。」〔⇒**あばら【肋】**。①⇒**ろっこつ【肋骨】**〕

あばらや【荒ら屋】《名詞》　荒れ果てて、壊れかかったような粗末な家。住む人がいなくて、荒れ果てた家。「わざわざ・　こんな・　あばらや・まで・　き(来)・てくれ・た・ん・かいなー。」◆自分の家のことを謙遜して言うことが多い。

あばれる【暴れる】《動詞･ラ行下一段活用》 ①力を出して、乱暴なことをする。社会の秩序を無視した行為をする。「うし(牛)･が･　あばれ･て･　けが(怪我)し･そーに･　なっ･た。」「あばれ･て･　ひと(人)･を･　なぐ(殴)る。」②ものに縛られないで、存分に自由に振る舞う。「かいしゃ(会社)･で･は･　す(好)きな･　こと･を･　ゆ(言)ー･て･　あばれ･とる･みたいや。」

あばれんぼう〔**あばれんぼー、あばれんぼ**〕【**暴れん坊**】《名詞》 力を出して、乱暴な行いをする人。じっとしておられず、いたずらをしたり動き回ったりする子ども。「こ(小)まい･　こ(子)ー･の･　じぶん(時分)･は･　あばれんぼー･の･　ほー(方)･が･　え(良)ー･やろ。」

あびせる【浴びせる】《動詞･サ行下一段活用》 ①水や液体などを勢いよくかける。水や液体などを不意にかける。「はら(腹)･が･　た(立)っ･た･さかい･　おけ(桶)･の･　みず(水)･を･　あびせ･たっ･た。」②光や粒状のものなどを全身に受けさせる。「しろ(白)い･　こ(粉)ー･を･　あびせ･られ･た。」③他人が不本意だと思うようなことをする。集中的にものごとを及ぼすようにする。「おも(思)いきり･　わるぐち(悪口)･を･　あびせ･たっ･た。」■自動詞は「あびる【浴びる】」〔⇒**あぶせる**【**浴ぶせる**】〕

あひる【家鴨】《名詞》 首が長く短い脚に大きな水掻きがある、水の近くで飼う鳥。「いけ(池)･で･　あひる･が･　およ(泳)い･どる。」

あびる【浴びる】《動詞･バ行上一段活用》 ①水や液体などを勢いよく受ける。水や液体などを不意に受ける。「あせ(汗)･を･　かい･た･さかい･　しゃわー(シャワー)･を･　あび･よー。」②光や粒状のものなどを全身に受ける。「ほーしゃのー(放射能)･を･　あび･たら･　えらい･　こと･や･ぞ。」③他人から不本意だと思うようなことをされる。集中的にものごとを及ぼされる。「さんしん(三振)し･て･　やじ(野次)･を･　あび･た。」■他動詞は「あびせる【浴びせる】」「あぶせる【浴ぶせる】」

あぶ【虻】《名詞》 人や家畜などの血を吸う種類もある、蝿に似て、それよりも大きい昆虫。「やぶ(薮)･の･　なか(中)･で･　あぶ･に･　か(噛)ま･れ･た。」

あぶく【(泡)】《名詞》 液体の中に空気が入って、丸くふくれた玉。「あかつめ(赤爪)の･　かに(蟹)･が･　あぶく･を･　だ(出)し･とる。」〔⇒**あわ**【**泡**】、**ぶくぶく**〕

あぶせる【浴ぶせる】《動詞･サ行下一段活用》 ①水や液体などを勢いよくかける。水や液体などを不意にかける。「ゆ(湯)･を･　あぶせ･たら･　やけど(火傷)する･がな。」②光や粒状のものなどを全身に受けさせる。「えんとつ(煙突)･から･　けむり(煙)･を･　あぶせ･られ･て･　せんたくもん(洗濯物)･が･　まっくろ(黒)に･　なっ･ても･た。」「おーそーじ(大掃除)･で･　たたみ(畳)･を･　たた(叩)い･たら･　ほこり･を･　いっぱい･　あぶせ･られ･た。」③他人が不本意だと思うようなことをする。集中的にものごとを及ぼすようにする。「ひと(人)･に･　つみ(罪)･を･　あぶせ･たら･　あき･まへ･ん。」■自動詞は「あびる【浴びる】」〔⇒**あびせる**【**浴びせる**】〕

あぶない【危ない】《形容詞･アイ型》 ①危害を受ける恐れがある。災いなどが起こりそうで危険である。「だんばしご(段梯子)･から･　お(落)ち･たら･　あぶない･さかい･　き(気)ーつけ･よ。」②不確かで信頼できない。良い状態が続かないようだ。「かいしゃ(会社)･が･　あぶのー･　なっ･とる。」「ひる(昼)から･は･　あぶない･てんき(天気)･や。」〔⇒**あむない**【(危ない)】。②⇒**やばい、やばたい**〕

あぶら【脂】《名詞》 ①動物の体にある脂肪。「あぶら･の･　よー･　のっ･た･　さんま(秋刀魚)･や･さかい･　うま(美味)い･なー。」②健康で元気な人からにじみ出てくるもの。「あぶら･の･　あせ(汗)･を･　かく。」

あぶら【油】《名詞》 ①水と混ざらない、燃えやすい液体。石油の類。「あぶら･を･　い(入)れ･んと･　うご(動)か･へん。」②植物の実や種などからとれる、水と混ざらない、燃えやすい液体。食用油。「やさい(野菜)･を･　あぶら･で･　あ(揚)げる。」③機械などが摩擦などに妨げられず滑らかに動くようにする油。潤滑油。「はんどる(ハンドル)･に･　あぶら･を･　さ(注)す。」〔⇒**オイル**【**英語＝oil**】〕

あぶらあげ【油揚げ】《名詞》 薄く切った豆腐を油で揚げたもの。「あぶらあげ･で･　きんちゃくしぼ(巾着絞)り･を･　つく(作)る。」〔⇒**あぶらげ**【(**油揚げ**)】、**あげ**【**揚げ**】、**うすあげ**【**薄揚げ**】〕

あぶらかす【油粕】《名詞》 植物の種から油を抜き取ったあとのかすで、肥料などとして使うもの。「うえきばち(植木鉢)･の･　つち(土)･に･　あぶらかす･を･　ま(混)ぜる。」

あぶらがのる【脂が乗る】《動詞･ラ行五段活用》 ①魚や肉の脂肪が多くて美味しい。「いま(今)･の･　たい(鯛)･は･　あぶらがのっ･て･　うま(美味)い･ぞ。」②仕事などが熟練の域に達して、うまくいく。「よんじゅーだい(四十代)･は･　あぶらがのっ･た･　じき(時期)･や。」◆「あぶら･が･　よー･　のっ･た」というように、途中に連用修飾語が入ることがある。

あぶらがみ【油紙】《名詞》 油を染み込ませた、防水用などの紙。「ひっつか･ん･よーに･　うえ(上)･に･　あぶらがみ･を･　お(置)い･とく。」

あぶらげ【(油揚げ)】《名詞》 薄く切った豆腐を油で揚げたもの。「あぶらげ･で･　いなりずし(稲荷寿司)･を･こしらえる。」〔⇒**あぶらあげ**【**油揚げ**】、**あげ**【**揚げ**】、**うすあげ**【**薄揚げ**】〕

あぶらぜみ【油蝉】《名詞》 暑さをかき立てるように鳴く、夏にごく普通に見られる、黒褐色で大型の蝉。「あさ(朝)･　はよ(早)ー･から･　あぶらぜみ･が･　な(鳴)い･て･　やかま(喧)しー。」

あぶらみ【脂身】《名詞》 肉の、脂肪の多い部分。「あぶらみ･の･　おー(多)い･　ぎゅーにく(牛肉)･や･なー。」

あぶらむし【油虫】《名詞》 ①台所などにいて食品に害を与えたりする、光沢のある黒や焦げ茶色の羽をもち扁平な体の虫。「だいどころ(台所)･の･　ゆか(床)･を･　あぶらむし･が･　ほ(這)ー･とる。」②植物の芽や葉などに群生して汁を吸って害を与える、ごく小さな虫。アリマキ。「は(葉)ー･の･　うら(裏)･に･　あぶらむし･が･　つ(付)い･とる。」〔①⇒**ごきぶり**。②⇒**あぶろじ**〕

あぶらめ《名詞》 近海の磯などにすむ、細長くて緑色を帯びた褐色の魚。アイナメ。「しょーがくせー(小学生)･の･　ころ(頃)･は･　ごんぼざお(牛蒡竿)･を･なんぼん(何本)･も･　も(持)っ･て･　まいにち(毎日)･の･よーに･　あぶらめ･の･　つ(釣)り･を･　し･とっ･た。」「あぶらめつ(釣)り･を･　し･た･けど･　しんこ(新子)･ばっかり･で･　ふるせ･が･　つれ･へん。」

あぶりだし【焙り出し】《名詞》 薄めた蜜柑の汁などで紙に絵や文字を書いて乾かし、火にあぶると書いたものが見えてくるもの。「しょーがつ(正月)･の･　じぶん(時分)･は･　あぶりだし･を･　し･て･　あそ(遊)ん･だ･なー。」◆子どもの遊びものであったが、最近は見かけなくなった。

あぶる【焙る】《動詞・ラ行五段活用》 ちょっと火が通ったり温かさが移ったりする程度に、ものを温めたり焼いたりする。「ひばち(火鉢)・で・　て(手)・を・　あぶる。」「のり(海苔)・を・　あぶっ・て・　た(食)べる。」「するめ(鯣)・を・　あぶっ・て・　さけ(酒)・を・　の(飲)む。」

あぶれる《動詞・ラ行下一段活用》 収まりきれずに、はじき出されて、ありつけなくなる。「きぼーしゃ(希望者)・が・　ぎょーさん(仰山)・　おっ・て・　あぶれ・ても・た。」「しごと(仕事)・に・　あぶれ・て・　ひま(暇)や・ねん。」

あぶろじ《名詞》 植物の芽や葉などに群生して汁を吸って害を与える、ごく小さな虫。アリマキ。「あぶろじ・に・　さっちゅーざい(殺虫剤)・を・　かける。」〔⇒**あぶらむし**【油虫】〕

あべこべ《形容動詞や(ノ)》 ものごとの位置・順序・方向などが逆になっている様子。ものの上下・左右・前後・表裏などが、逆である様子。「みぎ(右)・と・　ひだり(左)・を・　あべこべに・　か(描)い・とる。」〔⇒**あっちこっち**、**あっちゃこっちゃ**、**あっちゃいこっちゃい**、**へこちん**、**へっちゃい**、**へっちゃいこっちゃい**、**へこさか**【へこ逆】、**へこさかだいみょうじん**【へこ逆大明神】〕

あほう〔**あほー**、**あほ**〕【阿呆】《名詞、形容動詞や(ナ・ノ)》 ①ぼんやりしていて、頼りないところがあること。鋭さに欠けたり手抜かりが生じたりすること。また、そのような人。「あほな・　こと・を・　し・て・　そん(損)・を・　し・た。」②機能や働きが失われること。効き目がないこと。「この・　じょーまえ(錠前)・は・　あほに・　なっ・とる・さかい・　つこ(使)ー・たら・　あか・ん・よ。」③程度が甚だしい様子。「あほな・ほど・　よー・　つ(釣)れる。」〔⇒**ばか**【馬鹿】。①②⇒**あっぽ**【阿っ呆】、**だぼ**。①⇒**ぬけ**【抜け】、**まぬけ**【間抜け】、**ぼけ**【呆け】、**ぬけさく**【抜け作】、**あほうたれ**【阿呆垂れ】、**あほうだら**【阿呆垂ら】、**あほんだら**【(阿呆垂ら)】、**あほんだれ**【(阿呆垂れ)】、**だぼさく**【だぼ作】、**ぼけさく**【呆け作】、**ぼけなす**【呆けなす】、**とぼけさく**【惚け作】、**ばかもん**【馬鹿者】、**ばかたれ**【馬鹿垂れ】〕

あほうしょうじき〔**あほーしょーじき**、**あほしょーじき**〕【阿呆正直】《形容動詞や(ノ)、名詞》 適当に振る舞うことを知らず、あまりに正直すぎて、気が利かなかったり馬鹿を見たりする様子。また、そのような人。「あほしょーじきや・さかい・　そん(損)・ばっかり・　し・とる。」〔⇒**ばかしょうじき**【馬鹿正直】〕

あほうだら〔**あほーだら**、**あほだら**〕【阿呆垂ら】《名詞、形容動詞や(ノ)》 ぼんやりしていて、頼りないところがあること。鋭さに欠けたり手抜かりが生じたりすること。また、そのような人。「おまえ(前)・みたいな・　あほだら・は・　めんら(珍)しー・ぞ。」◆相手を強く叱ったりたしなめたりするときに使うことが多い。感動詞のように使うこともある。〔⇒**ぬけ**【抜け】、**まぬけ**【間抜け】、**あほう**【阿呆】、**あっぽ**【阿っ呆】、**だぼ**、**ぼけ**【呆け】、**ばか**【馬鹿】、**ぬけさく**【抜け作】、**あほうたれ**【阿呆垂れ】、**あほんだら**【(阿呆垂ら)】、**あほんだれ**【(阿呆垂れ)】、**だぼさく**【だぼ作】、**ぼけさく**【呆け作】、**ぼけなす**【呆けなす】、**とぼけさく**【惚け作】、**ばかもん**【馬鹿者】、**ばかたれ**【馬鹿垂れ】〕

あほうたれ〔**あほーたれ**、**あほーだれ**、**あほたれ**、**あほだれ**〕【阿呆垂れ】《名詞、形容動詞や(ノ)》 ぼんやりしていて、頼りないところがあること。鋭さに欠けたり手抜かりが生じたりすること。また、そのような人。「ちこく(遅刻)・ばっかり・　し・て・　あほたれや・なー。」「また(又)・　あほたれな・　こと・を・　し・やがっ・た。」「あほたれ・が・　けーさん(計算)・を・　まちが(間違)え・やがっ・た。」◆相手を強く叱ったりたしなめたりするときに使うことが多い。感動詞のように使うこともある。〔⇒**ぬけ**【抜け】、**まぬけ**【間抜け】、**あほう**【阿呆】、**あっぽ**【阿っ呆】、**だぼ**、**ぼけ**【呆け】、**ばか**【馬鹿】、**ぬけさく**【抜け作】、**あほうだら**【阿呆垂ら】、**あほんだら**【(阿呆垂ら)】、**あほんだれ**【(阿呆垂れ)】、**だぼさく**【だぼ作】、**ぼけさく**【呆け作】、**ぼけなす**【呆けなす】、**とぼけさく**【惚け作】、**ばかもん**【馬鹿者】、**ばかたれ**【馬鹿垂れ】〕

あほうていねい〔**あほーてーねー**、**あほてーねー**〕【阿呆丁寧】《形容動詞や(ナ)》 ばかばかしいほどに、細かいことまでに気を配る様子。「あほてーねーな・　あいさつ(挨拶)し・たら・　わら(笑)わ・れる。」〔⇒**くそていねい**【糞丁寧】〕

あほうな〔**あほーな**、**あほな**〕【阿呆な】《連体詞》 取るに足りないような。常識を逸脱しているような。つまらないと思われる。「そんな・　あほな・　こと・を・　い(言)わ・んとい・てんか。」〔⇒**あほうらしないな**【阿呆らしないな】〕

あほうのこっちょう〔**あほーのこっちょー**、**あほのこっちょー**〕【阿呆の骨頂】《形容動詞や(ノ)》 あまりにも馬鹿げている様子。「とけー(時計)・を・　みまちが(見間違)え・て・　ちこく(遅刻)し・た・ん・かいな。あほのこっちょーや。」

あほうまじめ〔**あほーまじめ**、**あほまじめ**〕【阿呆真面目】《形容動詞や(ナ)》 過度に真剣に取り組んで、融通がきかない様子。「どー・でも・　え(良)ー・　こと・まで・　あほまじめに・　する・　やつ(奴)・や。」〔⇒**くそまじめ**【糞真面目】〕

あほうみたい〔**あほーみたい**、**あほみたい**〕【阿呆みたい】《形容動詞や(ナ)》 馬鹿らしく感じられる。取るに足りない「あほみたいな・　こと・を・　ごじゃごじゃ・　ゆ(言)ー・て・　けんか(喧嘩)し・とる。」

あほうらしい〔**あほーらしー**、**あほらしー**〕【阿呆らしい】《形容詞・イイ型》 ①自分が不利益を被った状態で、腹立たしい。「だま(騙)さ・れ・て・　にせもん(贋物)・　か(買)わさ・れ・て・　あほらしかっ・た。」②つまらない。取るに足りない。常識を逸脱している。「あめ(雨)・に・　ふ(降)られっぱなしで・　あほらしー・　りょこー(旅行)・やっ・た。」〔②⇒**ばかばかしい**【馬鹿馬鹿しい】、**ばからしい**【馬鹿らしい】〕

あほうらしないな〔**あほーらしないな**、**あほらしないな**〕【阿呆らしないな】《連体詞》 取るに足りないような。常識を逸脱しているような。つまらないと思われる。「あほらしないな・　はなし(話)・を・　き(聞)かさ・れ・た。」〔⇒**あほうな**【阿呆な】〕

あほばかまぬけひょっとこなんきんかぼちゃ【阿呆馬鹿間抜けひょっとこなんきん南瓜】《成句》 相手をはやしたてて、馬鹿な行為などを笑うときなどに使う言葉。◆子ども同士が言い合ったりする。「なんきん」と「かぼちゃ」は同じものである。

あほんだら【(阿呆垂ら)】《名詞、形容動詞や(ノ)》 ぼんやりしていて、頼りないところがあること。鋭さに欠けたり手抜かりが生じたりすること。また、そのような人。「あほんだら・　ちゃんと・　まえ(前)・を・　み(見)・て・　ある(歩)け。」「あほんだら・が・　よー・　そんな・　のんき(暢気)な・　こと・を・　ゆ(言)ー・とる。」◆強く叱ったりたしなめたりするときに使うことが多い。感動詞のように使うこともある。〔⇒**ぬけ**【**抜け**】、**まぬけ**【**間抜け**】、**あほう**【**阿呆**】、**あっぽ**【**阿っ呆**】、**だぼ、ぼけ**【**呆け**】、**ばか**【**馬鹿**】、**ぬけさく**【**抜け作**】、**あほうたれ**【**阿呆垂れ**】、**あほうだら**【**阿呆垂ら**】、**あほんだれ**【(阿呆垂れ)】、**だぼさく**【**だぼ作**】、**ぼけさく**【**呆け作**】、**ぼけなす**【**呆けなす**】、**とぼけさく**【**惚け作**】、**ばかもん**【**馬鹿者**】、**ばかたれ**【**馬鹿垂れ**】〕

あほんだれ【阿呆垂れ】《名詞、形容動詞や(ノ)》 ぼんやりしていて、頼りないところがあること。鋭さに欠けたり手抜かりが生じたりすること。また、そのような人。「あほんだれ・が・　また(又)・　しっぱい(失敗)し・やがっ・た。」◆強く叱ったりたしなめたりするときに使うことが多い。感動詞のように使うこともある。〔⇒**ぬけ**【**抜け**】、**まぬけ**【**間抜け**】、**あほう**【**阿呆**】、**あっぽ**【**阿っ呆**】、**だぼ、ぼけ**【**呆け**】、**ばか**【**馬鹿**】、**ぬけさく**【**抜け作**】、**あほうたれ**【**阿呆垂れ**】、**あほうだら**【**阿呆垂ら**】、**あほんだら**【(阿呆垂ら)】、**だぼさく**【**だぼ作**】、**ぼけさく**【**呆け作**】、**ぼけなす**【**呆けなす**】、**とぼけさく**【**惚け作**】、**ばかもん**【**馬鹿者**】、**ばかたれ**【**馬鹿垂れ**】〕

あまあま【甘々】《副詞と》 人に対して厳しくない様子。甘やかしている様子。「あまあま・　ゆ(言)ー・とっ・たら・　つけあがっ・てくる・かも・　しれ・へん。」

あまい【甘い】《形容詞・アイ型》 ①砂糖や蜜のような味がする。「むかし(昔)・の・　さっかりん(サッカリン)・も・　あま(甘)かっ・た・なー。」②水っぽくて味が乏しい。味がついていないようで良くない。「あまい・さかいに・　しょーゆ(醤油)・を・　かける。」③厳しさや鋭さが足りない。「あんた・は・　まご(孫)・に・は・　あまい。」「てん(点)・の・　つ(付)けかた・が・　あまい。」④魅力があるように見せかけて、心を迷わせる。「あまい・　こと・を・　ゆ(言)ー・　やつ(奴)・に・は・　き(気)ーつけ・なはれ・や。」■対語＝「からい【辛い】」〔②⇒**みずくさい**【**水臭い**】、**うすい**【**薄い**】、**もみない、あじない**【**味ない**】〕

あまえ【甘え】《名詞》 わがままを言ったり慣れ親しむようにする気持ち。相手に寄りかかろうとする気持ち。「あまえ・は・　す(捨)て・て・　じぶん(自分)・で・　やり・なはれ。」

あまえた【甘えた】《名詞》 相手に寄りかかろうとする姿勢の強い人。甘ったれの子ども。「この・　こ(子)・は・　いつ・まで・　た(経)っ・ても・　あまえた・や・なー。」

あまえたごえ【甘えた声】《名詞》 相手に寄りかかろうとするような、甘ったれた声やものの言い方。「あまえたごえ・を・　だ(出)し・ても・　おまえ・の・　ゆ(言)ー・　こと(事)・は・　き(聞)ー・たら・へん・ぞ。」

あまえたしょうがいた〔**あまえたしょーがいた**〕【甘えた生姜板】《成句》 甘えん坊をはやし立てる言葉で、「お前は甘えん坊だ」という意味を込めている言葉。

あまえる【甘える】《動詞・ア行下一段活用》 相手が許してくれるだろうと期待して、わがままを言ったり慣れ親しむようにしたりする。相手に寄りかかろうとする。「ははおや(母親)・に・　あまえ・て・　そだ(育)っ・た。」■名詞化＝**あまえ**【**甘え**】

あまがえる【雨蛙】《名詞》 木の上などにすむ、緑色をした小型の蛙。「やつで(八手)・の・　は(葉)ー・に・　あまがえる・が・　と(留)まっ・とる。」

あまがき【甘柿】《名詞》 甘くて、そのまま食べられる柿。「うち・の・　いえ(家)・に・は・　あまがき・の・　き(木)ー・が・　いっぽん(一本)・　ある・ねん。」■対語＝「しぶがき【渋柿】」

あまがさ【雨傘】《名詞》 布や紙などで作って、雨が降るときに差す傘。「これ・は・　あまがさ・と・　ひがさ(日傘)・の・　けんよー(兼用)・に・　つこ(使)・とる・ねん。」■対語＝「ひがさ【日傘】」

あまがっぱ【雨合羽】《名詞》 ゴムなどでできていて、雨に濡れることを避けるために、着ているものの上に着るもの。「あまがっぱ・を・　き(着)・て・　じてんしゃ(自転車)・に・　の(乗)る。」〔⇒**かっぱ**【**合羽**】〕

あまからい【甘辛い】《形容詞・アイ型》 甘さと辛さの両方が感じられる。「いかなご(玉筋魚)・を・　あまかろー・　た(炊)い・て・　くぎに(釘煮)・に・　する。」

あまぐ【雨具】《名詞》 傘、雨靴、レインコートなど、雨の時に身に付けたり使ったりするもの。「きょー(今日)・は・　あまぐ・を・　も(持)っ・ていか・んと・　あき・まへ・ん・ぜ。」

あまくち【甘口】《名詞》 一般のものに比べて、甘みが強い食べ物や飲み物など。あるいは、辛さが弱い食べ物や飲み物など。「あまくち・の・　さけ(酒)・や・さかい・　なん(何)ぼ・でも・　の(飲)める。」■対語＝「からくち【辛口】」

あまぐも【雨雲】《名詞》 空いっぱいに黒く厚く覆って、雨を降らせる可能性の強い雲。「にし(西)・の・　そら(空)・に・　くろ(黒)い・　あまぐも・が・　で(出)・てき・た。」

あまぐり【甘栗】《名詞》 熱い小石と共にかきまわして煎って、甘みを加えた栗。「まつり(祭)・を・　み(見)・に・　い(行)っ・て・　あまぐり・を・　こ(買)ー・た。」

あまざけ【甘酒】《名詞》 餅米の粥に糀を混ぜて作った、甘い飲み物。「おひな(雛)さん・に・　あまざけ・を・　そな(供)える。」◆酒粕を溶いて作るものをも言う。

あまざらし【雨晒し】《名詞、形容動詞や(ノ)》 ①覆いをしないで、雨に濡れたままになっていること。「ぶるどーざー(ブルドーザー)・が・　あまざらしに・　し・て・　お(置)い・てある。」②野外にあって、雨に濡れる可能性のあること。「あまざらしの・　ばしょ(場所)・に・　けーじばん(掲示板)・を・　つく(作)る。」

あまし【余し】《副詞》 ①とりたてて言うほどでもないことを表す言葉。さほどには。「あまし・　え(良)ー・　かお(顔)・は・　し・てくれ・へん。」②度が過ぎることを表す言葉。「あまし・　た(食)べすぎ・ん・よーに・　せー。」◆①は、後ろに打ち消しの言葉を伴うことが多い。〔⇒**あまり**【**余り**】、**あんまり**【**余り**】、**あんまし**【**余し**】。①⇒**たいして**【**大して**】、**なんぼも**〕

あまじお【甘塩】《名詞》 魚や野菜などに塩を振りかけるときに、塩を多くしないで軽くすること。「さけ(鮭)・を・　きりみ(切身)・に・　し・て・　あまじお・を・　する。」〔⇒**うすじお**【**薄塩**】〕

あます【余す】《動詞・サ行五段活用》 たくさんあって、余分なものとして残す。多すぎて残してしまう。「みそしる(味噌汁)・は・　あまさ・んと・　の(飲)み・なはれ。」「まわ(周)り・を・　あまさ・ん・よーに・　え(絵)ー・を・　か(描)く。」■自動詞は「あまる【余る】」〔⇒**あまらす**【**余らす**】〕

あますいい〔**あますいー、あまずいー**〕【甘酸い】《形容詞・イイ型》 甘さと酸っぱさの両方が感じられる。「あますいー・　あじ(味)・の・　する・　れもんあめ(レモン飴)・が・　す(好)きや。」「あまずいー・　なつみかん(夏蜜柑)・も・　え(良)ー・なー。」

あまたるい【甘たるい】《形容詞・ウイ型》 ①味や香りが甘すぎて閉口する。それ以上食べたり飲んだりするのが嫌になるほど甘い。「これ・は・　ちょっと(一寸)・　あまたるい・　じゅーす(ジュース)・や・なー。」②指導する側に厳しさが欠けている。「あまたるい・　こと・を・　ゆ(言)ー・とっ・たら・　こども(子供)・が・　おや(親)・を・　なめ・てまう・ぞ。」〔⇒**あまったるい【甘ったるい】**〕

あまだれ【雨垂れ】《名詞》 ①軒先などからしたたり落ちる、雨の滴。「あまだれ・が・　お(落)ち・ん・よーに・　とゆ(樋)・を・　か(掛)ける。」②空から落ちてくる雨。「あまがれ・が・　かお(顔)・に・　かかっ・た。」

あまだれおち【雨垂れ落ち】《名詞》 雨の滴が軒先からしたたり落ちることによって生じる、地上の線。「あまだれおち・まで・が・　うち・の・　とち(土地)・や。」◆かつては、「あまだれおち【雨垂れ落ち】」の線が、それぞれの所有する土地の境界線だと考えていた。逆に言うと、建物の軒先をその線にすることになっていた。

あまたれる【甘たれる】《動詞・ラ行下一段活用》 相手が許してくれるだろうと期待して、わがままを言ったり慣れ親しむようにしたりする。目に余るほど、ひどく甘える。「まご(孫)・が・　き(来)・たら・　あまたれ・て・　こま(困)る・ねん。」〔⇒**あまったれる【甘ったれる】**〕

あまちゃ【甘茶】《名詞》 アマチャの葉を乾燥させてから煎じ出した、甘みのあるお茶。「おしゃか(釈迦)さん・に・　あまちゃ・を・　か(掛)ける。」◆4月8日の花祭りの日にお釈迦様の像にかける、とされていた。

あまったるい【甘ったるい】《形容詞・ウイ型》 ①味や香りが甘すぎて閉口する。それ以上食べたり飲んだりするのが嫌になるほど甘い。「ちょっと(一寸)・　あまったるい・　かれー(カレー)・や。」「あまったるい・　まんじゅー(饅頭)・を・　く(食)ー・て・　おちゃ(茶)・が・　ほ(欲)しなっ・た。」②指導する側に厳しさが欠けている。「こども(子供)・の・　そだ(育)てかた・が・　あまったるい。」〔⇒**あまたるい【甘たるい】**〕

あまったれる【甘ったれる】《動詞・ラ行下一段活用》 相手が許してくれるだろうと期待して、わがままを言ったり慣れ親しむようにしたりする。目に余るほど、ひどく甘える。「あまったれ・ても・　なに(何)・も・　こ(買)ー・たら・へん・ぞ。」〔⇒**あまたれる【甘たれる】**〕

あまっちょろい【甘っちょろい】《形容詞・オイ型》 考えややり方などが安易で、しっかりしていなくて、実際の役に立たない。「あまっちょろい・　むす(結)びかた・を・　し・たら・　じっき(直)に・　ほど(解)ける・ぞ。」「あまっちょろい・　べんきょー(勉強)・で・は・　え(良)ー・　てん(点)・は・　と(取)ら・れ・へん。」

あまど【雨戸】《名詞》 雨風の防止、室内の保温、防犯などのために、ガラス戸や障子などの外に付ける戸。「たいふー(台風)・で・　あまど・が・　と(飛)ば・ん・よーに・　くぎ(釘)・を・　う(打)つ。」

あまなっとう〔**あまなっとー、あまなっと**〕【甘納豆】《名詞》 小豆などを茹でて、糖蜜で煮詰めて、砂糖をまぶした菓子。「えんそく(遠足)・に・　あまなっと・を・　も(持)っ・ていく。」◆単に「なっとう【納豆】」と言うことも多い。〔⇒**なっとう【納豆】**〕

あまのかわ〔**あまのかー、あまのがわ、あまのがー**〕【天の川】《名詞》 晴れた夜空に川のように見える、無数の星の集まりでできた光の帯。銀河。「つき(月)・が・　で(出)・とら・ん・さかい・　あまのかわ・が・　よー・　み(見)える。」

あまみず【雨水】《名詞》 雨粒が集まってひとまとまりとなった水。雨が降って貯まった水。「あまみず・を・　た(溜)め・て・　ぼーかよーすい(防火用水)・に・　する。」

あまもり【雨漏り】《名詞、動詞する》 屋根や天井の破れ目などから、雨の水が建物の中に垂れたりしみ込んだりしてくること。また、その水。「あまもり・を・　たらい(盥)・で・　う(受)ける。」

あまやかす【甘やかす】《動詞・サ行五段活用》 可愛がりすぎて、わがままに育ててしまう。「こども(子供)・を・　あまやかさ・ん・よーに・　せ・な・　あか・ん。」

あまらす【余らす】《動詞・サ行五段活用》 たくさんあって、余分なものとして残す。多すぎて残してしまう。「あまらし・たら・　す(捨)て・んなん・さかい・　もったい(勿体)ない。」■自動詞は「あまる【余る】」〔⇒**あます【余す】**〕

あまり【余り】《名詞》 ①必要な量より多く豊かであること。また、その数量。「ごはん(飯)・の・　あまり・を・　おにぎ(握)り・に・　する。」②わり算で、割り切れないで残った数。「わりかん(割勘)・に・　し・て・　しょーしょー(少々)・の・　あまり・は・　わし・が・　はら(払)う・わ。」〔①⇒**よゆう【余裕】**〕

あまり【余り】《副詞》 ①とりたてて言うほどでもないということを表す言葉。さほどには。「あまり・　うれ(嬉)しー・と・は・　おも(思)わ・なんだ。」②度が過ぎることを表す言葉。「きょー(今日)・は・　あまり・　てんき(天気)・が・　よ(良)ー・て・　かえ(却)って・　あつ(暑)かっ・た。」◆①は、後ろに打ち消しの言葉を伴うことが多い。〔⇒**あまし【余し】、あんまり【余り】、あんまし【余し】**。①⇒**たいして【大して】、なんぼも**〕

あまりもん【余り物】《名詞》 ①たくさんあり過ぎて、残ったもの。「あまりもん・や・けど・　も(貰)ろ・てくれる・か。」②食べ残したもの。「あまりもん・で・　おちゃづ(茶漬)け・を・　し・て・　た(食)べ・た。」

あまる【余る】《動詞・ラ行五段活用》 ①たくさんあって、余分なものとして残る。多すぎて残ってしまう。「き(来)・た・　ひと(人)・が・　すけ(少)のー・て・　よーい(用意)し・た・　しりょー(資料)・が・　あまっ・た。」②わり算で、割り切れないで残りが出る。「つ(釣)っ・た・　さかな(魚)・を・　ごにん(五人)・で・　わ(分)け・たら・　さんびき(三匹)・　あまっ・た。」■他動詞は「あます【余す】」「あまらす【余らす】」■名詞化＝**あまり【余り】**

あみ【網】《名詞》 ①糸や縄や針金などで、目を粗く編んで作ったもの。「あみ・に・　あ(編)ん・だ・　くつした(靴下)・を・　は(履)く。」②動いている虫や魚をすくうときに使う、糸でできた道具。「あみ・で・　じゃこ(雑魚)・を・　すく(掬)う。」③火にかけて食べ物などを焼くときに使う、針金を粗く組んだ道具。「もち(餅)・を・　あみ・で・　や(焼)く。」〔③⇒**す【簀】**〕

あみだ【阿弥陀】《名詞》 人の死後を救うと言われている仏。「おてら(寺)・の・　あみだ・の・　ほとけ(仏)さん・を・　おが(拝)む。」

あみだな【網棚】《名詞》 列車の客室の左右の天井近くにある、網でできた荷物置きの場所。「かさ(傘)・を・　あみだな・に・　の(載)せ・て・　わす(忘)れ・てき・た。」◆かつての客車には、文字通り網で作られたものが多かった。現在では、金属製が多くなって、網で作られたものはなくなっているが、それでも「あみだな【網棚】」という言葉を使う。最近、新幹線のアナウンスで「にだな【荷棚】」という言葉を聞くようになった。

あみど【網戸】《名詞》 風通しを良くし、虫の入るのを防ぐための、網を張った戸。「まど(窓)・を・ あみど・に・ する。」

あみもん【編み物】《名詞、動詞する》 毛糸や糸などを編んで、帽子・セーターなどを作ること。また、編んで作られたもの。「よ(夜)なべ・に・ あみもん・を・ する。」「あみもん・の・ くつした(靴下)・は・ ぬく(温)い。」

あむ【編む】《動詞・マ行五段活用》 糸・竹・針金・髪などを互い違いに組み合わせて、ひとつの形にする。「けーと(毛糸)・を・ あん・で・ てぶくろ(手袋)・を・ こしらえる。」「つ(摘)ん・だ・ くさ(草)・を・ たけ(竹)・で・ あん・だ・ かご(籠)・に・ い(入)れる。」

あむない【(危ない)】《形容詞・アイ型》 ①危害を受ける恐れがある。災いなどが起こりそうで危険である。「よる(夜)・は・ あむない・さかい・ き(気)ーつけ・て・ かえ(帰)り・よ。」「みち(道)・の・ まんなか・で・ あそ(遊)ん・だら・ あむない・ぞ。」②不確かで信頼できない。良い状態が続かないようだ。「そらもよー(空模様)・が・ あむない。」「ごーかく(合格)する・か・ どー・か・ あむない・よーや。」〔⇒**あぶない**【危ない】。②⇒**やばい、やばたい**〕

あめ【雨】《名詞》 ①広い範囲にわたって、空気中の水蒸気が水の滴となって落ちてくるもの。「あさがた(朝方)・に・ あめ・が・ ふ(降)っ・た・けど・ じっき(直)に・ や(止)ん・でも・た。」②降り続く天気。「あした(明日)・は・ あめ・や。」③感極まったときや痛みなどがあるときなどに、目からあふれ出る透明な液体。「きげん(機嫌)・が・ わる(悪)ー・て・ あめ・を・ た(溜)め・とる。」〔⇒**あめこんこん**【雨こんこん】。①②⇒**こんこん**。③⇒**なみだ**【涙】〕

あめ【飴】《名詞》 ①米・芋などの澱粉質を糖化させた、甘い菓子。「りか(理科)・の・ じっけん(実験)・で・ あめ・を・ つく(作)っ・た。」②堅い塊になった、西洋風の甘い菓子。「のど(喉)・が・ いた(痛)い・ので・ あめ・を・ な(舐)める。」〔②⇒**あめだま**【飴玉】、**あめちゃん**【飴ちゃん】、**あめさん**【飴さん】、**キャンデー**【英語＝candy】〕

あめいろ【飴色】《名詞》 水飴のような、透き通った薄茶色。「あめいろ・を・ し・た・ くし(櫛)・を・ こ(買)ー・た。」

あめがふってもやりがふっても【雨が降っても槍が降っても】《連語＝あめ(名詞)・が(格助詞)・ふっ(動詞)・ても(接続助詞)・やり(名詞)・が(格助詞)・ふっ(動詞)・ても(接続助詞)》 どんな困難や苦労があっても。どんな障害があろうと、それを排除してでも。「あめがふってもやりがふっても・ あんた・の・ そーべつかい(送別会)・に・は・ い(行)き・まっ・さ。」

あめがふる【雨が降る】《動詞・ラ行五段活用》 ①空気中の水蒸気が水の滴となって落ちてくる。「あめがふっ・たら・ せんたくもん(洗濯物)・を・ い(入)れ・とい・て・な。」②涙を流す。涙を流して泣く。「あんまり・ いじ(苛)め・たら・ あめがふる・ぞ。」

あめこんこん【雨こんこん】《名詞》 ①広い範囲にわたって、空気中の水蒸気が水の滴となって落ちてくるもの。「あめこんこん・が・ ふ(降)っ・てこ・ん・ うち・に・ かえ(帰)っ・といで。」②降り続く天気。「あめこんこん・の・ ひ(日)ー・が・ つづ(続)い・とる。」③感極まったときや痛みなどがあるときなどに、目からあふれ出る透明な液体。「あめこんこん・を・ し・たら・ わら(笑)わ・れる・よ。」◆幼児語。〔⇒**あめ**【雨】。①②⇒**こんこん**。③⇒**なみだ**【涙】〕

あめさん【飴さん】《名詞》 堅い塊になった甘い菓子。「あめさん・ ひと(一)つ・ あげ・まほ・か。」◆慣れ親しんで「あめさん【飴さん】」と言うことがあるが、飴に限るようで、他の菓子や果物に「さん」を付けることは少ない。(「まめ(豆)さん」とは言う。)〔⇒**あめ**【飴】、**あめだま**【飴玉】、**あめちゃん**【飴ちゃん】、**キャンデー**【英語＝candy】〕

あめだま【飴玉】《名詞》 堅い塊になった甘い菓子の、とりわけ、まん丸い形のもの。「たばこ(煙草)・を・ す(吸)ー・ か(代)わり・に・ あめだま・を・ な(舐)める。」◆形にとらわれず、「あめ【飴】」という言葉と同等に使うことも多い。〔⇒**あめ**【飴】、**あめちゃん**【飴ちゃん】、**あめさん**【飴さん】、**キャンデー**【英語＝candy】〕

あめちぶ【飴ちぶ】《名詞》 ものをまとめるようなときに使う、輪の形にした紐状のゴムで、飴色をしたもの。「えんぴつ(鉛筆)・を・ さんぼん(三本)・ずつ・ あめちぶ・で・ と(留)める。」

あめちゃん【飴ちゃん】《名詞》 堅い塊になった甘い菓子。「くち(口)・が・ さみ(寂)しー・さかい・ あめちゃん・でも・ な(舐)め・よー・か。」◆慣れ親しんで「あめちゃん【飴ちゃん】」と言うことがあるが、飴に限るようで、他の菓子や果物に「ちゃん」を付けることは少ない。〔⇒**あめ**【飴】、**あめだま**【飴玉】、**あめさん**【飴さん】、**キャンデー**【英語＝candy】〕

あめのとり【飴の鳥】《名詞、形容動詞や(ノ)》 作られたけれどもすぐに壊れてしまいそうなもの。また、そのような様子。「やすもん(安物)・の・ かさ(傘)・や・さかい・ かぜ(風)・が・ ふ(吹)い・たら・ あめのとりや。」◆飴細工の鳥を連想して表現したものであろうか。

あめ(を)ねぶらす【飴(を)舐らす】《動詞・サ行五段活用》 相手に利益を与えておいてから、自分の思うとおりにさせようとする。少し利益を与えて、大きな働きをさせる。「ちょっと(一寸)・ あめをねぶらし・とい・たら・ さんせー(賛成)し・てくれる・やろ。」

あやしい〔あやしー〕【怪しい】《形容詞・イイ型》 ①これまでに見たり聞いたりしたことがなくて、気味が悪い。「あやしー・ くも(雲)・が・ で(出)・てき・た。」②本当かどうか疑わしい。信用できない。「あやしー・ はなし(話)・に・は・ の(乗)ら・んとき。」③素性や関係などがわからず、信頼できない。「あいつ(彼奴)ら・は・ あやしー・さかい・ みは(見張)っ・とき。」〔⇒**おかしい**【可笑しい】〕

あやしがる【怪しがる】《動詞・ラ行五段活用》 ①見たり聞いたりしたことがなくて、気味が悪いと思う。「きゅー(急)に・ あつ(暑)い・ ひ(日)ー・が・ つづ(続)い・て・ みんな(皆)・ あやしがっ・とる。」②本当かどうか疑わしいと思う。信用できないと思う。「あやしがっ・て・ だれ(誰)・も・ か(買)お・ー・とも・ せー・へん。」③素性や関係などがわからず、信頼できないと感じている。「おかしな・ かっこ(恰好)・を・ し・た・ みな(見慣)れ・ん・ ひと(人)・が・ とー(通)り・よる・さかい・ みな(皆)・が・ あやしがっ・とる。」

あやしないな【怪しないな】《連体詞》 ものの正体、ものごとの真相などがわからなくて、いぶかしい。「はな(話)しかけ・られ・ても・ あやしないな・ ひと(人)・やっ・たら・ あいて(相手)・に・ なら・んとき・なはれ。」「あやしないな・ ふくそー(服装)・で・ い(行)っ・たら・ お(追)いかえさ・れる・ぞ。」〔⇒**おかしげな**【可笑気

な】、おかしな【可笑な】、おかしないな【可笑ないな】〕

あやす《動詞・サ行五段活用》 小さな子どもの機嫌を上手にとる。「あやし・たら・ にこっと・ わろ(笑)・てくれ・た。」

あやとり【綾取り】《名詞、動詞する》 輪にした毛糸や紐を左右両手の指の先に掛けて、いろいろにさばいていって、あるいは、別の人がそれを受けて、いろいろな形に変化させる遊び。「あめ(雨)・の・ ひ(日)ー・に・ あやとりし・て・ あそ(遊)ん・だ。」〔⇒**いととり**【糸取り】〕

あやふや《形容動詞や(ナ)》 ものごとの内容や手順などが決まらなくて、はっきりしない様子。はっきりしないので判断がつかない様子。ものごとを決定したり、結論づけたりしない様子。「あやふやな・ こと(事)・しか・い(言)わ・へん・さかい・ あいつ(彼奴)・の・ きも(気持)ち・が・ わから・へん。」「あやふやな・ か(書)きかた・を・ し・とる・さかい・ いみ(意味)・が・ よー・わから・ん。」〔⇒**あいまい**【曖昧】、**うやむや**【有耶無耶】〕

あやまる【謝る】《動詞・ラ行五段活用》 自分が間違っていることを表明して、相手に許しを請い願う。「ほんま(本真)に・ もー(申)しわけない・と・ おも(思)う・ん・やっ・たら・ てーねー(丁寧)に・ あやまり・なはれ。」■名詞化＝**あやまり**【謝り】

あやめ【菖蒲】《名詞》 高さが50センチ前後で細長い葉があり、夏のはじめに紫・白などの花を咲かせる草花。「いけ(池)・の・ はた(端)・で・ あやめ・が・ さ(咲)い・とる。」

あゆ【鮎】《名詞》 背中は緑褐色で腹は黄白色をした細長い体で、清流に棲む魚。「あゆ・の・ しおや(塩焼)き・は・ うま(美味)い。」

あら【粗】《名詞》 ①よくないところ。人の落ち度や欠点。「ひと(人)・の・ あら・を・ さが(探)す・の・は・ や(止)め・とき・なはれ。」「この・ え(絵)ー・は・ いろ(色)・の・ ぬ(塗)りかた・に・ あら・が・ み(見)える。」②魚などを料理したあとの、頭や骨に少し肉がついている部分。「あら・に・も・ うま(美味)い・ とこ・が・ いっぱい(一杯)・ ある。」

あら《感動詞》 気付いたり、感動したりするときに思わず口に出る言葉。「あら・ き(来)・とっ・た・ん・かいな。」

あら《名詞＋副助詞》 指示語の「あれ【彼れ】」に、副助詞の「は」が続いて、発音が融合した「あれは」が、さらに発音変化した言葉。あのものは。「あら・ なに(何)・を・ し・とる・ ひと(人)・や。」「あら・ まえ(前)・から・ わかっ・とっ・た・ はなし(話)・や。」〔⇒**ありゃ**〕

あらい【荒い】《形容詞・アイ型》 ①動きや勢いが激しい。「あらい・ かぜ(風)・が・ ふ(吹)い・とる。」②性格や言動などが乱暴で、丁寧さや細やかさがない。「もの・の・ い(言)ーかた・が・ あらい。」「き(気)・の・ あらい・ ひと(人)・は・ おそ(恐)ろしー・なー。」

あらい【粗い】《形容詞・アイ型》 ①間隔や隙間などが大きい。「ちー(小)さい・ さかな(魚)・は・ め(目)ー・の・ あらい・ あみ(網)・で・は・ すく(掬)わ・れ・へん。」②行動や考えなどが大雑把である。「あらい・ しごと(仕事)・を・ し・たら・ あか・ん。」■対語＝「こまかい【細かい】」「こまこい【細こい】」「こまかしい【細かしい】」

あらいはり【洗い張り】《名詞、動詞する》 着物などにしていた布の縫い目をほどいて、洗ってのりづけをして板に張って干すこと。「あらいはり・を・ し・て・ いた(板)・に・ は(張)っ・て・ かわ(乾)かす。」

あらいや【洗い屋】《名詞》 洗濯やクリーニングをしてくれる店。「まつり(祭)・の・ はっぴ(法被)・を・ あらいや・で・ きれー(綺麗)に・ し・てもらう。」

あらう【洗う】《動詞・ワア行五段活用》 水や湯や薬品などを使って、ごみや汚れなどを落とす。「ごみ(塵)・が・ はい(入)っ・た・さかい・ め(目)ー・を・ あらう。」「た(炊)く・ まえ(前)・に・ こめ(米)・を・ てーねー(丁寧)に・ あらえ。」〔⇒**きれいきれいする**【綺麗綺麗する】〕

あらかた【粗方】《名詞、副詞》 物事の量や範囲についての大部分。ものごとの大まかな全体。すべてに行きわたってはいないが、主要なところすべてが、そのようである様子。「そーじ(掃除)・の・ あらかた・は・ す(済)ん・だ。」「もー・ これ・で・ あらかた・ けんさ(検査)・は・ お(終)わっ・た・ぞ。」〔⇒**たいてい**【大抵】、**たいがい**【大概】、**だいたい**【大体】、**ほとんど**【殆ど】、**おおかた**【大方】、**おおむね**【概ね】、**あらまし**、**ふつう**【普通】〕

あらき【空らき】《名詞》 2つ以上のものの距離や時間や値段や考え方などの隔たりや差。間のあき具合。「あっち・の・ みせ(店)・と・は・ しなもん(品物)・の・ ね(値)ー・に・ だいぶ(大分)・ あらき・が・ ある・なー。」〔⇒**ひらき**【開き】〕

あらく【空らく】《動詞・カ行五段活用》 ①数量や距離などの差が大きくなる。または、その差が大きい状態である。「いっちゃく(一着)・と・ にちゃく(二着)・は・ だいぶ・ あらい・て・ ごーる(ゴール)し・た。」「あの・みょーと(夫婦)・は・ とし(歳)・が・ あらい・とる。」②まとまっていたものが、細かく分かれる。別々になって広がる。「くも(雲)・が・ あらい・て・ ひ(陽)ー・が・ さ(射)し・てき・た。」■他動詞は「あらける【空らける】」■名詞化＝あらき【空らき】〔①⇒**あく**【空く】。②⇒**ばらける**〕

あらくたい【荒くたい】《形容詞・アイ型》 行動などが粗雑である。落ち着きがなくて、そそっかしい。正確さや精密さに欠ける。「あらくたい・ うんてん(運転)・や・さかい・ ひ(冷)やひやし・ながら・ の(乗)せ・てもろ・とっ・た。」「あらくたい・ そーじ(掃除)する・さかい・ まだ・ ごみ(塵)・が・ のこ(残)っ・とる。」「き(気)ー・の・ あらくたい・ おとこ(男)・や・さかい・き(気)ーつけ・なはれ。」〔⇒**あらっぽい**【荒っぽい】、**あつかましい**【厚かましい】〕

あらける【空らける】《動詞・カ行下一段活用》 ①数量や距離などの差を大きくする。または、その差を大きい状態で保つ。「ごせんち(五センチ)・ほど・ずつ・ あらけ・て・ なえ(苗)・を・ う(植)える。」「うし(後)ろ・の・ひと(人)・を・ ごっつい・ あらけ・て・ ごーる(ゴール)・に・ はい(入)っ・た。」②まとまっていたものを、細かく分ける。別々にして広げる。「ひとり(一人)ひとり・ あらけ・て・ らじおたいそー(ラジオ体操)・を・する。」■自動詞は「あらく【空らく】」〔⇒**はなす**【離す】。①⇒**あける**【空ける】。②⇒**ばらかす**〕

あらさがし【あら探し】《名詞、動詞する》 指導や非難などをするために、人の欠点や失敗などを見つけ出すこと。「あんま(余)り・ ひと(人)・の・ あらさがし・を・ し・たら・ きら(嫌)わ・れる・ぞ。」

あらし【嵐】《名詞》 雨を伴って激しく吹き荒れる風。「たいふー(台風)・が・ とー(通)りすぎ・て・ あらし・が・おさまっ・た。」

あらす【荒らす】《動詞・サ行五段活用》 ①乱暴なことをする。壊したり散らかしたりして、乱れた状態にする。「いのしし(猪)・が・　はたけ(畑)・を・　あらす。」②乱暴したりものを盗んだりして、損害を与える。「るす(留守)・の・　ま(間)ー・に・　いえ(家)・を・　あらさ・れ・た。」■自動詞は「あれる【荒れる】」■名詞化＝**あらし【荒し】**

あらっぽい【荒っぽい】《形容詞・オイ型》 行動などが粗雑である。落ち着きがなくて、そそっかしい。正確さや精密さに欠ける。「あらっぽい・　けーさん(計算)・を・　する・さかい・　まちが(間違)い・が・　ぎょーさん(仰山)・　ある。」「あらっぽい・　ぺんき(ペンキ)・の・　ぬ(塗)りかた・で・　きたな(汚)い。」〔⇒**あらくたい【荒くたい】**、**あつかましい【厚かましい】**〕

あらへん【有らへん】《動詞＋助動詞》 ない。存在しない。「そんな・　あほ(阿呆)な・　はなし(話)・は・　あらへん。」「そー・で・は・　あらへん。」◆存在しないという意味の他に、打ち消しを表すこともある。〔⇒**あれへん【有れへん】**〕

あらまし《名詞、副詞》 物事の量や範囲についての大部分。ものごとの大まかな全体。すべてに行きわたってはいないが、主要なところすべてが、そのようである様子。「きょー(今日)・は・　けーかく(計画)・の・　あらまし・を・　せつめー(説明)する。」「こんばん(今晩)・の・　よ(寄)りあい・は・　あらまし・の・　ひと(人)・が・　き(来)・てくれ・た。」「よみせ(夜店)・を・　あらまし・み(見)・てまわっ・た。」〔⇒**たいてい【大抵】**、**たいがい【大概】**、**だいたい【大体】**、**ほとんど【殆ど】**、**おおかた【大方】**、**おおむね【概ね】**、**あらかた【粗方】**、**ふつう【普通】**〕

あらもんや【荒物屋】《名詞》 日用品や台所道具などを売っている店。「あらもんや・で・　とっくり(徳利)・を・　か(買)う。」

あられ【霰】《名詞》 空中の水蒸気が冷やされて、氷結して降ってくるもの。「ひる(昼)から・は・　さむ(寒)ー・なっ・て・　あられ・が・　ふ(降)っ・た。」

あられ【霰】《名詞》 餅を小さく賽の目に切って、煎ったり揚げたりして味を付けた菓子。「びーる(ビール)・の・つまみ・に・　あられ・を・　く(食)う。」

あらわす【現す】《動詞・サ行五段活用》 隠れたり見えなかったりしたものが姿形などを見せてくる。感情や考えなどをはっきりと見える形にして出す。「おー(大)けな・　いぬ(犬)・が・　すがた(姿)・を・　あらわし・た。」■自動詞は「あらわれる【現れる】」

あらわれ【現れ】《名詞》 ①隠れたり見えなかったりしていたものの姿形などが見えるようになること。「なん(何)・の・　あらわれ・か・　わから・ん・けど・　くろ(黒)い・　くも(雲)・が・　で(出)・てき・て・　きも(気持)ち・が・　わる(悪)かっ・た。」②気持ちなどが表面に出ること。「それ・が・　べんきょー(勉強)し・よう・と・ゆー・　きも(気持)ち・の・　あらわれ・やっ・たら・　え(良)ー・ねん・けど・なー。」

あらわれる【現れる】《動詞・ラ行下一段活用》 隠れたり見えなかったりしたものの姿形などが見えるようになる。感情や考えなどがはっきりと見える形になって出る。「かわ(川)・の・　みず(水)・が・　へ(減)っ・て・　そこ(底)・が・　あらわれ・た。」「ふる(古)い・　とも(友)だち・が・　どーそーかい(同窓会)・に・　ひさ(久)しぶりに・　あらわれ・た。」■他動詞は「あらわす【現す】」■名詞化＝**あらわれ【現れ】**

あり【蟻】《名詞》 土の中などに巣を作って社会生活を営む、小さな昆虫。「あり・が・　さとー(砂糖)・に・　たか(集)っ・とる。」〔⇒**ありんこ【蟻んこ】**〕

あり【有り】《名詞》 ①あること。行うこと。「うんどーかい(運動会)・は・　こさめ(小雨)・やっ・たら・　あり・や。」②あってもよいこと。認められること。「そんな・いしこい(＝狡い)・　こと・　あり・か。」

ありあまる【有り余る】《動詞・ラ行五段活用》 必要以上にある。多すぎるほどある。「ことし(今年)・は・　やさい(野菜)・が・　よー・　と(採)れ・て・　ありあまっ・とる・さかい・　きんじょ(近所)・に・　わ(分)け・たげ・た。」

ありあわせ【有り合わせ】《名詞》 ちょうど、その場にあるもの。特に整えたのではないもの。「ありあわせ・の・もん(物)・しか・　あり・まへ・ん・けど・　た(食)べ・てください。」「ありあわせ・の・　もん(物)・で・　ひるめし(昼飯)・を・　す(済)まし・た。」「ありあわせ・の・かみ(紙)・に・　さいん(サイン)し・てもらう。」〔⇒**あるもん【有る物】**〕

ありがたい【有り難い】《形容詞・アイ型》 ①他から受けた好意や配慮などに対して幸せを感じて、感謝したい気持ちである。「くるま(車)・で・　おく(送)っ・てもろ・て・　ありがたい・　こと・や。」②ものごとが好都合に展開して、嬉しい気持ちである。「あめ(雨)・も・　ふ(降)ら・んと・　ありがたい・　いちにち(一日)・やっ・た。」③もったいなく、尊く思われる気持ちである。「ありがたい・　おきょー(経)・を・　き(聞)く。」

ありがためいわく〔ありがためーわく〕【有り難迷惑】《形容動詞や(ナ)、動詞する》 相手が好意的に行ってくれたことが、当人にとってはかえって困る様子。「いっぺん(一遍)・に・　あっちこっち・から・　やさい(野菜)・を・　もろ(貰)・て・　ありがためーわくし・とる。」

ありがとう〔ありがとー〕【有り難う】《感動詞》 相手に対する感謝の気持ちやお礼の気持ちなどを表すときに言う言葉。「き(気)ー・を・　つこ(使)・てくれ・て・　ありがとー。」◆丁寧に「ありがとうございます【有り難うございます】」「ありがとうさん【有り難うさん】」と言うことがある。〔⇒**おおきに【大きに】**、**おおけに【大けに】**、**おっきに【大っきに】**、**おっけに【大っけに】**、**おおき【大き】**、**おおけ【大け】**、**おっけ【大っけ】**、**おっき【大っき】**、**サンキュー【英語＝ thank you】**〕

ありがね【有り金】《名詞》 現在、手元にあるすべてのお金。財産のすべて。「ありがね・　はたい・ても・　か(買)わ・れ・へん。」

ありきたり【有りきたり】《形容動詞や(ノ)》 世の中にありふれている様子。どこにでもあって珍しくない様子。従来のままであるような様子。「ありきたりの・　もん(物)・です・けど・　た(食)べ・てください・な。」「ありきたりの・　もの(物)・を・　つく(作)っ・た・ん・で・は・だれ(誰)・も・　こ(買)ー・てくれ・へん。」

ありさま【有様】《名詞》 ものごとの状態や様子で、動かしがたい事実となったようなもの。他から見てわかる、物事の様子。「こないな・　は(恥)ずかしー・　ありさま・に・　なっ・てしも・て・　すんまへん。」

ありつく《動詞・カ行五段活用》 求めていたものにたどり着く。求めていたものが手に入る。「しごと(仕事)・が・　ながび(長引)ー・て・　やっと・　いちじはん(一時半)・に・　ひるめし(昼飯)・に・　ありつい・た。」

ありのまま【有りの儘】《名詞、形容動詞や(ノ)》 隠したり飾ったりせずに、実際の姿であること。「しょーじき(正直)に・　ありのまま・を・　こた(答)え・たら・え(良)ー・ねん。」「ありのままに・　せつめー(説明)し・た・さかい・　こらえ・てくれ・た。」

ありふれる【有り触れる】《動詞・ラ行下一段活用》　珍しくなくて、どこにでもある。「ありふれ・た・　ちゃわん(茶碗)・や・けど・　ね(値)ー・が・　たか(高)かっ・た。」

ありゃ〔**ありゃー**〕《感動詞》　失敗したときなどに思わず口に出る言葉。しまった。「ありゃー・　こま(困)っ・た・なー。てーき(定期)・を・　わす(忘)れ・た。」〔⇒**あちゃ**〕

ありゃ《名詞＋副助詞》　指示語の「あれ【彼れ】」に、副助詞の「は」が続いて、発音が融合した言葉。あのものは。「ありゃ・　なん(何)・の・　こと・を・　ゆ(言)ー・とる・ん・やろ。」〔⇒**あら**〕

ありんこ【蟻んこ】《名詞》　土の中などに巣を作って社会生活を営む、小さな昆虫。「たたみ(畳)・の・　うえ(上)・を・　ありんこ・が・　ほ(這)ー・とる。」◆幼児語。〔⇒**あり**【**蟻**】〕

ある【有る、在る】《動詞・ラ行五段活用》　①そのものごとが存在する。位置する。「うみ(海)・の・　む(向)こー・に・　しま(島)・が・　ある。」②持っている。備わっている。足りている。「ふところ(懐)・に・　たいきん(大金)・が・　ある。」「すーぱー(スーパー)・に・　おー(大)きな・　ちゅーしゃじょー(駐車場)・が・　ある。」③ものごとが行われる。予定されている。「こんど(今度)・の・　にっちょーび(日曜日)・に・　うんどーかい(運動会)・が・　ある。」■対語＝「ない【無い】」

ある【或】《連体詞》　人や事物や時や所などをはっきりそれと示さないで言う言葉。はっきりさせたくないものを、ぼかして言う言葉。「こま(困)っ・とっ・たら・　ある・　ひと(人)・が・　かね(金)・を・　か(貸)し・てくれ・まし・てん。」

あるき【歩き】《名詞》　役場や自治会などからの配布物を届けたり、連絡事項などをふれてまわったりして、地域のこまごまとした用務をする人。「あるき・の・　ひと(人)・が・　ふ(触)れ・てまーる。」

あるきあるき《副詞》　歩きながら(他のことをする)。「あるきあるき・　たばこ(煙草)・を・　す(吸)ー・たら・　あか・ん。」

あるく【歩く】《動詞・カ行五段活用》　①足を交互に前へ出して、両足が同時に地面から離れないような状態で進む。「いちにち(一日)・に・　いちまんぽ(一万歩)・　あるく・よーに・　し・てます・ねん。」②あちこち動き回る。「まいにち(毎日)・　せーるす(セールス)・に・　あるい・とり・ます。」◆②の場合、乗り物を使わないで動き回るという意味で使うことも多い。

あるく【歩く】《補助動詞・カ行五段活用》〔動詞の連用形に付く〕　あれこれと何かをしてまわる、あちらこちらで何かをするという意味を表す言葉。「ほん(本)・を・　さが(探)し・あるく。」「よなか(夜中)・まで・　の(飲)み・あるく。」「はなし(話)・を・　ふ(触)れ・あるく。」〔⇒**やく**、**やるく**、**さがす**【**探す**】〕

アルコール〔**あるこーる**〕【英語＝alcohol】《名詞》　①澱粉から作り、消毒などにも使う、燃えやすい液体。「けが(怪我)し・た・　ところ・を・　あるこーる・で・　しょーどく(消毒)する。」②ビールやウイスキーなどの、アルコール(前項の液体)を含むさまざまな飲料。「あるこーる・を・　の(飲)みすぎ・たら・　からだ(体)・を・　いわす(＝壊す)・ぞ。」〔②⇒**さけ**【**酒**】〕

あるだけ【有るだけ】《名詞》　その場にあるものすべて。関係あるものすべて。「さいふ(財布)・の・　なか(中)・の・　あるだけ・　だ(出)し・た・けど・　た(足)ら・なんだ。」◆「あるだけ・ぜんぶ【有るだけ・全部】」とか「あるだけ・みんな【有るだけ・皆】」「あるだけ・みな【有るだけ・皆】」というような言い方をすることが多い。〔⇒**あんだけ**【**有んだけ**】、**ぜんぶ**【**全部**】、**みな**【**皆**】、**みんな**【**皆**】〕

アルバイト〔**あるばいと**〕【ドイツ語＝Arbeit】《名詞、動詞する》　本来の仕事以外にする仕事。学生などが収入を得るためにする仕事。「がくせーじだい(学生時代)・は・　かてーきょーし(家庭教師)・の・　あるばいと・を・し・とっ・た。」〔⇒**バイト**【ドイツ語＝Arbeit の一部省略】〕

アルバム〔**あるばむ**〕【英語＝album】《名詞》　①写真などを貼って保存しておく、冊子のようなもの。「しゃしん(写真)・を・　あるばむ・で・　せーり(整理)する。」②記念のために写真を編集して印刷したもの。「そつぎょー(卒業)・の・　きねん(記念)・の・　あるばむ・を・　もら(貰)う。」

アルマイト〔**あるまいと**〕【英語＝alumite】《名詞》　アルミニウムの表面に、腐食しにくいように酸化アルミニウムの被膜で覆ったもの。「あるまいと・の・　べんとばこ(弁当箱)・の・　ふた(蓋)・に・　おちゃ(茶)・を・　い(入)れ・て・　の(飲)む。」◆もとは、商標名である。

アルマイト製の弁当箱㊤と、おかず入れ㊦

アルミ〔**あるみ**〕【英語＝aluminium の略】《名詞》　銀白色で軽く、加工しやすく錆びにくい金属。アルミニウム。「にほん(日本)・で・　いっちゃん(一番)・　はじ(初)め・に・　あるみ・の・　でんしゃ(電車)・を・　つく(作)っ・た・ん・は・　さんよーでんしゃ(山陽電車)・やっ・てん。」「あるみ・の・　いちえんだま(一円玉)・は・　みず(水)・に・　う(浮)く。」

あるもん【有る物】《名詞》　ちょうど、その場にあるもの。特に整えたのではないもの。「べんとー(弁当)・は・　あるもん・を・　つ(詰)め・とい・てくれ・たら・　え(良)ー・ぞ。」〔⇒**ありあわせ**【**有り合わせ**】〕

あれ【荒れ】《名詞》　荒れていること。また、その状況。「さむ(寒)ー・　なっ・たら・　て(手)ー・の・　あ(荒)れ・が・　ひど(酷)ー・　なる。」

あれ【彼】《代名詞》　①空間的にあるいは心理的に、自分からも相手からも離れているもの。「あれ・が・　あわじしま(淡路島)・や。」②時間的に、自分からも相手からも離れているもの。「あれ・は・　きょねん(去年)・の・　はる(春)・やっ・た。」③自分も相手も知っているものごと。「はや(早)い・もん・で・　あれ・から・　もー・じゅーねん(十年)・も・　た(経)っ・た。」④離れたところにいる、目下の人。「あれ・は・　もーじき(直)・く(来)る・はず・や。」〔⇒**あい**【(彼い)】。①④⇒**あいつ**【**彼奴**】〕

あれ〔**あれー**〕《感動詞》　驚いたとき、疑問に思ったとき、不安になったときなどに口をついて出る言葉。「あれー。あんた・　いつ・の・　ま(間)・に・　き(来)・とっ・た・ん。」〔⇒**あれれ**〕

あれへん【有れへん】《動詞＋助動詞》　ない。存在しない。「さいふ(財布)・を・　わす(忘)れ・て・　かね(金)・が・　あれへん・ねん。」「わし・が・　ゆ(言)ー・た・ん・や・　あれへん・がな。」◆存在しないという意味の他に、打ち

消しを表すこともある。〔⇒**あらへん【有らへん】**〕

あれやこれや《名詞、副詞と》 いろいろなことが重なること。重なったいろいろなこと。「ねんまつ(年末)・は・　あれやこれや・が・　あっ・て・　お(落)ちつか・へん。」「あれやこれやと・　しごと(仕事)・が・　ふ(増)え・て・き・た。」〔⇒**あれやらこれやら**〕

あれやらこれやら《名詞、副詞》 いろいろなことが重なること。重なったいろいろなこと。「こま(困)っ・た・　こと(事)・が・　あれやらこれやら・　でき・まし・た。」「あれやらこれやら・で・　ひよー(費用)・が・　やっと(＝沢山)・　い(要)る・ん・や。」〔⇒**あれやこれや**〕

あれる【荒れる】《動詞・ラ行下一段活用》 ①風や雨がひどくなって、平穏さが失われる。「おぼん(盆)・が・　す(済)ん・だら・　うみ(海)・が・　あれる・さかい・　およ(泳)ぎ・に・　い(行)っ・たら・　あか・ん。」②乱暴なことをして、手が付けられないようになる。「わか(若)い・　じぶん(時分)・は・　だいぶ・　あれ・とっ・てん。」③手入れをしないことによって、汚くなったり滑らかでなくなったりする。「あきや(空家)・に・　なっ・て・　にわ(庭)・が・　あれる。」「て(手)ー・が・　あれる。」■他動詞は「あらす【荒らす】」■名詞化＝**あれ【荒れ】**

あれれ〔あれれー〕《感動詞》 驚いたとき、疑問に思ったとき、不安になったときなどに口をついて出る言葉。「あれれー・　てーでん(停電)・に・　なっ・た。」〔⇒**あれ**〕

あわ【泡】《名詞》 液体の中に空気が入って、丸くふくれた玉。「せっけん(石鹸)・で・　あわ・を・　た(立)てる。」「びーる(ビール)・を・　つ(注)い・だら・　あわ・が・　いっぱい(一杯)に・　なっ・た。」〔⇒**あぶく【(泡)】、ぶくぶく**〕

あわ【粟】《名詞》 秋に、穂のようにして小さく黄色い実がなる植物。「あわ・で・　でけ(出来)・た・　おこし・を・　みやげ(土産)・に・　する。」

あわおこし【粟おこし】《名詞》 餅米または粟を蒸して砂糖を加えて固めたものを、平らに延ばして長方形に切った菓子。「おーさか(大阪)・の・　あわおこし・を・　こ(買)ー・てき・た。」〔⇒**いわこし【岩こし】、いわおこし【岩おこし】**〕

あわさる【合わさる】《動詞・ラ行五段活用》 ①２つ以上のものがひとつになる。「みち(道)・が・　あわさっ・とる・　ばしょ(場所)・は・　じこ(事故)・が・　おー(多)い。」②重なって同じになる。「にほん(二本)・の・　えんとつ(煙突)・が・　あわさっ・て・　いっぽん(一本)・に・　み(見)える・　とこ(所)・が・　ある。」■他動詞は「あわす【合わす】」「あわせる【合わせる】」

あわし【合わし】《名詞》 酒などを使って渋みを取り去った柿。「しぶがき(渋柿)・や・さかい・　あわし・に・　する。」〔⇒**あわしがき【合わし柿】**〕

あわしがき【合わし柿】《名詞》 酒などを使って渋みを取り去った柿。「あわしがき・に・　し・たら・　あも(甘)ー・　なっ・た。」〔⇒**あわし【合わし】**〕

あわしめ〔あわしめー〕【合わし目】《名詞》 ２つ以上のものがくっついてひとつになった部分。「たたみ(畳)・の・　あわしめ・を・　ふ(踏)む・な・よ。」〔⇒**あわせめ【合わせ目】**〕

あわす【合わす】《動詞・サ行五段活用》 ①足してひとつのものにする。「あさ(朝)・から・　き(来)・た・　ひと(人)・を・　ぜんぶ(全部)・　あわし・たら・　じゅーにん(十人)・を・　こ(超)える。」「さん(三)・と・　ろく(六)・を・　あわす。」②揃えて同じにする。「とけー(時計)・を・　あわす。」③正しいかどうか調べる。照合する。「こたえ(答)・を・　あわす。」④酒などを使って渋柿の渋みを取り去る。「かき(柿)・を・　あわし・て・　く(食)う。」■自動詞は「あう【合う、会う】」「あわさる【合わさる】」〔⇒**あわせる【合わせる】**〕

あわす【会わす、遭わす】《動詞・サ行五段活用》 ①人と人とが顔を合わせるようにさせる。「しごとちゅー(仕事中)・やっ・た・さかい・　あわし・てくれ・へん・ねん。」②ある経験をさせる。「はら(腹)・が・　た(立)っ・た・さかい・　えら(酷)い・　めー・に・　あわし・たっ・た。」■自動詞は「あう【会う、遭う】」〔①⇒**あわせる【会わせる】**〕

あわせ【袷】《名詞》 秋から春にかけて着る、裏地を付けた和服。「あき(秋)・に・　なっ・た・さかい・　あわせ・に・　きが(着替)える。」■対語＝「ひとえ【単衣】」「しとえ【(単衣)】」

あわせめ〔あわせめー〕【合わせ目】《名詞》 ２つ以上のものがくっついてひとつになった部分。「かみ(紙)・の・　あわせめ・を・　のり(糊)・で・　は(貼)る。」〔⇒**あわしめ【合わし目】**〕

あわせる【会わせる】《動詞・サ行下一段活用》 人と人とが顔を合わせるようにさせる。「し(死)ん・だ・　おやじ(親父)・に・　ひとめ(一目)・だけ・でも・　あわせ・てほしー。」■自動詞は「あう【会う】」〔⇒**あわす【会わす】**〕

あわせる【合わせる】《動詞・サ行下一段活用》 ①足してひとつのものにする。「ふた(二)つ・の・　ふくろ(袋)・の・　なかみ(中味)・を・　あわせ・て・　ひと(一)つ・の・　おー(大)きな・　ふくろ(袋)・に・　い(入)れる。」②揃えて同じにする。「はし(端)・を・　あわせ・て・　ふた(二)つ・に・　お(折)る。」③正しいかどうか調べる。照合する。「ふたり(二人)・の・　こたえ(答)・を・　あわせ・てみる。」④酒などを使って渋柿の渋みを取り去る。「かき(柿)・を・　びん(瓶)・の・　なか(中)・に・　い(入)れ・て・　あわせる。」■自動詞は「あう【合う】」「あわさる【合わさる】」〔⇒**あわす【合わす】**〕

あわて【慌て】《名詞》 ①落ち着きを失った人。まごついたり、そそっかしくしている人。「あわて・や・さかい・　てーき(定期)・を・　わす(忘)れ・てき・た。」「あんた・は・　あわて・や・さかい・　よー・　き(気)ーつけ・なはれ・よ。」②突然のできごとに出会って、ふだんの落ち着きを失うこと。うろたえたり、まごついたりすること。「あわて・を・　せ・ん・よーに・　お(落)ちつけ。」「いえ(家)・を・　で(出)る・　まえ(前)・に・　あわて・を・　し・たら・　あか・ん・よ。」〔⇒**あばて【(慌て)】。①⇒あわてがみ【慌てがみ】、あばてがみ【(慌てがみ)】、あわてもん【慌て者】、あばてもん【(慌て者)】、あわてんぼう【慌てん坊】、あばてんぼう【(慌てん坊)】**〕

あわてがみ【慌てがみ】《名詞》 落ち着きを失った人。まごついたり、そそっかしくしている人。「あわてがみ・で・　よー・　わすれもん(忘物)・を・　する・　ひと(人)・や・なー。」〔⇒**あわて【慌て】、あばて【(慌て)】、あばてがみ【(慌てがみ)】、あわてもん【慌て者】、あばてもん【(慌て者)】、あわてんぼう【慌てん坊】、あばてんぼう【(慌てん坊)】**〕

あわてもん【慌て者】《名詞》 落ち着きを失った人。まごついたり、そそっかしくしている人。「あんた・みたいな・　あわてもん・は・　こま(困)る・なー。」〔⇒**あわて【慌て】、あばて【(慌て)】、あわてがみ【慌てがみ】、あばてがみ【(慌てがみ)】、あばてもん【(慌て者)】、あわてんぼう【慌てん坊】、あばてんぼう【(慌てん坊)】**〕

あわてる【慌てる】《動詞・タ行下一段活用》 ①不意をつかれて落ち着きを失う。驚いてまごまごする。「じしん(地震)・が・　お(起)き・て・　あわて・た。」「あわて・とっ・て・　とじ(戸締)まり・を・　たし(確)かめ・なんだ。」②びっくりして、その事態を解消するためにひどく急ぐ。「しめきり(締切)・の・　ひ(日)ー・を・　おも(思)いだし・て・　あわて・た。」「あわて・たら・　ごふん(五分)・で・　でけ(出来)・た。」■名詞化＝**あわて【慌て】**〔⇒**あばてる【(慌てる)】**〕

あわてんぼう〔あわてんぼー、あわてんぼ〕【慌てん坊】《名詞》 落ち着きを失った人。まごついたり、そそっかしくしている人。「あわてんぼ・を・　ちょっと(一寸)・は・　あらた(改)め・なはれ。」〔⇒**あわて【慌て】**、**あばて【(慌て)】**、**あわてがみ【慌てがみ】**、**あばてがみ【(慌てがみ)】**、**あわてもん【慌て者】**、**あばてもん【(慌て者)】**、**あばてんぼう【(慌てん坊)】**〕

あわれ【哀れ】《形容動詞や(ナ)》 人並みでなく惨めである様子。人生や人の世について、はかなさや無常を感じる様子。「はら(腹)・が・　へ(減)っ・た・よーな・　あわれな・　こえ(声)・を・　だ(出)し・とる。」「ひと(人)・の・　いっしょー(一生)・なんか・は・　あわれな・　もん・や。」

あん【案】《名詞》 物事を具体化するためにあれこれ考えた内容。あらかじめ練る計画や考え。「まつり(祭)・を・　も(盛)りあげる・　あん・を・　かんが(考)える。」「なん(何)・ぞ・　え(良)ー・　あん・は・　あ(有)ら・へん・か。」

あん【餡】《名詞》 ①小豆、隠元豆などを煮てつぶし、砂糖を入れて練ったもの。「かいてんやき(回転焼)・の・　あま(甘)い・　あん・が・　す(好)きや。」②饅頭などの中に入れるもの。「なか(中)・の・　あん・が・　み(見)え・とる。」〔⇒**あんこ【餡こ】**、**あんころ【餡ころ】**〕

あん〔あーん〕《感動詞、動詞する》 ①神や仏を拝むときに唱える言葉。「まんまんちゃん(＝仏様)・　あーん。」②口を大きく開けること。また、そのときに思わず出る声。「くち(口)・を・　あーんし・てください。」

あんあん〔あーんあーん〕《感動詞》 大きな声で泣くときの、その声。「ちょっと・　おこ(怒)っ・た・だけ・や・のに・　あんあん・と・　な(泣)か・れ・て・　こま(困)っ・とる・ねん。」

あんあんする《動詞・サ行変格活用》 ①神や仏に向かって手を合わせて拝む。「まんまんちゃん(＝仏様)・に・　あんあんし・なさい。」②相手に向かってお辞儀をする。「となり(隣)・の・　おじちゃん・に・　あんあんし・て・　かしこ(賢)い・　こ(子)・や。」◆幼児語。〔⇒**あんする**〕

あんき【暗記】《名詞、動詞する》書いたものを見ないで、そらで言えるように覚えること。「かけざん(掛算)・の・　くく(九九)・を・　あんきする。」

あんこ【餡こ】《名詞》 ①小豆、隠元豆などを煮てつぶし、砂糖を入れて練ったもの。「さつまいも(薩摩芋)・でも・　あんこ・は・　でけ(出来)る。」②饅頭などの中に入れるもの。「あんこ・の・　ぶた(豚)まん・を・　く(食)う。」〔⇒**あん【餡】**、**あんころ【餡ころ】**〕

あんごう〔あんごー〕【暗号】《名詞》 通信内容が当事者以外にはわからないように、普通の文字や記号などを仲間だけにわかるような他の文字や記号などに置き換えたもの。「ふたり(二人)・だけ・の・　あんごー・を・　き(決)め・とこ・か。」

あんころ【餡ころ】《名詞》 ①小豆、隠元豆などを煮てつぶし、砂糖を入れて練ったもの。「なか(中)・の・　あんころ・だけ・を・　た(食)べる。」②饅頭などの中に入れるもの。「ぶた(豚)まん・の・　あんころ・に・は・　やさい(野菜)・が・　はい(入)っ・とる。」③餅を餡で包んだもの。「おみやげ(土産)・に・　あんころ・を・　か(買)う。」〔①②⇒**あん【餡】**、**あんこ【餡こ】**。③⇒**あんころもち【餡ころ餅】**〕

あんころもち【餡ころ餅】《名詞》 餅を餡で包んだもの。「はなみ(花見)・に・　あんころもち・を・　も(持)っ・ていく。」〔⇒**あんころ【餡ころ】**〕

あんさん《名詞》 敬意を込めて相手を指して言う言葉。あなた様。「あんさん・と・は・　どこ・か・で・　お(会)ー・た・　こと・が・　あり・ます・なー。」

あんざん【安産】《名詞》 特別に苦しむこともなくて子を生むこと。無事に子を産むこと。「ふたご(双子)・やっ・た・けど・　あんざん・やっ・た・そーや。」■対語＝「**なんざん【難産】**」

あんざん【暗算】《名詞、動詞する》 紙や計算機や算盤などを使わないで、頭の中だけで計算をすること。「ぶしょー(不精)し・て・　あんざんし・て・　まちが(間違)え・ても・た。」

あんしょう〔あんしょー〕【暗誦】《名詞、動詞する》 文章などをそらで覚えて唱えること。書いたものを見ないで記憶しているものをそらで言うこと。また、そのようにして覚えていること。「こくご(国語)・の・　じかん(時間)・に・は・　よー・　あんしょー・を・　させ・られ・た・なー。」

あんじょう〔あんじょー〕【案定】《副詞、動詞する》 ①好ましくない結果を予想したり推測したりしていたとおりに、ものごとが良くない方向に展開する様子。「きょー(今日)・は・　あんじょー・　あめ(雨)・に・　なっ・ても・た。」「けーば(競馬)・で・　あんじょー・　ま(負)け・ても・た。」②すっかり相手にしてやられる様子。「うまいこと・　い(言)わ・れ・て・　あんじょー・　やく(役)・を・　お(押)しつけ・られ・た。」「しんよー(信用)し・とっ・たら・　あんじょー・　だま(騙)さ・れ・ても・た。」③幸運にもものごとがうまく進展する様子。うまく進展させる様子。「あんじょー・　ごーかく(合格)・が・　でけ(出来)・まし・てん。」「けんか(喧嘩)・に・　なら・ん・よーに・　あんじょーし・て・　わ(分)け・てください。」④ものごとを隅々まできちんと丁寧に行う様子。「あんじょー・　わかる・よーに・　せつめー(説明)し・てー・な。」「ほど(解)け・ん・よーに・　あんじょー・　くく(括)っ・ておくれ・よ。」「せんぱい(先輩)・に・は・　あんじょー・　あいさつ(挨拶)し・なはれ・よ。」◆動詞としての用法があるのは③④の意味の場合である。〔①⇒**あんのじょう【案の定】**。②③⇒**あんばい【塩梅、案配】**。②③④⇒**がいよう【(具合良う)】**、**あんばいよう【塩梅良う、案配良う】**、**ええあんばいに【良え塩梅に、良え案配に】**〕

あんじる【案じる】《動詞・ザ行上一段活用》 無事であるか、うまくいくかなどということに気をかけて心配する。相手のことを気遣う。「でんしゃ(電車)・が・　と(止)まっ・とる・と・　ゆ(言)ー・さかい・　あんじ・とっ・た・ん・や。」

あんしん【安心】《形容動詞や(ナ)、動詞する》 よくない成り行きなどが無くて、気持ちが落ち着く様子。「たいふー(台風)・が・　そ(逸)れ・た・さかい・　あんしんや。」■対語＝「**しんぱい【心配】**」

あんする〔あーんする〕《動詞・サ行変格活用》 ①神や仏に向かって手を合わせて拝む。「て(手)・を・　あ(合)わし・て・　ほとけ(仏)さん・に・　あんする・ねん・で。」②相手に向かってお辞儀をする。「し(知)っ・た・　ひと(人)・に・　お(逢)ー・たら・　あーんし・なはれ・よ。」◆幼児語。〔⇒**あんあんする**〕

あんせい〔**あんせー**〕【安静】《名詞、動詞する》 体を静かにして、余計なことに体力や神経を使わないように休めること。「びょーいん(病院)・で・　あんせー・に・　し・とっ・てん・けど・　ほんま(本真)に・　たいくつ(退屈)やっ・た。」

あんぜん【安全】《名詞、形容動詞や(ナ)》 体やものに災難や損傷が生じる可能性がない様子。「こーつー(交通)・の・　あんぜん・を・　いの(祈)る。」■対語＝「きけん【危険】」

あんた【(貴方)】《名詞》 軽い敬意を込めて、相手を指す言葉。「あんた・　は(早)よ・　い(行)き・なはれ。」◆親しみを込めた言い方であるが、上品な感じはしない言葉である。目上の人には使いにくい。〔⇒**あなた**【貴方】、**おたく**【お宅】、**おまはん**【(お前はん)】、**おうち**【お家】〕

あんだけ【有んだけ】《名詞》 その場にあるものすべて。関係あるものすべて。「あんだけ・　みんな(皆)・　こ(買)ー・てき・た。」◆「あんだけ・ぜんぶ【有んだけ・全部】」とか「あんだけ・みんな【有んだけ・皆】」「あんだけ・みな【有んだけ・皆】」というような言い方をすることが多い。〔⇒**あるだけ**【有るだけ】、**ぜんぶ**【全部】、**みな**【皆】、**みんな**【皆】〕

あんだけ《名詞》 ①区切って限定した数量のもの。あれぐらいの量。わずかな量。「たった・　あんだけ・しか・　く(呉)れ・へん・ねん。」②あんなにも沢山のもの。「あんだけ・を・　たった・　せんえん(千円)・で・　う(売)っ・てくれ・た・ん・や。」〔⇒**あんだけだけ**〕

あんだけ《副詞》 あれほど。あんなに。あれほどまでに。「あんだけ・　ちゅーい(注意)し・た・のに・　いっこも・　まも(守)っ・てくれ・へん。」〔⇒**あんだけだけ**〕

あんだけだけ《名詞》 ①区切って限定した数量のもの。あれぐらいの量。わずかな量。「あんだけだけ・で・　にせんえん(二千円)・も・　する・さかい・　びっくりし・た。」②あんなにも沢山のもの。「いちにち(一日)・で・　あんだけだけ・　つ(釣)っ・てき・て・　ごっつい・もん・や。」◆「あんだけ」よりも強調する気持ちが強い。〔⇒**あんだけ**〕

あんだけだけ《副詞》 あれほどまでに。「き(気)ーつけー・ゆーて・　あんだけだけ・　おし(教)え・たっ・た・のに・　しっぱい(失敗)し・た・ん・かいな。」◆「あんだけ」よりも強調する気持ちが強い。〔⇒**あんだけ**〕

あんたとこ【あんた所】《名詞》 ①あなたの住んでいる家。「あんたとこ・の・　ちか(近)く・は・　ばす(バス)・が・　とー(通)っ・とり・ます・か。」②あなたの家族。「あんたとこ・は・　こども(子供)・が・　なんにん(何人)・でっ・か。」③あなたの夫。あなたの妻。「あんたとこ・は・　たばこ(煙草)・を・　す(吸)ー・とっ・て・ない・なー。」〔⇒**あんたんとこ**【あんたん所】、**あんたはんとこ**【あんたはん所】、**おまえとこ**【お前所】、**おまえんとこ**【お前ん所】、**おまはんとこ**【おまはん所】〕

あんたね〔**あんたねー**〕【(あんた家)】《名詞》 ①あなたの家。「あんたねー・は・　にわ(庭)・が・　ひろ(広)い・なー。」②あなたの家庭。あなたの家族。「あんたねー・は・　こども(子供)・が・　みんな・　よー・　でけ・て・や・なー。」◆親しみを込めた言い方であるが、上品な感じはしない言葉である。目上の人には使いにくい。「あんたんね」という発音になることがある。〔⇒**あんたとこ**【あんた所】、**おたく**【お宅】、**おうち**【お家】〕

あんたはん【(貴方はん)】《名詞》 敬意を込めて、相手を指す言葉。「あんたはん・は・　どこ(何処)・から・　き(来)・て・やっ・た・ん。」〔⇒**そちらさん**、**そちらはん**〕

あんたはんとこ【あんたはん所】《名詞》 ①あなたの住んでいる家。「あんたはんとこ・は・　むかし(昔)・は・　わらやね(藁屋根)・やっ・た・なー。」②あなたの家族。「あんたはんとこ・は・　みんな(皆)・　げんき(元気)でっ・か。」③あなたの夫。あなたの妻。「あんたはんとこ・は・　まいあさ(毎朝)・　いぬ(犬)・を・　つ(連)れ・て・　さんぽ(散歩)し・とっ・て・や・ねー。」〔⇒**あんたとこ**【あんた所】、**あんたんとこ**【あんたん所】、**おまえとこ**【お前所】、**おまえんとこ**【お前ん所】、**おまはんとこ**【おまはん所】〕

あんたんとこ【あんたん所】《名詞》 ①あなたの住んでいる家。「あんたんとこ・は・　うみ(海)・の・　ちか(近)く・でし・た・なー。」②あなたの家族。「あんたんとこ・は・　よにんかぞく(四人家族)・やっ・た・な。」③あなたの夫。あなたの妻。「あんたんとこ・は・　あさ(朝)・は・　なんじ(何時)・に・　で(出)・て・です・の。」〔⇒**あんたとこ**【あんた所】、**あんたはんとこ**【あんたはん所】、**おまえとこ**【お前所】、**おまえんとこ**【お前ん所】、**おまはんとこ**【おまはん所】〕

あんていしょ〔**あんてーしょ**〕【安定所】《名詞》 職業紹介や雇用保険についての業務などを行っている役所。今の「ハローワーク」。「あんてーしょ・で・　しごと(仕事)・を・　み(見)つける。」〔⇒**しょくあん**【職安】、**しょくぎょうあんていしょ**【職業安定所】〕

あんどん〔**あんどー**、**あんど**〕【行灯】《名詞》 木や竹の四角い枠に紙を貼って、中に火をともす道具。「ぐる(周)り・に・　あんど・を・　か(掛)け・て・　ぼんおどり(盆踊)・を・　する。」「ぼん(盆)・は・　あんどん・　も(持)っ・て・　まいばん(毎晩)・　はかまいり(墓参)する・ん・が・　ここらへん・の・　ふーしゅー(風習)・なん・や。」

夏祭りの行灯掛け　★

お盆に墓へ持っていく行灯　★

あんな《連体詞》 形や状態などが、あれと同じような。あれほどの程度の。「あんな・　おかしな・　はなし(話)・は・　あら・へん。」〔⇒**あないな**〕

あんなあ〔**あんなー**、**あんな**〕《感動詞》 呼びかけたり、言葉を少しためらって発したりするときに使う言葉。「あんなー・　ちょっと・　わたし(私)・の・　はなし(話)・を・　き(聞)ー・てんか。」〔⇒**あのなあ**、**あののう**、**あんのう**〕

あんない【案内】《名詞、動詞する》 ①内容や事情を知らせること。「じちかいそーかい(自治会総会)・の・　あんない・が・　き(来)・とる。」②行くべき道や場所を教えること。また、そこに連れていくこと。「その・　いえ(家)・やっ・たら・　あんないし・てあげ・まっ・さ。」③人に客を取り次ぐこと。「しゃちょー(社長)さん・に・　あんないし・てくれ・へん・か。」

あんなり《副詞》 あの状態のままで。あの時のままで。「あんなり・　わす(忘)れ・てしも・とっ・た。」

あんなん《名詞》 形や状態などが、あれと同じようなもの。あれほどの程度のもの。「わし・も・　あんなん・が・　ほ(欲)しー・の・や。」「あんなん・　たこ(高)ー・て・　か(買)わ・れ・へん。」〔⇒**あないなん**〕

あんのう〔**あんのー、あんの**〕《感動詞》 呼びかけたり、言葉を少しためらって発したりするときに使う言葉。「あんのー・　おまえ(前)・の・　かんが(考)え・が・　まちご(間違)ー・とる・と・は・　ゆ(言)ー・とら・へん・ね・や。」◆少しぞんざいな言い方である。〔⇒**あののう、あのなあ、あんなあ**〕

あんのじょう〔**あんのじょー**〕【案の定】《副詞》 好ましくない結果を予想したり推測したりしていたとおりに、ものごとが良くない方向に展開する様子。「あんまり・　べんきょー(勉強)・を・　せー・へん・　こ(子)・やっ・た・から・　あんのじょー・　しけん(試験)・に・　お(落)ち・ても・た。」〔⇒**あんじょう【案定】**〕

あんばい【塩梅、案配】《名詞》 ①何かをするときに、影響を与えるようなものごとの有様。ものごとがうまく進んでいるかどうかの状況。「きかい(機械)・の・　あんばい・が・　わる(悪)ー・て・　と(止)まっ・ても・た。」②天候や寒暖などの様子。「え(良)ー・　あんばい・の・　きせつ(季節)・に・　なっ・た。」③身体のありさま。健康の状況。「はら(腹)・の・　あんばい・が・　なお(治)っ・てき・た。」④他人から見られたときの格好や、世間に対する体裁など。「あんばい・を・　かんが(考)え・て・　きふ(寄付)・の・　がく(額)・を・　き(決)める。」〔⇒**ぐあい【具合】、ぐわい【(具合)】、がい【(具合)】**。①⇒**つごう【都合】**〕

あんばい【塩梅、案配】《副詞に》 すっかり相手にしてやられる様子。「あんばい・　だま(騙)さ・れ・ても・た。」〔⇒**あんばいよう【塩梅良う、案配良う】、ええあんばいに【良え塩梅に、良え案配に】、あんじょう【案定】、がいよう【(具合良う)】**〕

あんばいよう〔**あんばいよー**〕【塩梅良う、案配良う】《副詞に》 ①幸運にもものごとが進展する様子。「あんばいよー・　だいがく(大学)・に・　ごーかく(合格)し・た。」②すっかり相手にしてやられる様子。「あんばいよー・　はなし(話)・に・　の(乗)せ・られ・ても・た。」〔⇒**ええあんばいに【良え塩梅に、良え案配に】、がいよう【(具合良う)】**。②⇒**あんばい【塩梅、案配】、あんじょう【案定】**〕

あんパン〔**あんぱん**〕【餡パン(パンはポルトガル語に由来)】《名詞》 小豆などを煮て砂糖を入れて練ったものが中に入っているパン。「あんぱん・も・　じゃむぱん(ジャムパン)・も・　どっち・も・　す(好)きや。」

あんぽんたん《形容動詞や(ノ)、名詞》 間が抜けていて、馬鹿な様子。また、そのような人。「そんな・　あんぽんたんな・　こと・　し・たら・　あか・ん。」◆相手をののしって言う言葉であるが、相手に対する腹立たしさは軽い。〔⇒**あんぽんたんのはなくそ【あんぽんたんの鼻糞】**〕

あんぽんたんのはなくそ【あんぽんたんの鼻糞】《形容動詞や(ノ)、名詞》 間が抜けていて、馬鹿な様子。また、そのような人。「また・　おんな(同)じ・　こと・を・　し・とる・ん・か・　この・　あんぽんたんのはなくそ・が。」〔⇒**あんぽんたん**〕

あんまく【暗幕】《名詞》 映画を映すときなどに、部屋などを暗くするために引く黒い布。「あんまく・を・　し(閉)め・て・　がくげーかい(学芸会)・の・　げき(劇)・が・　はじ(始)まっ・た。」

あんまし【(余し)】《形容動詞や(ノ)》 ひどく度をこしている様子。常識はずれである様子。無茶である様子。無慈悲である様子。「それ・は・　ちょっと・　あんましな・　はなし(話)・や・なー。」〔⇒**あんまり【(余り)】**〕

あんまし【余し】《副詞》 ①とりたてて言うほどでもないことを表す言葉。さほどには。「あんまし・　きの(気乗)り・が・　し・まへ・ん・なー。」②度が過ぎることを表す言葉。「あんまし・　きたい(期待)せ・ん・　ほー・が・　え(良)ー・やろ。」「あんまし・　しんどい・さかい・　きのー(昨日)・は・　かいしゃ(会社)・を・　やす(休)ん・でん。」◆①は、後ろに打ち消しの言葉を伴うことが多い。〔⇒**あまり【余り】、あまし【余し】、あんまり【(余り)】**。①⇒**たいして【大して】、なんぼも**〕

あんまり【(余り)】《形容動詞や(ノ)》 ひどく度をこしている様子。常識はずれである様子。無茶である様子。無慈悲である様子。「あんまりな・　こと・を・　ゆ(言)ー・て・　ひと(人)・を・　こま(困)らせ・んとい・て。」〔⇒**あんまし【(余し)】**〕

あんまり【(余り)】《副詞》 ①とりたてて言うほどでもないことを表す言葉。さほどには。「あんまり・　うれ(嬉)しー・　はなし(話)・でも・　あら・へん。」「あんまり・むつか(難)し・なかっ・た・よ。」②度が過ぎることを表す言葉。「あんまり・　ちょーし(調子)・に・　の(乗)っ・たら・　ひと(人)・に・　わら(笑)わ・れる・ぞ。」「あんまり・　えげつない・　こと・を・　し・たら・　あか・ん。」◆①は、後ろに打ち消しの言葉を伴うことが多い。〔⇒**あまり【余り】、あまし【余し】、あんまし【(余し)】**。①⇒**たいして【大して】、なんぼも**〕

あんまん【餡饅】《名詞》 小豆などを煮て砂糖を入れて練ったものが入っている中華饅頭。「ほかほかの・　あんまん・を・　ほば(頬張)る。」

あんよ《名詞、動詞する》 ①人や動物が体を支えて、立ったり歩いたり跳んだりするときに使う体の部分。「あんよ・に・　どろ(泥)・が・　つ(付)い・とる。」②歩き始めた幼児が、ぎこちなく頼りない感じで歩くこと。「なんとか・　あんよ・が・　でけ(出来)る・よーに・　なっ・た。」◆幼児語。〔⇒**あいや、あいよ**。①⇒**あし【足、脚】**〕

い

い〔**いー**〕【胃】《名詞》 胃液を分泌して、食べたものをこなして消化する、袋の形をした内臓。「いっぱい(一杯)・　た(食)べ・た・さかい・　いー・が・　は(張)っ・とる。」〔⇒**いぶくろ【胃袋】**〕

い〔**いー**〕【亥】《名詞》 猪を表しており、子(ね)から始まる十二支の12番目。「いー・は・　えと(干支)・の・　さいご(最後)・や。」〔⇒**いのしし【猪】**〕

い【五】《名詞》 数を1音節で数えていくときの「ご【五】」を表す言葉。◆1から10までを「ひ」「ふ」「み」「よ」「い」「む」「な」「や」「こ」「と」と言う。

い《格助詞》 動作や作用の行われる方向や目的地などを表す言葉。「がっこ(学校)・い・　い(行)く。」「もっと・こっち・い・　こ(来)い。」◆共通語で「へ」と表記する語であるが、方言における実際の発音は、「え」よりも「い」に近い。ただし、この辞典の用例では、「い」という表記をしないで「へ」で代用することとする。〔⇒**へ、へさいて、へさして、いさいて、いさして**〕

いい〔**いー**〕《名詞、感動詞、動詞する》 ①歯を閉じた状態にして、唇を開けてそれを見せること。「きれい(綺麗)な・　は(歯)ー・を・　いーし・て・　み(見)せる。」②顔つきや態度で、いかにも憎らしいという感じを表すこと。歯をむき出したようにして、拒絶する気持ちをあらわすときに発する言葉。歯をむき出したようにして、相手を軽蔑する気持ちをあらわすときに発する言葉。「いー。ほ(欲)しー・と・　ゆ(言)ー・ても・　やら・へん。」「あんた・なんか・に・は・　ま(負)け・へん・ぞ。いー。」〔⇒**いいん**〕

いいあい〔**いーあい**〕【言い合い】《名詞、動詞する》 自分の考えなどを曲げないで、互いに言い争うこと。口喧嘩。「あの・　みょーと(夫婦)・は・　いーあい・ばっかり・　し・とる。」〔⇒**いいやい**【(言い合い)】〕

いいあう〔**いーあう**〕【言い合う】《動詞・ワア行五段活用》 ①自分の考えなどを曲げないで、互いに言い争う。口喧嘩をする。「おー(大)きな・　こえ(声)・を・　だ(出)し・て・　いーあわ・んとい・てんか。」②多くの人が同じようなことを口にする。「やさい(野菜)・が・　たか(高)い・なー・ゆーて・　みんな(皆)・で・　いいおー・とっ・た。」■名詞化＝**いいあい**【言い合い】〔⇒**いいやう**【(言い合う)】〕

いいえ〔**いーえ**〕《感動詞》 ①相手を受け入れない気持ち、相手の言うことを否定する気持ちなどを表す言葉。「いーえ。あんた・の・　ほー(方)・こそ・　まちご(間違)ー・とり・ます。」②否定する表現を用いながら、自分を謙遜する気持ちを表す言葉。「いーえ。こっち・こそ・　おせわ(世話)・に・　なり・まし・た。」〔⇒**いいえな、いえ、いえいえ、いえな**〕

いいえな〔**いーえな**〕《感動詞》 ①相手を受け入れない気持ち、相手の言うことを否定する気持ちなどを表す言葉。「いいえな。あした(明日)・は・　つごー(都合)・が・　わる(悪)ー・て・　い(行)け・まへ・ん・の・や。」②否定する表現を用いながら、自分を謙遜する気持ちを表す言葉。「いーえな。そんな・　たいそー(大層)な・　もの(物)・を・　もら(貰)わ・れ・しま・へん・がな。」◆主として、女性が使う。〔⇒**いいえ、いえ、いえいえ、いえな**〕

いいかえす〔**いーかえす**〕【言い返す】《動詞・サ行五段活用》 相手の言ったことに対して負けずに言う。逆らって口答えをする。「ま(負)け・んと・　いーかえし・とっ・たら・　しま(終)い・に・　けんか(喧嘩)・に・　なる・ぞ。」■名詞化＝**いいかえし**【言い返し】

いいかた〔**いーかた**〕【言い方】《名詞》 ①話すときの、言葉遣いの速さ、言葉の使い方、発音の仕方、雰囲気などの全体の姿。「あんた・みたいな・　いそが(忙)しー・　いーかた・を・　し・たら・　き(聞)ー・とる・　しと(人)・は・　わから・へん・がな。」②人柄などが自然とあらわれる、話し言葉や書き言葉での表現の有様。「もの・の・　いーかた・で・　にんげん(人間)・が・　わかる。」〔①⇒**しゃべりかた**【喋り方】〕

いいかねる〔**いーかねる**〕【言い兼ねる】《動詞・ナ行下一段活用》 言いにくいことなので、言えない。言うことがためらわれる。「なんぼ・　き(聞)か・れ・ても・　それ・は・　ちょっと(一寸)・　いーかねる・ん・です。」

いいきかす〔**いーきかす**〕【言い聞かす】《動詞・サ行五段活用》 よくわかるように言って、納得させたり教え論したりする。「こ(小)まい・　こ(子)・に・は・　ちゃんと・　いーきかし・たら・んと・　き(気)・が・　つ(付)け・へん・で。」〔⇒**ゆうてきかす**【言うて聞かす】〕

いいきる〔**いーきる**〕【言い切る】《動詞・ラ行五段活用》 自信や決意をこめて、はっきり言う。断言する。「あいつ(彼奴)・は・　ぜったい(絶対)・　ごーかく(合格)する・と・　いーきっ・た・のに・　あか・なんだ。」

いいぐさ〔**いーぐさ**〕【言い草、言い種】《名詞》 ①ものの言い方。言った言葉。「あいつ(彼奴)・は・　えら(偉)そーな・　いーぐさ・を・　する・さかい・　き(気)・に・　い(入)ら・ん。」②言い訳。口実。「そんな・　いーぐさ・は・　や(止)め・て・　あやま(謝)り・なはれ。」◆理屈っぽい言い方や、目上に向かっての反論などを指して言うことが多い。

いいごん〔**いーごん**〕【(遺言)】《名詞、動詞する》 自分の死を自覚した人が、死後のために、家族や周囲の人などに言い残すこと。また、その言葉。「きょーだい(兄弟)・　なかよ(仲良)ーしー・や・と・　ちちおや(父親)・が・　いーごんし・とっ・た。」〔⇒**ゆいごん**【遺言】〕

いいそこない〔**いーそこない、いーぞこない**〕【言い損ない】《名詞、動詞する》 言葉を間違えて言うこと。正しくない発音で言うこと。「いーそこない・を・　し・たら・　じき(直)に・　い(言)ーなおさ・んと・　あか・ん。」

いいそこなう〔**いーそこなう、いーぞこなう**〕【言い損なう】《動詞・ワア行五段活用》 ①言葉を間違えて言う。正しくない発音で言う。「した(舌)・を・　か(噛)ん・で・　いーそこなっ・た。」②言いたいことを言わないで終わる。「さいご(最後)・に・　ゆ(言)ー・たろ・と・　おも(思)・とっ・て・　いーそこのー・た。」■名詞化＝**いいそこない**【言い損ない】

いいたいこといい〔**いーたいこといー**〕【言いたい事言い】《名詞》 心に思っていることを、他の人への配慮などをしないで口にすること。無遠慮に言うこと。また、そのようにする人。「あいつ(彼奴)・は・　いーたいこといー・や・さかい・　みな(皆)・に・　きら(嫌)わ・れ・とる。」「いーたいこといー・が・　また(又)・　おかしな・　こと(事)・を・　ゆ(言)ー・てまわっ・とる。」

いいたいほうだい〔**いーたいほーだい**〕【言いたい放題】《形容動詞や(ノ)》 思っていることを遠慮なく口に出してしまう様子。言葉にまかせて勝手なことを言う様子。「いーたいほーだいの・　こと・を・　ゆ(言)ー・たら・　けんか(喧嘩)・に・　なっ・てまう・ぞ。」〔⇒**でほうだい**【出放題】〕

いいだこ〔**いーだこ**〕《飯蛸》 産卵期に、胴の中に飯粒のような卵がいっぱい入っている、小さな蛸。「いま(今)・の・　じき(時期)・は・　いーだこ・が・　うま(美味)い。」

いいだしべえ〔**いーだしべー、いーだしべ**〕【言い出し兵衛】《名詞》 そのことをはじめて言い出した人。先に話題として持ち出した人。「いーだしべー・の・　あんた・が・　せわにん(世話人)・に・　なっ・たら・　どない・や。」

いいだしべえのこきだしべえ〔**いーだしべーのこきだしべー、いーだしべーのこきだしべ、いーだしべのこきだしべー、いーだしべのこきだしべ**〕【言い出し兵衛(屁)のこき出し兵衛(屁)】《連語＝いいだしべえ(名詞)・の(格助詞)・こきだしべえ(名詞)》 誰かが放屁したという話題を持ちだした人こそが、放屁をした張本人なのだ。「いーだしべーのこきだしべー・が・　へ(屁)ー・を・　こい・た。」◆照れ隠しのために、他人になすりつけようとしているという非難を込めて言う場合がある。放屁だけでなく、他の事柄にも使う。

いいだす〔**いーだす**〕【言い出す】《動詞・サ行五段活用》 口に出して言う。新しい話題を持ち出して言う。「そんな・　むかし(昔)・の・　こと(事)・　いーださ・んとい・てんか。」■名詞化＝**いいだし**【言い出し】

い

いいつたえ〔**いーつたえ**〕【言い伝え】《名詞》 先祖や古人から語り継がれてきたこと。伝承や伝説。「この・ おじぞー(地蔵)さん・は・ なん(何)・ぞ・ いーつたえ・が・あり・まん・の・か。」

いいなり〔**いーなり**〕【言い成り】《形容動詞や(ノ)》 他の人の言うとおりに従う様子。言うがまま。「とし(歳)・とっ・たら・ よめ(嫁)はん・の・ いーなりに・ なっ・とる・の・が・ え(良)ー・ねん・で。」

いいにくい〔**いーにくい**〕【言いにくい】《形容詞・ウイ型》 ①話題として持ち出しにくい。言うことがはばかられる。「えんりょ(遠慮)・も・ せ・んと・ いーにくい・こと・を・ はっきり・ ゆ(言)ー・ ひと(人)・や・なー。」②発音するのが難しい。「はやくちことば(早口言葉)・は・ いーにくい・なー。」

いいね〔**いーね**〕【言い値】《名詞》 売る人が買う人に告げる値段。売る人が一方的につけた、思いのままの値段。「いーね・で・ こ(買)ー・た・けど・ なかなか・じょーぶ(丈夫)な・ しなもん(品物)・やっ・た。」

いいのう〔**いーのー**〕【(結納)】《名詞、動詞する》 婚約が成立したしるしに、互いに金品を取り交わすこと。また、その儀式や金品。「だいあん(大安)・の・ ひ(日)・に・ いーのー・を・ も(持)っ・ていく。」〔**⇒ゆいのう**【結納】、**たのみ**【頼み】〕

いいのこす〔**いーのこす**〕【言い残す】《動詞・サ行五段活用》 ①言おうとしていたことを全部言わないで終わってしまう。「じかん(時間)・が・ な(無)かっ・た・さかい・ だいじ(大事)な・ こと(事)・を・ いいのこし・ても・た。」②去るときに、その後のことを言い伝える。「いーのこし・ていっ・た・ こと(事)・を・ し・とか・なんだら・ おこ(怒)り・よる・で。」◆②は、とりわけ遺言のようなものを指して言うことがある。■名詞＝**いいのこし**【言い残し】

いいはる〔**いーはる**〕【言い張る】《動詞・ラ行五段活用》 自分の主張を通そうとして、いつまでも言い続ける。考えをいつまでも変えないで言う。「あいつ(彼奴)・は・なん(何)・でも・ いーはっ・て・ ちょっと(一寸)も・あと(後)・へ・ ひ(引)か・へん。」

いいふらす〔**いーふらす**〕【言い触らす】《動詞・サ行五段活用》 広く知れ渡るように、多くの人に言う。吹聴する。「くち(口)・が・ かる(軽)ー・て・ なん(何)・でも・いーふらし・てしまう・ ひと(人)・や。」「あんた・だけ・に・ おせ(教)・たる・ねん・さかい・ いーふらし・たら・ あか・ん・ぞ。」◆そのときの話題としては、好ましくない内容のものが多い。

いいぶん〔**いーぶん**〕【言い分】《名詞》 それぞれの立場などに基づいて主張したいと考えること。言う人がそなえている論理。言う人がそなえている権利。「いーぶん・が・ ある・ん・やっ・たら・ みな(皆)・の・ まえ(前)・で・ い(言)ー・なはれ。」「あんた・の・ いーぶん・は・き(聞)ー・たる。」

いいや〔**いーや**〕《感動詞》 相手の言ったことを否定する言葉。「いーや。そんな・ こと・を・ ゆ(言)ー・た・おぼ(憶)え・は・ あら・へん。」〔**⇒いや**〕

いいやい〔**いーやい**〕【(言い合い)】《名詞、動詞する》 自分の考えなどを曲げないで、互いに言い争うこと。口喧嘩。「きょーだいどーし(兄弟同士)・で・ いーやいし・たら・ みっともない。」〔**⇒いいあい**【言い合い】〕

いいやう〔**いーやう**〕【(言い合う)】《動詞・ワア行五段活用》 ①自分の考えなどを曲げないで、互いに言い争う。口喧嘩をする。「ふたり(二人)・が・ いいよー・て・やかま(喧)ましー・ こと・やっ・た。」②多くの人が同じようなことを口にする。「さぶ(寒)い・なー・と・いーよー・て・ はし(走)っ・ていっ・てん。」■名詞化＝**いいやい**【(言い合い)】〔**⇒いいあう**【言い合う】〕

いいわけ〔**いーわけ**〕【言い訳】《名詞、動詞する》 自分の失敗や、他人からの批判などに対して、そのようになった事情や理由などを説明して、自分に落ち度がないことを主張すること。また、そのときに説明する言葉。「あと(後)・に・ なっ・て・から・ いーわけする・の・は・ みっともない・さかい・ や(止)め・とき。」

いいん〔**いーん**〕【委員】《名詞》 ある団体や組織の中で、選ばれたり委嘱されたりして、ある内容について考えたり、決めたり、実際に行ったりする人。「ぼーねんかい(忘年会)・の・ いーん・を・ たの(頼)ま・れ・た。」

いいん〔**いーん**〕《名詞、感動詞、動詞する》 ①歯を閉じた状態にして、唇を開けてそれを見せること。「いーんし・て・ は(歯)ー・を・ み(見)せ・てんか。」②顔つきや態度で、いかにも憎らしいという感じを表すこと。歯をむき出したようにして、拒絶する気持ちをあらわすときに発する言葉。歯をむき出したようにして、相手を軽蔑する気持ちをあらわすときに発する言葉。「おまえ(前)・みたいな・ もん(者)・は・ いいん・や。」◆「いいんや」という言葉は、いやだ、絶交だ、というような意味を持って、形容動詞化しているとも考えられる。〔**⇒いい**〕

いいんかい〔**いーんかい**〕【委員会】《名詞》 選ばれたり委嘱されたりした人が集まって、ある内容について考えたり、決めたり、実際に行ったりする組織。「むら(村)・の・ うんどーかい(運動会)・の・ じゅんび(準備)・を・する・ いいんかい・に・ はい(入)っ・とる・ねん。」

いいんちょう〔**いーんちょー**〕【委員長】《名詞》 ①選ばれたり委嘱されたりした人が集まって、ある内容について考えたり決めたり実際に行ったりする組織の、その中心になって推進する人。「いーんちょー・に・ なっ・たら・ みんな(皆)・に・ き(気)ー・を・ つか(使)わ・んなん・よ。」②学校の学級活動の中心になる児童や生徒。「いーんちょー・は・ せんきょ(選挙)・で・ き(決)める。」〔**⇒いんちょう**【(委員長)】〕

いう【言う】 **⇒ゆう**〔**ゆー**〕【言う】**を参照。**

いうてきかす【言うて聞かす】 **⇒ゆうてきかす**【言うて聞かす】**を参照。**

いえ【家】《名詞》 ①人が家族とともに住むための建物。「この・ へん(辺)・は・ おー(大)けな・ いえ・が・ おか(多)い・なー。」②夫婦・親子・兄弟など、いっしょに生活をする人の集まり。「いえ・に・ かえ(帰)っ・て・から・そーだん(相談)し・てみ・ます。」③親から子へと続いてきている血筋や家族のつながり。社会的な位置などから見た、その家族の格式など。「あそこ・は・ よんだい(四代)・も・ つづ(続)い・て・ しょーばい(商売)し・とる・ いえ・や。」「あいつ(彼奴)・は・ え(良)ー・ いえ・の・ ぼんぼん・や。」〔**⇒ええ**【(家)】。①②**⇒うち**【家、内】。②**⇒かてい**【家庭】。③**⇒いえがら**【家柄】、**ええがら**【(家柄)】〕

いえ《感動詞》 ①相手を受け入れない気持ち、相手の言うことを否定する気持ちなどを表す言葉。「いえ。そんな・ こと・は・ あら・しま・へん。」②否定する表現を用いながら、自分を謙遜する気持ちを表す言葉。「いえ。れー(礼)・を・ ゆ(言)ー・てもらう・よーな・ しなもん(品物)・や・ あら・へん。」〔**⇒いいえ、いいえな、いえいえ、いえな**〕

いえいえ《感動詞》 ①相手を受け入れない気持ち、相手の言うことを否定する気持ちなどを表す言葉。「いえいえ。わたし(私)・は・　そんな・　こと・は・　ゆ(言)ー・とり・ませ・ん。」②否定する表現を用いながら、自分を謙遜する気持ちを表す言葉。「いえいえ。どーぞ・　ごしんぱい(心配)・は・　い(要)り・ませ・ん。」〔⇒**いいえ、いいえな、いえ、いえな**〕

いえがら【家柄】《名詞》 親から子へと続いてきている血筋や家族のつながり。社会的な地位などから見た、その家庭の格式など。「えんだん(縁談)・に・　なっ・たら・　いえがら・も・　ちょっと(一寸)・は・　き(気)ー・に・なる。」〔⇒**いえ**【家】、**ええ**【(家)】、**ええがら**【(家柄)】〕

いえじゅう〔**いえじゅー**〕【家中】《名詞》 ①ひとつの世帯の家族全員。「いえじゅー・　みんな(皆)・で・　おーそーじ(大掃除)・を・　し・た。」②家の中すべての場所。「いえじゅー・　さが(探)し・た・けど・　み(見)つから・なんだ。」〔⇒**やうちじゅう**【家内中】、**ええじゅう**【(家中)】。①⇒**やうち**【家内】、**いっか**【一家】、**かないじゅう**【家内中】、**かぞくじゅう**【家族中】〕

いえで【家出】《名詞、動詞する》 帰らないつもりで、そっと家を出てどこかへ行くこと。「むかし(昔)・　おも(思)いつめ・て・　いえで・を・　し・た・　こと・が・　あっ・てん。」

いえな《感動詞》 ①相手を受け入れない気持ち、相手の言うことを否定する気持ちなどを表す言葉。「いえな。わたし(私)・が・　ゆ(言)ー・た・ん・や・おま・へん。」②否定する表現を用いながら、自分を謙遜する気持ちを表す言葉。「いえな。わたし(私)・も・　い(行)かし・てもらえ・ます・の・かいな。」◆主として、女性が使う。〔⇒**いいえ、いいえな、いえ、いえいえ**〕

いえのなか【家の中】《名詞》 ①住んでいる家屋の中。室内。「せんどぶりに・　いえのなか・を・　もよーが(模様替)えする。」②家族の人間関係。「いえのなか・の・　こと・で・　そーだん(相談)し・たい・ねん。」〔⇒**えんなか**【(家ん中)】〕

いおう〔**いおー**〕【硫黄】《名詞》 火薬、マッチ、ゴムなどの原料の一つになっているもので、燃えると青い炎をあげて、独特の臭いのする亜硫酸ガスを発する元素。「これ・は・　いおー・の・　にお(臭)い・の・　きつい・　まっち(マッチ)・や・のー。」〔⇒**ゆおう**【(硫黄)】〕

いおうていく〔**いおーていく**〕【祝うて行く】《動詞・カ行五段活用》 結婚、出産、新築などの慶事に対して、相手のところへ金品を持って、喜びの言葉を述べに行く。「おい(甥)・が・　けっこん(結婚)する・ので・　いおーていっ・た。」〔⇒**ゆおうていく**【(祝うて行く)】〕

いか【烏賊】《名詞》 食用とするもので、海にすみ、吸盤の付いた10本の足があって墨をはくことがある軟体動物。「いか・の・　さしみ(刺身)・を・　く(食)う。」

いか【烏賊】《名詞》 細い竹などの骨組みに紙などを貼って絵や字を書き、風の力で空高くあげるもの。「ふゆ(冬)・に・　なっ・たら・　はま(浜)・で・　いか・を・　あ(揚)げる。」◆一般には「たこ【凧】」と言い、「いか【烏賊】」は、よほどの老人しか使わない。〔⇒**たこ**【凧】〕

いか【以下】《名詞》 ①その数を含んで、それより少ない数。「ごじってん(五十点)・より・　いか・の・　ひと(人)・に・は・　しくだい(宿題)・を・　だ(出)す。」②程度や段階が、それより下であること。「よーち(幼稚)な・　こと・を・　ゆ(言)ー・たら・　こども(子供)・　いか・の・　かんが(考)え・や・ゆーて・　わら(笑)わ・れる・ぞ。」③そこより後ろ。「いか・に・　にってー(日程)・を・　か(書)く・ので・　わす(忘)れ・んで・ください。」■対語＝「いじょう【以上】」

いが【毬】《名詞》 栗などの実を包んでいる、外側にとげが密生している殻。「くり(栗)・の・　いが・を・　む(剥)い・て・　ゆ(茹)でる。」〔⇒**いがいが**【毬々】〕

いかあげ【烏賊揚げ】《名詞、動詞する》 細い竹などの骨組みに紙などを貼って絵や字を書いたものを空高くあげること。「むかし(昔)・は・　しょんがつ(正月)・と・　ゆ(言)ー・たら・　いかあげ・を・　し・よっ・た・もん・や。」◆今では、一般には「たこあげ【凧揚げ】」と言い、「いかあげ【烏賊揚げ】」は、よほどの老人しか使わない。〔⇒**たこあげ**【凧揚げ】〕

いがい【以外】《名詞》 ①それを含まない、他のもの。「おまえ(前)ら・の・　いがい・に・　だれ(誰)・も・　おら・へん・の・か。」②その範囲の外側。「この・　ぺーじ(ページ)・　いがい・から・　さが(探)し・てください。」◆「いない【以内】」は数値について言うことがあるが、「いがい【以外】」は数値について言うことは少ない。■対語＝「いない【以内】」

いがいが【毬々】《名詞》 ①栗などの実を包んでいる、外側にとげが密生している殻。「いがいが・を・　さわ(触)っ・たら・　いた(痛)い。」②米や麦の穂の先。「むぎ(麦)・の・　いがいが・が・　くろ(黒)ー・　なっ・とる。」◆①は、「いが【毬】」よりも「いがいが【毬々】」と言う方が、とげの生々しさを表しているように感じられる。〔①⇒**いが**【毬】〕

いがいがする《動詞・サ行変格活用》 異物が入ったり、物から何かの刺激を受けたりして、喉にむずがゆさを感じる。「この・　こいも(小芋)・は・　いがいがし・て・　た(食)べにくい。」

いかいよう〔**いかいよー**〕【胃潰瘍】《名詞》 胃の壁の内側がただれたり腫瘍ができたりする病気。「こないだ・から・　いかいよー・で・　ちょーし(調子)・が・　わる(悪)い・ねん。」

いかが【如何】《副詞、形容動詞や(ナ)》 ①相手の気持ちや様子などを尋ねたり確かめたりするときに、敬意を込めて言う言葉。「おとー(父)さん・の・　おかげん(加減)・は・　いかがです・か。」②疑問の形をとりながら相手を勧誘するときに、敬意を込めて言う言葉。「おちゃ(茶)・なんか・　いっぱい(一杯)・　いかがやろ・か。」

いかき【笊】《名詞》 水気のあるものを入れて水を切ったり、穀物などを入れて選別したりするために使う、裂いた竹で編んだ、底の浅い入れ物。ざる。「かきもち(餅)・を・　いかき・に・　い(入)れ・て・　えんげ(＝縁側)・に・　ほ(干)し・とく。」

いがく【(湯掻く)】《動詞・カ行五段活用》 野菜などをやわらかくしたり、あくを取ったりするために、熱湯にくぐらせる。食べ物をさっと茹でる。食べ物をしばらくの時間、熱湯に浸す。「な(菜)っぱ・を・　あろ(洗)・て・　さっと・　いがく。」「うどん(饂飩)・を・　いがい・て・　どんぶり(丼)・に・　い(入)れる。」■名詞化＝**いがき**【(湯掻き)】〔⇒**ゆがく**【湯掻く】〕

いかけ【鋳掛け】《名詞・動詞する》 鍋、釜、茶瓶などの金物の壊れたところにハンダなどを流し込んで修理をすること。「いかけ・を・　する・　ひと(人)・が・　まー(回)っ・てき・た・さかい・　たの(頼)ん・だ。」

いかしまへん《連語＝いか(動詞)・しまへん(助動詞)》 ①だめです。うまくいきません。役に立ちません。「ちょっと(一寸)・　がんば(頑張)っ・た・ぐらい・で・は・　せーこー(成功)する・よーに・は・　いかしまへん。」②弱いのです。意気地がありません。「この・　こ(子)ー・は・　ひとり(一人)・で・は・　なん(何)・も・　いかしまへん・ねん。」③してはいけません。「ひと(人)・の・　もん(物)・を・　と(盗)っ・たら・　いかしまへん。」◆この語には敬意が含まれている。〔⇒**いかん、いかへん、いけへん、いきゃん、いきゃへん、いきゃせん、いきまへん**〕

いかす【生かす、活かす】《動詞・サ行五段活用》　①生きているままにする。生き長らえさせる。命を保たせる。「とれとれ・の・　さかな(魚)・を・　いかし・た・まま・　みせ(店)・に・　なら(並)べる。」②手を加えないで、そのままにしておく。「はら(腹)・が・　た(立)つ・けど・　ちょっと(一寸)・の・　あいだ(間)・は・　そのまま・　いかし・とい・たろ。」③そのものの持つ良さを引き出して使う。有効に利用する。「あいつ(彼奴)・の・　え(良)ー・　とこ(所)・を・　いかさ・な・　あか・ん。」

いかずごけ【行かず後家】《名詞》　婚期が過ぎた独身女性。結婚しないまま歳を取った女性。「わし・の・　いとこ(従姉妹)・に・　いかずごけ・が・　おる。」

いかだ【筏】《名詞》　木材を同じ方向に並べて結び合わせて、水に浮かべたもの。「むかし(昔)・は・　みなと(港)・に・　いかだ・が・　ぎょーさん(仰山)・　う(浮)い・とっ・た。」「かわ(川)・を・　いかだ・で・　くだ(下)る。」

いがた【鋳型】《名詞》　同じ形のものを一度にたくさん作るために、溶かした金属を流し込むための型。「いがた・に・　と(熔)け・た・　いもの(鋳物)・を・　なが(流)しこむ。」

いかたりばったり【(行き当たり場当たり)】《形容動詞や(ノ)》　深く考えたり計画を立てたりしないで、その時の成り行きや思いつきなどで行動する様子。「いかたりばったりに・　き(聞)ー・てまわっ・た・けど・　わから・なんだ。」〔⇒**いきゃたりばったり**【(行き当たり場当たり)】、**いきあたりばったり**【(行き当たり場当たり)】、**ゆきゃたりばったり**【(行き当たり場当たり)】、**ゆきあたりばったり**【(行き当たり場当たり)】、**ゆかたりばったり**【(行き当たり場当たり)】〕

いかたる【(行当たる)】《動詞・ラ行五段活用》　①進んでいって、相手やものに触れたり、ぶち当たったりする。「かた(肩)・が・　いかたっ・た・　ゆ(言)ー・て・　けんか(喧嘩)・に・　なっ・た・ん・や・そーや。」②幅が狭くて通ることができなくなる。穴や通路などにものが限界まで入って、塞がっている。進もうとするところにものがいっぱいになって先へ進めなくなる。「はしら(柱)・に・　いかたっ・て・　うご(動)かさ・れ・へん。」③行き止まりになる。都合の悪いことに遭遇する。「るす(留守)・に・　いかたっ・て・　あいつ(彼奴)・に・　あ(会)え・なんだ。」〔⇒**いきゃたる**【(行当たる)】、**ゆかたる**【(行当たる)】、**ゆきゃたる**【(行当たる)】。②⇒**つかえる**【支える】、**つまる**【詰まる】〕

いかつい【厳つい】《形容詞・ウイ型》　ごつごつしていて、角張っている感じである。柔らかみがなくて、近寄りがたい感じである。「いかつい・　かた(肩)・を・　し・た・　ひと(人)・が・　はっぽー(＝通せんぼう)・を・　し・とる・さかい・　む(向)こー・へ・　い(行)か・れ・へん。」

いかなご【玉筋魚】《名詞》　近海の砂の中にすみ、銀白色で細長く、煮干しや佃煮にする魚。「はる(春)・に・　なっ・たら・　いかなご・の・　くぎに(釘煮)・を・　つく(作)っ・て・　しんせき(親戚)・に・　おく(送)る。」

いかへん《連語＝いか(動詞)・へん(助動詞)》　①だめだ。うまくいかない。役に立たない。「こんな・　おー(大)けな・　くぎ(釘)・を・　ぬ(抜)く・の・に・は・　こんな・　どーぐ(道具)・で・は・　いかへん。」②弱い。意気地がない。「がんば(頑張)り・が・　いかへん・　やつ(奴)・や・なー。」③してはいけない。「しんごー(信号)・を・　まも(守)ら・んと・　いかへん・ぞ。」〔⇒**いかん、いけへん、いきゃん、いきゃへん、いきゃせん、いきまへん、いかしまへん**〕

いがみあう【(歪み合う)】《動詞・ワア行五段活用》　互いに憎んで対立する。「あにき(兄貴)・と・　いがみおー・たら・　あか・ん・よ。」■名詞化＝**いがみあい**【(歪み合い)】〔⇒**ゆがみあう**【歪み合う】〕

いがみちゃんこ【(歪みちゃんこ)】《形容動詞や(ノ)》　形が曲がったりねじれたりして、整っていない様子。「かばん(鞄)・の・　なか(中)・に・　い(入)れ・とっ・た・　ぼーし(帽子)・が・　いがみちゃんこに・　なっ・とる。」〔⇒**ゆがみちゃんこ**【歪みちゃんこ】〕

いがむ【(歪む)】《動詞・マ行五段活用》　①曲がったりねじれたりして、整った形でなくなる。「じょーぎ(定規)・を・　つか(使)わ・んと・　せん(線)・を・　ひ(引)ー・た・さかいに・　だいぶ(大分)・　いがん・だ。」②心持ちが素直でない状態になる。心がねじける。「いがん・だ・　かんが(考)えかた・を・　せ・ん・よーに・　し・てほしー・ねん。」■他動詞は「**いがめる**【(歪める)】」■名詞化＝**いがみ**【(歪み)】〔⇒**ゆがむ**【歪む】〕

いがめる【(歪める)】《動詞・マ行下一段活用》　①曲げたりねじったりして、整った形でないようにする。自然な形でなくする。「かお(顔)・を・　いがめ・て・　な(泣)い・とる。」②他の人の心持ちを素直でない方向にし向ける。他の人をねじけた心にする。「こども(子供)・を・　いがめ・て・　そだ(育)て・たら・　あか・ん。」■自動詞は「**いがむ**【(歪む)】」〔⇒**ゆがめる**【歪める】〕

いがらい【い辛い】《形容詞・アイ型》　あくが強い食べ物で、喉を刺すような味や臭いなどが感じられる。「いがらい・　いも(芋)・や・さかい・　よー・　た(炊)か・んと・　あか・ん。」「たばこ(煙草)・の・　けむり(煙)・が・　いがらい・さかい・　け(消)し・てくれ。」◆味ではなく、むずがゆさを表す場合は、「はしかい」を使うことがある。〔⇒**はしかい**〕

いかり【錨】《名詞》　泊めた船を流されないようにするために、鎖や鋼線につけて海底に沈めておく重り。「こ(小)まい・　ふね(舟)・でも・　いかり・は・　いちにんまえ(一人前)の・　おー(大)きさ・や。」

いかれこれ《形容動詞や(ノ)》　①心を奪われている様子。正気を失って判断力などが希薄になっている様子。「おんな(女)・に・　ほ(惚)れ・て・　いかれこれに・　なっ・とる。」②運の悪い状態になっている様子。失敗が続いている様子。「どない・　し・ても・　しょーばい(商売)・は・　いかれこれや。」

いかれる《動詞・ラ行下一段活用》　①相手の思い通りに、してやられる。先手を打たれる。一杯食わされる。「こんど(今度)・も・　また・　あいつ(彼奴)・に・　いかれ・ても・た。」「ぜんはんせん(前半戦)・で・　いかれ・て・　ま(負)け・ても・た。」②心を奪われる。正気を失って判断力などが希薄になっている。「おんな(女)・の・　ひと(人)・に・　むちゅー(夢中)に・　なっ・て・　いかれ・ても・とる。」③被害に遭う。盗まれる。「さいふ(財布)・を・　すり(掏摸)・に・　いかれ・た。」〔②⇒**まいる**【参る】〕

いかん《連語＝いか(動詞)・ん(助動詞)》 ①だめだ。うまくいかない。役に立たない。「いかん・なー。うま(巧)いこと・　いか・へん・なー。」②弱い。意気地がない。「ひとり(一人)・で・　でけ(出来)・へん・の・か。いかん・　やつ(奴)・や・なー。」③してはいけない。よくない。「ひとり(一人)・で・　あそ(遊)び・に・　い(行)っ・たら・　いかん・ぞ。」「こんな・　こと(事)・を・　し・とっ・たら・　いかん・がな。」〔**⇒いかへん、いけへん、いきゃん、いきゃへん、いきゃせん、いきまへん、いかしまへん**〕

いき【息】《名詞、動詞する》 動物が生きるために、空気を吸ったり吐いたりすること。また、呼吸するときの空気。「さぶ(寒)ー・　なっ・て・　いき・が・　しろ(白)なっ・た。」「にんげん(人間)・は・　いきし・とる・　あいだ(間)・は・　げんき(元気)で・　はたら(働)き・たい・もん・や。」

いき【粋】《形容動詞や(ナ)》 身に着けているものや行動の仕方などが、あか抜けしていてしゃれている様子。「いきな・　ねくたい(ネクタイ)・を・　し・とる。」「おど(踊)りかた・が・　いきで・　いろけ(色気)・が・　ある。」

いき【行き】《名詞》 ①どこか他の場所に向かうこと。「いき・は・　よいよいや・けど・　うま(巧)いこと・　もど(戻)っ・てこ・れる・やろ・か。」②どこかへ向かう途中。往路。「いき・に・　ぱんや(パン屋)・に・　よ(寄)る。」■対語＝「かえり【帰り】」〔②**⇒いきがけ【行きがけ】、いきし【行きし】、いきしな【行きしな】**〕

いき【行き】《接尾語》 行く方向や行き先を表す言葉。「きょー(今日)・は・　どこ(何処)いき・です・か。」「こーべ(神戸)いき・の・　でんしゃ(電車)・に・　の(乗)る。」

いきあたりばったり【(行き当たり場当たり)】《形容動詞や(ノ)》 深く考えたり計画を立てたりしないで、その時の成り行きや思いつきなどで行動する様子。「いきあたりばったりに・　べんきょー(勉強)し・ても・　せーせき(成績)・は・　あ(上)がら・へん・ぞ。」〔**⇒いきゃたりばったり【(行き当たり場当たり)】、いかたりばったり【(行き当たり場当たり)】、ゆきゃたりばったり【(行き当たり場当たり)】、ゆきあたりばったり【(行き当たり場当たり)】、ゆかたりばったり【(行き当たり場当たり)】**〕

いきいき【活き活き、生き生き】《副詞と、動詞する》 元気があふれている様子。活気があって勢いのよい様子。「おやつ・を・　た(食)べ・たら・　げんき(元気)・が・　で(出)・て・　いきいきと・　あそ(遊)ん・どる。」「いきいきし・た・　え(絵)ー・を・　か(描)く。」「いきいきし・とっ・た・　さかな(魚)・を・　や(焼)い・て・　く(食)う。」

いきうめ【生き埋め】《名詞》 生きたまま、土や雪などに埋まること。「がけくず(崖崩)れ・で・　いきうめ・に・　なっ・た・　ひと(人)・が・　ある・ん・や・て。」

いきおい【勢い】《名詞》 ①動くときの強さや速さ。また、それがしだいに強まること。「いきおい・の・　つお(強)い・　かぜ(風)・で・　と(飛)ばさ・れ・そーや。」②他を従わせる力。他より抜きんでる力。また、それがしだいに強まること。「しょーばい(商売)・に・　いきおい・の・　ある・　とき(時)・は・　ほか(他)・の・　こと・でも・　うま(巧)く・　いく・ん・や。」〔**⇒いきよい【(勢い)】**〕

いきがあう【息が合う】《動詞・ワア行五段活用》 お互い同士の気持ちや調子がひとつになる。「いきがおー・た・　おもろ(面白)い・　まんざい(漫才)・や・なー。」

いきかえり【行き帰り】《名詞》 行くことと帰ること。行ったり帰ったりすること。往復。「いきかえり・に・　よー・　であ(出会)う・　しと(人)・や・けど・　なまえ(名前)・は・　まだ・　し(知)ら・ん・ねん。」「いきかえり・は・　しんかんせん(新幹線)・に・　する・　つもり・や。」

いきかえる【生き返る】《動詞・ラ行五段活用》 もとのように元気になる。死んだような状態から生命力を取り戻す。「ちめ(冷)たい・　みず(水)・を・　の(飲)ん・だら・　いきかえっ・た・　きも(気持)ち・に・　なっ・た。」

いきがかり【行き掛かり】《名詞》 動き始めた物事の勢い。その場での成り行き。「いきがかり・で・　その・　やく(役)・を・　ひ(引)きうけ・ても・た。」

いき(が)きれる【息(が)切れる】《動詞・ラ行下一段活用》 ①動きすぎて、呼吸が乱れる。呼吸をするのが苦しい状態になる。「きゅー(急)な・　さか(坂)・で・　いきがきれ・た。」②力の限界に達する。やっていることが続かない。「いちじかん(一時間)・も・　ほん(本)・を・　よ(読)ん・だら・　いきがきれ・て・　ねむ(眠)とー・　なっ・てまう。」■他動詞としての言い方は「いき(を)きらす【息(を)切らす】」であるが、意味の上では「いき(が)きれる【息(が)切れる】」と変わらない。

いきがけ〔いきかけ〕【行きがけ】《名詞》 ①どこかへ行く途中。往路。「いきがけ・は・　はし(走)っ・ていっ・た・けど・　かえ(帰)り・は・　ある(歩)い・てき・た。」②出発しようとする、まさにそのとき。「いきがけ・に・　こえ(声)・を・　か(掛)け・て・　さそ(誘)ー・ておくれ・な。」〔**⇒いきし【行きし】、いきしな【行きしな】、いきやけ【行きやけ】**。①**⇒いき【行き】**〕

いきかた【生き方】《名詞、動詞する》 その人の考えに基づく、生きていく姿勢や生活の仕方。「え(良)ー・　とし(歳)・に・　なっ・た・ん・や・から・　のんびりし・た・　いきかたし・たら・　どない・や。」

いきかた【行き方】《名詞》 ある場所へ行くための方法。ある場所へ行くための経路。「えき(駅)・まで・の・　いきかた・を・　おせ(教)・てんか。」

いきがつまる【息が詰まる】《動詞・ラ行五段活用》 ①呼吸が苦しくなる。「かぜ(風邪)・を・　ひー・て・　のど(喉)・が・　いと(痛)ー・て・　いきがつまる。」②非常に緊張して、苦しく感じる。「えら(偉)い・　ひと(人)・が・　ずらーっと・　なろ(並)ん・どっ・て・や・さかい・　いきがつまっ・た。」■他動詞は「いき(を)つめる【息(を)詰める】」

いきき【行き来】《名詞、動詞する》 行くことと来ること。行ったり来たりすること。「さんのみや(三宮)・の・　えきまえ(駅前)・は・　ひと(人)・の・　いきき・が・　おー(多)い。」

いきぎれ【息切れ】《名詞、動詞する》 ①呼吸が苦しくなって、あえぐこと。「とちゅー(途中)・で・　いきぎれし・ても・て・　やま(山)・の・　てっぺん(天辺)・まで・　い(行)か・れ・ずじまいや。」②何かをしている途中で、飽きたり疲れたりして、力が続かなくなってやめること。「しょーせつ(小説)・を・　か(書)こ・ー・と・　し・た・ん・や・けど・　いきぎれし・て・　やめ・た。」

いきさき【行き先】《名詞》 ①行こうとする目的の場所。ものごとの終着点。結論。「りょこー(旅行)・の・　いきさき・は・　き(決)まっ・た・か。」「はな(話)しあい・の・　いきさき・は・　まだ・　み(見)つから・へん。」②人生のこれから先。将来。「ふけーき(不景気)・で・　いきさき・が・　しんぱい(心配)や。」〔**⇒ゆきさき【行き先】**〕

いきし【行きし】《名詞》 ①どこかへ行く途中。往路。「いきし・の・　でんしゃ(電車)・が・　じこ(事故)・で・　おく(遅)れ・た。」②出発しようとする、まさにそのとき。

「いきし・に・　かぎ(鍵)・を・　かける。」〔⇒**いきしな**【行きしな】、**いきがけ**【行きがけ】、**いきやけ**【行きやけ】。①⇒**いき**【行き】〕

いきしな【行きしな】《名詞》　①どこかへ行く途中。往路。「いきしな・に・　ぽすと(ポスト)・に・　てがみ(手紙)・を・　い(入)れ・とい・てんか。」②出発しようとする、まさにそのとき。「いきしな・に・　ひ(火)のもと・を・　たし(確)かめる。」〔⇒**いきし**【行きし】、**いきがけ**【行きがけ】、**いきやけ**【行きやけ】。①⇒**いき**【行き】〕

いきすぎ【行き過ぎ】《名詞》　①止まるべき所を通り過ぎてから止まること。目的地より先まで行くこと。「でんしゃ(電車)・の・　いきすぎ・は・　あむ(危)ない・さかい・　こま(困)る・なー。」②度を越してものごとを行うこと。「こんな・　もん・に・　ごまんえん(五万円)・も・　だ(出)す・や・なんて・　ちょっと・　いきすぎ・でっ・せ。」〔②⇒**しすぎ**【仕過ぎ】〕

いきすぎる【行き過ぎる】《動詞・ガ行上一段活用》　①止まるべき所を通り過ぎてから止まる。目的地より先まで行く。「ばす(バス)・が・　てーりゅーしょ(停留所)・を・　いきすぎ・た。」「ゆーびんきょく(郵便局)・が・　ある・の・に・　き(気)・が・　つか・んと・　いきすぎ・て・も・た。」②度を越してものごとを行う。「おまえ(前)・の・　ゆ(言)ー・た・　ことば(言葉)・は・　ちょっと・　いきすぎ・とっ・た・ぞ。」■名詞化＝**いきすぎ**【行き過ぎ】〔②⇒**しすぎる**【仕過ぎる】〕

いきする【息する】《動詞・サ行変格活用》　①空気を吸ったり吐いたりする。「きぜつ(気絶)し・とる・だけ・や。いきし・とる・さかい・　べっちょ(別状)ない。」②死なないで、生きている。「いきし・とる・　あいだ(間)・に・　うま(美味)い・　もん・を・　く(食)・とこ。」

いきちがい【行き違い】《名詞》　①出会ってもよい状況であったのに、たどった道筋などが異なって出会えないで終わること。その場所での滞在時間などが異なって会えないで終わること。「あんたとこ・へ・　い(行)っ・た・ん・や・けど・　いきちがい・で・　おっ・て・や・なかっ・た・なー。」②考えや気持ちなどが一致しないこと。指示などが徹底しないこと。「はなし(話)・に・　いきちがい・が・　あっ・て・　この・　しょーばい(商売)・は・　あか・ん・よーに・　なっ・ても・た。」

いきつぎ【息継ぎ】《名詞、動詞する》　①歌う途中などで、呼吸をつなぐこと。出し続けていた息を吸い込むこと。「うた(歌)・の・　とちゅー(途中)・で・　いきつぎする。」②仕事の途中などで一休みすること。休憩。「しんどなっ・た・さかい・　ちょっと(一寸)・　いきつぎ・を・　し・まほ。」〔②⇒**いっぷく**【一服】〕

いきつけ【行き付け】《名詞》　その店などを何度も利用して、なじんでいること。「いきつけ・の・　ほんや(本屋)・で・　よやく(予約)し・とく。」

いきつける【行き付ける】《動詞・カ行下一段活用》　その場所へ何度も行って、なじんでいる。行く習慣になっている。「かいもん(買物)・は・　いきつけ・た・　みせ(店)・が・　か(買)いやすい。」■名詞化＝**いきつけ**【行き付け】

いきづまる【行き詰まる】《動詞・ラ行五段活用》　問題や課題などに対して、打つ手がなくなる。どうしたらよいか、わからなくなる。「しょーばい(商売)・が・　いきづまっ・て・　しゃっきん(借金)する。」■名詞化＝**いきづまり**【行き詰まり】

いきづめ【行き詰め】《形容動詞や(ノ)》　ある場所へ足繁く通っている様子。「あいつ(彼奴)・は・　やす(休)み・に・　なっ・たら・　ぱちんこや(屋)・へ・　いきづめや。」

いきどうしい〔**いきどーしー**〕【息どうしい】《形容詞・イイ型》　①息苦しい。呼吸が速い。「ちょっと・　はし(走)っ・たら・　いきどーしー・　なっ・た。」②圧迫されるようで、狭くて窮屈だ。狭くて鬱陶しい。「せば(狭)い・　へや(部屋)・の・　なか(中)・に・　お(押)しこめ・られ・て・　いきどーしかっ・た。」〔⇒**いきどしい**【息どしい】〕

いきどしい〔**いきどしー**〕【息どしい】《形容詞・イイ型》　①息苦しい。呼吸が速い。「むり(無理)し・て・　えき(駅)・まで・　はし(走)っ・たら・　いきどしー・に・　なっ・てしも・た。」「きゅー(急)に・　はし(走)っ・た・さかい・　いきどしー・　なっ・た。」②圧迫されるようで、狭くて窮屈だ。狭くて鬱陶しい。「ぎょーさん(仰山)・　ひと(人)・が・　あつ(集)まっ・て・　こーかいどー(公会堂)・が・　いきどしかっ・た。」〔⇒**いきどうしい**【息どうしい】〕

いきとどく【行き届く】《動詞・カ行五段活用》　心遣いや注意などが細かいところにまで及ぶ。すべきことをしていて、抜かりがない。「いきとどい・た・　ひと(人)・や・さかい・　ちゃんと・　れーじょー(礼状)・を・　おく(送)っ・てき・た。」

いきどまり【行き止まり】《名詞》　①道が突き当たりになって、それ以上進めなくなること。また、そのような場所。「いきどまり・や・さかい・　ひ(引)きかえさ・な・　しょーがない。」②ものごとの行く先がふさがって、前へ進めなくなること。また、そのようなところ。「ふたり(二人)・とも・　あと(後)・へ・　ひ(引)か・へん・さかい・　はなし(話)・が・　いきどまり・に・　なっ・ても・た。」

いきどまる【行き止まる】《動詞・ラ行五段活用》　①道が突き当たりになって、それ以上進めなくなる。「くるま(車)・が・　いきどまっ・て・　ばっく(バック)し・た。」②ものごとの行く先がふさがって、前へ進めなくなる。「せーせき(成績)・が・　の(伸)び・んと・　いきどまっ・ても・た。」■名詞化＝**いきどまり**【行き止まり】

いきなり《副詞》　直前の事態と関係なく、急に何かが起こる様子。何の前触れもなく起こる様子。「いきなり・あめ(雨)・が・　ふ(降)っ・てき・て・　びしょびしょに・　ぬ(濡)れ・ても・た。」「いきなり・　どな(怒鳴)ら・れ・て・　わけ(訳)・が・　わから・なんだ。」

いきのこる【生き残る】《動詞・ラ行五段活用》　①危険な状況に出会いながら、死なずに助かる。「せんそーちゅー(戦争中)・に・　なん(何)とか・　いきのこっ・た。」②他の人より後まで生きる。「だんな(旦那)さん・より・じゅーねん(十年)・も・　いきのこっ・た。」■名詞化＝**いきのこり**【生き残り】

いきまへん《連語＝いき(動詞)・まへん(助動詞)》　①だめです。うまくいきません。役に立ちません。「じぶん(自分)・の・　こと・だけ・を・　かんが(考)え・とっ・たら・　いきまへん。」②弱いです。意気地がありません。「あんた・の・よーな・　きも(気持)ち・で・は・　か(勝)つ・　こと・は・　いきまへん・やろ。」③してはいけません。「ひと(人)・を・　だま(騙)す・よーな・　こと・は・いけまへん。」◆この語には敬意が含まれている。〔⇒**いかん、いかへん、いけへん、いきゃん、いきゃへん、いきゃせん、いかしまへん**〕

いきもの【生き物】《名詞》　動物と植物に大別され、生きて活動する、命あるもの。特に、動物。「あり(蟻)・みたいな・　こ(小)まい・　もの・でも・　いきもの・の・　い

のち(命)・は・　だいじ(大事)に・　せ・な・　あか・ん。」〔⇒**いきもん【生き物】、せいぶつ【生物】**〕

いきもん【生き物】《名詞》 動物と植物に大別され、生きて活動する、命あるもの。特に、動物。「いきもん・ころ(殺)し・たら・　ばち(罰)・が・　あ(当)たり・まっ・せ。」〔⇒**いきもの【生き物】、せいぶつ【生物】**〕

いきやけ【行きやけ】《名詞》 ①どこかへ行く途中。往路。「いきやけ・に・　えき(駅)・で・　ともだち(友達)・に・　お(会)ー・た。」②出発しようとする、まさにそのとき。「いきやけ・に・　でんわ(電話)・が・　な(鳴)っ・て・　びっくりし・た。」〔⇒**いきし【行きし】、いきがけ【行きがけ】、いきしな【行きしな】**。①⇒**いき【行き】**〕

いきゃせん《連語＝いきゃ(動詞)・せん(助動詞)》 ①だめだ。うまくいかない。役に立たない。「はやお(早起)きし・ても・　のろのろし・とっ・たら・　いきゃせん・ぞ。ちこく(遅刻)し・てまう・ぞ。」②弱い。意気地がない。「なんべん(何遍)・　やっ・ても・　うま(巧)い・こと・　よー・　せ・ん・よーな・　いきゃせん・　やつ(奴)・や。」③してはいけない。「うそ(嘘)・なんか・　つい・たら・　いきゃせん・ぞ。」〔⇒**いかん、いかへん、いけへん、いきゃん、いきゃへん、いきまへん、いかしまへん**〕

いきゃたりばったり【(行き当たり場当たり)】《形容動詞や(ノ)》 深く考えたり計画を立てたりしないで、その時の成り行きや思いつきなどで行動する様子。「いきゃたりばったりに・　ある(歩)い・とっ・たら・　おー(大)けな・　おてら(寺)・が・　あっ・た。」〔⇒**いきあたりばったり【(行き当たり場当たり)】、いかたりばったり【(行き当たり場当たり)】、ゆきゃたりばったり【(行き当たり場当たり)】、ゆきあたりばったり【(行き当たり場当たり)】、ゆかたりばったり【(行き当たり場当たり)】**〕

いきゃたる【(行当たる)】《動詞・ラ行五段活用》 ①進んでいって、相手やものに触れたり、ぶち当たったりする。「ぼやっと・　し・とっ・て・　でんしんばしら(電信柱)・に・　いきゃたっ・た。」②幅が狭くて通ることができなくなる。穴や通路などにものが限界まで入って、塞がっている。進もうとするところにものがいっぱいになって先へ進めなくなる。「かべ(壁)・に・　いきゃたっ・て・　はこ(箱)・を・　だ(出)さ・れ・へん。」③行き止まりになる。都合の悪いことに遭遇する。「みち(道)・が・　いきゃたっ・て・　ひ(引)っかえし・た。」〔⇒**いかたる【(行当たる)】、ゆかたる【(行当たる)】、ゆきゃたる【(行当たる)】**。②⇒**つかえる【支える】、つまる【詰まる】**〕

いきゃへん《連語＝いきゃ(動詞)・へん(助動詞)》 ①だめだ。うまくいかない。役に立たない。「まらそん(マラソン)・を・　にじかんはん(二時間半)・で・　はし(走)る・ん・は　いきゃへん・やろ。」②弱い。意気地がない。「そんな・　いきゃへん・　きも(気持)ち・で・は・　か(勝)てる・もんか。」③してはいけない。「わすれもん(忘物)・　し・たら・　いきゃへん・ぞ。」〔⇒**いかん、いかへん、いけへん、いきゃん、いきゃせん、いきまへん、いかしまへん**〕

いきゃん《連語＝いきゃ(動詞)・ん(助動詞)》 ①だめだ。うまくいかない。役に立たない。「この・　てぶくろ(手袋)・は・　あな(穴)・が・　あ(空)い・ても・て・　いきゃん・なー。」②弱い。意気地がない。「なきむし(泣虫)・で・　いきゃん・　やつ(奴)・や。」③してはいけない。「ここ・から・　まえ(前)・へ・　で(出)・たら・　いきゃん・ぞ。」〔⇒**いかん、いかへん、いけへん、いきゃへん、いきゃせん、いきまへん、いかしまへん**〕

いきよい【(勢い)】《名詞》 ①動くときの強さや速さ。また、それがしだいに強まること。「えらい・　いきよい・で・　どな(怒鳴)りこん・でき・た。」②他を従わせる力。他より抜きんでる力。また、それがしだいに強まること。「このごろ(頃)・は・　かいしゃ(会社)・に・　いきよい・が・　の(無)ーなっ・てき・た。」〔⇒**いきおい【勢い】**〕

いきりたつ《動詞・タ行五段活用》 意気を高めて、勢いが盛んになる。冷静さを失って気持ちが高ぶる。「いきりたた・んと・　しず(静)かに・　さくせん(作戦)・を・　かんが(考)え・た・　ほー(方)・が・　え(良)ー・と・　おも(思)う・ねん・けど。」

いきる【生きる】《動詞・カ行上一段活用》 ①呼吸・運動などを続けて、生命を維持している。「おじー(祖父)さん・は・　きゅーじゅー(九十)・まで・　いき・とっ・た。」②飢えないようにして生活する。「はたら(働)か・な・　いき・ていか・れ・へん。」③野球やゲームなどで、資格を失わない状態である。「あの・　こ(子)ー・は・　あうと(アウト)・やのー・て・　まだ・　いき・とる。」◆「いきる【生きる】」は、「しぬ【死ぬ】」ことを意識して、それと対比するような場合に使うことが多い。

いきる【意気る】《動詞・ラ行五段活用》 ①気持ちを高める。勢いが盛んになる。冷静さを失って気持ちが高ぶる。「こんど(今度)・こそ・　か(勝)つ・ん・や・　ゆ(言)ー・て・　いきっ・とる。」②体に力をいれる。「いきっ・てみ・た・けど・　べんぴ(便秘)・が・　なお(治)ら・へん。」

いきわかれる【生き別れる】《動詞・ラ行下一段活用》 肉親などのように一緒にいた者同士が離れ離れになって、会うこともなく暮らすようになる。「せんそー(戦争)・で・　いきわかれ・た・　きょーだい(兄弟)・と・　あ(会)え・た・　とき(時)・は・　うれしかっ・た。」■対語＝「しにわかれる【死に別れる】」■名詞化＝**いきわかれ【生き別れ】**

いきわたる【行き渡る】《動詞・ラ行五段活用》 ものごとが広く全体に届く。ものごとが隅々にまでに及ぶ。「もーしこみしょ(申込書)・は・　みな(皆)さん・に・　いきわたり・まし・た・か。」「しゃちょー(社長)・の・　かんが(考)え・を・　しゃいん(社員)・に・　いきわたら・す。」

いき(を)きらす【息(を)切らす】《動詞・サ行五段活用》 ①動きすぎて、呼吸が乱れる。呼吸をするのが苦しい状態になる。「いきをきらし・て・　えき(駅)・まで・　はし(走)っ・た・さかいに・　でんしゃ(電車)・に・　ま(間)にお(合)ー・た。」②力の限界に達する。やっていることが続かない。「どいつご(ドイツ語)・の・　べんきょー(勉強)・は・　いきをきらし・て・　や(止)め・ても・た。」■自動詞としての言い方は「いき(が)きれる【息(が)切れる】」であるが、意味の上では「いき(を)きらす【息(を)切らす】」と変わらない。

いき(を)つめる【息(を)詰める】《動詞・マ行下一段活用》 驚いたり、恐怖を感じたりなどして、しばらく息を止める。非常に緊張して、ものごとに対応する。「いきをつめ・て・　じしん(地震)・が・　おさまる・の・を・　ま(待)っ・た。」「くじ(籤)・の・　ちゅーせん(抽選)・を・　いきをつめ・て・　みまも(見守)る。」■自動詞は「いきがつまる【息が詰まる】」

いく【行く】《動詞・カ行五段活用》 ①目的地に向かう。目的地に着く。「こーべ(神戸)・へ・　いく。」「がっこー(学校)・へ・　いく。」②その場所から遠ざかる。「あいつ(彼奴)・は・　どっか・に・　いっ・ても・た。」③ある事柄や現象が起こる。良くないものごとが起こる。「がらす(ガラス)・に・　ひび・が・　いく。」「あさ(朝)・　はよ(早)ー・に・　かじ(火事)・が・　いっ・た。」「おー(大)

きな・　じしん(地震)・が・　いく。」「き(木)ー・で・　あたま(頭)・を・　う(撲)っ・て・　でんぼ(＝こぶのような膨らみ)・が・　いっ・た。」「ふとん(布団)・に・　ほいろ(＝焼けこげや変色)・が・　いく。」④ものごとが進展する。「うま(巧)い・こと・　いっ・て・　ごーかく(合格)し・た。」「ひゃくぺーじ(百ページ)・まで・　いっ・たら・　きょー(今日)・は・　それ・で・　お(終)わっ・ても・　かま(構)へん・よ。」⑤食べる。飲む。「まー・　いっぱい(一杯)・　いこ・か。」⑥年齢などが加わる。増える。「とし(歳)・が・　いっ・た・　ひと(人)・でも・　げんき(元気)に・　たいそー(体操)し・とっ・て・や。」⑦やってしまう。殴る。「はら(腹)・が・　た(立)つ・さかい・　あいつ(彼奴)・を・　いこ・か。」

いく【逝く】《動詞・カ行五段活用》　息が絶える。命がなくなる。この世からいなくなる。「なか(仲)・の・　え(良)ー・　とも(友)だち・が・　きゅー(急)に・　いっ・てまい・よっ・てん。」〔**⇒しぬ【死ぬ】、なくなる【亡くなる】、のうなる【亡うなる】、くたばる**〕

いく《動詞・カ行五段活用》　ものごとがうまく進む。状況が都合よく運ぶ。こと足りる。「いく・か・　いか・ん・か・　いっぺん(一遍)・　やっ・てみ・たら・　どない・や。」「そんな・　やりかた・で・は・　うま(巧)いこと・　いく・もんか。」◆「いく」は、打ち消しを伴った表現となることが多い。その場合は、「いか・ん」「いか・へん」「いき・まへん」「いか・しまへん」「いけ・へん」などとなる。その場合の意味は、〔①だめだ。うまくいかない。役に立たない。②弱い。意気地がない。③してはいけない。〕などである。〔**⇒あく**〕

いくいかん《名詞》　うまくできることと、できないこと。成功することと失敗すること。「いくいかん・は・　うん(運)・みたいな・　もん・や・さかい・　くよくよせ・んとき。」〔**⇒あくあかん**〕

いくいく【行く行く】《名詞》　これから先。将来。「いくいく・の・　こと・を・　かんが(考)え・たら・　いま(今)・　よー・　べんきょー(勉強)し・とか・な・　あか・ん・ぞ。」〔**⇒ゆくゆく【行く行く】**〕

いくえ【行方】《名詞》　行ったところ。去って行った先。存在する場所。「ちょきんつーちょー(貯金通帳)・の・　いくえ・が・　わから・へん。」〔**⇒ゆくえ【行方】**〕

いくえふめい〔いくえふめー〕【行方不明】《名詞、形容動詞や(ノ)》　行ったところがわからないこと。特に、安否がわからないこと。「すいがい(水害)・で・　いくえふめー・の・　ひと(人)・が・　で(出)・とる。」〔**⇒ゆくえふめい【行方不明】**〕

いくかいかんか《連語＝いく(動詞)・か(副助詞)・いか(動詞)・ん(助動詞)・か(副助詞)》　できるか、できないか。うまくいくか、うまくいかないか。「いくかいかんか・　とにかく・　いっぺん(一遍)・　やっ・てみ・たら・　どない・やろ・か。」◆結果がどちらであるのかわからないという気持ちを表す言葉。〔**⇒あくかあかんか**〕

いくつ【幾つ】《名詞》　①数量の多少を問題にしたり、尋ねたりするときに使う言葉。「いくつ・　こ(買)ー・た・か・　おぼ(覚)え・て・へん。」②年齢を尋ねるときに使う言葉。「おとー(父)さん・は・　おいくつ・です・か。」〔**⇒なんぼ。①⇒いくら【幾ら】**〕

いくゆうかい〔いくゆーかい〕【育友会】《名詞》　親と教員が協力して、児童・生徒の教育効果を高める働きをする組織。学校を支援する保護者の会。「ことし(今年)・は・　いくゆーかい・の・　やくいん(役員)・を・　し・とる・ねん。」◆現在は、ほとんどが「ピーテーエー【ＰＴＡ】」に改称されたが、昭和50年代頃までの兵庫県内では、小学校・中学校・高等学校などはすべて育友会という名称を使っていた。〔**⇒ピーテーエー【英語＝Parent-Teacher Association の略。PTA】**〕

いくら【幾ら】《名詞、副詞》　①金額の多少を問題にしたり、尋ねたりするときに使う言葉。どれほどの値段。「ひと(一)つ・　いくら・です・か。」②数量の多少を問題にしたり、尋ねたりするときに使う言葉。「のこ(残)り・は・　いくら・ほど・　ある・ん・やろ・か。」③どのように、あるいは何度も、そうしたところで、大きな変化がないような場合に使う言葉。「いくら・　たん(尋)ね・ても・　おせ(教)・てくれ・へん。」〔**⇒なんぼ。②⇒いくつ【幾つ】**〕

いけ【池】《名詞》　①広い窪地に自然に水がたまったところや、灌漑のためや魚などを飼うために、地面を掘って水を溜めたところ。「この・　へん(辺)・は・　あめ(雨)・が・　すけ(少)ない・さかい・　いけ・が・　おー(多)い・ねん。」②水はけの悪いところや、窪んだところなどに水が溜まっている場所。「あめ(雨)・が・　よー・　ふ(降)っ・て・　にわ(庭)・が・　いけ(池)・に・　なっ・とる。」◆①の場合は、人工的なものは「ためいけ【溜め池】」と言うことが多い。②の場合は、小さな水たまりのことを指して言う場合もある。

いげ【(湯気)】《名詞》　熱いものの表面や湯などから立ち上る、液体が気体になって白い煙のように見えるもの。「た(炊)きたて・の・　ごはん(飯)・の・　いげ・が・　こ(香)ばしい。」〔**⇒ゆげ【湯気】**〕

いけいけ《形容動詞や(ノ)》　①隔てる物がない様子。素通しである様子。互いに行き来できる状態。「にわ(庭)・は・　となり(隣)・の・　いえ(家)・と・　いけいけに・　なっ・とる。」②気心が通じ合っている様子。「あいつ(彼奴)ら・　ふたり(二人)・は・　いけいけの・　なか(仲)・や・ねん。」③勘定を相殺にする様子。「これ・で・　か(貸)しか(借)り・　な(無)し・の・　いけいけに・　し・とき・まほ。」

いけがき【生け垣】《名詞》　常緑樹を植えてめぐらせた垣根。「ぶろっく(ブロック)・を・　やめ・て・　いけがき・に・　しょ・ー・と・　おも(思)・とる・ねん。」

いけす【生け簀】《名詞》　網や竹で囲ったり箱を作ったりして、獲った魚を生かしておくところ。「みなと(港)・の・　おき(沖)・に・　いけす・を・　つく(作)っ・とる。」◆船底の一部分に作るものを「いけま【生け間】」と言う。

いけず《名詞、形容動詞や(ナ)、動詞する》　①素直な心でなく、性格の上でよくない点がある様子。また、そのような人。「いけずな・　ひと(人)・に・は・　き(気)ー・を・　つ(付)け・なはれ。」②他人に対して、悪意を持った態度で接する様子。人の嫌がることや困ることを、わざとする様子。また、そのようにする人。「ともだち(友達)・に・　いけずし・たら・　きら(嫌)わ・れ・まっ・せ。」「いけず・が・　ひとり(一人)・　おっ・たら・　そーだん(相談)・が・　まとまら・へん。」〔**⇒こんじょうわる【根性悪】。②⇒いじわる【意地悪】、しょわる【性悪】、いけずし(名詞)**〕

いけずし〔いけずしー〕《名詞》　他人に対して、悪意を持った態度で接する人。人の嫌がることや困ることを、わざとする人。「あいつ(彼奴)・は・　いけずしー・や・さかい・　みんな(皆)・に・　いや(嫌)がら・れ・とる。」〔**⇒いけず、いじわる【意地悪】、しょわる【性悪】、こんじょうわる【根性悪】**〕

いけばな【生け花】《名詞、動詞する》 鑑賞するために、切り取った木の枝や草花などを使って、形を整えて花器などにさすこと。また、その作品。「いけばな・を・　なら(習)い・に・　い(行)く。」〔⇒**はな**【花】、**おはな**【お花】〕

いけへん《連語＝いけ(動詞)・へん(助動詞)》 ①だめだ。うまくいかない。役に立たない。「なんべん(何遍)・やっ・ても・　しけん(試験)・に・　ごーかく(合格)する・まで・は・　いけへん・ねん。」②弱い。意気地がない。「きも(気持)ち・が・　いけへん・さかい・　よー・　か(勝)た・へん。」③してはいけない。「ろーか(廊下)・を・　はし(走)っ・たら・　いけへん・ぞ。」〔⇒**いかん、いかへん、いきゃん、いきゃへん、いきゃせん、いきまへん、いかしまへん**〕

いけま【生け間】《名詞》 漁船の船底の一部を囲って海水を入れて、獲った魚を生かしておくところ。「つ(釣)っ・た・　さかな(魚)・を・　いけま・に・　およ(泳)がし・とく。」

いける【生ける】《動詞・カ行下一段活用》 ①鑑賞するために、切り取った草花や木の枝などを、花器や花瓶などに形良く挿す。「ゆり(百合)・の・　はな(花)・を・　いける。」②獲った魚を生かしておく。「いけす(生簀)・に・　いけ・とっ・た・　さかな(魚)・を・　たま(＝網)・で・　すく(掬)う。」

いける【埋ける】《動詞・カ行下一段活用》 ①炭火などを長持ちさせるために、火鉢などの灰の中に埋める。「ひばち(火鉢)・に・　すみ(炭)・を・　いける。」「たどん(炭団)・を・　いけ・た・　こたつ(炬燵)・は・　ぬく(温)い・なー。」②野菜やその他のものを、土の中に埋める。「くさ(腐)ら・ん・よーに・　つち(土)・の・　なか(中)・に・　いも(芋)・を・　いけ・とく。」「みち(道)・の・　はた(端)・に・　どかん(土管)・を・　いけ・て・　みず(水)・を・　とー(通)す。」

いける【行ける】《動詞・カ行下一段活用》 ①行くことができる。「がっこー(学校)・は・　ひとり(一人)・で・　いける。」②食べることができる状態になる。「よー・に(煮)え・た・さかい・　もー・　いける・でー。」③もっと食べたく思うほどの、好ましい味である。「ことし(今年)・の・　すいか(西瓜)・は・　いける・なー。」④かなりの水準に達している。「あいつ(彼奴)・の・　からおけ(空オケ)・の・　うた(歌)・も・　このごろ・は・　いける・よーに・　なっ・た。」〔③⇒**うまい**【美味い】、**おいしい**【美味しい】〕

いけん【意見】《名詞》 ある事柄や問題について、個々の人が思っている考え。「なん(何)・ぞ・　いけん・が・　あっ・たら・　だ(出)し・てんか。」

いご【以後】《名詞》 ①その時を含んで、それより後。「ちゅーがくせー(中学生)・　いご・は・　やきゅーぶ(野球部)・に・　はい(入)っ・た。」②時の経過の中で、現在より後。次回以降。「すん・まへ・ん。いご・は・　き(気)・を・　つけ・ます。」■対語＝「いぜん【以前】」〔②⇒**こんご**【今後】、**これから、こいから**〕

いこう〔いこー〕【衣桁】《名詞》 衣服などを掛けるために、衝立式になっていて部屋の隅などに置く家具。「いこー・の・　はんがー(ハンガー)・に・　しゃつ(シャツ)・を・　か(掛)ける。」〔⇒**ゆこう**【(衣桁)】〕

いごかす【(動かす)】《動詞・サ行五段活用》 ①止まっていたものを活動させる。「とけー(時計)・を・　しゅーぜん(修繕)し・て・　いごかし・た。」②場所を別のところに変える。位置を変える。「つくえ(机)・を・　ちょっと(一寸)・　いごかし・たい・ん・や・けど・　てっと(手伝)ー・てくれ・へん・か。」■自動詞は「いごく【(動く)】」〔⇒**いのかす**【(動かす)】、**うごかす**【動かす】〕

いごき【(動き)】《名詞》 位置が変わること。変化すること。活動すること。「みせ(店)・の・　しなもん(品物)・の・　いごき・が・　にぶ(鈍)ー・て・　う(売)れ・へん。」〔⇒**うごき**【動き】、**いのき**【(動き)】〕

いごく【(動く)】《動詞・カ行五段活用》 ①今までの位置や状態に静止していないで、変えたり、変わったりする。「めーたー(メーター)・の・　はり(針)・が・　いごい・た。」②落ち着いていないで、揺れる。「おー(大)きな・　いわ(岩)・や・けど・　さんにん(三人)・で・　お(押)し・たら・　いごい・た。」③ものごとの様子が変化する。「やさい(野菜)・の・　ねだん(値段)・が・　まいにち(毎日)・　いごい・とる。」■他動詞は「いごかす【(動かす)】」■名詞化＝**いごき**【(動き)】〔⇒**うごく**【動く】、**いのく**【(動く)】〕

いごこち【居心地】《名詞》 ある場所にいたり、ある地位に就いていたりして感じる、快適であるかどうかなどの気分。「いごこち・の・　え(良)ー・　としょかん(図書館)・で・　ほん(本)・を・　よ(読)む。」「いごこち・の・わる(悪)い・　かいしゃ(会社)・や・と・　ゆ(言)ー・て・　じっき(直)に・　や(辞)め・てまい・よっ・た。」

いこす【(熾す)】《動詞・サ行五段活用》 ①火の気のないものに、火をつける。「ひ(火)・を・　いこし・て・　ちゃ(茶)ー・を・　た(炊)く。」②炭などに火を付けて、火の勢いをさかんにする。炭などが勢いよく燃えるようにする。「かんてき(＝七輪)・で・　れんたん(練炭)・を・　いこす。」■自動詞は「いこる【(熾る)】」〔⇒**おこす**【熾す】〕

いこつ【遺骨】《名詞》 火葬などを経て残された死者の骨。「せんし(戦死)し・た・　ひと(人)・の・　いこつ・が・　もど(戻)っ・てき・た。」

いごと《名詞》 不満を述べる言葉。不満の言い分。「おや(親)・の・　いごと・を・　ゆ(言)ー・たら・　あか・ん・ぞ。」

いこる【(熾る)】《動詞・ラ行五段活用》 ①火の気のないものに、火がつく。「すみ(炭)・が・　いこっ・た・さかい・　ちゃびん(茶瓶)・を・　かけ・とい・てんか。」②炭などに火がついて、火の勢いがさかんになる。炭などが勢いよく燃える。「ひばち(火鉢)・の・　ひ(火)ー・が・　よー・　いこっ・とる。」■他動詞は「いこす【(熾す)】」〔⇒**おこる**【熾す】〕

いさいて《格助詞》 動作や作用の行われる方向や目的地などを表す言葉。「にし(西)・いさいて・　ある(歩)い・ていく。」「こーべ(神戸)・いさいて・　でんしゃ(電車)・に・　の(乗)る。」◆「へ・さ(指)し・て」という3語が結びついた言葉であるが、「へ」とほぼ同じ意味で使う。「へ」が「い」と発音され、「さ(指)して」の部分がイ音便になっている。現在では使用例が少なくなっている。〔⇒**いさして、へさいて、へさして、い、へ**〕

いさかい【諍い】《名詞、動詞する》 互いに自分が正しいと主張して、言い争ったり、殴り合ったりすること。「きょーだい(兄弟)・で・　いさかいし・たら・　あかん・で。」◆腕力を用いない事柄のことを言うことが多い。〔⇒**けんか**【喧嘩】〕

いざこざ《名詞、動詞する》 相手と起こす小さな争い。双方の折り合いがつかずに起こるもめごと。「しんせきどーし(親戚同士)・で・　いざこざ・を・　お(起)こし・たら・　せけん(世間)・に・　わら(笑)わ・れる・ぞ。」

いさして《格助詞》 動作や作用の行われる方向や目的地などを表す言葉。「やま(山)・の・　てっぺん・いさして・　のぼ(登)る。」「うみ(海)・いさして・　とち(土地)・が・　だんだん・　ひく(低)ー・　なっ・とる。」◆「へ・さ(指)し・て」という3語が結びついた言葉であるが、「へ」とほぼ同じ意味で使う。「へ」が「い」と発音される。現在では使用例が少なくなっている。〔⇒**いさいて、へさいて、へさして、い、へ**〕

いさぶる【(揺さぶる)】《動詞・ラ行五段活用》 力を加えて、前後・左右・上下などに小刻みに震えるように動かす。「か(枯)れ・た・　き(木)ー・を・　いさぶっ・て・　こかし・た。」「かぜ(風)・で・　ふね(船)・が・　いさぶら・れる。」■名詞化＝**いさぶり**【(揺さぶり)】〔⇒**ゆする**【揺する】、**ゆさぶる**【揺さぶる】、**ゆすぶる**【揺すぶる】、**いする**【(揺する)】、**いすぶる**【(揺すぶる)】、**ゆる**【揺る】、**ゆらす**【揺らす】〕

いさましい〔**いさましー**〕【勇ましい】《形容詞・イイ型》 勇気があって何事にも恐れを感じない様子。心を奮い立たせる様子。敵を恐れず戦う様子。また、周囲から見てそのように感じられる様子。「しあい(試合)・の・　まえ(前)・は・　いさましかっ・た・けど・　あいて(相手)・が・　つよ(強)すぎ・た・ん・や・さかい・　ま(負)け・ても・た。」「いさましー・　こと・を・　ゆ(言)ー・けど・　あいつ(彼奴)・は・　ほんま(本真)・は・　なに(何)・も・　よー・　せー・へん・ねん。」

いさり【漁】《名詞、動詞する》 小舟から海底を見ながら、海底の魚を突いて漁をすること。「いさり・に・　い(行)っ・て・　かれー(鰈)・を・　つ(突)い・てき・た。」◆そのときに魚を突く道具も「いさり【漁】」と言ったように思う。

いざり【居去り】《名詞、動詞する》 尻をつけたままで場所を変えること。また、そのようにする人。「あしこし(足腰)・が・　よわ(弱)っ・て・　いざり・で・　いご(動)く・　こと・しか・　でけ(出来)・へん・ねん。」

いざる【居去る】《動詞・ラ行五段活用》 立ち上がらないで、尻をつけたままで場所を変える。「あし(足)・が・　いた(痛)い・さかい・　いざっ・て・　うご(動)い・た。」■名詞化＝**いざり**【居去り】

いさん【遺産】《名詞》 死んだ人が残した財産。自分が後に残す財産。「こども(子供)・を・　だいがく(大学)・まで・　かよ(通)わし・た・ので・　もー・　いさん・なんか・　なん(何)・も・　あら・へん。」

いし【石】《名詞》 ①砂よりは大きな塊で、岩の小さいかけらであるもの。「いし・を・　け(蹴)っ・て・　あそ(遊)ぶ。」②じゃんけんで、握りこぶしの形にする形。「いし・を・　だ(出)し・て・　か(勝)っ・た。」〔②⇒**ぐう**〕

いじ【意地】《名詞》 ①その人がそなえている性質。他の人に対する気持ちの持ち方や心遣い。「いじ・の・　わる(悪)い・　しと(人)・と・は・　つきあいにくい。」②あくまでやり抜こうとする強い気構え。「あした(明日)・の・　しあい(試合)・は・　いじ・でも・　ま(負)け・へん・で。」

いしあたま【石頭】《名詞》 ①石のように固い頭。「いしあたま・と・　ごっつんし・たら・　こっち・が・　いた(痛)かっ・た。」②ものの考え方が固くて、融通が利かないこと。ものを教えてもなかなか理解しないこと。また、そのような人。「あの・　いしあたま・は・　なんぼ・　ゆ(言)ー・ても・　わかっ・てくれ・へん。」

いじいじ《副詞と、動詞する》 ①意思などがはっきりしないで、萎縮してためらっている様子。あいまいな態度や行動で、積極性に欠ける様子。「いじいじせ・んと・　い(言)ー・たい・　こと・を・　い(言)ー・なはれ。」「いじいじし・た・　てんき(天気)・が・　つづ(続)い・とる。」「いじいじし・た・　かんが(考)えかた・を・　し・たら・　まー(周)り・が・　めーわく(迷惑)する。」②他人が自分を理解してくれないことや、自分が他人を理解できないことをじれったく思う様子。「こんな・　こと・が・　わかっ・てもらわ・れ・へん・の・か・と・　いじいじと・し・てき・た。」

いしうす【石臼】《名詞》 ①石をくり抜いて作った、大きなお椀のような形のもの。「いしうす・で・　もち(餅)・を・　つ(搗)く。」②円盤のような石を上下に重ねて、上の石を回して間に入れた穀物を粉にする道具。「いしうす・で・　まめ(豆)・を・　ひ(挽)ー・て・　こ(粉)ー・に・　する。」

ぐるぐると回して使う石臼

いしがき【石垣】《名詞》 石を積み重ねて壁や垣のようにしたもの。「じょーぶ(丈夫)な・　いしがき・を・　つく(作)っ・た。」〔⇒**いしがけ**【石崖】〕

いしがけ【石崖】《名詞》 石を高く積み重ねて壁や崖のようにしたもの。「じしん(地震)・で・　いしがけ・が・　くず(崩)れ・た。」〔⇒**いしがき**【石垣】〕

いじぎたない〔**いじきたない**〕【意地汚い】《形容詞・特殊型》 ①やたらに食べたがる。むさぼって飲み食いをする。醜いほど食いしん坊である。「みんな(皆)・　すん・どる・のに・　ひとり(一人)・だけ・　いじぎたのー・　く(食)い・よる。」②金品を出すのを惜しんでいる。計算高い。「いじぎたない・さかい・　きふ(寄付)・は・　いちえん(一円)・も・　し・てくれ・へん。」〔②⇒**けち、けちけち、けちんぼう、けっちんぼう、せこい、こすい**〕

いじくり【弄り】《名詞》 手で触ったり動かしたりすること。もてあそび。「た(食)べる・　もん・の・　いじくり・は・　し・たら・　あか・ん・よ。」◆望ましくないことに使う場合が多い。

いじくりまわす〔**いじくりまーす**〕【(弄り回す)】《動詞・サ行五段活用》 手でやたら触ったり動かしたりする。過度にもてあそぶ。「おにんぎょ(人形)さん・を・　いじくりまーし・たら・　よご(汚)れ・てまう・がな。」〔⇒**いじる**【弄る】、**いじくる**【(弄る)】、**いらう、せせくる、せせる、いじりまわす**【弄り回す】、**いらいまわす**【いらい回す】、**せせくりまわす**【せせくり回す】、**せせりまわす**【せせり回す】〕

いじくる【(弄る)】《動詞・ラ行五段活用》 手で触ったり動かしたりする。もてあそぶ。「けしごむ(消ゴム)・を・　いじくっ・て・　ばらばらに・　し・てしまい・よっ・た。」◆望ましくないことに使う場合が多い。■名詞化＝**いじくり**【(弄り)】〔⇒**いじる**【弄る】、**いらう、せせくる、せせる、いじりまわす**【弄り回す】、**いじくりまわす**【(弄り回す)】、**いらいまわす**【いらい回す】、**せせくりまわす**【せせくり回す】、**せせりまわす**【せせり回す】〕

いしけり【石蹴り】《名詞、動詞する》 石を蹴って遊ぶこと。片足跳びで石を蹴って、円の中に蹴り入れる遊び。「いえ(家)・の・　まえ(前)・の・　みち(道)・で・　いしけり・を・　し・て・　あそ(遊)ぶ。」

いじける《動詞・カ行下一段活用》 ①寒さや恐ろしさのために縮こまって元気がなくなる。「いえ(家)・の・　なか(中)・で・　いじけ・とら・んと・　そと(外)・へ・　で

(出)・ておいで。」②だめだと思って気が弱くなり、積極的な行動ができなくなる。「まえ(前)・に・　らくだい(落第)し・た・さかい・　こんど(今度)・も・　いじけ・とる。」

いしこ【石粉】《名詞》　陶磁器の原料などに使う、石の粉。「よご(汚)れ・た・　ところ・を・　いしこ・で・　みが(磨)く。」◆磨き砂と同様の働きをするものとして、家庭で使うことがあった。

いしこい《形容詞・オイ型》　自分の利益のために、正しくないことをする様子。狡猾で、横着である様子。「あとだ(後出)し・の・　じゃんけん・は・　いしこい・ぞ。」〔⇒**すこい、ずるい**【狡い】、**ずるっこい**【狡っこい】、**すっこい、こすい、せこい**〕

いしころ【石ころ】《名詞》　小さな石。価値のない石。「こんな・　いしころ・でも・　こども(子供)・に・　とっ・て・は・　たからもん(宝物)・なん・や・なー。」

いしだん【石段】《名詞》　切石を積み重ねて作った階段。「こんぴら(金比羅)さん・の・　いしだん・は・　ごっつー・　なが(長)い。」〔⇒**だんだん**【段々】〕

いしどうろう〔**いしどーろー、いしどーろ**〕【石灯籠】《名詞》　神社仏閣や民家などの庭に設ける、石でできた灯火用具。「ふる(古)い・　いしどーろ・は・　こける(＝倒れる)・か・も・　わから・ん・さかい・　ちかよ(近寄)ら・ん・とき。」

いじになる【意地になる】《動詞・ラ行五段活用》　しようとしていることにいつまでも拘泥する。無理に突破しようとする。「いじになっ・たら・　ひと(人)・の・　ゆ(言)ー・　こと・なんか・　みみ(耳)・に・　はい(入)ら・へん・　やつ(奴)・や。」

いしばい【石灰】《名詞》　生石灰を焼いて作る白い粉。「にわ(庭)・の・　つち(土)・に・　いしばい・を・　ま(混)ぜる。」「いしばい・で・　つち(土)・を・　しょーどく(消毒)する。」「いしばい・で・　うんどーじょー(運動場)・に・　せん(線)・を・　ひ(引)く。」〔⇒**せっかい**【石灰】〕

いじましい〔**いじましー**〕《形容詞・イイ型》　①濡れたり汚れたりなどして、気持ちがすぐれない。けがらわしい感じである。「あめ(雨)・に・　ぬ(濡)れ・て・　からだじゅー(体中)・　いじましー・さかいに・　きが(着替)える。」②了見が狭くて、こせこせしている。ささいなことであっても、損得を計算する性格だ。「いじましー・　こと(事)・　い(言)わ・んと・　みんな(皆)・に・　おご(奢)っ・てやり・なはれ。」「かね(金)・の・　こと・に・　なっ・たら・　いじましー・　けーさん(計算)・を・　する。」③見劣りがする。窮屈な感じである。「いえ(家)・の・　なか(中)・は・　いじましー・さかい・　み(見)・てもらい・とー・ない・ねん。」〔①⇒**きしょくわるい**【気色悪い】、**きもちわるい**【気持ち悪い】〕

いじめる【苛める、虐める】《動詞・マ行下一段活用》　弱い相手を苦しめたり、困らせたりする。「むかし(昔)・の・　こども(子供)・は・　ともだち(友達)・を・　とことん・　いじめ・たり・は・　せ・なんだ。」〔⇒**いびる**〕

いしゃ【医者】《名詞》　病気や怪我を治すことや健康管理などを仕事にしている人。「たよ(頼)り・に・　し・ている・　いしゃ・が・　おっ・て・や・ねん。」

いしやり【石遣り】《名詞》　Y字型の木や金具にゴム紐を張って、小石などを飛ばす、子どもの遊び道具。「いしやり・は・　き(気)ーつけ・て・　あそ(遊)ば・な・　あぶ(危)ない・よ。」◆駄菓子屋などで売っているものもあったが、たいていは自作の手製であった。〔⇒**いっしゃり**【(石遣り)】、**ぱちんこ**〕

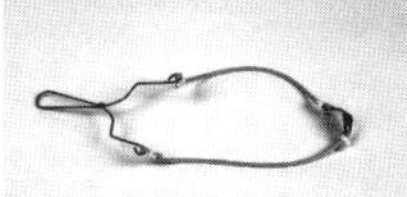
針金とゴム紐でできた石遣り

いしょう〔**いしょー**〕【衣装】《名詞》　着るもの。身に付けるもの。衣服。「ふろ(風呂)・から・　あ(上)がっ・て・　いしょー・を・　か(替)える。」「まいにち(毎日)・　き(着)る・　もん・を・　か(替)え・て・　あんた・は・　いしょー・も(持)ち・なん・や・なー。」◆「いしょう【衣装】」は豪華なものを指すこともないわけではないが、ごく日常的な衣類を指して言うことも多い。〔⇒**いるい**【衣類】〕

いじょう〔**いじょー**〕【異常、異状】《名詞、形容動詞や(ナ)》　普通の状態や普段の状況とは違って、おかしいと思われたり変わっていると思われたりする様子。「いかめら(胃カメラ)・を・　の(飲)ま・され・て・　しんぱい(心配)し・た・けど・　いじょー・は・　な(無)かっ・た・ん・や。」

いじょう〔**いじょー**〕【以上】《名詞》　①その数を含んで、それより多い数。「ななじってん(七十点)・より・　いじょー・が・　ごーかく(合格)・や。」②程度や段階が、それより上であること。「こーこーせー(高校生)・いじょー・の・　もの(者)・やっ・たら・　き(来)・ても・　え(良)ー。」③そこより前の部分。「いじょー・で・　はなし(話)・を・　お(終)わる。」■対語＝「いか【以下】」

いしょく【移植】《名詞、動詞する》　丈夫に育てるために、草や木を他の場所に植えかえること。「きゅーこん(球根)・が・　ふ(殖)え・てき・た・さかいに・　いしょくする。」

いしょくごて【移植鏝】《名詞》　草花を植え替えるときなどに使う、小型のスコップ。「いしょくごて・で・　き(木)ー・の・　ねもと(根元)・を・　ほ(掘)る。」

いじりまわす〔**いじりまーす**〕【弄り回す】《動詞・サ行五段活用》　手でやたら触ったり動かしたりする。過度にもてあそぶ。「あか(赤)ちゃん・が・　しんぶん(新聞)・を・　いじりまーし・て・　やぶ(破)っ・ても・とる。」〔⇒**いじる**【弄る】、**いじくる**【(弄る)】、**いらう、せせくる、せせる、いじくりまわす**【(弄り回す)】、**いらいまわす**【いらい回す】、**せせくりまわす**【せせくり回す】、**せせりまわす**【せせり回す】〕

いじる【弄る】《動詞・ラ行五段活用》　①手で触ったり動かしたりする。もてあそぶ。「はな(花)・の・　たね(種)・を・　ま(蒔)い・とる・さかい・　この・　あた(辺)り・を・　いじら・ん・よーに・　し・てほしー・ねん。」②楽しみながら手入れや世話などをする。「たいしょく(退職)し・て・から・は・　にわ(庭)・を・　いじる・の・が・　にっか(日課)・や。」■名詞化＝**いじり**【弄り】〔①⇒**いじくる**【(弄る)】、**いらう、せせくる、せせる、いじりまわす**【弄り回す】、**いじくりまわす**【(弄り回す)】、**いらいまわす**【いらい回す】、**せせくりまわす**【せせくり回す】、**せせりまわす**【せせり回す】〕

いしわた【石綿】《名詞》　保温用や耐火用として用いられる、ある種の石が繊維状に変化した鉱物。アスベスト。「いしわた・の・　つい・た・　あみ(網)・の・　うえ(上)・に・　ふらすこ(フラスコ)・を・　の(載)せる。」

いじわる【意地悪】《名詞、形容動詞や(ナ)、動詞する》　他人に対して、悪意を持った態度で接する様子。人の嫌がることや困ることを、わざとする様子。また、そのようにする人。「いじわるし・て・　じゃま(邪魔)せ・んとい・てんか。」〔⇒**しょわる**【性悪】、**こんじょうわる**【根性悪】、**いけず、いけずし**(名詞)〕

いじ(を)はる【意地(を)張る】《動詞・ラ行五段活用》　自

分の考えなどを曲げようとしないで貫く。「いじをはら・んと・　たにん(他人)・の・　きも(気持)ち・も・　わかっ・てやっ・て・ほしー。」

いす【椅子】《名詞》　腰をおろして座るための台。「しょーがっこーじだい(小学校時代)・の・　きょーしつ(教室)・は・　ふたり(二人)・ずつ・の・　つくえ(机)・やっ・た・けど・　いす・は・　ひとり(一人)・ずつ・　べつべつ(別々)やっ・た。」◆ベンチやソファなどのように、横一列に何人もがかけられるようになっているものを「ながいす【長椅子】」と言う。〔⇒**こしかけ**【腰掛け】〕

いすぐ【(濯ぐ)】《動詞・ガ行五段活用》　①ものを水の中で揺り動かして、汚れを洗う。ざっと洗う。「せんたくもん(洗濯物)・を・　いすい・で・　しぼ(絞)る。」②水などを口に含み、揺り動かして口の中を綺麗にする。「は(歯)ー・を・　みが(磨)い・て・　くち(口)・の・　なか(中)・を・　いすぐ。」〔⇒**ゆすぐ**【濯ぐ】〕

いすぶる【(揺すぶる)】《動詞・ラ行五段活用》　力を加えて、前後・左右・上下などに小刻みに震えるように動かす。「いすぶっ・たら・　はな(花)・が・　ち(散)る・さかい・　や(止)め・なはれ。」〔⇒**ゆする**【揺する】、**ゆさぶる**【揺さぶる】、**ゆすぶる**【揺すぶる】、**いする**【(揺する)】、**いさぶる**【(揺さぶる)】、**ゆる**【揺る】、**ゆらす**【揺らす】〕

いずみ【泉】《名詞》　自然に地中から水が湧き出ている場所。また、その水。「やま(山)・の・　なか(中)・で・　いずみ・の・　みず(水)・を・　の(飲)ん・だ。」

いすらうめ〔**いすらんめ**〕【(梅桃)】《名詞》　庭に植えられることが多い木で、春に梅に似た白い花を咲かせ、初夏に紅色の小さな実をつける、背の低い木。「いすらんめ・の・　み(実)ー・が・　な(生)っ・た。」〔⇒**ゆすらうめ**【梅桃】〕

いする【(揺する)】《動詞・ラ行五段活用》　力を加えて、前後・左右・上下などに小刻みに震えるように動かす。「き(木)ー・を・　いすっ・て・　かき(柿)・の・　み(実)・を・　お(落)とす。」〔⇒**ゆする**【揺する】、**ゆさぶる**【揺さぶる】、**ゆすぶる**【揺すぶる】、**いさぶる**【(揺さぶる)】、**いすぶる**【(揺すぶる)】、**ゆる**【揺る】、**ゆらす**【揺らす】〕

いすわる【居座る】《動詞・ラ行五段活用》　ある場所に座り込んで動かない。引き続いて同じ場所におる。「てれび(テレビ)・の・　まえ(前)・に・　いすわっ・とら・んと・　ちょっと(一寸)・　べんきょー(勉強)・でも・　し・たら・　どない・や。」

いせい〔**いせー**〕【威勢】《名詞》　意気が盛んなこと。活気があること。相手に負けないような勢いがあること。「む(向)こー・から・　ちゅーがくせー(中学生)・の・　いせー・の・　え(良)ー・　かけごえ(掛声)・が・　き(聞)こえ・てき・た。」

いせえび【伊勢海老】《名詞》　長いひげがあって姿が美しく、赤褐色で30センチ以上のものもある、食用として珍重される大型の海老。「しょーがつ(正月)・に・　いせえび・を・　かざ(飾)る。」

いぜん【以前】《名詞》　①その時を含んで、それより前。「しょーわ(昭和)・より・も・　いぜん・の・　ころ(頃)・の・　はなし(話)・や。」②時の流れの中で、現在より前。前回より前。「いぜん・に・　す(住)ん・どっ・た・　いえ(家)・は・　あまもり(雨漏)・が・　ひど(酷)かっ・た。」■対語＝「いご【以後】」

いそ【磯】《名詞》　海岸べりで、海底に岩の多いところ。「この・　あた(辺)り・の・　かいがん(海岸)・は・　すなじ(砂地)・で・　いそ・に・　なっ・とら・へん。」

いそうろう〔**いそーろー、いそーろ**〕【居候】《名詞、動詞する》　よその家に住んで世話になること。また、そのような人。「いそーろする・の・は・　き(気)ずつない・さかい・　はたら(働)か・な・　あか・ん・と・　おも(思)・とる・ねん。」

いそがしい〔**いそがしー**〕【忙しい】《形容詞・イイ型》　①しなければならないことが重なって、ゆっくりする暇がない。「にんげん(人間)・は・　いそがしー・　とき(時)・が・　はな(花)・だっ・せ。」「この・　いそがしー・　とき・に・　よーじ(用事)・を・　ゆ(言)ー・てくる・な・よ。」②動きなどが速くて落ち着かなく、ゆったりしていない。「いそがしー・　はな(話)しかた・を・　する・　ひと(人)・や・なー。」◆「いそがしい」を連体修飾語として使う場合には、「いそがしないな」とも言う。「いそがしないな・　しごと(仕事)・で・　やす(休)み・が・　と(取)れ・なんだ。」同様のものとしては「たいせつな」→「たいせつない」などがある。〔⇒**せわしい**【忙しい】、**せわしない**【忙しない】、**せからしい**【急からしい】〕

いそぐ【急ぐ】《動詞・ガ行五段活用》①早く終わらせようとする。短い時間で終わらせようとする。また、そのために、気持ちがあせる。「まだ・　しめきり(締切)・は・　いっしゅーかん(一週間)・も・　さき(先)・や・さかい・　いそが・ん・でも・　え(良)ー。」②目的地に早く着こうとして速く歩く。速く着こうとする。「いそい・だ・かて・　いちじかん(一時間)・は・　かかる・やろ。」〔⇒**せく**【急く】〕

いぞく【遺族】《名詞》　亡くなった人の後に残された家族や親族。「いぞく・の・　ひと(人)・が・　しょーこー(焼香)・を・　する。」

いそべ《名詞》　釣り餌として使う、河口や浅い海の泥の中にすむミミズに似た虫。「いそべ・を・　ほ(掘)っ・て・から・　さかなつ(魚釣)り・に・　い(行)く。」〔⇒**ごかい**【沙蚕】〕

いた【板】《名詞》　①材木を薄く平らに切ったものや、金属や石などを薄く平らにしたもの。「いた(板)・を・　こ(買)ー・てき・て・　たな(棚)・を・　つく(作)る。」②魚肉をすりつぶして味を付け、蒸したり焼いたりした食品。「しょーがつよー(正月用)・の・　きれー(綺麗)な・　いた・を・　か(買)う。」◆②は、木片の上に中高の形に盛り上げた形のものが多い。〔②⇒**かまぼこ**【蒲鉾】〕

いたい【痛い】《形容詞・アイ型》　①体を撲ったり切ったり体内に故障があったりして、苦しく辛い。「あさ(朝)・から・　はら(腹)・が・　いたい。」②心に苦しみを感じて辛い。「さいふ(財布)・を・　お(落)とし・て・　いたい・ねん。」③てひどい打撃を受けたり、欠点を指摘されたりして辛い。また、その状態からすぐには回復できない。「きょー(今日)・の・　しあい(試合)・は・　ほーむらん(ホームラン)・を・　う(打)た・れ・た・の・が・　いたかっ・た。」

いたいた【痛々】《名詞、形容動詞や(ノ)、動詞する》　①とげなどのように、触ると痛いもの。「ほーちょー(包丁)・は・　いたいた・や。さわ(触)っ・たら・　あか・ん・よ。」②痛みを感じる様子。「て(手)ー・　き(切)っ・たら・　いたいたに・　なる・よ。」「ぽんぽん(＝腹)・が・　いたいたに・　なっ・た。」③予期しない傷を受けること。思いがけず受けた傷。「ほーちょー(包丁)・で・　いたいたせ・ん・よーに・　き(気)ーつけ・なはれ。」◆幼児語。〔③⇒**けが**【怪我】〕

いたがこい【板囲い】《名詞》 板で作った囲い。板を立てかけて、ものを囲うこと。「いたがこい・に・　らくが(落書)き・を・　し・やがっ・た。」「かぜ(風)・が・　あ(当)たら・ん・よーに・　はたけ(畑)・の・　うね(畝)・に・いたがこい・を・　する。」◆塀にブロックなどを使わなかった頃は、板を張り巡らせて、黒く塗った囲いが多くあった。

いたずら【悪戯】《名詞、動詞する》 ふざけて、無益なことや、人の迷惑になるようなことをすること。人に害を与える、よくない行為をすること。また、そのような内容のこと。「この・　らくが(落書)き・は・　いたずら・に・　し・て・は・　ど(度)ー・が・　す(過)ぎ・とる。」〔⇒**わるさ**【悪さ】〕

いただきます【戴きます、頂きます】《感動詞》 食事をはじめるときの挨拶の言葉。「いただきまーす。あー・　おい(美味)しい。」◆「いただく」は直接には、食事を準備してくれた相手への感謝の気持ちを表すものであるが、広くは食の恵みを与えてくれるものへの感謝を表す。「給食代を払っているから、いただきますと言う必要はない。」という保護者がいるということが話題になったことがあるが、それは、後者のことがわかっていないことになる。〔⇒**よばれます**【呼ばれます】〕

いただく【戴く、頂く】《動詞・カ行五段活用》 ①何かをもらうことの謙譲表現。「こないだ・は・　りっぱ(立派)な・　もの・を・　いただい・て・　ありがとー・ござい・ます。」②食べること、飲むことの謙譲表現。「まるで・　よばれ・に・　き(来)・た・よーな・　もん・です・けど・　えんりょ(遠慮)なしに・　いただき・ます。」〔①⇒**ちょうだいする**【頂戴する】〕

いたち【鼬】《名詞》 山や野原にすみ、足が短く小さな体で、追いつめられると臭いにおいを出して逃げる動物。「はたけ(畑)・に・　いたち・が・　おっ・た。」

いたどり【虎杖】《名詞》 夏に白または薄赤色の小さな花を房状に咲かせる、野原などに自生する草花。「きょねん(去年)・　か(枯)れ・た・のに・　また・　いたどり・が・　は(生)え・てき・とる。」

いたのま〔**いたのまー**〕【板の間】《名詞》 板の張ってある床(ゆか)。また、床に板を張った部屋。「むかし(昔)・の・　いえ(家)・は・　かどぐち(門口)・を・　はい(入)っ・たら・　いたのまー・が・　あっ・た。」

いたばり【板張り】《名詞、動詞する》 囲いや床として板を張ること。板を張った場所。「いたばり・の・　ろーか(廊下)・を・　ある(歩)く。」

いたみ【痛み】《名詞》 ①体を撲ったり切ったり体内に故障があったりすることにより、苦しさや辛さを感じること。「あし(足)・の・　いたみ・が・　まだ・　なお(治)ら・へん。」②心に苦しみを感じて辛く感じること。「しけん(試験)・に・　お(落)ち・た・　いたみ・が・　き(消)え・へん。」

いたみ【傷み】《名詞》 ①ものが壊れていること。「やね(屋根)・の・　いたみ・を・　しゅーぜん(修繕)する。」②食べ物が　傷ついたり腐ったりすること。「いたみ・の・　はや(早)い・　さかな(魚)・や・さかい・　はよ(早)ー・　た(食)べ・てんか。」

いたむ【傷む】《動詞・マ行五段活用》 ①ものが壊れたり傷ついたりする。「きかい(機械)・が・　だいぶ(大分)・　いたん・できた・ので・　か(買)いかえる。」②微生物の作用などによって、食べ物が腐って食べられない状態になる。「こ(買)ー・て・から・　ひ(日)・が・　た(経)つ・ので・　ばなな(バナナ)・が・　いたん・でき・た。」■他動詞は「いためる【傷める】」■名詞化＝**いたみ**【傷み】〔②⇒**くさる**【腐る】〕

いたむ【痛む】《動詞・マ行五段活用》 ①体を撲ったり切ったりしたことによって、苦しく辛いと感じる。「す(擦)りむい・た・　きず(傷)・が・　いたむ。」②心に苦しみを感じて辛いと感じる。「むすこ(息子)・が・　ふごーかく(不合格)・に・　なっ・て・　むね(胸)・が・　いたん・どる。」■他動詞は「いためる【痛める】」■名詞化＝**いたみ**【痛み】

いためる【傷める】《動詞・マ行下一段活用》 ①ものを壊したり傷をつけたりする。「つくえ(机)・の・　うえ(上)・に・　もの(物)・を・　お(落)とし・て・　いため・た。」②食べ物を腐らせたり傷つけたりする。「たまご(卵)・を・　か(買)いすぎ・て・　なんこ(何個)・か・　いため・てしも・た。」■自動詞は「いたむ【傷む】」

いためる【痛める】《動詞・マ行下一段活用》 ①体を撲ったり切ったりしたことによって、苦しく辛いと感じるようにさせる。「こし(腰)・を・　いため・て・　やす(休)ん・どる。」②心に苦しみを感じて辛いと感じるようにさせる。「こども(子供)・が・　びょーき(病気)・に・　なっ・て・　きも(気持)ち・を・　いため・てます・ねん。」◆①②ともに、意図したことではないが、結果としてそのようになってしまったときに使う。■自動詞は「いたむ【痛む】」

いためる【炒める】《動詞・マ行下一段活用》 肉や野菜などを、油をひいた鍋でかき混ぜながら熱していりつける。「にく(肉)・を・　いため・て・から・　やさい(野菜)・を・　い(入)れる。」■名詞化＝**いため**【炒め】

いだる【(茹だる)】《動詞・ラ行五段活用》 ①湯の中でじゅうぶん煮られた状態になる。「な(菜)っぱ・が・　いだっ・た。」②高い気温で身体が火照るような状態になる。風呂に浸かっていて熱くなる。「きょー(今日)・は・　いだる・よーな・　いちにち(一日)・やっ・た。」■他動詞は「いでる【(茹でる)】」〔⇒**ゆだる**【(茹だる)】〕

いたれりつくせり【至れり尽くせり】《形容動詞や(ノ)》 すべてに行き届いている様子。願いどおりになっている様子。心遣いが行き届いている様子。「この・　やどや(宿屋)・は・　いたれりつくせりで・　だいまんぞく(大満足)や。」

いち【一】《名詞(数詞)》 ①最も小さな自然数。「いち・から・　じゅー(十)・まで・が・　い(言)える・よーに・　なっ・た。」②ものごとの順序や順位などを表す言葉で、最も初めの段階や、最も優れていること。「いち・から・　でなお(出直)す。」「あの・　ひと(人)・の・　ちから(力)・は・　みんな(皆)・の・　なか(中)・で・　いち・や。」■この種の言葉については、「いち【一】」から「じゅう【十】」までを見出しとして設ける。

いち【位置】《名詞》 他のものがある場所との関係で、そのものがある場所。「れーぞーこ(冷蔵庫)・を・　お(置)く・　いち・は・　ここ・で・　よろ(宜)しー・か。」

いちいち【一々】《副詞》 些細なことまで余すところなく。ひとつの例外もなく、すべて。「いちいち・　もんく(文句)・を・　い(言)わ・んとい・てほしー・ねん。」〔⇒**ひとつひとつ**【一つ一つ】〕

いちおう〔**いちおー**〕【一応】《副詞》 ①十分とは言えないが、ひととおりのことを満たしていることを表す言葉。「いちおー・　できあ(出来上)がっ・た・けど・　これから・　しあ(仕上)げ・に・　かかり・ます。」②念のために何かを行うことを表す言葉。「いじょー(異常)・は・　ない・と・　おも(思)う・けど・　いちおー・　しら(調)

べ・ておか・な・　あんしん(安心)・は・　でき(出来)・ませ・ん・よ。」

いちがいに【一概に】《副詞》 個々の条件や立場などを考慮しないで、ひっくるめて同じように扱うことを表す言葉。「ひとりひとり(一人一人)・　ちが(違)う・の・や・さかい・　いちがいに・　はんだん(判断)・は・　し・にくい。」「そない・　いちがいに・　き(決)めつけ・たら・　あか・ん・やろ。」

いちがつ【一月】《名詞》 1年の12か月のうちの最初の月。「いちがつ・は・　ゆき(雪)・の・　ふ(降)る・　ひ(日)・も・　ある。」「いちがつ・の・　みっか(三日)・まで・　ぎんこー(銀行)・は・　やす(休)み・や。」〔⇒**いちげつ**【一月】、**しょうがつ**【正月】、**しょんがつ**【(正月)】〕

いちからじゅうまで〔**いちからじゅーまで**〕【一から十まで】《副詞》 何から何まで全部。欠かすことなくすべて。「あいつ(彼奴)・は・　いちからじゅーまで・　おせ(教)・たら・んと・　わかっ・てくれ・へん。」

いちげつ【一月】《名詞》 1年の12か月のうちの最初の月。「いちげつ・の・　すえ(末)・に・　あ(会)い・ましょ・か。」◆「じゅういちげつ【十一月】」という言い方もする。「にげつ【二月】」「さんげつ【三月】」「しげつ【四月】」「ごげつ【五月】」「ろくげつ【六月】」「ひちげつ【七月】」「はちげつ【八月】」「くげつ【九月】」「じゅうげつ【十月】」「じゅうにげつ【十二月】」と言っても意味が通じないことはない。けれども、そのように言うことは、ほとんどない。〔⇒**いちがつ**【一月】、**しょうがつ**【正月】、**しょんがつ**【(正月)】〕

いちご【苺】《名詞》 白い花が咲き、熟した赤い実を菓子、ジャム、ジュースなどとして食べる多年草。「いちご・で・　じゃむ(ジャム)・を・　つく(作)っ・てみ・たろ。」

いちごうます〔**いちごーます**〕【一合枡】《名詞》 液体などの体積を計るための、1合(およそ0.18リットル)はいる四角い器。「さけ(酒)・を・　いちごーます・に・　い(入)れ・て・　の(飲)む。」

いちころ【一ころ】《形容動詞や(ノ)》 ①ものごとをたやすく行う様子。なんでもなくできる様子。「きょー(今日)・の・　しけん(試験)・は・　いちころに・　でけ(出来)・た。」②簡単に勝つ、または負ける様子。大差で勝つ、または負ける様子。「あいて(相手)・が・　つよ(強)すぎ・て・　いちころやっ・た。」③簡単に死に至らせる様子。「か(蚊)ー・は・　さっちゅーざい(殺虫剤)・を・　か(掛)け・たら・　いちころや。」◆〈一度に、ころっと〉という感覚の言葉である。〔①⇒**あさめしまえ**【朝飯前】、**おちゃのこ**【お茶の子】、**おちゃのこさいさい**【お茶の子さいさい】、**へのかっぱ**【屁の河童】〕

いちじ【一時】《名詞、副詞に》 ①零時(12時)の60分後の時刻。「いちじ・まで・　ひるやす(昼休)み・に・　する。」「よなか(夜中)・の・　いちじ・に・　じしん(地震)・が・　あっ・た。」②何かに遭遇した、まさにその時。「だいぶん・　ゆ(揺)れ・た・さかい・　いちじ・は・　どー・　なる・　こと・や・と・　しんぱい(心配)し・た。」③何かが行われるのが同じ時であること。「もー(申)しこみ・が・　いちじに・　どっと・　き(来)・た。」④ほんの短い時間の間。わずかの時間。「あめ(雨)・が・　つよ(強)ー・　なっ・た・ので・　いちじ・　ちゅーだん(中断)する。」⑤それほど遠くではない、以前のある時期。過去のしばらくの間。「いちじ・は・　けーき(景気)・が・　よかっ・た。」◆①は、12時間制の呼び方では、午前と午後の2回がある。〔②③④⇒**いちどき**【一時】、**いっとき**【一時】。②④⇒**いちど**【一度】、**いっかい**【一回】、**いっぺん**【一遍】。④⇒**ちいとま**【ちいと間】、**ちょっとま**【一寸間】、**ちとま**【(一寸間)】、**ちっとま**【(一寸間)】、**ひといき**【一息】、**しといき**【(一息)】、**しばらく**【暫く】。⑤⇒**ひところ**【一頃】、**しところ**【(一頃)】〕

いちじく【無花果】《名詞》 大きな葉をしている背の低い木で、秋に鶏卵ぐらいの大きさで黒紫色をした甘い実をつける木。また、その実。「いちじく・が・　みせ(店)・に・　なら(並)ん・どる。」〔⇒**とうがき**【唐柿】〕

いちぜん【一膳】《名詞》 ①1椀のご飯。「ちょっと(一寸)・こ(肥)え・た・さかい・　あさ(朝)・は・　いちぜん・だけ・に・　し・とる・ねん。」②わずかの量の食事。「いちぜん・だけ・　た(食)べ・ていき・なはれ。」〔⇒**いってん**【(一膳)】〕

いちぜんめし【一膳飯】《名詞》 1椀だけ食べるご飯。1椀だけに限られているご飯。「いちぜんめし・は・　や(止)め・て・　おかわりし・なはれ。」「えきまえ(駅前)・の・　いちぜんめしや(屋)・に・　はい(入)る。」〔⇒**いってんめし**【一膳飯】〕

いちぞく【一族】《名詞》 同じ血筋を受けている人たち。「あの・　いちぞく・の・　はか(墓)・が・　ここ・に・　ある。」「へーけ(平家)・の・　いちぞく・が・　ほろ(滅)ん・だ。」

いちだい【一代】《名詞》 ①人ひとりの一生。「うち・は・　いちだい・　まえ(前)・に・　りょーし(漁師)・を・　や(止)め・て・　かいしゃ(会社)・に・　つと(勤)める・よーに・　なっ・た。」②ある人がその地位や役割を務めている間。「いちだい・で・　かいしゃ(会社)・を・　おー(大)きー・　し・た。」

いちだん【一段】《名詞》 階段などの一つの段階。ものの高さの差がわずかであること。「いちだん・ずつ・　き(気)ーつけ・て・　のぼ(上)り・なはれ。」

いちだんと【一段と】《副詞》 前よりもさらに程度が高まることを表す言葉。「いちだんと・　さぶ(寒)ー・　なり・まし・た・なー。」〔⇒**いっそう**【一層】、**ますます**【益々】、**よけい**【余計】、**よけのこと**【(余計の事)】〕

いちど【一度】《名詞、副詞に》 ①そのことが行われるのが、ひとたびであること。「いちど・も・　い(行)っ・た・　こと・が・　ない。」②何かが行われるのが同じ時であること。「いちどに・　おきゃく(客)さん・が・　はい(入)っ・てき・た。」③時間の一つの区切り。「いちど・に・　の(飲)む・　くすり(薬)・の・　りょー(量)・を・　まちが(間違)え・たら・　あか・ん・ぞ。」④何かに遭遇した、まさにその時。「いちど・は・　あきら(諦)め・てん・けど・　なんとか・　た(立)ちなお・れ・た。」〔⇒**いっぺん**【一遍】、**いっかい**【一回】。②④⇒**いちじ**【一時】、**いっとき**【一時】、**いちどき**【一時】〕

いちどう〔**いちどー**〕【一同】《名詞》 関係ある人の全員。その場所に居合わせた全員。「そーしき(葬式)・に・　しんせき(親戚)・の・　いちどー・が・　あつ(集)まっ・た。」

いちどき【一時】《名詞、副詞に》 ①何かに遭遇した、まさにその時。「ほーむらん(ホームラン)・を・　う(打)た・れ・て・　いちどき・は・　ま(負)け・た・と・　おも(思)・た・なー。」②ほんの短い時間の間。わずかの時間。「いちどき・は・　ひ(陽)・が・　さ(射)し・とっ・た。」「きっぷ(切符)・を・　か(買)う・　しと(人)・が・　いちどき・に・　なら(並)ん・だ。」「おひるまえ(昼前)・の・　いちどき・が・　こんざつ(混雑)する。」③何かが行われるのが同じ時であること。「いとどき・に・　みぎ(右)・と・　ひだり(左)・から・　こえ(声)・を・　か(掛)け・られ・た。」〔⇒**いちじ**【一時】、**いっとき**【一時】。①③⇒**い**

ちど【一度】、いっかい【一回】、いっぺん【一遍】。②⇒ちいとま【ちいと間】、ちょっとま【一寸間】、ちとま【(一寸間)】、ちっとま【(一寸間)】、ひといき【一息】、しといき【(一息)】、しばらく【暫く】〕

いちにち【一日】《名詞、副詞》 ①日数でひとつ。午前0時から午後12時までの間の24時間。あるいは、24時間に近い時間のこと。「いちにち･だけ･　かんが(考)え･さし･てください。」「いちにち･　た(経)っ･た･けど･かぜ(風邪)･が･　なお(治)ら･へん。」②朝から晩まで。あるいは、それに近い長時間のこと。「いちにち･　やす(休)みの(無)ー･　はたら(働)い･た。」③昼夜の関係なしに、いつも。「もったい(勿体)ない･　こと･に･がいとー(街灯)･が･　いちにち･　とぼ(灯)っ･とる。」◆「ふつか【二日】」から「とおか【十日】」までの言葉は、「1か月のうちの○番目の日」という意味と「日数で○日間」という意味を同じ言葉で表すが、【一日】だけは「ついたち【一日、朔日】」と「いちにち【一日】」に分けて表現する。◆この辞典では、「いちにち【一日】」から「とおか【十日】」までと、「はつか【二十日】」「さんじゅうにち【三十日】」を、見出し語として載せる。

いちにちいちにち【一日一日】《名詞、副詞》 ①午前0時から午後12時までの間の24時間が幾度も繰り返して続くこと。ほぼ同様のことが繰り返される日が続いていること。一日ごとの単位で。「いちにちいちにち･　げんき(元気)に･　す(過)ごし･とり･ます。」「いちにちいちにち･　たんぼしごと(田圃仕事)･が･　つづ(続)く。」②一日ずつ日がたつにつれて。「いちにちいちにち･ひ(日)･が･　なご(長)ー･　なっ･てき･た。」〔⇒ひび【日々】、ひにひに【日に日に】。①⇒まいにち【毎日】、まいにちまいにち【毎日毎日】、まいにちひにち【毎日日日】〕

いちにちおき【一日置き】《名詞、副詞に》 間に1日をはさんで、再び同じことを繰り返すこと。隔日。「いちにちおきに･　そーじ(掃除)･の･　とーばん(当番)･を･する。」〔⇒いちにちはさみ【一日挟み】、いちにちはだめ【(一日挟め)】〕

いちにちじゅう〔いちにちじゅー〕【一日中】《名詞、副詞》 ①午前0時から午後12時までの間の24時間。あるいは、24時間に近い時間のこと。「でんしゃ(電車)･は･　いちにちじゅー･　うご(動)い･とる。」②朝から晩まで。あるいは、それに近い長時間のこと。「せんきょ(選挙)･に･　なっ･たら･　かくせーき(拡声器)･で･　いちにちじゅー･　やかま(喧)しーに･　ゆ(言)ー･てくる。」③昼夜の関係なしに、いつも。「ほし(星)･は･　いちにちじゅー･　そら(空)･に･　で(出)･とる･ん･や･けど･　ひる(昼)･は･　み(見)え･へん･ねん。」〔⇒いちにち【一日】。①⇒ひ【日】〕

いちにちはさみ【一日挟み】《名詞、副詞に》 間に1日をおいて、再び同じことを繰り返すこと。隔日。「いちにちはさみに･　やきゅー(野球)･の･　れんしゅー(練習)･を･　する。」〔⇒いちにちはだめ【(一日挟め)】、いちにちおき【一日置き】〕

いちにちはだめ【(一日挟め)】《名詞、副詞に》 間に1日をおいて、再び同じことを繰り返すこと。隔日。「いちにちはだめに･　いしゃ(医者)･へ･　い(行)っ･とる･ねん。」〔⇒いちにちはさみ【一日挟み】、いちにちおき【一日置き】〕

いちにちふつか【一日二日】《名詞、副詞》 1日間もしくは2日間のあいだ。「いちにちふつか･の･　うち･に･　へんじ(返事)し･まっ･さ。」◆数える起点は今日のことが多いが、それ以外の特定の日を起点にすることもある。〔⇒いちににち【一二日】〕

いちににち【一二日】《名詞、副詞》 1日間もしくは2日間のあいだ。「この･　しごと(仕事)･に･は･　いちににち･　かかり･ます。」◆数える起点は今日のことが多いが、それ以外の特定の日を起点にすることもある。〔⇒いちにちふつか【一日二日】〕

いちににん【一二人】《名詞》 ごくわずかの人数。1人または2人。「いちににん･　だれ(誰)･ぞ･　ざんぎょー(残業)し･てくれ･へん･か。」〔⇒ひとりふたり【一人二人】〕

いちにんまえ【一人前】《名詞、形容動詞や(ノ)》 ①ひとりあたりの分量。ひとりぶん。「ぎょーざ(餃子)･は･　いちにんまえ･で･は･　た(足)ら･ん。」②普通のものに比べて、取り立てて価値がある様子。専門家や大人などと同じような資格や能力や技能をそなえている様子。「いちにんまえに･　あいさつ(挨拶)･が･　でけ(出来)る･よーに･　なっ･た。」〔②⇒ひとかど【一角】、いっかど【一角】、しとかど【(一角)】、いっぱし【一端】〕

いちねん【一年】《名詞》 ①1月1日から12月31日までの12か月間。365日。「いちねん･が･　た(経)つ･の･は･　はや(早)い･もんで･　もー･　ねんまつ(年末)･に･　なっ･ても･た。」②ある時からの12か月間。「いちねん･　み(見)･ん･　うち･に･　おー(大)きなっ･た･なー。」③それぞれの学校の最初の学年の児童･生徒･学生。「まご(孫)･は･　ちゅーがく(中学)･の･　いちねん･に･　なっ･てます･ねん。」〔③⇒いちねんせい【一年生】、いちねんぼうず【一年坊主】〕

いちねんがいんで　にねんがにげて　さんねんがさがして　よねんがよんで　ごねんがごっとして　ろくねんがろっきょみさん【一年が去んで　二年が逃げて　三年が探して　四年が呼んで　五年が(ご馳走)して　六年がロッキョミさん】《成句》 ◆1･2･3･4･5･6の語呂を踏みながら、小学校の6つの学年の立場を読み込んだ言葉。1年生が(何かを恐れて)去(い)ぬ＝帰る。2年生も(何かを恐れて)逃げる。低学年はうろたえる立場である。中学年は後輩を探す立場である。3年生が探す。4年生が呼ぶ。それに対して高学年は優雅な立場である。5年生がご馳走をする。6年生はロッキョミさんで買い物をする。「ロッキョミさん」というのは、江井ヶ島にあった橘六右ェ門商店のことで、駄菓子･文房具･その他を扱っていた地元の商店(既に廃業)である。この言葉は、小学校の校区内だけで流布していた言葉と思われる。短い期間だけ言われていた言葉であるかもしれない。

いちねんじゅう〔いちねんじゅー〕【一年中】《名詞、副詞》 ①1年の間。年頭から年末までの、すべての日。「にちよー(日曜)･も･　ふく(含)め･て･　いちねんじゅー･　やす(休)み･は･　あり･まへ･ん。」②そうでない日がないくらい、その状況がいつも常に続いていることを表す言葉。「いちねんじゅー･　あさ(朝)･は･　さんぽ(散歩)し･とり･ます･ねん。」〔⇒ねんじゅう【年中】。②⇒ねんがらねんじゅう【年がら年中】、ねんびゃくねんじゅう【年百年中】〕

いちねんせい〔いちねんせー〕【一年生】《名詞》 ①それぞれの学校の最初の学年の児童･生徒･学生。「しょーがっこー(小学校)･の･　いちねんせー･は･　かい(可愛)らしー･なー。」②ものごとを習い始めたばかりの人。「ごるふ(ゴルフ)･は･　まだ･　いちねんせー･や･

ねん。」〔⇒**いちねんぼうず【一年坊主】**、①⇒**いちねん【一年】**〕

いちねんぼうず〔**いちねんぼーず**〕**【一年坊主】**《名詞》 ①それぞれの学校の最初の学年の児童・生徒・学生。「いちねんぼーず・は・　ひる(昼)まで・で・　がっこー(学校)・から・　もど(戻)っ・てくる。」②ものごとを習い始めたばかりの人。「しゃくはち(尺八)・は・　いちねんぼーず・の・　へたくそ(下手糞)・や。」◆①は、相手を可愛く思って言ったり、相手を軽く見て言ったりすることが多い。②も、相手を軽く見たり、自分を謙遜したりして言うことが多い。〔⇒**いちねんせい【一年生】**。①⇒**いちねん【一年】**〕

いちねんぼうずのはいたたき〔**いちねんぼーずのはいたたき**〕**【一年坊主の蝿叩き】**《成句》 1年生を罵倒する響きを持った唱え言葉。蝿を叩くことぐらいしかできないという意味か、蝿叩きで叩かれるような弱い存在であるという意味か。

いちば【市場】《名詞》 食べ物や日用品などを売っている何軒かの商店が一箇所に集まっているところ。「おー(大)けな・　すーぱー(スーパー)・が・　でけ(出来)・て・　いちば・へ・　い(行)く・　しと(人)・が・　へ(減)っ・た。」

いちばん【一番】《名詞》 ①順序の最初。「いちばん・に・　せんせー(先生)・に・　あいさつ(挨拶)し・とか・んと・　いか・ん。」②他のものより抜きん出て優れていること。最上位。また、そのような位置にある人。「まらそん(マラソン)・で・　いちばん・に・　なっ・た。」

いちばん【一番】《副詞に》 程度が最上位である様子。最も。「らん(蘭)・の・　はな(花)・が・　いちばん・　す(好)きや。」〔⇒**いっち【一】、いっちゃん【(一番)】**〕

いちばんて【一番手】《名詞》 質、程度、等級などが最上であること。また、そのようなもの。「いちばんて・の・　しなもん(品物)・は・　やっぱり・　えー・　ね(値)・が・　する。」■対語＝「にばんて【二番手】」「さんばんて【三番手】」〔⇒**いちりゅう【一流】**〕

いちばんなり【一番生り】《名詞》 2度にわたって収穫できる豆・胡瓜・茄子・西瓜などを、1度目に収穫すること。第1期の結実。「いちばんなり・の・　なすび(茄子)・を・　ちぎる。」■対語＝「にばんなり【二番生り】」

いちばんのり【一番乗り】《名詞、動詞する》 他の者に比べて最も早く、目指すところに着くこと。また、そのようにした人。「はんしん(阪神)・の・　しあい(試合)・の・　きっぷ(切符)・を・　か(買)お・と・　おも(思)・て・　いちばんのりし・てん。」

いちばんはじめ【一番始め】《名詞》 順番を決めたときに、最初となるもの。もののとりかかり。「いちばんはじめ・に・　おまえ(前)・が・　やっ・て・　み(見)せ・たれ。」〔⇒**いっちはじめ【一始め】、いっちゃんはじめ【(一番始め)】**〕

いちばんぼし【一番星】《名詞》 夕方、最も早く出る星。最も早く目につく星。「いちばんぼし・が・　で(出)・た。」◆以下、「にばんぼし【二番星】」「さんばんぼし【三番星】」「よんばんぼし【四番星】」「ごばんぼし【五番星】」と続くが、10番を超えてまでは言わない。

いちばんめ【一番目】《名詞》 ものごとの順序や順位などを表す言葉で、最も初めの段階や、最も優れていること。「いちばんめ・に・　と(停)まっ・とる・　ばす(バス)・に・　の(乗)る。」

いちびり《名詞》 ①お調子者。ふざけることを好む者。「うち・の・　まご(孫)・は・　いちびり・や・ねん。」②調子に乗ってはしゃぐこと。調子に乗って行動すること。ふざけること。つけあがること。「いちびり・が・　す(過)ぎ・たら・　おこ(怒)っ・てやら・な・　あか・ん・よ。」

いちびる《動詞・ラ行五段活用》 調子に乗ってはしゃぐ。調子に乗って行動する。ふざけたり、つけあがったりする。「いちびり・ながら・　みち(道)・を・　ある(歩)い・とっ・たら・　けが(怪我)する・ぞ。」「がくげーかい(学芸会)・の・　ぶたい(舞台)・に・　で(出)・て・　いちびっ・とる。」■名詞化＝**いちびり**

いちぶ【一部】《名詞》 ①全体の中の、ある小さな部分。全体の中のひとまとまり。「この・　ほん(本)・は・　いちぶ・　よご(汚)れ・とる・さかい・　と(取)りかえ・てー・な。」②全体の順序や構成などを分けたときの、はじめの部分。「いちぶ・は・　げんしゅく(厳粛)に・　やら・な・　いか・ん。」■対語＝①「ぜんぶ【全部】」〔①⇒**いちぶぶん【一部分】**〕

いちぶぶん【一部分】《名詞》 全体の中の、ある小さな部分。全体の中のひとまとまり。「かす(掠)れ・て・　いちぶぶん・が・　よ(読)ま・れ・へん。」■対語＝「ぜんぶ【全部】」〔⇒**いちぶ【一部】**〕

いちめん【一面】《名詞》 あたり一帯。広がったものの全体。「いちめん・　たんぼ(田圃)・ばっかり・で・　いえ(家)・が・　み(見)あたら・へん。」

いちもん【一文】《名詞》 ごく僅かの金銭。「そんな・　しょーばい(商売)し・たっ・て・　いちもん・に・も・　なら・へん・で。」

いちもんなし【一文無し】《名詞、形容動詞や(ノ)》 ごく僅かのお金も持っていない人。ごく僅かのお金も持っていない様子。「みせ(店)・が・　つぶれ・て・　いちもんなしに・　なっ・た。」〔⇒**もんなし【文無し】**〕

いちゃいちゃ《副詞と、動詞する》 ①男女が馴れ合ってふざけあっている様子。男女が仲むつまじい様子。「でんしゃ(電車)・の・　なか(中)・で・　いちゃいちゃさ・れ・たら・　かない・まへ・ん・な。」②肉親や友人などの間柄で、まとわりつくような感じを見せる様子。「おやこ(親子)・で・　いちゃいちゃする・の・も・　めんどい・こと・や。」◆周囲の者が不快感を感じるほど、度が過ぎている場合に使うことが多い。〔⇒**べたべた**〕

いちゃつく《動詞・カ行五段活用》 男女が馴れ合って、ふざけあう。男女がたわむれる。「いちゃつく・ん・やっ・たら・　ひと(人)・の・　おら・ん・　とこ(所)・で・　やり・なはれ。」■名詞化＝**いちゃつき**

いちやづけ【一夜漬け】《名詞》 ①一晩漬けただけですぐに食べる漬け物。「きゅーり(胡瓜)・の・　いちやづけ・が・　うま(美味)い。」②急に準備をして間に合わせのために行う勉強や仕事。「いちやづけ・やっ・たら・　ごーかく(合格)でけ・へん。」〔⇒**いっちゃづけ【(一夜漬け)】**〕

いちゃもん《名詞》 理由にもならないことを理由にして、相手に難癖をつけること。また、その難癖の内容。「こども(子供)・の・　なきごえ(泣声)・が・　うるさ(煩)い・ゆ(言)ー・て・　いちゃもん・を・　つけ・られ・た。」

いちょう〔**いちょー**〕**【銀杏】**《名詞》 街路樹などとして植えることが多い木で、扇形の葉をしていて、秋になると葉が黄色くなる背の高い木。また、その葉。「いちょー・の・　おしば(押葉)・を・　つく(作)る。」

いちょう〔**いちょー**〕**【胃腸】**《名詞》 胃や腸などの消化器。「このごろ・　いちょー・の・　ちょーし(調子)・が・　わる(悪)い。」

いちらん【一覧】《名詞》 内容が一目でわかるように、簡単な表などにしてまとめたもの。「ごじゃごじゃ・　か(書)か・んと・　いちらん・に・　し・てほしー。」

いちりゅう〔**いちりゅー**〕【一流】《形容動詞や(ノ)、名詞》 ①質、程度、等級などが最上である様子。また、そのようなもの。「たま・に・は・ いちりゅー・の・ りょーりや(料理屋)・で・ めし(飯)・を・ く(食)おー。」「いちりゅーの・ せんしゅ(選手)・は・ やっぱり・ うま(上手)い・なー。」②他の人とは違う様子。際だって異なる様子。「あいつ(彼奴)・は・ いちりゅーの・ かんが(考)えかた・を・ する。」■対語＝①「にりゅう【二流】」「さんりゅう【三流】」〔①⇒**いちばんて**【一番手】〕

いちれつごんぼ【一列牛蒡】《名詞》 長く1本のひものように連なること。「うけつけ(受付)・で・ いちれつごんぼ・に・ なら(並)ぶ。」〔⇒**いちれつれんこん**【一列蓮根】〕

いちれつれんこん【一列蓮根】《名詞》 長く1本のひものように連なること。「いちれつれんこん・で・ みち(道)・の・ はし(端)・を・ ある(歩)く。」◆もともとは、「いちれつれんこう【一列連行】」であったのかもしれない。「牛蒡」と「蓮根」とは連想のつながりがあろう。〔⇒**いちれつごんぼ**【一列牛蒡】〕

いつ【五】《名詞(数詞)》 数を2音節で数えていくときの「ご【五】」を表す言葉。◆1から10までを「ひい【一】」「ふう【二】」「みい【三】」「よお【四】」「いつ【五】」「むう【六】」「なな【七】」「やあ【八】」「ここ【九】」「とお【十】」と言う。ただし、単独で「いつ【五】」と言うことはない。

いつ【五】《接頭語》 (後ろの名詞にかかっていく言葉で)5を表す言葉。「この・ かんじ(漢字)・は・ いつとー(通)り・の・ よ(読)みかた・が・ ある。」〔⇒**ご**【五】〕

いつ【何時】《名詞》 ①記憶や判断などが明確でなくはっきり決められない過去・現在・未来の時。はっきりとわからない時。「いつ・に・ なっ・たら・ つゆ(梅雨)・が・ あがる・ん・やろ。」「いつ・やっ・た・か・ ここ・へ・き(来)・た・ こと・が・ ある。」「いつ・の・ ま(間)ー・に・か・ あめ(雨)・が・ や(止)ん・どっ・た。」②将来の、はっきり決められない時。いつであるか、わからない時。不意の時や予想外の時。「いつ・ びょーき(病気)・が・ さいはつ(再発)する・か・ しんぱい(心配)や。」〔①⇒**いつか**【何時か】、**いつぞ**【何時ぞ】、**いつぞや**【何時ぞや】。②⇒**いつなんどき**【何時何時】〕

いついっか【何時何日】《名詞》 明確にできる、その日。何月何日という日。「いついっか・の・ こと・やっ・た・と・ はっきり・ ゆ(言)ー・てほしい。」

いつか【五日】《名詞》 ①1か月のうちの5番目の日。「ごがつ(五月)・の・ いつか・は・ こどものひ(日)・や。」②1日を5つ合わせた日数。「いつか・の・ あいだ(間)・に・は・ しあ(仕上)げる・ つもり・や。」

いつか【何時か】《名詞》 記憶や判断などが明確でなくはっきり決められない過去・現在・未来の時。はっきりとわからない時。「いつか・ いっしょに・ えーが(映画)・を・ み(見)・た。」「いつか・ また・ あ(会)い・ましょ。」〔⇒**いつ**【何時】、**いつぞ**【何時ぞ】、**いつぞや**【何時ぞや】〕

いっか【一家】《名詞》 ひとつの世帯の家族全員。「いっか・ そろ(揃)ー・て・ おで(出)かけ・です・か。」〔⇒**やうち**【家内】、**やうちじゅう**【家内中】、**いえじゅう**【家中】、**ええじゅう**【(家中)】、**かないじゅう**【家内中】、**かぞくじゅう**【家族中】〕

いっかい【一回】《名詞、副詞に》 ①そのことが行われるのが、ひとたびであること。「いっかい・ぐらい・ しっぱい(失敗)し・ても・ べっちょ(別状)ない・ぞ。」「いっかい・ぐらい・の・ てつや(徹夜)・は・ こたえ・へん。」②何かが行われるのが同じ時であること。「いっかいに・ みんな(皆)・が・ て(手)ー・を・ あ(挙)げ・た。」③時間の一つの区切り。「いっかい・の・ やす(休)み・は・ じっぷん(十分)・や。」④何かに遭遇した、まさにその時。「いっかい・は・ もー・ あか・ん・と・ おも(思)・てん・けど・ なん(何)とか・ た(立)ちなお(直)っ・た。」〔⇒**いちど**【一度】、**いっぺん**【一遍】。②④⇒**いちじ**【一時】、**いっとき**【一時】、**いちどき**【一時】〕

いっかげつ【一か月】《名詞》 1年を12に分けたときの、そのひとつ分。ほぼ30日の長さ。「あした(明日)・から・の・ いっかげつ・で・ できあ(出来上)がら・せ・ます。」〔⇒**ひとつき**【一月】、**しとつき**【(一月)】〕

いつかしらん【何時か知らん】《名詞、副詞に》 何時であるか不詳である時。今となっては、記憶が薄らいでしまって、特定できない時。知らない間。「これ・は・ いつかしらんに・ こ(買)ー・た・ かばん(鞄)・や。」「この・ くつ(靴)・を・ こ(買)ー・た・の・は・ いつかしらん・ むかし(昔)・や。」〔⇒**いつやしらん**【何時や知らん】〕

いっかど【一角】《形容動詞や(ノ)》 普通のものに比べて、取り立てて価値がある様子。専門家や大人などと同じような資格や能力や技能をそなえている様子。「わか(若)い・けんど・ いっかどの・ しごと(仕事)・を・ する。」「えら(偉)そーに・ いっかどの・ い(言)ーかた・を・ し・やがっ・た。」〔⇒**ひとかど**【一角】、**しとかど**【(一角)】、**いちにんまえ**【一人前】、**いっぱし**【一端】〕

いっきうち【一騎打ち】《名詞、動詞する》 勝敗を、他の人を加えずに、一対一で争うこと。「きばせん(騎馬戦)・の・ さいご(最後)・は・ のこ(残)っ・た・ もん(者)・の・ いっきうち・に・ する。」「いっきうち・みたいな・(＝がむしゃらな) た(食)べかた・を・ せ・ん・とき・なはれ。」

いっきに【一気に】《副詞》 休むことなく、ぐんぐん進む様子。短い期間に急激な変化を示す様子。「てっぺん(天辺)・まで・ いっきに・ のぼ(登)っ・てしまえ。」「かわ(川)・の・ みず(水)・が・ いっきに・ ふ(増)え・た。」〔⇒**ひといきに**【一息に】、**しといきに**【(一息に)】〕

いつけ【(結付け)】《名詞》 ①子どもを背負うときに使う帯。「いつけ・で・ お(負)たす。」②子どもを帯で背負うこと。また、その背負い方や、帯の結び方。「そんな・ いつけ・を・ し・たら・ すぼけ・て・ お(落)ちる・ぞ。」

いっけ【一家】《名詞》 親子兄弟などの血縁関係や、結婚などによってつながりのある関係。また、そのような人。血族と姻族。「あの・ いえ(家)・は・ うち・の・ いっけ・です・ねん。」「いっけ・の・ こ(子)ー・が・ あそ(遊)び・に・ き(来)・とる。」〔⇒**いっとう**【一統】、**しんるい**【親類】、**しんせき**【親類】、**みうち**【身内】〕

いつける【(結付ける)】《動詞・カ行下一段活用》 子どもを帯で背負う。「せなか(背中)・に・ いつけ・て・ しごと(仕事)・を・ する。」■名詞化＝**いつけ**【結付け】

いっこも【一個も】《副詞》 打ち消し表現の度合いを高めるために使う言葉。まったく。「きょー(今日)・の・ しけん(試験)・は・ いっこも・ わから・なんだ。」「そんな・ こと・は・ いっこも・ ゆ(言)ー・とら・へん。」「このごろ・は・ いっこも・ あめ(雨)・が・ ふ(降)ら・へん。」〔⇒**ちっとも**、**ちいとも**、**ちょっとも**【一寸も】、**ひとつも**【一つも】、**ひとっつも**【一っつも】、**しとつ**

も【(一つも)】、しとっつも【(一っつも)】、とっつも、なにひとつ【何一つ】、なにしとつ【(何一つ)】、ぜんぜん【全然】、なんにも【何にも】、なにも【何も】〕

いっさい【一切】《名詞、副詞》 ①漏らしたり例外としたりするものがなく、すべて。何から何まで全部。「わたし(私)・に・ いっさい・ まか(任)し・てくれ・たら・ あんじょーし・ます。」②そのことにはまったく関わりがないということを表す言葉。「それ・は・ わし・の・ いっさい・ し(知)ら・ん・ こと・や。」◆②は、後ろに打ち消しの言葉が伴う。〔①⇒**いっさいがっさい【一切合切】**〕

いっさいがっさい【一切合切】《名詞、副詞》 漏らしたり例外としたりするものがなく、すべて。何から何まで全部。「いえ(家)・に・ ある・ もん・を・ いっさいがっさい・ う(売)っ・ても・た。」〔⇒**いっさい【一切】**〕

いっさんごひちはとじゅうに〔いっさんごひちはとじゅーに〕【一三五七八十十二】《唱え言葉》 新暦の大の月を並べて順に言う言葉。■対語＝「にしむくさむらい【二四六九士】」「にしむくじゅういち【二四六九十一】」

いっしゃり【(石遣り)】《名詞》 Ｙ字型の木や金具にゴム紐を張って、小石などを飛ばす、子どもの遊び道具。「いっしゃり・で・ すずめ(雀)・を・ ねら(狙)う。」◆駄菓子屋などで売っているものもあったが、たいていは手製であった。〔⇒**いしやり【石遣り】、ぱちんこ**〕

いっしゅう〔いっしゅー〕【一周】《名詞、動詞する》 何かの周りをひとまわりすること。あちらこちらを広く動き回ること。「まつり(祭)・の・ たいこ(太鼓)・が・ むら(村)・の・ なか(中)・を・ いっしゅーする。」

いっしゅうき〔いっしゅーき〕【一周忌】《名詞》 人が亡くなって満１年のときに営む法事。「おじ(叔父)さん・の・ いっしゅーき・に・ い(行)く。」〔⇒**むかわり**〕

いっしょ【一緒】《形容動詞や(ノ)、動詞する》 ①異質なものを区別しないでひとまとめにしている様子。混じり合って区別できない様子。「にく(肉)・と・ やさい(野菜)・を・ いっしょに・ いた(炒)める。」②集まってひとまとまりになって行動する様子。「まいあさ(毎朝)・ いっしょに・ がっこ(学校)・へ・ い(行)く。」「あした(明日)・は・ あんた・と・ いっしょし・ます。」〔①⇒**いっしょくた【一緒くた】、いっしょくたい【一緒くたい】、いっしょくちゃ【一緒くちゃ】、いっしょこた【一緒こた】、いっしょこたい【一緒こたい】**〕

いっしょう〔いっしょー〕【一生】《名詞》 生まれてから死ぬまでの間。生涯。「いっしょー・ さけ(酒)・を・ の(飲)ん・どっ・た・さかい・ あのよ(世)・でも・ のみや(飲屋)・に・ かよ(通)・とる・ん・やろ。」

いっしょうけんめい〔いっしょーけんめー〕【一生懸命】《形容動詞や(ノ)》 ある限りの力を出し切って熱心に行う様子。「じかん(時間)・を・ わす(忘)れ・て・ いっしょーけんめーに・ れんしゅー(練習)し・とる。」

いっしょうびん〔いっしょーびん〕【一升瓶】《名詞》 １升(およそ1.8リットル)の量の酒などを入れるガラス瓶。また、それに入れた酒のこと。「いっしょーびん・が・ みっか(三日)・で・ から(空)・に・ なっ・てまう。」◆日本酒を一升瓶に詰めて売り出したのは、江井ヶ嶋酒造株式会社が全国で初めてであった。

いっしょうます〔いっしょーます〕【一升枡】《名詞》 液体や米・豆などの体積を計るための、１升(およそ1.8リットル)はいる四角い器。「まめ(豆)・を・ いっしょーます・で・ はか(量)る。」

いっしょくた【一緒くた】《形容動詞や(ノ)》 異質なものを区別しないでひとまとめにしている様子。混じり合って区別できない様子。「じぶん(自分)・の・ もん・と・ ひと(人)・の・ もん・と・を・ いっしょくたに・ し・たら・ あと(後)・で・ こま(困)る・やろ・がい。」〔⇒**いっしょ【一緒】、いっしょくたい【一緒くたい】、いっしょくちゃ【一緒くちゃ】、いっしょこた【一緒こた】、いっしょこたい【一緒こたい】**〕

いっしょくたい【一緒くたい】《形容動詞や(ノ)》 異質なものを区別しないでひとまとめにしている様子。混じり合って区別できない様子。「あんた・の・ もん・と・ いっしょくたいに・ い(入)れ・んとい・てんか。」〔⇒**いっしょ【一緒】、いっしょくた【一緒くた】、いっしょくちゃ【一緒くちゃ】、いっしょこた【一緒こた】、いっしょこたい【一緒こたい】**〕

いっしょくちゃ【一緒くちゃ】《形容動詞や(ノ)》 異質なものを区別しないでひとまとめにしている様子。混じり合って区別できない様子。「なん(何)もかも・ いっしょくちゃに・ あつ(集)め・て・ ふくろ(袋)・に・ い(入)れる。」〔⇒**いっしょ【一緒】、いっしょくた【一緒くた】、いっしょくたい【一緒くたい】、いっしょこた【一緒こた】、いっしょこたい【一緒こたい】**〕

いっしょこた【一緒こた】《形容動詞や(ノ)》 異質なものを区別しないでひとまとめにしている様子。混じり合って区別できない様子。「みそ(味噌)・も・ くそ(糞)・も・ いっしょこたに・ し・て・ かんが(考)え・たら・ あか・ん。」〔⇒**いっしょ【一緒】、いっしょくた【一緒くた】、いっしょくたい【一緒くたい】、いっしょくちゃ【一緒くちゃ】、いっしょこたい【一緒こたい】**〕

いっしょこたい【一緒こたい】《形容動詞や(ノ)》 異質なものを区別しないでひとまとめにしている様子。混じり合って区別できない様子。「いっしょこたいに・ せ・んと・ くべつ(区別)し・て・ あつ(集)める。」〔⇒**いっしょ【一緒】、いっしょくた【一緒くた】、いっしょくたい【一緒くたい】、いっしょくちゃ【一緒くちゃ】、いっしょこた【一緒こた】**〕

いっせい〔いっせー〕【一斉】《副詞に、名詞》 多くのものを揃って行う様子。多くのものが揃って同じような状態になる様子。「いっせーに・ そーじ(掃除)・を・ する。」「いっせー・けんさ(検査)・が・ おこな(行)わ・れる。」「にゅーがくしき(入学式)・の・ ころ(頃)・に・ いっせーに・ さくら(桜)・が・ さ(咲)く。」

いっそ《副詞》 普通では行わないやり方をあえてとろうとすることを表す言葉。思い切って。「しゅーぜん(修繕)する・より・ いっそ・ か(買)いか(換)え・た・ ほー(方)・が・ やす(安)ー・ つく。」◆思い切って行う気持ちの他に、投げやりな気持ちを表すこともある。〔⇒**いっそのこと【いっその事】**〕

いつぞ【何時ぞ】《名詞》 記憶や判断などが明確でなくはっきり決められない過去・現在・未来の時。はっきりとわからない時。「いつぞ・に・ しゅーきん(集金)・に・ き(来)・た・やろ。はろ(払)・た・ こと・を・ わす(忘)れ・ん・よーに・ し・てんか。」「いつぞ・ いっしょ(一緒)に・ めし(飯)・でも・ く(食)い・まほ・か。」「いつぞ・ いっぺん(一遍)・ よ(寄)せ・てもらい・まっ・さ。」〔⇒**いつ【何時】、いつか【何時か】、いつぞや【何時ぞや】**〕

いっそう〔いっそー〕【一層】《副詞》 前よりもさらに程度が高まることを表す言葉。「これ・まで・より・も・ いっそー・ めんどー(面倒)・を・ み(見)・たっ・て・な。」「きのー(昨日)・から・ いっそー・ さぶ(寒)なっ・

た。」〔⇒**いちだんと【一段と】、ますます【益々】、よけい【余計】、よけのこと【(余計の事)】**〕

いっそくとび【一足飛び、一足跳び】《形容動詞や(ノ)》 順序を踏まないで、大きく飛び越えていく様子。「いっそくとびに・ しゃちょー(社長)・に・ なっ・たーっ・てん・と。」

いっそのこと【いっその事】《副詞》 普通では行わないやり方をあえてとろうとすることを表す言葉。思い切って。「いっそのこと・ かいしゃ(会社)・を・ や(辞)め・ても・たろ・か・と・ おも(思)・とる・ねん。」◆思い切って行う気持ちの他に、投げやりな気持ちを表すこともある。〔⇒**いっそ**〕

いつぞや【何時ぞや】《名詞》 記憶や判断などが明確でなくはっきり決められない過去・現在・未来の時。「いつぞや・は・ え(良)ー・ もん・ もろ(貰)・て・ ありがとー・ございまし・た。」〔⇒**いつ【何時】、いつか【何時か】、いつぞ【何時や】**〕

いったい【一帯】《名詞》 一続きの範囲。その場所・地域などの全体。「あた(辺)り・の・ いったい・で・ こめ(米)・が・ こぼ(零)れ・とる。」〔⇒**いったいこ【一帯こ】**〕

いったい【一体】《副詞》 強い疑問の気持ちを表したり、相手を強くたしなめたりする気持ちを表すときに使う言葉。「いったい・ どない・ し・て・ こんな・ けが(怪我)・を・ し・た・ん・や。」〔⇒**いったいこったい【一体こったい】**〕

いったいこ【一帯こ】《名詞、形容動詞や(ノ)》 一続きの範囲。その場所・地域などの全体。また、一続きの範囲が同じようになっている様子。そのような場所や地域などが全体に広がる様子。「かわ(川)・の・ ちか(近)く・は・ いったいこに・ しんすい(浸水)し・た。」〔⇒**いったい【一帯】**〕

いったいこったい【一体こったい】《副詞》 強い疑問の気持ちを表したり、相手を強くたしなめたりする気持ちを表すときに使う言葉。「だま(黙)っ・て・ けっきん(欠勤)し・て・ いったいこったい・ あんた・は・ どんな・ つもり・で・ おる・ん・や。」◆「いったい【一体】」よりも強い語気で言う言葉である。〔⇒**いったい【一体】**〕

いったん【一旦】《副詞》 ものごとが進むことを一時的に中断して。「いったん・ い(去)ん・で・ ひるね(昼寝)・でも・ し・てくる・わ。」◆その後、再開するという意味合いが伴う。

いっち【一】《副詞》 程度が最上位である様子。最も。「かいちょー(会長)・が・ いっち・ えら(偉)い・ ひと(人)・や。」「いっち・ え(良)ー・ きもの(着物)・を・ き(着)・ていく。」「この・ はなし(話)・が・ いっち・おもろ(面白)い。」〔⇒**いちばん【一番】、いっちゃん【(一番)】**〕

いっちはじめ【一初め】《名詞》 順番を決めたときに、最初となるもの。もののとりかかり。「いっちはじめ・は・ おまえ(前)・が・ い(言)ーだし・た・ こと・なん・や。」〔⇒**いちばんはじめ【一番始め】、いっちゃんはじめ【(一番始め)】**〕

いっちゃく【一着】《名詞》 最初に目標の地点に着くこと。また、それをした人。「はし(走)り・で・ いっちゃく・と(取)っ・てん。」〔⇒**いっとう【一等】**〕

いっちゃづけ【(一夜漬け)】《名詞》 ①一晩漬けただけですぐに食べる漬け物。「のこ(残)っ・た・ やさい(野菜)・を・ いっちゃづけ・に・ する。」②急に準備をして間に合わせのために行う勉強や仕事。「いっちゃづけ・で・ べんきょー(勉強)し・た・けど・ しけん(試験)・は・ わから・なんだ。」〔⇒**いちやづけ【一夜漬け】**〕

いっちゃん【(一番)】《副詞》 程度が最上位である様子。最も。「いま(今)・が・ いっちゃん・ あつ(暑)い・ とき(時)・や。」「わし・が・ いっちゃん・ まえ(前)・を・ ある(歩)い・たる。」〔⇒**いちばん【一番】、いっち【一】**〕

いっちゃんはじめ【(一番始め)】《名詞》 順番を決めたときに、最初となるもの。もののとりかかり。「いっちゃんはじめ・に・ あんた・が・ あいさつ(挨拶)し・ておくれ。」〔⇒**いちばんはじめ【一番始め】、いっちはじめ【一始め】**〕

いっちょう〔いっちょー〕【一丁】《名詞》 ①刀や銃砲や楽器などのように細長い形のものが、ひとつ。「ほーちょー(包丁)・ いっちょー・で・ しごと(仕事)・を・ する。」「かま(鎌)・を・ いっちょー・ずつ・ も(持)っ・て・ くさか(草刈)り・に・ い(行)く。」「といし(砥石)・を・ いっちょー・ か(買)う。」②他のものは身に付けないで、ただひとつ。「ぱんつ(パンツ)・ いっちょー・で・ たいじゅー(体重)・を・ はか(測)る。」③飲食店で注文したものの、ひとつ。「らーめん(ラーメン)・ いっちょー。おおきに。」◆①③については、「にちょう【二丁】」「さんちょう【三丁】」…という言い方もする。

いっちょう〔いっちょー〕【一丁】《副詞》 やや構えた姿勢で、仕事や勝負事などを行おうとする気持ちを表す言葉。「いっちょー・ けんか(喧嘩)・を・ やっ・たろ・か。」

いっちょうあがり〔いっちょーあがり、いっちょあがり〕【一丁上がり】《形容動詞や(ノ)》 一つのことが完成したり、結末がついたりする様子。「しくだい(宿題)・の・ え(絵)ー・は・ これ・で・ いっちょーあがりや。」◆感動詞のようにも使う。「いっちょあがりや。でけ(出来)・た・さかい・ さー・ た(食)べ・てんか。」

いっちょうらい〔いっちょーらい、いっちょらい〕【(一張羅)】《名詞》 着物や服のうち、特別立派なもの。最も上等の着物。外出するときに着る、特別な衣服。晴れ着。「いっちょらい・を・ き(着)・て・ どこ・へ・ おでかけ・や。」〔⇒**よそいき【余所行き】**〕

いつつ【五つ】《名詞(数詞＋助数詞)》 ①自然数の4に、1を加えた数で、個数などをかぞえる場合に使う言葉。「ぺけ(×)・が・ いつつ・も・ ある。」②5歳の年齢。「いつつ・に・ なっ・て・ もーじき・ しょーがっこー(小学校)・や。」

いつつき【五月】《名詞》 ①1年を12に分けたときの、そのいつつ分。ほぼ150日の長さ。「いつつきぶん(分)・の・ きゅーりょー(給料)・を・ まえが(前借)りする。」②その月から、中に3つの月を置いてまたがる長さ。「こんげつ(今月)・から・ いつつき・も・ さき(先)・まで・ よてー(予定)・を・ こしらえ・んと・ いか・ん・の・かいな。」〔⇒**ごかげつ【五か月】**〕

いつつだま【五つ玉】《名詞》 算盤で昔使われていた、珠が、はりの上に1つ、下に5つ付いているもの。「わしら・の・ しょーがっこーじだい(小学校時代)・は・ いつつだま・やのー・て・ よつだま・の・ そろばん・を・ つ(使)こ・た。」■対語＝「よつだま【四つ玉】」

五つ玉の算盤

い

いっつも【(何時も)】《名詞、副詞》 ①特別なこともなく、繰り返される日常。「いっつも・と・は・　ちが(違)う・　かみがた(髪型)・を・　し・とる。」②途絶えることなく続いている様子。常に。「はんじょー(繁盛)し・て・　いっつも・　こ(混)ん・どる・　みせ(店)・や・なー。」「ちこく(遅刻)し・てくる・ん・は・　いっつも・の・　こと・や。」〔⇒**いつも**【何時も】、**いっつもかっつも**【(何時もかっつも)】、**いつもかも**【何時もかも】。①⇒**ふだん**【不断、普段】、**へいじょう**【平常】、**へいぜい**【平生】、**ひごろ**【日頃】、**へいじつ**【平日】。②⇒**じょうじ**【常時】、**じょうしき**【常しき】、**しょっちゅう**、**しじゅう**【始終】〕

いっつもかっつも【(何時もかっつも)】《名詞、副詞》 ①特別なこともなく、繰り返される日常。「いっつもかっつも・は・　ひちじはん(七時半)・の・　でんしゃ(電車)・に・　の(乗)る。」②途絶えることなく続いている様子。常に。「この・　みち(道)・は・　いっつもかっつも・　くるま(車)・が・　とー(通)っ・とる。」〔⇒**いつも**【何時も】、**いっつも**【(何時も)】、**いつもかも**【何時もかも】。①⇒**ふだん**【不断、普段】、**へいじょう**【平常】、**へいぜい**【平生】、**ひごろ**【日頃】、**へいじつ**【平日】。②⇒**じょうじ**【常時】、**じょうしき**【常しき】、**しょっちゅう**、**しじゅう**【始終】〕

いっつもかも【何時もかも】《名詞、副詞》 ①特別なこともなく、繰り返される日常。「いっつもかも・は・　ろくじかん(六時間)・の・　じぎょー(授業)・が・　ある。」②途絶えることなく続いている様子。常に。「いっつもかも・　うた(歌)・を・　うと(歌)・て・　ある(歩)い・とる。」〔⇒**いつも**【何時も】、**いっつも**【(何時も)】、**いっつもかっつも**【(何時もかっつも)】。①⇒**ふだん**【不断、普段】、**へいじょう**【平常】、**へいぜい**【平生】、**ひごろ**【日頃】、**へいじつ**【平日】。②⇒**じょうじ**【常時】、**じょうしき**【常しき】、**しょっちゅう**、**しじゅう**【始終】〕

いってくる【行って来る】《動詞・カ行変格活用》 ①出かけて行く。目的地に向かう。「みそ(味噌)・を・　か(買)い・に・　ちょっと(一寸)・　いってくる・わ。」②出かけて行って、戻る。目的地から戻る。「ひとばんど(一晩泊)まり・で・　りょこー(旅行)・に・　いってき・まし・てん。」◆もともとは、「行っ・てくる」(動詞＋補助動詞)であるが、熟して一語として使われているという印象が強くなっている。行って帰る、行くという動作を完了する、という気持ちが伴うが、単に「行く」というのと同じ意味で使うことも多い。〔⇒**いてくる**【行て来る】〕

いってらっしゃい【行ってらっしゃい】《感動詞》 ①出かける人を送り出すときに言う言葉。「いってらっしゃい。げんき(元気)で・な。」②「行ってきます」の挨拶に呼応して言う言葉。「おー・　そー・か。いってらっしゃい・な。」〔⇒**いっといで**【行っといで】〕

いってん【(一膳)】《名詞》 ①１椀のご飯。「いってん・で・は・　はら(腹)・が・　も(持)た・ん。」②わずかの量の食事。「いってん・だけ・　よばれ・ていこ・か。」〔⇒**いちぜん**【一膳】〕

いってんめし【(一膳飯)】《名詞》 １椀だけ食べるご飯。１椀だけに限られているご飯。「いってんめし・を・　く(食)ー・て・　あわて・て・　で(出)・てき・てん。」〔⇒**いちぜんめし**【(一膳飯)】〕

いっといで【行っといで】《感動詞》 ①出かける人を送り出すときに言う言葉。「いっといで。はよ(早)ー・　かえ(帰)り・なはれ。」②「行ってきます」の挨拶に呼応して言う言葉。「あー・　いっといで。」◆「行っておいで」の発音が融合した言葉である。〔⇒**いってらっしゃい**【行ってらっしゃい】〕

いっとう〔**いっとー**〕【一等】《名詞》 ①最も優れた成績や等級を得ること。また、それを得た人。「ずこー(図画)・で・　いっとー・に・　はい(入)っ・た。」②最初に目標の地点に着くこと。また、それをした人。「いっとー・で・　ごーるいん(ゴールイン)し・た。」〔②⇒**いっちゃく**【一着】〕

いっとう〔**いっとー**〕【一統】《名詞》 親子兄弟などの血縁関係や、結婚などによってつながりのある関係。また、そのような人。血族と姻族。「たなか(田中)・の・　みょーじ(苗字)・の・　いえ(家)・は・　みんな・　いっとー・や。」〔⇒**いっけ**【一家】、**しんるい**【親類】、**しんせき**【親類】、**みうち**【身内】〕

いっとき【一時】《名詞、副詞に》 ①何かに遭遇した、まさにその時。「しうつ(手術)し・た・　いっとき・は・　げんき(元気)やっ・た・けど・　また(又)・　ちょーし(調子)・が・　わる(悪)い。」②ほんの短い時間の間。わずかの時間。「しょくどー(食堂)・は・　いっとき・に・　ひと(人)・が・　やっ・てくる。」「おきゃく(客)さん・が・　いっとき・に・　き(来)・たら・　はい(入)ら・れ・へん。」③何かが行われるのが同じ時であること。「いっときに・　ふたり(二人)・が・　ものゆ(言)ー・たら・　わから・へん・がな。」「いっときに・　みんな(皆)・　て(手)・を・　あ(挙)げ・た。」〔⇒**いちじ**【一時】、**いちどき**【一時】。①③⇒**いちど**【一度】、**いっかい**【一回】、**いっぺん**【一遍】。②⇒**ちいとま**【ちいと間】、**ちょっとま**【一寸間】、**ちとま**【(一寸間)】、**ちっとま**【(一寸間)】、**ひといき**【一息】、**しといき**【(一息)】、**しばらく**【暫く】〕

いっとます〔**いっとーます**〕【一斗枡】《名詞》 米などの体積を計るための、1斗(およそ18リットル)はいる円柱形の器。「いっとます・に・　こめ(米)・を・　いっぱい(一杯)・　い(入)れる。」

一斗枡 ★

いっともなしに【何時とも無しに】《副詞》 時刻や場合などをわきまえずに。「いっともなしに・　おかし(菓子)・ばっかり・　た(食)べ・とる。」「よなか(夜中)・でも・　いつ・でも・　いっともなしに・　でんわ(電話)・を・　し・てくる。」

いつなんどき【何時何時】《名詞》 将来の、はっきり決められない時。いつであるか、わからない時。不意の時や予想外の時。「いつなんどき・　じしん(地震)・が・　お(起)こる・や・　わから・へん。」〔⇒**いつ**【何時】〕

いつのいつやら【何時の何時やら】《副詞に》 過去の、記憶がはっきりと残っていない時に。よくわからない時に。「おじー(祖父)さん・が・　いつのいつやら・　し(死)ん・だ・ん・か・　もー・　わす(忘)れ・ても・た。」「きのー(昨日)・の・　あさ(朝)・は・　いつのいつやらに・　お(起)き・た・ん・か・　おぼ(覚)え・とら・へん。」

いつのまにか〔**いつのまーにか**〕【何時の間にか】《副詞に》 はっきりと意識しないうちに。時の流れを知らないうちに。「あめ(雨)・が・　や(止)ん・で・　いつのまーにかに・　は(晴)れ・てき・とっ・た。」〔⇒**いつのまにやら**【何時の間にやら】〕

いつのまにやら〔**いつのまーにやら**〕【何時の間にやら】《副詞に》 はっきりと意識しないうちに。時の流れを知らないうちに。「いつのまにやら・　ふね(船)・が・　こーべ(神戸)・に・　つ(着)い・とっ・た。」〔**⇒いつのまにか【何時の間にか】**〕

いっぱい【一杯】《名詞》　一つの入れ物に入るだけの量。「みず(水)・を・　こっぷ(コップ)・に・　いっぱい・　の(飲)まし・てー・な。」「ばけつ(バケツ)・に・　いっぱい・の・　せきたん(石炭)・を・　も(持)っ・てくる。」

いっぱい【一杯】《形容動詞や(ノ)》　①数や量がたくさんある。基準とする数や量よりも大きい。「あっちこっち・　いっぱいに・　まちご(間違)ー・て・　てん(点)・が・　あら・へん。」②寸法・分量・時間・時刻などが限界ぎりぎりで、隙間やゆとりがない様子。「しばい(芝居)・の・　げきじょー(劇場)・は・　ひと(人)・で・　いっぱいに・　なっ・とる。」「こんしゅー(今週)・　いっぱい・しか・　ま(待)た・れ・へん。」◆語幹だけの副詞的用法もある。〔①**⇒おおい【多い】、おかい【(多い)】、ようけ、ようさん【(仰山)】、ぎょうさん【仰山】、じょうさん【(仰山)】、どっさり、たくさん【沢山】、たんと、やっと**。②**⇒いっぱいいっぱい【一杯一杯】、ぎりぎりいっぱい【ぎりぎり一杯】、つついっぱい【つつ一杯】、きちきち、ぎりぎり、きちきちいっぱい【きちきち一杯】**〕

いっぱいいっぱい【一杯一杯】《形容動詞や(ノ)》　①寸法・分量・時間・時刻などが限界ぎりぎりで、隙間やゆとりがない様子。「おー(大)きな・　とらっく(トラック)・や・さかい・　みち(道)・が・　いっぱいいっぱいに・　なっ・とる。」②筋肉の働きや気力などを限りなく発揮させる様子。「じぶん(自分)・の・　ちから(力)・の・　いっぱいいっぱいに・　はし(走)っ・た・けど・　か(勝)て・なんだ。」◆語幹だけの副詞的用法もある。〔**⇒ぎりぎりいっぱい【ぎりぎり一杯】、つついっぱい【つつ一杯】**。①**⇒きちきち、ぎりぎり、いっぱい【一杯】、きちきちいっぱい【きちきち一杯】**。②**⇒ちからいっぱい【力一杯】**〕

いっぱいのみや【一杯飲み屋】《名詞》　短い時間で気軽に酒を飲むことができるように、酒や肴(さかな)を用意して客を迎える店。「かえ(帰)りがけ・に・　いっぱいのみや・に・　よ(寄)っ・た。」

いっぱし【一端】《形容動詞や(ノ)》　普通のものに比べて、取り立てて価値がある様子。専門家や大人などと同じような資格や能力や技能をそなえている様子。「やきゅー(野球)・の・　こと・に・　つい・て・は・　いっぱしの・　こと・を・　ゆ(言)ー・　ひと(人)・や。」〔**⇒ひとかど【一角】、いっかど【一角】、しとかど【(一角)】、いちにんまえ【一人前】**〕

いっぷく【一服】《名詞、動詞する》　①お茶や煙草の一回分。「いっぷく・　す(吸)ー・て・から・　しごと(仕事)・を・　はじ(始)め・よ・か。」②仕事の途中などで一休みすること。休憩。「ここら・で・　いっぷくし・まへ・ん・か。」〔②**⇒いきつぎ【息継ぎ】**〕

いっぺん【一遍】《名詞、副詞に》　①そのことが行われるのが、ひとたびであること。「ほっかいどー(北海道)・へ・は・　いっぺん・　い(行)っ・てみ・たい・と・　おも(思)う。」「いっぺん・　うま(巧)い・こと・　いか・なん・でも・　あきら(諦)め・たら・　あか・ん。」「いっぺん・や・　にへん(二遍)・　き(聞)ー・ても・　わから・へん。」②何かが行われるのが同じ時であること。「なんにん(何人)・も・が・　いっぺんに・　た(立)ちあがっ・た。」③時間の一つの区切り。「いっぺん・の・ぶん(分)・の・　くすり(薬)・が・　ぎょーさん(仰山)・ある。」④何かに遭遇した、まさにその時。「いっぺん・は・　し(死)に・たい・と・　おも(思)・た・ぐらい・や。」〔**⇒いちど【一度】、いっかい【一回】**。②④**⇒いちじ【一時】、いっとき【一時】、いちどき【一時】**〕

いっぺんに【一遍に】《副詞》　きちんとした予告や予兆などもなく、突然にある動作が行われたり、ある状態などに見舞われたりする様子を表す言葉。「ふけーき(不景気)・に・　なっ・て・　いっぺんに・　びんぼ(貧乏)し・ても・た。」〔**⇒きゅうに【急に】**〕

いっぽう〔いっぽー〕【一方】《名詞、形容動詞や(ノ)》　①一つの方角。一つの側面。「いっぽー・から・だけ・　かぜ(風)・が・　ふ(吹)い・てくる。」「いっぽー・つーこー(通行)・に・　なっ・とる・　みち(道)・を・　とー(通)る。」②もっぱら一つの方向に偏っている様子。それだけである様子。「あめ(雨)・は・　つよ(強)なる・　いっぽーや。」「がくせーじだい(学生時代)・は・　べんきょー(勉強)せ・んと・　くらぶ(クラブ)・を・　する・　いっぽーやっ・てん。」

いつまでも【何時までも】《副詞》　際限なく続く、あるいは長く続く様子。「かぜ(風邪)・が・　いつまでも・　なお(治)ら・へん。」

いつも【何時も】《名詞、副詞》　①特別なこともなく、繰り返される日常。「いつも・は・　ろくじ(六時)・に・　お(起)きる。」②途絶えることなく続いている様子。常に。「しょーがっこー(小学校)・の・　じぶん(時分)・は・　いつも・　はら(腹)・を・　す(空)かし・とっ・た。」「おやじ(親父)・は・　いつも・　おこ(怒)っ・て・ばっかり・や。」〔**⇒いっつも【(何時も)】、いっつもかっつも【(何時もかっつも)】、いつもかも【何時もかも】**。①**⇒ふだん【不断、普段】、へいじょう【平常】、へいぜい【平生】、ひごろ【日頃】、へいじつ【平日】**。②**⇒じょうじ【常時】、じょうしき【常しき】、しょっちゅう、しじゅう【始終】**〕

いつやじぶん【何時や時分】《副詞に》　そのときをはっきりと意識しないときに。「いつやじぶんに・　かんじ(漢字)・を・　おぼ(憶)え・とっ・た。」〔**⇒いつやじぶんやら【何時や時分やら】**〕

いつやじぶんやら【何時や時分やら】《副詞に》　そのときをはっきりと意識しないときに。「いつやじぶんやらに・　やきゅー(野球)・が・　す(好)きに・　なっ・たん・や。」〔**⇒いつやじぶん【何時や時分】**〕

いつやしらん【何時や知らん】《名詞、副詞に》　何時であるか不詳である時。今となっては、記憶が薄らいで、特定できない時。知らない間。「いつやしらんに・　もーちょー(盲腸)・の・　しうつ(手術)・を・　し・た。」「ぼーし(帽子)・を・　いつやしらん・　うしの(失)ー・た。」〔**⇒いつかしらん【何時か知らん】**〕

いで《接続助詞》　打ち消しの意味を述べておいて、後ろで述べる内容に続いていくことを表す言葉。「い(行)か・いで・　おら・れ・へん。」「みず(水)・も・　の(飲)ま・いで・　はし(走)っ・とる。」「あの・　とき(時)・は・　いえ(家)・に・　おら・いで・　すん・まへ・ん。」〔**⇒んで、んと**〕

いでか《終助詞》　その動作を必ずする、または、しないではおれない、ということを、反語を用いて表す言葉。「こんど(今度)・の・　えーが(映画)・は・　み(見)・にいか・いでか。」〔**⇒んでか**〕

いてくる【行て来る】《動詞・カ行変格活用》　①出かけて行く。目的地に向かう。「がっこー(学校)・へ・　いてき・ま

い

す。」②出かけて行って、戻る。目的地から戻る。「あんた・も・　いっぺん(一遍)・　かいがいりょこー(海外旅行)・に・　いてき・たら・　え(良)ー・のに。」◆もともとは、「行っ・てくる」(動詞＋補助動詞)であるが、それが「いてくる」と熟して一語として使われているという印象が強くなっている。行って帰る、行くという動作を完了する、という気持ちが伴うが、単に「行く」というのと同じ意味で使うことも多い。〔⇒**いってくる【行って来る】**〕

いてこます【(行てこます)】《動詞・サ行五段活用》　①強い意志を持って行う。うまく行う。「ことし(今年)・の・　しけん(試験)・は・　いてこます・　つもり・や。」②やっつける。やりこめる。殴る。「あいつ(彼奴)・を・　いっぺん・　いてこまそ・と・　おも(思)・とる・ねん。」③行く。出かける。「そろそろ・　いてこまそ・ー・か。」◆③は、ややふざけた言い方である。〔②⇒**いてまう【(行てまう)】、いわす**〕

いてて【痛てて】《感動詞》　瞬間的に、痛いという気持ちを表す言葉。「いてて・　ゆび(指)・を・　はそ(挟)ん・だ。」

いてまう【(行てまう)】《動詞・ワア行五段活用》　①やっつける。やりこめる。殴る。「はら(腹)・が・　た(立)つ・さかい・　いてもー・たろ・か・と・　おも(思)う・ねん。」②豪快に食べる。豪快に飲む。「いっぺん(一遍)・に・　いっしょー(一升)・ぐらい・　いてまい・よる・　さけの(酒飲)み・や。」「ぎょーざ(餃子)・　みさら(三皿)・ぐらい・は・　じき(直)に・　いてまう。」③盗む。「し(知)らん・　ま(間)ー・に・　どろぼー(泥棒)・に・　いてまわれ・た。」④人や動物が、亡くなる。「あいつ(彼奴)・は・　とーとー・　いてまい・よっ・た。」〔①⇒**いわす、いてこます【(行てこます)】**〕

いでも《接続助詞》　①それをしないことがあっても、かまわない、という気持ちを表す言葉。「あわ(慌)て・て・い(行)か・いでも・　え(良)ー・やろ。」「くすり(薬)・なんか・　の(飲)ま・いでも・　べっちょ(別状)ない。」②強く迫ってこなくても行うつもりはあるという気持ちを表す言葉。「さいそく(催促)せ・いでも・　かえ(返)し・ます。」◆「ないでも」の「な」が脱落したと考えることもできる。〔⇒**んでも、なんでも、ないでも**〕

いてる【凍てる】《動詞・タ行下一段活用》　水分を含んでいたものが氷結する。凍るように寒く感じられる。「やま(山)・に・　のぼ(登)る・　みち(道)・が・　いて・て・かちかちに・　なっ・とる。」「ほ(干)し・とっ・た・　てぬぐ(手拭)い・が・　いて・ても・とる。」「きょー(今日)・は・　あさ(朝)・から・　いて・て・　さぶ(寒)い・なー。」◆水が氷になるようなときには使わない。〔⇒**こおる【凍る】**〕

いでる【(茹でる)】《動詞・ダ行下一段活用》　野菜などを、調味料などを加えずに、熱い湯だけで煮る。「しゃもじな(杓文字菜)・を・　さっと・　いでる。」「いで・て・から・　ひ(日)ー・に・　ほ(干)す。」■自動詞は「いだる【(茹だる)】」〔⇒**ゆでる【茹でる】**〕

いてん【移転】《名詞、動詞する》　拠点となっている場所を変えること。住んでいるところから引っ越すこと。「いてんし・ても・て・　みせ(店)・が・　あ(有)ら・へん。」

いと【糸】《名詞》　①繭や綿や毛などの繊維を長く伸ばして、よりをかけたもの。「はり(針)・に・　いと・を・とー(通)す。」②細くて長いもの。「くも(蜘蛛)・が・　いと・で・　す(巣)ー・を・　つく(作)っ・とる。」「なっとー(納豆)・が・　いと・を・　ひ(引)ー・とる。」

いと《接続助詞》　もしそうしなければという意味(打ち消しの仮定)を表す言葉。「よ(読)ま・いと・　なかみ(中身)・は・　わかる・もんか。」〔⇒**んと、な**〕

いど【井戸】《名詞》　地面を深く掘って地下水を汲み上げるようにしたところ。「いど・の・　みず(水)・を・　ぽんぷ(ポンプ)・で・　く(汲)む。」

井戸とポンプ　★

いどかえ〔いどがえ〕【井戸替え】《名詞、動詞する》　井戸の水をすっかり汲み出して、井戸の中を掃除すること。「いちねん(一年)・に・　いっぺん(一遍)・　いどかえ・を・　する。」〔⇒**いどさらえ【井戸浚え】**〕

いときりば〔いときりばー〕【糸切り歯】《名詞》　人の前歯の両側にある、先の尖った歯。人の犬歯。「はさみ(鋏)・を・　つか(使)わ・んと・　いときりば・で・　き(切)る。」

いとこ【従兄弟、従姉妹】《名詞》　自分から見て、父または母の兄弟・姉妹の子ども。「こーべ(神戸)・に・　す(住)ん・どる・　いとこ・と・は・　おないどし(同年)・や。」

いとこはん【従兄弟半、従姉妹半】《名詞》　①自分と、父または母のいとことの間柄。「あの・　しと(人)・と・は・　とし(年)・は・　ちか(近)い・けど・　いとこはん・なん・や。」②自分と、いとこの子との間柄。「いとこはん・が・　しょーがっこー(小学校)・に・　はい(入)っ・た。」

いとこみょうと〔いとこみょーと〕【従兄妹夫婦】《名詞》　いとこ同士で、結婚している男の人と女の人。「いとこみょーと・で・　なか(仲)・が・　え(良)ー。」

いとごる《動詞・ラ行五段活用》　液体の中に溶けているものが濃すぎて、容器などの底に沈んで溜まる。「と(溶)かし・た・　はず・の・　さとー(砂糖)・が・　こっぷ(コップ)・の・　そこ(底)・に・　いとごっ・とる。」「いとごっ・た・　さとー(砂糖)・を・　な(舐)める。」

いとこんにゃく〔いとごんにゃく〕【糸蒟蒻】《名詞》　こんにゃくを糸のように細く作ったもの。「みずだ(水炊)き・に・　いとごんにゃく・を・　い(入)れる。」

いどさらえ【井戸浚え】《名詞、動詞する》　井戸の水をすっかり汲み出して、井戸の中を掃除すること。「いどさらえし・て・　ごみ(塵)・を・　す(捨)てる。」〔⇒**いどかえ【井戸替え】**〕

いとじり【糸尻】《名詞》　陶器の底の裏の、輪の形で突き出している部分。「ちゃわん(茶碗)・の・　いとじり・を・　といし(砥石)・で・　こす(擦)っ・て・から・　つか(使)う。」〔⇒**いとぞこ【糸底】**〕

いとぞこ【糸底】《名詞》　陶器の底の裏の、輪の形で突き出している部分。「いとぞこ・の・　たか(高)い・　ゆの(湯飲)み・や・なー。」〔⇒**いとじり【糸尻】**〕

いとでんわ【糸電話】《名詞》　主として子どもの玩具として使われるもので、片面を紙でふさいだ２本の筒を使って、ふさいだ面どうしを糸でつないで、音声の振動を糸に伝えて双方で通話ができるようにしたもの。「おー(大)きな・　こえ(声)・で・　しゃべ(喋)っ・たら・　いとでんわ・が・　ぶーぶー・　ゆ(言)ー・て・　なに(何)・を・　ゆ(言)ー・とる・ん・か・　よー・　わから・へん。」

いととり【糸取り】《名詞、動詞する》　輪にした毛糸や紐を左右両手の指の先に掛けて、いろいろにさばいていって、あるいは、別の人がそれを受けて、いろいろな形に変化させる遊び。「いととり・で・　はし(橋)・の・　かたち(形)・を・　つく(作)る。」〔⇒**あやとり【綾取り】**〕

いな《名詞》　鯔(ぼら)の小さいもの。「かわ(川)・の・　なか(中)・で・　いな・が・　ぽちゃんと・　は(跳)ね・た。」

いな《終助詞》 ①相手に呼びかけたり強く勧めたり念を押したりするときに使う言葉。「は(早)よ・　みな(皆)・で・　い(行)こ・いな。」「は(早)よ・　の(飲)み・いな。」②相手に尋ねるときに、語気を強めて使う言葉。「それ・は・　どこ(何処)・いな。」「あんた・の・　ゆ(言)ー・とー(通)り・や・いな。」「みせ(店)・が・　でけ(出来)・た・ん・は・　どこ(何処)・いな。」「なに(何)・を・　ゆ(言)ー・てはるん・や・いな。」「だれ(誰)・が・いな・　そんな・こと・を・　ゆ(言)ー・た・ん・は。」〔①⇒**や、やい、よ、よい**。②⇒**やいな、ぞいな、かいな**〕

いない【以内】《名詞》 ①その数を含んで、それよりも少ないもの。「じっぷん(十分)・より・　いない・に・　かえ(帰)っ・てこい・よ。」「いっしゅーかん(一週間)・　いない・に・　へんじ(返事)せー。」②その範囲の内側。「この・　せん(線)・より・　いないに・　おっ・てんか。」■対語＝「いがい【以外】」

いない【(担い)】《名詞》 持ち運ぶための紐や縄が上部についている、水などを入れる細長い桶。「こ(肥)え・を・　いない・に・　い(入)れ・て・　はこ(運)ぶ。」◆糞尿などを入れる細長い桶は、「たんご【担桶】」「たご【担桶】」「こえたんご【肥担桶】」「こえたご【肥担桶】」「しょうべんたんご【小便担桶】」「しょんべんたんご【小便担桶】」と言って区別する。〔⇒**にない**【担い】〕

担い　★

いなう【(担う)】《動詞・ワア行五段活用》 ①2人以上で、棒などを使って、ひとつの荷物をかつぐ。「ほか(他)・に・　だい(誰)・も・　おら・へん・さかい・　あんたらー・　ふたり(二人)・で・　いのー・てもらわ・んならん。」②ひとりで、棒などを使って、肩で支えて荷物を前後に分けてかつぐ。「まえうしろ(前後)・に・　し・て・　ひとり・で・　いのー・ていく。」■名詞化＝**いない**【(担い)】〔⇒**になう**【担う】〕

いなおる【居直る】《動詞・ラ行五段活用》 不利な立場にある人が、急に態度を変えて相手に立ち向かう。ぎりぎりのところで相手に反撃する。「こっち・が・　したて(下手)・に・　で(出)・たら・　いなおら・れる・かも・しれ・へん・で。」

いなか【田舎】《名詞》 住んでいる人が少なくて、山や田畑が多い土地。文化や娯楽に関する施設などは比較的少なく、洗練された感じに欠けているところ。「ここら・は・　いなか・や・さかい・　みせ(店)・も・　おま・へん・やろ。」「わし・は・　いなか・の・　そだ(育)ち・や・ねん。」■対語＝「とかい【都会】」

いなかあめ【田舎飴】《名詞》 芋などを原料にして作った、素朴な味の飴。「いま(今)・でも・　いなかあめ・を・　み(見)つけ・たら・　なつ(懐)かしー・て・　か(買)う・ねん。」

いなかのこうすい〔**いなかのこーすい**〕【田舎の香水】《名詞》 「しょうべん【小便】」のことを戯れて言う言葉。「たんぼ(田圃)・の・　あぜ(畦)・で・　いなかのこーすい・を・　する。」

いなき〔**いなぎ**〕【稲木】《名詞》 刈り取った稲を田圃で干すための木組み。また、そのときに使う細い丸太。「いなき・に・　いね(稲)・を・　か(掛)け・て・　ほ(干)す。」

いなご【蝗】《名詞》 黄緑色の体をしていてよく跳ぶ、田圃の周りで見られる昆虫。「せんじちゅー(戦時中)・は・　いなご・も・　た(食)べ・た。」

いなす【去なす】《動詞・サ行五段活用》 ①自分の家や、元いた場所に戻らせる。帰らせる。「もー・　はよ(早)ー・いなし・てー・な。」「ぼーふーけーほー(暴風警報)・が・　で(出)・た・さかい・　せーと(生徒)・を・　はや(早)め・に・　いなす。」②結婚相手と離縁する。「あいつ・は・　よめ(嫁)はん・を・　いなし・て・　ひとりぐ(一人暮)らし・を・　し・とる。」③いったん捕まえた虫や魚などを、取り逃がす。「ちょーちょ(蝶々)・を・　つか(捕)まえ・た・はず・やっ・た・けど・　いなし・ても・た。」〔①⇒**かえす**【帰す】、**かいす**【(帰す)】、**かやす**【(帰す)】〕

いなびかり【稲光】《名詞、動詞する》 雷によって空にひらめく、直線が折れ曲がったように見える光。「にゅーどーぐも(入道雲)・から・　いなびかり・が・　で(出)・とる。」◆「いなづま【稲妻】」はあまり使わない。

いなり【稲荷】《名詞》 ①農業をつかさどるとして信仰される神。また、それを祭った神社。「ふしみ(伏見)・の・　いなり・は・　はつもーで(初詣)・の・　ひと(人)・が・　おー(多)い・そーや。」②甘く煮た袋状の油揚げで酢飯を包んだ食べ物。「いなり・に・　する・　さんかく(三角)・の・　あ(揚)げ・を・　か(買)う。」◆①②とも、「おいなりさん【お稲荷さん】」という言い方で使うことが多い。〔②⇒**いなりずし**【稲荷寿司】、**きつねずし**【狐寿司】、**けつねずし**【(狐寿司)】〕

いなりずし【稲荷寿司】《名詞》 甘く煮た袋状の油揚げで酢飯を包んだ食べ物。「いなりずし・の・　えきべん(駅弁)・を・　こ(買)ー・た。」〔⇒**いなり**【稲荷】、**きつねずし**【狐寿司】、**けつねずし**【(狐寿司)】〕

いにがけ〔**いにかけ**〕【去にがけ】《名詞》 ①どこかから帰る途中。復路。「かいしゃ(会社)・から・の・　いにがけ・に・　えきまえ(駅前)・で・　の(飲)ん・で・　かえ(帰)る。」②帰ろうとする、まさにそのとき。「いにがけ・に・　かぎ(鍵)・を・　か(掛)ける。」〔⇒**いにしな**【去にしな】、**いにし**【去にし】、**かえりがけ**【帰りがけ】、**かえりしな**【帰りしな】、**かえりし**【帰りし】、**かいりがけ**【(帰りがけ)】、**かいりし**【(帰りし)】、**かいりしな**【(帰りしな)】①⇒**かえり**【帰り】、**かいり**【帰り】〕

いにし【去にし】《名詞》 ①どこかから帰る途中。復路。「いにし・に・　あめ(雨)・に・　ふ(降)ら・れ・た。」②帰ろうとする、まさにそのとき。「いにし・に・　でんわ(電話)・が・　な(鳴)り・やがっ・た。」〔⇒**いにがけ**【去にがけ】、**いにしな**【去にしな】、**かえりがけ**【帰りがけ】、**かえりしな**【帰りしな】、**かえりし**【帰りし】、**かいりがけ**【(帰りがけ)】、**かいりし**【(帰りし)】、**かいりしな**【(帰りしな)】①⇒**かえり**【帰り】、**かいり**【帰り】〕

いにしな【去にしな】《名詞》 ①どこかから帰る途中。復路。「いにしな・に・　えきまえ(駅前)・で・　ぱちんこ・を・　する。」②帰ろうとする、まさにそのとき。「いにしな・に・　わすれもん(忘物)・を・　おも(思)いだし・た。」〔⇒**いにがけ**【去にがけ】、**いにし**【去にし】、**かえりがけ**【帰りがけ】、**かえりしな**【帰りしな】、**かえりし**【帰りし】、**かいりがけ**【(帰りがけ)】、**かいりし**【(帰りし)】、**かいりしな**【(帰りしな)】①⇒**かえり**【帰り】、**かいり**【帰り】〕

いぬ【戌】《名詞》 犬を表しており、子(ね)から始まる十二支の11番目。「しょーわくねん(昭和九年)・の・　いぬ・の・　う(生)まれ・や。」〔⇒**いぬ**【犬】〕

いぬ【犬】《名詞》 ①古くから愛玩用や防犯用などに飼われてきた、利口で聴覚や嗅覚に敏感な動物。「いぬ・を・　さんぽ(散歩)・に・　つ(連)れ・ていく。」②十二支の11番目の「戌」。「いぬ・の・　はんが(版画)・の・　ねんがじょー(年賀状)・を・　もろ(貰)・た。」〔①⇒**わんわん、**

わんこう、わんちゃん。②⇒いぬ【戌】〕

いぬ【去ぬ】《動詞・ナ行五段活用》①自分の家や、元いた場所に戻る。「かいがいりょこー(海外旅行)・で・　よーろっぱ(ヨーロッパ)・へ・　い(行)っ・たら・　は(早)よ・　いに・とー・　なっ・た。」②来ていた人が去って、いなくなる。「いつ・の・　ま(間)・に・やら・　いん・でも・とっ・た。」③弱腰になる。覇気を失う。駄目になる。「やる・　き(気)・が・　の(無)ー・て・　いん・でも・とる。」〔①②⇒**かえる【帰る】、かいる【(帰る)】、のんのする**〕

いぬかき【犬掻き】《名詞、動詞する》　犬のように、両手で体の下の方へ水をかき込んで、足をばたばたさせて進む泳ぎ方。「あいつ(彼奴)・は・　いぬかき・でも・　はよ(速)ー・　およ(泳)ぐ。」〔⇒**ばばかき【ばば掻き】**〕

いぬころ【犬ころ】《名詞》　犬の子。体の小さな犬。「いぬころ・を・　いっぴき(一匹)・　こ(飼)ー・とる。」

いね【稲】《名詞》　水田で作り、実を米として収穫する作物。「たいふー(台風)・で・　いね・が・　こけ・た。」

いねかり【稲刈り】《名詞、動詞する》　実った稲を切り取ること。また、その作業。「そろそろ・　いねかり・の・　じき(時期)・や。」

いねこき【稲扱き】《名詞、動詞する》　刈り取った稲の穂から、籾を採り落とすこと。また、その作業。「いえ(家)・の・　かど(＝前庭)・で・　いねこきする。」

いねぶり【居眠り】《名詞、動詞する》　座ったり、腰掛けたりしたままで眠ること。何かをしている途中に眠ってしまうこと。「いねぶりし・て・　いす(椅子)・から・　お(落)ちる。」〔⇒**いねむり【居眠り】**〕

いねぶる【居眠る】《動詞・ラ行五段活用》座ったり、腰掛けたりしたままで眠る。何かをしている途中に眠ってしまう。「えーが(映画)・　み(見)・ながら・　いねぶっ・とっ・た。」■名詞化＝**いねぶり【居眠り】**〔⇒**いねむる【居眠る】**〕

いねむり【居眠り】《名詞、動詞する》　座ったり、腰掛けたりしたままで眠ること。何かをしている途中に眠ってしまうこと。「でんしゃ(電車)・で・　いねむりする・の・は・　きも(気持)ち・が・　良(え)ー。」〔⇒**いねぶり【居眠り】**〕

いねむる【居眠る】《動詞・ラ行五段活用》座ったり、腰掛けたりしたままで眠る。何かをしている途中に眠ってしまう。「てれび(テレビ)・　み(見)・とる・　ま(間)ー・に・　いねむっ・ても・た。」■名詞化＝**いねむり【居眠り】**〔⇒**いねぶる【居眠る】**〕

いのかす【(動かす)】《動詞・サ行五段活用》①止まっていたものを活動させる。「あつ(暑)ー・　なっ・た・さかい・　くーらー(クーラー)・を・　いのかす。」②場所を別のところに変える。位置を変える。「みち(道)・を・　ふさ(塞)い・どる・　いわ(岩)・を・　いのかす。」◆②については、とりわけ、重いものを別のところへ移す場合に言うことがある。■自動詞は「いのく【(動く)】」〔⇒**いごかす【(動かす)】、うごかす【動かす】**〕

いのき【(動き)】《名詞》　位置が変わること。変化すること。活動すること。「ちょっと(一寸)・ぐらい・　お(押)し・ても・　いのき・の・　な(無)い・よーに・　がっちり・　くぎ(釘)・で・　とめる。」「かぶ(株)・の・　いのき・が・　な(無)い。」〔⇒**うごき【動き】、いごき【(動き)】**〕

いのく【(動く)】《動詞・カ行五段活用》①今までの位置や状態に静止していないで、変えたり、変わったりする。「じかん(時間)・が・　た(経)っ・たら・　おつき(月)さん・が・　いのい・ていく。」②落ち着いていないで、揺れる。「おも(重)たい・　いし(石)・が・　いのい・た。」③ものごとの様子が変化する。「よ(世)のなか・が・　どんどん・　いのい・て・　わけ(訳)・が・　わから・へん。」◆②については、とりわけ、重いものがわずかに揺らぐ場合に言うことがある。■他動詞は「いのかす【(動かす)】」■名詞化＝**いのき【(動き)】**〔⇒**うごく【動く】、いごく【(動く)】**〕

いのしし【猪】《名詞》①野山に住み、黒茶色の粗い毛が生えて、鋭い牙を持つ動物。「こーべ(神戸)・で・は・　まち(町)・の・　ちか(近)く・まで・　いのしし・が・　で(出)・てくる。」②十二支の12番目の「亥」。「えと(干支)・の・　おしまい・は・　いのしし・や。」〔②⇒**い【亥】**〕

いのち【命】《名詞》①生き物が生きているもとの力になるもの。生き物が生きている限り持ち続けて、死ぬとなくなるもの。「むし(虫)・にも・　いのち・が・　ある・ん・や。」②生きている間。生命の長さ。「にんげん(人間)・の・　いのち・は・　みじか(短)い・　もん・や。」〔②⇒**じゅみょう【寿命】、じみょう【(寿命)】**〕

いのちがけ【命懸け】《形容動詞や(ノ)》　生死を顧みないでものごとに取り組む様子。死んでもかまわないという心構えを持つ様子。「いのちがけで・　しあい(試合)・を・　し・て・　か(勝)っ・た。」

いのちびろい【命拾い】《名詞、動詞する》　死にそうになったが、運良く助かること。失敗しそうであったが、何とかうまくいくこと。「せんそー(戦争)・に・　い(行)っ・た・けど・　いのちびろいし・た。」「あいて(相手)・が・　ぼーる(ボール)・を・　お(落)とし・てくれ・て・　いのちびろいし・た。」

いのり【祈り】《名詞》　こうあってほしいと、心から強く望んだり欲しがったりすること。自分の力ではどうしようもないことを、神や仏にすがって望むこと。「かみ(神)さん・に・　おいのり・を・　する。」

いのる【祈る】《動詞・ラ行五段活用》①こうあってほしいと、心から強く望んだり欲しがったりする。「ことし(今年)・も・　みんな・　げんき(元気)で・　おれ・る・よーに・　いのっ・とり・ます。」②自分の力ではどうしようもないことを、神や仏にすがって望む。「かしま(鹿島)さん・へ・　い(行)っ・て・　まご(孫)・が・　ごーかく(合格)する・よーに・　いのっ・てき・まし・てん。」■名詞化＝**いのり【祈り】**〔⇒**ねがう【願う】**〕

いはい【位牌】《名詞》　死者の戒名などを書いて仏壇に祀る木の札。「せんぞ(先祖)・の・　いはい・を・　まつ(祀)る。」

いばら【茨】《名詞》　薔薇などのように、背が低くて棘のある木。「にわ(庭)・に・　いばら・が・　ある・さかい・　き(気)ーつけ・なはれ。」

いばりちらす【威張り散らす】《動詞・サ行五段活用》　立派なところなどを見せつけて、やたらに偉そうにする。「かちょー(課長)・は・　いっつも・　いばりちらし・とる。」

いばる【威張る】《動詞・ラ行五段活用》　立派なところなどを見せつけて、必要以上に偉そうにする。「かねも(金持)ち・や・と・　おも(思)・て・　いばり・くさる。」

いび【(指)】《名詞》　手足の先の、5本に分かれ出ている部分。「あし(足)・の・　いび・の・　さき(先)・が・　いた(痛)い。」〔⇒**ゆび【指】、ゆべ【(指)】、いべ【(指)】**〕

いびき【鼾】《名詞》　眠っているときに、息といっしょに鼻や喉から出る大きな音。「うち・の・　おじー(祖父)さん・は・　ごっつい・　いびき・を・　かく。」

いびつ【歪】《形容動詞や(ナ)》　ものの形が歪んだり崩れたりしている様子。「へっこ(凹)ん・で・　いびつに・

なっ・た・　はこ(箱)・を・　かばん(鞄)・から・　だ(出)す。」

いひひ《感動詞》　気まずいときや、恥ずかしいときなどに、甲高く笑う声。「いひひ。あー・　は(恥)ずかし。」

いびる《動詞・ラ行五段活用》　弱い相手を苦しめたり、困らせたりする。弱い立場の者に意地悪くして、いたたまれないようにする。「いびら・れ・て・　かいしゃ(会社)・へ・　い(行)く・の・が・　いや(嫌)に・　なっ・た。」〔⇒**いじめる**【苛める、虐める】〕

いびわ【(指輪)】《名詞》　指にはめて装飾とする金属の輪。「いびわ・が・　ぬ(抜)け・ん・よーに・　なっ・た。」〔⇒**ゆびわ**【指輪】〕

いぶくろ【胃袋】《名詞》　胃液を分泌して、食べたものをこなして消化する、袋の形をした内臓。「いぶくろ・が・　ふた(二)つ・　ある・ぐらい・　よー・　く(食)う。」〔⇒**い**【胃】〕

いぶす【燻す】《動詞・サ行五段活用》　①しっかり燃やさないで、煙を出させる。「かとりせんこー(蚊取線香)・を・　ぎょーさん(仰山)・　つ(点)け・て・　か(蚊)ー・を・　いぶす。」②煙の煤で黒くする。「いぶし・て・　くろ(黒)ー・　し・た・　ひもの(干物)・を・　く(食)う。」〔⇒**いぶる**【燻る】、**くすべる**【燻べる】〕

いぶる【燻る】《動詞・ラ行五段活用》　①しっかり燃やさないで、煙を出させる。「いぶっ・て・　くんせー(薫製)・を・　こしらえる。」②煙の煤で黒くする。「いぶっ・て・　ふる(古)い・　あじ(味)わい・を・　だ(出)す。」〔⇒**いぶす**【燻す】、**くすべる**【燻べる】〕

いべ【(指)】《名詞》　手足の先の、5本に分かれ出ている部分。「いべ・を・　な(舐)める・　くせ(癖)・は・　なお(直)し・なはれ。」〔⇒**ゆび**【指】、**ゆべ**【(指)】、**いび**【(指)】〕

いぼ【疣】《名詞》　①皮膚の上にできる丸く小さな隆起物。「あし(足)・の・　ゆび(指)・が・　くつ(靴)・に・　こす(擦)れ・て・　いぼ・に・　なっ・た。」②物の表面にある小さな隆起物や突起物。「きゅーり(胡瓜)・の・　いぼ・を・　ほちょ(包丁)・の・　せなか(背中)・で・　こす(擦)る。」〔⇒**いぼいぼ**【疣々】〕

いぼいぼ【疣々】《名詞》　①皮膚の上にできる丸く小さな隆起物。「て(手)・の・　いぼいぼ・が・　いた(痛)い。」②物の表面にある小さな隆起物や突起物。「くつ(靴)・の・　うら(裏)・に・　いぼいぼ・が・　あっ・て・　すべ(滑)ら・ん・よーに・　なっ・とる。」「たこ(蛸)・の・　あし(足)・の・　いぼいぼ・が・　す(吸)いつい・た。」◆同音を反復する言葉としては、他に「とげとげ【棘々】」「かんかん【缶々】」などがある。〔⇒**いぼ**【疣】〕

いま【今】《名詞》　①現在の時点。「いま・は・　まだ・　あめ(雨)・が・　ふ(降)っ・とら・へん。」②現時点から離れていない、つい先ほど。「いま・　き(来)・た・とこ・や。」③長い年月を隔てた以前の時代や時期に対して、現在の時代や時期。現代。「いま・は・　みんな(皆)・　ぜーたく(贅沢)に・　なっ・て・も・た・なー。」■対語＝③「むかし【昔】」〔⇒**いんま**【(今)】。②⇒**いまのいま**【今の今】、**いんまのいんま**【(今の今)】、**いまさっき**【(今先)】、**いんまさっき**【(今先)】、**さいぜん**【最前】、**さっき**【(先)】、**さきほど**【先程】〕

いまごろ【今頃】《名詞》　①現在の時刻とだいたい同じ頃。「あいつ(彼奴)・は・　いまごろ・　えき(駅)・に・　つ(着)い・た・か・なー。」②過去の時刻や月日などで、ちょうど現在の時刻や月日などに相当するようなとき。「きのー(昨日)・の・　いまごろ・は・　あわじ(淡路)・に・　おっ・た。」「きょねん(去年)・の・　いまごろ・は・　まだ・　げんき(元気)やっ・た。」

いまさっき【(今先)】《名詞》　現時点から離れていない、つい先ほど。「いまさっき・　い(去)ん・だ・ばっかり・や。」〔⇒**いまのいま**【今の今】、**いんまのいんま**【(今の今)】、**いんまさっき**【(今先)】、**さいぜん**【最前】、**さっき**【(先)】、**さきほど**【先程】、**いま**【今】、**いんま**【(今)】〕

いまさら【今更】《副詞》　時機を失した今では、もう手遅れだと思われるという気持ちを表す言葉。「いまさら・　く(悔)やん・でも・　ちょっと(一寸)・　おそ(遅)い。」〔⇒**いまどき**【今時】〕

いまだに【未だに】《副詞》　予想や期待とは違って、現在もその状態が続いていることを表す言葉。「いまだに・　ひらしゃいん(平社員)・の・　まま・や。」「にしゅーかん(二週間)・　かかっ・ても・　いまだに・　できあ(出来上)がら・へん。」

いまどき【今時】《名詞、副詞》　①以前とは違う、今日このごろ。以前に比べての、現在。現代としての傾向の強いこのごろ。「いまどき・の・　わか(若)い・　もん(者)・は・　くち(口)・が・　たっしゃ(達者)や。」②時機を失した今では、もう手遅れだと思われるという気持ちを表す言葉。「いまどき・　もー(申)しこん・でも・　う(受)けつけ・てくれ・へん・やろ。」〔①⇒**きょうび**【今日日】。②⇒**いまさら**【今更】〕

いまにも【今にも】《副詞》　もう少しでそのような状態になりそうだということを表す言葉。何かが目前に起こりそうだということを表す言葉。「いまにも・　おーあめ(大雨)・が・　ふ(降)りだし・そーや。」

いまのいま【今の今】《名詞》　現時点から離れていない、つい先ほど。「いまのいま・　おっ・た・のに・　もー・　どこ・や・　い(行)っ・ても・た。」◆「いまさっき【(今先)】」や「いんまさっき【(今先)】」よりも意味が強まる。〔⇒**いんまのいんま**【(今の今)】、**いまさっき**【(今先)】、**いんまさっき**【(今先)】、**さいぜん**【最前】、**さっき**【(先)】、**さきほど**【先程】、**いま**【今】、**いんま**【(今)】〕

いまのま〔**いまのまー**〕【今の間】《名詞、副詞に》　今のうち。今の短い時間。今の機会。「いまのまーに・　あやま(謝)っ・たら・　こらえ・てくれる・かもしれん・ぞ。」「おきゃく(客)・が・　すけ(少)ない・さかい・　いまのまーに・　ひるめし(昼飯)・を・　た(食)べ・とこ・ー。」◆今こそ好機だというような語感や、今の限られた時間をうまく利用するという語感がある。〔⇒**いんまのま**【(今の間)】〕

いまのまま【今の儘】《名詞、副詞》　今の状態。現状で変化のないありさま。「いまのまま・　のんびりし・とっ・たら・　ごーかく(合格)・は・　むり(無理)や・ぞー。」〔⇒**いんまのまま**【(今の儘)】〕

いまふう〔**いまふー**〕【今風】《名詞、形容動詞や(ナ・ノ)》　その時代の考え方や風俗などにかなっていること。昔の古いものを捨て去った考え方ややり方。「いまふーの・　けっこんしき(結婚式)・に・は・　びっくりし・てまう。」■対語＝「こふう【古風】」

いままで【今迄】《名詞、副詞》　時の経過の中で、現在より前。「いままで・は・　がくせー(学生)・やっ・た・けど・　これから・は・　しゃかいじん(社会人)・や。」〔⇒**これまで**【これ迄】〕

いみ【意味】《名詞》　①言葉や記号などが表している内容。「いみ・の・　わから・ん・　こと・を・　ゆ(言)ー・　やつ(奴)・や。」②言葉や行動によって示されているものの動機や意図。「なんで・　あんな・　こと・を・　ゆ

(言)ー・の・か・　いみ・が・　わから・へん。」③そのものの価値や意義。そうすることの理由。「じちかい(自治会)・が・　ある・　いみ・が・　わから・ん。」

いも【芋】《名詞》①薩摩芋、馬鈴薯、里芋(親芋、小芋)など、食べ物としての芋類。「いも・を・　てんぷら(天麩羅)・に・　する。」②植物の根や地下茎が養分を蓄えて大きくなったもの。「ゆりね(百合根)・の・　いも・を・　ちゃわんむ(茶碗蒸)し・に・　い(入)れる。」〔⇒**おいもさん**【お芋さん】〕

いもあめ【芋飴】《名詞》米や芋などの澱粉で作った、粘り気のある飴。「きゃらめる(キャラメル)・より・　いもあめ・の・　ほー(方)・が・　やす(安)い。」

いもうと〔**いもーと**〕【妹】《名詞》きょうだいのうち、年下の女性。「いもーと・は・　みっ(三)つ・　した(下)・や・ねん。」■対語＝「おとうと【弟】」〔⇒**いもと**【(妹)】〕

いもたこなんきん【芋蛸南瓜】《名詞》女性の好きな食べ物として、薩摩芋(または馬鈴薯)と、蛸と、カボチャを並べて言う言葉。「やっぱり・　いもたこなんきん・が・　す(好)きです・ねん。」

いもと【(妹)】《名詞》きょうだいのうち、年下の女性。「いもと・の・　ほー(方)・が・　しっかりし・とる。」■対語＝「おとと【(弟)】」〔⇒**いもうと**【妹】〕

いもの【鋳物】《名詞》鉄などの金属を溶かして、型に流し込んで作った器物。「いど(井戸)・の・　ぽんぷ(ポンプ)・は・　いもの・で・　でけ(出来)・とる。」

いもばん【芋版】《名詞》薩摩芋・馬鈴薯を輪切りにした切り口に字や絵を彫って作った判子。「いもばん・で・　お(押)し・た・　ねんがじょー(年賀状)・は・　あいきょー(愛敬)・が・　ある。」

いもむし【芋虫】《名詞》蝶や蛾の幼虫で、青虫よりも大きいもの。「うえきばち(植木鉢)・に・　いもむし・が・　おっ・た。」

いもむしごろごろ【芋虫ごろごろ】《名詞、形容動詞や(ノ)》子どもなどが、床などに並んで横になっていること。また、横になってから転がること。「みんな(皆)・で・　いもむしごろごろに・　なっ・て・　ひるね(昼寝)し・とる。」

いもり【井守】《名詞》体長10センチ前後で、背中は黒く、腹は赤くて、池や井戸などにすむ、とかげに似た小動物。「いもり・の・　くろや(黒焼)き・を・　せん(煎)じ・て・　の(飲)む。」

いもん【慰問】《名詞、動詞する》病人・軍人や、施設に入っている人などを見舞って慰めること。「てんらんかい(展覧会)・で・　せんじちゅー(戦時中)・の・　いもん・の・　しなもん(品物)・を・　み(見)・た。」

戦時中の慰問袋

いや【嫌】《形容動詞や(ナ)》不快に感じたり、嫌いだと思ったりする様子。受け入れたくない気持ちを持っている様子。それ以上は続けたくない気持ちになっている様子。「あめ(雨)・の・　ひ(日)ー・は・　いやや・ねん。」「となり(隣)・の・　ひと(人)・の・　たばこ(煙草)・の・　けむり(煙)・を・　す(吸)ー・たら・　いやに・　なる。」

いや《感動詞》相手の言ったことを否定する言葉。「いや。わたし(私)・は・　し(知)り・ませ・ん。」「いや。そんな・　はなし(話)・に・は・　さんせー(賛成)し・まへ・ん。」〔⇒**いいや**〕

いやあ〔**いやー**〕《感動詞》心が動いたときに、思わず発する言葉。「いやー。ひさ(久)しぶりや・なー。」

いやいこと〔**いやいごと**〕【嫌い事、嫌い言】《名詞、動詞する》①人の嫌がること。いたずら。また、人の嫌がることをすること。「ひと(人)・に・　いやいごと・を・　し・たら・　あき・まへ・ん。」②人の嫌がる言葉。強い忠告。また、人の嫌がることを言うこと。「いやいごと・　ゆ(言)ー・さかい・　けんか(喧嘩)・に・　なる・ねん。」〔⇒**いやこと**【嫌事、嫌言】〕

いやいや【嫌々】《名詞、動詞する》首を横に振って、嫌だという意思を表すこと。「こっち・まで・　ある(歩)い・て・　おいで・と・　ゆ(言)ー・たら・　いやいやし・とる。」◆幼児語。

いやいや【嫌々】《副詞》気が進まないが、周りの状況に押されたり強制的な指示に従ったりして、仕方なく行う様子。また、そのときに抱く心の様子。「いやいや・　べんきょー(勉強)し・とっ・たら・　あたま(頭)・に・　はい(入)ら・へん」「いやいや・　しごと(仕事)・を・　せ・んと・　こんじょー(性根)・を・　い(入)れ・て・　や ら・んかい。」

いやがらせ【嫌がらせ】《名詞、動詞する》人の嫌がることをわざと言ったりしたりすること。「へー(塀)・に・　らくがき(落書)する・　いやがらせ・は・　や(止)め・てほしー・なー。」

いやがる【嫌がる】《動詞・ラ行五段活用》不快に感じたり、嫌いだと思ったりする様子を見せる。受け入れたくない気持ちを持っている。それ以上は続けたくない気持ちを表す。「いやがっ・とる・さかい・　や(止)め・たり・なはれ。」

いやけ【嫌気】《名詞》したくないという気持ち。ものごとへの意欲や情熱を失っている心の有り様。「もんく(文句)・ばっかり・　い(言)わ・れ・たら・　しごと(仕事)・に・　いやけ・を・　も(持)つ・やろ・なー。」

いやけがさす【嫌気がさす】《動詞・サ行五段活用》ちょっとしたことが原因となって、したくないという気持ちが強くなる。意欲や情熱を失う。「ひとっ(一)つも・　つ(釣)れ・へん・さかい・　だんだん・　いやけがさし・てき・た。」

いやこと〔**いやごと**〕【嫌事、嫌言】《名詞、動詞する》①人の嫌がること。いたずら。また、人の嫌がることをすること。「いやごとし・たら・　ひと(人)・に・　きら(嫌)わ・れ・まっ・せ。」②人の嫌がる言葉。強い忠告。また、人の嫌がることを言うこと。「いやこと・を・　い(言)わ・な・　き(気)がつか・ん・やろ。」〔⇒**いやいこと**【嫌い事、嫌い言】〕

いやし《名詞、動詞する、形容動詞や(ノ)》①つまみ食いをすること。また、それをする人。「いま(今)・　つく(作)っ・とる・　さいちゅー(最中)・や・から・　いやしせ・んとい・て。」②何でもむやみに食べたがること。また、そのような人。「いやし・に・　み(見)せ・たら・　た(食)べたがる・さかい・　み(見)せ・んとき。」〔⇒**いやしんぼう**【いやしん坊】。②⇒**くいしんぼう**【食いしん坊】〕

いやしい〔**いやしー**〕【卑しい】《形容詞・イイ型》①食い気が盛んだ。食べることに欲望を丸出しにして上品さがない。「いやしー・さかい・　にお(匂)い・が・　し・たら・　と(飛)ん・でくる。」②慎みがなくて下品だ。意地汚い。「いやしー・なー。ひゃくえん(百円)・ぐらい・の・　こと(事)・　どっち・でも・　え(良)ー・やろ。」〔①⇒**くちいやしい**【口卑しい】〕

いやしんぼう〔**いやしんぼー、いやしんぼ**〕【いやしん坊】

《名詞、動詞する、形容動詞や(ノ)》 ①つまみ食いをすること。また、それをする人。「まんじゅー(饅頭)・を・　いやしんぼし・た・ん・は・　だれ(誰)・や。」②何でもむやみに食べたがること。また、そのような人。「あんた・は・　いやしんぼで・　がまん(我慢)・が・　でけ・ん・ねん・な。」〔⇒**いやし**。②⇒**くいしんぼう**【食いしん坊】〕

いやみ【嫌味】《名詞》 人にわざと不快な感じを与えること。また、その言葉や態度。「きゅーか(休暇)・を・　と(取)り・たい・と・　ゆ(言)ー・たら・　いやみ・を・　い(言)わ・れ・た。」

いやらしい〔**いやらしー**〕【嫌らしい】《形容詞・イイ型》 ①いかにも嫌な感じがする。不愉快である。「かね(金)・の・　こと・に・　なっ・たら・　いやらしー・　かんが(考)えかた・を・　する・　ひと(人)・や。」「ひと(人)・の・　わるくち(悪口)・ばっかり・　ゆ(言)ー・て・　いやらしー・なー。」②好色で性的な傾向が強い。「そんな・　いやらしー・　こと・　い(言)わ・んとい・て。こっち・が・　は(恥)ずかしー・に・　なる。」〔⇒**やらしい**【(嫌らしい)】〕

いよいよ《副詞》 期待したり心配していたことが、まさに始まろうとする段階になったことを表す言葉。物事の最終的な結果が現れる段階になったことや、最終的なものや目的物などが迫ってきている様子を表す言葉。「いよいよ・　そつぎょ(卒業)する・　こと・に・　なっ・た・なー。」「いよいよ・　かぜ(風)・が・　つよ(強)ー・なっ・てき・た。」〔⇒**とうとう**【到頭】、**ついに**【遂に】、**けっきょく**【結局】〕

いらいくちゃに《副詞、動詞する》 さかんに手でふれる様子。やたらにもてあそぶ様子。「きんぎょ(金魚)・を・　いらいくちゃにし・たら・　し(死)ん・でまう・ぞ。」〔⇒**いらいこべに**、**いらいちゃんこに**、**さわりくちゃに**【触りくちゃに】、**さわりこべに**【触りこべに】、**さわりちゃんこに**【触りちゃんこに】〕

いらいこべに《副詞、動詞する》 さかんに手でふれる様子。やたらにもてあそぶ様子。「いらいこべにし・たら・　もけーひこーき(模型飛行機)・が・　めげ・てまう・で。」〔⇒**いらいちゃんこに**、**いらいくちゃに**、**さわりくちゃに**【触りくちゃに】、**さわりこべに**【触りこべに】、**さわりちゃんこに**【触りちゃんこに】〕

いらいちゃんこに《副詞、動詞する》 さかんに手でふれる様子。やたらにもてあそぶ様子。「みんな・が・　いらいちゃんこにする・さかい・　よご(汚)れ・ても・た。」〔⇒**いらいこべに**、**いらいくちゃに**、**さわりくちゃに**【触りくちゃに】、**さわりこべに**【触りこべに】、**さわりちゃんこに**【触りちゃんこに】〕

いらいまわす〔**いらいまーす**〕【いらい回す】《動詞・サ行五段活用》 手でやたら触ったり動かしたりする。過度にもてあそぶ。「とけー(時計)・を・　いらいまーし・て・　お(落)とし・たら・　あか・ん・ぞ。」〔⇒**いじる**【弄る】、**いじくる**【(弄る)】、**いらう**、**せせくる**、**せせる**、**いじりまわす**【弄り回す】、**いじくりまわす**【(弄り回す)】、**せせくりまわす**【せせくり回す】、**せせりまわす**【せせり回す】〕

いらいら《副詞と、動詞する》 ものごとが思うようにならなくて、落ち着かない様子。焦って心にゆとりがない様子。思い通りにならなくて気持ちが高ぶっている様子。「しけん(試験)・が・　ちか(近)づい・て・　いらいらと・　あせ(焦)っ・とる。」「でんしゃ(電車)・が・　おく(遅)れ・て・　いらいらする。」〔⇒**かりかり**〕

いらう《動詞・ワア行五段活用》 ①手で触ったり動かしたりする。もてあそぶ。「はな(花)・を・　いろ・たら・　しお(萎)れ・てまう・がな。」②担当する。関係する。「きかい(機械)・を・　いらう・　しごと(仕事)・を・　し・とる。」「みせ(店)・の・　かいけー(会計)・を・　いろ・てくれる・　ひと(人)・は・　おら・ん・やろ・か。」■名詞化＝**いらい**〔①⇒**いじる**【弄る】、**いじくる**【(弄る)】、**せせくる**、**せせる**、**いじりまわす**【弄り回す】、**いじくりまわす**【(弄り回す)】、**いらいまわす**【いらい回す】、**せせくりまわす**【せせくり回す】、**せせりまわす**【せせり回す】〕

いらち《形容動詞や(ノ)、名詞》 ①せっかちである様子。短気である様子。一つのことに落ち着いておられない様子。「いらちや・さかい・　しゅーごーじかん(集合時間)・の・　いちじかん(一時間)・も・　まえ(前)・に・　き(来)・とる。」②気の短い性格の人。いらいらしている人。「あの・　いらち・の・　おとこ(男)・は・　まー(周)り・の・　もん(者)・まで・　いらいらさす。」

いらつく《動詞・カ行五段活用》 せっかちになって、短気になる。一つのことに落ち着いておられなくなる。「しけん(試験)・が・　ちか(近)づい・て・　いらつい・とる。」

いらっしゃい《感動詞》 人が来たときに、歓迎する気持ちを表す言葉。「いらっしゃい。ひさ(久)しぶりや・なー。」

いらっしゃる《動詞・ラ行五段活用》「いく【行く】」「くる【来る】」「いる【居る】」などの意味を表す尊敬語。「また(又)・　ちか(近)いうち・に・　いらっしゃい・な。」

いらんこと【要らん事】《名詞》 余計なこと。おせっかい。「はた(端)・から・　いらんこと・　い(言)わ・んとい・てんか。」

いらんことい〔**いらんことい一**〕【要らん事言い】《名詞》 余計なことを言う人。おせっかいを言う人。「よ(寄)りあ(合)い・で・　いらんことい一・が・　おかしな・こと・を・　ゆ(言)ー・ねん。」

いり【炒り】《名詞》 ①煮出して、汁物や煮物に使う汁を取るために使う、小さな干し鰯。「こぶ(昆布)・と・　いり・で・　だし(出汁)・を・　と(取)る。」②油を抜いて乾かした鯨皮。「かすじる(粕汁)・に・　いり・を・　い(入)れ・たら・　うま(美味)い。」〔①⇒**いりこ**【炒り子】、**いりじゃこ**【炒り雑魚】、**だしじゃこ**【出し雑魚】。②⇒**いりがら**【炒り殻】、**ころ**〕

いり【入り】《名詞》 ①お客や人などが入ること。「えーがかん(映画館)・の・　いり・が・　え(良)ー。」②太陽や月が沈むこと。「ひ(日)・の・　いり・は・　ろくじごろ(六時頃)・や。」③はじまり。「ひがん(彼岸)・の・　いり・は・　はつか(二十日)・や。」「にがっき(二学期)・の・　いり・に・は・　しくだい(宿題)・を・　も(持)っ・ていく。」■対語＝②「で【出】」

いりがら【炒り殻】《名詞》 ①出汁をとったあとの煮干し鰯。「だし(出汁)・を・　とっ・たら・　いりがら・を・　の(除)ける。」②油を抜いて乾かした鯨皮。「かすじる(粕汁)・に・　いりがら・を・　い(入)れる。」〔①⇒**だしがら**【出し殻】。②⇒**いり**【炒り】、**ころ**〕

いりくち〔**いりぐち**〕【入り口】《名詞》 ①ものが入っていくところ。「いりぐち・を・　ふさ(塞)い・だら・　かぜ(風)・が・　とー(通)ら・へん。」②建物や部屋や乗り物などの外から内側へ入るところ。建物の玄関。「でぱーと(デパート)・の・　いりぐち・で・　ま(待)っ・とっ・てくれ・へん・か。」■対語＝「でぐち【出口】」

いりこ【炒り子】《名詞》 煮出して、汁物や煮物に使う汁を取るために使う、小さな干し鰯。「いりこ・で・　と

（取）っ・た・　だし（出汁）・は・　うま（美味）い。」〔⇒**いり【炒り】**、**いりじゃこ【炒り雑魚】**、**だしじゃこ【出し雑魚】**〕

いりじゃこ【炒り雑魚】《名詞》　煮出して、汁物や煮物に使う汁を取るために使う、小さな干し鰯。「いりじゃこ・で・　す（澄）ましじる（汁）・の・　だし（出汁）・を・　と（取）る。」〔⇒**いり【炒り】**、**いりこ【炒り子】**、**だしじゃこ【出し雑魚】**〕

いりよう〔**いりよー**〕【要り用】《名詞》　①祭りなどの行事、寺社の増改築などのために、地域の人たちが分担する費用。「むら（村）・の・　じちかい（自治会）・の・　いりよー・を・　あつ（集）める。」②家計などに必要な費用。「いりよーを・　かせ（稼）ぐ・の・で・　せーいっぱい（精一杯）や。」〔⇒**どよう【（雑用）】**、**ぞうよう【雑用】**〕

いる【要る】《動詞・ラ行五段活用》　必要であるとする。なくてはならないものとする。「てんらんかい（展覧会）・に・は・　にゅーじょーりょー（入場料）・が・　いる。」

いる【入る】《動詞・ラ行五段活用》　①中に収まる。収まりきる。「ひと（一）つ・の・　はこ（箱）・の・　なか（中）・に・　みんな（皆）・　いる・か。」②動作や作用などが加わる。「ひび（罅）・の・　いっ・た・　こっぷ（コップ）・は・　あぶ（危）ない・ぞ。」「ねん（念）・が・　いっ・た・　しごと（仕事）・を・　する・　ひと（人）・や。」■他動詞は「いれる【入れる】」■対語＝①「でる【出る】」〔⇒**はいる【入る】**〕

いる【煎る】《動詞・ラ行五段活用》　①米や豆などの粒状の食べ物を鍋などに入れて、熱を加えて水分を取り去る。「ほーらく（焙烙）・で・　まめ（豆）・を・　いる。」②味をつけた、柔らかい食べ物を鍋などに入れて火にかけ、からからになるようにする。「たまご（卵）・を・　いる。」

いる【居る】《補助動詞・ア行上一段活用》　⇒**ている**〔**でいる**〕【て居る】《補助動詞・ア行上一段活用》**を参照**

いるい【衣類】《名詞》　着るもの。身に付けるもの。衣服。「ふゆ（冬）・の・　いるい・を・　か（買）い・に・　い（行）く。」◆「いるい【衣類】」は品物としての衣服に注目した言い方であるのに対して、「いしょう【衣装】」は実際に身に付けるものとしての衣服に注目した言い方である。〔⇒**いしょう【衣装】**〕

いるか【海豚】《名詞》　鯨の仲間で体長は数メートル程度で、知恵があって芸をよく覚える動物。「すいぞっかん（水族館）・で・　いるか・の・　しょー（ショー）・が・　ある。」

いれあい【入れ合い】《名詞、動詞する》　お互いに相殺すること。「あんたとこ・も・　うち・も・　そーしき（葬式）で・　いそが（忙）しかっ・た・さかい・　こーでん（香典）・は・　もー・　いれあい・に・　し・とき・まほ。」

いれあわす【入れ合わす】《動詞・サ行五段活用》　貸借などを互いに相殺する。「こないだ・の・　かしかり（貸借）・を・　いれあわし・て・　な（無）い・こと・に・　しょ・ー・か。」

いれかえる【入れ替える】《動詞・ア行下一段活用》　①今あるものを出して、その代わりに別のものを入れる。「まど（窓）・を・　あ（開）け・て・　へや（部屋）・の・　くーき（空気）・を・　いれかえる。」②前の人の代わりとして、別の人にする。「まどぐち（窓口）・の・　たんとーしゃ（担当者）・を・　いれかえる。」③場所や容器などを替えて、別のものに入れる。「つけもん（漬物）・を・　べつ（別）の・　たる（樽）・に・　いれかえる。」■名詞化＝**いれかえ【入れ替え】**

いれかわり【入れ替わり】《名詞、動詞する》　前の人やものの代わりに、別の人やものが入ること。「むすこ（息子）・が・　で（出）・ていっ・た・の・と・　いれかわり・に・　むすめ（娘）・が・　もど（戻）っ・てき・た。」〔⇒**いれちがい【入れ違い】**、**こうたい【交代、交替】**、**チェンジ【英語＝change】**〕

いれかわる【入れ替わる】《動詞・ラ行五段活用》　前のものの代わりに、別のものが入る。「けが（怪我）・を・　し・た・　せんしゅ（選手）・が・　べつ（別）の・　せんしゅ・と・　いれかわる。」「みせ（店）・で・は・　はるもん（春物）・の・　ふく（服）・から・　なつもん（夏物）・に・　いれかわっ・とる。」■名詞化＝**いれかわり【入れ替わり】**

いれぐい【入れ食い】《名詞》　釣り糸を垂らすと、魚がすぐに釣れること。また、それが繰り返されること。「ここっちょい・なー・　まるで・　いれぐい・の・よーに・　よー・　つ（釣）れる・がな。」

いれこ【入れ子】《名詞》　同じ形で大小さまざまな容器を組み合わせて、大きなものの中へ小さなものを順次、入れて重ねるようにしたもの。また、そのような仕組み。「いれこ・の・　べーんとーばこ（弁当箱）・や・さかい・　た（食）べおわっ・たら・　かさ（嵩）・が・　こも（小）ー・なる。」

いれこむ【入れ込む】《動詞・マ行五段活用》　①ひとつのことに熱中して、のめり込む。熱中して相手を支援する。「いま（今）・は・　はんしんたいがーす（阪神タイガース）・に・　いれこん・どる・ねん。」②異性に熱意を持って援助する。「あいつ（彼奴）・に・は・　いれこん・どる・　ひと（人）・が・　おる・らしー。」

いれずみ【入れ墨】《名詞》　皮膚を針などで傷つけて、着色して文字や模様などを書いたもの。「いれずみ・を・　し・た・　わか（若）いしゅ（衆）・が・　なつまつり（夏祭）・で・　おど（踊）っ・とる。」〔⇒**ほりもん【彫り物】**〕

いれそめ〔**いれぞめ**〕【入れそめ】《名詞、動詞する》　贈り物を受けたときにその場で行う、ささやかな金品のお返し。「はんし（半紙）・に・　つつ（包）ん・で・　いれぞめ・を・　わた（渡）す。」◆贈り主に対する返礼の意味や、贈り物の使者に対する礼の意味などがある。〔⇒**おため**〕

いれちがい【入れ違い】《名詞、動詞する》　前の人やものの代わりに、別の人やものが入ること。ある人が出たあとで、他の人が来ること。「あにき（兄貴）・が・　そつぎょー（卒業）し・て・　おとーと（弟）・が・　いれちがい・に・　おんな（同）じ・　がっこー（学校）・に・　はい（入）っ・た。」〔⇒**いれかわり【入れ替わり】**、**こうたい【交代、交替】**、**チェンジ【英語＝change】**〕

いれば【入れ歯】《名詞、動詞する》　抜けたり欠けたりした歯のかわりに、作った歯を入れること。また、その歯。義歯。「いれば・が・　がたつい・てき・た。」

いれもん【入れ物】《名詞》　ものを入れる容器や箱や袋など。「むかし（昔）・は・　いれもん・　も（持）っ・て・　とふ（豆腐）・を・　か（買）い・に・　い（行）き・よっ・た・もん・や。」〔⇒**ええもん【（入え物）】**、**えれもん【（入れ物）】**〕

いれる【入れる】《動詞・ラ行下一段活用》　①外にあるものを中に移す。「たうえ（田植）・の・　まえ（前）・に・　たんぼ（田圃）・に・　みず（水）・を・　いれる。」②中に入ることを許す。「わし・の・　かさ（傘）・に・　いれ・たる。」③食べ物や飲み物をつぐ。「おちゃわん（茶碗）・に・　ごはん（飯）・を・　いれる。」「お（茶）・を・　いれ・てんか。」④組織などに入るようにさせる。所属させる。「こども（子供）・を・　がっこー（学校）・に・　いれる。」⑤仲間に加える。全体の数に含める。「ぼく（僕）・も・　かくれんぼ・に・　いれ・てんか。」「わし・も・　にんずー（人数）・に・　いれ・とい・て・な。」⑥力や思いなどを注ぐ。「ねん（念）・を・　いれ・て・　か（書）き・なはれ。」⑦作動させるために、つける。「きかい（機械）・の・　すいっち（スイッチ）・を・　いれる。」■自動詞は「はいる【入る】」「いる【入る】」〔⇒ええる【（入える）】、えれる【（入れる）】。⑤⇒よせる【寄せる】、よす【寄す】、まぜる【混ぜる、交ぜる】〕

いろ【色】《名詞》　①光がものに反射して、目に受ける赤・青・黄などの感じ。色彩。「いろ・の・　つ（付）い・た・　おりがみ（折紙）・で・　お（折）る。」②人の膚の色。「かお（顔）・の・　いろ・が・　あお（青）い。」③共通する形や性質によって分けたもの。また、そのまとまり。「ばらばらの・　もん（物）・を・　とー（十）・の・　いろ・に・　わ（分）ける。」〔①⇒カラー【英語＝color】。③⇒しゅるい【種類】〕

いろあい【色合い】《名詞》　調和がとれているかどうかという観点から見た、色の具合。色の調子。「え（良）ー・　いろあい・の・　ふく（服）・を・　き（着）・とる。」

いろいろ【色々】《形容動詞や（ナ）》　種類、形、様子、考えなどが多様である様子。それぞれに異なる様子。「いろいろな・　かたち（形）・の・　いえ（家）・が・　た（建）ちならん・どる。」「かんが（考）えかた・が・　いろいろ・　ある。」◆語幹だけの副詞的な用法もある。〔⇒さまざま【様々】〕

いろがみ【色紙】《名詞》　折り紙や装飾などに使う、いろんな色に染めた紙。「いろがみ・で・　ふね（船）・を・　お（折）る。」

いろこ【色粉】《名詞》　食品に色を付けるための添加物。着色料。「いろこ・を・　い（入）れ・た・　かきもち・を・　つく（作）る。」「いろこ・を・　い（入）れすぎ・たら・　どく（毒）や・ぞ。」

いろずり【色刷り】《名詞、動詞する》　白黒だけでなく、赤・青・黄などのインクも使って印刷すること。また、そのように印刷したもの。「いろずり・の・　ち（散）らし・を・　つく（作）っ・た。」

いろつき【色付き】《名詞》　写真、印刷物、映画などで、色を用いて表現してあること。また、そのように表現されたもの。「きょーかしょ（教科書）・も・　いろつき・が・　ふ（増）え・てき・た。」〔⇒カラー【英語＝color】、てんねんしょく【天然色】〕

いろつきめがね【色付き眼鏡】《名詞》　レンズやガラスに色が付いている眼鏡。「いろつきめがね・を・　か（掛）け・たら・　にんそー（人相）・が・　わる（悪）ー・　なっ・た。」〔⇒いろめがね【色眼鏡】〕

いろつや【色艶】《名詞》　①人の顔色や皮膚の光沢など。「たいいん（退院）し・て・　いろつや・が・　げんき（元気）そーに・　なっ・とる・さかい・　あんしん（安心）し・た。」②ものの色と光沢。「この・　とまと（トマト）・は・　いろつや・が・　みごと（見事）や。」

いろどり【彩り】《名詞》　さまざまなものを取り合わせて、美しさや面白みを深めること。色の取り合わせ。配色。「いろどり・の・　きれー（綺麗）な・　りょーり（料理）・は・　おい（美味）しそーに・　み（見）える。」

いろは《名詞》　①「いろはにほへと…」の47文字のこと。また、それらの文字の全体。「しゅーじ（習字）・で・　いろは・を・　か（書）く。」②学問や芸事などの、入門的でわかりやすい段階。物事の手始め。「はいく（俳句）・を・　いろは・から・　おし（教）え・てもらう。」

いろはカルタ〔いろはがるた〕【いろは歌留多、いろは＋ポルトガル語＝carta】《名詞》　いろは47文字のそれぞれの発音が最初に出てくる諺などを書いた、遊びに使う札。「こん（小）まい・　とき（時）・に・　いろはがるた・で・　じ（字）ー・を・　おぼ（覚）え・た。」〔⇒カルタ【歌留多、ポルトガル語＝carta】〕

いろめがね【色眼鏡】《名詞》　レンズやガラスに色が付いている眼鏡。「まぶ（眩）しー・さかい・　いろめがね・を・　か（掛）ける。」〔⇒いろつきめがね【色付き眼鏡】〕

いろわけ【色分け】《名詞、動詞する》　①種類の違うものなどに、違った色を付けて区別して、見分けやすいようにすること。「しょーがっこー（小学校）・の・　うんどーかい（運動会）・は・　いろわけ・に・　し・て・　きょーそー（競争）する・ん・や・て。」②性格や傾向や種類などによって区別すること。分類。「かんが（考）えかた・を・　いろわけする。」

いろんな【色んな】《連体詞》　種類、形、様子、考えなどが多様である。「いろんな・　かんが（考）え・を・　も（持）っ・とる。」「いろんな・　かさ（傘）・の・　かたち（形）・が・　ある。」◆「いろいろな・　ほん（本）・を・　み（見）・て・　しら（調）べる。」というような場合の「いろいろ（色々）な」は、形容動詞の連体形である。「いろんな」は活用が考えられないので、連体詞とする。

いわ【岩】《名詞》　簡単に動かせないほどの、石の大きなかたまり。「いわ・が・　お（落）ち・てき・て・　つーこーど（通行止）め・に・　なっ・た。」〔⇒ゆわ【（岩）】〕

いわい【祝い】《名詞、動詞する》　①めでたいことを喜び祝賀すること。「きじゅ（喜寿）・の・　いわい・の・　かい（会）・を・　する。」②相手のめでたさを喜んで贈る品物やお金。「まご（孫）・の・　にゅーがく（入学）・の・　いわい・を・　か（買）う。」

いわいばし【祝い箸】《名詞》　正月の間などに使うもので、柳の木などで作り、全体が丸くて両端を細くした箸。「いわいばし・の・　ふくろ（袋）・に・　なまえ（名前）・を・　か（書）く。」

いわう【祝う】《動詞・ワア行五段活用》　①めでたいことを喜び、言葉や行動などにあらわす。「がっこー（学校）・の・　そーりつきねんび（創立記念日）・を・　いわう。」②相手のめでたさを喜んで品物やお金を贈る。「しんせき（親戚）・が・　しんちく（新築）し・て・やっ・た・さかい・　いおー・ていっ・た。」◆②の場合は、「いお（祝）うていく」という言い方になる。立場が逆になる場合は、「いお（祝）うてくる」となる。「あいつ（彼奴）・は・　いおー・てこ・なんだ。」■名詞化＝いわい【祝い】

いわえる【（結わえる）】《動詞・ア行下一段活用》　①細長いものを結んで整える。「はこ（箱）・に・　なふだ（名札）・を・　いわえる。」②細長いものの一方の端を、何かに結びつける。紐などの端と端とを結ぶ。他のものに結んで締める。「はんもっく（ハンモック）・を・　はしら（柱）・と・　はしら（柱）・に・　いわえる。」■名詞化＝いわえ【（結わえ）】〔⇒ゆわえる【結わえる】。①⇒ゆう【結う】。②⇒しばる【縛る】、くくる【括る】〕

いわおこし【岩おこし】《名詞》　餅米または粟を蒸して砂糖を加えて固めたものを、平らに延ばして長方形に切った菓子。「おーさかめーぶつ（大阪名物）・の・　いわおこし・を・　こ（買）ー・てき・た。」〔⇒いわこし【岩こし】、あわおこし【粟おこし】〕

いわこし【岩こし】《名詞》　餅米または粟を蒸して砂糖を加えて固めたものを、平らに延ばして長方形に切った菓子。「かた（堅）い・　いわこし・や・さかい・　は（歯）ー・を・　いた（痛）め・ん・よーに・　か（噛）ん・で・な。」〔⇒

いわおこし【岩おこし】、あわおこし【粟おこし】〕
いわし【鰯】《名詞》 暖かな海に、群を作ってすんでいる、青黒い色をして細長い小型の魚。「いわし・が・ ことし(今年)・は・ たか(高)い・ん・やっ・て。」
いわす《動詞・サ行五段活用》 ①やっつける。やり込める。殴る。「ま(負)け・て・ばっかり・ おれる・かい。こんど(今度)・は・ いわし・ても・たる。」「いっぺん(一遍)・いわし・とか・な・ ぞーちょー(増長)する・ぞ。」②駄目にする。「むり(無理)し・て・ からだ(体)・を・ いわし・ても・たら・ あか・ん・ぞ。」〔①⇒いてまう【(行てまう)】、いてこます【(行てこます)】〕
いわす【言わす】《動詞・サ行五段活用》 言うことをさせる。「あいつ(彼奴)・の・ くち(口)・から・ あやま(謝)り・を・ いわさ・な・ あか・ん・やろ。」
いわれ【謂われ】《名詞》 起源や歴史などについての古くからの言い伝え。「この・ じんじゃ(神社)・が・ た(建)て・られ・た・ いわれ・は・ し(知)り・まへ・ん。」
いわんこっちゃない【言わん事っちゃ無い】《形容詞・特殊型》 言うまでもない。言ったとおりである。「べんきょー(勉強)せー・へん・さかい・ いわんこっちゃない。しけん(試験)・に・ お(落)ち・ても・たろ・やろ。」◆言ったことがわからないのか、という気持ちを表している。〔⇒いわんことやない【言わん事や無い】〕
いわんことやない【言わん事や無い】《形容詞・特殊型》 言うまでもない。言ったとおりである。「し・たら・ あか・ん・と・ ゆ(言)ー・た・のに・ やっぱり・ めん・でも・た・ん・か。いわんことやない・のに。」◆言ったことがわからないのか、という気持ちを表している。〔⇒いわんこっちゃない【言わん事っちゃ無い】〕
いん【印】《名詞》 文書の責任などを明らかにするために押すもの。また、その押したあと。「いん・が・ うす(薄)い・さかい・ お(押)しなおし・た。」〔⇒いんかん【印鑑】、はん【判】、はんこ【判子】〕
いんかん【印鑑】《名詞》 文書の責任などを明らかにするために押すもの。また、その押したあと。「ぎんこ(銀行)・へ・ い(行)っ・た・ん・や・けど・ いんかん・わす(忘)れ・て・ でなお(出直)し・や。」〔⇒いん【印】、はん【判】、はんこ【判子】〕
インキ〔いんき〕【英語＝ink】《名詞》 ペンで文字を書くときなどに使う、色の付いた液体。「たてが(縦書)き・し・たら・ いんき・が・ て(手)ー・に・ つく。」〔⇒インク【英語＝ink】〕
いんき【陰気】《形容動詞や(ナ)》 ①性格や雰囲気が暗い感じで、からっとしているところがない様子。「いんきな・ かお(顔)・を・ せ・んと・ げんき(元気)・を・だ(出)し・なはれ。」②天候などが暗く鬱陶しい様子。その場が暗かったり湿気を含んでいたりして、じめじめした感じがする様子。「くろ(暗)ー・て・ いんきな・へや(部屋)・や・なー。」■対語＝①「ようき【陽気】」
いんきょ【隠居】《名詞、動詞する》 仕事から引退したり家督を譲ったりして、好きなことをして静かに暮らすこと。また、そのようにしている人。「このごろ・は・ひちじゅー(七十)・に・ なっ・ても・ いんきょする・ひと(人)・は・ すけ(少)ない。」
インク〔いんく〕【英語＝ink】《名詞》 ペンで文字を書くときなどに使う、色の付いた液体。「むかし(昔)・は・ あお(青)い・ いんく・で・ じ(字)ー・を・ か(書)く・ こと・が・ おー(多)かっ・た・なー。」◆日常的には、ブルーブラック(黒みを帯びた青色)を多く使い、真っ黒のインクを使うことは少なかった。〔⇒インキ【英語＝ink】〕
インクびん〔いんくびん〕【英語＝ink＋瓶】《名詞》 ペン先に付けるインクを入れておく瓶。「いんくびん・から・すぽいど(スポイド)・で・す(吸)いあげる。」◆万年筆にはその瓶からインクを注入した。「インキびん」という言い方は稀である。

赤と黒のインク瓶

いんげん【隠元】《名詞》 豆やさやを食べる、つるのある植物。「はたけ(畑)・に・ いんげん・を・ う(植)える。」〔⇒いんげんまめ【隠元豆】、ささげ〕
いんげんまめ【隠元豆】《名詞》 豆やさやを食べる、つるのある植物。「いんげんまめ・が・ おー(大)きなっ・た。」〔⇒いんげん【隠元】、ささげ〕
いんこ〔いんこー〕【鸚哥】《名詞》 鸚鵡に似てそれよりは小さく、羽の色が鮮やかな鳥。「かご(籠)・に・ い(入)れ・て・ いんこ・を・ か(飼)う。」
いんさつ【印刷】《名詞、動詞する》 文字や絵などの版を作り、インクを使って機械で同じものをたくさん作ること。また、そのようにして作られたもの。「ねんまつ(年末)・に・ なっ・た・さかい・ ぷりんと(プリント)ごっこ・で・ ねんがじょー(年賀状)・を・ いんさつする。」
いんし【印紙】《名詞》 手数料や税金などを納めたしるしとして、領収書や証書などに貼る、小さな紙。「しょるい(書類)・に・ いんし・を・ は(貼)っ・て・ だ(出)す。」
いんしょう〔いんしょー〕【印象】《名詞》 見たり聞いたりなどしたときに心に刻みつけられた感じ。「あんな・い(言)ーかた・を・ し・たら・ みんな・ わる(悪)い・いんしょー・を・ も(持)っ・てまう。」
いんしょく【飲食】《名詞、動詞する》 飲んだり食べたりすること。「きんじょ(近所)・に・ いんしょく・の・ みせ(店)・は・ ぎょーさん(仰山)・ あり・ます。」
いんせい〔いんせー〕【陰性】《名詞》 病気・免疫などの検査で、その反応があらわれないこと。「つべるくりん(ツベルクリン)・を・ し・た・けど・ いんせー・やっ・た。」■対語＝「ようせい【陽性】」
いんたい【引退】《名詞、動詞する》 これまでの地位や仕事をやめて、しりぞくこと。「よこづな(横綱)・が・ いんたいし・た。」
インチ〔いんち〕【英語＝inch】《名詞》 ①ヤードポンド法の長さの単位で、1インチはおよそ2.5センチの長さ。「にじゅーよん(二十四)いんち・の・ じてんしゃ(自転車)・に・ の(乗)る。」「さんじゅー(三十)いんち・の・てれび(テレビ)・を・ か(買)う。」②ものの大きさ。「この・ びん(瓶)・に・ この・ ふた(蓋)・は・ いんち・が・ あ(合)わ・へん。」
いんちき《名詞、形容動詞や(ナ)、動詞する》 相手の目をごまかした不正が含まれていること。いかさま。「いんちきな・ はなし(話)・に・ あんじょー・ だま(騙)さ・れ・ても・た。」〔⇒いんちきとんちき〕
いんちきとんちき《名詞、形容動詞や(ナ)、動詞する》 相手の目をごまかした不正が含まれていること。いかさま。「いんちきとんちきし・て・ もー(儲)け・やがっ・た。」◆「いんちき」を強調し、ちょっとふざけた言い方。〔⇒いんちき〕
いんちょう〔いんちょー〕【(委員長)】《名詞》 ①選ばれたり委嘱されたりした人が集まって、ある内容について考えたり決めたり実際に行ったりする会の、その中心になって推進する人。「いんちょー・に・　なっ・たら・　いそが(忙)しー・ぞ。」②学級活動の中心になる児童や生徒。「いちねんにくみ(一年二組)・の・　いんちょー・は・　おーにし(大西)・や。」◆「委員」の「委」の文字が省略されたというよりも、「い」という発音が一つ脱落したという印象が強い。〔⇒**いいんちょう【委員長】**〕

インデアン〔いんであん〕【英語＝ Indian】《名詞》　アメリカ大陸に昔から住んでいる民族。「いんであん・の・　で(出)・てくる・　せーぶげき(西部劇)・の・　えーが(映画)・を・　み(見)る。」

いんにく【印肉】《名詞》　印鑑に赤い色を付けるために使う、顔料を染み込ませたもの。「いんにく・が・　わる(悪)ー・て・　はんこ(判子)・が・　かす(掠)れ・た。」〔⇒**しゅにく【朱肉】、にく【肉】**〕

いんねん【因縁】《名詞》　①動かしがたいような関わり合い。そのようになった深いわけ。「あいつ(彼奴)・と・は・　こども(子供)・の・　ころ(頃)・から・　いんねん・が・　ある。」②理由にもならないようなことを理由にして、相手にくってかかること。言いがかり。「し(知)ら・ん・　やつ(奴)・から・　いんねん・　つけ・られ・て・　こま(困)っ・た。」

いんぴつ【(鉛筆)】《名詞》　細い木の軸の中に、粘土を混ぜた黒鉛の芯を入れた筆記用具。「いんぴつ・の・　しん(芯)・が・　お(折)れ・た。」〔⇒**えんぴつ【鉛筆】、えんぺつ【(鉛筆)】**〕

いんぴつけずり【(鉛筆削り)】《名詞》　芯のすり減った鉛筆を削るための道具。また、そのような刃物。「いんぴつけずり・で・　けが(怪我)・を・　する。」〔⇒**えんぴつけずり【鉛筆削り】、えんぺつけずり【(鉛筆削り)】、けずり【削り】、とげり【尖げり】**〕

インフルエンザ〔いんふるえんざ〕【英語＝ influenza、もとはイタリア語】《名詞》　高熱を出し肺を冒しやすい、ウイルスによる急性の伝染病。流行性感冒。「いんふるえんざ・で・　がっきゅーへーさ(学級閉鎖)・に・　なる。」

いんま【(今)】《名詞》　①現在の時点。「いんま・　じゅーにん(十人)・ほど・が・　あつ(集)まっ・とる。」②現時点から離れていない、つい先ほど。「いんま・　き(来)・た・ばっかり・や。」「いんま・　でんしゃ(電車)・が・　で(出)・ても・た・さかい・　つぎ(次)・まで・　にじっぷん(二十分)・も・　ま(待)つ・ん・や。」③長い年月を隔てた以前の時代や時期に対して、現在の時代や時期。現代。「いんま・は・　けーたいでんわ(携帯電話)・を・　も(持)っ・とら・なんだら・　わら(笑)わ・れる。」■対語＝③「**むかし【昔】**」〔⇒**いま【今】**。②⇒**いまのいま【今の今】、いんまのいんま【(今の今)】、いまさっき【(今先)】、いんまさっき【(今先)】、さいぜん【最前】、さっき【(先)】、さきほど【先程】**〕

いんまさっき【(今先)】《名詞》　現時点から離れていない、つい先ほど。「あいつ・が・　き(来)・た・ん・は・　いんまさっき・や。」「いんまさっき・　い(去)ん・だ・ばっかり・や。」〔⇒**いまのいま【今の今】、いんまのいんま【(今の今)】、いまさっき【(今先)】、さいぜん【最前】、さっき【(先)】、さきほど【先程】、いま【今】、いんま【(今)】**〕

いんまのいんま【(今の今)】《名詞》　現時点から離れていない、つい先ほど。「いんまのいんま・　てれび(テレビ)・で・　じこ(事故)・を・　し(知)っ・た。」「いんまのいんま・　ここ・に・　おっ・た・のに・　どこ・へ・　い(行)っ・た・ん・かいなー。」◆「いまさっき【(今先)】」や「いんまさっき【(今先)】」よりも意味が強まる。「いまのいんま」や「いんまのいま」という言い方の変化はある。〔⇒**いまのいま【今の今】、いまさっき【(今先)】、いんまさっき【(今先)】、さいぜん【最前】、さっき【(先)】、さきほど【先程】、いま【今】、いんま【(今)】**〕

いんまのま〔いんまのまー〕【(今の間)】《名詞、副詞に》　今のうち。今の短い時間。今の機会。「いんまのまー・に・　ごはん(飯)・　た(食)べ・とか・ん・と・　ひる(昼)から・は・　いそが(忙)しゅー・　なる・ぞ。」◆今こそ好機だというような語感や、今の限られた時間をうまく利用するという語感がある。〔⇒**いまのま【今の間】**〕

いんまのまま【(今の儘)】《名詞、副詞》　今の状態。現状で変化のないありさま。「いんまのまま・やっ・たら・　ま(負)け・てまう・さかい・　もっと・　おーえん(応援)し・たろ・やない・か。」〔⇒**いまのまま【今の儘】**〕

いんりょく【引力】《名詞》　隔たっているものとものとが引き合う力。「つき(月)・の・　いんりょく・で・　しお(潮)・が・　ひ(引)ー・たり・　に(満)っ・たり・　する。」

う

う〔うー〕【卯】《名詞》　兎を表しており、子(ね)から始まる十二支の４番目。「うー・の・　とし(年)・や・さかい・　ことし(今年)・は・　ぴょんぴょん・　は(跳)ね・たろ・か。」〔⇒**うさぎ【兎】**〕

ウイスキー〔ういすきー〕【英語＝ whisky】《名詞》　大麦などを発酵させて蒸留した、良い香りとこくがある酒。「えーがしま(江井ヶ島)・で・　つく(作)ら・れ・とる・　ういすきー・は・　ほわいとおーく(ホワイトオーク)・ちゅー・　なまえ(名前)・や。」

ういたういた【浮いた浮いた】《形容動詞や(ノ)》　①豪雨などによって、溝などの水があふれて辺り一帯が水浸しになっている様子。「おーあめ(大雨)・が・　ふ(降)っ・て・　いえ(家)・の・　まー(周)り・が・　ういたういたに・　なっ・ても・て・　そと(外)・へ・　で(出)・られ・なんだ。」②本来は浮かばないものが、浮き上がっている様子。「ふろ(風呂)・の・　げすいた(＝底に置く板)・が・　ういたういたに・　なっ・とる。」◆①の用例は、実際に家屋は浮いていないが、浮き上がらんばかりの状態であるという気持ちを表現したものである。

ういろう〔ういろー、ういろ〕【外郎】《名詞》　餅米の粉などにザラメ砂糖を加えて練り、蒸し上げた菓子。「こーべ(神戸)・の・　ながた(長田)・に・　めーべつ(名物)・の・　ういろー・が・　ある。」

ういん〔ういーん〕《副詞と》　うなりをあげるような、金属性の音が出ている様子。また、その音。「せんばん(旋盤)・が・　ういーんと・　おと(音)・を・　た(立)て・て・　まー(回)っ・とる。」

うううう〔うーうーうーうー〕《副詞と》　うなりをあげて長く伸びるような音が出ている様子。サイレンが鳴っている様子。また、その音。「じどーしゃ(自動車)・が・　うーうーうーうーと・　はし(走)っ・とる。」

ウール〔うーる〕【英語＝ wool】《名詞》　羊からとった毛で作った織物。「うーる・の・　せびろ(背広)・を・　あつら(誂)える。」〔⇒**け【毛】**〕

ううん〔うーん〕《感動詞》　①相手の言うことに同意しないという気持ちを伝えるために使う言葉。「ううん。わたし(私)・は・　い(行)か・へん。」②考え込んでいたり、あいまいな答しかできていなかったりするときに、相手にその状態を伝えるために使う言葉。「うーん。まだ・ き(決)め・て・ない・ねん。」

うえ【上】《名詞》 ①位置が高いこと。高いところ。「やね(屋根)・の・ うえ・に・ あんてな(アンテナ)・を・ た(立)てる。」②ものの表面。見えているところ。「うみ(海)・の・ うえ・に・ ごみ(塵)・が・ う(浮)い・とる。」③年齢や学年や地位などが高いこと。「みっ(三)つ・ うえ・に・ あね(姉)・が・ おる。」④優れていること。「だいく(大工)・の・ うで(腕)・は・ あの・ しと(人)・の・ ほー(方)・が・ うえ・や。」■対語＝「した【下】」

うえき【植木】《名詞》 ①庭や鉢などに植えてある木。「にっちょーび(日曜日)・に・ うえき・の・ てい(手入)れ・を・ する。」②庭などに植えるための木。「こーえん(公園)・で・ うえき・の・ いち(市)・が・ ある。」

うえきばち【植木鉢】《名詞》 木や草を直接に地面に植えるのではなく、置き場所を変えることができるようにして植えるときに使う、陶器製などの入れ物。「にわ(庭)・に・ うえきばち・を・ なら(並)べる。」〔⇒**はち**【鉢】、**はっち**【(鉢)】〕

うえした【上下】《名詞》 ①位置が高いことと低いこと。高いところと低いところ。また、その違いや差。「かみ(紙)・の・ うえした・に・ せん(線)・を・ ひ(引)く。」②年齢や学年や地位などが高いことと低いこと。また、その違いや差。「きょーだい(兄弟)・の・ とし(歳)・は・ うえした・ なな(七)つ・ ちが(違)う。」③優れていることと劣っていること。また、その違いや差。「しけん(試験)・の・ たび(度)・に・ じゅんばん(順番)・の・ うえした・が・ ごっつい・ か(変)わる。」

うえつける【植え付ける】《動詞・カ行下一段活用》 草や木の小さなものや苗を、移して植えて根付かせる。「とまと(トマト)・の・ なえ(苗)・を・ うえつける。」■名詞化＝**うえつけ**【植え付け】

うえのうえ【上の上】《名詞、形容動詞や(ノ)》 ①最上等のもの。最良のもの。「この・ べんとー(弁当)・は・ うえのうえや。」②何かのさらにその上となるもの。「あいつ・は・ くち(口)・が・ じょーず(上手)で・ みんな(皆)・の・ うえのうえ・を・ いく。」■対語＝「げのげ【下の下】」〔①⇒**じょうのじょう**【上の上】〕

うえむき【上向き】《名詞、形容動詞や(ノ)》 上の方を向いていること。だんだんよくなる傾向にあること。「せーせき(成績)・は・ ちょっと・ うえむきに・ なっ・てき・た・みたいや。」■対語＝「したむき【下向き】」〔⇒**うわむき**【上向き】〕

うえる【植える】《動詞・ア行下一段活用》 ①草や木の根や球根を、しっかりと土に埋める。「こ(買)ー・てき・た・ あさがお(朝顔)・の・ なえ(苗)・を・ はち(鉢)・に・ うえる。」「そつぎょー(卒業)・の・ きねん(記念)・に・ さくら(桜)・を・ うえ・た。」②草や木の種を土に埋めたり、土の上に散らしたりして、芽が出るようにする。「そこ・は・ ひまわり(向日葵)・を・ うえ・とる・さかい・ ふ(踏)ん・だら・ あか・ん・よ。」■自動詞は「うわる【植わる】」〔②⇒**まく**【蒔く】〕

うおぐし【魚串】《名詞》 魚を焼いたり干したりするときに、魚を刺す鉄製の細い串。「べら・を・ うおぐし・に・ さ(刺)し・て・ や(焼)く。」◆竹や木でできている、使い捨てのものも「うおぐし【魚串】」と言うことがある。〔⇒**かなぐし**【金串】〕

うおずみ【魚住】《固有名詞》 ①明石市の西部にある町名のひとつで、1951年(昭和26年)の合併前は明石郡魚住村であった地域。「うおずみ・は・ たんぼ(田圃)・が・ おー(多)い・ とこ(所)・や。」②ＪＲ山陽線(神戸線)の駅およびその周辺。「うおずみ・が・ でけ(出来)・た・ん・は・ こくてつ(国鉄)・が・ でんか(電化)し・た・とき(時)・やっ・た。」③山陽電気鉄道の駅名。「うおずみ・の・ みなみ(南)・に・ ぼたんでら(牡丹寺)・が・ ある。」◆③は、正式には「さんようううおずみ(山陽魚住)」と言う。

うおのたな〔うおんたな〕【魚の棚】《固有名詞》 町の中で魚屋がたくさん集まっているところ。「うおのたな・で・ う(売)っ・とる・ たこ(蛸)・は・ い(生)き・て・ ほ(這)ー・とる。」◆魚の町である明石は、明石鯛や明石蛸で全国に名を馳せているが、新鮮な魚介類を手に入れられるところとして全国的に知られているのが「魚の棚」である。この名称をホームページで検索すると、明石の「魚の棚」のことが圧倒的に多いが、高知市などにも同じ呼び名の町がある。

明石の魚の棚商店街　★

うおのめ〔うおのめー〕【魚の目】《名詞》 足の裏などにできる皮膚病で、慢性の刺激などによって、固く小さな突起となったもの。「あし(足)・に・ うおのめ・が・ でけ(出来)・て・ いた(痛)い・ねん。」◆関西ではよく知られているコマーシャル・ソングに「うおのめ(魚の目) たこ(胼胝)にも イボコロリ」というのがあるが、このイボコロリという治療薬を作っているのは、明石市にある横山製薬である。

うがい【嗽】《名詞、動詞する》 水や消毒液で口や喉をすすぎ清めてから吐き出すこと。「かぜ(風邪)・が・ はや(流行)っ・とる・さかい・ いえ(家)・に・ もど(戻)っ・たら・ うがいせ・な・ あか・ん。」〔⇒**ぶくぶく**、**がらがら**〕

うかうか《副詞と、動詞する》 注意力が足りなくて、気を緩めている様子。あまり深く考えずに物事を行う様子。「うかうかし・とっ・たら・ お(追)いぬか・れ・てまう・ぞ。」〔⇒**うっかり**、**うかっと**、**うろっと**〕

うかがう【伺う】《動詞・ワア行五段活用》 ①お聞きする。お尋ねする。[「聞く」「尋ねる」の謙譲表現]「あんた・に・ うかがい・たい・と・ おも(思)ー・て・た・ こと(事)・が・ おます・ねん。」②お尋ねする。参上する。[「行く」の謙譲表現]「あした(明日)・ うかごー・ても・ よろしい・か。」■名詞化＝**うかがい**【伺い】

うかがう【窺う】《動詞・ワア行五段活用》 ①それとなく様子を観察する。のぞき見る。「みんな(皆)・の・ かおいろ(顔色)・を・ うかがう。」②様子を見て、時機の来るのを待つ。「あいて(相手)・が・ き(気)ー・を・ ゆる(緩)める・の・を・ うかごー・とっ・てん。」

うかす【浮かす】《動詞・サ行五段活用》 ①沈まないで、水上や水中にあるようにさせる。底の面から離れて上がるようにさせる。「うみ(海)・に・ ふね(船)・を・ うかす。」②落ちないで、空中にとどまるようにさせる。「ふーせん(風船)・を・ やね(屋根)・の・ うえ(上)・に・ うかす。」③身体の全体や一部を持ち上げるようにする。「こし(腰)・を・ うかし・て・ ぼーる(ボール)・を・ う(受)ける。」④時間や金銭などに余りが出るようにする。「うかし・た・ ひよー(費用)・で・ おちゃ(茶)・の・ は(葉)・を・ か(買)う。」■自動詞は「うく【浮く】」〔①⇒**うかべる**【浮かべる】〕

うかつ【迂闊】《形容動詞や(ナ)》 注意が足りなくて、よくない結果を招きそうな様子。ものごとの事情がわからず、いい加減な対応をする様子。「うかつな・ うんてん(運転)し・とっ・たら・　じこ(事故)・を・　お(起)こす・ぞ。」「うかつな・　へんじ(返事)・を・　し・たら・　あと(後)・で・　こま(困)る・ぞ。」

うかっと《副詞、動詞する》　注意力が足りなくて、気を緩めている様子。あまり深く考えずに物事を行う様子。「ほん(本)・を・　かえ(返)す・の・を・　うかっと・　わす(忘)れ・ても・とっ・た。」「うかっとし・て・　でんしゃ(電車)・を・　の(乗)りすごし・た。」〔⇒**うっかり、うかうか、うろっと**〕

うかぶ【浮かぶ】《動詞・バ行五段活用》　①沈まないで、水上や水中にある。底の面から離れて上がる。「はす(蓮)・の・　は(葉)ー・が・　うかん・どる。」②落ちないで、空中にとどまる。「あどばるーん(アドバルーン)・が・　うかん・どる。」③念頭にある。思い出される。「あの・　とき(時)・の・　あんた・の・　しんぱい(心配)そーな・　かお(顔)・が・　うかぶ・なー。」■他動詞は「うかべる【浮かべる】」〔①②⇒**うく【浮く】**〕

うかべる【浮かべる】《動詞・バ行下一段活用》　①沈まないで、水上や水中にあるようにさせる。底の面から離れて上がるようにさせる。「いけ(池)・に・　ぼーと(ボート)・を・　うかべる。」②泣きそうな顔つきになる。不機嫌になる。しょげる。「うかべ・てき・た・さかい・　きつい・　こと・を・　ゆ(言)ー・たら・　あか・ん・ぞ。」「なみだ(涙)・を・　うかべる。」■自動詞は「うかぶ【浮かぶ】」〔①⇒**うかす【浮かす】**〕

うかる【受かる】《動詞・ラ行五段活用》　試験などに合格する。審査に通る。「こーとーがっこ(高等学校)・の・　にゅーがくしけん(入学試験)・に・　うかる。」「にきゅー(二級)・か・と・　おも(思)・とっ・たら・　いっきゅー(一級)・に・　うかっ・た。」

うかれる【浮かれる】《動詞・ラ行下一段活用》　心が自然と陽気になる。気持ちが浮き立って落ち着かなくなる。「どよーび(土曜日)・の・　ばん(晩)・は・　はなみ(花見)・に・　い(行)っ・て・　うかれ・とっ・た。」

うき【浮き】《名詞》　①魚が餌に食いついたことを知るために、釣り糸に付けて水に浮かべるもの。「うき・が・　しず(沈)ん・だ・さかい・　さお(竿)・を・　あ(上)げ・てみ・なはれ。」②水中に漁網や延縄などを投げ入れているときに、その位置を知るために目印として水に浮かべるもの。「うき・を・　みつ(見付)け・て・　あみ(網)・を・　あ(上)げる。」③人を水に浮かせるために使う、ゴム・ビニールなどで作って、中に空気を入れた袋。「かいすいよく(海水浴)・に・は・　うき・を・　も(持)っ・ていか・んと・　あぶ(危)ない・ぞ。」〔③⇒**うきぶくろ【浮き袋】、うきわ【浮き輪】**〕

うきうき【浮き浮き】《形容動詞や(ノ)、動詞する》　①楽しくて心が弾む様子。晴れやかに感じる様子。軽快で快活な様子。「はる(春)・に・　さくら(桜)・を・　み(見)・たら・　きも(気持)ち・が・　うきうきに・　なり・まん・な。」「こども・が・　うきうきし・て・　きゃんぷ(キャンプ)・に・　い(行)っ・た。」②気持ちが集中しないで、注意が足りない様子。「うきうきせ・んと・　まえ(前)・を・　よー・　み(見)・て・　うんてん(運転)し・なはれ。」

うきしずみ【浮き沈み】《名詞、動詞する》　①ひとつのものが浮いたり沈んだりすること。「さお(竿)・の・　さき(先)・の・　う(浮)き・が・　うきしずみし・とる。」②物事がうまくいったり、いかなかったりすること。「この・　しょーばい(商売)・は・　うきしずみ・が・　おー(大)きい。」

うきぶくろ【浮き袋】《名詞》　①人を水に浮かせるために使う、ゴム・ビニールなどで作って、中に空気を入れた袋。「およ(泳)ぐ・　とき(時)・は・　うきぶくろ・を・　はな(離)さ・ん・よーに・　し・なはれ。」②魚の体の中にある、気体を満たして浮き沈みを調節するための器官。「さかな・の・　はらばた(＝内臓)・の・　なか(中)・に・　うきぶくろ・も・　ある。」◆①は、海水浴のためには、古くなった車のチューブなどを代用することもあった。〔①⇒**うきわ【浮き輪】、うき【浮き】**〕

うきわ【浮き輪】《名詞》　人を水に浮かせるために使う、ゴム・ビニールなどで作って、中に空気を入れた袋で、輪の形になっているもの。「うきわ・を・　も(持)っ・て・　うみ(海)・へ・　い(行)く。」〔⇒**うきぶくろ【浮き袋】、うき【浮き】**〕

うく【浮く】《動詞・カ行五段活用》　①沈まないで、水上や水中にある。底の面から離れて上がる。「たらい(盥)・が・　みず(水)・に・　うく。」②落ちないで、空中にとどまる。「ひこーせん(飛行船)・が・　そら(空)・に・　うい・とる。」③表面に表れる。「あせ(汗)・が・　うい・てき・た。」④身体の全体や一部が持ち上がる。「あし(足)・が・　うい・て・　どひょー(土俵)・の・　そと(外)・へ・　で(出)・た。」⑤時間や金銭などに余りが出る。「じかん(時間)・が・　うい・ても・て・　どない・　し・たら・　えー・の・か・　こま(困)っ・た。」⑥しっかりとくっついていない。「のり(糊)・が・　とれ・て・　かみ(紙)・が・　うい・とる。」「は(歯)ー・が・　うい・てき・て・　いた(痛)い・ねん。」■他動詞は「うかす【浮かす】」■対語＝「しずむ【沈む】」■名詞化＝うき【浮き】〔①②⇒**うかぶ【浮かぶ】**〕

うぐいす【鶯】《名詞》　緑がかった茶色の体で、人家の近くまで来て、早春に美しい声で鳴く鳥。「たけ(竹)・の・　はやし(林)・でも・　うぐいす・が・　な(鳴)い・とる。」〔⇒**ほうほけきょ**〕

うけ【受け】《名詞》　その人に対する、周りの人たちの評価や評判など。「あの・　ひと(人)・は・　みんな(皆)・から・　うけ・が・　え(良)ー。」「うけ・を・　ねろ(狙)ー・て・　ぎょーさん(仰山)・　きふ(寄付)・を・　し・やがっ・た・なー。」

うけ【受け】《接尾語》[名詞に付く]　物を受け取るための容器や、受け取るための設備などを表す言葉。「ゆーびん(郵便)うけ・に・　かいらんばん(回覧板)・を・　い(入)れ・とく。」「しんぶん(新聞)うけ・に・　こーこく(広告)・が・　はい(入)っ・とっ・た。」「ぎゅーにゅー(牛乳)うけ・に・　まいあさ(毎朝)・　はいたつ(配達)し・てくれる。」

うけあう【請け合う】《動詞・ワア行五段活用》　①責任を持って引き受ける。「はんつき(半月)・で・　しあ(仕上)げる・と・　うけおー・てくれ・た。」②確かであることを保証する。「あの・　しと(人)・の・　こと・なら・　まちが(間違)い・ない・と・　うけあい・ます。」

うけいれる【受け入れる】《動詞・ラ行下一段活用》　①引き受けて面倒をみる。「しんにゅーしゃいん(新入社員)・を・　うけいれる。」②相手の言うことを理解する。相手の考えを聞き入れる。「むり(無理)・を・　しょーち(承知)・で・　たの(頼)ん・だら・　うけいれ・てくれ・た。」

うけうり【受け売り】《名詞、動詞する》　人の考えや、人から聞いた話を、自分のもののようにして言うこと。「うけうり・で・　い(言)わ・んと・　じぶん(自分)・で・　よー・　かんが(考)え・なはれ。」

うけおう【請け負う】《動詞・ワア行五段活用》　報酬や期限などを了解して、仕事を引き受ける約束をする。また、引き受けて仕事をする。「どーろ(道路)・の・　こーじ(工事)・を・　うけおう。」■名詞化＝**うけおい【請け負い】**

うけくち〔うけぐち〕【受け口】《名詞》　下唇が上唇よりも前に出ている口。「あの・　うけくち・の・　ひと(人)・が・　やまだ(山田)はん・や。」

うけつぐ【受け継ぐ】《動詞・ガ行五段活用》　①人が残したものや仕事などを引き受けて行う。「おやじ(親父)・が・　やっ・とっ・た・　みせ(店)・を・　うけつい・だ。」②人の性質や意志などを引き継ぐ。「おや(親)・を・　うけつい・で・　うた(歌)・が・　じょーず(上手)や。」■名詞化＝**うけつぎ【受け継ぎ】**

うけつけ【受け付け】《名詞、動詞する》　申込みを受けたり、依頼に応じたりすること。また、それをするところ。また、それに携わる人。「かいじょー(会場)・の・　いりぐち(入口)・の・　うけつけ・の・　かかり(係)・を・　たの(頼)ま・れ・た。」

うけつける【受け付ける】《動詞・カ行下一段活用》　①申込みを受けたり、依頼に応じたりする。また、それに応じた処置をする。「さんか(参加)・の・　もーしこ(申込)み・は・　いっしゅーかん(一週間)・の・　あいだ(間)・　うけつけ・とり・ます。」②人の意見や要望などを聞き入れる。「いけん(意見)・を・　ゆ(言)ー・ても・　うけつけ・てくれ・なんだ。」■名詞化＝**うけつけ【受け付け】**

うけとり【受け取り】《名詞》　①一方が金品などを渡して、他方が渡されたということを証明する書き付け。「かね(金)・を・　はろ(払)・て・　うけつけ・を・　もろ(貰)・ておいで。」②一方が金品などを渡して、他方が手に入れること。「だれ(誰)・ど・　しなもん(品物)・の・　うけとり・に・　い(行)っ・てき・てくれ・ん・か。」〔①⇒**りょうしゅうしょう【領収証】**〕

うけとる【受け取る】《動詞・ラ行五段活用》　渡されたものを手にとって収める。一方が金品などを渡して、他方が手に入れる。「たっきゅーびん(宅配便)・を・　うけとる。」■名詞化＝**うけとり【受け取り】**

うけもち【受け持ち】《名詞、動詞する》　①何らかの内容を責任を持って担当すること。また、担当する人。「ここ・まで・が・　あんた・の・　うけもち・の・　そーじ(掃除)・の・　はんい(範囲)・や・で。」②学校でひとつの学級の児童・生徒を担当すること。また、その学級を担当する教員。「こども(子供)・の・　うけもち・の・　せんせー(先生)・が・　かてーほーもん(家庭訪問)・に・　き(来)・た。」〔②⇒**たんにん【担任】**〕

うけもつ【受け持つ】《動詞・タ行五段活用》　①何らかの内容を責任を持って担当する。「これ・だけ・の・　しごと(仕事)・を・　あんた・が・　うけもつ・の・や。」②学校でひとつの学級の児童・生徒を担当する。「ろくねんせー(六年生)・の・　とき・は・　はらせんせー(原先生)・に・　うけもっ・てもろ・た。」■名詞化＝**うけもち【受け持ち】**

うける【受ける】《動詞・カ行下一段活用》　①落ちてくるものや、向かってくるものを、手などで支え止める。「きゃっちゃー(キャッチャー)・が・　ぼーる(ボール)・を・　うける。」②自分の身に、他から何かの働きや作用が加えられる。「たいふー(台風)・で・　えらい・　ひがい(被害)・を・　うけ・た。」「ともだち・が・　し(死)ん・で・　えらい・　しょっく(ショック)・を・　うけ・た。」③他からの働きかけに応じる。相手の頼みを聞く。「でんわ(電話)・で・　ちゅーもん(注文)・を・　うける。」「でんぽー(電報)・で・　れんらく(連絡)・を・　うけ・た。」④自分から進んで取り組む。「けんてーしけん(検定試験)・を・　うける。」「けんさ(検査)・を・　うける。」

うごかす【動かす】《動詞・サ行五段活用》　①止まっていたものを活動させる。「すいっち(スイッチ)・を・　い(入)れ・て・　もーたー(モーター)・を・　うごかす。」②場所を別のところに変える。位置を変える。「いす(椅子)・を・　まえ(前)・の・　ほー(方)・に・　うごかす。」■自動詞は「うごく【動く】」〔⇒**いごかす【(動かす)】、いのかす【(動かす)】**〕

うごき【動き】《名詞》　位置が変わること。変化すること。活動すること。「あし(足)・の・　うごき・が・　はや(速)い。」〔⇒**いごき【(動き)】、いのき【(動き)】**〕

うごく【動く】《動詞・カ行五段活用》　①今までの位置や状態に静止していないで、変えたり、変わったりする。「とけー(時計)・の・　はり(針)・が・　うごく。」②落ち着いていないで、揺れる。「き(木)ー・の・　は(葉)ー・が・　かぜ(風)・で・　うごい・とる。」③ものごとの様子が変化する。「よ(世)のなか・が・　うご(動)い・とる。」■他動詞は「うごかす【動かす】」■名詞化＝**うごき【動き】**〔⇒**いごく【(動く)】、いのく【(動く)】**〕

うざうざ《副詞と》　①みんなであれこれ言い合ったり議論したりする様子。議論をしても結論らしきものに到達しない様子。「うざうざ・　ゆ(言)ー・とる・　うち・に・　にじかん(二時間)・も・　た(経)っ・ても・た。」②不満などをぶつぶつ小声で言っている様子。ぐずぐず文句を言う様子。つまらないことを執拗に言い立てる様子。「うざうざ・　ゆ(言)わ・んと・　い(言)ー・たい・こと・を・　はっきり・　い(言)え。」「かげ(陰)・で・　うざうざと・　ゆ(言)ー・な。」③話などが長たらしくて、際限のない様子。「うざうざと・　なが(長)い・　あいさつ(挨拶)・は・　き(聞)ー・とら・れ・まへ・ん・なー。」「うざうざと・　き(聞)かさ・れ・た・けど・　なん(何)か・よー・　わから・ん・　はなし(話)・やっ・た。」④小さな生き物が、いっぱい集まって、それぞれが勝手に動いている様子。また、それを見たり感じたりすることによって、不快感やうるささを感じる様子。「は(葉)ー・の・　うら(裏)・に・　あおむし(青虫)・が・　うざうざ・おっ・た。」〔⇒**うだうだ**、④⇒**うじゃうじゃ、うじょうじょ、うようよ**〕

うさぎ【兎】《名詞》　①目が赤く耳が長く、後ろ足が長くて飛び跳ねることが多い小型の動物。「しょーがっこー(小学校)・の・　とき(時)・に・　みんな(皆)・で・　うさぎ・を・　こ(飼)ー・とっ・た。」②十二支の４番目の「卯」。「うさぎ・の・　ねんがじょー(年賀状)・を・　つく(作)る。」〔⇒**おさぎ【(兎)】、うさちゃん【兎ちゃん】、おさちゃん【(兎ちゃん)】**。②⇒**う【卯】**〕

うさちゃん【兎ちゃん】《名詞》　目が赤く耳が長く、後ろ足が長くて飛び跳ねることが多い小型の動物。「おつき(月)さん・の・　なか(中)・で・　うさちゃん・が・　もち(餅)・を・　つ(搗)い・とる・よ。」◆幼児語。〔⇒**うさぎ【兎】、おさぎ【(兎)】、おさちゃん【(兎ちゃん)】**〕

うし【丑】《名詞》　牛を表しており、子(ね)から始まる十二支の２番目。「いもーと(妹)・は・　うし・です・ねん。」〔⇒**うし【牛】**〕

うし【牛】《名詞》　①肉や乳を食用とするために飼われ、かつては運搬や耕作などのために使われていた、頭に２本の角があり皮膚は白・黒・褐色の短い毛でおおわれている動物。「うし・で・　たんぼ(田圃)・を・　す(鋤)く。」「うし・の・　ちち(乳)・を・　しぼ(搾)る。」②十二支の２番目の「丑」。「うし・の・　とし(年)・や・さかい・　ゆっ

くり・　い(行)き・まっ・さ。」〔①⇒**もう, もうもう**。②⇒**うし**【丑】〕

うじ【蛆】《名詞》 円筒形で足がなく、白っぽく小さな、蝿や虻などの幼虫。「むかし(昔)・は・　べんじょ(便所)・に・　よー・　うじ・が・　わい・た。」〔⇒**うじむし**【蛆虫】〕

うじうじ《副詞と、動詞する》 ①決断力や実行力が乏しくて、ためらっている様子。実行に移さないで、じっとしている様子。「うじうじ・　し・とら・んと・　しっかり・　せー。」②からっとしないで、しつこく言ったり行動したりする様子。「あいつ(彼奴)・が・　また・　うじうじ・　もんく(文句)・を・　ぬかし・とる。」③小さな虫がはいまわっている様子。「うじうじと・　へん(変)な・　むし(虫)・が・　ぎょーさん(仰山)・　おる。」〔①⇒**ぐずぐず**【愚図愚図】〕

うじがみ【氏神】《名詞》 住んでいる土地の守り神。「ここらへん・の・　むら(村)・は・　すみよっ(住吉)さん・が・　うじがみ・や。」

うじこ【氏子】《名詞》 同じ土地に住み、同じ氏神を祭る人たち。「わしら・は・　すみよしじんじゃ(住吉神社)・の・　うじこ・や。」

うしなう【失う】《動詞・ワア行五段活用》 それまで持っていたり備わっていたりしたものや、自分と関係のあったものを、なくす。「てーき(定期)・を・　うしのー・て・　えき(駅)・で・　こま(困)っ・とっ・てん。」「とーさん(倒産)し・て・　しんよー(信用)・を・　うしのー・た。」〔⇒**うしなえる**【失える】〕

うしなえる【失える】《動詞・ア行下一段活用》 それまで持っていたり備わっていたりしたものや、自分と関係のあったものを、なくす。「ひと(人)・から・　か(借)っ・た・　ほん(本)・を・　うしなえ・て・　おこ(怒)ら・れ・た。」〔⇒**うしなう**【失う】〕

うしのした【牛の舌】《名詞》 褐色の扁平な長卵形で、尾の端がとがっている形の魚。舌平目。「うしのした・は・　につ(煮付)け・に・　し・て・　く(食)お・か。」

うじむし【蛆虫】《名詞》 円筒形で足がなく、白っぽく小さな、蝿や虻などの幼虫。「うじむし・が・　わか・ん・よーに・　いしばい(石灰)・を・　ま(撒)く。」〔⇒**うじ**【蛆】〕

うじゃうじゃ《副詞と》 ①小さな生き物が、いっぱい集まって、それぞれが勝手に動いている様子。また、それを見たり感じたりすることによって、不快感やうるささを感じる様子。「つち(土)・の・　なか(中)・に・　みみず(蚯蚓)・が・　うじゃうじゃ・　おっ・た。」②同じような人が大勢いる様子。同じようなものがたくさんある様子。「かね(金)・が・　うじゃうじゃ・　ある・ん・やろ・さかい・　ちょっと(一寸)・ぐらい・　きふ(寄付)・を・　し・てんか。」〔⇒**うじょうじょ、うようよ**。①⇒**うざうざ**〕

うじょうじょ《副詞と》 ①小さな生き物が、いっぱい集まって、それぞれが勝手に動いている様子。また、それを見たり感じたりすることによって、不快感やうるささを感じる様子。「お(落)ち・とる・　びすけっと(ビスケット)・に・　あり(蟻)・が・　うじょうじょ・　あつ(集)まっ・とる。」②同じような人が大勢いる様子。同じようなものがたくさんある様子。「りょこー(旅行)・の・　さんかきぼーしゃ(参加希望者)・が・　うじょうじょ・おる・ねん。」〔⇒**うようよ、うじゃうじゃ**。①⇒**うざうざ**〕

うしろ【後ろ】《名詞》 ①人の顔が向いている方の反対側。自分が進んでいる方向の反対側。また、その方向にある場所。「うしろ・を・　み(見)・んと・　ある(歩)け。」②その場の中心となっているところの反対側。「たいいくかん(体育館)・の・　うしろ・の・　ほー(方)・で・　べんとー(弁当)・を・　た(食)べる。」③人やものの正面とは反対の部分。人や動物の体の裏側。「りっくさっく(リックサック)・を・　うしろ・に・　せお(背負)う。」④陰になっているところ。「おーぜー(大勢)・の・　ひと(人)・の・　うしろ・に・　なっ・て・　み(見)え・へん。」⑤ものごとの終わりの部分。「うしろ・の・　ほー(方)・で・　もっかい(もう一回)・　れんしゅー(練習)する・　じかん(時間)・が・　あり・ます。」■対語＝「まえ【前】」「まい【(前)】」〔⇒**おしろ**【(後ろ)】。①⇒**あと**【後】。③⇒**せなか**【背中】〕

うしろあし【後ろ足】《名詞》 ①動物の４本足のうち、あとの方の２本の足。「いぬ(犬)・が・　うしろあし・で・　すな(砂)・を・　かけ・た。」②人が片足を踏み出したときに、残っている方の足。「うしろあし・の・　かかと(踵)・を・　あ(上)げる。」■対語＝「まえあし【前足】」〔⇒**おしろあし**【(後ろ足)】、**あとあし**【後足】〕

うしろすがた【後ろ姿】《名詞》 人や動物などの、正面とは反対側から見た姿。「うしろすがた・から・　み(見)・たら・　しじゅーす(四十過)ぎ・の・　ひと(人)・や・と・　おも(思)・た。」〔⇒**おしろすがた**【(後ろ姿)】〕

うしろまえ【後ろ前】《名詞》 服を着たとき、前と後ろが逆になること。「こ(小)まい・　こ(子)ー・が・　ふく(服)・を・　うしろまえ・に・　き(着)・とる。」〔⇒**おしろまえ**【(後ろ前)】〕

うしろむき【後ろ向き】《名詞、動詞する》 ①その場の正面と反対の方向を向くこと。「うしろむき・で・　はなし(話)・を・　し・たら・　き(聞)ー・とる・　ひと(人)・に・　しつれい(失礼)やろ。」②複数の人が互いに向かい合わないで、互いに後ろを向いた位置にあること。「にれつ(二列)・で・　うしろむき・に・　すわ(座)る。」③他の人に、自分の後ろを見せる位置にあること。「うしろむき・で・　な(泣)い・とる。」◆「うしろむき【後ろ向き】」と「うしろむけ【後ろ向け】」はよく似た意味に使うが、「うしろむき」は本人の意思が加わって、そのようにしているというような語感が伴うことがある。■対語＝「まえむき【前向き】」〔⇒**おしろむき**【(後ろ向き)】、**しりむき**【尻向き】、**おいどむき**【おいど向き】、**けつむき**【穴向き】〕

うしろむけ【後ろ向け】《名詞、動詞する》 ①その場の正面と反対の方向に向けること。「うしろむけ・に・　し・て・　お(置)い・てあっ・た。」②複数の人が互いに向かい合わないで、互いに後ろを向いた位置になること。「ふたり(二人)・で・　うしろむけ・に・　た(立)つ。」③他の人に、自分の後ろを見せる位置になること。「みんな(皆)・に・　うしろむけ・で・　しゃべ(喋)っ・たら・　き(聞)こえにくい。」■対語＝「まえむけ【前向け】」〔⇒**おしろむけ**【(後ろ向け)】、**しりむけ**【尻向け】、**おいどむけ**【おいど向け】、**けつむけ**【穴向け】〕

うしろより【後ろ寄り】《名詞》 全体の中で、後ろの部分に属すること。「でばん(出番)・は・　だいぶ(大分)・　うしろより・に・　き(決)まっ・てん。」■対語＝「まえより【前寄り】」〔⇒**あとより**【後寄り】〕

うす【臼】《名詞》 円筒形の木や石の一方を椀の形にえぐったもので、杵(きね)で餅をついたり、穀物を粉にしたりするときに使う道具。「うす・の・　そこ(底)・に・　もち(餅)・が・　ひ(引)っつく。」

うず【渦】《名詞》 ①水や空気が螺旋のように回って、中心部に引き入れるような流れ。「なるとかいきょー(鳴門海峡)・の・　うず・を・　み(見)ー・に・　い(行)っ・た。」②長いものを端から繰り出して次々と丸い形を作る模様や形。「うず・の・　もよー(模様)・の・　つ(付)い・た・　ゆかた(浴衣)・を・　き(着)る。」◆頭の旋毛を言うこともあるが、それは「ぎりぎり」と言う方が圧倒的に多い。〔⇒**うずまき**【渦巻き】〕

うすあか【薄赤】《名詞》　濃くない赤色。「うすあか・の・　あさがお(朝顔)・が・　さ(咲)い・た。」〔⇒**うすあかいろ**【薄赤色】〕

うすあかいろ【薄赤色】《名詞》　濃くない赤色。「とまと(トマト)・が・　うすあかいろ・に・　なっ・てき・た。」〔⇒**うすあか**【薄赤】〕

うすあげ【薄揚げ】《名詞》　薄く切った豆腐を油で揚げたもの。「うすあげ・を・　い(入)れ・て・　な(菜)っぱ・を・　た(炊)く。」◆『日本国語大辞典』に「うすあげ【薄揚げ】」の項はない。あまりにも当たり前の言葉ゆえに項目になっていないのか、それとも「うすあげ」は関西で使われる傾向の強い言葉なのか。■対語＝「あつあげ【厚揚げ】」〔⇒**あぶらあげ**【油揚げ】、**あぶらげ**【(油揚げ)】、**あげ**【揚げ】〕

うすあじ【薄味】《名詞》　料理で、味付けの程度が弱いもの。「うすあじ・で・　じょーひん(上品)な・　す(吸)いもの・やっ・た。」■対語＝「こいあじ【濃い味】」

うすい【薄い】《形容詞・ウイ型》　①平らな形のもので、厚みが小さい。物の表と裏などの間に幅が小さい。ボリューム感がない。「うすい・　かみ(紙)・や・さかい・　うら(裏)・の・　じ(字)・が・　み(見)える。」「とし(歳)・を・　とっ・て・　かみ(髪)・が・　うすー・　なっ・た。」②色や味などの、感覚を刺激する度合いが弱い。「うすい・　みどりいろ(緑色)・の・　わかば(若葉)・が・　で(出)・てき・た。」③水っぽくて味が乏しい。味がついていないようで良くない。「こんな・　もん・　うすー・て・　く(食)わ・れ・へん。」④程度が強くない。「おも(思)いやり・の・　きも(気持)ち・が・　うすい・　ひと(人)・や。」■対語＝①「あつい【厚い】」「ぶあつい【分厚い】」「ふとい【太い】」「ぶっとい【(太い)】」「ぶとい【(太い)】」。②「こい【濃い】」〔③⇒**みずくさい**【水臭い】、**もみない**、**あじない**【味ない】、**あまい**【甘い】〕

うすいめ【薄いめ】《名詞、形容動詞や(ノ)》　①ものの厚みが、少し薄いこと。比較的薄いと思われること。「うすいめの・　こっぷ(コップ)・は・　わ(割)れやすい。」②色や味などが、少し薄いこと。比較的薄いと思われること。「そら(空)・は・　うすいめの・　いろ(色)・を・　ぬ(塗)る。」■対語①＝「ふとめ【太め】」「ふといめ【太いめ】」「ぶあつめ【分厚め】」「ぶあついめ【分厚いめ】」、②＝「こいめ【濃いめ】」〔⇒**うすめ**【薄め】〕

うすうす【薄々】《副詞と》　物事の状況や真相などについて、はっきりとはわからないが、輪郭や断片などを何となく感じ取っている様子。「うすうす・　わかっ・とっ・てん・けど・　い(言)わ・ず・に・　おい・とい・た。」

うずうず《副詞と、動詞する》　何かをしたい気持ちを抑えきれなく、落ち着かない様子。「あそ(遊)び・に・　い(行)き・とー・て・　うずうずする。」

うすぎ【薄着】《名詞、動詞する》　衣服をたくさん重ねないで着ること。薄い布でできたものを着ること。「うすぎし・て・　かぜ(風邪)・を・　ひー・た。」■対語＝「あつぎ【厚着】」

うすきいろ〔**うすきーろ**〕【薄黄色】《名詞》　濃くない黄色。「うすきーろ・の・　けいと(毛糸)・の・　てぶくろ(手袋)・を・　は(履)く。」◆「うすき【薄黄】」という言い方は、ほとんどしない。

うすぎたない【薄汚い】《形容詞・アイ型》　なんとなく汚れている感じである。洗練されていない感じである。「うすぎたない・　なり・を・　し・た・　おとこ(男)・が・　ある(歩)い・とる。」

うずく【疼く】《動詞・カ行五段活用》　傷口などが、突き刺すような感じで痛む。身にこたえるように痛む。また、心にそのような痛みを感じる。「きのー(昨日)・の・　ばん(晩)・から・　は(歯)ー・が・　うずい・とる・ねん。」「けさ(今朝)・から・　はら(腹)・が・　うずい・て・　こま(困)っ・とる。」〔⇒**こわる**〕

うすくち【薄口、淡口】《名詞》　①色や味や厚さなどが薄いこと。「うすくち・の・　あじつ(味付)け・を・　する。」②黒色が強くない、関西人が好む醤油。「うすくち・は・　たつの(龍野)・が・　ほんば(本場)・や。」■対語＝「こいくち【濃口】」〔②⇒**うすくちしょうゆ**【薄口醤油、淡口醤油】〕

うすくちしょうゆ〔**うすくちしょーゆ、うすくちしょーゆー**〕【薄口醤油、淡口醤油】《名詞》　黒色が強くない、関西人が好む醤油。「うすくちしょーゆ・の・　うどん(饂飩)・が・　おいしそーや。」■対語＝「こいくちしゅうゆ【濃口醤油】」〔⇒**うすくち**【薄口、淡口】〕

うすぐもり【薄曇り】《名詞》　雲が空一面に薄くかかっていること。また、そのような天気。「きょー(今日)・は・　いちにちじゅー(一日中)・　うすぐもり・やっ・た。」

うすぐらい【薄暗い】《形容詞・アイ型》　光が弱くて少し暗い。全体的に暗い感じが伴っている。「あめ(雨)・が・　ふ(降)っ・て・　いえ(家)・の・　なか(中)・が・　うすぐらい。」

うすさ【薄さ】《名詞》　物の表と裏、上と下などにある幅の程度。「うすさ・　ごみり(五ミリ)・の・　けーたいでんわ(携帯電話)・を・　こ(買)ー・てん。」◆「あつさ【厚さ】」と意味の上では変わらないが、特に薄いものについて使う。例えば、「うすさ・が・　さんせんち(三センチ)・の・　ほん(本)」という言い方はしない。〔⇒**あつさ**【厚さ】、**あつみ**【厚さ】〕

うすじお【薄塩】《名詞》　魚や野菜などに塩を振りかけるときに、塩を多くしないで軽くすること。「さば(鯖)・に・　うすじお・を・　ふ(振)っ・て・　ちょっとのま(間)・お(置)い・とく。」〔⇒**あまじお**【甘塩】〕

うすすり【臼摺り】《名詞、動詞する》　機械にかけて、籾殻を取り除くこと。「うすすりし・て・　ごみ(塵)・を・　はら(払)う。」

うすちゃ【薄茶】《名詞》　濃くない茶色。「うすちゃ・の・　じみ(地味)な・　ふく(服)・を・　き(着)・ていく。」〔⇒**うすちゃいろ**【薄茶色】〕

うすちゃいろ【薄茶色】《名詞》　濃くない茶色。「うすちゃいろ・の・　ほうじちゃ(茶)・を・　いれる。」〔⇒**うすちゃ**【薄茶】〕

うすっぺら【薄っぺら】《形容動詞や(ナ・ノ)》　①ものの厚みがなくて、貧弱な様子。「うすっぺらな・　にくてん・を・　く(食)う。」「うすっぺらの・　にさつ(二冊)・の・　ほん(本)・を・　よ(読)ん・だ。」②考えや、ものの言い方が浅い様子。「うすっぺらな・　こと(事)・しか・　い(言)わ・へん・さかい・　ほんま(本真)・の・　きも(気持)ち・が・　わから・へん。」〔⇒**うすぺら**【薄ぺら】〕

うすっぺらい【薄っぺらい】《形容詞・アイ型》　①ものの厚みがなくて、貧弱な感じがする。「うすっぺらい・　せんべー(煎餅)・や・なー。」②考えが浅くて、ものの言い方に深みがない。「うすっぺらい・　いけん(意見)・に・は・　さんせー(賛成)・が・　でけ・へん。」◆形容詞「うすっぺらい」と形容動詞「うすっぺらや」の間に意味や語感の違いはない。〔⇒**うすぺらい**【**薄ぺらい**】〕

うすび【薄日】《名詞》　太陽の弱い光。「たいふー(台風)・が・　とー(通)りすぎ・て・　ひる(昼)から・は・　うすび・が・　さ(差)し・てき・た。」

うすぺら【薄ぺら】《形容動詞や(ナ・ノ)》　①ものの厚みがなくて、貧弱な様子。「せんべー(煎餅)・が・　うすぺらな・　はこ(箱)・に・　はい(入)っ・とる。」「うすぺらの・　したじ(下敷)き・を・　ひ(敷)ー・て・　じ(字)ー・を・か(書)く。」「うすぺらな・　ざぶとん(座布団)・を・　しり(尻)・に・　あてる。」②考えや、ものの言い方が浅い様子。「きも(気持)ち・が・　こ(籠)もら・ん・　うすぺらな・　あいさつじょー(挨拶状)・を・　くれ・た。」〔⇒**うすっぺら**【**薄っぺら**】〕

うすぺらい【薄ぺらい】《形容詞・アイ型》　①ものの厚みがなくて、貧弱な感じがする。「うすぺらい・　おーばー(オーバー)・や・さかい・　さむ(寒)い。」②考えが浅くて、ものの言い方に深みがない。「うすぺらい・　こと(事)・だけ・を・　ゆ(言)ー・て・　ほか(他)・の・　ひと(人)・が・　しつもん(質問)し・たら・　よー・　こた(答)え・へん・ねん。」〔⇒**うすっぺらい**【**薄っぺらい**】〕

うずまき【渦巻き】《名詞》　①水や空気の、螺旋のように回って中心部に引き入れるような流れ。「かわ(川)・の・　まんなか・の・　あた(辺)り・が・　うずまき・に・　なっ・とる。」②長いものを端から繰り出して次々と丸い形を作る模様や形。「うずまき・の・　もよー・の・　ねくたい(ネクタイ)・を・　する。」◆頭の旋毛を言うこともあるが、それは「ぎりぎり」と言う方が圧倒的に多い。〔⇒**うず**【**渦**】〕

うすみどり【薄緑】《名詞》　濃くない緑色。「うすみどり・の・　じゅーす(ジュース)・を・　の(飲)む。」〔⇒**うすみどりいろ**【**薄緑色**】〕

うすみどりいろ【薄緑色】《名詞》　濃くない緑色。「うすみどりいろ・の・　な(葉)っぱ・が・　おい(美味)しそーや。」〔⇒**うすみどり**【**薄緑**】〕

うすめ【薄目】《名詞》　少しだけ開けた目。「まぶ(眩)しい・さかい・　うすめ・を・　あ(開)け・て・　み(見)る。」

うすめ【薄め】《名詞、形容動詞や(ノ)》　①ものの厚みが、少し薄いこと。比較的薄いと思われること。「うすめの・　かみ(紙)・や・さかい・　うら(裏)・から・も・　み(見)える。」②色や味などが、少し薄いこと。比較的薄いと思われること。「うどん(饂飩)・の・　しる(汁)・は・　うすめの・　あじ(味)・に・　する。」■対語①＝「ふとめ【太め】」「ふといめ【太いめ】」「ぶあつめ【分厚め】」「ぶあついめ【分厚いめ】」、②＝「こいめ【濃いめ】」〔⇒**うすいめ**【**薄いめ**】〕

うすめる【薄める】《動詞・マ行下一段活用》　水などを加えて、もとの液体の濃度や色合いなどを小さくする。「のーしゅくじゅーす(濃縮ジュース)・を・　うすめ・て・　の(飲)む。」

うずら【鶉】《名詞》　卵も肉も食用とする、体が茶色で黒と白のまだらがあり、尾が短く丸みを帯びた体の鳥。「ざるそば(蕎麦)・に・　うずら・の・　たまご(卵)・が・　つ(付)い・とる。」

うせる【失せる】《動詞・サ行下一段活用》　①ものがなくなる。ものが見あたらなくなる。紛失する。「つめき(爪切)り・が・　うせ・ても・て・　あら・へん。」②人や動物が行ってしまって、いなくなる。人や動物の姿が見えなくなる。「おまえ・なんか・　どこ・へ・なと・　うせ・やがれ。」◆②は、極端な場合は、死ぬことを意味する場合もある。

うそ【嘘】《名詞》　実際にはないことを、あるようにだまして言うこと。本当でないこと。「うそ・　つい・たら・　あか・ん・よ。」◆小学生の頃、疑わしいと感じたときには、「その・　うそ・　ほんま(本真)・か。」などと言って、相手を茶化すようなことをしていた経験がある。〔⇒**つくりごと**【**作り事**】、**つくりばなし**【**作り話**】〕

うそき【嘘気】《名詞》　スポーツ、遊び、賭け事などで、正式な勝負としないこと。ものを賭けないで勝負をすること。勝負事を、無かったことにすること。「まだ・　れんしゅー(練習)・で・　うそき・や・でー。」■対語＝「ほんき【本気】」「ほんけ【本気】」〔⇒**うそけ**【**嘘気**】〕

うそけ【嘘気】《名詞》　スポーツ、遊び、賭け事などで、正式な勝負としないこと。ものを賭けないで勝負をすること。勝負事を、無かったことにすること。「さっき・の・　しょーぶ(勝負)・は・　うそけ・に・　しょ・ー。」■対語＝「ほんき【本気】」「ほんけ【本気】」〔⇒**うそき**【**嘘気**】〕

うそこき【嘘こき】《名詞》　①実際にはないことを、あるように作って言うことが得意な人。それをしばしば言う人。「あの・　うそこき・が・　また・　そんな・　こと・を・　ゆ(言)ー・た・ん・かいな。」②相手が本当であると信じるようなことを言うこと。「うそこき・は・　や(止)め・とい・てんか。」〔⇒**うそたれ**【**嘘垂れ**】、**うそつき**【**嘘つき**】、**うそだまし**【**嘘騙し**】〕

うそだまし【嘘騙し】《名詞》　①実際にはないことを、あるように作って言うことが得意な人。それをしばしば言う人。「うそだまし・の・　ゆ(言)ー・　こと・を・　ほんき(本気)に・　し・なはる・な。」②相手が本当であると信じるようなことを言うこと。「その・　はなし(話)・は・　うそだまし・かも・　しれ・へん・なー。」〔⇒**うそこき**【**嘘こき**】、**うそたれ**【**嘘垂れ**】、**うそつき**【**嘘つき**】〕

うそだます【嘘騙す】《動詞・サ行五段活用》　本当でないことを言う。相手が本当であると信じるようなことを言う。「うそだまし・たら・　みんな・が・　しんよー(信用)し・てくれ・へん・で。」◆「うそ(を・つく)」と「だます」という同義の言葉を重ねて表現して、強調している。■名詞化＝**うそだまし**【**嘘騙し**】〔⇒**うそ(を)つく**【**嘘(を)つく**】、**うそ(を)こく**【**嘘(を)こく**】〕

うそたれ【嘘垂れ】《名詞》　①実際にはないことを、あるように作って言うことが得意な人。それをしばしば言う人。「うそたれ・は・　ひと(人)・に・　しんよー(信用)さ・れ・へん。」②相手が本当であると信じるようなことを言うこと。「うそたれ・ばっかり・　ぬかし・やがっ・て・　しょーない・　やつ(奴)・や。」〔⇒**うそこき**【**嘘こき**】、**うそつき**【**嘘つき**】、**うそだまし**【**嘘騙し**】〕

うそつき【嘘つき】《名詞》　①実際にはないことを、あるように作って言うことが得意な人。それをしばしば言う人。「うそつき・は・　どろぼー(泥棒)・の・　はじ(始)まり・や・と・　い(言)ー・まっ・せ。」②相手が本当であると信じるようなことを言うこと。「うそつき・ばっかり・　いっぱい・　なら(並)べ・たら・　あき・まへ・ん。」〔⇒**うそこき**【**嘘こき**】、**うそたれ**【**嘘垂れ**】、**うそだまし**【**嘘騙し**】〕

うそつきごんぼ【嘘つきごんぼ】《成句》「うそをつく人よ、やーい。」という意味で、嘘をついている相手をはやしたてたり、からかったりする言葉。

うそね【嘘寝】《名詞、動詞する》 眠っていないのに、眠ったふりをすること。「うそねし・とる・ おも(思)・たら・ ほんま(本真)に・ ね(寝)・ても・とる。」

うそのかんぱち【嘘のかんぱち】《名詞、形容動詞や(ノ)》 まったくの嘘であること。「うそのかんぱち・ばっかり・ なら(並)べ・やがっ・て・ はら(腹)・が・ た(立)つ。」◆「やけのかんぱち【自棄のかんぱち】」という言い方に引かれた言葉であろうか。〔⇒**うそのやんぱち**【嘘のやんぱち】〕

うそのやんぱち【嘘のやんぱち】《名詞、形容動詞や(ノ)》 まったくの嘘であること。「あの・ はなし(話)・は・ うそのやんぱちや・と・ じき(直)に・ わかっ・た。」◆「やけのやんぱち【自棄のやんぱち】」という言い方に引かれた言葉であろうか。〔⇒**うそのかんぱち**【嘘のかんぱち】〕

うそ(を)こく【嘘(を)こく】《動詞・カ行五段活用》 本当でないことを言う。相手が本当であると信じるようなことを言う。「あの・ やろー(野郎)・ うそこき・やがっ・た・なー。」◆「うそ(を)こく」の「こく」は、「屁をこく」の「こく」と同義であると思われる。嘘を言い放つという語感である。■名詞化＝**うそこき**【嘘こき】〔⇒**うそだます**【嘘騙す】、**うそ(を)つく**【嘘(を)つく】〕

うそ(を)つく【嘘(を)つく】《動詞・カ行五段活用》 本当でないことを言う。相手が本当であると信じるようなことを言う。「うそつい・たら・ した(舌)・を・ ぬ(抜)か・れる・ぞ。」「うそをつい・たら・ しょーち(承知)せー・へん・ぞ。」■名詞化＝**うそつき**【嘘つき】〔⇒**うそだます**【嘘騙す】、**うそ(を)こく**【嘘(を)こく】〕

うた【歌】《名詞》 節や拍子をつけて言葉を唱えて作り出す音楽的作品。「がくげーかい(学芸会)・は・ げき(劇)・の・ ひと(人)・と・ うた・の・ ひと・に・ わ(分)かれ・て・ で(出)る。」

うたい【謡い】《名詞》 能楽の言葉に節を付けてうたうこと。また、その能楽の言葉。「うたい・を・ なろ(習)・た・けど・ じょーず(上手)に・ なら・なんだ。」〔⇒**ようきょく**【謡曲】〕

うたいて【歌い手】《名詞》 歌を歌う人。職業としての歌手。「みそら(美空)ひばり・みたいな・ うたいて・は・ もー・ にど(二度)と・ で(出)・てこ・ん・やろ。」〔⇒**うたうたい**【歌歌い】〕

うたう【歌う】《動詞・ワア行五段活用》 節や拍子をつけて言葉を唱えて、音楽作品を作り出す。「しょーがっこー(小学校)・の・ どーそーかい(同窓会)・で・ せんどぶりに(＝久しぶりに)・ こーか(校歌)・を・ うと・た。」「からおけ(カラオケ)・で・ むかし(昔)・の・ りゅーこーか(流行歌)・を・ うたう。」

うたう《動詞・ワア行五段活用》 やっていることを続けられなくなって悲鳴を上げる。続けられず投げ出す。挫折する。極度に疲れてしまう。「たか(高)い・ やま(山)・に・ のぼ(登)っ・て・ うと・ても・た。」「あかしにちじょーせーかつごじてん(明石日常生活語辞典)・は・ うたわ・ん・よーに・ まいにち(毎日)・ ちょっと・ずつ・ か(書)きつづけ・とる・ねん。」

うだうだ《副詞と》 ①みんなであれこれ言い合ったり議論したりする様子。議論をしても結論らしきものに到達しない様子。「うだうだ・ ゆ(言)ー・とる・うち・に・ なん(何)・か・ わかる・かも・ し(知)れ・ん。」②不満などをぶつぶつ小声で言っている様子。ぐずぐず文句を言う様子。つまらないことを執拗に言い立てる様子。「いつまでも・ うだうだ・ もんく(文句)・を・ い(言)わ・んとい・て。」「さけ(酒)・ の(飲)ん・で・ うだうだ・ ゆ(言)ー・ やつ(奴)・は・ こま(困)っ・た・ もんや。」③話などが長たらしくて、際限のない様子。「ひとり(一人)・で・ にじかん(二時間)・も・ うだうだ・ はなし(話)・を・ し・やがっ・た。」〔⇒**うざうざ**〕

うたうたい【歌歌い】《名詞》 歌を歌う人。職業としての歌手。「てじなし(手品師)・が・ すん・だら・ つぎ(次)・は・ うたうたい・が・ で(出)る。」〔⇒**うたいて**【歌い手】〕

うたがいぶかい【疑い深い】《形容詞・アイ型》 ものごとを素直に受け取らないで、なかなか信じようとしない。「うたがいぶかい・ しと(人)・や・さかい・ わし・の・ ゆ(言)ー・た・ こと・を・ しんよー(信用)し・てくれ・へん。」〔⇒**うたぐりぶかい**【疑り深い】〕

うたがう【疑う】《動詞・ワア行五段活用》 事実ではないと思う。本当にそうだろうかと考えて、あやしいと思う。「はんにん(犯人)・に・ うたがわ・れ・たら・ こま(困)る・がな。」■名詞化＝**うたがい**【疑い】〔⇒**うたぐる**【疑ぐる】〕

うたぐりぶかい【疑り深い】《形容詞・アイ型》 ものごとを素直に受け取らないで、なかなか信じようとしない。「こんな・ よ(世)のなか・や・さかい・ なん・でも・かん・でも・ うたぐりぶこー・ かんが(考)え・てまう。」〔⇒**うたがいぶかい**【疑い深い】〕

うたぐる【疑ぐる】《動詞・ラ行五段活用》 事実ではないと思う。本当にそうだろうかと考えて、あやしいと思う。「ひと(人)・を・ うたぐっ・たら・ き(切)り・が・ ない。」■名詞化＝**うたぐり**【疑ぐり】〔⇒**うたがう**【疑う】〕

うち【家、内】《名詞》 ①人が家族とともに住むための建物。「あの・ ひと(人)・は・ おー(大)けな・ うち・に・ す(住)ん・どる。」「あさ(朝)・は・ ひちじ(七時)・に・ うち・を・ で(出)る。」②夫婦・親子・兄弟など、いっしょに生活をする人の集まり。特に、自分にとっての集まり。「うち・は よにんかぞく(四人家族)・や・ねん。」③自分の側であるもの。自分の属しているところ。「うち・の・ かいしゃ(会社)・は・ つぶ(潰)れ・へん・と・ おも(思)・とる・ねん。」■対語＝③「よそ【余所】」〔⇒**いえ**【家】、**ええ**【(家)】。②⇒**かてい**【家庭】〕

うち【内】《名詞》 ①仕切りや囲いなどで取り囲まれたところ。特に、建物や部屋の中側。屋内。「ふく(福)・は・ うち。おに(鬼)・は・ そと(外)。」②一定の時間の間。「あさ(朝)・の・ うち・に・ べんきょー(勉強)し・とき・なさい・よ。」「その・ うち・に・ き(気)・が・ つき・ます・やろ。」■対語＝①「そと【外】」〔①⇒**なか**【中】〕

うち【内】《名詞》 自分自身を指す言葉。「うち・が・ か(代)わり・に・ い(行)っ・たげ・まほ・か。」◆使うのは女性に限られる。〔⇒**あし**、**あっし**、**あて**、**わたい**【(私)】、**わい**、**わし**、**わっし**【(私)】、**わたし**【私】、**わて**、**おれ**【俺】、**おら**【(俺)】、**おい**【(俺)】、**ぼく**【僕】〕

うちあがる【打ち上がる】《動詞・ラ行五段活用》 ①波によってものが海岸に運び上げられる。「たいふー(台風)・の・ あと(後)・は・ わかめ(若布)・が・ ぎょーさん(仰山)・ はま(浜)・に・ うちあがる。」②打たれて空高く飛ぶ。「おー(大)きな・ はなび(花火)・が・ うちあがっ・た。」■他動詞は「うちあげる【打ち上げる】」〔⇒**うっちゃがる**【(打ち上がる)】、**うちゃがる**【(打ち上がる)】〕

うちあげ【打ち上げ】《名詞》 ①ものを空高く上げること。

「せんぱつ(千発)・も・　はなび(花火)・の・　うちあげ・が・　あっ・た。」②ものごとを終わること。「かんげーこ(寒稽古)・は・　あした(明日)・で・　うちあげ・や。」〔⇒**うっちゃげ【(打っち上げ)】**〕

うちあげる【打ち上げる】《動詞・ガ行下一段活用》　①波がものを海岸に運び上げる。「なみ(波)・が・　き(木)ー・を・　うちあげ・とる。」②打って空高く飛ばす。「ろけっと(ロケット)・を・　うちあげる。」■自動詞は「うちあがる【打ち上がる】」■名詞化＝**うちあげ【打ち上げ】**〔⇒**うっちゃげる【(打っち上げる)】、うちゃげる【(打ち上げる)】**〕

うちあわす【打ち合わす】《動詞・サ行五段活用》　ものごとの方針や手順や方向性などを、前もって相談する。「あした(明日)・の・　あさ(朝)・は・　どこ・に・　あつ(集)まる・か・を・　うちあわす。」〔⇒**うちあわせる【打ち合わせる】、うっちゃわす【(打っち合わす)】、うっちゃわせる【(打っち合わせる)】**〕

うちあわせ【打ち合わせ】《名詞、動詞する》　ものごとの方針や手順や方向性などを、前もって相談すること。また、その話し合い。「むら(村)・の・　まつり(祭)・の・　うちあわせ・を・　する。」〔⇒**うっちゃわせ【(打っち合わせ)】**〕

うちあわせる【打ち合わせる】《動詞・サ行下一段活用》　ものごとの方針や手順や方向性などを、前もって相談する。「あした(明日)・の・　しごと(仕事)・の・　じゅんばん(順番)・を・　うちあわせる。」■名詞化＝**うちあわせ【打ち合わせ】**〔⇒**うちあわす【打ち合わす】、うっちゃわす【(打っち合わす)】、うっちゃわせる【(打っち合わせる)】**〕

うちいわい【内祝い】《名詞、動詞する》　親族や親しい者だけで祝うこと。また、その時に周囲に配る贈り物。「こども(子供)・が・　う(生)まれ・た・　うちいわい・を・する。」

うちうち【内々】《名詞》　①家族や仲間同士の範囲の中。「わし・の・　そーしき(葬式)・は・　うちうち・で・　やっ・てくれ・へん・か。」②それをするに際して、他の人に知らせないこと。「この・　はなし(話)・は・　うちうち・に・　し・とい・ておくれ。」〔⇒**うちわ【内輪】、ないない【内々】**〕

うちおとす【撃ち落とす】《動詞・サ行五段活用》　①たたいて落とす。「うるさ(煩)い・　はい(蠅)・を・　うちおとす。」②鉄砲などで命中させて落とす。「くーきじゅー(空気銃)・で・　すずめ(雀)・を・　うちおとす。」

うちかけ【打ち掛け】《名詞》　帯をしめた上から掛けて着る、裾の長い衣服。「こーとな・　うちかけ・を・　き(着)・とる。」

うちがわ〔うちがー、うちかわ、うちかー〕【内側】《名詞》　表からは見えないところ。裏の方向に向いた面。「せびろ(背広)・の・　うちがー・の・　ぽけっと(ポケット)・に・　い(入)れる。」■対語＝「そとがわ【外側】」〔⇒**うちっかわ【(内側)】、なかがわ【中側】、なかっかわ【中っ側】、うちら【内ら】、うちらがわ【内ら側】**〕

うちこむ【打ち込む】《動詞・マ行五段活用》　たたいて中に入れる。「いた(板)・に・　くぎ(釘)・を・　うちこむ。」

うちっかわ〔うちっかー〕【(内っ側)】《名詞》　表からは見えないところ。裏の方向に向いた面。「へー(塀)・の・　うちっかわ・に・　つっぱり(＝支え)・を・　つく(作)る。」■対語＝「そとっかわ【(外っ側)】」〔⇒**うちがわ【内側】、なかがわ【中側】、なかっかわ【(中っ側)】、うちら【内ら】、うちらがわ【内ら側】**〕

うちとこ【内所】《名詞》　①自分の家。「うちとこ・は・　えき(駅)・から・　ある(歩)い・て・　じっぷん(十分)・や。」②自分の家族。自分の家庭。「うちとこ・は・　こども(子供)・が・　ふたり(二人)・や。」③自分の夫。自分の妻。「うちとこ・は・　かいしゃ(会社)・に・　つと(勤)め・とる。」〔⇒**うちね【(内家)】、うちとことこ【内所々】、うっとこ【(内所)】、うっとことこ【(内所々)】、わたしとこ【私所】、わたいとこ【(私所)】、わてとこ【わて所】、わいとこ【わい所】、わしとこ【わし所】、わいね【(わい家)】**。③⇒**うちのひと【内の人】、うちのやつ【内の奴】**〕

うちとことこ【内所々】《名詞》　①自分の家。「うちとことこは・　た(建)て・て・から・　もー・　にじゅーねん(二十年)・に・　なる。」②自分の家族。自分の家庭。「うちとことこ・は・　こども・が・　で(出)・ていっ・て・　いま(今)・は・　ふたり(二人)・だけ・や。」③自分の夫。自分の妻。「うちとことこ・に・　そない・　ゆ(言)ー・とき・ます。」◆「とこ」を重ねて言うが、「うちとこ」と意味は同じである。〔⇒**うちね【(内家)】、うちとこ【内所】、うっとこ【(内所)】、うっとことこ【(内所々)】、わたしとこ【私所】、わたいとこ【(私所)】、わてとこ【わて所】、わいとこ【わい所】、わしとこ【わし所】、わいね【(わい家)】**。③⇒**うちのひと【内の人】、うちのやつ【内の奴】**〕

うちね〔うちねー〕【(内家)】《名詞》　①自分の家。「いっぺん・　うちねー・に・も・　よ(寄)っ・てください。」②自分の家族。自分の家庭。「うちねー・の・　もん(者)・は・　みんな・　めがね(眼鏡)・を・　か(掛)け・とる。」③自分の夫。自分の妻。「うちねー・は・　らいねん(来年)・たいしょく(退職)・や・ねん。」〔⇒**うちとこ【内所】、うちとことこ【内所々】、うっとこ【(内所)】、うっとことこ【(内所々)】、わたしとこ【私所】、わたいとこ【(私所)】、わてとこ【わて所】、わいとこ【わい所】、わしとこ【わし所】、わいね【(わい家)】**。③⇒**うちのひと【内の人】、うちのやつ【内の奴】**〕

うちの【内の】《連体詞》　自分の。自分の家の。「うちの・む(向)かい・の・　いえ(家)・から・　ぴあの(ピアノ)・が・　き(聞)こえる。」「うちの・　よめ(嫁)はん・は・　ふた(二)つ・　した(下)・や。」「それ・は・　うちの・　さいふ(財布)・や。」

うちのひと【内の人】《名詞》　自分の夫。「うちのひと・は・　たばこ(煙草)・が・　きら(嫌)いや・ねん。」◆「うちのひと【内の人】」は女性が使うのに対して、男性が「うちのやつ【内の奴】」という言葉で、自分の妻を指すこともある。〔⇒**うちね【(内家)】、うちとこ【内所】、うちとことこ【内所々】、うっとこ【(内所)】、うっとことこ【(内所々)】、わたしとこ【私所】、わたいとこ【(私所)】、わてとこ【わて所】**〕

うちのやつ【内の奴】《名詞》　自分の妻。「うちのやつ・は・　なかなか・　りょーり(料理)・が・　うま(上手)い・ねん。」◆「うちのやつ【内の奴】」は男性が使うのに対して、女性が「うちのひと【内の人】」という言葉で、自分の夫を指すこともある。〔⇒**うちね【(内家)】、うちとこ【内所】、うちとことこ【内所々】、うっとこ【(内所)】、うっとことこ【(内所々)】、わたしとこ【私所】、わたいとこ【(私所)】、わてとこ【わて所】**〕

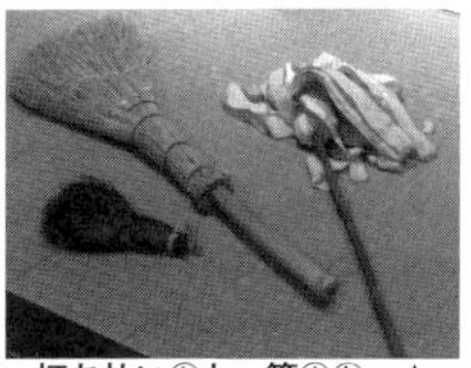
打ち払い㊨と、箒㊥㊧　★

うちはらい【打ち払い】《名詞》

う

部屋や器物の塵をはらうための、棒の先に細く裂いた布などをつけた道具。「しょーじ(障子)・を・　うちはらい・で・　はたく。」〔⇒**はたき【叩き】**〕

うちべんけい〔うちべんけー〕【内弁慶】《名詞、形容動詞や(ノ)》　家の中では威張っているが、外に出ると意気地がないこと。また、そのような人。「まご(孫)・は・　うちべんけーで・　なさ(情)けない・　やつ(奴)・や。」

うちまた【内股】《名詞》　足先を内側に向けた歩き方。足先が内側に向いた体型。「おんな(女)・の・　こ(子)・は・　うちまた・の・　からだ(体)つき・が・　かいら(可愛)しー。」■対語＝「そとまた【外股】」

うちゃがる【(打ち上がる)】《動詞・ラ行五段活用》　①波によってものが海岸に運び上げられる。「かいがら(貝殻)・が・　はま(浜)・に・　うちゃがっ・とる。」②打たれて空高く飛ぶ。「ばれー(バレー)・の・　ぼーる(ボール)・が・　たこ(高)ー・　うちゃがっ・た。」■他動詞は「うちゃげる【(打ち上げる)】」〔⇒**うちあがる【打ち上がる】、うっちゃがる【(打ち上がる)】**〕

うちゃげる【(打ち上げる)】《動詞・ガ行下一段活用》　①波がものを海岸に運び上げる。「つお(強)い・　かぜ(風)・で・　てんま(伝馬)・が・　うちゃげ・られ・とる。」②打って空高く飛ばす。「ふらい(フライ)・の・　ぼーる(ボール)・を・　うちゃげる。」■自動詞は「うちゃがる【(打ち上がる)】」〔⇒**うちあげる【打ち上げる】、うっちゃげる【(打ち上げる)】**〕

うちら【内ら】《名詞》　表からは見えないところ。裏の方向に向いた面。中側。「いろがみ(色紙)・を　うちら・に・　お(折)りまげる。」「この・　せん(線)・の・　うちら・から・　で(出)・たら・　あか・ん・ぞ。」〔⇒**うちらがわ【内ら側】、なかがわ【中側】、なかっかわ【(中っ側)】、うちがわ【内側】、うちっかわ【(内側)】**〕

うちら〔うちらー〕【内ら】《名詞》　①自分たちを指す言葉。「うちらー・は・　ちゅーがっこー(中学校)・の・　どーきゅーせー(同級生)・や。」②遠慮したり卑下したりする気持ちをこめて、自分自身を指す言葉。「うちら・は・　そんな・　むつか(難)しー・　こと(事)・は・　し(知)ら・ん。」◆使うのは女性に限られる。〔⇒**あしら、あっしら、あてら、わたいら【(私ら)】、わいら【(我ら)】、わしら、わっしら【(私ら)】、わたしら【私ら】、わてら、おれら【俺ら】、おらら【(俺ら)】、おいら【(俺ら)】、ぼくら【僕ら】**〕

うちらがわ〔うちらがー〕【内ら側】《名詞》　表からは見えないところ。裏の方向に向いた面。中側。「こーと(コート)・の・　せん(線)・の・　うちらがー・に・　ぼーる(ボール)・が・　お(落)ち・た。」「ずぼん(ズボン)・の・　すそ(裾)・を・　うちらがー・に・　お(折)りこむ。」〔⇒**うちら【内ら】、なかがわ【中側】、なかっかわ【(中っ側)】、うちがわ【内側】、うちっかわ【(内側)】**〕

うちわ【団扇】《名詞》　細い竹の骨に紙や布を張って柄を付けて作り、あおいで風を送る用具。「うちわ・で・　かんてき・を・　あお(扇)ぐ。」

うちわ【内輪】《名詞》　①家族や仲間同士の範囲の中。「うちわ・で・　しゅくがかい(祝賀会)・を・　する。」②それをするに際して、他の人に知らせないこと。「うちわ・で・　そーだん(相談)し・て・から・　みんな(皆)・の・　まえ(前)・に・　だ(出)す。」③ある数量よりも少ない数量。少なく見積もること。出過ぎないこと。「よさん(予算)・を・　もー・　ちょっと・　うちわ・に・　し・たい・ねん。」〔①②⇒**うちうち【内々】、ないない【内々】**〕

うちわけ【内訳】《名詞》　費用・品物などの総量を、種類や項目ごとに細かく分けたもの。「しゅーぜんだい(修繕代)・の・　うちわけ・を・　か(書)い・て・　わた(渡)す。」

うつ【打つ、撲つ】《動詞・タ行五段活用》　①手やものを使って、力を込めて、瞬間的にものに当てる。「ちから(力)いっぱい・　たいこ(太鼓)・を・　うつ。」「ほーむらん(ホームラン)・を・　うつ。」②誤って体をものにぶつける。「ひっくりかえ(返)っ・て・　すね(脛)ぼん・を・　うっ・た。」③ものに当てて、入れ込む。「いた(板)・に・　くぎ(釘)・を・　うつ。」④治療で針などを体に射して入れる。「ちゅーしゃ(注射)・を・　うつ。」⑤記号や番号などを書き付ける。記入する。「き(木)ー・の・　ふだ(札)・に・　ばんごー(番号)・を・　うつ。」⑥体を強く動かして、ある動作や状態を作り出す。「ねがえ(寝返)り・を・　うつ。」⑦先方へ送るようにする。「でんぽー(電報)・を・　うつ。」⑧石などを置く。「ともだち(友達)・と・　ご(碁)・を・　うつ。」〔①⇒**たたく【叩く】、はたく【(叩く)】**〕

うつ【撃つ】《動詞・タ行五段活用》　鉄砲などの弾丸を発射する。また、それによって目標物に当てる。「てっぽー(鉄砲)・を・　うつ。」「すずめ(雀)・を・　うつ。」

うつ【討つ】《動詞・タ行五段活用》　何らかの武器を用いて、敵を攻めて滅ぼす。「かたき(仇)・を・　うつ。」「きらこーずけのすけ(吉良上野介)・を・　うつ。」

うっかり《副詞と、動詞する》　注意力が足りなくて、気を緩めている様子。あまり深く考えずに物事を行う様子。「うっかりし・とっ・て・　でんしゃ(電車)・を・　お(降)りる・の・を・　わす(忘)れ・た。」「うっかり・　て(手)・を・　あ(挙)げ・たら・　あ(当)て・られ・た。」◆不都合な結果を引き起こすことに結びつくような場合に使うことが多い言葉である。〔⇒**うかうか、うかっと、うろっと**〕

うっかりもん【うっかり者】《名詞》　注意力が足りなくて、気を緩めている人。あまり深く考えずに物事を行う人。「うっかりもん・が・　また(又)・　わす(忘)れもん・を・し・た。」

うつくしい〔うつくしー〕【美しい】《形容詞・イイ型》　ものの姿形や色や音などが優れていて、心を奪われたり感じがいいと思ったりするような様子だ。「うつくしー・え(絵)ー・を・　かべ(壁)・に・　か(掛)ける。」「うつくしー・　はな(花)・を・　い(生)ける。」「うつくしー・に・　そーじ(掃除)する。」◆日常的には、「うつくしい【美しい】」よりも「きれい【綺麗】」を多く使う。〔⇒**うっつい**〕

うつし【写し】《名詞》　①控えとする目的などで、書類などをそのまま写したもの。コピー。「りょーしゅーしょ(領収書)・の・　うつし・を・　のこ(残)し・とく。」②本物に似せて作ったもの。模写品。「はくぶつかん(博物館)・に・　はにわ(埴輪)・の・　うつし・が・　お(置)い・てあっ・た。」

うつしえ【写し絵】《名詞》　子どもの玩具として、水に溶けやすい糊を塗った台紙に絵や模様などを印刷し、それを水に濡らして何かに貼って、はがすと印刷した部分が残るようにしたもの。「うつしえ・を・　まどがらす(窓ガラス)・に・　は(貼)っ・て・　おこ(怒)ら・れ・た。」

写し絵

うっしっし《感動詞》　うまくいった、ざまみろ、などという気持ちを表す言葉。「うっしっし。わし・の・　か(勝)ち・や。」

うつす【移す】《動詞・サ行五段活用》 ①人がいる場所やものがある場所や状態を変える。「みせ(店)・を・　えきまえ(駅前)・に・　うつす。」②病気などを感染させる。「かぜ(風邪)・を・　うつさ・れ・た。」③香りや色を他のものにしみ込ませる。「はな(花)・の・　え(良)ー・　かお(香)り・を・　はんかち(ハンカチ)・に・　うつす。」■自動詞は「うつる【移る】」

うつす【写す】《動詞・サ行五段活用》 ①字や絵や図などを、そのままなぞって書く。「うえ(上)・に・　うす(薄)い・　かみ(紙)・を・　お(置)い・て・　うつす。」②字や絵や図などを、同じように別に書き取る。「おきょー(経)・を・　てほん(手本)・の・　と゛ーり・に・　うつす。」③同じ内容になるように書く。「のーと(ノート)・を・　か(借)っ・て・　うつす。」④被写体を写真に撮る。「こども(子供)・の・　がっこー(学校)・の・　うんどーかい(運動会)・を・　うつす。」■自動詞は「うつる【写る】」■名詞化＝**うつし【写し】**

うつす【映す】《動詞・サ行五段活用》 ①反射させて、ものの姿を他のものの表面に現す。「みず(水)・に・　かお(顔)・を・　うつす。」②スクリーンなどの上に映像を表す。「ちー(小)さい・　ころ(頃)・は・　げんとー(幻灯)・を・　うつし・て・　たの(楽)しん・だ。」■自動詞は「うつる【映る】」

うっすら《副詞と》 物事の度合いがかすかである様子。色合いなどが薄くほのかである様子。ほんの少しである様子。「やね(屋根)・の・　うえ(上)・に・　うっすら・　ゆき(雪)・が・　つ(積)もっ・た。」「その・　はなし(話)・やっ・たら・　うっすら・　し(知)っ・とる・ねん。」「さか(坂)・を・　のぼ(上)っ・て・　うっすらと・　あせ(汗)・を・　かい・た。」〔⇒**うっすり**〕

うっすり《副詞と》 物事の度合いがかすかである様子。色合いなどが薄くほのかである様子。ほんの少しである様子。「けしごむ(消ゴム)・で・　けし・た・ん・や・けど・　まだ・　うっすり・　じ(字)ー・が・　み(見)える。」〔⇒**うっすら**〕

うっちゃがる【(打ち上がる)】《動詞・ラ行五段活用》 ①波によってものが海岸に運び上げられる。「たいふー(台風)・の・　あと(後)・に・は・　ごみ(塵)・が・　いっぱい・　うっちゃがっ・とる。」「かいがら(貝殻)・が・　うっちゃがる。」②打たれて空高く飛ぶ。「ろけっと(ロケット)・が・　うっちゃがっ・た。」■他動詞は「うっちゃげる【(打ち上げる)】」〔⇒**うちあがる【打ち上がる】、うちゃがる【(打ち上がる)】**〕

うっちゃげ【(打ち上げ)】《名詞》 ①ものを空高く上げること。「じんこーえーせー(人工衛星)・の・　うっちゃげ・は・　あした(明日)・に・　の(延)び・た。」②ものごとを終わること。「きょー(今日)・は・　このへん・で・　うっちゃげ・に・　しよ・ー。」〔⇒**うちあげ【打ち上げ】**〕

うっちゃげる【(打ち上げる)】《動詞・ガ行下一段活用》 ①波がものを海岸に運び上げる。「たか(高)い・　なみ(波)・が・　かいそー(海藻)・を・　いっぱい・　うっちゃげ・とる。」②打って空高く飛ばす。「はなび(花火)・を・　うっちゃげる。」■自動詞は「うっちゃがる【(打ち上がる)】」■名詞化＝**うっちゃげ【(打ち上げ)】**〔⇒**うちあげる【打ち上げる】、うちゃげる【(打ち上げる)】**〕

うっちゃわす【(打ち合わす)】《動詞・サ行五段活用》 ものごとの方針や手順や方向性などを、前もって相談する。「かいぎ(会議)・の・　すす(進)めかた・を・　うっちゃわし・とく。」■名詞化＝**うっちゃわせ【(打ち合わせ)】**〔⇒**うちあわす【打ち合わす】、うちあわせる【打ち合わせる】、うっちゃわせる【(打ち合わせる)】**〕

うっちゃわせ【(打ち合わせ)】《名詞、動詞する》 ものごとの方針や手順や方向性などを、前もって相談すること。また、その話し合い。「あした(明日)・の・　しごと(仕事)・の・　うっちゃわせ・を・　す(済)ます。」〔⇒**うちあわせ【打ち合わせ】**〕

うっちゃわせる【(打ち合わせる)】《動詞・サ行下一段活用》 ものごとの方針や手順や方向性などを、前もって相談する。「しごと(仕事)・の・　ぶんたん(分担)・を・　うっちゃわせる。」■名詞化＝**うっちゃわせ【(打ち合わせ)】**〔⇒**うちあわす【打ち合わす】、うちあわせる【打ち合わせる】、うっちゃわす【(打ち合わす)】**〕

うっつい《形容詞・ウイ型》 ものの姿形や色や音などが優れていて、心を奪われたり感じがいいと思ったりするような様子だ。清潔そうで、気持ちがよい。「うっつい・　おべべ・を・　き(着)・とる・なー。」「かお(顔)・ふ(拭)い・たら・　うっつー・　なっ・た・ね。」◆幼児語。〔⇒**うつくしい【美しい】**〕

うっつん《形容動詞や(ノ)》 姿形などが綺麗で、感じがいい様子。「かお(顔)・を・　あろ(洗)ー・て・　うっつん・に・　する。」◆幼児語。

うっとうしい〔うっとーしー、うっとしー〕【鬱陶しい】《形容詞・イイ型》 ①天気が晴れなくて、陰気で重苦しい。「つゆ(梅雨)・で・　うっとしー・　てんき(天気)・が・　つづ(続)い・とる。」②目の前にちらついたりして、邪魔でうるさい。「まえ(前)・の・　かみ(髪)・が・　うっとしー・さかい・　き(切)っ・た。」③気になって仕方がない。気持ちが乱れる。「あいつ(彼奴)ら・が・　おっ・たら・　うっとしー・ねん。」④はっきりしない。決着がつかない。面倒である。「あの・　はなし(話)・は・　うっとしー・まま・で・　こじ(拗)れ・てます・ねん。」

うっとぐらい【鬱陶暗い】《形容詞・アイ型》 ①陰気な感じがして、重苦しい様子である。「やま(山)・の・　なか(中)・の・　うっとぐらい・　みち(道)・を・　ある(歩)い・た。」②光が乏しくて、薄暗い。「あめ(雨)・が・　ふ(降)っ・て・　ごっつい・　うっとぐらい。」◆「うっとうしい【鬱陶しい】」と「くらい【暗い】」が合わさった言葉。

うっとこ【(内所)】《名詞》 ①自分の家。「うっとこ・は・　うみ(海)・の・　はた(傍)・や・ねん。」②自分の家族。自分の家庭。「うっとこ・は・　みんな(皆)・　はやお(早起)き・や。」③自分の夫。自分の妻。「うっとこ・は・　さけ(酒)・が・　す(好)きや。」〔⇒**うちね【(内家)】、うちとこ【内所】、うちとことこ【内所々】、うっとことこ【(内所々)】、わたしとこ【私所】、わたいとこ【(私所)】、わてとこ【わて所】、わいとこ【わい所】、わしとこ【わし所】、わいね【(わい家)】**。③⇒**うちのひと【内の人】、うちのやつ【内の奴】**〕

うっとことこ【(内所々)】《名詞》 ①自分の家。「うっとことこ・は・　にかいだて(二階建)・や。」②自分の家族。自分の家庭。「うっとことこ・は・　あさ(朝)・は・　ぱん(パン)・に・　し・とる。」③自分の夫。自分の妻。「うっとことこ・は・　やす(休)み・に・　なっ・たら・　つ(釣)り・に・　い(行)っ・とる。」◆「とこ」を重ねて言うが、「うっとこ」と意味は同じである。〔⇒**うちね【(内家)】、うちとこ【内所】、うちとことこ【内所々】、うっとこ【(内所)】、わたしとこ【私所】、わたいとこ【(私所)】、わてとこ【わて所】、わいとこ【わい所】、わしとこ【わ**

し所】、**わいね**【(わい家)】。③⇒**うちのひと**【内の人】、**うちのやつ**【内の奴】〕

うっとり《副詞と、動詞する》 美しいもの、好ましいものなどに心が引きつけられて、我を忘れている様子。他のものがまったく念頭から消えるほどに、快感に身をゆだねている様子。「えーがはいゆー(映画俳優)・に・　うっとりと・　み(見)とれる。」

うつぶき【俯き】《名詞》 ①顔やものを下に向けること。「うつぶき・の・　しせー(姿勢)・の・　まま・で・　ある(歩)く。」「うつぶき・かげん(加減)・で・　しゃしん(写真)・に・　うつ(写)っ・とー。」②体の胸や腹のある方を下に向けること。下向きになって寝転ぶこと。「うつぶき・の・　まま・で・　れんとげん(レントゲン)・を・　と(撮)る。」■対語＝「あおむき【仰向き】」「あおぬき【仰ぬき】」「あおのき【仰のき】」「あおむけ【仰向け】」「あおぬけ【仰ぬけ】」「あおのけ【仰のけ】」〔⇒**うつむき**【俯き】、**うつむけ**【俯け】、**うつぶけ**【俯け】、**うつむせ**【俯せ】、**うつぶせ**【俯せ】〕

うつぶく【俯く】《動詞・カ行五段活用》 ①頭を前へ垂れる。顔を伏せて、下を向く。「わから・へん・さかい・　じっと・　うつぶい・とっ・てん。」②体の胸や腹のある方を下に向ける。「うつぶい・て・　ね(寝)る。」■他動詞は「うつぶける【俯ける】」■対語＝「あおぬく【仰ぬく】」「あおのく【仰のく】」「あおむく【仰向く】」■名詞化＝**うつぶき**【俯き】〔⇒**うつむく**【俯く】〕

うつぶけ【俯け】《名詞》 ①顔やものを下に向けること。「おちゃわん(茶碗)・を・　うつぶけ・に・　お(置)い・た。」「うつぶけ・で・　しけんもんだい(試験問題)・を・　くば(配)る。」②体の胸や腹のある方を下に向けること。下向きになって寝転ぶこと。「うつぶけ・で・　よこ(横)・に・　なる。」■対語＝「あおむき【仰向き】」「あおぬき【仰ぬき】」「あおのき【仰のき】」「あおむけ【仰向け】」「あおぬけ【仰ぬけ】」「あおのけ【仰のけ】」〔⇒**うつむき**【俯き】、**うつぶき**【俯き】、**うつむけ**【俯け】、**うつむせ**【俯せ】、**うつぶせ**【俯せ】〕

うつぶける【(俯ける)】《動詞・カ行下一段活用》 ①顔やものを下に向ける。「おさら(皿)・を・　うつぶける。」②体の胸・腹のある方を下に向ける。下向きになって寝転ぶ。「からだ(体)・を・　うつぶけ・て・　およ(泳)ぐ。」③ひっくり返して裏にする。裏返して置く。「うつぶけ・た・　かみ(紙)・を・　ひっくりかえ(返)し・て・　み(見)る。」■自動詞は「うつぶく【俯く】」■対語＝「あおむける【仰向ける】」「あおぬける【(仰向ける)】」「あおのける【(仰向ける)】」■名詞化＝**うつぶけ**【俯け】〔⇒**うつぶせる**【俯せる】、**うつむせる**【(俯せる)】、**うつむける**【俯ける】。①⇒**ふせる**【伏せる】。③⇒**うらむける**【裏向ける】〕

うつぶせ【俯せ】《名詞》 ①顔やものを下に向けること。「たらい(盥)・を・　うつぶせ・で・　かわ(乾)かす。」「かみ(紙)・を・　うつぶせ・で・　くば(配)る。」②体の胸や腹のある方を下に向けること。下向きになって寝転ぶこと。「うつぶせ・に・　なっ・て・　ほん(本)・を・　よ(読)む。」■対語＝「あおむき【仰向き】」「あおぬき【仰ぬき】」「あおのき【仰のき】」「あおむけ【仰向け】」「あおぬけ【仰ぬけ】」「あおのけ【仰のけ】」〔⇒**うつむき**【俯き】、**うつぶき**【俯き】、**うつむけ**【俯け】、**うつぶけ**【俯け】、**うつむせ**【俯せ】〕

うつぶせる【俯せる】《動詞・サ行下一段活用》 ①顔やものを下へ向ける。「かお(顔)・を・　うつぶせ・て・　かく(隠)れる。」②体の胸・腹のある方を下に向ける。下向きになって寝転ぶ。「うつぶせ・て・　ねむ(眠)る。」③ひっくり返して裏にする。裏返して置く。「うつぶせ・た・　もんだい(問題)・を・　ひっくりかえ(返)し・て・　み(見)る。」■自動詞は「うつぶく【俯く】」■対語＝「あおむける【仰向ける】」「あおぬける【(仰向ける)】」「あおのける【(仰向ける)】」■名詞化＝**うつぶせ**【俯せ】〔⇒**うつむせる**【(俯せる)】、**うつむける**【俯ける】、**うつぶける**【(俯ける)】。①⇒**ふせる**【伏せる】。③⇒**うらむける**【裏向ける】〕

うつむき【俯向き】《名詞》 ①顔やものを下に向けること。「うつむき・が・　す(過)ぎ・とる・さかい・　ちょっと・　うえ(上)・の・　ほー(方)・を・　み(見)・てください。」②体の胸や腹のある方を下に向けること。下向きになって寝転ぶこと。「うつむき・の・　しせー(姿勢)・で・　じっと・　し・とる。」■対語＝「あおむき【仰向き】」「あおぬき【仰ぬき】」「あおのき【仰のき】」「あおむけ【仰向け】」「あおぬけ【仰ぬけ】」「あおのけ【仰のけ】」〔⇒**うつぶき**【俯き】、**うつむけ**【俯け】、**うつぶけ**【俯け】、**うつむせ**【俯せ】、**うつぶせ**【俯せ】〕

うつむく【俯向く】《動詞・カ行五段活用》 ①頭を前へ垂れる。顔を伏せて、下を向く。「な(泣)き・そーに・　なっ・て・　うつむい・とる。」「うつむい・て・　な(泣)く。」②体の胸や腹のある方を下に向ける。「うつむい・て・　せなか(背中)・に・　やいと(灸)・を・　すえる。」■他動詞は「うつむける【俯向ける】」■対語＝「あおぬく【仰ぬく】」「あおのく【仰のく】」「あおむく【仰向く】」■名詞化＝**うつむき**【俯向き】〔⇒**うつぶく**【俯く】〕

うつむけ【俯け】《名詞》 ①顔やものを下に向けること。顔や物を下に向けた状態。「うつむけ・の・　まま・で・　くじ(籤)・を・　ひ(引)く。」「うつむけ・で・　はこ(箱)・に・　い(入)れる。」②体の胸や腹のある方を下に向けること。下向きになって寝転ぶこと。「うつむけ・で・　こし(腰)・を・　も(揉)ん・でもらう。」■対語＝「あおむき【仰向き】」「あおぬき【仰ぬき】」「あおのき【仰のき】」「あおむけ【仰向け】」「あおぬけ【仰ぬけ】」「あおのけ【仰のけ】」〔⇒**うつむき**【俯き】、**うつぶき**【俯き】、**うつぶけ**【俯け】、**うつむせ**【俯せ】、**うつぶせ**【俯せ】〕

うつむける【俯向ける】《動詞・カ行下一段活用》 ①顔やものを下に向ける。「は(恥)ずかしい・さかい・　かお(顔)・を・　うつむけ・とっ・てん。」②体の胸・腹のある方を下に向ける。下向きになって寝転ぶ。「からだ(体)・を・　うつむけ・て・　まっさーじ(マッサージ)し・てもらう。」③ひっくり返して裏にする。裏返して置く。「かみ(紙)・を・　うつむけ・て・　くば(配)る。」■自動詞は「うつむく【俯向く】」■対語＝「あおむける【仰向ける】」「あおぬける【(仰向ける)】」「あおのける【(仰向ける)】」■名詞化＝**うつむけ**【俯け】〔⇒**うつぶせる**【俯せる】、**うつむせる**【(俯せる)】、**うつぶける**【(俯ける)】。①⇒**ふせる**【伏せる】。③⇒**うらむける**【裏向ける】〕

うつむせ【俯せ】《名詞》 ①顔やものを下に向けること。「ほん(本)・の・　ひょーし(表紙)・が・　うつむせ・に・　なっ・とる。」「かみ(紙)・を・　うつむせ・に・　お(置)く。」②体の胸や腹のある方を下に向けること。下向きになって寝転ぶこと。「うつむせ・で・　おきゅー(灸)・を・　すえ・てもらう。」■対語＝「あおむき【仰向き】」「あおぬき【仰ぬき】」「あおのき【仰のき】」「あおむけ【仰向け】」「あおぬけ【仰ぬけ】」「あおのけ【仰のけ】」〔⇒**うつむき**【俯き】、**うつぶき**【俯き】、**うつむけ**【俯け】、**うつぶけ**【俯け】、**うつぶせ**【俯せ】〕

うつむせる【(俯せる)】《動詞・サ行下一段活用》 ①顔やも

のを下へ向ける。「かお(顔)・を・　うつむせ・て・　な(泣)い・とる。」②体の胸・腹のある方を下に向ける。下向きになって寝転ぶ。「うつむせ・て・　たんか(担架)・に・　のせる。」③ひっくり返して裏にする。裏返して置く。「もんだい(問題)・が・　み(見)え・ん・よーに・　うつむせる。」■自動詞は「うつむく【俯向く】」■対語＝「あおむける【仰向ける】」「あおぬける【(仰向ける)】」「あおのける【(仰向ける)】」■名詞化＝**うつむせ【(俯せ)】**〔⇒**うつぶせる【俯せる】、うつむける【俯ける】、うつぶける【(俯ける)】**。①⇒**ふせる【伏せる】**。③⇒**うらむける【裏向ける】**〕

うつらうつら《副詞と、動詞する》　①眠気や病気などのせいで、意識が薄れたり戻ったりしている様子。「とし(歳)・を・　と(取)っ・て・　うつらうつらする・　じかん(時間)・が・　ふ(増)え・た。」②浅く眠っている様子。半ば眠り半ば覚めているような様子。「でんしゃ(電車)・の・　なか(中)・で・　うつらうつらする・の・は・　きも(気持)ち・が・　え(良)ー。」◆②の場合、「うつらうつら」は、「うとうと」よりも眠りの度合いは浅い感じがする。〔②⇒**うとうと、とろとろ**〕

うつり【映り】《名詞》　①ものの姿形などが現れ出ること。「てれび(テレビ)・の・　うつり・が・　わる(悪)い。」「あんた・は・　しゃしん(写真)・の・　うつり・が・　え(良)ー・なー。」②ものとものとの取り合わせ。配合。調和。「この・　ふく(服)・に・　うつり・の・　え(良)ー・　ねくたい(ネクタイ)・を・　さが(探)す。」

うつりかわり【移り変わり】《名詞》　時が経つにつれて、物事がだんだんと変わっていくこと。「あかし(明石)・の・　まち(町)・の・　うつりかわり・を・　しら(調)べる。」「ことば(言葉)・の・　うつりかわり・を・　しら(調)べ・て・　じてん(辞典)・を・　こしらえる。」

うつりかわる【移り変わる】《動詞・ラ行五段活用》　時が経つにつれて、物事がだんだんと変わっていく。「おーくぼ(大久保)・の・　えきまえ(駅前)・も・　じゅーねん(十年)・で・　だいぶ(大分)・　うつりかわっ・た。」■名詞化＝**うつりかわり【移り変わり】**

うつる【移る】《動詞・ラ行五段活用》　①人がいる場所や、ものがある場所や状態が変わる。「べつ(別)・の・　みせ(店)・へ・　うつっ・て・　の(飲)みなおす。」②病気などが感染する。「こども(子供)・に・　かぜ(風邪)・が・　うつる。」③香りや色などが他のものにしみ込む。「はな(花)・の・　かお(香)り・が・　きもの(着物)・に・　うつる。」■他動詞は「うつす【移す】」

うつる【写る】《動詞・ラ行五段活用》　①ものの形や影が透けて見える。「うら(裏)・の・　じ(字)ー・が・　うつっ・とる。」②もとの色や形などが、別のものに付く。「いんく(インク)・の・　じ(字)ー・が・　した(下)・の・　かみ(紙)・に・　うつっ・た。」③被写体が映像となって写真に現れる。「みんな(皆)・　す(澄)まし・て・　うつっ・とる。」■他動詞は「うつす【写す】」■名詞化＝**うつり【写り】**

うつる【映る】《動詞・ラ行五段活用》　①反射して、ものの姿形が他のものの表面に現れる。「いけ(池)・に・　やま(山)・の・　すがた(姿)・が・　うつっ・とる。」②スクリーンなどの上に映像が現れる。「すいっち(スイッチ)・を・　い(入)れ・たら・　じっきに・　てれび(テレビ)・が・　うつっ・た。」③色や形などの取り合わせが良い。色や形などの釣り合いがとれる。目立ってよく見える。「その・　ふく(服)・は・　あんた・に・　よー・　うつっ・とる。」■他動詞は「うつす【映す】」■名詞化＝**うつり【映り】**

うで【腕】《名詞》　①胴体から分かれた、肩から手首までの細長い部分。「うで・を・　ふ(振)りまーす。」②ものごとを上手に行う技術や能力。評価に値する技術や能力。「うで・の・　え(良)ー・　しゃかん(左官)さん・に・　たの(頼)む。」〔②⇒**うでまえ【腕前】、ちから【力】**〕

うで(が)あがる【腕(が)上がる】《動詞・ラ行五段活用》　ものごとを行う力が上達する。力量がよくなる。「くるま(車)・の・　うんてん(運転)・の・　うでがあがる。」■他動詞は「うで(を)あげる【腕(を)上げる】」

うでぐみ【腕組み】《名詞、動詞する》　両方の腕を、胸の辺りで交差して組み合わせること。「うでぐみし・て・　しあん(思案)する。」

うでずもう〔うでずもー〕【腕相撲】《名詞、動詞する》　向かい合った２人が肘を平面につけて、互いの手のひらを握り合って、相手の腕を倒し合う遊び。「うでずもーし・たら・　だれ(誰)・に・も・　ま(負)け・へん・ぞ。」

うでぬき【腕貫】《名詞》　作業などをするときに、着物の袖口が汚れるのを防ぐために、腕の先の方につける布製のカバー。「うでぬき・を・　つ(付)け・て・　しわ(仕分)け・の・　さぎょー(作業)・を・　する。」

うでまえ【腕前】《名詞》　ものごとを上手に行う技術や能力。評価に値する技術や能力。「りょーり(料理)・の・　うでまえ・は・　いちりゅー(一流)や。」「なかなか・の・　しょーぎ(将棋)・の・　うでまえ・や。」〔⇒**うで【腕】、ちから【力】**〕

うで(を)あげる【腕(を)上げる】《動詞・ガ行下一段活用》　ものごとを行う力を上達させる。力量をよくする。「さかなつ(魚釣)り・の・　うでをあげ・た。」■自動詞は「うで(が)あがる【腕(が)上がる】」

うとうと《副詞と、動詞する》　浅く眠っている様子。半ば眠り半ば覚めているような様子。「ほん(本)・を・　よ(読)み・ながら・　うとうとし・ても・た。」〔⇒**うつらうつら、とろとろ**〕

うどん【饂飩】《名詞》　小麦粉に少しの塩を加えてこねて、薄く延ばして細く切った食べ物。「うどん・を・　う(打)っ・て・　ゆでる。」「てんぷら(天麩羅)うどん・を・　ちゅーもん(注文)する。」「す(素)うどん・を・　た(食)べる。」〔⇒**うろん【(饂飩)】**〕

うどんや【饂飩屋】《名詞》　饂飩などを食べさせる店。麺類を中心にした食堂。「えきまえ(駅前)・の・　うどんや・で・　ひるめし(昼飯)・に・　しょ・ー。」「うどんや・や・けど・　そば(蕎麦)・も・　ある・やろ。」〔⇒**うろんや【(饂飩屋)】**〕

うなぎ【鰻】《名詞》　脂が強く蒲焼きなどにして食べる、ぬるぬるして細長く海や川にすむ魚。「どよー(土用)・の・　うし(丑)・の・　ひ(日)ー・は・　やっぱり・　うなぎ・を・　く(食)い・たい。」〔⇒**おなぎ【(鰻)】**〕

うなずく【頷く】《動詞・カ行五段活用》　肯定したり承諾したりする気持ちを表すために、頭を軽く前に振る。「うなずき・ながら・　はなし(話)・を・　き(聞)ー・てくれ・た。」

うなる【唸る】《動詞・ラ行五段活用》　①苦しそうに、長く引いた低い声を出す。苦しそうな様子を見せる。「きのー(昨日)・は・　こし(腰)・が・　いと(痛)ー・て・　いちにちじゅー(一日中)・　うなっ・とっ・た。」②動物が低く長い声を出す。「いぬ(犬)・が・　おこ(怒)っ・て・　うなっ・た。」③機械などが、鈍い音を出して長く鳴り響く。「さか(坂)・を・　でんしゃ(電車)・が・　うなっ・て・　のぼ(上)っ・ていく。」■名詞化＝**うなり【唸り】**

うに【雲丹】《名詞》 卵巣を食用にする、岩の多い海底にすみ、体に栗のいがに似た棘がはえている動物。「うに・の・ にぎ(握)り・を・ く(食)い・たい・なー。」

うね【畝】《名詞》 畑で、種をまいたり作物を植えたりするために、間隔をおいて幾筋も土を細長く盛り上げたもの。「うね・の・ あいだ(間)・を・ ある(歩)い・て・ みず(水)・を・ やる。」〔⇒**あぜ【畦】**〕

うねうね《副詞と、動詞する》 ①波や山などが、高くなったり低くなったりしながら、長く続いている様子。「すま(須磨)・から・ たからづか(宝塚)・の・ ほー(方)・へ・ うねうねし・た・ やま(山)・を・ ある(歩)く。」②川や道などが、右に曲がったり左に曲がったりしながら、長く続いている様子。「やま(山)・の・ うえ(上)・まで・ ほそ(細)い・ みち(道)・が・ うねうねと・ つづ(続)い・とる。」「いなか(田舎)・の・ うねうねし・た・ みち(道)・を・ ある(歩)い・ていく。」〔②⇒**くねくね**〕

うねり《名詞》 ①波が大きく上下に揺れること。「たいふー(台風)・が・ ちか(近)づい・て・ うねり・が・ おー(大)きく・ なっ・てき・た。」②緩やかに曲がりくねっていること。「うねり・が・ な(無)い・よーに・ じょーぎ(定規)・を・ あ(当)て・て・ せん(線)・を・ ひ(引)く。」

うねる《動詞・ラ行五段活用》 ①波が大きく上下に揺れる。上がったり下がったりする。「たいふー(台風)・で・ うみ(海)・が・ うねっ・とる。」②緩やかに曲がりくねる。「あんた・の・ ひ(引)ー・た・ せん(線)・は・ まっすぐで・ のー・て・ うねっ・とる。」■名詞化＝**うねり**

うばぐるま【乳母車】《名詞》 乳幼児などを乗せる、箱形で手押しの四輪車。「うばぐるま・に・ の(乗)せ・て・ かいもん(買物)・に・ つ(連)れ・ていく。」◆日常的には、「おんばぐるま【(お乳母車)】」と言う方が多かった。現在のベビーカーは、かつての「うばぐるま【乳母車】」と形が異なり、使い方も変化してきている。〔⇒**おんばぐるま【**(お乳母車)**】**〕

うはは《感動詞》 大きく口を開けて笑う声。「うはは。そんな・ あほ(阿呆)な・ はなし(話)・は・ あら・へん・やろ。」

うひひ《感動詞》 ①うまくいったと、ほくそ笑んだときに出る言葉。「うひひ。たからくじ(宝籤)・が・ あ(当)たっ・た。」②何かのたくらみを持って、下卑た感じで笑う声。「うひひ。あいつ(彼奴)・を・ だま(騙)し・たろ・と・ おも(思)・とる・ねん。」

うふっ《感動詞》 小声で短く笑う声。笑いをこらえながらも、ふともらしてしまう声。「うふっ。よー・ そんな・ あほ(阿呆)な・ こと・を・ ゆ(言)ー・ん・や・なー。」

うふふ《感動詞》 戸惑ったり、嬉しく感じたりして、押さえた感じで笑うときの声。「うふふ。しょーち(承知)し・てくれ・て・ うれ(嬉)しー・わー。」

うま【馬】《名詞》 相手と気持ちや考え方などが合うかどうかということ。性格や気心の合致のしかた。「あいて(相手)・と・ うま・を・ あ(合)わす・の・は・ しんどい・なー。」〔⇒**んま【**(馬)**】**〕

うま【午】《名詞》 馬を表しており、子(ね)から始まる十二支の７番目。「わし・は・ しょーわじゅーひちねん(昭和十七年)・の・ うま・の・ う(生)まれ・や。」〔⇒**んま【午】、うま【馬】、んま【馬】**〕

うま【馬】《名詞》 ①家畜として飼われ農耕・運搬・乗馬などに活用される、たてがみがあって首の長い動物。「むかし(昔)・は・ うま・が・ くるま(車)・の・ か(代)わり・やっ・た。」②十二支の７番目の「午」。「えま(絵馬)・に・ うま・が・ か(描)い・てある。」〔⇒**んま【馬】**。①⇒**ぱかぱか、おんまぱかぱか【お馬ぱかぱか】**。②⇒**うま【午】、んま【午】**〕

うまあい【馬合い】《形容動詞や(ノ)、名詞》 気が合う間柄である様子。相性が良い様子。「しょーがっこー(小学校)・の・ とき(時)・に・ うまあいの・ ともだち(友達)・が・ おっ・てん。」

うまい【美味い、上手い】《形容詞・アイ型》 ①もっと食べたく思うほどの、好ましい味である。「あー・ うまかっ・た。うし(牛)・ ま(負)け・た。」〔＝美味しかったの意。馬が勝った、牛が負けた、という洒落〕②何かをしたり、作ったりするのが上手で優れている様子。何かを行った結果が良好である様子。「くるま(車)・の・ うんてん(運転)・が・ うまい。」③都合がよい。「うまい・ ぐわい(具合)・に・ しごと(仕事)・が・ み(見)つかっ・た。」■対語＝①「まずい【不味い】」「うまない【美味ない】」「うもない【(美味ない)】」「あじない【味ない】」「もみない」。②「へぼい」〔①⇒**おいしい【美味しい】、いける【行ける】**。②⇒**じょうず【上手】**〕

うまいこと【旨いこと】《副詞》 上手に。都合よく。すっかり。「うんどーかい(運動会)・の・ ひ(日)・は・ うまいこと・ は(晴)れ・た。」「くちさき(口先)・だけ・ うまいこと・ ゆ(言)ー・て・ ごまか(誤魔化)す・ つもり・や・な。」「こっとーや(骨董屋)・に・ うま(巧)いこと・ だま(騙)さ・れ・ても・た。」

うまいもんや【旨い物屋】《名詞》 おいしい食べ物を提供する店。食堂。「えきまえ(駅前)・に・ いっけん(一軒)・ぐらい・ うまいもんや・が・ ある・やろ。」

うまうま【(飯)**】**《名詞、動詞する》 生命を維持するためにものを食べること。また、その食べ物。「うまうま・が・ ほ(欲)しー・の・か。」「うまうまする・か。そいとも・ お(茶)・を・ の(飲)む・か。」「うまうまし・た・と・ おも(思)・たら・ じっき(直)に・ うんこ・を・ し・た・な。」◆幼児語。〔⇒**うまんま【**(飯)**】、まんま【**(飯)**】、まま【**(飯)**】、めし【飯】、ごはん【ご飯】**〕

うまうま【旨々】《副詞と》 巧みに事をし遂げる様子。手際よく相手からすり抜けたり相手をだましたりする様子。「うまうま・ に(逃)げ・てしまい・よっ・た。」

うまがあう【馬が合う】《動詞・ワア行五段活用》 相手と気が合う。相性が良い状態である。意気投合する。「うまがあう・ ひと(人)・と・ りょこー(旅行)し・たら・ たの(楽)しー。」〔⇒**んまがあう【**(馬が合う)**】**〕

うまがる【美味がる】《動詞・ラ行五段活用》 味が良いと感じる。味が良いということを言動などで示す。「この・ らーめん(ラーメン)・は・ みんな(皆)・が・ うまがっ・て・ ひょーばん(評判)・が・ え(良)ー・ん・や。」◆「おいしがる【美味しがる】」よりもぞんざいな言い方であるという印象がある。〔⇒**おいしがる【美味しがる】**〕

うまごや【馬小屋】《名詞》 馬を飼っておく建物。建物の中で、馬を飼っておく場所。「なや(納屋)・を・ うまごや・に・ し・とる。」〔⇒**うまや【馬屋】、うまやご【馬屋小】**〕

うます【生ます】《動詞・サ行五段活用》 子どもを生むようにさせる。「かない(家内)・に・ こんど(今度)・は・ おんな(女)・の・ こ(子)・を・ うまし・たい・なー。」「うし(牛)・に・ こ(子)・を・ うます。」◆動詞「うむ【生む】」に助動詞(使役の意味)「す」が続いたものであるが、「うまれる」と同様に、一語に熟しているという意識がある。

うます【膿ます】《動詞・サ行五段活用》 膿みを持つようにさせてしまう。化膿させてしまう。「けが(怪我)し・て・ほっとい・て・ すね(脛)・を・ うまし・ても・た。」◆動詞「うむ【膿む】」に助動詞(使役の意味)「す」が続いたものであるが、一語に熟しているという意識がある。

うます【熟ます】《動詞・サ行五段活用》 ①果物などを置いておいて、熟して柔らかくさせる。「かた(堅)い・ かき(柿)・や・さかい・ ほっとい・て・ うまし・て・から・ た(食)べ・ろ・か。」②煮たり炊いたりした後、ふたを開けずに、食べ物にじゅうぶん湯気を通してふっくらとさせる。「もー・ ごふん(五分)・ほど・ うまし・て・から・ た(食)べ・よー。」◆動詞「うむ【熟む】」に助動詞(使役の意味)「す」が続いたものであるが、一語に熟しているという意識がある。〔②⇒**むらす【蒸らす】**〕

うまない【美味ない、上手ない】《形容詞・特殊型》 ①材料や味付けが良くなくて、美味しくない。「しおけ(塩気)・が・ すけ(少)ない・さかい・ うまない・ねん。」「きせつ(季節)はずれ・の・ すいか(西瓜)・は・ うまない。」②味を感じることができない。「ねつ(熱)・が・ あっ・て・ めし(飯)・が・ うまない・ねん。」③何かをしたり、作ったりするのが優れていない様子。何かを行った結果が良好でない様子。「あいつ(彼奴)・の・ か(書)い・た・ じ(字)ー・は・ うまない・な。」■対語＝「うまい【(美味い、上手い)】」「おいしい【美味しい】」「いける【行ける】」、③「じょうず【上手】」〔⇒**うもない【(美味ない、上手ない)】**。①②⇒**あじない【味ない】、もみない**。①⇒**まずい【不味い】**〕

うまのしょうべん〔**うまのしょーべん**〕【馬の小便】《形容動詞や(ノ)》 時間的に長く続くものを喩えて言う言葉。「はなし(話)・が・ なご(長)ー・て・ うまのしょーべんや。」〔⇒**うまのしょんべん【(馬の小便)】**〕

うまのしょんべん【(馬の小便)】《形容動詞や(ノ)》 時間的に長く続くものを喩えて言う言葉。「はいしゃ(歯医者)・は・ うまのしょんべん・みたいに・ なんべん(何遍)・も・ なんべん(何遍)・も・ い(行)か・んならん・ねん。」〔⇒**うまのしょうべん【馬の小便】**〕

うまのほね【馬の骨】《名詞》 素性がわからない人のことをあざけって言う言葉。「どこ・の・ うまのほね・とも・ わから・ん・ やつ(奴)・や・さかい・ き(気)ーつけ・て・ つきあえ・よ。」

うまのり【馬乗り】《名詞、動詞する》 ①馬に乗ること。馬に乗る人。「うまのり・が・ じょーず(上手)な・ ひと(人)・や・さかい・ ぱっと・ と(飛)びのっ・た。」②人や物の上にまたがって座ること。「けんか(喧嘩)し・て・ うまのり・に・ なっ・て・ なぐ(殴)り・よる。」

うまや【馬屋】《名詞》 馬を飼っておく建物。建物の中で、馬を飼っておく場所。「うまや・を・ きれー(綺麗)に・ そーじ(掃除)する。」〔⇒**うまごや【馬小屋】、うまやご【馬屋小】**〕

うまやご【馬屋小】《名詞》 馬を飼っておく建物。建物の中で、馬を飼っておく場所。「うまやご・に・ かいば(飼葉)・を・ も(持)っ・ていく。」◆「うまごや【馬小屋】」の発音が前後入れ替わったものであろうか。〔⇒**うまごや【馬小屋】、うまや【馬屋】**〕

うまる【埋まる】《動詞・ラ行五段活用》 ①たくさんの物に覆われて、見えなくなる。窪んだところに詰まる。「どしゃくず(土砂崩)れ・で・ みち(道)・が・ うまる。」②すき間がなく、いっぱいになる。空いているところが詰まる。「この・ みせ(店)・は・ きゃく(客)・で・ うまっ・とる・さかい・ べつ(別)・の・ とこ(所)・へ・い(行)こ。」③足りないところが補われる。「あと・ じゅーにん(十人)・ なんとか・ うまら・んと・ いか・ん・なー。」■他動詞は「うめる【埋める】」

うまれ【生まれ】《名詞》 生まれること。生まれた場所、時、家柄、環境など。「あかし(明石)・の・ うまれ・や・さかい・ じもと(地元)・の・ ほーげんしゅー(方言集)・を・ つく(作)り・よる・ねん。」「へーせー(平成)・の・ うまれ・や・さかい・ わか(若)い・なー。」「のーか(農家)・の・ うまれ・で・ よー・ はたら(働)く・ ひと(人)・や。」

うまれかわり【生まれ変わり】《名詞》 死んだ者が、もう一度、他の者になって誕生すること。また、そのようにして誕生したと思われるような人。「むかし(昔)・の・ ひと(人)・の・ うまれかわり・と・ おも(思)う・ほど・ あの・ ひと(人)・は・ れきし(歴史)・が・ す(好)きや・ねん。」

うまれかわる【生まれ変わる】《動詞・ラ行五段活用》 ①死んだ者が、もう一度、他の者になって誕生する。「この・ こ(子)・は・ おじー(祖父)さん・が・ うまれかわっ・た・よーな・ かお(顔)・を・ し・とる・なー。」②装いなどを一変して、別のもののようになる。「にっしんまち(西新町)・の・ えき(駅)・が・ こーか(高架)・に・ なっ・て・ うまれかわっ・た。」■名詞化＝**うまれかわり【生まれ変わり】**

うまれつき【生まれ付き】《名詞》 生まれたときからそなわっている性質や才能など。「うまれつき・ おんがく(音楽)・が・ す(好)きやっ・た。」

うまれる【生まれる】《動詞・ラ行下一段活用》 ①子が母親の体から出る。誕生する。「さんにんめ(三人目)・の・ こ(子)ー・が・ うまれ・た。」②卵から子になる。「ひな(雛)・が・ うまれ・た。」〔②⇒**かえる【孵る】、かやる【(孵る)】、かいる【(孵る)】**〕

うまんま【(飯)】《名詞、動詞する》 生命を維持するためにものを食べること。また、その食べ物。「うまんま・を・ た(食)べる・ まえ(前)・に・ て(手)・を・ あら(洗)お・ー・な。」「おなか(腹)・が・ す(空)い・とる・ん・やっ・たら・ うまんまし・なはれ。」◆幼児語。〔⇒**うまうま【(飯)】、まんま【(飯)】、まま【(飯)】、めし【飯】、ごはん【ご飯】**〕

うみ【海】《名詞》 地球上で、塩水でおおわれているところ。「うみ・を・ わた(渡)っ・て・ あわじ(淡路)・へ・い(行)く。」■対語＝「りく【陸】」

うみ【膿】《名詞》 傷口や腫れ物のところに黴菌がついてできる、黄白色のどろどろした液体。「けが(怪我)し・た・ とこ・から・ うみ・が・ で(出)・た。」

うみのひ〔**うみのひー**〕【海の日】《名詞》 比較的新しく制定された国民の祝日の一つで、7月の第3月曜日に設定されており、海の恩恵に感謝するとともに海洋国であるわが国の繁栄を願う日。「うみのひ・に・ かいすいよく(海水浴)・に・ い(行)く。」◆2016年(平成28年)からは「やまのひ【山の日】」も国民の祝日になった。

うむ【熟む】《動詞・マ行五段活用》 果物などが熟して柔らかくなる。「ほっとい・たら・ かき(柿)・が・ だいぶ(大分)・ うん・でき・た。」

うむ【生む】《動詞・マ行五段活用》 ①人や動物が赤ん坊を母体の外に出す。出産する。「いもーと(妹)・も・ こども(子供)・を・ ふたり(二人)・ うん・だ。」②動物が卵を母体の外に出す。「うみがめ(海亀)・が・ たまご(卵)・を・ うみ・に・ はま(浜)・に・ あ(上)がっ・てき・た。」

う

うむ【膿む】《動詞・マ行五段活用》　傷口や腫れ物のところに黴菌がついて、黄色い液体を持つようになる。「きずぐち(傷口)・が・　うん・で・　いた(痛)い。」■名詞化＝**うみ【膿】**

うめ【梅】《名詞》　春の初めに香りのよい花を咲かせ、その実は梅干しなどに使う木。また、その木にできる実。「てんじん(天神)さん・の・　うめ・の・　き(木)ー・が・　さ(咲)い・た。」「あお(青)い・　うめ・を・　つ(漬)ける。」

うめく【呻く】《動詞・カ行五段活用》　苦しさのあまり唸り声をあげる。苦しそうな声を出す。「はらいた(腹痛)・で・　うめい・とっ・た。」■名詞化＝**うめき【呻き】**

うめたて【埋め立て】《名詞、動詞する》　海や池などに土を入れて陸地にすること。もとは海や池などであったが、土を入れて陸地になったところ。「ふたみ(二見)・の・　みなみ(南)・は・　うめたて・の・　じんこーじま(人工島)・や。」「いけ(池)・の・　うめたて・を・　し・た・　とこ(所)・に・　がっこー(学校)・を・　た(建)てる。」

うめたてる【埋め立てる】《動詞・タ行下一段活用》　海や池などに土を入れて陸地にする。「いけ(池)・を・　うめたて・て・　こーえん(公園)・に・　する。」■名詞化＝**うめたて【埋め立て】**

うめぼし【梅干し】《名詞》　①梅の実を漬けたもの。「まいあさ(毎朝)・　うめぼし・を・　いっこ(一個)・　た(食)べる。」②足首の付け根のところにある、高くなっている骨。くるぶし。「うめぼし・を・　う(撲)っ・て・　いた(痛)い・ねん。」

うめぼしばあさん〔うめぼしばーさん〕【梅干し婆さん】《名詞》　いつも梅干しをかむように口を動かし続けているように見える老女。「うめぼしばーさん・が・　しょーぎ(床机)・に・　すわ(座)っ・とる。」◆梅干しの皺との連想が働いて、このような比喩になっているのかもしれない。やや悪たれ口になると「うめぼしばばあ【梅干し婆】」と言う。

うめる【埋める】《動詞・マ行下一段活用》　①穴を掘って物を入れて、その上に土や砂をかぶせる。「おちば(落葉)・を・　うめ・とい・たら・　ひりょー(肥料)・に・　なる。」②穴や凹凸などを、ふさいで平らにする。「へっこ(凹)ん・どる・　ところ・を・　つち(土)・で・　うめる。」③足りないところを補う。「かぜ(風邪)・で・　やす(休)ん・だ・　ひと(人)・の・　しごと(仕事)・を・　みんな(皆)・で・　うめる。」④湯に水を注いで、温度を低くする。「あつ(熱)い・　ふろ(風呂)・を・　うめる。」■自動詞は「うまる【埋まる】」

うもない〔うもーない〕【(美味ない、上手ない)】《形容詞・特殊型》　①材料や味付けが良くなくて、美味しくない。「あかし(明石)・の・　さかな(魚)・を・　く(食)・たら・　よそ(余所)・のん・は・　うもーない・なー。」「なつ(夏)・の・　だいこん(大根)・は・　うもーない・のー。」「うもなかっ・たら・　そーす(ソース)・を・　かけ・なはれ。」②味を感じることができない。「は(歯)・が・　いと(痛)ー・て・　く(食)う・　もん・が・　うもーない。」③何かをしたり、作ったりするのが優れていない様子。何かを行った結果が良好でない様子。「おまえ(前)・の・　うんてん(運転)・は・　うもない・さかい・　わし・が・　か(代)わっ・たる・わ。」■対語＝「うまい【(美味い、上手い)】」「おいしい【美味しい】」「いける【行ける】」、③「じょうず【上手】」〔⇒**うまない【**美味ない、上手ない**】**。①②⇒**あじない【**味ない**】、もみない**。①⇒**まずい【**不味い**】**〕

うやむや【有耶無耶】《形容動詞や(ノ・ナ)》　①物事の結論・結末などを、はっきりさせないままにしておく様子。「あの・　はなし(話)・は・　いつ・か・　うやむやに・　なっ・た。」②物事に対する態度・考えなどがあいまいなままであるある様子。「うやむやに・　かんが(考)え・とっ・たら・　みな(皆)・に・　わら(笑)わ・れる・ぞ。」〔②⇒**あいまい【曖昧】、あやふや**〕

うようよ《副詞と》　①小さな生き物が、いっぱい集まって、それぞれが勝手に動いている様子。また、それを見たり感じたりすることによって、不快感やうるささを感じる様子。「は(葉)ー・の・　うら(裏)・に・　こ(小)まい・　むし(虫)・が・　うようよ・　おる。」②同じような人が大勢いる様子。同じようなものがたくさんある様子。「だいがく(大学)・へ・　い(行)き・たい・と・　おも(思)・とる・　ひと(人)・は・　うようよ・　おる。」〔⇒**うじょうじょ、うじゃうじゃ**。①⇒**うざうざ**〕

うら【裏】《名詞》　①表面から見えない側。表と反対になる側。「かみ(紙)・の・　うら・に・　めも(メモ)・を・　する。」②２つの面のうち利用しない側。「うら・に・は・　なに(何)・も・　か(書)か・へん。」③家や建物などの後ろの方。中心や表通りから見えなかったり離れたりしているところ。「こーしゃ(校舎)・の・　うら・に・　ある・　ごみやきば(塵焼場)・に・　はこ(運)ぶ。」③隠されていて表面に現れていないことがら。「あの・　はなし(話)・に・は・　うら・が・　あっ・た・ん・や。」■対語＝「おもて【表】」〔⇒**うらがわ【裏側】、うらっかわ【**(裏側)**】**。③⇒**うらて【裏手】**〕

うらうち【裏打ち】《名詞、動詞する》　補強したり補修したりするために、紙や布などの裏に、さらに紙や布などを貼りつけること。「ぽすたー(ポスター)・の・　よすみ(四隅)・を・　うらうちし・て・　おしぴん(押ピン)・で・　は(張)る。」

うらえき【裏駅】《名詞》　駅の、正面でない方の出入り口。「あかし(明石)・の・　しろ(城)・へ・　い(行)く・の・は・　うらえき・の・　ほー(方)・が・　べんり(便利)や・っ・た。」◆旧・国鉄が地上を走っていた時は、線路に分断されて明石駅の北側と南側とは様子がかなり異なっていた。「えき【駅】」(正面側)と「うらえき【裏駅】」とは違った雰囲気を持っていた。けれども、線路が高架になった後は、駅の正面側も裏側も一体化されて、便利さに変わりがなくなり、この言葉は聞かれなくなった。「えきうら【駅裏】」という言葉もあったが、「うらえき【裏駅】」が多用されていた。

うらおもて【裏表】《名詞》　①表面から見える側と見えない側。両面。「かみ(紙)・の・　うらおもて・に・　いっぱい(一杯)・　じ(字)ー・を・　か(書)く。」②表面から見える側と見えない側が逆であること。両面が逆であること。「ふく(服)・を・　うらおもて・に・　き(着)・とる・さかい・　お(教)せ・たっ・た。」

うらがえし【裏返し】《名詞、動詞する》　もともと表面から見える側を、見えない側にすること。両面をひっくり返すこと。「かぜ(風)・で・　き(木)ー・の・　ふだ(札)・が・　うらがえし・に・　なっ・ても・た。」■対語＝「おもてがえし【表返し】」〔⇒**うらがやし【**(裏返し)**】**〕

うらがえす【裏返す】《動詞・サ行五段活用》　もともと表面から見える側を、見えない側にする。両面をひっくり返す。「ひ(日)ー・に・　や(焼)け・た・さかい・　たたみ(畳)・の・　うわじ(上敷)き・を・　うらがえす。」「さかな(魚)・を・　うらがえし・て・　や(焼)く。」■対語＝「おもてがえす【表返す】」■名詞化＝**うらがえし【裏**

返し】〔⇒**うらがやす**【(裏返す)】〕

うらがやし【(裏返し)】《名詞、動詞する》 もともと表面から見える側を、見えない側にすること。両面をひっくり返すこと。「しゃつ(シャツ)・を・　うらがやし・に・き(着)・とる。」■対語＝「おもてがやし【(表返し)】」〔⇒**うらがえし**【裏返し】〕

うらがやす【(裏返す)】《動詞・サ行五段活用》 もともと表面から見える側を、見えない側にする。両面をひっくり返す。「れこーど(レコード)・を・　うらがやし・て・かける。」■対語＝「おもてがやす【(表返す)】」■名詞化＝**うらがやし**【(裏返し)】〔⇒**うらがえす**【裏返す】〕

うらがわ〔**うらがー**〕【裏側】《名詞》 ①表面から見えない側。表と反対になる側。「くすり(薬)・の・　はこ(箱)・の・　うらがー・の・　ちゅーいが(注意書)き・を・　よ(読)む。」②２つの面のうち利用しない側。「うらがー・に・は・　なん(何)・も・　か(書)か・へん・ねん。」③家や建物などの後ろの方。中心や表通りから見えなかったり離れたりしているところ。「てら(寺)・の・　うらがわ・に・　はか(墓)・が・　ある。」④隠されていて表面に現れていないことがら。「にゅーす(ニュース)・の・　うらがー・を・　よ(読)む。」■対語＝「おもてがわ【表側】」〔⇒**うら**【**裏**】、**うらっかわ**【(裏側)】。③⇒**うらて**【**裏手**】〕

うらぎる【裏切る】《動詞・ラ行五段活用》 味方にそむいて相手方に付く。約束に反したことをする。「やくそく(約束)し・とい・て・　うらぎっ・たら・　あか・ん・ぞ。」■名詞化＝**うらぎり**【**裏切り**】

うらぐち【裏口】《名詞》 ①建物などの正面でない出入り口。勝手口。「ごみ・を・　うらぐち・から・　だ(出)す。」②正式でない、陰に回って行う方法。「うらぐち・で・ごーかく(合格)・は・　でけ(出来)・へん。」■対語＝「おもてぐち【表口】」

うらじ【裏地】《名詞》 衣服の内側につける布地。「せびろ(背広)・の・　うらじ・が・　す(擦)りきれ・てき・た。」

うらじろ【裏白】《名詞》 正月の飾りに付ける、羽状に分かれた大形の葉の裏が白い羊歯。「おしめ(＝注連縄)・に・　うらじろ・を・　つける。」〔⇒**やまのくさ**【**山の草**】〕

うらっかわ〔**うらっかー**〕【(裏側)】《名詞》 ①表面から見えない側。表と反対になる側。「かみ(紙)・の・　うらっかわ・まで・　いんき(インキ)・が・　にじ(滲)ん・どる。」②２つの面のうち利用しない側。「うらっかー・に・は・　なまえ(名前)・だけ・を・　か(書)く。」③家や建物などの後ろ側。中心や表通りから見えなかったり離れたりしているところ。「がっこー(学校)・の・　うらっかわ・に・　かわ(川)・が・　なが(流)れ・とる。」④隠されていて表面に現れていないことがら。「うらっかわ・で・　うまいこと・　やっ・とる・　しと(人)・が・　おる。」◆「がわ(側)」を「かわ」と発音する例は多い。「ひがしっかわ【東側】」「きたっかわ【北側】」など。■対語＝「おもてっかわ【(表側)】」〔⇒**うら**【**裏**】、**うらがわ**【**裏側**】。③⇒**うらて**【**裏手**】〕

うらて【裏手】《名詞》 家や建物などの後ろの方。中心や表通りから見えなかったり離れたりしているところ。「おどー(堂)・の・　うらて・は・　じめじめし・とる。」〔⇒**うら**【**裏**】、**うらがわ**【**裏側**】、**うらっかわ**【(裏側)】〕

うらない【占い】《名詞、動詞する》 人の運命やこれからの出来事などを、手相・人相・名前などから予想すること。「うらない・が・　す(好)きで・　おみくじ(神籤)・を・ひ(引)く・の・が・　す(好)きや。」

うらなう【占う】《動詞・ワア行五段活用》 人の運命やこれからの出来事などを、手相・人相・名前などから予想する。「けっこんあいて(結婚相手)・を・　うらのー・てもらう。」■名詞化＝**うらない**【**占い**】

うらみ【恨み】《名詞》 ①ひどい仕打ちをした相手に対して持つ、怒りや憎しみの気持ち。「ひと(人)・に・　うらみ・を・　も(持)っ・たら・　あか・ん。」②不満足に思う気持ち。残念に思う気持ち。「うらみ・の・　のこ(残)ら・ん・よーに・　しあい(試合)・で・　がんば(頑張)っ・たら・　え(良)ー・ねん。」

うらみごと【恨み言】《名詞》 ①相手に対する怒りや憎しみの気持ちを表す言葉。「うらみごと・を・　ゆ(言)ー・たら・　ぎゃく(逆)に・　うら(恨)ま・れる・ぞ。」②不満足であったり残念に思ったりする気持ちを表す言葉。「いまごろ(今頃)・に・　なっ・て・　うらみごと・ゆ(言)ー・ても・　あいて(相手)・は・　い(去)ん・だ・あと(後)・やないか。」

うらみち【裏道】《名詞》 人があまり利用していない道。大通りから外れていて、人通りの少ない道。「うらみち・　とー(通)っ・て・　えき(駅)・まで・　はよ(早)ー・　い(行)く。」

うらむ【恨む】《動詞・マ行五段活用》 ひどい仕打ちをした相手に対して怒りや憎しみの気持ちを持つ。また、仕返しをしてやりたいと思う。「おまえ(前)・が・　わる(悪)い・ん・や・さかい・　わし・を・　うらむ・な・よ。」■名詞化＝**うらみ**【**恨み**】

うらむける【裏向ける】《動詞・カ行下一段活用》 ひっくり返して裏にする。裏返して置く。「うらむけ・て・　しけんもんだい(試験問題)・を・　くば(配)る。」■名詞化＝**うらむけ**【**裏向け**】〔⇒**うつぶせる**【**俯せる**】、**うつむせる**【(俯せる)】、**うつむける**【**俯ける**】、**うつぶける**【(俯ける)】〕

うらめしい〔**うらめしー**〕【恨めしい】《形容詞・イイ型》 ①ひどいことをされた相手に対して、怒りや憎しみを感じる。「なぐ(殴)ら・れ・て・　うらめしー・と・　おも(思)っ・とる。」「うらめしー・　ゆ(言)ー・て・　ゆーれー(幽霊)・が・　で(出)・てくる・ぞ。」②不満足に思う気持ちである。思い通りにならなくて残念に思う気持ちである。「あと(後)・に・　なっ・て・から・　うらめしー・と・　おも(思)・ても・　おそ(遅)い・ぞ。」

うらもん【裏門】《名詞》 正式な門ではなく、通用として使われる、裏などにある門。「がっこー(学校)・の・　うらもん・は・　きたがー(北側)・に・　ある。」■対語＝「せいもん【正門】」「おもてもん【表門】」

うらやましい〔**うらやましー**〕【羨ましい】《形容詞・イイ型》 人の幸せな様子を見て、その人が自分より優れていたり恵まれていたりするように思えて、自分もそうでありたいと思う気持ちがする。「いっぺん(一遍)・で・　ごーかく(合格)し・た・　ひと(人)・が・　うらやましー。」

うり【瓜】《名詞》 きゅうり、まくわうり、かもうり、なしうりなど、畑で作る、蔓のある作物。また、その実。「うり・の・　つけもん(漬物)・を・　つく(作)る。」

うりあげ【売り上げ】《名詞》 品物を売ったり、サービスをしたりして得たお金の総額。「きょねん(去年)・より・も・　うりあげ・が・　ふ(増)え・た。」

うりかい【売り買い】《名詞、動詞する》 お金をもらって品物や権利などを渡したり、お金を払って品物や権利などを受けたりすること。また、それを繰り返すこと。「かぶ(株)・の・　うりかい・を・　する。」

うりきれ【売り切れ】《名詞》 お金をもらって品物などを渡しているときに、売れてしまって、一時的にまたは完全に品物がなくなること。「か(買)い・たい・ ぱん(パン)・が・ うりきれ・に・ なっ・とっ・た。」〔⇒**しなぎれ**【**品切れ**】〕

うりきれる【売り切れる】《動詞・ラ行下一段活用》 お金をもらって品物や権利などを渡そうとしたものの残りが、一時的にまたは完全になくなる。「とーふ(豆腐)・を・ か(買)い・に・ い(行)っ・たら・ うりきれ・とっ・た。」■名詞化＝**うりきれ**【**売り切れ**】

うりだし【売り出し】《名詞》 ①お金をもらって品物や権利などを渡すことを始めること。「あした(明日)・の・ あさ(朝)・の・ はちじ(八時)・が・ うりだし・の・ じかん(時間)・なん・や・て。」②客を集めるために、一定の期間に限って、品物や権利などを安く渡すこと。「うりだし・の・ とき(時)・に・ こ(買)ー・たら・ とく(得)する。」「しょーてんがい(商店街)・の・ うりだし・が・ はじ(始)まる。」

うりだす【売り出す】《動詞・サ行五段活用》 ①お金をもらって品物や権利などを渡すことを始める。「うりだし・たら・ じきに・ う(売)りきれ・た。」②宣伝をしたり値引きをしたり景品を付けたりして、大いに商売をする。「ねんまつ(年末)・に・ やす(安)ー・ し・て・ うりだす。」■名詞化＝**うりだし**【**売り出し**】

うりつける【売り付ける】《動詞・カ行下一段活用》 無理やりに押しつけて買わせる。「やすもん(安物)・の・ とけー(時計)・を・ うま(巧)いこと・ だま(騙)さ・れ・て・ たこ(高)ー・に・ うりつけ・られ・てしも・た。」

うりね【売り値】《名詞》 お金をもらって品物や権利などを渡すときの値段。仕入れた品物を売る値段。「ねぎ(値切)ら・んと・ うりね・の・ まま・で・ こ(買)ー・た。」■対語＝「かいね【**買い値**】」

うりば【売り場】《名詞》 お金をもらって品物や権利などを渡す場所。「きっぷ(切符)・の・ うりば・が・ み(見)つから・へん。」「でぱーと(デパート)・の・ ななかい(七階)・の・ うりば・で・ やすう(安売)り・を・ し・とる。」

うりもん【売り物】《名詞》 お金をもらって渡そうとする品物。「きず(傷)・が・ つ(付)い・たら・ うりもん・に・ なら・へん。」

うる【売る】《動詞・ラ行五段活用》 お金をもらって品物や権利などを他の人などに渡す。「はたけ(畑)・で・ と(穫)れ・た・ やさい(野菜)・を・ うる。」■対語＝「かう【**買う**】」■名詞化＝**うり**【**売り**】〔⇒**わける**【**分ける**】〕

うるうどし〔うるーどし〕【閏年】《名詞》 2月が29日で、1年が366日である年。「おりんぴっく(オリンピック)・は・ うるーどし・に・ ある・ん・やろ。」■対語＝「へいねん【**平年**】」〔⇒**うるどし**【(閏年)】〕

うるうる《副詞と、動詞する》 感動するなどして、涙ぐんでいる様子。「えーが(映画)・を・ み(見)・て・ め(目)ー・が・ うるうるし・た。」

うるさい【煩い】《形容詞・アイ型》 ①声や音が大きく騒がしくて、気持ちが落ち着かない。騒がしくて我慢ができない。「せんきょ(選挙)・の・ せんでんかー(宣伝カー)・が・ うるさい。」②他の人の行動などに対して、細かいことまで言って、指示や拘束をする度合いが高い。「たんにん(担任)・は・ うるさい・ せんせー(先生)・や・ねん。」「うるさい・ やつ(奴)・や・さかい・ あいて(相手)・に・ なら・んとき。」③じゃまで、しつこくて、鬱陶しい。「か(蚊)ー・が・ と(飛)ん・でき・て・ うるさい。」④扱い方が複雑であったり、面倒であったりする。「この・ せつめーしょ(説明書)・は・ ごじゃごじゃ・ うるそー・ か(書)い・てあっ・て・ よー・ わから・ん。」〔①②⇒**やかましい**【**喧しい**】、**じゃかましい**【(喧しい)】。①⇒**そうぞうしい**【**騒々しい**】〕

うるさがる【煩がる】《動詞・ガ行五段活用》 ①騒がしいと感じる。やかましいと思う。また、そのことに抗議するような気持ちを持つ。「でんしゃ(電車)・の・ なか(中)・の・ けーたいでんわ(携帯電話)・を・ うるさがる。」②じゃまで、しつこくて、鬱陶しいと感じる。「はい(蠅)・が・ と(飛)ん・でくる・の・を・ うるさがる。」③口喧しいと思う。「うるさがっ・とる・ん・やっ・たら・ はなし(話)・を・ し・ても・ あいつ(彼奴)・の・ あたま(頭)・に・ はい(入)ら・へん・やろ。」④扱い方を面倒がる。「うるさがら・んと・ せつめーしょ(説明書)・を・ ちゃんと・ よ(読)み・なはれ。」

うるし【漆】《名詞》 ①樹皮から液を取って塗料とするが、手で触るとかぶれることがある、秋に紅葉する木。「うるし・に・ ま(負)ける。」②その木から取った液を原料とした塗料で、器物に塗るために使うもの。「うるし・を・ ぬ(塗)っ・て・ しあ(仕上)げる。」③前項の液を塗った器や家具など。「うるし・の・ おわん(椀)・を・ こ(買)ー・た。」

うるどし【(閏年)】《名詞》 2月が29日で、1年が366日である年。「よねん(四年)・に・ いっぺん(一遍)・ うるどし・が・ ある。」■対語＝「へいねん【**平年**】」〔⇒**うるうどし**【**閏年**】〕

うれいき【売れ行き】《名詞》 お金をもらって品物や権利などを渡すものがさばかれていく様子。「あたら(新)しー・ しなもん(品物)・の・ ほー(方)・が・ うれいき・が・ え(良)ー。」

うれしい〔うれしー〕【嬉しい】《形容詞・イイ型》 ものごとが望ましい方向に展開したり、満足すべき様子になったりして、気持ちがよく、喜びを感じる。「あした(明日)・は・ えんそく(遠足)・で・ うれしー・な。」

うれしがり【嬉しがり】《名詞》 ものごとが望ましい方向に展開したり、満足すべき様子になったりしたときに、手放しで喜ぶことが多い人。調子に乗って物事を何でも喜ぶ人。お調子者。「うれしがり・で・ やかま(喧)しー・ ひと(人)・や・なー。」〔⇒**うれしがりや**【**嬉しがり屋**】〕

うれしがりや【嬉しがり屋】《名詞》 ものごとが望ましい方向に展開したり、満足すべき様子になったりしたときに、手放しで喜ぶことが多い人。調子に乗って物事を何でも喜ぶ人。お調子者。「こんな・ もん(物)・を・ あげ・ても・ あの・ ひと(人)・は・ うれしがりや・や・さかい・ ごっつい・ よろこ(喜)ん・でくれる。」〔⇒**うれしがり**【**嬉しがり**】〕

うれしがる【嬉しがる】《動詞・ラ行五段活用》 ものごとが望ましい方向に展開したり、満足すべき様子になったりしたことを快く思う。喜ばしいと感じる。ありがたいと思う。「うれしがっ・て・ なみだ(涙)・を・ なが(流)し・てくれ・た。」

うれしなき【嬉し泣き】《名詞、動詞する》 ものごとが望ましい方向に展開したり、満足すべき様子になったりしたことを喜ぶあまりに泣くこと。「しあい(試合)・に・ か(勝)っ・て・ うれしなきする。」

うれしなみだ【嬉し涙】《名詞》 ものごとが望ましい方向に展開したり、満足すべき様子になったりした嬉しさのあまりに出る涙。「みんな(皆)・　ぶじ(無事)やっ・た・さかい・　おも(思)わず・　うれしなみだ・が・　で(出)・た。」

うれのこり【売れ残り】《名詞》　お金をもらって渡そうとする品物が、引き取られないで残ること。また、その品物。「おそ(遅)い・　じかん(時間)・に・　うれのこり・の・　やさい(野菜)・を・　やす(安)ー・　か(買)う。」

うれる【熟れる】《動詞・ラ行下一段活用》　果物や穀物の実が十分に実る。実が食べ頃になる。「よー・　うれ・た・　すいか(西瓜)・や・さかい・　うま(美味)い。」〔⇒**じゅくす**【熟す】、**じくす**【(熟す)】〕

うれる【売れる】《動詞・ラ行下一段活用》　①品物や権利などが買われる。「やす(安)い・　ほー(方)・が・　よー・　うれる。」②提供するために用意してあるもののうち、人気のあるものが少なくなっていく。「ぱん(パン)・より・　にぎりめし(握飯)・の・　ほー(方)・が・　うれ・とる。」◆②は、お金のやりとりがない場合の、なくなり方のことである。

うろうろ《副詞と、動詞する》　①どうしたらよいかがわからないまま、無駄に動き回る様子。どうしたらよいか、わからないで困っている様子。ひどく動揺している様子。「うろうろする・より・は・　ため(試)し・に・　やっ・てみたら・　どない・や。」②特別の目的もなくあちらこちらを動き回る様子。同じところを行ったり来たりしている様子。目障りでうるさいぐらいに、落ち着きなくあちらこちらを動き回る様子。「ひと(人)・の・　まー(周)り・で・　うろうろせ・んとい・てほしー。」〔②⇒**うろちょろ、ちょろちょろ、ちょこちょこ**〕

うろおぼえ【うろ覚え】《名詞、動詞する》　ぼんやりと覚えていること。はっきりとしない記憶。「うろおぼえ・で・　じしん(自信)・が・　ない。」

うろがくる【うろが来る】《動詞・カ行変格活用》　のぼせてしまって、しっかりとした振る舞いができずに、あわてたり、うろたえたりする。どうしてよいかわからず立ち往生したり、ぼんやりしたりしてしまう。「いそが(忙)しすぎ・て・　うろがき・ても・た。」「さんのみや(三宮)・の・　まち(街)・へ・　い(行)っ・たら・　うろがき・て・　ほーがく(方角)・が・　わから・ん・よーに・　なっ・た。」〔⇒**ばあて(が)する**【場当て(が)する】〕

うろこ【鱗】《名詞》　魚や爬虫類などの体の表面をおおっている硬くて薄い小片。「さかな(魚)・の・　うろこ・を・　おとし・て・　はらばた(腑)・を・　だ(出)す。」

うろちょろ《副詞と、動詞する》　特別の目的もなくあちらこちらを動き回る様子。同じところを行ったり来たりしている様子。目障りでうるさいぐらいに、落ち着きなくあちらこちらを動き回る様子。「うろちょろせ・んと・　ちょっと・　お(落)ちつけ。」「ねずみ(鼠)・が・　うろちょろ・　で(出)・てき・た。」◆「うろうろ」と「ちょろちょろ」が混合した言葉である。〔⇒**うろうろ、ちょろちょろ、ちょこちょこ**〕

うろつく《動詞・カ行五段活用》　ゆっくりした足どりで歩き回る。あちらこちらを動き回る。きちんとした目的地もなく歩く。ある範囲内のあちらこちらを動き回る。同じところを行ったり来たりして動き回る。「よなか(夜中)・に・　うろつい・とっ・たら・　あや(怪)しま・れる・ぞ。」〔⇒**ぶらつく、ぶらぶら(する)**〕

うろっと《副詞、動詞する》　①注意力が足りなくて、気を緩めている様子。あまり深く考えずに物事を行う様子。「きのー(昨日)・の・　やくそく(約束)・を・　うろっと・　わす(忘)れ・とっ・た。」「うろっとし・て・はなし(話)・を・　き(聞)ー・とっ・た・さかい・　あたま(頭)・に・　のこ(残)っ・とら・へん。」②それまでには保持していた、記憶力や判断力などが急に失われる様子。「きゅー(急)に・　うろっとし・て・　どない・　し・たら・　え(良)ー・の・か・　わから・ん・よーに・　なっ・ても・た。」◆②の場合、動詞「うろっとする」が、副詞＋動詞「うろっと・　なる」に変化することがあるが、意味は同じである。〔①⇒**うかうか、うかっと、うっかり**〕

うろん【(饂飩)】《名詞》　小麦粉に少しの塩を加えてこねて、薄く延ばして細く切った食べ物。「さぶ(寒)い・さかい・　あつ(熱)い・　うろん・が・　く(食)い・たい。」〔⇒**うどん**【饂飩】〕

うろんや【(饂飩屋)】《名詞》　饂飩などを食べさせる店。麺類を中心にした食堂。「こんや(今夜)・は・　うろんや・で・　いっぱい(一杯)・　やり・まほ・か。」〔⇒**うどんや**【饂飩屋】〕

うわあん〔**うわーん**〕《感動詞》　大声をあげて泣く声。「うわーん。おかー(母)ちゃん・が・　おら・へん。」

うわおき【上置き】《名詞》　焜炉の上部に置いて、火から遠ざける役割をする環形の金具。「うわおき・を・　お(置)い・て・　や(焼)か・んと・　さかな(魚)・が・　こ(焦)げる・ぞ。」

うわがき【上書き】《名詞、動詞する》　①郵便物などに宛名(や住所・所在地など)を書くこと。また、書いたもの。「ふーとー(封筒)・の・　うわがき・を・　する。」②箱などにそのものの名前や説明などを書くこと。また、書いたもの。「うわがき・を・　み(見)・たら・　え(良)ー・もん(物)・が・　はい(入)っ・とる。」〔⇒**おもてがき**【表書き】〕

うわかさ【上嵩】《名詞》　積み重なったりしているものの上の方の部分。ものの表面的な部分や層。液体の表面に近い部分。「ごはん(飯)・の・　うわかさ・を・　ちょっと(一寸)・　へ(減)らし・てくれ・へん・か。」「みぞ(溝)・の・　みず(水)・の・　にご(濁)っ・とら・へん・　うわかさ・を・　く(汲)む。」

うわぎ【上着】《名詞》　①上半身のいちばん外側に着る、人前に出るときに着る服装。「あいさつ(挨拶)する・さかい・　うわぎ・を・　き(着)・ていか・な・　あか・ん。」②上下に分かれた洋服の、上半身につけるもの。「あつ(暑)い・さかい・　うわぎ・を・　ぬ(脱)い・で・　しごと(仕事)・を・　する。」■対語＝「したぎ【下着】」

うわぐつ【上靴】《名詞》　板張りなどの建物の中で使う靴。屋外で履くものと区別する靴。「うわぐつ・を・　わす(忘)れ・た・さかい・　はだし(裸足)・で・　たいいくかん(体育館)・に・　はい(入)っ・た。」「うわぐつ・の・　まま・で・　そと(外)・へ・　で(出)・たら・　あか・ん。」■対語＝「したぐつ【下靴】」〔⇒**うわばき**【上履き】、**うわぞうり**【上草履】〕

うわごと【譫言】《名詞》　高い熱が出たときなどに、無意識で口にすることば。「うわごと・を　い(言)ーだし・たら・　あぶ(危)ない。」

うわさ【噂】《名詞、動詞する》　①事実かどうか疑わしいことでありながら、辺りに広まっている話。世間で興味本位に言いふらす話。「あんた・は・　よー・　もー(儲)け・た・らしー・と・　うわさ・に・　なっ・て・ます・で。」②その場にいない人について、あれこれ言うこと。また、その内容。「うわさし・とっ・たら・　その・　ほんにん(本人)・が・　やってき・た。」

うわしき〔**うわじき**〕【上敷き】《名詞》　畳の汚れや痛みを

防ぐために畳の上に敷く、藺草でできた薄い敷物。「こども・が・　つか(使)う・　へや(部屋)・に・　うわじき・を・　ひ(敷)く。」

うわずみ【上澄み】《名詞》 液体に溶けているものなどが底に沈んで、上の方に残る部分。「おかゆ(粥)・の・　うわずみ・を・　あか(赤)ちゃん・に・　た(食)べ・さし・てみる。」

うわずる【上擦る】《動詞・ラ行五段活用》 ①緊張や興奮が原因で、声の調子がはずれて、高くなる。「あがっ・ても・て・　こえ(声)・が・　うわずっ・ても・た。」②行動するときに落ち着きがなくなって上滑りする。「うわずっ・ても・て・　ある(歩)きかた・が・　おかしー・ぞ。」

うわぞうり〔**うわぞーり**〕【上草履】《名詞》 板張りなどの建物の中で使う履き物。屋外で履くものと区別する履き物。「うわぞーり・を・　ふくろ(袋)・に・　い(入)れ・て・　がっこー(学校)・へ・　も(持)っ・ていく。」◆「うわぞうり【上草履】」とは言え、実際は「くつ【靴】」や「スリッパ【英語＝slipper】」である。「したぞうり【下草履】」という言葉は使わない。〔⇒**うわばき**【上履き】、**うわぐつ**【上靴】〕

うわっぱり【上っ張り】《名詞》 衣服が汚れないように、着ているものの上に重ねて着るもの。仕事や作業をするときに重ねて着る上着。「うわっぱり・を・　き(着)・て・　きかい(機械)・の・　しゅーぜん(修繕)・を・　する。」

うわて【上手】《形容動詞や(ノ)》 知恵や能力や計略などが他より優れている様子。「あいつ(彼奴)・の・　ちから(力)・の・　ほー(方)・が・　いちまい(一枚)・　うわてや。」◆対語のように見える「したて【下手】」とは、品詞、意味、用法などで違いがある。

うわぬり【上塗り】《名詞》 壁や器などの仕上げのために、塗ってある面の上にもう一度塗ること。また、そのようにして塗った面。「かべ(壁)・の・　うわぬり・を・　する。」■対語＝「したぬり【下塗り】」

うわのせ【上乗せ】《名詞、動詞する》 基本的な数量の上に、あるいは既に示されている数量の上に、更に追加をすること。「もー・　ちょっと(一寸)・　うわのせし・てもらわ・なんだら・　もー(儲)け・に・　なり・まへ・ん・がな。」

うわばき【上履き】《名詞》 板張りなどの建物の中で使う、靴などの履き物。屋外で履くものと区別する履き物。「たいいくかん(体育館)・で・は・　うわばき・を・は(履)い・てください。」■対語＝「したばき【下履き】」〔⇒**うわぐつ**【上靴】、**うわぞうり**【上草履】〕

うわぶとん【上布団】《名詞》 寝る人が体の上にかける布団。「あつ(暑)い・さかい・　うわぶとん・を・　け(蹴)っとばし・て・　ね(寝)・とる。」■対語＝「しきぶとん【敷き布団】」「ひきぶとん【(敷き布団)】」〔⇒**かけぶとん**【掛け布団】、**おぶとん**【負布団】〕

うわべ【上辺】《名詞》 ①外観から受ける、そのものについての印象。外から見た様子や、人目につきやすいところ。「うわべ・の・　きれいな・　はこ(箱)・に・い(入)れる。」②ものごとの外に現れている部分。「うわべ・だけ・の・　はなし(話)・を・　せ・んと・　もっと・　み(実)ー・の・　ある・　こと・を・　かんが(考)え・まへ・ん・か。」〔①⇒**みかけ**【見掛け】、**みため**【見た目】、**みてくれ**【見てくれ】、**みて**【見て】、**ひょうめん**【表面】〕

うわまえ(を)はねる【上前(を)はねる】《動詞・ナ行下一段活用》 売買や譲渡などの仲介をして、渡すべき代金の一部を不正に自分のものとする。「あいつ(彼奴)・に・　せわ(世話)し・てもろ・た・ん・や・けど・　だいぶ(大分)・　うわまえはね・られ・た・みたいや。」

うわまわる〔**うわまーる**〕【上回る】《動詞・ラ行五段活用》 基準とする数量や程度を超える。「きょねん(去年)・を・　うわまーる・　ひとで(人出)・で・　にぎ(賑)おー・た。」「ごーかくさいてーてん(合格最低点)・を・　なんとか・　うわまわっ・た・みたいや。」■対語＝「したまわる【下回る】」

うわむき【上向き】《名詞、形容動詞や(ノ)》 上の方を向いていること。だんだんよくなる傾向にあること。「けーき(景気)・が・　は(早)よ・　うわむき・に・　なっ・てくれ・なんだら・　こま(困)り・まん・ねん。」■対語＝「したむき【下向き】」〔⇒**うえむき**【上向き】〕

うわる【植わる】《動詞・ラ行五段活用》 ①草や木の根や球根が、しっかりと土に埋められている。「あんたとこ・は・　にわ(庭)・に・　ぎょうさん・　き(木)ー・が・　うわっ・とる・なー。」「ひる(昼)まで・に・　たんぼ(田圃)・　ひと(一)まち・　うわっ・た・よ。」②草や木の種が土に埋められたり、土の上に散らされたりして、芽が出るようにしてある。「はな(花)・が・　うわっ・とる・とこ・に・　その・　き(木)ー・を・　いしょく(移植)し・たら・　あか・ん・がな。」③草や木を植えることができる。「この・　ひろ(広)さ・の・　にわ(庭)・に・は・　き(木)ー・が・　なんぼん(何本)・　うわる・やろ・か。」■他動詞は「うえる【植える】」

うん【運】《名詞》 ある結果をもたらす、人智を超えた作用や力。巡り合わせ。「わか(若)い・のに・　びょーき(病気)・に・　なっ・ても・て・　うん・の・　わる(悪)い・　ひと(人)・や・なー。」〔⇒**しあせ**【(仕合せ、幸せ)】、**しあわせ**【仕合わせ、幸せ】〕

うん〔**うーん**〕《感動詞》 ①相手に呼ばれて応答したり、相手の言葉を聞いていることを示したりするために発する言葉。「うん。ちょっと・　ま(待)っ・とい・てんか。」②相手の言うことを承知したり同意したりしたときに発する言葉。「うん。あんた・の・　ゆ(言)ー・とる・とーり・や。」③驚き、感動などをしたときに発する言葉。「うーん。これ・は・　なかなか・　おもしろ(面白)い・　えーが(映画)・や・なー。」④疑問の気持ちを表すときに発する言葉。「うん。それ・は・　ほんま(本真)やろ・か。」◆④の場合は、尻上がりの発音になることが多い。〔⇒**はあ**。①②⇒**はい**、**へい**、**へいへい**、**ん**〕

うんうん《名詞、動詞する》 人や動物が、消化された食べ物のかすを肛門から出すこと。また、その排出されたもの。大便。「いぬ(犬)・の・　うんうん・は・　ちゃんと・　しまつ(始末)せ・んと・　こま(困)る・なー。」◆幼児語。〔⇒**うんこ**、**うんち**、**うんちゃん**、**ばば**、**あっぱ**、**べん**【便】、**くそ**【糞】、**だい**【大】〕

うんうん《副詞と》 ①痛みなどによって、苦しがってうなる様子。力を込めている様子。また、そのときに発する声。「きのー(昨日)・は・　はらいた(腹痛)・で・　うんうん・　うな(唸)っ・とっ・てん。」②相手の言うことにうなずいている様子。肯定している様子。また、そのときに発する声。「うんうんと・　うなず(頷)い・て・き(聞)ー・とる。」

うんこ《名詞、動詞する》 人や動物が、消化された食べ物のかすを肛門から出すこと。また、その排出されたもの。大便。「うんこ・が・　し・とー・て・　いそ(急)い・で・　もど(戻)っ・てき・た。」〔⇒**うんうん**、**うんち**、**うんちゃん**、**ばば**、**あっぱ**、**べん**【便】、**くそ**【糞】、**だい**【大】〕

うんこくさい【うんこ臭い】《形容詞・アイ型》　大便の臭いがする様子。嫌な臭いがする様子。「この・　こ(子)・は・　ちょっと・　うんこくさい・ん・や・けど・　おしり(尻)・は・　だいじょーぶ(大丈夫)・か。」〔⇒**うんちくさい【うんち臭い】、うんちゃんくさい【うんちゃん臭い】、ばばくさい【ばば臭い】**〕

うんざり《形容動詞や(ノ)、動詞する》　同じ状態が続いたり、繰り返されたりして、それに飽きたり嫌気がさしている様子。長く続いて疲れてしまったり持久する気持ちがなくなったりしている様子。「あめ(雨)・が・　つづ(続)い・て・　うんざりや。」「いちじかん(一時間)・も・の・　なが(長)い・　はなし(話)・で・　うんざりし・た。」

うんせい〔うんせー、うんせ〕【運勢】《名詞》　将来にある結果をもたらすと考えられている、人智を超えた作用や力の巡り合わせ。「はっけみ(八卦見)ー・に・　うんせ・を・　み(見)・てもらう。」

うんち《名詞、動詞する》　人や動物が、消化された食べ物のかすを肛門から出すこと。また、その排出されたもの。大便。「た(食)べすぎ・て・　うんち・が・　し・とー・　なっ・た。」〔⇒**うんこ、うんうん、うんちゃん、ばば、あっぱ、べん【便】、くそ【糞】、だい【大】**〕

うんちくさい【うんち臭い】《形容詞・アイ型》　大便の臭いがする様子。嫌な臭いがする様子。「ふる(古)い・やどや(宿屋)・で・　うんちくさい・　へや(部屋)・に・と(泊)まら・され・た。」〔⇒**うんこくさい【うんこ臭い】、うんちゃんくさい【うんちゃん臭い】、ばばくさい【ばば臭い】**〕

うんちゃん【運ちゃん】《名詞》　自動車、電車などを動かす人。「たくしー(タクシー)・の・　うんちゃん・が・　え(良)ー・　ひと(人)・で・　てーねー(丁寧)に・　あんない(案内)し・てくれ・た。」〔⇒**うんてんしゅ【運転手】、うんてんし【運転士】**〕

うんちゃん《名詞、動詞する》　人や動物が、消化された食べ物のかすを肛門から出すこと。また、その排出されたもの。大便。「うんちゃん・が・　し・とー・　なっ・たら・　は(早)よ・　い(言)ー・なはれ・よ。」「いぬ(犬)・の・　うんちゃん・は・　ちゃんと・　しまつ(始末)せー・よ。」◆幼児語。〔⇒**うんこ、うんうん、うんち、ばば、あっぱ、べん【便】、くそ【糞】、だい【大】**〕

うんちゃんくさい【うんちゃん臭い】《形容詞・アイ型》　大便の臭いがする様子。嫌な臭いがする様子。「どーけ(＝野壺)・に・　はまっ・て・　うんちゃんくそー・　なっ・た。」◆幼児語。〔⇒**うんこくさい【うんこ臭い】、うんちくさい【うんち臭い】、ばばくさい【ばば臭い】**〕

うんちん【運賃】《名詞》　①乗り物に乗るときの料金。「ばす(バス)・の・　うんちん・は・　でんしゃ(電車)・に・　くら(比)べ・て・　たか(高)い・なー。」②品物を運んでもらうときの料金。「にもつ(荷物)・の・　うんちん・を・　はら(払)う。」

うんてい〔うんてー〕【雲梯】《名詞》　左右に支柱を立てて、はしごを水平に円弧の形に張って、それを懸垂しながら前へ前へと渡っていくようにした遊戯施設。「うんてー・に・　ぶらさがっ・て・　すす(進)む。」◆小学校時代にあったものは、すべてが木製であった。リズムをとって、「ひとつとばし【一つ飛ばし】」や「ふたつとばし【二つ飛ばし】」で進んでいくのが格好よく、憧れた。それ以外に、「うんてい」の上にのぼってしまって、辺りの景色を眺めるということもした。「うんてい」というのは聞き慣れない言葉であり、その言葉の意味を理解していなかったから、「うんてん【運転？】」と言うことも多かった。

うんてん【運転】《名詞、動詞する》　動力を持った乗り物や機械を操作して動かすこと。「おーとばい(オートバイ)・を・　うんてんする。」「おー(大)きな・　きかい(機械)・を・　うんてんし・とる・さかい・　ちか(近)づい・たら・　あぶ(危)ない・ぞ。」

うんてんし【運転士】《名詞》　自動車、電車、機械などを動かす人。「でんしゃ(電車)・の・　うんてんし・に・　おんな(女)・の・　ひと(人)・が・　ふ(増)え・てき・た。」〔⇒**うんてんしゅ【運転手】、うんちゃん【運ちゃん】**〕

うんてんしゅ【運転手】《名詞》　自動車、電車などを動かす人。「つか(疲)れ・た・さかい・　うんてんしゅ・を・　か(代)わっ・てくれ・へん・か。」〔⇒**うんてんし【運転士】、うんちゃん【運ちゃん】**〕

うんと《副詞》　程度が甚だしいことや、たくさんの数量であることを表す言葉。「めし(飯)・を・　はらいっぱい(腹一杯)・　うんと・　た(食)べ・た。」〔⇒**うんとこさ、うんとこせ、うんとこしょ**〕

うんともすんとも《副詞》　話しかけても、返事や反応をしない様子。「うんともすんとも・　い(言)わ・へん・ので・　あいつ(彼奴)・の・　きも(気持)ち・が・　わから・へん。」

うんどう〔うんどー〕【運動】《名詞、動詞する》　①体力を増進したり健康を保ったりするために、体を動かすこと。「うんどーせ・なんだ・さかい・　たいじゅー(体重)・が・　ふ(増)え・ても・た。」②学校などにおける体育の授業や活動。「がっこー(学校)・へ・　い(行)っ・たら・　べんきょー(勉強)・の・　じかん(時間)・も・　うんどー・の・　じかん(時間)・も・　しっかり・　やり・なはれ。」〔①⇒**スポーツ【英語＝sports】**〕

うんどうかい〔うんどーかい、うんどかい〕【運動会】《名詞》　学校、会社、地域などの人たちが、広い場所に集まって、いろいろな競技や遊戯などをする催し。「しょーがっこー(小学校)・の・　うんどーかい・が・　あめ(雨)・で・　の(延)び・た。」［巻末「**わが郷土**」の「**うんどうかい**」の項を参照］

うんどうじょう〔うんどーじょー〕【運動場】《名詞》　学校や施設などに設けられた、競技や遊戯などをするための広い場所。グランド。「うんどーじょー・で・　らじおたいそー(ラジオ体操)・を・　する。」

うんとこさ《副詞》　程度が甚だしいことや、たくさんの数量であることを表す言葉。「うんとこさ・　れんしゅー(練習)し・た・けど・　いちばん(一番)・に・は・　なれ・なんだ。」「あわじ(淡路)・で・　たまねぎ(玉葱)・を・　うんとこさ・　こ(買)ー・てき・た。」〔⇒**うんと、うんとこせ、うんとこしょ**〕

うんとこさ《感動詞》　重いものを持ち上げたり動かしたりする際に、力を入れたり弾みをつけたりするときの掛け声や、その際の思いを表す言葉。「うんとこさ・　そーれ・　もーいっぺん(一遍)。」◆「うんとこさ　どっこいさ」などというように続けることがある。〔⇒**うんとこせ、うんとこしょ、うんとしょ、どっこいしょ、どっこらしょ、よっこいしょ、よっこらしょ**〕

うんとこしょ《副詞》　程度が甚だしいことや、たくさんの数量であることを表す言葉。「うんとこしょ・　はし(走)っ・た・けど・　でんしゃ(電車)・に・　ま(間)にあわ・なんだ。」〔⇒**うんと、うんとこさ、うんとこせ**〕

うんとこしょ《感動詞》　重いものを持ち上げたり動かしたりする際に、力を入れたり弾みをつけたりするときの掛け声や、その際の思いを表す言葉。「うんとこしょ。そら・　がんば(頑張)ろ・かい。」◆「うんとこしょ　どっこいしょ」などというように続けることがある。〔⇒**うんとこさ、うんとこせ、うんとしょ、どっこいしょ、どっこらしょ、よっこいしょ、よっこらしょ**〕

うんとこせ《副詞》　程度が甚だしいことや、たくさんの数量であることを表す言葉。「うんとこせ・　べんきょー(勉強)し・た・　つもり・なん・や・けど・　ごーかく(合格)・は・　でける・やろ・か。」〔⇒**うんと、うんとこさ、うんとこしょ**〕

うんとこせ《感動詞》　重いものを持ち上げたり動かしたりする際に、力を入れたり弾みをつけたりするときの掛け声や、その際の思いを表す言葉。「そら・　うんとこせ。ひ(引)っぱれ・よ。」◆「うんとこせ　どっこいせ」などというように続けることがある。〔⇒**うんとこさ、うんとこしょ、うんとしょ、どっこいしょ、どっこらしょ、よっこいしょ、よっこらしょ**〕

うんとしょ《感動詞》　重いものを持ち上げたり動かしたりする際に、力を入れたり弾みをつけたりするときの掛け声や、その際の思いを表す言葉。「うんとしょ。ほら・　よっこらせ。」◆「うんとしょ　こらしょ」などというように続けることがある。〔⇒**うんとこさ、うんとこせ、うんとこしょ、どっこいしょ、どっこらしょ、よっこいしょ、よっこらしょ**〕

え

え〔**えー**〕【**絵**】《名詞》　①鉛筆や絵の具などを使って、ものの姿や彩り、自分の思いなどを描いて表現したもの。「えー・を・　か(描)く・の・が・　す(好)きや。」②説明するために、ものの形や様子などを描いたもの。「えき(駅)・まで・の・　みち(道)・を・　えー・　か(書)い・て・　おし(教)え・たる。」〔②⇒**ず**【**図**】〕

え〔**えー**〕【**柄**】《名詞》　手で握って持ちやすいように、道具などに取り付けた細長い棒のようなもの。「かさ(傘)・の・　えー・を・　つ(突)い・て・　ある(歩)く。」「しゃく(杓)・の・　え・が・　お(折)れ・た。」

え〔**えー、えっ**〕《感動詞》　①相手の言葉などに反応して、返事として発する言葉。「え。なん(何)・です・か。」②強い感動、驚き、疑問などの気持ちを、瞬間的に表す言葉。「えー。そんな・　こと(事)・　し(知)ら・なんだ。」

え〔**えー**〕《終助詞》　念を押したり、行動を促したり、強く追及したりするときに使う言葉。「はよ(早)ー・　せ・んかい・え。」「だれ(誰)・が・　き(来)・た・ん・え。」◆前にある言葉の音と結んで、発音が変化することがある。例えば、「お客さん・です・え。」→「お客さん・でっ・せ」など。

えい〔**えー**〕【**鱏**】《名詞》　菱形で平たい形をして、尾が細く長い、海にすむ軟骨の魚。「えい・の・　ほね(骨)・は・　こりこりし・て・　うま(美味)い。」

えいが〔**えーが**〕【**映画**】《名詞》　高速度で連続して撮影したフィルムをスクリーンに映し出し、動く像として見せるもの。「むら(村)・の・　がっこ(学校)・の・　こーてー(校庭)・で・　えーが・を・　うつ(映)す。」〔⇒**かつどうしゃしん**【**活動写真**】、**かつどう**【**活動**】〕

えいがしま〔**えーがしま**〕【**江井島、江井ヶ島**】《固有名詞》　①明石市大久保町のうちの一つの地域(大字)。「えーがしま・の・　まつり(祭)・は・　にしじま(西島)・より・　はんつき(半月)・　はや(早)い。」②明石市大久保町の江井島(大字)と西島(大字)とを合わせた地域。「えーがしま・の・　しょーがっこー(小学校)・は・　あかしし(明石市)・で・　いっちゃん(一番)・　ふる(古)い・ねん。」③山陽電気鉄道本線の駅名。「ゆーびんきょく(郵便局)・は・　えーがしま・から・　ある(歩)い・て・　さんぷん(三分)・の・　とこ(所)・や。」◆文字は、行政上は「江井島」を使うが、「江井ヶ島」も駅名や郵便局名をはじめとして多く使われている。　〔**巻末「わが郷土」の「えいがしま」の項を参照**〕

えいがしましゅぞう〔**えーがしましゅぞー**〕【**江井嶋酒造**】《固有名詞》　江井ヶ島にある、古い歴史を持つ、日本酒のみならず各種の酒類を製造する総合的なメーカー。「えーがしましゅぞー・の・　くらびらき(蔵開)・が・　にがつ(二月)・に・　ある。」〔⇒**かぶしき**【**株式**】〕

えいぎょう〔**えーぎょー**〕【**営業**】《名詞、動詞する》　①儲けるために仕事や商売をすること。「つと(勤)め・を・　や(辞)め・て・　じぶん(自分)・で・　みせ(店)・を・　えーぎょーする。」②店や事務所などを開けること。「この・　きっさてん(喫茶店)・は・　まだ・　えーぎょーし・とら・へん。」③会社などで、販売関係などの仕事や部署。「かいしゃ(会社)・で・は・　えーぎょー・の・　たんとー(担当)・や。」

えいご〔**えーご**〕【**英語**】《名詞》　①イギリスやアメリカなどの国語となっている言葉。イギリスやアメリカを中心に世界中で広く話されている言葉。「えーご・の・　はつおん(発音)・は・　むずか(難)しー。」②前項の内容を教える中学校や高等学校の教科の名。「えーご・の・　ふくしゅー(復習)・を・　する。」

えいこら〔**えーこら**〕《副詞と、感動詞》　力を入れて引っ張ったりする様子。また、そのときに発する掛け声。「だんじり・の・　つな(綱)・を・　えーこらと・　ひ(引)っぱっ・た。」「つなひき(綱引)・で・　えーこら・　えーこらと・　がんば(頑張)っ・た。」◆舟を櫂でこぐときなどにも使う。

えいしゃ〔**えーしゃ**〕【**映写**】《名詞、動詞する》　映画やスライドなどのフィルムの画像をスクリーンに映し出すこと。「げんとー(幻灯)・を・　えーしゃする。」

えいしゃき〔**えーしゃき**〕【**映写機**】《名詞》　映画やスライドなどのフィルムをスクリーンに映し出す機械。「おー(大)きな・　えーしゃき・で・　えーが(映画)・を・　うつ(映)す。」

個人などが使う小型の映写機

えいせい〔**えーせー**〕【**衛生**】《名詞》　体を綺麗にしたり丈夫にしたりして、病気にかからないようにすること。「かぜ(風邪)・が・　はや(流行)っ・とる・さかい・　えーせー・に・　き(気)・を・　つける。」

えいゆう〔**えーゆー**〕【**英雄**】《名詞》　知恵や力が普通の人よりも優れていて、大きな事業などを成し遂げる人。「なぽれおん(ナポレオン)・は・　せかい(世界)・の・　えーゆー・や。」

えいよう〔**えーよー**〕【**栄養**】《名詞》　生き物が体外から取り入れて、生きていくことに役立てる養分。「えーよー・が・　かたよ(偏)ら・ん・よーに・　し・なさい・よ。」〔⇒**じよう**【**滋養**】、**せい**【**精**】〕

えいようしっちょう〔**えーよーしっちょー**〕【**栄養失調**】《名詞》　養分やカロリーがじゅうぶんでないために、身体に障害が起こること。また、そのようになっている人。「す(好)ききら(嫌)い・を・　ゆ(言)ー・とっ・たら・

えーよーしっちょー・に・　なる・ぞ。」「せんそーちゅー(戦争中)・は・　くいもん(食物)・が・　の(無)ー・て・　えーよーしっちょー・ばっかり・が・　おーぜー(大勢)・おっ・た。」

ええ〔**えー**〕【(家)】《名詞》 ①人が家族とともに住むための建物。「うち・の・　えー・は・　かわ(川)・の・　にしがわ(西側)・や・ねん。」「あんた・は・　え(良)ー・　えー・を・　た(建)て・た・ん・や・なー。」②夫婦・親子・兄弟など、いっしょに生活をする人の集まり。「えー・の・　なか(中)・が・　ちょっと・　も(揉)め・とる・ねん。」③親から子へと続いてきている血筋や家族のつながり。社会的な位置などから見た、その家族の格式など。「あいつ(彼奴)・は・　え(良)ー・　ええ・の・　ぼんぼん・や。」◆「あんた【貴方】・の・　えー【家】」は、音が融合して「あんたねー」となる。「うち【内】・の・　えー【家】」は「うちねー」となる。「田中ねー」「吉田ねー」という言い方もする。〔⇒**いえ**【家】。①②⇒**うち**【家、内】。②⇒**かてい**【家庭】。③⇒**いえがら**【家柄】、**ええがら**【(家柄)】〕

ええ〔**えー**〕【良え】《形容詞・特殊型》 ①立派で優れている様子。たいへん良く、難点がない様子。満足した気持ちになる様子。「えー・　おこな(行)い・を・　する。」「えー・　からだ(体)・を・　し・とる・なー。」「ちょーど・　えー・　おー(大)きさ・や。」「なか(仲)・が・　えー・　ともだち(友達)・と・　あそ(遊)ぶ。」②相手の言うことを聞き入れたり許容したりするときに使う言葉。差し支えない。「あした(明日)・は・　やす(休)ん・でも・　えー・ぞ。」③それ以上は要らないという様子。「はらいっぱい(腹一杯)で・　もー・　えー・わ。」④美しいとか望ましいとかの評価ができる様子。「えー・　こえ(声)・で・　な(鳴)く・　とり(鳥)・や。」「えー・　いろ(色)・の・　ふく(服)・を・　き(着)・とる。」⑤その要件をじゅうぶんに満たしている様子。「えー・　とし(歳)・に・　なっ・た。」「えー・　おとな(大人)・が・　まんが(漫画)・ばっかり・　よ(読)ん・どっ・たら・　あか・ん・やろ。」◆③は、婉曲に断る気持ちを表す言葉でもある。■対語＝「わるい【悪い】」〔①②③⇒**けっこう**【結構】、**よろしい**【宜しい】〕

ええ〔**えー、えーっ**〕《感動詞》 驚いたとき、疑問を感じたときなどに発する言葉。「えーっ。そんな・　はなし(話)・は・　はじめて・　き(聞)ー・た。」「えー。そないに・　かね(金)・が・　い(要)る・ん・かいな。」

ええあんばいに〔**えーあんばいに**〕【良え塩梅に、良え案配に】《副詞》 ①幸運にもものごとが進展する様子。「うんどーかい(運動会)・の・　ひ(日)ー・は・　えーあんばいに・　は(晴)れ・た。」②すっかり相手にしてやられる様子。「あいて(相手)・を・　しんよー(信用)し・とっ・たら・　えーあんばいに・　だま(騙)さ・れ・ても・てん。」〔⇒**あんばいよう**【塩梅良う、案配良う】、**がいよう**【(具合良う)】。②⇒**あんばい**【塩梅、案配】、**あんじょう**【案定】〕

ええがい〔**えーがい**〕【(良え具合)】《形容動詞や(ナ)》 物事の状況などが望ましい様子。ものごとが順調に進む様子。ある目的や状況にうまく当てはまる様子。「えんだん(縁談)・は・　えーがいに・　いっ・てん。」「えーがいな・　おー(大)きさ・の・　いれもん(入物)・が・　ある。」〔⇒**ええかげん**【良え加減】、**てきとう**【適当】〕

ええかげん〔**えーかげん**〕【良え加減】《形容動詞や(ナ)》 ①物事の状況などが望ましい様子。ものごとが順調に進む様子。ある目的や状況にうまく当てはまる様子。「ふろ(風呂)・は・　ちょーど・　えーかげんや。」②物事が中途半端である様子。投げやりである様子。その場しのぎである様子。でたらめであったり粗略であったりする様子。「あいつ・は・　えーかげんな・　こと(事)・ばっかり・　ゆ(言)ー・とる・さかい・　しんよー(信用)でけ・へん。」③とりあえず適切であると思われるような様子。「さぎょー(作業)・は・　えーかげんで・　お(置)い・とこ・か。」〔①②⇒**てきとう**。①⇒**ええがい**【(良え具合)】〕

ええかげん〔**えーかげん**〕【良え加減】《副詞》 限界を超えて、かなり良くない状況になっている様子。「あんな・　こと・ばっかり・　い(言)わ・れ・たら・　えーかげん・　はら(腹)・が・　た(立)っ・てくる。」「えーかげん・　しんどなっ・てき・た・なー。」「きょう(今日)・は・　えーかげん・　あつ(暑)い・なー。」

ええかげんにする〔**えーかげんにする**〕【良え加減にする】《動詞・サ行変格活用》 ①頃合いでやめる。適切な段階で終える。ふざけた気持ちなどを持たずに物事に取り組む。過度なことや常識はずれのことをしないようにする。「そないに・　もんく(文句)・ばっかり・　ゆ(言)わ・んと・　えーかげんにし・とい・てんか。」②手心を加える。「ほんま(本真)に・　はら(腹)・が・　た(立)っ・と・る・ん・や・けど・　ゆ(言)ー・ても・　しょがない・さかい・　えーかげんにし・とい・たる・わ。」③物事を中途半端に行う。投げやりな姿勢で行う。粗略に行う。「けーさん(計算)・を・　えーかげんにし・とる・さかい・　まちが(間違)い・だらけ・や。」〔①⇒**たいがいにする**【大概にする】〕

ええかっこう〔**えーかっこー、えーかっこ**〕【良え恰好】《名詞、動詞する》 ①形が整っていること。「えーかっこ・の・　つくえ(机)・と・　いす(椅子)・が・　お(置)い・てある。」②人から見られたときに、よく見えるように整える姿勢や態度。「えーかっこし・て・　みんな(皆)・に・　ひるめし(昼飯)・を・　おご(奢)っ・たる。」◆②には、動詞としての用法があるが、「ええかっこうする【良え恰好する】」ことを「かっこうつける【格好付ける】」とも言う。

ええかっこし〔**えーかっこし、えーかっこしー**〕【良え恰好仕】《名詞》 人から見られることを意識して、よく見えるような姿勢や態度などをとる人。「ちょーねくたい(蝶ネクタイ)・なんか・　し(締)め・て・　あいつ(彼奴)・は・　えーかっこしー・なんや。」

ええがら〔**えーがら**〕【(家柄)】《名詞》 親から子へと続いてきている血筋や家族のつながり。社会的な地位などから見た、その家庭の格式など。「えんだん(縁談)・に・　なっ・たら・　えーがら・も・　き(気)・に・　なる。」〔⇒**いえ**【家】、**ええ**【(家)】、**いえがら**【家柄】〕

ええき〔**えーき**〕【(良え気)】《形容動詞や(ノ)》 ひとりで得意になっている様子。ひとりで嬉しがっている様子。「ちょっと・　ほ(誉)め・られ・て・　えーきに・　なっ・とる。」

ええことにして〔**えーことにして**〕【良え事にして】《副詞》 誰かが支持してくれることや、自分勝手な理由付けなどに基づいて。自分の考えなどが正しいと勝手に判断して。「さんせー(賛成)する・　ひと(人)・が・　おっ・た・　こと・を・　えーことにして・　かって(勝手)な・　やりかた・を・　し・やがる。」「かぜ(風邪)・を・　ひー・た・　こと・を・　えーことにして・　なが(長)い・　あいだ(間)・　やす(休)ん・どる・ねん。」

ええざま〔**えーざま**〕【良え様】《形容動詞や(ノ)》 他人か

ら見て、よい気味であると思えるような様子。「ちょーし(調子)・に・　の(乗)りすぎ・とっ・た・さかい・　ひっくりかえっ・て・　えーざまや。」「あいつ・だけ・が・　せーこー(成功)する・の・は・　おかしー・さかい・　おおぞん(大損)し・て・　えーざまや。」

ええし〔**えーし**〕【**良え衆**】《名詞》 財産のある家の人。裕福な人。優れた家系の人。「あそこ・の・　いえ(家)・は・　えーし・や・さかい・　こども(子供)・を・　しりつ(私立)・の・　がっこ(学校)・へ・　やり・よる。」〔⇒**ええしゅ**【**良え衆**】〕

え

ええしゅ〔**えーしゅ**〕【**良え衆**】《名詞》 財産のある家の人。裕福な人。優れた家系の人。「あいつ(彼奴)・は・　えーしゅ・の・　ぼんぼん・や・さかい・　え(良)ー・　とけー(時計)・を・　も(持)っ・とる。」〔⇒**ええし**【**良え衆**】〕

ええじゅう〔**えーじゅー**〕【(**家中**)】《名詞》 ①ひとつの世帯の家族全員。「えーじゅー・　みんな(皆)・　かぜ(風邪)・を・　ひー・ても・た。」②家の中すべての場所。「まご(孫)・が・　き(来)・て・　えーじゅー・で・　あば(暴)れまーっ・た。」〔⇒**やうちじゅう**【**家内中**】、**いえじゅう**【**家中**】。①⇒**やうち**【**家内**】、**いっか**【**一家**】、**かないじゅう**【**家内中**】、**かぞくじゅう**【**家族中**】〕

ええと〔**えーと**〕《感動詞》 ①よくわからないことに出会ったり、言葉が見つからなかったりしたときに、つなぎに発する言葉。「えーと・　どない・　ゆ(言)ー・たら・　わかっ・てくれる・やろ・か。」②何かに気づいたときなどに、思わず発する言葉。「えーと・　その・　こと(事)・は・　わす(忘)れ・とっ・た。」〔⇒**えっと**〕

ええとこ〔**えーとこ**〕【**良え所**】《名詞》 良いところ。楽しいところ。特に、歓楽地。「むかし(昔)・は・　えーとこ・　えーとこ・　しんかいち(新開地)・　えーとこ・　えーとこ・　しゅーらっかん(聚楽館)・と・　い(言)・よっ・た・なー。」

ええとこどり〔**えーとこどり**〕【**良え所取り**】《名詞、動詞する》 優れているところばかりを選び集めること。自分にとって都合の良いものばかりを集めること。「ひと(人)・から・　き(聞)ー・た・　はなし(話)・の・　えーとこどりし・て・　あいさつ(挨拶)・を・　し・よる。」「きせつ(季節)・の・　やさい(野菜)・の・　えーとこどり・を・し・た・　りょーり(料理)・は・　うま(美味)い。」

ええひと〔**えーひと**〕【**良え人**】《名詞》 とても好きで、恋しく思っている相手。「えーひと・と・　いつ・　けっこんしき(結婚式)・を・　する・ん・かいな。」〔⇒**こいびと**【**恋人**】〕

ええもん〔**えーもん**〕【(**入え物**)】《名詞》 ものを入れる容器や箱や袋など。「えーもん・が・　な(無)い・さかい・　て(手)・で・　ぶらさげ・て・　も(持)ってかえる。」〔⇒**いれもん**【**入れ物**】、**えれもん**【(**入れ物**)】〕

ええもん〔**えーもん**〕【**良え物**】《名詞》 ①素晴らしいもの。価値のあるもの。「たんじょーび(誕生日)・に・　えーもん・を・　こ(買)ー・てもろ・た・ん・や・なー。」②食事と食事の間に食べる、軽い食べ物。そのうち特に、子どもに与えるもの。「さんじ(三時)・に・　なっ・たら・　えーもん・　た(食)べ・よー・な。」〔②⇒**おやつ**【**お八つ**】、**なんど**【**何ど**】、**ちん**【**賃**】、**おちん**【**お賃**】〕

ええように〔**えーよーに**〕【**良え様に**】《副詞》 ①どうなりと、相手の気のすむように。「えーよーに・　し・てくれ・たら・　そい・で・　かま・へん。」「あいつ・の・　おも(思)いどーりに・　えーよーに・　つか(使)わ・れ・ても・た。」②望ましい方向に向けて。「もっと・　えーよーに・　きれー(綺麗)に・　かざ(飾)り・なはれ。」

ええる〔**えーる**〕【(**入える**)】《動詞・ア行下一段活用》 ①外にあるものを中に移す。「あめ(雨)・が・　ふ(降)り・そーや・さかい・　せんたくもん(洗濯物)・を・　いえ(家)・の・　なか(中)・へ・　えーる。」「くるま(車)・を・　しゃこ(車庫)・に・　えー・た。」②中に入ることを許す。「まんいん(満員)・で・　えー・てもらえ・なんだ。」③食べ物・飲み物をつぐ。「おちゃわん(茶碗)・に・　おちゃ(茶)・を・　えー・てんか。」④組織などに入るようにさせる。所属させる。「だいがく(大学)・に・　こども(子供)・を・　えー・たら・　じぎょーりょー(授業料)・が・　たいへん(大変)や・ぞ。」⑤仲間に加える。全体の数に含める。「あんた・も・　つ(釣)り・の・　なかま(仲間)・に・　えー・たる・わ。」⑥力や感情などを注ぐ。「ちから(力)・を・　えー・て・　か(書)い・たら・　えんぴつ(鉛筆)・の・　しん(芯)・が・　お(折)れ・た。」⑦作動させるために、つける。「てれび(テレビ)・を・　えー・てんか。」■自動詞は「はいる【入る】」〔⇒**いれる**【**入れる**】、**えれる**【(**入れる**)】。⑤⇒**よせる**【**寄せる**】、**よす**【**寄す**】、**まぜる**【**混ぜる、交ぜる**】〕

えがお【**笑顔**】《名詞》 にっこり笑っている顔。「みんな(皆)・　えがお・で・　しゃしん(写真)・を・　と(撮)り・まほ。」

えがおよし【**笑顔佳し**】《形容動詞や(ノ)、名詞》 いつもにこにこと笑顔を振りまいている様子。また、そのような人。「おたく(宅)・の・　むすめ(娘)さん・は・　えがおよしで・　かい(可愛)らしー・なー。」◆幼児や子どもはもちろん、若い女性などにも使う。成人男子に使ってもおかしくはない。

えかき【**絵描き**】《名詞》 絵を描くことを職業としている人。画家。「えかき・に・　あこが(憧)れ・た・けど・　なれ・なんだ。」

えき【**駅**】《名詞》 列車や電車が発着して、人が乗り降りしたり貨物を取り扱ったりするところ。「ここ・から・　えき・まで・　ある(歩)い・て・　じっぷん(十分)・　かかる。」

えき【**液**】《名詞》 水のように、決まった形がなく流動する物体。「みどりいろ(緑色)・の・　えき・で・　しょーどく(消毒)する。」〔⇒**えきたい**【**液体**】〕

えぎ【(**縁ぎ**)】《名詞》 日本建築で座敷の外側に設けた、細長い板敷き。「えぎ・で・　おばー(婆)さん・が・　ひなた(日向)ぼっこし・とる。」〔⇒**えんがわ**【**縁側**】、**えんぎ**【**縁ぎ**】、**えんげ**【**縁げ**】〕

えきいん【**駅員**】《名詞》 鉄道の駅に勤めている人。「まいあさ(毎朝)・　えきいん・が・　あいさつ(挨拶)し・てくれる。」

えきしゃ【**易者**】《名詞》 人相や手相などを見て、人の運勢や事柄の吉凶など予想することを職業にしている人。「ばん(晩)・に・　なっ・たら・　しょーてんがい(商店街)・に・　えきしゃ・が・　で(出)る。」〔⇒**はっけみ**【**八卦見**】〕

えきたい【**液体**】《名詞》 水のように、決まった形がなく流動する物体。「えきたい・の・　せっけん(石鹸)・で・　て(手)・を・　あら(洗)う。」〔⇒**えき**【**液**】〕

えきちょう〔**えきちょー**〕【**駅長**】《名詞》 鉄道の駅でいちばん上の役の人。「えきちょー・が・　はっしゃ(発車)・の・　ふえ(笛)・を・　ふ(吹)く。」

えきでん【**駅伝**】《名詞》 長い距離をいくつかの区間に分けて、チームの何人かで道路を走り継いでいく競走。「あいつ・は・　えきでん・で・　ごにんぬ(五人抜)き・を・　し・た・ん・やて。」

えきべん【駅弁】《名詞》 鉄道の駅で売っている弁当。「きしゃ(汽車)・に・ の(乗)っ・て・ えきべん・を・ た(食)べる。」

えきり【疫痢】《名詞》 赤痢菌によって子どもがかかる感染症の一つで、急に熱を出して下痢や引きつけを起こす病気。「こども(子供)・が・ えきり・に・ かかっ・たら・ こわ(恐)い・よ。」

えくぼ【靨】《名詞》 笑うとき、頬にできる小さな窪み。「あの・ こ(子)・は・ えくぼ・が・ かい(可愛)らしー・なー。」

えぐる【抉る】《動詞・ラ行五段活用》 刃物などを突き刺して、回しながらくり抜く。「まるた(丸太)・を・ えぐっ・て・ ふね(舟)・を・ つく(作)る。」

えげつい《形容詞・ウイ型》 ①思いやりが乏しくて悪辣だ。人情味がない。あくどい。「りし(利子)・の・ と(取)りかた・が・ えげつい。」②下品で辛辣だ。露骨でいやらしい。美的なものに欠ける。「えげつい・ もの・の・い(言)ーかた・を・ する・ ひと(人)・や。」「えげつい・き(切)りかた・を・ し・た・ やさい(野菜)・は・ うま(美味)そーや・ない。」③どぎつく好色っぽい。「えげつい・ こと・を・ か(書)い・とる・さかい・ こども(子供)・に・ よ(読)まし・たら・ あか・ん。」〔⇒**えげつない、えげつないな**。①⇒**ひどい【酷い】、ひどないな【酷ないな】**〕

えげつない《形容詞・特殊型》 ①思いやりが乏しくて悪辣だ。人情味がない。あくどい。「しゃっきん(借金)・を・えげつのー・に・ と(取)りたてる。」「じぶん(自分)・の・ こと・だけ・を・ かんが(考)え・た・ えげつない・ しつもん(質問)・を・ する。」②下品で辛辣だ。露骨でいやらしい。美的なものに欠ける。「えげつない・いろ(色)・を・ し・た・ かれー(カレー)・や・なー。」③どぎつく好色っぽい。「ちょっと・ えげつない・えーが(映画)・やっ・た。」〔⇒**えげつい、えげつないな**。①⇒**ひどい【酷い】、ひどないな【酷ないな】**〕

えげつないな《連体詞》 ①思いやりが乏しくて悪辣だ。人情味がない。あくどい。「えげつないな・ い(言)ーかた・で・ おこ(怒)ら・れ・た。」「えげつないな・ しゃっきんと(借金取)り・が・ き(来)・た。」②下品で辛辣だ。露骨でいやらしい。美的なものに欠ける。「ちょっと(一寸)・ えげつないな・ あじ(味)・や・なー。」③どぎつく好色っぽい。「このごろ・は・ えげつないな・ まんが(漫画)・が・ おー(多)い・なー。」◆形容詞が連体詞に転じた言葉である。同様のものとして、「ひどい」→「ひどないな」、「だいじな」→「だいじないな」、「たいせつない」→「たいせつないな」、「おもろい」→「おもろないな」などがある。〔⇒**えげつい、えげつない**。①⇒**ひどい【酷い】、ひどないな【酷ないな】**〕

えこひいき〔えこひーき〕【依怙贔屓】《名詞、動詞する》 公平でなく一方だけを重んじたり支持したりすること。自分の気に入った特定の人だけによくすること。「せんせー(先生)・が・ えこひーきし・たら・ こま(困)る・がな。」〔⇒**えこひき【(依怙贔屓)】、ひいき【贔屓】**〕

えこひき【(依怙贔屓)】《名詞、動詞する》 公平でなく一方だけを重んじたり支持したりすること。自分の気に入った特定の人だけによくすること。「あにき(兄貴)・だけ・を・ えこひきし・たら・ おとーと(弟)・が・ ひが(僻)む・ぞー。」〔⇒**えこひいき【依怙贔屓】、ひいき【贔屓】**〕

えさ【餌】《名詞》 ①動物を育てたり、おびき寄せたりするための食べ物。「いぬ(犬)・の・ えさ・を・ ほーむせんたー(ホームセンター)・で・ か(買)う。」②人を誘い込む手段にするもの。「むりょー(無料)・や・ ゆ(言)ー・こと・を・ えさ・に・ し・て・ きゃく(客)・を・ あつ(集)める。」〔①⇒**はみ【食み】**〕

えずく《動詞・カ行五段活用》 食べたものによって、気分が悪くなって吐き戻す。吐き気をもよおす。「ふね(船)・に・ の(乗)っ・て・ わるよ(悪酔)いし・て・ えずい・た。」◆妊娠しているときの気持ちの悪さを表すこともある。

えだ【枝】《名詞》 木の幹や草の茎のところから、分かれ出て伸びた部分。「うえき(植木)・の・ えだ・を・ お(落)とす。」■対語＝「みき【幹】」

えだぶり【枝ぶり】《名詞》 木や草の枝の格好。また、枝の美しさや枝の元気な姿。「えだぶり・の・ りっぱ(立派)な・ まつ(松)・の・ き(木)・やさかい・ か(買)い・たい・なー。」

えだまめ【枝豆】《名詞》 緑色のうちに枝についたまま収穫した大豆や、そのように収穫して鞘に入ったままの緑色をした大豆。また、それを茹でたもの。「びーる(ビール)・の・ つまみ・は・ えだまめ・が・ いちばん(一番)や。」

えっさえっさ《副詞と》 ①掛け声をかけて進んでいく様子。「にもつ(荷物)・を・ かつ(担)い・で・ えっさえっさ・ はし(走)っ・ていく。」②調子よく、ものごとを進めている様子。「えっさえっさと・ のり(糊)・で・ は(貼)っ・ていく。」〔⇒**えっさっさ**〕

えっさっさ《副詞と》 ①掛け声をかけて進んでいく様子。「えっさっさと・ ちょーしよ(調子良)ー・ かけあし(駆足)・を・ する。」②調子よく、ものごとを進めている様子。「その・ぐらい・の・ しごと(仕事)・は・ えっさっさと・ でき(出来)・まっ・さ。」〔⇒**えっさえっさ**〕

えっちゅう〔えっちゅー〕【越中】《名詞》 少し長い小幅の布の端に紐をつけたふんどし。「えっちゅー・ ひと(一)つ・で・ しょーぎ(床几)・で・ すず(涼)む。」〔⇒**えっちゅうふんどし【越中褌】**〕

えっちゅうふんどし〔えっちゅーふんどし〕【越中褌】《名詞》 少し長い小幅の布の端に紐をつけたふんどし。「えっちゅーふんどし・で・ かいすいよく(海水浴)する。」〔⇒**えっちゅう【越中】**〕

えっちら《副詞と》 ①坂道を上るときや、重い荷物を持つときなどに、力を振り絞ってゆっくり歩く様子。「にもつ(荷物)・を・ かた(担)げ・て・ えっちらと・ はこ(運)ぶ。」②進んで行くのにたいへんな労力や時間がかかる様子。「いちにち(一日)・に・ さんじっきろ(三十キロ)・も・ えっちら・ よー・ ある(歩)い・た・もんや。」③慣れていなくて、動作がぎこちない様子。「ひと(人)・の・ まね(真似)し・て・ えっちらと・ たいそー(体操)・を・ し・た。」〔⇒**えっちらおっちら、えっちらえっちら、おっちら、おっちらおっちら**〕

えっちらえっちら《副詞と》 ①坂道を上るときや、重い荷物を持つときなどに、力を振り絞ってゆっくり歩く様子。「えっちらえっちら・ なが(長)い・ いしだん(石段)・を・ のぼ(登)る。」②進んで行くのにたいへんな労力や時間がかかる様子。「ふつーれっしゃ(普通列車)・しか・ ない・さかい・ えっちらえっちらと・なが(長)い・ じかん(時間)・が・ かかっ・て・ つ(着)い・た。」③慣れていなくて、動作がぎこちない様子。「えっちらえっちら・ まね(真似)・を・ し・て・ おど(踊)っ・た。」〔⇒**えっちら、えっちらおっちら、おっちら、おっちらおっちら**〕

え

えっちらおっちら《副詞と》 ①坂道を上るときや、重い荷物を持つときなどに、力を振り絞ってゆっくり歩く様子。「えっちらおっちら・ たか(高)い・ やま(山)・を・ のぼ(登)る。」②進んで行くのにたいへんな労力や時間がかかる様子。「あせ(汗)・を・ かい・て・ にじかん(二時間)・も・ えっちらおっちら・ ある(歩)い・てき・た。」③慣れていなくて、動作がぎこちない様子。「まわ(周)り・の・ ひと(人)・の・ まね(真似)し・て・ えっちらおっちら・ しごと(仕事)・を・ し・た。」〔⇒**えっちら、えっちらえっちら、おっちら、おっちらおっちら**〕

えっと《感動詞》 ①よくわからないことに出会ったり、言葉が見つからなかったりしたときに、つなぎに発する言葉。「えっと・ あんた・は・ どなた・でし・た・かいな。」②何かに気づいたときなどに、思わず発する言葉。「えっと・ きのー(昨日)・の・ やくそく(約束)・を・ おも(思)いだし・た。」〔⇒**えええと**〕

えてかって【**得手勝手**】《形容動詞や(ナ)、名詞》 他人のことなどは気にしないで、自分の都合のよいようにする様子。自分のしたいように振る舞う様子。「あいつ(彼奴)・の・ えてかってで・ よてー(予定)・を・ き(決)め・られ・たら・ かなわ・ん。」「あの・ がき(餓鬼)・の・ えてかって・に・ ふ(振)りまー・さ・れ・た。」〔⇒**かって**【**勝手**】、**きまま**【**気儘**】、**かってきまま**【**勝手気儘**】、**わがまま**【**我が儘**】、**わがままかって**【**勝手気儘**】〕

えてこ【**得手公**】《名詞》 手でものを握ったり、上手に木に登ったりするすることができる、知能が高い哺乳動物。「どーぶつえん(動物園)・で・ えてこ・を・ み(見)・た。」◆やや見下げたような言い方のように感じられる。〔⇒**さる**【**猿**】、**えてやん**【**得手やん**】〕

えてやん【**得手やん**】《名詞》 手でものを握ったり、上手に木に登ったりするすることができる、知能が高い哺乳動物。「えてやん・が・ げー(芸)・を・ し・とる。」◆やや親しみを込めた言い方のように感じられる。〔⇒**さる**【**猿**】、**えてこ**【**得手公**】〕

えと【**干支**】《名詞》 十干と十二支を組み合わせた60種で、年や日などをあらわすもの。「ことし(今年)・の・ えと・は・ うま(午)・や。」「とし(年)・だけ・やのー・て・ ひ(日)ー・にも・ えと・が・ ある・ねん・な。」

エナメル〔**えなめる**〕【**英語＝enamel**】《名詞》 金属・陶器などの表面に塗る、艶があって丈夫な塗料。「えなめる・の・ つるつるの・ くつ(靴)・を・ は(履)いて・ ある(歩)い・とる。」

エナメルせん〔**えなめるせん**〕【**英語＝enamel＋線**】《名詞》 銅線の表面にエナメルを塗った、ごく細い電線。「えなめるせん・に・ まめでんきゅー(豆電球)・を・ つな(繋)ぐ。」

えにっき【**絵日記**】《名詞》 絵と短い文章とで綴った日記。「なつやす(夏休)み・に・は・ しゅくだい(宿題)・で・ えにっき・を・ か(書)い・た。」

えのぐ【**絵の具**】《名詞》 絵に色をつけるために、水で溶いて使う材料や、油で溶いて使う材料など。「じゅーにしょく(十二色)・の・ えのぐ・を・ ま(混)ぜ・て・ いろんな・ いろ(色)・を・ だ(出)す。」

えはがき【**絵葉書**】《名詞》 裏面が絵や写真になっていて、切手を貼って通信に使える、決まった規格の大きさの紙片。「りょこー(旅行)・に・ い(行)っ・て・ あっちこっち・で・ えはがき・を・ か(買)う。」

えび【**海老**】《名詞》 食用にすることが多いもので、頭に2対の長い触角を持ち、硬い殻に包まれ5対の足を持つ、海や川にすむ甲殻類の動物。「えび・の・ てんぷら(天麩羅)・が・ た(食)べ・たい。」

えびじゃこ【**海老雑魚**】《名詞》 獲ってきた小海老と雑魚とが区別されないで、混ざっているもの。「えびじゃこ・を・ そのまま・ つくだに(佃煮)・に・ する。」

えびす【**恵比須、蛭子、戎**】《名詞》 七福神の一人で、釣り竿で鯛を釣り上げながら笑っている顔の像になっており、商売の神様として信仰されている神。「えびす・みたいな・ かお(顔)・を・ し・た・ おっ(小父)さん・や。」〔⇒**えべす**【(恵比須、蛭子、戎)】、**えびすさん**【**恵比須さん、蛭子さん、戎さん**】、**えびっさん**【(恵比須さん、蛭子さん、戎さん)】、**えべすさん**【(恵比須さん、蛭子さん、戎さん)】、**えべっさん**【(恵比須さん、蛭子さん、戎さん)】〕

えびすさん【**恵比須さん、蛭子さん、戎さん**】《名詞》 ①七福神の一人で、釣り竿で鯛を釣り上げながら笑っている顔の像になっており、商売の神様として信仰されている神。「えびすさん・が・ たい(鯛)・を・ つ(釣)っ・とる。」②「えびす【恵比須、蛭子、戎】」をまつる神社。「あの・ じんじゃ(神社)・は・ えびすさん・や。」③1月10日を中心にした、「えびす【恵比須、蛭子、戎】」神社の祭礼の日。「えびすさん・の・ のこ(残)りふく(福)・の・ ひ(日)ー・に・ まい(参)る。」④いつもにこにこと、ほほえんでいるような印象の人。「えびすさん・で・ だれ(誰)・に・も・ す(好)か・れる・ ひと(人)・や・なー。」〔⇒**えびっさん**【(恵比須さん、蛭子さん、戎さん)】、**えべすさん**【(恵比須さん、蛭子さん、戎さん)】、**えべっさん**【(恵比須さん、蛭子さん、戎さん)】。①⇒**えびす**【**恵比須、蛭子、戎**】、**えべす**【(恵比須、蛭子、戎)】〕

えびちゃ【(葡萄茶)】《名詞》 黒みがかった赤茶色。「えびちゃ・の・ ふく(服)・を・ き(着)る。」

えびっさん【(恵比須さん、蛭子さん、戎さん)】《名詞》 ①七福神の一人で、釣り竿で鯛を釣り上げながら笑っている顔の像になっており、商売の神様として信仰されている神。「えびっさん・は・ いつも・ わろ(笑)・とる。」②「えびす【恵比須、蛭子、戎】」をまつる神社。「えびっさん・に・ おさいせん(賽銭)・を・ あげる。」③1月10日を中心にした、「えびす【恵比須、蛭子、戎】」神社の祭礼の日。「えびっさん・は・ えらい・ ひとで(人出)・やっ・た。」④いつもにこにこと、ほほえんでいるような印象の人。「えびっさん・に・ お(会)ー・たら・ きも(気持)ち・が・ え(良)ー。」〔⇒**えびすさん**【**恵比須さん、蛭子さん、戎さん**】、**えべすさん**【(恵比須さん、蛭子さん、戎さん)】、**えべっさん**【(恵比須さん、蛭子さん、戎さん)】。①⇒**えびす**【**恵比須、蛭子、戎**】、**えべす**【(恵比須、蛭子、戎)】〕

えふ【**会符**】《名詞》 荷物などに付ける紙の名札。「おー(大)きな・ はこ(箱)・に・ えふ・を・ つ(付)け・て・ おく(送)る。」

エプロン〔**えぷろん**〕【**英語＝apron**】《名詞》 ①炊事や作業をするときなどに、衣服を汚さないために、体の前面に付ける西洋風の衣類。「えぷろん・を・ し・て・ りょーり(料理)・を・ つく(作)る。」②乳幼児が食事をするときなどに、衣服を汚さないために、顎のあたりから上半身に付ける布。「ごはん(御飯)・を・ こぼ(零)す・さかいに・ えぷろん・を・ つ(付)け・たる。」〔⇒**まえかけ**【**前掛け**】、**まいかけ**【(前掛け)】、**まえだれ**【**前垂れ**】、**まいだれ**【(前垂れ)】〕

えべす【(恵比須、蛭子、戎)】《名詞》 七福神の一人で、釣り竿で鯛を釣り上げながら笑っている顔の像になっており、商売の神様として信仰されている神。「あそこ・は・　えべす・を・　まつ(祀)っ・とる・　じんじゃ(神社)・や。」〔⇒**えびす**【恵比須、蛭子、戎】、**えびすさん**【恵比須さん、蛭子さん、戎さん】、**えびっさん**【(恵比須さん、蛭子さん、戎さん)】、**えべすさん**【(恵比須さん、蛭子さん、戎さん)】、**えべっさん**【(恵比須さん、蛭子さん、戎さん)】〕

えべすさん【(恵比須さん、蛭子さん、戎さん)】《名詞》 ①七福神の一人で、釣り竿で鯛を釣り上げながら笑っている顔の像になっており、商売の神様として信仰されている神。「えべすさん・は・　ふっくらし・た・　かお(顔)・や。」②「えべす【(恵比須、蛭子、戎)】」をまつる神社。「にしのみや(西宮)・の・　えべすさん・は・　えき(駅)・に・　ちか(近)い。」③1月10日を中心にした、「えべす【(恵比須、蛭子、戎)】」神社の祭礼の日。「えべすさん・に・　まい(参)り・に・　い(行)く。」④いつもにこにこと、ほほえんでいるような印象の人。「しょーばいにん(商売人)・は・　えべすさん・で・なけら・　つと(務)まら・へん・ぞ。」〔⇒**えびすさん**【恵比須さん、蛭子さん、戎さん】、**えびっさん**【(恵比須さん、蛭子さん、戎さん)】、**えべっさん**【(恵比須さん、蛭子さん、戎さん)】。①⇒**えびす**【恵比須、蛭子、戎】、**えべす**【(恵比須、蛭子、戎)】〕

えべっさん【(恵比須さん、蛭子さん、戎さん)】《名詞》 ①七福神の一人で、釣り竿で鯛を釣り上げながら笑っている顔の像になっており、商売の神様として信仰されている神。「えべっさん・の・　おこ(怒)っ・た・　かお(顔)・は・　あら・へん。」②「えべす【(恵比須、蛭子、戎)】」をまつる神社。「ひょーご(兵庫)・の・　やなぎはら(柳原)・の・　えべっさん・に・　まい(参)っ・てん。」③1月10日を中心にした、「えべす【(恵比須、蛭子、戎)】」神社の祭礼の日。「えべっさん・に・は・　みせ(店)・が・　ぎょーさん・　で(出)る。」④いつもにこにこと、ほほえんでいるような印象の人。「あの・　みせ(店)・の・　おやじ(親父)・は・　えべっさん・や。」〔⇒**えびすさん**【恵比須さん、蛭子さん、戎さん】、**えびっさん**【(恵比須さん、蛭子さん、戎さん)】、**えべすさん**【(恵比須さん、蛭子さん、戎さん)】。①⇒**えびす**【恵比須、蛭子、戎】、**えべす**【(恵比須、蛭子、戎)】〕

えへへ《感動詞》 照れ隠し、嘲笑、ごまかしなどの気持ちが伴うときや、平気を装おうとするようなときなどに、口をついて出る笑いの言葉。「えへへ・　ばれ・たら・　しょがない・なー。」

えへらえへら《副詞と、動詞する》 ①相手の人に媚びている様子。「えへらえへらと・　あたま(頭)・を・　さ(下)げる。」②ものごとを小馬鹿にして、真剣に向き合おうとしない様子。人を馬鹿にする様子。「えへらえへら・　ゆ(言)ー・て・　ごまか(誤魔化)し・てけつかる。」③だらしがない様子。しっかりしたところや締まりがない様子。「えへらえへらし・て・　しごと(仕事)・が・　いっこも・　すす(進)ん・どら・ん。」

えへん《感動詞》 ①咳払いをする声。「のど(喉)・が・　いと(痛)ー・て・　えへん・　えへん・と・　なる・ねん。」②人に注意を促したり、自慢そうに威張ったりするために発する声。「えへん・と・　ゆ(言)ー・て・　いば(威張)り・やがっ・とる。」

えほん【絵本】《名詞》 子どもに見せるための、文字が少なく、主に絵でかきあらわした本。「こども(子供)・に・　えほん・を・　こ(買)ー・てやる。」

えら【鰓】《名詞》 魚、貝、蟹など水中にすむ動物が呼吸する器官。「ふな(鮒)・が・　えら・を・　うご(動)かし・て・　およ(泳)い・どる。」

えら《接頭語》 じゅうぶんに、そのようであることを表す言葉。そうであることに間違いがないことを表す言葉。「えらわ(分)かり」(＝十分にわかっていること。簡単にわかってしまうこと)、「えらし(知)り」(＝間違いなく知っていること。知らないはずがないこと)、「えらあ(有)り」(＝間違いなくあること。ないはずがないこと)

えらい《形容詞・アイ型》 ①体がだるい。疲れて、動くのが辛い。「なが(長)い・　さか(坂)・を・　のぼ(上)っ・た・　さかい・　からだ(体)・が・　えらい。」「あし(足)・が・　えらい(＝ずいぶん)・　えろー・　なっ・た。」②無理である。できないと思う。「そんな・　しごと(仕事)・を・　ひとり(一人)・で・　する・の・は・　えらい・と・　おも(思)う。」「こないに・　いそが(忙)しい・　とき(時)・に・　えらい・　しごと(仕事)・を・　も(持)っ・てこ・んとい・てんか。」③気が進まず億劫だ。心に負担を感じる。「ひと(人)・と・　あ(会)う・の・は・　きも(気持)ち・が・　えらい。」〔⇒**しんどい**【辛労い】〕

えらい【偉い】《形容詞・アイ型》 ①行い、考え方などが立派で、優れている。思慮分別などがある。「えらい・　しと(人)・の・　まね(真似)・を・　する。」②知識に富んでいる。頭がよく働く。「だいがく(大学)・を・　う(受)かっ・て・　えらい・なー。」③高い地位や身分にある。「えらい・　ひと(人)・に・　なり・はっ・たん・や・なー。」④予想以上に大変だ。普通でない。「えらい・　じしん(地震)・やっ・た・なー。」「きょー(今日)・は・　えらい・　さむ(寒)い・なー。」「えらい・　ところ・を・　み(見)・られ・ても・た。」「ことし(今年)・の・　まつり(祭)・は・　えらい・　ひと(人)・やっ・た。」⑤許さない。「こんど(今度)・　けんか(喧嘩)し・たら・　えらい・で。」〔①②⇒**かしこい**【賢い】〕

えらい《副詞》 ものごとの程度が甚だしい様子。「えらい・　おー(大)けな・　べんとー(弁当)・を・　も(持)っ・てき・た・ん・や・なー。」「えらい・　えら(偉)い・　しと(人)・なん・や・なー。」「しゅくだい(宿題)・　わす(忘)れ・て・　えらい・　おこ(怒)ら・れ・てん。」〔⇒**えろう、ごっつい、ごっつう、おおけ、おおき、おおけごっつい、おおけごっつう、おおきごっつい、おおきごっつう**〕

えらいこと《名詞》 ①行うのに骨が折れるような、たいそうな事柄。「そんな・　えらいこと・は・　しとり(一人)・で・は・　でけ・まへ・ん。」②対応に困ったり迷惑を受けたりするような大変なこと。難儀。「きのー(昨日)・は・　でんしゃ(電車)・の・　じこ(事故)・が・　あっ・て・　えらいこと・やっ・た。」「じしん(地震)・で・　まちじゅー(町中)・が・　えらいこと・に・　なっ・た。」

えらいさん【偉いさん】《名詞》 会社や団体などで経営や運営の中心になって動かす立場にいる人。「しゅっせ(出世)し・て・　かいしゃ(会社)・の・　えらいさん・に・　なっ・とる。」「いくゆーかい(育友会)・の・　えらいさん・を・　し・た。」

えらそう〔えらそー〕【偉そう】《形容動詞や(ナ)》 周りの人に対して威張っている様子。人を人とも思っていないような態度を見せている様子。「あの・　やろー(野郎)・は・　えらそーに・　めーれー(命令)・を・　し・やがっ・た。」

えらそないな【偉そないな】《連体詞》 周りの人に対して威張っている。人を人とも思っていないような態度を見せている。「えらそないな・　もの・の・　い(言)ーかた・を・　し・やがっ・て・　はら(腹)・が・　た(立)つ・なー。」

えらなる〔えらーなる〕【偉なる】《動詞・ラ行五段活用》　地位や身分などが高くなる。出世をする。「えらなっ・て・　きゅーりょー(給料)・が・　あ(上)がっ・た・そーや・なー。」〔⇒**えろなる**【(偉ろなる)】〕

えらなる〔えらーなる〕《動詞・ラ行五段活用》　①苦しくなって、持ちこたえられなくなる。体が辛くなる。「さか(坂)・が・　きつい・さかい・　あが(上)る・の・が・　だんだん・　えらなっ・てき・た。」②悪い方向に、程度が進む。「びょーき(病気)・が・　だいぶ・　えらなっ・て・から・　にゅーいん(入院)し・た。」〔⇒**えろなる、しんどなる**【辛労なる】〕

えらぶ【選ぶ】《動詞・バ行五段活用》　いくつかのものの中から、目的、基準、好みなどにかなうものを取り出す。「あつ(集)まっ・た・　さくひん(作品)・から・　え(良)ー・　もん(物)・を・　えらぶ。」「けっこんあいて(結婚相手)・ぐらい・は・　じぶん(自分)・で・　えらぶ・わい。」〔⇒**よる**【選る】〕

えり【襟】《名詞》　①衣服の首を回って前で交わる、細長い部分。また、その部分に当てる布。「わいしゃつ(ワイシャツ)・の・　えり・が・　よご(汚)れ・とる。」②首の後ろの部分。うなじ。「えり・に・　か(蚊)ー・が・　さ(刺)し・た。」〔②⇒**えりくび**【襟首】〕

えりくび【襟首】《名詞》　首の後ろの部分。うなじ。「かぜ(風)・が・　ふ(吹)い・て・　えりくび・が・　さぶ(寒)い。」〔⇒**えり**【襟】〕

えりまき【襟巻】《名詞》　寒さを防ぐためや装飾のために襟に巻く布。マフラー。「けーと(毛糸)・の・　えりまき・を・　する。」

えりもと【襟元】《名詞》　衣服の首の周りのあたり。首まわりと胸のあたり。「えりもと・が・　さぶ(寒)そーや。」

える《助動詞》　①他から働きかけを受ける意味(受身)を表す言葉。「おー(大)きな・　こえ(声)・で・　よ(呼)ば・え・た。」「えらい・　ごっつー・　おこ(怒)ら・え・た。」②そうすることができるという意味(可能)を表す言葉。「あした(明日)・まで・に・　この・　ほん(本)・を・　よ(読)ま・える・か。」③自然にそうなるという意味(自発)を表す言葉。「なみだ(涙)・が・　で(出)・て・　な(泣)か・え・てき・た。」「あの・　とき(時)・の・　こと・が・　おも(思)わ・え・て・　なさ(情)けない。」④その動作などをする人を敬うこと(尊敬)を表す言葉。「い(行)か・え・たら・　よろしゅー・　つた(伝)え・てください。」◆「える」は、「れる」と同様に五段活用動詞に接続する。同じ活用型の補助動詞にも接続する。◆「れる」が使われることが多いが、時に「える」となることがある。「殴ら・れる」と「殴ら・える」との間に意味の違いはない。〔⇒**れる**〕

えれもん【(入れ物)】《名詞》　ものを入れる容器や箱や袋など。「えれもん・　も(持)っ・て・　みせ(店)・に・　かいもん(買物)・に・　い(行)く。」〔⇒**いれもん**【入れ物】、**ええもん**【(入え物)】〕

えれる【(入れる)】《動詞・ラ行下一段活用》　①外にあるものを中に移す。「じてんしゃ(自転車)・は・　ちゅーりんじょー(駐輪場)・に・　えれ・て・や。」②中に入ることを許す。「あんた・も・　めーぼ(名簿)・に・　えれる・けど・　え(良)ー・か。」③食べ物・飲み物をつぐ。「ごはん(御飯)・を・　もー・　いっぱい(一杯)・　えれ・てほしー・ねん。」④組織などに入るようにさせる。所属させる。「おまえ(前)・も・　あの・　かいしゃ(会社)・に・　えれ・てもー・たら・　うれ(嬉)しー・なー。」⑤仲間に加える。全体の数に含める。「やきゅー(野球)・の・ちーむ(チーム)・に・　えれ・たる。」⑥力や感情などを注ぐ。「ぶんしょー(文章)・は・　きも(気持)ち・を・　えれ・て・　か(書)か・な・　あか・んぞ。」⑦作動させるために、つける。「ぱそこん(パソコン)・の・　すいっち(スイッチ)・を・　えれる。」〔⇒**ええる**【(入える)】、**いれる**【入れる】。⑤⇒**よせる**【寄せる】、**よす**【寄す】、**まぜる**【混ぜる、交ぜる】〕

えろう〔えろー〕《副詞》　ものごとの程度が甚だしい様子。「えろー・　はよ(早)ー・に・　つ(着)い・た・ん・や・なー。」「ことし(今年)・は・　えろー・　さぶ(寒)い・ひ(日)ー・が・　つづ(続)い・とる。」〔⇒**えらい、ごっつい、ごっつう、おおけ、おおき、おおけごっつい、おおけごっつう、おおきごっつい、おおきごっつう**〕

えろないな《連体詞》　たいそうな。甚だしい。ずいぶんな。「も(揉)め・た・　とき(時)・に・は・　えろないな・くろー(苦労)・を・　し・た。」

えろなる〔えろーなる〕【(偉ろなる)】《動詞・ラ行五段活用》　地位や身分などが高くなる。出世をする。「てがら(手柄)・を・　た(立)て・て・　えろなっ・た・ん・や・なー。」〔⇒**えらなる**【偉なる】〕

えろなる〔えろーなる〕《動詞・ラ行五段活用》　①苦しくなって、持ちこたえられなくなる。体が辛くなる。「とし(歳)・を・　とっ・て・　そと(外)・を・　ある(歩)く・の・が・　えろなっ・た。」②悪い方向に、程度が進む。「ことし(今年)・の・　はんしん(阪神)・は・　ゆーしょー(優勝)する・の・は・　えろーなっ・た。」〔⇒**えらなる、しんどなる**【辛労なる】〕

えん【円】《名詞》　平面で、ある点から等距離にある点をすべて結んだ線。また、それによって囲まれた平面。円い形。「えん・を・　か(書)い・て・　まんなか・に・　すわ(座)る。」

えん【縁】《名詞》　①抜け出すことが難しいような、人やものごととの結びつき。巡り合わせ。「かね(金)に・は・　えん・が・　ない。」②人と人との交際やつながり。「あの・　ひと(人)・と・は・　えん・が・　ふこ(深)ー・て・　また・　おんな(同)じ・　とこ(所)・へ・　てんきん(転勤)・や。」③結びつきができるきっかけ。「ちゅーがっこー(中学校)・で・　おな(同)じ・　くみ(組)・に・なっ・た・ん・が・　えん・で・　なが(長)い・　あいだ(間)・の・　つきあい・を・　し・とる。」④ものの端の部分。特に、帽子の、額の上や周りに差し出している部分。「えん・の・　ひろ(広)い・　ぼーし(帽子)・を・　かぶる。」〔④⇒**ひさし**【庇】、**つば**【鍔】〕

えん【円】《名詞》　明治以降の日本の通貨の基本単位。「どる(ドル)・に・　くら(比)べ・て・　えん・が・　たこ(高)ー・なっ・た。」

えん【円】《助数詞》　お金の単位で、現在ではこの単位を用いることが基本になっている。「だいこん(大根)・いっぽん(一本)・が・　にひゃく(二百)えん・も・　する・ねん。」「ごひゃくえん(五百)えん・の・　きつねうどん(饂飩)・を・　く(食)う。」「しょーひぜー(消費税)・が・はちじゅー(八十)えん・や。」

えんかい【宴会】《名詞、動詞する》　大勢の人が集まって、飲食したり歌ったりして楽しむ集まり。「りょこー(旅行)・の・　えんかい・が・　たの(楽)しみ・や。」

えんがわ〔えんがー〕【縁側】《名詞》　日本建築で座敷の外側に設けた、細長い板敷き。「ふろ(風呂)・から・　あ

(上)がっ・て・　えんがー・の・　いた(板)のま・で・　すず(涼)む。」〔⇒**えぎ**【(縁ぎ)】、**えんぎ**【縁ぎ】、**えんげ**【縁げ】〕

えんき【延期】《名詞、動詞する》 行事や催し物などのあらかじめ決めた開催日時や、設定されている期限などを先にのばすこと。「にんずー(人数)・が・　あつ(集)まら・へん・さかい・　しんぼくりょこー(親睦旅行)・は・　えんきする。」

えんぎ【縁起】《名詞》 良いことや悪いことが起こりそうな前触れ。吉凶の兆し。「ちゃわん(茶碗)・が・　めげ(＝壊れ)・て・　えんぎ・が・　わる(悪)い。」

えんぎ【縁ぎ】《名詞》 日本建築で座敷の外側に設けた、細長い板敷き。「えんぎ・で・　しょーぎ(将棋)・を・　する。」〔⇒**えぎ**【(縁ぎ)】、**えんがわ**【縁側】、**えんげ**【縁げ】〕

えんげ【縁げ】《名詞》 日本建築で座敷の外側に設けた、細長い板敷き。「おぼー(坊)さん・は・　えんげ・から・　はい(入)っ・てもらう。」〔⇒**えぎ**【(縁ぎ)】、**えんがわ**【縁側】、**えんぎ**【縁ぎ】〕

えんげい〔**えんげー**〕【園芸】《名詞》 草花、野菜、果樹などを育てること。「えんげー・の・　しゅみ(趣味)・が・　ある・ねん。」

えんし【遠視】《名詞》 近くのものがはっきり見えにくい目。「とし(歳)・を・　と(取)っ・て・　えんし・に・　なっ・た。」■対語＝「きんし【近視】」

えんしょう〔**えんしょー**〕【煙硝】《名詞》 爆発するときに黒い煙を出す火薬。「よみせ(夜店)・で・　えんしょー・を・　つこ(使)・た・　おもちゃ(玩具)・の・　ぴすとる(ピストル)・を・　こ(買)ー・た。」

えんせい〔**えんせー**〕【遠征】《名詞、動詞する》 試合や探検などの目的で、遠いところまで出かけること。「やきゅーぶ(野球部)・が・　しこく(四国)・へ・　えんせーする。」

えんぜつ【演説】《名詞、動詞する》 大勢の前で自分の考えなどを述べること。また、その話。「しかいぎいん(市会議員)・の・　こーほしゃ(候補者)・が・　えきまえ(駅前)・で・　えんぜつし・とる。」

えんそく【遠足】《名詞、動詞する》 学校などの行事として、運動や見学などを目的にして、歩いて遠くへ行くこと。「あき(秋)・の・　えんそく・は・　おーじどーぶつえん(王子動物園)・へ・　い(行)く。」「このごろ・の・　えんそく・は・　ばす(バス)・で・　い(行)く・の・が・　おー(多)い。」◆現今は、交通機関を利用して出かけることが普通になっている。

えんだん【縁談】《名詞》 結婚や養子縁組などを勧めるためにもたらされる話。「むすめ(娘)はん・の・　えんだん・が・　まとまっ・て・　よ(良)かっ・た・なー。」

えんちょう〔**えんちょー**〕【延長】《名詞、動詞する》 決まった長さや期間などをのばすこと。「はなし(話)・が・　えんちょー・に・　なっ・て・　ひるめし(昼飯)・を・　く(食)ー・の・が・　おそ(遅)なっ・た。」「でんき(電気)・の・　えんちょー・の・　こーど(コード)・が・　み(見)あたら・へん。」

えんちょう〔**えんちょー**〕【園長】《名詞》 幼稚園、保育園、動物園などの、いちばん上の責任者。「えんちょー・の・　せんせー(先生)・の・　おはなし(話)・を・　き(聞)ー・た。」

えんちょうせん〔**えんちょーせん**〕【延長戦】《名詞》 試合の決着が付かないときに、時間や回数を延ばして行うこと。「ちゅーきょー(中京)・と・　あかし(明石)・の・　にじゅーごかい(二十五回)・の・　えんちょーせん・は・　いま(今)・でも・　かた(語)りぐさ・や。」

えんでん【塩田】《名詞》 海水から塩を取るために、砂浜を仕切って海水を引き入れるようにしたところ。「あこー(赤穂)・の・　えんでん・の・　あと(跡)・に・　ゆーえんち(遊園地)・が・　でき・た。」

えんどう〔**えんどー、えんど**〕【豌豆】《名詞》 豆やさやを食用にする、つるのある植物。また、その豆やさや。「えんどー・に・　はな(花)・が・　さ(咲)い・とる。」〔⇒**えんどうまめ**【豌豆豆】〕

えんどうまめ〔**えんどーまめ、えんどまめ**〕【豌豆豆】《名詞》 豆やさやを食用にする、つるのある植物。また、その豆やさや。「えんどーまめ・を・　い(入)れ・た・　ごはん(御飯)・を・　た(炊)く。」〔⇒**えんどう**【豌豆】〕

えんとつ【煙突】《名詞》 煙を空中に放出するための、縦に長い筒の形をした装置。「こーば(工場)・の・　えんとつ・から・　まっくろ(黒)の・　けむり(煙)・が・　で(出)・とる。」「たんぼ(田圃)・で・　もみ(籾)・を・　や(焼)く・　とき・に・　ぶりき(ブリキ)・の・　えんとつ・を・　た(立)てる。」

えんなか【(家ん中)】《名詞》 ①住んでいる家屋の中。室内。「かぜ(風邪)・　ひー・て・　みっかかん(三日間)・　えんなか・に・　おっ・た。」②家族の人間関係。「えんなか・で・　も(揉)め・て・　つら(辛)い。」〔⇒**いえのなか**【家の中】〕

えんのした【縁の下】《名詞》 家などの床の下ぜんたい。また、縁側の下。「えんのした・が・　しめ(湿)ら・ん・よーに・　いしばい(石灰)・を・　ま(撒)く。」〔⇒**だんのした**【壇の下】〕

えんば《形容動詞や(ナ)》 あいにくうまく事が運ばない様子。折悪しくまずいことになっている様子。「えんばな・　こと・で・　だれ(誰)・も・　おり・まへ・ん・ねん。」「えんばと・　し(知)っ・とる・　しと(人)・が・　だい(誰)・も・　こ(来)・なんだ。」「えんばな・　こと・に・　う(売)りきれ・てまい・まし・た。」「あの・　とき(時)・は・　いえ(家)・に・　おら・ん・で・　えんばやっ・た。」◆似たような様子を表す言い方として、「まん・が・　わる(悪)ー・て・　るす(留守)・やっ・た。」などの表現がある。

えんばん【円盤】《名詞》 円くて平たい形のもの。「こども(子供)・の・　ころ(頃)・は・　そらと(空飛)ぶ・　えんばん・の・　こと・に・　きょーみ(興味)・が・　あっ・た・なー。」「えんばん・の・　まんなか・に・　あな(穴)・を・　あ(開)ける。」

えんぴつ【鉛筆】《名詞》 細い木の軸の中に、粘土を混ぜた黒鉛の芯を入れた筆記用具。「けしごむ(消ゴム)・の・　つ(付)い・た・　えんぴつ・は・　べんり(便利)や。」〔⇒**いんぴつ**【(鉛筆)】、**えんぺつ**【(鉛筆)】〕

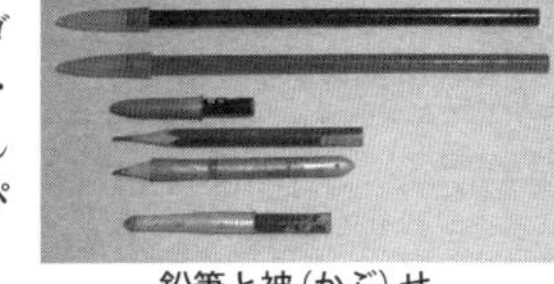

鉛筆と被(かぶ)せ

えんぴつけずり【鉛筆削り】《名詞》 芯のすり減った鉛筆を削るための道具。また、そのような刃物。「て(手)ー・で・　ぐるぐる・　まー(回)す・　えんぴつけずり・で・　けずる。」◆かつての「えんぴつけずり【鉛筆削り】」はナイフ(肥後の守)であり、電動削り器が現れたときは驚いたものである。ナイフ系のものにもいろいろな種類があり、「けずり【削り】」「とげり【尖げり】」という刃の薄いものもあった。〔⇒**えんぺつけずり**【(鉛

筆削り)】、**いんぴつけずり**【(鉛筆削り)】、**けずり**【削り】、**とげり**【尖げり】〕

えんぶん【塩分】《名詞》 食品や海水などに含まれている塩の量や比率。「えんぶん・の・ おー(多)い・ みそしる(味噌汁)・を・ の(飲)みすぎ・ん・よーに・ し・なはれ。」

えんぺつ【(鉛筆)】《名詞》 細い木の軸の中に、粘土を混ぜた黒鉛の芯を入れた筆記用具。「ないふ(ナイフ)・で・ えんぺつ・を・ けず(削)る。」〔⇒**えんぴつ**【鉛筆】、**いんぴつ**【(鉛筆)】〕

えんぺつけずり【(鉛筆削り)】《名詞》 芯のすり減った鉛筆を削るための道具。また、そのような刃物。「でんき(電気)・で・ まー(回)る・ えんぺつけずり・を・ こ(買)ー・た。」〔⇒**えんぴつけずり**【鉛筆削り】、**いんぴつけずり**【(鉛筆削り)】、**けずり**【削り】、**とげり**【尖げり】〕

えんぽう〔**えんぽー**〕【遠方】《名詞》 距離が離れているところにある場所。「あんた・は・ えんぽー・に・ おす(住)まい・です・か。」◆相手に感謝するための挨拶の言葉としては、特に遠方からでなくても、この言葉を使うことがある。「えんぽー・から・ わざわざ・ き(来)・てもろ・て・ すん・まへ・ん。」〔⇒**とおく**【遠く】〕

えんま【閻魔】《名詞》 仏教で考えられている存在で、生前の行いから判断を下して死者を裁いて賞罰を与えるという地獄の王。「うそ(嘘)・ つい・たら・ えんまさん・に・ した(舌)・を・ ぬ(抜)か・れる・ぞ。」

えんまん【円満】《形容動詞や(ナ)》 関係するどの方面に対しても不満や争いごとがなく、穏やかな様子。角が立たないで人柄が穏やかな様子。「きょー(今日)・の・ よ(寄)りあい・は・ も(揉)め・んと・ えんまんに・ す(済)ん・だ。」「こんど(今度)・の・ てんちょー(店長)・は・ じんかく(人格)・が・ えんまんな・ ひと(人)・や。」

えんりょ〔**えんりょー**〕【遠慮】《名詞、動詞する》 ①周りの人に気を遣って、控えめにすること。「えんりょせ・んと・ なんぼ・でも・ た(食)べ・なはれ。」②遠回しに断る場合に使う言葉。「あんた・は・ えんりょし・てくれ・へん・やろ・か。」〔①⇒**きがね**【気兼ね】〕

えんりょ(が)ない【遠慮(が)ない】《形容詞・特殊型》 周りの人に気を遣うことをしない。気にする必要がない。「よー・ つこ(使)・た・さかい・ わす(忘)れ・てき・ても・ えんりょがない・ かさ(傘)・や。」

えんりょはそんりょ【遠慮は損慮】《連語=えんりょ(名詞)・は(副助詞)・そんりょ(名詞)》 遠慮をしていては損だ、遠慮しない方がよいという意味を表す言葉。「えんりょはそんりょ・や・さかい・ い(言)ー・たい・ こと・は・ ゆ(言)ー・とき・なはれ。」◆「えんりょ【遠慮】」と脚韻にするため、「そん【損】」を「そんりょ【損慮】」と言い換えた言葉である。

お

お〔**おー**〕【緒】《名詞》 紐や糸のような細長いもの。「たこ(凧)・を・ あ(揚)げる・ おー・で・ て(手)ー・を・ き(切)っ・た。」

お〔**おー**〕【尾】《名詞》 ①動物の尻から細長く伸びた部分。「いぬ(犬)・が・ おー・を・ ふ(振)っ・とる。」②後ろに長く伸びているもの。細長いものの端。「ほーきぼし(帚星)・が・ おー・を・ ひ(引)ー・とる。」〔⇒**しっぽ**【尻尾】〕

お《接頭語》［名詞に付く］ ものの名前に付けて、丁寧、尊敬の気持ちを表す。「この・ おかし(菓子)・は・ おい(美味)しー・よ。」「おくるま(車)・が・ き(来)・まし・た。」「おまめ(豆)・が・ に(煮)え・た。」「おひ(日)ーさん・が・ のぼ(昇)っ・てき・た。」◆食べ物について「お」を付けることが多く、さらに「お」をつけた言葉の後ろに「さん」をつけることも多い。「おかい(粥)さん」「おいも(芋)さん」「おあ(揚)げさん」など。

おい【甥】《名詞》 兄弟・姉妹の子で、男の子。「おい・が・ こーこー(高校)・に・ はい(入)っ・た・さかい・ おいわ(祝)い・を・ し・た。」■対語=「めい【姪】」

おい【(俺)】《名詞》 自分自身を指す言葉。「おい・は・ その・ はなし(話)・は・ き(聞)ー・とら・へん・ぞ。」◆親しい人や目下の人に向かって使うことが多い、くだけた言い方である。男性が使う。〔⇒**あし**、**あっし**、**あて**、**うち**【内】、**わたい**【(私)】、**わい**、**わし**、**わっし**【(私)】、**わたし**【私】、**わて**、**おれ**【俺】、**おら**【(俺)】、**ぼく**【僕】〕

おい〔**おーい**〕《感動詞》 親しい人や目下の人に向かって呼びかけるときに使う言葉。「おい。こっち・へ・ こ(来)い。」◆やや乱暴な言葉であって、目下の人に向かって使うことが多い。〔⇒**おいおい**〕

おいえ《名詞》 家族が食事をする座敷や板間。家族が使う茶の間。「おいえ・に・ てれび(テレビ)・を・ お(置)く。」

おいおい【追い追い】《副詞と・に》 時がたつにつれて、ある傾向がしだいに強まっていくことを表す言葉。「しごと(仕事)・に・は・ おいおいに・ な(慣)れ・ていっ・た。」「おいおいと・ みんな(皆)・は・ わかっ・てくれる・ こと・やろ。」〔⇒**だんだん**【段々】〕

おいおい《感動詞》「おい」を重ねた言葉で、親しい人や目下の人に向かって呼びかける言葉。「おいおい。そんな・ こと・を・ し・たら・ あか・ん・やろ。」◆やや乱暴に言う言葉であって、目下の人に向かって使うことが多い。また、相手の言うことを聞きとがめたり、行動をいさめたりする気持ちを表すときに使うことも多い。〔⇒**おい**〕

おいかえす【追い返す】《動詞・サ行五段活用》 その場所におらせまいとして、無理に帰らせる。追ってきた人を受け入れないで、元の場所へ戻らせる。来た人に会わないで帰らせる。「お(押)しうり・を・ おいかえし・てやっ・た。」〔⇒**おいかやす**【(追い返す)】〕

おいかける【追いかける】《動詞・カ行下一段活用》 自分より前を進んでいるものをつかまえようとして、後からついていく。「どろぼー(泥棒)・を・ おいかけ・た・けど・ みうしの(見失)ー・た。」「わすれもん(忘物)・を・ も(持)っ・て・ くるま(車)・で・ おいかけ・た。」■名詞化=**おいかけ**【追いかけ】〔⇒**おわえる**【追わえる】〕

おいかぜ【追い風】《名詞》 進む方向の後ろから吹いてくる風。「おいかぜ・や・さかい・ はし(走)りやすい。」■対語=「むかいかぜ【向かい風】」

おいかやす【(追い返す)】《動詞・サ行五段活用》 その場所におらせまいとして、無理に帰らせる。追ってきた人を受け入れないで、元の場所へ戻らせる。来た人に会わないで帰らせる。「じかん(時間)・に・ おく(遅)れ・ていっ・たら・ おこ(怒)ら・れ・て・ おいかやさ・れ・た。」〔⇒**おいかえす**【追い返す】〕

おいこ【負いこ】《名詞》 乳幼児を背中に背負うときに、上から覆い被せて着る綿入れのはんてん。「おいこ・で・

こども(子供)・を・ おたし・とっ・たら・ じぶん(自分)・も・ ぬく(温)ー・て・ え(良)ー・もん・や。」〔⇒**ねんねこ**〕

おいごえ【追い肥】《名詞、動詞する》 種をまいたり植えかえたりした後で、作物が生育している途中に追加して与える肥料。「おいごえ・を・ やっ・たら・ きれー(綺麗)な・ はな(花)・が・ さ(咲)く。」

おいこす【追い越す】《動詞・サ行五段活用》 ①自分より前を進んでいるものをとらえて、それより前に出る。「とっきゅー(特急)・が・ ふつーでんしゃ(普通電車)・を・ おいこし・た。」②力や能力などが、他の人よりも上になる。「ほか(他)・の・ ひと(人)・を・ おいこし・て・ しょー(賞)・を・ もろ(貰)・た。」■名詞化＝**おいこし**【追い越し】〔⇒**おいぬく**【追い抜く】、**ぬかす**【抜かす】、**ぬく**【抜く】〕

おいこむ【追い込む】《動詞・マ行五段活用》 動物などを、周りが囲ってあるような場所に、追い立てて入れる。「にわ(庭)・を・ ある(歩)い・とる・の・を・ とりごや(鶏小屋)・に・ おいこむ。」■名詞化＝**おいこみ**【追い込み】

おいしい〔**おいしー**〕【美味しい】《形容詞・イイ型》 もっと食べたく思うほどの、好ましい味である。「やっぱり・ あかし(明石)・の・ たい(鯛)・は・ おいしー・なー。」◆「うまい」よりも上品な言い方である。■対語＝「まずい【不味い】」「うまない【美味ない】」「うもない【(美味ない)】」「あじない【味ない】」「もみない」。〔⇒**うまい**【美味い、上手い】、**いける**【行ける】〕

おいしがる【美味しがる】《動詞・ラ行五段活用》 味が良いと感じる。味が良いということを言動などで示す。「すいか(西瓜)・を・ おいしがっ・て・ た(食)べ・てくれ・た。」◆「うまがる【美味がる】」よりも丁寧な言い方である。〔⇒**うまがる**【美味がる】〕

おいだき【追い焚き】《名詞、動詞する》 ①さめてきた風呂の湯などを、再び焚いて熱くすること。「そろそろ・ おいだきし・たろ・か。」②再び焚いて熱くするために使う薪や藁。「おいだき・が・ た(足)ら・ん・よーに・ なっ・た。」

おいだす【追い出す】《動詞・サ行五段活用》 ①追い立てて、外に出す。「かとりせんこー(蚊取線香)・を・ た(焚)い・て・ か(蚊)ー・を・ おいだす。」②家族、仲間、組織などから除外して、その人との関係を断つ。「あいつ(彼奴)・は・ よめ(嫁)はん・を・ おいだし・た・そーや。」■名詞化＝**おいだし**【追い出し】

おいちに〔**おいちにー**〕【お一二】《感動詞》 号令をかけるときなどに使う「一、二」を、語気を強めて「おいち、に」と言うことがある。「あしな(足並)み・を・ そろ(揃)え・て・ おいちにー・ おいちにー。」◆「おいちに、さんしー(三・四)、ごーろく(五・六)、ひちはち(七・八)……」と続けていくこともある。

おいつく【追いつく】《動詞・カ行五段活用》前を行く者を追いかけて、行き着いて並ぶ。「いっしょーけんめー(一生懸命)に・ はし(走)っ・て・ やっと・ みな(皆)・に・ おいつい・た。」

おいで《名詞、動詞(連用形)》 ①行くこと。来ること。居ること。「きのー(昨日)・は・ どこ・へ・ おいで・やっ・た・ん・です・か。」②行くこと、来ること、居ることを命令したり要求したりするときに言う言葉。いらっしゃい。「はよ(早)ー・ こっち・へ・ おいで。」◆②は、「おいでなはれ」の「なはれ」などが省略された形であるから、「行け」「来い」「居れ」などのような強い響きはない。ただし、動詞の終止形としての「おいでる」を使うことはない。

おいでおいで《名詞、動詞する》 こちらへ来るようにと手招きをすること。「む(向)こー・の・ ほー(方)・から・ み(見)つけ・て・ おいでおいでし・とる。」

おいど《名詞》 ①腰の後ろ下で、腰掛けるときに下につく、肉のふっくらした部分。動物の胴体の後部で、肛門のあるあたり。臀部。「おいど・ だ(出)し・とっ・たら・ わら(笑)わ・れる・ぞ。」②前後のあるものの後ろの部分。列などの末尾の位置。「おいど・から・ ふたりめ(二人目)・に・ すわ(座)っ・とる。」◆「しり【尻】」「けつ【穴】」よりも上品な言葉である。〔⇒**しり**【尻】、**けつ**【穴】〕

おいどからげ【おいど絡げ】《名詞、動詞する》 着物の後ろの裾をかかげて、その端を上の方にはさみこむこと。「あめ(雨)・の・ なか(中)・を・ おいどからげし・て・ ある(歩)く。」◆ズボンの裾を大きくめくり上げることなどにも使う。「しりからげ【尻絡げ】」よりも上品な言葉である。〔⇒**おいどまくり**【おいど捲り】、**しりからげ**【尻絡げ】、**しりまくり**【尻捲り】、**しりめくり**【尻捲り】、**けつまくり**【穴捲り】、**けつめくり**【穴捲り】、**しりあげ**【尻上げ】〕

おいとく【置いとく】《動詞・カ行五段活用》 ①ものを置いたままにする。「その・ へん(辺)・に・ おいとい・てください。」②放置したままにする。「こんな・ とこ・に・ おいとい・たら・ じゃま(邪魔)に・ なる・がな。」③していたことを終える。途中で止める。「えー・ かげん・に・ し・て・ おいとこ・か。」◆もとは、動詞「おく【置く】」と助動詞「とく」が結びついたものであるが、一語に熟した意味・用法になっている。

おいどまくり【おいど捲り】《名詞、動詞する》 着物の後ろの裾をかかげて、その端を上の方にはさみこむこと。「すかーと(スカート)・の・ おいどまくり・を・ する。」◆ズボンの裾を大きくめくり上げることなどにも使う。「しりまくり【尻捲り】」よりも上品な言葉である。〔⇒**おいどからげ**【おいど絡げ】、**しりからげ**【尻絡げ】、**しりまくり**【尻捲り】、**しりめくり**【尻捲り】、**けつまくり**【穴捲り】、**けつめくり**【穴捲り】、**しりあげ**【尻上げ】〕

おいどむき【おいど向き】《名詞、動詞する》 ①その場の正面と反対の方向を向くこと。「おいどむき・に・ お(置)い・たら・ み(見)え・へん・がな。」②複数の人が互いに向かい合わないで、互いに後ろを向いた位置にあること。「ふたり(二人)・ずつ・ おいどむき・に・ た(立)ち・なはれ。」③他の人に、自分の後ろを見せる位置にあること。「おいどむき・に・ ある(歩)い・たら・ あむ(危)ない・やろ。」◆「しりむき【尻向き】」「けつむき【穴向き】」よりも上品な言葉である。〔⇒**うしろむき**【後ろ向き】、**おしろむき**【(後ろ向き)】、**しりむき**【尻向き】、**けつむき**【穴向き】〕

おいどむけ【おいど向き】《名詞、動詞する》 ①その場の正面と反対の方向に向けること。「おいどむけ・に・ いす(椅子)・を・ なら(並)べ・たら・ あか・ん・がな。」②複数の人が互いに向かい合わないで、互いに後ろを向いた位置になること。「ひと(一)つ・の・ いす(椅子)・に・ おいどむけし・て・ すわ(座)っ・とる。」③他の人に、自分の後ろを見せる位置になること。「おいどむけ・に・ た(立)た・んと・ まえ(前)・を・ む(向)き・なさい。」◆「しりむけ【尻向け】」「けつむけ【穴向け】」よりも上品な言葉である。〔⇒**うしろむけ**【後ろ向け】、**おしろむけ**【(後ろ向け)】、**しりむけ**【尻向け】、**けつ**

むけ【穴向け】〕

おいど(を)むける【おいど(を)向ける】《動詞・カ行下一段活用》 ①周りの者に、後ろを見せる。「おきゃく(客)さん・に・　おいどむけ・たら・　あか・ん・がな。」②互いに後ろを見せる位置にある。「みんな(皆)・で・　おいどをむけ・て・　まる(丸)く・　なり・ましょ・ー。」◆「しり(を)むける【尻(を)向ける】」「けつ(を)むける【穴(を)向ける】」よりも上品な言葉である。〔⇒**しり(を)むける**【尻(を)向ける】、**けつ(を)むける**【穴(を)向ける】〕

おいなはる《動詞・ハ行五段活用》 ①行くことの尊敬表現。いらっしゃる。「でんしゃ(電車)・に・　の(乗)っ・て・　きょー(今日)・は・　どこ・へ・　おいなはる・ん。」②来ることの尊敬表現。いらっしゃる。「あんた・は・　どこ・から・　おいなはっ・た・ん・です・か。」③おること、あることの尊敬表現。いらっしゃる。「じしん(地震)・の・　とき(時)・は・　どこ・に・　おいなはっ・た・ん・や。」◆もともとは「おいで【お出で】」＋「なはる」であるが、発音が融合して一語に熟しているとみることができる。〔⇒**おいんなはる**〕

おいぬく【追い抜く】《動詞・カ行五段活用》 ①自分より前を進んでいるものをとらえて、それより前に出る。「えきでん(駅伝)・で・　さんにん(三人)・を・　おいぬい・て・　はし(走)っ・た。」②力や能力などが、他の人よりも上になる。「せんぱい(先輩)・を・　おいぬい・て・　かかりちょー(係長)・に・　なる。」■名詞化＝**おいぬき**【追い抜き】〔⇒**おいこす**【追い越す】、**ぬかす**【抜かす】、**ぬく**【抜く】〕

おいはぎ【追い剥ぎ】《名詞、動詞する》 道を行く人を脅して、着ているものや持っている金品を奪うこと。また、それをする人。「いま(今)・でも・　ときどき(時々)・　おいはぎ・が・　で(出)る・ん・や・ぜ。」

おいはらう【追い払う】《動詞・ワア行五段活用》 じゃまになるものを無理に他の場所へ行かせる。追い立てて遠くへやる。「のらねこ(野良猫)・を・　あっち・の・　ほー(方)・へ・　おいはらう。」「て(手)ー・で・　はい(蝿)・を・　おいはらう。」〔⇒**おう**【追う】〕

おいまわす〔**おいまーす**〕【追い回す】《動詞・サ行五段活用》 ①逃げるものをあちらこちらへ、しつこく追いかける。動くものを追いかける。「はんしんたいがーす(阪神タイガース)・を・　おいまーし・て・　しあい(試合)・を・　み(見)・に・　い(行)っ・とる・ねん。」②休むことなく働かせる。「しごと(仕事)・に・　おいまーさ・れ・て・　にちよーび(日曜日)・が・　あら・へん・の・や。」〔⇒**おわえまわす**【追わえ回す】〕

おいもさん【お芋さん】《名詞》 薩摩芋、馬鈴薯、里芋など、食べ物としての芋類。「おいもさん・を・　む(蒸)し・て・　た(食)べる。」◆食べ物に「お…さん」を付ける言い方は、他に「おかい(粥)さん」「おまめ(豆)さん」などがある。豆は「まめさん」とも言うが、芋を「いもさん」と言うことはない。粥も「かいさん」とは言わない。〔⇒**いも**【芋】〕

おいら〔**おいらー**〕【(俺ら)】《名詞》 ①自分たちを指す言葉。「おいらー・は・　こーとーがっこー(高等学校)・の・　どーきゅーせー(同級生)・や。」②遠慮したり卑下したりする気持ちをこめて、自分自身を指す言葉。「おいら・　うた(歌)・は・　へた(下手)や・ねん。」〔⇒**あしら、あっしら、あてら、うちら**【内ら】、**わたいら**【(私ら)】、**わいら**【(我ら)】、**わしら、わっしら**【(私ら)】、**わたしら**【私ら】、**わてら、おれら**【俺ら】、**おらら**【(俺ら)】、**ぼくら**【僕ら】〕

オイル〔**おいる**〕【英語＝oil】《名詞》 ①水と混ざらない、燃えやすい液体。石油の類。「おいる・が・　ねあ(値上)がりし・た。」②植物の実や種などからとれる、水と混ざらない、燃えやすい液体。食用油。「なたね(菜種)・の・　おいる・で・　あ(揚)げる。」③機械などが摩擦などに妨げられず滑らかに動くようにする油。潤滑油。「じてんしゃ(自転車)・に・　おいる・を・　さ(注)す。」〔⇒**あぶら**【油】〕

おいんなはる《動詞・ハ行五段活用》 ①行くことの尊敬表現。いらっしゃる。「きのー(昨日)・は・　どこ・へ・　おいんなはっ・た・ん・です・か。」②来ることの尊敬表現。いらっしゃる。「ここ・へ・　いつ・　おいんなはっ・た・ん・です・か。」「こっち・の・　ほー(方)・が・　す(空)い・とる・さかい・　おいんなはれ。」③おること、あることの尊敬表現。いらっしゃる。「こども(子供)さん・は・　なんにん(何人)・　おいんなはる・の。」◆もともとは「おいで【お出で】」＋「なはる」であるが、発音が融合して一語に熟しているとみることができる。〔⇒**おいなはる**〕

おう〔**おー**〕【王】《名詞》 ①国や領地を治める、最高の位の人。「みなみ(南)・の・　しま(島)・の・　おーさん・が・　で(出)・てくる・　はなし(話)・や。」②何かのことに最も優れている人。「ことし(今年)・の・　ほーむらん(ホームラン)おー・に・　なっ・た。」③相手に攻められて動けなくなったとき、将棋が負けとなる最も重要な駒。王将。「おー・を・　うご(動)け・ん・よーに・　する。」

おう〔**おー**〕【追う】《動詞・ワア行五段活用》 ①目的の場所に誘導するために、せきたてて前に進ませる。「うし(牛)・を・　やま(山)・の・　ほー(方)・へ・　おー・ていく。」②じゃまになるものを無理に他の場所へ行かせる。追い立てて遠くへやる。「おー・ても・　まだ・　か(蚊)ー・が・　と(飛)ん・どる。」〔②⇒**おいはらう**【追い払う】〕

おう〔**おー**〕【負う】《動詞・ワア行五段活用》 人やものを背中や肩にのせて持つ。人をおぶさるようにさせる。「ねんねこ・で・　こども(子供)・を・　おー・ていく。」「ふろしきづつ(風呂敷包)み・を・　おー・て・　ある(歩)く。」■他動詞は「おわす【負わす】」〔⇒**おたす**〕

おう〔**おー**〕《感動詞》 相手の呼びかけなどに応じて発する声。「おー。よー・　き(聞)こえ・とる・ぞー。」◆ぞんざいな応え方、えらそうにしている応え方という印象が伴う。

おうえん〔**おーえん**〕【応援】《名詞、動詞する》 ①困っている人や、自分と関係のある人を励ますこと。ひいきの人に肩入れをすること。「おうえんし・て・　きふ(寄付)・を・　する。」②競技や試合をしているときに、声を出したり拍手をしたりして、味方の選手を元気づけること。「すたんど(スタンド)・から・　じぶん(自分)ら・の・　がっこー(学校)・の・　ちーむ(チーム)・を・　おーえんする。」

おうかん〔**おーかん**〕【王冠】《名詞》 ①王の被るかんむり。優勝者にかぶせるかんむり。「きん(金)・や・　だいやもんど(ダイヤモンド)・で・　でけ(出来)・とる・　おーかん・を・　かぶ(被)っ・とる。」②ガラス瓶の口金。「いっしょーびん(一升瓶)・の・　おーかん・を・　あ(開)け・て・　さけ(酒)・を・　つ(注)ぐ。」

おうぎ〔**おーぎ**〕【扇】《名詞》 木や竹などで作った骨に紙や布などを張り、折り畳めるようしたもので、手に持ってあおいだり、儀式や舞踊などで手に持ったりする道具。「おど(踊)り・に・　つか(使)う・　おーぎ・に・

え(絵)・を・　か(描)く。」〔⇒**せんす【扇子】**〕

おうぎがた〔**おーぎがた**〕【**扇形**】《名詞》 せんすを開いたような形。円周の一部とその円の２つの半径によって囲まれたような形。「こーべ(神戸)・の・　みなと(港)・は・　おーぎがた・に・　なっ・とる。」

おうじ〔**おーじ**〕【**王子**】《名詞》 王の息子。「おーじさん・が・　で(出)・てくる・　おはなし(話)・が・　す(好)きや。」

おうじょう〔**おーじょー**〕【**往生**】《名詞、動詞する》 ①死ぬこと。極楽浄土に生まれ変わること。「おじー(祖父)さん・は・　きゅーじゅーご(九十五)・まで・　い(生)き・て・　だい(大)おーじょー・や。」「ながい(長生)きし・て・　え(良)ー・　おーじょーし・なはっ・た。」②どうしたらよいか困り果てること。行き詰まって動きがとれなくなること。「きゅー(急)に・　おーあめ(大雨)・に・　ふ(降)ら・れ・て・　おーじょーし・た。」「どない・　こた(答)え・たら・　え(良)ー・の・か・　わから・んで・おーじょーし・た。」

おうしん〔**おーしん**〕【**往診**】《名詞、動詞する》 医者が病人の家へ出向いて診察をすること。「おーしん・に・　き(来)・てくれる・　しんせつ(親切)な・　せんせー(先生)・や。」

おうせつしつ〔**おーせつしつ**〕【**応接室**】《名詞》 会社・学校などで、来客の相手をする、主として洋式の部屋。「おーせつしつ・で・　なが(長)いこと・　ま(待)た・さ・れ・た。」〔⇒**おうせつま【応接間】**〕

おうせつま〔**おーせつま**〕【**応接間**】《名詞》 民家などで、来客の相手をする、主として和式の部屋。「げんかん(玄関)・を・　はい(入)っ・た・　みぎて(右手)・が・　おーせつま・や。」〔⇒**おうせつしつ【応接室】**〕

おうだん〔**おーだん**〕【**横断**】《名詞、動詞する》 道路などのように、細長く面のようになっているものを横切って通ること。一方の側から向かい側へ、まっすぐに行くこと。「しんごー(信号)・の・　ある・　とこ(所)・で・　みち(道)・を・　おーだんする。」

おうだんほどう〔**おーだんほどー**〕【**横断歩道**】《名詞》 交通の激しい道路で、人が車道を横切るために、しるしを付けて指定している場所。「おーだんほどー・でも・　じこ(事故)・は・　お(起)きる・ん・や。」

おうち【**お家**】《名詞》 ①敬意を込めて相手を指す言葉。「おうち・も・　いっしょ(一緒)に・　い(行)っ・てくれ・ませ・んか。」②あなたの家。「おうち・は・　えき(駅)・から・　どっち・の・　ほーがく(方角)・です・か。」③あなたの家庭。あなたの家族。「おうち・は・　みんな・　しばい(芝居)・が・　す(好)きや・ねん・なー。」〔⇒**おたく【お宅】**。①⇒**あんた【(貴方)】、あなた【貴方】、おまはん【(お前はん)】**。②③⇒**あんたとこ【あんた所】、あんたね【(あんた家)】**〕

おうちゃく〔**おーちゃく**〕【**横着**】《形容動詞や(ナ)、動詞する》 手を抜いて怠ける様子。すべきことを積極的に行わない様子。細かなことには気をつかわずに、図々しくふるまう様子。「すわ(座)っ・た・まま・　あいさつ(挨拶)する・よーな・　おーちゃくな・　やつ(奴)・に・は・　はら(腹)・が・　た(立)つ。」「おーちゃくし・て・　じぶん(自分)・で・　しよ・ー・と・　せー・へん。」

おうて〔**おーて**〕【**王手**】《名詞》 ①将棋で、相手の王を追いつめて、取ろうとするやり方。「この・　こま(駒)・を・　ここ・へ・　うご(動)かし・たら・　おーて・や・ぞ。」②もう少しでものごとが成し遂げられる段階。「きょー(今日)・　か(勝)っ・たら・　ゆーしょー(優勝)・に・　おーて・や。」

おうどいろ〔**おーどいろ**〕【**黄土色**】《名詞》 黄色みを帯びた茶色。「ちゃいろ(茶色)・と・　きいろ(黄色)・の・　えのぐ(絵具)・を・　ま(混)ぜ・て・　おーどいろ・を・　こしらえる。」

おうふく〔**おーふく**〕【**往復**】《名詞、動詞する》 ある場所まで行って、またもとの場所に戻ること。行ったり来たりすること。「がっこー(学校)・まで・　はんじかん(半時間)・で・　おーふくする。」■対語＝「かたみち【片道】」

おうふくはがき〔**おーふくはがき**〕【**往復葉書**】《名詞》 往信部分と返信部分が一続きになっている葉書。「どーそーかい(同窓会)・の・　あんない(案内)・を・　おーふくはがき・で・　だ(出)す。」

おうぼ〔**おーぼ**〕【**応募**】《名詞、動詞する》 募集しているところに申し込んだり集まったりすること。「けんしょー(懸賞)・に・　おーぼし・た・けど・　あ(当)たら・なんだ。」

おうむ〔**おーむ**〕【**鸚鵡**】《名詞》 熱帯の森林にすみ、頭に冠があってくちばしは曲がっていて、人の言葉の真似ができる鳥。「どーぶつえん(動物園)・の・　おーむ・が・　もの・を・　ゆ(言)ー・た。」

おうよう〔**おーよー**〕【**応用**】《名詞、動詞する》 得た知識や原理などを、他の場合や実際のものに当てはめて活用すること。「けーさん(計算)・の・　おーよー・の・　もんだい(問題)・が・　むつか(難)しい。」

おうよう〔**おーよー**〕【**鷹揚**】《形容動詞や(ナ)》 ゆったりとして大らかな様子。細かなことにこだわらない様子。「おーよーで・　しょーしょー(少々)・の・　こと・で・は・　おこ(怒)ら・へん・　ひと(人)・や。」

おお〔**おー**〕《感動詞》 ①人に応えて返事をしたり、承諾の気持ちを表したりするときに発する言葉。「おー。なん(何)・か・　ゆ(言)ー・た・か。」「おー。おまえ(前)・の・　ゆ(言)ー・とおり・や。」②感動したり驚いたりしたときに発する言葉。「おー・　さぶ(寒)い。」

おお〔**おー**〕【**大**】《接頭語》 大きい、多い、優れているというような意味を添える言葉。「おーごえ(声)・で・　ひと(人)・を・　よ(呼)ぶ。」「おーじしん(地震)・で・　びっくりし・た。」「あんた・が・　てつど(手伝)ー・てくれ・て・　おーだす(助)かりや。」「ふくび(福引)き・で・　おーあ(当)たり・に・　なっ・た。」「おーどー(通)り」「おーがた(型)」「おーいそ(急)ぎ」

おおあめ〔**おーあめ**〕【**大雨**】《名詞》 激しくたくさん降る雨。豪雨。「たいふー(台風)・が・　き(来)・て・　おーあめ・が・　ふ(降)っ・た。」■対語＝「こさめ【小雨】」

おおあらし【**大嵐**】《名詞》 雨を伴ってとりわけ激しく吹き荒れる風。「おおあらし・で・　やね(屋根)・の・　かーら(瓦)・が・　と(飛)ん・だ。」

おおい〔**おーい**〕【**覆い、被い**】《名詞、動詞する》 ものが隠れるように、かぶせたり包んだりすること。また、それに用いるもの。「しゃこ(車庫)・に・　あめよ(雨除)け・の・　おーい・を・　つく(作)る。」「はたけ(畑)・に・　さむ(寒)さよけ・の・　おーい・を・　する。」

おおい〔**おーい**〕【**多い**】《形容詞・オイ型》 数や量がたくさんある。基準とする数や量よりも大きい。「さんか(参加)し・たい・と・　かんが(考)え・とる・　きぼーしゃ(希望者)・が・　おーい。」「てーいん(定員)・より・も・　おーい・　ひと(人)・が・　ごーかく(合格)し・た。」■対語＝「すくない【少ない】」「すけない【(少ない)】」〔⇒**おかい【(多い)】、ようけ、ようさん【(仰山)】、ぎょう**

さん【仰山】、じょうさん【(仰山)】、どっさり、たくさん【沢山】、たんと、やっと、いっぱい【一杯】〕

おおい〔おーい〕《感動詞》　離れた所にいる人に呼びかけたり応えたりするときに、大きな声で発する言葉。「おーい。き(聞)こえる・かー。き(聞)こえ・たら・　へんじ(返事)し・てくれー。」

おおいめ〔おーいめ〕【多いめ】《名詞、形容動詞や(ノ)》　ものの数や量が、やや多数であること。普通に比べて、あるいは予期していたことに比べて多いと思われること。「がそりん(ガソリン)・を・　おーいめに・　い(入)れる。」■対語＝「すくないめ【少ないめ】」〔⇒おおめ【多め】、おかいめ【(多いめ)】〕

おおいり〔おーいり〕【大入り】《名詞、形容動詞や(ノ)》　見せ物や観光の施設などで、客がおおぜい入ること。「えーがかん(映画館)・が・　おーいりで・　まんいん(満員)・や。」

おおがかり〔おーがかり〕【大掛かり】《形容動詞や(ナ・ノ)》　規模や仕組みなどが大きい様子。人手や費用などが多く必要な様子。「おーがかりな・　しゅくがかい(祝賀会)・を・　ひら(開)く。」「おーがかりな・　きかい(機械)・が・　いっぱい(一杯)・　ある・　こーじょー(工場)・や。」

おおかぜ〔おーかぜ〕【大風】《名詞》　①強く激しく吹く風。「おーかぜ・が・　ふ(吹)い・て・　さくら(桜)・が・　ち(散)っ・た。」②夏や秋の季節を中心にして、熱帯地方の海上で発生して、日本やアジア大陸沿岸などを襲う強い暴風雨。「にひゃくとーか(二百十日)・に・　おーかぜ・が・　やっ・てくる。」〔②⇒たいふう【台風】〕

おおかた〔おーかた〕【大方】《名詞、副詞》　①物事の量や範囲についての大部分。ものごとの大まかな全体。すべてに行きわたってはいないが、主要なところすべてが、そのようである様子。「あんないじょー(案内状)・を・　だ(出)し・たら・　おーかた・の・　ひと(人)・が・　き(来)・た。」「しくだい(宿題)・は・　おーかた・　できあ(出来上)がっ・た。」②もうすこしで、そのようになるという様子を表す言葉。「おーかた・　みぞ(溝)・に・　はまり・かけ・た。」③そのようになる可能性が高いだろうということを表す言葉。「おーかた・　あした(明日)・は・　あめ(雨)・やろ。」〔①⇒たいてい【大抵】、たいがい【大概】、だいたい【大体】、ほとんど【殆ど】、おおむね【概ね】、あらかた【粗方】、あらまし、ふつう【普通】〕

おおがた〔おーがた〕【大型、大形】《名詞》　形が大きいこと。規模が大きいこと。同類のものの中で、他と違って大きいこと。また、そのようなもの。「ろくじゅーにんの(六十人乗)り・の・　おーがた・の・　ばす(バス)・で・　えんそく(遠足)・に・　い(行)っ・た。」■対語＝「こがた【小型、小形】」

おおかみ〔おーかみ〕【狼】《名詞》　明治時代まで日本の山野にもすんでいた、犬に似て、犬よりも荒々しい性質を持った動物。「むら(村)・の・　ちか(近)く・まで・　おおかみ・が・　で(出)・てき・た・そーや。」〔⇒おおかめ【(狼)】〕

おおかめ〔おーかめ〕【(狼)】《名詞》　明治時代まで日本の山野にもすんでいた、犬に似て、犬よりも荒々しい性質を持った動物。「いま(今)・は・　もー・　おーかめ・は・　おら・へん。」〔⇒おおかみ【狼】〕

おおがら〔おーがら〕【大柄】《名詞、形容動詞や(ナ・ノ)》　①体つきや形が普通よりも大きいこと。「おーがらの・　じゅーどーせんしゅ(柔道選手)・や・さかい・　つよ(強)かっ・た。」②柄や模様が普通よりも大きいこと。「おーがらな・　はなもよー(花模様)・の・　ふく(服)・を・　き(着)る。」■対語＝「こがら【小柄】」

おおき〔おーき〕《副詞に》　ものごとの程度が甚だしい様子。「おーき・　しんどい・　しごと(仕事)・やっ・た。」「おーき・　ごくろー(苦労)さん・や・なー。」〔⇒えらい、えろう、ごっつい、ごっつう、おおけ、おおけごっつい、おおけごっつう、おおきごっつい、おおきごっつう〕

おおき〔おーき〕【大き】《感動詞》　相手に対する感謝の気持ちやお礼の気持ちなどを表すときに使う言葉。「おーき。きのー(昨日)・は・　せわ(世話)・に・　なり・まし・た。」〔⇒おおきに【大きに】、おおけ【大け】、おおけに【大けに】、おっき【大っき】、おっきに【大っきに】、おっけ【大っけ】、おっけに【大っけに】、ありがとう【有り難う】、サンキュー【英語＝thank you】〕

おおきい〔おーきー〕【大きい】《形容詞・イイ型》　①体積があって、たくさんの場所を占めている。「きゅーしゅーい(九州行)き・の・　おーきー・　ふね(船)・が・　とー(通)っ・とる。」②面積が広い。「おーきー・　うんどーじょー(運動場)・や・さかい・　の(伸)びのびと・　つか(使)える。」③背丈などが高い。「おーきー・　びる(ビル)・の・　ごかい(五階)・が・　じむしょ(事務所)・や。」④数や程度が甚だしい。「おーきー・　まちが(間違)い・を・　し・ても・た。」⑤年が上である。「おーきー・　にー(兄)ちゃん・と・　あそ(遊)ぶ。」■対語＝「ちいさい【小さい】」「ちさい【小さい】」「ちっさい【小っさい】」「ちいこい【小こい】」「ちっこい【小っこい】」「ちっちゃい【小っちゃい】」「こまい【小まい】」「こんまい【小まい】」〔⇒おっきい【大っきい】、おおけえ【大けえ】、おっけえ【(大けえ)】、ごっつい、ごつい〕

おおきいこまい〔おーきーこまい〕【大きい小まい】《名詞》　大きいものと小さいもの。また、その差。「すいか(西瓜)・を・　き(切)っ・たら・　おーきーこまい・が・　でけ(出来)・ても・た。」〔⇒おおけえこまい【大きえ小まい】、だいしょう【大小】〕

おおきいめ〔おーきーめ〕【大きい目】《名詞、形容動詞や(ノ)》　ものの大きさが、少し大きいこと。比較的大きいと思われること。「おーきーめの・　はこ(箱)・に・　い(入)れ・て・　おく(送)る。」■対語＝「こまいめ【小まい目】」「こんまいめ【小んまい目】」「ちいさいめ【(小さい目)】」「ちいさめ【小さ目】」「ちっこいめ【小っこい目】」「ちっちゃいめ【小っちゃい目】」〔⇒おおきめ【大き目】、おおけめ【大け目】、おっきめ【大っき目】、おっけめ【大っけ目】、おおけえめ【大けえ目】、おっきいめ【大っきい目】、おっけえめ【大っけえ目】、ごっつめ【ごっつ目】、ごっついめ【ごっつい目】〕

おおきごっつい〔おーきごっつい〕《副詞に》　ものごとの程度が甚だしい様子。「おーきごっつい・　もー(儲)かる・　しごと(仕事)・や・そーや・ぜ。」〔⇒えらい、えろう、ごっつい、ごっつう、おおけ、おおき、おおけごっつい、おおけごっつう、おおきごっつう〕

おおきごっつう〔おーきごっつー〕《副詞に》　ものごとの程度が甚だしい様子。「おき(隠岐)のしま・に・　い(行)く・ねん・けど・　じかん(時間)・が・　おーきごっつー・　かかる・ねん。」〔⇒えらい、えろう、ごっつい、ごっつう、おおけ、おおき、おおけごっつい、おおけごっつう、おおきごっつい〕

おおきする〔おーきする〕【大きする】《動詞・サ行変格活用》　①人や動物や植物などを育てる。「こども(子供)・

ひとり(一人)・を・　おーきする・の・は・　えらい・こと・や。」②会社や組織などを発展させる。程度や規模などを拡大する。「やおや(八百屋)・の・　みせ(店)・を・　おーきし・た。」■自動詞は「おおきなる【大きなる】」■対語＝②「ちいさする【小さする】」「ちいそする【小そする】」「ちっさする【小っさする】」「ちっそする【小っそする】」〔⇒**おおけする**【大けする】、**おっきする**【大っきする】、**おっけする**【大っけする】、**ごっつする**〕

おおきな〔**おーきな**〕【大きな】《連体詞》①体積があって、たくさんの場所を占めている。「おーきな・　たる(樽)・が・　なら(並)ん・どる。」②面積が広い。「ちか(近)く・に・　おーきな・　こーえん(公園)・が・　ある。」③背丈などが高い。「おーきな・　たけ(竹)・が・　は(生)え・とる。」④数や程度が甚だしい。「おーきな・　しゃっきん(借金)・が・　ある。」「おーきな・　あめ(雨)に・　ふ(降)ら・れ・た。」⑤年が上である。「わし・より・　みっ(三)つ・　おーきな・　せんぱい(先輩)・や。」〔⇒**おおけな**【大けな】、**おっきな**【大っきな】、**おっけな**【大っけな】〕

おおきなる〔**おーきなる**〕【大きなる】《動詞・ラ行五段活用》①人や動物や植物などが成長する。「まご(孫)はん・は・　おーきなっ・て・　もー・　しょーがっこー(小学校)・に・　はい(入)る・ん・や・なー。」②会社や組織などが発展する。程度や規模などが拡大する。「はんじょー(繁盛)し・て・　かいしゃ(会社)・が・　おーきなる。」■他動詞は「おおきする【大きする】」■対語＝②「ちいさなる【小さなる】」「ちいそなる【小そなる】」「ちっさなる【小っさなる】」「ちっそなる【小っそなる】」〔⇒**おおけなる**【大けなる】、**おっきなる**【大っきなる】、**おっけなる**【大っけなる】、**ごっつなる**〕

おおきに〔**おーきに**〕【大きに】《感動詞》　相手に対する感謝の気持ちやお礼の気持ちなどを表すときに使う言葉。「どーも・　おーきに。なん(何)・ど・　また・　れー(礼)・を・　さし・てもらい・ます。」◆深く感謝やお礼の気持ちを表すときには「おおきにありがとうございます【大きに有り難うございます】」「おおきにありがとうさん【大きに有り難うさん】」と言うことがある。「いろいろ・　せわ(世話)・に・　なっ・て・　おーきにありがとさん。」〔⇒**おおけに**【大けに】、**おっきに**【大っきに】、**おっけに**【大っけに】、**おおき**【大き】、**おおけ**【大け】、**おっけ**【大っけ】、**おっき**【大っき】、**ありがとう**【有り難う】、**サンキュー**【英語＝ thank you】〕

おおきめ〔**おーきめ**〕【大き目】《名詞、形容動詞や(ノ)》　ものの大きさが、少し大きいこと。比較的大きいと思われること。「おーきめの・　くつ(靴)・を・　は(履)い・とっ・た・さかい・　ぬ(脱)げ・ても・た。」「この・　べんとばこ(弁当箱)・は・　ちょっと・　おーきめや。」■対語＝「こまいめ【小まい目】」「こんまいめ【小んまい目】」「ちいさいめ【(小さい目)】」「ちいさめ【小さ目】」「ちっこいめ【小っこい目】」「ちっちゃいめ【小っちゃい目】」〔⇒**おおきいめ**【大きい目】、**おおけめ**【大け目】、**おっきめ**【大っき目】、**おっけめ**【大っけ目】、**おおけえめ**【大けえ目】、**おっきいめ**【大っきい目】、**おっけえめ**【大っけえ目】、**ごっつめ**【ごっつ目】、**ごっついめ**【ごっつい目】〕

おおくぼ〔**おーくぼ**〕【大久保】《固有名詞》①明石市の西部にある町名のひとつで、1951年(昭和26年)の合併前は明石郡大久保町であった地域。「わしら・の・ころ(頃)・は・　おーくぼ・は・　ちゅーがっこー(中学校)・が・　ひと(一)つ・だけ・やっ・た。」②ＪＲ山陽線(神戸線)の駅およびその周辺。「おーくぼ・は・　こーべしえーばす(神戸市営バス)・も・　の(乗)りいれ・とる。」「おーくぼ・で・　かいもん(買物)・を・　する。」

おおけ〔**おーけ**〕《副詞に》　ものごとの程度が甚だしい様子。「おーけに・　くろー(苦労)・を・　かけ・た・なー。」「おーけ・　せわ(世話)・に・　なり・まし・た・な。」〔⇒**えらい**、**えろう**、**ごっつい**、**ごっつう**、**おおき**、**おおけごっつい**、**おおけごっつう**、**おおきごっつい**、**おおきごっつう**〕

おおけ〔**おーけ**〕【大け】《感動詞》　相手に対する感謝の気持ちやお礼の気持ちなどを表すときに使う言葉。「おおけ。こんな・　え(良)ー・　もん(物)・を・　もろ(貰)・て・　うれ(嬉)しー・なー。」「おーけ・　おーけ。たす(助)け・てくれ・て・　ありがたい・なー。」〔⇒**おおきに**【大きに】、**おおけに**【大けに】、**おっきに**【大っきに】、**おっけに**【大っけに】、**おおき**【大き】、**おっけ**【大っけ】、**おっき**【大っき】、**ありがとう**【有り難う】、**サンキュー**【英語＝ thank you】〕

おおけえ〔**おーけー**〕【大けえ】《形容詞・エエ型》①体積があって、たくさんの場所を占めている。「もっと・　おーけー・　いれもん(入物)・が・　ほ(欲)しい。」「おおけー・　がすたんく(ガスタンク)・が・　み(見)える。」②面積が広い。「もっと・　おーけー・　かみ(紙)・が・　ほ(欲)しー・ねん。」「あんたとこ・の・は・　おーけー・　たんぼ(田圃)・や・のー。」③背丈などが高い。「おーけー・　びる(ビル)・が・　ぎょーさん(仰山)・　なら(並)ん・どる。」「せ(背)ー・の・　おおけー・　ひと(人)・が・　き(来)・た。」④数や程度が甚だしい。「おおけー・　もー(儲)かっ・た・そーや。」「そんな・　こと(事)・は・　おーけー・　おせわ(世話)・や。」⑤年が上である。「おーけー・　ひと(人)・から・　おし(教)え・てもらう。」「おーけー・　こ(子)ー・と・　けんか(喧嘩)し・たら・　か(勝)た・れ・へん・よ。」■対語＝「ちいさい【小さい】」「ちさい【小さい】」「ちっさい【小っさい】」「ちいこい【小こい】」「ちっこい【小っこい】」「ちっちゃい【小っちゃい】」「こまい【小まい】」「こんまい【小まい】」〔⇒**おおきい**【大きい】、**おっきい**【大っきい】、**おっけえ**【(大けえ)】、**ごっつい**、**ごつい**〕

オーケー〔**おーけー**〕【英語＝Ｏ．Ｋ．】《名詞、動詞する》わかったということ。了解したということ。同意したということ。許可したということ。「たの(頼)ま・れ・た・　こと・を・　おーけーし・て・　じゅんび(準備)・を・はじ(始)める。」〔⇒**オーライ**【英語＝ all right】、**オッケー**【英語＝Ｏ．Ｋ．】〕

オーケー〔**おーけー**〕【英語＝Ｏ．Ｋ．】《感動詞》　承知したり、許可したりしたときに発する言葉。わかった。よろしい。承知した。「おーけー。まか(任)し・とい・てんか。」〔⇒**オーライ**【英語＝ all right】、**オッケー**【英語＝Ｏ．Ｋ．】〕

おおけえこまい〔**おーけーこまい**〕【大けえ小まい】《名詞》　大きいものと小さいもの。また、その差。「ふくろ(袋)・の・　なか(中)・に・　おーけーこまい・の・　とまと(トマト)・が・　いっぱい・　はい(入)っ・とっ・た。」〔⇒**おおきいこまい**【大きい小まい】、**だいしょう**【大小】〕

おおけえめ〔**おーけーめ**〕【大けえ目】《名詞、形容動詞や(ノ)》　ものの大きさが、少し大きいこと。比較的大きいと思われること。「おーけーめの・　ふくろ(袋)・を・　も(持)っ・ていく。」■対語＝「こまいめ【小まい目】」「こんまいめ【小んまい目】」「ちいさいめ【(小さい目)】」「ちいさめ【小さ目】」「ちっこいめ【小っこい目】」「ちっちゃいめ【小っちゃい目】」〔⇒**おおきいめ【大きい目】、おおきめ【大き目】、おおけめ【大け目】、おっきめ【大っき目】、おっけめ【大っけ目】、おっきいめ【大っきい目】、おっけえめ【大っけえ目】、ごっつめ【ごっつ目】、ごっついめ【ごっつい目】**〕

おおけが〔**おーけが**〕【**大怪我**】《名詞、動詞する》 命にかかわるほどの重い傷。「うま(馬)・から・ お(落)ち・て・ おーけがし・た。」〔⇒**じゅうしょう【重傷】**〕

おおけごっつい〔**おーけごっつい**〕《副詞に》 ものごとの程度が甚だしい様子。「おーけごっつい・ とー(遠)い・ とこ(所)・まで・ い(行)く・ん・や・なー。」〔⇒**えらい、えろう、ごっつい、ごっつう、おおけ、おおき、おおけごっつう、おおきごっつい、おおきごっつう**〕

おおけごっつう〔**おーけごっつー**〕《副詞に》 ものごとの程度が甚だしい様子。「その・ にもつ(荷物)・は・ おーけごっつー・ おも(重)たかっ・た・やろ。」〔⇒**えらい、えろう、ごっつい、ごっつう、おおけ、おおき、おおけごっつい、おおきごっつい、おおきごっつう**〕

おおげさ〔**おーげさ**〕【**大袈裟**】《形容動詞や(ナ)》 実際以上のように誇張して言ったりしたりする様子。普通の程度を超えている様子。「おーげさな・ はなし(話)・や・さかい・ しんよー(信用)・が・ でけ(出来)・へん。」

おおけする〔**おーけする**〕【**大けする**】《動詞・サ行変格活用》 ①人や動物や植物などを育てる。「せんそーちゅー(戦争中)・に・ むすこ(息子)・ ふたり(二人)・を・ おーけし・た・ん・や。」「みず(水)・を・ やっ・て・ き(木)・を・ おーけする。」②会社や組織などを発展させる。程度や規模などを拡大する。「いちだい(一代)・で・ かいしゃ(会社)・を・ おーけし・た。」■自動詞は「おおけなる【大けなる】」■対語=②「ちいさする【小さする】」「ちいそする【小そする】」「ちっさする【小っさする】」「ちっそする【小っそする】」〔⇒**おおきする【大きする】、おっきする【大っきする】、おっけする【大っけする】、ごっつする**〕

おおけな〔**おーけな**〕【**大けな**】《連体詞》 ①体積があって、たくさんの場所を占めている。「おーけな・ いえ(家)・を・ た(建)て・た・ん・や・なー。」「おーけな・ ぼーる(ボール)・や・さかい・ う(受)けにくい。」②面積が広い。「おーけな・ ふーとー(封筒)・に・ い(入)れる。」③背丈などが高い。「おーけな・ こっきけーよーちゅー(国旗掲揚柱)・が・ でけ・た。」④数や程度が甚だしい。「おーけな・ きんがく(金額)・や・から・ じゅんび(準備)する・の・が・ むつか(難)しー。」「おーけな・ もー(儲)け・に・ なる。」⑤年が上である。「おーけな・ ひと(人)・に・は・ さか(逆)らわ・れ・へん。」〔⇒**おおきな【大きな】、おっきな【大っきな】、おっけな【大っけな】**〕

おおけなる〔**おーけなる**〕【**大けなる**】《動詞・ラ行五段活用》 ①人や動物や植物などが成長する。「こども(子供)・が・ おーけなっ・て・ て(手)ー・が・ かから・ん・よーに・ なっ・た。」②会社や組織などが発展する。程度や規模などが拡大する。「こ(小)まい・ かいしゃ(会社)・が・ だんだん(段々)・ おーけなっ・た。」■他動詞は「おおけする【大けする】」■対語=②「ちいさなる【小さなる】」「ちいそなる【小そなる】」「ちっさなる【小っさなる】」「ちっそなる【小っそなる】」〔⇒**おおきなる【大きなる】、おっきなる【大っきなる】、おっけなる【大っけなる】、ごっつなる**〕

おおけに〔**おーけに**〕【**大けに**】《感動詞》 相手に対する感謝の気持ちやお礼の気持ちなどを表すときに使う言葉。「おおけに。ま(待)っ・てもろ・て・ ありがたい・こと・です。」「おーけに。また・ き(来)・て・な。」◆深く感謝やお礼の気持ちを表すときには「おおけにありがとうございます【大けに有り難うございます】」「おおけにありがとうさん【大けに有り難うさん】」と言うことがある。「きのー(昨日)・は・ おーけにありがとさん。」感謝の意味の他に、ものごとを断る意味で使うこともある。〔⇒**おおきに【大きに】、おっきに【大っきに】、おっけに【大っけに】、おおき【大き】、おおけ【大け】、おっけ【大っけ】、おっき【大っき】、ありがとう【有り難う】、サンキュー【英語= thank you】**〕

おおけめ〔**おーけめ**〕【**大け目**】《名詞、形容動詞や(ノ)》 ものの大きさが、少し大きいこと。比較的大きいと思われること。「ひょーし(表紙)・に・ おーけめの・ じ(字)ー・を・ か(書)く。」「しゃべ(喋)る・ こえ(声)・は・ おーけめの・ ほー(方)・が・ ありがたい。」■対語=「こまいめ【小まい目】」「こんまいめ【小んまい目】」「ちいさいめ【(小さい目)】」「ちいさめ【小さ目】」「ちっこいめ【小っこい目】」「ちっちゃいめ【小っちゃい目】」〔⇒**おおきいめ【大きい目】、おおきめ【大き目】、おっきめ【大っき目】、おっけめ【大っけ目】、おおけえめ【大けえ目】、おっきいめ【大っきい目】、おっけえめ【大っけえ目】、ごっつめ【ごっつ目】、ごっついめ【ごっつい目】**〕

おおげんとう〔**おーげんとー、おーげんと**〕【**大見当**】《名詞、形容動詞や(ノ)》 あれこれと推測し大きく全体の見込みをつけること。たぶんそうであろうと推しはかること。大抵の場合に当てはまること。「おーげんとーの・ けーさん(計算)・で・ ゆ(言)ー・たら・ まだ・ いっしゅーかん(一週間)・ぐらい・は・ か(掛)かる・やろ・と・ おも(思)う・ねん。」「おーげんとで・ こた(答)え・たら・ お(合)ー・とっ・た。」

おおごと〔**おーごと**〕【**大事**】《名詞、形容動詞や(ノ)》 ①重大な事柄。致命的になる事柄。大事件。「とーさん(倒産)し・たら・ おおごとや・ぞ。」②広く公にする事柄。「おーごとに・ せ・んと・ おさ(収)め・とき。」

おおざっぱ〔**おーざっぱ**〕【**大雑把**】《形容動詞や(ナ)》 細かいことにこだわらない様子。細かいことに注意が行き届かない様子。細かな点を無視して、全体を大きくつかむ様子。「あいつ・は・ おーざっぱな・ にんげん(人間)・や・さかい・ あんまり・ あて・に・ なら・へん・ぞ。」「おおざっぱな・ かず(数)・で・ かんが(考)え・てください。」〔⇒**おおまか【大まか】**〕

おおしお〔**おーしお**〕【**大潮**】《名詞》 新月・満月のときに起こる、満ち潮と引き潮の差が大きいこと。また、その時期。「あした(明日)・は・ おーしお・や・さかい・ かいほ(貝掘)り・に・ い(行)か・へん・か。」

おおすじ〔**おーすじ**〕【**大筋**】《名詞》 ものごとの中心になるところ。大きくつかんだ内容。「おーすじ・は・ その・ とー(通)り・や・けど・ こま(細)かい・ こと(事)・は・ ちょっと・ ちが(違)う・ねん。」〔⇒**あらまし**〕

おおずもう〔**おーずもー**〕【**大相撲**】《名詞》 それを職業とする力士によって興行される相撲。「おーずもー・の・ はるばしょ(春場所)・が・ いよいよ・ はじ(始)まっ・た。」

おおぜい〔**おーぜー**〕【**大勢**】《名詞、形容動詞や(ノ)》 何かをしたり何かに属したりする人数が多いこと。「まつり(祭)・は・ おーぜーの・ ひとで(人出)・が・ あっ・た。」「しんせき(親戚)・の・ とこ(所)・へ・ おーぜー・が・ お(押)しかける。」

おおぜき〔**おーぜき**〕【大関】《名詞》 相撲で三役の最上位にあって、横綱の次の位。「こんど(今度)・の・ ばしょ(場所)・は・ おーぜき・が・ よにん(四人)・に・ なっ・た。」

おおそうどう〔**おーそーどー**〕【大騒動】《名詞、動詞する》 大勢がいっしょになって騒ぎ立てること。大きな問題をはらんでいて混乱すること。「へそくり・が・ み(見)つかっ・て・ おーそーどー・やっ・た。」

おおぞら〔**おーぞら**〕【大空】《名詞》 仰ぎ見ると、無限に続くように見える広い空。「あき(秋)・の・ おーぞら・を・ み(見)・とっ・たら・ きも(気持)ち・が・ え(良)ー。」

おおだこ〔**おーだこ**〕【大蛸】《名詞》 大型の蛸。「おーだこ・を・ ほしだこ(干蛸)・に・ する。」◆小型の蛸は「くもだこ【蜘蛛蛸】」などと言う。

おおだすかり〔**おーだすかり**〕【大助かり】《形容動詞や(ノ)》 負担が減って気持ちが楽になる様子。費用や労力などがたいへん少なくてすむ様子。「てった(手伝)い・に・ き(来)・てくれ・た・さかい・ おーだすかりやっ・た。」

おおちがい〔**おーちがい**〕【大違い】《名詞、形容動詞や(ノ)》 ①2つ以上のものの数量などがずいぶん異なること。「い(行)き・と・ かえ(帰)り・の・ じかん(時間)・は・ おーちがいやっ・た。」②予想したこととかなり反すること。「かんが(考)え・とっ・た・ こと(事)・と・ おーちがいやっ・た。」

おおづかみ〔**おーづかみ**〕【大掴み】《形容動詞や(ノ)、名詞》 ものごとの大体の内容や傾向をとらえて、理解や判断をする様子。「にんずー(人数)・を・ おーづかみに・ けーさん(計算)する。」

おおつぶ【大粒】《名詞》 真ん丸い形で、すこし大きなもの。「おおつぶ・の・ あめ(雨)・が・ ふ(降)りだし・た。」■対語=「こつぶ【小粒】」

おおつもり〔**おーつもり**〕【(大晦日)】《名詞》 1年の最後の日である12月31日。(ただし、旧暦の場合は、12月29日または30日が年末であった。)「おーつもり・の・ ばん(晩)・に・ としこ(年越)し・の・ そば(蕎麦)・を・ た(食)べる。」〔⇒**おおみそか【大晦日】**〕

おおど〔**おーど**〕【大戸】《名詞》 その一部分に、潜って出入りするような小さな出入り口を設けている、門の大きな扉。「おーど・の・ くぐ(潜)り・で・ あたま(頭)・を・ う(撲)た・ん・よーに・ き(気)ー・ つけ・て・な。」■対語=「くぐりど【潜り】」「こぐりど【(潜り戸)】」「くぐり【潜り】」「こぐり【(潜り)】」

おおどおり〔**おーどーり**〕【大通り】《名詞》 町の中の、道幅が広く賑やかな通り。「あかし(明石)・の・ ぎんざ(銀座)・の・ おーどーり・の・ む(向)こー・に・ ふぇりー(フェリ)ー・の・ のりば(乗場)・が・ あっ・た。」

おおとし〔**おーとし**〕【大歳】《固有名詞》 明石市大久保町西島のうちの一つの地域(小字)。「おーとし・は・ にしじま(西島)・と・ べつ(別)の・ じちかい(自治会)・に・ なっ・とる。」

オートバイ〔**おーとばい**〕【英語=auto bicycleの略】《名詞》 原動機によって走る2輪車。「おーとばい・を・ の(乗)りまーし・て・ あむ(危)ない・ こと(事)・を・ する・ こ(子)ー・や。」〔⇒**ばたばた、ばたこ、たんしゃ【単車】**〕

おおにんずう〔**おーにんずー**〕【大人数】《名詞、形容動詞や(ノ)》 寄り集まる人の数が多いこと。また、多くの人。「おーにんずーで・ よ(寄)ってこって・ たうえ(田植)する。」■対語=「しょうにんずう【少人数】」「こにんずう【小人数】」

オーバー〔**おーばー**〕【英語=overcoatの略】《名詞》 寒さを防ぐために上着の上に着るもの。外套。「かぜ(風)・が・ つお(強)ー・て・ おーばー・を・ き(着)・とっ・ても・ さぶ(寒)かっ・た。」〔⇒**コート【英語=coat】**〕

オーバー〔**おーばー**〕【英語=over】《形容動詞や(ナ)》 表現や態度が大げさである様子。「なん(何)・でも・ おーばーに・ ゆ(言)わ・ん と・ き(気)・が・ すま・ん・ ひと(人)・が・ おる。」

オーバー〔**おーばー**〕【英語=over】《動詞する、形容動詞や(ナ)》 一定の数量や時間を超えること。「ごにん(五人)・が・ の(乗)っ・たら・ てーいん(定員)・が・ おーばーや。」「まごまごし・て・ せーげん(制限)・の・ じかん(時間)・を・ おーばーし・ても・た。」

おおばこ〔**おーばこ、おばこ**〕【車前草】《名詞》 楕円形の葉と長い柄があり、葉などを胃腸薬や咳止めとして使う野原に生える草。「おおばこ・は・ つよ(強)い・くさ(草)・や・さかい・ みち(道)・の・ はた(端)・に・ あっちこっち・ はびこ(蔓延)っ・とる。」

おおはば〔**おーはば**〕【大幅】《形容動詞や(ナ)》 数量や程度の開きが大きい様子。「やさい(野菜)・を・ おーはばに・ ねあ(値上)げする。」「じこ(事故)・で・ でんしゃ(電車)・が・ おーはばな・ おく(遅)れ・に・ なっ・た。」

おおばん〔**おーばん**〕【大判】《名詞》 ①本やノートや紙などで、一般のものより形が大きいもの。「おーばん・の・ ざっし(雑誌)・を・ か(買)う。」②江戸時代末期まで使われていた、楕円形の大型金貨。「おーばん・なんか・ み(見)・た・ こと(事)・も・ あら・へん。」■対語=②「こばん【小判】」

おおひろま〔**おーひろま**〕【大広間】《名詞》 会合や会食などのために設けられている、広く大きな座敷。「りょかん(旅館)・の・ おーひろま・で・ えんかい(宴会)・を・し・た。」

おおぶり〔**おーぶり**〕【大振り】《形容動詞や(ノ)》 一般のものに比べて、形が大きい様子。「もーちょっと・ おーぶりの・ ちゃわん(茶碗)・が・ ほ(欲)しー・なー。」■対語=「こぶり【小振り】」

おおまか〔**おーまか**〕【大まか】《形容動詞や(ナ)》 細かいことにこだわらない様子。細かな点を無視して、全体を大きくつかむ様子。「おーまかに・ かぞ(数)え・たら・ はちじゅーにん(八十人)・ほど・やっ・た。」「あいつ(彼奴)・は・ おーまかな・ せーかく(性格)・や。」〔⇒**おおざっぱ【大雑把】**〕

おおみず〔**おーみず**〕【大水】《名詞》 大雨などによって川や池の水があふれ出すこと。「おーみず・で・ いえ(家)・が・ つ(浸)かっ・た。」◆「おーみず・が・ で(出)る。」という言い方はするが、「こーずい・が・ でる。」とは言わない。「こーずい・に・ なる。」と言う。〔⇒**こうずい【洪水】**〕

おおみそか〔**おーみそか**〕【大晦日】《名詞》 1年の最後の日である12月31日。(ただし、旧暦の場合は、12月29日または30日が年末であった。)「おーみそか・に・は・ こーはくうたがっせん(紅白歌合戦)・を・ み(見)る。」〔⇒**おおつもり【(大晦日)】**〕

おおむかし〔**おーむかし**〕【大昔】《名詞》 ずいぶん以前の時。「これ・でも・ おーむかし・は・ りくじょーせんしゅ(陸上選手)・やっ・た・ん・や。」「おーむかし・は・きょーりゅー(恐竜)・が・　す(住)ん・どっ・た。」

おおむね〔**おーむね**〕【**概ね**】《名詞､副詞》　物事の量や範囲についての大部分。ものごとの大まかな全体。すべてに行きわたってはいないが、主要なところすべてが、そのようである様子。「おーむね・は・　みんな・　さんせー(賛成)し・とる。」「そこ・まで・　でけ(出来)・たら・　おーむね・　かんせー(完成)・や。」〔**⇒たいてい**【**大抵**】**、たいがい**【**大概**】**、だいたい**【**大体**】**、ほとんど**【**殆ど**】**、おおかた**【**大方**】**、あらかた**【**粗方**】**、あらまし、ふつう**【**普通**】〕

おおめ〔**おーめ**〕【**多め**】《名詞、形容動詞や(ノ)》　ものの数や量が、やや多数であること。普通に比べて、あるいは予期していたことに比べて多いと思われること。「おまけし・て・　おーめに・　い(入)れ・とい・てんか。」■対語＝「すくなめ【少なめ)】」〔**⇒おおいめ**【**多いめ**】**、おかいめ**【(多いめ)】〕

おおめにみる〔**おーめにみる**〕【**大目に見る**】《動詞・マ行上一段活用》　少しぐらいの欠点などはとがめず､寛大に扱う。「さけ(酒)・　の(飲)ん・で・　じこ(事故)・を・　お(起)こし・たら・　おーめにみ・てくれ・へん・ぞ。」

おおもと〔**おーもと**〕【**大元､大本**】《名詞》　ものごとのいちばん根本にある事柄。中心になっている人。「おーもと・を・　かんが(考)え・て・から・　こま(細)かい・　こと(事)・を・　かんが(考)える。」「にしうみ(西海)はん・が・　まつり(祭)・の・　けーびがかり(警備係)・の・　おーもと・の・　ひと(人)・や。」

おおもの〔**おーもの**〕【**大物、大者**】《名詞》　①同類のものの中で、大きなもの。「おーもの・の・　たい(鯛)・が・　つ(釣)れ・た。」②その分野や組織などの中で、能力が優れていたり、勢力を持ったりしている人。「あの・　ひと(人)・は・　おーもの・や・さかい・　せんきょ(選挙)・で・　とー(通)る・やろ。」■対語＝「こもの【小物、小者】」

おおゆき【**大雪**】《名詞》　ふだんとは異なって積雪量が多いこと。「ここらー・は・　おおゆき・が・　ふ(降)る・の・は・　じゅーねん(十年)・に・　いっぺん(一遍)・ぐらい・や。」

オーライ〔**おーらい**〕【**英語＝ all right**】《名詞、動詞する》　わかったということ。了解したということ。同意したということ。許可したということ。「まだ・　おーらい・は・　もろ(貰)・とら・へん。」〔**⇒オーケー**【**英語＝Ｏ．Ｋ．**】**、オッケー**【**英語＝Ｏ．Ｋ．**】〕

オーライ〔**おーらい**〕【**英語＝ all right**】《感動詞》　承知したり、許可したりしたときに発する言葉。わかった。よろしい。承知した。「おーらい。わし・が・　やっ・たる・さかい・　あんしん(安心)し・とけ。」〔**⇒オーケー**【**英語＝Ｏ．Ｋ．**】**、オッケー**【**英語＝Ｏ．Ｋ．**】〕

おか【**丘、岡**】《名詞》　土地がゆるやかに高くなっているところ。低い山。「せんろ(線路)・の・　きたがー(北側)・は・　おか・に・　なっ・とる。」

おか【**陸**】《名詞》　海岸線のうちの、陸の側。「ふね(舟)・を・　はと(波止)・に・　つ(着)け・て・　おか・に・　あ(上)がる。」「おか・に・　ちか(近)い・　とこ・で・　さかな(魚)・を・　つ(釣)る。」

おかあ〔**おかー**〕【**お母**】《名詞》　親のうち､女性の方。「おかー・が・　むか(迎)え・に・　き(来)・てくれ・た。」「おかー・が・　つく(作)っ・てくれ・た・　べんとー(弁当)・は・　うま(美味)い・ねん。」◆ややぞんざいな言い方である。■対語＝「おとう【お父】」〔**⇒おかん**【(お母ん)】〕

おかあさん〔**おかーさん**〕【**お母さん**】《名詞》　親のうち、女性の方を敬い、親しんで言う呼び方。「おたく(宅)・の・　おかーさん・は・　おげんき(元気)です・か。」■対語＝「おとうさん【お父さん】」

おかい【(お粥)】《名詞》　水を多くして米をやわらかく炊いたもの。「はら(腹)・が・　とー(通)っ・とる・さかい・　おかい・に・　し・てんか。」〔**⇒かゆ**【**粥**】**、かい**【(粥)】**、おかゆ**【**お粥**】**、おかいさん**【(お粥さん)】**、おかゆさん**【**お粥さん**】〕

おかい【(多い)】《形容詞・アイ型》　数や量がたくさんある。基準とする数や量よりも大きい。「はなみ(花見)・に・　き(来)・とる・　ひと(人)・は・　きょー(今日)・の・　ほー(方)・が・　おかい。」「しごと(仕事)・が・　おこー・て・　すま・ん・なー。」■対語＝「すくない【少ない】」「すけない【(少ない)】」〔**⇒おおい**【**多い**】**、ようけ、ようさん**【(仰山)】**、ぎょうさん**【**仰山**】**、じょうさん**【(仰山)】**、どっさり、たくさん**【**沢山**】**、たんと、やっと、いっぱい**【**一杯**】〕

おかいさん【(お粥さん)】《名詞》　水を多くして米をやわらかく炊いたもの。「ひやめし(冷飯)・を・　おかいさん・に・　し・て・　た(食)べる。」〔**⇒かゆ**【**粥**】**、かい**【(粥)】**、おかい**【(お粥)】**、おかゆ**【**お粥**】**、おかゆさん**【**お粥さん**】〕

おかいめ【(多いめ)】《名詞､形容動詞や(ノ)》　ものの数や量が、やや多数であること。普通に比べて、あるいは予期していたことに比べて多いと思われること。「めし(飯)・を・　おかいめに・　た(食)べ・て・　はら(腹)・が・　ずつない。」■対語＝「すけないめ【(少ないめ)】」「すけなめ【(少なめ)】」〔**⇒おおめ**【**多め**】**、おおいめ**【**多いめ**】〕

おかえし【**お返し**】《名詞、動詞する》　①ものをもらったお礼として､ものを贈ること。「え(良)ー・　もん・を・　もろ(貰)・た・さかい・　なん(何)・ぞ・　おかえし・を・　せ・な・　き(気)ずつない。」②お釣りの金。「せんえん(千円)・　あず(預)かっ・た・さかい・　おかえし・が・　にひゃくえん(二百円)・です。」③仕返しをすること。また、その言動など。「ちょっと・　ゆ(言)ー・たら・　ごっつい・　おかえし・を・　ゆ(言)わ・れ・て・　びっくりし・た。」〔①②**⇒かえし**【**返し**】〕

おかえり【**お帰り**】《感動詞》「ただいま」という帰宅の挨拶に対して、迎える側が口にする言葉。「よー・　おかえり。」◆「おかえり」は家族に対する言葉とは限らない。筆者は、生まれたところも、いまの住所も同じである。ずっと住み続けているから、一日の勤めを終えて帰る姿を見たときに、近所の人が「おかえり」と声をかけてくれることが多い。ごく自然な挨拶言葉になっているのである。もちろん、近所の人に「ただいま」と声をかけるから「おかえり」と応じてもらっているわけではない。「おかえり」が生きている地域に住んでいることを嬉しく思う。

おかがみ【**お鏡**】《名詞》　正月やお祝いのときに、大小2つを重ねて神仏に供える円く平たい餅｡「おかがみ・の・　うえ(上)・に・　だいだい(橙)・と・　うらじろ(裏白)・を・　の(載)せる。」〔**⇒かがみ**【**鏡**】**、かがみもち**【**鏡餅**】〕

おかき【**お欠き**】《名詞》　のし餅を薄く切って乾燥させたもの。「おかき・を・　あぶら(油)・で・　あ(揚)げ・て・　た(食)べる。」〔**⇒かきもち**【**欠き餅**】〕

おかげ【**お陰**】《名詞》　①神、仏、人などから受けた力添え、助け、恵みなど。「おかげ・で・　びょーき(病気)・が・　だいぶ・　よ(良)ーなっ・た。」②人から受ける、良くない影響。「あいつ(彼奴)・の・　おかげ・で・　しあい(試合)・に・　ま(負)け・た。」〔①⇒**おかげさん【お陰さん】**〕

おかげさん【お陰さん】《名詞》 神、仏、人などから受けた力添え、助け、恵みなど。「おかげさん・で・　いのちびろ(命拾)い・を・　し・まし・た。」〔⇒**おかげ【お陰】**〕

おかし【お菓子】《名詞》 食事以外に食べる、飴・煎餅など多様な嗜好品。「えんそく(遠足)・に・　も(持)っ・ていく・　おかし・を・　こ(買)ー・といで。」〔⇒**おかしん【お菓子ん】、かし【菓子】、かしん【菓子ん】**〕

おかしい〔おかしー〕【可笑しい】《形容詞・イイ型》 ①滑稽で、笑い出したくなったり笑いが止まらなくなったりする状態である。「あの・　まんざい(漫才)・は・　ごっつい・　おかしー。」②普通でない様子。通常ではない様子。「おかしー・　あめ(雨)・の・　ふ(降)りかた・で・　きも(気持)ち・が・　わる(悪)い。」③これまでに見たり聞いたりしたことがなくて、気味が悪い。「よなか(夜中)・に・　なん(何)・やら・　おかしー・　おと(音)・が・　し・た。」④本当かどうか疑わしい。信用できない。「おかしー・　はなし(話)・に・は・　あいて(相手)・に・　なら・んとき。」⑤素性や関係などがわからず、信頼できない。「まち(町)・に・は・　おかしー・　やつ(奴)・が・　いっぱい・　うろつい・とる。」〔①⇒**おもしろい【面白い】、おもろい【(面白い)】、おもくろい【面黒い】**。②⇒**けったい【希体、怪態】、へん【変】**。③④⑤⇒**あやしい【怪しい】**〕

おかしげな【可笑気な】《連体詞》 ①滑稽で笑いたくなる。「おかしげな・　らくご(落語)・を・　き(聴)く・の・が・　す(好)きや。」②普通と違っている。一般的でない。「そと(外)・で・　おかしげな・　おと(音)・が・　し・た。」③ものの正体、ものごとの真相などがわからなくて、いぶかしい。「おかしげな・　やつ(奴)・が・　いえ(家)・の・　なか(中)・を・　のぞ(覗)い・とる。」〔⇒**おかしな【可笑な】、おかしないな【可笑ないな】**。①⇒**おもろないな【(面白ないな)】、おもしろないな【面白ないな】**。③⇒**あやしないな【怪しないな】**〕

おかしな【可笑な】《連体詞》 ①滑稽で笑いたくなる。「おかしな・　しんきげき(新喜劇)・を・　てれび(テレビ)・で・　み(見)る。」②普通と違っている。一般的でない。「おかしな・　そらもよー(空模様)・に・　なっ・てき・た。」③ものの正体、ものごとの真相などがわからなくて、いぶかしい。「おかしな・　やつ(奴)・が・　うろうろし・とる。」〔⇒**おかしげな【可笑気な】、おかしないな【可笑ないな】**。①⇒**おもろないな【(面白ないな)】、おもしろないな【面白ないな】**。①⇒**あやしないな【怪しないな】**〕

おかしないな【可笑ないな】《連体詞》 ①滑稽で笑いたくなる。「おかしないな・　まんだん(漫談)・や。」②普通と違っている。一般的でない。「おかしないな・　もの・の・　い(言)ーかた・を・　する・　ひと(人)・や・なー。」③ものの正体、ものごとの真相などがわからなくて、いぶかしい。「おかしないな・　ひと(人)・が・　きょろきょろし・ながら・　ある(歩)い・とる。」〔⇒**おかしげな【可笑気な】、おかしな【可笑な】**。①⇒**おもろないな【(面白ないな)】、おもしろないな【面白ないな】**。③⇒**あやしないな【怪しないな】**〕

おかしなる《動詞・ラ行五段活用》 ①経済状態や経営などが不如意になる。「かいしゃ(会社)・が・　おかしなっ・て・　しんぱい(心配)や・ねん。」②調子が狂う。「とちゅー(途中)・から・　うた(歌)・が・　おかしなっ・た。」「ぴっちゃー(ピッチャー)・が・　おかしなっ・て・ま(負)け・ても・た。」

おかしや【お菓子屋】《名詞》 飴・煎餅など多様な嗜好品や、子供向けの安価な玩具などを売っている店。駄菓子屋。「おかしや・で・　か(買)いぐ(食)い・を・　する。」〔⇒**おかしんや【(お菓子屋)】、かしや【菓子屋】**〕

おかしん【お菓子ん】《名詞》 食事以外に食べる、飴・煎餅など多様な嗜好品。「おかしん・を・　た(食)べすぎ・たら・　むしば(虫歯)・に・　なる・よ。」◆「おかし」に比べて、「おかしん」は方言色を極端に感じる言葉である。〔⇒**おかし【お菓子】、かし【菓子】、かしん【菓子ん】**〕

おかしんや【(お菓子屋)】《名詞》 飴・煎餅など多様な嗜好品や、子供向けの安価な玩具などを売っている店。駄菓子屋。「おかしんや・で・　ちょーめん(帳面)・や・　えんぴつ(鉛筆)・も・　う(売)っ・とる。」〔⇒**おかしや【お菓子屋】、かしや【菓子屋】**〕

おかず【お菜】《名詞》 主食に添える食べ物。副食。総菜。「おかず・の・　す(好)ききら(嫌)い・を・　ゆ(言)ー・たら・　あか・ん・よ。」

おかた【お方】《名詞》 「人」を敬って言う言葉。「ごよー(用)・の・　ある・　おかた・は・　こっち・に・　おいで・ください。」〔⇒**おひと【お人】**〕

おかっぱ《名詞》 女の子の髪型で、前や後ろや横の髪を短く切り揃えた形。また、そのようにした子。「わしらー・の・　こども(子供)・の・　ころ(頃)・は・　おかっぱ・の・　おんな(女)・の・　こ(子)・が・　ぎょーさん(仰山)・　おっ・た・もんや。」

おかね【お金】《名詞》 ①自分が蓄積したり親などから譲り受けたりした金銭や不動産など。生活費をまかなったり欲望などを満足させたりするために必要な金銭。「おかね・の・　ある・　いえ(家)・が・　うらや(羨)ましー。」②紙幣と貨幣を合わせたもの。金銭。「さいふ(財布)・の・　なか(中)・に・　おかね・が・　な(無)い。」〔⇒**かね【金】**。③⇒**ぜに【銭】、ぜぜ【(銭)】、じぇに【(銭)】**〕

おかまい【お構い】《名詞》 誰かがその場にいることを心に留めること。来客に対するもてなし。「なん(何)・の・　おかまい・も・　でき(出来)・まへ・ん・でし・て・　すん・まへん。」

おかまいなし【お構いなし】《形容動詞や(ノ)》 ①その場にいる人のことなどを気にかけないで行動する様子。「ひと(人)・の・　ゆ(言)ー・　こと・なんか・　おかまいなしに・　かって(勝手)な・　こと(事)・を・　し・とる。」②来客に対するもてなしをしない様子。「せっかく(折角)・　き(来)・てくれ・た・のに・　おかまいなしで・すん・まへん。」

おかみさん【お上さん、お内儀さん】《名詞》 客商売をしている女性主人。商店などの主婦。他人の妻。「さかなや(魚屋)・の・　おかみさん・は・　はたら(働)きもん・や。」

おがむ【拝む】《動詞・マ行五段活用》 ①神や仏、あるいは自然のものに、手を合わせて祈る。掌を合わせ体をかがめて礼をする。「まいあさ(毎朝)・　かみだな(神棚)・を・　おがむ。」「はつひ(初日)ので(出)・を・　おがみ・に・　い(行)く。」②大切なものを拝見する。「見る」の謙譲表現。「あか(赤)ちゃん・を・　おがま・し・てもらい・に・　き(来)・まし・てん。」

おかゆ【お粥】《名詞》 水を多くして米をやわらかく炊い

たもの。「りょかん(旅館)・の・　あさめし(朝飯)・に・　おかゆ・が・　で(出)・た。」〔⇒**おかゆ【粥】、かい【(粥)】、おかい【(お粥)】、おかいさん【(お粥さん)】、おかゆさん【お粥さん】**〕

おかゆさん【お粥さん】《名詞》 水を多くして米をやわらかく炊いたもの。「かぜ(風邪)・　ひー・た・ん・やっ・たら・　おかゆさん・でも・　た(食)べ・て・　ね(寝)・とっ・たら・　えー・やん。」〔⇒**おかゆ【粥】、かい【(粥)】、おかい【(お粥)】、おかゆ【お粥】、おかいさん【(お粥さん)】**〕

おから《名詞》 ①豆腐をしぼった後の粕。「とーふ(豆腐)・の・　おから・を・　い(炒)っ・て・　おかず・を・　こしらえる。」②豆腐の粕に具を加えて、副菜として作り上げたもの。「おから・に・　にんじん(人参)・や・　ごんぼ(牛蒡)・が・　はい(入)っ・とる。」

おがわ【小川】《名詞》 細い流れの川。「あかねがわ(赤根川)・は・　むら(村)・の・　なか(中)・を・　なが(流)れ・とる・　おがわ・や。」

おかわり【お代わり】《名詞、動詞する》 同じ食べ物や飲み物を、続けてもう一度食べたり飲んだりすること。また、その食べ物や飲み物。「そない・　なんべん(何遍)・も・　おかわりし・たら・　からだ(体)・に・　どく(毒)や。」

おかん【(お母ん)】《名詞》 親のうち、女性の方。「うち・の・　おかん・は・　いま(今)・　ちょっと・　にゅーいん(入院)し・て・ます・ねん。」◆「おかあ」よりも更にぞんざいな言い方である。「おかん」には「さん」を付けることができない。■対語＝「おとん【(お父ん)】」〔⇒**おかあ【お母】**〕

おき【沖】《名詞》 ①岸から少し離れた海。「ふね(船)・に・　の(乗)っ・て・　おき・で・　つ(釣)る。」②岸からはるか遠く離れたところの海。「おき・の・　ほー(方)・に・　くろ(黒)い・　くも(雲)・が・　み(見)える。」◆①の意味では、岸からせいぜい数十メートル程度でも使う。海岸線すれすれのところは「じ【地】」と言う。

おき【燠き】《名詞》 炭火が赤く熱した後に表面が白い灰のようになったもの。薪が燃え終わって炎や煙が出なくなって炭火のようになったもの。「おくどさん・の・　おき・を・　と(取)っ・て・　けしつぼ(消壺)・に・　い(入)れ・とい・てんか。」

おき【置き】《接尾語》［数値を表す言葉に付く］ 時間・距離・数量などに、規則的な間隔を設けて繰り返すことを表す言葉。「いちじかん(一時間)おき・に・　きおん(気温)・を・　はか(測)る。」「ふつか(二日)おき・に・　かいもん(買物)・に・　い(行)く。」「ごにん(五人)おき・に・　あ(当)て・られ・た。」「じっぺーじ(十ページ)おき・に・　しるし(印)・を・　つ(付)ける。」

おきあい【沖合】《名詞》 岸からかなり離れた海。「おきあい・を・　おー(大)けな・　ふね(船)・が・　とー(通)っ・とる。」

おきあがりこぼし【起き上がり小法師】《名詞》 倒れてもすぐに起き上がれるように、底に重りを入れて作った、丸い人形。特に、中国の達磨大師の姿に似せて作った赤い人形。「ごーかく(合格)する・よーに・　おきあがりこぼし・を・　かざ(飾)っ・とく。」〔⇒**おきゃがりこぼし【(起き上がり小法師)】、だるま【達磨】**〕

おきあがる【起き上がる】《動詞・ラ行五段活用》 寝ていた体を起こす。横になっていたものが立ち上がる。「め(目)・が・　さ(醒)め・て・　おきあがっ・て・　せの(背伸)びし・た。」〔⇒**おきゃがる【(起き上がる)】**〕

おきおき【起き起き】《名詞》 起きたばかりであること。起きた直後。「おきおき・に・　たいそー(体操)・を・　する。」〔⇒**おきぬけ【起き抜け】、おきたて【起きたて】**〕

おきがけ【起きがけ】《名詞》 ①起きようとするとき。「おきがけ・の・　おひ(日)ーさん・は・　まぶ(眩)しい。」②起きて間もなくのとき。「かお(顔)・を・　あろ(洗)ー・て・から・　おきがけ・に・　つめ(冷)たい・　ぎゅーにゅー(牛乳)・を・　の(飲)む。」■対語＝「ねがけ【寝がけ】」〔⇒**おきしな【起きしな】**〕

おきぐすり【置き薬】《名詞、動詞する》 薬を家庭に置いて、使った分だけ料金を徴収するという方法。そのようにして置かれた薬。「とやま(富山)・の・　おきぐすり・の・　ひと(人)・が・　き(来)・た。」

置き薬の薬箱

おきしな【起きしな】《名詞》 ①起きようとするとき。「おきしな・に・　ね(寝)とぼけ・て・　かべ(壁)・に・　あ(当)たっ・た。」②起きて間もなくのとき。「おきしな・に・　しんぶん(新聞)・を・　よ(読)ん・で・から・　べんじょ(便所)・へ・　い(行)く。」■対語＝「ねしな【寝しな】」〔⇒**おきがけ【起きがけ】**〕

おきたて【起きたて】《名詞》 起きたばかりであること。起きた直後。「おきたて・や・さかい・　あたま(頭)・が・　まだ・　ぼやんと・　し・とる。」〔⇒**おきおき【起き起き】、おきぬけ【起き抜け】**〕

おきぬけ【起き抜け】《名詞》 起きたばかりであること。起きた直後。「おきぬけ・に・　みず(水)・を・　いっぱい(一杯)・　の(飲)む。」〔⇒**おきおき【起き起き】、おきたて【起きたて】**〕

おき(へ)いく【沖(へ)行く】《動詞・カ行変格活用》 ①舟を、岸から離れたところへ漕いでいく。「おきへいっ・たら・　しお(潮)・が・　はや(速)い・ぞ。」②漁に出る。魚を獲りに行く。「きょー(今日)・は・　あさ(朝)・から・　あ(荒)れ・て・　おきへいか・れ・へん。」

おきもの【置物】《名詞》 床の間、玄関などに置いて飾りにする物。「とら(虎)・の・　おきもの・を・　こ(買)ー・てき・た。」〔⇒**おきもん【置物】**〕

おきもん【置物】《名詞》 床の間、玄関などに置いて飾りにする物。「こんな・　きたな(汚)い・　もん・は・　おきもん・に・は・　なら・へん。」〔⇒**おきもの【置物】**〕

おきゃがりこぼし【(起き上がり小法師)】《名詞》 倒れてもすぐに起き上がれるように、底に重りを入れて作った、丸い人形。特に、中国の達磨大師の姿に似せて作った赤い人形。「おきゃがりこぼし・は・　つ(突)い・ても・　こけ・へん。」〔⇒**おきあがりこぼし【起き上がり小法師】、だるま【達磨】**〕

おきゃがる【(起き上がる)】《動詞・ラ行五段活用》 寝ていた体を起こす。横になっていたものが立ち上がる。「いぬ(犬)・が・　おきゃがっ・て・　ほ(吠)え・た。」〔⇒**おきあがる【起き上がる】**〕

おきゅう〔おきゅー〕【お灸】《名詞、動詞する》 つぼにあたる皮膚の上に置いたもぐさに火をつけて、その熱の刺激で病気を治す方法。「こし(腰)・の・　いた(痛)い・の・を・　おきゅー・で・　なお(治)す。」〔⇒**やいと【(焼処)】、きゅう【灸】、あちち【熱ちち】、あつつ【熱つつ】、あちゃちゃ【熱ちゃちゃ】**〕

おきゅう(を)すえる〔おきゅー(を)すえる〕【お灸(を)据える】《動詞・ア行下一段活用》 ①発する熱の刺激で病気を治すために、皮膚の上に置いたもぐさに火をつける。「こし(腰)・が・　いた(痛)い・さかい・　おきゅーをすえ・てんか。」②将来のことを考えて、一時的に辛い思いをさせる。「わる(悪)さ・ばっかり・　する・さかい・　おきゅーすえ・たら・んと・　いか・ん・なー。」〔⇒**やいと(を)すえる**【(焼処(を)据える)】〕

おきる【起きる】《動詞・カ行上一段活用》　①望ましくないような物事や事態が生じる。「むつか(難)しー・　もんだい(問題)・が・　おき・ても・た。」「たいふー(台風)・で・　すいがい(水害)・が・　おきる。」「じしん(地震)・が・　おき・た・ん・は・　あさ(朝)・やっ・た。」②感情などが生じる。「そんな・　こと・を・　し・て・　は(恥)ずかしー・と・　ゆ(言)ー・　き(気)ー・が・　おき・へん・の・か。」③目を閉じて、心や体が活動をやめている状態から、現実にもどる。寝床から出る。「けさ(今朝)・は・　ごじ(五時)・に・　おき・た。」④横になっていたものが、まっすぐに立つ。傾いていたものがもとに戻る。「たいふー(台風)・で・　たお(倒)れ・とっ・た・　いね(稲)・が・　おき・ひん。」「ふ(踏)ま・れ・て・　たお(倒)れ・とっ・た・　くさ(草)・が・　おき・てくる。」■他動詞は「おこす【起こす】」■対語＝③「ねむる【眠る】」「ねぶる【(眠る)】」〔①②⇒**おこる**【起こる】。③⇒**め(を)さます**【目(を)覚ます】〕

おく【奥】《名詞》　①ものや人が出入りするところから、内側へ深く入り込んだところ。「おく・の・　ほー(方)・に・　ひろ(広)い・　にわ(庭)・が・　ある。」②ものによって隔てられた向こう側。「おく・に・　なっ・て・　み(見)え・なんだ。」■対語＝①「くち【口】」、②「おもて【表】」

おく【億】《名詞》　数の単位で、1万の1万倍。「おく・てな・　かね(金)・に・は・　えん(縁)・は・　おま・へん・わ・なー。」

おく【置く】《動詞・カ行五段活用》　①ものをある場所に据える。「てーぶる(テーブル)・の・　うえ(上)・に・　おちゃわん(茶碗)・を・　おく。」②人やものをそのままにして残す。「こども(子供)・を・　おい・て・　で(出)かける。」③人にある役割を持たせて居させる。「しごと(仕事)・が・　いそが(忙)しー・さかい・　じょちゅー(女中)・を・　おい・とる。」④ものごとともののごとの間に、一定の時間や距離を設ける。「るす(留守)・やっ・た・さかい・　ひ(日)・を・　おい・てから・　い(行)く・　こと・に・　する。」

おくいき【奥行き】《名詞》　家や土地などの、表から裏までの長さ。「きょーと(京都)・の・　いえ(家)・は・　おくいき・が・　なが(長)い・そーや。」

おくじょう〔**おくじょー**〕【屋上】《名詞》　①屋根の上。「おくじょー・に・　ものほしだい(物干台)・を・　つく(作)っ・とる・　いえ(家)・が・　ある。」②ビルなどの最上階の屋根の部分を平らにして、人が出られるようにしたところ。「むかし(昔)・は・　でぱーと(デパート)・の・　おくじょー・に・　ゆーえんち(遊園地)・が・　あっ・た。」

おくて【晩生、晩稲】《名詞》　①普通より遅くできる稲や野菜や果物など。「おくて・の・　すいか(西瓜)・を・　く(食)う。」②心身の成長が遅いこと。することが他の人たちよりも遅れること。「わし・は・　おくて・で・　けっこん(結婚)・も・　おそ(遅)かっ・てん。」■対語＝①「わせ【早生、早稲】」

おくど【お竈】《名詞》　土や煉瓦などで築いて、釜や鍋などをかけて、下から火を燃やして煮炊きするようにしたもの。かまど。「おくど・の・　けしずみ(消炭)・を・　けしつぼ(消壺)・に・　い(入)れる。」◆「くど【竈】」とも言うが、「お」を付けることが多い。〔⇒**くど**【竈】、**へっついさん**【竈さん】〕

おくのて〔**おくのてー**〕【奥の手】《名詞》　普段は使わない、とっておきの方法。「おくのてー・で・　しょーぎ(将棋)・に・　か(勝)つ。」

おくば【奥歯】《名詞》　口の奥の方にある、上下の歯。「おくば・が・　きりきり・　いた(痛)む。」■対語＝「まえば【前歯】」

おくびょう〔**おくびょー**〕【臆病】《形容動詞や(ナ)》　気が小さかったり心配性であったりして、ちょっとしたことにも、びくびくして恐がる様子。必要以上に用心深く、ものごとに十分な対処ができない様子。「おくびょーな・　いぬ(犬)・や・さかい・　ひと(人)・に・　ほ(吠)え・へん。」〔⇒**おびん**、**おびんたれ**【おびん垂れ】〕

おくもじ【おく文字】《名詞》　大根の葉などの菜っ葉を漬けたもの。「おくもじ・を・　た(食)べ・て・　おちゃづ(茶漬)け・を・　なが(流)しこむ。」〔⇒**くもじ**【く文字】〕

おくらす【遅らす、後らす】《動詞・サ行五段活用》　時期や時刻を、予定していたものより、あるいは恒例としていたものよりも遅くする。「うんどーじょー(運動場)・が・　じゅるい(＝ぬかるんでいる)・さかい・　うんどーかい(運動会)・の・　はじ(始)まり・を・　いちじかん(一時間)・　おくらす。」■自動詞は「おくれる【遅れる、後れる】」■対語＝「はやめる【早める】」〔⇒**おそする**【遅する】〕

おくりちん【送り賃】《名詞》　郵便物、荷物、貨物などを送るのに必要な料金。「こづつみ(小包)・の・　おくりちん・を・　はら(払)う。」

おくりむかえ【送り迎え】《名詞、動詞する》　幼い子どもや老人の保護のため、あるいは大切な相手に対する儀礼のために、送って行ったり、迎えに行ったりすること。「まご(孫)・を・　よーちえん(幼稚園)・へ・　おくりむかえする。」

おくりもん【贈り物】《名詞、動詞する》　人にあげる品物。進物。「おぼん(盆)・と・　しょーがつ(正月)・に・は・　おくりもん・を・　わす(忘)れ・ん・よーに・　し・ます。」〔⇒**つかいもん**【使い物】、**おつかいもん**【御使い物】、**プレゼント**【英語＝present】〕

おくる【送る】《動詞・ラ行五段活用》　①ものや情報などを、目的のところに届くようにする。「ゆーびん(郵便)・で・　おくっ・た・さかい・　もーじき・　とど(届)く・やろ。」②去っていく人と別れる。去っていく人をしっかりと見届ける。「たいしょく(退職)する・　ひと(人)・を・　おくる。」③別れを惜しんだり、相手を守るために同行する。「あめ(雨)・が・　ふ(降)っ・とる・さかい・　えき(駅)・まで・　おくっ・ていく。」■対語＝②③「むかえる【迎える】」■名詞化＝**おくり**【送り】

おくる【贈る】《動詞・ラ行五段活用》　人にものや位などをあげる。「おい(甥)・に・　にゅーがくいわい(入学祝)・を・　おくる。」◆相手に敬意を込めた気持ちが加わった言い方である。

おくれ【遅れ、後れ】《名詞》　①決まった期限や時刻に間に合わないこと。また、その程度。「いま(今)・は・　じゅーごふん(十五分)・の・　おくれ・で・　でんしゃ(電車)・が・　いご(動)い・とる。」②進み方が他のものよりゆっくりすること。取り残されること。また、その程度。「いっしゅー(一周)・の・　おくれ・に・　なっ・とる。」③進み具合が、ある基準よりも遅くなること。また、その程度。「ゆき(雪)・の・　ふ(降)りはじめ・が・　いつも・の・　とし(年)・より・　ひとつき(一月)・の・

おくれ・に・ なっ・た。」
おくれ【お呉れ】《ラ行下一段活用動詞「くれる」の命令形の変化したものに、接頭語「お」が付いたもの》 ものを与えてくれることや、売ってくれることを、親しみを込めて促すときに使う言葉。「その・ さかな(魚)・を・ おくれ。」「なん(何)ぞ・ く(食)ー・ もん・を・ おくれ・んか。」◆相手に懇願するような気持ちを表す。〔⇒**ください**【下さい】、**くだはい**【(下はい)】、**おくんなはれ**【お呉んなはれ】、**ちょうだい**【頂戴】〕
おくれる【遅れる、後れる】《動詞・ラ行下一段活用》 ①決まった期限や時刻に間に合わない。「ねす(寝過)ごし・て・ がっこー(学校)・に・ おくれ・た。」②進み方が他のものよりゆっくりする。取り残される。「にしゅーめ(二周目)・から・ だいぶ・ おくれ・てしも・た。」「せんとーしゅーだん(先頭集団)・から・ おくれ・た。」③進み具合が、ある基準よりも遅くなる。「ことし(今年)・は・ さくら(桜)・の・ さ(咲)く・の・が・ おくれ・とる。」④時期や時刻が、予定していたものより、あるいは恒例としていたものよりも遅くなる。「じこ(事故)・で・ でんしゃ(電車)・が・ おくれ・た。」■他動詞は「おくらす【遅らす】」■名詞化＝**おくれ**【遅れ、後れ】
おくれる《補助動詞・ラ行下一段活用》 ⇒**ておくれる**〔**でおくれる**〕《補助動詞・ラ行下一段活用》**を参照**
おくんなはる【お呉んなはる】《動詞・ラ行五段活用》 相手がくださる。私にお与えになる。「ねだん(値段)・の・ たか(高)い・ しなもん(品物)・を・ おくんなはっ・た。」◆もともとは、動詞「おくれる【お呉れる】」の連用形＋補助動詞「なはる」の「おくれなはる」であるが、発音が融合して一語に熟したと考えられる。ただし、動詞「おくれる【お呉れる】」は現在では使わず、「くれる【呉れる】」を使う。〔⇒**くんなはる**【呉んなはる】〕
おくんなはる《補助動詞・ラ行五段活用》 ⇒**ておくんなはる**〔**でおくんなはる**〕《補助動詞・ラ行五段活用》**を参照**
おくんなはれ【お呉んなはれ】《ラ行五段活用動詞「おくんなはる」の命令形》 ものを与えてくれることや、売ってくれることを、親しみを込めて促すときに使う言葉。「そっち・の・ りんご(林檎)・を・ みっ(三)つ・ おくんなはれ。」〔⇒**おくれ**【お呉れ】、**ください**【下さい】、**くだはい**【(下はい)】、**ちょうだい**【頂戴】〕
おけ【桶】《名詞》 細長い板を円筒形に並べて、たがで締めて底をつけた、水などを入れるための物。「おけ・に・ みず(水)・を・ い(入)れ・て・ はこ(運)ぶ。」「さかぐら(酒蔵)・に・ おー(大)けな・ おけ・が・ ほ(干)し・てある。」◆用途によって「ふろおけ【風呂桶】」「こえおけ【肥え桶】」「かんおけ【棺桶】」などと言い分けることが多い。
おこし【お腰】《名詞》 女性が和服を着たとき、腰から下の部分にかけて、肌にじかにまとう布。「きもの(着物)・の・ した(下)・から・ おこし・が・ み(見)え・たら・ みっともない。」〔⇒**こしまき**【腰巻き】〕
おこす【起こす】《動詞・サ行五段活用》 ①眠っている状態から、現実にもどらせる。寝床から出させる。「あした(明日)・は・ ごじ(五時)・に・ おこし・てほしー・ねん。」②横になっていたものを、まっすぐに立たせる。傾いていたものをもとに戻す。「こけ・た・ いね(稲)・を・ おこす。」③望ましくないような物事や事態を生じさせる。「いねむ(居眠)り・を・ し・とっ・て・ じこ(事故)・を・ おこす。」④感情などを生じさせる。「やけ(自棄)・を・ おこし・たら・ あか・ん・ぞ。」「べんきょー(勉強)する・ き(気)ー・を・ もっと・ おこせ。」■自動詞は「おきる【起きる】」「おこる【起こる】」
おこす【熾す】《動詞・サ行五段活用》 ①火の気のないものに、火をつける。「めし(飯)・を・ た(炊)く・ ひ(火)ー・を・ おこす。」②炭などに火を付けて、火の勢いをさかんにする。炭などが勢いよく燃えるようにする。「き(消)え・かけ・とる・ れんたん(練炭)・を・ おこす。」■自動詞は「おこる【熾る】」〔⇒**いこす**【(熾す)】〕
おこす【(寄越す)】《動詞・サ行五段活用》 手紙や言葉などを、こちらに送ってくる。「あれ・から・は・ なに(何)・も・ ゆ(言)ー・て・ おこさ・へん。」「とし(年)・に・ いっぺん・ しょーがつ(正月)・に・ はがき(葉書)・を・ おこす・だけ・や。」
おこりむし【怒り虫】《名詞》 怒りやすい人。怒ることの多い人。「おこりむし・を・ おこ(怒)らし・たら・ やっかい(厄介)や・でー。」
おこる【怒る】《動詞・ラ行五段活用》 ①我慢できなくなって安らかさが失せて、不快な気持ちが言動にあらわれる。興奮して荒々しい気持ちになる。「どろぼー(泥棒)・に・ はい(入)ら・れ・て・ おこっ・とる。」②よくない点をとがめて、戒める。「しくだい(宿題)・を・ わす(忘)れ・て・ おこ・られ・た。」◆②を「しかる【叱る】」と言うことは、まれである。〔①⇒**はら(を)たてる**【腹(を)立てる】〕
おこる【起こる】《動詞・ラ行五段活用》 ①望ましくないような物事や事態が生じる。「かいしゃ(会社)・で・ いざこざ・が・ おこっ・た。」②感情などが生じる。「ちゅーがくせー(中学生)・に・ なっ・て・ やるき(気)・が・ おこっ・た。」■他動詞は「おこす【起こす】」〔⇒**おきる**【起きる】〕
おこる【熾る】《動詞・ラ行五段活用》 ①火の気のないものに、火がつく。「たきもん(薪)・が・ やっと・ おこっ・た。」②炭などに火がついて、火の勢いがさかんになる。炭などが勢いよく燃える。「まめたん(豆炭)・が・ だんだん・ おこっ・てき・た。」■他動詞は「おこす【熾す】」〔⇒**いこる**【(熾る)】〕
おごる【奢る】《動詞・ラ行五段活用》 ①人にご馳走をする。「せんぱい(先輩)・に・ うどん(饂飩)・を・ おごっ・てもらう。」②贅沢な状態になっている。「え(良)ー・もん・ばっかり・ く(食)ー・て・ くち(口)・が・ おごっ・とる・ん・と・ ちゃ(違)う・か。」〔①⇒**はりこむ**【張り込む】〕
おこわ【お強】《名詞》 ①お祝いの時などに作る、餅米に小豆を入れて蒸したご飯。「しゅーしょくいわい(就職祝)・に・ おこわ・を・ た(炊)く。」②餅米を炊いたご飯。「きのこ(茸)・を・ い(入)れ・た・ おこわ・は・ うま(美味)い・なー。」〔①⇒**せきはん**【赤飯】、**おかごはん**【赤御飯】。②⇒**こわめし**【強飯】〕
おこんにゃ【(お蒟蒻)】《名詞》 蒟蒻芋の球茎を原料にして固めた、半透明で弾力がある食べ物。「かんとだき(関東炊)・に・ おこんにゃ・を・ い(入)れる。」◆丁寧語。〔⇒**こんにゃく**【蒟蒻】〕
おさえつける【押さえ付ける、抑え付ける】《動詞・カ行下一段活用》 ①強い力を加えて、人やものが動かないようにする。「いぬ(犬)・を・ おさえつけ・て・ よぼーちゅーしゃ(予防注射)する。」②相手の自由を奪って、思い通りに支配する。「むり(無理)に・ おさえつけ・たら・ けんか(喧嘩)・に・ なる・ぞ。」

おさえる【**押さえる、抑える**】《動詞・ア行下一段活用》 ①動いていきそうなものに力を加えて、動かないようにする。「かみ(紙)・が・ と(飛)ば・ん・よーに・ おさえる。」②ものを支えたり、覆ったりする。「くち(口)・を・ おさえ・て・ はなし(話)・を・ する。」③自由に動けないようにして、思い通りに支配する。「あにき(兄貴)・に・ おさえ・られ・とる・ねん。」④感情や欲望が高ぶるのを我慢する。「はら(腹)・の・ た(立)つ・きも(気持)ち・を・ おさえる。」

おさがり【**お下がり**】《名詞》 年上や目上から譲ってもらった使い古しのもの。「あね(姉)・の・ おさがり・の・ ふく(服)・を・ き(着)る。」

おさぎ【(兎)】《名詞》 目が赤く耳が長く、後ろ足が長くて飛び跳ねることが多い小型の動物。「おさぎ・は・ なに(何)・を・ み(見)・て・ は(跳)ねる・ん・や。」〔⇒**うさぎ**【**兎**】、**うさちゃん**【**兎ちゃん**】、**おさちゃん**【(兎ちゃん)】〕

おさちゃん【(兎ちゃん)】《名詞》 目が赤く耳が長く、後ろ足が長くて飛び跳ねることが多い小型の動物。「おさちゃん・が・ くさ(草)・の・ なか(中)・を・ はし(走)っ・とる。」◆幼児語。〔⇒**うさぎ**【**兎**】、**おさぎ**【(兎)】、**うさちゃん**【**兎ちゃん**】〕

おざぶ【お座布(団)】《名詞》 座るときに敷くために使う、縫い合わせた布の間に綿などを入れて作った小さなもの。「どーぞ・ おざぶ・を・ あ(当)て・てください。」◆丁寧語。〔⇒**ざぶとん**【**座布団**】、**ふとん**【**布団**】〕

おさまる【**収まる**】《動詞・ラ行五段活用》 ①あるべき場所などにきちんと入る。「ぜんぶ(全部)・が・ たな(棚)・に・ おさまっ・た。」②騒ぎや荒天などが鎮まる。決着する。「けんか(喧嘩)・が・ おさまる。」「たいふー(台風)・が・ なん(何)とか・ おさまっ・た。」③苦痛や病気などが治ったり快方に向かったりする。「くすり(薬)・を・ の(飲)ん・だら・ はらいた(腹痛)・が・ おさまっ・た。」■自動詞は「おさめる【収める】」

おさめる【**収める**】《動詞・マ行下一段活用》 ①あるべき場所などにきちんと入れる。「ひきだし(抽斗)・の・ なか(中)・に・ おさめる。」②騒ぎなどを鎮める。決着させる。「あんた・が・ で(出)ていか・なんだら・ おさめ・られ・へん・ぞ。」■他動詞は「おさまる【収まる】」

おさめる【**納める**】《動詞・マ行下一段活用》 お金や品物を、受け取り手にきちんと渡す。期限があって、それに応じて渡す。「しんこく(申告)し・て・ ぜーきん(税金)・を・ おさめる。」「まいつき(毎月)・ ぴあの(ピアノ)・の・ げっしゃ(月謝)・を・ おさめる。」

おさらい《名詞、動詞する》 一度習ったことを、繰り返し勉強したり練習したりすること。「かんじ(漢字)・の・ おさらい・を・ する。」〔⇒**ふくしゅう**【**復習**】〕

おし【**唖**】《名詞》 話すことができないこと。また、そのような人。「おし・の・ ひと(人)・から・ じ(字)ー・か(書)い・て・ たず(尋)ね・られ・た。」◆差別的な表現。

おし【**押し**】《名詞》 自分の考えなどを貫くこと。相手に強く働きかけること。自分の考えなどを貫く根気。「おし・の・ つよ(強)い・ ひと(人)・に・は・ か(勝)て・ん・なー。」

おじ【**伯父、叔父**】《名詞》 父または母の、兄または弟。おばの夫。「おじ・の・ そーしき(葬式)・に・ い(行)く。」■対語=「おば【伯母、叔母】」

おしあい【**押し合い**】《名詞、動詞する》 狭いところへ大勢の人が入って混雑していること。互いに押すことをすること。「さぶ(寒)い・さかいに・ おしあいし・て・ ぬく(温)もる。」〔⇒**おっしゃい**【(押し合い)】、**おっしゃいこっしゃい**【(押し合いこっしゃい)】〕

おしい〔**おしー**〕【**惜しい**】《形容詞・イイ型》 ①大切であるものを手放したくない。手放すのがもったいない。「なが(長)い・ あいだ(間)・ つこ(使)・た・ とけー(時計)・は・ おしー・さかいに・ す(捨)て・んと・ お(置)い・とこ・ー。」②もう少しで期待通りになるところであったのに、そのようにならなくて残念である。「おしー・ とこ・で・ ま(負)け・て・も・た。」③無駄にできない。無駄にしたくない。「のこ(残)り・の・ じかん(時間)・が・ おしー。」

おじい〔**おじー**〕【**お爺、お祖父**】《名詞》 ①年をとった男の人。「し(知)ら・ん・ おじー・に・ みち(道)・を・ たず(尋)ね・られ・た。」②父または母の、父。「この・ いえ(家)・は・ おじー・が・ わか(若)い・ とき(時)・に・ た(建)て・た・ん・や・て。」◆ややぞんざいな言い方である。■対語=「おばあ【お婆、お祖母】」〔⇒**おじん**【(お爺、お祖父)】〕

おじいさん〔**おじーさん**〕【**お爺さん、お祖父さん**】《名詞》 ①年をとった男の人。「おじーさん・に・ せき(席)・を・ ゆず(譲)っ・た。」②父または母の、お父さん。「おじーさん・は・ べーじゅ(米寿)・に・ なっ・た。」◆①②ともに、敬い親しむ気持ちが込められた言い方である。■対語=「おばあさん【お婆さん、お祖母さん】」〔⇒**じいさん**【**爺さん、祖父さん**】〕

おしいれ【**押し入れ**】《名詞》 蒲団や道具などをしまっておくために、戸や襖などで仕切った場所。「ふとん(布団)・を・ おしいれ・に・ しまう。」

おしうり【**押し売り**】《名詞、動詞する》 無理に品物を売りつけること。また、それをする人。「おしうり・は・ おことわ(断)り・や。」

おしえ【**教え**】《名詞》 知らない知識や技能や情報などをわかりやすく説明して、それが身につくようにしてやること。また、その内容。教訓や戒め。「せんせー(先生)・の・ おしえ・を・ まも(守)る。」

おしえご【**教え子**】《名詞》 ①今または昔に、教えている生徒など。「おしえご・の・ けっこんしき(結婚式)・に・ で(出)る。」②今または昔に、教えを受けた側の人。弟子。「わし・も・ やまだせんせー(山田先生)・の・ おしえご・や。」

おしえる【**教える**】《動詞・ア行下一段活用》 ①相手の知らない知識や技能や情報などをわかりやすく説明して、それが身につくようにしてやる。「こども(子供)・に・ えーご(英語)・を・ おしえる。」②生活技術や行動に関すること、あるいは仕事の内容などについて、注意を与えたり知らせたりして、意識などを高めるようにしてやる。「こーつーしんごー(交通信号)・を・ まちが(間違)え・ん・よーに・ おしえる。」③学校などで教員を務める。「ちゅーがっこー(中学校)・で・ おしえる・の・が・ しごと(仕事)・や。」■名詞化=**おしえ**【**教え**】〔⇒**おせる**【(教せる)】、**おっせる**【(教せる)】〕

おしかえす【**押し返す**】《動詞・カ行五段活用》 進んでくるものを、逆に押す。「お(押)さ・れ・た・さかい・ おしかえし・たっ・た。」〔⇒**おしもどす**【**押し戻す**】〕

おしかける【**押し掛ける**】《動詞・カ行下一段活用》 ①大勢でいっしょに、一つの場所に行く。「かぞく(家族)・みんな(皆)・で・ おしかけ・てき・て・ なんやかや・おせわ(世話)・に・ なり・まし・た。」②約束していなかったり招かれていなかったりするところへ行く。勝手に出向いていく。「きゅー(急)に・ おしかけ・て・

お

すん・まへ・ん。」■名詞化＝**おしかけ【押し掛け】**

おじぎ【お辞儀】《名詞、動詞する》 敬意を表したり、人間関係を円滑にしたりするために、頭を下げること。「ちゃんと・ みな(皆)・に・ おじぎ・を・ し・なさい。」〔⇒**れい【礼】**〕

おしきり【押し切り】《名詞》 長い刃がついていて、それを手で押さえるようにして藁などを切る道具。「まぐさ(秣)・を・ おしきり・で・ き(切)る。」◆同様の構造をしていて紙などを一定の形に裁断する器具のことも「おしきり【押し切り】」と言う。

おしきる【押し切る】《動詞・ラ行五段活用》 ①自分の考えを曲げないで、無理に貫く。「さいご(最後)・まで・ じぶん(自分)・の・ ゆ(言)ー・まま・で・ おしきっ・た。」②物に重みをかけて分け離す。「わら(藁)・を・ おしきっ・て・ まぐさ(秣)・に・ する。」■名詞化＝**おしきり【押し切り】**

おじけづく【怖じけづく】《動詞・カ行五段活用》 人やものに対して恐がる気持ちを持つ。引っ込み思案になる。「じしん(地震)・の・ よしん(余震)・が・ つづ(続)い・て・ おじけづい・とる。」「おじけづか・んと・ おも(思)いきり・ ばっと(バット)・を・ ふ(振)れ。」

おじける【怖じける】《動詞・カ行下一段活用》 身に危険などを感じて気味悪く思う。恐れてびくびくする。「しあい(試合)・の・ あいて(相手)・に・ おじけ・とっ・たら・ か(勝)た・れ・へん。」〔⇒**おそろしがる【恐しがる】**、**おとろしがる【(恐しがる)】**、**こわがる【恐がる】**、**おびえる【怯える】**〕

おしこむ【押し込む】《動詞・マ行五段活用》 無理に入れる。強い力で入れる。「はんかち(ハンカチ)・を・ ずぼん(ズボン)・の・ ぽけっと(ポケット)・に・ おしこむ。」

おじさん【伯父さん、叔父さん、小父さん】《名詞》 ①父または母の、兄さんまたは弟さん。「おじさん・から・ みやげ(土産)・を・ もろ(貰)・た。」②年をとった男の人。「あの・ おじさん・は・ どこ・から・ き(来)・て・ やっ・た・ん。」■対語＝「**おばさん【伯母さん、叔母さん、小母さん】**」〔⇒**おっさん【(伯父さん、叔父さん、小父さん)】**〕

おしたし【(お浸し)】《名詞》 ほうれんそうなどの青菜を軽く茹でて、水分を切った食べ物。青菜を茹でて、醤油や鰹節などをかけたもの。「ほーれんそー(菠薐草)・の・ おしたし・を・ そ(添)える。」〔⇒**おひたし【お浸し】**〕

おしだし【押し出し】《名詞・動詞する》 ①押して外に出すこと。「ぼーるぺん(ボールペン)・の・ さき(先)・は・ おしだし・に・ なっ・とる。」②野球で、満塁のとき、四死球で点が入ること。「おしだし・で・ さよならが(勝)ち・に・ なっ・た。」③相撲で、相手を土俵の外に行かせること。「おしだし・で・ どひょー(土俵)・から・ だ(出)す。」

おしだす【押し出す】《動詞・サ行五段活用》 ①人やものを押して外に出す。「えき(駅)・に・ つ(着)い・て・ まんいんでんしゃ(満員電車)・から・ おしださ・れ・た。」②野球で、満塁のとき、四死球で点が入る。「おしだし・て・ いってん(一点)・ やっ・ても・た。」③相撲で、相手を土俵の外に行かせる。「な(投)げ・たろ・と・ おも(思)・たら・ ぎゃく(逆)に・ おしださ・れ・ても・た。」■名詞化＝**おしだし【押し出し】**

おしつける【押し付ける】《動詞・カ行下一段活用》 ①強く押して、くっつける。強く押して、離れないようにする。「かべ(壁)・に・ あたま(頭)・を・ おしつける。」②仕事や責任を、無理やりに他の人のものとする。無理に引き受けさせる。「しんどい・ しごと(仕事)・を・ おしつけ・られ・た。」■名詞化＝**おしつけ【押し付け】**

おしっこ《名詞、動詞する》 栄養分を吸収したあとの老廃物として、体外に排出される液体。また、それを排出すること。「じぎょーちゅー(授業中)・に・ おしっこ・が・ し・とー・なっ・て・ せんせー(先生)・に・ ゆ(言)ー・てん。」〔⇒**しょうべん【小便】**、**しょんべん【(小便)】**、**しょうよう【小用】**、**しい**、**しっこ**、**しいこっこ**、**しょう【小】**〕

おしとおす〔おしとーす〕【押し通す】《動詞・サ行五段活用》 考えや方針などを変えないで、無理やり貫く。「むちゃくちゃ(無茶苦茶)な・ かんが(考)え・を・ おしとーさ・れ・たら・ えらい・ めーわく(迷惑)や。」■名詞化＝**おしとおし【押し通し】**

おしどり【鴛鴦】《名詞》 夫婦仲の良いことの喩えに使われる、小形で羽の色が美しい水鳥。「あいつ(彼奴)ら・は・ おしどり・みたいに・ なか(仲)・が・ え(良)ー。」

おしのける【押し除ける】《動詞・カ行下一段活用》 邪魔なものを、無理に脇へ寄せる。他の人より前に出る。「ひと(人)・を・ おしのけ・て・ まえ(前)・へ・ で(出)・ていき・やがっ・た。」■名詞化＝**おしのけ【押し除け】**

おしば【押し葉】《名詞》 植物の葉を本や紙の間に挟んで、重しをして乾かしたもの。「きれー(綺麗)な・ もみじ(紅葉)・を・ おしば・に・ する。」

おしばな【押し花】《名詞》 花を本や紙の間に挟んで、重しをして乾かしたもの。「なつやす(夏休)み・の・ しくだい(宿題)・に・ おしばな・を・ つく(作)っ・て・ だ(出)し・た。」

おしピン〔おしぴん〕【押し ＋ 英語＝pin】《名詞》 板や壁などに紙片などを張るときに使う、頭に笠形のものがついた釘。「おしぴん・を・ ふ(踏)ん・だら・ あむ(危)ない・ぞ。」〔⇒**びょう【鋲】**、**がびょう【画鋲】**、**ピン【英語＝pin】**〕

おしべ【雄蘂】《名詞》 花の雌蘂の周りにあって、花粉を作って雌蘂に与えるもの。「なんきん(南瓜)・の・ おしべ・を・ めしべ(雌蘂)・に・ つ(付)け・てやる。」■対語＝「**めしべ【雌蘂】**」

おしまい【お終い】《名詞》 ①続いていた物事がそこで終わりになること。続いていたものが途切れたりなくなったりすること。また、そのようなとき。「この・ はなし(話)・は・ これ・で・ おしまい・です。」「しょーてんがい(商店街)・は・ ここ・で・ おしまい・や。」②ものごとが駄目になること。「たいふー(台風)・で・ いね(稲)・が・ おしまい・に・ なっ・ても・た。」③仕事など終えて、その片付けをすること。「くろ(暗)ー・ なっ・てき・た・さかい・ そろそろ・ おしまい・に・ し・なはれ。」◆③は、「おしまい・なはれ。」のように言うことがある。ただし、「おしまう」という動詞の終止形は存在しない。〔①②⇒**おわり【終わり】**、**しまい【終い】**〕

おしめ【お注連】《名詞》 正月を迎えるために、あるいは神聖な場所であることを示すために、神社、家の入り口、神棚などに張る、藁で作った縄。「とんど・で・ おしめ・を・ や(焼)く。」〔⇒**しめなわ【注連縄】**、**しめかざり【注連飾り】**、**しめかだり【(注連飾り)】**、**かざり【飾り】**、**かだり【(飾り)】**〕

おしめ【お襁】《名詞》 乳幼児などの尻に当てて、大小便を受ける布や紙。「よご(汚)し・た・ おしめ・を・ か(替)える。」〔⇒**おむつ【お襁】**、**むつき【襁褓】**〕

おしめり【お湿り】《名詞》　晴天が続いた後に降る、ありがたい雨。適度に降る雨。「きょー(今日)・は・　けっこー(結構)な・　おしめり・です・なー。」

おしもどす【押し戻す】《動詞・サ行五段活用》　進んでくるものを、逆に押す。「おし・たり・　おしもどし・たり・し・て・　ほたえる(＝ふざけ合う)。」〔⇒**おしかえす【押し返す】**〕

おじや《名詞》　野菜や魚や肉などを入れ、醤油や味噌などで味つけをした粥。「みずだ(水炊)き・の・　あと(後)・は・　おじや・に・　する。」〔⇒**ぞうすい【雑炊】**〕

おしゃべり【お喋り】《名詞、形容動詞や(ノ)、動詞する》　①取り立てて深い意味を持たない話をすること。気楽にあれこれと話すこと。目的もなく話すこと。本筋と関係のないことを話すこと。「おしゃべりで・　い(要)ら・ん・　こと・まで・　ゆ(言)ー・ても・た。」②口数が多く、盛んにものを言う様子。「おしゃべりし・とっ・たら・　じっき(直)に・　じかん(時間)・が・　た(経)っ・ても・た。」③うわさ話をまき散らす人。「あんな・　おしゃべり・に・　き(聞)かし・たら・　はなし(話)・が・　ひろ(広)がっ・てまう・ぞ。」■対語＝②「むくち【無口】」〔⇒**しゃべり【喋り】**。①⇒**ざつだん【雑談】**〕

おじゃま【お邪魔】《名詞、動詞する》　①ものごとの妨げとなること。人に手数をかけること。「おじゃま・や・けど・　わたし(私)・の・　はなし(話)・も・　き(聞)ー・てほしー・ねん。」②人の家を訪れること。「いそが(忙)しー・　とき(時)・に・　おじゃまし・て・　すん・まへ・ん。」

おじゃみ《名詞、動詞する》　小さな布の袋の中に小豆などを入れてくるんだもの。また、女の子などが、それを使ってする遊び。お手玉。「じょーず(上手)に・　ぽんぽんと・　おじゃみ・を・　ほ(放)っ・て・　う(受)ける。」◆「おじゃみ」を使って空中に投げ上げて遊ぶときには、「おひと(一)つ・　お(落)とし・て・　おさら・　……」と言うような歌があった。

おじゃみ

おしゃれ【お洒落】《名詞、動詞する》　顔や身なりについて、見せかけをよくしようと心配りすること。また、そのようにした様子や人。「むすめ(娘)・は・　おしゃれ・に・　じかん(時間)・が・　かかる。」

おじゃんになる《動詞・ラ行五段活用》　計画しているものごとや、完成に向かって進んでいるものごとが、すっかり駄目になる。「うま(巧)いこと・　いか・なん・で・　はなし(話)・が・　おじゃんになっ・てん。」

おじゅう〔おじゅー〕【お重】《名詞》　食べ物を入れて、二重、三重に重ねることができるようにした、漆塗りで木製の容器。また、その容器に入れた食べ物。「うるしぬ(漆塗)り・の・　おじゅー・に・　つ(詰)める。」「はなみ(花見)・に・　おじゅー・を・　も(持)っ・ていく。」〔⇒**じゅうばこ【重箱】**〕

おじゅっさん【(お住さん)】《名詞》　お寺の住職。出家して仏門に入った人。「おじゅっさん・が・　さんにん(三人)・の・　そーしき(葬式)・やっ・た。」〔⇒**ぼうさん【坊さん】**、**ぼんさん【(坊さん)】**、**ぼうず【坊主】**〕

おじょうさん〔おじょーさん〕【お嬢さん】《名詞》　①未婚の女の子。「うけつけ(受付)・に・　かい(可愛)らしい・　おじょーさん・が・　すわ(座)っ・とる。」②未婚・既婚を問わず、あなたの娘さん。「はや(速)い・　もん・です・なー・　おじょーさん・の・　むすこ(息子)さん・は・　もー・　だいがくせー(大学生)・です・か。」◆①②とも、敬意を込めて言おうとする意識がある。

おじょうず【お上手】《名詞、動詞する》　相手に迎合した言葉を言うこと。また、その言葉。口先だけが上手であること。「ひと(人)・に・　おじょーずする・　やつ(奴)・が・　しゅっせ(出世)し・やがっ・た。」〔⇒**べんちゃら**〕

おしよせる【押し寄せる】《動詞・サ行下一段活用》　防ぎきれないような様子で、たくさんの人や物が激しく近づいてくる。「おー(大)けな・　なみ(波)・が・　おしよせる。」■名詞化＝**おしよせ【押し寄せ】**

おしる【御汁】《名詞》　ご飯に添えて食べる、味噌汁や吸い物。「おしる・が・　ひとりぶん(一人分)・　た(足)り・まへ・ん・ねん。」「ごはん(飯)・に・　おしる・を・　かけ・て・　た(食)べ・たり・　し・たら・　あき・まへ・ん。」〔⇒**しる【汁】**、**おつゆ【御汁】**、**おつい【(御汁)】**〕

おしろ【(後ろ)】《名詞》　①人の顔が向いている方の反対側。自分が進んでいる方向の反対側。また、その方向にある場所。「わし・の・　おしろ・に・　だい(誰)・か・　おる・みたいや。」「この・　せん(線)・から・　おしろ・に・　なろ(並)ん・でください。」②その場の中心となっているところの反対側。「がっこー(学校)・の・　おしろ・は・　やま(山)・に・　なっ・とる。」③人やものの正面とは反対の部分。人や動物の体の裏側。「てれび(テレビ)・の・　おしろ・を・　そーじ(掃除)する。」④陰になっているところ。「おしろ・の・　ひと(人)・に・も・　き(聞)こえる・よーに・　おー(大)きな・　こえ(声)・で・　しゃべ(喋)る。」⑤ものごとの終わりの部分。「ほん(本)・の・　おしろ・に・　ちず(地図)・が・　の(載)っ・とる。」■対語＝「まえ【前】」「まい【(前)】」〔⇒**うしろ【後ろ】**。①⇒**あと【後】**。③⇒**せなか【背中】**〕

おしろあし【(後ろ足)】《名詞》　①動物の４本足のうち、あとの方の２本の足。「うさぎ(兎)・が・　おしろあし・で・　け(蹴)っ・て・　と(跳)びあがる。」②人が片足を踏み出したときに、残っている方の足。「りょーて(両手)・を・　ひろ(広)げ・て・　おしろあし・を・　あ(上)げる。」■対語＝「まえあし【前足】」〔⇒**うしろあし【後ろ足】**、**あとあし【後足】**〕

おしろい【白粉】《名詞》　顔や肌に塗って白く見せる化粧品。「おしろい・で・　けしょー(化粧)する。」

おしろいばな【白粉花】《名詞》　庭に植えて、夏から秋にかけて、ラッパ状の赤や白の花が咲く草花。「ゆーがた(夕方)・に・　おしろいばな・が・　さ(咲)い・た。」

おしろすがた【(後ろ姿)】《名詞》　人や動物などの、正面とは反対側から見た姿。「おしろすがた・しか・　み(見)え・なんだ・さかい・　だれ(誰)・やっ・た・か・　わから・なんだ。」〔⇒**うしろすがた【後ろ姿】**〕

おしろまえ【(後ろ前)】《名詞》　服を着たとき、前と後ろが逆になること。「ねとぼ(寝惚)け・て・　せーたー(セーター)・を・　おしろまえに・　き(着)・とっ・た。」〔⇒**うしろまえ【後ろ前】**〕

おしろむき【(後ろ向き)】《名詞、動詞する》　①その場の正面と反対の方向を向くこと。「くるま(車)・を・　おしろむき・に・　と(停)める。」②複数の人が互いに向かい合わないで、互いに後ろを向いた位置にあること。「さんにん(三人)・ずつ・　おしろむき・に・　た(立)つ。」③他の人に、自分の後ろを見せる位置にあること。「おしろむき・に・　まっすぐ・　ある(歩)く・の・は・　むつか(難)しー。」「みんな・に・　おしろむき・に・　する・の・は・　しつれー(失礼)や・ぞ。」◆「おしろむき【(後ろ向き)】」と「おしろむけ【(後ろ向け)】」はよく似た意味にも使うが、「おしろむき」は本人の意思が加わって、そのようにしているというような語感が伴うことがある。■対語＝「まえむき【前向き】」〔⇒**うしろむき**【後ろ向き】、**しりむき**【尻向き】、**おいどむき**【おいど向き】、**けつむき**【穴向き】〕

おしろむけ【(後ろ向け)】《名詞、動詞する》 ①その場の正面と反対の方向に向けること。「おしろむけ・に・ なら(並)ん・で・から・ まわ(回)れみぎ(右)・を・ する。」「こくばん(黒板)・に・ む(向)い・て・ おしろむけ・で・ はなし(話)・を・ し・たら・ き(聞)こえにくい・やんか。」②複数の人が互いに向かい合わないで、互いに後ろを向いた位置になること。「おしろむけ・に・ た(立)たせ・て・ あいず(合図)・で・ まえむ(前向)き・に・ させる。」③他の人に、自分の後ろを見せる位置になること。「おしろむけ・に・ どひょー(土俵)・から・ お(落)ち・た。」■対語＝「まえむけ【前向け】」〔⇒**うしろむけ**【後ろ向け】、**しりむけ**【尻向け】、**おいどむけ**【おいど向け】、**けつむけ**【穴向け】〕

おじん【(お爺、お祖父)】《名詞》 ①年をとった男の人。「おじん・が・ さんにん(三人)・ ひなた(日向)ぼっこ・を・ し・とる。」②父または母の、父。「うち・の・ おじん・は・ ことし(今年)・ はちじゅー(八十)・に・ なっ・た。」◆ややぞんざいな言い方である。■対語＝「おばん【(お婆、お祖母)】」〔⇒**おじい**【お爺、お祖父】〕

おじんぱっち【(お爺ぱっち)】《名詞》 メリヤスなどで作った、厚手のズボン下。「きょー(今日)・は・ さぶ(寒)・そーや・さかい・ おじんぱっち・を・ は(履)い・ていこ・ー。」〔⇒**おっじゃんぱっち**【(お爺やんぱっち)】、**おんじゃんぱっち**【(お爺やんぱっち)】、**ぱっち**〕

おす【雄】《名詞》 動物で、精子を持ち、子や卵を生ませる能力のある方。「な(鳴)く・の・は・ おす・の・ せみ(蝉)・や。」■対語＝「めす【雌】」〔⇒**おん**【(雄)】、**おんた**【(雄太)】〕

おす【押す】《動詞・サ行五段活用》 ①手前から向こうに向かって力を加えて、動かす。「まご(孫)・を・ の(乗)せ・て・ りやかー(リヤカー)・を・ おす。」②台になるものに向けて、下へ力を加える。上から重みを加える。「うけとり(受取)・に・ はん(判)・を・ おす。」③横向きに力を加える。「かべ(壁)・の・ すいっち(スイッチ)・を・ おす。」■対語＝①「ひく【引く】」■名詞化＝**おし**【押し】

おせじ【お世辞】《名詞》 相手に取り入ろうとしたり、相手に気に入ってもらおうとしたりするために、相手に関係のあることを必要以上にほめること。うわべだけの誉め言葉。「おせじ・でも・ ほ(褒)め・られ・たら・ うれ(嬉)しー・もん・や。」〔⇒**おべんちゃら**〕

おせらしい〔**おせらしー**〕《形容詞・イイ型》 乳児から幼児の段階へ、しだいに成長していく様子。小さい子どもが、周囲の大人に向かって可愛く反応する様子。「まご(孫)・が・ おせらしー・に・ わろ(笑)・てくれる・よー・に・ なっ・た。」

おせる【(教せる)】《動詞・サ行下一段活用》 ①相手の知らない知識や技能や情報などをわかりやすく説明して、それが身につくようにしてやる。「ぱそこん(パソコン)・を・ おせ・てやる。」「よしだ(吉田)はん・は・ どの・ ひと(人)・や・ おせ・てんか。」②生活技術や行動に関すること、あるいは仕事の内容などについて、注意を与えたり知らせたりして、意識などを高めるようにしてやる。「ぎょーぎさほー(行儀作法)・を・ おせ・とか・な・ あか・ん・がな。」③学校などで教員を務める。「すーがく(数学)・を・ おせる・ せんせー(先生)・に・ なり・たい・ねん。」〔⇒**おしえる**【教える】、**おっせる**【(教せる)】〕

おせん【お煎(餅)】《名詞》 小麦粉や米粉をこねて、醤油・砂糖などで味を付けて、薄く焼いた菓子。「おせん・に・ きゃらめる(キャラメル)・は・ い(要)り・まへ・ん・か。」◆丁寧語。〔⇒**せんべい**【煎餅】〕

おぜん【お膳】《名詞》 ①食べ物を載せる、1人用の小さな台。「あし(足)・の・ つい・た・ おぜん・に・ たべもの(食物)・を・ のせる。」②折り畳みができる、脚の付いた低い食卓。卓袱台。「おぜん・の・ まえ(前)・で・ てれび(テレビ)・を・ み(見)る。」③客に向けて準備した、台にのせて整えた食事。「ほーじ(法事)・の・ あと・で・ おぜん・を・ た(食)べ・てもらう。」〔⇒**ぜん**【膳】〕

折り畳みができるお膳

おそい【遅い】《形容詞・オイ型》 ①時間的に後ろの方である。「ね(寝)る・ じかん(時間)・が・ おそー・て・ お(起)きる・の・も・ おそい。」「よる(夜)・の・ おそい・ じかん(時間)・に・ あつ(集)まる。」「あいつ(彼奴)・は・ く(来)る・の・が・ いつも・ おそい。」②その時はもはや過ぎている。間に合わない。「いま(今)・から・ やっ・たら・ もー・ おそい。むり(無理)やろ。」「いまごろ(今頃)・ き(気)・が・ つ(付)い・ても・ おそい。」③人がものごとを行うのに時間がかかる。動いたり考えたりする力がすばしこくない。鈍感で、まだるっこい。「あいつ(彼奴)は・ なに(何)・を・ やらし・ても・ しごと(仕事)・が・ おそい。」「わし・は・ あし(足)・が・ おそい。」「ことし(今年)・は・ つゆあ(梅雨明)け・が・ おそい。」④ものの動きや回転などが弱くてゆっくりしている。「みゃく(脈)が おそい。」■対語＝「はやい【早い】」「はやい【速い】」〔③④⇒**のろい**【鈍い】、**のそい**【(鈍い)】、**ぐずい**【愚図い】〕

おそいき【遅行き】《名詞》 4月2日から12月31日までに生まれて、数え歳の8歳で小学校に入学すること。また、その人。「わたし(私)・は・ ひちがつう(七月生)まれ・や・さかいに・ おそいき・や。」◆数え年で言うと、小学校への入学が「はやいき【早行き】」よりも1歳遅くなるということ。■対語＝「はやいき【早行き】」「はよいき【早行き】」〔⇒**やっついき**【八つ行き】〕

おそいめ〔**おそいめー**〕【遅いめ】《名詞、形容動詞や(ノ)》 普通に考えるよりも、すこし遅いと思われる程度。通常に比べて少し遅いと思われる程度。「おそいめーに・ かけあし(駆足)する。」◆時刻のことにも、速さのことにも使う。「おそめ【遅め】」よりは、「おそいめ【遅いめ】」と言うことの方が多い。■対語＝「はやいめ【早いめ】」「はやいめ【速いめ】」〔⇒**おそめ**【遅め】〕

おそう【襲う】《動詞・ワア行五段活用》 不意に攻めかかって、危害を加える。油断しているところを狙うようにして、不意に攻める。「よみち(夜道)・で・ おそわ・れ・ん・よーに・ き(気)ーつけ・なはれ。」「ふか(＝鮫)・に・ おそわ・れ・たら・ おと(恐)ろしー・ぞ。」

おそうまれ【遅生まれ】《名詞》 4月2日から12月31日までに生まれること、また、その人。「いちねんせー(一年生)・は・ おそうまれ・の・ こ(子)ー・の・ から(＝体格)・が・ おー(大)きー・なー。」■対語＝「はやうまれ【早生まれ】」「はようまれ【早生まれ】」

おそおき【遅起き】《名詞、動詞する》 朝遅くまで眠っていること。朝遅く起きる人。「あんた・は・ いっつ・も・ おそおき・なん・や・なー。」■対語＝「はやおき【早起き】」

おそさ【遅さ】《名詞》 乗り物やものごとなどの進む度合いがゆっくりしていること。また、その程度。「こんな・ しごと（仕事）・に・ みっか（三日）・も・ かかる・や・なんて・ なんちゅー・ おそさ・や。」◆あきれたり、がっかりしたりする時などに使う。■対語＝「はやさ【速さ】」

おそざき【遅咲き】《名詞》 その花が一般に咲く時季に比べて、遅く咲くこと。また、そのような花。「おそざき・の・ さくら（桜）・の・ き（木）・が・ いっぽん（一本）・ま（混）じっ・とる。」■対語＝「はやざき【早咲き】」

おそじまい【遅終い】《名詞、動詞する》 いつもより遅く、仕事や営業を終えること。「しごと（仕事）・が・ た（溜）まっ・とる・さかい・ きょー（今日）・は・ おそじまい・に・ する。」■対語＝「はやじまい【早終い】」

おそする【遅する】《動詞・サ行変格活用》 ①時期や時刻を後ろの方にする。「えんそく（遠足）・の・ ひ（日）・を・ いっしゅーかん（一週間）・ おそする。」②速度を落とす。時間をかけるようにする。緩慢にする。「あんぜんうんてん（安全運転）・で・ すぴーど（スピード）・を・ おそし・て・ はし（走）る。」■対語＝①「はやする【早する】」「はよする【早する】」、②「はやする【速する】」「はよする【速する】」〔⇒**おくらす**【遅らす、後らす】〕

おそそ《名詞、動詞する》 ①女性の生殖器である、穴状になっているもの。「はだか（裸）・で・ おそそ・ だ（出）し・て・ あそ（遊）ん・どる・ こ（子）ー・が・ おる。」②人が性交すること。「ちんぽ・が・ た（立）っ・て・ おそそ・が・ し・たい・ねん。」〔⇒**おめこ、ぼぼ**〕

おそなえ【お供え】《名詞》 ①神や仏に差し上げるもの。「いっしゅーき（一周忌）・に・ おそなえ・を・ も（持）っ・ていく。」②鏡餅などの正月に飾るもの。「おそなえ・の・ うえ（上）・に・ だいだい（橙）・を・ の（載）せる。」〔①⇒**そなえもん**【供え物】〕

おそなりついでに【遅なり序でに】《副詞》 ものごとを行うのに時間がかかって、遅くなった機会に。「きょー（今日）・は・ おそなりついでに・ やまだ（山田）・の・ いえ（家）・に・も・ よ（寄）っ・ていこ・か。」◆遅くなった機会に、合わせて別のことも行おうとするようなときに使う言葉。

おそなる【遅なる】《動詞・ラ行五段活用》 ①時期や時刻が後ろの方になる。「おつき（月）さん・が・ で（出）る・の・は・ いちにち（一日）・ずつ・ おそなっ・とる。」「おひ（日）ーさん・が・ しず（沈）む・の・が・ おそなっ・た。」②速度が落ちる。時間がかかるようになる。緩慢になる。「む（向）かいかぜ（風）・で・ はし（走）る・の・が・ おそなっ・た。」■対語＝①「はやなる【早なる】」「はよなる【早なる】」、②「はやなる【速なる】」「はよなる【速なる】」

おそね【遅寝】《名詞、動詞する》 夜、遅い時刻に寝ること。「きのー（昨日）・は・ おそねし・た・さかい・ けさ（今朝）・は・ ねす（寝過）ごし・た。」■対語＝「はやね【早寝】」

おそびる【遅昼】《名詞》 遅くなった時刻に食べる昼食。「しごと（仕事）・が・ の（延）び・て・ きょー（今日）・は・ おそびる・に・ なっ・た。」■対語＝「はやびる【早昼】」

おそめ【遅め】《名詞、形容動詞や（ノ）》 普通に考えるよりも、すこし遅いと思われる程度。通常に比べて少し遅いと思われる程度。「けさ（今朝）・は・ おそめー・に・ お（起）き・た。」◆時刻のことにも、速さのことにも使う。■対語＝「はやめ【早め】」「はやめ【速め】」〔⇒**おそいめ**【遅いめ】〕

おそろしい〔**おそろしー**〕【恐ろしい】《形容詞・イイ型》 ①身に危険などを感じて気味が悪い。「おそろしー・ かいだん（怪談）・を・ き（聞）ー・た。」②物事の程度が甚だしい。びっくりするほどである。「やさい（野菜）・が・ おそろしー・ ねだん（値段）・に・ なっ・とる。」〔⇒**おとろしい**【（恐ろしい）】、**おっとろしい**【（恐ろしい）】、**こわい**【恐い】。①⇒**おとっちい**【（恐っちい）】〕

おそろしがる【恐しがる】《動詞・ラ行五段活用》 ①身に危険などを感じて気味悪く思う。恐れてびくびくする。「おそろしがら・ず・に・ はしご（梯子）・を・ のぼ（上）れ。」②物事の様子が尋常でなく、びっくりしたり、あきれたりする。「おそろしがっ・ても・ やさい（野菜）・は・ か（買）わ・んと・ おら・れ・へん。」〔⇒**おとろしがる**【（恐しがる）】、**こわがる**【恐がる】。①⇒**おじける**【怖じける】、**おびえる**【怯える】〕

おそろしなる【恐ろしなる】《動詞・ラ行五段活用》 平気な気持ちから、気味悪く感じるように変化する。恐ろしく感じるようになる。「てれび（テレビ）・の・ ゆーれーえーが（幽霊映画）・を・ み（見）・て・ べんじょ（便所）・へ・ い（行）く・の・が・ おそろしなっ・た。」〔⇒**こわなる**【恐なる】、**おとろしなる**〕

おだい【お大（根）】《名詞》 畑で作り、白くて太い根を食用とする野菜。「おだい・の・ かんとだき（関東炊）・が・ うま（美味）い・なー。」〔⇒**だいこん**【大根】、**だいこ**【（大根）】〕

おたおた《副詞、動詞する》 思いがけない事態に出会って、どうしてよいかわからず、うろうろする様子。うろたえているだけで、何もできない様子。「おたおたせ・んと・ お（落）ちつい・て・ やり・なはれ。」

おたがい【御互い】《名詞、形容動詞や（ノ）》 ①関わり合う双方のそれぞれ。両方。向こうとこちら。「おたがい・ かおみし（顔見知）り・やっ・た・そーや。」②双方が同じように釣り合いがとれている様子。どちらも同じような状態である様子。また、そのような両者。「せわ（世話）・に・ なっ・とる・の・は・ おたがいや。」〔⇒**ごたがい**【御互い】〕

おたく【お宅】《名詞》 ①軽い敬意を込めて、相手を指す言葉。「おたく・は・ どなたはん・でし・た・か・なー。」「おたく・の・ ちーむ（チーム）・に・は・ ま（負）け・られ・しま・へん。」②あなたの家。「おたく・は・ えき（駅）・の・ ちか（近）く・でし・た・よ・な。」③あなたの家庭。あなたの家族。「おたく・は・ なんにんかぞく（何人家族）・です・か。」〔⇒**おうち**【お家】。①⇒**あんた**【（貴方）】、**あなた**【貴方】、**おまはん**【（お前はん）】。②③⇒**あんたとこ**【あんた所】、**あんたね**【（あんた家）】〕

おたす《動詞・サ行五段活用》 人やものを背中や肩にのせて持つ。人をおぶさるようにさせる。「むすこ（息子）・を・ おたし・て・ ごはん（飯）・を・ こしらえる。」「らんどせる（ランドセル）・を・ おたし・て・ がっこー（学校）・へ・ い（行）く。」〔⇒**おう**【負う】〕

おだてる【煽てる】《動詞・タ行下一段活用》 人を誉めて良い気持ちにさせる。何かをさせる下心を持って相手を誉め称えて、得意にさせる。「ちょっと・ おだて・たら・　じっき(直)に・　ちょーし(調子)・に・　の(乗)る・　ひと(人)・や。」

おたふく【お多福】《名詞》　①丸顔で、頬が出て鼻の低い女の人。器量がよいとは言いにくい女の人。「ちょっと・　おたふく・や・けど・　きも(気持)ち・が・　かい(可愛)らしー・　ひと(人)・や。」②耳の下が腫れて顔がふくれたように見えて、熱が出る病気。流行性耳下腺炎。「おたふく・に・　かかっ・て・　がっこ(学校)・を・　やす(休)ん・だ。」〔①⇒**おたやん【お多やん】**。②⇒**おたふくかぜ【お多福風邪】、ほはっちょ【頬張っちょ】**〕

おたふくかぜ【お多福風邪】《名詞》　耳の下が腫れて顔がふくれたように見えて、熱が出る病気。流行性耳下腺炎。「おたふくかぜ・で・　ほ(頬)っぺた・が・　いた(痛)い。」〔⇒**おたふく【お多福】、ほはっちょ【頬張っちょ】**〕

おたまじゃくし【お玉杓子】《名詞》　長い尾が付いていて水中にすむ、かえったばかりの蛙の子。「このごろ・は・　みず(水)たまり・に・　おたまじゃくし・が・　おら・ん・よーに・　なっ・ても・た。」

おため《名詞、動詞する》　贈り物を受けたときにその場で行う、ささやかな金品のお返し。「おため・を・　つつ(包)ん・で・　ふろしき(風呂敷)・を・　かえ(返)す。」◆贈り主に対する返礼の意味や、贈り物の使者に対する礼の意味などがある。〔⇒**いれそめ【入れそめ】**〕

おだやか【穏やか】《形容動詞や(ナ)》　①特別なことも起こらず、のんびりとして静かな様子。「ひさ(久)しぶり・の・　おだやかな・　ひより(日和)・や。」②心がゆったりと落ち着いて静かな様子。「おだやかな・　はな(話)しかた・を・　する・　ひと(人)・や。」

おたやん【お多やん】《名詞》　丸顔で、頬が出て鼻の低い女の人。器量がよいとは言いにくい女の人。「おたやん・　こけ・ても・　はな(鼻)・を・　う(撲)た・ん。」〔⇒**おたふく【お多福】**〕

おちおち《副詞と》　ゆったりと、心を落ち着かせている様子。「たいふー(台風)・が・　しんぱい(心配)で・　おちおち・　し・とら・れ・へん。」◆後ろに打ち消しの言葉を伴う。

おちこむ【落ち込む】《動詞・マ行五段活用》　①穴や水の中などに落ちて、入り込む。「みぞ(溝)・に・　おちこん・だ・　いぬ(犬)・を・　ひ(引)っぱりあげる。」②周りと比べてその部分だけが深く沈む。「てつや(徹夜)し・て・　め(目)ー・が・　おちこん・だ。」③うまくいかないで、沈んだ気持ちになる。「しけん(試験)・に・　しっぱい(失敗)し・て・　おちこむ。」〔①⇒**はまる【填る】**〕

おちつき【落ち着き】《名詞》　①行動や言葉が、そわそわしないで、ゆったりしていること。気持ちが静まること。「おちつき・の・　ない・　ひと(人)・は・　こま(困)る・なー。」②その場所におさまりがよいこと。「この・　おきもん(置物)・は・　ぐらぐらし・て・　おちつき・が・　わる(悪)い。」

おちつく【落ち着く】《動詞・カ行五段活用》　①動きや乱れがおさまって、安定した状態になる。「よしん(余震)・が・　へ(減)っ・て・　おちつい・てき・た。」②住まいや勤め先などが決まる。「なが(長)い・こと・　きょーと(京都)・の・　あぱーと(アパート)・に・　す(住)ん・どっ・た・ん・や・けど・　いま(今)・は・　あかし(明石)・に・　おちつい・てん。」③行動や言葉が、そわそわしないで、ゆったりする。気持ちが静まる。「おちつい・た・　はな(話)しかた・や・さかい・　よー・　わかっ・た。」④派手でなく、周りとの違和感がない様子である。「おちつい・た・　がら(柄)・の・　ふく(服)・を・　き(着)る。」■名詞化＝**おちつき【落ち着き】**

おちど【落ち度】《名詞》　人からの指摘や叱責などが予想されるほどの、間違いや過失など。「あんた・に・　おちど・は・　あら・へん・さかい・　しんぱい(心配)せ・んとき。」

おちば【落ち葉】《名詞》　枯れて落ちた、木や草の葉。「おちば・を・　は(掃)く・の・が・　まいあさ(毎朝)・の・　にっか(日課)・や。」

おちばえ【落ち生え】《名詞》　草や木の種子が落ちて、ひとりでに芽を出したもの。「まいとし(毎年)・　こすもす(コスモス)・の・　おちばえ・が・　で(出)・てき・て・　さ(咲)き・ます・ねん。」

おちぶれる【落ちぶれる】《動詞・ラ行下一段活用》　生活状態や地位などが、以前よりも惨めな状態になる。「ここ・は・　おちぶれ・た・　へーけ(平家)・の・　ひと(人)たち・が・　す(住)ん・どっ・た・　むら(村)・らしー。」

おちめ【落ち目】《名詞》　勢いや成績などが盛りを過ぎて、だんだん衰えていって、再び元に戻れないこと。「とし(歳)・を・　とっ・た・　すもんと(相撲取)り・が・　おちめ・に・　なっ・て・　いんたい(引退)し・た。」

おちゃ【お茶】《名詞》　①濃緑色で光沢のある葉を飲みもの用に使う、常緑の低木。「うじ(宇治)・に・は・　おちゃ・の・　はたけ(畑)・が・　ぎょーさん(仰山)・　ある。」②茶の木の若葉を蒸して乾燥させたもの。「せーぼ(歳暮)・は・　おちゃ・を・　おく(贈)ろ・ー・か。」③乾燥させたり、それを粉末にしたりした茶の葉に湯を注いで作った飲み物。「おちゃ・でも・　の(飲)み・まほ・か。」④仕事の合間の休憩。「しんどなっ・た・さかい・　そろそろ・　おちゃ・に・　しょ・ー・か。」◆③は、紅茶・コーヒー等を含めた意味で使うこともある。④は、実際にはお茶を飲まないような場合にも使う。〔①②③⇒**ちゃ【茶】**。③⇒**おぶう、おぶうちゃん**〕

おちゃのこ【お茶の子】《名詞》　仏事などの参会者や、近隣の人などに配るお菓子など。「きんじょ(近所)・に・　おちゃのこ・を・　くば(配)る。」〔⇒**ちゃのこ【茶の子】**〕

おちゃのこ【お茶の子】《形容動詞や(ノ)》　ものごとをたやすく行う様子。なんでもなくできる様子。「こんな・　もんだい(問題)・は・　おちゃのこや。」〔⇒**あさめしまえ【朝飯前】、いちころ【一ころ】、おちゃのこさいさい【お茶の子さいさい】、へのかっぱ【屁の河童】**〕

おちゃのこさいさい【お茶の子さいさい】《形容動詞や(ノ)》　ものごとをたやすく行う様子。なんでもなくできる様子。「こんな・　もん(物)・を・　かたげる(＝担ぐ)・ぐらい・やっ・たら・　おちゃのこさいさいや。」〔⇒**あさめしまえ【朝飯前】、いちころ【一ころ】、おちゃのこ【お茶の子】、へのかっぱ【屁の河童】**〕

おちょくる《動詞・ラ行五段活用》　面白がって、弱い者をからかう。相手を馬鹿にする。「ちょっと(一寸)・　おちょくっ・たら・　おこ(怒)っ・てまい・よっ・た。」■名詞化＝**おちょくり**〔⇒**なぶる【嬲る】、ひょとくる**〕

おちらし《名詞》　湯で溶いて砂糖を加えて食べることが多い、麦を炒ってひいた粉の食物。麦焦がし。「おちらし・で・　くち(口)・の・　まー(周)り・が・　よご(汚)れ・とる。」〔⇒**はったい、はったいこ【はったい粉】**〕

おちる【落ちる】《動詞・タ行上一段活用》　①急に、上から下へ位置が変わる。「ねとぼ(寝惚)け・て・　かいだん(階段)・から・　おちる。」②ついていたものが、とれて、なくなる。「よご(汚)れ・が・　きれー(綺麗)に・　おちる。」③入れたり加えたりすべきものが漏れる。「めーぼ(名簿)・から・　あんた・の・　なまえ(名前)・が・　おち・

とる。」④進級などができなくなる。落第する。試験などに不合格となる。「う(受)け・た・　だいがく(大学)・に・　おちる。」⑤ものごとの質や程度が下がる。「この・　みせ(店)・は・　むかし(昔)・に・　くら(比)べ・て・　あじ(味)・が・　おち・とる・なー。」■他動詞は「おとす【落とす】」〔①⇒**とんする**。④⇒**すべる**【滑る】〕

おちん【お賃】《名詞》 ①人にものごとを頼んだことに対する、わずかな謝礼の金品。人に感謝の気持ちを表すための、わずかな金品。「これ・は・　わざわざ・　とど(届)け・てくれ・た・　おちん・や。」②食事と食事の間に食べる、軽い食べ物。そのうち特に、子どもに与えるもの。「おちん・ばっかり・　たべ・て・　ごはん(飯)・を・　あんまり・　た(食)べ・へん・　こ(子)ー・や。」◆①は目下の者に対して使う言葉である。〔②⇒**おやつ**【お八つ】、**ええもん**【良え物】、**なんど**【何ど】、**ちん**【賃】〕

おつ【乙】《名詞》 ものごとの等級の２番目のもの。ものごとの順番の２番目のもの。「たいそー(体操)・の・　てんすー(点数)・は・　おつ・やっ・た・そーや。」

おつい【(御汁)】《名詞》 ご飯に添えて食べる、味噌汁や吸い物。「しじみ(蜆)・の・　おつい・は・　うま(美味)い・なー。」〔⇒**しる**【汁】、**おつゆ**【御汁】、**おしる**【御汁】〕

おつかい【お使い】《名詞、動詞する》 人に頼まれて、買い物などの用事をしに行くこと。また、用を頼まれた人。「ちょっと(一寸)・　おつかい・に・　い(行)っ・てき・てんか。」〔⇒**つかい**【使い】〕

おつかいもん【御使い物】《名詞、動詞する》 人にあげる品物。進物品。「く(暮)れ・の・　おつかいもん・は・　さけ(鮭)・に・　し・よー・か。」〔⇒**つかいもん**【使い物】、**おくりもん**【贈り物】、**プレゼント**【英語＝present】〕

おっき【大っき】《感動詞》 相手に対する感謝の気持ちやお礼の気持ちなどを表すときに使う言葉。「おっき。え(良)ー・　もん・を・　もろ(貰)・て・　うれ(嬉)しー・なー。」〔⇒**おおきに**【大きに】、**おおけに**【大けに】、**おっきに**【大っきに】、**おっけに**【大っけに】、**おおき**【大き】、**おおけ**【大け】、**おっけ**【大っけ】、**ありがとう**【有り難う】、**サンキュー**【英語＝thank you】〕

おっきい〔**おっきー**〕【大っきい】《形容詞・イイ型》 ①体積があって、たくさんの場所を占めている。「おっきー・　すいか(西瓜)・や・なー。」②面積が広い。「かいぎ(会議)・を・　する・に・は・　この・　へや(部屋)・は・　ちょっと・　おっきー・　かん(感)じ・が・　する。」③背丈などが高い。「さんぜんめーとる(三千メートル)・も・　ある・　おっきー・　やま(山)・に・　のぼ(登)る。」④数や程度が甚だしい。「あんた・に・は・　おっきー・　せわ(世話)・に・　なっ・た。」⑤年が上である。「おっきー・　にー(兄)ちゃん・が・　しゅーしょく(就職)し・た。」■対語＝「ちいさい【小さい】」「ちさい【小さい】」「ちっさい【小っさい】」「ちいこい【小こい】」「ちっこい【小っこい】」「ちっちゃい【小っちゃい】」「こまい【小まい】」「こんまい【小まい】」〔⇒**おおきい**【大きい】、**おおけえ**【大けえ】、**おっけえ**【(大けえ)】、**ごっつい**、**ごつい**〕

おっきいめ〔**おっきーめ**〕【大っきい目】《名詞、形容動詞や(ノ)》 ものの大きさが、少し大きいこと。比較的大きいと思われること。「おっきーめの・　ずぼん(ズボン)・の・　ほー(方)・が・　は(履)きやすい。」■対語＝「こまいめ【小まい目】」「こんまいめ【小んまい目】」「ちいさいめ【(小さい目)】」「ちいさめ【小さ目】」「ちっこいめ【小っこい目】」「ちっちゃいめ【小っちゃい目】」〔⇒**おおきいめ**【大きい目】、**おおきめ**【大き目】、**おおけめ**【大け目】、**おっきめ**【大っき目】、**おっけめ**【大っけ目】、**おおけえめ**【大けえ目】、**おっけえめ**【大っけえ目】、**ごっつめ**【ごっつ目】、**ごっついめ**【ごっつい目】〕

おつきさん【お月さん】《名詞》 地球の周りを回る衛星で、地球に最も近い天体。「おつきさん・が・　のぼ(昇)っ・てき・た。」◆恵みを与えてくれることに感謝し、敬意を込めた言い方。〔⇒**つき**【月】〕

おっきする【大っきする】《動詞・サ行変格活用》 ①人や動物や植物などを育てる。「はな(花)・を・　おっきする・の・も・　たの(楽)しー・　こと・です。」②会社や組織などを発展させる。程度や規模などを拡大する。「えき(駅)・を・　おっきし・て・　た(建)てかえ・た。」■自動詞は「おっきなる【大っきなる】」■対語＝②「ちいさする【小さする】」「ちいそする【小そする】」「ちっさする【小っさする】」「ちっそする【小っそする】」〔⇒**おおきする**【大きする】、**おおけする**【大けする】、**おっけする**【大っけする】、**ごっつする**〕

おっきな【大っきな】《連体詞》 ①体積があって、たくさんの場所を占めている。「おっきな・　にもつ(荷物)・を・　も(持)っ・て・　どっか・へ・　りょこー(旅行)・かいな。」②面積が広い。「おっきな・　かみ(紙)・に・　ちず(地図)・を・　か(書)く。」③背丈などが高い。「はた(旗)・を・　おっきな・　さお(竿)・で・　た(立)てる。」④数や程度が甚だしい。「おっきな・　ざいさん(財産)・を・　のこ(残)し・て・　し(死)ん・だ・ん・や・て。」⑤年が上である。「あんた・は・　おっきな・　とし(歳)・や・さかい・　むり(無理)し・たら・　あき・まへ・ん・よ。」〔⇒**おおきな**【大きな】、**おおけな**【大けな】、**おっけな**【大っけな】〕

おっきなる【大っきなる】《動詞・ラ行五段活用》 ①人や動物や植物などが成長する。「め(芽)・が・　で(出)・た・　おも(思)・たら・　じっき(直)に・　おっきなっ・て・　つぼみ(蕾)・が・　つ(付)い・た。」②会社や組織などが発展する。程度や規模などが拡大する。「えきまえ(駅前)・の・　ぱんや(パン屋)・が・　おっきなっ・た。」■他動詞は「おっきする【大っきする】」■対語＝②「ちいさなる【小さなる】」「ちいそなる【小そなる】」「ちっさなる【小っさなる】」「ちっそなる【小っそなる】」〔⇒**おおきなる**【大きなる】、**おおけなる**【大けなる】、**おっけなる**【大っけなる】、**ごっつなる**〕

おっきに【大っきに】《感動詞》 相手に対する感謝の気持ちやお礼の気持ちなどを表すときに使う言葉。「おっきに。いつも・　せわ(世話)・に・　なっ・て・　ありがとー・ござい・ます。」◆深く感謝やお礼の気持ちを表すときには「おっきにありがとうございます【大っきに有り難うございます】」「おっきにありがとうさん【大っきに有り難うさん】」と言うことがある。「わす(忘)れもん・を・　も(持)っ・てき・てもろ・て・　おっきにありがとーさん。」〔⇒**おおきに**【大きに】、**おおけに**【大けに】、**おっけに**【大っけに】、**おおき**【大き】、**おおけ**【大け】、**おっけ**【大っけ】、**おっき**【大っき】、**ありがとう**【有り難う】、**サンキュー**【英語＝thank you】〕

おっきめ【大っき目】《名詞、形容動詞や(ノ)》 ものの大きさが、少し大きいこと。比較的大きいと思われること。「おっきめの・　げた(下駄)・を・　は(履)く。」■対語＝「こまいめ【小まい目】」「こんまいめ【小んまい目】」「ちいさいめ【(小さい目)】」「ちいさめ【小さ目】」「ちっこいめ【小っこい目】」「ちっちゃいめ【小っちゃい目】」〔⇒**おおきいめ**【大きい目】、**おおきめ**【大き目】、**おおけめ**【大け目】、**おっけめ**【大っけ目】、**おおけえめ**【大けえ目】、**おっきいめ**【大っきい目】、**おっけえめ**【大っけえ目】、**ごっつめ**【ごっつ目】、**ごっついめ**【ごっつい目】〕

おづきようか〔**おづきよーか**〕【(卯月八日)】《名詞》 4月8日の、花祭りの日。「おづきよーか・の・　おしゃか(釈迦)はん・の・　ひ(日)ー・は・　あまちゃ(甘茶)・を・　かける。」

おっけ【大っけ】《感動詞》 相手に対する感謝の気持ちやお礼の気持ちなどを表すときに使う言葉。「おっけ。きょー(今日)・は・　き(来)・た・　かい(甲斐)・が・　あり・まし・た。」〔⇒**おおきに**【大きに】、**おおけに**【大けに】、**おっきに**【大っきに】、**おっけに**【大っけに】、**おおき**【大き】、**おおけ**【大け】、**おっき**【大っき】、**ありがとう**【有り難う】、**サンキュー**【英語＝thank you】〕

おっけえ〔**おっけー**〕【(大けえ)】《形容詞・エエ型》 ①体積があって、たくさんの場所を占めている。「おっけー・　ひこーき(飛行機)・が・　と(飛)ん・どる。」②面積が広い。「びっくりする・ほど・　おっけー・　いえ(家)・に・　す(住)ん・どる。」③背丈などが高い。「てんじょー(天井)・まで・が・　おっけー・　たいいくかん(体育館)・で・　ばれーぼーる(バレーボール)・を・　する。」④数や程度が甚だしい。「おっけー・　くろー(苦労)・を・　かけ・た。」⑤年が上である。「まご(孫)・は・　しょーがっこー(小学校)・の・　おっけー・　がくねん(学年)・に・　なっ・た。」■対語＝「ちいさい【小さい】」「ちさい【小さい】」「ちっさい【小っさい】」「ちいこい【小こい】」「ちっこい【小っこい】」「ちっちゃい【小っちゃい】」「こまい【小まい】」「こんまい【小まい】」〔⇒**おおきい**【大きい】、**おっきい**【大っきい】、**おおけえ**【大けえ】、**ごっつい**、**ごつい**〕

オッケー〔**おっけー**〕【英語＝O．K．】《名詞、動詞する》 わかったということ。了解したということ。同意したということ。許可したということ。「その・　はなし(話)・なら・　おっけーし・ます。」〔⇒**オーケー**【英語＝O．K．】、**オーライ**【英語＝all right】〕

オッケー〔**おっけー**〕【英語＝O．K．】《感動詞》 承知したり、許可したりしたときに発する言葉。わかった。よろしい。承知した。「おっけー。あんた・の・　ゆ(言)ー・とる・　こと・を・　ひ(引)きうけ・た。」〔⇒**オーケー**【英語＝O．K．】、**オーライ**【英語＝all right】〕

おっけえめ〔**おっけーめ**〕【大っけえ目】《名詞、形容動詞や(ノ)》 ものの大きさが、少し大きいこと。比較的大きいと思われること。「こども(子供)・に・　おっけーめの・　ふく(服)・を・　き(着)せ・ても・　じっきに・　こ(小)ーに・　なっ・てまう。」■対語＝「こまいめ【小まい目】」「こんまいめ【小んまい目】」「ちいさいめ【(小さい目)】」「ちいさめ【小さ目】」「ちっこいめ【小っこい目】」「ちっちゃいめ【小っちゃい目】」〔⇒**おおきいめ**【大きい目】、**おおきめ**【大き目】、**おおけめ**【大け目】、**おっきめ**【大っき目】、**おっけめ**【大っけ目】、**おっきいめ**【大っきい目】、**おっけえめ**【大っけえ目】、**ごっつめ**【ごっつ目】、**ごっついめ**【ごっつい目】〕

おっけする【大っけする】《動詞・サ行変格活用》 ①人や動物や植物などを育てる。「こども(子供)・を・　おっけする・の・は・　えらい・　こと・や。」②会社や組織などを発展させる。程度や規模などを拡大する。「ことし(今年)・は・　もくひょー(目標)・を・　きょねん(去年)・より・も・　おっけし・た。」■自動詞は「おっけなる【大っけなる】」■対語＝②「ちいさする【小さする】」「ちいそする【小そする】」「ちっさする【小っさする】」「ちっそする【小っそする】」〔⇒**おおきする**【大きする】、**おおけする**【大けする】、**おっきする**【大っきする】、**ごっつする**〕

おっけな【大っけな】《連体詞》 ①体積があって、たくさんの場所を占めている。「おっけな・　とけー(時計)・を・　うで(腕)・に・　は(填)め・とる。」②面積が広い。「おっけな・　まんげつ(満月)・が・　で(出)・た。」③背丈などが高い。「おっけな・　におー(仁王)さん・の・　ぞー(像)・が・　ある。」④数や程度が甚だしい。「おっけな・　しごと(仕事)・を・　い(言)わ・れ・ても・　わし・に・は・　でけ(出来)・へん。」⑤年が上である。「おっけな・　ひと(人)・が・　かいちょー(会長)・に・　なっ・たら・　え(良)ー・ねん。」〔⇒**おおきな**【大きな】、**おおけな**【大けな】、**おっきな**【大っきな】〕

おっけなる【大っけなる】《動詞・ラ行五段活用》 ①人や動物や植物などが成長する。「おや(親)・の・　くろー(苦労)・も・　し(知)ら・んと・　むすこ(息子)・は・　ひと(独)りで・　おっけなっ・た・よーに・　おも(思)・てけつかる。」②会社や組織などが発展する。程度や規模などが拡大する。「こし(腰)・の・　いた(痛)み・が・　おっけなっ・て・　こま(困)っ・とる・ねん。」■他動詞は「おっけする【大っけする】」■対語＝②「ちいさなる【小さなる】」「ちいそなる【小そなる】」「ちっさなる【小っさなる】」「ちっそなる【小っそなる】」〔⇒**おおきなる**【大きなる】、**おおけなる**【大けなる】、**おっきなる**【大っきなる】、**ごっつなる**〕

おっけに【大っけに】《感動詞》 相手に対する感謝の気持ちやお礼の気持ちなどを表すときに使う言葉。「おっけに。にもつ(荷物)・を・　も(持)っ・てもろ・て・　たす(助)かっ・た・よ。」◆深く感謝やお礼の気持ちを表すときには「おっけにありがとうございます【大っけに有り難うございます】」「おっけにありがとうさん【大っけに有り難うさん】」と言うことがある。「むすこ(息子)・が・　せわ(世話)・に・　なっ・て・　おっけにありがとーさん。」〔⇒**おおきに**【大きに】、**おおけに**【大けに】、**おっきに**【大っきに】、**おおき**【大き】、**おおけ**【大け】、**おっけ**【大っけ】、**おっき**【大っき】、**ありがとう**【有り難う】、**サンキュー**【英語＝thank you】〕

おっけめ【大っけ目】《名詞》《名詞、形容動詞や(ノ)》 ものの大きさが、少し大きいこと。比較的大きいと思われること。「おっけめの・　いれもん(入物)・を・　も(持)っ・ていき・なはれ。」■対語＝「こまいめ【小まい目】」「こんまいめ【小んまい目】」「ちいさいめ【(小さい目)】」「ちいさめ【小さ目】」「ちっこいめ【小っこい目】」「ちっちゃいめ【小っちゃい目】」〔⇒**おおきいめ**【大きい目】、**おおきめ**【大き目】、**おおけめ**【大け目】、**おっきめ**【大っき目】、**おおけえめ**【大けえ目】、**おっきいめ**【大っきい目】、**おっけえめ**【大っけえ目】、**ごっつめ**【ごっつ目】、**ごっついめ**【ごっつい目】〕

おっさん【(伯父さん、叔父さん、小父さん)】《名詞》 ①父または母の、兄さんまたは弟さん。「わし・の・　おっさん・は・　しこく(四国)・に・　す(住)ん・どる。」②年をとった男の人。「おっさん・ばっかり・で・　はなみ(花見)ー・に・　い(行)く。」③自分の夫。「うち・の・　おっさん・は・　さけの(酒飲)み・で・　こま(困)る・ねん。」■対語＝「おばはん【伯母はん、叔母はん、小母はん】」〔①②⇒**おじさん**【伯父さん、叔父さん、小父さん】〕

おっしゃい【(押し合い)】《名詞、動詞する》 狭いところへ大勢の人が入って混雑していること。互いに押すことをすること。「じこ(事故)・の・ えーきょー(影響)・で・ でんしゃ(電車)・は・ おっしゃい・やっ・た。」〔⇒**おしあい【押し合い】、おっしゃいこっしゃい【**(押し合いこっしゃい)**】**〕

おっしゃいこっしゃい【(押し合いこっしゃい)**】**《名詞、動詞する》 狭いところへ大勢の人が入って混雑していること。互いに押すことをすること。「はつもーで(初詣)・に・ い(行)っ・たら・ みや(宮)はん・は・ おっしゃいこっしゃい・で・ こ(混)ん・どっ・た。」〔⇒**おしあい【押し合い】、おっしゃい【**(押し合い)**】**〕

おっしゃる【仰有る】《動詞・ラ行五段活用》 「**ゆう【言う】**」の尊敬した言い方。「きのー(昨日)・ おっしゃっ・た・ こと(事)・を・ わす(忘)れ・られ・たら・ こま(困)り・ます・がな。」

おっじゃん【(お爺やん、お祖父やん)**】**《名詞》 ①年をとった男の人。「となり(隣)・の・ おっじゃん・は・ まだ・ げんき(元気)に・ はたら(働)い・とっ・て・や。」②父または母の、お父さん。「うち・の・ おっじゃん・は・ ことし(今年)・ きゅーじゅー(九十)・に・ なる。」〔⇒**おんじゃん【**(お爺やん、お祖父やん)**】**〕

おっじゃんぱっち【(お爺やんぱっち)**】**《名詞》 メリヤスなどで作った、厚手のズボン下。「ぬく(温)ーなっ・た・さかい・ おっじゃんぱっち・は・ もー・ い(要)ら・ん。」〔⇒**おじんぱっち【**(お爺ぱっち)**】、おんじゃんぱっち【**(お爺やんぱっち)**】、ぱっち**〕

おっせる【(教せる)**】**《動詞・サ行下一段活用》 ①相手の知らない知識や技能や情報などをわかりやすく説明して、それが身につくようにしてやる。「そろばん(算盤)・の・ つか(使)いかた・を・ おっせ・てやる。」②生活技術や行動に関すること、あるいは仕事の内容などについて、注意を与えたり知らせたりして、意識などを高めるようにしてやる。「そーじ(掃除)・の・ しかた(仕方)・を・ おっせ・とか・んと・ いか・ん。」③学校などで教員を務める。「わか(若)い・ とき・は・ しょーがっこー(小学校)・で・ おっせ・とっ・た。」〔⇒**おしえる【教える】、おせる【**(教せる)**】**〕

おっちょこちょい《名詞、形容動詞や(ノ)》 深く考えないで、そのときの自分の気分や、周りの様子にしたがって行動する様子。軽薄な様子。また、そのような人。「うち・の・ むすこ(息子)・は・ おっちょこちょいや・さかい・ いっつも・ しっぱい(失敗)・ばっかり・ し・とる。」〔名詞⇒**ちょうしもん【調子者】**〕

おっちら《副詞と》 ①坂道を上るときや、重い荷物を持つときなどに、力を振り絞ってゆっくり歩く様子。「おっちらと・ やま(山)・の・ てっぺん・に・ つ(着)い・た。」②進んで行くのにたいへんな労力や時間がかかる様子。「ここ・まで・ く(来)る・の・に・ おっちらと・ じかん(時間)・が・ かかっ・た。」③慣れていなくて、動作がぎこちない様子。「おっちら・ まね(真似)し・て・ たいそー(体操)し・とっ・たら・ かえって・ かた(肩)・が・ こ(凝)っ・た。」〔⇒**えっちら、えっちらおっちら、えっちらえっちら、おっちらおっちら**〕

おっちらおっちら《副詞と》 ①坂道を上るときや、重い荷物を持つときなどに、力を振り絞ってゆっくり歩く様子。「おっちらおっちらと・ たわら(俵)・を・ かたげ・て・ はこ(運)ん・だ。」②進んで行くのにたいへんな労力や時間がかかる様子。「おっちらおっちら・ いちにちしごと(一日仕事)・で・ ここ・まで・ でけ(出来)・た。」③慣れていなくて、動作がぎこちない様子。「ひと(人)・の・ かっこ(格好)・を・ み(見)・ながら・ おっちらおっちら・ おど(踊)る・ れんしゅー(練習)・を・ し・た。」〔⇒**えっちら、おっちら、えっちらおっちら、えっちらえっちら**〕

おっちんする《動詞・サ行変格活用》 ①足を投げ出して座る。腰を掛ける。「ほ(這)ー・とっ・た・ こ(子)ー・が・ おっちんする・よーに・ なった。」②脚を折り重ねて、足の裏に尻をのせて、きちんと座る。「おっちんし・て・ ごはん(飯)・を・ た(食)べ・なさい。」◆幼児語。〔⇒**おっちんちょする。**②⇒**ぎょうぎにすわる【行儀に座る】、せいざ【正座】**(する)〕

おっちんちょする《動詞・サ行変格活用》 ①足を投げ出して座る。腰を掛ける。「かいだん(階段)・に・ おっちんちょする。」②脚を折り重ねて、足の裏に尻をのせて、きちんと座る。「きちんと・ おっちんちょし・て・ えら(偉)い・ こ(子)ー・や・ね。」◆幼児語。〔⇒**おっちんする。**②⇒**ぎょうぎにすわる【行儀に座る】、せいざ【正座】**(する)〕

おっと【夫】《名詞》 夫婦のうち、男の人。「おっと・が・ にゅーいん(入院)し・まし・てん。」◆改まった場合などに使う。〔⇒**ていしゅ【亭主】**〕

おっとせい〔おっとせー〕【膃肭臍】《名詞》 足がひれのようになっていて上手に泳ぎ、背中は黒くて腹は灰色の、北太平洋にすむ哺乳動物。「どーぶつえん(動物園)・に・ おっとせー・が・ おっ・た。」

おっとり《副詞、動詞する》 ゆったりとして、こせこせしない様子。落ち着いていて、温和な様子。「やまだ(山田)はん・は・ おっとりし・た・ せーかく(性格)・や。」「あいつ(彼奴)・は・ おっとりし・て・ き(気)・が・ き(利)か・へん・ やつ(奴)・や。」

おっとろし【(恐し)**】**《感動詞》 恐いと感じたときや、驚いたときなどに、思わず口に出る言葉。「おっとろし。ねだん(値段)・を・ き(聞)ー・たら・ か(買)わ・れ・へん・がな。」〔⇒**おっとろしゃ【**(恐しゃ)**】**〕

おっとろしい〔おっとろしー〕【(恐ろしい)**】**《形容詞・イイ型》 ①身に危険などを感じて気味が悪い。「かみなり(雷)・が・ な(鳴)っ・て・ おっとろしかっ・た。」「じしん(地震)・の・ つなみ(津波)・は・ おっとろしー・なー。」②物事の程度が甚だしい。びっくりするほどである。「おっとろしー・ おー(大)きさ・の・ たこ(蛸)・が・ つ(釣)れ・た。」〔⇒**おそろしい【恐ろしい】、おとろしい【恐ろしい】、こわい【恐い】**。①⇒**おとっちい【**(恐っちい)**】**〕

おっとろしゃ【(恐しゃ)**】**《感動詞》 恐いと感じたときや、驚いたときなどに、思わず口に出る言葉。「おっとろしゃ。だいこん(大根)・が・ いっぽん(一本)・ さんびゃくえん(三百円)・も・ する・ん・かいや。」〔⇒**おっとろし【**(恐し)**】**〕

おっぱい《名詞》 ①子を生んだ母親の乳房からから出る、白い液体。母乳。「おっぱい・を・ の(飲)まし・たら・ な(泣)きやん・だ。」②胸にあって乳を出すところ。「おかー(母)ちゃん・の・ おっぱい・を・ さが(探)し・とる。」〔⇒**ちち【乳】**。①⇒**ち【乳】**。②⇒**ちぶさ【乳房】**〕

おつむ《名詞》 ①人や動物の体の中で、目・鼻・口などがあって、いちばん頂の部分。「おつむ・を・ うご(動)かさ・ない・で・ まえ(前)・を・ み(見)・なさい。」②額よりも上の部分。体のいちばん上の部分。「おつむ・に・ ぼーし(帽子)・を・ かぶ(被)る。」③考える力。「あんた・の・ おつむ・で・ かんが(考)え・なはれ。」◆幼児語。〔⇒**あたま【頭】**。②⇒**てんてん**〕

おつむてんてん《名詞､動詞する》 頭を軽く叩くこと。また、頭を軽く叩くときに唱える言葉。「ごんた(＝悪戯)し・たら・ おつむてんてんする・ぞ。」

おつむてんてんかいくりかいくり《成句》 自分の頭を軽く叩いて、その左右の手を胸の前で互いにぐるぐる回すときに唱える言葉。

おつゆ【御汁】《名詞》 ①ご飯に添えて食べる、味噌汁や吸い物。「けさ(今朝)・は・ さぶ(寒)い・さかい・ あつ(熱)い・ おつゆ・が・ うま(美味)い・なー。」②だしに醤油を加えて味をつけたもの。「あかし(明石)・の・ たまごやき(玉子焼)・を・ おつゆ・に・ つ(浸)け・て・た(食)べる。」〔⇒**しる【汁】**、**おつい【(御汁)】**、**おしる【御汁】**〕。②⇒**つゆ**〕

おつり【釣り】《名詞､動詞する》 受け取るべき額以上の単位のお金で支払いを受けたときに、相手に戻す差額のお金。「いちまんえん(一万円)・ いただい・た・ので・ おつり・は・ にせんえん(二千円)・です。」〔⇒**つり【釣り】**、**つりせん【釣り銭】**〕

おてあげ【お手上げ】《名詞､動詞する》 手のほどこしようがなく、困ってしまうこと。「まご(孫)・が・ さんにん(三人)・も・ いっぺん(一遍)・に・ き(来)・たら・ はし(走)りまーっ・て・ おてあげ・や。」「きょー(今日)・の・ しけん(試験)・の・ もんだい(問題)・は・ おてあげ・やっ・た。」〔⇒**こうさん【降参】**〕

おでき【御出来】《名詞》 打撲や炎症などによって皮膚の一部が腫れあがって、膿をもったもの。「おでき・ さわ(触)っ・たら・ あか・ん・よ。」〔⇒**できもん【出来物】**、**でけもん【(出来物)】**、**はれもん【腫れ物】**、**もの【物】**〕

おでこ《名詞》 顔の眉毛の上から、髪の毛の生えているところまでの部分。また、その部分が普通以上に突き出ていること。「おでこ・の・ ひろ(広)い・ おとこ(男)・の・ こ(子)・が・ さんりんしゃ(三輪車)・に・の(乗)っ・とる。」〔⇒**ひたい【額】**、**でぼちん**、**でこ**〕

おでん【(お田楽)】《名詞》 こんにゃく、芋、卵、はんぺん、がんもどきなどを煮込みにしたもの。「おでん・で・ いっぱい(一杯)・ やり・まほ・か。」◆「でんがく【田楽】」という言葉は使わない。〔⇒**かんとうだき【関東炊き】**〕

おてんき【お天気】《名詞》 ①晴れ・曇り・雨、気温、風の具合などの空模様。「あした(明日)・の・ おてんき・は・ どない・ なり・ます・やろ。」②雨が降ったり雲が出たりしていなくて、青空が見えて空模様がよいこと。「きょー(今日)・は・ おてんき・で・ なにより・です・なー。」◆丁寧語。〔⇒**ひより【日和】**、**てんき【天気】**。②⇒**はれ【晴れ】**〕

おてんば【お転婆】《名詞》 女の子が、男の子に負けないほどに、活発に動き回ったりふざけ騒いだりすること。また､そのようにしている女の子。「ちょっと(一寸)・ぐらい・ おてんば・の・ ほー(方)・が・ よろ(宜)しー・がな。」

おと【音】《名詞》 ものの振動が空気などを伝わって、耳で聞き分けられる響き。「たいこ(太鼓)・の・ おと・が・き(聞)こえ・てき・た。」

おとう〔おとー〕【お父】《名詞》 親のうち､男性の方。「おとー・は・ まだ・ かえ(帰)っ・とら・へん。」◆ややぞんざいな言い方である。■対語＝「おかあ【お母】」〔⇒**おとん【(お父ん)】**〕

おとうさん〔おとーさん〕【お父さん】《名詞》 親のうち、男性の方を敬い､親しんで言う言葉。「おとーさん・は・ どこ・へ・ おつと(勤)め・です・か。」■対語＝「おかあさん【お母さん】」

おとうと〔おとーと〕【弟】《名詞》 きょうだいのうち､年下の男性。「おとーと・が・ ふたり(二人)・ おり・ます・ねん。」■対語＝「いもうと【妹】」〔⇒**おとと【(弟)】**〕

おどおど《副詞、動詞する》 ひどく恐がったり、自信がなかったりして、落ち着かない様子。「おどおどし・とっ・たら・ あいさつ(挨拶)・が・ うま(巧)いこと・いき・まへ・ん・で。」

おとがい《名詞》 ①口の上下にあって、食べ物をかんだり声を出すのに役立つ部分。「まめ(豆)・を・ ぎょーさん(仰山)・ か(噛)ん・で・ おとがい・が・ しんどー・なっ・た。」②顔の下の方にあって、口より下の部分の外側。「おとがい・が・ ほっ(細)そりし・た・ ひと(人)・や。」「おとがい・に・ ごはんつぶ(飯粒)・が・ つ(付)い・とる。」〔⇒**あご【顎】**、**あごた【顎た】**、**あごたん【顎たん】**〕

おどかす【脅かす､嚇かす】《動詞・サ行五段活用》 ①自分の思い通りにさせるために、相手を恐がらせたり心配させたりする。「もーじき・ ねあ(値上)がりする・と・ おどかさ・れ・て・ こ(買)ー・ても・た。」②突然のように、びっくりさせる。「うし(後)ろ・から・ きゅー(急)に・ こえ(声)・を・ かけ・て・ おどかし・た。」■名詞化＝**おどかし【脅かし、嚇かし】**

おとぎばなし【お伽噺】《名詞》 子どもなどに聞かせる、昔から伝わっている話。現実離れをしている、空想的な話。「こども(子供)・に・ おとぎばなし・の・ えほん(絵本)・を・ こ(買)ー・てやる。」

おとこ【男】《名詞》 男子。男性。一人前に成熟した男性。「おとこ・は・ みんな(皆)・ せんそー(戦争)・に・ しょーしゅー(召集)さ・れ・た。」■対語＝「おんな【女】」「おなご【女子】」

おとご《名詞》 兄弟姉妹のうち､いちばん後に生まれた子。「おとご・が・ けっこん(結婚)し・ます・ねん。」〔⇒**おとんご**、**おとんぼ**、**すえっこ【末っ子】**、**すそ【裾】**〕

おとこおや【男親】《名詞》 親のうち､男性の方。「わし・の・こ(小)まい・ とき(時)・は・ どこ・の・ いえ(家)・でも・ おとこおや・は・ たいてー(大抵)・ せんそー(戦争)・に・ い(行)っ・とっ・た・ん・や。」◆父と子という関係性を意識して使うことが多い。■対語＝「おんなおや【女親】」「おなごおや【女親】」〔⇒**ちち【父】**、**ちちおや【父親】**、**てておや【(父親)】**、**てとや【(父親)】**〕

おとこきょうだい〔おとこきょーだい〕【男兄弟】《名詞》 兄または弟。兄と弟。また、その間柄。「わし・は・ おとこきょーだい・ばっかり・ さんにん(三人)・やっ・た・ん・や。」■対語＝「おんなきょうだい【女兄弟】」〔⇒**きょうだい【兄弟】**〕

おとこし【(男衆)】《名詞》 商家や邸宅などに雇われて､下働きをする男性。下男。「おー(大)けな・ いえ(家)・や・さかい・ むかし(昔)・は・ おとこし・を・ お(置)い・とっ・て・でし・た。」◆もはや使うことはない言葉である。■対語＝「おなごし【(女衆)】」

おとこまえ【男前】《名詞、形容動詞や(ノ)》 男としての風采が良い様子。美男子。「さんぱつ(散髪)し・て・ おとこまえに・ なっ・た・なー。」

おとしあな【落とし穴】《名詞》 人や動物を落ち込ませるために､表面上はわからないようにして作った窪み。「はま(浜)・に・ おとしあな・ つく(作)っ・て・ あそ(遊)ん・だ・ こと(事)・が・ あっ・た。」

おとしだま【お年玉】《名詞》 新年を祝って、子どもや目下の人などに贈るお金や品物。「おい(甥)・に・ おとしだま・を・　あげ・た。」

おとしぬし【落とし主】《名詞》 お金や品物を落とした人。「さいふ(財布)・を・　とど(届)け・たっ・たら・　おとしぬし・が・　れー(礼)・を・　い(言)ー・に・　き(来)・た。」

おとしぶた【落とし蓋】《名詞》 煮物をするときに、煮ている材料の上に直接あてるようにして使う鍋の蓋。また、そのような蓋の使い方。「おとしぶた・を・　し・て・　ことことと・　た(炊)く。」

おとす【落とす】《動詞・サ行五段活用》 ①急に、上から下へ位置を変えさせる。「かびん(花瓶)・を・　がちゃんと・　おとし・て・　わ(割)っ・ても・た。」②ついていたものがとれるようにする。なくなるようにする。「ふらいぱん(フライパン)・に・　つ(付)い・た・　あぶら(油)・を・　おとす。」③入れたり加えたりすべきものを漏らす。扱うべきものを意識的に省略する。「はがき(葉書)・に・　じゅーしょ(住所)・を・　か(書)く・の・を・　おとし・とっ・た。」④進級などをできなくさせる。落第させる。試験などに不合格とする。「だいがく(大学)・の・　にゅーし(入試)・で・　おとさ・れる。」⑤ものごとの質や程度を下げる。「かいしゃ(会社)・の・　ひょーばん(評判)・を・　おとす。」■自動詞は「おちる【落ちる】」〔③⇒**ぬかす【抜かす】**〕

おどす【脅す】《動詞・サ行五段活用》 自分の思い通りにさせるために、相手に恐い思いをさせる。ある行為を強制する。「くらやみ(暗闇)・に・　つ(連)れこま・れ・て・　おどさ・れ・た・ん・や・て。」「おどさ・れ・て・　かね(金)・を・　と(取)ら・れ・た。」■名詞化＝**おどし【脅し】**

おとつい【(一昨日)】《名詞》 昨日の前の日。2日前の日。「おとつい・の・　にっちょー(日曜)・は・　さかなつ(魚釣)り・に・　い(行)き・まし・てん。」〔⇒**おととい【一昨日】**〕

おとっちい〔**おとっちー**〕【(恐っちい)】《形容詞・イイ型》 身に危険などを感じて気味が悪い。「はか(墓)・の・　はた(側)・を・　とー(通)る・の・は・　おとっちー。」◆幼児語。〔⇒**おそろしい【恐ろしい】**、**おとろしい【恐ろしい】**、**おっとろしい【(恐ろしい)】**、**こわい【恐い】**〕

おとと【(弟)】《名詞》 きょうだいのうち、年下の男性。「おとと・は・　みっ(三)つ・　した(下)・です。」■対語＝「いもと【(妹)】」〔⇒**おとうと【弟】**〕

おとと【(お魚)】《名詞》 ①海・川・池などにすんで、えらで呼吸し、鱗があり、ひれを動かして泳ぐ動物。「おとと・を・　つ(釣)り・に・　い(行)く。」②それを調理して食べ物としたもの。「や(焼)い・た・　おとと・を・　た(食)べる。」◆幼児語。〔⇒**さかな【魚】**、**とと【(魚)】**〕

おととい【一昨日】《名詞》 昨日の前の日。2日前の日。「おととい・は・　えらい・　あめ(雨)・でし・た・なー。」〔⇒**おとつい【(一昨日)】**〕

おととし〔**おとどし**〕【一昨年】《名詞》 去年の前の年。2年前の年。「おととし・は・　たいふー(台風)・が・　みっ(三)つ・も・　き(来)・た。」

おとな【大人】《名詞》 ①成長して一人前になった人。「おとな・の・　ひと(人)・　む(向)け・の・　えーが(映画)・を・　み(見)る。」②運賃や入場料などでの、一人前の扱いを受ける人。「おとな・の・　けん(券)・を・　いちまい(一枚)・　ください。」■対語＝「こども【子供】」〔②⇒**だいにん【大人】**、**だい【大】**〕

おとなしい〔**おとなしー**〕【大人しい】《形容詞・イイ型》 ①性質が穏やかで素直である。扱いやすい。「おとなしー・　せーと(生徒)・ばっかり・の・　くみ(組)・や。」②いたずらや騒ぎなどをしないで、静かな態度である。「おとなしー・に・　し・て・　ま(待)っ・とい・て・な。」③色や形などが落ち着いていて、派手ではない。「おとなしー・　がら(柄)・の・　ふく(服)・を・　か(買)う。」

おとも【御供】《名詞、動詞する》 主だった人や目上の人に付き従って行って、警護や世話をすること。また、そのような役をする人。「わたし(私)・が・　おともし・ます。」〔⇒**とも【供】**〕

おどら《名詞》 相手を指す言葉。相手を悪し様に言ったり見下したりするときに使う言葉。「おどら・は・　わし・を・　な(舐)め・とる・の・か。」◆「おまえ【お前】」と言うよりも、相手に強く響く言葉である。〔⇒**きさま【貴様】**、**われ**、**わい**、**おまえ【お前】**、**おまい【(お前)】**、**おんどら**、**おどれ**、**おんどれ**、**おのれ【己】**〕

おとり【劣り】《名詞、形容動詞や(ノ)》 それ以下であること。高く評価できないこと。「そんな・　こと・を・　し・たら・　こども(子供)・より・　おとりや。」

おどり【踊り】《名詞》 リズムや歌に合わせて、手足や体を動かすこと。また、その所作などに一定の振り付けが行われている作品。「おどり・が・　す(好)きで・　す(好)きで・　ねんじゅー(年中)・　おど(踊)っ・とる・ひと(人)・や。」「この・　うた(歌)・に・は・　おどり・が・　つ(付)い・とる・ねん。」

おとる【劣る】《動詞・ラ行五段活用》 能力や価値などが、他のものに比べてよくない状態にある。数量などが他のものより少ない状態にある。「たいりょく(体力)・が・　おとっ・とる・さかい・　あんた・に・は・　か(勝)た・れ・へん。」■名詞化＝**おとり【劣り】**

おどる【踊る】《動詞・ラ行五段活用》 ①リズムや歌に合わせて、手足や体を動かす。「ぶたい(舞台)・で・　ゆったりと・　おどる。」②乱れた状態になる。落ち着きがなくなっている。「ふる(震)え・て・　じ(字)ー・が・　おどっ・とる。」■名詞化＝**おどり【踊り】**

おどれ《名詞》 相手を指す言葉。相手を悪し様に言ったり見下したりするときに使う言葉。「おどれ・が・　きのー(昨日)・　そない・　ぬかし・た・ん・と・　ちが(違)う・ん・かい。」◆「おまえ【お前】」と言うよりも、相手に強く響く言葉である。〔⇒**きさま【貴様】**、**われ**、**わい**、**おまえ【お前】**、**おまい【(お前)】**、**おどら**、**おんどら**、**おんどれ**、**おのれ【己】**〕

おとろえ【衰え】《名詞》 勢いや力などが弱くなること。「あし(足)・の・　おとろえ・が・　めだ(目立)つ。」

おとろえる【衰える】《動詞・ア行下一段活用》 勢いや力などが弱くなる。「わか(若)い・　じぶん(時分)・に・　くら(比)べ・たら・　ちから(力)・が・　だいぶ(大分)・　おとろえ・た。」■名詞化＝**おとろえ【衰え】**

おとろしい〔**おとろしー**〕【(恐ろしい)】《形容詞・イイ型》 ①身に危険などを感じて気味が悪い。「そないに・　すぴーど(スピード)・を・　だ(出)し・て・　うんてん(運転)し・たら・　おとろしー・がい。」②物事の程度が甚だしい。びっくりするほどである。「せきゆ(石油)・の・　ね(値)ー・が・　あ(上)がっ・て・　おとろしー・　こと・や。」〔⇒**おそろしい【恐ろしい】**、**おっとろしい【(恐ろしい)】**、**こわい【恐い】**。①⇒**おとっちい【(恐っちい)】**〕

おとろしがる【(恐しがる)】《動詞・ラ行五段活用》 ①身の危険などを感じて気味悪く思う。恐れてびくびくする。「おー(大)きな・　しんさい(震災)・に・　お(遭)ー・た・さかい・　こ(小)まい・　じしん(地震)・でも・　おとろしがっ・とる・ねん。」「よみち(夜道)・を・　ある(歩)く・の・を・　おとろしがる。」②物事の様子が尋常でなく、びっくりしたり、あきれたりする。「うん(運)・が・ よ(良)すぎ・て・ かえって・ おとろしがっ・とる。」〔⇒**おそろしがる【恐しがる】、こわがる【恐がる】**。①⇒**おじける【怖じける】、おびえる【怯える】**〕

おとろしなる【恐ろしなる】《動詞・ラ行五段活用》 平気な気持ちから、気味悪く感じるように変化する。恐ろしく感じるようになる。「こないだ・の・ しんさい(震災)・が・ あっ・た・さかい・ つなみ(津波)・の・ こと・が・ おとろしなっ・てん。」〔⇒**こわなる【恐なる】、おそろしなる【恐ろしなる】**〕

おとん【(お父ん)】《名詞》 親のうち、男性の方。「おとん・に・ ごっつー・ おこ(怒)ら・れ・た。」◆「おとう」よりも更にぞんざいな言い方である。「おとん」には「さん」を付けることができない。■対語＝「おかん【(お母ん)】」〔⇒**おとう【お父】**〕

おとんご《名詞》 兄弟姉妹のうち、いちばん後に生まれた子。「おとんご・が・ ちゅーがくせー(中学生)・に・ なっ・た。」〔⇒**すえっこ【末っ子】、おとんぼ、おとご、すそ【裾】**〕

おとんぼ《名詞》 兄弟姉妹のうち、いちばん後に生まれた子。「おまえ(前)・は・ おとんぼ・や・さかい・ あま(甘)やかさ・れ・て・ おー(大)きなっ・た・ん・やろ。」〔⇒**すえっこ【末っ子】、おとご、おとんご、すそ【裾】**〕

おないどし【同い年】《名詞》 年齢が同じであること。同じ年に生まれたこと。「おないどし・の・ どーそーせー(同窓生)・は・ みんな(皆)・ なか(仲)・が・ え(良)ー。」

おなか【お腹】《名詞》 ①胸と腰との間で、胃や腸などのあるところ。胃や腸。「おなか・を・ くだ(下)す。」「おなか・が・ す(空)い・た。」②母体で、子が宿るところ。「おなか・が・ で(出)っぱっ・てき・た。」③心の中。うわべだけでない、本当の気持ちや考え。「おなか・で・ なに(何)・を・ かんが(考)え・とる・か・ わから・へん。」〔⇒**はら【腹】**。①②⇒**ぽんぽん**〕

おなぎ【(鰻)】《名詞》 脂が強く蒲焼きなどにして食べる、ぬるぬるして細長く海や川にすむ魚。「おなぎ・は・ やっぱり・ かばや(蒲焼)き・が・ うま(美味)い・なー。」〔⇒**うなぎ【鰻】**〕

おなご【女子】《名詞》 ①女子。女性。また、一人前に成熟した女性。「おとんぼ(＝末っ子)・は・ おなご・や。」②(自分の)妻。「おなご・と・は・ おさ(幼)ななじみ・やっ・てん。」■対語＝「おとこ【男】」〔⇒**おんな【女】**〕

おなごおや【女親】《名詞》 親のうち、女性の方。「おなごおや・ ひとり・で・ むすこ(息子)・を・ そだ(育)て・とる。」◆母と子という関係性を意識して使うことが多い。■対語＝「おとこおや【男親】」〔⇒**はは【母】、ははおや【母親】、はほや【(母親)】、おんなおや【女親】**〕

おなごし【(女衆)】《名詞》 商家や邸宅などに雇われて、下働きをする女性。「おなごし・で・ ほーこー(奉公)・を・ さし・たら・ しつけ(躾)・が・ み(身)・に・ つ(付)・く。」◆もはや使うことはない言葉である。■対語＝「おとこし【(男衆)】」〔⇒**じょちゅう【女中】**〕

おなし【同し】《形容動詞や(ノ・ナ)》 ①性質・形・種類・程度など、問題としている点や関心を持っている点において、違いがない様子。「どっち・も・ おなし・ ねだん(値段)・や。」②他のものにとてもよく似ている様子。「おまえ(前)・も・ あいつ(彼奴)・と・ おなし・こと・を・ し・た・ん・か。」〔⇒**おなじ【同じ】、おんなし【同し】、おんなじ【同じ】**〕

おなじ【同じ】《形容動詞や(ノ・ナ)》 ①性質・形・種類・程度など、問題としている点や関心を持っている点において、違いがない様子。「おなじ・ でんしゃ(電車)・で・ い(行)く。」②他のものにとてもよく似ている様子。「そんな・ こと・を・ ゆ(言)ー・たら・ わるぐち(悪口)・と・ おなじや・ない・か。」〔⇒**おなし【同し】、おんなし【同し】、おんなじ【同じ】**〕

おなじみ【お馴染み】《名詞》 顔を合わせたり見たりすることが多くて、親しみや一体感をもっていること。また、そのような人やもの。「おなじみ・の・ とら(寅)さん・の・ えーが(映画)・を・ み(見)る。」「まいど(毎度)・ おなじみ・の・ ちりがみ(紙)・の・ こーかん(交換)・です。」

おなす【お茄子】《名詞》 夏から秋にかけて薄紫色の花が咲き、紫色で球形や楕円形の実がなる野菜。「おなす・の・ つけもん(漬物)・が・ おい(美味)しー。」◆「なすび【茄子】」を丁寧に言う言葉であるが、「なす【茄子】」と言うことは少ない。〔⇒**なすび【茄子】**〕

おなら《名詞、動詞する》 消化や発酵作用によって腸にたまった気体が尻から出たもの。「おなら・の・ にお(臭)い・が・ し・てき・た。」〔⇒**へ【屁】、ガス【英語＝gas】**〕

おに【鬼】《名詞》 ①人の姿をして、角や牙を持っている、想像上の怪物。「おに・は・ そと(外)ー・と・ ゆ(言)ー・て・ まめ(豆)・を・ ま(撒)く。」②荒々しくて恐い人。強くて刃向かうことができない人。「おに・の・ かちょー(課長)・が・ おら・ん・ ひ(日)・は・ きらく(気楽)や。」③かくれんぼなどで、人をつかまえる役。「おにさん・ こちら・ て(手)・の・ な(鳴)る・ ほー(方)・へ。」

おにがわら〔おにがーら〕【鬼瓦】《名詞》 魔除けとして屋根の棟の両端につける、鬼の顔などをかたどった大きな瓦。「おにがーら・みたいな・ かお(顔)・を・ し・た・ ひと(人)・や・なー。」

おにぎり【お握り】《名詞》 水で湿した手に塩をつけて、ご飯を三角形や丸形に握り固めたもの。「ろっこー(六甲)・の・ やま(山)・の・ てっぺん(天辺)・で・ く(食)・た・ おにぎり・は・ うま(美味)かっ・た。」◆中に具を入れたり外側に海苔を巻いたりするものもある。〔⇒**にぎりめし【握り飯】、にぎり【握り】、むすび【結び】、おむすび【お結び】**〕

おにごっこ【鬼ごっこ】《名詞、動詞する》 おにになった人が他の人を追いかけて、つかまった人が代わって次のおにになる、子どもの遊び。(おにが交代するものと、おにが増えていくものとがある。)「おにごっこ・を・ し・て・ はし(走)りまーる。」〔⇒**おにごと【鬼事】、おわえごく【追わえごく】、おわいごく【追わいごく】**〕

おにごと【鬼事】《名詞、動詞する》 おにになった人が他の人を追いかけて、つかまった人が代わって次のおにになる、子どもの遊び。(おにが交代するものと、おにが増えていくものとがある。)「おにごとし・たら・ はし(走)っ・て・ ぬく(温)もる・よ。」◆「おにごっこ【鬼ごっこ】」とも言うが、かつては「おにごと【鬼事】」と言うことが多かった。〔⇒**おにごっこ【鬼ごっこ】、おわえごく【追わえごく】、おわいごく【追わいごく】**〕

おにし【(お煮染)】《名詞》 野菜や魚や肉などをよく煮て、醤油などの煮汁をじゅうぶんにしみ込ませたもの。「しょーがつ(正月)・の・ おにし・を・ こしら(拵)える。」〔⇒**にしめ【煮染め】**〕

おのれ【己】《名詞》 相手を指す言葉。相手を悪し様に言ったり見下したりするときに使う言葉。「おのれ・が・　じぶん(自分)・で・　かんが(考)え・んと・　あか・ん・やろ・がい。」◆「おまえ」と言うよりも、相手に強く響く。〔⇒**きさま【貴様】、われ、わい、おまえ【お前】、おまい【(お前)】、おどら、おんどら、おどれ、おんどれ**〕

おば【伯母、叔母】《名詞》 父または母の、姉または妹。おじの妻。「おば・は・　うち・の・　ははおや(母親)・より・　いつ(五)つ・　としうえ(年上)・や。」■対語＝「おじ【伯父、叔父】」

おばあ〔おばー〕【お婆、お祖母】《名詞》 ①年をとった女の人。「おばー・が・　みち(道)・に・　まよ(迷)っ・とっ・た。」②父または母の、母。「うち・の・　おばー・は・　まだまだ・　げんき(元気)でっ・せ。」◆ややぞんざいな言い方である。■対語＝「おじい【お爺、お祖父】」〔⇒**おばん【(お婆、お祖母)】**〕

おばあさん〔おばーさん〕【お婆さん、お祖母さん】《名詞》 ①年をとった女の人。「しらが(白髪)・の・　きれー(綺麗)な・　おばーさん・が・　ある(歩)い・とる。」②父または母の、お母さん。「おばーさん・に・　おとしだま(年玉)・を・　もろ(貰)・た。」◆①②ともに、敬い親しむ気持ちが込められた言い方である。■対語＝「おじいさん【お爺さん、お祖父さん】」〔⇒**ばあさん【婆さん、祖母さん】**〕

おはぎ【御萩】《名詞》 餅米とうるち米とを混ぜて炊いた飯を軽くついて丸め、餡を入れたりきな粉でまぶしたりしたもの。「ひがん(彼岸)・に・　おはぎ・を・　こしら(拵)える。」〔⇒**ぼたもち【牡丹餅】**〕

おばけ【お化け】《名詞》 ①正体のわからないものや、異形のものに姿を変えて現れてくるもの。「おばけ・が・　で(出)る・　いえ(家)・や・と・　い(言)わ・れ・とる・さかい・　きも(気持)ちわる(悪)い・なー。」②非常に大きなもの。「おばけ・の・　えんとつ(煙突)・が・　た(立)っ・とる。」③他の人たちとは異なった力の持ち主。「あいつ・は・　おばけ・の・　ちからも(力持)ち・や。」④鯨の脂肉を晒した、白くて柔らかい食べ物。「むかし(昔)・は・　よー・　た(食)べ・た・けど・　いま(今)・では・　おばけ・は・　た(食)べ・られ・へん・よーに・　なっ・ても・た。」〔①②③⇒**ばけもん【化け物】**〕

おばさん【伯母さん、叔母さん、小母さん】《名詞》 ①父または母の、姉さんまたは妹さん。「おばさん・が・　あそ(遊)び・に・　き(来)・た。」②年をとった女の人。「まいあさ(毎朝)・　あ(会)う・　おばさん・に・　あいさつ(挨拶)する。」■対語＝「おじさん【叔父さん、伯父さん、小父さん】」〔⇒**おばはん【伯母はん、叔母はん、小母はん】**〕

おはじき【お弾き】《名詞》 平たいガラス玉などをばらまいておいて、それを指で弾いて、当てたものを取り合う遊び。また、その遊びに使うもの。「おはじき・は・　おんな(女)・の・　こ(子)ー・の・　あそ(遊)び・や。」

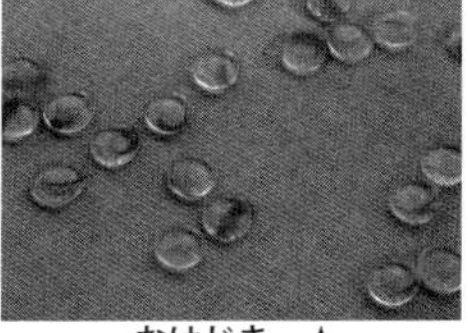
おはじき　★

おはな【お花】《名詞》 鑑賞するために、切り取った木の枝や草花などを使って、形を整えて花器などにさすこと。また、その作品。「あんた・は・　おはな・の・　こころえ(心得)・が・　ある・ん・や・なー。」〔⇒**いけばな【生け花】、はな【花】**〕

おばはん【伯母はん、叔母はん、小母はん】《名詞》 ①父または母の、姉さんまたは妹さん。「おばはん・の・　そーしき(葬式)・に・　い(行)く。」②年をとった女の人。「あれ・は・　どこ・の・　おばはん・や。」③自分の妻。「うち・の・　おばはん・は・　いま(今)・　かいもん(買物)・に・　い(行)っ・とる。」■対語＝「おっさん【(伯父さん、叔父さん、小父さん)】」〔①②⇒**おばさん【伯母さん、叔母さん、小母さん】**〕

おはよう〔おはよー〕【お早う】《感動詞》 朝、人に出会ったときの挨拶の言葉。「おはよー。げんき(元気)・か。」◆丁寧に言うときは「おはようございます【お早うございます】」となる。

おばん【(お婆、お祖母)】《名詞》 ①年をとった女の人。「はちじゅー(八十)・ぐらい・の・　おばん・が・　ひとり(一人)・で・　ばす(バス)・に・　の(乗)っ・てき・た。」②父または母の、母。「うち・の・　おばん・は・　まだ・　たっしゃ(達者)や・でー。」◆ややぞんざいな言い方である。■対語＝「おじん【(お爺、お祖父)】」〔⇒**おばあ【お婆、お祖母】**〕

おび【帯】《名詞》 腰の辺りに巻いて、着ている和服の形を整える、長い布。「おび・が・　ほど(解)け・そーや・さかい・　し(締)めなおす。」

おびえる【怯える】《動詞・ア行下一段活用》 極度に身の危険などを感じて気味悪く思う。恐れてびくびくして後込みをする。「この・　いぬ(犬)・は・　なん(何)・か・に・　おびえ・とる・みたいや。」〔⇒**おそろしがる【恐しがる】、おとろしがる【(恐しがる)】、こわがる【恐がる】、おじける【怖じける】**〕

おひさん〔おひーさん〕【お日さん】《名詞》 太陽系の中心にあって高い熱と光を出し、地球にも熱と光を与えて万物をはぐくんでいる星。「ぬ(濡)れ・た・　ふく(服)・を・　おひさん・で・　かわ(乾)かす。」◆恵みを与えてくれることに感謝し、敬意を込めた言い方である。〔⇒**ひ【日】、たいよう【太陽】**〕

おひたし【お浸し】《名詞》 ほうれんそうなどの青菜を軽く茹でて、水分を切った食べ物。青菜を茹でて、醤油や鰹節などをかけたもの。「おひたし・に・　かっつぉぶし(鰹節)・を・　かける。」〔⇒**おしたし【(お浸し)】**〕

おひつ【お櫃】《名詞》 炊いたご飯を保存しておく、円形で木製の入れ物。「みんな(皆)・　よー・　く(食)ー・た・さかい・　おひつ・が・　から(空)・に・　なっ・ても・た。」「ひのき(檜)・の・　おひつ・は・　え(良)ー・　にお(匂)い・が・　する。」◆「ひつ【櫃】」とも言うが、「お」を付けることが多い。〔⇒**ひつ【櫃】、めしびつ【飯櫃】**〕

木のお櫃

おひと【お人】《名詞》 「人」を敬って言う言葉。「しつもん(質問)し・なはっ・た・ん・は・　どの・　おひと・です・か。」〔⇒**おかた【お方】**〕

おひとよし【お人好し】《形容動詞や(ノ)、名詞》 ものごとを善意に受け取って、人に利用されやすい様子。従順で、人に逆らわない様子。また、そのような人。「あんた・は・　おひとよしや・さかい・　だま(騙)さ・れ・ん・よーに・　き(気)ー・を・　つ(付)け・なはれ。」

おびん《形容動詞や(ナ)、名詞》 気が小さかったり心配性であったりして、ちょっとしたことにも、びくびくして恐がる様子。必要以上に用心深く、ものごとに十分な対処ができない様子。また、そのような人。「おびんや・なー。かえる(蛙)・ぐらい・　て(手)ー・で・　つか

(掴)め。」〔⇒**おびんたれ**【おびん垂れ】、**おくびょう**【臆病】〕

おびんたれ【おびん垂れ】《形容動詞や(ナ)、名詞》 気が小さかったり心配性であったりして、ちょっとしたことにも、びくびくして恐がる様子。必要以上に用心深く、ものごとに十分な対処ができない様子。また、そのような人。「おびんたれで・ よなか(夜中)・に・ べんじょ(便所)・へ・ ひとり(一人)・で・ よー・ い(行)か・へん。」〔⇒**おびん**、**おくびょう**【臆病】〕

おぶう〔**おぶー**、**おぶ**〕《名詞》 乾燥させたり、それを粉末にしたりした茶の葉に湯を注いで作った飲み物。「のど(喉)・が・ かわ(乾)い・た・さかい・ おぶー・ いっぱい(一杯)・ の(飲)まし・てー・な。」◆白湯のことを言うこともある。〔⇒**おぶうちゃん**、**おちゃ**【お茶】、**ちゃ**【茶】〕

おぶうちゃん〔**おぶーちゃん**〕《名詞》 乾燥させたり、それを粉末にしたりした茶の葉に湯を注いで作った飲み物。「はい・ おぶーちゃん・を・ いっぱい(一杯)・ どーぞ。」〔⇒**おぶう**、**おちゃ**【お茶】、**ちゃ**【茶】〕

おふだ【お札】《名詞》 神や仏の加護がこもっているとされる、神社や寺で出すお守り。「すんみょっ(住吉)さん・の・ おふだ・を・ もら(貰)う。」〔⇒**ふだ**【札】〕

おぶとん【負布団】《名詞》 寝る人が体の上にかける布団。「さむ(寒)い・さかい・ おぶとん・を・ かさ(重)ね・て・ き(着)る。」■対語＝「しきぶとん【敷き布団】」「ひきぶとん【(敷き布団)】」〔⇒**うわぶとん**【上布団】、**かけぶとん**【掛け布団】〕

オブラート〔**おぶらーと**〕【ドイツ語＝ Oblate】《名詞》 粉薬などを包むのに使う、澱粉で作った薄い膜。「おぶらーと・に・ つつ(包)ま・なんだら・ くすり(薬)・を・ よー・ の(飲)ま・へん。」

おべん【お弁】《名詞》 ①勤務先、学校、外出先などで食べるために、入れ物に入れて携行する食事。「おべん・を・ わす(忘)れ・ん・よーに・ も(持)っ・て・ い(行)き・なはれ。」②携行用の食べ物を入れるために、金属などで作られた容器。「おべん・が・ ちー(小)そー・ なっ・た・ さかい・ か(買)いかえる。」③顔などに付いているご飯粒や、小さな食べ物。「おとがい(＝顎)・に・ おべん・が・ つ(付)い・とる・よ。」〔⇒**べんとう**【弁当】。②⇒**べんとうばこ**【弁当箱】〕

おべんちゃら《名詞、動詞する》 相手に取り入ろうとしたり、相手に気に入ってもらおうとしたりするために、相手に関係のあることを必要以上にほめること。うわべだけの誉め言葉。「おべんちゃらし・て・ き(気)にいら・れ・ても・ しょがない・やろ。」〔⇒**おせじ**【お世辞】〕

おぼえる【覚える、憶える】《動詞・ア行下一段活用》 ①知識などを頭に入れる。技術などを学んで身に付ける。「ちゅーがっこー(中学校)・から・ えーご(英語)・を・ おぼえる。」②忘れずに記憶している。心にとめる。「しんさい(震災)・の・ とき(時)・の・ こと・は・ よー・ おぼえ・とる。」■名詞化＝**おぼえ**【覚え、憶え】

おぼこい《形容詞・オイ型》 まだ世間のことを知らず、いかにも子どもらしい。すれていなくて、無邪気である。「おぼこい・ こ(子)ー・や・と・ おも(思)・とる・うち・に・ だんだん・ わる(悪)い・ ちえ(智恵)・も・ つい・てき・た。」

おほっさん【(お星さん)】《名詞》 夜空に、小さく輝いて見える天体。「いちばん(一番)・の・ おほっさん・が・ で(出)・た。」◆親しみを込めた、あるいは感謝や敬意を込めた言い方。〔⇒**ほっさん**【(星さん)】、**ほし**【星】〕

おぼろ【朧ろ】《名詞》 干した昆布を薄く帯状に削った食べ物。「ごはん(飯)・に・ おぼろ・を・ の(載)せ・て・ た(食)べる。」〔⇒**おぼろこぶ**【朧ろ昆布】〕

おぼろこぶ【朧ろ昆布】《名詞》 干した昆布を薄く帯状に削った食べ物。「うどん(饂飩)・に・ おぼろこぶ・を・ い(入)れる。」〔⇒**おぼろ**【朧ろ】〕

おぼん【お盆】《名詞》 ①食べ物や食器などを載せて運ぶ、平らで縁の浅い道具。「おぼん・に・ の(載)せ・て・ おちゃ(茶)・を・ だ(出)す。」②先祖の霊をまつる、8月中頃の仏教行事。「おぼん・の・ おそな(供)え・を・ か(買)う。」〔⇒**ぼん**【盆】〕

おまい【(お前)】《名詞》 相手を指す言葉。「おまい・こそ・ げんき(元気)・が・ ない・の・と・ ちゃ(違)う・か。」◆親しみはあるが、ややぞんざいな言い方である。〔⇒**きさま**【貴様】、**われ**、**わい**、**おまえ**【お前】、**おどら**、**おんどら**、**おどれ**、**おんどれ**、**おのれ**【己】〕

おまいり【お参り】《名詞、動詞する》 ①先祖の墓に行って拝むこと。「ひがん(彼岸)・の・ おまいり・に・ い(行)く。」②寺や神社に行って拝むこと。「おみや(宮)はん・に・ おまいりする。」

おまえ【お前】《名詞》 相手を指す言葉。「おまえ・が・ い(行)っ・てこい。」◆親しみはあるが、ややぞんざいな言い方である。〔⇒**きさま**【貴様】、**われ**、**わい**、**おまい**【(お前)】、**おどら**、**おんどら**、**おどれ**、**おんどれ**、**おのれ**【己】〕

おまえとこ【お前所】《名詞》 ①あなたの住んでいる家。「おまえとこ・は・ えき(駅)・の・ にし(西)・の・ ほー(方)・やっ・た・かいな。」②あなたの家族。「おまえとこ・は・ なんにん(何人)・や。」③あなたの夫。あなたの妻。「おまえとこ・は・ どこ・に・ つと(勤)め・とる・ん・や。」〔⇒**あんたとこ**【あんた所】、**あんたんとこ**【あんたん所】、**あんたはんとこ**【あんたはん所】、**おまえんとこ**【お前ん所】、**おまはんとこ**【おまはん所】〕

おまえんとこ【お前ん所】《名詞》①あなたの住んでいる家。「おまえんとこ・は・ うみ(海)・の・ はた(側)・や・なー。」②あなたの家族。「おまえんとこ・は・ みんな(皆)・で・ りょこー(旅行)する・ こと・は・ ある・か。」③あなたの夫。あなたの妻。「おまえんとこ・は・ どこ(何処)・から・ よめ(嫁)・に・ き(来)・とる・ん・や。」〔⇒**あんたとこ**【あんた所】、**あんたんとこ**【あんたん所】、**あんたはんとこ**【あんたはん所】、**おまえとこ**【お前所】、**おまはんとこ**【おまはん所】〕

おまけ【お負け】《名詞、動詞する》 ①商品の値段を、決めていた額より安くすること。または、決めていた量より多くすること。「ひゃくえん(百円)・ おまけし・とき・ます。」「いっこ(一個)・は・ ただ(只)・で・ おまけ・です。」②感謝の気持ちなどをこめて、売る商品に添えて客に渡す品物。「おーうりだ(大売出)し・の・ きかん(期間)・は・ おまけ・を・ つ(付)け・て・ う(売)る。」③書籍・雑誌などの本体に添えられたもの。「しんねんごー(新年号)・の・ おまけ・に・ すごろく(双六)・が・ つ(付)い・とる。」〔①⇒**べんきょう**【勉強】。②⇒**けいひん**【景品】。③⇒**ふろく**【付録】〕

おまけに《接続詞》 それだけでも十分であるのに、それに何かが加わることを表す言葉。その上に。「あめ(雨)・が・ ふ(降)っ・て・ おまけに・ かぜ(風)・まで・ で(出)・てき・やがっ・た。」「べっぴん(別嬪)さん・で・ おまけに・ あたま(頭)・が・ え(良)ー。」

おます《動詞・サ行五段活用》 「ある」の丁寧な言い方。あります。「えんぴつ(鉛筆)・やっ・たら・　ここ・に・　おます。」「そんな・　もん(物)・は・　おまさ・へん。」

おます《補助動詞・サ行五段活用》［形容詞・形容動詞の連用形に付く］　表現を和らげたり、敬意を表したりするときに使う言葉。「きょー(今日)・は・　さぶ(寒)・おます・なー。」「わたし(私)・は・　げんき(元気)で・おます。」

おます《補助動詞・サ行五段活用》　**⇒ておます〔でおます〕**《補助動詞・サ行五段活用》**を参照**

おまはん【お前はん】《名詞》　軽い敬意を込めて、相手を指す言葉。「おまはん・は・　なに(何)・を・　ちゅーもん(注文)し・て・です・か。」〔**⇒おたく**【お宅】、**おうち**【お家】、**あんた**【(貴方)】、**あなた**【貴方】〕

おまはんとこ【お前はん所】《名詞》　①あなたの住んでいる家。「おまはんとこ・は・　かわ(川)・の・　どっちがー(側)・かいな。」②あなたの家族。「おまはんとこ・は・　なんにん(何人)・の・　しょたい(所帯)・でっ・か。」③あなたの夫。あなたの妻。「おまはんとこ・は・　かいしゃ(会社)・まで・　でんしゃ(電車)・で・　かよ(通)・とっ・て・ん・か。」〔**⇒あんたとこ**【あんた所】、**あんたんとこ**【あんたん所】、**あんたはんとこ**【あんたはん所】、**おまえとこ**【お前所】、**おまえんとこ**【お前ん所】〕

おまへん《動詞＋助動詞》「ない」の丁寧な言い方。ありません。「しんぱい(心配)・は・　なに(何)・も・　おまへん。」「そんな・　あほ(阿呆)な・　はなし(話)・は・　おまへん・やろ。」

おまぼり【(お守り)】《名詞》　社寺が出す、神や仏が災難から守ってくれたり、良いことを起こしてくれるという札。「あんざん(安産)・の・　おまぼり・を・　う(受)ける。」〔**⇒おまもり**【お守り】、**まもりさん**【守りさん】、**まぼりさん**【(守りさん)】、**まぶりさん**【(守りさん)】〕

おまもり【お守り】《名詞》　社寺が出す、神や仏が災難から守ってくれたり、良いことを起こしてくれるという札。「みや(宮)はん・で・　おまもり・を・　もろ(貰)・て・き・た。」〔**⇒おまぼり**【(お守り)】、**まもりさん**【守りさん】、**まぼりさん**【(守りさん)】、**まぶりさん**【(守りさん)】〕

おまわりさん〔おまーりさん〕【お巡りさん】《名詞》　人々が安心して生活できるように、生命や財産を守ることを任務としている公務員。「おまわりさん・が・　じてんしゃ(自転車)・で・　むら(村)・を・　まー(回)っ・とる。」〔**⇒じゅんさ**【巡査】、**けいかん**【警官】、**けいさつかん**【警察官】〕

おまん【お饅(頭)】《名詞》　小麦粉で作り醗酵させた皮の中に、餡や肉などを入れて蒸した食べ物。「おそな(供)え・に・　する・　おまん・を・　こしら(拵)える。」〔**⇒まんじゅう**【饅頭】〕

おみき【お神酒】《名詞》　①神に供える酒。「じちんさい(地鎮祭)・を・　し・て・　おみき・を・　そな(供)える。」②酒のことをしゃれたり、ふざけたりして言う言葉。「おみき・でも・　の(飲)ん・で・　あした(明日)・から・　また・　せーだ(精出)し・まひょ。」

おみきどっくり【お神酒徳利】《名詞》　同じ形の一対のもので、神に供える酒を入れるための、細長くて口の狭い容器。「おみきどっくり・に・　かざ(飾)り・を・　つ(付)け・て・　そな(供)える。」

おみくじ【お神籤】《名詞》　神社や寺にお参りした人が引く、吉凶などを占う紙。「おみくじ・で・　きち(吉)・が・　で(出)・た。」

おむすび【お結び】《名詞》　水で湿した手に塩をつけて、ご飯を三角形や丸形に握り固めたもの。「えんそく(遠足)・に・　おむすび・を・　つく(作)っ・てもろ・た。」◆中に具を入れたり、外側に海苔を巻いたりするものもある。〔**⇒にぎりめし**【握り飯】、**にぎり**【握り】、**むすび**【結び】、**おにぎり**【お握り】〕

おむつ【お襁】《名詞》　乳幼児などの尻に当てて、大小便を受ける布や紙。「むかし(昔)・は・　こども(子供)・が・　でける・と・　ゆ(言)ー・たら・　きれ(布)・で・　ぎょーさん(仰山)・　おむつ・を・　こしら(拵)え・た。」〔**⇒おしめ**【お襁】、**むつき**【襁褓】〕

おめこ《名詞、動詞する》　①女性の生殖器である、穴状になっているもの。「ぱんつ(パンツ)・を・　は(履)か・んと・　おめこ・が・　み(見)える・ぞー。」②人が性交すること。「おめこし・たら・　こども(子供)・が・　でけ(出来)る・ぞー。」〔**⇒おそそ、ぼぼ**〕

おめし【お召し】《名詞》　和服用の、表面に皺を織り出した絹織物。「しき(式)・に・　おめし・を　き(着)る。」

おめでた【お目出度】《名詞》　結婚や妊娠・出産のような慶事。「あんた・の・　おなか(腹)・　み(見)・たら・　おめでた・みたいや・なー。」

おめでたい【お目出度い】《形容詞・アイ型》　①ものごとが望ましい状態になって、喜び祝うのにふさわしい。「おめでたい・　こと(事)・が・　ふた(二)つ・　つづ(続)い・た。」②馬鹿正直で、お人好しである。「わるぐち(悪口)・を・　い(言)わ・れ・ても・　き(気)・に・　せー・へん・の・は・　ちょっと(一寸)・　おめでたい・　とこ・が・　ある・なー。」〔**⇒めでたい**【目出度い】〕

おめでとう〔おめでとー〕【お目出度う】《感動詞》　成功や勝利などの喜びを祝ったり、新年の挨拶をするときに使う言葉。「ごーかく(合格)・　おめでとー。」◆丁寧に表現するときは「おめでとうございます【お目出度うございます】」と言う。

おめにかかる【お目に掛かる】《動詞・カ行五段活用》「会う」ということを、へりくだって言う言葉。「このまえ(前)・　おめにかかっ・て・から・　はんとし(半年)・た(経)ち・ます・なー。」◆「めにかかる【目に掛かる】」は、これまでになかったものが目に入る、探し物が見つかる、などという意味である。

おも【主】《名詞、形容動詞や(ナ)》　たくさんの中で中心となるものや大事なもの。また、そのような役割を果たす人。「この・　かい(会)・の・　おも・は・　だれ(誰)・が・　なっ・とる・のん。」「そーかい(総会)・で・　おもな・　ひと(人)たち・が・　なら(並)ん・どる。」

おもい【思い】《名詞》　考えたり思ったりしていること。願っていること。また、その内容。「おもい・が・　その・　とー(通)り・に・　なっ・て・　うれ(嬉)しー。」

おもい【重い】《形容詞・オイ型》　①それを支え持つには力が必要なほど、目方が多い。「おもい・　いし(石)・を・　かか(抱)え・て・　の(除)ける。」②程度が普通以上にひどい。「あいつ(彼奴)・は・　びょーき(病気)・が・　おもい・らしー。」③気分が晴れない。体が軽く動かない。「き(気)・が・　おもい・　できごと(出来事)・が・　あっ・てん。」◆「おもい【重い】」よりも「おもたい【重たい】」を使う方が多い。■対語＝「かるい【軽い】」〔**⇒おもたい**【重たい】〕

おもいおもい【思い思い】《形容動詞や(ノ)》　めいめいが自分の思うようにする様子。「おもいおもいの・　こと・を・　ゆ(言)ー・とっ・たら・　まと(纏)まら・へん・がい。」

おもいがけず【思いがけず】《副詞》　あらかじめ考えてもいなかったことに出会う様子。「おもいがけず・　うみ

(海)・が・　な(凪)い・どる。」◆「おもいがけんことに【思いがけん事に】」というような言い方もする。

おもいがけない【思いがけない】《形容詞・特殊型》 あらかじめ考えてもいないことに出くわす様子。「おもいがけない・　え(良)ー・　てんき(天気)・に・　なっ・た。」

おもいきり【思い切り】《名詞》 仕方がないとあきらめること。きっぱりとした決断。「くよくよし・ない・で・　おもいきり・の・　え(良)ー・　ひと(人)・や。」

おもいきり【思い切り】《副詞》 自分の力や意欲をありったけ注ぎ込む様子。気のすむまで。「おもいきり・　はし(走)っ・て・　なんとか・　ま(間)におー・た。」〔⇒**ほんまく、おんまく**〕

お

おもいきる【思い切る】《動詞・ラ行五段活用》 ものごとをあきらめる。きっぱりと決断する。「ないしょ(内緒)・に・　し・とっ・た・　こと(事)・を・　おもいきっ・て・　はな(話)す。」■名詞化＝**おもいきり**【思い切り】

おもいこむ【思い込む】《動詞・マ行五段活用》 疑うことなく強く思う。そうであると信じ込む。「じぶん(自分)・は・　まちご(間違)・とら・へん・と・　おもいこん・でも・とる・ねん。」■名詞化＝**おもいこみ**【思い込み】

おもいだす【思い出す】《動詞・サ行五段活用》 過去にあったことや忘れていたことが心によみがえる。「にゅーがくしき(入学式)・の・　ひ(日)ー・の・　こと(事)・を・　おもいだし・た。」

おもいつき【思い付き】《名詞》 ふと心に浮かんだ考え。深く考えた末のものではなく、ちょっとした考え。「おもいつき・みたいな・　こと(事)・を・　つぎつぎ(次々)に・　い(言)わ・れ・たら・　はなし(話)・が・　まと(纏)まら・へん・やない・か。」

おもいつく【思い付く】《動詞・カ行五段活用》 これまでになかった考えが浮かぶ。「うま(巧)い・　くふー(工夫)・を・　おもいつい・た。」■名詞化＝**おもいつき**【思い付き】

おもいで【思い出】《名詞》 心の中に強く残っている過去の出来事などを思い返すこと。また、その思い返した内容。また、そのためのよすがとなるもの。「なつやす(夏休)み・に・　いとこ(従兄弟)・と・　うみ(海)・で・　およ(泳)い・だ・　おもいで・が・　ある。」「おやじ(親父)・の・　おもいで・の・　しな(品)・や・さかい・　す(捨)て・られ・へん。」

おもいどおり〔**おもいどーり**〕【思い通り】《名詞、副詞に》 思ったり考えたりしていたことと同じ内容。願っていたことが実現する様子。「おもいどーり・の・　がっこー(学校)・に・　にゅーがく(入学)・が・　でき(出来)・た。」

おもいやり【思い遣り】《名詞》 他の人に対して親切に考えてやること。他の人に同情する心。「しんさい(震災)・の・　ころ(頃)・は・　みんな(皆)・　おもいやり・が・　あり・まし・た・なー。」

おもう〔**おもー**〕【思う】《動詞・ワア行五段活用》 ①心の中で考える。心で感じる。心を動かす。「もみじ(紅葉)・の・　いろ(色)・が・　こ(濃)い・　なっ・てき・た・と・　おもう。」②あることを願ったり、決心したりする。「はよ(早)ー・　げんき(元気)・に・　なっ・てほしー・と・　おもー。」③ものごとについて、あることを判断したり予想したりする。「あした(明日)・は・　あめ(雨)・や・と・　おもう。」④大切なものとして、気にかける。また、恋い慕う。「こ(子)・を・　おもう・　おやごころ(親心)・は・　つよ(強)い・ぞ。」■名詞化＝**おもい**【思い】

おもくるしい〔**おもくるしー**〕【重苦しい】《形容詞・イイ型》 押さえつけられたようで、晴れ晴れしない気持ちである。「あめ(雨)・が・　ふ(降)り・そーな・　おもくるしー・　そら(空)・や。」〔⇒**おもくろしい**【(重苦しい)】〕

おもくろい【面黒い】《形容詞・オイ型》 ①心が引かれたり満足したりして、愉快で楽しい。「もっと・　すぴーど(スピード)・を・　だ(出)し・たら・　おもくろい・ぞ。」②滑稽で、笑い出したくなったり笑いが止まらなくなったりする状態である。「これ・は・　おもくろい・　まんざい(漫才)・や。」③興味を持ち、それに関わり続けていたい。「だんだん・　やまのぼ(山登)り・が・　おもくろい・と・　おも(思)う・よーに・　なっ・た。」◆「おもしろい【面白い】」の「しろい【白い】」と対比させて、「くろい【黒い】」とふざけて言う言葉である。■名詞化＝**おもくろさ**【面黒さ】〔⇒**おもしろい**【面白い】、**おもろい**【(面白い)】。②⇒**おかしい**【可笑しい】〕

おもくろしい〔**おもくろしー**〕【(重苦しい)】《形容詞・イイ型》 押さえつけられたようで、晴れ晴れしない気持ちである。「く(食)いすぎ・て・　むね(胸)・が・　おもくろしー。」〔⇒**おもくるしい**【重苦しい】〕

おもさ【重さ】《名詞》 重いこと。また、その程度。「その・　おもさ・で・は・　も(持)ちあげ・られ・へん・やろ。」■対語＝「かるさ【軽さ】」。〔⇒**おもたさ**【重たさ】、**おもみ**【重み】、**めかた**【目方】、**かんめ**【貫目】〕

おもし【重し、重石】《名詞》 ①物の上に載せて、押さえておくもの。「つけもん(漬物)・の・　おもし・に・　いし(石)・を・　お(置)く。」②重さを加えるためにつけるもの。「おもし・を・　つ(付)け・て・　みず(水)・に・　しず(沈)める。」〔②⇒**おもり**【重り】〕

おもしろい【面白い】《形容詞・オイ型》 ①心が引かれたり満足したりして、愉快で楽しい。「とら(寅)さん・は・　おもしろい・　えーが(映画)・や・なー。」②滑稽で、笑い出したくなったり笑いが止まらなくなったりする状態である。「おもしろい・　かっこー(恰好)・を・　せ・んとき。」③興味を持ち、それに関わり続けていたい。「りょーり(料理)・を・　つく(作)る・の・が・　おもしろい・と・　おも(思)ー・よーに・　なっ・た。」■名詞化＝**おもしろさ**【面白さ】〔⇒**おもろい**【(面白い)】、**おもくろい**【面黒い】。②⇒**おかしい**【可笑しい】〕

おもしろがる【面白がる】《動詞・ラ行五段活用》 ①心が引かれたり満足したりして、愉快で楽しいと感じる。「ひと(人)・が・　なんぎ(難儀)し・とる・の・を・　おもしろがっ・とっ・たら・　ばち(罰)・が・　あ(当)たる・ぞ。」②興味を持ち、それに関わり続けていたいと思う。「あか(赤)んぼー・が・　つみき(積木)・を・　おもしろがっ・て・　あそ(遊)ん・どる。」〔⇒**おもろがる**【(面白がる)】〕

おもしろないな【面白ないな】《連体詞》 滑稽で笑いたくなる。「もっと・　おもしろないな・　はなし(話)・は・　あら・へん・の・か。」〔⇒**おもろないな**【(面白ないな)】、**おかしな**【可笑な】、**おかしげな**【可笑気な】、**おかしないな**【可笑ないな】〕

おもしろはんぶん【面白半分】《形容動詞や(ノ・ナ)》 そのことに興味を持ちながらも、本気であることと、そうでないこととが混じり合った様子。冗談を交えた様子。「おもしろはんぶんで・　はじ(始)め・た・けど・　だんだん(段々)・　てにす(テニス)・が・　す(好)き・に・　なっ・た。」

おもたい【重たい】《形容詞・アイ型》 ①それを支え持つには力が必要なほど、目方が多い。「あか(赤)んぼ・が・　だんだん・　おもとー・　なっ・た。」②程度が普通以上にひどい。「のど(喉)・の・　いた(痛)み・が・　まえ(前)・

より・　おもとー・　なっ・た。」③気分が晴れない。体が軽く動かない。「しけん(試験)・が・　ちこ(近)なっ・て・　あたま(頭)・が・　おもたい。」■対語＝「かるい【軽い】」〔⇒**おもい**【重い】〕

おもたさ【重たさ】《名詞》　重いこと。また、その程度。「つ(釣)っ・た・　さかな(魚)・の・　おもたさ・を・　くら(比)べる。」◆「かるさ【軽さ】」の対語としては、「おもさ」を使うよりも「おもたさ」を使うことが多い。■対語＝「かるさ【軽さ】」。〔⇒**おもさ**【重さ】、**おもみ**【重み】、**めかた**【目方】、**かんめ**【貫目】〕

おもちゃ【玩具】《名詞》　子どもが遊びに使う道具。慰みものとして、もてあそぶもの。「まご(孫)・の・　たんじょーび(誕生日)・に・　おもちゃ・を・　こ(買)ー・てやる。」〔⇒**もっちゃそび**【(持ち遊び)】〕

おもて【表】《名詞》　①外面から見える側。裏と反対になる側。ものによって隔てられている、こちら側。「おもて・の・　がわ(側)・に・　なまえ(名前)・を・　か(書)く。」②２つの面のうち利用すべき面。「かみ(紙)・の・　つるつるし・た・　おもて・に・　じ(字)ー・を・　か(書)く。」③日本家屋で、床の間があって、客を迎える部屋。「おもて・に・　おじ(叔父)さん・が・　き(来)・とる。」■対語＝「うら【裏】」、①「おく【奥】」〔①②⇒**おもてがわ**【表側】、**おもてっかわ**【(表側)】。③⇒**おもてのま**【表の間】、**ざしき**【座敷】〕

おもてがえし【表返し】《名詞、動詞する》　もともと表面から見えていなかった側を、見える側にすること。両面をひっくり返すこと。「おもてがえしし・て・　もんだい(問題)・を・　と(解)き・なさい。」■対語＝「うらがえし【裏返し】」〔⇒**おもてがやし**【(表返し)】〕

おもてがえす【表返す】《動詞・サ行五段活用》　もともと表面から見えていなかった側を、見える側にする。両面をひっくり返す。「ひっくりかえっ・とる・　かんばん(看板)・を・　おもてがえす。」■対語＝「うらがえす【裏返す】」■名詞化＝**おもてがえし**【表返し】〔⇒**おもてがやす**【(表返す)】〕

おもてがき【表書き】《名詞、動詞する》　①郵便物などに宛名(や住所・所在地など)を書くこと。また、書いたもの。「ふで(筆)・で・　ねんがじょー(年賀状)・の・　おもてがき・を・　する。」②箱などにそのものの名前や説明などを書くこと。また、書いたもの。「おもてがき・が・　な(無)い・と・　なかみ(中身)・が・　わから・へん。」〔⇒**うわがき**【上書き】〕

おもてがやし【(表返し)】《名詞、動詞する》　もともと表面から見えていなかった側を、見える側にすること。両面をひっくり返すこと。「ひっくりかえ(返)っ・ている・　かんばん(看板)・を・　おもてがやし・に・　する。」■対語＝「うらがやし【(裏返し)】」〔⇒**おもてがえし**【表返し】〕

おもてがやす【(表返す)】《動詞・サ行五段活用》　もともと表面から見えていなかった側を、見える側にする。両面をひっくり返す。「おもてがやさ・な・　か(書)い・てある・　え(絵)ー・が・　み(見)え・へん。」■対語＝「うらがやす【(裏返す)】」■名詞化＝**おもてがやし**【(表返し)】〔⇒**おもてがえす**【表返す】〕

おもてがわ〔**おもてがー**〕【表側】《名詞》　①外面から見える側。裏と反対になる側。「おもてがわ・で・　むす(結)びめ・を・　つく(作)る。」②２つの面のうち利用すべき面。「おもてがー・に・　え(絵)・を・　か(描)い・て・　うらがわ(裏側)・に・　せつめー(説明)・を・　か(書)く。」■対語＝「うらがわ【裏側】」〔⇒**おもて**【表】、**おもてっかわ**【(表側)】〕

おもてぐち【表口】《名詞》　①建物などの正面にある、中心となる出入り口。「おもてぐち・に・　ひょーさつ(表札)・が・　ある。」②正式な方法。「おもてぐち・から・　どーどー(堂々)と・　ごーかく(合格)する。」■対語＝「うらぐち【裏口】」〔⇒**げんかん**【玄関】〕

おもてっかわ〔**おもてっかー**〕【(表側)】《名詞》　①外面から見える側。裏と反対になる側。「おもてっかわ・に・　おしぼたん(押ボタン)・が・　ある。」②２つの面のうち利用すべき面。「おもてっかー・に・　あてな(宛名)・を・　か(書)く。」■対語＝「うらっかわ【(裏側)】」〔⇒**おもて**【表】、**おもてがわ**【表側】〕

おもてのま〔**おもてのまー**〕【表の間】《名詞》　日本家屋で、床の間があって、客を迎える部屋。「おもてのまー・で・　あそ(遊)ん・だら・　あき・まへ・ん。」〔⇒**おもて**【表】、**ざしき**【座敷】〕

おもてもん【表門】《名詞》　正面にある門。正式な門。「おもてもん・に・は・　しゅえー(守衛)さん・が・　おる。」■対語＝「うらもん【裏門】」〔⇒**せいもん**【正門】〕

おもな【主な】《連体詞》　たくさんの中で、中心になる。いろいろある中で、大事な。「おきゃく(客)さん・の・　うち・の・　おもな・　ひと(人)・を・　まんなか・に・　する。」

おもなが【面長】《名詞》　顔が普通よりもやや長いこと。また、そのような人。「おもなが・で・　めがね(眼鏡)・を・　かけ・た・　ひと(人)・が・　わし・の・　おじ(叔父)・や。」■対語＝「まるがお【丸顔】」

おもに【主に】《副詞》　あるものごとの大部分を占めている様子。たいていは。中心として。「しょーがくせー(小学生)・の・　ころ(頃)・　ふろ(風呂)・の・　みずく(水汲)み・は・　おもに・　じぶん(自分)・の・　しごと(仕事)・やっ・た。」

おもみ【重み】《名詞》　①重いこと。また、その程度。「おもみ・が・　どしんと・　からだ(体)・に・　こたえる。」②どっしりとしていること。重々しく感じられること。信頼する気持ちを寄せることのできること。貫禄。「おもみ・の・　ある・　ひと(人)・や・さかい・　や(辞)め・られ・たら・　こま(困)る・がな。」〔①⇒**おもさ**【重さ】、**おもたさ**【重たさ】、**かんめ**【貫目】、**めかた**【目方】〕

おもや【主家】《名詞》　親戚の枝分かれの中で、中心になっている家。分家に対する元の家。「うち・の・　おもや・は・　やくば(役場)・の・　となり(隣)・に・　ある・　いえ(家)・や。」■対語＝「しんたく【新宅】」「しんたくや【新宅家】」〔⇒**ほんけ**【本家】〕

おもやしんたく【主家新宅】《名詞》　親戚の枝分かれの中で、本家と分家との間柄。本家に対する分家や、分家に対する本家。血族。「あの・　いえ(家)・と・　この・　いえ(家)・は・　おもやしんたく・や。」

おもゆ【重湯】《名詞》　水を多く入れて米を煮た、糊状の汁。また、その中から米粒をこし取って残った汁。「へんとーせん(扁桃腺)・で・　のど(喉)・が・　いた(痛)い・さかい・　おもゆ・を・　の(飲)む。」

おもり【重り】《名詞》　①重さを加えるためにつけるもの。「おもり・を・　つ(付)け・て・　いど(井戸)・の・　ふか(深)さ・を・　しら(調)べる。」「つりいと(釣糸)・に・　おもり・を・　つ(付)ける。」②秤の一方にかけて、はかるものの重さと釣り合わせる金属のかたまり。「かんかん(看貫)・に・　ごひゃくめ(五百匁)・の・　おもり・を・　の(載)せる。」〔①⇒**おもし**【重し】〕

おもろい【(面白い)】《形容詞・オイ型》　①心が引かれた

り満足したりして、愉快で楽しい。「おもろい・ほど・もー(儲)かっ・た・そーや。」②滑稽で、笑い出したくなったり笑いが止まらなくなったりする状態である。「あいつら・は・　おもろい・　ふーふ(夫婦)・や。」③興味を持ち、それに関わり続けていたい。「このごろ・は・　え(絵)ー・を・　か(描)く・の・が・　おもろー・なっ・てき・た。」■名詞化＝**おもろさ**【(面白さ)】〔⇒**おもしろい**【面白い】、**おもくろい**【面黒い】。②⇒**おかしい**【可笑しい】〕

おもろがる【(面白がる)】《動詞・ラ行五段活用》　①心が引かれたり満足したりして、愉快で楽しいと感じる。「ひと(人)・が・　なんぎ(難儀)し・とる・の・を・　おもろがっ・とっ・たら・　ばち(罰)・が・　あたる・ぞ。」②興味を持ち、それに関わり続けていたいと思う。「くいず(クイズ)・を・　おもろがっ・て・　と(解)い・とっ・たら・　ごっつい・　じかん(時間)・が・　た(経)っ・ても・た。」〔⇒**おもしろがる**【面白がる】〕

おもろないな【(面白ないな)】《連体詞》　滑稽で笑いたくなる。「おもろないな・　まんざい(漫才)・やっ・た。」〔⇒**おもしろないな**【面白ないな】、**おかしな**【可笑な】、**おかしげな**【可笑気な】、**おかしないな**【可笑ないな】〕

おや【親】《名詞》　①子を生んだり育てたりする、一組の男女。父と母。「うち・の・　おや・は・　きび(厳)しー・ねん。」②動物で、子や卵を生んだもの。「おや・の・うし(牛)・は・　だいぶ(大分)・　よわ(弱)っ・てき・た。」

おやかた【親方】《名詞》　①職人などの世界で、弟子や部下の世話をする責任者。「やっと・　だいく(大工)・の・　おやかた・に・　なっ・た。」②仕事の雇い主。「しやくしょ(市役所)・に・　つと(勤)め・とる・ん・やっ・たら・　おやかた・が・　つぶ(潰)れ・へん・さかい・　あんしん(安心)でん・な。」〔①⇒**かしら**【頭】〕

おやき【お焼き】《名詞》　堅めに作った豆腐をあぶって焦げ目をつけたもの。「おやき・を・　すきやき(鋤焼)・に・い(入)れる。」〔⇒**やきとうふ**【焼き豆腐】、**やきどふ**【(焼き豆腐)】〕

おやこ【親子】《名詞》　①親と子。「でんしゃ(電車)・の・なか(中)・で・　かお(顔)・の・　よー・　に(似)・た・　おやこ・を・　み(見)・た。」②元になるものと、それから分かれたもの。「むかし(昔)・は・　おやこ・の・　でんわ(電話)・が・　あっ・た。」

おやこうこう〔**おやこーこー、おやこーこ**〕【親孝行】《名詞、形容動詞や(ナ)、動詞する》　子が親の心に従って行動し、親を大切にすること。子のことで親を悲しませたり心配させたりしないこと。また、そのようにする子。「おやこーこし・とか・な・　こーかい(後悔)する・ぞ。」■対語＝「おやふこう【親不孝】」〔⇒**こうこう**【孝行】〕

おやごころ【親心】《名詞》　親が子を愛して思う心。子や弟子や目下の人に対する愛情。「おやごころ・を・　こども(子供)・は・　し(知)ら・へん。」「かんとく(監督)・に・は・　おやごころ・から・　きび(厳)しー・　しつけ(躾)・られ・た。」

おやじ【親父】《名詞》　①「父」を親しんだり敬意を込めたりして言う言葉。「おやじ・に・　どな(怒鳴)ら・れ・た。」②店などのあるじ。「あの・　やおや(八百屋)・の・　おやじ・は・　がんこ(頑固)や。」〔①⇒**おやっさん**【(親父さん)】。②⇒**たいしょう**【大将】〕

おやすみ【お休み】《名詞》「休む」こと、「寝る」ことを丁寧に言う言葉。「かぜ(風邪)・を・　ひー・た・さかい・　おやすみ・に・　さし・てください。」

おやすみ【お休み】《感動詞》　寝るときや、夜や夕方遅くに別れるときに言う挨拶の言葉。「おやすみ。また・　あした(明日)・な。」

おやつ【お八つ】《名詞》　食事と食事の間に食べる、軽い食べ物。「ちょっと・　やす(休)ん・で・　おやつ・の・　じかん(時間)・に　し・まほ。」◆子どもが、ねだる場合は、「なんど【何ど】」と言うことがある。〔⇒**ええもん**【良え物】、**なんど**【何ど】、**ちん**【賃】、**おちん**【お賃】〕

おやっさん【(親父さん)】《名詞》　①「父」を親しんだり敬意を込めたりして言う言葉。「あんた・の・　おやっさん・は・　とし(歳)とっ・ても・　げんき(元気)や・なー。」②職人などの世界で、弟子や部下の世話をする責任者。「この・　いえ(家)・を・　た(建)て・てくれ・た・　おやっさん・は・　しごと(仕事)・が・　てーねー(丁寧)やっ・た。」〔①⇒**おやじ**【親父】〕

おやふこう〔**おやふこー**〕【親不孝】《名詞、形容動詞や(ナ)、動詞する》　子が親の心に従って行動せず、親を大切にしないこと。子のことで親を悲しませたり心配させたりすること。また、そのようにする子。「おやふこーな・　こ(子)・やっ・た・けど・　やっと・　けっこん(結婚)し・ます・ねん。」■対語＝「おやこうこう【親孝行】」。〔⇒**ふこう**【不孝】〕

おやぶん【親分】《名詞》　仲間の中心となって、部下を思うように動かせる人。「あいつ(彼奴)・は・　こ(小)まい・とき(時)・　がきたいしょー(餓鬼大将)・で・　おやぶん・やっ・た。」■対語＝「こぶん【子分】」

おやゆび【親指】《名詞》　手や足の、端にあっていちばん太い指。「おやゆび・の・　つめ(爪)・を・　き(切)りすぎ・た。」

およぐ【泳ぐ】《動詞・ガ行五段活用》　人や動物が、手足やひれを動かして水面や水中を進む。「はち(鉢)・の・　なか(中)・で・　きんぎょ(金魚)・が・　およい・どる。」■名詞化＝**およぎ**【泳ぎ】

およそ【凡そ】《名詞、副詞》　ものごとの大まかな全体。すべてに行きわたってはいないが、主要なところすべて。「しくだい(宿題)・は・　およそ・　す(済)ん・だ。」「こんど(今度)・の・　こと・で・　およそ・の・　せつめー(説明)・は・　き(聞)ー・とる。」「はなし(話)・は・　およそ・　わかっ・た・けど・　わし・は・　さんせー(賛成)でけ・へん。」〔⇒**あらかた**【粗方】、**あらまし**、**たいがい**【大概】、**だいたい**【大体】〕

およそ《形容動詞や(ノ・ナ)》　①当て推量である。大まかである。「およそな・　かず(数)・で・　ちゅーもん(注文)し・とく・　こと・に・　する。」②いい加減な程度である。適当な状態である。きちんと考えていない。「およそな・　しごと(仕事)・しか・　せー・へん・さかい・　あいつ(彼奴)・に・　たの(頼)ん・だら・　あか・ん。」「およそな・　へんじ(返事)・を・　し・て・　わす(忘)れ・ても・とる。」〔⇒**ほどらい**【程らい】〕

おら【(俺)】《名詞》　自分自身を指す言葉。「おら・は・　そんな・　こと(事)・は・　し(知)ら・ん・ぞ。」◆親しい人や目下の人に向かって使うことが多い、くだけた言い方である。男性が使うが、女性も使わないことはない。〔⇒**あし**、**あっし**、**あて**、**うち**【内】、**わたい**【(私)】、**わい**、**わし**、**わっし**【(私)】、**わたし**【私】、**わて**、**おれ**【俺】、**おい**【(俺)】、**ぼく**【僕】〕

おらら〔**おららー**〕【(俺ら)】《名詞》　①自分たちを指す言葉。「これから・　おらら・　さかなつ(魚釣)り・に・　い(行)く・　とこ・や。」②遠慮したり卑下したりする気持ちをこめて、自分自身を指す言葉。「おらら・は・ そんな・ たいきん(大金)・は・ も(持)っ・とら・へん。」◆親しい人や目下の人に向かって使うことが多い、くだけた言い方である。男性が使うが、女性も使わないことはない。〔⇒**あしら、あっしら、あてら、うちら**【内ら】、**わたいら**【(私ら)】、**わいら**【(我ら)】、**わしら、わっしら**【(私ら)】、**わたしら**【私ら】、**わてら、おれら**【俺ら】、**おいら**【(俺ら)】、**ぼくら**【僕ら】〕

おり【檻】《名詞》 動物などが逃げないように入れておく頑丈な囲いや部屋。「どーぶつえん(動物園)・の・ おり・の・ まえ(前)・で・ しゃしん(写真)・を・ と(撮)る。」

おり【折り】《名詞》 ①何かの時機。都合の良い機会や時機。「おり・が・ あっ・たら・ いっしょ(一緒)に・ めし(飯)・でも・ く(食)お・やない・か。」「とーきょー(東京)・へ・ い(行)っ・た・ おり・に・ とーきょーたわー(東京タワー)・に・ あが(上)っ・た。」②薄い木の板などで作った箱。「おり・に・ つ(詰)め・た・ べんとー(弁当)・を・ か(買)う。」③薄い木の板などで作った箱に詰め合わせた食べ物。「ごっつい・ たか(高)い・ ね(値)ー・の・ おり・を・ た(食)べ・た。」〔②③⇒**おりばこ**【折り箱】。③⇒**おりづめ**【折り詰め】〕

おりおり【折々】《副詞に、名詞》 その時その時。しばらくの間隔を置いて。季節季節に応じて。「はる(春)・も・ なつ(夏)・も・ おりおりに・ きれー(綺麗)な・ はな(花)・が・ さ(咲)く。」「おりおり・ てがみ(手紙)・を・ くれる・ ともだち(友達)・が・ おる・ねん。」〔⇒**ときどき**【時々】〕

おりかえし【折り返し】《名詞、動詞する》 ①反対の方向に折り曲げて、二重にすること。また、折り曲げた部分。「ずぼん(ズボン)・の・ おりかえし・に・ ごみ(塵)・が・ た(溜)まっ・とる。」②あるところまで行って、来た方向に引き返すこと。「じこ(事故)・で・ でんしゃ(電車)・が・ おりかえし・に・ なっ・とる。」「おりかえし・の・ ばしょ(場所)・で・ ほーこーてんかん(方向転換)・を・ する。」

おりかえす【折り返す】《動詞・サ行五段活用》 ①反対の方に折り曲げて、二重にする。「おー(大)きな・ あめ(雨)・が・ ふ(降)っ・てき・た・さかい・ ずぼん(ズボン)・の・ すそ(裾)・を・ まくっ・て・ おりかえす。」②あるところまで行って、来た方向に引き返す。「ばす(バス)・は・ えきまえ(駅前)・で・ おりかえし・とる。」■名詞化＝**おりかえし**【折り返し】

おりがみ【折り紙】《名詞、動詞する》 ①色紙などを折って、いろいろな形を作る遊び。「おりがみし・て・ それ・を・ がよーし(画用紙)・に・ は(貼)る・ねん。」②正方形で、片面が色や模様になっている紙。「おりがみ・を・ か(買)い・に・ い(行)く。」

おりたたむ【折り畳む】《動詞・マ行五段活用》 大きいものや長いものを、折り曲げて小さくする。「ふろしき(風呂敷)・を・ おりたたん・で・ かばん(鞄)・に・ しまう。」■名詞化＝**おりたたみ**【折り畳み】

おりづめ【折り詰め】《名詞》 薄い木の板などで作った箱に詰め合わせた食べ物。「おりづめ・を・ こ(買)ー・て・ はなみ(花見)・に・ い(行)く。」〔⇒**おり**【折り】、**おりばこ**【折り箱】〕

おりばこ【折り箱】《名詞》 ①薄い木の板などで作った箱。「た(食)べのこし・た・ ごっとー(御馳走)・を・ おりばこ・に・ い(入)れ・て・ も(持)っ・て・ かえ(帰)る。」②薄い木の板などで作った箱に詰め合わせた食べ物。「みやげ(土産)・に・ おりばこ・を・ もろ(貰)・た。」〔⇒**おり**【折り】。②⇒**おりづめ**【折り詰め】〕

おりめ【折り目】《名詞》 ものを折りたたんだときにできる、境目のすじ。「すかーと(スカート)・の・ おりめ・に・ あいろん(アイロン)・を・ かける。」

おりもん【織物】《名詞》 糸を織機にかけて縦糸と横糸を交差させて布を作ること。また、そのようにして作った布。「にしわき(西脇)・は・ おりもん・が・ さか(盛)んな・ まち(町)・や。」

おりる【降りる、下りる】《動詞・ラ行上一段活用》 ①高いところから低いところへ移動する。下に向かう。「べんとー(弁当)・を・ た(食)べ・て・から・ やま(山)・を・ おり・てき・た。」②空の下の方へ移る。「ひこーじょー(飛行場)・へ・ おりる。」③乗り物から外へ出る。「でんしゃ(電車)・を・ おり・て・ がっこー(学校)・まで・ ある(歩)い・ていく。」④露や霜がおく。「しも(霜)・が・ おりる・ ころ(頃)・に・ なっ・た。」⑤色や匂いなどが他のものに移る。「せんたく(洗濯)し・たら・ きもの(着物)・の・ いろ(色)・が・ おり・た。」⑥役所や目上の人から指示・許可などが与えられる。懸案になっていた金品などが与えられる。「しつぎょーほけん(失業保険)・の・ かね(金)・が・ おり・た。」■他動詞は「**おろす**【降ろす、下ろす】」■対語①＝「**のぼる**【上る、登る、昇る】」「**あがる**【上がる】」。③「**のる**【乗る】」■名詞化＝**おり**【降り、下り】〔①⇒**くだる**【下る】〕

おる【折る】《動詞・ラ行五段活用》 ①平面的なものや線状のものを、曲げて重ねる。「かみ(紙)・を・ おっ・て・ ふくろ(袋)・を・ こしらえる。」②線状のものを曲げて切り離す。「き(木)ー・の・ えだ(枝)・を・ おる。」③曲げて傷める。「あし(足)・を・ おっ・て・ まつばづえ(松葉杖)・を・ つ(突)く。」■自動詞は「**おれる**【折れる】」■名詞化＝**おり**【折り】

おる【織る】《動詞・ラ行五段活用》 縦糸と横糸を交差させて布を作る。また、そのようにして布の上に模様を作り出す。「かすり(絣)・を・ おる。」■名詞化＝**おり**【織り】

おる【居る】《動詞・ラ行五段活用》 同じところにいる。同じところから動かない。「こんど(今度)・の・ にっちょーび(日曜日)・は・ いえ(家)・に・ おる。」

おる【居る】《補助動詞・ア行上一段活用》 **⇒ておる**〔**でおる**〕【て居る】《補助動詞・ア行上一段活用》**を参照**

オルガン〔**おるがん**〕【英語＝organ】《名詞》 足で踏んだり電気を使ったりして風を送りながら、鍵盤を押して音を出す楽器。「しょーがっこー(小学校)・は・ きょーしつ(教室)・に・ ひと(一)つ・ずつ・ おるがん・が・ あっ・た。」

足踏み式のオルガン

おれ【俺】《名詞》 自分自身を指す言葉。「その・ しごと(仕事)・は・ おれ・に・ まか(任)し・とい・てください。」◆親しい人や目下の人に向かって使うことが多い、くだけた言い方である。女性が使うことはない。〔⇒**あし、あっし、あて、うち**【内】、**わたい**【(私)】、**わい、わし、わっし**【(私)】、**わたし**【私】、**わて、おら**【(俺)】、**おい**【(俺)】、**ぼく**【僕】〕

おれい〔**おれー**〕【お礼】《名詞》 相手に対して感謝の気持ちを表すこと。また、その言葉。また、そのために贈る品物やお金。「おれー・に・ はたけ(畑)・で・ と(穫)れ・た・ もん(物)・を・ も(持)っ・ていく。」

おれら〔**おれらー**〕【俺ら】《名詞》 ①自分たちを指す言葉。「おれらー・は・　どーきゅーせー(同級生)・や。」②遠慮したり卑下したりする気持ちをこめて、自分自身を指す言葉。「おれら・に・は・　そんな・　はなし(話)・は・　むつか(難)しー・なー。」◆親しい人や目下の人に向かって使うことが多い、くだけた言い方である。女性が使うことはない。〔⇒**あしら、あっしら、あてら、うちら**【内ら】、**わたいら**【(私ら)】、**わいら**【(我ら)】、**わしら、わっしら**【(私ら)】、**わたしら**【私ら】、**わてら、おらら**【(俺ら)】、**おいら**【(俺ら)】、**ぼくら**【僕ら】〕

おれる【折れる】《動詞・ラ行下一段活用》 ①平面的なものや線状のものが曲がって重なる。「かみ(紙)・の・　はし(端)・が・　おれ・とる。」②線状のものが切れる。「すこっぷ(スコップ)・の・　え(柄)ー・が・　おれる。」③曲がって続く。「しんごー(信号)・の・　ある・　とこ(所)・を・　みぎ(右)・に・　おれ・たら・　わかり・まっ・せ。」■他動詞は「おる【折る】」

おろし【卸し】《名詞》 問屋が商品を製造元などから仕入れて、小売店に売り渡すこと。「おろし・を・　し・とる・　とこ(所)・で・　こ(買)ー・た・さかい・　ちょっと(一寸)・　やす(安)かっ・た。」〔⇒**おろしうり**【卸し売り】〕

おろし【下ろし】《名詞》 大根や山葵や野菜などを擦り砕くこと。また、そのようにして作ったもの。「さんま(秋刀魚)・に・　おろし・を・　そ(添)え・て・　だ(出)す。」

おろしうり【卸し売り】《名詞》 問屋が商品を製造元などから仕入れて、小売店に売り渡すこと。「おろしうり・の・　しょーばい(商売)・を・　し・とる・そーや。」〔⇒**おろし**【卸し】〕

おろしがね【下ろし金】《名詞》 大根や山葵や野菜などを擦り砕くために使う、金属などでできていて小さな突起がたくさんついている板。「おろしがね・で・　だいこん(大根)・を・　す(擦)る。」

おろす【降ろす、下ろす】《動詞・サ行五段活用》 ①ものを台や棚などの上から下へ移す。「たな(棚)・に・　お(置)い・てある・　はこ(箱)・を・　おろす。」「かぜ(風)・が・　つよ(強)なっ・た・さかい・　にわ(庭)・の・　こいのぼり(鯉幟)・を・　おろす。」②新しいものを使い始める。「ちび・た・さかい・　あたら(新)しー・　くつ(靴)・を・　おろす。」③預け先から貯金の払い出しを受ける。「ゆーびんきょく(郵便局)・で・　ちょきん(貯金)・を・　おろす。」④魚を切り分ける。「ぶり(鰤)・を・　さんまい(三枚)・に・　おろす。」⑤下ろし金で摺る。「だいこん(大根)・を・　おろす。」⑥動物の背中、乗り物の上などに置いていたものを、その位置から下の位置に移す。「とらっく(トラック)・から・　にもつ(荷物)・を・　おろす。」■自動詞は「おりる【降りる、下りる】」■対語＝①「のせる【乗せる】【載せる】」「あげる【上げる】」〔③⇒**ひきだす**【引き出す】〕

おろす【卸す】《動詞・サ行五段活用》 問屋が製造元などから買い入れた商品を小売店に売り渡す。「とんや(問屋)・から・　おろし・てもらう。」■名詞化＝**おろし**【卸し】

おわいごく【追わいごく】《名詞、動詞する》 ①追いかけ合うこと。競走すること。「いぬ(犬)・が・　にひき(二匹)・　おわいごくし・て・　じゃれ・とる。」②おにになった人が他の人を追いかけて、つかまった人が代わって次のおにになる、子どもの遊び。「おわいごくし・とっ・て・　こけ・て・　けが(怪我)し・た。」〔⇒**おわえごく**【追わえごく】。②⇒**おにごっこ**【鬼ごっこ】、**おにごと**【鬼事】〕

おわえごく【追わえごく】《名詞、動詞する》 ①追いかけ合うこと。競走すること。「かんじ(漢字)・の・　てすと(テスト)・の・　てんすー(点数)・で・　おわえごく・を・　する。」②おにになった人が他の人を追いかけて、つかまった人が代わって次のおにになる、子どもの遊び。「うんどーじょー(運動場)・で・　おわえごく・を・　し・て・　ぬく(温)もっ・た。」〔⇒**おわいごく**【追わいごく】。②⇒**おにごっこ**【鬼ごっこ】、**おにごと**【鬼事】〕

おわえまわす〔**おわえまーす**〕【追わえ回す】《動詞・サ行五段活用》 ①逃げるものをあちらこちらへ、しつこく追いかける。動くものを追いかける。「あいつ(彼奴)・は・　おんな(女)・の・　しり(尻)・を・　おわえまーし・とる。」②休むことなく働かせる。「あさ(朝)・から・　ばん(晩)・まで・　しごと(仕事)に・　おわえまーさ・れる・さかい・　いちにち(一日)・が・　ごっつい・　はや(速)い・ねん。」〔⇒**おいまわす**【追い回す】〕

おわえる【追わえる】《動詞・ア行下一段活用》 自分より前を進んでいるものをつかまえようとして、後からついていく。「あし(足)・が・　はや(速)い・さかい・　おわえ・ても・　お(追)いつか・なんだ。」〔⇒**おいかける**【追いかける】〕

おわす【負わす】《動詞・サ行五段活用》 人やものを、背中や肩にのせさせる。人をおぶさるようにさせる。「うま(馬)・の・　せなか(背中)・に・　たきもん(焚物)・の・　き(木)ー・を・　おわす。」■自動詞は「おう【負う】」

おわび【お詫び】《名詞、動詞する》 自分の非や迷惑をかけたことを、相手に申し訳なかったと謝ること。また、そのときの言葉。「ぼーる(ボール)・を・　あ(当)て・て・　がらす(ガラス)・を・　めん(＝壊し)・だ・ので・　おわび・に・　い(行)く。」

おわり【終わり】《名詞》 ①続いていたものが途切れたりなくなったりすること。また、そのようなとき。「おわり・の・　あいさつ(挨拶)・を・　おねが(願)いし・ます。」②ものごとが駄目になること。「お(落)とし・て・　わ(割)れ・たら・　おわり・や・ぞ。」③年や月の最後や、ある期間の最後。「はちがつ(八月)・の・　おわり・や・のに・　しゅくだい(宿題)・が・　のこ(残)っ・ても・た。」④もののいちばん後ろの端。末端。「つな(綱)・の・　おわり・を・　ひ(引)っぱる。」■対語＝「はじめ【始め、初め】」「はじまり【始まり】」〔①②⇒**おしまい**【お終い】、**しまい**【終い】。③④⇒**すえ**【末】〕

おわりごろ【終わり頃】《名詞》 その期間や時代が、それから先はないというあたり。「なつ(夏)・の・　おわりごろ・に・　おーあめ(大雨)・が・　ふ(降)っ・た。」「せんそー(戦争)・の・　おわりごろ・に・　つら(辛)い・　できごと(出来事)・が・　あっ・た。」■対語＝「はじめごろ【初め頃】」〔⇒**しまいごろ**【終い頃】〕

おわる【終わる】《動詞・ラ行五段活用》 ①続いていたものが途切れたりなくなったりする。また、そのようにする。「うんどーかい(運動会)・が・　おわっ・て・から・　あめ(雨)・が・　ふ(降)っ・てき・た。」「はっぴょー(発表)・が・　おわっ・て・から・　はんせーかい(反省会)・を・　する。」②期待していたことや心配していたことなどが起こらないで、経過する。また、そのようにする。「ゆーしょー(優勝)・は・　でき・ず・に・　おわっ・ても・た。」「ぶじ(無事)に・　りょこー(旅行)・が・　おわっ・た。」■対語＝「はじまる【始まる】」「はじめる【始める】」■名詞化＝**おわり**【終わり】〔①②⇒**すむ**【済む】〕

おん【恩】《名詞》 目上の人から受けた親切や情け深い行

動。「おや(親)・の・　おん・を・　わす(忘)れ・たら・　あき・まへ・ん。」

おん【(雄)】《名詞》 動物で、精子を持ち、子や卵を生ませる能力のある方。「な(鳴)く・の・は・　おん・の・　せみ(蝉)・や。」「いちょー(銀杏)・の・　き(木)ー・に・も・　めん(雌)・と・　おん・が・　ある・ん・やて。」■対語＝「めん【(雌)】」〔⇒**おんた**【(雄太)】、**おす**【雄】〕

おんた【雄太】《名詞》 動物の男性にあたるもの。「おんた・の・　とり(鶏)・は・　たまご(卵)・を・　う(生)ま・へん。」■対語＝「めんた【雌太】」〔⇒**おん**【雄】、**おす**【雄】〕

おんがく【音楽】《名詞》 ①歌を歌ったり、楽器を演奏したりして、人々に美しさや喜びなどを伝えるもの。音によって人間の思想・感情などを表現する芸術。「ねころ(寝転)ん・で・　らじお(ラジオ)・で・　おんがく・を・　き(聞)ー・とる。」②前項の内容を教える小学校や中学校の教科の名。また、高等学校などの芸術の教科のうちの、科目の名。「その・　うた(歌)・は・　おんがく・で・　なろ(習)・た。」

おんし【恩師】《名詞》 教えを受けた先生。特に、強い感化や影響を受けた先生。「どーそーかい(同窓会)・に・　おんし・に・　き(来)・てもらう。」

おんしつ【温室】《名詞》 熱帯植物や季節はずれの野菜や草花などを栽培するために、外気の温度よりも温かくなるように作ったガラス張りやビニール張りなどの建物。「おんしつ・で・　いちご(苺)・を・　つく(作)っ・とる。」

おんじゃん【(お爺やん、お祖父やん)】《名詞》 ①年をとった男の人。「おんじゃん・に・　せき(席)・を・　あ(空)け・てやる。」②父または母の、お父さん。「あんたとこ・の・　おんじゃん・は・　とし(歳)・が・　なんぼ・に・　なっ・た・ん・かいなー。」「うち・の・　おんじゃん・は・　じゅーねんまえ(十年前)・に・　し(死)ん・だ。」〔⇒**おっじゃん**【(お爺やん、お祖父やん)】〕

おんじゃんぱっち【(お爺やんぱっち)】《名詞》 メリヤスなどで作った、厚手のズボン下。「さぶ(寒)ー・　なっ・た・さかい・　おんじゃんぱっち・を・　だ(出)し・てんか。」「この・　おんじゃんぱっち・は・　ぬく(温)い・ぞー。」〔⇒**おじんぱっち**【(お爺ぱっち)】、**おっじゃんぱっち**【(お爺やんぱっち)】、**ぱっち**〕

おんじん【恩人】《名詞》 恵みや指導など受けた人。世話になった人。「しんさい(震災)・の・　とき(時)・に・　せわ(世話)・に・　なっ・た・　おんじん・は・　わす(忘)れ・へん。」

おんせん【温泉】《名詞》 地熱で温められて湧き出す湯。また、それを利用した浴場のある土地や施設など。「ふゆ(冬)・に・　なっ・たら・　おんせん(温泉)・に・　い(行)き・とー・　なる。」

おんた【(雄た)】《名詞》 動物で、精子を持ち、子や卵を生ませる能力のある方。「この・　がに(蟹)・は・　おんた・や。」◆やや蔑視したような感じの言い方である。人の男性を罵倒するような言い方にも使う。■対語＝「めんた【(雌た)】」〔⇒**おす**【雄】、**おん**【(雄)】〕

おんち【音痴】《名詞》 音に対する感覚が鈍くて、歌を歌うと調子がはずれること。また、そのような人。「わたし(私)・は・　おんち・や・さかい・　からおけ(カラオケ)・に・　い(行)く・の・は・　きら(嫌)い・なん・や。」

おんど【温度】《名詞》 熱さや冷たさの度合いを数字であらわしたもの。「いど(井戸)・は・　なつ(夏)・でも・　みず(水)・の・　おんど・が・　あ(上)がら・へん。」「くーらー(クーラー)・で・　へや(部屋)・の・　おんど・を・　さ(下)げる。」

おんど【音頭】《名詞》 歌やはやしに合わせて大勢の人が踊ること。また、その歌や踊り。「しょーがっこー(小学校)・の・　とき(時)・は・　がっこー(学校)・で・　ぼんおどり(盆踊)・を・　し・て・　えーがしま(江井ヶ島)おんど・と・　ゆ(言)ー・の・を・　おど(踊)っ・た。」

おんどけい〔**おんどけー**〕【温度計】《名詞》 気温を計って、寒さや暖かさの度合いを調べる器具。「むかし(昔)・は・　すいぎん(水銀)・を・　つこ(使)・た・　おんどけー・が・　あっ・た。」〔⇒**かんだんけい**【寒暖計】〕

おんどら《名詞》 相手を指す言葉。相手を悪し様に言ったり見下したりするときに使う言葉。「おんどら・　わし・を・　なめ・とん・の・か。」◆「おまえ【お前】」と言うよりも、相手に強く響く言葉である。〔⇒**きさま**【貴様】、**われ**、**わい**、**おまえ**【お前】、**おまい**【(お前)】、**おどら**、**おどれ**、**おんどれ**、**おのれ**【己】〕

おんどり【雄鶏】《名詞》 雄のにわとり。「おんどり・が・　おー(大)きな・　こえ(声)・で・　な(鳴)い・とる。」■対語＝「めんどり【雌鶏】」

おんどれ《名詞》 相手を指す言葉。相手を悪し様に言ったり見下したりするときに使う言葉。「おんどれ・が・　じぶん(自分)・で・　い(行)っ・てこい。」◆「おまえ【お前】」と言うよりも、相手に強く響く言葉である。〔⇒**きさま**【貴様】、**われ**、**わい**、**おまえ**【お前】、**おまい**【(お前)】、**おどら**、**おんどら**、**おどれ**、**おのれ**【己】〕

おんな【女】《名詞》 ①女子。女性。一人前に成熟した女性。「おんな・の・　こ(子)ー・は・　なん(何)かと・　ものいり(＝育てるのに費用がかかること)・や。」②(自分の)妻。「うち・の・　おんな・が・　き(聞)ー・てき・た・　はなし(話)・や・ねん。」■対語＝「おとこ【男】」〔⇒**おなご**【女子】〕

おんなおや【女親】《名詞》 親のうち、女性の方。「おんなおや・は・　おとこ(男)・の・　こ(子)・に・　あま(甘)い。」◆母と子という関係性を意識して使うことが多い。■対語＝「おとこおや【男親】」〔⇒**はは**【母】、**ははおや**【母親】、**はほや**【(母親)】、**おなごおや**【女親】〕

おんなきょうだい〔**おんなきょーだい**〕【女兄弟】《名詞》 姉または妹。姉と妹。また、その間柄。「おんなきょーだい・は・　なか(仲)・が・　え(良)ー・なー。」■対語＝「おとこきょうだい【男兄弟】」〔⇒**しまい**【姉妹】〕

おんなし【同し】《形容動詞や(ノ・ナ)》 ①性質・形・種類・程度など、問題としている点や関心を持っている点において、違いがない様子。「わしらー・は・　おんなし・がっこー(学校)・を・　で(出)・た・ん・や。」②他のものにとてもよく似ている様子。「きんの(昨日)・と・　おんなし・　くも(雲)・が・　で(出)・とる。」〔⇒**おなし**【同し】、**おなじ**【同じ】、**おんなじ**【同じ】〕

おんなじ【同じ】《形容動詞や(ノ・ナ)》 ①性質・形・種類・程度など、問題としている点や関心を持っている点において、違いがない様子。「どっち・の・　みち(道)・を・　い(行)っ・ても・　おんなじ・　じかん(時間)・で・　つ(着)く・やろ。」②他のものにとてもよく似ている様子。「おんなじ・　はなし(話)・を・　なんかい(何回)・も・　き(聞)かさ・れ・た。」〔⇒**おなし**【同し】、**おなじ**【同じ】、**おんなし**【同し】〕

おんばぐるま【(お乳母車)】《名詞》 乳幼児などを乗せる、箱形で手押しの４輪車。「むかし(昔)・の・　おんばぐるま・が・　な(無)いよーなっ・て・　いま(今)・は・　べびーかー(ベビーカー)・と・　ゆ(言)ー・ん・やて。」〔⇒**うばぐるま**【乳母車】〕

お

おんびき《名詞》　低い声で鳴き、いぼのたくさんある、体長が10センチを超えるような大きな蛙。ひきがえる。「いけ(池)・で・　おんびき・が・　おー(大)きな・　こえ(声)・で・　な(鳴)い・とる。」〔⇒**おんびきがえる【おんびき蛙】**〕

おんびきがえる【おんびき蛙】《名詞》　低い声で鳴き、いぼのたくさんある、体長が10センチを超えるような大きな蛙。ひきがえる。「くさ(草)・の・　なか(中)・から・　おんびきがえる・が・　と(跳)ん・で・　で(出)・てき・た。」〔⇒**おんびき**〕

おんぶ【負んぶ】《名詞、動詞する》　背負うこと。背中にのせること。「こども・を・　おいこ・で・　おんぶする。」〔⇒**たった**〕

おんぼろ【おん襤褸】《形容動詞や(ナ・ノ)、名詞》　ものが古くなったり傷んだりしている様子。ほとんど役立たなくなっている様子。また、そのようになったもの。「まだ・　おんぼろの・　くるま(車)・に・　の(乗)りつづけ・とる。」〔⇒**ぼろ【襤褸】**〕

おんまく《副詞》　自分の力や意欲をありったけ注ぎ込む様子。気のすむまで。「おんまく・　べんきょー(勉強)し・たら・　だいがく(大学)・に・　とー(通)る・か・　わから・へん。」「おんまく・　おー(大)けな・　こえ(声)・で・　どな(怒鳴)っ・たっ・た。」〔⇒**ほんまく、おもいきり【思い切り】**〕

おんまつ【雄松】《名詞》　海岸近くに多く生える、樹皮が黒灰色の松。黒松。「なかお(中尾)・の・　みや(宮)はん・に・は・　おんまつ・が・　ぎょーさん・　は(生)え・とる。」◆赤松よりも大柄で雄々しい感じがするのを喩えたものか。■対語＝「めんまつ【雌松】」

おんまぱかぱか【お馬ぱかぱか】《名詞》　家畜として飼われ農耕・運搬・乗馬などに活用される、たてがみがあって首の長い動物。「おんまぱかぱか・に・　の(乗)っ・とる・　ひと(人)・が・　おる・よ。」◆幼児語。〔⇒**うま【馬】、んま【馬】、ぱかぱか**〕

か

か〔かー〕【蚊】《名詞》　夏に発生することが多く、雌が人や家畜の血を吸い伝染病の媒介をすることもある、小さく細い虫。「かー・に・　さ(刺)さ・れ・て・　かい(痒)ー・ねん。」

か〔かー〕【火】《名詞》　1週間の7日間のうちの3日目で、月曜日の次、水曜日の前にある日。「だいきゅー(代休)・は・　かー・に・　なっ・た。」〔⇒**かよう【火曜】、かようび【火曜日】**〕

か〔かー〕【可】《名詞》　成績や品質の評価をするとき、上出来ではないが、及第と認められる段階にあること。「なんとか・　かー・の・　せーせき(成績)・で・　たんい(単位)・が・　もら(貰)え・た。」◆一般に「しゅう【秀】」「ゆう【優】」「りょう【良】」「か【可】」の段階となることが多い。「しゅう【秀】」を除いた3段階もある。

か【日】《助数詞》　日の順序や、日数を数える言葉。「よっ(四)か・の・　ひ(日)ー・に・　よ(寄)りあい・を・　する。」「その・　しごと(仕事)・は・　みっ(三)か・　かかる。」◆2日から10日までのときに、数字に「か」を付けて使う。

か《副助詞》　はっきりしていないことを言うときに使う言葉。「かばん(鞄)・から・　なん(何)・か・　お(落)ち・た・みたいや。」〔⇒**やか、やら**〕

か〔かー〕《終助詞》　①疑問の気持ちや納得する気持ちなどを表す言葉。相手に問いかけたり念を押したりする気持ちを表す言葉。「これ・は・　なん(何)・です・か。」「そろそろ・　お(終)わり・に・　し・ょー・か。」「もー・　お(終)わら・へん・か。」②そうではないという意味のことを、反語的に表す言葉。「そんな・　こと(事)・　ある・ん・かー。」③思いに反したことに出会って、びっくりしたり落胆したりするような気持ちを表す言葉。軽い驚きの気持ちや、ものに感じた気持ちを表す言葉。「こないに・　えらい(＝大変な)・　こと・やっ・た・ん・か。」〔⇒**かい、かえ。①②⇒け、こ。①③⇒どい、どえ、ぞい、ぞえ。②⇒かれ、もんか、もんかい**〕

が〔がー〕【蛾】《名詞》　毛虫や芋虫などの幼虫で、蝶に似ているが地味な色をしている虫。「がー・が・　あか(灯)り・を・　めがけ・て・　と(飛)ん・でくる。」

が〔がー〕【我】《名詞》　自分を中心に置いた考えや意志。わがままを通して人に従おうとしない心の持ち方。自分自身を強く主張しようとする意識。「がー・の・　つよ(強)い・　ひと(人)・と・は・　つきあいにくい。」

が《格助詞》　①動作や状態の主体が何であるのかを示す言葉。「もーじき・　はる(春)・が・　く(来)る。」②動作や状態の対象を示す言葉。話題が何であるのかを示す言葉。「こーり(氷)・が・　く(食)い・たい。」「ろっこーざん(六甲山)・が・　のぼ(登)り・たい・　やま(山)・や。」

が《接続助詞》　表現している2つの事柄を並べたり、結びつけたりする言葉。前に述べた事柄を後ろの事柄に結びつけることをする言葉。「りんご(林檎)・も・　ほ(欲)しー・が・　みかん(蜜柑)・も・　ほ(欲)しー。」「ごっつくるしー・　かお(顔)・を・　し・とる・が・　きも(気持)ち・の・　やさ(優)しー・　おとこ(男)・や。」◆逆接の意味でも使うが、強い逆接の場合は「けど」などを使うことが多い。「はら(腹)・が・　へ(減)っ・た・けど・　めし(飯)・を・　く(食)う・　かね(金)・を・　わす(忘)れ・てき・た。」

が《終助詞》　言いさして後ろの表現を省略するような形にして、控えめに表現しようとする気持ちを表す言葉。「きょー(今日)・は・　あたま(頭)・が・　いた(痛)い・ので・　やす(休)み・たい・の・です・が。」

かあかあ〔かーかー〕《名詞》　人家の近くにすむ利口な鳥で、大きなくちばしを持ち、体の大きな黒い鳥。「かーかー・が・　やね(屋根)・に・　と(止)まっ・とる。」◆幼児語。〔⇒**からす【鴉】**〕

かあかあ〔かーかー〕《副詞と》　鴉が鳴いている様子。また、その声。「からす(鴉)・が・　かーかーと・　やかま(喧)しーに・　な(鳴)い・とる。」

があがあ〔がーがー〕《副詞と》　①鶏やあひるなどがやかましく声をたてる様子。「うら(裏)・で・　とり(鶏)・が・　がーがー・　な(鳴)い・とる。」②ラジオなどの雑音が高い様子。「すぴーかー(スピーカー)・が・　がーがー・ゆ(言)ー・て・　き(聞)こえ・へん。」

カーキいろ〔かーきいろ〕【英語＝khaki＋色】《名詞》　黄緑色に茶色が混じったような、くすんだ色。「かーきいろ・の・　さぎょーふく(作業服)・を・　き(着)る。」

ガーゼ〔がーぜ〕【ドイツ語＝Gaze。元来はフランス語】《名詞》　傷の手当やマスクなどに用いるための、粗く織った、やわらかく白い布。「けが(怪我)し・た・　とこ(所)・に・　がーぜ・の・　ほーたい(包帯)・を・　ま(巻)く。」

カーテン〔かーてん〕【英語＝curtain】《名詞》　光や熱や音を調節したり遮ったり、飾りとしたりするために、部屋の窓辺などにつるす布。「でんしゃ(電車)・の・　まど(窓)・の・　かーてん・を・　し(閉)める。」

カード〔かーど〕【英語＝ card】《名詞》　何かの目的のために、一定の大きさに切りそろえた小さな四角形の厚紙。「たんご(単語)・を・　おぼ(憶)える・　ため・に・　かーど・を・　こしら(拵)える。」

ガード〔がーど〕【英語＝ girder から】《名詞》　道路の上に架けられた鉄橋。「もとまち(元町)・の・　がーど・の・　した(下)・の・　しょーてんがい(商店街)・で・　こ(買)ー・た。」

ガードマン〔がーどまん〕【和製英語＝ guard ＋ man】《名詞》　安全を確保したり緊急の事態に備えたりするために、警戒に当たる人。「こーじ(工事)し・とる・　あいだ(間)・は・　みち(道)・に・　がーどまん・が・　た(立)っ・とる。」〔⇒**けいびいん【警備員】**〕

カーネーション〔かーねーしょん〕【英語＝ carnation】《名詞》　母の日のシンボルのようになっている花で、撫子(なでしこ)に似ていて、春から夏にかけて赤や白などの花を咲かせる草花。「かーねーしょん・を・　かびん(花瓶)・に・　い(生)ける。」

カーブ〔かーぶ〕【英語＝ curve】《名詞、動詞する》　曲がること。曲線。道路や鉄道などの曲がっている部分。「やま(山)・の・　すそ(裾)・で・　みち(道)・が・　かーぶし・とる。」「な(投)げ・た・　ぼーる(ボール)・が・　かーぶする。」

かい【櫂】《名詞》　水をかいて舟を進める、細長く平たい道具。「ぼーと(ボート)・の・　かい・を・　こ(漕)ぐ。」

かい【貝】《名詞》　①水の中にすみ、体の外側を固いもので覆っている軟体動物。「かい・を・　と(獲)っ・て・　た(食)べる。」②その軟体動物の外側を覆っている固いもの。また、その軟体動物がいなくなって、残されている固いもの。「なつやす(夏休)み・に・　かい・の・　ひょーほん(標本)・を・　つく(作)る。」〔②⇒**かいがら【貝殻】**〕

かい【会】《名詞》　①催し事などのために多くの人が集まること。また、その集まり。「たいしょく(退職)・を・　いろー(慰労)する・　ため・の・　かい・を・　ひら(開)く。」②目的や好みなどが同じである者が作る組織や団体。「かい・でも・　つく(作)っ・て・　きふ(寄付)・を・　あつ(集)め・よ・か。」「やまのぼ(山登)り・の・　かい・に・　はい(入)っ・てん。」

かい【甲斐】《名詞》　ある行いをすることによって得られる好ましい効果や価値。ある行いをすることによって、した人が得る充足感。「こども(子供)・が・　おー(大)きなっ・てしも・たら・　せわ(世話)する・　こと(事)・も・　のーなっ・て・　かい・が・　ない。」

かい【(粥)】《名詞》　水を多くして米をやわらかく炊いたもの。「はら(腹)・が・　いた(痛)い・さかい・　かい・を・　つく(作)っ・てくれ・へん・か。」〔⇒**かゆ【粥】、おかゆ【お粥】、おかい【(お粥)】、おかいさん【(お粥さん)】、おかゆさん【お粥さん】**〕

かい【(痒い)】《形容詞・特殊型》　皮膚がむずむずして、掻きたくなる感じである。「か(蚊)ー・に・　さ(刺)さ・れ・て・　うで(腕)・が・　かい・なー。」「かい・ても・　か(掻)い・たら・　あか・ん・よ。」〔⇒**かいい【(痒い)】**〕

かい【階】《名詞》　建物のそれぞれの層。「かぐ(家具)・の・　うりば(売場)・は・　どの・　かい・です・か。」

かい【回】《助数詞》　回数などを表す言葉。「ご(五)かい・　ちょーせん(挑戦)し・て・　やっと・　ごーかく(合格)し・た。」〔⇒**ど【度】、へん【遍】**〕

かい〔がい〕【階】《助数詞》　建物の、地上の部分から数えて層の順番を表す言葉。「さん(三)がい・の・　べんじょ(便所)・へ・　い(行)く。」

かい〔がい〕【甲斐】《接尾語》〔動詞の連用形に付く〕　①そうすることに手応えなどがあることを表す言葉。分量がかなりあることなどを表す言葉。「さか(坂)・が・　すく(少)のー・て・　はし(走)りがい・の・　ある・　こーす(コース)・や。」「こくご(国語)・は・　べんきょー(勉強)・の・　しがい・の・　ある・　かもく(科目)・や。」「よ(読)みがい・の・　ある・　しょーせつ(小説)・で・　なかなか・　おもしろ(面白)かっ・た。」②そうするだけの価値や効果があるということを表す言葉。そうすることによって得る充足感などを表す言葉。「せわ(世話)し・て・　もんく(文句)・を・　い(言)わ・れ・たら・　せわ(世話)・の・　しがい・が・　ない。」「あいつ・は・　たよ(頼)りがい・の・　ある・　おとこ(男)・や。」「ともだち(友達)がい・が・　ある・さかい・　たの(頼)ん・だら・　ちゃんと・　やっ・てくれる・　ひと(人)・や。」〔①⇒**で**〕

かい《終助詞》　①疑問の気持ちを表して、相手に荒々しく問いかけたり念を押したりするときに使う言葉。「あんた・は・　だれ(誰)・かい。」「そんな・　こと(事)・を・　わし・が・　し(知)っ・とる・と・　おも(思)・とる・のん・かい。」②強く打ち消して拒否する気持ちを表す言葉。そうではないという意味のことを、反語的に表す言葉。「そんな・　こと(事)・は・　ゆ(言)ー・た・かて・　あいつ(彼奴)・に・　わかる・かい。」③思いに反したことに出会って、びっくりしたり落胆したりするような気持ちを表す言葉。軽い驚きの気持ちや、ものに感じた気持ちを表す言葉。「えーっ・　そないに・　はよ(速)ー・　でけ(出来)・た・ん・かい。」〔⇒**か、かえ。①②⇒け、こ。①③⇒どい、どえ、ぞい、ぞえ。②⇒かれ、もんか、もんかい**〕

がい【害】《名詞》　ものを傷付けたり壊したりすること。悪い影響や結果をもたらすこと。また、そのような働きをするもの。「むし(虫)・の・　がい・が・　おー(大)きかっ・た。」「おーみず(大水)・の・　がい・で・　いね(稲)・が・　たお(倒)れ・ても・た。」

がい【(具合)】《名詞》　①何かをするときに、影響を与えるようなものごとの有様。ものごとがうまく進んでいるかどうかの状況。「え(良)ー・　がい・に・　ごーかく(合格)し・た。」②天候や寒暖などの様子。「あした(明日)・は・　そら(空)・の・　がい・が・　わる(悪)い・みたいや。」③身体のありさま。健康の状況。「こし(腰)・の・　がい・が・　よ(良)ー・　なら・へん・ねん。」④他人から見られたときの格好や、世間に対する体裁など。「きふ(寄付)・を・　ことわ(断)っ・たら・　がい・が・　わる(悪)い・やろ。」〔⇒**ぐあい【具合】、ぐわい【(具合)】、あんばい【塩梅、案配】。①⇒つごう【都合】**〕

がい【(具合)】《形容動詞や(ナ)》　ありがたく思われる様子。嬉しい結果が現れている様子。うまくいった様子。「きょー(今日)・は・　よー・　さかな(魚)・が・　つ(釣)れ・て・　がいな・　こと・やっ・た。」◆「良(え)ー・　がい(や)」がつづまって「がい(や)」になったものと思われる。

がい《終助詞》　①ものに感じた気持ちを表す言葉。「きのー(昨日)・の・　しあい(試合)・は・　おもろ(面白)かっ・た・がい。」②相手に強く響くように自分の意図を伝えようとするときに使う言葉。やや突き放した感じで、自分の言いたいことを相手に強く伝えようとするときに使う言葉。「もっと・　はよ(早)ー・　せ・な・　あか・ん・

がい。」◆さらに強める場合は、別の終助詞を添えて、「がい・な」「がい・や」となる。〔⇒わい。①⇒よ〕

かいい〔**かいー**〕【(痒い)】《形容詞・イイ型》 皮膚がむずむずして、掻きたくなる感じである。「むし(虫)・に・か(咬)ま・れ・て・ かいー・ かいー・ねん。」〔⇒**かい**【(痒い)】〕

かいいん【会員】《名詞》 目的や好みなどが同じである者が作る団体に入っている人。「どーそーかい(同窓会)・の・ かいいん・が・ いちまんにん(一万人)・を・ こ(超)え・た。」

かいかい【開会】《名詞、動詞する》 会を始めること。会を催すこと。「せつめーかい(説明会)・は・ じゅーじ(十時)・に・ かいかいする。」「どーそーかい(同窓会)・は・ ねん(年)・に・ いっかい(一回)・の・ かいかい・や。」■対語＝「へいかい【閉会】」

かいがい【海外】《名詞》 海の向こうにある国や地域。自分の国ではない、よその国。「かいがい・へ・ りょこー(旅行)する・の・が・ す(好)きや。」〔⇒**がいこく**【外国】〕

かいかいする【痒い痒いする、掻い掻いする】《動詞・サ行変格活用》 指や爪を立てて、かゆいところなどをこする。「むちゃくちゃ(無茶苦茶)に・ かいかいし・たら・ち(血)ー・が・ で(出)る・よ。」◆幼児語。〔⇒**かく**【掻く】〕

がい(が)ええ〔**がい(が)えー**〕【具合(が)良ー】《形容詞・特殊型》 都合が良い。望ましい。気持ちが穏やかである。「こども(子供)・が・ くるま(車)・で・ むか(迎)え・に・き(来)・てくれる・さかい・ がいがえー・ねん。」■対語＝「がい(が)わるい【具合(が)悪い】」

かいがら【貝殻】《名詞》 貝類の外側を覆っている固いもの。また、その貝がいなくなって、残されている固いもの。「はま(浜)・で・ きれー(綺麗)な・ かいがら・を・ひろ(拾)・た。」〔⇒**かい**【貝】〕

かいがる【(可愛がる)】《動詞・ラ行五段活用》 かわいいと思って大事にする。愛して優しく扱う。「かいがっ・とっ・た・ いぬ(犬)・が・ し(死)ん・でも・た。」〔⇒**かわいがる**【可愛がる】〕

がい(が)わるい〔**がい(が)わるい**〕【具合(が)悪い】《形容詞・ウイ型》 都合が良くない。望ましくない。気持ちが穏やかでない。「ふけーき(不景気)で・ かいしゃ(会社)・が・ がいわるい・ねん。」「さそ(誘)わ・れ・ても・あした(明日)・は・ よてー(予定)・が・ あっ・て・ がいがわるい・なー。」「うんどーかい(運動会)・の・ ひ(日)ー・に・ あめ(雨)・が・ ふ(降)っ・て・ がいがわるい・ こと・や。」■対語＝「がい(が)ええ【具合(が)良ー】」

かいかん【会館】《名詞》 人々が集まって会を開いたり、事務所として使ったりするための建物。「むら(村)・に・ある・ かいかん・で・ よ(寄)りあい・を・ する。」

かいかん【開館】《名詞、動詞する》 ①映画館や図書館などのように「館」というような名の付くところが、門を開いて人を入れること。「としょかん(図書館)・は・くじ(九時)・に・ かいかんする。」②「館」というような名の付くところが、休むことをやめたり、館としての働きを始めたりすること。「らいねん(来年)・ かいかんする・ えーがかん(映画館)・が・ いま(今)・こーじ(工事)・を・ し・とる。」■対語＝「へいかん【閉館】」

かいがん【海岸】《名詞》 ①陸と海との境目のところ。「かいがん・が・ い(入)りくん・どる。」②海に面して、砂浜が広がっているところ。「かいがん・で・ すなあそ(砂遊)び・を・ する。」

かいぎ【会議】《名詞、動詞する》 人が集まって、議題について話し合ったり議決をしたりすること。また、そのための集まり。「かいぎ・が・ なご(長)ー・ なる・の・は・ しかい(司会)・が・ へた(下手)くそや・さかい・や。」

かいきょう〔**かいきょー**〕【海峡】《名詞》 陸と陸とに挟まれて、狭められている海。「あかし(明石)・の・ かいきょー・は・ なが(流)れ・が・ はや(速)い・さかい・さかな(魚)・の・ み(身)・が・ ひ(引)きしまっ・とる。」

かいきん【皆勤】《名詞、動詞する》 一定の期間、会社や学校などに1日も休まないで出勤や出席をすること。「かぜ(風邪)・を・ ひー・ても・ むり(無理)し・て・ やす(休)ま・んと・ かいきんし・た。」

かいきん【開襟】《名詞》 ①胸元を開いて、折るようにしたえり。「ふく(服)・を・ かいきん・に・ し・て・ き(着)る。」②ネクタイ無しで着る、胸元を開くようにした、半袖のワイシャツ。「ねくたい(ネクタイ)・ する・の・は・ かなん・さかい・ なつ(夏)・は・ かいきん・に・ かぎ(限)る・なー。」〔②⇒**かいきんシャツ**【開襟＋英語＝shirt】〕

かいきんシャツ〔**かいきんしゃつ**〕【開襟＋英語＝shirt】《名詞》 ネクタイ無しで着る、胸元を開くようにした、半袖のワイシャツ。「かいきんしゃつ・は・ すず(涼)しー・て・ え(良)ー・なー。」〔⇒**かいきん**【開襟】〕

かいくりかいくり〔**かいぐりかいぐり**〕《名詞、動詞する》 胸の前で、両手を交互に輪のように回すこと。また、そうするときに唱える言葉。「あか(赤)ちゃん・が・ かいくりかいくり・ でき(出来)る・よーに・ なっ・た。」

かいぐん【海軍】《名詞》 主に海上で戦闘や防衛にあたる軍隊。「かいぐん・の・ せんすいかん(潜水艦)・が・ みなと(港)・に・ はい(入)っ・てくる。」■対語＝「りくぐん【陸軍】」

かいけい〔**かいけー**〕【会計】《名詞、動詞する》 ①会社や団体などにおける金銭や物品の出し入れや、その計算と記録をすること。また、その任務を持った人。「しんどい・ しごと(仕事)・や・けど・ かいけー・の・ かかり(係)・を・ し・てください・な。」②飲食費、宿泊代、物品購入代金などの支払をすること。「の(飲)みだい・を・ かいけーする。」

かいけつ【解決】《名詞、動詞する》 事件や紛争やこじれた問題などの処理について、関係ある人たちが納得するような結果に至ること。筋道を立てて問題点を明らかにして、望ましい結論を導き出すこと。「こーつーじこ(交通事故)・の・ ほしょー(補償)・の・ もんだい(問題)・が・ かいけつし・た。」

かいこ【蚕】《名詞》 桑の葉を食べ、絹糸がとれる繭を作る虫。「このへん(辺)・で・は・ かいこ・を・ か(飼)わ・ん・なー。」

かいごう〔**かいごー**〕【会合】《名詞》 相談や親睦などのために人が集まること。また、その集まり。「じちかい(自治会)・の・ かいごー・に・ で(出)る。」

がいこく【外国】《名詞》 自分の国ではない、よその国。「いっぺん(一遍)・ぐらい・ がいこく・へ・ い(行)き・たい・なー。」〔⇒**かいがい**【海外】〕

がいこつ【骸骨】《名詞》 肉がなくなって、骨だけになった遺体。「とし(歳)・を・ とっ・て・ がいこつ・みたいに・ や(痩)せ・ても・た。」

かいこと【(替い事)】《名詞、動詞する》 ①別のものに取り替えること。「あたら(新)しい・　でんち(電池)・に・　かいことする。」②相手と品物などのやりとりをすること。「たま・に・は・　べんとー(弁当)・を・　かいことし・て・　た(食)べ・よー・か。」〔⇒**かえこと**【替え事】、**かえかえ**【替え替え】、**こうかん**【交換】〕

かいこむ【買い込む】《動詞・マ行五段活用》　将来のことを見越して、たくさんの品物を買い入れる。あらかじめ買い入れる。「ふゆ(冬)・が・　ちか(近)づい・た・さかい・　ますく(マスク)・と・　かぜぐすり(風邪薬)・を・　かいこ・ん・だ。」

かいさつ【改札】《名詞、動詞する》　①駅のホームの出入口などで、乗車券などを検査したり回収したりすること。「じどー(自動)・で・　かいさつする・　きかい(機械)・が・　でけ(出来)・た・さかい・　えきいん(駅員)・が・　おら・ん・よーに・　なっ・た。」②駅のホームの入口などで、乗車券などを調べて鋏を入れる場所。「えき(駅)・の・　かいさつ・で・　ともだち(友達)・に・　お(会)ー・た。」〔②⇒**かいさつぐち**【改札口】〕

かいさつぐち【改札口】《名詞》　駅のホームの入口などで、乗車券などを調べて鋏を入れる場所。「かいさつぐち・が・　みっ(三)つ・も・　ある・　おー(大)きな・　えき・や・さかい・　まよ(迷)う・がな。」〔⇒**かいさつ**【改札】〕

かいさん【解散】《名詞、動詞する》　集まったり行動を共にしていたりした人が、用件を終えて別れていくこと。「どーこーかい(同好会)・の・　はいきんぐ(ハイキング)・は・　えきまえ(駅前)・で・　かいさんし・た。」

かいし【開始】《名詞、動詞する》　ものごとが始まること。ものごとを始めること。「ぼーねんかい(忘年会)・は・　ひちじ(七時)・から・　かいしする・　よてー(予定)・です。」

かいしゃ【会社】《名詞》　利益を得ることを目的にして、事業をするために作られた団体。「さけ(酒)・の・　かいしゃ(会社)・に・　つと(勤)め・てます・ねん。」「かいしゃ・は・　ごじ(五時)・が・　てーじ(定時)・や。」

かいしゃいき【会社行き】《名詞、動詞する》　①会社に勤めること。また、そのようにしている人。会社員。「ことし(今年)・から・　ひゃくしょー(百姓)・を・　やめ・て・　かいしゃいき・に・　なっ・た。」②会社に出勤すること。「きょー(今日)・は・　かいしゃいき・で・　あした(明日)・が・　やす(休)み・や。」

かいしゅう〔**かいしゅー**〕【回収】《名詞、動詞する》　配ったり使ったりしたものを集めて、ある一定のところに戻すこと。「あんけーと(アンケート)・を・　かいしゅーする。」「はいひん(廃品)・の・　かいしゅー・は・　げつまつ(月末)・に・　やり・ます。」

かいじゅう〔**かいじゅー**〕【怪獣】《名詞》　正体のわからない、見慣れない動物。特別な能力を備えているように創造された、実在しない動物。「かいじゅー・が・　で(出)・てくる・　はなし(話)・は・　おもろ(面白)い。」「かいじゅー・の・　えーが(映画)・を・　み(見)・に・　こーべ(神戸)・へ・　い(行)く。」

がいしゅつ【外出】《名詞、動詞する》　自分の家や会社などから、用事があって外へ出かけること。「ちょっと(一寸)・　がいしゅつする・けど・　じき(直)に・　かえ(帰)り・ます。」

かいしょう〔**かいしょー、かいしょ**〕【甲斐性】《名詞》　きちんとした生活を営んでいくための力。働きや技量があって、頼もしく思われる性格。「かいしょ・の・　ある・　ひと(人)・に・　ほ(惚)れる。」

かいじょう〔**かいじょー**〕【会場】《名詞》　人が集まって、催し物や会議などを開く場所。「せーじんしき(成人式)・の・　かいじょー・は・　しみんかいかん(市民会館)・や。」

かいしょうなし〔**かいしょーなし、かいしょなし**〕【甲斐性なし】《名詞、形容動詞や(ノ)》　きちんとした生活を営んでいくための力に欠けていること。働きや技量が乏しくて、意気地のないこと。また、そのような人。「わし・は・　かいしょなしで・　こども(子供)・を・　やしな(養)う・の・が・　たいへんや・ねん。」

がいじん【外人】《名詞》　自分の国の人ではない、よその国の人。「がいじん・の・　せんしゅ(選手)・は・　よー・　ほーむらん(ホームラン)・を・　う(打)つ。」「こーべ(神戸)・の・　がいじん・の・　ぼち(墓地)・は・　ろっこーさん(六甲山)・に・　ある。」

かいす【(帰す)】《動詞・サ行五段活用》　自分の家や、元いた場所に戻らせる。「けーほー(警報)・が・　で(出)・た・さかい・　はよ(早)ー・　かいし・てもろ・た。」■自動詞は「かいる【(帰る)】」〔⇒**かやす**【(帰す)】、**かえす**【帰す】、**いなす**【去なす】〕

かいす【(孵す)】《動詞・サ行五段活用》　卵を子にする。「かいし・た・　ひよこ・(雛)が・　だんだん・　おー(大)きなっ・た。」■自動詞は「かいる【(孵る)】」〔⇒**かえす**【孵す】、**かやす**【(孵す)】〕

かいす【(返す)】《動詞・サ行五段活用》　①もとの場所や、もとの持ち主のところに位置させる。元の状態に復元する。「その・　ほん(本)・は・　よ(読)みおわっ・たら・　かいし・て・な。」②表と裏を反対にする。裏返しにする。「たまごや(卵焼)き・を・　じょうず(上手)に・　かいす。」■自動詞は「かいる【(返る)】」〔⇒**かえす**【返す】、**かやす**【(返す)】。①⇒**もどす**【戻す】。②⇒**ひっくりかえす**【ひっくり返す】、**ひっくりかやす**【(ひっくり返す)】、**ひっくりかいす**【ひっくり返す】、**とんぶりがえす**【とんぶり返す】、**とんぶりがやす**【(とんぶり返やす)】、**とんぶりがいす**【(とんぶり返す)】〕

かいず【海図】《名詞》　海の深さ、海流の流れ、灯台の位置などが書き込んであって、航海に役立つ地図。「かいず・を・　み(見)・て・　かじ(舵)・を・　き(切)る。」

かいすい【海水】《名詞》　①海の、塩分を含んだ水。「かいすい・は・　から(辛)い。」②海辺で泳いだり遊んだりすること。「なつ(夏)・に・なっ・たら・　かいすい・に・　い(行)く。」〔②⇒**かいすいよく**【海水浴】〕

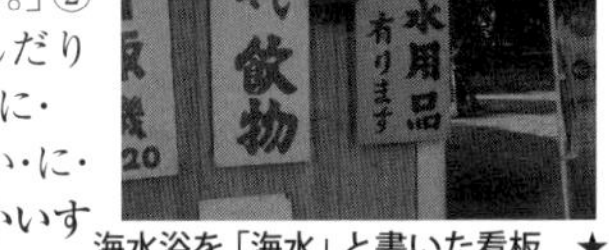

海水浴を「海水」と書いた看板　★

かいすいよく【海水浴】《名詞、動詞する》　海辺で泳いだり遊んだりすること。「ぼん(盆)・を・　す(過)ぎ・たら・　かいすいよく・は・　や(止)め・なはれ。」〔⇒**かいすい**【海水】〕

かいすいよくじょう〔**かいすいよくじょー**〕【海水浴場】《名詞》　泳いだり遊んだりするために、海岸の砂浜のあたりに設けられている場所。「えーがしま(江井ヶ島)・の・　かいすいよくじょー・から・は・　あわじ(淡路)・が・　きれー(綺麗)に・　み(見)える。」

かいすう〔**かいすー**〕【回数】《名詞》　ものごとが何回起こったか、ものごとを何回行ったかという数。「ことし(今年)・は・　たいふー(台風)・が・　く(来)る・　かいすー・は・　すけ(少)なかっ・た。」

かいすうけん〔**かいすーけん**〕【回数券】《名詞》　乗り物乗車券や飲食券などを何枚かをまとめて割安で販売し

ているもの。「さんよーでんしゃ(山陽電車)・の・ かいすーけん・を・ か(買)う。」

かいせい〔かいせー〕【改正】《名詞、動詞する》 規則や時刻表などのまずいところや不備であるところなどを改めること。「でんしゃ(電車)・の・ じかん(時間)・が・ かいせー・に・ なっ・た。」

かいせい〔かいせー〕【快晴】《名詞、形容動詞や(ノ)》 良い天気で、空が晴れわたっていること。「うんどーかい(運動会)・の・ ひ(日)ー・は・ びっくりする・ほど・の・ かいせーやっ・た。」

かいせつ【解説】《名詞、動詞する》 ものごとの意味や理由などをわかりやすく説明すること。また、説明したもの。「こーかいどー(公会堂)・を・ た(建)てかえる・ わけ(訳)・を・ かいせつする。」

か

かいそう〔かいそー〕【海草、海藻】《名詞》 海の中に生えている植物。「あみ(網)・に・ かいそー・が・ ひ(引)っかかる。」

かいそう〔かいそー〕【改装】《名詞、動詞する》 店先や室内などの配置や飾り付けなどを作り変えること。模様替えをすること。「かいそー・が・ す(済)ん・だら・ かいてん(開店)し・ます。」

かいそう〔かいそー〕【回送】《名詞、動詞する》 ①送られてきたものを、そのまま別のところへ回すこと。「あたら(新)しー・ こーば(工場)・へ・ かいそーする。」②乗り物に人を乗せないで、別のところへ移すこと。「かいそー・の・ でんしゃ(電車)・が・ とー(通)っ・ていっ・た。」

かいぞう〔かいぞー〕【改造】《名詞、動詞する》 古くなった建物や、問題が生じてきた仕組みなどを作り変えること。「みせ(店)・を・ かいぞーし・て・ つか(使)いやすー・ する。」

かいそく【快速】《名詞》 気持ちがよいほど速いこと。速く走る乗り物。停まるところを少なくした乗り物。「かいそく・の・ でんしゃ(電車)・は・ あかし(明石)・の・ つぎ(次)・は・ まいこ(舞子)・に・ と(停)まる。」

かいぞく【海賊】《名詞》 海上に横行して、船などを襲って金品を奪う盗賊。「むかし(昔)・は・ せとないかい(瀬戸内海)・でも・ かいぞく・が・ で(出)・た・そーや。」

かいたい【解体】《名詞、動詞する》 組み立ててあるものを分解してばらばらにすること。「い(要)ら・ん・よーに・ なっ・た・ こや(小屋)・を・ かいたいする。」

かいたく【開拓】《名詞、動詞する》 山野や荒れ地を切り開いて、作物ができるような土地にすること。「おーくぼ(大久保)・の・ たかおか(高丘)・は・ かいたくし・た・ ところ(所)・や。」

かいだし【買い出し】《名詞、動詞する》 市場や産地などへ出かけていって品物を買い込むこと。「まつり(祭)・で・ つか(使)う・ けーひん(景品)・を・ かいだしし・た。」

かいだし【かい出し】《名詞》 中の水や液体を汲んで外に出すこと。「いけ(池)・の・ みず(水)・の・ かいだし・を・ する。」〔⇒**かえだし【かえ出し】**〕

かいだす【かい出す】《動詞・サ行五段活用》 中の水や液体を汲んで外に出す。「いど(井戸)・の・ みず(水)・を・ かいだし・て・ なか(中)・を・ そーじ(掃除)する。」■名詞化＝**かいだし【かい出し】**〔⇒**かえだす【かえ出す】**〕

かいだめ【買い貯め】《名詞、動詞する》 品不足や値上がりに備えて、当面に必要な量よりもたくさんの品物を買っておくこと。「むかし(昔)・ といれっとぺーぱー(トイレットペーパー)・の・ かいだめ・が・ あっ・た。」

かいだん【階段】《名詞》 高さの異なる床面を上り下りするために作られた段。「かいだん・に・ つ(付)い・とる・ てす(手摺)り・を・ つるつるに・ みが(磨)く。」◆「だんだん【段々】」とも言い、家の中のものは「だんばしご【段梯子】」とも言う。〔⇒**だんだん【段々】、だんばしご【段梯子】、はしごだん【梯子段】、はしご【梯子】**〕

かいだん【怪談】《名詞》 お化けや幽霊が出てくる、恐ろしい話。「かいだん・は・ なつ(夏)・の・ もん・や・なー。」

がいち【外地】《名詞》 外国の土地。戦前の日本が占領していた地域。「がいち・で・ しょーばい(商売)し・て・ もー(儲)け・た・そーや。」「がいち・から・の・ ひ(引)きあげ・で・ まいづる(舞鶴)・に・ じょーりく(上陸)する。」◆現在では、あまり使うことはない言葉である。■対語＝「ないち【内地】」

かいちく【改築】《名詞、動詞する》 古くなったり手狭になったりした建物の一部または全部を建て直したり作り直したりすること。「ふる(古)なっ・た・ いえ(家)・の・ かいちく・を・ する。」

がいちゅう〔がいちゅー〕【害虫】《名詞》 人や作物を傷つけたり妨げをしたりする虫。「がいちゅー・を・ たいじ(退治)する・ くすり(薬)・を・ ま(撒)く。」

かいちゅうでんき〔かいちゅーでんき〕【懐中電気】《名詞》 乾電池を電源とする、持ち運びできる電灯。「かいちゅーでんき・で・ お(落)とし・た・ もの・を・ さが(探)す。」〔⇒**かいちゅうでんとう【懐中電灯】、かいちゅうでんち【懐中電池】、でんち【電池】、かんでんち【乾電池】**〕

かいちゅうでんち〔かいちゅーでんち〕【懐中電池】《名詞》 乾電池を電源とする、持ち運びできる電灯。「かいちゅーでんち・を・ も(持)っ・て・ くら(蔵)・の・ なか(中)・に・ はい(入)る。」〔⇒**かいちゅうでんとう【懐中電灯】、かいちゅうでんき【懐中電気】、でんち【電池】、かんでんち【乾電池】**〕

かいちゅうでんとう〔かいちゅーでんとー〕【懐中電灯】《名詞》 乾電池を電源とする、持ち運びできる電灯。「やみよ(闇夜)・や・さかい・ かいちゅーでんとー・を・ も(持)っ・ていき・なはれ。」〔⇒**かいちゅうでんき【懐中電気】、かいちゅうでんち【懐中電池】、でんち【電池】、かんでんち【乾電池】**〕

かいちょう〔かいちょー〕【会長】《名詞》 会の仕事をまとめ、その会を代表する人。「ことし(今年)・は・ じちかい(自治会)・の・ かいちょー・の・ ひと(人)・が・ か(変)わっ・た。」

かいちょう〔かいちょー〕【快調】《形容動詞や(ナ)》 体の具合や、仕事や試合などの進み具合が、素晴らしく良い様子。「しあい(試合)・の・ で(出)だし・は・ かいちょーやっ・てん。」

かいつう〔かいつー〕【開通】《名詞、動詞する》 鉄道や道路や通信などが初めて通じるようになること。一時途絶えていた鉄道や道路や通信などが元に戻ること。「しんかんせん(新幹線)・が・ かいつーし・て・ べんり(便利)に・ なっ・た。」

かいつぶり《名詞》 体長30センチ程度で、海や池にすみ、水に潜って魚を獲るのが得意な鳥。「かいつぶり・は・ もぐ(潜)っ・とる・ じかん(時間)・が・ なが(長)い・なー。」

かいてん【回転】《名詞、動詞する》 体やものが、ある点や軸を中心にして、くるくる回ること。ものごとが円滑に進展すること。「ふね(船)・の・　えんじん(エンジン)・が・　かいてんする。」「きょー(今日)・は・　あたま(頭)・が・　うまいこと・　かいてんする。」

かいてん【開店】《名詞、動詞する》 ①店を開けて、その日の営業を始めること。「この・　みせ(店)・の・　かいてん・は・　あさ(朝)・の・　はちじはん(八時半)・です。」②新しく店を設けて、営業を始めること。「すしや(寿司屋)・が・　えきまえ(駅前)・に・　かいてんし・た。」■対語＝「へいてん【閉店】」

かいてんやき【回転焼き】《名詞》 小麦粉を溶いて、平たい円形の焼き型に流し込み、中に餡を入れて焼いた菓子。「あずき(小豆)・の・　あん(餡)・を・　い(入)れ・た・　かいてんやき・は・　うま(美味)い・なー。」◆今、関西では「ござそうろう【御座候】」という言い方が広がっている。姫路市に本社のある、特定の店の名前が広く用いられるようになっている。

かいとう〔かいとー〕【解答】《名詞、動詞する》 試験の問題や問題集の設問などを解いて、答えること。また、その答え。「あわ(慌)て・とっ・て・　しけん(試験)・の・　かいとー・の・　しかた(仕方)・を・　まちが(間違)え・た。」

かいとう〔かいとー〕【回答】《名詞、動詞する》 質問や調査や要求などに対して答えること。また、その答の内容。「あんけーと(アンケート)・の・　かいとー・を・　あつ(集)め・てまわる。」

かいどう〔かいどー〕【街道】《名詞》 大きな町と結ばれていて、往来の盛んな、大切な道。「むかし(昔)・の・　さいごく(西国)かいどー・を・　はいきんぐ(ハイキング)・で・　ある(歩)く。」

がいとう〔がいとー〕【街灯、外灯】《名詞》 通行の便利や犯罪の防止などのために、町の通りや、家の外に取り付けた電灯。「がいとー・が・　つ(付)い・た・さかい・　あか(明)すぎ・て・　ね(寝)・られ・へん。」

かいとる【買い取る】《動詞・ラ行五段活用》 他の人が処分しようとしているものを、買って自分のものとする。「か(借)っ・た・ん・や・けど・　いた(傷)め・てしもた・ので・　かいとっ・た。」

かいな〔かいなー〕《終助詞》 ①感動したことを念を押して表現する言葉。「それ・は・　うれ(嬉)しー・　こと・やない・かいな。」「なん(何)とも・　ありがた(有難)い・　はなし(話)・やおま・へん・かいな。」「もー・　ろくじ(六時)・かいな。」②相手に勧める気持ちをあらわす言葉。「そろそろ・　しごと(仕事)・に・　かから・ん・かいな。」③禁止する気持ちをあらわす言葉。「おら・ん・　ひと(人)・の・　わるぐち(悪口)・を・　ゆ(言)ー・かいな。」④できない、無理であるという気持ちを表す言葉。「はんじかん(半時間)・で・は・　か(書)ける・かいな。」⑤強く打ち消す気持ちを表す言葉。「わし・が・　そんな・　こと・　ゆ(言)ー・かいな。」⑥相手に尋ねるときに、語気を強めて使う言葉。「その・　はなし(話)・は・　ほんま(本真)・かいな。」「それ・は・　きのー(昨日)・の・　こと・です・かいな。」〔①⇒**かな**。⑥⇒**ぞいな、やいな、いな**〕

がいな【(具合な)】《連体詞》 自分にとって都合のよいような。でたらめで、いい加減な。「がいな・　こと・を・　ゆ(言)ー・て・　ごまか(誤魔化)し・やがっ・た。」

がいな《終助詞》 述べたことを強めて、相手に向かって念を押す気持ちをあらわす言葉。「その・　ぼーし(帽子)・は・　わし・の・や・がいな。」

かいぬし【飼い主】《名詞》 その動物を飼っている人。「かいぬし・の・　わから・ん・　いぬ(犬)・が・　うろついとる。」

かいね【買い値】《名詞》 お金を渡して品物や権利などを受け取るときの値段。品物を仕入れる値段。「かいね・の・　はんぶん(半分)・で・　う(売)っ・てやっ・た。」■対語＝「うりね【売値】」

かいば【飼い葉】《名詞》 牛や馬などの餌として与える藁や干し草。「くさ(草)・を・　ほ(干)し・て・　かいば・に・する。」〔⇒**まぐさ**【秣】〕

かいばおけ【飼い葉桶】《名詞》 藁や干し草を入れて、牛や馬などに与える桶。「かいばおけ・に・　みず(水)・も・　い(入)れ・たる。」

かいばしら【貝柱】《名詞》 二枚貝の内部にあって、貝殻を開閉する働きを持つ筋肉。「かいばしら・が・　しこしこし・て・　うま(美味)い。」

かいはつ【開発】《名詞、動詞する》 ①土地を切り開くこと。土地を売れるようにすること。「やま(山)・を・　かいはつし・て・　いえ(家)・が・　た(建)っ・た。」②新しいものを考え出して、実用に役立つものを作ること。「けーたいでんわ(携帯電話)・の・　しんがた(新型)・が・　かいはつさ・れ・た。」

かいばつ【海抜】《名詞》 陸地や山の高さを示すもので、海面を基準とした高さ。「ろっこーざん(六甲山)・の・　かいばつ・は・　きゅーひゃくめーとる(九百メートル)・を・　こ(超)え・とる。」「つなみ(津波)・が・　おと(恐)ろしー・さかい・　まち(町)・の・　なか(中)・に・も・　かいばつ・が・　か(書)い・てある・」

かいひ【会費】《名詞》 ①会の維持や運営のために会員が出し合うお金。「いちねんかん(一年間)・の・　かいひ・は・　にせんえん(二千円)・や。」②特定の日の会合のために出席者が負担するお金。「ぼーねんかい(忘年会)・の・　かいひ・を・　あつ(集)める。」

かいふく【回復】《名詞、動詞する》 健康状態やものごとが、望ましくない状態から、もとのよい状態に戻ること。「やっと・　なつ(夏)ばて・が・　かいふくし・た。」

かいぶつ【怪物】《名詞》 普通のものとは異なった力や形を持っているもの。正体がわからず不気味なもの。「あいつ・の・　げんき(元気)さ・は・　かいぶつ・みたいな・もん・や。」

かいほう〔かいほー〕【介抱】《名詞、動詞する》 病人や怪我人や老人などに付き添って世話をすること。「こーつーじこ(交通事故)・に・　お(遭)ー・た・　ひと(人)・を・　かいほーし・た。」

かいぼう〔かいぼー〕【解剖】《名詞、動詞する》 生物の体を切り開いて、中の構造や状態などを調べること。「りか(理科)・で・　かえる(蛙)・を・　かいぼーする。」

かいほり【貝掘り】《名詞、動詞する》 海の水が引いた砂浜で、貝などをとること。「えんそく(遠足)・で・　かいほり・に・　い(行)く。」〔⇒**しおひがり**【潮干狩り】〕

がいまい【外米】《名詞》 外国から輸入した米。外国産の米。「がいまい・は・　つぶ(粒)・が・　ほそなが(細長)い・なー。」■対語＝「ないちまい【内地米】」

がいます《動詞・サ行五段活用》 あるということの丁寧な言い方。「ここ・に・　こっとーひん(骨董品)・が・　がいます。」

がいます《補助動詞・サ行五段活用》 **⇒てがいます〔でがいます〕**《補助動詞・サ行五段活用》**を参照**

かいみょう〔かいみょー〕【戒名】《名詞》 仏教で、仏の弟子になったという意味を込めて、亡くなった人に付ける名前。「おてら(寺)・から・　ははおや(母親)・の・　か

か

いみょー·を·　もら(貰)う。」

かいめん【海綿】《名詞》 海底の岩についている海綿動物の繊維状の骨を乾燥させたもので、柔らかく水をよく吸うもの。「かみ(紙)·の·　まいすー(枚数)·を·　かぞ(数)える·　とき(時)·は·　かいめん·が·　あっ·たら·　べんり(便利)や。」〔⇒**スポンジ**【英語＝sponge】〕

かいもく【皆目】《副詞》 課題や問題の答えや何かの所在などが、どうしてもつかめないことを表す言葉。「きょー(今日)·の·　しけん(試験)·は·　むつか(難)しゅー·て·　かいもく(皆目)·　わから·なんだ。」◆後ろに打ち消しの言葉を伴う。〔⇒**まったく**【全く】、**さっぱり**〕

かいもの【買い物】《名詞、動詞する》 品物を買うこと。買った品物。買って得になる品物。「ひゃっかてん(百貨店)·で·　かいものする。」「こども(子供)·に·　かいもの·を·　たの(頼)む。」「これ·は·　ね(値)ー·の·わり(割)·に·は·　かいもの·だっ·せ。」〔⇒**かいもん**【買い物】〕

かいもん【買い物】《名詞、動詞する》 品物を買うこと。買った品物。買って得になる品物。「かいもんする·さかい·　ふろしき(風呂敷)·を·　も(持)っ·ていく。」「きょー(今日)·は·　やす(安)い·　かいもん·を·し·た。」〔⇒**かいもの**【買い物】〕

かいや《終助詞》 そうではない、そんなはずはないという強い気持ちを表す言葉。「わし·が·　そんな·　こと(事)·を·　する·かいや。」「あした(明日)·は·　あめ(雨)·なんか·　ふ(降)る·かいや。」

かいよう〔**かいよー**〕【潰瘍】《名詞》 皮膚や粘膜がただれて深い部分まで崩れる病気。「い(胃)かいよー·に·なっ·て·　びょーいん(病院)·に·　かよ(通)·とる。」

がいよう〔**がいよー**〕【(具合良う)】《副詞、動詞する》 ①幸運にもものごとが進展する様子。「い(言)わ·れ·とっ·た·　もん(物)·は·　ぜんぶ(全部)·　がいよー·できあ(出来上)がっ·た。」②すっかり相手にしてやられる様子。「ぱちんこ(パチンコ)·で·　がいよー·こづか(小遣)い·が·　の(無)ーなっ·た。」③ものごとを隅々まできちんと丁寧に行う様子。「ふろしき(風呂敷)·を·　たと(畳)ん·で·　がいよーし·とい·てんか。」〔⇒**あんばいよう**【塩梅良う、案配良う】、**ええあんばいに**【良え塩梅に、良え案配に】。②③⇒**あんばい**【塩梅、案配】、**あんじょう**【案定】〕

がいらい【外来】《名詞》 病院の診察を受けるために通ってくること。また、そのような人。「がいらい·の·　かんじゃ(患者)·の·　うけつけ(受付)·を·　する。」

かいらしい〔**かいらしー**〕【(可愛らしい)】《形容詞·イイ型》 ①無心であったり無邪気であったりして愛らしく感じられる。美しくて心引かれる。優しく扱ってやりたい気持ちになる。「かいらしー·　じょゆー(女優)·が·てれび(テレビ)·に·　で(出)·とる。」②優しく扱いたいと思うほど、小さい。「かいらしー·　はな(花)·が·さ(咲)い·た。」〔⇒**かわいらしい**【可愛らしい】、**かわいい**【可愛い】〕

かいらん【回覧】《名詞、動詞する》 書類などを次々と回して読むこと。「りんぽ(隣保)·ごと·に·　かいらんする。」

かいらんばん【回覧板】《名詞》 連絡事項などを書いて、回して読むための書類。書類を回すときに、その書類を固定するために使う板のようなもの。「つき(月)·に·にさんかい(二三回)·は·　かいらんばん·が·　まー(回)っ·てくる。」

かいり【(帰り)】《名詞》 ①元の場所に戻ること。元の場所に向かって逆に進むこと。「きょー(今日)·の·　かいり·は·　なんじごろ(何時頃)·でっ·か。」②どこかから帰る途中。復路。「かいり·に·　じてんしゃ(自転車)·が·　ぱんく(パンク)し·ても·た。」■対語＝「いき【行き】」〔⇒**かえり**【帰り】。②⇒**かえりがけ**【帰りがけ】、**かえりし**【帰りし】、**かえりしな**【帰りしな】、**かいりがけ**【(帰りがけ)】、**かいりし**【(帰りし)】、**かいりしな**【(帰りしな)】、**いにがけ**【去にがけ】、**いにしな**【去にしな】、**いにし**【去にし】〕

かいりがけ【(帰りがけ)】《名詞》 ①どこかから帰る途中。復路。「かいりがけ·に·　あめ(雨)·に·　お(遭)ー·た。」②帰ろうとする、まさにそのとき。「かいりがけ·に·　あいさつ(挨拶)·を·　する。」〔⇒**かいりし**【(帰りし)】、**かいりしな**【(帰りしな)】、**かえりがけ**【帰りがけ】、**かえりし**【帰りし】、**かえりしな**【帰りしな】、**いにがけ**【去にがけ】、**いにしな**【去にしな】、**いにし**【去にし】。①⇒**かえり**【帰り】、**かいり**【帰り】〕

かいりし【(帰りし)】《名詞》 ①どこかから帰る途中。復路。「かいりし·に·　かいもん(買物)·を·　する。」②帰ろうとする、まさにそのとき。「かいりし·に·　きが(着替)える。」〔⇒**かいりがけ**【(帰りがけ)】、**かいりしな**【(帰りしな)】、**かえりがけ**【帰りがけ】、**かえりし**【帰りし】、**かえりしな**【帰りしな】、**いにがけ**【去にがけ】、**いにしな**【去にしな】、**いにし**【去にし】。①⇒**かえり**【帰り】、**かいり**【帰り】〕

かいりしな【(帰りしな)】《名詞》 ①どこかから帰る途中。復路。「かいりしな·に·　きっさてん(喫茶店)·に·　よ(寄)る。」②帰ろうとする、まさにそのとき。「かいりしな·に·　とじ(戸締)まり·を·　する。」〔⇒**かいりがけ**【(帰りがけ)】、**かいりし**【(帰りし)】、**かえりがけ**【帰りがけ】、**かえりし**【帰りし】、**かえりしな**【帰りしな】、**いにがけ**【去にがけ】、**いにしな**【去にしな】、**いにし**【去にし】。①⇒**かえり**【帰り】、**かいり**【帰り】〕

かいりょう〔**かいりょー**〕【改良】《名詞、動詞する》 よくないところを改めて、前よりも良くすること。「かいりょーし·た·　はな(花)·の·　ひんしゅ(品種)·の·なえ(苗)·を·　か(買)う。」

かいる【(蛙)】《名詞》 成長しておたまじゃくしから姿を変える、池や川や水田などにすみ、よく跳ねてよく泳ぐ両生類の小さな動物。「たんぼ(田圃)·で·　かいる·が·　な(鳴)い·とる。」〔⇒**かえる**【蛙】〕

かいる【(孵る)】《動詞·ラ行五段活用》 卵から子になる。「ひよこ·が·　ごひき(五匹)·　かいっ·た。」■他動詞は「かいす【(孵す)】」〔⇒**かえる**【孵る】、**かやる**【(孵る)】、**うまれる**【生まれる】〕

かいる【(帰る)】《動詞·ラ行五段活用》 ①自分の家や、元いた場所に戻る。「くろ(暗)ー·　なら·ん·うち·に·かいっ·てき·なはれ·よ。」②来ていた人が去って、いなくなる。「みんな(皆)·　かいっ·た·　きょーしつ(教室)·は·　がらんと·　し·とる。」■他動詞は「かいす【(帰す)】」「かやす【(帰す)】」■名詞化＝かいり【(帰り)】〔⇒**いぬ**【去ぬ】、**かえる**【帰る】、**のんのする**〕

かいる【(返る)】《動詞·ラ行五段活用》 ①もとのところや、もとの持ち主に戻る。もとの状態になる。「かいらんばん(回覧板)·が·　ひとまー(一回)りし·て·　かいっ·てき·た。」「こども(子供)·が·　がっこー(学校)·から·かいっ·てくる。」②表と裏が反対になる。裏返しになる。「かぜ(風)·で·　かみ(紙)·が·　かいっ·た。」■他動詞は「かいす【(返す)】」〔⇒**かえる**【返る】、**かやる**【(返る)】。②⇒**ひっくりかえる**【ひっくり返る】、ひっくりかやる【(ひっくり返る)】、ひっくりかいる【(ひっくり返る)】、とんぶりがえる【とんぶり返る】、とんぶりがやる【(とんぶり返る)】、とんぶりがいる【(とんぶり返る)】〕

かいろ【懐炉】《名詞》　衣服の内側に入れて体を温める、携帯用の器具。「べんじん(ベンジン)・を・　つこ(使)ー・た・　かいろ・は・　きつい・　にお(臭)い・が・　し・た・なー。」

白金懐炉

かう【買う】《動詞・ワア行五段活用》　お金を払って品物や権利を自分のものとして受け取る。「えんぴつ(鉛筆)・と・　けしごむ(消ゴム)・を・　かう。」■対語＝「うる【売る】」■名詞化＝かい【買い】

かう【飼う】《動詞・ワア行五段活用》　動物に餌を与えて育てる。「とり(鶏)・を・　こー・て・　たまご(卵)・を・　う(生)ます。」

かう【支う】《動詞・ワア行五段活用》　①ものが倒れたり落ちたりしないようにするために、棒などで支えをしたり空間に何かを詰めたりする。「こけ・へん・よーに・　つっぱり・を・　こー・ておく。」②物の表面や全体に、液体や塗料などをなすりつける。「ぬのじ(布地)・に・　のり(糊)・を・　かう。」「とあみ(投網)・に・　しぶ(渋)・を・　かう。」〔①⇒かます【噛ます】〕

かえ《終助詞》　①疑問の気持ちを表して、相手に荒々しく問いかけたり念を押したりするときに使う言葉。「らいげつ(来月)・の・　よ(寄)りあい・は・　いつ(何時)・ある・の・かえ。」②そうではないという意味のことを、反語的に表す言葉。「そんな・　あほ(阿呆)な・　はなし(話)・は・　ある・かえ。」③思いに反したことに出会って、びっくりしたり落胆したりするような気持ちを表す言葉。「えらい・　きれー(綺麗)な・　はな(花)・やん・かえ。」〔⇒か、かい。①②⇒け、こ。①③⇒どい、どえ、ぞい、ぞえ。②⇒かれ、もんか、もんかい〕

かえうた【替え歌】《名詞》　もとの歌の旋律のままで、歌詞を違えて歌う歌。「しょーがっこー(小学校)・の・　ころ(頃)・は・　いろんな・　かえうた・が・　はや(流行)っ・た。」

かえかえ【替え替え】《名詞、動詞する》　①別のものに取り替えること。「ちび・た・　えんぴつ(鉛筆)・を・　す(捨)て・て・　あたら(新)しー・の・に・　かえかえする。」②相手と品物などのやりとりをすること。取り替えること。互いにやりとりをすること。「ちー(小)さい・　こ(子)ー・が・　ほ(欲)しがっ・とる・さかい・　かえかえし・てあげ・なはれ。」◆幼児語。〔⇒かえこと【替え事】、かいこと【(替い事)】、こうかん【交換】〕

かえこと【替え事】《名詞、動詞する》　①別のものに取り替えること。「ふる(古)い・　くつ(靴)・を・　す(捨)て・て・　あたら(新)しー・の・に・　かえことする。」②相手と品物などのやりとりをすること。「あんた・の・　も(持)っ・とる・の・と・　かえことし・てほしー・なー。」「ふる(古)い・　しんぶん(新聞)・と・　ちりがみ(塵紙)・と・を・　かえことする・てな・　こと・は・　いま(今)・は・　もー・　あら・へん。」〔⇒かいこと【(替い事)】、かえかえ【替え替え】、こうかん【交換】〕

かえし【返し】《名詞、動詞する》　①ものをもらったお礼として、ものを贈ること。「けっこんいわ(結婚祝)い・の・　かえし・に・　おさら(皿)・を・　もろ(貰)・た。」②お釣りの金。「かえし・の・　けーさん(計算)・を・　まちご(間違)ー・たら・　あか・ん・よ。」〔⇒おかえし【お返し】〕

かえす【孵す】《動詞・サ行五段活用》　卵を子にする。「にわとり(鶏)・を・　かえす。」■自動詞は「かえる【孵る】」〔⇒かやす【(孵す)】、かいす【(孵す)】〕

かえす【帰す】《動詞・サ行五段活用》　自分の家や、元いた場所に戻らせる。「ゆーがた(夕方)・に・　なっ・た・さかい・　いえ(家)・に・　かえす。」■自動詞は「かえる【帰る】」〔⇒かやす【(帰す)】、かいす【(帰す)】、いなす【去なす】〕

かえす【返す】《動詞・サ行五段活用》　①もとの場所や、もとの持ち主のところに位置させる。元の状態に復元する。「か(借)り・た・　かね(金)・を・　かえす。」②表と裏を反対にする。裏返しにする。「ほ(干)し・とっ・た・　ざぶとん(座布団)・を・　かえす。」「さかな(魚)・の・　うら(裏)・が・　よー・　や(焼)け・た・さかい・　かえし・た。」■自動詞は「かえる【返る】」〔⇒かやす【(返す)】、かいす【(返す)】。①⇒もどす【戻す】。②⇒ひっくりかえす【ひっくり返す】、ひっくりかやす【(ひっくり返す)】、ひっくりかいす【ひっくり返す】、とんぶりがえす【とんぶり返す】、とんぶりがやす【(とんぶり返やす)】、とんぶりがいす【(とんぶり返す)】〕

かえだし【かえ出し】《名詞》　中の水や液体を汲んで外に出すこと。「おーあめ(大雨)・が・　ふ(降)っ・て・　いえ(家)・に・　みず(水)・が・　はい(入)っ・てき・て・　かえだし・が・　たいへん(大変)やっ・た。」〔⇒かいだし【かい出す】〕

かえだす【かえ出す】《動詞・サ行五段活用》　中の水や液体を汲んで外に出す。「ふね(舟)・に・　たまっ・た・　みず(水)・を・　かえだす。」■名詞化＝かえだし【かえ出し】〔⇒かいだす【かい出す】〕

かえって【却って】《副詞》　そのことによって、むしろ逆の方向に向かうことを表す言葉。あべこべに。「もー(儲)け・よー・と・　し・て・　かえって・　そん(損)・を・　し・た。」〔⇒よけい【余計】、よけのこと【(余計の事)】〕

かえり【帰り】《名詞》　①元の場所に戻ること。元の場所に向かって逆に進むこと。「あんた・の・　かえり・が・　おそ(遅)い・ので・　しんぱい(心配)し・た。」②どこかから帰る途中。復路。「かえり・に・　ぱん(パン)・を・　こ(買)ー・てき・てほしー・ん・や・けど。」■対語＝「いき【行き】」〔⇒かいり【(帰り)】。②⇒かえりがけ【帰りがけ】、かえりし【帰りし】、かえりしな【帰りしな】、かいりがけ【(帰りがけ)】、かいりし【(帰りし)】、かいりしな【(帰りしな)】、いにがけ【去にがけ】、いにしな【去にしな】、いにし【去にし】〕

かえりがけ【帰りがけ】《名詞》　①どこかから帰る途中。復路。「かえりがけ・の・　でんしゃ(電車)・が・　おく(遅)れ・た。」②帰ろうとする、まさにそのとき。「の(飲)み・に・　い(行)こ・ー・と・　かえりがけ・に・　さそ(誘)わ・れ・た。」〔⇒かえりし【帰りし】、かえりしな【帰りしな】、かいりがけ【(帰りがけ)】、かいりし【(帰りし)】、かいりしな【(帰りしな)】、いにがけ【去にがけ】、いにしな【去にしな】、いにし【去にし】。①⇒かえり【帰り】、かいり【帰り】〕

かえりし【帰りし】《名詞》　①どこかから帰る途中。復路。「つか(疲)れ・た・さかい・　かえりし・は・　ばす(バス)・に・　の(乗)ろ・ー。」②帰ろうとする、まさにそのとき。「かえりし・に・　ちょーど(丁度)・　じしん(地震)・が・　あっ・た。」〔⇒かえりがけ【帰りがけ】、かえりしな【帰りしな】、かいりがけ【(帰りがけ)】、かいりし【(帰りし)】、かいりしな【(帰りしな)】、いにがけ【去にがけ】、いにしな【去にしな】、いにし【去にし】。①⇒かえり【帰り】、かいり【帰り】〕

かえりしな【帰りしな】《名詞》 ①どこかから帰る途中。復路。「かえりしな・に・　かいもん(買物)・を・　する。」②帰ろうとする、まさにそのとき。「かえりしな・に・　しわす(忘)れ・た・　しごと(仕事)・に・　き(気)・が・　つ(付)い・た。」〔⇒**かえりがけ**【帰りがけ】、**かえりし**【帰りし】、**かいりがけ**【(帰りがけ)】、**かいりし**【(帰りし)】、**かいりしな**【(帰りしな)】、**いにがけ**【去にがけ】、**いにしな**【去にしな】、**いにし**【去にし】。①⇒**かえり**【帰り】、**かいり**【帰り】〕

かえりみち【帰り道】《名詞》 帰る途中に通っている道。帰る途中。「かえりみち・で・　ともだち(友達)・に・　お(会)ー・た。」

かえる【蛙】《名詞》 成長しておたまじゃくしから姿を変える、池や川や水田などにすみ、よく跳ねてよく泳ぐ両生類の小さな動物。「たう(田植)え・が・　す(済)ん・だら・　かえる・が・　やかま(喧)しーに・　な(鳴)く。」〔⇒**かいる**【(蛙)】〕

かえる【帰る】《動詞・ラ行五段活用》 ①自分の家や、元いた場所に戻る。「むすこ(息子)・は・　なつやす(夏休)み・に・は・　かえっ・てくる・　よてー(予定)・です。」②来ていた人が去って、いなくなる。「きのー(昨日)・から・　き(来)・とっ・た・　まご(孫)・が・　かえっ・た。」■他動詞は「かえす【帰す】」■名詞化＝**かえり**【帰り】〔⇒**いぬ**【去ぬ】、**かいる**【(帰る)】、**のんのする**〕

かえる【変える、換える、代える、替える】《動詞・ア行下一段活用》 ①古いものをやめて新しいものにする。以前と違ったようにする。別のものにとりかえる。「ふる(古)い・　たたみ(畳)・を・　かえる。」「ふゆふく(冬服)・に・　かえる。」②あるものを渡して、他のものを受け取る。「ふる(古)い・　しんぶんがみ(新聞紙)・を・　ちりがみ(紙)・に・　かえる。」③あるものに、他のものの役目をさせる。「むつか(難)しー・　しごと(仕事)・や・さかい・　ほか(他)・の・　ひと(人)・に・　かえ・てほしー。」④場所や日時などを別のものにする。「じゅーしょ(住所)・を・　かえる。」「ことし(今年)・は・　ぼーねんかい(忘年会)・を・　や(止)め・て・　しんねんかい(新年会)・に・　かえる。」⑤人やものごとなどの状態や性質を変化させる。「きも(気持)ち・を・　かえ・て・　がんば(頑張)っ・てみる。」「かおいろ(顔色)・を・　かえ・て・　どな(怒鳴)りこん・でき・た。」■自動詞は「かわる【変わる】」「かわる【代わる、替わる】」■名詞化＝**かえ**【変え、換え、代え】〔①②⇒**とりかえる**【取り替える】〕

かえる【返る】《動詞・ラ行五段活用》 ①もとのところや、もとの持ち主に戻る。もとの状態になる。「か(貸)し・とっ・た・　かね(金)・が・　かえっ・た。」「おとしもん(落物)・が・　かえっ・てき・た。」②表と裏が反対になる。裏返しになる。「つお(強)い・　かぜ(風)・で・　たこ(凧)・が・　かえっ・て・　お(落)ち・てき・た。」■他動詞は「かえす【返す】」〔⇒**かやる**【(返る)】、**かいる**【(返る)】。②⇒**ひっくりかえる**【ひっくり返る】、**ひっくりかやる**【(ひっくり返る)】、**ひっくりかいる**【(ひっくり返る)】、**とんぶりがえる**【とんぶり返る】、**とんぶりがやる**【(とんぶり返る)】、**とんぶりがいる**【(とんぶり返る)】〕

かえる《動詞・ア行下一段活用》 水などを汲み出す。汲み出してからっぽにする。「ふね(舟)・の・　そこ(底)・の・　あか(＝溜まった水)・を・　かえる。」

かえる【孵る】《動詞・ラ行五段活用》 卵から子になる。「つばめ(燕)・の・　こ(子)ー・が・　かえっ・て・　にぎ(賑)やかに・　なっ・た。」■他動詞は「かえす【孵す】」〔⇒**かやる**【(孵る)】、**かいる**【(孵る)】、**うまれる**【生まれる】〕

かえる《接尾語・ラ行五段活用》［動詞の連用形に付く］ その動作や状態や気持ちなどの程度がはなはだしいことを表す言葉。その動作や状態が続いていることを表す言葉。「あき(呆)れかえっ・て・　へんじ(返事)・が・　でけ(出来)・なんだ。」「まー(周)り・は・　しず(静)まりかえっ・とっ・た。」

かお【顔】《名詞》 ①目や鼻や口などがある、頭の前の部分。「もの・の・　かげ(陰)・に・　なっ・て・　かお・が・　み(見)え・へん。」②その時々の気持ちが表れた、顔の様子。「そし(素知)らん・　かお・を・　し・とる。」③生まれついて持っている顔の様子。「おとこまえ(男前)・の・　かお・は・　とく(得)や・なー。」〔⇒**つら**【面】。②⇒**かおつき**【顔付き】、**かおいろ**【顔色】。③⇒**かおだち**【顔立ち】〕

かおいろ【顔色】《名詞》 ①健康状態などを表す、顔の色あい。「ひ(陽)・に・　や(焼)け・た・　かおいろ・で・　にこっと・　わろ(笑)・とる。」②その時々の気持ちが表れた、顔の様子。「かおいろ・を・　み(見)・て・　はら(腹)・の・　なか(中)・を・　さぐ(探)る。」〔②⇒**かお**【顔】、**かおつき**【顔付き】、**つら**【面】〕

かお(が)きく【顔(が)利く】《動詞・カ行五段活用》 人望や信用があって、相手に対して無理が言える。「あんた・の・　かおがきく・　みせ(店)・に・　つ(連)れ・ていっ・てんか。」

かお(が)ひろい【顔(が)広い】《形容詞・オイ型》 交際範囲が広くて、いろんな人を知っている。「おまえ(前)・は・　こーはい(後輩)・の・　ひと(人)たち・に・も・　かおがひろい・なー。」

かおだち【顔立ち】《名詞》 生まれついて持っている顔の様子。「かい(可愛)らしー・　かおだち・の・　こ(子)ー・が・　てれび(テレビ)・に・　で(出)・とる。」〔⇒**かお**【顔】、**つら**【面】〕

かおつき【顔付き】《名詞》 その時々の気持ちが表れた、顔の様子。「おかしい・なー・と・　ゆ(言)ー・よーな・　かおつき・やっ・た。」〔⇒**かおいろ**【顔色】、**かお**【顔】、**つら**【面】〕

かおなじみ【顔馴染み】《名詞》 何度も会ったことがあってその人の顔を覚えていること。互いに顔を知り合っている人。「かおなじみ・や・けど・　なまえ(名前)・は・　し(知)ら・ん・ねん。」

かおぶれ【顔触れ】《名詞》 仕事や会合などに参加する人たち。メンバー。「い(行)く・か・　い(行)か・ん・か・は・　ほか(他)・の・　ひと(人)・の・　かおぶれ・を・　み(見)・て・から・　き(決)め・ます・わ。」

かおまけ【顔負け】《名詞、動詞する》 相手が優れていて、こちらが見劣りを感じること。相手が厚かましかったりして、こちらがたじろぐこと。「おとな(大人)・が・　かおまけする・よーな・　え(良)ー・　え(絵)ー・を・　か(描)く・　ちゅーがくせー(中学生)・や・な。」「おとな(大人)かおまけ・の・　はな(話)しかた・を・　する・　こ(子)ー・や。」「くろーと(玄人)かおまけ・の・　え(絵)・を・　か(描)い・て・　ひょーしょー(表彰)し・てもー・た・そーや。」

かおり【香り、薫り】《名詞》 漂ってきて、鼻に好ましく心地よく感じるもの。「きんもくせー(金木犀)・の・　かおり・が・　する。」「え(良)ー・　おちゃ(茶)・の・　かおり・や・なー。」〔⇒**におい【匂い、臭い】、によい【(匂い、臭い)】、かざ【(香)】、かだ【(香)】**〕

かおる【香る、薫る】《動詞・ラ行五段活用》　漂ってくるものが鼻に好ましく、心地よく感じる。漂ってきて鼻に感じる。「うめ(梅)・の・　はな(花)・が・　かおっ・とる。」■名詞化＝**かおり【香り、薫り】**〔⇒**におう【匂う、臭う】、によう【(匂う、臭う)】、かざる【(香る)】、かだる【(香る)】**〕

かお(を)かまう【顔(を)構う】《動詞・ワア行五段活用》　①体裁を繕う。「い(言)ーたいことい(言)ー・で・　かおをかまわ・ん・　ひと(人)・や。」②義理・人情などに心を使う。「かおをかもー・て・　きふ(寄付)・を・　はりこむ。」

かお(を)だす【顔(を)出す】《動詞・サ行五段活用》　会合などに姿を見せる。出席する。「こんど(今度)・の・　どーそーかい(同窓会)・に・　かおだし・てくれ・へん・か。」

かかえる【抱える】《動詞・ア行下一段活用》　①腕で抱くようにして支え持つ。「おー(大)きな・　はなたば(花束)・を・　かかえ・て・　ある(歩)い・てき・た。」②責任を帯びてものごとを担当する。任務などをたくさん合わせ持つ。「ひとり(一人)・で・　ぎょーさん(仰山)の・　しごと(仕事)・を・　かかえ・とる。」

かがし〔かかし〕【案山子】《名詞》　作物を荒らす鳥や獣をおどすために田畑に立てる人形。「かがし・に・　すずめ(雀)・が・　と(留)まっ・とる。」

かがと〔かかと〕【踵】《名詞》　①足の裏の後ろの部分。「さむ(寒)ー・　なっ・て・　かがと・が・　わ(割)れ・て・　いた(痛)い・ねん。」②履き物の後ろの部分。「くつ(靴)・の・　かがと・が・　よー・　ちびる。」〔⇒**きびす【踵】**〕

かがみ【鏡】《名詞》　①光の反射を利用して、金属やガラスで作り、人やものの姿を映して見る道具。「かがみ・で・　じぶん(自分)・の・　かお(顔)・を・　よー・　み(見)・てみー。」②正月やお祝いのときに、大小2つを重ねて神仏に供える円くて平たい餅。「かがみ・に・　かび(黴)・が・　は(生)え・とる。」〔②⇒**かがみもち【鏡餅】、おかがみ【お鏡】**〕

かがみもち【鏡餅】《名詞》　正月やお祝いのときに、大小2つを重ねて神仏に供える円くて平たい餅。「とこ(床)のま・に・　かがみもち・を・　かざ(飾)る。」〔⇒**かがみ【鏡】、おかがみ【お鏡】**〕

かがむ【屈む】《動詞・マ行五段活用》　①腰を落として、膝を曲げてしゃがむ。うずくまる。「かがん・で・　こども(子供)・と・　はなし(話)・を・　する。」②腰が曲がる。「とし(歳)・を・　とる・に・　つれ・て・　だんだん(段々)・　かがん・でき・た。」③物陰に隠れる。「かく(隠)れんぼー・で・　こや(小屋)・に・　かがん・どっ・た。」④手足がかじかむ。「て(手)ー・が・　かがん・で・　も(持)っ・とっ・た・　もん(物)・を・　お(落)とし・た。」■他動詞は「かがめる【屈める】」〔⇒**かごむ【(屈む)】**。①⇒**つくなむ、つくぼる、つくばる**〕

かがめる【屈める】《動詞・マ行下一段活用》　腰や膝を曲げて、姿勢を低くする。「おたが(互)い・に・　こし(腰)・を・　かがめ・て・　あいさつ(挨拶)する。」■自動詞は「かがむ【屈む】」「かごむ【(屈む)】」

かかり【係】《名詞》　ある特定の部分の仕事を受け持つこと。また、そのような役割の人。「うけつけ(受付)・の・　かかり・を・　する。」

かかり【掛かり】《名詞》　①行事や物事を行うのに必要な費用。「まつり(祭)・の・　かかり・を・　あつ(集)め・て・　まー(回)る。」「べんじょ(便所)・を・　すいせん(水洗)・に・　する・　とき・の・　かかり・が・　よーけ・い(要)る。」②国や地方公共団体が経費にあてるために、決められた規則により、住民それぞれから集めるお金。租税として収める金銭。「こてーしさん(固定資産)・の・　かかり・が・　おー(大)きー。」〔②⇒**ぜいきん【税金】**〕

かかり【掛かり】《名詞》　①ものごとの手始め。初期の段階。「しごと(仕事)・の・　かかり・に・　よー・　そーだん(相談)し・て・から・　はじ(始)める。」②季節や月の初め。期間の初め。「さんがつ(三月)・の・　かかり・に・　はな(花)・が・　さ(咲)く。」③入口などに当たる場所。「となり(隣)・の・　むら(村)・の・　かかり・に・　ある・　いえ(家)・は・　やまだ(山田)はん・と・　ゆ(言)ー・ん・や。」「えき(駅)・へ・　い(行)く・　みち(道)・の・　かかり・に・　ぱんや(パン屋)・が・　ある。」

かかり〔がかり〕《接尾語》　①必要な時間や人数を表す言葉。「ひとつき(一月)がかり・で・　しごと(仕事)・を・　する。」「じゅーにん(十人)がかり・で・　やっと・　うご(動)い・た。」②何かをしている途中であることを表す言葉。何かのついでであることを表す言葉。「とー(通)りかかり・に・　よ(寄)り・まし・てん。」

かがり【篝】《名詞》　蝋燭や油や木などを燃やした火。「かがり・で・　ぶつだん(仏壇)・に・　すす(煤)・が・　た(溜)まっ・とる。」

かかりきり〔かかりっきり〕【掛かり切り】《名詞、形容動詞や(ノ)》　ある一つのことに集中していること。あることばかりをしていて、他のことをしないこと。「いま(今)・は・　こども(子供)・の・　せわ(世話)・に・　かかりきりや。」

かかる【掛かる、懸かる】《動詞・ラ行五段活用》　①ぶら下がる。吊り下げられる。支えとめられる。「かべ(壁)・に・　え(絵)ー・が・　かかっ・とる。」②影響を受ける。かぶさる。「かさ(傘)・を・　さ(差)し・ても・　よこぶ(横降)り・の・　あめ(雨)・が・　かかる。」③よくない影響が及ぶ。「まー(周)り・の・　ひと(人)・に・　めーわく(迷惑)・が・　かかる。」④費用・時間・労力などが必要である。「なお(直)す・の・に・　いちまんえん(一万円)・　かかる。」「ばす(バス)・で・　はんじかん(半時間)・　かかる。」⑤力を受けて、阻止されている。「と(戸)ー・に・　かぎ(鍵)・が・　かかっ・とる。」⑥合格する。受かる。「こーとーがっこー(高等学校)・の・　しけん(試験)・に・　かかっ・た・」⑦魚が釣れる。釣り針にひっかかる。「おー(大)けな・　ぶり(鰤)・が・　かかっ・た。」■他動詞は「かける【掛ける、懸ける】」■名詞化＝**かかり【掛かり】**〔④⇒**する**〕

かかる【罹る】《動詞・ラ行五段活用》　病気になる。伝染性のある病気がうつる。「はいえん(肺炎)・に・　かかる。」

かかる【架かる】《動詞・ラ行五段活用》　①2つ以上の地点を結んで、橋や線などが渡される。「こい(鯉)のぼり・が・　かわ(川)・に・　かかっ・て・　およ(泳)い・どる。」「あわじしま(淡路島)・に・　はし(橋)・が・　かかっ・た。」②空中に浮かぶ。「ひがし(東)・の・　そら(空)・に・　にじ(虹)・が・　かかる。」■他動詞は「かける【架ける】」

かかる【掛かる】《動詞・ラ行五段活用》　ものごとを始めた状態になる。働いたり動いたりすることを始める。「べんきょー(勉強)・に・　かかる・の・が・　おそ(遅)い・ぞ。」「ひ(火)ー・を・　け(消)し・に・　かかっ・た・　とき(時)・は・　ておく(手遅)れやっ・た。」「やっと・

しごと(仕事)・の・　えんじん(エンジン)・が・　かかっ・た。」

かかる《補助動詞・ラ行五段活用》［動詞の連用形に付く］①動作や作用が、あるものに向けられることを表す言葉。「いぬ(犬)・が・　と(飛)び・かかっ・てき・た。」「おー(大)きな・　き(木)ー・が・　もた(凭)れ・かかっ・とる。」②動作や作用が始まりつつあったり、始まってその途中であったりすることを表す言葉。「よ(寄)りあい・が・　お(終)わり・かかっ・た・　とき・に・　ちこく(遅刻)し・て・　やってき・た。」「つき(月)・が・　しず(沈)み・かかっ・とる。」

かがる【縢る】《動詞・ラ行五段活用》　布の端が解けないようにするため、糸を巻き付けるようにして縫う。まとめて、くくるように縫いつける。「ぼたん(ボタン)の・　あな(穴)・を・　かがる。」

かき【垣】《名詞》　家や屋敷などの境界を示す仕切りや囲い。「ぶろっく(ブロック)・で・　でけ(出来)・た・　かき・が・　む(向)こー・まで・　つづ(続)い・とる。」〔⇒**かきね**【垣根】〕

かき【柿】《名詞》　落葉する高木で、秋に赤みがかった黄色い実が熟す木。また、その実。「あき(秋)・の・　えんそく(遠足)・の・　ころ(頃)・に・は・　かき(柿)・が・　でまわ(出回)っ・とる。」◆実には「あまがき【甘柿】」と「しぶがき【渋柿】」とがある。

かき【牡蠣】《名詞》　寒い時期に食用として好まれる、海中の岩などに付いて大きくなる二枚貝。「かき・を・　ふらい(フライ)・に・　する。」

かぎ【鍵】《名詞》　錠の穴に入れて、開け閉めする金属製の道具。「げんかん(玄関)・に・　かぎ・を・　か(掛)ける。」

がき【餓鬼】《名詞》　①子ども。特に、男の子ども。「わる(悪)さ・を・　し・て・　しょーのない・　がき・や。」②自分から見て、見下げるような位置にある人。「あの・　がき・は・　また・　ちこく(遅刻)し・やがっ・た。」③死んで地獄に堕ちてひもじさに苦しんでいる人。「がき・が・　か(描)い・てある・　むかし(昔)・の・　え(絵)ー・を・　み(見)・た。」◆①②は、悪く言うときに使う言葉である。

かきあつめる【掻き集める】《動詞・マ行下一段活用》　短い時間のうちに、周りから寄せ集める。散らばっているものを一所に寄せる。「がんじき・で・　ごみ(塵)・を・　かきあつめる。」「こぜに(小銭)・を・　かきあつめ・て・　かいもの(買物)・を・　する。」

かきかた【書き方】《名詞》　①文字を美しく整えて書くこと。筆の運び方。「がっこー(学校)・で・　かきかた・を・　べんきょー(勉強)する。」②言葉を用いた表現の仕方。文章表現の様式。「もー・　ちょっと(一寸)・　べつ(別)の・　かきかた・を・　し・た・　ほー(方)・が・　え(良)ー・と・　おも(思)う。」〔①⇒**しゅうじ**【習字】〕

かきぐし【柿串】《名詞》　干し柿を串に刺して、横に10個程度、連ねたもの。「しょーがつよー(正月用)・の・　かきぐし・を・　か(買)う。」

かきこむ【書き込む】《動詞・マ行五段活用》　指定された欄などに書き入れる。細かなことまで綿密に記入する。「いちらんひょー(一覧表)・に・　らいげつ(来月)・の・　よてー(予定)・を・　かきこん・どい・てんか。」

かきこむ【掻き込む】《動詞・マ行五段活用》　短い時間で一気に食べる。急いで食べる。「おちゃづ(茶漬)け・を・　かきこん・で・　で(出)・てき・まし・てん。」〔⇒**かっこむ**【掻っ込む】〕

かきさがす【掻き探す】《動詞・サ行五段活用》　あちらこちらを乱雑にいじり回る。整理されているものを乱れさせる。秩序を乱す。「ひばち(火鉢)・の・　ひ(火)ー・を・　ひばし(火箸)・で・　かきさがす。」「お(押)しいれ・の・　なか(中)・を・　かきさがし・て・　わやくちゃに・　し・た。」〔⇒**かきまわす**【掻き回す】、**ちらかす**【散らかす】、**ちらばす**【散らばす】〕

かきぞめ【書き初め】《名詞、動詞する》　新年になって初めて毛筆で文字を書くこと。また、その書いたもの。「かきぞめ・で・　か(書)い・た・　しゅーじ(習字)・を・　じゅーごにち(十五日)・の・　とんど・の・　とき(時)・に・　も(燃)やす。」

がきたいしょう〔がきたいしょー、がきだいしょー〕【餓鬼大将】《名詞》　悪戯好きの子どもたちの中で、腕力が強く仲間の中心になって威張っている者。「あいつ(彼奴)・は・　しょーがっこー(小学校)・の・　とき(時)・に・　がきたいしょー・やっ・てん。」

かきつぶし【書き潰し】《名詞、動詞する》　①書いたけれども、うまく出来上がらなかったもの。「なんべん(何遍)・も・　かきつぶし・を・　し・て・　げんこー(原稿)・は・　まだ・　できあ(出来上)がっ・とら・へん。」②書き損じた紙。「かきつぶし・の・　かみ(紙)・を・　す(捨)てる。」

かきとめ〔かきどめ〕【書留】《名詞》　間違いなく届けるように、記録して届ける郵便物。「げんきん(現金)・を・　かきとめ・で・　おく(送)る。」

かきとめる【書き留める】《動詞・マ行下一段活用》　忘れないように、文字にして残す。「でんわ(電話)・で・　き(聞)ー・た・　よーけん(用件)・を・　かきとめ・とく。」■名詞化＝**かきとめ**【書留】〔⇒**ひかえる**【控える】〕

かきとり【書き取り】《名詞、動詞する》　漢字を正しく覚えるために、丁寧に書いて練習すること。仮名で書いてある語句を漢字で書くこと。「まいにち(毎日)・　かきとり・の・　しくだい(宿題)・が・　あっ・た・　ころ(頃)・が・　なつ(懐)かしー・な。」

かきなおす【書き直す】《動詞・サ行五段活用》　間違いを正したり、より良い文章にしたりしながら、一度書いたものを改めて書く。「この・　しょるい(書類)・は・　ちょっと(一寸)・　まちご(間違)ー・た・　とこ(所)・が・　ある・さかい・　かきなおし・とい・てんか。」

かきね【垣根】《名詞》　家や屋敷などの境界を示す仕切りや囲い。「ぶろっく(ブロック)・より・も・　き(木)ー・を・　う(植)え・た・　かきね・の・　ほー(方)・が・　かん(感)じ・が・　え(良)ー・なー。」〔⇒**かき**【垣】〕

かきまぜる【掻き混ぜる】《動詞・ザ行下一段活用》　手や箸などを使って、ぐるぐる回すようにして均質や均等になるようにする。もともと異なるものを、合わせて一緒にする。「すし(寿司)・に・　する・　めし(飯)・を・　かきまぜる。」「とらんぷ(トランプ)・を・　かきまぜ・て・から・　みんな(皆)・に・　くば(配)る。」

かきまわす〔かきまーす〕【掻き回す】《動詞・サ行五段活用》　①あちらこちらを乱雑にいじり回る。整理されているものを乱れさせる。秩序を乱す。「ひばち(火鉢)・の・　ひ(火)ー・は・　かきまーし・たら・　あか・ん。」②手や棒などを入れて、円を描くように回す。「ゆ(茹)で・ている・　そーめん(素麺)・を・　かきまーす。」「かれー(カレー)・の・　なべ(鍋)・を・　かきまーす。」〔①⇒**かきさがす**【掻き探す】、**ちらかす**【散らかす】、**ちらばす**【散らばす】〕

かきむしる【掻き毟る】《動詞・ラ行五段活用》　激しくひっかく。ひっかいて傷をつける。つかんで引き抜く。「かみ

(髪)・の・ け(毛)ー・を・ かきむしる。」「ねこ(猫)・が・ たたみ(畳)・を・ かきむしっ・て・ きず(傷)・を・ つ(付)け・とる。」

かきもち【欠き餅】《名詞》 のし餅を薄く切って乾燥させたもの。「ひばち(火鉢)・で・ かきもち・を・ や(焼)く。」〔**⇒おかき【お欠き】**〕

かきゅう〔**かきゅー**〕【下級】《名詞》 後から生まれたり、等級や段階が下であったりすること。学年が下であること。「かきゅー・の・ こども(子供)・に・ しんせつ(親切)に・ する。」■対語＝「じょうきゅう【上級】」

かきゅう〔**かきゅー**〕【下級】《名詞、形容動詞や(ノ)》 ①程度や価値などが劣っていること。「もーちょっと(一寸)・ かきゅーで・ やす(安)い・の・を・ か(買)い・まほ。」②全体をいくつかの段階に分けたときの、初歩の段階。「かきゅー・から・ じゅんばん(順番)に・ しけん(試験)・を・ う(受)け・て・ あ(上)がっ・ていく。」■対語＝「じょうきゅう【上級】」「ちゅうきゅう【中級】」〔②**⇒しょきゅう【初級】**〕

かきゅうせい〔**かきゅーせー**〕【下級生】《名詞》 ①その人よりも下の学年の児童や生徒。「かきゅーせー・の・ めんどー(面倒)・を・ みる。」②小学校の低学年の子ども。「かきゅーせー・に・は・ かてーか(家庭科)・は・ あら・へん。」■対語＝「じょうきゅうせい【上級生】」

かぎり【限り】《名詞》 ある限度までの範囲内。ある範囲までの区切り。ぎりぎりいっぱいのところ。「にんげん(人間)・は・ みな(皆)・ かぎり・の・ ある・ いのち(命)・や。」「ぜーきんめんじょ(税金免除)・に・は・ かぎり・が・ ある。」「よく(欲)・を・ ゆ(言)ー・たら・ かぎり・が・ な(無)い。」

かぎり【限り】《接尾語》 限度や範囲を表す言葉。「ことし(今年)・も・ あと(後)・ ひとつき(一月)かぎり・に・ なっ・た。」

かく【格】《名詞》 技量や気品などの程度。公的な等級や位置。特に、高いとされる程度や等級や位置など。「へた(下手)くそや・なー・ ぷろ(プロ)・と・は・ かく・が・ ちが(違)いすぎ・とる。」

かく【角】《名詞》 ①2つの直線が交わってできる、その開きの大きさ。「にほん(二本)・の・ き(木)ー・の・ かく・を・ もー・ ちょっと・ ちー(小)そー・ し・て・ くぎ(釘)・を・ う(打)つ。」②4隅に角(かど)がある形。また、そのような形のもの。「もち(餅)・を・ かく・に・ き(切)る。」〔①**⇒かくど【角度】**。②**⇒しかく【四角】、しかくけい【四角形】、しかっけい【四角形】**〕

かく【書く、描く】《動詞・カ行五段活用》 ①文字や線などを、目に見える形で記す。「なつやす(夏休)み・に・ にっきちょー(日記帳)・を・ かく。」②絵や図などによって記す。「みなと(港)・へ・ い(行)っ・て・ ふーけー(風景)・を・ かく。」③考えや思いなどを文章で表す。表現する。「みじか(短)い・ しょーせつ(小説)・を・ かく。」

かく【掻く】《動詞・カ行五段活用》 ①指や爪を立てて、かゆいところなどをこする。「かいい・さかい・ せなか(背中)・を・ かく。」②左右や前後に押しのける。「みず(水)・を・ かい・て・ すす(進)む。」③刃物などを使って、切ったり削ったりする。「こーり(氷)・を・ かい・て・ みつ(蜜)・を・ か(掛)ける。」④あたりのものを集めて寄せる。「みち(道)・の・ ごみ(塵)・を・ がんじき・で・ かい・て・ ふくろ(袋)・に・ い(入)れる。」⑤体の外に出す。物事が外にあらわれる。「はし(走)っ・て・ あせ(汗)・を・ かく。」「みち(道)・で・ こけ・て・ はじ(恥)・を・ かい・た。」「あし(足)・が・ しびれ・て・ あぐら(胡座)・を・ かく。」〔①**⇒かいかいする【痒い痒いする、掻い掻いする】**〕

かく《動詞・カ行五段活用》 ①手を使って上に持ち上げる。「つくえ(机)・を・ かい・とる・ あいだ(間)・に・ した(下)・を・ は(掃)く。」②手で持ち上げて動かす。手で持ち上げて運ぶ。「つくえ(机)・を・ かい・て・ すみ(隅)・へ・ やる。」③祭りで、大勢が力を合わせて、布団太鼓(檀尻)を持ち上げて練る。「みや(宮)はん・で・ たいこ(太鼓)・を・ かく。」◆①②の例文で、「つくえ(机)・を・ かい・とる・ あいだ(間)・に・ した(下)・を・ はく。」というのは、持ち上げるだけで、前後左右への動きはない。「つくえ(机)・を・ かい・て・ すみ(隅)・へ・ やる。」というのは場所の移動が伴う。「かく」は、1人で持ち上げたり、持ち上げて運ぶ場合にも使い、2人で(または、幾人もで)持ち上げたり、持ち上げて運ぶ場合にも使う。

かぐ【家具】《名詞》 家の中に備え付けて、生活のために使う道具。「かぐ・の・ みせ(店)・で・ あたら(新)しー・ ほんばこ(本箱)・を・ か(買)う。」

かぐ【嗅ぐ】《動詞・ガ行五段活用》 匂いを鼻で感じ取る。「ゆり(百合)・の・ にお(匂)い・を・ かぐ。」「がす(ガス)・が・ も(漏)れ・とら・へん・か・ かい・で・ まー(回)る。」〔**⇒かざ(を)かぐ【かざ(を)嗅ぐ】、かざ(を)かす、かだ(を)かぐ【かだ(を)嗅ぐ】、かだ(を)かす**〕

がく【学】《名詞》 学んで得た知識。学問。智恵。「がく・の・ ある・ ひと(人)・は・ うま(巧)いこと・ せつめー(説明)する・なー。」

がく【額】《名詞》 ①枠に入れて飾られる絵や書など。「げんかん(玄関)・に・ にほんが(日本画)・の・ がく・を・ か(掛)ける。」②絵や書などを入れて壁に掛けるものの、周りの枠。「やすもん(安物)・の・ がく・に・ い(入)れ・たら・ みば(見栄)え・が・ せ・ん。」〔②**⇒がくぶち【額縁】**〕

がく【額】《名詞》 金銭などの数量。「いっぺん(一遍)に・は・ はら(払)え・ん・よーな・ がく・や・さかい・ こま(困)っ・とる。」

かくえきていしゃ〔**かくえきてーしゃ**〕【各駅停車】《名詞》 すべての駅に停車する電車や列車。「かくえきてーしゃ・やっ・たら・ ごっつい・ じかん(時間)・が・ かかる・やろ。」〔**⇒かくてい【各停】、ふつう【普通】、ふつうでんしゃ【普通電車】**〕

がくえん【学園】《名詞》「がっこう【学校】」の別の呼び方。「しりつ(私立)・の・ がっこ(学校)・に・は・ がくえん・と・ ゆ(言)ー・ なまえ(名前)・が・ おー(多)い・なー。」◆特に、初級から中級や上級に至る一貫教育などを行っている学校に使われることが多い。

がくがく《形容動詞や(ノ)、動詞する》 ①足腰などが衝撃を受けるように小刻みに震えて、落ち着かない様子。「やま(山)・に・ のぼ(登)っ・て・ あし(足)・が・ がくがくする。」「おば(化)けやしき(屋敷)・は・ おと(恐)ろしー・て・ からだ(体)・が・ がくがくし・た。」②緩んで動きやすい様子。「いす(椅子)・の・ ねじ(螺子)・が・ がくがくに・ なっ・とる。」〔①**⇒がくんがくん**〕

がくげいかい〔**がくげーかい**〕【学芸会】《名詞》 学校での教育の成果を、劇や音楽などの形で発表して保護者などに見てもらう会。「がくげーかい・で・ げき(劇)・を・ する。」◆最近は、「はっぴょうかい【発表会】」という名称のものが増えているように思われる。

かくご【覚悟】《名詞、動詞する》 ①前もって良くない事態を予測して、それに対応する心構えを持つこと。「つなみ(津波)・が・　く(来)る・　こと・を・　かくごし・て・　に(逃)げる・　よーい(用意)・を・　する。」②困難であっても、実行しようと心に決めること。「なつやす(夏休)み・は・　まいあさ(毎朝)・　らじおたいそー(ラジオ体操)・に・　い(行)く・　かくご・を・　し・とる・ねん。」

かくしごと【隠し事】《名詞、動詞する》　人に知られないように隠しておくこと。また、その内容。「かくしごとし・とっ・たら・　ひと(人)・に・　しんよー(信用)さ・れ・ん・よーに・　なる。」「もー・　ほか(他)・に・　かくしごと・は・　おま・へん・か。」

かくじつ【確実】《形容動詞や(ナ)》　手堅く確かで、間違いや失敗などがない様子。「あした(明日)・は・　かくじつに・　は(晴)れる・と・　おも(思)う。」

がくしゃ【学者】《名詞》　専門家として学問研究をしている人。普通の人よりも知識の深い人。「あの・　ひと(人)・は・　がくしゃ・や・さかい・　なん(何)・でも・　し(知)っ・とる。」◆理屈だけが先行するような人を皮肉って言う場合もある。

がくしゅう〔**がくしゅー**〕【学習】《名詞、動詞する》　人から学んで身につけること。学校などで基礎的なことを学ぶこと。「がくしゅー・の・　はっぴょーかい(発表会)・が・　ある・ん・や・て。」〔⇒**べんきょう**【**勉強**】〕

かくす【隠す】《動詞・サ行五段活用》　人に見えないように、あるいは知られないようにする。もので覆ったり人目のつかないところに置いたりする。「ぽけっと(ポケット)・に・　あめだま(飴玉)・を・　かくす。」「すなはま(砂浜)・に・　たからもん(宝物)・を・　かくし・て・　たからさが(宝探)し・を・　する。」■自動詞は「かくれる【隠れる】」

がくせい〔**がくせー**〕【学生】《名詞》　学校へ行って勉強している人。「さんじゅー(三十)・に・　ちこ(近)ー・　なっ・て・　まだ・　がくせー・なん・や・て。」◆主として大学生のことを指すが、高校生のことにも使う。

かくせいき〔**かくせーき**〕【拡声器】《名詞》　電流によって声や音を大きくして、遠くまで聞こえるようにする器械。「かくせーき・で・　ぼんおど(盆踊)り・の・　うた(歌)・を・　なが(流)す。」「かくせーき・の・　てすと(テスト)・で・　『ほんじつ(本日)・は・　せーてん(晴天)・なり・』と・　ゆ(言)ー。」〔⇒**スピーカー**【**英語＝ speaker**】〕

がくせいふく〔**がくせーふく**〕【学生服】《名詞》　学生が着る服。中学校や高等学校などの制服。「つめえり(詰襟)・の・　がくせーふく・が・　よー・　にあ(似合)う。」■類語＝「がくどうふく【学童服】」

がくせいぼう〔**がくせーぼー**〕【学生帽】《名詞》　学生がかぶる帽子。中学校や高等学校などの制帽。「こーとーがっこー(高等学校)・の・　がくせーぼー・は・　せん(線)・が・　にほん(二本)・　はい(入)っ・とっ・た。」◆学校が指定するような「がくせいぼう」は急激になくなった。

がくだん【楽団】《名詞》　音楽を合奏する人たちの集まり。「しみん(市民)・が・　あつ(集)まっ・て・　つく(作)っ・た・　がくだん・が・　はっぴょーかい(発表会)・を・　ひら(開)く。」

かくてい〔**かくてー**〕【各停】《名詞》　すべての駅に停車する電車や列車。「かくてー・で・　のんびり・　い(行)き・まほ・か。」◆ＪＲの大都市近郊区間では、「ふつうでんしゃ【普通電車】」も主要な駅だけに停まる「かいそく【快速】」扱いになる。その路線では、すべての駅に停まるのは「かくてい【各停】」「かくえきていしゃ【各駅停車】」である。〔⇒**かくえきていしゃ**【**各駅停車**】、**ふつう**【**普通**】、**ふつうでんしゃ**【**普通電車**】〕

かくど【角度】《名詞》　２つの直線が交わってできる、その開きの大きさ。「ゆるい・　かくど・の・　こーさてん(交差点)・は・　かえ(却)って・　じこ(事故)・が・　お(起)き・そーや。」〔⇒**かく**【**角**】〕

がくどう〔**がくどー**〕【学童】《名詞》　義務教育の最初の６年間に在籍する学校に通っている子ども。「がくどー・の・　とー(通)る・　みち(道)・で・　みは(見張)り・を・　する。」〔⇒**しょうがくせい**【**小学生**】〕

がくどうふく〔**がくどーふく**〕【学童服】《名詞》　小学生が着る服。小学校の制服。「こーしょー(校章)・の・　つ(付)い・た・　がくどーふく・は・　かい(可愛)らしー・なー。」■類語＝「がくせいふく【学生服】」

がくねん【学年】《名詞》　①１年ごとに区切られた、学校の教育期間。「しがつ(四月)・に・　あたら(新)しー・　がくねん・が・　はじ(始)まる。」②同じ年度に入学した児童や生徒などの集まり。「がくねん・が・　ひと(一)つ・　うえ(上)・の・　せんぱい(先輩)・と・　いっしょ(一緒)に・　かよ(通)う。」〔②⇒**きゅう**【**級**】〕

がくひ【学費】《名詞》　学校などで勉強するために必要な費用。「だいがく(大学)・に・　はい(入)っ・たら・　おや(親)・は・　がくひ・を・　しおく(仕送)りする・の・が・　たいへん(大変)や。」

がくふ【楽譜】《名詞》　曲を一定の音符や記号などで書き表したもの。「がくふ・を・　み(見)・て・　ぴあの(ピアノ)・を・　ひ(弾)く。」

がくぶち【額縁】《名詞》　絵や書などを入れて壁に掛けるものの、周りの枠。「しゃしん(写真)・を・　がくぶち・に・　い(入)れ・て・　かざ(飾)る。」〔⇒**がく**【**額**】〕

がくもん【学問】《名詞、動詞する》　知らないことを学び習うこと。また、それによって身につけた知識。その中でも特に、体系的で高度な専門性を持つもの。「こども(子供)・に・は・　がくもん・を・　させ・とき・たい・なー。」

がくようひん〔**がくよーひん**〕【学用品】《名詞》　ノート、鉛筆、定規など、学校で勉強するために使う品物。「がくよーひん・は・　こーばいぶ(購買部)・で・　か(買)える。」

かくり【隔離】《名詞、動詞する》　他の人から離して別にして、接触や連絡ができないようにすること。「でんせんびょー(伝染病)・の・　ひと(人)・を・　びょーいん(病院)・に・　かくりする。」

かくれる【隠れる】《動詞・ラ行下一段活用》　人に見えないように、あるいは知られないようになる。人目のつかないところに位置する。わざと姿を消す。「つき(月)・が・　くも(雲)・に・　かくれ・た。」「おこ(怒)ら・れ・て・　なや(納屋)・の・　なか(中)・に・　かくれ・た。」■他動詞は「かくす【隠す】」

かくれんぼう〔**かくれんぼー、かくれんぼ**〕【隠れん坊】《名詞、動詞する》　鬼になった人が、隠れている人を探し出す遊び。「かくれんぼする・　もん(者)・　この・　ゆび(指)・に・　たかれ(＝集まれ)。」

がくんがくん《形容動詞や(ノ)、動詞する》　①足腰などが衝撃を受けるように震えて、落ち着かない様子。「きょー(今日)・は・　よー・　ある(歩)い・て・　あし(足)・が・　がくんがくんに・　なっ・ても・た。」②短い間に、繰り返して衝撃を感じる様子。「でんしゃ(電車)・が・　がくんがくんと・　し・て・　と(止)まっ・た。」〔①⇒**がくがく**〕

かけ【掛け】《名詞》　代金を後から受け取る約束をして、

品物を先に渡すこと。「さけ(酒)・を・　かけ・で・　こ(買)ー・てき・た。」

かけ【賭け】《名詞､動詞する》 ①金品を出し合い､勝った者がそれを受け取る約束で勝負をすること。また、その金品。「けーば(競馬)・で・　かけし・て・　ま(負)け・た。」②予想をして占うこと。「どっち・が・　か(勝)つ・か・　かけ・を・　し・ょー・か。」〔①⇒**かけごと【賭事】**〕

かけ〔**がけ**〕《接尾語》[動詞の連用形に付く] その動作や状態が始まったばかりであることを表す言葉。その動作・状態の途中であることを表す言葉。「ごはん(飯)・を・　た(食)べかけ・の・　とき(時)・に・　でんわ(電話)・が・　か(掛)かっ・てき・た。」「やりかけ・の・　しごと(仕事)・を・　ほったらかし・たら・　あか・ん・がい。」「よ(読)みかけ・の・　ほん(本)・や・けど・　か(貸)し・たる。」「し(死)にかけ・の・　さかな(魚)・が・　あっぷあっぷ・　し・とる。」「しくだい(宿題)・の・　やりかけ・で・　あそ(遊)び・に・　い(行)っ・てまう。」◆「さし」は途中で止めてしまっている感じの言葉である。

かけ〔**がけ**〕【掛け】《接尾語》[名詞に付く] ①何かを加えたり、与えたりすること。「はな(花)・の・　みず(水)かけ・の・　とーばん(当番)・を・　する。」②吊したり、置いたりすること。また､そのようにするもの。「よーふく(洋服)かけ・に・　つ(吊)る。」「ふたり(二人)がけ・の・　こし(腰)かけ・に・　すわ(座)る。」

かげ【影､陰】《名詞》 ①光をさえぎられて､その後ろにできる黒い形。「でんちゅー(電柱)・の・　かげ・が・　なご(長)ー・　なっ・とる。」②日光の当たらないところ。「かげ・で・　あそ(遊)ば・んと・　にっしゃびょー(日射病)・に・　なる・ぞ。」③水面や鏡などに､ものの姿が映って見えるもの。「みず(水)・に・　き(木)・の・　かげ・が・　うつ(映)っ・とる。」④目に映る､そのものの姿。「かげ・も・　かたち(形)・も・　あら・へん。」⑤表面に現れないところ。「まご(孫)・を・　かげ・から・　おーえん(応援)する。」〔②⇒**ひかげ【日陰】**〕

がけ【崖】《名詞》 山間部や海岸などで、切り立ったような険しい地形になっているところ。「にしやぎ(西八木)・の・　がけ・で・　あかしげんじん(明石原人)・の・　ほね(骨)・が・　み(見)つかっ・た・ん・や。」

がけ《接尾語》[動詞の連用形に付く] ①その動作などをする、ちょうどその時。「い(去)にがけ・に・　つか(掴)まっ・ても・た。」②その動作をしている途中。「い(行)きがけ・に・　よ(寄)っ・てみる。」〔⇒**しな、し、やけ**〕

かけあう【掛け合う】《動詞・ワア行五段活用》 水や砂などをお互いに向かって放つ。「ぷーる(プール)・で・　みず(水)・を・　かけおー・て・　あそ(遊)ぶ。」

かけあし【駆け足】《名詞、動詞する》 軽く走ること。軽く走る走り方。「かけあしし・て・　みち(道)・を・　おーだん(横断)する。」「うんどーじょー(運動場)・を・　かけあし・で・　さんしゅー(三周)・　する。」

かけい〔**かけー**〕【家計】《名詞》 ①一家の暮らし向き。日常生活を維持するお金のやりくり。「ふけーき(不景気)・で・　かけー・が・　くる(苦)しー。」②その家の収入や支出の内容。「かけー・を・　ちょーめん(帳面)・に・　つ(付)け・とく。」

かけいぼ〔**かけーぼ**〕【家計簿】《名詞》 その家の収入や支出や、その明細などを記録しておく帳面。「しんねんごー(新年号)・の・　ふろく(付録)・に・　かけーぼ・が・　つ(付)い・とる。」

かげえ【影絵】《名詞》 紙や手や指で作った形に光を当てて､その影を障子やスクリーンなどに映す遊び。「いっすんぼーし(一寸法師)・の・　かげえ・を・　つく(作)っ・た。」

かげがうすい【影が薄い】《形容詞・ウイ型》 目立たない存在である。衰えた様子で元気がない。「わし・は・　こども(子供)・の・　ころ(頃)・は・　かげがうすかっ・てん。」

がけくずれ【崖崩れ】《名詞、動詞する》 激しい雨などによって、切り立ったような地形のところが、壊れたりばらばらになったりして落ちること。「がけくずれ・の・　ばしょ(場所)・が・　あ(有)る・さかい・　む(向)こー・まで・　い(行)か・れ・へん。」〔⇒**どしゃくずれ【土砂崩れ】**〕

かげぐち【陰口】《名詞》 その人がいないところで、悪口を言うこと。また､その悪口の内容。「かげぐち・を・　たたか・んとい・てんか。」

かけごえ【掛け声】《名詞》 運動競技や芝居などで、周囲の人を元気づけたり、調子をとったりするために出す声。拍子を取るときに出す声。「かけごえ・　かけ・ながら・　はし(走)れ。」

かけごと【賭事】《名詞､動詞する》 金品を出し合い､勝った者がそれを受け取る約束で勝負をすること。「かけごと・なんか・　す(好)きに・　なっ・たら・　あか・ん・よ。」〔⇒**かけ【賭け】**〕

かけざん【掛け算】《名詞、動詞する》 ある数に、他のある数をある回数だけ加える計算。乗法。「かけざん・の・　くく(九九)・を・　おぼ(憶)える。」

かけじ【(掛け軸)】《名詞》 紙や布に字や絵をかいたものを表装して､床の間などに飾るようにしたもの。「ぼん(盆)・が・　ちか(近)づい・た・さかい・　かけじ・を・　と(取)りかえる。」〔⇒**かけじく【掛け軸】、じく【軸】**〕

かけじく【掛け軸】《名詞》 紙や布に字や絵をかいたものを表装して、床の間などに飾るようにしたもの。「はな(花)・を・　か(描)い・た・　かけじく・が・　す(好)きや。」〔⇒**かけじ【(掛け軸)】、じく【軸】**〕

かけず【掛け図】《名詞》 大きな字や絵で書いて、教室などに掛けて、大勢に見せる図表や地図など。「むかし(昔)・は・　がっこー(学校)・で・　ちず(地図)・の・　かけず・を・　つこ(使)・とっ・た。」

かけね【掛け値】《名詞》 ①実際に売ろうとする値段よりも､意図的にちょっと高くつけた値段｡相手次第で高くつけた値段。「かけね・を・　い(言)わ・れ・たら・　ねぎ(値切)ら・な・　あか・ん。」②ものごとを大げさに言うこと。「かけね・の・　ない・　はなし(話)・を・　き(聞)き・たい・ねん。」

かけはなれる【懸け離れる】《動詞・ラ行下一段活用》 遠く隔たって離れる。大きな違いがある。「ふたり(二人)・は・　かけはなれ・た・　いけん(意見)・を・　ゆ(言)ー・た。」

かけひき【駆け引き】《名詞、動詞する》 商売や意見交換などで、相手の出方に応じて、態度や言葉を変えたりして､自分の都合のよい方向へ誘導していくこと。「かけひき・が・　じょーず(上手)な・　ひと(人)・に・は・　たちう(太刀打)ち・が・　でけ(出来)・ん。」

かけぶとん【掛け布団】《名詞》 寝る人が体の上にかける布団。「さぶ(寒)い・さかい・　かけぶとん・を・　にまい(二枚)・　かさ(重)ねる。」■対語＝「しきぶとん【敷き布団】」「ひきぶとん【(敷き布団)】」〔⇒**うわぶとん【上布団】、おぶとん【負布団】**〕

かげぼし【陰干し】《名詞、動詞する》 直射日光の当たらないところで干して乾かすこと。「くつ(靴)・を・　かげぼしし・て・　かぜ(風)・に・　あ(当)てる。」

かげもかたちもない【影も形も無い】《連語＝かげ(名詞)・も(副助詞)・かたち(名詞)・も(副助詞)・ない(形容詞)》　姿がまったく見えない。痕跡がない。「じっき(直)に・　お(追)いかけ・た・ん・や・けど・　かげもかたちもなかっ・た。」◆「かげもかたちもあらへん【影も形も有らへん】」などとも言う。

かけもち【掛け持ち】《名詞、動詞する》　一人でいくつかの仕事や役割などを受け持つこと。「ふた(二)つ・の・　かかり(係)・を・　かけもちする。」

かけや【掛け矢】《名詞》　杭などを打ち込むために使う、堅い木でできた大槌。「くい(杭)・を・　かけや・で・　たた(叩)く。」

かけら【欠片】《名詞》　①壊れたり取れたりした一部分。壊れたものの小さい破片。「びん(瓶)・の・　かけら・で・　て(手)・を・　き(切)ら・ん・よーに・　き(気)ー・を・　つけ・なさい・よ。」②ほんの少しのもの。「あやま(謝)ろ・ー・と・　する・　きも(気持)ち・は・　かけら・も・　あら・へん。」◆②は、後ろに打ち消しの言葉を伴って表現することが多い。

かける【掛ける、懸ける】《動詞・カ行下一段活用》　①ぶら下げる。垂らす。「くび(首)・から・　なふだ(名札)・を・　かける。」「こーと(コート)・を・　かべ(壁)・に・　かける。」②上にかぶせる。覆ってかぶせる「ねび(寝冷)え・を・　せ・ん・よーに・　ふとん(布団)・を・　かけ・たる。」「ほん(本)・に・　かばー(カバー)・を・　かける。」③上から注ぐ。「はな(花)・に・　みず(水)・を・　かける。」「つけもん(漬物)・に・　しょーゆ(醤油)・を・　かける。」④ものを、ある位置に付ける。「めがね(眼鏡)・を・　かける。」⑤端の部分や縁の部分を、他のものの上に置いたり、もたせかけたりする。「いす(椅子)・に・　こし(腰)・を・　かける。」⑥他のものに力を加える。作用を加える。「あたま(頭)・に・　ぱーま(パーマ)・を・　かける。」「かーぶ(カーブ)・を・　かけ・て・　ぼーる(ボール)・を・　ほ(放)る。」「やぶ(破)れ・た・　ところ・に・　みしん(ミシン)・を・　かける。」⑦取れたり動いたりしないように固定する「と(戸)ー・に・　かぎ(鍵)・を・　かける。」⑧費用や時間などを費やす。「かね(金)・を・　かけ・て・　やきもん(焼物)・を・　あつ(集)める。」「にじかん(二時間)・　かけ・て・　かいしゃ(会社)・に・　かよ(通)う。」⑨機械や道具などを動かす。機械や道具などに働きかける。「くるま(車)・の・　えんじん(エンジン)・を・　かける。」「とも(友)だち・に・　でんわ(電話)・を・　かける。」「ふる(古)い・　れこーど(レコード)・を・　かける。」⑩重さを量る「めかた(目方)・を・　かけ・て・　う(売)る。」⑪ある数をある回数だけ加える計算をする。「ひゃく(百)・に・　ひゃく(百)・を・　かける。」◆⑥の場合、パーマは「あてる」とも言う。■自動詞は「かかる【掛かる、懸かる】」■名詞化＝**かけ**【掛け】

かける【欠ける】《動詞・カ行下一段活用》　①固いものの一部分がなくなって、完全でなくなる。「お(落)とし・て・　ちゃわん(茶碗)・の・　ふち(縁)・が・　かけ・た。」「つき(月)・が・　だんだん(段々)・　かけ・てき・た。」②揃うべき数や必要な数に足りない。「にんずー(人数)・が・　さんにん(三人)・　かけ・とる。」■名詞化＝**かけ**【欠け】

かける【架ける】《動詞・カ行下一段活用》　２つ以上の地点を結んで、橋や線などを渡す。「はまら・ん・よーに・　みぞ(溝)・に・　いた(板)・を・　かける。」「しま(島)・に・　はし(橋)・を・　かける。」■自動詞は「かかる【架かる】」

かける【賭ける】《動詞・カ行下一段活用》　①金品を出し合い、勝った者がそれを受け取る約束で勝負をする。「しょーひん(賞品)・を・　かけ・て・　きょーそー(競争)する。」②失敗したら、それを失う気持ちで取り組む。「いのち(命)・を・　かけ・て・　やっ・てみる・ぐらい・の・　きも(気持)ち・を・　も(持)ち・なはれ。」③予想をして占う。「らいねん(来年)・は・　どない・　なる・か・　かける。」■名詞化＝**かけ**【賭け】

かける《補助動詞・カ行下一段活用》［動詞の連用形につく］　①そのことを始める。そのことが始まる。「ほん(本)・を・　よ(読)み・かけ・たら・　ひと(人)・が・　き(来)・た。」「い(行)き・かけ・て・　や(止)め・た。」「あめ(雨)・が・　や(止)み・かけ・て・　にじ(虹)・が・　で(出)た。」②相手に向かって、そのようにする。「はな(話)し・かけ・ても・　へんじ(返事)・を・　し・てくれ・へん・ねん。」「じょーず(上手)に・　はたら(働)き・かけ・なんだら・　おこ(怒)り・よる・ぞ。」③そのようになりそうになる。「にかい(二階)・から・　お(落)ち・かけ・た。」「たいびょー(大病)し・て・　し(死)に・かけ・た。」

かげる【陰る】《動詞・ガ行下一段活用》　①それまで差していた太陽や月の光が、雲にさえぎられて暗くなる。「ひ(日)ー・が・　かげっ・て・　すず(涼)しー・　なっ・た。」②太陽が傾いて、その光が弱くなる。「にっちゅー(日中)・は・　あつ(暑)い・さかい・　かげっ・て・から・　よーじ(用事)・に・　い(行)く。」

かげん【加減】《名詞、動詞する》　①加えたり減らしたりして、丁度よいところでとどめること。ほどよく調節された状態。「から(辛)さ・を・　かげんする。」②ものごとの具合や程度。ものごとの原因。「からだ(体)・の・　かげん・は・　どー・です・か。」「さむ(寒)さ・の・　かげん・で・　ちょーし(調子)・が・　わる(悪)い。」

かげん【加減】《接尾語》［動詞の連用形や名詞に付く］　ものの具合や程度や傾向などを表す言葉。「ことし(今年)・の・　さむ(寒)さかげん・は・　きょねん(去年)・より・　きつい。」「ふろ(風呂)・の・　あつ(熱)さかげん・は・　よろしー・か。」「なわ(縄)・の・　むす(結)びかげん・は・　きつー・ない・か。」「うつむ(俯)きかげん・の・　かお(顔)・で・　しゃしん(写真)・に・　うつ(写)っ・とる。」

かご【籠】《名詞》　竹や蔓や針金などの線状や帯状の材料を編んで作った入れ物。「むし(虫)・を・　い(入)れる・　かご・が・　ほ(欲)しい。」「よーけ・　かいもん(買物)・を・　し・て・　かご・が・　おも(重)とー・　なっ・た。」

かこい【囲い】《名詞》　中に取り込めるために周りを囲むこと。周りを囲んだ塀や垣など。「かこい・を・　つく(作)っ・て・　とり(鶏)・を・　か(飼)う。」

かこう【囲う】《動詞・ワア行五段活用》　①人やものを中に入れて周りをふさぐ。内と外とを区切って、中と外の出入りができないようにする。「いけ(池)・を・　かなあみ(金網)・で・　かこう。」②野菜などを土に埋めて貯蔵する。「だいこん(大根)・を・　ふゆ(冬)・の・　あいだ(間)・　かこー・とく。」■名詞化＝**かこい**【囲い】〔①⇒**かこむ**【囲む】〕

かこむ【囲む】《動詞・マ行五段活用》　①人やものを中に入れて周りをふさぐ。内と外とを区切って、中と外の出入りができないようにする。「おと(恐)ろしそーな・　やつ(奴)ら・に・　かこま・れ・た。」②囲いとなるものが外側にあって、中にあるものを取り巻く。「きょーと(京都)・は・　やま(山)・に・　かこま・れ・た・　ぼんち(盆地)・や。」■名詞化＝**かこみ【囲み】**〔①⇒**かこう【囲う】**〕

かごむ【(屈む)】《動詞・マ行五段活用》　①腰を落として、膝を曲げてしゃがむ。うずくまる。「かごん・で・　しごと(仕事)し・とっ・たら・　こし(腰)・が・　いと(痛)ー・　なっ・てき・た。」「しゃしん(写真)・を・　と(撮)る・の・で・　まえ(前)・の・　ひと(人)・は・　かごん・でください。」②腰が曲がる。「とし(歳)・を・　とっ・て・　こし(腰)・が・　かごん・でき・た。」「からだ(体)・が・　かごん・で・　ある(歩)きにくい。」③物陰に隠れる。「じしん(地震)・に・　なっ・た・さかい・　つくえ(机)・の・した(下)・に・　かごん・だ。」④手足がかじかむ。「つめ(冷)とー・て・　て(手)ー・が・　かごん・でまう。」■他動詞は「かがめる【屈める】」〔⇒**かがむ【屈む】**。①⇒**つくなむ、つくぼる、つくばる**〕

かごめ【(鴎)】《名詞》　体が白く、くちばしが大きく、海面近くを滑るように飛ぶ鳥。「かごめ・が・　はと(波止)・に・　いっぱい(一杯)・　あつ(集)まっ・とる。」〔⇒**かもめ【鴎】**〕

かさ【傘】《名詞》　雨や日光などを防ぐために、柄を持って頭の上にかざすもの。「かさ・を・　わす(忘)れ・た・さかい・　あめ(雨)・の・　なか(中)・を・　はし(走)っ・て・　かえ(帰)っ・た。」◆「ばんがさ【番傘】」「こうもりがさ【蝙蝠傘】」「ひがさ【日傘】」などがある。

かさ【笠】《名詞》　①雨や日光などを防ぐために、頭にかぶる半球形のもの。「むかし(昔)・の・　ひと(人)・が・　あたま(頭)・に・　の(載)せ・とっ・た・　かさ・を・　はくぶつかん(博物館)・で・　み(見)・た。」②光を遮ったり、光に方向性を与えようとして作られたもの。「よご(汚)れ・た・　でんき(電気)・の・　かさ・を・　ふ(拭)く。」

かさ【暈】《名詞》　太陽や月の回りに見える、淡い光の輪。「おつき(月)さん・が・　かさ・　かぶ(被)っ・とる・さかい・　てんき(天気)・が・　わる(悪)ー・　なる・やろ。」

かざ【(香)】《名詞》　①漂ってきて、鼻に好ましく心地よく感じるもの。「あなご(穴子)・を・　や(焼)く・　かざ・が・　する。」②漂ってきて、鼻に気持ち悪くくさく感じるもの。「す(饐)え・た・　かざ・が・　する・さかい・　す(捨)て・た。」「く(食)える・か・　く(食)え・ん・か・　かざ・で・　しら(調)べる。」◆発音は微妙で「かざ」「かだ」の両方がある。〔⇒**におい【匂い、臭い】、によい【(匂い、臭い)】、かだ【(香)】**。①⇒**かおり【香り、薫り】**〕

がさ《名詞、形容動詞や(ナ・ノ)》　姿勢や態度に落ち着きがないこと。粗暴であったり粗野であったりすること。また、そのような人。「おー(大)きなっ・ても・　がさ・が・　なお(直)ら・へん。」「この・　しごと(仕事)・は・　がさな・　やつ(奴)・に・は・　たの(頼)ま・れ・へん。」

がさい《形容詞・アイ型》　①姿勢や態度に落ち着きがない。繊細さに欠けている。「ちょっとも・　じっと・　し・ておら・ん・よーな・　がさい・　ひと(人)・や。」②細かいところまで気を配らないで、粗雑である。「がさい・　しごと(仕事)・を・　し・とる・さかい・　じき(直)に・　いた(傷)ん・でも・た。」〔⇒**がさつい**〕

かざいどうぐ〔かざいどーぐ〕【家財道具】《名詞》　家庭にそなえて生活のために使う家具や用具。「あぱーと(アパート)・に・　かざいどーぐ・を・　はこ(運)ぶ。」

かさかさ《形容動詞や(ノ)》　①水気や脂気が不足して、潤いが感じられない様子。「すぽんじ(スポンジ)・が・　かさかさに・　かわ(乾)い・ても・とる。」②乾いたものが軽く触れ合う様子。また、その音の様子。「おちば(落葉)・を・　ふ(踏)ん・だら・　かさかさと・　おと(音)・が・　し・た。」〔⇒**がさがさ**〕

がさがさ《形容動詞や(ノ)》　①水気や脂気が不足して、潤いが感じられない様子。「て(手)ー・が・　がさがさに・　なっ・た・ので・　くりーむ(クリーム)・を・　ぬ(塗)る。」②乾いたものが軽く触れ合う様子。また、その音の様子。「ふくろ(袋)・の・　なか(中)・の・　もん(物)・を・　がさがさと・　さが(探)す。」「いぬ(犬)・が・　こや(小屋)・の・　なか(中)・で・　がさがさと・　し・とる。」「やぶ(藪)・の・　なか(中)・で・　がさがさと・　ゆ(言)ー・　おと(音)・が・　し・て・　びっくりし・た。」③落ち着きがなく荒々しかったり騒がしかったりする様子。「がさがさと・　じっと・　し・ておれ・ん・　ひと(人)・や。」④中のものが、外側のものとぴったりしていないで、中のものが動いてしまう様子。「なかみ(中身)・が・　ちー(小)さすぎ・て・　はこ(箱)・が・　がさがさや。」「おー(大)きすぎ・て・　がさがさの・　くつ(靴)・や・さかい・　よー・　ぬ(脱)げ・てまう。」◆②の場合、「かさかさ」よりもやや騒がしい音の様子を言う。〔①②⇒**かさかさ**〕

かざかみ【風上】《名詞》　風の吹いてくる方向。「かざかみ・で・　たばこ(煙草)・を・　す(吸)わ・んとい・てんか。」■対語＝「かざしも【風下】」

かさく【佳作】《名詞》　優秀作の次に位置する作品。入賞作に次ぐ作品。また、その作品に与えられる賞や名称。「かさく・や・さかい・　まーまーの・　でき(出来)・や。」

かざぐるま【風車】《名詞》　紙、セルロイド、プラスチックなどを羽にして、風の力で羽が回るようにしている玩具。「はし(走)っ・たら・　かざぐるま・が・　よー・　まー(回)る。」〔⇒**かぜぐるま【風車】**〕

かざしも【風下】《名詞》　風の吹いていく方向。「たばこ(煙草)・　す(吸)ー・　ひと(人)・の・　かざしも・に・　おっ・たら・　かな・ん・なー。」■対語＝「かざかみ【風上】」

がさつい《形容詞・ウイ型》　①姿勢や態度に落ち着きがない。繊細さに欠けている。「がさつい・　うんてん(運転)・を・　する・さかい・　あぶ(危)のー・て・　しんぱい(心配)やっ・た。」②細かいところまで気を配らないで、粗雑である。「がさつい・　くく(括)りかた・を・　し・とる・さかい・　じっきに・　ほど(解)け・ても・た。」〔⇒**がさい**〕

がさつく《動詞・カ行五段活用》　①動作や態度などが落ち着かない状態にある。また、そのように変化する。「かいじょー(会場)・が・　がさつい・て・　はなし(話)・が・　き(聞)きにくい。」②中のものが音をたてたり動いたりして落ち着かない状態にある。「はこ(箱)・が・　おー(大)きすぎ・て・　がさつい・とる。」

かさなる【重なる】《動詞・ラ行五段活用》　①一つの物の上に、他の物がのる。「おんな(同)じ・　かみ(紙)・が・　にまい(二枚)・　かさなっ・とっ・た。」②一つのことの上に、他のことが加わる。「よてー(予定)・が・　かさなっ・て・　こま(困)っ・とる・ねん。」③繰り返して起こる。「てんき(天気)・の・　わる(悪)い・　ひ(日)ー・が・　かさなっ・とる。」④２つのものが同じものであるように一致する。「りょーほー(両方)・の・　あしあと(足跡)・が・　かさなる。」■他動詞は「かさねる【重ねる】」

かさねる【重ねる】《動詞・ナ行下一段活用》　①一つの物の上に、他の物をのせる。「ほん(本)・を・　さんさつ(三冊)・　かさね・て・　お(置)く。」「ひざ(膝)・の・　うえ(上)・で・　りょーて(両手)・を・　かさねる。」②一つのことの上に、他のことを加わらせる。「いちにち(一日)・に・　ふた(二)つ・の・　しごと(仕事)・を・　かさね・て・　する。」③繰り返して行う。「しっぱい(失敗)・ばっかり・　かさね・てき・て・　やっと・　き(気)・が・　つい・た。」■自動詞は「かさなる【重なる】」

かさばる【嵩張る】《動詞・ラ行五段活用》　高さや大きさの度合いが高い状態である。分量や容積が大きい状態である。そのものが場所をとる。「かさばる・　にもつ(荷物)・や・さかい・　りやかー(リヤカー)・で・　はこ(運)ぶ。」

かざむき【風向き】《名詞》　①風の吹いてくる方向。「きょー(今日)・の・　かざむき・は・　ひがし(東)・から・や。」②ものごとの成り行き。置かれた状況や立場や形勢。「ほーむらん(ホームラン)・を・　う(打)っ・て・から・　しあい(試合)・の・　かざむき・が・　か(変)わっ・た。」〔⇒**かぜむき**【風向き】〕

かざり【飾り】《名詞》　①美しく、または立派に見せるようにするためのもの。「げんかん(玄関)・に・　かざり・を・　つる(吊)す。」②実質の伴わないもの。実際の役に立たないもの。「こもん(顧問)・の・　ひと(人)・は・　かざり・だけ・の・　もん・や。」③正月を迎えるために、あるいは神聖な場所であることを示すために、神社、家の入り口、神棚などに張る、藁で作った縄。「むかし(昔)・は・　じぶん(自分)・の・　いえ(家)・で・　かざり・を・　つく(作)っ・た。」〔⇒**かだり**【(飾り)】。③⇒**しめなわ**【注連縄】、**しめかざり**【注連飾り】、**しめかだり**【(注連飾り)】、**おしめ**【お注連】〕

かざりけ【飾り気】《名詞》　人に良く見せようとする気持ち。華やかさなどを演出していること。「かざりけ・の・　な(無)い・　ひと(人)・や・さかい・　あんしん(安心)でける。」〔⇒**かだりけ**【(飾り気)】〕

かざる【飾る】《動詞・ラ行五段活用》　①美しく、または立派に見せるように、効果を考えて配置する。「げんかん(玄関)・に・　え(絵)ー・を・　かざる。」②実質よりも表面を美しく見せる。「うわべ(上辺)・を・　かざっ・ても・　じっきに・　ば(化)けのかわ・が・　は(剥)げる・ぞ。」③正月の注連縄を置いたり吊したりする。「とこ(床)のま・と・　かみだな(神棚)・に・　かざる。」■名詞化＝**かざり**【飾り】〔⇒**かだる**【(飾る)】〕

かざる【(香る)】《動詞・ラ行五段活用》　①漂ってくるものが鼻に好ましく、心地よく感じる。「もくせー(木犀)・が・　かざっ・てき・た。」②漂ってくるものが鼻に気持ち悪く、くさく感じる。「ぬ(塗)りたて・の・　ぺんき(ペンキ)・が・　かざっ・とる。」◆発音は微妙で「かざる」「かだる」の両方がある。〔⇒**におう**【匂う、臭う】、**によう**【(匂う、臭う)】、**かだる**【(香る)】。①⇒**かおる**【香る、薫る】〕

かざ(を)かぐ【かざ(を)嗅ぐ】《動詞・ガ行五段活用》　匂いを鼻で感じ取る。「かざかい・だら・　くさ(腐)っ・とる・よーな・　にお(臭)い・が・　し・た。」〔⇒**かぐ**【嗅ぐ】、**かざ(を)かす**、**かだ(を)かぐ**【かだ(を)嗅ぐ】、**かだ(を)かす**〕

かざ(を)かす《動詞・サ行五段活用》　匂いを鼻で感じ取る。「くさ(腐)っ・とら・へん・か・　かざかし・てみる。」「かざをかし・て・から・　た(食)べる。」〔⇒**かぐ**【嗅ぐ】、**かざ(を)かぐ**【かざ(を)嗅ぐ】、**かだ(を)かぐ**【かだ(を)嗅ぐ】、**かだ(を)かす**〕

かざん【火山】《名詞》　地熱で溶けている地中の岩石を火や煙とともに噴き出している山。地熱で溶けている地中の岩石が噴出してできた山。「ふじさん(富士山)・も・　あさまやま(浅間山)・も・　かざん・や。」

かし【菓子】《名詞》　食事以外に食べる、飴・煎餅など多様な嗜好品。「あいだ(間)・に・　かし・ばっかり・　く(食)ー・さかい・　めし(飯)・が・　く(食)わ・れ・へん・ねん・やろ。」〔⇒**かしん**【菓子ん】、**おかし**【お菓子】、**おかしん**【お菓子ん】〕

かし【歌詞】《名詞》　楽曲の、節をつけて歌うための言葉。「うた(歌)い・よっ・て・　とちゅー(途中)・で・　かし・を・　わす(忘)れ・た。」

かし【樫】《名詞》　材質は堅くて弾力性に富む、常緑で背の高い木。「かし・の・　き(木)ー・で・　でき(出来)・た・　てんびんぼー(天秤棒)・を・　かつ(担)ぐ。」

かし【貸し】《名詞》　①返してもらう約束をして、自分のものを他人に使わせて、まだ返してもらっていないこと。また、その金品。「あいつ・に・　いちまんえん(一万円)・の・　かし・が・　ある。」②他の人に恩恵などを与えることによって、その相手に負い目を感じさせていること。「めんどー(面倒)・を・　み(見)・てやっ・た・　かし・が・　ある。」■対語＝「かり【借り】」

かし【華氏】《名詞》　水の凍る温度をを32度、沸騰する温度を212度として180等分した温度目盛りの単位。また、それによって計る温度。「むかし(昔)・の・　かんだんけー(寒暖計)・は・　かし・と・　ゆ(言)ー・の・も・　つか(使)い・よっ・た・ん・や。」〔⇒**かっし**【(華氏)】〕

かじ【火事】《名詞》　建物や山林などが燃えること。また、その災害。「かじ・を・　だ(出)さ・ん・よー・に・　き(気)ーつける。」「ふゆ(冬)・に・　なっ・たら・　かじ・が・　ふ(増)える。」〔⇒**ひ**【火】〕

かじ【家事】《名詞》　調理や洗濯や掃除など、家庭の中の暮らしに関するいろいろな用事。「よめい(嫁入)りまえ・に・は・　かじ・の・　てつだ(手伝)い・を・　し・とっ・た。」

かじ【舵】《名詞》　船の後ろに付けて、進む方向を決める装置。「かじ・を・　ちゃんと・　き(切)れ・よ。」

かじかむ【悴む】《動詞・マ行五段活用》　寒さや恐怖などのために、体や手足などが小さくなって、思うように動かなくなる。「かじかん・で・　も(持)っ・とる・　もん(物)・を・　お(落)とし・た。」〔⇒**ちぢかむ**【縮かむ】、**かじける**〕

かしかり【貸し借り】《名詞、動詞する》　返してもらう約束をして自分のものを他人に使わせたり、返す約束をして他人のものを使わせてもらったりすること。「むかし(昔)・は・　みそ(味噌)・や・　しょーゆ(醤油)・の・　かしかり・も・　し・よっ・た。」

かしきり【貸し切り】《名詞、動詞する》　乗り物や施設などを、一定の時間、特定の人たちだけの専用として提供すること。「えんそく(遠足)・は・　かしきり・の・　ばす(バス)・で・　きょーと(京都)・へ・　い(行)く。」

かじく《動詞・カ行五段活用》　農具を用いて、田畑などの土を砕いたり柔らかくしたりする。「ちょーなご・で・　はたけ(畑)・を・　かじく。」「うね(畝)・を・　かじい・て・から・　みず(水)・を・　ま(撒)く。」

かじけ《名詞》　他の人よりよけいに寒さを感じること。また、そのように感じる人。寒くて仕方がないという姿勢や態度をとっていること。また、そのような人。「かじけ・が・　こたつ(炬燵)・に・　かじりつい・とる。」■対語＝「あつがり【暑がり】」〔⇒**さむがり**【寒がり】、**さぶがり**【寒がり】〕

かしげる【傾げる】《動詞・ガ行下一段活用》　水平や垂直

の線や面に対して、斜めにする。「おかしー・と・　おも(思)・て・　くび(首)・を・　かしげ・た。」〔⇒**かたげる【(傾げる)】、かたぶける【(傾ける)】、かたむける【傾ける】、かやぶける【(傾ける)】、かやむける【(傾ける)】**〕

かじける《動詞・カ行下一段活用》　①寒さや恐怖などのために、体や手足などが縮まって固くなって、思うように動かなくなる。「かじけ・て・　ちゃんと・　じ(字)ー・が・　か(書)か・れ・へん。」②寒くて仕方がないという気持ちが姿勢や態度に現れている。冷たくて縮こまっている。「かじけ・て・　ぽけっと(ポケット)・に・　て(手)ー・を・　つ(突)っこん・どる。」■名詞化＝**かじけ**〔①⇒**かじかむ【悴む】、ちぢかむ【縮かむ】**〕

かしこい【賢い】《形容詞・オイ型》　①行い、考え方などが立派で、優れている。思慮分別などがある。「かしこい・　ひと(人)・が・　てほん(手本)・を・　み(見)せ・てくれる。」②知識に富んでいる。頭がよく働く。「え(良)ー・てん(点)・を・　と(取)っ・て・　かしこい・なー。」③自分のことを優先的に考える。要領がよくて抜け目がない。「かしこい・　やつ(奴)・に・は・　かなわ・ん・なー。」〔①②⇒**えらい【偉い】**〕

かしだし【貸し出し】《名詞、動詞する》　返してもらう約束で、金品を一時、与え預けること。「ごさつ(五冊)・まで・　ほん(本)・を・　かしだしする。」

かしだす【貸し出す】《動詞》　返してもらう約束で、金品を一時、与え預ける。「いっしゅーかん(一週間)・の・やくそく(約束)・で・　かしだし・た。」■名詞化＝**かしだし【貸し出し】**

かしま【貸間】《名詞》　家賃を取って、人に貸す部屋。「がくせー(学生)・の・　ころ(頃)・は・　かしま・の・　げしゅく(下宿)・やっ・た。」

かしや【菓子屋】《名詞》　飴・煎餅など多様な嗜好品や、子供向けの安価な玩具などを売っている店。駄菓子屋。「えきまえ(駅前)・の・　かしや・で・　ぱん(パン)・を・か(買)う。」〔⇒**おかしや【お菓子屋】、おかしんや【(お菓子屋)】**〕

かしや【貸家】《名詞》　家賃を取って、人に貸す家。「いっけんや(一軒家)・の・　かしや・が・　ある。」

かしゃ【貨車】《名詞》　鉄道で、貨物を運ぶのに用いる車両。「きかんしゃ(機関車)・が・　かしゃ・を・　ぎょーさん(仰山)・　ひ(引)ー・て・　はし(走)る。」■対語＝「きゃくしゃ【客車】」

かじや【鍛冶屋】《名詞》　鉄などを赤く焼いて打ち鍛えて、いろいろな道具を作る人。「いまどき(今時)・　むら(村)・の・　なか(中)・に・　かじや・なんか・　あら・へん・がな。」

がしゃん《副詞と》　物がぶつかって、大きな音を立てる様子。また、その音。「ぼーる(ボール)・が・　がらす(ガラス)・に・　がしゃんと・　あ(当)たっ・た。」〔⇒**がちゃん**〕

かしゅ【歌手】《名詞》　歌を歌うことを仕事にしている人。「す(好)きな・　かしゅ・は・　みそら(美空)ひばり・やっ・てん。」

かしょ【箇所】《名詞》　何か問題になっている、特定の場所。「みずも(水漏)れ・を・　し・とる・　かしょ・を・　み(見)つける。」

かしょ【箇所、か所、ヶ所】《助数詞》　場所の数を数えるときに使う言葉。「がけくず(崖崩)れ・が・　さん(三)かしょ・　あっ・た。」

がしょう〔がしょー〕【賀正】《名詞》　新年を賀す(祝う)という意味の言葉。◆話し言葉では使わないが、年賀状などに書くことが多い言葉。

かじょうがき〔かじょーがき〕【箇条書き】《名詞、動詞する》　わかりやすく示すために、一つ一つの内容を短い文で並べる書き方。また、そのように書かれたもの。「かじょーがき・の・　ほー(方)・が・　わかりよい・なー。」

かしら【頭】《名詞》　①職人などの世界で、弟子や部下の世話をする責任者。「さかんや(左官屋)さん・の・　かしら・に・　おし(教)え・てもらう。」②人を導いたり監督したりする立場や位置。また、そのような位置の人。「かしら・に・　た(立)つ・　ひと(人)・が・　しっかりと・せ・な・　あか・ん・がな。」〔①⇒**おやかた【親方】**〕

かじりつく【囓り付く】《動詞・カ行五段活用》　①くっついて離さない。精神を集中して取り組む。「つくえ(机)・に・　かじりつい・て・　べんきょー(勉強)し・とる。」②歯で強く噛んで、離さない。「りんご(林檎)・に・　かじりつく。」

かじる【囓る】《動詞・ラ行五段活用》　①堅いものを、切ったりむしったりしないで、そのまま少しずつ噛み取る。「ねずみ(鼠)・が・　はしら(柱)・を・　かじる。」②物事を少しだけやってみる。「きぼ(木彫)り・を・　ちょっと(一寸)・だけ・　かじっ・た・　こと・が・　ある。」〔①⇒**かぶる**〕

かしわ《名詞》　鶏の肉。「こんや(今夜)・は・　かしわ・で・すきやき(鋤焼)・を・　する。」

かしわ【柏】《名詞》　初夏に黄茶色の花穂をつけて、波状のふちをした大きな葉がある、山に生える木。「かしわ・の・　は(葉)ー・で・　もち(餅)・を・　つつ(包)む。」

かしわもち【柏餅】《名詞》　かしわの葉で包んだ、餡の入った餅。「せっく(節句)・に・　かしわもち・を・　つく(作)る。」

かしん【菓子】《名詞》　食事以外に食べる、飴・煎餅など多様な嗜好品。「かしん・ばっかり・　た(食)べ・とっ・たら・　ごはん(飯)・が・　た(食)べ・られ・へん・よーに・なる・よ。」〔⇒**かし【菓子】、おかし【お菓子】、おかしん【お菓子ん】**〕

かす【粕】《名詞》　酒を搾った残りのもの。「かす・を・や(焼)い・て・　さとー(砂糖)・を・　つ(付)け・て・　た(食)べる。」

かす【滓】《名詞》　①液体を搾ったあとに残る物。「あぶら(油)・の・　かす・を・　ひりょー(肥料)・に・　する。」②使って生じる、役立たない部分。「けしごむ(消ゴム)・の・　かす・を・　ち(散)らかす・な・よ。」③良いところを取り去った残り。「かす・の・　くじ(籤)・しか・も一・　のこ(残)っ・とら・へん。」

かす【貸す】《動詞・サ行五段活用》　①あとで返してもらう約束をして、自分の金品などを他人に使わせる。「あんた・に・　ほん(本)・を・　かし・たげる。」②代金を取って、使わせる。「あぱーと(アパート)・を・　かす。」③他の人に恩恵を与える。「こま(困)っ・とる・　ひと(人)・に・　て(手)ー・を・　かす。」■対語＝「**かる【借る】**」■名詞化＝**かし【貸し】**

かず【数】《名詞》　ものごとの多い・少ないや、順序などを表すもの。「さんかしゃ(参加者)・の・　かず・を・　しら(調)べる。」

ガス〔がす〕【英語＝gas】《名詞》　①燃料として使う気体。「がす・で・　めし(飯)・を・　た(炊)く。」②何かから発生して空中に漂っている気体。特に、爆発の危険や毒性のある気体。邪魔になる気体。「がす・が・　かかっ・て・むこ(向)こーがわ・が・　み(見)え・へん。」③消化や発酵作用によって腸にたまった気体が尻から出たもの。「がす・を・　こい・た・ん・　だれ(誰)・や。」〔③⇒**へ【屁】、おなら**〕

ガス用のこんろ

かすかす《形容動詞や(ノ)》 野菜や果物などの水分が乏しくて、おいしくない状態。野菜や果物などに芯が入って、食べるのに望ましくない状態。「す(鬆)ー・が・　はい(入)っ・て・　かすかすの・　だいこん(大根)・や。」「かすかすの・　りんご(林檎)・や・さかい・　うも(美味)ー・ない。」

かずかず【数々】《名詞、副詞の》 数量や種類が多いこと。あれやこれや。いろいろ。「い(言)ー・たい・　こと・は・　かずかず・　ある。」「しょーがっこー(小学校)・に・は・　かずかずの・　おもいで(思出)・が・　ある。」

かすじる【粕汁】《名詞》 酒粕を入れた味噌汁。「むかし(昔)・は・　くじら(鯨)・の・　あぶらみ(脂身)・を・　い(入)れ・た・　かすじる・を・　よー・　つく(作)っ・た・もん・や。」

カスタネット〔かすたねっと〕【英語＝ castanets】《名詞》 内側の窪んだ堅い木などを2枚組み合わせて、掌の中に入れて打ち合わせて音を出す楽器。「おしいれ(押入)・から・　しょーがっこー(小学校)・の・　とき(時)・に・　つこ(使)・た・　かすたねっと・が・　で(出)・てき・た・」

カステラ〔かすてら〕【もとポルトガル語】《名詞》 小麦粉、卵、砂糖などを混ぜて、蒸し焼きにした菓子。「びょーきみまい(病気見舞)・に・は・　かすてら・でも・　も(持)っ・ていっ・たら・　どない・やろ。」

かずのこ【数の子】《名詞》 正月に食べることが多い、鰊の卵を塩漬けにしたもの。「かずのこ・が・　な(無)い・と・　しょーがつ(正月)・の・　きぶん(気分)・に・　なら・へん・なー。」

かすみ【霞】《名詞》 空気中の水蒸気が冷えて細かい水滴となって、地表近くに煙のように浮かび、遠くがぼんやり見える現象。「かすみ・が・　かかっ・て・　あわじしま(淡路島)・が・　よー・　み(見)え・へん。」〔⇒**きり【霧】、もや【靄】**〕

かすむ【霞む】《動詞・マ行五段活用》 ①空気中の水蒸気が冷えて細かい水滴となって、地表近くに煙のように浮かび、遠くがぼんやり見える。「しょーどしま(小豆島)・が・　かすん・で・　み(見)え・にくい。」②視力が衰えて、はっきり見えない。「とし(歳)・を・　と(取)っ・て・　め(目)ー・が・　かすん・でき・た。」■名詞化＝**かすみ【霞み】**

かすり【絣】《名詞》 一端がかすれたような模様が、細かく全体に配された織物や染め物。「かすり・の・　ゆかた(浴衣)・を・　き(着)る。」

かすりきず【掠り傷】《名詞》 ものに当たったりこすったりして、擦り剥いてできた傷。「べっちょ(別状)ない・　べっちょ(別状)ない・　かすりきず・みたいな・　もん・や。」〔⇒**すりきず【擦り傷】**〕

かする【掠る】《動詞・ラ行五段活用》 微かに触れて通り過ぎる。表面を薄く削り取るように触る。「ぼーる(ボール)・が・　うで(腕)・を・　かすっ・た。」

かすれる【掠れる】《動詞・ラ行下一段活用》 ①声がかれて、はっきり出ない。「のど(喉)・が・　いと(痛)ー・て・　こえ(声)・が・　かすれる。」②書いたり印刷したりしたものの墨やインクなどが少なくて、よくつかないところがある。「ふで(筆)・の・　かすれ・た・　じ(字)ー・に・　あじ(味)・が・　ある。」■名詞化＝**かすれ【掠れ】**

かぜ【風】《名詞》 人に感じられる程度以上の、空気の動きや流れ。「まど(窓)・から・　すず(涼)しー・　かぜ・が・　はい(入)っ・てくる。」

かぜ【風邪】《名詞》 寒気がしたり、咳や鼻水が出たり、喉が腫れて痛くなったりする病気。「かぜ・　ひー・た・さかい・　いちにち(一日)・　やす(休)まし・てんか。」

かぜあたり【風当たり】《名詞》 ①風がものにあたること。風がものにあたる強さ。「うち・は・　うみ(海)・に・　ちか(近)い・　いえ(家)・や・さかい・　かぜあたり・が・　ごっつい(＝すごい)・ねん。」②人に対する、強い接し方。人に対する、周りからの反対や批判や攻撃。「わし・に・　たい(対)する・　かぜあたり・が・　きつー・　なった。」

かせき【化石】《名詞》 大昔の動植物やその一部分が、地中に埋まって、堅くなって岩や土の中に残っているもの。「やぎ(八木)・の・　かいがん(海岸)・で・　あかしぞー(明石象)・の・　かせき・が・　み(見)つかっ・た。」

かせぎ【稼ぎ】《名詞》 働いて手に入れるお金。「しんどい・　しごと(仕事)・や・さかい・　かせぎ・が・　おー(多)い・の・やろ。」

かせぐ【稼ぐ】《動詞・ガ行五段活用》 働いてお金を手に入れる。「あるばいと(アルバイト)・を・　し・て・　かせぐ。」■名詞化＝**かせぎ【稼ぎ】**

かぜぐるま【風車】《名詞》 紙、セルロイド、プラスチックなどを羽にして、風の力で羽が回るようにしている玩具。「かぜ・が・　ない・さかい・　じぶん(自分)・が・　はし(走)っ・て・　かぜぐるま・を・　まー(回)す。」〔⇒**かざぐるま【風車】**〕

カセット〔かせっと〕【英語＝cassette】《名詞》 録音用のテープを一定の大きさの箱ケースに収めたもの。また、そのテープをかけるのに使うテープレコーダー。「かせっと・で・　おんがく(音楽)・を・　き(聞)く。」

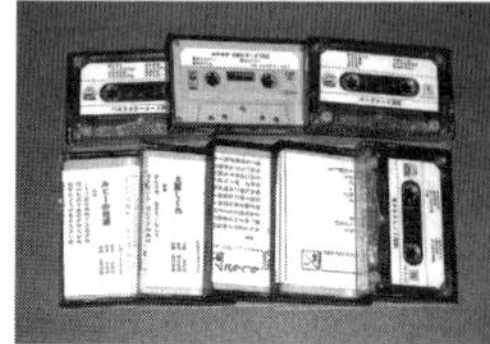
カセットに収められた録音テープ

かぜとおし〔かぜとーし〕【風通し】《名詞》 邪魔するものがなくて、風が吹き抜けること。「おたく(宅)・は・　かぜとーし・の・　え(良)ー・　いえ(家)・で・　すず(涼)しー・なー。」

かぜむき【風向き】《名詞》 ①風の吹いてくる方向。「かぜむき・に・　よっ・て・　さかな(魚)・を・　つ(釣)る・　ばしょ(場所)・を・　か(変)える。」②ものごとの成り行き。置かれた状況や立場や形勢。「かぜむき・が・　か(変)わっ・て・　さんせー(賛成)する・　ひと(人)・が・　へ(減)っ・た。」〔⇒**かざむき【風向き】**〕

かぜよけ【風除け】《名詞》 吹き抜けていこうとする風を防ぐこと。吹き抜ける風を防ぐもの。「き(木)ー・を・　う(植)え・て・　かぜよけ・に・　する。」

かせん【化繊】《名詞》 石油や石炭などを原料にして化学を応用して作った、細い糸のようなナイロン・レーヨンなどのもの。「かせん・の・　ふく(服)・は・　も(燃)えやすい。」◆「**かがくせんい【化学繊維】**」を短く言った言葉。

かそう〔かそー〕【火葬】《名詞、動詞する》 遺体を焼いて遺骨にすること。また、そのようにして葬ること。「いま(今)・は・　もー・　どこ・も・　みんな(皆)・　かそー・に・　なっ・ても・た・なー。」■対語＝「**どそう【土葬】**」

かそう〔**かそー**〕【仮装】《名詞、動詞する》 他のものの姿に変装すること。遊びとして、奇抜な扮装をすること。「こーとーがっこー(高等学校)・の・ たいいくさい(体育祭)・で・ かそー・の・ ぎょーれつ(行列)・を・し・た。」

かぞえ【数え】《名詞》 生まれた年を1歳として、年が改まるごとに1歳を加えていく、年齢の数え方。「かぞえ・で・ ななじゅー(七十)・に・ なっ・た。」◆対語＝「まん【満】」〔⇒**かぞえどし**【数え年】〕

かぞえどし【数え年】《名詞》 生まれた年を1歳として、年が改まるごとに1歳を加えていく、年齢の数え方。「そーしき(葬式)・の・ とき(時)・に・は・ みな(皆)・かぞえどし・で・ ゆ(言)ー・ねん・なー。」◆対語＝「まん【満】」〔⇒**かぞえ**【数え】〕

かぞえる【数える】《動詞・ア行下一段活用》 金銭やものの数量を計算する。数を一つ一つ取り上げて言う。「あつ(集)まっ・た・ ひと(人)・の・ かず(数)・を・ かぞえる。」■名詞化＝**かぞえ**【数え】〔⇒**かんじょう**【勘定】(する)〕

かぞく【家族】《名詞》 夫婦、親子、兄弟などで、同じ家に暮らしている人たち。「やっぱり・ かぞく・は・ だいじ(大事)に・ せ・な・ あか・ん・なー。」〔⇒**かない**【家内】〕

かぞくじゅう〔**かぞくじゅー**〕【家族中】《名詞》 ひとつの世帯の家族全員。「かぞくじゅー・ さかな(魚)・が・す(好)きや・ねん。」〔⇒**いっか**【一家】、**やうち**【家内】、**いえじゅう**【家中】、**ええじゅう**【(家中)】、**やうちじゅう**【家内中】、**かないじゅう**【家内中】〕

ガソリン〔**がそりん**〕【英語＝gasoline】《名詞》 自動車などの燃料にする、原油を蒸留して精製した油。「がそりん・の・ ね(値)ー・が・ また(又)・ あ(上)がっ・た。」◆比喩としては、人の活動の源となる飲食物のことをも言う。「がそりん・が・ き(切)れ・て・ きょー(今日)・は・ うご(動)か・れ・へん。」

かた【肩】《名詞》 首の下で、腕の付け根の上の部分。「かた・が・ こ(凝)る。」「かた・で・ かつ(担)ぐ。」

かた【片】《名詞》 ものごとの処理や始末。最終的に落ち着くべきところ。「も(揉)め・とっ・た・ はなし(話)・に・ かた・が・ つい・た。」

かた【形】《名詞》 ①ものの形や格好。「さんかく(三角)・の・ かた・の・ にぎ(握)りめし・を・ こしら(拵)える。」②もののあるべき姿。「かた・が・ くず(崩)れ・た・ せびろ(背広)・は・ みっともない。」③ものが存在した形跡。何かが動いたり通ったりして、残った形跡。「すな(砂)・に・ あし(足)・の・ かた・が・ つ(付)い・とる。」〔③⇒**あと**【跡】〕

かた【型】《名詞》 ①同じようなものをいくつも作ることができる、そのもととなるもの。「かた・に・ は(填)め・て・ まんじゅー(饅頭)・を・ こしら(拵)える。」「かた・を・ き(決)め・て・ ぶんしょー(文章)・を・か(書)く。」②人やものの特徴や性質を、特質や形などで分けたもの。「あんた・の・ けつえき(血液)・の・ かた・は・ なん(何)・や。」「ふる(古)い・ かた・の・ でんしゃ(電車)・が・ き(来)・た。」③慣習となっている、決まった形式。「かた・に・ はま(填)っ・た・ あいさつ(挨拶)・は・ おもろ(面白)ない。」

かた【方】《名詞》 人を指すときの、敬意を込めた言い方。「しゅっせき(出席)さ・れ・た・ かた・に・ おれー(礼)・を・ ゆ(言)ー。」

かた【片】《接頭語》 2つのうちの一方を表す言葉。「かたみち(道)・で・ にじかん(二時間)・ かかる。」「かたがー(側)・しか・ とー(通)ら・れ・へん。」「かたおや(親)・で・そだ(育)っ・た。」

かた〔**がた**〕【形】《接尾語》 ある形を持ったもの。「ひし(菱)がた・の・ もん(紋)・が・ つ(付)い・とる。」「たまご(卵)がた・の・ べんとーばこ(弁当箱)・は・ かい(可愛)らしー・なー。」

かた【方】《接尾語》［動詞の連用形に付く］ 方法。やり方。「おし(教)えかた・が・ うま(上手)い。」「かぞ(数)えかた・が・ まちご(間違)・とる。」「はな(話)しかた・に・くせ(癖)・が・ ある。」

かた〔**がた**〕【型】《接尾語》 ある特徴や性質を持っていることを表す言葉。様式などを表す言葉。「おー(大)がた・の・ とらっく(トラック)・に・ つ(積)む。」「こ(小)がた・の・ べんとばこ(弁当箱)・に・ つ(詰)める。」「けーたい(携帯)がた・の・ ぱそこん(パソコン)・は・ べんり(便利)や。」「すいえー(水泳)・の・ じゆー(自由)がた・で・ か(勝)っ・た。」

かだ【(香)】《名詞》 ①漂ってきて、鼻に好ましく心地よく感じるもの。「うめ(梅)・の・ え(良)ー・ かだ・が・する。」②漂ってきて、鼻に気持ち悪くくさく感じるもの。「もの(物)・の・ こ(焦)げ・た・ かだ・が・する。」◆発音は微妙で「かざ」「かだ」の両方がある。〔⇒**におい**【匂い、臭い】、**によい**【(匂い、臭い)】、**かざ**【(香)】。①⇒**かおり**【香り、薫り】〕

がた《名詞》 ①固定していたものが緩くなって、動きが生じること。「ぼると(ボルト)・の・ がた・を・ し(締)め・んと・ はず(外)れ・てまう・ぞ。」②機械や体などの調子が悪くなること。「じてんしゃ(自転車)・に・ がた・が・ き(来)・た・さかい・ か(買)いかえる。」

がた【方】《接尾語》［人を表す名詞に付く］ 複数の人を表すときの敬意を込めた言い方。「せんせー(先生)がた・に・ どーそーかい(同窓会)・の・ あんないじょー(案内状)・を・ おく(送)る。」「せんぱい(先輩)がた・に・おし(教)え・てもらう。」「あんたがた・は・ ここ・に・おっ・てください。」

かたあし【片足】《名詞》 左右2つのうちの、どちらか一方の足。「め(目)・を・ つぶ(瞑)っ・て・ かたあし・で・た(立)つ。」■対語＝「りょうあし【両足】」

かたい【硬い、固い】《形容詞・アイ型》 ①外からの力に対して、傷が付いたりへこんだりしにくい。しっかりしていて壊れにくい。「かたい・ いし(石)・を・ お(落)とし・て・ わ(割)る。」②切る・折る・曲げることなどがしにくい。「かたい・ かみ(紙)・や・さかい・ まる(丸)めにくい。」③しっかり締まっていて、動きにくい。「びん(瓶)・の・ ふた(蓋)・が・ かとー・て・ あ(開)か・へん。」④人柄が真面目できちんとしている。確かで間違いがない。「かたい・ ひと(人)・に・ たの(頼)ま・んと・ しんよー(信用)でけ・へん。」「かたい・ しょーばい(商売)・や・さかい・ ふけーき(不景気)・でも・ べっちょ(別状)ない。」⑤人柄が堅苦しい。性質に柔軟性がない。「かたい・ やつ(奴)・や・さかい・ つきあいにくい・なー。」⑥表情などがこわばっている。厳しい。「きんちょー(緊張)し・て・ かたい・ かお(顔)つき・を・し・とる。」■対語＝「やろこい【(柔ろこい)】」「やらかい【(柔らかい)】」「やらこい【(柔らこい)】」

かたいっぽう〔**かたいっぽー、かたいっぽ**〕【片一方】《名詞》 2つあるもののうちの一方。「げた(下駄)・の・かたいっぽ・の・ はなご(鼻緒)・が・ き(切)れ・ても・た。」「かたいっぽー・が・ はんそく(反則)・を・ し・

て・　けんか(喧嘩)・に・　なっ・た。」■対語＝「りょうほう【両方】」「りょほ【(両方)】」「じょうほう【(両方)】」「じょほ【(両方)】」〔⇒**かたほう【片方】、かたっぽう【片っ方】**〕

かたおや【片親】《名詞》 父と母のうちの一方。父と母のうち、どちらかがいないこと。「かたおや・で・　そだ(育)て・てもろ・た。」■対語＝「ふたおや【二親】」

かたがき【肩書き】《名詞》 名刺などに書く、その人の職業や地位など。社会的に評価される地位や身分や役職など。「たいしょく(退職)し・たら・　かたがき・が・　の(無)ーなっ・た。」

かたかた《名詞》 動くにつれて動物の型などが次々と音を立てて飛び上がるような仕掛けになっていて、歩けるようになった幼児が押して遊ぶ玩具の器具。「たたみ(畳)・の・　うえ(上)・で・　かたかた・を・　お(押)し・て・　あそ(遊)ん・どる。」

かたかた

かたかた《副詞と》 堅いものがぶつかって、小刻みに音を立てる様子。また、その音。「せなか(背中)・の・　らんどせる(ランドセル)・が・　かたかたと・　な(鳴)る。」

がたがた《副詞と、形容動詞や(ノ)、動詞する》 ①堅くて重いものがぶつかったり動いたりして音を立てる様子。「かぜ(風)・が・　ふ(吹)い・て・　と(戸)ー・が・　がたがた・　ゆー・とる。」②寒さや恐ろしさで体が震えて、落ち着かない様子。「さむ(寒)ー・て・　がたがたし・とっ・た。」③他人に向かって不平や不満を言う様子。「いまごろ(今頃)・に・　なっ・て・から・　がたがた・　い(言)わ・んとい・て。」④あちこちが緩んだり壊れたりして、満足や安心のできる状態ではない様子。「がたがたの・　ふね(船)・で・　ちょっと・　こわ(恐)かっ・た。」⑤体の一部が病気になったり壊れかかったりしている様子。「は(歯)ー・が・　がたがたに・　なっ・た。」

かたかな【片仮名】《名詞》 漢字の一部を利用して作った、日本の表音文字。「ふ(振)りがな・を・　かたかな・で・　か(書)く。」■対語＝「ひらがな【平仮名】」

かたがみ【型紙】《名詞》 洋服を作るときなどに使う、布などの上に置いて同じ形を取ることができるように、形を切り抜いた紙。「ふろく(付録)・に・　かたがみ・が・　ある・さかい・　それ・を・　つこ(使)ー・て・　ふく(服)・を・　こしらえる。」

かたがわ〔かたがー〕【片側】《名詞》 左右や表裏などのように相対する2つの側の一方。「みち(道)・の・　かたがー・は・　がけ(崖)・に・　なっ・とる・ねん。」〔⇒**かたっかわ【片っ側】**〕■対語＝「りょうがわ【両側】」

かたき【敵】《名詞》 ①戦争や競争・試合などで、戦ったり争ったりする相手。「あいつ(彼奴)・と・は・　しょーばい(商売)・の・　うえ(上)・の・　かたき・や・ねん。」②邪魔になったり恨みを持ったりしていて、機会があれば滅ぼしたいと思っていること。また、その相手。「むかし(昔)・　いじ(苛)め・られ・た・　かたき・を・　とる。」■対語＝「みかた【味方】」〔⇒**てき【敵】**〕

かたきうち【敵討ち】《名詞、動詞する》 自分を負かした相手に仕返しをすること。仇(あだ)討ち。「きょー(今日)・は・　きのー(昨日)・の・　しょーぎ(将棋)・の・　かたきうち・を・　し・たい・ねん。」

かたくま【(肩車)】《名詞、動詞する》 人を、自分の両肩にまたがらせてかつぐこと。「かたくまし・たる・さかい・　て(手)ー・　の(伸)ばし・て・　あの・　かき(柿)・の・　み(実)ー・を・　と(採)り・なはれ。」

かたくり【片栗】《名詞》 片栗という植物の根やジャガイモなどから取った料理用の澱粉。「かたくり・を・　い(入)れ・て・　ねば(粘)り・を・　だ(出)す。」〔⇒**かたくりこ【片栗粉】**〕

かたくりこ【片栗粉】《名詞》 片栗という植物の根やジャガイモなどから取った料理用の澱粉。「かたくりこ・を・　い(入)れ・て・　しる(汁)・を・　ねば(粘)つか・せ・よー・か。」〔⇒**かたくり【片栗】**〕

かたくるしい〔かたくるしー〕【堅苦しい】《形容詞イイ型》 ①形式ばって窮屈でゆとりがない。「かたくるしー・き(決)まり・なんか・　つく(作)ら・んとい・て。」②娯楽や楽しみの要素に欠けている。「かたくるしー・　はなし(話)・で・　おもろ(面白)なかっ・た。」③相手の考えなどをがんとして受け入れない。「かたくるしー・かんが(考)えかた・を・　し・たら・　みんな(皆)・が・　さんせー(賛成)し・てくれ・へん・やろ。」④狭くて、場所にゆとりがない。「うち・の・　よこ(横)・は・　かたくるしー・て・　せま(狭)い・　ろーじ(路地)・や・ねん。」〔⇒**かたくろしい【(堅苦しい)】**〕

かたくろしい〔かたくろしー〕【(堅苦しい)】《形容詞・イイ型》 ①形式ばって窮屈でゆとりがない。「じかんわり(時間割)・が・　きちんと・　き(決)まっ・とっ・て・　かたくろしー・ねん。」②娯楽や楽しみの要素に欠けている。「かたくろしー・　こと(事)・を・　ゆ(言)わ・んと・　うた(歌)・でも・　うた(歌)い・ましょ。」③相手の考えなどをがんとして受け入れない。「そんな・　かたくろしー・　こと・を・　ゆ(言)わ・んと・　みな(皆)・の・　いけん(意見)・も・　き(聞)き・なはれ。」④狭くて、場所にゆとりがない。「こんな・　かたくろしー・　ばしょ(場所)・に・は・　じてんしゃ(自転車)・を・　じゅーだい(十台)・も・　お(置)か・れ・へん。」〔⇒**かたくるしい【堅苦しい】**〕

かたげる【担げる】《動詞・ガ行下一段活用》 ものを肩にのせて支える。「ひとり(一人)・で・　たーら(俵)・を・　かたげ・ていく。」〔⇒**かつぐ【担ぐ】**〕

かたげる【(傾げる)】《動詞・ガ行下一段活用》 水平や垂直の線や面に対して、斜めにする。「びん(瓶)・を・　かたげ・た・けど・　から(空)っぽやっ・た。」〔⇒**かしげる【傾げる】、かたぶける【(傾ける)】、かたむける【傾ける】、かやぶける【(傾ける)】、かやむける【(傾ける)】**〕

かたこと【片言】《名詞》 たどたどしくて、発音がはっきりしない言い方。言葉が未発達で、滑らかでない言い方。「こ(小)まい・　こども(子供)・が・　かたこと・を・　い(言)ーはじめ・た。」

がたごと《名詞》 電車や列車のような乗り物。また、トロッコなど。「がたごと・が・　はし(走)っ・てき・た。」◆幼児語。〔⇒**がったんこ**〕

がたごと《副詞と》 電車や列車などがゆっくりと走る様子。また、そのときの音。「がたごと・　ゆ(言)ー・て・　はし(走)っ・ていく。」〔⇒**がったんこ、がったんごっとん**〕

かたずみ【堅炭】《名詞》 樫や栗の木などを焼いて作った、堅い炭。「ひばち(火鉢)・に・　かたずみ・を・　いける。」◆「けしずみ【消し炭】」の軟らかさに対して使う言葉である。■対語＝「けしずみ【消し炭】」

かたち【形】《名詞》 ①人やものの身なりや形。他人から見られたときの全体的な印象。身に付けている服装。「めずら(珍)しー・　かたち・の・　いえ(家)・が・　た(建)っ・とる。」②うわべのこと。体裁。「かたち・だけ・

の・　あいさつ(挨拶)・を・　し・やがっ・た。」〔⇒**かっこう【格好】**〕

かたちん【(片跛)】《形容動詞や(ノ)》　対であるものの片方が、他方と不揃いである様子。「げた(下駄)・を・　かたちんに・　は(履)い・とる。」〔⇒**ちんば【跛】、かたちんば【片跛】**〕

かたちんば【片跛】《形容動詞や(ノ)》　対であるものの片方が、他方と不揃いである様子。「おまえ(前)・の・　は(履)い・とる・　てぶくろ(手袋)・は・　かたちんばや。」〔⇒**ちんば【跛】、かたちん【(片跛)】**〕

かたっかわ〔かたっかー〕【片っ側】《名詞》　左右や表裏などのように相対する2つの側の一方。「ひろ(広)い・　みち(道)・や・さかい・　かたっかー・の・　みせ(店)・に・　き(気)・が・　つ(付)か・ず・や。」■対語＝「りょうがわ【両側】」〔⇒**かたがわ【片側】**〕

かたづく【片付く】《動詞・カ行五段活用》　①整理や整頓が行き届く。「きれー(綺麗)に・　かたづい・とる・　みせ(店)・や・なー。」②物事が解決に至る。始末が付く。「やっかい(厄介)な・　もんだい(問題)・が・　かたづい・た。」③女の子が嫁に行く。「むすめ(娘)さん・は・　どこ・へ・　かたづき・なはっ・た・ん・です・か。」■他動詞は「かたづける【片付ける】」

がたつく【がた付く】《動詞・カ行五段活用》　①固いものや重いものが触れ合って、がたがたと音を立てる。「じしん(地震)・で・　たんす(箪笥)・や・　とだな(戸棚)・が・　がたつい・た。」②固定していたものが緩くなって、動きが生じる。「ぼると(ボルト)・が・　がたつい・とる・さかい・　し(締)めなおせ。」③機械や体などの調子が悪くなる。「とし(歳)・を・　と(取)っ・て・　からだ(体)・の・　あっちこっち・が・　がたつい・てき・た。」

かたづけ【片付け】《名詞、動詞する》　何かをすることによって汚れたり散らかったりしたものなどを元通りに整理すること。混乱した物事に決着をつけること。他人の行った、良くないことがらを収拾すること。「しょくじ(食事)・の・　あと(後)・の・　かたづけ・を・　する。」「じこ(事故)・の・　かたづけ・を・　する。」〔⇒**あとしまつ【後始末】、あとかたづけ【後片付け】、しまつ【始末】**〕

かたづける【片付ける】《動詞・カ行下一段活用》　①整理や整頓をする。「ち(散)らかっ・とる・　ごみ(塵)・を・　かたづけ・た。」②物事を解決に至らせる。始末を付ける。「おー(大)きな・　しごと(仕事)・を・　かたづける。」③女の子を嫁に行かせる。「やっと・　むすめ(娘)・を・　かたづけ・て・　ほっと・　し・た。」■自動詞は「かたづく【片付く】」■名詞化＝**かたづけ【片付け】**

かたっぱしから【片っ端から】《副詞》　順序を問わず、手当たり次第に。残すことなく次々と。「かたっぱしから・　くさ(草)・を・　か(刈)る。」

かたっぽう〔かたっぽー、かたっぽ〕【片っ方】《名詞》　2つあるもののうちの一方。「かたっぽ・の・　ひと(人)・は・　まだ・　なっとく(納得)せ・んと・　おこ(怒)っ・た・まま・や。」■対語＝「りょうほう【両方】」「りょほ【(両方)】」「じょうほう【(両方)】」「じょほ【(両方)】」〔⇒**かたほう【片方】、かたいっぽう【片一方】**〕

かたつむり【蝸牛】《名詞》　木の葉などのような湿ったところにすむ、渦巻き状の殻を背負った貝。「にわ(庭)・の・　き(木)ー・の・　は(葉)ー・を・　かたつむり・が・　ほ(這)ー・とる。」〔⇒**でんでんむし【でんでん虫】**〕

かたて【片手】《名詞》　①左右2つのうちの、どちらか一方の手。「かたて・で・　ぼーる(ボール)・を・　う(受)ける。」②金銭などに関して、5という数字を意味する言葉。「かたて(＝例えば、5万円)・で・は・　う(売)ら・れ・へん。」■対語＝「りょうて【両手】」

かたてま【片手間】《名詞》　主な仕事や任務の合間に他のことをすること。「かたてま・に・　わーぷろ(ワープロ)・を・　なろ(習)・てます・ねん。」

かたな【刀】《名詞》　片側に刃を付けた、細長い武器。「なんぼ・　おもちゃ(玩具)・でも・　かたな・を・　ふ(振)りまーし・たら・　あむ(危)ない・ぞ。」

かたはし【片端】《名詞》　長いものや広いものの一方の末の部分。「たたみ(畳)・の・　かたはし・を・　も(持)ちあげる。」■対語＝「りょうはし【両端】」

かたびき【肩引き】《名詞》　人の肩に紐をかけて、引っ張って動かす2輪の荷車。「むかし(昔)・　いど(井戸)・から・　さかぐら(酒蔵)・へ・　かたびき・で・　みず(水)・を・　はこ(運)ん・どっ・た・　こと・が・　ある。」

かたぶき【(傾き)】《名詞》　斜めになること。斜めになっている程度や具合。「かたぶき・の・　きゅー(急)な・やね(屋根)・や・なー。」〔⇒**かたむき【傾き】、かやぶき【(傾き)】、かやむき【(傾き)】**〕

かたぶく【(傾く)】《動詞・カ行五段活用》　①水平や垂直の線や面に対して、斜めになる。「かぜ(風)・が・　で(出)・てき・て・　ぼーと(ボート)・が・　かたぶい・て・びっくりし・た。」②太陽や月が沈もうとする。「おつき(月)さん・が・　だいぶ(大分)・　にし(西)・の・　ほー(方)・に・　かたぶい・た。」③盛んな状態からしだいに衰えようとする。うまくいかなくなる。「みせ(店)・が・　かたぶい・て・　おきゃく(客)さん・が・　こ(来)・ん・よーに・　なっ・た。」■他動詞は「かたぶける【(傾ける)】」■名詞化＝**かたぶき【(傾き)】**〔⇒**かたむく【傾く】、かやぶく【(傾く)】、かやむく【(傾く)】**〕

かたぶける【(傾ける)】《動詞・カ行下一段活用》　水平や垂直の線や面に対して、斜めにする。「びん(瓶)・を・　かたぶけ・て・　なかみ(中身)・を・　だ(出)す。」■自動詞は「かたぶく【(傾く)】」〔⇒**かしげる【傾げる】、かたげる【(傾げる)】、かたむける【傾ける】、かやぶける【(傾ける)】、かやむける【(傾ける)】**〕

かたほう〔かたほー、かたほ〕【片方】《名詞》　2つあるもののうちの一方。「かたほー・の・　て(手)ー・を・　そ(添)え・て・　う(受)けとり・なはれ。」■対語＝「りょうほう【両方】」「りょほ【(両方)】」「じょうほう【(両方)】」「じょほ【(両方)】」〔⇒**かたっぽう【片っ方】、かたいっぽう【片一方】**〕

かたまり【塊、固まり】《名詞》　①固くなって、一体のようになったもの。「つち(土)・の・　かたまり・を・　すこっぷ(スコップ)・で・　ほ(放)る。」②ひとまとまりになったもの。集まり。群。「いわし(鰯)・の・　かたまり・が・　およ(泳)い・どる。」

かたまる【固まる】《動詞・ラ行五段活用》　①柔らかいものが堅くなる。「かべ(壁)・に・　ぬ(塗)っ・た・　ぺんき(ペンキ)・が・　かたまる。」②広がったりばらばらであったりしたものが、ひとまとまりになる。「かたまっ・て・　がっこー(学校)・へ・　い(行)く。」■他動詞は「かためる【固める】」■名詞化＝**かたまり【塊、固まり】**

かたみ【形見】《名詞》　故人や離別した人が残していった、思い出となる品物。その人を思い出すよすがとなるもの。「おや(親)・の・　かたみ・の・　まんねんひつ(万年筆)・を・　だいじ(大事)に・　つか(使)う。」

かたみがせばい【(肩身が狭い)】《形容詞・アイ型》　世間に対して面目が立たず、引け目を感じる。「しけん(試験)・

に・ すべ(滑)っ・て・ かたみがせばい。」■対語＝「かたみがひろい【肩身が広い】」〔⇒**かたみがせまい**【肩身が狭い】〕

かたみがせまい【肩身が狭い】《形容詞・アイ型》 面目が立たず、引け目を感じる。「おーえん(応援)し・てもー・た・のに・ ま(負)け・て・ かたみがせまい。」■対語＝「かたみがひろい【肩身が広い】」〔⇒**かたみがせばい**【(肩身が狭い)】〕

かたみがひろい【肩身が広い】《形容詞・オイ型》 世間に対して誇らしく感じる。「あいつ・は・ むすこ(息子)・が・ しゅっせ(出世)し・て・ かたみがひろい・やろ。」■対語＝「かたみがせまい【肩身が狭い】」「かたみがせばい【(肩身が狭い)】」

かたみかわりに〔**かたみかーりに**〕【互み替わりに】《副詞》 交互に。代わる代わる入れ替わって。「いそが(忙)しー・さかい・ かたみかーりに・ ひるめし(昼飯)・を・ た(食)べる。」〔⇒**かたみに**【互みに】、**かために**【互めに】、**かためかわりに**【互め替わりに】、**かたみばんこに**【互み番こに】、**かためばんこに**【互め番こに】、**かわりばんこに**【代わり番こに】〕

かたみち【片道】《名詞》 ある場所までの行きか戻りかの、どちらか一方。「さんのみやえき(三宮駅)・まで・ かたみち・ はんじかん(半時間)・ かかる。」■対語＝「おうふく【往復】」

かたみに【互みに】《副詞》 ①お互い同士で。「かたみに・べんきょー(勉強)・を・ おし(教)えあう。」②交互に。代わる代わる入れ替わって。「かたみに・ いっさつ(一冊)・の・ ほん(本)・を・ よ(読)む。」「かたみに・やす(休)ん・で・ たばこ(煙草)・を・ す(吸)う。」〔⇒**かために**【互めに】。②⇒**かたみかわりに**【互み替わりに】、**かためかわりに**【互め替わりに】、**かたみばんこに**【互み番こに】、**かためばんこに**【互め番こに】、**かわりばんこに**【代わり番こに】〕

かたみばんこに【互み番こに】《副詞》 交互に。代わる代わる入れ替わって。「くるま(車)・を・ かたみばんこに・うんてん(運転)する。」〔⇒**かたみに**【互みに】、**かために**【互めに】、**かたみかわりに**【互み替わりに】、**かためかわりに**【互め替わりに】、**かためばんこに**【互め番こに】、**かわりばんこに**【代わり番こに】〕

かたむき【傾き】《名詞》 斜めになること。斜めになっている程度や具合。「やね(屋根)・の・ かたむき・が・ きつい。」〔⇒**かたぶき**【(傾き)】、**かやぶき**【(傾き)】、**かやむき**【(傾き)】〕

かたむく【傾く】《動詞・カ行五段活用》 ①水平や垂直の線や面に対して、斜めになる。「じしん(地震)・で・ いえ(家)・が・ かたむい・た。」②太陽や月が沈もうとする。「おひ(日)ーさん・が・ にし(西)・に・ かたむく。」③盛んな状態からしだいに衰えようとする。うまくいかなくなる。「かいしゃ(会社)・が・ かたむい・たら・ こま(困)る・がな。」■他動詞は「かたむける【傾ける】」■名詞化＝**かたむき**【傾き】〔⇒**かたぶく**【(傾く)】、**かやぶく**【(傾く)】、**かやむく**【(傾く)】〕

かたむける【傾ける】《動詞・カ行下一段活用》 水平や垂直の線や面に対して、斜めにする。「くび(首)・を・ かたむけ・て・ かんが(考)える。」■自動詞は「かたむく【傾く】」〔⇒**かしげる**【傾げる】、**かたげる**【(傾げる)】、**かたぶける**【(傾ける)】、**かやぶける**【(傾ける)】、**かやむける**【(傾ける)】〕

かためかわりに〔**かためかーりに**〕【互め替わりに】《副詞》 交互に。代わる代わる入れ替わって。「かためかーりに・ やす(休)み・の・ じかん(時間)・を・ と(取)る。」〔⇒**かたみに**【互みに】、**かために**【互めに】、**かたみかわりに**【互み替わりに】、**かたみばんこに**【互み番こに】、**かためばんこに**【互め番こに】、**かわりばんこに**【代わり番こに】〕

かために【互めに】《副詞》 ①お互い同士で。「かために・たす(助)けおー・て・ はたら(働)く。」②交互に。代わる代わる入れ替わって。「かために・ そーじ(掃除)・の・ とーばん(当番)・を・ する。」〔⇒**かたみに**【互みに】。②⇒**かたみかわりに**【互み替わりに】、**かためかわりに**【互め替わりに】、**かたみばんこに**【互み番こに】、**かためばんこに**【互め番こに】、**かわりばんこに**【代わり番こに】〕

かためばんこに【互め番こに】《副詞》 交互に。代わる代わる入れ替わって。「ひと(一)つ・の・ どーぐ(道具)・を・かためばんこに・ つか(使)う。」〔⇒**かたみに**【互みに】、**かために**【互めに】、**かたみかわりに**【互み替わりに】、**かためかわりに**【互め替わりに】、**かたみばんこに**【互み番こに】、**かわりばんこに**【代わり番こに】〕

かためる【固める】《動詞・マ行下一段活用》 ①柔らかいものを堅くする。「こんくりーと(コンクリート)・で・かためる。」②ひとまとまりにする。「ごみ(塵)・を・おきば(置場)・に・ かためる。」■自動詞は「かたまる【固まる】」

かたよる【偏る】《動詞・ラ行五段活用》 ①一方にだけ寄り集まって、全体が不均衡や不公平になる。「きぼーしゃ(希望者)・が・ だんじょべつ(男女別)・で・は・ かたよっ・ても・た。」②正常な状態を逸脱して、つりあいが取れなくなる。「す(好)ききら(嫌)い・を・ ゆ(言)ー・て・ く(食)わ・なんだら・ えーよー(栄養)・が・ かたよる。」■名詞化＝**かたより**【偏り】

かだら【(体)】《名詞》 ①生きている一人の人や一頭の動物の全体。人や動物の頭から足の先までの全体。「かだら・の・ いろ(色)・が・ くろ(黒)い。」②健康の具合。体力。「かだら・の・ ぐあい(具合)・が・ わる(悪)ー・て・ にゅーいん(入院)し・た。」③身のありよう。「あした(明日)・ かだら・は・ あ(空)い・とら・へん・か。」〔⇒**からだ**【体】。①⇒**み**【身】〕

かだらつき【(体付き)】《名詞》 外見上の手足や胴体などの格好。体の輪郭について、受ける感じ。「めし(飯)・を・ よー・ く(食)ー・て・ かだらつき・を・ しっかり・ さし・なはれ。」〔⇒**からだつき**【体付き】、**たいけい**【体形】〕

かだり【(飾り)】《名詞》 ①美しく、または立派に見せるようにするためのもの。「おいわ(祝)い・の・ かいじょー(会場)・の・ まー(周)り・に・ かだり・を・ つ(付)ける。」②実質の伴わないもの。実際の役に立たないもの。「あの・ かいしゃ(会社)・の・ しゃちょー(社長)・は・ かだり・だけ・や。」③正月を迎えるために、あるいは神聖な場所であることを示すために、神社、家の入り口、神棚などに張る、藁で作った縄。「かだり・は・ じゅーごにち(十五日)・の・ とんど・で・ や(焼)く。」〔⇒**かざり**【飾り】。③⇒**しめなわ**【注連縄】、**しめかざり**【注連飾り】、**しめかだり**【(注連飾り)】、**おしめ**【お注連】〕

かだりけ【(飾り気)】《名詞》 人に良く見せようとする気持ち。華やかさなどを演出していること。「この・ へや(部屋)・は・ かだりけ・が・ あ(有)ら・へん。」〔⇒**かざりけ**【飾り気】〕

かだる【(飾る)】《動詞・ラ行五段活用》 ①美しく、または立派に見せるように、効果を考えて配置する。「そつぎょーしき(卒業式)・の・　かいじょー(会場)・を・　かだる。」②実質よりも表面を美しく見せる。「わこ(若)ー・　かだっ・た・　かっこー(格好)・を・　する。」③正月の注連縄を置いたり吊したりする。「うらじろ(裏白)・を・　つ(付)け・て・　かだる。」■名詞化＝**かだり【(飾り)】**〔**⇒かざる【飾る】**〕

かだる【(香る)】《動詞・ラ行五段活用》 ①漂ってくるものが鼻に好ましく、心地よく感じる。「この・　あた(辺)り・は・　うみ(海)・の・　にお(匂)い・が・　かだる・なー。」②漂ってくるものが鼻に気持ち悪く、くさく感じる。「かみ(紙)・が・　こ(焦)げ・た・よーに・　かだる。」◆発音は微妙で「かざる」「かだる」の両方がある。〔**⇒におう【匂う、臭う】**、**によう【(匂う、臭う)】**、**かざる【(香る)】**。①**⇒かおる【香る、薫る】**〕

カタログ〔かたろぐ〕【型録。英語＝ catalogue】《名詞》 品物の目録や見本を掲載した書類。「かたろぐ・を・　み(見)・て・　ちょこれーと(チョコレート)・を・　ちゅーもん(注文)する。」

かだ(を)かぐ【かだ(を)嗅ぐ】《動詞・ガ行五段活用》 匂いを鼻で感じ取る。「かだかい・だら・　くさ(腐)っ・とる・みたいやっ・た。」〔**⇒かぐ【嗅ぐ】**、**かざ(を)かぐ【かざ(を)嗅ぐ】**、**かざ(を)かす**、**かだ(を)かす**〕

かだ(を)かす《動詞・サ行五段活用》 匂いを鼻で感じ取る。「かだかし・たら・　こ(香)ばしかっ・た。」〔**⇒かぐ【嗅ぐ】**、**かざ(を)かぐ【かざ(を)嗅ぐ】**、**かざ(を)かす**、**かだ(を)かぐ【かだ(を)嗅ぐ】**〕

かた(を)もつ【肩を持つ】《動詞・タ行五段活用》 争っているものの一方を弁護したり賛成したりして、味方の側に立つ。「たの(頼)む・さかい・　わし・の・　かたをもっ・てくれ・へん・やろ・か。」

かたん《副詞と》 固いものが触れ合って、軽い音をたてる様子。また、その音。「たな(棚)・から・　こ(小)まい・き(木)ー・の・　はこ(箱)・が・　かたんと・　お(落)ち・た。」

かだん【花壇】《名詞》 庭や公園などの一部分で、土を盛り上げて、草花を植えている場所。「かだん・に・　ちゅーりっぷ(チューリップ)・を・　う(植)え・た。」

がたん《副詞と》 ①ものに大きな衝撃が加わって揺れる様子。「じしん(地震)・で・　いえ(家)・が・　がたんと・ゆ(揺)れ・た。」②落差のあるところを物が動いて、音を立てる様子。「くるま(車)・が・　みぞ(溝)・に・　がたんと・　お(落)ちる。」③ものごとに大きな落差がある様子。ものごとが急に低下する様子。「せーせき(成績)・が・　がたんと・　お(落)ち・た。」「あにき(兄貴)・より・も・　がたんと・　わる(悪)い・　せーせき(成績)・やっ・た。」

かたんかたん《副詞と》 固いものが触れ合うときに、軽い音が連続する様子。また、その音。「れーる(レール)・の・　つ(継)ぎめ・で・　かたんかたんと・　おと(音)・が・　する。」

がたんがたん《副詞と》 落差のあるところを物が動くとき、衝撃を感じるとともに、その音が連続する様子。また、その音。「ほそー(舗装)さ・れ・とら・ん・　みち(道)・で・　ばす(バス)・が・　がたんがたんと・　ゆ(揺)れる。」

かち【勝ち】《名詞》 戦って相手を負かすこと。相手より上の成績を取ること。「うんどーかい(運動会)・は・　あかぐみ(赤組)・の・　かち・に・　なっ・た。」■対語＝「**まけ【負け】**」

かち《接頭語》［動詞の前に付く］ 勢いよく行う、荒々しく行うという意味を添える言葉。「はら(腹)・が・　た(立)っ・た・さかい・　かちわめ(喚)い・たっ・た。」「こーり(氷)・を・　かちわ(割)る。」「ふる(古)い・　き(木)ー・の・　はこ(箱)・を・　かちめん・で・　た(焚)きもん・に・　する。」「その・　ふくろ(袋)・は・　そのへん(辺)・に・　かちほか(放下)し・とけ。」

がち【勝ち】《接尾語》［名詞や、動詞の連用形に付く］ そうなることが多いという意味を表す言葉。そういうことがよく起こるという意味を表す言葉。「びょーき(病気)がち・で・　ね(寝)・たり・　お(起)き・たり・や。」「きり(霧)・で・　でんしゃ(電車)・が・　おく(遅)れがち・や。」「ちこく(遅刻)しがち・な・　ひと(人)・を・　おこ(怒)る。」

かちあう【かち合う】《動詞・ワア行五段活用》 ①勢いよく突き当たる。ぶつかる。「よつかど(四ッ角)・で・　じてんしゃどーし(自転車同士)・が・　かちおー・て・　こけ・た。」②たまたま人や出来事に遭遇する。思いがけなく出会う。「ばす(バス)・の・　こしょー(故障)・に・　かちおー・て・　ちこく(遅刻)し・ても・た。」③あることと他のこととが重なる。「にちよー(日曜)・と・　さいじつ(祭日)・が・　かちあう。」〔**⇒かっちゃう【(かち合う)】**〕

かちおとす【かち落とす】《動詞・サ行五段活用》 勢いよくたたき落とす。「くり(栗)・の・　み(実)ー・を・　かちおとす。」

かちかち《形容動詞や(ノ)》 ①凍ったり、水分が少なくなったりして、固くなっている様子。「あいすくりーむ(アイスクリーム)・が・　かちかちに・　こー(凍)っ・とる。」「もち(餅)・が・　かちかちに・　なっ・とる。」②緊張して、気持ちや体が萎縮している様子。「かちかちに・　なっ・て・　い(言)ー・たい・　こと・が・　い(言)え・なんだ。」「あいさつ(挨拶)する・　まえ(前)・から・　かちかちに・　なっ・とる。」③真面目で融通がきかない様子。「かちかちの・　あたま(頭)・や・さかい・　え(良)ー・　かんが(考)え・が・　で(出)・てこ・ん。」〔**⇒こちこち**〕

かちかち《副詞と》 固いものが触れ合って、規則性や連続性をもって出る音。「ひ(火)のよーじん(用心)・の・ひょーしぎ(拍子木)・が・　かちかち・　き(聞)こえる。」〔**⇒こちこち**〕

かちける《動詞・カ行下一段活用》 荒々しく投げつける。乱暴にぶつける。「ぼーる(ボール)・を・　かちけ・て・でっとぼーる(デットボール)・に・　し・ても・た。」〔**⇒かつける**〕

かちほかす【かち放下す】《動詞・サ行五段活用》 その状態のままで放置する。構ってやることをしない。「むちゃ(無茶)な・　こと・を・　ゆ(言)ー・てき・た・さかい・き(聞)か・んと・　かちほかし・たっ・とる・ねん。」「きのー(昨日)・から・　ごみ(塵)・を・　かちほかし・た・まま(儘)・に・　し・とる。」〔**⇒かちほる【かち放る】**〕

かちほる【かち放る】《動詞・ラ行五段活用》 その状態のままで放置する。構ってやることをしない。「その・へん(辺)・に・　かちほっ・とい・ても・　ぬす(盗)ま・れる・　しんぱい(心配)・は・　ない・やろ。」〔**⇒かちほかす【かち放下す】**〕

かちまけ【勝ち負け】《名詞》 戦って相手を負かすことと負かされること。相手より上の成績を取ることと下の成績をとること。「かちまけ・なんか・は・　とき(時)・の・　うん(運)・や。」

かちます《動詞・サ行五段活用》 拳骨や何かの物を使って、

相手の頭、顔、体などに力を込めて強く撲つ。「はら(腹)・が・ た(立)っ・た・さかい・ あたま(頭)・を・ かちまし・たっ・てん。」「くぎ(釘)・を・ かちまし・て・ ひ(引)っこま・す。」「かなづち(金槌)・で・ じぶん(自分)・の・ て(手)ー・を・ かちまし・ても・た。」◆「かつ」に接尾語「ます」が付いて荒々しい感じを表現したものであるが、現在の本方言では「かつ」は使わない。ものを打つ場合や、自分を誤って撲ってしまった場合などにも使うことがある。〔⇒**なぐる【殴る】、なぐります【殴ります】、どつく、どつきます、どやす、ぶちます、しばく**〕

かちめ【勝ち目】《名詞》 戦って相手を負かす見込みや可能性。相手より上の成績を取る見込みや可能性。「こんど(今度)・の・ しあい(試合)・は・ かちめ・が・ ある・さかい・ がんば(頑張)っ・ていけ。」

かちめぐ《動詞・ガ行五段活用》 荒々しく壊す。思い切って壊す。「かなづち(金槌)・で・ たた(叩)い・て・ おも(思)いきり・ かちめん・だ。」

がちゃがちゃ《名詞》 触覚が長く、がちゃがちゃというように聞こえるように鳴く秋の虫。くつわ虫。「くさ(草)・の・ なか(中)・で・ がちゃがちゃ・が・ な(鳴)い・とる。」

がちゃがちゃ《副詞と》 ①ものが無秩序にぶつかり合う様子。また、その音。「はこ(箱)・の・ なか(中)・で・ がちゃがちゃと・ おと(音)・が・ し・とる。」②あれこれと文句を言ったり、難癖をつけたりする様子。「きんじょ(近所)・の・ ひと(人)・から・ がちゃがちゃ・い(言)わ・れ・て・ こま(困)っ・とる・ねん。」

かちゃだける《動詞・カ行下一段活用》 空中や高いところなどから落ちる。転がり落ちる。「にかい(二階)・から・ かちゃだけ・て・ けが(怪我)し・た。」「ねとぼ(寝惚)け・て・ べっど(ベッド)・から・ かちゃだけ・た。」◆兵庫県内各地に、「落ちる」という意味を持った「あだける」という言葉がある。この「あだける」に、接頭語の「かち」が付いて「かちあだける」となったものの発音が変化したのが「かちゃだける」であると思われる。「かちゃらける」という発音にもなる。ただし、本方言では「あだける」は使わない。〔⇒**かちゃらける、ついらく【墜落】(する)**〕

かちゃらける《動詞・カ行下一段活用》 空中や高いところなどから落ちる。転がり落ちる。「かいだん(階段)・を・ ふ(踏)みはずし・て かちゃらける。」〔⇒**かちゃだける、ついらく【墜落】(する)**〕

がちゃん《副詞と》 物がぶつかって、大きな音を立てる様子。また、その音。「まど(窓)・に・ ぼーる(ボール)・が・ あ(当)たっ・て・ がらす(ガラス)・が・ がちゃんと・ めげた。」〔⇒**がしゃん**〕

がちょう〔**がちょー**〕【鵞鳥】《名詞》 家鴨に似てそれより大きく、くちばしの付け根にこぶがある鳥。「いけ(池)・に・ がちょー・を・ こ(飼)ー・とる。」

かちわめく【かち喚く】《動詞・カ行五段活用》 怒りの気持ちを表すために荒々しく怒鳴る。相手を脅しつけるように大声を出す。強い語気で注意をする。「き(気)・に・ いら・ん・ こと・を・ ぬかし・た・さかい・ かちわめい・たっ・た。」「かちわめい・たら・ あわ(慌)て・て・ に(逃)げ・て・ い(行)き・よっ・た。」〔⇒**わめく【喚く】、どなる【怒鳴る】**〕

かちわり【かち割り】《名詞》 氷を荒々しく割ったもの。「かちわり・を・ じゅーす(ジュース)・の・ なか(中)・に・ い(入)れる。」「なつ(夏)・の・ こーしえん(甲子園)・は・ かちわり・が・ めーぶつ(名物)・や。」

かちわりだいく【かち割り大工】《名詞》 丁寧さに欠けて、荒っぽい仕事をする大工。腕の劣る大工。「かちわりだいく・に・ たの(頼)ん・だら・ あか・ん・ぞ。」

かちわる【かち割る】《動詞・ラ行五段活用》 ①木や氷などを荒々しく割る。思い切って割る。「まるた(丸太)・を・ よき(=斧)・で・ かちわる。」②思っていることを、遠慮せずありのままに表す。「かちわっ・て・ ゆ(言)ー・たら・ ほんま(本真)・の・ きも(気持)ち・は・ どない・や・ねん。」■名詞化=**かちわり【かち割り】**

カツ〔**かつ**〕【英語= cutlet の略】《名詞》 牛や豚などの肉を平たく切って、小麦粉やパン粉などをつけて、油で揚げたもの。「かつ・の・ さんどいっち(サンドイッチ)・を・ べんとー(弁当)・に・ も(持)っ・ていく。」◆豚の肉を使ったものを「とんカツ【豚カツ】」と言う。

かつ【勝つ】《動詞・タ行五段活用》 ①戦って相手を負かす。相手より優れた成績を取る。「いってんさ(一点差)・で・ なんとか・ かっ・た。」「にゅーし(入試)・で・ かた・んと・ だいがく(大学)・に・ はい(入)ら・れ・へん。」②努力して、対象となるものを抑えつける。克服する。「びょーき(病気)・に・ かつ・よーに・ がんば(頑張)れ。」③度が過ぎている。その傾向が強くなっている。「あま(甘)み・より・も・ から(辛)さ・が・ かっ・とる。」④利益を得る。獲得する。「ぱちんこ(パチンコ)・で・ かっ・た・ こと(事)・は・ あら・へん。」■対語=「**まける【負ける】**」■名詞化=**かち【勝ち】**

がつ【月】《助数詞》 1か月の単位を示す言葉。月の順番を表す言葉。「いち(一)がつ・は・ ときどき(時々)・ゆき(雪)・が・ ふ(降)る。」「じゅーに(十二)がつ・は・せわしない・ つき(月)・や。」〔⇒**げつ【月】**〕

かつえる【飢える】《動詞・ア行下一段活用》 腹が空いて、ひどく食べたがる。不足を感じて、ひどく欲しがる。「せんじちゅー(戦時中)・は・ だれ(誰)もかも・ みんな(皆)・ かつえ・とっ・た。」〔⇒**かってる【飢ってる】**〕

かつお【鰹】《名詞》 ①刺身、たたきなどにし、あるいは鰹節にも加工する、暖かい海でとれる回遊魚。「かつお・の・ さしみ(刺身)・が・ ではじ(出始)め・た。」②前項の魚の身を蒸して乾燥させて固めたもの。また、それを薄く削ったもの。「ごはん(飯)・に・ かつお・を・かけ・て・ た(食)べる。」〔⇒**かっつぉ【(鰹)】、かっと【(鰹)】**。②⇒**かつおぶし【鰹節】、かっつぉぶし【(鰹節)】、かっとぶし【(鰹節)】**〕

かつおのこ〔**かつおのこー**〕【鰹の粉】《名詞》 鰹の身を蒸して乾燥させて固めて、それを削ったもの。花かつお。「めし(飯)・に・ かつおのこー・を・ の(載)せ・て・ く(食)う。」◆戦後すぐの頃は、花かつおのようなものではなくて、鰹以外の魚も使って、削ったものが粉状になったものも混じっていたので、このような呼び方もした。〔⇒**かっつぉのこ【(鰹の粉)】、かっとのこ【(鰹の粉)】**〕

かつおぶし【鰹節】《名詞》 鰹の身を蒸して乾燥させて固めたもの。また、それを薄く削ったもの。「せーぼ(歳暮)・に・ かつおぶし・を・おく(贈)る。」〔⇒**かっつぉぶし【(鰹節)】、かっとぶし【(鰹節)】、かつお【鰹】、かっつぉ【(鰹)】、かっと【(鰹)】**〕

鰹節を削る器具

かっか《名詞》 長方形の厚手の木の台の下に歯を付けて、鼻緒をすげた履き物。「あめ(雨)・が・ ふ(降)っ・と

る・さかい・　かっか・　は(履)い・て・　い(行)き・なはれ。」◆幼児語。〔⇒げた【下駄】〕

かっかする《動詞・サ行変格活用》 冷静さを失って、ひどく腹を立てる。理性で押さえられない激しい感情を表す。「じぶんかって(自分勝手)な・　こと(事)・ばっかり・　ぬかし・やがる・さかい・　かっかし・てき・た。」

かつかつ《形容動詞や(ノ)》 それを限度として、それ以上には余裕がない様子。なんとか間に合う様子。「ごふん(五分)・　あっ・たら・　はし(走)っ・ていっ・て・　かつかつ・　でんしゃ(電車)・に・　ま(間)にあう。」「いま(今)・の・　きゅーりょー(給料)・で・　かつかつ・　やっていける。」「かいひ(会費)・を・　さんぜんえん(三千円)・に・　し・たら・　かつかつの・　よさん(予算)・に・　なっ・てまう・なー。」◆語幹だけの副詞的な用法もある。「かつかつ・　もー(儲)かっ・とる」という言い方の裏には、いくらかの儲けが出ているという気持ちが伴っている。

がつがつ《副詞と》 食べ物をむさぼるように食べる様子。「がつがつ・　た(食)べ・たら・　のど(喉)・に・　つか(支)える・よ。」

がっかり《副詞と、動詞する》 思い通りにいかなくて、気持ちがしぼんでしまう様子。落胆して悲観している様子。「えんそく(遠足)・が・　ちゅーし(中止)・に・　なっ・て・　がっかりし・とん・ねん。」〔⇒げっそり〕

がっき【学期】《名詞》 学校で、1年間を2つまたは3つに分けた、そのひとつ分。「がっき・の・　すえ(末)・に・　しけん(試験)・が・　ある。」

がっき【楽器】《名詞》 音楽を演奏するために使う器具。「うた(歌)う・　こと(事)・より・も・　がっき・を・　いらう(＝扱う)・　こと(事)・の・　ほー(方)・が・　す(好)きや。」

がっきゅう〔がっきゅー〕【学級】《名詞》 学校で、同じ学年の児童や生徒などをいくつかに分けた、それぞれの集団。「がっきゅー・の・　いいん(委員)・を・　し・た。」「がっきゅーにっし(日誌)・を・　か(書)く。」「がっきゅーかい(会)・で・　そーだん(相談)する。」

かつぐ【担ぐ】《動詞・ガ行五段活用》 ①ものを肩にのせて支える。「たいこ(＝布団屋台)・を・　かつぐ。」「たわら(俵)・を・　かつい・で・　はこ(運)ぶ。」②縁起を気にする。「げん(験)・を・　かつぐ。」〔①⇒かたげる【担げる】〕

がっくり《副詞と、形容動詞や(ノ)、動詞する》 それまでと違って、力が抜けて、気を落とす様子。緊張がとけて、元気を失う様子。急速に衰退する様子。「がっくり・　かた(肩)・を・　お(落)とす。」「しけん(試験)・に・　お(落)ち・て・　がっくりし・とる。」

かっけ【脚気】《名詞》 ビタミンＢ１が不足して起こる、足がむくんで体がだるくなる病気。「むかし(昔)・は・　かっけ・に・　なる・　ひと(人)・が・　ぎょーさん(仰山)・　おっ・た。」

かつける《動詞・カ行下一段活用》 荒々しく投げつける。乱暴にぶつける。「いし(石)・を・　かつけ・て・　すずめ(雀)・を・　お(追)いはらう。」「ぼーる(ボール)・を・　かつけ・たら・　がらす(ガラス)・が・　めげる・やないか。」〔⇒かちける〕

かっこ【括弧】《名詞》 文字、句、文などの前後を囲んで、他の部分と区別するためのしるし。「かっこ・の・　なか(中)・に・　せつめー(説明)・を・　か(書)きこむ。」

かっこう〔かっこー、かっこ〕【格好】《名詞、動詞する》 ①人やものの身なりや形。外から見たときの様子や形。身に付けている服装などの印象。他人から見られたときの全体的な印象。「もっと・　え(良)ー・　かっこ・に・　つつ(包)み・なはれ。」②何かをするときの、体の構え方。体の形。「まえかが(前屈)み・の・　かっこー・で・　ぼーる(ボール)・を・　う(打)つ。」③人から見られたときの姿や感じ。「でんしゃ(電車)・に・　の(乗)る・ん・やっ・たら・　きちんと・　し・た・　かっこ・を・　し・ていけ・よ。」④うわべのこと。体裁。「こんな・　こと・で・は・　かっこー・が・　つか・ん。」〔①⇒ふう【風】、すがた【姿】、なり【形】、ていさい【体裁】。①③⇒かたち【形】。②⇒しせい【姿勢】〕

がっこう〔がっこー、がっこ〕【学校】《名詞》 児童や生徒や学生などが先生に教わって、組織的に継続して勉強をするところ。「がっこ・から・　かえ(帰)っ・たら・　じっき(直)に・　あそ(遊)び・に・　い(行)っ・てまう。」

がっこういき〔がっこーいき、がっこいき〕【学校行き】《名詞》 学校に通っている子ども。児童や生徒や学生。「がっこいき・が・　おー(多)い・さかい・　きゅーしょくだい(給食代)・も・　たいへん(大変)や。」

かっこうつける〔かっこーつける、かっこつける〕【格好付ける】《動詞・カ行下一段活用》 人から見られたときに、よく見えるように姿勢や態度を整える。「かっこーつけ・て・　ちょーねくたい(蝶ネクタイ)・を・　し(締)める。」〔⇒ええかっこう【良え恰好】(する)〕

かっこむ【掻っ込む】《動詞・マ行五段活用》 短い時間で一気に食べる。急いで食べる。「じかん(時間)・が・　な(無)い・さかい・　おちゃづ(茶漬)け・を・　かっこん・だ。」〔⇒かきこむ【掻き込む】〕

かっし【(華氏)】《名詞》 水の凍る温度をを32度、沸騰する温度を212度として180等分した温度目盛りの単位。また、それによって計る温度。「せっし(摂氏)・と・　かっし・の・　つい・た・　かんだんけー(寒暖計)・が・　あっ・た。」「いま(今)・は・　かっし・は・　ゆ(言)わ・へん・わ・なー。」◆「せっし【摂氏】」に対応する発音として、促音を入れて「かっし【(華氏)】」と言ったものか。■対語＝「せっし【摂氏】」〔⇒かし【華氏】〕

がっしゃん《名詞、動詞する》 ①たまたま出会うこと。「ひさ(久)しぶりに・　えき(駅)・で・　とも(友)だち・に・　がっしゃんし・た。」②人や物がぶつかること。衝突すること。また、その音。「よつかど(四ッ角)・で・　ひと(人)・と・　がっちゃんし・た。」③日時などが重なること。「その・　ひ(日)ー・は・　がっしゃんし・て・　い(行)か・れ・へん・ねん。」〔⇒がっちゃん〕

がっしゅく【合宿】《名詞、動詞する》 練習や勉強などのために、大勢の人が一緒に泊まって強化を図ること。「なつやす(夏休)み・に・　うんどーぶ(運動部)・の・　がっしゅく・が・　ある・ねん。」

がっしょう〔がっしょー〕【合唱】《名詞、動詞する》 大勢の人が声を揃えて歌うこと。大勢の人がいくつかに分かれ、一つの曲の互いに異なった旋律を一緒に歌うこと。「みんな(皆)・と・　がっしょーし・たら・　きも(気持)ち・が・　え(良)ー・もん・や。」

がっしょう〔がっしょー〕【合掌】《名詞、動詞する》 左右の手のひらを顔や胸の前で合わせて拝むこと。「みな(皆)・で・　こじん(故人)・に・　がっしょーする。」

がっしり《副詞と、動詞する》 体つきや、物の作りがしっかりしていて、丈夫そうな様子。「がっしりし・た・　たいかく(体格)・でん・な。なん(何)ど・　うんどー(運動)・でも・　し・とっ・て・やっ・た・ん・か。」〔⇒がっちり〕

がっそう〔がっそー〕【合奏】《名詞、動詞する》 ひとつの曲を、2つ以上の楽器で演奏すること。「がくげーかい(学芸会)・で・　がっそーする。」

カッター〔**かったー**〕【英語＝cutter】《名詞》　薄い刃で、紙や金属板などを切る道具。「かったー・で・　き(切)っ・て・　だんぼーるばこ(段ボール箱)・を・　あ(開)ける。」

カッター〔**かったー**〕《名詞》　男性が背広などの下に着用する、襟付きで袖のついた衣服。「ふく(服)・の・　した(下)・に・　しろ(白)・の・　かったー・を・　き(着)る。」◆もともとは、大正時代にスポーツ用品メーカーが、「勝った」の意味でつけた商品名である。本来はワイシャツの一種の名前であるが、ワイシャツ全般を指す言葉として使われている。〔⇒**カッターシャツ**【カッター＋英語＝shirt】、**ワイシャツ**【英語＝white shirt の意味】、**シャツ**【英語＝shirt】〕

カッターシャツ〔**かったーしゃつ、かったしゃつ**〕【カッター＋英語＝shirt】《名詞》　男性が背広などの下に着用する、襟付きで袖のついた衣服。「かったーしゃつ・を・　くりーにんぐ(クリーニング)・に・　だ(出)す。」〔⇒**カッター、ワイシャツ**【英語＝white shirt の意味】、**シャツ**【英語＝shirt】〕

がったんこ《名詞》　電車や列車のような乗り物。また、トロッコなど。「がったんこ・に・　の(乗)っ・て・　こーべ(神戸)・へ・　い(行)く。」◆幼児語。〔⇒**がたごと**〕

がったんこ《副詞と》　電車や列車などがゆっくりと走る様子。また、そのときの音。「がったんこと・　ゆ(言)ー・て・　しでん(市電)・が・　はし(走)っ・とっ・た。」〔⇒**がったんごっとん、がたごと**〕

がったんごっとん《副詞と》　電車や列車などがゆっくりと走る様子。また、そのときの音。「かもつれっしゃ(貨物列車)・が・　がったんごっとん・　うご(動)きだし・た。」〔⇒**がったんこ、がたごと**〕

かっちゃう【(かち合う)】《動詞・ワア行五段活用》　①勢いよく突き当たる。ぶつかる。「くるま(車)・と・　くるま(車)・が・　かっちょー・て・　めげ・とる。」②たまたま人や出来事に遭遇する。思いがけなく出会う。「えきまえ(駅前)・で・　ふたり(二人)・の・　こーほしゃ(候補者)・が・　かっちょー・て・　えんぜつ(演説)し・とる。」③あることと他のこととが重なる。「よてー(予定)・が・　ふた(二)つ・　かっちょー・て・　こま(困)っ・とる・ねん。」〔⇒**かちあう**【かち合う】〕

がっちゃん《名詞、動詞する》　①たまたま出会うこと。「あ(会)い・とー・なかっ・た・のに・　えき(駅)・で・　がっちゃんし・た。」②人や物がぶつかること。衝突すること。また、その音。「ばす(バス)・と・　とらっく(トラック)・が・　がっちゃんし・た。」③日時などが重なること。「よてー(予定)・が・　こんど(今度)・の・　にっちょー(日曜)・に・　がっちゃんし・ても・た。」〔⇒**がっしゃん**〕

かっちり《副詞と、動詞する》　①ものごとを十分に、着実に行う様子。「なつやす(夏休)み・の・　しゅくだい(宿題)・は・　かっちり・　しあ(仕上)げ・た・か。」「かっちりし・た・　じ(字)ー・を・　か(書)い・とる・さかい・　よ(読)みやすい。」②ものが堅く引き締まっている様子。ものがぴったり合って、すき間がない様子。「と(戸)ー・を・　かっちりと・　し(閉)める。」③お金などに抜け目がない様子。「おく(奥)さん・は・　かっちりし・て・　こま(細)かい・　ひと(人)・や。」〔⇒**きっちり、しっかり、きちんと、きちきち、ちゃんと**。①⇒**ちゃんちゃんと、ちゃっちゃっと、ちゃっちゃと、きっちり**〕

がっちり《副詞と、動詞する》　①体つきや、物の作りがしっかりしていて、丈夫そうな様子。「かたはば(肩幅)・の・　がっちりし・た・　しと(人)・が・　ある(歩)い・とる。」②ぴったりとして、しっかりと組み合っている様子。「がっちり・　て(手)ー・　く(組)ん・で・　しごと(仕事)し・まほ・か。」〔①⇒**がっしり**〕

かっつぉ【(鰹)】《名詞》　①刺身、たたきなどにし、あるいは鰹節にも加工する、暖かい海でとれる回遊魚。「で(出)はじめ・の・　かっつぉ・は・　うま(美味)い・なー。」②前項の魚の身を蒸して乾燥させて固めたもの。また、それを薄く削ったもの。「おした(浸)し・に・　かっつぉ・を・　まぶす。」〔⇒**かつお**【鰹】、**かっと**【(鰹)】。②⇒**かつおぶし**【鰹節】、**かっつぉぶし**【(鰹節)】、**かっとぶし**【(鰹節)】〕

かっつぉのこ〔**かっつぉのこー**〕【(鰹の粉)】《名詞》　鰹の身を蒸して乾燥させて固めて、それを削ったもの。花かつお。「これ・は・　かっつぉのこー・みたいや・けど・　いわし(鰯)・やない・かい。」◆戦後すぐの頃は、花かつおのようなものではなくて、鰹以外の魚も使って、削ったものが粉状になったものも混じっていたので、このような呼び方もした。〔⇒**かつおのこ**【鰹の粉】、**かっとのこ**【(鰹の粉)】〕

かっつぉぶし【(鰹節)】《名詞》　鰹の身を蒸して乾燥させて固めたもの。また、それを薄く削ったもの。「かっつぉぶし・を・　べんとー(弁当)・の・　めし(飯)・の・　うえ(上)・に・　の(載)せる。」〔⇒**かつおぶし**【鰹節】、**かっとぶし**【(鰹節)】、**かつお**【鰹】、**かっつぉ**【(鰹)】、**かっと**【(鰹)】〕

かって【勝手】《名詞、形容動詞や(ナ)》　①事情や状況。様子。「はじ(初)めて・　ここ・へ・　き(来)・た・さかい・　かって・が・　わから・ん。」②ものごとを行うときの都合の良さや、便利の良さ。「かって・の・　わる(悪)い・　いえ(家)・や。」③他人のことなどは考えないで、自分の都合のよいようにすること。わがままに、自分のしたいように振る舞う様子。「かってな・　こと・を・　ゆ(言)ー・　ひと(人)・は・　みんな(皆)・が・　めーわく(迷惑)する。」〔③⇒**えてかって**【得手勝手】、**きまま**【気儘】、**かってきまま**【勝手気儘】、**わがまま**【我が儘】、**わがままかって**【勝手気儘】〕

かってきまま【勝手気儘】《形容動詞や(ナ)》　他人のことなどは考えないで、自分の都合のよいようにする様子。わがままに、自分のしたいように振る舞う様子。「こども(子供)・は・　かってきままに・　そだ(育)て・たら・　あか・ん。」〔⇒**かって**【勝手】、**えてかって**【得手勝手】、**きまま**【気儘】、**わがまま**【我が儘】、**わがままかって**【勝手気儘】〕

かってぐち【勝手口】《名詞》　台所に近い出入り口。「かってぐち・から・　ではい(出入)りする。」

かってつんぼ【勝手つんぼ】《名詞、動詞する》　自分の都合の悪いことに対して、聞こえないふりをすること。「みみ(耳)がいたかっ・たら・　かってつんぼし・てまう・　ひと(人)・は・　こま(困)る・なー。」

かってのま〔**かってのまー**〕【勝手の間】《名詞》　表座敷でないところ。台所なども含めて、よその人の目につかない部屋。「それ・は・　かってのまー・に・　お(置)い・とい・てんか。」〔⇒**ないしょ**【内緒】、**ないしょのま**【内緒の間】〕

かってもん【勝手者】《名詞》　自分のしたいように振る舞う人。わがままな人。自己中心な考えや行動をする人。「あんな・　かってもん・と・は・　いっしょ(一緒)に・　しごと(仕事)・は・　でけ・しまへ・ん。」

かってる【飢ってる】《動詞・タ行下一段活用》 腹が空いて、ひどく食べたがる。不足を感じて、ひどく欲しがる。「あさ(朝)・から・ なん(何)・も・ く(食)ー・てない・さかい・ かって・とる・ねん。」〔⇒**かつえる【飢える】**〕

かっと【(鰹)】《名詞》 ①刺身、たたきなどにし、あるいは鰹節にも加工する、暖かい海でとれる回遊魚。「かっと・の・ たたき・が・ く(食)い・たい・な。」②前項の魚の身を蒸して乾燥させて固めたもの。また、それを薄く削ったもの。「たけのこ(筍)・を・ た(炊)い・て・ かっと・を・ かける。」〔⇒**かつお【鰹】、かっつぉ【(鰹)】**。②⇒**かつおぶし【鰹節】、かっつぉぶし【(鰹節)】、かっとぶし【(鰹節)】**〕

かつどう〔**かつどー**〕【活動】《名詞、動詞する》 ①元気よく動くこと。働きをすること。スポーツをすること。「かつどーし・て・ え(良)ー・ からだ(体)・に・なっ・た。」②何かに取り組むこと。「ぶ(部)かつどー・を・ する。」③高速度で連続して撮影したフィルムをスクリーンに映し出し、動く像として見せるもの。「おもしろ(面白)い・ ちゃんばら・の・ かつどー・を・み(見)・た。」◆③の使い方は、今では耳にすることは、ほとんどなくなった。〔③⇒**えいが【映画】、かつどうしゃしん【活動写真】**〕

かつどうしゃしん〔**かつどーしゃしん**〕【活動写真】《名詞》 高速度で連続して撮影したフィルムをスクリーンに映し出し、動く像として見せるもの。「かつどーしゃしん・を・ み(見)ー・に・ しんかいち(新開地)・へ・ い(行)く。」◆今では耳にすることは、ほとんどなくなった言葉。使用頻度は、「かつどう【活動】」よりも「かつどうしゃしん【活動写真】」の方が少なかったように思う。〔⇒**えいが【映画】、かつどう【活動】**〕

かっとなる〔**かーっとなる**〕《動詞・ラ行五段活用》 興奮して血がのぼる。前後の見境がつかなくなる。「あいつ(彼奴)・は・ かーっとなっ・たら・ なに(何)・を・ する・やら・ わから・へん。」

かっとのこ〔**かっとのこー**〕【(鰹の粉)】《名詞》 鰹の身を蒸して乾燥させて固めて、それを削ったもの。花かつお。「かっとのこー・だけの・ べんとー(弁当)・でも・はら(腹)・が・ へ(減)っ・とる・ とき(時)・は・ うま(美味)かっ・た。」◆戦後すぐの頃は、花かつおのようなものではなくて、鰹以外の魚も使って、削ったものが粉状になったものも混じっていたので、このような呼び方もした。〔⇒**かつおのこ【鰹の粉】、かっつぉのこ【(鰹の粉)】**〕

かっとぶし【(鰹節)】《名詞》 鰹の身を蒸して乾燥させて固めたもの。また、それを薄く削ったもの。「うどん(饂飩)・に・ かっとぶし・を・ かける。」〔⇒**かつおぶし【鰹節】、かっつぉぶし【(鰹節)】、かつお【鰹】、かっつぉ【(鰹)】、かっと【(鰹)】**〕

かっぱ【合羽】《名詞》 ゴムなどでできていて、雨や水に濡れることを避けるために、着ているものの上に着るもの。「かっぱ・ き(着)・て・ にもつ(荷物)・の・ つ(積)みおろし・を・ する。」〔⇒**あまがっぱ【雨合羽】**〕

かっぱ【河童】《名詞》 口先がとがって頭の皿に水を蓄え、背中に甲羅をもち手足に水掻きがある、沼や川にすむという想像上の動物。「かっぱ・は・ まだ・ み(見)・た・ こと・が・ あら・へん・なー。」

かっぱつ【活発】《形容動詞や(ナ)》 元気で勢いがよい様子。生き生きしている様子。休まないで次々と活動を展開する様子。「かっぱつな・ こ(子)ー・や・さかい・ちょっと(一寸)も・ じっと・ し・ておら・ん。」

カップ〔**かっぷ**〕【英語 = cup】《名詞》 ①取っ手のついた、洋風の茶碗。「かっぷ・が・ え(良)ー・さかい・ こーひー(コーヒー)・が・ うま(美味)い・なー。」②量をはかるための目盛りの付いた器。「けーりょー(計量)・の・かっぷ・で・ はか(量)る。」③大きな杯の形をして、賞として与えられるもの。「ゆーしょー(優勝)し・たら・かっぷ・を・ もら(貰)える。」

がっぺい〔**がっぺー**〕【合併】《名詞、動詞する》 ①いくつかの同類のものがひとつに合わさること。いくつかの同類のものをひとつに合わせること。「うち・の・ かいしゃ(会社)・が・ よそ(余所)・と・ がっぺーする。」②それぞれ独立していた、いくつかのものがひとつに合わさること。「きょー(今日)・は・ となり(隣)・の・ くみ(組)・と・ がっぺーし・た・ じぎょー(授業)・が・あっ・た。」〔②⇒**ごうどう【合同】**〕

かつやく【活躍】《名詞、動詞する》 めざましく働いたり、活動したりすること。注目されるような素晴らしい働きをして成果を上げること。「やきゅー(野球)・の・しあい(試合)・で・ ほーむらん(ホームラン)・を・ う(打)っ・て・ かつやくし・た。」

かつら【鬘】《名詞》 髪の形を変えたり、髪を補ったりするために、頭にかぶるもの。「わし・は・ かつら・やおま・へん。おや(親)・に・ もろ(貰)・た・ かみ(髪)・の・け(毛)ー・でっ・せ。」

かつ(を)いれる【活(を)入れる】《動詞・ラ行下一段活用》 気持ちがゆるんで怠っているのを叱って元気づける。刺激を与えて励ます。「たる(弛)ん・どる・さかい・ かつをいれ・たっ・てくれ。」

がつん《副詞と、動詞する》 ①人やものが激しくぶつかる様子。また、その音。「らぐびーせんしゅ(ラグビー選手)・が・ あいて(相手)・に・ がつんと・ あ(当)たっ・た。」②こぶしなどで叩く様子。力をこめて殴りつける様子。また、その音。「ごー・が・ わい・た・さかい・がつんと・ いわし・たろ・か・と・ おも(思)・とる・ねん。」〔②⇒**ごつん、ごっつん**〕

かて《接続助詞》 たとえそのようであっても、という意味を表す言葉。「せつめー(説明)し・た・かて・ だい(誰)・も・ わかっ・てくれ・へん。」「みんな(皆)・が・ はんたい(反対)し・た・かて・ わし・は・ い(行)く。」〔⇒**かとて**〕

かて《副助詞》 極端な例を示して強調する言葉。「そんな・こと・やっ・たら・ わし・かて・ し(知)っ・とる。」「こども(子供)・かて・ わかる・ はなし(話)・や。」〔⇒**やて、でも**〕

かてい〔**かてー**〕【家庭】《名詞》 ①夫婦・親子・兄弟など、いっしょに生活をする人の集まり。「かてー・で・の・ しつけ(躾)・が・ た(足)り・ん。」②衣食住などの知識・技能などを教える、小学校、高等学校の教科の名。「かてー・で・ ぞーきん(雑巾)・を・ ぬ(縫)う・べんきょー(勉強)・を・ し・た。」〔①⇒**いえ【家】、ええ【(家)】、うち【家】**。②⇒**かていか【家庭科】**〕

かていか〔**かてーか**〕【家庭科】《名詞》 衣食住などの知識・技能などを教える、小学校、高等学校の教科の名。「かてーか・で・ りょーり(料理)・の・ じっしゅー(実習)・を・ する。」〔⇒**かてい【家庭】**〕

かていきょうし〔**かてーきょーし**〕【家庭教師】《名詞》 家に招かれて、その家の子どもの勉強などを個人的に教える人。「むすこ(息子)・に・ かてーきょーし・を・ つ(付)け・て・ べんきょー(勉強)・を・ さす。」

がてら《接尾語》［名詞または動詞連用形に付く］ 別の行動のついでに何かを行うということを表す言葉。「さんぽ(散歩)がてら・に・ はがき(葉書)・を・ い(入)れ・に・ い(行)く。」「さんぽ(散歩)しーがてら・に・ きっさてん(喫茶店)・に・ はい(入)る。」

かど【門】《名詞》 ①家の正面の、門のあたりや、人の出入りするところ。家の入口。「かど・に・ だれ(誰)・か・き(来)・とる・みたいや。」②家や施設などの敷地内で、草花や木が植えてあったり広場になったりしているところ。「かど・で・ もみ(籾)・を・ ほ(干)す。」「かど・に・ はな(花)・を・ う(植)える。」「いえ(家)・の・なか(中)・で・ あそ(遊)ば・んと・ かど・へ・ で(出)・て・ あそ(遊)べ。」〔①⇒**かどぐち【門口】、げんかん【玄関】**。②⇒**にわ【庭】**〕

かど【角】《名詞》 ①ものの尖って突き出ているところ。「つくえ(机)・の・ かど・に・ あ(当)たっ・て・ いた(痛)かっ・た。」②道の折れ曲がっている隅のところ。「かど・の・ さんぱつや(散髪屋)・へ・ い(行)く。」「よつかど(四ッ角)・に・ しんごー(信号)・が・ ある。」③人の性格や言動などで、とげとげしく感じられるところ。「かど・の・ ある・ い(言)ーかた・を・ し・たら・ あか・ん・ぞ。」〔①⇒**すみ【隅】**〕

かどがたつ【角が立つ】《動詞・タ行五段活用》 人の言動などが、相手の心に突き刺さるようにひびく。人との関係が穏やかでなくなる。「かどがたつ・ い(言)ーかた・を・ し・たら・ きら(嫌)わ・れる・よ。」

かどぐち【門口】《名詞》 家の正面の、人の出入りするところ。「かどぐち・に・ おしめ(＝注連縄)・を・ は(張)る。」〔⇒**げんかん【玄関】、かど【門】**〕

がとこ《接尾語》［数字を表す言葉に付く］ その数字の数量や金額などにあたることを表す言葉。「やさい(野菜)・を・ せんえん(千円)がとこ・ こ(買)ー・た。」「にく(肉)・を・ ごひゃくめ(五百匁)がとこ・ ほ(欲)しー・なー。」〔⇒**がん、ぶん【分】、ぶり**〕

かとて《接続助詞》 たとえそのようであっても、という意味を表す言葉。「い(行)っ・た・かとて・ あ(会)わ・れ・へん・やろ。」「し(知)ら・ん・かとて・ いま(今)・から・なろ(習)ー・たら・ え(良)ー・やろ。」〔⇒**かて**〕

かどまつ【門松】《名詞》 正月を祝って玄関に立てる松の枝。「ひゃっかてん(百貨店)・の・ おー(大)けな・ かどまつ・は・ みごと(見事)や。」

かな《終助詞》 ①感動したことを念を押して表現する言葉。「それ・は・ けっこー(結構)な・ はなし(話)・やない・かな。」②少し疑う気持ちを表す言葉。「しんよー(信用)し・て・ え(良)ー・ん・かな。」◆②の場合、相手に荒々しく問いかける場合は「かえ」を使う。〔①⇒**かいな**〕

かなあみ【金網】《名詞》 針金を使って、目をあらく編んだもの。「かなあみ・の・ すきま(隙間)・から・ いぬ(犬)・が・ はい(入)っ・てき・た。」「ひばち(火鉢)・に・かなあみ・を・ お(置)い・て・ もち(餅)・を・ や(焼)く。」

かない【家内】《名詞》 ①夫婦、親子、兄弟などで、同じ家に暮らしている人たち。「いただ(頂)い・た・ もの・を・かない・で・ よろこ(喜)ん・で・ た(食)べ・まし・てん。」②夫から見て、自分の妻。「かない・も・ さんせー(賛成)し・てます。」〔①⇒**かぞく【家族】**〕

かないじゅう〔かないじゅー〕【家内中】《名詞》 ひとつの世帯の家族全員。「ことし(今年)・の・ ふゆ(冬)・は・かないじゅー・ だい(誰)・も・ かぜ(風邪)・を・ ひか・なんだ。」〔⇒**いっか【一家】、やうち【家内】、いえじゅう【家中】、ええじゅう【(家中)】、やうちじゅう【家内中】、かぞくじゅう【家族中】**〕

かながい【金がい】《名詞》 汁を椀に注ぎ入れるときに使う、金属でできている道具。「かながい・で・ おつゆ(汁)・を・ すく(掬)う。」〔⇒**しゃもじ【杓文字】**〕

かなぐ【金具】《名詞》 器具などに取り付けるための、金属製の小さな器具や部分品。「さお(竿)・に・ かなぐ・が・ つ(付)い・とる・さかい・ けが(怪我)せ・ん・よーに・ し・て・な。」

かなぐし【金串】《名詞》 魚を焼いたり干したりするときに、魚を刺す鉄製の細い串。「かなぐし・に・ さ(刺)し・て・ うなぎ(鰻)・を・ や(焼)く。」〔⇒**うおぐし【魚串】**〕

かなけ【鉄気】《名詞》 水に鉄のにおいや色が含まれていること。また、そのにおいや色。「うち・の・ いど(井戸)・は・ ちょっと(一寸)・ かなけ・が・ あっ・てん。」

かなしい〔かなしー〕【悲しい】《形容詞・イイ型》 辛いことに出会って心が強く痛む様子。泣きたいような気持ちになっている様子。「つなみ(津波)・で・ なんもかも・なが(流)さ・れ・た・ ひと(人)・は・ かなしー・ こと(事)・や・なー。」「かなしー・ しょーせつ(小説)・を・よ(読)ん・だ。」

かなしみ【悲しみ】《名詞》 辛いことに出会って心が強く痛むこと。泣きたいような気持ちになること。「いぞく(遺族)・の・ かなしみ・は・ ほか(他)・の・ ひと(人)・に・は・ わから・へん。」

かなしむ【悲しむ】《動詞・マ行五段活用》 辛いことに出会って心が強く痛む。泣きたいような気持ちになる。「かじ(火事)・に・ お(遭)ー・て・ かな(悲)しん・どっ・て・です。」■名詞化＝**かなしみ【悲しみ】**

かなだらい【金盥】《名詞》 金属製で、顔を洗うためなどに水や湯を入れる器。「かなだらい・で・ みず(水)・を・う(受)ける。」◆プラスチック製のものができるまでは、「せんめんき【洗面器】」と言えば、たいていが「かなだらい【金盥】」であった。〔⇒**せんめんき【洗面器】**〕

かなづち【金槌】《名詞》 ①頭の部分が鉄でできている槌。「かなづち・で・ くぎ(釘)・を・ う(打)つ。」②まったく泳げない人。「あいつ(彼奴)・は・ かなづち・なん・や。」

かなぶん【金ぶん】《名詞》 背中は卵形で光沢のある金緑色の堅い殻におおわれている昆虫。黄金虫。「でんき(電気)・の・ ひ(灯)ー・に・ かなぶん・が・ と(飛)ん・でき・た。」〔⇒**ぶいぶい**〕

かなもん【金物】《名詞》 金属でできている道具や雑貨。「なべ(鍋)・や・ かま(釜)・の・よーな・ かなもん・は・はいたつ(配達)し・てもらわ・んと・ おも(重)たい・がな。」

かなもんや【金物屋】《名詞》 金属でできている道具や雑貨、日用器具や金属素材などを売っている店。「かなもんや・で・ とたんいた(トタン板)・を・ か(買)う。」

かならず【必ず】《副詞》 ①ある状況について、それ以外のことが起こることがないという気持ちを表す言葉。「あした(明日)・は・ かならず・ あめ(雨)・が・ ふ(降)る・やろ。」②それ以外のことをしないようにということを表す言葉。「らいねん(来年)・に・は・ かならず・き(来)・てください・な。」〔①⇒**きっと【屹度】**〕

かなり【可成り】《副詞、形容動詞や(ノ)》 相当な程度に達している様子。期待や予想をしていた程度を超えている様子。「かなりの・　ねだん（値段）・が・　する。」「あした（明日）・まで・に・　つく（作）れ・と・　ゆ（言）ー・の・は・　かなり・　むつか（難）しー・　はなし（話）・や。」

カナリア〔かなりあ、かなりや〕【スペイン語＝canaria】《名詞》　黄色の羽が美しく、鳴き声も好まれる小さな鳥。「かご（籠）・で・　かなりや・を・　か（飼）う。」

かなわん《連語＝かなわ（動詞）・ん（助動詞）》　①力の限界などを感じて、大変だ。「こないな・　さかみち（坂道）・を・　のぼ（上）る・の・は・　かなわん。」②我慢できない。耐えられない。「はら（腹）・が・　いと（痛）ー・て・　かなわん。」③勝てない。「むり（無理）・を・　い（言）わ・れ・て・も・　き（聞）か・ん・　こと・に・は・　かなわん。」〔⇒**かなん**〕

かなん《連語＝かな（動詞）・ん（助動詞）》　①力の限界などを感じて、大変だ。「しごと（仕事）・が・　えろー・て・　かなん。」②我慢できない。耐えられない。「ことし（今年）・の・　なつ（夏）・は・　あつ（暑）ー・て・　かなん。」③勝てない。「あの・　ぴっちゃー（ピッチャー）・に・は・　かなん。」〔⇒**かなわん**〕

かに【蟹】《名詞》　堅い甲羅で覆われて、1対のはさみと4対の足を持ち、横歩きをする動物。「たじま（但馬）・へ・　かに・を・　く（食）い・に・　い（行）く。」〔⇒**がに**【（蟹）】、**がんた**【（蟹太）】、**がんがん**【（蟹蟹）】〕

がに【（蟹）】《名詞》　堅い甲羅で覆われて、1対のはさみと4対の足を持ち、横歩きをする動物。「はま（浜）・を・　こ（小）まい・　がに・が・　ある（歩）い・とる。」◆地元で見かける蟹は、「かに」よりも「がに」と言うことの方が多い。〔⇒**かに**【蟹】、**がんた**【（蟹太）】、**がんがん**【（蟹蟹）】〕

かね【金】《名詞》　①金・銀・銅・鉄などの鉱物。金属。「かね・で・　でけ（出来）・とる・　ふーりん（風鈴）・や・さかい・　たか（高）い・　おと（音）・が・　する。」②自分が蓄積したり親などから譲り受けたりした金銭や不動産など。生活費をまかなったり欲望などを満足させたりするために必要な金銭。「かね・の・　ある・　いえ（家）・が・　うらや（羨）ましー。」③紙幣と貨幣を合わせたもの。金銭。「て（手持）ち・の・　かね・で・は・　た（足）ら・へん。」「かね・を・　た（貯）め・て・　みせ（店）・を・　ひら（開）く。」〔②③⇒**おかね**【お金】。③⇒**ぜに**【銭】、**ぜぜ**【（銭）】、**じぇに**【（銭）】〕

かね【鐘、鉦】《名詞》　①金属でできており、時を知らせるなどの目的で、寺や教会などでついたり振ったりして知らせるもの。また、その音や音色。「じょや（除夜）・の・　かね・を・　な（鳴）らす。」②T字形の木の槌でたたいて鳴らす、平らな金属製の仏具。また、その音や音色。「かね・を・　たた（叩）い・て・　さんじゅーさんばん（三十三番）・の・　ごえーか（詠歌）・を・　あ（上）げる。」〔①⇒**つりがね**【釣り鐘】〕

かねじゃく【曲尺】《名詞》　①金属でできている、直角に曲がったL字形の物差し。「かねじゃく・で・　ちょっけー（直径）・を・　はか（計）る。」②尺貫法の長さの単位として、「くじらじゃく【鯨尺】」の8寸を1尺として作られた長さの目盛り。また、その目盛りを施した物差し。また、それで計った長さ。「かねじゃく・の・　なが（長）さ・で・　けーさん（計算）する。」〔①⇒**さしがね**【差し金】〕

かねめ【金目】《名詞》　お金に換えるときに、値打ちがあると考えられること。また、そのようなもの。「かねめ・の・　もん（物）・を・　あつ（集）め・て・　しちや（質屋）・へ・　も（持）っ・ていく。」

かねもち【金持ち】《名詞》　お金や財産をたくさん持っている人。資産家。「あんな・　かねもち・の・　まね（真似）・は・　でけ（出来）・へん。」

かねる【兼ねる】《接尾語》［動詞の連用形に付く］できない（不可能）という気持を表す言葉。「わたし（私）・の・　くち（口）・から・は・　い（言）ーかね・ます。」「よてー（予定）・が・　いっぱい（一杯）・　あっ・て・　あした（明日）・まで・に・は・　しかねる・なー。」

かのう〔かのー〕【可能】《形容動詞や（ナ）》　あることがらを実現できる見込みがある様子。「そのうち・　うちゅー（宇宙）・へ・　い（行）く・　こと・も・　かのーに・　なる。」

かのじょ【彼女】《名詞》　①あの女の人。「かのじょ・は・　きょーと（京都）・の・　しゅっしん（出身）・や。」②恋人・婚約者・妻などのように、親しい女の人。「むすこ（息子）はん・に・　かのじょ・は・　おっ・て・です・か。」◆①の使い方は稀である。「あのひと【彼の人】」「あの　おんな【あの・女】」などの言い方が多い。■対語＝「かれし【彼氏】」「かれ【彼】」

かば【河馬】《名詞》　褐色の大きな体で、口が大きく皮膚が厚く足が短い、アフリカの川や沼にすむ草食の哺乳動物。「つくえ（机）・に・　かお（顔）・を・　のせ・て・　かば・みたいな・　かっこー（格好）・を・　し・とる。」◆戦後、カバヤ食品（岡山市）が宣伝のため、かばを車に乗せて巡回したので、子どもたちにも広く知られた。

カバー〔かばー、かば〕【英語＝cover】《名詞》　中や下にあるものを保護するために、表面につけて覆うもの。「ほん（本）・に・　かばー・を・　つ（付）け・て・　よ（読）む。」「しょくたく（食卓）・の・　かばー・が・　よご（汚）れ・た。」「まくら（枕）・の・　かばー・を・　か（替）える。」

かばう【庇う】《動詞・ワア行五段活用》　他から攻撃や害を受けないように、助けて守る。「なか（仲）・の・　え（良）ー・　とも（友）だち・を・　かぼー・てやる。」〔⇒**かまう**【（庇う）】〕

がばがば《副詞と、形容動詞や（ノ）》　①水や酒などを音をたてて勢いよく飲む様子。「そない・　いっぺん（一遍）に・　がばがば・　の（飲）ま・んとき。」②胃に水分がたくさんたまっている様子。「の（飲）みすぎ・て・　はら（腹）・が・　がばがばや。」〔⇒**がぶがぶ**〕

がばがば《形容動詞や（ノ）、動詞する》　①衣服や靴などの身につけるものが、体に対して大きすぎて、不格好である様子。「あにき（兄貴）・から・　もろ（貰）・た・　ふく（服）・や・さかい・　がばがばや。」②袋や箱などが大きすぎて、中身の位置が定まらずに動く様子。入れ物などが大きすぎて、中身の液体などが揺れ動く様子。「がばがばの・　はこ（箱）・や・さかい・　あいだ（間）・に・　しんぶんがみ（新聞紙）・を・　つ（詰）める。」〔⇒**がぶがぶ、がぼがぼ、だぶだぶ、だぼだぼ**〕

がばっと《副詞》　一気にものをつかんだり、急に跳ね起きたりする様子。「がばっと・　ぜんぶ（全部）・　も（持）っ・ていか・れ・て・も・た。」「よ（呼）ん・だら・　がばっと・　お（起）き・た。」

かばん【鞄】《名詞》　手に提げたり肩に掛けたりして、ものを入れて持ち歩くために、革や布などで作った入れ物。「かばん・を・　かた（肩）・に・　か（掛）ける。」〔⇒**バッグ**【英語＝bag】〕

がばん【画板】《名詞》　屋外などで絵を描くときに、肩や首から下げて画用紙をのせる台にする板。「がばん・を・　も（持）っ・て・　しゃせー（写生）・に・　い（行）く。」

かび【黴】《名詞》　湿った食べ物や衣類などに生える、糸

のような形の下等植物。「しょーゆ(醤油)・に・　かび・が・　は(生)え・とる。」〔⇒**かべ【(黴)】**〕

かびくさい【黴臭い】《形容詞・アイ型》 古くなったり湿気を帯びたりして、黴の臭いがする。「かびくさい・　ふるほん(古本)・は・　よ(読)み・とー・ない。」〔⇒**かべくさい【(黴臭い)】**〕

がびょう【画鋲】《名詞》 板や壁などに紙片などを張るときに使う、頭に笠形のものがついた釘。「がびょー・で・　ぽすたー(ポスター)・を・　と(留)める。」〔⇒**おしピン【押し ＋ 英語＝ pin】、びょう【鋲】、ピン【英語＝ pin】**〕

かびん【花瓶】《名詞》 花を挿したり生けたりする瓶や壺。「げんかん(玄関)・に・　かびん・を・　お(置)く。」

かぶ【株】《名詞》 ①木や草の根もと。「きく(菊)・の・　かぶ・を・　わ(分)け・てもらう。」②木を切ったあとに残った幹や根。「き(木)ー・の・　かぶ・に・　けつまづい・て・　こけ・た。」③株式会社で、元手を出した人に与えられる証書や権利。また、その取引。「つと(勤)め・とる・　かいしゃ(会社)・の・　かぶ・を・　も(持)っ・とる。」

がぶがぶ《副詞と、形容動詞や(ノ)》 ①水や酒などを音をたてて勢いよく飲む様子。「あつ(暑)い・さかい・　じゅーす(ジュース)・を・　がぶがぶと・　の(飲)んだ。」②胃に水分がたくさんたまっている様子。「びーる(ビール)・を・　の(飲)ん・で・　はら(腹)・が・　がぶがぶや。」〔⇒**がばがば**〕

がぶがぶ《形容動詞や(ノ)、動詞する》 ①衣服や靴などの身につけるものが、体に対して大きすぎて、不格好である様子。「がぶがぶの・　くつ(靴)・や・さかい・　はし(走)りにくい。」②袋や箱などが大きすぎて、中身の位置が定まらずに動く様子。入れ物などが大きすぎて、中身の液体などが揺れ動く様子。「きょーかしょ(教科書)・が・　らんどせる(ランドセル)・の・　なか(中)・で・　がぶがぶし・とる。」〔⇒**がばがば、がぼがぼ、だぶだぶ、だぼだぼ**〕

かぶしき【株式】《固有名詞》 江井ヶ嶋酒造株式会社のこと。「むすこ(息子)・が・　かぶしき・に・　つと(勤)め・とる。」◆本来は、株式会社で、元手を出した人に与えられる証書や権利のことを言うが、本方言では、そのような意味では使わない。 ［**巻末「わが郷土」の「かぶしき」の項を参照**］

かぶす【被す】《動詞・サ行五段活用》 ①衣類・布団・帽子などで上から覆う。ものをふたとして使う。衣服などを身に付けさせる。「ねこ(猫)・の・　あたま(頭)・に・　ふくろ(袋)・を・　かぶし・たら・　ま(舞)いまいこんこ・を・　し・よっ・た。」②液体・粒子などを上から浴びせかける。「おひたし・に・　かつおぶし(鰹節)・を・　かぶす。」③上から覆う。ふたをする。「むしば(虫歯)・に・　きん(金)・を・　かぶす。」■自動詞は「かぶる【被る】」〔⇒**かぶせる【被せる】、かむせる【(被せる)】。①⇒きせる【着せる】**〕

かぶせ【被せ】《名詞》 ①瓶などの口につけて、中身が漏れないようにするもの。「いっしょーびん(一升瓶)・の・　かぶせ(＝王冠)・を・　ぬ(抜)く。」②鉛筆や万年筆などの先端を、さやのようにして覆うもの。「えんぴつ(鉛筆)・の・　かぶせ・が・　ころ(転)ん・どる。」③外のものが入ってくるのを防ぐために、上などに置くもの。「まんほーる(マンホール)・の・　かぶせ・を・　あ(開)ける。」〔①③⇒**ふた【蓋】、せん【栓】、つめ【詰め】**。①②⇒**キャップ【英語＝ cap】**〕

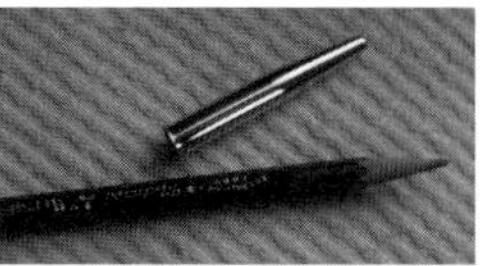

鉛筆と被せ　★

かぶせる【被せる】《動詞・サ行下一段活用》 ①衣類・布団・帽子などで上から覆う。ものをふたとして使う。衣服などを身に付けさせる。「ねび(寝冷)え・を・　せ・ん・よーに・　ふとん(布団)・を・　かぶせる。」②液体・粒子などを上から浴びせかける。「たね(種)・を・　ま(蒔)い・て・　つち(土)・を・　かぶせる。」③上から覆う。ふたをする。「ひけしつぼ(火消壺)・に・　ふた(蓋)・を・　かぶせ・て・　すみ(炭)・を・　け(消)す。」■自動詞は「かぶる【被る】」〔⇒**かむせる【(被せる)】、かぶす【被す】。①⇒きせる【着せる】**〕

かぶと【兜、甲】《名詞》 ①武士が戦いの時に、頭を守るためにかぶった鉄製の武具。「おりがみ(折紙)・で・　かぶと・を・　つく(作)る。」②雄は頭に角を持つ、大型で艶のある黒い昆虫。「おてら(寺)・の・　にわ(庭)・で・　かぶと・を・　さが(探)し・た・けど・　おら・なんだ。」〔②⇒**かぶとむし【甲虫】**〕

かぶとむし【甲虫】《名詞》 雄は頭に角を持つ、大型で艶のある黒い昆虫。「なつやす(夏休)み・に・は・　よー・　かぶとむし・を・　つか(捕)まえ・た。」〔⇒**かぶと【甲】**〕

がぶのみ【がぶ飲み】《名詞、動詞する》 水などを一気に勢いよく飲むこと。「びーる(ビール)・を・　がぶのみし・たら・　あか・ん・よ。」

かぶら【蕪】《名詞》 長楕円形の葉で、白くて丸く膨らんだ根ができる野菜。「かぶら・を・　うす(薄)く・　き(切)っ・て・　つけもん(漬物)・に・　する。」

かぶりつく【かぶり付く】《動詞・カ行五段活用》 ①堅いものを、切ったりむしったりしないで、勢いよく食いつく。「おー(大)きく・　き(切)っ・た・　すいか(西瓜)・に・　かぶりつく。」②相手が痛みを感じるほどに、歯や牙などで強くくわえる。「いぬ(犬)・が・　かぶりつき・やがっ・た。」③思い切り近づいて動かない。「ぶたい(舞台)・に・　かぶりつい・て・　み(見)・とる。」〔①②⇒**かぶる**。②⇒**かみつく【噛み付く】**〕

かぶり(を)ふる【頭(を)振る】《動詞・ラ行五段活用》 頭を左右に振って、承知しないという気持ちをあらわす。「いっしょ(一緒)に・　い(行)く・か・と・　き(聞)ー・たら・　かぶりふっ・とる。」

かぶる《動詞・ラ行五段活用》 ①堅いものを、切ったりむしったりしないで、勢いよく食いつく。堅いものを、切ったりむしったりしないで、そのまま少しずつ噛み取る。「おも(思)いきり・　りんご(林檎)・を・　かぶる。」②相手が痛みを感じるほどに、歯や牙などで強くくわえる。「へび(蛇)・に・　かぶら・れ・た。」◆①は、「かじる【囓る】」に比べると、大きなかたまりを口に入れる感じが強い。〔⇒**かぶりつく【かぶり付く】**。①⇒**かじる【囓る】**。②⇒**かみつく【噛み付く】**〕

かぶる【被る】《動詞・ラ行五段活用》 ①衣類・布団・帽子・面などで頭や顔の上を覆う。衣服などを身に付ける。体ぜんたいを覆う。「ぼーし(帽子)・を・　かぶっ・て・　さんぽ(散歩)する。」「あめ(雨)・が・　ふ(降)っ・てき・た・さかい・　かっぱ(合羽)・を・　かぶる。」「ふくめん(覆面)・を・　かぶっ・た・　ごーとー(強盗)・が・　はい(入)っ・た。」②液体・火・粒子などを頭から浴びる。「たき(滝)・の・　みず(水)・を・　かぶる。」◆①の場合、帽子や合羽や布団の場合は「きる【着る】」とも言う。■他動詞は「かぶせる【被せる】」〔⇒**かむる【(被る)】**。①⇒**きる【着る】**〕

がぶる《動詞・ラ行五段活用》 ①じっとしているものを意図的に揺する。大きく揺するようにする。「りょーあし(両足)・で・　ふね(舟)・を・　がぶる。」②他からの力によって揺れる。「なみ(波)・が・　き(来)・て・　ふね(舟)・が・　がぶっ・た。」

かぶれる【被れる】《動詞・ラ行下一段活用》 薬品や漆などの影響で、皮膚が赤く腫れたりして炎症を起こす。「うるし(漆)・に・　かぶれる。」■名詞化＝**かぶれ【被れ】**

かぶれる【気触れる】《動詞・ラ行下一段活用》 強い影響を受けて、夢中になる。「ぱちんこ(パチンコ)・に・　かぶれ・とる。」◆望ましくない場合や、ほめられることではないような場合などに使うことが多い。

かぶわけ【株分け】《名詞、動詞する》 草木の根を、親株から分けて植えること。「きく(菊)・の・　かぶわけ・を・する。」

かふん【花粉】《名詞》 花の雄蘂の先から出る、細かな粉。「かふん・が・　と(飛)ぶ・　きせつ(季節)・に・は・　はな(鼻)・が・　ずるずるする。」

かべ【壁】《名詞》 家の周りや部屋の区分のために、土や板やコンクリートなどで作った仕切り。「へや(部屋)・の・　かべ・に・　ひび(皹)・が・　はい(入)っ・た。」「ぶろっく(ブロック)・で・　でき(出来)・た・　かべ・が・　たお(倒)れ・た。」

かべ【(黴)】《名詞》 湿った食べ物や衣類などに生える、糸のような形の下等植物。「かべ・が・　は(生)え・とる・　もん(物)・は・　く(食)ー・たら・　あか・ん。」〔⇒**かび【黴】**〕

かべくさい【(黴臭い)】《形容詞・アイ型》 古くなったり湿気を帯びたりして、黴の臭いがする。「ふる(古)い・　そーめん(素麺)・は・　ちょっと・　かべくさい・　にお(臭)い・が・　する。」「のこ(残)っ・とる・　かべくさい・　ぱん(パン)・は・　た(食)べ・んとき。」◆「**かべ【壁】**」という発音から、壁土の臭いを連想することもある。〔⇒**かびくさい【黴臭い】**〕

かべしんぶん【壁新聞】《名詞》 大きな紙に、新聞の体裁をとって編集して書いて、壁に貼ってみんなに見せるもの。「はん(班)・ごと・に・　かべしんぶん・を・　つく(作)る。」

かべつち【壁土】《名詞》 粗壁を作るために使う土。また、そのようにして塗られた土。「わら(藁)・を・　い(入)れ・て・　かべつち・を・　ま(混)ぜる。」

かほう〔かほー〕【家宝】《名詞》 家に伝わる宝物。「かほー・と・　い(言)える・の・は・　この・　やきもん(焼物)・ぐらい・や。」

がぽがぽ《形容動詞や(ノ)、動詞する》 ①衣服や靴などの身につけるものが、体に対して大きすぎて、不格好である様子。「がぽがぽの・　ぼーし(帽子)・を・　かぶ(被)る。」②袋や箱などが大きすぎて、中身の位置が定まらずに動く様子。入れ物などが大きすぎて、中身の液体などが揺れ動く様子。「せなか(背中)・の・　すいとー(水筒)・が・　がぽがぽし・とる。」〔⇒**がばがば、がぶがぶ、だぶだぶ、だぼだぼ**〕

カボチャ〔かぼちゃ〕【ポルトガル語から】《名詞》 蔓性で、夏に黄色の花を咲かせ、黄色く甘みを持った実が食用となる植物。「ほこほこの・　あま(甘)い・　かぼちゃ・や・さかい・　おい(美味)しー・なー。」◆「なんきん【南瓜】」を多用し、「カボチャ」と言うことは少ない。けれども、「なに(何)は・　なんきん(南瓜)・　とーなす(唐茄子)・　かぼちゃ」のような唱え言葉がある。これは、他の人から「なに(何)？」と尋ねられたときに返す言葉である。「とうなす【唐茄子】」という言葉は一般には使わない。〔⇒**なんきん【南瓜】**〕

かま【釜】《名詞》 鉄でできていて底が丸く、中ほどに輪をはめたような部分があり、竈にかけて、ご飯を炊いたり湯を沸かしたりする器具。「かま・の・　うえ(上)・に・　せーろ(蒸籠)・を・　の(載)せ・て・　だんご(団子)・を・　む(蒸)す。」

釜と木の蓋

かま【窯】《名詞》 物を高い温度で熱して、炭や陶器などを焼く装置や設備。「でんき(電気)・の・　かま・で・　さら(皿)・を・　や(焼)く。」

かま【鎌】《名詞》 三日月形で内側に刃があって、稲や草を刈り取る道具。「たんぼ(田圃)・の・　くさ(草)・を・　かま・で・　か(刈)る。」

がま【蒲】《名詞》 茎の先の方に小さな茶色の花が集まって咲く、水辺に生える草。「かまぼこ(蒲鉾)・は・　がま・の・　かっこー(格好)・に・　に(似)・とる・ん・や。」

かまう【(庇う)】《動詞・ワア行五段活用》 他から攻撃や害を受けないように、助けて守る。「おとーと(弟)・を・　かも・てやら・な・　あか・ん・で。」〔⇒**かばう【庇う】**〕

かまう【構う】《動詞・ワア行五段活用》 相手に向かって余計な世話を焼く。からかったり相手になったりする。「い(要)ら・ん・　こと・を・　ゆ(言)ー・て・　かまわ・んとい・てんか。」

かまえ【構え】《名詞》 ①作られている様子。出来上がっている様子。「おー(大)きな・　かまえ・の・　いえ(家)・が・　つづ(続)い・とる。」②人の姿や態度。何かに備える様子。「うえ(上)・から・の・　かまえ・で・　もの・を・　ゆ(言)ー・　ひと(人)・に・は・　はら(腹)・が・　た(立)つ。」

かまえる【構える】《動詞・ア行下一段活用》 ①家などを作り設ける。「おー(大)きな・　もん(門)・を・　かまえ・た・　いえ(家)・や。」②攻撃や制約などにそなえて、ある姿勢や態度をとる。「のんびり・　かまえ・とっ・たら・　しめきり(締切)・に・　ま(間)にあわ・へん・ぞ。」「すき(隙)・を・　み(見)せ・ん・よーに・　かまえる。」■名詞化＝**かまえ【構え】**

かまきり【蟷螂】《名詞》 三角形の頭で細長く、大きな前足が鎌のような形をした薄緑色の昆虫。「くさ(草)・の・は(葉)ー・に・　かまきり・が・　おっ・た。」〔⇒**かみきり【(蟷螂)】**〕

がまぐち【蝦蟇口】《名詞》 口金が付いて、袋形をしている銭入れ。「おー(大)けな・　がまぐち・を・　も(持)っ・とる・ん・や・なー。」

かまくら《固有名詞》 江井ヶ島(小字・東島)にあった、かつての割烹旅館。「かまくら・で・　どーそーかい(同窓会)・を・　し・た・　こと・が・　ある。」［**巻末「わが郷土」の「かまくら」の項を参照**］

かます【叺】《名詞》 穀物や肥料などを入れるために、藁の筵を2つ折りにして作った袋。「かます・に・　せきたん(石炭)・を・　い(入)れる。」

かます【噛ます】《動詞・サ行五段活用》 ①ものが倒れたり落ちたりしないようにするために、棒などで支えをしたり空間に何かを詰めたりする。「こや(小屋)・が・　こけ・ん・よーに・　つっぱり・を・　かます。」「いし(石)・を・　かまし・て・　うご(動)か・ん・よーに・　する。」②ぴったりと当ててくっつける。間に入れて添わせる。「おか(陸)・に・　あ(上)げる・　とき・に・　ふね(船)・の・　そこ(底)・に・　そろばん(算盤)・を・　かます。」③相手に向かって何かを仕掛ける。何かをして、相手をひどい目にあわせる。「へ(屁)ー・を・　かます。」「あいつ(彼奴)・は・　うそ(嘘)・を・　かまし・やがっ・た・な。」「はったり・を・　かます。」■名詞化＝**かまし【噛まし】**〔①⇒**かう【支う】**〕

かまへん【(構へん)】《動詞＋助動詞》　とりわけ差し支えは生じない。大丈夫であるから気にしなくてよい。「いや(嫌)やっ・たら・　や(止)め・て・も・　かまへん。」「かまへん、かまへん。おこ(怒)ら・へん・さかい・　なん(何)・でも・　ゆ(言)ー・てんか。」◆動詞「**かまう【構う】**」に打ち消しの助動詞「へん」が続いた「かまわへん」が、短く発音されるようになったもの。〔⇒**べっちょない【(別状ない)】、だいじない【大事ない】、だんだい、だんない、かめへん【(構へん)】、かまん【(構ん)】、かまわん【構わん)】**〕

かまぼこ【蒲鉾】《名詞》　魚肉をすりつぶして味を付け、蒸したり焼いたりした食品。「かまぼこ・を・　き(切)っ・て・　びーる(ビール)・を・　の(飲)む。」〔⇒**いた【板】**〕

かまや【釜屋、窯屋】《名詞》　家の中でかまどがあって煮炊きをするところ。炊事場所。「かまや・に・　てんまど(天窓)・が・　つ(付)い・とる。」

かまわん【構わん)】《動詞＋助動詞》　とりわけ差し支えは生じない。大丈夫であるから気にしなくてよい。「いつ・　き(来)・て・も・　かまわん・よ。」「まー(周)り・が・　なに(何)・を・　ゆ(言)ー・て・も・　かまわん・　ひと(人)・や。」◆動詞「**かまう【構う】**」に打ち消しの助動詞「へん」が続いた「かまわへん」が、短く発音されるようになったもの。〔⇒**かまへん【(構へん)】、かめへん【(構へん)】、かまん【(構ん)】、べっちょない【(別状ない)】、だいじない【大事ない】、だんだい、だんない**〕

かま(を)かける【鎌を掛ける】《動詞・カ行下一段活用》　うまく問いかけて、本当のことを言わせようとする。相手が不用意にしゃべるように巧みに誘導する。「かまかけ・たら・　はくじょー(白状)し・よっ・た。」

かまん【(構ん)】《動詞＋助動詞》　①とりわけ差し支えは生じない。大丈夫であるから気にしなくてよい。「それ・ぐらい・の・　ちゅーもん(注文)・なら・　かまん・こと・や。」②他人に対して気を遣うことをしない。ものごとにこだわらない。「なりふり・を・　かまん・　ひと(人)・や・なー。」◆動詞「**かまう【構う】**」に打ち消しの助動詞「ん」が続いた「かまわん」が、短く発音されるようになったもの。〔①⇒**べっちょない【(別状ない)】、だいじない【大事ない】、だんだい、だんない、かまへん【(構へん)】、かめへん【(構へん)】、かまわん【構わん)】**〕

がまん【我慢】《名詞、動詞する》　苦しさや痛さや辛さなどを受け止めて、耐えること。感情を抑えて表面に出さないようにすること。「もー・　ちょっと・　がまんし・て・　れんしゅー(練習)せ・んかい・な。」〔⇒**しんぼう【辛抱】**。動詞⇒**こらえる【堪える】**〕

かみ【髪】《名詞》　人の頭にはえる、細い糸状のもの。また、それを結ったもの。「かみ・を・　す(梳)く。」「かみ・を・　みつあみ(三ッ編)・に・　する。」〔⇒**かみのけ【髪の毛】、け【毛】**〕

かみ【紙】《名詞》　①植物繊維を溶かして、漉いて平らにして乾燥させたもの。「かみ・に・　じ(字)ー・を・　か(書)く。」②じゃんけんで、5本の指を全部開く形。「はさみ(鋏)・は・　かみ・より・　つよ(強)い。」〔②⇒**ぱあ**〕

かみ【神】《名詞》　人智をこえた存在として、信仰されているもの。この世を作り上げたと考えられているもの。「かみ・も・　ほとけ(仏)・も・　あら・へん・ほど・　びんぼ(貧乏)し・た。」〔⇒**かみさん【神様】**〕

かみ【上】《名詞》　①水が流れてくる高い方。「かわ(川)・の・　かみ・の・　ほー(方)・で・　つ(釣)り・を・　する。」②都(京都)のある方角としての東の方、または北の方。「ここ・から・　かみ・に・　い(行)っ・たら・　あかしえき(明石駅)・や。」③中心であるところ。地位の高い方。上位の席。「あんた・は・　もっと・　かみ・に・　すわ(座)ら・な・　いかん・やろ。」④ものごとをいくつかに分けたものの初めの部分。「いちねん(一年)・の・　かみ・の・　はんぶん(半分)・が・　す(済)ん・でも・た。」■対語＝「**しも【下】**」〔①②③⇒**かみて【上手】**〕

かみあう【噛み合う】《動詞・ワア行五段活用》　①歯や歯車などが、互いにうまく合わさる。うまく合わさって動く。「にまい(二枚)・の・　いた(板)・が・　かみおー・て・　すきま(隙間)・が・　な(無)い。」②動物などが戦うために、食いつき合う。「いぬ(犬)・が・　けんか(喧嘩)し・て・　かみおー・とる。」

かみいさん〔**かみーさん、かみさん**〕【(髪結いさん)】《名詞》　日本髪を結んで整えることを仕事にしている人。また、その店。「かみいさん・で・　ふく(服)・も・　き(着)せ・てもろ・た。」◆現在のパーマネントを指すこともある。〔⇒**かみゆいさん【髪結いさん】**〕

かみいぬ【噛み犬】《名詞》　人に噛みつく癖のある犬。「あれ・は・　かみいぬ・や・さかい・　き(気)ー・　つ(付)け・なはれ。」

がみがみ《副詞と》　口うるさく、叱ったり文句を言ったりする様子。「がみがみ・　ゆ(言)ー・たら・　こども(子供)・が・　ちぢ(縮)こまっ・てしまう。」

かみきり【(蟷螂)】《名詞》　三角形の頭で細長く、大きな前足が鎌のような形をした薄緑色の昆虫。「かみきり・が・　のそのそ・　ある(歩)い・とる。」〔⇒**かまきり【蟷螂】**〕

かみきりむし【髪切り虫】《名詞》　細長い円筒形の体で、長い触覚と丈夫な顎を持つ昆虫。「かみきりむし・を・　ひょーほん(標本)・に・　する。」〔⇒**ぎいぎい**〕

かみくず【紙屑】《名詞》　要らなくなったり反古になったりした紙。紙の切れ端。「かみくず・を・　ち(散)らかし・とる。」

かみくずいれ【紙屑入れ】《名詞》　要らなくなったり反古になったりした紙などを捨てるために、入れるもの。「ろーか(廊下)・に・　かみくずいれ・が・　ある。」〔⇒**かみくずかご【紙屑籠】**〕

かみくずかご【紙屑籠】《名詞》　要らなくなったり反古になったりした紙などを捨てるために、竹などを編んで作ったもの。「かぜ(風邪)・を・　ひー・て・　はな(鼻)・を・　かん・どっ・たら・　かみくずかご・が・　いっぱい(一杯)に・　なっ・ても・た。」〔⇒**かみくずいれ【紙屑入れ】**〕

かみざ【上座】《名詞》　上位の人や目上の人などが座る席。「この・　へや(部屋)・は・　どっち・が・　かみざ・や・ねん。」■対語＝「**しもざ【下座】**」

かみさん【神様】《名詞》　人智をこえた存在として、信仰されているもの。この世を作り上げたと考えられているもの。「わる(悪)い・　こと(事)・を・　し・たら・　あかん・よ。かみさん・が・　み(見)・とっ・て・や。」◆強く敬った言い方である。〔⇒**かみ【神】**〕

かみさん【上さん】《名詞》 妻を親しんで言う言葉。「うち・の・　かみさん・も・　はたら(働)い・てます・ねん。」

かみしばい【紙芝居】《名詞》 一続きの筋を絵にしたものを次々に見せながら、物語を進めていく方法。また、その時に使う、何枚かの絵。「しょーがっこー(小学校)・の・　とき(時)・は・　よー・　かみしばい・を・　み(見)・た・なー。」

紙芝居の用具

紙芝居の風景 ★

かみそり【剃刀】《名詞》 ①髪や髭を剃るために使う、薄くて鋭い刃物。「かみそり・で・　ひげ(髭)・を・　そ(剃)っ・てもらう。」②鉛筆などを削るための、子供向けの薄くて鋭い刃物。「かみそり・で・　えんぴつ(鉛筆)・を・　けず(削)る。」◆②の場合、肥後の守を「ナイフ【英語＝knife】」と言い、薄い刃物を「かみそり【剃刀】」と言っていた。今は、作られていないかもしれない。

かみだな【神棚】《名詞》 家の中で神を祀っておく棚。「かみだな・の・　ろーそく(蝋燭)・に・　ひ(火)ー・を・　つ(点)ける。」

がみつい《形容詞・ウイ型》 ①けちであって、自分の利益に対して抜け目がない。「がみつー・に・　わ(分)けまえ・を・　ぎょーさん(仰山)・　と(取)っ・てまう・　ひと(人)・が・　おる。」②乱暴である。「がみつい・　もの・の・　い(言)ーかた・を・　する・　ひと(人)・や・なー。」◆もともとは「がめつい」は使わなかったが、今では「がめつい」と言うことが多くなっている。〔⇒**がめつい**〕

かみつく【噛み付く】《動詞・カ行五段活用》 ①相手が痛みを感じるほどに、歯や牙などで強くくわえる。「いぬ(犬)・に・　かみつか・れ・て・　けが(怪我)し・た。」②攻撃的な態度で、激しく文句を言う。人に食ってかかる。「でんしゃ(電車)・が・　おく(遅)れ・た・ので・　えきいん(駅員)・に・　かみつい・とる・　ひと(人)・が・　おっ・た。」〔①⇒**かぶる、かぶりつく【かぶり付く】**〕

かみて【上手】《名詞》 ①水が流れてくる高い方。「かみて・で・　おーあめ(大雨)・が・　ふ(降)っ・た・さかい・　しんぱい(心配)や。」②都(京都)のある方角としての東の方、または北の方。「かみて・へ・　ごふん(五分)ほど・　ある(歩)い・たら・　いけ(池)・が・　ある。」③中心であるところ。地位の高い方。上位の席。「あんた・は・　かみて・に・　すわ(座)り・なはれ。」■対語＝「しもて【下手】」〔⇒**かみ【上】**〕

かみでっぽう〔**かみでっぽー**〕【紙鉄砲】《名詞》 細い竹の筒に、濡らした紙を丸めて詰めて玉として、後ろから棒で押して玉を飛び出させる玩具。「かみでっぽー・でも・　あ(当)たっ・たら・　けが(怪我)する・　こと・が・　ある・ねん・で。」

かみなり【雷】《名詞》 ①電気が空気中を流れて、大きな音と強い光とを出す現象。「かみなり・の・　おと(音)・に・　びっくりし・た。」②腹を立てて、頭ごなしに怒鳴りつけること。「おやじ(親父)・の・　かみなり・が・　お(落)ち・た。」〔①⇒**ごろごろ**〕

かみなりぐも【雷雲】《名詞》 稲妻を発しているのが見える雲。「かみなりぐも・が・　ひか(光)っ・とる。」

かみなりよけ【雷避け】《名詞》 落雷の害を防ぎ地中に放電するために、高い建物の上や煙突などに取り付けた金属の棒。「さかぐら(酒蔵)・の・　おーやね(大屋根)・に・　かみなりよけ・が・　つ(付)い・とる。」〔⇒**ひらいしん【避雷針】**〕

かみのけ〔**かみのけー**〕【髪の毛】《名詞》 人の頭にはえる、細い糸状のもの。「あんた・は・　まだ・　かみのけー・が・　くろ(黒)い・ん・や・なー。」〔⇒**かみ【髪】、け【毛】**〕

かみはさみ〔**かみばさみ**〕【紙挟み】《名詞》 書類などを束ねて挟んでおくもの。バインダー。「りょーしゅーしょ(領収書)・を・　かみはさみ・に・　と(留)め・ておく。」

かみふだ【紙札】《名詞》 結婚式のあった翌朝、その家が近所の人に向けて配る、硬貨の入ったのし袋。「あした(明日)・　はよ(早)ー・　お(起)き・て・　かみふだ・　もら(貰)い・に・　い(行)こ。」◆子どもたちが楽しみにしていた習慣は、既に消滅してしまった。新築家屋の棟上げの時に行う「もちまき【餅撒き】」も同じように過去のものとなってしまった。

かみゆいさん【髪結いさん】《名詞》 日本髪を結んで整えることを仕事にしている人。また、その店。「せーじんしき(成人式)・や・さかいに・　かみゆいさん・を・　よやく(予約)し・とく。」◆現在のパーマネントを指すこともある。〔⇒**かみいさん**【(髪結いさん)】〕

かむ【噛む】《動詞・マ行五段活用》 ①上下の歯を合わせて、ものをかみ砕く。「しっかり・　かん・で・　た(食)べ・なさい。」②上と下の歯を強く合わせて挟む。「した(舌)・を・　かま・ん・よーに・　はなし(話)・を・　し・なはれ。」③互いにうまく組み合う。「はぐるま(歯車)・が・　かん・どる。」④歯で傷つける。「おこ(怒)っ・た・　いぬ(犬)・に・　かま・れ・た。」「へび(蛇)・に・　かま・れる。」「か(蚊)ー・に・　かま・れる。」◆④の「蚊」の場合は、「かー・に・　さ(刺)さ・れる。」とも言う。蛭(ひる)の場合は、特別に、「ひるい・に・　ち(血)ー・を・　す(吸)わ・れる。」と言う。「か(蚊)ー・に・　ち(血)ー・を・　す(吸)わ・れる。」という表現もすることがある。

かむ《動詞・マ行五段活用》 たまった鼻汁を息で噴き出して拭き取る。「あおばな(青鼻)・を　かむ。」「ふく(服)・の・　そでぐち(袖口)・で・　はな・を・　かん・だら・　あか・ん・よ。」

ガム〔**がむ**〕【英語＝gum】《名詞》 噛んで味わうようにした、ゴムのような合成樹脂に風味や糖分などをつけた菓子。「がむ・が・　は(歯)ー・に・　はさ(挟)まる。」◆昔は、膨らませることを目的にした「ふうせんガム【風船ガム】」も多く売られていた。〔⇒**チューインガム【英語＝chewing gum】**〕

がむしゃら《形容動詞や(ナ・ノ)》 後先のことや周囲のことに気を留めずに、めちゃくちゃに突き進む様子。後のことをよく考えないで打ち込む様子。「がむしゃらに・　べんきょー(勉強)し・て・　ごーかく(合格)し・た。」「がむしゃらに・　はし(走)っ・て・　こけ・た。」

かむせる【(被せる)】《動詞・サ行下一段活用》 ①衣類・布団・帽布などで上から覆う。ものをふたとして使う。衣服などを身に付けさせる。「さむ(寒)さよけ・に・　わら(藁)・を・　かむせる。」②液体・粒子などを上から浴びせかける。「しょーべん(小便)し・て・　いぬ(犬)・が・　あとあし(後足)・で・　すな(砂)・を・　かむせ・とる。」③上から覆う。ふたをする。「びん(瓶)・に・　おーかん(王冠)・を・　かむせる。」■自動詞は「かむる【(被る)】」〔⇒**かぶせる【被せる】、かぶす【被す】**。①⇒**き**

せる【着せる】〕
かむる【(被る)】《動詞・ラ行五段活用》 ①衣類・布団・帽子・面などで頭や顔の上を覆う。体ぜんたいを覆う。「ふ(降)っ・てき・た・さかい・　かさ(傘)・を・　かむる。」「ふとん(布団)・を・　かむっ・て・　ね(寝)る。」②液体・火・粒子などを頭から浴びる。「ちめ(冷)たい・　みず(水)・を・　あたま(頭)・から・　かむる。」◆①の場合、帽子や合羽や布団のときは「きる【着る】」とも言う。■他動詞は「かむせる【(被せる)】」〔⇒**かぶる**【被る】。①⇒**きる**【着る】〕
かめ【亀】《名詞》 長寿の象徴と考えられているもので、体が堅い甲羅でおおわれて頭や四肢をその中に入れることができる、水中や陸上にすむ動物。「いけ(池)・に・　かめ・が・　あつ(集)まっ・とる。」
がめつい《形容詞・ウイ型》 ①けちであって、自分の利益に対して抜け目がない。「がめつい・　やつ(奴)・や・さかい・　ひと(人)・の・　もん(物)・でも・　も(持)ってかえ(帰)っ・てまう。」②乱暴である。「がめつい・　しごと(仕事)・を・　せ・んと・　もっと・　てーねー(丁寧)に・　し・なはれ。」◆もともとは「がめつい」は使わなかったが、今では「がめつい」と言うことが多くなっている。〔⇒**がみつい**〕
かめへん【(構へん)】《動詞＋助動詞》 とりわけ差し支えは生じない。大丈夫であるから気にしなくてよい。「きょーじゅー(今日中)・に・　でけ(出来)・なんで・も・　かめへん・よ。」「なに(何)・を・　し・ても・　わし・は・　かめへん・ぞ。」◆動詞「かまう【構う】」に打ち消しの助動詞「へん」が続いた「かまわへん」が、短く発音され、さらに音変化を生じたもの。〔⇒**べっちょない**【(別状ない)】、**だいじない**【大事ない】、**だんだい**、**だんない**、**かまへん**【(構へん)】、**かまん**【(構ん)】、**かまわん**【構わん)】〕
かも【鴨】《名詞》 秋にシベリアなどから飛来し、春に帰っていく、首が長くて足が短い、比較的小さな水鳥。「かも・を・　なべ(鍋)・に・　し・て・　く(食)う。」
かもつ【貨物】《名詞》 ①鉄道やトラックや船などで運ぶ荷物。「かもつ・を・　の(載)せ・た・　とらっく(トラック)・が・　とー(通)る。」「かもつ・を・　ふね(船)・に・　つ(積)む。」②荷物などを運搬するための鉄道車両やトラックや船など。「でんしゃ(電車)・が・　き(来)・た・と・　おも(思)・たら・　かもつ・やっ・た。」
かもめ【鴎】《名詞》 体が白く、くちばしが大きく、海面近くを滑るように飛ぶ鳥。「いかなご(玉筋魚)・を・　と(捕)っ・とる・　ふね(船)・に・　かもめ・が・　つい・てくる。」〔⇒**かごめ**【(鴎)】〕
かや【蚊帳】《名詞》 蚊を防ぐために寝床を覆って吊す、目の細かい網。「こども(子供)・の・　ころ(頃)・は・　かや・の・　なか(中)・で・　あば(暴)れ・た・もんや。」◆蚊帳を吊るために、部屋に「つりて(釣り手)」をつるしていた。
がやがや《副詞と》 大勢の人が不揃いな発言をして、何を言っているのか聞き取れないような様子。望ましくないことを口にしている様子。「がやがや・　い(言)わ・んと・　しず(静)かに・　し・なさい。」
かやく【火薬】《名詞》 硝石や硫黄などを混ぜて作り、熱や力を加えると爆発する薬品。「はなび(花火)・の・　かやく・の・　にお(臭)い・が・　する。」
かやく【加薬】《名詞》 五目飯や混ぜ飯や麺類などに入れる具。「かやく・を・　ぎょーさん・　い(入)れ・た・　めし(飯)・は・　うま(美味)い。」
かやくうどん【加薬饂飩】《名詞》 具をたくさん入れたうどん。「ごはん(飯)・の・　か(替)ーり・に・　かやくうどん・を・　た(食)べる。」
かやくごはん【加薬御飯】《名詞》 魚・肉・野菜などの具をたくさん入れて炊いた飯。「たけのこ(筍)・の・　かやくごはん・を・　こしらえる。」◆具を米と一緒に炊きあげるものと、炊いた飯に後から具を添えるものとがある。〔⇒**かやくめし**【加薬飯】、**ごもくめし**【五目飯】、**ごもくごはん**【五目御飯】、**まぜめし**【混ぜ飯】、**まぜごはん**【混ぜ御飯】、**たきこみ**【炊き込み】、**たきこみごはん**【炊き込み御飯】〕
かやくめし【加薬飯】《名詞》 魚・肉・野菜などの具をたくさん入れて炊いた飯。「たこ(蛸)・を・　い(入)れ・た・　かやくめし・が・　す(好)きや・ねん。」◆具を米と一緒に炊きあげるものと、炊いた飯に後から具を添えるものとがある。〔⇒**かやくごはん**【加薬御飯】、**ごもくめし**【五目飯】、**ごもくごはん**【五目御飯】、**まぜめし**【混ぜ飯】、**まぜごはん**【混ぜ御飯】、**たきこみ**【炊き込み】、**たきこみごはん**【炊き込み御飯】〕
かやす【(孵す)】《動詞・サ行五段活用》 卵を子にする。「とり(鶏)・が・　ひな(雛)・を・　かやし・た。」「たまご(卵)・を・　ぬく(温)め・とる・さかい・　もーじき・　かやす・やろ。」■自動詞は「かやる【(孵る)】」〔⇒**かえす**【孵す】、**かいす**【(孵す)】〕
かやす【(帰す)】《動詞・サ行五段活用》 自分の家や、元いた場所に戻らせる。「どよーび(土曜日)・は・　ひる(昼)まで・で・　かやし・てもらえ・た。」■自動詞は「かいる【(帰る)】」〔⇒**かえす**【帰す】、**かいす**【(帰す)】、**いなす**【去なす】〕
かやす【(返す)】《動詞・サ行五段活用》 ①もとの場所や、もとの持ち主のところに位置させる。元の状態に復元する。「この・　ほん(本)・は・　いっしゅーかん(一週間)・　た(経)っ・たら・　かやし・て・よ。」②表と裏を反対にする。裏返しにする。「こ(焦)げ・ん・よーに・　じょーず(上手)に・　かやし・なはれ。」■自動詞は「かやる【(返る)】」〔⇒**かえす**【返す】、**かいす**【(返す)】。①⇒**もどす**【戻す】。②⇒**ひっくりかえす**【ひっくり返す】、**ひっくりかやす**【(ひっくり返す)】、**ひっくりかいす**【ひっくり返す】、**とんぶりがえす**【とんぶり返す】、**とんぶりがやす**【(とんぶり返す)】、**とんぶりがいす**【(とんぶり返す)】〕
かやぶき【(傾き)】《名詞》 斜めになること。斜めになっている程度や具合。「おてら(寺)・の・　やね(屋根)・の・　かやぶき・は・　きゅー(急)や・なー。」〔⇒**かやむき**【(傾き)】、**かたむき**【傾き】、**かたぶき**【(傾き)】〕
かやぶく【(傾く)】《動詞・カ行五段活用》 ①水平や垂直の線や面に対して、斜めになる。「かたっぽ(片一方)・に・　の(乗)っ・たら・　ふね(舟)・が・　かやぶく・さかい・　や(止)め・てんか。」②太陽や月が沈もうとする。「よなか(夜中)・に・　おつき(月)さん・が・　にし(西)・に・　かやぶい・とる。」③盛んな状態からしだいに衰えようとする。うまくいかなくなる。「かいしゃ(会社)・が・　かやぶい・て・　ざんぎょー(残業)・が・　な(無)いよに・　なっ・た。」■他動詞は「かやぶける【(傾ける)】」■名詞化＝**かやぶき**【(傾き)】〔⇒**かたむく**【傾く】、**かたぶく**【(傾く)】、**かやむく**【(傾く)】〕
かやぶける【(傾ける)】《動詞・カ行下一段活用》 水平や垂直の線や面に対して、斜めにする。「ぼー(棒)・の・　さき(先)・を・　かやぶけ・て・　ひく(低)ー・　する。」■自動詞は「かやぶく【(傾く)】」〔⇒**かしげる**【傾げる】、

かたげる【(傾げる)】、**かたぶける**【(傾ける)】、**かたむける**【傾ける】、**かやむける**【(傾ける)】〕

かやむき【(傾き)】《名詞》　斜めになること。斜めになっている程度や具合。「やね(屋根)・の・　かやむき・の・　きつい・　いえ(家)・や・なー。」〔⇒**かたむき**【傾き】、**かたぶき**【(傾き)】、**かやぶき**【(傾き)】〕

かやむく【(傾く)】《動詞・カ行五段活用》　①水平や垂直の線や面に対して、斜めになる。「くび(首)・が・　みぎ(右)・に・　かやむい・とる。」②太陽や月が沈もうとする。「おひ(日)ーさん・が・　かやむい・て・　ちょっと(一寸)・　すず(涼)しー・　なっ・た。」③盛んな状態からしだいに衰えようとする。うまくいかなくなる。「かいしゃ(会社)・が・　かやむく・　まえ(前)・に・　や(辞)め・んと・　あか・ん。」■他動詞は「かやむける【(傾ける)】」■名詞化＝**かやむき**【(傾き)】〔⇒**かたむく**【傾く】、**かたぶく**【(傾く)】、**かやぶく**【(傾く)】〕

かやむける【傾ける】《動詞・カ行下一段活用》　水平や垂直の線や面に対して、斜めにする。「おわん(椀)・を・　かやむけ・たら・　こぼ(零)れる・がな。」■自動詞は「かやむく【(傾く)】」〔⇒**かしげる**【傾げる】、**かたげる**【(傾げる)】、**かたぶける**【(傾ける)】、**かたむける**【傾ける】、**かやぶける**【(傾ける)】〕

かやる【(孵る)】《動詞・ラ行五段活用》　卵から子になる。「おたまじゃくし・が・　かやっ・て・　かえる(蛙)・に・　なっ・た。」■他動詞は「かやす【(孵す)】」〔⇒**かえる**【孵る】、**かいる**【(孵る)】、**うまれる**【生まれる】〕

かやる【(返る)】《動詞・ラ行五段活用》　①もとのところや、もとの持ち主に戻る。もとの状態になる。「か(貸)し・とっ・た・　かね(金)・が・　かやっ・てっ・た。」②表と裏が反対になる。裏返しになる。「かめ(亀)・が・　かやっ・て・　ばたばたし・とる。」■他動詞は「かやす【(返す)】」〔⇒**かえる**【返る】、**かいる**【(返る)】。②⇒**ひっくりかえる**【ひっくり返る】、**ひっくりかやる**【(ひっくり返る)】、**ひっくりかいる**【(ひっくり返る)】、**とんぶりがえる**【とんぶり返る】、**とんぶりがやる**【(とんぶり返る)】、**とんぶりがいる**【(とんぶり返る)】〕

かゆ【粥】《名詞》　水を多くして米をやわらかく炊いたもの。「みずかげん(水加減)・を・　まちが(間違)え・て・　かゆ・みたいな・　めし(飯)・に・　なっ・ても・た。」「さつまいも(薩摩芋)・を・　い(入)れ・た・　かゆ・を・　た(炊)く。」〔⇒**かい**【(粥)】、**おかゆ**【お粥】、**おかい**【(お粥)】、**おかいさん**【(お粥さん)】、**おかゆさん**【お粥さん】〕

かよい【通い】《名詞》　①金融機関などがお金の出し入れなどを書き記して、利用者に渡す帳面。「かよい・に・　つか(使)う・　いんかん(印鑑)・を・　わす(忘)れ・てき・た。」②商店などが客に向けて品物の掛け売りの内容などを書き付けておく帳面。「かよい・を・　も(持)っ・て・　かいもん(買物)・に・　い(行)く。」〔⇒**つうちょう**【通帳】〕

かよい【通い】《名詞》　毎日、自宅から行って仕事などをすること。また、そのようにする人。「とー(遠)い・ん・や・けど・　す(住)みこみ・やのー・て・　かよい・です・ねん。」

かよい〔**がよい**〕【通い】《接尾語》　ある場所と別の場所とを行ったり来たりするという意味を表す言葉。「みき(三木)がよい・の・　ばす(バス)・は・　ちょーど(丁度)・　で(出)・ても・た。」「あかし(明石)・から・　あわじ(淡路)がよい・の・　ふね(船)・が・　で(出)る。」

かよう〔**かよー**〕【火曜】《名詞》　１週間の７日間のうちの３日目で、月曜日の次、水曜日の前にある日。「かよー・は・　くらぶ(クラブ)・が・　おやす(休)み・です。」〔⇒**か**【火】、**かようび**【火曜日】〕

かよう【通う】《動詞・ワア行五段活用》　定期的に、ある場所から別の場所へ、行ったり来たりする。「がっこー(学校)・へ・　でんしゃ(電車)・で・　かよう。」「やまおく(山奥)・や・けど・　ばす(バス)・が・　かよ・とる・さかい・　べんり(便利)や。」■名詞化＝**かよい**【通い】

かようきょく〔**かよーきょく**〕【歌謡曲】《名詞》　主として日本で作られた、大衆的な音楽。ある時期に、生活感情などを反映して、人々の心をとらえて広く好まれ歌われる歌。「みやこ(都)はるみ・の・　かよーきょく・が・　す(好)きや・ねん。」〔⇒**りゅうこうか**【流行歌】〕

がようし〔**がよーし**〕【画用紙】《名詞》　絵を描くのに使う、少し厚手の紙。「がよーし・に・　おりがみ(折紙)・を・　は(貼)る。」「いろ(色)がよーし・に・　え(絵)ー・を・　か(描)く。」

かようび〔**かよーび**〕【火曜日】《名詞》　１週間の７日間のうちの３日目で、月曜日の次、水曜日の前にある日。「かよーび・に・　もら(貰)い・に・　き(来)・ます。」〔⇒**か**【火】、**かよう**【火曜】〕

から【殻】《名詞》　①貝や草木の実などの外側を覆っている堅い皮。「たまご(卵)・の・　から・を・　わ(割)る。」「すなはま(砂浜)・で・　かい(貝)・の・　から・を・　ひろ(拾)う。」②中身がなくなった後に残る、外側の皮。「えだまめ(枝豆)・の・　から・が・　やま(山)・に・　なっ・とる。」③昆虫や蛇などが脱皮したあとに残る外皮など。「せみ(蝉)・が・　ぬ(脱)け・た・　から・が・　にわ(庭)・に・　のこ(残)っ・とる。」〔③⇒**ぬけがら**【抜け殻】〕

から【柄】《名詞》　人や動物の体の輪郭について受ける感じ。体ぜんたいの姿。体つきの程度。「えー・　から・し・とる・のに・　すもー(相撲)・を・　とらし・たら・よわ(弱)い・なー。」「から・の・　おー(大)きー・　ひと(人)・が・　た(立)っ・とる。」◆「がら【柄】」とも言うが、「から【柄】」の方を多く使う。〔⇒**がら**【柄】、**ずうたい**【図体】、**なり**【(形)】、**どんがら**【どん柄】〕

から【空】《名詞、形容動詞や(ノ)》　①中に何も入っていないこと。あるべきものが中に入っていないこと。「からの・　いっしょーびん(一升瓶)・を・　も(持)っ・て・　か(買)い・に・　い(行)く。」②籤などで、当たっていないもの。「しょーてんがい(商店街)・の・　う(売)りだし・の・　ちゅーせん(抽選)・で・　から・ばっかり・　ひ(引)ー・た。」〔①⇒**からっぽ**【空っぽ】。②⇒**すか**、**はずれ**【外れ】〕

から《格助詞》　①時間や空間の起点や通過点を表す言葉。「こーべ(神戸)・から・　あかし(明石)・まで・　でんしゃ(電車)・に・　の(乗)る。」「げつよー(月曜)・から・　どよー(土曜)・まで・　やす(休)み・が・　な(無)い。」②原料、材料などを表す言葉。変化するもとの状態などを表す言葉。「むぎ(麦)・から・　しこ(仕込)ん・だ・　しょーちゅー(焼酎)・や。」③順序などを表す言葉。「ちー(小)さい・　こ(子)ー・から・　しんさつ(診察)する。」〔①③⇒**より**〕

から《接続助詞》　理由や根拠などを表す言葉。前に述べることが原因や理由となって、後ろに述べることが起こることを表す言葉。「あした(明日)・　い(行)く・から・　ま(待)っ・とい・てんか。」◆もともとは、「さかい」を使うことが多かった。〔⇒**さかい**、**さかいに**、**さけ**、**さけに**、**はかい**、**はかいに**、**ので**、**し**〕

から《終助詞》 相手に対して念を押して言う気持ちを表す言葉。「きのー(昨日)・ なんべん(何遍)・も・ ゆ(言)ー・た・ん・や・から。」〔⇒**さかい、さかいに、さけ、さけに、はかい、はかいに、ので**〕

がら【柄】《名詞》 ①言動などが人に与える感じや印象。「がら・が・ わる(悪)い・ もの・の・ い(言)ーかた・を・ する・ しと(人)・や・なー。」②その人にふさわしい品位や性格。「がら・に・も・ ない・ こと(事)・を・ ゆ(言)ー・たら・ あか・ん。」③人や動物の体の輪郭について受ける感じ。体ぜんたいの姿。体つきの程度。「がら・の・ おー(大)きー・ ひと(人)・は・ こわ(恐)い・なー。」④織物や布などの模様。「ちー(小)さい・ がら・の・ きもの(着物)・を・ き(着)る。」〔③⇒**から【柄】、ずうたい【図体】、なり【(形】、どんがら【どん柄】**〕

がら【殻】《名詞》 ①土に混じっている石。小石。「がら・を・ の(除)け・て・から・ うね(畝)・を・ つく(作)る。」②燃えたりしたあとで、残っているもの。「こーくす(コークス)・の・ がら・を・ あつ(集)める。」③肉を取り去ったあとの骨。「がら・の・ おー(多)い・ さかな(魚)・や・なー。」「かに(蟹)・の・ がらい(入)れ・が・ いっぱい(一杯)に・ なっ・た。」

カラー〔**からー**〕【英語＝color】《名詞》 ①光がものに反射して、目に受ける赤・青・黄などの感じ。色彩。「あか(赤)い・ からー・の・ したじ(下敷)き・を・ こ(買)ー・た。」②写真、印刷物、映画などで、色を用いて表現してあること。また、そのように表現されたもの。また、その色。「ぜんぶ(全部)・の・ ぺーじ(ページ)・が・ からー・の・ ほん(本)・は・ ね(値)・が・ たか(高)い。」■対語＝「しろくろ【白黒】」〔①⇒**いろ【色】**。②⇒**いろつき【色付き】、てんねんしょく【天然色】**〕

カラー〔**からー**〕【英語＝collar】《名詞》 詰め襟の服の襟の内側に取り付けるもの。「がくせーふく(学生服)・の・ しろ(白)い・ からー・が・ わ(割)れ・た。」

がらあき【がら空き】《形容動詞や(ノ)》 中にほとんど人がいないような様子。「にっちょーび(日曜日)・や・のに・ えーがかん(映画館)・は・ がらあきやっ・た。」◆物の場合にも使う。〔⇒**がらすき【がら空き】**〕

からあげ【空揚げ】《名詞》 肉や魚や野菜などを、衣を付けずに油で揚げること。「さつまいも(薩摩芋)・の・ からあげ・を・ つく(作)る。」◆「鶏の唐揚げ」というような使い方とは異なっている。

からい【辛い】《形容詞・アイ型》 ①塩味が強いと感じる。「からい・ しる(汁)・が・ す(好)きや・ねん。」②ひりひりと舌を刺すような感じがする。「からい・ とんがらし(唐辛子)・で・ びっくりし・た。」③厳しい。容赦をしない。「からい・ てん(点)・を・ つ(付)け・られ・た。」■対語＝「あまい【甘い】」〔①⇒**しおからい【塩辛い】**〕

からいばり【空威張り】《名詞、動詞する》 虚勢を張ること。内容がないのに、うわべだけ偉そうにすること。「あの・ こ(子)・は・ うちべんけー(内弁慶)で・ からいばりし・とる・ん・や。」

からから《形容動詞や(ノ)》 ①喉の水分が無くなって乾ききっている様子。「のど(喉)・が・ からからに・ なっ・た。」②池や川や田畑などに水がなく、土や石が乾ききっている様子。「いけ(池)・が・ からからに・ ひあ(干上)がっ・とる。」〔⇒**かんからかん**〕

からから《副詞と》 堅いものが触れ合って音をたてる様子。また、その音。「こい(鯉)のぼり・の・ かざぐるま(風車)・が・ からからと・ な(鳴)っ・とる。」

がらがら《名詞》 振り動かすとガラガラと鳴る、赤ん坊向けのおもちゃ。「がらがら・を・ ふ(振)っ・たら・ にこっと・ する。」「じぶん(自分)・で・ がらがら・を・ つか(掴)ん・で・ あそ(遊)ん・どる。」◆幼児語のようでもあるが、実はこれ以外の呼び名はない。

がらがら《名詞、動詞する》 水や消毒液で口や喉をすすぎ清めてから吐き出すこと。「みんな(皆)・で・ なら(並)ん・で・ がらがらする。」◆大きな音を立てて行う場合は、この語を使うことが多い。◆幼児語。〔⇒**うがい【嗽】、ぶくぶく**〕

がらがら《形容動詞や(ノ)》 ①中に人やものがほとんど入っていない様子。「がらがらの・ きょーしつ(教室)・に・ いちばんの(一番乗)りし・た。」②発音する声が嗄れている様子。「こえ(声)・が・ あ(荒)れ・て・ がらがらに・ なっ・た。」③周りの人のことも考えずに、自分の思いなどを遠慮なくしゃべる様子。「がらがらと・ ゆ(言)ー・て・ じぶんかって(自分勝手)な・ しと(人)・や。」

がらがら《副詞と》 堅いものが触れ合ったり壊れたりして、大きな音をたてる様子。また、その音。「あまど(雨戸)・を・ がらがらと・ あ(開)ける。」

がらくた《名詞》 役に立たないような品物。価値の低い品物。「おまえ(前)・に・は・ がらくた・でも・ おれ(俺)・に・は・ たからもん(宝物)・や。」

からくち【辛口】《名詞》 一般のものに比べて、塩味が強かったり、ひりひりと舌を刺すような感じが強かったりする食べ物や飲み物など。「からくち・の・ かれー(カレー)・が・ す(好)きな・ん・や。」「からくち・の・ そーす(ソース)・を・ かける。」■対語＝「あまくち【甘口】」

からけつ【空けつ】《形容動詞や(ノ)》 金品を何も持たない様子。「けーば(競馬)・で・ ま(負)け・て・ からけつに・ なっ・ても・た。」

からげる《動詞・ガ行下一段活用》 着物の裾や袂をまくり上げてとめる。「あめ(雨)・の・ ふ(降)る・ ひ(日)ー・は・ ずぼん(ズボン)・を・ からげ・て・ ある(歩)い・た・ ほー(方)・が・ え(良)ー・よ。」「しり(尻)・を・ からげる。」■名詞化＝**からげ**

からげんき【空元気】《形容動詞や(ノ)》 体力や気力や活動力などがあるように、うわべだけ見せかけている様子。「あいつ(彼奴)・は・ からげんきで・ けんか(喧嘩)し・たら・ いつも・ ま(負)け・て・ばっかり・や。」

からし【芥子】《名詞》 カラシナの種を粉にした、黄色くて辛い調味料。「かんとだ(関東炊)き・に・ からし・を・ ぬ(塗)っ・て・ く(食)う。」

からす【鴉】《名詞》 人家の近くにすむ利口な鳥で、大きなくちばしを持ち、体の大きな黒い鳥。「からす・が・ ごみおきば(塵置場)・を・ あさ(漁)っ・て・ こま(困)る。」〔⇒**かあかあ**〕

からす【嗄らす】《動詞・サ行五段活用》 声を出しすぎて、声をかすれさせて出にくくしてしまう。「こえ(声)・を・ からし・て・ やきゅー(野球)・の・ おーえん(応援)・を・ する。」■自動詞は「かれる【嗄れる】」

からす【枯らす】《動詞・サ行五段活用》 木や草などの生気を失わせる。また、放置することによって、そのようにしてしまう。「あつ(暑)い・ なつ(夏)・やっ・た・さかい・ とまと(トマト)・を・ ぜんぶ(全部)・ からし・ても・た。」■自動詞は「かれる【枯れる】」

ガラス〔**がらす**〕【オランダ語＝glas】《名詞》 建築用材

や器具などに使うもので、石英や炭酸ナトリウムなどを原料として、透き通って固い物体としたもの。「がらす・を・　めん(＝壊し)・で・　よー・　おこ(怒)ら・れ・た・もんや。」

がらすき【がら空き】《形容動詞や(ノ)》　中にほとんど人がいないような様子。「がらすきの・　でんしゃ(電車)・で・　すわ(座)っ・て・　つーきん(通勤)する。」◆物の場合にも使う。〔⇒**がらあき**【**がら空き**】〕

ガラスしょうじ〔**がらすしょーじ**〕【オランダ語＝glas ＋障子】《名詞》　①部屋の内外を仕切るために使うもので、格子に組んだ桟に紙を張って使う建具の一部にガラスをはめ込んだもの。「がらすしょーじ・に・　なっ・とる・さかい・　にわ(庭)・が・　よー・　み(見)える。」②枠以外の全体がガラスでできている建具。「がらすしょーじ・に・　か(替)え・たら・　げんかん(玄関)・が・　あ(明)こー・　なっ・た。」〔②⇒**ガラスど**【オランダ語＝glas ＋ 戸】〕

ガラスど〔**がらすど**〕【オランダ語＝glas ＋ 戸】《名詞》　枠以外の全体がガラスでできている建具。「じむしょ(事務所)・は・　がらすど・に・　なっ・とる。」〔⇒**ガラスしょうじ**【オランダ語＝glas ＋ 障子】〕

からだ【体】《名詞》　①生きている一人の人や一頭の動物の全体。人や動物の頭から足の先までの全体。「すもーと(相撲取)り・は・　おー(大)けな・　からだ・で・ないと・　つと(務)まら・へん。」②健康の具合。体力。「からだ・を・　こわし・て・　にゅーいん(入院)し・とる。」③身のありよう。「らいしゅー(来週)・の・　にっちょー(日曜)・は・　からだ・を・　あ(空)け・てほしー・ねん・けど。」〔⇒**かだら**【(体)】。①⇒**み**【**身**】〕

からだつき【体付き】《名詞》　外見上の手足や胴体などの格好。体の輪郭について、受ける感じ。「きしゃ(華奢)な・　からだつき・で・　こえ(声)・も・　ほそぼそ(細々)し・た・　ひと(人)・や。」〔⇒**かだらつき**【(体付き)】、**たいけい**【**体形**】〕

からっと《副詞》　①暗い様子から、見違えるように明るくなる様子。空が晴れ晴れとしている様子。「きのー(昨日)・と・　ちご(違)・て・　きょー(今日)・は・　からっと・　は(晴)れ・た。」②湿っていたものがすっかり乾燥する様子。「おかげ(陰)・で・　せんたくもん(洗濯物)・が・　からっと・　かわ(乾)い・た。」

がらっと《副詞》　天候や態度や状況などが急に、すっかり変わる様子。「がらっと・　ひと(人)・が・　い(入)れか(替)わっ・た。」「みんな(皆)・に・　こーげき(攻撃)さ・れ・て・　あいつ(彼奴)・の・　かんが(考)えかた・が・　がらっと・　か(変)わっ・た。」

からっぽ【空っぽ】《名詞、形容動詞や(ノ)》　中に何も入っていないこと。あるべきものが中に入っていないこと。「き(気)・が・　つ(付)い・たら・　さいふ(財布)・の・　なか(中)・が・　からっぽやっ・て・　かいもん(買物)・が・　でけ(出来)・なんだ。」〔⇒**から**【**空**】〕

からて【空手】《名詞》　防具などを付けず、手足だけで突きや蹴りや受けをして戦う武術。「しゅみ(趣味)・で・　からて・を・　なら(習)う。」

からぶり【空振り】《名詞、動詞する》　球技で、振ったバットやラケットにボールが当たらないこと。「え(良)ー・　とき(時)・やっ・た・のに・　からぶりし・て・　さんしん(三振)・を・　し・ても・た。」

からまわり〔**からまーり**〕【空回り】《名詞、動詞する》　①車輪や機械などが無駄に回ること。「しゃりん(車輪)・が・　からまーりし・て・　さか(坂)・を・　のぼ(上)ら・れ・へん。」②考えや行動がぐるぐると巡って進展しないこと。本人が力んでも他の人が反応しないこと。「まー(周)り・の・　ひと(人)・が・　きょーりょく(協力)し・てくれ・へん・さかい・　ひとり(一人)・で・　からまーりし・とっ・た。」

からん《副詞と》　堅いものや乾いたものが他のものに触れて、明るく澄んだ音をたてる様子。「げた(下駄)・の・　おと(音)・が・　からん・　からんと・　き(聞)こえる。」

がらん《副詞と》　堅いものや乾いたものが他のものに触れて、大きく騒がしい音をたてる様子。「たな(棚)・の・　にもつ(荷物)・が・　がらんと・　お(落)ち・た。」

がらんと《副詞、動詞する》　中に何もなくて広々としている様子。空虚さを感じて寂しい様子。「たいいくかん(体育館)・が・　がらんと・　し・とる。」

がらんどう〔**がらんどー、がらんど**〕《名詞、形容動詞や(ノ)》　①広いところの内部に何もない様子。「びる(ビル)・の・　なか(中)・は・　みせや(店屋)・も・　ないよーなっ・て・　がらんどや。」②空洞になっている様子。中に何も詰まっていない様子。「はしら(柱)・の・　しん(芯)・の・　ほー(方)・は・　くさ(腐)っ・て・　がらんどーに・　なっ・ても・とる。」

かり【借り】《名詞》　①あとで返す約束をして金品などを受け取ること。また、その金品。「とも(友)だち・に・　いちまんえん(一万円)・の・　かり・が・　ある。」②他の人から恩恵などを受けることによって、その相手に負い目を感じていること。「あいつ・に・は・　かり・が・　あっ・て・　あたま(頭)・が・　あ(上)がら・へん。」■対語＝「かし【**貸し**】」

かり【仮】《名詞》　①そうでないことを、そのように考えてみること。本当のことではないこと。「かり・の・　おやこ(親子)・の・　やく(役)・に・　なっ・て・　しばい(芝居)・を・　する。」「かり・に・　しっぱい(失敗)し・た・　とき・に・は・　どない・　する・　つもり・なん・や。」②ほんの一時のものであること。正式のものでないこと。「かり・の・　りょーしゅーしょー(領収証)・を・　ください。」

がり《名詞》　蝋を引いた原紙を鑢板にあてがって鉄筆で文字や絵を書いて、蝋の欠けた部分から印刷インクをにじみ出させて印刷すること。また、それによって作った印刷物。「がり・の・　げんし(原紙)・を・　いちまい(一枚)・　つく(作)っ・た・さかい・　かた(肩)・が・　こ(凝)っ・た。」「がり・は・　うらおもて(裏表)・に・　いんさつ(印刷)し・たら・　うら(裏)・が・　うつ(映)っ・て・　よ(読)みにくい。」◆鉄筆を使ってヤスリの上で文字を書くときに、ガリガリという音がするのに由来する言葉である。〔⇒**とうしゃばん**【**謄写版**】、**がりばん**【**がり版**】〕（写真は、とうしゃばん【謄写版】の項を参照）

かりかり《副詞と、動詞する》　①気持ちよい音を立てて噛む様子。また、その音。「あお(青)い・　うめ(梅)・を・　か(噛)ん・だら・　かりかり・　おと(音)・が・　し・た。」②ものごとが思うようにならなくて、落ち着かない様子。焦って心にゆとりがない様子。思い通りにならなくて気持ちが高ぶっている様子。「しず(静)かに・　はなし(話)・を・　はじ(始)め・た・ん・や・けど・　とちゅー(途中)・から・　はら(腹)・が・　た(立)っ・て・　かりかりし・ても・た。」〔②⇒**いらいら**〕

がりがり《形容動詞や(ノ)》　ひどくやせ細っている様子。「よー・　く(食)う・けど・　からだ(体)・は・　がりがりや。」

がりがり《副詞と》　堅いものを切ったり砕いたりして、小刻みに鈍い音を立てている様子。「ねずみ(鼠)・が・　がりがりと・　いた(板)・を・　かじ(囓)っ・とる。」「のこぎり(鋸)・で・　がりがりと・　き(木)ー・を・　き(切)る。」

がりきり【がり切り】《名詞、動詞する》　紙に謄写印刷するために、蝋を引いた原紙に、鉄筆などで多数の細かい孔をあけること。「いちまい(一枚)・　がりきりする・の・に・　にじかん(二時間)・ぐらい・　かかる。」

かりこ《名詞》　釣りなどに使う木造の船で、手こぎで動かし、「てんま【伝馬】」より大きいもの。「かりこ・で・　べらつ(釣)り・に・　い(行)く。」◆発動機などを搭載しているものは「きかいせん【機械船】」と言った。

かりとる【刈り取る】《動詞・ラ行五段活用》　稲や草などの群がって生えているものを、まとめて切る。「かりとっ・た・　くさ(草)・を・　いっかしょ(一箇所)・に・　あつ(集)める。」

かりぬい【仮縫い】《名詞、動詞する》　洋服などを作るときに、具合を見るためにとりあえず縫ってみること。「かりぬい・まで・　でき(出来)・た・さかい・　いっぺん(一遍)・　き(着)・てみ・てくれ・へん・か。」

かりばた【(軽業)】《名詞》　綱渡りや玉乗りなどを身軽にやって見せる芸。動物の芸や人の曲芸などを中心にした見せ物。「かりばた・みたいに・　ほそ(細)い・　はし(橋)・を・　わた(渡)る。」◆比喩としては、危険を伴う行為などを表す。〔⇒**かるわざ**【軽業】、**サーカス**【英語＝circus】〕

がりばん【がり版】《名詞》　①蝋を引いた原紙を鑢板にあてがって鉄筆で文字や絵を書いて、蝋の欠けた部分から印刷インクをにじみ出させて印刷すること。また、その印刷に用いる器具。また、それによって作った印刷物。「しけん(試験)・は・　がりばん・で・　つく(作)っ・てある・　もんだい(問題)・や。」「がりばん・が・　いちまい(一枚)・た(足)ら・へん。」②原紙に孔をあけるために使うヤスリの板。「がりばん・の・　やすり(鑢)・が・　ちび・た。」〔①⇒**とうしゃばん**【謄写版】、**がり**〕

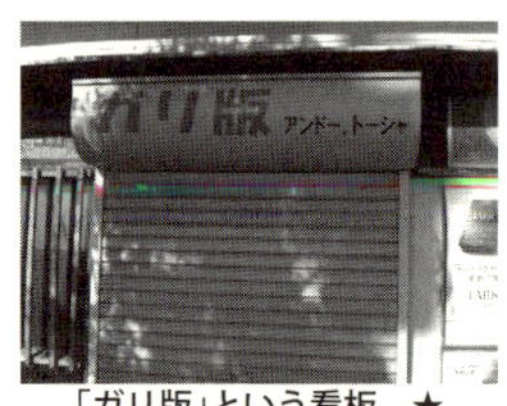

「ガリ版」という看板　★

かりもん【借り物】《名詞》　自分のものではなく、人から一時的に受け取った品。「うんどーかい(運動会)・の・　かりもんきょーそー(競争)・に・　で(出)る。」

かる【借る】《動詞・ラ行五段活用》　①あとで返す約束をして、他人の金品などを受け取ったり使ったりする。「としょかん(図書館)・で・　ほん(本)・を・　かる。」②代金を払って、使う。「ちゅーしゃじょー(駐車場)・を・　つきぎめ(月極)・で・　かる。」③他の人から恩恵などを受ける。「みんな(皆)・の・　え(良)ー・　かんが(考)え・を・　かり・たい・ねん・けど・　きょーりょく(協力)し・てー・な。」■対語＝「かす【貸す】」■名詞化＝**かり**【借り】

かる【刈る】《動詞・ラ行五段活用》　①稲や草などの群がって生えているものを、根元から切り取る。「かま(鎌)・で・　いね(稲)・を・　かる。」②散髪をする。頭髪を切り揃える。「できるだけ・　みじか(短)め・に・　かっ・てください。」

がる《接尾語・ラ行五段活用》〔形容詞や形容動詞の語幹に付く〕　そのように思ったり感じたりする。「でっどぼーる(デッドボール)・に・　なっ・て・　ごっつい・　いた(痛)がっ・とる。」「さむ(寒)がら・んと・　そと(外)・を・　はし(走)っ・てこい。」「きれー(綺麗)な・　いろ(色)・の・　くも(雲)・を・　み(見)・て・　みな(皆)・で・　ふしぎ(不思議)がっ・た。」◆似たような意味をそなえて、動詞に続く場合は助動詞の「たがる」を使う。

かるい【軽い】《形容詞・ウイ型》　①それを支え持つには力が要らないほど、目方が小さい。「なかみ(中身)・が・　から(空)っぽ・の・　かるい・　はこ(箱)・を・　たな(棚)・に・　あ(上)げ・とく。」②たいした程度ではない。簡単である。「かるーく・　いっぱい(一杯)・　の(飲)ん・でいこ・か。」③言動などが軽率である。深く考えずに他人に話してしまう。「あの・　ひと(人)・は・　くち(口)・が・　かるい・さかい・　おし(教)え・たら・　あかん。」「かるい・　にんげん(人間)・は・　つきあい・が・　しにくい。」④味や香りなどが、あっさりしている。「かるい・　あじ(味)・の・　ぽてとちっぷ(ポテトチップ)・が・　す(好)きや。」■対語＝「おもい【重い】」「おもたい【重たい】」

かるいし【軽石】《名詞》　溶岩が急に冷えてできた、小さな穴が多くて軽い岩石。「かるいし・で・　あし(足)・の・　うら(裏)・を・　こする。」「かるいし・を・　みず(水)・に・　う(浮)け・て・　あそ(遊)ぶ。」

かるがる【軽々】《副詞と》　重さを感じていなくて、いかにも軽そうに動かす様子。たやすそうであって、困難さを感じていない様子。「かるがると・　ほ(放)りなげ・た。」「かるがると・　え(絵)ー・を・　いちまい(一枚)・か(描)い・た。」

かるさ【軽さ】《名詞》　軽いこと。また、その程度。「あいつ(彼奴)・の・　かるさ・で・は・　すもー(相撲)・に・　か(勝)た・れ・へん・やろ。」◆重くても軽くても「おもさ【重さ】」「おもたさ【重たさ】」を使うが、特に軽い様子を強調するような場合に「かるさ」を使うことがある。■対語＝「おもさ【重さ】」「おもたさ【重たさ】」。

カルシューム〔**かるしゅーむ**〕【英語＝calcium】《名詞》　石灰や貝殻などに含まれていて、動物の歯や骨を作っている物質。「ぎゅーにゅー(牛乳)・に・は・　かるしゅーむ・が・　ぎょーさん(仰山)・　ふく(含)ま・れ・とる。」

カルタ〔**かるた**〕【歌留多、ポルトガル語＝carta】《名詞》　①遊びに使う、絵や字をかいた札。「しょーがつ(正月)・に・　なっ・たら・　ざっし(雑誌)・の・　ふろく(付録)・の・　かるた・で・　あそ(遊)ん・だ・なー。」②いろは47文字のそれぞれの発音が、最初に出てくる諺などを書いた、遊びに使う札。「いぬ(犬)・も・　ある(歩)け・ば・　ぼー(棒)・に・　あ(当)たる・と・　ゆー・　かるた・を・　おぼ(憶)え・とる。」〔②⇒**いろはカルタ**【いろは歌留多、いろは＋ポルトガル語＝carta】〕

かるわざ【軽業】《名詞》　綱渡りや玉乗りなどを身軽にやって見せる芸。動物の芸や人の曲芸などを中心にした見せ物。「かるわざ・みたいに・　するすると・　き(木)ー・に・　のぼ(登)る。」◆比喩としては、危険を伴う行為などを表す。〔⇒**かりばた**【(軽業)】、**サーカス**【英語＝circus】〕

かれ【彼】《名詞》　①あの男の人。「かれ・が・　こんど(今度)・　にゅーしゃ(入社)し・た・　ひと(人)・や。」②恋人・婚約者・夫などのように、親しい男の人。「かれ・と・は・　どこ・で・　し(知)りおー・た・ん。」◆①の使い方は稀である。「あいつ【彼奴】」「あの　おとこ【あの・男】」などの言い方が多い。②は、「かれし【彼氏】」と言うことが多い。■対語＝「かのじょ【彼女】」〔②⇒**かれし**【彼氏】〕

かれ《終助詞》 強く打ち消して拒否する気持ちを表す言葉。そうではないという意味のことを、反語的に表す言葉。「そんな・ こと・は・ わし・が・ し(知)っ・とる・かれ。」〔⇒**か、かえ、かい、もんか、もんかい**〕

かれい〔**かれー、かれ**〕【**鰈**】《名詞》 砂地の海にすみ、体が平たい魚。「かれ・を・ つ(釣)り・に・ い(行)か・へん・か。」「こ(小)まい・ かれ・が・ ぎょーさん(仰山)・つ(釣)れ・た・さかい・ や(焼)い・て・ ほ(干)す。」

カレー〔**かれー**〕【英語= curry】《名詞》 肉や野菜などにカレー粉を入れて煮込んだもの。また、それをご飯にかけたもの。「こども(子供)・は・ ほんま(本真)に・ かれー・が・ す(好)き・なんや・なー。」

カレーこ〔**かれーこ**〕【英語= curry + 粉】《名詞》 肉や野菜などを入れて煮込んだものに味や香りをつける粉。「むかし(昔)・は・ はうす(ハウス)・の・ かれーこ・しか・ う(売)っ・とら・なんだ。」◆かつては、文字通り、粉のものを使っていた。

かれし【**彼氏**】《名詞》 恋人・婚約者・夫などのように、親しい男の人。「かれし・は・ まだ・ でけ(出来)・へん・のん・かいなー。」■対語=「かのじょ【彼女】」〔⇒**かれ**【**彼**】〕

かれは【**枯れ葉**】《名詞》 水分がなくなり、生気を失った葉。「かれは・が・ と(飛)びちっ・て・ は(掃)く・の・に・ なんぎ(難儀)する。」

かれる【**枯れる**】《動詞・ラ行下一段活用》 ①枝や葉の水分がなくなり、生気を失う。「ひで(日照)り・が・ つづ(続)い・て・ は(葉)ー・が・ かれる。」「かれ・た・ えだ(枝)・を・ き(切)りとる。」②木や草の水分がなくなり、生気を失う。木や草が命を失う。「かれ・て・ たお(倒)れ・た・ き(木)ー・を・ も(燃)やす。」■名詞化=**かれ**【**枯れ**】

かれる【**涸れる**】《動詞・ラ行下一段活用》 これまでにあった川や池や井戸などの水がなくなる。「あめ(雨)・が・ふ(降)ら・ん・さかい・ いけ(池)・が・ かれ・よる。」

かれる【**嗄れる**】《動詞・ラ行下一段活用》 声を出しすぎて、声がかすれて出にくくなる。声が滑らかでなく、かすれたようになる。「おーえん(応援)し・て・ どな(怒鳴)っ・とっ・た・ん・で・ こえ(声)・が・ かれ・ても・た。」■他動詞は「からす【嗄らす】」■名詞化=**かれ**【**嗄れ**】

カレンダー〔**かれんだー、かれんだ**〕【英語= calendar】《名詞》 一年中の月・週・日や行事などを、日の順に書き込んだもの。「かいらしー・ え(絵)ー・の・ かれんだ・を・ へや(部屋)・に・ か(掛)ける。」〔⇒**こよみ**【**暦**】〕

かわ〔**かー**〕【**川**】《名詞》 ①地表に集まった水が、地表の窪んだところへ集まって、流れ下っていく水路。「かわ・に・ そ(沿)っ・て・ ほそ(細)い・ みち(道)・が・つづ(続)い・とる。」②普通以上に、水や液体の流れがあること。「なみだ(涙)・が・ かわ・に・ なっ・とる・ぞ。」◆②は隠喩としての使い方である。

かわ〔**かー**〕【**皮**】《名詞》 ①動植物の外側を包んで、内部を保護するもの。「みかん(蜜柑)・の・ かー・を・ む(剥)い・て・ た(食)べる。」②ものの中身をおおって包んでいるもの。「まんじゅー(饅頭)・に・ うす(薄)い・かわ・が・ ある。」

かわ〔**かー**〕【**革**】《名詞》 動物の皮を、毛を取り去ってなめして柔らかくしたもの。「かわ・の・ さいふ(財布)・を・ こ(買)ー・た。」

がわ〔**がー**〕【**側**】《名詞》 ①並んでひとまとまりになっているもの。列になっているもの。「あっち・の・ がー・に・ なら(並)ん・でください。」②外側を巻くようになっているもの。「まっちばこ(マッチ箱)・の・ がー・を・ は(貼)る・ ないしょく(内職)・を・ し・た・ こと・が・ ある。」◆名詞に続いて一語になった場合は、「かわ」と発音することもある。「みぎ(右)っかわ」「した(下)っかわ」

かわいい〔**かわいー、かーいー**〕【**可愛い**】《形容詞・イイ型》 ①無心であったり無邪気であったりして愛らしく感じられる。美しくて心引かれる。優しく扱ってやりたい気持ちになる。「かわいー・ おんな(女)・の・こ(子)・が・ うけつけがかり(受付係)・を・ し・とる。」②優しく扱いたいと思うほど、小さい。「かわいー・ はこ(箱)・やっ・た・さかい・ あ(有)る・の・に・ き(気)・が・ つか・なんだ。」〔⇒**かいらしい**【(可愛らしい)】、**かわいらしい**【**可愛らしい**】〕

かわいがる〔**かーいがる**〕【**可愛がる**】《動詞・ラ行五段活用》 かわいいと思って大事にする。愛して優しく扱う。「まご(孫)・を・ かーいがっ・て・ あっちこっち・へ・ つ(連)れ・ていく。」「いぬ(犬)・を・ かわいがる。」〔⇒**かいがる**【(可愛がる)】〕

かわいげ〔**かーいげ**〕【**可愛げ**】《名詞》 他の人が、大切にしたい、優しくしたいという気持ちを起こすような、その人のそなえているすばらしさ。「ちゃんと・ へんじ(返事)・も・ せ・んと・ かわいげ・の・ ない・ こ(子)ー・や・なー。」

かわいそう〔**かわいそー、かーいそー**〕【**可哀相**】《形容動詞や(ナ)》 気の毒で、人の同情を引くような様子。できることなら何とか救ってやりたいと思う様子。「かわいそーな・ えーが(映画)・を・ み(見)・て・ なみだ(涙)・が・ こぼれ・た。」「この・ しょーせつ(小説)・の・ しゅじんこー(主人公)・は・ かーいそーな・ ひと(人)・なんや。」

かわいらしい〔**かわいらしー**〕【**可愛らしい**】《形容詞・イイ型》 ①無心であったり無邪気であったりして愛らしく感じられる。美しくて心引かれる。優しく扱ってやりたい気持ちになる。「となり(隣)・の・ せき(席)・に・かわいらしー・ こ(子)ー・が・ すわ(座)っ・た。」②優しく扱いたいと思うほど、小さい。「かわいらしー・さかな(魚)・しか・ つ(釣)れ・へん。」〔⇒**かいらしい**【(可愛らしい)】、**かわいい**【**可愛い**】〕

かわおび〔**かーおび**〕【**革帯**】《名詞》 革でできた、ズボンなどの腰を締める平たい帯。ベルト。「かわおび・の・まえ(前)・に・ ばっくる(バックル)・を・ つ(付)ける。」

かわかす〔**かーかす**〕【**乾かす**】《動詞・サ行五段活用》 ①ものに含まれている水分や湿り気がなくなるようにする。「ふで(筆)・で・ か(書)い・た・ じ(字)ー・を・かわかす。」②太陽や火にあてて、水分や湿気などを取り除くようにする。「きゅー(急)な・ あめ(雨)・に・あ(当)たっ・て・ ぬ(濡)れ・た・ ふく(服)・を・ ひ(火)ー・で・ かーかす。」■自動詞は「かわく【乾く】」〔②⇒**ほす**【**干す**】〕

かわき〔**かーき**〕【**乾き**】《名詞》 ものに含まれていた水分や湿り気がなくなること。また、そうなった状態や、そうなるまでの速さ。「かぜ(風)・が・ な(無)い・さかい・ せんたくもん(洗濯物)・の・ かわき・が・ おそ(遅)い。」

かわき〔**かーき**〕【**渇き**】《名詞》 喉に湿り気がなくなること。「あせ(汗)・を・ かい・て・ のど(喉)・の・ かーき・が・ はや(速)い。」

かわく〔**かーく**〕【**乾く**】《動詞・カ行五段活用》 ものに含

まれていた水分や湿り気がなくなる。「かぜ(風)・が・　あった(暖)かい・さかい・　よー・　かわい・た。」■他動詞は「かわかす【乾かす】」■名詞化＝**かわき**【乾き】

かわく〔**かーく**〕【渇く】《動詞・カ行五段活用》 喉に湿り気がなくなって、水などを飲みたくなる。「のど(喉)・が・　かーい・て・　びーる(ビール)・が・　の(飲)み・とー・　なっ・た。」■名詞化＝**かわき**【渇き】

かわくじら【皮鯨】《名詞》 鯨の肉の、脂身の多い皮の部分。「かすじる(粕汁)・に・　かわくじら・を・　い(入)れ・たら・　うま(美味)い・なー。」

かわぐつ〔**かーぐつ**〕【革靴】《名詞》 動物の皮をなめしたもので作った靴。「あたら(新)しー・　かわぐつ・を・　は(履)い・て・　まめ(肉刺)・が・　でけ(出来)・た。」

かわばた〔**かーばた**〕【川端】《名詞》 ①川のそばにある地域。「おーみず(大水)・で・　かーばた・が・　みず(水)・に・　つ(浸)かっ・た。」②川の内側のふち。「おき(沖)・から・　もど(戻)っ・て・　かーばた・に・　ふね(舟)・を・　つな(繋)い・どく。」

かわほりじょうき〔**かわほりじょーき、かーほりじょーき**〕【川掘り蒸気】《名詞》 海底や川底を浚渫する機械などを備えた大型の船。「はと(波止)・の・　おき(沖)・の・　ほー(方)・で・　かわほりじょーき・が・　うみ(海)・の・　そこ(底)・を・　さら(浚)え・とる。」◆海岸近くにやってきて、海底を浚渫する様子を何度も見たことがある。バケツ状のものを連ねて海底を浚渫していたようで、作業が始まるとガラガラという大きな音が遠くまで響いていた。海でしか見ないのに「かわほり【川掘り】」と言うのを不思議に思ったことがある。「じょーき【蒸気】」と言うのは、動力源として、かつて蒸気を使っていたためかと、勝手に想像していた。

かわら〔**かーら**〕【瓦】《名詞》 屋根をおおうのに使うために、粘土を一定の形にして窯で焼いたもの。「じしん(地震)・で・　ゆ(揺)れ・て・　かーら・が・　ずっ・てき・た。」「やぎ(八木)・の・　かーら・の・　こーば(工場)・は・　もー・　ぜんぶ(全部)・　ないよーなっ・た。」◆「くろがわら【黒瓦】」「あかがわら【赤瓦】」「いろがわら【色瓦】」などと言い分けることがある。

かわらけ〔**かーらけ**〕【土器】《名詞》 釉薬をかけていない、素焼きの陶器。「かわらけ・の・　ほうらく・で・　まめ(豆)・を・　い(煎)る。」

かわらし〔**かーらし**〕【瓦師】《名詞》 瓦を作る人。瓦工場を経営する人。「この・　あた(辺)り・は・　かーらし・が・　おか(多)い。」「かわらし・の・　えんとつ(煙突)・から・　けむり(煙)・が・　ではじ(出始)め・たら・　せんたくもん(洗濯物)・を・　と(取)りこま・んならん。」

かわらぶき〔**かーらぶき**〕【瓦葺き】《名詞、動詞する》 屋根を瓦で覆うこと。瓦で覆った屋根。「わらやね(藁屋根)・の・　いえ(家)・を・　かわらぶき・に・　する。」「あか(赤)い・　かーらぶき・の・　いえ(家)・が・　にけん(二軒)・　なら(並)ん・どる。」■関連語＝「わらぶき【藁葺き】」〔⇒**かわらやね**【瓦屋根】〕

かわらやね〔**かーらやね**〕【瓦屋根】《名詞》 屋根を瓦で覆うこと。瓦で覆った屋根。「おと(恐)ろしい・　おにがわら(鬼瓦)・が・　の(載)っ・とる・　かわらやね・や・なー。」■類語＝「わらやね【藁屋根】」「わらや【藁屋】」〔⇒**かわらぶき**【瓦葺き】〕

かわり〔**かーり**〕【代わり、替わり】《名詞》 ①ある人の役目を、他の人がすること。また、それをする人。「あいつ(彼奴)・の・　かーり・に・　ぼく(僕)・が・　い(行)き・ます。」②埋め合わせをすること。また、それに使うもの。「これ・を・　あ(上)げる・　かわり・に・　それ・を・　く(呉)れ・へん・か。」③他のものと取り換えること。「こしょー(故障)し・た・　ばす(バス)・の・　かーり・が・　で(出)る。」「ほしょーきかんちゅー(保証期間中)・や・さかい・　かわり・の・　もの(物)・と・　こーかん(交換)し・ます。」

かわり〔**かーり**〕【変わり】《名詞》 前の状態から変化すること。前に比べて変化した内容。「かわり・も・　なく・　げんき(元気)です。」

かわりばんこに〔**かーりばんこに**〕【代わり番こに】《副詞》 交互に。代わる代わる入れ替わって。「けんか(喧嘩)せ・んと・　かわりばんこに・　つか(使)い・なはれ。」〔⇒**かたみに**【互みに】、**かためいに**【互めに】、**かたみかわりに**【互み替わりに】、**かためかわりに**【互め替わりに】、**かたみばんこに**【互み番こに】、**かためばんこに**【互め番こに】〕

かわりめ〔**かーりめ**〕【変わり目】《名詞》 ものごとが移り変わる時期や時間。何かが終わって次のものが新しく始まることや、その時。「きせつ(季節)・の・　かわりめ・は・　かぜ(風邪)・を・　ひきやすい。」「ひきしお(引潮)・から・の・　かわりめ・に・　ふね(舟)・を・　だ(出)す。」

かわりもん〔**かーりもん**〕【変わり者】《名詞》 行動の仕方や考え方などが、普通の人とは違う性格の持ち主。一般の人とは違う行動や考えをして、それを頑固に貫く人。「なん(何)・でも・　はんたい(反対)する・　かーりもん・が・　おる・さかい・　き(気ー)・を・　つ(付)け・なはれ・よ。」〔⇒**へんじん**【変人】〕

かわる〔**かーる**〕【変わる】《動詞・ラ行五段活用》 ①前とは違うようになる。「えきまえ(駅前)・の・　ばす(バス)・の・　のりば(乗場)・が・　かーっ・た・ん・で・　ちょっと(一寸)・　まよ(迷)ー・た。」②一つのものが終わって、新しいものが始まる。「つき(月)・が・　かわっ・たら・　いっぺん(一遍)・　おじゃま(邪魔)し・ます。」「とし(年)・が・　かわっ・た・さかい・　きも(気持)ち・も・　き(切)りかえ・て・　がんば(頑張)っ・てみ・ます・わ。」③一般的なこととは違う。「かわっ・た・　かんが(考)えかた・を・　する・　ひと(人)・や。」■他動詞は「かえる【変える】」■名詞化＝**かわり**【変わり】

かわる〔**かーる**〕【代わる、替わる】《動詞・ラ行五段活用》 役目や働きを、他のものが引き受ける。交替する。「おやじ(親父)・に・　かわっ・て・　みせばん(店番)・を・　する。」「むすこ(息子)・の・　たんにん(担任)・の・　せんせー(先生)・が・　かーっ・た。」■他動詞は「かえる【代える、替える】」■名詞化＝**かわり**【代わり、替わり】

かわるがわる〔**かーるがーる**〕【代わる代わる】《副詞に》 何人かが次々に入れ替わって。「しんどい・　しごと(仕事)・を・　かわるがわるに・　う(受)けもつ。」〔⇒**こうたいごうたい**【交代交代、交替交替】〕

が(を)はる〔**がー(を)はる**〕【我(を)張る】《動詞・ラ行五段活用》 自分勝手な考えや意志を押し通す。わがままを通して人に従おうとしない。「そないに・　がーはら・んと・　ひと(人)・の・　こと(事)・も・　かんが(考)え・たれ・よ。」

かん【缶】《名詞》 ブリキやアルミなどで作った、円筒形などになっている入れ物。「びーる(ビール)・の・　かん・を・　はいひんかいしゅー(廃品回収)・に・　だ(出)す。」〔⇒**かんかん**【缶々】〕

かん【寒】《名詞》 小寒から大寒を経て立春の前日まで

の、冬の最も寒いおよそ1か月の間。「かん・に・　はい(入)っ・た・さかい・　かんげーこ(寒稽古)・が・　はじ(始)まる。」

かん【疳】《名詞》　小児期に見られる、神経性の病気や癖。「かん・の・　つお(強)い・　こ(子)・や・なー。」

かん【勘】《名詞》　ものごとを瞬間的に感じたり判断したりする心の働き。「かん・が・　あ(当)たっ・て・　たからくじ(宝籤)・が・　あ(当)たっ・た。」

かん【貫】《助数詞》　尺貫法で重さを表す単位であり、1貫はおよそ3.75キログラムの重さ。「たいじゅー(体重)・が・　いっ(一)かん・　ふ(増)え・た。」〔⇒**かんめ【貫目】**〕

がん【癌】《名詞》　体の組織などに悪性の腫れ物ができる病気。「がん・で・　な(亡)くなっ・て・やっ・た・ん・やて。」「さいきん(最近)・は・　がん・も・　だいぶ(大分)・　なお(治)る・よーに・　なっ・てき・た。」

がん【雁】《名詞》　秋の終わり頃に北の方から渡ってきて、空を一列になって飛ぶのが見える、首が長く足が短い水鳥。「がん・が・　なら(並)ん・で・　と(飛)ん・どる。」

がん《接尾語》［数字を表す言葉に付く］　その数字にあたる数量や金額などを表す言葉。「あめ(飴)・を・　さんびゃくえん(三百円)がん・　か(買)う。」〔⇒**がとこ、ぶん【分】、ぶり**〕

かんおけ【棺桶】《名詞》　人の遺体を入れて葬るのに使う箱。ひつぎ。「とし(歳)・を・　と(取)っ・た・さかい・　かんおけ・に・　はんぶん(半分)・　あし(足)・を・　つ(突)っこん・だ・よーな・　もん・や。」

がんか【眼科】《名詞》　目の病気を治す病院や医院。「め(目)ー・が・　しょぼしょぼする・さかい・　がんか・で・　み(診)・てもらう。」

かんかいん【感化院】《名詞》　少年の更生を助けて自立を図る施設の旧称。「かんかいん・の・　よこ(横)・の・　みち(道)・を・　とー(通)っ・て・　ははおや(母親)・の・　さと(里)・へ・　い(行)っ・た。」

かんがえ【考え】《名詞》　経験や知識をもとにして、頭を働かせてあれこれと思い、判断したこと。頭を働かせてあれこれと思った内容。「やっぱ(矢張)り・　わし・の・　かんがえ・が・　ちょっと(一寸)・　た(足)ら・なんだ・みたいや。」

かんがえこむ【考え込む】《動詞・マ行五段活用》　他のことを忘れて、ある事柄だけを深く考える。気にして、いろいろなことを思案してしまう。「そないに・　かんがえこん・だら・　からだ(体)・に・　どく(毒)・や・でー。」

かんがえちがい【考え違い】《名詞》　間違って下した判断。間違った方向へ進んでしまった考え。「ごめん。わし・の・　かんがえちがい・やっ・た。」

かんがえもん【考え物】《名詞》　よく考えなければならない物事。判断に迷う事柄。「どっち・を・　か(買)う・か・　かんがえもん・や・なー。」

かんがえる【考える】《動詞・ア行下一段活用》　①経験や知識をもとにして、頭を働かせてあれこれと思い、判断する。ものごとに筋道を立てて思いはかる。「じぶん(自分)・の・　あたま(頭)・で・　かんがえ・なはれ。」②新しい方法や技術などを生み出す。「てれび(テレビ)・を・　はじ(初)めて・　かんがえ・た・　ひと(人)・は・　えら(偉)い・なー。」■名詞化＝**かんがえ【考え】**

かんかく【間隔】《名詞》　ものともとの間の、時間や空間のへだたり。「いちめーとる(一メートル)・の・　かんかく・で・　たて(縦)・に・　なら(並)び・なさい。」「しゅっぱつ(出発)する・　かんかく・を・　あ(開)ける。」「ひとつきはん(一月半)・の・　かんかく・で・　さんぱつや(散髪屋)・に・　い(行)く。」

がんがら《名詞》　頭が大きく背ひれや胸ひれが目立っている、磯にすむ魚。カサゴ。「がんがら・を・　て(手)・で・　つか(掴)ん・だら・　いた(痛)い・ぞ。」◆関西では「がしら」という名が広く使われている。

かんからかん《形容動詞や(ノ)》　①喉の水分が無くなって乾ききっている様子。「のど(喉)・が・　かんからかんや・さかい・　みず(水)・が・　の(飲)み・たい。」②池や川や田畑などに水がなく、土が乾ききっている様子。「にわ(庭)・の・　つち(土)・が・　かんからかんに・　かわ(乾)い・ても・とっ・た・さかい・　みず(水)・を・　ま(撒)い・た。」〔⇒**からから**〕

かんからぼし【かんから干し】《形容動詞や(ノ)、名詞》　①日光に長時間あたって、水分が乏しくなっている様子。また、そのようになったもの。「みみず(蚯蚓)・が・　かんからぼしに・　なっ・て・　し(死)ん・どる。」②日光が強く当たっているところにいる様子。「かんからぼしで・　たんぼ(田圃)・の・　しごと(仕事)・を・　し・た。」〔⇒**かんかんぼし【かんかん干し】**。①⇒**ひんがらぼし【ひんがら干し】**〕

カンガルー〔かんがるー〕【英語＝kangaroo】《名詞》　強い後ろ脚が跳躍するのに適し、出産直後は母親の袋の中で育てられる、オーストラリアなどの草原にすむ草食動物。「どーぶつえん(動物園)・の・　かんがるー・が・　ぴょこぴょこ・　と(跳)ん・どる。」

かんかん【缶々】《名詞》　ブリキやアルミなどで作った、円筒形などになっている入れ物。「かんかん・に・　あな(穴)・を・　あ(開)け・て・　ひも(紐)・を・　とー(通)し・て・　げた(下駄)・みたいに・　し・て・　あそ(遊)ぶ。」「びーる(ビール)・の・　かんかん・を・　す(捨)て・たら・　あか・ん・ぞ。」◆「かん【缶】」とも言うが、「かんかん【缶々】」と言う頻度が高い。ただし、比較的小さなものについて言うのであって、大きなドラム缶などには使わない。〔⇒**かん【缶】**〕

かんかん【看貫】《名詞》　ものを台に載せて、分銅を用いて重さを測定する枰(はかり)。ものを台に載せて、時計の文字盤のように回転する目盛りを読んで重さを測定する枰。「たいじゅー(体重)・を・　かんかん・で・　はか(測)る。」「かんかん・に・　のっ・て・　めも(目盛)り・を・　よ(読)む。」

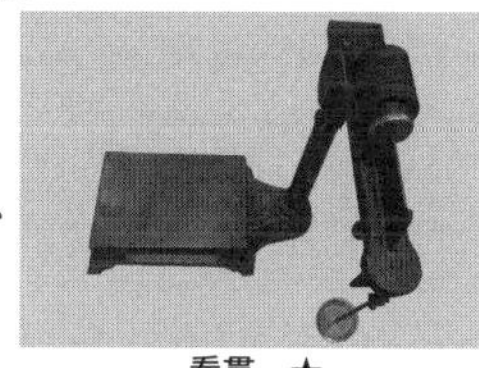

看貫　★

かんかん《形容動詞や(ノ)》　①激しく怒っている様子。「おまえ(前)・の・　こと・で・　おやじ(親父)・が・　かんかんに・　なっ・とる・ぞ。」②物事に専念している様子。「かんかんに・　なっ・て・　しごと(仕事)し・たら・　からだ(体)・を・　つぶ(潰)す・ぞ。」③日の光が強く当たったり、炭火が勢いよくおこっている様子。「あさ(朝)・から・　かんかんに・　て(照)っ・とる。」

かんかん《副詞と》　金属や石などがぶつかって、堅い感じの音を出す様子。また、その音。「かね(鐘)・を・　かんかんと・　たた(叩)く。」

がんがん【(蟹蟹)】《名詞》　堅い甲羅で覆われて、一対のはさみと四対の足を持ち、横歩きをする動物。「み(見)・てみ。がんがん・が・　ある(歩)い・とる・よ。」◆幼児語。〔⇒**かに【蟹】、がに【(蟹)】、がんた【(蟹太)】**〕

かんかんでり【かんかん照り】《名詞、形容動詞や(ノ)》

日光が強く当たっている様子。「かんかんでりや・さかい・　ぼーし(帽子)・を・　き(着)ていき・なはれ。」

かんかんぼし【かんかん干し】《形容動詞や(ノ)、名詞》 ①日光に長時間あたって、水分が乏しくなっている様子。また、そのようになったもの。「みず(水)・を・　やる・の・を・　わす(忘)れ・た・さかい・　かんかんぼしに・　なっ・て・　か(枯)れ・ても・とー。」「なすび(茄子)・の・　き(木)ー・が・　かんかんぼしに・　なっ・とる。」②日光が強く当たっているところにいる様子。「かんかんぼしで・　ある(歩)い・たら・　あか・ん・さかい・　ぼーし(帽子)・を・　かぶ(被)っ・ていき・なはれ。」〔⇒**かんからぼし**【かんから干し】。①⇒**ひんがらぼし**【ひんがら干し】〕

かんきり【缶切り】《名詞》 缶詰のふたを切り開く道具。「かんきり・で・　て(手)ー・を・　き(切)っ・た。」

かんけい〔**かんけー**〕【関係】《名詞、動詞する》 ①ものごとがつながりを持ったり、影響し合ったりすること。また、そのつながりや影響。「あいつ(彼奴)・も・　なん(何)・か・　かんけーし・とる・　はず・や。」「てんき(天気)・の・　かんけー・で・　きょー(今日)・は・　ちゅーし(中止)・に・　する。」②人と人とのつながりや間柄。「おやこ(親子)・の・　かんけー・が・　ちょっと(一寸)・よ(良)ー・ない。」

かんげい〔**かんげー**〕【歓迎】《名詞、動詞する》 新しく加わる人やものごとを喜んで迎えること。「しんい(新入)り・の・　ひと(人)・の・　かんげー・の・　かい(会)・を・　する。」

かんげいこ〔**かんげーこ**〕【寒稽古】《名詞》 厳冬期に、運動や武道などをして、体を鍛えること。「ちかごろ(近頃)・は・　かんげーこ・を・　する・　がっこー(学校)・が・　すけ(少)のー・　なっ・た。」

かんけいない〔**かんけーない**〕【関係ない】《形容詞・特殊型》 ①ものごとのつながりや影響がない。「わし・は・　あの・　じけん(事件)・と・　かんけーない。」「あした(明日)・の・　あめ(雨)・は・　たいふー(台風)・と・は・　かんけーない。」②人とのつながりや間柄としては無縁である。「おんな(同)じ・　みょーじ(苗字)・や・けど・　あの・　いえ(家)・と・は・　かんけーない・ねん。」

かんげき【感激】《名詞、動詞する》 心に強く感じて、気持ちが強く動かされること。心を強く打たれて、感情が高まること。「えーが(映画)・を・　み(見)・て・　かんげきし・て・　なみだ(涙)・が・　こぼれ・た。」「かんしゃ(感謝)・　かんげき・　あめ(雨)・　あられ(霰)・や。」

かんご【看護】《名詞、動詞する》 病人や怪我人の手当や世話をすること。「よなか(夜中)・も・　かんご・で・　つ(付)きそ(添)ー・とっ・てん。」

がんこ【頑固】《形容動詞や(ナ)》 人の言うことを受け入れず、自分の考えや立場を貫こうとする様子。「ほんま(本真)に・　がんこな・　おっさん・や。」

かんこう〔**かんこー**〕【観光】《名詞、動詞する》 ふだんは接することがない、景色の良いところや、名所旧跡などを見て回ること。「れんきゅー(連休)・に・　きゅーしゅー(九州)・の・　かんこー・を・　し・ょー・と・　おも(思)・とる。」

かんごふ【看護婦】《名詞》 医者の手助けや、病人の世話を仕事にしている女性。「やさ(優)しー・　かんごふさん・が・　めんどー(面倒)み・てくれる・から・　ありがたい。」◆この仕事に携わる男性も増えて、「かんごし【看護士】」という言葉も定着しつつある。女性に対しても「かんごし」と言うようにもなった。

かんざし【簪】《名詞》 女の人が着物を着たときに、髪に挿す飾り物。「きらきらし・た・　かんざし・を・　さ(挿)す。」

かんさつ【観察】《名詞、動詞する》 ものごとのありのままの姿や状況を、注意深く見ること。「びょーき(病気)・の・　ぐあい(具合)・を・　かんさつする。」

かんさつ【鑑札】《名詞》 役所や学校や組合などが、特定の行為や営業を許可したことを示す札や書き付け。「がっこー(学校)・から・　じてんしゃ(自転車)・の・　かんさつ・を・　もろ(貰)・て・　つ(付)ける。」

かんじ【感じ】《名詞》 ①見たり聞いたり触ったりなどして、心や体に受けるもの。「ざらざらし・た・　かんじ・が・　する。」②心に思うこと。心に抱く考え。印象。「かちょー(課長)・は・　かんじ・の・　え(良)ー・　ひと(人)・や。」

かんじ【漢字】《名詞》 中国で生まれ、日本でも使っている表意文字。「かんじ・の・　か(書)きとり・を・　する。」

かんじ【幹事】《名詞》 団体や集団の中心になって業務を行ったり、仲間の世話をしたりする役の人。「ことし(今年)・は・　ぼーねんかい(忘年会)・の・　かんじ・が・　あ(当)たっ・ても・た。」

がんじき《名詞》 落ち葉やごみなどを掻き集めるのに使う、先端を曲げた竹をゆるやかな扇形に並べて付けた道具。熊手。「しょーがっこー(小学校)・の・　ころ(頃)・は・　にちよー(日曜)・に・　なっ・たら・　がんじき・を・　も(持)っ・て・　みんな・で・　みち(道)・を・　そーじ(掃除)し・た。」◆もともとは、竹でできているものを指して言ったが、現在では金属製のものも作られている。

がんじつ【元日】《名詞》 一月一日。年が改まった日。国民の祝日の一つで、1月1日の、年のはじめを祝う日。「がんじつ・に・　はつもーで(初詣)・に・　い(行)く。」〔⇒**がんたん**【元旦】〕

かんしゃ【感謝】《名詞、動詞する》 自分に対する親切や好意をありがたいと思う気持ち。相手に向かって、ありがたいと思う気持ちを表すこと。ありがたいと感じて礼を述べること。「おや(親)・に・　かんしゃし・て・　ごはん(飯)・を・　た(食)べ・なはれ。」

かんじゃ【患者】《名詞》 病気や怪我で治療を受ける人。「きょー(今日)・の・　びょーいん(病院)・は・　かぜ(風邪)ひき・の・　かんじゃ・が・　おか(多)かっ・た・なー。」

がんしょ【願書】《名詞》 何らかの許可を得るために作成して提出する書類。受験などの意志を表明して、必要事項を書き記して提出する書類。「にゅーがく(入学)・の・　がんしょ・を・　てーしゅつ(提出)する。」

かんじょう〔**かんじょー**〕【勘定】《名詞、動詞する》 ①金銭やものの数量を計算したり、加減乗除などをしたりすること。数を一つ一つ取り上げて言うこと。また、金銭やものの数量を数えたり、加減乗除などをしたりすること。「さんかしゃ(参加者)・の・　にんずー(人数)・を・　かんじょーする。」②支払うべき合計金額を決めること。また、それを支払うこと。「えんかい(宴会)・の・　かんじょー・を・　はら(払)う。」③後に起こるであろうことに対して、前もって考慮しておくこと。「じしん(地震)・や・　かじ(火事)・の・　こと・も・　かんじょーし・て・　けーかく(計画)・を・　た(立)てる。」〔⇒**けいさん**【計算】。①②⇒**さんよう**【算用】。①⇒**そろばん**【算盤】。①(動詞)⇒**かぞえる**【数える】〕

がんじょう〔**がんじょー**〕【頑丈】《形容動詞や(ナ)》 ①体

ががっしりしていて強い様子。「がんじょーな・ たいかく(体格)・や・けど・ ま(負)けんき(気)・が・ た(足)ら・ん・ので・ よわ(弱)い・なー。」②ものががっしりして壊れそうにない様子。「がらす(ガラス)・の・ おきもん(置物)・を・ がんじょーな・ はこ(箱)・に・ い(入)れ・て・ しまう。」■対語＝「きゃしゃ【華奢】」〔⇒**じょうぶ【丈夫】**〕

かんじる【感じる】《動詞・ザ行上一段活用》 ①見たり聞いたり触ったりなどして、ある思いを受ける。「へや(部屋)・が・ さぶ(寒)い・と・ かんじ・たら・ すとーぶ(ストーブ)・を・ つ(点)け・なはれ。」②心に思う。考えを心に抱く。印象を持つ。「わし・が・ まちご(間違)・とっ・た・と・ かんじる。」「あいつ(彼奴)・に・は・ した(親)しみ・を・ かんじる。」■名詞化＝**かんじ**【感じ】

かんしん【感心】《形容動詞や(ナ)、動詞する》 行動や態度や状態などが立派であると深く感じ入る様子。素晴らしいと思って心が動かされる様子。「わかりやすい・ はな(話)しかた・を・ する・ ひと(人)・や・なー・と・ かんしんする。」

かんじん【肝腎、肝心】《形容動詞や(ナ)》 何かをすることにおいて、特に大事であるという様子。最も重要である様子。「ひと(人)・から・ い(言)わ・れ・ん・でも・ じぶん(自分)・から・ すす(進)ん・で・ する・ こと・が・ かんじんな・ん・や。」

かんせい〔**かんせー**〕【完成】《名詞、動詞する》 ものごとがすっかりできあがること。「なつやす(夏休)み・の・ しくだい(宿題)・が・ かんせーし・た。」

かんせつ【関節】《名詞》 2つの骨と骨とが、自由に動けるように連結しているところ。「うで(腕)・の・ かんせつ・が・ いた(痛)む。」

がんぜない【頑是無い】《形容詞・アイ型》 幼くて、ものの道理が分からない。幼くて、聞いて判断したり納得したりすることがない。「がんぜない・ こども(子供)・な・ん・や・から・ むちゃ(無茶)な・ こと・を・ さし・たら・ あか・ん。」

かんぜん【完全】《名詞、形容動詞や(ナ)》 足りないところや欠けたところがない様子。必要な条件をすべて満たしている様子。「にんげん(人間)・なん・や・さかい・ かんぜんな・ こと・は・ でき(出来)る・もん・や・ない。」

がんそ【元祖】《名詞》 あるものごとを最初に始めた人。創始者。「あかし(明石)・の・ たまごやき(玉子焼)・の・ がんそ・や・と・ ゆ(言)ー・ みせ(店)・へ・ い(行)っ・た。」「いんすたんとらーめん(インスタントラーメン)・の・ がんそ・は・ おーさか(大阪)・の・ ひと(人)・や。」

かんそう〔**かんそー**〕【感想】《名詞》 ものごとに対して、心に思いや考えを持つこと。また、思ったり考えたりした内容。「あの・ えーが(映画)・の・ かんそー・は・ どー・です・か。」

かんそう〔**かんそー**〕【乾燥】《名詞、動詞する》 水分がなくなって、空気やものが乾いていること。空気やものを乾かすこと。「ふゆ(冬)・に・ なっ・て・ くーき(空気)・が・ かんそーし・て・ のど(喉)・が・ からからや。」

かんぞう〔**かんぞー**〕【肝臓】《名詞》 腹の右上にあって、消化を助けたり、血液中の毒物を壊したりする器官。「さけ(酒)・を・ の(飲)みすぎ・て・ かんぞー・を・ わる(悪)ー・ し・た。」

かんそうぶん〔**かんそーぶん**〕【感想文】《名詞》 見たり聞いたり読んだりした内容に対して、思ったり考えたりしたことを書き綴った文章。「どくしょ(読書)・の・ かんそーぶん・が・ しくだい(宿題)・に・ なっ・とる・ねん。」

かんそく【観測】《名詞、動詞する》 自然物や自然現象などの様子を観察したり測定したりして、変化の様子などを調べること。「がらす(ガラス)・に・ すす(煤)・を・ ぬ(塗)っ・て・ にっしょく(日食)・の・ かんそく・を・ する。」

がんた【(蟹太)】《名詞》 堅い甲羅で覆われて、一対のはさみと四対の足を持ち、横歩きをする動物。「あかつめ(赤爪)・の・ がんた・が・ ある(歩)い・とる。」〔⇒**かに【蟹】**、**がに【(蟹)】**、**がんがん【(蟹蟹)】**〕

がんたい【眼帯】《名詞》 目やその周りが病気や怪我になった時に、ガーゼなどで目の上を覆うようにしたもの。「がんたい・を・ つ(付)け・たら・ ごっつい・ ある(歩)きにくい・わ。」

かんたん【簡単】《形容動詞や(ナ)》 ①ものごとをきわめて容易に行う様子。込み入っていなくて、わかりやすい様子。「かんたんに・ と(解)ける・ もんだい(問題)・と・は・ ちゃ(違)う・ぞ。」②手間をかけずに行われる様子。単純ではっきりしている様子。「かんたんな・ しごと(仕事)・や・さかい・ おぼ(覚)えやすい。」「もっと・ かんたんに・ せつめー(説明)し・てください。」〔①⇒**やすやす【易々】**〕

がんたん【元旦】《名詞》 1月1日の朝。年が改まった日。「がんたん・に・ なかお(中尾)・の・ みや(宮)・に・ おまい(詣)りする。」〔⇒**がんじつ【元日】**〕

かんだんけい〔**かんだんけー**〕【寒暖計】《名詞》 気温を計って、寒さや暖かさの度合いを調べる器具。「かんだんけー・が・ さんじゅーど(三十度)・を・ こ(超)え・とる。」◆「おんどけい【温度計】」は新しく使うようになった言葉である。〔⇒**おんどけい【温度計】**〕

かんち《名詞》 ①視覚に障害がある人。盲目の人や、片目が見えにくい人。「かんち・の・ ひと(人)・の・ て(手)・を・ ひ(引)ー・たげ・た。」②片目の人。眼帯をつけて片目である状態の人。「きょー(今日)・は・ かんち・や・さかい・ き(気)ーつけ・て・ ある(歩)こ・ー。」③ものがよく見えていないこと。ものの考え方に偏りがあること。「あの・ とき(時)・は・ ねお(寝起)き・で・ かんち・やっ・てん。」〔⇒**めかんち【目かんち】**〕

かんちがい【勘違い】《名詞、動詞する》 なにかの原因で、ある事柄について誤って思い込むこと。思い違いをすること。「かんちがいし・て・ いちにち(一日)・ はよ(早)ー・に・ い(行)っ・ても・た。」

かんちゅう〔**かんちゅー**〕【寒中】《名詞》 小寒から大寒を経て、立春の前日までの間で、一年で一番寒い期間。「かんちゅー・の・ みまいはがき(見舞葉書)・を・ だ(出)す。」

かんちょう〔**かんちょー**〕【浣腸】《名詞、動詞する》 栄養分を補給したり便通を促したりするために、肛門から薬液を注入すること。「べんぴ(便秘)・や・さかいに・ かんちょーする。」◆両手を組み合わせて、左右の人差し指を前に突き出して、人のお尻を突こうとする、「かんちょう【浣腸】」という子どもの遊びもあった。

かんづめ【缶詰】《名詞》 ①加工した食品を缶に入れ、加熱や殺菌などをした上で、空気を抜いて長持ちするようにしたもの。「まぐろ(鮪)・の・ かんづめ・を・ あ(開)ける。」②人を拘束して一定の場所に閉じこめること。また、閉じこもること。「じこ(事故)・が・ あっ・て・ でんしゃ(電車)・の・ なか(中)・で・ かんづめ・

に・　なっ・た。」

かんてき《名詞》 ①土や鉄で作った、持ち運びのできる小さな炉。七輪。「かんてき・で・　や(焼)い・た・　さんま(秋刀魚)・は・　うま(美味)い・ぞー。」②短気で怒りっぽい人。癇癪持ちの人。「また・　かんてき・が・　おこ(怒)りだし・た。」〔①⇒**こんろ【焜炉】**〕

かんてき

かんてん【寒天】《名詞》 ゼリー状の食品を作るのに使うための、テングサなどの煮汁を固めて、低温で凍らせ乾燥させたもの。また、それを水に戻してから煮て、さらに冷やして固めたもの。「みつまめ(蜜豆)・に・　かんてん・が・　はい(入)っ・とる。」

かんでん【感電】《名詞、動詞する》 電流が体の中を流れて、衝撃を受けること。「びりびりっと・　かんでんし・て・　びっくりし・た。」

かんでんち【乾電池】《名詞》 ①薬、金属、光などの働きによって、電流が起こるようにしてある仕掛けで、簡単に持ち運びできるもの。「らじお(ラジオ)・の・　かんでんち・が・　き(切)れ・て・も・た。」②それを電源とする、持ち運びできる電灯。「くら(暗)い・さかい・　かんでんち・を・　も(持)っ・ていき・よ。」〔⇒**でんち【電池】**。②⇒**かいちゅうでんとう【懐中電灯】**、**かいちゅうでんき【懐中電気】**、**かいちゅうでんち【懐中電池】**〕

かんとうだき〔かんとーだき、かんとだき〕【関東炊き】《名詞》 こんにゃく、芋、卵、はんぺん、がんもどきなどを煮込みにしたもの。「あき(秋)・の・　まつり(祭)・の・　とき(時)・に・　く(食)う・　かんとだき・は・　うま(美味)い・なー。」〔⇒**おでん【(お田楽)】**〕

かんとく【監督】《名詞、動詞する》 全体についての指図や取り締まりなどをすること。また、下の者に対してそのようなことをする人。「こーこーやきゅー(高校野球)・の・　かんとく・を・　つと(務)める。」「おまえ(前)・は・　しごと(仕事)・を・　せ・んと・　みんな(皆)・の・　かんとくし・とる・ん・か。」◆仕事を懸命にしない人のことを揶揄して言うこともある。

かんな【鉋】《名詞》 材木の面を削って平らにする道具。「かんな・で・　いた(板)・を・　けず(削)る。」

かんなくず【鉋屑】《名詞》 材木の面を平らにするために削ってできる、板のごく薄いもの。「くるくる・　ま(巻)い・た・　かんなくず・が・　いっぱい(一杯)・　でけ(出来)・た。」

かんにん【堪忍】《名詞、動詞する》 過ちや罪を咎めないですませること。怒りを抑えて人を許すこと。「はら(腹)・が・　た(立)っ・とー・か・も・　しれ・ん・けど・　かんにんし・たっ・て・な。」〔⇒**かんべん【勘弁】**、動詞＝**こらえる【堪える】**、**ゆるす【許す】**〕

かんぬき【閂】《名詞》 観音開きの門の戸をしっかり締めるために、戸の内側で横に差し渡す木。「もん(門)・の・　かんぬき・を・　お(下)ろす。」

かんぬし【神主】《名詞》 神社に仕えて、神を祀ることを任務とする人。「いえ(家)・を・　た(建)てる・　とき(時)・に・　かんぬしさん・に・　おはら(祓)い・を・　し・てもらう。」◆「かんぬしさん【神主さん】」が「かんぬっさん」という発音になることがある。

がんねん【元年】《名詞》 年号が変わった、その初めの年。「おい(甥)・は・　へーせー(平成)・の・　がんねん・に・　う(生)まれ・た。」

かんのあけ【寒の明け】《名詞》 暦の上で、冬の最も寒い時期が終わること。立春になること。「かんのあけ・に・　なっ・た・けど・　まだ・　さむ(寒)い・なー。」■対語＝「かんのいり【寒の入り】」

かんのいり【寒の入り】《名詞》 暦の上で、冬の最も寒い時期になること。小寒になること。「かんのいり・に・　なっ・て・　まいばん(朝晩)・　ふる(震)え・まん・なー。」■対語＝「かんのあけ【寒の明け】」

かんのんさん【観音さん】《名詞》 ①情け深く、人を苦しみから救ってくれるという仏さん。また、その仏像。「かんのんさん・を・　おが(拝)む。」「かんのんさん・に・　せんこー(線香)・を・　た(立)てる。」②その仏さんを祀るお堂。「まいあさ(毎朝)・　かんのんさん・を・　そーじ(掃除)する。」

かんぱい【乾杯】《名詞、動詞する》 集まっている人が、お祝いの気持ちを込めたり、互いの健康や成功などを祈ったりして、杯を上げて酒を飲み干すこと。「わし・は・　あるこーる(アルコール)・を・　の(飲)ま・れ・へん・さかい・　じゅーす(ジュース)・で・　かんぱいし・ます・わ。」

がんばる【頑張る】《動詞・ラ行五段活用》 ①困難に負けずに一生懸命に取り組む。辛抱して努力し続ける。「がんばっ・て・　ごーかく(合格)し・てください・ね。」②ひとつの場所から動かない。「ここ・で・　がんばっ・て・　つ(釣)る・ぞ。」③どこまでも自説を曲げない。頑固さを貫き通す。「そない・に・　がんばら・んと・　ほか(他)・の・　ひと(人)・の・　きも(気持)ち・も・　かんが(考)え・てやっ・てください。」〔①⇒**きばる【気張る】**〕

かんばん【看板】《名詞》 宣伝や広告のために、店の名前、商品名、催し物の内容などを書いて、人目につくところに出しておくもの。「あした(明日)・から・　うりだし(売出)・や・ゆーて・　かんばん・に・　か(書)い・てある。」

かんパン〔かんぱん〕【乾 ＋ ポルトガル語 pão】《名詞》 保存用や携帯用として、味をつけずに、小さく固く焼いたビスケットに似た食べ物。「せんじちゅー(戦時中)・は・　かんぱん・の・　はいきゅー(配給)・が・　あっ・た。」

かんびょう〔かんびょー〕【看病】《名詞、動詞する》 病人や怪我人に付き添って世話をすること。「おや(親)・の・　かんびょー・を・　する。」

かんぴょう〔かんぴょー〕【干瓢】《名詞》 夕顔の実を細長く紐のようにむいて干した食べ物。「まきずし(巻寿司)・に・　つか(使)う・　かんぴょー・を・　あも(甘)ー・に・　た(炊)く。」

かんぶつ【乾物】《名詞》 野菜や海藻や魚などを干して長期保存できるようにした食べ物。「みやげ(土産)・に・　かんぶつ・を・　こ(買)ー・てくる。」

かんべん【勘弁】《名詞、動詞する》 過ちや罪を咎めないですませること。「そんな・　いーわけ(言訳)・を・　し・たっ・て・　かんべん・は・　でけ(出来)・へん。」〔⇒**かんにん【堪忍】**、動詞＝**こらえる【堪える】**、**ゆるす【許す】**〕

かんぽうやく〔かんぽーやく〕【漢方薬】《名詞》 主として中国から伝わり、草の根や木の皮などから作る薬。「かんぽーやく・の・　かぜぐすり(風邪薬)・を・　のむ。」

かんむり【冠】《名詞》 国王や優勝者などが頭にかぶるもの。「まらそん(マラソン)・で・　ゆーしょー(優勝)し・た・　ひと(人)・が・　かんむり・を・　かむ(被)せ・てもらい・よる。」

かんめ【貫目】《名詞、助数詞》 ①重いこと。また、その程度。「どの・ぐらい・の・ かんめ・に・ なる・ん・やろ。」②尺貫法で重さを表す単位であり、1貫はおよそ3.75キログラムの重さ。「さかな(魚)・が・ よー・ つ(釣)れ・て・ いっ(一)かんめ・も・ あっ・た。」◆②は、「いっ(一)かん」「に(二)かん」…と数えるときに、「いっ(一)かんめ」「に(二)かんめ」…と、「かんめ【貫目】」という言い方をすることがある。〔①⇒**おもたさ【重たさ】、おもさ【重さ】、おもみ【重み】、めかた【目方】**。②⇒**かん【貫】**〕

かんゆ【肝油】《名詞》 滋養強壮剤などとして使う、魚の肝臓からとった油。「むかし(昔)・ の(飲)ん・だ・ こと(事)・が・ ある・けど・ いま(今)・でも・ かんゆ・は・ う(売)っ・とる・ん・かいなー。」

かんり【管理】《名詞、動詞する》 ものごとを取り締まったり、望ましい状態に保ったりすること。「あぱーと(アパート)・を・ かんりする・ しごと(仕事)・を・ する。」

かんれき【還暦】《名詞》 満で60歳、数え歳で61歳になった年齢。干支が一回りして、めでたいとされる年齢。満60歳になったお祝い。「いま(今)・の・ ひと(人)・は・ かんれき・や・と・ ゆ(言)ー・ても・ みんな(皆)・ げんき(元気)な・ もん・や・なー。」

かんろく【貫禄】《名詞》 その地位や年齢にある人にふさわしいと考えられる、身に備わった威厳や重み。「はら(腹)ぼて・で・ かんろく・の・ ある・ ひと(人)・や。」「せ(背)ー・は・ ひく(低)い・けど・ かんろく・の・ つい・た・ はな(話)しかた・を・ し・て・ みんな・を・ ひっぱる・ ちから(力)・が・ ある。」

き

き〔きー〕【木】《名詞》 ①幹が固く、内部の組織も詰まって、比較的に寿命の長い植物。「こーてー(校庭)・の・ おー(大)きな・ きー・は・ いま(今)・も・ むかし(昔)・の・ まま・の・ ばしょ(場所)・に・ た(立)っ・とる。」②家や家具などを作る材料とするために、あらかじめ切ったりひいたりしてある角材や板など。「きー・で・ た(建)て・た・ いえ(家)・は・ すず(涼)しー・なー。」〔②⇒**ざいもく【材木】**〕

き〔きー〕【気】《名詞》 ①その人が心の中に抱いている思いや感情。「そんな・ きー・で・ わし・の・ こと・を・ み(見)・てくれ・とっ・た・ん・か。」②心の動き。心の持ち方。感情のありさま。気だて。「あいつ(彼奴)・は・ きー・の・ え(良)ー・ やつ(奴)・や。」「き・の・ あら(荒)い・ ひと(人)・に・は・ き(気)ーつけ・なはれ。」「きー・が・ こも(小)ー・て・ くよくよし・とる。」③精神の盛んな様子。気力。「き・の・ な(無)い・ へんじ(返事)・を・ し・やがっ・た。」〔①⇒**きもち【気持ち】、こころもち【心持ち】、こんころもち【(心持ち)】**〕

き〔きー〕【黄】《名詞》 ①赤・青とともに3原色の一つで、レモンや菜の花のような色。「きー・の・ すいせん(水仙)・が・ いちめん(一面)に・ さ(咲)い・とる。」②注意しながら進めという意味を表す交通の合図。「しんごー(信号)・が・ きー・に・ か(変)わっ・た。」〔⇒**きいろ【黄色】**。②⇒**きしんごう【黄信号】**〕

きあい【気合い】《名詞》 精神を集中した、強い意気込み。また、そのときに発する掛け声。「きあい・を・ い(入)れ・て・ ぎゃくてん(逆転)しょ・ー。」

ぎいぎい〔ぎーぎー〕《名詞》 細長い円筒形の体で、長い触覚と丈夫な顎を持つ昆虫。「ぶいぶい・は・ いっぱい(一杯)・ おる・けど・ ぎーぎー・は・ み(見)つから・へん。」〔⇒**かみきりむし【髪切り虫】**〕

きいろ〔きーろ〕【黄色】《名詞》 ①赤・青とともに3原色の一つで、レモンや菜の花のような色。「きーろ・の・ ちゅーりっぷ(チューリップ)・が・ きれー(綺麗)や。」②注意しながら進めという意味を表す交通の合図。「きいろ・や・さかい・ と(止)まり・なはれ。」〔⇒**き【黄】**。②⇒**きしんごう【黄信号】**〕

きいろい〔きーろい〕【黄色い】《形容詞・オイ型》 レモンや菜の花のような色をしている。「で(出)・た・ばっかり・の・ おつき(月)さん・は・ きーろい・なー。」

ぎいん〔ぎーん〕【議員】《名詞》 選挙で選ばれて、国や都道府県や市町村などの議会で、その議事や議決に加わる権利を持つ人。「けんかい(県会)・の・ ぎーん・に・ とーせん(当選)する。」

きうり【(胡瓜)】《名詞》 つるがあり黄色い花が咲き、いぼのある長い円柱形の実を食用にする野菜。「きうり・の・ す(酢)のもん・を・ こしら(拵)える。」「いま(今)・で・は・ ねん(年)がらねんじゅー・ きうり・が・ ある。」〔⇒**きゅうり【胡瓜】**〕

きえる【消える】《動詞・ア行下一段活用》 ①光や熱が出なくなる。炎がなくなる。「かぜ(風)・が・ ふ(吹)い・て・ ろーそく(蝋燭)・が・ きえ・た。」②今まであったものが、なくなる。ものが見えなくなる。「た(建)てかえ・で・ むかし(昔)・の・ こーしゃ(校舎)・が・ きえ・ても・た。」③今まで感じていたものが感じられなくなる。「よー・ た(炊)い・たら・ さかな(魚)・の・ くさ(臭)み・が・ きえ・た。」■他動詞は「けす【消す】」〔⇒**けえる【(消える)】**〕

きおち【気落ち】《名詞、動詞する》 がっかりして、気持ちが弱くなること。「ごしゅじん(主人)・が・ な(亡)くなり・はっ・た・けど・ きおちせ・ん・よーに・ がんば(頑張)っ・てください・よ。」

きおん【気温】《名詞》 大気の温度。「ことし(今年)・の・ なつ(夏)・は・ きおん・が・ ごっつー・ たか(高)かっ・た。」

き(が)あう〔きー(が)あう〕【気(が)合う】《動詞・ワア行五段活用》 互いに考え方や感じ方が似ていて、気持ちが通じ合う。「きがあう・ もん(者)・ どーし(同士)・で・ よー・ あそ(遊)び・に・ い(行)き・まし・た・なー。」「きーあう・ やつ(奴)・と・ あかし(明石)・で・ おそ(遅)ー・まで・ の(飲)ん・どっ・てん。」◆「きがあう」という発音を、「きー」と伸ばして言う場合は、格助詞にあたる「が」を省略して「きーあう」と言うことが多い。これは、「き(が)おもたい」「き(が)きく」など、後ろの項に挙げる語にも共通する傾向である。文脈によっては、「きのあう【気の合う】」となることがある。

きかい【機械】《名詞》 人に代わって、ある仕事を動力によって繰り返し行う仕掛け。「きかい・が・ はい(入)っ・て・ しごと(仕事)・が・ らく(楽)に・ なっ・た。」

きかい【機会】《名詞》 ものごとを行うのに、ちょうどよい時。チャンス。「じぶん(自分)・の・ こと(事)・を・ みんな・に・ み(見)・てもらう・ え(良)ー・ きかい・や。」「さいきん(最近)・は・ とーきょー(東京)・へ・ い(行)く・ きかい・は・ あら・へん。」

きかいあみ【機械編み】《名詞、動詞する》 毛糸などを、手ではなく機械を使って編むこと。また、機械で編んだもの。「きかいあみ・や・けど・　え(良)ー・　しなもん(品物)・や。」■対語＝「てあみ【手編み】」

きかいせん【機械船】《名詞》 釣りなどに使う船で、発動機などを搭載しているもの。「きかいせん・で・　べらつ(釣)り・に・　い(行)く。」

きかいたいそう〔**きかいたいそー**〕【器械体操】《名詞》 鉄棒や平均台や吊り輪など、据え置かれた器具を使ってする体操。「ぶかつどー(部活動)・で・　きかいたいそー・を・　やっ・とる・ねん。」

きがえ【着替え】《名詞、動詞する》 着ているものを取り替えること。また、取り替えるための衣服。「やがいかつどー(野外活動)・に・　い(行)く・　とき(時)・は・　なんにちぶん(何日分)・の・　きがえ・が・　い(要)る・の ん。」

きがえる【着替える】《動詞・ア行下一段活用》 着ていた衣服を脱いで、別のものに取り替える。「ふろ(風呂)・に・　はい(入)っ・て・　きがえる。」■名詞化＝**きがえ**【着替え】

き(が)おもたい〔**きー(が)おもたい**〕【気(が)重たい】《形容詞・アイ型》 よくないことや嫌なことがありそうで、気持ちがすっきりしない。「かない(家内)・が・　にゅーいん(入院)し・て・　きーがおもとー・て・　こま(困)っ・とり・ます・ねん。」◆文脈によっては、「き(の)おもたい【気(の)重たい】」となることがある。

きがかり【気懸かり】《形容動詞や(ナ)》 よくない成り行きなどがあったり予想されたりして、気持ちが落ち着かない様子。「たいふー(台風)・が・　どっち・へ・　い(行)く・の・か・　きがかりや。」〔⇒**しんぱい**【心配】〕

き(が)きく〔**きー(が)きく**〕【気(が)利く】《動詞・カ行五段活用》 ①細かいところまで、よく注意が行き届く。「こま(細)かい・　こと・に・　よー・　きがきく・　ひと(人)・や。」②あか抜けして、洒落ている。「きーがきー・た・　くつ(靴)・が・　いっそく(一足)・も・　あら・へん・ねん。」◆文脈によっては、「きのきく【気の利く】」となることがある。

きがく【器楽】《名詞》 楽器を使って演奏する音楽。「うた(歌)う・の・より・も・　きがく・が・　す(好)きや。」

きがけ【来がけ】《名詞》 どこかから来る途中。「きがけ・に・　あめ(雨)・は・　まだ・　ふ(降)っ・とら・なんだ。」〔⇒**きしな**【来しな】〕

きかす【効かす、利かす】《動詞・サ行五段活用》 ①期待される方向に、効果や効能や特性などを発揮させる。「さかみち(坂道)・で・　ぶれーき(ブレーキ)・を・　きかす。」②能力、働き、心配りなどを働かせる。「まー(周)り・に・　き(気)・を・　きかし・て・　あいきょー(愛嬌)・を・　ふ(振)りまく。」■自動詞は「きく【効く、利く】」

きかす【聞かす】《名詞・サ行五段活用》 ①話などを読んで、理解させる。「どーわ(童話)・を・　よ(読)ん・で・　きかす。」②話してわからせる。納得させる。「わかりやすーに・　こども(子供)・に・　ゆ(言)ー・て・　きかす。」

き(が)すむ〔**きー(が)すむ**〕【気(が)済む】《動詞・マ行五段活用》 満足して気持ちが落ち着く。納得した思いになる。「あんた・の・　きーがすむ・まで・　す(好)きな・よーに・　し・たら・　え(良)ー・ねん。」◆文脈によっては、「きのすむ【気の済む】」となることがある。

きがせく〔**きーがせく**〕【気が急く】《動詞・カ行五段活用》 先を急ぐような気持ちになって、いらいらして気をもむ。そのことが実現するようにと思って、気をもんで、落ちつきを失う。「あいつ(彼奴)・に・　ま(負)け・たら・　あか・ん・と・　きーがせー・た。」◆文脈によっては、「きのせく【気の急く】」となることがある。〔⇒**あせる**【焦る】、**せく**【急く】、**せける**【急ける】〕

き(が)ちる〔**きー(が)ちる**〕【気(が)散る】《動詞・ラ行五段活用》 周りのことが気になって集中できない。気持ちが落ち着かない。気持ちが他のものに引かれる。「てれび(テレビ)・を・　み(見)・ながら・　べんきょー(勉強)し・たら・　きーがちる・やろ。」「しゃべ(喋)っ・とる・ひと(人)・が・　おっ・た・さかい・　きがちっ・て・　はなし(話)・が・　き(聞)け・なんだ。」◆文脈によっては、「きのちる【気の散る】」となることがある。

き(が)つく〔**きー(が)つく**〕【気(が)付く】《動詞・カ行五段活用》 ①気にとめていなかったことに思いが及ぶ。それまで忘れていたことを思い出す。「わすれもん(忘物)・が・　ある・の・に・　きーがつい・た。」②注意が行き届く。「まー(周)り・の・　ひと(人)・の・　こと(事)・に・　よー・　きがつく・　ひと(人)・や。」③失われていた意識を取り戻す。「びょーいん(病院)・に・　はこ(運)ば・れ・て・から・　やっと・　きがつい・た。」◆文脈によっては、「きのつく【気の付く】」となることがある。

き(が)ながい〔**きー(が)ながい**〕【気(が)長い】《形容詞・アイ型》 気持ちがのんびりしている。暢気である。「あの・　ひと(人)・は・　きがながい・さかい・　ひと(人)・に・　おこ(怒)っ・たり・　せー・へん。」◆文脈によっては、「きのながい【気の長い】」となることがある。■対語＝「き(が)みじかい【気(が)短い】」「き(が)みしかい【気(が)(短い)】」■名詞化＝**きなが**【気長】

きがぬける〔**きーがぬける**〕【気が抜ける】《動詞・カ行下一段活用》 ①一生懸命に取り組もうとする気持ちが失われる。「きーがぬけ・て・　さんしん(三振)し・ても・た。」②飲食物の新鮮さが失われる。特に、飲食物の刺激的な特性が失われる。「きーがぬけ・た・　わさび(山葵)・で・は・　さしみ(刺身)・が・　うま(美味)ない。」〔②⇒**まがぬける**【間が抜ける】〕

きがね【気兼ね】《名詞、動詞する》 周りの人に気を遣って、控えめにすること。周りがどう思うだろうかと思い量ること。「きんじょ(近所)・に・　きがねし・て・　ちー(小)さい・　おと(音)・で・　ぴあの(ピアノ)・を・　ひ(弾)く。」〔⇒**えんりょ**【遠慮】〕

き(が)はる〔**きー(が)はる**〕【気(が)張る】《動詞・ラ行五段活用》 気持ちの緩む時がない状態が続く。緊張する。気遣いをする。「しんさい(震災)・の・　あと(後)・は・　きーがはっ・た・　ひ(日)ー・が・　つづ(続)い・た。」◆連体修飾の働きをするときは、「きのはる【気の張る】」となることがある。

き(が)ひける〔**きー(が)ひける**〕【気(が)引ける】《動詞・カ行下一段活用》 遠慮したい気持ちになる。やましいところなどがあって気後れがする。「そんな・　たいそー(大層)な・　とこ(所)・へ・は・　きーがひけ・て・　よー・い(行)き・まへ・ん。」◆文脈によっては、「きのひける【気の引ける】」となることがある。

き(が)みしかい〔**きー(が)みしかい**〕【気(が)(短い)】《形容詞・アイ型》 待っていることができなくて、すぐに腹を立てたり投げやりになったりしやすい。せっかちだ。かっとなりやすい。「あんた・は・　きがみしかい・さかい・　き(気)ーつけ・て・　はなし(話)・を・　し・なはれ。」◆文脈によっては、「きのみしかい【気の(短い)】」となることがある。■対語＝「き(が)ながい【気(が)長い】」■名詞化＝**きみしか**【気短】〔⇒**き(が)みじかい**【気(が)短い】〕

き(が)みじかい〔**きー(が)みじかい**〕【気(が)短い】《形容詞・アイ型》 待っていることができなくて、すぐに腹を立てたり投げやりになったりしやすい。せっかちだ。かっとなりやすい。「きーがみじかい・ ひと(人)・や・さかい・ じっき(直)に・ ひと(人)・と・ けんか(喧嘩)し・てまう・ねん。」◆文脈によっては、「きのみじかい【気の短い】」となることがある。■対語＝「**き(が)ながい**【気(が)長い】」■名詞化＝**きみじか**【気短】〔⇒**き(が)みしかい**【気(が)(短い)】〕

き(が)もめる〔**きー(が)もめる**〕【気(が)揉める】《動詞・マ行下一段活用》 心配で、気持ちが落ち着かない。「あした(明日)・は・ たいふー(台風)・が・ き(来)・そーで・ きがもめる・ こと・や。」◆文脈によっては、「きのもめる【気の揉める】」となることがある。

きがる【気軽】《形容動詞や(ナ)》 ①大げさに考えたり、面倒がったりしないで、ものごとをあっさり行う様子。気持ちに負担がかからず、簡単に行動する様子。「かちんかちんに・ なら・んと・ きがるに・ はな(話)し・ましょ。」「きがるに・ か(買)え・る・ ね(値)ー・や。」②人柄や性格がさっぱりしていて、細かなことにこだわらず、誰とでも親しめる様子。「せんぱい(先輩)・や・けど・ きがるに・ はな(話)しかけ・てもらえる・ねん。」〔②⇒**きさく**【気さく】〕

きかん【期間】《名詞》 ある時からある時までという区切られた間。「はくらんかい(博覧会)・の・ きかん・は・ にかげつ(二ヶ月)・や。」

きかんし【気管支】《名詞》 喉から肺までの円筒状の管から分かれて、肺に入るまでの２本の細い管。「きかんし・が・ ぜーぜー・ ゆ(言)ー・とる。」

きかんしえん【気管支炎】《名詞》 気管支が腫れて、熱を出す病気。「いしゃ(医者)・へ・ い(行)っ・たら・ きかんしえん・や・と・ い(言)わ・れ・た。」

きかんしゃ【機関車】《名詞》 蒸気機関や電動機などを備えて、その装置を動かして客車や貨車を引いて、線路を走る車。「じょーき(蒸気)・で・ はし(走)る・ きかんしゃ・の・ こと(事)・を・ いま(今)・は・ えすえる(エスエル)・と・ ゆ(言)ー・ねん・て。」◆蒸気機関車、ディーゼル機関車、電気機関車があるが、昔はもっぱら蒸気機関車を指した。

きかんじゅう〔**きかんじゅー**〕【機関銃】《名詞》 引き金を引き続けると、弾丸が続けて発射される銃。「えーが(映画)・に・ きかんじゅー・で・ う(撃)ちつづける・ ばめん(場面)・が・ あっ・た。」

ききあわす〔**ききあーす**〕【聞き合わす】《動詞・サ行五段活用》 確かめたいことを、あちこちの人に聞く。ある人の評判などを、その人の住まいの近所の人に尋ねて回る。「まちご(間違)ー・てない・か・ みんな(皆)・に・ ききあーし・てみる。」◆かつて、結婚や就職に際して行われていたが、現在ではほとんど行われていないと思われる。

ききあわせ〔**ききあーせ**〕【聞き合わせ】《名詞》 ある人の評判などを、その人の住まいの近所の人に尋ねて回ること。「あんたとこ・の・ おじょー(嬢)さん・の・ こと・を・ ききあわせ・に・ き(来)・た・ ひと(人)・が・ おまし・た・よ。」◆かつては結婚や就職に関して行われていたが、今ではそのようなことは行われなくなった。

ききおとす【聞き落とす】《動詞・サ行五段活用》 うっかりして、話の一部分を聞き漏らす。「せんせー(先生)・の・ ゆ(言)ー・ こと・を・ ききおとさ・ん・よーに・し・なはれ。」■名詞化＝**ききおとし**【聞き落とし】

ききおぼえ【聞き覚え】《名詞》 ①前に聞いたことがあること。また、その内容。「ききおぼえ・の・ ある・ こえ(声)・や・ おも(思)・たら・ あんた・やっ・た・ん・かいな。」②人から聞いて、記憶や知識として定着させていくこと。「ききおぼえ・で・ えーご(英語)・が・ じょうず(上手)に・ なっ・てき・た。」

ききおぼえる【聞き覚える】《動詞・ア行下一段活用》 ①前に聞いて話の内容などを覚えている。「あんた・が・ ききおぼえ・とる・ こと(事)・が・ あっ・たら・ おせ(教)・てー・な。」②他の人から聞いて、知識・技能などを身につける。「ききおぼえ・て・ ぱひこん(パソコン)・の・ こと(事)・が・ ちょっと(一寸)・ずつ・ わかっ・てき・た。」■名詞化＝**ききおぼえ**【聞き覚え】

ききかえす【聞き返す】《動詞・サ行五段活用》 ①言われたことについて、逆にこちらから尋ねる。「わ(分)から・なんだら・ ききかえし・なはれ。」②前に聞いたものをもう一度聞く。「ろくおん(録音)・を・ ききかえし・て・ たし(確)かめる。」■名詞化＝**ききかえし**【聞き返し】

ききぐるしい〔**ききぐるしー**〕【聞き苦しい】《形容詞・イイ型》 ①嫌な感じがして、聞いているのが辛い。聞くにたえない。「ひと(人)・の・ わるぐち(悪口)・は・ ききぐるしー・ もん・や。」②言っていることが聞き取りにくい。「となり(隣)・の・ ひと(人)・が・ しゃべ(喋)っ・とっ・た・さかい・ はなし(話)・が・ ききぐるしかっ・てん。」〔②⇒**ききづらい**【聞き辛い】〕

ききづらい【聞き辛い】《形容詞・アイ型》 ①言っていることが聞き取りにくい。「こえ(声)・が・ こ(小)もー・て・ ききづらかっ・た。」②尋ねることをしにくい。「そんな・ じじょー(事情)・の・ はなし(話)・は・ ききづらい・なー。」〔①⇒**ききぐるしい**【聞き苦しい】〕

ききながす【聞き流す】《動詞・サ行五段活用》 聞いても、そのままにして気にかけないでおく。「いけん(意見)・を・ ゆ(言)ー・た・ん・や・けど・ ききながさ・れ・ても・た。」■名詞化＝**ききながし**【聞き流し】

ききめ【効き目】《名詞》 働きかけたり作用したりすることによって起こる良い効果。「この・ くすり(薬)・は・ ごっつい・ ききめ・が・ あり・まん・の・や。」「いっぺん・ どな(怒鳴)っ・てやっ・たら・ ききめ・が・ あっ・て・ みんな(皆)・ しず(静)かに・ なっ・た。」

ききょう〔**ききょー**〕【桔梗】《名詞》 秋の七草の一つで、山野に自生して、釣り鐘型の紫や白の花を咲かせる草。「ききょー・の・ ね(根)ー・を・ かんぽーやく(漢方薬)・に・ する。」

ききわけ【聞き分け】《名詞》 言われたことがよくわかり、納得したり判断を下したりして、相手に従うこと。「ききわけ・の・ ない・ こ(子)・は・ こま(困)る・なー。」

きく【菊】《名詞》 種類が多く花の色や形は様々であるが、庭に植えたり、盆栽にしたりして育てて、秋に香りの良い花を咲かせる植物。「よー・ でけ(出来)・た・ きく・を・ てんらんかい(展覧会)・に・ だ(出)す。」

きく【聞く、聴く、訊く】《動詞・カ行五段活用》 ①声や音などを耳に感じ取る。「れこーど(レコード)・で・ なにわぶし(浪花節)・を・ きく。」②内容を理解して、相手の言葉を受け入れる。「せんせー(先生)・の・ ゆ(言)ー・ こと・を・ よー・ きき・なはれ。」③わからないことを、他の人に質問する。「えき(駅)・へ・ い(行)く・ みち(道)・を・ きく。」〔③⇒**たずねる**【尋ねる】、**たんねる**【(尋ねる)】、**とう**【問う】〕

きく【効く、利く】《動詞･カ行五段活用》 ①期待される方向に、効果、効能、特性などが現れる。「かぜぐすり(風邪薬)･が･　よー･　きー･た。」②能力、働き、心配りなどが十分に発揮される。「やきもん(焼物)･を･　み(見)る･　め(目)ー･が･　きく。」③そのことが可能な状態に置かれる。「この･　くつ(靴)･は･　まだ･　うら(裏)･の･　しゅーぜん(修繕)･が･　きく。」■他動詞は「きかす【効かす、利かす】」

ぎくっと《副詞》 ①驚いたり恐れたりして、激しく動悸をうつ様子。「きゅー(急)に･　なまえ(名前)･を･　よ(呼)ば･れ･て･　ぎくっと･　し･た。」②体をひねったように感じる様子。「おも(重)たい･　もん(物)･を･　も(持)っ･たら･　こし(腰)･が･　ぎくっと･　なっ･た。」〔①⇒**どきっと、どきんと**〕

きくな【菊菜】《名詞》 黄色い花をつけ独特の香りがあり、深い切れ込みのある葉を食用とする野菜。春菊。「みずだ(水炊)き･に･　きくな･を･　い(入)れる。」

きくにんぎょう〔きくにんぎょー〕【菊人形】《名詞》 たくさんの菊の花や葉を、衣裳として飾り付けた見せ物の人形。「むかし(昔)･　あかしこーえん(明石公園)･で･　まいとし(毎年)･　きくにんぎょー･を･　し･とっ･たん･や･で。」◆明石公園では、春には「はなにんぎょう【花人形】」が開催されていたことがある。菊の代わりに、春の花々を人形に着せていたのである。

きけん【危険】《形容動詞や(ナ)》 体やものに災難や損傷が生じる可能性が高い様子。「みち(道)･の･　ま(真)んなか･を･　ある(歩)く･の･は･　きけんや･で。」■対語＝「あんぜん【安全】」

きげん【期限】《名詞》 あらかじめ決められている、終わりの時期。締め切りの時期。「しょーみ(賞味)きげん･が･　き(切)れ･そーや。」「ぶんしょー(文章)･の･　てーしゅつ(提出)･は･　げつまつ(月末)･が･　きげん･や。」

きげん【機嫌】《名詞、形容動詞や(ノ･ナ)》 ①表情や態度などに現れている。その人の気分の良し悪しや病状の良し悪し。「にゅーいん(入院)さ･れ･とる･　おとー(父)さん･の･　きげん･は･　どーです･か。」②心の有り様が安定していること。心持ちが良いこと。「え(良)ー･　きげんで･　さけ(酒)･　の(飲)ん･どっ･たら･　でんわ(電話)･が･　か(掛)かっ･てき･た。」■対語＝②「ふきげん【不機嫌】」〔⇒**ごきげん【御機嫌】**〕

きこう〔きこー〕【気候】《名詞》 ある土地や地域などの、長い期間にわたる気温や晴雨や降水量などの変化を総合した大気の状態。「さいきん(最近)･は･　ちきゅー(地球)･の･　きこー･が･　おかしーに･　なっ･とる･ねー。」

きごう〔きごー〕【記号】《名詞》 ものごとの意味や内容を表すために、一定の約束に基づいて、他と区別するように決めた文字や図形。「じ(字)ー･で･　か(書)く･より･も･　きごー･の･　ほー(方)･が･　み(見)やすい。」〔⇒**ふごう【符号】、しるし【印】**〕

きこえ【聞こえ】《名詞》 ①声や音が耳に伝わること。また、その様子の良し悪し。「きこえ･の･　ほー(方)･は･　だいじょーぶ(大丈夫)や･けど･　み(見)る･　ほー(方)･が･　おとろ(衰)え･てき･た。」②他人からの評判。噂。世間体。「みな(皆)･に･　きこえ･が･　えー･　ひと(人)･や。」

きこえる【聞こえる】《動詞･ア行下一段活用》 ①声や音が耳に伝わる。「すぴーかー(スピーカー)･の･　おと(音)･が･　きこえる。」②言葉や声が、意味を理解して受け取られる。「まるで･　はんたい(反対)し･とる･よーに･　きこえる。」■名詞化＝**きこえ【聞こえ】**

きこく【帰国】《名詞、動詞する》 よその国から、自分の国へ帰ること。「せんそー(戦争)･が･　す(済)ん･で･　きこくし･た･　とき(時)･は･　これから･　どない･し･たら･　えー･の･か･　わから･なんだ。」

きごこち【着心地】《名詞》 その衣服を着たときの感じや気持ち。「きごこち･の･　えー･　ふく(服)･みたいや･　さかい･　か(買)い･たい･なー。」

きさく【気さく】《形容動詞や(ナ)》 人柄や性格がさっぱりしていて、細かなことにこだわらず、誰とでも親しめる様子。「あいつ(彼奴)･は･　きさくで･　つきあいやすい･ねん。」〔⇒**きがる【気軽】**〕

きさま【貴様】《名詞》 相手を指す言葉。相手をののしったり、ぞんざいに扱ったりするときに、相手を指して使う言葉。「きさま･こそ･　あやま(謝)り･やがれ。」〔⇒**われ、わい、おまえ【お前】、おまい【(お前)】、おどら、おんどら、おどれ、おんどれ、おのれ【己】**〕

きざみ【刻み】《名詞》 ①切って細かくすること。また、そのようにしたもの。「こーこ(＝沢庵漬け)･の･　きざみ･を･　た(食)べる。」②細かく区切ること。「じっぷん(十分)ごと･の･　きざみ･で･　ばす(バス)･が･　で(出)る。」③煙草の葉を細かく切って、キセルで吸うもの。「きせる(キセル)･で･　すう･　きざみ･は･　うまい･のー。」〔③⇒**きざみたばこ【刻み煙草】**〕

きざみたばこ【刻み煙草】《名詞》 煙草の葉を細かく切って、キセルで吸うもの。「たんぼ(田圃)･で･　きざみたばこ･に･　ひ(火)ー･を･　つける。」〔⇒**きざみ【刻み】**〕

きざむ【刻む】《動詞･マ行五段活用》 ①切って細かくする。「やさい(野菜)･を･　きざん･で･　いた(炒)める。」②ものの形や文字などを刃物で彫る。「き(木)ー･に･　なまえ(名前)･を･　きざむ。」③等間隔の区切りを入れる。「ごせんち(五センチ)･ごと･に･　きざん･で･　しるし(印)･を･　つ(付)ける。」■名詞化＝**きざみ【刻み】**

きざら【き粗】《名詞》 手触りがざらざらして、粒の大きい砂糖。「きざら･を･　い(入)れ･たら･　なかなか･　と(溶)け･へん。」〔⇒**ざらめ【粗目】**〕

きし【岸】《名詞》 陸地が海や川などの水面と接しているところ。「ふね(舟)･を･　きし･に･　つな(繋)ぐ。」

きじ【生地】《名詞》 ①衣服などに仕立てるための織物。加工をしていない織物。「あさ(麻)･の･　きじ･は･　すず(涼)し･そーや。」「もめん(木綿)･の･　きじ･の･　かばー(カバー)･を･　つける。」②手を加えていない、生まれつきの性質。「ゆだん(油断)し･とっ･たら･　きじ･が･　で(出)･てまう。」〔①⇒**ぬのじ【布地】**〕

きじ【雉】《名詞》 日本の国鳥とされる、山や林にすみ、鶏ぐらいの大きさで尾の長い鳥。「ももたろー(桃太郎)･は･　きじ･を･　おとも(供)･に･　し･た。」

ぎし【技師】《名詞》 専門の技術を持って、それを職業にしている人。「あの･　ひと(人)･は･　しゅぞーがいしゃ(酒造会社)･の･　ぎし･を･　し･とっ･て･ねん。」

きしな【来しな】《名詞》 どこかから来る途中。「きしな･に･　とも(友)だち･に･　お(会)ー･た。」〔⇒**きがけ【来がけ】**〕

きしむ【軋む】《動詞･マ行五段活用》 ものとものとがこすれて、滑らかでない音を立てる。「じしん(地震)･の･　とき(時)･は･　いえ(家)･が･　きしん･で･　おと(恐)ろしかっ･た。」■名詞化＝**きしみ【軋み】**

きしゃ【汽車】《名詞》 機関車にひかれて線路を走る列車。「きしゃ･に･　の(乗)って･　たじま(但馬)･へ･　い(行)く。」◆旧･国鉄(現在のＪＲ)を「きしゃ【汽車】」

と言い、私鉄を「でんしゃ【電車】」と呼び分けていたことがある。「あかし(明石)・と・ こーべ(神戸)・の・ あいだ(間)・は・ きしゃ・も・ でんしゃ・も・ はし(走)っ・とる。」〔⇒**きしゃぽっぽ【汽車ぽっぽ】、ぽっぽ、しゅっぽっぽ、しっぽっぽ、しゅっぽ**〕

きしゃぽっぽ〔**きしゃぽっぽー**〕【汽車ぽっぽ】《名詞》 機関車にひかれて線路を走る列車。「かもつ(貨物)・の・ きしゃぽっぽ・が・ き(来)・た。」◆幼児語。〔⇒**きしゃ【汽車】、ぽっぽ、しゅっぽっぽ、しっぽっぽ、しゅっぽ**〕

きじゅ【喜寿】《名詞》 数え年の77歳。数え年の77歳になったお祝い。「おじー(祖父)さん・が・ きじゅ・に・ なっ・た。」

きじゅうき〔**きじゅーき**〕【起重機】《名詞》 人の力では動かせないような重いものを持ち上げたり、移動させたりする機械。「きじゅーき・で・ とらっく(トラック)・に・ つ(積)む。」〔⇒**クレーン【英語 = crane】、グレン【英語 = crane】**〕

きしゅくしゃ【寄宿舎】《名詞》 学生や勤め人などが、自宅を離れて共同で生活する施設。「むかし(昔)・は・ げしゅく(下宿)する・ がくせー(学生)・より・も・ きしゅくしゃ・に・ はい(入)る・ ほー(方)・が・ おー(多)かっ・た。」〔⇒**りょう【寮】**〕

きしょう〔**きしょー**〕【起床】《名詞、動詞する》 目を覚まして、寝床から起き出すこと。「あした(明日)・は・ ごじ(五時)・に・ きしょーせ・な・ あか・ん・ねん。」

きしょう〔**きしょー**〕【気象】《名詞》 天候・風速・風向・温度・気圧など、大気中で起こる天気の総合的な状態。「きしょー・の・ よほー(予報)・が・ よー・ あ(当)たる・よーに・ なっ・た。」

きしょう〔**きしょー**〕【記章、徽章】《名詞》 ①帽子や襟や胸などに付けて、職業・身分・所属・役割などを表すために付ける、金属などで作った小さなしるし。「きしょー・を・ つ(付)け・た・ がくせーぼー(学生帽)・を・ かぶる。」②記念などのために作って配布する、金属などで作った小さなしるし。「やきゅーたいかい(野球大会)・の・ きしょー・を・ もろ(貰)・た。」〔⇒**バッチ【英語 = badge】、バッジ【英語 = badge】**〕

きしょく【気色】《名詞》 何かをしたときや何かに遭遇したときなどに持つ、心の状態。「きしょく・が・ わる(悪)ー・て・ こま(困)る・さかい・ そない・ べたべた・ ひ(引)っつい・てこ・んとい・て。」「きしょく・の・ え(良)ー・ かお(顔)・を・ し・てくれ・なんだ。」〔⇒**ここち【心地】、きもち【気持ち】、こころもち【心持ち】、こんころもち【(心持ち)】**〕

きしょくわるい【気色悪い】《形容詞・ウイ型》 ①濡れたり汚れたりなどして、気持ちがすぐれない。「かふんしょー(花粉症)・に・ なっ・て・ きしょくわるい。」②普通とは違っていて、良い感じがしない。「きしょくわるい・ いろ(色)・の・ ふく(服)・を・ き(着)・てき・た・なー。」〔⇒**きもちわるい【気持ち悪い】。①⇒いじましい**〕

きしんごう〔**きーしんごう**〕【黄信号】《名詞》 注意しながら進めという意味を表す交通の合図。「きしんごー・や・さかい・ はよ(早)ー・ わた(渡)ろ・ー。」〔⇒**き【黄】、きいろ【黄色】**〕

きず【傷】《名詞》 ①皮膚や筋肉が破れたり裂けたりして、傷みを感じるところ。「こけ・て・ あし(足)・に・ きず・が・ でけ(出来)・た。」②品物や設備などの不完全なところやいたんだところ。または、わざといためたところ。「もも(桃)・の・ み(実)ー・は・ じっき(直)に・ きず・が・ つく・さかい・ さわ(触)ら・んとい・て・な。」「はしら(柱)・に・ きず・を・ つ(付)ける。」

ぎずい《形容詞・ウイ型》 言動などにかどがあって、人あたりが滑らかでない。親しみを感じさせない性格である。「ぎずい・ ひと(人)・や・さかい・ きがる(気軽)に・ はなし(話)・が・ でけ(出来)・へん。」

ぎすぎすする《動詞・サ行変格活用》 人あたりが滑らかでなく、かどがある。親しみを感じさせないような、つっけんどんな接し方をする。「かいしゃ(会社)・の・ ひと(人)たち・が・ なんとのー・ ぎすぎすし・とる・ねん。」

きずぐち【傷口】《名詞》 皮膚が破れたり裂けたりして、痛みを感じているところ。「けが(怪我)し・た・ きずぐち・から・ ばいきん(黴菌)・が・ はい(入)っ・たら・ こま(困)る。」

きすご【(鱚)】《名詞》 砂の多い海にすみ、上あごが長く白い色をした筒形の魚。「きすご・は・ つ(釣)っ・たら・ じっきに・ し(死)ん・でまう。」

きずつない【気術ない】《形容詞・アイ型》 ①場面や相手の人になじめず気詰まりである。気苦労を感じてしまう。「あの・ ひと(人)・に・は・ きずつのー・て・ よー・ はなし(話)・が・ でけ・ん。」②他人からの好意で金品などを受けて、余計な心配をかけて申し訳ないと思う様子。「こんな・ え(良)ー・ もん(物)・ もろ(貰)・て・ きずつない・ こと・です・がな。」◆②は、感謝の気持ちや嬉しい気持ちの、裏返しの表現である。〔②⇒**きのどく【気の毒】**〕

きせいちゅう〔**きせーちゅー**〕【寄生虫】《名詞》 他の生物の体の中や表面について、その生物から養分をとって生きている虫。「むしくだ(虫下)し・を・ の(飲)ん・で・ きせーちゅー・が・ おら・ん・よーに・ する。」

きせいふく〔**きせーふく**〕【既製服】《名詞》 注文によるのではなく、前もって作られている服。「しゅるい(種類)・が・ ぎょーさん(仰山)・ ある・さかい・ きせーふく・でも・ あ(合)う・の・が・ み(見)つかり・まっ・さ。」

きせかえ【着せ替え】《名詞》 ①人形の着ている着物を他のものに取り替えて遊ぶようになっている玩具。「きせかえ・の・ おにんぎょ(人形)さん・を・ たな(棚)・に・ かざ(飾)る。」②紙に印刷した人形に、いろいろな紙でできた着物を着せるように置いて遊ぶもの。「ざっし(雑誌)・の・ ふろく(付録)・に・ きせかえ・が・ つ(付)い・とっ・た。」

紙製の着せ替え

きせつ【季節】《名詞》 ①一年を春・夏・秋・冬に分けた、それぞれの期間。「きせつ・が・ か(変)わっ・て・ ぬく(温)ー・ なっ・た。」②春・夏・秋・冬の移りゆきの中で、ある特定の傾向をもった期間。「はなみ(花見)・の・ きせつ・は・ みじか(短)い。」「いかなご(玉筋魚)・が・ と(獲)れる・ きせつ・に・ なっ・た。」③あるものがよく行われる時期。あるものが盛りである時期。「つゆ(梅雨)・が・ あ(開)け・て・ もー・ びーる(ビール)・の・ きせつ・や・なー。」〔②③⇒**じせつ【時節】**。②⇒**じき【時期】**〕

きぜつ【気絶】《名詞、動詞する》 意識がなくなって、しばらく何もわからなくなる。しばらく息が止まる。「てつぼー(鉄棒)・から・ お(落)ち・て・ きぜつし・た。」〔動

詞⇒**き(を)うしなう**【気(を)失う】〕

キセル【カンボジア語＝khsier】《名詞》 両端が金属で、途中が竹でできている、刻み煙草を吸う道具。「きせる・の・はい(灰)・を・　ぽんぽんと・お(落)とす。」

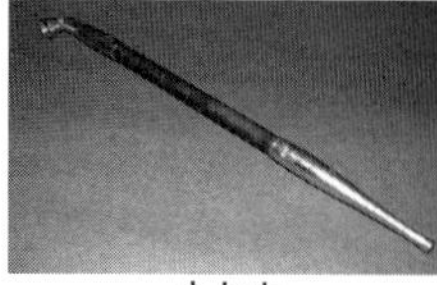

キセル

きせる【着せる】《動詞・サ行下一段活用》 ①衣類・布団・帽子などで上から覆う。ものをふたとして使う。衣服などを身に付けさせる。「こども・に・　ゆかた(浴衣)・を・きせる。」「ねび(寝冷)えせ・ん・よーに・　ふとん(布団)・を・　きせ・たる。」②体のある部分に被らせる。「つよ(強)ーに・　ふ(降)っ・とる・さかい・　かさ(傘)・を・きせ・たる・わ。」「ふ(降)っ・てき・た・ので・　きせ・てんか。」③上から覆う。ふたとして使う。「は(歯)ー・に・きん(金)・を・　きせる。」■自動詞は「**きる**【着る】」〔①③⇒**かぶせる**【被せる】、**かぶす**【被す】、**かむせる**【(被せる)】〕

きせん【汽船】《名詞》 蒸気機関などによって動く、大型の船。「こーべ(神戸)・から・　あわじしま(淡路島)・の・すもと(洲本)・まで・　むかし(昔)・は・　きせん・が・かよ(通)・とっ・た。」

きそ【基礎】《名詞》 ①その上に建築物が作られる土台。「いえ(家)・の・　きそ・の・　こーじ(工事)・を・　する。」②物事が成り立っているおおもと。「えーご(英語)・の・きそ・を・　しっかり・　べんきょー(勉強)する。」

きそく【規則】《名詞》 ①社会や団体などで、秩序を守るために、従わなければならない規準。物事を行う方法や順序などを決めたもの。「こーつー(交通)・の・　きそく・を・　まも(守)る。」②ものごとの一定の進め方。「きそく・　ただ(正)しー・　せーかつ(生活)・を・　する。」〔①⇒**きまり**【決まり】、**やくそく**【約束】〕

きた【北】《名詞》 ①方角の一つで、太陽が昇る方に向かって左手の方。「こーべ(神戸)・の・　まち(街)・の・きた・は・　ろっこーさん(六甲山)・や。」②北から南に向かって吹く、冷たい風。「ゆーがた(夕方)・から・　きた・が・　つよ(強)なっ・た。」〔②⇒**きたかぜ**【北風】〕

きたい【期待】《名詞、動詞する》 そうなってほしいと望んで、あてにすること。「きたいし・た・　とー(通)り・に・　か(勝)っ・てくれ・た。」

きたえる【鍛える】《動詞・ア行下一段活用》 練習や修練を繰り返して、技術や技能を高めたり、心身を強くしたりする。「はし(走)っ・て・　からだ(体)・を・　きたえる。」「けーさん(計算)する・　ちから(力)・を・　きたえる。」■名詞化＝**きたえ**【鍛え】

きたかぜ【北風】《名詞》 北から南に向かって吹く、冷たい風。「ふゆ(冬)・に・　なっ・て・　さぶ(寒)い・　きたかぜ・が・　ふ(吹)く・よーに・　なり・まし・た・なー。」〔⇒**きた**【北】〕

きたごち【北東風】《名詞》 北東の方角から吹く、やや温かみが加わった風。「きょー(今日)・は・　きたごち・や・さかい・　ちょっと(一寸)・　ぬく(温)い・な。」

きたない【汚い】《形容詞・アイ型》 ①よごれていて、不潔であったり不衛生であったりしている。「きたない・ずぼん(ズボン)・は・　はよ(早)ー・　せんだく(洗濯)せ・な・あか・ん。」②乱暴であって、きちんとしていない。見苦しかったり聞き苦しかったりする様子だ。美観を損ねている。「きたない・　じ(字)ー・や・さかい・よ(読)ま・れ・へん。」③心が正しくない。自己中心的で、ずるくて腹黒い。「きたない・　やりかた・は・　せ・んとき。」■対語＝「きれい【綺麗】」〔⇒**きちゃない**【(汚い)】、**ちゃない**【(汚い)】、**たない**【(汚い)】。①②⇒**ばばい、ばばちい、ばっちい、ばばっちい**〕

きち【吉】《名詞》 縁起が良いこと。運が良いこと。めでたいこと。「おみくじ(神籤)・　ひ(引)ー・たら・　きち・が・　で(出)・た。」■対語＝「きょう【凶】」

きちがい【気違い】《名詞》 ①普通の人とは行動基準が著しく異なることや、精神状態が普通でないこと。また、そのような人。「よ(世)のなか・に・は・　きちがい・と・しか・　い(言)え・ん・よーな・　わる(悪)さ・を・する・　ひと(人)・が・　おる。」②度を過ごして、ものごとに夢中になること。また、そのような人。「きってあつ(切手集)め・の・　きちがい・に・　なっ・とる。」

きちきち《副詞と・に、動詞する》 ①ものごとを十分に、着実に行う様子。「あの・　ひと(人)・は・　なん(何)・でも・　きちきちと・　しごと(仕事)・を・　し・てくれる。」「まいとし(毎年)・　ねんがじょー(年賀状)・を・くれ・て・　きちきちし・た・　ひと(人)・や。」②基準や慣例や法則などから外れていない様子。「まいつき(毎月)・　がく(額)・を・　き(決)め・て・　きちきちと・ちょきん(貯金)する。」③ものが堅く引き締まっている様子。ものがぴったり合って、すき間がない様子。「はこ(箱)・の・　なか(中)・に・　ぜんぶ(全部)・　きちきち・　はい(入)っ・た。」〔⇒**きちんと、きっちり、ちゃんと**。①③⇒**かっちり、しっかり**。①⇒**ちゃんちゃんと、ちゃっちゃっと、ちゃっちゃと**〕

きちきち《形容動詞や(ノ)》 寸法・分量・時間・時刻などが限界いっぱいで、隙間やゆとりがない様子。「きちきちに・　つ(詰)め・て・　すわ(座)っ・た・さかい・　きゅーくつ(窮屈)やっ・た。」「さいふ(財布)・の・　なか(中)・の・　かね(金)・で・　きちきちに・　た(足)っ・た。」「ちこく(遅刻)する・か・と・　おも(思)・た・けど・　きちきちに・　ま(間)にお一・た。」〔⇒**ぎりぎり、きちきちいっぱい**【きちきち一杯】、**ぎりぎりいっぱい**【ぎりぎり一杯】、**つついっぱい**【つつ一杯】、**いっぱいいっぱい**【一杯一杯】、**いっぱい**【一杯】〕

きちきちいっぱい【きちきち一杯】《形容動詞や(ノ)》 寸法・分量・時間・時刻などが限界いっぱいで、隙間やゆとりがない様子。「この・　しごと(仕事)・は・　にじかん(二時間)・　あっ・たら・　きちきちいっぱい・　なん(何)・とか・　なる・やろ。」「はこ(箱)・が・　きちきちいっぱいで・　それ・より・は・　い(入)れ・られ・へん。」〔⇒**きちきち、ぎりぎり、ぎりぎりいっぱい**【ぎりぎり一杯】、**つついっぱい**【つつ一杯】、**いっぱいいっぱい**【一杯一杯】、**いっぱい**【一杯】〕

きちきちばった《名詞》 飛びながら翅を打ち合わせて「キチキチキチ」と音をたてるバッタ。ショウリョウバッタの雄。「きちきちばった・が・　くさはら(草原)・を・と(飛)ん・どる。」◆雌はほとんど飛ぶことがない。幼虫には翅がない。

きちゃない【(汚い)】《形容詞・アイ型》 ①よごれていて、不潔であったり不衛生であったりしている。「き(木)ー・の・　は(葉)ー・が・　ち(散)っ・て・　にわ(庭)・が・　きちゃない。」②乱暴であって、きちんとしていない。見苦しかったり聞き苦しかったりする様子だ。美観を損ねている。「きちゃない・　あつ(集)めかた・やなしに・きちんと・　そろ(揃)え・て・　も(持)っ・てき・なはれ。」③心が正しくない。自己中心的で、ずるくて腹黒い。「やくそく(約束)・を・　やぶ(破)っ・て・　きちゃない・　こと・を・　し・たら・　あか・ん・ぞー。」■対語

=「きれい【綺麗】」〔⇒**きたない【汚い】、ちゃない【(汚い)】、たない【(汚い)】**。①②⇒**ばばい、ばばちい、ばっちい、ばばっちい**〕

きちょうめん〔きちょーめん〕【几帳面】《形容動詞や(ナ)》　性格や行動が、細かなところまできちんとしていて、いい加減でない様子。「きちょーめんで・　やくそく(約束)・を・　まも(守)る・　しと(人)・は・　つきあいやすい。」

きちんと《副詞、動詞する》　①ものごとを十分に、着実に行う様子。「じかん(時間)どーり・に・　きちんと・　おく(遅)れ・ん・よーに・　く(来)る。」「きちんと・　せつめー(説明)せ・んと・　わから・へん。」②基準や慣例や法則などから外れていない様子。「げつまつ(月末)・に・は・　きちんと・　は(払)ろ・てくれる。」③整っていて乱れがない様子。几帳面に整えている様子。「きちんとし・た・　へや(部屋)・は・　きも(気持)ち・が・よろしー。」④ものが堅く引き締まっている様子。ものがぴったり合って、すき間がない様子。「きちんと・　ぜんぶ(全部)・が・　おさ(収)まっ・た。」〔①②④⇒**きちきち、きっちり**。②③④⇒**ちゃんと**。①④⇒**かっちり、しっかり**。①③⇒**ちゃんと**。①⇒**ちゃんちゃんと、ちゃっちゃっと、ちゃっちゃと、きっちり**。③⇒**ちんと、しゃんと**〕

きつい《形容詞・ウイ型》　①締め付けている度合いが強い。ゆとりや隙間がない。力の入れ方が強い。「くつ(靴)・が・　きつー・て・　あし(足)・が・　いた(痛)い。」「きつー・に・　ひねきる(＝抓る)。」②勾配などが急である。「きつい・　のぼ(上)りみち(道)・や。」③対応の仕方が厳しい。人柄が厳格である。気性が激しい。人と張り合う気持ちが強い。「きつい・　かお(顔)つき・で・　い(言)わ・れ・たら・　こっち(此方)・は・　びびっ・てまう・がな。」「きつー・に・　おこ(怒)ら・れ・て・　しぼ(絞)ら・れ・た。」④心身に辛く感じる。続けたり完成させたりするのが難しい。「からだ(体)・に・　きつい・　しごと(仕事)・や。」⑤感覚的な刺激が強い。「にしび(西日)・が・　きつい。」「きつい・　さけ(酒)・や・さかい・　よーけ(余計)・　の(飲)ま・れ・へん。」⑥いやな感じがするほど、刺激が強い様子である。「きつい・　いろ(色)・の・　ふく(服)・を・　き(着)・とる。」■対語＝「ゆるい【緩い】」、①「なるい」〔⑥⇒**どぎつい**〕

きっかけ【切っ掛け】《名詞》　ものごとを始めるときの手がかりや機会。「ふたり(二人)・の・　であ(出会)う・　きっかけ・は・　なん(何)・やっ・た・ん・かいな。」「じゅーどー(柔道)・を・　はじ(始)め・た・　きっかけ・は・　ちゅーがっこー(中学校)・の・　とき(時)・やっ・た。」

きづく【気付く】《動詞・カ行五段活用》　何かがきっかけとなって、感じて知る。感じ取って意識する。「あめ(雨)・が・　ふ(降)り・かけ・た・　こと・を・　だい(誰)・も・　きづか・なんだ。」

きつけ【着付け】《名詞、動詞する》　着物や衣装をきちんと着ること。人に着物や衣装をきちんと着せてやること。「せーじんしき(成人式)・の・　ひ(日)ー・に・　きつけし・てもらい・に・　い(行)く。」

きつけぐすり【気付け薬】《名詞》　気絶などをした人の意識を回復させるための薬。「ひ(引)きつけ・　お(起)こし・た・　とき(時)・の・　きつけぐすり・が・　よー・き(効)ー・た。」

ぎっこんばったん《名詞、動詞する》　長い板の中心を支えて、その両端に人が乗って上がり下がりする遊具。「やす(休)み・の・　じかん(時間)・に・　ぎっこんばったんし・て・　あそ(遊)ん・だ。」〔⇒**シーソー【英語＝seesaw】**〕

きっさてん【喫茶店】《名詞》　コーヒー、紅茶や、ケーキなどを提供する店。「うち・の・　きんじょ(近所)・に・　きっさてん・は・　あら・へん・ねん。」〔⇒**きっちゃてん【喫茶店】**〕

ぎっしり《副詞と》　限りのある空間に、隙間なく、いっぱい並んでいる様子。「はこ(箱)・の・　なか(中)・に・は・　おかし(菓子)・が・　ぎっしり・　つ(詰)まっ・とる。」「らいげつ(来月)・の・　よてー(予定)・は・　ぎっしり・なんや。」〔⇒**びっしり**〕

きっちゃてん【喫茶店】《名詞》　コーヒー、紅茶や、ケーキなどを提供する店。「きっちゃてん・で・　ちょっと(一寸)・　やす(休)ん・でいき・まほ・か。」〔⇒**きっさてん【喫茶店】**〕

きっちゃんちゃんこ【切っちゃんちゃんこ】《形容動詞や(ノ)》　①ものを細かく切り刻んだ様子。「きゃべつ(キャベツ)・を・　きっちゃんちゃんこに・　し・て・いた(炒)める。」②ものを秩序なく切ってしまっている様子。「だいじ(大事)な・　かみ(紙)・を・　こども(子供)・が・　きっちゃっちゃんこに・　し・ても・て・　あそ(遊)ん・どる。」

ぎっちょ《名詞》　①右の手よりも左の手の方がよく利くこと。また、そのような人。「えんぴつ(鉛筆)・や・　はし(箸)・を・　ぎっちょ・で・　も(持)つ。」②利き手でない側の手。「とけー(時計)・は・　ぎっちょ・に・　は(填)める。」③他の人たちと左右を逆にして体を動かすこと。「みんな(皆)・の・　まえ(前)・へ・　で(出)・て・　ぎっちょ・の・　たいそー(体操)・を・　する。」〔①⇒**ひだりぎっちょ【左ぎっちょ】、ひだりて【左手】**〕

きっちり《副詞と、動詞する》　①ものごとを十分に、着実に行う様子。「ちょーぼ(帳簿)・を・　きっちりと・　つ(付)ける。」「しごと(仕事)・を・　しめきり(締切)・まで・に・　きっちりする。」「きっちりし・た・　あいさつ(挨拶)・を・　する・　ひと(人)・や・なー。」②基準や慣例や法則などから外れていない様子。「さんまんえん(三万円)・ずつ・　きっちり・　ちょきん(貯金)する。」③寸法・分量・時間・時刻などが、ある基準に一致する様子。過不足などがない様子。「えんぴつ(鉛筆)・が・　いちだーす(一ダース)・　きっちりと・　はい(入)る・　はこ(箱)・が・　ほ(欲)しー。」「きっちり・　いちじかん(一時間)・で・　できあ(出来上)がっ・た。」④はっきりしている様子。正確で間違いがない様子。「きっちり・　ひゃくえん(百円)・で・　こ(買)ー・た。」「きっちり・　ろくじ(六時)・に・　えき(駅)・で・　あ(会)い・ましょ・ー。」〔⇒**きちきち、きちんと、ちゃんと**。①⇒**ちゃんちゃんと、ちゃっちゃっと、ちゃっちゃと、かっちり、しっかり、きっちり**。③⇒**ぴたっと、ぴちっと、ぴちんと、ぴったし、ぴったり、ぴったんこ、びっちり、ぴっちり、ちょっきり、ちょっきし、ちょうど、こっきり**〕

きつつき【啄木鳥】《名詞》　森や林にすみ、木の幹をつついて穴を開け、中の虫などを食べる鳥。「やま(山)・の・　なか(中)・で・　きつつき・の・　こんこんと・　ゆー・　おと(音)・を・　き(聞)ー・た。」

きって【切手】《名詞》　料金を払ったしるしとして、手紙や葉書などに貼る小さな紙。「てがみ(手紙)・に・　きって・を・　は(貼)っ・て・　だ(出)す。」〔⇒**ゆうびんきって【郵便切手】**〕

きっと【屹度】《副詞》　①ある状況について、それ以外のことが起こることがないという気持ちを表す言葉。「ゆーがた(夕方)・まで・に・は・　きっと・　かえ(帰)っ・てく る・と・　おも(思)う。」②決意などが強い様子を表す言葉。「こんどかい(今度回)・は・　きっと・　ごーかく(合格)し・ます。」〔①⇒**かならず【必ず】**〕

きつね【狐】《名詞》 ①口先が細く尖り、犬に似ていて長く太い尾をもち、山や林にすむ茶色の動物。「きつね・に・　だま(騙)さ・れる。」②煮て甘く味付けした油揚げの入ったうどん。「あつあつ(熱々)の・　きつね・を・いっぱい(一杯)・　ちゅーもん(注文)し・よー。」〔⇒**けつね【(狐)】**。②⇒**きつねうどん【狐饂飩】、けつねうどん【(狐饂飩)】**〕

きつねうどん【狐饂飩】《名詞》 煮て甘く味付けした油揚げの入ったうどん。「ち(散)らしめし(飯)・と・　きつねうどん・の・　てーしょく(定食)・を・　ちゅーもん(注文)する。」〔⇒**きつね【狐】、けつね【(狐)】、けつねうどん【(狐饂飩)】**〕

きつねずし【狐寿司】《名詞》 甘く煮た袋状の油揚げで酢飯を包んだ食べ物。「ひる(昼)・は・　うどん(饂飩)・と・　きつねずし・を・　く(食)・た。」〔⇒**いなり【稲荷】、いなりずし【稲荷寿司】、けつねずし【(狐寿司)】**〕

きつねのよめいり【狐の嫁入り】《名詞》 晴れているときに降る通り雨。「きつねのよめいり・で・　にじ(虹)・が・　で(出)・とる。」〔⇒**けつねのよめいり【(狐の嫁入り)】**〕

きっぷ【切符】《名詞》 乗り物や映画館や球場などで、料金を払った証明として渡され、乗車や入場ができるしるしとなっているもの。「でんしゃ(電車)・の・　きっぷ・を・　お(落)とし・ても・た・みたいや。」「えーが(映画)・の・　まえう(前売)り・の・　きっぷ・を・　か(買)う。」〔⇒**けん【券】、ふだ【札】**〕

きてき【汽笛】《名詞》 汽車や船などが、合図や警告の意味で、蒸気の力によって出す音。「けさ(今朝)・は・　もや(靄)・が・　で(出)・とー・さかい・　ふね(船)・の・　きてき・が・　よー・　き(聞)こえる・なー。」「とー(遠)く・から・　きしゃ(汽車)・の・　きてき・が・　き(聞)こえ・てくる。」

きなが【気長】《名詞、形容動詞や(ナ・ノ)》 気持ちがのんびりしていて、あせらない様子。感情の変化などが少なく、落ちついている様子。また、そのような人。「あわ(慌)て・んと・　きながに・　かんが(考)え・ていき・まほ。」■対語=「きみじか【気短】」「きみしか【(気短)】」

きなこ【黄粉】《名詞》 大豆を煎ってひいて作った、黄色い粉。「だんご(団子)・を・　きなこ・に・　まぶ(塗)す。」〔⇒**まめのこ【豆の粉】**〕

きにし〔きにしー〕【気にし】《名詞》 現状や先行きのことが気がかりで、心に留めて心を悩ますことが過度である人。「あいつ(彼奴)・は・　きにしー・や・さかい・　ゆ(言)ー・たら・　また・　くよくよする・ぞ。」〔⇒**しんぱいしょう【心配性】**〕

きにする〔きーにする〕【気にする】《動詞・サ行変格活用》 現状や先行きのことが気がかりで、心に留めて心を悩ます。「きーにし・ても・　あか・ん・　とき(時)・は・あか・ん・ねん・さかい・　くよくよせ・んとき。」■名詞化=**きにし【気にし】**

きぬ【絹】《名詞》 ①蚕の繭からとった繊維で作った糸。「にほん(日本)・は・　むかし(昔)・　がいこく(外国)・に・きぬ・を・　ぎょーさん(仰山)・　う(売)り・よっ・た。」②その糸を用いて作った織物。「きぬ・の・　はんかち(ハンカチ)・を・　おく(贈)る。」③きめが細かく感じる、濃い豆乳の上澄みをとらずに固まらせた豆腐。「きぬ・は・　つるつるし・とっ・て・　うま(美味)い。」〔①⇒**きぬいと【絹糸】**。③⇒**きぬごし【絹漉し】、きぬどうふ【絹豆腐】**〕

きぬいと【絹糸】《名詞》 蚕の繭からとった繊維で作った糸。「きぬいと・で・　て(手)ー・を・　き(切)っ・た。」「きぬいと・で・　にしじん(西陣)・を・　お(織)る。」〔⇒**きぬ【絹】**〕

きぬけ【気抜け】《名詞、動詞する》 ①張り切っていた気持ちが緩んで、ぼんやりすること。「あめ(雨)・が・　ふ(降)っ・てき・た・さかい・　しあい(試合)・は・　きぬけし・ても・た。」②炭酸ガスなどが抜けて、飲み物の香りや刺激のある感じがなくなること。「せん(栓)・を・　あ(開)け・た・まま・に・　し・とっ・た・さかい・　この・さいだー(サイダー)・　きぬけし・とる。」

きぬごし【絹漉し】《名詞》 きめが細かく感じる、濃い豆乳の上澄みをとらずに固まらせた豆腐。「きぬごし・は・さら(皿)・に・　のせ・たら・　ひょろひょろし・とる。」■対語=「もめんごし【木綿漉し】」〔⇒**きぬ【絹】、きぬどうふ【絹豆腐】**〕

きぬどうふ〔きぬどーふ〕【絹豆腐】《名詞》 きめが細かく感じる、濃い豆乳の上澄みをとらずに固まらせた豆腐。「きぬどーふ・は・　やろ(柔)こー・て・　ごっつい・　うま(美味)い・なー。」■対語=「もめんどうふ【木綿豆腐】」〔⇒**きぬ【絹】、きぬごし【絹漉し】**〕

きぬばり【絹針】《名詞》 絹の布を縫うための、針穴が細い針。「きぬばり・は・　いと(糸)・を・　とー(通)しにくい。」■類語=「もめんばり【木綿針】」

きね【杵】《名詞》 臼の中に入れた穀物や蒸した米などを搗くための、木でできた道具。「きね・で・　て(手)ー・を・　たた(叩)か・れ・たら・　こま(困)る・がな。」

きねん【記念】《名詞、動詞する》 ①後の日の思い出として残しておくこと。また、そのような物品。「きんきたいかい(近畿大会)・に・　で(出)・た・　きねん・の・　ばっじ(バッジ)・や。」②時の区切りとして、過去のことをしのぶこと。出来事や由来などを明確にすること。また、そのための催しなど。「あかし(明石)・は・　し(市)ー・が・　でき(出来)・て・から・　ひゃくねん(百年)・の・きねん・の・　しき(式)・を・　する。」

きねんび【記念日】《名詞》 時の区切りとして、過去のことをしのぶ日。出来事や由来などを明確にするための日。特別の出来事のあった日。「あした(明日)・は・しょーがっこー(小学校)・の・　そーりつ(創立)の・　きねんび・や。」

きねんひん【記念品】《名詞》 思い出や出来事のしるしになる品物。「そつぎょー(卒業)・の・　きねんひん・に・いんかん(印鑑)・を・　つく(作)っ・てもろ・た。」

きのう〔きのー〕【昨日】《名詞》 今日より1日前の日。「きのー・　か(借)っ・た・　おかね(金)・を・　かえ(返)し・ます。」◆昨日のことを「きのうのひ【昨日の日】」と言い、昨朝のことを「きのう(の)あさ【昨日(の)朝】」と言い、昨日の日中の時間帯のことを「きのう(の)ひる【昨日(の)昼】」と言い、昨晩のことを「きのう(の)ばん【昨日(の)晩】」と言うことがある。昨日より前の言い方は、「おとつい【一昨日】」「さきおとつい【一昨々日】」となる。それより前は「よっかまえ【四日前】」「いつかまえ【五日前】」などと言う。〔⇒**きんの【(昨日)】、さくじつ【昨日】**〕

きのこ【茸】《名詞》 湿った地面や木の皮などに生える大形の菌類。「どく(毒)・の・　きのこ・は・　と(採)っ・たら・　あか・ん。」

きのどく【気の毒】《形容動詞や(ナ)》 ①他人の不幸や困難や苦痛などに同情して、心を痛める様子。「ごしゅじん(主人)・が・　な(亡)くなっ・て・　きのどくな・　こと・です・なー。」②他人からの好意で金品などを受けて、余計な心配をかけて申し訳ないと思う様子。「こんな・え(良)ー・　もん(物)・　もろ・て・　きのどくや。」◆②は、感動詞的に「きのどくな・　きのどくな。」と繰り返すことがある。〔②⇒**きずつない【気術ない】**〕

きば【牙】《名詞》 肉食動物の歯の一部で、特に長く鋭く尖ったもの。「らいおん(ライオン)・が・　きば・を・　む(剥)い・とる。」

きはつ【揮発】《名詞、動詞する》 ベンジンやガソリンなどのようなものが、常温で液体から気体になること。また、そのような性質を持った油類。「えり(襟)・の・よご(汚)れ・を・　きはつ・で・　ふ(拭)い・て・　と(取)る。」

きばらし【気晴らし】《名詞、動詞する》 退屈であったりふさいだりしている暗い気持ちを、何かをすることによって晴れ晴れとさせること。また、そのための行い。「きばらし・に・　どっか・　あそ(遊)び・に・　い(行)っ・といで。」

きばる【気張る】《動詞・ラ行五段活用》 ①息を止めて、腹に力を入れる。「べんじょ(便所)・で・　うんこ・を・　きばる。」②困難に負けずに一生懸命に取り組む。辛抱して努力し続ける。「きょー(今日)・は・　きばっ・て・　ごじはん(五時半)・に・　お(起)き・た。」「ここ・を・　きばっ・たら・　なん(何)ぞ・　え(良)ー・　こと・も・　ある・やろ。」③商品の値段を、決めていた額より安くする。または、決めていた量より多くする。「もー・　ひとこえ(一声)・　きばっ・てんか。」「せーいっぱい(精一杯)・きばっ・て・　この・　ね(値)ー・に・　し・とき・ます。」④思い切って金品を多く出す。奮発する。「きばっ・て・てんどん(天丼)・を・　く(食)わし・てくれ・た。」〔②⇒**がんばる【頑張る】**。③⇒**まける【負ける】**、**べんきょう【勉強】(する)**。④⇒**はりこむ【張り込む】**〕

きはんせん【機帆船】《名詞》 発動機と帆の両方をそなえた船。「むかし(昔)・は・　えーがしま(江井ヶ島)・の・みなと(港)・に・も・　きはんせん・が・　よー・　はい(入)っ・とっ・た。」

きび【黍】《名詞》 ①実を餅や団子を作るのに使う、畑で作る作物。「きび・で・　こしらえ・た・　だんご(団子)・を・く(食)・た。」②高さ２メートルぐらいになる植物の葉の付け根にできるもので、円柱形の軸に黄色い実がぎっしり並んでついている作物。「ほっかいどー(北海道)・で・　めーぶつ(名物)・の・　きび・を・　た(食)べ・た。」〔②⇒**とうきび【唐黍】**、**なんば【(南蛮)】**〕

きびき【忌引き】《名詞》 身内の人が亡くなったときに、会社や学校を休んで通夜や葬儀などに加わること。また、そのために認められた休暇の日。「おばー(祖母)ちゃん・の・　そーしき(葬式)・で・　きびき・を・　ふつか(二日)・　もろ(貰)・た。」

きびきび《副詞と、動詞する》 動作や言葉が元気よく、はっきりしていて素早いこと。「うけつけ(受付)・の・　ひと(人)・が・　きびきびと・　さば(裁)い・てくれ・た。」

きびしい〔**きびしー**〕【厳しい】《形容詞・イイ型》 ①人やものごとに対して、いいかげんなことを許さない様子。取り扱いに容赦がない様子。「うち・の・　ぶ(部)ー・の・しどー(指導)・は・　ごっつー・　きびしー・ねん。」②それを乗りこえるにはかなりの努力や忍耐が必要である様子。対処が困難である様子。「ことし(今年)・の・なつ(夏)・は・　あつ(暑)さ・が・　きびしー・な。」

きびす【踵】《名詞》 ①足の裏の後ろの部分。「くつず(靴擦)れ・で・　きびす・が・　いた(痛)い・さかい・　ばんそーこー(絆創膏)・を・　は(貼)る。」②履き物の後ろの部分。「こらっ・　くつ(靴)・の・　きびす・を・　ふ(踏)ん・だら・　あか・ん・ぞ。」〔⇒**かがと【踵】**〕

きひん【気品】《名詞》 身のこなしや容貌、作品や文章などに感じられる、どことなく上品な美しさ。「きひん・の・　ある・　おんな(女)・の・　ひと(人)・が・　たず(訪)ね・てき・た。」

きふ【寄付】《名詞、動詞する》 他の人や団体に向けて、その事業や仕事を助けるために金品を差し出すこと。また、そのようにして差し出した金品。「おてら(寺)・の・た(建)てかえ・の・　ため・に・　きふする。」〔⇒**きふきん【寄付金】**〕

きぶい《形容詞・ウイ型》 食べ物の色が濃くて、苦く渋い味がする。「きょー(今日)・の・　おちゃ(茶)・は・　きぶい・なー。」◆主としてお茶の味について使う言葉である。色の「きいろい【黄色い】」と、味の「しぶい【渋い】」とが合わさった言葉のように感じられる。

きふきん【寄付金】《名詞》 他の人や団体に向けて、その事業や仕事を助けるために差し出すお金。「まつり(祭)・の・　きふきん・を・　あつ(集)め・に・　まー(回)る。」〔⇒**きふ【寄付】**〕

ギブス〔**ぎぶす**〕【ドイツ語・オランダ語＝Gips】《名詞》 骨折や骨の病気の治療に際して、患部が動かないように、包帯に石膏を塗って固めたもの。「ほね・が・　お(折)れ・た・さかい・　ぎぶす・を・　は(填)め・とる・ねん。」

きぶん【気分】《名詞》 ①その人が一定の期間にわたって持続している心持ちや、その時々に持つ心持ち。「かぜ(風邪)・を・　ひー・て・　きぶん・が・　わる(悪)い。」②その場面や場所、そこにいる人たちが作り出している感じや味わい。「あき(秋)・の・　まつり(祭)・の・　とき(時)・の・　きぶん・は・　さいこー(最高)や。」

きぼう〔**きぼー**〕【希望】《名詞、動詞する》 ①将来、実現させたいと思うことがら。実現することを願うことがら。また、そのような気持ち。こうあってほしいと心から強く望むこと。また、望む内容。「だいがく(大学)・を・　そつぎょー(卒業)し・たら・　かえ(帰)っ・てき・てほしー・と・　おや(親)・は・　きぼーし・とる・ん・や・けど。」②後々に良くなっていくという、明るい可能性。「けーき(景気)・が・　よ(良)ーなる・　きぼー・は・　あら・へん。」〔⇒**のぞみ【望み】**。①⇒**ゆめ【夢】**、**ねがい【願い】**〕

きまえ【気前】《名詞》 金品などを惜しまないで使う気性。「きふきん(寄付金)・を・　きまえ・　よ(良)ー・　だ(出)し・てくれ・た。」

きまぐれ【気紛れ】《形容動詞や(ナ・ノ)》 しっかりした考えや行動基準などを持たず、その時々の気持ちしだいで動き、先の予測などができない様子。「きまぐれな・しと(人)・や・さかい・　しんよー(信用)・が・　でけ(出来)・へん。」「はるさき(春先)・は・　きまぐれな・　てんき(天気)・が・　つづ(続)く。」

きまつ【期末】《名詞》 全体をいくつかの期間に分けた、ある期間の終わり。一年間や年度の終わり。「きまつ・の・しけん(試験)・が・　はじ(始)まる。」

きまって【決まって】《副詞》 間違いなく、そのようになる様子。例外なく必ず。「むすこ(息子)・は・　まいとし(毎年)・　きまって・　ぼん(盆)・に・　かえ(帰)っ・てく

き

る。」

きまま【気儘】《形容動詞や(ナ)、名詞》 他人のことなどは気にしないで、自分の都合のよいようにする様子。自分のしたいように振る舞う様子。「きままに・ そだ(育)っ・とる・さかい・ ひと(人)・の・ きも(気持)ち・が・ わから・へん・ やつ(奴)・や。」「あいつ(彼奴)・は・ きまま・が・ す(過)ぎる。」〔⇒**かって【勝手】**、**えてかって【得手勝手】**、**かってきまま【勝手気儘】**、**わがまま【我が儘】**、**わがままかって【勝手気儘】**〕

きまり【決まり】《名詞》 社会や団体などで、秩序を守るために、従わなければならない規準。物事を行う方法や順序などを決めたもの。「はちじ(八時)・まで・に・ とーこー(登校)する・の・が・ しょーがっこー(小学校)・の・ きまり・や。」〔⇒**やくそく【約束】**、**きそく【規則】**〕

きまりきった【決まり切った】《連体詞》 いつもと同じで、型にはまっている。すっかり確定して変化がない。ごく当たり前で、面白味に欠ける。「きまりきった・ こたえ(答)・を・ し・ても・ みんな(皆)・ なっとく(納得)せー・へん。」

きまる【決まる】《動詞・ラ行五段活用》 ①未定であったものが、ある状態や内容に定まる。「つぎ(次)・の・ じちかい(自治会)・の・ かいちょー(会長)・が・ きまっ・た。」②規則や方針などが定まる。「しょーひぜー(消費税)・の・ ねあ(値上)げ・が・ きまっ・て・ こま(困)っ・た・ こと・に・ なっ・た。」③技や行動などが思い通りにうまくいく。「いっぱつ(一発)・で・ じゅーどー(柔道)・の・ わざ(技)・が・ きまっ・た。」■他動詞は「きめる【決める】」■名詞化=**きまり【決まり】**

きみ【黄身】《名詞》 鶏などの卵の真ん中にある黄色い部分。卵黄。「きみ・が・ ふた(二)つ・ ある・ たまご(卵)・は・ めんら(珍)しー。」■対語=「しろみ【白身】」

きみがよ【君が代】《名詞》 日本の国歌とされている歌。「おりんぴっく(オリンピック)・で・ きみがよ・が・ なが(流)れ・た。」

きみがわるい【気味が悪い】《形容詞・ウイ型》 恐かったり変な風に感じたりして、何となく感じがよくない。不可解で気持ちが落ち着かない。「あないに・ しんせつ(親切)に・ し・てもろ・たら・ かえって・ きみがわるー・ おも(思)う・ねん。」「きみがわるい・ おば(化)け・が・ で(出)る。」

きみしか【(気短)】《名詞、形容動詞や(ナ・ノ)》 落ち着いていられなくて、すぐに腹を立てたり投げやりになったりする様子。せっかちで、かっとなりやすい様子。また、そのような人。「きみしか・を・ お(起)こし・て・ おこ(怒)ら・ん・よーに・ し・なはれ・よ。」■対語=「きなが【気長】」〔⇒**きみじか【気短】**〕

きみじか【気短】《名詞、形容動詞や(ナ・ノ)》 落ち着いていられなくて、すぐに腹を立てたり投げやりになったりする様子。せっかちで、かっとなりやすい様子。また、そのような人。「あいつ(彼奴)・は・ きみじかで・ じっきに・ や(止)め・てまい・よる。」■対語=「きなが【気長】」〔⇒**きみしか【(気短)】**〕

きみどり【黄緑】《名詞》 黄色がかった緑色。「きみどり・の・ しんめ(新芽)・が・ で(出)・てき・た。」

ぎむ【義務】《名詞》 立場や職務などに応じて、また、規則や道徳などに基づいて、当然しなければならないこと。「ぜーきん(税金)・を・ はら(払)う・の・は・ みんな(皆)・の・ ぎむ・や。」

きめ【肌理】《名詞》 ①人の肌やものの表面にあらわれている、手触りや模様など。「きめ・の・ あら(粗)い・かみ(紙)・や・さかい・ じ(字)ー・が・ かす(掠)れる。」②ものごとを行うときの心配り。また、その程度。「きめ・の・ こま(細)かい・ か(書)きかた・を・ し・てくれ・とる。」

きめる【決める】《動詞・マ行下一段活用》 ①未定であったことを、ある状態や内容に定める。「あした(明日)・は・ やす(休)む・ こと・に・ きめ・た。」②規則や方針などを定める。「らいげつ(来月)・の・ もくひょー(目標)・を・ きめる。」③技や行動などを思い通りにうまくいくようにする。「どまんなか・の・ すとらいく(ストライク)・を・ きめる。」④習慣にする。「じゅーじ(十時)・に・ ね(寝)る・と・ きめ・とる・ん・や。」■自動詞は「きまる【決まる】」■名詞化=**きめ【決め】**

きも【肝】《名詞》 ①動物の内蔵。とくに、肝臓。「さかな(魚)・の・ きも・を・ と(取)る。」「ればー(レバー)・ゆ(言)ー・たら・ きも・の・ こと・やろ。」②行動力の基盤と考えられる、心の持ち方。精神力。「きも・を・ す(据)え・て・ と(取)りくま・んと・ か(勝)た・れ・へん・ぞ。」

きもち【気持ち】《名詞》 ①その人が心の中に抱いている思いや感情。「きもち・の・ か(変)わら・ん・うち・に・ きふ(寄付)・を・ だ(出)し・てください・な。」②何かをしたときや何かに遭遇したときなどに持つ、心の状態。「きもち・の・ え(良)ー・ ふろ(風呂)・や・なー。」〔⇒**こころもち【心持ち】**、**こんころもち【(心持ち)】**。①⇒**き【気】**。②⇒**きしょく【気色】**、**ここち【心地】**〕

きもちわるい【気持ち悪い】《形容詞・ウイ型》 ①濡れたり汚れたりなどして、気持ちがすぐれない。「あめ(雨)・に・ ぬ(濡)れ・て・ きもちわるい・なー。」②普通とは違っていて、良い感じがしない。「み(見)・た・ こと・が・ ない・ きもちわるい・ さかな(魚)・や。」〔⇒**きしょくわるい【気色悪い】**。①⇒**いじましい**〕

きもの【着物】《名詞》 ①体にまといつけるもの。「きょー(今日)・ き(着)る・ きもの・は・ どれ・や。」②体にまといつけるもので、日本風のもの。日本古来の衣服。「きもの・ き(着)・たら・ ぞーり(草履)・が・ い(要)る・がな。」〔⇒**ふく【服】**、**きもん【着物】**、**きりもん【着り物】**、**べべ**。①⇒**きるもん【着る物】**。②⇒**わふく【和服】**〕

きもん【着物】《名詞》 ①体にまといつけるもの。「きが(着替)え・の・ きもん・を・ かばん(カバン)・に・ つ(詰)める。」②体にまといつけるもので、日本風のもの。日本古来の衣服。「きもん・は・ いちねん(一年)・に・ にさんべん(二三遍)・しか・ き(着)・なんだ。」〔⇒**ふく【服】**、**きもの【着物】**、**きりもん【着り物】**、**べべ**。①⇒**きるもん【着る物】**。②⇒**わふく【和服】**〕

ぎもん【疑問】《名詞》 本当かどうか確信が持てないこと。それが何であるのかよくわからないこと。また、そのようなことがら。「なん(何)・ぞ・ ぎもん・が・ あっ・たら・ しつもん(質問)し・なはれ。」

きゃあ〔きゃー〕《感動詞》 驚いたり悲しんだり、思わず助けを求めたりするときに出る声。「きゃー・ だい(誰)・ぞ・ き(来)・てー。」

ぎゃあぎゃあ〔ぎゃーぎゃー〕《副詞と》 ①幼い子供などが大きな声で泣く様子。「ぎゃーぎゃー・ な(泣)い・て・ うるそー・て・ こま(困)る。」②動物などが大きな声をたてる様子。「からす(鴉)・が・ ぎゃーぎゃー・ な(鳴)い・とる。」③うるさく喋る様子。周りから口出しをする様子。「きちんと・　やり・まっ・さかい・　はた(側)・から・　ぎゃーぎゃー・　い(言)わ・んとい・て。」

きゃく【客】《名詞》 ①尋ねてくる人。招かれて来る人。「きょー(今日)・は・　きゅー(急)に・　きゃく・が・　あっ・て・　あわ(慌)て・た。」②代金を払ってものを買ったり、入場したり乗車したりなどをする人。「きゃく・を・　もっと・　だいじ(大事)に・　せ・な・　あかん・ぞー。」「きゃく・が・　へ(減)っ・ても・て・　もー(儲)から・へん。」

ぎゃく【逆】《形容動詞や(ノ・ナ)、名詞》 上下・左右・前後・表裏などが、普通のものや正しいものとは反対である様子。向かうべきでない方向へ向かう様子。「はりがみ(貼紙)・の・　みぎ(右)・と・　ひだり(左)・が・　ぎゃくに・　なっ・とる。」「あんた・の・　かんが(考)えかた・は・　みんな(皆)・と・　ぎゃくや。」〔⇒**はんたい【反対】**、**さか【逆】**、**さかさ【逆さ】**、**さかさま【逆様】**、**さかさん【逆さん】**、**さかたん【逆たん】**、**さかちん【逆ちん】**、**さかとんぶり【逆とんぶり】**、**さかとんぼ【逆とんぼ】**、**さかとんぼり【逆とんぼり】**〕

きゃくしゃ【客車】《名詞》 鉄道で、客を乗せて運ぶのに用いる車両。「きゃくしゃ・を・　ごだい(五台)・　つな(繋)い・どる。」■対語＝「かしゃ【貨車】」

ぎゃくて【逆手】《名詞》 ①杖をつくような握り方で、腕の使い方を普通とは反対の向きにすること。「ぎゃくて・に・　にぎ(握)っ・たり・　し・て・　て(手)・を・　すべ(滑)らし・たら・　けが(怪我)する・ぞ。」②相手の攻撃を利用して、攻め返すこと。「お(押)さ・れ・た・の・を・　ぎゃくて・に・　し・て・　な(投)げとばし・た。」〔⇒**さかて【逆手】**〕

きゃしゃ【華奢】《形容動詞や(ナ)》 ①体がほっそりして弱々しい様子。「きゃしゃな・　おんな(女)・の・　ひと(人)・が・　まえ(前)・に・　おる。」②ものが、がっしりしていなくて弱々しい様子。「きゃしゃな・　いす(椅子)・や・さかい・　すわ(座)る・　とき・に・　き(気)ー・を・　つけ・なはれ。」■対語＝「がんじょう【頑丈】」「じょうぶ【丈夫】」

きやすい【気安い】《形容詞・ウイ型》 気楽でうち解けあっている。気心がわかりあっていて、遠慮する必要がない。「あいつ(彼奴)・は・　きやすい・　とも(友)だち・や・ねん。」〔⇒**こころやすい【心安い】**、**ここんりゃすい【(心安い)】**〕

キャッチ〔きゃっち〕【英語＝catcher】《名詞、動詞する》 野球で、投手が投げる球を受ける役の選手。捕手。「きゃっち・が・　と(取)ら・れ・へん・よーな・　ぼーる(ボール)・を・　な(投)げ・たら・　あか・ん。」◆「キャッチする」は、受け取るという意味ではなく、捕手の役割を果たすということである。

キャップ〔きゃっぷ〕【英語＝cap】《名詞》 ①瓶などの口につけて、中身が漏れないようにするもの。「ぺっとぼとる(ペットボトル)・の・　きゃっぷ・を・　あ(開)ける。」②鉛筆や万年筆などの先端を、さやのようにして覆うもの。「きゃっぷ・を・　はず(外)し・て・　じ(字)ー・を・　か(書)く。」〔⇒**かぶせ【被せ】**。①⇒**ふた【蓋】**、**せん【栓】**、**つめ【詰め】**〕

ぎゃふん《副詞と》 力ずくでやっつけたり、言葉で言い負かしたりする様子。「あいつ(彼奴)・は・　いっぺん(一遍)・　ぎゃふんと・　いわし・たっ・たら・　え(良)ー・ねん。」

キャベツ〔きゃべつ〕【英語＝cabbage】《名詞》 畑に作るもので、厚くて大きな葉が重なって球のようになる野菜。「きゃべつ・を・　ぎょーさん・　い(入)れ・た・　おこの(好)みや(焼)き・が・　す(好)きや。」

キャラコ〔きゃらこ〕【英語＝calico】《名詞》 薄くて光沢のある、白い木綿の生地。「きゃらこ・の・　たび(足袋)・を・　は(履)く。」

キャラメル〔きゃらめる〕【英語＝caramel】《名詞》 砂糖やバターやミルクなどを混ぜて、煮て固めた茶色い飴。「みるく(ミルク)・の・　きゃらめる・を・　な(舐)める。」

ギャング〔ぎゃんぐ〕【英語＝gang】《名詞》 武器を持って強盗などをする組織的な悪党。「えーが(映画)・に・で(出)・てくる・　ぎゃんぐ・は・　おと(恐)ろしー。」

キャンデー〔きゃんでー、きゃんで〕【英語＝candy】《名詞》 ①甘みや果汁などを加えた水を棒状に凍らせた菓子。「あつ(暑)い・さかい・　きゃんでー・が・　じっき(直)に・　と(溶)け・てまう。」②堅い塊になった、西洋風の甘い菓子。「こども(子供)・に・　きゃんでー・を・　ねぶら・す。」〔①⇒**アイスキャンデー【英語＝ice candy】**。②⇒**あめ【飴】**、**あめさん【飴さん】**、**あめちゃん【飴ちゃん】**、**あめだま【飴玉】**〕

キャンプ〔きゃんぷ〕【英語＝camp】《名詞、動詞する》 しばらくの間、野や山にテントを張って生活をすること。「なつやす(夏休)み・に・　きゃんぷ・に・　い(行)く。」◆学校行事などでは、実際にはテント生活でなく、民宿などをする場合であっても「キャンプ」と言うことがある。

きゅう〔きゅー〕【級】《名詞》 ①ものごとを段階や程度や位に分けるときの区切り。「れんしゅー(練習)・の・　とき・は・　うえ(上)・の・　きゅー・に・　い(入)れ・てくれ・た。」②同じ年度に入学した児童や生徒などの集まり。「あいつ(彼奴)・は・　きゅー・が・　ひと(一)つ・した(下)・や。」〔②⇒**がくねん【学年】**〕

きゅう〔きゅー〕【灸】《名詞、動詞する》 つぼにあたる皮膚の上に置いたもぐさに火をつけて、その熱の刺激で病気を治す方法。「ねしょんべん(寝小便)・が・　なお(直)ら・ん・　こ(子)ー・に・　きゅー・を・　すえる。」〔⇒**おきゅう【お灸】**、**やいと【(焼処)】**、**あちち【熱ちち】**、**あつつ【熱つつ】**、**あちゃちゃ【熱ちゃちゃ】**〕

きゅう〔きゅー〕【旧】《名詞》 ①明治以後に用いられている太陽暦に対して、それ以前に用いられた太陰太陽暦のこと。「たなばた(七夕)・は・　きゅー・で・　する・さかい・　はちがつ(八月)・や。」「きゅー・の・　しょーがつ(正月)・は・　もとまち(元町)・の・　なんきんまち(南京町)・が・　にぎ(賑)やかや。」②古いやり方によるもの。過去のもの。「きゅー・の・　やりかた・で・　こしら(拵)え・たら・　じかん(時間)・が・　かかる。」■対語＝「しん【新】」〔①⇒**きゅうれき【旧暦】**〕

きゅう〔きゅー〕【九】《名詞(数詞)》 ①自然数の8に、1を加えた数。「やきゅー(野球)・を・　する・　にんずー(人数)・は・　きゅー・や。」②ものごとの順序や順位などを表す言葉で、8番目の次に位置するもの。「まえ(前)・から・　きゅー・の・　せき(席)・に・　すわ(座)っ・た。」〔⇒**く【九】**〕

きゅう〔きゅー〕【九】《接頭語》 (後ろの名詞にかかっていく言葉で)9を表す言葉。「やきゅー(野球)・は・　きゅーにん(人)・で・　ちーむ(チーム)・を・　つく(作)る。」〔⇒**く【九】**、**ここの【九】**〕

きゅう〔きゅー〕【急】《形容動詞や(ナ)》 ①急いでいる様子。差し迫っている様子。ものごとが突然に起こる様子。「そんな・　こと・　きゅーに・　い(言)わ・れ・ても・　どないも・　でけ(出来)・へん。」②傾斜の度合いが大きい様子。「きゅーな・　さかみち(坂道)・を・　のぼ(上)っ・て・　あせ(汗)・を・　かい・た。」

ぎゅう〔ぎゅー〕【牛】《名詞》 ①食用となる牛の肉。「この・　にく(肉)・は・　ぎゅー・か・　ぶた(豚)・か・　どっち・や。」②牛の皮をなめしたもの。また、それで作られたもの。「ぎゅー・の・　はんどばっく(ハンドバック)・を・　も(持)っ・て・　ある(歩)く。」〔①⇒**ぎゅうにく【牛肉】**。②⇒**ぎゅうかわ【牛革】**〕

きゅうかげつ〔きゅーかげつ〕【九か月】《名詞》 ①1年を12に分けたときの、そのここのつ分。ほぼ270日の長さ。「いちがっき(一学期)・と・　にがっき(二学期)・を・　あ(合)わし・たら・　きゅーかげつ・や。」②その月から、中に7つの月を置いてまたがる長さ。「みち(道)・の・　こーじ(工事)・は・　さんがつ(三月)・の・　すえ(末)・から・　きゅーかげつ・に・　わたる・そーや。」〔⇒**ここのつき【九月】**〕

ぎゅうかわ〔ぎゅーかわ〕【牛革】《名詞》 牛の皮をなめしたもの。また、それで作られたもの。「ぎゅーかわ・の・　さいふ(財布)・を・　み(見)せびらかす。」〔⇒**ぎゅう【牛】**〕

きゅうきゅうしゃ〔きゅーきゅーしゃ〕【救急車】《名詞》 急病人や怪我人を、急いで病院に運ぶ車。「きゅーきゅーしゃ・の・　さいれん(サイレン)・を・　き(聞)ー・たら・　ここちわる(心地悪)い・なー。」〔⇒**ぴいぽお**〕

きゅうきゅうばこ〔きゅーきゅーばこ〕【救急箱】《名詞》 急病人や怪我人が出るときに備えて、医薬品や包帯など必要なものをまとめて入れておく箱。「きゅーきゅーばこ・から・　ばんそーこー(絆創膏)・を・　だ(出)し・てんか。」

きゅうくつ〔きゅーくつ〕【窮屈】《形容動詞や(ナ)》 ①狭いところに詰まった感じで、自由に身動きできない様子。「まいあさ(毎朝)・　きゅーくつな・　まんいんでんしゃ(満員電車)・に・　の(乗)っ・とる。」②融通がきかず、堅苦しい様子。自由に考えることなどができにくい様子。「きゅーくつな・　かんが(考)えかた・は・　やめ・なはれ。」③気詰まりに感じる様子。思い通りにならない様子。「まー(周)り・は・　し(知)ら・ん・　ひと(人)・ばっかり・で・　きゅーくつやっ・た。」

きゅうけい〔きゅーけー〕【休憩】《名詞、動詞する》 仕事や運動などをしている途中で一休みすること。「いちじかん(一時間)・　ある(歩)い・たら・　じっぷん(十分)・ほど・　きゅーけーする・　こと(事)・に・　し・とき・まほ・か。」

きゅうこう〔きゅーこー〕【急行】《名詞》 止まる駅を少なくして、早く進む電車や列車やバスなど。「うち・の・　ちか(近)く・の・　えき(駅)・は・　きゅーこー・が・　と(止)まら・へん。」

きゅうこん〔きゅーこん〕【球根】《名詞》 多年生の草花の根や地下茎が、球のような形をして養分を貯めているもの。「にわ(庭)・に・　ちゅーりっぷ(チューリップ)・の・　きゅーこん・を・　う(植)える。」

きゅうじ〔きゅーじ〕【給仕】《名詞、動詞する》 食事をするときに、そばにいて世話をすること。また、それをする人。「おきゃく(客)さん・の・　きゅーじ・を・　する。」

きゅうしき〔きゅーしき〕【旧式】《名詞》 ①古いままのやり方。古い型。「きゅーしき・の・　でんしゃ(電車)・が・　はし(走)っ・とる。」②考えややり方が古くさいこと。「きゅーしき・の・　かんが(考)えかた・を・　し・て・　ゆーずー(融通)・が・　きか・ん・　ひと(人)・や。」■対語＝「**しんしき【新式】**」

きゅうじつ〔きゅーじつ〕【休日】《名詞》 学校や会社や施設などで授業や業務などを行わない日。「きゅーじつ・は・　でんしゃ(電車)・の・　じかん(時間)・が・　か(変)わっ・とる。」◆国民の祝日に当たる日などについても言うことがある。

きゅうしょ〔きゅーしょ〕【急所】《名詞》 ①ものごとの最も大事なところ。核心を突いているところ。「あいて(相手)・の・　きゅーしょ・を・　かんが(考)え・て・　こーげき(攻撃)する。」②体の中で、そこを打ったり突かれたりすると命にかかわるところ。とりわけ、股の間。「きゅーしょ・を・　け(蹴)ら・れ・て・　ごっついいた(痛)かっ・た。」

きゅうじょう〔きゅーじょー〕【球場】《名詞》 野球の試合などをするところ。「こーしえん(甲子園)・の・　きゅーじょー・へ・　い(行)く。」〔⇒**やきゅうじょう【野球場】**〕

きゅうじょう〔きゅーじょー〕【宮城】《名詞》 天皇の住むところ。皇居。「きゅーじょー・の・　にじゅーばし(二重橋)・は・　し(知)っ・とる・ぞ。」

きゅうじょう〔きゅーじょー〕【休場】《名詞、動詞する》 力士やスポーツ選手などが、試合を休んで、出場しないこと。「よこづな(横綱)・が・　きゅーじょーし・ても・たら・　さび(寂)しー・　もん・や・なー。」

きゅうしょく〔きゅーしょく〕【給食】《名詞、動詞する》 学校や会社などで、児童や生徒や社員などに同じ食事を出すこと。また、その食事。「わしら・の・　しょーがっこー(小学校)・の・　とき(時)・は・　きゅーしょく・に・　だっしふんにゅー(脱脂粉乳)・が・　で(出)・た。」［巻末「わが郷土」の「きゅうしょく」の項を参照］

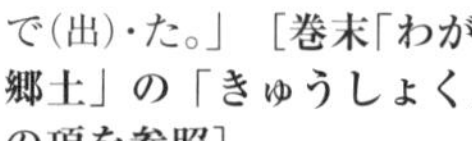

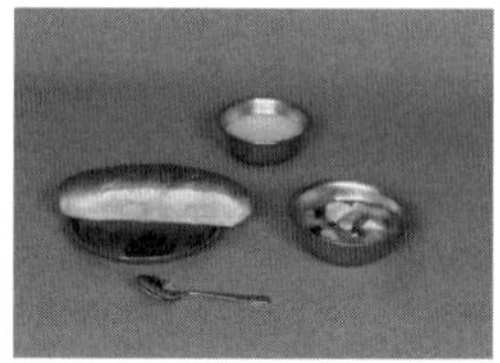

明石市内の小学校の
昭和26年頃の給食

ぎゅうちち〔ぎゅーちち〕【牛乳】《名詞》 飲料としたり、バターなどの原料としたりする、牛の乳。「ぼくじょー(牧場)・で・　ぎゅーちち・を・　しぼ(搾)る。」〔⇒**ぎゅうにゅう【牛乳】**〕

きゅうちょう〔きゅーちょー〕【級長】《名詞》 小学校などで、学級を代表する者。「しょーがっこー(小学校)・の・　とき・は・　きゅーちょー・を・　し・た・　こと・が・ある。」◆学級の「いいんちょう【委員長】」の古い呼び方である。戦後も慣用として使われていた。

きゅうっと〔きゅーっと〕《副詞》 ゆっくりと力をいれて締めつけたり抑えつけたりする様子。「びにーる(ビニール)・の・　ふくろ(袋)・を・　きゅーっと・　お(押)さえ・て・　なか(中)・の・　くーき(空気)・を・　ぬ(抜)く。」〔⇒**ぎゅうっと**〕

ぎゅうっと〔ぎゅーっと〕《副詞》 力をいれて締めつけたり抑えつけたりする様子。「ぎゅーっと・　て(手)ー・を・　にぎ(握)ら・れ・た。」〔⇒**きゅうっと**〕

きゅうでん〔きゅーでん〕【宮殿】《名詞》 国王などがすんでいる御殿。豪華な建物。「きゅーでん・みたいに・　きれー(綺麗)な・　ひゃっかてん(百貨店)・や・なー。」

きゅうに〔きゅーに〕【急に】《副詞》 きちんとした予告や予兆などもなく、突然にある動作が行われたり、ある状態などに見舞われたりする様子を表す言葉。「きゅーに・　かみなり(雷)・が・　な(鳴)りだし・た。」〔⇒**いっぺんに【一遍に】**〕

ぎゅうにく〔ぎゅーにく〕【牛肉】《名詞》 食用となる牛

の肉。「ぎゅうにく・の・　すきや(鋤焼)き・を・　する。」〔⇒**ぎゅう【牛】**〕

ぎゅうにゅう〔**ぎゅーにゅー**〕【**牛乳**】《名詞》　飲料としたり、バターなどの原料としたりする、牛の乳。「こーひー(コーヒー)い(入)り・の・　ぎゅーにゅー・が・　す(好)きや・ねん。」〔⇒**ぎゅうちち【牛乳】**〕

ぎゅうにゅうびん〔**ぎゅーにゅーびん**〕【**牛乳瓶**】《名詞》　牛乳を入れる瓶。「ぎゅーにゅーびん・を・　がちゃがちゃ・　いわし・て・　はいたつ(配達)・に・　く(来)る。」「ぎゅーにゅーびん・は・　もん(門)・の・　とこ・の・　はこ(箱)・に・　い(入)れ・てくれる。」

古い型の牛乳瓶

きゅうにん〔**きゅーにん**〕【**九人**】《名詞》　人数が9であること。「みぞそーじ(溝掃除)・に・　きゅーにん・も・　あつ(集)まっ・た。」〔⇒**くにん【九人】**〕

きゅうばんめ〔**きゅーばんめ**〕【**九番目**】《名詞》　ものごとの順序や順位などを表す言葉で、8番目の次に位置するもの。「こーべ(神戸)・から・　かぞ(数)え・て・　きゅーばんめ・の・　えき(駅)・で・　お(降)りる。」〔⇒**くばんめ【九番目】**〕

きゅうびょう〔**きゅーびょー**〕【**急病**】《名詞、動詞する》　突然のようにして起こる病気。「きゅーびょー・で・　きゅーきゅーしゃ(救急車)・を・　たの(頼)む。」

きゅうよう〔**きゅーよー**〕【**急用**】《名詞》　急いで処理しなければならない用事。突然に生じた用事。「きゅーよー・なん・で・　あした(明日)・は・　しごと(仕事)・を・　やす(休)ま・せ・てください。」

きゅうり〔**きゅーり**〕【**胡瓜**】《名詞》　つるがあり黄色い花が咲き、いぼのある長い円柱形の実を食用にする野菜。「きゅーり・を・　つけもん(漬物)・に・　する。」〔⇒**きうり【(胡瓜)】**〕

きゅうりょう〔**きゅーりょー**〕【**給料**】《名詞》　雇い主が、働いた人に報酬として払うお金。「きゅーりょー・が・　あ(上)がっ・て・　ほんま(本真)に・　ありがたい・　こと・や。」

きゅうれき〔**きゅーれき**〕【**旧暦**】《名詞》　明治以後に用いられている太陽暦に対して、それ以前に用いられた太陰太陽暦のこと。「きょー(今日)・は・　きゅーれき・で・は・　まだ・　さんがつ(三月)・や。」■対語＝「しんれき【新暦】」〔⇒**きゅう【旧暦】**〕

きゅっ《副詞と》　①ものがこすれたり、きしんだりして、甲高い音が出る様子。「ちから(力)・を・　い(入)れ・て・　がらす(ガラス)・を・　きゅっ・　きゅっと・　みが(磨)く。」「くつ(靴)・が・　きゅっと・　な(鳴)る。」②瞬間的に栓などを強くひねる様子。「すいどー(水道)・を・　きゅっと・　と(止)める。」③急角度で曲がる様子。「よつかど(四ッ角)・を・　きゅっと・　ま(曲)がる。」④酒などを一気に飲む様子。「こんばん(今晩)・は・　きゅっと・　いっぱい(一杯)・　いき・まほ・か。」

ぎゅっと〔**ぎゅーっと**〕《副詞》　①布などを強く絞る様子。「ぞーきん(雑巾)・を・　おも(思)いきり・　ぎゅーっと・　しぼ(絞)る。」②力を込めて握る様子。力を込めて抱きしめる様子。「ぎゅっと・　あくしゅ(握手)する。」

きゅんと《副詞》　感動して、締め付けられるような思いになる様子。「ほ(褒)め・られ・て・　むね(胸)・が・　きゅんと・　なっ・た。」

きよう〔**きよー**〕【**器用**】《形容動詞や(ナ)》　①手先を使って細かい仕事を上手にする様子。「きよーに・　おりがみ(折紙)・を・　お(折)る。」②ものごとを進める手際が上手である様子。ものごとをうまく処理する様子。「こま(細)かい・　え(絵)ー・を・　きよーに・　か(描)く。」③抜け目なく立ち回る様子。「あいつ(彼奴)・は・　きよーに・　しゅっせ(出世)し・ていっ・た。」■対語＝「ぶきよう【不器用】」「ぶっきょう【(不器用)】」

きょう〔**きょー**〕【**今日**】《名詞》　今、過ごしているこの日。「きょー・は・　あさ(朝)・から・　あおぞら(青空)・や。」〔⇒**ほんじつ【本日】**〕

きょう〔**きょー**〕【**経**】《名詞》　仏の説いた教えを述べた言葉。また、それを書いた書物。「みんな(皆)・で・　きょー・を・　とな(唱)える。」

きょう〔**きょー**〕【**凶**】《名詞》　縁起が悪いこと。運が悪いこと。作物の出来がよくないこと。「おみくじ(神籤)・ひ(引)ー・たら・　きょー・やっ・た。」■対語＝「きち【吉】」

ぎょう〔**ぎょー**〕【**行**】《名詞》　①読みやすくするために両端を揃えて文字などを並べた縦または横の列。「ぎょー・を・　か(変)え・て・　か(書)く。」②仏の教えを学び、戒律を守って、励むこと。「こーやさん(高野山)・で・　ぎょー・を・　する。」〔②⇒**しゅぎょう【修行】**〕

きょうい〔**きょーい**〕【**胸囲**】《名詞》　胸の周りの長さ。「ほそ(細)い・　まきじゃく(巻尺)・で・　きょーい・を・　はか(測)る。」

きょういく〔**きょーいく**〕【**教育**】《名詞、動詞する》　社会生活に適応するように、人間として必要な知識や技能などを教えて、個人の能力を伸ばすこと。力を伸ばすように教え育てること。「いえ(家)・で・　もっと・　しつけ(躾)・て・　きょーいくせ・んと・　いか・ん・なー。」

きょうかい〔**きょーかい**〕【**教会**】《名詞》　キリスト教などの信者が集まってお祈りをする建物。「きょーかい・で・　けっこんしき(結婚式)・を・　あ(挙)げる。」

きょうかしょ〔**きょーかしょ**〕【**教科書**】《名詞》　学校で勉強するための教材として編集した本。「きょーかしょ・を・　あ(開)け・とる・ん・か・　おも(思)・たら・　まんが(漫画)・を・　よ(読)ん・でけつかる。」

ぎょうぎ〔**ぎょーぎ**〕【**行儀**】《名詞》　日常生活での、礼儀にかなった動作や態度や作法など。「みんな(皆)・が・　はし(箸)・を・　つけ・とら・へん・　とき・に・　た(食)べはじめ・たら・　ぎょーぎ・が・　わる(悪)い。」

ぎょうぎにすわる〔**ぎょーぎにすわる**〕【**行儀に座る**】《動詞・ラ行五段活用》　脚を折り重ねて、足の裏に尻をのせて、きちんと座る。「ぎょーぎにすわっ・て・　かしこ(賢)い・　こ(子)ー・や・なー。」〔⇒**せいざ【正座】(する)、おっちんする、おっちんちょする**〕

きょうけんびょう〔**きょーけんびょー**〕【**狂犬病**】《名詞》　ウイルスにより伝わる病気で、それにかかっている犬にかまれることによって、人や動物も発病する病気。「か(噛)みつか・ん・よーに・　きょうけんびょー・の・　いぬ(犬)・の・　くち(口)・に・　わ(輪)・に・　なっ・た・　もの・を・　かぶ(被)せる。」◆一般的には、かみついたりする癖のある犬のことを指して言うことが多い。

ぎょうさん〔**ぎょーさん**〕【**仰山**】《副詞、形容動詞や(ノ)》　数や量がたくさんある。基準とする数や量よりも大きい。「きょー(今日)・は・　ぎょーさん・　ひと(人)・が・　あつ(集)まっ・た・なー。」〔⇒**おおい【多い】、おかい【(多い)】、ようけ、ようさん【(仰山)】、じょうさん【(仰山)】、どっさり、たくさん【沢山】、たんと、やっと、いっぱい【一杯】**〕

きょうし〔**きょーし**〕【**教師**】《名詞》　教育機関などで学問や知識や技能などを教える人。「がっこー(学校)・の・

きょーし·に·　なり·たい·ねん。」

ぎょうじ〔ぎょーじ〕【行司】《名詞、動詞する》 ①相撲で、力士を立ち合わせて勝負を進行して、その勝負を判定する人。また、それを行うこと。「ぎょーじ·が·　ぐんばい(軍配)·を·　あげる。」②勝敗の判定などを下すこと。また、それを行う人。「ふたり(二人)·で·　ごじゅーめーとる(五十メートル)·　およ(泳)ぐ·さかい·　どっち·が·　は(早)よ·　つ(着)く·か·　ぎょーじし·てくれ·へん·か。」

ぎょうじ〔ぎょーじ〕【行事】《名詞》 学校、会社、団体、地域社会などで、時期や日程などを決めて行う催し。「おくがいいっせーせーそー(屋外一斉清掃)·は·　むら(村)·の·　じちかい(自治会)·の·　ぎょーじ·や。」◆一回限りのものや、時期の不定のものについても言うことがある。

きょうしつ〔きょーしつ〕【教室】《名詞》 ①学校などで、授業や学習をする部屋。「こーしゃ(校舎)·の·　にかい(二階)·の·　きょーしつ·に·　あつ(集)まる。」②広く人を集めて知識や技能などを教えるところ。「ぴあの(ピアノ)·の·　きょーしつ·に·　い(行)か·す。」「しょーがっこー(小学校)·の·　とき·は·　そろばん(算盤)·の·　きょーしつ·に·　い(行)っ·とっ·てん。」

きょうしゅうしょ〔きょーしゅーしょ、きょーしゅーじょ〕【教習所】《名詞》 特別の分野の知識や技術などを教えるところ。特に、運転の知識や技術を教えるところ。「じどーしゃ(自動車)·の·　きょーしゅーじょ·に·　かよ(通)う。」「きょーしゅーしょ·へ·　い(行)っ·て·　くれーんしゃ(クレーン車)·の·　うご(動)かしかた·を·　なら(習)う。」

きょうしゅつ〔きょーしゅつ、きょーしつ〕【供出】《名詞、動詞する》 民間の穀物や品物を、政府に売り渡すこと。「せんそーちゅー(戦争中)·は·　きんぞく(金属)·を·　きょーしゅつさ·せ·られ·た。」「こめ(米)·を·　きょーしゅつ·に·　だ(出)す。」◆戦後には、このような制度はない。

ぎょうしょう〔ぎょーしょー〕【行商】《名詞、動詞する》 店を構えないで、品物を持って売り歩くこと。また、それをする人。「さかな(魚)·の·　ぎょーしょー·で·　かぞく(家族)·を·　やしな(養)う。」

ぎょうずい〔ぎょーずい〕【行水】《名詞、動詞する》 夏の暑いときなどに、たらいに湯や水を入れて、戸外で簡単に汗などを洗い流すこと。「にわ(庭)·で·　ぎょーずいし·よっ·た·ん·は·　もー·　なんじゅーねん(何十年)·も·　まえ(前)·の·　こと·や。」〔⇒**じゃぶじゃぶ、ざぶざぶ、ばちゃばちゃ、ぱちゃぱちゃ**〕

きょうせい〔きょーせー〕【強制】《名詞、動詞する》 その人の意思に関わらず、無理にあることをさせること。無理に押しつけること。「きふ(寄付)·は·　きょーせいし·たら·　あか·ん。」

きょうそう〔きょーそー〕【競争】《名詞、動詞する》 互いに勝ち負けを争うこと。互いにせりあうこと。「きょーだい(兄弟)·で·　きょーそーし·て·　めし(飯)·を·　く(食)い·よっ·た·もんや。」〔⇒**よういどん**【用意どん】〕

きょうそう〔きょーそー〕【競走】《名詞、動詞する》 一緒に走って、走る速さを競うこと。一定の距離を走って、走る速さを競うこと。また、そのような競技。「ひゃくめーとる(百メートル)·の·　きょーそー·に·　で(出)る。」〔⇒**よういどん**【用意どん】〕

きょうだい〔きょーだい〕【兄弟】《名詞》 ①男女の区別なく、同じ親から生まれたもの同士。また、その間柄。「わし·は·　さんにん(三人)きょーだい·の·　いちばん(一番)·　うえ(上)·や·ねん。」②兄または弟。兄と弟。また、その間柄。「いもと(妹)·は·　おる·けど·　きょーだい·は·　あにき(兄貴)·と·　ふたり(二人)·だけ·や。」■対語＝②「しまい【姉妹】」〔②⇒**おとこきょうだい**【男兄弟】〕

きょうだい〔きょーだい〕【鏡台】《名詞》 化粧をするために使う、鏡を取り付けた台。「きょーだい·の·　まえ(前)·で·　かみ(髪)·を·　とく。」

鏡台

きょうつう〔きょーつー〕【共通】《名詞、動詞する》 2つ以上のものに、あることがらが共にあったり当てはまったりすること。「おまえ(前)ら·は·　しんぼ(辛抱)·が·　た(足)ら·ん·　こと·が·　きょーつーし·とる。」

きょうてい〔きょーてー〕【競艇】《名詞》 選手がモーターボートを走らせて、勝ち負けを争う競走。また、その競技を対象にして、着順を当てさせる賭け事。「きょーてー·が·　ある·の·は·　あまがさき(尼崎)·や。」

きょうとう〔きょーとー〕【教頭】《名詞》 校長をたすけて、学校をまとめる役割を持った教員。「すーがく(数学)·は·　きょーとーせんせー(先生)·に·　おし(教)え·てもろ·た。」

きょうどうぼきん〔きょーどーぼきん〕【共同募金】《名詞》 毎年10月から全国的に行われる、大勢の人から寄付金を集めて恵まれない人などを助ける事業で、寄付をした人には赤く染めた羽根が渡される催し。「じゅーがつ(十月)·から·　あか(赤)いはね(羽根)·の·　きょーどーぼきん·が·　はじ(始)まる。」〔⇒**あかいはね**【赤い羽根】〕

きょうねん〔きょーねん〕【(去年)】《名詞》 今年の前の年。「きょーねん·は·　たいふー(台風)·が·　みっ(三)つ·も·　き(来)·た。」■対語＝「らいねん【来年】」〔⇒**きょねん**【去年】、**さくねん**【昨年】、**あとのとし**【後の年】〕

きょうはく〔きょーはく〕【脅迫】《名詞、動詞する》 脅しつけて恐れさせ、人にあることを無理にさせようとすること。「だいがくせー(大学生)·が·　きょーはくさ·れ·て·　かね(金)·を·　と(取)ら·れ·た·そーや。」

きょうび〔きょーび〕【今日日】《名詞》 以前とは違う、今日このごろ。以前に比べての、現在。現代としての傾向の強いこのごろ。「きょーび·　そんな·　うま(巧)い·　はなし(話)·は　あら·へん·やろ。」「きょーび·　けーたい(携帯)·　も(持)っ·とら·へん·　ひと(人)·は·　めずら(珍)しー·のー。」〔⇒**いまどき**【今時】〕

きょうふ〔きょーふ〕【恐怖】《名詞》 自分の身に害が及ぶことを恐れて、極度の不安に陥ること。「にじゅーねんまえ(二十年前)·の·　しんさい(震災)·の·　きょーふ·を·　おも(思)いだし·た。」「あれ·は·　きょーふ·の·　えーが(映画)·やっ·た。」

きょうみ〔きょーみ〕【興味】《名詞》 心が引かれて、面白いとか楽しいとか思う気持ち。「みっ(三)つ·ぐらい·の·　こ(子)ー·は·　なん(何)·に·でも·　きょーみ·を·　も(持)ち·ます·なー。」

きょうりゅう〔きょーりゅー〕【恐竜】《名詞》 中生代に栄えていた巨大な爬虫類。「おとこ(男)·の·　こ(子)·は·　きょーりゅー·が·　す(好)きや·なー。」

きょうりょく〔きょーりょく〕【協力】《名詞、動詞する》

ある目的のために、他の人と力を合わせて取り組むこと。「むら(村)・の・ ため・の・ しごと(仕事)・や・さかい・ みんな(皆)・ きょーりょくし・てほしー・ねん。」

ぎょうれつ〔**ぎょーれつ**〕【行列】《名詞、動詞する》 人やものが順序よく並ぶこと。また、その並び。「ぎょーれつ・の・ でけ(出来)る・よーな・ みせ(店)・は・ ここらー・に・は・ あら・へん。」

ぎょぎょう〔**ぎょぎょー**〕【漁業】《名詞》 水産物を獲ったり、養殖したりする職業。また、それを仕事としている人。「しごと(仕事)・が・ ぎょぎょー・でっ・さかい・ ちからも(力持)ち・だん・ねん。」〔⇒**りょうし**【漁師】〕

きょく【曲】《名詞》 音楽の作品。音楽作品の調子や節。「やしろあき(八代亜紀)・の・ きょく・を・ き(聞)き・たい・なー。」

きょく【局】《名詞》 ①信書などの集配や貯金や保険などを扱う窓口があるところ。「ぎんこー(銀行)・やのー・て・ きょく・に・ ちょきん(貯金)する。」②テレビやラジオなどの番組を制作し、電波などを発射するところ。「らじおかんさい(ラジオ関西)・の・ きょく・の・ たてもん(建物)・は・ むかし(昔)・ すま(須磨)・に・ あっ・てん。」〔①⇒**ゆうびんきょく**【郵便局】。②⇒**ほうそうきょく**【放送局】〕

きょくげい〔**きょくげー**〕【曲芸】《名詞、動詞する》 普通の人ができないような珍しい離れ業。動物が行う珍しい芸当。「おっとせー(オットセー)・が・ ぼーる(ボール)・の・ うえ(上)・に・ の(乗)る・ きょくげー・は・ おもろ(面白)い。」

きょくたん【極端】《形容動詞や(ナ)》 考え方や行動の仕方などがひどくかたよっている様子。極限に達していて、同類のものとは比較にならないような様子。「あんまり・ きょくたんな・ こと・は・ い(言)わ・んで・くれ。」

ぎょくろ【玉露】《名詞》 香りや味の良い、上等の緑茶。「え(良)ー・ かお(香)り・の・ する・ ぎょくろ・を・ の(飲)む。」

ぎょせん【漁船】《名詞》 漁業のために使う船。「しんぞ(新造)・の・ ぎょせん・で・ こんぴら(金比羅)さん・へ・い(行)く。」

きょとんと《副詞、動詞する》 驚いたり、気が抜けたりして、放心しているような様子。とっさの判断ができないで、表情を失っている様子。「ほーがく(方角)・が・ わから・へん・さかい・ きょとんとし・とっ・たら・ しんせつ(親切)な・ ひと(人)・が・ おせ(教)・てくれ・た。」

きょねん【去年】《名詞》 今年の前の年。「きょねん・の・ いまごろ(今頃)・は・ すいがい(水害)・で・ えらい・ こと・やっ・た。」■対語=「らいねん【来年】」〔⇒**きょうねん**【(去年)】、**さくねん**【昨年】、**あとのとし**【後の年】〕

きよめる【清める、浄める】《動詞・マ行下一段活用》 不吉なものや穢れたものなどを取り除いて、清浄な状態にする。「かいてんまえ(開店前)・に・ しお(塩)・で・ きよめる。」「そーしき(葬式)・から・ もど(戻)っ・て・ きよめる。」■名詞化=**きよめ**【清め、浄め】

きょり【距離】《名詞》 2つのものや場所の隔たり。ある場所へ行き着くまでの長さ。「がっこー(学校)・まで・の・ きょり・は・ ちか(近)い・でっ・せ。」

きょろきょろ《副詞と、動詞する》 落ち着かない態度で、目をあちこちに動かしながら周りを見回す様子。「きょろきょろせ・んと・ まえ(前)・を・ む(向)い・とき。」〔⇒**ぎょろぎょろ**〕

ぎょろぎょろ《副詞と、動詞する》 ①目玉が大きい様子。目を大きく見開いて見る様子。「ぎょろぎょろし・た・め(目)つき・で・ にら(睨)ま・れ・た。」②落ち着かない態度で、目をあちこちに動かしながら周りを見回す様子。「ぎょろぎょろと・ まー(周)り・を・ けーかい(警戒)し・とる。」〔②⇒**きょろきょろ**〕

きらい【嫌い】《形容動詞や(ナ)》 人やものが気に入らない様子。人やものを避けようとする様子。いやがって、関わりをしないでおこうとする様子。「さけ(酒)・も・ たぼこ(煙草)・も・ きらい・なん・や。」■対語=「すき【好き】」

きらう【嫌う】《動詞・ワア行五段活用》 愛情を感じない。嫌がって避ける。好みに合わない。よくないと思う。「で(出)しゃばる・の・を・ きろ・て・ やくいん(役員)・に・ なる・の・を・ ひ(引)きうけ・てくれ・へん。」「まー(周)り・の・ ひと(人)・に・ きらわ・れる。」「たばこ(煙草)・の・ けぶり(煙)・が・ なが(流)れ・てくる・の・を・ きらう。」■対語=「すく【好く】」

きらきら《副詞と、動詞する》 断続して光り輝く様子。際立って輝いて見える様子。「ほし(星)・が・ きらきら・ ひか(光)っ・とる。」

ぎらぎら《副詞と、動詞する》 ①見る人の目を刺激するように、強い光などが輝き続ける様子。「ねこ(猫)・の・ め(目)ー・が・ ぎらぎらと・ し・とる。」②きらびやか過ぎて、どぎつい様子。「ぎらぎらする・ ふく(服)・を・ き(着)・て・ きも(気持)ち・が・ わる(悪)い・やないか。」

きらく【気楽】《形容動詞や(ナ)》 心に苦労や心配がなく、のんびりしている様子。周りの人の事情や様子を気にかけないでおることができる様子。「こども(子供)・が・ どくりつ(独立)し・て・ きらくな・ もん・や。」

きらす【切らす】《動詞・サ行五段活用》 ①貯えていたものがすっかりなくなる。なくなった状態が続く。「さけ(酒)・を・ きらし・て・ か(買)い・に・ い(行)っ・た。」②ない状態になる。乏しい状態になる。「いき(息)・を・ きらし・て・ はし(走)っ・てき・た。」■自動詞は「きれる【切れる】」

きり【桐】《名詞》 材木が箪笥や下駄などを作るのに適している、初夏に紫色で筒状の花をつける落葉の高木。「きり・の・ たんす(箪笥)・を・ よめいりどーぐ(嫁入道具)・に・ する。」

きり【錐】《名詞》 先が尖っていて、柄を両手でもんで、木などに小さな穴を開けるのに使う道具。「きり・で・ つ(突)い・とい・て・ うなぎ(鰻)・の・ はら(腹)・を・ わ(割)る。」

きり【霧】《名詞》 ①空気中の水蒸気が冷えて細かい水滴となって、地表近くに煙のように浮かび、遠くがぼんやり見える現象。「きり・で・ でんしゃ(電車)・が・ おく(遅)れ・た。」②水や液体を細かくして、空気中に飛ばしたもの。「しょーじ(障子)・を・ は(張)りかえ・て・ きり・を・ ふ(吹)く。」〔①⇒**もや**【靄】、**かすみ**【霞】〕

きり【切り】《名詞》 ①続いているものの、ちょっとした切れ目。次のはじまりまでの、ひとまとまりの部分。終わりの部分。「きり・の・ え(良)ー・ ところ・で・ きょー(今日)・の・ しごと(仕事)・を・ や(止)め・よー・か。」②ものごとの果て。ものごとの限度。「さけ(酒)・ の(飲)ん・で・ はな(話)し・とっ・たら・ きり・が・ あら・へん。」〔①⇒**くぎり**【区切り】〕

ぎり【義理】《名詞》 ①人との付き合いで、果たさなければならない務め。自分の利害とは関わりなく、他人に対して果たすべき体面や面目など。「だま(黙)っ・とっ・たら・　ぎり・が・　は(果)たさ・れ・へん。」②結婚や養子縁組などによって生じる、血縁関係と同様の間柄。「あの・　ひと(人)・は・　ぎり・の・　あにき(兄貴)・です。」

ぎり《名詞》　頭のてっぺんにあって、毛が集まって渦状になっているところ。「あたま(頭)・の・　こんな・　とこ(所)・に・　ぎり・が・　ある。」◆たいていの場合は「ぎりぎり」と言い、「ぎり」と言うことは少ない。〔⇒**ぎりぎり**〕

きりあげる【切り上げる】《動詞・ガ行下一段活用》　①区切りをつけて、一応の終わりにする。「きょー(今日)・は・　ここ・で・　きりあげ・まほ・か。」②十進法で表した数の、ある桁までの概数を求めるときに、その桁より下の端数を1と見なして、その桁の数字に加える。「きりあげ・て・　はちまんごせんえん(八万五千円)・です。」■対語＝②「きりすてる【切り捨てる】」■名詞化＝**きりあげ【切り上げ】**

きりかえる【切り換える、切り替える】《動詞・ア行下一段活用》　①古いものをやめて新しく別のものにする。「あたら(新)しー・　つーちょー(通帳)・に・　きりかえ・てくれ・た。」「ま(負)け・た・けど・　きも(気持)ち・を・　きりかえ・て・　がんば(頑張)る。」②ハンドルや舵などを使って方向を変える。「ほーこー(方向)・を・　みなみ(南)・に・　きりかえる。」■名詞化＝**きりかえ【切り換え、切り替え】**〔②⇒**きる【切る】**〕

ぎりがたい【義理堅い】《形容詞・アイ型》　人との付き合いで、しなければならないことをきちんと実行する様子。他人に対する体面や面目を重んじて行動する様子。「あの・　しと(人)・は・　ぎりがたい・さかい・　りょこー(旅行)・に・　い(行)っ・たら・　みやげ(土産)・を・　わす(忘)れ・んと・　こ(買)ー・てき・てくれる・ねん。」

きりきり《副詞と、動詞する》　①体の部分が激しく痛いと感じられる様子。「は(歯)ー・が・　きりきりと・　いた(痛)む。」②てきぱきと忙しく動き回る様子。「きりきりと・　うご(動)きまーっ・て・　しごと(仕事)・を・　し・とる。」③何かを軸にして、強くまるく動かす様子。「とけー(時計)・の・　ねじ(螺子)・を・　きりきりと・　ま(巻)く。」〔②⇒**きりきりまい【きりきり舞い】**〕

ぎりぎり《名詞》　頭のてっぺんにあって、毛が集まって渦状になっているところ。「ぎりぎり・が・　ふた(二)つ・　ある・　ひと(人)・は・　かしこ(賢)い・ねん・て。」〔⇒**ぎり**〕

ぎりぎり《形容動詞や(ノ)》　①寸法・分量・時間・時刻などが限界いっぱいで、隙間やゆとりがない様子。「じゅーにじ(十二時)・　ぎりぎり・まで・　しごと(仕事)・を・　し・た。」「でんしゃ(電車)・に・　ぎりぎりに・　ま(間)におー・た。」「しめきり(締切)・に・　ぎりぎりで・　おく(遅)れ・なんだ。」「これ・だけ・やっ・たら・　あの・　はこ(箱)・に・　ぎりぎりに・　い(入)れ・られる。」②もう少しでくっつきそうであるほど近くなっている様子。「となり(隣)・の・　ふね(船)・に・　ぎりぎりに・　ちか(近)づい・た。」◆語幹だけの副詞的な用法もある。〔⇒**きちきち、きちきちいっぱい【きちきち一杯】、ぎりぎりいっぱい【ぎりぎり一杯】、つついっぱい【つつ一杯】、いっぱいいっぱい【一杯一杯】**。①⇒**いっぱい【一杯】**。②⇒**すれすれ【擦れ擦れ】**〕

ぎりぎりいっぱい【ぎりぎり一杯】《形容動詞や(ノ)》　①寸法・分量・時間・時刻などが限界いっぱいで、隙間やゆとりがない様子。「ぎりぎりいっぱいに・　ふくろ(袋)・に・　つ(詰)めこむ。」「ぎりぎりいっぱいで・　もー・　ひとり(一人)・も・　はいら・れ・へん。」「あと・　ごふん(五分)・で・　ぎりぎりいっぱいや。もー・　ま(待)た・れ・へん。」②筋肉の働きや気力などを限りなく発揮させる様子。「ぎりぎりいっぱい・まで・　はし(走)っ・て・　こけ・た。」「ぎりぎりいっぱいに・　はし(走)っ・ても・　じゅーごふん(十五分)・は・　かかる。」◆語幹だけの副詞的な用法もある。〔⇒**つついっぱい【つつ一杯】、いっぱいいっぱい【一杯一杯】**。①⇒**きちきち、ぎりぎり、きちきちいっぱい【きちきち一杯】、いっぱい【一杯】**。②⇒**ちからいっぱい【力一杯】**〕

きりぎりす【蟋蟀】《名詞》　いなごに似ていて触覚が長く、鳴き声がよくて、夏から秋にかけて野原で見かける虫。「きりぎりす・の・　え(良)ー・　こえ(声)・が・　する。」

きりきりまい【きりきり舞い】《形容動詞や(ノ)、動詞する》　①てきぱきと忙しく動き回る様子。「きのー(昨日)・は・　しごと(仕事)・が・　かさ(重)なっ・て・　きりきりまいし・た。」②忙しく慌てふためいて休む隙なく立ち動く様子。「おきゃく(客)さん・が・　ぎょーさん(仰山)・　あっ・て・　きりきりまいや・ねん。」〔①⇒**きりきり**。②⇒**てんてこまい【てんてこ舞い】**〕

きりくち【切り口】《名詞》　①ものを切り離したときにできる切断面。「きりくち・の・　きれー(綺麗)な・　まきずし(巻寿司)・や・なー。」②封をしてあるものなどの、切り離すときの目印となるところ。「この・　ふくろ(袋)・は・　どこ・が・　きりくち・なん・か・　わから・へん。」

きりすてる【切り捨てる】《動詞・タ行下一段活用》　①切って、その切った部分を捨てる。「にんじん(人参)・の・　しっぽ(尻尾)・を・　きりすてる。」②十進法で表した数の、ある桁までの概数を求めるときに、その桁より下の端数を0と見なす。「あと・は・　きりすて・て・　さんぜんごひゃくえん(三千五百円)・　いただき・ます。」■対語＝②「きりあげる【切り上げる】」■名詞化＝**きりすて【切り捨て】**

きりつ【起立】《名詞、動詞する》　座席から立ち上がって、きちんとした姿勢をとること。「きりつし・て・　うた(歌)・を・　うた(歌)う。」◆他の人を立ち上がらせようとするときにかける号令としても用いる。「きりつ・　れー(礼)・　ちゃくせき(着席)。」■対語＝「ちゃくせき【着席】」

きりっと《副詞》　気持ちを引き締めて、ゆるんだところがない様子。「きりっと・　ひ(引)きしまっ・て・　いけ。」

きりつめる【切り詰める】《動詞・マ行下一段活用》　①不要な部分を切り取って短くする。「くさ(腐)っ・てき・た・　ものほしざお(物干竿)・の・　りょーはし(両端)・を・　きりつめる。」②お金をできるだけ使わないようにする。倹約する。「ふけーき(不景気)や・さかい・　く(暮)らし・を・　きりつめる。」■名詞化＝**きりつめ【切り詰め】**

きりぬき【切り抜き】《名詞》　紙などの一部分や、新聞・雑誌の記事などを切って取ること。また、切って取ったもの。「きりぬき・を・　ちょーめん(帳面)・に・　は(貼)っ・て・　せーり(整理)する。」

きりぬく【切り抜く】《動詞・カ行五段活用》　紙などの一部分や、新聞・雑誌の記事などを切って取る。「かみ(紙)・の・　まんなか・を・　きりぬく。」■名詞化＝**きりぬき【切り抜き】**

きりはり【切り貼り】《名詞、動詞する》　障子などの破れたり傷んだりしたところだけ切り取って、張り直すこと。「やぶ(破)れ・た・　ところ・の・　きりはり・を・　する。」
きりふき【霧吹き】《名詞》 水や液体を細かくして、空気中に飛ばすこと。また、それをするための道具。「きりふき・で・　にじ（虹）・を・　つく（作）る。」
きりぼし【切り干し】《名詞》 大根や芋などを小さく細長く切って、陽に干したもの。「だいこん（大根）・を・　よーけ・　もろ（貰）・た・さかい・　きりぼし・に・　する。」〔⇒**きりぼしだいこん**【切り干し大根】〕
きりぼしだいこん〔**きりぼしだいこ**〕【切り干し大根】《名詞》 大根を小さく細長く切って、陽に干したもの。「きりぼしだいこん・を・　ま（混）ぜごはん（御飯）・に・　い（入）れる。」〔⇒**きりぼし**【切り干し】〕
きりみ【切り身】《名詞》 一尾の魚の肉をいくつかに切ったもの。「さけ（鮭）・の・　きりみ・を・　や（焼）く。」
きりもん【着り物】《名詞》 ①体にまといつけるもの。「あめ（雨）・に・　ぬ（濡）れ・ても・　え（良）ー・よーな・　きりもん・を・　き（着）・ていけ・よ。」②体にまといつけるもので、日本風のもの。日本古来の衣服。「きりもん・を・　き（着）・て・　たび（足袋）・を・　は（履）く。」◆「きるもん【着る物】」は2語の意識がすこし残るが、「きりもん【着り物】」は熟した1語である。〔⇒**ふく**【服】、**きもの**【着物】、**きもん**【着物】、**べべ**。①⇒**きるもん**【着る物】。②⇒**わふく**【和服】〕
きりん【麒麟】《名詞》 首や四肢が著しく長く、薄黄色の体に褐色のまだらがある、アフリカの草原にすむ動物。「きりん・の・　しまもよー（縞模様）・が・　きれー（綺麗）や・なー。」
きる【切る】《動詞・ラ行五段活用》 ①刃物などで、割いたり傷をつけたりする。「ないふ（ナイフ）・で・　て（手）ー・を・　きっ・た。」②続いているものや、つながっている関係などを断つ。ものごとに区切りをつける。終わらせる。「てれび（テレビ）・を・　きっ・て・　しんぶん（新聞）・を・　よ（読）む。」③水気をなくす。「みそこし（＝笊）・で・　みず（水）・を・　きる。」④ハンドルや舵などを使って方向を変える。「はんどる（ハンドル）・を・　みぎ（右）・へ・　きる。」⑤そこまで到達しない範囲内にとどまる。「ごひゃくえん（五百円）・を・　きっ・た・　てーしょく（定食）・を・　く（食）う。」■名詞化＝**きり**【切り】〔④⇒**きりかえる**【切り換える、切り替える】〕
きる【着る】《動詞・カ行上一段活用》 衣類・布団・帽子・面などで頭や顔の上を覆う。衣服などを身に付ける。体ぜんたいを覆う。「ちゃんと・　ふとん（布団）・を・　き・て・　ね（寝）・なんだら・　ねび（寝冷）え・を・　する・ぞ。」「さむ（寒）なっ・てき・た・さかい・　うわぎ（上着）・を・　きる。」「ひ（陽）ー・が・　きつい・さかい・　ぼーし（帽子）・を・　きる。」◆主として、上半身に付けるものについて言う。服・上着・シャツ・帽子・布団などは「きる【着る】」を使うが、ズボン・パンツ・靴下・足袋・手袋・靴などは「はく【履く】」を使う。■他動詞は「きせる【着せる】」〔⇒**かぶる**【被る】、**かむる**【（被る）】〕
キルク〔**きるく**〕【オランダ語＝kurk】《名詞》 軽くて水や空気を通しにくいので瓶の栓や履き物などに使われる、コルクガシという木の皮の内側の部分。「ぶどーしゅ（葡萄酒）・の・　きるく・の・　せん（栓）・を・　あ（開）ける。」〔⇒**コルク**【オランダ語＝kurk】〕
きるもん【着る物】《名詞》 体にまといつけるもの。「ふろ（風呂）・を・　あ（上）がる・さかい・　きるもん・を・　だ（出）し・とい・てんか。」■「きる・　もん【着る・物】」という2語の意識で使うこともあるが、1語に熟した「きるもん【着る物】」という使い方もある。〔⇒**ふく**【服】、**きもの**【着物】、**きもん**【着物】、**きりもん**【着り物】、**べべ**〕
きれ【切れ、布】《名詞》 ①糸を機（はた）にかけて作った織物。特に、一定の幅などに切ってあるもの。「きれ・を・　た（裁）っ・て・　ふく（服）・を・　ぬ（縫）う。」②織物の半端なもの。織物の裁ち残りの部分。「きれ・を・　りよー（利用）し・て・　にんぎょ（人形）・を・　こしら（拵）える。」〔①⇒**ぬの**【布】。②⇒**はぎれ**【端切れ】〕
きれ【切れ】《名詞》 ①刃物などがよく切れるかどうかの程度。切るときの感じ。「はさみ（鋏）・の・　きれ・が・　え（良）ー。」②必要なものを切り取った残りの部分。ものの切られた断片。「いた（板）・の・　きれ・を・　あつ（集）め・て・　も（燃）やす。」〔①⇒**きれあじ**【切れ味】。②⇒**きれっぱし**【切れっ端】〕
きれあじ【切れ味】《名詞》 刃物などがよく切れるかどうかの程度。切るときの感じ。「きれあじ・が・　わる（悪）い・えんぴつけず（鉛筆削）り・は・　かなん・なー。」〔⇒**きれ**【切れ】〕
きれい〔**きれー**〕【綺麗】《形容動詞や（ナ）》 ①整っていて美しい様子。「きれーな・　きょーしつ（教室）・で・　べんきょー（勉強）する。」②汚れていなかったり衛生的であったりしている様子。「て（手）ー・を・　きれーに・　あら（洗）う。」③正しくて気持ちがよい様子。「どーどー（堂々）と・　し・た・　きれーな・　しあい（試合）・やっ・た。」④残りがなくなっている様子。「いっしょーびん（一升瓶）・を・　きれーに・　の（飲）ま・れ・ても・た。」■対語＝「きたない【汚い】」「きちゃない【（汚い）】」「ちゃない【（汚い）】」「たない【（汚い）】」
きれいきれいする〔**きれーきれーする**〕【綺麗綺麗する】《動詞・サ行変格活用》 ①水や湯や薬品などを使って、ごみや汚れを落とす。「て（手）ー・を・　きれーきれーし・なさい。」②散らかっているものを整えるようにする。「へや（部屋）・を・　きれーきれーし・たら・　きも（気持）ち・が・　え（良）ー・やろ。」◆幼児語。〔①⇒**あらう**【洗う】。②⇒**せいり**【整理】（する）、**せいとん**【整頓】（する）〕
きれっぱし【切れっ端】《名詞》 必要なものを切り取った残りの部分。ものの切られた断片。「いた（板）・の・　きれっぱし・に・　え（絵）ー・を・　か（描）く。」〔⇒**きれ**【切れ】〕
きれめ【切れ目】《名詞》 ①続いていたものが途絶えたところ。切れた箇所。「くも（雲）・の・　きれめ・から・　ひ（日）ー・が・　さ（差）し・た。」②連続している動作や状態が途切れる時。絶え間。「おきゃく（客）・が・　く（来）る・　きれめ・に・　ひるめし（昼飯）・を・　かきこむ。」③刃物によってできる、ものに残る切れ跡。「にく（肉）・に・　きれめ・を・　い（入）れ・て・　や（焼）く。」〔①②⇒**あいま**【合間】、**あい**【（間）】、**あいだ**【間】、**ま**【間】。①⇒**すきま**【隙間】、**すき**【隙】。②⇒**ひま**【暇】〕
きれる【切れる】《動詞・ラ行下一段活用》 ①続いているものや、つながっているものを分断することができる。「よ（良）ー・　きれる・　ほちょ（包丁）・や・さかい・　き（気）ーつけ・なはれ。」②続いていたものが分断される。「ろーぷ（ロープ）・が・　きれる。」「おーあめ（大雨）・で・　いけ（池）・の・　どて（土手）・が・　きれる。」③互いの繋がりがなくなる。「あいつ（彼奴）・と・の・　えん（縁）・が・　きれ・た。」④貯えていたものが一時、なくなる。「とーゆ（灯油）・が・　きれ・た・さかい・　か（買）い・に・　い（行）く。」⑤そこまで到達しない範囲内になる。足りない。「いっかんめ（一貫目）・に・　ちょっと（一寸）・

きれる。」■他動詞は「きらす【切らす】」■名詞化＝**きれ【切れ】**

キロ〔きろ〕【フランス語＝ kilo】《名詞》 ①メートル法の重さの単位で、1キロは1グラムの1000倍の重さ。「いち(一)きろ・が・ にせんえん(二千円)・です。」「きろ・あ(当)たり・ ごひゃくえん(五百円)・や。」②メートル法の長さの単位で、1キロは1メートルの1000倍の長さ。「きょー(今日)・は・ じっ(十)きろ・も・ ある(歩)い・た。」

きろく【記録】《名詞、動詞する》 ①後まで残す必要がある事柄を書き付けたり、録音や映像にとどめたりすること。また、そのようにしたもの。「のちのち(後々)・に・も・ わかる・よーに・ きろくし・ておく。」②競技などの成績。また、最高の成績。「れんしょー(連勝)・の・ きろく・を・ やぶ(破)る。」

きわ【際】《名詞》 ①ある場所から近いところ。あるもののそば。「へー(塀)・の・ きわ・に・ あか(赤)い・はな(花)・が・ さ(咲)い・とる。」②ものの周りや端の方。中心をはずれた辺り。「えんぴつ(鉛筆)・を・ つくえ(机)・の・ きわ・に・ お(置)い・たら・ ころ(転)ん・で・ お(落)ち・た。」〔⇒**へり**【縁】、**ふち**【縁】。①⇒**ねき**、**はた**【端】〕

きわ〔ぎわ〕【際】《接尾語》［動詞の連用形や名詞に付く］ ものや動作の境目などを表す言葉。まさにその時。まさにその場所。「わか(別)れぎわ・に・ あくしゅ(握手)し・た。」「なみうち(波打)ぎわ・を・ ある(歩)く。」「まど(窓)ぎわ・に・ はな(花)・の・ はち(鉢)・を・ お(置)く。」

きわどい【際どい】《形容詞・オイ型》 危険な事態や望ましくない事態が起こりかねない、ぎりぎりに差し迫っている様子。「きわどい・ とこ・で・ ま(間)におー・た。」

き(を)うしなう〔**きー(を)うしなう**〕【気(を)失う】《動詞・ワア行五段活用》 意識がなくなって、しばらく何もわからなくなる。「すべ(滑)っ・て・ あたま(頭)・を・う(撲)っ・て・ きーをうしの・とる・ ひと(人)・が・おっ・た。」〔⇒**きぜつ**【気絶】(する)〕

き(を)きかす〔**きー(を)きかす**〕【気(を)利かす】《動詞・サ行五段活用》 ものごとに応じてとっさに心を働かせたり行動したりする。他の人のことをじゅうぶんに考えて配慮する。「まー(周)り・の・ こと(事)・を・ かんが(考)え・て・ きーをきかし・て・ うご(動)き・なはれ。」

き(を)つかう〔**きー(を)つかう**〕【気(を)遣う】《動詞・ワア行五段活用》 ものごとについて、あれこれと心配する。他人の気持ちをあれこれと考える。周りの人のことを過度に考える。「きーをつかい・すぎ・たら・ じぶん(自分)・が・ そん(損)・を・ する・ぞ。」〔⇒**き(を)まわす**【気(を)回す】〕

きをつけ【気を付け】《名詞、動詞する》 直立して、動くことをしない姿勢。「きをつけ・の・ しせー(姿勢)・を・し・て・から・ おど(踊)りはじめる。」◆他の人に直立不動の姿勢をとらせるときにかける号令としても用いる。「きをつけ・ れい(礼)」

き(を)まわす〔**きー(を)まーす**〕【気(を)回す】《動詞・サ行五段活用》 ものごとについて、あれこれと心配する。他人の気持ちをあれこれと考える。周りの人のことを過度に考える。「あんた・が・ きーをまわさ・んでも・わし・が・ ちゃんと・ はなし(話)・を・ し・とい・たる。」〔⇒**き(を)つかう**【気(を)遣う】〕

き(を)もむ〔**きー(を)もむ**〕【気(を)揉む】《動詞・マ行五段活用》 いらいらして、心が落ち着かない。心配で気持ちが焦る。「むすこ(息子)・に・ きーをもん・だ・けど・ なん(何)とか・ ごーかく(合格)し・まし・てん。」

き(を)わるうする〔**きー(を)わるーする**〕【気(を)悪うする】《動詞・サ行変格活用》 不愉快になる。心が楽しくなくなる。「おも(思)・た・ こと・を・ そのまま・ ゆ(言)ー・たら・ あいて(相手)・が・ きーわるーする・さかい・ ちょっと(一寸)・ ひか(控)え・とか・な・あか・ん・ぞ。」

きん【金】《名詞》 ①貨幣や装飾品などに使われる、黄色くて艶のある、価値の高い金属。「きねんこーか(記念硬貨)・は・ きん・で・ でけ(出来)・とる。」②金属の金のように、光沢のある黄色。「きん・の・ かみ(紙)・に・つつ(包)む。」③将棋の駒の一つで「金将」と言われるもの。「ふ(歩)ー・が・ きん・に・ なる。」④1週間の7日間のうちの6日目で、木曜日の次、土曜日の前にある日。「げつ(月)・から・ きん・まで・の・ いつかかん(五日間)・ あ(開)い・とる。」〔②⇒**きんいろ**【金色】、**こがねいろ**【黄金色】。④⇒**きんよう**【金曜】、**きんようび**【金曜日】〕

きん【菌】《名詞》 ①茸やカビなど。「しいたけ(椎茸)・の・きん・を・ う(植)える。」②動植物などに寄生する、微細な単細胞の生物で、病気などのもととなったり、ものを腐らせたりする、有害な微生物。「ゆび(指)・に・きん・が・ はい(入)っ・て・ う(膿)ん・でき・た。」〔②⇒**ばいきん**【黴菌】〕

きん【斤】《名詞》 ①尺貫法の重さの単位の一つで、1斤は160匁で、およそ600グラムの重さ。「さとー(砂糖)・を・ いっ(一)きん・ か(買)う。」②食パンのかたまりを数える単位として使う言葉。「ぱん(パン)・ いっ(一)きん・を・ こ(買)ー・てかえる。」

ぎん【銀】《名詞》 ①貨幣や装飾品などに使われる、白くて艶のある金属。「むかし(昔)・の・ ひゃくえんだま(百円玉)・は・ ぎん・で・ でけ(出来)・とっ・た。」②金属の銀のように、光沢のある白色。「ぎん・の・ くれよん(クレヨン)・で・ ぬ(塗)る。」③将棋の駒の一つで「銀将」と言われるもの。「ひしゃ(飛車)・が・ ぎん・の・こま(駒)・を・ と(取)る。」〔②⇒**ぎんいろ**【銀色】〕

きんいろ【金色】《名詞》 金属の金のように、光沢のある黄色。「がくせーふく(学生服)・の・ きんいろ・の・ ぼたん(ボタン)・が・ と(取)れ・ても・た。」〔⇒**きん**【金】、**こがねいろ**【黄金色】〕

ぎんいろ【銀色】《名詞》 金属の銀のように、光沢のある白色。「ぎんいろ・の・ ゆき(雪)・が・ つ(積)もっ・とる。」〔⇒**ぎん**【銀】〕

きんか【金貨】《名詞》 金を主材料にして造った貨幣。「じゅーまんえん(十万円)・の・ きねん(記念)・の・ きんか・を・ いちまい(一枚)・ も(持)っ・とる・ねん。」◆金色に見える貨幣のことを言うこともある。

ぎんか【銀貨】《名詞》 銀を主材料にして造った貨幣。「ごひゃくえん(五百円)・の・ きねん(記念)・の・ ぎんか・も・ ほ(欲)しー・なー。」◆銀色に見える貨幣のことを言うこともある。

きんがく【金額】《名詞》 具体的な貨幣の額で示されるお金の量。「にゅーがくきん(入学金)・は・ いっぺん(一遍)・に・ その・ きんがく・を・ おさ(納)める・ん・かいな。」

きんがしんねん【謹賀新年】《名詞》「謹んで新しい年をお祝いします」という意味を漢字4文字で表した言葉。「がしょー(賀正)・より・も・ きんがしんねん・と・

か(書)い・とる・　ひと(人)・の・　ほー(方)・が・　おー(多)い。」

きんがみ【金紙】《名詞》　①金属の金のように、光沢のある黄色の紙。「きんがみ・を・　き(切)っ・て・　はりえ(貼絵)・に・　つか(使)う。」②光沢のある黄色の金属箔。「きんがみ・に・　つつ(包)ん・だ・　ちょこれーと(チョコレート)・は・　おいし(美味)そーや。」

ぎんがみ【銀紙】《名詞》　①金属の銀のように、光沢のある白色の紙。「ぎんがみ・を・　ひね(捻)っ・て・　みずひき(水引)・に・　する。」②光沢のある白色の金属箔。「しめ(湿)ら・ん・よーに・　ぎんがみ・で・　つつ(包)む。」

きんぎょ【金魚】《名詞》　鮒を改良して、色や形を変えた観賞用の淡水魚。「きんぎょ・を・　はち(鉢)・に・　い(入)れる。」

きんきらきん【金きらきん】《形容動詞や(ノ)》　①装飾物などが多くて、きらびやかで派手に見える様子。「きんきらきんの・　ふく(服)・を・　き(着)・て・　ぶたい(舞台)・に・　で(出)・とる。」②金属などが輝いている様子。「てっちゅー(鉄柱)・が・　きんきらきんに・　はんしゃ(反射)し・とる。」〔⇒**ぎんぎらぎん**【銀ぎらぎん】〕

ぎんぎらぎん【銀ぎらぎん】《形容動詞や(ノ)》　①装飾物などが多くて、きらびやかで派手に見える様子。「ぎんぎらぎんに・　かざ(飾)っ・た・　とらっく(トラック)・が・　とー(通)っ・た。」②金属などが輝いている様子。「とけー(時計)・に・　おひ(日)さん・が・　あ(当)たっ・て・　ぎんぎらぎんに・　み(見)える。」〔⇒**きんきらきん**【金きらきん】〕

きんきんごえ【きんきん声】《名詞》　高く鋭い発音で、耳障りとして聞こえる声。「きんきんごえ・で・　はやくち(早口)・や・さかい・　なに(何)・を・　ゆ(言)ー・とる・の・か・　わから・へん。」

きんこ【金庫】《名詞》　お金や貴重な書類などを入れて、火災や盗難から防ぐ目的で作られた金属製の頑丈な箱。「うりあげきん(売上金)・を・　きんこ・に・　い(入)れる。」

ぎんこう〔ぎんこー、ぎんこ〕【銀行】《名詞》　大勢の人からお金を預かったり貸したりする機関。「ぎんこー・に・　ちょきん(貯金)する。」［**巻末「わが郷土」の「ぎんこう」の項を参照**］

きんし【禁止】《名詞、動詞する》　あることをしてはいけないと止めること。「ここ・は・　おーだん(横断)する・の・が・　きんし・の・　ばしょ(場所)・や。」

きんし【近視】《名詞》　遠くのものがはっきり見えにくい目。「きんし・に・　なっ・た・ん・で・　めがね(眼鏡)・を・　か(掛)ける。」■対語＝「えんし【遠視】」〔⇒**ちかめ**【近眼】〕

きんじょ【近所】《名詞》　①自分が住んでいる家などから近いところ。「うち・の・　きんじょ・に・は・　こーえん(公園)・が・　ある。」「がっこー(学校)・の・　きんじょ・の・　ぶんぼーぐや(文房具屋)・で・　か(買)う。」②ある場所から近いところ。あるもののそば。「りもこん(リモコン)・は・　てれび(テレビ)・の・　きんじょ・に・　お(置)い・た・　はず・や。」〔⇒**きんじょまわり**【近所周り】、**はたまわり**【端周り】。②⇒**はた**【端】〕

きんじょ《名詞》竿の片端にものを載せたり吊したりして、他方の分銅を動かして重さをはかる道具。竿ばかり。「さかな(魚)・を・　きんじょ・で・　はか(量)っ・て・　う(売)る。」

きんじょ

きんじょづきあい【近所付き合い】《名詞、動詞する》　近くに住む人と人間関係を結ぶこと。「ふだん(普段)・の・　きんじょづきあい・が・　だいじ(大事)や・ぞ。」

きんじょまわり〔きんじょまーり〕【近所周り】《名詞》　①自分が住んでいる家などから近いところ。「きんじょまーり・に・　えき(駅)・は・　あら・へん・よーな・　いなか(田舎)・に・　すーぱー(スーパー)・が・　でき・とる。」「きんじょまーり・に・　みせや(店屋)・は・　すけ(少)ない・ねん。」②ある場所から近いところ。あるもののそば。「うえき(植木)・の・　きんじょまーり・に・　みず(水)・を・　やる。」〔⇒**きんじょ**【近所】、**はたまわり**【端周り】。②⇒**はた**【端】〕

きんじょまわり〔きんじょまーり〕【近所回り】《名詞、動詞する》　近いところを順に訪問すること。「ひ(引)っこし・てき・た・　あいさつ(挨拶)・に・　きんじょまーりする。」

きんぞく【金属】《名詞》　金・銀・鉄・銅などの、固体で光沢を持ち、常温では溶けにくく、熱や電気を伝えやすい鉱物。「きんぞく・で・　ぶひん(部品)・を・　つく(作)る。」

きんちゃく【巾着】《名詞》　布や革で作った袋で、口を紐でくくるようにしたもの。「きんちゃく・に・　おかね(金)・を・　い(入)れる。」

きんちょう〔きんちょー〕【緊張】《名詞、動詞する》　失敗などを避けるために神経を使うこと。気持ちや態度が引き締まったり、体がこわばったりすること。「きんちょーし・て・　あがっ・ても・た。」

きんとき【金時】《名詞》　①赤くて粒が大きいあずき。また、それを甘く煮たもの。「きんとき・で・　あん(餡)・を・　こっさ(拵)える。」②細長くて皮が赤い薩摩芋。「む(蒸)し・た・　きんとき・は・　うま(美味)い。」③伝説的な英雄である、金太郎(坂田金時)のこと。「まさかり(鉞)・を・　も(持)っ・た・　きんとき・の・　はなし(話)・を・　まご(孫)・に・　し・てやる。」〔①⇒**きんときまめ**【金時豆】。②⇒**きんときいも**【金時芋】〕

きんときいも【金時芋】《名詞》　細長くて皮が赤い薩摩芋。「ほこほこし・た・　きんときいも・は・　だいす(大好)きや。」〔⇒**きんとき**【金時】〕

きんときまめ【金時豆】《名詞》　赤くて粒が大きいあずき。また、それを甘く煮たもの。「まくのうち(幕内)・の・　えきべん(駅弁)・に・　きんときまめ・が・　はい(入)っ・とる。」〔⇒**きんとき**【金時】〕

ぎんなん【銀杏】《名詞》　炒ったり蒸したりして食べる、イチョウの木の実。「ちゃわんむし(茶碗蒸)・に・　ぎんなん・を・　い(入)れる。」

きんにく【筋肉】《名詞》　動物の体を動かすために、細い肉質のものが集まってできている運動器官。「ぼでーびる(ボデービル)・で・　きんにく・を・　きた(鍛)える。」〔⇒**すじ**【筋】〕

きんの【(昨日)】《名詞》　今日より１日前の日。「きんの・の・　じしん(地震)・は・　ごっつかっ・た・なー。」「きんの・は・　さぶ(寒)い・　いちにち(一日)・やっ・た。」〔⇒**きのう**【昨日】、**さくじつ**【昨日】〕

きんぺん【近辺】《名詞》　①ある場所から近くにある場所。「えき(駅)・の・　きんぺん・の・　きっさてん(喫茶店)・に・　はい(入)る。」②ある日時から近い日時。「とーか(十日)・の・　きんぺん・で・　つごー(都合)・の・　え(良)ー・　ひ(日)・は・　おま・へん・か。」

きんむ【勤務】《名詞、動詞する》　会社などに勤めて仕事をすること。「にっちょー(日曜)・は・　きんむ・で・　ふだん(普段)・の・　ひ(日)ー・が・　やす(休)み・に・　なっ・とり・ます。」

きんよう〔**きんよー**〕【金曜】《名詞》 1週間の7日間のうちの6日目で、木曜日の次、土曜日の前にある日。「きんよー・は・　かえ(帰)り・に・　いっぱい(一杯)・　の(飲)む。」〔⇒**きん**【金】、**きんようび**【金曜日】〕

きんようび〔**きんよーび**〕【金曜日】《名詞》 1週間の7日間のうちの6日目で、木曜日の次、土曜日の前にある日。「きんよーび・の・　ばん(晩)・に・　かんげーかい(歓迎会)・を・　ひら(開)く。」〔⇒**きん**【金】、**きんよう**【金曜】〕

きんろうかんしゃのひ〔**きんろーかんしゃのひー**〕【勤労感謝の日】《名詞》 国民の祝日の一つで11月23日に設定されており、国民が働くことを尊び、生産を祝い、互いに感謝し合う日。「きんろーかんしゃのひー・や・のに・　きょー(今日)・は・　しゅっきん(出勤)・や・ねん。」

く

く〔**くー**〕【九】《名詞(数詞)》 ①自然数の8に、1を加えた数。「よんじゅーだい(四十代)・も・　もー・　さいご(最後)・の・　くー・に・　なっ・た・ん・や。」②ものごとの順序や順位などを表す言葉で、8番目の次に位置するもの。「まえ(前)・から・　かぞ(数)え・て・　く・やっ・た・さかい・　ひとけた(一桁)・で・　ごーる(ゴール)し・た・ん・や。」〔⇒**きゅう**【九】〕

く【九】《接頭語》 (後ろの名詞にかかっていく言葉で)9を表す言葉。「ほんどー(本堂)・に・　くたい(体)・の・　ぶつぞー(仏像)・が・　あっ・た。」〔⇒**きゅう**【九】、**ここの**【九】〕

く〔**くー**〕【苦】《名詞》 辛く苦しいと思うこと。嘆くこと。困ること。また、それらの中身。「しけん(試験)・に・　お(落)ち・た・　こと・を・　くー・に・　する。」

ぐ〔**ぐー**〕【具】《名詞》 料理で、ご飯や汁ものなどに入れて添える材料。「けさ(今朝)・の・　みそしる(味噌汁)・の・　ぐー・は・　わかめ(若布)・に・　しょ・ー。」

ぐあい【具合】《名詞》 ①何かをするときに、影響を与えるようなものごとの有様。ものごとがうまく進んでいるかどうかの状況。「きかい(機械)・の・　ぐあい・は・　ちょーしよ(調子良)ー・　まー(回)っ・とる・か。」②天候や寒暖などの様子。「たじま(但馬)・は・　さむ(寒)さ・の・　ぐあい・は・　どー・です・か。」③身体のありさま。健康の状況。「あつ(暑)ーなる・と・　ぐあい・が・　よ(良)ーない。」④他人から見られたときの格好や、世間に対する体裁など。「ぐあい・が・　わる(悪)かっ・たら・　ことわ(断)っ・ても・　かま(構)・へん・よ。」〔⇒**ぐわい**【(具合)】、**がい**【(具合)】、**あんばい**【塩梅、案配】。①⇒**つごう**【都合】〕

くい【杭】《名詞》 地面に打ち込んだり埋め立てたりして、支柱や目印として使う棒。「たちいりきんし(立入禁止)・の・　くい・を・　た(立)てる。」

くいあわせ【食い合わせ】《名詞》 いっしょに食べると中毒を起こすと言われる食べ物の組み合わせ。「うなぎ(鰻)・と・　うめぼ(梅干)し・は・　くいあわせ・や・ぞ。」「すいか(西瓜)・と・　てんぷら(天麩羅)・が・　くいあわせ・や・　ゆ(言)ー・けど・　ほんま(本真)・かいな。」

くいいじ【食い意地】《名詞》 欲張って食べたいと思う欲望。食べ物を見るとどうしても食べたくなる気持ち。「せんじちゅー(戦時中)・の・　う(生)まれ・や・さかい・　くいいじ・が・　は(張)っ・とる・ねん。」

ぐいぐい《副詞と》 ①強い力で押したり引いたりする様子。「ぐいぐいと・　つな(綱)・を・　ひ(引)っぱっ・て・　か(勝)っ・た。」②精力的にものごとを行う様子。「みんな・を・　ぐいぐい・　ひ(引)っぱる・よーに・　し・て・　しごと(仕事)・を・　する。」〔②⇒**ぐんぐん**〕

くいけ【食い気】《名詞》 健康で、どんなものでも食べたいと思う気持ち。「くいけ・が・　の(無)ーなっ・たら・　にんげん(人間)・　おしま(終)い・や。」〔⇒**しょくよく**【食欲】〕

くいこむ【食い込む】《動詞・マ行五段活用》 ①深く中に入り込んで、引き戻せないようになる。「ひも(紐)・が・　かた(肩)・に・　くいこん・で・　いた(痛)い。」②限界を超えて、他の領分をおかす。「はなし(話)・が・　なご(長)ー・て・　じかん(時間)・が・　くいこむ。」

くいしんぼう〔**くいしんぼー、くいしんぼ**〕【食いしん坊】《名詞、動詞する、形容動詞や(ノ)》 何でもむやみに食べたがること。また、そのような人。「この・　こ(子)・は・　くいしんぼ・や・ねん。」「そないに・　くいしんぼーし・たら・　からだ(体)・に・　どく(毒)・や・ぞ。」〔⇒**いやし、いやしんぼう**【いやしん坊】〕

クイズ〔**くいず**〕【英語＝quiz】《名詞》 雑多な知識を尋ねたり機知に富んだ答を求めたりして、質問に答えさせる遊び。また、その問題。「ふくわじゅつ(腹話術)・の・　かわかみ(川上)のぼる・が・　で(出)・てくる・　はりす(ハリス)くいず・　ゆ(言)ー・　ばんぐみ(番組)・が・　あり・まし・た・なー。」

くいすけ【食い助】《名詞》 食欲が旺盛な人。むやみに大食をする人。大食が習慣になっている人。「うち・の・　くいすけ・やっ・たら・　いっぺん(一遍)に・　みんな(皆)・　く(食)・てまう・やろ・なー。」「めし(飯)・を・　さんばい(三杯)・も・　た(食)べる・　くいすけ・は・　こま(困)る・なー。」◆人名であるかのように言う。

くいちがい【食い違い】《名詞》 ものごとや意見などが互いに一致しないこと。組み合わせの部分が、ぴったりと合うことがないこと。「ふたり(二人)・が・　ゆ(言)ー・とる・　こと(事)・に・　くいちがい・が・　ある。」〔⇒**ずれ**〕

くいちがう【食い違う】《動詞・ワア行五段活用》 ものごとや意見などが互いに一致しない。組み合わせの部分が、ぴったりと合うことがない。「あっち・の・　ゆ(言)ー・とる・　こと(事)・と・　くいちごー・とる・や・おま・へん・か。」「き(切)りこみ・の・　かっこ(格好)・が・　くいちごー・て・　はま(填)ら・へん。」■名詞化＝**くいちがい**【食い違い】〔⇒**ずれる**〕

くいつく【食い付く】《動詞・カ行五段活用》 ①食べようとして、しっかりと噛みつく。がつがつ食べる。「さかな(魚)・が・　えさ(餌)・に・　くいつく。」②しっかりと取り付く。離れまいとして、しがみつく。「ま(負)け・ん・よーに・　くいつい・ていけ。」〔⇒**くらいつく**【食らい付く】〕

ぐいっと《副詞》 水や飲み物を一息に飲む様子。「ぐいっと・　の(飲)む・　いっぱいめ(一杯目)・の・　びーる(ビール)・は・　うま(美味)い・なー。」

くいもん【食い物】《名詞》 人や動物が、生きるために口にするもの。そのままで、または調理をして食べ物とする品物。「はら(腹)・　へ(減)っ・た。なん(何)・ぞ・　くいもん・は・　あら・へん・か。」◆ぞんざいな言い方である。〔⇒**たべもん**【食べ物】、**しょくひん**【食品】〕

くいもんや【食い物屋】《名詞》 人に食事を提供する店。「くいもんや・と・ ゆ(言)ー・ても・ うどんや(饂飩屋)・ぐらい・しか・ あら・へん。」◆ぞんざいな言い方である。〔⇒**たべもんや【食べ物屋】、しょくどう【食堂】**〕

くう〔くー〕【食う】《動詞・ワア行五段活用》 ①生命を維持するために、飲食物を体内に取り入れる。「はや(早)め・に・ ひるめし(昼飯)・を・ くう。」②暮らしを立てる。生活する。「しゅーしょく(就職)せ・なんだら・くわ・れ・へん。」③何かをするために、それだけのものが必要である。「でんきだい(電気代)・を・ よー・くー・ きかい(機械)・や。」「がそりん(ガソリン)・を・くう。」◆「たべる【食べる】」に比べると、「くう【食う】」はやや、ぞんざいな言い方であるように思えるが、日常生活では多用されている。そのことが、「くいいじ【食い意地】」「くいけ【食い気】」「くいしんぼう【食いしん坊】」などの言葉に派生し、それらを「たべいじ」「たべけ」「たべしんぼう」などと言わないこととも関連してくる。〔①②⇒**たべる【食べる】**。①⇒**くちにする【口にする】**〕

ぐう〔ぐー〕《名詞、動詞する》 ①じゃんけんで、握りこぶしの形にする「いし【石】」の形。「ぐー・を・ だ(出)し・て・ ま(負)け・た。」②じゃんけんの「いし【石】」の形をすること。こぶしを握ること。「あか(赤)ちゃん・は・ ずっと・ ぐー・を・ し・とる。」〔①⇒**いし【石】**〕

くうき〔くーき〕【空気】《名詞》 ①地球上の生き物がそれを吸って生きている、地球を包んでいる色も匂いもない気体。「くーき・が・ わる(悪)い・さかい・ まど(窓)・を・ あ(開)け・てんか。」②その場の雰囲気や状況。「あいつ・が・ き(来)・たら・ くーき・が・ か(変)わる。」

くうきじゅう〔くーきじゅー〕【空気銃】《名詞》 圧縮された空気の力で弾を撃ち出す仕掛けになっている銃。「くーきじゅー・を・ つこ(使)・て・ すずめ(雀)・を・う(撃)つ。」

くうしゅう〔くーしゅー〕【空襲】《名詞、動詞する》 戦争に際して、飛行機で空から地上を攻撃すること。「あかし(明石)・の・ かわさきこーくー(川崎航空)・の・こーば(工場)・が・ くーしゅーさ・れ・た・ とき(時)・は・ ごっつい・ もん・やっ・た。」

ぐうぜん〔ぐーぜん〕【偶然】《副詞、形容動詞や(ノ)》 そのようになるべき理由が乏しいのに、思いがけないことが起こること。「ぐーぜん・ まち(街)・で・ とも(友)だち・に・ お(会)ー・た。」「ごーかく(合格)し・た・ん・は・ ぐーぜんや・と・ おも(思)う・ねん。」

くうちゅうケーブル〔くーちゅーけーぶる〕【空中 + 英語 = cable】《名詞》 空中に鋼製のロープを張って運搬用の箱を吊して、人やものを運ぶもの。「ろっこーざん(六甲山)・に・も・ くーちゅーけーぶる・が・ ある。」〔⇒**ロープウエー【英語 = ropeway】**〕

ぐうぴいぱあ〔ぐーぴーぱー〕《名詞、動詞する》 ①片手で作る、握りこぶしの形、2本の指を突き出す形、5本の指を全部開く形。「ぐーぴーぱー・の・ かたち(形)・を・ なんべん(何遍)・も・ し・たら・ え(良)ー・ りはびり(リハビリ)・に・ なる・ぞ。」②片手で、「ぐう」(石の形)、「ぴい」(鋏の形)、「ぱあ」(紙の形)を出し合って、勝敗を決めること。「ぐーぴーぱー・で・ き(決)め・よー・か。」〔②⇒**じゃんけん【じゃん拳】、じゃいけん【じゃい拳】、どっこん、どっこんで**〕

クーポン〔くーぽん〕【フランス語 = coupon】《名詞》 ①一つずつ順に切り取って使う証券。切り取り式になっている切符など。「こくさい(国債)・は・ くーぽん・に・なっ・とる。」②乗車券・宿泊券などを一綴りにしたもの。「ほっかいどーりょこー(北海道旅行)・の・ くーぽん・を・ う(受)けとる。」〔⇒**クーポンけん【フランス語 = coupon + 券】**〕

クーポンけん〔くーぽんけん〕【フランス語 = coupon + 券】《名詞》 ①一つずつ順に切り取って使う証券。切り取り式になっている切符など。「くーぽんけん・を・ いちまい(一枚)・ずつ・ き(切)りとっ・て・ わた(渡)す。」②乗車券・宿泊券などを一綴りにしたもの。「くーぽんけん・や・さかい・ じゅんばん(順番)に・ つこ(使)・ていっ・たら・ え(良)ー・ねん。」〔⇒**クーポン【フランス語 = coupon】**〕

クーラー〔くーらー〕【英語 = cooler】《名詞》 電気の力などによって、室内や車内などの温度を外より下げて、涼しくするための装置。「くーらー・ かけすぎ・たら・からだ(体)・に・ わる(悪)い・ぞ。」〔⇒**れいぼう【冷房】**〕

くえる《動詞・ア行下一段活用》 火を燃やし続けるために、薪などを火の中に入れる。「た(焚)きもん・を・ くえる。」◆「ふろ(風呂)・を・ ひと(一)くえ・ た(焚)い・てんか。」という言い方もする。〔⇒**くべる**〕

くかく【区画】《名詞、動詞する》 他との仕切を設けて土地などを区切ること。また、区切られた部分。「う(売)りだし・とる・ とち(土地)・は・ ひと(一)つ・ずつ・の・くかく・が・ せば(狭)い・ねん。」「たんぼ(田圃)・の・くかく・の・ せーり(整理)・を・ する。」

くがつ【九月】《名詞》 1年の12か月のうちの9番目の月。「くがつ・は・ ひがん(彼岸)・の・ ころ(頃)・まで・は・すず(涼)しゅー・ なら・ん。」「ことし(今年)・の・くがつ・は・ たいふー(台風)・が・ おー(多)かっ・た・なー。」

くき【茎】《名詞》 草花の葉や花を支えて、養分や水分の通路となる部分。「ごーや(ゴーヤ)・は・ くき・が・ つる(蔓)・に・ なっ・とる。」

くぎ【釘】《名詞》 板などをくっつけるために、鉄や竹などで作った、先の尖った細長いもの。「いた(板)・を・くぎ・で・ と(止)める。」

くぎづけ【釘付け】《名詞、動詞する》 釘を打って動かないようにすること。「たいふー(台風)・が・ ちか(近)づい・た・ので・ まど(窓)・を・ くぎづけ・に・ する。」

くぎり【区切り】《名詞、動詞する》 ①続いているものの、ちょっとした切れ目。次のはじまりまでの、ひとまとまりの部分。終わりの部分。「きょー(今日)・で・ しごと(仕事)・の・ くぎり・が・ つい・た。」②区画を作ること。間に境を作ること。また、そのようにしたもの。「くぎり・の・ ひと(一)つ・に・ ぼーる(ボール)・を・な(投)げいれる。」〔①⇒**きり【切り】**。②⇒**しきり【仕切り】、へきり【辺切り】、へっきり【辺っ切り】**〕

くぎる【区切る】《動詞・ラ行五段活用》 用途や内容などに応じて、ものとものとを分けて、境目を作る。区画をつけて分ける。「くぎっ・て・ たちいりきんし(立入禁止)・の・ ばしょ(場所)・を・ つく(作)る。」■名詞化 = **くぎり【区切り】**。〔⇒**しきる【仕切る】、へきる【辺切る】、へっきる【辺っ切る】**〕

くく【九九】《名詞》 1から9までの自然数同士の掛け算の数値の表。また、それを系統的に覚えるときの唱え方。「かけざん(掛算)・の・ くく・を・ おぼ(覚)える。」

くぐり【潜り】《名詞》 門の大きな扉に付けられている、潜って出入りするような小さな出入り口。門の脇などに作ってある、潜って出入りするような小さな出入り口。「くぐり・で・　あたま(頭)・を・　う(撲)た・ん・よー・に・　き(気)ー・　つけ・て・な。」■対語＝「おおど【大戸】」〔⇒**こぐり**【(潜り)】、**くぐりど**【潜り戸】、**こぐりど**【(潜り戸)】〕

くぐりど【潜り戸】《名詞》　門の大きな扉に付けられている、潜って出入りするような小さな出入り口。門の脇などに作ってある、潜って出入りするような小さな出入り口。「くぐりど・を・　くぐ(潜)っ・たら・　む(向)こー・に・　げんかん(玄関)・が・　み(見)え・た。」■対語＝「おおど【大戸】」〔⇒**くぐり**【潜り】、**こぐり**【(潜り)】、**こぐりど**【(潜り戸)】〕

くくる【括る】《動詞・ラ行五段活用》　①ばらばらであったものを、一つにまとめて扱えるように縛る。「たけ(竹)・を・　じっぽん(十本)・ずつ・　くくる。」②ものの周りに紐などを巻き付けて強く結ぶ。「ふくろ(袋)・の・　くち(口)・を・　くくっ・て・　こぼ(零)れ・ん・よー・に・　する。」③他のものに結んで締める。「おこ(怒)ら・れ・て・　だいこくばしら(大黒柱)・に・　くくら・れ・ても・た。」■名詞化＝**くくり**【括り】〔②③⇒**しばる**【縛る】。③⇒**ゆわえる**【結わえる】、**いわえる**【(結わえる)】〕

くぐる【潜る】《動詞・ラ行五段活用》　ものの下やすき間などを通り抜ける。身を屈めて通り抜ける。「でんしゃ(電車)・の・　がーど(ガード)・を・　くぐる。」「とんねる(トンネル)・を・　くぐる。」■名詞化＝**くぐり**【潜り】〔⇒**こぐる**【(潜る)】〕

くける【絎ける】《動詞・カ行下一段活用》　縫い目の糸が外から見えないようにして縫う。「ふく(服)・の・　そでぐち(袖口)・を・　くける。」

くけるときに使う台

くさ【草】《名詞》　①葉や茎や根が分かれている植物で、茎の外側が堅くないもの。「ひろ(広)っぱ・の・　くさ・が・　しげ(茂)っ・てき・た。」「くさ・の・　はな(花)・を・　う(植)える。」②植えないのに自然と生えてくる、いろいろな植物。名前の知れない雑多な植物。農作物、庭木、草花などの成長を邪魔する植物。「たんぼ(田圃)・に・　くさ・が・　は(生)え・て・　こま(困)る。」「にわ(庭)・の・　くさ・を・　ぬ(抜)く。」〔②⇒**ざっそう**【雑草】〕

くさい【臭い】《形容詞・アイ型》　①鼻をつまみたくなるほどの嫌なにおい、好ましくないにおいがする。「がす(ガス)・が・　くさい・さかい・　まど(窓)・を・　あ(開)け・なはれ。」②状況から判断して、どうも疑わしい。「あいつ(彼奴)・が・　くさい・と・　にら(睨)ん・どる・ねん。」■名詞化＝**くささ**【臭さ】

くさい【臭い】《接尾語》［形容詞や形容動詞の語幹、または名詞に付く］　好ましくない状況が強いという意味を表す言葉。「めんど(面倒)くさい・　こと・は・　や(止)め・とき・たい。」「あせ(汗)くさい・　にお(臭)い・が・　する。」「ふる(古)くさい・　かんが(考)え・は・　い(言)わ・んとき。」「かび(黴)くさい・さかい・　ほ(干)し・とき・なはれ。」「まだ・　ぺんき(ペンキ)くさい・さかい・　ちかよ(近寄)っ・たら・　あか・ん。」

くさかり【草刈り】《名詞、動詞する》　生えている草を切り取ること。役に立たない草を取り除くこと。「くさかりし・て・　うし(牛)・の・　えさ(餌)・を・　あつ(集)め・とく。」

くさき【草木】《名詞》　葉や茎が柔らかい植物や、幹が固い植物。地上に生えている植物の全体。「はる(春)・に・　なっ・て・　くさき・が・　あおあお(青々)と・　し・てき・た。」

くさす《動詞・サ行五段活用》　悪意を込めて、相手のことを非難する。悪い点ばかりをとりたてて並べ上げる。「ひと(人)・を・　くさす・の・は・　わる(悪)い・　くせ(癖)・や。」〔⇒**けなす**【貶す】〕

くさっぱら【草っ原】《名詞》　木がなくて、葉や茎が柔らかい植物が一面に生えている野原。「くさっぱら・で・　ひるね(昼寝)し・たら・　きも(気持)ち・が・　よ(良)かっ・た。」

くさとり【草取り】《名詞、動詞する》　田畑に生えている雑草を取り除くこと。また、そのことに使う道具。「あさ(朝)・の・　すず(涼)しー・　うち・に・　たんぼ(田圃)・の・　くさとりする。」

くさばな【草花】《名詞》　美しい花の咲く、葉や茎が柔らかい植物。葉や茎が柔らかい植物に咲く花。「にわ(庭)・で・　くさばな・を・　そだ(育)てる・の・が・　す(好)きです・ねん。」

くさみ【臭み】《名詞》　そのものについて離れない、独特のにおい。好ましくないにおい。「さかな(魚)・の・　くさみ・を・　ぬ(抜)く。」

くさもち【草餅】《名詞》　蒸したヨモギの葉を入れて搗いた餅。「くさもち・に・　あん(餡)・を・　い(入)れる。」

くさり【鎖】《名詞》　金属の輪を長くつないで、紐のようにしたもの。「いかり(錨)・の・　くさり・が・　き(切)れ・て・　ふね(船)・が・　なが(流)さ・れ・た。」「ぬす(盗)ま・れ・ん・よー・に・　じてんしゃ(自転車)・を・　くさり・で・　くく(括)る。」〔⇒**チェーン**【英語＝chain】〕

くさりやがる《補助動詞・ラ行五段活用》［動詞の連用形に付く］　相手の動作を強く非難したり蔑んだりするときに使う言葉。「へた(下手)な・　じ(字)ー・を・　か(書)き・くさりやがっ・た・なー。」◆補助動詞「くさる」に、さらに補助動詞「やがる」が結びついて、語気を強める言葉である。この語とともに、「てくさりやがる」という補助動詞もある。〔⇒**さらす**、**やがる**、**くさる**、**さらしやがる**、**てさらす**、**てくさる**、**てやがる**、**てさらしやがる**、**てくさりやがる**〕

くさりやがる《補助動詞・ラ行五段活用》　**⇒てくさりやがる〔でくさりやがる〕《補助動詞・ラ行五段活用》を参照**

くさる【腐る】《動詞・ラ行五段活用》　①微生物の作用などによって、食べ物がいたんで食べられない状態になる。「にく(肉)・が・　くさる。」「くさっ・た・　みず(水)・は・　す(捨)て・んかい。」「め(目)・が・　くさる・ほど・よー・　ね(寝)・た。」②動植物や鉱物の組織などがいたんで、崩れてぼろぼろの状態になる。「はし(橋)・が・　くさっ・て・　あぶ(危)ない。」「てっぱん(鉄板)・が・　くさっ・て・　うす(薄)ー・　なっ・とる。」「し(死)ん・だ・　すずめ(雀)・が・　くさっ・とる。」③思い通りにいかなくて、気持ちが弱ってしまう。「しっぱい(失敗)し・て・　くさっ・とっ・た。」■名詞化＝**くさり**【腐り】〔⇒**いたむ**【傷む】〕

くさる《補助動詞・ラ行五段活用》［動詞の連用形に付く］　相手の動作を強く非難したり蔑んだりするときに使う言葉。「なに(何)・を・　し・くさっ・とる・ん・や。」「うろうろし・とら・んと・　は(早)よ・　い(行)き・くされ。」◆この語とともに、「てくさる」という補助動詞もある。〔⇒**やがる**、**さらす**、**さらしやがる**、**くさりやがる**、**てさらす**、**てくさる**、**てやがる**、**てさらしやがる**、**てくさりやがる**〕

くさる《補助動詞・ラ行五段活用》　**⇒てくさる〔でくさる〕**

《補助動詞・ラ行五段活用》を参照

くし【串】《名詞》 食べ物をさすのに使う、竹や鉄などでできた先の尖った細い棒。「さかな(魚)・を・　くし・に・　さ(刺)し・て・　や(焼)く。」

くし【櫛】《名詞》 髪の毛を梳かしたり整えたり、または髪飾りとして使ったりする道具。「つげ(黄楊)・で・　でき(出来)・た・　くし・を・　か(買)う。」

櫛（くし）㊧と、簪（かんざし）㊨　★

くじ【籤】《名詞》 同じ形の紙や棒などに、番号や印を付けておいて、その中のものを選ばせて、当たり・外れや順番などを決める方法。また、そのときに使う、同じ形の紙や棒など。「くじ・で・　か(勝)ちま(負)け・を・　き(決)める。」「たから(宝)くじ・を・　か(買)う。」

くじびき【籤引き】《名詞、動詞する》 当たり・外れや順番などを決めるために、番号や印を付けておいた、同じ形の紙や棒などを引くこと。また、その方法でことを決めること。「くじびき・で・　ざせき(座席)・を・　き(決)める。」◆器械を用いて行う方法もある。〔⇒**ちゅうせん【抽選】**〕

くじゃく【孔雀】《名詞》 雄が羽を扇形に広げると美しい文様が見える、熱帯地方にすむ鳥。「くじゃく・が・　はね(羽)・を・　ひろ(広)げ・とる。」

くしゃくしゃ《副詞、形容動詞や(ノ)、動詞する》 ①紙や布などが丸められたりもまれたりして、皺だらけになっている様子。中に入れていたものなどが乱れている様子。「かばん(鞄)・の・　なか(中)・に・　い(入)れ・とい・た・　かみ(紙)・が・　くしゃくしゃや。」②丸めたり揉んだりして、わざと壊してしまう様子。「かみ(紙)・を・　くしゃくしゃに・　まる(丸)め・て・　す(捨)てる。」③下品な音をたてて、あるいは不味そうにものを噛む様子。「ちゅーいんがむ(チューインガム)・を・　いつまでも・　くしゃくしゃ・　か(噛)む・の・は・　や(止)め・なはれ。」④顔や髪がくずれて、きちんとしていない様子。「お(起)き・たら・　かみ(髪)・の・　け(毛)ー・が・　くしゃくしゃに・　なっ・とっ・た。」⑤気持ちが乱れて、すっきりしない様子。「くしゃくしゃし・て・　こども(子供)・を・　どな(怒鳴)っ・ても・た。」〔①②③④⇒**くちゃくちゃ**〕

ぐじゃぐじゃ《形容動詞や(ナ・ノ)》 ①混乱して、無秩序である様子。「ぐじゃぐじゃで・　わけ(訳)・の・　わから・ん・　え(絵)・や・のー。」②わざと壊してしまったような様子。「つく(作)っ・た・　こーさく(工作)・を・　ぐじゃぐじゃに・　し・てまう。」③他の人にあれこれと文句をつける様子。「はた(端)・から・　ぐじゃぐじゃと・　い(言)わ・んとい・てんか。」〔③⇒**ぐずぐず【愚図愚図】**〕

くしゃみ【嚔】《名詞、動詞する》 鼻の粘膜が刺激を受けて、急に激しく吹き出す息。「はな(鼻)・が・　むずむずし・て・　くしゃみ・が・　で(出)・そーや。」「くしゃみする・　とき(時)・は・　くち(口)・を・　お(押)さえ・なはれ。」〔⇒**くっしゃみ【(嚔)】、はくしょん**〕

くしゃん《副詞と》 ①くしゃみをする音を表す言葉。「さむけ(寒気)・が・　し・て・　くしゃんと・　なっ・た。」②軽く鼻水をすすりあげる様子を表す言葉。「かぜ(風邪)・を・　ひー・て・　はな(鼻)・が・　くしゃん・　くしゃんと・　きも(気持)ち・が・　わる(悪)い。」〔①⇒**はくしょん**〕

くじょう〔くじょー〕【苦情】《名詞》 他から迷惑や不利益などを受けていることに対する不平や不満の気持ち。また、それを言葉で表したもの。「このごろ・は・　そーおん(騒音)・で・　くじょー・を・　ゆ(言)ー・　ひと(人)・が・　ふ(増)え・てき・た。」

くじら【鯨】《名詞》 ①肉を食用などとする、海にすみ魚の形をした大形の哺乳動物。「くじら・が・　しお(潮)・を・　ふ(吹)く。」②その動物を食用とする肉。「しょーがっこー(小学校)・の・　とき(時)・は・　くじら・が・　きゅーしょく(給食)・に・　よー・　で(出)・た・もんや。」

くじらじゃく【鯨尺】《名詞》 ①和装用衣類の長さを測るための物差し。「くじらじゃく・で・　はか(計)っ・て・　きれ(布)・を・　き(切)る。」②尺貫法の長さの単位として、「かねじゃく【曲尺】」の１尺２寸５分を１尺として作られた長さの目盛り。また、その目盛りを施した物差し。また、それで計った長さ。「おんな(同)じ・　いっすん(一寸)・でも・　くじらじゃく・の・　ほー(方)・が・　かねじゃく(曲尺)・より・　だいぶ(大分)・　なが(長)い。」

くしん【苦心】《名詞、動詞する》 ものごとを成し遂げるために、難しいことを解決したり、いろいろな工夫や思案をしたりして、心を使うこと。「くしんし・て・　え(絵)ー・を・　か(描)い・た。」

くず【屑】《名詞》 ①ちぎれたり砕けたりして、役に立たないもの。「ぱん(パン)・の・　くず・を・　ぱんこ(パン粉)・に・　つか(使)う。」②必要な部分や良い部分を取り去ったあとの、切れ端やかけら。「き(木)ー・の・　くず・を・　あつ(集)め・て・　にんぎょー(人形)・を・　つく(作)る。」③できの悪い人やもの。「どろぼー(泥棒)・は・　にんげん(人間)・の・　くず・や。」

くず【葛】《名詞》 ①紫色の花が咲き、根からは葛粉を作る、野山に生える蔓草。「やま(山)・の・　なか(中)・で・　くず・の・　はな(花)・を・　み(見)・た。」②菓子や料理に使う、葛の根から採った澱粉の白い粉。「くず・を・　い(入)れ・て・　ねば(粘)り・を・　だ(出)す。」〔②⇒**くずこ【葛粉】**〕

ぐず【愚図】《形容動詞や(ナ・ノ)、名詞》 動作がゆっくりしていて、てきぱきと動けない様子。決断力が乏しくて、ものごとに対する反応が鈍い様子。また、そのような人。「なに(何)・を・　さし・ても・　ぐずや・さかい・　こま(困)っ・てまう。」〔⇒**ぐずま【愚図間】、のろま【鈍間】、のそま【(鈍間)】、のろ【鈍】、のそ【(鈍)】**〕

ぐずい【愚図い】《形容詞・ウイ型》 ①人がものごとを行うのに時間がかかる。動いたり考えたりする力がすばしこくない。鈍感で、まだるっこい。「おまえ(前)・は・　する・　こと(事)・が・　なん(何)・でも・　ぐずい。」②ものの動きや回転などが弱くてゆっくりしている。「しごと(仕事)・が・　ぐずい・　きかい(機械)・は・　まどろっこしー・なー。」■対語＝「はやい【速い】」〔⇒**のろい【鈍い】、のそい【(鈍い)】、おそい【遅い】**〕

くすくす《副詞と》 ほとんど声を出さないで笑う様子。忍んで笑う様子。「くすくす・　わろ(笑)・とる・だけ・で・　わけ(訳)・を・　おせ(教)・てくれ・なんだ。」〔⇒**くすっと**〕

ぐずぐず【愚図愚図】《副詞と、動詞する》 ①決断力や実行力が乏しくて、ためらっている様子。実行に移さないで、じっとしている様子。「ぐずぐずせ・んと・　はよ(早)ー・　き(決)め・なはれ。」「ぐずぐずし・とっ・たら・　ちこく(遅刻)する。」②不平や不満をつぶやく様子。「ま(負)け・ても・　ぐずぐずと・　ゆ(言)ー・たら・　あか・ん・ぞ。」③他の人にあれこれと文句をつける様子。「あと(後)・に・　なっ・て・から・　ぐずぐず・ゆ(言)わ・んとい・て。」〔①⇒**うじうじ**。②⇒**ぶつぶつ、ぶつくさ**。③⇒**ぐじゃぐじゃ**〕

くずこ【葛粉】《名詞》　菓子や料理に使う、葛の根から採った澱粉の白い粉。「くずこ・で・　とろみ・を・　つ(付)ける。」〔⇒**くず**【**葛**】〕

くずす【崩す】《動詞・サ行五段活用》　①まとまった形のあるものを、砕いて壊す。「がけ(崖)・を・　くずし・て・　ひら(平)べったい・　とち(土地)・に・　する。」②きちんと維持していたものを乱れた状態にする。「れつ(列)・を・　くずし・て・　ある(歩)く。」③姿勢を楽にしたり表情をやわらげたりする。「ざぶとん(座布団)・を・　あ(当)て・て・　ひざ(膝)・を・　くずし・てください。」④大きな金額の紙幣を小さな単位のものに変える。「たばこ(煙草)・を・　こ(買)ー・て・　いちまんえんさつ(一万円札)・を・　くずす。」■自動詞は「くずれる【崩れる】」〔④⇒**こまかくする**【**細かくする**】、**こまこする**【**細こする**】〕

ぐずつく【愚図付く】《動詞・カ行五段活用》　①雨が降りそうな天気になる。雨が降ったりやんだりの天気になる。「ぐずつく・よーや・さかい・　かさ(傘)・を・　も(持)っ・ていこ・か。」②機嫌が悪くて、だだをこねる。「かぜ(風邪)・を・　ひー・て・　ぐずつい・とる。」

くすっと《副詞》　ほとんど声を出さないで、短く笑う様子。忍んで笑う様子。「かお(顔)・を・　かく(隠)し・て・　くすっと・　わろ(笑)・た。」〔⇒**くすくす**〕

くすねる《動詞・ナ行下一段活用》　身近なところにあるものなどを、こっそり取って、自分のものにしてしまう。人の目をごまかして盗む。「かいしゃ(会社)・の・　かね(金)・を・　くすね・て・　つか(捕)まっ・た・　やつ(奴)・が・　おる。」

くすのき【楠】《名詞》　材木として使い、また幹や根や葉からは樟脳を作る、良い匂いのする常緑樹。「しょーがっこー(小学校)・に・　おー(大)けな・　くすのき・が・　あっ・た。」

くすぶる【燻る】《動詞・ラ行五段活用》　①よく燃えないで、煙を出し続ける。「たきび(焚火)・が・　くすぶっ・て・　けぶ(煙)たい。」②煙の煤(すす)で黒くなる。汚れて黒くなる。「ふる(古)い・　いえ(家)・や・さかい・　てんじょー(天井)・が・　くすぶっ・とる。」③引きこもって過ごす。「え(良)ー・　てんき(天気)・や・さかい・　えー(家)・に・　くすぶっ・とる・の・は・　もったい(勿体)ない。」■他動詞(①②)は「くすべる【燻べる】」。

くすべる【燻べる】《動詞・バ行下一段活用》　①しっかり燃やさないで、煙を出させる。「かとりせんこ(蚊取線香)・を・　くすべ・て・　か(蚊)ー・を・　お(追)いだす。」②煙の煤で黒くする。「くすべ・て・　いた(板)・に・　あじ(味)・を・　だ(出)す。」■自動詞は「くすぶる【燻る】」〔⇒**いぶす**【**燻す**】、**いぶる**【**燻る**】〕

ぐずま【愚図間】《形容動詞や(ナ・ノ)、名詞》　動作がゆっくりしていて、てきぱきと動けない様子。決断力が乏しくて、ものごとに対する反応が鈍い様子。また、そのような人。「あの・　ぐずま・を・　はし(走)らし・たら・　みんな(皆)・に・　ぬ(抜)か・れ・てまう・ぞ。」〔⇒**ぐず**【**愚図**】、**のろま**【**鈍間**】、**のそま**【**(鈍間)**】、**のろ**【**鈍**】、**のそ**【**(鈍)**】〕

くずや【屑屋】《名詞》　金属や衣類や紙類などの廃品を回収する業者。「ふる(古)い・　しんぶん(新聞)・を・　くずや・に・　う(売)る。」〔⇒**てんや**【**てん屋**】、**よせや**【**寄せ屋**】、**ぼろや**【**襤褸屋**】〕

くすり【薬】《名詞》　①病気や傷を治したり、健康を保持したり増進したりするために、服用・塗布・注射などして使うもの。「かぜ(風邪)・の・　くすり・を・　の(飲)む。」②害虫駆除や農業生産増進などのために使うもの。「たんぼ(田圃)・に・　くすり・を・　ま(撒)く。」③間違ったことや、よくない方法などを改めるのに役立つもの。「ま(負)け・た・けど・　え(良)ー・　くすり・に・　なっ・た。」

くすりや【薬屋】《名詞》　薬剤師が調剤したり既製の薬などを売ったりする店。「くすりや・で・　ますく(マスク)・を・　か(買)う。」〔⇒**やっきょく**【**薬局**】〕

くすりゆび【薬指】《名詞》　手の、中指と小指の間の指。「くすりゆび・も・　ぱそこん(パソコン)・を・　う(打)つ・とき(時)・に・　つか(使)う。」〔⇒**くすりゆべ**【**(薬指)**】〕

くすりゆべ【(薬指)】《名詞》　手の、中指と小指の間の指。「くすりゆべ・で・　くちべに(口紅)・を・　ぬ(塗)る。」〔⇒**くすりゆび**【**薬指**】〕

ぐずる【愚図る】《動詞・ラ行五段活用》　幼児などが、無理を言ったり、納得しなかったりして、人を困らせる。機嫌の悪い状態が続く。「こども・が・　ねお(寝起)き・で・　ぐずっ・とる。」

くずれる【崩れる】《動詞・ラ行下一段活用》　①しっかりしていたものや、まとまりのあったものが、砕かれて壊れる。「すいがい(水害)・で・　がけ(崖)・が・　くずれ・た。」②きちんと維持していたものが乱れる。「ひる(昼)から・は・　てんき(天気)・が・　くずれる・みたいや。」③姿勢が楽な様子になる。「しせー(姿勢)・が・　くずれ・て・　みっともない・　かっこー(恰好)・や。」④大きな金額の紙幣が小さな単位のものに変わる。「たばこや(煙草屋)・で・　せんえんさつ(千円札)・が・　くずれ・た。」■他動詞は「くずす【崩す】」■名詞化＝**くずれ**【**崩れ**】〔④⇒**こまかなる**【**細かなる**】、**こまこなる**【**細こなる**】〕

くせ【癖】《名詞》　①知らぬ間にその人の身についた習慣や行動様式。「はな(鼻)・を・　ほじくる・　くせ・は・　や(止)め・なはれ。」「きかい(機械)・の・　くせ・を・　おぼ(覚)え・て・　じょーず(上手)に・　つか(使)う。」②そのものに備わった、望ましくない性質や状態。「くせ・の・　ある・　ひと(人)・と・は・　つきあい・にくい。」「くせ・の・　ある・　じ(字)ー・は・　よ(読)み・にくい。」③ある状態になって、元に戻すのが難しいこと。「かみ(髪)・の・　け(毛)ー・に・　ね(寝)・た・　くせ・が・　つ(付)い・とる。」

くせに《接続助詞》　普通に考えられる事柄や、期待をしている事柄に対して、反するような状況や結果になっていることを表す言葉。相手や第三者が、ある状況であるにかかわらず、それに応じた対応をしないことを指摘する言葉。「わ(分)かっ・とる・くせに・　おせ(教)・てくれ・へん。」「し(知)ら・ん・くせに・　し(知)っ・とる・よーな・　かお(顔)・を・　し・たら・　あか・ん。」◆「くせに」は、文脈上では、接続助詞「のに」「のにから」に置き換えることができる。けれども、「くせに」は「のに」「のにから」に比べて、他人に対する非難の気持ちなどが強く込められた言い方である。〔⇒**のに、のにから**〕

くせもん【曲者】《名詞》　①表面だけで判断できないよ

うな、怪しい人。普通の人とは違ったところのある人。「かげ(陰)・で・　なに(何)・を・　ゆ(言)ー・か・　わから・ん・よーな・　くせもん・や。」②用心や警戒をしなければならないこと。また、そのようなものを持った人。「やわ(柔)らこー・　き(聞)こえる・けど・　この・ことば(言葉)・が・　くせもん・や・さかい・　き(気)ーつけ・まほ。」

くそ【糞】《名詞、動詞する》 人や動物が、消化された食べ物のかすを肛門から出すこと。また、その排出されたもの。「いぬ(犬)・が・　くそ・を・　た(垂)れ・た。」◆下品な言い方だという印象がある。〔⇒**うんうん、うんち、うんこ、うんちゃん、ばば、あっぱ、べん【便】、だい【大】**〕

くそ〔くそー、くそっ〕【糞】《感動詞》 ①憤慨したり、人を悪く言ったりするときに使う言葉。「くそっ・　あの・やろー(野郎)。」②気持ちを奮い立たせて、自分を励ますときに使う言葉。「くそー・　ま(負)け・へん・ぞ。」〔⇒**くそたれ【糞垂れ】**〕

くそ【糞】《接頭語》［名詞などの前に付く］ ①人をののしったり、おとしめたりする意味を添える言葉。「くそばば(婆)」「くそおやじ(親父)」「くそがき(餓鬼)」「くそぼ(呆)け」「くそばか(馬鹿)」「くそやろー(野郎)」②程度が甚だしい、度が過ぎているという意味を添える言葉。「あいつ・は・　くそがんば(頑張)り・で・　ごーかく(合格)し・ても・た。」

くそ【糞】《接尾語》 悪く言う意味を強めて表現する言葉。「へた(下手)くそな・　え(絵)・や・なー。」「とちゅー(途中)・で・　こけ・て・　べっとくそ(＝最下位の人)・に・なっ・ても・た。」

くそかす【糞滓】《形容動詞や(ノ)》 相手を強く批判して、言葉でやりこめる様子。相手に強く批判されて、さんざんである様子。問題にする価値すらないと判断している様子。「か(勝)た・なんだら・　くそかすに・　い(言)わ・れる・ぞ。」〔⇒**みそかす【味噌滓】、みそくそ【味噌糞】、くそみそ【糞味噌】、ぼろかす【襤褸滓】、ぼろくそ【襤褸糞】**〕

くそたれ〔くそったれ〕【糞垂れ】《名詞》 人を悪く言うときに、その人を指して言う言葉。あの野郎。役立たず者。「あの・　くそたれ・の・　ゆ(言)ー・　こと・は・　き(聞)ー・てやら・へん・ぞ。」

くそたれ〔くそったれ〕【糞垂れ】《感動詞》 ①憤慨したり、人を悪く言ったりするときに使う言葉。「くそったれ・　あいつ(彼奴)・が・　また・　しっぱい(失敗)し・やがっ・た。」②気持ちを奮い立たせて、自分を励ますときに使う言葉。「くそったれ・　こんど(今度)・こそ・か(勝)っ・たる・ぞ。」〔⇒**くそ【糞】**〕

くそていねい〔くそてーねー〕【糞丁寧】《形容動詞や(ナ)》 ばかばかしいほどに、細かいことまでに気を配る様子。「くそてーねーに・　いちいち(一々)・　ゆ(言)ー・てこ・ん・でも・　え(良)ー。」〔⇒**あほうていねい【阿呆丁寧】**〕

くそにもならん《成語》 何の役にも立たない。「くそにもならん・　はなし(話)・を・　き(聞)かせ・やがっ・た。」◆「くそにもならん　くすりにもならん【糞にもならん　薬にもならん】」という表現もある。

くそまじめ【糞真面目】《形容動詞や(ナ)》 過度に真剣に取り組んで、融通がきかない様子。「くそまじめな・やつ(奴)・と・は・　つきあい・にくい・なー。」〔⇒**あほうまじめ【阿呆真面目】**〕

くそみそ【糞味噌】《形容動詞や(ノ)》 相手を強く批判して、言葉でやりこめる様子。相手に強く批判されて、さんざんである様子。問題にする価値すらないと判断している様子。「ひと(人)・の・　こと・を・　くそみそに・ゆ(言)ー・たら・　あき・まへ・ん。」〔⇒**みそかす【味噌滓】、みそくそ【味噌糞】、くそかす【糞滓】、ぼろかす【襤褸滓】、ぼろくそ【襤褸糞】**〕

くそむすび【糞結び】《名詞、動詞する》 紐などをきちんと結ばないで、いい加減にごたごたと結び合わせること。「くそむすび・を・　し・とる・さかい・　ほど(解)け・へん。」

くた《接尾語》［名詞や動詞連用形などに付く］ ひどい目にあったり良くない状態になったりすることを表す言葉。「しわ(皺)くた・の・　てぬぐい(手拭)・で・　あせ(汗)・を・　ふ(拭)く。」〔⇒**くちゃ**〕

くだ【管】《名詞》 ①丸くて細長くて、中が空洞になっているもの。「そこ(底)・に・　のこ(残)っ・とる・の・を・くだ・で・　す(吸)いあげる。」②液体やガスなどを送るのに使う、金属や合成樹脂などで作られたもの。「がす(ガス)・の・　くだ・に・　き(気)ーつけ・ながら・　こーじ(工事)・を・　する。」〔②⇒**パイプ【英語＝pipe】**〕

くたくた《形容動詞や(ノ)》 ①たいそう疲れている様子。「えんそく(遠足)・で・　くたくたに・　なっ・た。」②紙や布などが、皺になったり張りがなくなったりしている様子。「あめ(雨)・に・　ぬ(濡)れ・て・　ふく(服)・が・くたくたや・さかい・　あいろん(アイロン)・を・　あ(当)て・てー・な。」

ぐだぐだ《副詞と》 役に立たないようなことをあれこれ言って、文句をつける様子。いつまでも理屈をこねまわす様子。「ぐだぐだ・　ゆ(言)ー・て・　なに(何)・も・き(決)まら・なんだ。」

ください【下さい】《ラ行五段活用動詞「くださる」の命令形》 ものを与えてくれること、売ってくれることを、親しみを込めて促すときに使う言葉。「その・　ほん(本)・を・　ください。」「ちりめんじゃこ(縮緬雑魚)・を・　ごひゃくぐらむ(五百グラム)・　ください。」◆相手に懇願するような気持ちを表す。〔⇒**おくれ【お呉れ】、くだはい【(下はい)】、おくんなはれ【お呉んなはれ】、ちょうだい【頂戴】**〕

くださる【下さる】《動詞・ラ行五段活用》 人が自分に与えるという意味の「くれる」を、敬意を込めて言う言葉。「やまだ(山田)はん・が・　おみやげ(土産)・を・　くださっ・た。」◆やや改まった表現に聞こえるので、実際には、「おみやげ(土産)・を・　くれ・て・やっ・た。」というような表現〔「てや敬語」と言う〕に変えることが多い。〔⇒**くだはる【下はる】**〕

くださる【下さる】《補助動詞・ラ行五段活用》**⇒てくださる〔でくださる〕【て下さる】**《補助動詞・ラ行五段活用》**を参照**

くだす【下す】《動詞・サ行五段活用》 ①腹をこわす。「きのー(昨日)・から・　くだし・とっ・て・　まだ・　なお(治)ら・へん。」②下痢で、食べたものをそのまま出す。「く(食)ー・た・　もん・を・　ぜんぶ(全部)・　くだし・ても・た。」③高いところから低いところへ移動させる。「はま(浜)・に・　あげ・た・　ふね(舟)・を・　うみ(海)・に・　くだす。」■自動詞は「くだる【下る】」■対語＝③「のぼす【上す】」〔⇒**くだらす【下らす】**〕

くだはい【(下はい)】《ラ行五段活用動詞「くだはる」の命令形》 ものを与えてくれること、売ってくれることを、親しみを込めて促すときに使う言葉。「もー・　いちにち(一日)・だけ・　じかん(時間)・を・　くだはい。」

く

◆相手に懇願するような気持ちを表す。〔**⇒おくれ【お呉れ】、ください【下さい】、おくんなはれ【お呉んなはれ】、ちょうだい【頂戴】**〕

くだはる【下はる】《動詞・ラ行五段活用》 人が自分に与えるという意味の「くれる」を、敬意を込めて言う言葉。「それ・を・ わたし(私)・に・ くだはる・の・か。」「ほん(本)・を・ くだはっ・た。」〔**⇒くださる【下さる】**〕

くだはる【下はる】《補助動詞・ラ行五段活用》 **⇒てくだはる〔でくだはる〕【て下はる】**《補助動詞・ラ行五段活用》**を参照**

くたばる《動詞・ラ行五段活用》 ①元気がなくなって弱る。疲れ果てて座り込む。「あつ(暑)ー・て・ ここ・ にさんにち(二三日)・は・ くたばっ・ても・とる・ねん。」「きょー(今日)・は・ かぜ(風)・が・ の(無)ー・て・ あつ(暑)ー・て・ くたばっ・た。」②機械などの働きが止まってしまう。「はつどーき(発動機)・が・ くたばっ・て・ しごと(仕事)・が・ でけ(出来)・へん。」③息が絶える。命がなくなる。「あいつ(彼奴)・は・ きょねん(去年)・ くたばっ・た・そーや。」◆③は、悪し様に言う言葉。〔①②**⇒へたばる、へばる、へたる**。①**⇒へたりこむ【へたり込む】**。②**⇒へこたれる、へこたる**。③**⇒しぬ【死ぬ】、いく【逝く】、なくなる【亡くなる】、のうなる【亡うなる】、しぼう【死亡】(する)**〕

くたびれる【草臥れる】《動詞・ラ行下一段活用》 ①ある働きや運動をして、体力や気力がなくなる。「いちにちじゅー(一日中)・ あっちこっち・ ある(歩)きまーっ・て・ くたびれ・た。」②年老いたり苦労が続いたりして、気力や若々しさが失われる。「くたびれ・て・ たいしょく(退職)する。」③ものが古びてみすぼらしくなったり機能が失われたりする。「くたびれ・た・ ふく(服)・を・ き(着)・ていか・んとき。」〔**⇒くたぶれる【(草臥れる)】**。①②**⇒つかれる【疲れる】**〕

くたぶれる【(草臥れる)】《動詞・ラ行下一段活用》 ①ある働きや運動をして、体力や気力がなくなる。「あさ(朝)・から・ た(立)ちつづけ・て・ くたぶれ・ても・た。」②年老いたり苦労が続いたりして、気力や若々しさが失われる。「い(生)きる・の・に・ くたぶれ・たら・ あかん・ぞ。」③ものが古びてみすぼらしくなったり機能が失われたりする。「しょーぎ(床机)・が・ くたぶれ・た・さかい・ しゅーぜん(修繕)する。」〔**⇒くたびれる【草臥れる】**。①②**⇒つかれる【疲れる】**〕

くだもん【果物】《名詞》 柿・林檎・蜜柑・梨・葡萄・無花果・苺・バナナなど、草や木の実で、生のままで食べられるもの。フルーツ。「びょーき(病気)・の・ みま(見舞)い・に・ くだもん・を・ も(持)っ・ていっ・てやっ・た。」

くだらす【下らす】《動詞・サ行五段活用》 ①腹をこわす。「はら(腹)・を・ くだらし・て・ くすり(薬)・を・ の(飲)ん・だ。」②下痢で、食べたものをそのまま出す。「くだらし・たら・ はら(腹)・が・ すっきり・ し・た。」③高いところから低いところへ移動させる。「くるま(車)・を・ さか(坂)・から・ くだらす。」■対語＝③「のぼらす【上らす】」〔**⇒くだす【下す】**〕

くだらん《連体詞》 内容が乏しくて、とるに足りない。真面目に取り上げるような価値がない。「くだらん・ いけん(意見)・を・ い(言)わ・んとい・てんか。」◆形容詞として「くだらなかっ・た。」という言い方はほとんどしない。「あの・ はなし(話)・は・ くだらんかっ・た。」と言うが、「くだらん」を形容詞と見なすわけにはいかない。

くだり【下り】《名詞》 ①高いところから低いところへ移動すること。「くだり・の・ えれべーたー(エレベーター)・に・ の(乗)る。」「みち(道)・が・ くだり・に・ なっ・とる。」②京都や東京から、各地に向かう方角。「くだり・の・ でんしゃ(電車)・が・ おく(遅)れ・とる。」■対語＝「のぼり【上り、登り】」

くだりざか【下り坂】《名詞》 ①進行方向にとって、高いところから低いところへ向かう傾斜のある道。「にし(西)・から・ ひがし(東)・に・ む(向)かっ・て・ くだりざか・に・ なっ・とる。」②状況がしだいに良くない方向に向かっていること。「いま(今)・は・ ま(負)け・て・ばっかり・で・ くだりざか・や・けど・ しんぼー(辛抱)し・て・ れんしゅー(練習)し・よー。」■対語＝「のぼりざか【上り坂】」

くだりみち【下り道】《名詞》 進行方向に傾斜があって、次第に低くなっていく道。「くだりみち・を・ ころ(転)ば・ん・よーに・ ある(歩)く。」■対語＝「のぼりみち【上り道】」

くだる【下る】《動詞・ラ行五段活用》 ①地上の高いところから低いところへ移動する。下に向かう。「さか(坂)・を・ くだっ・て・ えき(駅)・へ・ い(行)く。」②下痢になる。おなかがこわれる。「いと(痛)ー・て・ はら(腹)・が・ くだる。」■他動詞は「くだす【下す】」■対語＝①「のぼる【上る・登る】」「あがる【上がる】」〔①**⇒おりる【降りる・下りる】**〕

くち【口】《名詞》 ①人や動物の顔の下部にあって、ものを食べたり、声を発したりするところ。「みず(水)・で・ くち・を・ ゆす(濯)ぐ。」②ものや人が出入りするところ。「えき(駅)・の・ きた(北)・の・ くち・で・ ま(待)ちあわす。」③ものを出し入れするところ。「ふくろ(袋)・の・ くち・を・ し(閉)める。」④言葉を発すること。また、発した言葉。「くち・に・ だ(出)す。」「でしゃばっ・て・ くち・を・ はさ(挟)む。」⑤勤めや結婚などで、身を置くところ。「よめ(嫁)・に・ い(行)く・ くち・が・ み(見)つから・へん。」「はたら(働)く・ くち・を・ さが(探)し・とる・ねん。」⑥食べ物の味などの感じ。味の嗜好。「これ・は・ くち・に・ あ(合)う・ かれー(カレー)・や。」⑦始まりの位置。ものの端。「まだ・ しごと(仕事)・の・ くち・で・ なに(何)・も・ わから・へん・ねん。」■対語＝②「おく【奥】」

くち〔ぐち〕【口】《接尾語》［数を表す言葉などに付く］ ①口に入れたり、歯を動かしたりする回数を表す言葉。「ふた(二)くち・で・ た(食)べる。」②取引や申込などの単位を数える言葉。「ひと(一)くち・ ごせんえん(五千円)・の・ きふ(寄付)・や・ねん。」③初めの頃という意味を表す言葉。「あき(秋)ぐち・は・ かぜ(風邪)・を・ ひか・ん・よーに・ き(気)ーつけ・なはれ。」

ぐち《接尾語》［名詞に付く］ そのものを含めてすべて一緒に、という意味を表す言葉。「みかん(蜜柑)・を・ かわ(皮)ぐち・ た(食)べる。」「ほね(骨)ぐち・ か(噛)ん・で・ く(食)ー・てまう。」〔**⇒ごと、なり**〕

くちあたり【口当たり】《名詞》 食べ物や飲み物を口に入れたときの感じ。「くちあたり・の・ え(良)ー・ じゅーす(ジュース)・で・ おいし(美味)かっ・た。」

くちいやしい〔くちいやしー〕【口卑しい】《形容詞・イイ型》 食い気が盛んだ。食べることに欲望を丸出しにして上品さがない。「くちいやしー・さかい・ ほか(他)・の・ ひと(人)・が・ た(食)べ・とる・ もん(物)・を・ なん(何)・でも・ ほ(欲)し・がる・ やつ・や。」〔**⇒いやしい【卑しい】**〕

くちうつし【口移し】《名詞、動詞する》 ①食べ物などを、自分の口から、相手の口に入れてやること。「おやどり(親鳥)・が・　くちうつし・で・　えさ(餌)・を・　やっ・とる。」②相手に向かって言葉を言って、反復させて覚えさせること。「うた(歌)いかた・を・　くちうつし・で・　おし(教)え・てやる。」

くちうるさい【口煩い】《形容詞・アイ型》 言われた者がわずらわしく感じるほどに、ちょっとしたことについても、あれこれと文句を言ったり指示をしたりする様子。「きんじょ(近所)・に・　くちうるさい・　おば(小母)はん・が・　おる・ねん。」〔⇒**くちやかましい**【口喧しい】、**くっちゃかましい**【(口喧しい)】〕

くちえ【口絵】《名詞》 雑誌や本などの巻頭、あるいは文章の前に載せてある絵や写真。「この・　ほん(本)・は・　きれー(綺麗)な・　てんねんしょく(天然色)・の・　くちえ・が・　つ(付)い・とる。」

くちがうまい【口が巧い】《形容詞・アイ型》 相手を言いくるめたり感心させたりしてしまうほど、言い訳やお世辞が上手な様子。「あいつ(彼奴)・は・　くちがうまい・さかい・　しんよー(信用)・は・　でけ・へん。」

くちがおもたい【口が重たい】《形容詞・アイ型》 その人の性格として、あまりしゃべらない。ある事柄に関しては、事情があって言おうとしない。「じぶん(自分)・に・　せきにん(責任)・が・　ある・　はなし(話)・に・なっ・たら・　くちがおもとー・　なる。」

くちがかたい【口が堅い】《形容詞・アイ型》 秘密などを守って、軽々しく人に言ったりしない。余計なことを言おうとしない。「くちがかたい・　ひと(人)・や・さかい・　あんしん(安心)し・て・　もの・を・　い(言)ーあえる。」

くちがかるい【口が軽い】《形容詞・ウイ型》 話好きで何でも口に出してしまう。話すべきでないことまで話してしまう。「なん(何)・でも・　ゆ(言)ー・てまう・よーな・　くちがかるい・　ひと(人)・は・　こま(困)る・なー。」

くちかず【口数】《名詞》 話すことの多さや少なさ。「くちかず・が・　おー(多)すぎ・て・　い(要)ら・ん・　こと・まで・　ゆ(言)ー・てまう。」

くちがすべる【口が滑る】《動詞・ラ行五段活用》 内緒にしておくべきことを、不注意で言ってしまう。言わなくてもよいことまで言ってしまう。「くちがすべっ・て・　しい(仕入)れ・の・　きんがく(金額)・を・　ゆ(言)ー・ても・てん。」

くちがね【口金】《名詞》 財布やハンドバックなどの、ものを出し入れするところにはめてある金具。「くちがね・が・　かと(堅)とー・て・　あ(開)けにくい。」

くちからでまかせ【口から出任せ】《形容動詞や(ノ)、名詞》 思いついたまま、いい加減なことを言う様子。「くちからでまかせの・　ひと(人)・は・　しんよー(信用)・が・　でけ(出来)・へん。」〔⇒**でまかせ**【出任せ】〕

くちがわるい【口が悪い】《形容詞・ウイ型》 相手が嫌がるようなことを平気で言う。言葉遣いを丁寧にしない。「ね(根)・は・　え(良)ー・ねん・けど・　くちがわるい・　ひと(人)・や。」

くちぐち【口々】《副詞に》 大勢の人が、それぞれにものを言う様子。大勢の人が、同じような内容のことを言う様子。「くちぐちに・　かって(勝手)な・　こと(事)・を・　ゆ(言)ー・さかい・　まと(纏)まら・へん。」「それ・に・は・　はんたい(反対)・や・と・　くちぐちに・　ゆ(言)ー・た。」

くちごたえ【口答え】《名詞、動詞する》 目上の者などに逆らった返事をしたり、言い返したりすること。「おや(親)・に・　くちごたえする。」

くちさき【口先】《名詞》 本心や真心から出た言葉ではなく、うわべだけで言う言葉。「くちさき・だけ・で・　ゆ(言)ー・とる・ん・やっ・たら・　じき(直)に・　わかる。」

くちだし【口出し】《名詞、動詞する》 他人が話をしているときに、横から割り込んで発言すること。当事者でない人が発言をすること。「おや(親)・が・　くちだしせ・んとい・てんか。」

くちな【朽ち縄】《名詞》 細長い円筒形の体で、足がなく、うろこで覆われており、体をくねらせながら前進する動物。「いしがき(石垣)・から・　くちな・が・　かお(顔)・を・　だ(出)し・とる。」◆様子が腐った縄に似ていることからの命名であるが、この言葉を使うことは稀である。〔⇒**へび**【蛇】〕

くちなおし【口直し】《名詞》 前に食べたものの味を消すために、別のものを飲食すること。また、その飲食物。「くちなおし・に・　おちゃ(茶)・を・　どーぞ。」◆いやな味を消すために食べるものという意味もあり、そうでなくても謙遜の言葉として使うこともある。

くちにあう【口に合う】《動詞・ワア行五段活用》 食べ物の種類や味などが、その人の好みに合う。「くちにあう・か・　どー・か・　わかり・まへ・ん・けど・　ひとくち(一口)・　どー・です・か。」

くちにする【口にする】《動詞・サ行変格活用》 ①生命を維持するために、飲食物を体内に取り入れる。「はじめて・　くちにする・　あじ(味)・や。」②思っていることや感じることなどを言葉にして口に出す。たまたま言葉を発する。「ないしょ(内緒)・に・　し・とっ・た・　こと・を・　うっかり・　くちにし・ても・た。」〔①⇒**たべる**【食べる】、**くう**【食う】。②⇒**はなす**【話す】、**しゃべる**【喋る】、**ゆう**【言う】〕

くちのみ【口飲み】《名詞、動詞する》 水、ジュース、酒などを入れた瓶などに直接、口をつけて飲むこと。「びーるびん(ビール瓶)・から・　くちのみする。」「つるべ(釣瓶)・から・　くちのみし・たら・　みんな・　いや(嫌)がる・ぞ。」「しゃく(杓)・から・　くちのみする。」〔⇒**らっぱのみ**【喇叭飲み】〕

くちばし【嘴】《名詞》 鳥の口の、長く伸びていて固いところ。「つる(鶴)・の・　くちばし・は・　なが(長)い。」

くちびる【唇】《名詞》 口を上と下から囲む、柔らかい皮膚でおおわれたところ。「さぶ(寒)い・さかい・　くちびる・が・　あお(青)ー・に・　なっ・とる。」

くちぶえ【口笛】《名詞》 口をすぼめて息を強く吹き、笛のような音を出すこと。また、その音。「くちぶえ・を・　ふ(吹)い・て・　ともだち(友達)・を・　よ(呼)ん・だ。」

くちぶり【口振り】《名詞》 ①話をするときの様子。「ゆっくりし・た・　くちぶり・で・　わかりやすかっ・た。」②話し方から察せられる、話の意味や意図など。その人の考えなどが推測できるような言葉遣い。「あの・　くちぶり・やっ・たら・　けっきょく(結局)・は・　ひ(引)きうけ・てくれる・やろ。」〔⇒**はなしぶり**【話し振り】〕

くちべに【口紅】《名詞》 女性が唇に色を添えるために塗る化粧品。「まっか(真赤)の・　くちべに・を・　ぬ(塗)っ・とる。」〔⇒**べに**【紅】〕

くちまね【口真似】《名詞、動詞する》 他人の口調、声の様子、言葉遣いなどを真似て言うこと。「せんせー(先生)・の・　くちまね・を・　する。」

くちもと【口元】《名詞》 口の辺り。口よりも下の、あごの辺り。また、その辺りの様子。「くちもと・に・　ごはんつぶ(御飯粒)・が・　つ(付)い・とる・よ。」

くちゃ《接尾語》［名詞や動詞連用形などに付く］　ひどい目にあったり良くない状態になったりすることを表す言葉。「でんしゃ(電車)・が・　まんいん(満員)・で・　も(揉)みくちゃ・に・　なっ・た。」「しわ(皺)くちゃ・の・　せんえんさつ(千円札)・を・　だ(出)し・た。」〔⇒**くた**〕

くちやかましい〔**くちやかましー**〕【**口喧しい**】《形容詞・イイ型》　言われた者がわずらわしく感じるほどに、ちょっとしたことについても、あれこれと文句を言ったり指示をしたりする様子。「くちやかましーに・　ゆ(言)ー・さかい・　こども(子供)・が・　こま(困)っ・とる・やない・か。」〔⇒**くっちゃかましい**【(口喧しい)】、**くちうるさい**【**口煩い**】〕

くちゃくちゃ《副詞、形容動詞や(ノ)、動詞する》　①紙や布などが丸められたりもまれたりして、皺だらけになっている様子。中に入れていたものなどが乱れている様子。「ひきだし(抽斗)・の・　すみ(隅)・で・　りょーしゅーしょ(領収書)・が・　くちゃくちゃに・　なっ・とる。」②丸めたり揉んだりして、わざと壊してしまう様子。「かみ(紙)・を・　くちゃくちゃ・　も(揉)ん・で・　くずかご(屑籠)・に・　ほかす。」③下品な音をたてて、あるいは不味そうにものを噛む様子。「かた(堅)い・　するめ(鯣)・を・　くちゃくちゃ・　か(噛)む。」④顔や髪がくずれて、きちんとしていない様子。「な(泣)い・て・　かお(顔)・が・　くちゃくちゃに・　なっ・とる。」〔⇒**くしゃくしゃ**〕

くちよごし【**口汚し**】《名詞》　人に食べ物を勧める時などに、その食べ物を指して、まずくて少ない量だというように、へりくだって言う言葉。「ほんの・　くちよごし・です・けど・　まんじゅー(饅頭)・を・　ひと(一)つ・どーぞ。」

くちをすべらす【**口を滑らす**】《動詞・サ行五段活用》　言うべきでないことを、うっかり言ってしまう。「ちょっと・　くちをすべらし・た・さかい・　けんか(喧嘩)・に・　なっ・ても・た。」

くちをそろえる【**口を揃える**】《動詞・ア行下一段活用》　何人もが、ほぼ同時に、同じようなことを言う。「くちをそろえ・て・　はんたい(反対)・や・と・　ゆ(言)ー・とる。」

くち(を)だす【**口を出す**】《動詞・サ行五段活用》　他人の話に、横から割り込んで発言すること。当事者でない人が発言をする。「あんた・は・　よこ(横)・から・　くちをださ・んと・　だま(黙)っ・とい・てんか。」■名詞化＝**くちだし**【**口出し**】

くち(を)たたく【**口(を)叩く**】《動詞・カ行五段活用》　無遠慮に堂々と言い放つ。「なまいき(生意気)に・　いちにんまえ(一人前)・の・　くちをたたき・やがっ・た。」◆相手の言っている内容や言い方について、批判的に述べる場合に使う言葉。〔⇒**ぬかす**【**吐かす**】、**たたく**【**叩く**】、**こく**〕

くつ【**靴**】《名詞》　革・ゴム・布などでできている、足を包むような形の履き物。「ずっく(ズック)・の・　くつ・で・　うんどー(運動)する。」

くつクリーム〔**くつくりーむ**〕【**靴** ＋ 英語＝cream】《名詞》　靴に塗る墨。「ちゃいろ(茶色)・の・　くつくりーむ・を・　ぬ(塗)っ・て・　みが(磨)く。」〔⇒**クリーム**【**英語＝cream**】〕

くつした【**靴下**】《名詞》　靴を履くときなどに足を保護するために、素足に直接つける衣類。「くつした・に・　あな(穴)・が・　あ(空)い・ても・た。」〔⇒**たんたん**〕

くっしゃみ【(嚏)】《名詞、動詞する》　鼻の粘膜が刺激を受けて、急に激しく吹き出す息。「おー(大)きな・　こえ(声)・で・　くっしゃみする・さかい・　びっくりし・た・がな。」〔⇒**くしゃみ**【**嚏**】、**はくしょん**〕

ぐっしょり《副詞と》　体や衣類などがすっかり濡れている様子。「おも(思)いきり・　はし(走)っ・て・　ぐっしょり・　あせ(汗)・を・　かい・た。」〔⇒**びっしょり**、**びっしり**〕

ぐっすら《副詞と》　①すっかり寝入る様子。熟睡する様子。「ぐっすら・　ね(寝)・た・と・　おも(思)・た・けど・　たった・　いちじかん(一時間)・やっ・た・なー。」②たくさんのものがある様子。「ぐっすらと・　さかな(魚)・が・　つ(釣)れ・た。」「あんた・は・　おかね(金)・を・　ぐっすら・　たいぼ(＝貯え)・とる・ん・と・　ちゃ(違)う・か。」③多くのもの残らず全部。「きゅー(急)な・　あめ(雨)・で・　ほ(干)し・とっ・た・　もん(物)・が・　ぐっすら・　ぬ(濡)れ・ても・た。」〔⇒**ぐっすり**〕

ぐっすり《副詞と》　①すっかり寝入る様子。熟睡する様子。「ぐっすり・　ね(寝)・ても・て・　お(起)こし・ても・　お(起)き・へん。」②たくさんのものがある様子。「おも(思)いきり・　ぐっすりと・　た(食)べ・なはれ。」③多くのもの残らず全部。「たんぼ(田圃)・の・　すいか(西瓜)・を・　ぐっすり・　ぬす(盗)ま・れ・た。」〔⇒**ぐっすら**〕

ぐったり《形容動詞や(ノ)、動詞する》　疲れきったり病気がひどくなったりして、体力や気力を消耗してじっとしている様子。「うで(腕)・を・　ぐったりと・　た(垂)らし・とる。」「あつ(暑)さ・で・　ぐったりや。」「ねつ(熱)・が・　で(出)・て・　ぐったりし・とる。」

くっちゃかましい〔**くっちゃかましー**〕【(口喧しい)】《形容詞・イイ型》　言われた者がわずらわしく感じるほどに、ちょっとしたことについても、あれこれと文句を言ったり指示をしたりする様子。「もんく(文句)・を・　ゆ(言)ー・て・　くっちゃかましー・　しと(人)・や・の一。」〔⇒**くちやかましい**【**口喧しい**】、**くちうるさい**【**口煩い**】〕

くっつく【**くっ付く**】《動詞・カ行五段活用》　①あるものが、他のものにぴったりとつく。はりついて離れない状態になる。「のり(糊)・が・　くっつい・て・　はな(離)れ・へん。」「おや(親)・に・　くっつい・て・　ある(歩)く。」②男女が親しくなって、同じように行動する。結婚する。「あいつ(彼奴)ら・　いつ・の・　ま・に・　くっつい・ても・た・ん・やろ。」〔⇒**ひっつく**【**ひっ付く**】、**へっつく**【**へっ付く**】〕

くってかかる【**食って掛かる**】《動詞・ラ行五段活用》　対立する気持ちをもって激しく逆らう。強く文句を言って、自分の考えを押し通そうとする。「じゅんさ(巡査)はん・に・　くってかかる・や・なんて・　ゆーき(勇気)・ある・なー。」

ぐっと《副詞》　①気持ちを引き締めて、力を入れる様子。「ぐっと・　まえ(前)・へ・　で(出)る。」②ものごとを一息に行う様子。「ぐっと・　みず(水)・を・　の(飲)む。」③以前とは大きく隔たりがある様子。「そーじ(掃除)し・たら・　ぐっと・　きれー(綺麗)に・　なっ・た。」④大きな角度で曲がる様子。「もっと・　ぐっと・　はんどる(ハンドル)・を・　き(切)れ。」〔⇒**ぐんと**〕

ぐでんぐでん《形容動詞や(ノ)》　かなり深く酒に酔って、正体がなくなった様子。「きのー(昨日)・は・　ぐでんぐでんに・　よ(酔)ー・て・　こし(腰)・が・　た(立)た・なんだ。」〔⇒**べろべろ**、**べろんべろん**〕

くど《名詞》　①土や煉瓦などで築いて、釜や鍋などをかけて、下から火を燃やして煮炊きするようにしたもの。かまど。「くど・で・　めし(飯)・を・　た(炊)く。」②薪などを燃やす焚き口。「さ(冷)め・てき・た・さかい・　ふろ(風呂)・の・　くど・を・　くべる。」〔①⇒**おくど【お竈】、へっついさん【竈さん】**〕

くどく【口説く】《動詞・カ行五段活用》 ①相手を自分の考えに従わせようと、しつこく説得する。「いっしょ(一緒)に・　しごと(仕事)せー・へん・か・　ゆー・て・　くどか・れ・た。」②異性に気に入られようと相手に強く働きかける。「よめ(嫁)はん・を・　くどい・て・　けっこん(結婚)し・てん。」

くどくど《副詞と》 相手がうんざりするのにもかまわずに、繰り返して同じことを言う様子。変わり映えのしない説明を長々と述べる様子。「くどくどと・　いーわけ(言訳)・を・　する。」「くどくど・　せっきょー(説教)さ・れ・た・さかい・　だんだん(段々)・　はら(腹)・が・　た(立)っ・てき・た。」

くに【国】《名詞》 ①領土があり、そこに住む人たちで構成し、まとまった統治機構を持つもの。「ここ・は・　くに・が・　た(建)て・た・　はくぶつかん(博物館)・や。」「にほん(日本)・の・　くに・の・　はし(端)・から・　はし・まで・　りょこー(旅行)・を・　し・たい・なー。」②自分が生まれ育ったり、祖先が生活したりしたところ。「あんた・の・　う(生)まれ・た・　くに・は・　どこ・です・か。」〔②⇒**ふるさと【古里、故郷】**〕

くにする〔くーにする〕【苦にする】《動詞・サ行変格活用》 自分の置かれている境遇などを気にかける。嫌だと思って逃れたいと考えている。「ひとりぐ(一人暮)らし・を・　くーにし・とる。」■自動詞は「**くになる【苦になる】**」

くになる〔くーになる〕【苦になる】《動詞・ラ行五段活用》 その人にとっての心配事になる。気にかけないではおれなくなる。嫌だと強く感じる。「そんな・　はなし(話)・は・　き(聞)ー・たら・　くーになる・がな。」■他動詞は「**くにする【苦にする】**」

くにゃくにゃ《副詞、形容動詞や(ノ)》 ①何度も曲がっている様子。「やま(山)・の・　なか(中)・へ・　はい(入)っ・ていく・　みち(道)・が・　くにゃくにゃ・　ま(曲)がっ・とる。」②硬いものが柔らかくなっている様子。「あつ(暑)ー・て・　みち(道)・の・　あすふぁると(アスファルト)・が・　くにゃくにゃに・　なっ・とる。」③硬さが乏しく、締まりがなく、頼りなく感じる様子。「せるろいど(セルロイド)・の・　ふでばこ(筆箱)・は・　くにゃくにゃで・　ま(曲)がっ・てしまい・そーや。」〔⇒**ぐにゃぐにゃ**〕

ぐにゃぐにゃ《副詞、形容動詞や(ノ)》 ①何度も曲がっている様子。「はりがね(針金)・が・　ぐにゃぐにゃに・　なっ・とる。」②硬いものが柔らかくなっている様子。「こーり(氷)・が・　ぐにゃぐにゃ・　と(溶)け・てき・た。」③硬さが乏しく、締まりがなく、頼りなく感じる様子。「ぐにゃぐにゃに・　なら・ん・よーに・　じょーぎ(定規)・を・　つこ(使)・て・　せん(線)・を・　ひ(引)け。」〔⇒**くにゃくにゃ**〕

くにん【九人】《名詞》 人数が9であること。「やきゅー(野球)・は・　くにん・で・　する・ん・や・けど・　ひとり(一人)・　た(足)ら・へん。」〔⇒**きゅうにん【九人】**〕

くぬぎ【櫟】《名詞》 薪などに使うことがある、どんぐりの実がなる、背の高い木。「くぬぎ・の・　き(木)ー・に・　しーたけ(椎茸)・を・　う(植)える。」

くねくね《副詞と、動詞する》 ①川や道などが、右に曲がったり左に曲がったりしながら、長く続いている様子。「みち(道)・が・　くねくねと・　つづ(続)い・とる。」②しっかりとした方向性が欠けている様子。「くねくねし・た・　じ(字)・を・　か(書)い・とる・なー。」「はなし(話)・が・　くねくねし・て・　わけ(訳)・が・　わから・へん。」〔①⇒**うねうね**〕

くねっと《副詞、動詞する》 くるりと曲がる様子。急角度に曲がる様子。「きゅー(急)に・　みち(道)・が・　くねっと・　ま(曲)がる。」「かいだん(階段)・を・　お(下)り・とっ・て・　きゅー(急)に・　あし(足)・が・　くねっとし・た。」

くねる《動詞・ラ行五段活用》 ①いくつにも緩く折れ曲がる。「たんぼ(田圃)・の・　なか(中)・の・　みち(道)・が・　くねっ・とる。」「からだ(体)・を・　くねっ・て・　たいそー(体操)する。」②手や足の関節に無理な力が加わって、くじいて損傷が起こる。「あし(足)・を・　くねっ・て・　いた(痛)い。」〔②⇒**くんにゃかす、ねんざ【捻挫】する**〕

くばる【配る】《動詞・ラ行五段活用》 何人もの人に行きわたるように分け与える。割り当てて渡す。「ぱん(パン)・を・　ひと(一)つ・ずつ・　くばる。」「むらじゅー(村中)・に・　ち(散)らし・を・　くばる。」

くばんめ【九番目】《名詞》 ものごとの順序や順位などを表す言葉で、8番目の次に位置するもの。「まえ(前)・から・　くばんめ・の・　せき(席)・に・　すわ(座)る。」〔⇒**きゅうばんめ【九番目】**〕

くび【首】《名詞》 ①人や動物の頭と胴体をつなぐ細い部分。「くび・を・　いた(痛)める。」②人や動物の体の中で、目・鼻・口などがあって、いちばん頂の部分。「にかい(二階)・の・　まど(窓)・から・　くび・を・　だ(出)す。」③物の細くなった部分。「びーるびん(ビール瓶)・の・　くび・を・　にぎ(握)る。」④勤めをやめさせること。勤めをやめさせられること。「はたら(働)い・とる・　ひと(人)・を・　くび・に・　せ・なんだら・　かいしゃ(会社)・が・　つぶ(潰)れる。」「こんげつすえ(今月末)・で・　くび・に・　なっ・た。」〔②⇒**あたま【頭】**〕

くびかざり【首飾り】《名詞》 貴金属や宝石などをつないで、首に掛ける装飾具。ネックレス。「きれー(綺麗)な・　しんじゅ(真珠)・の・　くびかざり・を・　し・とる・なー。」〔⇒**くびわ【首輪】**〕

くびがまわらん〔くびがまーらん〕【首が回らん】《連語＝くび(名詞)・が(格助詞)・まわら(動詞)・ん(助動詞)》 ①筋肉などが痛くて、首を前後・左右などに動かせない。「ねんざ(捻挫)し・て・　くびがまわらん。」②金のやりくりに困る。「しゃっきん(借金)・で・　くびがまーらん・よーに・　なっ・た。」◆「**くびがまわらへん【首が回らへん】**」となることもある。

くびきり【首切り】《名詞、動詞する》 勤めをやめさせること。「くびきりさ・れ・ん・よーに・　しっかり・　はたら(働)き・なはれ。」

くびすじ【首筋】《名詞》 首の両方の側面から後ろにかけての部分。「くびすじ・が・　よー・　ひや(日焼)けし・てます・ね。」

くびまき【首巻き】《名詞、動詞する》寒さを防ぐためや装飾のために、首のまわりに巻く布など。また、そのように巻くこと。「くびまきし・たら・　さぶ(寒)さ・が・　だいぶ・　ちが(違)う。」〔⇒**マフラー【英語＝muffler】**〕

くびわ【首輪】《名詞》 ①犬や猫などの動物の首にはめる輪。「いぬ(犬)・の・　くびわ・が・　はず(外)れ・た。」②

貴金属や宝石などをつないで、首に掛ける装飾具。ネックレス。「きれー(綺麗)な・　くびわ・を・　し・とる・なー。」◆②は、ややふざけて言う言葉のようにも聞こえる。〔②⇒**くびかざり**【首飾り】〕

くび(を)きる【首(を)切る】《動詞・ラ行五段活用》　勤めをやめさせる。「けーき(景気)・が・　わる(悪)い・さかい・　くびきら・んと・　しょがない。」■名詞化＝**くびきり**【首切り】

くび(を)つっこむ【首(を)突っ込む】《動詞・マ行五段活用》　進んで関係する。進んで加わる。しなくてもよいことに加わる。「こどもかい(会)・の・　さっかー(サッカー)・の・　しどー(指導)・に・　くびをつっこん・どり・ます・ねん。」

くびをひねる【首を捻る】《動詞・ラ行五段活用》　①理解できなくていろいろ考える。智恵を絞る。「くびをひねっ・ても・　え(良)ー・　かんが(考)え・が・　で(出)・てこ・ん・さかい・　どー・に・も・　なら・へん。」②疑いの気持ちがある。「あんな・　こと(事)・に・　なる・　はず(筈)・が・　ない・と・　くびをひねっ・た。」

くふう〔**くふー**〕【工夫】《名詞、動詞する》　いろいろ思案をして良い方法を考えること。思案の結果に考えついた、良い方法。「かぜ(風)・を・　よ(避)ける・　くふー・を・　する。」

くべつ【区別】《名詞、動詞する》　それぞれの特徴や違い、あるいは種類などによって分けること。また、その特徴や違い。「しはら(支払)い・が・　す(済)ん・どら・ん・　でんぴょー(伝票)・を・　くべつする。」

くべる《動詞・バ行下一段活用》　火を燃やし続けるために、薪などを火の中に入れる。「き(消)え・そーに・　なっ・た・さかい・　き(木)ー・を・　くべ・た。」「すとーぶ(ストーブ)・の・　ひ(火)ー・を・　くべる・　ばん(番)・を・　する。」◆薪などを火の中に入れ続けるというような生活スタイルがなくなりつつあって、「くべる」という言葉や行動は消えつつある。〔⇒**くえる**〕

くま【熊】《名詞》　冬は山の穴の中で過ごす、体が大きく太い足に鈎爪をもった大型の動物。「ことし(今年)・は・　くま・に・　おそ(襲)わ・れる・　ひがい(被害)・が・　おー(多)かっ・た・そーや。」

くみ【組】《名詞》　①いくつかのものを一緒にして、一揃いになるもの。「あか(赤)・と・　しろ(白)・の・　まんじゅー(饅頭)・を・　くみ・に・　し・て・　う(売)る。」②学校で授業を行う単位として構成する学級。「いちねんせー(一年生)・に・　くみ・が・　みっ(三)つ・　ある。」〔②⇒**クラス**【英語＝class】〕

ぐみ《名詞》　白い花が咲き、小さな赤い実がつく低木。また、その木にできる実。「ぐみ・の・　み(実)・を・　と(採)っ・て・　た(食)べ・た。」〔⇒**ごみ**〕

くみあい【組合】《名詞》　同じ目的や利害を持つ人が、互いに助け合うために作った団体。「ろーどーしゃ(労働者)・の・　くみあい・に・　はい(入)る。」〔⇒**くんみゃい**【(組合)】〕

くみあわす〔**くみあーす**〕【組み合わす】《動詞・サ行五段活用》　①いくつかのものを集めて、ひとまとまりにする。「あか(赤)・と・　しろ(白)・の・　もち(餅)・を・　くみあーし・て・　はこ(箱)・に・　い(入)れる。」②手や腕を絡ませる。「うで(腕)・を・　くみあわし・て・　こーしん(行進)する。」③試合や勝負などの相手を決める。「くじ(籤)・を・　ひ(引)か・し・て・　くみあーす。」〔⇒**くみあわせる**【組み合わせる】、**くんみゃわす**【(組み合わす)】、**くんみゃわせる**【(組み合わせる)】〕

くみあわせ〔**くみあーせ**〕【組み合わせ】《名詞》　①いくつかのものを集めて、ひとまとまりにしたもの。「おくりもの(贈物)・の・　くみあわせ・を・　か(買)う。」②試合や勝負などの相手を決めたもの。「あした(明日)・は・　やきゅー(野球)・の・　くみあーせ・の・　ちゅーせん(抽選)・が・　ある。」〔⇒**くんみゃわせ**【(組み合わせ)】〕

くみあわせる〔**くみあーせる**〕【組み合わせる】《動詞・サ行下一段活用》　①いくつかのものを集めて、ひとまとまりにする。「くだもん(果物)・を・　くみあわせ・て・　はこ(箱)・に・　い(入)れる。」②手や腕を絡ませる。「て(手)・を・　くみあわせ・て・　おど(踊)る。」③試合や勝負などの相手を決める。「いっかいせん(一回戦)・は・　となりどーし(隣同士)・の・　がっこー(学校)・を・　くみあーせる・　こと・は・　せ・ん。」■名詞化＝**くみあわせ**【組み合わせ】〔⇒**くみあわす**【組み合わす】、**くんみゃわす**【(組み合わす)】、**くんみゃわせる**【(組み合わせる)】〕

くみたて【組み立て】《名詞》　個々の要素や部分を組み合わせて、ひとつのまとまったものに作り上げること。平板なものから立体に作り上げること。また、そのようにして作り上げたもの。「ざっし(雑誌)・の・　ふろく(付録)・の・　くみたて・を・　つく(作)る・の・が・　おもしろ(面白)い。」■対語＝「ぶんかい【分解】」

くみたてる【組み立てる】《動詞・タ行下一段活用》　個々の要素や部分を組み合わせて、ひとつのまとまったものに作り上げる。平板なものから立体に作り上げる。「こ(買)ー・てき・た・　ほんばこ(本箱)・を・　くみたてる。」■名詞化＝**くみたて**【組み立て】〔⇒**くむ**【組む】〕

くみとり【汲み取り】《名詞》　水や糞尿などを汲んで出すこと。また、その仕事。「くみとり・の・　べんじょ(便所)・は・　へ(減)っ・た。」

くみとる【汲み取る】《動詞・ラ行五段活用》　水や糞尿などを汲んで出す。「べんじょ(便所)・を・　くみとる・　じどーしゃ(自動車)・が・　き(来)・た。」■名詞化＝**くみとり**【汲み取り】

くむ【組む】《動詞・マ行五段活用》　①個々の要素や部分を組み合わせて、ひとつのまとまったものに作り上げる。「あしば(足場)・を・　くん・で・　しごと(仕事)・を・　する。」②相手と手などを絡み合わせる。互いに相手の体に取りつき合う。「とも(友)だち・と・　うで(腕)・を・　くむ。」「じゅーどー(柔道)・で・　あいて(相手)・と・　くむ。」③仲間になって、行動を共にする。「あいつ(彼奴)・と・　くん・で・　しあい(試合)・を・　し・たら・　いつも・　か(勝)つ・ねん。」④自分の手足を交差させる。「あぐら(胡座)・を・　くん・で・　すわ(座)る。」■名詞化＝**くみ**【組み】〔①⇒**くみたてる**【組み立てる】〕

くむ【汲む】《動詞・マ行五段活用》　道具や手のひらなどを使って、水などの液体をすくい取る。また、ポンプを動かしたりして水を器に移し入れる。「ばけつ(バケツ)・で・　うみ(海)・の・　みず(水)・を・　くん・でくる。」

くも【雲】《名詞》　冷えた水蒸気が小さな水滴になって、白または灰色の綿のようになって空に浮かんでいるもの。「くろ(黒)い・　くも・が・　で(出)・てき・た・さかい・　もーじき・　あめ(雨)・に・　なる・やろ。」

くも【蜘蛛】《名詞》　8本足で袋状の体をして、糸を出して巣を張り、小さな虫などを捕らえて食べる動物。「くも・が・　す(巣)ー・を・　は(張)っ・とる。」◆巣を張らない種類のものもある。

くもじ【く文字】《名詞》　大根の葉などの菜っ葉を漬けたもの。「くもじ・を・　ごはん(御飯)・に・　の(載)せ・て・

く

た(食)べる。」◆「おくもじ【おく文字】」と言う方が多い。〔⇒**おくもじ【おく文字】**〕

くもだこ【蜘蛛蛸】《名詞》 手の上に載るぐらいの小型の蛸。「ぺこぺこ(＝蛸釣り用の竿)・で・ くもだこ・を・ つ(釣)る。」

くものす〔くものすー〕【蜘蛛の巣】《名詞》 蜘蛛が糸を出して張った巣。「くものす・に・ あめ(雨)・が・ か(掛)かっ・て・ きれー(綺麗)な・ つぶ(粒)・に・ なっ・とる。」

くもり【曇り】《名詞》 ①空が雲や霧などで覆われて、太陽や月の光が地上に届かないこと。「きのー(昨日)・は・ は(晴)れ・ のち(後)・ くもり・やっ・た。」②透き通っていたものや輝いていたものが、汚れなどによって、ぼやけてはっきりしないこと。「めがね(眼鏡)・の・ くもり・を・ ふ(拭)く。」

くもる【曇る】《動詞・ラ行五段活用》 ①空が雲や霧で覆われて、太陽や月の光が地上に届かなくなる。「きゅー(急)に・ くもっ・てき・た。」②透き通っていたものや輝いていたものが、汚れなどによって、ぼやけてはっきりしなくなる。「ゆげ(湯気)・で・ めがね(眼鏡)・が・ くもっ・た。」■名詞化＝**くもり【曇り】**

くやしい〔くやしー〕【悔しい】《形容詞・イイ型》 負けたり失敗したりしたことなどを、後悔したり腹立たしく思ったりする気持ちがつのって、やりきれない。うまくいかなくて、しゃくに障る。もう一度、きちんとやり遂げて、相手を見返してやりたい気持ちだ。「ぎゃくてんま(逆転負)けし・て・ くやしー・さかい・ こんどめ(今度目)・は・ がんば(頑張)る・ぞー。」

くやみ【悔やみ】《名詞》 ①人の死を惜しんで、悲しむこと。また、その言葉。「おじー(祖父)さん・の・ くやみ・を・ い(言)ー・に・ い(行)く。」②人の死を弔う儀式。葬式。「あした(明日)・は・ せわ(世話)・に・ なっ・た・ ひと(人)・の・ くやみ・が・ ある。」

くやむ【悔やむ】《動詞・マ行五段活用》 ①失敗したことや十分にできなかったことを、後になって残念に思ったり自分を責める思いになったりする。「ごーかく(合格)でき・なんだ・ こと(事)・を・ くやん・でも・ もー・ おそ(遅)い。」②人の死を惜しんで、悲しむ。「ともだち(友達)・の・ ははおや(母親)・が・ な(亡)くなっ・た・ こと・を・ くやむ。」■名詞化＝**くやみ【悔やみ】**

くよう〔くよー〕【供養】《名詞、動詞する》 死者の霊や仏にものを供えて、冥福を祈ること。死者の冥福を祈って法要を営むこと。「しんさい(震災)・の・ ぎせーしゃ(犠牲者)・を・ くよーする・ ぎょーじ(行事)・に・ で(出)る。」「せんぞ(先祖)・の・ ひと(人)・を・ くよーする。」

くよくよ《副詞と、動詞する》 小さなものごとや、解決できるはずのない大きなものごとなどにこだわって、いつまでも心配し悩み続ける様子。他の人なら気にもかけないようなことを考えて、気に病む様子。「くよくよせ・んと・ つぎ(次)・の・ さくせん(作戦)・を・ かんが(考)え・なはれ。」

くら【蔵、倉】《名詞》 大事な財産物や商品などを、火事や盗難などから守って保管する建物。「くら・の・ なか(中)・に・ なおす(＝収納する)。」

くら【鞍】《名詞》 人や荷物を乗せるために、馬や牛などの背中につける道具。「くら・を・ つ(付)け・て・ うま(馬)・に・ の(乗)る。」

くらい【位】《名詞》 ①その人の置かれている、社会的な位置や立場。「かいしゃ(会社)・の・ なか(中)・の・ くらい・が・ たか(高)い。」②十進法で数を表すときの、10倍ごとの数の段階。また、その呼び名。「ひゃく(百)・の・ くらい・を・ ししゃごにゅー(四捨五入)する。」〔②⇒**けた【桁】**〕

くらい【暗い】《形容詞・アイ型》 ①光が乏しくて、ものがよく見えない。光がない。「くらい・ ほらあな(洞穴)・に・ はい(入)る。」②色がくすんでいる。「くらい・ いろ(色)・の・ しゃしん(写真)・で・ み(見)にくい。」③物事をよく知っていない。見通しが見えない。「わし・は・ せーじ(政治)・の・ こと・に・は・ くらい・ん・や。」④望みが持てない。陰気である。「ふけーき(不景気)・で・ さき(先)・が・ くらい。」■対語＝「**あかい【明い】**」「**あかるい【明るい】**」

くらい〔ぐらい〕【位】《副助詞》 ①おおよその数量や程度を表す言葉。「いちまんえん(一万円)・くらい・の・ ねだん(値段)・で・ か(買)える・やろ。」②それが一番であることを表す言葉。「しんかいち(新開地)・ぐらい・にぎ(賑)やかな・ ところ・は・ なかっ・た。」③軽く見るような気持ちや強調する意図をあらわす言葉。「にじっきろ(二十キロ)・ぐらい・は・ ある(歩)ける。」◆濁音の「ぐらい」が多く使われる傾向がある。〔①②⇒**ほど【程】**〕

くらいつく【食らい付く】《動詞・カ行五段活用》 ①食べようとして、しっかりと噛みつく。がつがつ食べる。「えさ(餌)・に・ くらいつい・て・ いっしょーけんめー(一生懸命)に・ く(食)ー・とる。」「すいか(西瓜)・に・ くらいつい・て・ た(食)べる。」②しっかりと取り付く。離れまいとして、しがみつく。「あいて(相手)・に・ くらいつい・とれ。うしろ(後)・へ・ さ(下)がっ・たら・ あか・ん・ぞ。」「ま(負)け・ん・よーに・ くらいつい・て・ いけ。」〔⇒**くいつく【食い付く】**〕

くらう【食らう】《動詞・ワア行五段活用》 ①「食べる」「食う」のぞんざいな言い方。「めし(飯)・を・ よー・ くらう・ やつ(奴)・や。」②自分の欲しないものを与えられる。こうむる。「おめだま(目玉)・を・ くろー・た。」

くらがり【暗がり】《名詞》 光が届きにくくて、暗いところ。暗くて、何も見えないところ。「くらがり・に・ ひと(人)・が・ おっ・た・んで・ びっくりし・た。」◆強めた言い方は「**まっくらがり【真っ暗がり】**」

くらくら《副詞と、動詞する》 ①外からの刺激に対して、気持ちが不安定になる様子。「もんく(文句)・ばっかり・ い(言)わ・れ・て・ くらくらし・てき・た。」②めまいなどがして、気持ちが悪くなる様子。「あつ(暑)ー・て・ あたま(頭)・が・ くらくらする。」「まぶ(眩)しー・て・ め(目)ー・が・ くらくらし・た。」

ぐらぐら《副詞と、動詞する》 ①物体が不安定に、大きく揺れ動く様子。「じしん(地震)・で・ いえ(家)・が・ ぐらぐら・ ゆ(揺)れ・た。」②湯などが煮えたぎる様子。「ちゃびん(茶瓶)・が・ ぐらぐらし・てき・た。」③考えや言動などに一貫性がなく、揺れ動いて定まらない様子。「かんが(考)え・が・ ぐらぐらせ・ん・よーに・ よー・ かんが(考)え・なはれ。」〔⇒**ぐれんぐれん**。①③⇒**ゆらゆら**〕

くらげ【海月】《名詞》 傘のような形をして海面近くをふわふわと泳いでいる、寒天質で体の柔らかい動物。「おー(大)きな・ くらげ・が・ あみ(網)・を・ いた(痛)め・てまう。」

くらし【暮らし】《名詞》 世の中で生活して活動すること。生計を立てること。「え(良)ー・ くらし・を・ し・とっ・て・や。」

クラス〔くらす〕【英語＝ class】《名詞》 学校で授業を行う単位として構成する学級。「そつぎょー(卒業)し・て・はじ(初)めて・の・ くらすかい(会)・を・ ひら(開)い・た。」〔⇒**くみ**【組】〕

くらす【暮らす】《動詞・サ行五段活用》 一日一日を生きていく。世の中で生活して活動する。「てーねん(定年)し・て・から・は・ のんびり・ くらし・てます。」■名詞化＝**くらし**【暮らし】

くらする〔**くらーする**〕【暗する】《動詞・サ行変格活用》 ①明るい状態を暗くする。「へや(部屋)・を・ くらし・て・ げんとー(幻灯)・を・ うつ(映)す。」②性格などを、沈鬱にする。「その・ やく(役)・の・ えんぎ(演技)・は・ もっと・ くらせ・んと・ あか・ん・ぞ。」■自動詞は「くらなる【暗なる】」■対語＝「あかする【明する】」〔⇒**くろする**【暗する】〕

ぐらつく《動詞・カ行五段活用》 不安定な状態で、ぐらぐらと動く。しっかりしていたものが動き始める。「は(歯)ー・が・ ぐらつい・て・ もの・が・ か(噛)み・にくい。」■名詞化＝**ぐらつき**

くらなる〔**くらーなる**〕【暗なる】《動詞・ラ行五段活用》 ①明るい状態から暗くなる。「ふゆ(冬)・に・ なっ・て・ くらなる・の・が・ はよ(早)ー・ なっ・た。」②性格などが、沈鬱に変化する。「あいつ(彼奴)・は・ だいがく(大学)・に・ お(落)ち・て・から・ ちょっと(一寸)・ くらなっ・た・なー。」■他動詞は「くらする【暗する】」■対語＝「あかなる【明なる】〔⇒**くろなる**【暗なる】〕

くらびと【蔵人】《名詞》 酒蔵で日本酒などをつくる職人で、酒造会社の正社員でなく、冬季だけ酒造りに従事する人。「ことし(今年)・も・ たんば(丹波)・から・ くらびと・が・ き(来)・とっ・て・や。」〔⇒**とうじ**【杜氏】〕

クラブ〔くらぶ〕【英語＝ club。倶楽部】《名詞》 ①同じ趣味や目的を持った者で構成しているまとまり。また、そのような人たちの集まり。「ろーじん(老人)くらぶ・で・ からおけ(カラオケ)・を・ する。」②学校などで行う、同じ目的や種目などを持った人たちが課外に一緒に取り組むこと。また、そのような児童・生徒・学生たちの集まり。「くらぶ・は・ てにす(テニス)・に・ はい(入)っ・とる。」③地域の人たちなどが集まる施設。「むら(村)・に・ くらぶ・を・ た(建)てる。」〔①②⇒**クラブかつどう**【英語＝ club ＋ 活動】。①⇒**ぶ**【部】〕

グラフ〔ぐらふ〕【英語＝ graph】《名詞》 2つ以上の数量やその割合などをわかりやすく伝えるために、平面図形などで表した表。「おれせん(折線)・の・ ぐらふ・で・ うつ(移)りかわり・を・ か(書)く。」「えん(円)・の・ ぐらふ・の・ ほー(方)・が・ わかりやすい。」

クラブかつどう〔**くらぶかつどー**〕【英語＝ club ＋ 活動】《名詞》 ①同じ目的や趣味などを持った人たちが一緒に取り組むこと。また、そのような人たちの集まり。「こーねん(高年)・の・ かい(会)・に・も・ くらぶかつどー・が・ ある・ねん。」②学校などで行う、同じ目的や種目などを持った人たちが課外に一緒に取り組むこと。また、そのような児童・生徒・学生たちの集まり。「くらぶかつどー・は・ さっかー(サッカー)・に・ はい(入)っ・てん。」「こーこー(高校)・の・ くらぶかつどー・は・ けんどー(剣道)・やっ・た。」〔⇒**クラブ**【英語＝ club。倶楽部】〕

グラフようし〔**ぐらふよーし**〕【英語＝ graph ＋ 用紙】《名詞》 数量や割合などをわかりやすく表すために作られた、細かな罫線が施してある紙。「ぐらふよーし・に・ せん(線)・を・ ひ(引)く。」

くらべる【比べる】《動詞・バ行下一段活用》 2つ以上のものを並べて、その異同や特徴や優劣などを調べる。競い合って優劣を明らかにする。「あじ(味)・と・ ねだん(値段)・を・ くらべ・て・ え(良)ー・ ほー(方)・を・ か(買)う。」■名詞化＝**くらべ**【比べ】

くらます【眩ます】《動詞・サ行五段活用》 ①誰にも見つからないように身を隠す。「いつ・の・ あいだ(間)・に・やら・ すがた(姿)・を・ くらまし・ても・た。」②相手の目を盗んで、ごまかす。「うまいこと・ けーさん(計算)・を・ くらまし・やがっ・た。」

くらむ【眩む】《動詞・マ行五段活用》 ①強い光が目に入って、目の前が暗くなる。「じどーしゃ(自動車)・の・ らいと(ライト)・に・ め(目)・が・ くらん・だ。」②めまいがして、あたりが見えなくなる。平常の心を失う。「たに(谷)・の・ そこ(底)・を・ み(見)・たら・ め(目)・が・ くらむ。」

グラム〔ぐらむ〕【英語＝ gram。瓦】《名詞》 メートル法の重さの単位で、1グラムは、1キログラムの1000分の1の重さ。「いちえんだま(一円玉)・は・ いち(一)ぐらむ・や。」

くらやみ【暗闇】《名詞》 光がなくて真っ暗なこと。また、そのような場所。「くらやみ・で・ きもだめ(肝試)し・を・ する。」

くらわす【食らわす】《動詞・サ行五段活用》 人に害を受けさせる。相手の欲しないものを与える。「げんこつ(拳骨)・を・ くらわし・たろ・か。」〔⇒**くわす**【食わす】〕

くり【栗】《名詞》 材木としても使われる木で、秋にいがに包まれた実がなる木。「くり・を・ ひら(拾)い・に・ たんば(丹波)・へ・ い(行)っ・てき・た。」

くりあがる【繰り上がる】《動詞・ラ行五段活用》 ①並んでいたものが、順に前に送られる。「くりあがっ・て・ とーせん(当選)する。」②あらかじめ決めていた予定よりも早くなる。「いちじかん(一時間)・ くりあがる・ さまーたいむ(サマータイム)・と・ ゆ(言)ー・の・が・ むかし(昔)・ あっ・た。」③足し算で、ある位の数が10を超えたとき、その和の10の位の数を、一つ上の位に加えられる。「こま(細)かい・の・を・ ぜんぶ(全部)・ た(足)し・ていっ・たら・ くりあがっ・て・ せんえん(千円)・を・ こ(超)える。」■他動詞は「くりあげる【繰り上げる】」■対語＝「くりさがる【繰り下がる】」■名詞化＝**くりあがり**【繰り上がり】

くりあげる【繰り上げる】《動詞・ガ行下一段活用》 ①並んでいたものを、順に前の方に送る。「じゅんばん(順番)・を・ くりあげる。」②あらかじめ決めていた予定よりも早くする。「たいふー(台風)・が・ き(来)・そーな・んで・ たいいくたいかい(体育大会)・を・ いちにち(一日)・ くりあげる。」③足し算で、ある位の数が10を超えたとき、その和の10の位の数を、一つ上の位に加える。「くりあげる・の・が・ ぎょーさん(計算)・ あっ・て・ けーさん(計算)・を・ まちが(間違)え・た。」■自動詞は「くりあがる【繰り上がる】」■対語＝「くりさげる【繰り下げる】」■名詞化＝**くりあげ**【繰り上げ】

クリーニング〔くりーにんぐ〕【英語＝ cleaning】《名詞、動詞する》 衣類などを洗って汚れを落として、綺麗にすること。また、それを仕事にしている店。「よご(汚)れ・た・さかい・ くりーにんぐ・に・ だ(出)す。」

クリーム〔くりーむ〕【英語＝ cream】《名詞》 ①菓子などを作るのに使う、牛乳から作った脂肪分。牛乳・砂糖・卵などを混ぜて作った食べ物。「くりーむ・の・ はい

(入)っ・た・　ぱん(パン)・が・　す(好)きや。」②牛乳や砂糖や卵の黄身などを混ぜて凍らせた菓子。「くりーむ・は・　つめ(冷)とー・て・　うま(美味)い・なー。」③肌や髪につける化粧品。「ひやけどめ(日焼止)・の・　くりーむ・を・　ぬ(塗)る。」④靴に塗る墨。「くろ(黒)・の・　くりーむ・を・　こ(買)ー・てき・てんか」〔②⇒**アイスクリーム**【英語＝ice cream】。④⇒**くつクリーム**【靴＋英語＝cream】〕

くりかえす【繰り返す】《動詞・サ行五段活用》　同じことを何度もする。反復する。「けーさん(計算)・の・　まちが(間違)い・を・　くりかえす・な。」■名詞化＝**くりかえし**【繰り返し】

くりくり《副詞と、動詞する》　①目が丸く大きく、よく動いて、可愛らしい様子。「め(目)ー・の・　くりくりし・た・　こ(子)ー・が・　あそ(遊)ん・どる。」②頭髪を剃るなどして、頭が丸い様子。「くりくりと・　し・た・　あたま(頭)・の・　おとこ(男)・の・　こ(子)・が・　おる。」

ぐりぐり《名詞》　皮膚にできる、しこりや腫れ物。「くび(首)・に・　ぐりぐり・が・　でけ(出来)・て・　いた(痛)い・ねん。」

ぐりぐり《副詞と、動詞する》　①皮膚にしこりや腫れ物ができて、痛みや違和感を覚える様子。「せなか(背中)・が・　ぐりぐりし・て・　きも(気持)ち・が・　わる(悪)い。」②押さえつけながら強く回す様子。「はんどる(ハンドル)・を・　ぐりぐりと・　まー(回)す。」

くりさがる【繰り下がる】《動詞・ラ行五段活用》　①並んでいたものが、順に後ろに送られる。「つよ(強)い・　ひと(人)・が・　まえ(前)・に・　き(来)・て・　わたし(私)・の・　じゅんい(順位)・が・　くりさがっ・た。」②あらかじめ決めていた予定よりも遅くなる。「でんしゃ(電車)・の・　じこ(事故)・が・　あっ・て・　しゅっぱつ(出発)・の・　じかん(時間)・が・　くりさがっ・た。」③引き算で、ある位の引かれる数より引く数が大きいとき、ひとつ上の位から借りてきた10を引かれる数に加えて計算し、ひとつ上の位からは1が引かれる。「くりさがっ・たら・　よんけた(四桁)・の・　かず(数)・が・　みけた(三桁)・に・　なっ・た。」■他動詞は「**くりさげる**【繰り下げる】」■対語＝「**くりあがる**【繰り上がる】」■名詞化＝**くりさがり**【繰り下がり】

くりさげる【繰り下げる】《動詞・ガ行下一段活用》　①並んでいたものを、順に後ろの方に送る。「じゅんばん(順番)・が・　くりさがっ・て・　しょー(賞)・に・　はい(入)ら・ず・や。」②あらかじめ決めていた予定よりも遅くする。「たいふー(台風)が・　き(来)・て・　うんどーかい(運動会)・を・　くりさげ・た。」③引き算で、ある位の引かれる数より引く数が大きいとき、ひとつ上の位から借りてきた10を引かれる数に加えて計算し、ひとつ上の位からは1を引いて計算する。「くりさげ・て・　けーさん(計算)する。」■自動詞は「**くりさがる**【繰り下がる】」■対語＝「**くりあげる**【繰り上げる】」■名詞化＝**くりさげ**【繰り下げ】

クリスマス〔**くりすます**〕【英語＝Christmas】《名詞》　12月25日の、キリストの誕生を祝うお祭り。「くりすます・に・　おくりもの(贈物)・を・　もら(貰)う。」

クリスマスツリー〔**くりすますつりー**〕【英語＝Christmas tree】《名詞》　キリストの誕生を祝って立てる、樅の木などで作った装飾。「でぱーと(デパート)・に・　おー(大)けな・　くりすますつりー・が・　かざ(飾)っ・てある。」

くりっと《副詞、動詞する》　①進行方向からむしろ逆の方へ(90度以上の角度で)曲がる様子。「くりっと・　うし(後)ろむき・に・　なる。」②人やものが素早く、回転する様子。「まっと(マット)・の・　うえ(上)・で・　くりっと・　まー(回)る。」③急に変化する様子。「かんが(考)え・が・　くりっと・　か(変)わる・　ひと(人)・は・　しんよー(信用)でけ・へん。」④目が丸く大きく、可愛らしい様子。丸く大きな目が活発に動く様子。「め(目)ー・が・　くりっとし・た・　かいら(可愛)しー・　こ(子)・や・なー。」〔⇒**くるっと**〕

くりぬく【刳り抜く】《動詞・カ行五段活用》　えぐって穴をあける。中の部分を切り取って、出す。「ぶあつ(分厚)い・　かみ(紙)・を・　くりぬい・て・　おめん(面)・を・　つく(作)る。」■名詞化＝**くりぬき**【刳り抜き】

くる【来る】《動詞・カ行変格活用》　①何かがこちらへ近づくように動く。何かがこちらに着く。「いっぺん(一遍)に・　なつ(夏)・が・　き・た・よーに・　あつ(暑)ー・　なっ・た。」「じゅーがつ(十月)・や・のに・　たいふー(台風)・が・　くる。」②ものが通じるようになる。「いえ(家)・に・　がす(ガス)・が・　くる・よーに・　なっ・て・　べんり(便利)や。」③影響を与えるような事態や状況が生じる。「じしん(地震)・で・　いえ(家)・に・　がた・が・　き・た。」④感情や感覚などが心に感じる。「だいろっかん(第六感)・で・　ぴーんと・　き・た。」

くる【繰る】《動詞・ラ行五段活用》　①細長いものを手元の方に順に引き寄せる。また、引き寄せて巻き付ける。「ふね(船)・の・　ろーぷ(ロープ)・を・　てまえ(手前)・に・　くっ・て・　ひ(引)っぱる。」「いと(糸)・を・　くる。」②同じ動作を繰り返す。「じゅず(数珠)・を・　くる。」「ほん(本)・の・　ぺーじ(ページ)・を・　くる。」③粘り気のあるものを、ゆっくりと垂らす。「あか(赤)んぼー・が・　よだれ(涎)・を・　くっ・とる。」④混ぜ合わせる。「とらんぷ(トランプ)・を・　くっ・て・　みんな(皆)・に・　くば(配)る。」

くる【来る】《補助動詞・カ行変格活用》　⇒**てくる**〔**でくる**〕【て来る】《補助動詞・カ行変格活用》**を参照**

くるい【狂い】《名詞》　正常な状態から、ひずみが生じた状態になっていること。「しょーじ(障子)・に・　くるい・が・　でけ(出来)・て・　しっかりと・　し(閉)まら・へん。」

くるう【狂う】《動詞・ワア行五段活用》　①正常な状態から、それとは違った状態になる。動いてはいるが、正常な機能が失われている。「かん(勘)・が・　くるー・て・　しっぱい(失敗)し・た。」「たいふー(台風)・が・　き(来)・て・　よてー(予定)・が・　くる・た。」「とけー(時計)・が・　くるう。」②精神が高ぶったりして、普通には見られない行動をする。ものごとに異常なほどに熱中する。「くるー・た・　ひと(人)・に・　ちか(近)づい・たら・　あぶ(危)ない・ぞ。」■名詞化＝**くるい**【狂い】

グループ〔**ぐるーぷ**〕【名詞＝group】《名詞》　一緒に物事を行う人たち。似たような好みや考えなどを持っている、一定の範囲の人たち。「おんな(同)じ・　ぐるーぷ・の・　ひと(人)・で・　はいきんぐ(ハイキング)・に・　い(行)く。」〔⇒**なかま**【仲間】、**れんちゅう**【連中】、**れんじゅう**【連中】、**つれ**【連れ】〕

くるくる《名詞》　智恵が足りないこと。言動が常軌を逸していること。また、そのような人。「あの・　くるくる・に・は・　なに(何)・も・　たの(頼)む・　こと(事)・は・　でけ(出来)・へん。」〔⇒**ぱあ**、**くるくるぱあ**〕

くるくる《副詞と、動詞する》　①ものが軽く回る様子。「かぜ(風)・が・　ふ(吹)い・て・　こい(鯉)のぼり・の・

く

かざぐるま(風車)・が・　くるくると・　まわ(回)っ・とる。」②ものを何重にも巻き付ける様子。「たけ(竹)・の・　つつ(筒)・に・　いと(糸)・を・　くるくる・　ま(巻)く。」③丸い感じのする様子。「くるくるし・た・め(目)・の・　こ(子)・で・　かわ(可愛)いー・なー。」④ものごとが定まらないで、次々と変化する様子。「ゆ(言)ー・　こと・が・　くるくる・　か(変)わる・さかい・　あ(当)て・に・は・　なら・へん。」⑤こまめに動き回る様子。こまめに働く様子。「くるくると・　よー・　はたら(働)く・　ひと(人)・や。」

ぐるぐる《副詞と》 ①同じところや、似たようなところを何度も回る様子。「みち(道)・に・　まよ(迷)ー・て・　まち(町)・の・　なか(中)・を・　ぐるぐる・　まわ(回)っ・た。」②大きな動作で、何重にも巻き付ける様子。「ほーたい(包帯)・を・　ぐるぐると・　ま(巻)く。」

くるくるぱあ〔**くるくるぱー**〕《名詞、形容動詞や(ノ・ナ)》 ①智恵が足りないこと。言動が常軌を逸していること。また、そのような人。「くるくるぱー・に・　おし(教)え・てやっ・ても・　じっき(直)に・　わす(忘)れ・てしまい・やがる。」②不注意などによって起こる、馬鹿げたこと。「でんしゃ(電車)・に・　の(乗)りおくれ・て・　くるくるぱーな・　こと(事)・を・　し・た。」〔⇒**ぱあ**。①⇒**くるくる**〕

ぐるぐるまき【ぐるぐる巻き】《形容動詞や(ノ)、動詞する》 何重にも巻き付けている様子。また、巻き付けられている様子。「たこ(凧)・の・　いと(糸)・を・　ぐるぐるまきし・た・さかい・　もつ(縺)れ・てしも・た。」「みずあめ(水飴)・を・　ぐるぐるまきに・　し・た・の・を・　か(買)う。」

くるしい〔**くるしー**〕【苦しい】《形容詞・イイ型》 ①体や心が辛くて、我慢しにくい。「おなか(腹)・　いっぱい・　た(食)べ・た・んで・　くるしー。」②お金やものが足りなくて困っている。「ふけーき(不景気)で・　く(暮)らし・が・　くるしー。」

くるしまぎれに【苦し紛れに】《副詞》 我慢しきれないで、何かをしてしまう様子。困ってしまった挙げ句に何かをする様子。「くるしまぎれに・　おーごえ(大声)・を・　だ(出)す。」

くるしむ【苦しむ】《動詞・マ行五段活用》 ①体や心が辛くて、我慢しにくく感じる。「びょーき(病気)・で・　くるしん・どる。」②お金やものが足りなくて困る。「りし(利子)・が・　はら(払)え・なんで・　くるしん・で・ます。」■名詞化＝**くるしみ【苦しみ】**

くるっと《副詞、動詞する》 ①進行方向からむしろ逆の方へ(90度以上の角度で)曲がる様子。「くるま(車)・が・　くるっと・　ゆーたーん(Uターン)し・た。」②人やものが素早く、回転する様子。「くるっと・　うし(後)ろ・を・　ふ(振)りむい・た。」③急に変化する様子。「かんが(考)えかた・が・　くるっと・　か(変)わっ・た。」④目が丸く大きく、可愛らしい様子。丸く大きな目が活発に動く様子。「うけつけ(受付)・に・　おる・の・は・　くるっとし・た・　め(目)ー・の・　おんな(女)・の・　こ(子)・や。」〔⇒**くりっと**〕

ぐるっと《副詞》 ①ものが大きく回る様子。、また、回す様子。「うで(腕)・を・　ぐるっと・　まー(回)す。」②円を描くように、周りを取り囲んでいる様子。取り囲んで連なっている様子。「ほり(堀)・が・　ぐるっと・　つづ(続)い・とる。」「おーぜー(大勢)・の・　しと(人)・に・　ぐるっと・　かこ(囲)ま・れ・た。」〔②⇒**ぐるりと**〕

くるま【車】《名詞》 ①軸を中心として回るようになっている装置。「つるべ(釣瓶)・を・　くるま・で・　ひ(引)っぱりあげる。」②もの運ぶために作られた、車輪をつけて動くもの。「うし(牛)・が・　ひ(引)っぱる・　くるま・に・　つ(積)む。」③エンジンの力で車輪を回して道路を進む乗り物。「くるま・の・　うんてん(運転)・を・する。」④昔の、人力車など。「くるま・を・　ひ(引)く・の・は・　えらい・　しごと(仕事)・や。」〔①⇒**しゃりん【車輪】**。③⇒**じどうしゃ【自動車】**、**じとうしゃ【(自動車)】**、**ぷっぷ**、**ぽっぽ**、**ぶうぶう**〕

ぐるり《名詞》 ものの周囲や周辺一帯。「いえ(家)・の・　ぐるり・に・　き(木)ー・を・　う(植)える。」〔⇒**ぐるりまわり【ぐるり周り】**〕

ぐるりと《副詞》 円を描くように、周りを取り囲んでいる様子。取り囲んで連なっている様子。「かいじょー(会場)・の・　まー(周)り・に・　ぐるりと・　ぎょーれつ(行列)・が・　でけ・た。」〔⇒**ぐるっと**〕

ぐるりまわり〔**ぐるりまーり**〕【ぐるり周り】《名詞》 ものの周囲や周辺一帯。「ぐるりまーり・　みんな(皆)・　し(知)ら・ん・　ひと(人)・ばっかり・やっ・てん。」〔⇒**ぐるり**〕

ぐるんぐるん《副詞と》 比較的ゆっくりと回ったり、回したりする様子。「おー(大)きな・　ふーしゃ(風車)・が・　ぐるんぐるんと・　まわ(回)っ・とる。」

くれ【暮れ】《名詞》 ①一年の終わりのとき。歳末。「くれ・は・　なんやかやと・　いそが(忙)しー。」「くれ・の・　おーそーじ(大掃除)・を・　する。」②一つの月の終わりのとき。「げっきゅー(月給)・は・　くれ・に・　もら(貰)う。」「そつぎょーしき(卒業式)・は・　さんがつ(三月)・の・　くれ・や。」③一日の終わり。太陽が沈む時刻。「あき(秋)・に・　なっ・て・　くれ・が・　はよ(早)ー・　なっ・た。」④季節や続いたものの最後のとき。「あき(秋)・の・　くれ・は・　もみじ(紅葉)・が・　きれー(綺麗)や。」■対語＝「あけ【明け】」〔①⇒**ねんまつ【年末】**、**としのくれ【年の暮れ】**。②⇒**げつまつ【月末】**、**つきずえ【月末】**。④⇒**ひぐれ【日暮れ】**、**ひのくれ【日の暮れ】**〕

クレーン〔**くれーん**〕【英語＝crane】《名詞》 人の力では動かせないような重いものを持ち上げたり、移動させたりする機械。「ざいもく(材木)・を・　くれーん・で・　つ(吊)りあげる。」〔⇒**きじゅうき【起重機】**、**グレン【英語＝crane】**〕

クレオン〔**くれおん**〕【フランス語＝crayon】《名詞》 蝋を使って、いろんな色を棒状に固めた絵の具。「くれおん・で・　え(絵)ー・を・　か(描)く。」〔⇒**クレヨン【フランス語＝crayon】**〕

くれがた【暮れ方】《名詞》 太陽が沈んだ後の、間もなく暗くなろうとする頃。「くれがた・に・　がいとー(外灯)・を・　つ(点)ける。」■対語＝「あけがた【明け方】」

クレヨン〔**くれよん**〕【フランス語＝crayon】《名詞》 蝋を使って、いろんな色を棒状に固めた絵の具。「じゅーろくしょく(十六色)・の・　くれよん・を・　こ(買)ー・てもろ・た。」〔⇒**クレオン【フランス語＝crayon】**〕

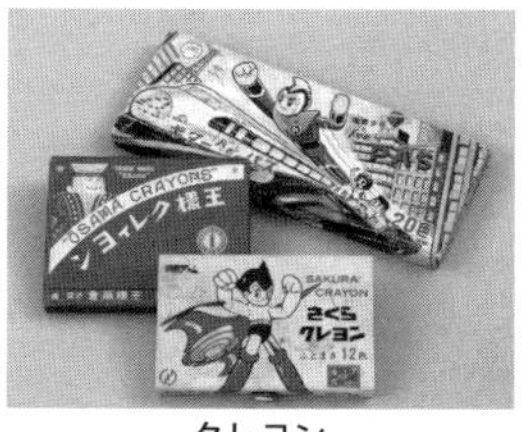

クレヨン

くれる【暮れる】《動詞・ラ行下一段活用》 ①前にあったものが去る。特に、太陽が沈んで暗くなる。「ふゆ(冬)・は・　ひ(日)・が・　くれる・の・が・　はや(早)い。」②あ

く

る期間にわたって続いていたものが終わる。特に、季節や年・月・日が終わる。「きょー(今日)・も・　ぶじ(無事)に・　くれ・た。」「いちねん(一年)・が・　くれる。」■対語＝「あく【明く】」「あける【明ける】」■名詞化＝**くれ【暮れ】**

くれる【呉れる】《動詞・ラ行下一段活用》 人が自分に、ものや時間などを与える。「となり(隣)・の・　おば(小母)ちゃん・が・　おかし(菓子)・を・　くれ・た。」「みっか(三日)・ほど・　じかん(時間)・を・　くれ・へん・やろ・か。」

くれる【呉れる】《補助動詞・ラ行下一段活用》 **⇒てくれる〔でくれる〕**【呉れる】《補助動詞・ラ行下一段活用》 **及び　とくれる〔どくれる〕**【と呉れる】《補助動詞・ラ行下一段活用》**を参照**

ぐれる《動詞・ラ行下一段活用》 行動や性質に悪い傾向があらわれる。自暴自棄になって、地道な態度がなくなる。悪の道へそれる。「ちゅーがっこー(中学校)・の・とき(時)・は・　ぐれ・とっ・てん。」

グレン〔ぐれん〕【英語＝ crane】《名詞》 人の力では動かせないような重いものを持ち上げたり、移動させたりする機械。「ぐれん・で・　にもつ(荷物)・を・　さんがい(三階)・に・　あ(上)げる。」〔**⇒きじゅうき【起重機】、クレーン**【英語＝ crane】〕

ぐれんと〔ぐれーんと〕《副詞》 大きなものがゆっくりと動いたり倒れたりする様子。「かぜ(風)・で・　おー(大)きな・　き(木)ー・が・　ぐれーんと・　こけ・ても・た。」

ぐれんぐれん《副詞と、動詞する》 ①物体が不安定に、大きく揺れ動く様子。「おーじしん(大地震)・で・　びる(ビル)・も・　ぐれんぐれん・　ゆ(揺)れ・た。」②湯などが煮えたぎる様子。「ゆ(湯)ー・が・　ぐれんぐれんと・わ(沸)い・とる。」③考えや言動などに一貫性がなく、揺れ動いて定まらない様子。「ゆ(言)ー・　こと・が・　ぐれんぐれんと・　か(変)わっ・て・　しんよー(信用)でけ・へん・　しと(人)・や。」〔**⇒ぐらぐら。①③⇒ゆらゆら**〕

くろ【黒】《名詞》 墨や木炭のような色。「くろ・の・　がくせーふく(学生服)・を・　き(着)る。」■対語＝「しろ【白】」

くろい【黒い】《形容詞・オイ型》 ①墨や木炭のような色をしている。「くろい・　けむり(煙)・を・　いっぱい・は(吐)い・て・　きしゃ(汽車)・が・　はし(走)る。」「くろい・　くつ(靴)・を・　は(履)く。」②薄汚くよごれている。「わいしゃつ(ワイシャツ)・の・　そでぐち(袖口)・が・くろー・　なっ・とる。」③文字などがぎっしり書いてある。「とーあん(答案)・は・　じ(字)ー・が・　いっぱい(一杯)で・　くろー・　なっ・とる。」■対語＝「しろい【白い】」

くろう〔くろー〕【苦労】《名詞、動詞する》 ①困難なものに出会って、あれこれ苦しい思いをし、力を尽くすこと。「くろーし・て・　ごーかく(合格)する。」②心を砕いて配慮をすること。気がかりに思うこと。「おや(親)・は・　くろー・が・　た(絶)え・へん。」

くろうし〔くろーしー〕【苦労為】《名詞》 これまでに、困難なものに出会って、あれこれ苦しい思いや経験を重ねてきた人。困難なものに出会うことを自ら買って出る人。苦労人。「くろーしー・や・さかい・　ひと(人)・の・きも(気持)ち・が・　よー・　わかる・ん・や。」

くろうしょう〔くろーしょー〕【苦労性】《名詞、形容動詞や(ノ)》 細かなことにも、あれこれ考えて悩むような性格を持っていること。また、そのような人。「あんた・は・　くろーしょーや・けど・　もっと・　き(気)ー・を・　らく(楽)に・　し・たら・　え(良)ー・のん・　ちゃう・やろ・か。」

くろうと〔くろーと〕【玄人】《名詞》 ある分野に熟達し、詳しい知識・技能などを持っている人。それを専門とする人。「あんた・は・　まるで・　くろーと・の・　えか(絵描)き・みたいや・なー。」■対語＝「しろうと【素人】」〔**⇒くろと【玄人】、ほんしょく【本職】**〕

クローバー〔くろーばー、くろーば〕【英語＝ clover】《名詞》 牧草などとして植えられることも多い、ふつうは3つ葉で白い花を咲かせて、地面をはうように群生する草。「よつば(四っ葉)・の・　くろーば・を・　さが(探)す。」

グローブ〔ぐろーぶ〕【英語＝ glove】《名詞》 野球などのスポーツをするときに使う捕球用の頑丈な手袋。「しょーがくせー(小学生)・の・　ころ(頃)・は・　かわ(革)・の・ぐろーぶ・が・　ほ(欲)しー・と・　おも(思)・た・もん・や・なー。」

くろぐろ【黒々】《副詞と》 とても黒い様子。いかにも黒い様子。「くろぐろと・　した・　かみ(髪)・の・　け(毛)ー・を・　し・とる。」

くろざとう〔くろざとー〕【黒砂糖】《名詞》 精製していない、黒茶色をした砂糖。「これ・は・　おきなわ(沖縄)・の・　みやげ(土産)・の・　くろざとー・や。」

くろする〔くろーする〕【暗する】《動詞・サ行変格活用》 ①明るい状態を暗くする。「あた(辺)り・を・　くろーし・て・　ろーそく(蝋燭)・に・　ひ(灯)・を・　つける。」②性格などを、沈鬱にする。「しあい(試合)・に・　ま(負)け・た・けど・　ちーむ(チーム)・を・　くろせ・ん・よーに・　せ・な・　あか・ん。」■自動詞は「くろなる【暗なる】」■対語＝「あこする【明する】」〔**⇒くらする【暗する】**〕

くろと【玄人】《名詞》 ある分野に熟達し、詳しい知識・技能などを持っている人。それを専門とする人。「たくしー(タクシー)・は・　くろと・の・　うんてんしゅ(運転手)・や・さかい・　うんてん(運転)・が・　うま(上手)い。」■対語＝「しろと【素人】」〔**⇒くろうと【玄人】、ほんしょく【本職】**〕

くろなる〔くろーなる〕【暗なる】《動詞・ラ行五段活用》 ①明るい状態から暗くなる。「そら(空)・が・　くろなっ・て・　あめ(雨)・が・　ふ(降)りだし・た。」②性格などが、沈鬱に変化する。「しつれん(失恋)し・て・から・くろなっ・た・みたいや。」■他動詞は「くろする【暗する】」■対語＝「あこなる【明なる】」〔**⇒くらなる【暗なる】**〕

くろべ【黒べ】《名詞》 ①蛸や烏賊が危急のときなどに吐き出す黒い汁。「たこ(蛸)・が・　くろべ・　は(吐)い・て・　に(逃)げ・た。」②病気になって黒くなった麦の穂。「くろべ・を・　ぬ(抜)い・て・　むぎ(麦)・の・　ふえ(笛)・を・　つく(作)る。」〔**①⇒すみ【墨】**〕

くろみ【黒み】《名詞》 黒いと感じられる状態。また、その程度。「しゃつ(シャツ)・が・　よご(汚)れ・て・　くろみ・が・　めだ(目立)つ。」

くわ【桑】《名詞》 黒紫色の甘い実が生り、葉は蚕の餌に使われ、木は材木として使われる落葉樹。「この・　あた(辺)り・に・は・　くわ・の・　き(木)ー・は・　すけ(少)ない・なー。」

くわ【鍬】《名詞》 刃の付いた平たく細長い鉄板に柄をつけて、耕作・除草・地均しなどに使う道具。「くわ・で・うね(畝)・に・　つち(土)・を・　も(盛)る。」

ぐわい【(具合)】《名詞》 ①何かをするときに、影響を与えるようなものごとの有様。ものごとがうまく進んでいるかどうかの状況。「しあい(試合)・は・　どんな・　ぐわい・に・　すす(進)ん・どり・ます・か。」②天候や寒暖などの様子。「ぐわい・の・　わる(悪)い・　そらもよー(空模様)・や・なー。」「たいふー(台風)・の・　ぐわい・は・　どない・　なっ・とる・の。」③身体のありさま。健康の状況。「びょーき(病気)・の・　ぐわい・は・　どない・です・か。」「はるさき(春先)・は・　ぐわい・が・　え(良)ー・こと・　ない・ねん。」「ぐわい・の・　え(良)ー・　じこー(時候)・に・　なっ・てき・た。」④他人から見られたときの格好や、世間に対する体裁など。「もー・　ちょっと(一寸)・　じょーず(上手)に・　はなし(話)・を・　せ・なんだら・　ぐわい・が・　わる(悪)い・やろ。」〔⇒**ぐあい【具合】、がい【(具合)】、あんばい【塩梅、案配】**。①⇒**つごう【都合】**〕

くわえる【銜える】《動詞・ア行下一段活用》 口でものを軽く挟んで持つ。唇や歯の間にはさむ。「とり(鳥)・が・　き(木)ー・の・　えだ(枝)・を・　くわえ・て・　と(飛)ん・どる。」「たばこ(煙草)・を・　くわえる。」

くわけ【区分け】《名詞、動詞する》 境を作って、全体をいくつかのまとまりにすること。「そーじ(掃除)・の・　う(受)けもち・の・　ばしょ(場所)・を・　くわけする。」

くわしい〔**くわしー**〕【詳しい】《形容詞・イイ型》 ①細かいことまできちんと知っている。「あいつ(彼奴)・は・　おんがく(音楽)・の・　こと・に・　くわしー・なー。」②細かいことにまで行き届いている。「くわしー・　せつめー(説明)・やっ・た・けど・　よー・　わから・なんだ。」

くわす【食わす】《動詞・サ行五段活用》 ①食べさせる。食べ物を与える。「みやげもん(土産物)・を・　みんな(皆)・に・　くわし・てやる。」「いぬ(犬)・に・　えさ(餌)・を・　くわす。」②他の人を養う。「かぞく(家族)・を・　くわす・ため・に・　はたら(働)く。」③人に害を受けさせる。相手の欲しないものを与える。「あいつ・に・　はったり(＝大げさなもの言い)・を・　くわさ・れ・た。」〔③⇒**くらわす【食らわす】**〕

くわずぎらい【食わず嫌い】《名詞、形容動詞や(ノ)》 食べないうちから、嫌いだと決めてしまうこと。また、そのようにする人。「くわずぎらいで・　さかな(魚)・は・　た(食)べ・へん・ねん。」◆食べ物以外のものごとにも使う。

くん【君】《接尾語》 友達や目下の男の人を呼ぶときに、軽い敬意をこめて使う言葉。「そこ・に・　おる・　いちねんぼーず(一年坊主)くん。き(聞)こえ・ます・か。」

ぐん【軍】《名詞》 戦争のために、一定の秩序を持って編成された兵士の集まり。「ぐん・を・　しき(指揮)する。」〔⇒**ぐんたい【軍隊】**〕

ぐん【郡】《名詞》 かつての地方行政区画の一つで、いくつかの町や村をまとめた地域の呼び名。「かこ(加古)ぐん・の・　はりまちょー(播磨町)・に・　こーば(工場)・が・　ある。」

ぐんかん【軍艦】《名詞》 戦闘をするために作った、武器を備えた船。「あめりか(アメリカ)・の・　ぐんかん・が・　こーべこー(神戸港)・に・　き(来)・た。」

くんくん《副詞と》 ①鼻にかかったような声を出す様子。「いぬ(犬)・が・　はな(鼻)・を・　くんくん・　な(鳴)らし・とる。」②においを嗅ぐ様子。「いぬ(犬)・が・　くんくんと・　にお(匂)い・を・　か(嗅)い・どる。」

ぐんぐん《副詞と》 ①ものごとが勢いよく進む様子。進み具合が速い様子。「つる(蔓)・が・　きゅー(急)に・　ぐんぐん・　の(伸)び・てき・た。」②精力的にものごとを行う様子。「なんにん(何人)・も・　お(追)いぬい・て・　じゅんばん(順番)・が・　ぐんぐんと・　あ(上)がっ・てき・た。」〔②⇒**ぐいぐい**〕

くんしょう〔**くんしょー**〕【勲章】《名詞》 手柄や功労を称えて、国が与える記章。「さけ(酒)・の・　びん(瓶)・の・　つ(詰)め・を・　くんしょー・みたいに・　し・て・　あそ(遊)ぶ。」

くんせい〔**くんせー**〕【薫製】《名詞》 肉や魚を塩漬けにして、煙でいぶして特別な香味をつけた食べ物。「ぶたにく(豚肉)・の・　くんせー・が・　うま(美味)い・なー。」

ぐんたい【軍隊】《名詞》 戦争のために、一定の秩序を持って編成された兵士の集まり。「ぐんたい・が・　こーしん(行進)し・とる・の・が・　てれび(テレビ)・に・　うつ(映)っ・とる。」〔⇒**ぐん【軍】**〕

ぐんて【軍手】《名詞》 太い木綿糸で編んだ、作業用の手袋。「ぐんて・を・　は(履)い・て・　そーじ(掃除)・を・　する。」

ぐんと《副詞》 ①気持ちを引き締めて、力を入れる様子。「ぐんと・　うで(腕)・を・　うえ(上)・に・　あ(上)げる。」②ものごとを一息に行う様子。「ひといき(一息)に・　ぐんと・　せん(線)・を・　ひ(引)く。」③以前とは大きく隔たりがある様子。「せーせき(成績)・が・　ぐんと・　の(伸)び・た。」④大きな角度で曲がる様子。「みち(道)・が・　ぐんと・　ま(曲)がっ・とる。」〔⇒**ぐっと**〕

くんなはる【呉んなはる】《動詞・ラ行五段活用》 相手がくださる。私にお与えになる。「そんな・　え(良)ー・　もん・を・　わたし(私)・に・　くんなはる・ん・か。」◆もともとは、動詞「くれる【呉れる】」の連用形＋補助動詞「なはる」の「くれなはる」であるが、発音が融合して一語に熟したと考えられる。〔⇒**おくんなはる【お呉んなはる】**〕

くんにゃかす《動詞・サ行五段活用》 手や足の関節に無理な力が加わって、くじいて損傷が起こる。「すべ(滑)っ・て・　あしくび(足首)・を・　くんにゃかし・た。」〔⇒**くねる、ねんざ【捻挫】(する)**〕

ぐんぱい【軍配】《名詞》 相撲の行司や、昔の侍の大将が持つ、団扇に似た道具。また、競争や争いなどで勝利の判定があること。「にし(西)・に・　ぐんぱい・が・　あ(上)がっ・た。」

くんみゃい【(組合)】《名詞》 同じ目的や利害を持つ人が、互いに助け合うために作った団体。「はたら(働)く・　ひと(人)・の・　くんみゃい・に・　はい(入)る。」〔⇒**くみあい【組合】**〕

くんみゃわす〔**くんみゃーす**〕【(組み合わす)】《動詞・サ行五段活用》 ①いくつかのものを集めて、ひとまとまりにする。「むつか(難)しい・　もんだい(問題)・と・　やす(易)い・　もんだい・と・を・　くんみゃーし・て・　だ(出)す。」②手や腕を絡ませる。「うで(腕)・を・　くんみゃーし・て・　ぐるっと・　いっかいてん(一回転)する。」③試合や勝負などの相手を決める。「こーへー(公平)に・　くんみゃーす・よーに・　ちゅーせん(抽選)する。」〔⇒**くみあわす【組み合わす】、くみあわせる【組み合わせる】、くんみゃわせる【(組み合わせる)】**〕

くんみゃわせ〔**くんみゃーせ**〕【(組み合わせ)】《名詞》 ①いくつかのものを集めて、ひとまとまりにしたもの。「びーる(ビール)・と・　じゅーす(ジュース)・の・　くんみゃーせ・を・　おく(贈)る。」②試合や勝負などの相手を決めたもの。「くんみゃーせ・の・　くじうん(籤運)・が・　わる(悪)い。」〔⇒**くみあわせ【組み合わせ】**〕

くんみゃわせる〔くんみゃーせる〕【(組み合わせる)】《動詞・サ行下一段活用》 ①いくつかのものを集めて、ひとまとまりにする。「やすもん(安物)・を・　くんみゃーせ・た・　せっと(セット)・や・けど・　みば(見映)え・は・　え(良)ー。」②手や腕を絡ませる。「ゆび(指)・の・　さき(先)・を・　くんみゃわせ・て・　やくそく(約束)する。」③試合や勝負などの相手を決める。「えらい・　あいて(相手)・と・　くんみゃーせ・られ・た。」■名詞化＝**くんみゃわせ**【(組み合わせ)】〔⇒**くみあわす**【組み合わす】、**くみあわせる**【組み合わせる】、**くんみゃわす**【(組み合わす)】〕

くんれん【訓練】《名詞、動詞する》 技能や能力や習慣などを身に付けさせるために、教えて慣れさせること。「じしん(地震)・に・　そな(備)え・た・　くんれん・を・　する。」

け

け〔けー〕【毛】《名詞》 ①人や動物の皮膚にはえる、細い糸状のもの。「ぶた(豚)・の・　けー・で・　でけ(出来)・た・　ふで(筆)・で・　か(書)く。」②人の頭にはえる、細い糸状のもの。「けー・が・　の(伸)び・た・さかい・　さんぱつや(散髪屋)・へ・　い(行)く。」③鳥の体一面にはえていて、真ん中に軸があるもの。「とり(鳥)・の・　けー・が・　はい(入)っ・た・　ふとん(布団)・は・　ぬく(温)い。」④羊からとった毛で作った織物。「けー・の・　ふとん(毛布)・は・　やろ(柔)こい。」⑤上記の「け【毛】」のように見えるもの。「この・　けー・の・　ぶらし(ブラシ)・は・　つか(使)いやすい。」〔②⇒**かみ**【髪】、**かみのけ**【髪の毛】。③⇒**はね**【羽】。④⇒**ウール**【英語＝wool】〕

け〔けー〕【気】《名詞》 ①何かの中に、その要素や成分や原因などがあること。「ひ(火)・の・　けー・の・　な(無)い・　とこ(所)・は・　さぶ(寒)い・なー。」②そのような傾向や気配。そのようになる兆しやきっかけ。「わし・は・　こ(小)まい・　ころ(頃)・は・　おんがく(音楽)・が・　す(好)き・に・　なる・よーな・　けー・も・　な(無)かっ・た。」

け〔けー〕《終助詞》 ①疑問の気持ちや納得する気持ちなどを表す言葉。相手に問いかけたり念を押したりする気持ちを表す言葉。「そー・か・　あんた・は・　い(行)か・へん・の・け。」②そうではないという意味のことを、反語的に表す言葉。「あした(明日)・は・　あめ(雨)・なんか・　ふ(降)る・ん・け。」〔⇒**か**、**かい**、**かえ**、**こ**。②⇒**かれ**〕

け【気】《接尾語》 ①その要素や成分などが含まれていることを表す言葉。「ひと(人)け・の・　な(無)い・　ところ(所)・は・　さみ(寂)しい・なー。」「いろ(色)け・の・　ある・　はいゆー(俳優)・が・　す(好)きや。」②そのような気配が感じられるということを表す言葉。「きゅー(急)に・　ねむ(眠)け・が・　し・てき・た。」「この・　いぬ(犬)・は・　く(食)いけ・が・　つよ(強)い。」

げ〔げー〕【下】《名詞》 ①価値や程度が、ある水準より劣っていること。また、そのようなもの。「あんな・　やつ(奴)・は・　にんげん(人間)・の・　げー・の・　げー・や。」②全体を2つまたは3つに分けたときの、最後の部分。順序が後ろであること。「しょーせつ(小説)・の・　げー・の・　まき(巻)・を・　よ(読)む。」■対語＝「じょう【上】」「ちゅう【中】」

けい〔けー〕【罫】《名詞》 文字の列などを整えて書くために、等間隔で引いた線。「けー・に・　そ(沿)っ・て・　か(書)い・たら・　え(良)ー・ねん。」

けい〔けー〕【刑】《名詞》 罪を犯した人に与える罰。法律上の制裁。「わる(悪)い・　こと・を・　し・とる・のに・　けー・が・　かる(軽)い。」

けい〔けー〕【軽】《名詞》 自動車の分類の中で、最も小さい規格にあてはまるもの。「けー・は・　ぜーきん(税金)・が・　やす(安)い・さかい・　たす(助)かる。」

げい〔げー〕【芸】《名詞》 ①人前で披露することを目的にして、習い鍛えて身に付けた技能や技術など。「よきょー(余興)・で・　なん(何)・ぞ・　おもろ(面白)い・　げー・を・　み(見)せ・てー・な。」②動物などに仕込んだ曲芸など。「どーぶつえん(動物園)・の・　おさる(猿)・が・　げー・を・　おぼ(覚)え・とる。」

けいかい〔けーかい〕【警戒】《名詞、動詞する》 悪いことが起きないように用心すること。被害や損失を被らないような対策や態勢をとること。「さいまつ(歳末)・に・は・　とくべつ(特別)・の・　けーかい・を・　する。」「たいふー(台風)・が・　く(来)る・さかい・　たかしお(高潮)・を・　けーかいする。」

けいかく〔けーかく〕【計画】《名詞、動詞する》 何かを実施する前に、順序や方法や日程などを、前もって考えること。目論見。「なつやす(夏休)み・の・　ぶかつ(部活)・の・　れんしゅー(練習)・の・　けーかく・を・　た(立)てる。」

げいがない〔げーがない〕【芸が無い】《形容詞・特殊型》 やることがありふれていて、面白みがない。「ひと(人)・の・　ゆ(言)ー・た・　こと・ばっかり・　まね(真似)し・とっ・たら・　げーがない・やんか。」◆「げーがあらへん【芸が有らへん】」とも言う。(この場合は、句末の「へん」は助動詞である。)

けいかん〔けーかん〕【警官】《名詞》 人々が安心して生活できるように、生命や財産を守ることを任務としている公務員。「けーかん・が・　まち(町)・の・　なか(中)・を・　じゅんかい(巡回)し・とる。」〔⇒**おまわりさん**【お巡りさん】、**じゅんさ**【巡査】、**けいさつかん**【警察官】〕

けいき〔けーき〕【景気】《名詞》 ①会社や店などの繁盛する状況。商売の様子や儲かり具合。また、それが良いこと。「しょーてんがい(商店街)・の・　けーき・は・　どない・だっ・か。」②社会全体の経済活動の状況。「けーき・が・　わる(悪)い・さかい・　ひとで(人出)・が・　すく(少)ない。」③さまざまな分野で活動する勢いや、その元気さ。「ひさ(久)しぶりの・　どーそーかい(同窓会)・や・さかい・　みんな(皆)・で・　けーき・を・　つけ・て・　わぁーと・　やり・まほ。」■対語＝「ふけいき【不景気】」

けいけん〔けーけん〕【経験】《名詞、動詞する》 ①実際に見たり聞いたり行ったりすること。「けーけんする・　まえ(前)・に・　しりご(後込)みし・たら・　あか・ん・やろ。」「わし・は・　がいこくりょこー(外国旅行)・の・　けーけん・は・　あら・へん・ねん。」②見たり聞いたり行ったりして、身に付けた知識や技能。「わか(若)い・　とき(時)・の・　けーけん・が・　あと(後)・で・　やくだ(役立)つ。」

けいこ〔けーこ〕【稽古】《名詞、動詞する》 学問や技能やスポーツなどを確実に身に付けて向上させるために、繰り返して習ったり行ったりすること。「しゅーじ(習字)・の・　けーこ・を・　する。」〔⇒**れんしゅう**【練習】〕

けいこうとう〔けーこーとー〕【蛍光灯】《名詞》 ①放電

によって生じた紫外線をガラス管の内側に塗られた物質に当てて、光るようにしている照明球。「そーこ(倉庫)・の・　けーこーとー・が・　き(切)れ・ても・た。」②頭の働きが鈍いことの喩えとして使う言葉。「あいつ(彼奴)・は・　けーこーとー・や・さかい・　き(気)・が・　つく・の・が・　おそ(遅)い。」

げいごと〔げーごと〕【芸事】《名詞》　踊りや琴や三味線など、日本の伝統的な芸術に関すること。「げーごと・を・　なろ(習)・てはる・のん・は・　えら(偉)い・なー。」

けいざい〔けーざい〕【経済】《名詞》　①家計などのお金のやりくり。「わがや(家)・の・　けーざい・は・　かない(家内)・に・　まか(任)し・てある・ん・や。」②ものの生産・流通・消費などの仕組み。「けーざい・を・　べんきょー(勉強)し・て・　しゅーしょく(就職)する。」

けいざいてき〔けーざいてき〕【経済的】《形容動詞や(ナ)》　無駄を省いて、費用や手間がかからない様子。「ちょっと(一寸)・ずつ・　か(買)う・　ほー(方)・が・　けーざいてきや。」

けいさつ〔けーさつ〕【警察】《名詞》　国民の生命や財産を守り、秩序と安全を守るため取り締まりなどをする機関。「けーさつ・が・　しら(調)べ・とる・けど・　はんにん(犯人)・は・　つか(捕)まっ・とら・へん。」〔⇒**けいさつしょ【警察署】**〕

けいさつかん〔けーさつかん〕【警察官】《名詞》　人々が安心して生活できるように、生命や財産を守ることを任務としている公務員。「となり(隣)・の・　むすこ(息子)・が・　けーさつかん・に・　なっ・た・ん・や・て。」〔⇒**おまわりさん【お巡りさん】、じゅんさ【巡査】、けいかん【警官】**〕

けいさつしょ〔けーさつしょ〕【警察署】《名詞》　国民の生命や財産を守り、秩序と安全を守るため取り締まりなどをする機関。「あかし(明石)・の・　けーさつしょ・が・　しら(調)べ・に・　き(来)・とる。」〔⇒**けいさつ【警察】**〕

けいさん〔けーさん〕【計算】《名詞、動詞する》　①算数や数学の式を解くなどして、答えを出すこと。また、金銭やものの数量を数えたり、加減乗除などをしたりすること。「かんが(考)えかた・は・　よ(良)かっ・た・けど・　けーさん・を・　まちご(間違)ー・た。」②支払うべき合計金額を決めること。「つこ(使)・た・　ひよー(費用)・を・　けーさんし・たら・　ごっつい・　がく(額)・に・　なっ・た。」③後に起こるであろうことに対して、前もって考慮しておくこと。「まつり(祭)・で・　よみせ(夜店)・を・　だ(出)し・てん・けど・　そん(損)・を・　する・　こと(事)・まで・は・　けーさんし・とら・なんだ。」〔⇒**かんじょう【勘定】**。①②⇒**さんよう【算用】**。①⇒**そろばん【算盤】**〕

けいさんき〔けーさんき〕【計算器、計算機】《名詞》　算盤に代わって、計算に用いる機器。「けーさんき・を・　つか(使)う・　ほー(方)・が・　はや(速)い。」

手回し式の計算機

電気で動く計算器

けいさんじゃく〔けーさんじゃく〕【計算尺】《名詞》　固定した２つの目盛り尺の間にもう１つの目盛り尺を動かして数値を得る計算器具。「けーさんじゃく・やっ・たら・　かんたん(簡単)に・　こた(答)え・が・　で(出)る・やろ。」

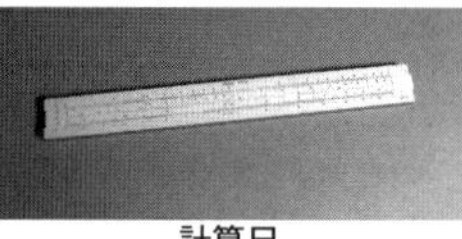
計算尺

けいじ〔けーじ〕【刑事】《名詞》　刑法に触れることをした人などを捜したり捕まえたりする警察官。「けーじ・が・　で(出)・てくる・　えーが(映画)・が・　おもろ(面白)かっ・た。」

けいじ〔けーじ〕【掲示】《名詞、動詞する》　大勢の人に知らせようとして、書いたものを人目につくように示し出すこと。「じちかい(自治会)・から・の・　おし(知)らせ・を・　けーじする。」

げいじつ〔げーじつ〕【(芸術)】《名詞》　音楽、絵画、彫刻、文学、映画、演劇などを通じて、人間の心のありさまや生き方、あるいは美などを表現するもの。「げーじつ・を・　み(見)・たら・　きも(気持)ち・が・　お(落)ちつく。」◆「げーじゅつ」という発音よりも、「げーじつ」になりやすい。〔⇒**げいじゅつ【芸術】**〕

けいじばん〔けーじばん〕【掲示板】《名詞》　大勢の人に知らせようとして、書いたものを張り出すための板。「むら(村)・の・　あっちこっち・に・　けーじばん・が・　ある。」

げいじゅつ〔げーじゅつ〕【芸術】《名詞》　音楽、絵画、彫刻、文学、映画、演劇などを通じて、人間の心のありさまや生き方、あるいは美などを表現するもの。「げーじゅつ・を・　かんしょー(鑑賞)する。」〔⇒**げいじつ【(芸術)】**〕

けいず〔けーず〕【系図】《名詞》　先祖から代々の名前や血縁関係や続柄などを図に表したもの。「ごだいまえ(五代前)・から・の・　けーず・が・　ある。」

けいたい〔けーたい〕【携帯】《名詞、動詞する》　①手に持ったり、体につけたりすること。「がくせーしょー(学生証)・は・　いつも・　けーたいせ・な・　あか・ん・ぞ。」②手に持ったり体につけたりできる、無線を使った小型の電話機。「このごろ・は・　ちゅーがくせー(中学生)・でも・　けーたい・を・　も(持)っ・とる・なー。」〔②⇒**けいたいでんわ【携帯電話】**〕

けいたいでんわ〔けーたいでんわ〕【携帯電話】《名詞》　手に持ったり体につけたりできる、無線を使った小型の電話機。「おまえ(前)・の・　けーたいでんわ・が・　な(鳴)っ・とる・ぞ。」〔⇒**けいたい【携帯】**〕

けいと〔けーと〕【毛糸】《名詞》　羊などの毛を撚り合わせて、やや太い糸にしたもの。「けーと・で・　てぶくろ(手袋)・を・　あ(編)む。」

けいとう〔けーとー、けーと〕【鶏頭】《名詞》　夏から秋にかけて、鶏のとさかに似た形の赤や黄色などの花を咲かせる草。「はか(墓)・に・　けーと・の・　はな(花)・を・　も(持)っ・ていく。」〔⇒**けとう【(鶏頭)】**〕

けいとう〔けーとー〕【系統】《名詞》　①一定の順序に従ったつながりや筋道。「けーとー・を・　つけ・て・　はなし(話)・を・　する。」②似たような関係にあるもののつながり。同じような流れにあるもののつながり。「この・　しと(人)・は・　どんな・　けーとー・の・　らくごか(落語家)・なん・やろ・か。」

げいにん〔げーにん〕【芸人】《名詞》　①落語、漫才、講談、手品、歌、踊りなどの芸を仕事にしている人。「おーさか(大阪)・の・　げーにん・は・　おもろ(面白)い・なー。」②得意な芸を身につけている人。芸達者な人。「ぼーねんかい(忘年会)・を・　げーにん・が・　も(盛)りあげる。」

けいば〔**けーば**〕【**競馬**】《名詞》 騎手が馬に乗って走らせて、勝ち負けを争う競走。また、その競走を対象にして、着順を当てさせる賭け事。「あの・ ひと(人)・は・ にっちょー(日曜)・に・ なっ・たら・ けーば・に・い(行)っ・とる。」

けいびいん〔**けーびいん**〕【**警備員**】《名詞》 安全を確保したり緊急の事態に備えたりするために、警戒に当たる人。「しょーがっこー(小学校)・に・も・ けーびいん・が・ おる・よーに・ なっ・た。」〔⇒**ガードマン**【**和製英語**＝ guard ＋ man】〕

けいひん〔**けーひん**〕【**景品**】《名詞》 ①感謝の気持ちなどをこめて、売る商品に添えて客に渡す品物。「う(売)りだし・の・ けーひん・で・ みんな(皆)・に・ たおる(タオル)・の・ せっと(セット)・を・ わた(渡)す。」②行事の参加者や、抽選の当選者などに渡す品物。「ぼーねんかい(忘年会)・の・ ふくび(福引)き・の・ けーひん・で・ いっとー(一等)・を・ あ(当)て・た。」〔①⇒**おまけ**【**お負け**】〕

けいべつ〔**けーべつ**〕【**軽蔑**】《名詞、動詞する》 人やものを軽く見て、ばかにすること。人やものを劣っているとしてあなどること。「こども(子供)・みたいに・ でんしゃ(電車)・が・ す(好)きや・けど・ けーべつせ・んとい・て・な。」

けいほう〔**けーほー**〕【**警報**】《名詞》 災害や危険なことが起こりそうなときに、人々に警戒を促すために出す知らせ。「ぼーふーう(暴風雨)・の・ けいほー・が・で(出)・て・ がっこー(学校)・は・ やす(休)み・に・なっ・た。」「せんそーちゅー(戦争中)・の・ くーしゅー(空襲)けーほー・は・ いや(嫌)やっ・た・なー。」

けいむしょ〔**けーむしょ**〕《名詞》 罪を犯して、刑の決まった人を収容するところ。「おーくぼ(大久保)・に・ ある・の・は・ こーべ(神戸)けーむしょ・と・ ゆ(言)ー・ん・や。」〔⇒**ろうや**【**牢屋**】〕

げいめい〔**げーめー**〕【**芸名**】《名詞》 芸能に携わる人が、本名とは別に、仕事の上で使う名前。「ひばり・や・ こまどり・と・ ゆ(言)ー・ げーめー・が・ ある・なー。」

けいやく〔**けーやく**〕【**契約**】《名詞、動詞する》 法律や規則などに基づいて、売買や貸し借りなどについての約束をすること。約束の内容を書類にして取り交わすこと。「せーめーほけん(生命保険)・を・ けーやくする。」

けいりん〔**けーりん**〕【**競輪**】《名詞》 選手が自転車に乗って走り、勝ち負けを争う競走。また、その競走を対象にして、着順を当てさせる賭け事。「むかし(昔)・は・ あかし(明石)・に・も・ けーりんじょー(場)・が・ あっ・た・ん・や。」

けいれい〔**けーれー**〕【**敬礼**】《名詞、動詞する》 敬う気持ちを持って頭を下げたり、手を一定の形に整えたりすること。また、その動作。「でんしゃ(電車)・の・ うんてんしゅ(運転手)・が・ けーれーし・とる。」

けいれん〔**けーれん**〕【**痙攣**】《名詞、動詞する》 筋肉が引きつって、震えて痛むこと。「かお(顔)・が・ ぴくぴく・ けーれんする。」◆足のふくらはぎが引きつって痛む場合は、「こぶらがえり【(腓返り)】」と言う。

けいろ〔**けーろ**〕【**毛色**】《名詞》 ①人の頭髪や、動物の体毛などの色。「きれー(綺麗)な・ けいろ・の・ いぬ(犬)・や・なー。」②人やものごとの性質や種類。考えなどのかたよった傾向。「けいろ・の・ ちが(違)う・ かんが(考)え・の・ ひと(人)・が・ ま(混)ざっ・とる。」

けいろうかい〔**けーろーかい**〕【**敬老会**】《名詞》 ①年寄りを敬い、長寿を祈るために開く会合。「としよ(年寄)り・が・ ふ(増)え・た・さかい・ いま(今)・は・ けーろーかい・に・ あつ(集)まる・の・は・ ななじゅーご(七十五)・より・ うえ(上)・の・ ひと(人)・に・ し・とる・ねん。」②集まった人たちに年齢の高い人が多いこと。「きょー(今日)・の・ よ(寄)りあい・は・ まるで・けーろーかい・や・なー。」

けいろうのひ〔**けーろーのひー**〕【**敬老の日**】《名詞》 国民の祝日の一つで９月の第３月曜日に設定されており、老人を敬愛し長寿を祝う日。「けーろーのひ・に・ むら(村)・の・ けーろーかい(敬老会)・を・ する。」

げえ〔**げー**〕《名詞》 一度食べたり飲んだりしたものを、吐いて戻すこと。また、吐き戻したもの。「の(飲)みすぎ・て・ いえ(家)・に・ かえ(帰)っ・て・から・ げー・を・ は(吐)い・た。」〔⇒**げろ**、**へど**【**反吐**】〕

ケーキ〔**けーき**〕【**英語**＝ cake】《名詞》 小麦粉、バター、卵、砂糖などで作った西洋風の菓子。「くりすます(クリスマス)・の・ けーき・を・ こ(買)ー・てき・た。」

ケース〔**けーす**〕【**英語**＝ case】《名詞》 ものを入れるための容器や箱など。「にんぎょー(人形)・を・ けーす・から・ だ(出)し・て・ かざ(飾)る。」

ケーブルカー〔**けーぶるかー**〕【**英語**＝ cable car】《名詞》 鋼索を使って急坂のレールを上り下りする電車。「ろっこーさん(六甲山)・の・ けーぶるかー・に・ の(乗)る。」

ゲーム〔**げーむ**〕【**英語**＝ game】《名詞、動詞する》 ①相手と勝ち負けを争う遊び。「てれび(テレビ)・で・ げーむ・を・ する。」②運動競技などで、技の優劣や得点の上下で、勝ち負けを競い合うこと。「げーむ・が・ の(延)び・て・ てれび(テレビ)・の・ ちゅーけー(中継)・が・ しりき(尻切)れとんぼに・ なっ・た。」〔②⇒**しあい**【**試合**】、**しやい**【(**試合**)】〕

けえる〔**けーる**〕【(**消える**)】《動詞・ア行下一段活用》 ①光や熱が出なくなる。炎がなくなる。「てーでん(停電)・で・ てれび(テレビ)・が・ けー・た。」②今まであったものが、なくなる。ものが見えなくなる。「みんな・ はら(腹)・が・ へ(減)っ・とっ・た・ん・で・ にぎりめし(握飯)・の・ やま(山)・が・ じっき(直)に・けー・ても・た。」③今まで感じていたものが感じられなくなる。「いた(痛)み・が・ けー・て・ らく(楽)・に・なっ・た。」■他動詞は「けす【消す】」〔⇒**きえる**【**消える**】〕

けおりもの【**毛織物**】《名詞》 羊毛などで織った織物。「ふゆよー(冬用)・の・ けおりもの・は・ ごっつい・ ぬく(温)い・なー。」

げか【**外科**】《名詞》 病気や怪我を手術によって治す医学の分野。また、それを専門とする医者や、病院・医院。「こども(子供)・が・ き(木)ー・から・ お(落)ち・た・ん・で・ げか・へ・ つ(連)れ・ていっ・た。」■対語＝「ないか【内科】」

けが【**怪我**】《名詞、動詞する》 ①予期しない傷を受けること。思いがけず受けた傷。「こん(小)まい・ こ(子)ー・の・ けが・は・ じっき(直)に・ なお(治)る。」②本気で相手を傷つけようとしたのではないこと。過失。「けが・で・ し・た・ こと・なん・や・さかい・ こらえ・たっ・て・な。」〔①⇒**いたいた**【**痛々**】〕

けがれる【**穢れる**】《動詞・ラ行下一段活用》 家族や親戚などが亡くなって、忌中になっている。家族や親戚などの死によって不吉な状態にある。「いま(今)・は・ちょーど(丁度)・ けがれ・とる・ので・ けっこんしき

(結婚式)・へ・の・　しゅっせき(出席)・は・　や(止)め・とく。」◆祝い事や神事や交際などに加わるのを避けることがある。その期間は、1年間ぐらいに及ぶことがある。〔⇒**ひがかかる**【火が掛かる】〕

けがわ【毛皮】《名詞》　毛が付いたままの動物の皮。「けがわ・の・　おーばー(オーバー)・を・　き(着)る。」

げき【劇】《名詞》　舞台の上で、それぞれの役に扮した人が、脚本に従って、言葉としぐさのやりとりを通して社会や人生のことを演じること。また、そのような芸術。「ぶんかさい(文化祭)・で・　げき・を・　する。」「ももたろー(桃太郎)・の・　げき・に・　で(出)る。」〔⇒**しばい**【芝居】〕

げきじょう〔**げきじょー**〕【劇場】《名詞》　舞台と観客席を設けて、芝居や映画などを見せる施設。「げきじょー・で・　えーが(映画)・を・　み(見)る。」

げこう〔**げこー**〕【下校】《名詞、動詞する》　児童や生徒などが授業を受けることを終えて学校から帰ること。「げこー・の・　じかん(時間)・は・　よじ(四時)・や。」■対語＝「とうこう【登校】」

けさ【今朝】《名詞》　今日の朝。「けさ・は・　さぶ(寒)ー・て・　しも(霜)・が・　お(下)り・とっ・た。」

げざい【下剤】《名詞》　便がよく出るように、一時的に下痢を起こさせるために飲む薬。「げざい・を・　の(飲)ん・だら・　べんぴ(便秘)・が・　なお(治)っ・た。」

けし【罌粟】《名詞》　白っぽい葉で、初夏に赤・白・紫などの4弁の花を咲かせる草。「けし・が・　かぜ(風)・に・　ゆ(揺)れ・とる。」

げし【夏至】《名詞》　二十四節気のひとつで、6月21日頃の、一年のうちで昼間が最も長くなる日。「げし・の・　ころ(頃)・は・　つゆ(梅雨)・の・　さいちゅー(最中)・や。」■対語＝「とうじ【冬至】」

けしいん【消印】《名詞》　使ったしるしとして、切手や葉書に押すもの。「けしいん・を・　お(押)しわすれ・た・　てがみ(手紙)・が・　き(来)・た。」〔⇒**スタンプ**【英語＝stamp】〕

けしき【景色】《名詞》　見渡して目に入る、自然や風物の様子。また、そこから醸し出される趣。「あわじしま(淡路島)・が・　み(見)え・て・　え(良)ー・　けしき・です・な。」〔⇒**ふうけい**【風景】、**ながめ**【眺め】〕

げじげじ《名詞》　湿ったところにいる、百足に似た小さな虫。「うえきばち(植木鉢)・の・　はた(端)・に・　げじげじ・が・　おっ・た。」

けしゴム〔**けしごむ**〕【消し＋オランダ語＝gom】《名詞》　鉛筆などで書いた文字や線などを消す、ゴムやプラスチックなどでできた道具。「むかし(昔)・の・　けしごむ・は・　ほんま(本真)に・　ごむ(ゴム)・で・　でき(出来)・た・ん・ばっかり・やっ・た。」〔⇒**ゴムけし**【オランダ語＝gom＋消し】〕

けしずみ【消し炭】《名詞》　よく燃えた薪や炭の火などを途中で消して作った、柔らかな炭。「も(燃)え・た・　き(木)ー・を・　けしつぼ(消壺)・に・　い(入)れ・て・　けしずみ・を・　つく(作)る。」■対語＝「かたずみ【堅炭】」

けしつぶ【罌粟粒】《名詞》　罌粟という植物の種で、たいへん小さなものの喩えとして使う言葉。「けしつぶ・みたいに・　こん(小)まい・　じ(字)ー・を・　か(書)い・とる・やんか。」

けしつぼ【消し壺】《名詞》　消し炭を作ったり、不要になった火を消したりするために、燃えている薪や炭を入れて密封する壺。「けしつぼ・の・　すみ(炭)・やっ・たら・　しんぶんがみ(新聞紙)・　いちまい(一枚)・で・　ひ(火)ー・が・　つ(点)い・て　くれる・やろ。」〔⇒**ひけしつぼ**【火消し壺】〕

消し壺

けじめ《名詞》　道徳や規範や規則などに従っている、望ましい行動や態度などの枠組み。行動や態度などではっきりと示すべき区分。「あそ(遊)ぶ・　とき(時)・は・　あそ(遊)ん・でも・　え(良)ー・けど・　けじめ・を・　つけ・て・　べんきょー(勉強)・も・　しー・よ。」

げしゅく【下宿】《名詞、動詞する》　よその家の部屋を借りて、やや長期にわたって生活すること。「がくせーじだい(学生時代)・は・　りょー(寮)・に・　はい(入)ら・んと・　げしゅく・を・　し・とっ・た。」

けしょう〔**けしょー**〕【化粧】《名詞、動詞する》　①白粉や口紅などをつけて、顔を綺麗に見せるようにすること。「でんしゃ(電車)・の・　なか(中)・で・　けしょーする・　やつ(奴)・が・　ふ(増)え・てき・た・なー。」②ものを美しく整えて、飾り立てること。装いを新たにすること。「みせ(店)・の・　けしょー・を・　なお(直)し・て・　かいてん(開店)する。」

けす【消す】《動詞・サ行五段活用》　①光や熱を出なくする。炎をなくす。「あんどん(行灯)・の・　ろーそく(蝋燭)・を・　けす。」「がす(ガス)・を・　けす。」②今まであったものを、なくす。ものを見えなくする。「らくが(落書)き・を・　けす。」「まちご(間違)ー・た・　じ(字)ー・を・　けす。」「やきゅー(野球)・の・　ちゅーけー(中継)・が・　す(済)ん・だ・さかい・　てれび(テレビ)・を・　けす。」③今まで感じていたものを感じられなくする。「くさ(臭)い・　にお(臭)い・を・　けす。」■自動詞は「きえる【消える】」「けえる【(消える)】」

げすい【下水】《名詞》　使った後の、汚れた水。また、その水を流す水路や管。「おーあめ(大雨)・が・　ふ(降)っ・て・　げすい・が・　あふ(溢)れ・た。」

げすい【下司い】《形容詞・ウイ型》　人やものごとが下品である。品格に欠けるところがある。「おかしな・　ことば(言葉)・を・　つこ(使)・て・　げすい・　ひと(人)・や・なー。」「げすい・　え(絵)ー・や・さかい・　かざ(飾)ら・れ・へん。」

げすいた【げす板】《名詞》　①五右衛門風呂の熱くなった風呂釜の底に置く板。「げすいた・を・　しず(沈)め・て・　ふろ(風呂)・に・　はい(入)る。」②中味が多いように見せかけるために、箱などの底を高くすること。また、そのようなもの。「かしばこ(菓子箱)・が・　げすいた・に・　なっ・とっ・た・さかい・　なかみ(中味)・は・　ちょっと(一寸)・だけ・や。」〔②⇒**あげそこ**【上げ底】〕

げすいた(を)はかす【げす板(を)履かす】《動詞・サ行五段活用》　中味が多いように見せかけるために、箱などの底を高くする。手心を加えて、底上げをする。ものごとを実際よりも良く、あるいは大きく見せかける。「しけん(試験)・の・　てんすー(点数)・に・　げすいたをはかす。」〔⇒**げた(を)はかす**【下駄(を)履かす】〕

けずり【削り】《名詞》　芯のすり減った鉛筆を削るための刃物。特に、薄いかみそりの刃のようなものに、怪我をしないための覆いをつけたもの。「けずり・が・　すべ(滑)っ・て・　て(手)ー・に・　けが(怪我)し・た。」〔⇒**とげり**【尖げり】、**えんぴつけずり**【鉛筆削り】、**えんぺつけずり**【(鉛筆削り)】、**いんぴつけずり**【(鉛筆削り)】〕

けずる【削る】《動詞・ラ行五段活用》　①刃物などで、もの

け

の表面を薄く取る。「ちび・た・　えんぴつ(鉛筆)・を・　けずる。」「かっとぶし(鰹節)・を・　けずる。」②これまであったものを減らしたり、なくしたりする。「げっきゅー(月給)・が・　さ(下)がっ・た・さかい・　さかだい(酒代)・を・　けずら・んと・　しょがない。」③何らかの工夫をして、手数などを簡略にする。「ひと(一)つ・の・　こーてー(工程)・を・　けずっ・て・も・　できあ(出来上)がり・は・　か(変)わら・へん。」■名詞化＝**けずり【削り】**〔②③⇒**はぶく【省く】**〕

けた【桁】《名詞》 ①建築物で、柱と柱の間に渡して、他の部材の支えとするもの。「けた・の・　うえ(上)・に・　みじか(短)い・　はしら(柱)・を・　た(立)てる。」②十進法で数を表すときの、10倍ごと数の段階。また、その呼び名。「ねだん(値段)・の・　けた・が・　おも(思)・とっ・た・ん・と・　ちが(違)う・さかい・　か(買)わ・れ・へん。」〔②⇒**くらい【位】**〕

げた【下駄】《名詞》 長方形の厚手の木の台の下に歯を付けて、鼻緒をすげた履き物。「がらがらと・　げた・の・　おと(音)・が・　やかま(喧)しー。」「はし(走)っ・とっ・て・　げた・の・　は(歯)ー・が・　お(折)れ・た。」〔⇒**かっか**〕

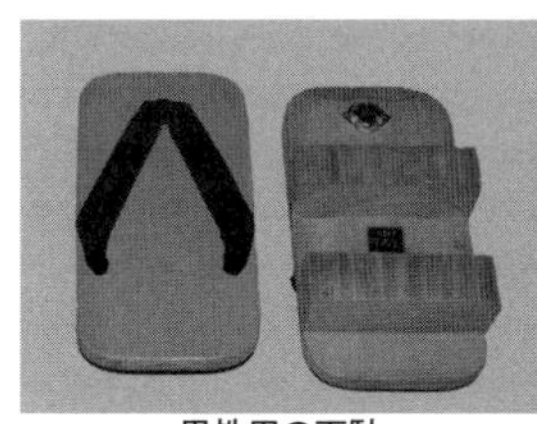
男性用の下駄

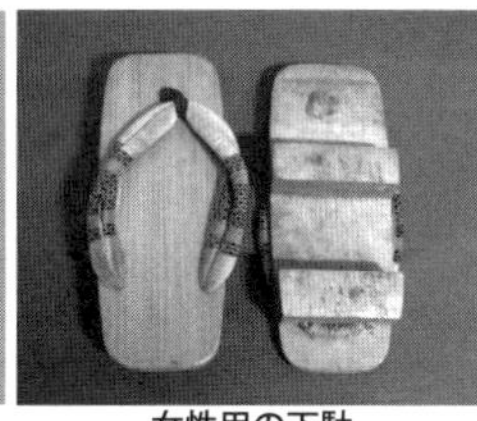
女性用の下駄

けだもん【獣】《名詞》 全身に毛が生えて荒々しい性格をもった、山野にすむ四つ足の動物。「いぬ(犬)・も・　けだもん・や・さかい・　か(噛)ま・れ・ん・よーに・　き(気)ーつけ・よ。」〔⇒**けもの【獣】**〕

げた(を)はかす【下駄(を)履かす】《動詞・サ行五段活用》 中味が多いように見せかけるために、箱などの底を高くする。手心を加えて、底上げをする。ものごとを実際よりも良く、あるいは大きく見せかける。「げたをはかし・て・　うりあげきん(売上金)・を・　ごまか(誤魔化)し・たら・　あか・ん・ぞ。」〔⇒**げすいた(を)はかす【げす板(を)履かす】**〕

けち《形容動詞や(ナ)、名詞、動詞する》 ①金品を出すのを惜しんでいる様子。損になることはしまいとする様子。また、そのような人。「けちに・　し・たら・　かね(金)・が・　た(貯)まる・と・　ゆー・　わけ・でも・　あら・へん」②縁起がよくない。評判がよくない。また、そのような内容。「ひと(人)・の・　こと・に・　けち・を・　ゆ(言)ー・たら・　あか・ん。」〔①⇒**けちけち、けちんぼう、けっちんぼう、せこい、こすい、いじぎたない【意地汚い】、しぶ【渋】、しぶちん【渋ちん】**〕

けち(が)つく《動詞・カ行五段活用》 ①欠点などが探し出されて、悪い評判を立てられる。強く批判される。難癖をつけられる。「けちがつい・て・　とーせん(当選)でき・ず・や。」②不吉な要因が関連してくる。「いっぺん(一遍)・　ま(負)け・たら・　けちがつい・て・　なんべん(何遍)・も・　ま(負)け・て・も・た。」■他動詞は「けち(を)つける」

けちくさい《形容詞・アイ型》 金品を出すのを強く惜しんでいる。金品のことで自分が不利になることを極端に嫌っている。「けちくさい・　こと・　い(言)わ・んと・　ひゃくえん(百円)・ぐらい・　ま(負)け・とい・てんか。」

けちけち《形容動詞や(ナ)、名詞、動詞する》 金品を出すのを惜しんでいる。計算高い。また、そのような人。「きょー(今日)・は・　けちけちせ・んと・　なん(何)・でも・　おご(奢)っ・たる・ぞ。」〔⇒**けち、けちんぼう、けっちんぼう、せこい、こすい、いじぎたない【意地汚い】**〕

ケチャップ〔けちゃっぷ〕【英語＝ketchup】《名詞》 トマトや野菜や果物などを煮詰めて、味を付けた調味料。「たまごや(卵焼)き・に・　けちゃっぷ・を・　つ(付)け・て・く(食)う。」

けちょんけちょん《副詞に、形容動詞や(ノ)》 相手が立ち上がれないほどに徹底的に痛めつける様子。相手のことに構わずに、思う存分に行動する様子。「あいつ(彼奴)・を・　けちょんけちょんに・　やっつけ・たっ・た。」

けち(を)つける《動詞・カ行下一段活用》 ①欠点などを探し出して、悪い評判を立てる。強く批判する。難癖をつける。「なんやかんやと・　わし・に・　けちつけ・やがる・ねん。」②不吉な要因を関連づける。「いっぺん(一遍)・　ま(負)け・て・　けちをつけ・たら・　にど(二度)・と・は・　た(立)ちあがら・れ・へん。」■自動詞は「けち(が)つく」

けちんぼう〔けちんぼー、けちんぼ〕《形容動詞や(ナ)、名詞、動詞する》 金品を出すのを惜しんでいる様子。損になることはしまいとする様子。また、そのような人。「けちんぼせ・んと・　おご(奢)っ・てください・な。」〔⇒**けち、けちけち、けっちんぼう、せこい、こすい、いじぎたない【意地汚い】、しぶ【渋】、しぶちん【渋ちん】**〕

けつ【穴】《名詞》 ①腰の後ろ下で、腰掛けるときに下につく、肉のふっくらした部分。動物の胴体の後部で、肛門のあるあたり。臀部。「けつ・が・　で(出)る・ほど・　みしか(短)い・　すかーと(スカート)・を・　は(履)く・な・よ。」②順位をつけたときの後ろの位置。最も後ろの順位。最後尾。最下位。「がっこ(学校)・の・　せーせき(成績)・は・　けつ・やっ・てん。」③前後のあるものの後ろの部分。列などの末尾の位置。「みぎがわ(右側)・の・　れつ(列)・の・　けつ・の・　ほー(方)・に・　なら(並)べ。」④入れ物の底の内側や外側の部分。果物などの底の部分。「いっしょーびん(一升瓶)・の・　けつ・に・　ひび(罅)・が・　はい(入)っ・とる。」〔⇒**しり【尻】**。①②③⇒**どんけつ【どん穴】、どんげつ【(どん穴)】、どんじり【どん尻】**。①⇒**おいど**。②⇒**けつ【穴】、げつ【(穴)】、げっつう【(穴)】、げっとう【(穴等)】、げっとくそ【(穴等糞)】、げっとうしょう【(穴等賞)】、べっとう【(穴等)】、べっとくそ【(穴等糞)】、べっとうしょう【(穴等賞)】、びり**。③⇒**しっぽ【尻尾】**〕

げつ【月】《名詞》 1週間の7日間のうちの2日目で、日曜日の次、火曜日の前にある日。「さんぱつや(散髪屋)・は・　げつ・が・　やす(休)み・や。」〔⇒**げつよう【月曜】、げっちょう【(月曜)】、げつようび【月曜日】、げっちょうび【(月曜日)】**〕

げつ【(穴)】《名詞》 順位をつけたときの後ろの位置。最も後ろの順位。最後尾。最下位。「げつ・で・　ごーる(ゴール)・に・　はい(入)っ・た。」〔⇒**しり【尻】、けつ【穴】、げっつう【(穴)】、どんけつ【どん穴】、どんげつ【(どん穴)】、どんじり【どん尻】、げっとう【(穴等)】、げっとくそ【(穴等糞)】、げっとうしょう【(穴等賞)】、べっとう【(穴等)】、べっとくそ【(穴等糞)】、べっとうしょう【(穴等賞)】、びり**〕

げつ【月】《接尾語》 およそ30日を一区切りとして、1

け

年を12に分けた一つの単位。「せん(先)げつ・の・　しはらい(支払)・を・　する。」「こん(今)げつ・の・　もくひょー(目標)・を・　き(決)める。」「らい(来)げつ・の・　よてー(予定)・は・　まだ・　き(決)まっ・とら・へん。」

けつあがり【穴上がり】《名詞、動詞する》 ①鉄棒を握って、足の方から体を逆さにして鉄棒に上がること。「けつあがり・ぐらい・　でけ(出来)る・よーに・　なれ・よ。」②後になるほど物事の状態が良くなること。「せーせき(成績)・は・　けつあがり・に・　よ(良)ー・　なっ・た。」〔⇒**しりあがり**【尻上がり】。①⇒**さかあがり**【逆上がり】〕

けつあつ【血圧】《名詞》 心臓から押し出される血液が血管を内側から押す力。「けつあつ・が・　たか(高)い・さかい・　きょねん(去年)・から・　くすり(薬)・を・　の(飲)ん・どる・ねん。」

けっか【結果】《名詞》 ある事柄が元になって起こった事柄や様子。ある事柄が終わりになった状態。「しけん(試験)・の・　けっか・を・　み(見)せ・なさい。」「けさ(今朝)・は・　ねす(寝過)ごし・た・　けっか・　ちこく(遅刻)・を・　し・ても・た。」

けっか【結果】《副詞》 そのようにすることによって、かえって。「う(打)ちかた・を・　か(変)え・たら・　けっか・　さんしん(三振)・が・　ふ(増)え・た。」

けつがおもたい【穴が重たい】《形容詞・アイ型》 なかなか動こうとしない。機敏に行動しない。決断力が乏しい。「あいつ(彼奴)・は・　けつがおもたい・さかい・　たの(頼)ん・でも・　うご(動)い・てくれ・へん。」〔⇒**しりがおもたい**【尻が重たい】〕

けつがかるい【穴が軽い】《形容詞・ウイ型》 気軽に動こうとする。行動に落ちつきがない。「けつがかるー・て・　よー・　やく(役)にたつ・　ひと(人)・や。」〔⇒**しりがかるい**【尻が軽い】〕

けっかく【結核】《名詞》 結核菌によって肺などが冒される伝染病。「むかし(昔)・は・　けっかく・で・　し(死)ぬ・　ひと(人)・が・　おー(多)かっ・た。」〔⇒**はいけっかく**【肺結核】、**はいびょう**【肺病】〕

けつがこそばい【穴がこそばい】《形容詞・アイ型》 ほめられたりして、きまりがわるい。良いように言われて、精神的に落ち着かない。「みんな(皆)・の・　まえ(前)・で・　ほ(褒)め・られ・たら・　けつがこそばい・がな。」〔⇒**しりがこそばい**【尻がこそばい】〕

けつかる《補助動詞・カ行五段活用》 ⇒**てけつかる**〔**でけつかる**〕《補助動詞・カ行五段活用》**を参照**

げっきゅう〔**げっきゅー**〕【月給】《名詞》 勤め先から1か月ごとに支払われる給料。「げっきゅー・　もろ(貰)・たら・　の(飲)み・に・　い(行)き・ましょ・か。」

けっきょく【結局】《副詞》 ①長い時間やさまざまの出来事などを経た後に、ものごとの最終的な結果が現れる様子。ものごとの最終的な段階に行き着いた様子。「しんぼー(辛抱)し・た・けど・　けっきょく・　しっぱい(失敗)・ばっかり・　し・て・　や(止)め・ても・てん。」②最終的にまとめる様子。「なん(何)やかや・　ゆ(言)ー・た・けど・　けっきょく・　なに(何)・が・　い(言)ー・たい・のん。」〔①⇒**とうとう**【到頭】、**ついに**【遂に】、**いよいよ**〕

けっきん【欠勤】《名詞、動詞する》 勤め先に出ないこと。「あの・　ひと(人)・は・　かぜ(風邪)・を・　ひー・て・　けっきんし・とる。」■対語＝「しゅっきん【出勤】」

けっこう〔**けっこー**〕【結構】《形容動詞や(ナ)》 ①立派で優れている様子。たいへん良く、難点がない様子。満足した気持ちになる様子。「けっこーな・　あじ(味)・で・　おい(美味)しかっ・た・です。」「そこ・まで・　でき(出来)・たら・　けっこーや。」②相手の言うことを聞き入れたり許容したりするときに使う言葉。差し支えない。「こんど(今度)・　あ(会)う・の・は・　にちよーび(日曜日)・でも・　けっこーです・よ。」③それ以上は要らないという様子。「おさけ(酒)・は・　もー・　けっこーです。」◆③は、婉曲に断る気持ちを表す言葉でもある。〔⇒**ええ**【(良え)】、**よろしい**【宜しい】〕

けっこう〔**けっこー**〕【結構】《副詞》 ①基準以上や、予想した以上である様子。それなりの程度に達している様子。「せーせき(成績)・は・　けっこー・　よ(良)かっ・た・ん・や。」「てにす(テニス)・は・　けっこー・　じょーず(上手)や。」②無視できないほどの程度である様子。「まちが(間違)い・が・　けっこー・　ぎょーさん(仰山)・ある。」

けっこん【結婚】《名詞、動詞する》 男女が法律上の夫婦になること。「けっこんし・て・　じゅーねん(十年)・に・なる。」■対語＝「りこん【離婚】」

けっこんしき【結婚式】《名詞》 男女が正式に夫婦になることを誓い合う式典。また、結婚にかかわるいろいろな行事。「けっこんしき・を・　きょーかい(教会)・で・する・　ひと(人)・が・　ふ(増)え・た。」〔⇒**こんれい**【婚礼】、**しゅうげん**【祝言】〕

けっさく【傑作】《名詞、形容動詞や(ノ)》 ①作品などがとても優れていること。「けっさくや・と・　ゆ(言)ー・とる・さかい・　あの・　えーが(映画)・を・　み(見)・に・　い(行)こ・か。」②突飛な感じで、珍妙なこと。「あいつ(彼奴)・の・　い(言)ーわけ・は・　ごっつー・　けっさくやっ・た。」

げっしゃ【月謝】《名詞》 習い事などの礼として、毎月、渡すお金。「じゅく(塾)・に・　はら(払)う・　げっしゃ・が・　たか(高)い。」

けっしょう〔**けっしょー**〕【決勝】《名詞》 ①最後の勝ち負けを決めること。「なんべん(何遍)・も・　しあい(試合)・を・　し・た・けど・　これ・が・　けっしょー・や。」②第1位を決めること。第1位を決めるための試合。「けっしょー・で・　ま(負)け・て・　じゅんゆーしょー(準優勝)・やっ・た。」〔②⇒**けっしょうせん**【決勝戦】〕

けっしょうせん〔**けっしょーせん**〕【決勝戦】《名詞》 第1位を決めるための試合。「けっしょーせん・は・　こんど(今度)・の・　にちよー(日曜)・に・　ある。」〔⇒**けっしょう**【決勝】〕

けっせき【欠席】《名詞、動詞する》 予定していた会合や授業などに出ないこと。学校などを休むこと。「よ(寄)りあい・に・　けっせきする・ん・やっ・たら・　まえ(前)もって・　れんらく(連絡)し・ておくん・なはれ。」■対語＝「しゅっせき【出席】」

げっそり《副詞と、動詞する》 ①体が急にやせ衰える様子。顔の肉付きがなくなる様子。「びょーき(病気)し・て・から・　げっそり・　や(痩)せ・ても・た。」②思い通りにいかなくて、気持ちがしぼんでしまう様子。落胆して悲観している様子。「きょー(今日)・　い(行)っ・たら・　う(売)りきれ・に・　なっ・ても・とっ・て・　げっそりし・た。」〔②⇒**がっかり**〕

けったい【希体、怪態】《形容動詞や(ナ)》 ①怪しく異様な様子。奇妙な様子。不思議だと思う様子。「いえ(家)・の・　なか(中)・が・　あ(荒)らさ・れ・て・　けったいな・　こと・に・　なっ・とっ・た・さかい・　けーさつ(警察)・に・　ゆ(言)ー・た。」「あさ(朝)・から・　けったいな・ そらもよー(空模様)・や。」②普通と違っている様子。一般的でない様子。「けったいな・ こえ(声)・を・ だ(出)す・な。」〔⇒**へん**【変】。②⇒**おかしい**【可笑しい】〕

けったいくそ(が)わるい【希体糞(が)悪い、怪態糞(が)悪い】《形容詞・ウイ型》 気持ちが悪くて落ち着かない。縁起が悪くて先が思いやられる。よくない因縁になってしまった。「いっかいせん(一回戦)・で・ ま(負)け・ても・て・ けったいくそがわるい。」◆連体修飾の働きをする場合は、「けったいくそのわるい【希体糞の悪い、怪態糞の悪い】」となることがある。〔⇒**けったくそ(が)わるい**【希体糞(が)悪い、怪態糞(が)悪い】、**げんくそ(が)わるい**【験糞(が)悪い】〕

けったくそ(が)わるい【希体糞(が)悪い、怪態糞(が)悪い】《形容詞・ウイ型》 気持ちが悪くて落ち着かない。縁起が悪くて先が思いやられる。よくない因縁になってしまった。「けったくそわるい・ しと(人)・に・ お(会)ー・ても・た。」◆連体修飾の働きをする場合は、「けったくそのわるい【希体糞の悪い、怪態糞の悪い】」となることがある。〔⇒**けったいくそ(が)わるい**【希体糞(が)悪い、怪態糞(が)悪い】、**げんくそ(が)わるい**【験糞(が)悪い】〕

げっちょう〔**げっちょー**〕【(月曜)】《名詞》 1週間の7日間のうちの2日目で、日曜日の次、火曜日の前にある日。「げっちょー・の・ ばん(晩)・に・ み(見)・たい・ てれび(テレビ)・が・ ある・ねん。」〔⇒**げつ**【月】、**げつよう**【月曜】、**げつようび**【月曜日】、**げっちょうび**【(月曜日)】〕

げっちょうび〔**げっちょーび**〕【(月曜日)】《名詞》 1週間の7日間のうちの2日目で、日曜日の次、火曜日の前にある日。「げっちょーび・は・ ぶかつ(部活)・が・ やす(休)み・や。」〔⇒**げつ**【月】、**げつよう**【月曜】、**げっちょう**【(月曜)】、**げつようび**【月曜日】〕

けっちんぼう〔**けっちんぼー、けっちんぼ**〕《形容動詞や(ナ)、名詞、動詞する》 金品を出すのを惜しんでいる。計算高い。また、そのような人。「けっちんぼーや・さかい・ じゅーす(ジュース)・も・ の(飲)まし・てくれ・へん。」〔⇒**けち、けちけち、けちんぼう、せこい、こすい、いじぎたない**【意地汚い】〕

げっつう〔**げっつー、げっつ**〕【(穴)】《名詞》 順位をつけたときの後ろの位置。最も後ろの順位。最後尾。最下位。「まらそん(マラソン)・に・ で(出)・たら・ げっつー・に・ なっ・ても・て・ は(恥)ずかしかっ・た。」〔⇒**しり**【尻】、**けつ**【穴】、**げつ**【(穴)】、**どんけつ**【どん穴】、**どんげつ**【(どん穴)】、**どんじり**【どん尻】、**げっとう**【(穴等)】、**げっとくそ**【(穴等糞)】、**げっとうしょう**【(穴等賞)】、**べっとう**【(穴等)】、**べっとくそ**【(穴等糞)】、**べっとうしょう**【(穴等賞)】、**びり**〕

けっとう〔**けっとー**〕【血統】《名詞》 ①先祖から子孫へと続く、親子や兄弟姉妹のような血縁。「あいつ(彼奴)とこ・は・ うんどー(運動)・の・ じょーず(上手)な・ けっとー・や。」②動物の品種や血のつながり。「けんかず(喧嘩好)きの・ けっとー・の・ いぬ(犬)・は・ こま(困)る・なー。」〔⇒**けなみ**【毛並み】。①⇒**すじ**【筋】、**ちすじ**【血筋】、**ち**【血】〕

げっとう〔**げっとー、げっと**〕【(穴等)】《名詞》 順位をつけたときの後ろの位置。最も後ろの順位。最後尾。最下位。「がんば(頑張)っ・た・けど・ げっとー・やっ・た。」〔⇒**しり**【尻】、**けつ**【穴】、**げつ**【(穴)】、**げっつう**【(穴)】、**どんけつ**【どん穴】、**どんげつ**【(どん穴)】、**どんじり**【どん尻】、**げっとくそ**【(穴等糞)】、**げっとうしょう**【(穴等賞)】、**べっとう**【(穴等)】、**べっとくそ**【(穴等糞)】、**べっとうしょう**【(穴等賞)】、**びり**〕

げっとうしょう〔**げっとーしょー**〕【(穴等賞)】《名詞》 順位をつけたときの後ろの位置。最も後ろの順位。最後尾。最下位。「げっとーしょー・でも・ しょーひん(賞品)・が・ もら(貰)える・ねん。」◆「げっとう【(穴等)】」に、ふざけて「しょう【賞】」をつけた言葉。〔⇒**しり**【尻】、**けつ**【穴】、**げつ**【(穴)】、**げっつう**【(穴)】、**どんけつ**【どん穴】、**どんげつ**【(どん穴)】、**どんじり**【どん尻】、**げっとう**【(穴等)】、**げっとくそ**【(穴等糞)】、**べっとう**【(穴等)】、**べっとくそ**【(穴等糞)】、**べっとうしょう**【(穴等賞)】、**びり**〕

げっとくそ【(穴等糞)】《名詞》 順位をつけたときの後ろの位置。最も後ろの順位。最後尾。最下位。「はし(走)っ・たら・ いつも・ げっとくそ・や・ねん。」〔⇒**しり**【尻】、**けつ**【穴】、**げつ**【(穴)】、**げっつう**【(穴)】、**どんけつ**【どん穴】、**どんげつ**【(どん穴)】、**どんじり**【どん尻】、**げっとう**【(穴等)】、**げっとうしょう**【(穴等賞)】、**べっとう**【(穴等)】、**べっとくそ**【(穴等糞)】、**べっとうしょう**【(穴等賞)】、**びり**〕

けっとばす【蹴っ飛ばす】《動詞・サ行五段活用》 人やものを足で蹴って突き飛ばす。人やものに対して、ひどい突き飛ばし方をする。「あいつ(彼奴)・の・ すね(脛)・を・ けっとばし・たっ・た。」「はら(腹)・が・ た(立)っ・た・さかい・ みち(道)・の・ いし(石)・を・ けっとばし・た。」

けつにつく【穴に付く】《動詞・カ行五段活用》 後ろに並ぶ。後から従って行く。「あんた・の・ くるま(車)・の・ けつについ・ていき・まっ・さ。」〔⇒**しりにつく**【尻に付く】、**けつ(を)つける**【穴(を)付ける】、**しり(を)つける**【尻(を)付ける】〕

けつにひがつく〔**けつにひーがつく**〕【穴に火が付く】《動詞・カ行五段活用》 物事が差し迫ってきて慌てる。「けつにひーがつか・ん・よーに・ ちゃんと・ しけん(試験)・の・ じゅんび(準備)し・とき・なはれ。」〔⇒**しりにひがつく**【尻に火がつく】〕

けつね【(狐)】《名詞》 ①口先が細く尖り、犬に似ていて長く太い尾をもち、山や林にすむ茶色の動物。「けつね・が・ で(出)・てき・て・ はたけ(畑)・を・ あ(荒)らし・た。」「たのき(狸)・と・ けつね・の・ だま(騙)しあい・みたいな・ もん・や。」②煮て甘く味付けした油揚げの入ったうどん。「ひる(昼)・は・ けつね・を・ た(食)べ・よー・か。」〔⇒**きつね**【狐】。②⇒**きつねうどん**【狐饂飩】、**けつねうどん**【(狐饂飩)】〕

けつねうどん【(狐饂飩)】《名詞》 煮て甘く味付けした油揚げの入ったうどん。「けつねうどん・の・ あ(揚)げ・が・ ぶあつ(分厚)い・さかい・ うま(美味)い・なー。」「けつねうどん・ た(食)べ・て・ ぬく(温)もっ・た。」〔⇒**きつね**【狐】、**けつね**【(狐)】、**きつねうどん**【狐饂飩】〕

けつねずし【(狐寿司)】《名詞》 甘く煮た袋状の油揚げで酢飯を包んだ食べ物。「まつり(祭)・の・ ひ(日)ー・に・ けつねずし・を・ つく(作)る。」〔⇒**いなり**【稲荷】、**いなりずし**【稲荷寿司】、**きつねずし**【狐寿司】〕

けつねのよめいり【(狐の嫁入り)】《名詞》 晴れているときに降る通り雨。「けつねのよめいり・で・ けったいな・ ひより(日和)・や。」〔⇒**きつねのよめいり**【狐の嫁入り】〕

けつのあな【穴の穴】《名詞》 消化管の終わりの部分で、大便を出すところ。「けんさ(検査)・で・ けつのあな・か

ら・　かめら(カメラ)・を・　い(入)れ・られ・た。」〔**⇒こうもん〔こーもん〕【肛門】、しりのあな【尻の穴】**〕

げっぷ【月賦】《名詞》 代金などを一度に払わずに、月々に分けて払うこと。「げっぷ・で・　せびろ(背広)・を・　こ(買)ー・た。」

げっぷ《名詞》 飲食の後などに、胃の中にたまったガスが口から出るもの。「さいだー(サイダー)・を・　の(飲)ん・だら・　げっぷ・が・　で(出)・た。」

けつふき【穴拭き】《名詞、動詞する》 ①大便をした後にぬぐうこと。また、それに用いる紙。「べんじょ(便所)・に・　けつふき・の・　かみ(紙)・が・　あら・へん。」②人が失敗したことの後始末をすること。「ほしょーにん(保証人)・に・　なっ・とっ・た・さかい・　けつふき・を・　せ・な・　なら・ん・よーに・　なっ・ても・た。」〔**⇒しりふき【尻拭き】**〕

けつまくえん【結膜炎】《名詞》 まぶたの裏や目の表面が赤くなり、痒くなったり目やにが出たりする病気。「むかし(昔)・は・　けつまくえん・に・　なる・　こども(子供)・が・　ぎょーさん(仰山)・　おっ・た。」

けつまくり【穴捲り】《名詞、動詞する》 ①着物の後ろの裾をかかげて、その端を上の方にはさみこむこと。「けつまくり・を・　し・て・　かわ(川)・の・　なか(中)・に・　はい(入)る。」②対決する姿勢をあらわにすること。どうでもよい気持ちになって反抗的な態度になること。「けつまくりし・て・　どな(怒鳴)っ・てやっ・たら・　に(逃)げ・ていき・よっ・た。」〔**⇒けつめくり【穴捲り】、しりまくり【尻捲り】、しりめくり【尻捲り】**。①**⇒おいどからげ【おいど絡げ】、おいどまくり【おいど捲り】、しりからげ【尻絡げ】、しりあげ【尻上げ】**〕

けつまずく【蹶躓く】《動詞・カ行五段活用》 歩いていて、爪先がものにぶつかって、転びそうになる。「いし(石)・に・　けつまずい・て・　こけ・た。」

げつまつ【月末】《名詞》 一つの月の終わりの頃。「げつまつ・に・　なっ・たら・　つけ・を・　はら(払)わ・んならん。」〔**⇒つきずえ【月末】、くれ【暮れ】**〕

けつむき【穴向き】《名詞、動詞する》 ①その場の正面と反対の方向を向くこと。「ひとり(一人)・だけ・　けつむき・に・　すわ(座)っ・とる・　やつ(奴)・が・　おっ・た。」②複数の人が互いに向かい合わないで、互いに後ろを向いた位置にあること。「みんな(皆)・で・　けつむき・で・　えん(円)・に・　なる。」③他の人に、自分の後ろを見せる位置にあること。「けつむき・で・　ある(歩)い・たら・　あぶ(危)ない。」〔**⇒うしろむき【後ろ向き】、おしろむき【(後ろ向き)】、しりむき【尻向き】、おいどむき【おいど向き】**〕

けつむけ【穴向け】《名詞、動詞する》 ①その場の正面と反対の方向に向けること。「がーどまん(ガードマン)・が・　けつむけ・に・　みは(見張)っ・とる。」②複数の人が互いに向かい合わないで、互いに後ろを向いた位置になること。「けつむけ・で・　わ(輪)ー・に・　なる。」③他の人に、自分の後ろを見せる位置になること。「けつむけ・で・　かお(顔)・だけ・　こっち・を・　む(向)い・とる。」〔**⇒うしろむけ【後ろ向け】、おしろむけ【(後ろ向け)】、しりむけ【尻向け】、おいどむけ【おいど向け】**〕

けつめくり【穴捲り】《名詞、動詞する》 ①着物の後ろの裾をかかげて、その端を上の方にはさみこむこと。「よこぶ(横降)り・やっ・た・さかい・　けつめくりし・て・　ある(歩)い・た・けど・　あんじょー・　ぬ(濡)れ・ても・た。」②対決する姿勢をあらわにすること。どうでもよい気持ちになって反抗的な態度になること。「けつめくりし・て・　もんく(文句)・を・　い(言)ー・に・　い(行)く。」〔**⇒けつまくり【穴捲り】、しりまくり【尻捲り】、しりめくり【尻捲り】**。①**⇒おいどからげ【おいど絡げ】、おいどまくり【おいど捲り】、しりからげ【尻絡げ】、しりあげ【尻上げ】**〕

げつよう〔げつよー〕【月曜】《名詞》 １週間の７日間のうちの２日目で、日曜日の次、火曜日の前にある日。「こんど(今度)・の・　げつよー・は・　れんきゅー(連休)・に・　なっ・とる。」〔**⇒げつ【月】、げっちょう【(月曜)】、げつようび【月曜日】、げっちょうび【(月曜日)】**〕

げつようび〔げつよーび〕【月曜日】《名詞》 １週間の７日間のうちの２日目で、日曜日の次、火曜日の前にある日。「しめきり(締切)・は・　らいしゅー(来週)・の・　げつよーび・や。」〔**⇒げつ【月】、げつよう【月曜】、げっちょう【(月曜)】、げっちょうび【(月曜日)】**〕

けつろん【結論】《名詞》 いろいろ考えたり議論をしたりした後に、最終的に判断した内容。いろいろ言っている中で、最も重要な内容。「あんた・の・　はなし(話)・は・　けつろん・が・　なん(何)・やら・　わから・へん。」

けつ(を)つける【穴(を)付ける】《動詞・カ行下一段活用》 ①後ろに並ぶ。後ろから従って行く。「あんた・の・　けつをつけ・ていく・さかい・　ゆっくり・　はし(走)っ・て・な。」「わし・の・　けつをつけ・て・　まね(真似)し・て・　おど(踊)っ・てみ・なはれ。」②相手に気づかれないように、後を追って行動を監視する。尾行する。「あいつ(彼奴)・の・　けつつけ・て・　どこ・へ・　い(行)く・か・を・　み(見)・てみる。」〔**⇒しり(を)つける【尻(を)付ける】**。①**⇒けつにつく【穴に付く】、しりにつく【尻に付く】**〕

けつ(を)まくる【穴(を)捲る】《動詞・ラ行五段活用》 ①着ているものの腰の後ろの部分を上にあげて、中のものが見えるようにする。「あめ(雨)・の・　なか(中)・を・　けつをまくっ・て・　ある(歩)い・た。」②意を決して相手に立ち向かう。後へ引かないという思いで立ち向かう。「いざ・に・　なっ・たら・　けつをまくっ・て・　けんか(喧嘩)し・たる。」③急に強い姿勢や、脅すような態度に変わる。居直る。「いったん(一旦)・　けつまくっ・て・から・は・　あと(後)・へ・　ひ(引)か・ん・よーに・　なっ・ても・た。」〔**⇒しり(を)まくる【尻(を)捲る】**〕

けつ(を)むける【穴(を)向ける】《動詞・カ行下一段活用》 ①周りの者に、後ろを見せる。「けつをむけ・て・　へんじ(返事)・を・　し・やがっ・た。」②互いに後ろを見せる位置にある。「むしろ(筵)・の・　へり(縁)・に・　けつをむけ・て・　すわ(座)る。」〔**⇒おいど(を)むける【おいど(を)向ける】、しり(を)むける【尻(を)向ける】**〕

けつ(を)わる【穴(を)割る】《動詞・ラ行五段活用》 体力や気力などが失せて、途中で止めてしまう。力不足でついていけなくなる。落伍する。「しんどい・やろー・けど・　けつわら・ん・よーに・　しごと(仕事)・を・　し・なはれ。」〔**⇒しり(を)わる【尻(を)割る】**〕

けど《接続詞》 前に述べた事柄に対して、反対したり対立したりする事柄を述べようとするときに使う言葉。「かね(金)・は・　も(持)っ・とっ・た・ん・や。けど・　よー・　か(買)わ・なんだ。」〔**⇒けんど、けども、けんども、そやけど、そやけども、そやけんど、そやけんども、だけど、だけども、だけんど、だけんども、だが、ほやけど、ほやけども、ほやけんど、ほやけんども、しかし**〕

けど《接続助詞》 何かのつながりで、対比されることがらを続けて言うことを表す言葉。「あめ(雨)・が・　ふ(降)りだし・た・けど・　うんどーじょー(運動場)・で・　あそ(遊)ん・どる。」〔⇒**もんやけど、んやけど、けども、けんど、けんども**〕

けとう〔**けとー**〕【(鶏頭)】《名詞》　夏から秋にかけて、鶏のとさかに似た形の赤や黄色などの花を咲かせる草。「にわ(庭)・に・　けとー・が・　さ(咲)い・た。」〔⇒**けいとう【鶏頭】**〕

けども《接続詞》　前に述べた事柄に対して、反対したり対立したりする事柄を述べようとするときに使う言葉。「それ・が・　ほ(欲)しー・ねん。けども・　かね(金)・が・　あら・へん・ねん。」〔⇒**けど、けんど、けんども、そやけど、そやけども、そやけんど、そやけんども、だけど、だけども、だけんど、だけんども、だが、ほやけど、ほやけども、ほやけんど、ほやけんども、しかし**〕

けども《接続助詞》　何かのつながりで、対比されることがらを続けて言うことを表す言葉。「さそ(誘)わ・れ・た・けども・　わし・は・　い(行)か・へん・　つもり・や。」〔⇒**もんやけど、んやけど、けど、けんど、けんども**〕

けなす【貶す】《動詞・サ行五段活用》　悪意を込めて、相手のことを非難する。悪い点ばかりをとりたてて並べ上げる。「けなさ・れ・たら・　やるき(気)・が・　の(無)ーなっ・てまう。」〔⇒**くさす**〕

けなみ【毛並み】《名詞》　①先祖から子孫へと続く、親子や兄弟姉妹のような血縁。「あの・　ひと(人)・は・　けなみ・の・　え(良)ー・　いえ(家)・の・　ひと(人)・や。」②動物の品種や血のつながり。「けなみ・は・　しょーめーしょ(証明書)・が・　つ(付)い・とる・ねん。」③動物の毛の生え具合。「けなみ・の・　きれー(綺麗)な・　いぬ(犬)・で・　かい(可愛)らしー・なー。」〔①②⇒**けっとう【血統】**。①⇒**すじ【筋】、ちすじ【血筋】、ち【血】**〕

げのげ【下の下】《名詞、形容動詞や(ノ)》　最下等のもの。最悪のもの。「あんな・　けんか(喧嘩)・を・　する・　やつ(奴)・は・　げのげや。」■対語＝「**うえのうえ【上の上】**」「**じょうのじょう【上の上】**」

げひん【下品】《形容動詞や(ナ)》　人柄、教養、礼儀作法などに欠けるところがあって、卑しく感じられる様子。品性や品格に欠ける様子。卑しい態度や行動をとる様子。「ひとまえ(人前)・で・　げひんな・　こと・を・　ゆ(言)ー・たら・　あか・ん。」■対語＝「**じょうひん【上品】**」

けぶたい【煙たい】《形容詞・アイ型》　①煙が目や鼻やのどを刺激して苦しい。「き(木)・が・　くすぶ(燻)っ・て・　けぶたい。」②その人に気安く近づくことができなくて、気詰まりで窮屈だ。「よ(寄)りあい・に・　あいつ(彼奴)・が・　で(出)・てき・たら・　けぶたい・なー。」〔⇒**けむたい【煙たい】**〕

げぶつ【下櫃】《名詞》　炊く前の米を入れておく、ふた付きの大きな箱。「げぶつ・に・　こめ(米)・を・　い(入)れる。」

けぶり【煙】《名詞》　物が燃えるときに出る、白色、灰色、黒色などの粒子。「けぶり・が・　で(出)にくい・　せんこー(線香)・が・　ほ(欲)しー。」〔⇒**けむり【煙】**〕

けむくじゃら【毛むくじゃら】《形容動詞や(ノ)、名詞》　濃い毛が密生してはえている様子。また、そのような人や動物。「けむくじゃらの・　あし(足)・を・　だ(出)し・たら・　みぐる(見苦)しー。」「けむくじゃらの・　かに(蟹)・や・けど・　うま(美味)い。」

けむし【毛虫】《名詞》　蝶や蛾の幼虫で、体に毛の多いもの。「やさい(野菜)・の・　は(葉)ー・を・　けむし・が・　く(食)・てまう。」

けむたい【煙たい】《形容詞・アイ型》　①煙が目や鼻やのどを刺激して苦しい。「けむたい・さかい・　あっち・へ・　い(行)っ・て・　たばこ(煙草)・を・　す(吸)ー・てんか。」②その人に気安く近づくことができなくて、気詰まりで窮屈だ。「けむたい・　ひと(人)・が・　き(来)・て・　やっ・た。」〔⇒**けぶたい【煙たい】**〕

けむり【煙】《名詞》　物が燃えるときに出る、白色、灰色、黒色などの粒子。「たばこ(煙草)・の・　けむり・の・　にお(臭)い・が・　きら(嫌)いや。」〔⇒**けぶり【煙】**〕

けもの【獣】《名詞》　全身に毛が生えて荒々しい性格をもった、山野にすむ四つ足の動物。「はたけ(畑)・を・　けもの・に・　あら(荒)さ・れ・た。」「けもの・の・　きも(気持)ち・は・　わから・へん。」〔⇒**けだもん【獣】**〕

げら《名詞、形容動詞や(ノ)》　ものごとを喜んだり面白がったりして、よく声に出す癖のある人。また、そのようにする様子。「わら(笑)い・かけ・たら・　げらで・　と(止)まら・へん。」「げらで・　あいそ(愛想)らしー・　ひと(人)・が・　す(好)きや。」「あの・　こ(子)ー・は・　げらで・　やかま(喧)しー・なー。」〔⇒**わらい【笑い】**〕

けらい【家来】《名詞》　力のある人の手下になって、行動や運命を共にする人。昔、身分の高い武士に仕えた人。「がきたいしょー(餓鬼大将)・で・　みんな(皆)・を・　けらい・に・　し・とっ・た。」

けらけら《副詞と》　遠慮せずに、甲高く笑う様子。「ひとり(一人)・だけ・　けらけら・　わら(笑)う・　ひと(人)・が・　おっ・た。」

げらげら《副詞と》　大きく口を開けて、大声を出して笑う様子。「まんざい(漫才)・を・　き(聞)ー・て・　みんな(皆)・　げらげらと・　わろ(笑)・とっ・た。」

げり【下痢】《名詞、動詞する》　腹をこわして、水分の多い大便が出ること。「げり・で・　べんじょ(便所)・から・　で(出)・られ・へん。」

けります【蹴ります】《動詞・サ行五段活用》　人やものを、はずみをつけた足で荒々しく突き飛ばす。「はら(腹)・が・　た(立)っ・た・さかい・　おも(思)いきり・　けりまし・たっ・てん。」

ける【蹴る】《動詞・カ行五段活用》　①人やものを、はずみをつけた足で突き飛ばす。「ぼーる(ボール)・を・　けっ・て・　あそ(遊)ぶ。」②申し入れや要求などを受け入れない。強くはねつける。「じちかい(自治会)・の・　やくいん(役員)・に・　なっ・てほしー・と・　たの(頼)ん・だ・ん・や・けど・　けら・れ・ても・た。」■名詞化＝**けり【蹴り】**

げろ《名詞》　一度食べたり飲んだりしたものを、吐いて戻すこと。また、吐き戻したもの。「さむけ(寒気)・が・　し・て・　きぶん(気分)・が・　わる(悪)ー・て・　げろ・を・　は(吐)い・た。」〔⇒**げえ、へど【反吐】**〕

けろっと《副詞、動詞する》　経験した苦労や痛みなどを忘れて、何事もなかったように平気である様子。他人に対して申し訳ないと思うような気持ちがまったくない様子。「まらそん(マラソン)・で・　ごーる(ゴール)し・ても・　けろっと・　し・とる。」「やくそく(約束)し・た・　こと・を・　けろっと・　わす(忘)れ・ても・とっ・た。」「けろっと・　し・た・　かお(顔)・で・　うそ(嘘)・を・　つき・やがっ・た。」

けん《名詞》　刺身などのつま。料理の付け合わせ。「さしみ(刺身)・の・　けん・に・　あおじそ(青紫蘇)・を・　そ(添)える。」

けん【券】《名詞》 乗り物や映画館や球場などで、料金を払った証明として渡され、乗車や入場ができるしるしとなっているもの。「えーが(映画)・の・ けん・を・ か(買)う。」〔⇒**ふだ【札】、きっぷ【切符】**〕

けん【剣】《名詞》 両側に刃のついた、細長い武器。「はくぶつかん(博物館)・で・ むかし(昔)・の・ けん・を・ み(見)る。」

けん【県】《名詞》 市町村を含むものとして、国内を区分けした最も大きな地方公共団体。「けん・から・ ひと(一)つ・ だいひょー(代表)・が・ で(出)る・ねん。」「ひょーご(兵庫)けん・は・ にほんかい(日本海)・から・ せとないかい(瀬戸内海)・まで・ ある。」

けん【間】《名詞》 尺貫法の長さの単位で、1間はおよそ1.8メートルの長さ。1間は6尺である。「とこ(床)のま・が・ ひろ(広)ー・て・ いっ(一)けんはん(半)・も・ ある。」

けん【軒】《助数詞》 家の数を数えるときに使う言葉。「うちらー・は・ じゅーに(十二)けん・で・ ひと(一)つ・の・ りんぽ(隣保)・に・ なっ・とる。」

けん【件】《助数詞》 事柄を数えるときに使う言葉。「ことし(今年)・は・ かじ(火事)・が・ いっ(一)けん・も・ な(無)かっ・た。」

げん【験】《名詞》 前途や将来に関して、吉凶や運などを示すような出来事や予感。「ことし(今年)・は・ いえ(家)・に・ つばめ(燕)・が・ す(巣)ー・を・ つく(作)っ・た・さかい・ げん・が・ え(良)ー。」「あさ(朝)・から・ げた(下駄)・の・ はなご(鼻緒)・が・ き(切)れ・て・ げん・が・ わる(悪)い。」

げんいん【原因】《名詞》 ある物事や状態が起こるもとになるもの。「まちが(間違)い・の・ げんいん・を・ しら(調)べる。」

けんか【喧嘩】《名詞、動詞する》 互いに自分が正しいと主張して、言い争ったり、殴り合ったりすること。「こども(子供)・は・ けんかし・て・ おー(大)けなっ・ていく・ん・や。」〔⇒**いさかい【諍い】**〕

けんか【県下】《名詞》 その県の行政区画に含まれる地域。「けんか・で・ いっせー(一斉)に・ ぼーさいくんれん(防災訓練)・が・ ある。」

けんがく【見学】《名詞、動詞する》 実際の様子を見て、知識などを深めること。「しゃかいか(社会科)・の・ べんきょー(勉強)・で・ しんぶんしゃ(新聞社)・を・ けんがくする。」

げんかん【玄関】《名詞》 ①建物などの正面にある、中心となる出入り口。「げんかん・に・ なら(並)ん・で・ おきゃく(客)さん・を・ むか(迎)える。」②家の正面の、門のあたりや、人の出入りするところ。家の入口。「げんかん・に・ きれー(綺麗)な・ え(絵)ー・が・ か(懸)け・てある。」〔①⇒**おもてぐち【表口】**。②⇒**かどぐち【門口】、かど【門】**〕

げんき【元気】《形容動詞や(ナ)、名詞》 ①体が丈夫で、しっかりしている様子。「げんきな・ すがた(姿)・を・ み(見)・て・ あんしん(安心)し・た。」②活動の源になる気力や、張り切って物事に取り組もうとする気持ちがみなぎっている様子。一生懸命である様子。「もっと・ げんき・を・ だ(出)し・なはれ。」〔①⇒**けんこう【健康】、たっしゃ【達者】**〕

けんきゅう〔けんきゅー〕【研究】《名詞、動詞する》 問題や課題となっている事柄について、深く考えて、広く詳しく調べること。事実や理論を明らかにすること。「なつやす(夏休)み・の・ じゆー(自由)けんきゅー・で・ こんちゅーさいしゅー(昆虫採集)・を・ する。」

げんきん【現金】《名詞》 小切手・為替などと違ってすぐに使うことのできる、紙幣や貨幣のお金。そのときに、手元にあるお金。「げんきん・で・ はら(払)う・さかい・ ちょっと(一寸)・ ま(負)け・てもらえ・まへ・ん・か。」

げんきん〔げんぎん〕【現金】《形容動詞や(ナ)》 ①損得や利害などを重んじて行動する様子。「にんげん(人間)・は・ だれ(誰)・でも・ みな(皆)・ げんぎんな・ もん・や。」②目先の損得などによって、考えや態度を変える様子。「ちょっと・ じじょー(事情)・が・ か(変)わっ・た・と・ ゆ(言)ー・て・ げんぎんな・ かんが(考)え・を・ し・とる。」

げんくそ(が)わるい【験糞(が)悪い】《形容詞・ウイ型》 気持ちが悪くて落ち着かない。縁起が悪くて先が思いやられる。よくない因縁になってしまった。「おみくじ(神籤)・を・ ひ(引)ー・たら・ きょー(凶)・が・ で(出)・て・ しょーがつそーそー(正月早々)・ げんくそわるい・ こと・や。」「あさ(朝)・から・ でんしゃ(電車)・に・ おく(遅)れ・て・ げんくそわるい・ いちにち(一日)・やっ・た。」◆連体修飾の働きをする場合は、「げんくそのわるい【験糞の悪い】」となることがある。「しけん(試験)・に・ お(落)ち・て・ げんくそのわるい・ とし(年)・やっ・た。」〔⇒**けったくそ(が)わるい【希体糞(が)悪い、怪態糞(が)悪い】、けったいくそ(が)わるい【希体糞(が)悪い、怪態糞(が)悪い】**〕

けんけん《名詞、動詞する》 ①片足でぴょんぴょん跳びながら進むこと。「まつばづえ(松葉杖)・を・ も(持)っ・て・ けんけん・で・ と(跳)ん・でいく。」②片足で跳びながら石を蹴る遊び。「けんけん・で・ まる(円)・の・なか(中)・に・ いし(石)・を・ け(蹴)りこむ。」〔①⇒**けんけんばたばた**〕

けんけんばたばた《名詞、動詞する》 ①片足でぴょんぴょん跳びながら進むこと。「けが(怪我)し・とる・ いぬ(犬)・が・ うしろあし(後脚)・を・ けんけんばたばた・で・ ある(歩)い・とる。」②片足跳びをして、両足をついて、再び片足跳びをすること。「けんけんばたばた・ し・て・ くるっと・ まわ(回)っ・て・ こっち・を・ む(向)け・よ。」◆足をつくときが「ばたばた」にあたる。〔①⇒**けんけん**〕

けんこう〔けんこー〕【健康】《形容動詞や(ナ)、名詞》 ①病気のある・なしから見た、体や心の状態。「けんこー・に・ き(気)・を・ つける。」②体が丈夫で、しっかりしている様子。「いま(今)・は・ けんこーに・ す(過)ごし・てます。」〔②⇒**げんき【元気】、たっしゃ【達者】**〕

げんこう〔げんこー〕【原稿】《名詞》 印刷したり話をしたりするための、もとになる文章。印刷のもとになる文章や書画や写真など。「どーそーかい(同窓会)・で・ ぶんしゅー(文集)・を・ つく(作)る・さかい・ げんこー・を・ か(書)い・てほしー・なー。」「しゃしん(写真)・の・ げんこー・を・ おく(送)っ・てください・な。」「あいさつ(挨拶)・は・ げんこー・が・ な(無)かっ・たら・ やりにくい・がな。」

けんこうしんだん〔けんこーしんだん〕【健康診断】《名詞、動詞する》 体格や体力や病気の有無などを、医師が医療機器などによって調べて判断すること。「かいしゃ(会社)・で・ けんこーしんだん・を・ う(受)ける。」「けんこーしんだんし・て・ びょーき(病気)・が・ み(見)つかっ・た。」

けんこうほけん〔けんこーほけん〕【健康保険】《名詞》 資格のある人が毎月一定の金額を納めておいて、病気や怪我などのときに医療費などが支払われるようにした仕組み。「けんこーほけん・の・ ほけんりょー(保険料)・が・ ごっつい・ たこ(高)ー・に・ なっ・た。」

げんこうようし〔げんこーよーし〕【原稿用紙】《名詞》 文章を書くときに使う、升目を印刷した紙。「ほん(本)・を・ よ(読)ん・だ・ かんそーぶん(感想文)・を・ げんこーよーし・に・ か(書)い・て・ だ(出)す。」

けんこくきねんび【建国記念日】《名詞》 国民の祝日の一つで2月11日に設定されており、建国をしのび、国を愛する心を養う日。「けんこくきねんび・に・は・ はんたい(反対)する・ しと(人)・も・ おる。」◆正式には「けんこくきねんのひ【建国記念の日】」であるが、「の」を省いて言うことが多い。

げんこつ【拳骨】《名詞》 ぐっと握り固めた手の指。「げんこつ・を・ ふ(振)りあげ・て・ おこ(怒)る。」〔⇒**ごんけつ、にぎりこぶし【握り拳】**〕

けんさ【検査】《名詞、動詞する》 性能や働きなどに異状がないか、基準にかなっているかなどについて、実際に動かしたり使ったりして注意深く細かく調べること。「おく(送)ら・れ・てき・た・ しなもん(品物)・を・ けんさする。」「しんがっき(新学期)・に・ しんたい(身体)けんさ・を・ う(受)ける。」〔⇒**しけん【試験】、テスト【英語＝test】**〕

けんざん【検算、験算】《名詞、動詞する》 計算した結果が正しいかどうか、確かめること。また、そのためにもう一度行う計算。「まちご(間違)ー・とら・へん・か・ けんざんする。」

げんし【原紙】《名詞》 紙に謄写印刷するために使う、蝋を引いた紙。「ちから(力)・を・ いれ・たら・ げんし・が・ やぶ(破)れ・た。」(写真は、とうしゃばん【謄写版】の項を参照)

げんじ【源氏】《名詞》 艶のある褐色または黒色をしていて、膨らみのある長円形の体で、雄は頭に角を持つ大型の昆虫。かぶと虫。「こんちゅーさいしゅー(昆虫採集)・で・ げんじ・が・ と(獲)れ・たら・ うれ(嬉)しー・ん・や・けど。」

げんしばくだん【原子爆弾】《名詞》 原子核が分裂する際に生じるエネルギーを利用した、殺傷力の大きな爆弾。「ひろしま(広島)・に・ お(落)とさ・れ・た・ げんしばくだん・で・ よーけ・ ひと(人)・が・ し(死)ん・だ。」〔⇒**げんばく【原爆】**〕

けんしょう〔けんしょー〕【懸賞】《名詞》 褒美として金品などを出すことを約束して、作品の募集、探し物を見つけ出させること、正解を見つけ出させること、などを行うこと。また、その催しや、褒美の金品。「けんしょー・に・ あ(当)たっ・て・ てれび(テレビ)・を・ もろ(貰)・た。」

けんすい【懸垂】《名詞、動詞する》 ①鉄棒にぶら下がって、腕を屈伸させて体を上げ下げする運動。「にじっかい(二十回)・も・ けんすい・が・ でけ(出来)る。」②ものがまっすぐに垂れ下がること。「しやくしょ(市役所)・に・ こーつーあんぜん(交通安全)・の・ けんすい・の・ まく(幕)・を・ た(垂)らし・とる。」

けんそん【謙遜】《名詞、動詞する》 相手を敬うために、自分をへりくだること。自慢したりえらそうにしたりしないで、控えめな態度をとること。「あいつ(彼奴)・は・ けんそんし・て・ じぶん(自分)・の・ てがら(手柄)・や・と・は・ い(言)わ・へん。」

げんだい【現代】《名詞》 今の時代。今の世の中。「げんだい・は・ でんき(電気)・が・ な(無)かっ・たら・ い(生)き・ていか・れ・へん。」

けんだま【剣玉、拳玉】《名詞》 球を柄の先端に載せたり皿の上に受け止めたりする遊びのための、穴の空いた球に糸をつけ、棒に結びつけた木製の玩具。「じょーず(上手)に・ けんだま・を・ する。」

けんちく【建築】《名詞、動詞する》 住居や施設などの建物を建てること。また、建てられたもの。「だいがく(大学)・で・ けんちく・の・ べんきょー(勉強)・を・する。」

けんちょう〔けんちょー〕【県庁】《名詞》 県知事がいて、地方公共団体である県が行政事務を取り扱うところ。「がっこー(学校)・を・ で(出)・て・ けんちょー・に・ つと(勤)める。」

けんど《接続詞》 前に述べた事柄に対して、反対したり対立したりする事柄を述べようとするときに使う言葉。「わすれもん(忘物)・を・ し・てん。けんど・ じゃまく(邪魔臭)そー・て・ と(取)り・に・ もど(戻)ら・ず・や。」「あさ(朝)・は・ あめ(雨)・やっ・てん。けんど・ ひる(昼)から・は・ え(良)ー・ てんき(天気)・に・ なっ・た。」〔⇒**けど、けども、けんども、そやけど、そやけども、そやけんど、そやけんども、だけど、だけども、だけんど、だけんども、だが、ほやけど、ほやけども、ほやけんど、ほやけんども、しかし**〕

けんど《接続助詞》 何かのつながりで、対比されることがらを続けて言うことを表す言葉。「べんきょー(勉強)し・た・けんど・ しけん(試験)・は・ あか・なんだ。」〔⇒**もんやけど、んやけど、けど、けども、けんども**〕

けんとう〔けんとー〕【拳闘】《名詞》 2人の選手が両手にグローブをはめて、正方形のリングの上で互いに相手の上半身を打ち合う競技。「けんとー・の・ くらぶ(クラブ)・で・ れんしゅー(練習)する。」〔⇒**ボクシング【英語＝boxing】**〕

けんとう〔けんとー、けんと〕【見当】《名詞》 ①前もってあれこれと推測して、経過や結果などの見込みをつけること。また、その内容。「けんとー・を・ つ(付)け・て・ こた(答)え・た・けど・ まち(間違)ご・ても・た。」②おおよその方角。おおよその辺り。おおよその程度。「まーきた(真北)・の・ けんとー・に・ えき(駅)・が・ ある。」「せんえん(千円)けんとー・の・ もん(物)・を・ う(売)っ・とる・やろ。」〔①⇒**よそう【予想】**〕

けんどう〔けんどー〕【剣道】《名詞》 面や胴や籠手などの防具を身につけて、竹刀で打ち合い、勝負を競う武道。「けんどー・の・ しあい(試合)・に・ で(出)る。」

けんどう〔けんどー〕【県道】《名詞》 県が作って管理をしている道。「はま(浜)・の・ けんどー・は・ あかし(明石)・から・ たかさご(高砂)・まで・ つづ(続)い・とる。」

げんとう〔げんとー〕【幻灯】《名詞》 フィルムなどに光を当てて、強い光で一場面ずつスクリーンに映し出す装置。また、それによって映し出されたもの。スライド。「こども(子供)・の・ ころ(頃)・は・ げんとー・を・ み(見)せ・てもらう・の・が・ たの(楽)しみ・やっ・た。」

けんとうちがい〔けんとーちがい、けんとちがい〕【見当違い】《形容動詞や(ノ)、動詞する》 見込みや方角などを間違えること。「けんとーちがいの・ ほー(方)・へ・ ある(歩)い・ていっ・とっ・た。」「けんとーちがいの・ こたえ(答)・を・ か(書)い・て・ は(恥)ずかしかっ・た。」〔⇒**けんとうはずれ【見当外れ】**〕

けんとうはずれ〔けんとーはずれ、けんとはずれ〕【見当外れ】《形容動詞や(ノ)、動詞する》 見込みや方角などを間違えること。「けんとーはずれな・ こと(事)・

を・　ゆ(言)ー・て・　みんな(皆)・に・　わら(笑)わ・れ・た。」〔⇒**けんとうちがい【見当違い】**〕

けんども《接続詞》　前に述べた事柄に対して、反対したり対立したりする事柄を述べようとするときに使う言葉。「その・　とき(時)・は・　おぼ(憶)え・とっ・てん。けんども・　いつ・の・　ま(間)ー・に・か・　わす(忘)れ・ても・て・　すんま・へん。」「なんべん(何遍)・も・　その・　はなし(話)・は・　き(聞)ー・た。けんども・　まだ・　しんよー(信用)でけ・へん・なー。」〔⇒**けど、けんど、けども、そやけど、そやけども、そやけんど、そやけんども、だけど、だけども、だけんど、だけんども、だが、ほやけど、ほやけども、ほやけんど、ほやけんども、しかし**〕

けんども《接続助詞》　何かのつながりで、対比されることがらを続けて言うことを表す言葉。「ほ(欲)しかっ・た・けんども・　かね(金)・が・　た(足)ら・ん・で・　か(買)え・なんだ。」〔⇒**もんやけど、んやけど、けど、けども、けんど**〕

げんに【現に】《副詞》　否定できない事実として認められることを表す言葉。推測などではなく、現実としてそのようであるということを表す言葉。「げんに・　こーつーじこ(交通事故)・は・　ちょっと(一寸)・ずつ・　へ(減)っ・てき・とる。」「みせ(店)・に・　く(来)る・　きゃく(客)・は・　げんに・　ふ(増)え・とる・やない・か。」

けんぱ《名詞》　地面に図形を描いておいて、片足跳びで進んでマス目を進んだり飛び越えたりする子どもの遊び。「みち(道)・に・　せん(線)・を・　か(書)い・て・　けんぱ・を・　する。」

げんば【現場】《名詞》　①作業などが実際に行われているところ。「こーじ(工事)・を・　し・ている・　げんば・へ・　い(行)く・　とらっく(トラック)・が・　とー(通)る。」②事件や事故などが発生した場所。「ここ・が・　じこ(事故)・の・　げんば・や。」

げんばかんとく【現場監督】《名詞》　仕事が行われているところで、全体を見て、指図などをする人。「げんばかんとく・に・　ことわ(断)っ・て・　こーじ(工事)・を・　み(見)せ・てもらう。」

げんばく【原爆】《名詞》　原子核が分裂する際に生じるエネルギーを利用した、殺傷力の大きな爆弾。「げんばく・なんか・　にど(二度)と・　つか(使)う・な・よ。」◆「げんしばくだん【原子爆弾】」を短く言った言葉。〔⇒**げんしばくだん【原子爆弾】**〕

けんびき【肩癖】《名詞》　首筋から肩にかけての筋肉。肩甲骨のあたりの筋肉。「けんびき・の・　あた(辺)り・が・　いた(痛)い・ねん。」

けんびきょう〔けんびきょー〕【顕微鏡】《名詞》　レンズなどを用いて、非常に小さなものを大きくして見せる器械。「りか(理科)・の・　じかん(時間)・に・　けんびきょー・で・　ばいきん(黴菌)・を・　み(見)・た。」

けんぶつ【見物】《名詞、動詞する》　名所や催し物などを見て楽しむこと。また、それをする人。「こーべ(神戸)・で・　はくらんかい(博覧会)・を・　けんぶつする。」「きょー(今日)・は・　けんぶつ・の・　ひと(人)・が・　おー(多)い。」

けんべん【検便】《名詞、動詞する》　大便を検査して、寄生虫や菌の有無などを調べること。また、調べるための大便。「まっちばこ(マッチ箱)・に・　い(入)れ・て・　がっこー(学校)・へ・　けんべん・を・　も(持)っ・ていっ・た。」

けんぽう〔けんぽー〕【憲法】《名詞》　国の組織や働きなどの大原則を定めた、最も根幹となる法規。「けんぽー・を・　か(変)え・たい・と・　ゆ(言)ー・　ひと(人)・が・　おる・ねん。」

けんぽうきねんび〔けんぽーきねんび〕【憲法記念日】《名詞》　国民の祝日の一つで５月３日に設定されており、日本国憲法が施行されたことを記念し、国の発展を期する日。「けんぽーきねんび・から・　れんきゅー(連休)・が・　はじ(始)まる。」

げんまい【玄米】《名詞》　籾殻を取っただけで、精米をしていない米。「げんまいぱん(パン)・の・　ほーかほか・と・　ゆ(言)ー・て・　よー・　う(売)り・に・　き(来)・よっ・た・なー。」

けんまく【剣幕】《名詞》　ひどく怒って興奮している様子があらわれている顔つきや態度。「ごっつい・　けんまく・で・　おこ(怒)っ・てき・た。」「えらい・　けんまく・で・　はなし(話)・を・　する・さかい・　みんな(皆)・びっくりし・とる。」

けんりつ【県立】《名詞》　学校や施設などで、県が作って運営しているもの。「けんりつ・の・　こーとーがっこー(高等学校)・に・　にゅーがく(入学)する。」

げんりょう〔げんりょー〕【原料】《名詞》　品物を作ったり加工したりするための、もとになるもの。「ぱん(パン)・の・　げんりょー・を・　こ(買)ー・て・　じぶん(自分)・で・　や(焼)く。」

げん(を)かつぐ【験(を)担ぐ】《動詞・ガ行五段活用》　吉凶などにこだわる。縁起の良いことを求める。「げんをかつい・で・　ともびき(友引)・の・　ひ(日)ー・を・　さ(避)ける。」

こ

こ〔こー〕【子】《名詞》　①親から生まれた人や動物。「ふたりめ(二人目)・の・　こー・が・　でけ(出来)・た。」②養子など、実の親子と同じような立場の人。「ぎり(義理)・の・　こ・を・　そだ(育)てる。」③年の若い人。まだ成熟していないもの。「そこ・の・　こー・　ちょっと(一寸)・　おいで。」④動物の生まれて間もないもの。「かい(可愛)らしい・　いぬ(犬)・の・　こー・や・なー。」

こ〔こー〕【粉】《名詞》　ひとつひとつは目に見えないほどの、極めて細かな粒。また、その粒の集まり。粉末。「こむぎ(小麦)・の・　こー・で・　ぱん(パン)・を・　や(焼)く。」「ほしがき(干柿)・が・　こー・を・　ふ(吹)い・とる。」

こ【九】《名詞》　数を１音節で数えていくときの「きゅう【九】」を表す言葉。◆１から10までを「ひ」「ふ」「み」「よ」「い」「む」「な」「や」「こ」「と」と言う。

こ〔こー〕《終助詞》　①疑問の気持ちや納得する気持ちなどを表す言葉。相手に問いかけたり念を押したりする気持ちを表す言葉。「あんた・は・　し(知)っ・とる・こ。」「まだ・　う(売)れ・んと・　のこ(残)っ・とる・こ。」「おーい・　お(居)る・こー。」②そうではないという意味のことを、反語的に表す言葉。「あいつ(彼奴)・の・　ゆ(言)ー・　こと(事)・は・　ほんま(本真)やろ・こ。」〔⇒**か、かい、かえ、け**。②⇒**かれ**〕

こ【小】《接頭語》　①形や規模が小さいという意味を添える言葉。「はま(浜)・で・　こいし(石)・を・　ひら(拾)う。」「こいぬ(犬)・が・　じゃれ・とる。」②量などがわずかであるという意味を添える言葉。「だんだん(段々)・　こぶ(降)り・の・　あめ(雨)・に・　なっ・た。」

ご〔**ごー**〕【**碁**】《名詞》 盤の上の縦横それぞれ19本ずつの線の交点に石を並べて、囲い込んだ場所の大小で勝負を決める遊戯。「しょーぎ(床几)・の・ うえ(上)・で・ ごー・を・ する。」

ご〔**ごー**〕【**五**】《名詞(数詞)》 ①自然数の4に、1を加えた数。「ご・ずつ・ まと(纏)め・て・ わごむ(輪ゴム)・で・ と(留)める。」②ものごとの順序や順位などを表す言葉で、4番目の次に位置するもの。「まえ(前)・から・ ごー・で・ き(切)ら・れ・て・ あと(後)・は・ けっしょー(決勝)・に・ で(出)・られ・へん。」

ご【**五**】《接頭語》 (後ろの名詞にかかっていく言葉で)5を表す言葉。「ごへん(遍)・も・ の(乗)りかえ・んと・ い(行)か・れ・へん・ねん。」〔⇒**いつ**【**五**】〕

ごあさって【**五明後日**】《名詞》 明後日の次の次の日。4日先の日。「ごあさって・に・ えんそく(遠足)・が・ ある。」◆「あした【明日】、あさって【明後日】、しあさって【明々後日、四明後日】、ごあさって【五明後日】」の順である。

こい【**鯉**】《名詞》 食用や観賞用にする、上あごにひげがあり、大きなうろこでおおわれた、長さ数十センチの淡水魚。「あか(赤)い・ こい・と・ くろ(黒)い・ こい・と・が・ およ(泳)い・どる。」

こい【(此)、(是)】《代名詞》 ①空間的にあるいは心理的に、自分に近いもの。「こい・は・ なんぼ・です・か。」②時間的に、近いもの。現在。「こい・から・ で(出)かける・ つもり・や。」③目の前にいる、目下の人を指す言葉。「こい・が・ い(行)く・と・ ゆ(言)ー・とる。」〔⇒**これ**【**此、是**】。①③⇒**こいつ**【**此奴、是奴**】〕

こい〔**こいー**〕【**濃い**】《形容詞・イイ型》 ①色や味などの、感覚を刺激する度合いが強い。「こい・ えんぴつ(鉛筆)・で・ か(書)い・てんか。」「こいー・ みどりいろ(緑色)・の・ じゅーす(ジュース)・を・ の(飲)む。」②中に含まれている度合いが高い。「おちゃ(茶)・の・ あじ(味)・が・ こいー・なー。」「なかみ(中身)・の・ こいー・ はなし(話)・を・ き(聞)ー・た。」③びっしり一面に広がって、隙間がない。「いちめん(一面)・ こいー・ きり(霧)・で・ なん(何)・も・ み(見)え・なんだ。」「こいー・ ひげ(髭)・を・ は(生)やし・た・ ひと(人)・や。」■対語＝「うすい【薄い】」

こい《接尾語》 その傾向が強いということを表す言葉。「ひ(冷)やこい・ あいすくりーむ(アイスクリーム)・は・ うま(美味)い。」「まる(丸)こい・ まんじゅー(饅頭)・を・ つく(作)る。」〔⇒**っこい、っぽい**〕

こいあじ【**濃い味**】《名詞》 料理で、味付けの程度が強いもの。「こいあじ・の・ すきやき(鋤焼)・で・ たんのー(堪能)し・ても・た。」■対語＝「うすあじ【薄味】」

こいから《名詞、副詞》 ①時の経過の中で、現在より後。次回以降。「こいから・ い(行)く・とこ・やっ・た・ん・や。」「こいから・は・ ちゃんと・ しけんべんきょー(試験勉強)・を・ する。」②限界としての場所や位置。「こいから・は・ うご(動)い・たら・ あか・ん・ぞ。」〔⇒**これから**。①⇒**こんご**【**今後**】、**いご**【**以後**】〕

こいくち【**濃口**】《名詞》 ①色や味などが濃いこと。「あじ(味)・は・ こいくち・が・ す(好)きや。」②黒色が強い、関東方面で作られる醤油。「とーきょー(東京)・の・ そば(蕎麦)・は・ こいくち・で・ いろ(色)・が・ くろ(黒)い。」■対語＝「うすくち【薄口、淡口】」〔②⇒**こいくちしょうゆ**【**濃口醤油**】〕

こいくちしょうゆ〔**こいくちしょーゆ、こいくちしょーゆー**〕【**濃口醤油**】《名詞》 黒色が強い、関東方面で作られる醤油。「こいくちしょーゆ・は・ あんまり・ うま(美味)・そーに・ おも(思)わ・へん。」■対語＝「うすくちしゅうゆ【薄口醤油、淡口醤油】」〔⇒**こいくち**【**濃口**】〕

ごいし【**碁石**】《名詞》 碁を打つときに使う、円くて平らな黒と白の小石。「ばん(盤)・の・ うえ(上)・に・ ごいし・を・ なら(並)べる。」

こいしい〔**こいしー**〕【**恋しい**】《形容詞・イイ型》 ①過ぎた時間のことがもったいなくて、懐かしい。「こども(子供)・の・ ころ(頃)・の・ こと・が・ こいしー。」②その人のことが慕わしく思われて、じっとしておられない。「よめ(嫁)はん・が・ こいしー・と・ ゆー・ じだい(時代)・は・ と(疾)ーの・ むかし(昔)・や。」

こいつ【**此奴、是奴**】《代名詞》 ①空間的にあるいは心理的に、自分に近いもの。「こいつ・が・ お(落)ち・てき・て・ がらす(ガラス)・を・ めん(＝壊し)・だ。」②目の前にいる、目下の人を指す言葉。「こいつ・が・ はんにん(犯人)・や。」◆やや乱暴な言い方であり、対象を突き放して言っているような感じが伴う。〔⇒**これ**【**此、是**】、**こい**【(**此**)、(**是**)】〕

こいのぼり【**鯉幟**】《名詞》 5月5日の端午の節句の頃に立てる、布や紙で鯉の形に作って風になびかせるもの。「こいのぼり・の・ かざぐるま(風車)・が・ がらがらと・ まわ(回)っ・とる。」

こいびと【**恋人**】《名詞》 とても好きで、恋しく思っている相手。「あんた・は・ こいびと・が・ おる・ん・か。」〔⇒**ええひと**【**良え人**】〕

こいめ〔**こいーめ**〕【**濃いめ**】《名詞、形容動詞や(ノ)》 色や味などが、少し濃いこと。比較的濃いと思われること。「みそしる(味噌汁)・を・ こいめに・ あじつ(味付)けする。」■対語＝「うすめ【薄め】」「うすいめ【薄いめ】」

こう〔**こー**〕【**甲**】《名詞》 ①亀や蟹などの表面のうち、固い殻の部分。甲羅。「かめ(亀)・が・ こー・の・ なか(中)・に・ くび(首)・を・ すっこめ・た。」②人の手足の手首・足首から指の付け根までの間の、手でものを握るときにものに触れない側と、足の地面に触れない側。手足の爪のある側。「て(手)・の・ こー・を・ す(擦)りむい・た。」

こう〔**こー**〕【**甲**】《名詞》 ものごとの等級の最良のもの。ものごとの順番の最初のもの。「おんがく(音楽)・の・ てんすー(点数)・は・ こー・やっ・た。」「げたばこ(下駄箱)・の・ いちばん(一番)・ すみ(角)・は・ こー・と・ か(書)い・てある。」

こう〔**こー**〕【**香**】《名詞》 かいだときに良い香りを感じるもの。仏事で焼香のときに焚くもの。「ほーじ(法事)・の・ とき(時)・に・ い(要)る・さかい・ こー・を・ こ(買)ー・てくる。」

こう〔**こー**〕《副詞》 このように。「こー・ さぶ(寒)い・と・ そと(外)・へ・ で(出)・とー・ない・なー。」「こー・し・たら・ うま(巧)いこと・ いく・はず・や。」■類語＝「そう」「ほう」「ああ」「どう」〔⇒**こない**〕

ごう〔**ごー**〕【**号**】《名詞》 芸術家などが、本名の他につける風流な名前。「この・ かけじく(掛軸)・に・ か(書)い・てある・ ごー・は・ むつか(難)しー・ じ(字)ー・や。」

ごう〔**ごー**〕【**業**】《名詞》 腹立たしいこと。気持ちが落ち着かないこと。「ごー・が・ わい・て・ わい・て・ なぐ(殴)っ・たり・たい・ きも(気持)ち・に・ なった。」◆「ごう(が)わく【業(が)沸く】」「ごう(を)わかす【業(を)

沸かす】」という使い方をして、「ごう【業】」だけ単独で使うことは、ほとんどない。

ごう〔**ごー**〕【**合**】《名詞》 尺貫法で容積を表す単位であり、1合はおよそ0.18リットルの量。「ひとり(一人)・いち(一)ごー・ずつ・　ごはん(飯)・を・　た(炊)く。」◆「しゃく【勺】」と「しょう【升】」の間の単位である。

こうい〔**こーい**〕【**校医**】《名詞》 児童や生徒の健康を守るために、学校から依頼されて健康管理や診療を担当する医者。「こーい・の・　はいしゃ(歯医者)さん・に・　み(見)・てもらう。」

こういう〔**こーゆー**〕【**斯う言う**】《連体詞》 このような。「こーゆー・　やりかた・を・　し・たら・　うま(巧)いこと・　いく・やろ。」

こういうよう〔**こーゆーよー**〕【**斯う言う様**】《形容動詞や(ナ)》 このような様子。「こーゆーよーに・　し・たら・　しっぱい(失敗)せー・へん・ねん・な。」

ごうう〔**ごーう**〕【**豪雨**】《名詞》 短時間のうちに激しく降る大量の雨。「ごーう・で・　かわ(川)・の・　みず(水)・が・　きゅー(急)に・　ふ(増)え・た。」

こううんき〔**こーうんき**〕【**耕耘機**】《名詞》 田畑の土を耕す機械。「こーうんき・を・　こ(買)ー・て・　しごと(仕事)・が・　らく(楽)に・　なった。」

こうえん〔**こーえん**〕【**公園**】《名詞》 市街地や人家の多いところで、人々が遊んだり休んだりするために設けている庭園や広場。「あかし(明石)こーえん・の・　ごーのいけ(剛ノ池)・へ・　はなみ(花見)・に・　い(行)く。」

こうか〔**こーか**〕【**効果**】《名詞》 目的にかなった望ましい結果や効き目。「くすり(薬)・を・　の(飲)ん・だ・　こーか・が・　あっ・た。」

こうか〔**こーか**〕【**高架**】《名詞》 線路や道路などで、地面より高く架けわたして作られているもの。「でんしゃ(電車)・の・　せんろ(線路)・を・　こーか・に・　する・　こーじ(工事)・が・　つづ(続)い・とる。」

こうか〔**こーか**〕【**校歌**】《名詞》 校風などを発揚するために学校が制定し、その学校の児童や生徒や学生が歌う歌。「いま(今)・でも・　しょーがっこー(小学校)・の・　こーか・を・　おぼ(覚)え・とる。」［**巻末「わが郷土」の「こうか」の項を参照**］

ごうか〔**ごーか**〕【**豪華**】《形容動詞や(ナ)》 品質や作り方などが素晴らしく立派で、華やかな様子。お金をかけた贅沢さや派手さを感じる様子。「ごーかな・　とっきゅーでんしゃ(特急電車)・が・　はし(走)っ・とる。」■対語＝「そまつ【粗末】」

こうがい〔**こーがい**〕【**校外**】《名詞》 学校の敷地の外。「やす(休)み・の・　じかん(時間)・に・　こーがい・に・　で(出)・たら・　あか・ん・ねん。」■対語＝「こうない【校内】」

こうがい〔**こーがい**〕【**公害**】《名詞》 工場などから出る騒音、悪臭、汚水、排気ガス、煤煙などによって、地域の一般住民が苦痛に感じたり、実際の生活や健康に害が生じること。また、そのような原因となるもの。「むかし(昔)・は・　えんとつ(煙突)・から・　けむり(煙)・が・　で(出)・とっ・ても・　こーがい・やなんか・　い(言)わ・なんだ。」

ごうがい〔**ごーがい**〕【**号外**】《名詞》 突発的な事件や、重要なニュースなどを早く知らせるために、朝刊・夕刊とは別に臨時に発行する新聞。「そーりだいじん(総理大臣)・が・　や(辞)め・た・と・　ゆ(言)ー・　ごーがい・を・　くば(配)っ・とっ・た。」

こうかいどう〔**こーかいどー**〕【**公会堂**】《名詞》 大勢の人たちの集会などのために設けられた、公的な建物。「せんきょ(選挙)・の・　とーひょーじょ(投票所)・は・　むら(村)・の・　こーかいどー・や。」〔⇒**こうみんかん**【**公民館**】〕

ごうかく〔**ごーかく**〕【**合格**】《名詞、動詞する》 ①一定の資格や条件などにかなうかどうかを調べるために、学校・会社・団体などが行う試験に受かること。「こーとーがっこー(高等学校)・の・　にゅーがくしけん(入学試験)・に・　ごーかくする。」②能力や品質などが決められた基準に達していること。「おまえ(前)・の・　つく(作)っ・た・　きょー(今日)・の・　りょーり(料理)・は・　ごーかく・や。」■対語＝「ふごうかく【不合格】」「らくだい【落第】」

ごう(が)わく〔**ごー(が)わく**〕【**業(が)沸く**】」《動詞・カ行五段活用》 とても腹立たしい思いになる。「さぎ(詐欺)・に・　お(遭)ー・て・　ごーがわい・とる・ねん。」◆他動詞は「ごう(を)わかす【業(を)沸かす】」

こうかん〔**こーかん**〕【**交換**】《名詞、動詞する》 ①別のものに取り替えること。「き(切)れ・た・　でんきゅー(電球)・を・　こーかんする。」②相手と品物などのやりとりをすること。「あま(余)っ・とる・　もん(物)・を・　こーかんする。」〔⇒**かえこと**【**替え事**】、**かいこと**【(替い事)】、**かえかえ**【**替え替え**】〕

こうき〔**こーき**〕【**後期**】《名詞》 全体を2つまたは3つの期間に分けたときの、終わりの区切り。「こーき・の・　じぎょーりょー(授業料)・を・　はら(払)う。」■対語＝「ぜんき【前期】」「ちゅうき【中期】」

こうきゅう〔**こーきゅー**〕【**硬球**】《名詞》 野球やテニスなどで使う硬いボール。「こーきゅー・の・　ぼーる(ボール)・を・　う(受)け・て・　つ(突)きゆび(指)し・た。」■対語＝「なんきゅう【軟球】」

こうきゅう〔**こーきゅー**〕【**公休**】《名詞》 ①休日として決められている日の外に、官庁・会社などが公式に定めて、休むことが認められている日。「こーきゅー・を・　と(取)っ・て・　りょこー(旅行)・を・　する。」②同業者などが申し合わせて一斉に営業を休む日。「いちば(市場)・は・　あした(明日)・　こーきゅー・です・ねん。」

こうきゅう〔**こーきゅー**〕【**高級**】《形容動詞や(ナ)、名詞》 品質が優れていたり程度が高かったりする様子。また、そのようなもの。「それ・は・　ちょっと(一寸)・　こーきゅー・す(過)ぎ・て・　て(手)ー・が・　で(出)・まへ・ん。」「こーきゅーな・　くだもん(果物)・を・　みまい(見舞)・に・　も(持)っ・ていく。」「くつ(靴)・の・　こーきゅーひん(品)・を・　でぱーと(デパート)・で・　か(買)う。」■対語＝「ていきゅう【低級】」

こうく〔**こーく**〕【**校区**】《名詞》 その学校の通学区域となっている地域。「しょーがっこー(小学校)・の・　こーく・の・　ふじんかい(婦人会)・が・　けーろーかい(敬老会)・の・　せわ(世話)・を・　する。」

ごうけい〔**ごーけー**〕【**合計**】《名詞、動詞する》 いくつかに分かれているもの数や量をすべて合わせること。また、そのようにして合わせた数や量。「さんかしゃ(参加者)・は・　ごーけーし・たら・　さんびゃくにん(三百人)・を・　こ(超)える。」

こうげき〔**こーげき**〕【**攻撃**】《名詞、動詞する》 戦争や試合や議論などで相手を攻めること。武器などを用いて相手を撃つこと。「あいて(相手)・の・　いけん(意見)・を・　こーげきする・の・は・　や(止)め・とき・なはれ。」

ごうけつ〔**ごーけつ**〕【**豪傑**】《名詞》 人並み以上の力や勇気があって、退くことなどはしない人。「あいつ(彼奴)・は・　さけの(酒飲)み・の・　ごーけつ・や。」

こうこ〔**こーこ**〕【**香こ**】《名詞》　生干しの大根を塩と糠にまぶし、重しをかけて漬けこんだ食べ物。沢庵漬け。「こーこ・で・　おちゃづ(茶漬)けし・て・　ひる(昼)・を・　す(済)まし・た。」

こうこう〔**こーこー**〕【**高校**】《名詞》　中学校を卒業した生徒に対して、高度な普通教育や専門教育を行うところ。「やかん(夜間)・の・　こーこー・へ・　かよ(通)・とる。」◆「こうとうがっこう【高等学校】」を略した言い方である。〔⇒**こうとうがっこう**【**高等学校**】〕

こうこう〔**こーこー**〕【**後攻**】《名詞、動詞する》　野球などのスポーツなどで、相手より後から攻めること。「こーこー・の・　ほー(方)・が・　きらく(気楽)や。」■対語＝「せんこう【先攻】」

こうこう〔**こーこー、こーこ**〕【**孝行**】《名詞、形容動詞や(ナ)、動詞する》　子が親の心に従って行動し、親を大切にすること。子のことで親を悲しませたり心配させたりしないこと。また、そのようにする子。「おや(親)・が・　い(生)き・とる・　あいだ(間)・に・　こーこーし・とき・よ。」◆親以外の人に対して使うこともある。■対語＝「ふこう【不孝】」。〔⇒**おやこうこう**【**親孝行**】〕

こうごう〔**こーごー**〕【**皇后**】《名詞》　天皇の妻。「こーごー・も・　こくたい(国体)・の・　かいかいしき(開会式)・に・　しゅっせき(出席)さ・れる。」〔⇒**こうごうへいか**【**皇后陛下**】〕

こうごうへいか〔**こーごーへーか**〕【**皇后陛下**】《名詞》　天皇の妻。「こうごう【皇后】」をさらに敬って言う言葉。「こーごーへーか・の・　みちこ(美智子)さん・が・　しんさい(震災)・の・　みまい(見舞)・に・　い(行)っ・とっ・て・や。」〔⇒**こうごう**【**皇后**】〕

こうこく〔**こーこく**〕【**広告**】《名詞、動詞する》　世の中の人に広く知らせること。有料の媒体を使って、商業上の宣伝をすること。また、そのために書かれたもの。「こーこく・を・　その・まま・　しんよー(信用)し・たら・　あき・まへん・で。」

こうさく〔**こーさく**〕【**工作**】《名詞、動詞する》　①道具を使ってものを作ること。木材、土、紙などを使ってものを作ること。また、作ったもの。「みんな(皆)・で・　いす(椅子)・を・　こーさくし・た。」「むすこ(息子)・は・　こーさく・が・　じょーず(上手)や。」②簡単な器物などを作ることを目的とした、小学校の教科「ずがこうさく【図画工作】」などの時間のこと。「こーさく・の・　とき(時)・に・　とり(鳥)・の・　すばこ(巣箱)・を・　つく(作)っ・た。」

こうさてん〔**こーさてん**〕【**交差点**】《名詞》　道路や鉄道が交わっているところ。「こーさてん・は・　あぶ(危)ない・さかい・　と(止)まっ・て・　よー・　み(見)・なさい・よ。」◆三叉路、四叉路(十字路)、五叉路などがある。

こうさん〔**こーさん**〕【**降参**】《名詞、動詞する》　①戦い、争い、議論などに負けること。また、負けて相手の言うとおりになること。「せんそー(戦争)・に・　こーさんし・て・　せんりょー(占領)さ・れる。」②手のほどこしようがなく、困ってしまうこと。「ことし(今年)・の・　あつ(暑)さ・に・は・　こーさん・や。」〔②⇒**おてあげ**【**お手上げ**】〕

こうし〔**こーし**〕【**格子**】《名詞》　①細い木や竹を、間を透かして縦横に組んで作った戸や窓。「こーし・の・　と(戸)ー・を・　あ(開)ける。」②碁盤のように縦横に線が交わっている縞の模様。「こーし・の・　ゆかた(浴衣)・を・　き(着)る。」

こうじ〔**こーじ**〕【**工事**】《名詞、動詞する》　建物や道路や橋などを作ったり直したりすること。「こーじ・の・　げんば(現場)・に・　がーどまん(ガードマン)・が・　た(立)っ・とる。」

こうじ〔**こーじ**〕【**麹**】《名詞》　酒や醤油や味噌などを造るときに使うために、蒸した米や麦や大豆などに、澱粉を糖化し蛋白質などを分解する性質の菌を働かせたもの。「こーじ・を・　こ(買)ー・てき・て・　いえ(家)・で・　みそ(味噌)・を・　つく(作)る。」

こうしき〔**こーしき**〕【**硬式**】《名詞》　野球、テニスなどで、硬いボールを使ってするスポーツ。「こーしき・の・　ぼーる(ボール)・を・　う(打)っ・たら・　よー・　と(飛)ぶ。」■対語＝「なんしき【軟式】」

こうしゃ〔**こーしゃ**〕【**校舎**】《名詞》　学校で、授業のための設備などが設けられている建物。「いま(今)・は・　もくぞー(木造)・の・　こーしゃ・なんか・　ない・よーに・　なっ・ても・た。」

こうしゅう〔**こーしゅー**〕【**講習**】《名詞、動詞する》　ある一定の期間、ある場所に人を集めて知識や技術などを教えること。また、そのための会合。「きゅーきゅーほー(救急法)・の・　こーしゅー・を・　し・ます・さかい・　で(出)・てき・てください・な。」

こうしゅう〔**こーしゅー**〕【**公衆**】《名詞》　①街角や施設などにあって、誰でも利用できる電話。「みんな(皆)・が・　けーたい(携帯)・を・　も(持)っ・とる・さかい・　まち(街)・に・　こーしゅー・が・　な(無)いよーなっ・た。」②公園や街角などにあって、誰でも利用できる便所。「このごろ・は・　こーしゅー・の・　こと・を・　しみんといれ(市民トイレ)・と・　ゆ(言)ー・よーに・　なっ・とる。」〔①⇒**こうしゅうでんわ**【**公衆電話**】。②⇒**こうしゅうべんじょ**【**公衆便所**】〕

こうしゅうでんわ〔**こーしゅーでんわ**〕【**公衆電話**】《名詞》　街角や施設などにあって、誰でも利用できる電話。「あか(赤)い・　こーしゅーでんわ・が・　だんだん(段々)・すけ(少)のー・　なっ・た。」〔⇒**こうしゅう**【**公衆**】〕

こうしゅうべんじょ〔**こーしゅーべんじょ**〕【**公衆便所**】《名詞》　公園や街角などにあって、誰でも利用できる便所。「こーえん(公園)・の・　こーしゅーべんじょ・に・　はし(走)りこん・だ。」〔⇒**こうしゅう**【**公衆**】〕

こうしょう〔**こーしょー**〕【**校章**】《名詞》　その学校のしるしとして決めた記章。「ぼーし(帽子)・に・　こーしょー・を・　つ(付)ける。」

こうじょう〔**こーじょー**〕【**工場**】《名詞》　機械などを使って、製品を作り出したり加工したりするところ。「ふたみ(二見)・の・　じんこーじま(人工島)・の・　こーじょー・に・　つと(勤)め・てます。」◆「こうば【工場】」に比べると、規模が大きいところ、複雑なものを作り出すところなどを言うことが多い。〔⇒**こうば**【**工場**】〕

ごうじょう〔**ごーじょー**〕【**強情**】《形容動詞や(ナ)》　自分の考えを曲げないで押し通す様子。頑固で意地っ張りな様子。「ひと(人)・の・　ゆ(言)ー・　こと・を・　き(聞)き・よら・へん・　ごーじょーな・　やつ(奴)・や。」

こうしん〔**こーしん**〕【**行進**】《名詞、動詞する》　大勢の人が列を整えて進むこと。「うんどーかい(運動会)・の・　にゅーじょー(入場)こーしん・で・　いちばん(一番)・まえ(前)・を・　ある(歩)く。」

こうしんきょく〔**こーしんきょく**〕【**行進曲**】《名詞》　大勢の人が列を作って進むときにふさわしいリズムなどを持った曲。「こーしんきょく・に・　あ(合)わし・て・　まえ(前)・へ・　すす(進)む。」
こうすい〔**こーすい**〕【**香水**】《名詞》 肌や衣服などにふりかける、香りの良い液体。「こーすい・の・　にお(匂)い・が・　きつい。」
こうずい〔**こーずい**〕【**洪水**】《名詞》 大雨などによって川や池の水があふれ出ること。「このごろ・は・　おーあめ(大雨)・の・　こーずい・が・　すけ(少)のー・　なっ・て・　ありがたい。」〔⇒**おおみず**【**大水**】〕
ごうせい〔**ごーせー**〕【**合成**】《名詞、動詞する》 ①いくつかのものを合わせて、新たな一つのものを作り出すこと。「これ・は・　ごーせーし・た・　しゃしん(写真)・みたいや・な。」②清酒に似たような風味を持つように造ったアルコール飲料。「にきゅー(二級)・の・　ごーせー・を・　の(飲)む。」〔②⇒**ごうせいしゅ**【**合成酒**】〕
ごうせい〔**ごーせー**〕【**豪勢**】《形容動詞や(ナ)》 普通とは違って、規模が大きかったり贅沢で派手であったりする様子。「ぼーねんかい(忘年会)・は・　ちょっと・　ごーせーに・　やり・まほ・か。」
ごうせいしゅ〔**ごーせーしゅ**〕【**合成酒**】《名詞》 清酒に似たような風味を持つように造ったアルコール飲料。「ごーせーしゅ・は・　ぜーきん(税金)・が・　やす(安)い・ねん。」〔⇒**ごうせい**【**合成**】〕
こうせん〔**こーせん**〕【**口銭**】《名詞》 ①ものを売買することによって得る手数料。「とんや(問屋)・の・　こーせん・が・　か(掛)かる・さかい・　だいぶ(大分)・　たこ(高)ー・　なっ・とる。」②仲介することによって得る手数料。「あいつ(彼奴)・に・　たの(頼)ん・だら・　たか(高)い・　こーせん・を・　と(取)ら・れる・ぞ。」
こうそく〔**こーそく**〕【**高速**】《名詞》 ①速度や回転数などが普通より速いこと。「きかい(機械)・が・　こーそく・で・　まわ(回)っ・とる・さかい・　き(気)ー・を・　つけ・てください。」②自動車専用で速く走れるように、立体交差や車線などに特別な工夫をしている道路。「こーそく・の・　ひめじ(姫路)・の・　いんたー(インター)・で・　お(下)りる。」③高架や地下を走るように作られていて、速度の速い鉄道。「こーそく・の・　こーべえき(神戸駅)・で・　お(降)りる。」◆③は、とりわけ、「神戸高速鉄道」のことを指して言うことが多い。〔②⇒**こうそくどうろ**【**高速道路**】〕
こうそくどうろ〔**こーそくどーろ**〕【**高速道路**】《名詞》 自動車専用で速く走れるように、立体交差や車線などに特別な工夫をしている道路。「めーしん(名神)こーそくどーろ・で・　きょーと(京都)・へ・　い(行)く。」〔⇒**こうそく**【**高速**】〕
こうたい〔**こーたい**〕【**交代、交替**】《名詞、動詞する》 ①前の人やものの代わりに、別の人やものが入ること。代わり合うこと。「なが(長)い・　あいだ(間)・　つと(務)め・てくれ・た・　じちかいちょー(自治会長)・が・　こーたいする。」「やきん(夜勤)・が・　ふつか(二日)・　つづ(続)い・たら・　こーたいし・て・　つぎ(次)・は・　ひる(昼)・に・　つと(勤)める。」②スポーツで攻守やコートなどを入れ替わること。「こーたいし・て・　こんど(今度)・は・　う(打)つ・　ばん(番)・や。」〔⇒**チェンジ**【英語＝change】。①⇒**いれかわり**【**入れ替わり**】、**いれちがい**【**入れ違い**】〕
こうたいごうたい〔**こーたいごーたい**〕【**交代交代、交替交替**】《副詞に》 ①何人かが次々に入れ替わって。「こーたいごーたいに・　ひるめし(昼飯)・を・　た(食)べる。」②２つのものが交互になっている。２つのものが入り混じったり入り組んだりしている。「あか(赤)・と・　しろ(白)・が・　こーたいごーたいに・　お(織)りこん・である・　ぬの(布)・や。」〔①⇒**かわるがわる**【**代わる代わる**】。②⇒**たがいちがい**【**互い違い**】〕
こうたいし〔**こーたいし**〕【**皇太子**】《名詞》 天皇家の男の子で、皇位継承が予定されている人。「こーたいし・の・　けっこんしき(結婚式)・の・　てれびちゅーけー(テレビ中継)・を・　み(見)・た。」〔⇒**こうたいしでんか**【**皇太子殿下**】〕
こうたいしでんか〔**こーたいしでんか**〕【**皇太子殿下**】《名詞》 天皇家の男の子で、皇位継承が予定されている人。「こーたいしでんか・が・　がいこく(外国)・へ・　い(行)く・そーや。」〔⇒**こうたいし**【**皇太子**】〕
こうだん〔**こーだん**〕【**公団**】《名詞》 政府や県や市などの出資を受けて、公共的な事業を行う法人。「きょねん(去年)・から・　こーだん・の・　じゅーたく(住宅)・に・　す(住)ん・どる。」
こうちゃ〔**こーちゃ**〕【**紅茶**】《名詞》 摘み取った茶の葉を発酵させ、乾かしたもの。また、それに湯を注いで作る紅色を含んだ飲み物。「ちょっと(一寸)・　ひとやす(一休)し・て・　こーちゃ・でも・　の(飲)み・まへ・ん・か。」
こうちょう〔**こーちょー**〕【**校長**】《名詞》 小学校や中学校や高等学校などの教職員の中で、いちばん上に立つ責任者。「ちょーれー(朝礼)・で・　こーちょー・の・　はなし(話)・を・　き(聞)く。」
こうちん〔**こーちん**〕【**工賃**】《名詞》 ものを作ったり加工したりする労働に対して支払われるお金。「ちゅーごく(中国)・の・　もん(物)・は・　こーちん・が・　やす(安)い・さかい・　こくさんひん(国産品)・が・　う(売)れ・にくー・　なっ・とる。」
こうつう〔**こーつー**〕【**交通**】《名詞》 人や乗り物が、道路や線路などを通って行き来すること。「こーつー・を・　せーり(整理)する・　おまわ(巡)りさん・も・　たいへん(大変)や。」
こうつうあんぜん〔**こーつーあんぜん**〕【**交通安全**】《名詞》 人や乗り物が、道路や線路などを通って行き来する際に起こる事故を防止するように注意すること。「おみや(宮)さん・で・　こーつーあんぜん・の・　おまも(守)り・を・　こ(買)ー・た。」
こうつうじこ〔**こーつーじこ**〕【**交通事故**】《名詞》 人や乗り物が、道路や線路などを通って行き来する際に起こる、衝突などの思いがけない悪いできごと。「きゅーきゅーしゃ(救急車)・の・　さいれん(サイレン)・の・　おと(音)・が・　する・けど・　こーつーじこ・でも・　あっ・た・ん・やろ・か。」
こうつうしんごう〔**こーつーしんごー**〕【**交通信号**】《名詞》 電車や自動車や人などに向けて、赤・黄・青の色を使ったり形などで指示したりして、通行や運行についての指示を出すこと。また、その指示を出す装置。「こーつーしんごー・を・　まも(守)ら・なんだら・　あぶ(危)ない・　こと・に・　なる・ぞ。」〔⇒**しんごう**【**信号**】。装置⇒**しんごうき**【**信号機**】、**シグナル**【英語＝signal】〕
こうつうせいり〔**こーつーせーり**〕【**交通整理**】《名詞、動詞する》 道路などで、人や乗り物の動きが、安全で混乱のないように指図すること。「ずーっと・　むかし(昔)・は・　あかしえきまえ(明石駅前)・の・　よつかど(四角)・に・　こーつーせーり・の・　じゅんさ(巡査)はん・が・　た(立)っ・とっ・た。」
こうてい〔**こーてー**〕【**校庭**】《名詞》 学校の運動場や中庭など。「こーてー・で・　よー・　どっちぼーる(ドッチボール)・を・　し・た・　もん・や。」

こ

こうてつぼう〔**こーてつぼー**〕【高鉄棒】《名詞》 校庭などに設けられている、2本の柱に鉄の棒を水平にかけ渡した用具のうち、高さの高いもの。「こーてつぼー・で・ しりあ(尻上)がり・が・ でけ(出来)る・よーに・なっ・て・ よ(良)かっ・た・なー。」■対語＝「ていてつぼう【低鉄棒】」

こうでん〔**こーでん**〕【香典】《名詞》 死者を悼んで供える金銭。「そーしき(葬式)・に・は・ い(行)か・れ・へん・さかい・ こーでん・を・ ことづけ・た。」

こうと〔**こーと**〕《形容動詞や(ナ)》 着物などが、落ち着いていて地味である様子。質素で上品な感じがする様子。「その・ きもの(着物)・は・ え(良)ー・けど・あんた・に・は・ ちょっと(一寸)・ こーとと・ ちゃ(違)う・やろ・か。」

こうどう〔**こーどー**〕【講堂】《名詞》 学校や会社や寺などで、多くの人を集めて話をしたり儀式をしたりするところ。「こーどー・で・ にがっき(二学期)・の・ しぎょーしき(始業式)・が・ ある。」

ごうとう〔**ごーとー**〕【強盗】《名詞》 おどしたり乱暴したりして、人の金品を奪い取ること。また、それをする人。「こんびに(コンビニ)・に・ はい(入)っ・た・ ごーとー・が・ つか(捕)まっ・た・そーや。」

ごうどう〔**ごーどー**〕【合同】《名詞》 それぞれ独立していた、いくつかのものがひとつに合わさること。「ごねんせー(五年生)・と・ ろくねんせー(六年生)・が・ ごーどー・で・ うんどーかい(運動会)・の・ えんぎ(演技)・を・ する。」〔⇒**がっぺい**【合併】〕

こうとうがっこう〔**こーとーがっこー**〕【高等学校】《名詞》 中学校を卒業した生徒に対して、高度な普通教育や専門教育を行うところ。「いま(今)・は・ みんな・ こーとーがっこー・に・ い(行)く・よーに・ なっ・た。」〔⇒**こうこう**【高校】〕

こうとうしもん〔**こーとーしもん**〕【口頭試問】《名詞》 試験官が質問することに対して、受験者がその場で口で答える試験。「こーとーがっこー(高等学校)・の・ にゅーがくしけん(入学試験)・に・ こーとーしもん・が・ ある・ねん・て。」◆現在では、「めんせつしけん【面接試験】」と言うことが多い。

こうない〔**こーない**〕【校内】《名詞》 学校の施設や敷地の中。「こーない・に・ こーばいぶ(購買部)・が・ ある。」■対語＝「こうがい【校外】」

こうないほうそう〔**こーないほーそー**〕【校内放送】《名詞》 その学校の中だけに届くようにした有線放送。「あめ(雨)・で・ うんどーじょー(運動場)・に・ で(出)・られ・へん・さかい・ こーないほーそー・で・ こーちょーせんせー(校長先生)・の・ はなし(話)・が・あっ・た。」

こうねん〔**こーねん**〕【高年】《名詞》 年齢をとっていること。年齢の高い人。「こーねん・の・ ひと(人)・が・ つーがくろ(通学路)・を・ みまも(見守)っ・てくれ・とっ・て・や。」◆「ろうじんかい【老人会】」のような名称を「こうねんくらぶ【高年クラブ】」と言い換えるようなことが、近年、行われている。

こうのう〔**こーのー**〕【効能】《名詞》 それを使えばこのように良い結果が得られるという有効性。「かんぽーやく(漢方薬)・は・ なかなか・ こーのー・が・ あらわ(現)れ・へん・もん・や。」

こうのうがき〔**こーのーがき**〕【効能書き】《名詞》 薬などの効果を説明した書類。品物が良いということを宣伝した言葉。「たか(高)い・ くすり(薬)・やっ・た・けど・こーのーがき・の・ とー(通)り・に・は・ き(効)か・なんだ。」「この・ きかい(機械)・は・ こーのーがき・に・ え(良)ー・ こと・が・ か(書)い・てある・けど・じき(直)に・ めげ(＝壊れ)・ても・た。」〔⇒**のうがき**【能書き】〕

こうば〔**こーば**〕【工場】《名詞》 機械などを使って、製品を作り出したり加工したりするところ。「まち(町)・の・なか(中)・に・ こーば・が・ ある。」◆「こうじょう【工場】」に比べると、規模が小さいところ、比較的簡単なものを作り出すところなどを言うことが多い。〔⇒**こうじょう**【工場】〕

こうはい〔**こーはい**〕【後輩】《名詞》 ①同じ学校や勤め先に、自分よりも後に入ってきた人。「こーはい・に・ しごと(仕事)・を・ おし(教)え・たる。」②年齢や経験が自分より少ない人。「わし・より・ さんねん(三年)・こーはい・の・ やきゅーぶいん(野球部員)・や。」■対語＝「せんぱい【先輩】」

こうばい〔**こーばい**〕【勾配】《名詞》 ①水平な面に対する傾きの程度。「こーばい・の・ きつい・ さか(坂)・で・ あせ(汗)・を・ かい・た。」②傾向や方向性。「みんな・の・ いけん(意見)・は・ どんな・ こーばい・やろ・か。」

こうばいぶ〔**こーばいぶ**〕【購買部】《名詞》 学校や会社などで、学用品や日用品などを売っているところ。「けしごむ(消ゴム)・を・ こーばいぶ・で・ か(買)う。」

こうはく〔**こーはく**〕【紅白】《名詞》 ①祝う気持ちを表す赤色と白色。「しきじょー(式場)・に・ こーはく・の・まく(幕)・が・ は(張)っ・てある。」②対抗するために2つに分かれた、赤組と白組。「こーはく・に・ わ(分)かれ・て・ きょーそー(競争)する。」〔②⇒**あかしろ**【赤白】〕

こうばしい〔**こーばしー**〕【香ばしい】《形容詞・イイ型》 煎ったり焼いたりした匂いが、こんがりして良い。「ぱんや(パン屋)・の・ まえ(前)・を・ とー(通)っ・たら・ こーばしー・ かお(香)り・が・ する。」〔⇒**こばしい**【香ばしい】〕

こうばんやき〔**こーばんやき、こばんやき**〕《名詞》 小麦粉などを材料にして、煎餅のように円く焼いた菓子。「ほーらく・で・ こーばんやき・を・ や(焼)く。」◆「紅梅焼き」から変化した発音か、あるいは「小判焼き」かもしれない。

こうふく〔**こーふく**〕【幸福】《名詞、形容動詞や(ナ)》 恵まれた状態にあって、不満を感じたり心配したりすることがないこと。「あの・ ひと(人)・は・ なんとも・ こーふくな・ いっしょー(一生)・やっ・た・なー。」◆「しあせがええ【(仕合せが良え)】」という言い方をすることが多い。■対語＝「ふこう【不幸】」〔⇒**しあわせ**【幸せ、仕合わせ】、**しあせ**【(幸せ、仕合せ)】〕

こうぶつ〔**こーぶつ**〕【好物】《名詞》 好きな食べ物や飲み物。「こーぶつ・は・ ばなな(バナナ)・です。」

こうふん〔**こーふん**〕【興奮】《名詞、動詞する》 何かの刺激を受けて、気持ちや神経が高ぶること。神経が過敏に反応して、落ち着いた気持ちでいられなくなること。「こーふんせ・んと・ お(落)ちつい・て・ はなし(話)・を・ せ・んかい・な。」

こうへい〔**こーへー**〕【公平】《形容動詞や(ナ)》 判断や対応の仕方などがかたよっていなくて、すべてを同じように扱う様子。「みんな(皆)・を・ こーへーに・ せ・んと・ いさかい・が・ お(起)きる・ぞ。」■対語＝「ふこうへい【不公平】」

こうみんかん〔**こーみんかん**〕【公民館】《名詞》　大勢の人たちの集会などのために設けられた、公的な建物。「こーみんかん・で・　じちかい(自治会)・の・　そーかい(総会)・を・　ひら(開)く。」〔⇒**こうかいどう**【公会堂】〕

こうむいん〔**こーむいん**〕【公務員】《名詞》　国・都道府県・市町村などのおおやけの職務に携わる人。「こーむいん・の・　しけん(試験)・を・　う(受)ける。」

こうもり〔**こーもり**〕【蝙蝠】《名詞》　①夜になると鳥のように空を飛び回る小形の哺乳動物。「くら(暗)がり・の・　なか(中)・を・　こーもり・が・　と(飛)ん・どる。」②金属の骨に布などを張って柄をつけた、西洋風の傘。「でんしゃ(電車)・に・　こーもり・を・　わす(忘)れ・た。」〔②⇒**こうもりがさ**【蝙蝠傘】〕

こうもりがさ〔**こーもりがさ**〕【蝙蝠傘】《名詞》　金属の骨に布などを張って柄をつけた、西洋風の傘。「しょーがっこー(小学校)・の・　じぶん(時分)・は・　こーもりがさ・やのー・て・　ばんがさ(番傘)・を・　も(持)っ・て・　がっこー(学校)・へ・　い(行)き・よっ・た・もんや。」〔⇒**こうもり**【蝙蝠】〕

こうもん〔**こーもん**〕【校門】《名詞》　学校の門。「こーもん・を・　で(出)・た・　とこ(所)・で・　ま(待)っ・とい・てんか。」

こうもん〔**こーもん**〕【肛門】《名詞》　消化管の終わりの部分で、大便を出すところ。「こーもん・は・　きれー(綺麗)に・　し・とき・よ。」〔⇒**しりのあな**【尻の穴】、**けつのあな**【穴の穴】〕

こうや〔**こーや**〕【高野】《名詞》　豆腐を凍らせてから乾燥させた食べ物。「こーや・を・　べんとー(弁当)・に・　い(入)れ・たら・　しる(汁)・が・　で(出)る・ぞ。」◆高野豆腐のことを、短く「こうや」と言って、「こうやどうふ」と言うことは稀である。

こうり〔**こーり**〕【小売り】《名詞、動詞する》　問屋などから仕入れたものを、個々の客の求めに応じて、分けて売ること。「あそこ・は・　とんや(問屋)・や・けど・　こーり・も・　し・てくれる・そーや。」

こうり〔**こーり**〕【行李】《名詞》　柳や竹などを編んで作った、衣類などを収納するための箱形の入れ物。「こーり・に・　き(着)るもん・を・　つ(詰)める。」「やなぎ(柳)ごーり・の・　べんとーばこ(弁当箱)・を・　も(持)っ・ていく。」

こうりつ〔**こーりつ**〕【公立】《名詞》　都道府県や市町村が作って運営する学校や施設など。「きんじょ(近所)・に・　こーりつ・の・　こーとーがっこー(高等学校)・が・　ある。」

こうれい〔**こーれい**〕【恒例】《名詞》　決まったやり方や決まった時期などを踏襲して、行事などを繰り返して行うこと。また、その行事などのこと。「げつまつ(月末)・に・　こーれー・の・　はいひんかいしゅー(廃品回収)・を・　する。」

こうれい〔**こーれー**〕【高齢】《名詞》　たいへん年齢をとっていること。「ご(御)こーれー・の・　せんせー(先生)・を・　よ(呼)ん・で・　どーそーかい(同窓会)・を・　する。」

ごうれい〔**ごーれー**〕【号令】《名詞、動詞する》　①大勢の人に、大声を出したり、マイクを使ったりして指図をすること。また。その言葉。「かけあし(駆足)・　はじ(始)め・の・　ごーれー・を・　かける。」②命令を下して人々を従わせること。また、その命令。「せんじちゅー(戦時中)・は・　う(生)め・よ・　ふ(増)やせ・よ・の・　ごーれー・を・　かけ・られ・た。」

ごう(を)わかす〔**ごー(を)わかす**〕【業(を)沸かす】」《動詞・サ行五段活用》　とても腹立たしい思いに駆り立てる。「ごーわかし・て・　けんか(喧嘩)・を・　し・たら・　あか・ん・ぞ。」◆自動詞は「ごう(が)わく【業(が)沸く】」

こえ【声】《名詞》　①人や動物が口から出す、意味を持った音。「もーちょっと(一寸)・　おー(大)きな・　こえ・で・　しゃべ(喋)っ・てくれ・ませ・ん・か。」②動物やものの発する、無意識的な音。「せみ(蝉)・の・　こえ・が・　やかま(喧)しー。」「あき(秋)・に・　なっ・て・　むし(虫)・の・　こえ・が・　き(聞)こえる・よーに・　なっ・た。」③ある事柄や問題について、個々の人が思っている考えなどが、言葉によって出されるもの。「かいがん(海岸)・の・　う(埋)めたて・に・　はんたい(反対)・の・　こえ・が・　あ(上)がる。」「ひとり(一人)・の・　こえ・で・は・　どー・にも・　なら・へん。」

こえ【肥え】《名詞》　作物の成長をよくするために、土に与える栄養分。土に与えるためのもの。「こえ・を・　い(入)れ・て・　たんご・を・　たんぼ(田圃)・まで・　かつ(担)い・でいく。」〔⇒**こやし**【肥やし】、**ひりょう**【肥料】〕

こえがわり〔**こえがーり**〕【声変わり】《名詞、動詞する》　①主に男の子が、子どもの声から、大人のような低く太い声に変化すること。「こえがーりし・て・　まるで・　おとな(大人)・みたいな・　こえ(声)・を・　だ(出)す。」②使い過ぎなどによって、その人の声が普段とは違ったものになること。「せんきょうんどー(選挙運動)・で・　こえがわりし・とっ・て・や。」

こえすぎ【肥え過ぎ】《名詞、形容動詞や(ノ)》　標準的な人よりもかなり太い体格であること。また、そのような人。肥満。「こえすぎ・が・　き(気)ー・に・　なっ・て・　まいにち(毎日)・　ある(歩)く・　こと・を・　し・とる・ねん。」■対語＝「やせすぎ【痩せ過ぎ】」

こえたご【肥担桶】《名詞》　持ち運ぶための紐や縄が上部についている、糞尿などを入れる細長い桶。「こえたご・が・　ちゃぷんちゃぷん・　し・とる。」〔⇒**たんご**【担桶】、**たご**【担桶】、**こえたんご**【肥担桶】、**しょうべんたんご**【小便担桶】、**しょんべんたんご**【小便担桶】〕

こえたんご【肥担桶】《名詞》　持ち運ぶための紐や縄が上部についている、糞尿などを入れる細長い桶。「たんぼ(田圃)・まで・　こえたんご・を・　かつ(担)い・でいく。」〔⇒**たんご**【担桶】、**たご**【担桶】、**こえたご**【肥担桶】、**しょうべんたんご**【小便担桶】、**しょんべんたんご**【小便担桶】〕

こえる【越える、超える】《動詞・ア行下一段活用》　①高いところを通り過ぎる。障害となるものを通り過ぎて、向こう側へ行く。「ありまかいどー(有馬街道)・を・　とー(通)っ・て・　ろっこー(六甲)・の・　やま(山)・を・　こえる。」「せんろ(線路)・を・　こえ・た・　きたがー(北側)・に・　こーえん(公園)・が・　ある。」②基準となる程度や範囲以上になる。「この・　せん(線)・を・　こえ・て・　で(出)・たら・　あか・ん・よ。」③数量が、それ以上になる。「あかしし(明石市)・の・　じんこー(人口)・は・　まだ・　さんじゅーまんにん(三十万人)・を・　こえ・とら・へん。」④ある日時・時期・期間などを過ぎる。「よなか(夜中)・の・　じゅーにじ(十二時)・を・　こえる。」■名詞化＝**こえ**【越え、超え】〔⇒**こす**【越す、超す】〕

こえる【肥える】《動詞・ア行下一段活用》　①体に肉がついて膨らむ。肉付きがよくなって体重が増える。「せんげつ(先月)・より・　ごきろ(五キロ)・も・　こえ・てしも・

た。」②肥料が効くなどして、土の質が良くなり、作物を育てる力が増す。土地の生産力が高くなる。「つち(土)・が・　こえ・とる・さかい・　おー(大)きな・　なすび(茄子)・が・　でけ(出来)・た。」■対語＝「やせる【痩せる】」〔①⇒**ふとる【太る】、ふとなる【太なる】**〕

コークス〔こーくす〕【ドイツ語＝Koks】《名詞》　石炭を高温で蒸し焼きにして作った燃料。石炭の途中まで燃えた残り滓。「こんろ(焜炉)・に・　こーくす・を・　い(入)れる。」

ごおっ〔ごーっ〕《副詞と》　①低く響くような、大きな音を立てる様子。また、その音。「ごーっと・　ゆ(言)ー・て・　でんしゃ(電車)・が・　はい(入)っ・てき・た。」②激しく水が注ぐ様子。また、そのときの音。「たき(滝)・が・　ごーっと・　お(落)ち・とる。」「ごーっと・　ふ(降)る・　おーあめ(大雨)・は・　おと(恐)ろしー。」

こおっと〔こーっと〕《感動詞》　ふと、しばらく考え込むようなときに、口をついて出る言葉。はて。さあ。どうであったか。「こーっと・　きのー(昨日)・は・　どんな・　はなし(話)・を・　し・まし・た・かいなー。」

コート〔こーと〕【英語＝coat】《名詞》　寒さや雨を防ぐために、上着の上に着るもの。「ちょっと(一寸)・　さむ(寒)い・ので・　こーと・を・　て(手)・に・　も(持)っ・て・　いえ(家)・を・　で(出)る。」◆女性のものを「コート」と言い、男性のものを「オーバー」と言うことが多かった。〔⇒**オーバー【英語＝overcoat の略】**〕

コード〔こーど〕【英語＝cord】《名詞》　ゴムやビニールを巻いて、電気が外に流れ出ないようにした電線。「こーど・を・　ひ(引)っぱっ・て・　にわ(庭)・に・　あか(灯)り・を・　とぼ(灯)す。」

コーヒ〔こーひ、こーひー〕【英語＝coffee】《名詞》　コーヒーの木の種を煎って粉にしたもの。また、それから作る飲み物。「こーひー・　の(飲)ん・で・　ひとやす(一休)み・　し・まほ。」

こおり〔こーり〕【氷】《名詞》　①零度以下の温度で、水が固まったもの。「いけ(池)・に・　こーり・が・　は(張)っ・とる。」②前項のものを砕いて作る菓子。「あつ(暑)い・なー。かちわり・の・　こーり・が・　く(食)い・たい。」

かき氷を作る、手回しの器械　★

こおる〔こーる〕【凍る】《動詞・ラ行五段活用》　①寒さのために、水などの液体が固まって固体になる。「いけ(池)・の・　みず(水)・が・　こーっ・た。」②水分を含んでいたものが氷結する。「まど(窓)・に・　いき(息)・を・　は(吐)い・たら・　こおる。」■名詞化＝**こおり【凍り、氷】**〔⇒**こごる【(凍る)】**。②⇒**いてる【凍てる】**〕

こおろぎ〔こーろぎ〕【蟋蟀】《名詞》　草むらなどにすみ、秋の頃によい声で鳴く、黒褐色で艶のある昆虫。「こーろぎ・の・　こえ(声)・を・　き(聞)ー・て・　あき(秋)・や・なー・と・　おも(思)う。」

ごかい【沙蚕】《名詞》　釣り餌として使う、河口や浅い海の泥の中にすむミミズに似た虫。「えさや(餌屋)・で・　ごかい・を・　か(買)う。」◆かつては、「いそべ」と言うことが多かった。〔⇒**いそべ**〕

ごかげつ【五か月】《名詞》　①1年を12に分けたときの、そのいつつ分。ほぼ150日の長さ。「こーじ(工事)・に・は・　まるまる(丸々)・　ごかげつ・　かかり・ます。」②その月から、中に3つの月を置いてまたがる長さ。「しがつ(四月)・の・　すえ(末)・から・　あしかけ・　ごかげつ・　かかっ・て・　はちがつ(八月)・の・　おぼん(盆)・の・　ころ(頃)・に・　かんせー(完成)し・ます。」〔⇒**いつつき【五月】**〕

こかす《動詞・サ行五段活用》　立っているものを横にする。転倒させる。「かびん(花瓶)・を・　こかし・たら・　みず(水)・が・　なが(流)れ・ても・た。」「すもー(相撲)・は・　あいて(相手)・を・　こかし・た・　ほー(方)・が・　か(勝)ち・や。」■自動詞は「こける」〔⇒**たおす【倒す】、ころばす【転ばす】、ころがす【転がす】**〕

こがす【焦がす】《動詞・サ行五段活用》　火や太陽で焼いて黒くする。「よそごと(余所事)・を・　し・とっ・て・　ぱん(パン)・を・　こがし・てしも・た。」◆自分の意思とは関わりなく、そのようになってしまう場合にも使う。■自動詞は「こげる【焦げる】」■名詞化＝**こがし【焦がし】**

こがた【小型、小形】《名詞》　形が小さいこと。規模が小さいこと。同類のものの中で、他と違って小さいこと。また、そのようなもの。「けーたいよー(携帯用)・の・　こがた・の・　むしめがね(虫眼鏡)・が・　べんり(便利)や。」「こがた・の・　せみ(蝉)・が・　と(飛)ん・でいっ・た。」■対語＝「おおがた【大型、大形】」

ごがつ【五月】《名詞》　1年の12か月のうちの5番目の月。「ごがつ・は・　やす(休)み・が・　おー(多)い・なー。」「ごがつ・は・　は(晴)れ・の・　ひ(日)ー・が・　つづ(続)く。」

こがね《名詞》　餅米と粳米とを混ぜて搗いて、ぶつぶつとしたものが残っている餅。「こがね・を・　ひとうす(一臼)・　つ(搗)く。」〔⇒**こがねもち【こがね餅】**〕

こがねいろ【黄金色】《名詞》　①金属の金のように、光沢のある黄色。「こがねいろ・の・　じどーしゃ(自動車)・が・　とー(通)っ・た。」②ほんのりと茶色がかった、焼け色。「もち(餅)・が・　こがねいろ・に・　や(焼)け・た。」〔①⇒**きん【金】、きんいろ【金色】**〕

こがねもち【こがね餅】《名詞》　餅米と粳米とを混ぜて搗いて、ぶつぶつとしたものが残っている餅。「こがねもち・を・　き(切)っ・て・　おかき・に・　する。」〔⇒**こがね**〕

こがら【小柄】《名詞、形容動詞や(ナ・ノ)》　①体つきや形が普通よりも小さいこと。「こがらで・　あし(足)・の・　はや(速)い・　せんしゅ(選手)・や・なー。」②柄や模様が普通よりも小さいこと。「こがらの・　しまもよー(縞模様)・が・　きれー(綺麗)な・　ふく(服)・や。」■対語＝「おおがら【大柄】」

こき【古稀】《名詞》　数え年の70歳。数え歳で70歳になったお祝い。「あの・　ひと(人)・は・　こき・に・　なっ・ても・　たっしゃ(達者)や・なー。」

こきおろす【扱き下ろす】《動詞・サ行五段活用》　ことさらに欠点などを指摘して、ひどく貶す。するどく悪口を言う。「ひと(人)・の・　こと・を・　こきおろし・とっ・たら・　おまえ(前)・も・　わるくち(悪口)・を・　い(言)わ・れる・ぞ。」■名詞化＝**こきおろし【扱き下ろし】**

ごきげん【御機嫌】《名詞、形容動詞や(ノ・ナ)》　①表情や態度などに現れている、その人の気分の良し悪しや病状の良し悪し。「ごきげん・は・　いかが・です・か。」②心の有り様が安定していること。心持ちが良いこと。「きょー(今日)・は・　えらい・　ごきげんです・なー。」◆①②ともに、「きげん【機嫌】」に尊敬や丁寧の気持ちを込めて使う言葉である。■対語＝②「ふきげん【不機嫌】」〔⇒**きげん【機嫌】**〕

こきげんさん【御機嫌さん】《感動詞》 相手の機嫌のよい様子を讃えたり、機嫌がよくなることを祈って言う挨拶言葉。「よおっ・　ごきげんさん。」

こきつかう【扱き使う】《動詞・ワア行五段活用》 休む隙も与えず、疲れ切るまでたっぷり働かせる。遠慮などをせずに酷使する。「やす(安)い・　げっきゅー(月給)・で・　こきつかわ・れる。」

ごきぶり《名詞》 台所などにいて食品に害を与えたりする、光沢のある黒や焦げ茶色の羽をもち扁平な体の虫。「ごきぶり・を・　ほいほい(ホイホイ)・で・　つか(捕)まえる。」◆「あぶらむし【油虫】」と言う方が多い。〔⇒**あぶらむし【油虫】**〕

こく《名詞》 凝縮されて深みのある味わい。「こく・の・ある・　びーる(ビール)・を・　の(飲)む。」

こく〔ごく〕【石】《名詞》 尺貫法で穀物の量などを表す単位で、1石はおよそ180リットルの量。1石は、1斗の10倍である。「ここ・に・は・　むかし(昔)・　じゅーまん(十万)ごく・の・　との(殿)さん・が・　おっ・た。」

こく【扱く】《動詞・カ行五段活用》 何かの間に挟んだり通したりして引っ張り、周りについているものを取り除く。特に、穀物の本体に付いている実などを、手やものの間に挟んで離し落とす。「にわ(庭)・で・　むぎ(麦)・の・　ほ(穂)ー・を・　こく。」〔⇒**しごく【扱く】、すごく【(扱く)】**〕

こく《動詞・カ行五段活用》 ①自分の体から、はばかりもなく強く放つ。「へ(屁)ー・を・　こく。」②無遠慮に堂々と言い放つ。「うそ(嘘)・を・　こき・やがっ・た。」「もんく(文句)・を・　こき・やがる・さかい・　はら(腹)・が・　た(立)っ・てき・た。」◆②は、相手の言っている内容や言い方について、批判的に述べる場合に使う言葉である。〔②⇒**ぬかす【吐かす】、たたく【叩く】、くち(を)たたく【口(を)叩く】**〕

こぐ【漕ぐ】《動詞・ガ行五段活用》 ①船を進めるために、櫓や櫂などを動かす。「てんま(伝馬)・を・　こぐ。」②自転車やぶらんこなどを、足の力や、からだ全体の力で動かす。「じてんしゃ(自転車)・を・　こい・で・　さか(坂)・を・　のぼ(上)る。」

ごく【極】《副詞》 普通の程度をかなり超えていることを表す言葉。きわめて。「あいつ(彼奴)・は・　ごく・　した(親)しい・　とも(友)だち・や・ねん。」「きんじょ(近所)・の・　かじ(火事)・は・　ごく・　さいきん(最近)・の・できごと(出来事)・です。」

こくご【国語】《名詞》 ①それぞれの国で公用語として使われている言葉。また、日本で公用語として使われている言葉。日本語。「こくご・で・　ゆ(言)ー・てくれ・なんだら・　わから・へん。」②日本の言語および言語文化を教える、小学校、中学校、高等学校の教科の名。「まいにち(毎日)・　じかんわり(時間割)・に・　こくご・が・ある。」〔①⇒**にほんご**〕

こくさん【国産】《名詞》 日本国内で作ること。また、日本国内で作られた製品。「はくらい(舶来)・より・も・こくさん・の・　きかい(機械)・の・　ほー(方)・が・　つか(使)いやすい。」■対語＝「はくらい【舶来】」〔⇒**こくさんひん【国産品】**〕

こくさんひん【国産品】《名詞》 日本国内で作られた製品。「こくさんひん・は・　こしょー(故障)・を・　お(起)こしにくい。」■対語＝「はくらいひん【舶来品】」〔⇒**こくさん【国産】**〕

こぐすり〔こーぐすり〕【粉薬】《名詞》 極めて微細な粒になっている薬。「かぜ(風邪)・の・　こーぐすり・を・　もろ(貰)ろ・た。」■対語＝「みずぐすり【水薬】」〔⇒**こなぐすり【粉薬】**〕

こぐち【小口】《名詞》 ①もののはじめの部分。はじめにあるもの。手前の部分。手前にあるもの。「こぐち・は・ゆっくり・　かんが(考)え・ながら・　し・ていき・なはれ。そのうち・　はよ(速)ー・　でけ(出来)る・よーに・なる・はず・や。」「こぐち・に・　ね(値)ー・の・　たか(高)い・　しなもん(品物)・が・　なら(並)べ・てある。」②門や玄関などに作られている、小さな入口。「こぐち・は・　ひく(低)ー・　なっ・とる・さかい・　あたま(頭)・を・　う(撲)た・ん・よーに・　し・てください。」〔②⇒**はいりこぐち【入り小口】**〕

こぐちから【小口から】《副詞》 はじめから総てにわたって。片っ端からすべて。「こぐちから・　もんく(文句)・ばっかり・　ゆ(言)ー・とる・ねん。」「こぐちから・　ぜんぶ(全部)・に・　しるし(印)・を・　い(入)れる。」

こくどう〔こくどー〕【国道】《名詞》 国が作って管理をしている幹線道路。「こくどー・は・　くるま(車)・の・　かず(数)・が・　おー(多)い。」「こくどー・の・　にごーせん(二号線)・を・　はし(走)る。」◆国道2号線のことを略して「にこく【二国】」と言う。関東などでは国道1号線を「こくいち【国一】」と言うことが多いようである。

ごくどう〔ごくどー〕【極道】《名詞、動詞する》 ①働かず怠けること。また、そのようにする人。放蕩にふけること。また、そのようにする人。「ごくどーし・て・いえ(家)・で・　ごろごろし・とる。」②やくざ者。「ごくどー・の・　ひと(人)・は・　おと(恐)ろしい。」

こくば《名詞》 松などの枯れ落ち葉。「やま(山)・に・は・こくば・が・　いっぱい(一杯)・　ある・なー。」〔⇒**まつば【松葉】**〕

こくばかき【こくば掻き】《名詞、動詞する》 松などの落ち葉を掃き集めること。「こくばかき・を・　し・たら・た(焚)く・　もん(物)・が・　あつ(集)まる。」〔⇒**まつばかき【松葉掻き】**〕

こくばん【黒板】《名詞》 白墨で字や絵などを書くための、黒色や緑色の板。「こくばん・に・　か(書)い・て・　せつめー(説明)する。」〔⇒**とばん【塗板】**〕

こくばんけし【黒板消し】《名詞》 白墨で板に書いた字や絵などを消す道具。「こども(子供)・の・　ころ(頃)・は・きょーしつ(教室)・で・　よー・　こくばんけし・の・な(投)げあい・を・　し・た・なー。」〔⇒**こくばんふき【黒板拭き】、とばんけし【塗板消し】、とばんふき【塗板拭き】**〕

こくばんふき【黒板拭き】《名詞》 白墨で板に書いた字や絵などを消す道具。「こーしゃ(校舎)・の・　かべ(壁)・に・　こくばんふき・を・　たた(叩)い・た・　あと(跡)・が・　のこ(残)っ・とる。」〔⇒**こくばんけし【黒板消し】、とばんけし【塗板消し】、とばんふき【塗板拭き】**〕

ごくらく【極楽】《名詞、形容動詞や(ナ)》 ①悩みや心配事がなく、満ち足りた生活をしていること。「あんた・は・　むすこ(息子)はん・も・　いちにんまえ(一人前)・に・　なっ・て・　ごくらくな・　こと・や・なー。」②ほっと一息ついて、気持ちよく感じている様子。「おんせん(温泉)・に・　はい(入)・れ・て・　あー・　ごくらく・ごくらく。」③仏教で、良いことをした人が、死後に行くと考えられている、美しくて平和なところ。「ごくらく・に・　い(行)ける・よーに・　まー(周)り・の・　ひと(人)・に・　え(良)ー・　こと・を・　し・とき・な・よ。」■対語＝「じごく【地獄】」

こぐり【(潜り)】《名詞》 門の大きな扉に付けられている、潜って出入りするような小さな出入り口。門の脇などに作ってある、潜って出入りするような小さな出入り口。「こぐり・だけ・で・は・ い(入)れ・られ・へん・さかい・ おーど(大戸)・を・ あ(開)け・なはれ。」■対語＝「おおど【大戸】」〔⇒**くぐり**【**潜り**】、**くぐりど**【**潜り戸**】、**こぐりど**【(潜り戸)】〕

こぐりど【(潜り戸)】《名詞》 門の大きな扉に付けられている、潜って出入りするような小さな出入り口。門の脇などに作ってある、潜って出入りするような小さな出入り口。「こぐりど・が・ ひく(低)い・さかい・ あたま(頭)・に・ き(気)・を・ つ(付)ける。」■対語＝「おおど【大戸】」〔⇒**くぐり**【**潜り**】、**こぐり**【(潜り)】、**くぐりど**【**潜り戸**】〕

こぐる【(潜る)】《動詞・ラ行五段活用》 ものの下やすき間などを通り抜ける。身を屈めて通り抜ける。「えん(縁)・の・ した(下)・を・ こぐる。」◆水の中へは「もぐる【潜る】」と言う。■名詞化＝**こぐり**【(潜り)】〔⇒**くぐる**【**潜る**】〕

こけ【苔】《名詞》 岩や湿った地面などに生える、花の咲かない、緑色の小さな植物。「にわ(庭)・に・ は(生)え・た・ こけ・が・ きれー(綺麗)や。」

こげくさい【焦げ臭い】《形容詞・アイ型》 ものが火に焼けて、焦げる臭いがする。「ごはん(飯)・が・ こげくさい。」〔⇒**やぐさい**【**や臭い**】〕

こけこっこ《名詞》 肉や卵を食用とするために飼育され、鶏冠を持ち、翼が小さくて上手に飛べない鳥。「こけこっこ・が・ たまご(卵)・を・ う(生)んだ・よ。」◆幼児語。〔⇒**とり**【**鶏**】、**にわとり**【**鶏**】〕

こけし《名詞》 頭が丸く、手足がなく、胴が円筒の形をした木製の人形。「こけし・を・ あつ(集)める・の・が・ す(好)きや。」

こげちゃ【焦げ茶】《名詞》 黒っぽい茶色。褐色。「むかし(昔)・は・ こげちゃ・の・ しょーせんでんしゃ(省線電車)・が・ はし(走)っ・とっ・た。」〔⇒**こげちゃいろ**【**焦げ茶色**】〕

こげちゃいろ【焦げ茶色】《名詞》 黒っぽい茶色。褐色。「ちょこれーと(チョコレート)・は・ しろ(白)い・の・より・ やっぱり・ こげちゃいろ・が・ え(良)ー。」〔⇒**こげちゃ**【**焦げ茶**】〕

こげつく【焦げ付く】《動詞・カ行五段活用》 焼け焦げて、入れ物などにくっつく。「かま(釜)・に・ こげつい・た・ ごはん(飯)・を・ さら(浚)える。」■名詞化＝**こげつき**【**焦げ付き**】

こける《動詞・カ行下一段活用》 立っていたものが横になる。転倒する。「じてんしゃ(自転車)・に・ ふたりの(二人乗)り・を・ し・とっ・て・ こけ・た。」■他動詞は「こかす」〔⇒**ころぶ**【**転ぶ**】、**たおれる**【**倒れる**】、**ころがる**【**転がる**】、**ころこぶ**【**転がる**】〕

こげる【焦げる】《動詞・ガ行下一段活用》 ①火や太陽で焼けて黒くなる。「ぱん(パン)・が・ こげる。」②黒みがかった色になる。「いえ(家)・の・ はしら(柱)・が・ こげ・てき・た。」■他動詞は「こがす【焦がす】」■名詞化＝**こげ**【**焦げ**】

ここ【九】《名詞(数詞)》 数を2音節で言うときの「9」を表す言葉。◆1から10までを「ひい【一】」「ふう【二】」「みい【三】」「よお【四】」「いつ【五】」「むう【六】」「なな【七】」「やあ【八】」「ここ【九】」「とお【十】」と言う。ただし、単独で「ここ【九】」と言うことはない。

ここ【此処】《名詞》 ①自分が現在いる場所。自分の現在の位置。「にもつ(荷物)・は・ ここ・に・ お(置)い・とい・てほしー・ねん。」②現在の時間。今。近頃。「ここ・の・ ところ・は・ いそが(忙)しー・ねん。」

ごご【午後】《名詞》 正午から夜の12時までの時間帯。または、昼から夕方までの時間帯。「ごご・の・ ろくじ(六時)・から・ こんしんかい(懇親会)・を・ する。」■対語＝「ごぜん【午前】」〔⇒**ひるから**【**昼から**】〕

ココア〔ここあ〕【英語＝cocoa】《名詞》 カカオの種を煎って粉にしたもの。また、それを溶かした飲み物。「こーひー(コーヒ)・より・も・ ここあ・が・ す(好)きや。」

こごえる【凍える】《動詞・ア行下一段活用》 寒さのために体が冷えて、感覚が薄らいだり動きが鈍くなったりする。「さぶ(寒)ー・て・ て(手)ー・が・ こごえ・て・ いご(動)か・へん。」〔⇒**こごる**【**凍る**】〕

ここち【心地】《名詞》 何かをしたときや何かに遭遇したときなどに持つ、心の状態。「い(生)き・た・ ここち・が・ せ・なんだ。」「す(住)みごこち・が・ え(良)ー・いえ(家)・や。」〔⇒**きしょく**【**気色**】、**きもち**【**気持ち**】、**こころもち**【**心持ち**】、**こんころもち**【(心持ち)】〕

ここちええ〔ここちえー〕【心地良え】《形容詞・特殊型》 何かの状況の中にあって、気持ちがよい。気分爽快である。「はる(春)・の・ ここちえー・ きこー(気候)・に・ なっ・た。」

ここち(が)わるい【心地(が)悪い】《形容詞・ウイ型》 ①体調がよくない。体調がよくないのに伴って気持ちが悪い。「はら(腹)・が・ くだ(下)っ・て・ ここちわるい。」②何かに遭遇したりして、不気味に感じる。肝を冷やした思いである。恐怖感を抱く。「びる(ビル)・の・ おくじょー(屋上)・から・ した(下)・を・ み(見)・たら・ ここちがわるー・ なっ・た。」「つよ(強)い・ かぜ(風)・が・ ふ(吹)い・て・ いえ(家)・が・ ゆ(揺)れ・た・さかい・ ここちわるかっ・た。」

ここっちょい【(心地良い)】《形容詞・特殊型》 自分の得たものの量や質などに手応えを感じて、痛快に感じる。「さかな(魚)・が・ ぎょーさん(仰山)・ つ(釣)れ・て・ ここっちょい。」「こないに・ おー(大)きな・ だいこん(大根)・は・ ここっちょい・なー。」「ここっちょい・ほど・ よー・ もー(儲)かっ・た。」

こごと【小言】《名詞》 相手の様子に不満を感じて、非難したり戒めたりする言葉。特に、ぶつぶつ言う文句の言葉。「おかー(母)ちゃん・は・ こごと・ばっかり・ ゆ(言)ー・とる。」

ここの【九】《接頭語》 (後ろの名詞にかかっていく言葉で)9を表す言葉。「ここのたびめ(度目)・に・ やっと・ か(勝)て・た。」〔⇒**く**【**九**】、**きゅう**【**九**】〕

ここのか【九日】《名詞》 ①1か月のうちの9番目の日。「はいひんかいしゅー(廃品回収)・は・ ここのか・の・ ひ(日)ー・や。」②1日を9つ合わせた日数。「こんな・もん・ ひと(一)つ・ つく(作)る・の・に・ ここのか・も・ かかっ・た・ん・かいな。」

ここのつ【九つ】《名詞(数詞＋助数詞)》 ①自然数の8に、1を加えた数で、個数などをかぞえる場合に使う言葉。「ここのつ・を・ さんにん(三人)・で・ わ(分)ける。」②9歳の年齢。「ここのつ・やっ・たら・ にゅーじょーりょー(入場料)・は・ はんがく(半額)・や。」

ここのつき【九月】《名詞》 ①1年を12に分けたときの、そのここのつ分。ほぼ270日の長さ。「はる(春)・の・はじ(初)め・から・ あき(秋)・の・ お(終)わり・まで・ ここのつき・が・ かんこーしーずん(観光シーズン)・

こ

や。」②その月から、中に７つの月を置いてまたがる長さ。「ここのつき・も・　さき(先)・の・　こと・なんか・　わから・へん。」◆「くつき【九月】」とは言わない。〔⇒**きゅうかげつ**【九か月】〕

こごめ【小米】《名詞》 精米するときに砕けた米。「こごめ・も・　いっしょ(一緒)に・　た(炊)く。」

ここら〔ここらー〕【此処等】《名詞》 ①自分が現在いる場所の辺り。自分の現在の位置の辺り。「ある(歩)きはじめ・て・　いちじかん(一時間)・　たっ・た・さかい・　ここら・で・　いっぺん(一遍)・　やす(休)み・まほ。」②現在の時間の辺り。「ここら・が・　しごと(仕事)・が・　はんぶん(半分)・　す(済)ん・だ・　とこ・や。」◆「ここ【此処】」よりも広く、漠然と表す。

こごる【凍る】《動詞・ラ行五段活用》 ①魚の煮汁がプリン状になる。液状のものが冷えてプリンのような状態になる。「さかな(魚)・の・　しる(汁)・が・　こごっ・て・　ぺろぺろ・が・　でけ(出来)・とる。」②寒さのために、水などの液体が固まって固体になる。「すいどー(水道)・が・　こごっ・て・　みず(水)・が・　で(出)ー・へん。」③寒さのために体が冷えて、感覚が薄らいだり動きが鈍くなったりする。「ゆびさき(指先)・が・　こごっ・て・　じ(字)ー・が・　か(書)か・れ・へん。」〔②⇒**こおる**【凍る】。③⇒**こごえる**【凍える】〕

こころ【心】《名詞》 人が考えたり感じたりする働きの、いちばん元になるもの。その人がいだく気持ちや考え。「あいて(相手)・の・　こころ・の・　なか(中)・も・　かんが(考)え・たり・なはれ。」

こころあたり【心当たり】《名詞》 思い当たるふし。関係があると感じられること。「この・　じゃんぱー(ジャンパー)・に・　こころあたり・は・　おま・へん・か。」「こころあたり・の・　しと(人)・に・　たん(尋)ね・てみる。」

こころえ【心得】《名詞》 ①あることについて知っていること。ひととおり技芸などを身につけていること。「あの・　ひと(人)・は・　さどー(茶道)・の・　こころえ・が・　ある。」②気をつけなければならないこと。心構えとして必要なこと。「なつやす(夏休)み・の・　こころえ・を・　よー・　よ(読)み・なさい。」

こころえる【心得る】《動詞・ア行下一段活用》 ものごとの意味や方法の細部のことまで了解する。理解して、引き受ける。「あした(明日)・の・　よてー(予定)・は・　こころえ・とる。」■名詞化＝**こころえ**【心得】

こころがけ【心掛け】《名詞》 普段からの心の持ち方や努力の仕方。「おまえ(前)・は・　こころがけ・が・　しっかりし・とる・なー。」

こころがける【心掛ける】《動詞・カ行下一段活用》 いつも心に留めて、忘れないようにする。望ましい状態になるように努める。「わかりやすい・　ことばづか(言葉遣)い・を・　する・よーに・　こころがけ・とる。」■名詞化＝**こころがけ**【心掛け】

こころづけ【心付け】《名詞》 世話になった礼として渡す金品。「うんてんしゅ(運転手)さん・に・　こころづけ・を・　わた(渡)す。」〔⇒**しゅうぎ**【祝儀】〕

こころぼそい【心細い】《形容詞・オイ型》 頼りにするものがなくて、不安で寂しい。「ひとり(一人)・で・　い(行)く・の・は・　こころぼそい・なー。」

こころもち【心持ち】《名詞》 ①その人が心の中に抱いている思いや感情。「あんた・の・　こころもち・が・　うれ(嬉)しー・なー。」②何かをしたときや何かに遭遇したときなどに持つ、心の状態。「すず(涼)しー・　かぜ(風)・が・　ふ(吹)い・て・　え(良)ー・　こころもち・や。」〔⇒**きもち**【気持ち】、**こんころもち**【(心持ち)】。①⇒**き**【気】。②⇒**きしょく**【気色】、**ここち**【心地】〕

こころやすい【心安い】《形容詞・ウイ型》 気心がわかりあっていて、遠慮する必要がない。気楽でうち解けあっている。「わし・の・　こころやすい・　ひと(人)・に・　たの(頼)ん・でみ・ます。」〔⇒**ここんりゃすい**【(心安い)】、**きやすい**【気安い】〕

ここんりゃすい【(心安い)】《形容詞・ウイ型》 気心がわかりあっていて、遠慮する必要がない。気楽でうち解けあっている。「なんぼ・　ここんりゃすい・　ひと(人)・や・と・　ゆ(言)ー・た・かて・　れーぎ(礼儀)・が・　ある・やろ。」〔⇒**こころやすい**【心安い】、**きやすい**【気安い】〕

ござ【茣蓙】《名詞》 藺草の茎を編んで作った敷物。「き(木)ー・の・　した(下)・に・　ござ・　ひ(敷)ー・て・　はなみ(花見)する。」

ございます《動詞・サ行五段活用》 「ある」の丁寧な言い方。「ここ・に・　ございます・ねん。」〔⇒**ごんす**〕

ございます《補助動詞・サ行五段活用》 前にある言葉を丁寧に表現する言い方。「なに(何)かと・　ありがとう・ございます。」〔⇒**ごんす**〕

こさえる【(拵える)】《動詞・ア行下一段活用》 ①形のあるものにする。役立つものに仕上げる。「あたら(新)しー・　きもの(着物)・を・　こさえ・た。」「おー(大)けな・　もん(門)・を・　こさえる。」②手を加えて、もとと違ったものにする。準備をする。「むすこ(息子)・の・　にゅーがくきん(入学金)・を・　こさえ・とく。」「うんどーかい(運動会)・に・　も(持)っ・ていく・　べんとー(弁当)・を・　こさえる。」③それまでになかったものを、新たに生み出す。「にんげん(人間)・は・　ろけっと(ロケット)・まで・も・　こさえ・た。」〔⇒**こしらえる**【拵える】、**こっさえる**【(拵える)】、**つくる**【作る】〕

こさく【小作】《名詞、動詞する》 地主の土地を借りて、農作物を作ること。また、それをする人。「せんぞ(先祖)・は・　こさく・の・　ひゃくしょー(百姓)・を・　し・とっ・た。」

こさめ【小雨】《名詞》 緩やかに少しずつ降る雨。細かな雨。「はいきんぐ(ハイキング)・は・　こさめ・やっ・たら・　ちゅーし(中止)し・まへ・ん。」■対語＝「**おおあめ**【大雨】」

こされ《副助詞》 その前に述べた内容を強調する働きをする言葉。「い(行)っ・たら・こされ・　あ(会)え・た・ん・や。」「おや(親)・や・こされ・　くろー(苦労)し・て・　そだ(育)て・てくれ・た・ん・や。」◆古語の「こそ……あれ」の言い方がつづまったものである。〔⇒**ならこされ**〕

こし【腰】《名詞》 ①体の胴と足の間の部分。「こし・の・　みぎ(右)・の・　ほー(方)・が・　いた(痛)い。」②尻の部分。「いす(椅子)・に・　こし・を・　か(掛)ける。」③粉や餅などのねばり。紙などのかたさ。弾力。「こし・の・　ある・　うどん(饂飩)・や・さかい・　うま(美味)い・なー。」

ごし【越し】《接尾語》［名詞に付く］ ①途切れずにずっと続いていることを表す言葉。「いっしゅーかん(一週間)ごし・で・　かんが(考)え・とる。」「さんねん(三年)ごし・の・　こーじ(工事)・が・　まだ・　つづ(続)い・とる。」②そのものを隔てているということを表す言葉。「まど(窓)ごし・に・　そと(外)・を・　み(見)る。」

こじあける【こじ開ける】《動詞・カ行下一段活用》 閉ざされているものの隙間にものを入れて、無理に開ける。「かぎ(鍵)・を・　うしな(失)え・た・さかい・　どらいばー(ドライバー)・で・　こじあけ・た。」

こしいた【腰板】《名詞》 ①家の壁の外側に張った板。「こしいた・に・　らくが(落書)き・　せ・んとい・て・な。」②洋風の部屋の仕切りの、低い部分。「きょーしつ(教室)・の・　こしいた・が・　よご(汚)れ・とる。」

こしがおもたい【腰が重たい】《形容詞・アイ型》 無精で、なかなか行動しようとしない様子。動きが鈍い様子。「はよ(早)ー・　うご(動)い・てよ。あんた・は・　こしのおもたい・　ひと(人)・や・なー。」◆「こしが…」の「が」の部分は、「の」、「も」などの他の助詞に代わることがある。■対語＝「こしがかるい【腰が軽い】」

こしがかるい【腰が軽い】《形容詞・ウイ型》 ①気軽に動き出す様子。「こしがかるー・て・　なん(何)・でも・　ひ(引)きうけ・てくれる。」②軽はずみな様子。「いつ・の・ま(間)・に・やら・　おら・ん・よーに・　なっ・て・　こしのかるい・　ひと(人)・や。」◆「こしが…」の「が」の部分は、「の」、「も」などの他の助詞に代わることがある。■対語＝「こしがおもたい【腰が重たい】」

こしかけ【腰掛け】《名詞》 ①腰をおろして座るための台。「えき(駅)・の・　こしかけ・に・　すわ(座)る。」「つくえ(机)・と・　こしかけ・の・　せっと(セット)・を・　こ(買)ー・た。」②一時的に身を置く職業や立場。「いま(今)・は・　こしかけ・で・　しごと(仕事)し・てます・ねん。」〔①⇒**いす【椅子】**〕

こしかける【腰掛ける】《動詞・カ行下一段活用》 膝を曲げて、椅子・台・段などに座る。「べんち(ベンチ)・に・　こしかけ・て・　べんとー(弁当)・を・　た(食)べる。」■名詞化＝**こしかけ【腰掛け】**〔⇒**すわる【座る】**〕

こしがたかい【腰が高い】《形容詞・アイ型》 人に対して偉そうな態度をとる様子。謙虚さをそなえていない様子。「こしがたこー・て・　えら(偉)そーに・　し・てくさる。」■対語＝「こしがひくい【腰が低い】」

こしがぬける【腰が抜ける】《動詞・カ行下一段活用》 恐怖心に襲われる。たいへん驚く。恐れたり驚いたりして、立ち上がれなくなる。「おー(大)けな・　じしん(地震)・が・　お(起)こっ・て・　こしがぬけ・た。」〔⇒**こし(を)ぬかす【腰(を)抜かす】**〕

こしがひくい【腰が低い】《形容詞・ウイ型》 人に対して謙虚である様子。威張らないで丁寧である様子。「こしがひくー・て・　だれ(誰)・に・でも・　あいさつ(挨拶)する。」■対語＝「こしがたかい【腰が高い】」

ごしごし《副詞と》 力を込めてものをこする様子。また、そのときに出る音。「ごしごしと・　かんぷまさつ(乾布摩擦)・を・　する。」

こじつけ《名詞》 無理やり理屈をつけて、いかにも筋が通ったように言うこと。本来は関係のないものを無理やりに他のものに結びつけること。「じぶんかって(自分勝手)な・　こじつけ・を・　ゆ(言)ー・の・は・　こま(困)る。」

こじつける《動詞・カ行下一段活用》 無理やり理屈をつけて、いかにも筋が通ったように言う。本来は関係のないものを無理やりに他のものに結びつける。「なんやかや・　こじつけ・て・　ひと(人)・に・　しごと(仕事)・を・　お(押)しつけ・やがっ・た。」■名詞化＝**こじつけ**

こしぬけ【腰抜け】《名詞、形容動詞や(ノ)》 意気地がなく、役に立たないこと。臆病で、行動力に欠けること。「よわ(弱)い・　こしぬけの・　すもーと(相撲取)り・は・　なさ(情)けない・なー。」

こしまき【腰巻き】《名詞》 女性が和服を着たとき、腰から下の部分にかけて、肌にじかにまとう布。「こしまき・の・　うえ(上)・に・　きもの(着物)・を・　き(着)る。」〔⇒**おこし【お腰】**〕

ごじゃ《名詞、形容動詞や(ナ)、動詞する》 ①道理の通らないこと。「ごじゃな・　こと・を・　い(言)ーだし・て・　みんな(皆)・に・　く(食)ってかかっ・とる。」②間違ったこと。「おまえ(前)・の・　こた(答)え・は・　ごじゃ・が・　おー(多)い・なー。」③いい加減なこと。「ごじゃな・　でまかせ・を・　ゆ(言)ー・な・よ。」

ごじゃごじゃ《名詞》 考えなどが対立して争いになっていること。雑多なものなどが秩序なく入り混じっていること。「いえ(家)・の・　なか(中)・に・　ごじゃごじゃ・が・　ある・みたいや。」〔⇒**ごちゃごちゃ、ごたごた、もめごと【揉め事】**〕

ごじゃごじゃ《形容動詞や(ノ)、動詞する》 ①いろいろなものが無秩序に混じり合っている様子。いろいろなものを混ぜ合わせている様子。ものごとを混同している様子。「つくえ(机)・の・　なか(中)・が・　ごじゃごじゃに・　なっ・とる。」②あれこれ述べて非難する様子。文句を言い続ける様子。もめ事が生じている様子。「ごじゃごじゃと・　もんく(文句)・ばっかり・　ゆ(言)ー。」〔⇒**ごちゃごちゃ、ごたごた**。①⇒**ごっちゃ、ごった、ごちゃまぜ【ごちゃ混ぜ】、ごっちゃまぜ【ごっちゃ混ぜ】、ごじゃまぜ【ごじゃ混ぜ】、ごたまぜ【ごた混ぜ】、まぜくちゃ【混ぜ苦茶】、まぜこぜ【混ぜこぜ】、まぜこちゃ【混ぜこちゃ】**〕

ごじゃっぺ《名詞、形容動詞や(ノ・ナ)》 道理の通らないこと。世間の常識にそわないこと。また、そのようなことをする人。「ごじゃっぺ・に・　かいけー(会計)・を・　まか(任)し・たら・　えらい・　こと・に・　なる。」〔⇒**ごじゃんぽ、ごちゃっぺ、ごちゃんぽ**〕

ごじゃまぜ【ごじゃ混ぜ】《形容動詞や(ノ)、動詞する》 いろいろなものが無秩序に混じり合っている様子。いろいろなものを混ぜ合わせている様子。ものごとを混同している様子。「ごじゃまぜに・　せ・んと・　おー(大)けー・の・と・　こ(小)まい・の・と・　わ(分)け・とい・てんか。」〔⇒**ごっちゃ、ごった、ごちゃまぜ【ごちゃ混ぜ】、ごっちゃまぜ【ごっちゃ混ぜ】、ごたまぜ【ごた混ぜ】、ごちゃごちゃ、ごたごた、ごじゃごじゃ、まぜくちゃ【混ぜ苦茶】、まぜこぜ【混ぜこぜ】、まぜこちゃ【混ぜこちゃ】**〕

ごじゃんぽ《名詞、形容動詞や(ノ・ナ)》 道理の通らないこと。世間の常識にそわないこと。また、そのようなことをする人。「みち(道)・　いっぱい(一杯)・に・　くるま(車)・を・　と(停)め・て・　ごじゃんぽな・　ひと(人)・が・　おる・なー。」〔⇒**ごじゃっぺ、ごちゃっぺ、ごちゃんぽ**〕

ごじゅうのとう〔ごじゅーのとー〕【五重塔】《名詞》 寺などにある、屋根を五層に積み重ねた形にして高く建てた建物。「かくりんじ(鶴林寺)・の・　ごじゅーのとー・は・　きれー(綺麗)や・なー。」

こしょう〔こしょー〕【胡椒】《名詞》 実を干して香辛料として使う、常緑の低木。また、それから作られた香辛料。「らーめん(ラーメン)・に・　こしょー・を・　ふ(振)りかける。」

こしょう〔こしょー〕【故障】《名詞、動詞する》 体や機械などの一部に異常が生じて、具合が悪くなったり機能が損なわれたりすること。「この・　とけー(時計)・は・　こしょー・を　させ・ん・よーに・　だいじ(大事)に・つか(使)え・よ。」

こしらえ【拵え】《名詞、動詞する》 ①食事の準備をすること。「じゅーいちじ(十一時)・に・　なっ・た・さかい・　ひる(昼)・の・　こしらえ・を・　せ・んなら・ん。」「ばん(晩)ごしらえ・の・　かいもん(買物)・に・　い(行)く。」②あることを行うために前もって用意すること。準備をすること。整えること。「い(去)ぬ・　こしらえ・を・　し・て・　ま(待)っ・とい・てください。」「ふろ(風呂)・の・　こしらえ・が・　す(済)ん・だ。」〔⇒**したく【支度】**。①⇒**ごはんごしらえ【ご飯拵え】**、**めしごしらえ【飯拵え】**〕

こしらえる【拵える】《動詞・ア行下一段活用》　①形のあるものにする。役立つものに仕上げる。「ぷりんとごっこ(プリントゴッコ)・で・　ねんがじょー(年賀状)・を・　こしらえる。」②手を加えて、もとと違ったものにする。準備をする。「こしらえ・て・　ま(待)っ・とっ・てん・けど・　たくしー(タクシー)・が・　なかなか・　き(来)・てくれ・なんだ。」③それまでになかったものを、新たに生み出す。「えきまえ(駅前)・に・　みせ(店)・を・　こしらえ・た。」■名詞化＝**こしらえ【拵え】**〔⇒**こっさえる【(拵える)】**、**こさえる【(拵える)】**、**つくる【作る】**〕

こじらす【拗らす】《動詞・サ行五段活用》　①物事や話をうまく進められず、もつれさせる。処理や解決を困難にする。「いっぺん・　はなし(話)・を・　こじらし・たら・　なかなか・　もと(元)・に・　もど(戻)ら・へん。」②病気が順調に治っていかないようにしてしまう。病気がますます悪くなって長引くようにしてしまう。「かぜ(風邪)・を・　こじらし・て・　いっしゅーかん(一週間)・　やす(休)ん・だ。」■自動詞は「**こじれる【拗れる】**」

こじれる【拗れる】《動詞・ラ行下一段活用》　①物事や話がうまく進まず、もつれる。処理や解決が困難になる。「はなし(話)・が・　こじれ・て・　こま(困)っ・とる・ん・や。」②病気が順調に治っていかない。病気がますます悪くなって長引く。「かぜ(風邪)・が・　こじれ・て・　ね(寝)こん・だ。」■他動詞は「**こじらす【拗らす】**」■名詞化＝**こじれ【拗れ】**

こし(を)すえる【腰(を)据える】《動詞・ア行下一段活用》　気構えを持って、ある場所にどっしりと落ち着く。他のものに気持ちを奪われず、物事にじっくりと取り組む。「きょー(今日)・は・　ここ・に・　こしをすえ・て・　の(飲)む・　こと・に・　し・まっ・さ。」「じゅーねんかん(十年間)・　こしすえ・て・　おーさかしてん(大阪支店)・に・　つと(勤)め・とり・まし・てん。」

こし(を)ぬかす【腰(を)抜かす】《動詞・サ行五段活用》　恐怖心に襲われる。たいへん驚く。恐れたり驚いたりして、立ち上がれなくなる。「となり(隣)・が・　かじ(火事)・に・　なっ・て・　こしをぬかし・た。」〔⇒**こしがぬける【腰が抜ける】**〕

こじん【個人】《名詞》　ただひとりの人。集団などに対して、それを構成するひとりひとりの人。その人の職業や立場などを切り離した、ひとりの人。「そんな・　たいきん(大金)・は・　こじん・で・は・　ふたん(負担)・が・　でけ(出来)・へん。」「こじん・の・　たちば(立場)・で・　かんが(考)え・を・　ゆ(言)う。」

こす【越す、超す】《動詞・サ行五段活用》　①高いところを通り過ぎる。障害となるものを通り過ぎて、向こう側へ行く。「やま(山)・の・　てっぺん(天辺)・を・　こし・て・　む(向)こー・の・　がわ(側)・に・　お(下)りる。」②基準となる程度や範囲以上になる。「おーみず(大水)・で・　けーかいすいい(警戒水位)・を・　こし・た。」③数量が、それ以上になる。「はちがつ(八月)・に・　はい(入)っ・て・から・　もーしょび(猛暑日)・が・　とーか(十日)・を・　こし・た。」④ある日時・時期・期間などを過ぎる。「いちばん(一番)・　さぶ(寒)い・　じき(時期)・を・　こし・た・みたいや。」〔⇒**こえる【越える、超える】**〕

こす【漉す】《動詞・サ行五段活用》　大切なものを残すために、細かい隙間を通して、滓を取り除く。「かなけ(金気)・の・　ある・　みず(水)・を・　ふきん(布巾)・で・　こす。」

こすい《形容詞・ウイ型》　①自分の利益のために、正しくないことをする。狡猾で、横着である。「ひと(人)・の・　こた(答)え・を・　み(見)・て・　か(書)く・の・は・　こすい・ぞ。」②金品を出すのを惜しんでいる。計算高い。「あいつ(彼奴)・は・　こすい・さかい・　きふ(寄付)・を・　だ(出)し・よら・へん。」〔⇒**せこい**。①⇒**すこい**、**ずるい【狡い】**、**ずるっこい【狡っこい】**、**すっこい**、**いしこい**。②⇒**けち**、**けちけち**、**けちんぼう**、**けっちんぼう**、**いじぎたない【意地汚い】**〕

コスモス〔こすもす〕【英語＝cosmos】《名詞》　茎は細く直立し、葉は細い線形に分かれ、秋になると枝先ごとに白、濃い紅色、薄い紅色などの花を咲かせる草。「にわ(庭)・に・　こすもす・が・　さ(咲)い・た。」「こすもす・の・　はたけ(畑)・が・　ひろ(広)がっ・とる。」〔⇒**あきざくら【秋桜】**〕

こする【擦る】《動詞・ラ行五段活用》　押しつけたまま前後・左右などに続けて動かす。あるものと他のものとを強く押し当てて動かす。手などをもみ合うようにする。「せなか(背中)・を・　たおる(タオル)・で・　こする。」「とらっく(トラック)・が・　かべ(壁)・を・　こすっ・て・　きず(傷)・が・　つ(付)い・た。」■自動詞は「**こすれる【擦れる】**」〔⇒**する【擦る】**〕

こすれる【擦れる】《動詞・ラ行下一段活用》　①ものに押しつけられたまま前後・左右などに続けて動く。あるものと他のものとが強く押し当てられたまま動く。「いちょー・の・　き(木)・の・　は(葉)ー・が・　こすれ・て・　ち(散)っ・とる。」「くつ(靴)・に・　こすれ・て・　まめ(肉刺)・が・　でけ・た。」②触れ合って、切れたり減ったりする。「こすれ・て・　じ(字)ー・が・　よ(読)め・へん。」■他動詞は「**こする【擦る】**」〔⇒**すれる【擦れる】**〕

こせき【戸籍】《名詞》　本籍地、氏名、生年月日、家族関係などを書いて、役所が管理する公文書。「けっこん(結婚)し・て・　こせき・に・　い(入)れる。」「こせき・の・　とーほん(謄本)・を・　もら(貰)い・に・　しやくしょ(市役所)・へ・　い(行)く。」〔⇒**せき【籍】**〕

こせこせ《副詞と、動詞する》　①細かいことに気を取られて、伸び伸びしていない様子。「こせこせと・　うご(動)きまーる。」「こせこせし・た・　じ(字)ー・を・　か(書)く。」②小言が多く口やかましい様子。「いちいち・　こせこせと・　ちゅーい(注意)さ・れ・て・　きぶん(気分)・が・　わる(悪)い。」

こぜに【小銭】《名詞》　金額の小さいお金。硬貨の細かいお金。「きっぷ(切符)・を・　か(買)う・　こぜに・が・　あら・へん。」〔⇒**じゃらせん【じゃら銭】**、**じゃら**〕

こぜにいれ【小銭入れ】《名詞》　硬貨などの、金額の小さいお金を入れておくもの。「こぜにいれ・を・　わす(忘)れ・てき・た。」

こぜる《動詞・ザ行下一段活用》　①梃子の働きをさせる。隙間などにものを入れて、ねじったり持ち上げたりする。「まるた(丸太)・で・　こぜ・て・　おー(大)けな・　いし(石)・を・　うご(動)かす。」「かんき(缶切)り・で・　こぜ・て・　あ(開)ける。」②話に横やりを入れる。道理

こ

の通らないことを言う。「むちゃ(無茶)な・　こと・を・　ゆ(言)ー・て・　こぜ・てき・やがっ・た。」〔⇒**こでる**〕

ごぜん【午前】《名詞》 夜の12時から正午までの時間帯。または、朝から昼までの時間帯。「ごぜん・の・　うち・に・　おうかが(伺)いし・ます。」■対語＝「ごご【午後】」〔⇒**ひるまで**【昼まで】〕

こぞう〔こぞー〕【小僧】《名詞》 ①子どもや若い人を、あなどったり、親しんだりして言う言葉。「あの・　こぞー・は・　しっぱい(失敗)・ばっかり・　し・てやがる。」「こぞー・の・くせに・　もんく(文句)・ばっかり・　ぬかし・やがる。」②商工業の家に奉公して、雑役などをこなす少年。「みせ(店)・の・　こぞー・に・　ゆ(言)ー・とい・た。」〔②⇒**でっち**【丁稚】〕

こそこそ《副詞と、動詞する》 人に見られてとがめられないように、ものごとを隠れてする様子。人に聞かれないように小声で話す様子。「こそこそと・　つま(摘)みぐ(食)い・を・　する。」「こそこそし・て・　なん(何)か・　きも(気持)ち・の・　わる(悪)い・　やつ(奴)・や。」「こそこそ・　ふたり(二人)・で・　はなし(話)・を・　し・とる。」

こそっと《副詞》 ①音を立てないで静かにものごとを行う様子。「ちこく(遅刻)し・てき・て・　こそっと・　せき(席)・に・　すわ(座)る。」②人に知られないように内密でものごとを行う様子。「こそっと・　かね(金)・を・　つか(使)う。」〔⇒**こっそり**〕

ごそっと《副詞》 一括して、残らず全部。「お(置)い・とい・た・　もの・を・　ごそっと・　も(持)っ・ていき・やがっ・た。」〔⇒**ごっそり**〕

こそばい《形容詞・アイ型》 ①皮膚などがむずむずした感じで、笑いたくなるように感じる。くすぐったい。「こそばい・さかい・　こそばさ・んとい・て。」②ほめられることが照れくさい。高く評価されることが何となくきまりが悪い。「そんな・　こと・　い(言)わ・れ・たら・　こそばい・がな。」〔⇒**こちょばい**〕

こそばす《動詞・サ行五段活用》 相手の皮膚などに軽く触って、くすぐったくさせる。むずむずした感じにさせる。「あし(足)・の・　うら(裏)・を・　こそばし・たる。」〔⇒**こちょばす**〕

ごぞんじ【ご存じ】《名詞》 知っておられること。理解しておられること。「あした(明日)・は・　よ(寄)りあい・が・　ある・　こと(事)・を・　ごぞんじ・です・か。」「ごぞんじ・の・　こと(事)・を・　おし(教)え・てください。」◆相手を敬って使う言葉。

こたえ【答え、応え】《名詞》 ①問題を解いて得る結果。解答。「しけん(試験)・の・　こたえ・を・　まちが(間違)え・た。」②問いかけに対する返事。反応。回答「よ(呼)びりん(鈴)・を・　お(押)し・ても・　こたえ・が・　あら・へん。」

こたえる【答える、応える】《動詞・ア行下一段活用》 ①問題を解いてその結果を言う。「じかんない(時間内)・で・　こたえる。」②問いかけに返事をする。反応する。回答する。「はーい・と・　こたえる。」③働きかけに応じる。報いる。「みんな・の・　おーえん(応援)・に・　こたえる。」■名詞化＝**こたえ**【答え、応え】

こたえる【応える、堪える】《動詞・ア行下一段活用》 衝撃などを受けて、参ってしまう。強く影響を受ける。閉口する。「あつ(暑)さ・が・　み(身)ー・に・　こたえる。」「もっと・　つよ(強)ー・　い(言)わ・なんだら・　あいつ(彼奴)・に・は・　こたえ・へん・やろ。」「こんど(今度)・の・　じこ(事故)・で・　かいしゃ(会社)・は・　だいぶ・　こたえ・た・よーや。」

ごたがい【御互い】《名詞、形容動詞や(ノ)》 ①関わり合う双方のそれぞれ。両方。向こうとこちら。「ごたがい・　からだ(体)・に・　き(気)ー・　つけ・な・　あき・まへん・なー。」②双方が同じように釣り合いがとれている様子。どちらも同じような状態である様子。また、そのような両者。「れー(礼)・を・　ゆ(言)ー・の・は・　こっち・の・　ほー(方)・や。ごたがいです・がな。」◆「おたがい【御互い】」とほぼ同じ意味であるが、「ごたがい【御互い】」の方が、相手を思いやる気持ちがこもっていると受け取られる傾向がある。〔⇒**おたがい**【御互い】〕

ごたごた《名詞》 考えなどが対立して争いになっていること。雑多なものなどが秩序なく入り混じっていること。「やっと・　むら(村)・の・　なか(中)・の・　ごたごた・が・　おさ(収)まっ・た。」「せんご(戦後)・の・　ごたごた・の・　じき(時期)・は・　わしら・は・　まだ・　しょーがくせー(小学生)・やっ・た。」〔⇒**ごちゃごちゃ、ごじゃごじゃ、もめごと**【揉め事】〕

ごたごた《形容動詞や(ノ)、動詞する》 ①いろいろなものが無秩序に混じり合っている様子。いろいろなものを混ぜ合わせている様子。ものごとを混同している様子。「ごたごたし・て・　まと(纏)まり・の・　ない・　はなし(話)・を・　き(聞)かさ・れ・て・　うんざりし・た。」「いろんな・　いけん(意見)・が・　ごたごたと・　で(出)た。」②あれこれ述べて非難する様子。文句を言い続ける様子。ものごとが混乱したり、もめたりする様子。もめ事が生じている様子。「きんじょ(近所)・と・　も(揉)めごと・が・　あっ・て・　ごたごたし・とる。」「きんじょ(近所)・と・は・　ごたごたせ・ん・よーに・　き(気)ーつけ・なはれ。」〔⇒**ごちゃごちゃ、ごじゃごじゃ**。①⇒**ごっちゃ、ごった、ごちゃまぜ**【ごちゃ混ぜ】、**ごっちゃまぜ**【ごっちゃ混ぜ】、**ごじゃまぜ**【ごじゃ混ぜ】、**ごたまぜ**【ごた混ぜ】、**まぜくちゃ**【混ぜ苦茶】、**まぜこぜ**【混ぜこぜ】、**まぜこちゃ**【混ぜこちゃ】〕

こだし【小出し】《名詞、動詞する》 たくさんあるものの中から、少しずつ出すこと。一度に全部を出さないで、何回かに分けて出すこと。「おやつ・を・　こだし・に・し・て・　こども(子供)・に・　やる。」「いけん(意見)・が・　あ(有)る・ん・やっ・たら・　こだしせ・んと・　いっぺん(一遍)に・　ゆ(言)ー・たら・　え(良)ー・ねん・で。」

こたつ【炬燵】《名詞》 ①たどんや炭火を入れたものや、電熱器をわくで囲んで、布団などを掛けて、足などを暖める器具。「ぬく(温)なっ・て・　こたつ・が・　い(要)ら・ん・よーに・　なっ・た。」②熱源の上にやぐらを組んで、布団を掛けて暖をとる器具。「こたつ・の・　うえ(上)・で・　とらんぷ(トランプ)・を・　する。」◆①は、いわゆる「あんか【行火】」も含めて、「こたつ【炬燵】」と言うことが多い。

たどんを入れて使う炬燵

周りに座って使う炬燵

ごたつく《動詞・カ行五段活用》 ものごとが混乱したり、もめたりする。整理がつかなくて混雑する。「はなし

(話)・が・　ごたつい・て・　なに(何)・も・　き(決)まら・へん。」「おーぜー(大勢)・の・　ひと(人)・が・　き(来)・て・　かいじょー(会場)・が・　ごたつい・とる。」

ごたまぜ【ごた混ぜ】《形容動詞や(ノ)、動詞する》　いろいろなものが無秩序に混じり合っている様子。いろいろなものを混ぜ合わせている様子。ものごとを混同している様子。「いろんな・　もん(物)・を・　ごたまぜし・て・　い(入)れ・てある・　ふくぶくろ(福袋)・を・　う(売)っ・とる。」〔⇒**ごっちゃ、ごった、ごちゃまぜ**【ごちゃ混ぜ】、**ごっちゃまぜ**【ごっちゃ混ぜ】、**ごじゃまぜ**【ごじゃ混ぜ】、**ごちゃごちゃ、ごたごた、ごじゃごじゃ、まぜくちゃ**【混ぜ苦茶】、**まぜこぜ**【混ぜこぜ】、**まぜこちゃ**【混ぜこちゃ】〕

こだわる【拘る】《動詞・ラ行五段活用》　自分の考えなどを捨てようとしない。気にしなくてもよいような小さなことにとらわれる。「いってん(一点)・や・　にてん(二点)・の・　てんすー(点数)・に・　こだわる。」「あいつ(彼奴)・は・　じぶん(自分)・の・　かんが(考)え・に・　こだわっ・て・　なかなか・　あと(後)・へ・　ひ(引)か・へん。」■名詞化＝**こだわり**

こち【東風】《名詞》　東から吹く風。「やっと・　ぬく(温)い・　こち・が・　ふ(吹)い・てき・た。」

こちこち《副詞と》　固いものが触れ合って、規則性や連続性をもって出す音。「とけー(時計)・の・　こちこちと・　ゆー・　おと(音)・が・　き(聞)こえる。」〔⇒**かちかち**〕

こちこち《形容動詞や(ノ)》　①凍って固くなっている様子。「れーとーしつ(冷凍室)・で・　さかな(魚)・が・　こちこちに・　なっ・とる。」②緊張して、気持ちや体が萎縮している様子。「こちこちに・　なっ・ても・て　・まー(周)り・の・　はなし(話)・が・　き(聞)こえ・ておら・ん。」③真面目で融通がきかない様子。「かと(硬)ー・て・　こちこちの・　にんげん(人間)・は・　つきあい・が・　しにくい・なー。」〔⇒**かちかち**〕

ごちそう〔**ごちそー**〕【ご馳走】《名詞、動詞する》　①豪華な食べ物や飲み物。美味しい食べ物や飲み物。「あさ(朝)・から・　ごちそー・を・　た(食)べる。」②心をこめて、食べ物などを出してもてなすこと。「きょー(今日)・は・　ごちそーし・てもー・て・　ありがとーさん・です。」〔⇒**ごっつぉう**【(ご馳走)】、**ごっとう**【(ご馳走)】、**ごっそう**【(ご馳走)】〕

ごちそうさん〔**ごちそーさん**〕【ご馳走さん】《感動詞》　①食事をもてなされたり、食べ物をもらったりしたときの、感謝の言葉。「きょー(今日)・は　ごちそーさん・でし・た。」②食事を終わるときの挨拶の言葉。「あー・うま(美味)かっ・た。ごちそーさん。」■やや改まった感じでは、「**ごちそうさま**【ご馳走様】」と言うことがある。〔⇒**ごっつぉうさん**【(ご馳走さん)】、**ごっとうさん**【(ご馳走さん)】、**ごっとべはん**〕

ごちゃごちゃ《名詞》　考えなどが対立して争いになっていること。雑多なものなどが秩序なく入り混じっていること。「ごちゃごちゃ・が・　お(起)こら・ん・よーに・　うま(巧)い・こと・　まと(纏)め・ておくん・なはれ。」〔⇒**ごじゃごじゃ、ごたごた、もめごと**【揉め事】〕

ごちゃごちゃ《形容動詞や(ノ)、動詞する》　①いろいろなものが無秩序に混じり合っている様子。いろいろなものを混ぜ合わせている様子。ものごとを混同している様子。「はこ(箱)・の・　なか(中)・に・　ごちゃごちゃに・　い(入)れ・てある。」「いろんな・　いけん(意見)・が・　ごちゃごちゃと・　で(出)た。」②あれこれ述べて非難する様子。文句を言い続ける様子。ものごとが混乱したり、もめたりする様子。「ごちゃごちゃと・　もんく(文句)・ばっかり・　なら(並)べ・やがる。」「きんじょ(近所)・から・　ごちゃごちゃと・　い(言)わ・れ・て・　こま(困)っ・とる・ねん。」〔⇒**ごたごた、ごじゃごじゃ**。①⇒**ごっちゃ、ごった、ごちゃまぜ**【ごちゃ混ぜ】、**ごっちゃまぜ**【ごっちゃ混ぜ】、**ごじゃまぜ**【ごじゃ混ぜ】、**ごたまぜ**【ごた混ぜ】、**まぜくちゃ**【混ぜ苦茶】、**まぜこぜ**【混ぜこぜ】、**まぜこちゃ**【混ぜこちゃ】〕

ごちゃっぺ《名詞、形容動詞や(ノ・ナ)》　道理の通らないこと。世間の常識にそわないこと。また、そのようなことをする人。「ごちゃっぺ・が・　また(又)・　もんく(文句)・を・　い(言)ー・に・　き(来)・とる。」〔⇒**ごじゃっぺ、ごじゃんぼ、ごちゃんぼ**〕

ごちゃまぜ【ごちゃ混ぜ】《形容動詞や(ノ)、動詞する》　いろいろなものが無秩序に混じり合っている様子。いろいろなものを混ぜ合わせている様子。ものごとを混同している様子。「おー(大)きー・の・も・　こ(小)まい・の・も・　ごちゃまぜに・　はい(入)っ・とる。」〔⇒**ごっちゃ、ごった、ごっちゃまぜ**【ごっちゃ混ぜ】、**ごじゃまぜ**【ごじゃ混ぜ】、**ごたまぜ**【ごた混ぜ】、**ごちゃごちゃ、ごたごた、ごじゃごじゃ、まぜくちゃ**【混ぜ苦茶】、**まぜこぜ**【混ぜこぜ】、**まぜこちゃ**【混ぜこちゃ】〕

こちゃら《名詞》　①自分から近い位置。自分から近い位置にあるもの。「あむ(危)ない・さかい・　こちゃら・へ・き(来)・たら・　あか・ん。」②この人。この人たち。「こちゃら・は・　いっとー(一等)・の・　せき(席)・の・　ひと(人)・や。」③日本国内。「こちゃら・で・　はつめー(発明)し・た・　からおけ(カラオケ)・が・　よそ・の・くに(国)・でも・　はや(流行)っ・とる・そーや。」■対語＝「あちゃら」〔⇒**こちら、こっち、こっちゃ**。②⇒**こちゃらはん、こちらはん**〕

こちゃらはん《名詞》　①この人。この人たち。「こちゃらはん・に・も・　おちゃ(茶)・を・　おだ(出)しし・てください。」②日本の人。「こちゃらはん・は・　さくら(桜)・の・　はなみ(花見)・が・　す(好)きや。」◆敬意を込めた言い方である。■対語＝「あちゃらはん」〔⇒**こちらはん**。①⇒**こちゃら、こちら、こっち、こっちゃ**〕

ごちゃんぼ《名詞、形容動詞や(ノ・ナ)》　道理の通らないこと。世間の常識にそわないこと。また、そのようなことをする人。「わから・へん・さかい・　ごちゃんぼの・　こた(答)え・を・　か(書)い・た。」〔⇒**ごじゃっぺ、ごじゃんぼ、ごちゃっぺ**〕

こちょこちょ《名詞、副詞、動詞する》　①他の人の体をくすぐること。また、くすぐる様子。「こちょこちょし・たら・　あか(赤)ちゃん・が・　よろこ(喜)ん・だ。」「こちょこちょと・　こそばす。」②体がくすぐったいこと。また、その様子。「せなか(背中)・が・　こちょこちょし・て・　きも(気持)ち・が・　わる(悪)い。」

こちょばい《形容詞・アイ型》　①皮膚などがむずむずした感じで、笑いたくなるように感じる。「せなか(背中)・が・　こちょばい・さかい・　か(掻)い・てんか。」②ほめられることが照れくさい。高く評価されることが何となくきまりが悪い。「こちょばい・さかい・　だま(黙)っ・て・　み(見)・とい・てんか。」〔⇒**こそばい**〕

こちょばす《動詞・サ行五段活用》　相手の皮膚などに軽く触って、くすぐったくさせる。むずむずした感じにさせる。「こちょばさ・れ・て・　きも(気持)ち・が・　わる(悪)い。」〔⇒**こそばす**〕

こちら《名詞》　①自分のいる場所や方向。「こちら・に・

すわ(座)り・なはれ。」②自分の方。自分の立場や状況。「き(決)まっ・たら・　こちら・から・　でんわ(電話)し・ます。」③自分の近くにいる人。この人。「こちら・は・　どなたはん・です・か。」◆「こっち」よりも改まった感じが伴う。④自分自身。私。「すんません。こちら・の・　お(落)ちど(度)・でし・た。」■類語＝「あちら」〔⇒**こちゃら、こっち、こっちゃ**。②⇒**こちゃらはん、こちらはん**〕

こちらはん《名詞》　①この人。この人たち。「こちらはん・は・　どこ・から・　おいで・です・か。」②日本の人。「こちらはん・は・　みそしる(味噌汁)・や・　とーふ(豆腐)・が・　す(好)きです・よ。」◆敬意を込めた言い方である。■対語＝「あちらはん」〔⇒**こちゃらはん**。①⇒**こちゃら、こちら、こっち、こっちゃ**〕

こつ【骨】《名詞》　ものごとをうまく行うために、会得しなければならない大切な方法や要領。「しけん(試験)・に・　ごーかく(合格)する・　こつ・を・　おし(教)え・てくれ・へん・か。」

こつ【骨】《名詞》　死んだ人を火葬にした後に残る骨。「たけ(竹)・の・　はし(箸)・で・　こつ・を・　ひら(拾)う。」

こつあげ【骨上げ】《名詞、動詞する》　火葬後に、死者の骨を拾って納めること。「こつあげ・は・　にじかんご(二時間後)・や。」

ごつい《形容詞・ウイ型》　①体積があって、たくさんの場所を占めている。「ごつー・て・　たか(高)い・　やま(山)・が・　み(見)え・てき・た。」②面積が広い。「ごつい・　うんどーじょー(運動場)・の・　あ(有)る・　がっこー(学校)・や・なー。」「ごつい・　てぶくろ(手袋)・や・さかい・　は(履)い・たら・　がさがさや。」③背丈などが高い。「おてら(寺)・に・　ごつい・　とー(搭)・が・　た(立)っ・た。」④ものごとの数や程度が甚だしい。普通でない。「ぜんこくゆーしょー(全国優勝)する・や・なんて・　そんな・　ごつい・　ちから(力)・が・　ある・と・は・　し(知)ら・なんだ。」「ごつい・　おもろ(面白)い・　しごと(仕事)・やっ・た。」「きょー(今日)・の・　やまのぼ(山登)り・は・　ごつい・　しんどかっ・た。」⑤年が上である。「おじー(祖父)さん・は・　ごつい・　とし(年)・に・　なっ・た・ん・や。」⑥堅く角張っていて、ごつごつした感じがする。荒々しく、いかつい。丈夫である。「ごつい・　かた(肩)・を・　し・た・　おとこ(男)・の・ひと(人)・が・　おる。」「ごつい・　かっこー(恰好)・の・　だんぷかー(ダンプカー)・が・　き(来)・た。」■対語＝「ちいさい【小さい】」「ちさい【小さい】」「ちっさい【小っさい】」「ちいこい【小こい】」「ちっこい【小っこい】」「ちっちゃい【小っちゃい】」「こまい【小まい】」「こんまい【小まい】」〔⇒**ごっつい**。①②③④⑤⇒**おおきい【大きい】、おっきい【大っきい】、おおけえ【大けえ】、おっけえ【(大けえ)】**。④⇒**すごい【凄い】、たいそう【大層】**〕

こづかい【小遣い】《名詞》　普段のこまごましたものを買ったり、飲食に使ったりするお金。「りょこー(旅行)・で・　つか(使)う・　こづかい・は・　ごせんえん(五千円)・まで・や。」

こづかい【小使い】《名詞》　学校や役場などで雑用をする人。用務員。「やくば(役場)・の・　こづかい・の・　しごと(仕事)・を・　する。」「と(戸)ー・が・　あ(開)きにくい・ので・　こづかいさん・に・　なお(直)し・てもらう。」◆現在では使わない言葉である。

こづかいしつ【小使室】《名詞》　学校や役場などの用務員が詰めている部屋。「おちゃ(茶)・を・　もら(貰)い・に・　こづかいしつ・へ・　い(行)く。」◆現在では使わない言葉である。

こっき【国旗】《名詞》　その国の象徴やしるしとされる旗で、日本の場合は、日の丸。「さいじつ(祭日)・に・　こっき・を・　た(立)てる。」

こっきら《副詞》　さまざまなものを含んで。すべてに行きわたって。一つ残らずすべて。「にわ(庭)・の・　はな(花)・が・　たいふー(台風)・で・　こっきら・　しお(萎)れ・ても・た。」〔⇒**すっかり、こっきり、こっきらこ、こっきらこい、なにもかも【何も彼も】、なんにもかも【何にも彼も】、なんもかも【何も彼も】、なんもかんも【(何も彼も)】**〕

こっきらこ《副詞》　さまざまなものを含んで。すべてに行きわたって。一つ残らずすべて。「いた(痛)ん・だ・さかい・　た(食)べ・んと・　こっきらこ・　す(捨)て・た。」〔⇒**すっかり、こっきり、こっきら、こっきらこい、なにもかも【何も彼も】、なんにもかも【何にも彼も】、なんもかも【何も彼も】、なんもかんも【(何も彼も)】**〕

こっきらこい《副詞》　さまざまなものを含んで。すべてに行きわたって。一つ残らずすべて。「ぎょーさん(仰山)・　あ(有)っ・た・けど・　こっきらこい・　た(食)べ・ても・た。」〔⇒**すっかり、こっきり、こっきら、こっきらこ、なにもかも【何も彼も】、なんにもかも【何にも彼も】、なんもかも【何も彼も】、なんもかんも【(何も彼も)】**〕

こっきり《形容動詞や（ノ）》　①さまざまなものを含んで。すべてに行きわたって。一つ残らずすべて。「こっきり・　う(売)れ・ても・た・さかい・　うれ(嬉)しー・なー。」「つく(作)っ・た・　もん(物)・は・　これ・で・　こっきりや。」②区切りの良い様子。区切りをつける様子。「きょー(今日)・は・　これ・で・　こっきりに・　し・とき・まほ。」③寸法・分量・時間・時刻などが、ある基準に一致する様子。「じゅーじ(十時)・　こっきりに・　き(来)・てください。」◆語幹だけの副詞的な用法もある。〔①⇒**すっかり、こっきら、こっきらこ、こっきらこい、なにもかも【何も彼も】、なんにもかも【何にも彼も】、なんもかも【何も彼も】、なんもかんも【(何も彼も)】**。③⇒**ぴたっと、ぴちっと、ぴちんと、ぴったし、ぴったり、ぴったんこ、びっちり、ぴっちり、ちょっきり、ちょっきし、ちょうど、きっちり**〕

こつく〔**こづく**〕【小突く】《動詞・カ行五段活用》　①他の人の体などを、腕や指先などで突いたり、揺すったりする。「いねむ(居眠)りし・とっ・た・さかい・　こつい・て・　お(起)こし・たっ・た。」「はら(腹)・が・　た(立)っ・た・さかい・　うで(腕)・で・　こつい・てやっ・た。」②鳥がくちばしで、つつくようにして餌を食べる。鳥がくちばしで攻撃する。「とり(鶏)・が・　はみ(＝餌)・を・　こつい・とる。」「からす(鴉)・が・　ひと(人)・を・　こつき・に・　く(来)る。」

コック〔**こっく**〕【英語＝cock】《名詞》　水道管やガス管などに取り付けて、流れる量の調節をしたり開閉をしたりするためのもの。蛇口。「こっく・を・　ひね(捻)っ・て・　がす(ガス)・を・　だ(出)す。」〔⇒**せん【栓】**〕

こつこつ《副詞と》　①目標に向かって、怠らず努力を続ける様子。「こつこつと・　やきゅー(野球)・の・　れんしゅー(練習)・を・　する。」②一つ一つの動作を丁寧に行う様子。「てぶくろ(手袋)・を・　こつこつ・　あ(編)ん・でいく。」③硬い音が出る様子。また、その音。「いし(石)・を・　たた(叩)い・たら・　こつこつと・　おと

(音)・が・　し・た。」

ごつごつ《副詞と、動詞する》 表面に凸凹の多い様子。角張っていて滑らかでない様子。「ごつごつし・た・　いし(石)・の・　うえ(上)・を・　ある(歩)い・たら・　あし(足)・が・　いた(痛)い。」「すもーと(相撲取)り・の・　て(手)・は・　ごつごつと・　する・　かん(感)じ・や。」

こっさえる【(拵える)**】**《動詞・ア行下一段活用》 ①形のあるものにする。役立つものに仕上げる。「あま(余)っ・た・　ざいもく(材木)・で・　こしか(腰掛)け・を・　こっさえ・た。」②手を加えて、もとと違ったものにする。準備をする。「にもつ(荷物)・を・　こっさえ・て・　ま(待)っ・とっ・た。」③それまでになかったものを、新たに生み出す。「やま(山)・に・　のぼ(登)る・　みち(道)・を・　こっさえる。」〔⇒**こしらえる【拵える】、こさえる【**(拵える)**】、つくる【作る】**〕

ごっそう〔**ごっそー**〕**【**(ご馳走)**】**《名詞、動詞する》 ①豪華な食べ物や飲み物。美味しい食べ物や飲み物。「ひる(昼)・は・　はりこん・で・　ごっそー・を・　く(食)お・か。」②心をこめて、食べ物などを出してもてなすこと。「きょー(今日)・は・　えらい・　ごっそー・を・　よばれ・た。」〔⇒**ごちそう【ご馳走】、ごっとう【**(ご馳走)**】、ごっつぉう【**(ご馳走)**】**〕

こっそり《副詞と》 ①音を立てないで静かにものごとを行う様子。「こっそり・　と(戸)ー・を・　あ(開)け・て・　はい(入)る。」②人に知られないように内密でものごとを行う様子。「こっそり・　したみ(下見)・に・　い(行)く。」〔⇒**こそっと**〕

ごっそり《副詞と》 一括して、残らず全部。「どろぼー(泥棒)・に・　ごっそり・　ぬす(盗)ま・れ・た。」〔⇒**ごそっと**〕

ごった《形容動詞や(ナ)》 いろいろなものが無秩序に混じり合っている様子。いろいろなものを混ぜ合わせている様子。混同している様子。「なん(何)・でも・　い(入)れ・て・　ごったに・　た(炊)く。」〔⇒**ごっちゃ、ごちゃまぜ【ごちゃ混ぜ】、ごっちゃまぜ【ごっちゃ混ぜ】、ごじゃまぜ【ごじゃ混ぜ】、ごたまぜ【ごた混ぜ】、ごちゃごちゃ、ごたごた、ごじゃごじゃ、まぜくちゃ【混ぜ苦茶】、まぜこぜ【混ぜこぜ】、まぜこちゃ【混ぜこちゃ】**〕

こっち《名詞》 ①自分のいる場所や方向。「こっち・へ・　おいで。」②自分の方。自分の立場や状況。「こっち・は・　しんぱい(心配)・　い(要)ら・ん。」③自分の近くにいる人。この人。「こっち・が・　かない(家内)・です。」④自分自身。私。「だい(誰)・も・　い(行)か・へん・の・やっ・たら・　こっち・が・　い(行)き・ます。」■類語＝「あっち」〔⇒**こっちゃ、こちゃら、こちら。**②⇒**こちゃらはん、こちらはん**〕

こっちゃ《名詞》 ①自分のいる場所や方向。「こっちゃ・の・　ほー(方)・が・　ぬく(温)い・よ。」②自分の方。自分の立場や状況。「こっちゃ・で・　べんしょー(弁償)せ・な・　あか・ん・がな。」③自分の近くにいる人。この人。「こっちゃ・に・　たの(頼)もー・か。」④自分自身。私。「こっちゃ・は・　こま(困)っ・て・　へんじ(返事)・が・　でけ・なんで・ん。」■類語＝「あっちゃ」〔⇒**こっち、こちゃら、こちら。**②⇒**こちゃらはん、こちらはん**〕

ごっちゃ《形容動詞や(ノ・ナ)》 いろいろなものが無秩序に混じり合っている様子。いろいろなものを混ぜ合わせている様子。ものごとを混同している様子。「ごっちゃに・　せ・んと・　せーり(整理)し・て・　も(持)っ・てこい。」〔⇒**ごった、ごちゃまぜ【ごちゃ混ぜ】、ごっちゃまぜ【ごっちゃ混ぜ】、ごじゃまぜ【ごじゃ混ぜ】、ごたまぜ【ごた混ぜ】、ごちゃごちゃ、ごたごた、ごじゃごじゃ、まぜくちゃ【混ぜ苦茶】、まぜこぜ【混ぜこぜ】、まぜこちゃ【混ぜこちゃ】**〕

ごっちゃまぜ【ごっちゃ混ぜ】《形容動詞や(ノ)、動詞する》 いろいろなものが無秩序に混じり合っている様子。いろいろなものを混ぜ合わせている様子。ものごとを混同している様子。「えのぐ(絵具)・を・　ごっちゃまぜし・て・　あたら(新)しー・　いろ(色)・を・　つく(作)る。」〔⇒**ごっちゃ、ごった、ごちゃまぜ【ごちゃ混ぜ】、ごじゃまぜ【ごじゃ混ぜ】、ごたまぜ【ごた混ぜ】、ごちゃごちゃ、ごたごた、ごじゃごじゃ、まぜくちゃ【混ぜ苦茶】、まぜこぜ【混ぜこぜ】、まぜこちゃ【混ぜこちゃ】**〕

ごっつい《形容詞・ウイ型》 ①体積があって、たくさんの場所を占めている。「ごっつい・　にぎりめし(握飯)・や・さかい・　ぜんぶ(全部)・は・　く(食)わ・れ・へん。」②面積が広い。「もっと・　ごっつい・　ひろば(広場)・が・　ほ(欲)しい。」③背丈などが高い。「ごっつい・　せ(背)ー・の・　しと(人)・や。」④ものごとの数や程度が甚だしい。普通でない。「ごっつい・　しょー(賞)・を・　もろ(貰)ー・た・そーや。」⑤年が上である。「ごっつい・　とし(歳)・の・　ひと(人)・や・さかい・　あつ(暑)い・　なつ(夏)・が・　しんぱい(心配)や。」⑥堅く角張っていて、ごつごつした感じがする。荒々しく、いかつい。丈夫である。「ごっつい・　かお(顔)・を・　し・た・　ひと(人)・やっ・た・さかい・　こわ(恐)かっ・た。」■対語＝「ちいさい【小さい】」「ちさい【小さい】」「ちっさい【小っさい】」「ちいこい【小こい】」「ちっこい【小っこい】」「ちっちゃい【小っちゃい】」「こまい【小まい】」「こんまい【小まい】」〔⇒**ごつい。**①②③④⑤⇒**おおきい【大きい】、おっきい【大っきい】、おおけえ【大けえ】、おっけえ【**(大けえ)**】。**④⇒**すごい【凄い】、たいそう【大層】**〕

ごっつい《副詞に》 ものごとの程度が甚だしい様子。「この・　ほん(本)・は・　よ(読)む・の・に・　じかん(時間)・が・　ごっつい・　かかる。」〔⇒**えらい、えろう、ごっつう、おおけ、おおき、おおけごっつい、おおけごっつう、おおきごっつい、おおきごっつう**〕

ごっついめ【ごっつい目】《名詞、形容動詞や(ノ)》 ものの大きさが、少し大きいこと。比較的大きいと思われること。「ごっついめの・　はこ(箱)・に・　い(入)れる。」■対語＝「こまいめ【小まい目】」「こんまいめ【小んまい目】」「ちいさいめ【(小さい目)】」「ちいさめ【小さ目】」「ちっこいめ【小っこい目】」「ちっちゃいめ【小っちゃい目】」〔⇒**おおきいめ【大きい目】、おおきめ【大き目】、おおけめ【大け目】、おっきめ【大っき目】、おっけめ【大っけ目】、おおけえめ【大けえ目】、おっきいめ【大っきい目】、おっけえめ【大っけえ目】、ごっつめ【ごっつ目】**〕

ごっつう〔**ごっつー**〕《副詞に》 ものごとの程度が甚だしい様子。「むし(虫)・に・　ごっつー・　く(食)わ・れ・とる・　は(葉)ー・を・　ちぎ(千切)っ・て・　す(捨)てる。」〔⇒**えらい、えろう、ごっつい、おおけ、おおき、おおけごっつい、おおけごっつう、おおきごっつい、おおきごっつう**〕

ごっつぉう〔**ごっつぉー**〕**【**(ご馳走)**】**《名詞、動詞する》 ①豪華な食べ物や飲み物。美味しい食べ物や飲み物。「めんら(珍)しー・　ろしやりょーり(ロシヤ料理)・の・

ごっつぉー・を・　た(食)べ・てん。」②心をこめて、食べ物などを出してもてなすこと。「かんれき(還暦)・の・とき(時)・に・　ごっつぉーし・て・　おいわ(祝)い・を・　し・てもろ・た。」〔⇒**ごちそう【ご馳走】、ごっとう【(ご馳走)】、ごっそう【(ご馳走)】**〕

ごっつぉうさん〔ごっつぉーさん〕【(ご馳走さん)】《感動詞》 ①食事をもてなされたり、食べ物をもらったりしたときの、感謝の言葉。「ごっつぉーさん。おい(美味)しかっ・た・です。」②食事を終わるときの挨拶の言葉。「あー・　はら(腹)いっぱいに・　なっ・た。ごっつぉーさん。」■やや改まった感じで、「ごっつぉうさま【(ご馳走様)】」と言うことがある。〔⇒**ごちそうさん【ご馳走さん】、ごっとうさん【(ご馳走さん)】、ごっとべはん**〕

ごっつする《動詞・サ行変格活用》 ①人や動物や植物などを育てる。「うし(牛)・を・　ごっつし・て・から・　う(売)る。」②会社や組織などを発展させる。程度や規模などを拡大する。「かいしゃ(会社)・を・　ごっつする・の・は・　むつか(難)しー。」■自動詞は「ごっつなる」■対語＝②「こまする【小まする】」「こもする【小もする】」〔⇒**おおきする【大きする】、おおけする【大けする】、おっきする【大っきする】、おっけする【大っけする】**〕

ごっつなる《動詞・ラ行五段活用》 ①人や動物・植物などが成長する。「まご(孫)・が・　ごっつなっ・て・　なまいき(生意気)に・　なっ・た。」②会社や組織などが発展する。程度や規模などが拡大する。「ひめじし(姫路市)・が・　がっぺー(合併)し・て・　ごっつなっ・た。」■他動詞は「ごっつする」■対語＝②「こまなる【小まなる】」「こもなる【小もなる】」〔⇒**おおきなる【大きなる】、おおけなる【大けなる】、おっきなる【大っきなる】、おっけなる【大っけなる】**〕

こづつみ【小包】《名詞》 小さな物品を包装して郵便局から送るもの。「こづつみ・で・　せーぼ(歳暮)・を・　おく(送)る。」

ごっつめ【ごっつ目】《名詞、形容動詞や(ノ)》 ものの大きさが、少し大きいこと。比較的大きいと思われること。「ごっつめの・　くつ(靴)・を・　は(履)く。」■対語＝「こまいめ【小まい目】」「こんまいめ【小んまい目】」「ちいさいめ【(小さい目)】」「ちいさめ【小さ目】」「ちっこいめ【小っこい目】」「ちっちゃいめ【小っちゃい目】」〔⇒**おおきいめ【大きい目】、おおきめ【大き目】、おおけめ【大け目】、おっきめ【大っき目】、おっけめ【大っけ目】、おおけえめ【大けえ目】、おっきいめ【大っきい目】、おっけえめ【大っけえ目】、ごっついめ【ごっつい目】**〕

ごっつん《副詞と、動詞する》 ①2つ以上のものが互いにぶつかる様子。また、その音。「かど(角)・で・　じてんしゃどーし(自転車同士)・が・　ごっつんし・て・　こけ・た。」②こぶしなどで叩く様子。力をこめて殴りつける様子。また、その音。「あたま(頭)・を・　ごっつんさ・れ・て・　いた(痛)かっ・た。」〔⇒**ごつん**。②⇒**がつん**〕

こってうし【(特牛)】《名詞》 雄の大柄な牛。「こってうし・が・　くるま(車)・を・　ひ(引)ー・とる。」〔⇒**ごっとうし【(特牛)】**〕

こってり《副詞と、動詞する》 ①味や色などが、濃厚でしつこい様子。「こってりし・た・　らーめん(ラーメン)・を・　た(食)べ・た。」②十分すぎるほどに何かが行われる様子「おやじ(親父)・に・　こってり・　おこ(怒)ら・れ・た。」

こっとう〔こっとー〕【骨董】《名詞》 ①日常用品ではなく、古くて値打ちのある美術品や道具類。「こっとー・を・あつ(集)める・の・が・　しゅみ(趣味)・や。」②古くて役に立たない物。中古品。「これ・は・　はくぶつかん(博物館)い(行)き・の・　こっとー・や。」〔⇒**こっとうひん【骨董品】**〕

ごっとう〔ごっとー〕【(ご馳走)】《名詞、動詞する》 ①豪華な食べ物や飲み物。美味しい食べ物や飲み物。「ふだん(普段)・から・　ごっとー・　く(食)ー・さかいに・　つーふー(痛風)・に・　なっ・た・ん・やろ。」②心をこめて、食べ物などを出してもてなすこと。「ごっとー・を・　よばれ・て・　おーきに。」〔⇒**ごちそう【ご馳走】、ごっつぉう【(ご馳走)】、ごっそう【(ご馳走)】**〕

ごっとうさん〔ごっとーさん〕【(ご馳走さん)】《感動詞》 ①食事をもてなされたり、食べ物をもらったりしたときの、感謝の言葉。「えらい・　ごっつぉーさん・に・　なり・まし・た。」②食事を終わるときの挨拶の言葉。「ごっとーさん。おちゃ(茶)・　ちょーだい。」■やや改まった感じでは、「ごっとうさま【(ご馳走様)】」と言うことがある。〔⇒**ごちそうさん【ご馳走さん】、ごっつぉうさん【(ご馳走さん)】、ごっとべはん**〕

ごっとうし【(特牛)】《名詞》 雄の大柄な牛。「ごっとうし・が・　あば(暴)れだし・たら・　て(手)ー・に・　おえ・ん・がな。」〔⇒**こってうし【(特牛)】**〕

こっとうひん〔こっとーひん〕【骨董品】《名詞》 ①日常用品ではなく、古くて値打ちのある美術品や道具類。「こっとーひん・を・　あつ(集)め・た・　てんらんかい(展覧会)・を・　み(見)・に・　い(行)く。」②古くて役に立たない物。中古品。「こっとーひん・や・けど・　しゅーぜん(修繕)し・たら・　つか(使)える・やろ。」③老人が自分を卑下して使う言葉。「わし・は・　もー・　こっとーひん・なんや。」〔①②⇒**こっとう【骨董】**〕

ごっとべはん《感動詞》 ①食事をもてなされたり、食べ物をもらったりしたときの、感謝の言葉。「ごっとべはん・に・　なっ・て・　おーきに。」②食事を終わるときの挨拶の言葉。「おいしかっ・た・よ。ごっとべはん。」■ややふざけた言い方である。〔⇒**ごちそうさん【ご馳走さん】、ごっつぉうさん【(ご馳走さん)】、ごっとうさん【(ご馳走さん)】**〕

こっとり《名詞》 戸締まりなどのために、戸などに仕組まれている、木でできた栓。「と(戸)ー・に・　こっとり・を・　お(落)とす。」「こっとり・を・　お(下)ろす。」

こつぶ【小粒】《名詞、形容動詞や(ノ)》 ①真ん丸い形で、小さなもの。「こつぶ・の・　まめ(豆)・を・　た(炊)く。」②力や人間性が劣っている人の様子。「こんど(今度)・の・　しゃちょー(社長)・は・　ちょっと・　こつぶや。」■対語＝①「おおつぶ【大粒】」

コップ〔こっぷ〕【オランダ語＝kop】《名詞》 ガラス、紙、プラスチックなどで作って、水などの飲み物を入れるもの。「こっぷ・で・　みず(水)・を・　の(飲)む。」◆「がらすこっぷ【ガラスコップ】」「せともん・の・こっぷ【瀬戸物のコップ】」「かみこっぷ【紙コップ】」など言い分けることもある。

コッペパン〔こっぺぱん〕【フランス語＝coupée＋ポルトガル語＝pão】《名詞》 底が平たくて、全体がなまこ型であるパン。「なに(何)・も・　はい(入)っ・とら・へん・　こっぺぱん・を・　く(食)・た。」◆戦後の給食で出された記憶が強い。

こっぽり《名詞》 台の底をくり抜いて、後ろを丸くして前のめりにした、子供向けの下駄。「こっぽり・の・　おと(音)･が･　し･て･　かい(可愛)らしー･　こ(子)ー･が･　ある(歩)い･ていく。」〔⇒**こっぽりげた【こっぽり下駄】、ぽっくり**〕

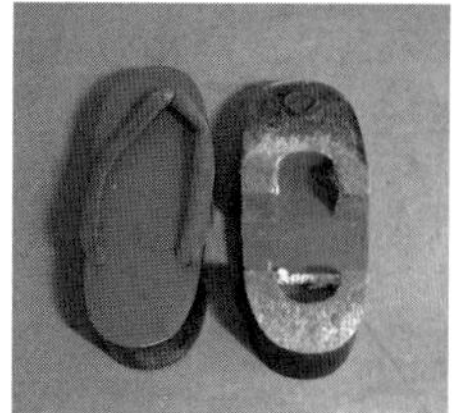
こっぽり

こっぽりげた【こっぽり下駄】《名詞》　台の底をくり抜いて、後ろを丸くして前のめりにした、子供向けの下駄。「ゆかた(浴衣)･を･　き(着)･て･　こっぽりげた･を･　は(履)い･て･　よみせ(夜店)･に･　い(行)く。」〔⇒**こっぽり、ぽっくり**〕

ごつん《副詞と、動詞する》　①2つ以上のものが互いにぶつかる様子。また、その音。「よそみ(余所見)･を･し･とっ･て･　でんしんばしら(電信柱)･に･　ごつんと･　あ(当)たっ･た。」②こぶしなどで叩く様子。力をこめて殴りつける様子。また、その音。「げんこつ(拳骨)･で･　ごつんと･　たた(叩)か･れ･た。」〔⇒**ごっつん**。②⇒**がつん**〕

こて【鏝】《名詞》　①熱くしておいて、布の皺を伸ばす道具。「すみ(炭)･で･　こて･を･　ぬく(温)める。」②壁土やセメントなどを塗る道具。「こて･で･　かべ(壁)･を･　ぬ(塗)っ･ていく。」

ごて【後手】《名詞》　人より後で物事を始めること。相手に先を越されて、受け身になること。「ごて･に･　まわ(回)っ･たら･　なかなか･　ばんかい(挽回)･は･　でけ(出来)･へん。」■対語＝「せんて【先手】」

ごて《名詞、形容動詞や(ノ)》　他人に不平や文句などを言うこと。周りの者と協調せず、騒動を引き起こすこと。また、そのような人。「ごての･　おっ(小父)さん･が･　おる。」

こてこて《形容動詞や(ノ)、動詞する》　多すぎたり濃厚であったりして、くどい様子。「くればす(クレパス)･で･　こてこてに･　ぬ(塗)っ･た･　え(絵)ー･や。」〔⇒**ごてごて**〕

ごてごて《形容動詞や(ノ)、動詞する》　多すぎたり濃厚であったりして、くどさが際だっている様子。「えのぐ(絵具)･を･　ごてごてに･　ぬ(塗)りたくる。」〔⇒**こてこて**〕

こでる《動詞･ダ行下一段活用》　①梃子の働きをさせる。隙間などにものを入れて、ねじったり持ち上げたりする。「ぼー(棒)･で･　こで･ても･　あ(上)がら･へん･ねん。」②話に横やりを入れる。道理の通らないことを言う。「あいつ(彼奴)･に･　こで･られ･たら･　い(言)ーかえさ･れ･へん･がな。」〔⇒**こぜる**〕

ごてる《動詞･タ行下一段活用》　気に入らなくて、他人に不平や文句などを言う。自分に都合の良いように、苦情を言う。周りの者と協調せず、騒動を引き起こす。ものごとの進行を妨害する。「はんたい(反対)し･て･　ごて･たら･　わら(笑)わ･れる･ぞー。」■名詞化＝**ごて**〔⇒**ごねる**〕

ごてん【御殿】《名詞》　豪華で立派な邸宅。身分の高い人の住まい。「あんたとこ･は･　ごてん･みたいーで･　おー(大)けー･　へや(部屋)･が･　ある･ねん･なー。」

こと【事】《名詞》　①事柄。内容。「おや(親)･の･　めーにち(命日)･は･　わす(忘)れ･て･は･　いか･ん･　こと･や･で。」②事実。出来事。経験。「きのー(昨日)･　かえ(帰)っ･て･から･　どんな･　こと･を･　し･た･の。」「がっこー(学校)･で･　お(起)こっ･た･　こと･を･　はな(話)す。」③事情。「あの･　はなし(話)･は･　そうゆー･　こと･やっ･た･ん･です･か。」④事件などに発展しそうな内容。重大な内容。「あいつ(彼奴)･に･　し(知)らせ･たら･　こと･や･ぞ。」⑤用言的な内容を体言に改める働きをする言葉。「そない･　し･たら･　うま(巧)い･　こと･　いく･やろ。」「はや(早)い･　こと･　す(済)まし･てしまい･なはれ。」

こと【琴】《名詞》　細長い胴の上に、13本の弦が張ってある、日本古来の楽器。「こと･の･　おと(音)･が･　き(聞)こえる。」

ごと【毎】《接尾語》［名詞や動詞連体形などに付く］　①何かがあるたびに。「かぜ(風)･が･　ふ(吹)くごと･に･　き(木)ー･の･　は(葉)ー･が･　ち(散)る。」②それを単位として。「いっしゅーかん(一週間)ごと･に･　ほーこく(報告)する。」「くらす(クラス)ごと･の･　きょーそー(競争)･や。」

ごと《接尾語》［名詞に付く］　そのものを含めてすべて一緒に、という意味を表す言葉。「かん(缶)ごと･　ぜんぶ(全部)･　わた(渡)し･た。」「かわ(皮)ごと･　く(食)う。」〔⇒**ぐち、なり**〕

ことがら【事柄】《名詞》　ものごとの有り様。ものごとの内容。「とくべつ(特別)な･　ことがら･で･　あっ･ても･　きちんと･　れんらく(連絡)し･てください。」

五徳

ごとく【五徳】《名詞》　火鉢の中などに立てて、小さな鍋ややかんなどを載せる器具。「ごとく･が･　かたむ(傾)い･とっ･て･　ちゃびん(茶瓶)･が･　ひっくりかえっ･た。」

ことこと《副詞と》　①時間をかけて、ゆっくりと煮る様子。鍋の中のものが静かに煮える様子。「まめ(豆)･を･　ことことと･　た(炊)く。」②物が軽く触れ合って、小さな物音がする様子。「てんじょー(天井)･で･　ねずみ(鼠)･が･　ことことと･　うご(動)い･とる。」

ごとごと《副詞と》　鈍くて大きな物音がする様子。「となり(隣)･で･　ごとごと･　おと(音)･が･　する。」◆音の正体が明確でないような場合に使うことも多い。

ことし【今年】《名詞》　今日が属している年。現在、過ごしている年。「ことし･は･　つゆい(梅雨入)り･が･　はや(早)い･みたいや。」

ことづかる【言付かる】《動詞･ラ行五段活用》　①誰かから、人への伝言を頼まれる。伝言を預かる。「ことづかっ･てき･た･　こと･を･　い(言)ー･ます。」②誰かから、人への届け物を頼まれる。届け物を預かる。「この･　はこ(箱)･を･　ことづかっ･てき･まし･てん。」■他動詞は「ことづける【言付ける】」「ことづてる【言付てる】」

ことづけ【言付け】《名詞、動詞する》　①人に頼んで先方に言ってもらうこと。また、その内容。「なん(何)･ぞ･　ことづけ･が･　あ(有)っ･たら･　き(聞)ー･ていき･ます･けど。」②人に頼んでものを先方に届けてもらうこと。また、その届けてもらうもの。「ことづけ･が･　あ(有)っ･たら･　あず(預)かっ･ていき･ます･よ。」〔⇒**ことづて【言付て】**〕

ことづける【言付ける】《動詞･カ行下一段活用》　①人に頼んで先方に言ってもらう。「ことづけ･た･　こと(事)･を･　ちゃんと･　ゆ(言)ー･てくれ･た･かいな。」②人に頼んでものを先方に届けてもらう。「てがみ(手紙)･を･　ことづける。」■自動詞は「ことづかる【言付かる】」■名詞化＝**ことづけ【言付け】**〔⇒**ことづてる【言**

付てる】〕

ことづて【言付て】《名詞、動詞する》 ①人に頼んで先方に言ってもらうこと。また、その内容。「ことづて・を・き(聞)ー・た。」②人に頼んでものを先方に届けてもらうこと。また、その届けてもらうもの。「ことづて・を・ う(受)けとっ・た。」〔⇒**ことづけ**【言付け】〕

ことづてる【言付てる】《動詞・タ行下一段活用》 ①人に頼んで先方に言ってもらう。「ことづて・たい・ こと・が・ ある。」②人に頼んでものを先方に届けてもらう。「ことづてる・ もの・が・ ある・さかい・ も(持)っ・ていっ・てー・な。」■自動詞は「ことづかる【言付かる】」■名詞化＝**ことづて**【言付て】〔⇒**ことづける**【言付ける】〕

ことば【言葉】《名詞》 ①いくつかの音が集まって意味を表すもの。「あかし(明石)・の・ ことば・を・ あつ(集)め・た・ ほーげんしゅー(方言集)・を・ こしら(拵)え・よる・ねん。」「いぬ(犬)・の・ ことば・は・ わから・へん。」②語句や文章。語句などの使い方。「ことば・が・じょーず(上手)や・さかい・ だま(騙)さ・れ・たら・あか・ん・ぞ。」③考えていることや気持ちを、声や文字に表したもの。「ことば・で・ い(言)わ・れ・たら・きつー・ ひび(響)く。」〔③⇒**もの**【物】〕

ことばづかい【言葉遣い】《名詞》 ものの言い方。話し方。語句などの使い方。「てーねー(丁寧)な・ ことばづかい・を・ する・ ひと(人)・や。」◆表現の上手さ、用語・用字の正しさ、文法的な正しさなどの観点が判断基準になる場合などに使う。

ことぶき【寿】《名詞》 めでたさを祝うこと。めでたさを祝う言葉や文字。「ことぶき・の・ じ(字)ー・の・ か(書)い・てある・ ふろしき(風呂敷)・を・ もろ(貰)・た。」

ことぼし【小灯し】《名詞》 油を用いた、小さな灯り。「ことぼし・に・ あぶら(油)・を・ い(入)れ・て・ ひ(火)ー・を・ つ(点)ける。」

こども【子供】《名詞》 ①幼児や少年や少女。幼い人。「こども・が・ みち(道)・で・ あそ(遊)ん・どる。」②夫婦の間に生まれた息子や娘。「さんにん(三人)・ こども・が・ おり・ます・ねん。」③運賃や入場料などでの、一人前の扱いを受けない人。「しょーがっこー(小学校)・の・ とき・は・ こども・で・ でんしゃ(電車)・に・の(乗)れる。」■対語＝「おとな【大人】」〔①②⇒**こどもし**【子供衆】。③⇒**しょうにん**【小人】、**しょう**【小】〕

こどもぎんこう〔**こどもぎんこー**〕【子供銀行】《名詞》 小学校の中で、子どもたちに倹約を奨励して、僅かずつの額の貯金をさせた仕組み。「あした(明日)・は・ こどもぎんこー・の・ ひ(日)・や。」［**巻末「わが郷土」の「こどもぎんこう」の項を参照**］

こどもし【子供衆】《名詞》 ①年の若い人。幼い人。「あんた・は・ どこ・の・ こどもし・や。」②夫婦の間に生まれた息子や娘。「こどもし・は・ なんにん(何人)・おっ・て・です・か。」◆相手の子供や、その親に対して、やや敬意をこめて使う言葉である。〔⇒**こども**【子供】〕

こどものひ〔**こどものひー**〕【子どもの日】《名詞》 国民の祝日の一つで5月5日に設定されており、子どもの人格を尊重しその幸福をはかる日。「こどものひー・に・こどもかい(子供会)・の・ ぎょーじ(行事)・が・ ある。」

ことり【小鳥】《名詞》 小型の鳥。愛玩用に飼う小さな鳥。「ことり・の・ ため・に・ すばこ(巣箱)・を・ つく(作)っ・てやる。」

ことり【子取り】《名詞》 子どもをだまして連れていってしまうこと。「おや(親)・の・ ゆ(言)ー・ こと・を・き(聞)か・なんだら・ ことり・に・ つ(連)れ・ていか・れる・ぞ。」〔⇒**ゆうかい**【誘拐】〕

ことわざ【諺】《名詞》 昔から言い伝えられていて、風刺や教訓などを含んでおり、生活などに役立つ短い言葉。「ことわざ・は・ え(良)ー・ こと・を・ ゆ(言)ー・とり・ます・なー。」

ことわり【断り】《名詞》 ①相手の申し出や依頼を受け入れないと伝えること。「き(気)・が・ すす(進)ま・ん・さかい・ ことわり・の・ へんじ(返事)・を・ だ(出)す。」②事前に相手に知らせて了解を得ること。「つごー(都合)・で・ おく(遅)れる・さかい・ ことわり・を・ ゆ(言)ー・とく。」

ことわる【断る】《動詞・ラ行五段活用》 ①相手の申し出や依頼を受け入れないという意思を伝える。「かいね(買値)・が・ たこ(高)ー・ない・さかい・ う(売)る・の・を・ことわっ・た。」②相手に影響が及ぶことについて、事前に知らせて了解を得る。「しめきり(締切)・に・ ま(間)にあ(合)わ・ん・ こと・を・ でんわ(電話)・で・ことわっ・ておい・た。」■名詞化＝**ことわり**【断り】

こない《副詞に》 このように。「こない・ しんどい・ しごと(仕事)・や・と・は・ おも(思)わ・なんだ。」「こないに・ し・たら・ え(良)ー・ねん。」■類語＝「そない」「ほない」「あない」「どない」〔⇒**こう**〕

こないだ《名詞》 あまり遠くない過去のあるとき。今日より少し前のとき。「こないだ・から・ なが(長)い・こと・ あめふ(雨降)り・ばっかり・です・なー。」◆「このあいだ【この間】」の発音がつづまったもの。〔⇒**さきごろ**【先頃】、**せんじつ**【先日】、**せんだって**【先だって】、**このあいだ**【この間】〕

こないな《連体詞》 形や状態などが、これと同じような。これほどの程度の。「こないな・ はなし(話)・は・きょー(今日)・ はじ(初)めて・ き(聞)ー・た。」〔⇒**こんな**〕

こないなん《名詞》 形や状態などが、これと同じようなもの。これほどの程度のもの。「こないなん・は・ もー・にど(二度)と・ か(買)わ・れ・へん・やろ。」「こないなん・を・ さが(探)し・とっ・て・ やっと・ み(見)つけ・まし・てん。」〔⇒**こんなん**〕

こなぐすり【粉薬】《名詞》 極めて微細な粒になっている薬。「こなぐすり・を・ おぶらーと(オブラート)・に・つつ(包)ん・で・ の(飲)む。」■対語＝「みずぐすり【水薬】」〔⇒**こぐすり**【粉薬】〕

こなせっけん【粉石鹸】《名詞》 汚れを落とすために使う、油と苛性ソーダで作ったものを粉末にしたもの。「こなせっけん・を・ せんたっき(洗濯機)・に・ い(入)れる。」〔⇒**せっけんこ**【石鹸粉】〕

こなれる《動詞・ラ行下一段活用》 食べたものが消化される。「く(食)いすぎ・て・ はら(腹)・が・ こなれ・とら・へん。」

ごにん【五人】《名詞》 人数が5であること。「ごにん・で・うた(歌)・を・ がっしょー(合唱)する。」◆4人を「よったり【四人】」と言うことに引かれて、「いつたり【五人】」または「いったり」と言うことも、時にはある。

こにんずう〔**こにんずー**〕【小人数】《名詞、形容動詞や(ノ)》 寄り集まる人の数が少ないこと。また、少ない数の人。「こにんずーの・ りょこー(旅行)・は・ きらく(気楽)で・ え(良)ー・なー。」■対語＝「おおにんずう【大人数】」〔⇒**しょうにんずう**【少人数】〕

こねまわす〔**こねまーす**〕【捏ね回す】《動詞・サ行五段活用》　①粉や土などに水を加えてやたらに練る。「あんまり・　こねまーし・たら・　あじ(味)・が・　わる(悪)ー・なる・よ。」②理屈を言ったりして、ものごとを素直に前へ進めようとしない。「あんな・　かんが(考)え・で・　こねまーし・たら・　なに(何)・も・　き(決)まら・へん。」

こねる【捏ねる】《動詞・ナ行下一段活用》①粉末状のものに水を加えて、伸ばしたり固めたりする。「みず(水)・を・　まわし・て・　かべつち(壁土)・を・　こねる。」②固いものや粗いものに手を加えて、伸ばしたり固めたりして質の良いものにする。「ねんど(粘土)・を・　こねる。」③理屈っぽく難しいことを言う。「りくつ(理屈)・ばっかり・　こね・やがっ・て・　しと(人)・の・　ゆ(言)ー・　こと・を・　き(聞)こー・と・　せー・へん・ねん。」■名詞化＝**こね**【捏ね】〔①②⇒**ねる**【練る】〕

ごねる《動詞・ナ行下一段活用》　気に入らなくて、他人に不平や文句などを言う。自分に都合の良いように、苦情を言う。周りの者と協調せず、騒動を引き起こす。ものごとの進行を妨害する。「なん(何)・でも・　はんたい(反対)し・て・　ごねる・　やつ(奴)・が・　おる・さかい・　みんな(皆)・が・　こま(困)っ・とる。」■名詞化＝**ごね**。〔⇒**ごてる**〕

この【此の】《連体詞》　①空間的にあるいは心理的に、自分に近いものを指し示す言葉。「この・　ほん(本)・を・　か(貸)し・てください。」②時間的に、近いものを指し示す言葉。「この・　げつまつ(月末)・に・　うんどーかい(運動会)・が・　ある。」「この・　ふゆ(冬)・は・　とくべつ(特別)・　さぶ(寒)い・なー。」

この〔**このー**〕《感動詞》　人を非難したり叱責したりするときに、その気持ちを強めるために使う言葉。「この・　あほ(阿呆)んだら。気(き)ー・　つ(付)け・て・　うんてん(運転)せ・んかい。」「このー。まぬ(間抜)け・た・　こと(事)・を・　し・やがる・な。」

このあいだ【この間】《名詞》　あまり遠くない過去のあるとき。今日より少し前のとき。「このあいだ・は・　おせわ(世話)・に・　なり・まし・た。」〔⇒**さきごろ**【先頃】、**せんじつ**【先日】、**せんだって**【先だって】、**こないだ**〕

このごろ【此の頃】《名詞》　①少し前から今に至るまでの時。「このごろ・は・　あめ(雨)・ばっかり・　つづ(続)い・とる。」②今の時代。「このごろ・は・　がら(柄)・の・　わる(悪)い・　てれび(テレビ)・の・　ばんぐみ(番組)・が・　おー(多)い・なー。」〔⇒**ちかごろ**【近頃】、**さいきん**【最近】。②⇒**こんにち**【今日】〕

このしゅう〔**このしゅー**〕【此の週】《名詞》　①今日が属している週。現在、過ごしている週。「このしゅー・は・　しごと(仕事)・が・　いそが(忙)しー・ねん。」②特定の週を指し示して言う言葉。「じゅーにがつまつ(十二月末)・の・　このしゅー・は・　いそが(忙)しー・て・　みじか(短)い・　いっしゅーかん(一週間)・やっ・た・よーに・　おも(思)う。」〔①⇒**こんしゅう**【今週】〕

このたび【この度】《名詞》　何かが今行われている折り、または行われたばかりの折り。今般。「このたび・は・　いろいろ・　おせわ(世話)・に・　なり・まし・た。」「このたび・は・　ごーかく(合格)・　おめでとー。」

このつき【此の月】《名詞》　①今日が属している月。現在、過ごしている月。「このつき・は・　ぬく(温)い・ひ(日)ー・が・　つづ(続)い・とる。」②特定の月を指し示して言う言葉。「しんさい(震災)・の・　あっ・た・　このつき・は・　さむ(寒)かっ・た・なー。」〔①⇒**こんげつ**【今月】〕

このぶん【この分】《名詞》　今、直面している状態や傾向や事柄など。「このぶん・やっ・たら・　あした(明日)・は・　は(晴)れ・まっ・せ。」

このへん【この辺】《名詞》　①この場所の辺り。「むかし(昔)・は・　たし(確)か・　このへん・に・　みせ(店)・が・　あっ・てん・けど・なー。」「むかし(昔)・　このへん・に・　ゆーびんきょく(郵便局)・が・　あっ・た・やろ。」②この時のあたり。「このへん・が・　いちばん(一番)・くる(苦)しかっ・た・　とき(時)・や・なー。」「このへん・から・　けーき(景気)・が・　わる(悪)ーなっ・てん。」

このみ【好み】《名詞》　好きだと思うこと。希望すること。また、その内容。趣味や嗜好。「あんた・の・　このみ・の・　ばしょ(場所)・へ・　あんない(案内)し・まっ・せ。」

このよ【此の世】《名詞》　今、生きて生活しているところ。「このよ・は・　つら(辛)い・　こと(事)・も・　ぎょーさん(仰山)・　ある。」■対語＝「**あのよ**【彼の世】」

ごはぎ【ご剥】《名詞》　口は小さくとがり、体は平たい菱形をしている魚。カワハギ。「ごはぎ・の・　かわ(皮)・を・　む(剥)く。」

ごはさん〔**ごわさん**〕【ご破算】《名詞》　①算盤で、置いていた玉をはらって元に戻すこと。「ごわさん・で・　ねが(願)い・まし・て・は・　ごせんにゃくじゅうさんえん(五千二百十三円)・なり。」②計画などを取り止めること。白紙の状態に戻すこと。「さんかしゃ(参加者)・が・　すけ(少)ない・さかい・　ごはさん・に・　し・ょー。」

こばしい【香ばしい】《形容詞・イイ型》　煎ったり焼いたりした匂いが、こんがりして良い。「こばしー・　せんべー(煎餅)・の・　にお(匂)い・が・　する。」「こばしい・おちゃ(茶)・を・　よばれ・た。」〔⇒**こうばしい**【香ばしい】〕

こばしり【小走り】《名詞》　小さな歩幅で、急いで歩くこと。「こばしり・で・　い(行)っ・てき・ます・さかい・　ちょっと(一寸)・　ま(待)っ・とい・てください。」

こばん【小判】《名詞》　江戸時代末期まで使われていた、1両に相当する薄くて楕円形の金貨。「おーばん(大判)・こばん・が・　ざっくざっくの・　むかしばなし(昔話)・が・　あっ・た・やろ。」■対語＝「**おおばん**【大判】」

ごはん【ご飯】《名詞》　①米、麦などを炊いて主食とするもの。「きょー(今日)・は・　うどん(饂飩)・より・　ごはん・が・　た(食)べ・たい・なー。」②生命を維持するためにものを食べること。また、その食べ物。「そろそろ・ごはん・の・　じかん(時間)・です・な。」◆①②ともに、丁寧語である。〔⇒**めし**【飯】、**まま**【(飯)】、**まんま**【(飯)】。②⇒**うまうま**【(飯)】、**うまんま**【(飯)】〕

ごばん【碁盤】《名詞》　碁を打つときに使う、縦横それぞれ19本の線が引いてある、木でできた正方形の厚い板。「ごばん・と・　ごいし(碁石)・を・　も(持)っ・てき・てくれ。」

ごはんごしらえ【ご飯拵え】《名詞、動詞する》　食事の準備をすること。「ごはんごしらえする・さかい・　まいにち(毎日)・　ごじはん(五時半)・に・　お(起)きる。」「ごはんごしらえする・の・に・　いちじかん(一時間)・　かかる。」〔⇒**めしごしらえ**【飯拵え】、**こしらえ**【拵え】、**したく**【支度】〕

ごはんつぶ【ご飯粒】《名詞》　米を炊いてできたご飯の粒の一つ一つ。「ごはんつぶ・を・　だいじ(大事)に・　た(食)べ・なはれ。」〔⇒**ごはんつぼ**【(ご飯粒)】、**めしつぶ**【飯粒】、**めしつぼ**【(飯粒)】、**ままつぶ**【飯粒】、**まま**

つぼ【(飯粒)】〕

ごはんつぼ【(ご飯粒)】《名詞》 米を炊いてできたご飯の粒の一つ一つ。「ごはんつぼ・で・ そっくい(続飯)・を・ こしらえる。」〔⇒**ごはんつぶ**【ご飯粒】、**めしつぶ**【飯粒】、**めしつぼ**【(飯粒)】、**ままつぶ**【飯粒】、**ままつぼ**【(飯粒)】〕

ごばんのめ〔ごばんのめー〕【碁盤の目】《名詞》 縦横の直線の交差によって、規則正しく作られている格子状のもの。「ごばんのめー・の・ もよー(模様)・の・ きもの(着物)・を・ き(着)・とる。」「きょーと(京都)・の・ まち(町)・は・ ごばんのめー・に・ なっ・とる。」

ごばんめ【五番目】《名詞》 ものごとの順序や順位などを表す言葉で、4番目の次に位置するもの。「ぷろぐらむ(プログラム)・の・ ごばんめ・に・ で(出)る。」

こびき【木挽き】《名詞》 材木を挽き割って角材や板にすること。製材をすること。また、その仕事をする人。「こびきさん・に・ たの(頼)ん・で・ き(木)ー・を・ ひー・てもらう。」〔⇒**こびきひき**【木挽き挽き】〕

こびきひき【木挽き挽き】《名詞》 材木を挽き割って角材や板にすること。製材をすること。また、その仕事をする人。「ここ・は・ だいだい(代々)・ こびきひき・を・ し・とる・ いえ(家)・や。」〔⇒**こびき**【木挽き】〕

こびと【小人】《名詞》 童話や物語などに出てくる、背が極端に低い人や妖精。「しらゆきひめ(白雪姫)・と・ こびと・の・ はなし(話)・を・ き(聞)ー・た。」

こびりつく《動詞・カ行五段活用》 しつこいほど、くっついて離れなくなる。「こ(焦)げ・が・ かま(釜)・に・ こびりつい・て・ と(取)れ・へん。」

こびんかたげる【小鬢傾げる】《動詞・ガ行下一段活用》 ①首を右または左に傾げる。「こびんかたげ・て・ なに(何)・を・ かんが(考)え・とっ・て・ん・です・か。」②疑問に思う素振りをする。納得できないという素振りをする。「おかしな・ いけん(意見)・を・ ゆ(言)ー・ ひと(人)・が・ おっ・て・ みんな(皆)・で・ こびんかたげ・とっ・てん。」

こぶ【昆布】《名詞》 帯状に長く厚く成長し、食用にする海藻。「こぶ・で・ だし(出汁)・を・ とる。」「おやつ・に・ こぶ・を・ た(食)べる。」

こぶ【瘤】《名詞》 怪我や病気のために、筋肉が固まって盛り上がって、しこりになったもの。「う(撲)っ・た・ とこ(所)・が・ こぶ・に・ なっ・ても・た。」「かた(肩)・が・ こ(凝)っ・て・ こぶ・みたいな・ もん(物)・が・ でけ(出来)・とる・ん・や。」

ごぶ【五分】《名詞、形容動詞や(ノ)》 ①尺貫法で、1寸の半分の長さ。およそ1.5センチ。「いた(板)・の・ はし(端)・を・ ごぶ・ほど・ き(切)りおとす。」②1割の半分の数値。5パーセント。「ごーけー(合計)・から・ ごぶ・ わ(割)りびい・とき・ます。」③両方の実力や形勢などに差がなく、その優劣が同程度であること。「あした(明日)・ か(勝)てる・ みこ(見込)み・は・ ごぶ・ぐらい・や。」〔③⇒**ごぶごぶ**【五分五分】、**はんぶん**【半分】、**はんはん**【半々】、**はんぶんはんぶん**【半分半分】、**はんぶはんぶ**【(半分半分)】、**はんぶんずつ**【半分ずつ】〕

こふう〔こふー〕【古風】《名詞、形容動詞や(ナ)》 その時代の考え方や風俗などよりも古めかしいこと。昔の古いものが残っている考え方ややり方。「あんた・は・ えらい・ こふーな・ かんが(考)えかた・を・ する・ん・や・な。」「えきまえ(駅前)・に・ こふーな・ たてもん(建物)・が・ のこ(残)っ・とる。」■対語＝「いまふう【今風】」

ごふく【呉服】《名詞》 和服用の織物や反物。「ごふく・を・ う(売)っ・とる・ みせ(店)・も・ すけ(少)のー・ なり・まし・た。」

ごぶごぶ【五分五分】《名詞、形容動詞や(ノ)》 両方の実力や形勢などに差がなく、その優劣が同程度であること。「あした(明日)・ あめ(雨)・が・ ふ(降)る・か・ ふ(降)ら・ん・か・は・ ごぶごぶやろ。」「どっち・も・ つよ(強)ー・て・ か(勝)ちま(負)け・は・ ごぶごぶ・と・ ゆー・ とこ・や。」〔⇒**ごぶ**【五分】、**はんぶん**【半分】、**はんはん**【半々】、**はんぶんはんぶん**【半分半分】、**はんぶはんぶ**【(半分半分)】、**はんぶんずつ**【半分ずつ】〕

ごぶさた【ご無沙汰】《名詞、動詞する》 長い間、訪ねなかったり、手紙を出さなかったりしたこと。また、それを詫びるときに使う言葉。「なが(長)い・ こと・ ごぶさたし・ており・ます。」◆「ぶさた【無沙汰】」という言い方をすることは、ほとんどない。

こぶらがえり【(腓返り)】《名詞、動詞する》 泳いだときなどに、すねの裏側の筋肉が急に痙攣を起こすこと。足がつって、激しく痛むこと。「こぶらがえり・に・ なら・ん・よーに・ うみ(海)・へ・ はい(入)る・ まえ(前)・に・ よー・ たいそー(体操)し・とけ・よ。」

こぶり【小降り】《名詞》 雨や雪の降り方が、弱く少ないこと。「こぶり・に・ なっ・た・さかい・ で(出)・てき・まし・てん。」■対語＝「ほんぶり【本降り】」

こぶり【小振り】《形容動詞や(ノ)》 一般のものに比べて、形が小さい様子。「こぶりの・ たい(鯛)・を・ いっぴき(一匹)・ こ(買)ー・た。」■対語＝「おおぶり【大振り】」

こぶん【子分】《名詞》 仲間の中心となっている人に従って、命令を受けたり行動を共にしたりする人。「あいつ(彼奴)・は・ わし・の・ こぶん・みたいな・ もん・や・さかい・ ゆ(言)ー・ こと・を・ き(聞)ー・てくれる。」■対語＝「おやぶん【親分】」

こべ《接尾語》〔動詞の連用形に付く〕 過度に何かの動作をするということを表す言葉。「いらいこべ・に・ し・て・ めん・でも・た。」「ぬ(塗)りこべ・の・ かべ(壁)・や・さかい・ さわ(触)っ・たら・ あか・ん。」「ま(混)ぜこべ・に・ いろ(色)・を・ ぬ(塗)る。」〔⇒**ちゃんこ**、**さんこ**〕

ごぼう〔ごぼー〕【牛蒡】《名詞》 大きな葉があり、土の中には細くて長い根が伸びて、それを食用にする野菜。「ごぼー・の・ ささがけ・を・ つく(作)る。」〔⇒**ごんぼ**【(牛蒡)】〕

こぼす【零す】《動詞・サ行五段活用》 ①中にある液体や細かな固体を、あふれ出させたり、不注意で外へ出してしまったりする。「こっぷ(コップ)・に・ い(入)れ・た・ みず(水)・を・ こぼす。」②整っていたものの一部を欠けるようにしてしまう。「かた(堅)い・ もん(物)・を・ き(切)っ・て・ はさみ(鋏)・の・ は(刃)ー・を・ こぼし・た。」■自動詞は「こぼれる【零れる】」

こぼね【小骨】《名詞》 魚などの細く小さな骨。「こぼね・を・ と(取)っ・て・から・ た(食)べ・さす。」

こぼれる【零れる】《動詞・ラ行下一段活用》 ①中にある液体や細かな固体が、あふれ出たり、外へ出てしまったりする。「ばけつ(バケツ)・から・ みず(水)・が・ こぼれ・た。」②整っていたものの一部が欠ける。「のこぎり(鋸)・の・ は(刃)ー・が・ こぼれ・た。」■他動詞は「こぼす【零す】」

こま【駒】《名詞》 将棋で使う、五角形の小さな木片。「ふ

（歩）ー・の・　こま・が・　いっこ（一個）・　た（足）ら・ん。」

ごま【胡麻】《名詞》 円柱状の果実の中に多くの種を持ち、その白・黒・黄褐色などの種を料理に使ったり、油を搾ったりして使う作物。「おひたし・に・　ごま・を・　ふ（振）る。」

ごま【独楽】《名詞》 木や金属で作り、心棒を中心にくるくると回る玩具。「ごま・を・　まー（回）し・て・　あそ（遊）ぶ。」◆「こま」と言うことは少ない。

ごま《名詞》 ①自動車や自転車などの車輪。「ふる（古）なっ・て・　はず（外）し・た・　じてんしゃ（自転車）・の・　ごま・を・　みち（道）・で・　まー（回）し・て・　あそ（遊）ぶ。」「とらっく（トラック）・の・　ごま・が・　ぱんく（パンク）し・た。」②自転車などの補助輪。「こどもよー（子供用）・の・　ごまつ（付）き・の・　じてんしゃ（自転車）・を・　こ（買）ー・てやる。」③戸につけて、戸の開閉を滑らかにする、小さな車輪。戸車。「と（戸）ー・の・　した（下）・に・　ごま・が・　つ（付）い・とる。」

ごまあぶら【胡麻油】《名詞》 胡麻の種を搾ってとった油。「こ（香）ばしい・　ごまあぶら・の・　にお（匂）い・が・　する。」

こまい〔**こーまい**〕【古米】《名詞》 前年までに穫れた米。「しんまい（新米）・が・　と（穫）れ・た・けど・　こまい・が・　まだ・　のこ（残）っ・とる。」■対語＝「しんまい【新米】」〔⇒**こまえ**【（古米）】〕

こまい【小まい】《形容詞・アイ型》 ①体積がささやかで、わずかの場所を占めている。「こまい・　いえ（家）・に・　す（住）ん・どる。」②面積が狭い。「こまい・　じ（字）ー・や・さかい・　よ（読）みにくい。」「とー（通）し・の・　あみ（網）・の・　め（目）ー・が・　こまい。」③背丈などが低い。「せ（背）ー・の・　こまい・　ひと（人）・が・　ある（歩）い・とる。」④数や程度が甚だしくない。「こまい・　みせ（店）・や・さかい・　もー（儲）け・は・　すく（少）ない・ねん。」「ちょっと（一寸）・　こまい・　おと（音）・で・　き（聞）ー・てんか。」「そんな・　もん・は・　こまい・　こと・や・さかい・　き（気）ー・に・　せ・んといて。」⑤年が下である。「こまい・　こ（子）ー・の・　せわ（世話）・を・　する。」⑥けちである。金銭についてのこだわりがある。「かね（金）・に・　こまい・　ひと（人）・や・さかい・　きふ（寄付）・は・　し・てくれ・へん。」⑦繊細である。「こまい・　しごと（仕事）・を・　する・の・は・　にがて（苦手）や。」「あいつ（彼奴）・は・　げー（芸）・が・　こまい。」■対語＝「おおきい【大きい】」「おっきい【大っきい】」「おおけえ【大けえ】」「おっけえ【（大けえ）】」「ごっつい」「ごつい」〔⇒**こんまい**【小まい】。①②③④⑤⇒**ちさい**【小さい】、**ちいさい**【小さい】、**ちっさい**【小っさい】、**ちっこい**【小っこい】、**ちいこい**【小こい】、**ちっちゃい**【小っちゃい】〕

こまいぬ【狛犬】《名詞》 神社の拝殿の前に、魔除けのために向かい合わせに置かれている、獣（多くは、犬）の像。「こまいぬ・に・も・　さいせん（賽銭）・を・　あげる。」

こまいめ【小まい目】《名詞、形容動詞や（ノ）》 ①ものの大きさが、少し小さいこと。比較的小さいと思われること。「こまいめの・　がよーし（画用紙）・に・　か（描）く。」②音量が弱いこと。「こまいめの・　おと（音）・で・　き（聴）く。」■対語＝「おおきめ【大き目】」「おおきいめ【大きい目】」「おおけえめ【大けえ目】」「おっきめ【大っき目】」「おっきいめ【大っきい目】」「おおけめ【大け目】」「おっけめ【大っけ目】」「おっけえめ【大っけえ目】」「ごっつめ【ごっつ目】」「ごっついめ【ごっつい目】」〔⇒**ちいさいめ**【小さい目】、**ちいさめ**【小さ目】、**ちっこいめ**【小っこい目】、**ちっちゃいめ**【小っちゃい目】、**こんまいめ**【小んまい目】〕

こまえ〔**こーまえ**〕【（古米）】《名詞》 前年までに穫れた米。「しんまえ（新米）・と・　こまえ・を・　ま（混）ぜ・て・　た（炊）く。」■対語＝「しんまえ【（新米）】」〔⇒**こまい**【古米】〕

こまかい【細かい】《形容詞・アイ型》 ①隙間などが小さい。繊細である。細密である。「いっせんち（一センチ）・ずつ・に・　こまこー・　わ（分）け・て・　せん（線）・を・　ひ（引）く。」「その・　とき（時）・の・　よーす（様子）・を・　こまかく・　せつめー（説明）する。」②けちである。金銭についてのこだわりがある。「かね（金）・の・　こと・に・　こまかい・　しと（人）・や。」③大事に影響を与えない。心配は要らない。「いってん（一点）・ぐらい・　い（入）れ・られ・ても・　こまかい・　こと・や。」④行動や考えなどが緻密である。「こまこー・　き（気）ー・を・　つか（使）い・なはれ。」■対語①＝「あらい【粗い】」〔⇒**こまこい**【細こい】、**こまかしい**【細かしい】〕

こまかくする【細かくする】《動詞・サ行変格活用》 ①小さく砕く。「いし（石）・を・　かなづち（金槌）・で・　たた（叩）い・て・　こまかくする。」②大きな金額の紙幣を小さな単位のものに変える。「じゅーす（ジュース）・を・　こ（買）ー・て・　いちまんえんさつ（一万円札）・を・　こまかくし・た。」◆②の場合は、「くずす」を使って、「いちまんえんさつ（一万円札）・を・　くずし・た。」とも言う。〔⇒**こまこする**【細こする】。②⇒**くずす**【崩す】〕

こまかしい〔**こまかしー**〕【細かしい】《形容詞・イイ型》 ①隙間などが小さい。繊細である。細密である。「こまかしー・　しごと（仕事）・や・さかい・　め（目）ー・が・　つか（疲）れる。」②けちである。金銭についてのこだわりがある。「こまかしー・　こと・を・　ゆ（言）ー・て・　かね（金）・を・　あつ（集）め・に・　き（来）・た。」③大事に影響を与えない。心配は要らない。「それ・ぐらい・は・　こまかしー・　こと・や・さかい・　ばんかい（挽回）・が・　でける・がな。」④行動や考えなどが緻密である。「こまかしー・　ゆ（言）ー・てくれ・て・　よ（良）ー・　わかっ・た。」■対語①＝「あらい【粗い】」〔⇒**こまかい**【細かい】、**こまこい**【細こい】〕

ごまかす【誤魔化す】《動詞・サ行五段活用》 ①人に見破られないように工夫して、悪いことをする。「かず（数）・を・　ごまかし・やがっ・た。」「わら（笑）っ・て・　ごまかそ・ー・と・　し・とる・な。」②だまして、表面を取り繕う。「わ（割）れ・た・　がらす（ガラス）・に・　てーぷ（テープ）・を・　は（貼）っ・て・　ごまかし・とる。」

こまかな【細かな】《連体詞》 隙間などが小さい。繊細である。細密である。「こまかな・　けーかく（計画）・を・　つく（作）る。」

こまかなる〔**こまかーなる**〕【細かなる】《動詞・ラ行五段活用》 ①擦れ合ったり砕かれたりして、小さくなる。「なみ（波）・で・　すな（砂）・が・　こまかなっ・とる。」②大きな金額の紙幣が小さな単位のものに変わる。「ごせんえんさつ（五千円札）・を・　こまかなら・へん・やろ・か。」〔⇒**こまこなる**【細こなる】。②⇒**くずれる**【崩れる】〕

こまぎれ【細切れ】《名詞》 細かく切ったもの。細かく切れてしまったもの。「こまぎれ・の・　じかん（時間）・に・　おちゃ（茶）・を・　いっぷく（一服）する。」「こまぎれ・の・　そーめん（素麺）・を・　みそしる（味噌汁）・に・　い（入）れる。」

こまく【鼓膜】《名詞》 空気の振動を受けて耳の奥へ音を伝える役割を果たす、耳の中にある薄い膜。「おー(大)きな· おと(音)·が· し·て· こまく·が· びーんと· なっ·た。」

こまこい【細こい】《形容詞·オイ型》 ①隙間などが小さい。繊細である。「こまこい· ごみ(塵)·が· め(目)ー·に· はい(入)っ·た。」②けちである。金銭についてのこだわりがある。「じゅーえん(十円)·の· こと·でも· こまこー· ゆ(言)ー· ひと(人)·や。」③大事に影響を与えない。心配は要らない。「いってん(一点)·ぐらい· と(取)ら·れ·ても· こまこい· こと·や。」④行動や考えなどが緻密である。「こまこー·に· せつめー(説明)し·てくれ·て· わかっ·た。」■対語①＝「あらい【粗い】」〔⇒**こまかい**【細かい】、**こまかしい**【細かしい】〕

こまこする〔**こまこーする**〕【細こする】《動詞·サ行変格活用》 ①小さく砕く。「きかい(機械)·で· つぶ(粒)·を· こまこする。」②大きな金額の紙幣を小さな単位のものに変える。「ぎんこー(銀行)·の· りょーがえき(両替機)·で· こまこし·た。」〔⇒**こまかくする**【細かくする】。②⇒**くずす**【崩す】〕

こまこなる〔**こまこーなる**〕【細こなる】《動詞·ラ行五段活用》 ①擦れ合ったり砕かれたりして、小さくなる。「めげ·た· がらす(ガラス)·を· ふ(踏)ん·だら· こまこなっ·た。」②大きな金額の紙幣が小さな単位のものに変わる。「いちまんえんさつ(一万円札)·が· こまこなっ·た。」〔⇒**こまかなる**【細かなる】。②⇒**くずれる**【崩れる】〕

こまごま【細々】《副詞と、動詞する》 ①様々なものがたくさんある様子。細部にまで行きわたっている様子。「にゅーいん(入院)する· こと·に· なっ·て· こまごまし·た· もん(物)·を· そろ(揃)え·た。」②一つ一つ詳しく丁寧である様子。「うるさ(煩)い·ほど· こまごまと· しじ(指示)さ·れる。」

こましゃくれる《動詞·ラ行下一段活用》 幼いのにかかわらず、大人びたことを言ったりしたりする。「あの·こ(子)ー·は· こましゃくれ·た· こと·を· ゆ(言)ー·なー。」

こます《補助動詞·サ行五段活用》 ⇒**てこます**〔**でこます**〕《補助動詞·サ行五段活用》**を参照**

こまする【小まする】《動詞·サ行変格活用》 ①面積、体積、身長などの値をわずかにする。「とち(土地)·を· こまし·て· わ(分)け·て· う(売)る。」②会社や組織などを衰えさせる。程度や規模などを縮小する。「むすこ(息子)·が· みせ(店)·を· こまし·ても·た。」③隙間などを少なくする。「あいだ(間)·を· こまし·て· なら(並)べ·なんだら· ぜんぶ(全部)·は· はい(入)ら·へん。」④音量を弱くする。「らじお(ラジオ)·は· もっと· こまし·て· き(聞)き·なはれ。」■自動詞は「こまなる【小まなる】」〔⇒**ちいさする**【小さする】、**ちいそする**【小そする】、**ちっさする**【小っさする】、**ちっそする**【小っそする】、**こもする**【小もする】〕

こまなる〔**こまーなる**〕【小まなる】《動詞·ラ行五段活用》 ①面積、体積、身長などの値がわずかになる。「つ(釣)れる· さかな(魚)·が· だんだん· こまなっ·た。」②程度や規模などがわずかになる。「ふけーき(不景気)·で· かいしゃ(会社)·の· うりあ(売上)げ·が· こまなっ·た。」③隙間などが少なくなる。「ろーじ(路地)·が· だんだん· こまなっ·てき·た。」④音量が弱くなる。「しんどなっ·てき·て· こえ(声)·が· こまなっ·た。」⑤恐縮してちぢこまる。「しっぱい(失敗)し·て· こまーなっ·とっ·てん。」■他動詞は「こまする【小まする】」〔⇒**ちいさなる**【小さなる】、**ちいそなる**【小そなる】、**ちっさなる**【小っさなる】、**ちっそなる**【小っそなる】、**こもなる**【小もなる】〕

こまめ【小まめ】《形容動詞や(ナ)》 小さな事にもよく気が付く様子。細かなことまで気を付けて動いたり働いたりする様子。骨惜しみしないで行動する様子。「こまめに· しごと(仕事)·を· する· ひと(人)·や·さかい· しんよー(信用)できる。」

こまる【困る】《動詞·ラ行五段活用》 ①処置や判断のしようがなくて苦しむ。困惑する。「でんしゃ(電車)·に·の(乗)りおく(遅)れ·て· こまっ·た。」②物やお金がなくて、苦しむ。「わか(若)い· とき(時)·は· げっきゅーび(月給日)·の· まえ(前)·に·は· こまっ·た·もん·や。」③人間関係で周囲に迷惑をかけたり悪い影響を与えたりする。「さけの(酒飲)み·の· こまっ·た·やつ(奴)·や。」〔①②⇒**よわる**【弱る】〕

こみ【込み】《接尾語》 違う種類のものを一緒にすること。あるものを他のものに含めること。「そーりょー(送料)こみ·で· にせんえん(二千円)·で· おく(送)っ·てもー·た。」〔⇒**こめ**【込め】、**とも**【共】〕

ごみ【塵】《名詞》 ①要らなくなったもの。使えなくなったもの。「これ·は· ごみ·や·さかい· ほかし·とい·てんか。」②その場所を汚している、きたないもの。「かいがん(海岸)·の· ごみ·を· そーじ(掃除)する。」〔⇒**ごみくず**【塵屑】〕

ごみ《名詞》 白い花が咲き、小さな赤い実がつく低木。また、その木にできる実。「ごみ·の· き(木)ー·に· み(実)·が· なっ·た。」〔⇒**ぐみ**〕

こみいる【込み入る】《動詞·ラ行五段活用》 いろいろな要素が入り交じって、複雑になる。ものごとが複雑に絡んで、もつれる。「はなし(話)·が· ごっつー· こみいっ·て· どない· し·たら· え(良)ー·の·か· わから·なんだ。」

ごみいれ【塵入れ】《名詞》 要らなくなったものや、使えなくなったものを、捨てるために入れるもの。「きょーしつ(教室)·の· ごみいれ·が· いっぱい(一杯)に·なっ·た。」〔⇒**ごみくずいれ**【塵屑入れ】〕

ごみかご【塵籠】《名詞》 要らなくなったものや、使えなくなったものを、捨てるために入れる籠。「へや(部屋)·の· すみ(隅)·に· ごみかご·を· お(置)く。」〔⇒**ごみくずかご**【塵屑籠】〕

ごみくず【塵屑】《名詞》 ①要らなくなったもの。使えなくなったもの。「ごみくず·を· すけ(少)のー· する·よーに· もの·を· だいじ(大事)に· つか(使)う。」②その場所を汚している、きたないもの。「かぜ(風)·で· ごみくず·が· ま(舞)いあがっ·とる。」〔⇒**ごみ**【塵】〕

ごみくずいれ【塵屑入れ】《名詞》 要らなくなったものや、使えなくなったものを、捨てるために入れるもの。「べんとー(弁当)がら·を· ごみくずいれ·に· い(入)れる。」〔⇒**ごみいれ**【塵入れ】〕

ごみくずかご【塵屑籠】《名詞》 要らなくなったものや、使えなくなったものを、捨てるために入れる籠。「ごみくずかご·に· ぬ(濡)れ·た· もん(物)·を· す(捨)て·たら· あか·ん。」〔⇒**ごみかご**【塵籠】〕

ごみすてば【塵捨て場】《名詞》 ごみを集めておいたり捨てたりする場所。「うんどーじょー(運動場)·の· すみ(隅)·に· ごみすてば·が· あっ·た。」〔⇒**はきだめ**

こ

【掃き溜め】〕

こみっちい〔**こみっちー**〕《形容詞・イイ型》 ①お金のことに細かくて、けちくさい。倹約しようとして、出し惜しみをする。「こみっちー・に・　せ・んと・　こ(買)ー・たり・なはれ。」②細かいことにまで過度にこだわっている。「こみっちー・　こと・を・　ぐだぐだ・　ゆ(言)ー・たら・　こども(子供)・が・　ちぢ(縮)こまっ・てしまう・やろ。」〔⇒**みみっちい**〕

ごみとり【塵取り】《名詞》 掃き集めた塵やほこりを入れるための用具。「ごみとり・に・　い(入)れ・た・ん・を・　ごみばこ(箱)・に・　す(捨)てる。」〔⇒**ちりとり**【塵取り】〕

こむ【混む】《動詞・マ行五段活用》 ①人や物が、ある場所いっぱいに集まって、後から入る余地がなかったり思うように動けなかったりする。「けさ(今朝)・の・　でんしゃ(電車)・は・　よー・　こん・どっ・た。」②用事などが一度に重なり合う。「ちゅーもん(注文)・が・　こん・どる・さかい・　ちょっと(一寸)・　ま(待)っ・てんか。」③することが細かい。することが丁寧だ。「て(手)・の・　こん・だ・　りょーり(料理)・を・　つく(作)っ・てくれ・た。」■名詞化＝**こみ**【混み】

ゴム〔**ごむ**〕【オランダ語＝gom】《名詞》 さまざまな用途に加工される、ゴムの木の樹液で作った、伸び縮みする物質。「ごむ・の・　たいや(タイヤ)・を・　つ(付)けか(替)える。」「ごむ・で・　でけ(出来)・た・　くつ(靴)・を・　は(履)く。」

こむぎ【小麦】《名詞》 畑で栽培して、その実を、味噌・醤油の原料にしたり、加工するために粉にしたりする穀物。「あめりか(アメリカ)・から・　こむぎ・を・　ゆにゅー(輸入)する。」

こむぎこ【小麦粉】《名詞》 パン・菓子・うどんなどの原料として使う、小麦の実をひいて作った粉。「こむぎこ・で・　にくてん・を・　つく(作)る。」〔⇒**メリケンこ**【英語＝American ＋ 粉】〕

ゴムけし〔**ごむけし**〕【オランダ語＝gom ＋ 消し】《名詞》 鉛筆などで書いた文字や線などを消す、ゴムやプラスチックなどでできた道具。「まちご(間違)ー・て・　ごむけし・で・　け(消)し・て・ばっかり・　し・とる。」〔⇒**けしゴム**【消し ＋ オランダ語＝gom】〕

ゴムとび〔**ごむとび**〕【オランダ語＝gom ＋ 跳び】《名詞、動詞する》 一定の高さにゴムを張って、それを跳び越えようとする、子どもたちの遊び。「おんな(女)・の・　こ(子)・が・　ごむとび・を・　し・て・　あそ(遊)ん・どる。」

ゴムなが〔**ごむなが**〕【オランダ語＝gom ＋ 長】《名詞》 ゴムで作った、膝の近くまで届く靴。「ごむなが・を・　は(履)い・て・　かわ(川)・に・　はい(入)る。」〔⇒**ながぐつ**【長靴】〕

ゴムのり〔**ごむのり**〕【オランダ語＝gom ＋ 糊】《名詞》 ゴムをくっつけるための糊。「ごむのり・で・　じてんしゃ(自転車)・の・　ちゅーぶ(チューブ)・の・　しゅーぜん(修繕)・を・　する。」

こめ【米】《名詞》 日本人が主食として食べたり日本酒を作るのに使ったりする、稲の実の籾殻を取り去ったもの。「あさ(朝)・は・　やっぱり・　こめ・の・　めし(飯)・を・　た(食)べ・たい。」

こめ【込め】《接尾語》 違う種類のものを一緒にすること。あるものを他のものに含めること。「ふるたい(風袋)こめ・で・　いっかんめ(一貫目)・や。」「しょーひぜー(消費税)こめ・で・　せんにひゃくえん(千二百円)・や。」〔⇒**こみ**【込み】、**とも**【共】〕

こめだわら〔**こめだーら**〕【米俵】《名詞》 米を入れる、藁などを編んで作った入れ物。米が入っている、藁などを編んで作った入れ物。「から(空)・に・　なっ・た・　こめだーら・を・　かぶ(被)っ・て・　あそ(遊)ぶ。」

こめぬか【米糠】《名詞》 米を精米するときにできる、外皮などの粉。「こめぬか・を・　い(入)れ・て・　たけのこ(筍)・を・　た(炊)く。」

ごめん【ご免】《感動詞》 ①謝るときや、許されたいときなどに使う言葉。「おく(遅)れ・て・　ごめん。かんにん(堪忍)し・て・なー。」②断るときに使う言葉。「ごめん。あした(明日)・の・　かい(会)・は・　けっせき(欠席)さ・し・てんか。」③人の家を訪ねたときや、辞去するときに使う言葉。「ごめん。お(居)っ・て・かー。」〔⇒**ごめんなさい**【ご免なさい】、**ごめんなはれ**【ご免なはれ】、**ごめんください**【ご免下さい】〕

ごめんください【ご免下さい】《感動詞》 ①謝るときや、許されたいときなどに使う言葉。「きのー(昨日)・の・　こと・は・　どーぞ・　ごめんください・な。」②断るときに使う言葉。「そんな・　むちゃ(無理)な・　はなし(話)・は・　ごめんください・よ。」③人の家を訪ねたときや、辞去するときに使う言葉。「ほんなら・　これで・　ごめんください。」◆「ごめん」よりも丁寧な言い方である。〔⇒**ごめん**【ご免】、**ごめんなさい**【ご免なさい】、**ごめんなはれ**【ご免なはれ】〕

こめんじゃ《形容動詞や(ノ)》 細かく砕かれた様子。こなごなである様子。「ぼーる(ボール)・が・　あ(当)たっ・て・　うえきばち(植木鉢)・が・　こめんじゃに・　わ(割)れ・た。」〔⇒**こめんじゃこ**〕

こめんじゃこ【こめん雑魚】《名詞》 鰯などの稚魚を煮て干した食べ物。「ごはん(飯)・に・　こめんじゃこ・を・　ふ(振)っ・て・　た(食)べる。」〔⇒**ちりめんじゃこ**【縮緬雑魚】〕

こめんじゃこ《形容動詞や(ノ)》 細かく砕かれた様子。こなごなである様子。「こめんじゃこに・　わ(割)れ・た・　がらす(ガラス)・を・　かたづ(片付)ける。」〔⇒**こめんじゃ**〕

ごめんなさい【ご免なさい】《感動詞》 ①謝るときや、許されたいときなどに使う言葉。「がらす(ガラス)・を・　めん(＝壊し)・で・　ごめんなさい。」②断るときに使う言葉。「ごめんなさい。たこ(高)ー・て・　か(買)え・まへん。」③人の家を訪ねたときや、辞去するときに使う言葉。「そんなら・　これ・で・　ごめんなさい。」◆「ごめん」よりも丁寧な言い方である。〔⇒**ごめん**【ご免】、**ごめんなはれ**【ご免なはれ】、**ごめんください**【ご免下さい】〕

ごめんなはれ〔**ごめんなーれ**〕【ご免なはれ】《感動詞》 ①謝るときや、許されたいときなどに使う言葉。「き(来)・てくれ・た・のに・　いえ(家)・に・　お(居)ら・なんで・　ごめんなはれ・な。」②断るときに使う言葉。「ごめんなーれ。わし・は・　そんな・　むつか(難)しー・こと・は・　よー・　う(請)けお(負)え・まへ・ん。」③人の家を訪ねたときや、辞去するときに使う言葉。「ごめんなはれ。だい(誰)・か・　お(居)っ・て・かー。」◆「ごめん」よりも丁寧な言い方である。〔⇒**ごめん**【ご免】、**ごめんなさい**【ご免なさい】、**ごめんください**【ご免下さい】〕

こも【薦】《名詞》 藁を粗く織って作った筵。「こも・で・　ま(巻)い・た・　さかだる(酒樽)・で・　かがみびら(鏡開)き・を・　する。」

ごもくごはん【五目御飯】《名詞》 魚・肉・野菜などの具をたくさん入れて炊いた飯。「ごもくごはん・を・　べんとー(弁当)・に・　い(入)れる。」〔⇒**かやくめし**【加薬飯】、**かやくごはん**【加薬御飯】、**ごもくめし**【五目飯】、**まぜめし**【混ぜ飯】、**まぜごはん**【混ぜ御飯】、**たきこみ**【炊き込み】、**たきこみごはん**【炊き込み御飯】〕

ごもくずし【五目寿司】《名詞》 寿司飯の上に刺身、卵焼き、海苔、味をつけた野菜などをのせた料理。刺身、卵焼き、海苔、味をつけた野菜などを細かく切って、寿司飯に混ぜたもの。「やくみ(薬味)・を・　ま(混)ぜ・て・　ごもくずし・を・　つく(作)る。」〔⇒**ちらし**【散らし】、**ちらしずし**【散らし寿司】、**ばらずし**【ばら寿司】〕

ごもくめし【五目飯】《名詞》 魚・肉・野菜などの具をたくさん入れて炊いた飯。「やさい(野菜)・が・　いっぱい(一杯)の・　ごもくめし・は・　うま(美味)い・なー。」〔⇒**かやくめし**【加薬飯】、**かやくごはん**【加薬御飯】、**ごもくごはん**【五目御飯】、**まぜめし**【混ぜ飯】、**まぜごはん**【混ぜ御飯】、**たきこみ**【炊き込み】、**たきこみごはん**【炊き込み御飯】〕

こもする【小もする】《動詞・サ行変格活用》 ①面積、体積、身長などの値をわずかにする。「にぎりめし(握飯)・を・　こもし・て・　つく(作)っ・てんか。」②会社や組織などを衰えさせる。程度や規模などを縮小する。「じちかい(自治会)・の・　やくいん(役員)・の・　にんずー(人数)・を・　こもする。」③隙間などを少なくする。「あいま(合間)・を・　こもし・て・　ざぶとん(座布団)・を・　なら(並)べる。」④音量を弱くする。「てれび(テレビ)・が・　うるさ(煩)い・さかい・　こもせー。」■自動詞は「こもなる【小もなる】」〔⇒**ちいさする**【小さする】、**ちいそする**【小そする】、**ちっさする**【小っさする】、**ちっそする**【小っそする】、**こます る**【小まする】〕

こもなる〔こもーなる〕【小もなる】《動詞・ラ行五段活用》 ①面積、体積、身長などの値がわずかになる。「とし(歳)・を・　とっ・たら・　せ(背)ー・の・　たけ(丈)・が・　ちょっと(一寸)・ずつ・　こもなっ・てき・た・みたいや。」②程度や規模などがわずかになる。「もー(儲)け・が・　こもなっ・て・　しょーばい(商売)・が・　あ(上)がったりや。」③隙間などが少なくなる。「つつ(筒)・の・　おく(奥)・の・　ほー(方)・が・　こもなっ・とる。」⑤音量が弱くなる。「うし(後)ろ・の・　せき(席)・へ・　き(来)・たら・　こえ(声)・が・　こもなっ・て・　き(聞)こえ・へん・がな。」⑥恐縮してちぢこまる。「せんせー(先生)・の・　まえ(前)・で・　こもーなっ・とっ・てん。」■他動詞は「こもする【小もする】」〔⇒**ちいさなる**【小さなる】、**ちいそなる**【小そなる】、**ちっさなる**【小っさなる】、**ちっそなる**【小っそなる】、**こまなる**【小まなる】〕

こもの【小物、小者】《名詞》 ①同類のものの中で、小さなもの。こまごまとした付属の道具。「こもの・を・　ひきだし(抽斗)・に・　い(入)れ・とく。」②その分野や組織などの中で、能力が劣っていたり、勢力を持たない人。「あんな・　こもの・の・　ゆ(言)ー・　こと・は・　き(聞)か・ん・でも・　え(良)ー。」■対語＝「おおもの【大物、大者】」

こもり【子守】《名詞、動詞する》 赤ちゃんや子どもなどの面倒を見て遊んでやること。また、それをする人。「おとーと(弟)・の・　こもり・を・　させ・られ・た。」〔⇒**もり**【守】〕

こもりうた【子守唄】《名詞》 赤ちゃんや子どもをあやしたり眠らせたりするときに歌う歌。「こもりうた・を・　うと(歌)ー・たっ・たら・　ね(寝)・ても・た。」

こもる【籠もる】《動詞・ラ行五段活用》 ①どこかの中にいて、外に出ない。「こないだ・の・　にちよーび(日曜日)・は・　あめ(雨)・やっ・た・さかい・　いえ(家)・に・　こもっ・とっ・た。」②空気などの流通がなくて、外に向かって発散しない状態になる。「たばこ(煙草)・の・　けむり(煙)・が・　へや(部屋)・の・　なか(中)・に・　こもっ・とる。」「ゆげ(湯気)・が・　こもっ・た・さかい・　まど(窓)・を・　あ(開)け・なはれ。」

こもん〔こーもん〕【粉物】《名詞》 小麦粉などで作った菓子や、お好み焼きやたこ焼きなどの食べ物。「ごはん(飯)・より・も・　こーもん・が・　す(好)きや。」

こや【小屋】《名詞》 小さく簡単に作られている建物。雨露をしのぐだけの、仮に建てた簡略な建物「たんぼ(田圃)・に・　こや・を・　た(建)てる。」「とり(鶏)・を・　か(飼)う・　こや・を・　こしら(拵)える。」

こやし【肥やし】《名詞》 作物の成長をよくするために、土に与える栄養分。土に与えるためのもの。「こやし・を・　やら・なんだら・　はな(花)・が・　さ(咲)か・へん・ぞ。」〔⇒**こえ**【肥え】、**ひりょう**【肥料】〕

こゆび【小指】《名詞》 手足のいちばん外側の、小さな指。「おやゆび(親指)・と・　こゆび・を・　た(立)て・て・　かげえ(影絵)・で・　つの(角)・を・　つく(作)る。」〔⇒**こゆべ**【(小指)】〕

こゆべ【(小指)】《名詞》 手足のいちばん外側の、小さな指。「こゆべ・に・　けが(怪我)・を・　する。」〔⇒**こゆび**【小指】〕

ごよう〔ごよー〕【御用】《名詞》 しなければならない事柄。対応すべき事柄。用件。「なん(何)ぞ・　ごよー・です・か。」◆丁寧に言う言葉である。〔⇒**よう**【用】、**ようじ**【用事】〕

こよみ【暦】《名詞》 ①時の流れを、年・月・週・日や季節を単位として、区切ったり数えたりする体系。「こよみ・で・は・　もー・　はる(春)・や・けど・　ことし(今年)・は・　さぶ(寒)い・なー。」②一年中の月・週・日や行事などを、日の順に書き込んだもの。「らいねん(来年)・の・　こよみ・を・　か(買)う。」◆②は、冊子となっているものも、「ひめくり【日捲り】」の形式のものも、一枚ものの「カレンダー【英語＝calendar】」も、「こよみ」とは言うが、冊子のものは「こよみ【暦】」以外の名称がない。〔②⇒**カレンダー**【英語＝calendar】〕

こより【紙縒】《名詞》 柔らかい和紙などを細く切って、細い紐のようにしたもの。「こより・で・　かみ(紙)・を・　と(綴)じる。」

こら《名詞＋副助詞》 指示語の「これ【此れ】」に、副助詞の「は」が続いて、発音が融合した「こりゃ」が、さらに発音変化した言葉。このものは。「こら・　おー(大)きすぎ・て・　も(持)た・れ・へん。」〔⇒**こりゃ**〕

こら〔こらー〕《感動詞》 ①人に注意を促すときに使う言葉。「こら・　はよ(早)ー・　い(去)ん・でん・か。」②人を叱ったりとがめたりするときに使う言葉。「こらー・　ひと(人)・を・　なぐ(殴)っ・たら・　あか・ん・やろ。」◆強い響きをもって注意を促したり叱ったりするときに使うことが多い。〔⇒**こらこら**、**こりゃ**、**こりゃこりゃ**、**これ**、**これこれ**、**これな**〕

こらえる【堪える】《動詞・ア行下一段活用》 ①苦しさや痛さや辛さなどを受け止めて、耐える。感情を抑えて表面に出さないようにする。「な(泣)く・の・を・　こらえ・とっ・た。」②過ちや罪を咎めないですませる。「わるぎ(悪気)・が・　あっ・た・ん・やない・から・　こらえ・

たっ·て·な。」〔①⇒**がまん【我慢】**（する）、**しんぼう【辛抱】**（する）。②⇒**ゆるす【許す】**、**かんにん【堪忍】**（する）、**かんべん【勘弁】**（する）〕

こらこら〔**こらこらー**〕《感動詞》 ①人に注意を促すときに使う言葉。「こらこら· もーちょっと(一寸)· はよ(速)ー· はし(走)ら·んと· ま(間)にあわ·ん·ぞ。」②人を叱ったりとがめたりするときに使う言葉。「こらこら· そんな· こと·を· し·たら· あか·ん·ぞー。」◆荒々しい語気を伴って注意を促したり叱ったりするときに使うことが多い。〔⇒**こら、こりゃ、こりゃこりゃ、これ、これこれ、これな**〕

こらしょ《感動詞》 重いものを持ち上げるなどの動作を起こそうとして、力を入れるときなどのかけ声。「こらしょ· こらしょ· これ·は· おも(重)たい·なー。」◆「よいしょ」に続けて「こらしょ」と言うこともあり、また、「こらしょ」だけを重ねて使うこともある。〔⇒**よいしょ**〕

ごらん【御覧】《名詞》 ものを見ること。「まー· ゆっくり· ごらん·に· なっ·てください。」◆相手を敬って使う言葉である。

ごり《形容動詞や(ノ)、名詞》 食べ物などの中が軟らかくなっていない様子。また、そのようなもの。「た(炊)い·ても· ごり·の· まま·の· だいこん(大根)·で· うま(美味)い·ない·なー。」〔⇒**ごりごり**〕

こりこり《形容動詞や(ノ)、動詞する》 噛むと、気持ちのよい歯ごたえがある様子。「こりこりし·た· いか(烏賊)·の· さしみ(刺身)·や。」

こりごり【懲り懲り】《形容動詞や(ノ)》 ひどい目にあって、再び同じようにはなるまいと心に強く感じる様子。「にど(二度)·と· い(行)く·の·は· こりごりや。」「あいつ(彼奴)·と· く(組)む·の·は· こりごりや。」

ごりごり《形容動詞や(ノ)、名詞》 食べ物などの中が軟らかくなっていない様子。また、そのようなもの。「この· いも(芋)· に(煮)え·とら·ん·さかい· ごりごりや。」〔⇒**ごり**〕

こりしょう〔**こりしょー**〕**【凝り性】**《形容動詞や(ノ)、名詞》 ①根気強く、一つのことに熱中して、満足するまでやり通す様子。また、そのような人。「こりしょー·や·さかい· からおけ(カラオケ)·の· きかい(機械)·まで· こ(買)ー·ても·とる·ねん。」②肩こりが癖のようになってしまっている様子。また、そのような人。「こりしょー·や·さかい· よー· あんま(按摩)し·てもらう·ねん。」■対語＝①「**あきしょう【飽き性】**」

こりゃ《名詞＋副助詞》 指示語の「**これ【此れ】**」に、副助詞の「は」が続いて、発音が融合した言葉。このものは。「こりゃ· なに(何)·が· なん(何)·やら· わけ(訳)·が· わから·へん。」〔⇒**こら**〕

こりゃ〔**こりゃー**〕《感動詞》 ①人に注意を促すときに使う言葉。「こりゃ· そこ·を· ど(退)い·てんか。」②人を叱ったりとがめたりするときに使う言葉。「こりゃ· そんな· こと·を· し·たら· あか·ん·やろ。」◆おどけた感じが伴うので、相手に伝わる感じを柔らかくして伝えるときに使うことが多い。〔⇒**こら、こらこら、こりゃこりゃ、これ、これこれ、これな**〕

こりゃこりゃ《感動詞》 ①人に注意を促すときに使う言葉。「こりゃこりゃ· わすれもん(忘物)·を· せ·ん·よーに·な。」②人を叱ったりとがめたりするときに使う言葉。「こりゃこりゃ· みち(道)·の· まんなか·で· あそ(遊)ぶ·の·は· や(止)め·なはれ。」◆おどけた感じが伴うので、相手に伝わる感じを柔らかくして伝えるときに使うことが多い。〔⇒**こら、こらこら、こりゃ、これ、これこれ、これな**〕

ゴリラ〔**ごりら**〕【英語＝gorilla】《名詞》 アフリカの森林にすむ、力が強くて頭が良く体の大きな、猿の仲間の動物。「どーぶつえん(動物園)·で· じっと· み(見)·とっ·たら· ごりら·が· おこ(怒)っ·て· は(歯)ー·を· むい·た。」

こりる【懲りる】《動詞·ラ行上一段活用》 失敗などをしてひどい目にあって、再びやるまいと心に強く感じる。「こり·た·さかい· けーば(競馬)·は· やめる· ゆ(言)ー·とる。」「とし(歳)とっ·て·から· はし(走)る·の·は· もー· こり·た。」「しけん(試験)·に· お(落)ち·て· さぼる· こと·は· こり·た。」

コリントゲーム〔**こりんとげーむ**〕【英語＝corinth game】《名詞》 傾斜した盤面に多くの釘を打ち付け、所々に穴を開けて、小さな球を盤面に走らせて、穴に入った数によって得点を競う遊び。また、それに用いる器具。「よみせ(夜店)·に· こりんとげーむ·の· みせ(店)·が· あっ·た。」

コリントゲーム

こる【凝る】《動詞·ラ行五段活用》 ①筋肉が張って固くなる。筋肉が突っ張った感じになる。「よ(夜)なべし·て· かた(肩)·が· こっ·た。」②一つのことに心を奪われて熱中する。「いま(今)·は· ぎたー(ギター)·に· こっ·とる。」③細かいところにまで工夫をする。味わいがあるようにする。「こっ·た· え(絵)ー·を· か(描)く。」「き(着)るもん·に· こっ·て· かね(金)·を· つか(使)う。」■名詞化＝**こり【凝り】**

コルク〔**こるく**〕【オランダ語＝kurk】《名詞》 軽くて水や空気を通しにくいので瓶の栓や履き物などに使われる、コルクガシという木の皮の内側の部分。「こるく·の· せん(栓)·は· あ(開)けにくい。」「びん(瓶)·の· こるく·が· ぬ(抜)け·へん。」〔⇒**キルク【オランダ語＝kurk】**〕

これ【此、是】《代名詞》 ①空間的にあるいは心理的に、自分に近いもの。「これ·を· う(売)っ·てください。」②時間的に、近いもの。現在。「また· これ·から· はじ(始)める·の·や。」③目の前にいる、目下の人を指す言葉。「これ·は· わし·の· まご(孫)·や。」〔⇒**こい【(此)、(是)】**。①③⇒**こいつ【此奴、是奴】**〕

これ〔**これー**〕《感動詞》 ①人に注意を促すときに使う言葉。「これ。もー· じゅーいちじ(十一時)·です·よ。」②人を叱ったりとがめたりするときに使う言葉。「これ。ごんたする·の·は· や(止)め·なさい。」◆「こら」よりも柔らかい感じが伴うので、女性が使うことが多い。〔⇒**こら、こらこら、こりゃ、こりゃこりゃ、これこれ、これな**〕

これから《名詞、副詞》 ①時の経過の中で、現在より後。次回以降。「これから· い(行)く· ところ·や。」「これから·は· き(気)·を· つけ·ます。」②限界としての場所や位置。「これから· なか(中)·へ· はい(入)っ·たら· あか·ん。」〔⇒**こいから**。①⇒**こんご【今後】**、**いご【以後】**〕

これこれ〔**これこれー**〕《感動詞》 ①人に注意を促すときに使う言葉。「これこれ。はんかち(ハンカチ)·が· お(落)ち·まし·た·よ。」②人を叱ったりとがめたりするときに使う言葉。「これこれ。はなし(話)・を・　ちゃんと・　き(聞)ー・てください。」◆女性が使うことが多く、「これ」よりもさらに柔らかく響く。〔**⇒こら、こらこら、こりゃ、こりゃこりゃ、これ、これな**〕

これな〔**これなー**〕《感動詞》 ①人に注意を促すときに使う言葉。「これな。もー・　おひる(昼)・の・　じかん(時間)・やない・かいな。」②人を叱ったりとがめたりするときに使う言葉。「これな。そんな・　こと・　し・たら・　あき・まへ・ん・ぜ。」◆女性が使うことが多く、「これ」よりもさらに柔らかく響く。〔**⇒こら、こらこら、こりゃ、こりゃこりゃ、これ、これこれ**〕

これまで【**これ迄**】《名詞、副詞》 時の経過の中で、現在より前。「おし(教)え・てくれ・なんだ・さかい・　これまで・　し(知)ら・なんだ。」〔**⇒いままで【今迄】**〕

ころ【**頃**】《名詞》 話題として取り上げた時を、大まかに指し示す言葉。「こども(子供)・の・　ころ・が・　なつ(懐)かしー。」「もー・　そろそろ・　あいつ(彼奴)・が・　いえ(家)・を・　で(出)る・　ころ・や。」〔**⇒じぶん【時分】**〕

ころ《名詞》 油を抜いて乾かした鯨皮。「ころ・を・　い(入)れ・た・　かすじる(粕汁)・は・　うま(美味)い。」〔**⇒いり【炒り】、いりがら【炒り殻】**〕

ころ《名詞》 丸い木材で、細いもの。「ころ・を・　く(組)みたて・て・　いね(稲)・を・　ほ(干)す。」

ころ〔**ごろ**〕【**頃**】《接尾語》［名詞や動詞連用形に付く］①おおよその時を表す言葉。「さんじ(三時)ごろ・に・　く(来)る・つもり・や。」②それにふさわしい時を表す言葉。「さくら(桜)・が・　み(見)ごろ・に・　なっ・とる。」「とし(年)ごろ・の・　むすめ(娘)はん・で・　かい(可愛)らしい・なー。」

ころがす【**転がす**】《動詞・サ行五段活用》 ①丸い物体を回転させながら移動させる。「どらむかん(ドラム缶)・を・　ころがし・て・　そーこ(倉庫)・に・　い(入)れる。」②立っているものを横にする。転倒させる。「た(立)っ・とる・　き(木)・を・　き(切)っ・て・　ころがす。」③横にして置く。放置する。「すいか(西瓜)・を・　むしろ(筵)・の・　うえ(上)・に・　ころがす。」■自動詞は「ころぶ【転ぶ】」「ころがる【転がす】」「ころこぶ【転こぶ】」〔**⇒ころばす【転ばす】。②⇒こかす、たおす【倒す】**〕

ころがる【**転がる**】《動詞・ラ行五段活用》 ①丸い物体が回って動いていく。「ぼーる(ボール)・が・　うんどーじょー(運動場)・の・　はし(端)・まで・　ころがっ・ていっ・た。」②立っているものが倒れる。転倒する。「じしん(地震)・で・　いえ(家)・の・　なか(中)・の・　もん(物)・が・　ころがっ・ても・た。」③横にして置かれている。放置されている。「うんどーじょー(運動場)・に・　ぼーる(ボール)・が・　ころがっ・とる。」■他動詞は「ころがす【転がす】」「ころばす【転ばす】」〔**⇒ころぶ【転ぶ】。①②⇒ころこぶ【転がる】。②⇒こける、たおれる【倒れる】**〕

ごろくにん【**五六人**】《名詞》 5人または6人程度の人数。「てった(手伝)い・の・　ひと(人)・を・　ごろくにん・　たの(頼)ん・でほしー・ねん。」

ころこぶ【**転こぶ**】《動詞・バ行五段活用》 ①丸い物体が回って動いていく。「ぼーる(ボール)・が・　ころこん・でいく。」②立っているものが倒れる。転倒する。「かびん(花瓶)・が・　ころこん・で・　めげ・た。」◆ややふざけたような言い方である。■他動詞は「ころがす【転がす】」「ころばす【転ばす】」〔**⇒ころぶ【転ぶ】、ころがる【転がる】。②⇒こける、たおれる【倒れる】**〕

ころこぶ《動詞・バ行五段活用》 良いことがあって好ましく思う。望ましい出来事に満足して、嬉しく思う。また、そのような気持ちを態度で現す。「か(勝)っ・た・と・　ゆ(言)ー・て・　みんな・で・　ころこん・どる。」◆ややふざけたような言い方である。〔**⇒よろこぶ【喜ぶ】**〕

ころころ《副詞と、動詞する》 ①小さなものが軽やかに転がる様子。また、その音。「ころころと・　ぼーる(ボール)・が・　ころ(転)ん・でいっ・た。」②ほほえましく思われるほどに、太っていて、丸みのある様子。「ころころし・た・　かい(可愛)らしー・　いぬ(犬)・や・なー。」③ものごとが簡単に次々と変わる様子。言葉や考えなどが次々と変わる様子。「じこくひょー(時刻表)・が・　ころころと・　か(変)わる・さかい・　おぼ(覚)え・られ・へん。」「ゆ(言)ー・　こと・が・　ころころ・　か(変)わる・　ひと(人)・や・さかい・　しんよー(信用)でけ・へん。」④高い声で明るく笑い転げる様子。「ちゅーがくせー(中学生)・の・　おんな(女)・の・　こら(子等)・が・　ころころと・　わら(笑)い・ながら・　ある(歩)い・とる。」

ごろごろ《名詞》 電気が空気中を流れて、大きな音と強い光とを出す現象。「ごろごろ・が・　な(鳴)っ・てき・た・さかい・　へそ(臍)・を・　かく(隠)せ・よ。」◆幼児語。〔**⇒かみなり【雷】**〕

ごろごろ《副詞と、動詞する》 ①大きなものが重そうに転がる様子。また、その音。「まるた(丸太)・を・　ごろごろ・　ころ(転)ばす。」②雷の音が響く様子。また、その音。「ごろごろ・　ゆ(言)ー・てき・た・さかい・　もーじき・　あめ(雨)・が・　ふ(降)る・ぞ。」③たくさんのものがある様子。たくさんのものが散らばってある様子。「つくし(土筆)・が・　あっちこっち・に・　ごろごろ・　は(生)え・とる。」④何もしないで過ごす様子。「にちよーび(日曜日)・は・　いえ(家)・で・　ごろごろし・とっ・た。」⑤小さなものがつかえたり移動したりする様子。「ごみ・が・　はい(入)っ・て・　め(目)ー・が・　ごろごろする。」⑥猫などが喉を鳴らす様子。また、その音。「なん(何)・か・　ほ(欲)しそーに・　ごろごろ・　のど(喉)・を・　な(鳴)らし・て・　ねこ(猫)・が・　き(来)・た。」

ころす【**殺す**】《動詞・サ行五段活用》 生きているものの命を断つ。「こ(小)まい・　むし(虫)・でも・　ころさ・ん・よーに・　し・なはれ。」

ごろつき《名詞》 人に言いがかりをつけたり脅しなどを働いたりする、よくない人。「ごろつき・に・　からま・れ・ん・よーに・　き(気)ーつけ・よ。」

コロッケ〔**ころっけ**〕【**フランス語＝croquetteから**】《名詞》 茹でてつぶした馬鈴薯に、タマネギ・挽肉などを混ぜて、丸くしてパン粉をつけて揚げた食べ物。「はじめて・　ころっけ・　た(食)べ・た・　とき(時)・は・　うま(美味)い・　もん・や・なー・と・　おも(思)・た。」

ころっと《副詞》 ①すっかり。全部。「きのー(昨日)・　き(聞)ー・た・　こと・を・　ころっと・　わす(忘)れ・ても・とっ・た。」②何の前触れもなく突然に。いかにも無造作に。「いぬ(犬)・が・　ころっと・　し(死)ん・だ。」

ころばす【**転ばす**】《動詞・サ行五段活用》 ①丸い物体を回転させながら移動させる。「うんどーかい(運動会)・で・　おーだま(大玉)・を・　ころばす。」②立っているものを横にする。転倒させる。「あし(足)・を・　か(掛)け・て・　あいて(相手)・を・　ころばす。」③横にして置く。放置する。「たんぼ(田圃)・に・　まるた(丸太)・を・　ころばし・とく。」■自動詞は「ころぶ【転ぶ】」「ころが

る【転がす】」「ころこぶ【転こぶ】」〔⇒**ころがす**【転がす】。②⇒**こかす、たおす**【倒す】〕

ころぶ【転ぶ】《動詞・バ行五段活用》　①丸い物体が回って動いていく。「まるた(丸太)・が・　さか(坂)・を・　ころん・でいく。」②立っていたものが横になる。転倒する。「みち(道)・で・　いし(石)・に・　けつまずい・て・ころん・だ。」「お(押)しあいし・て・　さき(先)・に・　ころん・だ・　ほー(方)・が・　ま(負)け・や・で。」③横にして置かれている。放置されている。「ちー(小)さい・たま(球)・が・　しきい(敷居)・の・　うえ(上)・に・　ころん・どる。」■他動詞は「ころがす【転がす】」「ころばす【転ばす】」〔⇒**ころがる**【転がる】。①②⇒**ころこぶ**【転がる】。②⇒**こける、たおれる**【倒れる】〕

ころも【衣】《名詞》　①坊さんの着る法衣。「むらさき(紫)・の・　ころも・を・　き(着)・た・　おじゅっさん(＝坊さん)・が・　ある(歩)い・とっ・て・や。」②天麩羅などの外側の部分。天麩羅にするために食べ物の外側につけるもの。「えび(海老)・に・　ころも・を・　つ(付)け・て・あ(揚)げる。」

こわい【恐い】《形容詞・アイ型》　①身に危険などを感じて気味が悪い。「ゆーれー(幽霊)・の・　こわい・　はなし(話)・を・　き(聞)く。」②物事の程度が甚だしい。びっくりするほどである。「やさい(野菜)・の・　ねだん(値段)・が・　あ(上)がっ・て・　こわい。」〔⇒**おそろしい**【恐ろしい】、**おとろしい**【恐ろしい】、**おっとろしい**【(恐ろしい)】。①⇒**おとっちい**【(恐っちい)】〕

こわい【強い】《形容詞・アイ型》　固くて、ごわごわしている。水分が少なくて、柔らかくない。「きょー(今日)・の・　ごはん(飯)・は・　ちょっと(一寸)・　こわい・な。」「こわい・　にく(肉)・で・　か(噛)みにくい。」「じき(時期)・が・　す(過)ぎ・て・　な(菜)っぱ・が・　だいぶ(大分)・　こわい・よーに・　なっ・てき・た。」「かみ(髪)・の・け(毛)ー・が・　こわい。」

こわがる【恐がる】《動詞・ラ行五段活用》　①身に危険などを感じて気味悪く思う。恐れてびくびくする。「じしん(地震)・を・　こわがっ・とる。」②物事の様子が尋常でなく、びっくりしたり、あきれたりする。「いっとー(一等)・が・　あ(当)たっ・て・　こわがっ・とる。」〔⇒**おそろしがる**【恐ろしがる】、**おとろしがる**【(恐しがる)】。①⇒**おじける**【怖じける】、**おびえる**【怯える】〕

こわけ【小分け】《名詞、動詞する》　小さく、いくつかに分けること。また、そのようにして分けられたもの。「こわけし・て・　ひと(一)つひとつ・を・　かみ(紙)・で・つつ(包)む。」

こわなる【恐なる】《動詞・ラ行五段活用》　平気な気持ちから、気味悪く感じるように変化する。恐ろしく感じるようになる。「ついらく(墜落)・が・　あっ・た・さかい・　ひこーき(飛行機)・に・　の(乗)る・の・が・　こわなっ・た。」〔⇒**おそろしなる**【恐ろしなる】、**おとろしなる**【恐ろしなる】〕

こわなる【強なる】《動詞・ラ行五段活用》　固くて、ごわごわした状態になる。柔らかくなくなる。「しゅん(旬)・が・す(過)ぎ・て・　わかめ(若布)・が・　こわなっ・た。」

こわめし【強飯】《名詞》　餅米を炊いたご飯。「くり(栗)・を・　い(入)れ・た・　こわめし・を・　た(炊)く。」〔⇒**おこわ**【お強】〕

こわる《動詞・ラ行五段活用》　腹が、突き刺すような感じで痛む。身にこたえるように痛む。「なん(何)・か・　わる(悪)い・　もん・でも・　た(食)べ・た・ん・やろ・か・こわっ・てき・た・なー。」〔⇒**うずく**【疼く】〕

こん【紺】《名詞》　青と紫が混じった色。濃い藍色。「こん・の・　かすり(絣)・を・　き(着)る。」

こん【根】《名詞》　ものごとを我慢強くやり続ける気持ち。飽きずに行う忍耐力。「だんだん(段々)と・　こん・が・つづ(続)か・ん・よーに・　なっ・てき・た。」〔⇒**こんき**【根気】〕

こんかい【今回】《名詞》　出会いや、一続きの会合や催し物などのうちの、今のとき。「こんかい・の・　よ(寄)りあい・は・　かおあ(顔合)わせ・みたいな・　もん・や。」■対語＝「ぜんかい【前回】」「じかい【次回】」〔⇒**こんど**【今度】、**こんどかい**【今度回】、**こんどめ**【今度目】〕

こんがらがる《動詞・ラ行五段活用》　物事が入り混じって、ごちゃごちゃになる。糸などがもつれて、からまる。「はなし(話)・が・　こんがらがっ・て・　さき(先)・へ・　すす(進)ま・へん。」「ひも(紐)・が・　こんがらがっ・て・ほど(解)か・れ・へん。」

こんがり《副詞と》　餅やパンなどが香ばしく、ほどよくきつね色に焼ける様子。「ぱん(パン)・が・　こんがりと・や(焼)け・た。」

こんき【根気】《名詞》　ものごとを辛抱強くやり続ける気持ち。飽きずに行う忍耐力。「こんき・が・　なかっ・たら・　なん(何)・でも・　うま(巧)い・こと・　いか・へん。」〔⇒**こん**【根】〕

こんくらべ【根比べ、根競べ】《名詞、動詞する》　どちらが辛抱強くやり続けられるかを比べ合うこと。我慢くらべ。「こない・　なっ・たら・　あいつ(彼奴)・と・　こんくらべ・や。」

コンクリ〔**こんくり**〕【英語＝concrete】《名詞》　セメントと砂と砂利などを、水といっしょに混ぜ合わせたもの。また、それを石のように固まらせたもの。「さかいめ(境目)・に・　こんくり・の・　かべ(壁)・を・　こしらえる。」〔⇒**コンクリート**【英語＝concrete】〕

コンクリート〔**こんくりーと**〕【英語＝concrete】《名詞》　セメントと砂と砂利などを、水といっしょに混ぜ合わせたもの。また、それを石のように固まらせたもの。「てっきん(鉄筋)こんくりーと・の・　びる(ビル)・が・た(建)つ・　よてー(予定)・や。」〔⇒**コンクリ**【英語＝concrete】〕

こんげつ【今月】《名詞》　今日が属している月。現在、過ごしている月。「こんげつ・は・　あめ(雨)・が・　おか(多)い・なー。」「こんげつ・の・　しんぶんだい(新聞代)・を・　はら(払)う。」〔⇒**このつき**【此の月】〕

ごんけつ《名詞》　ぐっと握り固めた手の指。「ごんけつ・で・　なぐ(殴)っ・てやり・たい・なー。」◆「げんこつ【拳骨】」の前後の音が入れ替わったものであるが、同様のものとしては、「とだな【戸棚】→となだ」「からだ【体】→かだら」などがある。〔⇒**げんこつ**【拳骨】、**にぎりこぶし**【握り拳】〕

こんご【今後】《名詞、副詞》　時の経過の中で、現在より後。次回以降。「それ・は・　こんご・の・　もんだい(問題)・や・ねん。」「こんご・は・　こんな・　ま(負)けかた・は・　せー・へん・ぞ。」〔⇒**いご**【以後】、**これから、こいから**〕

ごんごう〔**ごんごー**〕【五合】《名詞》　尺貫法で、1升(およそ1.8リットル)の半分。「いっしょー(一升)ごんごー・の・　めし(飯)・を・　た(炊)く。」◆「ごごう【五合】」とも言うが、「ごんごう【五合】」となることが多い。

こんころもち【(心持ち)】《名詞》　①その人が心の中に抱いている思いや感情。「じぶん(自分)・の・　こと・ばっかり・　ゆ(言)わ・んと・　わし・の・　こんころもち・も・

かんが(考)え・てくれ・や。」②何かをしたときや何かに遭遇したときなどに持つ、心の状態。「こーえん(公園)・で・ かぜ(風)・に・ ふ(吹)か・れ・て・ え(良)ー・ こんころもち・で・ いねむ(居眠)りし・とっ・てん。」◆「こころもち【心持ち】」に比べると、ややふざけた感じの言い方である。〔⇒**きもち【気持ち】、こころもち【心持ち】**。①⇒**き【気】**。②⇒**きしょく【気色】、ここち【心地】**〕

こんこん《名詞》 ①広い範囲にわたって、空気中の水蒸気が水の滴となって落ちてくるもの。「きのー(昨日)・も・ きょー(今日)・も・ こんこん・が・ ふ(降)っ・て・ そと(外)・で・ あそ(遊)ば・れ・へん・なー。」②雨が降り続く天気。「こんこん・の・ とき(時)・は・ てれび(テレビ)・を・ み(見)・とき・なはれ。」◆幼児語。〔⇒**あめ【雨】、あめこんこん【雨こんこん】**〕

こんこん《副詞と》 ①咳をする様子。また、その音。「こんこんと・ せき(咳)・を・ し・て・ と(止)まら・へん。」②堅いものを叩く様子。ノックするような叩き方をする様子。また、その音。「こんこんと・ と(戸)ー・を・ たた(叩)く・ おと(音)・が・ き(聞)こえる。」③狐が鳴く様子。また、その声。「こんこん・ な(鳴)く・ こえ(声)・が・ する。」

こんざつ【混雑】《名詞、動詞する》 その場所に人やものが無秩序に入り乱れていて、動きがとりにくいこと。「ぼん(盆)・の・ ころ(頃)・の・ しんかんせん(新幹線)・は・ まいとし(毎年)・ こんざつする。」

こんしゅう〔こんしゅー〕【今週】《名詞》 今日が属している日曜日から土曜日までの7日間。現在、過ごしている週。「こんしゅー・は・ ずっと・ は(晴)れ・とる。」〔⇒**このしゅう【此の週】**〕

こんじょう〔こんじょー、こんじょ〕【根性】《名詞》 ①ものごとに積極的に取り組もうとする、心の持ち方。頑張り抜こうとする精神力。「こんじょ・が・ た(足)ら・ん。もっと・ せー(精)・ だ(出)し・て・ はたら(働)け。」②行動の仕方や姿勢・態度などに現れる、その人が生まれつき持っている性格。「ゆったりし・た・ こんじょー・の・ ひと(人)・や。」〔⇒**しょうね【性根】、しょうねん【正念】**〕

こんじょうわる〔こんじょーわる、こんじょわる〕【根性悪】《名詞、形容動詞や(ナ)、動詞する》 ①素直な心でなく、性格の上でよくない点がある様子。また、そのような人。「なん(何)・でも・ はんたい(反対)する・ こんじょわるな・ しと(人)・や・なー。」②他人に対して、悪意を持った態度で接する様子。人の嫌がることや困ることを、わざとする様子。また、そのようにする人。「こ(小)まい・ こ(子)ー・に・ こんじょわるせ・んとき・なはれ。」〔⇒**いけず**。②⇒**いじわる【意地悪】、しょわる【性悪】、いけずし**(名詞)〕

ごんす《動詞・サ行五段活用》 「ある」の丁寧な言い方。「さが(探)し・とっ・た・ ほん(本)・は・ えきまえ(駅前)・の・ ほんや(本屋)・に・ ごんし・た。」◆「ございます」のつづまった形である。〔⇒**ございます**〕

ごんす《補助動詞・サ行五段活用》 前にある言葉を丁寧に表現する言い方。「あんた・の・ ゆ(言)ー・の・が・ よ(良)ー・ごんす。」◆「ございます」のつづまった形である。〔⇒**ございます**〕

ごんすけ【ごん助】《名詞、形容動詞や(ノ・ナ)、動詞する》 ①男の子が腕白であること。また、そのような子。「ごんすけ・が・ かびん(花瓶)・を・ めん・だ。」②人を困らせるような意地悪をすること。また、そのようにする人。「みんな・に・ ごんすけさ・れ・て・ な(泣)い・とる。」〔⇒**ごんた【ごん太】、ごんべえ【ごん兵衛】、ごんたくれ【ごん太くれ】**〕

コンセント〔こんせんと〕【英語= concentric plug から】《名詞》 電気器具に電気を引くために、壁や柱などに取り付けた接続口。「こんせんと・が・ な(無)い・さかい・ らじお(ラジオ)・を・ き(聞)か・れ・へん。」〔⇒**さしこみ【差し込み】**〕

ごんた【ごん太】《名詞、形容動詞や(ノ・ナ)、動詞する》 ①男の子が腕白であること。また、そのような子。「おとこ(男)・の・ こ(子)ー・は・ ちょっと(一寸)・ぐらい・ ごんたの・ ほー(方)・が・ え(良)ー。」②人を困らせるような意地悪をすること。また、そのようにする人。「ごんたし・て・ ともだち(友達)・の・ もん(物)・を・ かく(隠)し・ても・た。」〔⇒**ごんすけ【ごん助】、ごんべえ【ごん兵衛】、ごんたくれ【ごん太くれ】**〕

ごんたくれ【ごん太くれ】《名詞、形容動詞や(ノ・ナ)、動詞する》 ①男の子が腕白であること。また、そのような子。「ごんたくれ・が・ ぼーる(ボール)・を・ ほ(放)っ・て・ がらす(ガラス)・を・ めん・だ。」②人を困らせるような意地悪をすること。また、そのようにする人。「あいつ(彼奴)・は・ ひと(人)・の・ もん(物)・を・ と(盗)っ・たり・ する・ ごんたくれや・さかい・ き(気)ー・を・ つ(付)け・なはれ。」〔⇒**ごんた【ごん太】、ごんすけ【ごん助】、ごんべえ【ごん兵衛】**〕

こんだけ《名詞》 ①区切って限定した数量のもの。これぐらいの量。わずかな量。「きょー(今日)・は・ こんだけ・しか・ でけ(出来)・なんだ。」②こんなにも沢山のもの。「こんだけ・ でき(出来)た・ん・やさかい・ ほ(誉)め・てほしー・なー。」◆「こんだけ」に「だけ」(限定の意味)を付けて、「こんだけだけ」と言うこともある。〔⇒**こんだけだけ**〕

こんだけ《副詞》 これほど。こんなに。これほどまでに。「こんだけ・ ゆ(言)ー・ても・ まだ・ わから・へん・の・か。」〔⇒**こんだけだけ**〕

こんだけだけ《名詞》 ①区切って限定した数量のもの。これぐらいの量。わずかな量。「こんだけだけ・ う(売)っ・てくれ・へん・やろ・か。」②こんなにも沢山のもの。「こんだけだけ・で・ にせんえん(二千円)・で・ え(良)ー・のん・か。」〔⇒**こんだけ**〕

こんだけだけ《副詞》 これほど。こんなに。これほどまでに。「こんだけだけ・ はりこん(=奮発し)・だら・ う(売)っ・てくれる・やろ。」〔⇒**こんだけ**〕

こんだて【献立】《名詞》 料理の種類や取り合わせ。メニュー。また、それが表になったもの。「ばんめし(晩飯)・は・ どんな・ こんだて・が・ よろしー・か。」「きゅーしょく(給食)・の・ こんだて・の・ ひょー(表)・を・ もら(貰)う。」

こんちきしょう〔こんちきしょー〕【(こん畜生)】《名詞》 悪く言うときに使って、相手などを指す言葉。この野郎。「この・ こんちきしょー・が・ らくが(落書)きし・やがっ・た。」〔⇒**こんちくしょう【こん畜生】**〕

こんちきしょう〔こんちきしょー〕【(こん畜生)】《感動詞》 ①ひどく腹が立っている気持ちを表す言葉。「こんちきしょー。また・ らくだい(落第)・や。」②これくらいのことで負けるものか、と自分の気持ちを奮い立たせるときに使う言葉。「こんちきしょー。こんど(今度)・は・ ま(負)け・へん・ぞ。」〔⇒**こんちくしょう【こん畜生】**〕

こんちくしょう〔こんちくしょー〕【こん畜生】《名詞》 悪

く言うときに使って、相手などを指す言葉。「こんちくしょー・は・　に(逃)げる・の・が・　はや(速)かっ・た。」〔⇒**こんちきしょう【**(こん畜生)**】**〕

こんちくしょう〔こんちくしょー〕【こん畜生**】**《感動詞》　①ひどく腹が立っている気持ちを表す言葉。「こんちくしょー。あいつ・に・　ま(負)け・て・　なさ(情)けない。」②これくらいのことで負けるものか、と自分の気持ちを奮い立たせるときに使う言葉。「こんちくしょー。あした(明日)・は・　ぜったい(絶対)に・　か(勝)っ・たる。」〔⇒**こんちきしょう【**(こん畜生)**】**〕

こんちは〔こんちわ〕【(今日は)**】**《感動詞》　昼間、人に出会ったときに挨拶として使う言葉。「こんちわ。ごきげんさん。」〔⇒**こんにちは【**今日は**】**〕

こんちゅう〔こんちゅー〕【昆虫**】**《名詞》　人・獣・鳥・魚などを除いた、大量に生まれて地上・地中・水上・水中などにすむ小さな生き物。特に、とんぼ・蝶・蝉のような、体が頭・胸・腹に分かれ、触角や羽を持つ動物。「なつやす(夏休)み・に・　こんちゅー・を・　さいしゅー(採集)する。」〔⇒**むし【**虫**】**、**むいむい【**(虫虫)**】**、**ぶんぶん**〕

こんど【今度**】**《名詞》　①出会いや、一続きの会合や催し物などのうちの、今のとき。「こんど・　にゅーしゃ(入社)し・まし・た。」②今までとは区別して、この次のとき。「こんど・は・　おまえ(前)・の・　ばん(番)・や。」〔⇒**こんどかい【**今度回**】**、**こんどめ【**今度目**】**。①⇒**こんかい【**今回**】**〕

こんどかい【今度回**】**《名詞》　①出会いや、一続きの会合や催し物などのうちの、今のとき。「こんどかい・の・　てんらんかい(展覧会)・は・　もー・　す(済)み・まし・た。」②今までとは区別して、この次のとき。「こんどかい・は・　ま(負)け・たり・　せー・へん・　つもり・や。」◆「いっかい【一回】」「にかい【二回】」…という言い方に引かれて、「こんど【今度】」にも「かい【回】」を付けたように思われる。〔⇒**こんど【**今度**】**、**こんどめ【**今度目**】**。①⇒**こんかい【**今回**】**〕

こんどめ〔こんどめー〕【今度目**】**《名詞》　①出会いや、一続きの会合や催し物などのうちの、今のとき。「こんどめー・は・　ま(負)け・ても・てん。」②今までとは区別して、この次のとき。「こんどめー・は・　おんな(同)じ・　しっぱい(失敗)・は・　せー・へん・ぞ。」◆「いちどめ【一度目】」「にどめ【二度目】」、「いっかいめ【一回目】」「にかいめ【二回目】」…という言い方に引かれて、「こんど【今度】」にも「め【目】」を付けたように思われる。〔⇒**こんど【**今度**】**、**こんどかい【**今度回**】**。①⇒**こんかい【**今回**】**〕

こんな《連体詞》　形や状態などが、これと同じような。これほどの程度の。「こんな・　おー(大)きさ・の・　はこ(箱)・が・　ほ(欲)しー・ねん。」「こんな・　かい(可愛)らしー・　え(絵)ー・の・　つ(付)い・た・　べんとばこ(弁当箱)・を・　こ(買)ー・てほしー・ねん。」「こんな・　きれー(綺麗)な・　もん・は・　ほか(他)・に・は・　あら・へん。」〔⇒**こないな**〕

こんなり《副詞》　この状態のままで。この時のままで。「のしがみ(熨斗紙)・なんか・　い(要)ら・ん・さかい・　こんなり・　とど(届)け・ておい・てんか。」

こんなん《名詞》　形や状態などが、これと同じようなもの。これほどの程度のもの。「いちば(市場)・で・　こんなん・を・　こ(買)ー・てき・てんか。」「こんなん・　やすもん(安物)・でっ・さかい・　わし・でも・　か(買)え・まし・てん。」〔⇒**こないなん**〕

こんにち【今日**】**《名詞》　①今の時代。「こんにち・は・　ことばづか(言葉遣)い・も・　あろ(荒)ー・　なり・まし・た・なー。」②「きょう【今日】」の改まった言い方。「こんにち・は・　おひがら(日柄)・も・　よろ(宜)しー・よーで。」〔①⇒**このごろ【**この頃**】**、**ちかごろ【**近頃**】**、**さいきん【**最近**】**〕

こんにちは〔こんにちわ〕【今日は**】**《感動詞》　昼間、人に出会ったときに挨拶として使う言葉。「こんにちわ。ぬく(温)なり・まし・た・なー。」〔⇒**こんちは【**(今日は)**】**〕

こんにゃく【蒟蒻**】**《名詞》　蒟蒻芋の球茎を原料にして固めた、半透明で弾力がある食べ物。「おでん・の・　こんにゃく・が・　うま(美味)い・なー。」〔⇒**おこんにゃ【**(お蒟蒻)**】**〕

こんね《名詞》**【**(此の家)**】**　①ここの家。あなたの家。「こんね・の・　にわ(庭)・に・　きれー(綺麗)な・　はな(花)・が・　さ(咲)い・とり・ます・なー。」②この家庭。あなたの家庭。「こんね・は・　なんにんかぞく(何人家族)・です・か。」◆現にその家に居るときなどに使う言葉である。

コンパス〔こんぱす〕【オランダ語＝kompas**】**《名詞》　①円を描くときに使う、自在に幅を変えられる2本の脚でできた用具。「こんぱす・で・　おー(大)きな・　まる(円)・を・　か(書)く。」②両足の長さ。歩幅。「こんぱす・の・　おー(大)きー・　ひと(人)・は・　ある(歩)く・の・が・　はや(速)い。」

こんばん【今晩**】**《名詞》　今日の晩。「よ(寄)りあい・は・　こんばん・　ひちじ(七時)・から・です。」◆「こんや【今夜】」よりも比較的早い時刻を指す。〔⇒**こんや【**今夜**】**〕

こんばんは〔こんばんわ〕【今晩は**】**《感動詞》　夕方から夜にかけて、人に出会ったときに挨拶として使う言葉。「こんばんわ。え(良)ー・　つき(月)・が・　で(出)・とり・まん・なー。」

こんぺいとう〔こんぺーとー、こんぺーと〕【金平糖(ポルトガル語＝confeito から)**】**《名詞》　周りにとげのような形がついた、小さな砂糖菓子。「こんぺーとー・を・　な(舐)める。」〔⇒**こんぺんとう【**(金平糖)**】**〕

ごんべえ〔ごんべー〕【ごん兵衛**】**《名詞、形容動詞や(ノ・ナ)、動詞する》　①男の子が腕白であること。また、そのような子。「ごんべーや・さかい・　なん(何)・でも・　じっき(直)に・　めん(＝壊し)・でまう。」②人を困らせるような意地悪をすること。また、そのようにする人。「ごんべー・が・　けんか(喧嘩)し・とる。」「ごんべし・て・　ともだち(友達)・を・　な(泣)かし・たら・　あか・ん・ぞ。」〔⇒**ごんた【**ごん太**】**、**ごんすけ【**ごん助**】**、**ごんたくれ【**ごん太くれ**】**〕

こんぺんとう〔こんぺんとー、こんぺんと〕【(金平糖)(ポルトガル語＝confeito から)**】**《名詞》　周りにとげのような形がついた、小さな砂糖菓子。「かい(可愛)らしー・　こんぺんとー・や・さかい・　た(食)べる・の・が・　もったい(勿体)ない。」〔⇒**こんぺいとう【**金平糖**】**〕

ごんぼ【(牛蒡)**】**《名詞》　大きな葉があり、土の中には細くて長い根が伸びて、それを食用にする野菜。「ごんぼ・を・　きんぴら・に・　する。」〔⇒**ごぼう【**牛蒡**】**〕

ごんぼざお【(牛蒡竿)**】**《名詞》　藪から切り出した細い竹に、てぐすなどを付けて作った、粗雑に作った魚釣り用の竿。「しょーがっこー(小学校)・の・　じぶん(時分)・は・　がっこ(学校)・から・　もど(戻)っ・たら・　ごんぼざお・　も(持)っ・て・　つ(釣)り・に・　よー・　い(行)っ・た。」

こんまい【小んまい】《形容詞・アイ型》 ①体積がささやかで、わずかの場所を占めている。「こんまい・ やま(山)・が・ み(見)える。」②面積が狭い。「うち・の・ はたけ(畑)・は・ こんまい・ねん。」「この・ かみ(紙)・は・ らん(欄)・が・ こんまい・さかい・ じ(字)ー・を・か(書)い・たら・ で(出)・てまう。」③背丈などが低い。「こんまい・さかい・ まど(窓)・の・ そと(外)・が・み(見)え・へん。」④数や程度が甚だしくない。「こんまい・ かいしゃ(会社)・を・ つく(作)っ・て・ それ・を・ おー(大)けし・た。」「こえ(声)・が・ こんまい・さかい・ き(聞)こえ・へん。」「そんな・ しっぱい(失敗)・は・ こんまい・ こと・や。」⑤年が下である。「こんまい・ こ(子)ー・を・ な(泣)かし・たら・ あかん。」⑥けちである。金銭についてのこだわりがある。「こんまい・ ひと(人)・や・さかい・ きふ(寄付)・を・し・てくれ・へん。」⑦繊細である。「ひと(一)つひとつ・ こんもー・ かんが(考)え・てくれ・た。」■対語＝「おおきい【大きい】」「おっきい【大っきい】」「おおけえ【大けえ】」「おっけえ【(大けえ)】」「ごっつい」「ごつい」〔⇒**こまい**【小まい】。①②③④⑤⇒**ちさい**【小さい】、**ちいさい**【小さい】、**ちっさい**【小っさい】、**ちっこい**【小っこい】、**ちいこい**【小こい】、**ちっちゃい**【小っちゃい】〕

こんまいめ【小んまい目】《名詞、形容動詞や(ノ)》 ①ものの大きさが、少し小さいこと。比較的小さいと思われること。「こんまいめの・ すいか(西瓜)・を・ ください。」②音量が弱いこと。「おと(音)・が・ こんまいめで・ よー・ き(聞)こえ・へん。」■対語＝「おおきめ【大き目】」「おおきいめ【大きい目】」「おおけえめ【大けえ目】」「おっきめ【大っき目】」「おっきいめ【大っきい目】」「おおけめ【大け目】」「おっけめ【大っけ目】」「おっけえめ【大っけえ目】」「ごっつめ【ごっつ目】」「ごっついめ【ごっつい目】」〔⇒**ちいさいめ**【小さい目】、**ちいさめ**【小さ目】、**ちっこいめ**【小っこい目】、**ちっちゃいめ**【小っちゃい目】、**こまいめ**【小まい目】〕

こんまき【(昆布巻)】《名詞》 魚や野菜を昆布で巻いて、甘辛い汁で炊いた食べ物。「さけ(鮭)・の・ こんまき・を・く(食)う。」

こんまけ【根負け】《名詞、動詞する》 相手より先に根気がなくなること。気力が続かなくなって相手に屈服したりすること。「あいつ(彼奴)・の・ しゅーねんぶか(執念深)さ・に・は・ こんまけし・てまう・なー。」

こんや【今夜】《名詞》 今日の夜。「こんや・は・ じゅーごや(十五夜)・の・ つき(月)・が・ で(出)・とる。」◆「こんばん【今晩】」よりも比較的遅い時刻を指す。〔⇒**こんばん**【今晩】〕

こんれい〔**こんれー**〕【婚礼】《名詞》 男女が正式に夫婦になることを誓い合う式典。また、結婚にかかわるいろいろな行事。「じんじゃ(神社)・で・ こんれー・を・ する。」〔⇒**けっこんしき**【結婚式】、**しゅうげん**【祝言】〕

こんろ【焜炉】《名詞》 土や鉄で作った、持ち運びのできる小さな炉。七輪。「こんろ・で・ さんま(秋刀魚)・を・や(焼)く。」〔⇒**かんてき**〕

さ

さ〔**さー**〕【差】《名詞》 ①ものとものとの間の性質や状態などの違い。「あさばん(朝晩)・の・ おんど(温度)・の・さー・が・ おー(大)けー。」②ある数量から他の数量を差し引いたときの値。「いっこ(一個)・ ごえん(五円)・の・ さ・でも・ ぎょーさん(仰山)・ こ(買)ー・たら・ だいぶ(大分)・ ち(違)ご・てくる。」

さ《接尾語》［形容詞・形容動詞の語幹などに付く］ その性質や状態の、様子や程度などを表す言葉。「さむ(寒)さ・が・ み(身)ー・に・ こた(堪)える。」「あの・ しと(人)・の・ あつ(厚)かましさ・に・は・ びっくりする。」「たか(高)さ・が・ ちょっと(一寸)・ た(足)ら・ん・なー。」

さあ〔**さー**〕《感動詞》 ①疑問に思ったり、ためらいや戸惑いを感じたりしたときに発する言葉。「さー。わし・に・は・ わから・ん・さかい・ ほんにん(本人)・に・たん(尋)ね・てみ・なはれ。」②人を促したり誘ったりするときに発する言葉。「さー。そろそろ・ しゅっぱつ(出発)し・まほ。」③自分を奮い立たせたり決意を持ったりしたときに発する言葉。「さー。こんど(今度)・こそ・ ま(負)け・へん・ぞ。」〔⇒**さて**、**さてと**〕

サーカス〔**さーかす**〕【英語＝circus】《名詞》 動物の芸や人の曲芸などを中心にした見せ物。「こーべ(神戸)・に・さーかす・が・ き(来)・とる・そーや。」〔⇒**かるわざ**【軽業】、**かりばた**【(軽業)】〕

ざあざあ〔**ざーざー**〕《副詞と》 ①水が音を立てて盛んに流れたり、雨が音を立てて激しく降ったりする様子。また、その音。「たき(滝)・の・ みず(水)・が・ ざーざー・お(落)ち・とる。」「ざーざーと・ ものすごい・ あめ(雨)・の・ ふ(降)りかた・や。」②ラジオやスピーカーなどで、雑音がする様子。また、その音。「ざーざーと・ らじお(ラジオ)・の・ うるさ(煩)い・ おと(音)・が・ する。」

さあっと〔**さーっと**〕《副詞》 ①雨や風が急に起こる様子。「きゅー(急)に・ かぜ(風)・が・ さあっと・ ふ(吹)きだし・た。」②動きが速く素早い様子。簡単に済ませる様子。「よーじ(用事)・の・ あいま(合間)・に・ さあっと・ めし(飯)・を・ く(食)う。」〔⇒**さっと**。②⇒**ばあっと**〕

サービス〔**さーびす**〕【英語＝service】《名詞、動詞する》 ①割り引いたり、おまけを付けたりして、ものを売ること。また、景品として添えるもの。「きょー(今日)・は・ にわりびき(二割引)・の・ さーびす・を・ する。」「だいこん(大根)・を・ いっぽん(一本)・ さーびすし・とき・ます。」②客が満足するように、心のこもった対応をすること。「にこにこと・ さーびすし・てくれる・ とこや(床屋)さん・は・ い(行)きやすい。」

さあま〔**さーま**〕《感動詞》 そんなことは知っているとか、それは当然なことだというような気持ちを表す言葉。既に承知したり了解済みであったりするという気持ちを表す言葉。「さーま。そやさかい・ わすれもん(忘物)・を・ せ・ん・よーに・と・ ゆ(言)ー・たっ・た・やんか。」〔⇒**はあま**〕

さい【犀】《名詞》 巨大な体で頭が大きく首が短く、鼻の上に角をもつ熱帯にすむ哺乳動物。「どーぶつえん(動物園)・で・ はじ(初)めて・ さい・を・ み(見)・た。」

さい【(左様)】《形容動詞や(ナ)》 その通りである。そのようである。「わし・は・ さいに・ かんが(考)え・た・ん・や・けど・ まちご(間違)ー・てます・か。」「さいでっ・か。え(良)ー・ こと・を・ き(聞)かし・てもらい・まし・た・なー。」〔⇒**さよう**【左様】、**そう**〕

さい【(左様)】《感動詞》 相手の言うことを肯定したり、自分の思いなどを確かめたりするときに発する言葉。「さ

さ

い。おまえ(前)・の・　ゆ(言)ー・とおり・や。」〔⇒**さよ【左様】、そう、ほう**〕

さいか【(左様か)】《感動詞》 相手の言うことを聞いて、それを納得したり、それに疑問を感じたりするときに使う言葉。「さいか。あか・なんだ・か。」「さいか。それ・ほんま(本真)やろ・か。」〔⇒**さよか【左様か】、そうか、ほうか**〕

さいきん【最近】《名詞》 ①少し前から今に至るまでの時。「さいきん・は・　あめ(雨)・が・　よー・　ふ(降)る・なー。」②今の時代。「さいきん・の・　わかもん(若者)・に・も・　しんせつ(親切)な・　こ(子)ー・が・　おる。」〔⇒**ちかごろ【近頃】、このごろ【此の頃】**。②⇒**こんにち【今日】**〕

さいく【細工】《名詞、動詞する》 ①手先を使って、細かいものを作ること。また、作ったもの。「さいく・が・じょーず(上手)や・なー。」「たけ(竹)ざいく・の・　おきもん(置物)・を・　こ(買)ー・た。」②細かい部分に工夫やごまかしを加えて、全体をうまく作り上げるようにたくらむこと。「ちょーぼ(帳簿)・を・　さいくし・たら・あか・ん・ぞ。」

さいご【最後、最期】《名詞》 ①続いているものごとのいちばん終わり。「まつり(祭)・の・　さいご・の・　ひ(日)ー・は・　あめ(雨)・やっ・た。」②人や生き物の命が終わるとき。特に、人が死にゆく間際。「さいご・に・にこっと・　し・てくれ・た。」■対語＝「さいしょ【最初】」〔①⇒**さいしゅう【最終】**。②⇒**しにぎわ【死に際】、りんじゅう【臨終】**〕

さいこう〔さいこー〕【最高】《名詞、形容動詞や(ノ)》 ①位置や程度などがいちばん高いこと。また、その地点。「ここ・が・　やま(山)・の・　さいこー・の・　ところ(所)・や。」②いちばん優れていること。この上もなく優れていること。「これ・は・　さいこーの・　あじ(味)・や。」■対語＝「さいてい【最低】」

さいころ【賽子】《名詞》 双六などに使うためのもので、小さな立方体の6つの面に、1から6までの数の印が記されたもの。「さいころ・を・　ふ(振)っ・て・　まえ(前)・へ・　すす(進)む。」

さいさい【再々】《副詞》 同様のことがらが、回を重ねて繰り返し何度も起こったり行われたりすることを表す言葉。「ともだち(友達)・が・　さいさい・　みまい(見舞)・に・　き(来)・てくれ・た。」〔⇒**たびたび【度々】**〕

ざいさん【財産】《名詞》 自分で蓄積したり親などから譲り受けたりした、金銭、貴金属等、土地、家屋などのもの。個人や団体が持っている、金品、土地、技術、生命などの、価値あるもの。「こども(子供)・に・　やる・ざいさん・なんか・　なに(何)・も・　あら・へん。」「いのち(命)・だけ・が・　ざいさん・や。」

さいしゅう〔さいしゅー〕【最終】《名詞》 ①続いているものごとのいちばん終わり。「きょー(今日)・は・　しけん(試験)・の・　さいしゅー・の・　ひ(日)・や。」②その日のダイヤで最後に出る電車やバスなど。「さいしゅー・に・　の(乗)りおくれ・たら・　えらい・　こっ(事)・ちゃ・で。」■対語＝①「さいしょ【最初】」、②「しはつ【始発】」〔①⇒**さいご【最後】**。②⇒**しゅうでん【終電】、しゅうでんしゃ【終電車】**〕

さいしゅう〔さいしゅー〕【採集】《名詞、動詞する》 動物や植物や鉱物などを、研究や勉強などのために広く集めること。「なつやす(夏休)み・に・　こんちゅー(昆虫)さいしゅー・を・　する。」

さいしょ【最初】《名詞》 続いているものごとのいちばん初め。「さいしょ・に・　かいかい(開会)・の・　あいさつ(挨拶)・を・　する。」■対語＝「さいご【最後】」「さいしゅう【最終】」

さいせん【賽銭】《名詞》 神社仏閣などに参拝するときに、供えるお金。「ごえん(縁)・が・　あり・ます・よーに・ゆ(言)ー・て・　ごえんだま(五円玉)・を・　さいせん・に・　する。」

さいぜん【最前】《名詞、副詞》 現時点から離れていない、つい先ほど。「さいぜん・　お(会)ー・た・のに・　また・お(会)ー・た。」〔⇒**いまのいま【今の今】、いんまのいんま【(今の今)】、いまさっき【(今先)】、いんまさっき【(今先)】、さっき【(先)】、さきほど【先程】、いま【今】、いんま【(今)】**〕

さいそく【催促】《名詞、動詞する》 約束などを早く果たすようにと、せき立てること。「あ(有)る・　とき(時)・はら(払)い・の・　さいそく・　な(無)し・に・　し・て・や。」

ざいた【座板】《名詞》 家の床に敷き詰めている板。椅子などの尻をのせる部分の板。「たたみ(畳)・の・　した(下)・の・　ざいた・の・　おと(音)・が・　ぎしぎしと・し・とる。」

サイダー〔さいだー〕【英語＝cider】《名詞》 炭酸水に甘みや香りを加えた飲み物。「こども(子供)・の・　じぶん(時分)・に・　の(飲)ん・だ・　さいだー・の・　あじ(味)・が・　わす(忘)れ・られ・へん。」

さいちゅう〔さいちゅー〕【最中】《名詞》 ものごとが盛んに行われているとき。それが行われているただ中であるとき。「めし(飯)・を・　く(食)・とる・　さいちゅー・に・　じしん(地震)・が・　お(起)き・た。」◆強めた言い方は「まっさいちゅう【真っ最中】」

さいで《接続詞》 前に述べたことを受けて、あるいは前に述べたことを理由として、後のことを述べるのに使う言葉。そうであるから。そのようなわけで。「さいで・　けっか(結果)・は・　どない・　なり・まし・た・ん・か。」◆相手に話を促したり話を続けさせたりしようとするときに、相づちのように使う場合もある。〔⇒**そこで、それで、そいで、そんで、ほれで、ほいで、ほんで、ほで**〕

さいてい〔さいてー〕【最低】《名詞、形容動詞や(ノ)》 ①位置や程度などがいちばん低いこと。また、その地点。「さいてー・の・　おんど(温度)・が・　れーど(零度)・より・　した(下)・に・　なっ・た。」「さいてー・でも・じゅーまんえん(十万円)・は・　かかる。」②いちばん劣っていること。この上もなく劣っていること。「あんな・　こと・　ゆ(言)ー・　ひと(人)・は・　さいてーや。」■対語＝「さいこう【最高】」

さいな《連体詞》 形や状態などが、それと同じような。それほどの程度の。「さいな・　おー(大)きさ・の・　はこ(箱)・は・　ここ・に・は・　あら・へん・なー。」「さいな・こと・を・　ゆ(言)ー・ても・　だれ(誰)・も・　さんせー(賛成)し・てくれ・へん・やろ。」〔⇒**そんな、そないな、ほんな、ほないな**〕

さいな《感動詞》 ①相手に同意や同感をする気持ちを表す言葉。そうだ。「さいな・　さいな。わし・も・　そー・おも(思)・とっ・た。」②相手の考えなどに対して、疑問の気持ちをさしはさむ言葉。さあどうだろうか。「さいな。それ・は・　しんよー(信用)でける・　はなし(話)・やろ・か。」

さいなら《名詞、動詞する》 出会った人と別れること。「ゆーがた(夕方)・　ろくじ(六時)・に・　さいならし・

た。」〔**⇒さようなら、さよなら**〕

さいなら《感動詞》 別れるときに言う、挨拶の言葉。「さいなら。おげんき(元気)・で。」〔**⇒さようなら、さよなら**〕

さいなん【災難】《名詞》 急に降りかかってきた、悪い出来事。「さいふ(財布)・ お(落)とし・て・ えらい・ さいなん・や。」

さいのう〔さいのー〕【才能】《名詞》 ものごとを理解してやり遂げる優れた能力。ものごとを上手くやり遂げる、ある方面や分野に優れた力。「おんがく(音楽)・の・ さいのー・が・ ある。」

さいばい【栽培】《名詞、動詞する》 草花や野菜や果樹などを植えて育てること。「しょーがっこー(小学校)・の・ とき(時)・ さいばいいいん(委員)・を・ し・て・ はな(花)・の・ みず(水)やり・を・ し・た。」

さいばん【裁判】《名詞、動詞する》 法律に基づいて、訴えのあった事柄について、それが正しいかどうか、罪になるかどうかなどを決めること。「しろーと(素人)・が・ さいばん・に・ さんか(参加)する・の・は・ えらい・ こと・です・なー。」

さいふ【財布】《名詞》 布や革などで作った、お金を入れて持ち歩く入れ物。「あたら(新)しー・ さいふ・を・ か(買)う。」

さいほう〔さいほー〕【裁縫】《名詞、動詞する》 布を裁って、和服や洋服などに縫い上げること。「よ(夜)なべ・に・ さいほー・を・ する。」〔**⇒ぬいもん【縫い物】、はりしごと【針仕事】**〕

さいほうばこ〔さいほーばこ〕【裁縫箱】《名詞》 服を縫ったり繕ったりするための道具や用品を入れる箱。「はり(針)・と・ いと(糸)・は・ さいほーばこ・に・ はい(入)っ・とる・やろ。」〔**⇒はりばこ【針箱】**〕

ざいもく【材木】《名詞》 家や家具などを作る材料とするために、あらかじめ切ったりひいたりしてある角材や板など。「ざいもく・を・ こ(買)ー・てき・て・ いぬごや(犬小屋)・を・ つく(作)る。」「ざいもくや(屋)・に・ いた(板)・を・ ちゅーもん(注文)する。」〔**⇒き【木】**〕

さいら《名詞》 刀のような細長い体をして、全体は深青色で腹は白い、海の魚。「あき(秋)・に・ なっ・たら・ さいら・が・ うま(美味)い。」〔**⇒さんま【秋刀魚】、さえら**〕

ざいりょう〔ざいりょー〕【材料】《名詞》 ものを作ったり加工したりするときに、もととして用いるもの。「やおや(八百屋)・で・ りょーり(料理)・の・ ざいりょー・を・ か(買)う。」「こーさく(工作)・の・ ざいりょー・を・ あつ(集)める。」

サイレン〔さいれん〕【英語＝siren】《名詞》 ①時刻を告げたり、緊急信号に用いたりするために、機械によって発する高い音。また、それを発する器械。「きゅーけーじかん(休憩時間)・の・ さいれん・が・ な(鳴)っ・た。」「さんじかんめ(三時間目)・の・ はじ(始)まる・さいれん・や。」②子どもの泣き声の比喩としての言い方。「となり(隣)・の・ こ(子)ー・の・ さいれん・が・やかま(喧)しー。」

さいわい【幸い】《名詞、副詞、形容動詞や(ナ)》 ①精神的または物質的な面から見て、自分にとって嬉しく望ましく感じられる様子。「きょねん(去年)・は・ さいわいな・ いちねん(一年)・やっ・た。」②ものごとが運よく展開すること。「さいわい・ じゅーたい(渋滞)・に・ あ(遭)わ・んと・ かえ(帰)っ・てこ・れ・た。」「あかしほーげんしゅー(明石方言集)・を・ つく(作)れる・の・は・ さいわいな・ こと・や。」

さえ《副助詞》 ①あることに、別のことが加わって進展する意味を表す。「かぜ(風)・が・ つよ(強)い・と・ おも(思)・たら・ あめ(雨)・さえ・ ふ(降)っ・てき・た。」②ある例を挙げて、他のことは言うまでもないという気持ちを表す言葉。極端な例を示して強調する働きをする言葉。「こども(子供)・で・さえ・ でけ(出来)る・さかい・ あんた・が・ でけ(出来)・ん・ こと・は・ あら・へん。」〔**⇒まで**〕

さえら《名詞》 刀のような細長い体をして、全体は深青色で腹は白い、海の魚。「こんろ(焜炉)・で・ さえら・を・や(焼)い・て・ く(食)う。」〔**⇒さんま【秋刀魚】、さいら**〕

さえる【冴える】《動詞・ア行下一段活用》 頭がうまく回転する。目や耳の働きがはっきりしている。手さばきなどが鮮やかである。「きょー(今日)・は・ あたま(頭)・が・ さえ・とる・なー。」「うで(腕)・が・ さえる。」

さお【竿】《名詞》 ①竹や金属などでできている、細い棒。「ものほ(物干)し・の・ さお・を・ か(買)いかえる。」②魚を釣るために使う細い棒状のもの。「つ(釣)り・に・ つか(使)う・ さお・が・ ほ(欲)しい。」③水底を突いて小舟を前進させる細長い棒。「さお・を・ なが(流)し・ても・て・ ひろ(拾)う・の・に・ こま(困)っ・た。」〔**②⇒つりざお【釣り竿】**〕

さか【坂】《名詞》 ①一方が高く、他方が低くなっている土地。一方が高く、他方が低くなっている道。傾斜がある状態。「さか・を・ あ(上)がっ・た・ とこ(所)・に・ ちゅーざいしょ(駐在所)・が・ ある。」「この・ ひろ(広)っぱ・は・ ちょっと(一寸)・ さか・に・ なっ・とる。」②人生の節目としての区切りや年齢。人生の困難な行程。「いよいよ・ ごじゅー(五十)・の・ さか・を・こ(越)え・た・がな。」〔**⇒さかみち【坂道】**〕

さか【逆】《名詞、形容動詞や(ノ)》 上下・左右・前後・表裏などが、普通のものや正しいものとは逆であること。「みぎ(右)・と・ ひだり(左)・が・ さかに・ なっ・とる。」〔**⇒さかさ【逆さ】、さかさま【逆様】、さかさん【逆さん】、さかたん【逆たん】、さかちん【逆ちん】、さかとんぶり【逆とんぶり】、さかとんぼ【逆とんぼ】、さかとんぼり【逆とんぼり】、はんたい【反対】、ぎゃく【逆】**〕

さかあがり【逆上がり】《名詞、動詞する》 鉄棒を握って、足の方から体を逆さにして鉄棒に上がること。「むすめ(娘)・は・ やっと・ さかあがり・が・ でけ(出来)る・よーに・ なっ・た。」〔**⇒しりあがり【尻上がり】、けつあがり【穴上がり】**〕

さかい【境】《名詞》 ①土地と土地の区切り。ものとものとの区切りのところ。「にわ(庭)・と・ みち(道)・と・の・ さかい・に・ はな(花)・を・ う(植)える。」②ものごとの分かれ目。「しあい(試合)・は・ あれ・を・ さかい・に・ し・て・ ま(負)けはじめ・た・ん・や。」「い(生)きる・か・ し(死)ぬ・か・の・ さかい・を・ けーけん(経験)し・た。」〔**⇒さかいめ【境目】**〕

さかい《接続助詞》 理由や根拠などを表す言葉。前に述べることが原因や理由となって、後ろに述べることが起こることを表す言葉。「つごー(都合)・が・ わる(悪)い・さかい・ きょー(今日)・は・ い(行)か・へん・ねん。」◆現在では、「さかい」「さかいに」よりも、「ので」「から」などを使う度合いが多くなってきている。〔**⇒さかいに、さけ、さけに、はかい、はかいに、ので、から、し**〕

さかい《終助詞》 相手に対して念を押して言う気持ちを表す言葉。「ここ・で・　ま(待)っ・とっ・たる・さかい。」〔⇒**さかいに、さけ、さけに、はかい、はかいに、ので、から、し**〕

さかいに《接続助詞》 理由や根拠などを表す言葉。前に述べることが原因や理由となって、後ろに述べることが起こることを表す言葉。「あんた・が・　さそ(誘)・てくれ・た・さかいに・　さんか(参加)する・　こと・に・する・わ。」◆現在では、「さかい」「さかいに」よりも、「ので」「から」などを使う度合いが多くなってきている。〔⇒**さかい、さけ、さけに、はかい、はかいに、ので、から、し**〕

さかいに《終助詞》 相手に対して念を押して言う気持ちを表す言葉。「あした(明日)・まで・に・　こしら(拵)え・とい・たる・さかいに。」〔⇒**さかい、さけ、さけに、はかい、はかいに、ので、から、し**〕

さかいめ【境目】《名詞》 ①土地と土地の区切り。ものとものとの区切りのところ。「となり(隣)・の・　いえ(家)・と・の・　さかいめ・に・　かき(垣)・が・　ある。」②ものごとの分かれ目。「なが(長)い・こと・　にゅーいん(入院)し・て・　い(生)きし(死)に・の・　さかいめ・も・あっ・てん。」〔⇒**さかい【境】**〕

さかぐら【酒蔵、酒倉】《名詞》 酒を醸造し、酒を貯蔵する蔵。「えーがしま(江井ヶ島)・は・　さかぐら・が・ぎょーさん(仰山)・　あ(有)っ・てん・けど・　だんだん・　つぶ(潰)さ・れ・ても・た。」［**巻末「わが郷土」の「さかぐら」の項を参照**］

さかさ【逆さ】《名詞、形容動詞や(ノ)》 上下・左右・前後・表裏などが、普通のものや正しいものとは逆であること。「くつ(靴)・を・　さかさに・　は(履)い・とる。」「かがみ(鏡)・に・　さかさに・　うつ(写)っ・とる。」〔⇒**さか【逆】、さかさま【逆様】、さかさん【逆さん】、さかたん【逆たん】、さかちん【逆ちん】、さかとんぶり【逆とんぶり】、さかとんぼ【逆とんぼ】、さかとんぼり【逆とんぼり】、はんたい【反対】、ぎゃく【逆】**〕

さかさま【逆様】《名詞、形容動詞や(ノ)》 上下・左右・前後・表裏などが、普通のものや正しいものとは逆であること。「せん(線)・を・　さかさまに・　つな(繋)い・だら・　あか・ん・やろ。」〔⇒**さか【逆】、さかさ【逆さ】、さかさん【逆さん】、さかたん【逆たん】、さかちん【逆ちん】、さかとんぶり【逆とんぶり】、さかとんぼ【逆とんぼ】、さかとんぼり【逆とんぼり】、はんたい【反対】、ぎゃく【逆】**〕

さかさん【逆さん】《名詞、形容動詞や(ノ)》 上下・左右・前後・表裏などが、普通のものや正しいものとは逆であること。「びん(瓶)・を・　うえした(上下)・　さかさんに・　も(持)っ・たら・　こぼ(零)れる・ぞ。」〔⇒**さか【逆】、さかさ【逆さ】、さかさま【逆様】、さかたん【逆たん】、さかちん【逆ちん】、さかとんぶり【逆とんぶり】、さかとんぼ【逆とんぼ】、さかとんぼり【逆とんぼり】、はんたい【反対】、ぎゃく【逆】**〕

さがしもん【探し物・捜し物】《名詞》 見当たらないものを探すこと。また、探しているもの。「きのー(昨日)・は・いちにちじゅー(一日中)・　さがしもん・を・　し・とっ・た。」「さがしもん・が・　み(見)つから・へん。」

さがす【探す・捜す】《動詞・サ行五段活用》 ①見失った人やものを見つけようとする。また、そのために調べる。「うしの(失)ー・た・　さいふ(財布)・を・　さがす。」②新しい人やもの、気付いていないものなどを見つけようとする。さぐる。「てつど(手伝)ー・てくれる・　ひと(人)・を・　さがす。」「でぱーと(デパート)・で・　わたし(私)・に・　にあ(似合)う・　ふく(服)・を・　さがし・た。」

さがす【探す】《補助動詞・サ行五段活用》［動詞の連用形に付く］ あれこれと何かをしてまわる、あちらこちらで何かをするという意味を表す言葉。「あっちこっち・の・　みせ(店)・を・　く(食)い・さがし・て・　うま(美味)い・　もの・を・　み(見)つけだす。」「へや(部屋)・の・なか(中)・を・　ひっかきまわし・て・　なに(何)・を・し・さがし・とる・ん・や。」〔⇒**やく、やるく、あるく【歩く】**〕

さかずき【盃】《名詞》 酒を飲むときに使う、小さな器。ちょこ。「さかずき・　いっぱい(一杯)・　の(飲)ん・だら・　まっか(赤)に・　なる・ねん。」

さかだち【逆立ち】《名詞、動詞する》 両手を地面につけて体を支えて、両足をまっすぐ上に上げて立つこと。倒立。「さかだちし・た・まま・で・　ある(歩)く。」〔⇒**さっちょこ、さっちょこだち【さっちょこ立ち】、さかとんぶり【逆とんぶり】、さかとんぼ【逆とんぼ】、さかとんぼり【逆とんぼり】**〕

さかだる【酒樽】《名詞》 酒を入れるための、木で作った蓋付きの円い入れ物。「さかだる・の・　ふた(蓋)・を・わ(割)っ・て・　しゃく(杓)・で・　さけ(酒)・を・　すく(掬)う。」

さかたん【逆たん】《名詞、形容動詞や(ノ)》 上下・左右・前後・表裏などが、普通のものや正しいものとは逆であること。「ばっと(バット)・の・　ふ(握)りかた・が・　さかたんに・　なっ・とる。」〔⇒**さか【逆】、さかさ【逆さ】、さかさん【逆さん】、さかちん【逆ちん】、さかとんぶり【逆とんぶり】、さかとんぼ【逆とんぼ】、さかとんぼり【逆とんぼり】、ぎゃく【逆】**〕

さかちん【逆ちん】《名詞、形容動詞や(ノ)》 上下・左右・前後・表裏などが、普通のものや正しいものとは逆であること。「ちゅーい(注意)し・たら・　さかちんに・　どな(怒鳴)ら・れ・ても・た。」〔⇒**さか【逆】、さかさ【逆さ】、さかさま【逆様】、さかさん【逆さん】、さかたん【逆たん】、さかとんぶり【逆とんぶり】、さかとんぼ【逆とんぼ】、さかとんぼり【逆とんぼり】、はんたい【反対】、ぎゃく【逆】**〕

さかて【逆手】《名詞》 ①杖をつくような握り方で、腕の使い方を普通とは反対の向きにすること。「てつぼー(鉄棒)・を・　さかて・に・　にぎ(握)る。」②相手の攻撃を利用して、攻め返すこと。「い(言)わ・れ・た・　こと・を・　さかて・に・　とっ・て・　い(言)ーかえす。」〔⇒**ぎゃくて【逆手】**〕

さかとんぶり【逆とんぶり】《名詞、形容動詞や(ノ)、動詞する》 ①上下・左右・前後・表裏などが、普通のものや正しいものとは逆であること。「さかとんぶりに・　あたま(頭)・から・　ぷーる(プール)・に・　はまっ・た。」②両手を地面につけて体を支えて、両足をまっすぐ上に上げて立つこと。倒立。「さかとんぶり・を・　し・とっ・たら・　あたま(頭)・が・　いと(痛)ー・　なっ・た。」〔⇒**さかとんぼ【逆とんぼ】、さかとんぼり【逆とんぼり】**。①⇒**さか【逆】、さかさ【逆さ】、さかさま【逆様】、さかさん【逆さん】、さかたん【逆たん】、さかちん【逆ちん】、さかとんぶり【逆とんぶり】、さかとんぼり【逆とんぼり】、はんたい【反対】、ぎゃく【逆】**。②⇒**さかだち【逆立ち】、さっちょこ、さっちょこだち【さっちょこ立ち】**〕

さかとんぼ【逆とんぼ】《名詞、形容動詞や(ノ)、動詞する》

①上下・左右・前後・表裏などが、普通のものや正しいものとは逆であること。「ばっち(バッチ)・の・　つ(付)けかた・が・　さかとんぼに・　なっ・とる・ぞ。」②両手を地面につけて体を支えて、両足をまっすぐ上に上げて立つこと。倒立。「さかとんぼの・　まま・で・　ある(歩)く。」〔⇒**さかとんぶり**【逆とんぶり】、**さかとんぼり**【逆とんぼり】。①⇒**さか**【逆】、**さかさ**【逆さ】、**さかさま**【逆様】、**さかさん**【逆さん】、**さかたん**【逆たん】、**さかちん**【逆ちん】、**さかとんぶり**【逆とんぶり】、**さかとんぼり**【逆とんぼり】、**はんたい**【反対】、**ぎゃく**【逆】。②⇒**さかだち**【逆立ち】、**さっちょこ**、**さっちょこだち**【さっちょこ立ち】〕

さかとんぼり【逆とんぼり】《名詞、形容動詞や(ノ)、動詞する》 ①上下・左右・前後・表裏などが、普通のものや正しいものとは逆であること。「ふたり(二人)・の・　こども(子供)・が・　あたま(頭)・と・　あし(足)・が・　さかとんぼりに・　なっ・て・　ね(寝)・とる。」②両手を地面につけて体を支えて、両足をまっすぐ上に上げて立つこと。倒立。「さかとんぼりし・て・　かべ(壁)・に・　もた(凭)れる。」〔⇒**さかとんぶり**【逆とんぶり】、**さかとんぼ**【逆とんぼ】。①⇒**さか**【逆】、**さかさ**【逆さ】、**さかさま**【逆様】、**さかさん**【逆さん】、**さかたん**【逆たん】、**さかちん**【逆ちん】、**さかとんぶり**【逆とんぶり】、**さかとんぼ**【逆とんぼ】、**はんたい**【反対】、**ぎゃく**【逆】。②⇒**さかだち**【逆立ち】、**さっちょこ**、**さっちょこだち**【さっちょこ立ち】〕

さかな【魚】《名詞》 ①海・川・池などにすんで、えらで呼吸し、鱗があり、ひれを動かして泳ぐ動物。「かわ(川)・の・　なか(中)・を・　おー(大)きな・　さかな・が・　およ(泳)い・どる。」②それを調理して食べ物としたもの。「にく(肉)・よか・　さかな・の・　ほー(方)・が・　す(好)きや。」〔⇒**とと**【(魚)】、**おとと**【(お魚)】〕

さかな【肴】《名詞》 酒を飲むときにいっしょに食べるおかず。「ちーず(チーズ)・を・　さかな・に・　し・て・　の(飲)む。」

さかば【酒場】《名詞》 酒を造る業者。酒造業の家。「むら(村)・の・　にし(西)・の・　ほー(方)・に・　おー(大)けな・　くら(蔵)・の・　ある・　さかば・が・　ある。」◆酒を飲ませる店を言うのではない。〔⇒**さかや**【酒屋】〕

さかみち【坂道】《名詞》 ①一方が高く、他方が低くなっている道。「こーべ(神戸)・は・　さかみち・が・　おか(多)い。」②人生の節目としての区切りや年齢。人生の困難な行程。「にじゅーだい(二十代)・は・　くる(苦)しー・　さかみち・やっ・た。」〔⇒**さか**【坂】〕

さかむき【逆向き】《名詞、形容動詞や(ノ)》 上下・左右・前後・表裏などが、逆であること。「みんな(皆)・と・　ちご(違)・て・　さかむきに・　はし(走)る。」②道理や秩序などが逆転していること。「せーと(生徒)・が・　せんせー(先生)・を・　さかむきに・　なぐ(殴)っ・たら・　あか・ん・がな。」〔⇒**さかむけ**【逆向け】〕

さかむけ【逆向け】《名詞、形容動詞や(ノ)》 上下・左右・前後・表裏などが、逆であること。「くつ(靴)・が・　さかむけに・　なっ・とっ・た・さかい・　お(置)きなおし・た。」②道理や秩序などが逆転していること。「ちゅーい(注意)し・たっ・たら・　さかむけに・　おこ(怒)ら・れ・た。」〔⇒**さかむき**【逆向き】〕

さかむけ【逆剥け】《名詞、動詞する》 指の爪の付け根のあたりの皮膚が、指の付け根の方に向かってめくれること。ささくれ。「ゆび(指)・の・　さき(先)・が・　さかむけ・に・　なっ・て・　いた(痛)い。」

さかや【酒屋】《名詞》 ①酒を売る店。「さかや・で・　みりん(味醂)・を・　か(買)う。」②酒を造る業者。酒造業の家。「さかや・の・　おー(大)けな・　おけ(桶)・が・　ほ(干)し・てある。」〔②⇒**さかば**【酒場】〕

さからう【逆らう】《動詞・ワア行五段活用》 ①人の言うことに素直に従わないで、反対したり抵抗したりする。「おや(親)・の・　ゆ(言)ー・　こと・に・　さからう。」②自然の勢いや流れと反対の方向に進む。「つお(強)い・　かぜ(風)・に・　さかろー・て・　ある(歩)く。」〔①⇒**はむかう**【刃向かう】〕

さかり【盛り】《名詞》 ①衰え始める前の、いちばん勢いが盛んなとき。もっとも充実した時期。「うめ(梅)・の・　はな(花)・の・　さかり・は・　す(済)ん・だ・なー。」②動物が、一年の決まった時期に発情すること。「さかり・の・　つい・た・　いぬ(犬)・が・　やかま(喧)しーに・　な(鳴)い・とる。」

さがり【下がり】《名詞》 下に向かうこと。低くなること。「やさい(野菜)・の・　ね(値)ー・は・　あ(上)がり・も・　さがり・も・　おー(大)きー・なー。」■対語＝「あがり【上がり】」

さがりめ【下がり目】《名詞》 目尻が下に向いているもの。「さがりめ・で・　おだ(穏)やかな・　かお(顔)・の・　ひと(人)・や。」■対語＝「あがりめ【上がり目】」〔⇒**たれめ**【垂れ目】〕

さかる【盛る】《動詞・ラ行五段活用》 動物が発情して交尾をする。「みち(道)・の・　まんなか・で・　いぬ(犬)・が・　さかっ・とる。」〔⇒**つるむ**【連む】〕

さがる【下がる】《動詞・ラ行五段活用》 ①上から下へ移る。高いところから低いところへ移る。高さが小さくなる。「さか(坂)・が・　だんだん(段々)・　さがっ・とる。」②空中の低いところへ移る。「ひこーき(飛行機)・が・　さがっ・てき・た。」③一端がものに付いていて、他方が下の方に垂れる。上の方にあるものにくっついたりして、垂れるようになる。「くも(蜘蛛)・の・　す(巣)ー・が・　さがっ・とる。」「つらら(氷柱)・が・　さがる。」④物事の程度などが低くなる。悪くなる。「てんすー(点数)・が・　さがる。」「せーせき(成績)・が・　さがっ・て・　おこ(怒)ら・れ・た。」⑤値段が安くなる。「だいこん(大根)・の・　ね(値)ー・が・　さがっ・た。」■他動詞は「さげる【下げる】」■対語＝①②「あがる【上がる】」〔①⑤⇒**ひくなる**【低なる】。③⇒**ぶらさがる**【ぶら下がる】〕

さかん【左官】《名詞》 壁塗りなどを専門にしている職人。「かべぬ(壁塗)り・は・　やっぱり・　さかんさん・に・　たの(頼)む・　こと・に・　する。」〔⇒**しゃかん**【(左官)】〕

さかん【盛ん】《形容動詞や(ナ)》 ①たいそう勢いがある様子。「み(見)・とる・　ひと(人)・が・　さかんに・　て(手)・を・　たた(叩)く。」②広く行われる様子。「ここ・は・　さっかー(サッカー)・が・　さかんな・　まち(町)・や。」「ねんまつ(年末)・は・　ぼーねんかい(忘年会)・が・　さかんや。」

さき【先】《名詞》 ①続いているもののいちばん前。中心になるところよりも前。「みんな・の・　さき・を・　ある(歩)く。」②続いている時間の、これから後。将来。「さき・の・　こと・は・　わから・へん・やろ。」③時間の、いち早い瞬間。「あいて(相手)・より・　さき・に・　こーげき(攻撃)する。」④ものの突き出ているところ。「えだ(枝)・の・　さき・を・　き(剪)る。」⑤一続きのものが終わるところ。「きょーと(京都)・より・　さき・は・　い(行)っ・た・　こと・が・　あら・へん・ねん。」

さきおとつい【先一昨日】《名詞》 一昨日の前の日。3日前の日。「さきおとつい・と・ ゆ(言)ー・たら・ あの・おーあめ(大雨)・の・ ひ(日)ー・の・ こと・や・な。」

さきおとどし〔**さきおととし**〕【先一昨年】《名詞》 一昨年の前の年。3年前の年。「まご(孫)・が・ でけ(出来)た・の・は・ さきおとどし・や。」

さきがり【先借り】《名詞、動詞する》 まだ受取日になっていないときに、給料などのお金を受け取ること。「きゅーりょー(給料)・の・ さきがり・を・ ことわ(断)ら・れ・た。」〔⇒**まえがり**【前借り】、**まいがり**【(前借り)】〕

さきごろ【先頃】《名詞》 あまり遠くない過去のあるとき。今日より少し前のとき。「さきごろ・ お(会)ー・た・のに・ また・ あ(会)い・まし・た・なー。」〔⇒**せんじつ**【先日】、**せんだって**【先だって】、**こないだ**、**このあいだ**【この間】〕

さきざき【先々】《名詞》 ①現在からのちのこと。将来。「さきざき・の・ こと・を・ しんぱい(心配)する。」②目的とする、あちこちの場所。「い(行)っ・た・ さきざき・で・ あいさつ(挨拶)する。」③末端の部分のあちこち。「ゆび(指)・の・ さきざき・が・ ちめ(冷)たい。」〔①⇒**あとあと**【後々】〕

さきのしゅう〔**さきのしゅー**〕【先の週】《名詞》 今日が属している日曜日から土曜日までの7日間の、その一つ前の7日間。「てんらんかい(展覧会)・は・ さきのしゅー・で・ お(終)わっ・た。」〔⇒**せんしゅう**【先週】〕

さきのつき【先の月】《名詞》 今月の前の月。「あつ(暑)かっ・た・さかい・ さきのつき・は・ くーらー(クーラー)・を・ よー・ つこ(使)・た。」〔⇒**せんげつ**【先月】、**あとのつき**【後の月】〕

さきばらい【先払い】《名詞、動詞する》 給料や代金などを前もって渡すこと。「じじょー(事情)・が・ じじょー(事情)・や・さかい・ さきばらいし・てあげ・ます。」■対語＝「あとばらい【後払い】」〔⇒**まえばらい**【前払い】、**まいばらい**【(前払い)】〕

さきほど【先程】《名詞、副詞》 現時点から離れていない、つい先刻。「さきほど・ じしん(地震)・が・ おまし・た・なー。」〔⇒**いまのいま**【今の今】、**いんまのいんま**【(今の今)】、**いまさっき**【(今先)】、**いんまさっき**【(今先)】、**さいぜん**【最前】、**さっき**【(先)】、**いま**【今】、**いんま**【(今)】〕

さきまわり〔**さきまーり**〕【先回り】《名詞、動詞する》 ①他の人より前に、その場所に行くこと。「さきまーりし・て・ えき(駅)・へ・ い(行)っ・たら・ あいつ(彼奴)・に・ あ(会)える・やろ。」②他の人がするより前に物事をすること。必要になる前に物事を済ませておくこと。「い(言)わ・れる・ まえ(前)・に・ さきまーりし・て・ しょるい(書類)・を・ こしら(拵)え・とく。」

さぎょう〔**さぎょー**〕【作業】《名詞、動詞する》 一定の手順に従って仕事をすること。特に、体を動かす仕事をすること。「きょー(今日)・の・ さぎょー・は・ ここ・まで・で・ お(終)わり・に・ し・ます。」

さく【柵】《名詞》 木や竹や金属などを立て、横木や網などを付けて作った囲い。「どーぶつえん(動物園)・の・さく・に・ さる(猿)・が・ か(掻)きつい・とる。」

さく【咲く】《動詞・カ行五段活用》 花のつぼみが開く。「にわ(庭)・の・ ひまーり(向日葵)・が・ さい・た。」

さく【割く、裂く】《動詞・カ行五段活用》 ①予定していたものの一部分を分けて、他のことに使う。「ちょっと(一寸)・ じかん(時間)・を・ さい・て・ てっと(手伝)ー・てくれ・へん・か。」②魚などを切って開く。切って割る。「あなご(穴子)・を・ さい・て・ すみ(炭)・で・ や(焼)く。」③ひとまとまりであった布や紙などを、ほぼ一直線に引き破る。「きれ(布)・を・ て(手)ー・で・ さく。」■自動詞は「さける【割ける、裂ける】」

さくい《形容詞・ウイ型》 粘り気がなく、もろい。壊れやすかったり、裂けやすかったりする。「さくい・ いし(石)・や・さかい・ ちから(力)・を・ い(入)れ・たら・わ(割)れ・た。」「さくい・ ぼーるがみ(ボール紙)・や・さかい・ ま(曲)げ・たら・ お(折)れ・てまう。」

さくさく《副詞と》 噛んだときに軽い歯ごたえのある、爽やかな様子。軽く噛み砕く様子。「さくさくと・ し・た・ せんべー(煎餅)・を・ た(食)べる。」

ざくざく《副詞と》 ①価値のあるものが次から次へと現れる様子。「ざくざくと・ たからもん(宝物)・が・ で(出)・てき・た。」②大きな束や、大きなまとまりのものを、豪快に切り刻む様子。「おー(大)きな・ きゃべつ(キャベツ)・を・ ざくざくと・ き(切)る。」

さくじつ【昨日】《名詞》 今日より一日前の日。「さくじつ・は・ いろいろ・ おせわ(世話)・に・ なり・まし・た。」◆改まったときなどに使う言葉である。〔⇒**きのう**【昨日】、**きんの**【(昨日)】〕

さくねん【昨年】《名詞》 今年の前の年。「さくねん・は・いかが・でし・た・か。」◆普段はあまり使わないが、改まったときなどに使う。■対語＝「らいねん【来年】」〔⇒**きょねん**【去年】、**きょうねん**【(去年)】、**あとのとし**【後の年】〕

さくひん【作品】《名詞》 人が作り上げたもの。特に、文学や音楽や美術工芸などの創造物。「れんきゅー(連休)・が・ お(終)わっ・たら・ みな(皆)・の・ さくひん・が・ あつ(集)まっ・た。」

さくぶん【作文】《名詞》 何かの課題のもとに、文章を書くこと。また、そのようにして書いた文章。「えんそく(遠足)・の・ こと・を・ さくぶん・に・ か(書)く。」〔⇒**つづりかた**【綴り方】〕

さくら【桜】《名詞》 ①国内のいたるところに見られ、春に薄桃色を咲かせる花は日本の国花とされ、秋には落葉する木。「にゅーがくしき(入学式)・に・は・ さくら・が・ さ(咲)い・とら・んと・ きぶん(気分)・が・で(出)ー・へん・なー。」②食用とする馬の肉。「きゅーしゅー(九州)・で・ さくら・を・ た(食)べ・た。」〔②⇒**ばにく**【馬肉】〕

さくらもち【桜餅】《名詞》 塩漬けにした桜の葉に巻いた、薄皮に餡を包んだ菓子。「あこ(赤)ー・て・ かい(可愛)らしい・ さくらもち・で・ かお(香)り・が・え(良)ー・なー。」

さくらんぼ《名詞》 丸くて柄が長く、甘酸っぱい味のする、初夏に熟する桜桃の小さな実。「みつまめ(蜜豆)・に・さくらんぼ・が・ はい(入)っ・とる。」

ざくろ【石榴】《名詞》 夏のはじめに花が咲き、秋に酸っぱくて球状の熟した種が食べられる庭木。「あまず(甘酸)いー・ ざくろ・が・ す(好)きや。」〔⇒**じゃくろ**【(石榴)】〕

さけ【酒】《名詞》 ①米を発酵させて酒にする、我が国独特の醸造法によってつくられる酒。「えーがしま(江井ヶ島)・は・ なだ(灘)・に・ ま(負)け・へん・ さけ・の・ほんば(本場)・だっ・せ。」②ビールやウイスキーなどの、アルコールを含むさまざまな飲料。「さけ・は・ どんな・ しゅるい(種類)・が・ す(好)きです・か。」〔①⇒**にほんしゅ**【日本酒】、**せいしゅ**【清酒】。②⇒**アル**

コール【英語＝ alcohol】〕

さけ【鮭】《名詞》 寒いところの川で生まれ、海に下って育ち、再びその川をさかのぼる、淡紅色の肉をした体長の大きな魚。「さけ・を・ せーぼ(歳暮)・に・ する。」〔⇒**しゃけ**【(鮭)】〕

さけ《接続助詞》 理由や根拠などを表す言葉。前に述べることが原因や理由となって、後ろに述べることが起こることを表す言葉。「あめ(雨)・が・ ふ(降)り・そーや・さけ・ い(行)く・の・は・ や(止)め・に・ する。」〔⇒**さかい、さかいに、さけに、はかい、はかいに、ので、から、し**〕

さけ《終助詞》 相手に対して念を押して言う気持ちを表す言葉。「わし・は・ さき(先)・に・ い(行)く・さけ。」〔⇒**さかい、さかいに、さけに、はかい、はかいに、ので、から**〕

さけに《接続助詞》 理由や根拠などを表す言葉。前に述べることが原因や理由となって、後ろに述べることが起こることを表す言葉。「かね(金)・が・ ない・さけに・ きょー(今日)・は・ うどん(饂飩)・ いっぱい(一杯)・で・ す(済)ます。」〔⇒**さかい、さかいに、さけ、はかい、はかいに、ので、から、し**〕

さけに《終助詞》 相手に対して念を押して言う気持ちを表す言葉。「もー・ あの・ はなし(話)・は・ わす(忘)れ・てくれ・と・ ゆ(言)ー・とる・ん・や・さけに。」〔⇒**さかい、さかいに、さけ、はかい、はかいに、ので、から**〕

さけめ【裂け目】《名詞》 一続きのものが切れてわかれたところ。特に、地面などで、線のように引き破られて、離れているところ。「じしん(地震)・で・ みち(道)・に・ おー(大)けな・ さけめ・が・ でけ(出来)・た。」〔⇒**われめ**【割れ目】〕

さける【避ける】《動詞・カ行下一段活用》 ①出会ったり、ぶつかったりしないように、近づかないようにしたり脇へ寄ったりする。「あな(穴)・の・ あ(空)い・た・ とこ(所)・を・ さけ・て・ とー(通)る。」②望ましくないものに合わないようにする。災害などから逃れるために対策をとる。「つーきんじかん(通勤時間)・を・ さけ・て・ でんしゃ(電車)・に・ の(乗)る。」〔⇒**よける**【避ける】〕

さける【割ける、裂ける】《動詞・カ行下一段活用》 ひとまとまりであった布や紙などが、ほぼ一直線に引き破られる。「かみなり(雷)・が・ お(落)ち・て・ き(木)ー・が・ さけ・た。」■他動詞は「さく【割く、裂く】」

さげる【下げる、提げる】《動詞・ガ行下一段活用》 ①上から下に移す。高いところから低いところへ映す。高さを小さくする。「お(置)い・てい・た・ もん(物)・を・ いちだん(一段)・ した(下)・の・ たな(棚)・に・ さげる。」②空中の低いところへ移るようにさせる。「たれまく(垂幕)・は・ もーちょっと(一寸)・ さげ・た・ ほー(方)・が・ よ(良)ー・ み(見)える・やろ。」③上の方にあるものにくくりつけたりはさんだりして、垂れるようにする。ものの上端を固定して、下に垂らす。ぶらさげて落ちないように持つ。「むね(胸)・に・ なふだ(名札)・を・ さげる。」「こし(腰)・に・ てぬぐい(手拭)・を・ さげる。」「かばん(鞄)・を・ かた(肩)・から・ さげる。」④しかるべき場所から、別の場所に移す。「おぜん(膳)・を・ さげる。」⑤値段を安くする。「にわりびき(二割引)・に・ さげる。」⑥慎ましい姿勢を示す。「あたま(頭)・を・ さげ・て・ なっとく(納得)し・てもらう。」◆③は、手に持つことにも、腰や肩などにかけることにも言う。背中になると「おたす」となる。■自動詞は「さがる【下がる】」■対語＝①②「あげる【上げる、挙げる、揚げる】」〔①⑤⇒**ひくする**【低する】、③⇒**ぶらさげる**【ぶら下げる】〕

ざこ【雑魚】《名詞》 ①いろいろの種類が入り交じった、小さな魚。値打ちの低い魚。「つ(釣)れる・の・は・ ざこ・ばっかり・や。」②つまらない者。地位の低い者。「わしら・みたいな・ ざこ・は・ だま(黙)っ・て・ き(聞)ー・とる・だけ・や。」〔⇒**じゃこ**【雑魚】〕

ざこう〔ざこー〕【座高】《名詞》 椅子に腰掛けたときの、腰掛けの面から頭のてっぺんまでの高さ。「むかし(昔)・に・ くら(比)べ・たら・ あし(足)・が・ なご(長)ー・て・ ざこー・の・ ひく(低)い・ ひと(人)・が・ ふ(増)え・た。」

さごし《名詞》 鰆(さわら)の幼魚。「これ・は・ こ(小)まい・ さごし・や・なー。」

ささ【笹】《名詞》 背が低く細い竹。茎が成長した後も皮が残る竹。また、その葉。「ささ・を・ き(切)っ・てき・て・ たなばた(七夕)さん・を・ かざ(飾)る。」

さざえ【栄螺】《名詞》 厚い貝殻で表面にとげが並んでいる、海にすむ巻き貝。「さざえ・を・ や(焼)い・て・ く(食)ー。」

ささげ《名詞》 豆やさやを食べる、つるのある植物。「ささげ・を・ めー(＝ひじき)・と・ いっしょ(一緒)に・ た(炊)く。」〔⇒**いんげん**【隠元】、**いんげんまめ**【隠元豆】〕

ざざぶり〔ざーざーぶり〕【ざざ降り】《名詞、形容動詞や(ノ)》 強く激しく降る雨。また、その様子。「あさ(朝)・から・ ざざぶりで・ そと(外)・へ・ で(出)・られ・へん。」〔⇒**ざんざんぶり**【ざんざん降り】、**じゃんじゃんぶり**【じゃんじゃん降り】〕

ざざもり〔ざーざーもり〕【ざざ漏り】《形容動詞や(ノ)、動詞する》 液体が隙間や穴などから盛んに出続けること。雨水などが激しくあふれ落ちること。「おーあめ(大雨)・で・ てんじょー(天井)・から・ ざざもりし・た。」〔⇒**ざざもれ**【ざざ漏れ】、**ざんざんもり**【ざんざん漏り】、**ざんざんもれ**【ざんざん漏れ】、**じゃじゃもり**【じゃじゃ漏り】、**じゃじゃもれ**【じゃじゃ漏れ】、**じゃんじゃんもり**【じゃんじゃん漏り】、**じゃんじゃんもれ**【じゃんじゃん漏れ】、**だだもり**【だだ漏り】、**だだもれ**【だだ漏れ】、**だんだんもり**【だんだん漏り】、**だんだんもれ**【だんだん漏れ】〕

ざざもれ〔ざーざーもれ〕【ざざ漏れ】《形容動詞や(ノ)、動詞する》 液体が隙間や穴などから盛んに出続けること。雨水などが激しくあふれ落ちること。「すいどーかん(水道管)・に・ ざーざーもれ・が・ お(起)こっ・とる。」〔⇒**ざざもり**【ざざ漏り】、**ざんざんもり**【ざんざん漏り】、**ざんざんもれ**【ざんざん漏れ】、**じゃじゃもり**【じゃじゃ漏り】、**じゃじゃもれ**【じゃじゃ漏れ】、**じゃんじゃんもり**【じゃんじゃん漏り】、**じゃんじゃんもれ**【じゃんじゃん漏れ】、**だだもり**【だだ漏り】、**だだもれ**【だだ漏れ】、**だんだんもり**【だんだん漏り】、**だんだんもれ**【だんだん漏れ】〕

ささら《名詞》 米びつなどを洗ったりするための、細く削った竹をまとめてくくった道具。「ささら・で・ ふろおけ(風呂桶)・を・ そーじ(掃除)する。」

ささる【刺さる】《動詞・ラ行五段活用》 尖ったものが、ものの表面を破って食い込む。「さかな(魚)・の・ ほね(骨)・が・ のど(喉)・に・ ささる。」◆「つきささる【突き刺さる】」よりも穏やかで、軽い印象が伴う。■他動

詞は「さす【刺す】」〔⇒**つきささる【突き刺さる】**〕

さざんか【山茶花】《名詞》　秋から冬にかけて、白や桃色などの花が咲く、椿に似た庭木。「さざんか・を・　いえ（家）・の・　かき（垣）・に・　する。」

さし【差し】《名詞》　長さを測ったり、あてがって直線を引いたりするときに使う、横に長い道具。「むかし（昔）・は・　たけ（竹）・で・　でけ（出来）・た・　さし・が・　おー（多）かっ・た。」◆大工さんは、「さし」という言葉を多く使っていたような記憶がある。〔⇒**ものさし【物差し】、せんひき【線引き】、じょうぎ【定規】、しゃく【尺】**〕

さし【止し】《接尾語》［動詞の連用形に付く］　続いていた動作や状態などを途中で中止することを表す言葉。「よ（読）みさし・に・　し・とっ・た・　ほん（本）・を・　もっぺん・　はじ（初）め・から・　よ（読）む。」「も（燃）えさし・の・　き（木）・を・　も（燃）やす。」

さじ【匙】《名詞》　液体や粉末の食べ物をすくい取るための、小皿のような頭部に柄をつけた小さな道具。「かれー（カレー）・は・　ちょっと・　おー（大）けな・　さじ・で・　た（食）べる。」〔⇒**しゃじ【（匙）】、スプーン【英語＝spoon】**〕

さしあげる【差し上げる】《動詞・ガ行下一段活用》　①高く上げる。両手で高く持ち上げる。「もろ（貰）・た・　ゆーしょーかっぷ（優勝カップ）・を・　さしあげる。」②「与える」ということを謙譲して言う言葉。献上する。「これ・を・　あんた・に・　さしあげ・よー・と・　おも（思）・て・　も（持）っ・てき・まし・た・ん・や。」◆②は、やや改まった場合の言い方である。〔②⇒**あげます【上げます】、あいます【（上います）】、あえます【（上えます）】、やいます【（遣います）】、やえます【（遣えます）】**〕

さしえ【挿し絵】《名詞》　文章や記事の説明として描いてある、その内容に関係のある絵。「さしえ・が・　ある・　ほー（方）・が・　よ（読）みやすい。」

さしおさえ【差し押さえ】《名詞、動詞する》　借金や税金を払わないとき、法律に基づいて、その人の持ち物を本人の自由にさせないようにすること。特に、取り上げてしまうこと。「ぜーきん（税金）・を・　ちゃんと・　はら（払）わ・なんだら・　さしおさえ・に・　あう・ぞ。」

さしおさえる【差し押さえる】《動詞・ア行下一段活用》　借金や税金を払わないとき、法律に基づいて、その人の持ち物を本人の自由にさせないようにする。特に、取り上げてしまう。「かざいどーぐ（家財道具）・を・　さしおさえ・られる。」■名詞化＝**さしおさえ【差し押さえ】**

さしがね【差し金】《名詞》　金属でできている、直角に曲がったL字形の物差し。「さしがね・で・　はか（測）っ・て・　き（木）ー・に・　しるし（印）・を・　つ（付）ける。」〔⇒**かねじゃく【曲尺】**〕

さしき【挿し木】《名詞、動詞する》　草木の茎や枝を土に挿して、根を出させて新しい株を作ること。「きく（菊）・の・　さしき・を・　する。」

ざしき【座敷】《名詞》　①畳が敷いてある部屋。「ざしき・で・　あば（暴）れ・たら・　あき・まへ・ん。」②日本家屋で、床の間があって、客を迎える部屋。「ざしき・に・　あ（上）がっ・てもらう。」〔②⇒**おもて【表】、おもてのま【表の間】**〕

さしげた【挿し下駄】《名詞》　歯を挿し替えることのできる下駄。「さしげた・の・　は（歯）ー・が・　お（折）れ・た。」

さしこみ【差し込み】《名詞》　①電気器具に電気を引くために、壁や柱などに取り付けた接続口。「さしこみ・から・　はず（外）れ・て・　せんぷーき（扇風機）・が・　と（止）まっ・た。」②木などを接ぐように作ってある箇所。はめ入れるための狭い箇所。「たて（縦）・の・　ぼー（棒）・と・　よこ（横）・の・　ぼー（棒）・の・　さしこみ・が・　お（合）ー・とら・へん。」〔①⇒**コンセント【英語＝concentric plug から】**〕

さしこむ【差し込む】《動詞・マ行五段活用》　①光が入ってくる。「ひる（昼）から・の・　ざしき（座敷）・は・　ひ（陽）ー・が・　さしこん・で・　ぬく（温）い。」②狭い箇所に、はめ入れる。「じょーまえ（錠前）・に・　かぎ（鍵）・を・　さしこん・で・　あ（開）ける。」■名詞化＝**さしこみ【差し込み】**

さしず【指図】《名詞、動詞する》　ものごとを行う方法や順序などを人に言いつけて、その通りにさせること。また、そのようにさせるために言いつける言葉。「なん（何）やかやと・　さしずさ・れ・たら・　はら（腹）・も・　た（立）ち・まっ・せ。」

さしつかえ【差し支え】《名詞》　ものごとの滑らかな進行の邪魔になること。都合が悪いこと。予定などが重なっていること。「こんど（今度）・の・　にちよー（日曜）・は・　さしつかえ・が・　あり・ます・ねん。」〔⇒**さわり【障り】**〕

さしつかえる【差し支える】《動詞・ア行下一段活用》　何かをするのに都合の悪いことが起こる。予定などが重なる。「きゅー（急）に・　さしつかえ・て・　い（行）け・ん・よーに・　なり・まし・た。」■名詞化＝**さしつかえ【差し支え】**

さしひき【差し引き】《名詞、動詞する》　ある数量から、他の数量を減らすこと。また、それによって残った数。「さしひきし・て・　ごせんえん（五千円）・　はろ（払）・てもらえ・まっ・か。」

さしひく【差し引く】《動詞・カ行五段活用》　ある数量から、他の数量を減らす。「きゅーりょー（給料）・から・　つみたてきん（積立金）・を・　さしひく。」■名詞化＝**さしひき【差し引き】**

さしみ【刺身】《名詞》　新鮮な魚や貝などの肉を薄く切って、醤油や香辛料を添えて食べるように作った食べ物。「たい（鯛）・の・　さしみ・が・　く（食）い・とー・　なっ・た。」〔⇒**つくり【造り】**〕

さしむかい【差し向かい】《名詞》　2人が向かい合うこと。2つのものが向かい合うこと。「よめ（嫁）はん・と・　さしむかい・で・　めし（飯）・を・　く（食）う。」「さしむかい・に・　ある・　いえ（家）・は・　たばこや（煙草屋）・や。」

さしもん【指物】《名詞》　たんす、箱、障子など、板を組み合わせて作る家具や器具。「さしもん・は・　しろと（素人）・が・　つく（作）っ・たら・　おかしな・　もん・に・　なっ・てまう・ねん。」

さしもんだいく【指物大工】《名詞》　板を組み合わせて家具や器具を作ることを専門にしている人。「あの・　ひと（人）・は・　さしもんだいく・や・さかい・　いえ（家）・を・　た（建）て・たり・は・　せー・へん・ねん。」

さす【指す】《動詞・サ行五段活用》　①針などの先が場所や方向などを示す。「とけー（時計）・が・　ろくじ（六時）・を・　さし・とる。」②手や指などで、目標とする場所や方向などを示す。「どれ・なんか・　さし・てくれ・なんだら・　わから・へん。」③目指して、その方向に向かう。「にし（西）・を・　さし・て・　ある（歩）く。」④将棋の駒を動かす。「ひるやす（昼休）み・に・　いちばん（一番）・さす。」

さす【刺す】《動詞・サ行五段活用》　①先の尖ったものの先端が、そのものの内部に入り込むように強く押す。貫

さ

いて通す。「せんまいどーし(千枚通)・で・　さし・て・　こより・を・　とー(通)す。」「さかな(魚)・を・　うおぐし(魚串)・に・　さし・て・　や(焼)く。」②危害を加えようとして、動物が相手の体を細長いもので突き入れる。「か(蚊)ー・に・　ささ・れ・た。」③殺す目的で相手を刃物などで突く。「なんぼ・　はら(腹)・が・　た(立)っ・ても・　ひと(人)・を・　さし・たり・　し・たら・　あかん・ぞ。」〔①⇒**つきさす【突き刺す】**〕

さす【差す】《動詞・サ行五段活用》 ①光が当たって、そこが明るく見える。「にわ(庭)・に・　つき(月)・が・　さし・とる。」②ある気持ちや状態が生まれる。「だんだん(段々)・　いやけ(嫌気)・が・　さし・てき・た。」「ま(魔)ー・が・　さす。」③液体などを注ぎ入れる。「めぐすり(目薬)・を・　さす。」「なべ(鍋)・に・　みず(水)・を・　さす。」④身に付ける。「こし(腰)・に・　かたな(刀)・を・　さす。」⑤両手で上げて持つ。かざす。「かさ(傘)・を・　さす。」

さす【挿す】《動詞・サ行五段活用》 花瓶などに花を入れる。「びん(瓶)・に・　ちゅーりっぷ(チューリップ)・を・　さし・て・　かざ(飾)る。」

さす《動詞・サ行五段活用》 ①人に何かをするようにしむける。「その・　しごと(仕事)・は・　あいつ(彼奴)・に・　さし・たら・　え(良)ー。」②人にそれをすることを認める。それをするがままにさせておく。「がくせーじだい(学生時代)・は・　し・たい・　こと・を・　さし・とく。」〔⇒**させる**〕

さす《助動詞》 ①人に何かをするようにしむけるという意味(使役)を表す言葉。「あした(明日)・　あいつ(彼奴)・を・　ここ・に・　こ(来)・さし・まほ・か。」「あの・　ひと(人)・に・　しせ(調)べ・さし・なはれ。」「よーす(様子)・を・　み(見)・てこ・さす。」②人にそれをすることを認めるという意味(許可)や、それをするがままにさせておくという意味(放任)を表す言葉。「あさがお(朝顔)・を・　う(植)え・たい・と・　ゆ(言)ー・ん・やっ・たら・　う(植)え・さし・なはれ。」◆「さす」は、「らす」と同様に上一段活用動詞、下一段活用動詞、カ行変格活用動詞に接続する。同じ活用型の補助動詞も同様である。サ行変格活用動詞からは、「す」「さす」「らす」のどれにも接続しない。その場合は、「さす」という動詞を使う。〔⇒**す、らす**〕

さす《接尾語》［動詞の連用形に付く］ その行為を途中までする、あるいは途中まででやめるということを表す言葉。「りょーり(料理)・を・　つく(作)りさし・て・　やめ・たら・　こま(困)る・やない・か。」

さする【擦る】《動詞・ラ行五段活用》 痛みをやわらげるなどのために、手のひらや指先で、体などの表面を軽く撫でる。「くんにゃかし・た・　あし(足)・を・　さする。」「くる(苦)しかっ・たら・　せなか(背中)・を・　さすっ・たろ・か。」

ざせき【座席】《名詞》 参加する人や出席する人が座る場所。また、その数や、順序や配置など。「けっこんしき(結婚式)・の・　ざせき・を・　き(決)める。」「ばす(バス)・の・　ざせき・は・　よやく(予約)・の・　ひと(人)・で・　まんいん(満員)・に・　なっ・とる。」

させる《動詞・サ行下一段活用》 ①人に何かをするようにしむける。「その・　しごと(仕事)・は・　わし・に・　させ・てくれ・まへ・ん・か。」②人にそれをすることを認める。それをするがままにさせておく。「だま(黙)っ・て・　させ・とい・たら・　かって(勝手)な・　こと・を・　し・やがっ・た。」〔⇒**さす**〕

さそい【誘い】《名詞》 一緒に何かをするように働きかけて勧めること。また、その内容。「いっしょ(一緒)に・　い(行)か・へん・か・ゆーて・　さそい・が・　かかっ・た。」「どーそーかい(同窓会)・の・　さそい・の・　はがき(葉書)・が・　き(来)・た。」

さそう【誘う】《動詞・ワア行五段活用》 一緒に何かをするように働きかけて勧める。「はなみ(花見)ー・に・　さそわ・れ・て・　い(行)き・まし・てん。」「ちょきん(貯金)せー・と・　さそわ・れ・た。」■名詞化＝**さそい【誘い】**

さそり【蠍】《名詞》 熱帯地域にすむ、鋏を持ち、尾の先に針を持つ動物。「さそり・が・　で(出)・てくる・　おと(恐)ろしー・　はなし(話)・が・　えほん(絵本)・に・　の(載)っ・とる。」

さつ【札】《名詞》 紙でできているお金。紙幣。「いちまんえん(一万円)・の・　あたら(新)しい・　さつ・が・　ほ(欲)しー・ねん。」「さつ・の・　たば(束)・を・　かばん(鞄)・に・　い(入)れる。」

さつ【冊】《助数詞》 本やノートなどを数えるときに使う言葉。「これ・は・　ご(五)さつ・で・　ひとそろい(一揃)・や。」

ざつ【雑】《形容動詞や(ナ)》 ①考え方や行いが、大雑把で荒っぽい様子。仕事が念入りに行われていない様子。「ざつな・　やりかた・を・　せ・んとい・て・な。」②品物などが、粗雑な出来上がりである様子。「ざつな・　いれもん(入物)・や・さかい・　じっき(直)に・　めげ・ても・た。」〔⇒**ざつい【雑い】**〕

ざつい【雑い】《形容詞・ウイ型》 ①考え方や行いが、大雑把で荒っぽい。仕事が念入りに行われていない。「あの・しと(人)・は・　しごと(仕事)・が・　ざつい・さかい・にど(二度)と・　たの(頼)ん・だら・　あか・ん・で。」②品物などが、粗雑な出来上がりである。「ざつい・　つく(造)り・の・　はこ(箱)・や・さかい・　か(買)い・とー・ない。」〔⇒**ざつ【雑】**〕

ざつおん【雑音】《名詞》 不愉快な感じを持つ、いろいろ入り混じった騒がしい音。聞きたくない音。通信の妨げとなる音。「むかし(昔)・の・　らじお(ラジオ)・は・　がーがー・　ぴーぴー・　ゆ(言)ー・て・　ざつおん・が・　ごっつかっ・た・なー。」

ざっか【雑貨】《名詞》 日常生活に必要な、こまごまとした品物。「むら(村)・に・　ざっか・を・　う(売)る・　みせ(店)・が・　な(無)い・と・　ふべん(不便)や・なー。」

さっかく【錯覚】《名詞、動詞する》 実際とは違うように見てしまったり理解してしまったりすること。勘違い。「きょー(今日)・は・　やす(休)み・や・と・　さっかくし・とっ・た。」

ざっかや【雑貨屋】《名詞》 日常生活に必要な、こまごました品物を売っている店。「ざっかや・が・　みせじま(店終)い・を・　し・ても・た。」

さっき【(先)】《名詞、副詞》 現時点から離れていない、つい先ほど。「さっき・　き(聞)ー・た・ばっかり・や・のに・　もー・　わす(忘)れ・ても・た・がな。」「さっき・から・　なんべん(何遍)・も・　ゆ(言)ー・とる・やない・か。」〔⇒**いまのいま【今の今】、いんまのいんま【(今の今)】、いまさっき【(今先)】、いんまさっき【(今先)】、さいぜん【最前】、さきほど【先程】、いま【今】、いんま【(今)】**〕

ざっくばらん《形容動詞や(ナ)》 ①隠し事などをせず、さっぱりしている様子。「みみ(耳)・の・　いた(痛)い・　こと・でも・　ざっくばらんに・　ちゅーい(注意)し・たげ・た・　ほー(方)・が・　え(良)ー・と・　おも(思)う・

さ

よ。」②遠慮しないで、気軽に言ったり行ったりする様子。「ざっくばらんに・　いけん(意見)・を・　ゆ(言)ー・てほしー・ねん。」

さっさと《副詞、動詞する》 ためらうことなく、ものごとを手際よく素早く行う様子。「じぶん(自分)・の・　しごと(仕事)・が・　す(済)ん・だら・　さっさと・　い(去)ん・でも・た。」〔**⇒ちゃっちゃっと、ちゃっちゃと、ちゃんちゃんと、さっさっと、ちゃっと**〕

さっさっと《副詞、動詞する》 ためらうことなく、ものごとを手際よく素早く行う様子。「さっさっと・　しごと(仕事)せ・なん・だら・　いつ・まで・　たっ・ても・　お(終)わら・へん・やろ。」◆さらに強調する場合は、「さっさっさっと」になる。〔**⇒ちゃっちゃっと、ちゃっちゃと、ちゃんちゃんと、さっさと、ちゃっと**〕

子ども向けの雑誌

ざっし【雑誌】《名詞》 簡単な装丁や製本で、いろんな記事を集めて、定期的に次々と出していく書物。「こどもむ(子供向)け・の・　ざっし・を・　こ(買)ー・て・　みやげ(土産)・に・　する。」

ざっしゅ【雑種】《名詞》 動物や植物で、種類が少し違う雌雄の間に生まれたもの。「この・　いぬ(犬)・は・　ざっしゅ・です・ねん。」

さつじん【殺人】《名詞》 人を殺すこと。「おそ(恐)ろしー・　さつじんじけん(事件)・が・　お(起)き・ます・なー。」

ざっそう〔ざっそー〕【雑草】《名詞》 植えないのに自然と生えてくる、いろいろな植物。名前の知れない雑多な植物。農作物、庭木、草花などの成長を邪魔する植物。「にわ(庭)・に・　は(生)え・てき・た・　ざっそー・を・ぬ(抜)く。」〔**⇒くさ【草】**〕

さっそく【早速】《副詞》 何かのことがあってから、時間を置かずに対応することを表す言葉。「さっそく・　き(来)・てもろ・て・　ありがとー・ござい・ます。」

ざつだん【雑談】《名詞、動詞する》 取り立てて深い意味を持たない話をすること。気楽にあれこれと話すこと。目的もなく話すこと。本筋と関係のないことを話すこと。「ざつだん・を・　する・の・は・　す(好)きや・けど・　あいさつ(挨拶)する・の・は・　にがて(苦手)だっ・せ。」〔**⇒しゃべり【喋り】、おしゃべり【お喋り】**〕

さっちゅうざい〔さっちゅーざい〕【殺虫剤】《名詞》 人にとって害をもたらす虫を殺すための薬。「さっちゅーざい・を・　ま(撒)い・て・　か(蚊)ー・が・　こ(来)・ん・よーに・　する。」

さっちょこ《名詞、動詞する》 両手を地面につけて体を支えて、両足をまっすぐ上に上げて立つこと。倒立。「さっちょこし・て・　ある(歩)く。」〔**⇒さかだち【逆立ち】、さっちょこだち【さっちょこ立ち】、さかとんぶり【逆とんぶり】、さかとんぼ【逆とんぼ】、さかとんぼり【逆とんぼり】**〕

さっちょこだち【さっちょこ立ち】《名詞、動詞する》 両手を地面につけて体を支えて、両足をまっすぐ上に上げて立つこと。倒立。「さっちょこだちし・たら・　あたま(頭)・に・　ち(血)ー・が・　あつ(集)まっ・た。」〔**⇒さかだち【逆立ち】、さっちょこ、さかとんぶり【逆とんぶり】、さかとんぼ【逆とんぼ】、さかとんぼり【逆とんぼり】**〕

さっと《副詞》 ①雨や風が急に起こる様子。「くも(雲)・が・　で(出)・た・と・　おも(思)・たら・　あめ(雨)・が・　さっと・　ふ(降)っ・てき・た。」②動きが速く素早い様子。簡単に済ませる様子。「さっと・　へや(部屋)・の・　なか(中)・を・　そーじ(掃除)する。」「ほーれんそー(菠薐草)・を・　さっと・　ゆ(茹)でる。」〔**⇒さあっと。②⇒ぱあっと**〕

ざっと《副詞》 細かいことは問題にしないで、おおよそのことを判断したり見積もったりする様子。手間をかけないで大まかに行う様子。「み(見)・た・とこ・　ざっと・　ひゃくにん(百人)・ほど・　き(来)・とっ・た・な。」「はなし(話)・の・　なかみ(中身)・を・　ざっと・　まと(纏)め・ておい・てくれ・へん・か。」

さっぱり《形容動詞や(ノ)、動詞する》 ①不快感などがあとに残らず、すがすがしく気持ちがよい様子。不必要なものがなくなって、爽快に感じる様子。「ふろ(風呂)・に・　はい(入)っ・たら・　さっぱりと・　きも(気持)ちよー・　なっ・た。」②味などがしつこくなく、あっさりしている様子。「さっぱりし・た・　つけもん(漬物)・を・　た(食)べ・た。」③課題や問題の答えや何かの所在などが、どうしてもつかめない様子。何から何まですべてにわたる様子。望ましい状態が少しも実現しない様子。「べんきょー(勉強)・は・　し・とっ・た・ん・や・けど・　しけん(試験)・を・　う(受)け・たら・　さっぱりやっ・た。」「この・　もんだい(問題)・は・　さっぱり・　わから・へん。」「あいつ(彼奴)・は・　このごろ・　さっぱり・　こ(来)・ん・よーに・　なっ・た。」「しょーばい(商売)・は・　さっぱりや。」「よ(世)のなか・は・　さっぱり・　わし・の・　みかた(味方)・に・　なら・へん。」◆③は、後ろに打ち消しの言葉を伴う。◆語幹だけの副詞的な用法もある。〔**①②⇒すっきり。③⇒かいもく【皆目】、まったく【全く】**〕

さつまいも【薩摩芋】《名詞》 畑で作り、茎はつるになって地をはい、根に甘みのある芋ができる多年草。「さつまいも・の・　てんぷら(天麩羅)・を・　する。」

ざつよう〔ざつよー〕【雑用】《名詞》 こまごました、いろんな用事。「まいにち(毎日)・　ざつよー・に・　お(追)わ・れ・とる。」「かいしゃ(会社)・で・　ざつよー・の・しごと(仕事)・を・　し・とる・ねん。」

さて〔さーて〕《接続詞》 ①話題を変えるときに使う言葉。前の話を打ち切って、別の話を始めるときに使う言葉。「さて・　ほか(他)・に・　しつもん(質問)・は・　あり・ませ・ん・か。」②考えた後に、何かの行動を起こすようなときに使う言葉。「さーて・　このへん(辺)・に・　しるし(印)・を・　つ(付)け・とこ・か。」〔**①⇒ところで**〕

さて〔さーて〕《感動詞》 ①疑問に思ったり、ためらいや戸惑いを感じたりしたときに発する言葉。「さて・　どない・　し・たら・　えー・ね・やろ・か。」②人を促したり誘ったりするときに発する言葉。「さて・　そろそろ・しゅっぱつ(出発)し・まへ・ん・か。」③自分を奮い立たせたり決意を持ったりしたときに発する言葉。「さーて・　いっちょー(一丁)・　がんば(頑張)っ・てみる・か。」〔**⇒さあ、さてと**〕

さてと〔さーてと〕《感動詞》 ①疑問に思ったり、ためらいや戸惑いを感じたりしたときに発する言葉。「さーてと・　そんな・　こと・は・　わし・に・　でける・ん・やろ・か。」②人を促したり誘ったりするときに発する言葉。「さてと・　ここら・で・　いっぺん(一遍)・　やす(休)み・ましょ・か。」③自分を奮い立たせたり決意を持ったりしたときに発する言葉。「さてと・　ことし(今年)・は・　ぜったい(絶対)に・　ゆーしょー(優勝)する・ぞ。」〔**⇒さて、さあ**〕

さては《感動詞》 ①原因や理由などについて、やはりそうだったのかという気持ちを表す言葉。「さては・　はじ(初)め・から・　く(来)る・　き(気)ー・が・　なかっ・た・ん・やろ。」②知ったことが、予想外であったという気持ちを表す言葉。「さては・　だま(騙)し・やがっ・た・ん・や・なー。」

さと【里】《名詞》 ①生まれ育った家や故郷。「わたし(私)・の・　さと・は・　かこぐん(加古郡)・です。」「さと・で・は・　あにき(兄貴)・が・　おやじ(親父)・の・　せわ(世話)・を・　し・とり・ます・ねん。」②妻など、他の家の一員となった人の実家。「さと・の・　おや(親)・は・　ひゃくしょー(百姓)・です・ねん。」

さとい【聡い、敏い】《形容詞・オイ型》 理解することが速く的確である。判断が素早かったり、ものを見つけやすかったりする。「しょーばい(商売)・に・は・　さとい・ひと(人)・や・さかい・　よー・　もー(儲)け・とる・みたいや。」「この・　こ(子)・は・　め(目)ー・が・　さとい。」

さといも【里芋】《名詞》 葉は蓮の形に似て大きく、地下でふくらんだ親芋に小芋がつく作物。「たこ(蛸)・と・さといも・を・　いっしょ(一緒)に・　た(炊)く。」

さとう〔さとー、さと〕【砂糖】《名詞》 砂糖黍、砂糖大根などから作る、甘い味付けに使う調味料。「さと・が・き(利)きすぎ・とる。」

さとうきび〔さとーきび、さときび〕【砂糖黍】《名詞》 茎が甘みを持っていてその汁から砂糖を作る、背の高い植物。「こども(子供)・の・　じぶん(時分)・は・　さときび・を・　しがん・で・　おやつ・に・　し・た。」

さとがえり【里帰り】《名詞、動詞する》 婚家から実家に、しばらく帰ること。「さとがえりし・て・　こども(子供)・を・　う(生)む。」

サドル〔さどる〕【英語＝saddle】《名詞》 自転車やオートバイなどの、腰を掛けるところ。「さどる・で・　しり(尻)・が・　す(擦)れ・て・　いた(痛)い。」

さなぎ【蛹】《名詞》 昆虫が成虫になる前に、栄養をとらず静止状態になっていて、かたい膜で覆われたもの。「これ・は・　ちょー(蝶)・に・　なる・　まえ(前)・の・さなぎ・や。」

さば【鯖】《名詞》 背は青緑色で波状の紋があり、腹は銀白色の、暖流にすむ魚。「さば・を・　みそ(味噌)・で・た(炊)く。」

さばく【砂漠】《名詞》 雨が少なく草木がほとんど生えないところの、小石や砂地がむき出しになって広がっている地域。「さばく・を・　らくだ(駱駝)・が・　ある(歩)い・ていく・　え(絵)ー・を・　か(描)く。」

さばく【裁く、捌く】《動詞・カ行五段活用》 ①魚を切ったりして、料理ができる状態にする。調理の下ごしらえをする。「いま(今)・の・　じだい(時代)・は・　さかな(魚)・を・　さばい・ておか・んと・　う(売)れ・へん。」②込み入ったものを手際よく処理する。面倒なことを上手に処置する。「よーけ・　ある・　しごと(仕事)・を・さばい・ていく。」③もつれたりくっつき合ったりしているものを、整った状態にする。「あみ(網)・を・　さばく。」「かみ(紙)・の・　たば(束)・を・　さばく。」④ものを売って処理する。「やす(安)ー・　し・て・　は(早)よ・さばい・た・　ほー(方)・が・　え(良)ー・やろ。」

さばける【捌ける】《動詞・カ行下一段活用》 ①ものわかりがいい。人付き合いが滑らかである。「さばけ・た・　ひと(人)・や・さかい・　つきあいやすい。」②ものが売れて、少なくなったり無くなったりする。「だいぶん(大分)・　えー・　ね(値)ー・で・　さばけ・た。」③もつれたりくっつき合ったりしていたものが、整った状態になる。「もつ(縺)れ・た・　いと(糸)・が・　さばけ・た。」

さび【錆】《名詞》 金属の表面が、空気中の酸素や水に触れて傷み、赤茶色などに変わりもろくなってしまって生じた皮膜。「と(研)い・で・　ほちょ(包丁)・の・　さび・を・　お(落)とす。」「さび・が・　う(浮)い・とる。」

さびしい〔さびしー〕【寂しい】《形容詞・イイ型》 ①静かで心細い。人の気配がない。ひっそりしている。「さびしー・　いっぽんみち(一本道)・を・　ある(歩)く。」②相手や仲間がいなかったり。心の通い合うものがなかったりして、悲しい気持ちがする。孤独でもの足りない。「ともだち(友達)・が・　てんこー(転校)し・て・　さびしー。」③あるべきものがなくて、満ち足りた気持ちが失せている。「ちょっと・　ふところ(懐)・が・　さびしー・ねん。」■対語＝①「にぎやか【賑やか】」「にんやか【(賑やか)】」「にんぎゃか【(賑んぎゃか)】」〔⇒**さみしい【寂しい】、さぶしい【(寂しい)】**〕

さびしなる【寂しなる】《動詞・ラ行五段活用》 ①人がいる気配が失せる。ひっそりした感じになっていく。「みんな(皆)・が・　い(去)ん・で・　さびしなっ・た。」②相手や仲間がいなくなったり、心の通い合うものがなくなったりして、悲しい気持ちがつのる。孤独でもの足りなく感じる。「ともだち(友達)・が・　し(死)ん・で・さびしなっ・た。」③あるべきものがなくなって、もの足りない気持ちになる。「にわ(庭)・の・　き(木)ー・が・か(枯)れ・て・　さびしなっ・てん。」〔⇒**さみしなる【寂しなる】、さぶしなる【(寂しなる)】**〕

さびつく【錆び付く】《動詞・カ行五段活用》 金属の表面が、変化してできた皮膜などによって、くっついて離れなくなる。動くべき金属の部分が動かなくなる。「さびつい・て・　ねじ(螺子)・が・　いご(動)か・へん。」

さびる【錆びる】《動詞・バ行上一段活用》 金属の表面が、空気中の酸素や水に触れて傷み、赤茶色などに変わりもろくなってしまう。「もん(門)・の・　と(戸)ー・が・さび・てき・た。」■名詞化＝さび【錆び】

さぶい【寒い】《形容詞・ウイ型》 気温や体で感じる温度が適温より低い。苦痛を覚えるほどに気温が低い。自分の体温より著しく低く感じられる。「ことし(今年)・の・ふゆ(冬)・は・　さぶい・そー・や。」■対語＝「あつい【暑い】」〔⇒**さむい【寒い】**〕

さぶいぼ【寒疣】《名詞》 寒さ、恐ろしさ、感動などのために、皮膚が反射的に収縮して、毛穴が際立ってぶつぶつして見えるもの。鳥肌。「うで(腕)・に・　さぶいぼ・が・　でけ・とる。」〔⇒**さむいぼ【寒疣】**〕

さぶがり【寒がり】《名詞》 他の人よりよけいに寒さを感じること。また、そのように感じる人。寒くて仕方がないという姿勢や態度をとっていること。また、そのような人。「うち・の・　いぬ(犬)・は・　いぬ(犬)・の・くせに・　さぶがり・なん・や。」■対語＝「あつがり【暑がり】」〔⇒**さむがり【寒がり】、かじけ**〕

さぶけ【寒気】《名詞》 病気や恐怖などのために、体に身震いするほどの寒さを感じること。悪寒。「おそ(恐)ろしー・　えーが(映画)・を・　み(見)・て・　さぶけ・が・し・た。」〔⇒**さむけ【寒気】**〕

さぶさ【寒さ】《名詞》 気温が低いこと。気温の低い程度。「さぶさ・が・　み(身)・に・　こた(堪)える・なー。」■対語＝「あつさ【暑さ】」〔⇒**さむさ【寒さ】**〕

ざぶざぶ《名詞、動詞する》 夏の暑いときなどに、たらいに湯や水を入れて、戸外で簡単に汗などを洗い流すこと。「ひなたみず(日向水)・で・　ざぶざぶし・て・　あせ

(汗)・を・　なが(流)す。」◆幼児語。〔⇒**ぎょうずい【行水】、じゃぶじゃぶ、ばちゃばちゃ、ぱちゃぱちゃ**〕

ざぶざぶ《副詞と》 ①音を立てて水の中を進む様子。また、そのときの音。「くつ(靴)・を・　ぬ(脱)い・で・　すなはま(砂浜)・から・　ざぶざぶと・　うみ(海)・に・　はい(入)る。」②水をかき回したり、水で洗ったりしている様子。また、そのときの音。「ほ(放)りこん・だ・　もの・を・　せんたくき(洗濯機)・が・　ざぶざぶと・　かきまーす。」〔⇒**じゃぶじゃぶ**〕

さぶしい〔さぶしー〕【(寂しい)】《形容詞・イイ型》 ①静かで心細い。人の気配がない。ひっそりしている。「がらんと・　し・た・　へや(部屋)・は・　ちょっと・　さぶしー・　もん・や。」②相手や仲間がいなかったり。心の通い合うものがなかったりして、悲しい気持ちがする。孤独でもの足りない。「みんな(皆)・　べつべつ(別々)の・　がっこー(学校)・へ・　い(行)っ・ても・て・　さぶしー・なー。」③あるべきものがなくて、満ち足りた気持ちが失せている。「おぜん(膳)・の・　うえ(上)・が・　ちょっと・　さぶしー・さかい・　つけもん(漬物)・でも・　だ(出)し・てんか。」■対語＝①「**にぎやか【賑やか】**」「**にんやか【(賑やか)】**」「**にんぎゃか【(賑んぎゃか)】**」〔⇒**さびしい【寂しい】、さみしい【寂しい】**〕

さぶしなる【(寂しなる)】《動詞・ラ行五段活用》 ①人の気配が失せる。ひっそりしていく。「あきや(空家)・が・　でき(出来)・て・　きんじょ(近所)・が・　さぶしなっ・た。」②相手や仲間がいなくなったり、心の通い合うものがなくなったりして、悲しい気持ちがつのる。孤独でもの足りなく感じる。「いぬ(犬)・が・　し(死)ん・で・　さぶしなっ・た。」③あるべきものがなくなって、もの足りない気持ちになる。「えきまえ(駅前)・の・　すーぱー(スーパー)・が・　つぶ(潰)れ・て・　さぶしなっ・た。」〔⇒**さびしなる【寂しなる】、さみしなる【寂しなる】**〕

ざぶとん【座布団】《名詞》 座るときに敷くために使う、縫い合わせた布の間に綿などを入れて作った小さなもの。「ざぶとん・を・　ひとつ・　あ(当)て・ておくん・なはれ。」◆単に「ふとん【布団】」とも言う。〔⇒**おざぶ【お座布(団)】、ふとん【布団】**〕

さぶらい【侍】《名詞》 昔、朝廷や公家などに仕えて身辺警護などにあたった者。武士。「さぶらい・が・　で(出)・てくる・　えーが(映画)・を・　み(見)・た。」〔⇒**さむらい【侍】**〕

ざぶん《副詞と》 水の中などに飛び込んだり落ち込んだりする様子。水の中にものを落としたり投げ入れたりする様子。また、それらのときの音。「かばん(鞄)・を・　お(落)とし・たら・　みずた(水溜)まり・に・　ざぶんと・　お(落)ち・た。」〔⇒**どぶん、どぼん、じゃぶん**〕

さほう〔さほー〕【作法】《名詞》 その社会や一定の方面で、動作や行動の仕方について、慣例などによって決まっているやり方。「ひと(人)・の・　まえ(前)・で・　はなし(話)・を・　する・　とき・の・　さほー・を・　こころえ(心得)・なはれ。」「おちゃ(茶)・の・　さほー・を・　し(知)っ・とる。」

サボテン〔さぼてん〕【スペイン語＝ sapoten】《名詞》 葉が針の形になっている、砂漠などの乾いた土地に育つ多年草。「せーぶげき(西部劇)・に・　で(出)・てくる・　さぼてん・は・　びっくりする・ほど・　おー(大)きー・なー。」〔⇒**シャボテン【スペイン語＝ sapoten】**〕

サボり〔さぼり〕【フランス語＝ sabotage の名詞化】《名詞、形容動詞や(ノ)》 すべき仕事や勉強をしないで、ほうっておくこと。それをする時間の余裕があるのに、しないで無駄に過ごすこと。ずる休みをすること。また、そのようにする人。「あの・　さぼり・が・　また・　おら・ん・よーに・　なっ・ても・た。」〔⇒**なまくら、なまくらぼうず、なまけ【怠け】**〕

サボる〔さぼる〕【フランス語＝ sabotage の動詞化】《動詞・ラ行五段活用》 すべき仕事や勉強をしないで、ほうっておく。それをする時間の余裕があるのに、しないで無駄に過ごす。ずる休みをする。「がっこー(学校)・を・　さぼっ・て・　どない・　し・とっ・た・ん。」■名詞化＝**サボり**〔⇒**なまける【怠ける】、ずるける、どぶせる【ど臥せる】、なまくら(する)、なまくらぼうず【なまくら坊主】(する)**〕

さま【様】《接尾語》［人を表す名詞などに付く］ ①人の名前や職名などに付けて、敬う気持ちをあらわす言葉。「やまだ(山田)さま・が・　おいで・に・　なり・まし・た。」②いろいろな言葉に付けて、丁寧さをあらわす言葉。「なが(長)い・　あいだ(間)・　ごくろー(苦労)さま・でし・た。」◆「さん」を使うよりも、改まった気持ちが強い。〔⇒**さん【(様)】**。①⇒**はん、やん、たん**〕

ざま【様、態】《名詞》 よくない格好や様子を、ののしって言う言葉。醜態。「なん・ちゅー・　ざま・や。」

さまざま【様々】《形容動詞や(ナ)》 種類、形、様子、考えなどが多様である様子。それぞれに異なる様子。「ひと(人)・の・　かんが(考)え・は・　さまざまや。」〔⇒**いろいろ【色々】**〕

さます【冷ます】《動詞・サ行五段活用》 ①熱いものを冷たくする。「ゆ(湯)ー・を・　さます。」「れーぞーこ(冷蔵庫)・で・　さます。」②意に反して、熱いものが冷たくなる。「おちゃ(茶)・を・　い(入)れ・た・の・を・　わす(忘)れ・て・　さまし・ても・た。」③高まった情熱や雰囲気などが薄らぐようにさせる。「かんかんに・　なっ・とる・　きも(気持)ち・を・　さまし・て・　かんが(考)え・させる。」■自動詞は「**さめる【冷める】**」

さます【覚ます】《動詞・サ行五段活用》 ①目を開けて、心の働きをはっきりさせる。「ひちじ(七時)・に・　め(目)ー・を・　さまし・た。」②意識を正常な状態にする。「あいつ(彼奴)・の・　おんなぐる(女狂)い・を・　さまし・たれ。」③酒の酔いを消す。「かぜ(風)・に・　ふ(吹)か・れ・て・　よ(酔)い・を・　さます。」■自動詞は「**さめる【覚める】**」

ざまみる〔ざまーみる〕【様見る、態見る】《動詞・マ行上一段活用》 よくないことになる。よくないことを体験する。「さぼっ・たり・　する・さかい・　そんな・　ざまみ・た・ん・や。」

さみしい〔さみしー〕【寂しい】《形容詞・イイ型》 ①静かで心細い。人の気配がない。ひっそりしている。「さみしー・　かいがん(海岸)・や・なー。」②相手や仲間がいなかったり。心の通い合うものがなかったりして、悲しい気持ちがする。孤独でもの足りない。「なか(仲)・の・　よ(良)かっ・た・　ともだち(友達)・が・　し(死)ん・で・　さみしー。」③あるべきものがなくて、満ち足りた気持ちが失せている。「さみしー・さかいに・　はな(花)・を・　い(生)ける。」◆「さびしい」よりも「さみしい」を使うことが多い。■対語＝①「**にぎやか【賑やか】**」「**にんやか【(賑やか)】**」「**にんぎゃか【(賑んぎゃか)】**」〔⇒**さびしい【寂しい】、さぶしい【(寂しい)】**〕

さみしなる【寂しなる】《動詞・ラ行五段活用》 ①人の気配が失せる。ひっそりしていく。「き(来)・とっ・た・　まご(孫)・が・　い(去)ん・で・　さみしなっ・た。」②相手や仲間がいなくなったり、心の通い合うものがなくなったりして、悲しい気持ちがつのる。孤独でもの足りなく感じる。「どーそーかい(同窓会)・も・　このごろ・は・　く(来)る・　ひと(人)・が・　へ(減)っ・て・　だいぶ(大分)・　さみしなっ・てき・た。」③あるべきものがなくなって、もの足りない気持ちになる。「い(要)ら・ん・と・　おも(思)・て・　す(捨)て・たら・　ちょっと(一寸)・　さみしなっ・た。」〔⇒**さびしなる【寂しなる】、さぶしなる【**(寂しなる)**】**〕

さむい【寒い】《形容詞・ウイ型》　気温や体で感じる温度が適温より低い。苦痛を覚えるほどに気温が低い。自分の体温より著しく低く感じられる。「けさ(今朝)・は・　ごっつい・　さむい・なー。」■対語＝「あつい【暑い】」〔⇒**さぶい【寒い】**〕

さむいぼ【寒疣】《名詞》　寒さ、恐ろしさ、感動などのために、皮膚が反射的に収縮して、毛穴が際立ってぶつぶつして見えるもの。鳥肌。「びっくりし・て・　さむいぼ・が・　でけ(出来)た。」〔⇒**さぶいぼ【寒疣】**〕

さむがり【寒がり】《名詞》　他の人よりよけいに寒さを感じること。また、そのように感じる人。寒くて仕方がないという姿勢や態度をとっていること。また、そのような人。「さむがり・が・　とんど・に・　あたっ・とる。」■対語＝「あつがり【暑がり】」〔⇒**さぶがり【寒がり】、かじけ**〕

さむけ【寒気】《名詞》　病気や恐怖などのために、体に身震いするほどの寒さを感じること。悪寒。「きのー(昨日)・の・　ばん(晩)・は・　さむけ・が・　し・た・さかい・　はよ(早)ー・　ね(寝)・た。」〔⇒**さぶけ【寒気】**〕

さむさ【寒さ】《名詞》　気温が低いこと。気温の低い程度。「ことし(今年)・の・　さむさ・は・　とくべつ(特別)や・なー。」■対語＝「あつさ【暑さ】」〔⇒**さぶさ【寒さ】**〕

さむらい【侍】《名詞》　昔、朝廷や公家などに仕えて身辺警護などにあたった者。武士。「じだいまつり(時代祭)・の・　ぎょーれつ(行列)・に・　さむらい・も・　で(出)・とる。」〔⇒**さぶらい【侍】**〕

さめ【鮫】《名詞》　紡錘形をした体の表面はざらざらして、鋭い歯をもって凶暴な海の魚。「かいすいよく(海水浴)・の・　とき(時)・は・　さめ・に・　き(気)ーつけ・んと・　いか・ん。」〔⇒**ふか【鱶】**〕

さめる【冷める】《動詞・マ行下一段活用》　①熱いものが冷たくなる。「おちゃ(茶)・が・　さめ・ても・た。」②高まった情熱や雰囲気などが薄らぐ。「しけん(試験)・に・　お(落)ち・て・　やるき(気)・が・　さめ・た。」■他動詞は「さます【冷ます】」

さめる【覚める】《動詞・マ行下一段活用》　①目が開いて、心の働きがはっきりする。「まだ・　め(目)ー・が・　さめ・とら・へん。」②意識が正常な状態になる。「ばくち(博打)・に・　ねっちゅー(熱中)し・とっ・た・けど・　やっとこさ・　さめ・た。」③酒の酔いが消える。「ふつかよ(二日酔)い・が・　なんとか・　さめ・た。」■他動詞は「さます【覚ます】」■対語＝①「ねむる【眠る】」「ねぶる【(眠る)】」

さや【鞘、莢】《名詞》　①刀を納めておくための、その形に合わせて作った筒状のもの。「かたな(刀)・を・　さや・から・　ぬ(抜)く。」②豆の実を包んでいる、外側のもの。「えんどー(豌豆)・の・　さや・を・　む(剥)く。」

さゆ〔さゆー〕【白湯】《名詞》　沸かしただけで、何も混ざっていない飲用の湯。「さゆー・で・　くすり(薬)・を・　の(飲)む。」

さゆう〔さゆー〕【左右】《名詞》　北に向いたとき、東に当たる方と西に当たる方。まわり。「おーだんほどー(横断歩道)・は・　さゆー・を・　よー・　み(見)・て・　わた(渡)れ・よ。」〔⇒**みぎひだり【右左】**〕

さよ〔さよー〕【左様】《感動詞》　相手の言うことを肯定したり、自分の思いなどを確かめたりするときに発する言葉。「さよ。わし・に・　まか(任)し・とけ。」〔⇒**さい【**(左様)**】、そう、ほう**〕

さよう〔さよー、さよ〕【左様】《形容動詞や(ナ)》　その通りである。そのようである。「さよーな・　いけん(意見)・に・は・　さんせー(賛成)でけ・へん。」〔⇒**さい【**(左様)**】、そう**〕

さようなら〔さよーなら〕《名詞、動詞する》　出会った人と別れること。「さよーなら・の・　じかん(時間)・を・き(決)め・て・から・　さけ(酒)・を・　の(飲)む。」「こーもん(校門)・の・　とこ・で・　さよーならし・た。」〔⇒**さよなら、さいなら**〕

さようなら〔さよーなら〕《感動詞》　別れるときに言う、挨拶の言葉。「さよーなら。また・　あした(明日)。」〔⇒**さよなら、さいなら**〕

さよか【左様か】《感動詞》　相手の言うことを聞いて、それを納得したり、それに疑問を感じたりするときに使う言葉。「さよか。ほんなら・　わし・も・　い(行)く・わ。」「さよか。そいでも・　その・　はなし(話)・は・　ちょっと・　おかしー・なー。」〔⇒**さいか【**(左様か)**】、そうか、ほうか**〕

さよなら《名詞、動詞する》　出会った人と別れること。「さよなら・は・　し・とー・ない・ねん。」「さよならし・て・わか(別)れ・た。」〔⇒**さようなら、さいなら**〕

さよなら《感動詞》　別れるときに言う、挨拶の言葉。「あした(明日)・まで・　さよなら。」〔⇒**さようなら、さいなら**〕

さら【皿】《名詞》　①食べ物などを載せる、平たく浅い器。また、少量のおかずや漬け物を盛るのに使う小さな器。「さら・に・　さしみ(刺身)・を・　も(盛)っ・て・　だ(出)す。」②平たく浅い器に載せて出す料理。「さらだ(サラダ)・の・　さら・を・　く(食)う。」③皿の形をしたもの。「すね(脛)ぼん・の・　さら・が・　いた(痛)い。」〔①⇒**てしょう【**(手塩)**】**〕

さら【新】《名詞、形容動詞や(ノ)》　新しくて、手の加わっていないこと。未使用で新しいこと。また、そのようなもの。「さらの・　くつ(靴)・を・　はじめて・　は(履)い・た。」「にゅーしゃ(入社)し・た・ばっかり・の・　さらの・　ひと(人)・は・　げんき(元気)・が・　ある・なー。」〔⇒**さらぴん【新品】、さらっぴん【新っ品】、さらっぴんぴいか**(新品ぴいか)**】、まっさら【真っ新】**〕

ざら《形容動詞や(ノ)》　同じようなものがありふれていて、珍しくない様子。「ななじゅー(七十)・の・　とし(歳)・の・　ひと(人)・は・　ざらに・　おる・わ・なー。」

さらいげつ【再来月】《名詞》　今月の2か月後。来月の次の月。「さらいげつ・は・　もー・　ねんまつ(年末)・なん・や。」〔⇒**らいらいげつ【来来月】**〕

さらいしゅう〔さらいしゅー〕【再来週】《名詞》　今週の2週後。来週の次の週。「さらいしゅー・に・　もーいっぺん(一遍)・　あつ(集)まっ・てください。」〔⇒**らいらいしゅう【来来週】**〕

さらいねん【再来年】《名詞》　今年の2年後。来年の次の年。「うち・の・　むすこ(息子)・は・　さらいねん・に・は・　こーこーせー(高校生)・に・　なる。」

さらえる【浚える】《動詞・ア行下一段活用》　①川や池や溝などの底にたまった、泥や塵を集めて取り除く。「いけ

(池)・を・　さらえ・て・　さかな(魚)・を・　つか(捕)まえる。」「いど(井戸)・の・　そこ(底)・を・　さらえ・て・　そーじ(掃除)する。」②残っているものすべてを集めて処理する。特に、残っている食べ物すべてを集めて食べる。「のこ(残)り・を・　さらえ・て・　ぜんぶ(全部)・　た(食)べる。」

さらさら《副詞と、形容動詞や(ノ)、動詞する》 ①物が擦れ合って、軽く音を立てる様子。「さわ(触)っ・たら・　さらさらし・た・　きれ(布)・やっ・た。」②水が軽やかに流れる様子「さらさらと・　かわ(川)・が・　なが(流)れる。」③湿り気や粘り気がない様子。手触りが滑らかな様子。「さらさらし・た・　こめぬか(米糠)・が・　て(手)・から・　こぼれる。」「ぬ(濡)れ・た・　て(手)ー・を・　さらさらに・　かわ(乾)かす。」④急いで喉を通らせて食べる様子。「じかん(時間)・が・　な(無)かっ・た・さかい・　おちゃづ(茶漬)け・を・　さらさら・　なが(流)しこん・で・　で(出)てき・まし・てん。」「そーめん(素麺)・を・　さらさらと・　く(食)う。」⑤ものごとが滑らかに進んでいく様子。「さらさらと・　ふで(筆)・で・　じ(字)ー・を・　か(書)く。」「さらさら・　こた(答)え・られる・　ひと(人)・が・　うらや(羨)ましー。」

ざらざら《形容動詞や(ノ)、動詞する》 ①物が擦れ合って、感覚や手触りが滑らかでない様子。「この・　はま(浜)・は・　ざらざらし・た・　すな(砂)・や。」「て(手)ー・が・　ざらざらや・さかい・　くりーむ(クリーム)・を・　ぬ(塗)る。」②透明感が乏しい様子。「がらす(ガラス)・が・　ざらざらし・て・　む(向)こー・が・　よー・　み(見)え・へん。」

さらし【晒】《名詞》 水で洗うなどして、白くした木綿や麻の布。「さらし・の・　ふんどし(褌)・を・　する。」

さらしこ〔さらしこー〕【晒し粉】《名詞》 塩素の働きで、布を白くしたり、水などを消毒したりするきに使う粉。「さらしこ・の・　にお(臭)い・の・　する・　みず(水)・は・　きら(嫌)いや。」

さらしやがる《補助動詞・ラ行五段活用》〔動詞の連用形に付く〕 相手の動作を強く非難したり蔑んだりするときに使う言葉。「よー・　まー・　こんな・　こと・を・　か(書)き・さらしやがっ・た・ん・や・なー。」◆補助動詞「さらす」に、さらに補助動詞「やがる」が結びついた、語気を強める言葉である。この語とともに、「てさらしやがる」という補助動詞もある。〔**⇒さらす、やがる、くさる、くさりやがる、てさらす、てくさる、てやがる、てさらしやがる、てくさりやがる**〕

さらしやがる《補助動詞・ラ行五段活用》 **⇒てさらしやがる〔でさらしやがる〕《補助動詞・ラ行五段活用》を参照**

さらす【晒す】《動詞・サ行五段活用》 ①湿気をとるなどのために、日に当てる。「たたみ(畳)・を・　ひ(日)ー・に・　さらす。」②白くするために、水で洗ったり、薬品を用いたりする。「ぬの(布)・を・　かわ(川)・の・　みず(水)・で・　さらす。」③灰汁、辛み、においなどを抜くために、水につけておく。「たまねぎ(玉葱)・を・　き(切)っ・て・から・　みず(水)・に・　さらす。」④雨風の当たるままにしておく。「のき(軒)・に・　だいこん(大根)・を・　ぶらさげ・て・　さらし・とく。」⑤好ましくない状況などに自分を置く。みんなの目に触れる。「はじ(恥)・を・　さらす。」■名詞化＝**さらし【晒】**

さらす《動詞・サ行五段活用》 「する」のぞんざいな言い方。「こら・　なに(何)・を・　さらす・ん・じゃ。」〔**⇒しやがる**〕

さらす《補助動詞・サ行五段活用》〔動詞の連用形に付く〕 その行為をしきりに行う、という意味を表す言葉。「うしの(失)ー・て・　あわ(慌)て・さらし・て・　さが(探)し・とっ・た。」「みち(道)・に・　らくがき(落書)・を・　か(書)き・さらす。」

さらす《補助動詞・サ行五段活用》〔動詞の連用形に付く〕 相手の動作を強く非難したり蔑んだりするときに使う言葉。「どこ・へ・　い(行)き・さらし・た・ん・や。」「なに(何)・を・　し・さらし・た・ん・や。」◆さらに強める場合には「くさりやがる」「さらしやがる」「さらしくさる」となることがある。この語とともに、「てさらす」という補助動詞もある。〔**⇒やがる、くさる、さらしやがる、くさりやがる、てさらす、てくさる、てやがる、てさらしやがる、てくさりやがる**〕

さらす《補助動詞・サ行五段活用》 **⇒てさらす〔でさらす〕《補助動詞・サ行五段活用》を参照**

サラダ〔さらだ〕【英語＝salad】《名詞》 生野菜や茹でた野菜に、肉や魚やハムや卵などを取り合わせて、マヨネーズやドレッシングなどをかけたり、混ぜたりした食べ物。「かれー(カレー)・に・　さらだ・を・　つ(付)け・て・　だ(出)す。」

ざらつく《動詞・カ行五段活用》 感覚や手触りに滑らかさがないように感じる。細かい粒子や突起などがあって滑らかでないと感じる。「かぜ(風)・が・　ふ(吹)きこん・で・　たたみ(畳)・が・　ざらつい・とる。」「した(舌)・が・　ざらつく。」

さらっと《副詞》 ①湿り気がない様子。手触りや食感などが滑らかな様子。「さらっと・　し・た・　ぬのじ(布地)・で・　きも(気持)ち・が・　え(良)ー。」②気にかけない様子。「きのー(昨日)・　き(聞)ー・た・　こと・を・　さらっと・　わす(忘)れ・ても・た。」③動きが滑らかな様子。「ひととー(一通)り・　さらっと・　ふくしゅー(復習)し・た。」「しょーせつ(小説)・を・　みじか(短)い・　じかん(時間)・で・　さらっと・　よ(読)ん・だ。」

さらっぴん【新っ品】《名詞、形容動詞や(ノ)》 新しくて、手の加わっていないこと。未使用で新しいこと。また、そのようなもの。「さらっぴんの・　ふく(服)・を・　き(着)・てき・た。」「さらっぴんの・　うんどーぐつ(運動靴)・を・　は(履)い・て・　えんそく(遠足)・に・　い(行)く。」〔**⇒さら【新】、さらぴん【新品】、さらっぴんぴいか**(新品ぴいか)**】、まっさら【真っ新】**〕

さらっぴんぴいか〔さらっぴんぴーか〕【(新品ぴいか)**】**《名詞、形容動詞や(ノ)》 新しくて、手の加わっていないこと。未使用で新しいこと。また、そのようなもの。「さらっぴんぴーかの・　でんしゃ(電車)・に・　の(乗)っ・た。」◆「さらっぴん」に「ぴかぴか」が加わってできた言葉であるのかもしれない。〔**⇒さら【新】、さらぴん【新品】、さらっぴん【新っ品】、まっさら【真っ新】**〕

さらぴん【新品】《名詞、形容動詞や(ノ)》 新しくて、手の加わっていないこと。未使用で新しいこと。また、そのようなもの。「くつ(靴)・の・　さらぴん・は・　きも(気持)ち・が・　え(良)ー。」〔**⇒さら【新】、さらっぴん【新っ品】、さらっぴんぴいか**(新品ぴいか)**】、まっさら【真っ新】**〕

ざらめ【粗目】《名詞》 手触りがざらざらして、粒の大きい砂糖。「うえ(上)・に・　ざらめ・が・　の(載)っ・とる・　せんべー(煎餅)・を・　た(食)べる。」〔**⇒きざら【き粗】**〕

さる【申】《名詞》 猿を表しており、子(ね)から始まる十

二支の9番目。「むすめ(娘)・は・　さる・の・　とし(年)・に・　う(生)まれ・た。」〔⇒**さる**【猿】〕

さる【猿】《名詞》 ①手でものを握ったり、上手に木に登ったりするすることができる、知能が高い哺乳動物。「ゆーえんち(遊園地)・で・　さる・が・　でんしゃ(電車)・の・　うんてんせき(運転席)・に・　すわ(座)っ・とっ・た。」②十二支の9番目の「申」。「ひつじ(羊)・から・　さる・へ・　えと(干支)・の・　ひきつぎ(引継)・の・　ぎょーじ(行事)・が・　あっ・た。」〔⇒**えてこ**【得手公】、**えてやん**【得手やん】。②⇒**さる**【申】〕

さるすべり【百日紅】《名詞》 庭や公園などに植えられることが多く、紅の濃淡または白色の花が夏に咲き落葉する、滑らかな樹皮のある木。「おてら(寺)・に・は・　さるすべり・の・　き(木)ー・が・　おー(多)い・なー。」

さるまた【猿股】《名詞》 腰から股の部分を覆う、男子の短い下着。「さるまた・　いっちょー(一丁)・で・　ゆーすず(夕涼)み・を・　する。」〔⇒**パンツ**【英語＝pants】〕

さるまね【猿真似】《名詞、動詞する》 深く考えないで、うわべだけ人の真似をすること。「なに(何)・も・　わから・んと・　さるまねし・とる。」

さわぐ【騒ぐ】《動詞・ガ行五段活用》 ①度を過ごして、やかましい声や音を出す。「そないに・　さわい・だら・　うるさ(煩)い・がな。」②多くの人が同じ不平などを訴えて行動に出る。秩序が混乱する。「じこ(事故)・が・　お(起)き・て・　きゃく(客)・が・　さわい・だ。」■名詞化＝**さわぎ**【騒ぎ】

さわら〔**さーら**〕【鰆】《名詞》 春から初夏にかけて水揚げされ、秋も旬だとされる細長い体で大型の魚。小さいときは「さごし」と言う。「あき(秋)・の・　さわら・は・　あぶら(脂)・が・　の(乗)っ・とる。」

さわり【障り】《名詞》 ものごとの滑らかな進行の邪魔になること。都合が悪いこと。「ちゃんと・　ね(寝)・とら・な・　びょーき(病気)・に・　さわり・が・　ある・ぞ。」〔⇒**さしつかえ**【差し支え】〕

さわりくちゃに【触りくちゃに】《副詞、動詞する》 さかんに手でふれる様子。やたらにもてあそぶ様子。「さわりくちゃにし・たら・　めげ・てしまう・がな。」〔⇒**いらいこべに**、**いらいくちやに**、**いらいちゃんこに**、**さわりこべに**【触りこべに】、**さわりちゃんこに**【触りちゃんこに】〕

さわりこべに【触りこべに】《副詞、動詞する》 さかんに手でふれる様子。やたらにもてあそぶ様子。「だいじ(大事)な・　もん・や・さかい・　さわりこべにせ・ん・よーに・　し・て・な。」〔⇒**いらいこべに**、**いらいちゃんこに**、**いらいくちやに**、**さわりくちゃに**【触りくちゃに】、**さわりちゃんこに**【触りちゃんこに】〕

さわりちゃんこに【触りちゃんこに】《副詞、動詞する》 さかんに手でふれる様子。やたらにもてあそぶ様子。「みんな(皆)・で・　さわりちゃんこにする・さかい・　ひょーし(表紙)・が・　やぶ(破)れ・て・も・た。」〔⇒**いらいこべに**、**いらいちゃんこに**、**いらいくちやに**、**さわりくちゃに**【触りくちゃに】、**さわりこべに**【触りこべに】〕

さわる【触る】《動詞・ラ行五段活用》 手など、体の一部が人やものにあたる。または、あてる。「がらす(ガラス)・の・　めげ(＝破片)・は・　あぶ(危)ない・さかい・　さわっ・たら・　あか・ん。」〔⇒**ふれる**【触れる】〕

さん【三】《名詞(数詞)》 ①自然数の2に、1を加えた数。「ひゃく(百)・を・　さん・で・　わ(割)る。」②ものごとの順序や順位などを表す言葉で、2番目の次に位置するもの。「さんじ(時)・に・　きゅーけー(休憩)・を・　とる。」

さん【桟】《名詞》 戸や障子などの骨格になっているもの。板が反るのを防ぐために打ちつける、細い横木。「しょーじ(障子)・の・　さん・が・　お(折)れ・た。」

さん【(様)】《接尾語》［人を表す名詞に付く］ ①人の名前や職名などに付けて、親しみを込めて敬う気持ちをあらわす言葉。「あんたさん・は・　どこ・から・　き(来)・なはっ・た・ん・かいな。」「いまい(今井)さん・は・　おっ・てです・か。」②いろいろな言葉につけて、丁寧さをあらわす言葉。「なが(長)い・　こと・　おま(待)ちどーさん・でし・た。」③食べ物の名前につけて、美しい言い方にする言葉。「まめ(豆)さん・を・　ことことと・　た(炊)く。」「だいこん(大根)・と・　おあ(揚)げさん・を・　いっしょ(一緒)に・　た(炊)い・た。」〔①②⇒**さま**【様】。①⇒**はん**、**やん**、**たん**〕

さんかく【三角】《名詞》 ①3本の直線で囲まれ、3つの角がある形。また、それに近い形。「さんかく・の・　じょーぎ(定規)・で・　せん(線)・を・　ひ(引)く。」②先の尖った形。盛り上がった直線を描く形。「め(目)・を・　さんかく・に・　つ(吊)りあげ・て・　おこ(怒)っ・とる。」「つち(土)・を・　さんかく・に・　も(盛)りあげる。」〔⇒**さんかくけい**【三角形】、**さんかっけい**【三角形】〕

さんかくけい〔**さんかくけー**〕【三角形】《名詞》 ①3本の直線で囲まれ、3つの角がある形。また、それに近い形。「ましかく(真四角)・の・　かみ(紙)・を・　ふた(二)つお(折)り・に・　し・て・　さんかくけー・を・　ふた(二)つ・　つく(作)る。」②先の尖った形。「さんかくけー・の・　やね(屋根)・の・　いえ(家)・が・　なら(並)ん・どる。」〔⇒**さんかく**【三角】、**さんかっけい**【三角形】〕

さんかくじょうぎ〔**さんかくじょーぎ**〕【三角定規】《名詞》 3つのうちの1つの角が直角になっている3角形に作られている定規。「さんかくじょーぎ・の・　にまいぐみ(二枚組)・を・　か(買)う。」〔⇒**じょうぎ**【定規】〕

さんかげつ【三か月】《名詞》 ①1年を12に分けたときの、そのみっつ分。ほぼ90日の長さ。「その・　しごと(仕事)・に・　さんかげつ・は・　じゅーぶん(十分)・　かかる・やろ。」②その月から、次の次の月にまたがる長さ。「ひちがつ(七月)・の・　すえ(末)・から・　くがつ(九月)・の・　なかごろ(中頃)・まで・　さんかげつ・に・　わたっ・て・　あつ(暑)い・　ひ(日)・が・　つづ(続)く。」〔⇒**みつき**【三月】〕

さんがつ【三月】《名詞》 1年の12か月のうちの3番目の月。「さんがつ・の・　なかごろ(中頃)・に・　そつぎょーしき(卒業式)・が・　ある。」「さんがつ・に・　なっ・て・も・　おみずと(水取)り・が・　す(済)む・まで・は・　さぶ(寒)い・　ひ(日)・が・　つづ(続)く。」

さんかっけい〔**さんかっけー**〕【三角形】《名詞》 ①3本の直線で囲まれ、3つの角がある形。また、それに近い形。「さんかっけー・の・　にぎりめし(握飯)・を・　こしら(拵)える。」②先の尖った形。「さんかっけー・の・　ふじさん(富士山)・が・　み(見)える。」〔⇒**さんかく**【三角】、**さんかくけい**【三角形】〕

さんかん【参観】《名詞、動詞する》 学校や工場や展示場などの様子を、その場に行って見ること。「しょーがっこー(小学校)・の・　むすこ(息子)・の・　さんかん・に・　い(行)く。」

サンキュー〔**さんきゅー**〕【英語＝thank you】《感動詞》 相手に対する感謝の気持ちやお礼の気持ちなどを表す

ときに使う言葉。「さんきゅー。おかげ(陰)・で・　たす(助)かり・ました。」〔⇒**おおきに**【大きに】、**おおけに**【大けに】、**おっきに**【大っきに】、**おっけに**【大っけに】、**おおき**【大き】、**おおけ**【大け】、**おっけ**【大っけ】、**おっき**【大っき】、**ありがとう**【有り難う】〕

ざんぎょう〔ざんぎょー〕【残業】《名詞、動詞する》 決められた勤務時間の後まで残って仕事などをすること。「このごろ(頃)・は・　ひま(暇)・で・　ざんぎょー・なんか・　あら・へん・ねん。」

さんこ《形容動詞や(ナ)》 乱雑である様子。散らかっている様子。整理が行き届いていない様子。「いえじゅー(家中)・　さんこに・　なっ・とる・さかい・　ひと(人)・が・　き(来)・たら・　は(恥)ずかしー・ねん。」「なや(納屋)・も・　さんこに・　し・とる。」◆それほど広くない部屋や区画などについて言う言葉であって、体育館やグラウンドのような広さのあるものには使わない。

さんこ《接尾語》［動詞の連用形に付く］ 過度に何かの動作をするということを表す言葉。「さわ(触)りさんこ・に・　し・たら・　めげ・てしまう・や・ないか。」「いらいさんこ・は・　や(止)め・てんか。」〔⇒**ちゃんこ**、**こべ**〕

さんご【珊瑚】《名詞》 装身具などに加工することが多い、サンゴという動物の死骸が木の枝のような形になって固まったもの。「さんご・の・　ぶろーち(ブローチ)・を・　つ(付)ける。」

さんこう〔さんこー〕【参考】《名詞、動詞する》 調べたり考えたりするときの助けとなるもの。いくつかのものを見比べたりして調べること。「さんこー・に・　なる・はなし(話)・を・　き(聞)く。」

さんこうしょ〔さんこーしょ〕【参考書】《名詞》 調べたり考えたりするときの助けとなる書物。見比べたりするために使う書物。「としょかん(図書館)・で・　さんこーしょ・を・　か(借)っ・た。」

ざんざんぶり【ざんざん降り】《名詞、形容動詞や(ノ)》 強く激しく降る雨。また、その様子。「ざんざんぶりやっ・た・さかい・　かさ(傘)・　さし・ても・　ぬ(濡)れ・ても・た。」〔⇒**ざざぶり**【ざざ降り】、**じゃんじゃんぶり**【じゃんじゃん降り】〕

ざんざんもり【ざんざん漏り】《形容動詞や(ノ)、動詞する》 液体が隙間や穴などから盛んに出続けること。雨水などが激しくあふれ落ちること。「とい(樋)・から・　あめ(雨)・が・　ざんざんもりに・　なっ・とる。」〔⇒**ざざもり**【ざざ漏り】、**ざざもれ**【ざざ漏れ】、**ざんざんもれ**【ざんざん漏れ】、**じゃじゃもり**【じゃじゃ漏り】、**じゃじゃもれ**【じゃじゃ漏れ】、**じゃんじゃんもり**【じゃんじゃん漏り】、**じゃんじゃんもれ**【じゃんじゃん漏れ】、**だだもり**【だだ漏り】、**だだもれ**【だだ漏れ】、**だんだんもり**【だんだん漏り】、**だんだんもれ**【だんだん漏れ】〕

ざんざんもれ【ざんざん漏れ】《形容動詞や(ノ)、動詞する》 液体が隙間や穴などから盛んに出続けること。雨水などが激しくあふれ落ちること。「はっしゃい・だ・　おけ(桶)・に・　みず(水)・を・　い(入)れ・たら・　ざんざんもれに・　なっ・た。」〔⇒**ざざもり**【ざざ漏り】、**ざざもれ**【ざざ漏れ】、**ざんざんもり**【ざんざん漏り】、**じゃじゃもり**【じゃじゃ漏り】、**じゃじゃもれ**【じゃじゃ漏れ】、**じゃんじゃんもり**【じゃんじゃん漏り】、**じゃんじゃんもれ**【じゃんじゃん漏れ】、**だだもり**【だだ漏り】、**だだもれ**【だだ漏れ】、**だんだんもり**【だんだん漏り】、**だんだんもれ**【だんだん漏れ】〕

さんじつ【(算術)】《名詞》 ①加減乗除などの計算の方法。簡単な数の計算。「さんじつ・を・　まちが(間違)え・たら・　しょーばい(商売)・に・　なら・へん・ぞ。」②数の計算や図形などを教える、旧制の小学校の教科の名。「さんじつ・の・　じかん(時間)・は・　きら(嫌)いやっ・た。」〔⇒**さんじゅつ**【算術】。①⇒**さんすう**【算数】〕

さんじゃくおび【三尺帯】《名詞》 男物の、3尺ほどの長さの簡単な帯。兵児帯。「こし(腰)・に・　さんじゃくおび・を・　ま(巻)く。」〔⇒**さんじゃこび**【(三尺帯)】〕

さんじゃこび【(三尺帯)】《名詞》 男物の、3尺ほどの長さの簡単な帯。兵児帯。「さんじゃこび・で・　こども(子供)・を・　おたす(＝背負う)。」〔⇒**さんじゃくおび**【三尺帯】〕

さんじゅうにち〔さんじゅーにち〕【三十日】《名詞》 ①1か月のうちの30番目の日。「こんげつ(今月)・は・　さんじゅーにち・まで・で・　お(終)わり・や。」②1日を30合わせた日数。「さんじゅーにち・も・　あっ・たら・　なん(何)とか・　でけ(出来)る・やろ。」

さんじゅつ【算術】《名詞》 ①加減乗除などの計算の方法。簡単な数の計算。「うりもん(売物)・の・　さんじゅつ・ぐらい・　まちが(間違)え・ん・よーに・　し・なはれ。」②数の計算や図形などを教える、旧制の小学校の教科の名。「さんじゅつ・は・　せーせき(成績)・が・　よ(良)かっ・てん。」〔⇒**さんじつ**【(算術)】。①⇒**さんすう**【算数】〕

さんしょう〔さんしょー、さんしょ〕【山椒】《名詞》 香りの良い若葉や実を食用とする、背が低く、とげのある木。「うなぎ(鰻)・に・　さんしょ・の・　こ(粉)ー・を・　か(掛)ける。」「さんしょ・と・　こぶ(昆布)・の・　つくだに(佃煮)・が・　うま(美味)い・なー。」

さんすう〔さんすー〕【算数】《名詞》 ①数の計算や図形などを教える、小学校の教科の名。「さんすー・が・　よー・でけ・た・　ともだち(友達)・が・　おっ・た。」②加減乗除などの計算の方法。簡単な数の計算。「さんすー・を・　まちが(間違)え・て・　も(持)っ・ていっ・た・　かね(金)・が・　た(足)ら・なんだ。」〔②⇒**さんじゅつ**【算術】、**さんじつ**【(算術)】〕

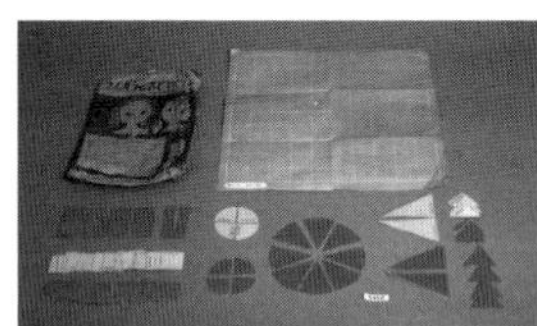

図形などの算数教材

数の計算の算数教具

さんせい〔さんせー〕【賛成】《名詞、動詞する》 人の考えや提案などについて、同意したり支持したりする態度や行動をとること。「あんた・の・　かんが(考)え・に・　さんせーや。」「さんせー・か・　はんたい(反対)・か・て(手)ー・　あ(挙)げ・て・　しら(調)べる。」■対語＝「はんたい【反対】」

サンダル〔さんだる〕【英語＝sandal】《名詞》 つっかけ式で、足全体を覆い尽くしていない履き物。「さんだる・を・　は(履)い・て・　うみ(海)・へ・　およ(泳)ぎ・に・い(行)く。」

さんだわら〔さんだーら〕【桟俵】《名詞》 俵の両端にあてる、藁でできた円い蓋。「さんだーら・を・　ころ(転)ばし・て・　あそ(遊)ぶ。」

さんち【産地】《名詞》 食材や工業製品などが作られるところ。生産地。「さんち・が・　とー(遠)い・さかい・　いた(傷)みやすい。」

サンドイッチ〔さんどいっち〕【英語＝ sandwich】《名詞》 薄く切った食パンの間に、野菜やハムや卵などの具をはさんだ食べ物。「ひるべーんとー(昼弁当)・は・ さんどいっち・を・ も(持)っ・ていく。」

さんどまめ【三度豆】《名詞》 細長いさやの中に種子が並んでいて、種子やさやを食用とする豆。サヤインゲン。「こーや(高野豆腐)・と・ さんどまめ・を・ いっしょに た(炊)く。」◆同じ茎から1年の間に2度、3度と収穫できるので、このように言う。

さんにん【三人】《名詞》 人数が3であること。「さんにん・ よ(寄)っ・ても・ え(良)ー・ ちえ(知恵)・は・ で(出)・なんだ。」

ざんねん【残念】《形容動詞や(ナ)》 ことがらが期待したようには運ばなくて、心残りがある様子。物足りなくて、悔しく思う様子。「いっかいせん(一回戦)・で・ ま(負)け・て・ ざんねんやっ・た。」

さんばいず【三杯酢】《名詞》 酢と、醤油(または塩)と、砂糖(または味醂)とを混ぜ合わせた調味料。「たこ(蛸)・を・ さんばいず・に・ する。」■類語＝「にはいず【二杯酢】」

さんぱつ【散髪】《名詞、動詞する》 髪の毛を刈ったり切ったりして、整えること。「つき(月)・に・ いっかい(一回)・ じゃっき(ジャッキ)・で・ さんぱつし・てもらう。」

さんぱっちゃ【(散髪屋)】《名詞》 髪の毛を刈ったり切ったりして、整えることをする店。理髪店。「いっつも・ おんな(同)じ・ さんぱっちゃ・へ・ い(行)く・ねん。」〔⇒**とこや【床屋】、さんぱつや【散髪屋】**〕

さんぱつや【散髪屋】《名詞》 髪の毛を刈ったり切ったりして、整えることをする店。理髪店。「さんぱつや・へ・ い(行)く・の・は・ ふたつき(二月)・に・ いっぺん(一遍)・ぐらい・や。」〔⇒**とこや【床屋】、さんぱっちゃ【(散髪屋)】**〕

ざんばらがみ【ざんばら髪】《名詞》 きちんとまとめていない髪。振り乱した髪。「ざんばらがみ・の・ さむらい(侍)・が・ で(出)・てくる・ てれび(テレビ)・を・ み(見)・た。」

さんばんて【三番手】《名詞》 質、程度、等級などが最上のものよりかなり劣っていること。また、そのようなもの。「これ・は・ さんばんて・の・ やすもん(安物)・や。」■対語＝「いちばんて【一番手】」「にばんて【二番手】」〔⇒**さんりゅう【三流】**〕

さんばんめ【三番目】《名詞》 ものごとの順序や順位などを表す言葉で、2番目の次に位置するもの。「まえ(前)・から・ さんばんめ・の・ れつ(列)・に・ なら(並)ん・だ。」

さんぽ【散歩】《名詞、動詞する》 健康や気晴らしなどのために、目的地を明確にせず、戸外をぶらぶら歩くこと。歩くこと自体を目的として歩くこと。「まいあさ(毎朝)・ はんじかん(半時間)・ほど・ さんぽし・てます・ねん。」

さんぼう〔さんぼー〕【三方】《名詞》 四角い折敷の前と左右に穴のあいた台の付いた、神などへの供え物を載せるもの。「おそな(供)え・の・ もち(餅)・を・ さんぼー・に・ の(載)せる。」

さんぼうはん〔さんぼーはん、さんぼはん〕【三宝はん】《名詞》 竈や台所の守護神。とりわけ、真言三宝宗の寺院である清荒神清澄寺(宝塚市)のことで、そのお札のことをも言う。清荒神清澄寺は、寺であるが、神仏習合により竈の神の荒神などを祀っている。「さんぼーはん・の・ おふだ(札)・を・ もら(貰)い・に・ い(行)っ・て・ ふる(古)い・の・を・ かや(返)し・てくる。」

さんま【秋刀魚】《名詞》 刀のような細長い体をして、全体は深青色で腹は白い、海の魚。「かんてき(＝七輪)・で・ さんま・を・ や(焼)く。」「あたら(新)しー・ さんま・を・ きずし(生寿司)・に・ する。」〔⇒**さいら、さえら**〕

さんまい【三昧】《名詞》 亡くなった人や動物の遺体や遺骨などを埋める場所。「このごろ・は・ かそー(火葬)する・さかい・ さんまい・に・ う(埋)め・たり・は・ せー・へん。」◆両墓制の名残があるところでは、かつて埋め墓であったところを「さんまい【三昧】」と言い、それとは別に、寺の周りに「はか【墓】」を持っていた。〔⇒**はか【墓】、はかば【墓場】**〕

さんみ【酸味】《名詞》 顔をしかめたくなるような、すっぱい味。「さんみ・の・ つよ(強)い・ みかん(蜜柑)・や。」

さんめんきじ【三面記事】《名詞》 社会の事件や出来事について書いてある新聞記事。「さんめんきじ・ばっかり・ よ(読)ん・どら・んと・ べつ(別)・の・ ところ・も・ よ(読)め・よ。」

さんもん【三文】《名詞》 ①価値が低いこと。安価であること。「にそく(二束)・で・ さんもん・と・ ゆ(言)ー・よーな・ ね(値)ー・や。」②少ない収入。少ない報酬。「あせみず(汗水)・ た(垂)らし・て・ はたら(働)い・たっ・て・ さんもん・に・も・ なら・ん。」◆②は、後ろに打ち消しの表現を伴うことが多い。

さんよう〔さんよー、さんよ〕【算用】《名詞、動詞する》 ①金銭やものの数量を数えたり、加減乗除などをしたりすること。「あんた・は・ なかなか・ さんよー・が・ はや(速)い・なー。」「そろばん(算盤)・を・ つか(使)わ・んと・ あんざん(暗算)・で・ さんよーする。」②支払うべき合計金額を決めること。また、それを支払うこと。「これ・だけ・ か(買)う・さかいに・ さんよーし・てください・な。」「さんよー・が・ す(済)ん・だ・さかい・ も(持)っ・ていっ・て・ ください。」〔⇒**けいさん【計算】、かんじょう【勘定】**。①⇒**そろばん【算盤】**〕

さんようすうじ〔さんよーすーじ〕【算用数字】《名詞》 数を表すのに用いる文字で、漢字を用いたものでなく、「0、1、2、3、4、5、6、7、8、9」という文字。アラビア数字。「さんよーすーじ・で・ よこが(横書)き・に・する。」

さんよっか【三四日】《名詞、副詞》 3日間もしくは4日間のあいだ。「さんよっか・ た(経)っ・たら・ もーいっぺん・ き(来)・てください・な。」◆数える起点は今日のことが多いが、それ以外の特定の日を起点にすることもある。〔⇒**みっかよっか【三日四日】**〕

さんよにん【三四人】《名詞》 少ない人数。3人または4人。「りょかん(旅館)・の・ ひとへや(一部屋)・は・ さんよにん・で・ わ(割)りあてる。」

さんりゅう〔さんりゅー〕【三流】《形容動詞や(ノ)、名詞》 質、程度、等級などが最上のものよりかなり劣っている様子。また、そのようなもの。「さんりゅーの・ しなもん(品物)・や・さかい・ じっき(直)に・ めげ・ても・た。」■対語＝「いちりゅう【一流】」「にりゅう【二流】」〔⇒**さんばんて【三番手】**〕

さんりんしゃ【三輪車】《名詞》 車輪が3つある、子供用の自転車。「さんりんしゃ・に・ の(乗)っ・て・ みち(道)・で・ あそ(遊)ん・どる。」

さんわり《副詞と、動詞する》 湿っぽくなくて爽やかな様

さ

子。ふっくらとして体にとって快い様子。「ふとん(布団)・を・　ほ(干)し・た・さかい・　さんわりし・た。」◆衣類や布団などについて言うことが多い。

し

し〔しー〕【詩】《名詞》 人生や社会や自然などについて、心に強く感じたことなどを、一定の韻律を持った形式で、選び抜いた言葉によって表現したもの。「こども(子供)・が・　ゆ(言)ー・　ことば(言葉)・は・　しー・みたいに・　なっ・とる。」

し〔しー〕【市】《名詞》 大きな町で、法律によって「市」という名を持っている自治体。「あかし(明石)・が・　しー・に・　なっ・て・から・　ことし(今年)・で　・　ひゃくねん(百年)・に・　なる。」「まいぞーぶんかざい(埋蔵文化財)・の・　ちょーさ(調査)・は・　する・けど・　しー・が・　ほーげん(方言)・を・　しら(調)べ・た・　こと・は・　これまで・　いっぺん(一遍)・も・　あら・へん。」

し〔しー〕【四】《名詞(数詞)》 ①自然数の3に、1を加えた数。「しー・は・　あんまり・　えんぎ(縁起)・の・　え(良)ー・　すーじ(数字)・で・は・　あら・へん。」②ものごとの順序や順位などを表す言葉で、3番目の次に位置するもの。「わしら・の・　れつ(列)・の・　じゅんばん(順番)・は・　まえ(前)・から・　し・に・　なっ・とる・ねん。」〔⇒**よん【四】**〕

し《接続助詞》 ①2つ以上のよく似た内容を並べて言うときに使う言葉。「え(絵)ー・も・　うま(巧)い・し・　じ(字)ー・も・　じょーず(上手)や・し・　ゆ(言)ー・こと・　なし・や。」「あめ(雨)・が・　ふ(降)る・し・　かぜ(風)・も・　ふ(吹)く・し・で・　びしょぬ(濡)れに・　なっ・ても・た。」②理由や根拠などを表す言葉。前に述べることが原因や理由となって、後ろに述べることが起こることを表す言葉。「こども(子供)・が・　かぜ(風邪)・を・　ひー・た・し・　かいしゃ(会社)・を・　やす(休)ん・だ。」〔②⇒**さかい、さかいに、さけ、さけに、はかい、はかいに、ので、から**〕

し〔しー〕《終助詞》 相手に対して念を押して言う気持ちを表す言葉。「あした(明日)・の・　にちよー(日曜)・は・　つごー(都合)・が・　わる(悪)い・ん・や・し。」「わたし(私)・　そんな・　こと・　し(知)ら・ん・しー。」〔⇒**さかい、さかいに、さけ、さけに、はかい、はかいに、ので、から**〕

し《接尾語》[動詞の連用形に付く] ①その動作などをする、ちょうどその時。「いし(石)・を・　け(蹴)りし・に・　けつまずい・て・　ころ(転)ん・だ。」②その動作をしている途中。「かえ(帰)りし・に・　すーぱー(スーパー)・に・　よ(寄)る。」◆動詞の連用形が1音節のときは、「し」ではなく「しな」がつく。〔⇒**しな、がけ、やけ**〕

じ〔じー〕【字】《名詞》 ①漢字や仮名やローマ字など、言葉を視覚的に記すための記号。文字。とりわけ、漢字のこと。「じー・を・　わす(忘)れ・て・　おも(思)いださ・れ・へん。」②書かれた文字の筆跡。「きれー(綺麗)な・　じー・を・　か(書)く・　ひと(人)・や。」

じ〔じー〕【地】《名詞》 ①もとから、その人にそなわっている性質。「ねこ(猫)・を・　かぶ(被)っ・とっ・た・かて・　じっき(直)に・　じー・が・　で(出)・てまい・ます・わ。」「むり(無理)し・ても・　あか・ん・さかい・　じー・の・まま・で・　やり・まっ・さ。」②生まれた土地。住んでいるところの地元。「あの・　ひと(人)・は・　じー・の・　ひと(人)・や。」「じー・で・　しごと(仕事)・を・　する。」③海のうち、海岸線に近いところ。「じー・で・　さかなつ(魚釣)り・を・　する。」④人や動植物がよりどころとしている、地上の面。「じー・から・　くさ(草)・が・　は(生)え・てくる。」〔④⇒**ち【地】**〕

じ〔じー〕【痔】《名詞》 肛門やその周辺が腫れたりただれたりして痛む病気。「にゅーいん(入院)し・て・　じー・の・　しうつ(手術)・を・　し・た。」

じ【時】《助数詞》 1日を24等分した時間を1時間とした長さを単位として、それによって時刻を表すもの。「ひる(昼)から・の・　に(二)じ・に・　あつ(集)まる・　こと・に・　する。」

しあい【試合】《名詞、動詞する》 運動競技などで、技の優劣や得点の上下で、勝ち負けを競い合うこと。「あした(明日)・は・　じゅーどー(柔道)・の・　しあい・が・　ある。」〔⇒**しやい【(試合)】、ゲーム【英語＝game】**〕

しあがり【仕上がり】《名詞》 ①完成すること。また、完成したときの規模や完成の時期など。「しゃしん(写真)・の・　しあがり・は・　いつ・です・か。」②完成したものの良し悪し。「しあがり・が・　わる(悪)い・　しゃしん(写真)・や・なー。」〔⇒**できあがり【出来上がり】、でけあがり【(出来上がり)】**。②⇒**でき【出来】、でけ【(出来)】、できばえ【出来映え】、でけばえ【(出来映え)】**〕

しあがる【仕上がる】《動詞・ラ行五段活用》 必要なものがすべて整って、ものごとが完成する。「なつやす(夏休)み・の・　しくだい(宿題)・は・　もー・　しあがっ・た・か。」■他動詞は「しあげる【仕上げる】」■名詞化＝**しあがり【仕上がり】**〔⇒**できあがる【出来上がる】、でけあがる【(出来上がる)】**〕

しあげ【仕上げ】《名詞、動詞する》 ①ものを作り上げたり、仕事を完成させたりすること。仕事の出来上がり。また、その出来映え。「しあげ・に・は・　いっしゅーかん(一週間)・ほど・　かかる。」②最後に手入れをして完成させること。最後の工程。「しあげ・で・　て(手)ー・を・　ぬ(抜)い・たら・　あか・ん・ぞ。」

しあげる【仕上げる】《動詞・ガ行下一段活用》 必要なものをすべて整えて、ものごとを完成させる。「なつやす(夏休)みじゅー(中)・　かかっ・て・　こーさく(工作)・を・　しあげ・た。」■自動詞は「しあがる【仕上がる】」■名詞化＝**しあげ【仕上げ】**

しあさって【明々後日、四明後日】《名詞》 明後日の次の日。3日先の日。「しあさって・に・　かえ(返)し・に・　い(行)く・　つもり・です。」

しあせ【(仕合せ、幸せ)】《名詞、形容動詞や(ナ)》 ある結果をもたらす、人智を超えた作用や力。運命の巡り合わせ。また、そのうち、恵まれた状態にあって、不満を感じたり心配したりすることがないこと。「しあせ・は・　じぶん(自分)・で・は・　どない・も・　なら・へん。」「あんた・も・　え(良)ー・　こも(子持)ち・で・　しあせや・なー。」〔⇒**うん【運】、しあわせ【仕合わせ、幸せ】、こうふく【幸福】**〕

しあせがええ〔しあせがえー〕【(仕合せが良え)】《形容詞・特殊型》 運命の巡り合わせが良い。恵まれた状態にあって、不満を感じたり心配したりすることがない。「あんた・は・　こども(子供)さん・も・　よー・　でき・て・　しあせがえー・なー。」■対語＝「しあせがわるい【(仕合せが悪い)】」

しあせがわるい【(仕合せが悪い)】《形容詞・ウイ型》 運命の巡り合わせがよくない。不満を感じたり心配したりすることがあって、恵まれた状態であると感じられない。「だんな(旦那)さん・が・　はやじ(早死)に・　し・て・　しあせがわるい・　ひと(人)・や。」■対語＝「しあせがえぇ【(仕合せが良え)】」

しあるく【し歩く】《動詞・カ行五段活用》　あちらこちらで、何かをしてまわる。「あの・　がき(餓鬼)・は・　ごんた・ばっかり・　しあるい・とる。」〔⇒**しやるく【**(し歩く)**】、しやく**〕

しあわせ【仕合わせ、幸せ】《名詞、形容動詞や(ナ)》　ある結果をもたらす、人智を超えた作用や力。運命の巡り合わせ。また、そのうち、恵まれた状態にあって、不満を感じたり心配したりすることがないこと。「ひと(人)・の・　しあわせ・は・　どない・　なる・か・　わから・へん。」「しあわせに・　なり・なはれ・よ。」〔⇒**うん【運】、しあせ【**(仕合せ、幸せ)**】、こうふく【幸福】**〕

しあん【思案】《名詞、動詞する》　どのようにしようかと、あれやこれやと思い巡らせること。あれこれと思い悩むこと。また、その思いの内容。「どない・　し・たら・　え(良)ー・の・か・　しあんし・た・けど・　うま(巧)い・こと・　いか・へん。」

しい〔しー〕《名詞、動詞する》　栄養分を吸収したあとの老廃物として、体外に排出される液体。また、それを排出すること。「しー・が・　し・とー・　なっ・たら・　は(早)よー・　い(言)い・よ。」◆幼児語。〔⇒**しょうべん【小便】、しょんべん【**(小便)**】、しょうよう【小用】、しっこ、しいこっこ、おしっこ、しょう【小】**〕

しいく【飼育】《名詞、動詞する》　動物を飼って育てること。「しょーがっこー(小学校)・の・　とき(時)・　しいく・の・　かかり(係)・を・　し・た・　こと・が・　ある・ねん。」

しいこっこ〔しーこっこ〕《名詞、動詞する》　栄養分を吸収したあとの老廃物として、体外に排出される液体。また、それを排出すること。「しーこっこし・と・なっ・たら・　はよ(早)ー・　ゆ(言)ー・て・な。」◆幼児語。大人が子どもに小便を促すときの掛け声としても使う。〔⇒**しょうべん【小便】、しょんべん【**(小便)**】、しょうよう【小用】、しい、しっこ、おしっこ、しょう【小】**〕

じいさん〔じーさん、じさん〕【爺さん、祖父さん】《名詞》　①年をとった男の人。「じーさん・が・　みち(道)・で・　ころ(転)ん・どっ・た・さかい・　お(起)こし・たげ・た。」②父または母の、お父さん。「うち・の・　じーさん・は・　べーじゅ(米寿)・に・　なっ・た。」■対語＝「ばあさん【婆さん、祖母さん】」〔⇒**おじいさん【お爺さん、お祖父さん】**〕

シーソー〔しーそー〕【英語＝seesaw】《名詞、動詞する》　長い板の中心を支えて、その両端に人が乗って上がり下がりする遊具。「しょーがっこー(小学校)・の・　とき(時)・は・　しーそー・が・　す(好)きやっ・てん。」〔⇒**ぎっこんばったん**〕

しいたけ〔しーたけ〕【椎茸】《名詞》　柄が短く黒茶色の笠を持ち、椎などの木にはえて食用になり、栽培もされる茸(きのこ)。「ちらしずし(寿司)・に・　しーたけ・を・い(入)れる。」

シーツ〔しーつ〕【英語＝sheet】《名詞》　ベッドや敷き布団の上に敷く布。「よご(汚)れ・た・　しーつ・を・　と(取)りかえる。」〔⇒**しきふ【敷布】**〕

ジープ〔じーぷ〕【英語＝jeep】《名詞》　全輪駆動で急坂や荒れ地を走ることができる小型自動車。「しんちゅーぐん(進駐軍)・の・　じーぷ・が・　はし(走)っ・とっ・た。」

しいれ〔しーれ〕【仕入れ】《名詞、動詞する》　①売るための品物や、物を作るための材料を買い入れること。「いちば(市場)・へ・　さかな(魚)・の・　しいれ・に・　い(行)く。」②手に入れて、自分のものとすること。「みみよ(耳寄)りな・　にゅーす(ニュース)・の・　しいれ・を・する。」〔①⇒**しこみ【仕込み】**〕

しいれる〔しーれる〕【仕入れる】《動詞・ラ行下一段活用》　①売るための品物や、物を作るための材料を買い入れる。「ぎょーさん(仰山)・　しーれ・た・けど・　う(売)れのこっ・ても・た。」②手に入れて、自分のものとする。「おもろ(面白)い・　はなし(話)・を・　しいれ・て き・て・　みんな(皆)・に・　しゃべ(喋)る。」■名詞化＝**しいれ【仕入れ】**〔①⇒**しこむ【仕込む】**〕

しうつ【(手術)**】**《名詞、動詞する》　病気や傷になっているところを、切り開いたり切断したりして治療すること。「もーちょー(盲腸)・の・　しうつ・で・　とーか(十日)・ほど・　にゅーいん(入院)し・とっ・てん。」〔⇒**しゅじゅつ【手術】、しゅじつ【**(手術)**】、しじつ【**(手術)**】、しゅうつ【**(手術)**】**〕

しうんてん【試運転】《名詞、動詞する》　乗り物や機械を、作った後や修理した後などに、ためしに動かしてみること。「あたら(新)しー・　でんしゃ(電車)・の・　しうんてん・が・　あっ・た。」「こーば(工場)・の・　きかい(機械)・を・　しうんてんする。」

しえい〔しえー〕【市営】《名詞》　市が事業を営むこと。市が営んでいる事業。「しえーばす(バス)・に・　の(乗)っ・て・　しやくしょ(市役所)・へ・　い(行)く。」

じぇに【(銭)**】**《名詞》　紙幣と貨幣を合わせたもの。金銭。また、特に、金属で作られた貨幣。「ぽけっと(ポケット)・の・　なか(中)・で・　じぇに・が・　ちゃらちゃら・な(鳴)っ・とる。」「あそ(遊)ん・どっ・たら・　じぇに・が・　の(無)ー・なっ・た。」〔⇒**ぜに【銭】、ぜぜ【**(銭)**】、かね【金】、おかね【お金】**〕

しお【塩】《名詞》　海水から作ったり地中から採ったりするもので、食べ物の味付けや工業原料に使う、白くて辛い味のする結晶。「いも(芋)・を・　ゆ(茹)でる・　とき(時)・に・　しお・を・　い(入)れる。」

しおかげん【塩加減】《名詞》　食べ物に塩で味をつけること。また、その程度。「しおかげん・が・　つよ(強)すぎ・た。」◆塩以外の調味料を使う場合や、それらを複合的に使う場合は「あじかげん【味加減】」と言う。

しおかぜ【潮風、塩風】《名詞》　海から吹いてくる、塩気を含んだ風。「たいふー(台風)・が・　き(来)・た・　とき(時)・は・　しおかぜ・が・　きつー・て・　かーら(瓦)・が・　まっしろ(白)に・　なっ・たり・する。」

しおから【塩辛】《名詞》　魚介類の肉や卵などを塩で漬けて発酵させた食品。「しおから・で・　おちゃづ(茶漬)け・を・　する。」

しおからい【塩辛い】《形容詞・アイ型》　塩味が強いと感じる。「しおからい・　みそしる(味噌汁)・や・なー。」〔⇒**からい【辛い】**〕

しおくり【仕送り】《名詞、動詞する》　離れて生活している家族などの生活を助けるために、金品を送ること。また、その金品。「こども(子供)・が・　げしゅく(下宿)し・とる・さかい・　しおくりする・の・が・　えらい・こと・や。」

しおけ【塩気】《名詞》　食べ物などに含まれている塩辛い味。また、その程度。「この・　しる(汁)・は・　しおけ・が・　た(足)ら・ん。」

しおづけ【塩漬け】《名詞、動詞する》　野菜や魚などを腐らないようにするために塩に漬けること。また、塩に漬けた野菜や魚など。「きゅーり(胡瓜)・を・　しおづけする。」「しおづけ・の・　さけ(鮭)・を・　せーぼ(歳暮)・に・　おく(贈)る。」

しおとろしい〔**しおとろしー**〕《形容詞・イイ型》　思いがけないほど値が張っていて、驚く。お金を出すのが恐いような気持ちである。「あめ(雨)・が・　つづ(続)い・て・　やさい(野菜)・が・　しおとろしー・　ねだん(値段)・に・　なっ・とる。」◆金額が高いという意味よりも、予期していた価格や常識的な価格から並はずれていることに驚く場合などに使う。けれども、買わないわけにはいかず、愚痴を言いながら、しぶしぶ買うようなときの気持ちである。

しおひがり【潮干狩り】《名詞、動詞する》　海の水が引いた砂浜で、貝などをとること。「はる(春)・の・　えんそく(遠足)・で・　たかさご(高砂)・の・　はま(浜)・へ・　しおひがり・に・　い(行)っ・た・　こと・が・　ある。」〔**⇒かいほり**【貝掘り】〕

しおみず【塩水】《名詞》　①塩分を含んだ水。食塩を溶かした水。「やさい(野菜)・を・　しおみず・に・　つ(浸)ける。」②海の水。「しおみず・に・　す(住)ん・どる・　さかな(魚)・が・　かわ(川)・の・　くち(口)・で・　およ(泳)い・どる。」「はま(浜)・で・　しおみず・を・　く(汲)ん・でくる。」■対語＝「**まみず**【真水】」

しおり【栞】《名詞》　読んでいる途中の本のページに、目印として挟むもの。「しおり・を・　はさ(挟)ん・で・　ほん(本)・を・　よ(読)む・の・を・　ちょっと(一寸)・　ひとやす(一休)みする。」

しおれる【萎れる】《動詞・ラ行下一段活用》　草や木が生気を失って、ぐったりしたり小さくなったりする。開いていた花が、水分を失って閉じたり小さくなったりする。「ひで(日照)り・で・　にわ(庭)・の・　くさ(草)・が・　しおれ・とる。」「はか(墓)・の・　はな(花)・が・　しおれ・た・さかい・　と(取)りかえる。」〔**⇒しぼむ**【萎む】、**しゅぼむ**【(萎む)】、**すぼむ**【(萎む)】、**ひしぼる**【干しぼる】、**へしぼる**【(干しぼる)】〕

しか【鹿】《名詞》　茶色っぽい色をして足が細長くきゃしゃな感じで、雄は木の枝のように分かれた角を持つ、山野にすむ動物。「なら(奈良)・の・　こーえん(公園)・の・　しか・に・　せんべー(煎餅)・を・　やっ・てん。」

しか《格助詞、副助詞》　①他に方法や手段などがないという気持ちを表す言葉。「い(行)く・しか・　しょー・が・　ない・やろ。」②ものごとの範囲や限度を表す言葉。ある範囲のものだけであるということを表す言葉。「あと・　いちじかん(一時間)・しか・　あら・へん。」◆①②とも、後ろに打ち消しの言葉が伴う。②の場合は、「だけ」で表現すると後ろは肯定表現となるが、「しか」で表現すると後ろは打ち消し表現となる。〔①**⇒よりか、よか**。①**⇒より**〕

しかい【司会】《名詞、動詞する》　会などがうまく進むように、中心になって世話をしたり、言葉で進行したりすること。また、その任務を担う人。「けっこんしき(結婚式)・の・　しかい・を・　たの(頼)ま・れ・た。」「きょー(今日)・の・　よ(寄)りあい・は・　だれ(誰)・が・　しかいし・てくれる・ん・や。」

じかい【次回】《名詞》　反復したり継続したりすることがらの、この次のとき。今回のひとつ後のとき。「じかい・は・　らいげつ(来月)・に・　ひら(開)き・ます。」■対語＝「**ぜんかい**【前回】」〔**⇒つぎのかい**【次の回】〕

しかえし【仕返し】《名詞、動詞する》　①何かされた恨みを晴らすために、相手からされたことと同じようなことを相手にやり返すこと。報復。「しかえしし・たら・　また・　いや(嫌)み・を・　い(言)わ・れる・か・も・　しれ・ん。」「なぐ(殴)ら・れ・た・　しかえし・を・　し・たい・ねん。」②ものごとを改めてやり直すこと。「しかえし・が・　きか・へん・さかい・　しっぱい(失敗)せ・ん・よーに・　き(気)ーつけ・なはれ。」

しかく【四角】《名詞》　①4つの隅に角(かど)がある形。また、そのような形のもの。「しかく・の・　べんとーばこ(弁当箱)・を・　も(持)っ・とる。」②てっぺんが平らである形。「しかく・の・　びる(ビル)・の・　おくじょー(屋上)・に・　で(出)・て・　けしき(景色)・を・　なが(眺)める。」〔①**⇒しかくけい**【四角形】、**しかっけい**【四角形】、**かく**【角】〕

しかく【資格】《名詞》　何かをするときの身分や立場や条件。ある職業や任務に就くために必要な条件。また、条件などを満たして認定されるもの。「おいしゃ(医者)はん・に・　なる・　ため・の・　しかく・を・　と(取)る。」

しかくい【四角い】《形容詞・ウイ型》　①4つの隅に角(かど)がある。「しかくい・　たんぼ(田圃)・に・　みず(水)・を・　は(張)る。」②全体が角張っている。「しかくい・　かお(顔)・の・　ひと(人)・が・　き(来)・た。」③てっぺんが平らである。「しかくい・　やま(山)・は・　のぼ(登)りやすい。」

しかくけい〔**しかくけー**〕【四角形】《名詞》　4つの隅に角(かど)がある形。また、そのような形のもの。「しかくけー・の・　でんち(田地)・に・　いえ(家)・を・　た(建)てる。」〔**⇒しかく**【四角】、**しかっけい**【四角形】、**かく**【角】〕

しかけ【仕掛け】《名詞》　途中まで行っていて、まだ全部終わっていないこと。また、そのような事柄。「しかけ・の・　まま(儘)・の・　こーじ(工事)・を・　ほったらかし・とる。」〔**⇒やりかけ**【遣り掛け】〕

しかけ【仕掛け】《名詞》　工夫して作られた構造や装置。「たね(種)・も・　しかけ・も・　あり・まへ・ん。」〔**⇒しくみ**【仕組み】〕

しかける【仕掛ける】《動詞・カ行下一段活用》　①ご飯を炊くために、米を洗って、釜に準備する。「ごはん(飯)・を・　しかけ・て・から・　かいもん(買物)・に・　で(出)かける。」②ものごとをやり始める。「しかけ・た・　しごと(仕事)・は・　お(終)わり・まで・　やら・んと・　あか・ん・ぞ。」③相手に対して積極的に働きかける。「おまえ(前)・が・　しかけ・た・　けんか(喧嘩)・やっ・たら・　あやま(謝)っ・た・　ほー(方)・が・　え(良)ー・やろ。」■名詞化＝**しかけ**【仕掛け】

しかし《接続詞》　前に述べた事柄に対して、反対したり対立したりする事柄を述べようとするときに使う言葉。「しかし・　そんな・　こと(事)・は・　だれ(誰)・も・　さんせー(賛成)せー・へん・やろ。」◆やや改まったときに使う言葉。〔**⇒けど、けんど、けども、けんども、そやけど、そやけども、そやけんど、そやけんども、だけど、だけども、だけんど、だけんども、だが、ほやけど、ほやけども、ほやけんど、ほやけんども**〕

しかた【仕方】《名詞》　何かを実現させるための手段や方法。「そんな・　むつか(難)しー・　こと・を・　い(言)われ・たって・　しかた・が・　わかれ・へん・さかい・　でき(出来)・まへ・ん。」「おど(踊)り・の・　しかた・を・　おし(教)え・てください・な。」〔**⇒やりかた**【遣り方】、**すべ**【術】〕

じかた【地方】《名詞》　波打ち際に近いところの海。「じかた・で・　たこつ(蛸釣)り・を・　する。」「てんま(伝馬)・

で・　じかた・を・　こ(漕)い・でいく。」

じかたび【地下足袋】《名詞》 屋外での作業用などとして使う、ゴム底を足袋の形にした履き物。「じかたび・を・　は(履)い・て・　たんぼ(田圃)・へ・　い(行)く。」

しがつ【四月】《名詞》 1年の12か月のうちの4番目の月。「しがつ・に・　なっ・たら・　こども(子供)・の・　にゅーがくしき(入学式)・が・　ある。」〔⇒**しんがつ**【四ん月】〕

しかっけい〔**しかっけー**〕【四角形】《名詞》 4つの隅に角(かど)がある形。また、そのような形のもの。「うんどーじょー(運動場)・に・　しかっけー・を・　か(書)い・て・　どっちぼーる(ドッチボール)・を・　する。」〔⇒**しかく**【四角】、**しかくけい**【四角形】、**かく**【角】〕

じかに【直に】《副詞》 間に何も入れないで、接したり対応したりすること。「じかに・　わいしゃつ(ワイシャツ)・を・　き(着)る。」「がいこく(外国)・と・　じかに・　しょーばい(商売)する。」「じかに・　せつめー(説明)・を・　き(聞)く・　ほー(方)・が・　よー・　わかる・やろ。」〔⇒**ちょくせつ**【直接】、**ちょくに**【直に】〕

しがむ《動詞・マ行五段活用》 ①固い食べ物や弾力性のある食べ物をじっと噛み続ける。噛みしめる。「こ(小)まい・　とき(時)・は・　さときび(砂糖黍)・を・　よー・　しがん・だ・もんや。」「するめ(鯣)・を・　しがむ。」「ちゅーいんがむ(チューインガム)・を・　しがむ。」②舌でものに触って濡らす。「えんぴつ(鉛筆)・を・　しがみ・ながら・　じ(字)ー・を・　か(書)く。」〔②⇒**なめる**【舐める】〕

しかめる【顰める】《動詞・マ行下一段活用》 苦痛や不愉快な気持ちなどのために、表情にあらわしたり額にしわを寄せたりする。「かお(顔)・を・　しかめ・とら・んと・　にこにこと・　し・なはれ・や。」

じかよう〔**じかよー**〕【自家用】《名詞》 ①売ることをしないで、自分の家で使うもの。「こ(小)んまい・　たんぼ(田圃)・や・さかい・　じかよー・の・　こめ(米)・を・　つく(作)る・だけ・です・わ。」②運賃などを得るための営業用ではなく、自分の家や会社のために使う自動車。「じかよー・を・　いちだい(一台)・　も(持)っ・とる。」〔②⇒**じかようしゃ**【自家用車】〕

じかようしゃ〔**じかよーしゃ**〕【自家用車】《名詞》 運賃などを得るための営業用ではなく、自分の家や会社のために使う自動車。「じかよーしゃ・で・　はいたつ(配達)する。」〔⇒**じかよう**【自家用】〕

じかん【時間】《名詞》 ①止まることなく続き、過去・現在・未来へとつながっているもの。「いつのまに・か・　じかん・が・　た(経)っ・とっ・た。」②ある時点からある時点までの間。経過していく月や日の集まり。「かんが(考)える・　じかん・が・　すく(少)ない・さかい・　まと(纏)まら・へん。」③区切って設けられた一定の長さの時。「こくご(国語)・の・　じかん・の・　つぎ(次)・は・　さんすー(算数)・の・　じかん・や。」④何かを行うのに必要な、時の流れの長さ。「いちまい(一枚)・の・　え(絵)ー・が・　できあ(出来上)がる・まで・に・は・　じかん・が・　かかっ・た。」⑤時の流れの中での、ある決まった時刻。「えき(駅)・に・　あつ(集)まる・　じかん・は・　はちじ(八時)・です。」⑥時間(項目①のようなもの)の長さを表す単位であり、1時間は1日の24分の1にあたる長さ。「はじ(始)め・て・から・　お(終)わる・まで・に・　に(二)じかん・　かかっ・た。」〔⇒**とき**【時】。②⇒**つきひ**【月日】。④⇒**ひま**【暇】〕

しがんだ《名詞》 ①噛み続けて滓(かす)のようになったもの。噛みこなしたもの。「するめ(鯣)・の・　しがんだ・を・　は(吐)きだす。」②意気地のない人。意志などがしっかりしていない人。「あんな・　しがんだ・に・は・　しごと(仕事)・を・　まか(任)さ・れ・へん。」〔②⇒**よわむし**【弱虫】、**よわみそ**【弱味噌】〕

じかんわり【時間割】《名詞》 授業や仕事の予定などを時間ごとに割り振って示したもの。「きょー(今日)・の・　じかんわり・は・　ろくじかん(六時間)・や。」「あした(明日)・の・　じかんわり・を・　あ(合)わす(＝時間割に必要なものを準備する)。」

しき【式】《名詞》 決まったやり方で行う、改まった行事。儀式。式典。「けっこん(結婚)・の・　しき・は・　らいげつ(来月)・や。」「しき・の・　じゅんばん(順番＝式次第)・の・　う(打)ちあわせ・を・　する。」

じき【時期】《名詞》 ①全体の時間の流れの中の中で、あることを行う、区切られた期間。「そつぎょーしき(卒業式)・が・　ある・　じき・は・　まだ・　さむ(寒)い。」「にゅーがくしけん(入学試験)・の・　じき・が・　ちか(近)づい・た。」②春・夏・秋・冬の移りゆきの中で、ある特定の傾向をもった期間。「つゆ(梅雨)・の・　じき・は・　かび(黴)・が・　は(生)え・て・　こま(困)る。」〔②⇒**きせつ**【季節】、**じせつ**【時節】〕

しき【指揮】《名詞、動詞する》 ①それぞれの役割に応じた働きをさせるため、全体を掌握しながら指図をすること。「しごと(仕事)・の・　しき・を・　する。」②音楽の合奏や合唱などで、合図をしながら効果的に全体をまとめていくこと。「たくと(タクト)・　ふ(振)っ・て・　しきする。」

じき【直】《副詞に》 ①時間があまり隔たらないことを表す言葉。「この・　はなし(話)・は・　じきに・　お(終)わる。」②距離があまり離れていないことを表す言葉。「かいしゃ(会社)・は・　えき(駅)・の・　じき・　ちか(近)く・に・　あり・ます・ねん。」「もー・　じき・　えき(駅)・が・　ある・　はず・や。」〔⇒**じっき**【(直)】、**すぐ**【直ぐ】〕

しきい〔**しきー、しき**〕【敷居】《名詞》 ①戸や障子などを開け閉めするために、その下に設けてある溝の付いた横木。「しきい・を・　ふ(踏)ま・ん・よーに・　し・て・　ある(歩)け。」「しき・が・　くる(狂)ー・て・　あ(開)けし(閉)め・が・　しにくい。」②門や家の内外を区切るための横木。「よそ(余所)・の・　いえ(家)・の・　しき・を・　またぐ。」

しきし【色紙】《名詞》 短歌や俳句や絵などを書いたり、サインを書いてもらったりするときに使う、四角い厚紙。「しきし・に・　さいん(サイン)・を・　か(書)い・てもらう。」

しきじょう〔**しきじょー**〕【式場】《名詞》 儀式や式典などを行うための場所。「そーしき(葬式)・の・　しきじょー・で・　ひさ(久)しぶりに・　ともだち(友達)・に・　お(会)ー・た。」「そつぎょーしき(卒業式)・の・　しきじょー・の・　ぐるり・に・　まく(幕)・を・　は(張)る。」

しきち【敷地】《名詞》 建物などを建てたり、道路や庭などを作ったりするために使われる、一定の区画の土地。「ひろ(広)い・　しきち・に・　た(建)て・た・　いえ(家)・は・　え(良)ー・なー。」

しきび【(樒)】《名詞》 山地に生える常緑で背の低い木で、香気があり、枝を仏に供える木。「そーしき(葬式)・に・　しきび・の・　いっつい(一対)・を・　おくる。」〔⇒**しゃしゃき**〕

しきふ【敷布】《名詞》 ベッドや敷き布団の上に敷く布。

し

「まご(孫)・が・　ねしょんべん(寝小便)・で・　しきふ・を・　よご(汚)し・た。」〔⇒**シーツ**【**英語＝ sheet**】〕

しきぶとん【敷き蒲団】《名詞》 寝る人が体の下に敷く布団。「しきぶとん・から・　で(出)・て・　たたみ(畳)・の・うえ(上)・で・　ね(寝)・とる。」■対語＝「かけぶとん【掛け布団】」「うわぶとん【上布団】」「おぶとん【負布団】」〔⇒**ひきぶとん**【(敷き蒲団)】〕

しきもん【敷物】《名詞》 ①床や机などの上に敷くもの。「ぎゅーきゅー(牛乳)・を・　こぼ(零)し・て・　しきもん・を・　よご(汚)し・た。」②ものの下に敷くもの。「しんぶんがみ(新聞紙)・を・　しきもん・に・　し・て・　はんし(半紙)・を・　お(置)い・て・　しゅーじ(習字)・を・する。」

しぎょい【(繁い)】《形容詞・オイ型》 隣との間隔が狭い。「たね(種)・を・　ま(蒔)く・の・は・　しぎょかっ・たら・あか・ん・ぞ。」

じぎょう〔**じぎょー**〕【(授業)】《名詞、動詞する》 学校などで、学問や技術などを教えること。また、教える時間の区切り。「ひる(昼)まで・に・　じぎょー・が・　よっ(四)つ・　ある。」〔⇒**じゅぎょう**【**授業**】〕

しぎょうしき〔**しぎょーしき**〕【始業式】《名詞》 学校で、学年や学期の初めに、区切りをつけるために行う儀式。「いちがっき(一学期)・の・　しぎょーしき・は・　よーか(八日)・や。」■対語＝「しゅうぎょうしき【終業式】」

しきり【仕切り】《名詞、動詞する》 区画を作ること。間に境を作ること。また、そのようにしたもの。「はこ(箱)・の・　なか(中)・の・　しきり・が・　いが(歪)ん・でも・とる。」「へや(部屋)・の・　しきり・を・　する。」〔⇒**くぎり**【**区切り**】、**へきり**【**辺切り**】、**へっきり**【**辺っ切り**】〕

しきる【仕切る】《動詞・ラ行五段活用》 用途や内容などに応じて、ものとものとを分けて、境目を作る。区画をつけて分ける。「はたけ(畑)・を・　しきっ・て・　はな(花)・を・　う(植)える。」■名詞化＝**しきり**【**仕切り**】。〔⇒**くぎる**【**区切る**】、**へきる**【**辺切る**】、**へっきる**【**辺っ切る**】〕

しく【敷く】《動詞・カ行五段活用》 ①ものを平らに広げる。また、その上に位置する。「たたみ(畳)・を・　しく。」「ふとん(布団)・を・　しく。」②何かの上に、ものを一帯に撒くように広げる。延べ広げて下を押さえつける。「にわ(庭)・に・　しろ(白)い・　いし(石)・を・　しく。」〔⇒**ひく**【(**敷く**)】〕

じく【軸】《名詞》 ①紙や布に字や絵をかいたものを表装して、床の間などに飾るようにしたもの。「ひちふくじん(七福神)・を・　か(描)い・た・　じく・を・　か(掛)ける。」②回転するものの中心になる棒。「しゃりん(車輪)・の・　じく・が・　お(折)れ・たら・　おー(大)けな・じこ(事故)・に・　なる。」③手で持つ柄の部分で、その先端部をうまく操って有効に働かせる役割をするところ。「まっち(マッチ)・を・　す(擦)っ・たら・　じく・が・　お(折)れ・て・　びっくりし・た。」「まんねんひつ(万年筆)・は・　くろ(黒)い・　じく・の・が・　す(好)きや。」〔①⇒**かけじく**【**掛け軸**】、**かけじ**【(**掛け軸**)】〕

じく【(塾)】《名詞》 学校以外の場所で、児童や生徒などを集めて、勉強や算盤や習字などを教えるところ。「じく・で・　べんきょー(勉強)・を・　おせ(教)・てもらう。」「じく・に・　い(行)っ・ても・　せーせき(成績)・は・　あ(上)がら・なんだ。」〔⇒**じゅく**【**塾**】〕

しくさる《動詞・ラ行五段活用》 相手の行為を非難するときに使う言葉で、「する」を意味する。「ひと(人)・の・こと・も・　かんが(考)え・んと・　かって(勝手)な・こと・を・　しくさっ・て。この・　あほ(阿呆)んだら。」◆動詞「する」と補助動詞「くさる」とが一体になった言葉である。ただし、「くさる」は「てくさる」の形で使われることが多く、その場合は「し・てくさる」という言い方になる。〔⇒**しやく**〕

しくしく《副詞と、動詞する》 ①弱々しく、すすり泣く様子。落胆している様子。「しくしくし・とら・んと・　げんき(元気)・を・　だ(出)し・なはれ。」②刺されるような鈍い痛みが続く様子。「は(歯)ー・が・　しくしくと・うず(疼)く。」

じくす【(熟す)】《動詞・サ行五段活用》 果物が十分に実る。実が食べ頃になる。「かき(柿)・が・　あこ(赤)ー・　じくし・た。」〔⇒**じゅくす**【**熟す**】、**うれる**【**熟れる**】〕

しくだい【(宿題)】《名詞》 ①家で勉強してくるようにと、教員から出された問題や課題。「しくだい・が・　まだ・でき(出来)・とら・へん。」②解決できずに、後に残った問題や課題。「う(打)ちあわせ・が・　す(済)ん・だ・けど・　しくだい・が・　いっぱい・　のこ(残)っ・た。」〔⇒**しゅくだい**【**宿題**】〕

しくちょく【(宿直)】《名詞、動詞する》 会社や学校などで、交替で泊まって夜間の用務や警備をすること。また、その役割の人。「とーか(十日)・に・　いっぺん(一遍)・　しくちょく・が・　まー(回)っ・てくる。」〔⇒**しゅくちょく**【**宿直**】、**とまり**【**泊まり**】〕

シグナル〔**しぐなる**〕【英語＝ signal】《名詞》 電車や自動車や人などに向けて、通行や運行についての指示を出す装置。また、その装置が表示している色や形。「しぐなる・が・　あお(青)・に・　なっ・た。」〔⇒**しんごう**【**信号**】、**こうつうしんごう**【**交通信号**】、**しんごうき**【**信号機**】〕

しくはっく〔**しくはく**〕【四苦八苦】《名詞、動詞する、形容動詞や(ノ)》 辛いことが多くて、ひどく苦しむこと。苦労を重ねること。「せんご(戦後)・は・　く(食)う・もん(物)・も・　すけ(少)のー・て・　みんな(皆)・　しくはっくし・とり・ました。」「もんだい(問題)・が・　むつか(難)しー・て・　しくはっくやっ・た。」

しくみ【仕組み】《名詞》 全体の構造や、その中での互いの関係。工夫して作られた構造や装置。「とけー(時計)・の・　うご(動)く・　しくみ・を・　かんが(考)え・て・しゅーぜん(修繕)する。」〔⇒**しかけ**【**仕掛け**】〕

しけ【時化】《名詞》 ①雨や風が強く、波が荒れること。暴風雨。「しけ・で・　にしかぜ(西風)・が・　よー・　ふ(吹)い・とる。」②海が荒れて、魚が獲れないこと。「きょー(今日)・の・　べらつ(釣)り・は・　しけ・や。」■対語＝①「なぎ【凪】」

じげ【地下】《名詞》 自分の住んでいる地域。また、そこに長く住み続けている人。「あの・　ひと(人)・は・　じげ・に・す(住)ん・どる・　ひと(人)・や。」「まんしょん(マンション)・が・　ふ(増)え・て・　じげ・や・ない・　ひと(人)・が・　ふ(増)え・た。」「じげ・の・　うえだ(上田)さん・が・あくたがわしょー(芥川賞)・を・　と(取)っ・た。」

しけい〔**しけー**〕【死刑】《名詞》 犯罪を犯した人の命を絶つ重い刑罰。「おまえ(前)・みたいな・　ごんた・は・　しけー・に・　なっ・てまえ。」

しける【時化る】《動詞・カ行下一段活用》 ①雨や風が強く、海が荒れる。暴風雨になる。「たいふー(台風)・が・き(来)・て・　うみ(海)・が・　しけ・とる。」「おき(沖)・は・　だいぶ(大分)・　しけ・とる。」②海が荒れて、不漁である。「この・　いっしゅーかん(一週間)・は・　しけ・

て・ばっかり・や。」③ものごとに失敗する。うまく進展しない。「たからくじ(宝籤)・が・　ぜんぶ(全部)・　しけ・ても・た。」④うまくいかなくて、気落ちする。元気がなくなる。悲観する。「しあい(試合)・に・　ま(負)け・て・　しけ・とる。」⑤気が小さい性格である。人つきあいがよくない。「しけ・た・　やつ(奴)・を・　はいきんぐ(ハイキング)・に・　ひ(引)っぱりだし・たっ・てん。」■対語＝①「なぐ【凪ぐ】」■名詞化＝**しけ**【時化】

しげる【茂る、繁る】《動詞・ラ行五段活用》　草木の葉や枝がさかんに伸びる。草木の葉や枝が重なり合って、こんもりと覆うようになる。「まつ(松)・の・　えだ(枝)・が・　しげっ・てき・た。」「くさ(草)・が・　ごっつい・しげっ・て・　とー(通)ら・れ・へん。」

しけん【試験】《名詞、動詞する》　①性能や働きなどに異状がないか、基準にかなっているかなどについて、実際に動かしたり使ったりして注意深く細かく調べること。「ぱそこん(パソコン)・が・　うご(動)く・か・　どー・か・　しけん・を・　する。」「うまい・こと・　でけ(出来)る・か・　しけんし・てみる。」②問題を出して答えさせること。「ほんま(本真)に・　わかっ・とる・か・　どー・か・　しけんし・たろ・か。」③合否を決めるために行うことがら。「だいがく(大学)・の・　しけん・が・　ちか(近)づい・た。」〔⇒**テスト**【英語＝test】。①⇒**けんさ**【検査】〕

じけん【事件】《名詞》　ふつうの時には起こらないような出来事。意図的に引き起こした、よくない出来事。話題や問題となる事柄。「ここらへん・は・　じけん・なんか・　あら・へん・　とこ(所)・や。」

じけん【(受験)】《名詞、動詞する》　入学や資格取得のために、試験を受けること。「ことし(今年)・は・　こども(子供)・が・　じけんする・さかい・　き(気)ー・を・　つか(使)う。」「じけん・の・　ため・の・　べんきょー(勉強)・を・　しっかりと・　せー・よ。」〔⇒**じゅけん**【受験】〕

しけんかん【試験管】《名詞》　実験などのために使う、一方の口を閉じた細長いガラス管。「しけんかん・に・　えきたい(液体)・の・　くすり(薬)・を・　い(入)れ・て・ふ(振)る。」

じこ【事故】《名詞》　不注意や準備不足などによって起こる、思いがけない悪い出来事。「こーつー(交通)じこ・なんか・に・　あ(遭)わ・ん・よーに・　し・なはれ。」

しこう〔**しこー**〕【(手工)】《名詞》　①手先でする工芸。「こま(細)かい・　しこー・の・　さくひん(作品)・や・なー。」②工作などをする、かつての小学校の教科の名。「がっこ(学校)・の・　しこー・の・　じかん(時間)・に・　ほんた(本立)て・を・　つく(作)っ・た。」〔⇒**しゅこう**【手工】〕

じこう〔**じこー**〕【時候】《名詞》　四季それぞれのの気候。寒気や暖気などのありさま。「え(良)ー・　じこー・に・なり・まし・た・なー。」「てがみ(手紙)・の・　じこー・の・　あいさつ(挨拶)・は・　むつか(難)しー・な。」

じごえ【地声】《名詞》　①生まれつき持っている声。「じごえ・や・さかい・　か(変)え・よ・　おも(思)・ても・　か(変)わら・へん。」②拡声装置などを使わないで話す声。「じごえ・で・　うし(後)ろ・まで・　き(聞)こえる・よーに・　しゃべ(喋)る。」

しごく【扱く】《動詞・カ行五段活用》　①何かの間に挟んだり通したりして引っ張り、周りについているものを取り除く。「むぎ(麦)・の・　ほ(穂)ー・を・　て(手)ー・で・　しごく。」②たるむことがないように、厳しく鍛える。「もっと・　もっと・　あいつ(彼奴)ら・を・　しごい・たっ・てくれ。」〔①⇒**すごく**【(扱く)】、**こく**【扱く】〕

じごく【地獄】《名詞》　①悩みや心配事が多く、悲惨さを伴う境遇や状態。「せんご(戦後)・は・　じごく・の・　せーかつ(生活)・やっ・た。」「いま(今)・は・　こーつー(交通)じごく・の・　じだい(時代)・や。」②仏教で、よくないことをした人が、死後に落ちていく考えられているところ。「え(良)ー・　こと(事)・を・　し・とか・なんだら・じごく・へ・　い(行)か・んならん・ぞ。」■対語＝「ごくらく【極楽】」

じこしょうかい〔**じこしょーかい**〕【自己紹介】《名詞、動詞する》　自分の名前や経歴や特性などを述べて、初対面の人などに知らせること。「きょー(今日)・は・　はじ(初)めて・や・さかい・　じこしょーかい・を・　し・まほ。」

しごと【仕事】《名詞、動詞する》　①それによって生計を立てていくための職業。また、その職業の内容。「あ(会)う・たび・ごと・に・　あいつ(彼奴)・は・　しごと・が・か(変)わっ・とっ・た。」②自分に課したり、人から与えられたりする任務。「いえ(家)・の・　まえ(前)・の・みち(道)・を・　そーじ(掃除)する・ん・が・　きょー(今日)・の・　わし(私)・の・　しごと・や。」〔⇒**つとめ**【勤め、務め】。①⇒**しょうばい**【商売】、**はたらき**【働き】〕

しごにち【四五日】《名詞、副詞》　4日間もしくは5日間のあいだ。「しごにち・の・　うち・に・　じゅんび(準備)し・とき・ます。」◆数える起点は今日のことが多いが、それ以外の特定の日を起点にすることもある。〔⇒**よっかいつか**【四日五日】〕

しごにん【四五人】《名詞》　少ない人数。4人または5人。「ひろ(広)い・　へや(部屋)・を・　しごにん・で・　そーじ(掃除)する。」

しこみ【仕込み】《名詞、動詞する》　①酒や味噌や醤油などを作るために、原料を混ぜ合わせて、桶などに詰めること。「ふゆ(冬)・は・　さけ(酒)・の・　しこみ・の・じき(時期)・な・ん・や。」②売るための品物や、物を作るための材料を買い入れること。「しこみ・が・　た(足)ら・なんだ・さかい・　う(売)りきれ・ても・た。」③じゅうぶん身につけさせて力を発揮できるように教えること。「おや(親)・の・　しこみ・が・　え(良)ー・さかい・やさ(優)しー・　こ(子)ー・に・　そだ(育)っ・た。」〔②⇒**しいれ**【仕入れ】〕

しこむ【仕込む】《動詞・マ行五段活用》　①酒や味噌や醤油などを作るために、原料を混ぜ合わせて、桶などに詰める。「みそ(味噌)・を・　しこむ。」②売るための品物や、物を作るための材料を買い入れる。「よみせ(夜店)・で・う(売)る・　もん(物)・を・　とんや(問屋)・で・　しこん・だ。」③じゅうぶん身につけさせて力を発揮できるように教える。「だいく(大工)・の・　しごと(仕事)・を・しこむ。」■名詞化＝**しこみ**【仕込み】〔②⇒**しいれる**【仕入れる】〕

じさつ【自殺】《名詞、動詞する》　自分で自分の命を絶つこと。「じさつ・なんか・　し・たら・　あか・ん・でー。」

じさんきん【持参金】《名詞》　結婚に際して、実家から持っていくお金。「じさんきんつ(付)き・の・　よめ(嫁)はん・を・　もろ(貰)・た・そーや。」

しし【獅子】《名詞》　①アフリカなどの草原に住む、体長2メートルほどで、褐色や黄土色の短い毛で、雄にはたてがみがある猛獣。また、それを基にして考えられた想像上の動物。「しし・が・　ほ(吠)え・とる・　こえ(声)・は・　おと(恐)ろしー・なー。」②木製の頭や、布製の体を覆うものをかぶって、踊りを舞うもの。特に、その頭の部分。「ししまい(獅子舞)・の・　しし・を・　かぶ(被)っ・て・　おど(踊)っ・たら・　びっしょり・　あせ(汗)・を・　かく。」〔①⇒**ライオン【英語＝lion】**〕

じじ【爺】《名詞》 ①年をとった男の人。「あの・　ひと(人)・は・　どこ・の・　じじ・や。」②父または母の、お父さん。「じじ・は・　みみ(耳)・が・　き(聞)こえ・ん・よーに・　なっ・た。」◆侮った語気を含む場合もある。■対語＝「**ばば【婆】**」

しじつ【(手術)】《名詞、動詞する》 病気や傷になっているところを、切り開いたり切断したりして治療すること。「じ(痔)ー・の・　しじつ・を・　し・て・　かいしゃ(会社)・を・　やす(休)ん・だ。」〔⇒**しゅじゅつ【手術】**、**しゅじつ【(手術)】**、**しうつ【(手術)】**、**しゅうつ【(手術)】**〕

ししまい【獅子舞】《名詞》 豊作を祈ったり悪魔をはらったりするために、木製の頭や、布製の体を覆うものをかぶって、踊りを舞うこと。「ししまい(獅子舞)・が・　やっ・てき・た。」

しじみ【蜆】《名詞》 川や湖にすむ、アサリより小さくて黒い二枚貝。「しじみ・の・　みそしる(味噌汁)・は・　わし・の・　こーぶつ(好物)・や。」

ししゃ【死者】《名詞》 死んで、この世のものではなくなった人。「きのどくな・　すいがい(水害)・の・　ししゃ・が・　よーさん(仰山)・　おっ・て・や。」〔⇒**しびと【死人】**、**しにん【死人】**〕

じしゃく【磁石】《名詞》 ①鉄を引きつける性質を持つ物体。「じしゃく・を・　つこ(使)・て・　お(落)ち・た・　はり(針)・を・　さが(探)す。」②磁針が南北を指すことを利用して、方位を知る道具。「じしゃく・で・　ほーがく(方角)・を・　しら(調)べる。」

ししゃごにゅう〔ししゃごにゅー〕【四捨五入】《名詞、動詞する》 計算で端数を処理して概数を求めるために、求める桁のすぐ下の数が、4までのときは切り捨て、5以上のときは切り上げて、上の位に1を加えるやり方。「わし・は・　ししゃごにゅーし・たら・　もー・　ななじゅーだい(七十代)・や。」

ししゅう〔ししゅー〕【刺繍】《名詞、動詞する》 色糸で布地などに模様や文字を縫い表すこと。また、そのようにして作られたもの。「こども・の・　ふく(服)・に・　ししゅー・を・　する。」

しじゅう〔しじゅー〕【始終】《副詞》 途絶えることなく続いている様子。常に。「ふゆ(冬)・に・　なっ・たら・　しじゅー・　かぜ(風)・が・　ふ(吹)く。」「しじゅー・　はたら(働)い・て・　やっとこさ・　い(生)き・ていけ・る。」〔⇒**じょうじ【常時】**、**じょうしき【常しき】**、**しょっちゅう**、**いつも【何時も】**、**いっつも【(何時も)】**、**いっつもかっつも【(何時もかっつも)】**、**いつもかも【何時もかも】**〕

じしゅう〔じしゅー〕【自習】《名詞、動詞する》 先生や他人などの力を借りずに自分で勉強したり練習したりすること。「がっこー(学校)・で・　じしゅー・の・　じかん(時間)・が・　ある・の・は・　たの(楽)しみ・やっ・た・なー。」

じじょ【次女】《名詞》 夫婦の間に2番目に生まれた女の子。きょうだいの中で2番目に生まれた女の子。「じじょ・が・　しょーがっこー(小学校)・に・　はい(入)っ・た。」

じじょう〔じじょー〕【事情】《名詞》 ものごとの込み入った内容。ものごとが、そのようになった理由。「あの・　ひと(人)・に・は・　ひと(人)・に・　い(言)え・ん・　じじょー・が・　ある・ん・やろ。」

じしん【自信】《名詞》 自分の力や価値を、自分で高く評価して固く信じること。ものごとを行う際に、心を強く持つこと。「もっと・　じしん・を・　も(持)た・な・か(勝)た・れ・へん・ぞ。」

じしん【地震】《名詞》 火山活動や断層の陥没などのような地球の活動によって地面が揺れ動くこと。「じしん・の・　あっ・た・　とし(年)・から・　こーべ(神戸)・の・　るみなりえ(ルミナリエ)・が・　はじ(始)まっ・てん。」

［巻末「わが郷土」の「じしん」の項を参照］

しす【(繻子)】《名詞》 表面に縦糸または横糸を浮かせたような、艶のある絹織物。「しす・の・　おび(帯)・を・し(締)める。」〔⇒**しゅす【繻子】**〕

じず【(数珠)】《名詞》 仏を拝むときなどに使う、小さな玉を糸に通して輪にした仏具。「じず・を・　も(持)っ・て・　おつや(通夜)・に・　い(行)く。」〔⇒**じゅず【数珠】**〕

しずか【静か】《形容動詞や(ナ)》 ①気になるような音が聞こえてこなくて、ひっそりとして落ち着いている様子。「うるさ(煩)いなー。もっと・　しずかに・　せ・んか。」②動きに激しさがなく、穏やかな様子。「きょー(今日)・は・　なみ(波)・が・　しずかや・なー。」③気持ちや性質がおとなしい様子。「あの・　ひと(人)・は・　お(落)ちつい・て・　いつも・　しずかな・　ひと(人)・や。」④急がず、慌てない様子。「みず(水)・を・　こぼ(零)さ・ん・よーに・　しずかに・　ある(歩)け。」■対語＝①「**にぎやか【賑やか】**」「**にんやか【(賑やか)】**」「**にんぎゃか【(賑んぎゃか)】**」

しすぎ【仕過ぎ】《名詞》 度を越してものごとを行うこと。「こども(子供)・の・　しゅくだい(宿題)・の・　てつだ(手伝)い・なんか・　し・て・　それ・は・　しすぎ・や。」〔⇒**いきすぎ【行き過ぎ】**〕

しすぎる【仕過ぎる】《動詞・ガ行上一段活用》 度を越してものごとを行う。「こども(子供)・の・　せわ(世話)・を・　しすぎ・たら・　あか・ん。」■名詞化＝**しすぎ【仕過ぎ】**〔⇒**いきすぎる【行き過ぎる】**〕

しずく【滴】《名詞》 水や液体の、上から垂れて落ちる粒。「はなびら(花弁)・から・　しずく・が・　こぼ(零)れ・た。」

しずむ【沈む】《動詞・マ行五段活用》 ①人やものが水の中に深く入る。「たいふー(台風)・で・　ふね(船)・が・　しずん・だ。」②人やものが水の底に達する。「かわ(川)・の・　そこ(底)・に・　しずん・どる・　いし(石)・を・も(持)ちあげる。」③太陽や月が、水平線や地平線に隠れる。「ひ(陽)ー・が・　しずむ・の・が・　は(早)よ・なっ・た・な。」④晴れない気持ちになる。「しずん・だ・　かお(顔)・を・　し・とる。」■他動詞は「**しずめる【沈める】**」■対語＝「**うく【浮く】**」。③「**のぼる【上る、昇る】**」〔①⇒**ぶくぶくする**〕

しずめる【沈める】《動詞・マ行下一段活用》 ①ものを水の中に深く入らせる。「おもり(錘)・を・　しずめる。」②ものを水の底に達するようにする。「いし(石)・を・　しずめ・て・　はと(波止)・を・　つく(作)る。」■自動詞は「**しずむ【沈む】**」

しせい〔しせー〕【姿勢】《名詞》 何かをするときの、体の構え方。体の形。「わる(悪)い・　しせー・を・　し・とっ・たら・　せぼね(背骨)・が・　いが(歪)ん・でまう・ぞ。」〔⇒**かっこう【格好】**〕

じせい〔じせー〕【時世、時勢】《名詞》 世の中の様子。世の中の成り行き。「いま(今)・は・　むかし(昔)・と・　じせー・が・ ちが(違)う・さかい・ けっこん(結婚)せ・ん・ ひと(人)・も・ ふ(増)え・た。」〔⇒**じせつ【時節】**〕

じせつ【時節】《名詞》 ①春・夏・秋・冬の移りゆきの中で、ある特定の傾向をもった期間。「はな(花)・が・ さ(咲)く・ じせつ・に・ なっ・た。」「たけのこ(筍)・が・ うま(美味)い・ じせつ・は・ みじか(短)い。」②あるものがよく行われる時期。あるものが盛りである時期。「ゆどーふ(湯豆腐)・の・ じせつ・は・ もー・ す(済)ん・だ。」③世の中の様子。世の中の成り行き。「いま(今)・は・ じせつ・が・ わる(悪)ー・て・ ふけーき(不景気)や。」〔①②⇒**きせつ【季節】**。①⇒**じき【時期】**。④⇒**じせい【時世、時勢】**〕

しぜん【自然】《名詞》 山川、海陸、動植物、天候など、人が作ったものでないもの。「しぜん・の・ ちから(力)・は・ ごっつい・ もん・や・なー。」

しぜん【自然】《形容動詞や(ナ)》 ひとりでに起こる様子。わざとらしくない様子。「しぜんと・ みち(道)・が・ みぎ(右)・に・ ま(曲)がっ・とる。」「にご(濁)っ・とっ・た・ みず(水)・が・ しぜんに・ す(澄)ん・でき・た。」

しそ〔しそー〕【紫蘇】《名詞》 葉や小花などを食用にする、白い花が咲き、香りの強い葉のある植物。また、その葉。「そーめん(素麺)・の・ やくみ(薬味)・に・ しそ・の・ は(葉)ー・を・ きざ(刻)む。」◆葉の色によって、「あかじそ【赤紫蘇】」「あおじそ【青紫蘇】」と言い分けることがある。

じぞう〔じぞー〕【地蔵】《名詞》 苦しんでいる人、特に子どもを救うと言われている菩薩。「さんまい(=埋め墓)・に・ ある・ ろく(六)じぞーさん・に・ せんこー(線香)・を・ た(立)てる。」

した【下】《名詞》 ①位置が低いこと。低いところ。「した・の・ ほー(方)・の・ えだ(枝)・を・ き(切)りおとす。」②ものの内側。蔭になっているところ。「つくえ(机)・の・ した・に・ けしごむ(消ゴム)・が・ お(落)ち・た。」「ぶちょー(部長)・の・ した・で・ はたら(働)い・とる。」③年齢や学年や地位などが低いこと。「みっ(三)つ・ した・の・ こーはい(後輩)・が・ となり(隣)・に・ ひ(引)っこし・てき・た。」④劣っていること。「べんきょー(勉強)・は・ あいつ(彼奴)・より・ した・や。」■対語=「うえ【上】」

した【舌】《名詞》 口の中にあって、ものをのみ込んだり、味を感じたり、発音を調整したりする器官。「あわ(慌)て・て・ もの・を・ ゆ(言)ー・て・ した・を・ か(噛)ん・だ。」「した・が・ しび(痺)れ・て・ あじ(味)・が・ わから・ん。」〔⇒**べろ**〕

しだ【羊歯】《名詞》 ワラビやウラジロなどの、日陰に育ち胞子で増える植物。「しめ(湿)っ・た・ とこ(所)・に・ しだ・が・ は(生)え・とる。」

しだい【次第】《接尾語》[動詞の連用形や名詞に付く] ①その人やものの事情によって決まることを表す言葉。「い(行)く・か・ い(行)か・ん・か・は・ おまえ(前)しだい・や。」「きんがく(金額)しだい・で・ う(売)ら・ん・こと・も・ ない。」「やる・か・ やら・ん・か・は・ てんき(天気)しだい・で・ き(決)め・まっ・さ。」②ある事柄があれば、ただちに行動に移るということを表す言葉。「いはん(違反)・を・ み(見)つけしだい・ し(知)らせ・ます。」

じだい【時代】《名詞》 移りゆく時の流れの中で、ある特徴を持つものとして、前後から区切られた、まとまった期間。人の一生を区切った、ある期間。「まだ・ がっこー(学校)・に・ い(行)き・よっ・た・ じだい・は・ おや(親)・の・ くろー(苦労)・も・ し(知)ら・なんだ。」「えど(江戸)じだい・の・ ちゃんばらえーが(映画)・が・ す(好)きや。」〔⇒**よ【世】**〕

したいことし〔したいことしー〕【為たい事為し】《名詞》 自分がやりたいと思うことを、思いのままにすること。また、そのようにする人。「あいつ(彼奴)・は・ したいことしー・の・ きらくもん(気楽者)・や。」

したいほうだい〔したいほーだい〕【仕たい放題】《形容動詞や(ノ)、動詞する》 自分の意思に従って思いのままにする様子。行動に抑制がかからない様子。「したいほーだいし・て・ みんな(皆)・に・ きら(嫌)わ・れ・とる。」〔⇒**しほうだい【仕放題】**〕

したうち【舌打ち】《名詞、動詞する》 悔しいときや落胆したときなどに、舌で上あごを弾いて音を出すこと。「げひん(下品)な・ したうち・なんか・ せ・んとき。」

したがき【下書き】《名詞、動詞する》 きちんと書く前に試しに書いたり、本式に書く前に輪郭を書いたりすること。また、そのようにして書いたもの。「したがきし・て・ よ(読)みなおし・て・ せーしょ(清書)する。」■対語=「せいしょ【清書】」

したぎ【下着】《名詞》 肌にじかに着る衣類。「よご(汚)れ・た・ したぎ・を・ あたら(新)しー・の・に・ きが(着替)える。」■対語=「うわぎ【上着】」〔⇒**シャツ【英語= shirt】**〕

したく【支度】《名詞、動詞する》 ①食事の準備をすること。「ばん(晩)・の・ したく・を・ す(済)ます。」②物事を行う前に、それがうまく始められるように前もって環境などを整えること。あらかじめ取り揃えたりすること。「りょこー(旅行)・の・ したく・は・ お(終)わっ・た・か。」〔⇒**こしらえ【拵え】**。①⇒**ごはんごしらえ【ご飯拵え】、めしごしらえ【飯拵え】**。②⇒**ようい【用意】、じゅんび【準備】**〕

したぐつ【下靴】《名詞》 戸外で使う靴。室内で履くものと区別する靴。「したぐつ・で・ たいいくかん(体育館)・に・ はい(入)っ・たら・ あか・ん。」■対語=「うわぐつ【上靴】」〔⇒**したばき【下履き】**〕

したじ【下地】《名詞》 ①ものごとの前段階となったり基礎となったりするもの。「したじ・に・ いっぱい(一杯)・やっ・て・から・ ぼーねんかい(忘年会)・へ・ い(行)く。」「かべ(壁)・の・ したじ・を・ ぬ(塗)る。」②表面には現れていない、本来の性質。「あいつ・は・ したじ・が・ まじめ(真面目)に・ でけ(出来)・とる。」

しだし【仕出し】《名詞》 料理を作って、注文した家に届けること。また、そのような料理。「ほーじ(法事)・の・とき・に・ しだし・を・ と(取)る。」「いちば(市場)・に・ しだし・の・ みせ(店)・が・ ある。」

したじき【下敷き】《名詞》 ①字や絵をかくときに、下に敷くもの。「したじき・を・ ひ(敷)ー・て・ じ(字)ー・を・ か(書)く。」②物の下に置かれること。「じしん(地震)・で・ こけ・た・ いえ(家)・の・ したじき・に・ なっ・た。」

ノートに挟んで使う下敷き

したしらべ【下調べ】《名詞、動詞する》 ①ものごとを行う前に、あらかじめ調べたり準備をしたりすること。「したしらべ・を・ し・て・から・ はなし(話)・を・ せ・なんだら・ はじ(恥)・を・ かく・ぞ。」②これから学ぶところを、前もって勉強したり練習したりすること。「したしらべ・を・ せ・な・ じゅぎょー(授業)・が・ わか

ら・へん。」〔②⇒**よしゅう【予習】**〕

したて【仕立て】《名詞》 和服や洋服や靴などを注文によって作ること。また、そのようにして作ったもの。「きせーひん(既製品)・やのー・て・ したて・の・ ふく(服)・なん・や。」〔⇒**したてもん【仕立物】**〕

したて【下手】《名詞》 他の人よりへりくだった位置に立つこと。丁寧な態度をとること。「こっち・が・ したて・に・ で(出)・たら・ つけあがり・やがっ・た。」◆対語のように見える「うわて【上手】」とは、品詞、意味、用法などで違いがある。

したてもん【仕立物】《名詞》 注文によって作った和服や洋服や靴など。「したてもん・を・ とど(届)ける。」〔⇒**したて【仕立て】**〕

したてる【仕立てる】《動詞・タ行下一段活用》 ①材料に手を加えて、和服や洋服や靴などを作り上げる。「しゅーしょく(就職)する・ん・や・から・ いわ(祝)い・に・ ふく(服)・を・ したて・たる。」②その目的のために、特別に用意する。「ばす(バス)・を・ したて・て・ やきゅー(野球)・の・ おーえん(応援)・に・ い(行)く。」■名詞化＝**したて【仕立て】**

したぬり【下塗り】《名詞》 壁や器などを仕上げるまでに何回か塗ろうとして、最初の段階で塗ること。また、そのようにして塗った面。「したぬり・も・ えーかげんに・ し・たら・ あか・ん。」■対語＝「**うわぬり【上塗り】**」

したばき【下履き】《名詞》 戸外で使う、靴などの履き物。室内で履くものと区別する履き物。「よご(汚)れ・た・ したばき・で・ いえ(家)・の・ なか(中)・に・ はい(入)る・な・よ。」■対語＝「**うわばき【上履き】**」〔⇒**したぐつ【下靴】**〕

じたばた《副詞と、動詞する》 ①手足をばたばた動かして抵抗する様子。「じたばたする・と・ なぐ(殴)ら・れる・ぞ。」②切迫した状況にあって、焦って物事に取り組む様子。「し(締)めきり・の・ まえ(前)・に・ じたばたと・ し・たっ・て・ もー・ おそ(遅)い。」

したまわる〔**したまーる**〕【下回る】《動詞・ラ行五段活用》 基準とする数量や程度に達していない。「う(売)りあげ・が・ せんげつ(先月)・を・ したまーっ・た。」■対語＝「**うわまわる【上回る】**」

したみ【下見】《名詞、動詞する》 気になることを確認したり、内容などを理解したりするために、前もって見たり体験したりしておくこと。「えんそく(遠足)・の・ したみ・に・ い(行)く。」

したむき【下向き】《名詞、形容動詞や(ノ)》 下の方に向いていること。だんだん悪くなる傾向にあること。「きょー(今日)・の・ てんき(天気)・は・ したむきや。」■対語＝「**うえむき【上向き】**」「**うわむき【上向き】**」

したよみ【下読み】《名詞、動詞する》 本番などの準備として、前もって読んで調べておくこと。「したよみし・て・から・ ぶたい(舞台)・に・ で(出)・ていく。」

しち【質】《名詞》 ①お金を借りたしるしや、約束のしるしとして相手に預けておくもの。「ふく(服)・を・ しち・に・ い(入)れ・て・ かね(金)・を・ か(借)る。」②品物を預かって、お金を貸す仕事。また、その店。「しょーばい(商売)・は・ しち・の・ みせ・を・ やっ・とる・ねん。」◆「ひち」と言うこともあるが、「しち」の方を多く使う。〔②⇒**しちや【質屋】、しっちゃ【(質屋)】**〕

じちかい【自治会】《名詞》 地域や学校などで、自分たちのことを自分たちで決めて処理をしようとする会。「むら(村)・の・ じちかい・の・ そーかい(総会)・は・ こんど(今度)・の・ にっちょー(日曜)・や。」

しちや【質屋】《名詞》 品物を預かって、お金を貸す仕事。また、その店。「しちや・で・ かね(金)・を・ か(借)る。」〔⇒**しっちゃ【(質屋)】、しち【質】**〕

シチュー〔**しちゅー**〕【英語＝stew】《名詞》 肉や野菜などをスープで煮込んだ西洋風の料理。「ぱん(パン)・と・ しちゅー・で・ あさめし(朝飯)・に・ する。」

しちょう〔**しちょー**〕【市長】《名詞》 市を代表し、市の政治に携わる、いちばん上の人。「しちょー・を・ えら(選)ぶ・ せんきょ(選挙)・は・ か(勝)ちま(負)け・の・ みとー(見通)し・が・ つか・ん。」

しつ【質】《名詞》 どのような傾向を持つとか、良いか悪いかという観点などから見た、そのものを作り上げている中身や性質など。「ね(値)ー・が・ やす(安)い・さかい・ しつ・が・ わる(悪)い。」

じっ【十】《名詞(数詞)》 ①自然数の9に、1を加えた数。「えんぴつ(鉛筆)・を・ じっぽん(本)・ けず(削)る。」②ものごとの順序や順位などを表す言葉で、9番目の次に位置するもの。「まえ(前)・から・ じっちゃく(着)・で・ はい(入)っ・た。」◆後続の言葉によって、「じゅう【十】」の発音が変化したものである。単独で「じっ」と言うことはない。〔⇒**じゅう【十】**〕

じっ【十】《接頭語》 (後ろの名詞にかかっていく言葉で)10を表す言葉。「あの・ ちーむ(チーム)・と・は・ じっかい(回)・ たいせん(対戦)し・た。」〔⇒**と【十】、じゅう【十】**〕

じついん【実印】《名詞》 役所に登録されていて証明を受けることができる、重要書類に使用する印鑑。また、その印影。「ほしょーにん(保証人)・の・ とど(届)け・に・ じついん・を・ お(押)す。」■対語＝「**みとめいん【認め印】**」「**みとめ【認め】**」

じっか【実家】《名詞》 ①その人が生まれた家。「じっか・で・は・ ちちおや(父親)・も・ ははおや(母親)・も・ げんき(元気)で・ おり・ます・ねん。」②結婚や養子縁組などをする前にいた家。「じっか・の・ みょーじ(苗字)・は・ やまもと(山本)・や。」

しっかく【失格】《名詞、動詞する》 ①それに値しないこと。その値打ちがないこと。「ははおや(母親)・ しっかく・やろ・と・ い(言)わ・れ・ん・よー・に・ がんば(頑張)っ・て・ そだ(育)て・まし・た。」②基準に達しなかったり、決まりに背いたりして、資格を失うこと。「こーす(コース)・を・ はず(外)れ・て・ はし(走)っ・て・ しっかく・に・ なっ・た。」

じっかげつ【十か月】《名詞》 ①1年を12に分けたときの、その10の分。ほぼ300日の長さ。「じっかげつ・と・ ゆ(言)ー・たら・ さんびゃくにち(三百日)・や・ぞ。」②その月から、中に8つの月を置いてまたがる長さ。「こーじ(工事)・は・ じっかげつ・に・ わたる・そーや。」〔⇒**とつき【十月】**〕

しっかり《副詞と、動詞する》 ①ものごとを十分に、着実に行う様子。「あさめし(朝飯)・を・ しっかりと・ た(食)べる。」②土台や構造などが頑丈であって、簡単に動いたりしない様子。「しっかりし・た・ はこ(箱)・の・ うえ(上)・に・ の(乗)っ・て・ たな(棚)・の・ もの・を・ お(下)ろす。」③人の能力、行動、考え方などが堅実である様子。「しっかりし・た・ はな(話)しかた・を・ する・ ひと(人)・や・なー。」〔①⇒**きちきち、きちんと、きっちり、ちゃんと、ちゃんちゃんと、ちゃっちゃっと、ちゃっちゃと、かっちり、しっかり、きっちり**〕

しっかりもん【しっかり者】《名詞》　堅実で信頼のおける人。行動や考え方などがきちんとしている人。「おとーと(弟)・は・　しっかりもん・や。」

じっき【(直)】《副詞に》　①時間があまり隔たらないことを表す言葉。「じっきに・　い(行)く・さかいに・　ま(待)っ・とっ・て・な。」②距離があまり離れていないことを表す言葉。「じっき・　となり(隣)・に・　す(住)ん・どる・　ひと(人)・から・　お(教)せ・てもろ・た。」〔⇒**じき【直】、すぐ【直ぐ】**〕

しつぎょう〔しつぎょー〕【失業】《名詞、動詞する》　それまでに就いていた仕事を失うこと。働く意思や能力を持ちながら仕事に就けないこと。「ふけーき(不景気)・で・　しつぎょーする・　ひと(人)・が・　ぎょーさん(仰山)・　おっ・て・や・なー。」

じっきょう〔じっきょー〕【実況】《名詞、動詞する》　その時のその場のありのままの様子。また、その様子を他の人に伝えること。「やきゅー(野球)・の・　じっきょーほーそー(放送)・を・　き(聞)く。」

しつぎょうほけん〔しつぎょーほけん〕【失業保険】《名詞》　仕事を失った人に対して、一定期間の生活を保障する金額を支払う保険。「いま(今)・は・　しつぎょーほけん・を・　もろ(貰)・とり・ます・ねん。」

しっくり《副詞と、動詞する》　人の気持ちや、身に付けるものなどが、調和してよく合っている様子。「しっくりし・た・　いろ(色)・の・　ふく(服)・を・　き(着)・とる・なー。」「そんな・　こと・を・　い(言)わ・れ・ても・　しっくりし・まへ・ん。」「おー(大)きすぎ・て・　しっくりせ・ん・　ふく(服)・や。」

じっくり《副詞と》　①物事を落ち着いて、堅実に行う様子。時間をかけて力を注いで行う様子。「じっくりと・　べんきょー(勉強)・を・　する。」②静かにゆっくり行う様子。「じっくり・　かんが(考)え・て・から・　へんじ(返事)・を・　ください。」

しつけ【躾】《名詞》　礼儀や作法を教えて、身に付けさせること。「このごろ・は・　しつけ・を・　せ・ん・　おや(親)・が・　おー(多)い。」

しつけ【仕付け】《名詞》　衣服を作るとき、寸法が狂わないように、粗く縫って押さえておくこと。「ふく(服)・に・　しつけ・が・　のこ(残)っ・とる。」

しっけ【湿気】《名詞》　空気やものの中に含まれている水分。ものが水気を帯びていること。「ふろば(風呂場)・は・　しっけ・が・　おー(多)い。」〔⇒**しめり【湿り】、しめりけ【湿り気】**〕

しつけいと【仕付け糸】《名詞》　衣服を作るとき、寸法が狂わないように、粗く縫っておく糸。「きもの(着物)・から・　しつけいと・を・　はず(外)す。」

しつける【躾る】《動詞・カ行下一段活用》　礼儀や作法などを教えて、身に付けさせる。「こども(子供)・は・　こ(小)まい・　とき(時)・から・　しっかり・　しつけ・な・あか・ん。」■名詞化＝**しつけ【躾】**

しつける【仕付ける】《動詞・カ行下一段活用》　そのようにすることに慣れている。「しつけ・た・　しごと(仕事)・や・さかい・　はよ(早)ー・に・　でき(出来)る。」〔⇒**やりつける【遣り付ける】**〕

しつける【仕付ける】《動詞・カ行下一段活用》　衣服を作るとき、寸法が狂わないように、粗く縫う。「しつけ・て・から・　きちんと・　ぬ(縫)う。」■名詞化＝**しつけ【仕付け】**

しっける【湿気る】《動詞・カ行下一段活用》　ものに含まれている水分が増える。乾いていたものがしめりけを帯びる。「つゆ(梅雨)・の・　あいだ(間)・は・　いえ(家)・の・　なか(中)・が・　しっけ・て・　かなわ・ん・なー。」「この・　せんべー(煎餅)・　しっけ・とる・な。」

じっけん【実験】《名詞、動詞する》　考えたことが正しいかどうか、実際に試してみること。「これ・で・　みず(水)・が・　も(漏)ら・ん・よーに・　なっ・た・か・　じっけんし・てみよ・ー。」「りか(理科)・の・　じっけん・で・　けが(怪我)し・た。」

しっこ《名詞、動詞する》　栄養分を吸収したあとの老廃物として、体外に排出される液体。また、それを排出すること。「しっこ・が・　し・とー・　なっ・た・のに・　ばす(バス)・が・　と(停)まっ・てくれ・へん・さかい・　こま(困)っ・た。」〔⇒**しょうべん【小便】、しょんべん【(小便)】、しょうよう【小用】、しい、しいこっこ、おしっこ、しょう【小】**〕

しつこい《形容詞・オイ型》　①なかなかあきらめることをしないで、どこまでもつきまとったり、ものに執着したりする感じだ。「いつまでも・　ごじゃごじゃ・　ゆ(言)ー・て・　しつこい・　しと(人)・や。」「しつこー・に・　し・たら・　しと(人)・に・　きら(嫌)わ・れる・ぞ。」②味・香り・色などが濃厚で、あっさりしていない感じだ。「だし(出汁)・が・　こ(濃)いすぎ・て・　しつこい・　あじ(味)・や。」「あぶら(油)・が・　しつこい・　てんぷら(天麩羅)・や。」〔⇒**ひつこい。①⇒ねつい、ねつこい、ねちこい、ねばこい【粘こい】、ねばっこい【粘っこい】、ねちゃこい、にちゃこい、しゅうねんぶかい【執念深い】**〕

じっこう〔じっこー〕【実行】《名詞、動詞する》　考えたり計画したりしたことなどを実際に行うこと。「けーかく(計画)どーり・に・　じっこーする。」「ゆ(言)ー・た・こと・は・　ちゃんと・　じっこーし・なはれ・よ。」

じっさい【実際】《名詞、副詞に》　①体験したり見聞したりして得た、ありのままの様子。偽りのない、内容そのもの。「これ・は・　じっさいに・　お(起)こっ・た・できごと(出来事)・や。」②世間での評価や評判に違わず、それが本当である様子。「じっさい・　こま(困)っ・た・　ひと(人)・や・なー。」

じっしゅう〔じっしゅー〕【実習】《名詞、動詞する》　習った知識などをもとにして、実際にやってみて技術などを身に付けること。講義などを聞くのではなく、実物によって学ぶこと。「かんごふ(看護婦)さん・に・　なる・ため・の・　じっしゅー・を・　う(受)ける。」

しっそ【質素】《名詞、形容動詞や(ナ)》　地味で飾り気のない様子。むだを省いて贅沢でない生活をしている様子。「しっそな・　く(暮)らし・を・　する。」「しっそな・　きもの(着物)・を・　き(着)る。」

しっちゃ【(質屋)】《名詞》　品物を預かって、お金を貸す仕事。また、その店。「しっちゃ・の・　むすこ(息子)・が・　ともだち(友達)・に・　おる・ねん。」〔⇒**しちや【質屋】、しち【質】**〕

しっちょう〔しっちょー〕【(出張)】《名詞、動詞する》　①仕事のために、臨時によそへ出かけること。「らいしゅー(来週)・は・　いっしゅーかん(一週間)・　しっちょー・で・　いえ(家)・に・　かえ(帰)ら・れ・へん。」②よそへ行って店などを開くこと。「はくらんかい(博覧会)・の・　かいじょー(会場)・の・　しっちょー・の・　みせ(店)・で・　みやげ(土産)・を・　う(売)る。」〔⇒**しゅっちょう【出張】**〕

しっちょうしょ〔しっちょーしょ、しっちょーじょ〕【(出張所)】《名詞》　会社や官庁などの本部から離れた場所に作った、比較的小さな事務所。「かいしゃ(会社)・は・　とーきょー(東京)・に・　しっちょーしょ・を・　つく(作)っ・た。」〔⇒**しゅっちょうしょ【出張所】**〕

しつど【湿度**】**《名詞》 空気中に含まれている水蒸気の割合。空気の湿り具合の程度を示す尺度。「しつど・が・　たこ(高)ー・て・　む(蒸)しあつい。」

じっと〔じーっと〕《副詞、動詞する》 ①体を動かさないで静かにしている様子。「じっと・　き(木)ー・に・　とまっ・た・まま・の・　むし(虫)・が・　おる。」「ここ・で・　じっとし・とり。うご(動)い・たら・　あか・ん・で。」②他に関心を示さないで、一つのことに集中している様子。「じーっと・　がまん(我慢)・を・　する。」「じっと・　てれび(テレビ)・の・　がめん(画面)・を・　み(見)る。」

しっとり《副詞と、動詞する》 ①雨が静かに降る様子。「きのー(昨日)・は・　しっとりと・　ふ(降)っ・とっ・た・なー。」②適度の湿り気が全体にゆきわたっている様子。「あめ(雨)・で・　しっとりし・ている・　にわ(庭)・の・　はな(花)・は・　きれー(綺麗)や・なー。」③落ち着いて潤いがあって、味わいがある様子。「しっとりと・　お(落)ちつい・た・　かん(感)じ・の・　え(絵)・が・　す(好)きや・ねん。」〔①⇒**しとしと**〕

じっとり《副詞と、動詞する》 ものが水分を含んでいたり、自分が汗をかいたりしている様子。また、それによって不快さを感じる様子。「じっとり・　あせ(汗)・を・　かい・た。」「でぼちん(＝おでこ)・が・　じっとりし・てき・た。」〔⇒**じとじと、じめじめ**〕

じつに【実に**】**《副詞》 まさしくその通りであるということを強調する言葉。まったく。「きょー(今日)・　き(聞)ー・た・　だいまる(ダイマル)・らけっと(ラケット)・の・　まんざい(漫才)・は・　じつに・　おもろ(面白)かっ・た・なー。」

じつの【実の**】**《連体詞》 ①血のつながりのある。「あの・　ふたり(二人)・は・　じつの・　おやこ(親子)・や・ねん。」②紛れもなくほんとうの。「うそ(嘘)・みたいや・けど・　じつ・の・　はなし(話)・なん・や。」

じつは〔じつわ〕【実は**】**《副詞》 包み隠したり遠慮したりしないで、打ち明けて言うと。本当のところは。「やす(休)ん・だ・　りゆー(理由)・は・　じつは・　びょーき(病気)・やなかっ・た・ん・です。」◆これまでに話したことはともかく、これより後に述べることは事実であるということを表すときに使うことが多い言葉である。

しっぱい【失敗**】**《名詞、動詞する》 やりそこなって目的とは違った結果になること。「しっぱいし・たら・　もー・　いっぺん(一遍)・　はじ(初)め・から・　やりなおし・たら・　え(良)ー・がな。」■対語＝「せいこう**【**成功**】**」

しっぱつ【(出発)**】**《名詞、動詞する》 ある地点を離れること。目的地に向かって出かけること。「えんそく(遠足)・の・　ばす(バス)・は・　こーもん(校門)・の・　まえ(前)・から・　しっぱつする。」〔⇒**しゅっぱつ【出発】**〕

しっぱなし【仕っ放し**】**《名詞》 何かをした後、整理や後始末をしないこと。途中で止めてしまうこと。「しごと(仕事)・の・　しっぱなし・で・　おら・ん・よーに・　なっ・ても・た。」〔⇒**やりっぱなし【遣りっ放し】**〕

しっぱなす【仕っ放す**】**《動詞・サ行五段活用》 何かをして、整理や後始末をしないでおく。途中で止めてしまう。「べんきょー(勉強)・を・　しっぱなし・て・　あそ(遊)び・に・　い(行)っ・ても・た。」■名詞化＝**しっぱなし【仕っ放し】**〔⇒**やりっぱなす【遣りっ放す】**〕

しっぷ【湿布**】**《名詞、動詞する》 痛みや腫れをとるために、水や湯でぬらしたり薬を塗ったりした布を、その部分に当てること。「こし(腰)・が・　いた(痛)い・さかい・　しっぷし・て・　ね(寝)・た。」

しっぺ〔しっぺー〕【竹篦**】**《名詞、動詞する》 人差し指と中指とを揃えて、相手の手首などをはじき打つこと。「か(勝)っ・た・　もん(者)・が・　ま(負)け・た・　もん(者)・に・　しっぺする。」

しっぽ【尻尾**】**《名詞》 ①動物の尻から細長く伸びた部分。「うま(馬)・の・　しっぽ・に・　はい(蠅)・が・　たかっ・とる。」②魚の尾鰭。「じゃこ(雑魚)・の・　しっぽ・まで・　く(食)う。」③前後のあるものの後ろの部分。列などの末尾の位置。「だいこん(大根)・の・　しっぽ・を・　き(切)っ・て・　す(捨)てる。」「ぎょーれつ(行列)・の・　しっぽ・に・　なろ(並)ぶ。」〔①③⇒**お【尾】**。③⇒**しり【尻】、けつ【穴】、どんけつ【どん穴】、どんげつ【**(どん穴)**】、どんじり【どん尻】**〕

しっぽっぽ《名詞》 蒸気機関車にひかれて線路を走る列車。「しっぽっぽ・が・　てっきょー(鉄橋)・を・　わた(渡)っ・とる。」◆幼児語。〔⇒**しゅっぽっぽ、しゅっぽ、きしゃ【汽車】、きしゃぽっぽ【汽車ぽっぽ】、ぽっぽ**〕

しっぽり《副詞と》 ①一生懸命に行動したり考えたりする様子。「あわ(慌)て・んと・　しっぽり・　よー・　かんが(考)え・てください。」②遅くまで活動している様子。「くろ(暗)ー・　なる・まで・　しっぽりと・　せー(精)・が・　で(出)・ます・ねー。」◆②は、少人数の場合に使う。大勢で仕事をしているような場合にはあまり使わない。

しつもん【質問**】**《名詞、動詞する》 わからないことや知りたいことを尋ねること。また、その内容。「なん(何)・ぞ・　しつもん・は・　おま・へん・やろ・か。」

じつよう〔じつよー〕【実用**】**《名詞》 実際の役に立つこと。実際に使うこと。「そんな・　あそ(遊)びはんぶん(半分)で・　つく(作)っ・たら・　じつよー・に・　なら・へん。」

しっりゃい【(知り合い)**】**《名詞》 相手の実情や気心などを互いに知っていること。互いによく知っている人。「しっりゃい・の・　かお(顔)・を・　わす(忘)れ・ても・て・　はじ(恥)・を・　かい・た・わ。」〔⇒**しりあい【知り合い】**〕

しつれい〔しつれー〕【失礼**】**《名詞、動詞する、形容動詞や(ナ)》 ①礼儀に外れたこと。また、非礼であることを顧みず何かを行うこと。「へんじ(返事)・も・　せー・へん・よーな・　しつれーな・　やつ(奴)・や。」②出会った人や訪問先から、自分の都合で別れること。「ほな・　これ・で・　しつれーし・ます。」③軽い気持ちでわびるときに使う言葉。「まえ(前)・を・　しつれーし・ます。」

してる【(捨てる)**】**《動詞・タ行下一段活用》 ①要らないものとして、置いたり投げ出したりする。「ふる(古)い・　しんぶん(新聞)・は・　まと(纏)め・て・　して・とい・てんか。」②取り組んでいたことを途中で止めて放棄する。望みが持てなくて、努力することをやめる。「ことし(今年)・の・　にゅーがくしけん(入学試験)・は・　もー・　して・ても・とる・ねん。」〔⇒**すてる【捨てる】、ほかす【放下す】**。①⇒**ちゃいする、ぽいする、ほりなげる【放り投げる】、ほったらかす【放ったらかす】、ほっちらかす【放っ散らかす】、ほっとく【放っとく】、ぶつける**。②⇒**あきらめる【諦める】**〕

してん【支店**】**《名詞》 営業の中心となる店から分かれて、離れた場所に設けられた店。本店以外に設けた店。「えきまえ(駅前)・に・　ぎんこー(銀行)・の・　してん・が・

でき(出来)・た。」■対語＝「ほんてん【本店】」〔⇒**でみせ【出店】**〕

しでん【市電】《名詞》 ①市が経営している電車。「みどりいろ(緑色)・の・ こーべ(神戸)・の・ しでん・は・ かっこ(恰好)・が・ よ(良)かっ・た。」②路面に敷かれたレールの上を電力によってゆっくりと運転する車両。路面電車。「むかし(昔)・ さんよーでんしゃ(山陽電車)・は・ ながた(長田)・から・ しでん・に・ なっ・とっ・てん。」〔②⇒**ちんちんでんしゃ【ちんちん電車】**〕

じてん【辞典、字典】《名詞》 言葉や文字を、一定の順序に並べて、読み方、意味、使い方などを説明した本。「じてん・で・ じ(字)ー・を・ しら(調)べる。」「じてん・に・ の(載)っ・とら・へん・ じ(字)ー・は・ あら・へん・やろ。」〔⇒**じびき【字引】**〕

じてんしゃ【自転車】《名詞》 足でペダルを踏み、2つの車輪を回して進む乗り物。「じてんしゃ・で・ かこがわ(加古川)・まで・ い(行)っ・てき・てん。」〔⇒**ちりちり、ちりんちりん、ちんちん**〕

しと【(人)】《名詞》 ①生物の中のひとつとしての人類。人類を他の動物と区別して言う言葉「しと・は・ さる(猿)・より・ かしこ(賢)い。」②他人との関わり方などにあらわれる性格・気性・人物像など。また、優れた性格・気性・人物像など。「しと・の・ わる(悪)い・ しつもん(質問)・を・ し・やがっ・た。」③自分以外の人物。周りの人物。「しと・の・ はなし(話)・を・ き(聞)き・なはれ。」「しと・の・ まね(真似)・を・ する・の・は・ や(止)め・なはれ。」〔⇒**ひと【人】**。①②⇒**にんげん【人間】**。②⇒**ひとがら【人柄】、しとがら【(人柄)】**〕

しと【(一)】《接頭語》 (後ろの名詞にかかっていく言葉で)1を表す言葉。少しという意味を添える言葉。「しとくち(口)・だけ・でも・ た(食)べ・てみ・なはれ。」「しとしばい(芝居)・を・ する。」「しお(塩)・を・ しとふ(振)り・する。」「しとあめ(雨)・ き(来)・そーや・なー。」〔⇒**ひと【一】**〕

しとあたり【(人当たり)】《名詞》 人と接するときの態度や姿勢。人と話したり対応したりするときに、相手に与える感じ。「しとあたり・は・ よ(良)ー・ない・けど・ わるぎ(悪気)・の・ ある・ しと(人)・や・ない。」〔⇒**ひとあたり【人当たり】**〕

しといき【(一息)】《名詞、形容動詞や(ノ)》 ①ほんの短い時間の間。わずかの時間。「しといき・は・ げんき(元気)に・ はたら(働)い・とっ・た。」②息を一回吸い込む間。一気。「しといきに・ うた(歌)う。」③休まずに続けること。「しといきに・ しごと(仕事)・を・ する。」④一休みをすること。「ちょっと・ しといき・ い(入)れ・まほ・か。」⑤更に力を注ぐこと。「きょー(今日)・は・ しといき・ い(入)れ・て・ か(勝)ち・まほ・いな。」⑥少しである様子。「もー・ しといき・で・ お(終)わり・に・ なる。」〔⇒**ひといき【一息】**。①⇒**いちじ【一時】、いっとき【一時】、いちどき【一時】、ちょっとま【一寸間】、ちいとま【ちいと間】、ちとま【(一寸間)】、ちっとま【(一寸間)】、しばらく【暫く】**〕

しといきに【(一息に)】《副詞》 休むことなく、ぐんぐん進む様子。短い期間に急激な変化を示す様子。「きゅー(急)に・ あめ(雨)・が・ しといきに・ ふ(降)っ・た。」〔⇒**いっきに【一気に】、ひといきに【一息に】**〕

じどう〔じどー〕【自動】《名詞》 機械などに一定の指示や操作をしておくと、あとは自然に動くようになっていること。「じどー・の・ せんたくき(洗濯機)・は・ べんり(便利)や。」

じとうしゃ〔じとーしゃ〕【(自動車)】《名詞》 エンジンの力で車輪を回して道路を進む乗り物。「じとーしゃ・に・ の(乗)せ・てもろ・たら・ らく(楽)や・なー。」〔⇒**じどうしゃ【自動車】、ぷっぷ、ぶうぶう、ぽっぽ、くるま【車】**〕

じどうしゃ〔じどーしゃ〕【自動車】《名詞》 エンジンの力で車輪を回して道路を進む乗り物。「どこ・の・ いえ(家)・でも・ じどーしゃ・が・ ある・ じだい(時代)・に・ なっ・た・なー。」〔⇒**じとうしゃ【(自動車)】、ぷっぷ、ぶうぶう、ぽっぽ、くるま【車】**〕

しとえ【(一重)】《名詞、形容動詞や(ノ)》 そのものだけで、他と重なっていないこと。「しとえの・ さくら(桜)・も・ え(良)ー・ もん・や。」〔⇒**ひとえ【一重】**〕

しとえ【(単衣)】《名詞》 夏の季節を中心にして着る、裏地が付いていない和服。「そろそろ・ なつ(夏)・に・ き(着)る・ しとえ・を・ だ(出)し・まほ・か。」■対語＝「あわせ【袷】」〔⇒**ひとえ【単衣】、ひとえもん【単衣物】、しとえもん【(単衣物)】**〕

しとえもん【(単衣物)】《名詞》 夏の季節を中心にして着る、裏地が付いていない和服。「しとえもん・の・ ほー(方)・が・ すず(涼)しい。」〔⇒**ひとえ【単衣】、しとえ【(単衣)】、ひとえもん【単衣物】**〕

しとかど【(一角)】《形容動詞や(ノ)》 普通のものに比べて、取り立てて価値がある様子。専門家や大人などと同じような資格や能力や技能をそなえている様子。「しとかどの・ あいさつ(挨拶)・が・ でけ(出来)る・よーに・ なっ・た。」〔⇒**ひとかど【一角】、いっかど【一角】、いちにんまえ【一人前】、いっぱし【一端】**〕

しとがら【(人柄)】《名詞》 他人との関わり方などにあらわれる性格・気性・人物像など。また、優れた性格・気性・人物像など。「あいつ(彼奴)・は・ しとがら・の・ え(良)ー・ やつ(奴)・や。」〔⇒**ひとがら【人柄】、にんげん【人間】、ひと【人】、しと【(人)】**〕

しとぎき【(人聞き)】《名詞》 他人が聞くこと。人が聞いたときに受ける感じや印象。外聞。「そんな・ こと・ い(言)わ・れ・たら・ しとぎき・が・ わる(悪)い・がな。」〔⇒**ひとぎき【人聞き】**〕

しとくえ【(一くえ)】《名詞》 暖めるため燃やす、少しばかりの薪。少しばかりの薪を燃やすこと。「しとくえ・た(焚)い・て・ ふろ(風呂)・を・ ぬく(温)める。」◆「ふた(二)くえ」というような言い方はない。〔⇒**ひとくえ【一くえ】**〕

しとくせ【(一癖)】《名詞》 性格や個性に普通の人とは異なって扱いにくいものがあること。油断できないような性格があること。「あの・ がき(餓鬼)・は・ ひとくせ・も・ ふたくせ・も・ ある・ やつ(奴)・や。」〔⇒**ひとくせ【一癖】**〕

しとくち【(一口)】《名詞》 ①1度に口に入れて食べること。また、その量。「まんじゅー(饅頭)・を・ しとくち・で・ ほーば(頬張)る。」②軽く飲んだり食べたりすること。「しとくち・だけ・でも・ た(食)べ・ていっ・て・ください。」③まとめて短く言うこと。「しとくち・で・ ゆ(言)ー・たら・ だれ(誰)・も・ さんせー(賛成)し・とら・へん・と・ ゆ(言)ー・ こと・や。」◆①は、「ふたくち【二口】」、「みくち【三口】」…という言い方ができる。〔⇒**ひとくち【一口】**〕

しとけ【(人気)】《名詞》 人のいそうな様子や気配。「しとけ・の・ な(無)い・ やま(山)・の・ なか(中)・を・ ある(歩)い・た。」〔⇒**ひとけ【人気】**〕

しとこと【(一言)】《名詞》 ①ごく短い言葉。「あいさつ

し

(挨拶)・は・　しとこと・だけ・に・　おねが(願)いし・ます。」②一つの言葉。「しとこと・　なん(何)・か・　ゆ(言)ー・た・けど・　なん(何)・や・　わから・なんだ。」〔⇒**ひとこと【一言】**〕

しとごと【(他人事)**】**《名詞》　自分とは直接に関係のないこと。他人にかかわること。「しとごと・やのー・て・　あんた・の・　こと・を・　ゆ(言)ー・とる・ん・や・で。」〔⇒**ひとごと【他人事】、よそごと【余所事】**〕

しとごみ【(人混み)**】**《名詞》　たくさんの人で混み合っていること。混み合っている場所。「えーがかん(映画館)・は・　しとごみ・で・　あつ(暑)かっ・た。」〔⇒**ひとごみ【人混み】**〕

しところ【(一頃)**】**《名詞》　それほど遠くではない、以前のある時期。過去のしばらくの間。「しところ・は・　からだ(体)・が・　わる(悪)ー・て・　しごと(仕事)・を・　やめ・とっ・てん。」「あの・　みせ(店)・は・　しところ・は・　はんじょー(繁盛)し・とっ・た。」〔⇒**ひところ【一頃】、いちじ【一時】**〕

しとさしゆび【(人差し指)**】**《名詞》　何かを指し示すときに使う、手の親指の次の指。「しとさしゆび・に・　ほーたい(包帯)・を・　ま(巻)い・とる。」〔⇒**ひとさしゆび【人差し指】、ひとさしゆべ【**(人差し指)**】、しとさしゆべ【**(人差し指)**】**〕

しとさしゆべ【(人差し指)**】**《名詞》　何かを指し示すときに使う、手の親指の次の指。「しとさしゆべ・で・　のり(糊)・を・　ぬ(塗)る。」〔⇒**ひとさしゆび【人差し指】、ひとさしゆべ【**(人差し指)**】、しとさしゆび【**(人差し指)**】**〕

しとしきり【(一頻り)**】**《副詞》　しばらくの間、盛んな状態が続く様子。「いけん(意見)・は・　しとしきり・　で(出)・た・けど・　あと(後)・は・　とぎ(途切)れ・ても・た。」〔⇒**ひとしきり【一頻り】**〕

しとしごと【(一仕事)**】**《名詞、動詞する》　まとまった仕事。一続きの仕事。「ぬすっと(盗人)・に・　しとしごとさ・れ・ても・た。」〔⇒**ひとしごと【一仕事】**〕

しとしと《副詞と》　雨が静かに降る様子。「きのー(昨日)・は・　しとしと・　ふ(降)っ・とっ・た・なー。」〔⇒**しっとり**〕

じとじと《副詞と、動詞する》　ものが水分を含んでいたり、自分が汗をかいたりしている様子。また、それによって不快さを感じる様子。「あせ(汗)・　かい・て・　ふく(服)・が・　じとじとし・とる。」〔⇒**じっとり、じめじめ**〕

しとすじ【(一筋)**】**《名詞、形容動詞や(ノ)》　①一本の細長いもの。「みち(道)・は・　しとすじ・や・さかい・　まちが(間違)う・　こと・は・　あら・へん。」②一途に集中する様子。「あいつ(彼奴)・は・　しごと(仕事)しとすじや。」〔⇒**ひとすじ【一筋】**〕

しとだま【(人魂)**】**《名詞》　青白い光を放って空中を飛ぶという、人の霊。「しとだま・の・　こと・は・　はなし(話)・を・　き(聞)く・だけ・でも・　おと(恐)ろしー。」〔⇒**ひとだま【人魂】**〕

しとちがい【(人違い)**】**《名詞、動詞する》　別の人を、ある人と思い違えること。「でんしゃ(電車)・の・　なか(中)・で・　あいさつ(挨拶)し・たら・　しとちがい・やっ・た。」〔⇒**ひとちがい【人違い】**〕

しとつ【(一つ)**】**《名詞(数詞＋助数詞)》　①最も小さな自然数で、個数などをかぞえる場合に使う言葉。「この・　まんじゅー(饅頭)・　しとつ・が・　ひゃくえん(百円)・や。」②1歳。「この・　こ(子)ー・は・　もーじき・　しとつ・に・　なる・ん・や。」「しとつ・を・　す(過)ぎ・たら・　ある(歩)きはじ(始)める・やろ。」〔⇒**ひとつ【一つ】**〕

しとつ【(一つ)**】**《副詞》　①何かを始めたり試みたりするときに、軽く気持ち向けるために発する言葉。「よーし・　こんど(今度)・は・　しとつ・　ほーむらん(ホームラン)・でも・　う(打)っ・たろ・か。」②相手にものを頼むときに、なんとかよろしくという気持ちを表す言葉。「わたし(私)・の・　たの(頼)み・を・　しとつ・　き(聞)ー・てください。」〔⇒**ひとつ【一つ】**〕

しとづかい【(人使い)**】**《名詞》　人に仕事をさせたり動かしたりするときの、させ方。「もーちょっと・　やさ(優)しー・　しとづかい・を・　し・なはれ。」〔⇒**ひとづかい【人使い】**〕

しとつき【(一月)**】**《名詞》　①1年を12に分けたときの、そのひとつ分。ほぼ30日の長さ。「あっというま(間)・に・　しとつき・　た(経)っ・た。」「しごと(仕事)・を・　しとつき・で・　しあ(仕上)げる。」②その月の枠内におさまる長さ。「らいげつ(来月)・に・　なっ・たら・　こま(困)る・さかい・　しとつき・の・　うち(内)・に・　き(決)め・てください。」〔⇒**ひとつき【一月】**。①⇒**いっかげつ【一か月】**〕

しとづきあい【(人付き合い)**】**《名詞》　周りの人との交際。他の人との接し方。「にこにこし・て・　しとづきあい・が・　じょーず(上手)や。」〔⇒**ひとづきあい【人付き合い】**〕

しとっつも【(一っつも)**】**《副詞》　打ち消し表現の度合いを高めるために使う言葉。まったく。「なんぼ・　おぼ(憶)え・ても・　しとっつも・　あたま(頭)・に・　のこ(残)ら・へん。」〔⇒**ちっとも、ちいとも、ちょっとも【一寸も】、いっこも【一個も】、ひとつも【一つも】、ひとっつも【一っつも】、しとつも【**(一つも)**】、とっつも、なにひとつ【何一つ】、なにしとつ【**(何一つ)**】、ぜんぜん【全然】、なんにも【何にも】、なにも【何も】**〕

しとづて【(人伝)**】**《名詞》　①人に頼んで伝えてもらうこと。「しとづて・で・　し(知)らせ・たろ・と・　おも(思)う・ねん・けど・　たの(頼)める・　ひと(人)・が・　み(見)あたら・へん。」②直接ではなく、他の人から伝わること。「しとづて・に・　うわさ(噂)・を・　き(聞)ー・た。」〔⇒**ひとづて【人伝】**〕

しとつも【(一つも)**】**《副詞》　打ち消し表現の度合いを高めるために使う言葉。まったく。「ひと(人)・の・　ゆ(言)ー・　こと・を・　しとつも・　き(聞)き・やがら・へん。」〔⇒**ちっとも、ちいとも、ちょっとも【一寸も】、いっこも【一個も】、ひとつも【一つも】、ひとっつも【一っつも】、しとっつも【**(一っつも)**】、とっつも、なにひとつ【何一つ】、なにしとつ【**(何一つ)**】、ぜんぜん【全然】、なんにも【何にも】、なにも【何も】**〕

しとで【(人出)**】**《名詞》　行楽や買い物などに、人が多く出て集まること。また、外に出て集まった人。「いくたじんじゃ(生田神社)・の・　はつもーで(初詣)・は・　えらい・　しとで・やっ・た。」〔⇒**ひとで【人出】**〕

しとで【(人手)**】**《名詞》　①仕事に動員することのできる人。また、その人数。「いそが(忙)しー・　とき(時)・は・　しとで・が・　た(足)ら・へん。」②他人が支配するものやこと。「たんぼ(田圃)・が・　しとで・に・　わた(渡)っ・た。」〔⇒**ひとで【人手】**〕

しとで【(海星)**】**《名詞》　星の形をして棘が密生している、海底にすむ動物。「しとで・が・　いっぱい・　はま(浜)・に・　す(捨)て・てある。」〔⇒**ひとで【海星】**〕

しととおり〔しととーり〕【(一通り)**】**《名詞、副詞》　①初めから終わりまで全部。全体のあらましに関すること。「ほーこくしょ(報告書)・は・ しととーり・ よ(読)ん・だ。」②複数のものがないこと。「あん(案)・は・ しととーり・しか・ あら・へん。」③当面の用が足りる程度の、ごく普通であること。「しととーり・の・ がんば(頑張)り・で・は・ あいて(相手)・に・は・ か(勝)た・れ・へん。」〔⇒**ひととおり【一通り】**〕

しとどおり〔しとどーり〕【(人通り)】《名詞》 道などを人が行き来すること。「うち・の・ きんじょ(近所)・は・ よる(夜)・に・ なっ・たら・ しとどーり・は・ すく(少)ない。」〔⇒**ひとどおり【人通り】**〕

しとなみ【(人並み)】《名詞、形容動詞や(ノ)》 世の中の他の人と同じぐらいであること。「きふ(寄付)・は・ しとなみの・ がく(額)・を・ する。」〔⇒**ひとなみ【人並み】、せけんなみ【世間並み】**〕

しとねいり〔しとねーり〕【(一寝入り)】《名詞、動詞する》 しばらくの間、眠ること。「しとねいりし・て・から・ よなか(夜中)・に・ ほん(本)・を・ よ(読)む。」〔⇒**ひとねいり【一寝入り】**〕

しとばん【(一晩)】《名詞》 夕方から翌日の朝までの間。夜を1つ経ること。「しとばん・ た(経)っ・たら・ いた(痛)み・も・ なまに(＝少なく)・ なる・やろ。」〔⇒**ひとばん【一晩】**〕

しとばんじゅう〔しとばんじゅー〕【(一晩中)】《副詞》 前夜から朝までずっと同じような状態が続くことを表す言葉。「よしん(余震)・が・ き(気)になっ・て・ しとばんじゅー・ ね(寝)・られ・なんだ。」〔⇒**ひとばんじゅう【一晩中】、よどおし【夜通し】**〕

しとびと【(人々)】《名詞》 大勢の人たち。自分以外の人たち。銘々の人。「しとびと・が・ それぞれ・ かって(勝手)な・ こと・を・ ゆ(言)ー。」「えどじだい(江戸時代)・の・ しとびと・は・ うま(美味)い・ もん・を・ く(食)・とっ・た・らしー。」〔⇒**ひとびと【人々】**〕

しとふでがき【(一筆書き)】《名詞、動詞する》 筆記具を紙から離さないで、同じところを行き来しないで、図形を書くこと。また、そのようにして書いたもの。「しとふでがき・で・ さる(猿)・の・ かお(顔)・を・ か(描)く。」〔⇒**ひとふでがき【一筆書き】**〕

しとまえ【(人前)】《名詞》 ①人の見ているところ。人から見つめられているところ。公衆の面前。「しとまえ・で・ はじ(恥)・を・ かく。」②人に見える形。他人の手前。「しとまえ・を・ き(気)・に・ する。」〔⇒**ひとまえ【人前】**〕

しとまかせ【(人任せ)】《名詞、動詞する》 仕事などを自分でしないで、人に頼ったり頼んだりすること。自分は無関係であるというような姿勢を見せること。「しとまかせ・に・ せ・んと・ じぶん(自分)・で・ けーかく(計画)・を・ つく(作)れ。」〔⇒**ひとまかせ【人任せ】**〕

しとまとめ【(一纏め)】《名詞、動詞する》 ①ばらばらになっているものを一括すること。「あっちこっち・に・ お(置)い・とっ・た・ ふるざっし(古雑誌)・を・ しとまとめ・に・ する。」②似たようなものを同類として扱うこと。「あいつ(彼奴)・と・ わし・と・を・ しとまとめ・に・は・ せ・んとい・てんか。」〔⇒**ひとまとめ【一纏め】**〕

しとまね【(人真似)】《名詞、動詞する》 ①そのことの意味をじゅうぶんに理解しないで、他の人の行動や特徴にならって、同じようにすること。「しとまね・を・ し・て・ たからくじ(宝籤)・を・ こ(買)ー・た・けど・ いっこも・ あ(当)たら・なんだ。」②動物が、人のまねをすること。「どーぶつえん(動物園)・の・ さる(猿)・が・ しとまね・を・ する。」〔⇒**ひとまね【人真似】**〕

しとまわり〔しとまーり〕【(一回り)】《名詞、動詞する》 ①ぐるっとまわること。一周すること。「ひ(火)のよーじん(用心)・で・ むら(村)・の・ なか(中)・を・ しとまーりする。」②役割や分担などが、順にすべてにまわること。「りんぽちょー(隣保長)・の・ やくわり(役割)・が・ じゅーねん(十年)・で・ しとまーりし・た。」③十二支が一周する年数である12年。「あの・ ひと(人)・と・は・ とし(歳)・が・ しとまーり・ ちが(違)う・ねん。」④ものの大きさなどの一つの段階。「しとまーり・ おー(大)きー・ はこ(箱)・に・ い(入)れかえる。」〔⇒**ひとまわり【一回り】**〕

しとみしり【(人見知り)】《名詞、動詞する》 子どもなどが、見慣れない人を見て、恥ずかしがったり恐がったりすること。「だいぶ(大分)・ しとみしり・が・ なお(直)っ・てき・た。」〔⇒**ひとみしり【人見知り】**〕

しとめ【(一目)】《名詞》 ①ちょっと見ること。1度見ること。「しとめ・ み(見)・て・ ちゅーがっこー(中学校)・の・ どーきゅーせー(同級生)・や・と・ わかっ・た。」②全体を1度に見渡すこと。「しとめ・で・ こーべ(神戸)・の・ まち(街)・が・ みお(見下)ろせ・る。」〔⇒**ひとめ【一目】**〕

しとめ【(人目)】《名詞》 他人の見る目。人に見られていること。世間からの注目。「しとめ・が・ き(気)ー・に・ なっ・て・ しょーがない。」〔⇒**ひとめ【人目】**〕

しとめにつく【(人目に付く)】《動詞・カ行五段活用》 他のものとは違って、はっきり見える。すぐ人の目に触れる。注目されやすい。「きど(気取)り・やがっ・て・ しとめにつく・ かっこー(恰好)・を・ する・ やつ(奴)・や。」〔⇒**ひとめにつく【人目に付く】、めだつ【目立つ】**〕

しとやすみ【(一休み)】《名詞、動詞する》 仕事などの途中で、しばらくの間、休むこと。「しとやすみし・て・ たばこ(煙草)・でも・ いっぷく(一服)し・まほ・か。」〔⇒**ひとやすみ【一休み】**〕

しとり【(一人、独り)】《名詞》 ①人数が1であること。個人。相手や仲間がいないこと。「しとり・で・ えーが(映画)・を・ み(見)・に・ い(行)く。」②結婚していないこと。また、そのような人。「しとり・の・ とき・は・ つ(釣)り・が・ しゅみ(趣味)・やっ・てん。」〔⇒**ひとり【一人、独り】**。②⇒**ひとりもん【独り者】、しとりもん【(独り者)】、どくしん【独身】**〕

しとりあたま【(一人頭)】《名詞》 個人に割り当てる数量など。「しとりあたま・ じゅーまい(十枚)・ずつ・ かーど(カード)・を・ くば(配)る。」◆「二人あたま」とか「一軒あたま」とは言わない。その点が、「しとりぶん【(一人分)】」という使い方とは異なる。〔⇒**ひとりあたま【一人頭】、ひとりぶん【一人分】、しとりぶん【(一人分)】**〕

しとりごと【(独り言)】《名詞》 相手がいない場で、ひとりでものを言うこと。また、その言葉。「しとりごと・を・ い(言)わ・んと・ みんな(皆)・に・ わかる・よーに・ い(言)え。」〔⇒**ひとりごと【独り言】**〕

しとりでに【(独りでに)】《副詞》 ①他からの力を借りることなく自然に。自分の意志や意図などとは無関係に。いつの間にか。「しとりでに・ みち(道)・が・ くだ(下)りざか(坂)・に・ なっ・とっ・た。」②機械などに一定の操作をしておいたとき、あとは自然に動くようになる様子。「しとりでに・ ろくおん(録音)し・てくれる・

きかい(機械)・は・　ありがたい・なー。」〔⇒**ひとりでに【独りでに】**〕

しとりぶん【(一人分)**】**《名詞》 個人に割り当てる数量など。「ぱん(パン)・を・　しとりぶん・　にこ(二個)・ずつ・　くば(配)る。」〔⇒**ひとりぶん【一人分】、ひとりあたま【一人頭】、しとりあたま【**(一人頭)**】**〕

しとりぼっち【(独りぼっち)**】**《名詞、形容動詞や(ノ)》 行動をともにする人がいないこと。身寄りや仲間などが存在しないこと。「しとりぼっちで・　めし(飯)・を・　く(食)ー・の・は・　おもろ(面白)ない・もん・や。」〔⇒**ひとりぼっち【独りぼっち】**〕

しとりもん【(独り者)**】**《名詞》 結婚していないこと。また、そのような人。「しとりもん・は・　とし(歳)・を・　と(取)っ・て・から・　さび(寂)しー・よ。」〔⇒**ひとりもん【独り者】、ひとり【一人、独り】、しとり【**(一人、独り)**】、どくしん【独身】**〕

しな【品】《名詞》 ①人が使ったり飲食したりするもの。「いわ(祝)い・の・　しな・を・　か(買)う。」②ものの良い・悪いという品質や性能。「こっち・の・は・　しな・が・　わる(悪)い。」〔⇒**しなもん【品物】**〕

しな【品】《助数詞》 ものや料理などの種類を数えるときの単位。「ご(五)しな・の・　りょーり(料理)・が・　なら(並)ん・だ。」

しな《接尾語》[動詞の連用形に付く] ①その動作などをする、ちょうどその時。「ね(寝)しな・に・　こーひー(コーヒー)・を・　の(飲)ん・だ。」②その動作をしている途中。「はがき(葉書)・を・　ぽすと(ポスト)・へ・　い(入)れしな・に・　もー・　いっぺん(一遍)・　あてさき(宛先)・を・　たし(確)かめ・た。」「い(行)きしな・に・　みやげ(土産)・を・　こ(買)ー・ていく。」「かえ(帰)りしな・に・　かぎ(鍵)・を・　か(掛)ける。」「で(出)しな・に・　かさ(傘)・を・　わす(忘)れ・ん・よーに・　し・なはれ。」◆動詞の連用形が1音節のときは、「しな」がつくことが多い。〔⇒**し、がけ、やけ**〕

しない【竹刀】《名詞》 剣道の練習などで使う、割り竹で作った刀。「しない・で・　う(打)ちあう。」

しない【市内】《名詞》 ①「市」という名を持っている自治体の区域に含まれるところ。「こーべ(神戸)しない・まで・の・　きっぷ(切符)・を・　か(買)う。」②家屋やビルなどが建ち並んでいるところ。「ありま(有馬)・は・　きたく(北区)・や・けど・　こーべ(神戸)・の・　しない・と・は・　い(言)わ・れ・へん・やろ。」

しなおし【仕直し】《名詞、動詞する》 間違ったことや不完全なことについて、最初から根本的に改めて行って、間違いを改めたり不備を補ったりすること。「ふくしゅー(復習)・の・　しなおし・を・　する。」〔⇒**やりなおし【遣り直し】**〕

しなおす【仕直す】《動詞・サ行五段活用》 間違ったことや不完全なことについて、最初から根本的に改めて行って、間違いを改めたり不備を補ったりする。「まち(間違)ごー・た・　たか(高)さ・に・　つく(作)っ・た・　たな(棚)・を・　しなおし・た。」■名詞化＝**しなおし【仕直し】**〔⇒**やりなおす【遣り直す】**〕

しなぎれ【品切れ】《名詞》 お金をもらって品物などを渡しているときに、売れてしまって、一時的にまたは完全に品物がなくなること。「いま(今)・は・　しなぎれ・や・けど・　もー・　じっき(直)に・　はい(入)る・と・　おも(思)い・ます。」〔⇒**うりきれ【売り切れ】**〕

しなそば【支那蕎麦】《名詞》 中国風の麺を茹でてスープに入れて、焼き豚などを加えた食べ物。「やたい(屋台)・で・　しなそば・を・　く(食)う。」〔⇒**ラーメン【中国語から。拉麺】、ちゅうかそば【中華蕎麦】、ちゅうか【中華】**〕

しなびる【萎びる】《動詞・バ行上一段活用》 水気がなくなって、縮んで皺が寄る。「なが(長)い・こと・　ほ(放)っ・とい・た・さかい・　みかん(蜜柑)・が・　しなび・ても・とる。」〔⇒**ひなびる【**(萎びる)**】**〕

しなもん【品物】《名詞》 ①人が使ったり飲食したりするもの。「よーけの・　しなもん・を・　う(売)っ・とる・みせ(店)・は・　かいもん(買物)・が・　しやすい。」②ものの良い・悪いという品質や性能。「これ・は・　う(売)れる・よーな・　しなもん・や・ない。」〔⇒**しな【品】**〕

じならし【地均し】《名詞、動詞する》 凹凸や高低のある地面を平らにすること。「じならしし・て・から・　こんくりーと(コンクリート)・で・　かた(固)める。」

しなる【撓る】《動詞・ラ行五段活用》 細く長く弾力のあるものが力を加えられて、折れないで弓のように曲がる。「つよ(強)い・　かぜ(風)・が・　ふ(吹)い・て・　たけ(竹)・が・　しなっ・とる。」〔⇒**しわる【**(撓る)**】**〕

じなん【次男】《名詞》 夫婦の間に2番目に生まれた男の子。「じなん・が・　しょーがっこー(小学校)・に・　はい(入)る。」

しにぎわ《名詞》 人や生き物の命が終わるとき。特に、人が死にゆく間際。「しにぎわ・に・　て(手)・を・　にぎ(握)っ・て・　わか(別)れ・た。」〔⇒**さいご【最期】、りんじゅう【臨終】**〕

しにくい【仕難い】《形容詞・ウイ型》 相手を扱いにくい。相手との対応に困る。「なんやかし・　もんく(文句)・を・　ゆ(言)ー・て・　しにくい・　ひと(人)・や。」

しにめ【死に目】《名詞》 死ぬ瞬間。臨終。また、そのときの対面。「おや(親)・の・　しにめ・に・　ま(間)にお(合)ー・た。」

しにわかれる【死に別れる】《動詞・ラ行下一段活用》 肉親などの誰かが亡くなって、再び会うことができなくなる。「しゅじん(主人)・と・は・　ろくじゅーす(六十過)ぎ・の・　とき(時)・に・　しにわかれ・た。」■対語＝「いきわかれる【生き別れる】」■名詞化＝**しにわかれ【死に別れ】**

しにん【死人】《名詞》 死んで、この世のものではなくなった人。「せんそー(戦争)・で・　しにん・が・　ぎょーさん・　で(出)・た。」〔⇒**しびと【死人】、ししゃ【死者】**〕

しぬ【死ぬ】《動詞・ナ行五段活用》 ①息が絶える。命がなくなる。「おやじ(親父)・は・　きゅーじゅーご(九十五)・で・　しん・だ。」②体を強く撲ったりして、内出血を起こして青く見える。「ぼー(棒)・で・　たた(叩)か・れ・て・　うで(腕)・が・　しん・だ。」「すね(脛)・を・　う(撲)っ・て・　しん・だ。」③ゲームなどで、失格となったり、追いつめられて負けたりする。「これ・で・　しょーぎ(将棋)・の・　おー(王)さん・は・　しん・でまう・やろ。」■対語＝①「うまれる」、③「いきる【生きる】」〔①⇒**いく【逝く】、なくなる【亡くなる】、のうなる【亡うなる】、しぼう【死亡】**(する)**、くたばる**〕

じぬし【地主】《名詞》 土地の持ち主。「あの・　いえ(家)・の・　せんぞ(先祖)・は・　おー(大)けな・　じぬし・やっ・た。」

じねんじょ【自然薯】《名詞》 とろろなどにして根を食べる、山野に自生する、つる性の植物。「じねんじょ・を・　す(摺)っ・て・　そば(蕎麦)・に・　かける。」〔⇒**やまいも【山芋】、やまのいも【山の芋】**〕

しば【芝】《名詞》 庭園などに植えて芝生とする、葉が細く短く、茎が地面をはう植物。「こーえん(公園)・の・　しば・の・　うえ(上)・に・　ねころ(寝転)ぶ。」◆「しばふ【芝生】」が広く植えられている様子について言うのに対して、「しば【芝】」は一株や一本についても言う。

しば【柴】《名詞》 野山に生える低い雑木。割らずに燃やせる程度の太さの木。「しば・を・　か(刈)っ・て・　も(燃)やす。」

しば【(皺)】《名詞》 ①皮膚が弛んでできる筋。「でぼちん(＝ひたい)・に・　しば・が・　はし(走)っ・とる。」②紙や布などが収縮したり折れたりしてできる細かい筋。「ずぼん(ズボン)・の・　しば・に・　あいろん(アイロン)・を・　あてる。」〔⇒**しわ【皺】**〕

しばい【芝居】《名詞、動詞する》 ①舞台の上で、脚本に従って、それぞれの役に扮した人が、言葉としぐさのやりとりを通して社会や人生のことを演じること。また、そのような芸術。「しばい・を・　み(見)・に・　い(行)く。」②人を騙すための作り事。「あいつ・は・　しばい・が・　うま(巧)い・さかい・　だま(騙)さ・れ・たら・　あか・ん・ぞ。」〔①⇒**げき【劇】**〕

しばく《動詞・カ行五段活用》 ①拳骨や何かの物を使って、相手の頭、顔、体などに力を込めて強く撲つ。「あんな・　やつ(奴)・　しばい・ても・たれ。」②細い綱や紐で、人や動物を撲つ。「ほそ(細)い・　つな(綱)・で・　うし(牛)・の・　しり(尻)・を・　しばく。」〔①⇒**なぐる【殴る】、なぐります【殴ります】、どつく、どつきます、どやす、ぶちます、かちます**〕

しばくちゃ【(皺くちゃ)】《形容動詞や(ノ)》 ①皮膚が弛んでできる筋が多くある様子。「て(手)・が・　あ(荒)れ・て・　しばくちゃ・に・　なっ・た。」②紙や布などが折れたり縮んだりして細かい筋ができている様子。「ぽけっと(ポケット)・に・　い(入)れ・とっ・た・　めも(メモ)・が・　しばくちゃに・　なっ・とる。」〔⇒**しわくちゃ【皺くちゃ】、しわくた【皺くた】、しわしわ【皺々】**〕

しばたれごえ【(嗄れ声)】《名詞》 滑らかでなく、かすれたようになった声。「さかなや(魚屋)・の・　おっさん・は・　しばたれごえ・で・　しょーばい(商売)し・とる。」〔⇒**しわがれごえ【嗄れ声】**〕

しばたれる【(嗄れる)】《動詞・ラ行下一段活用》 声が滑らかさを失って、かすれる。「かぜ(風邪)・を・　ひー・て・　こえ(声)・が・　しばたれ・ても・た。」〔⇒**しわがれる【嗄れる】**〕

しはつ【始発】《名詞》 その日のダイヤで最初に出る電車やバスなど。「ろくじ(六時)・に・　しゅーごー(集合)・や・さかい・　しはつ・に・　の(乗)ら・な・　ま(間)にあ(合)わ・へん。」■対語＝「しゅうでん【終電】」「さいしゅう【最終】」〔⇒**しはつでんしゃ【始発電車】**〕

しはつでんしゃ【始発電車】《名詞》 その日のダイヤで最初に出る電車。「けさ(今朝)・は・　はやお(早起)き・を・　し・て・　しはつでんしゃ・に・　の(乗)っ・た。」■対語＝「しゅうでんしゃ【終電車】」〔⇒**しはつ【始発】**〕

しばふ【芝生】《名詞》 芝が一面に生えているところ。「あかしこーえん(明石公園)・の・　しばふ・で・　ねころ(寝転)ん・で・　ひるね(昼寝)する。」

じばら【自腹】《名詞》 自分の金で支払うこと。「この・　ほーげんしゅー(方言集)・は・　だれ(誰)・も・　かね(金)・を・　だ(出)し・てくれ・へん・さかい・　じばら・で・　こしら(拵)える・ねん。」

しはらい【支払】《名詞》 代金や料金などを渡すこと。「しはらい・は・　げつまつ(月末)・に・　し・てください。」

しはらう【支払う】《動詞・ワア行五段活用》 代金や給料などを渡す。借りをなくす。「てつ(手付)け・の・　かね(金)・を・　しはろー・た。」■名詞化＝**しはらい【支払い】**〔⇒**はらう【払う】**〕

しばらく【暫く】《副詞》 ①ほんの短い時間の間。わずかの時間。「しばらく・　ま(待)っ・とい・てんか。」②少し長い間。久しく。「しばらく・　あ(会)わ・なんだ・なー。」〔⇒**いちじ【一時】、いっとき【一時】、いちどき【一時】、ちょっとま【一寸間】、ちいとま【ちいと間】、ちとま【(一寸間)】、ちっとま【(一寸間)】、ひといき【一息】、しといき【(一息)】**〕

しばる【縛る】《動詞・ラ行五段活用》 ①ものの周りに紐などを巻き付けて強く結ぶ。「ふくろ(袋)・の・　くち(口)・を・　しばっ・て・　あ(開)か・ん・よーに・　する。」②他のものに結んで締める。「た(立)てかんばん(看板)・を・　でんしんばしら(電信柱)・に・　しばっ・とく。」■名詞化＝**しばり【縛り】**〔⇒**くくる【括る】**。②⇒**ゆわえる【結わえる】、いわえる【(結わえる)】**〕

じばん【(襦袢)】《名詞》 ①和服を着るとき、肌に直接に着るもの。「きもの(着物)・の・　した(下)・に・　き(着)・とっ・た・　じばん・を・　あら(洗)う。」②(一般的に)下着。「あめ(雨)・が・　ふ(降)っ・て・　じばん・まで・　びしょぬ(濡)れに・　なっ・ても・た。」〔⇒**じゅばん【襦袢】**〕

しはんぶん【四半分】《名詞、動詞する》 ①4つに分けること。特に、縦・横それぞれ2つに分けて4つとすること。「おー(大)きな・　どらや(焼)き・を・　しはんぶんする。」②4つに分けたうちの1つ。4分の1。「ひとり(一人)・が・　しはんぶん・ずつ・　もら(貰)う。」

じびき【字引】《名詞》 言葉や文字を、一定の順序に並べて、読み方、意味、使い方などを説明した本。「わから・ん・　じ(字)ー・は・　じびき・で・　しら(調)べ・なはれ。」〔⇒**じてん【辞典、字典】**〕

しびと【死人】《名詞》 死んで、この世のものではなくなった人。「つなみ(津波)・で・　おーぜー(大勢)・の・　しびと・が・　で(出)・た・そーや。」〔⇒**しにん【死人】、ししゃ【死者】**〕

しびとい《形容詞・オイ型》 ①しつこくて頑固である。強情である。「しびとい・　やつ(奴)・や・さかい・　いつ・まで・　た(経)っ・ても・　さんせー(賛成)し・てくれ・へん。」②我慢をして粘り強い。へこたれず、弱音を吐かない。「なかなか・　しびとい・　しあい(試合)・を・　する・さかい・　み(見)・とっ・ても・　おもしろ(面白)い。」〔⇒**しぶとい**〕

しびとばな【死人花】《名詞》 あぜ道などに群生し、秋の彼岸の頃に輪のようになった赤い花が咲く草。また、その球根のこと。曼珠沙華。彼岸花。「あぜみち(畦道)・に・　しびとばな・が・　さ(咲)い・とる。」〔⇒**てくさり【手腐り】**〕

しびる《動詞・ラ行五段活用》 ①使い続けることによって、磨り減る。擦り切れて小さくなったり薄くなったりする。「じてんしゃ(自転車)・の・　たいや(タイヤ)・が・　しび・た。」「けしごむ(消ゴム)・が・　しびる。」②大小便などを漏らす。少し出す。「しょんべん(小便)・を・　しびっ・た。」③出し惜しみをする。「きふ(寄付)・を・　しびる。」〔⇒**ちびる**〕

しびれ【痺れ】《名詞》 強い刺激を受けて、身体全体や手足などの感覚がなくなり、自由に動かなくなること。また、そうなった状態。「すわ(座)っ・とっ・たら・　あし(足)・に・　しびれ・が・　き(切)れ・た。」「びょーき(病気)・で・　て(手)ー・に・　しびれ・が・　き(来)・た。」

し

しびれる【痺れる】《動詞・ラ行下一段活用》　強い刺激を受けて、身体全体や手足などの感覚がなくなり、自由に動かせなくなる。「からだ(体)・が・　しびれ・て・　ある(歩)け・ん・よーに・　なっ・ても・た。」「せーざ(正座)し・とっ・て・　あし(足)・が・　しびれ・た。」「ますい(麻酔)・を・　かけ・られ・て・　しびれ・た。」■名詞化＝**しびれ**【痺れ】

しぶ【渋】《名詞》　①渋柿などを食べたときの舌を刺激する味。また、そのような成分。「ほしがき(干柿)・に・　し・て・　しぶ・を・　ぬ(抜)く。」②防腐や防水などのために用いる、渋柿から採った茶色の液体。「いた(板)・に・　しぶ・を・　ぬ(塗)っ・て・　くさ(腐)ら・ん・よーに・　する。」「しぶ・で・　そ(染)める。」

しぶ【支部】《名詞》　ある仕事や仕組みの中で、中心から離れたところに設ける事務所や詰め所など。「どーそーかい(同窓会)・に・　とーきょー(東京)・の・　しぶ・が・　でけ(出来)・た。」■対語＝「ほんぶ【本部】」

しぶ【渋】《形容動詞や(ナ・ノ)、名詞、動詞する》　金品を出すのを惜しんでいる様子。損になることはするまいとする様子。また、そのような人。「しぶ・に・　たの(頼)ん・だ・かて・　かね(金)・は・　だ(出)し・てくれ・へん・ねん。」〔⇒**しぶい**【渋い】、**しぶちん**【渋ちん】、**けち、けちけち、けちんぼう、けっちんぼう、せこい、こすい、いじぎたない**【意地汚い】〕

しぶい【渋い】《形容詞・ウイ型》　①舌が痺れるような味がある。「しぶい・　おちゃ(茶)・を・　の(飲)む。」「しぶい・　かき(柿)・を・　ほ(干)す。」②地味であるが、落ち着いた味わいがある。「しぶい・　ふく(服)・を・　き(着)・とっ・て・や。」③金品を出すのを惜しんでいる。損になることはすまいとする。「しぶい・さかい・　かね(金)・は・　だ(出)し・てくれ・へん・やろ。」〔③⇒**しぶ**【渋】、**しぶちん**【渋ちん】、**けち、けちけち、けちんぼう、けっちんぼう、せこい、こすい、いじぎたない**【意地汚い】〕

しぶがき【渋柿】《名詞》　渋くて、そのままでは食べられない柿。「しぶがき・や・さかい・　ほしがき(干柿)・に・　する。」■対語＝「あまがき【甘柿】」

しぶき【飛沫】《名詞》　水や液体が風に吹かれたりものに当たったりして、細かく飛び散ったもの。「くしゃみ・を・　し・て・　しぶき・が・　と(飛)ぶ。」「たき(滝)・の・　みず(水)・の・　しぶき・が・　あ(当)たっ・て・　すず(涼)しー。」〔⇒**みずしぶき**【水飛沫】〕

しぶぞめ【渋染め】《名詞、動詞する》　渋柿から採った茶色の液体で染めること。また、そのようにして染めたもの。「しぶぞめ・に・　し・た・　ふくろ(袋)・は・　つよ(強)い。」

しぶちん【渋ちん】《形容動詞や(ナ・ノ)、名詞、動詞する》　金品を出すのを惜しんでいる様子。損になることはするまいとする様子。また、そのような人。「あいつ(彼奴)・は・　しぶちん・や・さかい・　きふ(寄付)・は・　だ(出)さ・ん・やろ。」「しぶちんし・て・　いちえん(一円)・も・　だ(出)し・てくれ・へん。」〔⇒**しぶい**【渋い】、**しぶ**【渋】、**けち、けちけち、けちんぼう、けっちんぼう、せこい、こすい、いじぎたない**【意地汚い】〕

しぶとい《形容詞・オイ型》　①しつこくて頑固である。強情である。「しぶとー・て・　はくじょー(白状)せー・へん。」②我慢をして粘り強い。へこたれず、弱音を吐かない。「しぶとー・に・　がんば(頑張)っ・たら・　なんとか・　なる・やろ。」〔⇒**しびとい**〕

じぶん【自分】《名詞》　①その人自身。「じぶん・で・　かんが(考)え・たら・　え(良)ー・やろ。」②話をしている人自身。「じぶん・が・　い(行)っ・てき・ます。」③話をしている人の相手。「じぶん・は・　なに(何)・を・　かんが(考)え・とる・ねん。」〔①⇒**めめ、めんめ**【(銘々)】。②⇒**あし、あっし、あて、うち**【内】、**わたい**【(私)】、**わい、わっし**【(私)】、**わたし**【私】、**わし、わて、おれ**【俺】、**おら**【(俺)】、**おい**【(俺)】、**ぼく**【僕】。③⇒**きさま**【貴様】、**われ、わい、おまえ**【お前】、**おまい**【(お前)】、**おどら、おんどら、おどれ、おんどれ、おのれ**【己】、**あなた**【貴方】、**あんた**【(貴方)】、**おたく**【お宅】、**おまはん**【(お前はん)】、**おうち**【お家】〕

じぶん【時分】《名詞》　話題として取り上げた時を、大まかに指し示す言葉。「めーじ(明治)・の・　じぶん・に・　た(建)て・られ・た・　たてもん(建物)・は・　がんじょー(頑丈)や。」「きょねん(去年)・の・　いまごろ(今頃)・の・　じぶん・は・　にゅーいん(入院)し・とっ・た。」〔⇒**ころ**【頃】〕

じぶんかって【自分勝手】《名詞、形容動詞や(ナ)》　他人を顧みることなく、自分さえよければよいとして、わがままに行動すること。自分に都合のよいようにすること。利己心が強いこと。「じぶんかってな・　こと(事)・を・　し・とっ・た・さかい・　ひと(人)・に・　きら(嫌)わ・れ・た・ん・や。」〔⇒**みがって**【身勝手】〕

じぶんとこ【自分所】《名詞》　①私の自宅。「じぶんとこ・は・　かわらやね(瓦屋根)・の・　にかいだ(二階建)て・や。」②自己自身の側。自己自身に関わる事柄。「やさい(野菜)・は・　じぶんとこ・で・　つく(作)っ・てます。」

しべ【蘂】《名詞》　稲の穂の芯。「しべ・を・　たば(束)・に・　し・て・　ほーき(箒)・を・　こしら(拵)える。」〔⇒**すべ**【(蘂)】〕

じべた【地べた】《名詞》　①土地の表面。土の上。「じべた・に・　すわ(座)りこん・だら・　あき・まへ・ん・やろ。」②布団や畳などが敷かれているところから外れた場所。下にものを敷かないで、そこから外れたところ。「ふとん(布団)・から・　で(出)・ても・て・　じべた・で・　ね(寝)・とっ・た。」〔⇒**あだべた**。①⇒**じめん**【地面】〕

しほう〔**しほー**〕【四方】《名詞》　①東・西・南・北の４つの方角。「しほー・に・　はしら(柱)・を・　た(立)てる。」②あたり一帯。周りのすべての方角。「しほー・から・　けんぶつ(見物)する・　ひと(人)・が・　あつ(集)まっ・てくる。」〔②⇒**しほうはっぽう**【四方八方】、**はっぽう**【八方】〕

しぼう〔**しぼー**〕【死亡】《名詞、動詞する》　人の息が絶えること。人の命がなくなること。「しやくしょ(市役所)・に・　しぼー・の・　とどけ(届)・を・　だ(出)す。」〔動詞⇒**しぬ**【死ぬ】〕

しほうだい〔**しほーだい**〕【仕放題】《形容動詞や(ノ)、動詞する》　自分の意思に従って思いのままにする様子。行動に抑制がかからない様子。「じぶん(自分)・の・　おも(思)・た・ままに・　しほーだいし・とる。」〔⇒**したいほうだい**【仕たい放題】〕

しほうはっぽう〔**しほーはっぽー**〕【四方八方】《名詞》　あたり一帯。周りのすべての方角。「しほーはっぽー・さが(探)しまーる。」◆「しほう【四方】」よりも意味は強まる。〔⇒**しほう**【四方】、**はっぽう**【八方】〕

しぼむ【萎む】《動詞・マ行五段活用》　①ふくらんでいたものが、小さくなって縮む。大きかったり生き生きしたりしていたものが、小さくなって縮む。ぺしゃんこになる。「じてんしゃ(自転車)・の・　たいや(タイヤ)・の・　くーき(空気)・が・　ぬ(抜)け・て・　しぼん・だ。」②

し

開いていた花が、水分を失って閉じたり小さくなったりする。「かびん(花瓶)・の・　はな(花)・が・　しぼん・でき・た。」③ものの一方が、他の部分よりも、狭く小さくなる。「ある(歩)い・とっ・た・　みち(道)・が・　だんだん・　しぼん・でいっ・た。」■他動詞は「しぼめる【萎める、(窄める)】」〔⇒**すぼむ**【(萎む)】、**しゅぼむ**【(萎む)】。①⇒**へこむ**【凹む】、**へっこむ**【凹っ込む】。②⇒**しおれる**【萎れる】、**ひしぼる**【干しぼる】、**へしぼる**【(干しぼる)】〕

しぼめる【(窄める)】《動詞・マ行下一段活用》　開いていたり、ふくらんでいたりしたものを狭く小さくする。「くち(口)・を・　しぼめ・て・　くちぶえ(口笛)・を・　な(鳴)らす。」■自動詞は「しぼむ【萎む、(窄む)】」〔⇒**すぼめる**【窄める】、**しゅぼめる**【(窄める)】〕

しぼり【絞り】《名詞》　布のところどころを糸でくくり、染め残した部分が模様になるようにしたもの。また、そのような染め方。「しぼり・の・　ゆかた(浴衣)・を・　き(着)る。」〔⇒**しぼりぞめ**【絞り染め】〕

しぼりぞめ【絞り染め】《名詞》　布のところどころを糸でくくり、染め残した部分が模様になるようにしたもの。また、そのような染め方。「しぼりぞめ・の・　てぬぐい(手拭)・を・　あたま(頭)・に・　ま(巻)く。」〔⇒**しぼり**【絞り】〕

しぼる【絞る、搾る】《動詞・ラ行五段活用》　①強くねじったり押さえつけたりして、それに含まれている水気や液体を出させる。「ばけつ(バケツ)・で・　ぞーきん(雑巾)・を・　しぼる。」「うし(牛)・の・　ちち(乳)・を・　しぼる。」②無理に取り立てる。「ぜーきん(税金)・を・　しぼっ・て・　と(取)ら・れる。」③厳しく鍛える。その能力を最大限に発揮させようとする。「やきゅーぶ(野球部)・で・　いちにちじゅー(一日中)・　しぼら・れる。」■名詞化＝**しぼり**【絞り】

しま【縞】《名詞》　染め糸を使って縦糸と横糸を織り出して、筋になっている織物の模様。「しま・の・　もよー(模様)・の・　ゆにほーむ(ユニホーム)・を・　き(着)る。」

しま【島】《名詞》　周りを水で囲まれた、比較的小さな陸地。「いえしま(家島)・の・　よこ(横)・に・　ある・　しま・で・　きゃんぷ(キャンプ)・を・　する。」「しお(潮)・が・　に(満)っ・てき・て・　すなはま(砂浜)・が・　しま・に・　なっ・て・　のこ(残)っ・とる。」

しま【島】《固有名詞》　地名の「えいがしま【江井ヶ島】」を指す言葉。「しま・に・　しんせき(親戚)・が・　ある。」　**［巻末「わが郷土」の「しま」の項を参照］**

しまい【姉妹】《名詞》　姉または妹。姉と妹。また、その間柄。「あそこ・の・　いえ(家)・は・　さんにん(三人)しまい・や。」■対語＝「きょうだい【兄弟】」〔⇒**おんなきょうだい**【女兄弟】〕

しまい【終い】《名詞》　①続いていたものが途切れたりなくなったりすること。また、そのようなとき。「もー・これで・　きょー(今日)・は・　しまい・に・　しょ・ー。」「ここ・が・　ぎょーれつ(行列)・の・　しまい・や。」②ものごとが駄目になること。「じしん(地震)・で・　なん(何)もかも・　しまい・や・と・　おも(思)・た・けど・なん(何)とか・　た(立)ちなおっ・た。」③食事などの後始末。後片づけ。「しまい・を・　きちんと・　せ・な・あか・ん・やろ。」〔①②⇒**おわり**【終わり】、**おしまい**【お終い】。③⇒**しまいごと**【終い事】〕

しまい〔じまい〕【終い】《接尾語》［動詞の連用形に付く］　それが最後の機会であったということを表す言葉。「みまい(見舞)・に・　い(行)っ・た・　とき(時)・が・　かお(顔)・の・　み(見)じまい・やった。」「ごねんまえ(五年前)・が・　ぜんこくたいかい(全国大会)・へ・の・　で(出)じまい・やっ・てん。」■対語＝「はじめ【初め、始め】」

しまいごと【終い事】《名詞、動詞する》　食事などの後始末。後片づけ。「しまいごとし・て・から・　てれび(テレビ)・を・　み(見)る。」〔⇒**しまい**【終い】〕

しまいごろ【終い頃】《名詞》　その期間や時代が、それから先はないというあたり。「ふゆやす(冬休)み・の・　しまいごろ・に・　あわ(慌)て・て・　しゅくだい(宿題)・を・　する。」「しあい(試合)・の・　しまいごろ・は・　だらけ・ても・た。」■対語＝「はじめごろ【初め頃】」〔⇒**おわりごろ**【終わり頃】〕

しまう【終う、仕舞う】《動詞・ワア行五段活用》　①取り組んでいることを終わりにする。仕事を終える。「きょー(今日)・の・　しごと(仕事)・は・　これ・で・　しまい・まほ。」②元の位置に片付ける。元の様子に復元する。「どーぐ(道具)・を・　はこ(箱)・の・　なか(中)・に・　しまう。」〔②⇒**なおす**〕

しまうま【縞馬】《名詞》　アフリカにすむ、全身に白と黒の縞のある馬。「どーぶつえん(動物園)・で・　しまうま・を・　み(見)・た。」〔⇒**しまんま**【(縞馬)】〕

しまつ【始末】《名詞、動詞する》　何かをすることによって汚れたり散らかったりしたものなどを元通りに整理すること。混乱した物事に決着をつけること。他人の行った、良くないことがらを収拾すること。「お(落)ち・とる・　ごみ(塵)・を・　しまつする。」「この・　もんだい(問題)・を・　しまつせ・なんだら・　とし(年)・が・　こ(越)さ・れ・へん。」「かじ(火事)・を・　だ(出)さ・ん・よーに・　ひ(火)ー・の・　しまつ・を・　する。」〔⇒**あとしまつ**【後始末】、**あとかたづけ**【後片付け】、**かたづけ**【片付け】〕

しまつ《形容動詞や(ナ)、動詞する》　お金を無駄使いしない様子。浪費しないで、倹約している様子。「しまつな・　しと(人)・は・　かね(金)・が・　た(貯)まる。」「しまつし・て・　ちょきん(貯金)する。」

しまへん《助動詞》［動詞や助動詞の未然形に付く］　前にある言葉を打ち消すときに使う言葉。打ち消しの意味を、丁寧な気持ちを添えて表現する言葉。「あめ(雨)・が・　ふ(降)っ・てき・た・さかい・　い(行)か・れ・しまへん。」「あした(明日)・は・　どこ・へ・も・　い(行)か・しまへん。」「そんな・　こと・は・　せー・しまへん。」◆「する」という動詞＋丁寧の意味の助動詞＋打ち消しの助動詞から成り立って、それが熟したものである。動詞や助動詞に接続し、形容詞や形容動詞には接続しない。形容詞の打ち消しは「まぶし・あら・しまへん」、形容動詞の打ち消しは「元気や・あら・しまへん」というように、「あら」を介してつながる。〔⇒**しやへん**、**まへん**〕

しまり【締まり】《名詞》　①弛みがないこと。緊張感があること。「かお(顔)・に・　しまり・の・　ある・　ひと(人)・は・　しんよー(信用)・が・　でける。」「しまり・の・　え(良)ー・　ねじ(螺子)・で・　あんしん(安心)や。」②ものごとの決着。「はなし(話)・に・　しまり・を・　つける。」

しまる【閉まる】《動詞・ラ行五段活用》　①すき間のないように閉じる。「かぜ(風)・で・　と(戸)ー・が・　ぴしゃんと・　しまる。」②活動が終わる。店などが営業していない。「きょー(今日)・は・　ひゃっかてん(百貨店)・が・　しまっ・とる。」■対語①＝「ひらく【開く】」■他動詞は「しめる【閉める】」

しまる【締まる、絞まる】《動詞・ラ行五段活用》 ①力が加わって、緩みがなくなる。きつくなる。「ふた(蓋)・が・　しまっ・て・　あ(開)け・にくい。」「しまっ・た・　たいかく(体格)・の・　ひと(人)・や・なー。」②相手にすきを見せない。「もー・　ちょっと(一寸)・　しまっ・た・　しあい(試合)・に・　せ・な・　おもろ(面白)ない。」③酢や塩によって、魚の身が少し堅くなる。「つ(浸)け・とい・たら・　しまっ・た・　み(身)ー・に・　なっ・た。」■他動詞は「しめる【締める、絞める】」■対語＝「ゆるむ【緩む】」■名詞化＝**しまり**【締まり、絞まり】

じまん【自慢】《名詞、動詞する》 自分に関することの良さを他人に示して得意になること。「あし(足)・の・　はや(速)い・　こと・を・　じまんする。」

しまんま【(縞馬)】《名詞》 アフリカにすむ、全身に白と黒の縞のある馬。「しまんま・の・　もよー(模様)・の・　おーだんほどー(横断歩道)・を・　わた(渡)る。」〔⇒**しまうま**【縞馬】〕

しみ【染み】《名詞》 ①油や汁などが付いて、汚れたところ。また、その汚れ。「しょーゆー(醤油)・が・　こぼ(零)れ・て・　ずぼん(ズボン)・に・　しみ・が・　つ(付)い・た。」②皮膚にできる茶色の斑点。「とし(歳)・を・　とっ・て・　かお(顔)・に・　しみ・が・　でけ(出来)・た。」

しみ【紙魚】《名詞》 本や着物などを食い荒らす、銀白色の小さな虫。「ふる(古)い・　ほん(本)・を・　あ(開)け・たら・　しみ・が・　ほ(這)ー・とっ・た。」

じみ【地味】《形容動詞や(ナ)》 ①姿形、図柄、色使いなどに目立ったところがなく落ち着いている様子。「じみな・　いろ(色)・の・　え(絵)・や・なー。」②着る人の年齢に比べて着物などが年寄りっぽい様子。「どーそーかい(同窓会)・や・さかい・　じみな・　ふく(服)・は・　や(止)め・とく。」③性格や行動などに飾り気がなく、落ち着いている様子。他に比べて目立たない様子。「じみな・　ひと(人)・や・さかい・　みんな(皆)・に・は・　し(知)ら・れ・とら・へん。」■対語＝「はで【派手】」

しみこむ【染み込む】《動詞・マ行五段活用》 液体やにおいなどが深く広がり、取り除けないような状態になる。水分などが表面に残らず、深いところに達する。「みず(水)・を・　ま(撒)い・た・けど・　じっき(直)に・　しみこん・でも・た。」〔⇒**しゅみこむ**【(染み込む)】〕

じみち【地道】《形容動詞や(ナ)》 しっかりした姿勢で、物事に取り組む様子。手堅く着実である様子。「じみちに・　やっ・とっ・たら・　そのうち・　なんとか・　なる・やろ。」

しみとおる〔**しみとーる**〕【染み通る】《動詞・ラ行五段活用》 ①熱さ冷たさ、風味などが体の中まで強く感じられる。「は(歯)ー・に・　しみとーる・ほど・　つめ(冷)たい・　あいすくりーむ(アイスクリーム)・や。」②痛みを感じて、体にこたえる。「むしば(虫歯)・が・　しみとーる。」〔⇒**しゅみとおる**【(染み通る)】。②⇒**しむ**【染む】、**しゅむ**【(染む)】〕

じみょう〔**じみょー**〕【(寿命)】《名詞》 ①生きている間。生命の長さ。「にほんじん(日本人)・の・　じみょー・が・　の(伸)び・た。」②物が役に立って使える期間。「でんち(電池)・の・　じみょー・は・　さんねんかん(三年間)・ぐらい・や。」③物が壊れて使えなくなるとき。「この・　わーぷろ(ワープロ)・は・　もー・　じみょー・みたいや。」〔⇒**じゅみょう**【寿命】。①⇒**いのち**【命】〕

しむ【染む】《動詞・マ行五段活用》 ①水や液体が周囲に広がって、内部に及んでいく。食べ物の中に味などがしっかりついている。「この・　かんとだき(関東炊)・は・　よー・　あじ(味)・が・　しみ・とる。」②痛みを感じて、体にこたえる。「むしば(虫歯)・が・　しみ・て・　いた(痛)い。」「ぬりぐすり(塗薬)・が・　しむ。」③心に深く感じる。「むね(胸)・に・　しむ・　えーが(映画)・やっ・た。」〔⇒**しゅむ**【(染む)】。②⇒**しみとおる**【染み通る】、**しゅみとおる**【(染み通る)】〕

じむ【事務】《名詞》 ①主に机の上でする、書類などを扱う仕事。「しごと(仕事)・は・　へや(部屋)・の・　なか(中)・で・　する・　じむ・や。」②書類などを扱う仕事をする人。「じむ・の・　ひと(人)・に・　たの(頼)ん・でください。」〔②⇒**じむいん**【事務員】〕

じむいん【事務員】《名詞》 書類などを扱う仕事をする人。「じむいん・で・　かいしゃ(会社)・に・　つと(勤)め・とる・ねん。」〔⇒**じむ**【事務】〕

じむしょ【事務所】《名詞》 書類などを扱う仕事をするところ。「にかい(二階)・が・　じむしょ・に・　なっ・とる。」

しめい〔**しめー**〕【氏名】《名詞》 苗字と名前。「はじ(初)め・に・　あんた・の・　しめー・を・　か(書)い・てください。」

しめかざり【注連飾り】《名詞》 正月を迎えるために、あるいは神聖な場所であることを示すために、神社、家の入り口、神棚などに張る、藁で作った縄。「わら(藁)・で・　しめかざり・を・　こしら(拵)える。」〔⇒**しめなわ**【注連縄】、**しめかだり**【(注連飾り)】、**かざり**【飾り】、**かだり**【(飾り)】、**おしめ**【お注連】〕

しめかだり【(注連飾り)】《名詞》 正月を迎えるために、あるいは神聖な場所であることを示すために、神社、家の入り口、神棚などに張る、藁で作った縄。「しめかだり・に・　だいだい(橙)・を・　つ(付)ける。」〔⇒**しめなわ**【注連縄】、**しめかざり**【注連飾り】、**かざり**【飾り】、**かだり**【(飾り)】、**おしめ**【お注連】〕

しめきり【締切】《名詞》 期限や数などの制限をして、取り扱いをそれで終わりにすること。また、設定した期限や数。「しょるい(書類)・を・　だ(出)す・ん・は・　あした(明日)・が・　しめきり・や。」

しめきる【締め切る】《動詞・ラ行五段活用》 期限や数などの制限をして、取り扱いをそれで終わりにする。受け付けることを終わる。「ぼしゅー(募集)・は・　きのー(昨日)・で・　しめきり・まし・た。」■名詞化＝**しめきり**【締め切り】

しめきる【閉め切る】《動詞・ラ行五段活用》 ①入口・窓・戸などをぴったり閉ざす。また、閉ざしたままにしておく。「かぜ(風)・が・　はい(入)ら・ん・よーに・　まど(窓)・を・　しめきる。」②閉ざして行き来をさせない。「かいぎちゅー(会議中)・は・　へや(部屋)・を・　しめきる。」■名詞化＝**しめきり**【閉め切り】

しめくくり【締め括り】《名詞》 まとまりや決着をつけること。ものごとのいちばん終わりの部分。「しめくくり・を・　じょーず(上手)に・　やら・なんだら・　また・　も(揉)める・ぞ。」

しめくくる【締め括る】《動詞・ラ行五段活用》 まとまりや決着をつけて終わりにする。「じょーず(上手)に・　はなし(話)・を・　しめくくる。」■名詞化＝**しめくくり**【締め括り】

しめじ【占地】《名詞》 多くまとまって株をつくる、薄い灰色で、柄は下部が太くて白い茸。「しめじ・を・　いた(炒)め・て・　おかず・に・　する。」

じめじめ《副詞と、動詞する》 ①ものが水分を含んでいたり、自分が汗をかいたりしている様子。また、それによって不快さを感じる様子。「つゆ(梅雨)・で・　じめじめし・とる・の・が・　いや(嫌)や・なー。」②言動や性格などが陰気である様子。「じめじめし・た・　もの・の・　い(言)ーかた・を・　する・　ひと(人)・や。」〔①⇒**じっとり、じとじと**〕

しめす【湿す】《動詞・サ行五段活用》　水気を帯びさせる。軽く濡らす。「たおる(タオル)・を・　しめし・て・　かお(顔)・を・　ふ(拭)く。」■自動詞は「しめる【湿る】」〔⇒**しめらす**【湿らす】〕

しめだす【閉め出す、締め出す】《動詞・サ行五段活用》　①門や扉などを閉ざして、中に入れないようにする。「おく(遅)れ・ていっ・て・　かいじょー(会場)・から・　しめださ・れ・ても・た。」②よそ者などを排斥する。「よーちえん(幼稚園)・の・　こ(子)・も・　しめださ・んと・　いっしょ(一緒)に・　あそ(遊)ん・だり・なはれ。」■名詞化＝**しめだし**【閉め出し、締め出し】

しめなわ【注連縄】《名詞》　正月を迎えるために、あるいは神聖な場所であることを示すために、神社、家の入り口、神棚などに張る、藁で作った縄。「しょーがつ(正月)・に・　かざ(飾)る・　しめなわ・を・　こ(買)ー・てき・た。」〔⇒**しめかざり**【注連飾り】、**しめかだり**【(注連飾り)】、**かざり**【飾り】、**かだり**【(飾り)】、**おしめ**【お注連】〕

しめらす【湿らす】《動詞・サ行五段活用》　水気を帯びさせる。軽く濡らす。「しめらし・て・　きって(切手)・を・　は(貼)る。」■自動詞は「しめる【湿る】」〔⇒**しめす**【湿す】〕

しめり【湿り】《名詞》　①空気やものの中に含まれている水分。ものが水気を帯びていること。「にわ(庭)・に・　しめり・が・　ない・ので・　ほこり(埃)・が・　たち・やすい。」②雨が降ること。「きのー(昨日)・は・　え(良)ー・　しめり・が・　あっ・た。」〔①⇒**しめりけ**【湿り気】、**しっけ**【湿気】〕

しめりけ【湿り気】《名詞》　空気やものの中に含まれている水分。ものが水気を帯びていること。「しめりけ・が・　すけ(少)ない・さかい・　のど(喉)・が・　かわ(乾)く。」〔⇒**しめり**【湿り】、**しっけ**【湿気】〕

しめる【閉める】《動詞・マ行下一段活用》　①開いていたものを閉じる。「かどぐち(門口)・を・　しめる。」②店などが営業をやめる。「ねんまつ(年末)・で・　みせ(店)・を・　しめる。」■自動詞は「しまる【閉まる】」■対語＝「あける【開ける】」「ひらく【開く】」

しめる【湿る】《動詞・ラ行五段活用》　①空気などに含まれている水分が増える。ものが水気を帯びる。「いえ(家)・の・　なか(中)・が・　しめっ・て・　かび(黴)・が・　は(生)え・た。」②雨が降る。「きのー(昨日)・は・　ひさ(久)しぶりに・　しめっ・て・　すず(涼)しなっ・た。」■他動詞は「しめらす【湿らす】」「しめす【湿す】」■名詞化＝**しめり**【湿り】

しめる【締める、絞める】《動詞・マ行下一段活用》　①強い力を加えて、緩みをなくす。きつくする。「ねじ(螺子)・を・　しめる。」②堅く結ぶ。きつく縛る。「きもの(着物)・を・　き(着)・て・　おび(帯)・を・　しめる。」「ねくたい(ネクタイ)・を・　しめる。」③無駄遣いをしない。「こんげつ(今月)・は・　ちょっと・　しめ・とか・んと・　いか・ん・ねん。」④酢や塩を使って、魚の身が少し堅くなるようにする。「さば(鯖)・を・　しめる。」⑤区切りをつける。合計する。「しめ・て・　ごせんえん(五千円)・に・　なり・ます。」「げつまつ(月末)・に・　かいけー(会計)・を・　しめる。」⑥家畜などを、殺す。「とり(鶏)・を・　しめ・て・　すきや(鋤焼)き・に・　する。」■自動詞は「しまる【締まる、絞まる】」■対語＝「ゆるめる【緩める】」■名詞化＝**しめ**【締め、絞め】

じめん【地面】《名詞》　土地の表面。土の上。「じめん・から・　くさ(草)・の・　め(芽)ー・が・　で(出)る。」「みち(道)・が・　ほそー(舗装)さ・れ・とら・ん・　ころ(頃)・は・　じめん・に・　じ(字)ー・を・　か(書)い・て・　あそ(遊)ん・だり・　し・た。」〔⇒**じべた**【地べた】、**あだべた**〕

しも【下】《名詞》　①水の流れていく低い方。「しも・へ・　なが(流)す・　げすいかん(下水管)・が・　つ(詰)まっ・た。」②都(京都)から遠い方角としての西の方、または南の方。「たかさご(高砂)・の・　まち(町)・は・　しも・の・　ほー(方)・に・　あり・ます。」③中心から遠ざかるところ。地位の低い方。下位の席。「かいぎしつ(会議室)・で・　しも・に・　すわ(座)る。」④ものごとをいくつかに分けたものの後ろの部分。「ろくがつ(六月)・の・　しも・は・　つゆ(梅雨)・の・　さいちゅー(最中)・や。」⑤排便に関すること。「しも・の・　せわ(世話)・を・　する。」■対語＝「かみ【上】」〔①②③⇒**しもて**【下手】〕

しも【霜】《名詞》　空気中の水蒸気が、地面やものに付いて凍ったもの。「やね(屋根)・に・　しも・が・　おり・て・　まっしろ(白)に・　なっ・た。」「れーぞーこ(冷蔵庫)・に・　しも・が・　つい・とる。」

しもざ【下座】《名詞》　下位の人や目下の人などが座る席。「しもざ・に・　すわ(座)ら・し・てもらい・ます。」■対語＝「かみざ【上座】」

しもた《感動詞》　失敗したり、残念に感じたりしたときに、口に出る言葉。「しもた。びん(瓶)・を・　わ(割)っ・ても・た。」

しもて【下手】《名詞》　①水の流れていく低い方。「しもて・に・　いけ(池)・を・　つく(作)る。」②都(京都)から遠い方角としての西の方、または南の方。「さんよーでんしゃ(山陽電車)・で・は・　しもて・は・　あぼし(網干)・まで・　い(行)ける・ねん。」③中心から遠ざかるところ。地位の低い方。下位の席。「しもて・の・　せき(席)・に・　すわ(座)ら・せ・たら・　しつれー(失礼)やろ。」■対語＝「かみて【上手】」〔⇒**しも**【下】〕

しもばれ【霜腫れ】《名詞、動詞する》　寒さのために、手足や耳などが赤く腫れて、痒みや痛みを感じるようになること。「しもばれ・で・　かわいそーな・　て(手)ー・を・　し・とる。」〔⇒**しもやけ**【霜焼け】〕

しもやけ【霜焼け】《名詞、動詞する》　寒さのために、手足や耳などが赤く腫れて、痒みや痛みを感じるようになること。「しもやけ・に・　なっ・て・　かい(痒)ー・　かい(痒)ー。」〔⇒**しもばれ**【霜腫れ】〕

じゃ《助動詞》　①その内容を肯定できると判断して、はっきりと強く言い切る(断定)ときに使う言葉。「そら・　そー・じゃ。」②疑問の気持ちを表すときに使う言葉。「それ・は・　どこ・で・　こ(買)ー・た・ん・じゃ。」③相手に対して説明したり、命令したりするするときに使う言葉。「そんな・　こと・は・　じぶん(自分)・で・　かんが(考)える・ん・じゃ。」「なに(何)・を・　ゆ(言)ー・とる・ん・じゃ。」〔⇒**や**〕

じゃあじゃあ〔**じゃーじゃー**〕《副詞と》　水などが盛んに流れる様子。また、その音。「すいどーかん(水道管)・から・　みず・が・　じゃーじゃー・　も(漏)っ・とる。」「てんじょー(天井)・から・　あめ(雨)・が・　じゃーじゃーと・　なが(流)れ・てくる。」

しゃあない〔**しゃーない**〕【(仕様ない)】《形容詞・特殊型》　①どうすることもできない。他によい方法がない。

「こっち・に・　お（落）ちど・が・　ある・ん・や・さかい・　あやま（謝）る・しか・　しゃーない。」②やむを得ない。反論できない。「みんな・が・　きふ（寄付）する・ん・や・さかい・　うち・も・　だ（出）さ・んと・　しゃーない・なー。」③望ましくない。してはいけない。値打ちがない。意味がない。「どない・も・　こない・も・　しゃーない・　こと・に・　なっ・た。」「やす（安）い・けど・　しゃーない・　しなもん（品物）・や。」「あと（後）・から・　い（言）ーわけ・を・　ゆ（言）ー・ても・　しゃーない・やろ。」④気持ちがおさまらない。たまらない。「はら（腹）・が・　た（立）っ・て・　しゃーない・ねん。」〔⇒**しょう（が）ない【仕様（が）ない】、しょがない【**（仕様がない）**】**〕

シャープペン〔**しゃーぷぺん**〕【英語＝ sharp pencil】《名詞》　中にある芯を少しずつ繰り出して使う鉛筆。「しゃーぷぺん・の・　しん（芯）・が・　お（折）れ・た。」◆短く「シャーペン」「シャープ」と言うこともある。

しやい【（試合）】《名詞、動詞する》　運動競技などで、技の優劣や得点の上下で、勝ち負けを競い合うこと。「そふと（ソフト）・の・　しやい・に・　で（出）る。」〔⇒**しあい【試合】、ゲーム【英語＝ game】**〕

じゃいけん【じゃい拳】《名詞、動詞する》　片手で作る、握りこぶしの形（「ぐう」）、2本の指を突き出す形（「ぴい」）、5本の指を全部開く形（「ぱあ」）を出し合って、勝敗を決めるやり方。「わし・は・　じゃいけん・は・　よわ（弱）い・ねん。」「じゃいんけん・に・　ま（負）け・て・　かいもん（買物）・に・　い（行）か・さ・れ・た。」〔⇒**じゃんけん【じゃん拳】、どっこん、どっこんで、ぐうぴいぱあ**〕

じゃいけんほい【じゃい拳ほい】《感動詞》　片手で作る、握りこぶしの形（「ぐう」）、2本の指を突き出す形（「ぴい」）、5本の指を全部開く形（「ぱあ」）を出し合って、勝敗を決めるときに、みんなでかける声。「じゃいけんほい。あいこ・で・　ほい。」〔⇒**じゃんけんぽん【じゃん拳ぽん】、じゃんけんほい【じゃん拳ほい】、じゃいけんぽん【じゃい拳ぽん】、どっこんで**〕

じゃいけんぽん【じゃい拳ぽん】《感動詞》　片手で作る、握りこぶしの形（「ぐう」）、2本の指を突き出す形（「ぴい」）、5本の指を全部開く形（「ぱあ」）を出し合って、勝敗を決めるときに、みんなでかける声。「じゃいけんぽん。もいっかい（一回）・　ぽん。」〔⇒**じゃんけんぽん【じゃん拳ぽん】、じゃんけんほい【じゃん拳ほい】、じゃいけんほい【じゃい拳ほい】、どっこんで**〕

しゃいん【社員】《名詞》　会社に勤めている人。「つと（勤）め・とる・ん・は・　しゃいん・が・　ごひゃくにん（五百人）・も・　おる・　かいしゃ（会社）・や。」

しゃかい【社会】《名詞》　①人々が組織を作り、共同生活をしている集まり。世の中。世間。「しゃかい・で・　つーよー（通用）する・よーに・　せ・な・　あか・ん。」②地理・歴史・公民・政治経済などにわたることがらを教える、小学校、中学校の教科の名。「しゃかい・の・　てんすー（点数）・は・　よ（良）かっ・てん。」〔②⇒**しゃかいか【社会科】**〕

しゃかいか【社会科】《名詞》　地理・歴史・公民・政治経済などにわたることがらを教える、小学校、中学校の教科の名。「しゃかいか・で・　れきし（歴史）・を・　べんきょー（勉強）する。」〔⇒**しゃかい【社会】**〕

じゃがいも【馬鈴薯】《名詞》　夏に白または薄紫色の花が咲き、地下にできる握りこぶしぐらいの芋を食用にする作物。「じゃがいも・を・　つぶ（潰）し・て・　ころっけ（コロッケ）・を・　つく（作）る。」

しゃかしゃか《副詞と、動詞する》　①ものが擦れ合って、小刻みに音がする様子。また、その音。「まめ（豆）・を・　つつ（筒）・に・　い（入）れ・て・　しゃかしゃか・　ふ（振）る。」②ものの言い方や態度が、はっきりして要領がよい様子。つかえたりためらったりすることなく、言葉や態度に表す様子。「あの・　ひと（人）・は・　じぶん（自分）・から・　すす（進）ん・で・　しゃかしゃかと・　うご（動）きまーる・なー。」〔②⇒**はきはき、ちゃきちゃき、しゃきしゃき**〕

じゃかましい〔**じゃかましー**〕【（喧しい）】《形容詞・イイ型》　①声や音が大きく騒がしくて、気持ちが落ち着かない。騒がしくて我慢ができない。「くるま（車）・が・　とー（通）っ・て・　じゃかましー・　とこ（所）・や。」②他の人の行動などに対して、細かいことまで言って、指示や拘束をする度合いが高い。「じゃかましー・に・　さしず（指図）・を・　し・やがっ・た。」◆「やかましい【喧しい】」の発音が崩れた形であるが、「やかましい」よりも、腹立たしさや苛立たしさが強いときに使う傾向がある。〔⇒**やかましい【喧しい】、うるさい【煩い】。①⇒そうぞうしい【騒々しい】**〕

しやがる《動詞・ラ行五段活用》「する」のぞんざいな言い方。「おまえ（前）・の・　す（好）きな・よーに・　しやがれ。」◆動詞「する」に補助動詞「やがる」が続いた「しやがる」が一語に熟した言葉である。〔⇒**さらす**〕

しゃかん【（左官）】《名詞》　壁塗りなどを専門にしている職人。「しゃかんさん・は・　やっぱり・　ぬ（塗）る・の・が・　うま（上手）い。」〔⇒**さかん【左官】**〕

しゃきしゃき《副詞と、動詞する》　①歯触りや歯切れの良い様子。また、その音。「しゃきしゃきし・た・　きゃべつ（キャベツ）・を・　く（食）う。」②ものの言い方や態度が、はっきりして要領がよい様子。つかえたりためらったりすることなく、言葉や態度に表す様子。「ひと（人）・に・　い（言）わ・れ・ん・でも・　しゃきしゃき・　うご（動）く・　ひと（人）・は・　りっぱ（立派）や・なー。」〔②⇒**はきはき、ちゃきちゃき、しゃかしゃか**〕

しやく《動詞・ヤ行五段活用》　①あちらこちらで、何かをしてまわる。「ひま（暇）な・　とき（時）・に・は・　あっちこっち・で・　しゃせー（写生）・を・　しやい・とり・ます・ねん。」②相手の行為を非難するときに使う言葉で、「する」を意味する。「そんな・　こと・を・　しやい・たら・　ひと（人）・が・　めーわく（迷惑）する・やない・か。」〔①⇒**しやるく【**（し歩く）**】、しあるく【し歩く】。②⇒しくさる**〕

しゃく【杓】《名詞》　筒または椀のような形のものに柄を取り付けた、水を汲む道具。「しゃく・で・　みち（道）・に・　みず（水）・を・　ま（撒）く。」

しゃく【尺】《名詞》　①ものの長さや幅。「あんた・の・　いえ（家）・の・　まえ（前）・の・　みち（道）・の・　しゃく・は・　どれ・ぐらい・　あり・まん・の。」②長さを測ったり、あてがって直線を引いたりするするときに使う、横に長い道具。「そこ・に・　ある・　しゃく・を・　と（取）っ・てくれ・へん・か。」③尺貫法での長さの単位で、1尺は30.3センチにあたる長さ。「ろく（六）しゃく・の・　ふんどし（褌）・を・　し（締）める。」〔②⇒**ものさし【物差し】、さし【差し】、せんひき【線引き】、じょうぎ【定規】**〕

しゃく【勺】《名詞》　尺貫法で容積を表す単位であり、1勺はおよそ0.018リットル（すなわち、18ミリリットル）の量。「ひちごー（七合）ご（五）しゃく・の・　こめ（米）・を・　た（炊）く。」◆「ごう【合】」のひとつ下の単位である。

しやくしょ【市役所】《名詞》 市長がいて、地方公共団体である市が行政事務を取り扱うところ。「しやくしょ・で・ こせきとーほん(戸籍謄本)・を・ と(取)る。」

しゃくとりむし【尺取り虫】《名詞》 細長い体を曲げたり伸ばしたりして進む、蛾の幼虫。「しゃくとりむし・が・ は(葉)・の・ うえ(上)・に・ おる。」

しゃくはち【尺八】《名詞》 竹の根元の部分で作った、長さが1尺8寸(およそ55センチ)ある縦笛。「しゃくはち・の・ れんしゅー(練習)・を・ し・た・けど・ じょーず(上手)に・ なら・なんだ。」

しゃくや【借家】《名詞》 ①人から借りて住んでいる家。「いえ(家)・を・ た(建)て・て・ しゃくや・から・ で(出)る。」②人に貸すための家。「あそこ・は・ しゃくや・を・ ぎょーさん(仰山)・ も(持)っ・とる・ かねも(金持)ち・や。」

しゃくやく【芍薬】《名詞》 夏の初めに赤や白の大きな花が咲く、牡丹に似た草花。「せ(背)ー・の・ たか(高)い・ しゃくやく・の・ はな(花)・が・ さ(咲)い・とる。」

しゃくる《動詞・ラ行五段活用》 ①力まかせに、ぐいぐいと引っ張る。急に引っ張る。「その・ さお(竿)・を・ おー(大)けな・ さかな(魚)・が・ しゃくっ・とる・ぞ。」②息を急に吸い込むような動作を繰り返しながら泣く。「かわいそー(可哀想)に・ しゃくっ・て・ ない・とる・がな。」③下からすくうように動かす。「あご(顎)・で・ しゃくっ・て・ めーれー(命令)し・やがっ・た。」〔②⇒**なきじゃくる【泣きじゃくる】**〕

じゃくろ【(石榴)】《名詞》 夏のはじめに花が咲き、秋に酸っぱくて球状の熟した種が食べられる庭木。「じゃくろ・が・ はぜっ(=はじけ)・て・ なか(中)・の・ み(実)ー・が・ み(見)え・とる。」〔⇒**ざくろ【石榴】**〕

しゃけ【(鮭)】《名詞》 寒いところの川で生まれ、海に下って育ち、再びその川をさかのぼる、淡紅色の肉をした体長の大きな魚。「あらまき(荒巻)・の・ しゃけ・を・ も(貰)ろ・た。」〔⇒**さけ【鮭】**〕

しゃこ【車庫】《名詞》 電車やバスや乗用車などを入れておく、建物やスペース。「さんよーでんしゃ(山陽電車)・は・ むかし(昔)・ にっしんまち(西新町)・に・ しゃこ・が・ あっ・た・ん・や。」

しゃこ【蝦蛄】《名詞》 海老に似ているが平たく腹部の広い、浅い海にすむ動物。「しゃこ・を・ てんぷら(天麩羅)・に・ する。」〔⇒**しゃこえび【蝦蛄蝦】**〕

じゃこ【雑魚】《名詞》 ①いろいろな種類が入り交じった、小さな魚。値打ちの低い魚。また、それを干した食べ物。「あみ(網)・に・ じゃこ・が・ いっぱい(一杯)・ はい(入)っ・た。」②つまらない者。地位の低い者。「じゃこ・の・ あいて(相手)・に・ なっ・ても・ しょがない。」〔⇒**ざこ【雑魚】**〕

しゃこえび【蝦蛄蝦】《名詞》 海老に似ているが平たく腹部の広い、浅い海にすむ動物。「しゃこえび・を・ ゆ(茹)で・て・ かわ(皮)・を・ む(剥)く。」〔⇒**しゃこ【蝦蛄】**〕

じゃことり【雑魚捕り】《名詞、動詞する》 いろいろな種類の小さな魚を、網などで捕ること。「たんぼ(田圃)・の・ みぞ(溝)・で・ じゃことりする。」

しゃじ【(匙)】《名詞》 液体や粉末の食べ物をすくい取るための、小皿のような頭部に柄をつけた小さな道具。「おかい(粥)さん・を・ しゃじ・で・ た(食)べる。」〔⇒**さじ【匙】、スプーン【英語＝spoon】**〕

しゃしゃき【(榊)】《名詞》 山地に生える常緑で背の低い木で、香気があり、枝を仏に供える木。「ひがん(彼岸)・の・ まえ(前)・に・ やま(山)・で・ しゃしゃき・を・ と(採)っ・てくる。」〔⇒**しきび【(樒)】**〕

じゃじゃもり〔じゃーじゃーもり〕【じゃじゃ漏り】《形容動詞や(ノ)、動詞する》 液体が隙間や穴などから盛んに出続けること。雨水などが激しくあふれ落ちること。「すいどー(水道)・が・ はれつ(破裂)し・て・ じゃじゃもりに・ なっ・とる。」〔⇒**ざざもり【ざざ漏り】、ざざもれ【ざざ漏れ】、ざんざんもり【ざんざん漏り】、ざんざんもれ【ざんざん漏れ】、じゃじゃもれ【じゃじゃ漏れ】、じゃんじゃんもり【じゃんじゃん漏り】、じゃんじゃんもれ【じゃんじゃん漏れ】、だだもり【だだ漏り】、だだもれ【だだ漏れ】、だんだんもり【だんだん漏り】、だんだんもれ【だんだん漏れ】**〕

じゃじゃもれ〔じゃーじゃーもれ〕【じゃじゃ漏れ】《形容動詞や(ノ)、動詞する》 液体が隙間や穴などから盛んに出続けること。雨水などが激しくあふれ落ちること。「たる(樽)・が・ はっしゃい・で・ みず(水)・を・ い(入)れ・たら・ じゃじゃもれし・た。」〔⇒**ざざもり【ざざ漏り】、ざざもれ【ざざ漏れ】、ざんざんもり【ざんざん漏り】、ざんざんもれ【ざんざん漏れ】、じゃじゃもり【じゃじゃ漏り】、じゃんじゃんもり【じゃんじゃん漏り】、じゃんじゃんもれ【じゃんじゃん漏れ】、だだもり【だだ漏り】、だだもれ【だだ漏れ】、だんだんもり【だんだん漏り】、だんだんもれ【だんだん漏れ】**〕

しゃしょう〔しゃしょー〕【車掌】《名詞》 鉄道の車内でドアの開閉や乗客に向かっての案内・世話などをする人。「しゃしょー・が・ ふえ(笛)・を・ ふ(吹)い・た。」

しゃしん【写真】《名詞》 レンズを通して被写体の像を作り、紙に焼き付けたり印刷したりしたもの。「てんねんしょく(天然色)・の・ しゃしん・は・ きれー(綺麗)や・なー。」

しゃしんき【写真機】《名詞》 レンズを通して被写体の像を作る機械。写真を撮るための機械。「え(良)ー・ しゃしんき・を・ こ(買)ー・た・ん・や・なー。」

しゃせい〔しゃせー〕【写生】《名詞、動詞する》 景色や物などを、見たままに描くこと。「しょーがっこー(小学校)・で・ しゃせーかい(会)・が・ ある。」

しゃたく【社宅】《名詞》 会社が、社員やその家族を住まわせるために建てた住宅。「むかし(昔)・は・ ちゅーがっこー(中学校)・の・ まえ(前)・に・ ある・ しんこー(神鋼)・の・ しゃたく・に・ す(住)ん・でまし・てん。」

しゃだんき【遮断機】《名詞》 踏切で、列車が通るときに、道路側の人や車の通行を一時止めるための装置。また、その装置で、横に渡した棒。「しゃだんき・を・ もぐ(潜)っ・て・ とー(通)っ・たら・ あか・ん・よ。」「かんかんと・ な(鳴)っ・て・ しゃだんき・が・ お(下)り・た。」

しゃち【鯱】《名詞》 ①イルカの仲間で長い体長があり、丸い頭をして鋭い歯をもつ、海にすむ動物。「しゃち・は・ ひと(人)・を・ おそ(襲)っ・たり・は・ せー・へん。」②城などの最も高い棟の両端に取り付ける、魚の形をした飾り瓦。「きん(金)・の・ しゃち・が・ あ(上)がっ・とる。」〔②⇒**しゃちほこ【鯱】**〕

しゃちほこ【鯱】《名詞》 城などの最も高い棟の両端に取り付ける、魚の形をした飾り瓦。「ひめじじょー(姫路城)・の・ しゃちほこ・の・ もけー(模型)・が・ こーえん(公園)・に・ お(置)い・てある。」〔⇒**しゃち【鯱】**〕

しゃちょう〔しゃちょー〕【社長】《名詞》 会社の最も上位に位置して最高責任を果たす人。「しゅっせ(出世)し・て・ しゃちょー・に・ なっ・て・やっ・てん。」

シャツ〔**しゃつ**〕【英語＝shirt】《名詞》 ①肌にじかに着る衣類。「あせ(汗)・を・　かい・た・さかい・　しゃつ・を・　きが(着替)える。」②男性が背広などの下に着用する、襟付きで袖のついた衣服。「がらもん(柄物)・の・　しゃつ・を・　き(着)・て・　ねくたい(ネクタイ)・を・　し(締)める。」③上半身に着る、簡便なもの。「まるくび(丸首)・で・　そでな(袖無)し・の・　しゃつ・は・　すず(涼)しー。」〔①⇒**したぎ**【下着】。②⇒**ワイシャツ**【英語＝white shirt の意味】、**カッターシャツ**【カッター＋英語＝shirt】、**カッター**〕

ジャッキ〔**じゃっき**〕【英語＝jack】《名詞》 ①歯車や油圧を用いて、重い物を垂直に持ち上げる機械。「じゃっき・を・　かまし・て・　はこ(箱)・を・　あ(上)げる。」②鉄製の２枚の櫛状の刃を重ねて、頭髪を切るようにした用具。「じゃっき・が・　かん・で・　け(毛)ー・を・　ひ(引)っぱる・さかい・　いた(痛)い・ねん。」〔②⇒**バリカン**【フランスの Barriquand et Marre の社名から】〕

しゃっきん【借金】《名詞、動詞する》 お金を借りること。また、借りたお金。「ともだち(友達)・に・　しゃっきんする。」「しゃっきん・を・　かや(返)す。」

シャッポ〔**しゃっぽ**〕【フランス語＝chapeau】《名詞》 寒暑を防いだり、頭を守ったり、身なりを整えたりするために頭に被るもの。「きょー(今日)・は・　あつ(暑)ーなる・さかい・　しゃっぽ・を・　き(着)・ていき・なはれ・よ。」〔⇒**シャッポン**【フランス語＝chapeau】、**ぼうし**【帽子】〕

シャッポン〔**しゃっぽん**〕【フランス語＝chapeau】《名詞》 寒暑を防いだり、頭を守ったり、身なりを整えたりするために頭に被るもの。「かわいい・　しゃっぽん・を・　かぶ(被)っ・とっ・て・や・なー。」〔⇒**シャッポ**【フランス語＝chapeau】、**ぼうし**【帽子】〕

じゃぶじゃぶ《名詞、動詞する》 夏の暑いときなどに、たらいに湯や水を入れて、戸外で簡単に汗などを洗い流すこと。「にわ(庭)・の・　たらい(盥)・で・　じゃぶじゃぶ・を・　する。」◆幼児語。〔⇒**ぎょうずい**【行水】、**ざぶざぶ**、**ばちゃばちゃ**、**ぱちゃぱちゃ**〕

じゃぶじゃぶ《副詞と》 ①音を立てて水の中を進む様子。また、そのときの音。「じゃぶじゃぶ・　かわ(川)・の・　なか(中)・を・　とー(通)っ・ていく。」②水をかき回したり、水で洗ったりしている様子。また、そのときの音。「じゃぶじゃぶと・　せんだく(洗濯)・を・　する。」〔⇒**ざぶざぶ**〕

しゃぶる《動詞・ラ行五段活用》 口の中に入れて、舌先で触れてもてあそぶ。歯でかまないで、舌先で触れながら味わう。「たばこ(煙草)・を・　す(吸)う・かわりに・　あめだま(飴玉)・を・　しゃぶっ・てまん・ねん。」〔⇒**ねぶる**、**なめる**【舐める】〕

じゃぶん《副詞と》 水の中などに飛び込んだり落ち込んだりする様子。水の中にものを落としたり投げ入れたりする様子。また、それらのときの音。「みず(水)・の・　なか(中)・に・　じゃぶんと・　しりもち(尻餅)・を・　つい・た。」〔⇒**どぶん**、**どぼん**、**ざぶん**〕

しゃべり【喋り】《名詞、形容動詞や(ノ)、動詞する》 ①取り立てて深い意味を持たない話をすること。気楽にあれこれと話すこと。目的もなく話すこと。本筋と関係のないことを話すこと。また、そのような人。「い(要)ら・ん・　しゃべり・なんか・　せ・んとき。」②口数が多く、盛んにものを言う様子。「みんな(皆)・と・　お(会)ー・て・　しゃべりし・とっ・てん。」③うわさ話をまき散らす人。「しゃべり・と・　お(会)ー・て・　きっさてん(喫茶店)・で・　はなし(話)・を・　し・とっ・たら・　あんた・の・　こと・を・　ゆ(言)ー・とっ・た・よー。」「しゃべり・が・　き(聞)ー・たら・　い(言)ーふらし・よる・ぞ。」◆③は、非難の気持ちが加わった場合、「どしゃべり【ど喋り】」と言うことがある。■対語＝②「むくち【無口】」〔⇒**おしゃべり**【お喋り】。①⇒**ざつだん**【雑談】〕

しゃべりかた【喋り方】《名詞》 話すときの、言葉遣いの速さ、言葉の使い方、発音の仕方、雰囲気などの全体の姿。「しゃべりかた・が・　もっさりし・た・　ひと(人)・や・なー。」〔⇒**いいかた**【言い方】〕

しゃべる【喋る】《動詞・ラ行五段活用》 ①思っていることや感じることなどを言葉にして口に出す。述べる。「だま(黙)っ・とっ・たら・　わから・へん・さかい・　なん(何)・ぞ・　しゃべり・なはれ。」②口数が多く、盛んにものを言う。「あいつ(彼奴)・は・　い(言)ーだし・たら・　しゃべっ・て・　しゃべっ・て・　と(止)まら・へん・ねん。」③内密にしていたことを口に出す。「ひとこと(一言)・　しゃべっ・た・さかい・　ばれ・ても・た。」■名詞化＝**しゃべり**【喋り】〔①⇒**はなす**【話す】、**ゆう**【言う】、**くちにする**【口にする】〕

しやへん《助動詞》［動詞の未然形に付く］ 前にある言葉を打ち消すときに使う言葉。打ち消しの意味を、丁寧な気持ちを添えて表現する言葉。「わし・は・　そんな・　こと・は・　せー・しやへん。」「そんな・　むつか(難)しー・　ほん(本)・は・　よ(読)ま・しやへん。」◆「する」という動詞＋丁寧の意味の助動詞＋打ち消しの助動詞から成り立って、それが熟したものである。「しまへん」を使うことが多く、「しやへん」を使うのは稀れである。〔⇒**しまへん**、**まへん**〕

じゃほい《終助詞》 そのものの正体や実態について疑問を感じていることを表す言葉。また、相手の言うことに同感することを表す言葉。「いつ(何時)・に・　なっ・たら・　できあ(出来上)がる・ん・じゃほい。」「あんた・の・　かんが(考)え・も・　すじ(筋)・が・　とー(通)っ・とる・と・　おも(思)う・ん・じゃほい。」〔⇒**やほい**、**やらほい**、**じゃらほい**〕

シャボテン〔**しゃぼてん**〕【スペイン語＝sapoten】《名詞》 葉が針の形になった、乾いた土地に育つ多年草。「しゃぼてん・を・　はちう(鉢植)え・に・　する。」〔⇒**サボテン**【スペイン語＝sapoten】〕

シャボンだま〔**しゃぼんだま**〕【スペイン語＝jabón＋玉】《名詞》 石鹸水をストローなどの先につけて、息を吹き入れて作る泡の玉。「しゃぼんだま・を・　やね(屋根)・まで・　と(飛)ばす。」

じゃま【邪魔】《名詞、形容動詞や(ナ)、動詞する》 ①よけいなものが入って、妨げになること。支障。「おー(大)けな・　びる(ビル)・が・　じゃまに・　なっ・て・　けしき(景色)・が・　み(見)え・へん。」②他人が行っていることを妨げること。「あいつ(彼奴)・が・　じゃまし・た・さかい・　ま(負)け・ても・た。」③訪問をすること。「あした(明日)・　あんたとこ・へ・　じゃまし・たい・ねん・けど・　かま(構)・へん・か。」

じゃまくさい【邪魔臭い】《形容詞・アイ型》 手数がかかって厄介だ。するのが億劫である。「わざわざ・　ぎんこー(銀行)・まで・　い(行)か・んと・　はらいもどし(払戻)・を・　し・てくれ・へん・の・か。じゃまくさい・　こと・や・なー。」〔⇒**めんどくさい**【面倒臭い】〕

じゃまくさがり【邪魔くさがり】《名詞》 手数がかかることを厄介だと思う人。行うのが億劫であると考える人。

し

「あいつ(彼奴)・は・ じゃまくさがり・で・ じかん(時間)・の・ かかる・ しごと(仕事)・は・ でけ・へん・やつ(奴)・や。」〔⇒**めんどくさがり【面倒臭がり】**〕

じゃまくさがる【邪魔臭がる】《動詞・ラ行五段活用》 手数がかかることを厄介だと思う。するのが億劫であると考える。「じゃまくさがら・んと・ じ(字)ー・は・ もっと・ てーねー(丁寧)に・ か(書)き・なはれ。」■名詞化＝**じゃまくさがり**【邪魔くさがり】〔⇒**めんどくさがる【面倒臭がる】**〕

しゃみせん【三味線】《名詞》 浄瑠璃の伴奏などに使う、三本の弦を張って、ばちで弾いて音を出す日本古来の楽器。「しゃみせん・を・ ひ(弾)ー・て・ うた(歌)・を・うた(歌)う。」

ジャム〔じゃむ〕【英語＝jam】《名詞》 果物の実に、砂糖を加えて煮詰めた食品。「ぱん(パン)・に・ じゃむ・を・ぬ(塗)っ・て・ た(食)べる。」

しゃもじ【杓文字】《名詞》 ①ご飯を茶碗に入れるときに使う道具。「みやじま(宮島)・の・ みやげ(土産)・の・しゃもじ・を・ もろ(貰)・た。」②汁を椀に注ぎ入れるときに使う道具。「あな(穴)・の・ あ(空)い・た・ しゃもじ・で・ とーふ(豆腐)・を・ い(入)れる。」〔②⇒**かながい【金がい】**〕

しゃもじな【杓文字菜】《名詞》 杓文字に似た形の葉をしている野菜。「しゃもじな・を・ おひたし・に・ する。」

じゃら《名詞》 金額の小さいお金。硬貨の細かいお金。「じゃら・で・ ごひゃくえん(五百円)・ほど・なら・ も(持)っ・とる。」〔⇒**じゃらせん【じゃら銭】、こぜに【小銭】**〕

じゃらかしい〔じゃらかしー〕《形容詞・イイ型》 軽薄そうな感じがして、華美である。落ち着いた風情がない。「じゃらかしー・ ふく(服)・を・ き(着)・て・ やっ・てき・た。」「じゃらかしー・ かんばん(看板)・の・ みせ(店)・や・なー。」

じゃらじゃら《副詞と、動詞する》 ①軽薄そうな感じで、よくしゃべる様子。「じゃらじゃらと・ しゃべ(喋)る・やつ(奴)・や・なー。」②男女が人前で親しくする様子。「でんしゃ(電車)・の・ なか(中)・で・ じゃらじゃらし・やがっ・て。」③硬貨などがたくさん触れ合って音をたてている様子。また、その音。「さいふ(財布)・が・ない・さかい・ ぽけっと(ポケット)・の・ なか(中)・が・ じゃらじゃら・ ゆー・とる。」◆③は、「ちゃらちゃら」よりも「じゃらじゃら」の方が、枚数が多い感じである。〔②③⇒**ちゃらちゃら**〕

じゃらせん【じゃら銭】《名詞》 金額の小さいお金。硬貨の細かいお金。「じゃらせん・ばっかり・で・ せんえん(千円)ぶん・を・ はら(払)う。」〔⇒**じゃら、こぜに【小銭】**〕

じゃらほい《終助詞》 そのものの正体や実態について疑問を感じていることを表す言葉。また、相手の言うことに同感することを表す言葉。「あの・ む(向)こー・に・み(見)え・とる・の・は・ なん(何)・じゃらほい。」「それ・は・ あんた・の・ ゆ(言)ー・とーり・じゃらほい。」〔⇒**じゃほい、やらほい、やほい**〕

じゃり【砂利】《名詞》 ①握りこぶしほどの大きさで、尖った形の石。「れーる(レール)・の・ じゃり・を・ い(入)れかえ・よる。」②細かな石。「じゃり・の・ みち(道)・を・ ふ(踏)ん・で・ じんじゃ(神社)・に・ まい(参)る。」〔⇒**バラス【英語＝ballast】**〕

しゃりき【車力】《名詞》 左右に大きな2輪をつけた、人力で引く運搬用の車。大八車。「しゃりき・で・ たわら(俵)・を・ はこ(運)ぶ。」

酒樽を積んでいる車力 ★

しゃりきひき【車力曳き】《名詞》 人力で引く荷車を使った運搬を仕事にしている人。「きょーだい(兄弟)・で・ しゃりきひき・を・ し・とっ・た。」

じゃりじゃり《形容動詞や(ノ)、動詞する》 手に触れたり口の中に感じたりするときに、砂のようなものなどが混じっているように思われる様子。また、その音。「うんどーじょー(運動場)・が・ すなぼこり(砂埃)・やっ・た・さかい・ くち(口)・の・ なか(中)・が・ じゃりじゃりする・なー。」

しゃりん【車輪】《名詞》 軸を中心として回るようになっている装置。「りやかー(リヤカー)・の・ しゃりん・が・さ(錆)び・てき・た。」「じょーききかんしゃ(蒸気機関車)・の・ しゃりん・は・ ごっつい・なー。」〔⇒**くるま【車】**〕

しやるく【(し歩く)】《動詞・カ行五段活用》 あちらこちらで、何かをしてまわる。「わる(悪)さ・を・ しやるい・とる。」〔⇒**しあるく【し歩く】、しやく**〕

じゃれる《動詞・ラ行下一段活用》 ①人を楽しませるために、おどけたことを言ったり、騒いだりする。戯れて遊ぶ。「じゃれ・た・ こと・を・ ゆ(言)ー・ おとこ(男)・や・なー。」「いぬ(犬)・が・ あしもと(足元)・に・ じゃれ・てくる。」②真面目でない取り組み方をする。真剣でないような振る舞いをする。「じゃれ・とら・んと・ちゃんと・ べんきょー(勉強)し・なさい。」③犬や猫などが、相手やおもちゃなどに戯れて遊ぶ。「こいぬ(子犬)どーし(同士)・が・ じゃれ・とる。」〔⇒**ほたえる。①②⇒ふざける**〕

ジャングル〔じゃんぐる〕【英語＝jungle】《名詞》 熱帯地方にある、樹木が密生している森林。「たーざん(ターザン)・が・ で(出)・てくる・ じゃんぐる・の・え(絵)ー・を・ か(描)く。」〔⇒**みつりん【密林】**〕

じゃんけん【じゃん拳】《名詞、動詞する》 片手で作る、握りこぶしの形(「ぐう」)、2本の指を突き出す形(「ぴい」)、5本の指を全部開く形(「ぱあ」)を出し合って、勝敗を決めるやり方。「だれ(誰)・が・ とーばん(当番)・に・なる・か・ じゃんけん・で・ き(決)め・よー・か。」〔⇒**じゃいけん【じゃい拳】、どっこん、どっこんで、ぐうぴいぱあ**〕

じゃんけんほい【じゃん拳ほい】《感動詞》 片手で作る、握りこぶしの形(「ぐう」)、2本の指を突き出す形(「ぴい」)、5本の指を全部開く形(「ぱあ」)を出し合って、勝敗を決めるときに、みんなでかける声。「じゃんけんほい。あいこ・で・ ほい。」〔⇒**じゃんけんぽん【じゃん拳ぽん】、じゃいけんほい【じゃい拳ほい】、じゃいけんぽん【じゃい拳ぽん】、どっこんで**〕

じゃんけんぽん【じゃん拳ぽん】《感動詞》 片手で作る、握りこぶしの形(「ぐう」)、2本の指を突き出す形(「ぴい」)、5本の指を全部開く形(「ぱあ」)を出し合って、勝敗を決めるときに、みんなでかける声。「じゃんけんぽん。わーい・ か(勝)っ・た・ぞー。」〔⇒**じゃんけんほい【じゃん拳ほい】、じゃいけんほい【じゃい拳ほい】、じゃいけんぽん【じゃい拳ぽん】、どっこんで**〕

じゃんじゃんぶり【じゃんじゃん降り】《名詞、形容動詞や(ノ)》 強く激しく降る雨。また、その様子。「じゃんじゃんぶりで・ みち(道)・が・ かわ(川)・に・ なっ・とる。」〔⇒**ざんざんぶり【ざんざん降り】、ざざぶり**

【ざざ降り】〕

じゃんじゃんもり【じゃんじゃん漏り】《形容動詞や(ノ)、動詞する》 液体が隙間や穴などから盛んに出続けること。雨水などが激しくあふれ落ちること。「おーあめ(大雨)・や・さかい・　かさ(傘)・が・　じゃんじゃんもりで・　やく(役)にたた・へん。」〔⇒**ざざもり**【ざざ漏り】、**ざざもれ**【ざざ漏れ】、**ざんざんもり**【ざんざん漏り】、**ざんざんもれ**【ざんざん漏れ】、**じゃじゃもり**【じゃじゃ漏り】、**じゃじゃもれ**【じゃじゃ漏れ】、**じゃんじゃんもれ**【じゃんじゃん漏れ】、**だだもり**【だだ漏り】、**だだもれ**【だだ漏れ】、**だんだんもり**【だんだん漏り】、**だんだんもれ**【だんだん漏れ】〕

じゃんじゃんもれ【じゃんじゃん漏れ】《形容動詞や(ノ)、動詞する》 液体が隙間や穴などから盛んに出続けること。雨水などが激しくあふれ落ちること。「きゅー(急)な・　あめ(雨)・で・　てんと(テント)・が・　じゃんじゃんもれに・　なっ・た。」〔⇒**ざざもり**【ざざ漏り】、**ざざもれ**【ざざ漏れ】、**ざんざんもり**【ざんざん漏り】、**ざんざんもれ**【ざんざん漏れ】、**じゃじゃもり**【じゃじゃ漏り】、**じゃじゃもれ**【じゃじゃ漏れ】、**じゃんじゃんもり**【じゃんじゃん漏り】、**だだもり**【だだ漏り】、**だだもれ**【だだ漏れ】、**だんだんもり**【だんだん漏り】、**だんだんもれ**【だんだん漏れ】〕

しゃんと《副詞、動詞する》 ①背筋を伸ばして、姿勢をよくする様子。「ぐらぐらせ・んと・　しゃんと・　た(立)て。」②整っていて乱れがない様子。几帳面に整えている様子。「しゃんとし・た・　ふく(服)・を・　き(着)・ていか・な・　はじ(恥)・を・　かく・ぞ。」③気持ちが引き締まっている様子。気力がある様子。「きょー(今日)・は・　しけん(試験)・や・さかい・　しゃんと・　し・て・　い(行)き・なはれ。」「としよ(年寄)り・や・けど・　しゃんと・　ある(歩)い・とる・がな。」〔②⇒**きちんと**、**ちゃんと**、**ちんと**〕

ジャンパー〔**じゃんぱー**、**じゃんぱ**〕【英語＝jumper】《名詞》 運動や作業をするときなどに着る、ゆったりとした上着。「さむ(寒)ー・　なっ・た・ので・　じゃんぱー・を・　き(着)・て・　い(行)く。」

ジャンプ〔**じゃんぷ**〕【英語＝jump】《名詞、動詞する》 跳ぶこと。跳び上がること。陸上競技やスキーなどで跳び上がる距離や美しさなどを競うもの。「どて(土手)・から・　じゃんぷし・て・　お(下)りる。」

シャンプー〔**しゃんぷー**、**しゃんぷ**〕【英語＝shampoo】《名詞、動詞する》 ①髪を洗うときに使う粉末や液体の洗剤。「しゃんぷー・が・　き(切)れ・た・さかい・　こ(買)ー・てきて。」②洗剤を使って髪を洗うこと。「うち・の・　むすめ(娘)・は・　まいあさ(毎朝)・　しゃんぷーし・とる・みたいや。」

しゅ〔**しゅー**〕【朱】《名詞》 黄色を帯びた赤。または、赤い色。「ちょーめん(帳面)・の・　ひょーし(表紙)・の・　いろ(色)・は・　しゅ・や。」〔⇒**しゅいろ**【朱色】〕

しゅいろ〔**しゅーいろ**〕【朱色】《名詞》 黄色を帯びた赤。または、赤い色。「しゅいろ・の・　いんにく(印肉)・を・　つか(使)う。」〔⇒**しゅ**【朱】〕

しゅう〔**しゅー**〕【秀】《名詞》 成績や品質の評価をするとき、きわめて優れた段階にあること。「え(絵)ー・の・　てんらんかい(展覧会)・で・　しゅー・を・　もろ(貰)・てん。」◆一般に「しゅう【秀】」「ゆう【優】」「りょう【良】」「か【可】」の段階となることが多い。「しゅう【秀】」を除いた3段階もある。

しゅう〔**しゅー**〕【宗】《名詞》 宗教の、特に仏教の、もとのものから分かれ出た派。「うち・は・　しんごんしゅー(真言宗)・や・けど・　おたく・の・　しゅー・は・　なん(何)・です・の。」〔⇒**しゅうし**【宗旨】〕

しゅう〔**しゅー**〕【週】《名詞》 暦の単位としての、日曜日から土曜日までの7日間。「しゅー・に・　みっか(三日)・　あるばいと(アルバイト)・に・　い(行)っ・てます・ねん。」

しゅう〔**しゅー**〕【州】《名詞》 世界の地域を、大陸によって大別した区切り。「よーろっぱ(ヨーロッパ)しゅー・の・　きた(北)・の・　ほー(方)・に・　ある・　くに(国)・や。」

しゅう〔**しゅー**〕【周】《助数詞》 周りを回る数を数える言葉。「うんどーじょー(運動場)・を・　さん(三)しゅー・し・てこい。」

じゆう〔**じゆー**〕【自由】《名詞、形容動詞や(ナ)》 他からの制限や束縛を受けないで、自分の思いのままに動ける状態。特別の制約などを受けていない状態。「いあんりょこー(慰安旅行)・の・　い(行)きさき・を・　き(決)め・たい・ので・　じゆーに・　いけん(意見)・を・ゆ(言)ー・てください。」

じゅう〔**じゅー**〕【十】《名詞(数詞)》 ①自然数の9に、1を加えた数。「じゅー・まで・　き・たら・　くらい(位)・が・　ひとつ・　あ(上)がる。」②ものごとの順序や順位などを表す言葉で、9番目の次に位置するもの。「じゅー・の・　ばんめ(番目)・で・　しゅっぱつ(出発)する。」〔⇒**じっ**【十】〕

じゅう〔**じゅー**〕【十】《接頭語》 (後ろの名詞にかかっていく言葉で)10を表す言葉。「じゅーいろ(色)・の・　いろえんぴつ(色鉛筆)・の・　せっと(セット)・を・　か(買)う。」〔⇒**と**【十】、**じっ**【十】〕

じゅう〔**じゅー**〕【中】《接尾語》 ①その間の全体。「ふゆ(冬)じゅー・　おーばー(オーバー)・は・　き(着)・なかっ・てん。」「いちねん(一年)じゅー・　はたら(働)い・て・ばっかり・や。」②そのすべて。「そこらじゅー・　ごみ(塵)・だらけ・や。」「にほん(日本)じゅー・　たいふー(台風)・で・　おーあめ(大雨)・や。」③それを限度として。「いちがつ(一月)じゅー・に・　へんじ(返事)・を・ください。」

じゅういちがつ〔**じゅーいちがつ**〕【十一月】《名詞》 1年の12か月のうちの11番目の月。「もみじ(紅葉)・は・　じゅーいちがつ・の・　すえ(末)・が・　きれー(綺麗)や。」

じゅういっかげつ〔**じゅーいっかげつ**〕【十一か月】《名詞》 ①1年を12に分けたときの、その11の分。ほぼ330日の長さ。「はちがつ(八月)・を・　はぶ(省)い・て・　かいぎ(会議)・は・　まいつき(毎月)・の・　ついたち(朔日)・に・　あ(合)わし・て・　じゅーいっかげつ・　ある・ん・や。」②その月から、中に9つの月を置いてまたがる長さ。「みち(道)・を・　ひろ(広)げる・　こーじ(工事)・は・　にがつ(二月)・の・　お(終)わり・から・　じゅーにがつ(十二月)・の・　はじ(初)め・まで・　じゅーいっかげつ・　つづ(続)く・ん・や・て。」

しゅうかい〔**しゅーかい**〕【集会】《名詞》 話し合いなどの目的を持って、大勢の人が集まること。また、その集まり。「きょー(今日)・は・　ぜんこー(全校)・の・　しゅーかい・が・　ある。」

しゅうがくりょこう〔**しゅーがくりょこー**〕【修学旅行】《名詞》 知識や技能や教養を深める目的で、学校行事として行う旅行。「がいこく(外国)・へ・　い(行)く・しゅーがくりょこー・が・　ふ(増)え・た・なー。」

じゅうがつ〔じゅーがつ〕【十月】《名詞》 1年の12か月のうちの10番目の月。「じゅーがつ･に･　たいふー(台風)･が･　じょーりく(上陸)する･の･は･　めんら(珍)しー。」

しゅうかん〔しゅーかん〕【習慣】《名詞》 ①何回も繰り返しているうちに、自然とそのようになっていること。生活の中で繰り返し行う、決まった動作や行い。「このごろ･は･　あさ(朝)･　ろくじ(六時)･に･　お(起)きる･　しゅーかん･に･　なっ･とる。」②ある国や地域などで、当たり前のこととして、前から続いている事柄。「とーじ(冬至)･に･　なんきん〔南瓜〕･を･　た(食)べる･　しゅーかん･が･　ある･ねん。」

しゅうかん〔しゅーかん〕【週刊】《名詞》 新聞や雑誌などを1週間に1回、発行すること。また、そのような新聞や雑誌など。「おし(知)らせ･を･　しゅーかん･で･　だ(出)す。」

しゅうかん〔しゅーかん〕【週間】《名詞》 期間を指し示すときの、日曜日から土曜日までの7日間。「いっ(一)しゅーかん･に･　にかい(二回)･も･　ちこく(遅刻)し･た。」

しゅうかんし〔しゅーかんし〕【週刊誌】《名詞》 1週間に1回、発行する雑誌。「しゅーかんし･に･は･　うそ(嘘)･も･　いっぱい(一杯)･　か(書)い･てある。」

しゅうぎ〔しゅーぎ〕【祝儀】《名詞》 ①祝いの気持ちを表すための金品。「よめ(嫁)･を･　もろ(貰)･た･ので･　しゅーぎ･を･　くば(配)る。」②世話になった礼として渡す金品。「りょかん(旅館)･で･は･　しゅーぎ･は･　わた(渡)さ･ん･でも･　え(良)ー･やろ。」③祝いの儀式。とりわけ、結婚式。「ことし(今年)･は･　しゅーぎ･が･　ふた(二)つ･も･　あっ･た。」◆②は、祝いの気持ちの有無とは関係がない。〔②⇒**こころづけ**【心付け】〕

しゅうきょう〔しゅーきょー〕【宗教】《名詞》 ①神仏など、人間を超えたものを信じること。神や仏などの教え。「こま(困)っ･た･　とき･に･は･　しゅーきょー･を･　たよ(頼)り･に･　する。」②特に、新興の教えや教団。「しゅーきょー･の･　かんゆー(勧誘)･は･　おことわ(断)り･や。」

じゅうぎょういん〔じゅーぎょーいん〕【従業員】《名詞》 会社や工場などに勤めて働いている人。「じゅーねん(十年)･で･　じゅーぎょーいん･が･　ばい(倍)･に･　ふ(増)え･た。」

しゅうぎょうしき〔しゅーぎょーしき〕【終業式】《名詞》 学校で、学年や学期の終わりに、区切りをつけるために行う儀式。「いちがっき(一学期)･の･　しゅーぎょーしき･は･　ひちがつはつか(七月二十日)･や。」■対語＝「しぎょうしき【始業式】」

しゅうきん〔しゅーきん〕【集金】《名詞、動詞する》 代金や貸した金などを集めること。また、集めた金銭。「しんぶんだい(新聞代)･の･　しゅーきん･は･　げつまつ(月末)･に･　く(来)る。」

じゅうけつ〔じゅーけつ〕【充血】《名詞、動詞する》 目などに、動脈の血が集まって赤く見えること。また、その状態。「てつや(徹夜)し･た･さかい･　じゅーけつし･て･　め(目)ー･が･　しょぼしょぼする。」

しゅうげん〔しゅーげん〕【祝言】《名詞》 男女が正式に夫婦になることを誓い合う式典。また、結婚にかかわるいろいろな行事。「ごがつ(五月)･に･　しゅーげん･を･　あ(挙)げる。」〔⇒**けっこんしき**【結婚式】、**こんれい**【婚礼】〕

しゅうごう〔しゅーごー〕【集合】《名詞、動詞する》 ある目的のために、人などが一箇所に集まること。人などを一箇所に集めること。一定の時刻に集まること。一定の時刻に集めること。「うんどーじょー(運動場)･に･　しゅーごーし･て･　えんそく(遠足)･に･　い(行)く。」「はちじ(八時)･に･　こーみんかん(公民館)･に･　しゅーごーする。」

じゅうごや〔じゅーごや〕【十五夜】《名詞》 陰暦15日の夜の、欠けるところがなく、まん丸い月。また、そのような月が出ている夜。「じゅーごや･の･　おー(大)けな･　つき(月)･が･　で(出)･た。」「じゅーごや･　おつき(月)さん･　とし(歳)･は･　なんぼ･です･か。」〔⇒**まんげつ**【満月】〕

しゅうし〔しゅーし〕【宗旨】《名詞》 仏教の、もとのものから分かれ出た派。「うち･の･　しゅーし･は･　しんごんしゅー(真言宗)･や。」〔⇒**しゅう**【宗】〕

しゅうじ〔しゅーじ〕【習字】《名詞》 主に毛筆で、文字を美しく整えて書くこと。筆の運び方。「しゅーじ･を･　なら(習)い･に･　じゅく(塾)･へ･　い(行)く。」〔⇒**かきかた**【書き方】〕

じゅうしょ〔じゅーしょ〕【住所】《名詞》 生活の本拠として住んでいる場所。また、その細かな場所や番地など。「ともだち(友達)･の･　じゅーしょ･が･　か(変)わっ･た･らしー。」

じゅうしょう〔じゅーしょー〕【重傷】《名詞》 命にかかわるほどの重い傷。「ちか(近)く･で･　こーつーじこ(交通事故)･が･　あっ･て･　じゅーしょー･の･　ひと(人)･が･　あっ･てん。」〔⇒**おおけが**【大怪我】〕

しゅうしょく〔しゅーしょく〕【就職】《名詞、動詞する》 会社などの仕事に就くこと。職業を得ること。「がっこー(学校)･　で(出)･ても･　なかなか･　しゅーしょくでけ･へん･　じだい(時代)･に･　なっ･て･　えらい･こと･です･なー。」■対語＝「たいしょく【退職】」

しゅうしょくぐち〔しゅーしょくぐち〕【就職口】《名詞》 仕事をするところとして探している会社など。「ふけーき(不景気)で･　しゅーしょくぐち･が･　み(見)つから･へん。」〔⇒**つとめぐち**【勤め口】〕

じゅうじろ〔じゅーじろ〕【十字路】《名詞》 2本の道が直角に交わっているところ。「えきまえ(駅前)･の･　じゅーじろ･の･　よこ(横)･に･　たばこや(煙草屋)はん･が･　ある。」〔⇒**よつかど**【四つ角】、**よつつじ**【四つ辻】、**よつすじ**【四つ筋】〕

ジュース〔じゅーす〕【英語＝juice】《名詞》 果物や野菜を搾った汁。「あせ(汗)･　かい･て･　じゅーす･が･　の(飲)み･と―･　なっ･た。」

ジュース〔じゅーす〕【英語＝deuce】《名詞》 卓球やテニスなどで、あと1点連取すれば勝ちになるというときに、同点になること。「また･　じゅーす･に･　なっ･て･　なかなか･　お(終)わら･へん。」

しゅうせん〔しゅーせん〕【終戦】《名詞》 戦争が終わること。「しゅーせん･から･　ななじゅーねん(七十年)･も･　た(経)っ･た･ん･や･なー。」◆一般に、第2次世界大戦の終結を指すことが多い。

しゅうぜん〔しゅーぜん〕【修繕】《名詞、動詞する》 まだ使えそうなものを、あるべき状態に戻すこと。「くさ(腐)っ･た･　たな(棚)･を･　しゅーぜんする。」◆使用頻度は「しゅうり【修理】」よりも「しゅうぜん【修繕】」の方が多い。〔⇒**しゅうり**【修理】、**なおし**【直し】〕

じゅうたく〔じゅーたく〕【住宅】《名詞》 人が住むための家。住居。「この･　ひろ(広)っぱ･に･　じゅうたく･

が・　た(建)つ・ん・や・て。」

しゅうちょう〔**しゅーちょー**〕【**酋長**】《名詞》 一つの部族のかしらの人。「なんよー(南洋)・の・　しま(島)・に・は・　しゅーちょー・が・　おる・そーや。」

しゅうつ〔**しゅーつ**〕【(手術)】《名詞、動詞する》 病気や傷になっているところを、切り開いたり切断したりして治療すること。「しゅうつせ・んと・　もーちょー(盲腸)・を・　くすり(薬)・で・　ち(散)らし・た。」〔⇒**しゅじゅつ**【**手術**】、**しゅじつ**【(手術)】、**しうつ**【(手術)】、**しじつ**【(手術)】〕

しゅうてん〔**しゅーてん**〕【**終点**】《名詞》 ①電車やバスなどが、一番最後に着く駅や停留所。「でんしゃ(電車)・の・　しゅーてん・まで・　い(行)っ・て・　そこ・から・　ばす(バス)・に・　の(乗)りかえる。」②ものごとの一番終わりのところ。「いっしょー(一生)・　べんきょー(勉強)・や・さかいに・　しゅーてん・は・　あら・へん。」

しゅうでん〔**しゅーでん**〕【**終電**】《名詞》 その日のダイヤで最後に出る電車。「あかしえき(明石駅)・の・　しゅーでん・は・　よなか(夜中)・の・　いちじ(一時)・や。」■対語＝「しはつ【始発】」〔⇒**しゅうでんしゃ**【**終電車**】、**さいしゅう**【**最終**】〕

しゅうでんしゃ〔**しゅーでんしゃ**〕【**終電車**】《名詞》 その日のダイヤで最後に出る電車。「ぼーねんかい(忘年会)・が・　あっ・て・　かえ(帰)り・は・　しゅーでんしゃ・に・　の(乗)っ・た。」■対語＝「しはつでんしゃ【始発電車】」〔⇒**しゅうでん**【**終電**】、**さいしゅう**【**最終**】〕

しゅうと〔**しゅーと**〕【**舅、姑**】《名詞》 ①夫または妻の父。「しゅーと・は・　わか(若)い・　とき(時)・に・　やきゅー(野球)・を・　し・とっ・た・そーや。」②夫または妻の母。「しゅーとさん・に・　りょーり(料理)・を・　おし(教)え・てもらう。」〔②⇒**しゅうとめ**【**姑**】〕

しゅうと〔**しゅーと、しゅーっと**〕《副詞》 液体や物体が、隙間などから勢いよく飛び出る様子。ものが勢いよく回る様子。「ほーす(ホース)・の・　みず(水)・が・　しゅーっと・　で(出)た・ん・で・　びっくりし・た。」「ねずみはなび(鼠花火)・が・　しゅーっと・　まわ(回)りだし・た。」

じゅうどう〔**じゅーどー**〕【**柔道**】《名詞》 素手で相手と組み合って、様々な技を用いて身を守ったり相手を倒したりするスポーツ。「こーこー(高校)・の・　とき(時)・は・　じゅーどー・を・　し・とっ・てん。」

しゅうとめ〔**しゅーとめ**〕【**姑**】《名詞》 夫または妻の母。「しゅーとめ・は・　ことし(今年)・　はちじゅー(八十)・に・　なり・ます。」〔⇒**しゅうと**【**姑**】〕

じゅうにかげつ〔**じゅーにかげつ**〕【**十二か月**】《名詞》 ①1年を12に分けたときの、その12の分。ほぼ1年の長さ。「いちねん(一年)・の・　じゅーにかげつ・は・　じっき(直)に・　お(終)わっ・てまう・ぞ。」②その月から、中に10の月を置いてまたがる長さ。ほぼ1年にわたる長さ。「じゅーにかげつ・と・　ゆ(言)ー・ても・　じっさい(実際)・は・　とつき(十月)あま(余)り・や。」

じゅうにがつ〔**じゅーにがつ**〕【**十二月**】《名詞》 1年の12か月のうちの最後の月。「じゅーにがつ・に・　なっ・たら・　せわ(忙)しない・　きぶん(気分)・に・　なる。」「じゅーにがつ・に・　なっ・たら・　きゅー(急)に・　さむ(寒)ー・　なっ・た。」〔⇒**じゅうにんがつ**【**十二ん月**】〕

じゅうにし〔**じゅーにし**〕【**十二支**】《名詞》 子・丑・寅・卯・辰・巳・午・未・申・酉・戌・亥の呼び名によって、年・日や時刻や方角などを示すのに用いられる動物の名。「じゅーにし・の・　え(絵)ー・を・　か(描)い・た・　ねんがじょー(年賀状)・が・　おー(多)い。」

じゅうにしちょう〔**じゅーにしちょー**〕【**十二指腸**】《名詞》 胃の出口から小腸に続く部分。「じゅーにしちょー・が・　かいよー(潰瘍)・に・　なっ・て・　しばらく・にゅーいん(入院)し・とっ・てん。」

じゅうにん〔**じゅーにん**〕【**十人**】《名詞》 人数が10であること。「じゅーにん・　おっ・たら・　わりびき(割引)・に・　なる・そーや。」

じゅうにんがつ〔**じゅーにんがつ**〕【**十二ん月**】《名詞》 1年の12か月のうちの最後の月。「あっと・　ゆ(言)ー・ま(間)・に・　じゅーにんがつ・に・　なっ・てまい・まし・た・な。」◆「に【二】」という一音節語を延ばして発音するときに、「じゅーにーがつ」でなく、「じゅーにんがつ」となることがある。「にがつ【二月】」も「にんがつ」と言うことがある。〔⇒**じゅうにがつ**【**十二月**】〕

しゅうねんぶかい〔**しゅーねんぶかい**〕【**執念深い**】《形容詞・アイ型》 なかなかあきらめることをしないで、どこまでもつきまとったり、ものに執着したりする感じだ。相手のことを強く恨んでいる様子。「おこ(怒)ら・れ・ても・　しゅーねんぶこー・に・　うら(恨)ん・だら・　あか・ん・よ。」「さかな(魚)・を・　ねら(狙)う・　しゅーねんぶかい・　ねこ(猫)・や・の一。」〔⇒**しつこい、ひつこい、ねつい、ねつこい、ねちこい、ねばこい**【**粘こい**】、**ねばっこい**【**粘っこい**】、**ねちゃこい、にちゃこい**〕

じゅうのう〔**じゅーのー、じゅーの**〕【**十能**】《名詞》 金属製の容器のようになったものに木の柄をつけた、炭火を載せて運ぶもの。「も(燃)えのこり・の・　すみ(炭)・を・　じゅーのー・に・　あつ(集)める。」

台の付いた十能

じゅうばこ〔**じゅーばこ**〕【**重箱**】《名詞》 食べ物を入れて、二重、三重に重ねることができるようにした、漆塗りで木製の容器。また、その容器に入れた食べ物。「しょーがつ(正月)・の・　にしめ(煮染)・を・　じゅーばこ・に・　つ(詰)める。」〔⇒**おじゅう**【**お重**】〕

じゅうはちばん〔**じゅーはちばん**〕【**十八番**】《名詞》 その人の得意とする芸事。おはこ。「おまえ(前)・の・　じゅーはちばん・の・　うた(歌)・を・　うた(歌)え・や。」

しゅうばん〔**しゅーばん**〕【**週番**】《名詞》 1週間ごとに代わり合って何らかの用をする任務。また、その役目を持った人。「こんしゅー(今週)・は・　しゅーばん・や・さかい・　まいにち(毎日)・　は(早)よ・　い(行)か・んならん・ねん。」「しゅーばん・の・　わんしょー(腕章)・を・　ま(巻)い・て・　みち(道)・に・　た(立)っ・とる。」

じゅうばんめ〔**じゅーばんめ**〕【**十番目**】《名詞》 ものごとの順序や順位などを表す言葉で、9番目の次に位置するもの。「だいたい(大体)・　じゅーばんめ・ぐらい・の・　せき(席)・に・　すわ(座)っ・た。」

じゅうびょう〔**じゅーびょー**〕【**重病**】《名詞》 生死に関わるような重い病気。なかなか治らない病気。治る見込みのない病気。「じゅーびょー・に・　なっ・て・　ねこ(寝込)ま・ん・よーに・　ふだん(普段)・から・　うんどー(運動)・を・　する。」

じゅうぶん〔**じゅーぶん**〕【**十分**】《副詞、形容動詞や(ナ)》 ものごとが満ち足りて、不足のない様子。「じゅーぶんな・だけ・　と(取)っ・てください。」「もー・　じゅーぶん・　いただき・まし・た。」

しゅうぶんのひ〔しゅーぶんのひ、しゅーぶんのひー〕【秋分の日】《名詞》　国民の祝日の一つで9月22日頃の春分に設定されており、祖先を敬い、亡くなった人を偲ぶ日。秋の彼岸の中日。「しゅーぶんのひー・に・　みんな(皆)・で・　はかまい(墓参)り・に・　い(行)く。」

じゅうもんじ〔じゅーもんじ〕【十文字】《名詞》　縦横に交わった、十の字の形。「はこ(箱)・に・　じゅーもんじ・に・　ひも(紐)・を・　かけ・て・　ほど(解)け・ん・よーに・　する。」

じゅうやく〔じゅーやく〕【重役】《名詞》　会社などで全体を指揮するような重要な役についている人。「わし・の・　ともだち(友達)・が・　じゅーやく・に・　なっ・た・さかい・　しゅくがかい(祝賀会)・　する・ねん。」

じゅうやく〔じゅーやく〕《名詞》　乾燥させて煎じ薬とすることがある、茎や葉に強い臭気がある草。ドクダミ。「じゅーやく・を・　ひ(引)い・たら・　て(手)ー・が・　くそ(臭)ー・　なっ・た。」

じゅうよう〔じゅーよー〕【重要】《形容動詞や(ナ)》　ものごとの根幹などに関わって、他に代えることができないほど大切である様子。忘れたり見落としたりしてはいけないことや様子。「じゅーよーな・　とこ(所)・を・　きちんと・　わす(忘)れ・ん・よーに・　つた(伝)え・とい・て・な。」

しゅうり〔しゅーり〕【修理】《名詞、動詞する》　まだ使えそうなものを、あるべき状態に戻すこと。「ぱそこん(パソコン)・を・　しゅーり・に・　だ(出)す。」「しゅーりだい(代)・の・　ほー(方)・が・　たか(高)い・ので・　あたら(新)しー・　てれび(テレビ)・を・　こ(買)ー・た。」〔⇒**しゅうぜん【修繕】、なおし【直し】**〕

しゅうりょう〔しゅーりょー〕【終了】《名詞、動詞する》　予定されていたものごとがすっかり終わること。また、そのようになる時。「なつやす(夏休)み・の・　しゅーりょー・は・　はちがつさんじゅーいちにち(八月三十一日)・や。」「ことし(今年)・の・　うんどーかい(運動会)・は・　あめ(雨)・が・　ふ(降)ら・ず・に・　なんとか・　しゅーりょーし・た。」

しゅえい〔しゅえー〕【守衛】《名詞、動詞する》　施設や会社などの門にいて、建物の警備や出入りの見張りなどをすること。また、それをする人。「しゅえーさん・に・　じむしょ(事務所)・は・　どこ・に・　ある・の・か・　たず(尋)ねる。」〔⇒**もんえい【門衛】、もんばん【門番】**〕

しゅぎょう〔しゅぎょー〕【修行】《名詞、動詞する》　①独り立ちができることを目指して、知識や技能などを身に付けるように努めること。「もー・　ひといき(一息)・　しゅぎょー・が・　た(足)ら・ん。」②仏の教えを学び、戒律を守って、苦行すること。「こーやさん(高野山)・で・　しゅぎょーし・て・　ぼー(坊)さん・に・　なっ・て・やっ・た・そーや。」〔②⇒**ぎょう【行】**〕

じゅぎょう〔じゅぎょー〕【授業】《名詞、動詞する》　学校などで、学問や技術などを教えること。また、教える時間の区切り。「ろくじかん(六時間)・の・　じゅぎょー・を・　う(受)ける。」「あの・　せんせー(先生)・に・　じゅぎょーし・てもろ・た。」「ひる(昼)から・は・　じゅぎょー・が・　にじかん(二時間)・　ある。」〔⇒**じぎょう【(授業)】**〕

じゅく【塾】《名詞》　学校以外の場所で、児童や生徒などを集めて、勉強や算盤や習字などを教えるところ。「こ(小)まい・　とき(時)・は・　そろばん(算盤)・の・　じゅく・へ・　かよ(通)ー・た。」「じゅく・へ・　い(行)か・し・て・　なら(習)いごと・を・　させる。」〔⇒**じく【(塾)】**〕

しゅくがかい【祝賀会】《名詞》　めでたいこととして、みんなでお祝いをして喜び合う会合。「たいしょく(退職)する・　ひと(人)・の・　しゅくがかい・を・　ひら(開)く。」

しゅくじ【祝辞】《名詞》　式典などの場で、お祝いの気持ちを述べる言葉。「けっこんしき(結婚式)・の・　ひろーえん(披露宴)・で・　しゅくじ・を・　ゆ(言)ー・　こと・に・　なっ・とる・ねん。」

しゅくじつ【祝日】《名詞》　国民がみんなで祝う休日。祝い事のある日。「しゅくじつ・は・　でんしゃ(電車)・の・　じかん(時間)・が・　ふだん(普段)・と・　ちが(違)う。」「しゅくじつ・も・　ぶかつ(部活)・の・　れんしゅー(練習)・が・　ある。」

じゅくじゅく《形容動詞や(ノ)、動詞する》　すっかり濡れて、しずくが垂れる様子。水浸しである様子。「ごっつい・　あせ(汗)・を・　かい・て・　しゃつ(シャツ)・が・　じゅくじゅくに・　なっ・た。」〔⇒**ずくずく、びしょびしょ、びしゃびしゃ、びちゃびちゃ、びちょびちょ、べしょべしょ**〕

じゅくす【熟す】《動詞・サ行五段活用》　果物が十分に実る。実が食べ頃になる。「じゅくし・た・　りんご(林檎)・を・　む(剥)い・て・　く(食)う。」「やろ(柔)こー・　じゅくし・た・　かき(柿)・を・　た(食)べる。」〔⇒**じくす【(熟す)】、うれる【熟れる】**〕

しゅくだい【宿題】《名詞》　①家で勉強してくるようにと、教員から出された問題や課題。「なつやす(夏休)み・の・　しゅくだい・が・　のこ(残)っ・とる。」②解決できずに、後に残った問題や課題。「きょー(今日)・は・　き(決)め・られ・ず・に・　しゅくだい・に・　なっ・ても・た。」〔⇒**しくだい【(宿題)】**〕

しゅくちょく【宿直】《名詞、動詞する》　会社や学校などで、交替で泊まって夜間の用務や警備をすること。また、その役割の人。「しゅくちょく・の・　ばん(晩)・は・　やっぱり・　いろいろ・　しんぱい(心配)やっ・た・なー。」〔⇒**しくちょく【(宿直)】、とまり【泊まり】**〕

しゅくでん【祝電】《名詞》　祝いの気持ちを伝えるために送る電報。「ごーかく(合格)し・た・　おい(甥)・に・　しゅくでん・を・　う(打)つ。」「そつぎょーしき(卒業式)・で・　しゅくでん・の・　ひろー(披露)・が・　あっ・た。」

しゅげい〔しゅげー〕【手芸】《名詞、動詞する》　刺繍や編み物など、手先を使ってする細工。「しゅげー・で・　れーす(レース)・を・　あ(編)ん・どる・　こ(子)・が・　おる。」

じゅけん【受験】《名詞、動詞する》　入学や資格取得のために、試験を受けること。「ことし(今年)・は・　じゅけんする・　むすこ(息子)・が・　おる・さかい・　なん(何)やかし・　き(気)ー・　つか(遣)い・まっ・せ。」「みっ(三)つ・の・　がっこー(学校)・を・　じゅけんする。」〔⇒**じけん【(受験)】**〕

しゅこう〔しゅこー〕【手工】《名詞》　①手先でする工芸。「じょーず(上手)に・　しゅこー・を・　つく(作)る・　ひと(人)・に・　かんしん(感心)する。」②工作などをする、かつての小学校の教科の名。「しゅこー・の・　ざいりょー(材料)・の・　いた(板)・を・　よーい(用意)する。」〔⇒**しこう【(手工)】**〕

しゅざん【珠算】《名詞》　長方形の枠の中に、串刺しにした玉が並び、その玉を上下させる道具を使ってする計算。「しゅざん・の・　じゅく(塾)・に・　かよ(通)・とる・

ねん。」〔⇒**そろばん【算盤】**〕

しゅじつ【(手術)】《名詞、動詞する》　病気や傷になっているところを、切り開いたり切断したりして治療すること。「もーちょー(盲腸)・の・　しゅじつ・を・　し・た。」〔⇒**しゅじゅつ【手術】、しじつ【(手術)】、しうつ【(手術)】、しゅうつ【(手術)】**〕

しゅじゅつ【手術】《名詞、動詞する》　病気や傷になっているところを、切り開いたり切断したりして治療すること。「しゅじゅつ・に・　いちじかん(一時間)・ほど・かかっ・た。」〔⇒**しゅじつ【(手術)】、しじつ【(手術)】、しうつ【(手術)】、しゅうつ【(手術)】**〕

しゅしょう〔しゅしょー〕【主将】《名詞》　チームや団体などの選手の中心になって率いる人。「むすこ(息子)・が・　やきゅーぶ(野球部)・の・　しゅしょー・に・　なっ・た。」

しゅじん【主人】《名詞》　①その家を代表している人。その店を代表している人。「どーきゅーせー(同級生)・が・　りょーりや(料理屋)・の・　しゅじん・に・　なっ・とる。」②自分の仕えている人。他の人を雇って仕事をさせている人。「うち・の・　みせ(店)・の・　しゅじん・に・　たの(頼)ん・でみ・ます・わ。」③妻から見て、一家のあるじとしての夫のこと。「うち・の・　しゅじん・は・たばこ(煙草)・を・　や(止)め・へん・ねん。」

しゅす【繻子】《名詞》　表面に縦糸または横糸を浮かせたような、艶のある絹織物。「しゅす・の・　おりもん(織物)・を・　ぬ(縫)う。」〔⇒**しす【(繻子)】**〕

じゅず【数珠】《名詞》　仏を拝むときなどに使う、小さな玉を糸に通して輪にした仏具。「じゅず・で・　ねんぶつ(念仏)・の・　かいすー(回数)・を・　かんじょー(勘定)する。」「おつや(通夜)・や・のに・　じゅず・を・　わす(忘)れ・て・　い(行)っ・た。」「くるま(車)・が・　じゅず・みたいに・　つな(繋)がっ・とる。」〔⇒**じず【(数珠)】**〕

しゅつえん【出演】《名詞、動詞する》　劇や映画や放送などに出て、役を演じたり芸を披露したりなどすること。「てれび(テレビ)・の・　ばんぐみ(番組)・に・　しゅつえんし・とる・　あの・　はいゆー(俳優)・は・　みおぼ(見覚)え・が・　ある。」

しゅっきん【出勤】《名詞、動詞する》　①家を出て、勤め先に行くこと。「まいあさ(毎朝)・　はちじ(八時)・に・しゅっきんし・て・ます。」②勤め先にいて、働くこと。「その・　ひと(人)・は・　きょー(今日)・は・　しゅっきんし・とら・へん。」■対語＝②「けっきん【欠勤】」

しゅっけつ【出欠】《名詞》　会合や授業などに出ているか否かという区別。「しゅっけつ・を・　しら(調)べる。」

しゅっけつ【出血】《名詞、動詞する》　血液が血管や体の外に出ること。「はなち(鼻血)・で・　しゅっけつ・が・と(止)まら・へん。」

しゅっさん【出産】《名詞、動詞する》　子どもが生まれること。子どもを生むこと。「しゅっさん・の・　おいわ(祝)い・を・　おく(贈)る。」

しゅつじょう〔しゅつじょー〕【出場】《名詞、動詞する》　競技や催しなどに出ること。競技や催しなどに出る資格を得ること。「よせん(予選)・に・　か(勝)っ・て・　けんたいかい(県大会)・に・　しゅつじょーする。」

しゅっしん【出身】《名詞》　①その土地で生まれたこと。生まれて成長した土地。「わたし(私)・は・　しこく(四国)・の・　しゅっしん・です。」②その学校を卒業したこと。卒業した学校。「みんな・　おんな(同)じ・　ちゅーがっこー(中学校)・の・　しゅっしん・や・ねん。」〔①⇒**そだち【育ち】**〕

しゅっせ【出世】《名詞、動詞する》　①立派な地位について、周りから認められること。「しゅっせし・て・　じゅーやく(重役)・に・　なっ・とる・そーや。」②地位などが上がること。「あんた・は・　まいとし(毎年)・　しゅっせする・ん・や・なー。」

しゅっせき【出席】《名詞、動詞する》　予定していた会合や授業などに出ること。学校などを休まないこと。「かいぎ(会議)・の・　しゅっせき・を・　とる。」「ふけーかい(父兄会)・に・　しゅっせきする。」■対語＝「けっせき【欠席】」

しゅっちょう〔しゅっちょー〕【出張】《名詞、動詞する》　①仕事のために、臨時によそへ出かけること。「いっしゅーかん(一週間)・ほど・　きゅーしゅー(九州)・へ・　しゅっちょーする。」②よそへ行って店などを開くこと。「まつり(祭)・の・　かいじょー(会場)・へ・　しゅっちょーし・て・　たこやき(蛸焼)・を・　う(売)る。」〔⇒**しっちょう【(出張)】**〕

しゅっちょうしょ〔しゅっちょーしょ、しゅっちょーじょ〕【出張所】《名詞》　会社や官庁などの本部から離れた場所に作った、比較的小さな事務所。「えきまえ(駅前)・に・　しやくしょ(市役所)・の・　しゅっちょーしょ・が・　ある。」〔⇒**しっちょうしょ【(出張所)】**〕

しゅっぱつ【出発】《名詞、動詞する》　ある地点を離れること。目的地に向かって出かけること。「ろくじ(六時)・に・　しゅっぱつし・て・　いま(今)・　つ(着)き・まし・てん。」〔⇒**しっぱつ【(出発)】**〕

しゅっぴ【出費】《名詞》　必要に応じて費用を出すこと。買い物などにお金を使うこと。「ねんまつ(年末)・は・なん(何)やかし・　しゅっぴ・が・　おか(多)い。」「むら(村)・の・　まつり(祭)・の・　ため・の・　しゅっぴ・を・　わ(割)りあてる。」

しゅっぽ《名詞》　蒸気機関車にひかれて線路を走る列車。「けむり(煙)・を・　は(吐)い・て・　しゅっぽ・が・　はし(走)っ・とる。」◆幼児語。〔⇒**しゅっぽっぽ、しっぽっぽ、ぽっぽ、きしゃ【汽車】、きしゃぽっぽ【汽車ぽっぽ】、ぽっぽ**〕

しゅっぽっぽ《名詞》　蒸気機関車にひかれて線路を走る列車。「しゅっぽっぽ・に・　の(乗)っ・て・　みんな(皆)・で・　いなか(田舎)・へ・　い(行)く。」◆幼児語。〔⇒**しゅっぽ、しっぽっぽ、ぽっぽ、きしゃ【汽車】、きしゃぽっぽ【汽車ぽっぽ】、ぽっぽ**〕

しゅにく【朱肉】《名詞》　印鑑に赤い色を付けるために使う、顔料を染み込ませたもの。「しゅにく・を・　つ(付)け・て・　はんこ(判子)・を・　お(押)す。」〔⇒**いんにく【印肉】、にく【肉】**〕

しゅにん【主任】《名詞》　その仕事の中心になったり、責任を持ったりする役割の人。「がくねん(学年)しゅにん・の・　せんせー(先生)・は・　おと(恐)ろしかっ・た・なー。」

じゅばん【襦袢】《名詞》　①和服を着るとき、肌に直接に着るもの。「じゅばん・を・　き(着)・て・から・　ふく(服)・を・　き(着)る。」②(一般的に)下着。「らんにんぐ(ランニング)・の・　じゅばん・が・　あせ(汗)・で・　びっしょりや。」〔⇒**じばん【(襦袢)】**〕

しゅふ【主婦】《名詞》　生活環境を整えて、家族の食事などの世話を中心になって行う女性。「しゅふ・の・　しごと(仕事)・も・　いそが(忙)しー・もん・です。」

しゅぼむ【(萎む)】《動詞・マ行五段活用》　①ふくらんでいたものが、小さくなって縮む。大きかったり生き生きしたりしていたものが、小さくなって縮む。ぺしゃんこになる。「ぼーる(ボール)・の・　くーき(空気)・が・ぬ(抜)け・て・　しゅぼん・でき・た。」②開いていた花が、水分を失って閉じたり小さくなったりする。「しゅぼん・だ・　はな(花)・を・　あたら(新)しー・の・に・とりかえる。」③ものの一方が、他の部分よりも、狭く小さくなる。「さき(先)・の・　しゅぼん・だ・　お(折)れ・そーな・　さお(竿)・や・なー。」■他動詞は「しゅぼめる【(萎める)】」〔⇒**すぼむ【(萎む)】、しぼむ**。①⇒**へこむ【凹む】、へっこむ【凹っ込む】**。②⇒**しおれる【萎れる】、ひしぼる【干しぼる】、へしぼる【(干しぼる)】**〕

しゅぼめる【(窄める)】《動詞・マ行下一段活用》　開いていたり、ふくらんでいたりしたものを狭く小さくする。「かた(肩)・を・　しゅぼめ・た・よーに・　し・て・　ある(歩)く。」■自動詞は「しゅぼむ【(窄む)】」〔⇒**すぼめる【窄める】、しぼめる【(窄める)】**〕

しゅみ【趣味】《名詞》　楽しみとなること。仕事ではなく、楽しみとして愛好するもの。「しゅみ・は・　しゃしん(写真)・で・　あっちこっち・　である(出歩)い・とる・ん・です。」

しゅみこむ【(染み込む)】《動詞・マ行五段活用》　液体やにおいなどが深く広がり、取り除けないような状態になる。水分などが表面に残らず、深いところに達する。「あじ(味)・が・　しゅみこん・だ・　おでん・や・さかい・　うま(美味)い・なー。」「あせ(汗)・の・　にお(臭)い・が・　しゅみこん・だ・　ふく(服)・を・　あら(洗)う。」〔⇒**しみこむ【染み込む】**〕

しゅみとおる〔しゅみとーる〕【(染み通る)】《動詞・ラ行五段活用》　①熱さ冷たさ、風味などが体の中まで強く感じられる。「あつ(熱)い・　さけ(酒)・が・　はら(腹)・に・しゅみとーる・なー。」「あじ(味)・が・　しゅみとーっ・た・　だいこん(大根)・や。」②痛みを感じて、体にこたえる。「しょーどく(消毒)し・たら・　しゅみとーっ・て・いた(痛)い。」〔⇒**しみとおる【(染み通る)】**。②⇒**しむ【染む】、しゅむ【(染む)】**〕

じゅみょう〔じゅみょー〕【寿命】《名詞》　①生きている間。生命の長さ。「おとこ(男)・の・　じゅみょー・も・はちじゅー(八十)・に・　ちか(近)い・ん・や。」②物が役に立って使える期間。「かみ(紙)・に・も・　じゅみょー・が・　あっ・て・　ほん(本)・が・　ぼろぼろに・　なる。」③物が壊れて使えなくなるとき。「うち・の・　てれび(テレビ)・も・　もー・　じゅみょー・が・　き(来)・た。」〔⇒**じみょう【(寿命)】**。①⇒**いのち【命】**〕

しゅむ【(染む)】《動詞・マ行五段活用》　①水や液体が周囲に広がって、内部に及んでいく。食べ物の中に味などがしっかりついている。「だいこん(大根)・に・　だし(出汁)・が・　よー・　しゅん・どる。」「あじ(味)・が・　しゅん・だ・　こんにゃく(蒟蒻)・を・　く(食)う。」②痛みを感じて、体にこたえる。「きずぐち(傷口)・が・　しゅん・で・　いた(痛)い。」「しょーどく(消毒)・の・　あるこーる(アルコール)・が・　しゅむ。」③心に深く感じる。「かわいそー(可哀相)な・　はなし(話)・が・　むね(胸)・に・しゅむ。」〔⇒**しむ【染む】**。②⇒**しみとおる【染み通る】、しゅみとおる【(染み通る)】**〕

しゅもく【種目】《名詞》　種類に分けたひとつひとつの項目。スポーツなどにおいて、競技内容を細分したもの。また、そのように分けたものの名。「うんどーかい(運動会)・で・　なん(何)・の・　しゅもく・に・　で(出)る・ん・かいな。」

しゅりけん【手裏剣】《名詞》　手の中に持って、敵に投げつけるのに使う、小さな剣。「にんじゃ(忍者)・が・しゅりけん・を・　な(投)げる。」

しゅるい【種類】《名詞》　共通する形や性質によって分けたもの。また、そのまとまり。「この・　らん(蘭)・の・はな(花)・の・　しゅるい・は・　なん(何)・やろ・か。」〔⇒**いろ【色】**〕

じゅるい《形容詞・ウイ型》　土地がぬかるんでいる様子。土が水分を多く含んで歩きにくくなっている様子。「みず(水)・を・　う(打)ちすぎ・て・　じゅるー・　なっ・た。」〔⇒**じるい、じゅるこい、じるこい**〕

じゅるこい《形容詞・オイ型》　土地がぬかるんでいる様子。土が水分を多く含んで歩きにくくなっている様子。「じゅるこい・　たんぼ(田圃)・や・さかい・　こけ・て・しりもち(尻餅)つい・たら・　あか・ん・ぞ。」〔⇒**じゅるい、じるい、じるこい**〕

じゅるじゅる《形容動詞や(ノ)》　土地がぬかるんでいる状態。土が水分を多く含んで歩きにくくなっている状態。「うんどーじょー(運動場)・が・　じゅるじゅるや・さかい・　そと(外)・で・　あそ(遊)ば・れ・へん。」〔⇒**じるじる**〕

じゅるなる〔じゅるーなる〕《動詞・ラ行五段活用》　ぬかるんだ状態になる。土が水分を多く含んで歩きにくくなる。「あめ(雨)・が・　ふ(降)っ・て・　じゅるーなっ・た。」〔⇒**じるなる**〕

しゅろ〔しゅーろ〕【棕櫚】《名詞》　幹が黒褐色の毛で覆われ、木の頂の葉は長い柄の団扇の形をしている、背の高い常緑樹。「かぜ(風)・が・　つよ(強)ー・て・　しゅろ・の・　は(葉)ー・が・　ばさばさ・　ゆー・とる。」「しゅーろ・で・　つく(作)っ・た・　ほーき(箒)・で・　は(掃)く。」

しゅわっと《副詞》　気泡などがはじけるような感覚を表す言葉。「さいだー(サイダー)・を・　の(飲)ん・だら・　しゅわっと・　し・て・　きも(気持)ち・が・　え(良)ー。」

しゅん【旬】《名詞》　魚や野菜や果物などの出盛りで、いちばん味の良い時期。「かつお(鰹)・の・　しゅん・は・もー・　す(済)ん・でも・た。」

じゅん【順】《名詞》　ある規則などによって決められた並び方。決められた並び方に従って行うこと。物事を行う段取り。「いっぺん(一遍)に・　こ(来)・んと・　じゅん・に・　なら(並)び・なさい。」「つぎ(次)・は・　ぎゃく(逆)・の・　じゅん・で・　なまえ(名前)・を・　よ(呼)び・ます。」〔⇒**じゅんじゅん【順々】、じゅんばん【順番】**〕

じゅんきゅう〔じゅんきゅー〕【準急】《名詞》　急行の次に速い電車やバスなど。「こくてつ(国鉄)・の・　じだい(時代)・は・　じゅんきゅー・が・　よーけ・　はし(走)っ・とっ・た。」

じゅんぐりに【順繰りに】《副詞》　①順序に従って次々と。「じゅんぐりに・　わた(渡)す・さかいに・　なら(並)ん・でください。」②繰り返して次々と。「ごにん(五人)・で・　じゅんぐりに・　はし(走)る。」〔①⇒**じゅんに【順に】、じゅんばんに【順番に】、じゅんじゅんに【順々に】**〕

じゅんさ【巡査】《名詞》　人々が安心して生活できるように、生命や財産を守ることを任務としている公務員。「じゅんささん・が・　こーつーせーり(交通整理)・を・する。」〔⇒**おまわりさん【お巡りさん】、けいかん【警官】、けいさつかん【警察官】**〕

じゅんじゅん【順々】《名詞》　ある規則などによって決められた並び方。決められた並び方に従って行うこと。物事を行う段取り。「じゅんじゅん・を・　まも(守)っ・て・　なら(並)び・なさい。」「はなし(話)・の・　しかた(仕方)・の・　じゅんじゅん・が・　まちが(間違)っ・とる・さかい・　わかりにくかっ・た。」〔⇒**じゅん【順】、じゅんばん【順番】**〕

じゅんじゅんに【順々に】《副詞》　順序に従って次々と。「ばとん(バトン)・を・　じゅんじゅんに・　わた(渡)し・ていく。」「じゅんじゅんに・　まえ(前)・へ・　すす(進)み・なはれ。」〔⇒**じゅんに【順に】、じゅんばんに【順番に】、じゅんぐりに【順繰りに】**〕

じゅんに【順に】《副詞》　順序に従って次々と。「じゅんに・　なら(並)ん・で・　ひとり(一人)ずつ・　き(来)・なさい。」〔⇒**じゅんばんに【順番に】、じゅんじゅんに【順々に】、じゅんぐりに【順繰りに】**〕

じゅんばん【順番】《名詞》　①ある規則などによって決められた並び方。決められた並び方に従って行うこと。物事を行う段取り。「もー(申)しこん・だ・　とき(時)・の・　じゅんばん・を・　おぼ(覚)え・とい・てください。」②前から番号を施したときの、その番号。「うち・の・　くみ(組)・の・　えんそー(演奏)する・　じゅんばん・は・　さんばんめ(三番目)・や。」③交互に行ったりするときに、その人が行うことになる場面。「あんた・の・　じゅんばん・が・　まわ(回)っ・てき・た・さかい・　やり・なはれ。」〔①⇒**じゅん【順】、じゅんじゅん【順々】**。③⇒**ばん【番】**〕

じゅんばんに【順番に】《副詞》　順序に従って次々と。「もー(申)しこん・だ・　ひと(人)・から・　じゅんばんに・　わた(渡)し・ます。」〔⇒**じゅんに【順に】、じゅんじゅんに【順々に】、じゅんぐりに【順繰りに】**〕

じゅんび【準備】《名詞、動詞する》　物事を行う前に、それがうまく始められるように前もって環境などを整えること。あらかじめ取り揃えたりすること。「あさごはん(朝御飯)・の・　じゅんび・を・　する。」〔⇒**ようい【用意】、したく【支度】**〕

じゅんびうんどう〔じゅんびうんどー〕【準備運動】《名詞、動詞する》　激しく体を動かす前に、あらかじめ軽く体を動かすこと。また、そのための体操など。「はし(走)る・　まえ(前)・に・　しっかり・　じゅんびうんどー・を・　する。」

しゅんぶんのひ〔しゅんぶんのひー〕【春分の日】《名詞》　国民の祝日の一つで3月21日頃の春分に設定されており、自然をたたえ生物をいつくしむ日。春の彼岸の中日。「しゅんぶんのひー・と・　ゆ(言)ー・たら・　ひがん(彼岸)・の・　ちゅーにち(中日)・や。」「しゅんぶんのひ・に・　なっ・たら・　だいぶ・　ぬく(温)ー・　なる。」

じゅんもう〔じゅんもー〕【純毛】《名詞》　混じりものが無く、羊などの動物の毛だけで作った毛糸や毛織物。「じゅんもー・の・　せびろ(背広)・を・　き(着)・とる。」

しょ【署】《名詞》　警察署、消防署、税務署などを略していう言葉。「ぬす(盗)ま・れ・た・　じてんしゃ(自転車)・が・　み(見)つかっ・た・さかい・　しょ・まで・　と(取)り・に・　い(行)っ・てき・た・ん・や。」

じょい【女医】《名詞》　女性の医者。「あそこ・の・　がんか(眼科)・の・　せんせー(先生)・は・　じょいさん・や。」

しよう〔しよー〕【私用】《名詞》　①自分のための用事。「あした(明日)・は・　しよー・で・　やす(休)ま・し・てください。」②自分だけのために使うもの。「しよー・の・　ぱそこん(パソコン)・を・　つか(使)う。」

しょう〔しょー〕【小】《名詞》　①数量、形、範囲などが小さいもの。程度や度合いが小さいこと。「だい(大)・は・　しょー・を・　か(兼)ねる・と・　い(言)ー・ます・やろ。」「しょー・の・　ほー(方)・の・　はこ(箱)・に・　い(入)れる。」②運賃や入場料などでの、一人前の扱いを受けない人。「しょー・の・　きっぷ(切符)・を・　いちまい(一枚)・　おねが(願)いし・ます。」③太陽暦で1か月が30日以下の月。「しがつ(四月)・は・　しょー・や。」④小学校の児童。また、その学年。「しょーろく(六)・の・　まご(孫)・が・　おる・ねん。」⑤栄養分を吸収したあとの老廃物として、体外に排出される液体。「しょー・の・　べんじょ(便所)・が・　まんいん(満員)・や。」■対語＝「だい【大】」〔②⇒**しょうにん【小人】、こども【子供】**。⑤⇒**しょうべん【小便】、しょんべん【(小便)】、しょうよう【小用】、しい、しっこ、しいこっこ、おしっこ**〕

しょう〔しょー〕【賞】《名詞》　品物や書状など、優れた功績や努力に対して与えられるほうび。また、そのしるしとしての金品。「いちばん(一番)・に・　なっ・て・　なん(何)・ぞ・　しょー・でも・　もろ(貰)・た・ん・か。」

しょう〔しょー〕【性】《名詞》　ある傾向を持った、生まれつきの性質。ものの考え方や感じ方の方向。「ひと(人)・の・　まえ(前)・で・　はなし(話)する・の・は・　しょー・に・　あ(合)わ・ん。」「わい・は・　さぶ(寒)がり・の・　しょー・が・　ある・ねん。」

しょう〔しょー〕【升】《助数詞》　尺貫法で容積を表す単位であり、1升はおよそ1.8リットルの量。「いっ(一)しょー・の・　ます(升)・に・　さけ(酒)・を・　い(入)れる。」

じよう〔じよー〕【滋養】《名詞》　生き物が体外から取り入れて、生きていくことに役立てる養分。「かぜ(風邪)・ひー・た・さかい・　じよー・の・　ある・　もん・を・　た(食)べ・て・　ね(寝)・とっ・た。」〔⇒**えいよう【栄養】、せい【精】**〕

じょう〔じょー〕【上】《名詞》　①価値や程度が、ある水準より優れていること。また、そのようなもの。「りょーり(料理)・は・　じょー・を・　たの(頼)も・ー・か。」②全体を2つまたは3つに分けたときの、最初の部分。順序が先であること。「じょー・を・　よ(読)む・の・に・　いっしゅーかん(一週間)・　かかっ・た。」■対語＝「ちゅう【中】」「げ【下】」

じょう〔じょー〕【錠】《名詞》　扉や蓋などに付けて、鍵を使わなければ開けることができないようにした金具。「じょー・を・　か(掛)け・て・　いえ(家)・を・　で(出)る。」〔⇒**じょうまえ【錠前】**〕

じょう〔じょー〕【情】《名詞》　相手を思いやる気持ち。ものごとに感じて起こる心の動き。趣や味わい。「じょー・の・　ある・　ひと(人)・や・さかい・　なん(何)かと・こえ(声)・を・　か(掛)け・てくれる。」「いっしょ(一緒)に・　す(住)ん・どっ・たら・　じょー・が・　わく。」

じょう〔じょー〕【丈】《助数詞》　尺貫法の長さの単位で、1丈はおよそ3メートルを指す。「いち(一)じょー・も・　ある・　たれまく(垂幕)・を・　さ(下)げる。」

じょう〔じょー〕【畳】《助数詞》　部屋の広さを表すために、畳の数を数える言葉。「ろく(六)じょー・の・　へや(部屋)・で・　だい(大)・の・　じ(字)ー・に・　なっ・て・　ひんね(昼寝)する。」

じょう〔じょー〕【帖】《助数詞》　和紙や海苔などのまとまりを数える言葉。「のり(海苔)・　じゅー(十)じょー・を・　せーぼ(歳暮)・に・　おく(贈)る。」

しょういだん〔しょーいだん〕【焼夷弾】《名詞》　戦争中に使われた、辺りを焼き払うために戦闘機から投下する爆弾。「こーば(工場)・の・　ちか(近)く・に・　しょーいだん・を・　いっぱい(一杯)・　お(落)とさ・れ・た。」

しょうか〔しょーか〕【唱歌】《名詞》　①歌を歌うこと。歌うために作られた作品。「がっこー(学校)・の・　とき(時)・　しょーか・が・　うた(歌)え・なんだ・さかい・　からおけ(カラオケ)・は・　きら(嫌)い・なん・や。」②昔の小学校の教科の一つで、今の「音楽」にあたるもの。「しゅー(週)・に・　なんべん(何遍)・か・　しょーか・の・　じかん(時間)・が・　あっ・た。」

しょうか〔しょーか〕【消火】《名詞、動詞する》　燃えている火を消しとめること。火災を消すこと。「き(気)・が・　つい・て・　はよ(早)ー・に・　しょーかし・た・さかい・　かじ(火事)・に・　なら・なんだ・ん・や・て。」

しょうか〔しょーか〕【消化】《名詞、動詞する》　食べたものを、胃や腸の働きによって、吸収しやすい状態にすること。「い(胃)ー・で・　しょーかする。」「しょーか・の・　え(良)ー・　もん(物)・を・　た(食)べる。」

しょうが〔しょーが〕【生姜】《名詞》　黄色い地下茎が強い香りと辛みを持ち、日本料理には不可欠な食材。「しょーが・を・　す(摺)っ・て・　そーめん(素麺)・の・　やくみ(薬味)・に・　する。」

しょうかい〔しょーかい〕【紹介】《名詞、動詞する》　知らない人同士を、間に立って引き合わせること。よく知られていないものを解説して知らせること。「ともだち(友達)・を・　みんな(皆)・に・　しょーかいする。」

しょうがいた〔しょーがいた〕【生姜板】《名詞》　生姜をつぶして砂糖と混ぜ合わせて、固めて板状にした菓子。「いせ(伊勢)・の・　みやげ(土産)・の・　しょーがいた・を・　もろ(貰)・た。」

しょうがいぶつ〔しょーがいぶつ〕【障害物】《名詞》　何かを行おうとするときに妨げになるもの。「うんどーかい(運動会)・の・　しょーがいぶつきょーそー(競走)・に・　で(出)る。」

じょうがうつる〔じょーがうつる〕【情が移る】《動詞・ラ行五段活用》　つきあっているうちに、相手に愛情を感じるようになる。しだいに好きになって離れがたく感じるようになる。「いぬ(犬)・でも・　じょーがうつっ・て・　し(死)ん・だら・　なみだ(涙)・が・　で(出)・てき・た。」

しょうかき〔しょーかき〕【消火器】《名詞》　薬品の働きによって火を消し止める器具。「しょーかき・の・　なかみ(中身)・を・　つ(詰)めかえ・てもらう。」

しょうがくきん〔しょーがくきん、しょーがっきん〕【奨学金】《名詞》　勉強を続けるさせるために、生徒や学生などに貸したり与えたりする金。「だいがく(大学)・の・　とき(時)・は・　しょーがくきん・を・　もろ(貰)・とっ・た。」

しょうがくせい〔しょーがくせー〕【小学生】《名詞》　義務教育の最初の6年間に在籍する学校に通っている子ども。「むすこ(息子)・は・　まだ・　しょーがくせー・や。」〔⇒**がくどう【学童】**〕

しょうがつ〔しょーがつ〕【正月】《名詞》　①新年を祝う3日間、または7日間。「ことし(今年)・の・　しょーがつ・は・　ね(寝)・て・　す(過)ごし・た。」②1年の12か月のうちの最初の月。「しょーがつ・も・　にがつ(二月)・も・　す(過)ぎる・の・が・　はや(速)い・なー。」〔⇒**しょんがつ【(正月)】**。②⇒**いちがつ【一月】、いちげつ【一月】**〕

しょうがっこう〔しょーがっこー〕【小学校】《名詞》　満6歳の4月から6年間、義務教育の最初の段階として通学する学校。「しょーがっこー・の・　まえ(前)・に・　ばす(バス)・の・　てーりゅーしょ(停留所)・が・　ある。」

しょう(が)ない〔しょー(が)ない、しょがない〕【仕様(が)ない】《形容詞・特殊型》　①どうすることもできない。他によい方法がない。「そない・　する・しか・　しょーがない・やろ。」②やむを得ない。反論できない。「こっち・も・　わる(悪)い・ん・や・さかい・　い(言)わ・れ・ても・　しょーがない。」③望ましくない。してはいけない。値打ちがない。意味がない。「しょーがない・　こと・を・　する・　ひと(人)・や・なー。」「ごんた・で・　しょーがない・　やつ(奴)・や。」④気持ちがおさまらない。たまらない。「うれ(嬉)しゅー・て・　うれ(嬉)しゅー・て・　しょーがない・ねん。」〔⇒**しゃあない【(仕様ない)】、しょがない【(仕様がない)】**〕

しょう(が)わるい〔しょー(が)わるい、しょ(が)わるい〕【性(が)悪い】《形容詞・ウイ型》　他人への接し方が意地悪い。性格がよくない。「ひと(人)・の・　もん(物)・を・　かく(隠)し・たり・　し・て・　しょーがわるい・　ひと(人)・や。」「じっきに・　て(手)ー・を・　だ(出)し・て・　なぐ(殴)っ・たり・　し・て・　しょーがわるい・　やつ(奴)・や。」

しょうぎ〔しょーぎ〕【将棋】《名詞、動詞する》　縦横10本の升目の中で、おのおの20枚ずつの駒を一手ずつ動かして、相手の王を先に取った方を勝ちとする遊び。「ともだち(友達)・と・　しょーぎ・を・　さ(指)し・て・　あそ(遊)ぶ。」

しょうぎ〔しょーぎ〕【床几】《名詞》　広い板に四本の足を付けた、移動式の腰掛け。涼み台。「なつ(夏)・に・　なっ・たら・　にわ(庭)・に・　しょーぎ・を・　だ(出)す。」「しょーぎ・の・　うえ(上)・で・　かぜ(風)・に・　ふ(吹)か・れ・て・　すいか(西瓜)・を・　た(食)べる。」

じょうき〔じょーき〕【蒸気】《名詞》　熱いものの表面や湯などから立ち上る、液体が気体になったもの。「ちゃびん(茶瓶)・から・　で(出)・とる・　じょーき・で・　やけど(火傷)せ・ん・よーに・　き(気)ー・　つけ・なはれ。」

じょうぎ〔じょーぎ〕【定規】《名詞》　①長さを測ったり、あてがって直線を引いたりするときに使う、横に長い用具。「もーちょっと・　なが(長)い・　じょーぎ・を・　か(貸)し・てんか。」②3つのうちの1つの角が直角になっている3角形に作られている用具。「じょーぎ・に・は・　ろくじゅーど(六十度)・と・　さんじゅーど(三十度)・の・　かど(角)・が・　ある。」〔①⇒**ものさし【物差し】、さし【差し】、せんひき【線引き】、しゃく【尺】**。②⇒**さんかくじょうぎ【三角定規】**〕

じょうききかんしゃ〔じょーききかんしゃ〕【蒸気機関車】《名詞》　石炭を燃やして、水を蒸気に変え、その力で走る鉄道の機関車。「じょーききかんしゃ・が・　きゃくしゃ(客車)・を・　ひ(引)っぱる。」「じょーききかんしゃ・の・　こと・を・　えすえる(ＳＬ)・てな・　こと・い(言)わ・んとい・てほしー・な。」

じょうきゅう〔じょーきゅー〕【上級】《名詞》　先に生まれたり、等級や段階が上であったりすること。学年が上であること。「あの・　ひと(人)・の・　ほー(方)・が・　みっ(三)つ・　じょーきゅー・や。」■対語＝「かきゅう【下級】」

じょうきゅう〔じょーきゅー〕【上級】《形容動詞や(ノ)》　①程度や価値などが優れていること。「はりこん・で・　ひとつ・　じょーきゅー・の・　しなもん(品物)・を・　か(買)う・　こと・に・　しま・ほ。」②全体をいくつかの段階に分けたときの、優れた段階。「じょーきゅー・

し

の・　しけん(試験)・に・　ごーかく(合格)し・た。」■対語＝「ちゅうきゅう【中級】」「かきゅう【下級】」〔①⇒**じょうとう**【上等】〕

じょうきゅうせい〔**じょーきゅーせー**〕【上級生】《名詞》　①その人よりも上の学年の児童や生徒。「むすこ(息子)・より・　ひと(一)つ・　じょーきゅーせー・の・　こ(子)・が・　あそ(遊)び・に・　き(来)・た。」②小学校の高学年の子ども。「じょーきゅーせー・に・　なっ・て・　ちょっと(一寸)・　べんきょー(勉強)する・　きも(気持)ち・が・　で(出)・てき・た・みたいや。」■対語＝「かきゅうせい【下級生】」

しょうきん〔**しょーきん**〕【賞金】《名詞》　入選や当選した人などに、ほうびとして与えられる金。「けんしょー(懸賞)・に・　あ(当)たっ・て・　しょーきん・を・　もろ(貰)・た。」

しょうぐん〔**しょーぐん**〕【将軍】《名詞》　幕府のいちばん上の位の人。全軍を指揮する立場に立つ人。「これ・は・　さんだいめ(三代目)・の・　しょーぐん・の・　こと・を・　か(書)い・た・　しょーせつ(小説)・や。」

しょうこ〔**しょーこ**〕【証拠】《名詞》　物事がそうであって間違いではないということを明らかにする、拠りどころとなるもの。事実を証明するもの。「かね(金)・を・　はろ(払)・た・　しょーこ・の・　うけとり(受取)・を・　もら(貰)う。」「しょーこ・が・　ない・と・　つか(捕)まえる・の・が・　むつか(難)しー。」〔⇒**しるし**【印】、**マーク**【英語＝mark】〕

じょうご〔**じょーご**〕【漏斗】《名詞》　口の狭い器に液体などを入れるときに使う、上が広く下が細くなって穴の付いている器具。「まめ(豆)・を・　じょーご・で・　びん(瓶)・に・　い(入)れる。」「いっしょーびん(一升瓶)・に・　つか(使)う・　じょーご・を・　か(貸)し・てんか。」

しょうこう〔**しょーこー**〕【焼香】《名詞、動詞する》　仏や死んだ人を弔って、香を焚いて拝むこと。「せんぱい(先輩)・の・　そーしき(葬式)・に・　い(行)っ・て・　しょーこー・を・　し・てき・てん。」

しょうことなしに〔**しょーことなしに、しょことなしに**〕《副詞》　すべき方法が他に見つからなくて、仕方なしに。どうしようもなくて、やむを得ず。「かぜ(風邪)・を・　ひー・て・　しょーことなしに・　いちにちじゅー(一日中)・　ね(寝)・とっ・た。」「だれ(誰)・も・　する・　ひと(人)・が・　おら・なんだ・さかい・　しょことなしに・　ひ(引)きうけ・た。」

じょうさし〔**じょーさし**〕【状挿し】《名詞》　柱や壁に掛けて、受け取った手紙や葉書などを入れておくもの。「じょーさし・に・　い(入)れ・た・まま・で・　へんじ(返事)・　か(書)く・の・を・　わす(忘)れ・とっ・た。」

じょうさん〔**じょーさん**〕【(仰山)】《副詞、形容動詞や(ノ)》　数や量が多い様子。「おいわ(祝)い・を・　じょーさん・　もろ(貰)・て・　すま・ん・　こと・です。」〔⇒**おおい**【多い】、**おかい**【(多い)】、**ようけ**、**ようさん**【(仰山)】、**ぎょうさん**【仰山】、**どっさり**、**たくさん**【沢山】、**たんと**、**やっと**、**いっぱい**【一杯】〕

しょうじ〔**しょーじ**〕【障子】《名詞》　部屋の仕切や明かり取りのために、木の枠にたくさんの細い桟を付けて、薄い紙を貼って戸のようにしたもの。「しょーじ・の・　は(貼)りかえ・を・　する。」「しょーじ・の・　さん(桟)・が・　お(折)れ・とる。」

しょうじ〔**しょーじ**〕【小路】《名詞》　広い道などから脇に入ったところにある、建物と建物との間の狭い道。「くら(蔵)・の・　よこ(横)・の・　しょーじ・は・　かぜ(風)・が・　よー・　とー(通)っ・て・　すず(涼)しー。」「しょーじ・は・　じどーしゃ(自動車)・が・　とー(通)ら・ん・さかい・　こども(子供)・の・　あそびば(遊場)・に・　なる。」〔⇒**ろじ**【路地】〕

じょうじ〔**じょーじ**〕【常時】《副詞》　途絶えることなく続いている様子。常に。「あいつ(彼奴)・は・　じょーじ・　うち・へ・　く(来)る・ねん。」「じょーじ・　ある(歩)い・とる・ねん・けど・　たいじゅー(体重)・は・　へ(減)ら・へん。」〔⇒**じょうしき**【常しき】、**しょっちゅう**、**しじゅう**【始終】、**いつも**【何時も】、**いっつも**【(何時も)】、**いっつもかっつも**【(何時もかっつも)】、**いつもかも**【何時もかも】〕

しょうじがみ〔**しょーじがみ**〕【障子紙】《名詞》　障子に張ってある紙。障子に張るのに適したものとして作られている紙。「しょーじがみ・に・　あな(穴)・を・　あけ・て・　おこ(怒)ら・れ・た。」

しょうじき〔**しょーじき**〕【正直】《形容動詞や(ナ)、名詞》　心が正しく、嘘をついたりごまかしをしたりするようなことがない様子。「しょーじきに・　ゆ(言)ー・て・　あやま(謝)る・　ほー(方)・が・　え(良)ー・やろ。」

じょうしき〔**じょーしき**〕【常識】《名詞》　ごく普通の人なら、誰でも持っているような考え方、知識、判断力。「どない・　し・たら・　え(良)ー・か・　じょーしき・で・　はんだん(判断)し・てみ・なはれ。」

じょうしき〔**じょーしき**〕【常しき】《副詞》　途絶えることなく続いている様子。常に。「じょーしき・　はし(走)っ・て・　からだ(体)・を・　きた(鍛)え・とる。」「あいつ(彼奴)・が・　だま(黙)っ・て・　けっせき(欠席)する・の・は・　じょーしきや。」「いえ(家)・に・　おっ・ても・　どこ・ぞ・へ・　い(行)っ・ても・　じょーしき・　え(絵)ー・を・　か(描)い・とり・ます・ねん。」〔⇒**じょうじ**【常時】、**しょっちゅう**、**しじゅう**【始終】、**いつも**【何時も】、**いっつも**【(何時も)】、**いっつもかっつも**【(何時もかっつも)】、**いつもかも**【何時もかも】〕

しょうしゅう〔**しょーしゅー**〕【招集、召集】《名詞、動詞する》　①会議などのために、人々を呼び集めること。「むら(村)・の・　ひと(人)・を・　しょーしゅーする。」②戦時中に、兵役を命じて呼び集めること。「しょーしゅーさ・れ・て・　せんそー(戦争)・に・　い(行)か・され・た。」◆①の意味では「招集」、②の意味では「召集」と書くことが多い。

しょうしょ〔**しょーしょ**〕【証書】《名詞》　ある事実を証明するために作った書類。「そつぎょー(卒業)・の・　しょーしょ・を・　もら(貰)う。」「そろばん(算盤)・の・　にきゅー(二級)・の・　しょーしょ・を・　かべ(壁)・に・　は(張)っ・とる。」

しょうしょう〔**しょーしょー**〕【少々】《副詞》　数量、程度、時間などが少ない様子。「しょーしょー・しか・　な(無)い・けど・　た(食)べ・ておくん・なはれ。」「おまえ(前)・の・　ゆ(言)ー・とる・　こと・は・　しょーしょー・　き(気)・に・　なる。」〔⇒**ちいと**、**ちょっと**、**ちっと**、**ちびっと**、**ちと**、**ちょびっと**、**ちょぼっと**、**ちょこっと**、**ちいとばかし**、**ちいとばかり**、**ちょっとばかし**、**ちょっとばかり**、**ちっとばかし**、**ちっとばかり**、**ちびっとばかし**、**ちびっとばかり**、**ちとばかし**、**ちとばかり**、**ちょびっとばかし**、**ちょびっとばかり**、**ちょぼっとばかし**、**ちょぼっとばかり**、**ちょこっとばかし**、**ちょこっとばかり**〕

しょうじょう〔**しょーじょー**〕【賞状】《名詞》　良い行いや、立派な成績をたたえるために、そのことを書き記して

し

与える紙片。「さくぶん(作文)・を・　か(書)い・て・　かさく(佳作)・に・　なっ・て・　しょーじょー・を・　もろ(貰)・た。」〔⇒**ひょうしょうじょう【表彰状】**〕

しょうしんしょうめい〔しょーしんしょーめー〕【正真正銘】《形容動詞や(ノ)》　そのものであることに間違いなかったり、本物であることに疑いがなかったりする様子。「これ・は・　しょーしんしょーめーの・　むかし(昔)・の・　ぎんか(銀貨)・や。」

じょうず〔じょーず〕【上手】《形容動詞や(ナ)、動詞する》　①何かをしたり、作ったりするのがうまく優れている様子。何かを行った結果が良好である様子。「じょーずに・　じてんしゃ(自転車)・に・　の(乗)れる・よーに・　なっ・た。」②人をおだてたり、お世辞を言ったりするのが巧みである様子。「ひと(人)・に・　じょーずし・て・　しゅっせ(出世)し・た・とて・　しょーがない。」◆「じょうずする【上手する】」は、②の意味の場合に限られ、①の場合で使うことはない。■対語＝「へた【下手】」「うまない【上手ない】」「うもない【(上手ない)】」〔①⇒**うまい【上手い】**〕

しょうすう〔しょーすー〕【小数】《名詞》　①0よりも大きくて、1よりも小さい数。「しょーすー・は・　き(切)りすてる。」②1より小さい数を含んで、小数点を使って書き表す数字。「わ(割)っ・たら・　しょーすー・に・　なっ・ても・た。」

しょうすうてん〔しょーすーてん〕【小数点】《名詞》　小数を書き表すとき、整数部分と小数部分を分けるために、1の位の右につける点。「しょーすーてん・の・　した(下)・の・　にばんめ(二番目)・の・　くらい(位)・を・　ししゃごにゅー(四捨五入)し・て・　か(書)く。」

じょうず(を)いう〔じょーず(を)ゆー〕【上手(を)言う】《動詞・ワア行五段活用》　相手におべっかを使って言う。追従した言い方をする。「じょーずゆー・の・が・　うまい・　ひと(人)・に・は・　き(気)ーつけ・なはれ。」

しょうせつ〔しょーせつ〕【小説】《名詞》　作者の想像力や構成力によって、登場人物の行動や事件を筋にして、人間の生き方や、社会の在り方などを描いた作品。「としょかん(図書館)・で・　しょーせつ・を・　か(借)っ・てき・た。」

しょうたい〔しょーたい〕【正体】《名詞》　仮の姿であらわれているように見えるものの本来の姿。「あの・　おば(化)け・の・　しょーたい・は・　なん(何)・やろ。」

しょうたい〔しょーたい〕【招待】《名詞、動詞する》　何かの催しに客として呼ぶこと。呼んでもてなすこと。「むすめ(娘)・の・　けっこんしき(結婚式)・に・　しょーたいする・　ひと(人)・を・　き(決)める。」

じょうたい〔じょーたい〕【状態】《名詞》　ものごとや人が変化していく中での、ある時期における有り様。「いま(今)・は・　ぽつぽつと・　あめ(雨)・が・　ふ(降)りはじめ・た・　じょーたい・や。」

しょうたいじょう〔しょーたいじょー〕【招待状】《名詞》　客として呼んでもてなすために出す手紙や書類。「しゅくがかい(祝賀会)・の・　しょーたいじょー・が・　とど(届)い・た。」

じょうたつ〔じょーたつ〕【上達】《名詞、動詞する》　練習や学習などを積み重ねることによって、学問、スポーツ、芸術などの力が伸びること。腕が上がること。「れんしゅー(練習)・を・　つづ(続)け・た・さかい・　すいえー(水泳)・が・　だいぶ(大分)・　じょーたつし・てき・た。」

じょうだん〔じょーだん〕【冗談】《名詞、動詞する》　①面白みを加えて、ふざけて言う話。「じょーだん・ばっかり・　ゆ(言)ー・て・　ほんま(本真)に・　おもしろ(面白)い・　ひと(人)・や。」②ふざけて行動すること。また、そのような行動。「じょーだんし・とっ・たら・　でんしんぼー(電信棒)・に・　ぶちあたる・ぞ。」

しょうち〔しょーち〕【承知】《名詞、動詞する》　①相手の言うことを聞き入れること。「むり(無理)・を・　ゆ(言)ー・た・ん・や・けど・　しょーちし・てくれ・た。」②ある情報を知っていること。内容や事情をよくわかっていること。「その・　こと(事)・は・　まえまえ(前々)から・　しょーちし・てまし・た。」

しょうちくばい〔しょーちくばい〕【松竹梅】《名詞》　めでたいものの取り合わせとしての、松と竹と梅。「しょーちくばい・の・　え(絵)ー・を・　か(描)く。」

じょうとう〔じょーとー〕【上等】《名詞、形容動詞や(ノ)》　①程度や価値などが優れていること。「せき(席)・は・　じょーとーな・　とこ(所)・を・　よやく(予約)し・た。」②優れていること。立派なこと。また、そのようなもの。「じょーとーの・　ふく(服)・を・　き(着)・ていく。」③十分ではないが、一応、優れていること。「さんじゅーばん(三十番)・まで・に・　はい(入)っ・たら・　じょーとーや。」〔①⇒**じょうきゅう【上級】**〕

しょうどく〔しょーどく〕【消毒】《名詞、動詞する》　薬や熱などによって、体やものについている黴菌を殺すこと。「て(手)ー・を・　あるこーる(アルコール)・で・　しょーどくする。」

しょうとつ〔しょーとつ〕【衝突】《名詞、動詞する》　①進んで行って、立ちはだかるものにぶつかる。「じてんしゃ(自転車)・で・　でんしんばしら(電信柱)・に・　しょーとつし・た。」②考えの違いが露骨になること。また、その結果、言い争ったり腕力を用いたりすること。「あいつ(彼奴)・と・は・　なんべん(何遍)・も・　しょうとつし・た。」〔①⇒**つきあたる【突き当たる】、つっきゃたる【(突き当たる)】、つきゃたる【(突き当たる)】、どっしゃげる**〕

しょうにん〔しょーにん〕【小人】《名詞》　運賃や入場料などでの、一人前の扱いを受けない人。「にゅーじょーけん(入場券)・を・　だいにん(大人)・　いちまい(一枚)・と・　しょーにん・　にまい(二枚)・　ください。」■対語＝「だいにん【大人】」〔⇒**こども【子供】、しょう【小】**〕

しょうにんずう〔しょーにんずー〕【少人数】《名詞、形容動詞や(ノ)》　寄り集まる人の数が少ないこと。また、少ない数の人。「しょーにんずーで・　かいぎ(会議)・を・　する。」■対語＝「おおにんずう【大人数】」〔⇒**こにんずう【小人数】**〕

しょうね〔しょーね〕【性根】《名詞》　①ものごとに積極的に取り組もうとする、心の持ち方。頑張り抜こうとする精神力。「しょーね・が・　はい(入)っ・とら・へん・さかい・　ま(負)ける・ん・や。」②行動の仕方や姿勢・態度などに現れる、その人が生まれつき持っている性格。「しょーね・が・　くさ(腐)っ・とる。」〔⇒**こんじょう【根性】、しょうねん【正念】**〕

しょうねん〔しょーねん〕【正念】《名詞》　①ものごとに積極的に取り組もうとする、心の持ち方。頑張り抜こうとする精神力。「もっと・　しょーねん・を・　い(入)れ・て・　やら・んかい。」②行動の仕方や姿勢・態度などに現れる、その人が生まれつき持っている性格。「あいつ(彼奴)・の・　しょーねん・は・　よー・　わから・ん。」〔⇒**こんじょう【根性】、しょうね【性根】**〕

じょうのじょう〔じょーのじょー〕【上の上】《名詞、形容動詞や(ノ)》 最上等のもの。最良のもの。「へや(部屋)・は・　じょーのじょー・を・　よやく(予約)する。」■対語＝「げのげ【下の下】」〔⇒**うえのうえ**【上の上】〕

しょうのつき〔しょーのつき〕【小の月】《名詞》 太陽暦で、1か月が30日以下の月。「にがつ(二月)・は・　しょーのつき・で・　はや(速)い・ぞ。」■対語＝「だいのつき【大の月】」

しょうばい〔しょーばい〕【商売】《名詞、動詞する》 ①物を売ったり買ったりすること。「しょーばい・が・　はんじょー(繁盛)する。」②それによって生計を立てていくための職業。また、その職業の内容。「いま(今)・は・　どんな・　しょーばいし・とっ・て・ん・です・か。」「からだ(体)・を・　つか(使)う・　しょーばい・や・さかい・　しんどい。」◆②は、商業に関係することだけでなく、すべての職業のことを指して言う。〔①⇒**あきない**【商い】。②⇒**しごと**【仕事】〕

しょうばいにん〔しょーばいにん〕【商売人】《名詞》 ①ものの売買をしている人。商業に従事している人。「しょうばいにん・や・さかい・　そん(損)・を・　し・て・まで・は・　う(売)ら・ん・やろ。」②駆け引きの上手な人。「あいつ(彼奴)・は・　しょーばいにん・や・さかい・　だま(騙)さ・れ・ん・よーに・　し・なはれ。」〔①⇒**あきんど**【商人】〕

しょうばいや〔しょーばいや〕【商売屋】《名詞》 ものの売買をしている店。商店。「えきまえ(駅前)・は・　しょーばいや・が・　なら(並)ん・どる。」

じょうはつ〔じょーはつ〕【蒸発】《名詞、動詞する》 液体が、熱を加えられたりして気体に変わる現象。「あるこーる(アルコール)・が・　じょーはつし・ても・た。」

しょうひん〔しょーひん〕【賞品】《名詞》 ほうびとして与える品物。「うんどーかい(運動会)・で・　か(勝)っ・て・　しょーひん・を・　もろ(貰)・た。」

じょうひん〔じょーひん〕【上品】《形容動詞や(ナ)》 人柄、教養、礼儀作法などに落ち着きがあって、貴く感じられる様子。品性や品格が良い様子。奥ゆかしい態度や行動をとる様子。「じょーひんな・　どーさ(動作)・を・　する・　ひと(人)・や・なー。」「きょーと(京都)・の・　じょーひんな・　おかし(菓子)・を・　みやげ(土産)・に・　か(買)う。」■対語＝「げひん【下品】」

しょうぶ〔しょーぶ〕【菖蒲】《名詞》 細長い葉で香りが良く、初夏に花を咲かせる水辺の植物。「しょーぶ・を・　ふろ(風呂)・に・　い(入)れる。」

しょうぶ〔しょーぶ〕【勝負】《名詞、動詞する》 ①勝ち負けを争うこと。また、その勝ち負け。「どっち・も・　つよ(強)ー・て・　すもー(相撲)・の・　しょーぶ・が・　つか・へん。」②命がけで対決すること。「むさし(武蔵)・と・　こじろー(小次郎)・が・　しょーぶし・た。」

じょうぶ〔じょーぶ〕【丈夫】《形容動詞や(ナ)》 ①体ががっしりしていて強い様子。体が元気で、健康である様子。「けーびいん(警備員)・は・　じょーぶな・　からだ(体)・を・　し・た・　しと(人)・や。」②ものががっしりして壊れそうにない様子。「じょーぶな・　はこ(箱)・に・　い(入)れる。」■対語＝「きゃしゃ【華奢】」〔⇒**がんじょう**【頑丈】〕

しょうぶん〔しょーぶん〕【性分】《名詞》 人が生まれつき持っている性格。「こま(細)かい・　こと・が・　き(気)・に・　なっ・て・　しょーがない・　しょーぶん・や。」「あいつ(彼奴)・は・　おもろ(面白)い・　こと・が・　す(好)きな・　しょーぶん・や。」〔⇒**たち**【質】〕

しょうべん〔しょーべん〕【小便】《名詞、動詞する》 栄養分を吸収したあとの老廃物として、体外に排出される液体。また、それを排出すること。「みち(道)・の・はた(側)・で・　しょーべんし・たら・　あか・ん・がな。」〔⇒**しょんべん**【(小便)】、**しょうよう**【小用】、**しい**、**しっこ**、**しいこっこ**、**おしっこ**、**しょう**【小】〕

しょうべんたれ〔しょーべんたれ〕【小便垂れ】《名詞、形容動詞や(ノ)》 ①しばしば放尿する傾向のある人。「また・　べんじょ(便所)・へ・　い(行)く・ん・かいなー。しょーべんたれ・や・なー。」②じゅうぶん成熟していない人。「あんな・　しょーべんたれ・に・　しごと(仕事)・を・　まか(任)さ・れ・へん。」◆②は、あしざまに言うときに使う言葉。〔⇒**しょんべんたれ**【(小便垂れ)】〕

しょうべんたんご〔しょーべんたんご〕【小便担桶】《名詞》 ①持ち運ぶための紐や縄が上部についている、糞尿などを入れる細長い桶。「はたけ(畑)・へ・　しょーべんたんご・を・　にの(担)ー・ていく。」②便所に設置されている、男性の放尿を受ける器。「しょーべんたんご・は・　きれー(綺麗)に・　つか(使)え。」〔⇒**たご**【担桶】、**たんご**【担桶】、**しょんべんたんご**【小便担桶】。①⇒**こえたんご**【肥担桶】、**こえたご**【肥担桶】〕

しょうぼう〔しょーぼー〕【消防】《名詞》 ①火事を消したり防いだりすること。「しょーぼー・の・　ほか(他)・に・　きゅーきゅー(救急)・の・　しごと(仕事)・が・　ある。」②火事を消したり防いだりする仕事をしている人。消防職員。「しやくしょ(市役所)・で・　しょーぼー・を・　う(受)けもっ・とる。」③火事を消したり防いだりする仕事や、急病や怪我の人を助けたりする仕事を受け持っているところ。また、その施設や建物。「えきまえ(駅前)・に・　しょーぼー・が・　ある。」〔③⇒**しょうぼうしょ**【消防署】〕

じょうほう〔じょーほー、じょーほ〕【(両方)】《名詞》 2つあるものの双方。「じょーほー・の・　て(手)ー・を・　まえ(前)・に・　だ(出)す。」「けっしょーせん(決勝戦)・は・　じょーほー・とも・　つよ(強)ー・て・　しょーぶ(勝負)・が・　つか・ん。」■対語＝「かたほう【片方】」「かたいっぽう【片一方】」「かたっぽう【片っ方】」〔⇒**りょうほう**【両方】、**りょほ**【(両方)】、**じょほ**【(両方)】〕

しょうぼうじとうしゃ〔しょーぼーじとーしゃ〕【(消防自動車)】《名詞》 火事を消したり防いだりすることに使う自動車。「はよ(早)ー・　しょーぼーじとーしゃ・が・　き(来)・てくれ・たら・　え(良)ー・のに・なー。」〔⇒**しょうぼうしゃ**【消防車】、**しょうぼうじどうしゃ**【消防自動車】〕

しょうぼうじどうしゃ〔しょーぼーじどーしゃ〕【消防自動車】《名詞》 火事を消したり防いだりすることに使う自動車。「しょーぼーじどーしゃ・が・　やかま(喧)しー・に・　はし(走)っ・とる。」〔⇒**しょうぼうしゃ**【消防車】、**しょうぼうじとうしゃ**【(消防自動車)】〕

しょうぼうしゃ〔しょーぼーしゃ〕【消防車】《名詞》 火事を消したり防いだりすることに使う自動車。「こくどー(国道)・を・　しょーぼーしゃ・と・　きゅーきゅーしゃ(救急車)・が・　はし(走)っ・ていっ・た。」〔⇒**しょうぼうじどうしゃ**【消防自動車】、**しょうぼうじとうしゃ**【(消防自動車)】〕

しょうぼうしょ〔しょーぼーしょ〕【消防署】《名詞》 火事を消したり防いだりする仕事や、急病や怪我の人を助けたりする仕事を受け持っているところ。また、その施設や建物。「しょーぼーしょ・から・　きゅーきゅー

しゃ(救急車)・が・　で(出)・ていっ・た。」〔⇒**しょうぼう【消防】**〕

じょうまえ〔じょーまえ〕【錠前】《名詞》　扉や蓋などに付けて、鍵を使わなければ開けることができないようにした金具。「こや(小屋)・に・は・　がんじょー(頑丈)な・　じょーまえ・が・　か(掛)かっ・とる。」◆作りつけのものや、大形の錠のことを言うことが多い。〔⇒**じょう【錠】**〕

しょうみ〔しょーみ〕【正味】《名詞》　①入れ物などの重さを除いた、中身だけの重さ。「ふるたい(風袋)・を・　ひ(引)ー・て・　しょーみ・　いっかんめ(一貫目)・　ある。」②容器の中に入る、中身の量。「あげぞこ(上底)・や・さかい・　しょーみ・は・　あんまり・　はい(入)っ・とら・へん。」③実際の数量。掛け値なしの数量。「やす(休)ん・で・ばっかり・で・　しょーみ・は・　いちじかん(一時間)・しか・　はたら(働)い・とら・へん。」

しょうめい〔しょーめー〕【証明】《名詞、動詞する》　物事が正しいことや、事実であることが間違いないことなどを、証拠を示して明らかにすること。また、そのための手続きなど。「きのー(昨日)・　ちゃんと・　ここ・へ・　き(来)・とっ・た・　こと・を・　しょーめーし・てくれ・へん・か。」

しょうめい〔しょーめー〕【照明】《名詞、動詞する》　光を当ててあたりを明るくすること。また、その光。また、そのための設備。「がいとー(街灯)・の・　しょーめー・が・　あか(明)すぎる。」「うんどーじょー(運動場)・に・　しょーめー・を・　つけ・て・　れんしゅー(練習)する。」

しょうめいしょ〔しょーめーしょ〕【証明書】《名詞》　物事の正しさや、事実であることなどを示した書類。「ほしょーきかん(保証期間)・の・　しょーめーしょ・を・　もらう。」

しょうめん〔しょーめん〕【正面】《名詞》　①建物などの表の側。「しょーめん・の・　いりぐち(入口)・の・　よこ(横)・の・　ほー(方)・に・　つーよーぐち(通用口)・が・　あり・ます・ねん。」②真っ直ぐ前を向いて見える方向。「よこ(横)・を・　む(向)か・んと・　しょーめん・を・　む(向)け。」〔②⇒**ままえ【真前】**〕

しょうもない〔しょーもない〕《形容詞・特殊型》　価値がない。興味を引かない。くだらない。「きょう(今日)・　み(見)・た・　しばい(芝居)・は・　しょーもなかっ・た。」「しょーもない・　もん(物)・です・けど・　た(食)べ・てみ・て・ください・ね。」◆実際に価値が低いという意味で使うが、へりくだって表現する場合に使うこともある。

しょうや〔しょーや〕【庄屋】《名詞》　江戸時代に、村の行政を担当した長の人。「むかし(昔)・の・　しょーや・の・　いえ(家)・は・　おー(大)けー・なー。」〔⇒**なぬし【名主】**〕

しょうゆ〔しょーゆ、しょーゆー〕【醤油】《名詞》　小麦・大豆などに、麹・食塩などを加えて作った、黒い色をした液体調味料。「しょーゆー・の・　びん(瓶)・は・　にりっとる(二リットル)い(入)り・やっ・た。」

しょうゆさし〔しょーゆさし、しょーゆーさし〕【醤油注し】《名詞》　卓上に置いて、料理にかける醤油を入れておく、ガラスなどでできた容器。「しょーゆさし・から・　しょーゆ(醤油)・が・　よぼっ・とる。」

しょうよ〔しょーよ〕【賞与】《名詞》　月ごとの給与とは別に、夏季や年末などに支給される金。ほうびとして与える金品。「ねん(年)・に・　にかい(二回)・　しょーよ・が・　で(出)る。」〔⇒**ボーナス【英語＝bonus】**〕

しょうよう〔しょーよー〕【小用】《名詞、動詞する》　栄養分を吸収したあとの老廃物として、体外に排出される液体。また、それを排出すること。「えーが(映画)・を・　み(見)・とっ・て・　しょーよー・が・　し・とー・なっ・た。」◆高齢者しか使わない。〔⇒**しょうべん【小便】、しょんべん【(小便)】、しい、しっこ、しいこっこ、おしっこ、しょう【小】**〕

じょうようしゃ〔じょーよーしゃ〕【乗用車】《名詞》　運送用などではなくて、人が乗ることを主な目的にした自動車。「はじ(初)めて・　じょーよーしゃ・を・　こ(買)ー・た・　とき・は・　うれ(嬉)しかっ・た・なー。」◆昔は、「くるま【車】」とは言わなかった。

じょうり〔じょーり、じょり〕【(草履)】《名詞》　藁や藺草や竹皮などで編み、鼻緒をすげた履き物。「じょーり・の・　はなご(鼻緒)・が・　きゅー(急)に・　き(切)れ・た。」◆ゴムで一体的に成形したものもあった。〔⇒**ぞうり【草履】、じょじょ、じょり【(草履)】**〕

じょうりく〔じょーりく〕【上陸】《名詞、動詞する》　海や船から陸地に上がること。「こーベこー(神戸港)・に・　がいこく(外国)・の・　ふね(船)・が・　つ(着)い・て・　ぎょーさん(仰山)・の・　ひと(人)・が・　じょーりくし・た。」「たいふー(台風)・が・　きいはんとー(紀伊半島)・に・　じょーりくし・た。」

じょうろ〔じょーろ〕【如雨露】《名詞》　植木や草などに水を注ぎかけるときに使う、長い注ぎ口の先にたくさんの小穴をあけた器具。「じょーろ・で・　はな(花)・に・　みず(水)・を・　やる。」

しょうわ〔しょーわ〕【昭和】《名詞》「平成」のひとつ前の年号。昭和天皇が位についていた時代。「しょーわ・より・　あと(後)・に・　う(生)まれ・た・　ひと(人)・も・　ろーじん(老人)・に・　なっ・た・なー。」

しょうわ〔しょーわ〕【昭和】《固有名詞》　赤根川の河口の西側にあった、のちに白鶴酒造江井ヶ島支店となる昭和酒造株式会社。「しょーわ・の・　まえ(前)・に・　とらっく(トラック)・が・　と(停)まっ・とる。」◆古い呼称がその後の何年間も使われ続けるというのは、よくあることである。　〔**巻末「わが郷土」の「しょうわ」の項を参照**〕

しょうわのひ〔しょーわのひー〕【昭和の日】《名詞》　国民の祝日の一つで4月29日に設定されており、昭和の時代を顧みて、国の将来に思いをいたす日。「しょーわのひ・は・　むかし(昔)・の・　てんのーたんじょーび(天皇誕生日)・や。」

しょうわる〔しょーわる、しょわる〕【性悪】《名詞、形容動詞や(ナ)、動詞する》　他人に対して、悪意を持った態度で接する様子。人の嫌がることや困ることを、わざとする様子。また、そのようにする人。「ひと(人)・の・　もん(物)・を・　かく(隠)し・たり・　し・て・　しょわるや・なー。」「しょわるせ・んと・　なかよ(仲良)ー・　し・たっ・て・な。」「こ(小)まい・　こ(子)ー・に・　しょーわるし・たら・　あか・ん・で。」〔⇒**いじわる【意地悪】、こんじょうわる【根性悪】、いけず、いけずし**〕

じょう(を)おとす〔じょー(を)おとす〕【錠(を)落とす】《動詞・サ行五段活用》　金具などを操作して、扉や蓋などを開けられないようにする。「じょーをおとし・て・　はい(入)ら・れ・へん・よーに・　する。」〔⇒**じょう(を)おろす【錠(を)下ろす】、じょう(を)かける【錠(を)掛ける】**〕

じょう(を)おろす〔じょー(を)おろす〕【錠(を)下ろす】《動

詞・サ行五段活用》 金具などを操作して、扉や蓋などを開けられないようにする。「しごと(仕事)・が・ す(済)ん・だ・さかい・ こーば(工場)・に・ じょーをおろす。」〔⇒**じょう(を)おとす【錠(を)落とす】、じょう(を)かける【錠(を)掛ける】**〕

じょう(を)かける〔じょー(を)かける〕【錠(を)掛ける】《動詞・カ行下一段活用》 金具などを操作して、扉や蓋などを開けられないようにする。「げんかん(玄関)・の・ と(戸)ー・に・ じょーをかけ・て・ で(出)かける。」〔⇒**じょう(を)おとす【錠(を)落とす】、じょう(を)おろす【錠(を)下ろす】**〕

じょおう〔じょおー〕【女王】《名詞》 女性の君主。「いぎりす(イギリス)・の・ じょおー・は・ きれー(綺麗)や・なー。」

ショート〔しょーと〕【英語＝short】《名詞、動詞する》 2本の電線などが触れ合って、大量の電流が流れること。大量の電流が流れてヒューズが切れること。「しょーとし・て・ てーでん(停電)し・た。」

しょがない【(仕様がない)】《形容詞・特殊型》 ①どうすることもできない。他によい方法がない。「あいつ(彼奴)・の・ ゆ(言)ー・よーに・ する・しか・ しょがない。」②やむを得ない。反論できない。「だま(黙)っ・とか・な・ しょがない。」③望ましくない。してはいけない。値打ちがない。意味がない。「あんな・ しょがない・こと・を・ し・たら・ あか・ん・ぞ。」④気持ちがおさまらない。たまらない。「あほ(阿呆)みたいな・ しっぱい(失敗)・を・ し・て・ は(恥)ずかしー・て・ しょがない。」〔⇒**しゃあない【(仕様ない)】、しょう(が)ない【仕様(が)ない】**〕

しょき【書記】《名詞》 会議の記録などを取る役割を担う人。「じちかい(自治会)・の・ しょき・の・ やく(役)・を・ する。」◆小学校時代の学級委員の3役は、委員長、副委員長、書記(または、書記長)であった。

しょきゅう〔しょきゅー〕【初級】《名詞》 全体をいくつかの段階に分けたときの、初歩の段階。「げーとぼーる(ゲートボール)・は・ はじ(始)め・た・ばっかり・で・まだ・ しょきゅー・や。」■対語＝「**じょうきゅう【上級】**」「**ちゅうきゅう【中級】**」〔⇒**かきゅう【下級】**〕

しょく【食】《名詞》 食べること。食べたいと思う気持ち。「ねつ(熱)・が・ あっ・て・ しょく・が・ すす(進)ま・へん。」

しょく【色】《助数詞》 色の数を数えるときに使う言葉。「じゅーろく(十六)しょく・の・ いろえんぴつ(色鉛筆)・を・ こ(買)ー・てもろ・た。」

しょく【食】《助数詞》 食べる量や、食べる回数を数えるときに使う言葉。「おまえ(前)・は・ いちにち(一日)・に・ なん(何)しょく・ し・とる・ん・や。く(食)ー・て・ばっかり・ おる・ん・やろ。」

しょく【燭】《助数詞》 電球などの明るさを表す言葉。「ろく(六)しょく・の・ たま(球)・が・ き(切)れ・た。」◆「ワット」を使う以前に使われていた言葉。

しょくあん【職安】《名詞》 職業紹介や雇用保険についての業務などを行っている役所。かつての「職業安定所」の略語で、今の「ハローワーク」。「しょくあん・で・しごと(仕事)・を・ さが(探)す。」〔⇒**あんていしょ【安定所】、しょくぎょうあんていしょ【職業安定所】**〕

しょくいん【職員】《名詞》 役所・学校・団体などに籍を置いて働いている人。「し(市)ー・の・ しょくいん・を・し・とる。」

しょくいんしつ【職員室】《名詞》 学校の教職員がいる部屋。「がっこー(学校)・で・は・ しょくいんしつ・へ・はい(入)り・にくかっ・た・なー。」

しょくがほそい【食が細い】《形容詞・オイ型》 日常的に食べる量が少ない。「しょくがほそい・さかい・ や(痩)せ・とる・ねん。」

しょくぎょう〔しょくぎょー〕【職業】《名詞》 ①生活を支えるために、日常的にしている仕事。「しょくぎょー・を・ か(書)く・ らん(欄)・が・ ある。」②前項に関する心構えや技能などを教える、かつての中学校にあった、男子対象の教科の名。「たんにん(担任)・は・ しょくぎょー・の・ せんせー(先生)・や。」

しょくぎょうあんていしょ〔しょくぎょーあんてーしょ〕【職業安定所】《名詞》 職業紹介や雇用保険についての業務などを行っている役所。今の「ハローワーク」。「あかし(明石)・の・ しょくぎょーあんてーしょ・は・ えき(駅)・の・ にし(西)・の・ ほー(方)・に・ ある。」◆単に「**あんていしょ【安定所】**」と言うことが多い。〔⇒**あんていしょ【安定所】、しょくあん【職安】**〕

しょくご【食後】《名詞》 食事を済ませた後。「しょくご・に・ くすり(薬)・を・ の(飲)む。」「しょくご・の・ ひるね(昼寝)・を・ する。」■対語＝「**しょくぜん【食前】**」

しょくじ【食事】《名詞、動詞する》 生きていくために必要なものを食べること。また、その食べ物。「もー・しょくじ・は・ す(済)み・まし・た・か。」

しょくぜん【食前】《名詞》 食事をする前。「しょくぜん・に・ の(飲)む・ くすり(薬)を・ わす(忘)れる・な・よ。」「おまえ(前)・は・ よー・ く(食)う・なー。しょくぜん・ しょくご(食後)・に・ めし(飯)・を・ く(食)・とる・ん・と・ ちゃ(違)う・か。」■対語＝「**しょくご【食後】**」

しょくちゅうどく〔しょくちゅーどく〕【食中毒】《名詞》 飲食したものに含まれる毒やばい菌が原因で、体の具合が悪くなること。食あたり。「つゆ(梅雨)・に・なっ・たら・ しょくちゅーどく・に・ き(気)ー・ つ(付)け・んならん。」◆単に「**ちゅうどく【中毒】**」と言うことが多い。〔⇒**ちゅうどく【中毒】**〕

しょくどう〔しょくどー〕【食堂】《名詞》 ①その家や建物の中で、食事をするための特定の部屋。「あさめし(朝飯)・は・ しょくどー・で・ ばいきんぐ(バイキング)・や・そーや。」②人に食事を提供する店。「ここ・の・ えきまえ(駅前)・に・は・ しょくどー・が・ あんまり・ない・なー。」〔②⇒**たべもんや【食べ物屋】、くいもんや【食い物屋】**〕

しょくにん【職人】《名詞》 熟練した手先の技術で物を作ったりする仕事をしている人。「しごと(仕事)・を・なろ(習)・て・ しょくにん・に・ なる。」◆大工・左官・石工・植木屋・理容師などの職業のことに使う。

しょくひ【食費】《名詞》 食事にかかる費用。「しゅーしょく(就職)し・たら・ しょくひ・ぐらい・ いえ(家)・へ・い(入)れ・ん・かいな。」

しょくひん【食品】《名詞》 そのままで、または調理をして食べ物とする品物。「ちか(地下)・の・ しょくひんうりば(売場)・で・ か(買)う。」〔⇒**たべもん【食べ物】、くいもん【食い物】**〕

しょくぶつ【植物】《名詞》 生物を2つに大別したときの動物に対する一群で、木・草・海藻・その他の、一般に自分で移動する力を持たず、光合成によって栄養を作るものをまとめて言う言葉。「しょくぶつ・の・ あぶら(油)・で・ あ(揚)げる。」■対語＝「**どうぶつ【動物】**」

しょくよう〔しょくよー〕【食用】《名詞》 食べ物になること。食べ物として用いること。「せんそーちゅー(戦争中)・は・ いも(芋)・の・ つる(蔓)・まで・ しょくよー・に・ し・た。」

しょくようがえる〔しょくよーがえる〕【食用蛙】《名詞》 体が大きくて、食べることができる蛙。うしがえる。「しょくよーがえる・が・ ひく(低)い・ こえ(声)・で・ な(鳴)い・とる。」◆実際に食べた経験はない。

しょくよく【食欲】《名詞》 食べ物を食べたいと思う気持ち。「しょくよく・が・ おーせー(旺盛)な・ ひと(人)・や・なー。」〔⇒**くいけ**【食い気】〕

しょくりょうひん〔しょくりょーひん〕【食料品】《名詞》 食べ物にする品物。「いっしゅーかんぶん(一週間分)・の・ しょくりょーひん・を・ まと(纏)め・て・ こ(買)ー・とく。」◆穀物以外の、肉・魚・野菜・果物などを指すことが多い。

じょこう〔じょこー〕【徐行】《名詞、動詞する》 電車や自動車などが、速度を落として、ゆっくり進むこと。「こーさてん(交差点)・は・ じょこーせ・な・ あむ(危)ない・ぞ。」

しょことなし〔しょーことなし〕【(為よう事なし)】《形容動詞や(ノ)》 どうすることもできないという様子。他によい方法がないという様子。「まご(孫)・が・ ねつ(熱)・を・ だ(出)し・て・ きのー(昨日)・は・ しょことなしに・ いえ(家)・から・ で(出)・られ・ず・や。」

じょし【女子】《名詞》 おんな。おんなの子。「だんし(男子)・と・ じょし・が・ いちれつ(一列)・ずつ・ なら(並)ん・だ。」■対語＝「だんし【男子】」

じょしゅ【助手】《名詞》 ①他の人の仕事の手助けをする人。「とらっく(トラック)・の・ じょしゅ・を・ する。」②仕事の上で、一人前ではない人。「まだ・ じょしゅ・や・さかい・ ひとり・で・ しごと(仕事)・を・ さし・てもらわ・れ・へん。」

じょじょ《名詞》 ①靴、下駄、草履など、地面を歩くときに足につけるもの。「え(良)ー・ じょじょ・ は(履)い・て・ どこ・へ・ い(行)く・の・や。」②藁や藺草や竹皮などで編み、鼻緒をすげた履き物。「じょじょ・の・ はなご(鼻緒)・が・ き(切)れ・た。」◆幼児語。〔⇒**じょり**【(草履)】、**はきもん**【履き物】。②⇒**じょうり**【(草履)】、**ぞうり**【草履】〕

じょじょに【徐々に】《副詞》 変化はしているが、見た目や感じ方にはゆるやかであると受け取られる様子を表す言葉。「さんがつ(三月)・に・ なっ・て・ じょじょに・ ぬく(温)ー・ なっ・てき・まし・た・なー。」

じょせい〔じょせー〕【女性】《名詞》 成人したおんなの人。「うけつけ(受付)・に・ じょせー・が・ すわ(座)っ・とる。」■対語＝「だんせい【男性】」

しょたい【所帯】《名詞》 ①独立して生活している一つの家。「おー(大)けな・ しょたい・や・さかい・ ごはん(飯)・ つく(作)る・の・も・ たいへん(大変)な・ん・や。」②組織としての全体。「しょたい・の・ おー(大)けな・ ぐるーぷ(グループ)・や・さかい・ かいひ(会費)・も・ ぎょーさん(仰山)・ あつ(集)まる。」

じょちゅう〔じょちゅー〕【女中】《名詞》 商家や邸宅などに雇われて、下働きをする女性。「じょちゅー・に・ ほーこー(奉公)し・て・ しつけ(躾)・を・ おぼ(覚)え・た。」◆もはや使うことはない言葉である。〔⇒**おなごし**【(女衆)】〕

しょちゅうみまい〔しょちゅーみまい〕【暑中見舞い】《名詞》 夏の暑いときに元気かどうかを尋ねてねぎらいの気持ちを伝える葉書や手紙。「しょちゅーみまい・の・ はがき(葉書)・を・ くれ・た。」

しょちょう〔しょちょー〕【所長】《名詞》 事務所や営業所など、「所」と名のつくところのいちばん上に立つ人。「けんちくじむしょ(建築事務所)・の・ しゅちょー・を・ し・とる。」

しょちょう〔しょちょー〕【署長】《名詞》 警察署や消防署など、「署」と名のつくところのいちばん上に立つ人。「あかしけーさつ(明石警察)・の・ しょちょーさん・の・ はなし(話)・を・ き(聞)ー・た。」

しょっき【食器】《名詞》 食事の時に使う、茶碗・皿・箸・ナイフ・フォークなどの道具や器具。「きゅーしょく(給食)・の・ しょっき・を・ あら(洗)う。」

昭和20年代後半頃の学校給食用の食器

ショック〔しょっく〕【英語＝shock】《名詞》 ①予期しない事態に遭遇したときの、激しい驚きや動揺。「おー(大)けな・ じこ(事故)・が・ あっ・て・ ともだち(友達)・が・ けが(怪我)し・て・ えらい・ しょっく・や。」②突然の物理的な動きや響き。「じしん(地震)・の・ しょっく・で・ もの(物)・が・ お(落)ち・た。」

しょっちゅう〔しょっちゅー〕《副詞》 途絶えることなく続いている様子。常に。「この・ あた(辺)り・は・ さんぽ(散歩)・で・ しょっちゅー・ ある(歩)い・てます・ねん。」「わか(若)い・ とき(時)・は・ しょっちゅー・ はら(腹)・を・ へ(減)らし・とっ・た。」〔⇒**じょうじ**【常時】、**じょうしき**【常しき】、**しじゅう**【始終】、**いつも**【何時も】、**いっつも**【(何時も)】、**いっつもかっつも**【(何時もかっつも)】、**いつもかも**【何時もかも】〕

しょどう〔しょどー〕【書道】《名詞、動詞する》 ①文字を毛筆で美しく書く技術。また、それによる芸術。「こども(子供)・に・ しょどー・を・ なら(習)わ・す。」②前項の内容を教える高等学校などの芸術の教科のうちの、科目の名。「おんがく(音楽)・より・も・ しょどー・が・ す(好)きな・ん・や。」

しょとく【所得】《名詞》 働いて得た金銭。事業によって得た金銭。「わしらー・は・ しょとく・が・ ひく(低)い・さかい・ ねあ(値上)げ・は・ こま(困)り・ます・わ。」◆それを得るのに必要とした経費を差し引いた金銭である。

しょとくぜい〔しょとくぜー〕【所得税】《名詞》 個人の所得に課される税金。「しょとくぜー・ と(取)ら・れ・て・ しょーひぜー(消費税)・ と(取)ら・れ・て・ あっぷあっぷ・ ゆ(言)ー・とり・ます。」

しょなぬか【初七日】《名詞、動詞する》 人が亡くなって7日目の日。また、その日に行う法要。「そーしき(葬式)・の・ ひ(日)ー・に・ しょなぬか・も・ いっしょ(一緒)に・ し・てしまう・ いえ(家)・が・ ふ(増)え・てき・た。」

しょにち【初日】《名詞》 何日かにわたる行事や催し物などの、1日目。「すもー(相撲)・は・ あした(明日)・が・ しょにち・や。」

じょのくち【序の口】《名詞》 ①ものごとが始まったばかりの段階。「へこたっ・たら・ あか・ん・で。まだまだ・ じょのくち・や・で。」②相撲の番付でいちばん下の位。「じょのくち・の・ つぎ(次)・は・ じょにだん(序二段)・や。」

じょほ【(両方)】《名詞》 2つあるものの双方。「これ・は・ じょほ・とも・ か(買)い・たい・ねん。」■対語＝「かたほう【片方】」「かたいっぽう【片一方】」「かたっぽう【片っ方】」〔⇒**りょうほう【両方】、じょうほう【(両方)】、りょほ【(両方)】**〕

しょぼしょぼ《副詞と、動詞する》 ①陰気な感じで小雨が降る様子。「あめ(雨)・が・　しょぼしょぼ・　ふ(降)る・　ばん(晩)・に・　まめだ(豆狸)・が・　とっくり(徳利)・　も(持)っ・て・　さけ(酒)・　か(買)い・に。」②目を見開いておれず、弱々しくまばたきをする様子。「め(目)ー・が・　しょぼしょぼし・て・　きも(気持)ち・が・　わる(悪)い・ねん。」

しょぼつく《動詞・カ行五段活用》 ①陰気な感じで小雨が降る。「そら(空)・が・　しょぼつい・とっ・て・　なかなか・　や(止)ま・へん・の・や・なー。」②目を見開いておれず、弱々しくまばたきをする。「め(目)ー・が・　しょぼつい・て・　きも(気持)ち・が・　わる(悪)い。」

しょぼんと《副詞、動詞する》 孤立した感じで寂しそうな様子。気力を失って元気のない様子。「しょぼんと・し・とる・さかい・　げんき(元気)づけ・たっ・てー・な。」〔⇒**しょんぼり**〕

しょめい〔**しょめー**〕【署名】《名詞、動詞する》 書類などに自分の名前を書くこと。また、書かれたもの。サイン。「だむはんたい(ダム反対)・の・　しょめー・を・　する。」

じょやのかね【除夜の鐘】《名詞》 大晦日の夜に、煩悩を取り除く意味をこめて、お寺の鐘を108回つき鳴らすこと。また、その鐘の音。「じょやのかね・を・　つ(撞)き・に・　い(行)く。」

じょゆう〔**じょゆー**〕【女優】《名詞》 映画や芝居などに出演する女性。「じょゆー・は・　じょゆー・や。たれんと(タレント)・と・　ゆ(言)ー・たら・　かる(軽)ー・　き(聞)こえ・まん・がな。」

じょり【(草履)】《名詞》 ①靴、下駄、草履など、地面を歩くときに足につけるもの。「たいいくかん(体育館)・の・　なか(中)・は・　べつ(別)・の・　じょり・を・　は(履)か・んと・　いか・ん・ねん。」②藁や藺草や竹皮などで編み、鼻緒をすげた履き物。「しょーがっこー(小学校)・の・　とき(時)・は・　まいにち(毎日)・　ごむ(ゴム)・の・　じょり・を・　は(履)い・て・　がっこー(学校)・へ・　い(行)っ・た。」〔⇒**じょじょ、はきもん【履き物】**。②⇒**じょうり【(草履)】、ぞうり【草履】**〕

しょるい【書類】《名詞》 公的な性質の強い、文字で書かれた事務上の書き付け。「しょるい・に・　はん(判)・を・　お(押)し・てもらえ・ませ・ん・か。」

しょんがつ【(正月)】《名詞》 ①新年を祝う3日間、または7日間。「しょんがつ・の・　りょーり(料理)・を・　つく(作)る。」②1年の12か月のうちの最初の月。「しょんがつ・　にがつ(二月)・　さんがつ(三月)・は・　あっとゆーま(間)・に・　す(過)ぎ・ても・た。」〔⇒**しょうがつ【正月】**。②⇒**いちがつ【一月】、いちげつ【一月】**〕

しょんべん【(小便)】《名詞、動詞する》 栄養分を吸収したあとの老廃物として、体外に排出される液体。また、それを排出すること。「たんぼ(田圃)・の・　はた(端)・で・　しょんべん・を・　する。」「た(立)ちしょんべん・は・　みっともない・ぞ。」「ね(寝)しょんべん・が・　なお(直)ら・へん。」〔⇒**しょうべん【小便】、しょうよう【小用】、しい、しっこ、しいこっこ、おしっこ、しょう【小】**〕

しょんべんたれ【(小便垂れ)】《名詞、形容動詞や(ノ)》 ①しばしば放尿する傾向のある人。「わし・は・　しょんべんたれや・さかいに・　かんこーばす(観光バス)・に・　の(乗)っ・たら・　は(早)よー・　きゅーけー(休憩)し・てほしー・ねん。」②じゅうぶん成熟していない人。「こいつ・は・　がっこ(学校)・　で(出)たて・の・　しょんべんたれ・や・さかいに・　ちゃんと・　しごと(仕事)・を・　おし(教)え・たら・んと・　なん(何)・も・　わかっ・とら・へん。」◆②は、あしざまに言うときに使う言葉。〔⇒**しょうべんたれ【小便垂れ】**〕

しょんべんたんご【小便担桶】《名詞》 ①持ち運ぶための紐や縄が上部についている、糞尿などを入れる細長い桶。「しょんべんたんご・を・　こぼ(零)さ・ん・よーに・　はこ(運)ぶ。」「しょんべんたんご・に・　き(木)ー・の・　ふた(蓋)・を・　し・て・　はこ(運)ぶ。」②便所に設置されている、男性の放尿を受ける器。「むかし(昔)・の・　いえ(家)・は・　き(木)ー・で・　でけ(出来)・た・　しかく(四角)い・　しょんべんたんご・が・　あっ・た。」〔⇒**たご【担桶】、たんご【担桶】、しょうべんたんご【小便担桶】**。①⇒**こえたんご【肥担桶】、こえたご【肥担桶】**〕

しょんぼり《副詞、動詞する》 孤立した感じで寂しそうな様子。気力を失って元気のない様子。「しあい(試合)・に・　ま(負)け・て・　しょんぼりし・とる。」〔⇒**しょぼんと**〕

しらが【白髪】《名詞》 白くなった髪の毛。「おや(親)・に・　もろ(貰)・た・　あたま(頭)・の・　け(毛)ー・が・　しらが・に・　なっ・てき・た。」〔⇒**しらげ【白毛】**〕

しらがあたま【白髪頭】《名詞》 白くなった髪の毛が生えている頭。「どーきゅーせー(同級生)・に・　しらがあたま・が・　ふ(増)え・た。」

しらき【白木】《名詞》 皮を剥ぎ削ったままで、何も塗っていない木材。「しらき・の・　かんおけ(棺桶)・に・　おさ(収)める。」

しらくも【白雲】《名詞》 頭の皮膚が白くなる病気。「このごろ(頃)・は・　しらくも・の・　ひと(人)・は・　おら・ん・よーに・　なっ・た・なー。」〔⇒**はたけ**〕

しらげ【白毛】《名詞》 白くなった髪の毛。「あたま(頭)・に・　しらげ・が・　ふ(増)え・てき・た。」〔⇒**しらが【白髪】**〕

しらける【白ける】《動詞・カ行下一段活用》 ①その場が気まずくなる。盛り上がっていた場が面白くなくなる。「あいつ(彼奴)・が・　き(来)・て・から・　しらけ・ても・た。」②興味や関心を失った状態になる。「しょーせつ(小説)・を・　よ(読)ん・でも・　しらけ・て・　おもしろ(面白)ー・ない。」③色が薄くなって白っぽくなる。「ふる(古)い・さかい・　しらけ・た・　しゃしん(写真)・や・なー。」■名詞化＝**しらけ【白け】**

じらこらまう【じらこら舞う】《動詞・ワア行五段活用》 すべき事柄が多くて、てんてこ舞いをする。一生懸命に動き回る。「きょー(今日)・は・　いそが(忙)しー・て・　いちにちじゅー(一日中)・　じらこらもー・とっ・た。」「じらこらもー・た・けど・　しごと(仕事)・が・　すす(進)ま・なんだ。」

しらす【知らす】《動詞・サ行五段活用》 他の人が知るようにする。通知する。「おや(親)・が・　きとく(危篤)・や・　ゆー・て・　し(知)らさ・れ・て・　びっくりし・て・　と(飛)んでい(去)ん・だ。」■自動詞は「**しる【知る】**」〔⇒**しらせる【知らせる】**〕

じらす【焦らす】《動詞・サ行五段活用》 事柄の進展を遅らせたり、相手の望むことを妨げたりして、相手をいらいらさせる。「じらさ・れ・て・　やる・　き(気)・が・　の(無)ー・　なっ・た。」■自動詞は「**じれる【焦れる】**」

しらせ【知らせ】《名詞》 ①何かの消息や情報などを伝えるもの。「どーそーかい(同窓会)・の・　こと(事)・は・　なん(何)・ぞ・　しらせ・が・　あり・まし・た・か。」②物事が起ころうとする兆し。「いま(今)・から・　おも(思)・たら・　あの・　とき(時)・の・　こ(小)まい・　じしん(地震)・が・　おーじしん(大地震)・の・　しらせ・やっ・た・ん・や。」「なん(何)やら・　むし(虫)・の・　しらせ・が・　あっ・た。」〔①⇒**たより**【便り】〕

しらせる【知らせる】《動詞・サ行下一段活用》 他の人が知るようにする。通知する。「き(決)まっ・たら・　はよ(早)ー・　しらせ・んと・いか・ん。」■自動詞は「しる【知る】」■名詞化＝**しらせ**【知らせ】〔⇒**しらす**【知らす】〕

しらべる【調べる】《動詞・バ行下一段活用》 ①わからないことをはっきりさせるために、見聞きする。探索する。「としょかん(図書館)・の・　ほん(本)・を・　み(見)・て・　しらべる。」②不都合なことがないかどうか点検する。検査する。「かばん(鞄)・の・　なか(中)・を・　しらべ・たら・　み(見)つかっ・た。」③聞いて問いただす。「けーさつ(警察)・で・　しらべ・られ・た。」■名詞化＝**しらべ**【調べ】

しらみ【虱】《名詞》 人や動物にとりついて血を吸う、灰白色の小さな昆虫。「さいきん(最近)・　しらみ・は・　み(見)かけ・ん・よーに・　なっ・た・なー。」〔⇒**しらめ**【(虱)】〕

しらめ【(虱)】《名詞》 人や動物にとりついて血を吸う、灰白色の小さな昆虫。「むかし(昔)・は・　かみ(髪)・の・　け(毛)ー・の・　なか(中)・に・　しらめ・が・　おっ・たり・　し・た。」〔⇒**しらみ**【虱】〕

しらんかお【知らん顔】《名詞、動詞する》 知っていながら、知らないような表情やふりをしていること。「あいつ(彼奴)・は・　ふたりづ(二人連)れ・やっ・た・さかい・　しらんかおし・とっ・たっ・た。」〔⇒**そしらんかお**【素知らぬ顔】〕

しらんふり【知らん振り】《名詞、動詞する》 知っていながら、知らないように装っていること。「しらんふりする・の・も・　いか・ん・　おも(思)・て・　あいさつ(挨拶)し・まし・てん。」〔⇒**そしらんふり**【素知らん振り】〕

しり【尻】《名詞》 ①腰の後ろ下で、腰掛けるときに下につく、肉のふっくらした部分。動物の胴体の後部で、肛門のあるあたり。臀部。「かいだん(階段)・から・　お(落)ち・て・　しり・を・　う(撲)っ・た。」②順位をつけたときの後ろの位置。最も後ろの順位。最後尾。最下位。「あし(足)・が・　おそ(遅)い・さかい・　なんべん(何遍)・　はし(走)っ・ても・　しり・ばっかり・や。」③前後のあるものの後ろの部分。列などの末尾の位置。「れつ(列)・の・　しり・に・　なら(並)ん・で・　まえ(前)・の・　ひと(人)・の・　まね(真似)・ばっかり・　し・とる。」④入れ物の底の内側や外側の部分。果物などの底の部分。「なべ(鍋)・の・　しり・が・　こ(焦)げつい・た。」「ちゃびん(茶瓶)・の・　しり・が・　ま(真)っくろ(黒)けに・　なっ・とる。」〔⇒**けつ**【穴】。①②③⇒**どんけつ**【どん穴】、**どんげつ**【(どん穴)】、**どんじり**【どん尻】。①⇒**おいど**。②⇒**しり**【尻】、**げつ**【(穴)】、**げっつう**【(穴)】、**げっとう**【(穴等)】、**げっとくそ**【(穴等糞)】、**げっとうしょう**【(穴等賞)】、**べっとう**【(穴等)】、**べっとくそ**【(穴等糞)】、**べっとうしょう**【(穴等賞)】、**びり**。③⇒**しっぽ**【尻尾】〕

しりあい【知り合い】《名詞》 相手の実情や気心などを互いに知っていること。互いによく知っている人。「わし・の・　しりあい・を・　しょーかい(紹介)し・たる・わ。」〔⇒**しっりゃい**【(知り合い)】〕

しりあがり【尻上がり】《名詞、動詞する》 ①鉄棒を握って、足の方から体を逆さにして鉄棒に上がること。「しりあがり・が・　でけ(出来)る・よーに・　なっ・た。」②後になるほど物事の状態が良くなること。「じゅんばん(順番)・は・　しりあがり・に・　よ(良)ーなっ・て・　さいご(最後)・は・　ゆーしょー(優勝)し・た。」〔⇒**けつあがり**【穴上がり】。①⇒**さかあがり**【逆上がり】〕

しりあげ【尻上げ】《名詞、動詞する》 着物の後ろの裾をかかげて、その端を上の方にはさみこむこと。「ちー(小)さい・　こ(子)ー・の・　きもの(着物)・を・　しりあげ・に・　する。」〔⇒**しりからげ**【尻絡げ】、**おいどからげ**【おいど絡げ】、**おいどまくり**【おいど捲り】、**けつまくり**【穴捲り】、**けつめくり**【穴捲り】、**しりまくり**【尻捲り】、**しりめくり**【尻捲り】〕

しりがおもたい【尻が重たい】《形容詞・アイ型》 なかなか動こうとしない。機敏に行動しない。決断力が乏しい。「みんな(皆)・　うご(動)い・とる・のに・　あんた・は・　しりがおもたい・　ひと(人)・や・なー。」〔⇒**けつがおもたい**【穴が重たい】〕

しりがかるい【尻が軽い】《形容詞・ウイ型》 気軽に動こうとする。行動に落ちつきがない。「しりがかるー・て・　よ(良)ー・　しごと(仕事)・を・　し・てくれる・　ひと(人)・や。」「しりがかるー・て・　じっと・　し・とら・ん・　しと(人)・や・なー。」〔⇒**けつがかるい**【穴が軽い】〕

しりがこそばい【尻がこそばい】《形容詞・アイ型》 ほめられたりして、きまりがわるい。良いように言われて、精神的に落ち着かない。「そんな・　こと・　い(言)わ・れ・たら・　しりがこそぼー・て・　ここ・に・　おら・れ・へん・がな。」〔⇒**けつがこそばい**【穴がこそばい】〕

しりかばち【尻かばち】《名詞》 腰の後ろの、肉のふっくらした部分や、その側面。臀部。「なが(長)い・　こと・　すわ(座)っ・て・　しりかばち・が・　いた(痛)い。」〔⇒**しりこぶた**【尻こぶた】〕

しりからげ【尻絡げ】《名詞、動詞する》 着物の後ろの裾をかかげて、その端を上の方にはさみこむこと。「あめ(雨)・が・　ふ(降)っ・た・さかい・　しりからげし・て・　はし(走)っ・て・　かえ(帰)っ・てき・まし・た。」◆ズボンの裾を大きくめくり上げることなどにも使う。〔⇒**おいどからげ**【おいど絡げ】、**おいどまくり**【おいど捲り】、**けつまくり**【穴捲り】、**けつめくり**【穴捲り】、**しりまくり**【尻捲り】、**しりめくり**【尻捲り】、**しりあげ**【尻上げ】〕

しりきれとんぼ【尻切れ蜻蛉】《名詞》 ものごとが最後まで続かず、途中でなくなっていること。「あそ(遊)び・に・　で(出)・ていっ・ても・て・　べんきょー(勉強)・が・　しりきれとんぼ・に・　なっ・ても・とる。」「しりきれとんぼ・の・　ぶんしょー(文章)・で・　なに(何)・が・　い(言)ー・たい・の・か・　わから・へん。」

しりこぶた【尻こぶた】《名詞》 腰の後ろの、肉のふっくらした部分や、その側面。臀部。「はら(腹)・が・　た(立)っ・た・さかい・　あいつ(彼奴)・の・　しりこぶた・を・　たた(叩)い・たっ・た。」〔⇒**しりかばち**【尻かばち】〕

しりすぼみ【尻窄み】《形容動詞や(ノ)》 初めは勢いがよくて、後になるにしたがって、成績・意欲・情熱などが劣るようになっていく様子。「はじ(初)め・は・　いちばん(一番)・やっ・てん・けど・　だんだん(段々)・　しりすぼみに・　なっ・ても・た。」〔⇒**しりつぼみ**【(尻窄み)】〕

し

しりつ【私立】《名詞》 個人や、民間団体が作って運営すること。また、そのような施設など。「こども(子供)・を・　しりつ・の・　がっこー(学校)・に・　い(入)れる。」◆「わたくしりつ【私立】」とも言う。

しりつ【市立】《名詞》 市が作って運営すること。また、そのような施設など。「しりつ・の・　びょーいん(病院)・に・　にゅーいん(入院)する。」◆「いちりつ【市立】」とも言う。

しりつぼみ【(尻窄み)】《形容動詞や(ノ)》 初めは勢いがよくて、後になるにしたがって、成績・意欲・情熱などが劣るようになっていく様子。「ちゅーがっこー(中学校)・の・　せーせき(成績)・は・　しりつぼみに・　なっ・た。」〔⇒**しりすぼみ**【尻窄み】〕

しりとり【尻取り】《名詞、動詞する》 前の人が言った言葉のいちばん後の音を、次の言葉のいちばん前の音として、次々に言葉を連ねていく遊び。「えんそく(遠足)・の・　ばす(バス)・の・　なか(中)・で・　しりとりし・て・　あそ(遊)ん・だ。」

しりにつく【尻に付く】《動詞・カ行五段活用》 後ろに並ぶ。後から従って行く。「みんな(皆)・の・　しりについ・て・　まね(真似)・ばっかり・　し・とる。」〔⇒**けつにつく**【穴に付く】、**けつ(を)つける**【穴(を)付ける】、**しり(を)つける**【尻(を)付ける】〕

しりにひがつく〔**しりにひーがつく**〕【尻に火がつく】《動詞・カ行五段活用》 物事が差し迫ってきて慌てる。「しりにひーがつい・て・から・　なつやす(夏休)み・の・　しくだい(宿題)・を・　し・とる・ん・か。」〔⇒**けつにひがつく**【穴に火が付く】〕

しりのあな【尻の穴】《名詞》 消化管の終わりの部分で、大便を出すところ。「べんぴ(便秘)・や・さかい・　しりのあな・に・　かんちょー(浣腸)する。」〔⇒**こうもん**【肛門】、**けつのあな**【穴の穴】〕

しりふき【尻拭き】《名詞、動詞する》 ①大便をした後にぬぐうこと。また、それに用いる紙。「しんぶんがみ(新聞紙)・を・　しりふき・に・　つか(使)う。」②人が失敗したことの後始末をすること。「しっぱい(失敗)し・て・　わし・に・　しりふきさ・せ・ん・よーに・　きっちり・　しごと(仕事)・を・　し・なはれ・や。」〔⇒**けつふき**【穴拭き】〕

しりまくり【尻捲り】《名詞、動詞する》 ①着物の後ろの裾をかかげて、その端を上の方にはさみこむこと。「つよ(強)い・　あめ(雨)・やっ・た・さかい・　しりまくりし・て・　ある(歩)い・た。」②対決する姿勢をあらわにすること。どうでもよい気持ちになって反抗的な態度になること。「いっぺん・　しりまくりし・て・　あいつ・に・　もんく(文句)・を・　ゆ(言)ー・てやり・たい・なー。」◆①は、ズボンの裾を大きくめくり上げることなどにも使う。〔⇒**けつまくり**【穴捲り】、**けつめくり**【穴捲り】、**しりめくり**【尻捲り】。①⇒**おいどからげ**【おいど絡げ】、**おいどまくり**【おいど捲り】、**しりからげ**【尻絡げ】、**しりあげ**【尻上げ】〕

しりむき【尻向き】《名詞、動詞する》 ①その場の正面と反対の方向を向くこと。「とこ(床)のま・を・　しりむき・に・　し・て・　しゃしん(写真)・を・　と(撮)る。」②複数の人が互いに向かい合わないで、互いに後ろを向いた位置にあること。「しりむき・に・　すわ(座)っ・て・　そと(外)・を・　み(見)る・よーに・　なっ・とる・　でんしゃ(電車)・が・　ある。」「しりむき・で・　はこ(箱)・を・　ひ(引)っぱる。」「しりむき・で・　まる(円)ー・　なっ・て・　すわ(座)る。」③他の人に、自分の後ろを見せる位置にあること。「おきゃく(客)さん・に・　しりむき・を・　し・たら・　あか・ん・やろ。」〔⇒**うしろむき**【後ろ向き】、**おしろむき**【(後ろ向き)】、**おいどむき**【おいど向き】、**けつむき**【穴向き】〕

しりむけ【尻向け】《名詞、動詞する》 ①その場の正面と反対の方向に向けること。「しけむけ・で・　たいいくかん(体育館)・の・　いりぐち(入口)・の・　ほー(方)・を・　み(見)る。」②複数の人が互いに向かい合わないで、互いに後ろを向いた位置になること。「ふたり(二人)・で・　しりむけ・に・　た(立)つ。」「しりむけし・て・　せなかどーし(背中同士)・に・　なる。」「すもー(相撲)・で・　しりむけ・に・　こかさ・れ・た。」③他の人に、自分の後ろを見せる位置になること。「さかな(魚)・を・　ひら(開)い・て・　しりむけ・に・　なら(並)べ・て・　ほ(干)す。」「じてんしゃ(自転車)・に・　の(乗)っ・て・　しりむけ・で・　ふ(振)りかえっ・たら・　あむ(危)ない・ぞ。」〔⇒**うしろむけ**【後ろ向け】、**おしろむけ**【(後ろ向け)】、**おいどむけ**【おいど向け】、**けつむけ**【穴向け】〕

しりめくり【尻捲り】《名詞、動詞する》 ①着物の後ろの裾をかかげて、その端を上の方にはさみこむこと。「じゅるい・　みち(道)・を・　しりめくりし・て・　ある(歩)い・た。」②対決する姿勢をあらわにすること。どうでもよい気持ちになって反抗的な態度になること。「はら(腹)・が・　た(立)っ・た・さかい・　しりめくりし・て・　けんか(喧嘩)し・たっ・た。」〔⇒**けつまくり**【穴捲り】、**けつめくり**【穴捲り】、**しりまくり**【尻捲り】。①⇒**おいどからげ**【おいど絡げ】、**おいどまくり**【おいど捲り】、**しりからげ**【尻絡げ】、**しりあげ**【尻上げ】〕

しりもち【尻餅】《名詞》 平衡を失って、後ろや横に倒れて、地面に尻をつくこと。「ばす(バス)・が・　きゅー(急)に・　と(止)まっ・た・さかい・　こけ・て・　しりもち・を・　つい・た。」

しり(を)つける【尻(を)付ける】《動詞・カ行下一段活用》 ①後ろに並ぶ。後から従って行く。「あにき(兄貴)・の・　しりつけ・て・　おー(大)きく・　なっ・た・よーな・　もん・や。」②相手に気づかれないように、後を追って行動を監視する。尾行する。「あいつ・の・　しりをつけ・たら・　けーばじょー(競馬場)・へ・　い(行)き・よっ・た・ぞ。」〔⇒**けつ(を)つける**【穴(を)付ける】。①⇒**けつにつく**【穴に付く】、**しりにつく**【尻に付く】〕

しり(を)まくる【尻(を)捲る】《動詞・ラ行五段活用》 ①着ているものの腰の後ろの部分を上にあげて、中のものが見えるようにする。「しりをまくっ・て・　しばい(芝居)・を・　する。」②意を決して相手に立ち向かう。後へ引かないという思いで立ち向かう。「いったん(一旦)・　しりをまくっ・て・　で(出)・ていっ・たら・　あいて(相手)・が・　あやま(謝)ら・なんだら・　かえ(帰)ろ・ー・と・　せ・ん。」③急に強い姿勢や、脅すような態度に変わる。居直る。「きゅー(急)に・　しりまくっ・て・　どな(怒鳴)り・やがっ・た。」〔⇒**けつ(を)まくる**【穴(を)捲る】〕

しり(を)むける【尻(を)向ける】《動詞・カ行下一段活用》 ①周りの者に、後ろを見せる。「は(恥)ずかしがっ・て・　しりをむけ・て・　はなし(話)・を・　し・とる。」②互いに後ろを見せる位置にある。「しりをむけ・て・　せなかあ(背中合)わせ・に・　なる。」〔⇒**おいど(を)むける**【おいど(を)向ける】、**けつ(を)むける**【穴(を)向ける】〕

しり(を)わる【尻(を)割る】《動詞・ラ行五段活用》 体力や気力などが失せて、途中で止めてしまう。力不足でついていけなくなる。落伍する。「くらぶかつどー(クラ

し

ブ活動)・の・　しりをわっ・た。」〔⇒**けつ(を)わる【穴(を)割る】**〕

しる【汁】《名詞》 ご飯に添えて食べる、味噌汁や吸い物。「あさ(朝)・は・　ごはん(飯)・と・　しる・を・　た(食)べる。」②しみ出た液体や、搾った液体。「みかん(蜜柑)・の・　しる・を・　す(吸)う。」〔①⇒**おつゆ【御汁】、おつい【(御汁)】、おしる【御汁】**〕

しる【知る】《動詞・ラ行五段活用》 ①ものごとの発生・存在や、その意図・理由などがわかる。新しいことがわかる。「あと(後)・に・　なっ・て・から・　かじ(火事)・の・　げんいん(原因)・を・　しっ・た。」②それについての知識がある。「その・　はなし(話)・は・　しっ・とっ・てん。」③その人と付き合いがある。面識がある。「しっ・とる・　ひと(人)・に・　お(会)ー・た。」④そのことを経験する。「たばこ(煙草)・なんか・　しら・ん・　ほー(方)・が・　え(良)ー。」■他動詞は「しらせる【知らせる】」「しらす【知らす】」

じるい《形容詞・ウイ型》 土地がぬかるんでいる様子。土が水分を多く含んで歩きにくくなっている様子。「みち(道)・が・　じるい・さかい・　ながぐつ(長靴)・を・　は(履)い・ていく。」〔⇒**じゅるい、じゅるこい、じるこい**〕

じるこい《形容詞・オイ型》 土地がぬかるんでいる様子。土が水分を多く含んで歩きにくくなっている様子。「あめ(雨)・が・　ふ(降)っ・て・　にわ(庭)・が・　じるこー・なっ・とる。」〔⇒**じゅるい、じるい、じゅるこい**〕

しるけ【汁気】《名詞》 食べ物などの中に含まれている水分の量。「しるけ・の・　おー(多)い・　すいか(西瓜)・や・なー。」〔⇒**みずけ【水気】**〕

しるし【印】《名詞、動詞する》 ①ものごとの意味や内容を表すために、一定の約束に基づいて、他と区別するように決めた文字や図形。「かばん(鞄)・に・　しるし・を・　つ(付)ける。」②物事がそうであって間違いではないということを明らかにする、拠りどころとなるもの。事実を証明するもの。「かお(顔)・に・　しるし・が・　つい・とる・ぞ。」③微かな気持ちを表したもの。「ほんの・　しるし・だけ・の・　おれー(礼)・です。」〔①⇒**ふごう【符号】、きごう【記号】**。〔①②⇒**マーク【英語＝mark】**。②⇒**しょうこ【証拠】**〕

じるじる《形容動詞や(ノ)》 土地がぬかるんでいる状態。土が水分を多く含んで歩きにくくなっている状態。「あめ(雨)・で・　じるじるや・さかい・　うんどーじょー(運動場)・で・　あそ(遊)ば・れ・へん。」〔⇒**じゅるじゅる**〕

じるなる〔**じるーなる**〕《動詞・ラ行五段活用》 ぬかるんだ状態になる。土が水分を多く含んで歩きにくくなる。「みち(道)・が・　じるなっ・とる・さかい・　き(気)ーつけ・て・　ある(歩)き・よ。」〔⇒**じゅるなる**〕

しるわん【汁椀】《名詞》 味噌汁や澄まし汁などを入れる椀。「どんぶりばち(丼鉢)・みたいに・　おー(大)けな・　しるわん・や。」

しれる【知れる】《動詞・ラ行下一段活用》 ①みんなにわかるようになる。衆知の状態になる。「かお(顔)・が・　しれ・たら・　あか・ん・ぞ。」「なまえ(名前)・の・　しれた・　ひと(人)・が・　こーえん(講演)・を・　する。」②たいしたことではないと思う。「これ・は・　そない・に・　たか(高)い・　もん・やない・やろ。しれ・とー・やろ。」「こんや(今夜)・の・　の(飲)みだい(代)・　ゆー・たら・　しれ・た・　もん・や。」

じれる【焦れる】《動詞・ラ行下一段活用》 事柄の進展が遅れたり、望むことを妨げられたりして、いらいらする。「でんしゃ(電車)・が・　と(止)まっ・ても・て・　えき(駅)・で・　じれ・て・　ま(待)っ・とっ・た。」■他動詞は「じらす【焦らす】」

しろ【白】《名詞》 雪や塩のような色。「いえ(家)・の・　かき(垣)・に・　しろ・の・　ぺんき(ペンキ)・を・　ぬ(塗)る。」■対語＝「くろ【黒】」

しろ【城】《名詞》 昔の大名などが作った、敵を防ぐために堀や石垣をめぐらして作った大がかりな軍事施設。「ひめじ(姫路)・の・　しろ・は・　にほんいち(日本一)・や。」

〔巻末「わが郷土」の「しろ」の項を参照〕

しろあり【白蟻】《名詞》 家屋や樹木などに害を与えることがある、体は白く蟻に似て湿ったところを好む昆虫。「しろあり・が・　わ(湧)い・たら・　こま(困)る・なー。」

しろい【白い】《形容詞・オイ型》 ①雪や塩のような色をしている。「しろい・　まんじゅー(饅頭)は・　きれー(綺麗)で・　うま(美味)い。」②汚れていない。「まいにち(毎日)・　しろい・　わいしゃつ(ワイシャツ)・に・　きが(着替)え・なはれ。」③何も書いていない。空白がある。「ちょーめん(帳面)・は・　まだ・　しろい・まま・や。」■対語＝「くろい【黒い】」

しろうと〔**しろーと**〕【素人】《名詞》 ある分野に熟達せず、詳しい知識・技能などを持っていない人。それを専門としない人。そのことに慣れていない人。「しろーと・が・　つく(作)っ・た・　やきもん(焼物)・や・さかい・　ぶさいく(不細工)や。」■対語＝「くろうと【玄人】」〔⇒**しろと【素人】**〕

しろかき【代掻き】《名詞、動詞する》 田植えの前に、田に水を入れて、土を細かく砕いて平らにすること。「うし(牛)・に・　しろかき・を・　させる。」

しろくろ【白黒】《名詞》 ①白い色と黒い色。「しろくろ・の・　もよー(模様)・を・　か(描)く。」②写真、印刷物、映画などで、白と黒以外の色彩のついていないもの。「こども(子供)・の・　とき(時)・は・　しろくろ・の・　てれび(テレビ)・で・　ぷろれす(プロレス)・を・　み(見)・た。」■対語＝「てんねんしょく【天然色】」「カラー【英語＝color】」

白黒時代のテレビ受像機

しろじ【白地】《名詞》 布や紙の地色が白いこと。「しろじ・に・　あか(赤)・が・　ひのまる・の・　はた(旗)・や。」

しろしっかりあかあかん【白確り赤あかん】《成句》 白組はしっかり頑張るぞ、赤組は頑張ってもだめだろう、ということをはやしたてる言葉。◆小学校の運動会の時に、赤組と白組に分かれて競争するときに、白組が唱える言葉で、白組の優位を誇示する言葉である。「しろ【白】」と「しっかり【確り】」は頭韻であり、「赤【赤】」と「あかん」も頭韻である。これに対して赤組が自分たちの優位を誇示して唱えるのは、「あかあんしんしろしんぱい【赤安心白心配】」である。

じろじろ《副詞と》 繰り返し見ること。無遠慮に目を据えて見ること。「そないに・　じろじろ・　み(見)・んとい・てんか。」

シロップ〔**しろっぷ**〕【オランダ語＝siroop】《名詞》 砂糖や水飴などを溶かして、果物や香料を入れて煮詰めた液。「りんご(林檎)・を・　しろっぷ・に・　する。」

しろと【素人】《名詞》 ある分野に熟達せず、詳しい知識・技能などを持っていない人。それを専門としない人。そのことに慣れていない人。「ごるふ(ゴルフ)・は・まだまだ・　しろと・や・ねん。」「しろと・が・　か(描)く・　え(絵)ー・や・さかい・　へた(下手)くそや・けど・しんぼ(辛抱)し・て・な。」■対語＝「くろと【玄人】」〔⇒**しろうと【素人】**〕

しろねぎ【白葱】《名詞》　白い部分が多いねぎ。「しろねぎ・を・　さば(鯖)・と・　いっしょ(一緒)に・　た(炊)く。」■対語＝「あおねぎ【青葱】」

しろびょうたん〔しろびょーたん〕【白瓢箪】《形容動詞や(ノ)》　肌や顔つきなどが、白く弱々しい様子。「にゅーいん(入院)し・て・　しろびょーたんに・　なっ・ても・た。」〔⇒**しろびょったん【(白瓢箪)】、しろべったん【(白瓢箪)】、しろぼんてん【白梵天】**〕

しろびょったん【(白瓢箪)】《形容動詞や(ノ)》　肌や顔つきなどが、白く弱々しい様子。「しろびょったんに・　なっ・て・　なんか・　よわよわ(弱々)しー・に・　なっ・とる。」〔⇒**しろびょうたん【白瓢箪】、しろべったん【(白瓢箪)】、しろぼんてん【白梵天】**〕

しろべったん【(白瓢箪)】《形容動詞や(ノ)》　①肌や顔つきなどが、白く弱々しい様子。「なつやす(夏休)み・が・　お(終)わっ・た・けど・　ひや(日焼)け・を・　せ・ず・に・しろべったんの・　まま・や。」②真っ白なものが、そのままである様子。「はよ(早)ー・　か(描)か・んと・しろべったんで・　だ(出)さ・んならん・で。」〔⇒**しろぼんてん【白梵天】。①⇒しろびょうたん【白瓢箪】、しろびょったん【(白瓢箪)】**〕

シロホン〔しろほん〕【ドイツ語＝Xylophon】《名詞》　長さの違う板を音階の順に並べて、先端に玉を付けた二本の棒で叩いて鳴らす楽器。「おんがっかい(音楽会)・で・　しろほん・を・　たた(叩)い・た。」〔⇒**もっきん【木琴】**〕

しろぼんてん【白梵天】《形容動詞や(ノ)》　①肌や顔つきなどが、白く弱々しい様子。「にゅーいん(入院)し・とっ・た・さかい・　しろぼんてんに・　なっ・ても・た。」②真っ白なものが、そのままである様子。「ちょーめん(帳面)・が・　しろぼんてんで・　べんきょー(勉強)し・とら・へん・やない・か。」〔⇒**しろべったん【(白瓢箪)】。①⇒しろびょうたん【白瓢箪】、しろびょったん【(白瓢箪)】**〕

しろみ【白身】《名詞》　①鶏などの卵の周りにある透明の部分。卵白。「きみ(黄身)・と・　しろみ・に・　わ(分)ける。」②かれい、きすなどのように、白い色をした魚肉。「しろみ・の・　さかな(魚)・を・　ふらい(フライ)・に・する。」■対語＝①「きみ【黄身】」、②「あかみ【赤身】」

しわ【皺】《名詞》　①皮膚が弛んでできる筋。「かお(顔)・に・　しわ・が・　よ(寄)る。」②紙や布などが収縮したり折れたりしてできる細かい筋。「しゃつ(シャツ)・の・しわ・に・　あいろん(アイロン)・を・　あ(当)てる。」〔⇒**しば【(皺)】**〕

しわい《形容詞・アイ型》　弾力があって緩やかに曲がり、折れたり切れたりしない様子。「ほそ(細)い・けど・　しわい・　たけ(竹)・や。」「しわい・　するめ(鯣)・が・　か(噛)みきら・れ・へん。」

しわい【吝い、嗇い】《形容詞・アイ型》　金銭などを惜しんで出さない。けちである。「あいつ(彼奴)・は・　しわい・さかい・　きふ(寄付)・を・　だ(出)さ・ん・やろ。」

しわがれごえ【嗄れ声】《名詞》　滑らかでなく、かすれたようになった声。「せんきょ(選挙)・が・　す(済)ん・で・しわがれごえ・に・　なっ・とる。」〔⇒**しばたれごえ【(嗄れ声)】**〕

しわがれる【嗄れる】《動詞・ラ行下一段活用》　声が滑らかさを失って、かすれる。「おーえん(応援)・で・　どな(怒鳴)っ・た・さかい・　こえ(声)・が・　しわがれ・ても・た。」〔⇒**しばたれる【(嗄れる)】**〕

しわくた【皺くた】《形容動詞や(ノ)》　①皮膚が弛んでできる筋が多くある様子。「とし(歳)・を・　とっ・て・　や(痩)せ・て・　てあし(手足)・も・　しわくたに・　なっ・た。」②紙や布などが折れたり縮んだりしてできる細かい筋が多くある様子。「かみ(紙)・を・　まる(丸)め・て・　しわくたに・　する。」〔⇒**しわくちゃ【皺くちゃ】、しばくちゃ【(皺くちゃ)】、しわしわ【皺々】**〕

しわくちゃ【皺くちゃ】《形容動詞や(ノ)》　①皮膚が弛んでできる筋が多くある様子。「わたい(私)・も・　とし(歳)・を・　とっ・て・　しわくちゃ・の・　おばー(婆)さん・に・　なっ・ても・た。」②紙や布などが折れたり縮んだりしてできる細かい筋が多くある様子。「だいじ(大事)な・　こと・が・　か(書)い・てある・　かみ(紙)・や・さかい・　しわくちゃに・　せ・んとい・て・な。」〔⇒**しわくた【皺くた】、しばくちゃ【(皺くちゃ)】、しわしわ【皺々】**〕

しわける【仕分ける】《動詞・カ行下一段活用》　品物などを種類・用途・届け先などによって区別して分ける。「かん(缶)・と・　びん(瓶)・を・　しわけ・て・　かいしゅー(回収)し・てもらう。」■名詞化＝**しわけ【仕分け】**

しわしわ【皺々】《形容動詞や(ノ)》　①皮膚が弛んでできる筋が多くある様子。「かお(顔)じゅー・　しわしわや。」②紙や布などが折れたり縮んだりしてできる細かい筋が多くある様子。「しわしわに・　なっ・た・　かみ(紙)・を・　の(伸)ばす。」〔⇒**しわくちゃ【皺くちゃ】、しわくた【皺くた】、しばくちゃ【(皺くちゃ)】**〕

じわじわ《副詞と》　①ものごとが、ゆっくり確実に進んでいく様子。「ふろ(風呂)・に・　つ(浸)かっ・とっ・たら・じわじわと・　ぬく(温)もっ・てき・た。」②液体が少しずつ出たり滲んだりする様子。「みずも(水漏)れ・が・じわじわ・　ひろ(広)がっ・た。」

じわっ《副詞と》　①ゆっくりと程度が進む様子。ゆっくりと体に感じられてくる様子。「じわっ・　じわっと・　いた(痛)み・が・　つよ(強)なっ・てき・た。」②水分がゆっくりとにじみ出る様子。水分がゆっくりとしみ込む様子。「ゆーだち(夕立)・で・　にわ(庭)・が・　じわっと・ぬ(濡)れ・てき・た。」〔⇒**じんわり。①⇒やんわり**〕

しわよせ【皺寄せ】《名詞、動詞する》　他の人に良くないことが影響すること。他の人に負担がかかるようになること。また、そういうことが、ある部分や人に集まってしまうこと。「あいつ(彼奴)ら・の・　けんか(喧嘩)・の・　しわよせ・が・　わし・の・　ほー(方)・に・　まわ(回)っ・てき・た。」

しわる【(撓る)】《動詞・ラ行五段活用》　細く長く弾力のあるものが力を加えられて、折れないで弓のように曲がる。「おも(重)たい・　もん(物)・を・　ぶらさげ・とる・さかい・　ものほしざお(物干竿)・が・　しわっ・てき・とる。」〔⇒**しなる【撓る】**〕

しん【芯】《名詞》　①物の中心にある、固いもの。「えんぴつ(鉛筆)・の・　しん・が・　お(折)れ・た。」「りんご(林檎)・の・　しん・を・　のこ(残)し・て・　た(食)べる。」「にぐるま(荷車)・の・　しん・に・　あぶら(油)・を・さ(注)す。」②蝋燭やランプなどの火をつける部分。「すとーぶ(ストーブ)・の・　しん・が・　も(燃)え・て・　みじ(短)こー・　なっ・た。」

し

しん【新】《名詞》 ①かつて用いられていた太陰太陽暦に対して、明治以後に用いられている太陽暦のこと。「たなばた(七夕)・は・　しん・の・　はちがつなぬか(八月七日)・に・　する。」②新しいやり方によるもの。現在のもの。「しん・の・　きそく(規則)・で・　ものごと(物事)・を・　き(決)める。」■対語＝「きゅう【旧】」〔①⇒**しんれき**【新暦】〕

じん【陣】《名詞》 ①遊びのときの、味方同士が集まっているところ。本拠地。「じん・を・　と(取)る・　あそ(遊)び・を・　する。」②戦争のとき、敵の来襲に備えて軍隊を配置してあるところ。「じん・が・　しゅーげき(襲撃)さ・れ・た。」〔⇒**じんち**【陣地】〕

しんいり【新入り】《名詞》 会社などに新しく入った人。新しく仲間に加わった人。「しんいり・や・さかい・　おてやわ(手柔)らかに・　たの(頼)ん・ます。」〔⇒**しんにゅうせい**【新入生】〕

しんがく【進学】《名詞、動詞する》 上級の学校に進むこと。「だいがく(大学)・に・　しんがくさし・たら・　だいぶ・　かね(金)・が・　かかり・ます・なー。」

しんがつ【四ん月】《名詞》 1年の12か月のうちの4番目の月。「しんがつ・に・は・　な(菜)のはな(花)・が・　きれー(綺麗)に・　さ(咲)く。」◆1月、2月、3月…の数字部分を2音節で発音するために、2月を「にんがつ」、4月を「しんがつ」と言うことがあり、12月を「じゅうにんがつ」と言うことがある。〔⇒**しがつ**【四月】〕

しんから【心から】《副詞》 抜きがたいほどに、心の底から強く。「さかなつ(魚釣)り・が・　しんから・　す(好)きな・　ひと(人)・や。」

しんきろく【新記録】《名詞》 それまでの最高や最長などを破った、新しい成績。「すいえー(水泳)・の・　ごひゃくめーとる(五百メートル)・で・　しんきろく・が・　で(出)た。」

しんくう〔しんくー〕【真空】《名詞、形容動詞や(ノ)》 その空間に空気などの気体が全くない様子。「しんくー・に・　し・て・　ばいきん(黴菌)・が・　はい(入)ら・ん・よーに・　する。」

しんくうかん〔しんくーかん〕【真空管】《名詞》 真空のガラス管の中に、電極を入れて電気が流れるようにしたもの。「しんくーかん・の・　らじお(ラジオ)・で・　き(聞)ー・とっ・た・　ころ(頃)・は・　ざつおん(雑音)・が・　おー(大)きかっ・た。」

しんけい〔しんけー〕【神経】《名詞》 ①心の働き。気の配り方。「こま(細)かい・　しごと(仕事)・で・　しんけー・を・　つか(使)う・わ。」②鋭くて過敏な、感覚の作用。「しんけー・が・　こま(細)かい・　ひと(人)・で・　ちょっと・　し・た・　こと・で・　おこ(怒)る・ん・や。」

しんけいしつ〔しんけーしつ〕【神経質】《名詞、形容動詞や(ナ)》 物事に感じやすく、細かなことにも反応する性質。情緒が不安定で感情に支配されやすい様子。「あいつ(彼奴)・は・　しんけーしつな・　やつ(奴)・や・さかい・　もの・　ゆ(言)ー・の・も・　き(気)ー・　つか(使)わ・んならん。」

しんけん【真剣】《形容動詞や(ナ)》 ごまかしや遊びの要素がなく、物事に本気で取り組む様子。「もー・　ちょっと(一寸)・　しんけんに・　べんきょー(勉強)せー・や。」「しんけんな・　きも(気持)ち・が・　た(足)ら・ん。」

しんげんち【震源地】《名詞》 ①地震が起こった場所。「こんど(今度)・の・　じしん(地震)・の・　しんげんち・は・　あわじ(淡路)・の・　のじま(野島)・や・そーや。」②物事の原因などにあたる場所やものや人。「そーどー(騒動)・の・　しんげんち・は・　だれ(誰)・や・ねん。」

しんこう〔しんこー〕【信仰】《名詞、動詞する》 神や仏を信じて心から敬うこと。「なん(何)・や・　し(知)ら・ん・けど・　しんこーし・とっ・てや。」◆仏教などよりも新興宗教のことなどを指して言うことが多い。

しんごう〔しんごー〕【信号】《名詞》 電車や自動車や人などに向けて、赤・黄・青の色を使ったり形などで指示したりして、通行や運行についての指示を出すこと。また、その指示を出す装置。「あか(赤)・の・　しんごー・が・　か(変)わら・へん。」「えきまえ(駅前)・に・　しんごー・が・　ある・やろ。」〔⇒**こうつうしんごう**【交通信号】。装置⇒**しんごうき**【信号機】、**シグナル**【英語＝signal】〕

しんごうき〔しんごーき〕【信号機】《名詞》 電車や自動車や人などに向けて、通行や運行についての指示を出す装置。「しんごーき・の・　ある・　こーさてん(交差点)・を・　ま(曲)がる。」〔⇒**シグナル**【英語＝signal】、**しんごう**【信号】、**こうつうしんごう**【交通信号】〕

しんこきゅう〔しんこきゅー〕【深呼吸】《名詞、動詞する》 肺の中にできるだけ多くの空気が出入りするように、大きく息を吸ったり吐いたりすること。「たいそー(体操)・の・　お(終)わり・に・　しんこきゅー・を・　する。」

しんこつ【芯こつ】《名詞》 炊きあげたときに、粒の芯が固いままのご飯。「この・　めし(飯)・は・　しんこつ・に・　なっ・とる。」〔⇒**しんこつめし**【芯こつ飯】〕

しんこつめし【芯こつ飯】《名詞》 炊きあげたときに、粒の芯が固いままのご飯。「しんこつめし・や・さかい・　た(食)べにくい・な。」〔⇒**しんこつ**【芯こつ】〕

しんし【紳士】《名詞》 礼儀正しくて、上品で立派な男性。「あの・　ひと(人)・は・　しんし・や・さかい・　ことば(言葉)・も・　てーねー(丁寧)や。」

しんし【伸子】《名詞、動詞する》 竹製で両端に針のついた串を用いて、布の洗い張りなどをすること。また、その針のついた串。「しんし・で・　の(伸)ばす。」〔⇒**しんしはり**【伸子張り】、**しんしばり**【伸子針】〕

しんしき【新式】《名詞》 新しく取り入れたやり方。新しい型。「しんしき・の・　じどーしゃ(自動車)・が・　はし(走)っ・とる。」「しんしき・の・　いえ(家)・の・　た(建)てかた・に・　なっ・とる。」■対語＝「きゅうしき【旧式】」

しんしはり【伸子張り】《名詞、動詞する》 竹製で両端に針のついた串を用いて、布の洗い張りなどをすること。「は(晴)れ・た・　ひ(日)ー・に・　しんしはり・を・　する。」〔⇒**しんし**【伸子】〕

しんしばり【伸子針】《名詞》 布の洗い張りのときに、布を伸ばすために使う竹製で両端に針のついた串。「しんしばり・で・　きれ(布)・を・　と(留)め・ていく。」〔⇒**しんし**【伸子】〕

じんじゃ【神社】《名詞》 日本固有の信仰の対象である神をまつってあるところ。「すみよし(住吉)じんじゃ・の・　あきまつり(秋祭)・は・　こんど(今度)・の・　どよー(土曜)・と・　にっちょー(日曜)・や。」〔⇒**みや**【宮】〕

しんじゅ【真珠】《名詞》 宝石として珍重されている、あこや貝などの殻の中にできる光沢のある玉。「しんじゅ・の・　くびかざ(首飾)り・を・　し・とる。」

しんじゅう〔しんじゅー、しんちゅー〕【心中】《名詞、動詞する》 相愛の男女、あるいは2人以上の家族などが、合意の上で一緒に死ぬこと。「また・　おやこ(親子)しんじゅー・や・なんて・　かわいそー(可哀相)な・

し

こと・や・なー。」

しんじゅがい【真珠貝】《名詞》 ホタテ貝に似た形で、中に真珠ができる貝。あこや貝。「いせ(伊勢)・へ・　しゅーがくりょこー(修学旅行)・に・　い(行)っ・て・　しんじゅがい・の・　けんがく(見学)・も・　し・た。」

じんじょう〔**じんじょー**〕【尋常】《名詞》 第2次大戦が始まる前まで、我が国にあった「じんじょうしょうがっこう【尋常小学校】」のことで、初等教育機関。「じんじょー・の・　いちねんせー(一年生)・の・　ころ(頃)・の・　おも(思)いで(出)・や。」

しんじる【信じる】《動詞・ザ行下一段活用》 少しも疑わずに、そのことが真実であると思う。相手の言葉や人柄などを偽りのないものだと思う。神仏を信仰する。「あの・　はなし(話)・は・　ほんま(本真)に・　しんじ・てまし・た・ん・や。」

しんじん【新人】《名詞》 ①新しく仲間に入ってきた人。「しんじん・や・さかい・　いろいろ・　おせ(教)・たっ・てください。」②世間に新しく知られるようになった人。「しんじん・の・　はいゆー(俳優)・や・けど・　うま(上手)い・なー。」

しんじん【信心】《名詞、動詞する》 神や仏を信じて祈ること。また、信じる気持ち。「てんりきょー(天理教)・を・　しんじんし・とる・　しと(人)・が・　あっちこっち・に・　おる。」

じんじん《副詞と、動詞する》 辛さなどによって、舌が強く刺激される様子。「さんしょ(山椒)・の・　み(実)・を・　か(噛)ん・だら・　した(舌)・が・　じんじんし・た。」

しんじんぶかい【信心深い】《形容詞・アイ型》 神や仏を熱心に信じる様子。「しんじんぶかい・　ひと(人)・や・さかい・　むし(虫)・を・　つぶ(潰)す・の・も・　いや(嫌)がっ・とる。」◆心が温かいという語感が伴う。

しんすい【浸水】《名詞、動詞する》 水が入り込むこと。水びたしになること。「たいふー(台風)・で・　ゆかした(床下)しんすいし・て・も・た・ん・や。」

しんすいしき【進水式】《名詞》 新しく作った船を、初めて水上に浮かべるときに行う儀式。「こーべ(神戸)・で・　しんすいしき・を・　み(見)・た。」

しんせい〔**しんせー**〕【新制】《名詞》 第2次大戦終了後に、我が国にできた「しんせいちゅうがっこう【新制中学校】」のことで、小学校卒業後の義務教育機関。「しんせー・を・　そつぎょー(卒業)し・て・　かいしゃ(会社)・に・　はい(入)っ・た。」◆戦後の教育制度の変更によって生まれた学校のことであるが、この言葉はもはや死語である。

しんせき【親類】《名詞》 親子兄弟などの血縁関係や、結婚などによってつながりのある関係。また、そのような人。血族と姻族。「しんせき・は・　こーべ(神戸)・と・　にしのみや(西宮)・に・　おり・ます・ねん。」〔⇒**いっけ**【一家】、**いっとう**【一統】、**しんるい**【親類】、**みうち**【身内】〕

しんせつ【親切】《名詞、形容動詞や(ナ)》 弱い立場の人や困っている人などに対して、思いやりの気持ちが深い様子。また、その気持ちの表れとしてのさまざまな行動をする様子。「ちょっと・　し・た・　しんせつ・が・　うれ(嬉)しー・もん・や。」

しんぞう〔**しんぞー**〕【心臓】《名詞》 ①血液をからだ全体に循環させる働きをする器官。「びっくりし・て・　しんぞー・が・　どっきん・どっきん・　ゆー・とる。」②心の働きの無遠慮さや、恐れる気持ちの無さ。「あいつ・は・　なかなかの・　しんぞー・を・　も(持)っ・とる。」

しんぞう〔**しんぞー、しんぞ**〕【新造】《名詞》 新しく造ること。特に、新しく造って進水させた船。「しんぞ・の・　ふね(船)・で・　こんぴら(金比羅)さん・へ・　い(行)く。」

じんぞう〔**じんぞー**〕【人造】《名詞》 自然に存在するものに似せて、人が作ること。また、そのようなもの。「むかし(昔)・は・　じんぞー・の・　こめ(米)・が・　あっ・た。」◆「じんぞうけんし【人造絹糸】」(「じんけん【人絹】」と、短く言うこともある)、「じんぞうにんげん【人造人間】」(ロボットのこと)などの言葉があった。

じんぞう〔**じんぞー**〕【腎臓】《名詞》 血液中から不要物質を尿として取り出す器官。「じんぞー・が・　わる(悪)ー・て・　とーせき(透析)・に・　い(行)っ・とる。」

しんぞう(が)つおい〔**しんぞー(が)つおい**〕【心臓(が)(強い)】《形容詞・オイ型》 ①心臓の機能が優れている。「あんた・は・　しんぞーがつおい・さかい・　まらそん(マラソン)・に・　で(出)・なはれ。」②気が強い様子。厚かましく図々しい様子。「で(出)しゃばっ・て・　で(出)しゃばっ・て・　あないに・　しんぞーつおい・　やつ(奴)・は・　ほか(他)・に・は・　おら・へん・なー。」■対語＝「しんぞう(が)よわい【心臓(が)弱い】」〔⇒**しんぞう(が)つよい**【心臓(が)強い】〕

しんぞう(が)つよい〔**しんぞー(が)つよい**〕【心臓(が)強い】《形容詞・オイ型》 ①心臓の機能が優れている。「しんぞーがつよい・さかい・　しょーしょー(少々)・の・　こと・で・は・　へたばり・よら・へん。」②気が強い様子。厚かましく図々しい様子。「しんぞーがつよー・て・　い(言)ーたいことい(言)ー・の・　ひと(人)・や。」■対語＝「しんぞう(が)よわい【心臓(が)弱い】」〔⇒**しんぞう(が)つおい**【心臓(が)(強い)】〕

しんぞう(が)よわい〔**しんぞー(が)よわい**〕【心臓(が)弱い】《形容詞・アイ型》 ①心臓の機能が劣っている。「しんぞーがよわー・て・　ちょっと(一寸)・　はし(走)っ・たら・　はーはー・　ゆ(言)ー・ねん。」②押しが弱くて気持ちが挫ける様子。人前できちんと振る舞えない様子。「しんぞーがよおー・て・　おも(思)・た・　こと・が・　い(言)わ・れ・へん。」■対語＝「しんぞう(が)つよい【心臓(が)強い】」「しんぞう(が)つおい【心臓(が)(強い)】」

しんぞうまひ〔**しんぞーまひ**〕【心臓麻痺】《名詞》 心臓の正常な活動が止まること。「しんぞーまひ・で・　きゅー(急)に・　な(亡)くなっ・た。」

しんだい【寝台】《名詞》 その上で寝るために使う台。「しんだい・から・　お(落)ち・て・　こし(腰)・を・　う(撲)っ・た。」〔⇒**ベット**【英語＝bed】〕

しんたいけんさ【身体検査】《名詞、動詞する》 ①身長・体重などを測ったり、医者に体の様子を見てもらったりすること。健康や発育の状況を調べること。「しんがっき(新学期)・に・　しんたいけんさ・を・　する。」②身につけているものや服装などを調べること。「たばこ(煙草)・を・　も(持)っ・とら・へん・か・と・　しんたいけんささ・れ・た。」

しんたく【新宅】《名詞》 本家から分かれた親戚の家。本家に対する分家。「あそこ・は・　うち・の・　しんたく・な・ん・や。」■対語＝「おもや【主家】」「ほんけ【本家】」〔⇒**しんたくや**【新宅家】〕

しんたくや【新宅家】《名詞》 本家から分かれた親戚の家。本家に対する分家。「おんな(同)じ・　むら(村)・に・　しんたくや・が・　さんげん(三軒)・　ある。」■対語＝「おもや【主家】」「ほんけ【本家】」〔⇒**しんたく**【新宅】〕

し

じんち【陣地】《名詞》 ①遊びのときの、味方同士が集まっているところ。本拠地。「あいて(相手)・の・ じんち・に・ ちか(近)づく。」②戦争のとき、敵の来襲に備えて軍隊を配置してあるところ。「じんち・に・ ばくだん(爆弾)・を・ お(落)とす。」〔⇒**じん【陣】**〕

しんちく【新築】《名詞、動詞する》 新しく建物を建てること。新しく建てられた建物。「いけ(池)・を・ う(埋)め・て・ がっこー(学校)・を・ しんちくし・た。」

しんちゅう〔しんちゅー〕【真鍮】《名詞》 黄色をした、銅と亜鉛の合金。「しんちゅー・の・ ごえんだま(五円玉)・が・ お(落)ち・とっ・た。」

しんちゅうぐん〔しんちゅーぐん〕【進駐軍】《名詞》 国内にやって来た、外国の軍隊。「しんちゅーぐん・の・ じーぷ(ジープ)・を・ み(見)る・の・が・ めずら(珍)しかっ・た。」◆第２次大戦後によく使われた言葉で、もはや死語。

しんちょう〔しんちょー〕【身長】《名詞》 背の高さ。「しんちょー・が・ ごせんち(五センチ)・ の(伸)び・た。」〔⇒**せたけ【背丈】**〕

しんでん【新田】《名詞》 新しく切り開いてできた田。また、その地域に付けられた地名。「もと(元)・の・ むら(村)・の・ ちか(近)く・に・ しんでん・が・ ある。」◆近くには、「まつかげ(松陰)しんでん」「しみず(清水)しんでん」「とば(鳥羽)しんでん」などの地名がある。

しんどい【辛労い】《形容詞・オイ型》 ①体がだるい。疲れて、動くのが辛い。「ろっこーさん(六甲山)・に・ のぼ(登)っ・て・ しんどかっ・た。」「しんどい・ はな(話)しかた・を・ する・ しと(人)・や。」②無理である。できないと思う。「ふつか(二日)・で・ しあ(仕上)げる・の・は・ しんどい・ こと・や。」③気が進まず億劫だ。心に負担を感じる。「あいつ(彼奴)・と・ はなし(話)・を・ する・の・は・ しんどい・なー。」〔⇒**えらい**〕

しんどう〔しんどー〕【振動】《名詞、動詞する》 揺れ動くこと。揺らせて動かすこと。「この・ でんしゃ(電車)・は・ よー・ しんどーする。」

しんどなる【辛労なる】《動詞・ラ行五段活用》 ①苦しくなって、持ちこたえられなくなる。体が辛くなる。「あつ(暑)なっ・て・ しごと(仕事)・が・ しんどなっ・た。」②悪い方向に、程度が進む。「にゅーし(入試)・に・ ごーかく(合格)する・の・は・ ちょっと・ しんどなっ・てき・た。」〔⇒**えらなる、えろなる**〕

じんとり【陣取り】《名詞、動詞する》 子どもの遊びの一つで、２つのグループに分かれて、相手方の本拠地を取り合う遊び。「おー(大)きな・ こ(子)・も・ ちー(小)さな・ こ(子)・も・ いっしょに・ なっ・て・ じんとりし・て・ あそ(遊)ぶ。」

しんにゅうせい〔しんにゅーせー〕【新入生】《名詞》 ①新しく学校に入学した人。「しょーがっこー(小学校)・の・ ことし(今年)・の・ しんにゅーせー・は・ ひゃくにん(百人)・ほど・や・そーや。」②会社などに新しく入った人。新しく仲間に加わった人。「しんにゅーせー・です・ので・ よろしく・ おねが(願)いし・ます。」〔②⇒**しんいり【新入り】**〕

しんにん【新任】《名詞》 これまでとは違う地位や役割に、新しく就くこと。また、そのような人。「うち・の・ こども(子供)・の・ う(受)けもち・は・ しんにん・の・ せんせー(先生)・や。」「しんにん・や・さかい・ たよ(頼)りない。」◆経験が乏しい人というイメージも伴う言葉である。

しんねん【新年】《名詞》 新しい年。新春。「しんねん・おめでとー・ございます。」「しんねん・は・ よっか(四日)・の・ ひ(日)ー・から・ しごと(仕事)・や。」

しんぱい【心配】《形容動詞や(ナ)、動詞する》 ①よくない成り行きなどがあったり予想されたりして、気持ちが落ち着かない様子。「たいふー(台風)・の・ しんろ(進路)・が・ しんぱいや。」「おや(親)・が・ しんぱいし・て・ まいにち(毎日)・ でんわ(電話)・を・ かけ・てくる。」②心をくばること。気遣いをすること。「しんぱいし・て・ わし・の・ べんとー(弁当)・まで・ つく(作)っ・てくれ・た。」〔①⇒**きがかり【気懸かり】**〕

しんぱいしょう〔しんぱいしょー〕【心配性】《名詞》 現状や先行きのことが気がかりで、心に留めて心を悩ますことが過度である人。「しんぱいしょー・や・さかい・ まご(孫)・の・ こと・まで・ き(気)・に・ し・とる。」〔⇒**きにし【気にし】**〕

しんぱん〔しんばん〕【審判】《名詞、動詞する》 スポーツなどの勝ち負けや反則の有無などを判定すること。また、それをする人。「しんぱん・が・ ふえ(笛)・を・ ふ(吹)い・た。」

しんぴん【新品】《名詞》 新しい品物。使っていない物や、使いはじめの物。「ふる(古)ー・ なっ・た・ きかい(機械)・の・ か(代)わり・に・ しんぴん・を・ か(買)う。」「しんぴん・や・のに・ ちょーし(調子)・が・ わる(悪)い。」■対語＝「ちゅうこ【中古】」「ちゅうぶる【中古】」「ちゅうこひん【中古品】」「ちゅうぶるひん【中古品】」

じんぶつ【人物】《名詞》 ①観察・研究・評価などの対象としての人。「れきし(歴史)・に・ で(出)・てくる・ じんぶつ・は・ えら(偉)い・ ひと(人)・ばっかり・や。」「あいつ・は・ ちゅーい(注意)し・とか・な・ いか・ん・じんぶつ・や。」②人間としての器量や品格。特に、知識や行いのすぐれた人。「あの・ ひと(人)・は・ なかなかの・ じんぶつ・や。」

しんぶん【新聞】《名詞》 ①社会の出来事などを知らせることを主な目的にして、さまざまな種類の記事をあわせて載せる、毎日または定期的に発行する印刷物。「しんぶん・を・ はいたつ(配達)する。」「がっこー(学校)しんぶん・に・ ぶんしょー(文章)・を・ か(書)く。」②前項の古くなったものを、包装などの用途に使うもの。「しんぶん・を・ つこ(使)・て・ しゅーじ(習字)・を・ する。」〔②⇒**しんぶんがみ【新聞紙】**〕

しんぶんがみ【新聞紙】《名詞》 新聞の用紙を、包装などの用途に使うもの。「しんぶんがみ・で・ べんとー(弁当)・を・ つつ(包)ん・で・ も(持)っ・ていく。」「しんぶんがみ・で・ しり(尻)・を・ ふ(拭)く。」〔⇒**しんぶん【新聞】**〕

じんべい〔じんべー、じんべ〕【甚平】《名詞》 男性がくつろいだときに着る、筒袖の羽織で、胸の前をひもで結ぶ着物。「こども(子供)・に・ じんべ・を・ き(着)せ・て・ つ(連)れ・ていく。」◆夏に着ることも多いが、もとは、綿入れで冬のものであった。

しんぼう〔しんぼー、しんぼ〕【心棒】《名詞》 回転するものの中心にあって軸となるもの。「しゃりき(車力)・の・ しんぼ・が・ お(折)れ・た。」「ごま(独楽)・の・ しんぼー・を・ てつ(鉄)・に・ する。」

しんぼう〔しんぼー、しんぼ〕【辛抱】《名詞、動詞する》 苦しさや痛さや辛さなどを受け止めて、耐えること。感情を抑えて表面に出さないようにすること。耐えて努力を続けること。「な(泣)い・たら・ あか・ん。しんぼし・なはれ。」「しんぼーし・て・ れんしゅー(練習)し・

て・　つよ(強)ー・　なっ・た。」〔⇒**がまん【我慢】**。動詞⇒**こらえる【堪える】**〕

しんぼうづおい〔しんぼーづおい、しんぼづおい〕【(辛抱強い)**】**《形容詞・オイ型》　辛いことや悲しいことなどをよく我慢する気持ちや力が強い。あることに取り組んで、最後までやり遂げようとする気持ちや力が強い。「しんぼづおい・　こ(子)ー・で・　なかなか・　な(泣)か・へん。」〔⇒**しんぼうづよい【辛抱強い】、ねばりづよい【粘り強い】、ねばりづおい【**(粘り強い)**】**〕

しんぼうづよい〔しんぼーづよい、しんぼづよい〕【辛抱強い】《形容詞・オイ型》　辛いことや悲しいことなどをよく我慢する気持ちや力が強い。あることに取り組んで、最後までやり遂げようとする気持ちや力が強い。「しんぼづよーに・　がんば(頑張)り・なはれ。」〔⇒**しんぼうづおい【**(辛抱強い)**】、ねばりづよい【粘り強い】、ねばりづおい【**(粘り強い)**】**〕

しんぼとけ【新仏】《名詞》　①葬儀を終えたばかりの故人。「しんぼとけ・が・　でけ・た・さかい・　もちゅー(喪中)・の・　はがき(葉書)・を・　だ(出)す。」②前年のお盆から今年のお盆までの間に亡くなった人。「ぼん(盆)・に・　てら(寺)・で・　しんぼとけ・の・　せがき(施餓鬼)・を・　する。」

しんまい【新米】《名詞》　①そのことに従事して日が浅く、慣れていないこと。また、そのような人。「かいしゃ(会社)・で・　しんまい・に・　いろいろ(色々)・　おし(教)え・たる。」②その年に新しく穫れた米。「しんまい・は・　やっぱり・　うま(美味)い。」■対語＝②「**こまい【古米】**」〔⇒**しんまえ【**(新米)**】**〕

しんまえ【(新米)**】**《名詞》　①そのことに従事して日が浅く、慣れていないこと。また、そのような人。「しんまえ・や・さかい・　しっぱい(失敗)し・ても・　しょーがない・やろ。」②その年に新しく穫れた米。「ことし(今年)・の・　しんまえ・は・　でけ(出来)・が・　え(良)ー。」■対語＝②「**こまえ【**(古米)**】**」〔⇒**しんまい【新米】**〕

じんましん【蕁麻疹】《名詞》　食べ物や薬などが原因で、皮膚に赤いぶつぶつが急にできて、痒くなったり発熱したりする病気。「えび(海老)・を・　く(食)ー・たら・　じんましん・が・　で(出)る・ねん。」「あいつ(彼奴)・の・　かお(顔)・を・　み(見)・たら・　じんましん・が・　で(出)・そーに・　なる。」

しんみり《副詞と、動詞する》　①寂しくて、心が沈んでいる様子。その場の状況などが人の心の奥深くに溶け込んでいく様子。「こども(子供)・を・　な(亡)くし・た・　はなし(話)・を・　き(聞)ー・て・　みな(皆)・　しんみりし・ても・た。」②心のつながりなどが感じられて、落ち着いて静かな心境である様子。しみじみ。「ひさ(久)しぶりに・　どーきゅーせー(同級生)・に・　お(会)ー・て・　しんみり・　はなし(話)・を・　し・た。」

しんめ【新芽】《名詞》　草や木や球根などから新しく出たばかりの芽。「さくら(桜)・の・　えだ(枝)・の・　しんめ・が・　で(出)・てき・た。」〔⇒**わかめ【若芽】**〕

しんや【深夜】《名詞》　夜がいちばん更けた時間帯。「しんや・も・　みせ(店)・を・　あ(開)け・とる・　こんびに(コンビニ)・が・　ふ(増)え・た・の一。」〔⇒**よなか【夜中】、まよなか【真夜中】**〕

しんゆう〔しんゆー〕【親友】《名詞》　気心の知れた、仲の良い友だち。「あいつ(彼奴)・と・は・　ちゅーがくじだい(中学時代)・から・の・　しんゆー・や・ねん。」

しんよう〔しんよー〕【信用】《名詞、動詞する》　①信じて疑わないこと。言動を確かなものであると思って、それを受け入れること。「ともだち(友達)・を・　しんよーし・て・　かね(金)・を・　か(貸)す。」②高い評価があること。人望があること。「しんよー・の・　ある・　みせ(店)・で・　か(買)う。」

じんりき【人力】《名詞》　人を乗せて、人が引いていく2輪車。「ふたり(二人)・で・　じんりき・に・　の(乗)る。」〔⇒**じんりきしゃ【人力車】、りんりきしゃ**(人力車)**、りんりき【**(人力)**】**〕

じんりきしゃ【人力車】《名詞》　人を乗せて、人が引いていく2輪車。「きょーと(京都)・の・　あらしやま(嵐山)・に・　かんこーきゃく(観光客)・を・　の(乗)せる・　じんりきしゃ・が・　ある。」〔⇒**じんりき【人力】、りんりきしゃ**(人力車)**、りんりき【**(人力)**】**〕

しんるい【親類】《名詞》　親子兄弟などの血縁関係や、結婚などによってつながりのある関係。また、そのような人。血族と姻族。「みょーじ(苗字)・は・　おんな(同)じや・けど・　あそこ・と・は・　しんるい・やない・ねん。」〔⇒**いっけ【一家】、いっとう【一統】、しんせき【親類】、みうち【身内】**〕

しんれき【新暦】《名詞》　かつて用いられていた太陰太陽暦に対して、明治以後に用いられている太陽暦のこと。「しんれき・で・は・　ひとつき(一月)・　おく(遅)らし・て・　たなばた(七夕)・を・　する。」■対語＝「**きゅうれき【旧暦】**」〔⇒**しん【新】**〕

じんわり《副詞と》　①ゆっくりと程度が進むようす。ゆっくりと体に感じられてくる様子。「この・　かいろ(懐炉)・は・　じんわりと・　ぬく(温)ー・　なっ・てくる。」「おこ(怒)ら・れ・て・　じんわり・　せっきょー(説教)さ・れ・ても・た。」②水分がゆっくりとにじみ出る様子。水分がゆっくりとしみ込む様子。「あつ(暑)ー・て・　じんわりと・　あせ(汗)・を・　かい・た。」〔⇒**じわっ**。①⇒**やんわり**〕

す

す〔すー〕【巣】《名詞》　鳥や虫や魚などが籠もってすみ、卵を生んで育てるところ。ねぐら。「のき(軒)・に・　つばめ(燕)・が・　すー・を・　つく(作)り・よっ・た。」「おまえ・は・　とり(鳥)・の・　すー・みたいな・　ぼさぼさの・　あたま(頭)・の・　け(毛)ー・や・なー。」

す〔すー〕【酢】《名詞》　食べ物に酸っぱい味を付けるときに使う液体の調味料。「すしめし(寿司飯)・に・　すー・を・　い(入)れすぎ・た。」

す〔すー〕【簀】《名詞》　①細い板や竹を、隙間を開けて横に並べて、編んだり木に打ちつけたりしたもの。「わたりろーか(渡り廊下)・に・　すー・を・　なろ(並)べる。」②七輪の中などに置く火格子。「こんろ(焜炉)・の・　すー・に・　はい(灰)・が・　たま(溜)っ・とる。」③火にかけて食べ物などを焼くときに使う、針金を粗く組んだ道具。「れんたん(練炭)・の・　うえ(上)・に・　すー・を・　お(置)い・て・　するめ(鯣)・を・　や(焼)く。」〔①⇒**すいた【簀板】、すのこ【簀の子】**。③⇒**あみ【網】**〕

す〔すー〕【簾】《名詞》　①日除けや目隠しなどにする目的に使う、細く裂いた竹や、葦の茎などを糸で編んだもの。「なつ(夏)・に・　なっ・たら・　えんげ(＝縁側)・に・　すー・を・　ぶらくる(＝吊す)。」②寿司を巻いたりするときに使う、細く裂いた竹などを糸で編んだ小さなもの。「のり(海苔)・を・　ひ(敷)い・て・　めし(飯)・を・　のせ・て・　すー・で・　ま(巻)く。」〔①⇒**すだれ**

【簾】。②⇒すのこ【簾の子】〕

す〔すー〕【鬆】《名詞》 根菜の芯にできる細かく通った隙間。「だいこ(大根)・に・ すー・が・ はい(入)っ・とる。」

す《助動詞》 ①人に何かをするようにしむけるという意味(使役)を表す言葉。「かぜぐすり(風邪薬)・を・ のま・す。」「そんな・ こと・を・ し・たら・ あか・ん・と・ ゆ(言)ー・て・ き(聞)か・す。」「ぱん(パン)・を・ か(買)い・に・ はし(走)ら・す」②人にそれをすることを認めるという意味(許可)や、それをするがままにさせておくという意味(放任)を表す言葉。「く(食)い・たい・ん・やっ・たら・ く(食)わ・し・とけ。」◆「す」は、五段活用動詞に接続する。同じ活用型の補助動詞も同様である。〔⇒さす、らす〕

ず〔ずー〕【図】《名詞》 ①面や線などからできあがっている形。「きょーかしょ(教科書)・に・ の(載)っ・とる・はな(花)・の・ ずー・を・ か(書)きうつす。」「てんきよほー(天気予報)・の・ ずー・を・ よー・ み(見)・てみ・なはれ。」②説明するために、ものの形や様子などを描いたもの。「ずー・を・ か(書)い・て・ みちあんない(道案内)・を・ する。」〔②⇒え【絵】〕

ず〔ずー〕《名詞》 野菜や果物などの実の真ん中にある、種などを含んで、ねばねばした部分。「うり(瓜)・の・ずー・は・ あも(甘)ー・て・ うま(美味)い。」

ず《助動詞》 打ち消しの意味を表す言葉。「きのー(昨日)・は・ い(行)っ・た・けど・ きょー(今日)・は・ い(行)か・ず・や。」「じかん(時間)・が・ の(無)ー・て・ひるめし(昼飯)・を・ く(食)わ・ず・に・ す(済)ん・でも・た。」「きのー(昨日)・は・ てつや(徹夜)し・て・ ね(寝)・ず・やっ・た。」

すあげ【素揚げ】《名詞、動詞する》 魚や野菜などを、パン粉や溶いた小麦粉を付けないで油で揚げたもの。「さつまいも(薩摩芋)・の・ すあげ・が・ うま(美味)い。」〔⇒あげもん【揚げ物】〕

すあし【素足】《名詞》 足に靴下などをつけないこと。また、その足。「すあし・で・ くつ(靴)・を・ は(履)い・た・さかい・ くつず(靴擦)れ・が・ でけ(出来)・ても・た。」〔⇒はだし【裸足】〕

すい【水】《名詞》 ①海や池などの水。「すい・に・ もぐ(潜)っ・て・ さかな(魚)・を・ つか(捕)まえる。」②1週間の7日間のうちの4日目で、火曜日の次、木曜日の前にある日。「すい・が・ てーきゅーび(定休日)・や。」〔②⇒すいよう【水曜】、すいようび【水曜日】〕

すい〔すいー〕【酸い】《形容詞・イイ型》 梅干しや夏みかんなどのように、酸味があって、酢のような味がする。「ごっつい・ すいー・ うめぼし(梅干)・や・なー。」

すいえい〔すいえー〕【水泳】《名詞、動詞する》 人が水の中を泳ぐこと。「ひちがつ(七月)・に・ なっ・たら・ すいえー・の・ じゅぎょー(授業)・が・ ある。」

すいか【西瓜】《名詞》 畑に作る蔓草で、水分が多く甘い大きな実をつける、夏の代表的な果物。「すいか・を・く(食)ー・たら・ なつ(夏)・に・ なっ・た・なー・と・おも(思)う。」「いど(井戸)・に・ すいか・を・ つ(浸)け・とく。」

すいがい【水害】《名詞》 人家や田畑などが、洪水や高潮などによって受ける被害。「すいがい・で・ たんぼ(田圃)・が・ いか・れ・ても・た。」

ずいき【芋茎】《名詞》 食用にする里芋類の茎。「ずいき・を・ つくだに(佃煮)・みたいに・ た(炊)く。」

すいぎん【水銀】《名詞》 銀白色をしていて重い、常温で液体の金属元素。「むかし(昔)・は・ かんだんけー(寒暖計)・に・ すいぎん・が・ はい(入)っ・とっ・てん。」

すいくち【吸い口】《名詞》 ①コップや瓶や缶やストローなどで、飲むときに口をつけるところ。「すとろー(ストロー)・の・ すいくち・を・ か(噛)ん・でも・たら・ぎゅーにゅー(牛乳)・を・ す(吸)わ・れ・へん。」②きせるで煙草を吸う部分。「すう・ まえ(前)・に・ すいくち・を・ そうじ(掃除)する。」〔①⇒のみくち【飲み口】〕

すいこむ【吸い込む】《動詞・マ行五段活用》 液体や気体などを吸って体の中や機械の中などへ入れる。「たばこ(煙草)・の・ けむり(煙)・を・ すいこむ。」「そーじき(掃除機)・が・ ごみ(塵)・を・ すいこむ。」

すいじ【炊事】《名詞、動詞する》 食べ物を煮炊きすること。食事の支度をすること。特に、会社などでその仕事を専門に受け持つこと。「りょー(寮)・で・ すいじ・の・しごと(仕事)・を・ し・とり・ます・ねん。」「きゃんぷ(キャンプ)・で・ すいじ・の・ とーばん(当番)・に・なっ・た。」

すいじば【炊事場】《名詞》 食べ物を煮炊きする場所。食事の支度をする場所。「すいじば・で・は・ ながぐつ(長靴)・を・ は(履)く。」◆台所のことにも使うが、煮炊きを専用にした仕事場などにも使う。

すいしょう〔すいしょー〕【水晶】《名詞》 石英が結晶して6角形の柱になっているもの。「すいしょー・で・ でけ(出来)・た・ はんこ(判子)・で・ お(押)す。」

すいすい【酸酸】《名詞》 茎は中空で節があり、夏にたくさんの白い花を咲かせる草。いたどり。「すいすい・を・きざ(刻)ん・で・ とり(鶏)・に・ やる。」

すいすい《副詞と》 ①小さな動物などが、滞りなく軽やかに進む様子。「とんぼ(蜻蛉)・が・ すいすいと・ と(飛)ん・どる。」「めだか(目高)・が・ すいすいと・ およ(泳)い・どる・ すがた(姿)・は・ もー・ み(見)・ん・よーに・ なっ・た・の一。」②ものごとが滞りなくはかどっていく様子。「さんすー(算数)・の・ もんだい(問題)・の・ こたえ(答)・を・ すいすいと・ か(書)く。」

すいせん【水仙】《名詞》 春のはじめに、長い茎の先端に香りの良い白や黄色の花を横向きに咲かせる植物。「あわじ(淡路)・の・ すいせん・の・ めーしょ(名所)・へ・み(見)・に・ い(行)っ・た。」

すいぞっかん【水族館】《名詞》 水にすむ生き物を集めて、生きたままの様子を見せるようにした施設。「えんそく(遠足)・で・ すま(須磨)・の・ すいぞっかん・へ・ い(行)っ・た。」

すいた【簀板】《名詞》 細い板や竹を、隙間を開けて横に並べて、木に打ちつけたもの。細い板を横に並べて間を空かして張り付けたもの。「すいた・の・ うえ(上)・を・ ある(歩)い・て・ むこー・の・ たてもん(建物)・へ・ うつ(移)る。」〔⇒す【簀】、すのこ【簀の子】〕

すいつく【吸い付く】《動詞・カ行五段活用》 吸って、ぴったりとくっつく。ぴったりとくっついて離れないでいる。「おー(大)けな・ たこ(蛸)・に・ すいつか・れ・た。」「こ(小)まい・ はり(針)・が・ たたみ(畳)・に・ すいつい・て・ と(取)れ・へん。」

スイッチ〔すいっち〕【英語＝switch】《名詞》 電流を止めたり通したり、切り替えたりする装置。「せんぷーき(扇風機)・の・ すいっち・を・ き(切)っ・てんか。」

すいとう〔すいとー〕【水筒】《名詞》 飲み水などを入れて携帯する

金属製の水筒

す

ための容器。「べんとー(弁当)・と・　すいとー・を・　わす(忘)れ・ん・よーに・　しー・や。」

すいどう〔**すいどー**〕【**水道**】《名詞》 ①飲料水や工業用水などを家庭や工場などに送るための設備。「すいどー・が・　な(無)い・　じぶん(時分)・は・　いど(井戸)・の・　みず(水)・を・　ふろば(風呂場)・まで・　はこ(運)ん・だ・　もん・や。」②飲料水などを送るための管。「すいどー・が・　こお(凍)っ・た・さかい・　ゆ(湯)ー・を・　か(掛)け・て・　と(溶)かし・た。」

スイトピー〔**すいとぴー**〕【**英語＝ sweet pea**】《名詞》 えんどうに似た つる性の茎に、春、蝶の形に似た白・赤・紫などとりどりの色が咲く草花。「むらさきいろ(紫色)・の・　すいとぴー・が・　ぎょーさん(仰山)・　さ(咲)い・とる・なー。」

すいとりがみ【**吸い取り紙**】《名詞》 手などを汚さないようにするために、書いたばかりのインクや、押したばかりのスタンプの水分などを吸って取る紙。「はんこ(判子)・を・　お(押)し・て・　すいとりがみ・で・　お(押)さえる。」

すいとる【**吸い取る**】《動詞・ラ行五段活用》 ①水分などを、引きつけるような力で取り出す。「きゅーにゅー(牛乳)・の・　はこ(箱)・の・　そこ(底)・に・　た(溜)まっ・とる・の・を・　すとろー(ストロー)・で・　す(吸)いとる。」②布や紙などにしみ込ませて、吸うような感じで中に収め入れる。「こぼ(零)し・た・　みず(水)・を・　ぞーきん(雑巾)・で・　すいとる。」

すいな【**粋な**】《連体詞》 ①一風、変わった。「こーら(コーラ)・と・　ゆー・の・は・　すいな・　あじ(味)・が・　する・　のみもん(飲物)・や・なー。」②地味で渋い感じがする。「あんた・　きょー(今日)・は・　すいな・　きもの(着物)・を・　き(着)・とる・なー。」

すいにいる【**水に入る**】《動詞・ラ行五段活用》 水の中に潜る。「すいにいっ・て・　さかな(魚)・を・　つ(突)い・て・と(獲)っ・てき・た。」

すいぶん【**水分**】《名詞》 ①ものの中に含まれている水の量。「これ・は・　すいぶん(水分)・の・　おか(多)い・　すいか(西瓜)・や・なー。」②水や飲用物などの液体。「なつ(夏)・の・　あいだ(間)・は・　すいぶん・を・　よー・と(摂)り・なはれ。」〔⇒**みずけ**【**水気**】〕

すいへい〔**すいへー**〕【**水平**】《名詞、形容動詞や(ノ・ナ)》 表面が、静かな水面のように、上がり下がりがなく平らなこと。「さか(坂)・が・　の(無)ー・て・　みち(道)・が・　すいへーに・　つづ(続)い・とる。」「おぼん(盆)・を・　すいへーに・　せ・なんだら・　みず(水)・が・　こぼ(零)れる・ぞ。」

すいへいせん〔**すいへーせん**〕【**水平線**】《名詞》 空と海が接して見える、平らな線。「すいへーせん・に・　おひ(日)ーさん・が・　しず(沈)ん・だ。」

すいもん【**吸い物**】《名詞》 野菜や魚などを入れて、味付けをした透き通った汁。「まったけ(松茸)・の・　すいもん・の・　かお(香)り・が・　え(良)ー・なー。」〔⇒**すまし**【**澄まし**】、**すましじる**【**澄まし汁**】〕

すいよう〔**すいよー**〕【**水曜**】《名詞》 1週間の7日間のうちの4日目で、火曜日の次、木曜日の前にある日。「せんしゅー(先週)・の・　すいよー・は・　あめ(雨)・やっ・た。」〔⇒**すい**【**水**】、**すいようび**【**水曜日**】〕

すいようび〔**すいよーび**〕【**水曜日**】《名詞》 1週間の7日間のうちの4日目で、火曜日の次、木曜日の前にある日。「すいよーび・に・　ごみ(塵)・の・　かいしゅー(回収)・が・　ある。」〔⇒**すい**【**水**】、**すいよう**【**水曜**】〕

すいれん【**睡蓮**】《名詞》 池などに生え、葉は水面に浮き、夏に白や桃色などの小さな花を咲かせる植物。「こーえん(公園)・の・　すいれん・が・　さ(咲)い・た。」

すう〔**すー**〕【**吸う**】《動詞・ワア行五段活用》 ①人や動物が、空気や水や液体を、鼻や口から取り入れる。「あか(赤)ちゃん・が・　ちち(乳)・を・　すー・とる。」「ひと(人)・の・　たばこ(煙草)・の・　けむり(煙)・を・　すー・の・は・　きら(嫌)いや・ねん。」②植物などが水分や養分などを取り込む。「よー・　みず(水)・を・　すー・　はな(花)・や・なー。」③器械がごみやほこりなどを空気と一緒に取り込む。「そーじき(掃除機)・が・　ごみ(塵)・を・　すー・てくれる。」④土、紙、水などが水分を含んだり蒸発させたりする。「なつ(夏)・は・　ま(撒)い・ても・　ま(撒)い・ても・　じっき(直)に・　つち(土)・が・　すー・てまう・さかい・　なんべん(何遍)・も・　みず(水)・を・　ま(撒)き・まん・ねん。」

すうがく〔**すーがく**〕【**数学**】《名詞》 ①数・量や空間・図形などについて研究する学問。「すーがく・の・　あたま(頭)・が・　な(無)かっ・たら・　いえ(家)・は・　た(建)て・られ・へん。」②前項の内容を教える中学校や高等学校の教科の名。「ちゅーがっこー(中学校)・の・　とき(時)・から・　すーがく・は・　にがて(苦手)やっ・てん。」

すうじ〔**すーじ**〕【**数字**】《名詞》 数を表すのに用いる文字。「すーじ・を・　か(書)きうつす・　とき(時)・に・　まちが(間違)え・ても・た。」◆日常としては、漢数字とアラビア数字の両方を使う。アラビア数字を「さんようすうじ【算用数字】」と言うことがある。

ずうずうしい〔**ずーずーしー、ずーずしー、ずずしー**〕【**図々しい**】《形容詞・イイ型》 恥を恥とも感じないほど、自分勝手に好きなことをする様子。自分の利益になるように行動する様子。「じぶん(自分)・の・　いえ(家)・の・　まえ(前)・の・　みち(道)・に・　もの・を・　ほ(干)し・て・　ずーずーしー・　ひと(人)・や・なー。」「あいつ(彼奴)・は・　じぶん(自分)・の・　こと・しか・　かんが(考)え・へん・よーな・　ずーずしー・　やつ(奴)・や」〔⇒**あつかましい**【**厚かましい**】〕

ずうたい〔**ずーたい**〕【**図体**】《名詞》 ①人や動物の体の輪郭について受ける感じ。体ぜんたいの姿。体つきの程度。「あの・　ずーたい・が・　あいて(相手)・やっ・たら・　な(投)げとば・そー・と・　おも(思)・ても・　むり(無理)や。」「おー(大)けな・　ずーたい・の・　みずや(水屋)・は・　じゃま(邪魔)に・　なる。」②並みの程度を超えたような、大きな体つき。「おー(大)けな・　ずーたい・　し・とっ・て・　けんか(喧嘩)・は・　よわ(弱)い・ねん・なー。」◆①は、物体について言うこともある。〔⇒**から**【**柄**】、**がら**【**柄**】、**なり**【(形)】、**どんがら**【**どん柄**】〕

ずうとい〔**ずーとい**〕【(図太い)】《形容詞・オイ型》 肝がすわっていて、少々のことには動じない様子。開き直った感じで、ふてぶてしい様子。「ちょっと(一寸)・ぐらい・　ずーとー・なかっ・たら・　い(生)き・ていか・れ・へん・よ・なー。」〔⇒**ずぶとい**【**図太い**】〕

すうどん【**素饂飩**】《名詞》 具の入っていない饂飩。「すうどん・と・　どんぶりめし(丼飯)・を・　く(食)う。」◆実際には、葱だけが入れられることが多い。関東で言う「かけ饂飩」にあたる。

スープ〔**すーぷ**〕【**英語＝ soup**】《名詞》 肉や魚や野菜などを煮たものに味を付けた汁。「ひるごはん(昼御飯)・は・　ぱん(パン)・と・　すーぷ・に・　する。」

すうりょう〔**すーりょー**〕【**数量**】《名詞》　ものの個数や分量。「とど(届)い・た・　にもつ(荷物)・の・　すーりょー・を・　しら(調)べる。」

すえ【**末**】《名詞》　①年や月の最後や、ある期間の最後。「にがつ(二月)・の・　すえ・は・　まだ・　さぶ(寒)い・　ひ(日)・が・　つづ(続)く。」②もののいちばん後ろの端。末端。「すえ・に・　なろ(並)ん・どっ・たら・　もら(貰)わ・れ・へん・なんだ。」〔⇒**おわり**【**終わり**】〕

すえつける【**据え付ける**】《動詞・カ行下一段活用》　その場所で使えるようにするために、ものをある場所に動かないように固定して置く。「こーば(工場)・に・　はつどーき(発動機)・を・　すえつける。」◆「すえる【据える】」と比較すると、「すえつける【据え付ける】」には、固定するための何らかの作業が加わるように思われる。〔⇒**すえる**【**据える**】〕

すえっこ【**末っ子**】《名詞》　兄弟姉妹のうち、いちばん後に生まれた子。「すえっこ・は・　あま(甘)えた・で・　こま(困)り・ます。」〔⇒**おとんぼ、おとご、おとんご、すそ**【**裾**】〕

すえる【**饐える**】《動詞・ア行下一段活用》　食べ物や飲み物が腐って、酸っぱい味や臭いがする。「なつ(夏)・は・　じっき(直)に・　めし(飯)・が・　すえ・てまう。」

すえる【**据える**】《動詞・ア行下一段活用》　①ものを安定させて、じっとして動かないようにする。「こし(腰)・を・　すえ・て・　しごと(仕事)・を・　する。」②その場所で使えるようにするために、ものをある場所に動かないように固定して置く。「うえきばち(植木鉢)・を・　お(置)く・　だい(台)・を・　すえる。」③人をある地位や場所などに位置づける。「あの・　しと(人)・を・　かいちょー(会長)・に・　すえ・たら・　え(良)ー。」■自動詞は「すわる【据わる】」〔②⇒**すえつける**【**据え付ける**】〕

すか《名詞、形容動詞や(ノ)、動詞する》　①行ったことに対する手応えがないこと。目標などに当たらないこと。「とあみ(投網)・を・　う(打)っ・た・けど・　すかやっ・た。」②籤などで、当たっていないもの。くじや抽選などに当たらないこと。あてが外れること。「ふくびき(福引)・を・　ひ(引)ー・た・けど・　すか・ばっかり・やっ・た。」③見当違いなことをして失敗すること。「でんしゃ(電車)・の・　じかん(時間)・を・　すかし・て・　えき(駅)・へ・　い(行)っ・て・　はんじかん(半時間)・も・　ま(待)た・さ・れ・た。」④期待はずれであること。期待が裏切られること。「しんにゅーしゃいん(新入社員)・の・　うち・の・　ひとり(一人)・は・　すかやっ・た。」■対語＝②「あたり【当たり】」〔⇒**すかたん、すこたん**。②⇒**はずれ**【**外れ**】、**から**【**空**】〕

ずが【**図画**】《名詞》　①絵を描くこと。また、描いた絵。「なつやす(夏休)み・の・　しくだい(宿題)・で・　ずが・を・　さんまい(三枚)・　か(描)く・ねん。」②絵を描いたり、物を作ったりする、小学校の教科の名。「ずが・の・　じかん(時間)・に・　しゃせー(写生)する。」◆②は、「ずがこうさく〔ずがこーさく〕【図画工作】」という言葉の後半を省いて言う言葉。〔②⇒**ずがこうさく**【**図画工作**】、**ずこう**【**図工**】〕

スカート〔**すかーと**〕《英語＝ skirt》　腰の部分から下を覆う、女の人の着る筒形の洋服。「かぜ(風)・で・　すかーと・が・　めく(捲)れ・て・　は(恥)ずかしかっ・た。」

ずがこうさく〔**ずがこーさく**〕【**図画工作**】《名詞》　絵を描いたり、物を作ったりする、小学校の教科の名。「ずがこーさく・の・　じかん(時間)・に・　はんが(版画)・を・　ほ(彫)っ・た。」〔⇒**ずこう**【**図工**】、**ずが**【**図画**】〕

すかし【**透かし**】《名詞》　紙を光にかざすと見えるようにしてある模様や文字。「ひょっと・　し・て・　にせさつ(偽札)・やない・やろ・か・と・　おも(思)・て・　すかし・を・　しら(調)べ・た。」

すかす【**空かす**】《動詞・サ行五段活用》　腹を減らす。空腹を感じる。「みんな(皆)・　はら(腹)・を・　すかし・て・　ま(待)っ・とる・やろ・なー。」

すかす【**透かす**】《動詞・サ行五段活用》　①隙間や物を通して、向こうにあるものを見る。「かき(垣)・の・　あいま(合間)・から・　すかし・て・　なか(中)・を・　み(見)る。」②光にかざすなどして、紙でできているものなどの裏や中身が見えやすいようにする。「ふーとー(封筒)・を・　すかし・て・　なに(何)・が・　はい(入)っ・とる・か・　み(見)・てみる。」③ものとものとの間に隙間を作る。「あみめ(編目)・を・　すかし・て・　けーと(毛糸)・を・　あ(編)む。」■名詞化＝**すかし**【**透かし**】

すかす【**賺す**】《動詞・サ行五段活用》　①相手を言いくるめたりして、言っていることをうまく外した方向に持っていく。「こども(子供)・を・　すかし・て・　きょー(今日)・は・　い(行)く・　こと・を・　や(止)め・た。」②怒ったり泣いたりしている人を慰めて、気持ちを落ち着かせる。「な(泣)い・とる・　こども(子供)・に・　あめだま(飴玉)・を・　やっ・て・　すかす。」〔②⇒**なだめる**【**宥める**】、**なだめすかす**【**宥め賺す**】〕

すかすか《形容動詞や(ノ)》　①紙などが薄くて、透けて見えるような様子。「すかすかの・　ふーとー(封筒)・に・　い(入)れ・たら・　なかみ(中身)・が・　わかっ・てまう・やろ。」②中身が乏しくて、からっぽに近いような様子。中身に隙間が多い様子。「きゅーりょーぶくろ(給料袋)・は・　すかすかで・　いちまんえんさつ(一万円札)・が・　ちょっと(一寸)・しか・　はい(入)っ・とら・へん。」③根菜の芯に隙間ができている様子。「すかすかの・　だいこん(大根)・や・さかい・　うま(美味)ない・なー。」

すがた【**姿**】《名詞》　①人やものの身なりや形。外から見たときの様子や形。身に付けている服装などの印象。他人から見られたときの全体的な印象。「しばい(芝居)・の・　やくしゃ(役者)・の・　すがた・に・　ほ(惚)れる・なー。」②人やものが存在している有り様。「おやじ(親父)・の・　すがた・が・　み(見)え・へん。」〔①⇒**かっこう**【**格好**】、**ふう**【**風**】、**なり**【**形**】、**ていさい**【**体裁**】〕

すかたん《名詞、形容動詞や(ノ)、動詞する》　①行ったことに対する手応えがないこと。目標などに当たらないこと。「くぎ(釘)・を・　すかたん・　う(打)っ・て・　かなづち(金槌)・で・　じぶん(自分)・の・　て(手)ー・を・　たた(叩)い・ても・た。」②くじや抽選などに当たらないこと。あてが外れること。「くじうん(籤運)・が・　よわ(弱)い・さかい・　すかたんの・　くじ(籤)・ばっかり・　ひ(引)ー・た。」③見当違いなことをして失敗すること。「しごと(仕事)・を・　すかたんし・て・　どな(怒鳴)ら・れ・てん。」④期待はずれであること。期待が裏切られること。「あいつ(彼奴)ら・　さんしん(三振)・ばっかり・　し・て・　ほんま(本真)に・　すかたんな・　やつ(奴)・や。」■対語②＝「あたり【当たり】」〔⇒**すか、すこたん**。②⇒**はずれ**【**外れ**】〕

すかっと《副詞》　①引き締まっていて、さわやかな感じを伴う様子。「すかっと・　し・た・　あじ(味)・の・　じゅーす(ジュース)・や・さかい・　あんた・も・　の(飲)み・なはれ。」②ものごとをうまくやり終えて気持ちがよい様子。「しけん(試験)・に・　とー(通)っ・て・　いま(今)・は・　すかっと・　し・とる・ねん。」③鮮やかにものを切る様子。「すいか(西瓜)・を・　すかっと・　ふた(二)つ・に・　き(切)る。」

すかべ【透か屁】《名詞、動詞する》 音のしない屁。こっそりとする屁。「だい(誰)・か・　すかべ・を・　こい・た・な。」〔⇒**すこべ【透こ屁】**〕

すかみたい《形容動詞や(ナ)》 手応えがない様子。期待はずれである様子。とるにたりない様子。「おまえ・は・　しけん(試験)・で・　すかみたいな・　てんすー(点数)・を・　と(取)っ・た・ん・や・なー。」「すかみたいな・　いろ(色)・やのー・て・　もっと・　こい(濃)い・　いろ(色)・で・　ぬ(塗)り・なはれ。」

ずがら【図柄】《名詞》 配置されている図や形や模様。デザイン。「この・　てぬぐい(手拭)・の・　ずがら・は・　えらい・　こふー(古風)や・なー。」「むかし(昔)・の・　ひゅくえんだま(百円玉)・は・　これ・と・は・　ちが(違)う・　ずがら・やっ・てん。」

ずかん【図鑑】《名詞》 動物や植物やその他のものを、絵や写真を見てわかるようにした本。「どうぶつ(動物)・の・　ずかん・を・　み(見)る・の・が・　す(好)きや。」

すき【隙】《名詞》 ①緊張感が失せたときの、気のゆるみ。「あいて(相手)・に・　すき・が・　の(無)ー・て・　う(打)ちこま・れ・へん。」②２つ以上のものにはさまれた狭い場所。ものとものとの間の、空いている部分。「つくえ(机)・と・　かべ(壁)・の・　すき・に・　じょーぎ(定規)・が・　お(落)ち・ても・た。」〔②⇒**あい【(間)】、あいだ【間】、あいま【合間】、すきま【隙間】、ま【間】**〕

すき【好き】《形容動詞や(ナ)》 ①人やものが気に入っている様子。人やものに心が引かれる様子。それに関わろうとする様子。「わい・は・　あの・　ひと(人)・が・　すきや・ねん。」「こども(子供)ら・は・　みんな(皆)・　りょこー(旅行)・が・　すきな・ん・や。」②自分の好みに任せる様子。自分の判断に従う様子。「すきで・　やっ・とる・　しごと(仕事)・や・さかい・　ひと(人)・が・　どない・　ゆ(言)ー・ても・　き(気)・に・　なら・へん。」③ものごとに束縛されずに、したいようにする様子。「みんな(皆)・が・　すきな・　こと(事)・を・　ゆ(言)ー・さかい・　まと(纏)まら・へん・がな。」■対語＝①「きらい【嫌い】」〔②③⇒**すきかって【好き勝手】**〕

すぎ【杉】《名詞》 建築や器具製作などの広い用途に使われる、針のような葉をもっている、直立して背が高い常緑樹。「すぎ・の・　かお(香)り・の・　する・　おけ(桶)・は・　きも(気持)ち・が・　え(良)ー。」

すぎ【過ぎ】《接尾語》[数値を表す言葉や、動詞の連用形に付く]　①その時刻や年齢などを超えていることを表す言葉。「ごじ(五時)すぎ・に・　め(目)・が・　さ(覚)め・た。」「ごじゅー(五十)すぎ・の・　おまわりさん・が・　た(立)っ・とる。」②その程度が度を超していることを表す言葉。「きょー(今日)・は・　ちょっと・　く(食)いすぎ・や。」「おまえ・は・　さぼりすぎ・や・さかい・　あと(後)・で・　あわ(慌)てる・　こと・に・　なる・ぞー。」

スキー〔**すきー**〕【英語＝ ski】《名詞、動詞する》 一対の細長い板を両足につけて、雪の上を滑るスポーツ。また、その細長い板。「しゅーがくりょこー(修学旅行)・は・　しんしゅー(信州)・へ・　すきー・に・　い(行)く。」

すきかって【好き勝手】《形容動詞や(ナ)》 ①自分の好みに任せる様子。自分の判断に従う様子。「きょー(今日)・の・　ひるめし(昼飯)・は・　めーめー(銘々)・　すきかってな・　もん(物)・を・　ちゅーもん(注文)し・ても・　かま(構)・へん・ぞー。」②ものごとに束縛されずに、したいようにする様子。「すきかってな・　ほー(方)・へ・　い(行)か・ん・よー・に・　し・て・　このへん(辺)・に・　おっ・てください。」〔⇒**すき【好き】**〕

すききらい【好き嫌い】《名詞》 好むことと好まないこと。好きなものに心が動き、嫌いなものを受け付けないこと。選り好み。「すききらい・　ゆ(言)ー・とっ・たら・　じょーぶ(丈夫)な・　からだ(体)・に・　なら・れ・へん・ぞ。」◆とりわけ、食べ物について言うことが多い。

すきずき【好き好き】《形容動詞や(ナ)》 人によって好みが違う様子。「みんな(皆)・　すきずきな・　とこ(所)・で・　べんとー(弁当)・を・　た(食)べ・とる。」

すきとおる〔**すきとーる**〕【透き通る】《動詞・ラ行五段活用》 ①表面にあるものや、遮っているものを通して、透けて向こうがよく見える。「おきなわ(沖縄)・の・　すきとーっ・た・　うみ(海)・は・　きれー(綺麗)やっ・た。」②声などが澄んで、よく通る。「すきとーっ・た・　こえ(声)・で・　うた(歌)う。」

すぎな【杉菜】《名詞》 地下茎から土筆が出てくる、野原や土手などに生えるシダ植物。「ここ・に・　すぎな・が・　ある・さかい・　つくし(土筆)・も・　み(見)つかる・はず・や。」

すきま【隙間】《名詞》 ２つ以上のものにはさまれた狭い場所。ものとものとの間の、空いている部分。「えんぴつ(鉛筆)・が・　すきま・に・　はさ(挟)まっ・ても・て・　と(取)ら・れ・へん。」「すきま・から・　かぜ(風)・が・　ふ(吹)きこん・でき・て・　さぶ(寒)い。」〔⇒**あい【(間)】、あいだ【間】、あいま【合間】、すき【隙】、ま【間】**〕

すきまかぜ【隙間風】《名詞》 戸や障子や窓などの隙間から吹き込んでくる寒い風。「いなか(田舎)・の・　いえ(家)・や・さかい・　すきまかぜ・で・　こま(困)っ・とる・ねん。」

すきやき【鋤焼き】《名詞》 肉・豆腐・葱などを入れて、肉の脂で焼き、たれで煮ながら食べる料理。「ふゆ(冬)・は・　すきやき・が・　うま(美味)い・なー。」〔⇒**すっきゃき【(鋤焼き)】**〕

すぎる【過ぎる】《動詞・ガ行上一段活用》 ①時間や場所などが移っていく。ある時や場所を経過する。「し(知)ら・ん・　ま(間)ー・に・　はんとし(半年)・も・　すぎ・ても・た。」「でんしゃ(電車)・は・　もー・　こーべ(神戸)・を・　すぎ・た。」②数量・程度の限界や、数量・程度の一定の程度を超える。「わす(忘)れ・とっ・て・　しめきり(締切)・の・　ひ(日)ー・を・　すぎ・ても・とっ・た。」「ななじゅー(七十)・の・　さか(坂)・を・　すぎ・て・　かだら(体)・に・　がた・が・　き・とる・ねん。」■名詞化＝**すぎ【過ぎ】**

すぎる【過ぎる】《接尾語・ガ行上一段活用》[動詞の連用形および形容詞・形容動詞の語幹に付く]　ものごとの程度をこえていることを表す言葉。「きつい・　こと・を・　い(言)ーすぎ・たら・　あか・ん・よ。」「く(食)いすぎ・たら・　びょーき(病気)・に・　なる・ぞ。」「こづか(小遣)い・が・　すけ(少)なすぎる・ゆーて・　こども(子供)らー・が・　もんく(文句)・を・　ゆ(言)ー・とる。」「この・　こ(子)・は・　げんき(元気)すぎる・　あか(赤)ちゃん・や・なー。」

ずきん【頭巾】《名詞》 布で袋の形に縫って、頭や顔をおおうもの。「あか(赤)い・　ずきん・を・　かぶ(被)っ・た・　こ(子)・が・　しゅじんこー(主人公)・や。」「ずきん・の・　つ(付)い・た・　おーばー(オーバー)・や・さか

い・　ぬく(温)い。」〔⇒**ずっきん【(頭巾)】**〕

すく【好く】《動詞・カ行五段活用》　愛情を感じる。異性として心が引かれる。好みに合う。よいと思う。「あの・ひと(人)・は・　みんな(皆)・に・　すか・れ・とる。」「ひと(人)・の・　せわ(世話)・を・　する・の・を・　すい・て・　なん・でも・　ひ(引)きうけ・てくれる。」■対語＝「きらう【嫌う】」

すく【鋤く】《動詞・カ行五段活用》 田畑を鋤や農機具などを使って掘り返して耕す。「はたけ・を・　すい・て・　たね(種)・を・　まく・　こしらえ(＝準備)・を・　する。」

すく【梳く】《動詞・カ行五段活用》　髪の毛を櫛でとかす。「かがみ(鏡)・を・　み(見)・て・　かみ(髪)・を・　すく。」「いぬ(犬)・の・　け(毛)ー・を・　すい・てやる。」

すく【漉く】《動詞・カ行五段活用》　水にとかしたものを、薄く伸ばす。「のり(海苔)・を・　すい・て・　なら(並)べ・て・　ほ(干)す。」

すく【空く】《動詞・カ行五段活用》　①物と物との間にあいた部分ができる。「はしら(柱)・と・　しょーじ(障子)・の・　あいだ(間)・が・　ちょっと(一寸)・　すい・とる。」②詰まっているものがなく、まばらになる。少なくなる。「ひるま(昼間)・は・　でんしゃ(電車)・が・　すい・とる。」「おなか(腹)・が・　すい・て・　なん(何)・か・　た(食)べ・たい。」③時間の空きができる。ひまになる。忙しくなくなる。「て(手)ー・が・　すい・とっ・たら・　こっち・を・　てつど(手伝)ー・てくれ・へん・か。」

すく【透く】《動詞・カ行五段活用》　間にある何かを通して、中や向こう側が見える状態になっている。物と物の間から中や向こう側が見える。「かき(垣)・の・　むこー・が・　すい・て・　みえる。」〔⇒**すける【透ける】**〕

すぐ【直ぐ】《副詞に》　①時間があまり隔たらないことを表す言葉。「む(向)こー・に・　つ(着)い・たら・　すぐに・　れんらく(連絡)し・ます。」「すぐ・　い(行)き・まっ・さ。」②距離があまり離れていないことを表す言葉。「すぐ・　となり(隣)・の・　いえ(家)・へ・　かいらんばん(回覧板)・を・　まわ(回)す。」〔⇒**じき【直】、じっき【(直)】**〕

すくう〔すくー〕【救う】《動詞・ワア行五段活用》　①死の危険が伴う病気・事件・事故などから他の人を逃れるようにさせる。「じしん(地震)・で・　つぶ(潰)れ・た・　いえ(家)・から・　ひと(人)・を・　すくう。」「おぼ(溺)れ・とる・　こ(子)・を・　すくー・たる。」②他人の仕事や作業などに力を注いで、負担を軽くしてやる。手をさしのべる。「みせ(店)・が・　しゃっきん(借金)だらけ・に・　なっ・た・　とき・に・　すくー・てもろ・た。」◆存亡の危機に陥っている場合などに使うことが多い。■名詞化＝すくい【救い】〔⇒**たすける【助ける】**〕

すくう〔すくー〕【掬う】《動詞・ワア行五段活用》　①液体や粉末などを、下から上へ汲み上げる。「みず(水)・を・　て(手)・で・　すくー・て・　の(飲)む。」②網などを使って、液体の表面や中にあるものを取り出す。「さかな(魚)・を・　たま(＝網)・で・　すくう。」

スクーター〔すくーたー〕【英語＝scooter】《名詞》　膝を揃えて乗り、オートバイよりは軽便で、エンジンで動かして走る、車輪の小さな２輪車。「すくーたー・で・　かいもん(買物)・に・　い(行)く。」

すくすく《副詞と》　動物や植物が元気よく、勢いを伴って育つ様子。「まご(孫)・が・　すくすく・　おー(大)けなっ・た。」

ずくずく《形容動詞や(ノ)、動詞する》　すっかり濡れて、しずくが垂れる様子。水浸しである様子。「あめ(雨)・に・　ふ(降)ら・れ・て・　ふく(服)・が・　ずくずくに・　なっ・た。」〔⇒**じゅくじゅく、びしょびしょ、びしゃびしゃ、びちゃびちゃ、びちょびちょ、べしょべしょ**〕

すくない【少ない】《形容詞・アイ型》　数や量が僅かである。基準とする数や量よりも小さい。「なつやす(夏休)み・は・　もー・　のこ(残)り・が・　すくない・なー。」■対語＝「おおい【多い】」「おかい【(多い)】」〔⇒**すけない【(少ない)】**〕

すくないめ【少ないめ】《名詞、形容動詞や(ノ)》　ものの数や量が、やや僅かであること。普通に比べて、あるいは予期していたことに比べて少ないと思われること。「ごはん(飯)・は・　すくないめに・　い(入)れ・てんか。」◆「すくなめ」よりも「すくないめ」を使う方が日常語らしいと思われる。■対語＝「おおいめ【多いめ】」〔⇒**すくなめ【少なめ】、すけなめ【(少なめ)】、すけないめ【(少ないめ)】**〕

すくなめ【少なめ】《名詞、形容動詞や(ノ)》　ものの数や量が、やや僅かであること。普通に比べて、あるいは予期していたことに比べて少ないと思われること。「しお(塩)・を・　すくなめに・　い(入)れ・て・　な(菜)っぱ・を・　ゆ(茹)でる。」■対語＝「おおめ【多め】」〔⇒**すくないめ【少ないめ】、すけなめ【(少なめ)】、すけないめ【(少ないめ)】**〕

スクリュー〔すくりゅー〕【英語＝screw】《名詞》　扇風機の羽根のような螺旋形をしていて、船を進める装置。「すくりゅー・の・　つ(付)い・とる・　おもちゃ(玩具)・の・　ふね(船)・を・　たらい(盥)・で・　はし(走)らす。」

すけ【助け】《名詞》　他人の仕事や作業などに力を注いで、負担を軽くしてやること。また、そのようにする人。「ともだち(友達)・の・　やどが(宿替)え・の・　すけ・に・　い(行)こ・と・　おも(思)・とる・ねん。」〔⇒**てつだい【手伝い】、てったい【(手伝い)】、てだすけ【手助け】**〕

すけ【助】《接尾語》　あまり望ましくない行為をする人に対して、非難したり批判したりする気持ちがあることを、人の名前のようになぞらえて言う言葉。「いつ・まで・　ねぼ(寝坊)すけ・を・　し・とる・ん・や。」「の(飲)みすけ・と・　つきおー・たら・　こづか(小遣)い・が・　よーけ・　いる・なー。」「く(食)いすけ・が・　がつがつ・く(食)・とる。」

スケーター〔すけーたー、すけーた〕【英語＝skater】《名詞》　片足を載せて、もう一方の足で地を蹴って速く走るようにした遊具。「さかみち(坂道)・で・　すけーたー・を・　し・たら・　あぶ(危)ない・よ。」

スケーター

スケート〔すけーと〕【英語＝skate】《名詞、動詞する》　底に金具の刃がついている靴を履いて、氷の上を滑るスポーツ。「こおり(氷)・の・　うえ(上)・で・　すけーとする。」

ずけずけ《副詞と》　遠慮しないで、ものを言う様子。当人を前にして単刀直入に批判や非難をする様子。「あいつ(彼奴)・に・は・　ずけずけ・　い(言)わ・れ・ても・　はら(腹)・が・　た(立)た・へん・ねん。」〔⇒**ずけっと**〕

ずけっと《副詞》　遠慮しないで、ものを言う様子。当人を前にして単刀直入に批判や非難をする様子。「ずけっと・い(言)わ・なんだら・　あいつ(彼奴)・は・　き(気)ー・が・　つ(付)け・へん。」〔⇒**ずけずけ**〕

すけない【(少ない)】《形容詞・アイ型》　数や量が僅かである。基準とする数や量よりも小さい。「あめ(雨)・が・ふ(降)っ・とる・さかい・　きょー(今日)・は・　おきゃ

く(客)さん・が・　すけない。」■対語＝「おおい【多い】」「おかい【(多い)】」〔⇒**すくない**【少ない】〕

すけないめ【(少ないめ)】《名詞、形容動詞や(ノ)》 ものの数や量が、やや僅かであること。普通に比べて、あるいは予期していたことに比べて少ないと思われること。「ふゆやす(冬休)み・の・　しゅくだい(宿題)・は・　すけないめや・さかい・　うれ(嬉)しー・なー。」■対語＝「おかいめ【(多いめ)】」〔⇒**すくないめ**【少ないめ】、**すくなめ**【少なめ】、**すけなめ**【(少なめ)】〕

すけなめ【(少なめ)】《名詞、形容動詞や(ノ)》 ものの数や量が、やや僅かであること。普通に比べて、あるいは予期していたことに比べて少ないと思われること。「きのー(昨日)・　よー・　の(飲)ん・だ・さかい・　きょー(今日)・の・　あさめし(朝飯)・は・　すけなめに・　た(食)べ・てん。」■対語＝「おかいめ【(多いめ)】」〔⇒**すくないめ**【少ないめ】、**すくなめ**【少なめ】、**すけないめ**【(少ないめ)】〕

すける【助ける】《動詞・カ行下一段活用》 ①他人の仕事・作業などに力を注いで、負担を軽くしてやる。手をさしのべる。「ちょっと(一寸)・　て(手)ー・を・　すけ・てくれ・へん・か。」「こないに・　ぎょーさん(仰山)・は・　ひとり(一人)・で・　く(食)わ・れ・へん・さかい・　く(食)う・の・を・　すけ・てー・な。」②軽く持ち上げることに協力する。「ちょっと(一寸)・　そっちがー(側)・を・　も(持)ちあげ・て・　すけ・てんか。」■名詞化＝すけ【助け】〔①⇒**たすける**【助ける】、**てつだう**【手伝う】、**てったう**【手伝う】、**て(を)かす**【手(を)貸す】〕

すける【透ける】《動詞・カ行下一段活用》 間にある何かを通して、中や向こう側が見える状態になっている。物と物の間から中や向こう側が見える。「すかーと(スカート)・の・　なか(中)・が・　すけ・てまっ・せ。」〔⇒**すく**【透く】〕

すこい《形容詞・オイ型》 自分の利益のために、正しくないことをする。狡猾で、横着である。「あとだ(後出)し・の・　じゃんけん・は・　すこい・ぞー。」〔⇒**ずるい**【狡い】、**ずるっこい**【狡っこい】、**すっこい**、**いしこい**、**こすい**、**せこい**〕

すごい【凄い】《形容詞・オイ型》 ①ものごとの程度などが甚だしい。普通でない。「くも(雲)・が・　で(出)・てき・た・と・　おも(思)・たら・　きゅー(急)に・　すごー・ふ(降)っ・てき・た。」②感嘆するほど、素晴らしく優れている。「これ・は・　すごい・　え(絵)ー・や・なー。」〔①⇒**ごつい**、**ごっつい**、**たいそう**【大層】〕

ずこう〔ずこー〕【図工】《名詞》 絵を描いたり、物を作ったりする、小学校の教科の名。「ずこー・は・　す(好)きや・けど・　おんがく(音楽)・は・　にがて(苦手)や。」◆「ずがこうさく〔ずがこーさく〕【図画工作】」をつづめて言う言葉。〔⇒**ずがこうさく**【図画工作】、**ずが**【図画】〕

すごく【(扱く)】《動詞・カ行五段活用》 何かの間に挟んだり通したりして引っ張り、周りについているものを取り除く。「わら(藁)・を・　すごい・て・　きたな(汚)い・　とこ(所)・を・　す(捨)てる。」〔⇒**しごく**【扱く】、**こく**【扱く】〕

すこし【少し】《形容動詞や(ノ)》 数量や程度などが僅かである様子。「すこし・だけ・や・けど・　ねだん(値段)・が・　さ(下)がっ・た。」「すこしや・けど・　どーぞ・　た(食)べ・てください。」

すごす【過ごす】《動詞・サ行五段活用》 ①その状態のままにしておく。無視する。「いっぽん(一本)・　すごし・て・　つぎ(次)・の・　でんしゃ(電車)・に・　の(乗)っ・た。」②時間を費やす。時間が過ぎていくのにまかせる。「しょーがつ(正月)・は・　ね(寝)・て・　すごし・た。」③ある限度を超えて、ものごとをする。「さけ(酒)・を・　すごさ・ん・よーに・　き(気)ー・を・　つけ・なはれ。」

すこすこ《副詞と、形容動詞や(ノ)、動詞する》 ①少し堅いが、歯切れのよい口触りである様子。「すこすこし・た・　れんこん(蓮根)・で・　うま(美味)い。」②風や冷気などによって、肌寒く感じる様子。「せなか(背中)・が・　すこすこする・さかい・　いちまい(一枚)・　よけー(余計)・に・　き(着)る。」

すこたん《名詞、形容動詞や(ノ)、動詞する》 ①行ったことに対する手応えがないこと。目標などに当たらないこと。「てっころ(＝木槌)・で・　すこたん・　たた(叩)い・て・　て(手)・が・　しび(痺)れ・た。」②くじや抽選などに当たらないこと。あてが外れること。「ふくびき(福引)・の・　すこたんの・　けん(券)・　じゅーまい(十枚)・で・　きゃらめる(キャラメル)・を・　ひとはこ(一箱)・　くれ・た。」③見当違いなことをして失敗すること。「ひと(人)・の・　ゆ(言)ー・とる・　こと・を・　き(聞)か・へん・さかい・　すこたんな・　こと・を・　し・よる。」④期待はずれであること。期待が裏切られること。「かいしゃ(会社)・を・　か(変)わっ・たら・　すこたんな・　きゅーりょー(給料)・しか・　くれ・なんだ。」■対語②＝「あたり【当たり】」〔⇒**すか**、**すかたん**。②⇒**はずれ**【外れ】〕

スコップ〔すこっぷ〕【英語＝schop】《名詞》 土や砂などをすくったり穴を掘ったりするための、柄の短い道具。「すこっぷ・で・　にわ(庭)・に・　あな(穴)・を・　ほ(掘)る。」

すこぶ【酢昆布】《名詞》 酢や砂糖などで漬けた、おやつにする昆布。「えんそく(遠足)・に・　すこぶ・を・　も(持)っ・ていく。」

すこべ【透こ屁】《名詞、動詞する》 音のしない屁。こっそりとする屁。「すこべ・　こい・た・　やつ(奴)・が・　おる・みたいや。」〔⇒**すかべ**【透か屁】〕

すごろく【双六】《名詞》 紙面に多くの区画を作って進む順序を決めておいて、サイコロを振って進んで、あがりに到達することを競う遊び。「ざっし(雑誌)・の・　ふろく(付録)・の・　すごろく・で・　あそ(遊)ぶ。」

すし【寿司、鮨】《名詞》 ①酢を振ったご飯の上に生の魚や貝などをのせて、いっしょに握ったもの。または、酢を振ったご飯と、生の魚や貝などとを混ぜ合わせて作った食べ物。「わし・は・　さば(鯖)・の・　すし・が・　す(好)きや・ねん。」②ご飯や具を海苔や卵焼きなどで巻いたもの。「ふとま(太巻)き・の・　すし・を・　たけ(竹)のかわ(皮)・で・　つつ(包)む。」〔①⇒**にぎり**【握り】、**にぎりずし**【握り鮨】。⇒**まき**【巻き】、**まきずし**【巻き寿司】〕

すじ【筋】《名詞》 ①点が動いた跡が、連なったもの。「かみ(紙)・の・　うえ(上)・に・　すじ・を・　ひ(引)く。」②糸のように、細長く続くもの。「しろ(白)い・　くも(雲)・が・　みっ(三)つ・の・　すじ・に・　なっ・とる。」③電車、バスや、道路の通る経路。「どの・　すじ・の・　しでん(市電)・に・　の(乗)っ・たら・　え(良)ー・の・やろ・か。」④細長く続いている通り。「ほんまち(本町)・の・　すじ・に・　ある・　おかしや(菓子屋)さん・で・　こ(買)ー・てん。」⑤動物の体を動かすために、細い肉質のものが集まってできている運動器官。「たか(高)い・　やま(山)・に・　のぼ(登)っ・た・さかい・　すじ・が・

いと(痛)ー・　なっ・た。」⑥血管。特に、皮膚の表面に浮き上がって見える血管。「かお(顔)・に・　すじ・を・　た(立)て・て・　おこ(怒)っ・とる。」⑦植物の繊維質。「すじ・の・　おお(多)い・　いも(芋)・や・なー。」⑧先祖から子孫へと続く、親子や兄弟姉妹のような血縁。「あの・　いえ(家)・は・　おんがく(音楽)・が　す(好)きな・　すじ・や。」「うち・は・　ながい(長生)き・を・　する・　すじ・や・ねん。」⑨物語や映画などの大まかな内容。また、それを書きつづったもの。「はなし(話)・の・　すじ・を・　き(聞)ー・たら・　その・　ほん(本)・を・　よ(読)み・とー・　なっ・た。」⑩ものごとの道理や論理的な順序。また、その正しさ。「すじ・の・　とお(通)っ・た・　かんが(考)えかた・を・　する・　ひと(人)・や。」〔①②③⇒**せん【線】**。⑤⇒**きんにく【筋肉】**。⑧⇒**ち【血】**、**ちすじ【血筋】**、**けなみ【毛並み】**、**けっとう〔けっとー〕【血統】**。⑨⇒**すじがき【筋書き】**。⑩⇒**すじみち【筋道】**、**みちすじ【道筋】**〕

すじかい【筋交い】《名詞》　①直角でなく、斜めの角度に交わっていること。「ふみきり(踏切)・は・　ちょっと(一寸)・　すじかい・に・　なっ・とる。」②斜め前の位置。「すじかい・の・　ところ・に・　やおや(八百屋)・が・　あり・ます・ねん。」③家の柱と柱の間に斜めに取り付ける材木。「はしら(柱)・の・　あいだ(間)・に・　すじかい・を・　い(入)れる。」〔①②⇒**はすかい【斜交い】**〕

すじがき【筋書き】《名詞》　①物語や映画などの大まかな内容。また、それを書きつづったもの。「これ・は・　おもろ(面白)い・　すじがき・の・　はなし(話)・や・ぞー。」②仕組んでおいた計画や予定。「もー(儲)ける・　はず(筈)・の・　すじがき・が・　ふけーき(不景気)・で・　つぶ(潰)れ・ても・た。」〔①⇒**すじ【筋】**〕

ずじまい【ず終い】《補助形容動詞や(ノ)》［動詞の未然形に付く］　その行為などをしないで終わってしまうことを表す言葉。「ことし(今年)・の・　なつ(夏)・は・　すいか(西瓜)・を・　く(食)わずじまいやっ・た。」「はよ(早)ー・に・　たいいん(退院)し・ても・た・さかい・　あいつ・の・　みまい(見舞)・は・　い(行)かずじまいに・　なっ・ても・た。」「いそが(忙)しゅー・て・　あの・　えーが(映画)・は・　み(見)ずじまいに・　なっ・ても・た。」〔⇒**んじまい【ん終い】**〕

すじみち【筋道】《名詞》　ものごとの道理や論理的な順序。また、その正しさ。「すじみち・を・　た(立)て・て・　はなし(話)・を・　せ・なんだら・　なに(何)・を・　ゆ(言)ー・とる・ん・か・　わから・へん・やん。」〔⇒**すじ【筋】**、**みちすじ【道筋】**〕

ずしん《副詞と》　手応えや、ものの重みを強く感じさせる様子。「おー(大)きな・　はこ(箱)・を・　ずしんと・　お(置)い・た。」「にもつ(荷物)・が・　ずしんと・　かた(肩)・に・　こたえる。」〔⇒**ずっしり**〕

すす【煤】《名詞》　①煙に混じっている黒い粉。「これ・は・　すす・の・　よー・　で(出)る・　ろーそく(蝋燭)・や・なー。」②煙とほこりが一緒になって、天井などにくっついているもの。「てんまど(天窓)・の・　とこ(所)・に・　すす・が・　た(溜)まっ・とる。」

すず【鈴】《名詞》　中が空洞になっている丸い形の金属製や陶器製のものに、小さな玉などを入れて振って鳴らすもの。「ねこ(猫)・の・　くび(首)・に・　すず・を・　つ(付)ける。」

すすき【薄】《名詞》　秋の七草の一つで、細長い葉で、白くて長い穂を出し、山や野原に群がって生える植物。「すすき・に・　ほ(穂)ー・が・　で(出)・てき・た。」

すずき【鱸】《名詞》　背は灰青色、体は銀白色で、口が大きくうろこが小さく、近海や河口にすむ魚。「すずき・の・　こ(小)まい・の・が・　せいご・や。」

すすきにからまつ【薄に唐松】《名詞》　こよりの先に火薬を包み込んだ、小さな花火。「すすきにからまつ・を・　こ(買)ー・てき・て・　にわ(庭)・で・　はなび・を・　する。」◆はじける火の形をなぞらえた表現である。〔⇒**せんこうはなび【線香花火】**〕

すすける【煤ける】《動詞・カ行下一段活用》　①すすが付いて黒くなる。「すすけ・とる・　まど(窓)・を・　ふ(拭)い・て・　きれー(綺麗)に・　する。」②古くなって薄汚れた色になる。「ほん(本)・の・　ひょーし(表紙)・が・　すすけ・てっ・た。」

すずしい〔すずしー〕【涼しい】《形容詞・イイ型》　暑さを感じないほどの快い気温である。ひんやりとして、気持ちがいい。「かぜ(風)・が・　ふ(吹)い・て・　すずしー・なー。」

すすはらい【煤払い】《名詞、動詞する》　建物の内外などにたまった、煙から生じた黒い粉やほこりなどを除いてきれいにすること。「ねんまつ(年末)・に・　なっ・たら・　みんな(皆)・で・　すすはらいし・まほ。」

すすむ【進む】《動詞・マ行五段活用》　①前方や目的地などに向かって動く。「もー・　いっぽ(一歩)・　まえ(前)・へ・　すすみ・なさい。」②程度が上がる。上達する。「そろばん(算盤)・の・　きゅー(級)・が・　さんきゅー(三級)・へ・　すすん・だ。」③ものごとが進行する。ものごとがはかどる。「しごと(仕事)・は・　ちょっと(一寸)・ずつ・　すすん・どる・ねん。」④盛んになる。勢いがつく。積極的にそうしようとする。「い(行)け・と・　ゆ(言)わ・れ・ても・　きも(気持)ち・が・　すすま・へん。」⑤時計が、正しい時刻より早まる。「いちにち(一日)・に・　いっぷん(一分)・も・　すすむ・　とけー(時計)・は・　こま(困)る・なー。」■他動詞は「すすめる【進める】」

すずむ【涼む】《動詞・マ行五段活用》　風にあたるなどして、暑さを避ける。「しょーぎ(床几)・で・　すずん・で・　しょーぎ(将棋)・を・　する。」

すずむし【鈴虫】《名詞》　雄は鈴を振るような澄んだ声で鳴く、触角が長くて黒褐色をした小形の昆虫。「にわ(庭)・の・　ほー(方)・で・　すずむし・が・　かい(可愛)らしー・　こえ(声)・で・　な(鳴)い・とる。」

すずめ【雀】《名詞》　人家の近くに群れをなしてすむ、茶色に黒の斑点があり腹は白い小さな鳥。「むかし(昔)・は・　すずめ・を・　くーきじゅー(空気銃)・で・　う(撃)ち・よっ・た・なー。」〔⇒**ちゅんちゅん**〕

すすめる【進める】《動詞・マ行下一段活用》　①ものごとをはかどらせる。「しごと(仕事)・を・　どんどん・　すすめる。」「その・　はなし(話)・は・　さんせー(賛成)・でっ・さかい・　まえ(前)・へ・　すすめ・てください。」②時計の針を早める。「しゅーせんご(終戦後)・は・　いちじかん(一時間)・　すすめる・　さまーたいむ(サマータイム)・と・　ゆ(言)ー・の・が・　あっ・た。」■自動詞は「すすむ【進む】」

すすめる【勧める】《動詞・マ行下一段活用》　①良いと思われることを、人にもするようにと働きかける。「りょこー(旅行)・に・　いっしょ(一緒)に・　い(行)か・へん・か・と・　すすめ・られ・た。」②相手が食べたり使ったりするように促す。「おきゃく(客)さん・に・　ざぶとん(座布団)・を・　すすめる。」■名詞化＝**すすめ【勧め】**

すずり【硯】《名詞》　石や瓦などで作り、墨を水で練りおろすのに使う道具。「すずり・に・　みず(水)・を・　い

れ・て・　す(擦)る。」〔⇒**すずりいし【硯石】**〕

すずりいし【硯石】《名詞》 石や瓦などで作り、墨を水で練りおろすのに使う道具。「これ・は・　なかなか・　ねうちもん(値打物)・の・　すずりいし・や・なー。」〔⇒**すずり【硯】**〕

すずりばこ【硯箱】《名詞》 書道に使う、硯や墨や筆などを入れておく箱。「すずりばこ・を・　つくえ(机)・の・うえ(上)・に・　お(置)く。」

すする【啜る】《動詞・ラ行五段活用》 うどん・そば・粥・茶や、垂れてくる鼻水などを、息とともに、音をたてて、ずるずると吸い込む。「かぜ(風邪)・を・　ひー・て・はな(鼻)・を・　すすっ・とる。」「あつあつ(熱々)の・うどん(饂飩)・を・　すする。」「しる(汁)・を・　すすっ・て・　ぜんぶ(全部)・　の(飲)ん・でまう。」

すそ【裾】《名詞》 ①和服や洋服などの下のふち。「せなか(背中)・の・　すそ・が・　よご(汚)れ・とる・ぞ。」②順番に並べたときの最後のあたり。「がっこ(学校)・の・せーせき(成績)・は・　すそ・やっ・てん。」③髪の毛の襟首に近い部分。「すそ・は・　ばりかん(バリカン)・で・か(刈)る。」④兄弟姉妹のうち、いちばん後に生まれた子。「すそ・は・　まだ・　しょーがくせー(小学生)・や。」〔④⇒**すえっこ【末っ子】、おとんぼ、おとご、おとんご**〕

ずたずた《形容動詞や(ノ)》 簡単には復元できないほどに、細かく切れ切れになる様子。「かみ(紙)・を・　ずたずたに・　やぶ(破)っ・てまう。」「はさみ(鋏)・で・ずたずたに・　き(切)る。」「けさ(今朝)・は・　でんしゃ(電車)・の・　じかん(時間)・が・　ずたずたに・　なっ・とる。」「かんが(考)え・とっ・た・　よてー(予定)・が・ずたずたに・　なっ・た。」

すだれ【簾】《名詞》 日除けや目隠しなどにする目的に使う、細く裂いた竹や、葦の茎などを糸で編んだもの。「えんがー(縁側)・に・　すだれ・を・　か(掛)け・たら・　すず(涼)しー・　きぶん(気分)・に・　なっ・た。」〔⇒**す【簾】**〕

スタンド〔すたんど〕【英語＝stand】《名詞》 ①机の上などに置く、台の付いた電灯。「すたんど・で・　つくえ(机)・を・　て(照)らす。」②自転車などを止めるときに倒れないように支える、バネのついた台。ものを立てておく台。「じてんしゃ(自転車)・の・　すたんど・を・　たてる。」〔①⇒**でんきスタンド【電気＋英語＝stand】**〕

スタンプ〔すたんぷ〕【英語＝stamp】《名詞》 ①インクを付けて押すゴム印。ゴム印で押された印影。「はくぶつかん(博物館)・で・　きねん(記念)・の・　すたんぷ・を・　お(押)し・てもろ・た。」②使ったしるしとして、切手や葉書に押すもの。「すたんぷ・を・　お(押)しわすれ・た・　はがき(葉書)・が・　き(来)・た。」〔②⇒**けしいん【消印】**〕〔**巻末「わが郷土」の「スタンプ」の項を参照**〕

ずつ《副助詞》 ①関係あるすべての人やものに対して、同じ分量を割り当てるときに使う言葉。「この・　かみ(紙)・を・　ひとり(一人)・　にまい(二枚)・ずつ・　と(取)っ・てください。」②一定の量に限られた程度のことを、何度も繰り返すことを表す言葉。「きゅー(急)な・　さか(坂)・や・さかい・　ちょっと(一寸)・ずつ・のぼ(上)っ・ていっ・た。」

ずつう〔ずつー〕【頭痛】《名詞》 ①頭部に痛みを感じること。「ずつー・の・　くすり(薬)・を・　の(飲)む。」②困った事柄。心の痛み。「かいしゃ(会社)・で・の・　も(揉)めごと・が・　ずつー・や・ねん。」〔⇒**あたまいた【頭痛】**〕

すっからかん《形容動詞や(ノ)》 ①空っぽである様子。中に何もない様子。「ごみ(塵)・を・　す(捨)て・たら・　なや(納屋)・が・　すっからかんに・　なっ・た。」②持っていた金銭やものなどがなくなってしまう様子。無一物になってしまう様子。「けーば(競馬)・で・　ま(負)け・て・　すっからかんに・　なっ・ても・た。」〔②⇒**すってんてん**〕

すっかり《副詞》 ①さまざまなものを含んで。すべてに行きわたって。一つ残らずすべて。「あかし(明石)・の・　ことば(言葉)・を・　すっかり・　しら(調)べ・て・　じてん(辞典)・を・　つく(作)り・たい・ねん。」②完全にその状態になっていると感じられる様子を表す言葉。「もー・　すっかり・　はる(春)・に・　なり・まし・た・なー。」〔①⇒**こっきり、こっきら、こっきらこ、こっきらこい、なにもかも【何も彼も】、なんにもかも【何にも彼も】、なんもかも【何も彼も】、なんもかんも【(何も彼も)】**〕

すっきゃき【(鋤焼き)】《名詞》 肉・豆腐・葱などを入れて、肉の脂で焼き、たれで煮ながら食べる料理。「あき(秋)・の・　まつり(祭)・の・　ばん(晩)・は・　すっきゃき・を・　く(食)う・　こと・に・　し・とる・ねん。」〔⇒**すきやき【鋤焼き】**〕

すっきり《副詞と、動詞する》 ①不快感などがあとに残らず、すがすがしく気持ちがよい様子。不必要なものがなくなって、爽快に感じる様子。「い(要)ら・ん・　もん・を・　す(捨)て・ても・て・　へや(部屋)・の・　なか(中)・が・　すっきりし・た。」「あたまいた(頭痛)・が・　なお(治)っ・て・　すっきりと・　し・た。」②味などがしつこくなく、あっさりしている様子。「すっきりし・た・　あじ(味)・の・　さけ(酒)・が・　すきや。」③複雑に入り組んでいなくて、わかりやすい様子。「すっきりし・た・はなし(話)・やっ・た・んで・　よー・　わかっ・た。」〔①②⇒**さっぱり**〕

ずっきん【(頭巾)】《名詞》 布で袋の形に縫って、頭や顔をおおうもの。「ずっきん・を・　かぶ(被)っ・た・　どろぼー(泥棒)・が・　はい(入)っ・た・そーや。」「くらまてんぐ(鞍馬天狗)・は・　ずっきん・を・　かぶ(被)っ・とる・ねん。」〔⇒**ずきん【頭巾】**〕

ズック〔ずっく〕【オランダ語＝doek】《名詞》 ①木綿や麻などの糸で織った、厚い布。「あめ(雨)・の・　ひ(日)・は・　ずっく・の・　りっくさっく(リックサック)・が・ぬ(濡)れ・て・　ちめ(冷)たい。」②木綿や麻などの糸で作った、ゴム底の靴。「ずっく・を・　は(履)い・て・がっこー(学校)・へ・　い(行)く。」

すっこい《形容詞・オイ型》 自分の利益のために、正しくないことをする。狡猾で、横着である。「あと(後)・から・　き(来)・て・　まえ(前)・へ・　わ(割)りこむ・の・は・すっこい・ぞ。」〔⇒**すこい、ずるい【狡い】、ずるっこい【狡っこい】、いしこい、こすい、せこい**〕

すっこむ《動詞・マ行五段活用》 ①人や動物が、中に入って、外に出ない。「きのー(昨日)・は・　かぜ(風邪)・を・　ひー・て・　いえ(家)・に・　すっこん・どっ・た。」②主だったところや、表になるところから入り込んでいる。後ろへ下がって、表面に出ない。「ななじゅー(七十)・に・　なっ・て・から・は・　すっこん・で・　じちかい(自治会)・の・　やくいん(役員)・も・　や(辞)め・ても・てん。」「びっくりさし・たら・　かめ(亀)・の・　くび(首)・が・　すっこん・だ。」③中が低く落ち込む。周りよりも低く落ち込む。窪む。「すっこん・だ・　め(眼)ー・を・し・た・　おとこ(男)・が・　ある(歩)い・とる。」■他動

す

詞は「すっこめる」〔⇒**ひっこむ【**引っ込む**】、へっこむ【**(引っ込む)**】**〕

すっこめる《動詞・マ行下一段活用》 ①出していたものを、中に入れる。「あぶ(危)ない・さかい・ さお(竿)・の・ さき(先)・を・ すっこめ・なはれ。」「かに(蟹)・が・ はさみ(鋏)・を・ すっこめ・た。」②いったん言ったり出したりしていたものを、取り下げる。「まえ(前)・に・ ゆ(言)ー・た・ はなし(話)・を・ すっこめ・やがっ・た。」■自動詞は「すっこむ」〔⇒**ひっこめる【**引っ込める**】、へっこめる【**(引っ込める)**】**〕

ずっしり《副詞と》 手応えや、ものの重みを強く感じさせる様子。「この・ はこ(箱)・は・ ずっしりと・ おも(重)たい。」「こ(小)まい・ こと(事)・は・ き(気)・に・ せ・ん・よーな・ ずっしりし・た・ ひと(人)・や・さかい・ たよ(頼)り・に・ なる。」〔⇒**ずしん**〕

すってんてん《形容動詞や(ノ)》 持っていた金銭やものなどがなくなってしまう様子。無一物になってしまう様子。「みせ(店)・が・ つぶれ・て すってんてんに・ なっ・ても・てん。」〔⇒**すっからかん**〕

すっと〔**すーっと**〕《副詞、動詞する》 ①動きが滑らかに、すばやく行われる様子。「つばめ(燕)・が・ すーと・ と(飛)ん・でいく。」「て(手)ー・を・ すっと・ だ(出)し・て・ まんじゅー(饅頭)・を・ つか(掴)ん・だ。」②もやもやしていたものから解放されて、気持ちが良くなる様子。「へ(屁)ー・ こい・たら・ はら(腹)・の・ なか(中)・が・ すっとし・た。」③まっすぐに長く伸びる様子。「すぎ(杉)・の・ き(木)・の・ えだ(枝)・が・ すっと・ の(伸)び・とる。」

ずっと〔**ずーっと**〕《副詞》 ①ある状態が長い間にわたって続く様子。時間の隔たりが大きい様子。「これ・まで・ ずっと・ やきゅー(野球)・を・ しつづけ・てき・た。」「あんた・と・は・ ずっと・ むかし(昔)・に・ お(会)ー・た・よーな・ き(気)・が・ する。」②ある状態が広がっている様子。空間の隔たりが大きい様子。「む(向)こー・の・ ほー(方)・まで・ ずっと・ たんぼ(田圃)・が・ つづ(続)い・とる。」「えき(駅)・は・ まだまだ・ ずーっと・ む(向)こー・の・ ほー(方)・や。」③比較してみると、大きな差や違いがある様子。「こーゆー・ やりかた・の・ ほー(方)・が・ ずっと・ はよ(早)ーに・ できあ(出来上)がる・ぞ。」

ずっとこせ《形容動詞や(ノ)》 ある動作や状態などを、休みなく続ける様子。「ずっとこせに・ ある(歩)い・てき・た・さかい・ いっぺん(一遍)・ やす(休)も・ー・と・ おも(思)う。」「ずっとこせーに・ はし(走)っ・たら・ こける・ぞー。」

すっとんとん《形容動詞や(ノ)》 ①衣類などを何も身に付けていない様子。「あか(赤)ちゃん・が・ すっとんとん・で・ あそ(遊)ん・どる。」②財産などを失って、体の外には何も持っていない様子。「かいしゃ(会社)・が・ つぶ(潰)れ・て・ すっとんとんに・ なっ・ても・た。」③遮るものがなくて、遠くまで見渡せるほどである様子。「やどが(宿替)え・の・ にもつ(荷物)・を・ だ(出)し・たら・ いえ(家)・の・ なか(中)・が・ すっとんとんに・ なっ・た。」〔①②⇒**すっぱだか【**素っ裸**】、あかはだか【**赤裸**】、まるはだか【**丸裸**】**。①⇒**すっぽん、すっぽんぽん、すっぽんぽんのまるはだか【**すっぽんぽんの丸裸**】、すっとんとん**〕

ずつない【術無い**】**《形容詞・アイ型》 ①息苦しくて、気持ちが悪い。「せき(咳)・が・ で(出)・て・ のど(喉)・が・ ずつない。」②満腹で動きにくい。「もち(餅)・を・ く(食)いすぎ・て・ ちょっと・ ずつない・ねん。」③やりきれない気持ちである。「かね(金)・が・ の(無)ー・て・ ずつない。」

すっぱだか【素っ裸**】**《形容動詞や(ノ)、名詞》 ①衣類などを何も身に付けていない様子。また、そのような人。「こども(子供)・の・ ころ(頃)・は・ すっぱだかで・ かいすいよく(海水浴)し・た・ こと・が・ ある。」②財産などを失って、体の外には何も持っていない様子。また、そのような人。「すいがい(水害)・に・ お(遭)ー・て・ すっぱだかに・ なっ・ても・た。」〔⇒**あかはだか【**赤裸**】、まるはだか【**丸裸**】、すっとんとん**。①⇒**すっぽん、すっぽんぽん、すっぽんぽんのまるはだか【**すっぽんぽんの丸裸**】**〕

すっぽかす《動詞・サ行五段活用》 約束を守らないで、放置しておく。自分がすべき仕事などをしないでおく。「あの・ がき(餓鬼)・は・ すっぽかし・て・ やくそく(約束)・の・ じかん(時間)・に・ こ(来)・なんだ。」

すっぽこだに【すっぽこ谷**】**《名詞》 周りの土地よりも一段と低くなっている土地。「やま(山)・の・ む(向)こー・の・ すっぽこだに・に・ たんぼ(田圃)・が・ ある。」〔⇒**ひっこんだに【**引っ込ん谷**】**〕

すっぽり《副詞と》 ①すっかり覆い尽くされている様子。全体に覆いかぶさっている様子。「さむ(寒)い・さかい・ すっぽり・ ふとん(布団)・を・ かぶ(被)っ・て・ ね(寝)・た。」②何かの拍子に、抜けたり漏れ落ちたりする様子。「さけ(酒)・に・ よ(酔)ー・て・から・の・こと・は・ すっぽり・ なん(何)・も・ おぼ(憶)え・とら・へん・ねん。」

すっぽん【鼈**】**《名詞》 食用にもなる、川や沼地などにすみ、亀に似ているが甲羅が柔らかい動物。「すっぽん・は・ く(食)らいつい・たら・ はな(離)れ・へん・そーや。」

すっぽん《形容動詞や(ノ)》 衣類などを何も身に付けていない様子。「すっぽんで・ ある(歩)きまわっ・たら・ あか・ん・がな。」〔⇒**あかはだか【**赤裸**】、まるはだか【**丸裸**】、すっぱだか【**素っ裸**】、すっぽんぽん、すっぽんぽんのまるはだか【**すっぽんぽんの丸裸**】、すっとんとん**〕

すっぽんたび【鼈足袋**】**《名詞》 足にぴったりとくっつくようにできている、運動用の足袋。「まいとし(毎年)・ うんどーかい(運動会)・に・は・ すっぽんたび・を・ こ(買)ー・た。」

すっぽんぽん《形容動詞や(ノ)、名詞》 衣類などを何も身に付けていない様子。また、そのような人。「ふろ(風呂)・から・ あ(上)がっ・て・ すっぽんぽんの・ とき(時)・に・ でんわ(電話)・が・ か(掛)かっ・てき・た。」〔⇒**あかはだか【**赤裸**】、まるはだか【**丸裸**】、すっぱだか【**素っ裸**】、すっぽん、すっぽんぽんのまるはだか【**すっぽんぽんの丸裸**】、すっとんとん**〕

すっぽんぽんのまるはだか【すっぽんぽんの丸裸**】**《形容動詞や(ノ)、名詞》 衣類などを何も身に付けていない様子。また、そのような人。「なつ(夏)・は・ すっぽんぽんのまるはだかで・ ね(寝)・たい・なー。」〔⇒**あかはだか【**赤裸**】、まるはだか【**丸裸**】、すっぱだか【**素っ裸**】、すっぽん、すっぽんぽん、すっとんとん**〕

すてき【素敵**】**《形容動詞や(ナ)》 心を引きつけられて、素晴らしいと感じられる様子。魅力があって、非常に優れている様子。「すてきな・ きもの(着物)・を・ き(着)・とっ・て・や・なー。」◆やや共通語的な意識で使う。

すてご【捨て子**】**《名詞》 何らかの事情で、親に置き去り

す

にされた子。「びょーいん(病院)・に・　すてご・を・　する・　ひと(人)・が・　あっ・た・ん・やて。」

すててこ《名詞》　男性用の、ひざ下まである下着。短い股引。「なつ(夏)・は・　すててこ・で・　いえ(家)・の・　なか(中)・を・　ある(歩)い・とる。」

すてる【捨てる】《動詞・タ行下一段活用》　①要らないものとして、置いたり投げ出したりする。「どこ・に・でも・　ごみ(塵)・を・　すて・たら・　あか・ん・やろ。」②取り組んでいたことを途中で止めて放棄する。望みが持てなくて、努力することをやめる。「しあい(試合)・を・　すて・てまう・の・は・　もったい(勿体)ない・ぞー。」〔⇒**してる【(捨てる)】**、**ほかす【放下す】**。①⇒**ちゃいする**、**ぽいする**、**ほりなげる【放り投げる】**、**ほったらかす【放ったらかす】**、**ほっちらかす【放っ散らかす】**、**ほっとく【放っとく】**、**ぶつける**。②⇒**あきらめる【諦める】**〕

ステン〔すてん〕【英語＝ stainless の省略形】《名詞》　錆びないことを目的にした、鉄とニッケルとクロムの合金。「すてん・の・　ほちょ(包丁)・を・　つか(使)う。」〔⇒**ステンレス【英語＝ stainless】**〕

すてんと《副詞》　からだ全体が大きく動いて転ぶ様子。「さかみち(坂道)・で・　すてんと・　ひっくりかえっ・た。」

ステンレス〔すてんれす〕【英語＝ stainless】《名詞》　錆びないことを目的にした、鉄とニッケルとクロムの合金。「さんよーでんしゃ(山陽電車)・の・　すてんれす・の・　でんしゃ(電車)・に・　の(乗)る。」〔⇒**ステン【英語＝ stainless の省略形】**〕

スト〔すと〕【英語＝ strike の省略形】《名詞、動詞する》　働く人が、要求をかかげて、一斉に仕事を休むこと。抗議の意思をこめて、じっとして動かないこと。「このごろ・は・　でんしゃ(電車)・の・　すと・が・　な(無)い・ので・　ありがたい。」「おこ(怒)っ・たら・　こども(子供)・が・　すと・を・　お(起)こし・て・　めし(飯)・を・　く(食)い・よら・へん。」〔⇒**ストライキ【英語＝ strike】**〕

すど【簾戸】《名詞》　土間や座敷などにある、ガラスや紙などが張られていなくて縦の桟が密になっている格子戸。「すど・に・　し・たら・　かぜ(風)・が・　とー(通)っ・て・　すず(涼)しー・なー。」

ストーブ〔すとーぶ〕【英語＝ stove】《名詞》　電気、ガス、石油、薪、炭などを使って部屋を暖める道具。「むかし(昔)・は・　せきたん(石炭)・の・　すとーぶ・で・　けむり(煙)・が・　よー・　で(出)・た・もんや。」

木炭や石炭などを燃やすストーブ

すどおり〔すどーり〕【素通り】《名詞、動詞する》　立ち寄らないで、通り過ぎること。立ち止まらないで、通り過ぎること。「すどーりし・たろ・と・　おも(思)・とっ・てん・けど・　あんた・に・　み(見)つかっ・ても・た・なー。」

ストップ〔すとっぷ〕【英語＝ stop】《名詞、動詞する》　①動いているものが止まること。動いているものを止めること。「ふみきり(踏切)・で・　じこ(事故)・が・　あっ・て・　でんしゃ(電車)・が・　すとっぷし・た。」②交通信号などにおける止まれという合図、または言葉。「あか(赤)・は・　すとっぷ・や・ぞ。」

ストライキ〔すとらいき〕【英語＝ strike】《名詞、動詞する》　働く人が、要求をかかげて、一斉に仕事を休むこと。抗議の意思をこめて、じっとして動かないこと。「こーば(工場)・が・　すとらいき・で・　やす(休)ん・どる。」〔⇒**スト【英語＝ strike の省略形】**〕

ストライク〔すとらいく〕【英語＝ strike】《名詞》　野球で、投手の投げた玉が、本塁上の決められた範囲内を通ること。「なんぼ・　な(投)げ・ても・　すとらいく・が・　はい(入)ら・へん。」

すとんと《副詞》　①ものを下の方に落とす様子。ものが下の方に落ちる様子。「かか(抱)え・とっ・た・　もん(物)・を・　すとんと・　お(落)とし・た。」「なま(怠)け・とる・から・　せーせき(成績)・が・　すとんと・　お(落)ちる・ん・や。」②真っ直ぐなものが続く様子。「えき(駅)・まで・　すとんと・　ひろ(広)い・　みち(道)・が・　でけ(出来)・た。」

ずどんと《副詞》　相手にぶち当たったりして、打撃を与える様子。鉄砲などを撃つ様子。また、そのときに出る音。「ずどんと・　いっぱつ(一発)・　たいあ(体当)たりし・たれ。」「いのしし(猪)・を・　ずどんと・　う(撃)つ。」

すな【砂】《名詞》　海岸や川岸などにある、岩石が風化してできた、とても小さな粒。「はま(浜)・を・　ある(歩)い・て・　くつ(靴)・に・　すな・が・　はい(入)っ・た。」

すなお【素直】《形容動詞や(ナ)》　①性質が穏やかで、ひねくれていない様子。人に逆らうことがない様子。「すなおに・　ゆ(言)ー・　こと・を・　き(聞)ー・てくれる・の・は・　うれ(嬉)しー・なー。」②曲がったり歪んだりしていない様子。癖がなくて、伸び伸びしている様子。「すなおな・　ぶんしょー(文章)・や・さかい・　わかりやすい。」「ふし(節)・の・　な(無)い・　すなおな・　き(木)・や・さかい・　さいく(細工)・が・　しやすい。」

すなじ【砂地】《名詞》　①砂ばかりの土地。砂の多い土地。「すなじ・や・さかい・　あめ(雨)・が・　ふ(降)っ・ても・　じっき(直)に・　かわ(乾)く。」②海底が砂になっているところ。「すなじ・の・　とこ(所)・で・　かれー(鰈)・を・　つ(釣)る。」

すなどけい〔すなどけー〕【砂時計】《名詞》　真ん中がくびれたガラス容器に砂を入れて、落ちる砂の量によって大まかな時間を計る仕掛け。「ゆ(茹)でる・　じかん(時間)・を・　すなどけー・で・　ごふんかん(五分間)・はか(計)る。」

すなば【砂場】《名詞》　運動場や公園などの一画に囲いを作って、砂を入れた遊び場。「すなば・で・　とんねる(トンネル)・を・　こしらえ・て・　あそ(遊)ん・どる。」

すなはま【砂浜】《名詞》　砂が一面に広がっている海岸。「まわ(周)り・は・　みんな(皆)・　う(埋)めたて・を・し・ても・て・　この・　あた(辺)り・の・　すなはま・だけ・が・　のこ(残)っ・とる。」

すなぼこり【砂埃】《名詞》　細かい砂が、ほこりのように舞い上がったもの。「すなぼこり・が・　た(立)っ・て・め(目)・を・　あ(開)け・とら・れ・へん。」

ずにのる〔ずーにのる〕【図に乗る】《動詞・ラ行五段活用》　自分の思い描く計画や工夫にそって、調子に乗る。つけあがって、ふてぶてしく行動する。少しぐらいのことには動じない様子で行動する。「ずーにのっ・て・　まだ・　おー(大)けな・　こえ(声)・を・　だ(出)し・とる。」「ずーにのっ・て・　おー(大)けなっ・た・　かいしゃ(会社)・は・　あぶ(危)ない・ぞー」

すね【脛】《名詞》　足の、膝から足首までの間。特に、その前面。「やま(山)・に・　のぼ(登)り・よっ・て・　すね・を・　う(撲)っ・た。」〔⇒**すねぼん【脛ぼん】**、**すねぼし【脛ぼし】**〕

すね【拗ね】《名詞、形容動詞や(ノ)》　人に向かってわざと逆らったり不満を述べたりする性格の人。また、そのようにしている様子。「あいつ(彼奴)・は・　すねや・さかい・　きつい・　こと・を・　ゆ(言)ー・たら・　あかん・ぞ。」〔⇒**すねぼし【拗ねぼし】、すねぼん【拗ねぼん】、すねなすび【拗ね茄子】**〕

すねかじり【脛齧り】《名詞、動詞する》　親から生活費や学費などをもらって世話になっていること。また、そのような人。「うち(家)・に・は・　まだ・　すねかじり・が・　ふたり(二人)・も・　おり・ます・ねん。」

すねなすび【拗ね茄子】《名詞、形容動詞や(ノ)、動詞する》　人に向かってわざと逆らったり不満を述べたりする性格の人。また、そのようにしている様子。「この・こ(子)・は・　このごろ・　すねなすび・に・　なっ・とり・ます・ねん。」〔⇒**すね【拗ね】、すねぼし【拗ねぼし】、すねぼん【拗ねぼん】**〕

すねのさら【脛の皿】《名詞》　膝頭の部分の骨。「みち(道)・で・　こけ・て・　すねのさら・が・　いた(痛)い。」〔⇒**すねぼんのさら【脛ぼんの皿】**〕

すねぼし【脛ぼし】《名詞》　足の、膝から足首までの間。特に、その前面。「すねぼし・に・　こーやく(膏薬)・を・は(貼)る。」〔⇒**すね【脛】、すねぼん【脛ぼん】**〕

すねぼし【拗ねぼし】《名詞、形容動詞や(ノ)、動詞する》　人に向かってわざと逆らったり不満を述べたりする性格の人。また、そのようにしている様子。「すねぼし・ばっかり・　ゆ(言)ー・　としごろ(年頃)・や・さかい・　あつか(扱)いにくい・ねん。」〔⇒**すね【拗ね】、すねぼん【拗ねぼん】、すねなすび【拗ね茄子】**〕

すねぼん【脛ぼん】《名詞》　足の、膝から足首までの間。特に、その前面。「ひっくりかえっ・て・　すねぼん・に・けが(怪我)・を・　し・た。」◆「ぼん」は、「脛小僧」の「小僧」にあたる部分を「坊」と表現し、その発音が変化したものであろうか。〔⇒**すね【脛】、すねぼし【脛ぼし】**〕

すねぼん【拗ねぼん】《名詞、形容動詞や(ノ)、動詞する》　人に向かってわざと逆らったり不満を述べたりする性格の人。また、そのようにしている様子。「あいつ(彼奴)・は・　いっぺん(一遍)・　すねぼんし・たら・　なかなか・　きげん(機嫌)・が・　なお(直)ら・へん・なー。」〔⇒**すね【拗ね】、すねぼし【拗ねぼし】、すねなすび【拗ね茄子】**〕

すねぼんのさら【脛ぼんの皿】《名詞》　膝頭の部分の骨。「じてんしゃ(自転車)・で・　こけ・て・　すねぼんのさら・を・　う(撲)っ・た。」〔⇒**すねのさら【脛の皿】**〕

すねる【拗ねる】《動詞・ナ行下一段活用》　①自分の気に入らないことに、文句を言ったり、わざと逆らったりする。「みな(皆)・に・　はんたい(反対)さ・れ・て・　すね・とる。」②野菜の実などが、曲がって成長する。「えらい・　すね・た・　きゅーり(胡瓜)・や・なー。」■名詞化＝**すね【拗ね】**

すのこ【簀の子】《名詞》　細い板や竹を、隙間を開けて横に並べて、編んだり木に打ちつけたりしたもの。「ふろば(風呂場)・に・　すのこ・を・　ひ(敷)く。」〔⇒**す【簀】、すいた【簀板】**〕

すのこ【簾の子】《名詞》　寿司を巻いたりするときに使う、細く裂いた竹などを糸で編んだ小さなもの。「すのこ・を・　ちょっと(一寸)・　お(押)さえ・もって・　すし・を・　まい・ていく。」〔⇒**す【簾】**〕

すのもん【酢の物】《名詞》　魚や貝や野菜などを酢に浸して味付けした食べ物。「わかめ(若布)・の・　すのもん・が・　す(好)き・です・ねん。」

すばい【素灰、炭灰】《名詞》　炭を焼いたときにできる、粉のようになった炭。籾殻を焼いて灰にしたもの。「ひばち(火鉢)・に・　すばい・を・　い(入)れる。」

スパイ〔すぱい〕【英語＝spy】《名詞、動詞する》　相手の情報をひそかに調べること。相手側の内部に入って秘密を探ること。また、それをする人。「すぱい・の・　で(出)・てくる・　えーが(映画)・を・　み(見)・た。」

スパイク〔すぱいく〕【英語＝spike】《名詞》　滑らないように、底に金具を打った靴。また、その金具。「やきゅーぶ(野球部)・に・　はい(入)っ・たら・　すぱいく・を・こ(買)ー・たる・ぞ。」

すばこ【巣箱】《名詞》　鳥が巣として住めるように、木などにかけてやる箱。「すばこ・を・　こしら(拵)え・て・き(木)・に・　ぶらさげる。」

すばしこい《形容詞・オイ型》　①動作が目立って素早い。「あの・　せんしゅ(選手)・は・　すばしこー・に・　はし(走)りまわっ・とる。」②人のすきをうかがって行動し、抜け目がない。「すばしこい・さかい・　じっき(直)に・おら・ん・よーに・　なっ・てまう。」〔⇒**はしかい**〕

ずばずば《副詞と》　①遠慮なく言ったり、したりする様子。「あないに・　ずばずば・　い(言)わ・れ・たら・　い(言)いかえ(返)さ・れ・へん。」「ずばずばと・　しごと(仕事)・を・　かたづ(片付)ける。」②物事が次々と的中したりして、うまく展開する様子。「たからくじ(宝籤)・が・　ずばずば・　あ(当)たっ・たら・　え(良)ー・ねん・けど・なー。」

ずばっと《副詞》　ものごとの要点や核心を鋭く指摘する様子。周りの人に遠慮しないで、ものを言う様子。「もんだいてん(問題点)・を・　ずばっと・　ゆ(言)わ・れ・たら・　なるほど・なー・と・　おも(思)う。」

ずばぬける【ずば抜ける】《動詞・カ行下一段活用》　普通の程度よりもぐんと優れている。群を抜いて優秀である。「ずばぬけ・て・　せ(背)ー・の・　たか(高)い・　ひと(人)・が・　おる。」「ずばぬけ・た・　せーせき(成績)・を・　と(取)る。」

すばらしい〔すばらしー〕【素晴らしい】《形容詞・イイ型》　思わず感嘆するほど見事で、優れている。感心させられるほど立派である。「あんた・は・　すばらしー・こえ(声)・を・　し・とる・やないか。」

スピーカー〔すぴーかー〕【英語＝speaker】《名詞》　①電流によって声や音を大きくして、遠くまで聞こえるようにする器械。「むらじゅー(村中)・に・　き(聞)こえる・よーに・　こーかいどー(公会堂)・の・　やね(屋根)・に・すぴーかー・を・　お(置)い・とる。」②ラジオやテレビや蓄音機(プレイヤー)などで、電流を音に変える装置。「すぴーかー・を・　ふた(二)つ・　お(置)い・て・りったい(立体)・の・　こえ(声)・に・　する。」〔①⇒**かくせいき【拡声器】**〕

スピード〔すぴーど〕【英語＝speed】《名詞》　乗り物やものごとなどの進む度合い。速度。速力。また、その度合いが高いこと。「もっと・　おそ(遅)い・　すぴーど・で・　よ(読)ん・でほしー・ねん・けど。」〔⇒**はやさ【速さ】**〕

スプーン〔すぷーん、すぷん〕【英語＝spoon】《名詞》　液体や粉末の食べ物をすくい取るための、小皿のような頭部に柄をつけた小さな道具。「すぷーん・で・　おかい(粥)さん・を・　た(食)べる。」〔⇒**さじ【匙】、しゃじ【(匙)】**〕

ずぶずぶ《形容動詞や(ノ)》　ひどく濡れている様子。「あめ(雨)・に・　ふ(降)ら・れ・て・　ずぶずぶに・　なっ・た。」

ずぶとい【図太い】《形容詞・オイ型》 肝がすわっていて、少々のことには動じない様子。開き直った感じで、ふてぶてしい様子。「しーしー・と・　ゆ(言)ー・て・　お(追)いはろ・ても・　に(逃)げ・ていか・へん・　ずぶとい・ねこ(猫)・や。」〔⇒**ずうとい【**(図太い)**】**〕

ずぶぬれ【ずぶ濡れ】《形容動詞や(ノ)》 全体がひどく濡れている様子。すっかり濡れている様子。「きゅー(急)な・　ゆーだち(夕立)・で・　ずぶぬれに・　なっ・ても・た。」〔⇒**びしょぬれ【びしょ濡れ】、びしゃぬれ【びしゃ濡れ】、びちょぬれ【びちょ濡れ】、びちゃぬれ【びちゃ濡れ】**〕

スプリング〔すぷりんぐ〕【英語＝spring】《名詞》 鋼などを巻いたり曲げたりして、強い弾力性や跳ね返る力を持たせたもの。「いす(椅子)・の・　すぷりんぐ・が・　かた(固)い。」〔⇒**ばね【発条】**〕

すべ【術】《名詞》 何かを実現させるための手段や方法。また、それに役立つもの。「どない・　し・たら・　え(良)ー・の・か・　すべ・が・　わから・へん。」「しけん(試験)・に・　ごーかく(合格)する・　すべ・を・　お(教)せ・てほしー。」〔⇒**やりかた【遣り方】、しかた【仕方】**〕

すべ【(藁)**】**《名詞》 藁の穂の芯。「すべ・を・　たば(束)・に・　し・て・　ほーき(箒)・に・　する。」〔⇒**しべ【藁】**〕

すべりこむ【滑り込む】《動詞・マ行五段活用》 ①滑って中に入る。なめらかに中に入る。「でんしゃ(電車)・が・　えき(駅)・に・　すべりこん・でき・た。」「ひっと(ヒット)・を・　う(打)っ・て・　いちるい(一塁)・に・　すべりこむ。」②ぎりぎりで間に合う。やっとのことで間に合う。「なんとか・　ちこく(遅刻)せ・ん・よーに・　きょーしつ(教室)・に・　すべりこん・だ。」■名詞化＝**すべりこみ【滑り込み】**

すべりだい【滑り台】《名詞》 高いところから滑り降りるようにした、子ども用の遊具。「ゆーえんち(遊園地)・の・　すべりだい・で・　あそ(遊)ぶ。」

すべる【滑る】《動詞・ラ行五段活用》 ①ものの上を、接触しながら滑らかに進む。「いけ(池)・の・　こーり(氷)・の・　うえ(上)・を・　すべる。」②足元がつるつるして立っていられなくなり、倒れたり、倒れそうになったりする。「きゅー(急)な・　さかみち(坂道)・で・　すべっ・た。」③進級などができなくなる。落第する。試験などに不合格となる。「しけん(試験)・が・　むつか(難)しー・て・　だいがく(大学)・に・　すべっ・た。」④言うべきでないようなことまで、思わず言ってしまう。「くち(口)・が・　すべっ・て・　い(言)わ・んでも・　え(良)ー・　こと(事)・を・　ゆ(言)ー・ても・た。」■名詞化＝**すべり【滑り】**〔③⇒**おちる【落ちる】**〕

スポイト〔すぽいと、すぽいど〕【オランダ語＝spuit】《名詞》 先を細くしたガラス管などの端にゴムなどの袋を付けて、液体を吸い上げて他の容器などへ移すための器具。「すぽいと・で・　まんねんひつ(万年筆)・に・　いんき(インキ)・を・　い(入)れる。」

スポーク〔すぽーく〕【英語＝spoke】《名詞》 自転車などの車輪と車軸をつなぐ、細い鉄の棒。「さ(錆)び・た・　すぽーく・が・　お(折)れ・た。」

スポーツ〔すぽーつ〕【英語＝sports】《名詞、動詞する》 ①体力を増進したり健康を保ったりするために、体を動かすこと。「わか(若)い・　とき(時)・　なん(何)・ぞ・　すぽーつ・を・　やっ・とっ・た・ん・か。」②体を動かして腕前や勝負を競い合う、さまざまな種目。「すぽーつ・の・　せんしゅ(選手)・は・　よー・　も(儲)ーかる・ねん・やろ・なー。」〔①⇒**うんどう【運動】**〕

すぼける《動詞・カ行下一段活用》 ①結んでいたものが、もとに戻ったり、緩んだりする。「ふろしき(風呂敷)・が・　すぼけ・て・　なか(中)・が・　み(見)え・とる。」②くくっていた中身が、すり抜けて外れる。外れて落ちる。「じてんしゃ(自転車)・の・　うしろ(後)・に・　くく(括)っ・とっ・た・　にもつ(荷物)・が・　すぼけ・て・　どっか・で・　お(落)とし・てき・た。」③人の間から、すり抜けていく。すばしこい行動をする。「あいつ(彼奴)・は・　いつのまー・に・か・　すぼけ・て・　おら・ん・よーに・　なっ・た。」〔①⇒**ずるける**〕

すぼし【素干し】《名詞》 小さな鰯を日光で乾かしたもの。「すぼし・を・　こんろ(焜炉)・で・　や(焼)い・て・　く(食)う。」

すぼっこい《形容詞・オイ型》 ①人に対して愛想を示さない様子。すげない態度をとる様子。「すぼっこい・もの・の・　い(言)ーかた・を・　する・　ひと(人)・や・なー。」②じっとしていなくて、いつの間にかいなくなるような様子。すり抜けてしまう様子。「すぼっこい・さかい・　もー・　すがた(姿)・が・　み(見)え・ん・よーに・　なっ・た。」

すぽっと《副詞》 ①栓の口などが軽く抜ける様子。「いっしょーびん(一升瓶)・の・　せん(栓)・を・　すぽっと・　ぬ(抜)く。」②同じくらいの大きさのものが、別のものの中に円滑に収まる様子。「かばん(鞄)・の・　なか(中)・に・　にもつ(荷物)・が・　すぽっと・　はい(入)っ・た。」

ずぽっと《副詞》 手足などを、柔らかいものの中に入れる様子。また、そこから抜き出す様子。「じゅるい・　たんぼ(田圃)・に・　ずぽっと・　あし(足)・が・　はい(入)っ・ても・た。」「どろ(泥)・の・　なか(中)・から・　あし(足)・を・　ずぽっと・　ひ(引)きぬく。」

すぼぬける【すぼ抜ける】《動詞・カ行下一段活用》 くくっていたものがほどけて、落ちたり外れたりする。「かばん(鞄)・に・　ぶらさげ・とっ・た・　ふくろ(袋)・が・　すぼぬけ・て・　お(落)ち・ても・た。」「ま(巻)い・とっ・た・　ほーたい(包帯)・が・　すぼぬけ・た。」

すぼむ【(萎む)**】**《動詞・マ行五段活用》 ①開いていたり、ふくらんでいたりしたものが、小さくなって縮む。大きかったり生き生きしたりしていたものが、小さくなって縮む。ぺしゃんこになる。「くーき(空気)・が・　ぬ(抜)け・て・　ふーせん(風船)・が・　すぼん・でも・た。」②開いていた花が、水分を失って閉じたり小さくなったりする。「ひる(昼)・に・　なっ・たら・　あさがお(朝顔)・が・　すぼん・でまう。」③ものの一方が、他の部分よりも、狭く小さくなる。「すそ(裾)・が・　すぼん・だ・　すかーと(スカート)・を・　は(履)い・とる。」■他動詞は「**すぼめる【窄める】**」〔⇒**しぼむ【萎む】、しゅぼむ【**(萎む)**】**。①⇒**へこむ【凹む】、へっこむ【凹っ込む】**。②⇒**しおれる【萎れる】、ひしぼる【干しぼる】、へしぼる【**(干しぼる)**】**〕

すぼめる【窄める】《動詞・マ行下一段活用》 開いていたり、ふくらんでいたりしたものを狭く小さくする。「こぶ(小降)り・に・　なっ・た・さかい・　かさ(傘)・を・　すぼめる。」■自動詞は「**すぼむ【窄む】**」〔⇒**しぼめる【**(窄める)**】、しゅぼめる【**(窄める)**】**〕

ずぼら《形容動詞や(ナ)、動詞する》 生活態度や仕事の様子などがだらしなく、いいかげんな様子。なすべきことをしない様子。横着である様子。「て(手)・を・　ずぼん(ズボン)・に・　つ(突)っこん・だ・　ずぼらな・　かっこー(格好)・を・　す・な。」「ずぼらし・て・　いえ(家)・

の・　なか(中)・から・　で(出)・てき・やへん。」

すぽん《副詞と》 締まっていたものが、瞬間的に開く様子。「ちから(力)・を・　い(入)れ・たら・　すぽんと・　びん(瓶)・の・　せん(栓)・が・　ぬ(抜)け・た。」◆音を立てる場合にも使い、音を立てない場合にも使う。

ズボン〔ずぼん〕【フランス語＝jupon から】《名詞》 洋服で、二股になっていて、腰から下にはくもの。「こけ・て・　ずぼん・が・　やぶ(破)れ・た。」◆長さによって「ながズボン【長ズボン】」「はんズボン【半ズボン】」と言い分ける。

スポンジ〔すぽんじ〕【英語＝sponge】《名詞》 ①海底の岩についている海綿動物の繊維状の骨を乾燥させたもので、柔らかく水をよく吸うもの。「すぽんじ・で・　ゆび(指)・の・　さき(先)・を・　ぬ(濡)らし・て・　かみ(紙)・を・　かぞ(数)える。」②合成樹脂で、水をよく吸うようにした製品。「すぽんじ・で・　さら(皿)・を・　あら(洗)う。」〔①⇒**かいめん【海綿】**〕

すぽんすぽん《形容動詞や(ノ)》 中のものが、外側のものとぴったりしていないで、隙間がある様子。「はこ(箱)・の・　なか(中)・が・　すぽんすぽんで・　なかみ(中身)・が・　うご(動)い・てまう。」

すぽんと《副詞》 物がすっきりと中に入っている様子。「すきま(隙間)・に・　すぽんと・　はま(填)っ・た。」

すま【(隅)】《名詞》 角になったところの内側にあたるところ。ものや場所の真ん中からはずれたところ。「へや(部屋)・の・　すま・で・　ないしょばなし(内緒話)・を・　する。」〔⇒**すみ【隅】**、**すみっこ【隅っこ】**、**すまんだ【(隅んだ)】**、**すまんこ【(隅んこ)】**〕

スマート〔すまーと〕【英語＝smart】《形容動詞や(ナ)》 ①身なりや動作や言葉遣いなどが洗練されて、気がきいている様子。「みぶ(身振)り・や・　てぶ(手振)り・を・　し・て・　すまーとな・　はな(話)しかた・を・　する・　ひと(人)・や・なー。」②体つきがすらりとして、格好がよい様子。「にゅーいん(入院)し・て・　たいじゅー(体重)・が・　へ(減)っ・て・　すまーとに・　なっ・た。」

すまい【住まい】《名詞》 住んでいるところ。住所。「あんた・の・　すまい・は・　どちら・です・か。」

すまし【澄まし】《名詞》 野菜や魚などを入れて、味付けをした透き通った汁。「みそしる(味噌汁)・より・も・　すまし・が・　す(好)きや。」〔⇒**すましじる【澄まし汁】**、**すいもん【吸い物】**〕

すましじる【澄まし汁】《名詞》 野菜や魚などを入れて、味付けをした透き通った汁。「わかめ(若布)・の・　すましじる・は・　うま(美味)い・なー。」〔⇒**すまし【澄まし】**、**すいもん【吸い物】**〕

すます【澄ます】《動詞・サ行五段活用》 ①曇りや濁りなどをおさめて、透明な水や液体などにする。「みず(水)・を・　すまし・て・　うわ(上)かさ・を・　く(汲)む。」②真面目そうに振る舞ったり、気取ったりする。「きょー(今日)・は・　えらい・　すまし・て・　ある(歩)い・とる・やないか。」③気持ちを集中して行う。「みみ(耳)・を・　すまし・て・　き(聞)く。」■自動詞は「すむ【澄む】」■対語＝①「にごす【濁す】」「にごらす【濁らす】」■名詞化＝**すまし【澄まし】**

すます【済ます】《動詞・サ行五段活用》 ①ものごとをやり遂げる。予定通りに終わらせる。「なつやす(夏休)み・の・　しくだい(宿題)・を・　すまし・た。」②それで間に合わせる。不十分であっても、それでよいことにする。「ひるめし(昼飯)・は・　ある・　もん(物)・で・　すまし・とく。」■自動詞は「すむ【済む】」

すまる《名詞》 魚釣りなどに使う、小さな碇の形をしたもの。落ちたものを引っかけて上げるために、先端にかぎ形のものをつけた道具。「いど(井戸)・に・　お(落)とし・た・　もん・を・　すまる・で・　ひ(引)きあげる。」

すまん【済まん】《連体詞》 申し訳ない気持ちである。よくないと思っている。「おく(遅)れ・て・　すまん・　こと・を・　し・た。」

すまん【済まん】《感動詞》 相手に向かって、申し訳ない気持ちや謝りたい気持ちを表す言葉。「すまん。かんにん(堪忍)し・て。」

すまんこ【(隅んこ)】《名詞》 角になったところの内側にあたるところ。ものや場所の真ん中からはずれたところ。「すまんこ・に・　ごみ(塵)・が・　のこ(残)っ・とる。」〔⇒**すま【(隅)】**、**すみ【隅】**、**すみっこ【隅っこ】**、**すまんだ【(隅んだ)】**〕

すまんだ【(隅んだ)】《名詞》 ①角になったところの内側にあたるところ。ものや場所の真ん中からはずれたところ。「なや(納屋)・の・　すまんだ・に・　かく(隠)れ・とっ・てん。」②ものとものとの間の狭い空間。「つくえ(机)・と・　かべ(壁)・の・　すまんだ・に・　ちょーめん(帳面)・が・　お(落)ち・ても・た。」〔①⇒**すま【(隅)】**、**すみ【隅】**、**すみっこ【隅っこ】**、**すまんこ【(隅んこ)】**〕

すみ【炭】《名詞》 木を蒸し焼きにして、燃料として使うもの。木が焼けて、黒く残ったもの。「すみ・を・　い(入)れ・た・　たわら(俵)・を・　かつ(担)ぐ。」「やま(山)・で・　すみ・を・　や(焼)く。」

すみ【墨】《名詞》 ①書画を書くときに擦って液を作るために、良質の煤をにかわで固めて、長方形に仕上げたもの。「すみ・を・　す(擦)っ・て・　てがみ(手紙)・を・　か(書)く。」②蛸や烏賊が危急のときなどに吐き出す黒い汁。「たこ(蛸)・に・　すみ・を・　か(掛)け・られ・た。」〔②⇒**くろべ【黒べ】**〕

すみ【隅】《名詞》 ①ものの突き出ているところ。「すみ・が・　とが(尖)っ・とる・さかい・　き(気)ーつけ・なはれ。」②角になったところの内側にあたるところ。ものや場所の真ん中からはずれたところ。「へや(部屋)・の・　すみ・に・　ごみ(塵)・が・　た(溜)まっ・とる。」〔①⇒**かど【角】**。②⇒**すま【(隅)】**、**すみっこ【隅っこ】**、**すまんだ【(隅んだ)】**、**すまんこ【(隅んこ)】**〕

すみきる【澄み切る】《動詞・ラ行五段活用》 少しの曇りや濁りもなく透き通って、美しく感じられる。「あき(秋)・に・　なっ・て・　そら(空)・が・　すみきっ・てき・た。」「すみきっ・た・　かわ(川)・の・　みず(水)・を・　すく(掬)う。」

すみごこち【住み心地】《名詞》 その住宅などで暮らす気分。「すみごこち・の・　よ(良)さそーな・　いえ(家)・や。」

すみこみ【住み込み】《名詞》 雇われて、勤務先の店や会社などで寝起きして働くこと。また、そのようにしている人。「すみこみ・で・　りょー(寮)・の・　かんりにん(管理人)・を・　し・てます・ねん。」

すみずみ【隅々】《名詞》 ものや場所の真ん中からはずれた、あちらこちら。どこもかしこも全部の方角。「すみずみ・まで・　きれー(綺麗)に・　そーじ(掃除)し・とい・て・な。」「かいしゃ(会社)・の・　こと(事)・を・　すみずみ・まで・　し(知)っ・とる。」

すみっこ【隅っこ】《名詞》 角になったところの内側にあたるところ。ものや場所の真ん中からはずれたところ。「かばん(鞄)・を・　へや(部屋)・の・　すみっこ・に・　お(置)く。」「きょーしつ(教室)・の・　すみっこ・に・

すわ(座)る。」〔⇒**すま**【(隅)】、**すみ**【隅】、**すまんだ**【(隅んだ)】、**すまんこ**【(隅んこ)】〕

すみび【炭火】《名詞》 木炭でおこした火。「すみび・で・や(焼)い・た・ さかな(魚)・は・ うま(美味)い。」

すみません【済みません】《感動詞》 ①謝るときに言う言葉。「すみません。おそ(遅)く・ なっ・てしまい・ました。」②ものを頼むときに言う言葉。「すみません・が・ いっしょ(一緒)に・ い(行)っ・てもらえ・ませ・んか。」③感謝するときに言う言葉。「い(良)い・ もの・を・ いただい・て・ ほんま(本真)に・ すみません。」〔⇒**すんません**【済んません】、**すみまへん**【済みまへん】、**すんまへん**【済んまへん】〕

すみまへん【済みまへん】《感動詞》 ①謝るときに言う言葉。「すみまへん。か(借)っ・とっ・た・ どーぐ(道具)・が・ めげ・てしまい・ました。」「おく(遅)れ・て・ どーも・ すみまへん。」②ものを頼むときに言う言葉。「すみまへん・が・ はしご(梯子)・を・ か(貸)し・てくれ・へん・やろ・か。」③感謝するときに言う言葉。「ま(待)っ・てもろ・て・ えらい・ すみまへん。」〔⇒**すみません**【済みません】、**すんません**【済んません】、**すんまへん**【済んまへん】〕

すみやき【炭焼き】《名詞、動詞する》 木を焼いて木炭を作ること。また、それを仕事にしている人「まっくろ(黒)に・ なっ・て・ すみやきし・とる・ ひと(人)・が・ おる。」

すみれ【菫】《名詞》 春に濃い紫や白の小さな花を咲かせる、野山や道端などに生える草。「かい(可愛)らしー・ すみれ・が・ さ(咲)い・とる。」

すむ【住む、棲む】《動詞・マ行五段活用》 ①人が居るところを決めて生活する。そこに居ついて暮らす。「たいしょく(退職)し・て・から・ いなか(田舎)・に・ すん・でます。」②巣を作るなどして、動物がそこにいる。「いけ(池)・に・ おー(大)きな・ かめ(亀)・が・ すん・どる。」

すむ【澄む】《動詞・マ行五段活用》 ①曇りや濁りがなくなく、混じりがなくなる。気体や液体などが、汚れていなくて透き通っている。「あき(秋)・に・ なっ・て・ そら(空)・が・ すん・でき・た。」「すん・だ・ みず(水)・が・ わ(湧)きだし・とる。」②音や声が響き通る。「とり(鳥)・が・ すん・だ・ こえ(声)・で・ な(鳴)い・とる。」■他動詞は「すます【澄ます】」■対語＝「にごる【濁る】」■名詞化＝**すみ**【澄み】

すむ【済む】《動詞・マ行五段活用》 ①続いていたものが途切れたりなくなったりする。ものごとが終了する。「きょー(今日)・の・ しごと(仕事)・が・ すん・だ。」②期待していたことや心配していたことなどが起こらないで、経過する。懸案などが解決する。「こま(困)っ・とっ・た・ん・や・けど・ かね(金)・を・ はろ(払)・て・ なん(何)とか・ すん・だ。」③気持ちが落ち着く。「あんた・の・ き(気)・の・ すむ・よーに・ し・たら・ え(良)ー・ねん。」④何かをするのに、それだけで間に合う。「でんしゃちん(電車賃)・は・ ごひゃくえん(五百円)・で・ すん・だ。」■他動詞は「すます【済ます】」〔①②⇒**おわる**【終わる】。④⇒**たる**【足る】〕

ずめん【図面】《名詞》 建物、機械などの構造や設計などを図であらわしたもの。「いえ(家)・の・ ずめん・を・ み(見)・て・ そーだん(相談)する。」

すもう〔**すもー**〕【相撲】《名詞、動詞する》 土俵の上でまわしをつけて取り組み、相手を倒すか、外に出すかによって勝負を決める運動競技。「すもー・を・ てれび(テレビ)・で・ み(見)る・の・が・ す(好)きや。」〔⇒**すもん**【(相撲)】〕

すもうとり〔**すもーとり**〕【相撲取り】《名詞》 土俵の上でまわしをつけて取り組み、相手を倒すか、外に出すかによって勝負を決める運動競技をする人。力士。「まち(町)・で・ すもーとり・に・ でお(出会)ー・た。」〔⇒**すもんとり**【(相撲取り)】〕

すもん【(相撲)】《名詞、動詞する》 土俵の上でまわしをつけて取り組み、相手を倒すか、外に出すかによって勝負を決める運動競技。「こども(子供)・が・ する・ すもん・も・ おも(面白)ろい・なー。」〔⇒**すもう**【相撲】〕

すもんとり【(相撲取り)】《名詞》 土俵の上でまわしをつけて取り組み、相手を倒すか、外に出すかによって勝負を決める運動競技をする人。力士。「まるで・ すもんとり・みたいな・ おー(大)きな・ たいかく(体格)・を・ し・とる・ん・や・なー。」〔⇒**すもうとり**【相撲取り】〕

すやき【素焼き】《名詞、動詞する》 ①粘土で作った器を、薬をかけずに低温で焼くこと。また、そのようにして作った陶器。「すやき・の・ さら(皿)・に・ え(絵)・を・ か(描)く。」②肉や魚などを、何も付けないでそのまま焼くこと。「すやきし・て・から・ しょーゆ(醤油)・を・ つ(付)け・て・ た(食)べる。」

すやすや《副詞と》 静かに気持ちよさそうに眠っている様子。「すやすや・ ねむ(眠)っ・とる・ん・や・さかい・ お(起)こさ・んとき。」

ずらす《動詞・サ行五段活用》 ①ある場所から、持ち上げないで滑らせるようにして動かす。「つくえ(机)・の・ お(置)きばしょ・を・ みぎ(右)・の・ ほー(方)・へ・ ずらす。」②予定していた日取りや時間や時刻などを、他のものと重ならないように、少し前後に変更する。「あめ(雨)・で・ うんどーかい(運動会)・を・ いちにち(一日)・ ずらす。」

すらすら《副詞と》 ①つかえたりよどんだりすることなく、滑らかに進む様子。「すらすらと・ ほん(本)・を・ よ(読)む。」「まちが(間違)え・ず・に・ すらすらと・ せつめー(説明)する。」②隠し立てをしない様子。「たん(尋)ね・られ・て・ すらすらと・ はくじょー(白状)する。」〔①⇒**すらっと**〕

すらっと《副詞》 ①ほっそりとして形が良い様子。「すらっと・ せ(背)・の・ たか(高)い・ ひと(人)・が・ す(好)きや・ねん。」②つかえたりよどんだりすることなく、滑らかに進む様子。「すらっと・ よ(読)める・ ほん(本)・が・ ほ(欲)しー・なー。」〔②⇒**すらすら**〕

ずらっと《副詞》 人やものなどが、たくさん並んでいる様子。「じちかい(自治会)・の・ やくいん(役員)・が・ ずらっと・ まえ(前)・に・ なろ(並)ぶ。」

すり【掏摸】《名詞》 人混みの中などで、人にさわったはずみなどを利用して、金などをこっそり盗むこと。また、それをする人。「さいふ(財布)・を・ すり・に・ やら・れ・ても・た。」

すりガラス〔**すりがらす**〕【擦り ＋ オランダ語＝glas】《名詞》 表面を硬い砂などでこすって、透き通らないようにしたガラス。「まど(窓)・の・ すりがらす・が・ あめ(雨)・に・ ぬ(濡)れ・とる。」

すりきず【擦り傷】《名詞》 ものに当たったりこすったりして、擦り剥いてできた傷。「すりきず・や・さかい・ じき(直)に・ なお(治)る・やろ。」〔⇒**かすりきず**【掠り傷】〕

すりきれる【擦り切れる】《動詞・ラ行下一段活用》 物と物

とが何度もこすれ合って、切れる。物と物とがこすれ合って、減ったり薄くなったりする。「ふく(服)・の・そでぐち(袖口)・が・　すりきれ・てき・た。」

すりこぎ【擂り粉木】《名詞》　食べ物などをすり鉢ですりつぶすために使う先の丸い棒。「む(蒸)し・た・　いも(芋)・を・　すりこぎ・で・　す(擦)りつぶす。」〔⇒**れんげ【(連木)】**〕

スリッパ〔すりっぱ〕【英語＝slipper】《名詞》　主として室内などで、つっかけてはく履き物。「ろーか(廊下)・を・　すりっぱ・で・　ある(歩)く。」

すりつぶす【擦り潰す】《動詞・サ行五段活用》　すって、細かく砕いて、原形がないようにする。「あずき(小豆)・を・　すりつぶし・て・　あん(餡)・に・　する。」

すりばち【擂り鉢】《名詞》　すりこぎを使って食べ物をすりつぶすために使う、内側に刻み目の入った鉢。「すりばち・で・　ごま(胡麻)・を・　す(擦)る。」

すりへらす【磨り減らす】《動詞・サ行五段活用》　こすって薄くしたり小さくしたりする。「よ(良)ー・　ある(歩)い・て・　くつ(靴)・の・　そこ(底)・を・　すりへらし・た。」■自動詞は「**すりへる【磨り減る】**」

すりへる【磨り減る】《動詞・ラ行五段活用》　こすられて薄くなったり小さくなったりする。「じてんしゃ(自転車)・の・　たいや(タイヤ)・が・　すりへっ・てき・とる。」■他動詞は「**すりへらす【磨り減らす】**」

すりむく【擦り剥く】《動詞・カ行五段活用》　物にこすれて皮膚がはがれる。「こけ・て・　でぼちん(＝額)・を・　すりむい・た。」

する《動詞・サ行変格活用》　①動作や行動を行う。「はるやす(春休)み・に・　りょこー(旅行)・を・　する。」「すなはま(砂浜)・で・　たからさが(宝探)し・を・　する。」②あるものに作り上げる。「えび(海老)・を・　てんぷら(天麩羅)・に・　する。」③身につける。「むね(胸)・に・　ねくたい(ネクタイ)・を・　する。」④ある状態が起こる。感じがある。「かぜ(風邪)・を・　ひー・て・　は(吐)きけ・が・　する。」「あつ(暑)ー・て・　あつ(暑)ー・て・　ぐったりと・　し・とる。」⑤何かの用途に使う。「この・　ふくろ(袋)・を・　ごみい(塵入)れ・に・　し・まほ。」⑥時が経過する。「ひとつき(一月)・　し・たら・　できあ(出来上)がる。」⑦動作をする人の意思を表す。決める。決断する。「あんた・と・　いっしょ(一緒)に・　い(行)く・　こと・に・　する。」⑧費用・時間・労力などが必要である。「びょーいん(病院)・まで・　たくしー(タクシー)・で・　にせんえん(二千円)・　する。」〔⑧⇒**かかる【掛かる、懸かる】**〕

する【擦る】《動詞・ラ行五段活用》　押しつけたまま前後・左右などに続けて動かす。あるものと他のものとを強く押し当てて動かす。手などをもみ合うようにする。「まっち(マッチ)・を・　すっ・て・　ろーそく(蝋燭)・を・　とぼ(灯)す。」「すずり(硯)・で・　すみ(墨)・を・　する。」「すりばち(擂鉢)・で・　みそ(味噌)・を・　する。」■自動詞は「**すれる【擦れる】**」〔⇒**こする【擦る】**〕

する【刷る】《動詞・ラ行五段活用》　字や絵を、墨やインクで、紙に写し出す。印刷する。版木などから写し取る。「とーしゃばん(謄写版)・で・　おし(知)らせ・を・　する。」「ねんがしょー(年賀状)・を・　いんさつや(印刷屋)・に・　すっ・てもらう。」

する【掏る】《動詞・ラ行五段活用》 人混みの中などで、人の金品などを気づかれないように盗む。「さいふ(財布)・を・　すら・れ・て・　むちゃくちゃ(無茶苦茶)・　はら(腹)がたっ・とる・ねん。」

ずる《動詞・ラ行五段活用》　①揃っていたものが前後・左右などに動いて、ぴったりと合わない状態になる。「うえ(上)・の・　いた(板)・が・　みぎ(右)・へ・　ずっ・とる。」②土砂などが全体的に、下の方へゆっくり滑り動く。「じしん(地震)・で・　ゆ(揺)れ・て・　やね(屋根)・の・　かーら(瓦)・が・　ずっ・ても・た。」「おーあめ(大雨)・が・　つづ(続)い・て・　やま(山)・の・　つち(土)・が・　ずっ・てき・た。」

ずるい【狡い】《形容詞・ウイ型》　自分の利益のために、正しくないことをする。狡猾で、横着である。「ずるい・　かんが(考)え・を・　せ・ん・よーに・な。」〔⇒**すこい、ずるっこい【狡っこい】、すっこい、いしこい、こすい、せこい**〕

ずるがしこい【狡賢い】《形容詞・オイ型》　自分の利益のために、正しくないことをしようとして、悪知恵が働く。「ひと(人)・を・　だま(騙)す・よーな・　ずるがしこい・　やりかた・を・　し・やがっ・た。」

ずるける《動詞・カ行下一段活用》　①結んでいたものが、もとに戻ったり、緩んだりする。「なわ(縄)・の・　むす(結)びめ・が・　ずるけ・た。」「ずるけ・ん・よーに・　しっかり・　くく(括)っ・とけ。」②化膿したり、腐ったりして、表面に水分が多くなる。「やけど(火傷)し・た・　ところ・が・　ずるけ・てき・た。」③すべき仕事や勉強をしないで、ほうっておく。それをする時間の余裕があるのに、しないで無駄に過ごす。ずる休みをする。「しごと(仕事)・を・　ずるけ・て・　たばこ(煙草)・ばっかり・　す(吸)ー・とる。」〔①⇒**すぼける**。③⇒**サボる【フランス語＝sabotageの動詞化】、どぶせる【ど臥せる】、なまける【怠ける】、なまくら(する)、なまくらぼうず【なまくら坊主】(する)**〕

するする《副詞と》　滑らかに、素早く動く様子。ものごとが滑らかに進んでいく様子。「するすると・　き(木)・に・　のぼ(登)っ・ていく。」「するすると・　ひと(人)・より・　まえ(前)・に・　で(出)・てき・た。」

ずるずる《形容動詞や(ノ)》　①水分が多すぎて漏れ出たり、鼻水を垂れ流したりしている様子。「かぜ(風邪)・を・　ひー・て・　はな(鼻)・が・　ずるずるや。」②音を立てて汁などを吸い込む様子。「ずるずると・　おと(音)・を・　た(立)て・んと・　の(飲)み・なはれ。」③腐敗が進んでいる様子。「すいか(西瓜)・が・　くさ(腐)っ・て・　ずるずるに・　なっ・とる。」

ずるずるべったり《形容動詞や(ノ)》　けじめや区切りがなく、なしくずしのようにして、そのままの状態が続く様子。「ずるずるべったりの・　ふけーき(不景気)・で・　しとっ(一)つも・　え(良)ー・　こと・が・　お(起)こら・へん。」

ずるっこい【狡っこい】《形容詞・オイ型》　自分の利益のために、正しくないことをする。狡猾で、横着である。「じゃんけん・で・　あとだ(後出)しする・の・は・　ずるっこい・ぞ。」〔⇒**すこい、ずるい【狡い】、すっこい、いしこい、こすい、せこい**〕

ずるむけ《名詞、形容動詞や(ノ)》　化膿したり、腐ったりしていた箇所が、めくれあがっている状態。「やけど(火傷)・の・　あと(跡)・が・　ずるむけに・　なっ・た。」「うり(瓜)が・　くさ(腐)っ・て・　かわ(皮)・が・　ずるむけに・　なっ・とる。」

ずるむける【ずる剥ける】《動詞・カ行下一段活用》　皮膚などの化膿したり腐ったりしていた箇所が、めくれあがる。「て(手)・の・　かわ(皮)・が・　ずるむけ・た。」■名詞化＝**ずるむけ【ずる剥け】**

す

ずれ《名詞》 ものごとや意見などが互いに一致しないこと。組み合わせの部分が、ぴったりと合うことがないこと。「ふたり(二人)・の・ かんが(考)えかた・に・は・ ずれ・が・ ある。」「じしん(地震)・で・ ごっつー・ ゆ(揺)さぶら・れ・て・ たか(高)さ・に・ ずれ・が・ でけ(出来)・ても・た。」〔⇒**くいちがい【食い違い】**〕

すれすれ【擦れ擦れ】《形容動詞や(ノ)》 ①もう少しでくっつきそうであるほど近くなっている様子。「からす(鴉)・が・ じめん(地面)・ すれすれに・ お(下)り・てくる。」②かろうじてそのようである様子。「しけん(試験)・は・ すれすれで・ ごーかく(合格)し・た。」〔①⇒**ぎりぎり**〕

すれちがう【擦れ違う】《動詞・ワア行五段活用》 ①触れ合いそうなほど近い位置を通って、それぞれ反対方向へ通り過ぎる。「のぼ(上)り・と・ くだ(下)り・の・ でんしゃ(電車)・が・ すれちがう。」②気づかないで、行き違いになる。「どこか・で・ すれちご・て・ あ(会)え・なんだ。」■名詞化＝**すれちがい【擦れ違い】**

すれる【擦れる】《動詞・ラ行下一段活用》 ①押しつけられたまま前後・左右などに続けて動く。あるものと他のものとが強く押し当てられたまま動く。「かぜ(風)・が・ ふ(吹)い・て・ き(木)ー・の・ えだ(枝)・が・ まど(窓)・に・ すれ・た。」②触れ合って、切れたり減ったりする。「ずぼん(ズボン)・の・ すそ(裾)・が・ すれ・ても・た。」■他動詞は「する【擦る】」〔⇒**こすれる【擦れる】**〕

ずれる《動詞・ラ行下一段活用》 ①あるべき場所から上下や左右などに外れる。「じしん(地震)・で・ せんろ(線路)・が・ ずれ・て・ でんしゃ(電車)・が・ だっせん(脱線)し・た。」②ものごとや意見などが互いに一致しない。組み合わせの部分が、ぴったりと合うことがない。「ふたり(二人)・の・ かんが(考)えかた・は・ だいぶ・ ずれ・とる。」■名詞化＝**ずれ**。〔②⇒**くいちがう【食い違う】**〕

すわりごこち【座り心地】《名詞》 椅子などに座ったときの感じ。「これ・は・ すわりごこち・の・ え(良)ー・ いす(椅子)・や。」

すわりこむ【座り込む】《動詞・マ行五段活用》 ある場所に座って、動かない。「みち(道)・の・ まんなか・に・ すわりこん・だら・ あか・ん・ぞ。」

すわりじゅん【座り順】《名詞》 あらかじめ決められた、座る位置や順序。「すわりじゅん・は・ うしろ(後)・の・ ほー(方)・やっ・た。」〔⇒**せきじゅん【席順】**〕

すわる【座る】《動詞・ラ行五段活用》 ①膝を折り曲げて、尻をつける。「ざぶとん(座布団)・に・ すわる。」「たたみ(畳)・に・ すわっ・て・ はなし(話)・を・ き(聞)く。」②膝を曲げて、椅子・台・段などにかける。「えーがかん(映画館)・の・ ざせき(座席)・に・ すわる。」③しっかりと位置を占める。「かみざ(上座)・に・ すわっ・たら・ いごこち(居心地)・が・ よ(良)ー・なかっ・た。」◆①を「すわる【座る】」と言い、②を「こしかける【腰掛ける】」と言って、区別することがある。■名詞化＝**すわり【座り】**〔②⇒**こしかける【腰掛ける】**〕

すわる【据わる】《動詞・ラ行五段活用》 ①ものが安定していて、じっとして動かない。「め(目)ー・が・ すわっ・とる・さかい・ ちょっと(一寸)・ おと(恐)ろしー・ かん(感)じ・が・ し・た。」「あか(赤)ちゃん・の・ くび(首)・が・ すわる。」②ものが、あるべき場所にしっかりと置かれる。位置を決めて置かれる。「あたら(新)しー・ こーば(工場)・の・ なか(中)・に・ きかい(機械)・が・ すわっ・た。」■他動詞は「すえる【据える】」■名詞化＝**すわり【据わり】**

すん【寸】《名詞》 ①尺貫法で長さを表す単位であり、1寸は約3.03センチで、10寸で1尺となる長さ。「ご(五)すん・の・ くぎ(釘)・を・ う(打)つ。」②ものの長さの度合い。「この・ たけ(竹)・を・ ものほ(物干)し・に・ する・に・は・ すん・が・ た(足)ら・へん。」〔②⇒**すんぽう【寸法】**〕

ずんぐり《副詞と、動詞する》 背が低くて、肉付きが豊かな様子。「ずんぐりし・た・ おっ(小父)さん・が・ やっ・てき・た。」

ずんた《形容動詞や(ノ)、動詞する、名詞》 ①怠けている様子。横着である様子。「ずんたし・て・ しごと(仕事)・を・ せ・ん・ やつ(奴)・が・ おっ・たら・ こま(困)る・がな。」「ずんた・ い(言)わ・んと・ ちゃんと・ しごと(仕事)・を・ せ・んかい。」②怠けたり、横着をしている人。「ずんた・に・ しごと(仕事)・を・ まか(任)し・たら・ うまいこと・ いか・へん・ぞ。」

すんなり《副詞と、動詞する》 大きな抵抗もなく、ものごとが曲折なく順調に進行して、期待通りの結末に達する様子。「だいぶ(大分)・ もめ・とっ・た・けど・ さいご(最後)・は・ かいぎ(会議)・で・ すんなり・ き(決)まっ・た。」

ずんべら《形容動詞や(ノ)、動詞する》 一面に平らで、凹凸がない様子。つるつるで変化に乏しい様子。「おまえ(前)・の・ あし(足)・の・ うら(裏)・は・ ずんべらや・なー。」〔⇒**ずんべり、ずんべらぼう、ずんべらぼん、のっぺら、のっぺり、のっぺらぼう、のっぺらぼん、ぼんべらぼう、ぼんべらぼん**〕

ずんべらぼう〔ずんべらぼー〕《形容動詞や(ノ)》 一面に平らで、凹凸がない様子。つるつるで変化に乏しい様子。「えだ(枝)・を・ はら(払)いすぎ・て・ ずんべらぼーの・ き(木)・に・ なっ・ても・た。」「ずんべらぼーの・ かお(顔)・を・ し・た・ おば(化)け・は・ こわ(恐)い・なー。」〔⇒**ずんべら、ずんべり、ずんべらぼん、のっぺら、のっぺり、のっぺらぼう、のっぺらぼん、ぼんべらぼう、ぼんべらぼん**〕

ずんべらぼん《形容動詞や(ノ)》 一面に平らで、凹凸がない様子。つるつるで変化に乏しい様子。「かんばん(看板)・の・ いた(板)・は・ ずんべらぼんで・ なん(何)・の・ かざ(飾)り・も・ つ(付)い・とら・へん。」〔⇒**ずんべら、ずんべり、ずんべらぼう、のっぺら、のっぺり、のっぺらぼう、のっぺらぼん、ぼんべらぼう、ぼんべらぼん**〕

ずんべり《形容動詞や(ノ)、動詞する》 一面に平らで、凹凸がない様子。つるつるで変化に乏しい様子。「おば(化)け・の・ かお(顔)・は・ ずんべりし・とる。」〔⇒**ずんべら、ずんべらぼう、ずんべらぼん、のっぺら、のっぺり、のっぺらぼう、のっぺらぼん、ぼんべらぼう、ぼんべらぼん**〕

すんぽう〔すんぽー〕【寸法】《名詞》 ①ものの長さの度合い。「つくえ(机)・の・ たて(縦)・と・ よこ(横)・の・ すんぽー・を・ はか(測)る。」②前もって決めておく手はず。予定や計画。「これ・から・ どない・する・ すんぽー・や。」〔①⇒**すん【寸】**〕

すんません【済んません】《感動詞》 ①謝るときに言う言葉。「すんません。しめきり(締切)・に・ おく(遅)れ・てしまい・まし・た。」②ものを頼むときに言う言葉。「すんません・が・ ちょっと・だけ・ ね(値)ー・を・ ま(負)け・てもらえ・まへ・ん・やろ・か。」③感謝するときに言う言葉。「きのー(昨日)・は・　むすこ(息子)・が・　えらい・　おせわ(世話)・に・なっ・て・　すんません。」〔⇒**すみません【済みません】、すみまへん【済みまへん】、すんまへん【済んまへん】**〕

すんまへん【済んまへん】《感動詞》 ①謝るときに言う言葉。「すんまへん。わし・が・　わる(悪)かっ・た。」②ものを頼むときに言う言葉。「すんまへん・けど・　あした(明日)・まで・　ま(待)っ・てもらわ・れ・まへん・やろ・か。」③感謝するときに言う言葉。「やす(安)ー・し・てもろ・て・　ほんま(本真)に・　すんまへん。」〔⇒**すみません【済みません】、すんません【済んません】、すみまへん【済みまへん】**〕

せ

せ〔せー〕【背】《名詞》 ①人の身長。「しょーがくいちねんせー(小学一年生)・や・のに・　せー・が・　たか(高)い・なー。」②動植物やものの高さ。「せ・の・　たか(高)い・　びる(ビル)・が・　た(建)っ・た。」「せー・の・　たか(高)い・　はしご(梯子)・を・　のぼ(上)る。」

せ【畝】《名詞》 尺貫法での土地の広さの単位で、1畝は1反の10分の1で、およ99平方メートルの広さ。「いったん(一反)ご(五)せ・の・　たんぼ(田圃)・が・　あり・まん・ねん。」

ぜ〔ぜー〕《終助詞》 念を押したり、呼びかけたりするときに使う言葉。「そろそろ・　い(行)き・ます・ぜ。」◆「ぜ」にも、「で」にも聞こえる。短く発音すると「いき・まっ・せ」に聞こえる。〔⇒**で**〕

せい〔せー〕【姓】《名詞》 代々その家に継承される、家の名。氏名の「氏」の方。「あの・　いえ(家)・の・　せー・は・　うらべ(卜部)・や。」〔⇒**みょうじ【苗字】、みよじ【(苗字)】**〕

せい〔せ、せー〕【精】《名詞》 ①自分を励まして動くこと。一生懸命であること。活動の源になる気力。張り切って物事に取り組もうとする気持ち。「あさ(朝)・から・　せー・　だ(出)し・て・　しごと(仕事)する。」「まいにち(毎日)・　おそ(遅)ー・まで・　せー・が・　で(出)・まん・な。」②生きる勢いや元気。生きるための張り合い。「こども(子供)・が・　らくだい(落第)し・て・　せー・の・　な(無)い・　こと・や。」「がんば(頑張)っ・てん・けど・　ま(負)け・ても・て・　せー・が・　ない。」③生き物が体外から取り入れて、生きていくことに役立てる養分。「え(良)ー・　もん(物)・　く(食)ー・て・　せー・を・　つ(付)け・なはれ。」「うなぎ(鰻)・を・　た(食)べ・た・さかい・　せー・が・　つ(付)い・た。」◆②は、「せい・が・ない」という言い方はするが、「せい・が・　ある」とは言わない。〔③⇒**えいよう【栄養】、じよう【滋養】**〕

せい〔せー〕【所為】《名詞》 好ましくないようなことになった原因や理由。「それ・も・　これ・も・　みんな(皆)・おまえ・の・　せー・や。」「じぶん(自分)・の・　しっぱい(失敗)・を・　ひと(人)・の・　せー・に・　し・やがっ・た。」

せいいっぱい〔せーいっぱい〕【精一杯】《副詞、形容動詞や(ノ)》 ①自分にできる力の限りである様子。「とーきょーそー(徒競走)・で・　せーいっぱい・　はし(走)る。」②可能なことの限界である様子。「せーいっぱい・　ま(負)け・て・　こん・だけ・の・　ねだん(値段)・だす。」

せいかい〔せーかい〕【正解】《名詞、動詞する》 正しく解答したり解釈したりすること。また、その正しい解答や解釈。「せーかいし・たら・　しょーひん(賞品)・が・もら(貰)える・ねん。」

せいかく〔せーかく〕【正確】《形容動詞や(ナ)》 事実に合っていて信用できる様子。細かいところまで間違いのない様子。「たび(足袋)・の・　すんぽー(寸法)・を・せーかくに・　はか(測)る。」

せいかく〔せーかく〕【性格】《名詞》 考え方、感じ方、行動の仕方などに表れる、その人に特有の傾向。「あいつ(彼奴)・は・　う(生)まれつき・　あか(明)るい・　せーかく・や。」

せいかつ〔せーかつ〕【生活】《名詞、動詞する》 ①人や動物が活動して生きていくこと。「いっしゅーかん(一週間)・　やま(山)・の・　なか(中)・で・　せーかつする。」②社会に順応して、暮らしを立てること。また、その生計のあり方。「かいしゃ(会社)・に・　つと(勤)め・て・　せーかつし・て・ます・ねん。」

せいがない〔せーがない、せがない〕【精がない】《形容詞・特殊型》 ①努力に対する結果が悪くて、落胆してしまう。「おきゃく(客)さん・が・　こ(来)・なんだら・　みせ(店)・を・　あ(開)け・とっ・ても・　せーがない・なー。」「だいがく(大学)・に・　お(落)ち・て・　せーがない・こと・や。」②生きるための張り合いがない。生き甲斐がない。「こども(子供)・が・　し(死)ん・でも・て・　い(生)き・とる・　せーがない・ねん。」

せいき〔せーき〕【世紀】《名詞》 キリスト生誕の年をもとにして、100年を単位として年代を数えるやり方。「にじゅーいっ(二十一)せーき・に・　なっ・て・から・もー・　じゅーねん(十年)いじょー・に・も・　なる・ねん・なー。」

せいきゅう〔せーきゅー〕【請求】《名詞、動詞する》 当然の権利として受け取るべきものを、相手に求めること。「か(貸)し・た・　かね(金)・を・　かえ(返)せ・と・　せーきゅーする。」

せいきゅうしょ〔せいきゅーしょ、せーきゅーしょー〕【請求書】《名詞》 金額を明記して、お金を払うように求める書類。「せーきゅーしょ・を・　もろ(貰)・たら・　ふりこみ(振込)・を・　し・まっ・さ。」

せいきん〔せーきん〕【精勤】《名詞、形容動詞や(ナ)、動詞する》 ①休まず真面目に仕事などに取り組むこと。「あいつ(彼奴)・は・　せーきんな・　おとこ(男)・や。」②皆勤でないが、休むことが少ないこと。「いっぺん(一遍)・だけ・　やす(休)ん・だ・さかい・　かいきん(皆勤)・や・のー・て・　せーきん・や。」

ぜいきん〔ぜーきん〕【税金】《名詞》 国や地方公共団体が経費にあてるために、決められた規則により、住民それぞれから集めるお金。租税として収める金銭。「さけ(酒)・も・　たばこ(煙草)・も・　ぜーきん・が・　たか(高)い・けど・　や(止)め・られ・へん。」〔⇒**かかり【掛かり】**〕

せいくらべ〔せーくらべ〕【背比べ】《名詞、動詞する》 身長を調べて比較し合うこと。「ともだち(友達)・と・せーくらべし・たら・　ちょっと(一寸)・だけ・　ま(負)け・た。」

せいけつ〔せーけつ〕【清潔】《形容動詞や(ナ)》 ①綺麗で、さっぱりしている様子。「せーけつな・　でんしゃ(電車)・や・さかい・　きも(気持)ち・が・　え(良)ー。」②細菌などが付いていなくて、衛生上、望ましい様子。「せーけつに・　し・とっ・たら・　びょーき(病気)・も・うつ(移)ら・へん・やろ。」③生活の姿勢などに不正や問題などがない様子「せいけつで・ ない・ せーじか(政治家)・は・ こま(困)る・なー。」■対語＝「ふけつ【不潔】」

せいご〔**せーご**〕《名詞》 体長20センチ程度までの、すずきの幼魚。「せーご・を・ しおや(塩焼)き・に・ する。」

せいこう〔**せーこー**〕【成功】《名詞、動詞する》 ①ものごとが計画通りに、または思い通りにうまくいくこと。「かんが(考)え・とっ・た・ さくせん(作戦)・が・ せーこーし・て・ しあい(試合)・に・ か(勝)っ・た。」②高い地位や財産を得て、社会的に認められること。「あいつ(彼奴)・は・ わか(若)い・ とき・に・ おーさか(大阪)・へ・ で(出)・て・ せーこーし・た・ん・や・て。」■対語＝「しっぱい【失敗】」

せいざ〔**せーざ**〕【星座】《名詞》 空に見える恒星をいくつかずつまとめて、動物や器物などの形に見立ててグループ分けしたもの。「ひしゃく(柄杓)・の・ かっこー(格好)・を・ し・た・ せーざ・は・ み(見)つかる・か。」

せいざ〔**せーざ**〕【正座】《名詞、動詞する》 脚を折り重ねて、足の裏に尻をのせて、きちんと座ること。「せーざし・て・ おちゃ(茶)・を・ の(飲)ん・だら・ あし(足)・が・ しび(痺)れ・た。」〔動詞⇒**ぎょうぎにすわる【行儀に座る】、おっちんする、おっちんちょする**〕

せいざい〔**せーざい**〕【製材】《名詞、動詞する》 切り出した木を、柱や板の形にすること。「せーざい・を・ しごと(仕事)・に・ し・とる・ いえ(家)・が・ おます。」

せいじ〔**せーじ**〕【政治】《名詞》 国や地方を治めて運営していくこと。「せーじ・の・ こと・なんか・ よー・ わから・へん。」

せいしつ〔**せーしつ**〕【性質】《名詞》 ①それぞれの人が生まれつき持っている気質や、気持ちの現れ方。「おだ(穏)やかな・ せーしつ・の・ ひと(人)・や・さかい・ つきあい・が・ しやすい。」②その物がもともと持っている特徴のある形や性能など。「たけ(竹)・の・ せーしつ・を・ かんが(考)え・て・ じょーず(上手)に・ ま(曲)げる。」

せいしゅ〔**せーしゅ**〕【清酒】《名詞》 米を発酵させて酒にする、我が国独特の醸造法によってつくられる濁りのない酒。「おいわ(祝)い・に・ せいしゅ・を・ いっぽん(一本)・ さ(提)げ・ていく。」〔⇒**さけ【酒】、にほんしゅ【日本酒】**〕

せいしゅん〔**せーしゅん**〕【青春】《名詞》 夢や希望にあふれ疲れなどを知らない、人生の若くて元気のある時期。「わしら・の・ せーしゅんじだい(時代)・は・ もの(物)・が・ ふそく(不足)し・とっ・た。」

せいしょ〔**せーしょ**〕【清書】《名詞、動詞する》 試しに書いたものに訂正などを加えて、きちんときれいに書き直すこと。練習ではなく、提出用としてきれいに書くこと。また、そのようにして書いたもの。「したが(下書)き・を・ し・た・ さくぶん(作文)・を・ せーしょする。」「れんしゅー(練習)・が・ す(済)ん・だら・ はんし(半紙)・に・ せーしょ・を・ し・なはれ。」■対語＝「したがき【下書き】」

せいじん〔**せーじん**〕【成人】《名詞、動詞する》 心身ともに成長して、社会の一員として一人前になること。また、そのようになった人。「うち・の・ こども(子供)・も・ やっと・ みんな(皆)・ せーじんし・まし・てん。」

せいじんのひ〔**せーじんのひ、せーじんのひー**〕【成人の日】《名詞》 国民の祝日の一つで1月の第2月曜日に設定されており、満20歳になった人たちを祝い励ます日。「せーじんのひー・は・ しみんかいかん(市民会館)・で・ しき(式)・が・ ある。」

せいず〔**せーず**〕【製図】《名詞、動詞する》 器具を使って、機械や建築物などの設計図などを書くこと。「あたら(新)しー・ きかい(機械)・の・ せーず・を・ か(書)く。」

せいせい〔**せーせー**〕【清々】《動詞する、副詞》 それまでにあった不快感やわだかまりなどがなくなって、気持ちがさっぱりして晴れやかになる様子。「あいつ(彼奴)ら・を・ どな(怒鳴)っ・たっ・たら・ きも(気持)ち・が・ せーせーし・た。」

せいぜい〔**せーぜー**〕【精々】《副詞》 ①じゅうぶんに多く見積もってもそれが限度であるということを表す言葉。たかだか。「なん(何)ぼ・ てんき(天気)・が・ よ(良)かっ・ても・ せーぜー・ ごじゅーにん(五十人)・ぐらい・しか・ あつ(集)まら・へん・やろ。」②できるだけ努力することを表す言葉。存分に。力の及ぶ限り。「あした(明日)・の・ しあい(試合)・は・ せーぜー・ がんば(頑張)り・なはれ。」〔⇒**せいだい【(精大)】、せいだして【精出して】**〕

せいせき〔**せーせき**〕【成績】《名詞》 仕事や勉強などをした結果のありさま。試験などの出来具合。「べんきょー(勉強)・が・ きら(嫌)いで・ がっこー(学校)・の・ せーせき・は・ よ(良)ー・なかっ・た。」

せいぞう〔**せーぞー**〕【製造】《名詞、動詞する》 原料を加工したり、もとになるものを組み立てたりして、品物を作ること。「さけ(酒)・の・ たる(樽)・を・ せーぞーし・とる・ とこ(所)・が・ ある。」

せいぞろい〔**せーぞろい**〕【勢揃い】《名詞、動詞する》 ある目的のために、大勢の人やたくさんのものが、一か所に集まること。「こんど(今度)・の・ たいかい(大会)・は・ つよ(強)い・ やつ(奴)・が・ せーぞろいし・とる。」

せいだい〔**せーだい**〕【盛大】《形容動詞や(ナ)》 ものごとがたいへん盛んであったり大規模であったりする様子。「せーだいな・ けっこんしき(結婚式)・やっ・た・なー。」

せいだい〔**せーだい**〕【(精大)】《副詞》 ①じゅうぶんに多く見積もってもそれが限度であるということを表す言葉。たかだか。「せーだい・ せんえん(千円)・で・しか・ う(売)れ・まへ・ん・やろ。」②できるだけ努力することを表す言葉。存分に。力の及ぶ限り。「せーだい・ きば(気張)っ・て・ はし(走)る・ん・や・ぜ。」「せーだい・ ねば(粘)っ・て・ がんば(頑張)り・なはれ。」〔⇒**せいぜい【精々】、せいだして【精出して】**〕

ぜいたく〔**ぜーたく**〕【贅沢】《名詞、形容動詞や(ナ)、動詞する》 ①必要以上にお金をかけて暮らしたり物事を行ったりすること。「いっしょー(一生)・に・ いっぺん(一遍)・や・さかい・ ぜーたくし・て・ けっこんしき(結婚式)・を・ ほてる(ホテル)・で・ する・そーや。」②ふさわしい程度を超えて、恵まれすぎている様子。「ぜーたくな・ く(暮)らし・を・ せ・んと・ もっと・ しまつ(始末)し・なはれ。」

せいだして〔**せーだして**〕【精出して】《副詞》 ①じゅうぶんに多く見積もってもそれが限度であるということを表す言葉。たかだか。「はし(走)っ・ても・ せーだして・ まんなか・ぐらい・に・しか・ なら・ん・やろ。」②できるだけ努力することを表す言葉。存分に。力の及ぶ限り。「せーだして・ かねもー(金儲)け・を・ し・なはれ。」〔⇒**せいぜい【精々】、せいだい【(精大)】**〕

せいだす〔**せーだす**〕【精出す】《動詞・サ行五段活用》 熱

心に取り組んで働く。力いっぱい努力をする。「あさ(朝)・　はよ(早)ー・から・　せーだし・て・　はたら(働)い・とっ・て・です・なー。」「おき(沖)・の・　しま(島)・まで・　せーだし・て・　およ(泳)い・だ。」

せいち〔せーち〕【整地】《名詞、動詞する》 家を建てたり作物を植え付けたりするために、土地を平らにすること。「せーち・が・　す(済)ん・で・から・　じちんさい(地鎮祭)・を・　する。」

せいちょう〔せーちょー〕【成長】《名詞、動詞する》 人や動物が育って、体や心が一人前の状態になったり更に進歩したりすること。「し(知)ら・ん・　ま(間)・に・　この・　いぬ(犬)・は・　ごっつい・　せーちょーし・た・なー。」

せいと〔せーと〕【生徒】《名詞》 ①中学生や高校生。「せーと・が・　たばこ(煙草)・　す(吸)ー・たら・　あか・ん・がな。」②塾などで教えを受けている人。「そろばん(算盤)・の・　きょーしつ(教室)・で・　せーと・を・　おし(教)える。」

せいとん〔せーとん〕【整頓】《名詞、動詞する》 散らかっているものを整えるようにすること。「つくえ(机)・の・　うえ(上)・を・　きちんと・　せーとんせー。」〔⇒**せいり【整理】**、**きれいきれい(する)【綺麗綺麗(する)】**〕

せいねん〔せーねん〕【青年】《名詞》 20 歳代から 30 歳代あたりの若い男女。「えー・　せーねん・が・　あそ(遊)ん・どっ・たら・　あか・ん・がな。」

せいねんがっぴ〔せーねんがっぴ〕【生年月日】《名詞》 生まれた年と月と日。「ここ・に・　せーねんがっぴ・を・　か(書)い・てください。」

せいねんだん〔せーねんだん〕【青年団】《名詞》 ①地域の、若い人で作るグループ。「まつり(祭)・の・　とき(時)・は・　せーねんだん・が・　がんば(頑張)っ・てくれる・さかい・　ありがたい・なー。」②全体の人員構成の中で、若いグループに分類できる人。「おまえ・みたいな・　せーねんだん・は・　げんき(元気)・が・　あっ・て・　よー・　の(飲)む・なー。」

せいのう〔せーのー〕【性能】《名詞》 機械などの性質や、目的に応じた働き具合。「この・　くるま(車)・は・　せーのー・が・　よ(良)ー・て・　よー・　はし(走)る・ねん。」

せいばつ〔せーばつ〕【征伐】《名詞、動詞する》 悪者や服従しない者を、攻めて懲らしめて従わせること。「ももたろー(桃太郎)・が・　おに(鬼)・を・　せーばつし・た。」

せいひん〔せーひん〕【製品】《名詞》 あるものを原料などにして作った品物。作って販売している商品。「えー・　せーひん・やっ・たら・　よー・　う(売)れる・　はず・や。」

せいふ〔せーふ〕【政府】《名詞》 内閣とその下にある機関などの、国の政治を行う中心となるところ。「せーふ・が・　しっかり・　し・てくれ・なんだら・　あか・ん・がな。」

せいふく〔せーふく〕【制服】《名詞》 学校や会社など同じ集団に属する人が着る、色や形などが決められている衣服。「むかし(昔)・は・　つめえり(詰襟)・の・　せーふく・が・　おー(多)かっ・た・なー。」

せいぶつ〔せーぶつ〕【生物】《名詞》 ①動物と植物に大別され、生きて活動する、命あるもの。「ちきゅー(地球)・に・　おる・　せーぶつ・の・　しゅるい(種類)・は・　かぞ(数)え・られ・へん。」②高等学校などの理科の教科のうち、動物や植物のことについて教える科目の名。「にゅーし(入試)・は・　せーぶつ・で・　じゅけん(受験)する。」〔①⇒**いきもの【生き物】**、**いきもん【生き物】**〕

せいぶん〔せーぶん〕【成分】《名詞》 化合物や混合物を作り上げている、もとになる物質。「この・　くすり(薬)・に・は・　よー・　き(効)く・　せーぶん・が・　はい(入)っ・とる・らしー。」

せいぼ〔せーぼ〕【歳暮】《名詞》 年末に、知人や世話になった人などに贈り物をすること。また、その品物。「せーぼ・に・　さけ(鮭)・を・　おく(贈)る。」◆対語＝「ちゅうげん【中元】」

せいまい〔せーまい〕【精米】《名詞、動詞する》 玄米を搗いて、外皮の部分を取り去って白くすること。「せーまいしょ(精米所)・で・　せーまいし・てもらう。」

ぜいむしょ〔ぜーむしょ〕【税務署】《名詞》 税金の割り当てや取り立てをする、国の役所の出先機関。「たんぼ(田圃)・を・　う(売)っ・た・さかい・　ぜーむしょ・に・　しんこく(申告)する。」

せいめいほけん〔せーめーほけん〕【生命保険】《名詞》 死亡したり、ある年齢に達したりしたときに支払いを受ける約束を取り交わして、契約者が決められた金額を一定期間継続して払い込むする保険。「せーめーほけん・が・　まんき(満期)・に・　なっ・た。」

せいもん〔せーもん〕【正門】《名詞》 正面にある門。正式な門。「かいしゃ(会社)・の・　せーもん・の・　わき(脇)・に・　こーしゅーでんわ(公衆電話)・が・　ある。」■対語＝「うらもん【裏門】」〔⇒**おもてもん【表門】**〕

せいよう〔せーよー〕【西洋】《名詞》 日本やアジア地域から見て、ヨーロッパやアメリカなどの国々や地域を指して言う言葉。「せーよー・の・　いえ(家)・の・　た(建)てかた・を・　まね(真似)し・て・　た(建)てる。」■対語＝「とうよう【東洋】」

せいり〔せーり〕【整理】《名詞、動詞する》 ①散らかっているものを整えるようにすること。「せーり・が・　いきとど(行届)い・とる・　じむしょ(事務所)・は・　きも(気持)ち・が・　え(良)ー・なー。」②要らないものを捨てること。無駄を省いて物事がうまくいくように処理をすること。「せーりし・て・　はいひんかいしゅー(廃品回収)・に・　だ(出)す。」〔①⇒**せいとん【整頓】**、**きれいきれい(する)【綺麗綺麗(する)】**〕

せいりょく〔せーりょく〕【精力】《名詞》 ものごとを次々と成し遂げていこうとする、心や体の元気さや活動力。「とし(歳)・　とっ・て・　せーりょく・が・　の(無)ー なっ・てき・た。」

せいれつ〔せーれつ〕【整列】《名詞、動詞する》 一定の順序などに従って、列を作ってきちんと並ぶこと。「せーれつし・て・　かいさつぐち(改札口)・を・　とー(通)る。」

重ねた蒸籠

せいろう〔せーろー、せーろ〕【蒸籠】《名詞》 木製の枠の下にすのこを敷いたもので、湯を沸かした釜の上に載せて、ものを蒸すための道具。「せーろ・で・　まんじゅー(饅頭)・を・　む(蒸)す。」

セーター〔せーたー〕【英語＝sweater】《名詞》 頭からかぶって着る、毛糸で編んだ上着。「さむ(寒)い・さかい・　せーたー・を・　き(着)る。」

セーフ〔せーふ〕【英語＝safe】《名詞》 ①遊びやスポーツで、塁に出ることが認められたり、安全圏にあったりすること。「ばんど(バンド)し・て・　いちるい(一塁)・に・　はし(走)っ・て・　せーふ・に・　なっ・た。」②遊びやスポーツで、失敗や失格ではないと判定されたり判断されたりすること。「まらそん(マラソン)・の・　み

せ

ち(道)・を・　まちが(間違)え・た・けど・　もと(元)・に・　もど(戻)っ・て・　はし(走)りなおし・た・さかい・　せーふ・やっ・た。」■対語＝「アウト【英語＝out】」

せか《名詞》 忙しそうで、落ち着かない態度の人。慌て者。先々のことに気を回す人。「わし・は・　せか・や・さかい・　よー・　じっと・　し・とら・れ・へん・ねん。」

せかい【世界】《名詞》 ①地球全体の国家や地域の集まり。「せかい・の・　れきし(歴史)・を・　べんきょー(勉強)する。」②同類であると思われるもので作っている集まり。「こんちゅー(昆虫)・の・　せかい・を・　しら(調)べ・たい・ねん。」

せかす【急かす】《動詞・サ行五段活用》 すぐにするように促す。人を急がせる。「そない・　せかし・たら・　しっぱい(失敗)し・てまう・やん・か。」〔⇒**せかつく【急かつく】、せく【急く】**〕

せかせか《副詞と、動詞する》 ①落ち着かない感じで動き回ったり、忙しくものごとに取り組んだりしている様子。「せかせか・　うご(動)きまわっ・て・　つか(疲)れ・ても・た。」「きょー(今日)・は・　いちにちじゅー(一日中)・　せかせかし・とっ・てん。」「せかせかし・た・　もの・の・　い(言)ーかた・を・　する・　ひと(人)・や・なー。」②先々のことに気を回す様子。「らいねん(来年)・の・　こと(事)・まで・を・　せかせか・　かんが(考)え・ん・よーに・　し・なはれ。」

せかつく【急かつく】《動詞・カ行五段活用》 ①忙しそうにして、落ち着きなく動く。「せかつか・んと・　お(落)ちつき・なはれ。」②すぐにするように促す。人を急がせる。「そないに・　せかつか・んとい・てー・な。」〔②⇒**せかす【急かす】、せく【急く】**〕

せからしい〔せからしー〕【急からしい】《形容詞・イイ型》 ①早くしようと思って、焦って急ぐような気持ちになっている。「あした(明日)・まで・に・　つく(作)ら・んなら・ん・さかい・　せからしー・ねん。」②しなければならないことが重なって、ゆっくりする暇がない。「あんた・は・　きょー(今日)・　せからしー・に・　し・とっ・て・や・さかい・　あした(明日)・　また・　き(来)・ます・わ。」③動きなどが速くて落ち着かなく、ゆったりしていない。「せからしー・　ある(歩)きかた・を・　し・たら・　こける・よー。」〔②③⇒**せわしい【忙しい】、せわしない【忙しない】、いそがしい【忙しい】**〕

せがれ【倅】《名詞》 自分の息子のことを、へりくだって言う言葉。「せがれ・が・　ことし(今年)・　よめ(嫁)はん・を・　もら(貰)い・ます・ねん。」

せき【咳】《名詞、動詞する》 風邪をひいたり、食べ物にむせたりしたときなどに、急に激しく吐き出される息。「せき・が・　で(出)る・さかい・　ますく(マスク)・を・する。」

せき【堰】《名詞》 水の流れを止めたり、ある方向に流したりするために、川や溝などに作る仕切り。「せき・を・　こしら(拵)え・て・　たんぼ(田圃)・に・　みず(水)・を・　ひ(引)く。」

せき【席】《名詞》 ①座る場所。「せき・は・　にじゅーにんぶん(二十人分)・　よーい(用意)し・たら・　よろしー・か。」②座る位置や順序。座るために決められた場所。「ひとりひとり(一人一人)・の・　せき・を・　き(決)める・の・は・　むつか(難)しー・なー。」

せき【籍】《名詞》 ①本籍地、氏名、生年月日、家族関係などを書いて、役所が管理する公文書。「よめ(嫁)はん・を・　せき・に・　い(入)れる。」②学校や会社・団体などの一員としての資格を持っていること。「だいがく(大学)・に・　せき・は・　ある・けど・　あるばいと(アルバイト)・ばっかり・　し・て・　がっこー(学校)・へ・　い(行)っ・とら・へん。」〔①⇒**こせき【戸籍】**〕

せきこむ【咳き込む】《動詞・マ行五段活用》 風邪をひいたり、食べ物にむせたりしたときなどに、急に激しく吐き出される息が続けざまに出る。「みず(水)・が・　むせ・て・　せきこん・だ。」

せきじゅうじ〔せきじゅーじ〕【赤十字】《名詞》 病院経営などをするとともに、人道上のさまざまな事業を全世界的に行っている団体。また、その団体の、白地に赤い十字形を表したマーク。「せきじゅーじ・の・　かんごふ(看護婦)さん・が・　き(来)・た。」◆戦中戦後、その社員章が多くの家の門などに貼られていることがあった。

せきじゅん【席順】《名詞》 あらかじめ決められた、座る位置や順序。「けっこんしき(結婚式)・の・　せきじゅん・を・　き(決)める。」〔⇒**すわりじゅん【座り順】**〕

せきたん【石炭】《名詞》 太古に地下に埋もれた植物が固まって黒い石のようになった燃料。「せきたん・を・　も(燃)やす・　すとーぶ(ストーブ)・や・さかい・　いえ(家)・の・　なか(中)・が・　よー・　よご(汚)れる。」

せきたんばこ【石炭箱】《名詞》 石炭を入れるために作った頑丈な木箱。「せきたんばこ・を・　だい(台)・に・　し・て・　しごと(仕事)・を・　する。」「せきたんばこ・に・　にもつ(荷物)・を・　つ(詰)め・て・　おく(送)る。」◆この箱はいろんな用途に転用したものである。

せきとう〔せきとー〕【石塔】《名詞》 ①亡くなった人を葬った場所に立てる、石で作った墓標。「さんまい(＝埋め墓)・の・　せきとー・が・　じしん(地震)・で・　ぎょーさん(仰山)・　こけ・た。」②石で作った碑。記念や由来などの言葉を書いて建てた石。「えどじだい(江戸時代)・に・　かんせーいけ(寛政池)・が・　でき(出来)・た・　きねん(記念)・の・　せきとー・が・　た(建)っ・とる。」〔⇒**せきひ【石碑】**。①⇒**はかいし【墓石】、はか【墓】**〕

せきとめる【堰き止める】《動詞・マ行下一段活用》 水などの流れをふさいで、さえぎる。「かわ(川)・を・　せきとめ・て・　こーじ(工事)・を・　し・とる。」

せきとり【席取り】《名詞、動詞する》 自分たちの使う場所や座席をあらかじめ確保すること。「はよ(早)ー・から・　はなみ(花見)・の・　せきとり・を・　し・とる・なー。」

せきにん【責任】《名詞》 ①任されていて、果たさなければならない務め。「こども(子供)・を・　ちゃんと・　そだ(育)てる・の・は・　おや(親)・の・　せきにん・や。」②よくない結果や失敗などについてのせめを負うこと。また、その内容。「じこ(事故)・の・　せきにん・を・　と(取)り・なはれ。」

せきはん【赤飯】《名詞》 お祝いの時などに作る、餅米に小豆を入れて蒸したご飯。「たてまえ(建前)・の・　ひ(日)・に・　せきはん・を・　くば(配)る。」〔⇒**あかごはん【赤御飯】、おこわ【お強】**〕

せきひ【石碑】《名詞》 ①亡くなった人を葬った場所に立てる、石で作った墓標。「うち・の・　いえ(家)・の・　ふる(古)い・　せきひ・の・　じ(字)・が・　よ(読)ま・れ・へん・よーに・　なっ・ても・た。」②石で作った碑。記念や由来などの言葉を書いて建てた石。「いけ(池)・の・　かいしゅー(改修)の・　きねん(記念)・の・　せきひ・が・　た(建)っ・とる。」〔⇒**せきとう【石塔】**。①⇒**はかいし【墓石】、はか【墓】**〕

せきゆ〔せきゆー〕【石油】《名詞》 蒸留・精製して燃料などとして用いる、地中から出る黒くどろどろした、燃

せ

えやすい液体。「また(又)・　せきゆー・が・　ねあ(値上)がりし・た。」

せきり【赤痢】《名詞》　激しい下痢と粘液性の血便に見舞われる、菌によって起こる大腸の急性伝染病。「むかし(昔)・は・　よー・　せきり・が・　はや(流行)っ・た。」

せく【急く】《動詞・カ行五段活用》　①先を急ぐような気持ちになって、いらいらして気をもむ。そのことが実現するようにと思って、気をもんで、落ちつきを失う。「せー・たら・　こけ・て・　かえって・　おそ(遅)ー・なる。」②すぐにするように促す。人を急がせる。「せか・れ・ても・　きょーじゅー(今日中)・に・は・　でけ(出来)・へん。」③早く終わらせようとする。短い時間で終わらせようとする。そのために、気持ちがあせる。「せか・へん・ねん・けど・　そろそろ・　はろ(払)・てもらえ・まっ・しゃろ・か。」④目的地に早く着こうとして速く歩く。速く着こうとする。「せー・たら・　ごふん(五分)・で・　えき(駅)・まで・　い(行)ける。」〔①⇒**せける**【急ける】、**あせる**【焦る】、**きがせく**【気が急く】。②⇒**せかす**【急かす】、**せかつく**【急かつく】。③④⇒**いそぐ**【急ぐ】〕

せく【咳く】《動詞・カ行五段活用》　風邪をひいたり、食べ物にむせたりしたときなどに、急に激しく息を吐き出す。「えらい・　せー・て・　くる(苦)しそー・や・なー。」

せける【急ける】《動詞・カ行下一段活用》　①期限などが迫っている。「その・　へんじ(返事)・は・　せけ・ます・の・か。」②先を急ぐような気持ちになって、いらいらして気をもむ。そのことが実現するようにと思って、気をもんで、落ちつきを失う。「きも(気持)ち・が・　せけ・て・　けつまずい・て・　けが(怪我)・を・　し・た。」〔②⇒**せく**【急く】、**あせる**【焦る】、**きがせく**【気が急く】〕

せけん【世間】《名詞》　人々が集まって暮らしているところ。人々が生活している現実社会。自分が生きている社会。「せけん・の・　め(目)・が・　き(気)・に・　なる。」〔⇒**よのなか**【世の中】〕

せけんしらず【世間知らず】《名詞、形容動詞や(ノ)》　経験が乏しくて、世の中の事情や世渡りの方法などをよく知らないこと。また、そのような人。「せけんしらずで・　あいさつ(挨拶)・も・　よー・　せ・ん・　やつ(奴)・や。」

せけんせばい【(世間狭い)】《形容詞・アイ型》　他人のことを思いやる気持ちが乏しく、自己中心の考えである。周りの人々との接し方に疎くて、了見が狭い。「じぶん(自分)・の・　こと・ばっかり・　ゆ(言)ー・て・　せけんせばい・　ひと(人)・や。」〔⇒**せけんせまい**【世間狭い】〕

せけんせまい【世間狭い】《形容詞・アイ型》　他人のことを思いやる気持ちが乏しく、自己中心の考えである。周りの人々との接し方に疎くて、了見が狭い。「せけんせまい・　こと・　い(言)わ・んと・　あま(余)っ・とる・ん・やっ・たら・　ひと(一)つ・ぐらい・　あげ・たら・どない・や。」〔⇒**せけんせばい**【(世間狭い)】〕

せけんなみ【世間並み】《名詞、形容動詞や(ノ)》　世の中の他の人と同じぐらいであること。「せけんなみに・だいがく(大学)・に・も・　い(行)かし・てもー・た。」〔⇒**ひとなみ**【人並み】、**しとなみ**【(人並み)】〕

せけんばなし【世間話】《名詞》　世の中の出来事や他人のうわさなどについての、気楽な話。「おちゃ(茶)・　の(飲)ん・で・　せけんばなし・を・　する。」

せこい《形容詞・オイ型》　①自分の利益のために、正しくないことをする。狡猾で、横着である。「せこい・　かねもー(金儲)け・を・　し・たら・　あか・ん・ぞ。」②金品を出すのを惜しんでいる。計算高い。「みみっちー・なー。せこい・　こと・を・　せ・んとい・てんか。」〔⇒**こすい**。①⇒**すこい**、**ずるい**【狡い】、**ずるっこい**【狡っこい】、**すっこい**、**いしこい**。②⇒**けち**、**けちけち**、**けちんぼう**、**けっちんぼう**、**いじぎたない**【意地汚い】〕

せすじ【背筋】《名詞》　背骨に沿って縦に通っている筋肉。背中の中心線。「せすじ・を・　の(伸)ばし・て・　しゃんと・　た(立)ち・なさい。」

ぜぜ【(銭)】《名詞》　紙幣と貨幣を合わせたもの。金銭。また、特に、金属で作られた貨幣。「ちょきんばこ(貯金箱)・に・　ぜぜ・を・　た(貯)める。」「いま(今)・は・　こま(細)かい・　ぜぜ・を・　も(持)っ・てき・とら・へん・ねん。」「なん(何)・ぞ・　ぜぜ・に・　なる・　しょーばい(商売)・は・　あ(有)ら・へん・やろ・か。」◆幼児語。老人語。〔⇒**ぜに**【銭】、**じぇに**【(銭)】、**かね**【金】、**おかね**【お金】〕

せせくりまわす〔**せせくりまーす**〕【せせくり回す】《動詞・サ行五段活用》　①隅々までつつくようにして、中のものを取り出す。また、そのようにして食べる。「かに(蟹)・を・　せせくりまーし・て・　く(食)う。」②手でやたら触ったり動かしたりする。過度にもてあそぶ。「やばたい・　はこ(箱)・や・さかい・　せせくりまーし・たら・　めげ・てまう・がな。」〔⇒**せせりまわす**【せせり回す】。②⇒**いじる**【弄る】、**いじくる**【(弄る)】、**いらう**、**せせくる**、**せせる**、**いじりまわす**【弄り回す】、**いじくりまわす**【(弄り回す)】、**いらいまわす**【いらい回す】〕

せせくる《動詞・ラ行五段活用》　①つつくようにして、中のものを取り出す。また、そのようにして食べる。「つまよーじ(爪楊枝)・で・　は(歯)ー・を・　せせくる。」②手で触ったり動かしたりする。もてあそぶ。「にわ(庭)・の・　いし(石)・を・　せせくり・まし・て・　ばしょ(場所)・を・　か(変)え・まし・てん。」■名詞化＝**せせくり**〔⇒**せせる**。①⇒**ほじくる**、**ほじる**、**ほでくる**、**ほでる**。②⇒**いじる**【弄る】、**いじくる**【(弄る)】、**いらう**、**せせる**、**いじりまわす**【弄り回す】、**いじくりまわす**【(弄り回す)】、**いらいまわす**【いらい回す】、**せせくりまわす**【せせくり回す】、**せせりまわす**【せせり回す】〕

せせこましい〔**せせこましー**〕《形容詞・イイ型》　①面積や間隔が小さくて、周りとの間でゆとりがなく、不自由な感じがする。「せせこましー・　へや(部屋)・しか・あ(空)い・とら・んで・　すん・まへ・ん。」②性質がこせこせしていて、ゆとりがない。おおらかに人を受け入れようとする姿勢に欠けている。「おまえ・の・　かんが(考)えかた・は・　せせこましー・なー。」〔①⇒**せまくるしい**【狭苦しい】、**せまくろしい**【(狭苦しい)】、**せばくるしい**【(狭苦しい)】、**せばくろしい**【(狭苦しい)】〕

せせりまわす〔**せせりまーす**〕【せせり回す】《動詞・サ行五段活用》　①隅々までつつくようにして、中のものを取り出す。また、そのようにして食べる。「せせりまーし・て・　さかな(魚)・の・　あら(粗)・を・　く(食)う。」②手でやたら触ったり動かしたりする。過度にもてあそぶ。「せせりまーし・たら・　ふーせん(風船)・が・　はぜっ・ても・た。」〔⇒**せせくりまわす**【せせくり回す】。②⇒**いじる**【弄る】、**いじくる**【(弄る)】、**いらう**、**せせくる**、**せせる**、**いじりまわす**【弄り回す】、**いじくりまわす**【(弄り回す)】、**いらいまわす**【いらい回す】〕

せせる《動詞・ラ行五段活用》　①つつくようにして、中のものを取り出す。また、そのようにして食べる。「たい(鯛)・の・　あたま(頭)・を・　せせっ・たら・　うま(美味)い・ぞ。」②手で触ったり動かしたりする。もてあそぶ。「うえきばち(植木鉢)・の・ なか(中)・を・ せせり・すぎ・たら・ か(枯)れ・てまう・ぞ。」■名詞化＝**せせり**〔⇒**せせくる**。①⇒**ほじくる、ほじる、ほでくる、ほでる**。②⇒**いじる【弄る】、いじくる【(弄る)】、いらう、せせくる、いじりまわす【弄り回す】、いじくりまわす【(弄り回す)】、いらいまわす【いらい回す】、せせくりまわす【せせくり回す】、せせりまわす【せせり回す】**〕

せたかのっぽ〔せーたかのっぽ〕【背高のっぽ】《名詞、形容動詞や(ノ)》 背が水準を超えて高いこと。細くて背がたいへん高いこと。また、そのような人。「せーたかのっぽの・ しと(人)・は・ ばすけっと(バスケット)・を・ し・たら・ とく(得)や・なー。」「えらい・ せーたかのっぽの・ しょーがくせー(小学生)・が・ おる・なー。」〔⇒**のっぽ**〕

せたけ【背丈】《名詞》 ①背の高さ。「ろくしゃく(六尺)・ほど・の・ せたけ・の・ ひ(人)と・が・ やってき・た。」②衣服の、体の前面と背面を覆う部分。また、その長さ。「こども(子供)・が・ おー(大)きなっ・て・ ふく(服)・の・ せたけ・が・ ちょっと・ みじこ(短)ー・なっ・た。」〔①⇒**しんちょう【身長】**〕

せちがらい【世知辛い】《形容詞・アイ型》 ①面倒なことが多かったり、周囲がこせこせしたりして、生きていくのがわずらわしい。「なん(何)・に・でも・ しょーひぜー(消費税)・を・ と(取)っ・て・ せちがらい・ よ(世)のなか・や。」②勘定が細かすぎたり、計算高かったりしている。打算的で抜け目がない。「せちがらい・ やつ(奴)・や・さかい・ きふ(寄付)・の・ かね(金)・なんか・だ(出)し・よら・へん。」

せつ【節】《名詞》 時間の流れの中での、過去・現在・未来のある時期。「にゅーしゃ(入社)・の・ せつ・は・ いろいろ・ おせわ(世話)・に・ なり・まし・た。」「うまいこと・ いか・ん・よーに・ なっ・たら・ その・ せつ・は・ たす(助)け・て・な。」

せっかい【石灰】《名詞》 生石灰を焼いて作る白い粉。「うんどーじょー(運動場)・に・ せっかい・で・ せん(線)・を・ ひ(引)く。」〔⇒**いしばい【石灰】**〕

せっかく【折角】《副詞》 ①そのことのために努力したり、特別の心遣いで行ったりする様子を表す言葉。「せっかく・ き(来)・てもろ・た・のに・ あいそ(愛想)なし・で・ すん・まへ・ん。」②折り悪しくうまくいかない様子を表す言葉。「せっかく・です・が・ う(売)れきれ・です。」〔①⇒**わざわざ**〕

せっきょう〔せっきょー〕【説教】《名詞、動詞する》 ①堅苦しい教訓話を言って聞かせること。小言や注意を言って聞かせること。「せんせー(先生)・に・ きのー(昨日)・の・ こと(事)・を・ せっきょー・さ・れ・た。」②僧侶が経文の意味などを語り聞かせること。「ほーじ(法事)・の・ あと(後)・で・ せっきょー・を・ き(聞)ー・た。」

せっく【節句】《名詞》 端午や七夕などの、季節の変わり目に設けられた、お祝いをする日。「たんご(端午)・の・ せっく・が・ ちか(近)づい・た・さかい・ こいのぼり(鯉幟)・を・ あ(揚)げる。」

せっけん【石鹸】《名詞》 あかや汚れを落とすために使う、油と苛性ソーダで作ったもの。「そと(外)・から・ もど(戻)っ・たら・ せっけん・で・ て(手)・を・ あら(洗)え。」

せっけんこ〔せっけんこー〕【石鹸粉】《名詞》 汚れを落とすために使う、油と苛性ソーダで作ったものを粉末にしたもの。「せんたっき(洗濯機)・に・ せっけんこー・を・ い(入)れる。」〔⇒**こなせっけん【粉石鹸】**〕

せっこう〔せっこー〕【石膏】《名詞》 白い鉱石の粉。「せっこー・で・ つく(作)っ・た・ かお(顔)・を・ み(見)・て・ え(絵)・を・ か(描)く。」

せっし【摂氏】《名詞》 水の凍る温度を0度、沸騰する温度を100度とした温度目盛りの単位。また、それによって計る温度。「いま(今)・は・ せっし・の・ かんだんけー(寒暖計)・しか・ う(売)っ・とら・へん・やろ。」◆現在では、特に断らないかぎり、温度を表す数字は「せっし【摂氏】」で行われている。■対語＝「かし【華氏】」「かっし【(華氏)】」

せっしょう〔せっしょー〕【殺生】《名詞、動詞する、形容動詞や(ナ)》 ①生きている動物を殺すこと。「むし(虫)・でも・ なん(何)・でも・ むやみに・ せっしょーし・たら・ あか・ん。」②思いやりがなく、むごいこと。残酷なこと。「あした(明日)・まで・に・ せー・ ゆ(言)ー・て・ そら・ せっしょーや。」③出来事などの結果としてもたらされる、可哀相なことや情けないこと。「すいがい(水害)・に・ お(遭)ー・て・ せっしょーな・ こと(事)・や。」

せっせい〔せっせー〕【摂生】《名詞、動詞する》 病気にかからないように、欲望などを慎んで、気をつけること。健康を維持するために、体を大事にすること。「せっせーし・て・ さけ(酒)・も・ たばこ(煙草)・も・ や(止)め・まし・てん。」■対語＝「ふせっせい【不摂生】」〔⇒**ようじょう【養生】**〕

せっせっせ《唱え言葉》 相手と向かい合って、体の前で互いの両手を合わせるときに言う言葉。◆「せっせっせ」と言っておいてから、「夏も近づく八十八夜……」という歌に合わせて、手を合わせてたたき合うことなどをする。

せっせと《副詞》 休むことなく、何かを一生懸命にする様子。周りのことを気にせず、ものごとを進める様子。「はなし(話)・も・ せ・んと・ せっせと・ なえ(苗)・を・ う(植)え・ていく。」

せった【雪駄】《名詞》 裏に皮を張ったり、かかとに金物を打ったりした草履。「せった・を・ は(履)い・た・ おっ(小父)ちゃん・が・ き(来)・た。」

せったい【接待】《名詞、動詞する》 ①やって来た客の相手をして、もてなすこと。「あした(明日)・は・ おきゃく(客)さん・の・ せったい・の・ かかり(係)・を・ たの(頼)ん・ます・よ。」②供養などのために、集まった人に少しずつの茶菓を渡すこと。「じぞーぼん(地蔵盆)・に・ せったい・を・ し・て・ せんべー(煎餅)・を・くば(配)る。」

ぜったい【絶対】《副詞に》 ①どんな場合でもそのことが必ず起こるということを表す言葉。間違いなく必ず。「あした(明日)・の・ てんき(天気)・は・ ぜったい・は(晴)れ・や。」「わし・は・ ぜったい・ うそ(嘘)・を・ゆ(言)ー・とら・へん。」②決して。とうてい。「こんど(今度)・の・ しあい(試合)・は・ ぜったいに・ ま(負)け・たら・ あか・ん・で。」◆②は後ろに打ち消しの意味か、それに相当する言葉が伴う。〔①⇒**ぜっぺ**〕

せっちん【雪隠】《名詞》 大便や小便をするための設備のあるところ。「むかし(昔)・の・ いえ(家)・の・ せっちん・は・ そと(外)・に・ あっ・た。」〔⇒**せんち、せんちょ、べんじょ【便所】、ちょうず【手水】**〕

せっぱつまる【切羽詰まる】《動詞・ラ行五段活用》 ものごとが行き詰まったり差し迫ったりして、どうしようもなくなる。最後のところまで来てしまって、しかたがなくなる。「せっぱつまっ・て・　あにき(兄貴)・に・　かね(金)・を・　か(借)っ・た。」

せっぷく【切腹】《名詞､動詞する》 責任をとったり体面を保ったりするために､自分で腹を切って死ぬこと。「さむらい(侍)・が・　せっぷくする・　えーが(映画)・を・　み(見)・た。」

せつぶん【節分】《名詞》 立春の前日で2月3日頃にあたり、豆を撒いて悪鬼をはらう習慣のある日。「あっちこっち・の・　みや(宮)・で・　せつぶん・に・は・　まめ(豆)・を・　ま(撒)く。」〔⇒**としこし**【年越し】〕

ぜっぺ《副詞》 どんな場合でもそのことが必ず起こるということを表す言葉。間違いなく必ず。「こんど(今度)・は・　い(行)か・なんで・も・　いつか・　ぜっぺ・い(行)か・んならん・やろ。」「み(見)・とっ・てみー。あいつ・は・　ぜっぺ・　く(来)る・さかいに。」〔⇒**ぜったい**【絶対】〕

せつめい〔**せつめー**〕【説明】《名詞､動詞する》 ことがらの内容・経緯・理由・意義などについて､相手によくわかるように話すこと。「きちんと・　せつめーし・てくれ・なんだら・　わから・へん・がな。」

せつやく【節約】《名詞､動詞する》 無駄を省いて､出費や使用量を切り詰めること。「ひるめしだい(昼飯代)・を・　せつやくし・て・　べんとー(弁当)・を・　も(持)っ・ていく。」「もったい(勿体)ない・さかい・　でんき(電気)・や・　すいどー(水道)・を・　せつやくする。」

せともん【瀬戸物】《名詞》 土や石の粉で形を作り、うわぐすりを塗って焼いた器｡陶磁器｡「しょくどー(食堂)・に・は・　せともん・が・　すけ(少)のー・　なっ・て・　ぷらすちっく(プラスチック)・の・　しょっき(食器)・が・　ふ(増)え・た。」〔⇒**やきもん**【焼き物】〕

せなか【背中】《名詞》 ①人や動物の体の後ろ側で､肩と腰の間の部分｡「はだか(裸)・に・　なっ・て・　せなか・を・　れーすいまさつ(冷水摩擦)する。」②人やものの正面とは反対の部分。人や動物の体の裏側。「かばん(カバン)・の・　せなか・に・　なまえ(名前)・を・　か(書)く。」〔②⇒**うしろ**【後ろ】､**おしろ**【(後ろ)】〕

せなかあわせ〔**せなかあーせ**〕【背中合わせ】《名詞､形容動詞や(ノ)》 2つのものや2人が、背と背を向け合って、互いに後ろ向きになっていること。「せなかあわせに・　すわ(座)っ・とっ・て・　おたが(互)い・　き(気)・が・　つか・なんだ。」「おとーと(弟)・と・は・　せなかあわせ・の・　いえ(家)・に・　す(住)ん・どる。」■対語＝「むかいあわせ【向かい合わせ】」

ぜに【銭】《名詞》 紙幣と貨幣を合わせたもの。金銭。また、特に､金属で作られた貨幣｡「さつ(札)・が・　の(無)ー・て・　ぜに・しか・　も(持)っ・とら・へん。」「ぜに・を・　もー(儲)け・なんだら・　い(生)き・ていか・れ・へん。」〔⇒**ぜぜ**【(銭)】､**じぇに**【(銭)】､**かね**【金】､**おかね**【お金】〕

せのび【背伸び】《名詞、動詞する》 ①爪先を立てて伸び上がること。背を伸ばしてできる限り身長や目の位置を高くすること｡「せのびし・たら・　うみ(海)・が・　み(見)え・た。」②自分の力以上のことをしようと、無理をすること｡「せのびし・たって・　ごーかく(合格)・は・　むりや。」

せばい【(狭い)】《形容詞・アイ型》 ①ものとものとの間隔や隙間が小さい。空間や面積に余裕がない。「つくえ(机)・の・　うえ(上)・が・　せばい・さかい・　じ(字)・を・　か(書)きにくい。」②仕切られた幅が小さい。「むら(村)・の・　なか(中)・の・　みち(道)・が・　せばい。」③及ぶ範囲が小さい。「せばい・　ところ・から・しか・　か(買)い・に・　き(来)・てくれ・へん。」■対語＝「ひろい【広い】」■名詞化＝**せばさ**【(狭さ)】〔⇒**せまい**【狭い】〕

せばくるしい〔**せばくるしー**〕【(狭苦しい)】《形容詞・イイ型》 面積や間隔が小さくて、周りとの間でゆとりがなく、不自由な感じがする。「せばくるしー・　ろーか(廊下)・や・さかい・　もの(物)・を・　お(置)い・たら・　あか・ん。」〔⇒**せまくるしい**【狭苦しい】､**せまくろしい**【(狭苦しい)】､**せばくろしい**【(狭苦しい)】､**せせこましい**〕

せばくろしい〔**せばくろしー**〕【(狭苦しい)】《形容詞・イイ型》 面積や間隔が小さくて、周りとの間でゆとりがなく、不自由な感じがする。「もの(物)・を・　いっぱい(一杯)・　なら(並)べ・て・　せばくろしー・　みせ(店)・や・なー。」〔⇒**せまくるしい**【狭苦しい】､**せまくろしい**【(狭苦しい)】､**せばくるしい**【(狭苦しい)】､**せせこましい**〕

せばさ【(狭さ)】《名詞》 面積の小ささ。面積の小ささの程度。面積が小さいこと。「あの・　きゅーじょー(球場)・の・　せばさ・やっ・たら・　ほーむらん(ホームラン)・が・　よー・　で(出)る。」■対語＝「ひろさ【広さ】」〔⇒**せまさ**【狭さ】〕

せばまる【狭まる】《動詞・ラ行五段活用》 面積や間隔などが小さくなる。「ある(歩)い・とっ・たら・　みち(道)・が・　だんだん・　せばまっ・た。」■自動詞は「せばめる【狭める】」■対語＝「ひろがる【広がる】」

せばめる【(狭める)】《動詞・マ行下一段活用》 面積や間隔などを小さくする。「つつ(筒)・の・　くち(口)・を・　せばめ・て・　なか(中)・の・　もん(物)・が・　お(落)ち・ん・よーに・　する。」■自動詞は「せばまる【(狭まる)】」■対語＝「ひろげる【広げる】」

せび【(蝉)】《名詞》 幼虫のとき数年以上は土中で木の根の養分を吸って生活し、成虫になった夏には木にとまって、雄は高い声で鳴く昆虫。「せび・が・　と(飛)ん・でき・て・　き(木)ー・に・　と(止)まっ・た。」〔⇒**せみ**【蝉】､**せみせみ**【蝉々】､**せびせび**【(蝉々)】〕

せびせび【(蝉々)】《名詞》 幼虫のとき数年以上は土中で木の根の養分を吸って生活し、成虫になった夏には木にとまって､雄は高い声で鳴く昆虫。「せびせび・が・　じゃんじゃん・　な(鳴)い・て・　やかま(喧)しー。」◆幼児語。〔⇒**せみ**【蝉】､**せび**【(蝉)】､**せみせみ**【蝉々】〕

せびりとる【せびり取る】《動詞・ラ行五段活用》 金品をうるさく､ねだって取る。せがんで奪う。「はたら(働)い・ても・　はたら(働)い・ても・　こども(子供)・に・　がくひ(学費)・を・　せびりとら・れ・とる・よーな・　もん・や。」

せびる《動詞・ラ行五段活用》 金品をうるさく､ねだる。せがむ｡「りょこー(旅行)・に・　い(行)く・と・　ゆ(言)ー・て・　こども(子供)・に・　かね(金)・を・　せびら・れ・た。」

せびろ【背広。英語＝civil clothesの日本語形】《名詞》 折り襟で腰までの丈の上着と、同じ布地で作ったズボンを合わせた､男性用の通常服。「なつ(夏)・でも・　せびろ・を・　き(着)・て・　ねくたい(ネクタイ)・　し(締)め・て・　かいしゃ(会社)・へ・　い(行)く。」

せぼね【背骨】《名詞》 人や獣や魚などの体の中心部や背中を通って中軸になっている骨｡「たい(鯛)・の・　せぼね・は・　かた(硬)い・なー。」

せまい【狭い】《形容詞・アイ型》 ①ものとものとの間隔や

隙間が小さい。空間や面積に余裕がない。「だいどこ(台所)・が・　せもー・て・　こま(困)っ・とる。」②仕切られた幅が小さい。「ぎょー(行)・の・　あいだ(間)・が・　せまい・さかい・　じ(字)・が・　か(書)きにくい。」③及ぶ範囲が小さい。「かお(顔)・が・　せまい・さかい・　し(知)っ・とる・　ひと(人)・が・　すけ(少)ない。」■対語＝「ひろい【広い】」■名詞化＝**せまさ**【狭さ】〔⇒**せばい**【(狭い)】〕

せまくるしい〔**せまくるしー**〕【狭苦しい】《形容詞・イイ型》　面積や間隔が小さくて、周りとの間でゆとりがなく、不自由な感じがする。「らん(欄)・が・　せまくるしー・て・　ぎょーさん(仰山)・の・　じ(字)・を・　か(書)か・れ・へん。」「せまくるしー・　みせ(店)・や・さかい・　はやら・へん・やろ。」〔⇒**せまくろしい**【(狭苦しい)】、**せばくるしい**【(狭苦しい)】、**せばくろしい**【(狭苦しい)】、**せせこましい**〕

せまくろしい〔**せまくろしー**〕【(狭苦しい)】《形容詞・イイ型》　面積や間隔が小さくて、周りとの間でゆとりがなく、不自由な感じがする。「せまくろしー・　いえ(家)・に・　き(来)・てもろ・て・　すんまへん・なー。」〔⇒**せまくるしい**【狭苦しい】、**せばくるしい**【(狭苦しい)】、**せばくろしい**【(狭苦しい)】、**せせこましい**〕

せまさ【狭さ】《名詞》　面積の小ささ。面積の小ささの程度。面積が小さいこと。「うち・は・　へや(部屋)・が・　みっ(三)つ・しか・　ない・　せまさ・や・ねん。」■対語＝「ひろさ【広さ】」〔⇒**せばさ**【(狭さ)】〕

せまる【迫る】《動詞・ラ行五段活用》　①時間的に、または空間的に近づく。もう少しで届きそうになる。「もーしこみ(申込)・の・　しめきり(締切)・の・　ひ(日)・が・　せまっ・とる。」②間隔や幅が小さくなる。「いえ(家)・の・　うしろ(後)・に・　がけ(崖)・が・　せまっ・とる・ねん。」◆②は、他を圧するようになっているという印象が伴う言葉である。

せみ【蝉】《名詞》　幼虫のとき数年以上は土中で木の根の養分を吸って生活し、成虫になった夏には木にとまって、雄は高い声で鳴く昆虫。「あさ(朝)・から・　せみ・が・　やかましー・に・　な(鳴)い・とる。」〔⇒**せび**【(蝉)】、**せみせみ**【蝉々】、**せびせび**【(蝉々)】〕

せみせみ【蝉々】《名詞》　幼虫のとき数年以上は土中で木の根の養分を吸って生活し、成虫になった夏には木にとまって、雄は高い声で鳴く昆虫。「こーえん(公園)・へ・　い(行)っ・て・　せみせみ・を・　つか(捕)まえ・たろ・か。」◆幼児語。〔⇒**せみ**【蝉】、**せび**【(蝉)】、**せびせび**【(蝉々)】〕

せみせみ《副詞》　蝉の鳴く様子。また、その声。「あさ(朝)っぱら・から・　せみせみ・　ゆー・て・　な(鳴)い・て・　やかま(喧)しー・　こと・や。」

せめこむ【攻め込む】《動詞・マ行五段活用》　押し寄せて敵の陣地に入っていく。「ぼーる(ボール)・を・　け(蹴)っ・て・　せめこん・だ。」

せめて《副詞》　それだけでは十分ではないが、少なくともそれだけは、という気持ちを表す言葉。最低限それだけは。「せめて・　ちこく(遅刻)・だけ・は・　せ・ん・よーに・　し・てんか。」

せめる【攻める】《動詞・マ行下一段活用》　①敵対する相手をうち破ろうとして積極的に戦いをしかける。「りょーがわ(両側)・から・　はさ(挟)ん・で・　せめる。」②押し寄せて相手に迫ろうとする。「か(蚊)ー・に・　せめ・られ・て・　ね(寝)・られ・なんだ。」■名詞化＝**せめ**【攻め】■対語＝①「まもる【守る】」

せめる【責める】《動詞・マ行下一段活用》　相手の失敗や罪をとがめて、反省を促したり償いを求めたりする。なじったりして相手を苦しめる。しきりに要求する。「こども(子供)・を・　せめ・たら・　あか・ん・よ。」

セメン〔**せめん**〕【英語＝cement の省略形】《名詞》　建築材料などとして使うための、石灰岩と粘土を混ぜて焼き粉末にしたもの。「いちにち(一日)・　おい・たら・　せめん・が・　かた(固)まっ・た。」〔⇒**セメント**【英語＝cement】〕

セメン〔**せめん**〕【ラテン語＝semen cinae の省略形】　子供などに飲ませる回虫駆除薬。「むしくだ(虫下)し・に・　せめん・を・　の(飲)ます。」

セメント〔**せめんと**〕【英語＝cement】《名詞》　建築材料などとして使うための、石灰岩と粘土を混ぜて焼き粉末にしたもの。「せめんと・で・　かべ(壁)・を・　こしら(拵)える。」〔⇒**セメン**【英語＝cement の省略形】〕

せり【芹】《名詞》　春の七草の一つで、湿ったところに生えて、葉や茎に強い香りがあり食用となる草。「い(良)い・　かお(香)り・の・　する・　せり・を・　おつゆ(汁)・に・　い(入)れる。」

せりあう【競り合う】《動詞・ワア行五段活用》　互いに負けまいと激しくきそいあう。「きょうだい(兄弟)・で・　せりおー・て・　やきゅー(野球)・を・　し・とる。」〔⇒**せる**【競る】〕

せる【競る】《動詞・ラ行五段活用》　①互いに負けまいときそいあう。「はんしん(阪神)・と・　きょじん(巨人)・が・　せら・ん・　こと・に・は・　おもろ(面白)ない・なー。」②混み合う。広くないところに詰め合う。「せま(狭)い・　とこ(所)・に・　みな(皆)・が・　せっ・て・　すわ(座)っ・とる。」〔①⇒**せりあう**【競り合う】〕

セルロイド〔**せるろいど**〕【英語＝celluloid】《名詞》　文房具やおもちゃなどの材料となる、植物の繊維から作る化学的な物質。「せるろいど・で・　でけ(出来)・た・　きゅーぴ(キューピー)・は・　かい(可愛)らしー・なー。」◆燃えやすいので、今では、他の材質のものに取って代わられてしまっている。

セルロイド製のおもちゃ

ゼロ〔**ぜろ**〕【英語＝zero】《名詞》　①数がまったくないこと。正でも負でもない数字。「ずーっと・　ぜろ・ばっかり・が・　つづ(続)い・とる・　やきゅー(野球)・の・　しあい(試合)・は・　おもろ(面白)ーない・なー。」②能力などがまったくないこと。「あいつ(彼奴)・の・　しどーりょく(指導力)・は・　ぜろ・や。」〔⇒**れい**【零】〕

セロハン〔**せろはん**〕【フランス語＝cellophane】《名詞》　透き通った、薄い紙のようなもの。「せろはん・の・　ふくろ(袋)・に・　い(入)れ・たら・　なかみ(中身)・が・　よー・　み(見)える。」

せわ【世話】《名詞、動詞する》　①気を配って、人の面倒を見ること。人のために力を尽くすこと。「にゅーいん(入院)し・とる・　おやじ(親父)・の・　せわ・を・　する。」②間を取り持つこと。人と人とを関係づけること。「おまえ・の・　よめ(嫁)はん・は・　わし・が・　せわし・たる・わ。」

せわ【世話】《形容動詞や(ナ)》　手数がかかって煩わしい様子。込み入って面倒な様子。人の面倒を見るのに手数がかかる様子。「せわや・けど・　なん(何)とか・　たの(頼)む・わ。」「わざわざ・　やくば(役場)・まで・　い(行)か・んならん・の・は・　せわな・　こと(事)・や。」

「あの・　はなし(話)・は・　せわやっ・た・さかい・　ことわ(断)っ・ても・てん。」「なん(何)やかや・　たの(頼)み・に・　く(来)る・　せわな・　ひと(人)・や。」〔⇒**やっかい【厄介】**〕

せわがやける【世話が焼ける】《動詞・カ行下一段活用》　面倒で手数がかかる。「ひとり(一人)・で・　でけ(出来)・へん・の・か。せわがやける・　やつ(奴)・や・なー。」

せわしい〔せわしー〕【忙しい】《形容詞・イイ型》　①しなければならないことが重なって、ゆっくりする暇がない。「きょー(今日)・は・　せ・な・　いか・ん・　こと・が・　ぎょーさん(仰山)・　あっ・て・　せわしー・　いちにち(一日)・やっ・た。」②動きなどが速くて落ち着かなく、ゆったりしていない。「せわしー・　ひと(人)・や・なー。もー・　ちょっと・　お(落)ちつい・たら・　えーのに。」〔⇒**いそがしい【忙しい】、せわしない【忙しない】、せからしい【急からしい】**〕

せわしない【忙しない】《形容詞・アイ型》　①しなければならないことが重なって、ゆっくりする暇がない。「ここ・　いっしゅーかん(一週間)・ほど・は・　せわしない・　ひ(日)・が・　つづ(続)い・とる・ねん。」②動きなどが速くて落ち着かなく、ゆったりしていない。「せわしない・　はな(話)しかた・を・　する・さかい・　よー・　わから・なんだ。」「せわしない・　ある(歩)きかた・を・　し・て・　こけ・ん・よーに・　き(気)・を・　つけ・なはれ。」◆「せわしい【忙しい】」の強調表現として「せわしない【忙しない】」と言う。〔⇒**いそがしい【忙しい】、せわしい【忙しい】、せからしい【急からしい】**〕

せわずき【世話好き】《形容動詞や(ノ)、名詞》　他の人の面倒を見るのが好きな様子。また、そのような人。「となり(隣)・に・　す(住)ん・どる・の・は・　せわずきな・　おば(小母)ちゃん・や・ねん。」

せわにん【世話人】《名詞》　会や催しの中心になって面倒を見る人。「ぼーねんかい(忘年会)・の・　せわにん・を・　き(決)める。」

せわやき【世話焼き】《名詞》　①進んであれこれと他人の面倒を見ること。頼まれもしないのに他人のために尽力すること。また、そのような人。「せわやき・の・　ひと(人)・が・　おっ・てくれ・たら・　ありがたい・のに・なー。」②人が嫌がるほど、面倒を見ようとする人。おせっかい。「うち・の・　はほや(母親)・は・　せわやき・で・　うるさ(煩)い・ねん。」

せわ(を)やく【世話を焼く】《動詞・カ行五段活用》　進んであれこれと他人の面倒を見る。「いま(今)・は・　おや(親)・に・　なん(何)でもかんでも・　せわをやい・てもろー・とる。」■名詞化＝**せわやき【世話焼き】**

せん【線】《名詞》　①点が動いた跡が、連なったもの。「えんぴつ(鉛筆)・で・　せん・を・　ひ(引)く。」②糸のように、細長く続くもの。「せん・に・　なっ・て・　なら(並)ん・どる。」③電車、バスや、道路の通る経路。「となり(隣)・の・　せん・に・　の(乗)りかえる。」④人の度量や性格などから受ける感じ。「せん・の・　ほそ(細)い・　ひと(人)・は・　たよ(頼)り・に・　なら・ん。」〔①②③⇒**すじ【筋】**〕

せん【栓】《名詞》　①瓶などの口につけて、中身が漏れないようにするもの。「ぶどーしゅ(葡萄酒)・の・　びん(瓶)・の・　せん・が・　なかなか・　あ(開)か・へん。」②外のものが入ってくるのを防ぐためのもの。「やかま(喧)しー・さかい・　みみ(耳)・に・　せん・を・　する。」③水道管やガス管などに取り付けて、流れる量の調節をしたり開閉をしたりするためのもの。蛇口。「すいどー(水道)・の・　せん・から・　みず(水)・が・　ぽたぽた・　お(落)ち・とる。」〔①②⇒**つめ【詰め】、ふた【蓋】**。①③⇒**かぶせ【被せ】**。①⇒**キャップ【英語＝cap】**。③⇒**コック【英語＝cock】**〕

せん【先】《名詞》　現在をさかのぼった以前のこと。「あんた・と・は・　せん・に・　お(会)ー・た・　こと・が・　おまし・た・なー。」

せん【千】《名詞》　数の単位で、百の10倍。十の100倍。「それ・やっ・たら・　せんえん(円)・　だ(出)し・たら・　か(買)える。」「おー(大)きな・　すいか(西瓜)・を・　いっこ(一個)・　せんえん(円)・で・　う(売)っ・とる。」

せん【銭】《助数詞》　お金の単位で、1円の100分の1にあたるもの。「ひゃくえん(百円)・で・　にひゃっこ(二百個)・　はい(入)っ・とる・ん・やっ・たら・　いっこ(一個)・　ごじっ(五十)せん・や。」

せん《助動詞》　前にある言葉を打ち消すときに使う言葉。「ここ・に・は・　だれ(誰)・も・　お(居)ら・せん。」「そんな・　こと・は・　し・や・せん。」

ぜん【膳】《名詞》　①食べ物を載せる、一人用の小さな台。「ほとけ(仏)さん・の・　ぜん・を・　そな(供)える。」②折り畳みができる、脚の付いた低い食卓。卓袱台。「ぜん・を・　たた(畳)ん・で・　かべ(壁)・に・　もたらし・とく。」③客に向けて準備した、台に乗せて整えた食事。「じゅーにんぶん(十人分)・の・　ぜん・を・　ちゅーもん(注文)する。」〔⇒**おぜん【お膳】**〕

ぜん【前】《名詞》　①現在から隔たった、過去のある時期。「ぜん・は・　きょねん(去年)・に・　あ(会)い・まし・たかいな。」②反復したり継続したりすることがらの、この前のとき。今回のひとつ前のとき。「ぜん・は・　どこ・まで・　おはなし(話)し・まし・た・か。」〔⇒**まえど【前度】、まいど【(前度)】**。①⇒**まえ【前】、まい【(前)】**。②⇒**ぜんかい【前回】、まえのかい【前の回】、まいのかい【(前の回)】**〕

ぜん【膳】《助数詞》　ご飯、箸などを数える言葉。「いち(一)ぜん・の・　めし(飯)・を・　く(食)う。」

ぜんいん【全員】《名詞》　その場にいる人すべて。関係のある、すべての人。その組織に属するすべての人。「ぜんいん・　ここ・に・　あつ(集)まっ・てー・な。」〔⇒**みんな【皆】、みな【皆】**〕

ぜんかい【前回】《名詞》　反復したり継続したりすることがらの、この前のとき。今回のひとつ前のとき。「ぜんかい・の・　つづ(続)き・の・　はなし(話)・を・　します。」■対語＝「じかい【次回】」〔⇒**まえど【前度】、まいど【(前度)】、まえのかい【前の回】、まいのかい【(前の回)】、ぜん【前】**〕

ぜんかい【全快】《名詞、動詞する》　病気や怪我がすっかり治って、もとの健康な状態に戻ること。「ぜんかい・の・　うちいわい(内祝)・を・　くば(配)る。」

ぜんがく【全額】《名詞》　すべての金額。総額。「いっぺん(一遍)・に・　ぜんがく・を・　はら(払)え・と・　い(言)わ・れ・ても・　それ・は・　むり(無理)や。」

ぜんき【前期】《名詞》　全体を2つまたは3つの期間に分けたときの、はじめの区切り。「ぜんき・の・　しけん(試験)・は・　らいしゅー(来週)・に・　ある・ねん。」■対語＝「ちゅうき【中期】」「こうき【後期】」

せんきょ【選挙】《名詞、動詞する》　集団や組織の中で、何らかの役割や役目に就く人を、全体または候補者の中から選び出すこと。「しかいぎいん(市会議員)・の・　せんきょ・が・　はじ(始)まっ・たら・　まちじゅー(町中)・　やかま(喧)しー・　なる。」「がっきゅーやくいん

（学級役員）・の・ せんきょ・で・ えら（選）ば・れ・ても・た。」

せんぎり【千切り】《名詞》 大根や人参などを細長く切ること。大根や人参などを細長く切ったもの。大根などを細長く切って干したもの。「だいこん（大根）・が・ ぎょーさん（仰山）・ あ（有）る・さかい・ せんぎり・に・ し・て・ ほ（干）し・とく。」「せんぎり・を・ あつあげ（厚揚）・と・ いっしょ（一緒）に・ た（炊）く。」

せんげつ【先月】《名詞》 今月の前の月。「せんげつ・は・ さぶ（寒）い・ ひ（日）・が・ つづ（続）い・た。」■対語＝「らいげつ【来月】」〔⇒**さきのつき**【先の月】、**あとのつき**【後の月】〕

せんご【戦後】《名詞》 戦争が終わった後。戦争が終わったあとの混乱した時期。特に、第２次世界大戦が終わった後。「せんご・は・ おたが（互）い・に・ た（食）べる・もん（物）・が・ の（無）ー・て・ こま（困）り・まし・た・な。」■対語＝「せんぜん【戦前】」「せんちゅう【戦中】」

ぜんご【前後】《名詞、動詞する》 ①場所としての前と後ろ。「ぜんご・に・ おる・ ひと（人）・の・ かお（顔）・を・ おぼ（憶）え・とい・てください。」②時間としての前と後ろ。「しょくじ（食事）・の・ ぜんご・に・ さけ（酒）・を・ の（飲）む。」③物事の順序。また、それが逆になること。「せつめー（説明）・が・ ぜんご・に・ なっ・て・ すみません。」④ある数を中心として、それに近い数値や範囲。その数字ぐらい。「にじゅーにん（二十人）・ぜんご・の・ きぼーしゃ（希望者）・が・ おる。」〔①②③⇒**まえうしろ**【前後ろ】、**まえおしろ**【（前後ろ）】、**あとさき**【後先】〕

せんこう〔**せんこー、せんこ**〕【線香】《名詞》 火をつけて仏前に供えたりするために、香りの良い草木や葉を粉にして、線状に固めたもの。「はか（墓）・に・ せんこ・を・ た（立）てる。」

せんこう〔**せんこー**〕【先攻】《名詞、動詞する》 野球などのスポーツなどで、相手より先に攻めること。「きょー（今日）・は・ うち・の・ ほー（方）・が・ せんこー・や。」■対語＝「こうこう【後攻】」

ぜんこう〔**ぜんこー**〕【全校】《名詞》 ①一つの学校全体。学校にいる人全員。「ぜんこー・の・ しゅーかい（集会）・を・ する。」②一定の区域のすべての学校。「しない（市内）・の・ ぜんこー・が・ あつ（集）まる・ おんがっかい（音楽会）・が・ ある。」

せんこうはなび〔**せんこーはなび、せんこはなび**〕【線香花火】《名詞》 こよりの先に火薬を包み込んだ、小さな花火。「せんこーはなび・でも・ やけど（火傷）する・さかい・ き（気）ーつけ・なはれ。」〔⇒**すすきにからまつ**【薄に唐松】〕

ぜんこく【全国】《名詞》 一つの国の全体。「やきゅーぶ（野球部）・が・ ぜんこく・の・ たいかい（大会）・に・で（出）る・ので・ きふ（寄付）・を・ あつ（集）め・た。」

せんさい【戦災】《名詞》 戦争のときに、相手側から攻撃を受ける災害。「かわさきこーくー（川崎航空）・の・ こーば（工場）・に・ ばくだん（爆弾）・が・ お（落）ち・た・とき（時）・の・ あかし（明石）・の・ せんさい・は・ ひど（酷）い・ もん・やっ・た。」

せんざい【前栽】《名詞》 草木を植え込んだ民家などの庭。庭に植え込んだ草木。「せんざい・の・ つばき（椿）・の・ はな（花）・が・ きれー（綺麗）に・ さ（咲）い・た。」◆「せんだい」とも発音する。

せんざい【洗剤】《名詞》 衣類や食器や野菜などの汚れを落とすために、湯や水に溶かして使う薬品。「こ（焦）げ・た・ なべ（鍋）・を・ せんざい・で・ あら（洗）う。」

ぜんざい【善哉】《名詞》 粒餡の汁に餅を入れたもの。「しょーがつ（正月）・の・ もち（餅）・で・ ぜんざい・を・ こしら（拵）える。」

せんし【戦死】《名詞、動詞する》 軍人や兵士が、戦争に従軍して戦い、命を落とすこと。「この・ まえ（前）・の・ せんそー・で・は・ この・ むら（村）・から・ なんにん（何人）・も・ せんしする・ ひと（人）・が・ で（出）・た。」

せんじちゅう〔**せんじちゅー**〕【戦時中】《名詞》 戦争が行われているとき。特に、第２次世界大戦が行われているとき。「せんじちゅー・は・ ほんま（本真）に・ くいもん（食物）・が・ な（無）かっ・た。」〔⇒**せんちゅう**【戦中】〕

せんじつ【先日】《名詞》 あまり遠くない過去のある日。今日より少し前の日。「せんじつ・は・ いろいろ（色々）・ おせわ（世話）・に・ なり・まし・た。」〔⇒**さきごろ**【先頃】、**せんだって**【先だって】、**こないだ**、**このあいだ**【この間】〕

ぜんじつ【前日】《名詞》 その日の、前の日。「ぜんじつ・に・ あめ（雨）・が・ ふ（降）っ・たら・ うんどーじょー（運動場）・が・ びちゃびちゃで・ うんどーかい（運動会）・は・ でけ（出来）・へん。」■対語＝「よくじつ【翌日】」〔⇒**まえのひ**【前の日】〕

せんしゃ【戦車】《名詞》 砲や銃などの武器を装備して陸上を走りまわる、戦闘用の乗り物。タンク。「ぐんかん（軍艦）・に・ せんしゃ・を・ つ（積）む。」

せんしゅ【選手】《名詞》 ①スポーツや技芸などの競技に出るために、代表として選ばれた人。「さんじゅーにん（三十人）・ずつ・ せんしゅ・を・ えら（選）ん・で・ つなひき（綱引）・を・ する。」②職業としてスポーツをする人。「おー（大）きなっ・たら・ やきゅー（野球）・の・ せんしゅ・に・ なり・たい。」

せんしゅう〔**せんしゅー**〕【先週】《名詞》 今日が属している日曜日から土曜日までの７日間の、その一つ前の７日間。「せんしゅー・は・ あめ（雨）・が・ おー（多）かっ・た。」◆「せんしゅう【先週】」の前の週は「せんせんしゅう【先々週】」と言う。■対語＝「らいしゅう【来週】」〔⇒**さきのしゅう**【先の週】〕

ぜんしょう〔**ぜんしょー**〕【全勝】《名詞、動詞する》 すべての勝負や試合に勝つこと。「こんばしょ（今場所）・は・ ぜんしょー・の・ よこづな（横綱）・が・ おら・へん。」

せんじる【煎じる】《動詞・ザ行上一段活用》 お茶や薬草を煮て、味や成分を出す。「は（葉）ー・を・ せんじ・て・ くすり（薬）・に・ する。」

せんす【扇子】《名詞》 木や竹などで作った骨に紙や布などを張り、折り畳めるようしたもので、手に持ってあおいだり、儀式や舞踊などで手に持ったりする道具。「あせ（汗）・が・ たらたら・ なが（流）れる・さかい・ せんす・で・ ばたばた・ あお（扇）い・だ。」〔⇒**おうぎ**【扇】〕

せんすいかん【潜水艦】《名詞》 海中に潜って活動する軍艦。「せんすいかん・が・ こーべこー（神戸港）・に・ き（来）・とる。」

せんせい〔**せんせー、せんせ**〕【先生】《名詞》 ①学者、教員、医師、弁護士、議員、芸術家など、その道の専門家や、ものごとを教える立場にいる人。「この・ けが（怪我）・は・ いつ・ なお（治）る・ん・か・ せんせー・に・ き

(訊)ー・てん・けど・　わから・へん・と・　い(言)わ・れ・た。」「がっこ(学校)・の・　せんせー・に・　なり・たい・と・　おも(思)・てます。」②相手を敬ったり、また、からかったりする気持ちのあるときに、相手や第三者に向かって使う言葉。「あの・　ひと(人)・は・　わし・の・　しょーぎ(将棋)・の・　せんせー・や。」「あの・　しゃべ(喋)り・の・　せんせー・の・　みみ(耳)・に・　い(入)れ・たら・　あか・ん・ぞ。」

せんぜん【戦前】《名詞》 戦争が始まる前。特に、第２次世界大戦が始まる前。「せんぜん・より・も・　もっと・　けーき(景気)・が・　わる(悪)ー・　なっ・た。」■対語＝「せんちゅう【戦中】」「せんご【戦後】」

ぜんぜん【全然】《副詞、形容動詞や(ノ)》 打ち消し表現の度合いを高めるために使う言葉。そのことを強く否定する気持ちを表す言葉。「むつか(難)しー・　はなし(話)・や・さかい・　ぜんぜん・　わから・へん。」「しけん(試験)・の・　でき(出来)・は・　ぜんぜんやっ・た。」〔⇒**ちっとも、ちいとも、ちょっとも**【一寸も】**、いっこも**【一個も】**、ひとつも**【一つも】**、ひとっつも**【一っつも】**、しとつも**【(一つも)】**、しとっつも**【(一っつも)】**、とっつも、なにひとつ**【何一つ】**、なにしとつ**【(何一つ)】**、なんにも**【何にも】**、なにも**【何も】**、ねっから**【根っから】**、ねからはから**【根から葉から】**、まるきり**【丸きり】**、まるっきり**【丸っきり】**、てんで、とんと、てんと**〕

せんぞ【先祖】《名詞》 今の家族よりも前の、その家の代々の人たち。「おぼん(盆)・に・　きょーだい(兄弟)・　そろ(揃)・て・　せんぞ・の・　はか(墓)・に・　まい(参)っ・た。」

せんそう〔**せんそー**〕【戦争】《名詞》 ①国と国、軍隊と軍隊とが武器を用いて戦うこと。「もー・　せんそー・は・　し・てほしー・ない・なー。」②社会における激しい戦いや混乱。「だいがくじゅけん(大学受験)・の・　せんそー・は・　むかし(昔)・の・　こと・で・　いま(今)・は・　はい(入)りやすい・ん・や・そーや。」「すーぱー(スーパー)・の・　やすうり(安売)・の・　とき(時)・は・　きゃくどーし(客同士)・の・　せんそー・に・　なる。」

ぜんそく【喘息】《名詞》 激しい咳と、呼吸の苦しみとが発作的に出る病気。「ぜんそく・の・　ほっさ(発作)・が・　お(起)き・たら・　なかなか・　おさ(治)まら・へん。」

ぜんそくりょく【全速力】《名詞》 人や乗り物や機械などの、出せる限りの速さ。「お(追)わえ・られ・て・　ぜんそくりょく・で・　に(逃)げ・た。」

せんだい【先代】《名詞》 ①前の代の主人。「せんだい・が・　みせ(店)・を・　おー(大)きー・　し・た。」②同じ名前を踏襲している場合の、一代前の人。「せんだい・から・　なまえ(名前)・を・　ひ(引)きつぐ。」

ぜんたい【全体】《名詞》 物や事柄のすべて。ひとまとまりのものの残らず全部。「きょー(今日)・　あつ(集)まっ・てくる・　ぜんたい・の・　にんずー(人数)・は・　なんにん(何人)・ぐらい・です・やろ。」■対語＝「ぶぶん【部分】」

せんたく【洗濯】《名詞、動詞する》 衣類などの汚れを洗ってすすいで、きれいにすること。「あせ(汗)・を・　かい・た・　しゃつ(シャツ)・を・　せんたくする。」〔⇒**せんだく**【洗濯】〕

せんだく【洗濯】《名詞、動詞する》 衣類などの汚れを洗ってすすいで、きれいにすること。「たらい(盥)・で・　ごしごし・　せんだくする。」◆「せんたく【洗濯】」よりも、「せんだく【洗濯】」と言う方が多い。〔⇒**せんたく**【洗濯】〕

せんたくいた〔**せんだくいた**〕【洗濯板】《名詞》 衣類などの汚れをごしごしと洗ってきれいにするために、水の流れのそばや盥で使う板。「せんだくいた・で・　こす(擦)る。」(写真は、たらい【盥】の項を参照)

せんたくき〔**せんだくき**〕【洗濯機】《名詞》 電力を用いて自動で衣類などの汚れを洗ってきれいにする器械。「せんたくき・で・　したぎ(下着)・を・　あら(洗)う。」〔⇒**せんたっき**【(洗濯機)】**、でんきせんたくき**【電気洗濯機】**、でんきせったっき**【(電気洗濯機)】〕

せんたくのり〔**せんだくのり**〕【洗濯糊】《名詞》 衣類などの汚れを洗ってきれいにしたのち、それをぴんとさせるために使う、粘りけのあるもの。「せんたくのり・が・　き(利)きすぎ・て・　わいしゃつ(ワイシャツ)・の・　くび(首)・が・　かた(堅)い。」

せんたくもん〔**せんだくもん**〕【洗濯物】《名詞》 ①汚れているので、洗ってきれいにしなければならない衣類。「ちょっと(一寸)・　なま(怠)け・とっ・たら・　せんたくもん・が・　た(溜)まっ・た。」②汚れを洗ってきれいにした衣類。「あめ(雨)・が・　ふ(降)っ・てき・た・ので・　せんだくもん・を・　と(取)りいれる。」

せんたっき〔**せんだっき**〕【(洗濯機)】《名詞》 電力を用いて自動で衣類などの汚れを洗ってきれいにする器械。「せんたっき・で・は・　よご(汚)れ・が・　ちゃんと・　お(落)ち・へん。」〔⇒**せんたくき**【洗濯機】**、でんきせんたくき**【電気洗濯機】**、でんきせったっき**【(電気洗濯機)】〕

せんだって【先だって】《名詞、副詞》 あまり遠くない過去のあるとき。今日より少し前のとき。「せんだって・は・　おせわ(世話)・に・　なり・まし・た。」「せんだって・　おし(知)らせし・た・　とー(通)り・です。」〔⇒**さきごろ**【先頃】**、せんじつ**【先日】**、こないだ、このあいだ**【この間】〕

せんち【戦地】《名詞》 戦争をしている場所。出征をした場所。「せんち・に・　いもん(慰問)・の・　はがき(葉書)・を・　だ(出)し・た。」

せんち《名詞》 大便や小便をするための設備のあるところ。「せんち・へ・　いっ・て・から・　いえ(家)・を・　で(出)る。」◆「せんち」という発音は「せっちん【雪隠】」から転じたもの。〔⇒**せっちん**【雪隠】**、せんちょ、べんじょ**【便所】**、ちょうず**【手水】〕

センチ〔**せんち**〕【英語＝centi】《名詞》 メートル法の長さの単位で、１センチは、１メートルの100分の１の長さである。「さんじっ(三十)せんち・の・　ものさし(物差)・を・　と(取)っ・てんか。」

せんちづめ【(雪隠詰め)】《名詞、動詞する》 ①相手の動きをとれなくすること。また、そのようになること。「むつか(難)しー・　りくつ(理屈)・ばっかり・　ぬかし・やがっ・て・　せんちづめさ・れ・ても・た。」②将棋で、相手の王将を盤の隅に追い込んで、動きをとれなくすること。また、そのようになること。「おー(王)さん・を・　せんちづめ・に・　し・て・　か(勝)っ・た。」〔⇒**せんちょづめ**【(雪隠詰め)】〕

せんちむし【せんち虫】《名詞》 便所にいる、蝿や虻などの幼虫。「せんちむし・が・　うじゃうじゃし・とっ・たら・　きも(気持)ち・が・　わる(悪)い・ぞー。」◆「せんちむし」という発音は「せっちんむし【雪隠虫】」から転じたもの。〔⇒**せんちょむし**【せんちょ虫】〕

せんちゅう〔**せんちゅー**〕【戦中】《名詞》 戦争が行われているとき。特に、第２次世界大戦が行われていると

せ

き。「せんちゅー・は・　た(食)べる・　もん(物)・に・　ふじゅー(不自由)し・た・なー。」■対語＝「せんぜん【戦前】」「せんご【戦後】」〔⇒**せんじちゅう【戦時中】**〕

せんちょ《名詞》 大便や小便をするための設備のあるところ。「せんちょ・の・　しりふ(尻拭)き・の・　かみ(紙)・が・　の(無)ーなっ・てき・た・ぞ。」◆「せんちょ」という発音は「せっちん【雪隠】」から転じたもの。〔⇒**せっちん【雪隠】、せんち、べんじょ【便所】、ちょうず【手水】**〕

せんちょう〔せんちょー〕【船長】《名詞》 船の航行を指揮し、乗組員を統率する責任を持つ人。「せんちょー・が・　おきゃく(客)さん・に・　あいさつ(挨拶)・を・　し・た。」

せんちょづめ【(雪隠詰め)】《名詞、動詞する》 ①相手の動きをとれなくすること。また、そのようになること。「だれ(誰)・も・　さんせー(賛成)し・てくれ・へん・さかい・　せんちょづめ・に・　なっ・ても・た。」②将棋で、相手の王将を盤の隅に追い込んで、動きをとれなくすること。また、そのようになること。「もー・　ちょっと(一寸)・で・　せんちょづめ・に・　でけ(出来)・そーや。」〔⇒**せんちづめ【(雪隠詰め)】**〕

せんちょむし【せんちょ虫】《名詞》 便所にいる、蝿や虻などの幼虫。「せんちょむし・に・　くすり(薬)・を・　ま(撒)く。」◆「せんちょむし」という発音は「せっちんむし【雪隠虫】」から転じたもの。〔⇒**せんちむし【せんち虫】**〕

せんて【先手】《名詞》 人より先に物事を始めること。相手の機先を制すること。「せんて・を・　と(取)っ・た・　ほー(方)・が・　つよ(強)い。」■対語＝「ごて【後手】」

せんてい〔せんてー〕【剪定】《名詞、動詞する》 木全体の形を良くしたり、花や実がよく付くようにしたりするために、木の枝を切り詰めて整えること。「せんざい(前栽)・の・　うえき(植木)・を・　せんてーする。」

せんでん【宣伝】《名詞、動詞する》 ①あるものの存在や、その用途や効果、あるいはその主義や主張などを、多くの人に知らせ広めること。「てれび(テレビ)・で・　せんでんし・とる・　しなもん(品物)・を・　こ(買)ー・た。」「せんきょ(選挙)・の・　とき(時)・だけ・　なん(何)やかや・　せんでんし・て・　あと(後)・は・　ほったらかしや。」②実際以上に大げさに言いふらすこと。「なん(何)ぼ・　せんでんし・たって・　だれ(誰)・も・　しんよー(信用)せー・へん・やろ・と・　おも(思)う。」

せんど《名詞、副詞》 長い間。長い間にわたって。久しく。「せんど・　ここ・へ・は・　こ(来)・なんだ・なー。」「せんど・　あ(会)わ・なん・だ・　ひと(人)・に・　おー・た。」「ふみきり(踏切)・で・　せんど・　ま(待)たさ・れ・た。」〔⇒**せんどま**〕

せんとう〔せんとー〕【先頭】《名詞》 列を作って進むもののいちばん前。集団のいちばん前。物事を行うときの真っ先となる位置。「えんそく(遠足)・で・　せんとー・を・　ある(歩)く。」

せんとう〔せんとー〕【戦闘】《名詞》 武器を備えた軍隊同士が、相手方に攻撃を行ってたたかうこと。「せんとー・が・　はげ(激)しなっ・て・から・は・　く(食)う・　もん(物)・が・　の(無)ーなっ・た・なー。」

せんどう〔せんどー、せんど〕【船頭】《名詞》 小型の和船などを漕いだり舵をとったりする仕事をする人。「わたしぶね(渡船)・に・は・　せんどー・の・　ほか(他)・に・　きゃく(客)・が・　ひとり(一人)・だけ・や。」

せんとうかいし〔せんとーかいし〕【戦闘開始】《名詞、感動詞》 子どもが二手に分かれて遊びをするときに、その遊びを始める合図の掛け声。◆第二次大戦の終戦直後あたりには、子どもたちもこの言葉をよく使っていた。

せんどぶり《形容動詞や(ノ)》 前にそのことをしてから、ずいぶん長い時間が経っている様子。長い間隔を置いた様子。「せんどぶりに・　あいつ(彼奴)・の・　かお(顔)・を・　み(見)・た。」「はんしん(阪神)・が・　せんどぶりに・　ゆーしょー(優勝)し・た。」「せんどぶりや・なー。げんき(元気)やっ・た・か。」〔⇒**ひさしぶり【久しぶり】**〕

せんどま〔せんどまー〕《名詞、副詞》 長い間。長い間にわたって。久しく。「せんどま・　み(見)・ん・とおも(思)・とっ・たら・　にゅーいん(入院)し・とっ・た・ん・かいな。」「えき(駅)・で・　せんどまー・　ま(待)っ・とっ・た・ん・や・ぞ。」〔⇒**せんど**〕

せんにん【仙人】《名詞》 山の中に住んで修行をして、普通の人とは違う力を持っていると考えられている人。「せんにん・やない・さかい・　かすみ(霞)・を・　く(食)ー・て・　い(生)き・とら・れ・へん。」

せんぬき【栓抜き】《名詞》 瓶などの蓋を取り除くために使う器具。「せんぬき・が・　な(無)い・さかい・　は(歯)ー・で・　あ(開)け・た。」〔⇒**つめぬき【詰め抜き】**〕

せんぱい【先輩】《名詞》 ①同じ学校や勤め先に、自分よりも先に入った人。「とし(歳)・は・　した(下)・や・けど・　かいしゃ(会社)・で・は・　せんぱい・なん・や。」②年齢や経験などが自分より多い人。「いとこ(従兄弟)・や・けど・　とし(歳)・は・　あっち・が・　ひと(一)つ・　せんぱい・や・ねん。」■対語＝「こうはい【後輩】」

せんばづる【千羽鶴】《名詞》 祈願などに使うための、紙でたくさんの鶴を折って、それを糸でつないだもの。「おーえん(応援)・の・　ため・に・　せんばづる・を・　お(折)っ・て・　おく(贈)る。」

せんひき【線引き】《名詞》 長さを測ったり、あてがって直線を引いたりするときに使う、横に長い道具。「せんひき・で・　なが(長)さ・を・　はか(測)る。」〔⇒**ものさし【物差し】、さし【差し】、じょうぎ【定規】、しゃく【尺】**〕

ぜんぶ【全部】《名詞、副詞》 その場にあるものすべて。関係あるものすべて。「ぜんぶ・で・　にせんえん(二千円)・です。」「ひょろけ・て・　も(持)っ・とる・　もん(物)・を・　ぜんぶ・　お(落)とし・ても・た。」■対語＝「いちぶ【一部】」「いちぶぶん【一部分】」〔⇒**みな【皆】、みんな【皆】、あるだけ【有るだけ】、あんだけ【有んだけ】**〕

せんぷうき〔せんぷーき〕【扇風機】《名詞》 モーターで羽を回転させて、風を起こす機械。「くーらー(クーラー)・なんか・より・　せんぷーき・の・　かぜ(風)・の・　ほー(方)・が・　す(好)きや。」

初期の頃の扇風機

せんべい〔せんべー、せんべ〕【煎餅】《名詞》 小麦粉や米粉をこねて、醤油・砂糖などで味を付けて、薄く焼いた菓子。「かーら(瓦)せんべー・は・　こーべ(神戸)・の・　めーぶつ(名物)・や・ねん。」〔⇒**おせん【お煎(餅)】**〕

せんべつ【餞別】《名詞、動詞する》 別れる人や、長旅に出る人に品物やお金などを贈ること。また、その品物やお金。「せんべつ・　もろ(貰)・た・さかい・　おかえ(返)し・を・　こ(買)ー・てき・た。」

ぜんまい【発条】《名詞》 鋼鉄を薄く細長くして、渦巻きのように巻いて弾力があるようにしたもの。「はしらどけー(柱時計)・の・ ぜんまい・を・ ま(巻)く。」

ぜんまい【薇】《名詞》 若芽が渦巻きのようになっている、野山に生える羊歯の仲間の草。「ぜんまい・を・ つ(摘)ん・でき・て・ ゆ(茹)でる。」

ぜんめつ【全滅】《名詞、動詞する》 一つも残らず滅びること。一人も残らず死ぬこと。全てうまくいかないこと。「いちばんめ(一番目)・の・ もんだい(問題)・は・ むつか(難)しー・て・ こたえ(答)・は・ ぜんめつし・ても・た。」

せんめんき【洗面器】《名詞》 顔を洗うためなどに、水や湯を入れる器。「せんめんき・に・ ゆ(湯)ー・を・ い(入)れ・て・ かお(顔)・を・ あら(洗)う。」〔⇒**かなだらい【金盥】**〕

せんもん【専門】《名詞》 ①特定の分野の学問や仕事に深く関わること。また、その学問や仕事のこと。「ほーりつ(法律)・の・ こと・は・ せんもん・の・ ひと(人)・に・ き(聞)か・んと・ わから・へん・なー。」②ある一つのことだけに興味や関心を寄せること。「あいつ(彼奴)・は・ くいけ(食い気)・が・ せんもん・で・ さけ(酒)・は・ の(飲)ま・へん。」

せんりょう〔せんりょー〕【占領】《名詞、動詞する》 ①一定の場所を独り占めして、他人が使用することを許さないこと。「すなば(砂場)・を・ ひとり(一人)・で・ せんりょーし・て・ あそ(遊)ん・どる。」②武力で屈服させて、他の国の領土を自分の支配下に置くこと。「なんよー(南洋)・の・ しま(島)・を・ せんりょーする。」

せんろ【線路】《名詞》 電車や汽車を支えて進む方向などを定める鉄製の軌条。電車や汽車が通る道筋。「しでん(市電)・の・ せんろ・は・ き(気)ーつけ・て・ わた(渡)れ・よ。」「ちず(地図)・に・ せんろ・を・ か(書)く。」〔⇒**レール【英語＝rail】**〕

そ

ぞ〔ぞー〕《終助詞》 相手に呼びかけたり念を押したりする働きをする言葉。「あした(明日)・は・ にちよーび(日曜日)・や・ぞ。」「もー・ そろそろ・ い(行)く・ぞー。」

そい【(其)】《代名詞》 ①空間的にあるいは心理的に、自分よりも相手に近いもの。「ちょっと・ そい・を・ と(取)っ・てくれ・へん・か。」②時間的に、比較的に近いもの。「そい・から・ ちょーし(調子)・が・ わる(悪)ー・なっ・た・ん・や。」「そい・から・ じしん(自信)・が・ つい・てき・まし・た・ん・や。」③前に話題や意識にのぼったこと。「そい・を・ これ・から・ そーだん(相談)し・たい・ん・です。」④少し離れたところにいる、目下の人を指す言葉。「そい・に・ たの(頼)ん・どい・た・さかい・ い(行)っ・てくれる・ はず・や。」〔⇒**それ【其】、ほい【(其)】、ほれ【(其)】、そいつ【其奴】、ほいつ【(其奴)】**〕

ぞい《終助詞》 ①疑問の気持ちを表して、相手に荒々しく問いかけたり念を押したりするときに使う言葉。「おまえ・は・ なに(何)・を・ ゆ(言)ー・とる・のん・ぞい。」②思いに反したことに出会って、びっくりしたり落胆したりするような気持ちを表す言葉。「そんな・ こと・を・ ゆ(言)ー・た・ん・は・ だい(誰)・ぞい。」◆同じような終助詞「や」「か」に比べると、相手に迫る気持ちや追及する気持ちが強いように感じられる。〔⇒**ぞえ、どい、どえ、か、かい、かえ**〕

そいから《接続詞》 前の事柄に後の事柄が続くという意味を表す言葉。前の事柄に後の事柄を付け加える意味を表す言葉。そのことの次に。それに加えて。「そいから・ また・ こんな・ はなし(話)・も・ あり・まん・ねん。」〔⇒**ほいでから、ほんでから、ほいから、ほてから、ほでから、ほれから、それから、そいでから、そんでから**〕

そいつ【其奴】《代名詞》 ①空間的にあるいは心理的に、自分よりも相手に近いもの。「そいつ・に・は・ どんな・こと・が・ か(書)い・てあり・まっ・か。」「そいつ・を・と(取)っ・てくれ・へん・か。」②時間的に、比較的に近いもの。「そいつ・は・ きょねん(去年)・の・ できごと(出来事)・や・ねん。」③前に話題や意識にのぼったこと。「そいつ・は・ いつ(何時)・の・ こと・やっ・た・ん。」④少し離れたところにいる、目下の人を指す言葉。「そいつ・に・ たの(頼)ん・だら・ し・てくれる・やろ。」「そいつ・は・ あんた・の・ ともだち(友達)・かいな。」◆「それ」よりは、ややぞんざいな言い方である。〔⇒**それ【其】、そい【(其)】、ほい【(其)】、ほれ【(其)】、ほいつ【(其奴)】**〕

そいで《接続詞》 前に述べたことを受けて、あるいは前に述べたことを理由として、後のことを述べるのに使う言葉。そうであるから。そのようなわけで。「そいで・ その・ はなし(話)・は・ どない・ なっ・た・ん・や。」◆相手に話を促したり話を続けさせたりしようとするときに、相づちのように使う場合もある。〔⇒**そこで、それで、そんで、ほれで、ほいで、ほんで、ほで、さいで**〕

そいでから《接続詞》 前の事柄に後の事柄が続くという意味を表す言葉。前の事柄に後の事柄を付け加える意味を表す言葉。そのことの次に。それに加えて。「そいでから・ どんな・ ぐあい(具合)・に・ なっ・た・ん・かいな。」〔⇒**ほいでから、ほんでから、ほいから、ほてから、ほでから、ほれから、それから、そんでから**〕

そいでは《接続詞》 ①それより前に述べられている内容を前提にして、次の内容に続けていこうとするときに言う言葉。「そいでは・ わたし(私)・が・ い(行)か・し・てもらい・ます。」②話が始まったり終わったりするときの切れ目を表す言葉。「そいでは・ ぼちぼち・ はじ(始)め・さし・てもらい・ます。」〔⇒**それでは、そんでは、ほいでは、ほれでは、ほんでは、そいなら、それなら、そんなら、ほんなら、ほいなら、ほれなら、ほなら、ほな**〕

そいでも《接続詞》 今まで述べてきたことと反対の意味で次に続けようとするときに使う言葉。それにもかかわらず。「そいでも・ だい(誰)・も・ て(手)ー・を・ あ(挙)げ・へん・ねん。」〔⇒**それでも、そんでも、ほれでも、ほいでも、ほんでも**〕

そいどころか《接続詞》 前に述べたようなことだけでは、とうてい収まらないということを表す言葉。「そいどころか・ あめ(雨)・が・ つよ(強)ー・に・ なっ・てき・てん。」〔⇒**それどころか、ほれどころか、ほいどころか**〕

ぞいな《終助詞》 相手に尋ねるときに、語気を強めて使う言葉。「かいぎ(会議)・は・ あした(明日)・の・ なんじ(何時)・から・ぞいな。」〔⇒**やいな、いな、かいな**〕

そいなら《接続詞》 ①それより前に述べられている内容を前提にして、次の内容に続けていこうとするときに言う言葉。「そいなら・ あんた・に・ べんしょー(弁償)し・てもらい・ます。」②話が始まったり終わったりするときの切れ目を表す言葉。「そいなら・　これ・で・　お(終)わり・に・　しま・す。」〔⇒**そいでは、それでは、そんでは、ほいでは、ほれでは、ほんでは、それなら、そんなら、ほんなら、ほいなら、ほれなら、ほなら、ほな**〕

そいに《接続詞》　直前に述べた事柄に加えて。「そいに・　あめ(雨)・まで・　ふ(降)っ・てき・やがっ・てん。」〔⇒**それに、ほれに、ほいに、そのうえ【その上】、そのうえに【その上に】**〕

そう〔**そー**〕【**沿う**】《動詞・ワア行五段活用》　基準になるものから近いところに位置する。長く続いているものから離れないようにして進む。「せんろ(線路)・に・　そー・た・　こーえん(公園)・の・　さくら(桜)・が・　きれー(綺麗)や。」「かわ(川)・に・　そー・て・　ある(歩)い・ていく。」

そう〔**そー**〕【**然う**】《形容動詞や(ナ)》　その通りである。そのようである。「そーやっ・たら・　もー・　じき(直)に・　かえ(帰)っ・てくる・やろ。」「ほんま(本真)に・　そーやっ・た・ん・やろ・か。」〔⇒**さよう【左様】、さい【(左様)】**〕

そう〔**そー**〕【**然う**】《副詞》　そのように。「そー・　し・たら・　みんな(皆)・　さんせー(賛成)し・てくれる・やろ。」「そー・　おも(思)・た・ん・やっ・たら・　おも(思)いきっ・て・　やっ・てみ・なはれ。」■類語＝「ああ」「こう」「どう」〔⇒**そない、ほう、ほない**〕

そう〔**そー**〕《感動詞》　相手の言うことを肯定したり、自分の思いなどを確かめたりするときに使う言葉。「そー。あんた・は・　え(良)ー・　かんが(考)え・を・　し・とる・なー。」「そー。わし・も・　その・　かんが(考)え・に・　さんせー(賛成)・や。」〔⇒**さい【(左様)】、さよ【左様】、ほう**〕

ぞう〔**ぞー**〕【**象**】《名詞》　長い鼻と大きな牙とを持ち、全体が灰色をした、陸にすむものの中では最も大きな動物。「えんそく(遠足)・で・　おーじどーぶつえん(王子動物園)・へ・　い(行)っ・て・　ぞー・を・　み(見)・た。」

そういう〔**そーゆー**〕【**然う言う**】《連体詞》　そのような。「そーゆー・　とき(時)・は・　あやま(謝)っ・た・　ほー(方)・が・　え(良)ー。」〔⇒**ほういう【ほう言う】**〕

そういうよう〔**そーゆーよー**〕【**然う言う様**】《形容動詞や(ナ)》　そのような様子。「そーゆーよーな・　やりかた・の・　まね(真似)・を・　さし・てください。」〔⇒**ほういうよう【ほう言う様】**〕

そうか〔**そーか**〕《感動詞》　相手の言うことを聞いて、それを納得したり、それに疑問を感じたりするときに使う言葉。「そーか。その・　はなし(話)・を・　わし・は・　し(知)ら・なんだ。」〔⇒**さよか【左様か】、さいか【(左様か)】、ほうか**〕

ぞうか〔**ぞーか**〕【**造花**】《名詞》　本物に似せて、紙や布やプラスチックなどで作った花。「ぞーか・の・　はな(花)・を・　かびん(花瓶)・に・　さ(挿)す。」

そうかい〔**そーかい**〕【**総会**】《名詞》　その団体の意思を決定するために、その会を構成する全員が集まって開く会合。「こんど(今度)・の・　にっちょー(日曜)・に・　じちかい(自治会)・の・　そーかい・が・　ある。」

そうかて〔**そーかて**〕《接続詞》　相手の言うことにじゅうぶん賛成したり納得したりしないで、弁解や反論などをするときに使う言葉。そうは言っても。「そーかて・　わし・は・　し(知)ら・なんだ・ん・や・もん。」〔⇒**そやかて、ほうかて、ほやかて**〕

そうがんきょう〔**そーがんきょー**〕【**双眼鏡**】《名詞》　両方の目に当てて見る望遠鏡で、筒にレンズをはめて、遠くのものを大きく見えるようにした道具。「そーがんきょー・で・　せんしゅ(選手)・の・　かお(顔)・を・　み(見)る。」

ぞうきん〔**ぞーきん**〕【**雑巾**】《名詞》　汚れたものや足などを拭くときに使う布。「ぞーきん・を・　しぼ(絞)っ・て・　よご(汚)れ・た・　あし(足)・を・　ふ(拭)い・た。」〔⇒**ぞっきん【(雑巾)】**〕

ぞうきんがけ〔**ぞーきんがけ**〕【**雑巾掛け**】《名詞、動詞する》　床などの広い範囲を雑巾で拭くこと。「いちれつ(一列)・に・　なろ(並)ん・で・　きょーしつ(教室)・を・　ぞーきんがけする。」〔⇒**ぞっきんがけ【(雑巾掛け)】**〕

そうこ〔**そーこ**〕【**倉庫**】《名詞》　品物を保管したり貯蔵したりする建物。「そーこ・から・　とらっく(トラック)・で・　つ(積)みだす。」

ぞうさ〔**ぞーさ**〕【**造作**】《形容動詞や(ナ)》　何かをするのに手間がかかる様子。たいそうで厄介である様子。「この・　きかい(機械)・を・　うんてん(運転)する・の・は・　ぞーさや・なー。」「そんな・　ぞーさな・　こと・は・　う(請)けあわ・れ・へん。」

ぞうさ(が)ない〔**ぞーさ(が)ない**〕【**造作(が)無い**】《形容詞・特殊型》　何かをするのは手間がかからない。簡単で容易である。「ぞーさがない・　こと・や・さかい・　い(行)きしな・に・　よ(寄)っ・てき・たる・わ。」

そうじ〔**そーじ**〕【**掃除**】《名詞、動詞する》　①掃いたり拭いたりして、ごみや汚れを取り除いてきれいにすること。「つくえ(机)・の・　うえ(上)・の・　けしごむ(消ゴム)・の・　かす(滓)・を・　そーじする。」②不要なもの、余計なものなどを取り除いて、簡素にすること。「ほんだな(本棚)・を・　そーじし・て・　ふるほんや(古本屋)・に・　う(売)る。」

そうしき〔**そーしき**〕【**葬式**】《名詞、動詞する》　亡くなった人を弔う儀式。「しんせき(親戚)・の・　そーしき・に・　い(行)く。」〔⇒**そうれん【(葬礼)】**〕

そうじき〔**そーじき**〕【**掃除機**】《名詞》　箒やはたきなどに代わるもので、ごみや汚れを取り除いてきれいにする、電気を用いた器械。「そーじき・が・　つ(詰)まっ・て・　す(吸)ー・てくれ・へん。」〔⇒**でんきそうじき【電気掃除機】**〕

そうしたら〔**そーしたら**〕《接続詞》　前の事柄を受けて、後ろの事柄に影響が及んでいくことを表す言葉。「そーしたら・　あと(後)・は・　らいしゅー(来週)・に・　そーだん(相談)する・　こと・に・　する。」〔⇒**ほたら、ほた、ほしたら、ほいたら、へたら、へた、そしたら**〕

そうして〔**そーして**〕《接続詞》　前に述べたことに引き続いて、次に述べることが起こったり行われたりすることを表す言葉。前に述べたことを受けて、付け加えて述べようとすることを表す言葉。「そーして・　その・　あと(後)・は・　どー・　なり・まし・た・ん・や。」「そーして・　けっきょく(結局)・　かいしゃ(会社)・は・　つぶ(潰)れ・まし・た。」〔⇒**そして、そうしてから、そないして、そないしてから、へて、へてから、ほて、ほてから、ほんで、ほんでから**〕

そうしてから〔**そーしてから**〕《接続詞》　前に述べたことに引き続いて、次に述べることが起こったり行われたりすることを表す言葉。前に述べたことを受けて、付け加えて述べようとすることを表す言葉。「そーしてから・　いっしゅーかん(一週間)・ほど・　てんぴ(天日)・に・　ほ(干)し・てください。」〔⇒**そうして、そして、そ**

そ

ないして、そないしてから、へて…
てから、ほんで、ほんでから〕

そうすい〔**ぞーすい**〕【**雑炊**】《名詞》…
入れ、醤油や味噌などで味つけを…
を・ ひー・て・ のど(喉)・が・…
ばん(晩)・は・ ぞーすい・を・…
じゃ〕

そうぞう〔**そーぞー**〕【**想像**】《名詞、…
は経験のないことがらを、頭の中…
「こども(子供)・が・ おー(大)きな…
の・ こと(事)・を・ そーぞーする…

そうぞうしい〔**そーぞーしー**〕【**騒々**…
型》声や音が大きく騒がしくて、…
い。騒がしくて我慢ができない。「…
ちか(近)い・さかい・ そーぞー…
所)・な・ん・や。」〔⇒**うるさい**【**煩い**…
しい】、**じゃかましい**【(喧しい)】〕

そうぞく〔**そーぞく**〕【**相続**】《名詞、…
跡目や組織などを受け継ぐこと。特…
の財産などを受け継ぐこと。「おや(…
(財産)・を・ そーぞくする。」

そうだい〔**そーだい**〕【**総代**】《名詞》 行…
係のある全員の代表の人。「そつぎ…
の・ そーだい・に・ なっ・た・ん・や…

そうだん〔**そーだん**〕【**相談**】《名詞、動…
とを決めるために他の人と話し合う…
合って決めること。「おやじ(親父)・…
て・から・ き(決)め・まっ・さ。」◆「…
ん・なん・や・けど・ …」などという…

そうちょう〔**ぞーちょー**〕【**増長**】《名詞…
んだんいい気になってつけあがって…
度をとるようになること。「ほ(放)っ…
まま(我儘)・が・ ぞーちょーする・そ…
て、いばること。「ぞーちょーし・て・ えら(偉)そーに・ えんぜつ(演説)し・とる。」

そうっと〔**そーっと**〕《副詞、動詞する》 ①音を立てないで、静かに物事を行う様子。「しけんちゅー(試験中)・や・さかい・ そーっと・ ろーか(廊下)・を・ ある(歩)く。」②ゆっくりと物事を行う様子。おもむろに物事を行う様子。「ささ(笹)・の・ は(葉)・で・ つく(作)っ・た・ふね(舟)・を・ そーっと・ みず(水)・に・ う(浮)かべる。」③揺らしたりしないで静かに移動させる様子。「みず(水)・が・ いっぱい(一杯)・ はい(入)っ・とる・さかい・ そーっと・ びん(瓶)・を・ いご(動)かし・た。」④人やものに触らないで、そのままにしておく様子。「ね(寝)・とる・さかい・ そーっとし・て・ せんぷーき(扇風機)・を・ かけ・てやっ・た。」〔⇒**そっと**、**そろっと**〕

そうで〔**そーで**〕【**総出**】《名詞》 全部の人が参加すること。みんなが出てくること。「りんぽ(隣保)・の・ ひと(人)・が・ そーで・で・ みぞそーじ(溝掃除)・を・ する。」

そうとう〔**そーとー**〕【**相当**】《副詞、形容動詞や(ナ)》 普通のものと比べて、程度がはなはだしい様子。かなり。ずいぶん。「その・ しごと(仕事)・は・ そーとー・ じかん(時間)・が・ かかる・やろ。」「そーとーな・ かね(金)・を・ だ(出)さんと・ か(買)わ・れ・へん・ぞ。」

そうどう〔**そーどー**〕【**騒動**】《名詞、動詞する》 大勢の人が騒ぎ立てて、混乱すること。秩序が乱れた状態になること。「そーどー・が・ お(起)こら・ん・よー・に・ き…

…け・なはれ。」

…ーに〕【**雑煮**】《名詞》 肉や野菜などが入った
…餅を入れたもの。「しょーがつ(正月)・の・ ぞー
…まるもち(円餅)・を・ い(入)れる。」

…ーば〕【**相場**】《名詞》 ①需給関係などで決ま
…物の世間一般の値段。「がいこく(外国)・の・
…ー(戦争)・で・ せきゆ(石油)・の・ そーば・が・
…高)ー・ なっ・とる。」②品物などの妥当な値
…れ・は・ ごせんえん(五千円)・と・ ゆー・ と
…そーば・やろ・なー。」

…〔**そーべつかい**〕【**送別会**】《名詞》 別れてい
…立つ人を見送るために開く会。とりわけ、飲
…て行う会。「きょー(今日)・は・ たいしょく
…る・ ひと(人)・の・ そーべつかい・を・ す
…」

…ーめん〕【**素麺**】《名詞》 小麦粉に塩と水を
…ね、細く引き延ばし、乾かした食べ物。また、
…ってできた料理。「そーめん・で・ うま(美味)
…・ いぼのいと(揖保の糸)・や。」「そーめん・
…ーめん・に・ する。」

…や〕《助動詞》 ①他から聞いたことを伝える
…味(伝聞)を表す言葉。「あした(明日)・は・ あ
…ら・ あめ(雨)・が・ ふ(降)る・そーや。」②そ
…様子だとか、今にもそうなる様子だとかいう
…を表す言葉。「いま(今)・に・も・ あめ(雨)・
…降)り・そーや。」「げんき(元気)・そーで・ あ
…心)し・た・わ。」◆敬意を込めた表現としては
…」「そうだす」を使う。

…よー〕【**雑用**】《名詞》 ①祭りなどの行事、
…建築などのために、地域の人たちが分担する
…つり(祭)・の・ ぞーよー・を・ はら(払)わ・
…ん・ねん。」②家計などに必要な費用。「もの
…(物)・が・ ねあ(値上)がりし・て・ ぞーよー・が・ たこ(高)ー・ つく。」「れーぼー(冷房)・に・ し・たら・ まいつき(毎月)・の・ ぞーよー・が・ ぎょーさん(仰山)・ い(要)る。」〔⇒**どよう**【(雑用)】、**いりよう**【**要り用**】〕

ぞうり〔**ぞーり**〕【**草履**】《名詞》 藁や藺草や竹皮などで編み、鼻緒をすげた履き物。「こ(小)まい・ ころ(頃)・は・ ぞーり・を・ は(履)い・て・ がっこー(学校)・へ・ かよ(通)・た。」〔⇒**じょうり**【(草履)】、**じょじょ**、**じょり**【(草履)】〕

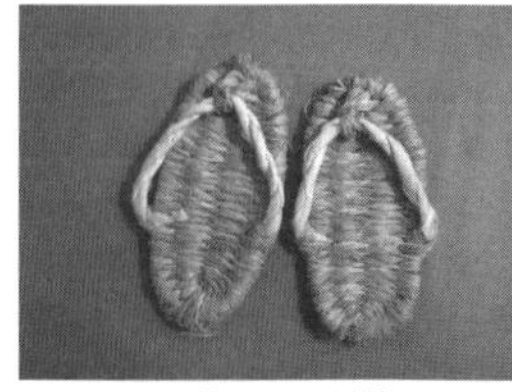

上：藁で編んだ草履
右：草履を編んでいる様子 ★

そうれん〔**そーれん**〕【(葬礼)】《名詞、動詞する》 亡くなった人を弔う儀式。「かね(鐘)・が・ な(鳴)っ・てき・た・けど・ どこ・の・ いえ(家)・に・ そーれん・が・ で(出来)・た・ん・やろ・なー。」〔⇒**そうしき**【**葬式**】〕

ぞえ《終助詞》 ①疑問の気持ちを表して、相手に荒々しく問いかけたり念を押したりするときに使う言葉。「それ・は・ なん(何)・ぞえ。わし・に・ み(見)せ・て

みー。」②思いに反したことに出会って、びっくりしたり落胆したりするような気持ちを表す言葉。「なん(何)・ぞえ。わし・は・　そんな・　こと・は・　ゆ(言)ー・とら・へん・ぞ。」◆同じような終助詞「や」「か」に比べると、相手に迫る気持ちや追及する気持ちが強いように感じられる。〔⇒**ぞい、どい、どえ、か、かい、かえ**〕

そえる【添える】《動詞・ア行下一段活用》 ①中心となるものに、他のものを付け足す。「おくりもん(贈物)・に・　てがみ(手紙)・を・　そえ・て・　おく(送)る。」②ご飯と一緒に食べる。おかずにする。「さかな(魚)・を・　そえ・て・　ごはん(飯)・を・　た(食)べる。」「おちゃづけ(茶漬)・に・　つけもん(漬物)・を・　そえる。」

ソース〔**そーす**〕【英語＝sauce】《名詞》 西洋料理の味付けに使う、液体の調味料。「とんかつ(豚カツ)・に・　そーす・を・　かける。」

ソーセージ〔**そーせーじ**〕【英語＝sausage】《名詞》 味付けしたひき肉を、豚の腸などに詰めて、蒸したりいぶしたりした食べ物。「べんとー(弁当)・の・　おかず・に・　そーせーじ・を・　い(入)れる。」〔⇒**ちょうづめ**【**腸詰め**】〕

そかい【疎開】《名詞、動詞する》 空襲などの危険を避けるために、都会などに集まっている人やものを別の場所に移すこと。「こーじ(工事)・を・　する・　あいだ(間)・にもつ(荷物)・を・　そかいさ・し・とく。」「せんそーちゅー(戦争中)・に・　そかい・を・　し・てき・た・　ひと(人)・が・　おっ・た。」

そく〔**ぞく**〕【足】《助数詞》 靴、靴下、足袋など、両足につけるものを数えるときに使う言葉。「さん(三)ぞく・で・　せんえん(千円)・の・　くつした(靴下)・を・　こ(買)ー・た。」

そくし【即死】《名詞、動詞する》 事故などにあって、その場ですぐに死ぬこと。「くるま(車)・が・　しょーとつ(衝突)し・て・　かわいそー(可哀想)に・　そくし・やっ・た・ん・や・そーや。」

そくせき【即席】《名詞、形容動詞や(ノ)》 手間のかからないこと。その場ですぐに作れること。また、そのようなもの。「そくせき・で・　つく(作)っ・た・ん・や・けど・　た(食)べ・ておくん・なはれ。」「むかし(昔)・は・　そくせき・の・　じゅーす(ジュース)・の・　もと(素)・と・　ゆー・の・も・　あっ・た・なー。」

ぞくぞく《副詞と、動詞する》 ①嬉しかったり恐ろしかったりして、寒気がして気持ちが落ち着かない様子。「おと(恐)ろしー・て・　ぞくぞくする・よーな・　えーが(映画)・やった。」②気温が下がったり病気になったりして、身震いするほど寒さを感じる様子。「かぜ(風邪)・　ひー・て・　せなか(背中)・が・　ぞくぞくと・　する。」

ぞくぞく【続々】《副詞と》 物事が続けざまに起こって、絶え間がない様子。「えんげーかい(演芸会)・に・　ぞくぞく・　ひと(人)・が・　あつ(集)まっ・てき・た。」〔⇒**つぎつぎ**【**次々**】〕

そくたつ【速達】《名詞》 普通のものより優先して速く届ける郵便物。「そくたつ・で・　てがみ(手紙)・を・　だ(出)し・たら・　あした(明日)・　とど(届)く・やろ・か。」

そくりょう〔**そくりょー**〕【測量】《名詞、動詞する》 土地などの広さや高さや形や角度や位置などを器具を使って測ること。「あたら(新)しー・　みち(道)・を・　つく(作)る・　とこ(所)・を・　そくりょーし・よる。」

そぐる《動詞・ラ行五段活用》 藁束の中から、よくないも

…(藁)・を・　そぐっ・
…ー
…もの。木や竹な
…「て(手)・に・
…り・　そげ・
…◆皮膚に
…【棘】〕
…どをた
…た
…ー

棘…

ソケット…
差し込…
めの器具…
(大)きー・…
んきゅー(電…
から、ソケット…
たまた【二股】の…

そこ【底】《名詞》 ①あ…ものなどの最も下の部…の面を指す。「いけ(池)…え・たら・　れんこん(蓮根)…あっ・た。」「なべ(鍋)・の・…いっぱい(一杯)・　つ(付)い・と…「さぶ(寒)さ・は・　いま(今)・が・…いところ。「あいつ(彼奴)・の・　は…は・　よー・　わから・へん。」

そこ《代名詞》 ①話し手や聞き手から遠くな…場所を示す言葉。そちらの側。「そこ・に・　ある・　けしごむ(消ゴム)・を・　と(取)っ・てください。」②話題になっている事柄。「いろんな・　こと・が・　き(気)になる・けど・　そこ・が・　いちばん(一番)・　しんぱい(心配)や。」

そこいら《代名詞、名詞》 ①話し手や聞き手からみて、それほど遠くない場所。聞き手の方に近いと思われる場所。「きのー(昨日)・　そこいら・に・　お(置)い・た・ん・や・けど・　み(見)つから・へん・か。」②その数量や金額などに近いということを漠然と指す言葉。「ごひゃくめーとる(五百メートル)・か・　そこいら・　ある(歩)い・たら・　えき(駅)・に・　つ(着)く。」〔⇒**そこら、そこらへん、そこいらへん**〕

そこいらへん《代名詞、名詞》 ①話し手や聞き手からみて、それほど遠くない場所。聞き手の方に近いと思われる場所。「あんた・は・　そこいらへん・に・　お(居)っ・てくれ・へん・か。」②その数量や金額などに近いということを漠然と指す言葉。「ひとり(一人)・　さんぜんえん(三千円)・か・　そこいらへん・を・　あつ(集)める・　こと・に・　しょ・ー。」〔⇒**そこら、そこいら、そこらへん**〕

そこからそこまで《形容動詞や(ノ)》 2つのものがすぐ近くにあるということを表す言葉。「そこからそこまで・や・さかい・　ある(歩)い・て・　ごふん(五分)・も・　かから・へん・やろ。」

そこそこ《形容動詞や(ノ)》 ①十分ではないが、まずまず良好であると思われる様子。「そこそこ・　およ(泳)げる・よーに・　なっ・た。」「そこそこ・　やす(安)い・　もん・や・さかい・　こ(買)ー・ても・　そん(損)・に・は・　なら・へん。」②行き過ぎないように控えめにする様子。「けーば(競馬)・も・　え(良)ー・けど・　そこそこに・　し・とけ・よ。」◆語幹だけの副詞的な用法もある。〔⇒**まあまあ、ほどほど**【**程々**】。①⇒**ぼちぼち、ぼつぼつ**〕

そこそこ《接尾語》［数量を表す言葉に付く］ おおよその程度を表す言葉。その数字に達するか達しない程度であることを表す言葉。「おりたた(折畳)み・の・　かさ(傘)・は・　せんえん(千円)そこそこ・で・　か(買)

える。」「あと(後)・　ごひゃくめーとる(五百メートル)　そこそこ・で・　しやくしょ(市役所)・に・　つ(着)く。」「いっしゅーかん(一週間)そこそこ・　あっ・たら・　でけ(出来)る・やろ。」

そこぢから【底力】《名詞》 普段はわからないが、いざという時に発揮される、強い力。「いざ・に・　なっ・たら・　そこぢから・を・　だ(出)し・て・　か(勝)つ・かもしれん。」

そこで《接続詞》 前に述べたことを受けて、あるいは前に述べたことを理由として、後のことを述べるのに使う言葉。そうであるから。そのようなわけで。「そこで・　かんが(考)え・な・いかん・　こと・が・　あり・ます・ねん。」「そこで・　つぎ(次)・の・　ぎだい(議題)・に・　うつ(移)っ・てん。」◆相手に話を促したり話を続けさせたりしようとするときに、相づちのように使う場合もある。〔⇒**それで、そいで、そんで、ほれで、ほいで、ほんで、ほで、さいで**〕

そこなう〔ぞこなう〕【損なう】《接尾語・ワア行五段活用》［動詞に付く］ その動作や行動の機会を失ったり全うできなかったりする。その動作や行動にしくじる。「き(聞)きそこのー・た・さかい・　もー・　いっぺん(一遍)・　ゆ(言)ー・てくれ・まへ・ん・か。」〔⇒**そこねる【損ねる】**〕

そこなし【底無し】《名詞、形容動詞や(ノ)》 ①ものの一番下の部分がないこと。どこまで深いのかがわからないこと「そこなしの・　ふけーき(不景気)・で・　こま(困)っ・とる・ねん。」②きりがないこと。際限がないこと。程度がはかりしれないこと。「あいつ(彼奴)・は・　そこなしの・　の(飲)みすけ・や。」「そこなしの・　どしゃぶ(土砂降)り・に・　お(遭)ー・て・　びしょぬ(濡)れに・　なっ・た。」〔⇒**そこぬけ【底抜け】**〕

そこぬけ【底抜け】《名詞、形容動詞や(ノ)》 ①ものの一番下の部分がないこと。ものの一番下の部分が開いていること。「そこぬけの・　たる(樽)・や・さかい・　やく(役)・に・　た(立)た・ん。」②きりがないこと。際限がないこと。程度がはかりしれないこと。「あいつ(彼奴)・は・　そこぬけで・　なんぼ・でも・　た(食)べる。」③馬鹿げていること。常識の範囲を超えていること。「よー・　そんな・　そこぬけな・　こと・を・　かんが(考)える・もん・や・なー。」〔①②⇒**そこなし【底無し】**〕

そこねる〔ぞこねる〕【損ねる】《接尾語・ナ行下一段活用》［動詞の連用形に付く］ その動作や行動の機会を失ったり全うできなかったりする。その動作や行動にしくじる。「はし(走)っ・ていっ・た・ん・や・けど・　でんしゃ(電車)・に・　の(乗)りそこね・た。」〔⇒**そこなう【損なう】**〕

そこびえ【底冷え】《名詞、動詞する》 寒さが体の芯まで包み込むこと。体ぜんたいを包み込む冷気。「きょーと(京都)・は・　ごっつー・　そこびえ・が・　する・　まち(町)・や。」

そこら《代名詞、名詞》 ①話し手や聞き手からみて、それほど遠くない場所。聞き手の方に近いと思われる場所。「そこら・を・　さが(探)し・たら・　み(見)つかる・やろ。」「そこら・に・　お(落)ち・とる・やろ。」②その数量や金額などに近いということを漠然と指す言葉。「その・　しごと(仕事)・やっ・たら・　にじかん(二時間)・か・　そこら・は・　かかる・やろ。」「そんな・　しなもん(品物)・やっ・たら・　ごせんえん(五千円)・や・　そこら・は・　する・やろ。」〔⇒**そこいら、そこらへん、そこいらへん**〕

そこらじゅう〔そこらじゅー〕【そこら中】《代名詞》 その場所の全体。あたり一面。「こども(子供)・が・　そこらじゅー・に・　らくがき(落書)・を・　し・て・　こま(困)っ・た・もん・や。」

そこらへん《代名詞、名詞》 ①話し手や聞き手からみて、それほど遠くない場所。聞き手の方に近いと思われる場所。「ごみ(塵)・は・　そこらへん・に・　あつ(集)め・とい・てください。」「そこらへん・を・　もっと・　よー・　さが(探)し・てみー。」②その数量や金額などに近いということを漠然と指す言葉。「とらっく(トラック)・に・　いちだいぶん(一台分)・か・　そこらへん・の・　つち(土)・が・　た(足)ら・ん・よーや。」「いちまんえん(一万円)・や・　そこらへん・で・は・　か(買)わ・れ・へん。」〔⇒**そこら、そこいら、そこいらへん**〕

そしたら《接続詞》 前の事柄を受けて、後ろの事柄に影響が及んでいくことを表す言葉。「そしたら・　きょー(今日)・は・　これ・で・　お(終)わり・に・　しょ・ー。」〔⇒**ほたら、ほた、ほしたら、ほいたら、へたら、へた、そうしたら**〕

そして《接続詞》 前に述べたことに引き続いて、次に述べることが起こったり行われたりすることを表す言葉。前に述べたことを受けて、付け加えて述べようとすることを表す言葉。「そして・　はなし(話)・が・　ややこし・　なっ・てん。」〔⇒**そうして、そうしてから、そないして、そないしてから、へて、へてから、ほて、ほてから、ほんで、ほんでから**〕

そしな【粗品】《名詞》 粗末な品物。「おーうりだし(大売出)・の・　ふくびき(福引き)・で・　そしな・を・　くば(配)る。」◆人にものを贈るときの、へりくだった言い方。文字として書くことが多く、話し言葉として使うことは少ない。話し言葉では、「しょーもない・　物(もん)・です・けど…」というような言い方をする。

そしらんかお【素知らん顔】《名詞、動詞する》 知っていながら、まったく知らない表情やふりをしていること。「みち(道)・で・　お(会)ー・ても・　そしらんかお・を・　し・やがっ・とる。」〔⇒**しらんかお【知らん顔】**〕

そしらんふり【素知らん振り】《名詞、動詞する》 知っていながら、まったく知らないように装っていること。「こっち・は・　あたま(頭)・を・　さ(下)げ・た・のに・　あいつ(彼奴)・は・　そしらんふり・を・　し・てくさっ・た。」〔⇒**しらんふり【知らん振り】**〕

そだち【育ち】《名詞》 ①動物や植物が成長すること。「これ・は・　そだち・の・　はや(速)い・　なすび(茄子)・や・なー。」②大きくなるまでに家庭で受けた教育環境や、躾、教えなど。「じょーひん(上品)で・　そだち・が・　え(良)ー・　ひと(人)・や。」③その土地で生まれたこと。生まれて成長した土地。「わたい・は・　こーべ(神戸)そだち・です・ねん。」〔③⇒**しゅっしん【出身】**〕

そだちざかり【育ち盛り】《名詞、形容動詞や(ノ)》 子どもの体がいちばん成長する時期。また、その様子。「まご(孫)・は・　そだちざかり・や・さかい・　よー・　めし(飯)・を・　く(食)う。」

そだつ【育つ】《動詞・タ行五段活用》 ①人がしだいに成長する。「しょーがっこー(小学校)・に・　にゅーがく(入学)する・まで・　ぶじ(無事)に・　そだっ・てくれ・た。」②人が教え導かれて、一人前になる。「みせ(店)・の・　あとつ(後継)ぎ・が・　なん(何)とか・　そだっ・た。」③草木や野菜などが大きくなる。「ことし(今年)・の・　すいか(西瓜)・は・　よー・　そだっ・てます・なー。」■他動詞は「そだてる【育てる】」■名詞化＝**そだち【育**

そ

ち】

そだてる【育てる】《動詞・タ行下一段活用》 ①人を教え導いて成長させる。「さんにん(三人)・の・　こ(子)・を・　そだて・た。」②手間をかけて、草木や野菜などを大きくさせる。「はな(花)・を・　そだてる・の・も・　たの(楽)しー・　しゅみ(趣味)・でっ・せ。」■自動詞は「そだつ【育つ】」■名詞化＝そだて【育て】

そちら《代名詞》 相手のいる場所や方向などを指す言葉。「そちら・は・　さむ(寒)い・です・か。」〔⇒**そっち、そっちゃ**〕

そちらさん《代名詞》 ①敬意を込めて、相手を指す言葉。「そちらさん・は・　どない・　おも(思)・とっ・て・です・か。」②敬意を込めて、相手の近くにいる人や第三者を指す言葉。「あんた・の・　となり(隣)・の・　そちらさん・は・　どなたはん・です・かいなー。」〔①⇒**あんたはん【(貴方はん)】、そちらはん**〕

そちらはん《代名詞》 ①敬意を込めて、相手を指す言葉。「そちらはん・は・　こんど(今度)・　いつ・　き(来)・て・です・か。」②敬意を込めて、相手の近くにいる人や第三者を指す言葉。「そちらはん・の・　かんが(考)え・も・　き(聞)い・たげ・んと・　いか・ん・がな。」〔①⇒**あんたはん【(貴方はん)】、そちらさん**〕

そつ《名詞》 ①何かをするときに生じる手抜かり。不注意なこと。「そつ・の・　な(無)い・　しゃべ(喋)りかた・を・　する・　ひと(人)・や。」②役に立たないもの。余って無駄になった部分。「かみ(紙)・を・　き(切)りぬい・たら・　そつ・が・　ぎょーさん(仰山)・　でけ(出来)・て・も・た。」◆①は、後ろに打ち消しの言葉を伴って言うことが多い。

そつぎょう〔そつぎょー〕【卒業】《名詞、動詞する》 ①小学校・中学校・高等学校・大学などの所定の教育課程を終えて、その学校を去ること。「まご(孫)・は・　この・　はる(春)・に・　ちゅーがっこー(中学校)・を・　そつぎょーする。」②決められた勉強などを習い終えること。習い事などを打ち切ること。「ぴあの(ピアノ)・は・　もー・　そつぎょーし・た・ん・や。」③やり続けていたことをやめること。「けーば(競馬)・は・　えーかげんに・　そつぎょーし・なはれ。」■対語＝①「にゅうがく【入学】」

そつぎょうしき〔そつぎょーしき〕【卒業式】《名詞》 学校で決められた課程を終えて巣立っていく人に向けて行う儀式。「ちゅーがっこー(中学校)・の・　そつぎょーしき・は・　さんがつ(三月)・の・　じゅーごにち(十五日)・や・そーや。」

そつぎょうしょうしょ〔そつぎょーしょーしょ〕【卒業証書】《名詞》 学校で決められた課程を終えたことを証明する書き物。「おしいれ(押入)・から・　しょーがっこー(小学校)・の・　そつぎょーしょーしょ・が・　で(出)・て・き・た。」〔⇒**めんじょう【免状】**〕

ぞっきん【(雑巾)】《名詞》 汚れたものや足などを拭くときに使う布。「ぞっきん・で・　よご(汚)れ・た・　ところ(所)・を・　ふ(拭)く。」〔⇒**ぞうきん【雑巾】**〕

ぞっきんがけ【(雑巾掛け)】《名詞、動詞する》 床などの広い範囲を雑巾で拭くこと。「きょーしつ(教室)・を・　ぞっきんがけし・た・さかい・　て(手)・が・　ちめ(冷)たい。」〔⇒**ぞうきんがけ【雑巾掛け】**〕

そっくい【(続飯)】《名詞》 ご飯粒をつぶして作った、強い力を持つ糊。「いた(板)・と・　いた(板)・を・　そっくい・で・　は(貼)りつける。」

そっくり《形容動詞や(ノ)》 ①何かと極めてよく似ている様子を表す言葉。「おや(親)・と・　そっくりな・　かお(顔)・を・　し・とる。」②すべてにわたって何かが行われることや、すべてをまとめたりすることを表す言葉。残すところなく、すべてをそのまま。「これ・は・　そっくり・　あんた・に・　あげ・ます。」「その・　とき(時)・の・　きろく(記録)・が・　そっくり・　のこ(残)っ・とる。」

そっち《代名詞》 相手のいる場所や方向などを指す言葉。「そっち・まで・　き(聞)こえる・か。」〔⇒**そちら、そっちゃ**〕

そっちゃ《代名詞》 相手のいる場所や方向などを指す言葉。「もーじき・　そっちゃ・に・　い(行)く・さかい・　ま(待)っ・とっ・て・な。」〔⇒**そちら、そっち**〕

そっと《副詞、動詞する》 ①音を立てないで、静かに物事を行う様子。「しょーじ(障子)・を・　そっと・　あ(開)ける。」②ゆっくりと物事を行う様子。おもむろに物事を行う様子。「そっと・　じてんしゃ(自転車)・を・　はし(走)らす。」③揺らしたりしないで静かに移動させる様子。「あか(赤)ちゃん・を・　ね(寝)かし・た・まま・　そっと・　ふとん(布団)・を・　うご(動)かす。」④人やものに触らないで、そのままにしておく様子。「よー・　ね(寝)・とる・さかい・　そっと・　そのままに・　し・とく。」〔⇒**そうっと、そろっと**〕

ぞっと《副詞、動詞する》 恐ろしさや寒さや感動などで、体が震えるように感じる様子。「おも(思)いだし・て・も・　ぞっとする・　じこ(事故)・やっ・た。」

そで【袖】《名詞》 衣服の左右の、両腕を通すところ。「なつ(夏)・に・　なっ・たら・　そで・の・　な(無)い・　しゃつ(シャツ)・を・　き(着)る。」

そでぐち【袖口】《名詞》 衣服に左右の腕を通したとき、手首の出るところの周り。「がくせーふく(学生服)・の・　そでぐち・が・　す(擦)りきれ・てき・た。」

そと【外】《名詞》 ①仕切りや囲いなどで取り囲まれたところの周り。特に、建物や部屋から出たところ。戸外。「かぜ(風)・が・　ふ(吹)い・て・　そと・は・　さむ(寒)い。」②自分の家や家庭でないところ。「にちよーび(日曜日)・は・　そと・で・　めし(飯)・を・　た(食)べ・た。」③仕切りや囲いなどに限定されない、広いところ。「うんどーじょー(運動場)・の・　そと・へ・　ぼーる(ボール)・が・　と(飛)ん・でいっ・た。」④その場所の周りにあたるところ。「うんどーじょー(運動場)・で・は・　じょーきゅーせー(上級生)・は・　そと・に・　なら(並)ぶ。」■対語＝①「なか【中】」「うち【内】」

そとがわ〔そとがー、そとかわ、そとかー〕【外側】《名詞》 表に現れて見えるところ。表の方向に向いた面。「いぬごや(犬小屋)・の・　そとがわ・に・　ぺんき(ペンキ)・を・　ぬ(塗)る。」■対語＝「なかがわ【中側】」「うちがわ【内側】」〔⇒**そとっかわ【(外っ側)】**〕

そとっかわ〔そとっかー〕【(外っ側)】《名詞》 表に現れて見えるところ。表の方向に向いた面。「ぱいぷ(パイプ)・の・　そとっかー・が・　さ(錆)び・とる。」■対語＝「なかっかわ【(中っ側)】」「うちっかわ【(内側)】」〔⇒**そとがわ【外側】**〕

そとば〔そとーば〕【卒塔婆】《名詞》 供養などの時に、梵字や戒名などを書いて墓に立てる、細長い木の板。「ほーじ(法事)・の・　そとば・を・　もら(貰)い・に・　てら(寺)・へ・　い(行)く。」〔⇒**とうば【塔婆】**〕

そとまた【外股】《名詞》 足先を外側に向けた歩き方。足先が外側に向いた体型。「すもーと(相撲取)り・が・　そとまた・で・　ある(歩)い・とる。」■対語＝「うちまた

【内股】」
そない《副詞に》 そのように。「そないに・ し・たら・ え(良)ー・の・と・ ちゃ(違)う・か。」■類語＝「こない」「あない」「どない」〔⇒**そう、ほう、ほない**〕
そないして《接続詞》 前に述べたことに引き続いて、次に述べることが起こったり行われたりすることを表す言葉。前に述べたことを受けて、付け加えて述べようとすることを表す言葉。「そないして・ つぎ(次)・は・ それ・を・ ゆ(湯)ー・の・ なか(中)・へ・ い(入)れ・てください。」〔⇒**そうして、そして、そうしてから、そないしてから、へて、へてから、ほて、ほてから、ほんで、ほんでから**〕
そないしてから《接続詞》 前に述べたことに引き続いて、次に述べることが起こったり行われたりすることを表す言葉。前に述べたことを受けて、付け加えて述べようとすることを表す言葉。「そないしてから・ みな(皆)・で・ にじかい(二次会)・へ・ い(行)っ・た・ん・や。」〔⇒**そうして、そして、そうしてから、そないして、へて、へてから、ほて、ほてから、ほんで、ほんでから**〕
そないな《連体詞》 形や状態などが、それと同じような。それほどの程度の。「そないな・ おー(大)けさ・の・ いた(板)・は・ か(買)わ・んと・ な(無)い・ねん。」「いまさら(今更)・ そないな・ こと・ い(言)わ・んとい・てほしー・なー。」〔⇒**そんな、ほんな、ほないな、さいな**〕
そないなん《名詞》 形や状態などが、それと同じようなもの。それほどの程度のもの。「でぱーと(デパート)・で・ そないなん・を・ う(売)っ・とる・やろ・か。」「そないなん・は・ たこ(高)ー・て・ わし・に・は・ か(買)え・まへ・ん。」〔⇒**そんなん、ほないなん、ほんなん**〕
そなえもん【供え物】《名詞》 神や仏に差し上げるもの。「おぼん(盆)・の・ そなえもん・を・ か(買)う。」〔⇒**おそなえ【お供え】**〕
そなえる【供える】《動詞・ア行下一段活用》 神や仏にものを差し上げる。「せんぞ(先祖)・の・ はか(墓)・に・ はな(花)・を・ そなえる。」■名詞化＝**そなえ【供え】**
その【其の】《連体詞》 ①空間的にあるいは心理的に、自分よりも相手に近いものを指し示す言葉。「その・ ほん(本)・を・ よ(読)ん・でください。」②直前に話題となったことを指し示す言葉。「その・ はなし(話)・は・ だいじ(大事)な・ こと・なん・や。」
そのうえ【その上】《接続詞》 直前に述べた事柄に加えて。「そのうえ・ ひぐ(日暮)れ・も・ はよ(早)ー・ なっ・た。」「そのうえ・ さいふ(財布)・まで・ わす(忘)れ・てき・た。」〔⇒**それに、そいに、ほれに、ほいに、そのうえに【その上に】**〕
そのうえに【その上に】《接続詞》 直前に述べた事柄に加えて。「そのうえに・ あいて(相手)・に・ ぶちあたっ・て・ しっかく(失格)・に・ なっ・た。」「そのうえに・ もう・ いっかい(一回)・ てんけん(点検)・を・ し・なはれ。」〔⇒**それに、そいに、ほれに、ほいに、そのうえ【その上】**〕
そのうち【その内】《接続詞に》 ①あまり時間が経たないときに。やがて。「あいつ(彼奴)・も・ そのうち・ わかっ・てくれる・やろ。」②そうこうしている間に。「わるぐち(悪口)・を・ ゆ(言)ー・とっ・たら・ そのうち・ く(来)る・やろ。」
そのくせ《接続詞に》 前に述べたことがらと相反する関係であることを表す言葉。そうでありながら。それでいて。「みんな(皆)・に・ もんく(文句)・ばっかり・ ゆ(言)ー・とる・けど・ そのくせ・ あいつ(彼奴)・は・ なん(何)・も・ わかっ・とら・へん。」
ソノシート〔そのしーと〕【英語＝sonosheet】《名詞》 レコード盤よりも薄くて柔らかいプラスチックを用いて作った音盤。「れこーど(レコード)・より・も・ やす(安)い・さかい・ そのしーと・の・ りゅーこーか(流行歌)・を・ こ(買)ー・た。」「ざっし(雑誌)・の・ ふろく(付録)・に・ そのしーと・が・ つ(付)い・とっ・た。」

ソノシート

そのばかぎり【その場限り】《形容動詞や(ノ)》 その時やその場面だけのことで、あとは関係ないことになる様子。「そのばかぎりの・ い(言)いわけ・は・ せ・んとい・てんか。」
そのひぐらし【その日暮らし】《名詞》 ①先のことを考えずに、一日一日をのんきな生活態度で過ごすこと。「そのひぐらし・の・ べんきょー(勉強)・を・ し・とっ・たら・ み(身)ー・に・ つ(付)か・へん・ぞ。」②収入をすべて支出に当てるようにして、経済面でのゆとりがないこと。「せんそー(戦争)・が・ す(済)ん・だ・ あと(後)・は・ みんな(皆)・ そのひぐらし・やっ・た・なー。」
そのへん【その辺】《名詞》 ①その場所の辺り。「そのへん・に・ かさ(傘)・の・ わすれもん(忘物)・は・ おま・へん・でし・た・か。」「つくえ(机)・の・ ひきだし・の・ そのへん・に・ い(入)れ・た・ はず・や。」②その時のあたり。「そのへん・から・ だんだん(段々)・ あいて(相手)・に・ う(打)た・れ・はじめ・た。」「そのへん・で・ ほーむらん(ホームラン)・を・ う(打)た・れ・て・から・ くず(崩)れ・ても・た・ん・や。」
そのまま《副詞、形容動詞や(ノ)》 ①それを最後として変化がない様子。きちんとした対応や処置などが施されないで放置されている様子。「いっぺん(一遍)・だけ・ かお(顔)・を・ み(見)せ・て・ そのまま・ さんねん(三年)・も・ た(経)っ・ても・た。」②前からある状態のとおり、変化させない様子。「そのまま・ そこ・に・ お(置)い・とい・てほしー・ねん。」③比べたときに、そっくりである様子。「おとー(父)さん・ そのままの・ かおだ(顔立)ち・でん・なー。」〔①⇒**それなり、それきり、そんなり**〕
そば【蕎麦】《名詞》 ①夏や秋に、白または淡紅色の花が咲き、実から蕎麦粉をとる植物。「このへん・の・ はたけ(畑)・で・は・ そば・は・ つく(作)ら・へん。」②蕎麦の実から得た粉をこねて薄くのばし、細く切った食べ物。「ひるめし(昼飯)・に・ てんぷら(天麩羅)・を・ の(載)せ・た・ そば・を・ た(食)べる。」
そば【傍、側】《名詞》 ①あるもののすぐ近くの場所。「あんた・の・ そば・に・ おっ・たら・ あんしん(安心)や。」②他の人のかたわら。当事者以外の立場。「そば・から・ くちだ(口出)し・は・ せ・んとい・てんか。」③何かの行動などをしたすぐ後。「つく(作)っ・た・ そば・から・ う(売)れ・てまう。」
そばえ《名詞》 急に降り出す雨。ひとしきり降って止み、すぐに晴れる雨。「そら(空)・が・ くろ(暗)ー・ なっ・てき・た・さかい・ もーじき・ そばえ・が・ く(来)る・ぞー。」〔⇒**とおりあめ【通り雨】、にわかあめ【俄雨】**〕
そばえる《動詞・ア行下一段活用》 急に雨が降り出す。雨

そ

がひとしきり降って止む。「さっき·まで·　え(良)ー·てんき(天気)·やっ·た·のに·　きゅー(急)に·　そばえ·てき·た。」■名詞化＝**そばえ**

そびれる《接尾語·ラ行下一段活用》［動詞の連用形に付く］　機会を逸して、それをしないで終わったり、それをするのが極度に遅れたりするという意味を添える言葉。「い(言)いにくー·て·　い(言)ーそびれ·ても·た。」「ね(寝)しな·に·　こーひー(コーヒー)·　の(飲)ん·だら·ね(寝)そびれ·て·　め(目)·が·　さ(冴)え·た。」「この·　とし(歳)·に·　なる·まで·　がいこく(外国)·へ·は·　い(行)きそびれ·ても·た。」

ソフト〔**そふと**〕【英語＝soft】《名詞》　①野球よりも柔らかく大きなボールを使う､野球に似たスポーツ。「ちゅーがっこー(中学校)·の·　とき(時)·は·　そふと·の·ぶ(部)·に·　はい(入)っ·とっ·てん。」②空気を入れながら凍らせた､柔らかいアイスクリーム。「そふと·を·た(食)べ·て·　ひとやす(一休)み·を·　しょ·ー·か。」〔①⇒**ソフトボール**【英語＝softball】。②⇒**ソフトクリーム**【英語＝soft cream】〕

ソフトクリーム〔**そふとくりーむ**〕【英語＝soft cream】《名詞》　空気を入れながら凍らせた、柔らかいアイスクリーム。「いちごあじ(苺味)·の·　そふとくりーむ·が·す(好)きや。」〔⇒**ソフト**【英語＝soft】〕

ソフトボール〔**そふとぼーる**〕【英語＝softball】《名詞》　野球よりも柔らかく大きなボールを使う、野球に似たスポーツ。「やすみじかん(休時間)·に·　そふとぼーる·で·　あそ(遊)ぶ。」〔⇒**ソフト**【英語＝soft】〕

そまつ【粗末】《形容動詞や(ナ)》　①品質や作り方などが雑で、しっかりしていない様子。「そまつな·　もん(物)·です·けど·　どーぞ·　た(食)べ·てください。」②ぞんざいに扱って、大切にしない様子。「たべもん(食物)·を·　そまつに·　し·たら·　ばち(罰)·が·　あ(当)たる·ぞ。」■対語＝①「ごうか【豪華】」

そまる【染まる】《動詞·ラ行五段活用》　ある色がしみ込んだり付着したりして、その色になる。色が反映する。「しろ(白)い·　きれ(布)·が·　あお(青)·に·　そまっ·てき·た。」「ゆーや(夕焼)け·で·　そら(空)·が·　あこ(赤)ー·　そまっ·とる。」■他動詞は「そめる【染める】」

そめもん【染め物】《名詞、動詞する》　布などに色をしみ込ませること。また、色をしみこませた布。「しゅみ(趣味)·で·　そめもんし·てます·ねん。」

そめる【染める】《動詞·マ行下一段活用》　液に浸したり絵の具などを塗ったりして､色や模様を付ける。「しらが(白髪)·を·　くろ(黒)·に·　そめ·た。」■自動詞は「そまる【染まる】」

そや〔**そーや**〕《感動詞》　相手の言うことに同意したり納得したりするときなどに発する言葉。その通りだ。もっともだ。「そや。いっしょに·　い(行)き·まほ·かいな。」◆「そやそや」と繰り返して言うことも多い。〔⇒**ほや**〕

そやかい《接続詞》　①相手の言ったことや､前に述べたことなどを受けて、順接的につながることを述べる言葉。「たいふー(台風)·が·　にへん(二遍)·も·　き(来)·た。そやかい·　ことし(今年)·の·　いね(稲)·は·　さっぱり·　あか·ん·がな。」②そのような望ましくない結果が予測できていたという気持ちを述べる言葉｡「そやかい·　や(止)め·とけ·と·　ゆ(言)ー·た·やろ。」〔⇒**そやから、そやさかい、そやかいに、ほやから、ほやかい、ほやさかい、ほやかいに**〕

そやかいに《接続詞》　①相手の言ったことや、前に述べたことなどを受けて、順接的につながることを述べる言葉。「そやかいに·　しゅーぜんだい(修繕代)·が·ぎょーさん(仰山)·　い(要)る·ねん。」②そのような望ましくない結果が予測できていたという気持ちを述べる言葉。「そやかいに·　むり(無理)し·て·でも·しゅっせき(出席)し·た·　ほー(方)·が·　よ(良)かっ·た·やろ。」〔⇒**そやから、そやかい、そやさかい、ほやから、ほやかい、ほやさかい、ほやかいに**〕

そやかて《接続詞》　相手の言うことにじゅうぶん賛成したり納得したりしないで、弁解や反論などをするときに使う言葉。そうは言っても。「そやかて·　かね(金)·が·　な(無)い·さかい·　か(買)わ·れ·へん。」「そやかて·　きょー(今日)·は·　ぜっぺ·　あめ(雨)·が·　ふ(降)る·と·　おも(思)·とっ·てん。」〔⇒**そうかて、ほうかて、ほやかて**〕

そやから《接続詞》　①相手の言ったことや、前に述べたことなどを受けて、順接的につながることを述べる言葉。「そやから·　らいしゅー(来週)·の·　れんしゅー(練習)·は·　やす(休)み·に·　する。」②そのような望ましくない結果が予測できていたという気持ちを述べる言葉。「そやから·　たからくじ(宝籤)·なんか·　こ(買)ー·ても·　あか·ん·やろ。」〔⇒**そやかい、そやさかい、そやかいに、ほやから、ほやかい、ほやさかい、ほやかいに**〕

そやけど《接続詞》　前に述べた事柄に対して、反対したり対立したりする事柄を述べようとするときに使う言葉。「あんた·は·　えろー·　すす(勧)め·てくれる。そやけど·　やっぱり·　い(行)き·とー·ない。」〔⇒**けど、けんど、けども、けんども、そやけども、そやけんど、そやけんども、だけど、だけども、だけんど、だけんども、だが、ほやけど、ほやけども、ほやけんど、ほやけんども、しかし**〕

そやけども《接続詞》　前に述べた事柄に対して、反対したり対立したりする事柄を述べようとするときに使う言葉。「かね(金)·は·　も(持)っ·てなかっ·てん。そやけども·　ともだち(友達)·に·　か(借)っ·て·　こ(買)ー·てん。」〔⇒**けど、けんど、けども、けんども、そやけど、そやけんど、そやけんども、だけど、だけども、だけんど、だけんども、だが、ほやけど、ほやけども、ほやけんど、ほやけんども、しかし**〕

そやけんど《接続詞》　前に述べた事柄に対して､反対したり対立したりする事柄を述べようとするときに使う言葉。「あした(明日)·は·　こさめ(小雨)·みたいや。そやけんど·　はいひーかいしゅー(廃品回収)·は·　やる·と·　ゆ(言)ー·とる·ぞ。」「みんな(皆)·は·　さんせー(賛成)する·らしー。そやけんど·　わし·は·　はんたい(反対)する·　つもり·や。」〔⇒**けど、けんど、けども、けんども、そやけど、そやけども、そやけんども、だけど、だけども、だけんど、だけんども、だが、ほやけど、ほやけども、ほやけんど、ほやけんども、しかし**〕

そやけんども《接続詞》　前に述べた事柄に対して、反対したり対立したりする事柄を述べようとするときに使う言葉。「じぶん(自分)·では·　え(良)ー·　かんが(考)え·や·と·　おも(思)·てん。そやけんども·　だい(誰)·も·　さんせー(賛成)し·てくれ·なんだ。」〔⇒**けど、けんど、けども、けんども、そやけど、そやけども、そやけんど、だけど、だけども、だけんど、だけんども、だが、ほやけど、ほやけども、ほやけんど、ほや**

けんども、しかし〕

そやさかい《接続詞》 ①相手の言ったことや、前に述べたことなどを受けて、順接的につながることを述べる言葉。「そやさかい・ たよ(頼)り・に・ なる・の・は・ あんた・だけ・や。」②そのような望ましくない結果が予測できていたという気持ちを述べる言葉。「そやさかい・ かさ(傘)・を・ も(持)っていき・なはれ・と・ ゆ(言)ー・てやっ・た・のに。」〔⇒**そやから、そやかい、そやかいに、ほやから、ほやかい、ほやさかい、ほやかいに**〕

そやそや《感動詞》 相手の言うことに強く賛成したり納得したりするときなどに発する言葉。まったくその通りだ。「そやそや・ その・ かんが(考)え・に・ さんせー(賛成)・や。」〔⇒**ほやほや**〕

そやって《接続詞も》 そうは言っても。「そやって・ しんぼ(辛抱)・が・ でけ(出来)・へん・ねん・さかい・ しょがない・やろ。」

そやのに《接続詞》 前に述べたような事実であることにかかわらず。「そやのに・ なんぼ・ ま(待)っ・ても・ き(来)・てくれ・へん。」

そよそよ《副詞と》 風が静かに吹く様子。空気が穏やかに動く様子。風に吹かれた草木などが微かに揺れ動く様子。「そよそよ・ ふ(吹)く・ かぜ(風)・は・ きも(気持)ち・が・ え(良)ー・なー。」

そら【空】《名詞》 ①地面の上に広がっている空間。「そら・が・ だんだん・ あこ(明)ーなっ・てき・た。」②天候の具合。雲行き。「そら・が・ あや(怪)しなっ・てき・た・さかい・ かさ(傘)・を・ も(持)っ・て・ い(行)き・なはれ。」③書いてあるものを見ないで、言ったりしたりすること。「おぼ(憶)え・とる・ん・やっ・たら・ そら・で・ ゆ(言)ー・てみい・や。」④頼るものなどが何もない様子。「そら・で・ かんが(考)え・た・けど・ なん(何)・も・ え(良)ー・ ちえ(知恵)・は・ で(出)・てこ・ん。」〔①⇒**てん【天】**。②⇒**そらもよう【空模様】**。①③⇒**ちゅう【宙】**〕

そら《感動詞》 相手の注意を強く促したり、自分自身の気持ちを引き締めたりするときに使う言葉。「そら。じどーしゃ(自動車)・が・ はし(走)っ・てき・た・ぞ。」「そら・ もーちょっと・ がんば(頑張)っ・てみー。」〔⇒**ほら、そりゃ、ほりゃ**〕

そら《名詞+副助詞》 指示語の「それ【其れ】」に、副助詞の「は」が続いて、発音が融合した「そりゃ」が、さらに発音変化した言葉。そのものは。「そら・ わし・の・ ぼーし(帽子)・や・さかい・ かや(返)し・てんか。」〔⇒**そりゃ**〕

そらいろ【空色】《名詞》 晴れた大空や、澄んだ水のような色。薄い藍色。「ふろ(風呂)・に・ そらいろ・の・ にゅーよくざい(入浴剤)・を・ い(入)れる。」〔⇒**みずいろ【水色】**〕

そらす【反らす】《動詞・サ行五段活用》 ①平らなものを曲がり返るようにする。「おてら(寺)・の・ やね(屋根)・は・ まんなかへん・を・ そらし・て・ ふ(葺)い・とる。」②真っ直ぐなものを、弓なりに曲げる。「たけ(竹)・を・ そらし・て・ ゆみ(弓)・を・ こしら(拵)える。」③体を後ろに曲げる。「からだ(体)・を・ そらす・ うんどー(運動)・を・ する。」◆自動詞は「そる【反る】」

そらす【逸らす】《動詞・サ行五段活用》 ①目や手を別の方に向ける。脇の方に向ける。「め(目)・を・ そらさ・ん・よーに・ し・て・ よー・ み(見)・なさい。」「て(手)・を・ そらし・たら・ ぼーる(ボール)・を・ う(受)け・ら・れ・へん。」②目標としている方向から外す。予想外の方向へ向かわせる。ねらいをはずして、取り逃がす。「まと(的)・を・ そらし・て・ おかしな・ ほー(方)・へ・ や(矢)ー・が・ と(飛)ん・だ。」③他のことに紛らわせる。「はなし(話)・を・ そらし・たら・ あか・ん・やろ。」◆自動詞は「それる【逸れる】」

そらそうと〔そらそーと〕《接続詞》 そのときまでの話題を打ち切って、話題を少し変えるときなどに使う言葉。それはそれとして。「そらそーと・ あした(明日)・は・ なんよーび(何曜日)・かいな。」〔⇒**そりゃそうと、ほらそうと、ほりゃそうと**〕

そらそら《感動詞》 相手に向かって強く注意を促すときの言葉。「そらそら・ もー・ ぼちぼち・ こし(腰)・を・ あ(上)げ・な・ あか・ん・がな。」〔⇒**ほらほら、そりゃそりゃ、ほりゃほりゃ**〕

そらそら《副詞》 相手に感謝したり、ねぎらったりする気持ちを込めて使う言葉。たいそう。実に。「そらそら・ おもろ(面白)い・ はなし(話)・やっ・た・ぜ。」〔⇒**そりゃそりゃ**〕

そらまめ【空豆、蚕豆】《名詞》 莢の中に、親指ほどの平たい豆ができる作物。「そらまめ・を・ なま(生)・で・ く(食)ー・たら・ うま(美味)かっ・た。」

そらみみ【空耳】《名詞》 実際には音や声がしないのに、耳に聞こえたように感じること。「と(戸)・を・ たた(叩)く・ おと(音)・が・ し・た・けど・ そらみみ・やっ・た・ん・かいな。」

そらもよう〔そらもよー〕【空模様】《名詞》 天候の具合。雲行き。「あした(明日)・の・ そらもよー・が・ き(気)・に・ なる。」〔⇒**そら【空】**〕

そり【反り】《名詞》 ①平らなものが曲がり返ること。また、その程度。「ごじゅーのとー(五重塔)・の・ やね(屋根)・の・ そり・が・ きれー(綺麗)や。」②細長いものが弓なりに曲がること。また、その程度。「この・ へん(辺)・は・ れーる(レール)・の・ そり・が・ きつい・さかい・ ゆっくり・ はし(走)っ・とる。」

そりかえる【反り返る】《動詞・ラ行五段活用》 ①大きく弓なりに曲がる。「かわ(乾)きすぎ・て・ いた(板)・が・ そりかえっ・とる。」②上体を後ろの方に曲げる。「お(負)たし・とる・ こ(子)ー・が・ そりかえる・さかい・ なんぎ(難儀)や。」③偉そうな態度を示すために、体を後ろの方に曲げたような姿勢をとる。「ほ(褒)め・てやっ・たら・ そりかえり・やがっ・た。」〔②③⇒**ふんぞりかえる**〕

そりゃ《感動詞》 相手の注意を強く促したり、自分自身の気持ちを引き締めたりするときに使う言葉。「そりゃ・ ここ・の・ けーさん(計算)・が・ まちご(間違)・とる・やんか。」〔⇒**そら、ほら、ほりゃ**〕

そりゃ《名詞+副助詞》 指示語の「それ【其れ】」に、副助詞の「は」が続いて、発音が融合した言葉。そのものは。「そりゃ・ なん(何)・の・ はなし(話)・を・ し・とる・ん・か・ わから・へん。」〔⇒**そら**〕

そりゃそうと〔そりゃそーと〕《接続詞》 そのときまでの話題を打ち切って、話題を少し変えるときなどに使う言葉。それはそれとして。「そりゃそーと・ あんた・は・ いま(今)・ どこ・に・ す(住)ん・どっ・て・のん・かいな。」〔⇒**そらそうと、ほらそうと、ほりゃそうと**〕

そりゃそりゃ《副詞》 相手に感謝したり、ねぎらったりする気持ちを込めて使う言葉。たいそう。実に。「そりゃそりゃ・ じかん(時間)・が・ かかっ・た・ こと・

そ

でっ·しゃろ。」〔⇒**そらそら**〕

そりゃそりゃ《感動詞》 相手に向かって強く注意を促すときの言葉。「そりゃそりゃ・ こっぷ(コップ)・の・ みず(水)・が・ こぼ(零)れ・とる・やないか。」〔⇒**ほらほら、そらそら、ほりゃほりゃ**〕

そる【反る】《動詞・ラ行五段活用》 ①平らなものが曲がり返る。「ろーか(廊下)・の・ ゆか(床)・の・ いた(板)・が・ そっ・てき・た。」「かみ(紙)・の・ たば(束)・が・ そっ・た・さかい・ うえ(上)・に・ おもし(重石)・を・の(載)せる。」②真っ直ぐなものが、弓なりに曲がる。「ほ(干)し・とい・た・ さかな(魚)・が・ だんだん・ そっ・てき・た。」③体が後ろに曲がる。「もー・ ちょっと・ そっ・たら・ てんじょー(天井)・が・ み(見)える・やろ。」◆他動詞は「そらす【反らす】」■名詞化＝**そり【反り】**

そる【剃る】《動詞》 剃刀などで、髭や頭髪を根元から切り取る。「まひげ(＝眉)・を・ そっ・たら・ かっこ(格好)・が・ わる(悪)い・ぞ。」

それ【其】《代名詞》 ①空間的にあるいは心理的に、自分よりも相手に近いもの。「それ・は・ だれ(誰)・の・ かばん(鞄)・でっ・か。」②時間的に、比較的に近いもの。「それ・は・ おとつい(一昨日)・の・ こと(事)・や。」③前に話題や意識にのぼったこと。「それ・は・ もー・ き(決)まっ・た・ こと(事)・でっ・しゃろ。」④少し離れたところにいる、目下の人を指す言葉。「あした(明日)・ あんた・の・ とこ(所)・へ・ それ・を・ い(行)かす・わ。」〔⇒**そい【(其)】、ほい【(其)】、ほれ【(其)】、そいつ【其奴】、ほいつ【(其奴)】**〕

それ《感動詞》 自分や相手を、元気づけたり注意をうながしたりするときにかける言葉。「それ・ しんごー(信号)・が・ あか(赤)・や・ぞー。」〔⇒**ほい、ほれ**〕

それから《接続詞》 前の事柄に後の事柄が続くという意味を表す言葉。前の事柄に後の事柄を付け加える意味を表す言葉。そのことの次に。それに加えて。「おさ(収)まっ・とっ・てん・けど・ それから・ また(又)・ くちげんか(口喧嘩)・を・ はじ(始)め・やがっ・てん。」〔⇒**ほいでから、ほんでから、ほいから、ほてから、ほでから、ほれから、そいから、そいでから、そんでから**〕

それきり〔それっきり〕《形容動詞や(ノ)》 それを最後として変化がない様子。きちんとした対応や処置などが施されないで放置されている様子。「それきり・ なん(何)・の・ へんじ(返事)・も・ あ(有)ら・へん。」〔⇒**それなり、そのまま、そんなり**〕

それぞれ《名詞、副詞》 メンバーなどのひとりひとり。よく似たもののひとつひとつ。「あと(後)・は・ それぞれ・ じぶん(自分)・で・ かんが(考)え・てください。」〔⇒**めいめい【銘々】、めんめ【(銘々)】**〕

それだけ《名詞、副詞》 ①そこにある数量や、そのような程度。そこにある、限られたものや分量。「それだけ・あ(有)っ・たら・ とーぶん(当分)・は・ しんぱい(心配)・ い(要)ら・ん・やろ。」②そのものにふさわしい程度。「べんきょー(勉強)し・たら・ それだけ・の・ こと・は・ ある・ はず・や。」。◆代名詞「それ」に副助詞「だけ」がついて、それが一語になったものである。〔⇒**そんだけ、ほれだけ、ほんだけ、それだけだけ、そんだけだけ、ほれだけだけ、ほんだけだけ**〕

それだけだけ《名詞、副詞》 ①そこにある数量や、そのような程度。そこにある、限られたものや分量。「たった・ それだけだけ・で・ ごせんえん(五千円)・も・する・の・かいな。」「それだけだけ・で・ あと(後)・の・ ついか(追加)・は・ い(要)り・まへ・ん。」②そのものにふさわしい程度。「それだけだけ・の・ ねう(値打)ち・の・ ある・ しなもん(品物)・でっ・さかい・ やす(安)い・ かいもの(買物)・だっ・せ。」◆代名詞「それ」に副助詞「だけ」がついて、強調するために副助詞「だけ」がもう一度ついて、それが一語になったものである。〔⇒**それだけ、そんだけ、ほれだけ、ほんだけ、そんだけだけ、ほれだけだけ、ほんだけだけ**〕

それで《接続詞》 前に述べたことを受けて、あるいは前に述べたことを理由として、後のことを述べるのに使う言葉。そうであるから。そのようなわけで。「それで・うまい・こと・ いか・ん・よー・に・ なっ・ても・た・ん・や。」◆相手に話を促したり話を続けさせたりしようとするときに、相づちのように使う場合もある。〔⇒**そこで、そいで、そんで、ほれで、ほいで、ほんで、ほで、さいで**〕

それでは《接続詞》 ①それより前に述べられている内容を前提にして、次の内容に続けていこうとするときに言う言葉。「それでは・ はなし(話)・が・ まえ(前)・に・すす(進)ま・へん・やろ。」②話が始まったり終わったりするときの切れ目を表す言葉。「それでは・ きょー(今日)・の・ はなし(話)・は・ ここ・まで・に・ し・とき・ます・わ。」〔⇒**そいでは、そんでは、ほいでは、ほれでは、ほんでは、そいなら、それなら、そんなら、ほんなら、ほいなら、ほれなら、ほなら、ほな**〕

それでも《接続詞》 今まで述べてきたことと反対の意味で次に続けようとするときに使う言葉。それにもかかわらず。「それでも・ こども(子供)・を・ ほ(放)りだす・わけ・に・は・ いか・へなん・でん。」〔⇒**そいでも、そんでも、ほれでも、ほいでも、ほんでも**〕

それどころか《接続詞》 前に述べたようなことだけでは、とうてい収まらないということを表す言葉。「それどころか・ つなみ(津波)・の・ ほー(方)・も・ しんぱい(心配)や・ねん。」〔⇒**そいどころか、ほれどころか、ほいどころか**〕

それなら《接続詞》 ①それより前に述べられている内容を前提にして、次の内容に続けていこうとするときに言う言葉。「それなら・ ちこく(遅刻)・は・ おーめ(大目)に・ み(見)・たる・わ。」②話が始まったり終わったりするときの切れ目を表す言葉。「それなら・ あと(後)・は・ あした(明日)・の・ こと(事)・に・ し・まほ。」〔⇒**そいでは、それでは、そんでは、ほいでは、ほれでは、ほんでは、そいなら、そんなら、ほんなら、ほいなら、ほれなら、ほなら、ほな**〕

それなり《形容動詞や(ノ)》 それを最後として変化がない様子。きちんとした対応や処置などが施されないで放置されている様子。「で(出)・ていっ・て・ それなり・もど(戻)っ・てきー・ひん。」〔⇒**そのまま、それきり、そんなり**〕

それに《接続詞》 直前に述べた事柄に加えて。「それに・かぜ(風)・が・ つよ(強)ー・ ふ(吹)い・てき・た。」〔⇒**そいに、ほれに、ほいに、そのうえ【その上】、そのうえに【その上に】**〕

それる【逸れる】《動詞・ラ行下一段活用》 目標としている方向から外れる。予想外の方向へ向かう。「たいふー(台風)・が・ それ・て・ よ(良)かっ・た・なー。」◆他動詞は「そらす【逸らす】」

そろい【揃い】《名詞》 ①２つ以上のものの形や様子が同じであること。また、形や様子が同じであるもの。「おやこ(親子)・で・ そろい・の・ ふく(服)・を・ き(着)

る。」②あるべきもの、必要なものなどが全部集まっているもの。「ほんだな(本棚)・に・　そろい・の・　ぜんしゅー(全集)・が・　なら(並)ん・どる。」

そろう【揃う】《動詞・ワア行五段活用》 ①２つ以上のものの形や様子が同じになる。一致する。「おー(大)きさ・が・　そろー・た・　たまご(卵)・を・　か(買)う。」②あるべきもの、必要なものなどが一箇所に全部集まる。「みんな(皆)・の・　かお(顔)・が・　そろ・た・さかい・　しゅっぱつ(出発)し・まほ。」■他動詞は「そろえる【揃える】」■名詞化＝**そろい**【揃い】

そろえる【揃える】《動詞・ア行下一段活用》 ①２つ以上のものの形や様子を同じにする。一致させる。「おお(大)きさ・を・　そろえ・て・　たな(棚)・に・　なら(並)べる。」②必要なものなどを一箇所に全部集める。「しょるい(書類)・を・　そろえ・て・　だ(出)し・に・　い(行)く。」■自動詞は「そろう【揃う】」■名詞化＝**そろえ**【揃え】

そろそろ《副詞と、動詞する》 ①ものごとにゆっくり取りかかる様子。ものごとがゆっくり始まる様子。「もー・　そろそろ・　い(行)か・んと・　おく(遅)れる・ぞ。」「じかん(時間)・に・　なっ・た・ので・　そろそろ・　はじ(始)め・よ・か。」②ゆっくりと動いている様子。ゆっくりと経過している様子。「こし(腰)・が・　いた(痛)い・さかい・　そろそろと・　ある(歩)く。」③その時刻、時期、状態になりつつある様子。「かた(堅)い・　いも(芋)・や・けど・　そろそろ・　に(煮)え・てき・た。」〔⇒**ぼちぼち、ぼつぼつ**〕

ぞろぞろ《副詞と》 ①多くの人やものが、一続きになって次々と動いていく様子。「はいきんぐ(ハイキング)・の・　ひと(人)・が・　ぞろぞろと・　とー(通)る。」②多くのものが無秩序に集まっている様子。「むし(虫)・が・　ぞろぞろと・　は(這)いまわっ・とる。」

そろっと《副詞、動詞する》 ①音を立てないで、静かに物事を行う様子。「みんな(皆)・に・　わから・ん・よーに・　そろっと・　へや(部屋)・から・　で(出)・ていく。」②ゆっくりと物事を行う様子。おもむろに物事を行う様子。「はじ(初)め・は・　そろっと・　はし(走)っ・とっ・てん。」③揺らしたりしないで静かに移動させる様子。「きんぎょばち(金魚鉢)・を・　そろっと・　した(下)・に・　お(下)ろす。」④人やものに触らないで、そのままにしておく様子。「しんどい・さかい・　ねむ(眠)っ・ても・とっ・ても・　そろっとし・とい・てんか。」〔⇒**そうっと、そっと**〕

ぞろっと《副詞》 多くのものが、まとまって一度に出てくる様子。または、出す様子。「さが(探)し・とっ・た・　もん(物)・が・　ぞろっと・　で(出)・てき・た。」「きょー(今日)・は・　なんにん(何人)・も・が・　ぞろっと・　ちこく(遅刻)・を・　し・た。」「りょーり(料理)・を・　いっぺん(一遍)に・　ぞろっと・　だ(出)す。」

そろばん【算盤】《名詞》 ①長方形の枠の中に、串刺しにした玉が並び、その玉を上下させて計算するための道具。「おの(小野)・は・　そろばん・の・　さんち(産地)・や。」②長方形の枠の中に、串刺しにした玉が並び、その玉を上下させる道具を使ってする計算。「そろばん・が・　じょーず(上手)に・　なっ・た。」③金銭やものの数量を数えたり、加減乗除などをしたりすること。「そろばん・が・　あ(合)わ・へん・ので・　もーいっぺん(一遍)・　けーさん(計算)・の・　しなお(仕直)し・や。」④他の長いものと直角に交わり、下から受けて支えるもの。特に、漁船などを陸揚げするときに、船底の下にあてがって船の動きを滑らかにするもの。「そろばん・を・　ひ(敷)ー・て・　ふね・を・　あ(揚)げる。」〔②⇒**しゅざん**【**珠算**】。③⇒**さんよう**【**算用**】、**けいさん**【**計算**】、**かんじょう**【**勘定**】。④⇒**まくら**【**枕**】〕

そわそわ《副詞と、動詞する》 しばらく後に起こることがらに期待する気持ちを抱いたり、恐怖や不安の気持ちを持ったりして、落ち着かない様子。「べっちょ(別状)ない・さかい・　そわそわせ・んと・　お(落)ちつき・なはれ。」

そん【村】《名詞》 町とともに、郡を構成する地方公共団体。「ははおや(母親)・は・　かこぐん(加古郡)・の・　もり(母里)そん・の・　で(出)ー・や。」〔⇒**むら**【**村**】〕

そん【損】《名詞、形容動詞や(ナ・ノ)、動詞する》 ①売買や交換、事業などで、差し引きをすると出ていく金額が多いこと。他と比較すると、金銭上の利益が少ないこと。「たからくじ(宝籤)・で・　いちまんえん(一万円)・も・　そんし・た。」「ひとり(一人)・ずつ・　きっぷ(切符)・を・　こ(買)ー・たら・　そんに・　なる・さかい・　まとめ・た・　けん(券)・を・　か(買)う。」②不利であったり、報われるものがなかったりすること。苦労をしても、それに見合った利益や効果がないこと。「はや(早)め・に・　い(行)っ・たら・　ま(待)た・され・て・　そんし・た。」■対語＝「とく【得】」

そんがい【損害】《名詞》 災害や事故や取引行為などにおいて、ものがなくなったり壊れたりして、金銭上の被害を受けること。「おーみず(大水)・に・　よる・　そんがい・は・　おー(大)きかっ・た。」

そんけい〔**そんけー**〕【尊敬】《名詞、動詞する》 その人の人格や行為や成果などを心から素晴らしいと思い、自分たちの模範となる存在であると思って仰ぎ見ること。「ぶ(部)ー・の・　せんぱい(先輩)・を・　そんけーする。」

そんだけ《名詞》 ①区切って限定した数量のもの。それぐらいの量。わずかな量。「あと・　のこ(残)り・は・　そんだけ・や。」「そんだけ・で・　え(良)ー・さかい・　わけ・てくれ・へん・か。」「そんだけ・　はろ(払)・たら・　あと(後)・は・　いっせん(一銭)・も・　い(要)ら・ん・ねん。」②そんなにも沢山のもの。「そんだけ・　もろ(貰)・たら・　じゅーぶん(十分)や。」◆「そんだけ」に「だけ」(限定の意味)を付けて、「そんだけだけ」と言うこともある。〔①⇒**そんだけだけ**〕

そんだけ《副詞》 それほど。そんなに。それほどまでに。「そんだけ・　ゆ(言)ー・たら・　もー・　え(良)ー・やろ。」「そんだけ・　はろ(払)・たら・　もんく(文句)・は・　い(言)わ・ん・やろ。」「ふる(古)い・　もん(物)・や・さかい・　そんだけ・　ねう(値打)ち・が・　で(出)・とる・ねん。」〔⇒**そんだけだけ**〕

そんだけだけ《名詞》 区切って限定した数量のもの。「そんだけだけ・で・　ごせんえん(五千円)・も・　する・ん・かいな。」〔⇒**そんだけ**〕

そんだけだけ《副詞》 それほど。そんなに。それほどまでに。「そんだけだけ・　たの(頼)ん・でも・　しょーち(承知)し・てくれ・へん・の・かいな。」「そんだけだけ・の・　おとこ(男)・や・さかい・　しんよー(信用)し・て・　やと(雇)っ・たっ・て。」〔⇒**そんだけ**〕

そんちょう〔**そんちょー**〕【村長】《名詞》 村を代表し、村の政治に携わる、いちばん上の人。「そんちょー・の・　せんきょ(選挙)・に・　で(出)る。」

そんで《接続詞》 前に述べたことを受けて、あるいは前に述べたことを理由として、後のことを述べるのに使う言葉。そうであるから。そのようなわけで。「そんで・　どない・　し・たら・　え(良)ー・ねん・な。」◆相手に話を促したり話を続けさせたりしようとするときに、相づちのように使う場合もある。〔⇒**そこで、それで、そいで、ほれで、ほいで、ほんで、ほで、さいで**〕

そんでから《接続詞》　前の事柄に後の事柄が続くという意味を表す言葉。前の事柄に後の事柄を付け加える意味を表す言葉。そのことの次に。それに加えて。「そんでから・　くちげんか(口喧嘩)・に・　なっ・ても・てん。」〔⇒**ほいでから、ほんでから、ほいから、ほてから、ほでから、ほれから、それから、そいでから**〕

そんでは《接続詞》　①それより前に述べられている内容を前提にして、次の内容に続けていこうとするときに言う言葉。「そんでは・　どっち・に・も・　わる(悪)い・とこ・が・　ある・ん・や・なー。」②話が始まったり終わったりするときの切れ目を表す言葉。「そんでは・　また・　あした(明日)・　あ(会)い・ましょ・ー。」〔⇒**そいでは、それでは、ほいでは、ほれでは、ほんでは、そいなら、それなら、そんなら、ほんなら、ほいなら、ほれなら、ほなら、ほな**〕

そんでも《接続詞》　今まで述べてきたことと反対の意味で次に続けようとするときに使う言葉。それにもかかわらず。「そんでも・　なかなか・　おんど(温度)・が・　さ(下)がら・なんだ。」〔⇒**それでも、そいでも、ほれでも、ほいでも、ほんでも**〕

そんな《連体詞》　形や状態などが、それと同じような。それほどの程度の。「そんな・　げんき(元気)な・　いぬ(犬)・は・　えさ(餌)・も・　よー・　く(食)う・やろ。」「そんな・　こんな・で・　いっしゅーかん(一週間)・が・　す(過)ぎ・ても・た。」「そんな・　はず・は・　あら・へん・やろ。」〔⇒**そないな、ほないな、ほんな、さいな**〕

そんなら《接続詞》　①それより前に述べられている内容を前提にして、次の内容に続けていこうとするときに言う言葉。「そんなら・　あんた・が・　べんしょー(弁償)し・なはれ。」②話が始まったり終わったりするときの切れ目を表す言葉。「そんなら・　いま(今)・から・　よ(寄)りあい・を・　はじ(始)め・ます。」〔⇒**そいでは、それでは、そんでは、ほいでは、ほれでは、ほんでは、そいなら、それなら、ほんなら、ほいなら、ほれなら、ほなら、ほな**〕

そんなり《形容動詞や(ノ)》　それを最後として変化がない様子。きちんとした対応や処置などが施されないで放置されている様子。「そんなりに・　なん(何)・の・　へんじ(返事)・も・　ゆ(言)ー・てき・やがら・へん。」「てんきん(転勤)し・て・　そんなりに・　なん(何)・の・　れんらく(連絡)・も・　あら・へん・ねん。」◆語幹「そんなり」を副詞的に使うことがある。「どーそーかい(同窓会)・が・　す(済)ん・で・から・　そんなり・　あ(会)う・きかい(機会)・が・　なかっ・た。」〔⇒**それなり、そのまま、それきり**〕

そんなん《名詞》　形や状態などが、それと同じようなもの。それほどの程度のもの。「そんなん・やっ・たら・　どこ・でも・　か(買)える・やろ。」「そんなん・は・　たこ(高)ー・て・　わし・に・は・　か(買)え・まへ・ん。」〔⇒**そないなん、ほないなん、ほんなん**〕

た

た〔たー〕【田】《名詞》　水を張って稲などを育てる耕地。水田。「いけ(池)・から・　たー・に・　みず(水)・を・　い(入)れる。」■対語＝「はたけ【畑】」〔⇒**たんぼ【田圃】**〕

た〔だ〕《助動詞》　①終わったこと(過去や完了)を表す言葉。「ろくじごろ(六時頃)・に・　き(来)・た。」「ともだち(友達)・から・の・　てがみ(手紙)・を・　よ(読)ん・だ。」②そのような状態であるということを表す言葉。「まちが(間違)っ・た・　みち(道)・を・　ある(歩)く。」③まだそうなっていないが、なった場合のことを表す言葉。「はよ(早)ー・　き(来)・た・　ひと(人)・から・　なか(中)・に・　はい(入)っ・てもらう・　こと・に・　し・ます。」◆「た」は、前にある言葉が撥音である場合に「だ」となる。

ダース〔だーす〕【英語＝zozen】《名詞》　品物12個を一組として数える言葉。12個を一組としたもの。「えんぴつ(鉛筆)・を・　いち(一)だーす・　か(買)う。」

だあな〔だーな〕《終助詞》　相手に対して、または自分の心に対して念を押す気持ちが込められている言葉。「あした(明日)・は・　あめ(雨)・だーな。」◆「だす」＋「な」から転じた言葉であるかもしれない。

たい【鯛】《名詞》　めでたいものとされる、陸の近くにすむ、体が平たくてほのかに赤い色をした魚。「あかし(明石)・の・　たい・は・　ね(値)ー・が・　たか(高)い・ぞー。」

たい【対】《名詞》　2つのものの組み合わせや、その割合を表す言葉。「きのー(昨日)・の・　しやい(試合)・は・　なん(何)・たい・　なん(何)ぼ・で・　か(勝)っ・た・ん・や。」

たい《助動詞》　そのことが実現することを強く希望する気持ちを表す言葉。「はよ(早)ー・　い(行)き・たい・なー。」「やきゅー(野球)・は・　きゅーじょー(球場)・で・　み(見)・たい・ねん。」

だい【題】《名詞》　文章や芸術作品などに付けて、その中心となる事柄や意図などを表すようにした、短い言葉。「だい・を・　き(決)め・て・から・　さくぶん(作文)・を・か(書)く。」

だい【台】《名詞》　①適当な高さを保ったり、人やものを据えたりするために土台とする平らな器具。「その・　はこ(箱)・は・　じ(地)べた・での一・て・　だい・の・　うえ(上)・に・　お(置)き・なはれ。」「だい・を・　お(置)い・て・　かびん(花瓶)・を・　の(載)せる。」②小さな車輪を付けて、物を載せて運ぶ用途のために作った器具。「だい・に・　の(載)せ・て・　ごみ(塵)・を・　はこ(運)ぶ。」〔②⇒**だいしゃ【台車】**〕

だい【大】《名詞》　①数量、形、範囲などが大きいもの。程度や度合いが大きいこと。「だい・の・　つ(詰)めあわせ・の・　ほー(方)・を・　こ(買)ー・た。」②運賃や入場料などでの、一人前の扱いを受ける人。「だい・の・　きっぷ(切符)・を・　いちまい(一枚)・　おくれ。」③太陽暦で一か月が31日になっている月。「ごがつ(五月)・は・　だい・や。」④食べたもののうち、栄養分と水分として吸収されたものの残りとして排泄されるもの。「だい・を・　する・さかい・　ちょっと・　じかん(時間)・が・　かかる・でー。」■対語＝「しょう【小】」〔②⇒**おとな【大人】、だいにん【大人】**。④⇒**うんこ、うんうん、うんち、うんちゃん、ばば、あっぱ、べん【便】、くそ【糞】**〕

だい【代】《名詞》　①親・子・孫などの世代。また、その一生。「おや(親)・の・　だい・まで・　ひゃくしょー(百姓)・を・　し・とっ・た。」②年代や年齢などのおおよその範囲を表す言葉。「はたち(二十歳)だい・は・　よー・　あそ(遊)ん・どっ・た。」「しょーわ(昭和)・の・　にじゅーねん(二十年)だい・は・　く(食)う・　もん(物)・に・　ふじゅー(不自由)し・た・なー。」③会社や店などの長として、その地位にある期間。「あの・　しゃちょー(社長)・の・　だい・に・　かいしゃ(会社)・は・　おー(大)けなっ・た。」

だい【(誰)】《代名詞》 ①名前や立場などがわからない人を指して使う言葉。「だい・や・　し(知)ら・ん・　ひと(人)・に・　たす(助)け・てもー・てん。」②特定の人を指さないで、自分以外の人のことを言う言葉。「だい・ど・　わい・の・　か(代)わり・に・　あいさつ(挨拶)し・てくれ・へん・か。」〔⇒**だれ【誰】**〕

だい【台】《助数詞》 車や機械などを数える言葉。「なん(何)だい・　ま(待)っ・ても・　かこがー(加古川)いき・の・　ばす(バス)・が・　け(来)ー・へん。」「とらっく(トラック)・に・　さん(三)だい・ほど・の・　にもつ(荷物)・が・　ある。」

たいあたり【体当たり】《名詞、動詞する》 ①相手に、自分の体をぶつけていくこと。特に、強い相手に全身でぶつかっていくこと。「たいあたりし・てき・やがっ・た・さかい・　なぐ(殴)りあい・に・　なっ・ても・てん。」②捨て身で物事に取り組むこと。「たいあたり・で・　がんば(頑張)っ・た・　しあい(試合)・やっ・た・けど・　か(勝)て・なんだ。」

だいあん【大安】《名詞》 六曜の一つで、何をするにも縁起がよいとされる日。「だいあん・に・　けっこんしき(結婚式)・を・　する。」■対語＝「**ぶつめつ【仏滅】**」

たいいく【体育】《名詞、動詞する》 ①健康な体を作るための運動。「たいいく・で・　からだ(体)・を・　じょーぶ(丈夫)に・　する。」「ちく(地区)・の・　たいいく・の・たいかい(大会)・に・　で(出)る・ねん。」②身体の発達の促進、運動能力の発達、健康な生活の推進などを目的とする教育。また、そのような内容を指導する小学校、中学校、高等学校の教科の名。「たいいく・の・　じかん(時間)・に・　さっかー(サッカー)・を・　する。」◆かつては、②の意味で「**たいそう【体操】**」と言うことがあった。〔②⇒**たいそう【体操】**〕

たいいくのひ〔**たいいくのひー**〕【体育の日】《名詞》 国民の祝日の一つで10月の第2月曜日に設定されており、スポーツに親しみ、健康な心身をつちかう日。「たいいくのひ・に・　じゅーみんうんどーかい(住民運動会)・を・　する。」

だいいち【第一】《名詞、副詞》 ①ものの順序の一番はじめ。はじめに順序づけられたもの。「らじおたいそー(ラジオ体操)・の・　だいいち・は・　ちゃんと・　おぼ(覚)え・とる。」②最も優れていること。「こーべ(神戸)・の・　みなと(港)・は・　むかし(昔)・は・　にほん(日本)・で・だいいち・やっ・た・ん・や。」③最もだいじなこと。「からだ(体)・が・　だいいち・や・さかい・　むり(無理)せ・んとき。」④他のことはともかくとして、まずもって。「だいいち・　めし(飯)・を・　く(食)わ・なんだら・　うご(動)か・れ・へん・やん。」

たいいん【退院】《名詞、動詞する》 病気や怪我などがよくなって、入っていた病院から出ること。「にしゅーかん(二週間)・　かかっ・た・けど・　やっと・　たいいん・が・　でき・ます・ねん。」■対語＝「**にゅういん【入院】**」

だいおうじょう〔**だいおーじょー**〕【大往生】《名詞、動詞する》 事故などによらず、天寿を全うして高齢で亡くなること。心身の苦痛などがない状態で安らかに亡くなること。「おじー(祖父)さん・は・　きゅーじゅー(九十)・で・　だいおーじょーし・てん。」

たいおん【体温】《名詞》 健康状態に応じて変化する、人や動物の体の温度。「かぜ(風邪)・　ひー・て・　たいおん・が・　あ(上)がっ・た。」

たいおんけい〔**たいおんけー**〕【体温計】《名詞》 体の温度を測る器具。「たいおんけー・で・　はか(測)っ・たら・さんじゅーはちど(三十八度)・　あっ・た。」

たいかい【大会】《名詞》 多くの人が集まって催す会合。その組織の最も重要なものとして開く会合。「こーべ(神戸)・の・　はなび(花火)たいかい・を・　み(見)・に・　い(行)く。」「やきゅー(野球)・の・　たいかい・に・　で(出)る・ねん。」

たいがい【大概】《名詞、副詞》 ①物事の量や範囲についての大部分。ものごとの大まかな全体。すべてに行きわたってはいないが、主要なところすべてが、そのようである様子。「ひるめしだい(昼飯代)・は・　たいがい・ごひゃくえん(五百円)・ぐらい・や。」「たいがい・の・ひと(人)・は・　さんせー(賛成)し・てくれ・とる。」②ものごとの程度がかなりである様子。「きのー(昨日)・の・かいがんせーそー(海岸清掃)・は・　たいがい・　しんどかっ・た。」③限度をあまり超えない段階にある様子。「もんく(文句)・を・　ゆ(言)ー・の・も・　たいがい・で・おい・とけ。」〔①⇒**たいてい【大抵】、だいたい【大体】、ほとんど【殆ど】、おおかた【大方】、おおむね【概ね】、あらかた【粗方】、あらまし、ふつう【普通】**〕

たいがいにする【大概にする】《動詞・サ行変格活用》 頃合いでやめる。適切な段階で終える。ふざけた気持ちなどを持たずに物事に取り組む。過度なことや常識はずれのことをしないようにする。「おまえら・　たいがいにし・とか・な・　わし・は・　おこ(怒)る・ぞ。」「あんまり・　はで(派手)な・　こと・は・　や(止)め・て・　たいがいにし・とき・なはれ。」「もんく(文句)・ばっかり・ぬかし・やがっ・て・　たいがいにせ・んかい。」〔⇒**ええかげんにする【良え加減にする】**〕

たいかく【体格】《名詞》 発育状況や栄養状態などからもたらされる、体の骨組みや、体の大きさなどの外観的な様子。「たいかく・は・　え(良)ー・ねん・けど・　ねば(粘)りけ・が・　の(無)ー・て・　じっき(直)に・　ま(負)け・てまう。」

たいがく【退学】《名詞、動詞する》 学校を卒業する前にやめること。また、学校がそのような処分をすること。「こーこー(高校)・の・　とき(時)・に・　おやじ(親父)・が・　し(死)ん・だ・さかい・　たいがく(退学)し・て・はたら(働)い・てん。」

だいがく【大学】《名詞》 高等学校を卒業した生徒などに対して、高度な専門教育を行うところ。「こども(子供)・を・　だいがく・に・　やる・と・　おや(親)・は・　たいへん(大変)な・　こと・や。」

だいかん【大寒】《名詞》 二十四節気のひとつで、1月21日頃の、一年中でいちばん寒い時期にあたる日。「だいかん・の・　ころ(頃)・に・　かんげーこ(寒稽古)・を・する。」

だいきち【大吉】《名詞》 縁起や運勢がこの上もなく良いこと。また、そのような時。「おみくじ(神籤)・　ひ(引)ー・たら・　だいきち・が・　で(出)・た。」■対語＝「**だいきょう【大凶】**」

だいきゅう〔**だいきゅー**〕【代休】《名詞》 休日に働いたり登校したりした代わりに、本来は出勤や登校すべき日にとる休み。「こないだ・の・　にちよー(日曜)・に・　で(出)・た・さかい・　だいきゅー・を・　もろ(貰)・てん。」

だいきょう〔だいきょー〕【大凶】《名詞》 縁起や運勢がこの上もなく悪いこと。また、そのような時。「この・いちねん(一年)・は・ だいきょー・やっ・た・なー。」■対語＝「だいきち【大吉】」

たいきん【大金】《名詞》 たくさんのお金。「そんな・たいきん・は・ いっぺん(一遍)・に・は・ はら(払)わ・れ・へん。」

だいきん【代金】《名詞》 品物を買ったり何かの仕事をしてもらったりしたときに、相手に支払うお金。「だいきん・は・ ぎんこー(銀行)・に・ ふ(振)りこん・でくれ・なはれ。」

だいく【大工】《名詞、動詞する》 ①主として木造の家を建てたり直したりすることを職業にしている人。「がっこ(学校)・を・ で(出)・て・ だいく・の・ みならい(見習)・を・ する。」②家を建てたり直したりすること。また、その技量や腕前。「あいつ・は・ え(良)ー・ だいく・を・ し・てくれる。」③趣味などで、ものを作ったりすること。「にちよー(日曜)・に・は・ だいくし・て・ たな(棚)・を・ こしら(拵)える。」〔②③⇒**だいくしごと【大工仕事】**〕

だいくしごと【大工仕事】《名詞、動詞する》 ①家を建てたり直したりすること。また、その技量や腕前。「だいくしごと・が・ じょーず(上手)な・ ひと(人)・を・しょーかい(紹介)し・てくれ・へん・か。」②趣味などで、ものを作ったりすること。「だいくしごと・を・ し・て・いちにち(一日)・が・ く(暮)れ・ても・た。」〔⇒**だいく【大工】**〕

たいくつ【退屈】《形容動詞や(ナ)、動詞する》 ①心を集中させたり体を動かしたりすることがなくて、時間を持て余す様子。「だい(誰)・も・ き(来)・やへん・さかい・ たいくつし・とっ・てん。」②面白みがなくて、つまらなく、気持ちが乗らない様子。緊張に欠ける様子。「きょー(今日)・は・ あいて(相手)・が・ よわ(弱)すぎ・て・ たいくつな・ しあい(試合)・やっ・た・なー。」

たいけい〔たいけー〕【隊形】《名詞》 大勢の人が集まって並ぶときの、縦や横などに広がる形や配置。「にれつ(二列)・の・ たいけー・で・ なら(並)ん・でください。」

たいけい〔たいけー〕【体形】《名詞》 外見上の手足や胴体などの格好。体の輪郭について、受ける感じ。「あんた・の・ だんな(旦那)はん・は・ がっしりし・た・ たいけー・や・なー。」〔⇒**からだつき【体付き】、かだらつき【(体付き)】**〕

だいけい〔だいけー〕【台形】《名詞》 向かい合った一組の辺が並行である四角形。「あそこ・の・ うんどーじょー(運動場)・は・ だいけー・に・ なっ・とる・ねん。」

たいこ【太鼓】《名詞》 ①木や金属で作った胴に皮を張って、ばちで打ち鳴らす楽器。「たいこ・を・ たた(叩)い・て・ おーえん(応援)する。」②秋祭りのときなどに飾り立ててかき上げたり曳き回ったりする布団屋台。「みや(宮)はん・で・ たいこ・を・ かく。」〔②⇒**だんじり【檀尻】**〕

秋祭りで太鼓をかいている様子 ★

だいこ【(大根)】《名詞》 畑で作り、白くて太い根を食用とする野菜。「だいこ・の・ つけもん(漬物)・で・ さけ(酒)・を・ の(飲)む。」〔⇒**だいこん【大根】、おだい【お大(根)】**〕

だいこおろし【(大根おろし)】《名詞》 ①大根をすり下ろしたもの。「だいこおろし・に・ ちりめんじゃこ(縮緬雑魚)・を・ ふ(振)りかける。」②大根などをすり下ろすときに使う器具。「だいこおろし・で・ て(手)・を・ す(擦)りむい・た。」〔⇒**だいこんおろし【大根おろし】**〕

だいこく【大黒】《名詞》 七福神のひとりで、丸い頭巾をかぶり、肩に大きな袋を背負い、打ち出の小槌を持った姿の神。「えべっ(戎)さん・と・ だいこくさん・が・なろ(並)ん・だ・ え(絵)ー・は・ めでたい。」

だいこくばしら【大黒柱】《名詞》 ①家の中心として立っている、最も太い柱。「だいこくばしら・に・ くぎ(釘)・を・ う(打)っ・て・ きず(傷)・を・ つ(付)け・たら・あか・ん・ぞー。」②一家や団体などの中心になって支えている人。「だいこくばしら・が・ お(居)ら・ん・よーに・ なっ・たら・ こま(困)る・がな。」

たいこぐら【太鼓蔵】《名詞》 祭礼で奉納される布団屋台(檀尻)を入れておく蔵。「たいこぐら・から・ だんじり(檀尻)・を・ だ(出)し・て・ むしぼし(虫干)する。」

だいこん【大根】《名詞》 畑で作り、白くて太い根を食用とする野菜。「だいこん・を・ ふろふき・に・ する。」〔⇒**だいこ【(大根)】、おだい【お大(根)】**〕

だいこんおろし【大根おろし】《名詞》 ①大根をすり下ろしたもの。「えらい・ から(辛)い・ だいこんおろし・や・なー。」②大根などをすり下ろすときに使う器具。「だいこんおろし・で・ りんご(林檎)・を・ す(摺)る。」〔⇒**だいこおろし【(大根おろし)】**〕

だいじ【題字】《名詞》 ①新聞の名前として、最初の面の上段や右上などに書かれている文字。「よみうり(読売)・は・ よこが(横書)き・の・ だいじ・や。」②書物の名前などとして書かれている文字。「せんせー(先生)・に・ふで(筆)・で・ だいじ・を・ か(書)い・てもらう。」

だいじ【大事】《形容動詞や(ナ)》 根本に関わるほど重要である様子。かけがえのないものとして気をつけて扱う様子。「だいじな・ ほん(本)・や・さかい・ よご(汚)し・たら・ あか・ん・ぞ。」「おや(親)・を・ だいじに・し・なはれ。」〔⇒**たいせつ【大切】**〕

たいした【大した】《連体詞》 ①程度が甚だしいことを表す言葉。たいへん素晴らしい。「なんべん(何遍)・ はし(走)っ・ても・ ずっと・ いちばん(一番)・に・ なる・ たいした・ やつ(奴)・や。」②特に取りあげて言うほどのものではないということを表す言葉。「たいした・ けが(怪我)・と・は・ ちがう・さかい・ しんぱい(心配)・は・ い(要)ら・ん。」◆②は、後ろに打ち消しの言葉が伴う。

たいしたことない【大したことない】《形容詞・特殊型》 特に取りあげて言うほどのものではない。大層に考えるほどではない。「たいしたことない・ じこ(事故)・やっ・た・さかい・ あんしん(安心)し・た。」「けが(怪我)・は・ たいしたことなかっ・た・さかい・ にゅーいん(入院)せ・んでも・ よかっ・てん。」

たいしつ【体質】《名詞》 その人が生まれつき持っている、体の性質。「むすめ(娘)・は・ かぜ(風邪)・を・ ひきやすい・ たいしつ・や・ねん。」

たいして【大して】《副詞》 とりたてて言うほどでもないことを表す言葉。さほどには。「たいして・ ひよー(費用)・は・ かから・へん。」「たいして・ てま(手間)・は・とらせ・まへ・ん。」◆後ろに打ち消しの言葉が伴うことが多い。〔⇒**あまり【余り】、あまし【余し】、あんまり【余り】、あんまし【余し】、なんぼも**〕

だいじない【大事ない】《形容詞・アイ型》 とりわけ差し支えは生じない。大丈夫であるから気にしなくてよい。「しんぱい(心配)せ・ん・でも・　え(良)ー。かびん(花瓶)・　ひと(一)つ・ぐらい・　めん(＝壊し)・でも・　だいじない・　こと・や。」「これ・　か(借)っ・ていっ・ても・　だいじない・か。」◆丁寧な気持ちが加わると「だいじおまへん」となる。〔⇒**べっちょない【**(別状ない)**】、だんだい、だんない、かまへん【**(構へん)**】、かめへん【**(構へん)**】、かまん【**(構ん)**】、かまわん【構わん)】**〕

だいじない【大事ない**】**《連体詞》　代わりのものがないほど、とても重要な。「だいじない・　もの・を・　いただ(戴)い・て・　すん・ませ・ん。」〔⇒**たいせつない【**大切ない**】**〕

だいしゃ【台車**】**《名詞》　小さな車輪を付けて、物を載せて運ぶ用途のために作った器具。「だいしゃ・を・　つこ(使)・て・　はいひんかいしゅー(廃品回収)・に・　まー(回)る。」〔⇒**だい【**台**】**〕

たいじゅう〔たいじゅー〕【体重**】**《名詞》　人や動物などの体の重さ。「また・　たいじゅー・が・　ふ(増)え・ても・た。」〔⇒**めかた【**目方**】**〕

たいしょう〔たいしょー〕【大将**】**《名詞》　①一家の主人。ある人の夫。「おたく(宅)・の・　たいしょー・は・　げんき(元気)です・か。」②仲間や団体などのかしら。「ことし(今年)・は・　せーねんだん(青年団)・の・　たいしょー・を・　し・とる・ん・や。」③全軍を指揮・統率する人。また、軍隊の階級の一つ。「たいしょー・に・　しゅっせ(出世)する。」④店などのあるじ。「うどんや(饂飩屋)・の・　たいしょー・は・　じ(字)ー・が・　じょーず(上手)や。」⑤人のことを親しんだり、からかったりして言う言葉。「おーい。たいしょー・　おっ・て・です・か。」〔④⇒**おやじ【**親父**】**〕

たいしょう〔たいしょー〕【大正**】**《名詞》「昭和」のひとつ前の年号。大正天皇が位についていた時代。「おやじ(親父)・は・　たいしょー・の・　う(生)まれ・や。」

たいじょう〔たいじょー〕【退場**】**《名詞、動詞する》　会場や式場、あるいは演技をする場所などから出ていくこと。「たいじょー・の・　とき(時)・に・　みんな(皆)・から・　はくしゅ(拍手)・を・　し・てもろ・た。」■対語＝「にゅうじょう【入場】」

だいしょう〔だいしょー〕【大小**】**《名詞》　大きいものと小さいもの。また、その差。「いれもん(入物)・の・　だいしょー・を・　くら(比)べる。」〔⇒**おおきいこまい【**大きい小まい**】、おおけえこまい【**大きえ小まい**】**〕

だいしょう〔だいしょー〕【大小**】**《副詞》　その数量や程度がそれほど多くないことをあらわす言葉。いくらか。「き(気)・に・　なる・　こと・は・　だいしょー・　あり・ます・ねん・けど。」〔⇒**たしょう【**多少**】**〕

だいじょうぶ〔だいじょーぶ〕【大丈夫**】**《形容動詞や(ナ)》　しっかりしていて信頼ができる様子。ものごとに対処する力がそなわっていて、危険や万一の心配がない様子。「しかい(司会)・は・　あいつ(彼奴)・に・　まか(任)し・とい・たら・　だいじょーぶや。」「あした(明日)・の・　てんき(天気)・は・　だいじょーぶです・やろ。」

たいしょく【退職**】**《名詞、動詞する》　会社などの仕事をやめること。職業を離れること。「たいしょくし・て・　いま(今)・は・　のんびり・　し・てます・ねん。」■対語＝「しゅうしょく【就職】」

だいじん【大臣**】**《名詞》　内閣の構成員として、国の政治の中枢にある人。「だいじん・が・　てれび(テレビ)・で・　あたま(頭)・　さ(下)げ・とる・の・は・　みっともない・のー。」

だいず【大豆**】**《名詞》　畑で作り、その実は豆腐や味噌などの原料としたり、油を搾ったりする作物。「ことし(今年)・は・　だいず・の・　でき(出来)・が・　わる(悪)い。」◆一般には「まめ【豆】」と言ったり、「あぜまめ【畦豆】」「えだまめ【枝豆】」などと言ったりする。

たいせつ【大切**】**《形容動詞や(ナ)》　根本に関わるほど重要である様子。かけがえのないものとして気をつけて扱う様子。「ひと(一)つ・しか・　ない・さかい・　たいせつに・　し・てください。」「ひと(人)・から・　か(借)っ・た・　ほん(本)・を・　たいせつに・　する。」「わたし(私)・に・　とっ・て・は・　たいせつな・　むすこ(息子)・です。」〔⇒**だいじ【**大事**】**〕

たいせつない【大切ない**】**《連体詞》　代わりのものがないほど、とても重要な。「たいせつない・　もの(物)・を・　おか(借)り・する。」〔⇒**だいじない【**大事ない**】**〕

だいぜんか【大全科**】**《名詞》　教科書に準拠して児童や生徒が学習するのを助ける本。「べんきょー(勉強)する・さかい・　だいぜんか・を・　こ(買)ー・てほしー・ねん。」〔⇒**とらのまき【**虎の巻**】、とら【**虎**】**〕

たいそう〔たいそー〕【体操**】**《名詞》　①健康増進などのために、規則正しく手足を動かす運動。「ひろば(広場)・で・　らじお(ラジオ)たいそー・を・　する。」「きかい(器械)たいそー・が・　うま(上手)い・なー。」②身体の発達の促進、運動能力の発達、健康な生活の推進などを目的とする教育。また、そのような内容を指導する小学校、中学校、高等学校の教科の名。「きょー(今日)・の・　たいそー・の・　じかん(時間)・は・　うんどーじょー(運動場)・で・　さっかー(サッカー)・を・　し・た。」◆かつては、②の意味で使うことがあったが、現在では稀である。〔②⇒**たいいく【**体育**】**〕

たいそう〔たいそー、たいそ〕【大層**】**《副詞、形容動詞や(ナ)、名詞》　①ものごとの程度などが甚だしい様子。普通でない様子。「これ・は・　たいそー・　むつか(難)しー・　もんだい(問題)・や。」②ものごとが大げさに展開している様子。「そないに・　たいそな・　はなし(話)・と・は・　ちゃ(違)う・やろ。」「かぜ(風邪)・ぐらい・で・　たいそーに・　いしゃ(医者)・へ・　い(行)っ・た・ん・かいなー。」③手数がかかって煩わしい様子。「わざわざ・　き(来)・てもろ・て・　たいそー・を・　かけ・た・なー。」〔①⇒**ごっつい、ごつい、すごい【**凄い**】**〕

たいそうない〔たいそーない、たいそない〕【大層ない**】**《連体詞》　普通以上におおげさな。大仰な。「たいそーない・　い(言)ーかた・を・　せ・んとい・てんか。」〔⇒**たいそうらしい【**大層らしい**】**〕

たいそうらしい〔たいそーらしー、たいそらしー〕【大層らしい**】**《形容詞・イイ型》　普通以上におおげさである様子。大仰である様子。「いつ・の・　ま(間)・に・やら・　たいそらしー・　はなし(話)・に・　なっ・ても・た。」〔⇒**たいそうない【**大層ない**】**〕

だいたい【大体**】**《名詞、副詞》　①物事の量や範囲についての大部分。ものごとの大まかな全体。すべてに行きわたってはいないが、主要なところすべてが、そのようである様子。「きょー(今日)・の・　はなし(話)・は・　だいたい・　わかり・まし・た。」「だいたい・　せんえん(千円)・ぐらい・で・　か(買)える・よーや。」②もともとに遡って問題を掘り下げるような意味を表す言葉。「だいたい・　おまえ(前)・が・　えーかげんな・　こと・を・　ゆ(言)ー・た・さかい・　こないな・　こと(事)・に・　なっ・た・ん・やない・か。」〔①⇒**たいてい【**大抵**】、たいがい【**大概**】、ほとんど【**殆ど**】、おおかた【**大方**】、おおむね【**概ね**】、あらかた【**粗方**】、あらまし、ふつう**

【普通】〕

だいだい【代々】《名詞》 何代も続いていること。先祖などのすべての時代や時期。「うち・は・　だいだい・　さかや(酒屋)・を・　し・とり・ます。」

だいだい【橙】《名詞》 ①初夏に香り高い白い花を咲かせ、その実を正月飾りに使う、蜜柑に似た木。「おしめ(＝注連縄)・に・　だいだい・を・　くく(括)る。」②赤みがかった黄色。「おひ(日)ーさん・の・　え(絵)ー・を・　だいだい・に・　ぬ(塗)る。」〔②⇒**だいだいいろ【橙色】**〕

だいだい【(誰々)】《代名詞》 名前や立場などがわからない、複数の人を指して使う言葉。名前や立場などを限定しないで、複数の人を指して使う言葉。「だいだい・が・　く(来)る・の・か・　し(知)り・たい・ねん。」〔⇒**だれだれ【誰々】**〕

だいだいいろ【橙色】《名詞》 赤みがかった黄色。「そこ・の・　だいだいいろ・の・　ひょーし(表紙)・の・　ほん(本)・を・　ちょっと・　み(見)せ・てんか。」〔⇒**だいだい【橙】**〕

だいちょう〔**だいちょー**〕【台帳】《名詞》 事務の記録のもとになる帳簿。「じちかい(自治会)・の・　かいいん(会員)・の・　だいちょー・で・　かいひ(会費)・を・　あつ(集)める。」

たいてい〔**たいてー**〕【大抵】《名詞、副詞》 物事の量や範囲についての大部分。ものごとの大まかな全体。すべてに行きわたってはいないが、主要なところすべてが、そのようである様子。「わし・の・　かんが(考)え・に・　たいてー・の・　ひと(人)・は・　さんせー(賛成)し・てくれ・た。」「くじ(九時)・に・　なっ・たら・　みせや(店屋)・は・　たいてー・　あ(開)い・とる・やろ。」〔⇒**たいがい【大概】、だいたい【大体】、ほとんど【殆ど】、おおかた【大方】、おおむね【概ね】、あらかた【粗方】、あらまし、ふつう【普通】**〕

だいでもかいでも【(誰でも彼でも)】《副詞》 人を選ぶことなどをせずに、どのような人であっても。「だいでもかいでも・　かま(構)・へん・さかい・　ふたり(二人)・ほど・　おーえん(応援)・に・　い(行)っ・てくれ・へん・か。」〔⇒**だれでもかれでも【誰でも彼でも】、だいでもかでも【(誰でも彼でも)】、だれでもかでも【誰でも彼でも】**〕

だいでもかでも【(誰でも彼でも)】《副詞》 人を選ぶことなどをせずに、どのような人であっても。「それ・は・　だいでもかでも・に・は・　でけ(出来)・ん・　むつか(難)しー・　しごと(仕事)・や。」〔⇒**だいでもかいでも【(誰でも彼でも)】、だれでもかれでも【誰でも彼でも】、だれでもかでも【誰でも彼でも】**〕

たいてやない《形容詞・アイ型》 並大抵のことではない。一通りの苦労ではない。「こども(子供)・を・　そだ(育)てる・の・は・　たいてやない・　こと(事)・や。」「むすめ(娘)・を・　よめい(嫁入)りさす・の・も・　たいてやない。」

たいど【態度】《名詞》 考えたり感じたり決意したりしたことなどが動作や表情や言葉などに現れたもの。ものを言ったり、したりするときの様子。「たいど・が・　わる(悪)い・と・　ゆ(言)ー・て・　おこ(怒)ら・れ・た。」「お(落)ちつい・た・　たいど(態度)・の・　ひと(人)・が・　やってき・た。」

だいどかいど【(誰ど彼ど)】《副詞》 どのような人であってもよいから、その人が。「だいどかいど・　いっしょ(一緒)に・　い(行)っ・てほしー・なー。」〔⇒**だれどかれど【誰ど彼ど】**〕

だいどこ【(台所)】《名詞》 家庭で食事の支度をするところ。また、食事の支度。「だいどこ・の・　すみ(隅)・に・　ひけしつぼ(火消壺)・を・　お(置)い・とく。」〔⇒**だいどころ【台所】、たなもと**〕

だいどころ【台所】《名詞》 家庭で食事の支度をするところ。また、食事の支度。「だいどころ・は・　きれい(綺麗)に・　し・とき・なはれ。」〔⇒**だいどこ【(台所)】、たなもと**〕

だいなし【台無し】《形容動詞や(ノ)》 根本にかかわるような打撃を受けて、全体がすっかりだめになる様子。ものが傷んですっかり役に立たなくなる様子。「けしょー(化粧)し・とっ・た・のに・　なみだ(涙)・を・　なが(流)し・て・　だいなしやっ・た。」

だいなとかいなと【(誰なと彼なと)】《副詞》 どのような人であろうとも。特定の人にこだわることをしないで。「だいなとかいなと・　きぼー(希望)する・　ひと(人)・は・　て(手)・を・　あ(挙)げ・なはれ。」〔⇒**だれなとかれなと【誰なと彼なと】**〕

だいにん【大人】《名詞》 運賃や入場料などでの、一人前の扱いを受ける人。「ちゅーがくせー(中学生)・から・は・　だいにん・の・　うんちん(運賃)・を・　はら(払)う。」■対語＝「しょうにん【小人】」〔⇒**おとな【大人】、だい【大】**〕

だいの【大の】《連体詞》 ①一人前の。「だいの・　おとな(大人)・が・　びくびくする・な。」②非常な。何よりもまして。「およ(泳)ぐ・の・は・　だいの・　にがて(苦手)や。」

だいのじ〔**だいのじー**〕【大の字】《名詞》「大」という文字のように、人が両手と両足を広げたようなかっこう。「だいのじ・に・　なっ・て・　ね(寝)・とる。」

だいのつき【大の月】《名詞》 太陽暦で、1か月が31日ある月。「ひちがつ(七月)・も・　はちがつ(八月)・も・　だいのつき・や。」■対語＝「しょうのつき【小の月】」

たいぼう《動詞・ワア行五段活用》 後の用のために、物や金銭などを使わないで貯える。大切にとっておく。「たいぼ・ても・　くさ(腐)っ・ても・たら・　そん(損)や・で。」〔⇒**たいぼとく**〕

たいびょう〔**たいびょー**〕【大病】《名詞、動詞する》 治りにくくて、重い病気。治るまでに時間がかかる病気。「さんねんまえ(三年前)・に・　たいびょーし・て・　にゅーいん(入院)し・た。」

だいひょう〔**だいひょー**〕【代表】《名詞、動詞する》 多くの人や団体などに代わって、その意思や意向などを他に伝えること。技能や能力などが優れているとして、ある集団の中から特に選ばれること。また、そのような立場の人や人たち。「りんぽ(隣保)・の・　だいひょー・を・　き(決)める。」「ひょーごけん(兵庫県)・の・　だいひょー・で・　ぜんこくたいかい(全国大会)・へ・　い(行)く。」

タイプ〔**たいぷ**〕【英語＝type-writerの略】《名詞、動詞する》 指で鍵盤を叩いて文字を誌面に印刷する器械。「かいしゃ(会社)・で・は・　たいぷ・を・　う(打)つ・　しごと(仕事)・を・　し・とる。」〔⇒**タイプライター【英語＝type-writer】**〕

だいぶ【大分】《副詞》 ものごとの状況や数量などがかなりの程度に達していることを表す言葉。「かぜ(風邪)・は・　だいぶ・　なお(治)っ・てき・た。」〔⇒**だいぶん【大分】**〕

たいふう〔**たいふー**〕【台風】《名詞》 夏や秋の季節を中心にして、熱帯地方の海上で発生して、日本やアジア大陸沿岸などを襲う強い暴風雨。「ことし(今年)・は・　たいふー・が・　じょーりく(上陸)せ・なんだ。」〔⇒**おおかぜ**【大風】〕

だいぶつ【大仏】《名詞》　人の背丈よりもかなり大きな仏像。「なら(奈良)・の・　だいぶつ・を・　はじ(初)めて・　み(見)・た・　とき(時)・は・　びっくりし・た・　もん・や。」

タイプライター〔**たいぷらいたー**〕【英語＝type-writer】《名詞》　指で鍵盤を叩いて文字を誌面に印刷する器械。「じ(字)ー・が・　きちゃな(汚)い・さかい・　たいぷらいたー・の・　ほー(方)・が・　す(好)きや。」〔⇒**タイプ**【英語＝type-writer の略】〕

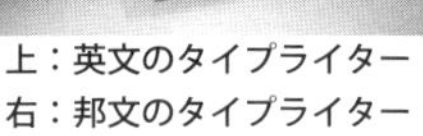

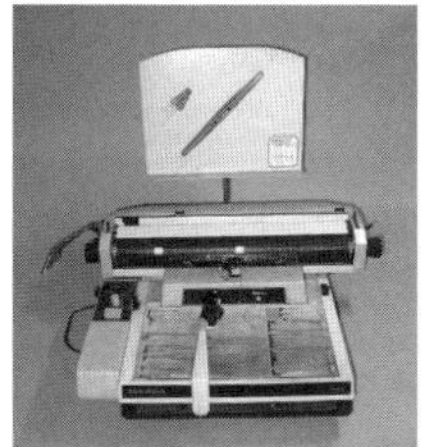

上：英文のタイプライター
右：邦文のタイプライター

だいぶん【大分】《副詞》　ものごとの状況や数量などがかなりの程度に達していることを表す言葉。「あめ(雨)・が・　だいぶん・　つよ(強)ー・　なっ・てき・た。」「ことし(今年)・の・　はんしん(阪神)・は・　だいぶん・　ちょーし(調子)・が・　え(良)ー・なー。」〔⇒**だいぶ**【大分】〕

たいほう〔**たいほー**〕【大砲】《名詞》　太い筒から、大きな弾を、遠くまでうち出す兵器。「まいこ(舞子)・の・　はま(浜)・に・　むかし(昔)・　たいほー(大砲)・を・　うつ・　ところ(所)・が・　あっ・た・ん・や。」

たいぽとく《動詞・カ行五段活用》　後の用のために、物や金銭などを使わないで貯える。大切にとっておく。「あんた・は・　かね(金)・を・　たいぽとく・の・が・　す(好)きな・よーや・なー。」「あめ(雨)・の・　みず(水)・を・　たらい(盥)・に・　たいぽとく。」◆動詞「たいばう」に助動詞「とく」が接続して熟したものである。〔⇒**たいばう**〕

たいます〔**だいます**〕《補助動詞・サ行五段活用》［動詞の連用形に付く］　相手や第三者に対して何かの動作をしてあげるという意味を表す言葉。「そんな・　こと(事)・なら・　わし・が・　し・たいます。」「わたし(私)・が・　か(代)わっ・て・　い(行)っ・たいます。」「せんせー(先生)・の・　かばん(鞄)・を・　も(持)っ・たいまし・なはれ。」〔⇒**たげる、たげます**〕

たいまつ【松明】《名詞》　松や竹などの割り木や葦などを束ねて火をつけて、明かりにするもの。「なら(奈良)・の・　おみずとり(水取)・の・　たいまつ・を・　み(見)・に・　い(行)き・たい。」

タイム〔**たいむ**〕【英語＝time】《名詞、動詞する》　試合や遊びなどをしている途中で、少しの間、中断したりメンバーから抜け出したりすること。また、そのときに発する合図の言葉。「あー・　しんど。ちょっと(一寸)・　たいむ・や。」〔⇒**みっき、みった、みっち、たんま**〕

たいや【逮夜】《名詞》　人が亡くなった後に、7日目ごとに営む法要。また、その前夜のこと。「このごろ・は・　たいや・を・　どよー(土曜)・か・　にちよー(日曜)・ごとに・　する・　いえ(家)・が・　ふ(増)え・た。」◆「ひとたいや【一逮夜】」「ふたたいや【二逮夜】」「みたいや【三逮夜】」「よたいや【四逮夜】」「いつたいや【五逮夜】」「むたいや【六逮夜】」「ななたいや【七逮夜】」と続き、「ななたいや」は「ちゅーいあけ【(中陰空け)】」「しじゅうくにち【四十九日】」となる。月末に亡くなった場合は「たいや【逮夜】」の期間が3か月に及ぶことになるが、3か月にわたることを忌み嫌って、2か月までで繰り上げて終えることも行われている。

タイヤ〔**たいや**〕【英語＝tire】《名詞》　自動車や自転車などで、車輪の外側にはめるゴム製の輪。「じてんしゃ(自転車)・が・　ぱんく(パンク)し・て・　たいや・が・　ぺっちゃんこに・　なっ・た。」

ダイヤ〔**だいや**〕【英語＝diamond の省略形】《名詞》　無色透明の結晶をした宝石で、堅くて、美しい光沢をもって光り、最高の宝石とされているもの。「だいや・で・　でけ(出来)・た・　れこーど(レコード)・の・　はり(針)・は・　ながも(長持)ちし・た。」〔⇒**ダイヤモンド**【英語＝diamond】〕

たいやき【鯛焼き】《名詞》　鯛の形をした型に小麦粉を溶いて流し、中に餡を入れて焼いた菓子。「あん(餡)・が・　いっぱい・　つ(詰)まっ・た・　たいやき・や・さかい・　うま(美味)い・なー。」

たいやく【大役】《名詞》　責任の重い、大切な役目。また、それを担うこと。「きょー(今日)・は・　たのみ(＝結納)・を・　とど(届)け・に・　い(行)く・　たいやく・や。」

ダイヤモンド〔**だいやもんど**〕【英語＝diamond】《名詞》　無色透明の結晶をした宝石で、堅くて、美しい光沢をもって光り、最高の宝石とされているもの。「だいやもんど・の・　ゆびわ(指輪)・を・　もろ(貰)・て・　うれ(嬉)しかっ・た。」〔⇒**ダイヤ**【英語＝diamond】の省略形〕

ダイヤル〔**だいやる**〕【英語＝dial】《名詞、動詞する》　①ラジオなどの周波数を合わせるための、回転するつまみ。「むかし(昔)・は・　だいやる・を・　まわ(回)し・て・　らじお(ラジオ)・の・　ほーそーきょく(放送局)・を・　あ(合)わし・た。」②番号を合わせてかけるための、電話機の数字板。また、それを用いて電話をかけること。「でまえ(出前)・を・　たの(頼)む・　だいやる・を・　する。」

ダイヤル式の電話機

たいよう〔**たいよー**〕【太陽】《名詞》　太陽系の中心にあって高い熱と光を出し、地球にも熱と光を与えて万物をはぐくんでいる星。「くも(雲)・の・　あいだ(間)・から・　たいよー・が・　で(出)・てき・た。」〔⇒**ひ**【日】、**おひさん**【お日さん】〕

だいよう〔**だいよー**〕【代用】《名詞、動詞する》　本来用いるべきものの代わりに他のものを使って間に合わせること。また、そのようなもの。「たけ(竹)・を・　き(伐)っ・て・　つりざお(釣竿)・の・　だいよー・に・　する。」

だいようきょういん〔**だいよーきょーいん**〕【代用教員】《名詞》　過去の制度にあった、正規の資格を持っていないが、臨時に教壇に立つことを認められた人。「しょーがっこー(小学校)・の・　とき(時)・は・　だいよーきょーいん・に・　おし(教)え・てもろ・た。」

だいようひん〔**だいよーひん**〕【代用品】《名詞》　本来用いるべきものの代わりに、間に合わせるために使う、代わりの品物。「さとー(砂糖)・の・　だいよーひん・に・　さっかりん(サッカリン)・が・　あっ・た。」

たいら【平ら】《形容動詞や(ナ)》　高低差や起伏や凹凸などがない様子。「そこ(底)・が・　たいらに・　なっ・とる・ なべ(鍋)・で・ いた(炒)めもん・を・ する。」「でこぼこ(凸凹)の・ ねんど(粘土)・を・ ふ(踏)ん・で・ たいらに・ する。」

たいらげる【平らげる】《動詞・ガ行下一段活用》 ①出されたすべてのものを、食べたり飲んだりしてしまう。「ぎょーさん(仰山)・ あっ・た・ まんじゅー(饅頭)・を・ たいらげ・て・も・た。」②すべてを自分のものにする。「ほ(欲)しー・ もん(物)・を・ やる・と・ ゆ(言)ー・たら・ ぜんぶ(全部)・ たいらげ・て・ も(持)っ・ていっ・て・も・た。」

だいり【代理】《名詞》 他の人に代わって、ものごとを行うこと。また、そのようにする人。「わたし(私)・の・ だいり・で・ ぎんこー(銀行)・へ・ い(行)っ・てき・てくれ・へん・か。」

たいりょう〔**たいりょー**〕【大漁】《名詞、形容動詞や(ノ)》 魚などがたくさん獲れること。「きのー(昨日)・は・ たいりょーやっ・た・けど・ きょー(今日)・は・ さっぱりや。」「ふね(船)・に・ たいりょー・の・ はた(旗)・を・ た(立)てる。」■対語＝「ふりょう【不漁】」

たいりょく【体力】《名詞》 仕事や運動をしたり、病気などに耐えたりするための体の力。「たいりょく・が・ な(無)い・さかい・ えらい・ しごと(仕事)・は・ むり(無理)や。」

タイル〔**たいる**〕【英語＝tile】《名詞》 壁面や床面などに張り付けるための、土や石の粉末を小さな板の形にして、色を付けて焼いたもの。「べんじょ(便所)・に・ たいる・を・ は(張)る。」

たうえ【田植え】《名詞、動詞する》 苗代で育てた稲の苗を水田に移し植えること。「たうえ・が・ す(済)ん・だら・ かえる(蛙)・が・ やかましーに・ な(鳴)く。」

たおす【倒す】《動詞・サ行五段活用》 立っているものを横にする。転倒させる。「き(木)ー・を・ き(切)っ・て・ たおす。」■自動詞は「たおれる【倒れる】」〔⇒**こかす**、**ころばす**【転ばす】、**ころがす**【転がす】〕

タオル〔**たおる**〕【英語＝towel】《名詞》 木綿を小さな輪ができる織り方をして、厚く柔らかく仕上げた織物。「たおる・で・ あせ(汗)・を・ ふ(拭)く。」◆用途に注目して「あせふき【汗拭き】」と言うこともある。

たおれる【倒れる】《動詞・ラ行下一段活用》 ①立っていたものが横になる。転倒する。「けつまずい・て・ たおれ・て・ けが(怪我)し・た。」②病気になる。「あいつ(彼奴)・は・ せんげつ(先月)・ たおれ・て・ にゅーいん(入院)し・とる・そーや。」■他動詞は「たおす【倒す】」〔①⇒**こける**、**ころぶ**【転ぶ】、**ころがる**【転がる】、**ころこぶ**【転がる】〕

たか【鷹】《名詞》 森や山にすみ、嘴や爪の尖った、目の鋭い、大型の鳥。「たか・が・ む(向)こー・て・ と(飛)ん・でき・たら・ ちょっと(一寸)・ おと(恐)ろしー・なー。」◆大きなものを「わし【鷲】」と言い、やや小さなものを「たか【鷹】」という区別もあるようである。〔⇒**わし**【鷲】〕

たが【箍】《名詞》 木の桶や樽などの回りにはめてある竹や金属の輪。「たが・が・ ゆる(緩)ん・で・ みず(水)・が・ も(漏)り・よる。」

たが〔**だが**〕《接続助詞》 一つの文の中で、前半に述べた事柄に対して、後半で反対・対立する事柄を述べようとするときに使う言葉。「てーねー(丁寧)に・ よ(読)ん・だが・ わから・なんだ。」〔⇒**たけど**、**たけども**、**たけんど**、**たけんども**、**たんやが**〕

だが《接続詞》 前に述べた事柄に対して、反対したり対立したりする事柄を述べようとするときに使う言葉。「あんた・は・ さんせー(賛成)し・てくれ・た。だが・ あいつ(彼奴)・は・ さんせー(賛成)し・てくれ・へん・やろ。」〔⇒**けど**、**けんど**、**けども**、**けんども**、**そやけど**、**そやけども**、**そやけんど**、**そやけんども**、**だけど**、**だけども**、**だけんど**、**だけんども**、**ほやけど**、**ほやけども**、**ほやけんど**、**ほやけんども**、**しかし**〕

たかい【高い】《形容詞・アイ型》 ①上に伸びている。上の方にある。下からの長さや隔たりが大きい。「たかい・ ところ(所)・に・ て(手)・が・ とど(届)か・ん。」②序列、身分、地位などが上の方にある。「あんな・ たかい・ とこ(所)・まで・ しゅっせ(出世)し・た・ん・や・なー。」③目盛りなどの数字が大きい。度合いが強い。「きょー(今日)・は・ きおん(気温)・が・ だいぶ(大分)・ たかい。」「かぜ(風邪)・を・ ひー・て・ ねつ(熱)・が・ たかい。」④音声の振動が多い。高音である。「たかい・ きんきんごえ(声)・や・さかい・ き(聞)きとりにくい。」⑤値段が張る。予想していた以上に金がかかる。「たこー・て・ て(手)・が・ で(出)・ん。」■対語＝①②③④「ひくい【低い】」、⑤「やすい【安い】」

たかいたかい【高い高い】《名詞、動詞する》 ①幼児などの体を、大人が両腕で支えて、上の方に差し上げること。「この・ こ(子)・は・ たかいたかいし・たら・ よろこ(喜)ぶ。」②どちらが上の方に伸びているのかを比べ合うこと。背比べ。「ともだち(友達)・と・ たかいたかいし・たら・ ま(負)け・た。」◆①は、寝ころんだ大人が、幼児などを両足で支えることもある。

たがいちがい【互い違い】《名詞、形容動詞や(ノ)》 2つのものが交互になっていること。2つのものが入り混じったり入り組んだりしていること。「たけ(竹)・を・ たがいちがいに・ く(組)ん・でいく・ねん。」「ばす(バス)・が・ あっちこっち・から・ たがいちがいに・ で(出)・ていっ・とる。」〔⇒**こうたいごうたい**【交代交代、交替交替】〕

たかいめ〔**たかいめー**〕【高いめ】《名詞、形容動詞や(ノ)》 ①ものの高さやものごとの程度などが、少し高いこと。比較的高いこと。「ちょっと(一寸)・ たかいめの・ たま(球)・を・ う(打)た・れ・て・も・た。」②ものの値段が少し高いこと。比較的高いこと。「ちょっと・ たかいめー・の・ ねだん(値段)・や・けど・ えー・ しなもん(品物)・や・ねん。」◆「たかめ【高め】」よりは、「たかいめ【高いめ】」と言うことの方が多い。■対語＝①「ひくいめ【低いめ】」、②「やすいめ【安いめ】」〔⇒**たかめ**【高め】〕

たかが【高が】《副詞》 数量、程度、金額などを、どんなに高く評価しても問題とするには及ばないという気持ちを表す言葉。「たかが・ ひゃくえん(百円)・の・ さ(差)ー・や・けど・ やす(安)い・の・は・ やっぱり・ うれ(嬉)しー。」「たかが・ かぜ(風邪)・ぐらい・で・ やす(休)ん・だら・ あか・ん。」「たかが・ いちまい(一枚)・の・ かみき(紙切)れ・や・けど・ そつぎょーしょーしょ(卒業証書)・は・ やっぱり・ ほ(欲)しい。」

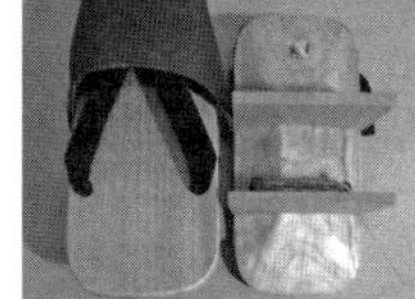
はね除けが付いた高下駄

たかげた【高下駄】《名詞》 歯が長い下駄。「きょー(今日)・は・ よー・ ふ(降)り・そーや・さかい・ たかげた・を・ は(履)い・ていく。」

たかさ【高さ】《名詞》 上に伸びている程度。上の方に届いている程度。「ひで(日照)り・が・　つづ(続)い・て・やさい(野菜)・の・　ね(値)・の・　たかさ・に・　びっくりし・とる・ねん。」「ろっこーさん(六甲山)・の・　たかさ・は・　せんめーとる(千メートル)・に・も・　なら・へん。」■対語＝「ひくさ【低さ】」

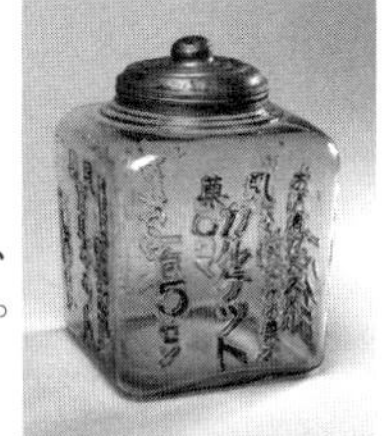
駄菓子屋の店頭の菓子ケース

だがしや【駄菓子屋】《名詞》　安価な材料を用いた子供用の菓子や、簡単な玩具などを売っている店。「だがしや・の・　まえ(前)・は・　いつも・　こども(子供)・が・　あつ(集)まっ・とる。」

たかする【高する】《動詞・サ行変格活用》　①高さを大きくする。「そっち・の・　ぼー(棒)・を・　もーちょっと・　たかし・てくれ・へん・か。」②値段を上げる。「しい(仕入)れ・が・　あ(上)がっ・た・さかい・　うりね(売値)・を・　たかする。」■自動詞は「たかなる【高なる】」■対語＝「ひくする【低する】」〔⇒**たこする**【高する】。②⇒**あげる**【上げる】〕

たかたかゆび【高々指】《名詞》　手の５本の指の真ん中にあって、いちばん長い指。「ばれーぼーる(バレーボール)し・とっ・て・　たかたかゆび・を・　つきゆび(突指)し・た。」〔⇒**なかゆび**【中指】〕

たかて〔だかて〕《接続助詞》　一つの文の中で、前後の言葉の関係が逆になって続いていくことを表す言葉。前後で一見矛盾するように見えても、そのようにはならないことを表す言葉。仮にそうであっても。…したとしても。「き(聞)ー・たかて・　わから・なんだ。」「ちょっと(一寸)・ぐらい・　の(飲)ん・だかて・　よ(酔)わ・へん。」「あした(明日)・は・　あめ(雨)・が・　ふ(降)っ・たかて・　ちゅーし(中止)・に・　せー・へん。」〔⇒**たとこが、たとこで、たところで、たとて、たて、ても**〕

たかとび【高跳び】《名詞、動詞する》　助走をしてきて踏み切って、横に渡したバーを跳び越えて、その高さを競う競技。「たかとび・で・　む(向)こーがわ(側)・の・　まっと(マット)・に・　お(落)ちる。」〔⇒**はしりたかとび**【走り高跳び】〕

たかなし《形容動詞や(ノ)、名詞》　つけあがって高慢になって、周りの人からの忠告や批判などを無視して自分勝手な行いをする様子。また、そのような人。「おこ(怒)っ・てやら・なんだら・　あいつ(彼奴)・は・　たかなしに・　なっ・てまう・ぞ。」

たかなる【高なる】《動詞・ラ行五段活用》　①高さが大きくなる。「あんた・は・　ちょっと・　み(見)・ん・　ま(間)・に・　せ(背)・が・　たかなっ・た・なー。」「せの(背伸)びし・て・　たかなら・んと・　かお(顔)・が・　うつ(写)ら・へん・がな。」②値段が上がる。「がそりん(ガソリン)・が・　たかなっ・て・　こま(困)る。」■他動詞は「たかする【高する】」■対語＝「ひくなる【低なる】」〔⇒**たこなる**【高なる】。②⇒**あがる**【上がる】〕

たかのつめ【鷹の爪】《名詞》　とりわけ辛い味のする、小さな実で先がとがってやや曲がった紡錘形の唐辛子。「たかのつめ・を・　い(入)れ・て・　つけもん(漬物)・を・　つ(漬)ける。」

たかめ【高め】《名詞、形容動詞や(ノ)》　①ものの高さやものごとの程度などが、少し高いこと。比較的高いこと。「むね(胸)・より・　ちょっと・　たかめの・　ところ・まで・　みず(水)・が・　ある。」②ものの値段が少し高いこと。比較的高いこと。「ことし(今年)・の・　さんま(秋刀魚)・は・　きょねん(去年)・より・　ちょっと・　たかめや。」■対語＝①「ひくめ【低め】」、②「やすめ【安め】」〔⇒**たかいめ**【高いめ】〕

たから【宝】《名詞》　①金、銀、宝石などの、世間に少ししかなく貴重なもの。また、それに近いような価値のあるもの。「うち・に・は・　たから・なんか・　なん(何)・も・　あら・へん。」②その人にとって、かけがえがない人やもの。大切に扱うもの。「こども(子供)・は・　たから・や。」〔⇒**たからもん**【宝物】〕

たからくじ【宝籤】《名詞》　公共事業費を得るために、ひとつひとつの紙片に番号を施して地方公共団体などが売り出して、抽選に当たればお金がもらえるようになっているもの。「さいまつ(歳末)・の・　たからくじ・を・　こ(買)ー・た。」

たからさがし【宝探し】《名詞、動詞する》　品物やカードなどを隠しておいて、それを探し当てる遊び。「はま(浜)・の・　すな(砂)・の・　なか(中)・に・　う(埋)め・た・　たからさがし・を・　する。」

たからぶね【宝船】《名詞》　七福神が乗っており、宝物や米俵などが積み込まれているとされる、想像上の船。また、それを描いた絵。「ねんがじょー(年賀状)・に・　たからぶね・を・　か(描)く。」

たからもん【宝物】《名詞》　①金、銀、宝石などの、世間に少ししかなく貴重なもの。また、それに近いような価値のあるもの。「たからもん・なんか・が・　あっ・たら・　そーぞく(相続)・で・　けんか(喧嘩)せ・んなん・やろ。な(無)い・　ほー(方)・が・　き(気)・が・　らく(楽)や。」②その人にとって、かけがえがない人やもの。大切に扱うもの。「こども(子供)・が・　かいがら(貝殻)・を・　たからもん・に・　し・とる。」〔⇒**たから**【宝】〕

たかる【集る】《動詞・ラ行五段活用》　①人や動物が一か所にたくさん集まる。人や動物が群がり集まる。「おーやすう(大安売)り・に・　ひと(人)・が・　たかっ・とる。」「びすけっと(ビスケット)・の・　かけら(欠片)・に・　あり(蟻)・が・　たかっ・とる。」②小さな虫などが、飛んできて、とまる。「ごはん(御飯)・に・　はい(蠅)・が・　たかっ・たら・　きしょく(気色)わるい・さかい・　て(手)ー・で・　はら(払)う。」③人が集まってきて、誰かが差し出している指をつかむ。「かくれんぼ・を・　し・たい・　もん(者)・　この・　ゆび(指)・に・　たかれ。」④人にお金やものをねだって、手に入れる。「こども(子供)・に・　たから・れ・て・ばっかり・や。」■名詞化＝**たかり**【集り】

たがる《助動詞》　そのようにしたいと思う気持ちを持っていたり、その気持ちが言動にあらわれたりしているという意味を表す言葉。「まんが(漫画)・ばっかり・　よ(読)み・たがっ・とる。」「かいがいりょこー(海外旅行)・に・　い(行)き・たがっ・とる・けど・　だ(出)し・たる・　かね(金)・が・　あ(有)ら・へん。」

たき【滝】《名詞》　高いところから勢いよく落ちる水の流れ。「こーべ(神戸)・の・　ぬのびき(布引)・の・　たき・を・　み(見)・に・　い(行)く。」

たきぎ【薪】《名詞》　燃料とする、細い枝や割った木。「たきぎ・を・　よき(＝斧)・で・　わ(割)る。」〔⇒**たきもん**【焚き物】〕

たきぐち【焚き口】《名詞》　かまどやストーブなどで、薪や石炭などの燃料を投げ込むところ。「へっついさん(＝竈)・の・　たきぐち・の・　はい(灰)・を・　か(掻)きだす。」

たきこみ【炊き込み】《名詞》　魚・肉・野菜などのおかず類を混ぜて炊いたご飯。「こんや(今夜)・は・　たけのこ

(筍)・の・ たきこみ・に・ しょ・ー・か。」〔⇒**かやくめし**【加薬飯】、**かやくごはん**【加薬御飯】、**ごもくめし**【五目飯】、**ごもくごはん**【五目御飯】、**まぜめし**【混ぜ飯】、**まぜごはん**【混ぜ御飯】、**たきこみごはん**【炊き込み御飯】〕

たきこみごはん【炊き込み御飯】《名詞》 魚・肉・野菜などのおかず類を混ぜて炊いたご飯。「たきこみごはん・の・ おこ(焦)げ・が・ おい(美味)しー。」〔⇒**かやくめし**【加薬飯】、**かやくごはん**【加薬御飯】、**ごもくめし**【五目飯】、**ごもくごはん**【五目御飯】、**まぜめし**【混ぜ飯】、**まぜごはん**【混ぜ御飯】、**たきこみ**【炊き込み】〕

たきこむ【炊き込む】《動詞・マ行五段活用》 ①野菜や魚や肉などをご飯の具として混ぜて炊く。「たこ(蛸)・を・ たきこん・だ・ ごはん(御飯)・を・ こしら(拵)える。」②長い時間、炊き続ける。「かれー(カレー)・を・ にじかん(二時間)・ たきこん・だ。」■名詞化＝**たきこみ**【炊き込み】〔⇒**たっこむ**【炊っ込む】〕

たきたき【炊き炊き】《名詞、形容動詞や(ノ)》 炊き上げたばかりの、ご飯などの食べ物。また、炊き上げたばかりの様子。「たきたきの・ ほこほこの・ ごはん(御飯)・は・ うま(美味)い。」〔⇒**たきたて**【炊き立て】〕

たきたて【炊き立て】《名詞、形容動詞や(ノ)》 炊き上げたばかりの、ご飯などの食べ物。また、炊き上げたばかりの様子。「たきたての・ めし(飯)・を・ ちょっとま(一寸間)・ む(蒸)らす。」〔⇒**たきたき**【炊き炊き】〕

たきつけ【焚き付け】《名詞》 炭や薪などを燃やし始めるときに使う、紙や鉋屑のような火のつきやすいもの。「しんぶんがみ(新聞紙)・を・ たきつけ・に・ し・て・ こんろ(焜炉)・に・ ひ(火)・を・ つける。」

たきつける【焚き付ける】《動詞・カ行下一段活用》 紙や鉋屑のような火のつきやすいものを使って、炭や薪などに火をつけて燃やす。炭や薪などを燃やし始める。「そろそろ・ ふろ(風呂)・を・ たきつけ・とい・てくれ・へん・か。」■名詞化＝**たきつけ**【焚き付け】

たきび【焚き火】《名詞、動詞する》 庭や広場や路上などで、落ち葉、木切れ、紙屑などを集めて燃やすこと。また、その火。「たきび・を・ し・て・ やきいも(焼芋)・を・ する。」〔⇒**とんど**〕

たきもん【焚き物】《名詞》 燃料とするもの。特に、細い枝や割った木。「たきもん・を・ こ(買)ー・て・ なや(納屋)・に・ い(入)れ・とく。」〔⇒**たきぎ**【薪】〕

たく【炊く】《動詞・カ行五段活用》 ①食材を水やだし汁に入れ熱を加えて、やわらかくしたり味をしみ通らせたりして、食べられる状態にする。「くろまめ(黒豆)・を・ とろとろと・ たく。」「おちゃ(茶)・を・ たく。」②水に入れた米に熱を加えて、わらかくして食べられる状態にする。「こんや(今夜)・は・ ごはん(御飯)・を・ いっしょー(一升)・ たい・とい・てんか。」③水を、湯にしたり沸騰させたりする。「ふろ(風呂)・を・ たい・て・ はい(入)る。」「ゆ(湯)ー・を・ たい・て・ たらい(盥)・に・ い(入)れる。」■自動詞は「たける【炊ける】」

たく【焚く】《動詞・カ行五段活用》 火をつけて、炎を出させる。「おちば(落葉)・を・ たい・て・ いも(芋)・を・ や(焼)く。」〔⇒**やく**【焼く】、**もやす**【燃やす】、**やきやきする**【焼き焼きする】〕

だく【抱く】《動詞・カ行五段活用》 ①腕でかかえて胸に押し当てるようにして持つ。「あか(赤)ちゃん・を・ だく。」②雛にかえすために温める。「とり(鶏)・が・ たまご(卵)・を・ だい・とる。」

たくさん【沢山】《副詞、形容動詞や(ノ・ナ)》 数や量が多くある。基準とする数や量よりも大きい。「きょー(今日)・は・ たくさんの・ ひと(人)・が・ あつ(集)まっ・た。」〔⇒**おおい**【多い】、**おかい**【(多い)】、**ようけ**、**ようさん**【(仰山)】、**ぎょうさん**【仰山】、**じょうさん**【(仰山)】、**どっさり**、**たんと**、**やっと**、**いっぱい**【一杯】〕

タクシー〔**たくしー**〕【英語＝taxi】《名詞》 距離や時間に応じて料金をもらって客を乗せる自動車。「たくしー・で・ びょーいん(病院)・へ・ い(行)く。」

たくらむ【企む】《動詞・マ行五段活用》 よくないことを計画する。人にわからないようにして企てる。「あいつ・は・ なに(何)・を・ たくらん・どる・の・やろ・か・なー。」■名詞化＝**たくらみ**【企み】

たくる【手繰る】《動詞・ラ行五段活用》 ①糸や綱などを、両手を代わる代わる動かして、手元へ引き寄せる。「さかな(魚)・が・ つ(釣)れ・た・さかい・ てぐす・を・ たくっ・て・ あ(上)げる。」②引き寄せるようにして、まくり上げる。「ずぼん(ズボン)・の・ すそ(裾)・を・ たくっ・て・ かわ(川)・の・ なか(中)・を・ ある(歩)く。」③トランプやカルタなどのカード類を混ぜ合わせる。「ちゃんと・ たくっ・て・から・ くば(配)っ・てほしい・なー。」〔①⇒**たぐる**【手繰る】〕

たぐる【手繰る】《動詞・ラ行五段活用》 ①糸や綱などを、両手を代わる代わる動かして、手元へ引き寄せる。「ふね(船)・の・ ろーぷ(ロープ)・を・ たぐっ・て・ はと(波止)・に・ くく(括)る。」②切れ目なく、咳が続く。咳き込む。「こんこんと・ たぐっ・て・ つら(辛)・そーや・なー。」〔①⇒**たくる**【手繰る】〕

たけ【竹】《名詞》 節の間隔が長く、幹が空洞になっており、地下茎で増えていく植物。「たけ・を・ き(伐)っ・て・ つりざお(釣竿)・を・ こしら(拵)える。」

たけ【丈】《名詞》 ①人や動物などの背の高さ。「たけ・の・ たか(高)い・ ひと(人)・は・ よー・ めだ(目立)つ。」②着物の、肩から裾までの長さ。「たけ・の・ なが(長)い・ きもの(着物)・を・ き(着)る。」③ものの高さや長さ。「たけ・の・ たか(高)い・ たんす(箪笥)・は・ じしん(地震)・の・ とき(時)・に・ ちょっと(一寸)・ こわ(恐)い・なー。」

だけ《副助詞》 ①ものごとの範囲や限度を表す言葉。「せんえん(千円)・だけ・ あげる・さかい・ なに(何)・を・ こ(買)ー・ても・ かま(構)・へん・よ。」②前に置かれた言葉を強調する気持ちを表す言葉。「ひと(人)・に・ わら(笑)わ・れる・ こと(事)・だけ・は・ し・とー・ない。」③したことに応じて、成果がもたらされるということを表す言葉。「そないに・ がんば(頑張)っ・た・だけ・ ごーかく(合格)さ・し・たり・たい・なー。」◆①の場合は、「だけ」で表現すると後ろは肯定表現となるが、「しか」で表現すると後ろは打ち消し表現となる。〔⇒**らけ**、**なけ**。①⇒**だけだけ**、**なけなけ**、**らけらけ**〕

たけうま【竹馬】《名詞、動詞する》 2本の竹に足置きの横棒をつけて、竹の上部を握ってそれに乗って歩くようにした遊び道具。また、それを使った遊び。「にだん(二段)・の・ たけうま・に・ の(乗)る。」〔⇒**たけんま**【(竹馬)】〕

だけだけ《副助詞》 ものごとの範囲や限度を強く言おうとするときに使う言葉。「こん・だけだけ・しか・ あ(有)ら・へん・さかい・ き(気)・を・ つけ・て・ つか(使)い・なはれ。」〔⇒**なけなけ**、**らけらけ**、**だけ**、**らけ**、**なけ**〕

たけど〔**だけど**〕《接続助詞》 一つの文の中で、前半に述べた事柄に対して、後半で反対･対立する事柄を述べようとするときに使う言葉。「よ(読)ん･だけど･　いみ(意味)･が･　わから･へん。」〔⇒**たが、たけども、たけんど、たけんども、たんやが**〕

だけど《接続詞》　前に述べた事柄に対して、反対したり対立したりする事柄を述べようとするときに使う言葉。「さんじ(三時)･に･　なっ･ても･た。だけど･　いま(今)･から･でも･　ま(間)にあう･と･　おも(思)う･よ。」〔⇒**けど、けんど、けども、けんども、そやけど、そやけども、そやけんど、そやけんども、だけども、だけんど、だけんども、だが、ほやけど、ほやけども、ほやけんど、ほやけんども、しかし**〕

たけども〔**だけども**〕《接続助詞》　一つの文の中で、前半に述べた事柄に対して、後半で反対･対立する事柄を述べようとするときに使う言葉。「さが(探)し･たけども･　み(見)つから･なんだ。」〔⇒**たが、たけど、たけんど、たけんども、たんやが**〕

だけども《接続詞》　前に述べた事柄に対して、反対したり対立したりする事柄を述べようとするときに使う言葉。「とちゅー(途中)･で･　こけ･ても･てん。だけども･　さいご(最後)･まで･　はし(走)っ･てん。」〔⇒**けど、けんど、けども、けんども、そやけど、そやけども、そやけんど、そやけんども、だけど、だけんど、だけんども、だが、ほやけど、ほやけども、ほやけんど、ほやけんども、しかし**〕

たけとんぼ【竹蜻蛉】《名詞》　竹を薄く削ってプロペラの形にして、真ん中に軸をさして、両方の手のひらでひねって飛ばす玩具。「たけとんぼ･の･　と(飛)ばしあい･を･　する。」◆単に「とんぼ【蜻蛉】」とも言う。

たけのこ【筍】《名詞》　好んで食用にされる、幾重にもうろこ状の皮に覆われた、竹の根茎の節から伸びる若い芽。「たけのこ･と･　わかめ(若布)･を･　た(炊)く。」

たけひご【竹籤】《名詞》　籠や提灯などを作るときなどに使う、竹を細く割って削ったもの。「たけひご･に･　かみ(紙)･を･　は(貼)っ･て･　たこ(凧)･を･　こしらえる。」〔⇒**ひご【籤】**〕

たげます〔**だげます**〕《補助動詞･サ行五段活用》［動詞の連用形に付く］　相手や第三者に対して何かの動作をしてあげるという意味を表す言葉。「あんた･の･　か(代)わり･に･　い(行)っ･たげます。」〔⇒**たげる、たいます**〕

たけやぶ【竹藪】《名詞》　竹が集まって生えているところ。「たけやぶ･で･　か(蚊)ー･に･　さ(刺)さ･れ･た。」〔⇒**やぶ【藪】**〕

たける【炊ける】《動詞･カ行下一段活用》　①水やだし汁に入れて熱を加えた食べ物が、やわらかくなったり味がしみ通ったりして、食べられる状態になる。「よ(良)ー･　たけ･て･　やろ(柔)こい･　たこ(蛸)･や。」②水に入れて熱を加えた米が、やわらかくなって食べられる状態になる。「じょーず(上手)に･　たけ･た･　ごはん(御飯)･や。」③水が、湯になったり沸騰したりする。「たけ･て･　ゆげ(湯気)･を･　ふ(噴)い･とる。」■他動詞は「たく【炊く】」〔①③⇒**にえる【煮える】、ねえる【煮える】**〕

たける【長ける】《動詞･カ行下一段活用》　盛りの時期を過ぎて、成熟し過ぎている。収穫に適した時期を過ぎている。「この･　うり(瓜)･は･　たけ･ても･とる。」

たげる〔**だげる**〕《補助動詞･ガ行下一段活用》［動詞の連用形に付く］　相手や第三者に対して何かの動作をしてあげるという意味を表す言葉。「おも(重)たい･　にもつ(荷物)･を･　も(持)っ･たげる。」「ねつ(熱)･を･　はか(計)っ･たげ･よー。」「ほん(本)･を･　よ(読)ん･だげ･まほ･か。」◆「たげる」よりも高い敬意を表す言葉が「たいます」「たげます」である。〔⇒**たげます、たいます**〕

たけんど〔**だけんど**〕《接続助詞》　一つの文の中で、前半に述べた事柄に対して、後半で反対･対立する事柄を述べようとするときに使う言葉。「いっしょーけんめー(一生懸命)･　がんば(頑張)っ･たけんど･　か(勝)て･なんだ。」〔⇒**たが、たけど、たけども、たけんども、たんやが**〕

だけんど《接続詞》　前に述べた事柄に対して、反対したり対立したりする事柄を述べようとするときに使う言葉。「がんば(頑張)っ･てくれ･た･なー。だけんど･　か(勝)て･なんだ･ん･は･　ざんねん(残念)やっ･た。」〔⇒**けど、けんど、けども、けんども、そやけど、そやけども、そやけんど、そやけんども、だけど、だけども、だけんども、だが、ほやけど、ほやけども、ほやけんど、ほやけんども、しかし**〕

たけんども〔**だけんども**〕《接続助詞》　一つの文の中で、前半に述べた事柄に対して、後半で反対･対立する事柄を述べようとするときに使う言葉。「はら(腹)･が･　へ(減)っ･たけんども･　しんぼー(辛抱)し･た。」〔⇒**たが、たけど、たけども、たけんど、たんやが**〕

だけんども《接続詞》　前に述べた事柄に対して、反対したり対立したりする事柄を述べようとするときに使う言葉。「かさ(傘)･を･　わす(忘)れ･ていっ･てん。だけんども･　あめ(雨)･が･　ふ(降)ら･なんだ･さかい･　たす(助)かっ･た。」〔⇒**けど、けんど、けども、けんども、そやけど、そやけども、そやけんど、そやけんども、だけど、だけども、だけんど、だが、ほやけど、ほやけども、ほやけんど、ほやけんども、しかし**〕

たけんま【(竹馬)】《名詞、動詞する》　２本の竹に足置きの横棒をつけて、竹の上部を握ってそれに乗って歩くようにした遊び道具。また、それを使った遊び。「たけんま･の･　あし(脚)･を･　たこ(高)ー･に･　する。」〔⇒**たけうま【竹馬】**〕

たこ【蛸】《名詞》　柔らかな体で骨がなく、８本の足に疣状の吸盤を持って海にすむ動物。「たこ･を･　す(酢)ーのもん･に･　する。」◆明石は蛸が名物である。淡路通いの自動車航送船に「たこフェリー」という愛称を付けていたが廃止された。コミュニティバスには「たこバス」の愛称を付けている。

たこ【凧】《名詞》　細い竹などの骨組みに紙などを貼って絵や字を書き、風の力で空高くあげるもの。「しょんがつ(正月)･に･　たこ･を･　あ(揚)げる。」〔⇒**いか【烏賊】**〕

たこ【胼胝】《名詞》　手足などの、よく使う部分の皮膚が固くなったもの。「よー･　じ(字)ー･を･　か(書)い･た･さかい･　えんぴつ(鉛筆)･の･　たこ･が･　でけ(出来)･た。」

たご【担桶】《名詞》　①持ち運ぶための紐や縄が上部についている、糞尿などを入れる細長い桶。「こ(肥)え･の･　たご･を･　にの(担)ー･ていく。」②便所に設置されている、男性の放尿を受ける器。「たご･を･　よご(汚)し･たら･　あか･ん･ぞ。」〔⇒**たんご【担桶】、しょうべんたんご【小便担桶】、しょんべんたんご【小便担桶】**。①⇒**こえたんご【肥担桶】、こえたご【肥担桶】**〕

たこあげ【凧揚げ】《名詞、動詞する》　細い竹などの骨組みに紙などを貼って絵や字を書いたものを空高くあげ

ること。「はま(浜)・で・ たこあげする。」〔⇒**いかあげ【烏賊揚げ】**〕

たこする【高する】《動詞・サ行変格活用》 ①高さを大きくする。「あたま(頭)・を・ たこし・たら・ くぐ(潜)ら・れ・へん・ぞ。」②値段を上げる。「そないに・ たこし・たら・ か(買)わ・れ・へん・がな。」■自動詞は「たこなる【高なる】」■対語=「ひくする【低する】」〔⇒**たかする【高する】**。②⇒**あげる【上げる】**〕

たこつぼ【蛸壺】《名詞》 海底に沈めて蛸を捕らえるために作られた壺。「ふね(船)・で・ たこつぼ・を・ しず(沈)め・ていく。」

蛸壺 ★

たこつり【蛸釣り】《名詞、動詞する》 蛸を釣ること。蛸を釣る道具。「ふね(船)・に・ の(乗)っ・て・ たこつり・に・ い(行)く。」

たこなる【高なる】《動詞・ラ行五段活用》 ①高さが大きくなる。「まつ(松)・の・ き(木)・が・ えらい・ たこなっ・た。」②値段が上がる。「ひで(日照)り・で・ やさい(野菜)・が・ たこなっ・た。」■他動詞は「たこする【高する】」■対語=「ひくなる【低なる】」〔⇒**たかなる【高なる】**。②⇒**あがる【上がる】**〕

たこやき【蛸焼き】《名詞》 ①明石発祥の郷土料理で、鶏卵、浮粉、出汁などを溶いて、その生地の中に蛸を入れて直径3センチほどの球形に焼き上げ、出汁にひたして食べるもの。「あかし(明石)・の・ たこやき・に・は・ そーす(ソース)・なんか・ か(掛)け・へん。」②大阪発祥と言われ、小麦粉の生地の中に蛸を入れて直径3センチほどの球形に焼き上げた食べ物。「まつり(祭)・に・ たこやき・の・ みせ(店)・が・ で(出)・とる。」◆①は、②の食べ物と区別して、「たまごやき【玉子焼き】」と言うが、他地域の人には「あかしやき【明石焼き】」とも呼ばれている。〔①⇒**たまごやき【玉子焼き】**〕

たこ(を)つる【蛸(を)釣る】《動詞・ラ行五段活用》 強く叱責する。つるしあげて、いじめる。「しっぱい(失敗)し・た・さかい・ みんな(皆)・に・ たこつら・れ・た。」

たし【足し】《名詞》 ①足りないところや不十分なところを補うもの。「ちょっと(一寸)・だけ・や・けど・ りょこー(旅行)・の・ ひよー(費用)・の・ たし・に・ し・てください・な。」「こんな・ もん(物)・は・ はら(腹)・の・ たし・に・も・ なら・へん。」②補って役に立つもの。参考となるもの。有益なもの。「え(良)ー・ はなし(話)・を・ き(聞)ー・て・ たし・に・ なっ・た。」◆①は、特に、わずかの数量を指して言うことが多い。〔⇒**たり【足り】**。②⇒**ため【為】**〕

だし【出汁】《名詞》 ①鰹節、昆布、椎茸など、煮て味を出すのに使うもの。「だし・の・ こぶ(昆布)・を・ か(買)う。」②汁物や煮物などの旨味を出すために、鰹節、昆布、椎茸などを煮出した汁。「あま(余)っ・た・ だし・を・ やさい(野菜)・を・ た(炊)く・の・に・ つか(使)う。」〔②⇒**だしじる【出し汁】**〕

だしあい【出し合い】《名詞、動詞する》 ①金銭や物品などを互いに出して協力し合うこと。「みんな(皆)・の・ だしあい・で・ たんぼ(田圃)・の・ きかい(機械)・を・ か(買)う。」②同時に両方から出すこと。「とらんぷ(トランプ)・の・ だしあい・を・ し・て・ あそ(遊)ぶ。」〔⇒**だっしゃい【(出し合い)】**〕

だしあいばなし【出し合い話】《名詞》 順序立てず、話題も絞らず、思い思いに自由に発言する話し合い。「だしあいばなし・から・ はじ(始)め・て・ え(良)ー・ ちえ(知恵)・を・ しぼ(絞)り・まほ・か。」〔⇒**だっしゃいばなし【(出し合い話)】**〕

だしあう【出し合う】《動詞・ワア行五段活用》 ①金銭や物品などを互いに出して協力し合う。「むらじゅー(村中)・で・ だしおー・て・ まつり(祭)・の・ たいこ(=布団屋台)・を・ つく(作)りかえる。」②同時に両方から出す。「て(手)・の・ なか(中)・に・ にぎ(握)っ・た・もん(物)・を・ だしあう。」■名詞化=**だしあい【出し合い】**〔⇒**だっしゃう【(出し合う)】**〕

たしか【確か】《副詞》 ①明白で、間違いのない様子。「しなもん(品物)・は・ たしか・ う(受)けとっ・た・と・ おも(思)う。」②ものごとを推測したり判断したりして、そうである可能性がかなり高いと考えるときに使う言葉。「それ・は・ たしか・ きょねん(去年)・の・ はちがつごろ(八月頃)・やっ・た・と・ おも(思)う。」◆「たぶん【多分】」と言うよりも、確実性の高い場合に使う言葉。〔②⇒**たぶん【多分】**〕

たしかに【確かに】《副詞》 絶対に間違いなく。「それ・は・ きのー(昨日)・ たしかに・ う(受)けとり・まし・た。」「たしかに・ あんた・に・ たの(頼)ん・だ・よ。」

たしかめる【確かめる】《動詞・マ行下一段活用》 調べたり尋ねたりして、あいまいなものごとをはっきりさせる。「この・ おかね(金)・を・ たしかめ・てください。」■名詞化=**たしかめ【確かめ】**

だしがら【出し殻】《名詞》 出汁をとったあとのかす。特に、出汁をとったあとの煮干し鰯。「だしがら・を・ の(除)け・て・から・ みそ(味噌)・を・ い(入)れる。」

だしこぶ【出し昆布】《名詞》 煮出して、汁物や煮物に使う汁を取るために使う昆布。「だしこぶ・を・ き(切)っ・て・ なべ(鍋)・に・ い(入)れる。」

たしざん【足し算】《名詞、動詞する》 ある数に、他のある数を加える計算。加法。「なやすい・ たしざん・を・ まちが(間違)え・たら・ あか・ん・やろ。」

だしじゃこ【出し雑魚】《名詞》 煮出して、汁物や煮物に使う汁を取るために使う、小さな干し鰯。「だしじゃこ・で・ みそしる(味噌汁)・の・ だし(出汁)・を・ と(採)る。」〔⇒**いり【炒り】、いりこ【炒り子】、いりじゃこ【炒り雑魚】**〕

だしじる【出し汁】《名詞》 汁物や煮物などの旨味を出すために、鰹節、昆布、椎茸などを煮出した汁。「とろろいも(芋)・を・ す(擦)っ・て・ だしじる・を・ い(入)れ・て・ ま(混)ぜる。」〔⇒**だし【出汁】**〕

たしない【足しない】《形容詞・特殊型》 予定しているものに足りない。必要な数量よりも乏しいと思われる。「みんな(皆)・で・ の(飲)みすぎ・て・ あつ(集)め・とっ・た・ かね(金)・で・は・ たしのー・ なった。」〔⇒**たりぐるしい【足り苦しい】、たりぐろしい【(足り苦しい)】**〕

たしょう〔たしょー〕【多少】《副詞》 その数量や程度がそれほど多くないことをあらわす言葉。いくらか。「この・ ふた(二)つ・の・ ねだん(値段)・は・ たしょー・ ちが(違)い・ます。」〔⇒**だいしょう【大小】**〕

たす【足す】《動詞・サ行五段活用》 ①足りない分を補う。同じようなものを加えて増やす。「ちゃびん(茶瓶)・に・ みず(水)・を・ たし・とい・ておくれ。」「みずくさ(水臭)い・さかい・ しお(塩)・を・ たし・た。」②2つ以上の数を合わせる。ある数量に更に数量を加える。「ひゃく(百)・に・ ごじゅー(五十)・を・ たす。」

だす【出す】《動詞・サ行五段活用》 ①中にあるものを外へ

移す。「ふくろ(袋)・から・　おかし(菓子)・を・　だし・て・　た(食)べる。」「なつもん(夏物)・の・　ふく(服)・を・　だし・て・　き(着)る。」「きぶん(気分)・が・　わる(悪)ー・て・　く(食)・た・　もん(物)・を・　だす。」②人の前に用意する。人の前に発表する。「おきゃく(客)さん・に・　おちゃ(茶)・を・　だす。」「ごーかく(合格)し・た・　ひと(人)・の・　ばんごー(番号)・を・　は(貼)りがみ(紙)・で・　だす。」③出発させる。ある場所に行くようにし向ける。「つか(使)い・の・　ひと(人)・を・　だす。」「ふね(船)・を・　だし・て・　つ(釣)り・に・　い(行)く。」④それまでとは違った様子を生じさせる。なかったものが姿を現す。「あさがお(朝顔)・が・　め(芽)・を・　だし・た。」⑤金品などを差し出す。提出する。「きふきん(寄付金)・を・　だす。」「てんらんかい(展覧会)・に・　え(絵)ー・を・　だす。」⑥ものごとを起こす。生じさせる。「かじ(火事)・を・　だ さ・ん・よーに・　き(気)ー・つけ・てください。」⑦便りなどを送る。「へんじ(返事)・を・　だす。」■自動詞は「でる【出る】」■対語＝「いれる【入れる】」

だす《助動詞》 断定する意味を、丁寧な言い方で表現する言葉。「それ・は・　せんえん(千円)・だす。」「これ・は・　だい(誰)・のん・だっ・か。」◆「だす」を「だー」と延ばす言い方もあるが、敬意の込められていない「だ」と混同される恐れが生じる。「私・が・　考え・た・ん・だー。」〔⇒**です**〕

たすかる【助かる】《動詞・ラ行五段活用》 ①死の危険が伴う病気や事件・事故などから逃れる。「おーみず(大水)・から・　に(逃)げ・て・　たすかっ・た。」②費用や苦労が少なくてすんで、楽になる。苦労から解放される。「ことし(今年)・は・　てんきん(転勤)・が・　の(無)ー・て・　たすかっ・た。」③望ましい状況で嬉しく感じる。「かいひ(会費)・が・　やす(安)い・さかいに・　たすかり・ます。」■他動詞は「たすける【助ける】」。

たすき【襷】《名詞》 動きやすくするために、和服の袖をたくし上げて、背中で十文字にかける紐。また、一方の肩から他方の腰へ斜めにかける細い紐や布。「たすき・を・　し・て・　おーそーじ(大掃除)・を・　する。」「こーほしゃ(候補者)・が・　たすき・を・　か(掛)け・て・　えんぜつ(演説)し・とる。」

たすけ【助け】《名詞》 他の人の費用や労力などが軽くなるように支援すること。また、そのようなことをする人。「みな(皆)・の・　たすけ・が・　あっ・て・　たか(高)い・　やま(山)・に・　のぼ(登)れ・た。」

たすける【助ける】《動詞・カ行下一段活用》 ①死の危険が伴う病気や事件・事故などから他の人を救って、逃れるようにさせる。「おぼ(溺)れ・そーな・　ひと(人)・を・　たすける。」②他人の仕事や作業などに力を注いで、負担を軽くしてやる。手をさしのべる。「とーせん(当選)・が・　でき(出来)る・よーに・　たすけ・たっ・た。」「しごと(仕事)・の・　おそ(遅)い・　ひと(人)・を・　たすける。」◆その程度が軽い場合にも使うが、存亡の危機に陥っている場合などに使うことも多い。■自動詞は「たすかる【助かる】」■名詞化＝**たすけ【助け】**〔②⇒**すける【助ける】**、**てつだう【手伝う】**、**てったう【手伝う】**、**て(を)かす【手(を)貸す】**〕

たずねる【尋ねる】《動詞・ナ行下一段活用》 ①わからないことを、他の人に質問する。「びょーいん(病院)・へ・　い(行)く・　みち(道)・を・　たずねる。」②人に会うために、その人のところを訪問する。「ひさ(久)しぶりに・　ともだち(友達)・の・　いえ(家)・を・　たずね・た。」③病気や事故などの見舞いに行く。「すいがい(水害)・に・　お(遭)ー・た・　しんせき(親戚)・を・　たずね・て・　てつだ(手伝)う。」■名詞化＝**たずね【尋ね】**〔⇒**たんねる【(尋ねる)】**。①⇒**とう【問う】**、**きく【聞く、聴く、訊く】**〕

ただ【只】《名詞、形容動詞や(ノ)》 品物を渡したり労力を提供したりしても、対価を求めないこと。無料であること。「ただ・ほど・　たか(高)い・　もの・は・　ない。」〔⇒**ただこ【只こ】**〕

ただ【唯】《副詞》 ①それだけをとりたてて限定する言葉。「ただ・　それ・だけ・の・　こと・やっ・てん。」「ただ・　ひゃくえん(百円)・だけ・　はら(払)う。」②事柄がそれだけであるということを強調する言葉。もっぱら。ひたすら。「ただ・　ある(歩)く・だけ・の・　えんそく(遠足)・は・　おもろ(面白)い・　こと・　あら・へん。」〔①⇒**たった**〕

ただいま【ただ今】《感動詞》 出かけていった先から帰ってきたときの、挨拶の言葉。「ただいま・と・　ゆ(言)ー・たら・　じっき(直)に・　あそ(遊)び・に・　い(行)っ・てまう・ねん。」

たたかう【戦う、闘う】《動詞・ワア行五段活用》 ①勝ち負けを決めたり、優劣を競ったりするために、相手と試合などをする。「いっかいせん(一回戦)・は・　どこ・と・　たたかう・ん・です・か。」②相手を屈服させるために、力を込めて争う。権利や利益などを得たり守ったりするために強く争う。「くみあい(組合)・が・　かいしゃ(会社)・と・　たたかう。」③武力を用いて、他の国と争う。「にほん(日本)・は・　むかし(昔)・　あめりか(アメリカ)・と・　たたこー・た。」■名詞化＝**たたかい【戦い、闘い】**

たたきうり【叩き売り】《名詞、動詞する》 安い値段で売ること。台を叩きながら口上を述べて売ること。「せともん(瀬戸物)・の・　たたきうり・を・　し・とる。」

たたく【叩く】《動詞・カ行五段活用》 ①手やものを使って、力を込めて、瞬間的にものに当てる。「ほかんばち・を・　おも(思)いきり・　たたい・たっ・た。」「たいこ(太鼓)・を・　どんどんと・　たたく。」「かね(鉦)・を・　たたい・て・　ねんぶつ(念仏)・を・　ゆ(言)ー。」②値段を負けさせる。「もーちょっと・　たたい・たら・　やす(安)ー・　なる・ん・と・　ちゃ(違)う・か。」③無遠慮に堂々と言い放つ。「もんく(文句)・ばっかり・　たたき・やがる・　やつ(奴)・や。」「い(言)わ・ん・でも・　えー・　こと・を・　たたき・やがっ・て・　はら(腹)・が・　た(立)つ。」「あんな・　くち(口)・を・　たたい・て・　しょーのない・　ひと(人)・や。」◆③は、言わなくてもよいことを言う、言ってほしくないことを言う、というような気持ちが伴う。〔①⇒**うつ【打つ】**、**はたく【(叩く)】**。③⇒**ぬかす【吐かす】**、**こく**、**くち(を)たたく【口(を)叩く】**〕

ただこ【只こ】《名詞、形容動詞や(ノ)》 品物を渡したり労力を提供したりしても、対価を求めないこと。無料であること。「ほ(欲)しー・と・　ゆ(言)ー・たら・　ただこで・　くれ・た。」〔⇒**ただ【只】**〕

たださえ《副詞》 ある状況にあるだけでも望ましくないのに、その上に別の状況が加わることを表す言葉。「たださえ・　さむ(寒)い・のに・　かぜ(風)・まで・　で(出)・てき・やがっ・た。」「たださえ・　きゅーりょー(給料)・が・　やす(安)い・のに・　しょーひぜー(消費税)・が・　あ(上)がっ・たら・　どないも・　しょーがない・やんか。」

ただしい〔**ただしー**〕【正しい】《形容詞・イイ型》 ①真理や規範や事実などにかなっている。「ただしー・ こたえ(答)・に・ まる(丸)・を・ つ(付)ける。」②形や向きが整っている。きちんとした様子になっている。「ただ(正)しー・ しせー(姿勢)・で・ すわ(座)り・なはれ。」「れーぎ(礼儀)・の・ ただしー・ ひと(人)・は・ きも(気持)ち・が・ え(良)ー・なー。」◆①は、「まちごとらへん【間違ご・とら・へん】」というような言い方をすることが多い。

ただなか【直中】《名詞》 ものごとが盛んに行われているとき。それが行われている中心的なとき。「いま(今)・は・ たうえ(田植)・の・ ただなか・や・さかい・ やす(休)み・が・ と(取)ら・れ・へん。」◆強めた言い方は「まっただなか【真っ直中】」

ただの【只の】《連体詞》 格別の価値がない。変哲がない。ごく普通の。「たからくじ(宝籤)・が・ ただの・ かみ(紙)きれ・に・ なっ・ても・た。」

ただばたらき【只働き】《名詞、形容動詞や(ノ)、動詞する》 報酬をもらわずに働くこと。奉仕作業などを行うこと。「ただばたらきし・とる・のに・ なん(何)やかや・ もんく(文句)・ い(言)わ・れ・たら・ た(立)つせ(瀬)・が・ あら・へん・やん。」「とちゅー(途中)・で・ あめ(雨)・が・ ふ(降)っ・て・ はんにち(半日)・ ただばたらきに・ なっ・ても・た。」◆報酬を得ることができないような結果となった、徒労感を表す場合もある。

ただまい【只米、尋常米】《名詞》 粘りけが少なく、炊いて飯として食べる米。「ただまい・と・ もちごめ(餅米)・を・ ま(混)ぜ・て・ せきはん(赤飯)・を・ た(炊)く。」■対語＝「もちごめ【餅米、糯米】」

たたみ【畳】《名詞》 藁を固めたものに藺草で編んだ表を付けて、日本家屋の床に敷くもの。「びょーいん(病院)・やのー・て・ いえ(家)・の・ たたみ・の・ うえ(上)・で・ し(死)に・たい・もんや。」

たたむ【畳む】《動詞・マ行五段活用》 ①広がっている布や紙などを、折り返して小さく重ねる。「ふとん(布団)・を・ たたん・で・ おしいれ(押入)・に・ しまう。」②広がっているものをすぼめる。「あめ(雨)・が・ や(止)ん・だ・さかい・ かさ(傘)・を・ たたむ。」③結末をつけたり処理を終えたりして、商売などをやめる。「う(売)れ・へん・と・ ゆ(言)ー・て・ たばこや(煙草屋)・を・ たたん・でしも・た。」〔⇒**たとむ**【(畳む)】〕

だだもり〔**だーだーもり**〕【だだ漏り】《形容動詞や(ノ)、動詞する》 液体が隙間や穴などから盛んに出続けること。雨水などが激しくあふれ落ちること。「てんじょー(天井)・から・ あめ(雨)・が・ だだもりに・ なる。」〔⇒**ざざもり**【ざざ漏り】、**ざざもれ**【ざざ漏れ】、**ざんざんもり**【ざんざん漏り】、**ざんざんもれ**【ざんざん漏れ】、**じゃじゃもり**【じゃじゃ漏り】、**じゃじゃもれ**【じゃじゃ漏れ】、**じゃんじゃんもり**【じゃんじゃん漏り】、**じゃんじゃんもれ**【じゃんじゃん漏れ】、**だだもれ**【だだ漏れ】、**だんだんもり**【だんだん漏り】、**だんだんもれ**【だんだん漏れ】〕

だだもれ〔**だーだーもれ**〕【だだ漏れ】《形容動詞や(ノ)、動詞する》 液体が隙間や穴などから盛んに出続けること。雨水などが激しくあふれ落ちること。「おけ(桶)・が・ はっしゃい・で・ みず(水)・が・ だだもれし・とる。」〔⇒**ざざもり**【ざざ漏り】、**ざざもれ**【ざざ漏れ】、**ざんざんもり**【ざんざん漏り】、**ざんざんもれ**【ざんざん漏れ】、**じゃじゃもり**【じゃじゃ漏り】、**じゃじゃもれ**【じゃじゃ漏れ】、**じゃんじゃんもり**【じゃんじゃん漏り】、**じゃんじゃんもれ**【じゃんじゃん漏れ】、**だだもり**【だだ漏り】、**だんだんもり**【だんだん漏り】、**だんだんもれ**【だんだん漏れ】〕

たたり【祟り】《名詞》 神仏や死者の魂が、生きている人に引き起こす災い。「あの・ こや(小屋)・は・ たたり・が・ ある・そーや。」

ただれる【爛れる】《動詞・ラ行下一段活用》 炎症などのために、皮膚などが腫れてくずれて、じくじくする。「しっぷ(湿布)し・とっ・た・ とこ(所)・が・ ただれ・た。」■名詞化＝**ただれ**【爛れ】

たち【質】《名詞》 ①人が生まれつき持っている性格。「なん(何)・でも・ いっしょーけんめー(一生懸命)に・ なっ・てしまう・ たち・や・ねん。」②そのものの持つ性質。「たち・の・ わる(悪)い・ かぜ(風邪)・に・ かか(罹)っ・た。」〔①⇒**しょうぶん**【性分】〕

たち【達】《接尾語》［人や動物を表す言葉に付く］ 人や動物などが複数であることを表す言葉。「そこ・に・ おる・ おまえたち・は・ はよ(早)ー・ かえ(帰)れ。」〔⇒**ら**【等】〕

たちあう【立ち会う】《動詞・ワア行五段活用》 事実を確認したり証拠を確かめたりするために、関係者としてその場に臨む。「じこ(事故)・の・ げんば(現場)・に・ たちおー・ても・た。」「まちが(間違)い・が・ な(無)い・よーに・ ぜにかんじょー(銭勘定)・に・ たちあう。」■名詞化＝**たちあい**【立ち会い】

たちあがる【立ち上がる】《動詞・ラ行五段活用》 ①座ったりしゃがんだりしていた姿勢から、体を起こして、まっすぐに立つ。「こしか(腰掛)け・から・ たちあがる。」②上の方へ舞うように広がる。「とらっく(トラック)・が・ とー(通)っ・たら・ すなぼこり(砂埃)・が・ たちあがっ・た。」■名詞化＝**たちあがり**【立ち上がり】〔①⇒**たちる**【立ちる】、**たてる**【立てる】〕

たちどまる【立ち止まる】《動詞・ラ行五段活用》 歩くのをやめて、しばらくその場に静止する。「し(知)りあい・に・ お(会)ー・て・ たちどまっ・て・ はなし(話)・を・ する。」

たちなおる【立ち直る】《動詞・ラ行五段活用》 良くない状況であったものが、もとの良い状態に戻る。「いっぺん(一遍)・ しっぱい(失敗)し・たら・ たちなおる・の・が・ たいへん(大変)だっ・せ。」■名詞化＝**たちなおり**【立ち直り】

たちのく【立ち退く】《動詞・カ行五段活用》 求めに応じて、居たところから別の場所へ動く。土地や住まいを明け渡して、別の場所に移る。「ひろ(広)い・ みち(道)・が・ でけ(出来)る・ こと・に・ なっ・て・ たちのい・た。」■名詞化＝**たちのき**【立ち退き】

たちば【立場】《名詞》 その人が置かれている状況や地位。また、それに伴う体面や名誉など。その人の行動を支える、ものの見方や考え方など。「じゅーぎょーいん(従業員)・の・ たちば・から・ もの・を・ ゆ(言)う。」「そんな・ こと・ ゆ(言)わ・れ・たら・ わし・の・ たちば・が・ あら・へん。」

たちばさみ【裁ち鋏】《名詞》 布を裁断するのに使う、大きな鋏。「たちばさみ・で・ きれ(布)・を・ き(切)る。」◆ちょっとした糸などを切るときに使う鋏は、「にぎりばさみ【握り鋏】」「つかみばさみ【掴み鋏】」と言う。

たちばなし【立ち話】《名詞、動詞する》 立ったまま話をすること。また、そのようなときの、ちょっとした話題。「みせ(店)・の・ まえ(前)・で・ たちばなし・を・ し・た。」「たちばなし・で・ き(聞)ー・た・ん・や・さかい・ あんまり・ あ(当)て・に・は・ なら・へん。」

たちはばとび【立ち幅跳び】《名詞、動詞する》 助走をしないで止まったままの姿勢から、できるだけ遠くへ飛んで、その距離を競う競技。「すなば(砂場)・で・ たちはばとび・を・ する。」■対語＝「はしりはばとび【走り幅跳び】」〔⇒**はばとび【幅跳び】**〕

たちもん【建ち物、立ち物】《名詞》 ①人が住んだり仕事をしたり物品を保管したりするための家やビルなど。「たちもん・が・ でけ(出来)・て・ ひあ(日当)たり・が・ わる(悪)ー・ なっ・た。」「ひゃっかてん(百貨店)・の・ おー(大)きな・ たちもん・が・ た(建)ち・よる。」②大きな仮設物のようなもの。「ぐるり・に・ たちもん・たて・て・ こーじ(工事)・を・ し・とる。」〔⇒**たてもん【建て物、立て物】**〕

だちょう〔**だちょー**〕【駝鳥】《名詞》 アフリカなどの砂漠や草原にすむ、翼が退化して飛ぶことができない、鳥の中で最大の大きさの動物。「だちょー・の・ たまご(卵)・は・ ごっつー・ おー(大)きー・そーや。」

たちよる【立ち寄る】《動詞・ラ行五段活用》 目的の場所へ行くついでに、別の場所も訪ねる。「かえ(帰)り・に・ ほんや(本屋)・に・ たちよっ・て・ ざっし(雑誌)・を・ こ(買)ー・た。」

たちらかす【立ちらかす】《動詞・サ行五段活用》 ①横になっているものを縦に起こす。「こい(鯉)のぼり・の・ さお(竿)・を・ たちらかし・た。」②座らせないで、立ったままにする。「じぎょーちゅー(授業中)・に・ おこ(怒)ら・れ・て・ たちらかさ・れ・た。」〔⇒**たてらかす【立てらかす】**〕

たちる【立ちる】《動詞・ラ行五段活用》 ①座ったりしゃがんだりしていた姿勢から、体を起こして、まっすぐに立つ。「まえ(前)・の・ ほー(方)・で・ たちっ・たら・ うしろ(後)・の・ ひと(人)・が・ み(見)え・へん・やない・か。」②座らないで、立ったままである。「たちっ・て・ する・ しごと(仕事)・は・ えらい・なー。」「ばす(バス)・の・ しゅーてん(終点)・まで・ たちっ・た・まま・やっ・た。」〔①⇒**たちあがる【立ち上がる】、たてる【立てる】**〕

たつ【辰】《名詞》 龍を表しており、子(ね)から始まる十二支の5番目。「おとーと(弟)・は・ たつ・の・ とし(年)・の・ う(生)まれ・や。」〔⇒**たつ【龍】、りゅう【龍】**〕

たつ【龍】《名詞》 ①体は大蛇に似て、頭に２本の角があり、口のあたりに長い髭をもった、想像上の動物。「ふすま(襖)・に・ たつ・の・ え(絵)ー・が・ か(描)い・てある。」②十二支の５番目の「辰」。「ねんがじょー(年賀状)・に・ たつ・を・ か(描)く。」〔①⇒**りゅう【龍】**。②⇒**たつ【辰】**〕

たつ【(縦)】《名詞》 水平に広がる方向に対して、上下に広がる方向。左右に広がる方向に対して、前後に広がる方向。また、その長さ。「たつ・に・ せん(線)・を・ ひ(引)く。」「たつ・と・ よこ(横)・に・ しま(縞)・が・ ある。」◆「たて」と言う方が圧倒的に多い。■対語＝「よこ【横】」〔⇒**たて【縦】**〕

たつ【立つ】《動詞・タ行五段活用》 ①地面などに対して、まっすぐ縦になる。「でんしんばしら(電信柱)・が・ たっ・とる。」②座ったり横になったりしていた姿勢から、身を起こす。「いす(椅子)・から・ たっ・て・ あいさつ(挨拶)する。」③いた場所から立ち去ったり飛んだりする。「き(木)ー・から・ とり(鳥)・が・ たっ・た。」④これまでなかった現象が、形となって現れる。「かぜ(風)・が・ ふ(吹)い・て・ なみ(波)・が・ たつ。」⑤動かなかったものが舞い上がる。散乱する。「かぜ(風)・で・ でんぴょー(伝票)・が・ たっ・ても・た。」⑥とげとげしくなったり、気持ちが激しくなったりする。「かど(角)・が・ たつ・ い(言)ーかた・を・する。」「はら(腹)・が・ たつ。」⑦ものごとに優れている。「ふで(筆)・が・ たつ・ ひと(人)・は・ え(良)ー・なー。」「くち(口)・が・ たつ・ ひと(人)・に・は・ か(勝)た・れ・へん。」■他動詞は「たてる【立てる】」〔⑤⇒**とぶ【飛ぶ、跳ぶ】、ひらく【開く】**〕

たつ【経つ】《動詞・タ行五段活用》 時刻や時間が過ぎる。「あれ・から・ はんじかん(半時間)・ たっ・た。」「ひとつき(一月)・ たっ・た・けど・ しごと(仕事)・が・ お(終)わら・ん。」

たつ【建つ】《動詞・タ行五段活用》 建物などが新たにできる。「あたら(新)しー・ こーどー(講堂)・が・ たっ・た。」■他動詞は「たてる【建てる】」

たつ【裁つ】《動詞・タ行五段活用》 つながっていた布や紙を、目指す大きさや形に合わせて切る。「おー(大)きな・ きれ(布)・を・ ふた(二)つ・に・ たつ。」

たっきゅう〔**たっきゅー**〕【卓球】《名詞、動詞する》 真ん中にネットを張った台の両側から、セルロイド製の小さなボールをラケットで打ち合う競技。「やどや(宿屋)・に・ と(泊)まっ・た・ とき(時)・は・ よー・ たっきゅーし・た・なー。」〔⇒**ピンポン【英語＝ping-pong】**〕

だっきゅう〔**だっきゅー**〕【脱臼】《名詞、動詞する》 骨の関節がはずれること。「うで(腕)・を・ だっきゅーし・て・ しあい(試合)・に・ で(出)・られ・へん・ねん。」

だっこく【脱穀】《名詞、動詞する》 穀物の粒を、穂から取り去ること。穀物の粒から、殻(から)を取り去ること。「きかい(機械)・で・ だっこく・を・ する。」

たっこむ【炊っ込む】《動詞・マ行五段活用》 ①野菜や魚や肉などをご飯に具を混ぜて炊く。「かき(牡蠣)・を・ ごはん(御飯)・に・ たっこむ。」②長い時間、炊き続ける。「もっと・ たっこん・だ・ ほー(方)・が・ うま(美味)い・やろ。」■名詞化＝**たっこみ【炊っ込み】**〔⇒**たきこむ【炊き込む】**〕

だっしめん【脱脂綿】《名詞》 脂気を取り去って、吸水性を持たせて、消毒した綿。「だっしめん・に・ あるこーる(アルコール)・を・ つ(付)け・て・ しょーどく(消毒)する。」

たっしゃ【達者】《形容動詞や(ナ)》 ①体が丈夫で、しっかりしている様子。「とし(歳)・を・ とっ・ても・ たっしゃで・ おり・たい・なー。」②ある分野のことが上手であったり、優れたりしている様子。「あいつ・は・ えーご(英語)・が・ たっしゃや。」③抜け目がなく、したたかである様子。「くち(口)・が・ たっしゃな・ やつ(奴)・に・は・ い(言)ーかえ(返)さ・れ・へん・ねん。」〔①⇒**けんこう【健康】、げんき【元気】**〕

だっしゃい【(出し合い)】《名詞、動詞する》 ①金銭や物品などを互いに出して協力し合うこと。「だっしゃい・で・ ぼーねんかい(忘年会)・を・ ひら(開)か・へん・か。」②同時に両方から出すこと。「じゃんけん・の・ だっしゃい・で・ じゅんばん(順番)・を・ き(決)める。」〔⇒**だしあい【出し合い】**〕

だっしゃいばなし【(出し合い話)】《名詞》 順序立てず、話題も絞らず、思い思いに自由に発言する話し合い。「だっしゃいばなし・を・ し・とる・うち・に・ なん(何)ぞ・ え(良)ー・ ちえ(知恵)・が・ で(出)・たら・ うれ(嬉)しー・ねん・けど。」〔⇒**だしあいばなし【出し合い**

話】〕

だっしゃう【(出し合う)】《動詞・ワア行五段活用》 ①金銭や物品などを互いに出して協力し合う。「きょーだい(兄弟)・で・　だっしょー・て・　みせや(店屋)・を・　はじ(始)める。」②同時に両方から出す。「こーかん(交換)する・　もん(物)・を・　だっしゃう。」■名詞化＝**だっしゃい**【(出し合い)】〔⇒**だしあう**【出し合う】〕

だっせん【脱線】《名詞、動詞する》 ①電車などの車輪が線路からはずれること。「だっせん・の・　じこ(事故)・で・　でんしゃ(電車)・が・　おく(遅)れ・た。」②話などが本題からそれること。「だっせんし・た・　はなし(話)・を・　もと(元)・に・　もど(戻)す。」

たった《名詞、動詞する》 背負うこと。背中にのせること。「しんどい・さかい・　たったし・てー。」◆幼児語。〔⇒**おんぶ**【負んぶ】〕

たった《副詞の》 ①それだけをとりたてて限定する言葉。「たった・　それ・だけ・の・　こと・や・のに・　ごっつー・　おこ(怒)ら・れ・た。」②予想や期待に反して、ほんの僅かの数量である様子。「いちにち(一日)・　はたら(働)い・て・　たった・　ごせんえん(五千円)・しか・　くれ・へん。」③時刻の上で、わずかの違いである様子。「たった・　いま(今)・　でんしゃ(電車)・が・　で(出)・ても・た・　とこ・です。」「あいつ・が・　い(去)ん・だ・ん・は・　たった・　さっき・や。」〔①⇒**ただ**【唯】〕

たっち【立っち】《名詞、動詞する》 小さな子どもが、ひとりで立ち上がること。「まご(孫)・は・　たっち・が・　でけ(出来)る・よーに・　なっ・た。」◆幼児語。

だっちょもない《形容詞・アイ型》 くだらない。価値がない。興味や関心を引かない。「これ・は・　だっちょもない・　しょーせつ(小説)・やっ・た。」「よみせ(夜店)・は・　だっちょもない・　もん(物)・しか・　う(売)っ・とら・なんだ。」「だい(誰)・も・　せー・へん・よーな・　だっちょもない・　まちが(間違)い・を・　し・ても・た。」◆客観的な判断ではなく、話し手の感情などが強く反映して発せられる言葉である。

たつのおとしご【竜の落とし子】《名詞》 立ったまま泳ぐ、竜の形に似て小さな、海にすむ魚。「たつのおとしご・は・　うま(馬)・の・　かお(顔)・に・　に(似)・とる・なー。」

たっぷり《副詞》 満ちあふれるほど、数量が十分にある様子。余裕や豊かさを感じさせる様子。「じかん(時間)・は・　たっぷり・　ある・さかい・　よー・　かんが(考)え・てください・な。」「おちゃ(茶)・を・　たっぷり・　い(入)れ・てんか。」

たつまき【竜巻】《名詞》 積乱雲から垂れ下がって、地上の様々なものを巻き上げてしまう、局部的に起こる空気の大きな渦。「つよ(強)い・　かぜ(風)・が・　ふ(吹)い・て・　たつまき・が・　お(起)き・た。」

たつむすび【立つ結び】《名詞、動詞する》 結び目が縦長にできるような結び方。「くつ(靴)・の・　ひぼ(紐)・は・　たつむすび・に・　し・たら・　あか・ん・やろ。」■対語＝「よこむすび【横結び】」〔⇒**たてむすび**【縦結び】〕

たて【縦】《名詞》 水平に広がる方向に対して、上下に広がる方向。左右に広がる方向に対して、前後に広がる方向。また、その長さ。「この・　たんぼ(田圃)・は・　たて・の・　ほー(方)・が・　よこ(横)・より・も・　なが(長)い。」「たて・に・　あな(穴)・を・　ほ(掘)る。」■対語＝「よこ【横】」〔⇒**たつ**【(縦)】〕

たて〔だて〕《接続助詞》 一つの文の中で、前後の言葉の関係が逆になって続いていくことを表す言葉。前後で一見矛盾するように見えても、そのようにはならないことを表す言葉。仮にそうであっても。…したとしても。「き(聞)ー・たて・　わから・なんだ。」「しょーしょー(少々)・　の(飲)ん・だて・　よ(酔)わ・へん。」「はんたい(反対)さ・れ・たて・　あと(後)・へ・は・　さ(下)がら・へん。」〔⇒**たとこが、たとこで、たところで、たとて、たかて、ても**〕

たて【立て】《接尾語》［動詞の連用形に付く］ その動作や状況が終わったばかりであることを表す言葉。「た(炊)きたて・の・　めし(飯)・は・　うま(美味)い・なー。」「あ(揚)げたて・の・　えび(海老)・の・　てんぷら(天麩羅)・を・　く(食)う。」「ぺんき(ペンキ)・の・　ぬ(塗)りたて・や・さかい・　き(気)・を・　つけ・てください。」「お(起)きたて・の・　ねむ(眠)た・そーな・　かお(顔)・を・　し・とる。」

たて〔だて〕【建て】《接尾語》 建物の建て方や階数などを表す言葉。「さんがい(三階)だて・の・　いえ(家)・が・　でけ(出来)・た。」「あぱーと(アパート)・から・　いっこ(一戸)だて・の・　いえ(家)・に・　か(替)わる。」

だて【伊達】《形容動詞や(ノ)、名詞》 ①粋であったり派手であったりして、人目を引こうとする様子。また、そのようにする人。「あいつ(彼奴)・は・　だてな・　ふく(服)・を・　き(着)・てき・やがっ・た。」②見栄を張る様子。外見を飾る様子。また、そのようにする人。「むり(無理)し・て・　だて・を・　こい・とる。」③外見が華やかであっても、実質が乏しい様子。役に立っていない様子。「だての・　めがね(眼鏡)・を・　かける。」

たてかえる【立て替える】《動詞・ア行下一段活用》 後になって返してもらう約束をして、他の人に代わってお金を払う。「こま(細)かい・　かね(金)・が・　あれ・へん・さかい・　たてかえ・とい・てくれ・へん・か。」■名詞化＝**たてかえ**【立て替え】〔⇒**とりかえる**【取り替える】〕

たてかえる【建て替える】《動詞・ア行下一段活用》 古い建物を壊して、それと違った新しい建物を作る。「ふる(古)い・　こーしゃ(校舎)・を・　たてかえる。」■名詞化＝**たてかえ**【建て替え】〔⇒**たてなおす**【建て直す】〕

たてぐ【建具】《名詞》 戸や障子や襖など、開け閉めして部屋を仕切るもの。「たてぐ・が・　ふる(古)ー・　なっ・た・さかい・　か(買)いかえる。」

だてこき【伊達こき】《名詞、形容動詞や(ノ)》 粋であったり派手であったりすることを好むこと。見栄を張ること。好みなどが粋であること。また、そのような人。「ちょーねくたい(蝶ネクタイ)・を・　し・た・　だてこきの・　おっ(小父)さん・が・　うた(歌)・を・　うた(歌)い・よる。」

たてつぼ【建坪】《名詞》 建物が建っている地面の広さ。また、それを坪という単位で表したもの。「たてつぼ・は・　にじっつぼ(二十坪)・ほど・や。」

たてなおす【建て直す】《動詞・サ行五段活用》 ①古い建物を壊して、それと違った新しい建物を建てる。「じしん(地震)・で・　つぶ(潰)れ・た・　いえ(家)・を・　たてなおす。」②古い建物をいったん解体して、別の場所に移して建てる。「ふる(古)い・　いえ(家)・を・　たてなおし・て・　こーえん(公園)・の・　きゅーけーしょ(休憩所)・に・　する。」■名詞化＝**たてなおし**【建て直し】〔①⇒**たてかえる**【建て替える】〕

たてふだ【立て札】《名詞》 人々に知らせることを板などに書いて立てるもの。「はな(花)・の・　たね(種)・を・　ま(蒔)い・た・　とこ(所)・に・　たてふだ・を・　た(立)

て・て・ ふ(踏)ま・れ・ん・よーに・ する。」

たてまえ【建て前】《名詞、動詞する》 家を建てるときに、主な骨組みができて、棟木を上げること。また、そのときに行う祝い事。「たてまえ・に・ もちま(餅撒)き・を・ する。」◆かつては、近所の人たちに向かって餅撒きなどをしたが、その風習は完全に廃れてしまった。〔⇒**むねあげ【棟上げ】**〕

たてまし【建て増し】《名詞、動詞する》 今まであった建物に、新しい部分を付け加えること。増築。「なや(納屋)・を・ たてましする。」

たてむすび【縦結び】《名詞、動詞する》 結び目が縦長にできるような結び方。「たてむすび・に・ し・て・ ひぼ(紐)・を・ つな(繋)ぐ。」■対語＝「よこむすび【横結び】」〔⇒**たつむすび【立つ結び】**〕

たてもん【建て物、立て物】《名詞》 ①人が住んだり仕事をしたり物品を保管したりするための家やビルなど。「ふる(古)い・ もくぞー(木造)・の・ たてもん・は・ やっぱり・ え(良)ー・ かん(感)じ・が・ する。」②大きな仮設物のようなもの。「おーかぜ(大風)・で・ かんばん(看板)・の・よーな・ たてもん・が・ と(飛)ばさ・れ・た。」〔⇒**たちもん【建ち物、立ち物】**〕

だてら《接尾語》［性別、身分、立場などを表す言葉に付く］ それらの性別、身分、立場などを超えて、ふさわしくないという気持ちを表す言葉。…のくせに。「おんな(女)だてら・に・ じゅーどー(柔道)・を・ なら(習)い・よる・ん・や。」「こども(子供)だてら・に・ なまいき(生意気)な・ うた(歌)・を・ うた(歌)う・なー。」

たてらかす【立てらかす】《動詞・サ行五段活用》 ①横になっているものを縦に起こす。「かぜ(風)・で・ たお(倒)れ・た・ いね(稲)・を・ たてらかす。」②座らせないで、立ったままにする。「しゅくだい(宿題)・を・ わす(忘)れ・た・さかい・ ろーか(廊下)・に・ たてらかさ・れ・た。」〔⇒**たちらかす【立ちらかす】**〕

たてり【立てり】《名詞》 ①区切りや目印のために立てておくもの。「いっしょ(一緒)に・ せ・ん・よーに・ あいだ(間)・に・ たてり・を・ お(置)い・とく。」②立てかけたり、縦に並行して設けたりするもの。「ひまわり(向日葵)・の・ なえ(苗)・を・ たてり・の・ ぼー(棒)・に・ くくる。」

たてる【建てる】《動詞・タ行下一段活用》 建物などを新たに作る。「いけ(池)・を・ う(埋)めたて・て・ がっこー(学校)・を・ たてる。」「むら(村)・の・ まんなか・に・ はんしょー(半鐘)・を・ たてる。」■自動詞は「たつ【建つ】」

たてる【立てる】《動詞・タ行下一段活用》 ①横になっているものを縦にまっすぐに置く。「まんなか・に・ はしら(柱)・を・ たてる。」②倒れているものを起こす。「こけ・た・ いね(稲)・を・ たてる。」③座ったり横になったりしていた姿勢から、身を起こす。立ったままの状態を続ける。「しゅくだい(宿題)・を・ わす(忘)れ・た・ ひと(人)・は・ そのば(場)・に・ たてっ・てください。」「おこ(怒)ら・れ・て・ いちじかん(一時間)・ たてっ・とっ・た。」④働かせたり、効果を上げさせたりする。「ふる(古)い・ ざいもく(材木)・を・ やく(役)・に・ たてる。」⑤ものごとを決める。「なつやす(夏休)み・の・ けーかく(計画)・を・ たてる。」⑥尊敬して扱う。「せんぱい(先輩)・を・ たて・んと・ あか・ん。」■自動詞は「たつ【立つ】」〔③⇒**たちる【立ちる】、たちあがる【立ち上がる】**〕

たとい【(仮令)】《副詞》 あることがらを仮定した上で、それにもかかわらず次の判断や行動になるということを表す言葉。「たとい・ そんな・ こと・を・ ゆ(言)わ・れ・ても・ さんせー(賛成)・は・ でけ・へん。」◆後ろに「ても」「たて」「たところが」などの言葉を伴う。〔⇒**たとえ【仮令】**〕

たとえ【喩え】《名詞》 あることがらをわかりやすく説明するために、それとよく似た別のものを引き合いに出して言うこと。また、引き合いに出したもの。「たとえ・が・ かえ(却)って・ むつか(難)しすぎ・た。」

たとえ【仮令】《副詞》 あることがらを仮定した上で、それにもかかわらず次の判断や行動になるということを表す言葉。「たとえ・ それ・が・ ほんま(本真)の・ はなし(話)・やっ・ても・ わし・に・は・ しん(信)じ・られ・へん。」◆後ろに「ても」「たて」「たところが」などの言葉を伴う。〔⇒**たとい【(仮令)】**〕

たとえば【例えば】《副詞》 前に述べたことを客観的に証明するために、例をあげることを表す言葉。何か別のものを引き合いに出して言えば。「おく(贈)る・の・は・ たとえば・ さけ(酒)・の・ つ(詰)めあわせ・なんか・ どない・やろ・か。」

たとえる【喩える】《動詞・ア行下一段活用》 あることがらをわかりやすく説明するために、それとよく似た別のものを引き合いに出す。「みーてぃんぐ(ミーティング)・と・ ゆ(言)ー・の・は・ にほん(日本)・の・ こと・で・ たとえ・たら・ よ(寄)りあい・みたいな・ もん・やろ。」■名詞化＝**たとえ【喩え】**

たとこが〔だとこが〕《接続助詞》 一つの文の中で、前後の言葉の関係が逆になって続いていくことを表す言葉。前後で一見矛盾するように見えても、そのようにはならないことを表す言葉。仮にそうであっても。…したとしても。「せつめー(説明)し・たとこが・ わかっ・てくれ・なんだ。」「おも(思)いきり・ の(飲)ん・だとこが・ ごせんえん(五千円)・も・ かから・ん・やろ。」「いちにち(一日)・ かかっ・て・ よ(読)ん・だとこが・ さっぱり・ わから・なんだ。」「れんしゅー(練習)し・たとこが・ いっこも・ じょーず(上手)に・ なら・なんだ。」〔⇒**ても、たとこで、たところで、たとて、たかて、たて**〕

たとこで〔だとこで〕《接続助詞》 前後の言葉の関係が逆になって続いていくことを表す言葉。前後で一見矛盾するように見えても、そのようにはならないことを表す言葉。仮にそうであっても。…したとしても。「ちょっと(一寸)・ぐらい・ べんきょー(勉強)し・たとこで・ ごーかく(合格)・は・ でけ・へん・やろ。」「き(聞)ー・たとこで・ どーせ・ わから・へん・ねん。」〔⇒**ても、たとこが、たところで、たとて、たかて、たて**〕

たところで〔だところで〕《接続助詞》 一つの文の中で、前後の言葉の関係が逆になって続いていくことを表す言葉。前後で一見矛盾するように見えても、そのようにはならないことを表す言葉。仮にそうであっても。…したとしても。「はし(走)っ・たところで・ ま(間)にあわ・へん・やろ。」〔⇒**ても、たとこが、たとこで、たとて、たかて、たて**〕

たとて〔だとて〕《接続助詞》 一つの文の中で、前後の言葉の関係が逆になって続いていくことを表す言葉。前後で一見矛盾するように見えても、そのようにはならないことを表す言葉。仮にそうであっても。…したとしても。「なんぼ・ ゆ(言)ー・たとて・ さんせー(賛成)し・てくれ・へん・やろ。」〔⇒**ても、たとこが、たとこで、たところで、たかて、たて**〕

たとむ【(畳む)】《動詞・マ行五段活用》 ①広がっている布や紙などを、折り返して小さく重ねる。「しんぶん(新聞)・を・　たとん・で・　かばん(鞄)・に・　い(入)れる。」②広がっているものをすぼめる。「あめ(雨)・が・　ふ(降)っ・てき・た・ん・で・　こい(鯉)のぼり・を・　たとん・で・　お(下)ろし・た。」③結末をつけたり処理を終えたりして、商売などをやめる。「おやじ(親父)・が・　し(死)ん・で・　しょーばい(商売)・を・　たとん・だ。」〔⇒**たたむ【畳む】**〕

たな【棚】《名詞》 ①物を載せるために、板などを水平に掛け渡して作ったもの。「ほん(本)・を・　なら(並)べる・　たな・を・　つく(作)る。」②蔓植物などを這わせるために、支柱を立てて、枠を作って取り付けたもの。「ふじ(藤)・の・　たな・を・　こしら(拵)える。」

たない【(汚い)】《形容詞・アイ型》 ①よごれていて、不潔であったり不衛生であったりしている。「かびん(花瓶)・を・　ひっくりかえし・て・　たたみ(畳)・が・　た の(汚)ー・　なっ・た。」②乱暴であって、きちんとしていない。見苦しかったり聞き苦しかったりする様子だ。美観を損ねている。「たない・　いろ(色)・の・　ぬ(塗)りかた・や。」③心が正しくない。自己中心的で、ずるくて腹黒い。「きふ(寄付)・を・　せー・へん・　たない・　やつ(奴)・や。」「かね(金)・に・　たない・　やつ(奴)・は・　きら(嫌)わ・れる・ぞ。」■対語＝「きれい【綺麗】」〔⇒**きたない【汚い】、きちゃない【(汚い)】、ちゃない【(汚い)】**。①②⇒**ばばい、ばばちい、ばっちい、ばばっちい**〕

たなおち【棚落ち】《名詞、動詞する》 西瓜や南瓜などが熟れすぎて、中心部が離れて空洞ができること。「すいか(西瓜)・を・　き(切)っ・たら・　たなおちし・た・　やつ・やっ・た。」

たなばた【七夕】《名詞》 ①旧暦７月７日に、牽牛星と織女星が会うという伝説から起こった祭り・行事。「たなばた・の・　ひ(日)ー・に・　あめ(雨)・が・　ふ(降)っ・た。」②その祭り・行事の日に作る笹飾り。「がっこー(学校)・で・　たなばた・を・　こしら(拵)え・た。」◆学校などでは新暦７月７日に行い、家庭では月遅れの新暦８月７日に行うことが多かったが、今では８月の方は廃れてきた。

たなもと《名詞》 家庭で食事の支度をするところ。また、食事の支度。「たなもと・に・　はしり(＝流し)・を・　お(置)く。」「わし・が・　おら・なんだら・　だい(誰)・が・　たなもと・を・　する・ん・や。」〔①⇒**だいどこ【(台所)】、だいどころ【台所】**〕

たなもとしまう《動詞・ワア行五段活用》 家庭で食事の後片づけをする。「だれ・(誰)ぞ・　たなもとしまう・の・を・　てっと(手伝)ー・てくれ・へん・か。」

たなもとする《動詞・サ行変格活用》 家庭で食事の支度をする。炊事をする。「あさ(朝)・の・　ろくじ(六時)・に・　お(起)き・て・　たなもとする。」

たに【谷】《名詞》 両側が山や台地などに挟まれて、窪んだところ。あたりに比べて急に低くなっているところ。「がつこー(学校)・の・　うら(裏)・の・　ほー(方)・は・　たに・に・　なっ・とる。」

だに【壁蝨】《名詞》 人などに寄生しようとする、蜘蛛に似た八本足のごく小さな虫。「だに・に・　か(噛)ま・れ・た・みたいで・　かい(痒)ー・ねん。」

たにし【田螺】《名詞》 食用にできる、田や池にすむ黒褐色の小さな巻き貝。「いけ(池)・に・　たにし・が・　ぎょーさん(仰山)・　おる。」

たにぞこ【谷底】《名詞》 山の間の最も窪んだところ。最も低くなって、急角度で落ち込んでいる地形。「やま(山)・の・　うえ(上)・から・　たにぞこ・に・　む(向)かっ・て・　かわらけ(土器)・を・　な(投)げる。」

たにん【他人】《名詞》 ①自分以外の人。「たにん・の・　めーわく(迷惑)・も・　よー・　かんが(考)え・なはれ。」②血のつながりのない人。「ふーふ(夫婦)・　ゆー・たかて・　もともと(元々)・は・　たにん・や。」③親しくない人。利害をともにしない人。当事者でない人。「たにん・みたいな・　あいさつ(挨拶)し・たら・　かえ(却)って・　しつれー(失礼)や。」

たぬき【狸】《名詞》 ①目のまわりに縁があって尾が太い、山にすみ夜行性で、人を騙すと思われている動物。「くら(暗)がり・を・　たぬき・が・　ごそごそ・　ある(歩)い・とる・みたいや。」②ずる賢くて、人を思い通りに操ろうとする人。「あいつ(彼奴)・は・　たぬき・や・さかい・　よーじん(用心)しー・や。」③油揚げをのせた蕎麦。「きつねうどん(狐饂飩)・より・も・　たぬき・が・　す(好)きや。」〔⇒**たのき【(狸)】**。①⇒**ぽんぽこ、ぽんぽこだぬき【ぽんぽこ狸】**。③⇒**たぬきそば【狸蕎麦】、たのきそば【(狸蕎麦)】**〕

たぬきそば【狸蕎麦】《名詞》 油揚げをのせた蕎麦。「ひる(昼)・は・　たぬきそば・で・　す(済)ます。」〔⇒**たぬき【狸】、たのき【(狸)】、たのきそば【(狸蕎麦)】**〕

たね【種】《名詞》 ①草木の芽が出るもとのもの。生長すれば親の植物と同じものになる、小さな粒。「たね・を・　ま(蒔)い・たら・　じっき(直)に・　め(芽)ー・が・　で(出)・てき・た。」②ものごとの出発点や原因になるもの。「けんか(喧嘩)・の・　たね・は・　おまえ・が・　まい・た・ん・やろ。」「しんぱいごと(心配事)・の・　たね・が・　いっぱい(一杯)・　あり・まん・ねん。」

たねいも【種芋】《名詞》 土に埋めて芽を出させるために使う馬鈴薯や薩摩芋など。「うね(畝)・に・　たねいも・を・　う(埋)め・ていく。」

たねまき【種蒔き】《名詞、動詞する》 草木の種を土に埋めたり、ばらまいたりすること。「ぬく(温)なっ・たら・　はよ(早)ー・　たねまきせ・んなん・なー。」

たのき【(狸)】《名詞》 ①目のまわりに縁があって尾が太い、山にすみ夜行性で、人を騙すと思われている動物。「たのき・に・　だま(騙)さ・れ・た・　おとぎばなし(伽噺)・を・　よ(読)む。」②ずる賢くて、人を思い通りに操ろうとする人。「よ(世)のなか・に・は・　たのき・が・　ぎょーさん(仰山)・　おる・ぞ。」③油揚げをのせた蕎麦。「たのき・と・　ごはん(御飯)・の・　てーしょく(定食)・を・　く(食)・た。」〔⇒**たぬき【狸】**。①⇒**ぽんぽこ、ぽんぽこだぬき【ぽんぽこ狸】**。③⇒**たぬきそば【狸蕎麦】、たのきそば【(狸蕎麦)】**〕

たのきそば【(狸蕎麦)】《名詞》 油揚げをのせた蕎麦。「たのきそば・の・　おつゆ(汁)・が・　うま(美味)い。」〔⇒**たぬき【狸】、たのき【(狸)】、たぬきそば【狸蕎麦】**〕

たのしい〔たのしー〕【楽しい】《形容詞・イイ型》 ①心が満ち足りて伸び伸びして、気持ちが良い。「やまのぼ(山登)り・の・　えんそく(遠足)・は・　たのしー・なー。」②先のことに期待をかけて、心待ちに思われる。「ごーかくはっぴょー(合格発表)・の・　ひ(日)・が・　く(来)る・の・が・　たのしー。」

たのしみ【楽しみ】《名詞》 ①心が満ち足りて伸び伸びして、気持ちが良いこと。趣味。「ぼんさい(盆栽)・を・　いじる・の・が・　わし・の・　たのしみ・や。」②先のことに期待をかけて、心待ちにすること。「こども(子供)・

が・ おー(大)きーなる・の・が・ たのしみ・です。」

たのしむ【楽しむ】《動詞・マ行五段活用》 ①良さを味わって、心の満足を感じる。「らくご(落語)・を・ き(聞)ー・て・ たのしむ。」②好きなことをして心を慰める。「はな(花)・を・ そだ(育)て・て・ たのしん・どる・ねん。」③それが実現することを心待ちにする。「まご(孫)・が・ おー(大)きなる・の・を・ たのしん・どる。」■名詞化＝**たのしみ【楽しみ】**〔⇒**たのしゅむ【楽しゅむ】**〕

たのしゅむ【楽しゅむ】《動詞・マ行五段活用》 ①良さを味わって、心の満足を感じる。「どーぞ・ りょこー(旅行)・を・ たのしゅん・でき・てください。」②好きなことをして心を慰める。「ひま(暇)な・ とき(時)・は・ おかし(菓子)づくり・を・ たのしゅん・どる・ねん。」③それが実現することを心待ちにする。「じょーたつ(上達)する・の・を・ たのしゅん・で・ れんしゅー(練習)する。」〔⇒**たのしむ【楽しむ】**〕

たのみ【頼み】《名詞》 ①婚約が成立したしるしに、互いに金品を取り交わすこと。また、その金品。「うえ(上)・の・ むすめ(娘)・に・ たのみ・が・ とど(届)い・た。」②力になってくれるように願って、助力を働きかけること。また、その内容。「わし・の・ たのみ・を・ き(聞)ー・てくれ・へん・か。」〔①⇒**ゆいのう【結納】、いいのう【(結納)】**〕

たのむ【頼む】《動詞・マ行五段活用》 何かをしてほしいと、他人に願う。他人をあてにして、よりかかる。それをすることを他人に任せる。「むすめ(娘)・に・ るすばん(留守番)・を・ たのむ。」「あんた・に・ むり(無理)・を・ たのみ・たい・ねん・けど。」■名詞化＝**たのみ【頼み】**

たば【束】《名詞》 細長いものや紙などを一つにまとめたもの。または、それを紐や紙などでくくったもの。「いね(稲)・の・ たば・を・ ほ(干)す。」「たきもん(焚き物)・の・ たば・を・ なや(納屋)・に・ い(入)れ・とく。」

たばこ【煙草】《名詞》 タバコという植物の葉を乾かし発酵させて加工し、火を付けて吸うようにしたもの。「たばこ・なんか・ す(吸)ー・の・は・ や(止)め・とき。」〔⇒**たぼこ【(煙草)】、ぱっぱ**〕

たばこぼん【煙草盆】《名詞》 ①煙草を吸うときに使う灰皿。「せともん(瀬戸物)・の・ たばこぼん・に・ はい(灰)・を・ お(落)とす。」②刻み煙草、灰落とし、きせるなどをセットにして、小さな箱などに収めたもの。「えんがー(縁側)・で・ たばこぼん・を・ だ(出)し・て・ いっぷく(一服)する。」〔⇒**たぼこぼん【(煙草盆)】**〕

必要なものがセットされた煙草盆

たばねる【束ねる】《動詞・ナ行下一段活用》 細長いものや髪などを一つにまとめる。または、それを紐などで縛る。「か(刈)っ・た・ いね(稲)・を・ たばねる。」「なが(長)い・ かみ(髪)・の・ け(毛)・を・ うしろ(後)・で・ たばねる。」

たび【旅】《名詞、動詞する》 ある期間、住んでいるところを離れて、あるいは移動しながら過ごすこと。「おいせまい(伊勢参)り・の・ たび・に・ い(行)く。」◆歩くという要素が加わっているような感じが伴う。〔⇒**りょこう【旅行】**〕

たび【足袋】《名詞》 主に和服を着るときに履く、布で作って足先を親指と他の4指とに分けて、くるぶしの後ろで小はぜで留めるようにしたもの。「こども(子供)・の・ ころ(頃)・は・ がくどーふく(学童服)・を・ き(着)・て・ たび(足袋)・を・ は(履)い・て・ がっこー(学校)・へ・ い(行)っ・た。」〔⇒**たんたん**〕

たび【度】《名詞》 何かが繰り返される機会。「あめ(雨)・が・ ふ(降)る・ たび・に・ かび(黴)・が・ は(生)える。」「はたけ(畑)・の・ なすび(茄子)・が・ み(見)る・たび・に・ おー(大)きく・ なっ・てき・た。」〔⇒**たんび【(度)】**〕

たびたび【度々】《副詞》 同様のことがらが、回を重ねて繰り返し何度も起こったり行われたりすることを表す言葉。「そないに・ たびたび・ ちこく(遅刻)し・たら・ あか・ん・やろ。」〔⇒**さいさい【再々】**〕

だぶだぶ《形容動詞や(ノ)、動詞する》 ①衣服などの身につけるものが、体に対して大きすぎて、不格好である様子。「だぶだぶの・ ずぼん(ズボン)・を・ は(履)く。」②入れ物などが大きすぎて、中身の液体などが揺れ動く様子。「ふくろ(袋)・が・ おー(大)きすぎ・て・ なか(中)・が・ だぶだぶや。」③液体で満たされている様子。「みず(水)・を・ の(飲)みすぎ・て・ はら(腹)・が・ だぶだぶする。」〔⇒**だぼだぼ**。①②⇒**がばがば、がぶがぶ、がぼがぼ**〕

だぶる【英語＝doubleの動詞化】《動詞・ラ行五段活用》 重なる。二重になる。二回、繰り返す。「おんな(同)じ・ ひと(人)・から・ ねんがじょー(年賀状)・が・ だぶっ・て・ とど(届)い・た。」「らくだい(落第)し・て・ にねんせー(二年生)・を・ だぶっ・た。」

たぶん【多分】《副詞》 ものごとを推測したり判断したりして、そうである可能性が高いと考えるときに使う言葉。「あした(明日)・は・ たぶん・ かぜ(風)・が・ つよ(強)なる・やろ。」〔⇒**たしか【確か】**〕

たべもん【食べ物】《名詞》 人や動物が、生きるために口にするもの。そのままで、または、調理をして食べるもの。「わし・は・ たべもん・の・ す(好)ききら(嫌)い・は・ あら・へん・ねん。」〔⇒**くいもん【食い物】、しょくひん【食品】**〕

たべもんや【食べ物屋】《名詞》 ①人に食事を提供する店。「えきまえ(駅前)・に・ たべもんや・が・ でけ(出来)・た。」②そのまますぐに食べられる、調理済みのものを売っている店。「いちば(市場)・の・ なか(中)・の・ たべもんや・で・ こ(買)ー・て・ かえ(帰)る。」〔①⇒**くいもんや【食い物屋】、しょくどう【食堂】**〕

たべる【食べる】《動詞・バ行下一段活用》 ①生命を維持するために、飲食物を体内に取り入れる。「ひる(昼)・に・ ぱん(パン)・を・ たべる。」②暮らしを立てる。生活する。「たべる・だけ・は・ なん(何)とか・ かせ(稼)い・どる。」〔⇒**くう【食う】**。①⇒**くちにする【口にする】**〕

だほ《名詞、形容動詞や(ナ)》 ①ぼんやりしていて、頼りないところがあること。鋭さに欠けたり手抜かりが生じたりすること。また、そのような人。「あー・ だほな・ こと・を・ し・ても・た。」「あの・ だほ・が・ おる・さかい・ ま(負)け・た・ん・や。」②機能や働きが失われること。効き目がないこと。「ねじ(螺子)・が・ だほで・ き(利)ー・とら・へん。」〔⇒**あほう【阿呆】、あっぽ【阿っ呆】、ばか【馬鹿】**。①⇒**ぬけ【抜け】、まぬけ【間抜け】、ぼけ【呆け】、ぬけさく【抜け作】、あほうたれ【阿呆垂れ】、あほうだら【阿呆垂ら】、あほんだら【(阿呆垂ら)】、あほんだれ【(阿呆垂れ)】、だほさく【だほ作】、ぼけさく【呆け作】、ぼけなす【呆けなす】、とぼけさく【惚け作】、ばかもん【馬鹿者】、ばかたれ【馬鹿垂れ】**〕

■木内昇さんの小説『櫛挽道守』(集英社刊)は、木曽街道(中山道)の薮原宿でお六櫛を作り続ける女性を主人公にした物語である。その中の会話文に次のような表現がある。

「馬鹿言うな。そんねな手間かけてどうするね。あれは直助の仕業と決まったわげではないだがね」(同書71ページ)
「勝手場も手伝わんで、馬鹿言って、無駄に家をかき回しとるだんね」(同書73ページ)

前者の「馬鹿言うな」には「だぼこくな」というルビが施されており、後者の「馬鹿言って」には「だぼこいて」というルビがある。
馬鹿という意味で「だぼ」を使うのは、明石方言とまったく同じである。
『日本方言大辞典』の「だぼ」の項を見ると、ばか、愚か者という意味で使う地域として、新潟県東蒲原郡、西頸城郡、富山県砺波、長野県西筑摩郡、兵庫県明石郡、加古郡、徳島県海部郡の地名が挙げられ、「だぼー」とのばす地域として、越後、山梨県南巨摩郡、長野県佐久が挙げられている、

たぼこ【(煙草)】《名詞》 タバコという植物の葉を乾かし発酵させて加工し、火を付けて吸うようにしたもの。「たぼこ・は・ からだ(体)・に・ わる(悪)い・さかい・ はよ(早)ー・ や(止)め・なはれ。」〔⇒**たばこ**【**煙草**】、**ぱっぱ**〕

たぼこぼん【(煙草盆)】《名詞》 ①煙草を吸うときに使う灰皿。「はい(灰)・は・ たぼこぼん・の・ なか(中)・へ・ い(入)れ・なはれ。」②刻み煙草、灰落とし、きせるなどをセットにして、小さな箱などに収めたもの。「たぼこぼん・の・ なか(中)・の・ もん(物)・を・ そーじ(掃除)する。」〔⇒**たばこぼん**【**煙草盆**】〕

だぼさく【だぼ作】《名詞、形容動詞や(ノ)》 ぼんやりしていて、頼りないところがあること。鋭さに欠けたり手抜かりが生じたりすること。また、そのような人。「こいつ・は・ だぼさくや・さかい・ ちゃんと・ おせ(教)・たっ・てください。」〔⇒**ぬけ**【**抜け**】、**まぬけ**【**間抜け**】、**あほう**【**阿呆**】、**あっぽ**【**阿っ呆**】、**だぼ**、**ぼけ**【**呆け**】、**ばか**【**馬鹿**】、**ぬけさく**【**抜け作**】、**あほうたれ**【**阿呆垂れ**】、**あほうだら**【**阿呆垂ら**】、**あほんだら**【(**阿呆垂ら**)】、**あほんだれ**【(**阿呆垂れ**)】、**ぼけさく**【**呆け作**】、**ぼけなす**【**呆けなす**】、**とぼけさく**【**惚け作**】、**ばかもん**【**馬鹿者**】、**ばかたれ**【**馬鹿垂れ**】〕

だぼだぼ《形容動詞や(ノ)、動詞する》 ①衣服などの身につけるものが、体に対して大きすぎて、不格好である様子。「ふく(服)・が・ だぼだぼし・て・ かっこー(格好)・が・ わるい。」「や(痩)せ・て・ ふく(服)・が・ だぼだぼに・ なっ・てき・た。」②入れ物などが大きすぎて、中身の液体などが揺れ動く様子。「はこ(箱)・が・ おー(大)きすぎ・て・ なか(中)・で・ だぼだぼに・ うご(動)い・とる。」③液体で満たされている様子。「しょーゆ(醤油)・を・ だぼだぼと・ かける。」〔⇒**だぶだぶ**。①②⇒**がばがば**、**がぶがぶ**、**がぼがぼ**〕

だぼになる《動詞・ラ行五段活用》 ①釘やネジなどが利かなくなる。空回りをしてしまう。「き(木)ー・が・ くさ(腐)っ・て・ くぎ(釘)・が・ だぼになっ・とる。」②機能や働きが失われる。「きょー(今日)・は・ はな(鼻)・が・ だぼになっ・ても・とる・みたいで・ にお(匂)い・が・ わから・へん。」

だぼはぜ【だぼ鯊】《名詞》 食用にならないような、はぜの小さなもの。「いし(石)・の・ まわ(周)り・を・ だぼはぜ・が・ いっぱい・ およ(泳)い・どる。」

たま【玉、球】《名詞》 ①球形のもの。球形にしたもの。「らむね(ラムネ)・の・ びん(瓶)・の・ なか(中)・に・ たま・が・ はい(入)っ・とる。」②円くまとめたもの。「うどん(饂飩)・の・ たま・を・ ゆ(茹)でる。」③スポーツや遊技に使う、ゴムや皮などで作った丸いもの。「やきゅー(野球)・の・ かた(硬)い・ たま・が・ からだ(体)・に・ あ(当)たっ・た。」「ばれー(バレー)・の・ たま・を・ う(受)ける。」④電気の力を用いた、照明用の光る球。「でんき(電気)・の・ たま・が・ き(切)れ・た。」⑤円形のレンズ。「めがね(眼鏡)・の・ たま・を・ ふ(拭)く。」⑥算盤で、長方形の枠の中に串刺しにされている一つ一つのもの。「いつ(五)つ・の・ たま・の・ そろばん(算盤)・を・ つか(使)う。」〔③⇒**ボール**【**英語＝ball**】、**まり**【**毬**】、**まる**【(**毬**)】。④⇒**でんきゅう**【**電球**】、**でんきのたま**【**電気の球**】〕

たま【弾】《名詞》 鉄砲に込めて発射するもの。「てっぽ(鉄砲)・の・ たま・に・ あ(当)たら・ん・よーに・ に(逃)げる。」

たま《名詞》 魚や虫を捕らえるために、柄の先に袋のような網をつけたもの。「たま・で・ さかな・を・ すく(掬)う。」「ちょーちょ(蝶々)・を・ たま・で・ つか(捕)まえる。」

たま《副詞に、形容動詞や(ノ)》 そのことを行ったり、そのことが起こったりするのが稀である様子。「あいつ(彼奴)・と・は・ たまに・しか・ あ(会)わ・へん。」「たまに・は・ かお(顔)・を・ み(見)せ・なはれ。」「たまに・ わ(割)れ・た・ せんべー(煎餅)・が・ ま(混)じっ・とる。」〔⇒**ときたま**【**時たま**】、**ときどき**【**時々**】、**たんま**〕

だまかす【騙かす】《動詞・サ行五段活用》 ①人の気を引くようなことを言って、それを本当だと思わせる。本当でないことを本当だと思わせる。「しょーばいにん(商売人)・に・ うま(巧)いこと・ だまかさ・れ・てん。」②狐や狸などが人を化かす。「たぬき(狸)・が・ ひと(人)・を・ だまかし・やがっ・た。」〔⇒**だます**【**騙す**】、**だまくらかす**【**騙くらかす**】〕

たまぐし【玉串】《名詞》 神前に供える榊の枝に紙や布を付けたもの。「じちんさい(地鎮祭)・で・ たまぐし・を・ そな(供)える。」

だまくらかす【騙くらかす】《動詞・サ行五段活用》 ①人の気を引くようなことを言って、それを本当だと思わせる。本当でないことを本当だと思わせる。「せんそー(戦争)・の・ とき(時)・は・ か(勝)っ・た・ か(勝)っ・た・と・ だまくらかさ・れ・とっ・た。」②狐や狸などが人を化かす。「きつね(狐)・に・ だまくらかさ・れ・て・ みち(道)・を・ まちが(間違)え・た。」〔⇒**だます**【**騙す**】、**だまかす**【**騙かす**】〕

たまご【卵】《名詞》 ①鳥・魚・虫などの雌が生む丸い形をしたもので、発育すると孵化するもの。「かえる(蛙)・が・ みず(水)・の・ なか(中)・に・ たまご・を・ う(生)ん・どる。」②そのうち特に、鶏が生んだもの。「たまご・を・ か(掛)け・て・ ごはん(御飯)・を・ た(食)べる。」③一人前になろうとして勉強している人。修業中の人。まだ一人前でない人。「ちゅーがっこー(中学校)・へ・ せんせー(先生)・の・ たまご・が・ じっしゅー(実習)・に・ く(来)る・ん・や・そーや。」

たまごやき【卵焼き】《名詞》 鶏の卵をといて、調味料な

どを加えて、薄く焼いて、折り畳んだり、巻いたりして仕上げたもの。また、それを作るための、小さな長方形のフライパン。「べんとー(弁当)・の・ おかず・に・ たまごやき・を・ い(入)れる。」

たまごやき【玉子焼き】《名詞》 明石発祥の郷土料理で、鶏卵、浮粉、出汁などを溶いて、その生地の中に蛸を入れて直径3センチほどの球形に焼き上げ、出汁にひたして食べるもの。「たまごやき・の・ うま(美味)い・ みせ(店)・は・ だし(出汁)・が・ え(良)ー・ねん。」◆大阪発祥と言われる「たこやき【蛸焼き】」と区別して、「たまごやき【玉子焼き】」と言うが、他地域の人には「あかしやき【明石焼き】」とも呼ばれている。〔**⇒たこやき【蛸焼き】**〕

だまし【騙し】《名詞》 ①本物に似せて作っているが本物でないこと。また、そのようなもの。「はくらいひん(舶来品)・の・ だまし・を・ か(買)わさ・れ・た。」②嘘を言って、それを本当だと思わせること。欺くこと。「だまし・に・ お(遭)ー・て・ かね(金)・を・ と(取)ら・れ・ても・た。」■対語＝①「ほんまもん【本真物】」「ほんもの【本物】」「ほんもん【本物】」〔**①⇒だましもん【騙し物】、にせ【贋、偽】、にせもん【贋物、偽物】、まがいもん【紛い物】**〕

だましもん【騙し物】《名詞》 本物に似せて作っているが本物でないこと。また、そのようなもの。「よみせ(夜店)・で・ こ(買)ー・たら・ だましもん・やっ・た。」■対語＝「ほんまもん【本真物】」「ほんもの【本物】」「ほんもん【本物】」〔**⇒だまし【騙し】、にせ【贋、偽】、にせもん【贋物、偽物】、まがいもん【紛い物】**〕

だます【騙す】《動詞・サ行五段活用》 ①人の気を引くようなことを言って、それを本当だと思わせる。本当でないことを本当だと思わせる。「だまさ・れ・て・ にせもん(偽物)・を・ つか(掴)ま・され・ても・てん。」②狐や狸などが人を化かす。「きつね(狐)・に・ だまさ・れ・て・ やま(山)・の・ なか(中)・へ・ まよ(迷)いこん・だ。」■名詞化＝**だまし【騙し】**〔**⇒だまかす【騙かす】、だまくらかす【騙くらかす】**〕

たまねぎ【玉葱】《名詞》 地下の茎が球状になって刺激臭のあるもので、食用にする野菜。「あわじしま(淡路島)・の・ たまねぎ・は・ うま(美味)い・なー。」

たまらん《動詞＋助動詞》 ①どうにも耐えられない。我慢できない。「きょー(今日)・は・ あつ(暑)ー・て・ どーも・ たまらん。」②何とも言えないほど良い。「この・ さけ(酒)・は・ なんとも・ たまらん・なー。」

だまりこむ【黙り込む】《動詞・マ行五段活用》 ①ものを言わないことをずっと続ける。「だまりこん・どる・けど・ なん(何)・ぞ・ しんぱいごと(心配事)・でも・ ある・ん・か。」②これまで話していた者が、何も言わなくなる。「みんな(皆)・から・ はんたい(反対)さ・れ・て・ きゅー(急)に・ だまりこん・でも・た。」

たまる【貯まる】《動詞・ラ行五段活用》 金銭や財産などが増える。「ちょっと(一寸)・ずつ・ かね(金)・が・ たまっ・てき・た。」■他動詞は「ためる【貯める】」

たまる【溜まる】《動詞・ラ行五段活用》 ①水や栄養分などが集まる。「みち(道)・の・ へっこんだ(＝窪み)・に・ みず(水)・が・ たまっ・とる。」「はら(腹)・に・ しぼー(脂肪)・が・ たまっ・た。」②ものが集まって増える。「し(知)ら・ん・ うち・に・ ごみ(塵)・が・ たまっ・とる。」③必要な処理ができなくて、後まで残る。「やす(休)ん・どる・ あいだ(間)・に・ しごと(仕事)・が・ たまっ・ても・とっ・た。」■他動詞は「ためる【溜める】」

だまる【黙る】《動詞・ラ行五段活用》 ものを言わないでいる。ものを言うことをやめる。「だまっ・とっ・たら・ わから・へん・やない・か。」

ため【為】《名詞》 ①補って役に立つもの。参考となるもの。有益なもの。「ため・に・ なる・ はなし(話)・を・ き(聞)かし・てもろ・た。」「こども(子供)・の・ ため・に・ しつけ(躾)・を・ する。」②理由となっていることがら。原因となっていることがら。「あめ(雨)・の・ ため・に・ かわ(川)・の・ みず(水)・が・ ふ(増)え・た。」「あたまいた(頭痛)・の・ ため・に・ かいしゃ(会社)・を・ やす(休)む。」③何かの目的となっていることがら。「かね(金)・の・ ため・に・ はたら(働)い・とる・ん・と・ ちゃ(違)う・ん・や。」〔**①⇒たり【足り】、たし【足し】**〕

ためいき【溜め息】《名詞》 悩んだり、苦しんだり、落胆したりしたときなどに、思わず長く吐く息。「しっぱい(失敗)し・て・ ためいき・を・ つく。」

ためいけ【溜め池】《名詞》 田圃の灌漑用に作って、たくさんの水をためておくところ。「ここら・は・ あめ(雨)・が・ すけ(少)ない・さかい・ ためいけ・が・ いっぱい(一杯)・ ある。」 ［**巻末「わが郷土」の「ためいけ」の項を参照**］

ためし【試し】《名詞》 良し悪し、正誤、真偽などを実際にあたって調べること。仮に試みること。また、そのために作ったもの。「つく(作)っ・た・ おもちゃ(玩具)・の・ ふね(舟)・を・ ためし・に・ みず(水)・に・ う(浮)かし・てみる。」

ためす【試す】《動詞・サ行五段活用》 良し悪し、正誤、真偽などを実際にあたって調べる。仮に試みる。「ちゃんと・ おぼ(憶)え・た・か・ ためし・たろ・か。」■名詞化＝**ためし【試し】**

ためる【貯める】《動詞・マ行下一段活用》 金銭や財産などを増やす。「きって(切手)・を・ あつ(集)め・て・ ため・とる。」■自動詞は「たまる【貯まる】」

ためる【溜める】《動詞・マ行下一段活用》 ①水や栄養分などを集める。「ふろ(風呂)・に・ ゆ(湯)ー・を・ ためる。」②ものを集めて増やす。「き(木)ー・の・ は(葉)ー・を・ ため・て・ も(燃)やす。」③必要な処理をしないで、後まで残す。「しくだい(宿題)・を・ ため・たら・ あか・ん・やろ。」■自動詞は「たまる【溜まる】」

たもと【袂】《名詞》 着物の袖の下の、袋のようになっている部分。「たもと・に・ さいふ(財布)・を・ い(入)れる。」

たより【便り】《名詞》 ①何かの消息や情報などを伝えるもの。「なん(何)・の・ たより・も・ あら・へん・さかい・ しんぱい(心配)し・とっ・た・ん・や。」②近況などを知らせる葉書や手紙。「たより・ぐらい・ か(書)い・たら・ どない・や。」〔**①⇒しらせ【知らせ】**〕

たより【頼り】《名詞》 力や助けとなってくれる人やもの。「こま(困)っ・た・ とき(時)・に・ たより・に・ なる・ ともだち(友達)・が・ おる・ねん。」

たよりがい【頼り甲斐】《名詞》 自分が困ったときに、その人に助けてもらえるという信頼感。助けとなる人やものの値打ち。「あの・ ひと(人)・は・ たよりがい・の・ ない・ ひと(人)・や。」

たよりない【頼りない】《形容詞・アイ型》 ①人の言動などが、心細くてあてにならない。「たよりない・ へんじ(返事)・しか・ くれ・へん・なんだ。」②ものが貧弱で、安心感に欠ける。「たよりない・ ほね(骨)・や・なー。この・ かさ(傘)・は・ かぜ(風)・が・ ふ(吹)い・ても・

べっちょ(別状)ない・の・かいな。」〔⇒**たよんない【頼んない】**〕

たよる【頼る】《動詞・ラ行五段活用》 ①自分を助けたり支えたりしてくれると思って、他人の力を期待する。「ひと(人)・を・ たよら・んと・ じぶん(自分)・で・ かんが(考)え・なはれ。」②物をあてにして、すがる。「けーさんき(計算機)・に・ たよら・んと・ じぶん(自分)・で・ かけざん(掛け算)・を・ し・てみ・なはれ・」■名詞化＝**たより【頼り】**

たよんない【頼んない】《形容詞・特殊型》 ①人の言動などが、心細くてあてにならない。「たよんない・ やつ(奴)・を・ だいひょー(代表)・に・ えら(選)ん・だら・ あか・ん・ぞ。」②ものが貧弱で、安心感に欠ける。「たよんない・ほど・ ほそ(細)い・ つな(綱)・で・ いま(今)にも・ き(切)れ・そーや。」〔⇒**たよりない【頼りない】**〕

たら【鱈】《名詞》 体長が1メートルにもなり鱗が小さい、食用や肝油の材料にも使われる、北の海にすむ魚。「せーぼ(歳暮)・に・ ほっかいどー(北海道)・の・ たら・を・ おく(贈)っ・てもろ・た。」

たら《副助詞》 いくつかの事柄を対照させたり、列挙したり例示したりするときに使う言葉。同じようなものをいくつか並べて言うときに使う言葉。「い(行)く・たら・ い(行)か・ん・たら・ ゆ(言)ー・て・ はっきり・ き(決)め・とら・へん・ねん。」「なん(何)・たら・ か・たら・ やかま(喧)しー・に・ い(言)い・やがる・ねん。」〔⇒**とか、やら、やか**〕

たらい【盥】《名詞》 湯や水を入れて使う、平たく大きな桶。「たらい・で・ ぎょーずい(行水)する。」

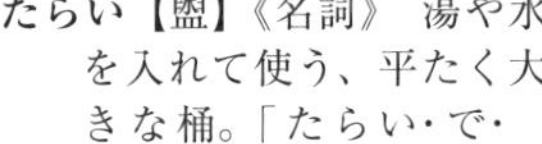

小型の盥。中に洗濯板が入っている

だらけ《接尾語》[名詞に付く] 好ましくないものやことが、周りにたくさんあるという意味を表す言葉。何かにまみれているという意味を表す言葉。「あいつ(彼奴)・の・ せつめー(説明)・は・ まちが(間違)いだらけ・やっ・た。」「うそ(嘘)だらけ・の・ はなし(話)・を・ しんよー(信用)し・たら・ あか・ん・ぞ。」「きず(傷)だらけ・の・ あし(足)・が・ かわいそー(可哀想)や。」

だらける《動詞・カ行下一段活用》 ①形が崩れたりして、締まりがなくなる。緩くなる。「おび(帯)・が・ だらけ・て・ きもの(着物)・が・ おかしな・ かっこー(格好)・に・ なっ・とる。」②何かをしようとする緊張感が失せて、怠ける。「あいつ(彼奴)・は・ だらけ・て・ きちんと・ し・た・ しごと(仕事)・を・ よー・ せー・へん。」

たらす【垂らす】《動詞・サ行五段活用》 ①下に向くようにする。だらりと下がるようにする。「まど(窓)・から・ まく(幕)・を・ たらす。」②流れるにまかせておく。しずくにして流れ出させる。「はなみず(鼻水)・ たらし・て・ きたな(汚)い・ かお(顔)・を・ し・とる。」③液体を、少し注ぐ。「おした(浸)し・に・ しょーゆ(醤油)・を・ たらす。」■自動詞は「たれる【垂れる】」

たらず【足らず】《名詞》 十分でないこと。足りないこと。足りない数量。「たらず・は・ みな(皆)・で・ ちょっと(一寸)・ずつ・ だ(出)しあい・まほ・か。」「たらず・は・ あと(後)・ ごせんえん(五千円)・や。」「たらず・は・ わし・が・ ひ(引)きうけ・たる。」〔⇒**ふそく【不足】**〕

たらず【足らず】《接尾語》 ①その数値に少し足りないという意味を表す言葉。「せんえん(千円)たらず・で・ か(買)える。」「はんじかん(半時間)たらず・で・ い(行)ける。」「いちねん(一年)たらず・で・ かいしゃ(会社)・を・ や(辞)め・た。」②十分でないということを表す言葉。「した(舌)たらず・の・ せつめー(説明)・や・さかい・ よー・ わから・なんだ。」

だらすけ【陀羅助】《名詞》 草の根、木の皮などを原料として、吉野(奈良県)などで作られ、下痢止めや胃腸薬として使われている薬。正式には、「だらにすけ【陀羅尼助】」と言い、丸薬状にしたものは陀羅尼助丸と言う。「はらいた(腹痛)・に・は・ だらすけ・を・ の(飲)まし・とけ。」

たらたら《副詞と》 ①不平や不満などを次々と口に出す様子。「たらたらと・ もんく(文句)・を・ なら(並)べ・やがっ・た。」「い(言)ー・たい・ こと(事)・を・ たらたら・ ぬかし・やがる・ねん。」②水などが止まることなく流れている様子。「こけ・て・ けが(怪我)し・て・ ち(血)ー・が・ たらたら・ で(出)・た。」〔②⇒**だらだら**〕

だらだら《副詞と、動詞する》 ①ものごとが長々と続いて、締まりがない様子。「だらだらし・た・ はなし(話)・で・ おもろ(面白)・なかっ・た。」②動作がきびきびしていない様子。「だらだらと・ はし(走)っ・た・ら・ じかん(時間)・が・ かかる・がな。」③傾きが緩やかに続いている様子。「だらだらし・た・ さかみち(坂道)・は・ かえって・ しんどい。」④水などが止まることなく流れている様子。「あせ(汗)・が・ だらだらと・ で(出)・てくる。」〔②⇒**とろとろ**。④⇒**たらたら**〕

だらんと〔だらーんと〕《副詞》 ①力なく、またはだらしなく垂れたり寄りかかったりしている様子。「かぜ(風)・が・ な(無)い・さかい・ こい(鯉)のぼり・が・ だらーんと・ し・とる。」②力がみなぎっておらず、だらしがない様子。「だらんと・ せ・んと・ ちから(力)・を・ い(入)れ・て・ はし(走)れ。」〔②⇒**とろんと**〕

たり【足り】《名詞》 ①足りないところや不十分なところを補うもの。「わず(僅)か・や・けど・ ほんだい(本代)・の・ たり・に・ し・てください・な。」②補って役に立つもの。参考となるもの。有益なもの。「たり・にも・ なら・ん・ はなし(話)・を・ き(聞)かし・やがっ・た。」「ひと(人)・の・ たり・に・ なる・ しごと(仕事)・を・ する。」◆①は、特に、わずかの数量を指して言うことが多い。〔⇒**たし【足し】**。②⇒**ため【為】**〕

たり〔だり〕《接続助詞》 ①2つ以上の動作が混じっていることを表す言葉。「ある(歩)い・たり・ はし(走)っ・たり・ し・て・ やっと・ つ(着)い・た。」「ね(寝)・たり・ お(起)き・たり・の・ せーかつ(生活)・や。」②一つの動作を強調したり、例示したりするときに使う言葉。「な(泣)い・たり・ し・たら・ あか・ん・ぞ。」

たりぐるしい〔たりぐるしー〕【足り苦しい】《形容詞・イイ型》 予定しているものに足りない。必要な数量よりも乏しいと思われる。「じゅーにん(十人)・で・ た(食)べる・に・は・ めし(飯)・の・ りょー(量)・が・ たりぐるしー・みたいや。」〔⇒**たりぐろしい【**(足り苦しい)**】、たしない【足しない】**〕

たりぐろしい〔たりぐろしー〕【(足り苦しい)**】**《形容詞・イイ型》 予定しているものに足りない。必要な数量よりも乏しいと思われる。「りょこー(旅行)・の・ かね(金)・が・ たりぐろしー・さかい・ しまつ(始末)せ・んと・ あか・ん・なー。」〔⇒**たりぐるしい【足り苦しい】、たしない【足しない】**〕

ダリヤ〔だりや〕【ラテン語＝dahlia】《名詞》 根で増えて、夏から秋にかけて大形の赤・紫・黄・白などの花をつける、メキシコ原産の植物。「た(食)べ・られる・　だりや・　も・　ある・ん・やて。」

たる【樽】《名詞》　酒や醤油や漬け物などを入れるための、木で作った蓋付きの円い容器。「さけ(酒)・の・　たる・の・　かがみわ(鏡割)り・を・　する。」

たる【足る】《動詞・ラ行五段活用》　①必要なだけある。十分である。「この・　しごと(仕事)・は・　ごにん(五人)・　おっ・たら・　たる。」「ちょきん(貯金)・を・　おろし・たら・　なんとか・　たっ・た。」②間に合って、むしろ余っている。「ここ・の・　にんずー(人数)・は・　もー・　たり・とる・さかい・　あんた・は・　べつ(別)・の・　ところ(所)・へ・　い(行)っ・てください。」③何かをするのに、それだけで間に合う。「ひるめしだい(昼飯代)・は・　せんえん(千円)・で・　たる・やろ。」■名詞化＝**たり**【足り】〔③⇒**すむ**【済む】〕

たる〔**だる**〕《助動詞》　①他の人やものごとを考えて、何かの動作を行ったり、行う意志があったりすることを表す言葉。「あいつ(彼奴)・を・　なぐ(殴)っ・たろ・と・　おも(思)・とる・ねん。」「き(聞)ー・たる・さかいに・　はなし(話)・を・　し・てみ・なはれ。」「まご(孫)・に・　おもちゃ(玩具)・を・　こ(買)ー・たる。」「ほん(本)・を・　よ(読)ん・だる・さかい・　しず(静)かに・　き(聞)け。」②自分の強い意志や決意を表す言葉。「ぜったい(絶対)に・　ゆーしょー(優勝)し・たる。」「こんど(今度)・の・　しけん(試験)・は・　ひゃくてん(百点)・　と(取)っ・たる。」「なんべん(何遍)・　い(言)わ・れ・ても・　い(行)っ・たら・へん。」③(後ろに過去の助動詞「た」が続いて、)首尾よく行ったという意味を表す言葉。「さけ(酒)・を・　いっしょー(一升)・　の(飲)ん・だっ・た。」◆「たる(だる)」は「てやる(でやる)」のつづまった形である。〔⇒**てやる**〕

たるい【(怠い)】《形容詞・ウイ型》　①疲れて元気を出せず、活気に欠ける。「たるい・　ある(歩)きかた・を・　する・な。」②気力に欠けて、真剣みに乏しい。「しけん(試験)・で・　たるい・　てん(点)・を・　と(取)っ・たら・　あか・ん・ぞ。」③あるべき分量などに、ほんの少し、足りない。「いっかんめ(一貫目)・に・は・　ちょっと・　たるい。」〔①②⇒**だるい**【怠い】、**だるこい**【怠こい】〕

だるい【怠い】《形容詞・ウイ型》　①疲れて元気を出せず、活気に欠ける。「あし(足)・が・　だるー・て・　ある(歩)か・れ・へん。」②気力に欠けて、真剣みに乏しい。「だるい・　か(書)きかた・の・　じ(字)ー・や・なー。」〔⇒**たるい**【(怠い)】、**だるこい**【怠こい】〕

たるき【垂木】《名詞》　屋根の面を作るために、棟から軒へわたす長い木。「ふと(太)い・　たるき・を・　つ(使)こ・て・　やね(屋根)・を・　じょーぶ(丈夫)に・　する。」

だるこい【怠こい】《形容詞・オイ型》　①疲れて元気を出せず、活気に欠ける。「よー・　ある(歩)い・て・　あし(足)・が・　だるこー・　なっ・た。」②気力に欠けて、真剣みに乏しい。「だるこい・　へんじ(返事)・を・　せ・んと・　しっかり・　かんが(考)え・て・から・　い(言)ー・なはれ。」〔⇒**たるい**【(怠い)】、**だるい**【怠い】〕

だるま【達磨】《名詞》　倒れてもすぐに起き上がれるように、底に重りを入れて、中国の達磨大師の姿に似せて作った、赤くて丸い人形。「うまいこと・　いっ・たら・　だるま・に・　め(目)ー・を・　い(入)れる。」〔⇒**おきあがりこぼし**【起き上がり小坊師】、**おきゃがりこぼし**【(起き上がり小法師)】〕

たるむ【弛む】《動詞・マ行五段活用》　①ぴんと張っていたものが緩んで、だらんとした状態になる。「たいふー(台風)・の・　かぜ(風)・で・　でんせん(電線)・が・　たるん・だ。」②意欲や緊張感が弱くなる。気持ちにしまりがなくなる。「たるん・どる・さかい・　しけん(試験)・に・　お(落)ちる・ん・や。」

たれ〔**だれ**〕《接尾語》　よくないことが現れている人をあしざまに言うときに付ける言葉。「あかんたれ」「あほ(阿呆)たれ」「あほん(阿呆)だれ」「おびんたれ」「ぶしょ(不精)たれ」「びんぼ(貧乏)たれ」

だれ【誰】《代名詞》　①名前や立場などがわからない人を指して使う言葉。「あれ・は・　だれ・です・か。」②特定の人を指さないで、自分以外の人のことを言う言葉。「だれ・か・が・　とど(届)け・てくれ・た・みたいや。」「だれ・でも・　え(良)ー・さかい・　さんにん(三人)・ほど・　き(来)・ておくれ。」〔⇒**だい**【(誰)】〕

だれだれ【誰々】《代名詞》　名前や立場などがわからない、複数の人を指して使う言葉。名前や立場などを限定しないで、複数の人を指して使う言葉。「あした(明日)・は・　だれだれ・が・　き(来)・て・です・か。」〔⇒**だいだい**【(誰々)】〕

だれでもかでも【誰でも彼でも】《副詞》　人を選ぶことなどをせずに、どのような人であっても。「だれでもかでも・　え(良)ー・さかい・　この・　へや(部屋)・の・　そーじ(掃除)・を・　し・てほしー・ねん。」〔⇒**だいでもかいでも**【(誰でも彼でも)】、**だれでもかれでも**【誰でも彼でも】、**だいでもかでも**【(誰でも彼でも)】〕

だれでもかれでも【誰でも彼でも】《副詞》　人を選ぶことなどをせずに、どのような人であっても。「だれでもかれでも・に・　でけ(出来)る・よーな・　しごと(仕事)・で・は・　あら・へん。」〔⇒**だいでもかいでも**【(誰でも彼でも)】、**だいでもかでも**【(誰でも彼でも)】、**だれでもかでも**【誰でも彼でも】〕

だれどかれど【誰ど彼ど】《副詞》　どのような人であってもよいから、その人が。「だれどかれど・　てつど(手伝)ー・てくれ・へん・やろ・か。」〔⇒**だいどかいど**【(誰ど彼ど)】〕

だれなとかれなと【誰なと彼なと】《副詞》　どのような人であろうとも。特定の人にこだわることをしないで。「だれなとかれなと・　この・　ほん(本)・を・　か(貸)し・たる・よ。」〔⇒**だいなとかいなと**【(誰なと彼なと)】〕

たれめ【垂れ目】《名詞》　目尻が下に向いているもの。「たれめ・や・けど・　おとな(大人)しそうな・　ひと(人)・や。」■対語＝「つりめ【吊り目】」〔⇒**さがりめ**【下がり目】〕

だれもかれも【誰も彼も】《副詞》　一人残らずみんな。「だれもかれも・　え(良)ー・　ひと(人)・ばっかり・やっ・てん。」〔⇒**どいつもこいつも**【何奴も此奴も】〕

たれる【垂れる】《動詞・ラ行下一段活用》　①下に向くようになっている。だらりと下がっている。「あつ(暑)ー・　なっ・て・　あさがお(朝顔)・の・　はな(花)・が・　たれ・ても・とる。」②流れるままになっている。しずくになって流れ出る。「おけ(桶)・から・　みず(水)・が・　ずっと・　たれ・とる。」③液体が少しずつ落ちる。「ぽつぽつと・　みず(水)・が・　たれ・とる・さかい・　すいどー(水道)・を・　きちんと・　し(締)め・なはれ。」■他動詞は「たらす【垂らす】」

だれる《動詞・ラ行下一段活用》　①意欲や関心を失って、緊張感が緩む。「だれ・ても・とっ・たら・　しあい(試合)・に・　か(勝)た・れ・へん。」②あきて興味を失って、退屈する。「はなし(話)・が・　おもろ(面白)・ない・さかい・　かいじょー(会場)・が・　だれ・た。」

た

たわし〔**たーし**〕【束子】《名詞》 食器などを洗ったり磨いたりするために使う、藁や棕櫚の毛などを束ねたもの。「たわし･で･　こす(擦)っ･て･　おけ(桶)･の･　よご(汚)れ･を･　お(落)とす。」

たわら〔**たーら**〕【俵】《名詞》 米や炭などを入れるために、藁などで編んだ円筒形の太い入れ物。「すみ(炭)･の･　たーら･の･　なか(中)･に･　かく(隠)れ･たら･　まっくろけに･　なる･やん。」

たん【痰】《名詞》 喉の奥から吐き出される、ねばねばした分泌物。「かぜ(風邪)･　ひー･て･　たん･が･　で(出)･て･　こま(困)る。」

たん【反】《名詞》 ①尺貫法で土地の広さを表す単位で、1反は300坪で、およそ991平方メートルの広さ。「たんぼ(田圃)･を･　いっ(一)たん･　う(売)っ･た。」②尺貫法で和服用の織物の長さを表す単位で、1反は幅9寸(およそ34センチメートル)で長さ2丈8尺(およそ10.6メートル)になり、大人一人分の衣服を作ることができる布の長さ。「いっ(一)たん･の･　たんもん(反物)･を･　した(仕立)てる。」◆①は、「ちょう【町】」のひとつ下の単位である。

たん《接尾語》［人を表す名詞に付く］ 人の名前や職名などにつけて、親しみを込めて敬う気持ちをあらわす言葉。「うち･の･　やごー(家号)･は･　せーはっ(清八)たん･と･　い(言)ー･ます･ねん。」◆「さん【(様)】」の発音が変化したものである。〔⇒**さま**【様】、**さん**【(様)】、**はん**、**やん**〕

だん【段】《名詞》 ①高さの違う、いくつかに分かれた区切り。「はしご(梯子)･の･　うえ(上)･の･　だん･に･　あ(上)がる。」「だん･に･　なっ･た･　おなか(腹)･は･　みっともない･なー。」②上下に重ねたものの区切り。「たんす(箪笥)･の･　うえ(上)･の･　だん･に･　はい(入)っ･とる。」③武芸などの腕前を示す、いくつかに分かれた位。「じゅーどー(柔道)･　しょ(初)だん･の･　うでまえ(腕前)･や。」

だん【壇】《名詞》 ①周りよりも高くなった場所。木などを組み合わせて作ったり、土などが高く盛ってあったりする場所。「だん･の･　うえ(上)･で･　しゃべ(喋)ら･んと･　みな(皆)･に･　き(聞)こえ･へん。」②周りと区別した場所。「にわ(庭)･を･　くぎ(区切)っ･て･　はな(花)･を･　う(植)える･　だん･に･　する。」

だん【団】《名詞》 同じ目的を持った人たちの集まり。「よまわ(夜回)り･の･　だん･を･　つく(作)る。」「せーねん(青年)だん」「しょーぼー(消防)だん」「けーぼー(警防)だん」◆例えば「せいねんかい【青年会】」などと言うのに比べると、「だん【団】」を使う方が結束力や統率性が強いように感じられる。

タンク〔**たんく**〕【英語＝tank】《名詞》 液体や気体を貯めておく、大きな入れ物。「おー(大)けな･　まる(丸)い･　がす(ガス)･の･　たんく･が･　み(見)える。」

たんけん【探検】《名詞、動詞する》 よく知られていないところを、危険を冒すことを覚悟しながら実地に調べる。「ほらあな(洞穴)･を･　たんけんし･ょー･か。」

たんご【担桶】《名詞》 ①持ち運ぶための紐や縄が上部についている、糞尿などを入れる細長い桶。「はたけ(畑)･へ･　こ(肥)え･の･　たんご･を･　かつ(担)い･でいく。」②便所に設置されている、男性の放尿を受ける器。「たんご･が･　みっ(三)つ･　なら(並)ん･どる。」〔⇒**たご**【担桶】、**しょうべんたんご**【小便担桶】、**しょんべんたんご**【小便担桶】。①⇒**こえたんご**【肥担桶】、**こえたご**【肥担桶】〕

だんご【団子】《名詞》 ①米や麦や粟などの粉をこねて、小さく丸めて、蒸したり焼いたりした食べ物。「よもぎ(蓬)･を･　い(入)れ･た･　だんご･が･　うま(美味)い。」②丸く固まった形のもの。丸めて固めたもの。「こ(小)まい･　こ(子)ー･が･　どろ(泥)･の･　だんご･を･　つく(作)っ･て･　あそ(遊)ん･どる。」

たんごのせっく【端午の節句】《名詞》 鯉のぼりを立てたり、柏餅を作ったり、菖蒲を差したりする風習が残っている、男の子のための5月5日の節句。「たんごのせっく･が･　す(済)ん･だら･　こいのぼり(鯉幟)･を･　しまい･まほ。」

たんざく【短冊】《名詞》 字を書いたり印として貼り付けたりする、幅の狭い長方形の紙。また、そのような形のもの。「たなばた(七夕)･の･　たけ(竹)･に･　ねが(願)い･を･　か(書)い･た･　たんざく･を･　ぶらさげる。」「だいこ(大根)･を･　たんざく･に･　き(切)る。」

たんさん【炭酸】《名詞》 炭酸ガスを水に溶かすとできる弱い酸。「たんさん･の･　はい(入)っ･た･　みず(水)･を･　の(飲)む。」

だんし【男子】《名詞》 おとこ。おとこの子。「だんし･は･　そこ･で･　にれつ(二列)･に･　なら(並)べ。」「だんし･と･　じょし(女子)･から･　ひとり(一人)･ずつ･　だいひょー(代表)･を･　えら(選)ぶ。」■対語＝「じょし【女子】」

たんしゃ【単車】《名詞》 原動機によって走る2輪車。「たんしゃ･で･　あわじ(淡路)･を･　いっしゅー(一周)する。」〔⇒**オートバイ**【英語＝auto bicycleの略】、**ばたこ**、**ばたばた**〕

たんしょ【短所】《名詞》 人の性格や力量や、ものの性能などでよくないところ。「き(気)ー･の･　みじか(短)い･とこ(所)･が･　あいつ(彼奴)･の･　たんしょ･や。」■対語＝「ちょうしょ【長所】」

だんじょ【男女】《名詞》 おとことおんな。「むかし(昔)･は･　がつこー(学校)･の･　くみ(組)･が･　だんじょ･に･　わ(分)かれ･とっ･た･そーや。」

たんじょう〔**たんじょー**〕【誕生】《名詞、動詞する》 ①人などに、子どもが生まれること。「たんじょー･まで･に･　いろんな･　よーい(用意)･を･　し･とく。」②満1歳を迎えること。「この･　こ(子)･は･　もーじき･　たんじょー･です･ねん。」

たんじょうび〔**たんじょーび**〕【誕生日】《名詞》 ①その人が生まれた当日の、年と月と日。「たんじょーび･から･　いちねん(一年)･　た(経)っ･た。」②毎年巡ってくる、生まれた月日と同じ日。「たんじょーび･は･　ろくがつとーか(六月十日)･です。」

だんじり【壇尻】《名詞》 秋祭りのときなどに飾り立ててかき上げたり曳き回ったりする布団太鼓。「だんじり･に･　の(乗)っ･て･　たいこ(太鼓)･を･　たた(叩)く。」〔⇒**たいこ**【太鼓】〕

たんす【箪笥】《名詞》 木で箱形に作って引き出しや戸をつけた、衣類などを入れておくための家具。「たんす･に･　なふたりん(ナフタリン)･を･　い(入)れる。」

ダンス〔**だんす**〕【英語＝dance】《名詞、動詞する》 音楽や拍子に合わせて、一定の流れにそって跳んだり脚を上げたり足を運んだりする西洋風の踊り。「おまえ･の･　だんすは･　あわおど(阿波踊)り･みたいや。」

だんせい〔**だんせー**〕【男性】《名詞》 成人したおとこの人。「あの･　かいしゃ(会社)･は･　だんせー･だけ･を･　ぼしゅー(募集)し･とる。」■対語＝「じょせい【女性】」

だんたい【団体】《名詞》 ①共通の目的を持った人が集まって、まとまりを持った一つの仲間となったもの。「はいく(俳句)・の・ す(好)きな・ ひと(人)・が・ あつ(集)まっ・とる・ だんたい・に・ はい(入)り・ます・ねん。」②人々の集まり。「だんたい・やっ・たら・ にゅーじょーりょー(入場料)・は・ わりびき(割引)・に・ なる・ねん。」

だんだい《形容詞・特殊型》 とりわけ差し支えは生じない。大丈夫であるから気にしなくてよい。「いっぺん(一遍)・ぐらい・ しっぱい(失敗)し・た・かて・ だんだい・で。」◆語尾が活用することはない。〔⇒**べっちょない**【(別状ない)】、**だいじない**【大事ない】、**だんない**、**かまへん**【(構へん)】、**かめへん**【(構へん)】、**かまん**【(構ん)】、**かまわん**【構わん)】〕

だんだら【段だら】《形容動詞や(ノ)》 ①違う色が、ところどころに混じっている様子。特に、横縞になって色が混じっている様子。「あの・ やま(山)・は・ いろんな・ き(木)ー・が・ ま(混)ぜっ・とっ・て・ だんだらの・ いろ(色)・や。」②全体が一様に整っていない様子。「ぺんき(ペンキ)・の・ ぬ(塗)りかた・が・ へた(下手)くそで・ だんだらに・ なっ・とる。」〔⇒**まだら**【斑】、**まんだら**【(斑)】、**まだらもよう**【斑模様】、**まんだらもよう**【(斑模様)】、**だんだらもよう**【段だら模様】〕

だんだらもよう〔**だんだらもよー**〕【段だら模様】《形容動詞や(ノ)》 ①違う色が、ところどころに混じっている様子。特に、横縞になって色が混じっている様子。「だんだらもよーの・ け(毛)ー・の・ いぬ(犬)・が・ はし(走)っ・てき・た。」②全体が一様に整っていない様子。「へた(下手)な・ さんぱつ(散髪)・で・ あたま(頭)・が・ だんがらもよーに・ なっ・た。」〔⇒**まだら**【斑】、**まんだら**【(斑)】、**だんだら**【段だら】、**まだらもよう**【斑模様】、**まんだらもよう**【(斑模様)】〕

たんたん《名詞》 ①主に和服を着るときに履く、布で作って足先を親指と他の4指とに分けて、くるぶしの後ろで小はぜで留めるようにしたもの。「たんたん・ は(履)い・て・ ぽっくりげた(下駄)・を・ は(履)く。」②靴を履くときなどに足を保護するために、素足に直接つける衣類。「たんたん・を・ は(履)い・て・から・ くつ(靴)・を・ は(履)き・なはれ。」③洋服や鞄などに付いている、小さな物入れ。「おかね(金)・は・ たんたん・に・ い(入)れ・とか・なんだら・ お(落)とす・ぞ。」◆幼児語。②は、足袋に類するものとして使う言葉。③は、「たもと【袂】」から転じた言葉であろう。〔①⇒**たび**【足袋】。②⇒**くつした**【靴下】。③⇒**ポケット**【英語= pocket】、**ポケツ**【英語= pocket から】、**ぽっぽ**〕

だんだん【段々】《名詞》 ①高さの異なる床面を上り下りするために作られた段。「にかい(二階)・へ・の・ だんだん・を・ のぼ(上)る。」②切石を積み重ねて作った階段。「おみや(宮)さん・の・ だんだん・に・ こしか(腰掛)ける。」③段差のあるところ。「ここ・は・ みち(道)・が・ だんだん・に・ なっ・とる・さかい・ き(気)ー・つけ・なはれ。」〔①⇒**だんばしご**【段梯子】、**はしごだん**【梯子段】、**はしご**【梯子】、**かいだん**【階段】。②⇒**いしだん**【石段】〕

だんだん【段々】《副詞と・に》 時がたつにつれて、ある傾向がしだいに強まっていくことを表す言葉。「これ・から・は・ だんだん・ あつ(暑)ー・ なっ・ていく。」〔⇒**おいおい**【追い追い】〕

だんだんもり【だんだん漏り】《形容動詞や(ノ)、動詞する》 液体が隙間や穴などから盛んに出続けること。雨水などが激しくあふれ落ちること。「たらい(盥)・が・ はっしゃい・で・ だんだんもりし・とる。」「だんだんもり・が・ と(止)まら・へん。」〔⇒**ざざもり**【ざざ漏り】、**ざざもれ**【ざざ漏れ】、**ざんざんもり**【ざんざん漏り】、**ざんざんもれ**【ざんざん漏れ】、**じゃじゃもり**【じゃじゃ漏り】、**じゃじゃもれ**【じゃじゃ漏れ】、**じゃんじゃんもり**【じゃんじゃん漏り】、**じゃんじゃんもれ**【じゃんじゃん漏れ】、**だだもり**【だだ漏り】、**だだもれ**【だだ漏れ】、**だんだんもれ**【だんだん漏れ】〕

だんだんもれ【だんだん漏れ】《形容動詞や(ノ)、動詞する》 液体が隙間や穴などから盛んに出続けること。雨水などが激しくあふれ落ちること。「とい(樋)・から・ あめ(雨)・が・ あふ(溢)れ・て・ だんだんもれし・とる。」〔⇒**ざざもり**【ざざ漏り】、**ざざもれ**【ざざ漏れ】、**ざんざんもり**【ざんざん漏り】、**ざんざんもれ**【ざんざん漏れ】、**じゃじゃもり**【じゃじゃ漏り】、**じゃじゃもれ**【じゃじゃ漏れ】、**じゃんじゃんもり**【じゃんじゃん漏り】、**じゃんじゃんもれ**【じゃんじゃん漏れ】、**だだもり**【だだ漏り】、**だだもれ**【だだ漏れ】、**だんだんもり**【だんだん漏り】〕

だんちょう〔**だんちょー**〕【団長】《名詞》 青年団や警防団や消防団など、「団」という名前の集団の代表者。「せーねんだん(青年団)・の・ だんちょー・を・ つと(務)める。」

たんと《副詞》 数や量がたくさんある。基準とする数や量よりも大きい。「だいこ(大根)・を・ たんと・ もろ(貰)・た。」「たんと・ た(食)べ・ておくん・なはれ。」◆「よおけ」や「ぎょうさん【仰山】」に比べると、上品な言葉遣いのように感じられる。〔⇒**おおい**【多い】、**おかい**【(多い)】、**ようけ**、**ようさん**【(仰山)】、**ぎょうさん**【仰山】、**じょうさん**【(仰山)】、**どっさり**、**たくさん**【沢山】、**やっと**、**いっぱい**【一杯】〕

だんどり【段取り】《名詞、動詞する》 ものごとがうまく運ぶように、段階を追って進めていく順序。また、そのための準備をすること。「だんどり・を・ じょーず(上手)に・ せ・なんだら・ しごと(仕事)・が・ おそ(遅)ー・ なる。」「あした(明日)・まで・に・ ちゃんと・ だんどりし・とけ・よ。」

だんな【旦那】《名詞》 一家の主人。商店などの男の主人。「おみせ(店)・の・ だんなはん・が・ ひるめし(昼飯)・を・ おご(奢)っ・てくれ・た。」

だんない《形容詞・アイ型》 とりわけ差し支えは生じない。大丈夫であるから気にしなくてよい。「ちょっと(一寸)・ぐらい・の・ しっぱい(失敗)・は・ だんない・だんない。 き(気)・に・ せ・んとき。」「この・ はなし(話)・を・ ことわ(断)っ・ても・ だんない・ ひと(人)・や。」◆語尾が活用することはない。〔⇒**べっちょない**【(別状ない)】、**だいじない**【大事ない】、**だんだい**、**かまへん**【(構へん)】、**かめへん**【(構へん)】、**かまん**【(構ん)】、**かまわん**【構わん)】〕

たんにん【担任】《名詞、動詞する》 学校でひとつの学級の児童・生徒を担当すること。また、その学級を担当する教員。「ちゅーがっこー(中学校)・の・ とき(時)・の・ たんにん・は・ にしうみせんせー(西海先生)・やっ・てん。」〔⇒**うけもち**【受け持ち】〕

たんねる【(尋ねる)】《動詞・ナ行下一段活用》 ①わからないことを、他の人に質問する。「たんね・とる・ こと(事)・に・ こた(答)え・てくれ・へん・ねん。」②人に会うために、その人のところを訪問する。「るす(留守)・

の・　とき(時)・に・　ともだち(友達)・が・　たんね・てき・た。」③病気や事故などの見舞いに行く。「にゅーいん(入院)し・とる・そーや・さかい・　いっぺん(一遍)・たんね・たら・んと・いか・ん。」■名詞化＝**たんね**【(尋ね)】〔⇒**たずねる**【尋ねる】。①⇒**とう**【問う】、**きく**【聞く、聴く、訊く】〕

たんねん【丹念】《形容動詞や(ナ)》　ものごとに対して心をこめて丁寧に行う様子。細かい点まで注意をはらう様子。「たんねんな・　しごと(仕事)・を・　する・　ひと(人)・や・なー。」

たんのうする〔**たんのーする、たんのする**〕【堪能する】《動詞・サ行変格活用》　①十分に満足する。「ことし(今年)・は・　すいか(西瓜)・を・　よーけ・　く(食)・て・　たんのーし・た。」「おもしろ(面白)い・　てれび(テレビ)・を・　たんのーし・た。」②嫌になって飽きる。もうたくさんだと思う。「なが(長)ったらしー・　はなし(話)・を・　き(聞)ー・て・　たんのーし・ても・た。」

だんのした【壇の下】《名詞》　家などの床の下ぜんたい。「なが(長)い・　ぼー(棒)・は・　だんのした・に・　い(入)れ・とき・なはれ。」〔⇒**えんのした**【縁の下】〕

だんばしご【段梯子】《名詞》　高さの異なる床面を上り下りするために作られたもので、民家などにある簡単なもの。「だんばしご・で・　にかい(二階)・へ・　あ(上)がる。」◆簡単な作りつけのものを言うことが多い。学校などにある頑丈なものは「かいだん【階段】」であって、「だんばしご【段梯子】」とは言わない。〔⇒**はしご**【梯子】、**はしごだん**【梯子段】、**だんだん**【段々】、**かいだん**【階段】〕

たんび【(度)】《名詞》　何かが繰り返される機会。「こっとーや(骨董屋)・へ・　い(行)く・　たんび・に・　なん(何)・か・　こ(買)ー・てくる。」〔⇒**たび**【度】〕

たんぼ【田圃】《名詞》　水を張って稲などを育てる耕地。水田。「たんぼ・の・　くさ(草)・を・　と(取)る。」■対語＝「はたけ【畑】」〔⇒**た**【田】〕

だんぼう〔**だんぼー**〕【暖房】《名詞、動詞する》　燃料や電気の力などによって、室内や車内などの温度を外より上げて、暖かくすること。また、そのための装置。「すとーぶ(ストーブ)・で・　だんぼーする。」■対語＝「れいぼう【冷房】」

だんボール〔**だんぼーる**〕【段 ＋ 英語＝board】《名詞》　2枚の厚手のボール紙の内側に、波形の紙を張り合わせて作った板紙。また、それを使って作った包装用の箱。「だんぼーる・で・　かぜよ(風除)け・を・　つく(作)る。」「ふる(古)い・　ほん(本)・を・　だんぼーる・に・　つ(詰)める。」

たんぽこ【(蒲公英)】《名詞》　野原に生えて、ぎざぎざになった葉があり、春に黄色の花が咲き、綿毛のついた実が風で飛んでいく植物。「たんぽこ・を・　おした(浸)し・に・　する。」〔⇒**たんぽぽ**【蒲公英】〕

たんぼしごと【田圃仕事】《名詞》　田で行う、作物を植えたり収穫したりするような仕事。農作業。「たんぼしごと・が・　す(済)ん・で・　ふろ(風呂)・に・　はい(入)る。」◆「はたけしごと【畑仕事】」という言葉もある。

たんぼする【田圃する】《動詞・サ行変格活用》　田を持って、作物を植えたり収穫したりする。農作業をする。農業に従事する。「にっちょーび(日曜日)・は・　たんぼし・た・さかい・　えらい・　つか(疲)れ・た。」■類語＝「はたけする【畑する】」〔⇒**たんぼつくる**【田圃作る】、**ひゃくしょう**【百姓】(する)〕

たんぼつくる【田圃作る】《動詞・ラ行五段活用》　田を持って、作物を植えたり収穫したりする。農作業をする。農業に従事する。「もー・　たんぼつくる・だけ・の・　いえ(家)・は・　すけ(少)のー・　なっ・て・　みんな(皆)・　つと(勤)め・に・　い(行)っ・とる。」■名詞化＝**たんぼつくり**【田圃作り】■類語＝「はたけつくる【畑作る】」〔⇒**たんぼする**【田圃する】、**ひゃくしょう**【百姓】(する)〕

たんぽぽ【蒲公英】《名詞》　野原に生えて、ぎざぎざになった葉があり、春に黄色の花が咲き、綿毛のついた実が風で飛んでいく植物。「あぜみち(畦道)・に・　たんぽぽ・が・　さ(咲)い・とる。」〔⇒**たんぽこ**【(蒲公英)】〕

たんま《名詞、動詞する》　試合や遊びなどをしている途中で、少しの間、中断したりメンバーから抜け出したりすること。また、そのときに発する合図の言葉。「たんま・　たんま・　ちょっと・　ま(待)っ・てんか。」◆「タイム【time】」の発音が変化したと思われる。〔⇒**みっき、みった、みっち、タイム**【英語＝time】〕

たんま《副詞に、形容動詞や(ノ)》そのことを行ったり、そのことが起こったりするのが稀である様子。「たからくじ(宝籤)・が・　あ(当)たる・の・は・　たんまや・ねん。」「えーがかん(映画館)・へ・は・　たんまに・　い(行)く。」「たんまの・　やす(休)み・は・　いえ(家)・で・　ごろごろし・とる・ねん。」〔⇒**ときたま**【時たま】、**ときどき**【時々】、**たま**〕

だんまりや【黙んまり屋】《名詞》　愛想がなく、口数が少ない人。「は(恥)ずかしがり・の・　だんまりや・の・　こ(子)・や。」〔⇒**むっつりや**【むっつり屋】〕

たんもん【反物】《名詞》　1反の長さに仕上げてある和服用の織物。「たんもん・を・　こ(買)ー・て・　きもの(着物)・に・　した(仕立)てる。」

たんやが〔**だんやが**〕《接続助詞》　一つの文の中で、前半に述べた事柄に対して、後半で反対・対立する事柄を述べようとするときに使う言葉。「はら(腹)・が・た(立)っ・たんやが・　だま(黙)っ・て・　もど(戻)っ・てき・た。」〔⇒**たが、たけど、たけども、たけんど、たけんども**〕

ち

ち〔**ちー**〕【血】《名詞》　①血管を流れて体じゅうを巡る、赤い液体。血液。「けが(怪我)し・て・　ちー・が・　で(出)・た。」②先祖から子孫へと続く、親子や兄弟姉妹のような血縁。「ちー・の・　つな(繋)がり・が・　ある・　きょーだい(兄弟)・や・ねん。」〔②⇒**ちすじ**【血筋】、**けっとう**【血統】、**すじ**【筋】、**けなみ**【毛並み】〕

ち〔**ちー**〕【地】《名詞》　人や動植物がよりどころとしている、地上の面。「ちー・に・　て(手)ー・を・　つい・て・　さかだ(逆立)ちし・て・　ある(歩)く。」「あし(足)・が・　ちー・に・　つ(着)か・へん。」〔⇒**じ**【地】〕

ち〔**ちー**〕【乳】《名詞》　子を生んだ母親の乳房からから出る、白い液体。母乳。「あか(赤)んぼー・が・　ちー・を・　す(吸)ー・とる。」◆牛乳などは、「ちち【乳】」と言うことが多い。〔⇒**ちち**【乳】、**おっぱい**〕

ちいこい〔**ちーこい**〕【小こい】《形容詞・オイ型》　①体積がささやかで、わずかの場所を占めている。「ちーこい・　いえ(家)・を・　た(建)て・まし・た。」②面積が狭い。「め(目)・の・　ちーこい・　あみ(網)・で・　すく(掬)う。」③背丈などが低い。「ちーこい・けど・　よー・　こ(肥)え・とる・　ひと(人)・や。」④数や程度が甚だしくない。「ちーこい・ がっこー(学校)・で・ みんな(皆)・で・ ひゃくにん(百人)・も・ おら・へん・ねん。」「いってん(一点)・ぐらい・ と(取)ら・れ・ても・ ちーこい・こと・や。」「こえ(声)・が・ ちーこー・て・ よー・き(聞)こえ・へん。」⑤年が下である。「ちーこい・ とき(時)・は・ せ(背)ー・が・ ひく(低)かっ・てん。」■対語＝「おおきい【大きい】」「おっきい【大っきい】」「おおけえ【大けえ】」「おっけえ【(大けえ)】」「ごっつい」「ごつい」〔⇒**ちさい**【小さい】、**ちいさい**【小さい】、**ちっさい**【小っさい】、**ちっこい**【小っこい】、**ちっちゃい**【小っちゃい】、**こまい**【小まい】、**こんまい**【小まい】〕

ちいさい〔**ちーさい**〕【小さい】《形容詞・アイ型》 ①体積がささやかで、わずかの場所を占めている。「ちーさい・くつ(靴)・ は(履)い・て・ まめ(肉刺)・が・ でけ(出来)・た。」②面積が狭い。「なが(長)い・けど・ ちーさい・ ろーじ(路地)・や。」③背丈などが低い。「くすり(薬)・は・ ちいさい・ びん(瓶)・に・ はい(入)っ・とる。」④数や程度が甚だしくない。「このたび(度)・の・たいふー(台風)・の・ そんがい(損害)・は・ ちーさかっ・てん。」「ちーさい・ おと(音)・やっ・た・さかい・き(気)・が・ つ(付)か・なんだ。」「その・ぐらい・の・そん(損)・やっ・たら・ ちーさい・さかい・ き(気)・に・ せ・んとき・なはれ。」⑤年が下である。「ちーさい・こ(子)・を・ な(泣)かし・たら・ あか・ん・ぞ。」■対語＝「おおきい【大きい】」「おっきい【大っきい】」「おおけえ【大けえ】」「おっけえ【(大けえ)】」「ごっつい」「ごつい」〔⇒**ちさい**【小さい】、**ちっさい**【小っさい】、**ちっこい**【小っこい】、**ちいこい**【小こい】、**ちっちゃい**【小っちゃい】、**こまい**【小まい】、**こんまい**【小まい】〕

ちいさいめ〔**ちーさいめ**〕【小さい目】《名詞、形容動詞や(ノ)》 ①ものの大きさが、少し小さいこと。比較的小さいと思われること。「この てぶくろ(手袋)・は・ちょっと(一寸)・ ちーさいめやっ・た。」②音量が弱いこと。「ちーさいめの・ おと(音)・で・ らじお(ラジオ)・を・ き(聞)く。」■対語＝「おおきめ【大き目】」「おおきいめ【大きい目】」「おおけえめ【大けえ目】」「おっきめ【大っき目】」「おっきいめ【大っきい目】」「おおけめ【大け目】」「おっけめ【大っけ目】」「おっけえめ【大っけえ目】」「ごっつめ【ごっつ目】」「ごっついめ【ごっつい目】」〔⇒**ちいさめ**【小さ目】、**ちっこいめ**【小っこい目】、**ちっちゃいめ**【小っちゃい目】、**こまいめ**【小まい目】、**こんまいめ**【小んまい目】〕

ちいさする〔**ちーさする**〕【小さする】《動詞・サ行変格活用》 ①面積、体積、身長などの値をわずかにする。「とし(歳)・を・ とっ・てき・た・さかい・ せわ(世話)する・はたけ(畑)・を・ ちーさし・まし・てん。」②会社や組織などを衰えさせる。程度や規模などを縮小する。「してん(支店)・を・ し(閉)め・て・ みせ(店)・を・ ちーさする。」③隙間などを少なくする。「もっと・ あいま(合間)・を・ ちーさし・て・ う(植)え・てください。」④音量を弱くする。「やかま(喧)しー・さかい・ てれび(テレビ)・の・ おと(音)・を・ ちーさし・てんか。」■自動詞は「ちいさなる【小さなる】」■対語＝「おおきする【大きする】」「おおけする【大けする】」〔⇒**ちいそする**【小そする】、**ちっさする**【小っさする】、**ちっそする**【小っそする】、**こまする**【小まする】、**こもする**【小もする】〕

ちいさな〔**ちーさな**〕【小さな】《連体詞》 ①面積、体積、身長などの値がわずかである。「ちーさな・ はたけ(畑)・を・ か(借)っ・て・ やさい(野菜)・を・ つく(作)る。」②程度や規模などがわずかである。「ちーさな・ みせ(店)・や・けど・ はんじょー(繁盛)し・とる。」③年齢が少ない。幼い。「ちーさな・ とき(時)・の・ おも(思)いで(出)・や・さかい・ はんぶん(半分)・ わす(忘)れかけ・とる。」⑤音量が弱い。「ちーさな・ こえ(声)・で・き(聞)こえ・にくい。」

ちいさなる〔**ちーさなる**〕【小さなる】《動詞・ラ行五段活用》 ①面積、体積、身長などの値がわずかになる。「ふーせん(風船)・の・ くーき(空気)・が・ ぬ(抜)け・て・ ちーさなっ・た。」②程度や規模などがわずかになる。「このごろ(頃)・は・ ちょきん(貯金)・の・ りし(利子)・が・ ちーさなっ・た・なー。」③隙間などが少なくなる。「どんどん・ ひと(人)・が・ ふ(増)え・て・かいじょー(会場)・が・ ちーさなっ・てき・た。」④音量が弱くなる。「すぴーかー(スピーカー)・の・ おと(音)・は・ もっと・ ちーさなら・へん・か。」⑤恐縮してちぢこまる。「おこ(怒)ら・れ・ん・よーに・ ちーさなっ・とっ・てん。」■他動詞は「ちいさする【小さする】」■対語＝「おおきなる【大きなる】」「おおけなる【大けなる】」〔⇒**ちいそなる**【小そなる】、**ちっさなる**【小っさなる】、**ちっそなる**【小っそなる】、**こまなる**【小まなる】、**こもなる**【小もなる】〕

ちいさめ〔**ちーさめ**〕【小さ目】《名詞、形容動詞や(ノ)》 ①ものの大きさが、少し小さいこと。比較的小さいと思われること。「ちーさめ・の・ はこ(箱)・に・ い(入)れる。」②音量が弱いこと。「ちーさめの・ おと(音)・で・ き(聞)きにくい。」■対語＝「おおきめ【大き目】」「おおきいめ【大きい目】」「おおけえめ【大けえ目】」「おっきめ【大っき目】」「おっきいめ【大っきい目】」「おおけめ【大け目】」「おっけめ【大っけ目】」「おっけえめ【大っけえ目】」「ごっつめ【ごっつ目】」「ごっついめ【ごっつい目】」〔⇒**ちいさいめ**【小さい目】、**ちっこいめ**【小っこい目】、**ちっちゃいめ**【小っちゃい目】、**こまいめ**【小まい目】、**こんまいめ**【小んまい目】〕

チーズ〔**ちーず**〕【英語＝cheese】《名詞》 牛乳などに乳酸菌を加えて発酵させて固めた食べ物。「ぱん(パン)・と・ちーず・を・ た(食)べる。」

ちいそする〔**ちーそする**〕【小そする】《動詞・サ行変格活用》 ①面積、体積、身長などの値をわずかにする。「ごはん(御飯)・が・ おー(多)すぎる・さかい・ おちゃわん(茶碗)・を・ ちーそし・てくれ・へん・か。」②会社や組織などを衰えさせる。程度や規模などを縮小する。「むすこ(息子)・が・ みせ(店)・を・ ちーそし・てまい・やがっ・た。」③隙間などを少なくする。「はこ(箱)・の・すきま(隙間)・を・ ちーそし・たら・ いっぱい(一杯)・つ(積)める。」④音量を弱くする。「すぴーかー(スピーカー)・を・ ちいそし・たら・ き(聞)こえ・へん・よーに・ なっ・た。」■自動詞は「ちいそなる【小そなる】」■対語＝「おおきする【大きする】」「おおけする【大けする】」〔⇒**ちいさする**【小さする】、**ちっさする**【小っさする】、**ちっそする**【小っそする】、**こまする**【小まする】、**こもする**【小もする】〕

ちいそなる〔**ちーそなる**〕【小そなる】《動詞・ラ行五段活用》 ①面積、体積、身長などの値がわずかになる。「こーり(氷)・が・ と(溶)け・て・ ちーそなっ・た。」②程度や規模などがわずかになる。「けーき(景気)・が・わる(悪)ー・て・ うりあげ(売上)・が・ ちーそなっ・た。」③隙間などが少なくなる。「しょーがっこー(小学校)・の・　こども(子供)・が・　ふ(増)え・て・　うんどーじょー(運動場)・が・　ちーそなっ・てき・た。」④音量が弱くなる。「うし(後)ろ・で・　き(聞)ー・たら・　らじお(ラジオ)・の・　おと(音)・が・　ちーそなっ・た。」⑥恐縮してちぢこまる。「ばれ・たら・　こま(困)る・と・　おも(思)・て・　ちーそなっ・とっ・た。」■他動詞は「ちいそする【小そする】」■対語＝「おおきなる【大きなる】」「おおけなる【大けなる】」〔⇒**ちいさなる**【小さなる】、**ちっさなる**【小っさなる】、**ちっそなる**【小っそなる】、**こまなる**【小まなる】、**こもなる**【小もなる】〕

ちいと〔**ちーと**〕《副詞》　数量、程度、時間などが少ない様子。「かね(金)・が・　ちーと・　た(足)ら・ん・なー。」「ちーと・は・　べんきょー(勉強)し・たら・　どない・や・ねん。」〔⇒**ちょっと、ちっと、ちびっと、ちと、ちょびっと、ちょぼっと、ちょこっと、ちいとばかし、ちいとばかり、ちょっとばかし、ちょっとばかり、ちっとばかし、ちっとばかり、ちびっとばかし、ちびっとばかり、ちとばかし、ちとばかり、ちょびっとばかし、ちょびっとばかり、ちょぼっとばかし、ちょぼっとばかり、ちょこっとばかし、ちょこっとばかり、しょうしょう**【少々】〕

ちいとばかし〔**ちーとばかし**〕《副詞》　数量、程度、時間などが少ない様子。「ごーかくてん(合格点)・まで・に・　ちーとばかし・　た(足)ら・なんだ。」〔⇒**ちいと、ちょっと、ちっと、ちびっと、ちと、ちょびっと、ちょぼっと、ちょこっと、ちいとばかり、ちょっとばかし、ちょっとばかり、ちっとばかし、ちっとばかり、ちびっとばかし、ちびっとばかり、ちとばかし、ちとばかり、ちょびっとばかし、ちょびっとばかり、ちょぼっとばかし、ちょぼっとばかり、ちょこっとばかし、ちょこっとばかり、しょうしょう**【少々】〕

ちいとばかり〔**ちーとばかり**〕《副詞》　数量、程度、時間などが少ない様子。「ちーとばかり・　ぜに(銭)・が・　た(貯)まっ・た。」〔⇒**ちいと、ちょっと、ちっと、ちびっと、ちと、ちょびっと、ちょぼっと、ちょこっと、ちいとばかし、ちょっとばかし、ちょっとばかり、ちっとばかし、ちっとばかり、ちびっとばかし、ちびっとばかり、ちとばかし、ちとばかり、ちょびっとばかし、ちょびっとばかり、ちょぼっとばかし、ちょぼっとばかり、ちょこっとばかし、ちょこっとばかり、しょうしょう**【少々】〕

ちいとま〔**ちーとま**〕【ちいと間】《名詞》　①ほんの短い時間の間。わずかの時間。「ちーとま・　ま(待)っ・とい・てくれ・へん・か。」②少し長い間。久しく。「あんた・と・は・　ちーとま・　お(会)ー・て・へん・なー。」〔⇒**いちじ**【一時】、**いっとき**【一時】、**いちどき**【一時】、**ちょっとま**【一寸間】、**ちとま**【(一寸間)】、**ちっとま**【(一寸間)】、**ひといき**【一息】、**しといき**【(一息)】、**しばらく**【暫く】〕

ちいとも〔**ちーとも**〕《副詞》　打ち消し表現の度合いを高めるために使う言葉。まったく。「そんな・　はなし(話)・は・　ちーとも・　し(知)ら・なんだ。」

ちえ【知恵】《名詞》　ものごとの筋道を立てて考える力。ものごとの道理がよくわかり、判断や処理などがうまく行える力。「まご(孫)・に・　ちえ・が・　つい・て・　いーわけ(言訳)・が・　じょーず(上手)に・　なっ・た。」

チェーン〔**ちぇーん**〕【英語＝chain】《名詞》　①金属の輪を長くつないで、紐のようにしたもの。「ちぇーん・に・　いかり(錨)・を・　くく(括)る。」②自転車で、ペダルなどで得た推進力を車輪に伝えるための金属製のもの。「こけ・たら・　じてんしゃ・の・　ちぇーん・が・　はず(外)れ・た。」〔①⇒**くさり**【鎖】〕

ちえっ《感動詞》　残念に思ったり、相手をさげすんだりしたときなどに、思わず口に出る言葉。「ちえっ・　また・　はず(外)れ・や。」「ちぇっ・　おまえ(前)・が・　き(来)・た・ん・かい。」

チェック〔**ちぇっく**〕【英語＝check】《名詞》　碁盤の目のような市松模様。格子のような縞模様。「ちぇっく・の・　ふく(服)・を・　き(着)・とる・　ひと(人)・は・　わし・の・　おじ(叔父)さん・や。」

チェンジ〔**ちぇんじ**〕【英語＝change】《名詞、動詞する》　①前の人やものの代わりに、別の人やものが入ること。代わり合うこと。「あんた・の・　せき(席)・と・　わい・の・　せき(席)・を・　ちぇんじし・てくれ・へん・か。」②スポーツで攻守やコートなどを入れ替わること。「さんしん(三振)し・て・　やっと・　ちぇんじ・に・　なっ・た。」〔⇒**こうたい**【交代、交替】。①⇒**いれかわり**【入れ替わり】、**いれちがい**【入れ違い】〕

ちか【地下】《名詞》　①地面から隠れて見えない土地。地面の下。地面の中。「ちか・に・　う(埋)め・てある・げすいかん(下水管)・から・　みず(水)・が・　も(漏)れ・とる。」②地下にできている商店街や施設。「この・ふく(服)・は・　さんのみや(三宮)・の・　ちか・で・　こ(買)ー・た・ん・や。」

ちか【近】《名詞》　①距離が離れていないところにある場所。「ばす(バス)・の・　てーりゅーしょ(停留所)・は・　ちか・に・　あり・まっ・せ。」②時間があまり離れていない時点。「あいつ(彼奴)・は・　ちか・に・　く(来)る・と・　ゆ(言)ー・とっ・た。」「ちゅーせん(抽選)・の・　ひ(日)ー・は・　ちか・に・　ある・ねん。」■対語①＝「とおく【遠く】」「えんぽう【遠方】」〔⇒**ちかく**【近く】〕

ちかい【近い】《形容詞・アイ型》　①そのものとの距離の隔たりが小さい。「いえ(家)・から・　がっこー(学校)・まで・は・　ちかい・ねん。」②そのものとの時間の隔たりが小さい「ちかい・うち・に・　よ(寄)せ・てもらい・ます。」③そのものとの血縁やつながりが深い。「あの・いえ(家)・と・は・　ちかい・　しんせき(親戚)・や・ねん。」④ある数値に届こうとしている。「ごひゃくにん(五百人)・に・　ちかい・　しゅっせき(出席)・が・　あっ・た。」⑤遠くのものをはっきりと見ることができない目である。「め(目)・が・　ちこー・　なっ・た・さかい・　めがね(眼鏡)・を・　か(掛)ける。」■対語＝「とおい【遠い】」「とうおい【遠おい】」

ちがい【違い】《名詞》　比べるものの間に差があること。異なっていること。離れていること。「どっち・が・　え(良)ー・　しなもん(品物)・か・　ちがい・が・　わかり・ます・か。」「とし(年)・は・　みっ(三)つちがい・で・　おます・ねん。」

ちがう【違う】《動詞・ワア行五段活用》　①正しいものと異なる。「けーさん(計算)・が・　ちごー・とる・やろ。」②考えや思いなどが合わなくて、差がある。「ちがう・かんが(考)え・ばっかり・　ゆ(言)ー・たら・　まと(纏)まり・が・　つか・へん・やろ。」③他と異なって優れている。「かいてんずし(回転寿司)・と・は・　しなもん(品物)・が・　ちがう・わい。」④述べていることを否定するときに言葉。「それ・は・　おまえ・のん・と・　ちがう・ぞ。」■他動詞は「ちがえる【違える】」■名詞化＝ちがい【違い】〔⇒**ちゃう**【(違う)】〕

ちがうすい〔**ちーがうすい**〕【血が薄い】《形容詞・ウイ型》　親戚ではあるが、血縁関係が遠い。「おじー(祖父)

さん・の・　いとこ(従兄弟)・や・さかい・　ちがうすい・ん・や。」◆文の仕組みによって「ちの【血の】…」などと変化する。■対語＝「ちがこいい【血が濃い】」

ちがえる【違える】《動詞・ア行下一段活用》 ①正しいものと異なった結果とする。誤る。「こたえ(答)・を・　ちがえ・ても・た。」②考えや思いなどを合わせなくて、差を生じさせる。「ひと(人)・と・　ちがえ・た・　こと(事)・ばっかり・　ゆ(言)ー・　やつ・は・　こま(困)る・なー。」③他と異なって優れたものにする。「よそ(余所)・の・　かいしゃ(会社)・と・　ちがえ・た・　もの(物)・を・　つく(作)ら・んと・　う(売)れ・へん。」④首などを捻って痛める。「すじ(筋)・を・　ちがえ・た・みたいや。」⑤異なった経路や方法などを選ぶ。「みち(道)・を・　ちがえ・て・　ある(歩)い・ていく。」■自動詞は「ちがう【違う】」「ちゃう【(違う)】」

ちかく【近く】《名詞》 ①距離が離れていないところにある場所。「この・　ちかく・に・　ゆーびんきょく(郵便局)・は・　あり・ます・か。」②時間があまり離れていない時点。「ひがん(彼岸)・の・　ちかく・に・　よ(寄)せ・てもらい・まっ・さ。」■対語①＝「とおく【遠く】」「えんぽう【遠方】」〔⇒**ちか**【近】〕

ちがこいい〔**ちがこいー、ちがこい、ちーがこいー、ちーがこい**〕【血が濃い】《形容詞・イイ型》 近い親戚関係にある。「ちがこいー・さかい・　けっこん(結婚)ささ・れ・へん・ねん。」◆文の仕組みによって「ちの【血の】…」などと変化する。■対語＝「ちがうすい【血が薄い】」

ちかごろ【近頃】《名詞》 ①少し前から今に至るまでの時。「ちかごろ・　やさい(野菜)・が・　たこ(高)ー・　なり・まし・た・なー。」②今の時代。「ちかごろ・は・　じみょー(寿命)・が・　の(延)び・た・なー。」〔⇒**さいきん**【最近】、**このごろ**【此の頃】。②⇒**こんにち**【今日】〕

ちかぢか【近々】《副詞》 将来の近いうちに。あまり間のない時に。「ちかぢか・　また(又)・　さぶ(寒)ー・　なる・そーや。」

ちかづく【近付く】《動詞・カ行五段活用》 ①時間の離れ方が小さくなる。間近に迫る。「むすめ(娘)・の・　けっこんしき(結婚式)・が・　ちかづい・た。」②距離の間隔が小さくなる。距離の間隔が小さくなるように、接近する。「しゅーてん(終点)・の・　うめだ(梅田)・の・　えき(駅)・が・　ちかづい・た。」「あいつ(彼奴)・に・は・　ちかづか・ん・　ほー(方)・が・　え(良)ー。」③目標となるものに迫る。「こんど(今度)・　か(勝)っ・たら・　ゆーしょー(優勝)・に・　ちかづく・ぞ。」■他動詞は「ちかづける【近付ける】」

ちかづける【近付ける】《動詞・カ行下一段活用》 距離の間隔を小さくするように、接近させる。「め(目)ー・を・　ちかづけ・て・　よー・　み(見)・てみ。」「ほん(本)・を・　ちかづけ・て・　よ(読)む。」■自動詞は「ちかづく【近付く】」

ちかてつ【地下鉄】《名詞》 都市部の地面の下にトンネルを作って走る鉄道。「はんしん(阪神)・の・　さんのみや(三宮)・は・　ちかてつ・の・　えき(駅)・や。」「さんよーでんしゃ(山陽電車)・は・　いたやど(板宿)・から・　ちかてつ・に・　なっ・とる。」

ちかまわり〔**ちかまーり**〕【近回り】《名詞、動詞する》 ある場所へ行くのに、距離が小さい経路を通って進むこと。「ちかまーりし・た・けど・　まよ(迷)ー・て・　じかん(時間)・は・　よけ(余計)に・　かかっ・た。」■対語＝「とおまわり【遠回り】」

ちかみち【近道】《名詞、動詞する》 ①目的地に早く行き着ける道。また、その道を通って行くこと。「ほそ(細)い・けど・　こっち・が・　ちかみち・や・ねん。」②目的を達成するための、簡単で便利な方法。また、その方法をとること。「えーご(英語)・が・　じょーず(上手)に・　なる・　ちかみち・は・　どない・　し・たら・　え(良)ー・の・かいな。」〔⇒**はやみち**【早道】。①⇒**ぬけみち**【抜け道】〕

ちかめ【近眼】《名詞》 遠くのものがはっきり見えにくい目。「くら(暗)い・　とこ(所)・で・　ほん(本)・を・　よ(読)ん・どっ・たら・　ちかめ・に・　なる・ぞ。」〔⇒**きんし**【近視】〕

ちかよる【近寄る】《動詞・ラ行五段活用》 何かのそばに行こうとして、それに向かって移動する。「ちかよっ・たら・　さかな(魚)・が・　さっと・　に(逃)げ・た。」

ちから【力】《名詞》 ①人や動物の体内にあって、自ら動いたり他のものを動かしたりする、筋肉の働きや心の働き。「まだ・　うご(動)か・へん・さかい・　もっと・　ちから・を・　い(入)れ・てんか。」②ものごとを上手に行う技術や能力。評価に値する技術や能力。「ちから・が・　つい・て・　ま(負)け・へん・　しあい(試合)・が・　でけ(出来)る・よーに・　なっ・た。」「えーご(英語)・の・　ちから・が・　つよ(強)い。」③他を動かしたり影響を与えたりする、効き目や働き。「くすり(薬)・の・　ちから・で・　なお(治)っ・た。」「でんき(電気)・の・　ちから・で・　もーたー(モーター)・が・　まわ(回)る。」〔②⇒**うで**【腕】、**うでまえ**【腕前】〕

ちからいっぱい【力一杯】《形容動詞や(ノ)》 筋肉の働きや気力などを限りなく発揮させる様子。「ちからいっぱい・　はし(走)りまわっ・た。」〔⇒**いっぱいいっぱい**【一杯一杯】、**ぎりぎりいっぱい**【ぎりぎり一杯】、**つついっぱい**【つつ一杯】〕

ちからこぶ【力瘤】《名詞》 こぶしに力を入れて肘を曲げたときにできる、筋肉の盛り上がり。「うで(腕)・を・　ま(曲)げ・たら・　かた(固)い・　ちからこぶ・が・　でけ・た。」

ちからしごと【力仕事】《名詞、動詞する》 特に強い力の要る仕事。体を使ってする労働。「たんぼ(田圃)・で・　ちからしごとし・とる・さかい・　よー・　ひ(日)・に・　や(焼)け・た。」

ちからもち【力持ち】《名詞、形容動詞や(ノ)》 ものを持ち上げたり、筋肉を働かせたりすることに優れている様子。また、そのような人。「あんた・は・　ごっつい・　ちからもちや・なー。」

ちきしょう〔**ちきしょー**〕【(畜生)】《名詞》 人間と同等には扱えない、獣・鳥・虫などの動物。「ちきしょー・や・　さかい・　いつ・　かぶりつい・てくる・か・　わから・へん・ぞ。」〔⇒**ちくしょう**【畜生】〕

ちきしょう〔**ちきしょー**〕【(畜生)】《感動詞》 怒りを感じたり悔しく思ったりしたときに出す言葉。人を悪く言うときに使う言葉。「ちきしょー・　おぼ(覚)え・とき・やがれ。」「ちきしょー・　また・　だま(騙)さ・れ・た。」〔⇒**ちくしょう**【畜生】〕

ちきゅう〔**ちきゅー**〕【地球】《名詞》 太陽系の惑星で、われわれ人類や多くの生物が住んでいる、この天体。「ぶらじる(ブラジル)・　ゆ(言)ー・たら・　ちきゅー・の・　うらがわ(裏側)・や。」

ちきゅうぎ〔**ちきゅーぎ**〕【地球儀】《名詞》 地球の模型で、表面に地図が描かれていて、軸を中心に回転するようになっているもの。「ちきゅーぎ・を・　くるくる・

まー(回)す。」

ちぎる【千切る】《動詞・ラ行五段活用》 ①一かたまりや一続きになっているものを、手で細かく分ける。「ぱん(パン)・を・　ちぎっ・て・　た(食)べる。」②つながった状態であったものを、力を入れて切り離す。「いぬ(犬)・が・　くさり(鎖)・を・　ちぎっ・て・　に(逃)げ・た。」③作物などを、枝や茎などからもぎ取る。「はたけ(畑)・で・　なすび(茄子)・を・　ちぎる。」〔⇒**むしる**【毟る】、**みしる**【(毟る)】。①②⇒**むしきる**【毟し切る】、**みしきる**【(毟し切る)】〕

ちくおんき【蓄音機】《名詞》 レコードから音を再生するための機器。「ちくおんき・で・　なにわぶし(浪花節)・を・　き(聞)く。」「ちくおんき・の・　はんどる(ハンドル)・を・　まわ(回)さ・んと・　と(止)まっ・てまう・ぞ。」

ハンドルの付いている蓄音機

ちくしょう〔ちくしょー〕【畜生】《名詞》 人間と同等には扱えない、獣・鳥・虫などの動物。「ちくしょー・に・は・　にんげん(人間)・の・　ことば(言葉)・は・　わから・へん・やろ。」〔⇒**ちきしょう**【(畜生)】〕

ちくしょう〔ちくしょー〕【畜生】《感動詞》 怒りを感じたり悔しく思ったりしたときに出す言葉。人を悪く言うときに使う言葉。「ちくしょー・　つぎ(次)・は・　か(勝)っ・たる・ぞ。」〔⇒**ちきしょう**【(畜生)】〕

ちくちく《副詞と、動詞する》 針で刺すような鋭さがあるが、こらえきれないような強さではない痛みがある様子。「ちくちくと・　きずぐち(傷口)・が・　いた(痛)む。」「お(落)ち・た・　くり(栗)・を・　さわ(触)っ・たら・　ちくちくし・た。」

ちぐはぐ《形容動詞や(ナ)》 食い違いがあって揃わず、違和感をもつ様子。期待するものの間に隔たりがあって、調和がとれていない様子。「みぎ(右)・と・　ひだり(左)・は・　ちぐはぐの・　くつ(靴)・を・　は(履)い・とる。」「おたが(互)い・の・　かんが(考)え・が・　ちぐはぐで・　かいぎ(会議)・が・　まと(纏)まら・へん。」

ちくび【乳首】《名詞》 ①乳房の先の、出っ張った部分。「あか(赤)ちゃん・が・　ちくび・に・　す(吸)いつい・とる。」②乳房の形に似せて作り、赤ん坊にくわえさせる器具。「ひとり・で・　ちくび・を・　しゃぶらし・とく。」

ちくわ【竹輪】《名詞》 すりつぶした魚肉に調味料などを加えて細い竹に巻いて、焼くか蒸すかして作った食べ物。「かんとだき(関東煮)・に・　ちくわ・を・　い(入)れる。」〔⇒**ちっか**【(竹輪)】〕

ちこく【遅刻】《名詞、動詞する》 学校、会社、集合場所などで、決められたり約束したりした時刻よりも遅れて着くこと。「おまえ・は・　きのー(昨日)・も・　ちこくし・た・やろ。」

ちさい【小さい】《形容詞・アイ型》 ①体積がささやかで、わずかの場所を占めている。「ふくろ(袋)・が・　ちそー・て・　ぜんぶ(全部)・は・　はい(入)ら・へん。」②面積が狭い。「がよーし(画用紙)・に・　ちさい・　もよー(模様)・が・　いっぱい・　か(描)い・てある。」③背丈などが低い。「ちさい・　おんな(女)・の・　ひと(人)・が・　いりぐち(入口)・に・　た(立)っ・とる。」④数や程度が甚だしくない。「ちさい・　きんがく(金額)・やっ・たら・　か(貸)し・たる・よ。」「そんな・　こと・ぐらい・で・　な(泣)く・な。ちさい・　こと・や・さかい。」「うるさ(煩)い・なー。ちさい・　こえ(声)・で・　しゃ(喋)べれ。」⑤年が下である。「ちさい・　こ(子)ー・を・　いじ(苛)め・たら・　あか・ん。」■対語＝「おおきい【大きい】」「おっきい【大っきい】」「おおけえ【大けえ】」「おっけえ【(大けえ)】」「ごっつい」「ごつい」〔⇒**ちいさい**【小さい】、**ちっさい**【小っさい】、**ちっこい**【小っこい】、**ちいこい**【小こい】、**ちっちゃい**【小っちゃい】、**こまい**【小まい】、**こんまい**【小まい】〕

ちじ【知事】《名詞》 都道府県を代表し、都道府県の政治に携わる、いちばん上の人。「おーさか(大阪)・の・　ちじ・は・　えらい・　げんき(元気)や・なー。」

ちしゃ【苣】《名詞》 しゃもじ形の葉を食用とする植物。「ちしゃ・を・　おひた(浸)し・に・　する。」◆海岸の砂地に生えるものを「はまぢしゃ【浜苣】」と言う。

ちず【地図】《名詞》 ①山川、海陸、都市・集落など、地上のありさまを縮めて書き表した図。「ちず・を・　か(書)い・て・　みちすじ(道筋)・を・　おし(教)え・たる。」②布団に残した、寝小便の跡。「きょー(今日)・も・　また(又)・　ちず・を・　か(書)い・たん・かいな。」

ちすじ【血筋】《名詞》 先祖から子孫へと続く、親子や兄弟姉妹のような血縁。「あんたとこ・は・　てさき(手先)・の・　きよー(器用)な・　ちすじ・や・なー。」「うち・の・　ちすじ・に・は・　がん(癌)・で・　し(死)ん・だ・　ひと(人)・は・　おら・ん。」〔⇒**ち**【血】、**すじ**【筋】、**けなみ**【毛並み】、**けっとう**【血統】〕

ちだらけ【血だらけ】《形容動詞や(ノ)》 血がしたたっている様子。一面が血に染まっている様子。「こけ・て・　す(擦)りむい・て・　あし(足)・が・　ちだらけや。」〔⇒**ちまみれ**【血塗れ】〕

ちち【父】《名詞》 親のうち、男性の方。「うち・の・　ちち・は・　ながい(長生)きし・とり・ます・ねん。」◆実父、継父、義父なども含めて使うことがある。改まった場合などに使うことが多く、日常的には別の言い方をすることが多い。■対語＝「はは【母】」〔⇒**ちちおや**【父親】、**てておや**【(父親)】、**てとや**【(父親)】、**おとこおや**【男親】〕

ちち【乳】《名詞》 ①子を生んだ母親の乳房からから出る、白い液体。母乳。「ちち・の・　で(出)ー・が・　わる(悪)い。」②胸にあって乳を出すところ。「おー(大)きな・　ちち・を・　し・た・　ひと(人)・や・なー。」〔⇒**おっぱい**。①⇒**ち**【乳】。②⇒**ちぶさ**【乳房】〕

ちちうし【乳牛】《名詞》 乳を搾ることを目的にして、飼育する牛。「ぼくじょー(牧場)・で・　ちちうし・を・　か(飼)う。」

ちちおや【父親】《名詞》 親のうち、男性の方。「ちちおや・より・も・　せ(背)ー・が・　たこ(高)ー・　なっ・た。」◆父と子という関係性を示して使うことが多い。動物の場合にも使う。■対語＝「ははおや【母親】」〔⇒**ちち**【父】、**てておや**【(父親)】、**てとや**【(父親)】、**おとこおや**【男親】〕

ちぢかむ【縮かむ】《動詞・マ行五段活用》 寒さや恐怖などのために、体や手足などが小さく固くなって、思うように動かなくなる。「さむ(寒)ー・て・　て(手)・が・　ちぢかん・でも・とる。」〔⇒**かじかむ**【悴む】、**かじける**〕

ちちばなれ【乳離れ】《名詞、動詞する》 ①赤ん坊が母親の乳を吸わなくなるまでに成長すること。「ちちばなれし・て・　おかゆ(粥)・を・　た(食)べる・よーに・　なっ・た。」②子どもが親の手を離れて独り立ちをすること。人が自主性をそなえて成長すること。「いつ・まで・も・　ちちばなれ・を・　せ・ん・　こ(子)・や。」

ちぢまる【縮まる】《動詞・ラ行五段活用》 ①張りがなくなったり中身が減ったりして、小さくなる。「とし

(年)・を・　とっ・て・　せ(背)ー・が・　ちょっと・　ちぢまっ・た。」②数量や距離などの差が小さくなる。「てんすー(点数)・が・　だいぶ・　ちぢまっ・た。」■他動詞は「ちぢめる【縮める】」〔⇒ちぢむ【縮む】〕

ちぢみ【縮み】《名詞》 ①面積や長さが小さくなること。しわができること。「ぽすたー(ポスター)・が・　あめ(雨)・に・　ぬ(濡)れ・て・　ちぢみ・が・　でけ(出来)・ても・た。」②木綿や絹で、よりの強い糸を使って、表面に小さなしわを作り出すようにした織物。「ちぢみ・の・　すててこ・を・　は(履)く。」

ちぢむ【縮む】《動詞・ラ行五段活用》 ①張りがなくなったり中身が減ったりして、小さくなる。「せんだく(洗濯)し・たら・　ふく(服)・が・　ちぢん・だ。」②膨張していたものが、もとの大きさに戻る。「ふく(膨)れ・とっ・た・　ふーせん(風船)・が・　ちぢん・だ。」③数量や距離などの差が小さくなる。「まえ(前)・の・　せんしゅ(選手)・と・の・　さ(差)ー・が・　だいぶ(大分)・　ちぢん・だ。」■他動詞は「ちぢめる【縮める】」■名詞化＝**ちぢみ**【縮み】〔①③⇒**ちぢまる**【縮まる】〕

ちぢめる【縮める】《動詞・マ行下一段活用》 ①長さや広がりを小さくする。「ずぼん(ズボン)・の・　すそ(裾)・を・　ちぢめる。」②数量や距離などの差を小さくする。「まえ(前)・の・　くるま(車)・と・の・　きょり(距離)・を・　ちぢめ・たら・　あぶ(危)ない・ぞ。」■自動詞は「ちぢむ【縮む】」「ちぢまる【縮まる】」

ちぢれげ【縮れ毛】《名詞》 波打ったり巻いたりした状態になっている頭髪。「ちぢれげ・の・　がいじん(外人)さん・が・　ある(歩)い・とる。」

ちぢれる【縮れる】《動詞・ラ行下一段活用》 皺が寄って縮まる。特に、頭髪が波打ったり巻いたりした状態になる。「ちぢれ・た・　かみ(髪)・の・　け(毛)ー・が・　かい(可愛)らしー。」■名詞化＝**ちぢれ**【縮れ】

ちっか【(竹輪)】《名詞》 すりつぶした魚肉に調味料などを加えて細い竹に巻いて、焼くか蒸すかして作った食べ物。「ちっか・を・　てんぷら(天麩羅)・に・　する。」〔⇒**ちくわ**【竹輪】〕

ちっこい【小っこい】《形容詞・オイ型》 ①体積がささやかで、わずかの場所を占めている。「む(向)こー・の・　ちっこい・　たてもん(建物)・は・　ゆーびんきょく(郵便局)・や。」②面積が狭い。「ちっこい・　さら(皿)・に・　つけもん(漬物)・を・　い(入)れる。」「あみ(網)・の・　め(目)・が・　ちっこー・て・　さかな(魚)・が・　よー・　に(逃)げ・へん。」③背丈などが低い。「ちっこい・　かだら(体)・や・けど・　あの・　すもーと(相撲取)り・は・　つよ(強)い・なー。」④数や程度が甚だしくない。「ちっこい・　おかね(金)・が・　あ(有)ら・へん・さかい・　いちまんえんさつ(一万円札)・を・　つぶす。」「いっぺん(一遍)・ぐらい・　しっぱい(失敗)し・ても・　ちっこい・　こと・や・ぞ。」「ちっこい・　こえ(声)・で・　ないしょばなし(内緒話)・を・　する。」⑤年が下である。「ちっこい・　こ(子)・の・　こもり(子守)・を・　する。」■対語＝「おおきい【大きい】」「おっきい【大っきい】」「おおけえ【大けえ】」「おっけえ【(大けえ)】」「ごっつい」「ごつい」〔⇒**ちさい**【小さい】、**ちいさい**【小さい】、**ちっさい**【小っさい】、**ちいこい**【小こい】、**ちっちゃい**【小っちゃい】、**こまい**【小まい】、**こんまい**【小まい】〕

ちっこいめ【小っこい目】《名詞、形容動詞や(ノ)》 ①ものの大きさが、少し小さいこと。比較的小さいと思われること。「ちっこいめの・　さかな(魚)・やなかっ・たら・　た(食)べき(切)ら・れ・へん。」②音量が弱いこと。「ちっこいめの・　こえ(声)・やっ・た・さかい・　よー・　き(聞)こえ・なんだ。」■対語＝「おおきめ【大き目】」「おおきいめ【大きい目】」「おおけえめ【大けえ目】」「おっきめ【大っき目】」「おっきいめ【大っきい目】」「おおけめ【大け目】」「おっけめ【大っけ目】」「おっけえめ【大っけえ目】」「ごっつめ【ごっつ目】」「ごっついめ【ごっつい目】」〔⇒**ちいさいめ**【小さい目】、**ちいさめ**【小さ目】、**ちっちゃいめ**【小っちゃい目】、**こまいめ**【小まい目】、**こんまいめ**【小んまい目】〕

ちっさい【小っさい】《形容詞・アイ型》 ①体積がささやかで、わずかの場所を占めている。「ちっさい・　すべ(滑)りだい(台)・を・　つく(作)る。」②面積が狭い。「とーし(＝篩い)・の・　め(目)ー・が・　ちっさい・さかい・　ふ(振)っ・ても・　すな(砂)・が・　お(落)ち・へん。」③背丈などが低い。「せ(背)ー・の・　ちっさい・　ひと(人)・に・は・　とど(届)きにくい・　たか(高)さ・や。」④数や程度が甚だしくない。「ちっさい・　おかね(金)・に・　つぶす。」「てれび(テレビ)・の・　おと(音)・が・　ちっそー・て・　よー・　き(聞)こえ・へん。」「ちっさい・　しっぱい(失敗)・は・　き(気)・に・　する・な。」⑤年が下である。「こーえん(公園)・で・　ちっさい・　こ(子)・が・　あそ(遊)ん・どる。」■対語＝「おおきい【大きい】」「おっきい【大っきい】」「おおけえ【大けえ】」「おっけえ【(大けえ)】」「ごっつい」「ごつい」〔⇒**ちさい**【小さい】、**ちいさい**【小さい】、**ちっこい**【小っこい】、**ちいこい**【小こい】、**ちっちゃい**【小っちゃい】、**こまい**【小まい】、**こんまい**【小まい】〕

ちっさする【小っさする】《動詞・サ行変格活用》 ①面積、体積、身長などの値をわずかにする。「なかみ(中身)・が・　ち(小)さい・さかい・　はこ(箱)・も・　ちっさし・てください・な。」②会社や組織などを衰えさせる。程度や規模などを縮小する。「ちっさし・た・　かいしゃ(会社)・を・　もっぺん・　おー(大)きー・　し・たい・なー。」③隙間などを少なくする。「あいま(合間)・を・　ちっさし・て・　なえ(苗)・を・　う(植)える。」④音量を弱くする。「やかま(喧)しー・さかい・　もっと・　おと(音)・を・　ちっさし・てんか。」■自動詞は「ちっさなる【小っさなる】」■対語＝「おっきする【大っきする】」「おっけする【大っけする】」〔⇒**ちいさする**【小さする】、**ちいそする**【小そする】、**ちっそする**【小っそする】、**こます る**【小まする】、**こもする**【小もする】〕

ちっさなる【小っさなる】《動詞・ラ行五段活用》 ①面積、体積、身長などの値がわずかになる。「せんだく(洗濯)し・て・　ほ(干)し・たら・　ちぢ(縮)ん・で・　ちっさなっ・た。」②程度や規模などがわずかになる。「けーき(景気)・が・　わる(悪)ー・て・　かいしゃ(会社)・が・　ちっさなっ・た。」③隙間などが少なくなる。「なら(並)べすぎ・て・　あいま(合間)・が・　ちっさなっ・ても・た。」④音量が弱くなる。「すぴーかー(スピーカー)・の・　おと(音)・が・　いつ・の・　ま(間)ー・に・か・　ちっさなっ・ても・とる。」⑥恐縮してちぢこまる。「あいつ(彼奴)・は・　おこ(怒)ら・れ・て・　ちっさなっ・とる。」■他動詞は「ちっさする【小っさする】」■対語＝「おっきなる【大っきなる】」「おっけなる【大っけなる】」〔⇒**ちいさなる**【小さなる】、**ちいそなる**【小そなる】、**ちっそなる**【小っそなる】、**こまなる**【小まなる】、**こもなる**【小もなる】〕

ちっそく【窒息】《名詞、動詞する》 息が詰まったり酸素がなくなったりして、呼吸ができなくなること。「うみ(海)・に・　もぐ(潜)っ・て・　ちっそくし・そーに・　なっ・た。」

ちっそする【小っそする】《動詞・サ行変格活用》①面積、体積、身長などの値をわずかにする。「こし(腰)・を・　かが(屈)め・て・　せ(背)ー・を・　ちっそし・て・　かってぐち(勝手口)・を・　くぐ(潜)る。」②会社や組織などを衰えさせる。程度や規模などを縮小する。「ふけーき(不景気)・や・さかい・　かいしゃ(会社)・を・　ちっそせ・んと・　やっ・ていか・れ・へん。」③隙間などを少なくする。「あいだ(間)・を・　ちっそし・て・　いす(椅子)・を・　なら(並)べる。」④音量を弱くする。「すぴーかー(スピーカー)・を・　ちょーせつ(調節)し・て・　ちっそする。」■自動詞は「ちっそなる【小っそなる】」■対語＝「おっきする【大っきする】」「おっけする【大っけする】」〔⇒**ちいさする**【小さする】、**ちいそする**【小そする】、**ちっさする**【小っさする】、**こまする**【小まする】、**こもする**【小もする】〕

ちっそなる【小っそなる】《動詞・ラ行五段活用》①面積、体積、身長などの値がわずかになる。「とし(歳)・を・　とっ・て・　せ(背)ー・が・　ちっそなっ・てき・た。」②程度や規模などがわずかになる。「みんな(皆)・が・　とし(歳)・を・　とっ・て・　どーこーかい(同好会)・の・　にんずー(人数)・が・　ちっそなっ・てき・た。」③隙間などが少なくなる。「ろーじ(路地)・の・　おく(奥)・の・　ほー(方)・は・　いえ(家)・の・　すきま(隙間)・が・　ちっそなっ・とる。」④音量が弱くなる。「つか(疲)れ・てき・て・　こえ(声)・が・　ちっそなっ・ても・た。」⑤恐縮してちぢこまる。「おこ(怒)ら・れ・ん・よーに・　ちっそなっ・て・　すわ(座)っ・とっ・てん。」■他動詞は「ちっそする【小っそする】」■対語＝「おっきなる【大っきなる】」「おっけなる【大っけなる】」〔⇒**ちいさなる**【小さなる】、**ちいそなる**【小そなる】、**ちっさなる**【小っさなる】、**こまなる**【小まなる】、**こもなる**【小もなる】〕

ちっちゃい【小っちゃい】《形容詞・アイ型》①体積がささやかで、わずかの場所を占めている。「ちっちゃい・　すきま(隙間)・に・　て(手)・が・　はさ(挟)まっ・て・　ぬ(抜)け・へん。」②面積が狭い。「ちっちゃい・　さら(皿)・しか・　あら・へん。」③背丈などが低い。「ちっちゃい・　どーぞー(銅像)・が・　た(建)っ・とる。」④数や程度が甚だしくない。「ちっちゃい・　かいしゃ(会社)・に・　はい(入)っ・て・　はたら(働)い・とる。」「おまえ・の・　しっぱい(失敗)・は・　ちっちゃい・　こと・や。」「らじお(ラジオ)・は・　ちっちゃい・　おと(音)・で・　き(聴)け。」⑤年が下である。「ちっちゃい・　こ(子)・の・　めんどー(面倒)・を・　み(見)る。」■対語＝「おおきい【大きい】」「おっきい【大っきい】」「おおけえ【大けえ】」「おっけえ【(大けえ)】」「ごっつい」「ごつい」〔⇒**ちさい**【小さい】、**ちいさい**【小さい】、**ちっさい**【小っさい】、**ちっこい**【小っこい】、**ちいこい**【小こい】、**こまい**【小まい】、**こんまい**【小まい】〕

ちっちゃいめ【小っちゃい目】《名詞、形容動詞や(ノ)》①ものの大きさが、少し小さいこと。比較的小さいと思われること。「ごはん(御飯)・は・　ちっちゃいめの・　ちゃわん(茶碗)・で・　い(入)れ・てほしー・ねん。」②音量が弱いこと。「まいく(マイク)・の・　まえ(前)・で・　ちっちゃいめの・　こえ(声)・で・　しゃべ(喋)る。」■対語＝「おおきめ【大き目】」「おおきいめ【大きい目】」「おおけえめ【大けえ目】」「おっきめ【大っき目】」「おっきいめ【大っきい目】」「おおけめ【大け目】」「おっけめ【大っけ目】」「おっけえめ【大っけえ目】」「ごっつめ【ごっつ目】」「ごっついめ【ごっつい目】」〔⇒**ちいさいめ**【小さい目】、**ちいさめ**【小さ目】、**ちっこいめ**【小っこい目】、**こまいめ**【小まい目】、**こんまいめ**【小んまい目】〕

ちっと《副詞》　数量、程度、時間などが少ない様子。「ちっと・　ま(待)っ・てんか。」「ちっと・は・　わかっ・てほしー・なー。」〔⇒**ちいと、ちょっと、ちびっと、ちと、ちょびっと、ちょぼっと、ちょこっと、ちいとばかし、ちいとばかり、ちょっとばかし、ちょっとばかり、ちっとばかし、ちっとばかり、ちびっとばかし、ちびっとばかり、ちとばかし、ちとばかり、ちょびっとばかし、ちょびっとばかり、ちょぼっとばかし、ちょぼっとばかり、ちょこっとばかし、ちょこっとばかり、しょうしょう**【少々】〕

ちっとばかし《副詞》　数量、程度、時間などが少ない様子。「やさい(野菜)・を・　ちっとばかし・　わ(分)け・てくれ・へん・か。」〔⇒**ちいと、ちょっと、ちっと、ちびっと、ちと、ちょびっと、ちょぼっと、ちょこっと、ちいとばかし、ちいとばかり、ちょっとばかし、ちょっとばかり、ちっとばかり、ちびっとばかし、ちびっとばかり、ちとばかし、ちとばかり、ちょびっとばかし、ちょびっとばかり、ちょぼっとばかし、ちょぼっとばかり、ちょこっとばかし、ちょこっとばかり、しょうしょう**【少々】〕

ちっとばかり《副詞》　数量、程度、時間などが少ない様子。「ちっとばかり・　あたま(頭)・を・　はたら(働)かし・なはれ。」〔⇒**ちいと、ちょっと、ちっと、ちびっと、ちと、ちょびっと、ちょぼっと、ちょこっと、ちいとばかし、ちいとばかり、ちょっとばかし、ちょっとばかり、ちっとばかし、ちびっとばかし、ちびっとばかり、ちとばかし、ちとばかり、ちょびっとばかし、ちょびっとばかり、ちょぼっとばかし、ちょぼっとばかり、ちょこっとばかし、ちょこっとばかり、しょうしょう**【少々】〕

ちっとま【(一寸間)】《名詞》①ほんの短い時間の間。わずかの時間。「ちっとま・　ゆだん(油断)し・とっ・たら・　さいふ(財布)・を・　ぬす(盗)ま・れ・た。」②少し長い間。久しく。「これ・から・は・　ちっとま・　さぶ(寒)い・　ひ(日)・が・　つづ(続)く・やろ。」〔⇒**いちじ**【一時】、**いっとき**【一時】、**いちどき**【一時】、**ちょっとま**【一寸間】、**ちいとま**【ちいと間】、**ちとま**【(一寸間)】、**ひといき**【一息】、**しといき**【(一息)】、**しばらく**【暫く】〕

ちっとも《副詞》　打ち消し表現の度合いを高めるために使う言葉。まったく。「この・　もんだい(問題)・は・　むつか(難)しー・て・　ちっとも・　わから・へん。」〔⇒**ちいとも、ちょっとも**【一寸も】、**いっこも**【一個も】、**ひとつも**【一つも】、**ひとっつも**【一っつも】、**しとつも**【(一つも)】、**しとっつも**【(一っつも)】、**とっつも、なにひとつ**【何一つ】、**なにしとつ**【(何一つ)】、**ぜんぜん**【全然】、**なんにも**【何にも】、**なにも**【何も】〕

ちと《副詞》　数量、程度、時間などが少ない様子。「ちと・　かね(金)・が・　た(足)ら・へん・ねん。」〔⇒**ちいと、ちょっと、ちっと、ちびっと、ちょびっと、ちょぼっと、ちょこっと、ちいとばかし、ちいとばかり、ちょっとばかし、ちょっとばかり、ちっとばかし、ちっとばかり、ちびっとばかし、ちびっとばかり、ちとばかし、ちとばかり、ちょびっとばかし、ちょびっとばかり、ちょぼっとばかし、ちょぼっとばかり、ちょこっとばかし、ちょこっとばかり、しょうしょう**【少々】〕

ちとばかし《副詞》　数量、程度、時間などが少ない様子。「ちとばかし・　かお(顔)・を・　か(貸)し・てくれ・へん・か。」〔**⇒ちいと、ちょっと、ちっと、ちびっと、ちと、ちょびっと、ちょぼっと、ちょこっと、ちいとばかし、ちいとばかり、ちょっとばかし、ちょっとばかり、ちっとばかし、ちっとばかり、ちびっとばかし、ちびっとばかり、ちとばかり、ちょびっとばかし、ちょびっとばかり、ちょぼっとばかし、ちょぼっとばかり、ちょこっとばかし、ちょこっとばかり、しょうしょう【少々】**〕

ちとばかり《副詞》　数量、程度、時間などが少ない様子。「ちとばかり・　かね(金)・を・　ゆーずー(融通)し・てくれ・まへ・ん・か。」〔**⇒ちいと、ちょっと、ちっと、ちびっと、ちと、ちょびっと、ちょぼっと、ちょこっと、ちいとばかし、ちいとばかり、ちょっとばかし、ちょっとばかり、ちっとばかし、ちっとばかり、ちびっとばかし、ちびっとばかり、ちとばかし、ちょびっとばかし、ちょびっとばかり、ちょぼっとばかし、ちょぼっとばかり、ちょこっとばかし、ちょこっとばかり、しょうしょう【少々】**〕

ちとま【(一寸間)**】**《名詞》　①ほんの短い時間の間。わずかの時間。「ちとま・　あめ(雨)・が・　ふ(降)っ・た・けど・　じっきに・　や(止)ん・だ。」②少し長い間。久しく。「ちとま・　かんが(考)え・て・から・　らいしゅー(来週)・に・でも・　へんじ(返事)・を・　くれ・や。」〔**⇒いちじ【一時】、いっとき【一時】、いちどき【一時】、ちょっとま【一寸間】、ちいとま【ちいと間】、ちっとま【**(一寸間)**】、ひといき【一息】、しといき【**(一息)**】、しばらく【暫く】**〕

ちぬ《名詞》　黒灰色をした鯛。黒鯛。「なげづ(投釣)り・で・　え(良)ー・　ちぬ・が・　つ(釣)れ・た。」

ちのけ【血の気】《名詞》　①顔や皮膚などの様子に現れる生気。「びょーき(病気)・を・　し・て・　ちのけ・が・　の(無)ーなっ・た。」②感情の高まるままに行動しようとする、荒々しい性格。「ちのけ・の・　ある・　やつ(奴)・や・さかい・　じっきに・　けんか(喧嘩)・を・　し・てまう。」③普段の心の状態。「じこ(事故)・を・　お(起)こし・そーに・　なっ・て・　ちのけ・が・　ひ(引)ー・た。」

ちのつながり【血の繋がり】《名詞》　先祖から続いている、親子や兄弟などのつながり。血縁。「ちのつながり・の・　ある・　しんせき(親戚)・が・　すく(少)ない・ねん。」

ちのみご【乳飲み子】《名詞》　まだ乳を飲んでいる幼児。乳児。「ちのみご・が・　お(居)る・さかい・　め(目)ー・が・　はな(離)さ・れ・へん。」

ちのめぐり【血の巡り】《名詞》　①血が血管の中を循環すること。「て(手)ー・を・　さすっ・て・　ちのめぐり・を・　よ(良)ー・　する。」②頭脳の働き。「ぼーっと・　し・て・　ちのめぐり・が・　わる(悪)い・　やつ(奴)・や・ねん。」

ちび《名詞、形容動詞や(ノ)》　①背が低いこと。また、そのような人。「しょーがっこー(小学校)・の・　ころ(頃)・は・　ちびやっ・てん。」②幼い者。子ども。「うち・に・は・　ちび・が・　ふたり(二人)・　おる。」

チビス〔ちびす〕《名詞》**【ドイツ語＝Typhus】**　高熱や発疹をともなって腸などが侵される、細菌によって起こる感染症。「このごろ・は・　ちびす・に・　かか(罹)っ・た・　ひと(人)・は・　き(聞)か・ん・よーに・　なっ・た。」〔**⇒チブス【ドイツ語＝Typhus】**〕

ちびちび《副詞と》　①酒などの飲み物を、間を置いて少しずつ飲む様子。「ひとり(一人)・で・　ちびちび・　さけ(酒)・を・　の(飲)ん・どっ・た。」②物事を一度に進めないで、すこしずつ行っていく様子。「むつか(難)しい・　ほん(本)・や・さかい・　ちびちびと・　よ(読)ん・だ。」〔**⇒ちょびちょび、ちびりちびり**〕

ちびっと《副詞》　数量、程度、時間などが少ない様子。「ちびっと・　あいだ(間)・を・　あ(空)け・て・　う(植)え・てください・な。」〔**⇒ちいと、ちょっと、ちっと、ちと、ちょびっと、ちょぼっと、ちょこっと、ちいとばかし、ちいとばかり、ちょっとばかし、ちょっとばかり、ちっとばかし、ちっとばかり、ちびっとばかし、ちびっとばかり、ちとばかし、ちとばかり、ちょびっとばかし、ちょびっとばかり、ちょぼっとばかし、ちょぼっとばかり、ちょこっとばかし、ちょこっとばかり、しょうしょう【少々】**〕

ちびっとばかし《副詞》　数量、程度、時間などが少ない様子。「ちびっとばかし・しか・　あり・ませ・ん・けど・　どーぞ・　た(食)べ・てください。」〔**⇒ちいと、ちょっと、ちっと、ちびっと、ちと、ちょびっと、ちょぼっと、ちょこっと、ちいとばかし、ちいとばかり、ちょっとばかし、ちょっとばかり、ちっとばかし、ちっとばかり、ちびっとばかり、ちとばかし、ちとばかり、ちょびっとばかし、ちょびっとばかり、ちょぼっとばかし、ちょぼっとばかり、ちょこっとばかし、ちょこっとばかり、しょうしょう【少々】**〕

ちびっとばかり《副詞》　数量、程度、時間などが少ない様子。「たたみ(畳)・の・　うえ(上)・に・　みず(水)・を・　ちびっとばかり・　こぼ(零)し・た。」〔**⇒ちいと、ちょっと、ちっと、ちびっと、ちと、ちょびっと、ちょぼっと、ちょこっと、ちいとばかし、ちいとばかり、ちょっとばかし、ちょっとばかり、ちっとばかし、ちっとばかり、ちびっとばかし、ちとばかし、ちとばかり、ちょびっとばかし、ちょびっとばかり、ちょぼっとばかし、ちょぼっとばかり、ちょこっとばかし、ちょこっとばかり、しょうしょう【少々】**〕

ちびりちびり《副詞と》　①酒などの飲み物を、間を置いて少しずつ飲む様子。「にが(苦)い・　おちゃ(茶)・や・さかい・　ちびりちびり・　の(飲)ん・だ。」②物事を一度に進めないで、すこしずつ行っていく様子。「しゃっきん(借金)・を・　ちびりちびり・　かや(返)す。」〔**⇒ちびちび、ちょびちょび**〕

ちびる《動詞・バ行上一段活用》　①使い続けることによって、磨り減る。擦り切れて小さくなったり薄くなったりする。「くつ(靴)・の・　そこ(底)・が・　だいぶ・　ちび・た。」「ちび・た・　えんぴつ(鉛筆)・や・けど・　まだ・　か(書)ける。」②大小便などを漏らす。少し出す。「さぶ(寒)ー・て・　しょんべん(小便)・を・　ちびっ・た。」③出し惜しみをする。「ちびっ・て・　なかなか・　きふ(寄付)し・てくれ・へん。」〔**⇒しびる**〕

ちぶさ【乳房】《名詞》　胸にあって乳を出すところ。「あかご(赤子)・に・　ちぶさ・を・　す(吸)わ・す。」〔**⇒ちち【乳】、おっぱい**〕

チブス〔ちぶす〕《名詞》**【ドイツ語＝Typhus】**　高熱や発疹をともなって腸などが侵される、細菌によって起こる感染症。「むかし(昔)・は・　ちぶす・で・　にゅーいん(入院)する・　ひと(人)・が・　おっ・た。」〔**⇒チビス【ドイツ語＝Typhus】**〕

ちべたい【(冷たい)**】**《形容詞・アイ型》　①固体や気体の温度が低くて、触れると冷ややかな感じがする。「きたかぜ(北風)・が・　ふ(吹)い・て・　て(手)・が・　ちべたい。」②思いやりがない。人情味に欠ける。「あいつ

(彼奴)・は・　ほんま(本真)に・　ちべたい・　やつ(奴)・や。」■対語①＝「あつい【熱い】」「あちい【(熱い)】」〔⇒**つめたい**【冷たい】、**つべたい**【(冷たい)】、**ちめたい**【(冷たい)】。①⇒**ひやこい**【冷やこい】、**ひやっこい**【冷やっこい】、**ひやい**【冷やい】〕

ちまみれ【血塗れ】《形容動詞や(ノ)》　血がしたたっている様子。一面が血に染まっている様子。「さかな(魚)・を・　りょーり(料理)し・て・　て(手)ー・が・　ちまみれに・　なっ・た。」〔⇒**ちだらけ**【血だらけ】〕

ちまめ【血豆】《名詞》　強く撲ったり挟んだりしたときに、皮下が出血して、皮膚が豆のように盛り上がったもの。「と(戸)ー・で・　て(手)ー・を・　はそ(挟)ん・で・　ちまめ・が・　でけ(出来)・た。」

ちみきる【(詰み切る)】《動詞・ラ行五段活用》　①指先や爪で、皮膚をつまんで強くねじる。「おこ(怒)っ・て・　せなか(背中)・を・　ちみきり・やがっ・た。」②指先でねじって、ちぎる。「ほそ(細)い・　たけ(竹)・を・　ねじ(捻)っ・て・　ちみきる。」〔⇒**つめきる**【詰め切る】、**ちめきる**【(詰め切る)】。①⇒**ひねる**【捻る】、**つねる**【抓る】、**ひねきる**【捻切る】〕

ちめきりそう〔**ちめきりそー**〕【(爪切り草)】《名詞》　夏から秋にかけて、赤・白・黄色・紫色などの花を咲かせる、地面をはうように背丈の短い草。「きょねん(去年)・さ(咲)い・とっ・た・　とこ(所)・に・　ことし(今年)・も・　ちめきりそー・が・　は(生)え・てき・とる。」〔⇒**つめきりそう**【爪切り草】、**まつばぼたん**【松葉牡丹】〕

ちめきる【(詰め切る)】《動詞・ラ行五段活用》　①指先や爪で、皮膚をつまんで強くねじる。「はら(腹)・が・　た(立)っ・た・さかい・　ちめきっ・たっ・た。」②指先でねじって、ちぎる。「おー(大)けな・　まんじゅー(饅頭)・を・　ちめきっ・て・　く(食)う。」〔⇒**つめきる**【詰め切る】、**ちみきる**【(詰み切る)】。①⇒**ひねる**【捻る】、**つねる**【抓る】、**ひねきる**【捻切る】〕

ちめたい【(冷たい)】《形容詞・アイ型》　①固体や気体の温度が低くて、触れると冷ややかな感じがする。驚くような低温である。「ちめたい・　びーる(ビール)・を・の(飲)む。」②体温が低いと感じる。「ほ(頬)っぺた・が・　ちめとー・て・　ま(真)っしろ(白)や。」③思いやりがない。人情味に欠ける。「ちめたい・　こと・ばっかり・　ゆ(言)ー・　ひと(人)・や。」■対語＝①「あつい【熱い】」「あちい【(熱い)】」〔⇒**つめたい**【冷たい】、**つべたい**【(冷たい)】、**ちべたい**【(冷たい)】。①⇒**ひやこい**【冷やこい】、**ひやっこい**【冷やっこい】、**ひやい**【冷やい】〕

ちゃ〔**ちゃー**〕【茶】《名詞》　①濃緑色で光沢のある葉を飲みもの用に使う、常緑の低木。「ちゃー・の・　だんだんばたけ(段々畑)・が・　つづ(続)い・とる。」②茶の木の若葉を蒸して乾燥させたもの。「せーぼ(歳暮)・に・　ちゃー・を・　もろ(貰)・た。」③乾燥させたり、それを粉末にしたりした茶の葉に湯を注いで作った飲み物。「わし・は・　こ(濃)いー・　ちゃー・が・　す(好)きや・ねん。」④黒みを帯びた黄赤色。「ちゃー・の・　かばん(鞄)・は・　わし・のん・や。」◆③は、紅茶・コーヒー等を含めた意味で使うこともある。〔①②③⇒**おちゃ**【お茶】。③⇒**おぶう**、**おぶうちゃん**。④⇒**ちゃいろ**【茶色】〕

ちゃい《感動詞》　人や動物を追い払うときに口にする言葉。こちらへ来るな、あっちへ行け、という気持ちをこめた言葉。「ちゃい・　こっち・へ・　き(来)・たら・　あか・ん。」「ちゃい・　ちゃい・　あっち・へ・　い(行)け。」

ちゃいする《動詞・サ行変格活用》　①要らないものとして、置いたり投げ出したりする。「お(落)とし・た・　ごはんつぶ(御飯粒)・は・　きたな(汚)い・さかい・　ちゃいし・とき。」②手につかんでいたものを、反動を利用して空中に放り出す。手の力で遠くへ飛ばす。「ぼーる(ボール)・を・　む(向)こー・の・　ほー(方)・へ・　ちゃいする。」◆幼児語。〔⇒**ぽいする**、**ほかす**【放下す】、**ほりなげる**【放り投げる】。①⇒**すてる**【捨てる】、**してる**【(捨てる)】、**ほったらかす**【放ったらかす】、**ほっちらかす**【放っ散らかす】、**ほっとく**【放っとく】、**ぶつける**。②⇒**ほる**【放る】、**なげる**【投げる】、**ぶつける**〕

ちゃいちゃい《名詞、動詞する》　①湯を沸かして湯船の中に入れたもの。また、その湯船。また、その湯船のある浴室。「ちゃいちゃい・で・　あし(足)・を・　あら(洗)い・なはれ。」②入浴をすること。行水をすること。「たらい(盥)・で・　ちゃいちゃいする。」◆幼児語。〔⇒**ふろ**【風呂】、**ちゃぶちゃぶ**。①⇒**ふろば**【風呂場】。②⇒**ゆ**【湯】〕

ちゃいろ【茶色】《名詞》　黒みを帯びた黄赤色。「むかし(昔)・の・　でんしゃ(電車)・は・　ちゃいろ・が・　おー(多)かっ・た。」〔⇒**ちゃ**【茶】〕

ちゃう【(違う)】《動詞・ワア行五段活用》　①正しいものと異なる。「そんな・　こたえ(答)・と・　ちゃう・さかい・　もー・　いっぺん(一遍)・　かんが(考)え・てみー。」②考えや思いなどが合わなくて、差がある。「きのー(昨日)・　ゆ(言)ー・た・　こと(事)・と・　ちゃう・やない・か。」③他と異なって優れている。「この・　さかな(魚)・は・　やっぱり・　ひとあじ(一味)・　ちゃい・ます・なー。」④述べていることを否定するときに言葉。「ちゃう・ぞー。そんな・　こと(事)・を・　ゆ(言)ー・た・　おぼ(憶)え・は・　あら・へん。」■他動詞は「ちがえる【違える】」〔⇒**ちがう**【違う】〕

ちゃうちゃう【違う違う】《感動詞》　強く否定するときに発する言葉。まったく、そうではない。「ちゃうちゃう。それ・は・　まちが(間違)い・や。」

ちゃがし【茶菓子】《名詞》　お茶を飲むときにいっしょに食べる嗜好品。茶請け。「なん・ぞ・　ちゃがし・が・　ほ(欲)しー・なー。」〔⇒**ちゃがしん**【茶菓子ん】、**ちゃのこ**【茶の子】〕

ちゃがしん【茶菓子ん】《名詞》　お茶を飲むときにいっしょに食べる嗜好品。茶請け。「こども(子供)・に・も・　ちゃがしん・を・　こ(買)ー・たろ・か。」◆おやつのことを言う場合もある。〔⇒**ちゃがし**【茶菓子】、**ちゃのこ**【茶の子】〕

ちゃかす【茶滓】《名詞》　茶を煎じた後に残った茶の葉。「たたみ(畳)・の・　うえ(上)・を・　は(掃)く・　とき(時)・に・　ちゃかす・を・　つか(使)う。」〔⇒**ちゃがら**【茶柄】〕

ちゃかす【茶化す】《動詞・サ行五段活用》　人の話を真面目に取り合わないで、冗談のようにしてしまう。冗談のようにして、からかう。横合いから、要らぬことを言う。「こっち・は・　まじめ(真面目)に・　き(訊)ー・とる・ん・や・さかい・　ちゃかし・た・　はなし(話)・は・　せ・んとい・てんか。」〔⇒**ちゃちゃ(を)いれる**【茶々(を)入れる】〕

ちゃかちゃか《副詞と、動詞する》　落ち着きなく慌ただしく動き回る様子。口数が多く、忙しくしゃべる様子。「ちゃかちゃかと・　はし(走)りまー(回)っ・て・　いそが(忙)しー・　ひと(人)・や・なー。」

ちゃがま【茶釜】《名詞》 茶の湯などで、湯を沸かすために使う釜。「ちゃがま・の・　ゆ(湯)ー・で・　おちゃ(茶)・を・　い(淹)れ・てもー・た。」〔⇒**ちゃまが【(茶釜)】**〕

ちゃがら【茶柄】《名詞》 茶を煎じた後に残った茶の葉。「ちゃがら・を・　ま(撒)い・て・　ざしき(座敷)・を・は(掃)く。」〔⇒**ちゃかす【茶滓】**〕

ちゃきちゃき《形容動詞や(ノ)、動詞する》 ①ものの言い方や態度が、はっきりして要領がよい様子。つかえたりためらったりすることなく、言葉や態度に表す様子。「ちゃきちゃきと・　ゆ(言)ー・てくれ・た・さかい・　よ(良)ー・　わ(分)かった。」②やや自己中心的な言葉や行動がある様子。「ちゃきちゃきし・た・　ひと(人)・や・さかい・　たにん(他人)・の・　こと(事)・なんか・　き(気)・に・　せー・へん。」〔①⇒**はきはき、しゃきしゃき、しゃかしゃか**〕

ちゃく【着】《助数詞》 ①到着した順番や時刻などを数える言葉。「いっ(一)ちゃく・で・　ごーる(ゴール)・に・はい(入)っ・た。」「ろくじ(六時)ちゃく・の・　でんしゃ(電車)・で・　そっち・へ・　い(行)き・ます。」②衣服の数などを数える言葉。「せびろ(背広)・を・　に(二)ちゃく・　いっぺん(一遍)に・　こ(買)ー・た。」

ちゃくせき【着席】《名詞、動詞する》 立ち上がった状態から、席に腰をかけること。席に腰をかけたままであること。「れー(礼)・を・　し・て・から・　いす(椅子)・に・　ちゃくせきする。」「ちゃくせき・の・まま・で・　じこしょーかい(自己紹介)する。」■対語＝「きりつ【起立】」

ちゃくりく【着陸】《名詞、動詞する》 飛行機などが空中から降下して、地上に降りること。「ひこーき(飛行機)・に・　の(乗)っ・たら・　ちゃくりくする・まで・い(生)き・た・　ここち(心地)・が・　せー・へん・ねん。」

ちゃこし【茶漉し】《名詞》 湯を注ぐときに、小さな網を用いて茶の葉のかすを取り除く道具。「ちゃこし・の・め(目)ー・が・　つ(詰)まっ・た。」

ちゃさじ【茶匙】《名詞》 ①抹茶や薬などをすくうときに使う、竹などでできた匙。「ちょっと(一寸)・の・　りょー(量)・を・　ちゃさじ・で・　すく(掬)う。」②コーヒーや紅茶などを飲むときに使う金属製の匙。「ちゃさじ・で・ま(混)ぜ・て・　さとー(砂糖)・を・　と(溶)かす。」

ちゃしつ【茶室】《名詞》 茶の湯のときに使う小さな部屋。「べっそー(別荘)・に・は・　ちゃしつ・まで・　ある・ん・やて。」

ちゃたく【茶托】《名詞》 湯飲み茶碗を載せて客にすすめる、小さな受け皿のような台。「たけ(竹)・で・　でけ(出来)・た・　ちゃたく・を・　ひ(敷)く。」

ちゃだんす【茶箪笥】《名詞》 茶碗や食器などを入れておく、棚や引き出しのついた家具。「ちゃだんす・から・きゅーす(急須)・を・　だ(出)す。」

ちゃちゃ(を)いれる【茶々(を)入れる】《動詞・ラ行下一段活用》 人の話を真面目に取り合わないで、冗談のようにしてしまう。冗談のようにして、からかう。横合いから、要らぬことを言う。「ちゃちゃいれ・んと・よ(良)ー・　き(聞)ー・てくれ・へん・か。」〔⇒**ちゃかす【茶化す】**〕

チャック〔ちゃっく〕《名詞、動詞する》 ①服や鞄などに付けて開け閉めするために、金属または樹脂の細かい歯を並べて、その間に金具を滑らせるようにしたもの。ファスナー。ジッパー。「ずぼん(ズボン)・の・　ちゃっく・が・　あ(開)い・てまっ・せ。」②開くことがないようにすること。「くち(口)・に・　ちゃっくし・て・　もの・を・　い(言)わ・ん・よーに・　する。」◆「チャック」は、一見すると外来語のようにも見えるが、「巾着(きんちゃく)」をもじって「チャック印」としてファスナーを販売したことに由来すると言われている。

ちゃっちゃっと《副詞、動詞する》 ①ものごとを十分に、着実に行う様子。「あの・　ひと(人)・は・　ちゃっちゃっと・　しごと(仕事)する・さかい・　まちが(間違)い・が・　あら・へん。」②ためらうことなく、ものごとを手際よく素早く行う様子。「そーじ(掃除)・は・　ちゃっちゃっと・　す(済)まし・てしまい・よ。」〔⇒**ちゃんちゃんと、ちゃっちゃと。①⇒きちきち、きちんと、きっちり、ちゃんと、かっちり、しっかり、きっちり。②⇒さっさと、さっさっと、ちゃっと**〕

ちゃっちゃと《副詞、動詞する》 ①ものごとを十分に、着実に行う様子。「よそみ(余所見)・を・　せ・んと・　ちゃっちゃと・　ある(歩)け。」②ためらうことなく、ものごとを手際よく素早く行う様子。「ちゃっちゃと・　よめい(嫁入)り・を・　し・たら・　どない・や。」〔⇒**ちゃんちゃんと、ちゃっちゃっと。①⇒きちきち、きちんと、きっちり、ちゃんと、かっちり、しっかり、きっちり。②⇒さっさと、さっさっと、ちゃっと**〕

ちゃづつ【茶筒】《名詞》 茶の葉を入れておく、円柱形の容器。「しめ(湿)ら・ん・よーに・　ちゃづつ・に・　い(入)れ・とく。」

ちゃっと《副詞、動詞する》 ためらうことなく、ものごとを手際よく素早く行う様子。「ちゃっと・　へや(部屋)・の・　そーじ(掃除)・を・　す(済)まし・てしも・た。」〔⇒**ちゃっちゃっと、ちゃっちゃと、ちゃんちゃんと、さっさと、さっさっと**〕

ちゃつみ【茶摘み】《名詞、動詞する》 茶の木から、新しい芽や葉を摘み取ること。「うじ(宇治)・で・　ちゃつみ・を・　み(見)・た。」

ちゃない【(汚い)】《形容詞・アイ型》 ①よごれていて、不潔であったり不衛生であったりしている。「ちゃない・さかい・　そーじ(掃除)し・とい・ておくれ。」②乱暴であって、きちんとしていない。見苦しかったり聞き苦しかったりする様子だ。美観を損ねている。「ちゃない・　え(絵)ー・や・さかい・　なに(何)・を・　か(描)い・とる・の・か・　わから・へん。」③心が正しくない。自己中心的で、ずるくて腹黒い。「かね(金)・に・　ちゃない・やつ(奴)・や。」■対語＝「きれい【綺麗】」〔⇒**きたない【汚い】、きちゃない【(汚い)】、たない【(汚い)】。①②⇒ばばい、ばばちい、ばっちい、ばばっちい**〕

ちゃのこ【茶の子】《名詞》 ①お茶を飲むときにいっしょに食べる嗜好品。茶請け。「てった(手伝)い・に・　き(来)・てくれ・た・　ひと(人)・に・　ちゃのこ・を・　だ(出)す。」②仏事などの参会者や、近隣の人などに配るお菓子など。「きんじょ(近所)・に・　ほーじ(法事)・の・ちゃのこ・を・　くば(配)る。」〔①⇒**ちゃがし【茶菓子】、ちゃがしん【茶菓子ん】。②⇒おちゃのこ【お茶の子】**〕

ちゃばしら【茶柱】《名詞》 茶碗に注いだ茶の中に、縦になって浮かぶ茶の茎。「めんら(珍)しー・なー。ちゃばしら・が・　た(立)っ・とる。」

ちゃばら【茶腹】《名詞》 茶をたくさん飲んで、腹がいっぱいになっている状態。また、そのときの腹具合。「めし(飯)・が・　た(足)ら・なんだ・さかい・　ちゃばら・に・し・た。」

ちゃびん【茶瓶】《名詞》 ①湯を沸かすときに用いる、陶器や金属でできているもの。「ちゃびん・で・　ゆ(湯)ー・

を・　わかす。」②頭のあるべきところに毛がないこと。また、頭の毛がない場所。また、頭に毛がない人。「あの・　ちゃびん・が・　うち・の・　おやじ(親父)・や。」〔②⇒**はげ【禿げ】、はげちゃびん【禿げ茶瓶】、はげちゃん【禿げちゃん】、はげあたま【禿げ頭】**〕

ちゃぶちゃぶ《名詞、動詞する》①湯を沸かして湯船の中に入れたもの。また、その湯船。また、その湯船のある浴室。「ちゃぶちゃぶ・で・　あし(足)・を・　あら(洗)え・よ。」②入浴をすること。行水をすること。「ゆっくり・　ちゃぶちゃぶし・なはれ。」◆幼児語。〔⇒**ふろ【風呂】、ちゃいちゃい**。①⇒**ふろば【風呂場】**。②⇒**ゆ【湯】**〕

ちやほや《副詞と、動詞する》　おだてたり甘やかしたりして、相手の機嫌をとる様子。「ちやほやさ・れ・て・　そだ(育)っ・とる・さかい・　わがまま(我儘)な・　こ(子)ー・や。」

ちゃまが【(茶釜)】《名詞》　茶の湯などで、湯を沸かすために使う釜。「てつ(鉄)・の・　ちゃまが・で・　おちゃ(茶)・を・　わ(沸)かす。」〔⇒**ちゃがま【茶釜】**〕

ちゃみせ【茶店】《名詞》　人出の多い所などにあって、菓子などを売ったり、お茶を飲ませたりする店。「こーえん(公園)・に・　ちゃみせ・が・　ある。」

ちゃむし【茶蒸し】《名詞》　卵を出し汁で溶いたものに、肉や野菜などを入れて、食器のままで蒸した料理。「ちゃむし・は・　あつ(熱)い・うち・に・　た(食)べ・てください。」〔⇒**ちゃわんむし【茶碗蒸し】、ちゃんむし【茶ん蒸し】**〕

ちゃらちゃら《副詞と、動詞する》　①華美で目立つ様子。軽薄な様子。「ちゃらちゃらし・た・　ふく(服)・を・　き(着)・とる。」②男女が人前で親しくする様子。「まち(町)・の・　まんなか・で・　ちゃらちゃらせ・んとい・てんか。」③硬貨などがたくさん触れ合って音をたてている様子。また、その音。「ぽけっと(ポケット)・で・　ちゃらちゃらと・　おと(音)・が・　し・とる。」〔②③⇒**じゃらじゃら**〕

ちゃらんぽらん《名詞、形容動詞や(ナ・ノ)》　①しっかりした考えを持たず、その場限りでいい加減なこと。「ちゃらんぽらんな・　こと(事)・を・　ゆ(言)ー・　やつ(奴)・は・　こま(困)る・なー。」②仕事などに責任を持たず、投げやりに行うこと。「ちゃらんぽらんな・　しごと(仕事)・を・　し・たら・　ちゅーもん(注文)・を・　もら(貰)わ・れ・へん・やろ。」

ちゃわん【茶碗】《名詞》　①ご飯を入れるための、陶器などで作った半球形の容器。「ちゃわん・を・　ひだり(左)・に・　しるわん(汁碗)・を・　みぎ(右)・に・　お(置)く。」②お茶を入れるための、陶器などで作った半球形または円筒形の容器。「まっちゃ(抹茶)・を・　ちゃわん・で・の(飲)む。」〔①⇒**めしわん【飯椀】**〕

ちゃわんむし【茶碗蒸し】《名詞》　卵を出し汁で溶いたものに、肉や野菜などを入れて、食器のままで蒸した料理。「ちゃわんむし・の・　なか(中)・に・　ゆりね(百合根)・を・　い(入)れる。」〔⇒**ちゃむし【茶蒸し】、ちゃんむし【茶ん蒸し】**〕

ちゃん《接尾語》　①人の名前や人をあらわす言葉につけて、親愛感などを表す言葉。「いちろー(一郎)ちゃん・は・　げんき(元気)です・か。」「あした(明日)・　おじ(叔父)ちゃん・に・　あ(会)う・ねん。」②食べ物の名前につけて、やわらかい感じを表す言葉。「あめ(飴)ちゃん・を・　もろ(貰)・た。」「とっぺ(＝豆腐)ちゃん・に・　しょーゆ(醤油)・を・　かけ・て・　た(食)べる。」

ちゃんこ《接尾語》［動詞の連用形に付く］　過度に何かの動作をするということを表す言葉。「きもの(着物)・を・　ふ(踏)みちゃんこに・　し・たら・　あか・ん・やろ。」「さわ(触)りちゃんこに・　し・たら・　めげ・てまう・がな。」「かべ(壁)・を・　ぬ(塗)りちゃんこに・　する。」「えのぐ(絵具)・の・　いろ(色)・が・　ま(混)ぜちゃんや。」「たいふー(台風)・が・　あば(暴)れちゃんこに・　とー(通)っ・ていっ・た。」〔⇒**さんこ、こべ**〕

ちゃんちゃらおかしい〔ちゃんちゃらおかしー〕《形容詞・イイ型》　取るに足りないほど、実に馬鹿げている。問題にならなくて、聞いただけで笑い出したくなるほどである。「おまえ・の・　ゆ(言)ー・　こと・なんか・　ちゃんちゃらおかしー・て・　き(聞)ー・とら・れ・へん・わい。」

ちゃんちゃんこ《名詞》　袖のない羽織。「ちゃんちゃんこ・を・　はお(羽織)っ・たら・　ちょっと・　ぬく(温)ー・なっ・た。」

ちゃんちゃんと《副詞、動詞する》　①ものごとを十分に、着実に行う様子。「お(落)ちつい・て・　ちゃんちゃんと・　か(書)き・なはれ。」②ためらうことなく、ものごとを手際よく素早く行う様子。「ちゃんちゃんとせ・な・ま(間)にあわ・へん・ぞ。」〔⇒**ちゃっちゃっと、ちゃっちゃと**。①⇒**きちきち、きちんと、きっちり、ちゃんと、かっちり、しっかり、きっちり**。②⇒**さっさと、さっさっと、ちゃっと**〕

ちゃんと〔ちゃーんと〕《副詞、動詞する》　①ものごとを十分に、着実に行う様子。「ちゃんと・　てつぼー(鉄棒)・に・　つか(掴)まっ・て・　お(落)ち・ん・よーに・　せー・よ。」「まちが(間違)え・ん・よーに・　ちゃんと・　けーさん(計算)する。」②基準や慣例や法則などから外れていない様子。「あさ(朝)・に・　なっ・たら・　ちゃんと・　おひ(日)さん・が・　のぼ(昇)る。」③整っていて乱れがない様子。几帳面に整えている様子。「ちゃーんとし・た・　ふくそー(服装)・を・　しー・よ。」④ものが堅く引き締まっている様子。ものがぴったり合って、すき間がない様子。「ちゃんと・　はこ(箱)・の・　なか(中)・に・　おさ(収)まっ・た。」〔①②④⇒**きちきち**。①②⇒**きちんと、きっちり**。①④⇒**かっちり、しっかり、きっちり**。③④⇒**きちんと**。①⇒**ちゃんちゃんと、ちゃっちゃっと、ちゃっちゃと**〕

ちゃんぽん《名詞、副詞に、動詞する》　いろいろな食べ物を混ぜること。また、混ぜた食べ物。いろんな種類の食べ物をいっしょに食べること。「にく(肉)・と・　やさい(野菜)・を・　ちゃんぽんに・　し・て・　いた(炒)める。」

ちゃんむし【茶ん蒸し】《名詞》　卵を出し汁で溶いたものに、肉や野菜などを入れて、食器のままで蒸した料理。「かいせき(会席)・に・　ちゃんむし・が・　つ(付)い・とる。」〔⇒**ちゃむし【茶蒸し】、ちゃわんむし【茶碗蒸し】**〕

ちゅう〔ちゅー〕【中】《名詞》　①数量、形、範囲などが小さくもなく大きくもないもの。程度や度合いが普通であること。「ごはん(御飯)・は・　おーも(大盛)り・やのー・て・　ちゅー・に・　し・てんか。」②価値や程度が、水準より優れているでもなく劣っているでもないこと。また、そのようなもの。「がっこー(学校)・の・　せーせき(成績)・は・　ちゅー・ぐらい・やっ・た。」③全体を3つに分けたときの、真ん中の部分。順序が真ん中あたりであること。「なが(長)い・　しょーせつ(小説)・や・けど・　ちゅー・まで・　よ(読)ん・だ。」④中学校の生徒。また、その学年。「あんたとこ・の・　まご(孫)・は・　もー・　ちゅーさん(三)・に・も・　なっ・た・ん・かいな。」■対語＝①「だい【大】」「しょう【小】」。②③「じょう【上】」「げ【下】」

ちゅう〔ちゅー〕【宙】《名詞》 ①地面から離れている空間。地面の上に広がっている空間。「ふーせん(風船)・が・　ちゅー・に・　う(浮)い・とる。」「はし(走)っ・てき・て・　ちゅー・で・　くるりと・　まー(回)る。」②書いてあるものを見ないで、言ったりしたりすること。「きちんと・　おぼ(憶)え・て・　ちゅー・で・　ゆ(言)ー・てみ・なさい。」〔⇒**そら【空】**〕

ちゅう〔ちゅー〕《副助詞》「という【と言う】」という言葉がつづまった形。「なん(何)・ちゅー・　はなし(話)・や。」「なん(何)・とか・ちゅー・　ひと(人)・が・　き(来)・とる・ぞー。」「あした(明日)・　く(来)る・ちゅー・とる・のに・　き(聞)い・てくれ・へん・ねん。」「はら(払)う・ちゅー・ても・　しんよー(信用)でけ・へん。」◆動詞のような活用はしない。自立語とはみなしにくいので助詞とするが、助詞の中での分類も難しい。一応、副助詞としておく。

ちゅう〔ちゅー〕【中】《接尾語》 何かをしている途中であることを表す言葉。「いま(今)・　べんきょー(勉強)ちゅー・や・ねん。」

ちゅうい〔ちゅーい〕【注意】《名詞、動詞する》 ①大事なことや見過ごしてはいけないことなどについて、特に気をつけること。気持ちを集中して、用心すること。「じこ(事故)・に・　ちゅーいし・て・　うんてん(運転)する。」②他の人が言い聞かせて諭すこと。気をつけさせること。「せんせー(先生)・に・　ちゅーいさ・れ・た。」

チューインガム〔ちゅーいんがむ〕【英語＝chewing gum】《名詞》 噛んで味わうようにした、ゴムのような合成樹脂に風味や糖分などをつけた菓子。「ちゅーいんがむ・の・　かす(滓)・が・　くつ(靴)・に・　ひっつい・て・　はら(腹)・が・　た(立)つ。」〔⇒**ガム【英語＝gum】**〕

ちゅうか〔ちゅーか〕【中華】《名詞》 ①中国特有の材料などをもとに調理した食べ物。中国風に調理した食べ物。「ちゅーか・の・　まんじゅー(饅頭)・を・　こ(買)ー・た。」②中国風の麺を茹でてスープに入れて、焼き豚などを加えた食べ物。「ちゅーか・を・　いっぱい(一杯)・ください。」〔①⇒**ちゅうかりょうり【中華料理】**。②⇒**ラーメン【中国語から。拉麺】、しなそば【支那蕎麦】、ちゅうかそば【中華蕎麦】**〕

ちゅうがえり〔ちゅーがえり〕【宙返り】《名詞、動詞する》 空中で体を回転させること。「つばめ(燕)・が・　ちゅーがえりし・て・　と(飛)ん・でいく。」〔⇒**ちゅうがやり【(宙返り)】**〕

ちゅうがく〔ちゅーがく〕【中学】《名詞》 小学校を卒業した後に進む3年間の義務教育の学校。「むすこ(息子)・が・　ちゅーがく・に・　はい(入)っ・た。」〔⇒**ちゅうがっこう【中学校】**〕

ちゅうがくせい〔ちゅーがくせー〕【中学生】《名詞》 中学校に通っている生徒。「ちゅーがくせー・から・は・　でんしゃちん(電車賃)・は・　おとな(大人)・や。」

ちゅうかそば〔ちゅーかそば〕【中華蕎麦】《名詞》 中国風の麺を茹でてスープに入れて、焼き豚などを加えた食べ物。「えき(駅)・で・　ちゅーかそば・を・　た(食)べ・て・から・　でんしゃ(電車)・に・　の(乗)る。」〔⇒**ラーメン【中国語から。拉麺】、しなそば【支那蕎麦】、ちゅうか【中華】**〕

ちゅうがっこう〔ちゅーがっこー、ちゅうがっこ〕【中学校】《名詞》 小学校を卒業した後に進む3年間の義務教育の学校。「ちゅーがっこ・へ・　ばす(バス)・に・　の(乗)っ・て・　かよ(通)う。」〔⇒**ちゅうがく【中学】**〕

ちゅうがやり〔ちゅーがやり〕【(宙返り)】《名詞、動詞する》 空中で体を回転させること。「まっと(マット)・の・　うえ(上)・で・　ちゅーがやりし・て・　み(見)せる。」〔⇒**ちゅうがえり【宙返り】**〕

ちゅうかりょうり〔ちゅーかりょーり〕【中華料理】《名詞》 中国特有の材料などをもとに調理した食べ物。中国風に調理した食べ物。「あじ(味)・の・　こ(濃)いい・ちゅーかりょーり・は・　にがて(苦手)や・ねん。」〔⇒**ちゅうか【中華】**〕

ちゅうかん〔ちゅーかん〕【中間】《名詞》 ①2つのものの間。2つのもののほぼ真ん中。「いえ(家)・と・　がっこー(学校)・と・の・　ちゅーかん・に・　ふみきり(踏切)・が・　ある。」「まらそん(マラソン)・は・　ちゅーかん・で・　お(折)りかえす。」②ある期間の途中や真ん中。物事を行っている途中。「まだ・　ちゅーかん・や・さかい・できあ(出来上)がっ・とら・へん・ねん。」

ちゅうき〔ちゅーき〕【中期】《名詞》 全体を3つの期間に分けたときの、真ん中の区切り。「はじ(初)め・は・　いっしょーけんめー(一生懸命)やっ・た・けど・　ちゅーき・は・　なか(中)だるみ・に・　なっ・ても・た。」■対語＝「ぜんき【前期】」「こうき【後期】」

ちゅうきゅう〔ちゅーきゅー〕【中級】《形容動詞や(ノ)》 ①程度や価値などが平均的であること。「ちゅーきゅー・の・　しなもん(品物)・やっ・たら・　こ(買)ー・ても・まー・　あんしん(安心)や。」②全体をいくつかの段階に分けたときの、真ん中あたりの段階。「ちゅーきゅー・の・　かんじ(漢字)・の・　しけん(試験)・を・　う(受)ける。」■対語＝「じょうきゅう【上級】」「かきゅう【下級】」

ちゅうげん〔ちゅーげん〕【中元】《名詞》 お盆の時期に、知人や世話になった人などに贈り物をすること。また、その品物。「ちゅーげん・は・　じゅーす(ジュース)・か・　びーる(ビール)・が・　え(良)ー・やろ。」◆対語＝「せいぼ【歳暮】」

ちゅうこ〔ちゅーこ〕【中古】《名詞》 使って古くなっていること。他の人が既に一度使っていること。また、そのようなもの。「これ・は・　ちゅーこ・の・　しなもん(品物)・や・さかい・　う(売)っ・たり・は・　でけ(出来)・へん。」■対語＝「しんぴん【新品】」〔⇒**ちゅうぶる【中古】、ちゅうこひん【中古品】、ちゅうぶるひん【中古品】**〕

ちゅうこひん〔ちゅーこひん〕【中古品】《名詞》 使って古くなっているもの。他の人が既に一度使っているもの。「ちゅーこひん・の・　じてんしゃ(自転車)・は・やす(安)い・なー。」■対語＝「しんぴん【新品】」〔⇒**ちゅうこ【中古】、ちゅうぶる【中古】、ちゅうぶるひん【中古品】**〕

ちゅうし〔ちゅーし〕【中止】《名詞、動詞する》 ①予定していたものを、実施前に取りやめにすること。「かぜ(風邪)・が・　はや(流行)っ・とる・さかい・　まらそんたいかい(マラソン大会)・は・　ちゅーしする。」②実施している途中で、一時中断したり、とりやめにしたりすること。「あめ(雨)・が・　つよ(強)ー・　なっ・た・さかい・　うんどーかい(運動会)・を・　ちゅーしし・て・や(止)む・の・を・　ま(待)つ。」

ちゅうじえん〔ちゅーじえん〕【中耳炎】《名詞》 耳の鼓膜のあたりで起こる病気。「ちゅーじえん・で・　みみだ

(耳垂)れ・が・ で(出)る。」

ちゅうしゃ〔ちゅーしゃ〕【注射】《名詞、動詞する》 皮膚に針を射して、液状の薬を体の中に入れること。「よぼー(予防)・の・ ため・に・ いんふるえんざ(インフルエンザ)・の・ ちゅーしゃ・を・ する。」

ちゅうしょく〔ちゅーしょく〕【昼食】《名詞》 正午の頃の食事。「ちゅーしょく・は・ しょくどー(食堂)・で・ た(食)べる。」■対語＝「ちょうしょく【朝食】」「ゆうしょく【夕食】」〔⇒**ひるごはん【昼御飯】、ひるめし【昼飯】、ひる【昼】**〕

ちゅうしん〔ちゅーしん〕【中心】《名詞》 ①いろいろのものが集中しているところ。中核の役割を果たして、非常に重要なところ。「こーべ(神戸)・の・ ちゅーしん・は・ さんのみや(三宮)・や。」②もののちょうど中央のところ。線状のもので両端から等距離にある点。円の弧のすべての位置から等距離にある点。「うんどーじょー(運動場)・の・ ちゅーしん・を・ とー(通)っ・て・ こーしん(行進)する。」〔⇒**まんなか【真ん中】**。②⇒**まなか【真中】**〕

ちゅうする〔ちゅーする〕《動詞・サ行変格活用》 口の中に含んでいたものを外へ出す。食べたものを口から外へ出す。「ごろごろし(＝うがいをし)・て・から・ ちゅーし・なさい。」「ちゅーいんがむ(チューインガム)・は・ た(食)べ・てまわ・んと・ ちゅーしー・よ。」◆幼児語。〔⇒**はく【吐く】、はきだす【吐き出す】**〕

ちゅうせん〔ちゅーせん〕【抽選】《名詞、動詞する》 当たり・外れや順番などを決めるために、番号や印を付けておいた、同じ形の紙や棒などを引くこと。また、その方法でことを決めること。「おーうりだ(大売出)し・の・ ちゅーせん・は・ から(空)くじ・ な(無)し・でっ・せ。」◆器械を用いて行う方法もある。〔⇒**くじびき【籤引き】**〕

ちゅうちゅう〔ちゅーちゅー〕《名詞》 家や畑などにすみ、農作物を食い荒らしたり、病原菌を媒介したりする、繁殖力が強い小動物。「てんじょー(天井)・を・ ちゅーちゅー・が・ はし(走)っ・とる。」◆幼児語。〔⇒**ねずみ【鼠】**〕

ちゅうちゅう〔ちゅーちゅー〕《副詞と、動詞する》 液体などを吸う様子。ストローなどを使って、液体などを吸い上げる様子。また、そのときに出る音。「ぎゅーにゅー(牛乳)・を・ ちゅーちゅー・ す(吸)う。」◆幼児語。

ちゅうと〔ちゅーと〕【中途】《名詞》 ①移動を開始してから、まだ目的地に着いていない間。「ちゅーと・で・ じゅーたい(渋滞)・に・ ひっかかっ・た。」②ものごとが始まってから、まだ終わっていない間。進行しているものごとの中ほど。「ちゅーと・で・ あきら(諦)め・んと・ さいご(最後)・まで・ やっ・てみ・ん・かいな。」〔⇒**とちゅう【途中】**〕

ちゅうどく〔ちゅーどく〕【中毒】《名詞》 飲食したものや接触したものなどに含まれる毒やばい菌などが原因で、体の具合が悪くなること。「くすり(薬)・も・ の(飲)みすぎ・たら・ ちゅーどく・に・ なる。」〔⇒**しょくちゅうどく【食中毒】**〕

ちゅうとはん〔ちゅーとはん〕【中途半】《形容動詞や(ナ・ノ)》 ①ものごとが途中までしか出来上がっていない様子。「ちゅーとはんで・ しごと(仕事)・を・ や(止)め・たら・ あか・ん。」②どっちつかずなやり方で徹底しない様子。「ちゅーとはんな・ こた(答)え・を・ い(言)わ・れ・たら・ まよ(迷)う・がな。」〔⇒**ちゅうとはんぱ【中途半端】**〕

ちゅうとはんぱ〔ちゅーとはんぱ〕【中途半端】《名詞、形容動詞や(ナ・ノ)》 ①ものごとが途中までしか出来上がっていない様子。「え(絵)ー・を・ か(描)い・て・ ちゅーとはんぱな・ ままで・ ほ(放)っ・とる。」②どっちつかずなやり方で徹底しない様子。「ちゅーとはんぱな・ へんじ(返事)・や・さかい・ い(言)ー・たい・ こと・が・ よー・ わから・へん。」〔⇒**ちゅうとはん【中途半】**〕

ちゅうにち〔ちゅーにち〕【中日】《名詞》 しばらく続く期間の真ん中の日。特に、春と秋にある彼岸7日間の真ん中の日。「ことし(今年)・の・ はる・の・ ちゅーにち・は・ にじゅーさんにち(二十三日)・や。」

ちゅうにん〔ちゅーにん〕【仲人】《名詞》 1組の男女の仲立ちをして、結婚を正式にまとめる人。媒酌人。「たの(頼)ん・で・ ちゅーにん・に・ なっ・てもらう。」〔⇒**なこうど【仲人】**〕

ちゅうねん〔ちゅーねん〕【中年】《名詞》 青年と老年の間の年頃で、40～50歳代の働き盛りの人。「わしら・も・ えー・ ちゅーねん・の・ おっさん・に・ なっ・ても・た・なー。」

チューブ〔ちゅーぶ〕【英語＝tube】《名詞》 ①自動車や自転車などのタイヤの中にあるゴムの管。「たいや(タイヤ)・が・ ぺっちゃんこに・ なっ・て・ なか(中)・の・ ちゅーぶ・が・ み(見)え・とる。」②筒型で絞り出すようになっている、金属やビニールなどで作った容器。「はみが(歯磨)き・の・ ちゅーぶ・が・ から(空)・に・ なっ・た。」

ちゅうぶう〔ちゅーぶー、ちゅーぶ〕【中風】《名詞》 脳卒中の発作後に現れる半身不随などの症状。「ちゅーぶー・に・ なっ・て・ いえ(家)・で・ ね(寝)・とる。」

ちゅうぶらりん〔ちゅーぶらりん〕【宙ぶらりん】《名詞、形容動詞や(ノ)》 ①空中にぶら下がっていること。「みのむし(蓑虫)・が・ ちゅーぶらりんに・ なっ・とる。」②どっちつかずで中途半端であること。「ちゅーぶらりんで・ まだ・ はなし(話)・が・ まと(纏)まっ・とら・へん。」

ちゅうぶる〔ちゅーぶる〕【中古】《名詞》 使って古くなっていること。他の人が既に一度使っていること。また、そのようなもの。「この・ ばす(バス)・は・ ちゅーぶるや・さかい・ すぴーど(スピード)・が・ で(出)・やへん・なー。」■対語＝「しんぴん【新品】」〔⇒**ちゅうこ【中古】、ちゅうこひん【中古品】、ちゅうぶるひん【中古品】**〕

ちゅうぶるひん〔ちゅーぶるひん〕【中古品】《名詞》 使って古くなっているもの。他の人が既に一度使っているもの。「ちゅーぶるひん・の・ きかい(機械)・を・ こ(買)ー・た。」■対語＝「しんぴん【新品】」〔⇒**ちゅうこ【中古】、ちゅうぶる【中古】、ちゅうこひん【中古品】**〕

ちゅうもん〔ちゅーもん〕【注文】《名詞》 ①品質・形・寸法・数量などを指示して、品物を届けさせたり、作らせたりすること。「おやこ(親子)どんぶり・を・ ちゅーもんする。」②相手に、自分の望む条件などを提示すること。「そんな・ むつか(難)しー・ ちゅーもん・は・ せ・んとい・て。」

ちゅうもんとり〔ちゅーもんとり〕【注文取り】《名詞、動詞する》 得意先を回って、買いたい品物を聞いて回ること。また、そのようなことをする人。ご用聞き。「やおや(八百屋)・の・ ちゅーもんとり・が・ き(来)・た。」

チューリップ〔**ちゅーりっぷ**〕【英語＝tulip】《名詞》 百合に似た赤・白・黄・紫色などの大きな6弁の花を咲かせる、球根で増えていく草花。「にわ(庭)・に・　ちゅーりっぷ・が・　さ(咲)い・とる。」

ちゅうろう〔**ちゅーろー**〕【中老】 祭りの運営などのために、青年団員としての年齢(30歳くらいまで)を過ぎた人たちで構成している集まり。また、その集まりのうちのひとりひとり。「まつり(祭)・で・　ちゅーろー・が・　みこし(神輿)・を・　かつ(担)ぐ。」

ちゅんちゅん《名詞》 人家の近くに群れをなしてすむ、茶色に黒の斑点があり腹は白い小さな鳥。「にわ(庭)・の・　ちゅんちゅん・に・　えさ(餌)・を・　やる。」◆幼児語。〔⇒**すずめ**【**雀**】〕

ちゅんちゅん《副詞と》 雀の鳴き声を表す言葉。「あさ(朝)・から・　ちゅんちゅんと・　やかま(喧)しーに・　な(鳴)い・とる。」

ちょいちょい《副詞》 しばしばというほどではないが、時にはあるということを表す言葉。「このごろ・は・　あめ(雨)・が・　すけ(少)のー・て・　ふ(降)る・の・は・　ちょいちょい・や。」「ちょいちょい・　まちが(間違)い・が・　ある。」「ちょいちょい・　いしや(石焼)きいも・を・　う(売)り・に・　く(来)る。」〔⇒**ちょくちょく、ちょこちょこ**〕

ちょう〔**ちょー**〕【**蝶**】《名詞》 美しい色彩の2対の羽をもち、それをひらひらさせて飛び、花の蜜などを吸う昆虫。「あげは(揚羽)・の・　ちょー・が・　と(飛)ん・でき・た。」〔⇒**ちょうちょう**【**蝶々**】〕

ちょう〔**ちょー**〕【**腸**】《名詞》 食物を消化したり栄養分や水分を吸い取ったりする、胃に続く部分から肛門までの器官。「ちょー・の・　びょーき(病気)・に・　なっ・て・　にゅーいん(入院)し・とる。」

ちょう〔**ちょー**〕【**町**】《名詞》 ①村とともに、郡を構成する地方公共団体。「かこぐん(加古郡)・に・は・　いなみ(稲美)ちょー・と・　はりま(播磨)ちょー・が・　ある。」②市などの中にある、小さな地域の名前。「あかし(明石)・の・　ひとまる(人丸)ちょー・に・　す(住)ん・どる。」③尺貫法で土地の広さを表す単位であり、1町は10反で、およそ9917平方メートルの広さ。「いっ(一)ちょー・の・　たんぼ(田圃)・を・　も(持)っ・とる。」④尺貫法の距離を表す単位であり、1町は60間で、およそ109メートルに相当する長さ。「えき(駅)・まで・は・　ご(五)ちょー・ほど・　ある。」〔①⇒**まち**【**町**】〕

ちょう〔**ちょー**〕【**丁**】《助数詞》 豆腐、算盤、鋏、包丁などを数える言葉。「とふ(豆腐)・を・　に(二)ちょー・　こ(買)ー・てき・てんか。」

ちょういちばん〔**ちょーいちばん**〕【**ちょう一番**】《名詞、副詞に》 他のものに比べて、格別に真っ先であること。「しけん(試験)・が・　はじ(始)まっ・たら・　ちょーいちばんに・　なまえ(名前)・を・　わす(忘)れ・ん・よーに・　か(書)く。」「いつも・　あの・　ひと(人)・が・　ちょーいちばんに・　やっ・てくる。」〔⇒**といちばん**【**と一番**】〕

ちょうえき〔**ちょーえき**〕【**懲役**】《名詞》 罪を償わせるために、刑務所に入れて労役をさせること。「はんにん(犯人)・は・　ちょうえき・　ごねん(五年)・に・　なっ・た・そーや。」

ちょうかい〔**ちょーかい**〕【**朝会**】《名詞》 学校や会社などで、朝の挨拶や打ち合わせなどをする集会。「いっしゅーかん(一週間)・に・　いっぺん(一遍)・　うんどーじょー(運動場)・で・　ちょーかい・が・　ある・ねん。」〔⇒**ちょうれい**【**朝礼**】〕

ちょうかん〔**ちょーかん**〕【**朝刊**】《名詞》 毎日2回発行される新聞で、朝に発行され(配達され)る新聞。「ちょーかん・が・　く(来)る・の・は・　ごじ(五時)・ごろ・や。」◆「ちょうかん【朝刊】」だけの新聞もある。■対語＝「ゆうかん【夕刊】」

ちょうこく〔**ちょーこく**〕【**彫刻**】《名詞》 木や石や金属などを彫ったり削ったりして、平面的あるいは立体的な文字や模様や絵などを作ること。また、そのようにして作られたもの。「こーべ(神戸)・の・　ふらわーろーど(フラワーロード)・に・　ちょーこく・が・　なら(並)ん・どる。」

ちょうこくとう〔**ちょーこくとー**〕【**彫刻刀**】《名詞》 いろいろな形を作るために、木などを彫ったり削ったりするときに使う小刀。「ねんがじょー(年賀状)・を・　ほ(彫)り・よっ・て・　ちょーこくとー・で・　けが(怪我)し・た。」

ちょうし〔**ちょーし**〕【**調子**】《名詞》 ①体や心の中の具合。「え(良)ー・　ちょーし・で・　ひるね(昼寝)し・とっ・たら・　か(蚊)ー・に・　さ(刺)さ・れ・た。」②ものごとを行うときの勢いやはずみ。「そろそろ・　ちょーし・が・　で(出)・てき・た。」「ちょーし・を・　だ(出)し・て・　おもいきり・　はし(走)れ。」③生活する姿勢や気位。「ちょーし・の・　たか(高)い・　ひと(人)・や・さかい・　きふ(寄付)・は・　ぎょーさん(仰山)・　だ(出)さ・んと・　き(気)・が・　すま・ん・ね・やろ。」「ちょーし・の・　たか(高)い・　こと・を・　ゆ(言)ー・　やつ・や。」「ふけーき(不景気)・や・さかい・　ちょーし・を・　ひく(低)ー・　せ・な・　やっ・ていか・れ・へん・ぞ。」④言葉によって表現するときの、音声や文章の具合。「わかりやすい・　ちょーし・で・　か(書)い・てある。」⑤音楽を演奏するときの音律の高低。「ちょーし・の・　お(合)ー・た・　おと(音)・を・　だ(出)す。」⑥機械などが働く具合や状態。「せんぷーき(扇風機)・の・　ちょーし・が・　おかしい。」

ちょうし〔**ちょーし**〕【**銚子**】《名詞》 陶器などで作られて、口が狭くて細長い形の、酒を入れる容器。「ちょーし・の・　さけ(酒)・が・　から(空)・に・　なっ・た・ぞ。」◆大型のものは「とっくり【徳利】」と言うことが多いように思われる。〔⇒**とっくり**【**徳利**】〕

ちょうしにのる〔**ちょーしにのる**〕【**調子に乗る**】《動詞・ラ行五段活用》 ①仕事などが順調に進む。「しごと(仕事)・が・　ちょーしにのっ・てき・た。」②おだてられて、いい気になる。うぬぼれて、ますます増長する。「ちょーしにのっ・て・　みんな(皆)・の・　まえ・で・　やかま(喧)しー・に・　ゆ(言)ー・とる。」

ちょうしもん〔**ちょーしもん**〕【**調子者**】《名詞》 ①深く考えないで、そのときの自分の気分や、周りの様子にしたがって行動する人。軽薄な人。「ちょーしもん・が・　ひとり(一人)・で・　うた(歌)・を・　うと(歌)ー・とる。」②人からのおだてに乗りやすい者。「ちょーしもん・や・さかい・　ゆ(言)わ・れ・たら・　なん(何)・でも・　しごと(仕事)・を・　ひ(引)きうけ・てまう。」〔①⇒**おっちょこちょい**〕

ちょうしょ〔**ちょーしょ**〕【**長所**】《名詞》 人の性格や力量や、ものの性能などで優れているところ。「おっとりし・た・　とこ(所)・が・　あいつ(彼奴)・の・　ちょーしょ・や。」■対語＝「たんしょ【短所】」

ちょうじょ〔**ちょーじょ**〕【**長女**】《名詞》 夫婦の間に最初に生まれた女の子。「ちょーじょ・が・　あと(後)・から・

よめ(嫁)・に・　い(行)く。」◆一般には「(一番)上の女の子」「二番目の女の子」「三番目の女の子」という言い方が多い。■類語＝「ちょうなん【長男】」

ちょうじょう〔ちょーじょー〕【頂上】《名詞》　山やもののいただきなどで、最も高いところ。「ふじさん(富士山)・の・　ちょーじょー・へ・　のぼ(登)っ・てみたい。」〔⇒**てっぺん【天辺】、てっぺ【(天辺)】**〕

ちょうしょく〔ちょーしょく〕【朝食】《名詞》　一日の始まりに食べる食事。「ちょーしょく・を・　ぬ(抜)く・　こども(子供)・が・　おー(多)い・ん・やって。」■対語＝「ちゅうしょく【昼食】」「ゆうしょく【夕食】」〔⇒**あさめし【朝飯】、あさごはん【朝御飯】、あさ【朝】**〕

ちょうしんき〔ちょーしんき〕【聴診器】《名詞》　医者が患者の体に当てて、体内の音を聞き、体の様子を知る道具。「おいしゃ(医者)はん・に・　ちょーしんき・を・　あ(当)て・られ・た。」

ちょうず〔ちょーず〕【手水】《名詞》　大便や小便をするための設備のあるところ。「きゅー(急)に・　ちょーず・へ・　い(行)き・とー・　なっ・た。」〔⇒**べんじょ【便所】、せっちん【雪隠】、せんち、せんちょ**〕

ちょうずばち〔ちょーずばち〕【手水鉢】《名詞》　用便後に手を洗うための水を溜めた鉢。「ちょーずばち・で・　て(手)・を・　きれー(綺麗)に・　あら(洗)い・なはれ。」

ちょうせつ〔ちょーせつ〕【調節】《名詞、動詞する》　ものごとの釣り合いや調子をちょうど良いように整えること。「がす(ガス)・の・　ひ(火)ー・を・　ちょーせつす・る。」

ちょうだい〔ちょーだい〕【頂戴】《サ行変格活用動詞「ちょうだいする」の語幹》　ものを与えてくれること、売ってくれることを、親しみを込めて促すときに使う言葉。「その・　けーき(ケーキ)・を・　ちょーだい。」〔⇒**おくれ【お呉れ】、ください【下さい】、くだはい【(下はい)】、おくんなはれ【お呉んなはれ】**〕

ちょうだい【頂戴】《補助動詞の命令形のような使い方》
⇒**てちょうだい【て頂戴】**《補助動詞の命令形のような使い方》**を参照**

ちょうだいする〔ちょーだいする〕【頂戴する】《動詞・サ行変格活用》　何かをもらうことの謙譲表現。「けっこー(結構)な・　もの(物)・を・　ちょーだいし・て・　ありがとう・ごいまし・た。」〔⇒**いただく【頂く】**〕

ちょうちょう〔ちょーちょー、ちょーちょ〕【蝶々】《名詞》　美しい色彩の2対の羽をもち、それをひらひらさせて飛び、花の蜜などを吸う昆虫。「あおむし(青虫)・が・　ちょーちょー・に・　なっ・た。」〔⇒**ちょう【蝶】**〕

ちょうちょう〔ちょーちょー〕【町長】《名詞》　町を代表し、町の政治に携わる、いちばん上の人。「こんど(今度)・の・　にちよー(日曜)・が・　ちょーちょー・の・　せんきょ(選挙)・の・　ひ(日)ー・や。」

ちょうちん〔ちょーちん〕【提灯】《名詞》　細い割り竹を骨として、周りに紙などを張り、中に蝋燭などを灯して明かりとして使い、折り畳みのできる道具。「おぼん(盆)・に・は・　ちょーちん・を・　つ(吊)る。」

ちょうつがい〔ちょーつがい〕【蝶番】《名詞》　①一方の端を軸として、ドアや蓋などを自由に開け閉めできるように取り付ける金具。「と(戸)ー・の・　ちょーつがい・が・　さ(錆)び・てき・た。」②体の関節のつなぎ目。「あご(顎)・の・　ちょーつがい・が・　はず(外)れ・た。」

ちょうづめ〔ちょーづめ〕【腸詰め】《名詞》　味付けしたひき肉を、豚の腸などに詰めて、蒸したりいぶしたりした食べ物。「つな(繋)がっ・とる・　ちょーづめ・を・　き(切)る。」〔⇒**ソーセージ【英語＝sausage】**〕

ちょうど〔ちょーど〕【丁度】《副詞》　①寸法・分量・時間・時刻などが、ある基準に一致する様子。過不足などがない様子。「ちょーど(丁度)・　ごせんえん(五千円)・の・　かいもん(買物)・を・　し・た。」「ちょーど・　さんじ(三時)・に・　つ(着)い・た。」②具合良く、または具合悪く、期待や予想などに合致することを表す言葉。その時に合わせて。「でんしゃ(電車)・を・　お(降)り・たら・　ちょーど・　あめ(雨)・が・　や(止)ん・だ。」「ちょーど・　その・　とき(時)・に・　じしん(地震)・が・　お(起)き・た。」③何かとよく似ているということを表す言葉。「ちょーど・　ひる(昼)・の・よーな・　あか(明)さ・や。」〔①⇒**ぴたっと、ぴちっと、ぴちんと、ぴったし、ぴったり、ぴったんこ、びっちり、ぴっちり、ちょっきり、ちょっきし、きっちり、こっきり。③⇒まるで、まんで、まって**〕

ちょうな〔ちょーな〕【手斧】《名詞》　木を粗く削り取って平らにするのに使う刃物。「じょーず(上手)に・　ちょーな・で・　けず(削)っ・ていく。」〔⇒**ちょんな【(手斧)】**〕

ちょうなご〔ちょーなご〕【(手斧鍬)】《名詞》　土や雑草を掘り起こしたりするときに使う、幅の広くない鍬。「ちょーなご・で・　あし(足)・を・　かじか・ん・よーに・　し・なはれ。」〔⇒**ちょんなご【(手斧鍬)】、ちょうのんが【(手斧鍬)】**〕

ちょうなん〔ちょーなん〕【長男】《名詞》　夫婦の間に最初に生まれた男の子。「ちょーなん・が・　がっこー(学校)・を・　そつぎょー(卒業)し・た。」◆一般には「(一番)上の男の子」「二番目の男の子」「三番目の男の子」という言い方が多い。■類語＝「ちょうじょ【長女】」

ちょうにん〔ちょーにん〕【町人】《名詞》　江戸時代の都市に定住した、商人や職人のこと。「この・　あた(辺)り・は・　むかし(昔)・　ちょーにん・が・　す(住)ん・どっ・た・　まち(街)・や。」

ちょうのんが〔ちょーのんが〕【(手斧鍬)】《名詞》　土や雑草を掘り起こしたりするときに使う、幅の広くない鍬。「ちょーのんが・で・　くさ(草)・を・　かじく。」〔⇒**ちょうなご【(手斧鍬)】、ちょんなご【(手斧鍬)】**〕

ちょうぼ〔ちょーぼ〕【帳簿】《名詞》　金銭や物品などの出し入れなどを書き記す帳面。「ちょーぼ・を・　つ(付)ける・　しごと(仕事)・を・　し・て・まん・ねん。」

ちょうほうけい〔ちょーほーけー〕【長方形】《名詞》　4つの角がすべて直角で、縦の長さと横の長さが違う4角形。「ちょーほーけー・の・　とち(土地)・や・さかい・　きかい(機械)・を・　つか(使)いやすい。」〔⇒**ながしかく【長四角】**〕

ちょうほんにん〔ちょーほんにん〕【張本人】《名詞》　良くない事件や問題の起こる元になった人。「きょー(今日)・の・　しあい(試合)・に・　ま(負)け・た・ん・は・　おまえ・が・　ちょーほんにん・や。」

小学生用の帳面

ちょうめん〔ちょーめん〕【帳面】《名詞》　ものを書くために、同じ大きさの紙を綴じた冊子。「わす(忘)れ・ん・よーに・　ちょーめん・に・　か(書)い・とく。」〔⇒**ノート【英語＝note】**〕

ちょうめんづら【帳面面】《名詞》　帳簿などに記入された、表面上の数字や事柄。表向きの計算。「ちょーめんづら・は・　なん(何)とか・　なっ・とる・けど・　ほんま(本真)・は・　あかじ(赤字)・や・ねん。」

ちょうれい〔ちょーれい〕【朝礼】《名詞》　学校や会社など

で、朝の挨拶や打ち合わせなどをする行事。「げつよーび(月曜日)・は・　ちょーれい・が・　ある。」〔⇒**ちょうかい【朝会】**〕

チョーク〔ちょーく〕【英語＝chalk】《名詞》　黒板に文字や図形を書くために、粉末の石膏を棒のように固めた筆記具。「みち(道)・に・　ちょーく・で・　らくが(落書)きし・とる。」「あか(赤)い・　ちょーく・で・　よこ(横)・に・　せん(線)・を・　ひ(引)く。」〔⇒**はくぼく【白墨】、はこぼく【(白墨)】**〕

ちょか《形容動詞や(ナ)、動詞する、名詞》　①お節介なことや軽率なことをすること。おどけたことをすること。また、そのような人。「ちょか・が・　い(要)ら・ん・　こと・を・　する。」②盛んに動き回ること。落ちつきなく動き回ること。また、そのような人。「おー(大)きなっ・ても・　ちょかな・　こと・が・　なお(直)ら・へん。」〔⇒**ちょかちょか**〕

ちょかちょか《形容動詞や(ナ)、動詞する、名詞》　①お節介なことや軽率なことをすること。おどけたことをすること。また、そのような人。「ひと(人)・の・　こと(事)・に・　ちょかちょか・　くち(口)・を・　だ(出)さ・んとい・てんか。」②盛んに動き回ること。落ちつきなく動き回ること。また、そのような人。「ちょかちょか・　はし(走)りまーっ・て・　しごと(仕事)・を・　する。」◆語幹だけの副詞的な用法もある。〔⇒**ちょか**〕

ちょかまか《副詞と、動詞する》　じっとしておれず、あれこれ動き回る様子。労をいとわず、かいがいしく動く様子。「ちょかまかと・　うご(動)きまわっ・て・　よー・　しごと(仕事)・を・　する・　ひと(人)・や・なー。」〔⇒**ちょこまか**〕

ちよがみ【千代紙】《名詞》　折り紙などに使う、花や図柄などの模様を色刷りにした和紙。「ちよがみ・で・　つる(鶴)・を・　お(折)る。」

ちょきん【貯金】《名詞、動詞する》　銀行や郵便局などに預けてお金をためること。ためたお金。「よー・　はたら(働)い・て・　ちょきん・を・　し・なはれ。」「ちょきん・が・　だいぶ(大分)・　でけ(出来)・た。」

ちょくせつ【直接】《副詞に》　間に何も入れないで、接したり対応したりすること。「でんわ(電話)・は・　や(止)め・て・　ちょくせつ・　はなし(話)・に・　い(行)く。」「しょーかい(紹介)・の・　ひと(人)・も・　な(無)し・に・　ちょくせつに・　あ(会)い・に・　い(行)く。」〔⇒**ちょくに【直に】、じかに【直に】**〕

ちょくせん【直線】《名詞》　ひとつながりのまっすぐな線。2つの点を結ぶ最も短い線。「この・　あた(辺)り・は・　せんろ(線路)・が・　ちょくせん・に・　なっ・とる。」

ちょくちょく《副詞》　しばしばというほどではないが、時にはあるということを表す言葉。「あいつ(彼奴)・は・　ちょくちょく・　やっ・てき・まっ・せ。」〔⇒**ちょいちょい、ちょこちょこ**〕

ちょくに【直に】《副詞》　間に何も入れないで、接したり対応したりすること。「あの・　ひと(人)・に・　ちょくに・　たの(頼)ん・でみる・の・が・　え(良)ー。」〔⇒**ちょくせつ【直接】、じかに【直に】**〕

ちょけ《名詞》　ふざけること。戯れること。おどけること。また、そのようにする人。「ときどき(時々)・　ちょけ・が・　で(出)・ます・なー。」「あんな・　ちょけ・は・　ほか(他)・に・は・　おら・へん。」

ちょける《動詞・カ行下一段活用》　ふざける。戯れる。おどける。「ちょけ・て・　みち(道)・を・　ある(歩)い・とっ・たら・　みぞ(溝)・へ・　はまる・ぞ。」「ちょけ・て・　みんな(皆)・を・　たの(楽)しま す。」■名詞化＝**ちょけ**

ちょこざい《形容動詞や(ナ)》　年齢や立場などに不相応なほど、小生意気である様子。「わか(若)い・のに・　ちょこざいな・　こと・を・　ゆ(言)ー・　やつ(奴)・や。」

ちょこちょこ《副詞と、形容動詞や(ノ)》　しばしばというほどではないが、時にはあるということを表す言葉。「ちょこちょこ・　おや(親)・の・　かお(顔)・を・　み(見)ー・に・　い(行)く。」〔⇒**ちょいちょい、ちょくちょく**〕

ちょこちょこ《副詞と、動詞する》　①小さい歩幅で動き回る様子。「みせ(店)・の・　なか(中)・を・　ちょこちょこと・　はし(走)りまわっ・て・　はたら(働)い・とる。」②簡単な動作を繰り返す様子。しばらくの間もじっとしていない様子。「ちょこちょこと・　た(立)っ・たり・　すわ(座)っ・たり・　し・とる。」③特別の目的もなくあちらこちらを動き回る様子。同じところを行ったり来たりしている様子。目障りでうるさいぐらいに、落ち着きなくあちらこちらを動き回る様子。「ちょこちょこせ・んと・　そこ・の・　いす(椅子)・に・　すわ(座)っ・とれ。」〔⇒**ちょっちょっ**。④⇒**うろうろ、うろちょろ、ちょろちょろ**〕

ちょこっと《副詞》　軽く行う様子。わずかに行う様子。「しんどい・さかい・　ここら・で・　ちょこっと・　やす(休)み・まへ・んか。」「ちょこっと・　ま(待)っ・てほしー・ねん。」「まちが(間違)い・が・　ちょこっと・　あり・ます・な。」「ちょこっと・　にっこり・　し・てくれ・た。」〔⇒**ちょっと、ちょこんと、ちょっくら**〕

ちょこっと《副詞》　数量、程度、時間などが少ない様子。「いっぺん(一遍)・だけ・でも・　ちょこっと・　かお(顔)・を・　だ(出)し・てください。」〔⇒**ちいと、ちょっと、ちっと、ちびっと、ちと、ちょびっと、ちょぽっと、ちいとばかし、ちいとばかり、ちょっとばかし、ちょっとばかり、ちっとばかし、ちっとばかり、ちびっとばかし、ちびっとばかり、ちとばかし、ちとばかり、ちょびっとばかし、ちょびっとばかり、ちょぽっとばかし、ちょぽっとばかり、ちょこっとばかし、ちょこっとばかり、しょうしょう【少々】**〕

ちょこっとばかし《副詞》　数量、程度、時間などが少ない様子。「ちょこっとばかし・　きふきん(寄付金)・が・　た(足)ら・ん・なー。」〔⇒**ちいと、ちょっと、ちっと、ちびっと、ちと、ちょびっと、ちょぽっと、ちょこっと、ちいとばかし、ちいとばかり、ちょっとばかし、ちょっとばかり、ちっとばかし、ちっとばかり、ちびっとばかし、ちびっとばかり、ちとばかし、ちとばかり、ちょびっとばかし、ちょびっとばかり、ちょぽっとばかし、ちょぽっとばかり、ちょこっとばかり、しょうしょう【少々】**〕

ちょこっとばかり《副詞》　数量、程度、時間などが少ない様子。「きょねん(去年)・より・も・　ちょこっとばかり・　しゅっせきしゃ(出席者)・が・　すく(少)ない。」〔⇒**ちいと、ちょっと、ちっと、ちびっと、ちと、ちょびっと、ちょぽっと、ちょこっと、ちいとばかし、ちいとばかり、ちょっとばかし、ちょっとばかり、ちっとばかし、ちっとばかり、ちびっとばかし、ちびっとばかり、ちとばかし、ちとばかり、ちょびっとばかし、ちょびっとばかり、ちょぽっとばかし、ちょぽっとばかり、ちょこっとばかし、しょうしょう【少々】**〕

ちょこまか《副詞と、動詞する》　じっとしておれず、あれこれ動き回る様子。労をいとわず、かいがいしく動く様子。「ちょこまかと・　みんな(皆)・の・　せわ(世話)・

ち

を・　し・てくれ・た。」〔⇒**ちょかまか**〕

チョコレート〔**ちょこれーと**〕【英語＝chocolate】《名詞》　カカオの実を原料にして、砂糖やミルクなどを混ぜて固めた菓子。「あつ(暑)い・さかい・　いた(板)・の・　ちょこれーと・が・　と(溶)け・とる。」

ちょこんと《副詞、動詞する》　①きちんとして、かしこまっている様子。「ちょこんと・　すわ(座)っ・て・　ま(待)っ・とる。」②軽く行う様子。わずかに行う様子。「ちょこんと・だけ・　おじぎ(辞儀)・を・　した。」「ちょこんと・　なまえ(名前)・を・　か(書)い・てくれ・へん・か。」〔②⇒**ちょこっと、ちょっくら、ちょっと**〕

ちょちょぎれる【ちょちょ切れる】《動詞・ラ行下一段活用》　①続いていたものが途中で止まって、続かなくなる。「ずっと・　か(勝)っ・とっ・た・のに・　ことし(今年)・は・　ちょちょぎれ・た。」②少しだけ出る。「こけ・て・　すね(脛)・を・　う(撲)っ・て・　なみだ(涙)・が・　ちょちょぎれ・た。」◆おどけた感じの言葉。悲壮感が強くない場合や、悲壮感を隠そうとするときなどに使う。〔①⇒**とぎれる**【**途切れる**】〕

ちょっかい《名詞、動詞する》　横から余計な口出しや手出しをすること。物事に介入すること。「かんけー(関係)・の・　な(無)い・　やつ(奴)・が・　ちょっかい・を・　だ(出)さ・んとい・てんか。」「ちょっかいし・て・　あか(赤)んぼー・を・　な(泣)かし・ても・た。」

ちょっかいかう【ちょっかい支う】《動詞・ワア行五段活用》　横から余計な口出しや手出しをする。物事に介入する。「はなし(話)・に・　ちょっかいかわ・んと・　ちゃんと・　き(聞)け。」◆「ちょっかいだす【ちょっかい出す】」とも言う。

ちょっかく【**直角**】《名詞》　2つの直線が交わってできる、90度の角。「みち(道)・を・　ちょっかく・に・　ま(曲)がる。」

チョッキ〔**ちょっき**〕【フランス語＝jaque からか】《名詞》　上着の下、ワイシャツの上などに着る、袖なしで丈の短い胴着。「さぶ(寒)ー・　なっ・てき・た・さかい・　せびろ(背広)・の・　した(下)・に・　ちょっき・を・　き(着)る。」

ちょっきし《副詞》　寸法・分量・時間・時刻などが、ある基準に一致する様子。過不足などがない様子。「この・　ふく(服)・は・　ちょっきし・　じぶん(自分)・の・　からだ(体)・に・　あ(合)う。」「ちょっきし・　ごひゃくえん(五百円)・で・　た(食)べ・られる・　てーしょく(定食)・や。」「じゅーじ(十時)・　ちょっきし・に・　あ(会)う・　やくそく(約束)・を・　し・た。」〔⇒**ぴたっと、ぴちっと、ぴちんと、ぴったし、ぴったり、ぴったんこ、びっちり、ぴっちり、ちょっきり、ちょうど、きっちり、こっきり**〕

ちょっきり《副詞》　寸法・分量・時間・時刻などが、ある基準に一致する様子。過不足などがない様子。「いま(今)・　ちょっきり・　しごと(仕事)・が・　す(済)ん・だ・　とこ・や。」「ここから・　ちょっきり・　いちり(一里)・　ある。」〔⇒**ぴたっと、ぴちっと、ぴちんと、ぴったし、ぴったり、ぴったんこ、びっちり、ぴっちり、ちょっきし、ちょうど、きっちり、こっきり**〕

ちょっくら《副詞》　軽く行う様子。わずかに行う様子。「ちょっくら・　でか(出掛)け・てくる・わ。」〔⇒**ちょこんと、ちょこっと、ちょっと**〕

ちょっちょっ《副詞と、動詞する》　①小さい歩幅で動き回る様子。「さかみち(坂道)・を・　ちょっちょっと・　ある(歩)い・て・　あ(上)がる。」②簡単な動作を繰り返す様子。「ちょっちょっと・　そろばん(算盤)・を・　はじ(弾)く。」〔⇒**ちょこちょこ**〕

ちょっと《副詞》　①数量、程度、時間などが僅かである様子。「ちょっと・だけ・　ま(待)っ・てんか。」「ても(手持)ち・の・　かね(金)・は・　ちょっと・だけ・や。」②軽く行う様子。わずかに行う様子。「ちょっと・　い(行)っ・てき・まっ・さ。」③完成段階や終着点に、簡単にはたどり着けないことを表す言葉。たやすくは実現しないことを表す言葉。「あした(明日)・まで・に・は・　ちょっと・　できあ(出来上)がら・へん。」◆③は、後ろに打ち消しの言葉が続く。〔①⇒**ちいと、ちっと、ちびっと、ちと、ちょびっと、ちょぼっと、ちょこっと、ちいとばかし、ちいとばかり、ちょっとばかし、ちょっとばかり、ちっとばかし、ちっとばかり、ちびっとばかし、ちびっとばかり、ちとばかし、ちとばかり、ちょびっとばかし、ちょびっとばかり、ちょぼっとばかし、ちょぼっとばかり、ちょこっとばかし、ちょこっとばかり、しょうしょう**【**少々**】**、すこし**【**少し**】。③⇒**なかなか**〕

ちょっと〔**ちょっとー**〕《感動詞》　相手に呼びかける言葉。「ちょっと。こっち・へ・　き(来)・てくれ・へん・か。」

ちょっとばかし《副詞》　数量、程度、時間などが少ない様子。「ちょっとばかし・　かね(金)・を・　か(貸)し・てくれ・へん・か。」〔⇒**ちいと、ちょっと、ちっと、ちびっと、ちと、ちょびっと、ちょぼっと、ちょこっと、ちいとばかし、ちいとばかり、ちょっとばかり、ちっとばかし、ちっとばかり、ちびっとばかし、ちびっとばかり、ちとばかし、ちとばかり、ちょびっとばかし、ちょびっとばかり、ちょぼっとばかし、ちょぼっとばかり、ちょこっとばかし、ちょこっとばかり、しょうしょう**【**少々**】〕

ちょっとばかり《副詞》　数量、程度、時間などが少ない様子。「ここ・で・　ちょっとばかり・　ま(待)っ・とい・てんか。」〔⇒**ちいと、ちょっと、ちっと、ちびっと、ちと、ちょびっと、ちょぼっと、ちょこっと、ちいとばかし、ちいとばかり、ちょっとばかし、ちっとばかし、ちっとばかり、ちびっとばかし、ちびっとばかり、ちとばかし、ちとばかり、ちょびっとばかし、ちょびっとばかり、ちょぼっとばかし、ちょぼっとばかり、ちょこっとばかし、ちょこっとばかり、しょうしょう**【**少々**】〕

ちょっとま【**一寸間**】《名詞》　①ほんの短い時間の間。わずかの時間。「ちょっとま・　ぬく(温)い・　ひ(日)ー・が・　つづ(続)き・まし・た・なー。」②少し長い間。久しく。「ちょっとま・　あ(会)わ・なんだ・けど・　どない・し・とっ・た・ん。」〔⇒**いちじ**【**一時**】**、いっとき**【**一時**】**、いちどき**【**一時**】**、ちいとま**【**ちいと間**】**、ちとま**【(一寸間)】**、ちっとま**【(一寸間)】**、ひといき**【**一息**】**、しといき**【(一息)】**、しばらく**【**暫く**】〕

ちょっとも【**一寸も**】《副詞》　打ち消し表現の度合いを高めるために使う言葉。まったく。「むつか(難)しゅー・て・　ちょっとも・　わから・へん。」〔⇒**ちっとも、ちいとも、いっこも**【**一個も**】**、ひとつも**【**一つも**】**、ひとっつも**【**一っつも**】**、しとつも**【(一つも)】**、しとっつも**【(一っつも)】**、とっつも、なにひとつ**【**何一つ**】**、なにしとつ**【(何一つ)】**、ぜんぜん**【**全然**】**、なんにも**【**何にも**】**、なにも**【**何も**】〕

ちょっぴん《形容動詞や(ノ)》　服などが、背丈に比べて短い様子。着物の背丈が足りなくておかしく見える様子。「なが(長)い・　あいだ(間)・　き(着)・せ・とっ・た・　ふく(服)・が・　ちょっぴんに・　なっ・ても・た。」◆子どもの成長に伴って、衣服が短くなったようなときに使

う。〔⇒**ちょっぴんぴん、ちんちくりん、ぴんぴん**〕

ちょっぴんぴん《形容動詞や(ノ)》　服などが、背丈に比べて短い様子。着物の背丈が足りなくておかしく見える様子。「ちょっぴんぴんで・　あし(足)・が・　で(出)・てまう。」〔⇒**ちょっぴん、ちんちくりん、ぴんぴん**〕

ちょびちょび《副詞と》　①酒などの飲み物を、間を置いて少しずつ飲む様子。「ういすきー(ウイスキー)・を・　ちょびちょびと・　な(舐)める・よーに・　の(飲)む。」②物事を一度に進めないで、すこしずつ行っていく様子。「しごと(仕事)・は・　ちょびちょび・　すす(進)ん・どり・ます。」〔⇒**ちびちび、ちびりちびり**〕

ちょびっと《副詞》　数量、程度、時間などが少ない様子。「きょー(今日)・は・　ちょびっと・　おひ(日)ーさん・が・　て(照)っ・た・だけ・や。」〔⇒**ちいと、ちょっと、ちっと、ちびっと、ちと、ちょぼっと、ちょこっと、ちいとばかし、ちいとばかり、ちょっとばかし、ちょっとばかり、ちっとばかし、ちっとばかり、ちびっとばかし、ちびっとばかり、ちとばかし、ちとばかり、ちょびっとばかし、ちょびっとばかり、ちょぼっとばかし、ちょぼっとばかり、ちょこっとばかし、ちょこっとばかり、しょうしょう【少々】**〕

ちょびっとばかし《副詞》　数量、程度、時間などが少ない様子。「ちょびっとばかし・　きふ(寄付)し・まし・てん。」〔⇒**ちいと、ちょっと、ちっと、ちびっと、ちと、ちょびっと、ちょぼっと、ちょこっと、ちいとばかし、ちいとばかり、ちょっとばかし、ちょっとばかり、ちっとばかし、ちっとばかり、ちびっとばかし、ちびっとばかり、ちとばかし、ちとばかり、ちょびっとばかり、ちょぼっとばかし、ちょぼっとばかり、ちょこっとばかし、ちょこっとばかり、しょうしょう【少々】**〕

ちょびっとばかり《副詞》　数量、程度、時間などが少ない様子。「しくだい(宿題)・が・　ちょびっとばかり・　でけ(出来)・とら・へん・ねん。」〔⇒**ちいと、ちょっと、ちっと、ちびっと、ちと、ちょびっと、ちょぼっと、ちょこっと、ちいとばかし、ちいとばかり、ちょっとばかし、ちょっとばかり、ちっとばかし、ちっとばかり、ちびっとばかし、ちびっとばかり、ちとばかし、ちとばかり、ちょびっとばかし、ちょぼっとばかし、ちょぼっとばかり、ちょこっとばかし、ちょこっとばかり、しょうしょう【少々】**〕

ちょぼ《名詞》　①一画で書いたり、筆記具の先を置いただけで施したりしたような、小さなしるし。「さんか(参加)する・　ひと(人)・の・　なまえ(名前)・に・　ちょぼ・を・　う(打)っ・て・　かぞ(数)える。」②句読点のうちの、文の途中につける読点。「いちぎょー(一行)・に・　ひと(一)つ・ぐらい・は・　ちょぼ・を・　つ(付)け・なはれ。」③特に強調する言葉の横に施すしるし。「ちょぼ・が・　つ(付)け・てある・さかい・　ここ・は・　だいじ(大事)な・　とこ(所)・やろ。」〔⇒**てぼ、てん【点】**〕

ちょぼちょぼ《名詞》　①一画で書いたり、筆記具の先を置いただけで施したりしたような、小さなしるしが2つ並んでいるもの。「この・　ひと(人)・に・も・　ちょぼちょぼ・の・　しるし(印)・が・　つ(付)い・とる・なー。」②小さなしるしを2つ、重なりそうに書いて、同じであることを表す符号。「このへん(辺)・は・　みな(皆)・　ちょぼちょぼ・の・　しるし・が・　い(入)れ・てある。」③仮名文字の右肩につけて、濁音であることを表す符号。「ひらがな(平仮名)・に・　ちょぼちょぼ・を・　う(打)つ。」〔⇒**てんてん【点々】、てぼてぼ**〕

ちょぼちょぼ《形容動詞や(ノ)》　程度や勢いなどが同じぐらいで、優劣がつけられない様子。力などが釣り合っている様子。互角である様子。「てき(敵)・も・　みかた(味方)・も・　ちから(力)・は・　ちょぼちょぼや。」「たいじゅー(体重)・は・　きょねん(去年)・の・　いまごろ(今頃)・と・　ちょぼちょぼで・　か(変)わら・へん。」〔⇒**どっこいどっこい、とんとん**〕

ちょぼっと《副詞》　数量、程度、時間などが少ない様子。「ちょぼっと・　おなか(腹)・が・　す(空)い・てき・まし・た。」〔⇒**ちいと、ちょっと、ちっと、ちびっと、ちと、ちょびっと、ちょこっと、ちいとばかし、ちいとばかり、ちょっとばかし、ちょっとばかり、ちっとばかし、ちっとばかり、ちびっとばかし、ちびっとばかり、ちとばかし、ちとばかり、ちょびっとばかし、ちょびっとばかり、ちょぼっとばかし、ちょぼっとばかり、ちょこっとばかし、ちょこっとばかり、しょうしょう【少々】**〕

ちょぼっとばかし《副詞》　数量、程度、時間などが少ない様子。「ちょぼっとばかし・や・けど・　なん(何)ぞ・の・　た(足)し・に・　し・てください。」〔⇒**ちいと、ちょっと、ちっと、ちびっと、ちと、ちょびっと、ちょぼっと、ちょこっと、ちいとばかし、ちいとばかり、ちょっとばかし、ちょっとばかり、ちっとばかし、ちっとばかり、ちびっとばかし、ちびっとばかり、ちとばかし、ちとばかり、ちょびっとばかし、ちょびっとばかり、ちょぼっとばかり、ちょこっとばかし、ちょこっとばかり、しょうしょう【少々】**〕

ちょぼっとばかり《副詞》　数量、程度、時間などが少ない様子。「ちょぼっとばかり・の・　せんべつ(餞別)・や・けど・　と(取)っ・とい・てください。」〔⇒**ちいと、ちょっと、ちっと、ちびっと、ちと、ちょびっと、ちょぼっと、ちょこっと、ちいとばかし、ちいとばかり、ちょっとばかし、ちょっとばかり、ちっとばかし、ちっとばかり、ちびっとばかし、ちびっとばかり、ちとばかし、ちとばかり、ちょびっとばかし、ちょびっとばかり、ちょぼっとばかし、ちょこっとばかし、ちょこっとばかり、しょうしょう【少々】**〕

ちょろい《形容詞・オイ型》　①動いたり考えたりする力がすばしこくない。鈍感で、まだるっこい。「ちょろい・　ある(歩)きかた・　せ・んと・　さっさと・　ある(歩)け。」「ちょろい・　ひと(人)・や・さかい・　ゆ(言)ー・とる・　こと・を・　わかっ・てくれ・へん。」「ちから(力)・の・　はい(入)ら・ん・　ちょろい・　はな(話)しかた・を・　する・　ひと(人)・や・なー。」②ものの動きや回転が弱くてゆっくりしている。「せんぷーき(扇風機)・の・　かぜ(風)・が・　ちょろい。」「ちょろい・　なが(流)れ・の・　かわ(川)・や・さかい・　ふね(舟)・が・　おそ(遅)い。」③水や液体の流れや、火の勢いなどが弱い。「ちょろい・　ひ(火)ー・や・さかいに・　なかなか・　に(煮)え・へん。」④たいした負担にはならない。「いま(今)・から・　ぎゃくてん(逆転)する・ぐらい・は・　ちょろい・　こと・や。」〔⇒**とろい、とろこい、とろくさい、ちょろこい、ちょろくさい。①②⇒にぶい【鈍い】**〕

ちょろくさい《形容詞・アイ型》　①動いたり考えたりする力がすばしこくない。鈍感で、まだるっこい。「ちょろくそー・て・　しごと(仕事)・が・　でけ(出来)・ん・　やつ(奴)・は・　こま(困)る・のー。」②ものの動きや回転が弱くて遅い。「まえ(前)・の・　くるま(車)・が・　ちょろくそー・に・　はし(走)っ・とっ・て・　じゃま(邪魔)や。」③水や液体の流れや、火の勢いなどが弱い。「ちょろくさい・　すいどー(水道)・や・さかい・　なかなか・　ふろおけ(風呂桶)・に・　た(貯)まら・へん。」④たいした負担にはならない。「こんな・　もんだい(問題)・なんか・　ちょろくさい・　もん・や。」〔⇒**とろい、とろこい、とろくさい、ちょろい、ちょろこい**。①②⇒**にぶい【鈍い】**〕

ちょろこい《形容詞・オイ型》 ①動いたり考えたりする力がすばしこくない。鈍感で、まだるっこい。「ちょろこい・　てん(点)・を・　と(取)っ・て・　なさ(情)けない・　やつ(奴)・や・なー。」「ちょろこい・　もの・の・い(言)ーかた・を・　する。」②ものの動きや回転が弱くて遅い。「ちょろこい・　もーたー(モーター)・で・　じっきに・　と(止)まっ・てまう・ねん。」③水や液体の流れや、火の勢いなどが弱い。「みず(水)・が・　ちょろこー・に・　なが(流)れ・とる。」④たいした負担にはならない。「いってん(一点)・ぐらい・　い(入)れ・られ・ても・　ちょろこい・　こと・や。」〔⇒**とろい、とろこい、とろくさい、ちょろい、ちょろくさい**。①②⇒**にぶい【鈍い】**〕

ちょろちょろ《副詞と、形容動詞や(ノ)、動詞する》 ①水や液体が少しずつ流れ出る様子。「ほーす(ホース)・の・　みず(水)・は・　ちょろちょろ・しか・　で(出)ー・へん。」②ものがゆっくり動いたり回転したりする様子。ものごとをゆっくり行う様子。「かぜ(風)・が・　ちょろちょろ・　ふ(吹)い・てき・た。」③小さなものが、ゆっくりと動き回る様子。「ねずみ(鼠)・が・　てんじょー(天井)・を・　ちょろちょろと・　はし(走)りまーっ・とる。」④特別の目的もなくあちらこちらを動き回る様子。同じところを行ったり来たりしている様子。目障りでうるさいぐらいに、落ち着きなくあちらこちらを動き回る様子。「わし・の・　まわ(周)り・を・　ちょろちょろする・な。」〔①②⇒**とろとろ**。②⇒**のろのろ、のそのそ**。④⇒**うろうろ、うろちょろ、ちょこちょこ**〕

ちょろっと《副詞》 ①時間や回数が、少しだけである様子。「あいつ(彼奴)・は・　さっき・　ちょろっと・　かお(顔)・を・　だ(出)し・た。」「ちょろっと・　み(見)せ・てくれ・た・けど・　よー・　わから・なんだ。」②出し抜けに行う様子。気まぐれに行う様子。「ちょろっと・　へそ(臍)・を・　だ(出)し・た・ので・　みんな(皆)・が・　わろ(笑)・た。」

ちょろまかす《動詞・サ行五段活用》 ①人にわからないように盗む。所有者に黙ったままで自分のものにしてしまう。「おさいせん(賽銭)・を・　ちょろまかす・よーな・　わる(悪)い・　やつ(奴)・が・　おる・ん・や・て。」②ごまかして不当な利益を得る。「ぜーきん(税金)・を・　ちょろまかし・たら・　あか・ん・ぞ。」〔①⇒**ぱくる、へ(を)かます【屁(を)かます】**〕

ちょんぎる【ちょん切る】《動詞・ラ行五段活用》 無造作に切る。簡単に切り落とす。「よこ(横)・に・　で(出)・とる・　えだ(枝)・を・　ちょんぎる。」

ちょんちょん《副詞と》 ①細いものを、簡単に切る様子。「にんじん(人参)・を・　ちょんちょんと・　き(切)る。」②間隔を置いて、飛び飛びに行う様子。「ひとにぎ(一握)り・ずつ・の・　つち(土)・を・　ちょんちょんと・　お(置)い・ていく。」

ちょんな【(手斧)**】**《名詞》 木を粗く削り取って平らにするのに使う刃物。「ちょんな・で・　き(木)ー・を・　きれー(綺麗)に・　けず(削)る。」〔⇒**ちょうな【手斧】**〕

ちょんなご【(手斧鍬)**】**《名詞》 土や雑草を掘り起こしたりするときに使う、幅の広くない鍬。「ちょんなご・で・　くさ(草)・を・　かじい・て・　と(取)る。」〔⇒**ちょうなご【**(手斧鍬)**】、ちょうのんが【**(手斧鍬)**】**〕

ちょんまげ【丁髷】《名詞》 ①男性の前頭部から頭頂部にかけ頭髪を剃って、残りの頭髪を結った、江戸時代までの男子の髪形。「すもーと(相撲取)り・が・　ちょんまげ・を・　し・とる。」②その髪型をしている男性。「ちょんまげ・が・　で(出)・てくる・　しばい(芝居)・を・　みる。」

ちらかす【散らかす】《動詞・サ行五段活用》 あちらこちらにものを乱雑に広げる。整理されているものを乱れさせる。「へやじゅー(部屋中)・　いっぱい・　ちらかし・とる。」■自動詞は「ちらかる【散らかる】」〔⇒**ちらばす【散らばす】、かきさがす【掻き探す】、かきまわす【掻き回す】**〕

ちらかる【散らかる】《動詞・ラ行五段活用》 一か所にあったもの、まとまってあるべきものが、あちらこちらに乱雑に広がる。「かみき(紙切)れ・が・　ちらかっ・とる。」■他動詞は「ちらかす【散らかす】」■名詞化＝**ちらかり【散らかり】**〔⇒**ちらばる【散らばる】**〕

ちらし【散らし】《名詞》 広告・宣伝などのために人々に配る、印刷した紙。「しんぶん(新聞)・に・　すーぱー(スーパー)・の・　ちらし・が・　はい(入)っ・とる。」〔⇒**びら**〕

ちらし【散らし】《名詞》 寿司飯の上に刺身、卵焼き、海苔、味をつけた野菜などをのせた料理。刺身、卵焼き、海苔、味をつけた野菜などを細かく切って、寿司飯に混ぜたもの。「ひる(昼)・は・　ちらし・を・　た(食)べる。」〔⇒**ちらしずし【散らし寿司】、ごもくずし【五目寿司】、ばらずし【ばら寿司】**〕

ちらしずし【散らし寿司】《名詞》 寿司飯の上に刺身、卵焼き、海苔、味をつけた野菜などをのせた料理。刺身、卵焼き、海苔、味をつけた野菜などを細かく切って、寿司飯に混ぜたもの。「おーさか(大阪)・で・　ちらしずし・の・　みせ(店)・に・　はい(入)っ・た。」〔⇒**ちらし【散らし】、ごもくずし【五目寿司】、ばらずし【ばら寿司】**〕

ちらす【散らす】《動詞・サ行五段活用》 ①まとまっていたものを離れ離れにする。散り散りにする。「かぜ(風)・が・　かみ(紙)・を・　ちらし・てもた。」②いくつかのものを、離れた位置に配置する。「もみじ(紅葉)・を・　ちらし・た・　もよー(模様)・に・　そ(染)める。」③腫れ物や膿を手術をしないでなくすようにする。「くすり(薬)・で・　は(腫)れ・を・　ちらす。」「もーちょー(盲腸)・を・　ちらす。」■自動詞は「ちる【散る】」

ちらす《接尾語・サ行五段活用》[動詞の連用形に付く] 手当たり次第にする様子を表す言葉。荒々しくする様子を表す言葉。「まわ(周)り・の・　ひと(人)・に・　あ(当)たりちらす。」「へた(下手)な・　じ(字)ー・を・　か(書)きちらす。」「しゃべ(喋)りちらし・て・　うるさ(煩)い・　やつ(奴)・や。」

ちらちら《副詞と、動詞する》 ①細かいものが、ひるがえりながら舞い落ちる様子。「ゆき(雪)・が・　ちらちらし・てき・た。」②小さな光が見えたり見えなかったりする様子。遠くのものが見えたり隠れたりする様子。「おき(沖)・の・　ほー(方)・の・　ふね(船)・の・　あ(明)かり・が・　ちらちらと・　み(見)える。」「ひと(人)・が・　ちらちら・　はい(入)っ・たり・　で(出)・たり・　し・とる。」③ときどき、中が見えてしまう様子。また、ときどき、中を見せようとする様子。「みじか(短)い・　ふく(服)・や・さかい・　ちらちら・　ひざ(膝)・が・　み

(見)え・てまう。」「ちらちら・　すね(脛)・を・　み(見)せる。」④ときどき視線を向ける様子。「ちらちら・　こっち・を・　き(気)・に・　し・て・　み(見)・とる。」⑤少しずつ、かすかである様子。「むかし(昔)・の・　こと(事)・を・　ちらちら・　おも(思)いだす。」

ちらつく【散らつく】《動詞・カ行五段活用》　①小さなものが、微かに舞い落ちる。「あさ(朝)・から・　ゆき(雪)・が・　ちらつい・とる。」②見えたり見えなかったりする。かすかに見える。光が明滅する。「か(勝)ちすすん・で・　ゆーしょーき(優勝旗)・が・　ちらつい・てき・た。」■名詞化＝**ちらつき【散らつき】**

ちらっと《副詞》　①わずかな動きであったり、しばらくの間の動きであったりする様子。「ちらっと・　あし(足)・を・　と(止)め・た。」「ちらっと・　よこ(横)・を・　み(見)る。」②わずかに見聞きなどをする様子。「その・　はなし(話)・は・　ちらっと・　し(知)っ・とる。」

ちらばす【散らばす】《動詞・サ行五段活用》　①あちらこちらにものを乱雑に広げる。整理されているものを乱れさせる。「かみき(紙切)れ・を・　ちらばし・て・　あそ(遊)ん・どる。」②広くゆきわたらせる。「あっちこっち・に・　ちらばし・て・　くば(配)る。」■自動詞は「ちらばる【散らばる】」〔①⇒**ちらかす【散らかす】、かきさがす【掻き探す】、かきまわす【掻き回す】**〕

ちらばる【散らばる】《動詞・ラ行五段活用》　一か所にあった人やもの、まとまってあるべき人やものが、あちらこちらに乱雑に広がる。一か所にあった人やものが、あちらこちらに広がる。「さくら(桜)・の・　はなびら(花弁)・が・　ちらばる。」■他動詞は「ちらばす【散らばす】」■名詞化＝**ちらばり【散らばり】**〔⇒**ちらかる【散らかる】**〕

ちらほら《副詞と》　①まばらに、あちらこちらに少しずつある様子。「うめ(梅)・の・　はな(花)・が・　ちらほら・　さ(咲)きはじめ・た。」②時たま、ある様子。「あんた・の・　うわさ(噂)・を・　ちらほらと・　き(聞)き・まし・た・よ。」

ちり【塵】《名詞》　舞い上がるほどの細かな粉末や粒子となって飛び散っている、小さなもの。また、それが舞い降りて、たまったもの。「すみ(隅)・の・　ほー(方)・に・　ちり・が・　た(溜)まっ・とる。」〔⇒**ほこり【埃】**〕

ちりがみ【塵紙】《名詞》　鼻をかむときなどに使う、薄くて柔らかい紙。「ふる(古)い・　しんぶんがみ(新聞紙)・を・　ちりがみ・と・　こーかん(交換)し・てもろ・た。」

ちりちり《名詞》　足でペダルを踏み、2つの車輪を回して進む乗り物。「ちりちり・に・　の(乗)れる・よーに・　なっ・た。」◆幼児語。〔⇒**ちりんちりん、ちんちん、じてんしゃ【自転車】**〕

ちりちり〔ちりぢり〕【散り散り】《形容動詞や(ノ)》　一つのところにかたまっていなくて、互いに離れている様子。「そつぎょー(卒業)し・て・から・は・　みんな(皆)・　ちりちりで・　なかなか・　あつ(集)まら・れ・へん。」〔⇒**ちりちりばらばら【散り散りばらばら】**〕

ちりちり《形容動詞や(ノ)》　毛が縮れている様子。毛が焼ける様子。「てんねんぱーま(天然パーマ)・で・　ちりちりの・　かみ(髪)・の・　け(毛)・や。」「ろうそく(蝋燭)・に・　ちかづ(近付)い・たら・　まえ(前)・の・　かみ(髪)・が・　ちりちり・　や(焼)け・た。」

ちりちりばらばら〔ちりぢりばらばら〕【散り散りばらばら】《形容動詞や(ノ)》　一つのところにかたまっていなくて、互いに離れている様子。「かぜ(風)・が・　ふ(吹)い・て・　つくえ(机)・の・　うえ(上)・の・　かみ(紙)・が・　ちりちりばらばらに・　と(飛)ん・でいっ・た。」〔⇒**ちりちり【散り散り】**〕

ちりとり【塵取り】《名詞》　掃き集めた塵やほこりを入れるための用具。「にわ(庭)・の・　おちば(落葉)・を・　あつ(集)め・て・　ちりとり・に・　い(入)れる。」〔⇒**ごみとり【塵取り】**〕

ちりめん【縮緬】《名詞》　よりをかけた絹糸を使って、布の表面を縮ませてある絹織物。「たんご(丹後)・の・　ちりめん・で・　きもの(着物)・を・　つく(作)る。」

ちりめんじゃこ【縮緬雑魚】《名詞》　鰯などの稚魚を煮て干した食べ物。「ごはん(御飯)・の・　うえ(上)・に・　ちりめんじゃこ・を・　のせる。」〔⇒**こめんじゃこ【こめん雑魚】**〕

ちりんちりん《名詞》　足でペダルを踏み、2つの車輪を回して進む乗り物。「ちりんちりん・が・　とー(通)る・さかい・　ちょっと・　の(退)い・て・なー。」◆幼児語。〔⇒**ちりちり、ちんちん、じてんしゃ【自転車】**〕

ちる【散る】《動詞・ラ行五段活用》　①まとまっていたものが、ばらばらになって落ちたり飛んだりする。元の場所から離れて落ちる。「にわ(庭)じゅー・に・　ごみ(塵)・が・　ちっ・とる。」②草木の花や葉が、その草木から離れる。「あめ(雨)・が・　ふ(降)っ・て・　さくら(桜)・が・　ちっ・た。」③気持ちが集中できなくなる。「き(気)ー・が・　ちっ・て・　べんきょー(勉強)・が・　でけ(出来)・へん。」■他動詞は「ちらす【散らす】」

ちん《名詞》　チンという音を出す、鈴や小さな鐘。「せんこ(線香)・を・　た(立)て・て・　ぶつだん(仏壇)・の・　ちん・を・　な(鳴)らす。」

ちん【賃】《名詞》　①労働などに対して支払われる報酬の金。「もー・　ちょっと・　ちん・を・　あ(上)げ・てもらえ・まへ・ん・か。」②食事と食事の間に食べる、軽い食べ物。そのうち特に、子どもに与えるもの。「ちん・を・　やっ・とか・んと・　やかま(喧)しー・に・　ゆ(言)ー。」〔①⇒**ちんぎ【(賃金)】、ちんぎん【賃金】**。②⇒**おやつ【お八つ】、ええもん【良え物】、なんど【何ど】、おちん【お賃】**〕

ちん《接尾語》　そのような状態であるとか、そのような場所であるとかいうことを表す言葉。「かばん(鞄)・の・　なか(中)・に・　さか(逆)ちん・に・　い(入)れる。」「あいつ・は・　しぶ(渋)ちん・や。」「でぼちん・を・　う(撲)っ・て・　ち(血)・が・　で(出)・た。」

ちんあげ【賃上げ】《名詞、動詞する》　労働などに対して支払われる報酬の額を上げること。「この・　じせつ(時節)・や・さかい・　ちんあげし・てもらわ・な・　やっ・ていか・れ・へん。」

ちんぎ【(賃金)】《名詞》　労働などに対して支払われる報酬の金。「まいつき(毎月)・の・　ちんぎ・は・　にじゅーごにち(二十五日)・に・　もら(貰)う・ねん。」〔⇒**ちん【賃】、ちんぎん【賃金】**〕

ちんぎ《名詞》　ものを吊り下げて計るはかり。竿ばかり。「ちんぎ・で・　さかな(魚)・を・　かける(＝計る)。」

ちんぎん【賃金】《名詞》　労働などに対して支払われる報酬の金。「ひとつきぶん(一月分)・の・　ちんぎん・を・　じっき(直)に・　つこ(使)・てまう。」〔⇒**ちん【賃】、ちんぎ【(賃金)】**〕

ちんこい《形容詞・オイ型》　①面積、体積などの値がわずかである。「ちんこい・　ほー(方)・の・　いれもん(入物)・に・　い(入)れる。」②背が低い。「ちんこい・　うま(馬)・は・　かい(可愛)らしー・なー。」〔⇒**ちんまい**〕

ちんちくりん《形容動詞や(ノ)、名詞》　①人の背丈がとても低い様子。動物の胴の部分が短い様子。また、そのような人や動物。「ちんちくりんの・　いぬ(犬)・や・けど・　かい(可愛)らしー・なー。」②服などが、背丈に比べて短い様子。着物の背丈が足りなくておかしく見える様子。「せ(背)ー・が・　の(伸)び・て・　ふく(服)・が・　ちんちくりんに・　なっ・とる。」〔②⇒**ちょっぴん、ちょっぴんぴん、ぴんぴん**〕

ちんちん《名詞》　①足でペダルを踏み、2つの車輪を回して進む乗り物。「ちんちん・の・　よこの(横乗)り・を・する。」②電気の力で車輪を回して、レールの上を走る乗り物。「ちんちん・に・　の(乗)っ・て・　あかし(明石)・へ・　いく。」◆幼児語。〔①⇒**ちりんちりん、ちりちり、じてんしゃ【自転車】**。②⇒**でんしゃ【電車】、ぷっぷ**〕

ちんちん《名詞》　男性の生殖器である、円柱状の突起物。陰茎。「ちんちん・を・　だ(出)さ・んと・　ちゃんと・ぱんつ(パンツ)・を・　は(履)き・なさい。」〔⇒**ちんぽ**〕

ちんちんでんしゃ【ちんちん電車】《名詞》　路面に敷かれたレールの上を電力によってゆっくりと運転する車両。路面電車。「こーべ(神戸)・の・　ちんちんでんしゃ・は・　すま(須磨)・が・　しゅーてん(終点)・やっ・た。」〔⇒**しでん【市電】**〕

ちんと《副詞》　整っていて乱れがない様子。几帳面に整えている様子。「ちんと・　すわ(座)っ・て・　ま(待)っ・とり・なはれ。」「ちんと・　あやま(謝)れ。」〔⇒**きちんと、ちゃんと、しゃんと**〕

ちんどんや【チンドン屋】《名詞》　商店などの宣伝のために、人目に付く服装をし、楽器を鳴らして歩く仕事。また、それをする人。「ちんどんや・の・　おと(音)・が・き(聞)こえ・てき・た・さかい・　み(見)ー・に・　い(行)こ・ー。」

ちんば【跛】《名詞、形容動詞や(ノ)》　①片方の足の具合がよくなくて、滑らかに歩けないこと。また、そのような人。「けが(怪我)し・て・　ちんば・　ひー・て・　ある(歩)く。」②対であるものの片方が、他方と不揃いである様子。「くつ(靴)・を・　ちんばに・　は(履)い・とる。」〔①⇒**びっこ【跛】**。②⇒**かたちん【**(片跛)**】、かたちんば【片跛】**〕

チンパンジー〔ちんぱんじー〕【英語= chimpanzee】《名詞》　アフリカの森林にすむ、黒い毛に覆われていて知能の進んだ猿。「どーぶつえん(動物園)・に・　まっくろけの・　ちんぱんじー・が・　おっ・た。」

ちんぴら《名詞》　①品行の良くない少年や少女。「まち(街)・で・　ちんぴら・に・　おど(脅)さ・れ・た。」②小者のくせに偉そうに振る舞う者。「あんな・　ちんぴら・に・　しごと(仕事)・は・　まか(任)せ・られ・へん。」〔①⇒**ふりょう【不良】**〕

ちんぷんかんぷん《形容動詞や(ノ)》　人が話したり書いたりしていることの内容について、何が何だかわけがわからない様子。言葉の意味の理解ができない様子。「きょー(今日)・の・　はなし(話)・は・　むつか(難)しー・て・　ちんぷんかんぷんやっ・た。」

ちんぽ《名詞》　男性の生殖器である、円柱状の突起物。陰茎。「みみず(蚯蚓)・に・　しょんべん(小便)・　か(掛)け・たら・　ちんぽ・が・　は(腫)れる・さかい・　や(止)め・とき。」〔⇒**ちんちん**〕

ちんぼつ【沈没】《名詞、動詞する》　船などが水中に沈んで見えなくなること。「たいふー(台風)・で・　ぎょせん(漁船)・が・　ちんぼつし・た・そーや。」

ちんまい《形容詞・アイ型》　①面積、体積などの値がわずかである。「ちんまい・　まんじゅー(饅頭)・や・けど・　うま(美味)い・なー。」②背が低い。「ちんまい・　おとこ(男)・の・　こ(子)・が・　あそ(遊)ん・どる。」〔⇒**ちんこい**〕

ちんまり《副詞、動詞する》　規模などが小さくまとまっている。「ちんまりし・た・　たてもん(建物)・が・　しゅえー(守衛)・の・　お(居)る・　とこ(所)・や。」

ちんれつ【陳列】《名詞、動詞する》　人に見せるために、参考となる品物を並べること。「みせ(店)・の・　まえ(前)・に・　みほん(見本)・を・　ちんれつする。」

つ

つ《接尾語》　ものの個数や年齢などを数えるときに、1から9までの数値の次に添える言葉。「みっ(三)つ・で・　せんえん(千円)・に・　し・とき・ます・」◆「ひとつ」「ふたつ」「みっつ」「よっつ」「いつつ」「むっつ」「ななつ」「やっつ」「ここのつ」で、1から9までの言葉につく。10台の言葉につけて「じゅー・ひとつ」「にじゅー・ふたつ」とは言わないが、桁が増えて「ひゃく・ひとつ」「ひゃく・ふたつ」とは言う。

つい【対】《名詞》　①同じようなもので、ふたつで一組になるもの。「そーしき(葬式)・の・　はなわ(花輪)・を・　つい・で・　そな(供)える。」②統一したり調和させたりするために、色、柄、形、材料などが同じようなものであること。「おやこ(親子)・で・　つい・の・　ふく(服)・を・　き(着)・とる。」

つい《副詞》　①ぼんやりしていて忘れたり、気がつかなかったりして、望ましくないようになってしまう様子。「すんま・へん。つい・　わす(忘)れ・とり・まし・てん。」②時間や距離がわずかしか離れていない様子。「つい・　みっか(三日)・ほど・　まえ(前)・の・　こと・です。」「つい・　そこ・まで・　い(行)っ・てき・まし・てん。」

ついか【追加】《名詞、動詞する》　既にあるものに、後から何かを付け加えること。「びーる(ビール)・を・　もー・　いっぽん(一本)・　ついかし・てー・な。」

ついたち【一日、朔日】《名詞》　1か月のうちの1番目の日。「ひちがつ(七月)・の・　ついたち・から・　きまつこーさ(期末考査)・が・　はじ(始)まる。」◆この辞典では、「ついたち【一日、朔日】」から「とおか【十日】」までと、「はつか【二十日】」「さんじゅうにち【三十日】」を、見出し語として載せる。

ついたて【衝立】《名詞》　部屋を仕切ったり、外から見えなくなるようにしたりするために、立てておく家具。「げんかん(玄関)・に・　ついたて・を・　お(置)く。」

ついて《動詞+接続助詞》　そのことに関して。「じちかい(自治会)・の・　かいひ(会費)・の・　ねあ(値上)げ・の・　こと・に・　ついて・　はな(話)しあう。」

ついで【序で】《名詞》　何かをするときに、都合良く他のことにも活用できる機会や状態。便宜。「なん(何)・ぞ・の・　ついで・が・　あっ・たら・　うち・に・　よ(寄)っ・てください。」〔⇒**つて【伝手】**〕

ついでに【序でに】《副詞》　何かの機会を活用して、直接には関係のないことを行うことを表す言葉。何かと一緒に。何かの機会をとらえて。「びょーいん(病院)・へ・　い(行)っ・た・　ついでに・　かいもん(買物)・を・　し・てき・た。」「ついでに・　もんく(文句)・を・　き(聞)かさ・れ・た。」

ついに【遂に】《副詞》　期待したり心配していたことが、まさに始まろうとする段階になったことを表す言葉。物事の最終的な結果が現れる段階になったことや、最終的なものや目的物などが迫ってきている様子を表す言葉。「なんべん（何遍）・　ゆ（言）ー・ても・　ついに・　こ（来）・なんだ。」「いちねん（一年）・も・　かかっ・た・けど・　ついに・　できあ（出来上）がっ・た。」〔⇒**とうとう【到頭】、けっきょく【結局】、いよいよ**〕

ついらく【墜落】《名詞、動詞する》　空中や高いところなどから落ちること。転がり落ちること。「ついらくする・の・が・　おとろ（恐）しー・さかい・　ひこーき（飛行機）・に・は・　の（乗）り・とー・ない。」「ねとぼ（寝惚）け・て・　べっど（ベッド）・から・　ついらくする。」〔動詞⇒**かちゃだける、かちゃらける**〕

つうがく〔**つーがく**〕【通学】《名詞、動詞する》　児童や生徒や学生などが学校に通うこと。「こーこー（高校）・へ・　でんしゃ（電車）・で・　つーがくする。」

つうがくろ〔**つーがくろ**〕【通学路】《名詞》　児童や生徒や学生などが学校に通うときに通る道。または、そのように指定されている道。「あさばん（朝晩）・　つーがくろ・に・　た（立）っ・て・　こどもたち（子供達）・を・　みまも（見守）る。」

つうきん〔**つーきん**〕【通勤】《名詞、動詞する》　勤め先に通うこと。「くるま（車）・を・　や（止）め・て・　でんしゃ（電車）・で・　つーきんする。」

つうしんぼ〔**つーしんぼ**〕【通信簿】《名詞》　学校での学習成績や行動の記録などを家庭に知らせるために書き記したもの。「つーしんぼ・の・　てん（点）・が・　あ（上）がっ・た。」◆「つうちぼ【通知簿】」という言い方もある。

つうち〔**つーち**〕【通知】《名詞、動詞する》　必要なことがらを関係ある人に知らせること。また、その知らせの書類。「ぜーきん（税金）・の・　つーち・が・　き（来）・た。」

つうちょう〔**つーちょー**〕【通帳】《名詞》　①金融機関などがお金の出し入れなどを書き記して、利用者に渡す帳面。「ぎんこー（銀行）・の・　つーちょー・は・　どこ・に・　なおし・た・かいなー。」②商店などが客に向けて品物の掛け売りの内容などを書き付けておく帳面。「かね（金）・を・　も（持）っ・てこ・なんだ・さかい・　つーちょー・に・　か（書）い・とい・てんか。」◆②の場合は、「かよい【通い】」と言うことが多い。〔⇒**かよい【通い】**〕

つうつう〔**つーつー**〕《名詞》　饂飩や蕎麦などの麺類。「おひる（昼）・は・　つーつー・に・　しょ・ー・か。」◆幼児語。〔⇒**つるつる**〕

つうつうする〔**つーつーする**〕《動詞・サ行変格活用》　饂飩や蕎麦などを、飲み込むように食べる。「はし（箸）・で・　はそ（挟）ん・で・　つーつーし・て・　た（食）べる。」〔⇒**つるつるする**〕

つえ【杖】《名詞》　歩きやすいように、手に持って体を支える細長い棒。「つえ・を・　つ（突）い・て・　いしだん（石段）・を・　のぼ（上）る。」

つおい【（強い）】《形容詞・オイ型》　①ものが丈夫である。耐える力がある。「つおい・　はりがね（針金）・で・　しっかりと・　と（留）める。」②力が優れていて、他に負けない。勢いが衰えない。「しあい（試合）・の・　あいて（相手）・が・　つおー・て・　か（勝）た・れ・へん。」③意志などがしっかりしていて、屈することがない。「か（勝）と・ー・と・　する・　き（気）ー・が・　つおい。」④程度が甚だしい。「つおい・　たいふー（台風）・で・　かーら（瓦）・が・　と（飛）ん・だ。」■対語＝「よわい【弱い】」〔⇒**つよい【強い】**〕

つか【塚】《名詞》　墓などとして、土を盛り上げて作ったもの。「むかし（昔）・の・　ひと（人）・の・　つか・が・　のこ（残）っ・とる。」

つかい【使い】《名詞、動詞する》　人に頼まれて、買い物などの用事をしに行くこと。また、そのように用を頼まれた人。「つかい・が・　まだ・　もど（戻）ら・へん。」〔⇒**おつかい【お使い】**〕

つかいこむ【使い込む】《動詞・マ行五段活用》　①自分のものでない金を、勝手に自分のために使う。「かいしゃ（会社）・の・　かね（金）・を・　つかいこむ。」②予定していた以上の金を使う。「ことし（今年）・　つかいこん・だら・　らいねん（来年）・が・　くる（苦）しー・ぞ。」③道具などを長い間使って、すっかりそれに慣れる。「つかいこん・だ・　はさみ（鋏）・や・さかい・　あいちゃく（愛着）・が・　ある・ねん。」■名詞化＝**つかいこみ【使い込み】**〔②⇒**つかいすぎる【使い過ぎる】**〕

つかいすぎる【使い過ぎる】《動詞・ガ行上一段活用》　予定していた以上の金を使う。「れーぼーだい（冷房代）・を・　つかいすぎ・た。」■名詞化＝**つかいすぎ【使い過ぎ】**〔⇒**つかいこむ【使い込む】**〕

つかいすて【使い捨て】《名詞、動詞する》　一度または短期間使っただけで捨てること。修理や中身補充などをしないで、使うのをやめること。また、そのようなもの。「この・　びん（瓶）は・　つかいすて・んと・　あろ（洗）・て・　もーいっぺん・　つか（使）う・　こと・に・　する。」「つかいすて・の・　らいたー（ライター）・を・　こ（買）ー・た。」

つかいばしり【使い走り】《名詞、動詞する》　人に用を言いつけられて、あちこちを動き回ること。また、それをする人。「かいしゃ（会社）・で・　つかいばしり・の・　しごと（仕事）・を・　し・とっ・た。」

つかいはたす【使い果たす】《動詞・サ行五段活用》　金品の全部を使ってしまう。「きゅーりょー（給料）・を・　ぱちんこ（パチンコ）・で・　つかいはたし・たら・　あか・ん・で。」

つかいみち【使い道】《名詞》　金や品物の、使う方法や活用内容。「この・　たんす（箪笥）・は・　もー・　い（要）ら・ん・ねん・けど・　なん（何）・ぞ・　つかいみち・は・　ない・やろ・か。」

つかいもん【使い物】《名詞、動詞する》　①使って役に立つもの。「めげ（＝壊れ）・て・　もー・　つかいもん・に・　なら・へん。」②人にあげる品物。進物。「つかいもん・に・　さけ（酒）・を・　にほん（二本）・　も（持）っ・ていく。」〔②⇒**おつかいもん【御使い物】、おくりもん【贈り物】、プレゼント【英語＝present】**〕

つかう【使う】《動詞・ワア行五段活用》　①手で持ったり動かしたりして、その機能を発揮させる。「にんぎょ（人形）・を・　つこー・て・　しばい（芝居）・を・　する。」「えんぴつ（鉛筆）・を・　つこ・て・　え（絵）ー・を・　か（描）く。」②人を働かせる。雇用する。「ごにん（五人）・の・　ひと（人）・を・　つこ・て・　みせ（店）・を・　やっ・とる。」「おーぜー（大勢）・の・　ひと（人）・を・　つこー・て・　しごと（仕事）・を・　する。」③心を配ったり工夫をしたりする。「まわ（周）り・の・　ひと（人）・に・　き（気）・を・　つこ・て・　かた（肩）・が・　こ（凝）っ・た。」④お金や時間を用いる。「にじかん（二時間）・も・　つこ・た・けど・　まだ・　できあ（出来上）がら・ず・や。」「ごせんえん（五千円）・　つこ・て・　たくしー（タクシー）・に・

の(乗)る。」■名詞化＝**つかい【使い】**〔①⇒**あつかう【扱う】**〕

つかえる【支える】《動詞・ア行下一段活用》 ①居場所などが狭かったり低かったりして、ものに突き当たる。「めし(飯)・が・　のど(喉)・に・　つかえる。」「てんじょー(天井)・に・　つかえ・て・　こし(腰)・を・　かが(屈)める。」「よこ(横)・の・　じてんしゃ(自転車)・に・　つかえ・て・　じぶん(自分)・の・を・　だ(出)さ・れ・へん。」②幅が狭くて通ることができなくなる。穴や通路などにものが限界まで入って、塞がっている。進もうとするところにものがいっぱいになって先へ進めなくなる。「どかん(土管)・の・　なか(中)・に・　ごみ(塵)・が・　つかえ・とる。」「まえ(前)・に・　くるま(車)・が・　つかえ・て・　しんごーま(信号待)ち・に・　なっ・た。」〔②⇒**つまる【詰まる】、いかたる【(行当たる)】、いきゃたる【(行当たる)】、ゆかたる【(行当たる)】、ゆきゃたる【(行当たる)】**〕

つかまえる【捕まえる】《動詞・ア行下一段活用》 ①手や道具を使って、しっかりと押さえる。しっかりと確保する。「ちょーちょ(蝶々)・を・　あみ(網)・で・　つかまえる。」②動いたり逃げたりしようとしているものを引き留めたり捕らえたりする。「お(追)わえ・ていっ・て・　どろぼー(泥棒)・を・　つかまえ・た。」■自動詞は「つかまる【捕まる】」〔①⇒**つかむ【掴む】**〕

つかまる【捕まる】《動詞・ラ行五段活用》 ①動いたり逃げたりしようとして、引き留められる。「はんにん(犯人)・が・　つかまっ・た。」②出会ったり声をかけられたりして、動きを止められる。「ともだち(友達)・に・　つかまっ・て・　たちばなし(立話)・を・　し・た。」■他動詞は「つかまえる【捕まえる】」

つかまる【掴まる】《動詞・ラ行五段活用》 手でものにしっかりとしがみつく。「でんしゃ(電車)・の・　つりかわ(吊革)・に・　つかまる。」

つかみばさみ【掴み鋏】《名詞》 手の中に握って使う、小さな鋏。「いと(糸)・を・　き(切)る・だけ・やっ・たら・　つかみばさみ・の・　ほー(方)・が・　べんり(便利)や。」〔⇒**にぎりばさみ【握り鋏】**〕

つかむ【掴む】《動詞・マ行五段活用》 ①手や道具を使って、しっかりと押さえる。しっかりと確保する。「うで(腕)・を・　つかん・で・　はな(離)し・てくれ・へん。」②手でものをしっかりと握る。「ひょろけ・て・　ともだち(友達)・の・　うで(腕)・を・　つかん・でも・た。」〔①⇒**つかまえる【捕まえる】**〕

つかる【浸かる、漬かる】《動詞・ラ行五段活用》 ①ものが水や液体などの中にひたる。ものが水や液体などの中に入って、全体が覆われる。「ゆっくりと・　ふろ(風呂)・に・　つかる。」「おーみず(大水)・で・　いえ(家)・が・　つかっ・た。」②塩や糠などにまぶしておいた野菜・魚・肉などの味が熟成して、程良い状態になる。「よー・　つかっ・た・　なすび(茄子)・は・　うま(美味)い・なー。」■他動詞は「つける【浸ける、漬ける】」■名詞化＝**つかり【浸かり、漬かり】**

つかれる【疲れる】《動詞・ラ行下一段活用》 ①ある働きや運動をして、体力や気力がなくなる。「いちにちじゅー(一日中)・　た(立)ちっぱなしで・　つかれ・た。」②年老いたり苦労が続いたりして、気力や若々しさが失われる。「こども(子供)・を・　そだ(育)てる・の・に・　つかれ・ても・た。」■名詞化＝**つかれ【疲れ】**〔⇒**くたびれる【草臥れる】、くたぶれる【(草臥れる)】**〕

つき【月】《名詞》 ①地球の周りを回る衛星で、地球に最も近い天体。「きれー(綺麗)な・　つき・が・　で(出)・とる。」「つき・の・　で(出)・が・　おそ(遅)ーなっ・た。」②時間の単位で、1年を12に分けたひとつ。「つき・に・　いっぺん(一遍)・　さんぱつ(散髪)する・ねん。」〔①⇒**おつきさん【お月さん】**〕

つき【付き】《名詞》 ある働きや効果などが生じること。ある結果や効果が現れること。「ひ(火)・の・　つき・が・　はや(速)い。」「うん(運)・の・　つき・が・　え(良)ー。」

つき《接尾語》［体に関係のある名詞などに付く］ 体の様子などを表す言葉。「かお(顔)つき」「め(目)つき」「からだ(体)つき」「て(手)つき」

つぎ【継ぎ】《名詞》 衣服などの破れたところに、他の布をあてて修繕すること。繕いのため破れ目にあてる布など。「ずぼん(ズボン)・に・　つぎ・を・　あ(当)てる。」〔⇒**つづくり【綴くり】、つづくりもん【綴くり物】**〕

つぎ【次】《名詞》 ①時間的に、すぐ後に続くこと。また、そのようなものや、そのようなこと。「じき(直)に・　つぎ・の・　でんしゃ(電車)・が・　き(来)・た。」②空間的に、すぐ後またはすぐ隣に続くこと。また、そのようなものや、そのようなこと。「つぎ・の・　かた(方)・は・　おた(立)ち・ください。」

つきあい【付き合い】《名詞》 ①人と親しく交際すること。「さそ(誘)・たら・　ことわ(断)ら・へん・　つきあい・の・　え(良)ー・　ひと(人)・や。」②社交上の必要や義理によって、一緒に同じ行動をすること。「かいしゃ(会社)・の・　ひと(人)・と・の・　つきあい・に・も・　かね(金)・が・　かかる。」〔⇒**つっきゃい【(付っ合い)】**〕

つきあう【付き合う】《動詞・ワア行五段活用》 ①人と親しく交際する。「つきおー・とる・　ひと(人)・を・　しょーかい(紹介)し・てくれ・た。」②社交上の必要や義理によって、一緒に同じ行動をする。「かいもの(買物)・に・　つきあわ・され・た。」■名詞化＝**つきあい【付き合い】**。〔⇒**つっきゃう【(付っきゃう)】**〕

つきあかり【月明かり】《名詞》 月の光による夜の明るさ。月の光で夜が明るいこと。「こんや(今夜)・は・　つきあかり・が・　ある。」〔⇒**つっきゃかり【(月っ明かり)】**〕

つきあたり【突き当たり】《名詞》 道などの行き止まりのところ。「つきあたり・に・　ある・　いえ(家)・が・　ことし(今年)・の・　りんぽちょー(隣保長)・や。」〔⇒**つっきゃたり【(突っ当たり)】、つきゃたり【(突当たり)】**〕

つきあたる【突き当たる】《動詞・ラ行五段活用》 ①進んで行って、立ちはだかるものにぶつかる。衝突する「ぼんやりと・　し・とって・　でんしんばしら(電信柱)・に・　つきあたっ・た。」②どこかに行き着く。「い(行)きあたりばったりに・　ある(歩)い・とっ・たら・　えき(駅)・に・　つきあたっ・た。」③何かにさえぎられて、これ以上は進めないところに来る。行き詰まる。「おー(大)けな・　もんだい(問題)・に・　つきあたっ・て・　こま(困)っ・とる・ねん。」■名詞化＝**つきあたり【突き当たり】**〔⇒**つっきゃたる【(突き当たる)】、つきゃたる【(突き当たる)】**。①⇒**しょうとつ【衝突】**(する)、**どっしゃげる**〕

つきあわす【突き合わす】《動詞・サ行五段活用》 ①2つのものの対応する部分を照らし合わせて比べる。「しょるい(書類)・を・　つきあわし・て・　しら(調)べる。」②すぐ近くに居て、向かい合う。くっつきそうになるほど近づける。「かいしゃ(会社)・で・　まいにち(毎日)・　かお(顔)・を・　つきあわし・とる。」〔⇒**つっきゃわす【(突き合わす)】**〕

つきかえす【突き返す】《動詞・サ行五段活用》 ①差し出さ

れたものを受け取らないで、無愛想に返す。「せっかく(折角)・　も(持)っ・ていっ・てやっ・た・のに・　つきかえし・やがっ・た。」②突いてきた相手に、こちらからも突く。「ま(負)け・ん・よーに・　やり(槍)・で・　つきかえす。」〔⇒**つきかやす**【(突き返す)】、**つっかえす**【突っ返す】、**つっかやす**【(突っ返す)】、**つっきゃえす**【(突っ返す)】、**つっきゃやす**【(突っ返す)】〕

つきかやす【(突き返す)】《動詞・サ行五段活用》　①差し出されたものを受け取らないで、無愛想に返す。「う(受)けとら・れ・へん・と・　ゆ(言)ー・て・　つきかやし・とけ。」②突いてきた相手に、こちらからも突く。「つきかやさ・なんだら・　ま(負)け・てまう・ぞ。」〔⇒**つきかえす**【突き返す】、**つっかえす**【突っ返す】、**つっかやす**【(突っ返す)】、**つっきゃえす**【(突っ返す)】、**つっきゃやす**【(突っ返す)】〕

つぎき【接ぎ木】《名詞、動詞する》　木の枝や芽を切り取って、他の木の幹や枝に接ぐこと。「かき(柿)・の・　つぎき・を・　し・た。」

つききり【付き切り】《形容動詞や(ノ)》　①いつも誰かの傍に付き添っている様子。「けが(怪我)し・た・　ひと(人)・に・　つききりやっ・てん。」②ひとつのことに関わり続けている様子。「きかい(機械)・に・　つききりで・　て(手)・が・　はな(離)さ・れ・へん。」〔⇒**つきっきり**【付きっ切り】〕

つぎこむ【注ぎ込む】《動詞・マ行五段活用》　①液体を容器に注ぎ入れる。液体を加えて入れる。「すいとー(水筒)・に・　おちゃ(茶)・を・　つぎこむ。」②何かをするために多額のお金を使ったり人員を雇ったりする。「きゅーりょー(給料)・を・　けーば(競馬)・に・　つぎこん・どる。」

つきささる【突き刺さる】《動詞・ラ行五段活用》　尖ったものが、ものの表面を破って食い込む。貫いて刺し通される。「ゆび(指)・に・　とげ(棘)・が・　つきささっ・た。」◆「ささる【刺さる】」よりも鋭く、強い印象が伴う。■他動詞は「つきさす【突き刺す】」〔⇒**ささる**【刺さる】〕

つきさす【突き刺す】《動詞・サ行五段活用》　先の尖ったものの先端が、そのものの内部に入り込むように強く押す。貫いて通す。「うなぎ(鰻)・に・　くし(串)・を・　つきさす。」■自動詞は「つきささる【突き刺さる】」〔⇒**さす**【刺す】〕

つきずえ【月末】《名詞》　一か月の終わりの日。一か月の終わりの頃。「つきずえ・に・　しゅーきん(集金)・に・き(来)・ます。」〔⇒**げつまつ**【月末】〕

つきそい【付き添い】《名詞》　世話をするために、病人、年少者、身分・地位が高い人などの傍に付いていること。また、そのようにしている人。「おじい(祖父)ちゃん・の・　つきそい・を・　する。」

つきそう【付き添う】《動詞・ワア行五段活用》　世話をするために、病人、年少者、身分・地位が高い人などの傍に付いている。「ははおや(母親)・に・　つきそー・て・びょーいん(病院)・へ・　い(行)っ・た。」■名詞化＝**つきそい**【付き添い】

つきだす【突き出す】《動詞・サ行五段活用》　①勢いよく押して外へ出す。相撲で、相手を勢いよく押して土俵の外へ出す。「どひょー(土俵)・の・　そと(外)・へ・　つきだす。」②目立つように、ものを勢いよく前に出す。「や(焼)け・た・　うで(腕)・を・　つきだし・て・　じまん(自慢)し・た。」③悪いやつを捕らえて警察に引き渡す。「どろぼー(泥棒)・を・　つか(捕)まえ・て・　つきだす。」■名詞化＝**つきだし**【突き出し】

つぎたす【継ぎ足す】《動詞・サ行五段活用》　①少なくなったものに、後から加える。欠けたものや足りないところを補う。「ゆのみ(湯飲)・に・　おちゃ(茶)・を・　つぎたす。」②つないで長くする。「さお(竿)・を・　つぎたし・て・　くり(栗)・の・　み(実)ー・を・　たた(叩)きおとす。」■名詞化＝**つぎたし**【継ぎ足し】

つきづき【月々】《名詞、副詞》　決まったようなことが行われるようになっている、毎月。月ごとに。「つきづき・　げっしゃ(月謝)・を・　も(持)っ・ていき・ます・ねん。」

つぎつぎ【次々】《副詞に・と》　物事が続けざまに起こって、絶え間がない様子。「つぎつぎに・　ひと(人)・が・　き(来)・た。」「つぎつぎと・　もんだい(問題)・が・　お(起)こっ・とる。」〔⇒**ぞくぞく**【続々】〕

つきっきり【付きっ切り】《形容動詞や(ノ)》　①いつも誰かの傍に付き添っている様子。「あさ(朝)・から・　ばん(晩)・まで・　こども(子供)・の・　こと・に・　つきっきりや・さかい・　ぱーと(パート)・に・は・　い(行)か・れ・へん。」②ひとつのことに関わり続けている様子。「がすこんろ(ガスコンロ)・に・　つきっきりで・　ゆ(湯)ー・を・　わ(沸)かす。」〔⇒**つききり**【付き切り】〕

つきつける【突きつける】《動詞・カ行下一段活用》　強い態度を示しながら、相手の目の前に差し出す。「せーきゅーしょ(請求書)・を・　つきつけ・られ・て・　たか(高)い・の・に・　びっくりし・た。」■名詞化＝**つきつけ**【突きつけ】

つきでる【突き出る】《動詞・ダ行下一段活用》　①ものを突き破って外に現れる。「なが(長)い・　くぎ(釘)・が・　うらがー(裏側)・に・　つきで・とる。」②他の部分よりも、目立って出る。「あの・　でぼちん(＝額)・が・　つきで・た・　おとこ(男)・が・　わい・の・　ともだち(友達)・や。」

つきとうばん〔**つきとーばん**〕【月当番】《名詞》　一か月ごとに代わり合って何らかの用をする仕事。また、その役目を持った人。「りんぽ(隣保)・の・　つきとーばん・が・　あ(当)たっ・とる。」

つきとおす〔**つきとーす**〕【突き通す】《動詞・サ行五段活用》　ものを突き破って、裏側まで通す。貫く。「かみ(紙)・の・　たば(束)・を・　せんまいとー(千枚通)し・で・　つきとーす。」

つきとばす【突き飛ばす】《動詞・サ行五段活用》　激しく突いたりぶつかったりして、跳ね飛ばしたり相手を退かせたりする。「はんにん(犯人)・が・　みんな(皆)・を・　つきとばし・て・　に(逃)げ・ていっ・た。」■名詞化＝**つきとばし**【突き飛ばし】

つぎのかい【次の回】《名詞》　反復したり継続したりすることがらの、この次のとき。今回のひとつ後のとき。「つぎのかい・は・　さしつかえ・が・　あっ・て・　けっせき(欠席)・を・　さし・てもらい・ます。」■対語＝「まえのかい【前の回】」「まいのかい【(前の回)】」〔⇒**じかい**【次回】〕

つきはじめ【月初め】《名詞》　一つの月の初めのとき。「つきはじめ・に・　よてー(予定)・を・　た(立)てる。」〔⇒**あけ**【明け】〕

つきひ【月日】《名詞》　ある時点からある時点までの、比較的長くまとまった期間。経過していく月や日の集まり。「つきひ・が・　た(経)つ・の・は・　はや(速)い・なー。」〔⇒**とき**【時】、**じかん**【時間】〕

つきみ【月見】《名詞、動詞する》　①月の美しさを見て楽しむこと。「つきみ・に・　だんご(団子)・なんか・　そな(供)え・た・　こと・は・　あら・へん。」②生卵を入れた饂飩や蕎麦。「うどん(饂飩)・の・　つきみ・を・　いっぱい(一杯)・　た(食)べ・た。」

つぎめ【継ぎ目】《名詞》 ものとものとを繋ぎ合わせたところ。「はしら(柱)・の・　つぎめ・を・　わから・ん・よーに・　する。」「れーる(レール)・の・　つぎめ・が・　がたんがたんと・　ゆ(言)ー・とる。」

つきゃたり【(突当たり)】《名詞》 道などの行き止まりのところ。「つきゃたり・で・　どない・　し・たら・　え(良)ー・の・か・　しあん(思案)し・た。」〔⇒**つきあたり**【突き当たり】、**つっきゃたり**【(突っ当たり)】〕

つきゃたる【(突き当たる)】《動詞・ラ行五段活用》 ①進んで行って、立ちはだかるものにぶつかる。「かど(角)・で・　し(知)ら・ん・　ひと(人)・に・　つきゃたっ・た。」「じてんしゃ(自転車)・に・　つきゃたっ・て・　こけ・た。」②どこかに行き着く。「ことし(今年)・ほど・　さぶ(寒)い・　ふゆ(冬)・に・　つきゃたっ・た・　こと・は・　ない・なー。」③何かにさえぎられて、これ以上は進めないところに来る。行き詰まる。「かね(金)・が・　た(足)ら・ん・ちゅー・　もんだい(問題)・に・　つきゃたっ・ても・た。」■名詞化＝**つきゃたり**【突き当たり】〔⇒**つきあたる**【突き当たる】、**つっきゃたる**【(突き当たる)】。①⇒**しょうとつ**【衝突】(する)、**どっしゃげる**〕

つきゆび【突き指】《名詞、動詞する》 指先を物に強く突き当てて、関節を痛めること。指の関節の捻挫。「ばれーぼーる(バレーボール)・で・　つきゆびし・た。」〔⇒**つっきゅび**【(突き指)】〕

つきよ【月夜】《名詞》 形の大きくなった月が、明るく出ている夜。「つきよ・や・さかい・　かいちゅーでんとー(懐中電灯)・は・　い(要)ら・ん。」〔⇒**つっきょ**【(月夜)】〕

つく【付く、着く】《動詞・カ行五段活用》 ①2つ以上のものの隙間がなくなる。ものとものとがぴったり寄り添うようになる。「ほーむ(ホーム)・に・　でんしゃ(電車)・が・　つい・た。」②ものが接合して、離れない状態になる。「て(手)・に・　すな(砂)・が・　つい・た。」③ものの表面に力が加わって、印や跡がそのまま残る。「かみ(髪)・に・　ねぐせ(寝癖)・が・　つい・とる。」④元のものに何かが加わる。「や(焼)い・たら・　こ(焦)げめ・が・　つい・た。」「ちょきん(貯金)・に・　りし(利子)・が・　つく。」「はら(払)う・　とき(時)・に・は・　しょーひぜー(消費税)・が・　つく。」⑤添っているようにする。「そば(傍)・に・　つい・て・　せわ(世話)・を・　する。」「こども・に・　つい・て・　でか(出掛)ける。」「びょーいん(病院)・で・　おや(親)・の・　そば(傍)・に・　つい・とる。」⑥それまでになかった技能・知識などが備わる。「だいく(大工)・の・　うでまえ(腕前)・が・　み(身)・に・　つい・た。」⑦体力・知力などが加わる。「うま(美味)い・　もん・を・　く(食)・て・　げんき(元気)・が・　つい・た。」⑧感覚として知る。「ちー(小)さい・　ごみ(塵)・が・　め(目)・に・　つい・た。」「わすれもん(忘物)・に・　き(気)・が・　つい・た。」⑨ものごとに結果や結論が出る。おさまりがつく。「あいつ(彼奴)・と・の・　はなし(話)・が・　つい・た。」⑩新しいものが生じたり、効果が現れたりする。「しんかんせん(新幹線)・が・　つい・た。」⑪草木が根をおろす。「う(植)えかえ・た・　まつ(松)・の・　き(木)・が・　つい・た。」⑫費用や値段がかかる。「ことし(今年)・の・　せーぼ(歳暮)・は・　たこ(高)ー・　つい・た。」⑬運が向く。「ぎりぎり・　でんしゃ(電車)・に・　ま(間)にお一・て・　きょー(今日)・は・　あさ(朝)・から・　つい・とる・なー。」■他動詞は「つける【付ける、着ける】」

つく【突く、撞く】《動詞・カ行五段活用》 ①尖ったものや棒の形のもので強く押す。「えんぴつ(鉛筆)・の・　さき(先)・で・　つく。」②ものに押し当てる。「はんこ(判子)・を・　つい・てもらう。」③細長い物を持って、支えにする。「つえ(杖)・を・　つい・て・　ある(歩)く。」④前の方に押す。押し上げる。「きゅー(急)な・　さか(坂)・やっ・た・ん・で・　じてんしゃ(自転車)・を・　お(降)り・て・　つい・て・　あ(上)がっ・た。」「りやかー(リヤカー)・を・　つい・ていく。」⑤当てて鳴らす。「ゆーがた(夕方)・に・　かね(鐘)・を・　つく。」◆④の場合、自転車を「つく【突く】」のは自転車の真横の位置で、リヤカーを「つく【突く】」のはリヤカーの後ろの位置からである。自転車の場合もリヤカーの場合も「おす」という言い方もできる。リヤカーの場合、人とリヤカーの位置が逆になると「りやかー・を・　ひ(引)ー・ていく。」(または、「ひっぱっ・ていく。」)ということになる。

つく【着く】《動詞・カ行五段活用》 ①進んで行って、ある場所に達する。「む(向)こー・に・　つい・たら・　でんわ(電話)し・なはれ・よ。」「ふね(船)・で・　こーべ(神戸)・に・　つい・た。」②曲げたり伸ばしたりした結果、ある場所に届いて、触れる。「ゆび(指)・の・　さき(先)・が・　ち(地)・に・　つく。」

つく【点く】《動詞・カ行五段活用》 ①灯心などに火が移ったり、電気器具のスイッチが入ったりして、明るくなる。「てーでん(停電)・が・　なお(直)っ・て・　でんき(電気)・が・　つい・た。」②炭や薪などが燃え始める。「れんたん(練炭)・が・　つい・た。」「き(木)・が・　しめ(湿)っ・とる・さかい・　ひ(火)・が・　つか・ん。」■他動詞は「つける【点ける】」〔①⇒**とぼる**【灯る】、**ともる**【灯る】〕

つく【搗く】《動詞・カ行五段活用》 生または蒸した穀物などを杵などで強く打って、精白したり軟らかくしたり押しつぶしたり混ぜ合わせたりする。「しょんがつ(正月)・の・　もち(餅)・を・　つく。」

つく《動詞・カ行五段活用》 言葉で相手に伝える。「でたらめな・　はなし(話)・を・　つき・やがっ・た。」「うそ(嘘)・を・　つか・ん・よーに・　し・なはれ。」◆望ましくないことを言うときに使うことが多い。〔⇒**ゆう**【言う】〕

つく《接尾語・カ行五段活用》 そのような動作や状態であることを表す言葉。そのような動作や状態になることを表す言葉。「あめ(雨)・が・　ぱらつい・てき・た。」「め(目)ー・が・　しょぼつく・さかい・　めぐすり(目薬)・を・　さ(注)す。」「ふる(古)ー・　なっ・て・　たんす(箪笥)・が・　がたつい・てき・た。」「むつか(難)しー・　もんだい(問題)・が・　で(出)・て・　まごつい・た。」「あしもと(足元)・が・　ふらつい・とる。」「は(歯)・が・　ぐらつい・て・　いた(痛)い・ねん。」「よなか(夜中)・に・　うろつい・とっ・たら・　あや(怪)しま・れる・ぞ。」◆擬態語・擬音語に付くことが多い。

つぐ【継ぐ、接ぐ、注ぐ】《動詞・ガ行五段活用》 ①連続していない2つのものや、一体になっていないものを繋ぎ合わせる。「お(折)れ・た・　き(木)ー・を・　つぐ。」「ほね(骨)・を・　つぐ。」②初めて入れたり、後から付け加えたりする。「じぶん(自分)・で・　ごはん(御飯)・を・　つい・で・　た(食)べ・なはれ。」「おしる(汁)・を・　つい・でくれ・なんだら・　た(食)べ・られ・へん・やん。」「ちゃわん(茶碗)・に・　ゆ(湯)ー・を・　つぐ。」

つくえ【机】《名詞》 書物などを読んだり、字を書いたりするときに使う台。「つくえ・の・うえ(上)・に・ らじお(ラジオ)・を・ お(置)く。」〔⇒**つっけ**【(机)】〕

畳の部屋などで使う机

つくし【土筆】《名詞》 春のはじめに生える、胞子を付けた杉菜の茎。「ぬく(温)ー・ なっ・た・さかい・ つくし・が・ で(出)・とる・やろ。」

つくだに【佃煮】《名詞》 魚・貝・昆布・海苔などを、醤油や砂糖などで濃い味に煮詰めて、長く保存できるようにした食べ物。「ごはん(御飯)の・ うえ(上)・に・ つくだに・を・ のせる。」

つくなむ《動詞・マ行五段活用》 腰を落として、膝を曲げてしゃがむ。うずくまる。「でんしゃ(電車)・の・ なか(中)・で・ つくなん・だら・ じゃま(邪魔)に・ なる・ぞ。」〔⇒**かがむ**【屈む】、**かごむ**【(屈む)】、**つくぼる**、**つくばる**〕

つくねる《動詞・ナ行下一段活用》 乱雑に積み重ねる。だらしなく放置しておく。「よご(汚)れ・た・ しゃつ(シャツ)・を・ つくね・とい・たら・ あか・ん・がな。」

つくばる《動詞・マ行五段活用》 腰を落として、膝を曲げてしゃがむ。うずくまる。「はしら(柱)・の・ はた(側)・に・ つくばっ・て・ はなし(話)・を・ き(聞)く。」〔⇒**かがむ**【屈む】、**かごむ**【(屈む)】、**つくなむ**、**つくぼる**〕

つくぼる《動詞・マ行五段活用》 腰を落として、膝を曲げてしゃがむ。うずくまる。「べんじょ(便所)・で・ なが(長)い・ あいだ(間)・ つくぼっ・とっ・た。」〔⇒**かがむ**【屈む】、**かごむ**【(屈む)】、**つくなむ**、**つくばる**〕

つくり【作り、造り】《名詞》 ①新鮮な魚や貝などの肉を薄く切って、醤油や香辛料を添えて食べるように作った食べ物。「まぐろ(鮪)・の・ つくり・で・ さけ(酒)・を・ の(飲)む。」②ものを作ること。作って出来上がった、ものの様子。「じょーぶ(丈夫)な・ つくり・の・はこ(箱)・や・さかい・ あんしん(安心)や。」〔①⇒**さしみ**【刺身】〕

つくりごと【作り事】《名詞》 ①実際にはないことを、あるようにだまして言うこと。本当でないこと。「つくりごと・を・ ゆ(言)ー・の・は・ や(止)め・なはれ。」②作者の空想・想像によって書いた文学作品など。「つくりごと・や・けど・ この・ はなし(話)・は・ おもろ(面白)い・なー。」〔⇒**つくりばなし**【作り話】。①⇒**うそ**【嘘】〕

つくりばなし【作り話】《名詞》 ①実際にはないことを、あるようにだまして言うこと。本当でないこと。「あいつ(彼奴)・の・ ゆ(言)ー・ つくりばなし・を・ しんよー(信用)し・たら・ あか・ん・ぞ。」②作者の空想・想像によって書いた文学作品など。「ももたろー(桃太郎)・や・ きんたろー(金太郎)・は・ つくりばなし・や。」〔⇒**つくりごと**【作り事】。①⇒**うそ**【嘘】〕

つくる【作る、造る】《動詞・ラ行五段活用》 ①形のあるものにする。役立つものに仕上げる。「ほんたて(本立)・を・つくる。」「しんせーしょ(申請書)・を・ つくっ・て・だ(出)す。」②手を加えて、もとと違ったものにする。準備をする。「あさごはん(朝御飯)・を・ つくる。」③それまでになかったものを、新たに生み出す。「かいしゃ(会社)・を・ つくる。」「こーそくどーろ(高速道路)・を・つくる。」④植物などを育てる。農作物を栽培して生産する。「きく(菊)・を・ つくっ・て・ う(売)る。」「あんたとこ・は・ なんたん(何反)・ つくっ・とっ・てや・ねん。」◆④は、「たんぼつくる【田圃作る】」「はたけつくる【畑作る】」とも言う。■名詞化＝**つくり**【作り、造り】〔①②③⇒**こしらえる**【拵える】、**こっさえる**【(拵える)】、**こさえる**【(拵える)】〕

つけ【付け】《名詞》 ①商品を買ったときなどに書き留めてもらっておいて、代金を後で支払うこと。掛け売りや掛け買い。「げつまつ(月末)・に・ はら(払)う・ やくそく(約束)・の・ つけ・で・ か(買)う。」「つけ・に・し・とい・てください・な。」②支払いを求める書類。勘定書。「げつまつ(月末)・や・さかい・ つけ・を・ も(持)っ・てき・まし・てん。」

つけ〔**づけ**〕【漬け】《接尾語》 調味料などに漬けたものにすることを表す言葉。また、そのようにして出来上がったものを表す言葉。「きゅーり(胡瓜)・を・ みそ(味噌)づけ・に・ する。」「しょーゆ(醤油)づけ」「さと(砂糖)づけ」

つけたす【付け足す】《動詞・サ行五段活用》 既にあるものの上に、別のものを加える。「わす(忘)れ・とっ・た・こと(事)・を・ つけたし・て・ せつめー(説明)する。」「ごはん(御飯)・の・ おかず・を・ ひと(一)つ・ つけたす。」■名詞化＝**つけたし**【付け足し】

つけね【付け根】《名詞》 ①草や木の、根の出ているところ。「おー(大)きな・ き(木)ー・に・ のぼ(登)っ・て・えだ(枝)・の・ つけね・に・ こし(腰)かける。」②ものとものとが接したり付いたりしている部分。「こし(腰)・の・ つけね・が・ いた(痛)い。」〔⇒**ねもと**【根元】、**もと**【元】〕

つけもん【漬物】《名詞》 野菜などを塩や酢や糠などで漬けたもの。「だいこん(大根)・を・ つけもん・に・ する。」

つけやき【付け焼き】《名詞、動詞する》 魚や野菜などに、醤油やたれなどを付けて焼くこと。醤油やたれなどに漬けておいたものを焼くこと。また、そのようにして焼いたもの。「せんべー(煎餅)・を・ つけやきする。」「さんま(秋刀魚)・の・ つけやき・は・ うま(美味)い・ぞー。」

つける【付ける、着ける】《動詞・カ行下一段活用》 ①2つ以上のものの隙間をなくする。ものとものとが、ぴったり寄り添うようにする。「つくえ(机)・を・ つけ・て・はなし(話)・を・ する。」②ものを接合させて、離れないようにする。「ひょーさつ(表札)・を・ つける。」「ごむのり(ゴム糊)・で・ つける。」③ものの表面に力を加えて、印や跡を残す。「ずぼん(ズボン)・に・ おりめ(折目)・を・ つける。」④元のものに何かを加わえる。「しおあじ(塩味)・を・ つける。」⑤添っているようにさせる「かてーきょーし(家庭教師)・を・ つけ・て・べんきょー(勉強)・を・ さす。」⑥それまでになかった技能・知識などを、得るようにさせる。「よ(読)ん・だり・ か(書)い・たり・ する・ ちから(力)・を・ つける。」⑦体力・知力などを加える。「げんき(元気)・を・つけ・て・ もー・ ひとがんば(一頑張)りし・なはれ。」⑧施して、決める「みせ(店)・の・ やさい(野菜)・の・ね(値)ー・を・ つける。」⑨文字を書き込む。書き記す。「ね(寝)る・ まえ(前)・に・ にっき(日記)・を・ つける。」■自動詞は「つく【付く、着く】」

つける【点ける】《動詞・カ行下一段活用》 ①灯心などに火を移したり、電気器具のスイッチを入れたりして、明るくなるようにする。「でんき(電気)・を・ つける。」「ろーそく(蝋燭)・を・ つける。」②炭や薪などを燃やし始める。「くど(＝竈)・に・　ひ(火)・を・　つけ・た。」③スイッチを入れて始動させる。「てれび(テレビ)・を・　つけ・て・　てんきよほー(天気予報)・を・　み(見)る。」■自動詞は「つく【点く】」〔①⇒**とぼす**【灯す】、**ともす**【灯す】〕

つける【浸ける、漬ける】《動詞・カ行下一段活用》　①ものを水や液体などの中にひたす。ものを水や液体などの中に入れて、全体をそれで覆う。「よご(汚)れ・た・　せんたくもん(洗濯物)・を・　ひとばん(一晩)・　みず(水)・に・　つけ・とく。」②野菜・魚・肉などに塩や糠などをまぶして、その味が熟成して程良い状態になるようにする。「らっきょー(辣韮)・を・　つける。」■自動詞は「つかる【浸かる、漬かる】」

つける【着ける】《動詞・カ行下一段活用》　身に備えるようにする。「ねくたい(ネクタイ)・を・　つける。」「えり(襟)・に・　ばっじ(バッジ)・を・　つける。」「くびま(首巻)き・を・　つける。」

つける【着ける、付ける】《動詞・カ行下一段活用》　乗り物などをある場所に寄せて止める。「ふね(舟)・を・　はま(浜)・に・　つける。」

つける《接尾語・カ行下一段活用》[動詞の連用形に付く]　①その動作に慣れていたり習慣となっていたりすることを表す言葉。「い(行)きつけ・とる・　とこ(所)・や・さかい・　まよ(迷)わ・んと・　い(行)ける。」「た(食)べつけ・とる・　あじ(味)・は・　した(舌)・に・　あ(合)う。」②勢いよくその動作をすることを表す言葉。「よ(呼)びつけ・て・　おこ(怒)る。」③強い感覚で、探り出す。「あや(怪)しい・　やつ(奴)・を・　か(嗅)ぎつけ・た。」

っこい《接尾語》　その傾向が強いということを表す言葉。「なつ(夏)・は・　ひ(冷)やっこい・　とーふ(豆腐)・が・　うま(美味)い。」「ねば(粘)っこい・　みずあめ(水飴)・を・　た(食)べる。」〔⇒**こい、っぽい**〕

つごう〔**つごー**〕【都合】《名詞》　①何かをするときに、影響を与えるようなものごとの有様。ものごとがうまく進んでいるかどうかの状況。「でんしゃ(電車)・の・　の(乗)りかえ・は・　え(良)ー・　つごー・に・　いっ・た。」②そのことに関わる、望ましくない事情。「つごー・が・　あっ・て・　い(行)か・れ・へん・ねん。」〔①⇒**ぐあい**【具合】、**ぐわい**【(具合)】、**がい**【(具合)】、**あんばい**【塩梅、案配】。②⇒**わけ**【訳】〕

つじ【辻】《名詞》　道が交差するところ。「む(向)こー・で・　つじ・が・　みっ(三)つ・に・　わ(分)かれ・とる。」「つじ・の・　てまえ(手前)・に・　こーばん(交番)・が・　ある。」

つたう【伝う】《動詞・ワア行五段活用》　あるものから離れないように沿いながら動いていく。「みず(水)・が・　がらすまど(ガラス窓)・を・　つとー・て・　なが(流)れ・とる。」「ひろ(広)い・　みち(道)・を・　つとー・て・　ある(歩)く。」

つたえる【伝える】《動詞・ア行下一段活用》　①人を介して言葉で知らせる。言葉を取り次ぐ。「この・　はなし(話)・を・　みな(皆)・に・　つたえ・とい・てんか。」②ものやことがらを受け継いで後に残す。後世に残す。「かほー(家宝)・を・　こ(子)ー・に・　つたえる。」■自動詞は「つたわる【伝わる】」■名詞化＝**つたえ**【伝え】

つたわる【伝わる】《動詞・ラ行五段活用》　①他の人から知らせを受ける。話が広がる。「おまえ・の・　うわさ(噂)・が・　つたわっ・とる・ぞ。」②ものやことがらが受け継がれて残る。後世に残る。「いえ(家)・に・　つたわっ・とる・　けーず(系図)・が・　あり・まん・ねん。」■他動詞は「つたえる【伝える】」

つち【土】《名詞》　岩や石が砕けて粉になったもの。「つち・が・　や(痩)せ・とる・さかい・　ひりょー(肥料)・を・　ま(撒)く。」「こーしえん(甲子園)・の・　くろ(黒)い・　つち・を・　も(持)っ・て・　かえ(帰)る。」

つち【槌】《名詞》　木や金属でできていて、物をたたくのに使う道具。「つち・で・　くい(杭)・を・　う(打)つ。」

つちけぶり【土煙】《名詞》　細かい土や砂が風に吹き上げられて、煙のように見えるもの。「かぜ(風)・が・　ふ(吹)い・て・　えらい・　つちけぶり・が・　あ(上)がっ・とる。」〔⇒**つちけむり**【土煙】〕

つちけむり【土煙】《名詞》　細かい土や砂が風に吹き上げられて、煙のように見えるもの。「むかし(昔)・の・　みち(道)・は・　ばす(バス)・が・　はし(走)っ・た・　あと(後)・に・　つちけむり・が・　あ(上)がり・よっ・た。」〔⇒**つちけぶり**【土煙】〕

つちしょうが〔**つちしょーが**〕【土生姜】《名詞》　掘り出して、洗っただけの生姜。「そーめん(素麺)・に・　つちしょーが・を・　す(擦)っ・て・　そ(添)える。」

つちつかず【土付かず】《名詞》　足の裏の凹んでいるところ。「つちつかず・が・　あら・へん・　あし(足)・は・　よー・　つか(疲)れる・ん・やて。」〔⇒**つちふまず**【土踏まず】〕

つちふまず【土踏まず】《名詞》　足の裏の凹んでいるところ。「わし・は・　つちふまず・の・　な(無)い・　べたあし(足)・や。」〔⇒**つちつかず**【土付かず】〕

つちやま【土山】《固有名詞》　ＪＲ山陽線(神戸線)の土山駅およびその周辺。「むかし(昔)・は・　つちやま・から・　べふてつどー(別府鉄道)・が・　はし(走)っ・とっ・てん。」〔⇒**つっちゃま**【土山】〕

つつ【筒】《名詞》　円くて細長くて、中が空いているもの。「つつ・に・　い(入)れ・て・　ひょーしょーじょー(表彰状)・を・　もろ(貰)・てん。」

つついっぱい【つつ一杯】《形容動詞や(ノ)》　①寸法・分量・時間・時刻などが限界いっぱいで、隙間やゆとりがない様子。「つついっぱいに・　おまけ・を・　し・て・　せんえん(千円)・や。」②筋肉の働きや気力などを限りなく発揮させる様子。「つついっぱい・　はし(走)っ・た・けど・　お(追)いぬ(抜)け・なんだ。」〔⇒**ぎりぎりいっぱい**【ぎりぎり一杯】、**いっぱいいっぱい**【一杯一杯】。①⇒**きちきち、ぎりぎり、きちきちいっぱい**【きちきち一杯】、**いっぱい**【一杯】。②⇒**ちからいっぱい**【力一杯】〕

つっかい【突っ支い】《名詞》　ものに当てて支えとするもの。「なすび(茄子)・の・　き(木)ー・に・　つっかい・を・　た(立)てる。」〔⇒**つっかえ**【突っ支え】、**つっぱり**【突っ張り】〕

つっかいぼう〔**つっかいぼー**〕【突っ支い棒】《名詞》　ものに当てて支えとする棒。「とまと(トマト)・の・　なえ(苗)・を・　つっかいぼー・で・　ささ(支)える。」〔⇒**つっかえぼう**【突っ支え棒】、**つっぱりぼう**【突っ張り棒】〕

つっかえ【突っ支え】《名詞》　ものに当てて支えとするもの。「かぜ(風)・が・　つよ(強)い・さかい・　つっかえ・を・　た(立)て・んと・　こけ・てまう。」〔⇒**つっかい**【突っ支い】、**つっぱり**【突っ張り】〕

つっかえす【突っ返す】《動詞・サ行五段活用》　①差し出されたものを受け取らないで、無愛想に返す。「もろ(貰)・たら・　いか・ん・　もん(物)・や・さかい・　つっかえし・てん。」「つっかえさ・れ・ても・　お(置)い・てき・たら・　え(良)ー・ねん。」②突いてきた相手に、こちらからも突く。「しあい(試合)・で・は・　つ(突)か・れ・たら・　つっかえせ。」〔⇒**つきかえす【突き返す】、つきかやす【(突き返す)】、つっかやす【(突っ返す)】、つっきゃえす【(突っ返す)】、つっきゃやす【(突っ返す)】**〕

つっかえぼう〔**つっかえぼー**〕【突っ支え棒】《名詞》　ものに当てて支えとする棒。「たんぼ(田圃)・の・　こや(小屋)・に・　つっかえぼー・を・　かまし・とく。」〔⇒**つっかいぼう【突っ支い棒】、つっぱりぼう【突っ張り棒】**〕

つっかかる【突っ掛かる】《動詞・ラ行五段活用》　①動作または言葉によって、相手に逆らって手向かう。強く反抗する。「あいつ(彼奴)・が・　えら(偉)そーに・　つっかかっ・てき・やがっ・てん。」②相手に引っかかったり、荒々しくぶつかったりする。「まち(町)・で・　つっかかっ・たら・　なぐ(殴)ら・れる・かもしれん・ぞ。」■名詞化＝**つっかかり【突っ掛かり】**

つっかけ【突っ掛け】《名詞》　スリッパ、サンダルなどのように、無造作に足の先に軽くかけて履くことができるもの。「つっかけ・で・は・　でんしゃ(電車)・に・　の(乗)ら・んとき。」〔⇒**ひっかけ【引っ掛け】**〕

つっかやす【(突っ返す)】《動詞・サ行五段活用》　①差し出されたものを受け取らないで、無愛想に返す。「せっかく(折角)の・　もん(物)・を・　つっかやし・たら・　しつれー(失礼)だっ・せ。」②突いてきた相手に、こちらからも突く。「おも(思)いきり・　つっかやし・たら・　あいて(相手)・が・　よろけ・た。」〔⇒**つきかえす【突き返す】、つきかやす【(突き返す)】、つっかえす【突っ返す】、つっきゃえす【(突っ返す)】、つっきゃやす【(突っ返す)】**〕

つづき【続き】《名詞》　同じようなものが連続すること。また、そのようなもの。「この・　はなし(話)・の・　つづき・は・　あした(明日)・に・　する。」

つづきもん【続き物】《名詞》　読み物やドラマなどで、一回では終わらずに、回を重ねて完結するもの。「つづきもん・の・　てれび(テレビ)・の・　ばんぐみ(番組)・を・　ろくが(録画)する。」

つっきゃい【(付っ合い)】《名詞》　①人と親しく交際すること。「つっきゃい・の・　わる(悪)い・　やつ(奴)・は・　さそ(誘)・ても・　こ(来)・ん・やろ。」②社交上の必要や義理によって、一緒に同じ行動をすること。「かちょー(課長)・と・の・　つっきゃい・で・　いっぱい(一杯)・の(飲)む。」〔⇒**つきあい【付き合い】**〕

つっきゃう【(付っきゃう)】《動詞・ワア行五段活用》　①人と親しく交際する。「つっきょー・とる・　かれし(彼氏)・は・　おる・のん・か。」②社交上の必要や義理によって、一緒に同じ行動をする。「きょー(今日)・は・　わし・に・　つっきょー・てくれ・へん・か。」■名詞化＝**つっきゃい【(付っ合い)】**〔⇒**つきあう【付き合う】**〕

つっきゃえす【(突っ返す)】《動詞・サ行五段活用》　①差し出されたものを受け取らないで、無愛想に返す。「つっきゃえさ・れ・たら・　も(持)っ・てかえり・なはれ。」②突いてきた相手に、こちらからも突く。「つっきゃえし・た・けど・　あいて(相手)・の・　ほー(方)・が・　つよ(強)かっ・た。」〔⇒**つきかえす【突き返す】、つきかやす【(突き返す)】、つっかえす【突っ返す】、つっかやす【(突っ返す)】、つっきゃやす【(突っ返す)】**〕

つっきゃかり【(月明かり)】《名詞》　月の光による夜の明るさ。月の光で夜が明るいこと。「きょー(今日)・は・　つっきゃかり・で・　ある(歩)きやすい。」〔⇒**つきあかり【月明かり】**〕

つっきゃたり【(突っ当たり)】《名詞》　道などの行き止まりのところ。「みち(道)・が・　つっきゃたり・に・　なる。」〔⇒**つきあたり【突き当たり】、つきゃたり【(突当たり)】**〕

つっきゃたる【(突き当たる)】《動詞・ラ行五段活用》　①進んで行って、立ちはだかるものにぶつかる。「ひと(人)・が・　ぎょーさん(仰山)・　おっ・て・　つっきゃたり・そーに・　なる。」②どこかに行き着く。「まっすぐ・　ある(歩)い・とっ・たら・　かわ(川)・に・　つっきゃたっ・た。」③何かにさえぎられて、これ以上は進めないところに来る。行き詰まる。「こーば(工場)・の・　へー(塀)・に・　つっきゃたっ・て・　あともど(後戻)りし・た。」■名詞化＝**つっきゃたり【突き当たり】**〔⇒**つきあたる【突き当たる】、つきゃたる【(突き当たる)】**。①⇒**しょうとつ【衝突】(する)、どっしゃげる**〕

つっきゃやす【(突っ返す)】《動詞・サ行五段活用》　①差し出されたものを受け取らないで、無愛想に返す。「そんな・　もん(物)・は・　もら(貰)わ・れ・へん・と・　ゆ(言)ー・て・　つっきゃやし・くさっ・た。」②突いてきた相手に、こちらからも突く。「つっきゃやし・たら・　つっきゃやさ・れ・た。」〔⇒**つきかえす【突き返す】、つきかやす【(突き返す)】、つっかえす【突っ返す】、つっかやす【(突っ返す)】、つっきゃえす【(突っ返す)】**〕

つっきゃわす【(突き合わす)】《動詞・サ行五段活用》　①２つのものの対応する部分を照らし合わせて比べる。「つっきゃわし・てみ・たら・　すーじ(数字)・が・　あ(合)わ・へん・やないか。」②すぐ近くに居て、向かい合う。くっつきそうになるほど近づける。「かお(顔)・を・　つっきゃわし・て・　そーだん(相談)する。」〔⇒**つきあわす【突き合わす】**〕

つっきゅび【(突き指)】《名詞、動詞する》　指先を物に強く突き当てて、関節を痛めること。指の関節の捻挫。「いっしゅーかんまえ(一週間前)・の・　つっきゅび・が・　なお(治)ら・へん。」〔⇒**つきゆび【突き指】**〕

つっきょ【(月夜)】《名詞》　形の大きくなった月が、明るく出ている夜。「こんばん(今晩)・は・　え(良)ー・　つっきょ・や・なー。」〔⇒**つきよ【月夜】**〕

つづく【続く】《動詞・カ行五段活用》　①時間的にあるいは空間的に、途切れないで同じ状態が連なる。「ずーっと・　む(向)こー・まで・　たんぼ(田圃)・が・　つづい・とる。」②間を置かずに、次々に起きる。「ことし(今年)・は・　たいふー(台風)・が・　つづい・て・　じょーりく(上陸)し・た。」■名詞化＝**つづき【続き】**

つづく【続く】《接尾語・カ行五段活用》［動詞の連用形に付く］　ある動作や状態が途切れないことを表す言葉。「あめ(雨)・が・　ふ(降)りつづい・て・　どしゃくず(土砂崩)れ・に・　なら・へん・か・　しんぱい(心配)や。」

つづくり【綴くり】《名詞、動詞する》　衣服などの破れたところに、他の布をあてて修繕すること。そのようにして修繕したもの。「よ(夜)なべ・に・　こども(子供)・の・　ふく(服)・の・　つづくり・を・　する。」〔⇒**つぎ【継ぎ】、つづくりもん【綴くり物】**〕

つづくりもん【綴くり物】《名詞、動詞する》　衣服などの破れたところに、他の布をあてて修繕すること。そのようにして修繕したもの。「ひ(引)っかけ・て・　やぶ(破)っ・た・さかい・　また・　つづくりもん・を・　せ・んならん。」〔⇒**つぎ【継ぎ】、つづくり【綴くり】**〕

つづくる【綴くる】《動詞・ラ行五段活用》　破れたところに、他のものを補ったりして修繕する。「やぶ(破)れ・た・　たび(足袋)・を・　つづくる。」「にわ(庭)・の・　か

き(垣)・の・　やぶ(破)れ・を・　つづくる。」■名詞化＝**つづくり**【綴くり】〔⇒**つづる**【綴る】〕

つっけ【(机)】《名詞》　書物などを読んだり、字を書いたりするときに使う台。「いんく(インク)・を・　こぼ(零)し・て・　つっけ・の・　うえ(上)・が・　よご(汚)れ・た。」「つっけ・に・　えんぴつ(鉛筆)・で・　じ(字)・を・か(書)い・たら・　あか・ん。」〔⇒**つくえ**【机】〕

つづける【続ける】《動詞・カ行下一段活用》　間を置かずに、途切れないようにする。以前と同じ状態を保つ。「てーねん(定年)・の・　あと(後)・も・　しごと(仕事)・を・つづける。」■自動詞は「**つづく**【続く】」

つづける【続ける】《接尾語・カ行下一段活用》〔動詞の連用形に付く〕　同じことを連続して行うことを表す言葉。「え(絵)ー・を・　か(描)きつづける。」「まいにち(毎日)・はし(走)りつづけ・とる・ねん。」

つっこむ【突っ込む】《動詞・マ行五段活用》　①激しい勢いで中に入る。「じてんしゃ(自転車)・の・　すぴーど(スピード)・を・　だ(出)しすぎ・て・　たんぼ(田圃)・の・なか(中)・へ・　つっこん・でも・た。」②無造作な感じで、中に入れる。「ずぼん(ズボン)・に・　て(手)・を・つっこん・で・　ある(歩)く。」「はんかち(ハンカチ)・を・ぽけっと(ポケット)・に・　つっこむ。」

つつじ【躑躅】《名詞》　春から夏にかけて赤・白・紫などの花をつける、落葉する低木。「りきゅーこーえん(離宮公園)・の・　つつじ・は・　きれー(綺麗)や。」

つつそで【筒袖】《名詞》　和服で、袂がない、筒のような袖。また、そのような袖の着物。「つつそで・の・　ゆかた(浴衣)・を・　き(着)る。」

つっちゃま【土山】《固有名詞》　ＪＲ山陽線(神戸線)の土山駅およびその周辺。「つっちゃま・から・　ばす(バス)・で・　いなみちょー(稲美町)・へ・　い(行)く。」〔⇒**つちやま**【土山】〕

つつぬけ【筒抜け】《形容動詞や(ノ)》　①話し声などがそのまま他の人に聞こえる様子。「まいく(マイク)・の・すいっち(スイッチ)・を・　き(切)っ・とら・なんだ・さかい・　ゆ(言)ー・た・　こと・が・　つつぬけに・　き(聞)こえ・ても・た。」②秘密などが他の人に伝わってしまう様子。「ゆ(言)ー・たら・　じっき(直)に・　みんな(皆)・に・　つつぬけに・　なっ・ても・とっ・た。」③止まらないで、通り過ぎたり漏れ落ちたりする様子。「き(聞)い・た・　こと(事)・が・　つつぬけで・　ぜんぶ(全部)・わす(忘)れ・ても・た。」

つっぱり【突っ張り】《名詞》　ものに当てて支えとするもの。「かぜ(風)・が・　つお(強)い・さかい・　こや(小屋)・に・　つっぱり・を・　かます。」〔⇒**つっかい**【突っ支い】、**つっかえ**【突っ支え】〕

つっぱりぼう〔**つっぱりぼー**〕【突っ張り棒】《名詞》　ものに当てて支えとする棒。「かき(垣)・に・　つっぱりぼー・を・　た(立)てる。」〔⇒**つっかいぼう**【突っ支い棒】、**つっかえぼう**【突っ支え棒】〕

つっぱる【突っ張る】《動詞・ラ行五段活用》　①筋肉などが強く張って、圧迫感を覚える。「あし(足)・が・つっぱっ・て・　いた(痛)い。」「く(食)いすぎ・て・　はら(腹)・が・　つっぱっ・とる。」②自分の考えを押し通す。「そないに・　つっぱっ・て・　い(言)わ・ん・でも・えー・やろ・がい。」

つつみ【包み】《名詞》　紙や風呂敷などでもの全体を覆い囲んだもの。「おかし(菓子)・の・　つつみ・を・　もろ(貰)・た。」

つつみがみ【包み紙】《名詞》　もの全体を覆い囲むために使う紙。包装紙。「ちょこれーと(チョコレート)・の・ぎんいろ(銀色)・の・　つつみがみ・を・　む(剥)く。」

つつむ【包む】《動詞・マ行五段活用》　①もの全体を外から覆い囲む。「ふろしき(風呂敷)・で・　つつん・で・　も(持)っ・ていく。」②慶弔・お礼・挨拶などのために、お金をのし紙などに入れる。また、そのようにして差し出す。「しんちく(新築)・の・　いわ(祝)い・に・は・　なんぼ・　つつん・だら・　え(良)ー・ねん・やろ・か。」■名詞化＝**つつみ**【包み】

つづり【綴り】《名詞》　書類を紐などで束ねたもの。「しょるい(書類)・の・　つづり・を・　ひろ(広)げ・て・　せつめー(説明)する。」

つづりかた【綴り方】《名詞》　何かの課題のもとに、文章を書くこと。また、そのようにして書いた文章。「つづりかた・で・　いっとーしょー(一等賞)・を・　もろ(貰)・た。」〔⇒**さくぶん**【作文】〕

つづる【綴る】《動詞・ラ行五段活用》　①書類などを一つに束ねて、一続きのものにする。「かみ(紙)・を・　つづっ・て・　たば(束)・に・　する。」②破れたところに、他のものを補ったりして修繕する。「ずぼん(ズボン)・の・ひ(引)っかけ・た・　とこ・を・　つづる。」③言葉を続けて、文章として書き表す。「えんそく(遠足)・の・　こと・を・　つづる・の・が・　しくだい(宿題)・や。」■名詞化＝**つづり**【綴り】〔②⇒**つづくる**【綴くる】〕

つて【伝手】《名詞》　①人とのつながり。手づる。縁故。「つて・に・　なる・　しと(人)・が・　おら・へん・さかい・たの(頼)ま・れ・へん。」②何かをするときに、都合良く他のことにも活用できる機会や状態。便宜。「きょー(今日)・　しやくしょ(市役所)・へ・　い(行)く・　つて・は・　ない・やろ・か。」〔②⇒**ついで**【序で】〕

つとまる【務まる、勤まる】《動詞・ラ行五段活用》　その職務に堪えて、仕事をやり遂げることができる。たいへんなことに堪えることができる。「あ(飽)きしょー(症)・や・さかい・　しごと(仕事)・が・　つとまる・か・　しんぱい(心配)や。」

つとめ【勤め、務め】《名詞》　①それによって生計を立てていくための職業。また、その内容や、勤務しているところ。「つとめ・は・　あさ(朝)・の・　はちじ(八時)・に・　はじ(始)まる。」②自分に課したり、人から与えられたりする任務。当然しなくてはならないことがら。「みんな(皆)・の・　かんが(考)え・を・　き(聞)く・　こと・は・　かいちょー(会長)・の・　つとめ・や。」「おや(親)・と・して・の・　つとめ・は・　いろいろ・　ぎょーさん(仰山)・　ある。」〔⇒**しごと**【仕事】。①⇒**はたらき**【働き】〕

つとめぐち【勤め口】《名詞》　仕事をするところとして探している会社など。「らいげつ(来月)・から・の・　つとめぐち・が・　ま(未)だ・　き(決)まら・へん。」〔⇒**しゅうしょくぐち**【就職口】〕

つとめさき【勤め先】《名詞》　働きに行っているところ。仕事場のあるところ。「つとめさき・は・　こーべ(神戸)・の・　もとまち(元町)・や。」

つとめる【勤める、務める】《動詞・マ行下一段活用》　命じられたり頼まれたりした職務や役割を行い果たす。また、それによって生計を立てていくために勤務する。「いま(今)・の・　かいしゃ(会社)・に・は・　にじゅーねん(二十年)・　つとめ・とる。」■名詞化＝**つとめ**【勤め、務め】

つな【綱】《名詞》　植物繊維・化学繊維・針金などをよりあわせて、太くて長くて丈夫にしたもの。ロープ。「うし

(牛)・に・　つな・を・　つ(付)け・て・　ひ(引)っぱる。」

つながり【繋がり】《名詞》　結ばれたり連なったりしていること。人やものにおける関係。「あの・　ひと(人)・と・は・　おんな(同)じ・　がっこー(学校)・の・　どーきゅーせー(同級生)・と・　ゆー・　つながり・や。」

つながる【繋がる】《動詞・ラ行五段活用》　①結ばれたり連なったりする。離れているものが結ばれる。また、その結果、両者の間に交流などが行われる。「はし(橋)・が・　か(架)かっ・て・　みち(道)・が・　つながっ・た。」「やっとこさで・　でんわ(電話)・が・　つながっ・た。」②別々のように思われるものの間に、共通性などが認められる。「えーかげんな・　うんてん(運転)・が・　じこ(事故)・に・　つながっ・た。」■他動詞は「つなぐ【繋ぐ】」■名詞化＝**つながり**【繋がり】

つなぎめ【繋ぎ目】《名詞》　別々であったものを、結び合わせたところ。切れたものを結び合わせたところ。「ろーぷ(ロープ)・の・　つなぎめ・が・　ほど(解)け・ても・た。」

つなぐ【繋ぐ】《動詞・ガ行五段活用》　①離れないように、ひもやロープのようなもので結びつける。手と手などを結びつけて離れないようにする。「ふね(船)・を・　はと(波止)・に・　つなぐ。」「て(手)・を・　つない・で・　はぐれ・ん・よーに・　する。」②別々になっているものを結び合わせて、一続きのものにする。「き(切)れ・た・　いと(糸)・を・　つなぐ。」■自動詞は「つながる【繋がる】」■名詞化＝**つなぎ**【繋ぎ】

つなひき【綱引き】《名詞、動詞する》　2組に分かれて、1本の綱を両方から引き合って力比べをする競技。「うんどーかい(運動会)・の・　つなひき・に・　あんた・も・　で(出)・てくれ・まへ・ん・か。」

つなみ【津波】《名詞》　海底地震の後などで急に、土手のような大きな波が起こって、海岸に押し寄せてくること。また、そのような波。「うみ(海)・に・　ちか(近)い・　いえ(家)・でっ・さかい・　じしん(地震)・の・　つなみ・が・　しんぱい(心配)です・ねん。」

つなわたり【綱渡り】《名詞、動詞する》　空中に張った綱の上を、芸などをしながら渡り歩く軽業。「おさる(猿)・が・　かさ(傘)・を・　も(持)っ・て・　つなわたりする・げー(芸)・を・　し・とる。」

つねる【抓る】《動詞・ラ行五段活用》　指先や爪で、皮膚をつまんで強くねじる。「きつー・に・　つねら・れ・て・　あざ(痣)・が・　でけ(出来)・た。」〔⇒**ひねきる**【捻切る】、**ひねる**【捻る】、**つめきる**【詰め切る】、**ちめきる**【(詰め切る)】、**ちみきる**【(詰み切る)】〕

つの【角】《名詞》　動物の頭の上に突き出ている、堅く尖ったもの。「なら(奈良)・の・　しか(鹿)・の・　つの・を・き(切)る・の・を・　み(見)・た。」「でんでんむし(蝸牛)・に・も・　つの・が・　ある。」

つば【唾】《名詞》　口の中を潤すとともに、消化を助ける無色透明の液。「みち(道)・に・　つば・を・　は(吐)い・たら・　あか・ん・ぞ。」〔⇒**つわ**【(唾)】〕

つば【鍔】《名詞》　帽子の前の部分または全体に庇のように出ている部分。「つば・を・　も(持)っ・て・　ぼーし・を・　ぬ(脱)ぐ。」〔⇒**えん**【縁】〕

つばき【椿】《名詞》　厚くて艶のある楕円形の葉を持ち、春のはじめに赤や白などの花が咲く木。「つばき・の・　あぶら(油)・を・　かみ(髪)・の・　け(毛)・に・　ぬ(塗)る。」

つばす【津走】《名詞》　鰤の幼魚で、体長15cm程度のもの。「つばす・を・　しょーゆ(醤油)・で・　た(炊)く。」

つばつける【唾付ける】《動詞・カ行下一段活用》　①唾液を付ける。「つばつけ・て・　きって(切手)・を・　は(貼)る。」②他人に取られないように前もって手を打っておく。仮約束をする。「きんじょ(近所)・の・　かいしゃ(会社)・に・　つばつけ・とい・て・から・　ほか(他)・の・　かいしゃ(会社)・の・　しけん(試験)・も・　う(受)ける。」◆「つわつける」という発音になることもある。

つばめ【燕】《名詞》　春に南から来て秋に帰る、翼や背が黒く腹が白く、尾羽が2またに分かれている渡り鳥。「ことし(今年)・も・　いえ(家)・の・　いりぐち(入口)・に・　つばめ・が・　す(巣)ー・を・　つく(作)っ・た。」

つぶ【粒】《名詞》　①小さくて丸いもの。粒子。「めし(飯)・の・　つぶ・が・　こぼ(零)れ・とる・ぞ。」「くすり(薬)・の・　つぶ・を・　おと(落)し・た。」②集まっているものの、一つ一つの質や大きさ。「つぶ・の・　そろ(揃)・た・　いちご(苺)・や。」〔⇒**つぼ**【(粒)】。①⇒**つぶつぶ**【粒々】〕

つぶす【潰す】《動詞・サ行五段活用》　①力を加えて、もとの形を壊したり、機能を失わせたりする。「すりこぎ(擂粉木)・で・　じゃがいも(馬鈴薯)・を・　つぶす。」「くつ(靴)・を・　は(履)い・て・　いっそく(一足)・　つぶし・た。」②組織などを壊して、活動ができなくする。「あんな・　かいしゃ(会社)・は・　つぶし・てまえ。」③空いている時間に何かをして費やす。時間を埋める。「おちゃ(茶)・　の(飲)ん・で・　ひま(暇)・を・　つぶし・た。」④体の機能を悪くする。「おーえん(応援)・を・　し・て・　こえ(声)・を・　つぶし・た。」「のど(喉)・を・　つぶし・た・さかい・　しゃべ(喋)ら・れ・へん。」⑤面目を失わせる。顔向けができないようにする。「おや(親)・の・　かお(顔)・を・　つぶし・やがっ・た。」⑥食べるために、家畜などを殺す。「とり(鶏)・を・　いっぴき(一匹)・　つぶし・て・　すきやき(鋤焼)・に・　する。」⑦大きな単位の金を、小銭に替える。「いちまんえんさつ(一万円札)・を・　つぶす。」■自動詞は「つぶれる【潰れる】」

つぶつぶ【粒々】《名詞》　①小さくて丸いもの。粒子。「じんたん(仁丹)・の・　つぶつぶ・を・　の(飲)みこむ。」②皮膚にたくさんできる、小さな盛り上がり。発疹。「つぶつぶ・を・　か(掻)い・たら・　ち(血)・が・　で(出)る・ぞ。」③表面にたくさん並んでいる、小さな突起物。「てんじ(点字)・の・　つぶつぶ・を・　お(押)さえ・て・　よ(読)む。」〔①⇒**つぶ**【粒】、**つぼ**【(粒)】。②③⇒**ぶつぶつ**。②⇒**ほろせ**〕

つぶる【瞑る】《動詞・ラ行五段活用》　目を閉じる。「ごみ(塵)・が・　はい(入)り・そーに・　なっ・て・　め(目)・を・　つぶっ・た。」〔⇒**つむる**【瞑る】〕

つぶれ【(釣瓶)】《名詞》　井戸から水を汲み上げるために、綱や長い竿の先に付けた桶。「つぶれ・で・　みず(水)・を・　く(汲)む。」〔⇒**つるべ**【釣瓶】〕

つぶれる【潰れる】《動詞・ラ行下一段活用》　①圧迫されて形が崩れたり、本来の機能が失われたりする。「かいものぶくろ(買物袋)・の・　なか(中)・で・　たまご(卵)・が・　つぶれ・た。」②組織などが壊れて、活動ができなくなる。「つと(勤)め・とっ・た・　かいしゃ(会社)・が・　つぶれる。」③時間が無駄に過ぎる。何かを行うために、他のことができなくなる。「ひる(昼)まで・は・　そーじ(掃除)・で・　つぶれ・た。」④体の機能が悪くなる。「おーえん(応援)し・て・　こえ(声)・が・　つぶれ・た。」⑤面目を失う。顔向けができなくなる。「わし・が・　しっぱい(失敗)し・て・　おやじ(親父)・の・　かお(顔)・が・　つぶれ・た。」⑤小銭に替えることができ

つ

る。「ごせんえんさつ(五千円札)・を・ つぶれる・ ひと(人)・は・ おら・へん・か。」■他動詞は「つぶす【潰す】」

つべこべ《副詞と》 ①あれこれと喋る様子。「つべこべと・ なが(長)い・ せつめー(説明)・を・ せ・ん・ ほー(方)・が・ え(良)ー・と・ おも(思)う・けど・なー。」②不満や理屈をうるさく並べ立てる様子。「つべこべと・ いつ・まで・も・ もんく(文句)・を・ ゆ(言)ー・な。」

つべたい【(冷たい)】《形容詞・アイ型》 ①固体や気体の温度が低くて、触れると冷ややかな感じがする。「ごっつい・ つべたい・ あいすくりーむ(アイスクリーム)・や。」②思いやりがない。人情味に欠ける。「つべたい・ へんじ(返事)・を・ せ・んとい・てんか。」■対語①=「あつい【熱い】」「あちい【(熱い)】」〔⇒**つめたい**【冷たい】、**ちめたい**【(冷たい)】、**ちべたい**【(冷たい)】。①⇒**ひやこい**【冷やこい】、**ひやっこい**【冷やっこい】、**ひやい**【冷やい】〕

つぼ【壺】《名詞》 口が狭くて胴が丸く膨らんだ入れ物。「たんばやき(丹波焼)・の・ おー(大)けな・ つぼ・が・ いえ(家)・に・ ある・ねん。」

つぼ【(粒)】《名詞》 ①小さくて丸いもの。粒子。「おー(大)けな・ つぼ・の・ くすり(薬)・や・さかい・ の(飲)みにくい。」②集まっているものの、一つ一つの質や大きさ。「つぼ・の・ そろ(揃)・た・ え(良)ー・ りんご(林檎)・や・のー。」〔⇒**つぶ**【粒】。①⇒**つぶつぶ**【粒々】〕

つぼ【坪】《名詞》 尺貫法での土地の広さの単位で、1坪はおよそ3.3平方メートルの広さ。1間四方の広さ。「この・ ひろ(広)い・ にわ(庭)・は・ なん(何)つぼ・ あり・まん・の。」「つぼ・ じゅーまんえん(十万円)・の・ とち(土地)・に・ いえ(家)・を・ た(建)てる。」

っぽい《接尾語》 その傾向が強いということを表す言葉。「りくつ(理屈)っぽい・ もの・の・ い(言)ーかた・を・ する・ ひと(人)・や・なー。」「あいつ・は・ わす(忘)れっぽい・ せーかく(性格)・や。」「うそ(嘘)っぽい・ はなし(話)・に・は・ の(乗)ら・んとき・なはれ。」〔⇒**こい、っこい**〕

つぼみ【蕾】《名詞》 花がこれから咲こうとする前に、開かないでふくらんでいるもの。「さくら(桜)・の・ つぼみ・が・ ふく(膨)らん・でき・た。」

つま【妻】《名詞》 ①夫婦のうちの女性の方。「あの・ ひと(人)・は・ だれ(誰)・の・ つま・なん・や。」②刺身などの料理に添えて出す、少しの量の野菜や海藻。「さしみ(刺身)・の・ つま・に・ だいこん(大根)・を・ そえる。」◆①は、自分の妻の場合は「にょーぼー【女房】」の他に、「かない【家内】」「うちの やつ【家の奴】」などと言うことの方が多い。〔⇒**にょうぼう**【女房】〕

つまさき【爪先】《名詞》 足や手の先の部分。履き物の先の部分。「つまさき・で・ た(立)っ・て・ せの(背伸)びする。」「つまさき・で・ ごいし(碁石)・を・ はじく。」「けつまずい・て・ つまさき・が・ いた(痛)い。」

つまみ【抓み】《名詞》 ①機械や器具などで、指先で持ったり回したりするようにしたところ。「なべ(鍋)・の・ つまみ・を・ も(持)つ。」「らじお(ラジオ)・の・ つまみ・を・ まわ(回)す。」②酒などを飲むときに食べる簡単な料理。「なん(何)・ぞ・ うま(美味)い・ つまみ・を・ こしら(拵)え・てんか。」〔②⇒**あて**【当て】〕

つまみぐい【抓み食い】《名詞、動詞する》 ①人に知られないようにして、こっそり食べること。「まんじゅー(饅頭)・を・ つまみぐいし・た・ん・は・ だい(誰)・や。」②箸などを使わないで、手でつまんで食べること。「つまいぐい・なんか・ や(止)め・て・ はし(箸)・を・ つか(使)い・なはれ。」

つまむ【抓む】《動詞・マ行五段活用》 ①小さなものを、箸や指先で挟む。「はし(箸)・で・ まめ(豆)・を・ つまむ。」②ちょっとした食べ物を手で取って食べる。「しおから(塩辛)・を・ つまん・で・ びーる(ビール)・を・ の(飲)む。」■名詞化=**つまみ**【抓み】〔⇒**つもむ**【(抓む)】〕

つまようじ〔**つまよーじ**〕【爪楊枝】《名詞》 歯に挟まったものを取り除いたり、食べ物を差して取ったりするときに使う、先の尖った小さな棒。「つまよーじ・で・ は・を・ せせる。」〔⇒**ようじ**【楊枝】〕

つまらん《複合語》 ①面白くない。関心を寄せるだけの値打ちがない。「この・まんが(漫画)・は・ つまらんかっ・た。」「あの・ えーが(映画)・は・ おも(思)・た・より・ つまら・なんだ。」②美味しくない。食べても喜びはない。「つまらん・ もん(物)・や・けど・ た(食)べ・てくれ・へん・か。」③苦労に対する報いがない。「そんな・ きゅーりょー(給料)・やっ・たら・ つまらん・さかい・ や(止)め・や。」「ちょきん(貯金)し・ても・ つまらん・ りし(利子)・しか・ つ(付)か・へん・ねん。」◆「つまらん」の全国共通語は「つまらない」である。「つまらない」は、動詞「つまる」の未然形「つまら」に打ち消しの助動詞「ない」が接続して、一語に熟したものである。その場合の品詞は形容詞として扱われる。けれども本方言の「つまらん」は活用語ではあるが、形容詞とは決めにくい。「あの・えーが(映画)・は・ つまら・なんだ。」の「つまら」は動詞と同じ働きをしているように思われる。連体修飾語の働きをすることも多く、その場合の「つまらん」は連体詞のようにも見える。けれども、「おまえ(前)・の・ はなし(話)・は・ つまらん。」のように述語の働きもするから形容詞の変形のようにも考えられる。面白い、美味しい、報いがあるという意味で、「つまる」という言葉を使うことはない。

つまる【詰まる】《動詞・ラ行五段活用》 ①幅が狭くて通ることができなくなる。穴や通路などにものが限界まで入って、塞がっている。進もうとするところにものがいっぱいになって先へ進めなくなる。「くるま(車)・が・ つまっ・て・ うご(動)か・へん。」②大勢の人たちで余地がないほどいっぱいになる。「たいいくかん(体育館)・に・ おきゃく(客)さん・が・ いっぱい(一杯)・ つまっ・た。」〔①⇒**つかえる**【支える】、**いかたる**【(行当たる)】、**いきゃたる**【(行当たる)】、**ゆかたる**【(行当たる)】、**ゆきゃたる**【(行当たる)】。②⇒**つむ**【詰む】〕

つみ【罪】《名詞》 ①法律や道徳などに背いた行い。「ひと(人)・を・ きず(傷)つけ・たら・ つみ・に・ なる。」②よくない行為をした責任。「つみ・を・ ひと(人)・に・ かぶ(被)せ・たら・ あか・ん。」

つみ【罪】《形容動詞や(ナ)》 思いやりがなく、意地悪な様子。相手を萎れさせてしまうようなことをする様子。相手の期待に応えない様子。「こ(小)まい・ こ(子)・を・ な(泣)かす・よーな・ つみな・ こと(事)・を・ し・たら・ あか・ん。」「み(見)せびらかし・て・ やら・へん・の・は・ つみな・ こと・や。」

つみおろし【積み下ろし】《名詞、動詞する》 荷物を車や船に載せたり下ろしたりすること。「とらっく(トラック)・へ・の・ つみおろし・に・ じかん(時間)・が・ かかる。」

つみかさなる【積み重なる】《動詞・ラ行五段活用》 あるも

のの上に、他のものが次々に加わる。「たいふー(台風)・で・　お(折)れ・た・　えだ(枝)・が・　つみかさなっ・とる。」■他動詞は「つみかさねる【積み重ねる】」■名詞化＝**つみかさなり**【積み重なり】

つみかさねる【積み重ねる】《動詞・ナ行下一段活用》 あるものの上に、他のものを次々に加える。「ぶろっく(ブロック)・を・　つみかさね・て・　へー(塀)・に・　する・の・は・　あぶ(危)ない。」■自動詞は「つみかさなる【積み重なる】」■名詞化＝**つみかさね**【積み重ね】

つみこむ【積み込む】《動詞・マ行五段活用》 車や船などに荷物を運び入れる。「やどがえ(＝引っ越し)・の・　にもつ(荷物)・を・　つみこむ。」■名詞化＝**つみこみ**【積み込み】

つみたてる【積み立てる】《動詞・タ行下一段活用》 何かの目的のために、お金を少しずつ貯めて、だんだん増やしていく。「りょこー(旅行)・の・　ため・に・　ちょっと・ずつ・　つみたてる。」■名詞化＝**つみたて**【積み立て】

つむ【積む】《動詞・マ行五段活用》 ①重ねるようにして、ものを置く。「ひろば(広場)・に・　ごみ(塵)・を・　つん・どく。」②まっすぐ上の方に重ねて置く。「れんが(煉瓦)・を・　つん・で・　えんとつ(煙突)・を・　つく(作)る。」③運ぶために、車や船に荷物を載せる。「だんぼーる(段ボール)・の・　はこ(箱)・を・　とらっく(トラック)・に・　つむ。」

つむ【摘む】《動詞・マ行五段活用》 生えているものの一部分を、爪先や指でつまんで取る。「れんげ(蓮華)・の・　はな(花)・を・　つむ。」

つむ【詰む】《動詞・マ行五段活用》 ①時間や空間の隙間がなくなる。「あさ(朝)・は・　ばす(バス)・の・　じかん(時間)・が・　つん・どる・さかい・　ぎょーさん(仰山)・はし(走)っ・とる。」「め(目)・が・　つん・だ・　おりもん(織物)・や・さかい・　きれー(綺麗)や。」②大勢の人たちで余地がないほどいっぱいになる。「でんしゃ(電車)・の・　なか(中)・が・　つん・で・　うご(動)か・れ・へん。」「きっぷ(切符)・の・　うりば(売場)・が・　つん・で・　なが(長)い・　ぎょーれつ(行列)・に・　なっ・とる。」③将棋で王が逃げられなくなる。「もー・　ひとて(一手)・で・　つんで・まう・やろ。」〔②⇒**つまる**【詰まる】〕

つむる【瞑る】《動詞・ラ行五段活用》 目を閉じる。「かたつぽー(片方)・の・　め(目)・を・　つむる。」〔⇒**つぶる**【瞑る】〕

つめ【爪】《名詞》 ①手足の指の先にあって、皮が固く変わった堅いもの。「あし・(足)の・　つめ・を・　き(切)る。」②衣類や道具などについている、ものを引っかけてとめるような仕掛けになっているもの。「たび(足袋)・の・　つめ・が・　はず(外)れ・た。」

つめ【詰め】《名詞》 ①瓶などの口につけて、中身が漏れないようにするもの。「びん(瓶)・の・　つめ・が・　なかなか・　あ(開)か・へん。」「いっしょーびん(一升瓶)・の・　つめ・を・　せんぬき(栓抜)・で・　あ(開)ける。」「きるく(キルク)・の・　つめ・を・　すぽんと・　ぬ(抜)く。」②外のものが入ってくるのを防ぐためのもの。「やかま(喧)しー・さかい・　みみ(耳)・に・　つめ・を・　する。」〔⇒**ふた**【蓋】、**せん**【栓】、**かぶせ**【被せ】。①⇒**キャップ**【英語＝cap】〕

つめえり【詰め襟】《名詞》 洋服の襟を外側に折り返さずに、立てた形のもの。「つめえり・の・　がくせーふく(学生服)・が・　なつ(懐)かしー・なー。」

つめきり【爪切り】《名詞》 伸びた手足の爪を挟み切るための道具。「つめきり・が・　み(見)つから・へん・さかい・　つめ・が・　の(伸)び・た・　まま・や。」

つめきりそう〔**つめきりそー**〕【爪切り草】《名詞》 夏から秋にかけて、赤・白・黄色・紫色などの花を咲かせる、地面をはうように背丈の短い草。「あしもと(足元)・の・　つめきりそー・を・　ふ(踏)ん・だら・　あか・ん・よ。」〔⇒**ちめきりそう**【(爪切り草)】、**まつばぼたん**【松葉牡丹】〕

つめきる【詰め切る】《動詞・ラ行五段活用》 ①指先や爪で、皮膚をつまんで強くねじる。「つめきら・れ・て・　あざ(痣)・が・　でけ(出来)・て・た。」②指先でねじって、ちぎる。「ちくわ(竹輪)・を・　つめきっ・て・　た(食)べる。」〔⇒**ちめきる**【(詰め切る)】、**ちみきる**【(詰み切る)】。①⇒**つねる**【抓る】、**ひねきる**【捻切る】、**ひねる**【捻る】〕

つめこむ【詰め込む】《動詞・マ行五段活用》 人やものなどを、部屋や入れ物などいっぱいに入れる。限度いっぱいまで押し入れる。「ひと(一)つ・の・　きょーしつ(教室)・に・　ごじゅーにん(五十人)・も・　つめこま・れ・た。」「かばん(鞄)・に・　ほん(本)・を・　つめこむ。」「べんとばこ(弁当箱)・に・　ごはん(御飯)・を・　つめこむ。」■名詞化＝**つめこみ**【詰め込み】

つめたい【冷たい】《形容詞・アイ型》 ①固体や気体の温度が低くて、触れると冷ややかな感じがする。驚くような低温である。「つめたい・　かぜ(風)・が・　ふ(吹)い・とる。」②体温が低いと感じる。「ゆびさき(指先)・が・　つめたい。」③思いやりがない。人情味に欠ける。「つめたい・　こと(事)・を・　する・　やつ(奴)・や。」■対語＝①「あつい【熱い】」「あちい【(熱い)】」〔⇒**つべたい**【(冷たい)】、**ちめたい**【(冷たい)】、**ちべたい**【(冷たい)】。①⇒**ひやこい**【冷やこい】、**ひやっこい**【冷やっこい】、**ひやい**【冷やい】〕

つめたさ【冷たさ】《名詞》 ものの温度が低いこと。ものの温度の低い程度。「いど(井戸)・の・　みず(水)・の・　つめたさ・に・　びっくりし・た。」■類語＝「あつさ【熱さ】」

つめぬき【詰め抜き】《名詞》 瓶などの蓋を取り除くために使う器具。「つめぬき・で・　お(押)さえ・て・　らむね(ラムネ)・の・　びん(瓶)・を・　あ(開)ける。」「むかし(昔)・は・　きしゃ(汽車)・の・　まど(窓)・の・　した(下)・に・　つめぬき・が・　つ(付)い・とっ・た。」〔⇒**せんぬき**【栓抜き】〕

つめる【詰める】《動詞・マ行下一段活用》 ①人やものなどを、部屋や入れ物などに入れていっぱいにする。「りゅっく(リュック)・に・　したぎ(下着)・を・　つめる。」②短く縮めるようにする。「ずぼん(ズボン)・の・すそ(裾)・を・　つめる。」③ものを入れて塞ぐ。「おー(大)けな・　あな(穴)・を・　せめんと(セメント)・で・　つめる。」④ものの間にはさむ。「と(戸)ー・の・　あいだ(間)・に・　ゆび(指)・を・　つめ・た。」⑤休みなく、かかりきりになる。「こん(根)・を・　つめ・て・　はたら(働)く。」

つもむ【(抓む)】《動詞・マ行五段活用》 ①小さなものを、箸や指先で挟む。「じょーず(上手)に・　つもま・なんだら・　お(落)ちる・よー。」②ちょっとした食べ物を手で取って食べる。「すし(寿司)・を・　つもん・で・　さけ(酒)・を・　の(飲)む。」〔⇒**つまむ**【抓む】〕

つもり【心算】《名詞》 ①前もって考えたり、思ったりしていること。意図を持っていること。「あした(明日)・は・　い(行)く・　つもり・や。」②実際にはそうではないが、そのようであると考えること。事実に反することを考える気持ち。「し(死)ん・だ・　つもり・で・　いち(一)・から・　やりなおす。」「つこ(使)・た・　つもり・で・　ちょきん(貯金)する。」

つもりする【心算する】《動詞・サ行変格活用》 あらかじめ準備をする。準備のために工面する。「やどが(宿替)えし・たい・ねん・さかい・　どこど・で・　とらっく(トラック)・を・　いちだい(一台)・　つもりし・てくれ・へん・か。」

つもる【積もる】《動詞・ラ行五段活用》 ①小さいものや細かいものが、上へ上へと重なってたまって、かさが高くなる。「すま(隅)んだ・に・　ちり(塵)・が・　つもっ・とる。」「ひさ(久)しぶりに・　ゆき(雪)・が・　つもっ・た。」②ものごとが次第にたまって、増加する。「つみたて(積立)・が・　つもっ・て・　じゅーまんえん(十万円)・に・　なっ・た。」

つや【艶】《名詞》 ①ものの表面が滑らかで明るく穏やかに感じられるもの。光沢。「つや・の・　ある・　うま(美味)そーな・　りんご(林檎)・や・なー。」②若々しく、弾力や張りがあるもの。「あいつ(彼奴)・は・　わか(若)い・さかい・　かお(顔)・に・　つや・が・　ある。」〔①⇒**ひかり【光】**〕

つや〔つーや〕【通夜】《名詞》 葬式の前に、死んだ人を偲んで、縁者が棺の前で夜を明かすこと。また、その夜の一定の時間に行う儀式。「しゃちょー(社長)・の・　つや・は・　ろくじ(六時)・から・や。」

つやつや【艶々】《副詞と、形容動詞や(ノ)、動詞する》 光沢や弾力があって美しい様子。「つやつやし・た・　えんどー(豌豆)・を・　ちぎる。」

つゆ【汁】《名詞》 だしに醤油を加えて味をつけたもの。「す(擦)っ・た・　とろろ・に・　つゆ・を・　い(入)れ・て・　ま(混)ぜ・ていく。」〔⇒**おつゆ【御汁】**〕

つゆ【梅雨】《名詞》 6月から7月にかけて降り続く雨。また、その時期。「ことし(今年)・は・　つゆ・が・　なが(長)い・なー。」

つゆ【露】《名詞》 空気中の水分が冷えて、細かい水滴になって、ものの表面についたもの。「まどがらす(窓ガラス)・に・　つゆ・が・　つ(付)い・とる。」

つよい【強い】《形容詞・オイ型》 ①ものが丈夫である。耐える力がある。「つよい・　いと(糸)・や・さかい・　なかなか・　き(切)れ・へん。」②力が優れていて、他に負けない。勢いが衰えない。「もっと・　つよい・　ちーむ(チーム)・に・　なら・んと・　あか・ん・がな。」③意志などがしっかりしていて、屈することがない。「きも(気持)ち・の・　つよい・　ひと(人)・が・　せーこー(成功)する。」④程度が甚だしい。「つよい・　あめ(雨)・が・ふ(降)っ・とる。」■対語＝「よわい【弱い】」〔⇒**つおい【(強い)】**〕

つよき【強気】《名詞、形容動詞や(ノ)》 性格、心の持ち方、考え方などがしっかりして、周囲を圧倒しようとしていること。積極的で、勇気を持っていること。気性が強くて、他に譲ろうとしないこと。「つよきで・いか・んと・　か(勝)た・れ・へん・ぞ。」■対語＝「よわき【弱気】」

つよみ【強み】《名詞》 他人に対して負けないと感じるところ。他人よりも誇らしく思うところ。優位な点。「はなし(話)・の・　じょーず(上手)な・　とこ・が・　あんた・の・　つよみ・や」■対語＝「よわみ【弱み】」

つら【面】《名詞》 ①目や鼻や口などがある、頭の前の部分。「した(下)・を・　む(向)い・て・　つら・を・　かく(隠)し・たら・　あか・ん・ぞ。」②その時々の気持ちが表れた、顔の様子。顔つき。「ずぶとい・　つら・を・し・とる。」③生まれついて持っている顔の様子。「おや(親)・に・　もろ(貰)・た・　つら・は・　か(変)わら・へん。」④ものの表面。「にまい(二枚)・の・　いた(板)・の・　つら・が・　あ(合)わ・いで・　でこぼこ(凸凹)し・とる。」「みぎ(右)・と・　ひだり(左)・の・　つら・が・　ちょっと・　ちが(違)う・　いろ(色)・に・　なっ・とる。」◆①②③については、批判的であったり罵りの気持ちがあったりする場合に使うことが多い。〔①②③⇒**かお【顔】**。②⇒**かおつき【顔付き】、かおいろ【顔色】**。③⇒**かおだち【顔立ち】**〕

つらい【辛い】《形容詞・アイ型》 ①我慢できないほど、気持ちが苦しい。「ともだち(友達)・が・　し(死)ん・で・　つらい・　こと・や。」②他人に対する態度などがむごい。非情だ。「こども(子供)・に・　つろー・　あ(当)たっ・たら・　かわいそー(可哀想)や。」③肉体的に負担を感じる。「ね(寝)・んと・　ばん(番)・を・　する・の・は・　つらい・なー。」

づらい【辛い】《接尾語》[動詞の連用形に付く] ①ものごとを簡単には行えないという意味を表す言葉。「それ・は・い(行)きづらい・　ばしょ(場所)・に・　ある。」「き(聞)きづらい・　しゃべ(喋)りかた・や・さかい・　こま(困)る・なー。」②気持ちの上で、そうすることができないという意味を表す言葉。「い(言)ーづらい・　はなし(話)・や・けど・　き(聞)ー・てほしー・ねん。」〔⇒**にくい【難い】**〕

つらくる《動詞・ラ行五段活用》**【吊らくる】** 上の方にあるものにくくりつけたりはさんだりして、垂れるようにする。「えーぎょーちゅー(営業中)・の・　ふだ(札)・を・つらくる。」「こし(腰)・に・　てぬぐ(手拭)い・を・つらくっ・て・　ある(歩)く。」◆無造作に行っているような印象が伴う。〔⇒**つらさげる【吊ら下げる】、ぶらくる、ぶらさげる【ぶら下げる】、つる【吊る】**〕

つらさげる【吊ら下げる】《動詞・ガ行下一段活用》 上の方にあるものにくくりつけたりはさんだりして、垂れるようにする。「たまねぎ(玉葱)・を・　のき(軒)・に・　つらさげる。」〔⇒**つらくる【吊らくる】、ぶらくる、ぶらさげる【ぶら下げる】、つる【吊る】**〕

つらのかわがあつい《形容詞・ウイ型》 ものの考え方や行動の仕方が図々しい。羞恥心や反省心に欠ける。「つらのかわがあつー・て・　こんな・　こと・を・　し・ても・は(恥)ずかしー・と・　おも(思)わ・ん・　ひと(人)・や。」

つらら【氷柱】《名詞》 水の滴が氷って、軒下や岩などから棒状に垂れ下がったもの。「つらら・なんか・　めった(滅多)に・　でけ(出来)・へん。」

つられる【釣られる】《動詞・ラ行下一段活用》 相手や周囲に引き込まれて、影響を受ける。誘導される。「つられ・て・　えーが(映画)・を・　み(見)・に・　い(行)っ・た。」「こども(子供)・が・　つられ・て・　な(泣)い・とる。」

つり【釣り】《名詞、動詞する》 ①糸に針を付けて、えさなどを用いて魚を捕ること。「にちよーび(日曜日)・に・つり・を・　する。」②受け取るべき額以上のお金で支払いを受けたときに、相手に戻す差額のお金。「せんえんさつ(千円札)・を・　だ(出)し・て・　つり・を・　もら(貰)う。」〔②⇒**おつり【お釣り】、つりせん【釣り銭】**〕

つりあい【釣り合い】《名詞》 2つのものの重さ、強さ、力などが同じ程度で、どちらにも偏っていないこと。均衡。「つりあい・が・　と(取)れる・よーに・　おけ(桶)・

を・　にな(担)う。」〔⇒**つりやい**【(釣り合い)】、**つんりゃい**【(釣ん合い)】〕

つりあう【釣り合う】《動詞・ワア行五段活用》　２つのものの重さ、強さ、力などが同じ程度で、どちらにも偏っていない状態になっている。均衡がとれている。「みぎ(右)・と・　ひだり(左)・の・　おも(重)さ・が・　つりおー・とる。」■名詞化＝**つりあい**【釣り合い】〔⇒**つりやう**【(釣り合う)】、**つんりゃう**【(釣ん合う)】〕

つりがき【釣書】《名詞》　縁談のために、本人の略歴や親族などについて書いて、取り交わす書類。「しゃしん(写真)・と・　つりがき・を・　あず(預)かっ・てき・まし・てん。」

つりがね【釣り鐘】《名詞》　金属でできており、時を知らせるなどの目的で、寺などでついて知らせるもの。「おーみそか(大晦日)・の・　ばん(晩)・に・　つりがね・を・　つ(撞)く。」〔⇒**かね**【鐘】〕

つりかわ【吊り革】《名詞》　電車・バスなどで、立っている乗客がつかまるために吊してある、輪のついた革製の紐。「ひょろけ・て・　つりかわ・に・　つか(掴)まっ・た。」〔⇒**つりわ**【吊り輪】〕

つりこまれる【釣り込まれる】《動詞・ラ行下一段活用》　周りの人の言葉や行動に引き入れられる。「おもしろ(面白)ー・て・　はなし(話)・に・　つりこまれ・てしも・た。」

つりざお【釣り竿】《名詞》　魚を釣るために使う細い棒状のもの。「つりざお・を・　も(持)っ・て・　いけ(池)・へ・　い(行)く。」〔⇒**さお**【竿】〕

つりせん【釣り銭】《名詞、動詞する》　受け取るべき額以上の単位のお金で支払いを受けたときに、相手に戻す差額のお金。「つりせん・に・　こぜに(小銭)・が・　い(要)る。」〔⇒**つり**【釣り】、**おつり**【お釣り】〕

つりて【吊り手】《名詞》　蚊帳などを吊るためにつけられている紐と金属の輪。「つりて・を・　はず(外)し・て・　かや(蚊帳)・を・　たた(畳)む。」

つりばし【吊り橋】《名詞》　橋桁を設けないで、両岸から張り渡した綱などに吊してある橋。「つりばし・が・　ゆ(揺)れ・て・　おと(恐)ろしー。」

つりばり【釣り針】《名詞》　魚を釣るために餌をつけて魚に食わせる、先の曲がったもの。「さかな(魚)・の・　くち(口)・に・　つりばり・が・　つ(付)い・とる。」〔⇒**はり**【針】〕

つりぼし【吊り干し】《名詞》　大根などを切って、冷えた空気の戸外に吊って干したもの。「だいこん(大根)・を・　つりぼし・に・　し・たら・　ひしぼっ・ても・た。」

つりめ【吊り目】《名詞》　狐の目のように、目尻が上に向いているもの。「ちょっと・　つりめ・や・けど・　かい(可愛)らしー・　かお(顔)・や。」■対語＝「たれめ【垂れ目】」〔⇒**あがりめ**【上がり目】〕

つりやい【(釣り合い)】《名詞》　２つのものの重さ、強さ、力などが同じ程度で、どちらにも偏っていないこと。均衡。「つりやい・の・　とれ・る・　いえ(家)・と・の・　えんだん(縁談)・やっ・た。」〔⇒**つりあい**【釣り合い】、**つんりゃい**【(釣ん合い)】〕

つりやう【(釣り合う)】《動詞・ワア行五段活用》　２つのものの重さ、強さ、力などが同じ程度で、どちらにも偏っていない状態になっている。均衡がとれている。「ちから(力)・が・　つりよー・て・　つなひ(綱引)き・の・　しょーぶ(勝負)・が・　つか・へん。」■名詞化＝**つりやい**【(釣り合い)】〔⇒**つりあう**【釣り合う】、**つんりゃう**【(釣ん合う)】〕

つりわ【吊り輪】《名詞》　電車・バスなどで、立っている乗客がつかまるために吊してある、輪のついた紐。「つりわ・が・　たこ(高)ー・て・　こども(子供)・に・は・　とど(届)か・へん。」〔⇒**つりかわ**【吊り革】〕

つる【蔓】《名詞》　植物の茎などが長く伸びて、木に巻き付いたり、地面を這ったりするもの。「あさがお(朝顔)・の・　つる・が・　ひ(日)にひ(日)に・　の(伸)び・てき・た。」

つる【鶴】《名詞》　吉祥であると考えられている鳥で、秋に北の方から渡ってくる、首と脚が長くて、水辺にいる大きな鳥。「つる・は・　ごっつい・　ながい(長生)き・を・　する・そーや。」

つる【釣る、吊る】《動詞・ラ行五段活用》　①糸に針を付けて、えさなどを用いて魚を捕る。「いっぽんづり(一本釣)・で・　たい(鯛)・を・　つる。」②上の方にあるものにくくりつけたりはさんだりして、垂れるようにする。「のき(軒)・に・　ふーりん(風鈴)・を・　つる。」③両端をしっかりとめて、左右に渡しかける。「てんじょー(天井)・の・　ちか(近)く・に・　たな(棚)・を・　つる。」「き(木)・と・　き(木)・の・　あいだ(間)・に・　はんもっく(ハンモック)・を・　つる。」④ものの一部分をとらえて、引っかけて上に上げる。「いけ(池)・に・　お(落)とし・た・　ぼーし(帽子)・を・　さお(竿)・で・　つる。」⑤興味を引くようなものを見せたりして、相手を引きつける。おびき寄せたり誘い出したりする。「うま(美味)い・　もん・で・　つったら・　ひと(人)・が・　ぎょーさん・　あつ(集)まっ・た。」■名詞化＝**つり**【釣り、吊り】〔②⇒**つらくる**、**つらさげる**【吊ら下げる】、**ぶらくる**、**ぶらさげる**【ぶら下げる】〕

つる【攣る】《動詞》　筋肉が急に縮まって、うまく動かせなくなる。痛くなって痙攣する。「すいえー(水泳)し・とっ・て・　あし(足)・が・　つっ・た。」〔⇒**ひきつる**【引き攣る】〕

つるし【吊るし】《名詞》　①店頭に吊して売っている衣服。既製の衣服。「やすもん(安物)・の・　つるし・を・　こ(買)ー・て・　き(着)・とる・ねん。」②甘くするために、渋柿の皮をむいて干したもの。「あこ(赤)ー・　なっ・た・　つるし・を・　た(食)べる。」〔②⇒**つるしがき**【吊るし柿】、**ほしがき**【干し柿】〕

つるしがき【吊るし柿】《名詞》　甘くするために、渋柿の皮をむいて干したもの。「つるしがき・に・　し・たら・　あも(甘)ー・　なっ・た。」〔⇒**つるし**【吊るし】、**ほしがき**【干し柿】〕

つるっ《副詞と》　①表面に凹凸がなく、滑らかな様子。「つるっと・　し・た・　せともん(瀬戸物)・や・さかい・　お(落)とさ・ん・よーに・　き(気)・を・　つけ・て・な。」②滑らかに抜け落ちる様子。滑ったり滑り落ちたりする様子。「て(手)ー・が・　つるっと・　すべっ・て・　も(持)っ・とる・　もん(物)・を・　お(落)とし・た。」「くつ(靴)・が・　すべっ・て・　つるっと・　ひっくりかえっ・た。」〔⇒**つるん**〕

つるってん《形容動詞や(ノ)》　表面に凹凸がなく滑らかで、光沢がある様子。「つるってんの・　おめん(面)・を・　かぶ(被)る。」〔⇒**つるってんぴいか**、**つるつる**、**つるんつるん**〕

つるってんぴいか〔**つるってんぴーか**〕《形容動詞や(ノ)》　①表面に凹凸がなく滑らかで、光沢がある様子。「つるってんぴーかの・　かびん(花瓶)・や・さかい・　お(落)とし・そーや。」②光沢があって、明るく輝いている様子。「くつ(靴)・を・　みが(磨)い・たら・　つるって

んぴーかに・　なっ・た。」〔①⇒**つるってん**。②⇒**つるつる、つるんつるん**〕

つるつる《名詞》　饂飩や蕎麦などの麺類。「つるつる・を・　つく(作)っ・た・けど・　た(食)べ・へん・か。」◆幼児語。〔⇒**つうつう**〕

つるつる《形容動詞や(ノ)》　①光沢があって、明るく輝いている様子。「ろーか(廊下)・を・　つるつるに・　みが(磨)く。」②動きが滑らかで、滑りやすい様子。「ろーか(廊下)・が・　つるつるで・　すべ(滑)り・そーや。」③うどん・蕎麦などを、滑らかに飲み込む様子。「ところてん(心太)・を・　つるつると・　く(食)う。」〔⇒**つるんつるん**。①⇒**つるってん、つるってんぴいか**〕

つるつるする《動詞・サ行変格活用》　饂飩や蕎麦などを、飲み込むようにして食べる。「か(噛)ま・んと・　つるつるし・て・　た(食)べ・なはれ。」〔⇒**つうつうする**〕

つるはし【鶴嘴】《名詞》　堅い土などを掘り崩すときに使う、両方の先端が鶴のくちばしのように細くとがっている道具。「つるはし・で・　かた(堅)い・　つち(土)・を・　ほ(掘)る。」

つるべ【釣瓶】《名詞》　井戸から水を汲み上げるために、綱や長い竿の先に付けた桶。「つるべ・で・　く(汲)ん・だ・　みず(水)・で・　かお(顔)・を・　あら(洗)う。」〔⇒**つぶれ**【(釣瓶)】〕

つるむ《動詞・マ行五段活用》　動物が発情して交尾する。「とんぼ(蜻蛉)・が・　つるん・で・　と(飛)ん・どる。」〔⇒**さかる**【盛る】〕

つるん《副詞と》①表面に凹凸がなく、滑らかな様子。「つるんと・　し・た・　あたま(頭)・の・　ひと(人)・が・　まえ(前)・に・　すわ(座)っ・とる。」②滑らかに抜け落ちる様子。滑ったり滑り落ちたりする様子。「つるんと・　て(手)ー・から・　ぬ(抜)け・て・　お(落)ち・た。」「ばなな(バナナ)・の・　かわ(皮)・を・　ふ(踏)ん・で・　つるんと・　すべ(滑)っ・た。」〔⇒**つるっ**〕

つるんつるん《形容動詞や(ノ)》　①光沢があって、明るく輝いている様子。「かがみ(鏡)・を・　つるんつるんに・　みが(磨)く。」②動きが滑らかで、滑りやすい様子。「みち(道)・が・　こお(凍)っ・て・　つるんつるんに・　なっ・とる。」③うどん・蕎麦などを、滑らかに飲み込む様子。「そば・を・　か(噛)ま・んと・　つるんつるんと・　た(食)べる。」〔⇒**つるつる**。①⇒**つるってん、つるってんぴいか**〕

つれ【連れ】《名詞》　①一緒に物事を行う人たち。似たような好みや考えなどを持っている、一定の範囲の人たち。「つれ・と・　はぐれ・てしも・た。」②行動などをいっしょにして、親しくつきあっている人。「しょーがっこー(小学校)・の・　とき(時)・の・　つれ・と・　ひさ(久)しぶりに・　お(会)ー・た。」〔①⇒**れんちゅう**【連中】、**れんじゅう**【連中】、**なかま**【仲間】、**グループ**【名詞＝group】。②⇒**ともだち**【友達】〕

つれしょんべん【連れ小便】《名詞、動詞する》　一人が小便をすると、仲間も引かれて同じように小便をすること。「おまえ・が・　する・なら・　わし・も・　つれしょんべんする・わ。」

つれだつ【連れ立つ】《動詞・タ行五段活用》　何人かで一緒に出かける。「つれだっ・て・　はなみ(花見)・に・　い(行)く。」〔⇒**つんだつ**【連ん立つ】〕

つれる【連れる】《動詞・ラ行下一段活用》　①一緒に出かける。付いて来させる。「こども(子供)・を・　つれ・て・　ゆーえんち(遊園地)・へ・　い(行)く。」②子守をする。「いちじかん(一時間)・ほど・　この・　こ(子)・を・　つれ・とっ・てほしー・ねん」

つれる【釣れる】《動詞・ラ行下一段活用》　①魚などが釣り上げられる。「おー(大)きー・　あぶらめ・が・　つれ・た。」②釣果が上がる。「つれる・　ところ(所)・は・　どの・　へん(辺)・やろ・か。」

つわ【(唾)】《名詞》　口の中を潤すとともに、消化を助ける無色透明の液。「へんとーせん(扁桃腺)・で・　つわ・が・　のど(喉)・に・　ひ(引)っかかる。」〔⇒**つば**【唾】〕

つんだかつんだか【積んだか積んだか】《形容動詞や(ノ)》　ものが積み重なっている様子。ものを積み上げている様子。「ぬ(脱)い・だ・　しゃつ(シャツ)・を・　つんだかつんだかに・　し・とる。」「あつ(集)め・た・　ごみ(塵)・が・　つんだかつんだかで・　くず(崩)れ・そーや。」

つんだつ【連ん立つ】《動詞・タ行五段活用》　何人かで一緒に出かける。「みんな(皆)・で・　つんだっ・て・　い(行)き・まほ。」〔⇒**つれだつ**【連れ立つ】〕

つんつるてん《形容動詞や(ノ)》　頭が完全にはげている様子。「つんつるてんや・さかい・　いつも・　ぼーし(帽子)・を・　かぶ(被)っ・とる。」

つんつん《副詞と、動詞する》　不機嫌で無愛想な様子。周りの人を寄せ付けないような雰囲気を漂わせている様子。「つんつんし・て・　へんじ(返事)・も・　ろくに・　せ・ん・　やつ(奴)・や。」

つんぼ【聾】《名詞》　①耳が聞こえないこと。聴覚に障害がある人。「とし(年)・を・　とっ・て・　つんぼ・に・　なっ・た。」②感覚が十分に働かないこと。「かぜ(風邪)・を・　ひ(引)ー・て・　はな(鼻)・が・　つんぼ・に・　なっ・とる。」◆①は差別的な表現であり、それをもとにした②の比喩的表現も同様である。

つんりゃい【(釣ん合い)】《名詞》　２つのものの重さ、強さ、力などが同じ程度で、どちらにも偏っていないこと。均衡。「あんた・が・　そないに・　ぎょーさん(仰山)・　きふ(寄付)・を・　し・たら・　みんな(皆)・と・　つんりゃい・が・　とれ・へん。」〔⇒**つりあい**【釣り合い】、**つりやい**【(釣り合い)】〕

つんりゃう【(釣ん合う)】《動詞・ワア行五段活用》　２つのものの重さ、強さ、力などが同じ程度で、どちらにも偏っていない状態になっている。均衡がとれている。「ふたり(二人)・の・　ちから・は・　つんりょー・とる。」■名詞化＝**つんりゃい**【(釣ん合い)】〔⇒**つりあう**【釣り合う】、**つりやう**【(釣り合う)】〕

て

て〔てー〕【手】《名詞》　①体の肩から左右に出ている部分。「てー・を・　うえ(上)・に・　あ(上)げる。」②手首から先の部分。「てー・を・　たた(叩)い・て・　ひょーし(拍子)・を・　とる。」③道具などの、手に持つように作ってある部分。「てー・の・　つ(付)い・た・　なべ(鍋)・で・　た(炊)く。」④仕事をする人や労力。「しごと(仕事)・が・　いっぱい(一杯)・　あっ・て・　てー・が・　た(足)ら・ん。」⑤ものごとを行うときの手間。「てー・の・　か(掛)かる・　ややこしー・　しごと(仕事)・や・なー。」⑥ものごとの腕前。技量。「しょどー(書道)・の・　てー・が・　あ(上)がっ・た。」⑦相手などとのつながり。関係。「はら(腹)・が・　た(立)っ・て・　あいつ(彼奴)・と・は・　てー・を・　き(切)っ・た。」⑧ものごとを行う手段ややり方。「ほか(他)・に・　うま(上手)い・　てー・が・　な(無)い・やろ・か。」⑨ある特定の傾向を持つものや、ある特定の種類のもの。「この・　て・の・　きかい(機械)・は・　あつか(扱)いにくい。」〔①②⇒**てて【手々】**。③⇒**にぎり【握り】、とって【取っ手】**〕

て〔で〕《副助詞》　相手や第三者に対する敬意を表すときに使う言葉。「せんせー(先生)・が・　き(来)・とっ・て・や。」「そこ・に・　おっ・て・の・　ひと(人)・は・　どなた・です・か。」◆一般に「てや敬語」と言われていて、「せんせー・が・　き・て・やっ・た。」のような使い方も多いが、必ずしも「て」に「や」が接続する必要はない。「て」だけで敬語の働きをする。

て〔で〕《接続助詞》　①いくつかの動作・作用などを並べて、それらが次々と起こったり行われたりしていることを表す言葉。「た(食)べ・て・　の(飲)ん・で・　おーさわ(大騒)ぎ・を・　し・た。」②ある動作・作用などが終わって、次のことにつながることを表す言葉。「はし(走)っ・て・　やっと・　ま(間)にお(合)ー・た。」「ほーげんしゅー(方言集)・の・　げんこー(原稿)・を・　か(書)きあげ・て・　しゅっぱんしゃ(出版社)・に・　わた(渡)し・た。」

て〔で〕【手】《接尾語》［名詞などに付く］　①方向や方面を表す言葉。「した(下)て・に・　で(出)・て・　はなし(話)・を・　する。」「はま(浜)て・の・　ほー(方)・に・　こーえん(公園)・が・　ある。」「みぎ(右)て・に・　びょーいん(病院)・が・　み(見)える。」②程度や状態を表す言葉。「ふる(古)て・の・　たび(足袋)・を・　は(履)く。」「にばん(二番)て・の・　せんしゅ(選手)・が・　はし(走)っ・てき・た。」③その動作をする人を表す言葉。「かるた(歌留多)・の・　よ(読)みて・に・　なる。」

で〔でー〕【出】《名詞》　①その人の生地や出身校。「あんた・は・　どこ・の・　でー・です・か。」「わし・は・　ひめじ(姫路)・の・　でー・や。」「だいがく(大学)・の・　でー・でも・　やく(役)・に・　た(立)た・ん・　やつ(奴)・が・　おる。」②ある場所に出ること。顔を見せること。また、その状態や度合い。「いんき(インキ)・の・　でー・が・　わる(悪)い・　まんねんひつ(万年筆)・や。」「かいしゃ(会社)・は・　くじ(九時)・から・の・　でー・や。」③太陽や月が昇ること。「つき(月)・の・　でー・が・　おそ(遅)なっ・た。」■対語＝③「いり【入り】」

で《格助詞》　①その動作・作用などが行われている場所を表す言葉。「としょかん(図書館)・で・　か(借)っ・た。」「がっこー(学校)・で・　べんきょー(勉強)する。」②その動作・作用などを行っている手段・方法や、用いる道具などを表す言葉。「えんぴつ(鉛筆)・で・　か(書)い・た。」「くれよん(クレヨン)・で・　ぬ(塗)る。」③その動作・作用を行うための材料・原料などを表す言葉。「こむぎこ(小麦粉)・で・　けーき(ケーキ)・を・　つく(作)る。」「きん(金)・で・　めっき(鍍金)する。」④その動作・作用などの理由・原因などとなるものを表す言葉。「たいふー(台風)・で・　でんしゃ(電車)・が・　と(止)まっ・た。」⑤その動作・作用などの及ぶ数量を表す言葉。「でんしゃ(電車)・やっ・たら・　いちじかん(一時間)・で・　つ(着)く。」「みっか(三日)・で・　しあ(仕上)げる。」

で〔でー〕《終助詞》　念を押したり、呼びかけたりするときに使う言葉。「さが(探)し・とる・　ほん(本)・は・　ここ・に・　おます・で。」「は(早)よ・　こ(来)・な・　おく(遅)れる・で。」◆「で」にも、「ぜ」にも聞こえる。〔⇒**ぜ**〕

で〔でー〕《接尾語》［動詞の連用形に付く］　そうすることに手応えなどがあることを表す言葉。分量がかなりあることなどを表す言葉。そうするためにはかなりの負担や努力が要ることを表す言葉。「おー(大)きー・さかい・　く(食)いで・の・　ある・　いも(芋)・や。」「おもしろ(面白)ー・て・　よ(読)みで・の・　ある・　ほん(本)・や・なー。」「せわ(世話)・の・　しで・の・　ある・　ひと(人)・や。」「このごろ・は・　いちまんえん(一万円)・は・　つか(使)いで・が・　な(無)い。」〔⇒**かい【甲斐】**〕

てあいます〔**であいます**〕【(て上います)】《補助動詞・サ行五段活用》［動詞の連用形に付く］「してやる」ということをへりくだって言う言葉。して差し上げる。「よかっ・たら・　さかな(魚)・の・　さば(捌)きかた・を・　おし(教)え・てあいます・よ。」◆接続助詞「て」に、動詞「あげる【上げる】」が続き、さらに丁寧の意の助動詞「ます」が続いて一語に熟した言葉である。「てあげます」の発音が「てあいます」に変化した。けれども、丁寧語というよりはむしろ謙譲の気持ちが込められた言葉になっている。ただし、動物などを相手に使うこともあって、その場合は敬意は消えている。補助動詞としての用法は、必ず「てあいます」の形で使い、「あいます」だけの言い方はしない。〔⇒**てあげます【て上げます】、てあえます【(て上えます)】、てやいます【(て遣います)】、てやえます【(て遣えます)】**〕

てあえます〔**であえます**〕【(て上えます)】《補助動詞・サ行五段活用》［動詞の連用形に付く］「してやる」ということをへりくだって言う言葉。して差し上げる。「あんた・の・　か(代)わり・に・　とーばん(当番)・を・　し・てあえまし・ても・　よろしー・よ。」◆接続助詞「て」に、動詞「あげる【上げる】」が続き、さらに丁寧の意の助動詞「ます」が続いて一語に熟した言葉である。「てあげます」の発音が「てあえます」に変化した。けれども、丁寧語というよりはむしろ謙譲の気持ちが込められた言葉になっている。ただし、動物などを相手に使うこともあって、その場合は敬意は消えている。補助動詞としての用法は、必ず「てあえます」の形で使い、「あえます」だけの言い方はしない。〔⇒**てあげます【て上げます】、てあいます【(て上います)】、てやいます【(て遣います)】、てやえます【(て遣えます)】**〕

てあげます〔**であげます**〕【て上げます】《補助動詞・サ行五段活用》［動詞の連用形に付く］「してやる」ということをへりくだって言う言葉。して差し上げる。「おい(美味)しー・　みかん(蜜柑)・を・　おく(送)っ・てあげまし・てん。」◆接続助詞「て」に、動詞「あげる【上げる】」が続き、さらに丁寧の意の助動詞「ます」が続いて一語に熟した言葉である。けれども、丁寧語というよりはむしろ謙譲の気持ちが込められた言葉になっている。ただし、動物などを相手に使うこともあって、その場合は敬意は消えている。補助動詞としての用法は、必ず「てあげます」の形で使い、「あげます」だけの言い方はしない。〔⇒**てあいます【(て上います)】、てあえます【(て上えます)】、てやいます【(て遣います)】、てやえます【(て遣えます)】**〕

てあし【手足】《名詞》　①体の肩から左右に出ている部分と、骨盤より下の部分。広くは、からだ全体を指すこともある。「てあし・が・　うご(動)く・　あいだ(間)・は・　はたら(働)く・　つもり・や。」「とし(歳)・を・　とっ・て・　てあし・が・　ふじゅー(不自由)に・　なっ・てき・た。」②手首から先の部分と、足首から先の部分。「てあし・が・　つめ(冷)たい・さかい・　こたつ(炬燵)・に・　はい(入)る。」③動物の4本の足。「かめ(亀)・が・　ひっくりかえっ・て・　てあし・を・　ばたばたと・　さし・とる。」

であし【出足】《名詞》　①ものごとを始めるときの速さや

意気込みなど。行動を始める態勢。「であし・は・　よ(良)かっ・た・ん・や・けど・　とちゅー(途中)・で・　お(追)いぬか・れ・ても・た。」②人々が外出したり、どこかの場所へ集まったりする様子や、その人数。「おきゃく(客)さん・の・　であし・が・　おー(多)い。」

てあたりしだい【手当たり次第】《副詞に》 えり好みや区別などをしないで、手に触れるものや、近くにあるものは何でも、試みたり処理したりする様子。「かたろぐ(カタログ)・を・　み(見)・とっ・たら・　てあたりしだいに・　か(買)い・とー・　なる。」「てあたりしだいに・もんく(文句)・を・　ぬかし・やがる・ねん。」

てあて【手当】《名詞、動詞する》 ①病気や怪我を治すために処置を施すこと。また、その処置。「ち(血)ー・を・　と(止)める・　てあて・を・　し・ても一・た。」②働いたことへの報酬として支払う賃金。「ひと(人)・を・　やと(雇)ー・たら・　てあて・の・　しんぱい(心配)・を・　せ・んならん。」③賃金の他に、それぞれの名目で支払うお金。「つーきん(通勤)・の・　てあて・を・　もら(貰)う。」

てあみ【手編み】《名詞、動詞する》 毛糸などを、機械を使わず手で編むこと。また、手で編んだもの。「てあみ・の・　くびま(首巻)き・を・　もろ(貰)・た。」■対語＝「きかいあみ【機械編み】」

ていか〔てーか〕【定価】《名詞》 ある商品に付けられた、定められた価格。「おーやすう(大安売)り・で・　てーか・の・　にわりびき(二割引)・で・　う(売)っ・とる。」

ていき〔てーき〕【定期】《名詞》 ①乗り物や施設などを利用するときに、一定の区間や一定の期間は自由に利用できるように定めて発行する券。「ちゅーしゃじょー(駐車場)・を・　ひとつき(一月)・ずつ・の・　てーき・で・　か(借)っ・とる。」②期間が一定していること。期間を定めて預かる預金。「いちねん(一年)・の・　てーき・で・　ぎんこー(銀行)・に・　あずけ・た。」〔①⇒**ていきけん**【**定期券**】〕

ていきけん〔てーきけん〕【定期券】《名詞》 乗り物や施設などを利用するときに、一定の区間や一定の期間は自由に利用できるように定めて発行する券。「こーべ(神戸)・まで・の・　てーきけん・を・　も(持)っ・とる・ねん。」〔⇒**ていき**【**定期**】〕

ていきゅう〔てーきゅー〕【低級】《形容動詞や(ナ)、名詞》 品質が劣っていたり程度が低かったりする様子。また、そのようなもの。「てーきゅーな・　もん(物)・は・　やす(安)い・けど・　じっき(直)に・　めげ・てまう。」■対語＝「こうきゅう【高級】」

ていきゅうび〔てーきゅーび〕【定休日】《名詞》 会社や商店などで決めている、業務を行わない日。「せっかく・　か(買)い・に・　い(行)っ・た・のに・　てーきゅーび・で・　し(閉)まっ・とっ・た。」

ていじ〔てーじ〕【定時】《名詞》 決められた日取りや時刻。特に、勤務の開始や終了の時刻。「じちかい(自治会)・の・　てーじ・の・　そーかい(総会)・が・　ある。」「しごと(仕事)・を・　てーじ・で・　お(終)わる。」

ていしゅ〔てーしゅ〕【亭主】《名詞》 一家の主人。夫婦のうち、男の人。「うち・の・　てーしゅ・は・　さけ(酒)・が・　す(好)きや。」〔⇒**おっと**【**夫**】〕

ていせい〔てーせー〕【訂正】《名詞、動詞する》 既に書いたり言ったりしたことの間違いを正しく改めること。「まちご(間違)ー・たら・　せん(線)・を・　ひ(引)ー・て・　てーせーし・なはれ。」

ていてつぼう〔てーてつぼー〕【低鉄棒】《名詞》 校庭などに設けられている、2本の柱に鉄の棒を水平にかけ渡した用具のうち、高さの低いもの。「てーてつぼー・で・　さかあ(逆上)がり・の・　けーこ(稽古)・を・　する。」■対語＝「こうてつぼう【高鉄棒】」

ていでん〔てーでん〕【停電】《名詞、動詞する》 電気の送電が止まること。また、それによって電灯などが消えること。「むかし(昔)・は・　まいにち(毎日)・の・よーに・　てーでんし・た・　こと・が・　あっ・た。」

ていど〔てーど〕【程度】《名詞》 ①他のものごととの比較を意識したときの、そのものごとの程合い。「あいつ(彼奴)・は・　くち(口)・が・　わる(悪)い・さかい・　じょーひん(上品)さ・の・　てーど・が・　あら・へん。」②ちょうど適当であると思われる程合い。「みっかかん(三日間)・てーど・の・　じかん(時間)・が・　ほ(欲)しい。」③おおよその数値。「おくりもん(贈物)・は・　にせんえん(二千円)・の・　てーど・で・　え(良)ー・やろ。」〔①⇒**ど**【**度**】〕

ていねい〔てーねー、てーね〕【丁寧】《形容動詞や(ナ)》 ①心がこもっていて、落ち度がなかったり親切であったりする様子。「てーねー・な・　てがみ(手紙)・を・　もろ(貰)・た。」②細かいところまで注意が行き届いて念入りであり、礼儀にかなっている様子。「てーねーに・　こま(細)かく・　しら(調)べ・てくれ・た。」「てーねーに・　じ(字)ー・を・　か(書)く。」■対語＝「らんざつ【乱雑】」

ていねん〔てーねん〕【定年】《名詞、動詞する》 会社などで、退職するように決められている年齢。また、その年齢で退職すること。「うち・の・　かいしゃ(会社)・は・　てーねん・の・　あと(後)・も・　はたら(働)かし・てくれる。」「あんた・は・　なんぼ・の・　とし(歳)・で・　てーねんし・た・ん・や。」

でいり【出入り】《名詞、動詞する》 ①建物や施設などに出ることと入ること。出たり入ったりすること。「ここ・は・　くるま(車)・の・　でいり・が・　お(多)ー・て・　あぶ(危)ない。」②金銭の出し入れ。収入と支出。とりわけ、支出のこと。「こども(子供)・が・　がっこ(学校)・へ・　い(行)く・よーに・　なっ・て・　でいり・が・　お(多)ー・　なっ・た。」〔⇒**ではいり**【**出入り**】〕

ていりゅうしょ〔てーりゅーしょ、てーりゅーじょ〕【停留所】《名詞》 バスや市内電車などが止まるように決まっている場所。「みせ(店)・は・　しでん(市電)・の・　てーりゅーしょ・の・　すぐ・　ちか(近)く・に・　ある。」

ている〔でいる〕【て居る】《補助動詞・ア行上一段活用》［動詞の連用形に付く］ ①動作や状態が継続していることを表す言葉。…しつつある。…している。「みせ(店)・が・　し(閉)まっ・ている。」「しま(島)・まで・　はし(橋)・が・　か(架)かっ・ている。」②動作や状態が終了したり完結したりしていることを表す言葉。…してしまっている。「ばん(晩)・の・　あいだ(間)・に・　ぬす(盗)まれ・てい・てん。」〔⇒**ておる**【**て居る**】、**とる**、**とう**〕

ていれ【手入れ】《名詞、動詞する》 良い状態を保持するために、直したり、綺麗にしたり、世話をしたりすること。「にわ(庭)・の・　はな(花)・の・　ていれ・が・　わたし(私)・の・　にっか(日課)・です。」

テープ〔てーぷ〕【英語＝tape】《名詞》 ①紙や布などで作った、幅が狭くて長い紐。「ぶたい(舞台)・に・　む(向)かっ・て・　てーぷ・を・　ほりな(投)げる。」「うんどーかい(運動会)・で・　いちばん(一番)・の・　てーぷ・

を・ き(切)る。」②セロファンなどでできた､紐状の接着用素材。「ふーとー(封筒)・を・ てーぷ・で・ と(留)める。」③合成樹脂の表面に磁性物質を塗って、録音・録画などのために使う紐状の素材。「てーぷ・が・ ろくおんき(録音機)・に・ ま(巻)きつい・た。」

テーブル〔**てーぶる**〕【英語＝table】《名詞》 洋室などに置く、椅子に座って使う、脚の長い机。「しょくじ(食事)・を・ する・ てーぶる・を・ ふ(拭)く。」

ておくれ【**手遅れ**】《名詞、形容動詞や(ノ)》 ものごとに対する手当や処置などの時期をのがして、成功や回復などの見込みがなくなること。「しめきり(締切)・に・なっ・ても・た・さかい・ もー・ ておくれや。」

ておくれる〔**でおくれる**〕《補助動詞・ラ行下一段活用》[動詞の連用形に付く] ①相手に何かを要請したり懇願したりするようなときに使う言葉。「すん・まへ・ん・が・ ゆる(許)し・ておくれ・ん・か。」②相手の行為に敬意を表して言うときに使う言葉。「あの・ ひと(人)・やっ・たら・ ひ(引)きうけ・ておくれる・やろ。」〔⇒**ておくんなはる**〕

でおくれる【**出遅れる**】《動詞・ラ行下一段活用》 何かをし始めるのが遅くなる。他の人よりも始めるのが遅くなる。「たんぼ(田圃)・の・ しごと(仕事)・に・ かかる・の・が・ でおくれ・た。」■名詞化＝**でおくれ**【**出遅れ**】

ておくんなはる〔**でおくんなはる**〕《補助動詞・ラ行五段活用》[動詞の連用形に付く] ①相手に何かを要請したり懇願したりするようなときに使う言葉。「もー・ ちょっと・だけ・ ま(待)っ・ておくんなはれ。」②相手の行為に敬意を表して言うときに使う言葉。「え(良)ー・ はなし(話)・を・ も(持)っ・てき・ておくんなはっ・た。」◆「ておくれる」よりも丁寧な言い方である。〔⇒**ておくれる**〕

ておち【**手落ち**】《名詞》 行為や手続きなどに､ぬかりがあること。すべきことをしていないこと。「あんた・の・ておち・や・さかい・ ひと(人)・の・ せー(所為)・に・し・たら・ あか・ん・よ。」

ておます〔**でおます**〕《補助動詞・サ行五段活用》[動詞の連用形に付く] 断定の意味を、丁寧な言い方で表現する助動詞「です」「だす」を、さらに丁寧に、相手に対する敬意を込めて表現する言葉｡「そー・ その・とー(通)り・でおます。」「その・ こと・は・ きのー(昨日)・ ゆ(言)ー・ておます。」◆動作・状態の継続や完了を表す補助動詞「ている」「ておる」、助動詞「とる」「とう」の丁寧な言い方であるという意識もある。〔⇒**てがいます**〕

ておる〔**でおる**〕【**て居る**】《補助動詞・ア行上一段活用》[動詞の連用形に付く] ①動作や状態が継続していることを表す言葉。…しつつある。…している。「みせ(店)・は・ あ(開)い・ており・まっ・せ。」「しあい(試合)・に・ ま(負)け・て・ す(拗)ね・ておる・ やつ(奴)・は・あか・ん・ぞ。」②動作や状態が終了したり完結したりしていることを表す言葉。…してしまっている。「ぬ(濡)れ・とっ・た・ みち(道)・が・ いつ・の・ ま(間)・に・か・ かわ(乾)い・ておる。」〔⇒**ている**【**て居る**】､**とる、とう**〕

てがあく〔**てーがあく**〕【**手が空く**】《動詞・カ行五段活用》 ①仕事などの区切りがつく。少し暇になる。「てーがあい・て・から・ でんわ(電話)・を・ か(掛)ける。」②手に持っている物がなくなる。「にもつ(荷物)・を・ わた(渡)し・たら・ てーがあい・た。」

てがいます〔**でがいます**〕《補助動詞・サ行五段活用》[動詞の連用形に付く] 断定の意味を、丁寧な言い方で表現する助動詞「です」「だす」を、さらに丁寧に、相手に対する敬意を込めて表現する言葉。「ておます」よりも「てがいます」の方が、やや丁寧さが強いと感じられる。「これ・が・ うち・の・ むすこ(息子)・でがいます・ねん。」〔⇒**ておます**〕

てがかかる〔**てーがかかる**〕【**手が掛かる**】《動詞・ラ行五段活用》 世話や援助が必要である。世話や援助に時間や労力を費やす。「こども(子供)・に・ てーがかかる。」「しんまい(新米)さん・は・ いちにんまえ(一人前)・に・ なる・まで・ てーがかかる。」

てがかり【**手掛かり**】《名詞》 解決するためや、ものごとを行うための糸口となるもの。「み(見)つける・ てがかり・を・ さが(探)す。」

てがき【**手書き**】《名詞、動詞する》 印刷文字などによらないで､肉筆で書くこと。「てがき・の・ ねんがじょー(年賀状)・が・ すけ(少)のー・ なっ・た。」

でがけ【**出がけ**】《名詞》 ①出かけようとするとき。「でがけ・に・ げんかん(玄関)・で・ こけ・た。」②出かけたすぐ後。「でがけ・に・ ゆーびんきょく(郵便局)・に・よ(寄)る。」〔⇒**でしな**【**出しな**】〕

でかける【**出掛ける**】《動詞・カ行下一段活用》 ①帰ることを前提にして、出ていく。出てしまっていて、ここにはいない。「さんのみや(三宮)・へ・ でかけ・て・えーが(映画)・を・ み(見)る。」「かない(家内)・は・でかけ・て・ るす(留守)・です。」②出ていこうとする。出ていく動作を始める。「でかけ・よー・と・ し・たら・ ちょーど(丁度)・ その・ とき(時)・に・ でんわ(電話)・が・ な(鳴)っ・た。」

てがこむ〔**てーがこむ**〕【**手が込む**】《動詞・マ行五段活用》 仕事や細工が綿密で、入念である。手間がかかっている。「てがこん・だ・ あ(編)みかた・や・さかい・ むつか(難)しー・なー。」

でかせぎ【**出稼ぎ**】《名詞、動詞する》 生活している土地を離れて、ある期間、よその土地で働くこと。「さかぐら(酒蔵)・の・ くらびと(蔵人)・に・は・ たんば(丹波)・から・の・ でかせぎ・の・ ひと(人)・が・ おっ・て・や・ねん。」

てがたる〔**てーがたる**〕【**手が足る**】《動詞・ラ行五段活用》 人手がじゅうぶんである。仕事量に応じた人数が集まっている。「いま(今)・は・ なんとか・ てーがたっ・とる・ねん。」◆「てがたら・ん【手が足ら・ん】」という打ち消しの形で使われることが多い。「ちゅーもん(注文)・が・ ぎょーさん(仰山)・ ある・けど・ てーがたらん・さかい・ つく(作)ら・れ・へん・ねん。」

て(が)でる〔**てー(が)でる**〕【**手(が)出る**】《動詞・ダ行下一段活用》 ①頃合いな値段で買いやすい｡なんとか買える状態になる。「やすげっきゅー(安月給)・で・は・ そんな・ たか(高)い・ もん(物)・は・ か(買)い・とー・ても・ てーがでー・へん。」②つい買おうとする気持ちになる。「つーしんはんばい(通信販売)・の・ かたろぐ(カタログ)・を・ み(見)・とっ・たら・ てーがで・てまう。」③取り組み方などがわかるので､行おうとする。「やりかた・が・ わから・へん・さかい・ てーがでーへん。」◆①③は「てがで・ん【手が出・ん】」「てがでー・へん【手が出ー・へん】」という打ち消しの形で使われることが多い。◆慣用句としての使い方でない場合は、例えば「さむ(寒)ー・て・ ふところ(懐)・から・ てー・が・ でー・へん。」〔①⇒**てがとどく**【**手が届く**】〕

てがとどく〔**てーがとどく**〕【**手が届く**】《動詞・カ行五段活

用》 ①頃合いな値段で買いやすい。なんとか買える状態になる。「もー・　ちょっと・　やす(安)ー・　なっ・たら・　てーがとどく・ねん・けど。」②その年齢、時期、範囲などに達する。「かんれき(還暦)・に・　てーがとどく・　とし(歳)・に・　なっ・ても・た。」◆慣用句としての使い方でない場合は、例えば「てんじょー(天井)・に・　てー・が・　とどい・た。」〔①⇒**て(が)でる**【手(が)出る】〕

てがはなれる〔てーがはなれる〕【手が離れる】《動詞・ラ行下一段活用》 子どもが大きくなって、世話をする必要が無くなる。「こども(子供)・の・　てーがはなれ・た・ので・　ぱーと(パート)・に・　い(行)っ・て・　はたら(働)く。」◆慣用句としての使い方でない場合は、例えば「ぴあの(ピアノ)・の・　けんばん(鍵盤)から・　てー・が・　はなれる。」

てがふさがる〔てーがふさがる〕【手が塞がる】《動詞・ラ行五段活用》 ①していることがあって、他のことができない。「いま(今)・は・　てーがふさがっ・とる・さかい・　その・　しごと(仕事)・は・　ひ(引)きうけ・られ・へん。」②手に持っているものがあって、他のものが持てない。「てーがふさがっ・とる・ので・　そのへん(辺)・に・　お(置)い・とい・てください。」

てがみ【手紙】《名詞》 ①封書で書き送る郵便物。「てがみ・は・　はちじゅーにえん(八十二円)・や。」「ともだち(友達)・から・　ひさ(久)しぶりに・　てがみ・が・　き(来)・た。」②用件や安否などを書いて、人に渡すもの。「めも(メモ)・の・　てがみ・を・　つくえ(机)・の・　うえ(上)・に・　お(置)い・とく。」

てがら【手柄】《名詞》 人から賞賛されるような、立派な働き。功績。「うまいこと・　いっ・た・ん・は・　あんた・の・　てがら・や。」

てがる【手軽】《形容動詞や(ナ)》 労力、時間、金銭などの負担が少なくて、簡単でたやすく処理できる様子。「えきまえ(駅前)・に・　てがるに・　はい(入)れ・る・く(食)いもんや・が・　ある。」

てき【敵】《名詞》 ①戦争や競争・試合などで、戦ったり争ったりする相手。「てき・と・　みかた(味方)・に・　わ(分)かれ・て・　きょーそー(競争)する。」②邪魔になったり恨みを持ったりしていて、機会があれば滅ぼしたいと思っている相手。「てき・を・　とことん・　やっつけ・な・　き(気)・が・　すま・ん。」■対語＝「みかた【味方】」〔⇒**かたき**【敵】〕

でき【出来】《名詞》 ①完成したものの良し悪し。「でき・の・　わる(悪)い・　やさい(野菜)・や・けど・　す(捨)てる・の・は・　もったい(勿体)ない・なー。」②完成するまでの度合い。「いっしゅーかん(一週間)・で・　どれ・ぐらい・の・　でき・まで・　いき・まし・た・ん・か。」〔⇒**でけ**【(出来)】。①⇒**できあがり**【出来上がり】、**でけあがり**【(出来上がり)】、**しあがり**【仕上がり】、**できばえ**【出来映え】、**でけばえ**【(出来映え)】〕

できあがり【出来上がり】《名詞》 ①完成すること。また、完成したときの規模や完成の時期など。「できあがり・は・　らいげつ(来月)・や。」②完成したものの良し悪し。「なかなか・　かっこ(格好)・の・　え(良)ー・　できあがり・や。」〔⇒**でけあがり**【(出来上がり)】、**しあがり**【仕上がり】。①⇒**あがり**【上がり】。②⇒**でき**【出来】、**でけ**【(出来)】、**できばえ**【出来映え】、**でけばえ**【(出来映え)】〕

できあがる【出来上がる】《動詞・ラ行五段活用》 必要なものがすべて整って、ものごとが完成する。「あたら(新)しー・　こーしゃ(校舎)・が・　できあがっ・て・　らいげつ(来月)・に・　うつ(移)る・ねん。」■名詞化＝**できあがり**【出来上がり】〔⇒**しあがる**【仕上がる】、**でけあがる**【(出来上がる)】〕

できごころ【出来心】《名詞》 計画的ではなく、その場面や状況の中で、ふと浮かんだ悪い考え。「なんぼ・　できごころ・や・　ゆ(言)ー・た・かて・　ひと(人)・の・もん(物)・を・　ぬす(盗)ん・だら・　あか・ん。」〔⇒**でけごころ**【(出来心)】〕

できごと【出来事】《名詞》 世の中や自分の身の回りで起こるさまざまなこと。不意に起こること。「じゅーねんまえ(十年前)・の・　できごと・を・　おも(思)いだす。」〔⇒**でけごと**【(出来事)】〕

できそこない【出来損ない】《名詞、形容動詞や(ノ)》 ①うまく出来上がっていないこと。うまく出来上がっていないもの。また、そのような様子。「できそこないの・　きゅーり(胡瓜)・で・　かっこ(格好)・が・　わる(悪)い・ねん・けど・　た(食)べ・てくれる・か。」②性格などが円満でない人。また、そのような様子。「あの・　できそこない・が・　また・　おかしな・　こと・を・い(言)ーはじ(始)め・た。」〔⇒**でけそこない**【(出来損ない)】〕

できた【出来た】《連体詞》 ①心の優しい。心の細やかな。人柄などが円満である。「おや(親)・が・　よー・できた・　ひと(人)・やっ・た・さかい・　こども(子供)・も・　お(落)ちつい・て・　そだ(育)っ・とる。」②組み立てられた。仕組まれた。「まえ(前)もって・　できた・はなし(話)・に・　なっ・とっ・た・みたいや。」〔⇒**でけた**【(出来た)】〕

できたて【出来立て】《形容動詞や(ノ)、名詞》 できたばかりの様子。できてすぐの様子。また、そのようなもの。「できたての・　まんじゅー(饅頭)・を・　ほお(頬)ばる。」〔⇒**でけたて**【(出来立て)】、**できでき**【出来出来】、**でけでけ**【(出来出来)】〕

できでき【出来出来】《形容動詞や(ノ)、名詞》 できたばかりの様子。できてすぐの様子。また、そのようなもの。「できできの・　たてもの(建物)・に・　いてん(移転)する。」〔⇒**できたて**【出来立て】、**でけたて**【(出来立て)】、**でけでけ**【(出来出来)】〕

てきとう〔てきとー〕【適当】《形容動詞や(ナ)》 ①物事の状況などが望ましい様子。ある目的や状況にうまく当てはまる様子。「てきとーな・　おー(大)きさ・の・はこ(箱)・が・　み(見)つかっ・た。」②物事が中途半端である様子。投げやりである様子。その場しのぎである様子。でたらめであったり粗略であったりする様子。「てきとーな・　こと(事)・を・　ゆ(言)ー・て・　ごまか(誤魔化)し・たら・　ゆる(許)さ・へん・ぞ。」〔⇒**ええかげん**【良え加減】。①⇒**ええがい**【(良え具合)】〕

できばえ【出来映え】《名詞》 完成したものの良し悪し。特に、完成したものが引き立って見えること。「みごと(見事)な・　できばえ・の・　ししゅー(刺繍)・や。」〔⇒**でき**【出来】、**でけ**【(出来)】、**できあがり**【出来上がり】、**でけあがり**【(出来上がり)】、**しあがり**【仕上がり】、**でけばえ**【(出来映え)】〕

てきめん【覿面】《形容動詞や(ノ)》 何かをしたことについての結果や効果がすぐに現れる様子。「てきめんに・　ばち(罰)・が・　あ(当)たっ・ても・た。」

できもん【出来物】《名詞》 打撲や炎症などによって皮膚の一部が腫れあがって、膿をもったもの。「でぼちん(＝おでこ)・の・　できもん・が・　いた(痛)い。」◆「でけもん【出来物】」とも言うが、単に「もの【物】」と言う方が多い。〔⇒**でけもん【(出来物)】、はれもん【腫れ物】、もの【物】、おでき【御出来】**〕

できる【出来る】《動詞・カ行上一段活用》 ①ものごとが生じる。発生する。「あした(明日)・は・　さしつかえ・が・　でき・ても・てん。」②作り上げられる。完成する。「き(木)ー・で・　でき・た・　いえ(家)・は・　かじ(火事)・に・　なっ・たら・　えらい・　こと・に・　なる。」③農作物などが採れる。「ことし(今年)・は・　え(良)ー・　こめ(米)・が・　でき・た。」④行っていたことが終わる。完了する。「あした(明日)・の・　じゅんび(準備)・が・　でき・た。」⑤その方面の能力などがある。それをなし得る力がある。「きかいたいそー(器械体操)・が・　できる。」「じょーず(上手)に・　ぴあの(ピアノ)・が・　できる。」⑥することが可能である。チャンスがある。「どっち・でも・　す(好)きな・　ほー(方)・を・　えら(選)ぶ・　こと・が・　できる。」〔⇒**でける【(出来る)】**〕

できるだけ【出来るだけ】《副詞》 可能な範囲で、望ましいことを選んだり、望ましいようにすることを表す言葉。「できるだけ・　やす(安)ー・　し・とい・てー・な。」〔⇒**なるべく【成る可く】、でけるだけ【(出来るだけ)】**〕

てくさり【手腐り】《名詞》 あぜ道などに群生し、秋の彼岸の頃に輪のようになった赤い花が咲く草。また、その球根のこと。曼珠沙華。彼岸花。「てくさり・を・　ほ(掘)っ・てき・て・　たこつ(蛸釣)り・の・　えさ(餌)・に・　つか(使)う。」〔⇒**しびとばな【死人花】**〕

てくさりやがる〔でくさりやがる〕《補助動詞・ラ行五段活用》［動詞の連用形に付く］ 相手の動作を強く非難したり蔑んだりするときに使う言葉。「わし・の・　こと・を・　にく(恨)ん・でくさりやがっ・とる・ねん。」〔⇒**てさらす、てくさる、てやがる、てさらしやがる**〕

てくさる〔でくさる〕《補助動詞・ラ行五段活用》［動詞の連用形に付く］ 相手の動作を強く非難したり蔑んだりするときに使う言葉。「いつ・まで・　ごね・てくさる・ん・や。」〔⇒**てさらす、てやがる、てさらしやがる、てくさりやがる**〕

テクシー〔てくしー〕《名詞》 歩いて行くこと。「えき(駅)・まで・　てくしー・で・　い(行)く。」◆戯れ言葉であって、「タクシー」に乗ることに対して、車に乗らないで歩くことを表す。

てぐす【天蚕子】《名詞》 魚釣りに使う、ナイロンなどで作られた透明の糸。「おー(大)けな・　さかな(魚)・やっ・た・みたいで・　てぐす・が・　き(切)れ・ても・た。」

てくせ【手癖】《名詞》 欲しいものに手を出す癖。特に、盗みをする悪癖。「てくせ・が・　わる(悪)い・　やつ・に・は・　き(気)ーつけ・なはれ。」

てくださる〔でくださる〕【て下さる】《補助動詞・ラ行五段活用》［動詞の連用形に付く］ ①相手が自分に対して、好意的に何かをすることを、敬意を込めて表す言葉。「せんせー(先生)・が・　よ(読)ん・でくださっ・てん。」②へりくだりながら、相手が何かの動作などをすることを求めるときに使う言葉。「ちょっと・　ま(待)っ・てください。」〔⇒**てくだはる【て下はる】**〕

てくだはる〔でくだはる〕【て下はる】《補助動詞・ラ行五段活用》［動詞の連用形に付く］ 相手が自分に対して、好意的に何かをすることを、敬意を込めて表す言葉。「こんど(今度)・だけ・は・　こらえ(＝許し)・てくだはっ・た。」②へりくだりながら、相手が何かの動作などをすることを求めるときに使う言葉。「やす(安)ー・　う(売)っ・てくだはい。」〔⇒**てくださる【て下さる】**〕

でぐち【出口】《名詞》 ①ものが出ていくところ。「みず(水)・の・　でぐち・を・　ふさ(塞)い・で・　た(溜)める。」②建物や部屋や乗り物などの内側から外へ出るところ。「ばす(バス)・の・　でぐち・で・　かね(金)・を・　はら(払)う。」■対語＝「**いりくち【入り口】**」

てくてく《副詞と》 乗り物を使わないで、やや長い距離を歩く様子。同じ調子で、長い距離を歩き続ける様子。「てくてくと・　にり(二里)・も・　ある(歩)い・た。」〔⇒**てこてこ**〕

てくび【手首】《名詞》 手のひらと腕のつながるところ。「てくび・に・　りぼん(リボン)・を・　ま(巻)く。」

てくらがり【手暗がり】《名詞、形容動詞や(ノ)》 明かりの下で仕事などをするときに、光が遮られて、手元が影のようになって、よく見えなくなっている様子。また、そのような場所や位置。「てくらがりで・　じ(字)ー・が・　か(書)き・にくい。」

てくる〔でくる〕【て来る】《補助動詞・カ行変格活用》［動詞の連用形に付く］ ①何かの動作や状態が起こりそうであることを表す言葉。「はら(腹)・が・　たっ・てき・て・　しょーがなかっ・てん。」②何かの動作をしようとすることを表す言葉。「じかん(時間)・が・　ある・さかい・　いっぺん(一遍)・　い(去)ん・でくる・わ。」

てくれる〔でくれる〕【て呉れる】《補助動詞・ラ行下一段活用》［動詞の連用形に付く］ ①相手が自分に対して、好意的に何かをすることを表す言葉。「し(知)ら・ん・　ひと(人)・が・　みち(道)・を・　おせ(教)・てくれ・た。」②少しへりくだりながら、相手に何かの行動をしてほしいという気持ちを伝えるときに使う言葉。「すま・ん・けど・　るすばん(留守番)し・とっ・てくれる・か。」〔⇒**とくれる【と呉れる】**〕

でけ【(出来)】《名詞》 ①完成したものの良し悪し。「でけ・の・　わる(悪)い・　むすこ(息子)・や・けど・　き(気)・は・　やさ(優)しー・ねん。」②完成するまでの度合い。「いま(今)・は・　どれ・ぐらい・の・　でけ・です・か。」〔⇒**でき【出来】**。①⇒**できあがり【出来上がり】、でけあがり【(出来上がり)】、しあがり【仕上がり】、できばえ【出来映え】、でけばえ【(出来映え)】**〕

でけあがり【(出来上がり)】《名詞》 ①完成すること。また、完成したときの規模や完成の時期など。「や(焼)きたて・の・　ぱん(パン)・の・　でけあがり・だっ・せ。」「でけあがり・は・　いつ・ごろ・に・　なり・ます・か。」「でけあがり・の・　おー(大)きさ・は・　どのぐらい・に・　なる・ん・やろ。」②完成したものの良し悪し。「でけあがり・は・　うま(美味)そーに・　なっ・た・なー。」「でけあがり・が・　しっかり・　し・とる。」〔⇒**できあがり【出来上がり】、しあがり【仕上がり】**。②⇒**でき【出来】、でけ【(出来)】、できばえ【出来映え】、でけばえ【(出来映え)】**〕

でけあがる【(出来上がる)】《動詞・ラ行五段活用》 必要なものがすべて整って、ものごとが完成する。「しくだい(宿題)・の・　え(絵)ー・が・　でけあがっ・た。」「え(良)ー・　おたく(宅)・が・　でけあがり・まし・た・なー。」■名詞化＝**でけあがり【(出来上がり)】**〔⇒**しあがる【仕上がる】、できあがる【出来上がる】**〕

でけごころ【(出来心)】《名詞》 計画的ではなく、その場面や状況の中で、ふと浮かんだ悪い考え。「でけごころ・でも・　わる(悪)い・　こと・を・　し・たら・　けーむしょ(刑務所)いき・だっ・せ。」〔⇒**できごころ【出来心】**〕

でけごと【(出来事)】《名詞》 世の中や自分の身の回りで起こるさまざまなこと。不意に起こること。「ことし

(今年)・も・　いろんな・　でけごと・が・　おまし・た・なー。」〔⇒**できごと【出来事】**〕

でけそこない【(出来損ない)**】**《名詞、形容動詞や(ノ)》　①うまく出来上がっていないこと。うまく出来上がっていないもの。また、そのような様子。「あじつ(味付)け・が・　うま(上手)いこと・　いか・んで・　でけそこないに・　なっ・ても・た。」「かま(窯)・を・　あ(開)け・たら・　ちゃわん(茶碗)・の・　でけそこない・が・　ぎょーさん(仰山)・　あっ・た。」②性格などが円満でない人。また、そのような様子。「あいつ(彼奴)・は・　でけそこないや・さかい・　じっきに・　おこ(怒)りだし・よる・ねん。」〔⇒**できそこない【出来損ない】**〕

でけた【(出来た)**】**《連体詞》　①心の優しい。心の細やかな。人柄などが円満である。「でけた・　ひと(人)・や・さかい・　ちょっと(一寸)・の・　こと・で・は・　おこ(怒)ら・へん。」②組み立てられた。仕組まれた。「よー・　でけた・　はなし(話)・や・さかい・　だま(騙)さ・れ・ん・よーに・　し・なはれ・よ。」〔⇒**できた【出来た】**〕

でけたて【(出来立て)**】**《形容動詞や(ノ)、名詞》　できたばかりの様子。できてすぐの様子。また、そのようなもの。「でけたての・　しんせーひん(新製品)・や・さかい・　ね(値)ー・が・　たか(高)い。」「でけたての・　あ(熱)つあつの・　うどん(饂飩)・は・　うま(美味)い・なー。」「でけたての・　めし(飯)・を・　ふーふー・　ふ(吹)い・て・　く(食)う。」〔⇒**できたて【出来立て】、できでき【出来出来】、でけでけ【**(出来出来)**】**〕

てけつかる〔でけつかる〕《補助動詞・カ行五段活用》［動詞の連用形に付く］　相手の動作や状況をけなすときに使う言葉。「あんな・　とこ(所)・で・　ひるね(昼寝)・を・　し・てけつかる。」「おまえ・は・　なに・を・　ぬかし・てけつかる・のん・どい。」◆「てけつかる」の方が、「てやがる」よりもけなす度合いは強いように感じられる。〔⇒**てやがる**〕

でけでけ【(出来出来)**】**《形容動詞や(ノ)、名詞》　できたばかりの様子。できてすぐの様子。また、そのようなもの。「でけでけの・　あ(熱)つあつの・　らーめん(ラーメン)・を・　く(食)い・なはれ。」「こないだ・　でけでけの・　ほくりくしんかんせん(北陸新幹線)・に・　の(乗)っ・てん。」〔⇒**できたて【出来立て】、でけたて【**(出来立て)**】、できでき【出来出来】**〕

でけばえ【(出来映え)**】**《名詞》　完成したものの良し悪し。特に、完成したものが引き立って見えること。「でけばえ・の・　みごと(見事)な・　ほんたて(本立)・や・なー。」〔⇒**でき【出来】、でけ【**(出来)**】、できあがり【出来上がり】、でけあがり【**(出来上がり)**】、しあがり【仕上がり】、できばえ【出来映え】**〕

でけもん【(出来物)**】**《名詞》　打撲や炎症などによって皮膚の一部が腫れあがって、膿をもったもの。「かい(痒)ー・やろ・けど・　でけもん・を・　か(掻)い・たら・　あかん・ぞ。」「でけもん・の・　よー・　でける・　こ(子)ー・や・なー。」◆「できもん【出来物】」とも言うが、単に「もの【物】」と言う方が多い。〔⇒**できもん【出来物】、はれもん【腫れ物】、もの【物】、おでき【御出来】**〕

でける【(出来る)**】**《動詞・カ行上一段活用》　①ものごとが生じる。発生する。「じしん(地震)・で・　みち(道)・に・　ひびわれ・が・　でけ・た。」②作り上げられる。完成する。「えきまえ(駅前)・に・　すーぱー(スーパー)・が・　でける・ん・や・そーや。」③農作物などが採れる。「おー(大)けな・　なんきん(南瓜)・が・　でけ・た。」④行っていたことが終わる。完了する。「やっと・　しくだい(宿題)・が・　でけ・た。」⑤その方面の能力などがある。それをなし得る力がある。「そんな・　むつか(難)しー・　もんだい(問題)・は・　でけ・へん。」⑥することが可能である。チャンスがある。「とーきょー(東京)・やっ・たら・　しんかんせん(新幹線)・でも・　ひこーき(飛行機)・でも・　い(行)く・　こと・が・　でける。」〔⇒**できる【出来る】**〕

でけるだけ【(出来るだけ)**】**《副詞》　可能な範囲で、望ましいことを選んだり、望ましいようにすることを表す言葉。「でけるだけ・　べんきょー(勉強)し・まっ・さかい・　こ(買)ー・てんか。」〔⇒**なるべく【成る可く】、できるだけ【出来るだけ】**〕

てこ【梃子】《名詞》　①力の原理を利用して、一点を支点として、小さな力を大きな力に変えて、重いものを動かすようにした棒。「てこ・で・　いし(石)・を・　うご(動)かす。」②自分の持っている力。「そんな・　むつか(難)しー・　こと・は・　わし・の・　てこ・に・は・　あ(合)わ・ん。」

でこ《名詞》　顔の眉毛の上から、髪の毛の生えているところまでの部分。また、その部分が普通以上に突き出ていること。「でこ・に・　すみ(墨)・が・　つい・とる・ぞ。」〔⇒**ひたい【額】、でぼちん、おでこ**〕

てこずる【手こずる】《動詞・ラ行五段活用》　面倒なことにぶつかって、扱うのに骨が折れる。処置に困る。持て余す。「むすこ(息子)・は・　にゅーがくしけん(入学試験)・に・　てこずっ・てます・ねん。」

てごたえ【手応え】《名詞》　①自分から相手に何かを仕掛けたときや、相手が自分に何かを仕掛けたときなどに、手などに受ける感覚。「う(打)っ・た・　とき(時)・に・　ほーむらん(ホームラン)・の・　てごたえ・が・　あっ・た。」「さかな(魚)・が・　く(食)いつい・た・よーな・　てごたえ・やっ・た。」②何かの行為について、自分や相手が受ける感覚や反応。張り合いを感じること。「きょー(今日)・の・　しけん(試験)・は・　まんてん(満点)・に・　ちか(近)い・　てごたえ・が・　あっ・た。」

てくてこ《副詞と》　乗り物を使わないで、やや長い距離を歩く様子。同じ調子で、長い距離を歩き続ける様子。「てこてこ・　ある(歩)い・とっ・たら・　えき(駅)・に・　つ(着)い・た。」〔⇒**てくてく**〕

てこにあう【梃子に合う】《動詞・ワア行五段活用》　持っている力で対応できる。手に負える。「あれ・ぐらい・の・　あいて(相手)・やっ・たら・　てこにあう・やろ。」◆「てこにあわ・ん【梃子に合わ・ん】」という打ち消し表現で使うことが多い。

でこぼこ【凸凹】《名詞、形容動詞や(ノ)、動詞する》　①ものの表面が高くなったり低くなったりして、平らでないこと。「じゃり(砂利)・の・　みち(道)・が・　でこぼこし・とっ・て・　ある(歩)きにくい。」②ものごとが一定でないこと。不均衡であること。「やさい(野菜)・の・　ねだん(値段)・は・　みせ(店)・に・　よっ・て・　でこぼこや。」

てこます〔でこます〕《補助動詞・サ行五段活用》［動詞の連用形に付く］　①相手に向かって、わざと何かをしてやろうとする意味を表す言葉。相手をやりこめようとするような気持ちを表す言葉。「はら(腹)・が・　たっ・た・さかい・　ゆ(言)ー・てこまし・たっ・てん。」「あいつ(彼奴)・を・　いっぺん(一遍)・　い・てこます(＝やっつけてやる)。」②何かをする意志が強いことを、少しぞんざいに言うときに使う言葉。「きょーじゅー(今日中)・に・　この・　ほん(本)・を・　よ(読)ん・でこまし・たろ。」

てごろ【手頃】《形容動詞や(ナ)》 ①才能、力量、値段などが自分にとってふさわしい度合いである様子。「てごろな・　ね(値)ー・の・　おくりもん(贈物)・を・　する。」②大きさ・重さ・太さなどが、手で扱うのにちょうどよい様子。「てごろな・　てちょー(手帳)・を・　こ(買)ー・た。」

でざかり【出盛り】《名詞》 野菜や果物などが市場や店頭にたくさん出回ること。また、その時期。「でざかり・の・　すいか(西瓜)・は・　うま(美味)い・なー。」

てさげ【手提げ】《名詞》 鞄や籠や袋などで、片手に下げて持つもの。「てさげ・の・　かばん(鞄)・を・　か(買)い・たい・ねん。」

てさらしやがる〔でさらしやがる〕《補助動詞・ラ行五段活用》［動詞の連用形に付く］ 相手の動作を強く非難したり蔑んだりするときに使う言葉。「あいつ(彼奴)・は・　いつ・まで・も・　ごね・てさらしやがる・ねん。」〔⇒**てさらす、てくさる、てやがる、てくさりやがる**〕

てさらす〔でさらす〕《補助動詞・サ行五段活用》［動詞の連用形に付く］ 相手の動作を強く非難したり蔑んだりするときに使う言葉。「また・　もんく(文句)・を・　ゆ(言)ー・てさらし・とる。」〔⇒**てくさる、てやがる、てさらしやがる、てくさりやがる**〕

てざわり【手触り】《名詞》 手に持った感じ。手で触れたときの感覚。「ごつごつし・た・　てざわり・の・　いも(芋)・や・なー。」

でし【弟子】《名詞》 学問や技芸などを、その道の専門である特定の人について教えを受けて修業に努める人。「だいく(大工)さん・の・　でし・に・　なり・たい・と・　おも(思)う・ねん。」

てじな【手品】《名詞》 いろいろな道具や仕掛けを使って、見る人が不思議に思う芸を手先で行うこと。「よきょー(余興)・に・　てじな・でも・　し・まほ・ー・か。」

でしな【出しな】《名詞》 ①出かけようとするとき。「でしな・に・　てーき(定期)・を・　わす(忘)れ・て・　えき(駅)・で・　き(気)・が・　つい・た。」②出かけたすぐ後。「でしな・に・　こんびに(コンビニ)・に・　よ(寄)っ・て・　かいもん(買物)する。」〔⇒**でがけ【出がけ】**〕

でしゃばり【出しゃばり】《名詞、形容動詞や(ノ)》 自分に関係のないことまで口出しや手出しをする人。他人を押しのけて自分が主になってものごとを行おうとする人。「でしゃばり・は・　ひと(人)・に・　きら(嫌)わ・れ・まっ・せ。」

でしゃばる【出しゃばる】《動詞・ラ行五段活用》 自分に関係のないことまで口出しや手出しをする。他人を押しのけて自分が主になってものごとを行おうとする。「おまえ・が・　でしゃばら・ん・でも・　え(良)ー・やろ。」■名詞化＝**でしゃばり【出しゃばり】**〔⇒**ですぎる【出過ぎる】**〕

てしょう〔てしょー〕【(手塩)】《名詞》 少量のおかずや漬け物を盛るのに使う小さな器。「てしょー・に・　つけもの(漬物)・を・　い(入)れる。」〔⇒**さら【皿】**〕

でしょう〔でしょー〕【出所】《名詞》 ①嫁や養子の実家。「よめ(嫁)はん・の・　でしょー・は・　かこがわ(加古川)・や。」②出身の家柄や血統。「いしゃ(医者)・の・　でしょー・や・さかい・　ほんにん(本人)・も・　いしゃ・に・　なり・たい・そーや。」

です《助動詞》 断定する意味を、丁寧な言い方で表現する言葉。「うんどーかい(運動会)・は・　つぎ(次)・の・　にちよー(日曜)・です。」〔⇒**だす**〕

ですぎる【出過ぎる】《動詞・ガ行上一段活用》 ①自分に関係のないことまで口出しや手出しをする。他人を押しのけて自分が主になってものごとを行おうとする。「ですぎ・たら・　みんな(皆)・に・　たた(叩)か・れる・ぞ。」②適度をこえて、余分に出る。「ゆ(湯)ー・が・　ですぎ・て・　ふろ(風呂)・に・　いっぱい(一杯)に・　なっ・た。」■名詞化＝**ですぎ【出過ぎ】**〔①⇒**でしゃばる【出しゃばる】**〕

テスト〔てすと〕【英語＝test】《名詞、動詞する》 ①性能や働きなどに異状がないか、基準にかなっているかなどについて、実際に動かしたり使ったりして注意深く細かく調べること。「あたら(新)しー・　せんぷーき(扇風機)・を・　てすとし・てみる。」②問題を出して答えさせること。「あした(明日)・　えーご(英語)・の・　てすと・が・　ある・ねん。」③合否を決めるために行うことがら。「さんがつ(三月)・に・　こーこーにゅーし(高校入試)・の・　てすと・が・　ある。」〔⇒**しけん【試験】**。①⇒**けんさ【検査】**〕

てすり【手摺り】《名詞》 橋や階段や廊下などを移動するときに、手をかけたり、つかまったりできるようにした長い棒。「ころ(転)ば・ん・よーに・　てすり・を・　も(持)っ・て・　ある(歩)き・なはれ。」

てそう〔てそー〕【手相】《名詞》 運勢を判断したりするときの糸口とする、手のひらの筋や形の様子。「まち(町)・で・　てそー・を・　み(見)・てもろ・た。」

でそろう【出揃う】《動詞・ワア行五段活用》 ①あたりに、一斉にたくさん出る。「あさがお(朝顔)・の・　ふたば(二葉)・が・　でそろっ・た。」②出るはずのものが、みんな出る。「よてー(予定)し・とっ・た・　こーほしゃ(候補者)・が・　でそろー・た。」

てだし【手出し】《名詞、動詞する》 ①そばから余計な世話を焼くこと。「こども(子供)・の・　しくだい(宿題)・に・　てだしし・たら・　あか・ん・やろ。」②自分の方から争い事などをしかけたり、加わったりすること。「ひと・の・　けんか(喧嘩)・に・　てだしし・て・　あべこべに・　うら(恨)ま・れ・ても・た。」

でだし【出出し】《名詞》 ものごとの始めの部分。文章などの冒頭の部分。「でだし・は・　よ(良)かっ・た・けど・　だんだん(段々)・　お(追)いぬ(抜)か・れ・た。」「しょーせつ(小説)・は・　でだし・が・　おもろ(面白)・なかっ・たら・　よ(読)む・　き(気)・が・　せ・ん。」

てだすけ【手助け】《名詞、動詞する》 他人の仕事や作業などに力を注いで、負担を軽くしてやること。「たんぼしごと(田圃仕事)・の・　てだすけ・を・　する。」〔⇒**てつだい【手伝い】、てったい【(手伝い)】、すけ【助け】**〕

でたとこしょうぶ〔でたとこしょーぶ〕【出たとこ勝負】《名詞、形容動詞や(ノ)》 十分に計画しないで、その場の成り行き次第でものごとを方向付けること。「でたとこしょーぶで・　なんとか・　か(勝)て・た。」「でたとこしょうぶで・　たからくじ(宝籤)・を・　ぎょーさん(仰山)・　こ(買)ー・ても・た。」

でたらめ【出鱈目】《名詞、形容動詞や(ナ)》 思いつくままに、事実に合わないことや首尾一貫しないことを、いいかげんに言ったり行ったりすること。いいかげんで信用できないこと。「でたらめ・を・　ゆ(言)ー・たら・　あか・ん・やろ。」「でたらめな・　やりかた・は・　や(止)め・なはれ。」

てちがい【手違い】《名詞》 手順、段取り、約束などを間違えること。予定や計画などに狂いが生じること。「かかり(係)・の・　ひと(人)・に・　てちがい・が・　あっ・て・　こ(来)・られ・へん・そーや。」

てちょう〔**てちょー**〕【手帳】《名詞》 予定や備忘録を書いておく、携行用の小さな帳面。「てちょー・に・ か(書)い・とか・なんだら・ わす(忘)れる。」

てちょうだい〔**でちょうだい、てちょーだい、でちょーだい**〕【て頂戴】《補助動詞の命令形のような使い方》［動詞の連用形に付く］ 相手に何かをしてほしいという気持ちを、親しみを込めて伝えるときに使う言葉。「つくえ(机)・の・ はし(端)・を・ ちょっと(一寸)・ も(持)ちあげ・てちょうだい・な。」

てつ【鉄】《名詞》 元素の一つで、重工業から家庭用品までの基礎的な資材として使われる、光沢があって堅く強い金属。「てつ・に・ や(焼)き・を・ い(入)れる。」

てっかん【鉄管】《名詞》 鉄で作った管。「みち(道)・に・ すいどー(水道)・の・ てっかん・を・ う(埋)め・ていく。」

てっかんビール〔**てっかんびーる**〕【鉄管 ＋ オランダ語＝bier】《名詞》 水。「かお(顔)・を・ あろ(洗)・て・ てっかんびーる・で・ かんぱい(乾杯)や。」◆鉄管から出るビールという見立ての、戯れた言葉である。

てつき【手つき】《名詞》 物事をするときの手の様子やその動かし方。「ほちょ(包丁)・を・ つか(使)う・ てつき・が・ いちにんまえ(一人前)や。」

てっきょう〔**てっきょー**〕【鉄橋】《名詞》 鉄道や道路として使う、鉄で造った橋。「かこがー(加古川)・の・ てっきょー・は・ なが(長)い・なー。」

てっきん【鉄筋】《名詞》 コンクリートで構造物を作るときに、補強のために芯として使われる鉄の棒。「てっきん・を・ い(入)れ・て・ ぶろっく(ブロック)・の・ へー(塀)・を・ つく(作)る。」

てっきん【鉄琴】《名詞》 長さの違う鉄の板を音階の順に並べて、先端に玉を付けた２本の棒で叩いて鳴らす楽器。「てっきん・で・ がっそー(合奏)する。」◆木の板でできている楽器は「もっきん【木琴】」と言う。

てっきんコンクリ〔**てっきんこんくり**〕【鉄筋 ＋ 英語＝concrete】《名詞》 鉄の棒を芯にしてコンクリートで固めた建築物。「てっきんこんくり・の・ はし(橋)・を・ か(架)ける。」〔⇒**てっきんコンクリート**【鉄筋 ＋ 英語＝concrete】〕

てっきんコンクリート〔**てっきんこんくりーと**〕【鉄筋 ＋ 英語＝concrete】《名詞》 鉄の棒を芯にしてコンクリートで固めた建築物。「てっきんこんくりーと・の・ しんこーしゃ(新校舎)・が・ でけ(出来)・た。」〔⇒**てっきんコンクリ**【鉄筋 ＋ 英語＝concrete】〕

てづくり【手作り、手造り】《名詞》 ①買い求めたりしないで、直接、自分で作ること。また、そのように作ったもの。「おかー(母)さん・の・ てづくり・の・ べんとー(弁当)・を・ も(持)っ・ていく。」②機械によるのではなく、手を使って作ること。また、そのように作ったもの。「とーしゃばん(謄写版)・は・ いちまい(一枚)・ずつ・ てづくり・で・ す(刷)っ・た・ん・や。」

てっころ《名詞》 木でできた槌。「てっころ・で・ たた(叩)い・て・ わら(藁)・を・ やろ(柔)こー・ する。」◆藁を打つためなどに使う道具である。

てつだい【手伝い】《名詞、動詞する》 他人の仕事や作業などに力を注いで、負担を軽くしてやること。また、そのようにする人。「たうえ(田植)・の・ じき(時期)・に・は・ てつだい・の・ ひと(人)・が・ ほ(欲)しー・と・ おも(思)う。」「てつだい・を・ さんにん(三人)・ やと(雇)う。」〔⇒**てだすけ**【手助け】、**てったい**【(手伝い)】、**すけ**【助け】〕

てったい【(手伝い)】《名詞、動詞する》 他人の仕事や作業などに力を注いで、負担を軽くしてやること。また、そのようにする人。「そーしき(葬式)・に・ なっ・たら・ りんぽ(隣保)・の・ ひと(人)・が・ てったい・に・ い(行)く。」〔⇒**てだすけ**【手助け】、**てつだい**【手伝い】、**すけ**【助け】〕

てつだう【手伝う】《動詞・ワア行五段活用》 他人の仕事・作業などに力を注いで、負担を軽くしてやる。手をさしのべる。「あいつ(彼奴)・は・ まだ・ しんまい(新米)や・さかい・ みんな(皆)・で・ てつどー・たっ・てくれ・へん・か。」〔⇒**すける**【助ける】、**たすける**【助ける】、**てったう**【手伝う】、**て(を)かす**【手(を)貸す】〕

てったう【手伝う】《動詞・ワア行五段活用》 他人の仕事・作業などに力を注いで、負担を軽くしてやる。手をさしのべる。「みな(皆)・に・ てっとー・てもろ・て・ うれ(嬉)しかっ・た。」■名詞化＝**てったい**【手伝い】〔⇒**すける**【助ける】、**たすける**【助ける】、**てつだう**【手伝う】、**て(を)かす**【手(を)貸す】〕

でっち【丁稚】《名詞》 商工業の家に奉公して、雑役などをこなす少年。「こ(小)まい・ とき(時)・は・ おーさか(大阪)・で・ でっち・を・ し・とっ・てん。」〔⇒**こぞう**【小僧】〕

でっちようかん〔**でっちよーかん**〕【丁稚羊羹】《名詞》 比較的安価で手に入る羊羹。「あかし(明石)・の・ でっちよーかん・は・ うま(美味)い・なー。」◆丁稚のような人でも買って食べられるという意味を込めて名付けたと言われる。各地にあるが、明石でも名物の一つである。

てつどう〔**てつどー**〕【鉄道】《名詞》 鉄のレールを敷いて、その上に列車などを走らせて、人やものを輸送する交通機関。「しゅーがくりょこー(修学旅行)・は・ てつどー・で・ い(行)く・ねん。」◆かつては、国鉄を「てつどう【鉄道】」と言い、私鉄を「でんしゃ【電車】」と言っていたことがある。〔⇒**てっとう**【(鉄道)】〕

てっとう〔**てっとー**〕【(鉄道)】《名詞》 鉄のレールを敷いて、その上に列車などを走らせて、人やものを輸送する交通機関。「てっとー・を・ お(降)り・て・ ばす(バス)・に・ の(乗)りかえる。」〔⇒**てつどう**【鉄道】〕

てっとうみち〔**てっとーみち、てっとみち**〕【(鉄道道)】《名詞》 列車などを走らせるために、レールが敷いてあるところ。「つくし(土筆)とり・に・ い(行)っ・たら・ てっとーみち・に・ はい(入)ら・ん・よーに・ き(気)ー・ つけ・よ。」■類語＝「でんしゃみち【電車道】」

てっとりばやい【手っ取り早い】《形容詞・アイ型》 ①手際よく素早い動作をする様子。「てっとりばよー・に・ しごと(仕事)・を・ かたづ(片付)ける。」②手間がかからなく、簡単である様子。「ひと(人)・に・ ゆ(言)ー・とる・より・ じぶん(自分)・で・ する・ ほー(方)・が・ てっとりばやい・ぞ。」

でっぱなし【出っ放し】《形容動詞や(ノ)》 液体や気体などが出るのにまかせている様子。「がす(ガス)・を・ でっぱなしに・ し・たら・ あぶ(危)ない・ぞ。」〔⇒**でほうだい**【出放題】〕

てっぱん【鉄板】《名詞》 鉄を延ばして板の形にしたもの。「みぞ(溝)・の・ うえ(上)・に・ てっぱん・を・ ひ(敷)く。」「てっぱん・で・ にく(肉)・を・ や(焼)く。」

てっぱんやき【鉄板焼き】《名詞》 お好み焼きなどのように、鉄で作った板を熱して、その上で肉や野菜を焼き、熱いうちにその場で食べる料理。「みんな(皆)・で・

いっしょ(一緒)に・　てっぱんやき・を・　する。」

てっぴつ【鉄筆】《名詞》　紙に謄写印刷するときに、蝋を引いた原紙に多数の細かい孔をあけるために、手に持って使う筆の形をした道具。「てっぴつ・を・　つか(使)う・　とき(時)・は・　ちから(力)・が・　い(要)る。」
（写真は、とうしゃばん【謄写版】の項を参照）

でっぷり《副詞と、動詞する》　どっしりと太って、体格がよい様子。「あいつ・は・　でっぷりし・とる・さかい・はし(走)る・の・は・　にがて(苦手)や。」「でっぷりと・かんろく(貫禄)・の・　ある・　ひと(人)・が・　やっ・てき・た。」

てっぺ【(天辺)】《名詞》　山やもののいただきなどで、最も高いところ。「はんしょー(半鐘)・の・　てっぺ・に・のぼ(上)る。」「ろっこー(六甲)・の・　やま(山)・の・てっぺ・に・　くも(雲)・が・　かかっ・とる。」〔⇒**てっぺん【天辺】、ちょうじょう【頂上】**〕

てっぺん【天辺】《名詞》　山やもののいただきなどで、最も高いところ。「やま(山)・の・　てっぺん・が・　み(見)え・へん。」「やね(屋根)・の・　てっぺん・の・　かーら(瓦)・を・　とりかえる。」「あたま(頭)・の・　てっぺん・に・　しらが(白髪)・が・　ある。」〔⇒**てっぺ【(天辺)】、ちょうじょう【頂上】**〕

てつぼう〔**てつぼー**〕【鉄棒】《名詞》　①鉄でできている棒。「と(戸)ー・を・　てつぼー・で・　こじあける。」②器械体操の用具で、2本の柱に鉄の棒を水平にかけ渡したもの。また、それを使って行う体操競技の種目。「てつぼー・の・　しりあ(尻上)がり・が・　でけ(出来)る。」

てっぽう〔**てっぽう、てっぽ**〕【鉄砲】《名詞》　筒に弾丸を込めて撃ち出す武器で、ピストルよりも大きいもの。「てっぽー・で・　ねろ(狙)ー・て・　いのしし(猪)・を・う(撃)つ。」

てつや【徹夜】《名詞、動詞する》　何かをして、眠らないで夜通し起きていること。「てつやせ・んと・　は(早)よ・　ね(寝)・なはれ・よ。」

てて【手々】《名詞》　①体の肩から左右に出ている部分。「てて・の・　なが(長)い・　ふく(服)・を・　き(着)る。」②手首から先の部分。「かえ(帰)っ・てき・たら・　てて・を・きれー(綺麗)に・　あら(洗)い・よ。」「いぬ(犬)・に・てて・を・　か(噛)ま・れ・た。」◆幼児語。〔⇒**て【手】**〕

てておや【(父親)】《名詞》　親のうち、男性の方。「ててお や・は・　いざ・と・　ゆ(言)ー・　とき(時)・に・は・　やく(役)にたた・ん・の・や。」◆父と子という関係性を意識して使うことが多い。動物の場合にも使う。■対語＝「ははおや【母親】」〔⇒**ちち【父】、ちちおや【父親】、ててや【(父親)】、おとこおや【男親】**〕

てです〔**でです**〕《補助動詞》［動詞の連用形に付く］　相手や話題の人に敬意を込めて、その行為などを言い切って述べるときに使う言葉・「あんた・は・　なに(何)・を・ゆ(言)ー・とっ・てです・かいな。」「せんせ(先生)・は・ここ・に・　おっ・てです。」

てとや【(父親)】《名詞》　親のうち、男性の方。「てとや・が・ひとり(一人)・で・　そだ(育)て・た。」■対語＝「ははや【(母親)】」◆父と子という関係性を意識して使うことが多い。動物の場合にも使う。〔⇒**ちち【父】、ちちおや【父親】、てておや【(父親)】、おとこおや【男親】**〕

てない〔**でない**〕《補助形容詞・特殊型》［動詞の連用形に付く］　打ち消しの意味を表す言葉。「しくだい(宿題)・が・　す(済)ん・でない・さかい・　あそ(遊)び・に・　い(行)か・れ・へん。」「わし・は・　そんな・　こと・を・　ゆ(言)ー・てない・ぞ。」◆「とら〔どら〕・へん」（継続を表す助動詞「とる」の未然形＋打ち消しを表す助動詞「へん」）で表現するのと、意味や語感はほぼ同じである。

でなおす【出直す】《動詞・サ行五段活用》　①一度引き返して、もう一度出かける。「るす(留守)・やっ・た・みたいや・さかい・　でなおし・てき・まし・てん。」②ものごとを最初からもう一度行う。「えーご(英語)・の・　べんきょー(勉強)・を・　でなおし・て・　はじ(始)める。」■名詞化＝**でなおし【出直し】**

てなはる〔**でなはる**〕《補助動詞・ラ行五段活用》［動詞の連用形に付く］　相手や第三者の動作などに敬意をはらって表現する言葉。「わか(若)い・　とき(時)・は・どんな・　しごと(仕事)・を・　し・てなはっ・た・ん・です・か。」「さぶ(寒)い・さかい・　いえ(家)・に・　ひ(引)っこん・でなはる。」◆尊敬の意を表す副助詞「て」に、尊敬の意を表す「なはる」が接続したものである。大阪・京都などでは「なはる」を使って「い(行)き・なはる」という言い方をするところが多いが、本方言では動詞に直接「なはる」を続けることはしない。〔⇒**てや**〕

てにいれる〔**てーにいれる**〕【手に入れる】《動詞・ラ行下一段活用》　品物などを自分のものとして受け取る。「ほ(欲)しかっ・た・　くるま(車)・を・　やっと・　てーにいれ・た。」

てぬき【手抜き】《名詞、動詞する》　すべきことを故意に怠って、しないこと。「てぬき・の・　こーじ(工事)・を・さ・れ・たら・　あぶ(危)ない・ぞ。」

てぬぐい【手拭い】《名詞》　顔や体を拭くために使う、日本風の木綿の細長い布。「あせ(汗)・を・　ふ(拭)く・てぬぐい・を・　も(持)っ・ていく。」◆西洋風のタオルのことを言う場合もある。〔⇒**てのぐい【(手拭い)】、てのごい【(手拭い)】、てんてん**〕

てのぐい【(手拭い)】《名詞》　顔や体を拭くために使う、日本風の木綿の細長い布。「こし(腰)・に・　てのぐい・を・ぶらさげる。」◆西洋風のタオルのことを言う場合もある。〔⇒**てぬぐい【手拭い】、てのごい【(手拭い)】、てんてん**〕

てのごい【(手拭い)】《名詞》　顔や体を拭くために使う、日本風の木綿の細長い布。「てのごい・で・　かお(顔)・を・ふく。」◆西洋風のタオルのことを言う場合もある。〔⇒**てぬぐい【手拭い】、てのぐい【(手拭い)】、てんてん**〕

てのこう〔**てのこー**〕【手の甲】《名詞》　手首から指の付け根までの間の、ものを握るときに、ものに触れない側。「とし(歳)とっ・て・　てのこー・が・　しわ(皺)だらけ・や。」■対語＝「てのひら【手の平、掌】」

てのひら【手の平、掌】《名詞》　手首から指の付け根までの、ものを握るときに、ものに触れる側。「てのひら・で・　てそー(手相)・を・　み(見)る。」■対語＝「てのこう【手の甲】」

でば【出刃】《名詞》　魚などを骨ごと切って調理するときに使う、みねが厚く先がとがった包丁。「でば・を・　つこ(使)・て・　さかな(魚)・を・　さば(捌)く。」〔⇒**でばぼうちょう【出刃包丁】**〕

デパート〔**でぱーと**〕【英語＝department store から】《名詞》　生活をするのに必要なほとんどすべての種類の商品を、売場を分けて陳列し販売している大型の小売店。「あかし(明石)・の・　すてーしょん(ステーション)でぱーと・で・　おかし(菓子)・を・　こ(買)ー・た。」〔⇒**ひゃっかてん【百貨店】、ひゃっか【百貨】**〕

ではいり【出入り】《名詞、動詞する》 ①建物や施設などに出ることと入ること。出たり入ったりすること。「ではいりし・やすい・よーな・ みせ(店)・に・ し・たい・ねん。」②金銭の出し入れ。収入と支出。「ではいり・を・ きちんと・ ちょーめん(帳面)・に・ つ(付)け・とく。」〔⇒**でいり【出入り】**〕

てばな【手鼻】《名詞》 紙を用いないで、自分の手で鼻水をかむこと。「てばな・を・ かん・だり・ し・て・ きたな(汚)い・ やつ(奴)・や・なー。」

でばな【出端】《名詞》 ものごとの始めの部分。ものごとを始めたばかりのとき。また、始めたばかりで勢いが盛んなとき。「とーきょーそー(徒競走)・は・ でばな・で・ しっぱい(失敗)し・た。」「あいて(相手)・の・ でばな・を・ たた(叩)か・んと・ いか・ん。」

てばなす【手放す】《動詞・サ行五段活用》 ①持っているものを人に売ったり譲ったりする。「たんぼ(田圃)・を・ てばなし・て・ こども(子供)・を・ だいがく(大学)・に・ い(行)か・す。」②つかまえていた手を放す。「つ(連)れ・て・ ある(歩)い・とっ・た・ いぬ(犬)・の・ ひも(紐)・を・ てばなし・ても・た。」

でばぼうちょう〔でばぼーちょー、でばぼーちょ〕【出刃包丁】《名詞》 魚などを骨ごと切って調理するときに使う、みねが厚く先がとがった包丁。「でばぼーちょー・を・ といし(砥石)・で・ と(研)ぐ。」〔⇒**でば【出刃】**〕

ではらう【出払う】《動詞・ワア行五段活用》 そこにいた人やあったものが、残らず出てしまう。「いえ(家)・の・ もん(者)・が・ ではろー・とる・ とき(時)・に・ どろぼー(泥棒)・が・ はい(入)っ・た。」「たくしー(タクシー)・は・ ではろー・て・ いちだい(一台)・も・ おら・なんだ。」

てはる〔ではる〕《補助動詞・ハ行五段活用》［動詞の連用形に付く］ 相手や第三者に敬意を表すときに使う言葉。「む(向)こー・に・ おる・ ひと(人)・が・ あんた・を・ てまね(手招)きし・てはる・みたいや。」「なん(何)ぞ・ おもろ(面白)い・ ほん(本)・を・ よ(読)ん・ではり・ます・か。」◆一般的には阪神間は「はる敬語」で、播磨などは「てや敬語」であると言われる。当方言では、本来、「行き・はる」という言い方はせず、「行っ・て・や」という言い方をする。それとともに、「行っ・てはる」という言い方もする。

てびょうし〔てびょーし〕【手拍子】《名詞》 手をたたいてリズムをとること。また、そのリズム。「てびょーし・に・ あわ(合)し・て・ おど(踊)る。」

てびろい【手広い】《形容詞・オイ型》 いろいろのことに広く関係している様子。仕事や交際などで、関係する範囲が広い様子。「てびろー・に・ しょーばい(商売)する。」

てぶくろ【手袋】《名詞》 防寒や安全確保や装飾のために手にはめる、袋状のもの。「さぶ(寒)い・さかい・ てぶくろ・を・ は(履)く。」◆「てぶくろ・を・ はめる。」と言うことは少ない。

てぶら【手ぶら】《形容動詞や(ノ)》 手に何も持たない様子。土産などを持参しない様子。「てぶらで・ あいさつ(挨拶)・に・ い(行)く。」◆ふざけて、「てんぷら」と言うこともある。

てぼ《名詞》 ①一画で書いたり、筆記具の先を置いただけで施したりしたような、小さなしるし。「じ(字)ー・の・ うえ(上)・の・ ほー(方)・に・ てぼ・が・ ひと(一)つ・ ぬ(抜)け・とる。」②句読点のうちの、文の途中につける読点。「てぼ・を・ う(打)っ・た・ ほー(方)・が・ よ(読)みやすい。」③特に強調する言葉の横に施すしるし。「じ(字)ー・の・ よこ(横)・に・ てぼ・を・ つ(付)け・とい・たら・ き(気)ー・を・ つけ・て・ よ(読)ん・でくれる・やろ。」〔⇒**てん【点】、ちょぼ**〕

でほうだい〔でほーだい〕【出放題】《形容動詞や(ノ)》 ①液体や気体などが出るのにまかせている様子。「すいどー(水道)・の・ じゃぐち(蛇口)・が・ めげ・て・ みず(水)・が・ でほーだいに・ なっ・とる。」②思っていることを遠慮なく口に出してしまう様子。言葉にまかせて勝手なことを言う様子。「ひと(人)・の・ まえ(前)・で・ くち(口)・から・ でほーだいに・ ゆ(言)ー・とる・さかい・ ひやひやする・がな。」〔①⇒**でっぱなし【出っ放し】**。②⇒**いいたいほうだい【言いたい放題】**〕

てほしい〔てほしー、でほしい、でほしー〕【て欲しい】《補助形容詞・イイ型》［動詞の連用形に付く］ 相手や第三者に対する願望を述べるときに使う言葉。「あした(明日)・は・ おひ(日)ーさん・が・ て(照)っ・てほしー・な。」「ほん(本)・を・ よ(読)ん・でほしー・ねん。」

でぼちん《名詞》 顔の眉毛の上から、髪の毛の生えているところまでの部分。また、その部分が普通以上に突き出ていること。「でぼちん・どーし(同士)・が・ ごっつんこ・ し・た。」「でぼちん・の・ ひろ(広)い・ ひと(人)・を・ み(見)つけ・たら・ それ・が・ わし・の・ おっ(叔父)さん・や・ねん。」〔⇒**ひたい【額】、でこ、おでこ**〕

てぼてぼ《名詞》 ①一画で書いたり、筆記具の先を置いただけで施したりしたような、小さなしるしが2つ並んでいるもの。「てぼてぼ・を・ つ(付)け・て・ にんずー(人数)・を・ かぞ(数)える。」②小さなしるしを2つ、重なりそうに書いて、同じであることを表す符号。「てぼてぼ・が・ つ(付)い・とる・の・は・ おんな(同)じ・と・ ゆ(言)ー・ いみ(意味)・や。」③仮名文字の右肩につけて、濁音であることを表す符号。「ひらがな・の・ てぼてぼ・が・ ぬ(抜)け・とる・ぞ。」〔⇒**てんてん【点々】、ちょぼちょぼ**〕

てほん【手本】《名詞》 ①文字や絵画などの上達を図るために、模範として真似て練習するためのもの。「しゅーじ(習字)・の・ てほん・を・ か(書)い・てもらう。」②正しくて見習うべき人や行い。「みんな(皆)・の・ てほん・に・ なる・ ひと(人)・や。」〔①⇒**ひながた【雛形】**。②⇒**もはん【模範】**〕

てぼん【手盆】《名詞》 客に出す食べ物や飲み物を、お盆を使わないで手に持ったままで差し出すこと。「てぼん・の・ まま・で・ すんません。」

てま【手間】《名詞》 ある事柄を完成させるために必要な時間や労力。「てま・の・ かかる・ わり・に・ もー(儲)け・が・ すけ(少)ない。」

てまう〔でまう〕《補助動詞・ワア行五段活用》［動詞や助動詞の連用形に付く］ ①動作が確実に完了することを表す言葉。「もー・ じっき(直)に・ こづか(小遣)い・が・ な(無)いよーなっ・てまい・そーや。」「でんしゃ(電車)・が・ で(出)・ても・た。」②予期しない結果になることを表す言葉。「さいふ(財布)・を・ ぬす(盗)ま・れ・ても・た。」

でまえ【出前】《名詞、動詞する》 ①注文を受けたところに料理などを届けること。また、それをする人。「きんじょ(近所)・に・ でまえ・を・ し・とる・ みせ(店)・は・ すく(少)ない。」「でまえ・が・ おそ(遅)い・なー。」「うどんや(饂飩屋)・の・ でまえ・が・ き(来)・た。」②自分で作ったのではなく、注文して届けられた料理。「でまえ・や・けど・　え(良)ー・　あじ(味)・や。」

でまかせ【出任せ】《形容動詞や(ノ)、名詞》　思いついたまま、いい加減なことを言う様子。また、その言葉。「でまかせ・を・　ゆ(言)ー・とっ・たら・　じっき(直)に・ばれ・てまう・ぞ。」〔⇒**くちからでまかせ【口から出任せ】**〕

てます〔**でます**〕《補助動詞・サ行五段活用》［動詞の連用形に付く］　動作や状態が継続していることを、丁寧に表現する言葉。「あいつ(彼奴)・に・は・　ごっつい・　はら(腹)・を・　た(立)て・てます・ねん。」「いま(今)・　おもろ(面白)い・　しょーせつ(小説)・を・　よ(読)ん・でます・ん・や。」◆丁寧な気持ちを除外すれば、「とる」を用いて「はら(腹)・を・　た(立)て・とる・ねん。」という言い方になる。〔⇒**とります**〕

てまちん【手間賃】《名詞》　仕事をした時間や労力に対して支払われるお金。「だいく(大工)さん・に・　てまちん・を・　はら(払)う。」

てまわる〔**てまーる、でまわる、でまーる**〕【**て回る**】《補助動詞・ラ行五段活用》　そのようにしながら動く。そのあたりで、そのようにする。「きんじょ(近所)・に・ふ(触)れ・てまーる。」

でまわる〔**でまーる**〕【**出回る**】《動詞・ラ行五段活用》　産地から市場や小売り店に品物が出る。その品物があちらこちらで見られるようになる。「さんま(秋刀魚)・が・　でまーる・よーに・　なっ・た。」

てみい〔**てみー**〕【**て見い**】《補助動詞の命令形のような使い方》［動詞の連用形に付く］　相手に何かを命じるときに、柔らかく響くように伝えるときに使う言葉。「うそ(嘘)・や・と・　おも(思)・たら・　みんな(皆)・に・　き(聞)ー・て・　たし(確)かめ・てみー。」「ひと(人)・に・たの(頼)ま・んと・　おまえ・が・　い(行)っ・てみー。」「じぶん(自分)・で・　かんが(考)え・てみー。」◆「てみる」という補助動詞の命令形であるが、「てみい」という形で使われる。

でみせ【**出店**】《名詞》　①行事の会場や道端などに、臨時に出した露店。「あきまつり(秋祭)・の・　でみせ・が・たの(楽)しみ・やっ・た・もん・や。」②営業の中心となる店から分かれて、離れた場所に設けられた店。本店以外に設けた店。「ぱんや(パン屋)・が・　えきまえ(駅前)・に・も・　でみせ・を・　こしら(拵)え・とる。」■対語＝②「ほんてん【本店】」〔②⇒**してん【支店】**〕

てみやげ【**手土産**】《名詞》　手に提げて持っていけるほどの、ちょっとした土産物。挨拶の気持ちを表す、簡単な贈り物。「てぶら・で・　い(行)か・れ・へん。なん(何)・ぞ・　てみやげ・　も(持)っ・ていか・な・　あか・ん。」

てみる〔**でみる**〕【**て見る**】《補助動詞・マ行上一段活用》［動詞の連用形に付く］　何かを試しに行ったり、実際に軽く行ったりするという意味を表す言葉。「いっぺん(一遍)・　ゆ(言)ー・てみ・たっ・たら・　き(気)ー・が・　つ(付)く・かも・　しれ・へん・やろ。」「ある(歩)い・てみ・たら・　とー(遠)かっ・た。」

でむかい【**出迎い**】《名詞》　こちらに向かって来る人に対して、玄関などに出て、待ち受けること。また、そのようにする人。「てーねー(丁寧)に・　でむかい・を・する。」〔⇒**むかえ【迎え】、むかい【迎い】、でむかえ【出迎え】**〕

でむかえ【**出迎え**】《名詞》　こちらに向かって来る人に対して、玄関などに出て、待ち受けること。また、そのようにする人。「おきゃく(客)さん・が・　く(来)る・ので・　げんかん(玄関)・で・　でむかえ・を・　する。」〔⇒**むかえ【迎え】、むかい【迎い】、でむかい【出迎い】**〕

でむかえる【**出迎える**】《動詞・ア行下一段活用》　こちらに向かって来るものに対して、途中まで出かけて待ち受ける。または、ある場所で待ち受ける。「もん(門)・に・なら(並)ん・で・　でむかえる。」■名詞化＝**でむかえ【出迎え】**

ても〔**でも**〕《接続助詞》　一つの文の中で、前後の言葉の関係が逆になって続いていくことを表す言葉。前後で一見矛盾するように見えても、そのようにはならないことを表す言葉。仮にそうであっても。…したとしても。「あめ(雨)・が・　ふ(降)っ・ても・　ちゅーし(中止)・は・　せー・へん。」「よ(読)み・とー・ても・　か(貸)し・てくれ・へん・ねん。」◆助動詞に接続する場合は「たとこが」「たとこで」「たところで」「たとて」は使わない。〔⇒**たとこが、たとこで、たところで、たとて、たかて、たて**〕

でも《副助詞》　①いくつかあるもののうち、わずかな例を提示する働きをする言葉。「こーべ(神戸)・でも・　ひめじ(姫路)・でも・　う(売)っ・とる。」「まんじゅー(饅頭)・でも・　た(食)べ・まっ・か。」②ひっくるめて言うときに使う言葉。「にし(西)・でも・　ひがし(東)・でも・　い(行)き・たい・　とこ(所)・へ・　い(行)け。」「なん(何)・でも・　かん・でも・　み(見)・たら・　ほ(欲)しなっ・てくる。」③極端な例を示して強調する言葉。「しょーがくせー(小学生)・でも・　わかる・　はなし(話)・や。」〔③⇒**やて、かて**〕

てもあしもでん〔**てーもあしもでん**〕【**手も足も出ん**】《連語＝て(名詞)・も(副助詞)・あし(名詞)・も(副助詞)・で(動詞)・ん(助動詞)》　相手の力や求められている能力などとの間に開きが大きすぎて、どうすることもできない。お手上げである。「むつか(難)しー・　もんだい(問題)・で・　てーもあしもでん・かっ・た。」

てもと【**手元**】《名詞》　①手の届く範囲。すぐそば。「ひぼ(紐)・を・　てもと・に・　ひ(引)っぱる。」②手のすぐそば。「じ(字)・を・　か(書)い・とる・　てもと・が・　くら(暗)い。」③何かをするときの手の動かし方。手さばき。「ほーちょ(包丁)・を・　つこ(使)・とる・　てもと・が・　あぶ(危)ない。」

でもどり【**出戻り**】《名詞》　結婚した女性が、離婚して実家に帰ること。また、そのような女性。「あね(姉)・が・　でもどり・で・　いえ(家)・に・　おる。」

てもらう〔**でもらう**〕【**て貰う**】《補助動詞・ワア行五段活用》［動詞の連用形に付く］　①他の人に依頼や指図をして、行わせる。「きょー(今日)・は・　もー・　かえ(帰)っ・てもらお・ー。」②自分の行為によって、他の人に利益が生じる。「みんな(皆)・に・　よろこ(喜)ん・でもろ・た。」

てや〔**でや**〕《補助動詞・特殊活用》［動詞または助動詞の連用形に付く］　相手や第三者に敬意を表すときに使う言葉。「せんせー(先生)・が・　おまえ・を・　よ(呼)ん・どっ・てや・ぞ。」「ひとりひとり(一人一人)・の・　なまえ(名前)・を・　よ(呼)ん・でや。」◆尊敬の意を表す副助詞「て」に、断定の助動詞「や」が接続したもので、「て」の部分で敬意が表現される。〔⇒**てなはる**〕

てやいます〔**でやいます**〕【**(て遣います)**】《補助動詞・サ行五段活用》［動詞の連用形に付く］　「してやる」ということをへりくだって言う言葉。して差し上げる。「あいつ(彼奴)・の・　しごと(仕事)・を・　てっと(手伝)ー・てやいます。」◆接続助詞「て」に、動詞「やる【遣る】」が続き、さらに丁寧の意の助動詞「ます」が続いて一語に熟した言葉である。けれども、丁寧語というよりはむしろ謙譲の気持ちが込められた言葉になっている。ただし、動物などを相手に使うこともあって、その場合は敬意は消えている。補助動詞としての用法は、必ず「てやいます」の形で使い、「やいます」だけの言い方はしない。〔⇒**てあげます【て上げます】、てあいます【(て上います)】、てあえます【(て上えます)】、てやえます【(て遣えます)】**〕

てやえます〔でやえます〕【(て遣えます)】《補助動詞・サ行五段活用》［動詞の連用形に付く］「してやる」ということをへりくだって言う言葉。して差し上げる。「となり(隣)・に・　か(代)わっ・て・　とーばん(当番)・を・　し・てやいまし・た。」◆接続助詞「て」に、動詞「やる【遣る】」が続き、さらに丁寧の意の助動詞「ます」が続いて一語に熟した言葉である。けれども、丁寧語というよりはむしろ謙譲の気持ちが込められた言葉になっている。ただし、動物などを相手に使うこともあって、その場合は敬意は消えている。補助動詞としての用法は、必ず「てやえます」の形で使い、「やえます」だけの言い方はしない。〔⇒**てあげます【て上げます】、てあいます【(て上います)】、てあえます【(て上えます)】、てやいます【(て遣います)】**〕

てやがる〔でやがる〕《補助動詞・ラ行五段活用》［動詞の連用形に付く］　相手の動作を強く非難したり蔑んだりするときに使う言葉。「いまだに・　もんく(文句)・を・　い(言)ーつづ(続)け・てやがる。」「まだ・　てれび(テレビ)・を・　み(見)・てやがる。」〔⇒**てさらす、てくさる、てさらしやがる、てくさりやがる、てけつかる**〕

てやる〔でやる〕《補助動詞・ラ行五段活用》［動詞の連用形に付く］　①他の人やものごとを考えて、何かの動作を行ったり、行う意志があったりすることを表す言葉。「なん(何)・ぞ・　ほ(欲)しー・　もん(物)・が・　あっ・たら・　こ(買)ー・てやろ・か。」「まご(孫)・に・　えほん(絵本)・を・　よ(読)ん・でやる」②自分の強い意志や決意を表す言葉。「ねつ(熱)・が・　ある・けど・　あした(明日)・は・　ぜったい(絶対)に・　がっこー(学校)・へ・　い(行)っ・てやる。」③(後ろに過去の助動詞「た」が続いて、)首尾よく行ったという意味を表す言葉。「きのー(昨日)・は・　しごと(仕事)・を・　さぼっ・てやっ・た。」〔⇒**たる**〕

てよき【手よき】《名詞》　頑丈な刃のついた鉄片に短い柄をつけた、木などを割るのに使う道具。斧。「てよき・で・　たけ(竹)・を・　わ(割)る。」〔⇒**よき**〕

てら【寺】《名詞》　①僧侶が住んで、仏像をまつり、修行や仏事を行うところ。「やま(山)・の・　うえ(上)・に・　おー(大)けな・　てら・が・　ある。」②お坊さん。「てら・は・　まだ・　き(来)・とら・れ・へん。」◆②は、仏事を行う場合などに使う。

てらしあわす【照らし合わす】《動詞・サ行五段活用》　2つ以上のものを比べて異同などを確かめる。「ふた(二)つ・の・　ちょーぼ(帳簿)・を・　てらしあわし・て・　まちが(間違)い・が・　な(無)い・か・　しら(調)べる。」

てらす【照らす】《動詞・サ行五段活用》　①太陽や月が輝いて、下界の一面を明るく熱くする。「おひ(日)ーさん・に・　てらさ・れ・て・　ひなた(日向)ぼっこ・を・　する。」②光を当てて明るくする。「かいちゅーでんとー(懐中電灯)・で・　てらし・て・　さが(探)す。」■自動詞は、①「**てる【照る】**」■名詞化＝**てらし【照らし】**

てり【照り】《名詞》　①太陽の日射し。太陽の日射しの様子。「つゆ(梅雨)・が・　あ(明)け・て・　てり・が・　きつー・　なっ・た。」②雨が降らないこと。過度の晴天。「なんにち(何日)・も・　てり・が・　つづ(続)い・とる。」③ものの表面の光沢やつや。「きれい(綺麗)な・　てり・の・　じゅーばこ(重箱)・や・なー。」④食べ物を焼いたときの色つや。「さかな(魚)・が・　え(良)ー・　てり・に・　や(焼)け・た。」

てりつける【照りつける】《動詞・カ行下一段活用》　太陽が輝いて、熱や光の刺激を強く放つ。「ひる(昼)・は・　おひ(日)さん・が・　よー・　てりつけ・とる。」■名詞化＝**てりつけ【照りつけ】**

てる【照る】《動詞・ラ行五段活用》　①太陽や月が輝いて、明るさや熱さが下界の一面に届く。「つき(月)・が・　てっ・とる。」②晴れた天気になる。「ひる(昼)から・は・　てっ・てくる・やろ。」③食べられる実などが熟する。「よー・　てっ・た・　すいか(西瓜)・や・さかい・　あま(甘)い・なー。」■他動詞は、①「**てらす【照らす】**」■名詞化＝**てり【照り】**

でる【出る】《動詞・ダ行下一段活用》　①ある限られたところから、外へ進み行く。中から外へ移る。「いえ(家)・の・　そと(外)・へ・　でる。」②隠れていたものや見えなかったものの姿が現れる。「やま(山)・から・　あさひ(朝日)・が・　でる。」「きれい(綺麗)な・　ほし(星)・が・　で・とる。」「うし(牛)・の・　くち(口)・から・　よだれ・が・　で・とる。」「もんく(文句)・が・　ある・ん・やっ・たら・　まえ(前)・へ・　で・てこい。」③外に向かって張り出す。「くぎ(釘)・の・　さき(先)・が・　で・とる・さかい・　あぶ(危)ない。」④手元の金銭が少なくなる。「じっき(直)に・　きゅーりょー(給料)・が・　で・ていっ・て・　のこ(残)ら・へん。」⑤学校を卒業する。「こーとーがっこー(高等学校)・を・　で・て・　はたら(働)い・とる。」⑥団体などのメンバーから外れる。「とし(歳)・を・　とっ・て・　せーねんだん(青年団)・から・　でる。」⑦出発する。離れる。「さっき・　でんしゃ(電車)・が・　で・ても・た。」⑧数量や価値などが加わる。「さかみち(坂道)・で・　すぴーど(スピード)・が・　で・たら・　こま(困)る・なー。」「だいぶ・　ちょーし(調子)・が・　で・てき・た。」⑨ある状態などが起こる。「すず(涼)しー・　かぜ(風)・が・　で・てき・た。」⑩売れる。「この・　ほん(本)・は・　よー・　で・てまっ・せ。」⑪出席する。「りんぽ(隣保)・の・　とーばん(当番)・が・　よ(寄)りあい・に・　でる。」■他動詞は「**だす【出す】**」■対語＝「**はいる【入る】**」「**いる【入る】**」■名詞化＝**で【出】**

てるてるぼうず〔てるてるぼーず〕【照る照る坊主】《名詞》　晴れることを願って紙や布で作り、軒下などに吊す人形。「えんそく(遠足)・の・　まえ(前)・の・　ひ(日)・に・　てるてるぼーず・を・　つ(吊)る。」

てれかくし【照れ隠し】《名詞、動詞する》　人前で事実を指摘されたり失敗をしたりしたときに、他のことに紛らわせて、きまり悪さをのがれようとするしぐさをすること。「てれかくし・に・　わら(笑)う。」

てれくさい【照れくさい】《形容詞・アイ型》　大勢の前で言葉をかけられたり注視されたりして、きまりが悪い。気恥ずかしい。「そない・　ほ(褒)め・られ・たら・　てれくさい・がな。」

てれこ《形容動詞や(ノ)》　①反対である様子。逆である様子。あべこべである様子。「こども(子供)・が・　くつ(靴)・を・　てれこに・　は(履)い・とる。」「ずぼん(ズボン)・の・　まえうしろ(前後)・を・　てれこに・　はい・とる。」②交互になっている様子。「てれこに・　し・て・　はこ(箱)・に・　つ(詰)める。」③すれ違いになった様子。「とちゅー(途中)・で・　あ(会)え・なん・だ・ん・は・　みち(道)・が・　てれこやっ・た・みたいや。」

テレビ〔**てれび**〕【英語＝television から】《名詞》　動く映像や音声を電波に乗せて送って受像機に映し出す仕組み。また、その受像機。また、その番組。「きょー(今日)・は・　おもろ(面白)い・　てれび・が・　あら・へん。」

てれる【照れる】《動詞・ラ行下一段活用》　自分のことが話題になって、人に注目されることを恥ずかしく思ったり、恥ずかしそうな様子を見せたりする。「てれ・ん・と・　ほんま(本真)の・　こと・を・　はくじょー(白状)し・てみー・な。」

でれんと《副詞、動詞する》　だらしない姿勢で、動きが鈍い様子。弱ってしまって、寝そべっている様子。「でれんと・　ねころ(寝転)ん・で・　てれび(テレビ)・を・　み(見)・とる。」「あつ(暑)ー・て・　いぬ(犬)・が・　でれんと・　し・とる。」

てわけ【手分け】《名詞、動詞する》　一つの仕事を何人かで分担すること。「てわけし・て・　うんどーじょー(運動場)・の・　くさひ(草引)き・を・　する。」

て(を)うつ〔**てー(を)うつ**〕【手(を)打つ】《動詞・タ行五段活用》　ある事態を予想して、必要な処置や方法を行う。「さき(先)・に・　てーをうっ・た・　ほー(方)・が・　か(勝)ち・や。」

て(を)かける〔**てー(を)かける**〕【手(を)掛ける】《動詞・カ行下一段活用》　①念入りに、いろいろと世話をする。「てをかけ・て・　こども(子供)・を・　そだ(育)てる。」②暴力を手段にして、相手に働きかける。「おんな(女)・の・　こ(子)・に・　てーかけ・たら・　あか・ん・がな。」〔② ⇒**て(を)だす**【手(を)出す】〕

て(を)かす〔**てー(を)かす**〕【手(を)貸す】《動詞・サ行五段活用》　他人の仕事・作業などに力を注いで、負担を軽くしてやる。手をさしのべる。「おも(重)たい・さかい・　ちょっと(一寸)・　てーかし・てんか。」〔⇒**すける**【助ける】、**たすける**【助ける】、**てつだう**【手伝う】、**てったう**【手伝う】〕

て(を)きる〔**てー(を)きる**〕【手(を)切る】《動詞・ラ行五段活用》　関わり合うことをやめる。「あの・　ひと(人)・と・は・　てーをきっ・た・　ほー(方)・が・　え(良)ー・ん・と・　ちゃ(違)い・まっ・か。」〔⇒**て(を)ひく**【手(を)引く】〕

て(を)だす〔**てー(を)だす**〕【手(を)出す】《動詞・サ行五段活用》　①ものごとを経験したり、働きかけたりする。しなくてもよいことまで、してしまう。「けーば(競馬)・に・　てーをだし・て・　だいぶ(大分)・　そん(損)・を・　し・た。」②暴力を手段にして、相手に働きかける。「なんぼ・　はら(腹)・が・　た(立)っ・ても・　てーをだし・て・　けが(怪我)さ・し・たら・　あか・ん・よ。」〔② ⇒**て(を)かける**【手(を)掛ける】〕

て(を)つける〔**てー(を)つける**〕【手(を)付ける】《動詞・カ行下一段活用》　①ものごとにとりかかる。着手する。「なん(何)・から・　てーをつけ・たら・　えー・ん・やろ・か。」②人のものをこっそり盗んで、自分のものとする。「かいしゃ(会社)・の・　かね(金)・に・　てーつけ・たら・　あか・ん・ぞ。」③起こっていることについて対策を施す。「おーみず(大水)・で・　てーつけ・られ・へん・さかい・　に(逃)げる・の・が・　せー(精)いっぱいやっ・た。」「こども(子供)・が・　な(泣)い・て・　どないも・　てーをつけ・られ・へん。」◆③の「て(を)つける」を、打ち消しを伴った表現にするときは、助詞が変わって、「て(が)つけ・られ・へん」のようになることがある。また、「おーかじ(大火事)・で・　てーのつけよーがなかっ・た・みたいや。」のような言い方もする。

て(を)つなぐ〔**てー(を)つなぐ**〕【手(を)繋ぐ】《動詞・ガ行五段活用》　協力する関係を取り結ぶ。足並みを揃える。「しょーてんがい(商店街)・が・　てーつない・で・　おーうりだ(大売出)し・を・　し・とる。」〔⇒**て(を)にぎる**【手(を)握る】〕

て(を)にぎる〔**てー(を)なぎる**〕【手(を)握る】《動詞・ガ行五段活用》　協力する関係を取り結ぶ。足並みを揃える。「はんきゅー(阪急)・と・　はんしん(阪神)・が・　てーにぎっ・て・　はいきんぐ(ハイキング)・の・　もよお(催)し・を・　し・よる。」〔⇒**て(を)つなぐ**【手(を)繋ぐ】〕

て(を)ぬく〔**てー(を)ぬく**〕【手(を)抜く】《動詞・カ行五段活用》　しなければならないことを、いいかげんにする。しなければならない過程や段階などの一部を省く。「てーをぬい・とっ・たら・　しっぱい(失敗)する・ぞ。」

て(を)はなす〔**てー(を)はなす**〕【手(を)離す、手(を)放す】《動詞・サ行五段活用》　①握ったりつかんだりしていたのを止める。「てつぼー(鉄棒)・から・　てをはなし・たら・　あか・ん・ぞ。」②集中して行っていることを一時中断する。「てーはなさ・れ・へん・　しごと(仕事)・が・　ある・さかい・　さそ(誘)わ・れ・ても・　い(行)か・れ・へん・ねん。」◆「て(を)はなす」を、打ち消しを伴った表現にするときは、助詞が変わって、「て(が)はなさ・れ・へん」のようになることがある。

て(を)ひく〔**てー(を)ひく**〕【手(を)引く】《動詞・カ行五段活用》　関わり合うことをやめる。「あんた・に・　てーひか・れ・たら・　こま(困)る・ねん。」〔⇒**て(を)きる**【手(を)切る】〕

て(を)ひろげる〔**てー(を)ひろげる**〕【手(を)広げる】《動詞・ガ行五段活用》　仕事や関わる内容の範囲や規模を大きくする。「てーをひろげ・すぎ・たら・　かいしゃ(会社)・が・　つぶ(潰)れる・ぞ。」

て(を)やく〔**てー(を)やく**〕【手(を)焼く】《動詞・カ行五段活用》　自分の力では対応できないようなものに対して、持て余す。「ぼーそーぞく(暴走族)・が・　はし(走)りまわっ・て・　けーさつ(警察)・も・　てーをやい・とる・みたいや。」

て(を)やすめる〔**てー(を)やすめる**〕【手(を)休める】《動詞・マ行下一段活用》　集中して取り組んでいた仕事などから離れて、一休みする。「てーをやすめ・て・　おちゃ(茶)・でも・　の(飲)み・まへ・ん・か。」

てん【天】《名詞》　①地面の上に広がっている空間。「てん・から・　あめ(雨)・が・　ふ(降)っ・てくる。」②神のいるところ。また、神。「かみ(神)さん・が・　てん・から・　み(見)・とっ・て・や。」■対語＝「ち【地】」〔① ⇒**そら**【空】〕

てん【点】《名詞》　①一画で書いたり、筆記具の先を置いただけで施したりしたような、小さなしるし。「この・　ひと(人)・の・　なまえ(名前)・に・　てん・の・　しるし(印)・が・　つい・とる・の・は・　どーゆー・　いみ(意味)・かいなー。」②句読点のうちの、文の途中につける読点。「てん・の・　な(無)い・　ぶんしょー(文章)・は・　よ(読)みにくい。」③特に強調する言葉の横に施すしるし。「じ(字)ー・に・　てん・が・　つけ・てある・　ところ・は・　だいじ(大事)な・　ところ・や・さかい・　わす(忘)れ・ん・よーに・　し・なはれ。」④試験の正誤。成績評価を表す数値。「とーあん(答案)・に・　てん・を・　つ(付)ける。」〔①②③ ⇒**てぼ**、**ちょぼ**〕

てん《終助詞》　過去に関することで、相手に念を押したり、強調したりするときに使う言葉。「こーべ(神戸)・で・か(買)い・まし・てん。」◆現在および未来に関することを述べる場合は「ねん」を使う。

でん〔でーん〕《感動詞》 子どもの遊びで、相手にタッチするときに、相手に気付かせるために発する言葉。「でーん。つか(掴)まえ・た・ぞー。」

てんいん【店員】《名詞》 店に勤めている人。店で働いている人。「てんいんさん・が・ かん(感)じ・の・ え(良)ー・ みせ(店)・で・ か(買)い・たい・もんや。」

てんか《終助詞》 相手に対して勧誘や依頼の気持ちを伝える言葉。してくれないか。「やす(安)ー・ する・さかい・ こ(買)ー・てんか。」「もっと・ わかる・よーに・せつめー(説明)し・てんか。」

でんか【殿下】《名詞》 天皇・皇后など以外の皇族を敬って呼ぶ言葉。「こーたいし(皇太子)でんか・が・ よーろっぱ(ヨーロッパ)・を・ ほーもん(訪問)する。」

てんかす【天滓】《名詞》 天ぷらを揚げるときにできる、小さなころもの集まり。「うどん(饂飩)・に・ てんかす・を・ のせる。」

てんかふん〔てんかふ〕【天花粉】《名詞》 あせもの治療や予防のために使う、瓜の根からとった白い粉。「ふろ(風呂)あがり・に・ てんかふ・を・ つ(付)け・たら・きも(気持)ち・が・ え(良)ー。」

てんかん《名詞》 発作的に意識障害や痙攣が起こる病気。「ともだち(友達)・が・ てんかん・を・ かい・た・さかい・ びっくりし・た。」

てんき【天気】《名詞》 ①晴れ・曇り・雨、気温、風の具合などの空模様。「あした(明日)・の・ てんき・は・ あめ(雨)・やろ・か。」②雨が降ったり雲が出たりしていなくて、青空が見えて空模様がよいこと。「この・ いっしゅーかん(一週間)・ てんき・が・ つづ(続)い・とる。」③人の心が外に現れる様子。「あいつ(彼奴)・の・てんき・は・ きゅー(急)に・ か(変)わる。」〔①②⇒**ひより**【日和】、**おてんき**【お天気】。②⇒**はれ**【晴れ】〕

でんき【電気】《名詞》 ①エネルギー源の一つで、モーターを回したり、明かりをつけたりする働きのもととなるもの。「でんき・の・ な(無)かっ・た・ じだい(時代)・は・ ふべん(不便)やっ・た・やろ・なー。」②前項のものによって熱を発生させる力。「でんき・で・ ゆ(湯)ー・を・ わ(沸)かす。」③同様に、明かりをもたらす力。電灯。照明。「へや(部屋)・の・ でんき・を・ つ(点)け・てください。」

でんきアイロン〔でんきあいろん〕【電気 ＋ 英語＝iron】《名詞》 電熱によって、布などのしわを伸ばしたり折り目をつけたりする、金属でできた器具。「でんきあいろん・で・ ずぼん(ズボン)・の・ おりめ(折目)・を・ つ(付)ける。」〔⇒**アイロン**【英語＝iron】〕

電気アイロン

でんきがま【電気釜】《名詞》 電気の力を用いて炊飯をする釜。「じどー(自動)・で・ でんきがま・の・ すいっち(スイッチ)・を・ い(入)れる。」◆「せんたくき【洗濯機】」「そうじき【掃除機】」「れいぞうこ【冷蔵庫】」などの前に「でんき【電気】」と言う語を付けることは最近は少なくなったが、「かま【釜】」の前に「でんき【電気】」を付けることは多い。

初期の頃の電気釜

でんきくらげ【電気くらげ】《名詞》 茶色っぽい色をしていて、触ると刺されてピリピリするくらげ。「でんきくらげ・を・ さわ(触)る・の・は・ や(止)め・とき。」

でんきスタンド【電気 ＋ 英語＝stand】《名詞》 机の上などに置く、台の付いた電灯。「くら(暗)い・さかい・ でんきすたんど・で・ てもと(手元)・を・ て(照)らす。」〔⇒**スタンド**【英語＝stand】〕

でんきせったっき〔でんきせんだっき〕【(電気洗濯機)】《名詞》 電力を用いて自動で衣類などの汚れを洗ってきれいにする器械。「でんきせったっき・で・ よご(汚)れ・た・ もん(物)・を・ あらう。」〔⇒**せんたくき**【洗濯機】、**せんたっき**【(洗濯機)】、**でんきせんたくき**【電気洗濯機】〕

でんきせんたくき〔でんきせんだくき〕【電気洗濯機】《名詞》 電力を用いて自動で衣類などの汚れを洗ってきれいにする器械。「むかし(昔)・は・ でんきせんたくき・に・ ふんりゅーしき(噴流式)・と・ かくはんしき(撹拌式)・が・ あっ・た。」〔⇒**せんたくき**【洗濯機】、**せんたっき**【(洗濯機)】、**でんきせったっき**【(電気洗濯機)】〕

初期の頃の電気洗濯機

でんきそうじき〔でんきそーじき〕【電気掃除機】《名詞》 箒やはたきなどに代わるもので、ごみや汚れを取り除いてきれいにする、電気を用いた器械。「でんきそーじき・の・ おと(音)・が・ やかま(喧)しー。」◆現在では、「そうじき【掃除機】」と言うだけで、「でんきそうじき【電気掃除機】」を意味する。〔⇒**そうじき**【掃除機】〕

初期の頃の電気掃除機

でんきのせん【電気の線】《名詞》 電気を通す、金属の線。「たいふー(台風)・で・ でんきのせん・が・ き(切)れ・て・ てーでん(停電)・に・ なっ・た。」〔⇒**でんせん**【電線】〕

でんきのたま【電気の球】《名詞》 電気の力を用いた、照明用の光る球。「でんきのたま・が・ き(切)れ・た。」◆蛍光灯の場合は、「けいこうとうのたま【蛍光灯の玉】」と言う。〔⇒**でんきゅう**【電球】、**たま**【球】〕

でんきゅう〔でんきゅー〕【電球】《名詞》 電気の力を用いた、照明用の光る球。「よび(予備)・の・ でんきゅー・を・ こ(買)ー・とく。」〔⇒**でんきのたま**【電気の球】、**たま**【球】〕

でんきれいぞうこ〔でんきれーぞーこ〕【電気冷蔵庫】《名詞》 氷を入れて冷やすものに代わって登場した、電気の力を用いて食品などを冷やして貯蔵する入れ物。「すいか(西瓜)・を・ ふたつわり(二つ割)・に・ し・て・でんきれーぞーこ・に・ い(入)れる。」◆現在では、「れいぞうこ【冷蔵庫】」と言うだけで、「でんきれいぞうこ【電気冷蔵庫】」を意味する。〔⇒**れいぞうこ**【冷蔵庫】〕

てんきん【転勤】《名詞、動詞する》 勤め先が同じ会社や官庁などでありながら、勤務する場所が変わること。「おーさか(大阪)・から・ てんきんし・てき・た・ ひと(人)・の・ かんげーかい(歓迎会)・を・ する。」

てんぐ【天狗】《名詞》 ①鼻が高くて赤く、天上や深山に住むと考えられている、想像上の怪物。「くらまやま(鞍馬山)・に・　てんぐ・が・　おっ・た・そーや。」②自分を優れた者だと思っている人。うぬぼれの強い人。「てんぐ・に・　なっ・て・　えら(偉)そーな・　こと・を・ゆ(言)ー・とり・やがる。」

でんぐりがえって　あっぱっぱ【でんぐり返って　あっぱっぱ】《成句》 手を地について、体を前方あるいは後方に回転するときに、口にする言葉。また、その様子を表す言葉。◆「でんぐりがやって　あっぱっぱ【(でんぐり返って　あっぱっぱ)】」とも言う。

でんぐりがえる【でんぐり返る】《動詞・ラ行五段活用》 ①手を地について、体を前方あるいは後方に回転する。「まっと(マット)・の・　うえ(上)・で・　でんぐりがえる。」②体などが裏返しになる。「あか(赤)んぼー・が・　でんぐりがえっ・て・　うつぶ(俯)せ・に・　なっ・とる。」③車両や船などがひっくり返ったり、横倒しになったりする。「くるま(車)・が・　しょーとつ(衝突)し・て・　でんぐりがえっ・とる。」④関係や立場が逆転する。結論などが逆の方向になる。「でんぐりがえっ・て・　はなし(話)・が・　はんたい(反対)・の・　ほー(方)・に・　き(決)まっ・ても・た。」〔⇒**でんぐりがやる**【(でんぐり返る)】。③⇒**てんぷく**【**転覆**】(**する**)〕

でんぐりがやる【(でんぐり返る)】《動詞・ラ行五段活用》 ①手を地について、体を前方あるいは後方に回転する。「でんぐりがやっ・て・　こし(腰)・を・　いた(痛)め・た。」②体などが裏返しになる。「その・　はこ(箱)・は・でんぐりがやっ・た・　お(置)きかた・を・　し・たら・あか・ん・ねん。」③車両や船などがひっくり返ったり、横倒しになったりする。「つよ(強)い・　かぜ(風)・で・　ふね(船)・が・　でんぐりがやっ・た。」④関係や立場が逆転する。結論などが逆の方向になる。「はなし(話)・が・　でんぐりがやら・ん・よーに・　つよ(強)ー・ゆ(言)わ・な・　あか・ん・ぞ。」〔⇒**でんぐりがえる**【**でんぐり返る**】。③⇒**てんぷく**【**転覆**】(**する**)〕

てんこう〔**てんこー**〕【転校】《名詞、動詞する》 児童や生徒が、通学していた学校から他の学校に移ること。「こーべ(神戸)・から・　てんこーし・てき・た・　どーきゅーせー(同級生)・が・　おっ・た・なー。」

てんごく【天国】《名詞》 ①苦しみなどのない、すばらしい場所。「はわい(ハワイ)・は・　けしき(景色)・が・よ(良)ー・て・　てんごく・みたいな・　ところ(所)・や・そーや。」②人が死んでから行くと考えられているところ。「あいつ(彼奴)・は・　てんごく・へ・　い(逝)っ・ても・た。」〔②⇒**あのよ**【**彼の世**】〕

てんこぼし【てんこ干し】《名詞、動詞する、形容動詞や(ノ)》 ①日光に直接さらすこと。「いちにちじゅー(一日中)・　てんこぼしし・て・　かわ(乾)かす。」②帽子などを被らずに、直射日光を長時間にわたって受けること。「てんこぼしで・　ある(歩)い・たら・　にっしゃびょー(日射病)・に・　なる・ぞ。」③日光にあたって、干からびた状態になっていること。「みみず(蚯蚓)・が・てんこぼしに・　なっ・ても・とる。」

てんこもり【てんこ盛り】《形容動詞や(ノ)、動詞する》 ①山盛りである様子。大盛りである様子。特に、食べ物が山盛りである様子。「てんこもりの・　ごはん(御飯)・を・　た(食)べる。」②物事がたくさんあること。「きょー(今日)・は・　せ・な・　いか・ん・　こと(事)・が・てんこもりや。」

でんしゃ【電車】《名詞》 ①電気の力で車輪を回して、レールの上を走る乗り物。「でんしゃ・に・　の(乗)っ・て・かいもん(買物)・に・　い(行)く。」②旧国鉄(現在のJR)に対して、私鉄のこと。「でんしゃ・は・　きしゃ(汽車)・より・　あと(後)・から・　かいつー(開通)し・た。」〔①⇒**ぷっぷ、ちんちん**〕　［**巻末「わが郷土」の「でんしゃ」の項を参照**］

でんしゃみち【電車道】《名詞》 ①電車などを走らせるために、レールが敷いてあるところ。「でんしゃみち・が・　ある・さかい・　ふみきり(踏切)・に・　き(気)ー・つける・ん・や・で。」「でんしゃみち・の・　きた(北)・は・　たんぼ(田圃)・が・　いっぱい(一杯)・　ある。」②市街電車を走らせるために、レールが敷いてある道路。「でんしゃみち・に・　おー(大)けな・　みせ(店)・が・なら(並)ん・どる。」■類語＝「てっとうみち【(鉄道道)】」

てんじょう〔**てんじょー、てんじょ**〕【天井】《名詞》 屋根裏を覆い隠したり保温をしたりするために、部屋の上部に薄い板を張りつめたもの。「てんじょー・に・　くも(蜘蛛)・が・　おる。」

でんしんばしら【電信柱】《名詞》 空中に張った電線や電話線を支えるための柱。「でんしんばしら・の・　とらんす(トランス)・から・　ひばな(火花)・が・　で(出)・とる。」◆電気を送る線であっても、電信電話のための線であっても、「でんしんばしら【電信柱】」「でんしんぼう【電信棒】」などと言う。〔⇒**でんしんぼうぎ**【**電信棒木**】、**でんしんぼう**【**電信棒**】、**ぼうぎ**【**棒木**】、**でんちゅう**【**電柱**】〕

でんしんぼう〔**でんしんぼー、でんしんぼ**〕【電信棒】《名詞》 空中に張った電線や電話線を支えるための柱。「いぬ(犬)・が・　でんしんぼー・に・　しょんべん(小便)・を・かけ・とる。」〔⇒**でんしんばしら**【**電信柱**】、**でんしんぼうぎ**【**電信棒木**】、**ぼうぎ**【**棒木**】、**でんちゅう**【**電柱**】〕

でんしんぼうぎ〔**でんしんぼーぎ**〕【電信棒木】《名詞》 空中に張った電線や電話線を支えるための柱。「まるで・　でんしんぼーぎ・みたいに・　た(立)っ・た・まま・き(聞)ー・とっ・てん。」〔⇒**でんしんばしら**【**電信柱**】、**でんしんぼう**【**電信棒**】、**ぼうぎ**【**棒木**】、**でんちゅう**【**電柱**】〕

てんすう〔**てんすー**〕【点数】《名詞》 学習成績の評価や、試合の成績などを、数字で表したもの。「ごーかく(合格)・が・　でき(出来)る・よーな・　てんすー・が・　と(取)ら・れ・へん。」

てんせん【点線】《名詞》 たくさんの点が並んでできた線。「てんせん・の・　ところ(所)・で・　お(折)りまげる。」◆実線のことは、単に「せん【線】」と言う。

でんせん【電線】《名詞》 電気を通す、金属の線。「たいふー(台風)・で・　でんせん・が・　き(切)れ・た。」〔⇒**でんきのせん**【**電気の線**】〕

でんせんびょう〔**でんせんびょー**〕【伝染病】《名詞》 赤痢・コレラ・チフスなど、病原となる微生物などによって他の人にうつっていく病気。「でんせんびょー・の・ひと(人)・を・　かくり(隔離)する。」

でんち【電池】《名詞》 ①薬、金属、光などの働きによって、電流が起こるようにしてある仕掛け。「この・　おもちゃ(玩具)・は・　でんち・で・　うご(動)く。」②それを電源とする、持ち運びできる電灯。「でんち・が・な(無)かっ・たら・　くら(暗)い・ぞ。」〔⇒**かんでんち**【**乾電池**】。②⇒**かいちゅうでんとう**【**懐中電灯**】、**かいちゅうでんき**【**懐中電気**】、**かいちゅうでんち**【**懐中電池**】〕

でんち【田地】《名詞》 田圃として利用する土地。耕作している田圃。「あんたとこ・は・　でんち・が・　ぎょーさん(仰山)・　あっ・て・　よろしー・なー。」

でんちく【電蓄】《名詞》 手回し式ではなく、電気の力を用いてレコード盤を回転させて、音を電気的に再生する器械。電気蓄音機。「でんちく・で・　おんがく(音楽)・を・　き(聞)く。」

電蓄

でんちゅう〔**でんちゅー**〕【**電柱**】《名詞》 空中に張った電線や電話線を支えるための柱。「むかし(昔)・の・　でんちゅー・は・　き(木)ー・で・　でけ(出来)・とっ・た・さかい・　ぼーぎ(棒木)・と・　ゆ(言)ー・た・ん・や。」〔⇒**でんしんばしら【電信柱】、でんしんぼうぎ【電信棒木】、でんしんぼう【電信棒】、ぼうぎ【棒木】**〕

てんちょう〔**てんちょー**〕【**店長**】《名詞》 店の責任者。「えきまえ(駅前)・の・　みせ・の・　てんちょー・を・　し・とる。」

てんで《副詞》 そのことを強く否定する気持ちを表す言葉。まったく問題にならない様子を表す言葉。そのようにする意志がまったくない様子を表す言葉。「むつか(難)しー・て・　てんで・　わから・なんだ。」「あいつ(彼奴)・と・は・　てんで・　はなし(話)・に・　なら・へん。」◆後ろに打ち消しの言葉を伴うことが多い。〔⇒**ねっから【根っから】、ねからはから【根から葉から】、まるきり【丸きり】、まるっきり【丸っきり】、とんと、てんと、ぜんぜん【全然】**〕

てんてき【点滴】《名詞、動詞する》 薬や栄養分の入った液を、少しずつ静脈に注入すること。「いっぽん(一本)・の・　てんてき・を・　う(打)つ・の・に・　じかん(時間)・が・　かかる。」

てんてこまい【てんてこ舞い】《形容動詞や(ノ)、動詞する》 忙しく慌てふためいて休む隙なく立ち動く様子。「むかし(昔)・は・　いえ(家)・で・　そーしき(葬式)・を・　し・た・さかい・　てんてこまいし・とっ・た。」〔⇒**きりきりまい【きりきり舞い】**〕

てんでばらばら《副詞に》 思い思いに行動して、まとまりがない様子。「ばくだん(爆弾)・が・　お(落)ち・た・　とき(時)・は・　てんでばらばらに・　に(逃)げ・た。」〔⇒**てんてんばらばら**〕

てんてん【点々】《名詞》 ①一画で書いたり、筆記具の先を置いただけで施したりしたような、小さなしるしが2つ並んでいるもの。「しるし(印)・の・　てんてん・を・　つける。」②小さなしるしを2つ、重なりそうに書いて、同じであることを表す符号。「うえ(上)・と・　おんな(同)じや・さかい・　てんてん・を・　う(打)っ・とき・なはれ。」③仮名文字の右肩につけて、濁音であることを表す符号。「てんてん・を・　つけ・たら・　[か]・が・　[が]・に・　なる。」◆一つであっても「てんてん【点々】」と言うことがある。〔⇒**てぼてぼ、ちょぼちょぼ**〕

てんてん【点々】《副詞と》 ①小さく見えるものが、あちらこちらに散らばっている様子。「てくさり(＝曼珠沙華)・が・　あっちこっち・に・　てんてんと・　さ(咲)い・とる。」②しずくなどが一滴ずつしたたる様子。「ゆび(指)・を・　き(切)っ・た・ので・　ち(血)・が・　てんてんと・　お(落)ち・た。」

てんてん《名詞》 額よりも上の部分。体のいちばん上の部分。「きょー(今日)・は・　あつ(暑)い・さかいに・　てん・に・　ぼーし(帽子)・を・　かぶ(被)り・よ。」◆幼児語。〔⇒**おつむ、あたま【頭】**〕

てんてん《名詞》 顔や体を拭くために使う、日本風の木綿の細長い布。「てんてん(＝頭のてっぺん)・に・　てんてん・を・　のせ・て・　ふろ(風呂)・に・　つ(浸)かる。」◆西洋風のタオルのことを言う場合もある。◆幼児語。〔⇒**てぬぐい【手拭い】、てのごい【(手拭い)】、てのぐい【(手拭い)】**〕

てんてんする《動詞・サ行変格活用》 軽く、やさしくたたく。「おつむ(＝頭)・を・　てんてんする。」◆幼児語。

でんでんたいこ【でんでん太鼓】《名詞》 柄の付いた小さな太鼓の両側に鈴や玉などを結び付けて、振ると太鼓の面に当たって鳴るようにした玩具。「あか(赤)んぼ・が・　でんでんたいこ・を・　ふ(振)っ・て・　よろこ(喜)ん・どる。」

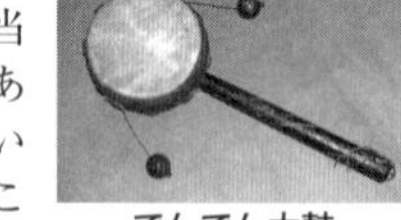
でんでん太鼓

てんてんばらばら〔**てんでんばらばら**〕《副詞に》 思い思いに行動して、まとまりがない様子。「てんてんばらばらに・　なっ・て・　うんどーじょー(運動場)・を・　はし(走)りまー(回)る。」〔⇒**てんでばらばら**〕

でんでんむし【でんでん虫】《名詞》 木の葉などのような湿ったところにすむ、渦巻き状の殻を背負った貝。「でんでんむし・が・　あめ(雨)・に・　ぬ(濡)れ・とる。」〔⇒**かたつむり【蝸牛】**〕

テント〔**てんと**〕【**英語＝tent**】《名詞》 雨や日光をさえぎるために張るもので、取り外して容易に移動できるようにした、骨組みと布などからできている仮設の幕や小屋。「うんどーかい(運動会)・の・　じゅんび(準備)・に・　てんと・を・　は(張)る。」〔⇒**てんまく【天幕】**〕

てんと《副詞》 ①そのことを強く否定する気持ちを表す言葉。まったく問題にならない様子を表す言葉。「てんと・　あいつ(彼奴)・に・は・　か(勝)た・れ・へん。」②全くそのようである様子。すっかり。「かえ(返)す・こと・を・　てんと・　わす(忘)れ・ても・とっ・た。」◆①は、後ろに打ち消しの言葉を伴うことが多い。〔⇒**とんと**。①⇒**ねっから【根っから】、ねからはから【根から葉から】、まるきり【丸きり】、まるっきり【丸っきり】、てんで、ぜんぜん【全然】**〕

てんと〔**てーんと**〕《副詞》 ①人がどっかりと腰を落ち着けた様子。ものがどっかりと存在する様子。「いす(椅子)・に・　すわ(座)っ・た・まま・　てんと・　し・て・　うご(動)か・へん。」②無造作に、何気なく存在する様子。「げんかん(玄関)・に・　てんと・　やさい(野菜)・が・　お(置)い・てある・けど・　だい(誰)・が・　も(持)っ・てき・てくれ・た・ん・やろ。」〔①⇒**でんと**〕

でんと〔**でーんと**〕《副詞》 人がどっかりと腰を落ち着けた様子。ものがどっかりと存在する様子。「おー(大)きな・　つぼ(壺)・が・　でんと・　お(置)い・てある。」「いす(椅子)・に・　でーんと・　すわ(座)っ・とる。」◆「てんと」よりも重々しさや不動の様子が強く感じられる。〔⇒**てんと**〕

てんとうむし〔**てんとーむし、てんとむし**〕【**天道虫**】《名詞》 半球の形をして、赤い背面には黒い斑点がある小さな昆虫。「かい(可愛)らしー・　てんとーむし・が・　は(葉)ー・に・　とまっ・とる。」

でんねつ【電熱】《名詞》 電気コンロなどの、ニクロム線に電流を通して熱を出させる器具。また、そのように熱を出させる作用。「でんねつ・の・　すいっち(スイッチ)・を・　き(切)りわす(忘)れ・たら・　あぶ(危)ない・

よ。」

てんねんしょく【天然色】《名詞》 写真、印刷物、映画などで、自然に近い色を用いて表現してあること。また、そのように表現されたもの。「こども(子供)・の・ ころ(頃)・は・ てんねんしょく・の・ えーが(映画)・を・ み(見)・たら・ うれ(嬉)しかっ・た・なー。」◆映画のうたい文句には「総天然色」という言葉が使われた。どうして「総」と言う文字がつくのか不思議に思ったことがあるが、第一次南極探検を扱った記録映画の一部がモノクロであったのを見て、「総」とつけることを、妙に納得した記憶がある。◆「カラー【英語＝color】」という言葉が広く使われるにつれて「てんねんしょく【天然色】」は急速に使われなくなった。テレビが白黒からカラーに移行する過渡期に、テレビ画面の片隅に「カラー」という文字が書かれていたことがあったのが、妙に懐かしい。■対語＝「しろくろ【白黒】」〔⇒**カラー**【英語＝color】、**いろつき**【色付き】〕

てんのう〔**てんのー**〕【天皇】《名詞》 日本の国の象徴である君主。「てんのー・が・ ふらんす(フランス)・を・ ほーもん(訪問)する。」〔⇒**てんのうへいか**【天皇陛下】〕

てんのうたんじょうび〔**てんのーたんじょーび**〕【天皇誕生日】《名詞》 国民の祝日の一つで、平成年間は12月23日に設定されており、天皇の誕生を祝う日。「むかし(昔)・は・ しがつ(四月)・の・ にじゅーくにち(二十九日)・が・ てんのーたんじょーび・やっ・た。」

てんのうへいか〔**てんのーへーか**〕【天皇陛下】《名詞》 日本の国の象徴である君主。「てんのーへーか・が・ おーずもー(大相撲)・を・ み(見)る。」〔⇒**てんのう**【天皇】〕

てんばつ【天罰】《名詞》 悪いことに対して、人の仕返しなどで行うことではなく、天が与えるという罰。自然のむくい。「そら・ み(見)ー・ てんばつ・が・ あ(当)たっ・た・ん・や。」

てんぴ【天日】《名詞》 太陽の光や熱。「さかな(魚)・を・ さ(割)い・て・ てんぴ・で・ かわ(乾)かす。」

てんびき【天引き】《名詞、動詞する》 支払う額から、決まった額をあらかじめ差し引くこと。「しんぼくかいひ(親睦会費)・が・ きゅーりょー(給料)・から・ てんびきさ・れ・とる。」「ぜーきん(税金)・は・ てんびき・や。」

でんぴょう〔**でんぴょー**〕【伝票】《名詞》 お金の出し入れや、商品の受け渡しなどを確認して連絡するのに使う書き付け。「わす(忘)れ・ん・よーに・ でんぴょー・を・ もろ(貰)・とき・たい・ねん。」

てんぷく【転覆】《名詞、動詞する》 車両や船などがひっくり返ったり、横倒しになったりすること。「でんしゃ(電車)・が・ てんぷくし・て・ けがにん(怪我人)・が・ で(出)・た。」〔動詞⇒**でんぐりがえる**【でんぐり返る】、**でんぐりがやる**【でんぐり返る】〕

てんぶくろ【天袋】《名詞》 押入などの上に作った、小さな戸棚。「だいじ(大事)な・ もん(物)・や・さかい・ てんぶくろ・に・ お(置)い・とく・わ。」

てんぷら【ポルトガル語＝temperoから。天麩羅】《名詞、動詞する》 ①魚、肉、野菜などに、水で溶いた小麦粉を付けて、油で揚げた料理。「しろみ(白身)・の・ さかな・の・ てんぷら・が・ す(好)きや。」②すり身にした魚肉に人参や牛蒡などを混ぜて、油で揚げた食べ物。(すり身だけで作ることもある。)「ごぼー(牛蒡)・の・ はい(入)っ・た・ てんぷら・に・ しょーゆ(醤油)・を・ かけ・て・ た(食)べる。」③手に何も持たないこと。土産などを持参しないこと。「てんぷら・で・ よ(寄)せ・てもらい・まし・てん。」◆③は、ふざけて「てぶら【手ぶら】」をこのように発音することがある。〔⇒**てんぽら**【ポルトガル語＝temperoから】。①⇒**あげもん**【揚げ物】、**フライ**【英語＝fry】〕

でんぷん【澱粉】《名詞》 ①米、麦、芋などに多く含まれている成分である炭水化物。「でんぷん・の・ おー(多)い・ たべもん・や・さかい・ はら(腹)・に・ こたえる。」②馬鈴薯などをすりつぶし、水にさらして取る白い粉。「でんぷん・を・ い(入)れ・て・ ねば(粘)り・を・ だ(出)す。」

でんぽう〔**でんぽー**〕【電報】《名詞》 文字や符号を電信で送ること。また、それを印した書類。「おいわ(祝)い・の・ でんぽー・を・ う(打)つ。」

でんぽう〔**でんぽー、でんぽ**〕《名詞》 体を撲ったときにできる、こぶのような膨らみ。腫れ物。「こけ・て・ でぼちん・に・ あか(赤)い・ おー(大)けな・ でんぽ・が・ でけ(出来)・た。」

てんぽら【ポルトガル語＝temperoから。天麩羅】《名詞、動詞する》 ①魚、肉、野菜などに、水で溶いた小麦粉を付けて、油で揚げた料理。「やさい(野菜)・を・ てんぽら・に・ する。」②すり身にした魚肉に人参や牛蒡などを混ぜて、油で揚げた食べ物。(すり身だけで作ることもある。)「てんぽら・を・ かんとだき(関東炊)・に・ い(入)れる。」③手に何も持たないこと。土産などを持参しないこと。「く(来)る・ん・やっ・たら・ てんぽら・で・ き(来)・なはれ・よ。」◆③は、ふざけて「てぶら【手ぶら】」をこのように発音することがある。〔⇒**てんぷら**【ポルトガル語＝temperoから】。①⇒**あげもん**【揚げ物】、**フライ**【英語＝fry】〕

てんま【伝馬】《名詞》 釣りなどに使う、小さな木の船。「てんま・に・ の(乗)っ・て・ つ(釣)り・を・ する。」◆一回り大きいものを「かりこ」と言う。

てんまく【天幕】《名詞》 雨や日光をさえぎるために張るもので、取り外して容易に移動できるようにした、骨組みと布などからできている仮設の幕や小屋。「きゃんぷ(キャンプ)・に・ てんまく・を・ も(持)っ・ていく。」〔⇒**テント**【英語＝tent】〕

てんまど【天窓】《名詞》 光を入れたり、煙を出したりするために、屋根にあけた窓。「たいふー(台風)・で・ かーら(瓦)・が・ と(飛)ん・で・ てんまど・が・ めげ・た。」「てんまど・から・ おつき(月)さん・が・ み(見)える。」

てんや【てん屋】《名詞》 金属や衣類や紙類などの廃品を回収する業者。「ときどき(時々)・ てんや・が・ かなもの(金物)・を・ よ(寄)せ・に・ く(来)る。」〔⇒**よせや**【寄せ屋】、**ぼろや**【襤褸屋】、**くずや**【屑屋】〕

てんらんかい【展覧会】《名詞》 作品や製品などを並べて、大勢の人に見せる催し。「にがっき(二学期)・に・ なっ・たら・ なつやす(夏休)み・の・ しくだい(宿題)・の・ てんらんかい・が・ ある・ねん。」

でんわ【電話】《名詞、動詞する》 音声を電気信号に変えて、遠くの人と話ができるようにした機械。また、その機械を用いて話をすること。「ちゅーし(中止)・の・ れんらく(連絡)・を・ でんわ・で・ する。」「けーたい(携帯)・やのー・て・ いえ(家)・の・ でんわ・に・ かかっ・てき・た。」

昭和20年代にも使われていた壁掛け式の電話機

と

と〔とー〕【戸】《名詞》 建物や部屋の出入り口、窓などに付けて、内と外とを区切り、開けたり閉めたりする建具。「かぜ(風)・が・　つよ(強)ー・て・　とー・が・　ばたんばたん・　ゆー・とる。」

と【十】《名詞》 数を1音節で数えていくときの「じゅう【十】」を表す言葉。◆1から10までを「ひ」「ふ」「み」「よ」「い」「む」「な」「や」「こ」「と」と言う。熟語の言い方としては「といろ(色)・の・　えんぴつ(鉛筆)・を・　つか(使)う。」「とつき(月)とーか(十日)・で・　う(生)まれる。」など。

と【十】《接頭語》(後ろの名詞にかかっていく言葉で)10を表す言葉。「とたび(度)・　ちょーせん(挑戦)し・て・　やっと・　か(勝)て・た。」〔⇒**じゅう【十】、じっ【十】**〕

と《格助詞》 ①動作をともにする相手や対象となるものを表すときに使う言葉。「ともだち(友達)・と・　あそ(遊)ん・だ。」②いくつかのものを並べてひとまとまりとして言うときに使う言葉。「こーべ(神戸)・と・　あかし(明石)・と・　ひめじ(姫路)・と・を・　さんよーでんしゃ(山陽電車)・が・　むす(結)ん・どる。」③比べるものを表す言葉。「きのー(昨日)・の・　やくそく(約束)・と・　ちが(違)う・やない・かい。」④発言や引用の内容が終わることを示すときに使う言葉。「かぜ(風邪)・で・　やす(休)ま・し・てほしー・と・　れんらく(連絡)・が・　あっ・た。」〔④⇒**ゆうて【言うて】、ゆて【(言て)】**〕

ど〔どー〕【度】《名詞》 ①他のものごととの比較を意識したときの、そのものごとの程合い。「なん(何)ぼなんでも・　あんた・の・　ゆ(言)ー・　こと・は・　どー・が・　す(過)ぎる・ぞ。」②レンズなどの段階。「きょねん(去年)・より・も・　めがね(眼鏡)・の・　どー・が・　すす(進)ん・だ。」〔①⇒**ていど【程度】**〕

ど【度】《助数詞》 ①温度、経緯度、角度、アルコール含有度、レンズなどの目盛りや度合いを示す言葉。「あつ(暑)い・と・　おも(思)・たら・　さんじゅー(三十)ど・に・　なっ・とる。」②回数や順序を表す言葉。「それ・は・　に(二)どめ・に・　い(行)っ・た・　とき(時)・の・　はなし(話)・や。」〔②⇒**かい【回】、へん【遍】**〕

ど〔どー〕《接頭語》 ①その程度が甚だしいということを、非難する気持ちをこめて強調する言葉。「どあほ(阿呆)」「どけち」「どしぶ(渋)ちん」「どしゃべ(喋)り」②ものをぞんざいにいうときに使う言葉。「どたま(頭)」③ちょうどそれに相当するということを強調する言葉。「どまんなか(真中)」〔①③⇒**どん**〕

ドア〔どあ、どあー〕【英語＝door】《名詞》 西洋風の、主に蝶番(ちょうつがい)を用いて開閉する戸。「ぴしゃんと・　どあ・を・　し(閉)める。」

どあい【度合い】《名詞》 ものごとの高低や多少や強弱などの有り様。日時や時間の間隔の有り様。「つき(月)・に・　にかい(二回)・ぐらい・の・　どあい・で・　おいしゃ(医者)はん・へ・　い(行)き・よる・ん・や。」

どあほ【ど阿呆】《名詞、形容動詞や(ナ)》 たいそう愚かな人。たいそう愚かな様子。「うっかりし・て・　どあほな・　こと(事)・を・　し・て・　しっぱい(失敗)し・た。」

とあみ【投網】《名詞、動詞する》 円錐形の網で、一端に手綱をつけて、比較的浅いところの水中に広がるように投げ入れて、引き寄せて魚を捕る網。「てんま(伝馬)・に・　の(乗)っ・て・　とあみ・を・　う(打)つ。」

とい【樋】《名詞》 屋根の雨水を受けて、地面へ流すしかけ。水などを離れた場所へ送るためのしかけ。「とい・に・　つち(土)・が・　た(溜)まっ・て・　みず(水)・が・　なが(流)れにくい。」〔⇒**とゆ【(樋)】**〕

どい【(何)】《代名詞》 はっきりと一つには限定できないもの。いくつかの中から選ぼうとするもの。「どい・でも・　す(好)きな・ん・を・　も(持)ってかえっ・ても・　え(良)ー・ぞ。」「どい・が・　いちばん(一番)・　おい(美味)しい・ん・やろ・か。」〔⇒**どれ【何】、どいつ【何奴】**〕

どい《終助詞》 ①疑問の気持ちを表して、相手に荒々しく問いかけたり念を押したりするときに使う言葉。「おまえ・は・　どこ・から・　き(来)・た・ん・どい。」②思いに反したことに出会って、びっくりしたり落胆したりするような気持ちを表す言葉。「なん・どい・や・　うんどーかい(運動会)・は・　あした(明日)・かいな。」〔⇒**どえ、ぞい、ぞえ、かい、かえ、か**〕

といあわし【問い合わし】《名詞、動詞する》 知らないことや不確かなことを、聞いて確かめること。「しやくしょ(市役所)・から・　といあわし・が・　あっ・た。」

といあわす【問い合わす】《動詞・サ行五段活用》 知らないことや不確かなことを、聞いて確かめる。「わから・へん・ので・　といあわし・てみ・た。」■名詞化＝**といあわし【問い合わし】**〔⇒**といあわせる【問い合わせる】**〕

といあわせ【問い合わせ】《名詞、動詞する》 知らないことや不確かなことを、聞いて確かめること。「わから・ん・　こと・が・　あっ・たら・　といあわせ・の・　でんわ(電話)・を・　し・まっ・さ。」

といあわせる【問い合わせる】《動詞・サ行下一段活用》 知らないことや不確かなことを、聞いて確かめる。「てがみ(手紙)・で・　といあわせる。」■名詞化＝**といあわせ【問い合わせ】**〔⇒**といあわす【問い合わす】**〕

といし【砥石】《名詞》 刃物などを研いで磨くための石。「ほーちょー(包丁)・を・　といし・で・　と(研)ぐ。」

といちばん〔とーいちばん〕【と一番】《名詞、副詞に》 他のものに比べて、格別に真っ先であること。「あいつ(彼奴)・が・　とーいちばんに・　やっ・てき・た。」〔⇒**ちょういちばん【ちょう一番】**〕

どいつ【何奴】《代名詞》 ①はっきりと一つには限定できないもの。いくつかの中から選ぼうとするもの。「どいつ・を・　も(持)っ・ていっ・たら・　え(良)ー・のん・や。」②「誰」を乱暴な言い方にした言葉。「どいつ・が・　がらす(ガラス)・を・　めん・だ・ん・や。」〔①⇒**どれ【何】、どい【(何)】**〕

どいつもこいつも【何奴も此奴も】《副詞》 ①一人残らずみんな。「どいつもこいつも・　わし・の・　こと・を・　わかっ・てくれ・へん。」②一つ残らずみんな。「どいつもこいつも・　へた(下手)な・　え(絵)ー・や。」◆やや乱暴な言い方である。〔①⇒**だれもかれも【誰も彼も】**。②⇒**どれもこれも【どれも此も】**〕

といとう〔といとー〕《終助詞》 しておいてほしいという願望を、相手にやわらかく響くように表す言葉。「あした(明日)・まで・に・　し・といとー。」「このへん(辺)・を・　は(掃)い・といとー・と・　おも(思)・とっ・てん。」◆継続を表す助動詞「とく」の連用形「とい」に、願望を表す助動詞「たい」の連用形「たく」のウ音便化した「とう」が接続した言葉で、それが句末や文末に用いられて活用しなくなり、終助詞化したと考えられる。

といや【問屋】《名詞》 生産者から品物を集めて、小売店などに卸売りをする店。「といや・から・　しい(仕入)れ・て・　う(売)る。」〔⇒**とんや【問屋】**〕

とう〔**とー**〕【**塔**】《名詞》 ①仏の骨を納めたり、仏を祀ったりするために、お寺の境内に立てた高い建物。「かくりんじ(鶴林寺)・の・ とー・は・ きれー(綺麗)や・なー。」②細長く、高くそびえ立つ、建物や構造物。「やま(山)・の・ うえ(上)・に・ ほーそーきょく(放送局)・の・ とー・が・ た(建)っ・とる。」

とう〔**とー**〕【**薹**】《名詞》 紫蘇、菜の花、蕗などの、伸びきった花茎。「なのはな・は・ もー・ とー・が・ たっ・ても・とる。」

とう〔**とー**〕【**問う**】《動詞・ワア行五段活用》 わからないことを、他の人に質問する。「とー・たら・ おせ(教)・てくれる・やろ。」「せんせー(先生)・に・ とー・ても・こた(答)え・てくれ・なんだ。」■名詞化＝**とい**【**問い**】〔⇒**たずねる**【**尋ねる**】、**たんねる**【(尋ねる)】、**きく**【**聞く、聴く、訊く**】〕

とう〔**とー**〕【**疾う**】《形容動詞や(ノ)》 ずっと以前である様子。かなり早くである様子。「とーに・ き(来)・て・ま(待)っ・た・ん・や。」〔⇒**もうとう**【**もう疾う**】〕

とう〔**どう、とー、どー**〕《助動詞》 ①動作や状態が継続していることを表す言葉。…しつつある。…している。「ひ(日)・が・ て(照)っ・とー。」「いちじかん(一時間)・も・ てーでん(停電)・を・ し・とー。」「さっき・から・ ずっと・ まんが(漫画)・を・ よ(読)ん・どー。」②過去の習慣や経験などを表す言葉。「むかし(昔)・は・ たばこ(煙草)・を・ す(吸)ー・とー・ じき(時期)・が・ あっ・てん。」③相手や第三者の行動を非難する気持ちで使う言葉。「じぶん(自分)・の・ い(言)ー・たい・こと・だけ・を・ ゆ(言)ー・とー。」④動作や状態が終了したり完結したりしていることを表す言葉。…してしまっている。「あぶら(油)・の・ ね(値)ー・が・ たこ(高)ー・ なっ・とー。」「すいか(西瓜)・が・ おー(大)きー・ なっ・とー。」〔⇒**とる**。①②②⇒**よる**。①④⇒**ている**【**て居る**】、**ておる**【**て居る**】〕

どう〔**どー**〕【**銅**】《名詞》 曲げたり延ばしたりの加工がしやすく、熱や電気をよく伝える、赤みがかった金属(元素)。「じゅーえん(十円)・の・ おかね(金)・は・ どー・で・ でけ(出来)・とる。」〔⇒**あか**【**銅、赤(金)**】、**あかがね**【**銅、赤金**】〕

どう〔**どー**〕【**胴**】《名詞》 ①頭や首や手足などを除いた、体の中ほどの部分。「どー・の・ まわ(周)り・が・ きゅーじっせんち(九十センチ)・も・ ある。」②ものの腹部にあって、付属の部分を除いた真ん中のあたり。「この・ つぼ(壺)・は・ どー・の・ あた(辺)り・が・ きれー(綺麗)や・なー。」〔⇒**どうたい**【**胴体**】〕

どう〔**どー**〕《副詞》 どのように。「どー・ し・たら・ え(良)ー・ねん・やろ。」■類語＝「こう」「そう」「ほう」「ああ」〔⇒**どない**〕

どういう〔**どーゆー**〕【**どう言う**】《連体詞》 どのような。「どーゆー・ ぐわい(具合)・に・ ゆ(言)ー・たら・ わかっ・てくれる・ん・やろ・か。」

どういうよう〔**どーゆーよー**〕【**どう言う様**】《形容動詞や(ナ)》 どのような様子。「たこ(凧)・は・ どーゆーよーな・ あ(揚)げかた・を・ し・たら・ うま(巧)いこと・ いく・ん・やろ・か。」

とうお【**十**】《名詞(数詞)》 ①自然数の9に、1を加えた数で、個数などをかぞえる場合に使う言葉。「はこ(箱)・が・ とうお・ い(要)り・ます・ねん。」②10歳。「とうお・の・ とき(時)・から・ じゅーどー(柔道)・を・ なろ(習)・た。」◆1から10までの数え方は、ふつう、「ひとつ【一つ】、ふたつ【二つ】、みっつ【三つ】、よっつ【四つ】、いつつ【五つ】、むっつ【六つ】、ななつ【七つ】、やっつ【八つ】、ここのつ【九つ】、とうお【十】」と言う。その次は「じゅういち【十一】、じゅうに【十二】、じゅうさん【十三】、じゅうし【十四】、じゅうご【十五】、じゅうろく【十六】、じゅうひち【十七】、じゅうはち【十八】、じゅうく【十九】、にじゅう【二十】」と言う。〔⇒**とお**【**十**】〕

とうおい【**遠おい**】《形容詞・オイ型》 ①そのものとの距離の隔たりが大きい。「とうおい・ とこ(所)・まで・ き(来)・てくれ・て・ おーきに。」②そのものとの時間の隔たりが大きい。「それ・は・ とうおい・ むかし(昔)・の・ こと・や。」③そのものとの血縁やつながりが薄い。「うち・と・は・ とうおい・ しんせき(親戚)・や。」④ある数値から離れている。「もー(儲)け・は・ じゅーまんえん(十万円)・に・は・ だいぶ・ とうおい。」⑤近くの細かい字などをはっきりと見ることができない目である。「とし(歳)・を・ とっ・て・ め(目)・が・ とうおー・ なっ・た。」⑥よく聞こえない。「みみ(耳)・が・ とうおー・て・ よー・ き(聞)こえ・へん。」■対語＝「ちかい【近い】」〔⇒**とおい**【**遠い**】〕

どうか〔**どーか**〕《副詞、動詞する》 いろいろな工夫や努力をして、課題などを実現しようとする気持ちを表す言葉。「どーかし・て・ だいがく(大学)・に・ はい(入)り・たい・ねん。」〔⇒**どないか、なんとか**〕

どうか〔**どーか**〕《副詞》 ①自分の願いが実現するように神仏などに祈る気持ちを表す言葉。「どーか・ ごーかく(合格)・を・ さし・てください。」②人に勧めたり頼んだりして、自分の願いをかなえたいという気持ちを表す言葉。「どーか・ ちから(力)・に・ なっ・てくださ い・な。」〔⇒**なんとか**【**何とか**】、**どうぞ、どないか**〕

どうか〔**どーか**〕《副詞》 十分ではないが、行為や状態などが、曲がりなりにも目的にかなうことを表す言葉。良い結果に到達するまでに時間や手数がかかることを表す言葉。何とかして。やっとのことで。「ひとつき(一月)・ た(経)っ・て・ どーか・ できあ(出来上)がっ・た。」〔⇒**どうにかこうにか、どうぞこうぞ、どうやらこうやら、どうなとこうなと、どうにか、どうぞ、どうやら、どうなと、どうなりこうなり、なんとか**【**何とか**】、**なんとかかんとか**【**何とかかんとか**】〕

とうかかんせい〔**とーかかんせー**〕【**灯火管制**】《名詞》 夜間の空襲に備えて、灯火を消したり覆ったりして、光が漏れないようにすること。「せんそーちゅー(戦争中)・は・ とーかかんせー・の・ でんき(電気)・の・ たま(球)・を・ つか(使)わ・され・た・なー。」

真下だけを照らして、周囲に光が漏れないようにした灯火管制用の電球

とうがき〔**とーがき、とがき**〕【**唐柿**】《名詞》 大きな葉をしている背の低い木で、秋に鶏卵ぐらいの大きさで黒紫色をした甘い実をつける木。また、その実。「にわ・(庭)に・ とーがき・を・ う(植)える。」〔⇒**いちじく**【**無花果**】〕

どうかしたら〔**どーかしたら**〕《副詞》 何かの事情が生じた場合は。都合や場合によっては。「けーき(景気)・は・ どーかしたら・ そろそろ・ よ(良)ーなる・やろ。」〔⇒**どうかすると、どうやすると、どうやしたら、どないかしたら、どないかすると、どないやしたら、どないやすると、ひょっとしたら、ひょっとすると、もしか**

すると【若しかすると】、もしかしたら【若しかしたら】〕

どうかすると〔どーかすると〕《副詞》 何かの事情が生じた場合は。都合や場合によっては。「がんば(頑張)っ・た・さかい・　どーかすると・　せーせき(成績)・は・　あ(上)がる・かも・　わから・ん・ぞ。」〔⇒**どうかしたら、どうやすると、どうやしたら、どないかしたら、どないかすると、どないやしたら、どないやすると、ひょっとしたら、ひょっとすると、もしかすると【若しかすると】、もしかしたら【若しかしたら】**〕

とうがたつ〔とーがたつ〕【薹が立つ】《動詞・タ行五段活用》 ①野菜などが堅くなって、盛りを過ぎる。「とーがたっ・た・　きゃべつ(キャベツ)・や・さかい・　うも(美味)ない・なー。」②活動するのに最適の年齢を過ぎる。若さがなくなる。「わしらー・は・　もー・　とーがたっ・とる・さかい・　わか(若)い・　ひと(人)・に・　がんば(頑張)っ・てもろ・たら・　え(良)ー・ねん。」

とうから〔とーから〕【疾うから】《副詞》 ずっと以前から。早くから。既に。「その・　こと・は・　とーから・　わかっ・とっ・た・ん・や。」「とーから・　き(来)・て・　ま(待)っ・てまし・た・ん・や・でー。」〔⇒**とうに【疾うに】**〕

とうがらし〔とーがらし〕【唐辛子】《名詞》 細長い実が深紅色になり、香辛料として使われる植物。また、その実を乾燥させて粉にしたもの。「とーがらし・が・　き(利)きすぎ・て・　から(辛)い・なー。」〔⇒**とんがらし【(唐辛子)】**〕

どうき〔どーき〕【同期】《名詞》 入学や卒業や、入社などが同じ時であること。また、そのような間柄の人。「どーき・の・　ともだち(友達)・と・　ときどき(時々)・　いっしょに・　の(飲)み・ます・ねん。」〔⇒**どうきゅう【同級】**〕

どうき〔どーき〕【動悸】《名詞、動詞する》 不快や不安を感じるほどに、心臓が普段に比べて激しく打つこと。「おも(思)いっきり　・　はし(走)っ・た・さかい・　どーき・が・　と(止)まら・へん。」

とうきび〔とーきび〕【唐黍】《名詞》 高さ2メートルぐらいになる植物の葉の付け根にできるもので、円柱形の軸に黄色い実がぎっしり並んでついている作物。「とーきび・を・　や(焼)い・て・　く(食)う。」〔⇒**なんば【(南蛮)】、きび【黍】**〕

どうきゅう〔どーきゅー〕【同級】《名詞》 入学や卒業が同じ時であること。学年が同じであること。「わしら・の・　どーきゅー・の・　もん(者)・は・　みな(皆)・　なか(仲)・が・　え(良)ー・ねん。」〔⇒**どうき【同期】**〕

どうきゅうせい〔どーきゅーせー〕【同級生】《名詞》 入学や卒業が同時期である人。クラスが同じである人。「どーきゅーせー・の・　あつ(集)まり・の・　かい(会)・を・　する。」◆在校時にはクラスが同じである人を言うことが多く、卒業後には入学や卒業が同時期である人を言うことが多い。

どうぐ〔どーぐ〕【道具】《名詞》 ものを作ったり、何かの作業をしたりするようなときに使う、さまざまな用具。「たうえ(田植)・に・　い(要)る・　どーぐ・を・　そろ(揃)え・とく。」

とうげ〔とーげ〕【峠】《名詞》 ①山道を登りきって、それを過ぎれば下りになるところ。「とーげ・まで・　い(行)っ・たら・　む(向)こー・の・　むら(村)・が・　よー・　み(見)え・た。」②ものごとの勢いの最高のところ。全盛期。「あつ(暑)さ・も・　そろそろ・　とーげ・やろ・なー。」

どうけ〔どーけ〕《名詞》 野原や道端にある肥料溜め。野壺。「たんぼ(田圃)・の・　どーけ・に・　はまる。」

とうこう〔とーこー〕【登校】《名詞、動詞する》 児童や生徒などが授業を受けるために学校へ行くこと。「みんな(皆)・で・　いっしょ(一緒)に・　とーこーする。」■対語＝「げこう【下校】」

どうこう〔どーこー〕《副詞と》 いろいろな事態を、特定しないまま述べるのに用いる言葉。あれこれ話題にしたり批判したりすることを表す言葉。「どーこー・　ゆ(言)ー・た・かて・　もー・　ま(間)にあわ・へん。」〔⇒**どないこない、どうのこうの**〕

どうさ〔どーさ〕【動作】《名詞、動詞する》 何かをしようとして、手足や体を動かすこと。また、その動き。「おー(大)けな・　どうさ・を・　し・て・　みんな(皆)・に・　わかる・よー・に・　し(知)らす。」「びょーき(病気)・を・　し・て・から・は・　どーさ・が・　にぶ(鈍)ー・　なっ・た。」

どうさ〔どーさ〕【動作】《形容動詞や(ナ)、動詞する》 ①ものごとに対応したり処理したりするのに、苦しんだり苦労したりする様子。「かいちょー(会長)・に・　なっ・て・　どーさし・とっ・てや。」②手数や手間をかける様子。「こま(細)かい・　しごと(仕事)・で・　どーさな・　こと・でん・な。」③自分にとっては不可能だと思われる様子。「こんげつじゅー(今月中)・に・　せー・と・　ゆ(言)ー・の・は・　どーさな・　はなし(話)・や。」〔①③⇒**なんぎ【難儀】、なぎ【(難儀)】**〕

とうざいなんぼく〔とーざいなんぼく〕【東西南北】《名詞》 方角を表す東と西と南と北。転じて、四方。あらゆる方角。「きょーと(京都)・の・　まち(町)・は・　とーざいなんぼく・　ごばん(碁盤)・の・　め(目)ー・みたい・に・　なっ・とる。」「とーざいなんぼく・　どこ・から・も・　せ(攻)め・てこ・られ・た。」

とうじ〔とーじ〕【当時】《名詞》 何かの時代や、何かがあったり起こったりした、その時。「しゅーせん(終戦)・の・　とーじ・は・　く(食)ー・　もん(物)・が・　な(無)かっ・た。」

とうじ〔とーじ〕【冬至】《名詞》 二十四節気のひとつで、12月22日頃の、一年のうちで昼間が最も短くなる日。「とーじ・に・　なんきん(南瓜)・を・　た(食)べる。」■対語＝「げし【夏至】」

とうじ〔とーじ〕【杜氏】《名詞》 酒蔵で日本酒などをつくる職人で、酒造会社の正社員でなく、冬季だけ酒造りに従事する人。「ふゆ(冬)・に・　なっ・たら・　たんば(丹波)・から・　とーじ・の・　しと(人)・が・　く(来)る。」〔⇒**くらびと【蔵人】**〕

どうし〔どーし〕【同士、同志】《名詞》 ①同じような考えなどを持つ仲間。「に(似)・た・　もん(者)・どーし・で・　さけ(酒)・を・　の(飲)む。」②互いにある関係や位置にある者の関係。「おやこ(親子)・どーし・で・　やま(山)・に・　のぼ(登)る。」

どうじ〔どーじ〕【同時】《名詞》 何かが行われるのが、時間や時刻の上でずれのないこと。同じ時や同じ瞬間。「きょーだい(兄弟)・が・　どーじ・に・　にゅーがく(入学)し・た・さかい・　にゅーがっきん(入学金)・が・　たいへん(大変)や。」「あめ(雨)・と・　どーじ・に・　かぜ(風)・も・　つよ(強)ー・　なっ・た。」「ふたり(二人)・が・　どーじ・に・　てーぷ(テープ)・を・　き(切)っ・た。」

どうして〔どーして〕《副詞》 ①そこに至った経緯・経過や方法などを尋ねるのに用いる言葉。「ここ・まで・　ひとり(一人)・で・　どーして・　やっ・てき・た・ん・や。」

「どーして・　はこ(運)ん・だら・　えー・ん・やろ。」②どういう原因・理由などがあってそのようになったのかという疑問や不審の気持ちを表す言葉。「どーして・　わかっ・てくれ・へん・の・や。」「どーして・　みんな(皆)・は・　はんたい(反対)せ・なんだ・ん・や。」〔⇒**どないして**。②⇒**なぜ**【何故】、**なんぜ**【(何故)】、**なで**【(何故)】、**なんで**【(何故)】、**どないして**〕

どうしても〔**どーしても**〕《副詞》　①あれこれしても実現しそうにないということを表す言葉。「どうしても・　しゃっきん(借金)・が・　かえ(返)さ・れ・へん。」②そのことが不可避であることを表す言葉。どのようにしても必ず。「どーしても・　ま(負)け・られ・へん・　しあい(試合)・や。」◆①②ともに、後ろに、打ち消しの言葉が伴う。〔⇒**どないしても**。①⇒**とても**、**とっても**〕

とうじなんきん〔**とーじなんきん**〕【冬至南瓜】《名詞》　冬至の日に食べるのが良いとされているカボチャ。冬至の頃まで保存するカボチャ。「とーじなんきん・を・　く(食)ー・て・　げんき(元気)・を・　だ(出)す。」

とうしゃばん〔**とーしゃばん**〕【謄写版】《名詞》　蝋を引いた原紙を鑢板にあてがって鉄筆で文字や絵を書いて、蝋の欠けた部分から印刷インクをにじみ出させて印刷すること。また、その印刷に用いる器具。また、それによって作った印刷物。「とーしゃばん・は・　いちまい(一枚)・ずつ・　す(刷)る・　さかい・　じかん(時間)・が・　かかる・ねん。」「はなし(話)・の・　さんこー(参考)・に・　とーしゃばん・を・　いちまい(一枚)・くば(配)る。」〔⇒**がりばん**【がり版】、**がり**〕

謄写版印刷器具㊧と、鑢板、鉄筆、原紙㊨

どうじょう〔**どーじょー**〕【道場】《名詞》　柔道や剣道などの武術を教えたり練習したりするところ。「いっしゅーかん(一週間)・に・　いっかい(一回)・　じゅーどー(柔道)・の・　どーじょー・に・　かよ(通)・てます。」

とうしん〔**とーしん**〕【燈芯】《名詞》　ランプなどの、灯油に浸して火をともす紐状のもの。「まっしろ(白)な・　とーしん・に・　ひ(火)・を・　つ(点)ける。」

どうせ〔**どーせ**〕《副詞》　自分の意志や希望に反して、好ましくない状況などが成り立ってしまうように決まっていると思って、そのことについてあきらめの気持ちやふてくされた気持ちなどを表す言葉。「いろいろ・　やっ・てみ・ても・　どーせ・　うま(巧)い・こと・　いか・ん・やろ。」

どうせなら〔**どーせなら**〕《副詞》　相手に負担や迷惑をかけているのであるが、さらに願えることであれば、もうひとつ負担をかけたいという場合に言う言葉。選択肢が2つ以上考えられるときに、できればこちらを選んでほしいという気持ちを表す言葉。「どーせなら・　ちゃんと・　あろ(洗)・て・から・　かえ(返)し・てほしい・なー。」〔⇒**どうせやったら**〕

どうせやったら〔**どーせやったら**〕《副詞》　相手に負担や迷惑をかけているのであるが、さらに願えることであれば、もうひとつ負担をかけたいという場合に言う言葉。選択肢が2つ以上考えられるときに、できればこちらを選んでほしいという気持ちを表す言葉。「どーせやったら・　いっしょ(一緒)に・　つ(付)い・てき・てくれ・へん・か。」〔⇒**どうせなら**〕

とうせん〔**とーせん**〕【当籤】《名詞、動詞する》　抽選などで選ばれること。くじに当たること。「おーうりだ(大売出)し・の・　くじ(籤)・で・　とーせんし・た。」〔⇒**あたり**【当たり】〕

とうせん〔**とーせん**〕【当選】《名詞、動詞する》　①選挙での得票数が多くて、選ばれること。「しかいぎいん(市会議員)・に・　とーせんする。」②優れた作品などを決める選考で、選ばれること。「とーせんし・た・　しょーせつ(小説)・が・　ほん(本)・に・　なる。」■対語＝「らくせん【落選】」〔②⇒**にゅうせん**【入選】〕

とうぜん〔**とーぜん**〕【当然】《形容動詞や(ノ)》　どう考えても、そのようであるべきだと思われる様子。「あんた・は・　とーぜん・　い(行)か・んと・　あか・ん。」「ぜーきん(税金)・を・　はら(払)う・の・は・　とーぜんの・こと・やろ。」〔⇒**あたりまえ**【当たり前】、**あたりまい**【(当たり前)】、**あたりき**【当たりき】、**あたりきしゃりき**【当たりきしゃりき】〕

どうぞ〔**どーぞ**〕《副詞》　①自分の願いが実現するように神仏などに祈る気持ちを表す言葉。「どーぞ・　しあわ(幸)せな・　いちねん(一年)・で・　あり・ます・よーに。」②人に勧めたり頼んだりして、自分の願いをかなえたいという気持ちを表す言葉。「どーぞ・　よろ(宜)しゅー・に・　おたの(頼)もー(申)し・ます。」③相手にものを与えたり許可をしたりするときに使う言葉。「どーぞ・　はい(入)っ・てください。」「どーぞ・　す(好)きな・よーに・　し・てください。」〔①②⇒**なんとか**【何とか】、**どうか**、**どないか**〕

どうぞ〔**どーぞ**〕《副詞》　十分ではないが、行為や状態などが、曲がりなりにも目的にかなうことを表す言葉。良い結果に到達するまでに時間や手数がかかることを表す言葉。何とかして。やっとのことで。「くる(苦)しかっ・た・けど・　どーぞ・　できあ(出来上)がっ・た・とこ・や。」〔⇒**どうにかこうにか**、**どうぞこうぞ**、**どうやらこうやら**、**どうなとこうなと**、**どうにか**、**どうか**、**どうやら**、**どうなと**、**どうなりこうなり**、**なんとか**【何とか】、**なんとかかんとか**【何とかかんとか】〕

どうぞう〔**どーぞー**〕【銅像】《名詞》　人の姿などを、青銅で作った彫刻。「えきまえ(駅前)・に・　た(建)っ・とる・　どーぞー・ば・　だれ(誰)・の・や・ねん。」

どうそうかい〔**どーそーかい**〕【同窓会】《名詞》　①同じ学校の卒業生で作っている団体。「どーそーかい・の・　やくいん(役員)・に・　えら(選)ば・れ・ても・た。」②同じ学校の卒業生が集まって親睦を深め合う会合。特に、同時に卒業した人の会。「さんねん(三年)・に・　いっぺん(一遍)・ずつ・　どーそーかい・を・　する。」

どうぞこうぞ〔**どーぞこーぞ**〕《副詞》　十分ではないが、行為や状態などが、曲がりなりにも目的にかなうことを表す言葉。良い結果に到達するまでに時間や手数がかかることを表す言葉。何とかして。やっとのことで。「どーぞこーぞ・　しくだい(宿題)・が・　でけ(出来)・た。」「どーぞこーぞ・　ま(間)にお(合)ー・た。」「むすこ(息子)・は・　どーぞこーぞ・　そつぎょー(卒業)し・てくれ・た。」〔⇒**どうにかこうにか**、**どうやらこうやら**、**どうなとこうなと**、**どうにか**、**どうぞ**、**どうか**、**どうやら**、**どうなと**、**どうなりこうなり**、**なんとか**【何とか】、**なんとかかんとか**【何とかかんとか】〕

とうだい〔**とーだい**〕【灯台】《名詞》　岬、島、港口などに作られ、夜に強い光を放って位置などを知らせて、船の安全航行を助ける設備。「えーがしま(江井ヶ島)・の・　はと(波止)・の・　さき(先)・に・　こ(小)まい・　とーだい・が・　た(建)っ・とる。」

どうたい〔**どーたい**〕【胴体】《名詞》　①頭や首や手足な

どを除いた、体の中ほどの部分。「どーたい・の・ なが(長)い・ いぬ(犬)・や・なー。」②ものの腹部にあって、付属の部分を除いた真ん中の部分。「ひこーき(飛行機)・の・ どーたい・に・ え(絵)ー・が・ か(描)い・てある。」〔⇒**どう【胴】**〕

どうたらこうたら〔どーたらこーたら〕《副詞》 様々なことをくどくどと、こと細かく述べる様子。「どーたらこーたら・ せつめー(説明)し・てくれ・た・けど・ よー・わから・なんだ。」◆話している人をやや批判的に述べる言葉である。

とうちゃく〔とーちゃく〕【到着】《名詞、動詞する》 人やものが目的の場所などに着くこと。「やどや(宿屋)・へ・は・ なんじ(何時)・に・ とーちゃくし・ます・のん・か。」

どうちゅう〔どーちゅー〕【道中】《名詞》 旅をしている途中。また、旅そのもののこと。「どーちゅー・ き(気)ー・ つけ・て・ い(行)っ・てき・なはれ。」

どうでも〔どーでも〕《副詞》 ①相手の意志や自然の成り行きに任せるような姿勢を表す言葉。「どーでも・す(好)きな・よーに・ し・やがれ。」②何とか工夫をして成功させなければならないということを表す言葉。「どーでも・ このたび(度)・は・ か(勝)ち・たい・と・おも(思)う。」〔⇒**どないでも、どないでもこないでも、どないなと、どないなとこないなと、どないなり、どないなりこないなり、どうでもこうでも**〕

どうでもこうでも〔どーでもこーでも〕《副詞》 ①相手の意志や自然の成り行きに任せるような姿勢を表す言葉。「こないに・ たいふー(台風)・が・ ぎょーさん(仰山)・ き(来)・たら・ どーでもこーでも・ なれ・と・ゆー・ きも(気持)ち・に・ なり・まん・なー。」②何とか工夫をして成功させなければならないということを表す言葉。「どうでもこーでも・ ことし(今年)・は・ごーかく(合格)し・たい・ん・や。」〔⇒**どないでも、どないでもこないでも、どないなと、どないなとこないなと、どないなり、どないなりこないなり、どうでも**〕

どうてん〔どーてん〕【同点】《名詞》 競い合っている点数が同じであること。「さんてん(三点)・ずつ・ と(取)っ・て・ どーてん・や・さかい・ ひきわ(引分)け・や。」

とうとう〔とーとー〕【到頭】《副詞》 期待したり心配していたことが、まさに始まろうとする段階になったことを表す言葉。物事の最終的な結果が現れる段階になったことや、最終的なものや目的物などが迫ってきている様子を表す言葉。「とーとー・ あめ(雨)・が・ ふ(降)りだし・た。」「とけー(時計)・が・ とーとー・ いご(動)か・ん・よーに・ なっ・ても・た。」〔⇒**けっきょく【結局】、ついに【遂に】、いよいよ**〕

どうどう〔どーどー〕《感動詞》 歩いている馬を止めるときにかける声。「はーい・ どーどー。と(止)まれー。」

どうどうと〔どーどーと〕【堂々と】《副詞、動詞する》 ①規模が大きかったり力強さがあったりして、立派である様子。「ぜんこく(全国)・の・ たいかい(大会)・で・どーどーと・ ゆーしょー(優勝)し・た。」②態度や姿などが、恥ずかしがったりびくびくしたりすることなく、力強い様子。「かいちょー(会長)・の・ あいさつ(挨拶)・は・ どーどーとし・とっ・た。」

どうとく〔どーとく〕【道徳】《名詞》 ①人が社会の一員として守らなければならない事柄や、その基準。「こども(子供)ら・に・ でんしゃ(電車)・の・ なか(中)・の・どーとく・を・ おし(教)え・たら・んと・ いか・ん・な。」②人が守るべき基準・規範などについて考えさせる、小学校や中学校での教育課程の一つ。「しゅー(週)・に・ いっぺん(一遍)・ どーとく・の・ じかん(時間)・が・ ある。」

とうない〔とーない〕《副詞》 規模、数量、行為、気持ちなどが、普通とは並はずれている様子を表す言葉。「とーない・ はよ(早)ー・に・ き(来)・た・ん・や・なー。」「とーない・ とー(遠)い・ とこ(所)・まで・ い(行)か・んならん・ねん・なー。」〔⇒**どうらい、どえらい【ど偉い】**〕

どうなと〔どーなと〕《副詞》 ①十分ではないが、行為や状態などが、曲がりなりにも目的にかなうことを表す言葉。良い結果に到達するまでに時間や手数がかかることを表す言葉。何とかして。やっとのことで。「くる(苦)しかっ・た・けど・ どーなと・ い(生)き・てこ・られ・た。」②これから後のことを、相手の意志や自然の成り行きに任せるような姿勢を表す言葉。どのようにでも。「こー・ なっ・たら・ どーなと・ あんた・の・す(好)きな・よーに・ し・なはれ。」〔⇒**どうなとこうなと。①⇒どうにかこうにか、どうぞこうぞ、どうやらこうやら、どうにか、どうぞ、どうか、どうやら、どうなりこうなり、なんとか【何とか】、なんとかかんとか【何とかかんとか】**〕

どうなとこうなと〔どーなとこーなと〕《副詞》 ①十分ではないが、行為や状態などが、曲がりなりにも目的にかなうことを表す言葉。良い結果に到達するまでに時間や手数がかかることを表す言葉。何とかして。やっとのことで。「どーなとこーなと・ だいがく(大学)・に・ ごーかく(合格)・を・ し・た。」②これから後のことを、相手の意志や自然の成り行きに任せるような姿勢を表す言葉。どのようにでも。「そないに・ はら(腹)・が・ た(立)つ・ん・やっ・たら・ どーなとこーなと・ し・てくれ。」〔⇒**どうなと。①⇒どうにかこうにか、どうぞこうぞ、どうやらこうやら、どうにか、どうぞ、どうか、どうやら、どうなりこうなり、なんとか【何とか】、なんとかかんとか【何とかかんとか】**〕

どうなりこうなり〔どーなりこーなり〕《副詞》 十分ではないが、行為や状態などが、曲がりなりにも目的にかなうことを表す言葉。良い結果に到達するまでに時間や手数がかかることを表す言葉。何とかして。やっとのことで。「どーなりこうなり・ あいさつ(挨拶)・の・ぶんしょー(文章)・が・ か(書)け・た。」〔⇒**どうにかこうにか、どうぞこうぞ、どうやらこうやら、どうなとこうなと、どうぞ、どうか、どうやら、どうなと、どうにかこうにか、なんとか【何とか】、なんとかかんとか【何とかかんとか】**〕

とうなん〔とーなん〕【盗難】《名詞》 金や品物を盗まれる災い。「とーなん・に・ お(遭)ー・て・ けーさつ(警察)・に・ とど(届)け・た。」

とうに〔とーに〕【疾うに】《副詞》 ずっと以前から。早くから。既に。「とーに・ よーい(用意)・は・ でけ(出来)・とり・ます。」〔⇒**とうから【疾うから】**〕

どうにか〔どーにか〕《副詞》 ①十分ではないが、行為や状態などが、曲がりなりにも目的にかなうことを表す言葉。良い結果に到達するまでに時間や手数がかかることを表す言葉。何とかして。やっとのことで。「どーにか・ せーかつ(生活)・が・ でける・ きゅーりょー(給料)・は・ も(貰)ろ・てます・ねん。」「しんぱい(心配)せ・んでも・ どーにか・ なり・まっ・しゃ・ろ。」「どーにか・ しくだい(宿題)・が・ でけ(出来)・た。」②目的に向かって意欲を見せる様子を表す言葉。「どーにか・し・て・ あの・ かいしゃ(会社)・に・ はい(入)れ・

たら・　え(良)ー・ねん・けど。」〔⇒どうにかこうにか。①⇒どうぞこうぞ、どうやらこうやら、どうなとこうなと、どうぞ、どうか、どうやら、どうなと、どうなりこうなり、なんとか【何とか】、なんとかかんとか【何とかかんとか】〕

どうにかこうにか〔どーにかこーにか〕《副詞》 ①十分ではないが、行為や状態などが、曲がりなりにも目的にかなうことを表す言葉。良い結果に到達するまでに時間や手数がかかることを表す言葉。何とかして。やっとのことで。「どーにかこーにか・　こーさく(工作)・が・　できあ(出来上)がっ・た。」②目的に向かって意欲を見せる様子を表す言葉。「どーにかこーにか・　し・て・　ゆーしょー(優勝)し・ょー・と・　がんば(頑張)っ・とる・ん・や。」◆成り立ったり実現したりするまでの経過は、「どうにか」よりも曲折が多い感じがする。〔⇒どうにか。①⇒どうぞこうぞ、どうやらこうやら、どうなとこうなと、どうぞ、どうか、どうやら、どうなと、どうなりこうなり、なんとか【何とか】、なんとかかんとか【何とかかんとか】〕

どうにも〔どーにも〕《副詞》 ①どのような手段を尽くしても、うまくいきそうにないということを表す言葉。「なんべん(何遍)・　う(受)け・ても・　どーにも・　ごーかく(合格)・は・　でけ(出来)・へん・ねん。」「この・　いわ(岩)・が・　うご(動)か・へん・さかい・　どーにも・　でけ(出来)・まへ・ん。」②相手の願いや依頼を受け入れがたいという気持ちを表す言葉。「そんな・　かんが(考)え・に・は・　どーにも・　さんせー(賛成)し・まへ・ん。」「どーにも・　てだす(手助)け・は・　でき・ませ・ん。」〔⇒どないも、どないにも、どないにもこないにも、どうにもこうにも〕

どうにもこうにも〔どーにもこーにも〕《副詞》 ①どのような手段を尽くしても、うまくいきそうにないということを表す言葉。「どーにもこーにも・　むつか(難)しー・て・　わから・へん。」②相手の願いや依頼を受け入れがたいという気持ちを表す言葉。「どーにもこーにも・　かね(金)・なんか・　か(貸)す・　つもり・は・　おま・へん。」〔⇒どないも、どないにも、どないにもこないにも、どうにも〕

とうの〔とーの〕【疾うの】《連体詞》 ずっと以前の。ずいぶん早い時期の。「とー・の・　むかし(昔)・に・　き(決)まっ・とる・　はなし(話)・なん・や。」

どうのこうの〔どーのこーの〕《副詞と》 いろいろな事態を、特定しないまま並べるのに用いる言葉。あれこれ話題にしたり批判したりすることを表す言葉。「どーのこーのと・　も(揉)め・た・けど・　けっきょく(結局)・は・　さんせー(賛成)し・てくれ・た。」〔⇒どうこう、どないこない〕

とうのむかし〔とーのむかし〕【疾うの昔】《名詞》 現在からさかのぼって、かなり以前の時。「とーのむかし・に・　みせ(店)・が・　の(無)ー・なっ・とっ・た。」◆「むかし【昔】」を強調した言い方でもある。

とうば〔とーば〕【塔婆】《名詞》 供養などの時に、梵字や戒名などを書いて墓に立てる、細長い木の板。「とーば・を・　も(持)っ・て・　はか(墓)・へ・　い(行)く。」〔⇒そとば【卒塔婆】〕

とうばん〔とーばん〕【当番】《名詞、動詞する》 順番などを決めて任務に当たること。また、その任務に当たる人。また、それが回ってくる順序。「きょー(今日)・は・　あんた・が・　うえき(植木)・の・　みず(水)やり・の・　とーばん・や・で。」〔⇒ばん【番】〕

とうはんぼう〔とーはんぼー〕【登攀棒】《名詞》 丸太の細いものを垂らして、それをよじ登らせる運動設備。「しょーがっこー(小学校)・の・　とき(時)・は・　とーはんぼー・に・　のぼ(上)る・の・が・　す(好)きやっ・た。」◆現在の小学生からは「のぼりぼう【登り棒】」という言葉を聞く。

とうひょう〔とーひょー〕【投票】《名詞、動詞する》 選挙や採決で、選びたい人の名前や、賛成・反対の意思を紙に書いて、指定された箱などに入れること。「こんど(今度)・の・　にっちょー(日曜)・が・　しゅーぎいん(衆議院)・の・　とーひょー・の・　ひ(日)・や。」

とうふ〔とーふ〕【豆腐】《名詞》 大豆から得た豆乳ににがりを加えて固めた、白くて柔らかな食べ物。「とーふ・の・　みそしる(味噌汁)・が・　な(無)い・と・　あさめし(朝飯)・が・　く(食)わ・れ・へん。」〔⇒とふ【(豆腐)】、とっぺ〕

どうぶつ〔どーぶつ〕【動物】《名詞》 ①生物を２つに大別したときの植物に対する一群で、人間・獣・鳥・虫・魚・その他の、感覚と運動性を持ったものをまとめて言う言葉。「ひと(人)・も・　どーぶつ・や・さかい・　く(食)わ・んと・　おら・れ・へん。」②特に獣(や鳥・虫など)を指して言う言葉。「どーぶつ・を・　いじ(苛)め・たら・　いけ・まへ・ん。」■対語＝①「しょくぶつ【植物】」

どうぶつえん〔どーぶつえん〕【動物園】《名詞》 いろいろな動物などを集めて飼育し、多くの人に見学させる施設。「おーじ(王子)どーぶつえん・へ・　えんそく(遠足)・に・　い(行)く。」

とうぶん〔とーぶん〕【当分】《副詞》 近い将来までの、ある期間。しばらくの間。さしあたり。「とーぶん・　あめ(雨)・は・　ふ(降)ら・ん・やろ。」◆その期間は大きな変化が生じないで、同じような状況が続くというときに使う言葉。

どうへん〔どーへん〕《形容動詞や(ナ)》 偏ってねじけた性質である様子。気難しく頑固で、他の人と同調しようとしない様子。「どーへんな・　やつ(奴)・や・さかい・　じぶん(自分)・の・　ゆ(言)ー・とる・　こと・を・　ひ(引)っこめ・へん。」〔⇒へんくつ【偏屈】、へんこつ【偏骨】〕

とうほん〔とーほん〕【謄本】《名詞》 戸籍などの、原本の内容を完全に写し取った文書。「しやくしょ(市役所)・で・　こせき(戸籍)・の・　とーほん・を・　と(取)る。」

とうみん〔とーみん〕【冬眠】《名詞、動詞する》 蛙・蛇・熊などが、土の中などの温度変化の少ない場所で、食物をとらないで、眠った状態で冬を越すこと。「くま(熊)・が・　とーみんし・とる・さかい・　やま(山)・の・　なか(中)・を・　ある(歩)い・ても・　しんぱい(心配)・い(要)ら・ん。」

どうも〔どーも〕《副詞》 ①行ったり考えたりしたが、その結果が思わしくないことを表す言葉。「どーも・　うま(巧)い・こと・　いか・へん・なー。」「どーも・　しけん(試験)・に・　お(落)ち・た・よーな・　き(気)・が・　する。」②判断や認識があいまいであったり不確かであったりするが、事態がよくない方向にあることを表す言葉。「どーも・　からだじゅー(体中)・が・　しんどい・ねん。」③はっきり断定はできないが、そのような傾向が強いと思われる様子を表す言葉。「どーも・　けったいな・　ひと(人)・やっ・た・なー・と・　おも(思)う。」

どうも〔どーも〕《感動詞》 ①感謝したり詫びたりする気持ちを丁寧に表す言葉。軽く挨拶するときに使う言葉。「どーも・　おおきに・　ありがとうさん・です。」②きちんと内容を述べないで、あいまいな挨拶として使う言葉。「こないだ・は・　どーも。」「やー・　どーも・　どーも。」

どうもこうも〔**どーもこーも**〕《副詞》 どのようにしても事態が変化しないことを表す言葉。「この・　いわ(岩)・は・　お(押)し・ても・　ひ(引)ー・ても・　どーもこーも・　うご(動)か・へん。」〔**⇒どないもこないも**〕

どうや〔**どーや**〕《感動詞》 ①呼びかけたり疑問を持ったりするときに発する言葉。「どーや・　ひとり(一人)・で・　い(行)け・そーか。」②自信のある気持ちや、自慢したい気持ちがあるときに発する言葉。「どーや・　きれー(綺麗)な・　え(絵)ー・やろ。」〔**⇒どや**〕

どうやこうや〔**どーやこーや**〕《副詞と》 いろいろなことや、いろいろなものについて、話題にしたり考えたりなどする様子。「どーやこーやと・　かんが(考)え・たら・　き(切)り・が・　あら・へん。」〔**⇒どやこや**〕

どうやしたら〔**どーやしたら**〕《副詞》 ①何かの事情が生じた場合は。都合や場合によっては。「はし(走)っ・ていっ・ても・　どーやしたら・　ま(間)にあわ・ん・かもしれん・なー。」②何かの拍子に、そのようになる可能性がないわけではないという意味を表す言葉。「どーやしたら・　まぐれで・　とーせん(当選)する・か・も・わから・ん・ぞ。」〔**⇒どないやしたら。①⇒どうかしたら、どうかすると、どうやすると、どないかしたら、どないかすると、どないやすると、ひょっとしたら、ひょっとすると、もしかすると【若しかすると】、もしかしたら【若しかしたら】**〕

どうやすると〔**どーやすると**〕《副詞》 何かの事情が生じた場合は。都合や場合によっては。「どーやすると・もー(儲)け・が・　の(無)ー・て・　そん(損)・に・　なる・か・も・　わから・ん。」〔**⇒どうかしたら、どうかすると、どうやしたら、どないかしたら、どないかすると、どないやしたら、どないやすると、ひょっとしたら、ひょっとすると、もしかすると【若しかすると】、もしかしたら【若しかしたら】**〕

どうやら〔**どーやら**〕《副詞》 ①十分ではないが、行為や状態などが、曲がりなりにも目的にかなうことを表す言葉。良い結果に到達するまでに時間や手数がかかることを表す言葉。何とかして。やっとのことで。「どーやら・　かんせー(完成)・が・　ちか(近)づい・た。」②確実ではないが、その可能性があることを表す言葉。「ことし(今年)・の・　ふゆ(冬)・は・　どーやら・　かぜ(風邪)・が・　はや(流行)り・そーや。」〔**⇒どうやらこうやら。①⇒どうにかこうにか、どうぞこうぞ、どうなとこうなと、どうにか、どうぞ、どうか、どうなと、どうなりこうなり、なんとか【何とか】、なんとかかんとか【何とかかんとか】。②⇒どないやら、どないやらこないやら**〕

どうやらこうやら〔**どーやらこーやら**〕《副詞》 ①十分ではないが、行為や状態などが、曲がりなりにも目的にかなうことを表す言葉。良い結果に到達するまでに時間や手数がかかることを表す言葉。何とかして。やっとのことで。「いちにち(一日)・　ある(歩)い・て・　どーやらこーやら・　やま(山)・の・　てっぺん(天辺)・に・つ(着)い・た。」②確実ではないが、その可能性があることを表す言葉。「てんき(天気)・は・　どーやらこーやら・　も(持)ち・そーや。」〔**⇒どうやら。①⇒どうにかこうにか、どうぞこうぞ、どうなとこうなと、どうにか、どうぞ、どうか、どうなと、どうなりこうなり、なんとか【何とか】、なんとかかんとか【何とかかんとか】。②⇒どないやら、どないやらこないやら**〕

とうゆ〔**とーゆ**〕【**灯油**】《名詞》 石油製品で、灯火やストーブなどの燃料にする油。「ことし(今年)・の・　ふゆ(冬)・は・　とーゆ・の・　ね(値)ー・が・　たか(高)い。」

とうよう〔**とーよー**〕【**東洋**】《名詞》 日本やアジアの地域や国々自身を指して言う言葉。「せんご(戦後)・は・　とーよー・の・　くに(国)・が・　はってん(発展)し・てき・た。」■対語＝「せいよう【西洋】」

どうらい〔**どーらい**〕《副詞》 規模、数量、行為、気持ちなどが、普通とは並はずれている様子を表す言葉。「はんたい(反対)さ・れ・て・　どーらい・　はら(腹)・が・　たっ・た。」「どーらい・　はよ(早)ー・に・　き(来)・てくれ・た。」「どーらい・　おー(大)きな・　とらっく(トラック)・や・なー。」「どーらい・　せきゆ(石油)・の・　ね(値)ー・が・　あ(上)がっ・た。」「どーらい・　こと(事)・を・　し・てくれ・た・ん・で・　あやま(謝)り・に・　い(行)か・んならん。」〔**⇒とうない、どえらい【ど偉い】**〕

どうらく〔**どーらく**〕【**道楽**】《名詞、形容動詞や(ナ)、動詞する》 ①仕事以外の楽しみ。趣味。「わし・の・　どーらく・は・　ぼんさい(盆栽)・や。」②賭博や女性関係などに金をつぎ込んで、財産を食いつぶすこと。「どーらくし・て・　たんぼ(田圃)・を・　ひと(一)つ・　う(売)っ・ても・た・そーや。」③だらしがないこと。不精で骨惜しみをすること。「どーらくな・　やつ(奴)・や・さかい・たの(頼)ん・でも・　あ(当)て・に・　なら・へん。」「どーらくな・　げた(下駄)・の・　は(履)きかた・を・　し・とる。」「どーらくし・て・　らくだい(落第)し・た。」

とうるい〔**とーるい**〕【**盗塁**】《名詞、動詞する》 野球で、走者が相手方のすきを狙って、すばやく次の塁へ進むこと。「はんしん(阪神)・の・　あかほし(赤星)・の・とーるい・は・　うま(上手)かっ・た・なー。」

どうろ〔**どーろ**〕【**道路**】《名詞》 主に地表にあって、ある地点とある地点を結んで、人や車が通るようにしたところ。「どーろ・を・　ひろ(拡)げる・　こーじ(工事)・が・　はじ(始)まっ・た。」「どーろ・から・　ひ(引)っこめ・て・　ぶろっく(ブロック)・の・　へー(塀)・を・　つく(作)る。」〔**⇒みち【道】**〕

とうろう〔**とーろー、とーろ**〕【**燈籠**】《名詞》 石・金属・木などで枠を作り、中に明かりを灯すようにしたもの。「にわ(庭)・に・　いし(石)・の・　とーろー・を　お(置)く。」「ぶつだん(仏壇)・の・　まえ(前)・に・　くるくる・まー(回)る・　とーろー・を・　お(置)く。」

とうろうだおし〔**とーろーだおし**〕【**燈籠倒し**】《名詞、動詞する》 お盆に、前年のお盆以降に亡くなった人のために行う供養。「とーろーだおし・の・　とし(年)・に・むら(村)・に・　きふ(寄付)・を・　する。」

どうわ〔**どーわ**〕【**童話**】《名詞》 子どものために作られた物語。「どーわ・を・　よ(読)ん・で・　き(聞)か・す。」

どえ《終助詞》 ①疑問の気持ちを表して、相手に荒々しく問いかけたり念を押したりするときに使う言葉。「おまえ・が・　て(手)ー・に・　も(持)っ・とる・の・は・　なん(何)・どえ。」②思いに反したことに出会って、びっくりしたり落胆したりするような気持ちを表す言葉。「そんな・　こと・を・　ゆ(言)ー・た・ん・は・　だい(誰)・どえ。」〔**⇒どい、ぞい、ぞえ、かい、かえ、か**〕

どえらい【**ど偉い**】《副詞》 規模、数量、行為、気持ちなどが、普通とは並はずれている様子を表す言葉。「どえらい・　おー(大)けな・　だいこ(大根)・が・　と(穫)れ・た・ん・や・なー。」「どえらい・　じこ(事故)・が・　お(起)き・た・ん・です・よ。」〔**⇒とうない、どうらい**〕

とお〔**とー**〕【**十**】《名詞(数詞)》 ①自然数の9に、1を加えた数で、個数などをかぞえる場合に使う言葉。「む(向)こー・を・　む(向)い・て・　とー・　かぞ(数)え・て・から・　みんな(皆)・を・　さが(探)し・に・　おいで。」② 10歳。「まご(孫)・が・　とー・に・　なっ・た。」〔⇒**とうお【十】**〕

とお〔**とー**〕【**十**】《名詞(数詞)》 数を2音節で言うときの「10」を表す言葉。◆1から10までを「ひい【一】」「ふう【二】」「みい【三】」「よお【四】」「いつ【五】」「むう【六】」「なな【七】」「やあ【八】」「ここ【九】」「とお【十】」と言う。

とおい〔**とーい**〕【**遠い**】《形容詞・オイ型》 ①距離の隔たりが大きい。「ここ・から・　えき(駅)まで・は・　だいぶ・　とーい・ねん。」②そのものとの時間の隔たりが大きい。「とーい・　むかしむかし(昔々)・の・　はなし(話)・を・　し・ます。」③そのものとの血縁やつながりが薄い。「ねんがじょー(年賀状)・も・　こ(来)・ん・よーに・　なっ・て・　とーい・　ひと(人)・に・　なっ・ても・た。」④ある数値から離れている。「ちょきん(貯金)・が・　ひゃくまんえん(百万円)・に・　なる・に・は・　まだ・　とーい。」⑤近くの細かい字などをはっきりと見ることができない目である。「め(目)・が・　とーい・さかい・　めがね(眼鏡)・が・　ほ(欲)しー・ねん。」⑥耳がよく聞こえない。「みみ(耳)・が・　とー・　なっ・て・　ふじゅー(不自由)や。」■対語＝「ちかい【近い】」〔⇒**とうおい【遠おい】**〕

とおか〔**とーか**〕【**十日**】《名詞》 ①1か月のうちの10番目の日。「とーか・は・　とき(時)のきねんび(記念日)・や。」②1日を10合わせた日数。「この・　ほん(本)・は・　とーか・　あっ・たら・　よ(読)める・やろ。」

とおく〔**とーく**〕【**遠く**】《名詞》 距離が離れているところにある場所。「とーく・に・　ある・　かいしゃ(会社)・に・　かよ(通)う。」■対語＝「ちかく【近く】」「ちか【近】」〔⇒**えんぽう【遠方】**〕

とおし〔**とーし**〕【**通し**】《名詞》 土砂などの粒の大きさを選り分けるために、浅い枠の底に金網などを張った道具。篩い。「とーし・を・　つこ(使)・て・　おー(大)けな・　いし(石)・を・　よ(選)りわける。」

とおす〔**とーす**〕【**通す**】《動詞・サ行五段活用》 ①一方から他方へ行き着くようにする。向こうに届かせる。通じさせる。「たんぼ(田圃)・の・　なか(中)・に・　あたら(新)しー・　みち(道)・を・　とーす。」「はり(針)・に・　いと(糸)・を・　とーす。」②導き入れる。「おきゃく(客)さん・を・　おーせつしつ(応接室)・に・　とーす。」③自分の考えなどを貫く。「きょー(今日)・は・　おも(思)いきり・　いじ(意地)・を・　とーし・たっ・てん。」④動作や状態を長い間にわたって続ける。「いっしょー(一生)・　よめ(嫁)はん・を・　もらわ・ず・に・　ひとり(一人)・で・　とーし・た。」⑤一通り見る。「この・　しょるい(書類)・に・　め(目)・を・　とーし・とい・てんか。」⑥合格させる。「まーまー・　え(良)ー・やろ・さかい・　とーし・たろ・か。」⑦くぐらせる。「な(菜)っぱ・を・　さっと・　ゆ(湯)ー・に・　とーす。」⑧下痢をする。腹をくだす。「なに(何)・に・　あ(当)たっ・た・ん・やろ・か・　きのー(昨日)・から・　とーし・とる・ねん。」■自動詞は「とおる【通る】」

とおす〔**とーす**〕《接尾語》［動詞の連用形に付く］ 何かの動作などを、終わりまでし続けることを表す言葉。「ある(歩)きとーし・て・　やっと・　つ(着)い・た。」「がんば(頑張)りとーす」「な(泣)きとーす」

とおせんぼう〔**とーせんぼー、とーせんぼ**〕【**通せん坊**】《名詞、動詞する》 両手を広げて行く手を遮って、通れなくすること。もので邪魔をして通れなくすること。「て(手)ー・を・　つな(繋)い・で・　とーせんぼする。」「おー(大)けな・　くるま(車)・が・　おっ・て・　とーせんぼ・を・　し・とる。」〔⇒**はっぽう**〕

とおととと〔**とーととと**〕《感動詞》 鶏を呼んだり、追い込んだりするときに発する言葉。「とーととと・　あっち・へ・　い(行)け。」◆他に、「とっとっと」「おおとと」などの発音の変化がある。

ドーナツ〔**どーなつ**〕【英語＝doughnut】《名詞》 小麦粉に卵・砂糖・バターなどを混ぜてこねて、輪形やボール形にして油で揚げた菓子。「おやつ・に・　どーなつ・を・　た(食)べ・た。」

とおぼえ〔**とーぼえ**〕【**遠吠え**】《名詞、動詞する》 犬などが、遠くまで届くように、尾を引くように鳴くこと。「よなか(夜中)・に・　いぬ(犬)・が・　とーぼえし・て・　きしょく(気色)・が・　わる(悪)い。」

とおまわし〔**とーまーし**〕【**遠回し**】《名詞》 はっきり言うことをしないで、それとなく相手にわからせるようにすること。暗示をしたり示唆をしたりすること。「とーまーし・に・　ゆ(言)ー・てん・けど・　き(気)ー・が・　つ(付)い・てくれ・へん。」「とーまーし・に・　ゆ(言)われ・て・　よー・　わから・なんだ。」

とおまわり〔**とーまーり**〕【**遠回り**】《名詞、動詞する》 ①ある場所へ行くのに、距離が大きい経路を通って進むこと。「こーじちゅー(工事中)・や・さかい・　とーまーりし・て・　い(行)っ・た。」②目標に端的に接近しないで、ゆっくり手間をかけて行うこと。「とおまーりし・て・　わかる・よーに・　せつめー(説明)する。」■対語＝①「ちかまわり【近回り】」

とおり〔**とーり**〕【**通り**】《名詞》 ①人や車の行き来する道。「とーり・に・　ごみ(塵)・を・　す(捨)て・たら・　あか・ん・やろ。」②道などを人や車などが行き来すること。「きょー(今日)・は・　ひと(人)・の・　とーり・が・　おか(多)い。」③気体・液体などが通り過ぎる具合。「ここ・は・　かぜ(風)・の・　とーり・が・　え(良)ー。」「かくせーき(拡声器)・の・　とーり・が・　わる(悪)ー・て・　よー・　き(聞)こえ・へん。」④周りの人の評判。世間に伝わった状況。「しょーじき(正直)に・　あやま(謝)っ・とく・　ほー(方)・が・　みんな・の・　とーり・は・　え(良)ー・やろ。」

とおり〔**どおり、とーり、どーり**〕【**通り**】《接尾語》 ①種類や回数などを数える言葉。「ふた(二)とーり・の・　かんが(考)えかた・が・　おます・ねん。」②何かに沿った様子であることを表す言葉。「じぶん(自分)・の・　おも(思)いどーり・に・　し・たら・　みんな・から・　はんたい(反対)さ・れる・ぞ。」「もと(元)どーり・に・　しゅーぜん(修繕)する。」③およその程度や様子を表す言葉。「あかし(明石)・の・　ほーげんしゅー(方言集)・が・　くぶ(九分)どーり・まで・　できあ(出来上)がっ・た。」

とおりあめ〔**とーりあめ**〕【**通り雨**】《名詞》 急に降り出す雨。ひとしきり降って止み、すぐに晴れる雨。「とーりあめ・や・さかい・　じっき(直)に・　や(止)む・やろ。」〔⇒**そばえ、にわかあめ【俄雨】**〕

とおりがかり〔**とーりがかり**〕【**通り掛かり**】《名詞、副詞に》 ちょうどそこを通ろうとすること。そこを通るついで。「とーりがかりに・　こえ(声)・を・　か(掛)ける。」〔⇒**とおりがけ【通り掛け】**〕

とおりかかる〔**とーりかかる**〕【**通り掛かる**】《動詞・ラ行

五段活用》 ちょうどそこを通ろうとする。「こーかいどー(公会堂)・の・　まえ(前)・を・　とーりかかっ・たら・　し(知)っ・た・　ひと(人)・に・　お(逢)ー・た。」■名詞化＝**とおりがかり【通り掛かり】**

とおりがけ〔とーりがけ〕【通り掛け】《名詞、副詞に》 ちょうどそこを通ろうとすること。そこを通るついで。「とーりがけに・　ちょっと(一寸)・　よ(寄)っ・てみ・た・ん・や・けど・　あんた・　げんき(元気)そーに・し・とる・なー。」〔⇒**とおりがかり【通り掛かり】**〕

とおりこす〔とーりこす〕【通り越す】《動詞・サ行五段活用》 止まらないで行ってしまう。「とーりこし・て・から・　あともど(後戻)り・を・　し・た。」〔⇒**とおりすぎる【通り過ぎる】**〕

とおりすぎる〔とーりすぎる〕【通り過ぎる】《動詞・ガ行上一段活用》 ちょうどその場を行く。止まらないで行ってしまう。「じこ(事故)・の・　あっ・た・　ところ・を・　とーりすぎる。」「き(気)・が・　つか・んと・　だま(黙)っ・て・　とーりすぎ・た。」〔⇒**とおりこす【通り越す】**〕

とおりぬける〔とーりぬける〕【通り抜ける】《動詞・カ行下一段活用》 一方から入って、他方へ出る。内部を通って向こう側の外へ出る。「ほそ(細)い・　ろーじ(路地)・を・　とーりぬける。」

とおる〔とーる〕【通る】《動詞・ラ行五段活用》 ①一方から他方へ行き着く。向こうに届く。通じる。「やま(山)・の・なか(中)・を・　みち(道)・が・　とーっ・とる。」「はり(針)・に・　いと(糸)・が・　とーる。」「どかん(土管)・の・なか(中)・を・　みず(水)・が・　とーっ・た。」②自分の考えなどが受け入れられる。「そんな・　かんが(考)えかた・は・　せけん(世間)・で・は・　とーら・へん。」③過ぎていく。「あさ(朝)・から・　ばん(晩)・まで・　ひと(人)・が・　とーっ・とる。」④合格する。「こーとーがっこー(高等学校)・に・　とーる。」⑤下痢になる。腹がくだる。「はら(腹)・が・　とーっ・て・　なんべん(何遍)・も・　べんじょ(便所)・へ・　い(行)っ・た。」■他動詞は「とおす【通す】」■名詞化＝**とおり【通り】**

とおる〔とーる〕【透る、徹る、通る】《動詞・ラ行五段活用》 ①光や水が、表から裏へ届く。すいて見える。「がらすど(ガラス戸)・から・　ひ(日)ー・の・　ひかり(光)・が・　とーっ・とる。」②端までよく伝わる。「よー・とーる・　こえ(声)・の・　ひと(人)・や。」

とおんきごう〔とおんきごー〕【ト音記号】《名詞》 五線譜の左端にあって、下から第２線がト音にあたることを示す、渦巻き状の記号。「とおんきごー・を・　か(書)い・て・から・　がくふ(楽譜)・を・　か(書)く。」

どおんと〔どーんと〕《副詞》 ①ものを激しく打ったりたたいたりする様子。また、そのときに出る、やや重い音。「たいこ(太鼓)・を・　どーんと・　な(鳴)らす。」②物が破裂する様子。また、そのときに出る大きく低い音。「ばくだん(爆弾)・が・　どーんと・　お(落)ちる。」③強く前へ押し出そうとする気持ちを表す様子。決断をする様子。「どーんと・　おも(思)いきっ・て・　ぜんぶ(全部)・　こ(買)ー・たる。」〔⇒**ばあんと**〕

とか《副助詞》 ①同じようなものをいくつか並べて言うときに使う言葉。「いぬ(犬)・とか・　ねこ(猫)・とか・を・　か(飼)う。」②わからない場合や、あいまいに表現したい場合などに、特定しないで言うときに使う言葉。「なん(何)・とか・　ゆ(言)ー・　ひと(人)・が・　たず(尋)ね・てき・た。」「むかし(昔)・は・　このへん・に・す(住)ん・どっ・た・とか・　ゆ(言)ー・てはり・まし・た。」③いくつかの事柄を対照させたり、列挙したり例示したりするときに使う言葉。「きょねん(去年)・は・じしん(地震)・とか・　たいふー(台風)・とか・　いや(嫌)な・　もん・が・　おまし・た・なー。」〔①⇒**やら、やか、たら**〕

とかい【都会】《名詞》 大勢の人が住んでいて、にぎやかな土地。文化や娯楽に関する施設なども多く、洗練された感じのするところ。「こーべ(神戸)・の・よーな・とかい・に・　す(住)み・たい・ねん。」■対語＝「いなか【田舎】」

とかげ【蜥蜴】《名詞》 光沢のある緑褐色の細長い体が後端になるにつれて細くなる、４本の短い足を持つ小さな動物。「とかげ・が・　くさ(草)・の・　なか(中)・へ・に(逃)げ・た。」

とかす【溶かす】《動詞・サ行五段活用》 ①液体の中に、粉状・粒状のものを入れて混ぜ合わせて、元の形がなくなるようにする。「ゆ(湯)ー・に・　さとー(砂糖)・を・　とかす。」②固まっているものに熱などを加えて、液体のようにする。「ばたー(バター)・を・　とかす。」③雪や氷を、水にする。「おひ(日)ーさん・が・　て(照)っ・て・こーり(氷)・を・　とかし・た。」■自動詞は「とける【溶ける】」

どかす【退かす】《動詞・サ行五段活用》 今ある場所から他に移す。「じゃま(邪魔)・に・　なる・さかい・　あそこ・の・　ひとたち(人達)・を・　どかし・てんか。」「みち(道)・の・　まんなか・の・　いし(石)・を・　どかす。」■自動詞は「どく【退く】」〔⇒**どける【退ける】、のかす【退かす】、のける【退ける】**〕

とがる【尖る】《動詞・ラ行五段活用》 先が細くて、鋭くなる。「えんぴつ(鉛筆)・の・　さき(先)・が・　とがっ・とる。」■他動詞は「とんがらす【尖らす】」「とんがらかす【尖らかす】」「とげる【尖げる】」〔⇒**とんがる【尖る】**〕

どかん【土管】《名詞》 排水管などとして使う、土を焼いて作った管。「みち(道)・の・　よこ(横)・に・　どかん・を・　う(埋)め・て・　みず(水)・を・　とー(通)す。」〔⇒**どび【土樋】**〕

どかん《副詞と》 ①物がぶつかって、大きな音を立てる様子を表す言葉。「つお(強)い・　かぜ(風)・で・　き(木)ー・が・　たお(倒)れ・て・　どかん・と・ゆー・　おと(音)・が・　し・た。」②ものごとが大きく変化する様子を表す言葉。「やさい(野菜)・の・　ね(値)ー・が・　どかんと・　あ(上)がっ・た。」

とき【時】《名詞》 ①止まることなく続き、過去・現在・未来へとつながっているもの。「とき・の・　なが(流)れ・は・はや(速)い・もんや。」②ある時点からある時点までの間。経過していく月や日の集まり。「さくら(桜)・が・さ(咲)い・とる・　とき・は・　みじか(短)い。」「ゆーびんきょく(郵便局)・が・　あ(開)い・とる・　とき・に・きって(切手)・を・　か(買)う。」③区切って設けられた一定の長さの時。「しつもん(質問)・は・　じかん(時間)・を・　とり・ます・から・　その・　とき・に・　し・てください。」④過去・現在・未来の流れの中での、ある決まった時刻。「いちば(市場)・が・　あ(開)く・　とき・は・　まいあさ(毎朝)・　はちじ(八時)・です。」⑤その際。「いえ(家)・を・　で(出)・た・　とき・は・　あめ(雨)・が・　ふ(降)っ・とっ・た。」⑥年代。時代。「なら(奈良)・に・　みやこ(都)・が・　あっ・た・　とき・の・　はなし(話)・や。」⑦あることが行われている、または起こりそうな状況。その時々で変わってくる事情や状況。「いそが(忙)しー・　とき・は・　たす(助)け・て・な。」〔①②③⇒**じかん【時間】**。②⇒**つきひ【月日】**。⑥⇒**ばあい【場合】、ばやい【(場合)】**〕

どきがむねむね【どきが胸々】《形容動詞や(ノ)、動詞する》　心に苦痛や圧迫を感じて、動悸が激しくなったり緊張したりする様子。「あいさつ(挨拶)する・　まえ(前)・は・　どきがむねむねし・て・　こま(困)っ・た。」◆「むねがどきどき【胸がどきどき】」ということを、ふざけて言う言葉。〔⇒**むねがどきどき【胸がどきどき】**〕

ときたま【時たま】《副詞に、形容動詞や(ノ)》　そのことを行ったり、そのことが起こったりするのが稀である様子。「あいつ(彼奴)・と・は・　えき(駅)・で・　ときたま・　で(出)あう。」〔⇒**ときどき【時々】、たま、たんま**〕

どぎつい《形容詞・ウイ型》　いやな感じがするほど、刺激が強い様子である。「どぎつい・　いろ(色)・の・　ふく(服)・を・　き(着)・とる。」「どぎつい・　い(言)ーかた・を・　し・ても・て・　おこ(怒)ら・れ・た。」〔⇒**きつい**〕

どきっと《副詞、動詞する》　驚いたり恐れたりして、激しく動悸をうつ様子。「きゅー(急)に・　あ(当)て・られ・て・　どきっと・　なっ・た。」〔⇒**どきんと、ぎくっと**〕

ときどき【時々】《副詞に、名詞》　①そのことを行ったり、そのことが起こったりするのが稀である様子。「がいしょく(外食)する・の・は・　ときどき・や。」②その時その時。しばらくの間隔を置いて。季節季節に応じて。「ときどき・　よしん(余震)・が・　つづ(続)い・た。」〔①⇒**ときたま【時たま】、たま、たんま**。②⇒**おりおり【折々】**〕

どきどき《副詞と、動詞する》　嬉しいとき、緊張したとき、激しく体を動かしたときなどに、心臓がふだんより速く強く動く様子。動悸が激しい様子。「こんくーる(コンクール)・に・　で(出)る・　まえ(前)・は・　どきどきし・て・　ごはん(御飯)・が・　た(食)べ・られ・なんだ。」

ときには【時には】《副詞》　しばしば起こることではないが、決して珍しくないことを表す言葉。状況や場合によっては。「ときには・　はら(腹)・が・　た(立)つ・　こと・も・　ある。」

どきょう〔どきょー〕【度胸】《名詞》　どんなことが起こっても、恐れたり動じたりしない心の持ち方。「どきょー・が・　ある・　ひと(人)・や・さかい・　あ(上)がら・へん・ね・やろ。」〔⇒**はら【腹】**〕

ときょうそう〔とーきょーそー〕【徒競争】《名詞、動詞する》　一緒に走って、走る速さを競う競技。「すっぽんたび(鼈足袋)・を・　は(履)い・て・　とーきょーそー・に・　で(出)る。」◆小学校の運動会などでよく行われた。〔⇒**はしり【走り】、よういどん【用意どん】**〕

とぎれとぎれ【途切れ途切れ】《名詞、形容動詞や(ノ)》　途中で切れながらも続いている様子。滑らかには続かない様子。「あ(上)がっ・て・　とぎれとぎれの・　はなし(話)・に・　なっ・ても・た。」

とぎれる【途切れる】《動詞・ラ行下一段活用》　①続いていたものが途中で止まって、続かなくなる。「きのー(昨日)・　やす(休)ん・で・　かいきん(皆勤)・が・　とぎれ・ても・た。」②人の行き来がなくなる。「ひる(昼)から・は・　おきゃく(客)さん・が・　とぎれ・た。」〔①⇒**ちょちょぎれる【ちょちょ切れる】**〕

どきんと《副詞、動詞する》　驚いたり恐れたりして、激しく動悸をうつ様子。「むつか(難)しー・　もんだい(問題)・が・　で(出)・て・　どきんとし・た。」〔⇒**どきっと、ぎくっと**〕

とく【得、徳】《名詞、形容動詞や(ナ・ノ)、動詞する》　①売買や交換、事業などで、差し引きをすると入ってくる金額が多いこと。他と比較すると、金銭上の利益が多いこと。「くじ(籤)・に・　あ(当)たっ・て・　とくし・た。」「やこーばす(夜行バス)・で・　い(行)く・　ほー(方)・が・　とくや。」②有利であったり、報われたりすること。苦労をした以上に、利益や効果が大きいこと。「ここ・は・　だま(黙)っ・とる・の・が・　とくや。」■対語＝「そん【損】」

とく【溶く】《動詞・カ行五段活用》　固形物などに水や液体などを加えて、混ぜ合わせて均質な柔らかいものにする。「えのぐ(絵具)・を・　みず(水)・で・　とく。」「こむぎこ(小麦粉)・を・　とく。」

とく〔どく〕《助動詞》　何かにそなえてあらかじめ何かをするという意味を表す言葉。きちんと何かをするという意味を表す言葉。「れんしゅー(練習)・で・　まいあさ(毎朝)・　はし(走)っ・とく・　こと・に・　する。」「まえ(前)もって・　よ(読)ん・どか・んと・　しっぱい(失敗)する・ぞ。」「おかね(金)・を・　た(貯)め・とき・なはれ。」「しっかり・　よー・　き(聞)ー・とけ。」

とぐ【研ぐ】《動詞・ガ行五段活用》　①金属製品や鉱物などを、砥石などでこすって、滑らかにしたり切れ味をよくしたりする。「ほちょ(包丁)・を・　とぐ。」②米などを水の中でこすり合わせて洗う。「こめ(米)・を・　とい・で・　かま(釜)・に・　い(入)れる。」■名詞化＝とぎ【研ぎ】

どく【毒】《名詞》　健康を害して命を危うくするものや、その可能性のあるもの。「く(食)いすぎ・は・　からだ(体)・に・　どく・や。」「くすり(薬)・も・　どく・に・　なる・　こと(事)・が・　ある。」

どく【退く】《動詞・カ行五段活用》　今いる場所から他に移る。「じゃま(邪魔)・に・　なる・さかい・　そこ・を・　どい・てんか。」「たいこ(＝檀尻)・が・　く(来)る・さかい・　は(早)よ・　どい・た・　どい・た。」■他動詞は「どける【退かす】」「どかす【退かす】」〔⇒**のく【退く】**〕

とくい【得意】《名詞、形容動詞や(ナ)》　①自分の思い通りになって満足すること。「か(勝)っ・て・　とくい・に・なる。」②自信があって優れていること。また、その内容。「わし・は・　およ(泳)ぐ・の・が・　とくいや。」③いつも買ってくれたり、利用してくれたりする相手。「うち・の・　みせ(店)・は・　とくい・が・　すく(少)ない。」〔③⇒**とくいさき【得意先】**〕

とくいさき【得意先】《名詞》　いつも買ってくれたり、利用してくれたりする相手。「とくいさき・を・　だいじ(大事)に・　し・て・　しょーばい(商売)・を・　する。」〔⇒**とくい【得意】**〕

とくしゅう〔とくしゅー〕【特集】《名詞、動詞する》　新聞・雑誌・テレビ・ラジオなどで、特定の話題・主題・問題などを中心にして編集すること。「きょー(今日)・の・　しんぶん・は・　こーこーやきゅー(高校野球)・の・　こと・を・　とくしゅーし・とる。」

どくしょい【毒性い】《形容詞・オイ型》　ひどい仕打ちである。無情である。非情である。「なぐ(殴)ら・れ・て・　どくしょい・　め・に・　あわさ・れ・た。」「みんな・の・　まえ(前)・で・　どくしょー・に・　い(言)わ・れ・た。」

とくしん【得心】《名詞、動詞する》　心からよくわかること。じゅうぶん納得すること。じゅうぶん満足すること。「わかりよー・に・　せつめー(説明)し・てもろ・た・さかい・　とくしんし・た。」「ね(値)・が・　たこ(高)ー・ても・　え(良)ー・　しなもん(品物)・や・さかい・　とくしん・が・　いく。」

どくしん【独身】《名詞》 結婚していないこと。また、そのような人。「あんた・は・　どくしん・の・　とき(時)・は・　もて・た・ん・やろ。」〔⇒**ひとりもん**【独り者】、**しとりもん**【(独り者)】、**ひとり**【一人、独り】、**しとり**【(一人、独り)】〕

とくだい【特大】《形容動詞や(ノ)》 並はずれて、格別に大きい様子。「ゆーしょー(優勝)し・たら・　とくだいの・　けーき(ケーキ)・を・　こ(買)ー・たる・よ。」

とぐち【戸口】《名詞》 住宅などの建物の出入り口。「さ(差)し・てき・た・　かさ(傘)・を・　たと(畳)ん・で・　とぐち・に・　お(置)く。」

とくちょう〔**とくちょー**〕【特長、特徴】《名詞》 他と明確に異なるところ。他と比べて特に優れているところ。「とくちょー・の・　な(無)い・　かお(顔)・や・さかい・　おぼ(覚)え・られ・へん。」

とくてん【得点】《名詞》 試験や試合で点を取ること。また、取った点数。「とくてん・は・　なんたいなん(何対何)・です・か。」

とくとう〔**とくとー**〕【特等】《名詞》 特に優れた等級。特に優れた内容。「ここ・は・　まつり(祭)・が・　よー・　み(見)える・　とくとー・の・　ばしょ(場所)・や。」「くじ(籤)・の・　とくとー・に・　あ(当)たる。」◆「いっとう【一等】」や「じょうとう【上等】」よりも上に位置づけられるものを言う。

とくに【特に】《副詞》 多くの中で、とりわけ。いろいろある中で、際立って。「とくに・　わから・ん・　こと・は・　あり・ませ・ん。」「しょーがっこー(小学校)・の・　とき・は・　とくに・　うんどー(運動)・が・　じょーず(上手)やっ・た・　わけ・で・は・　あら・へん。」

とくばい【特売】《名詞、動詞する》 商品を特別に安く売ること。「きょー(今日)・は・　すーぱー(スーパー)・の・　とくばい・の・　ひ(日)ー・や。」「ぎょーさん・　しい(仕入)れ・た・さかい・　とくばいする。」

とくべつ【特別】《副詞、形容動詞や(ナ・ノ)》 同様には扱えない様子。普通一般とは違っている様子。「こんど(今度)・の・は・　とくべつ・　おもしろ(面白)い・　えーが(映画)・やっ・た。」「きょー(今日)・だけ・　とくべつに・　おまけ・を・　し・とき・ます。」■対語＝「ふつう【普通】」〔⇒**べつ**【別】〕

どくみ〔**どくみー**〕【毒見】《名詞、動詞する》 料理の味加減などを見ること。人より先に食べてみること。「この・　まんじゅー(饅頭)・を・　さき(先)に・　どくみーし・た・ら・　おい(美味)しかっ・た・よ。」

どくむし【毒虫】《名詞》 むかでや毛虫などのように、人に害を与える虫。「どくむし・に・　さ(刺)さ・れ・て・　は(腫)れ・た。」

とくれる〔**どくれる**〕【と呉れる】《補助動詞・ラ行下一段活用》［動詞の連用形に付く］ ①相手が自分に対して、好意的に何かをすることを表す言葉。「おやつ・を・　わけ(分)け・とくれ・た。」②少しへりくだりながら、相手に何かの行動をしてほしいという気持ちを伝えるときに使う言葉。「ま(待)た・さ・ん・よーに・　はよ(早)ー・し・とくれ。」〔⇒**てくれる**【て呉れる】〕

どくろ【髑髏】《名詞》 風雨にさらされて、白い骨だけになった頭部。「どくろ・の・　しるし(印)・は・　きしょく(気色)・が・　わる(悪)い。」

とげ【棘】《名詞》 ①小さくて先の尖ったもの。木や竹などの断片で、細く小さくて先の尖ったもの。「たけ(竹)・を・　わ(割)っ・とっ・たら・　とげ・が・　さ(刺)さっ・た。」②動植物の表面にある、堅くて先の尖った突起物。「ばら(薔薇)・の・　とげ・は・　いた(痛)かっ・た。」◆①は、皮膚に刺さったものを指して言うことも多い。〔①⇒**そげ**【(棘)】。②⇒**とげとげ**【棘々】〕

とけい〔**とけー、とけ**〕【時計】《名詞》 時刻を示したり、時間を計ったりするための器械。「とけー・　み(見)・て・　びっくりし・て・　あわ(慌)て・て・　はし(走)っ・た。」

とげとげ【棘々】《名詞》 動植物の表面にある、堅くて先の尖った突起物。「うに(雲丹)・の・　とげとげ・は・　いた(痛)い・ぞ。」〔⇒**とげ**【棘】〕

どけもん【(除け者)】《名詞》 仲間に加えられない人。仲間はずれ。「どけもん・に・　し・たら・　かわいそー(可哀想)やろ。」〔⇒**のけもん**【除け者】〕

とげり【尖げり】《名詞》 芯のすり減った鉛筆を削るための刃物。特に、薄いかみそりの刃のようなものに、怪我をしないための覆いをつけたもの。「とげり・で・　えんぴつ(鉛筆)・の・　さき(先)・を・　とが(尖)ら・す。」〔⇒**けずり**【削り】、**えんぴつけずり**【鉛筆削り】、**えんぺつけずり**【(鉛筆削り)】、**いんぴつけずり**【(鉛筆削り)】〕

とける【溶ける】《動詞・カ行下一段活用》 ①液体の中に、粉状・粒状のものが入って混じり合って、元の形がなくなる。「さとー(砂糖)・が・　ゆ(湯)ー・に・　とける。」②固まっているものに熱などが加わって、液体のようになる。「や(焼)い・たら・　まーがりん(マーガリン)・が・　とけ・た。」③氷や雪が水になる。「おひ(日)ーさん・が・　あ(上)がっ・て・　こーり(氷)・が・　とけ・た。」「ゆき(雪)・が・　ふ(降)っ・ても・　じっき(直)に・　とけ・てまう。」■他動詞は「とかす【溶かす】」

とける【解ける】《動詞・カ行下一段活用》 結んであるものや、縫ってあるものなどが、自然に離れる。「おび(帯)・が・　とける。」〔⇒**ほどける**【解ける】〕

とげる【尖げる】《動詞・ガ行下一段活用》 先を細く、鋭くする。「えんぴつ(鉛筆)・の・　さき(先)・を・　とげ・て・　こま(細)い・　じ(字)・を・　か(書)く。」■自動詞は「とんがる【尖る】」「とがる【尖る】」〔⇒**とんがらかす**【尖らかす】、**とんがらす**【尖らす】〕

どける【退ける】《動詞・カ行下一段活用》 ①今ある場所から他に移す。「みち(道)・に・　ころ(転)ん・どる・　いし(石)・を・　どける。」「ちょっと・　その・　て(手)ー・を・　どけ・てんか。」②選んで取り去る。選んで区別する。「いた(傷)ん・だ・　りんご(林檎)・を・　どける。」◆②は、軽く移すとか除外するとかの意味で使うことが多い。■自動詞は「どく【退く】」〔⇒**のける**【退ける】。①⇒**どかす**【退かす】、**のかす**【退かす】〕

とこ【所】《名詞》 ①空間的な広がりを持った場所。「どんな・　とこ・に・　かく(隠)れ・とる・ん・やろ・なー。」②全体ではなく一部分の場所。ある地域。「とこ・に・　よっ・て・　あめ(雨)・が・　ふる。」③ある特定の部分。ある地点。「くび(首)・の・　とこ・に・　ほくろ(黒子)・が・　ある。」④ことがら。「わかりにくい・　とこ・が・　あっ・たら・　しつもん(質問)し・てください。」⑤ある状況。場合。ちょうどその時。「さっき・　き(来)・た・　とこ・や。」〔⇒**ところ**【所】〕

とこ【床】《名詞》 日本建築の座敷で、花・掛け軸・置物などを飾るために、床(ゆか)を一段高くして設けた場所。「とこ・に・　じく(軸)・を・　か(掛)ける。」〔⇒**とこのま**【床の間】〕

とこ【所】《接尾語》［名詞に付く］ ①場所を限定して指す場合に使う言葉。「あんたとこ・は・　どのへん・です・

か。」「いっぺん(一遍)・ わしとこ・に・ おいん・なはれ。」②一定の量や金額を表す言葉。「せんえん(千円)とこ・ こ(買)ー・てき・てんか。」「いっしょー(一升)とこ・ あっ・たら・ じゅーぶん(十分)やろ。」

どこ【何処】《代名詞》 わからないところや、定まらないところを指す言葉。どの方向。どの場所。「その・ ぱん(パン)・は・ どこ・で・ こ(買)ー・た・ん。」「そんなん・ どこ・で・も・ う(売)っ・とる・がな。」〔⇒**どっち、どっちゃ、どちら**〕

どこいき【どこ行き】《名詞》 どこへ行くのか、行き先はどこか、ということを体言止めで言うときに使う言葉。「きょー(今日)・は・ どこいき・です・か。」◆質問を受けた側は、「はー・ ちょっと・ そこ・まで。」と言って応じたりする。

とこが《接続助詞》 **⇒たとこが〔だとこが〕**《接続助詞》**を参照。**

とこで《接続助詞》 前後の言葉の関係が逆になって続いていくことを表す言葉。前後で一見矛盾するように見えても、そのようにはならないことを表す言葉。仮にそうであっても。…したとしても。「えき(駅)・まで・ はし(走)っ・た・とこで・ ま(間)にあわ・ん・やろ。」「たいふー(台風)・が・ き(来)・た・とこで・ ひがい(被害)・は・ な(無)い・やろ。」〔⇒**ところで**〕

どこでも【何処でも】《副詞》 ①場所を問わず、すべてで。「この・ にゅーじょーけん(入場券)・は・ えーがかん(映画館)・やっ・たら・ どこでも・ はい(入)れる・ねん。」②不確かな場所やもの、不定である場所やものなどを、漠然と指して言う言葉。「どこでも・ しゅーしょく(就職)し・てくれ・たら・ ありがた(有難)い・ねん・けど。」〔⇒**どこでもかしこでも**【何処でも彼処でも】**、どこでもかっつでも**【何処でもかっつでも】。②**⇒どこなと**【何処なと】**、どこなとかしこなと**【何処なと彼処なと】〕

どこでもかしこでも【何処でも彼処でも】《副詞》 ①場所を問わず、すべてで。「この・ しょーひんけん(商品券)・は・ どこでもかしこでも・ つか(使)える。」②不確かな場所やもの、不定である場所やものなどを、漠然と指して、強調して言う言葉。「どこでもかしこでも・ き(気)にいっ・た・ ところ・の・ え(絵)ー・を・ か(描)き・なはれ。」〔**⇒どこでも**【何処でも】**、どこでもかっつでも**【何処でもかっつでも】。②**⇒どこなと**【何処なと】**、どこなとかしこなと**【何処なと彼処なと】〕

どこでもかっつでも【何処でもかっつでも】《副詞》 ①場所を問わず、すべてで。「この・ けん(券)・は・ どこでもかっつでも・ かいもん(買物)・が・ でけ(出来)・ます・ねん。」②不確かな場所やもの、不定である場所やものなどを、漠然と指して、強調して言う言葉。「どこでもかっつでも・ い(行)き・たい・ とこ・へ・ い(行)き・なはれ。」〔**⇒どこでも**【何処でも】**、どこでもかしこでも**【何処でも彼処でも】。②**⇒どこなと**【何処なと】**、どこなとかしこなと**【何処なと彼処なと】〕

どことのう〔**どことのー**〕【何処と無う】《副詞》 何がどうだという理由がはっきりとあるわけではないが、そのように感じたり思ったりするということを表す言葉。「あんた・は・ どことのー・ にー(兄)さん・に・に(似)・とっ・て・や。」〔**⇒なんとのう**【何と無う】〕

とことん《副詞》 ①徹底的に何かをすることを表す言葉。「とことん・ しら(調)べ・てみ・たら・ わかる・やろ。」「とことん・まで・ がんば(頑張)っ・てみー。」②切羽詰まった段階や、ぎりぎりの段階であることを表す言葉。「とことん・ こま(困)っ・た・ こと・に・ なっ・た。」「とことん・ かね(金)・が・ の(無)ー・ なっ・た。」

どこなと【何処なと】《副詞》 ①不確かな場所やもの、不定である場所やものなどを、漠然と指して言う言葉。「どこなと・ ひと(一)つ・ぐらい・ ごーかく(合格)し・てくれ・へん・か。」②場所を限定しないということを言う言葉。「どこなと・ きゅーけー(休憩)する・ とこ(所)・が・ あっ・たら・ おちゃ(茶)・でも・ の(飲)も・ー・や・おまへ・ん・か。」〔**⇒どこなとかしこなと**【何処なと彼処なと】。①**⇒どこでも**【何処でも】**、どこでもかしこでも**【何処でも彼処でも】**、どこでもかっつでも**【何処でもかっつでも】。②**⇒どこなとここなと**【何処なと此処なと】〕

どこなとかしこなと【何処なと彼処なと】《副詞》 ①不確かな場所やもの、不定である場所やものなどを、漠然と指して、強調して言う言葉。「す(好)きな・ とこ・へ・ どこなとかしこなと・ い(行)き・なはれ。」②場所を限定しないということを強調した言葉。「はら(腹)・が・ へ(減)っ・たら・ どこなとかしこなと・ しょくどー(食堂)・に・ はい(入)り・まほ。」〔**⇒どこなと**【何処なと】。①**⇒どこでも**【何処でも】**、どこでもかしこでも**【何処でも彼処でも】**、どこでもかっつでも**【何処でもかっつでも】。②**⇒どこなとここなと**【何処なと此処なと】〕

どこなとここなと【何処なと此処なと】《副詞》 場所を限定しないということを強調した言葉。「どこなとここなと・ やす(休)み・たい・ とこ(所)・で・ やす(休)ん・だら・ え(良)ー・がな。」〔**⇒どこなと**【何処なと】**、どこなとかしこなと**【何処なと彼処なと】〕

とこのま〔**とこのまー**〕【床の間】《名詞》 日本建築の座敷で、花・掛け軸・置物などを飾るために、床(ゆか)を一段高くして設けた場所。「とこのま・に・ はな(花)・を・い(生)ける。」「とこのまー・の・ かけじく(掛軸)・を・か(替)える。」〔**⇒とこ**【床】〕

どこもかしこも【何処も彼処も】《副詞》 例外なくすべての場所で。「いんふるえんざ(インフルエンザ)・が・ はや(流行)っ・て・ くすりや(薬屋)・は・ どこもかしこも・ ますく(マスク)・が・ うりき(売切)れ・や。」〔**⇒どっこもかしこも**【(何処も彼処も)】〕

とこや【床屋】《名詞》 髪の毛を刈ったり切ったりして、整えることをする店。理髪店。「つき(月)・に・ いっぺん(一遍)・ とこや・へ・ い(行)く。」〔**⇒さんぱつや**【散髪屋】**、さんぱっちゃ**【(散髪屋)】〕

どこやかし《名詞》 一定の場所と定めにくいほどの、あちらこちら。「ぬ(脱)い・だ・ もん(物)・を・ どこやかし・に・ ほ(放)っ・とっ・たら・ あか・ん・やろ。」「どこやかし・ ある(歩)き・まわっ・とる。」◆「あっちこっち」と言うよりも、場所の数が多いという印象がある。

どこやら《名詞》 不確かな場所や、不定である場所を、漠然と指す言葉。「こーべ(神戸)・の・ どこやら・へ・あつ(集)まっ・て・ ぼーねんかい(忘年会)・を・ する・ん・やて。」

ところ【所】《名詞》 ①空間的な広がりを持った場所。「がっこー(学校)・の・ ある・ ところ・は・ えき(駅)・の・にし(西)・の・ ほー(方)・や。」②全体ではなく一部分の場所。ある地域。「ところ・に・ よっ・て・ あめ(雨)・が・ ふる・か・も・ わから・ん。」③ある特定の部分。ある地点。「あしくび(足首)・の・ ところ・が・ いた(痛)い・ねん。」④ことがら。「あいそ(愛想)・の・ え(良)ー・ ところ・が・ ある。」⑤ある状況。場合。ちょうどその時。「いえ(家)・を・　で(出)・よー・と・　し・た・　ところ・へ・　でんわ(電話)・が・　か(掛)かっ・た。」⑥住んでいる場所。所在する場所。また、その地名や番地。「ところ・を・　き(聞)ー・て・　たず(尋)ね・ていっ・た。」〔①②③④⑤⇒**とこ【所】**。⑥⇒**ところばんち【所番地】**〕

どころか《接続助詞》 逆のことや対照的なことを示して、後ろに述べることを強調する言葉。それのみならず、逆に。「はよ(早)ー・　つ(着)く・どころか・　ちこく(遅刻)し・ても・た。」

ところが《接続詞》 前に述べた事柄に対して、反対・対立する事柄を述べようとするときに使う言葉。「ところが・　はなし(話)・に・は・　うら(裏)・が・　あっ・た・ん・や。」

ところが《接続助詞》 何かのつながりで、対比されることがらを続けて言うことを表す言葉。「い(行)っ・た・ところが・　お(居)ら・なんだ。」

ところがき【所書き】《名詞》 住所や所在地を書き付けたもの。「はがき(葉書)・の・　ところがき・を・　まちが(間違)え・た。」「ところがき・を・　み(見)・ながら・　ともだち(友達)・の・　いえ(家)・を・　さが(探)し・た。」

ところで《接続詞》 話題を変えるときに使う言葉。前の話を打ち切って、別の話を始めるときに使う言葉。「ところで・　あんた・は・　なんねん(何年)・の・　う(生)まれ・です・か。」◆「さて」に比べると、前にある話と極端に異なる話にしようとする意識は薄いように思われる。〔⇒**さて**〕

ところで《接続助詞》 前後の言葉の関係が逆になって続いていくことを表す言葉。前後で一見矛盾するように見えても、そのようにはならないことを表す言葉。仮にそうであっても。…したとしても。「ひとつき(一月)・ぐらい・　べんきょー(勉強)し・た・ところで・　ごーかく(合格)・は・　でけ(出来)・へん・やろ。」〔⇒**とこで**〕

ところてん【心太】《名詞》 テングサを煮た汁を冷やして固めた食べ物。「しょーぎ(床几)・の・　うえ(上)・で・　ところてん・を・　た(食)べる。」

ところどころ【所々】《名詞》 全体に一様ではなく、あちらこちらに異なりがある様子。また、その異なりのある場所。「あさ(朝)・　はや(早)かっ・てん・けど・　ところどころ・の・　みせ(店)・が・　あ(開)い・とっ・た。」「ところどころ・に・　ごみ(塵)・が・　た(溜)まっ・とる。」

ところのふう〔ところのふー〕【所の風】《名詞》 それぞれの地域が持っている風俗や習慣など。「おぼん(盆)・の・　さん(三)がにち・の・　ばん(晩)・に・　あんどん(行灯)・を・　も(持)っ・て・　はか(墓)・へ・　い(行)く・の・は・　このへん・の・　ところのふー・や。」「ぞーに(雑煮)・は・　ところのふー・に・　よっ・て・　いろいろ(色々)や。」

ところばんち【所番地】《名詞》 住んでいる場所。所在する場所。また、その地名や番地。「ところばんち・が・　わから・なんだら・　い(行)か・れ・へん・がな。」「ねんがじょー(年賀状)・に・　ところばんち・を・　きちんと・　か(書)い・とく。」◆「ところ【所】」に比べて、「ところばんち【所番地】」は、より詳しい場所を示す場合に使うことが多い。〔⇒**ところ【所】**〕

どころや《副助詞》 そんな生やさしいものではないという意味を表す言葉。「じしん(地震)・が・　あっ・て・　しょーがつ(正月)・どころや・　あら・へん。」「あした(明日)・は・　しけん(試験)・や・さかい・　てれび(テレビ)・どころや・　あら・へん・ねん。」

とさか【鶏冠】《名詞》 鶏などの頭の上にある、赤い冠のような突起。「おー(大)きな・　とさか・の・　とり(鶏)・が・　おる。」

どさくさ《名詞》 急な出来事や仕事などによって、普段の落ち着きや秩序を失ってごった返していること。「どさくさ・に・　まぎ(紛)れ・て・　いつのまにか・　おら・ん・よーに・　なっ・ても・た。」

とざん【登山】《名詞、動詞する》 ある程度の高さの山に登ること。「とざん・に・　は(履)く・　くつ(靴)・を・　こ(買)ー・た。」〔⇒**やまのぼり【山登り】**〕

どさんと《副詞》 ①数量がまとまって、多くある様子。どっさり。「さかな(魚)・が・　どさんと・　つ(釣)れ・た。」「しょーがつ(正月)・の・　しんぶん(新聞)・は・　どさんと・　ぶあつ(分厚)い。」②落ちたり置かれたりするときに、太く鈍い音をたてる様子。また、その音。「やね(屋根)・の・　ゆき(雪)・が・　どさんと・　お(落)ち・た。」

とし【年、歳】《名詞》 ① 12 か月をまとめて表す言葉。「とし・に・　いっかい(一回)・　りょこー(旅行)する。」② 1 月から 12 月までの間。「とし・が・　か(変)わら・ん・うち・に・　みま(見舞)い・に・　い(行)こ・ー。」③生まれてからの経過時間を年という単位で表したもの。「とし・を・　とっ・て・　こども(子供)・の・　せわ(世話)・に・　なる。」〔①⇒**ねん【年】**。③⇒**ねんれい【年齢】**〕

としあけ【年明け】《名詞》 一年が始まるとき。「としあけ・に・　しんねんかい(新年会)・を・　する。」〔⇒**あけ【明け】**〕

としうえ【年上】《名詞》 生まれてからの年数が、他の人より多いこと。また、その人。「あの・　ひと(人)・の・　ほー(方)・が・　としうえ・や。」「としうえ・の・　ひと(人)・を・　だいじ(大事)に・　せ・な・　あか・ん。」■対語＝「としした【年下】」〔⇒**ねんぱい【年配・年輩】**〕

としおとこ【年男、歳男】《名詞》 その年の干支(十二支)と同じ年に生まれた男性。「しんねんかい(新年会)・で・　ことし(今年)・の・　としおとこ・が・　まえ(前)・に・　なら(並)ん・だ。」

としおんな【年女、歳女】《名詞》 その年の干支(十二支)と同じ年に生まれた女性。「ことし(今年)・は・　さんべんめ(三遍目)・の・　としおんな・や。」

としかさ【年嵩】《名詞》 他の人よりも年齢を重ねていること。高齢であること。また、そのような人。「じこ(事故)・に・　お(遭)ー・た・の・は・　だいぶん・の・　としかさ・の・　ひと(人)・や。」◆ある程度の年齢を重ねている人について言う場合には、年齢という意味で使うことがある。「あたら(新)しく・　く(来)る・　ひと(人)・の・　としかさ・は・　なんぼ・や。」

としかっこう〔としかっこー、としかっこ〕【年格好】《名詞》 外見などから判断する、およその年齢。「ごじゅー(五十)・ぐらい・の・　としかっこ・の・　ひと(人)・が・　き(来)・た・けど・　あれ・は・　だれ(誰)・でし・た・ん・か。」

としご【年子】《名詞》 同じ母親から一年違いで生まれた兄弟姉妹。「わし・と・　あにき(兄貴)・と・は・　としご・なん・や。」

としこし【年越し】《名詞、動詞する》 ①前の年を送って、新しい年を迎えること。1 年の最後の日である 12 月 31 日。(ただし、旧暦の場合は、12 月 29 日または 30 日が年末となった。)「ことし(今年)・は・　さぶ(寒)い・　としこし・や。」「こーはくうたがっせん(紅白歌合戦)・を・　み(見)・て・　としこしする。」②立春の前日で 2 月

3日頃にあたり、豆を撒いて悪鬼をはらう習慣のある日。「もー・ としこし・や・けど・ まだ・ さむ(寒)い・なー。」〔②⇒**せつぶん【節分】**〕

としこしそば【年越し蕎麦】《名詞》 前の年を送って、新しい年を迎える時に食べる蕎麦。「おーつもり(大晦日)・の・ よなか(夜中)・に・ としこしそば・を・ た(食)べる。」

としごろ【年頃】《名詞》 ①何かの観点から判断した、だいたいの年齢。「どれ・ぐらい・の・ としごろ・の・ ひと(人)・に・ き(来)・てもらい・たい・の・やろ・か。」②あることがらにふさわしい年齢。「あそ(遊)びまわっ・ており・たい・ としごろ・なん・や。」③結婚するのにふさわしい年齢。「あそこ・に・は・ としごろ・の・ むすめ(娘)はん・が・ おっ・て・や。」〔①⇒**としのころ【年の頃】**〕

としした【年下】《名詞》 生まれてからの年数が、人より少ないこと。また、その人。「よめ(嫁)はん・は・ ふた(二)つ・ としした・や。」■対語＝「**としうえ【年上】**」

としつき【年月】《名詞》 長い間にわたる、年と月。長い時間の流れ。「あれ・から・ としつき・が・ だいぶ(大分)・ た(経)っ・た。」〔⇒**ねんげつ【年月】**〕

どしっと《副詞、動詞する》 ①落ち着いている様子。威厳をもって構えている様子。「あわ(慌)て・んと・ どしっとし・て・ おり・なはれ。」②手に持って、重みを感じる様子。「どしっと・ おも(重)たい・ すいか(西瓜)・や・なー。」〔⇒**どっしり**〕

どしどし《副詞》 ①同じようなものごとがとどこおりなく、次々と続いていく様子。「どしどし・ てがみ(手紙)・を・ か(書)い・てください。」②遠慮せずにものごとを行う様子。「どしどし・ いけん(意見)・を・ ゆ(言)ー・てください。」〔⇒**どんどん**〕

としのくれ【年の暮れ】《名詞》 一年の終わりの頃。歳末。「としのくれ・は・ せわ(忙)しない・なー。」〔⇒**ねんまつ【年末】、くれ【暮れ】**〕

としのころ【年の頃】《名詞》 何かの観点から判断した、だいたいの年齢。「としのころ・なら・ さんじゅーす(三十過)ぎ・の・よーに・ み(見)え・た。」〔⇒**としごろ【年頃】**〕

とじまり【戸締まり】《名詞、動詞する》 盗難予防などのために、家の門や戸を閉めて、外から入れないようにすること。「で(出)かける・ とき(時)・は・ ちゃんと・とじまりし・とい・て・な。」

とじめ【戸閉め】《名詞、動詞する》 ①家の戸を閉めること。戸を閉めて会わないこと。「い(行)っ・てん・けど・とじめ・で・ あ(会)え・なんだ。」②戸締まりをして、留守にすること。「とじめし・て・ りょこー(旅行)・に・い(行)く。」

どしゃくずれ【土砂崩れ】《名詞、動詞する》 激しい雨などによって、切り立ったような地形のところが、壊れたりばらばらになったりして落ちること。「どしゃくずれ・で・ みち(道)・が・ とー(通)れ・ん・よーに・なっ・とる。」〔⇒**がけくずれ【崖崩れ】**〕

どしゃぶり【土砂降り】《名詞》 短時間のうちに、雨が多量に激しく降ること。また、その雨。「たいふー(台風)・が・ き(来)・て・ どしゃぶり・に・ なっ・た。」

としょ【図書】《名詞》 文字や絵などを印刷して、比較的分厚いページ数としてまとめたもの。書物。「これ・が・としょ・を・ か(借)る・ とき・の・ かーど(カード)・です。」〔⇒**ほん【本】**〕

どじょう〔どじょー〕【泥鰌】《名詞》 川や池に住み、細長い円筒状をしてひげがあり、ぬるぬるしている小さな魚。「どじょー・は・ うみ(海)・の・ さかな・に・ くら(比)べる・と・ つちくさ(土臭)い・なー。」

どしょうぼね〔どしょーぼね〕【土性骨】《名詞》 心強くしっかりしている気構え。「どしょーぼね・が・ すわっ・た・ひと(人)・や・さかい・ しんよー(信用)でける。」〔⇒**どしょっぽね【(土性骨)】**〕

としょかん【図書館】《名詞》 本や資料を集めて、人々に見せたり貸し出したりする施設。「としょかん・へ・ か(借)り・に・ い(行)く。」◆小規模の場合は「**としょしつ【図書室】**」と言うことがある。

どしょっぽね【(土性骨)】《名詞》 心強くしっかりしている気構え。「あいつ(彼奴)・は・ どしょっぽね・が・ あ(有)ら・へん。」〔⇒**どしょうぼね【土性骨】**〕

としより【年寄り】《名詞》 ①年齢を重ねた人。「わしら・も・ えー・ としより・に・ なっ・ても・た・なー。」②集団の中で若くない部類に属する人。「としより・は・おーえん(応援)・の・ ほー(方)・に・ まわ(回)る・ こと・に・ する。」■対語＝②「**わかて【若手】**」〔⇒**としより【(年寄り)】**。①⇒**ろうじん【老人】**〕

とじる【閉じる】《動詞・ザ行上一段活用》 開いていたものを閉める。「め(目)ー・を・ とじ・て・ かたあし(片足)・で・ た(立)っ・てみる。」■対語＝「**あける【開ける】**」「**ひらく【開く】**」

とじる【綴じる】《動詞・ザ行上一段活用》 ①ばらばらになりそうな紙などをまとめて、ひとつにつづり合わせる。「じゅーまい(十枚)・の・ かみ(紙)・を・ ひと(一)つ・に・ とじる。」「ほっちきす(ホッチキス)・で・ ひと(一)つ・に・ とじる。」②卵や片栗粉などを使って、料理の具を包み込むようにする。「たまご(卵)・で・ とじ・た・ どんぶり(丼)・を・ こしら(拵)える。」

どしん《副詞と》 ①鈍い音を立ててぶつかる様子。「じしん(地震)・で・ どしんと・ いわ(岩)・が・ お(落)ち・てき・た。」②ひっくり返って落ちたり倒れたりする様子。「あし(足)・が・ ふらつい・て・ どしんと・ こけ・た。」〔⇒**どすん**〕

どすん《副詞と》 ①鈍い音を立ててぶつかる様子。「とらっく(トラック)・から・ どすんと・ にもつ(荷物)・が・お(落)ち・た。」②ひっくり返って落ちたり倒れたりする様子。「どすんと・ しりもち(尻餅)・を・ つい・た。」〔⇒**どしん**〕

どそう〔どそー〕【土葬】《名詞、動詞する》 遺体を焼かないで、そのまま土に埋めて葬ること。「どそーせ・ん・よーに・ なっ・て・から・ もー・ だいぶ(大分)・ た(経)つ・なー。」■対語＝「**かそう【火葬】**」

どそく【土足】《名詞》 履き物を履いたままの足。泥などのついた足。「どそく・の・まま・ あ(上)がる・の・は・や(止)め・てんか。」

どだい【土台】《名詞》 ①建物などの一番下にあって、それを支えているもの。「いえ(家)・の・ どだい・の・ いし(石)・は・ しっかりし・とら・んと・ こま(困)る・がな。」「くみたてたいそー(組立体操)・の・ どだい・に・なる。」②ものごとの基礎や基本になるもの。「どだい・の・ しっかりし・た・ かいしゃ(会社)・は・ あんしん(安心)や。」

どだい【土台】《副詞》 力の差、性格の違い、状況の違いなどがあって、他のものとは根本的に違うということを強調する言葉。「わし・には・ どだい・ むり(無理)な・ はなし(話)・や。」「あいつ・は・ べんきょー(勉強)する・ きも(気持)ち・なんか・ どだい・ あら・へん。」「ことし(今年)・は・　どだい・　あつ(暑)い・　ひ(日)ー・が・　つづ(続)い・とる。」

どたぐつ【どた靴】《名詞》 歩くと音がするような、足に合っていない靴。汚らしい靴。履き古した靴。「どたぐつ・を・　は(履)い・て・　みぞ(溝)・の・　そーじ(掃除)・を・　する。」

どたどた《副詞と、動詞する》 ①重い音をたてて歩く様子。大勢がいっしょに歩く様子。「ろーか(廊下)・を・　どたどた・　ある(歩)く。」②落ち着きがなく、じっとしていない様子。「どたどたし・て・　お(落)ちつき・の・　ない・　こ(子)ー・や。」

とだな【戸棚】《名詞》 中に棚があって、前に戸がついていて、ものを出し入れする家具。「とだな・から・　こーひー(コーヒー)・の・　ちゃわん(茶碗)・を・　だ(出)す。」〔⇒**となだ**【(戸棚)】〕

どたばた《形容動詞や(ノ)、動詞する》 屋内を走り回ったり、暴れ騒いだりして、荒々しい音を立てる様子。慌てて騒ぐ様子。「どたばたせ・んと・　そこ・へ・　すわ(座)れ。」「あいつ(彼奴)ら・の・　まんざい(漫才)・は・　どたばたや。」

どたま【(ど頭)】《名詞》 ①人や動物の体の中で、目・鼻・口などがあって、いちばん頂の部分。「うし(牛)・の・　どたま・の・　かず(数)・を・　かぞ(数)える。」②額よりも上の部分。体のいちばん上の部分。「はら(腹)・が・　た(立)つ・さかい・　どたま・を・　かちまし・たろ・か。」③一番上の部分。尖った先や、先端の部分。「はな(鼻)・の・　どたま・が・　あこ(赤)ー・　なっ・とる。」④列などのはじめ。先頭。「どたま・の・　やつ(奴)・は・　まっすぐ・　ある(歩)け。」⑤考える力。「どたま・の・　わる(悪)い・　やつ(奴)・や・なー。」◆「あたま【頭】」を乱暴に表現する言葉である。〔⇒**あたま**【頭】〕

とたん【途端】《名詞、副詞に》 なにかをした、ちょうどその時。「すべ(滑)っ・た・　とたんに・　しりもち(尻餅)・を・　つい・た。」

トタン〔**とたん**〕【ポルトガル語＝tutanagem】《名詞》 薄い鉄板に亜鉛をメッキして、錆びないようにしたもの。「ひろば(広場)・に・　とたん・で・　かこ(囲)い・を・　する。」

とち【土地】《名詞》 一定の範囲をもった地面。宅地や耕地としての地所。「とち・が・　ひゃくつぼ(百坪)・　ある。」「ひろ(広)い・　とち・に・　いえ(家)・を・　た(建)てる。」

とちゅう〔**とちゅー**〕【途中】《名詞》 ①移動を開始してから、まだ目的地に着いていない間。「かいしや(会社)・から・　かえ(帰)る・　とちゅー・で・　かいもん(買物)・を・　する。」②ものごとが始まってから、まだ終わっていない間。進行しているものごとの中ほど。「しごと(仕事)・の・　とちゅー・で・　きゅーけー(休憩)する。」〔⇒**ちゅうと**【中途】〕

どちら《代名詞》 ①わからないところや、定まらないところを指す言葉。どの方向。どの場所。「どちら・まで・　い(行)っ・て・ん・です・か。」②2つのもののうち、いずれか。「どちら・が・　す(好)きです・か。」◆「どこ」「どっち」「どっちゃ」よりも丁寧な言い方である。〔⇒**どっち**、**どっちゃ**。①⇒**どこ**【何処】〕

とっかひん【特価品】《名詞》 特別につけた安い値段で売る品物。「とっかひん・の・　しゃつ(シャツ)・は・　じっき(直)に・　やぶ(破)れ・ても・た。」◆最近は、「バーゲン」という言葉に取って代わられたか。

とっかん【突貫】《名詞》 子どもの遊びの一つで、大きな声をあげながら相手の陣地を奪い合う遊び。「とっかん・を・　し・て・　あそ(遊)ん・で・　ぬく(温)もっ・た。」

とつき【十月】《名詞》 ①1年を12に分けたときの、その10の分。ほぼ300日の長さ。「ははおや(母親)・の・　はら(腹)・の・　なか(中)・に・　とつき・　おる。」②その月から、中に8つの月を置いてまたがる長さ。「とつき・に・　わたる・と・　ゆ(言)ー・ても・　じっしつ(実質)・は・　はちかげつ(八ヶ月)・と・　ちょっと(一寸)・や。」〔⇒**じっかげつ**【十か月】〕

どつきたおす【どつき倒す】《動詞・サ行五段活用》 殴って倒す。力いっぱいに殴る。「はら(腹)・が・　た(立)っ・た・さかい・　どつきたおし・たっ・てん。」〔⇒**はったおす**【張り倒す】、**はりたおす**【張っ倒す】〕

どつきます《動詞・サ行五段活用》 拳骨や何かの物を使って、相手の頭、顔、体などに力を込めて強く撲つ。「うそ(嘘)・ばっかり・　ぬかし・やがっ・た・さかい・　みんな(皆)・で・　どつきまし・たっ・てん。」◆「どつく」よりも荒々しい感じがする。〔⇒**なぐる**【殴る】、**なぐります**【殴ります】、**どつく**、**どやす**、**ぶちます**、**かちます**、**しばく**〕

とっきゅう〔**とっきゅー**〕【特急】《名詞》 ①特別に速い列車。特別急行。「あかし(明石)・は・　たじま(但馬)・へ・　い(行)く・　とっきゅー・が・　と(停)まる。」②特別に大急ぎで行うこと。「この・　しごと(仕事)・は・　とっきゅー・で・　たの(頼)ん・まっ・せ。」

どつく《動詞・カ行五段活用》 拳骨や何かの物を使って、相手の頭、顔、体などに力を込めて強く撲つ。「どつか・んと・　わから・ん・　やつ(奴)・は・　どつい・たれ。」「やくそく(約束)・を・　やぶ(破)っ・て・　どつか・れ・た。」「ちから(力)・を・　い(入)れ・て・　てっころ・で・　くい(杭)・を・　どつく。」「くぎ(釘)・を・　どつい・て・　ひ(引)っこま・す。」◆ものを打つ場合や、自分を誤って撲ってしまった場合などにも使うことがある。〔⇒**なぐる**【殴る】、**なぐります**【殴ります】、**どつきます**、**どやす**、**ぶちます**、**かちます**、**しばく**〕

とっくり【徳利】《名詞》 ①陶器などで作られて、口が狭くて細長い形の、酒を入れる容器。「おー(大)きな・　とっくり・で・　かん(燗)・を・　する。」②セーターなどで、首に沿って高くなっている襟のあるもの。また、その襟の部分。「とっくり・を・　き(着)・たら・　ぬく(温)い・なー。」◆「あめ(雨)・が・　しょぼしょぼ・　ふる・　ばん(晩)・に・　まめだ(豆狸)・が・　とっくり・も(持)っ・て・　さけ(酒)・　か(買)い・に。」という唱え言葉がある。〔①⇒**ちょうし**【銚子】。②⇒**とっくりくび**【徳利首】〕

とっくりくび【徳利首】《名詞》 セーターなどで、首に沿って高くなっている襟のあるもの。また、その襟の部分。「ふゆ(冬)・は・　とっくりくび・が・　え(良)ー・なー。」〔⇒**とっくり**【徳利】〕

どっけ【毒気】《名詞》 ①毒になる成分。「どっけ・の・　ある・　はったけ(＝茸)・を・　た(食)べ・たら・　あかん・よ。」②人の気持ちを害したり、人を陥れたりするような言葉や行い。「どっけ・の・　ある・　い(言)ーかた・を・　する・　やつ(奴)・や・なー。」③積極的に立ち向かおうとする意気。「どっけ・を・　ぬ(抜)か・れ・て・　なん(何)・も・　い(言)え・なんだ。」

どっこいしょ《名詞》 地面すれすれのところから水が湧き出してくるところ。浅井戸。「この・　あた(辺)り・で・は・　どっこいしょ・の・　きれー(綺麗)な・　みず(水)・を・　さけづく(酒作)り・に・　つこ(使)ー・とっ・

た。」［巻末「わが郷土」の「どっこいしょ」の項を参照］

どっこいしょ《感動詞》 ①重いものを持ち上げたり動かしたりする際に、力を入れたり弾みをつけたりするときの掛け声や、その際の思いを表す言葉。「どっこいしょ・と・　いし(石)・を・　かか(抱)える。」②座ったり立ち上がったりするときの掛け声や、その際の思いを表す言葉。一休みをしようとしたりするときなどに、かけ声として使う言葉。「あー・　しんど。どっこいしょ・と・　すわ(座)り・たい・なー。」〔⇒**どっこらしょ、よっこいしょ、よっこらしょ。①⇒うんとこさ、うんとこせ、うんとこしょ、うんとしょ。②⇒やっとこさ、やっとこしょ、やっとこせ**〕

どっこいどっこい《形容動詞や(ノ)》 程度や勢いなどが同じぐらいで、優劣がつけられない様子。力などが釣り合っている様子。互角である様子。「ふたり(二人)・の・　せ(背)ー・の・　たか(高)さ・は・　どっこいどっこいや。」「あした(明日)・は・　どっこいどっこいの・　しあい(試合)・に・　なる・やろ・なー。」〔⇒**ちょぼちょぼ、とんとん**〕

とっこうたい〔**とっこーたい**〕【**特攻隊**】《名詞》 ①勇気を持って、あるいは向こう見ずに行おうとする人。「あした(明日)・は・　とっこーたい・で・　しけん(試験)・を・　う(受)け・てこい。」②第二次大戦の時に日本軍がとった体当たり攻撃。また、それを行った部隊。「とっこーたい・で・　し(死)ん・だ・　わかもん(若者)・が・　かわいそー(可哀想)や。」

とっこうやく〔**とっこーやく**〕【**特効薬**】《名詞》 ある病気や怪我に、特に効き目のある薬。「かぜ(風邪)・の・　とっこーやく・は・　おま・へん・か。」

どっこもかしこも【(何処も彼処も)】《副詞》 例外なくすべての場所で。「どっこもかしこも・　まんいん(満員)・や・さかい・　その・　えーが(映画)・は・　み(見)・ず・やっ・てん。」〔⇒**どこもかしこも【何処も彼処も】**〕

どっこらしょ《感動詞》 ①重いものを持ち上げたり動かしたりする際に、力を入れたり弾みをつけたりするときの掛け声や、その際の思いを表す言葉。「どっこらしょ・　これ・は・　おも(重)たい・なー。」②座ったり立ち上がったりするときの掛け声や、その際の思いを表す言葉。一休みをしようとしたりするときなどに、かけ声として使う言葉。「どっこらしょ・　ここら・で・　ひとやす(一休)みし・まほ・か。」〔⇒**どっこいしょ、よっこいしょ、よっこらしょ。①⇒うんとこさ、うんとこせ、うんとこしょ、うんとしょ。②⇒やっとこさ、やっとこしょ、やっとこせ**〕

どっこん《名詞、動詞する》 片手で作る、握りこぶしの形(「ぐう」)、2本の指を突き出す形(「ぴい」)、5本の指を全部開く形(「ぱあ」)を出し合って、勝敗を決めるやり方。「どっこん・に・　ま(負)け・た。」「どっこん・で・　じゅんばん(順番)・を・　き(決)める。」〔⇒**どっこんで、じゃんけん【じゃん拳】、じゃいけん【じゃい拳】、ぐうぴいぱあ**〕

どっこんで〔**どっこんでー**〕《名詞、動詞する》 片手で作る、握りこぶしの形(「ぐう」)、2本の指を突き出す形(「ぴい」)、5本の指を全部開く形(「ぱあ」)を出し合って、勝敗を決めるやり方。「わし・は・　どっこんでー・は・　よわ(弱)い・ねん。」〔⇒**どっこん、じゃんけん【じゃん拳】、じゃいけん【じゃい拳】、ぐうぴいぱあ**〕

どっこんで〔**どっこんでー**〕《感動詞》 片手で作る、握りこぶしの形(「ぐう」)、2本の指を突き出す形(「ぴい」)、5本の指を全部開く形(「ぱあ」)を出し合って、勝敗を決めるときに、みんなでかける声。〔⇒**じゃんけんぽん【じゃん拳ぽん】、じゃんけんほい【じゃん拳ほい】、じゃいけんぽん【じゃい拳ぽん】、じゃいけんほい【じゃい拳ほい】**〕

どっさり《副詞、形容動詞や(ノ)》 数や量がたくさんある。基準とする数や量よりも大きい。「みやげ(土産)・を・　どっさり・　もろ(貰)・た。」〔⇒**おおい【多い】、おかい【(多い)】、ようけ、ようさん【(仰山)】、ぎょうさん【仰山】、じょうさん【(仰山)】、たくさん【沢山】、たんと、やっと、いっぱい【一杯】**〕

どっしゃげる《動詞・ガ行下一段活用》 進んで行って、立ちはだかるものにぶつかる。「じてんしゃ(自転車)・に・　の(乗)っ・て・　よそみ(余所見)し・とっ・て・　でんしんばしら(電信柱)・に・　どっしゃげ・た。」「はし(走)っ・とる・　ひと(人)・が・　ぎょーさん(仰山)で・　どっしゃげ・そーに・　なる。」〔⇒**つきあたる【突き当たる】、つっきゃたる【(突き当たる)】、つきゃたる【(突き当たる)】、しょうとつ【衝突】(する)**〕

とっしょり【**(年寄り)**】《名詞》 ①年齢を重ねた人。「とっしょり・を・　だいじ(大事)に・　する。」②集団の中で若くない部類に属する人。「うち・の・　かいしゃ(会社)・で・は・　しじゅー(四十)・に・　なっ・たら・　もー・　とっしょり・や。」■対語＝②「わかて【若手】」〔⇒**としより【年寄り】。①⇒ろうじん【老人】**〕

どっしり《副詞と、動詞する》 ①落ち着いている様子。威厳をもって構えている様子。「あんた・が・　どっしりし・とら・なんだら・　みんな(皆)・　しんぱい(心配)・に・　なる・やろ。」「そこ・で・　どっしりと・　すわ(座)っ・とり・なはれ。」②手に持って、重みを感じる様子。「どっしりし・た・　はこ(箱)・や・けど・　なに(何)・が・　はい(入)っ・とる・ん・やろ・か。」〔⇒**どしっと**〕

どっち《代名詞》 ①わからないところや、定まらないところを指す言葉。どの方向。どの場所。「えき(駅)・は・　どっち・に・　ある・のん・かいなー。」②2つのもののうち、いずれか。「どっち・が・　ほ(欲)しー・の・や。」〔⇒**どっちゃ、どちら。①⇒どこ【何処】**〕

どっちつかず【**どっち付かず**】《形容動詞や(ノ)》 内容にいくつかの要素を含んでいてどちらか一方に決めることができない様子。中途半端な様子。「どっちつかずの・　い(言)ーかた・は・　せ・んとき。」〔⇒**どっちゃつかず【どっちゃ付かず】**〕

ドッチボール〔**どっちぼーる**〕【**英語＝ dodge ball**】《名詞》 2組に分かれて、大きなボールを投げ合い、相手の組の人の体にあてる遊び。「どっちぼーる・で・　あ(当)て・られ・ず・に・　さいご(最後)・まで・　のこ(残)っ・た。」

どっちみち【**どっち道**】《副詞》 経過などは幾通りかに分かれているにしても、落ち着く先は同じであるということを表す言葉。「わたし(私)・は・　どっちみち・　い(行)か・ん・　わけ・に・　いか・へん。」〔⇒**どっちゃみち【どっちゃ道】**〕

どっちゃ《代名詞》 ①わからないところや、定まらないところを指す言葉。どの方向。どの場所。「ここ・から・　どっちゃ・へ・　い(行)っ・たら・　え(良)ー・の・です・か。」②2つのもののうち、いずれか。「どっちゃ・でも・　ほ(欲)しー・　ほー(方)・を・　やる。」〔⇒**どっち、どちら。①⇒どこ【何処】**〕

どっちゃつかず【**どっちゃ付かず**】《形容動詞や(ノ)》 内容にいくつかの要素を含んでいてどちらか一方に決め

ることができない様子。中途半端な様子。「どっちゃつかずの・　せ(攻)めかた・を・　し・とっ・たら・　けっきょく(結局)・は・　てん(点)・を・　い(入)れ・られ・へん。」〔⇒**どっちつかず【どっち付かず】**〕

どっちゃみち【どっちゃ道】《副詞》 経過などは幾通りかに分かれているにしても、落ち着く先は同じであるということを表す言葉。「どっちゃみち・　あした(明日)・は・　ちゅーし(中止)・に・　せ・な・　しょがない・やろ。」〔⇒**どっちみち【どっち道】**〕

とっつも《副詞》 打ち消し表現の度合いを高めるために使う言葉。まったく。「とっつも・　ゆ(言)ー・　こと(事)・を・　き(聞)ー・てくれ・へん・　こ(子)ー・や。」〔⇒**ちっとも、ちいとも、ちょっとも【一寸も】、いっこも【一個も】、ひとつも【一つも】、ひとっつも【一っつも】、しとつも【(一つも)】、しとっつも【(一っつも)】、なにひとつ【何一つ】、なにしとつ【(何一つ)】、ぜんぜん【全然】、なんにも【何にも】、なにも【何も】**〕

とって【取っ手】《名詞》 道具などの、手に持つように作ってある部分。物の両側に付いていて、持ち上げたりするときに手で持つところ。「なべ(鍋)・の・　とって・が・　と(取)れ・ても・た。」〔⇒**て【手】、にぎり【握り】、みみ【耳】**〕

とっても《副詞》 ①あれこれしても実現しそうにないということを表す言葉。「とっても・　あめ(雨)・が・　や(止)み・そーに・　ない。」②状態や程度などが驚くほど甚だしい様子。「とっても・　よ(良)ー・　でけ(出来)・まし・た。」◆①は、後ろに、打ち消しの言葉が伴う。〔⇒**とても。①⇒どうしても、どないしても。②⇒たいへん【大変】**〕

どっと《副詞》 ①たくさんの人などが一度に集まったり押し寄せたりする様子。「なつ(夏)・に・　なっ・て・　どっと・　か(蚊)ー・が・　ふ(増)え・た。」「かわ(川)・の・　みず(水)・が・　どっと・　で(出)・た。」②勢いや量が急に変化する様子。「りょこー(旅行)・から・　もど(戻)っ・てき・たら・　どっと・　つか(疲)れ・が・　で(出)・た。」〔②⇒**どろっと**〕

とっぱ《形容動詞や(ノ)、名詞》 本当のことを言わないような様子。その人を信用しようにもそれができないと思われる様子。また、そのような人。「とっぱ・の・　ゆ(言)ー・　こと・を・　しんよー(信用)し・たら・　あか・ん。」

とっぱし【突端】《名詞》 時間や空間として続くものの、いちばん初め。「とっぱし・は・　だれ(誰)・が・　うた(歌)う・ん・かいなー。」「むら(村)・へ・　はい(入)っ・て・　とっぱし・に・　ある・　いえ(家)・が・　わしとこ・や。」

どっぴん《名詞》 毛が生えそろっていないような、幼い鳥。「すずめ(雀)・の・　どっぴん・が・　お(落)ち・て・　し(死)ん・どる。」

トップ〔**とっぷ**〕【英語＝top】《名詞》 野球の準硬式のボール。また、それを使って行う試合。「やきゅーぶ(野球部)・の・　ほか(他)・に・　とっぷ・の・　ぶ(部)ー・も・ある・ねん。」

とっぷう〔**とっぷー**〕【突風】《名詞》 突然に強く吹き出す風。「とっぷー・で・　かーら(瓦)・が・　と(飛)ん・だ。」

とっぺ《名詞》 大豆から得た豆乳ににがりを加えて固めた、白くて柔らかな食べ物。「とっぺ・は・　やろ(柔)こい・さかい・　た(食)べ・なはれ。」◆幼児語。「とっぺちゃん」とも言う。〔⇒**とうふ【豆腐】、とふ【(豆腐)】**〕

どて【土手】《名詞》 平地に長く続いて土を積み上げたところ。特に、水があふれるのを防ぐために、川岸や池の周りなどに沿って、土を積み上げた堤。「いけ・の・　どて・で・　つくし(土筆)・を・　つ(摘)む。」

とてくる【取て来る】《動詞・カ行変格活用》 何かを手にして帰ってくる。「わすれもん(忘物)・を・　し・た・ん・やっ・たら・　い(去)ん・で・　とてこい。」◆連用形は、「いん・で・　とてっ・た。」のような言い方になる。

とても《副詞》 ①あれこれしても実現しそうにないということを表す言葉。「あいつ(彼奴)・に・は・　とても・　か(勝)た・れ・へん。」②状態や程度などが驚くほど甚だしい様子。「とても・　きも(気持)ち・が・　え(良)ー。」◆①は、後ろに、打ち消しの言葉が伴う。〔⇒**とっても。①⇒どうしても、どないしても。②⇒たいへん【大変】**〕

とてもやない《連体詞》 とうてい不可能な。とうてい受け入れられない。「ひとばん(一晩)・で・　やっ・てくれ・と・　い(言)わ・れ・ても・　とてもやない・　はなし(話)・は・　う(受)け・られ・まへ・ん。」

とてもやないけど《副詞》 とうてい不可能な様子であることを表す言葉。「いま(今)・から・やっ・たら・　とてもやないけど・　ま(間)にあい・まへ・ん。」「とてもやないけど・　わたし(私)・の・　ちから(力)・で・は・　でき(出来)・まへ・ん。」◆後ろに、打ち消しの言葉が伴う。

とと【(魚)】《名詞》 ①海・川・池などにすんで、えらで呼吸し、、鱗があり、ひれを動かして泳ぐ動物。「あか(赤)い・　とと・が・　たい(鯛)・や。」②それを調理して食べ物としたもの。「とと・の・　ほね(骨)・を・　と(取)っ・たろ・か。」◆幼児語。「おとと【(お魚)】」と言うことが多い。〔⇒**さかな【魚】、おとと【(お魚)】**〕

とどく【届く】《動詞・カ行五段活用》 ①送ったり差し出したりしたものが、相手のもとに着く。「たっきゅーびん(宅急便)・は・　もー・　とどい・た・か。」②あるところに達する。「さお(竿)・が・　てんじょー(天井)・に・　とどく。」「ひちじゅー(七十)・に・　て(手)ー・が・　とどく。」■他動詞は「とどける【届ける】」

とどけ【届】《名詞》 ①相手のもとに着くようにすること。「おとどけ・は・　あした(明日)・に・　し・ます。」②役所や定められたところへ申し出ること。また、そのために用いる書類。「とどけ・に・　はん(判)・を・　お(押)し・てんか。」

とどける【届ける】《動詞・カ行下一段活用》 ①送ったり差し出したりして、相手のもとに着くようにする。「これ・を・　あした(明日)・まで・に・　とどけ・とい・てください。」②役所や定められたところへ申し出る。「けっせき(欠席)する・　こと・を・　とどける。」■自動詞は「とどく【届く】」■名詞化＝**とどけ【届】**

どない《副詞に》 どのように。「この・　はなし(話)・は・　どない・　なっ・とる・ん・や。」「どないに・も・　なら・ん。」■類語＝「こない」「そない」「ほない」「どない」〔⇒**どう**〕

どないか《副詞、動詞する》 いろいろな工夫や努力をして、課題などを実現しようとする気持ちを表す言葉。「え(絵)・が・　いちまい(一枚)・　どないか・　か(描)け・た。」〔⇒**どうか、なんとか**〕

どないか《副詞》 ①自分の願いが実現するように神仏などに祈る気持ちを表す言葉。「どないか・　うま(巧)いこと・　いき・ます・よーに・　おたの(頼)みし・ます。」②人に勧めたり頼んだりして、自分の願いをかなえたいという気持ちを表す言葉。「どないか・　たす(助)け・てほしー・ねん・けど。」〔⇒**なんとか【何とか】、どうか、どうぞ**〕

どないかしたら《副詞》 何かの事情が生じた場合は。都合や場合によっては。「あした(明日)・は・　どないかしたら・　おーあめ(大雨)・に・　なる・かも・　わから・へん。」〔⇒**どうかしたら、どうかすると、どうやすると、どうやしたら、どないかすると、どないやしたら、どないやすると、ひょっとしたら、ひょっとすると、もしかすると【若しかすると】、もしかしたら【若しかしたら】**〕

どないかすると《副詞》 何かの事情が生じた場合は。都合や場合によっては。「だいぶ・　つよ(強)ーなっ・てき・た・さかい・　どないかすると・　ことし(今年)・あたり・は・　はんしん(阪神)・が・　ゆーしょー(優勝)する・かも・　しれ・へん・ぞ。」〔⇒**どうかしたら、どうかすると、どうやすると、どうやしたら、どないかしたら、どないやしたら、どないやすると、ひょっとしたら、ひょっとすると、もしかすると【若しかすると】、もしかしたら【若しかしたら】**〕

どないこない《副詞と》 いろいろな事態を、特定しないまま並べるのに用いる言葉。あれこれ話題にしたり批判したりすることを表す言葉。「どないこない・　ゆ(言)ー・ても・　やっぱり・　おやこ(親子)・や・さかい・　さいご(最後)・は・　わかっ・てくれる・やろ。」〔⇒**どうこう、どうのこうの**〕

どないして《副詞》 ①そこに至った経緯・経過や方法などを尋ねるのに用いる言葉。「どないして・　こんな・　おー(大)きな・　さかな(魚)・を・　つ(釣)っ・た・ん・か・　やりかた・を・　おし(教)え・てくれ・へん・か。」②どういう原因・理由などがあってそのようになったのかという疑問や不審の気持ちを表す言葉。「どないして・　そんな・　こと・が・　き(決)まっ・た・ん・や。」〔⇒**どうして。②⇒なぜ【何故】、なんぜ【(何故)】、なで【(何故)】、なんで【(何故)】、どうして**〕

どないしても《副詞》 ①あれこれしても実現しそうにないということを表す言葉。「どないしても・　にゅーせん(入選)する・よーな・　え(絵)ー・は・　か(描)け・へん。」②そのことが不可避であることを表す言葉。どのようにしても必ず。「どないしても・　あいつ(彼奴)・に・は・　か(勝)た・んと・　あか・ん。」◆①②ともに、後ろに、打ち消しの言葉が伴う。〔⇒**どうしても。①⇒とても、とっても**〕

どないでも《副詞》 ①相手の意志や自然の成り行きに任せるような姿勢を表す言葉。「どないでも・　かって(勝手)に・　し・やがれ。」②何とか工夫をして成功させなければならないということを表す言葉。「どないでも・　あした(明日)・まで・に・　しあ(仕上)げる・　つもり・や。」〔⇒**どないでもこないでも、どないなと、どないなとこないなと、どないなり、どないなりこないなり、どうでも、どうでもこうでも**〕

どないでもこないでも《副詞》 ①相手の意志や自然の成り行きに任せるような姿勢を表す言葉。「どないでもこないでも・　なる・よーに・しか・　なら・ん・やろ。」②何とか工夫をして成功させなければならないということを表す言葉。「どないでもこないでも・　らいねん(来年)・は・　ごーかく(合格)せ・な・　あか・ん・ぞ。」〔⇒**どないでも、どないなと、どないなとこないなと、どないなり、どないなりこないなり、どうでも、どうでもこうでも**〕

どないど《副詞》 方法を何とか工夫して望みを実現しようとすることを表す言葉。何とかそのようになってほしいという願望を表す言葉。「どないど・　ひる(昼)まで・に・　しごと(仕事)・を・　す(済)ま・そー・と・　おも(思)う・ねん。」「どないど・　ごーかく(合格)し・てほしー・ねん。」〔⇒**どないどこないど**〕

どないどこないど《副詞》 方法を何とか工夫して望みを実現しようとするを表す言葉。何とかそのようになってほしいという願望を表す言葉。「どないどこないど・　あの・　かいしゃ(会社)・に・　はい(入)る・　つもり・や。」「どないどこないど・　らいねん(来年)・は・　え(良)ー・　こと(事)・が・　あっ・てほしー。」〔⇒**どないど**〕

どないな《連体詞》 形や状態などが、どのような。どれほどの程度の。「どないな・　ねだん(値段)・の・　かばん(鞄)・を・　か(買)う・　つもり・や。」「どないな・　やりかた・で・　やっ・たら・　でき(出来)・ます・ん・やろ。」「どないな・　ふと(太)さ・の・　き(木)ー・が・　え(良)ー・の・かいなー。」〔⇒**どんな**〕

どないなと《副詞》 ①相手の意志や自然の成り行きに任せるような姿勢を表す言葉。「じぶん(自分)・で・　かんが(考)え・て・　どないなと・　せー。」②何とか工夫をして成功させなければならないということを表す言葉。「どないなと・　こどもたち(子供達)・も・　しゅーしょく(就職)し・てくれ・まし・た。」〔⇒**どないでも、どないでもこないでも、どないなとこないなと、どないなり、どないなりこないなり、どうでも、どうでもこうでも**〕

どないなとこないなと《副詞》 ①相手の意志や自然の成り行きに任せるような姿勢を表す言葉。「どないなとこないなと・　ほ(欲)しー・　もん・が・　あっ・たら・　も(持)っ・ていけ。」②何とか工夫をして成功させなければならないということを表す言葉。「どないなとこないなと・　ぜーきん(税金)・を・　はら(払)え・た。」「どないなとこないなと・　し・て・　ごーかく(合格)でける・よーに・　し・なはれ。」〔⇒**どないでも、どないでもこないでも、どないなと、どないなり、どないなりこないなり、どうでも、どうでもこうでも**〕

どないなり《副詞》 ①相手の意志や自然の成り行きに任せるような姿勢を表す言葉。「どないなり・　あんた・の・　おも(思)う・よーに・　し・なはれ。」②何とか工夫をして成功させなければならないということを表す言葉。「どないなり・　あした(明日)・の・　しあい(試合)・だけ・は・　か(勝)ち・たい・ねん。」〔⇒**どないでも、どないでもこないでも、どないなと、どないなとこないなと、どないなりこないなり、どうでも、どうでもこうでも**〕

どないなりこないなり《副詞》 ①相手の意志や自然の成り行きに任せるような姿勢を表す言葉。「せんそー(戦争)・の・　あと(後)・も・　どないなりこないなり・　くろー(苦労)し・て・　い(生)き・てき・まし・てん・」②何とか工夫をして成功させなければならないということを表す言葉。「どないなりこないなり・　し・て・　みんな(皆)・に・　さんせー(賛成)し・てもらえ・たら・　うれ(嬉)しー・ねん・けど。」〔⇒**どないでも、どないでもこないでも、どないなと、どないなとこないなと、どないなり、どうでも、どうでもこうでも**〕

どないなん《名詞》 形や状態などが、どのようなもの。どれほどの程度のもの。「どないなん・を・　あんた・に・　あげ・まほ・か。」「おくりもん(贈物)・に・は・　どないなん・が・　え(良)ー・やろ・か。」「おまえ・の・　す(好)きな・　おもちゃ(玩具)・は・　どないなん・や・ねん。」〔⇒**どんなん**〕

どないにも《副詞》 ①どのような手段を尽くしても、うまくいきそうにないということを表す言葉。「はらいた

(腹痛)・が・　どないにも・　と(止)まっ・てくれ・へん・ねん。」②相手の願いや依頼を受け入れがたいという気持ちを表す言葉。「どないにも・　きょーりょく(協力)する・　き(気)ー・は・　あら・へん。」〔⇒**どうにも、どないも、どないにもこないにも、どうにもこうにも**〕

どないにもこないにも《副詞》 ①どのような手段を尽くしても、うまくいきそうにないということを表す言葉。「こんな・　ぶあつ(分厚)い・　ほん(本)・は・　どないにもこないにも・　あした(明日)・の・　あさ(朝)・まで・に・は・　よ(読)め・ませ・ん。」「どないにもこないにも・　そんな・　たいきん(大金)・は・　た(貯)まら・へん。」②相手の願いや依頼を受け入れがたいという気持ちを表す言葉。「きょーりょく(協力)せー・と・　い(言)わ・れ・ても・　どないにもこないにも・　でけ(出来)る・　はず・は・　あり・まへ・ん・やろ。」「そんな・こと(事)・は・　どないにもこないにも・　う(請)けあ(合)わ・れ・へん。」〔⇒**どうにも、どないも、どないにも、どうにもこうにも**〕

どないも《副詞》 ①どのような手段を尽くしても、うまくいきそうにないということを表す言葉。「どないも・　て(手)ー・の・　だ(出)しよー・が・　あら・へん。」②相手の願いや依頼を受け入れがたいという気持ちを表す言葉。「そんな・　こと・　い(言)わ・れ・ても・　どないも・　し・たる・　き(気)ー・は・　お(起)こら・へん。」〔⇒**どうにも、どないにも、どないにもこないにも、どうにもこうにも**〕

どないもこないも《副詞》 どのようにしても事態が変化しないことを表す言葉。「じたばたし・たって・　どないもこないも・　なら・へん・さかい・　あきら(諦)める。」〔⇒**どうもこうも**〕

どないやしたら《副詞》 ①何かの事情が生じた場合は。都合や場合によっては。「しけん(試験)・が・　うまいこと・　いか・なんだ・さかい・　どないやしたら・　ふごーかく(不合格)・かも・　しれ・ん。」②何かの拍子に、そのようになる可能性がないわけではないという意味を表す言葉。「どないやしたら・　あかじ(赤字)・に・なっ・てしまい・そーや。」〔⇒**どうやしたら。①⇒どうかしたら、どうかすると、どうやすると、どないかしたら、どないかすると、どないやすると、ひょっとしたら、ひょっとすると、もしかすると【若しかすると】、もしかしたら【若しかしたら】**〕

どないやすると《副詞》 何かの事情が生じた場合は。都合や場合によっては。「つよ(強)い・　あいて(相手)・や・けど・　どないやすると・　か(勝)て・そーや。」〔⇒**どうかしたら、どうかすると、どうやすると、どうやしたら、どないかしたら、どないかすると、どないやしたら、ひょっとしたら、ひょっとすると、もしかすると【若しかすると】、もしかしたら【若しかしたら】**〕

どないやら《副詞》 確実ではないが、その可能性があることを表す言葉。「あした(明日)・は・　どないやら・あめ(雨)・みたいや。」〔⇒**どうやら、どうやらこうやら、どないやらこないやら**〕

どないやらこないやら《副詞》 確実ではないが、その可能性があることを表す言葉。「どないやらこないやら・　しょーばい(商売)・は・　うま(巧)い・こと・　いっ・とら・へん・らしー。」〔⇒**どうやら、どうやらこうやら、どないやら**〕

どなた《代名詞》 ①名前や立場などがわからない人を指して、その人を敬って言う言葉。「どなた・が・　き(来)・とっ・て・でし・た・ん。」②特定の人を指さないで、その人たちを敬って言う言葉。「ほ(欲)しー・　ひと(人)・に・は・　どなた・に・でも・　さ(差)しあげ・ます。」

となだ【(戸棚)】《名詞》 中に棚があって、前に戸がついている、ものを入れる家具。「となだ・に・　おかし(菓子)・を・　い(入)れ・ておく。」◆「とだな【戸棚】」の発音が入れ替わった言葉である。〔⇒**とだな【戸棚】**〕

となり【隣】《名詞》 ①並んで続いているものの、そのもののすぐ近くにあるもの。「となり・に・　すわ(座)っ・とる・　しと(人)・に・　あいさつ(挨拶)し・た。」②並び続いている両横の家や、前後にある家。「うち・の・　となり・は・　やおや(八百屋)さん・や。」③互いに接し合う地域。「あかしし(明石市)・の・　となり・は・　こうべし(神戸市)・や。」

となりきんじょ【隣近所】《名詞》 並び続いている家や、すぐ近くの家。また、そのような場所。「にゅーいん(入院)し・とる・の・が・　となりきんじょ・に・　し(知)れ・ても・た。」

どなりこむ【怒鳴り込む】《動詞・マ行五段活用》 相手のところに出向いて、文句や苦情を強い口調で、または大きな声で言う。「こーじ(工事)・の・　おと(音)・が・　やかま(喧)しー・さかい・　どなりこん・だっ・た。」

どなる【怒鳴る】《動詞・ラ行五段活用》 ①遠くまで聞こえるように大声で叫ぶ。大きな声で話す。「いまごろ(今頃)・　どなっ・ても・　もー・　き(聞)こえ・へん。」②怒りの気持ちを表すために荒々しく言う。相手を脅しつけるように大声を出す。「らくがき(落書)・を・　し・とる・　やつ(奴)・に・　どなっ・たっ・た。」〔⇒**わめく【喚く】**。①⇒**ほえる【吠える】**。②⇒**かちわめく【かち喚く】**〕

とにかく【兎に角】《副詞》 いろいろな事情などがあるにしても、そのことは置いておいて、最も言いたいことを言うと。「とにかく・　いま(今)・は・　じかん(時間)・が・　ない・ねん。」「とにかく・　こっち・の・　はなし(話)・を・　き(聞)ー・てほしー・ん・や。」〔⇒**なにしろ【何しろ】、なんしろ【何しろ】、なにせ【何せ】、なんせ【何せ】、なんにせえ【何にせえ】、なんにしても【何にしても】**〕

どの《連体詞》 はっきりと一つには限定できないということを表す言葉。いくつかの中から選ぶときの疑問表現に使う言葉。「どの・　ひと(人)・に・　たの(頼)ん・だら・　よろしー・ん・やろ・か。」

とのくち【戸の口】《名詞》 家の出入り口。門の外側や、玄関の外側。「だれ(誰)・か・が・　とのくち・に・　やさい(野菜)・を・　お(置)い・ていっ・てくれ・とる。」

とのさん【殿様】《名詞》 ①江戸時代の、身分の高い武家。「あかし(明石)・の・　とのさん・は・　えちぜん(越前)・から・　き(来)・た・ん・や・て。」②生活にゆとりがあって、世間とのつながりが薄かったり、世間のことをよく知らないような人。「たいしょく(退職)し・て・　とのさん・みたいな・　せーかつ(生活)・を・　し・とる・ん・やろ。」

どのへん【どの辺】《名詞》 ①どの場所の辺り。きちんと定まらない場所。「しょーぼーしょ(消防署)・は・　どのへん・に・　ある・の・か。」②どの時のあたり。きちんと定まらない時。「ある(歩)きはじめ・て・から・　どのへん・で・　きゅーけー(休憩)し・たら・　よろしー・の・です・か。」「なが(長)い・　じんせー(人生)・や・さかい・どのへん・か・で・　ちょーし(調子)・の・　わる(悪)い・こと・も・　ある・やろ。」

とばしる【迸る】《動詞・ラ行五段活用》 しぶきなどが、瞬間的に広がる。水滴などが飛び続ける。「すいどーかん(水道管)・が・　はれつ(破裂)し・て・　まわ(周)り・に・　みず(水)・が・　とばしっ・た。」「なべ(鍋)・が・　ふ(吹)い・て・　とばしっ・とる・さかい・　ひ(火)ー・を・　と(止)め・なはれ。」〔⇒**とびちる【飛び散る】**〕

とばす【飛ばす、跳ばす】《動詞・サ行五段活用》　①空中を動いて進むようにする。「かみ(紙)・の・　ひこーき(飛行機)・を・　とばす。」②空中に散らす。跳ね上げる。「とらっく(トラック)・が・　どろ(泥)・を・　とばし・て・　い(行)き・やがっ・た。」③勢いよく、速く行き来させる。「えき(駅)・まで・　じてんしゃ(自転車)・を・　とばす。」④間を抜いて、先へ移らせる。「いちれつ(一列)・　とばし・て・　あ(当)てる。」「じっぺーじ(十ページ)・ほど・　とばし・て・　よ(読)む。」⑤それまでよりも低い地位に落としたり、遠い任地に変えたりする。「きゅーしゅー(九州)・に・　とばさ・れ・とっ・た・けど・　もど(戻)っ・てき・た。」■自動詞は「とぶ【飛ぶ】」■名詞化＝**とばし【飛ばし、跳ばし】**

どばっ《副詞と》　液体を大量にかけたり注いだりする様子。「おひた(浸)し・に・　どばっと・　しょーゆ(醤油)・を・　かけ・た。」

とばん【塗板】《名詞》　白墨で字や絵などを書くための、黒色や緑色の板。「とばん・に・　はくぼく(白墨)・で・　じ(字)ー・を・　かく。」「きょーしつ(教室)・の・　とばん・を・　け(消)す。」〔⇒**こくばん【黒板】**〕

とばんけし【塗板消し】《名詞》　白墨で板に書いた字や絵などを消す道具。「とばんけし・を・　はたい・た・　あと(跡)・が・　きょーしつ(教室)・の・　まど(窓)・の・　そと(外)・に・　のこ(残)っ・とる。」〔⇒**こくばんけし【黒板消し】、こくばんふき【黒板拭き】、とばんふき【塗板拭き】**〕

とばんふき【塗板拭き】《名詞》　白墨で板に書いた字や絵などを消す道具。「とばんふき・が・　よご(汚)れ・とる・さかい・　とばん(塗板)・も・　まっしろけや。」〔⇒**こくばんけし【黒板消し】、こくばんふき【黒板拭き】、とばんけし【塗板消し】**〕

どび【土樋】《名詞》　排水管などとして使う、土を焼いて作った管。「どび・が・　つ(詰)まっ・て・　みず(水)・が・　なが(流)れ・へん。」〔⇒**どかん【土管】**〕

とびあがる【飛び上がる、跳び上がる】《動詞・ラ行五段活用》　①勢いをつけて、高いところへはね上がる。身をおどらせるようにして、低いところから上に動く。「か(勝)っ・て・　とびあがっ・て・　よろこ(喜)ぶ。」「にんじゃ(忍者)・が・　やね(屋根)・の・　うえ(上)・に・　とびあがる。」■対語＝「とびおりる【飛び下りる、跳び下りる】」〔⇒**とんびゃがる【**(飛び上がる)、(跳び上がる)**】**〕

とびあるく【飛び歩く】《動詞・カ行五段活用》　同じところに長く留まらずに、方々へ行く。忙しくあちこち動き回る。「びんぼう(貧乏)ひまなし・で・　まいにち(毎日)・　とびあるい・ており・ます。」〔⇒**とんびゃるく【**(飛び歩く)**】**〕

とびいし【飛び石】《名詞》　伝って歩くために、庭などに間隔をおいて並べてある石。「とびいし・に・　うちみず(打水)・を・　する。」

とびいり【飛び入り】《名詞、動詞する》　仲間でない人や予定していなかった人が、不意に加わること。また、そのような人。「とびいり・の・　ひと(人)・が・　き(来)・た・ので・　りょーり(料理)・が・　た(足)ら・ん。」「とびいり・で・　うた(歌)・を・　うた(歌)う。」

とびうお【飛び魚】《名詞》　細長い体をしていて、胸鰭を広げて海上を飛ぶ銀青色の魚。「いま(今)さっき・　とびうお・が・　と(飛)ん・だ・ぞー。」

とびおきる【飛び起きる】《動詞・カ行上一段活用》　眠っていたり横になっていたりしていた者が、急に眠りから覚めたり勢いよく立ち上がったりする。「ちこく(遅刻)し・た・と・　おも(思)っ・て・　あわ(慌)て・て・　とびおき・た。」〔⇒**はねおきる【跳ね起きる】**〕

とびおりる【飛び下りる、跳び下りる】《動詞・ラ行上一段活用》　①身をおどらせるようにして、高いところから下に動く。「だい(台)・の・　うえ(上)・から・　とびおりる。」②動いている乗り物などから、果敢に離れる。「じてんしゃ(自転車)・の・　にだい(荷台)・から・　とびおりる。」■対語＝①「とびあがる【飛び上がる、跳び上がる】」「とんびゃがる【(飛び上がる、跳び上がる)】」、②「とびのる【飛び乗る】」

とびかかる【飛び掛かる、跳び掛かる】《動詞・ラ行五段活用》　身をおどらせて、相手に突き当たる。「きばせん(騎馬戦)・で・　あいて(相手)・に・　とびかかる。」

とびこえる【飛び越える】《動詞・ア行下一段活用》　①障害となるものなどの上を身を躍らせて通って、その向こうに達する。「ひく(低)い・　かき(垣)・を・　とびこえる。」②他の人を抜いて順位を上げる。順序を抜かして先の段階に進む。「じゅんばん(順番)・を・　とびこえ・て・　れんしゅー(練習)し・たら・　けが(怪我)・を・　する・ぞ。」〔⇒**とびこす【飛び越す】**〕

とびこす【飛び越す】《動詞・サ行五段活用》　①障害となるものなどの上を身を躍らせて通って、その向こうに達する。「はし(走)っ・てき・て・　みぞ(溝)・を・　とびこす。」②他の人を抜いて順位を上げる。順序を抜かして先の段階に進む。「ほか・の・　ひと・を・　とびこし・て・　しゅっせ(出世)する。」〔⇒**とびこえる【飛び越える】**〕

とびこみ【飛び込み】《名詞、動詞する》　①水の中などに勢いよく入ること。「はと(波止)・の・　さき(先)・から・　うみ(海)・へ・　とびこみ・を・　し・て・　あそ(遊)ぶ。」②約束をしないままで、先方を訪れる。「とびこみ・で・　もの(物)・を・　う(売)り・に・　き(来)・やがっ・た。」

とびこむ【飛び込む、跳び込む】《動詞・マ行五段活用》　勢いよく何かの中に入り込む。特に、水の中などに勢いよく入る。「たいそー(体操)・を・　し・て・から・　ぷーる(プール)・に・　とびこむ。」■名詞化＝**とびこみ【飛び込み】**

とびすけ【飛び助】《名詞》　外出するのが好きな人。「あの・　ひと(人)・は・　とびすけ・や・さかい・　さそ(誘)ー・たら・　く(来)る・ぞ。」

とびだす【飛び出す】《動詞・サ行五段活用》　①内から外へ勢いよく出る。走って出る。「みち(道)・に・　とびだし・たら・　あぶ(危)ない・ぞ。」②もとの場所から、よそへ行ってしまう。「いえ(家)・を・　とびだし・て・　ひとり(一人)・で・　す(住)ん・どる。」③前または外に、不自然に突き出る。「いた(板)・の・　うら(裏)・へ・　くぎ(釘)・が・　とびだし・とる。」〔⇒**とびでる【飛び出る】**〕

とびちる【飛び散る】《動詞・ラ行五段活用》　①しぶきなどが、瞬間的に広がる。水滴などが飛び続ける。「おー(大)きな・　いし(石)・を・　ほ(放)りこん・だら・　しぶき・が・　とびちっ・た。」②ものや火花などが飛んで広がる。「かぜ(風)・が・　ふ(吹)い・て・　き(木)・の・　は(葉)ー・が・　とびちっ・とる。」「よーせつ(溶接)・の・　ひばな(火花)・が・　とびちる。」〔①⇒**とばしる【迸る】**〕

とびつく【飛び付く】《動詞・カ行五段活用》 ①身をまかせるようにして躍りかかって、取りついたり抱きついたりする。「こども(子供)・が・　うしろ・から・　とびつい・てき・た。」②待っていたとばかりに、対象となるものに手を出す。欲しいものや興味あるものを手に入れようとする。「あたら(新)しー・　しゃしんき(写真機)・を・　とびつい・て・　こ(買)ー・た。」

とびでる【飛び出る】《動詞・ダ行下一段活用》 ①内から外へ勢いよく出る。走って出る。「とびでる・　まえ(前)・に・　いっぺん(一遍)・　と(止)まれ。」②もとの場所から、よそへ行ってしまう。「きょーしつ(教室)・から・　とびで・て・　もど(戻)っ・てこ・ん。」③前または外に、不自然に突き出る。「みち(道)・に・　とびで・た・　まつ(松)・の・　えだ(枝)・を・　き(切)る。」〔⇒**とびだす**【**飛び出す**】〕

とびとび【飛び飛び】《形容動詞や(ノ)》 ①連続しないで、散らばって並んでいる様子。「やま(山)・に・　ちか(近)い・　むら(村)・に・は・　いえ(家)・が・　とびとびに・　ある。」「にわ(庭)・に・　とびとびに・　いし(石)・を・　なら(並)べる。」②間隔をあけて続いている様子。「げつまつ(月末)・に・は・　とびとびに・　やす(休)み・が・　ある。」「ほん(本)・を・　おもしろ(面白)い・　とこ(所)・だけ・　とびとびに・　よ(読)む。」

とびぬける【飛び抜ける】《動詞・カ行下一段活用》 他と比べて一段と優れている。他と比べて目立っている。「とびぬけ・て・　え(絵)・が・　じょーず(上手)や。」「とびぬけ・て・　せ(背)ー・が・　たか(高)い・　ひと(人)・が・　おる。」■名詞化＝**とびぬけ**【**飛び抜け**】

とびのく【飛び退く】《動詞・カ行五段活用》 勢いよく体をかわして避ける。飛ぶようにしてその場を離れる。「せま(狭)い・　みち(道)・へ・　じどーしゃ(自動車)・が・　ま(曲)がっ・てき・た・さかい・　とびのい・て・　よ(避)け・た。」

とびのる【飛び乗る】《動詞・ラ行五段活用》 動いている乗り物などに、果敢に乗り込む。「むかし(昔)・の・　きしゃ(汽車)・は・　うご(動)きはじめ・て・から・でも・　とびのる・　こと・が・　でき・た。」■対語＝「**とびおりる**【**飛び降りる、飛び下りる**】」

とびばこ【跳び箱】《名詞》 体操用具の一つで、走ってきていろいろな方法で飛び越えるための、長方形の木の枠を重ねた箱形の台。「とびばこ・の・　ななだん(七段)・が・　とべる・よーに・　なった。」

とびはなれる【飛び離れる】《動詞・ラ行下一段活用》 ①他と比べて大きな違いがある。「あいつ(彼奴)・は・　とびはなれ・て・　うた(歌)・が・　へた(下手)くそや。」②場所が遠く隔たっている。「とびはなれ・た・　しま(島)・で・　きゃんぷ(キャンプ)・を・　する。」③身を躍らせるようにして、その場から離れる。「びん(瓶)・が・　はれつ(破裂)し・た・さかい・　びっくりし・て・　とびはなれ・た。」

とびまわる〔**とびまーる**〕【飛び回る】《動詞・ラ行五段活用》 ①ある目的のために、あちらこちらを忙しく動き回る。「しごと(仕事)・で・　いちにちじゅー(一日中)・　とびまーっ・とっ・てん。」②空中をあちらこちら飛ぶ。「か(蚊)ー・が・　ぶんぶん・　とびまーっ・とる。」

どひょう〔**どひょー**〕【土俵】《名詞》 相撲をとるための、土を詰めた俵で円く囲んだところ。「うんどーじょー(運動場)・の・　すみ(隅)・に・　どひょー・が・　ある。」

どびん【土瓶】《名詞》 湯を沸かしたり茶を入れたりするのに使う、持ち手としての蔓がついて、一方に注ぎ口がついた陶製の入れ物。「くすり(薬)・を・　どびん・で・　せん(煎)じる。」

とふ【(豆腐)】《名詞》 大豆から得た豆乳ににがりを加えて固めた、白くて柔らかな食べ物。「ひややっこ(冷奴)・の・　とふ・が・　す(好)きや。」〔⇒**とうふ**【**豆腐**】、**とっぺ**〕

とぶ【飛ぶ、跳ぶ】《動詞・バ行五段活用》 ①とまっていたものが、舞い上がる。空中を動いて進んでいく。動かなかったものが舞い上がる。散乱する。「からす(鴉)・が・　にわ(二羽)・　とん・どる。」「ひこーき(飛行機)・が・　やま(山)・の・　うえ(上)・を・　とぶ。」「かぜ(風)・で・　しょるい(書類)・が・　とん・だ。」②空中に散る。跳ね上がる。「よーせつ(溶接)・の・　ひばな(火花)・が・　とぶ。」③勢いよく、速く行き来する。「いざ・の・　とき(時)・に・は・　とん・で・　き(来)・まっ・せ。」④間のものが抜ける。間を越えて先へ移る。「すーじ(数字)・が・　とん・どる。」「はなし(話)・が・　とん・で・　わかりにくい。」⑤急に切れる。なくなる。「しょーと(ショート)し・て・　ひゅーず(ヒューズ)・が・　とん・だ。」「たかい・　かいもん(買物)・を・　し・て・　きゅーりょー(給料)・が・　とん・でも・た。」⑥足ではねる。跳躍する。「うさぎ(兎)・が・　ぴょんぴょん・　とぶ。」「はし(走)っ・てき・て・　とびばこ(跳箱)・を・　とぶ。」■他動詞は「**とばす**【**飛ばす**】」■名詞化＝**とび**【**飛び、跳び**】〔①⇒**たつ**【**立つ**】、**ひらく**【**開く**】〕

どぶ【溝】《名詞》 下水や雨水などを流す、細いみぞ。「どぶ・に・　はま(填)っ・て・　くさ(臭)い・　かざ・が・　つい・ても・た。」

とふじる【豆腐汁】《名詞》 豆腐を入れた味噌汁。「あさめし(朝飯)・に・　とふじる・が・　なかっ・たら・　さみ(寂)しー。」

どぶせる【ど臥せる】《動詞・ラ行五段活用》 ①横になって寝る。「こんな・　とこ(所)・に・　どぶせっ・とっ・たら・　じゃま(邪魔)・に・　なる・や・ない・か。」「また・　へや(部屋)・の・　まんなか・で・　どぶせり・やがっ・とる。」②病気で寝る。病床につく。「かぜ(風邪)・を・　ひー・て・　どぶせっ・とっ・た。」③すべき仕事や勉強をしないで、ほうっておく。それをする時間の余裕があるのに、しないで無駄に過ごす。ずる休みをする。「しごと・を・　せ・んと・　どぶせっ・とる。」◆瞬間的なことを表す動詞ではないので、継続を表す助動詞と結びついて「どぶせっ・とる」という表現をすることが多い。〔①②⇒**ふせる**【**臥せる**】。③⇒**ずるける**、**サボる**【**フランス語＝ sabotage の動詞化**】、**なまける**【**怠ける**】、**なまくら(する)**、**なまくらぼうず**【**なまくら坊主**】(**する**)〕

どぶづけ【どぶ漬け】《名詞》 茄子や胡瓜などを、水分の多い糠味噌に漬けたもの。「どぶづけ・で・　おちゃづ(茶漬)け・に・　する。」

どぶん《副詞と》 水の中などに飛び込んだり落ち込んだりする様子。水の中にものを落としたり投げ入れたりする様子。また、それらのときの音。「いけ(池)・に・　どぶんと・　はま(填)る。」〔⇒**どぼん**、**ざぶん**、**じゃぶん**〕

とぼけ【惚け】《名詞》 ①知っているのに、わざと知らないふりをすること。また、そのようにする人。「つごー(都合)・が・　わる(悪)ー・　なっ・たら・　あいつ(彼奴)・は・　とぼけ・を・　し・やがる。」②頭の働きが鈍くなること。記憶力が減退すること。また、そのような人。「とし(歳)・を・　とっ・て・　とぼけ・が・　はじ

（始）まっ・た。」③色や輪郭などが薄くなって、はっきりしないこと。「いろ（色）・の・　とぼけ・の・　ぐあい（具合）・に・　あじ（味）・が・　ある。」〔②⇒**ぼけ【呆け】**〕

とぼけさく【惚け作】《名詞、形容動詞や（ノ）》　ぼんやりしていて、頼りないところがあること。鋭さに欠けたり手抜かりが生じたりすること。また、そのような人。「とぼけさく・が・　また（又）・　しっぱい（失敗）し・やがっ・た。」〔⇒**ぬけ【抜け】、まぬけ【間抜け】、あほう【阿呆】、あっぽ【阿っ呆】、だぼ、ぼけ【呆け】、ばか【馬鹿】、ぬけさく【抜け作】、あほうたれ【阿呆垂れ】、あほうだら【阿呆垂ら】、あほんだら【（阿呆垂ら）】、あほんだれ【（阿呆垂れ）】、だぼさく【だぼ作】、ぼけさく【呆け作】、ぼけなす【呆けなす】、ばかもん【馬鹿者】、ばかたれ【馬鹿垂れ】**〕

とぼける【惚ける】《動詞・カ行下一段活用》　①年をとったりして、頭の働きが鈍くなる。記憶力が減退する。「とし（歳）・を・　とっ・て・　あたま（頭）・が・　とぼけ・ても・とる。」②知っているのに、わざと知らないふりをする。正面から対応しない。「とぼけ・て・　はなし（話）・を・　ごまか（誤魔化）す。」③色や形などの境目がぼんやりとなる。はっきりしなくなる。「まわ（周）り・を・　とぼけ・さし・た・　え（絵）ー・を・　か（描）く。」■名詞化＝**とぼけ【惚け】**〔⇒**ぼける【呆ける】**。③⇒**ぼやける【暈ける】**〕

とぼす【灯す】《動詞・サ行五段活用》　灯心などに火を移したり、電気器具のスイッチを入れたりして、明るくなるようにする。「まつり（祭）・の・　ちょーちん（提灯）・を・　とぼす。」■自動詞は「**とぼる【灯る】**」〔⇒**ともす【灯す】、つける【点ける】**〕

とぼとぼ《副詞と》　元気なく歩く様子を表す言葉。疲れて歩く様子を表す言葉。「くら（暗）い・　みち（道）・を・　とぼとぼ・　もど（戻）っ・てき・た。」

どぼどぼ《副詞と、形容動詞や（ノ）》　①多くの量の液体を一気に注ぐ様子を表す言葉。「ひややっこ（冷奴）・に・　どぼどぼと・　しょーゆ（醤油）・を・　かける。」②びっしょりと濡れて、着ているものが水分を多く含んでいる様子。「あめ（雨）・で・　どぼどぼに・　ぬ（濡）れ・た。」

とぼる【灯る】《動詞・ラ行五段活用》　灯心などに火が移ったり、電気器具のスイッチが入ったりして、明るくなる。「ちょーちん（提灯）・に・　ひ（灯）ー・が・　とぼっ・た。」「ろーそく（蝋燭）・が・　とぼっ・とる。」■他動詞は「**とぼす【灯す】**」〔⇒**ともる【灯る】、つく【点く】**〕

どぼん《副詞と》　水の中などに飛び込んだり落ち込んだりする様子。水の中にものを落としたり投げ入れたりする様子。また、それらのときの音。「ぺん（ペン）・を・　お（落）とし・たら・　どぼんと・　しず（沈）ん・でも・た。」〔⇒**どぶん、ざぶん、じゃぶん**〕

とぼんと《副詞、動詞する》　どうしたらよいか、どう動いたらよいかがわからなくて、立ち往生してぼんやりとしている様子。「どない・　し・たら・　え（良）ー・か・　わから・なんだ・さかい・　とぼんと・　た（立）っ・とっ・た。」

トマト〔とまと〕【英語＝ tomato】《名詞》　生で食べるほかに、ケチャップ、ソースなどの原料にもなる、球形の赤い実をつける野菜。「さらだ（サラダ）・に・　とまと・も・　そ（添）える。」

とまり【泊まり】《名詞、動詞する》　①宿泊すること。宿泊する場所。「しゅーがくりょこー（修学旅行）・の・　とまり・は・　いせ（伊勢）・やっ・た。」②会社や学校などで、交替で泊まって夜間の用務や警備をすること。また、その役割の人。「きょー（今日）・は・　とまり・の・　とーばん（当番）・の・　ひ（日）ー・や。」〔②⇒**しゅくちょく【宿直】、しくちょく【（宿直）】**〕

とまりがけ【泊まりがけ】《名詞》　宿泊する予定で出かけること。「しんせき（親戚）・の・　いえ（家）・へ・　とまりがけ・で・　い（行）く。」

とまりこむ【泊まり込む】《動詞・マ行五段活用》　事情や理由があって、帰宅しないでよその家や会社やホテルなどに、そのまま泊まる。「しごと（仕事）・が・　ながび（長引）ー・て・　かいしゃ（会社）・に・　とまりこん・だ。」

とまる【止まる、留まる】《動詞・ラ行五段活用》　①動いていたものが動かなくなる。「てーでん（停電）・で・　きかい（機械）・が・　とまっ・た。」②それまで続いていたものが出なくなったり終わったりする。「ち（血）ー・が・　とまる。」「はなみず（鼻水）・が・　とまる。」「はら（腹）・の・　いた（痛）み・が・　とまっ・た。」③鳥や虫などが何かにつかまって、体を安定させる。「せみ（蝉）・が・　き（木）・に・　とまる。」④固定した状態になる。離れないようになる。「かみ（紙）・が・　ぴん（ピン）・で・　とまっ・とる。」■他動詞は「**とめる【止める、留める】**」

とまる【泊まる】《動詞・ラ行五段活用》　①自宅以外で夜を過ごす。宿泊する。「おんせん（温泉）・の・　やどや（宿屋）・に・　とまる。」②会社・学校などで、交替で宿泊して番をする。「いっしゅーかん（一週間）・に・　いっかい（一回）・　かいしゃ（会社）・に・　とまる・　やく（役）・が・　ある。」■他動詞は「**とめる【泊める】**」■名詞化＝**とまり【泊まり】**

どまんなか〔どーまんなか〕【ど真ん中】《名詞》　①広がりのある空間のうちの、最も中心にあたるところ。完全にものの中央であるところ。「どまんなか・に・　ぼーる（ボール）・を・　ほ（放）る。」②人目につきやすいところ。「もとまち（元町）・の・　どまんなか・に・　かわらせんべー（瓦煎餅）・の・　みせ（店）・が・　ある。」〔①⇒**ままんなか【真真ん中】、まっまんなか【真っ真ん中】、まっただなか【真っ直中】**〕

とみない《助動詞》　希望しない、したくないという気持ちを表す言葉。「あめ（雨）・が・　ふ（降）っ・たら・　そと（外）・へ・　で（出）・とみない。」「きょー（今日）・は・　がっこー（学校）・へ・　い（行）き・とみない・ねん。」〔⇒**ともない**〕

とめがね【留め金、止め金】《名詞》　ものの合わせ目や繋ぎ目を離れないようにするための金具。「いぬごや（犬小屋）・に・　とめがね・を・　つ（付）ける。」

とめそで【留め袖】《名詞》　既婚の女性の晴れ着として、袖が普通の長さになっている着物。「よめいりどーぐ（嫁入道具）の・　とめそで・を・　あつら（誂）える。」■対語＝「**ふりそで【振り袖】**」

とめる【止める、留める】《動詞・マ行下一段活用》　①動いているものや、動こうとするものを、動かないようにする。「ふね（船）・の・　えんじん（エンジン）・を・　とめる。」②それまで続いていたものを出ないようにする。「すいどー（水道）・を・　とめる。」③両者の行いをさえぎる。「けんか（喧嘩）・を・　とめる。」④固定させる。離れないようにする。「のり（糊）・で・　とめ・て・　はな（離）れ・ん・よーに・　する。」「やぶ（破）れ・とる・　とこ（所）・を・　てーぷ（テープ）・で・　とめる。」「ぴん（ピン）・で・　かみ（紙）・を・　とめる。」■自動詞は「**とまる【止まる、留まる】**」

とめる【泊める】《動詞・マ行下一段活用》　人を家に入れて夜を過ごすようにさせる。宿泊させる。「ともだち（友達)・を・　いえ・に・　とめ・てやる。」■自動詞は「とまる【泊まる】」

とも【供】《名詞、動詞する》 主だった人や目上の人に付き従って行って、警護や世話をすること。また、そのような役をする人。「あした(明日)・は・　しゃちょー(社長)・の・　とも・を・　し・て・　しゅっちょー(出張)する。」〔⇒**おとも【御供】**〕

とも【艫】《名詞》 船の後ろの部分。船尾。「はと(波止)・に・　とも・を・　つけ・て・　そこ・から・　おか(陸)・に・　あ(揚)がる。」■対語＝「みよし」

とも【共】《接尾語》［名詞に付く］ ①取り上げたものすべてがそうであることを表す言葉。その範囲のすべてであることを表す言葉。「さんにん(三人)とも・　でんしゃ(電車)・に・　のりおくれ・た。」「ふーふ(夫婦)とも・　かぜ(風邪)・を・　ひい・た。」「どこ(何処)とも・　ふきょー(不況)・で・　こま(困)っ・とる。」②それが含まれていることを表す言葉。「そーりょー(送料)とも・で・　にせんえん(二千円)・や。」「ふるたい(風袋)とも・で・　にかんめ(二貫目)・　ある。」〔①⇒**なら**。②⇒**こみ【込み】、こめ【込め】**〕

ともかせぎ【共稼ぎ】《名詞、動詞する》 夫婦が２人とも仕事を持って、収入を得ること。「あんたとこ・は・　ともかせぎ・で・　よろしー・な。」「ともかせぎし・とる・さかい・　ぜーきん(税金)・も・　ぎょーさん(仰山)・　はら(払)わ・んならん。」

ともぐい【共食い】《名詞、動詞する》 動物が、同じ仲間や体の一部を食べ合うこと。「たこ(蛸)・が・　あし(足)・を・　ともぐいし・とる。」

ともす【灯す】《動詞・サ行五段活用》 灯心などに火を移したり、電気器具のスイッチを入れたりして、明るくなるようにする。「てーでん(停電)・に・　なっ・た・さかい・　ろーそく(蝋燭)・を・　ともす。」■自動詞は「ともる【灯る】」〔⇒**とぼす【灯す】、つける【点ける】**〕

ともだち【友達】《名詞》 行動などをいっしょにして、親しくつきあっている人。「あいつ(彼奴)・は・　ちゅーがっこー(中学校)・の・　とき(時)・から・の・　ともだち・や。」〔⇒**つれ【連れ】**〕

ともだちづきあい【友達づきあい】《名詞、動詞する》 友人として親しくつきあうこと。「ともだちづきあい・の・　へた(下手)な・　やつ(奴)・や・なー。」

ともない〔**とーもない**〕《助動詞》 希望しない、したくないという気持ちを表す言葉。「い(行)き・とーもない・ん・やっ・たら・　い(行)か・ん・でも・　え(良)ー・がな。」「き(聞)き・ともない・　はなし(話)・を・　き(聞)か・さ・ん・でくれ。」〔⇒**とみない**〕

どもり【吃り】《名詞》 ものを言うとき、言葉がつかえたり、同じ音を何度も繰り返したりすること。また、そのような話し方をする人。「おー(大)きー・　なっ・て・　どもり・の・　くせ(癖)・が・　なお(治)っ・た。」

ともる【灯る】《動詞・ラ行五段活用》 灯心などに火が移ったり、電気器具のスイッチが入ったりして、明るくなる。「あわじしま(淡路島)・の・　あっちこっち・に・　ひ(灯)・が・　ともっ・とる。」■他動詞は「ともす【灯す】」〔⇒**とぼる【灯る】、つく【点く】**〕

どもる【吃る】《動詞・ラ行五段活用》 ものを言うとき、言葉がつかえたり、同じ音を何度も繰り返したりする。「あがっ・てしも・て・　どもっ・て・　あいさつ(挨拶)し・た。」■名詞化＝**どもり【吃り】**

どや《感動詞》 ①呼びかけたり疑問を持ったりするときに発する言葉。「どや・　げんき(元気)で・　おっ・た・ん・か。」②自信のある気持ちや、自慢したい気持ちがあるときに発する言葉。「どや・　ごっつい・　さかな(魚)・やろ。」〔⇒**どうや**〕

どやこや《副詞》 いろいろなことや、いろいろなものについて、話題にしたり考えたりなどする様子。「どやこや・　ゆ(言)わ・んと・　これ・に・　き(決)め・とけ。」〔⇒**どうやこうや**〕

どやす《動詞・サ行五段活用》 ①拳骨や何かの物を使って、相手の頭、顔、体などに力を込めて強く撲つ。「せなか(背中)・を・　どやし・たっ・た。」②強く言う。叱る。「いっぺん(一遍)・　おこ(怒)っ・て・　どやし・たら・な・　いつ・まで・も・　ぐずぐず・　ゆ(言)ー・やろ・なー。」〔①⇒**なぐる【殴る】、なぐります【殴ります】、どつく、どつきます、ぶちます、かちます、しばく**〕

とゆ〔**とゆー**〕【(樋)】《名詞》 屋根の雨水を受けて、地面へ流すしかけ。水などを離れた場所へ送るためのしかけ。「のき(軒)・の・　とゆー・が・　つ(詰)まっ・とる。」〔⇒**とい【樋】**〕

どよう〔**どよー**〕【土曜】《名詞》 １週間の７日間のうちの最後の日で、金曜日の次、日曜日の前にある日。「どよー・は・　しごと(仕事)・が・　あら・へん・ねん。」〔⇒**ど【土】、どようび【土曜日】**〕

どよう〔**どよー**〕【土用】《名詞》 立秋前の、夏でいちばん暑い頃。「どよー・に・　うなぎ(鰻)・を・　く(食)う。」

どよう〔**どよー**〕【(雑用)】《名詞》 ①祭りなどの行事、寺社の増改築などのために、地域の人たちが分担する費用。「まつり(祭)・の・　どよー・を・　やくいん(役員)・が・　あつ(集)め・に・　き(来)・た。」②家計などに必要な費用。「かない(家内)・が・　おー(多)い・さかい・　く(食)ー・ていく・　どよー・も・　よーけ・　い(要)る・ねん。」〔⇒**いりよう【要り用】、ぞうよう【雑用】**〕

どようび〔**どよーび**〕【土曜日】《名詞》 １週間の７日間のうちの最後の日で、金曜日の次、日曜日の前にある日。「どよーび・も・　きゅーじつだいや(休日ダイヤ)・や・さかい・　まちが(間違)わ・ん・よーに・な。」〔⇒**ど【土】、どよう【土曜】**〕

どようぼし〔**どよーぼし、どよぼし**〕【土用干し】《名詞、動詞する》 ①夏の土用の頃に、衣類や保存食などを、日に当てたり風を通したりすること。「うめぼし(梅干)・を・　どよーぼし・に・　する。」②時季を問わず、衣類などの虫干しをすること。「かび(黴)・の・　にお(臭)い・が・　し・とる・さかい・　いっぺん(一遍)・　どよぼしせ・んと・　いか・ん・がな。」

とら【寅】《名詞》 虎を表しており、子(ね)から始まる十二支の３番目。「あんた・と・は・　ひとまー(一回)り・ちが(違)う・　とら・や・なー。」〔⇒**とら【虎】**〕

とら【虎】《名詞》 ①黄褐色の体に黒い縞模様のある、アジアに住むどう猛な獣。「どーぶつえん(動物園)・の・　とら・は・　ね(寝)・とっ・た。」②酔っ払った人。「とら・が・　うた(歌)・を・　うと(歌)ー・て・　とー(通)り・よる。」③プロ野球の阪神タイガース球団。「ことし(今年)・の　とら・は・　よわ(弱)い・なー。」④教科書に準拠して児童・生徒が学習するのを助ける本。「とら・ばっかり・　み(見)・んと・　じぶん(自分)・で・　かんが(考)え・な・　あか・ん。」⑤十二支の３番目の「寅」。「とら・の・　う(生)まれ・や・さかい・　げんき(元気)な・　やつ(奴)・や。」〔④⇒**とらのまき【虎の巻】、だいぜんか【大全科】**。⑤⇒**とら【寅】**〕

どら《感動詞》 相手に呼びかけたり、自分が行動を開始したりするときに発する言葉。「どら・　か(書)い・た・

もん(物)・を・　み(見)せ・てみー。」「どら・　そろそろ・　で(出)かけ・よー・か。」〔⇒**どれ**〕

ドライバー〔どらいばー〕【英語＝driver】《名詞》　ねじ釘の頭の溝に当てて、回して締めたり緩めたりする道具。「ぺんき(ペンキ)・の・　かん(缶)・の・　ふた(蓋)・を・　どらいばー・で・　こぜ・て・　あ(開)ける。」〔⇒**ねじまわし【螺子回し】、もくねじまわし【木螺子回し】**〕

とらがり【虎刈り】《名詞》　頭髪の刈り方がへたで、段になって見えて、まだらの状態であること。「おやじ(親父)・に・　さんぱつ(散髪)し・てもろ・て・　とらがり・に・　なっ・ても・た。」

どらごえ【銅鑼声】《名詞》　太くて、濁った声。「どらごえ・は(張)りあげ・て・　おーえん(応援)・を・　し・た。」

トラック〔とらっく〕【英語＝truck】《名詞》　貨物の運搬に用いられる、後部に荷台のある自動車。「やどが(宿替)え・に・　とらっく・を・　いちだい(一台)・　たの(頼)む。」

どらねこ【どら猫】《名詞》　図々しく人の家などに入ってきて、ふてぶてしい行いなどをする、飼い主のいない猫。「ひろば(広場)・に・　どらねこ・が・　あつ(集)まっ・とる。」〔⇒**のらねこ【野良猫】**〕

とらのまき【虎の巻】《名詞》　教科書に準拠して児童や生徒が学習するのを助ける本。「とらのまき・ばっかり・　み(見)・んと・　ちゃんと・　べんきょー(勉強)せー・よ。」〔⇒**とら【虎】、だいぜんか【大全科】**〕

トラホーム〔とらほーむ〕【ドイツ語＝Trachom】《名詞》　まぶたの裏に粒々ができる、目の感染症。「しょーがっこー(小学校)・の・　ころ(頃)・は・　とらほーむ・に・　かか(罹)っ・た・　もん(者)・が・　おー(多)かっ・た。」

ドラムかん〔どらむかん〕【ドラム缶】《名詞》　ガソリンなどを入れるための、鉄で作った筒型の大きな缶。「どらむかん・に・　あめ(雨)・を・　た(貯)める。」

どらむすこ【どら息子】《名詞》　品行が悪く、怠け者の息子。「うち・の・　どらむすこ・は・　まだ・　しゅーしょく(就職)し・とら・へん・ねん。」

どらやき【銅鑼焼き】《名詞》　小麦粉、卵、砂糖などを原料とした円盤状のカステラ風の生地2枚の間に、小豆でできた餡を挟んだもの。「なん(何)・も・　な(無)い・さかい・　どらやき・でも・　や(焼)い・たろ・か。」■商品化されたものを「みかさ【三笠】」と呼び、家庭で作るものを「どらやき【銅鑼焼き】」と呼ぶ傾向もある。また、餡を入れないものを「どらやき」と呼ぶこともある。〔⇒**みかさ【三笠】**〕

トランク〔とらんく〕【英語＝trunk】《名詞》　旅行に持っていったり、荷物の運搬に使ったりする、がっしりとした大きな鞄。「も(持)っ・ていく・　にもつ(荷物)・を・　しかく(四角)い・　とらんく・に・　つ(詰)める。」

トランス〔とらんす〕【英語＝transformer の略】《名詞》　電柱などに取り付けられている、電圧を変える装置。「でんしんばしら(電信柱)・の・　とらんす・から・　ひ(火)ー・が・　で(出)・て・　びっくりし・た。」

トランプ〔とらんぷ〕【英語＝trump】《名詞》　西洋から伝わった、カードの遊び用具。また、それを使ってする遊び。「とらんぷ・で・　ひちなら(七並)べ・を・　する。」

とり【酉】《名詞》　鶏を表しており、子(ね)から始まる十二支の10番目。「とり・の・　う(生)まれ・や・さかい・　わし・より・　みっ(三)つ・　うえ(上)・や。」〔⇒**とり【鶏】**〕

とり【鶏】《名詞》　①肉や卵を食用とするために飼育され、鶏冠を持ち、翼が小さくて上手に飛べない鳥。「とり・が・　たまご(卵)・を・　う(生)ん・だ。」②十二支の10番目の「酉」。「ねんがじょー(年賀状)・に・　とり・を・　いもばん(芋版)・で・　お(押)す。」〔①⇒**にわとり【鶏】、こけこっこ**。②⇒**とり【酉】**〕

とり【鳥】《名詞》　堅い殻に包まれた卵から生まれ、体の表面に羽毛を持ち、空を飛ぶことのできる動物。「たか(高)い・　そら(空)・を・　とり・が・　と(飛)ん・どる。」

とりあい【取り合い】《名詞、動詞する》　同一のものや、少ない数量のものを、互いに争って奪い合うこと。「とりあいせ・んと・　なかよ(仲良)ー・　わ(分)け・なはれ。」〔⇒**とりやい【(取り合い)】、とんりゃい【(取り合い)】**〕

とりあう【取り合う】《動詞・ワア行五段活用》　互いに争って奪い合う。「とり(鶏)・が・　えさ(餌)・を・　とりおー・とる。」■名詞化＝**とりあい【取り合い】**〔⇒**とんりゃう【(取り合う)】、とりやう【(取り合う)】**〕

とりあげる【取り上げる】《動詞・ガ行下一段活用》　①奪って自分のものとする。「くら(暗)がり・で・　かね(金)・を・　とりあげ・られ・た。」②没収する。無理に取る。しばらく預かる。「じぎょーちゅー(授業中)・に・　まんが(漫画)・を・　よ(読)ん・どっ・て・　とりあげ・られ・た。」③手に取って上げる。「みち(道)・で・　み(見)つけ・て・　とりあげ・たら・　よご(汚)れ・た・　ひゃくえんだま(百円玉)・やっ・た。」■名詞化＝**とりあげ【取り上げ】**〔⇒**とんりゃげる【(取り上げる)】**〕

とりあわす【取り合わす】《動詞・サ行五段活用》　釣り合いがとれるように、違ったものをほどよく組み合わせる。「たけのこ(筍)・に・　わかめ(若布)・を・　とりあわす。」■名詞化＝**とりあわせ【取り合わせ】**

とりあわせ【取り合わせ】《名詞》　違ったものを、ほどよく組み合わせること。また、そのように組み合わせたもの。「いろ(色)・の・　とりあわせ・が・　じょーず(上手)な・　え(絵)・や・なー。」

とりい【鳥居】《名詞》　左右2本の柱の上に笠木をわたした、神社の参道の入り口にある門。「いし(石)・の・　とりい・に・　こいし(小石)・を・　ほ(放)りあげ・て・　と(留)まら・す。」

とりいれる【取り入れる】《動詞・ラ行下一段活用》　外に出していたものを中に入れる。外にあるものを中に入れる。「あめ(雨)・が・　ふ(降)りはじめ・た・さかい・　せんたくもん(洗濯物)・を・　とりいれ・た。」「ぽすと(ポスト)・から・　しんぶん(新聞)・を・　とりいれ・とい・てんか。」〔⇒**とりこむ【取り込む】**〕

とりうちぼう〔とりうちぼー〕【鳥打ち帽】《名詞》　平たくて丸く、ひさしがついている帽子。「とりうちぼー・を・　と(取)っ・て・　おじぎ(辞儀)・を・　する。」〔⇒**とりうちぼうし【鳥打ち帽子】**〕

とりうちぼうし〔とりうちぼーし〕【鳥打ち帽子】《名詞》　平たくて丸く、ひさしがついている帽子。「とりうちぼーし・を・　ぬ(脱)い・で・　しり(尻)・の・　ぽけっと(ポケット)・に・　お(押)しこむ。」〔⇒**とりうちぼう【鳥打ち帽】**〕

とりえ【取り柄】《名詞》　他のものに比べて、特に良いところ。長所。「わし・に・は・　なん(何)・の・　とりえ・も・　あら・へん。」

とりかえす【取り返す】《動詞・サ行五段活用》　①いったん渡したり失ったりしたものを、再び自分のものとする。「か(貸)し・とっ・た・　かね(金)・を・　とりかえし・た。」②以前の良好な状態にする。損なった状態からもとに復元する。「おく(遅)れ・た・　じかん(時間)・を・　とりかえす。」「にゅーいん(入院)し・とっ・た・さかい・

べんきょー(勉強)・を・　とりかえす・の・は・　たいへん(大変)や。」〔⇒**とりかやす**【(取り返す)】、**とりもどす**【取り戻す】〕

とりかえる【取り替える】《動詞・ア行下一段活用》 ①後になって返してもらう約束をして、他の人に代わってお金を払う。「おかね(金)・を・　わす(忘)れ・た・さかい・　ちょっと・　とりかえ・とい・てください・な。」②別のものと交換する。「いた(傷)ん・だ・　たたみ(畳)・を・　とりかえる。」■名詞化＝**とりかえ**【取り替え】〔①⇒**たてかえる**【立て替える】。②⇒**かえる**【代える、替える】〕

とりかかる【取り掛かる】《動詞・ラ行五段活用》 仕事などを始める。着手する。「はよ(早)ー・　とりかから・なんだら・　ねんまつ(年末)・まで・に・　できあ(出来上)がら・へん。」

とりかやす【(取り返す)】《動詞・サ行五段活用》 ①いったん渡したり失ったりしたものを、再び自分のものとする。「ぬす(盗)ま・れ・た・　もん(物)・は・　とりかやせ・なんだ。」②以前の良好な状態にする。損なった状態からもとに復元する。「でんしゃ(電車)・が・　おく(遅)れ・て・　しゅーてん(終点)・まで・に・　とりかやせ・ず・や。」〔⇒**とりかえす**【取り返す】、**とりもどす**【取り戻す】〕

とりくみ【取り組み】《名詞》 相撲などの対戦相手の組み合わせ。「きょー(今日)・の・　とりくみ・に・は・　おもろ(面白)い・のん・が・　ぎょーさん(仰山)・　ある。」

とりけす【取り消す】《動詞・サ行五段活用》 いったん決めたり言ったりしたことを、なかったことにする。「いっぺん(一遍)・　ゆ(言)ー・た・　こと・は・　なかなか・　とりけさ・れ・へん・ぞ。」■名詞化＝**とりけし**【取り消し】

とりこむ【取り込む】《動詞・マ行五段活用》 ①受け入れて、自分のものにしてしまう。「それ・は・　ぼく(僕)・のん・や・さかい・　あんた・が・　とりこん・だら・　あか・ん・やない・か。」②外に出していたものを中に入れる。外にあるものを中に入れる。「あめ(雨)・が・　ふ(降)っ・てき・た・さかい・　せんたくもん(洗濯物)・を・　とりこん・で・か。」〔②⇒**とりいれる**【取り入れる】〕

とりざら【取り皿】《名詞》 料理を取り分けて入れる、小さな皿。「とりざら・に・　い(入)れ・て・　た(食)べる。」

とりしらべ【取り調べ】《名詞》 よくないことを行ったと予想して詳しく調べること。「けーさつ(警察)・の・　とりしらべ・は・　きび(厳)しー・そーや。」

とりしらべる【取り調べる】《動詞・バ行下一段活用》 よくないことを行ったと予想して詳しく調べる。「どろぼー(泥棒)・が・　つか(捕)まっ・て・　とりしらべ・られ・とる・そーや。」■名詞化＝**とりしらべ**【取り調べ】

とりだす【取り出す】《動詞・サ行五段活用》 ①中にあるものを外に移す。「あめ(雨)・で・　ぬ(濡)れ・た・　もん(物)・を・　りゅっく(リュック)・から・　とりだし・た。」②いくつかの中から選んで取る。「おもしろ(面白)そーな・　まんが(漫画)・を・　とりだし・て・　よ(読)む。」■名詞化＝**とりだし**【取り出し】〔②⇒**ぬく**【抜く】〕

とりつぐ【取り次ぐ】《動詞・ガ行五段活用》 両者の間に入って、一方の意思などを相手に伝える。来客のあることを知らせる。「し(知)ら・ん・　ひと(人)・なん・や・さかい・　あんた・から・　とりつい・でくれ・へん・か。」■名詞化＝**とりつぎ**【取り次ぎ】

とりつける【取り付ける】《動詞・カ行下一段活用》 ①器械や付属品などを他のものに装着する。ある場所にきちんと据える。「たな(棚)・を・　とりつけ・てもろ・た。」②承諾を得たり、約束を成立させたりする。「あいつ(彼奴)・と・　いっしょ(一緒)に・　い(行)く・　やくそく・を・　とりつける。」■名詞化＝**とりつけ**【取り付け】

とりひき【取引】《名詞、動詞する》 利益が得られるように、品物を売り買いすること。また、それに伴って受け渡しをすること。「うち・と・　とりひき・の・　ある・　みせ(店)・や・さかい・　やす(安)ー・　ま(負)け・てくれる・やろ。」

とります〔**どります**〕《補助動詞・サ行五段活用》［動詞の連用形に付く］ 動作や状態が継続していることを、丁寧に表現する言葉。「いま(今)・も・　げっぷ(月賦)・を・　はら(払)いつづけ・とります。」「あした(明日)・は・　あめ(雨)・やろー・と・　ふ(踏)ん・どります・ねん。」◆丁寧な気持ちを除外すれば、「とる」を用いて「はらいつづけ・とる。」という言い方になる。〔⇒**てます**〕

とりめ【鳥目】《名詞》 夜や暗いところでは目が見えなくなる病気。夜盲症。「とりめ・や・さかい・　くら(暗)い・　とこ(所)・が・　にがて(苦手)や。」

とりもち【鳥黐】《名詞》 もちの木などの樹皮からとって、小鳥や昆虫などを捕まえるために使う、粘着力のある物質。「とりもち・で・　せみ(蝉)・を・　と(捕)っ・たら・　はね(羽)・を・　いた(傷)め・てまう。」

とりもどす【取り戻す】《動詞・サ行五段活用》 ①いったん渡したり失ったりしたものを、再び自分のものとする。「はら(払)いすぎ・た・　かね(金)・を・　とりもどし・た。」②以前の良好な状態にする。損なった状態からもとに復元する。「がんば(頑張)っ・て・　おく(遅)れ・を・　とりもどし・た。」〔⇒**とりかえす**【取り返す】、**とりかやす**【(取り返す)】〕

どりゃ《名詞＋副助詞》 指示語の「どれ」に、副助詞の「は」が続いて、発音が融合した言葉。どのものは。どのときは。「どりゃ・　わし・の・　くつ(靴)・かいな。」

とりやい【(取り合い)】《名詞、動詞する》 同一のものや、少ない数量のものを、互いに争って奪い合うこと。「おんな(同)じ・　もん(物)・を・　とりあいせ・んとき・なはれ。」「きょーだい(兄弟)・で・　とりやい・なんか・　や(止)め・とけ。」〔⇒**とりあい**【取り合い】、**とんりゃい**【(取り合い)】〕

とりやう【(取り合う)】《動詞・ワア行五段活用》 互いに争って奪い合う。「でんしゃ(電車)・の・　なか(中)・で・　せき(席)・を・　とりやう・の・は・　みっともない。」■名詞化＝**とりやい**【(取り合い)】〔⇒**とりあう**【取り合う】、**とんりゃう**【(取り合う)】〕

どりょく【努力】《名詞、動詞する》 ある目標を達成するために、休んだり怠けたりせずに、一生懸命に取り組むこと。「おまえ・は・　どりょく・が・　た(足)ら・ん。」「ごーかく(合格)・を・　し・たかっ・たら・　もっと・　どりょくし・なはれ。」

とりよせる【取り寄せる】《動詞・サ行下一段活用》 自分の方に持ってこさせる。注文をして届けさせる。「くだもの(果物)・を・　つーしんはんばい(通信販売)・で・　とりよせる。」■名詞化＝**とりよせ**【取り寄せ】

ドリル〔**どりる**〕【英語＝drill】《名詞》 ①モーターなどで刃を回して、穴を開ける工具。「どりる・で・　あな(穴)・を・　あ(開)ける。」②基本的な知識や技術を身につけるために、繰り返して行う練習問題。「かんじ(漢字)・の・　どりる・を・　べんきょー(勉強)し・た。」

とる【取る、採る、摂る】《動詞・ラ行五段活用》 ①ものを手でつかんだり、手のひらの上にのせたりする。「て

(手)・に・　とっ・て・　たし(確)かめる。」②自分のものにする。手に入れる。「ひとつき(一月)・　かかっ・て・　うんてんめんきょ(運転免許)・を・　とっ・た。」③あるものを除き去る。「ふく(服)・の・　よご(汚)れ・を・　とる。」「ぼーし(帽子)・を・　とっ・て・　あいさつ(挨拶)・を・　する。」④人や物を迎え入れる。「むすこ(息子)・に・　よめ(嫁)・を・　とる。」「こども(子供)・に・　まいつき(毎月)・　ざっし(雑誌)・を・　とっ・たる。」⑤収穫する。「ことし(今年)・は・　まめ(豆)・を・　ぎょーさん(仰山)・　とっ・た。」⑥成績や資格などを獲得する。「しけん(試験)・で・　まんてん(満点)・を・　とっ・てん。」⑦選ぶ。「どっち・を・　とる・の・か・　は(早)よ・　き(決)め・てんか。」⑧うまく扱う。うまく合わせる。「こども(子供)・の・　きげん(機嫌)・を・　とる。」「ちょーし(調子)・を・　とっ・て・　からだ(体)・を・　うご(動)かす。」「てびょーし(手拍子)・を・　とる。」⑨身に受ける。「たんじょーび(誕生日)・に・　とし(歳)・を・　とる。」「せきにん(責任)・を・　とる。」⑩記録する。「ろくおんき(録音機)・で・　おと(音)・を・　とる。」「ぼやっと・　せ・ず・に・　めも(メモ)・を・　とれ。」⑪ある行動の仕方をする。「すもー(相撲)・を・　とる。」「みんな(皆)・で・　かるた(歌留多)・を・　とる。」⑫計測して記録する。「ふく(服)・の・　すんぽー(寸法)・を・　とる。」⑬必要とするものを確保する。「じかん(時間)・を・　とっ・て・　しら(調)べ・てみる。」

とる【盗る】《動詞・ラ行五段活用》　自分の所有物でないものをこっそり得て、自分のものにする。「ひと(人)・の・　もん(物)・を・　とっ・たら・　あか・ん。」「あみだな(網棚)・に・　わす(忘)れ・た・　もん・を・　だれ(誰)・か・に・　とら・れ・ても・た。」〔⇒**ぬすむ【盗む】**〕

とる【撮る】《動詞・ラ行五段活用》　写真や映画などを撮影する。「ひさ(久)しぶりに・　ゆき(雪)・が・　つ(積)もっ・た・さかい・　しゃしん(写真)・に・　とっ・とい・た。」

とる【捕る】《動詞・ラ行五段活用》　昆虫や魚などを捕まえたり採集したりする。「とんぼ(蜻蛉)・を・　とる。」「たま(＝網)・で・　めだか(目高)・を・　とっ・た。」

とる〔どる〕《助動詞》　①動作や状態が継続していることを表す言葉。…しつつある。…している。「ずっと・　あめ(雨)・が・　ふ(降)っ・とる。」「ねっしん(熱心)に・　はなし(話)・を・　き(聞)ー・とる。」「にじかん(二時間)・も・　さけ(酒)・を・　の(飲)ん・どる。」②過去の習慣や経験などを表す言葉。「わか(若)い・　ころ(頃)・は・　いっしょー(一升)・の・　さけ(酒)・を・　の(飲)ん・どっ・た。」③相手や第三者の行動を非難する気持ちで使う言葉。「ひと(人)・の・　はなし(話)・を・　き(聞)か・んと・　しゃべ(喋)っ・とる。」「じぶん(自分)・で・　かんが(考)える・　こと(事)・を・　し・とら・へん。」④動作や状態が終了したり完結したりしていることを表す言葉。…してしまっている。「ばん(晩)・の・　ま(間)ー・に・　あめ(雨)・が・　ふ(降)っ・とる。」「その・　はなし(話)・は・　まえ(前)・に・　き(聞)ー・とる。」「いっしょーびん(一升瓶)・を・　から(空)に・　し・とる。」〔⇒**とう**。①②②⇒**よる**。①④⇒**ている【て居る】**、**ておる【て居る】**〕

どれ【何】《代名詞》　はっきりと一つには限定できないもの。いくつかの中から選ぼうとするもの。「どれ・が・　ほ(欲)しー・の・か。」「どれ・も・　い(要)ら・ん。」〔⇒**どい【(何)】**、**どいつ【何奴】**〕

どれ《感動詞》　相手に呼びかけたり、自分が行動を開始したりするときに発する言葉。「どれ・　いっぺん(一遍)・　およ(泳)い・でみ・なはれ。」「どれ・　ふろ(風呂)・を・　た(焚)き・まほ・か。」〔⇒**どら**〕

どれい〔どれー〕【奴隷】《名詞》　人間としての基本的な権利や自由が認められておらず、他者に命じられて労役に従事させられる人。「いまどき(今時)・　どれー・なんか・　おら・へん・やろ。」

どれでも《副詞》　ある範囲内にあるものを自由に選んでもよいということを表す言葉。ある範囲内にあるものに区別はないということを表す言葉。「どれでも・　いっこ(一個)・　ひゃくえん(百円)・です。」〔⇒**どれなと**、**どれでもこれでも**、**どれなとこれなと**〕

どれでもこれでも《副詞》　ある範囲内にあるものを自由に選んでもよいということを表す言葉。ある範囲内にあるものに区別はないということを表す言葉。「どれでもこれでも・　ほ(欲)しかっ・たら・　あげ・まっ・せ。」〔⇒**どれでも**、**どれなと**、**どれなとこれなと**〕

どれなと《副詞》　ある範囲内にあるものを自由に選んでもよいということを表す言葉。ある範囲内にあるものに区別はないということを表す言葉。「どれなと・　す(好)きな・ん・を・　も(持)っ・ていき・なはれ。」〔⇒**どれでも**、**どれでもこれでも**、**どれなとこれなと**〕

どれなとこれなと《副詞》　ある範囲内にあるものを自由に選んでもよいということを表す言葉。ある範囲内にあるものに区別はないということを表す言葉。「どれなとこれなと・　みっ(三)つ・で・　せんえん(千円)・で・　う(売)り・ます。」〔⇒**どれでも**、**どれなと**、**どれでもこれでも**〕

どれにしようかな　うらのごんべえさんにきいたら　よくわかる　うらからまわって　さんげんめ　おもてのかんばん　しゃみせんよ　ぷりっ　ぷりっ　ぷりっ【どれにしようかな　裏の権兵衛さんに訊いたらよくわかる　裏から回って三軒目　表の看板三味線よ　ぷりっ　ぷりっ　ぷりっ】《唱え言葉》　いくつかのものから一つを選ぶときに、はっきり決められなくて、唱えながら決めようとするときに使う言葉。一つ一つを指していって、「ぷりっ　ぷりっ　ぷりっ」の最後の「ぷりっ」に当たったものを選ぶことをする。

どれもこれも【どれも此も】《副詞》　一つ残らずみんな。「どれもこれも・　おい(美味)しかっ・た。」〔⇒**どいつもこいつも【何奴も此奴も】**〕

とれる【取れる】《動詞・ラ行下一段活用》　①ついていたものが、離れて落ちる。「ぼたん(ボタン)・が・　とれ・た。」②疲れや痛みなどがなくなる。「かゆ(痒)み・が・　とれ・た。」③調和した状態になる。「つりあい・が・　とれる。」④得ることができる。「はちじゅってん(八十点)・ぐらい・は・　とれる。・　とち(土地)・や。」

とれる【捕れる、採れる】《動詞・ラ行下一段活用》　作物・漁獲物などが得られる。それの出産地である。「えび(海老)・が・　いっぱい(一杯)・　とれ・た。」「どて(土手)・で・　つくし(土筆)・が・　とれる。」「え(良)ー・　こめ(米)・が・　とれる・　とち(土地)・や。」

とれる【撮れる】《動詞・ラ行下一段活用》　写真を写すことができる。写真に写る。「これ・は・　だれ(誰)・でも・　じょーず(上手)に・　とれる・　かめら(カメラ)・や。」「え(良)ー・　かお(顔)・に・　とれ・とる。」

どろ【泥】《名詞》　①水が混じって軟らかくなった土。「みぞ(溝)・の・　そこ(底)・に・　どろ・が・　た(溜)まる。」②土を含んで、濁っている水。「ずぼん(ズボン)・に・　どろ・が・　は(撥)ねる。」〔②⇒**どろみず【泥水】**〕

とろい《形容詞・オイ型》 ①動いたり考えたりする力がすばしこくない。鈍感で、まだるっこい。「なんべん(何遍)・ せつめー(説明)し・ても・ わかっ・てくれ・へん・ とろい・ やつ(奴)・や・なー。」②ものの動きや回転が弱くてゆっくりしている。「この・ せんぷーき(扇風機)・は・ とろい・ かぜ(風)・しか・ こ(来)・ん・なー。」「しでん(市電)・は・ ばす(バス)・より・ とろい・なー。」③水や液体の流れや、火の勢いなどが弱い。「とろい・ なが(流)れかた・を・ する・ みぞ(溝)・や。」④たいした負担にはならない。「そんな・ とろい・ しごと(仕事)・やっ・たら・ いちにち(一日)・で・ でける。」〔⇒**とろこい、とろくさい、ちょろい、ちょろこい、ちょろくさい。①②⇒にぶい【鈍い】**〕

どろうみ【泥海】《名詞》 ①泥水の混じった海水。「かわ(川)・から・ なが(流)れで・た・ みず(水)・で・ どろうみ・に・ なっ・た。」②広い範囲に洪水が起こっていること。あたり一面がぬかるんでいること。「すいがい(水害)・で・ まち(町)・が・ どろうみ・に・ なっ・ても・とる。」

とろかす《動詞・サ行五段活用》 固まっていたものに水や熱などを加えて、柔らかくさせたり、どろどろに溶かしたりする。「た(炊)い・て・から・ かたくりこ(片栗粉)・を・ い(入)れ・て・ とろかす。」■他動詞は「とろける」

とろくさい《形容詞・アイ型》 ①動いたり考えたりする力がすばしこくない。鈍感で、まだるっこい。「とろくさい・ あたま(頭)・や・さかい・ よー・ けーさんちが(計算違)い・を・ する。」「はし(走)る・の・が・ とろくさい・ やつ(奴)・や。」②ものの動きや回転が弱くて遅い。「この・ もーたー(モーター)・は・ まー(回)りかた・が・ とろくさい。」③水や液体の流れや、火の勢いなど弱い。「せっかく・ み(見)・に・ き(来)・た・けど・ とろくさい・ たき(滝)・で・ おもろ(面白)なかっ・た。」④たいした負担にはならない。「とろくそー・て・は(張)りあい・の・ ない・ しごと(仕事)・や。」〔⇒**とろい、とろこい、ちょろい、ちょろこい、ちょろくさい。①②⇒にぶい【鈍い】**〕

どろくさい【泥臭い】《形容詞・アイ型》 ①洗練されていない。田舎風である。「どろくさい・ しばい(芝居)・や・なー。」②泥の臭いがする。「しんさい(震災)・の・ あと(後)・は・ まち(町)・が・ どろくさかっ・た。」

とろける《動詞・カ行下一段活用》 固まっていたものに熱などが加わって、柔らかくなったり、どろどろに溶けたりする。溶けて形が崩れる。「なつ(夏)・は・ ちょこれーと(チョコレート)・が・ とろけ・てまう。」「あいすくりーむ(アイスクリーム)・が・ くち(口)・の・ なか(中)・で・ とろけ・た。」「あつ(暑)ー・て・ みち(道)・の・ あすふぁると(アスファルト)・が・ とろける。」■他動詞は「とろかす」

とろこい《形容詞・オイ型》 ①動いたり考えたりする力がすばしこくない。鈍感で、まだるっこい。「とろこい・ やつ(奴)・で・ き(気)・が・ き(利)か・へん。」②ものの動きや回転が弱くて遅い。「この・ かいろ(懐炉)・は・ とろこー・て・ なかなか・ ぬく(温)ーなっ・てこ・ん。」③水や液体の流れや、火の勢いなど弱い。「すいどー(水道)・の・ で(出)ー・が・ とろこい。」④たいした負担にはならない。「そんな・ しごと(仕事)・を・ いちじかん(一時間)・で・ やれ・と・ ゆ(言)ー・の・は・ とろこい・ こと・や。」〔⇒**とろい、とろくさい、ちょろい、ちょろこい、ちょろくさい。①②⇒にぶい【鈍い】**〕

トロッコ〔とろっこ〕【英語＝truck】《名詞》 レールの上を、土や石などを載せて手で押して運ぶ、工事用の車。「とろっこ・に・ つち(土)・を・ つ(積)む。」

どろつち【泥土】《名詞》 水気のある軟らかい土。ぬかるんだ状態になっている土。「たんぼ(田圃)・の・ どろつち・が・ ふく(服)・に・ つ(付)い・た。」

とろっと《副詞、動詞する》 液体などに粘り気がある様子。「につ(煮詰)め・ていっ・たら・ とろっと・ し・てき・た。」〔⇒**とろんと、とろとろ、とろんとろん**〕

どろっと《副詞、動詞する》 ①粘り気があったり、濁ったりしている様子。「とんかつ(豚カツ)・に・ どろっと・ し・た・ そーす(ソース)・を・ かける。」②多量のものがまとまっている様子。「おく(奥)・から・ ふるほん(古本)・を・ どろっと・ だ(出)し・てき・た。」③勢いや量が急に変化する様子。「いえ(家)・に・ つ(着)い・たら・ つか(疲)れ・が・ どろっと・ で(出)・た。」〔①⇒**どろどろ、どろんどろん。③⇒どっと**〕

ドロップ〔どろっぷ〕【英語＝drops】《名詞》 砂糖に果汁や香料などを加えて作った、小粒の硬い飴。「のど(喉)・が・ いた(痛)い・さかい・ どろっぷ・を・ な(舐)める。」

とろとろ《副詞と、形容動詞や(ノ)、動詞する》 ①液体などに粘り気がある様子。「おかゆ(粥)・が・ とろとろに・ なる・よーに・ た(炊)く。」②ゆっくりと時間をかけて煮る様子。「とろとろと・ じかん(時間)・を・ かけ・て・ た(炊)く。」③浅く眠っている様子。半ば眠り半ば覚めているような様子。「いつ・の・ ま(間)・に・やら・ えんがわ(縁側)・で・ とろとろし・とっ・た。」④水や液体が少しずつ流れ出る様子。「とろとろと・ みずも(水漏)れ・が・ し・とる。」⑤ものがゆっくり動いたり回転したりする様子。ものごとをゆっくり行う様子。「じゅーたい(渋滞)・で・ くるま(車)・が・ とろとろ・ はし(走)る。」⑥動作がきびきびしていない様子。「とろとろし・た・ しごと(仕事)・を・ せ・んと・ もっと・ はよ(速)ー・に・ せー。」〔**①⇒とろっと、とろんと、とろんとろん。③⇒うとうと、うつらうつら。④⑤⇒ちょろちょろ。⑤⇒のろのろ、のそのそ。⑥⇒だらだら**〕

どろどろ《形容動詞や(ノ)、動詞する》 粘り気があったり、濁ったりしている様子。「たいふー(台風)・の・ あと(後)・は・ かわ(川)・の・ みず(水)・が・ どろどろし・とる。」「どろどろの・ そーす(ソース)・を・ かける。」〔⇒**どろんどろん、どろっと**〕

とろび【とろ火】《名詞》 料理をする際に加減する、弱く燃える火。「かれー(カレー)・を・ とろび・で・ につ(煮詰)め・ていく。」

どろぼう〔どろぼー〕【泥棒】《名詞、動詞する》 他人のものをこっそり取って、自分のものとすること。また、そのようにする人。「きのー(昨日)・の・ ばん(晩)・ どろぼー・に・ はい(入)ら・れ・た。」〔⇒**ぬすっと【盗人】**〕

どろみず【泥水】《名詞》 土砂を含んで、濁っている水。「みぞ(溝)・に・ どろみず・が・ なが(流)れこん・どる。」〔⇒**どろ【泥】**〕

とろろ《名詞》 ①擦ってとろろ汁にする、つくね芋や山の芋。「ねんまつ(年末)・に・は・ わす(忘)れ・ん・よーに・ とろろ・を・ か(買)う。」②つくね芋や山の芋を擦りおろして、すまし汁などに混ぜたもの。「しょーがつふつか(正月二日)・の・ あさ(朝)・は・ とろろ・を・

た(食)べる。」③乾燥した昆布を細かく切って糸状にしたもの。「すましじる(汁)・に・　とろろ・を・　い(入)れる。」〔①⇒**とろろいも【とろろ芋】**。②⇒**とろろじる【とろろ汁】**。③⇒**とろろこぶ【とろろ昆布】**〕

とろろいも【とろろ芋】《名詞》 擦ってとろろ汁にする、つくね芋や山の芋。「とろろいも・を・　す(擦)っ・て・　だし(出汁)・を・　ま(混)ぜる。」〔⇒**とろろ**〕

とろろこぶ【とろろ昆布】《名詞》 乾燥した昆布を細かく切って糸状にしたもの。「とろろこぶ・を・　ごはん(御飯)・に・　のせる。」〔⇒**とろろ**〕

とろろじる【とろろ汁】《名詞》 つくね芋や山の芋を擦りおろして、すまし汁などに混ぜたもの。「とろろじる・を・　ごはん(御飯)・に・　かけ・て・　た(食)べる。」〔⇒**とろろ**〕

とろんと《副詞、動詞する》 ①目や頭などがさえない様子。寝ぼけている様子。「め(目)ー・を・　さ(覚)まし・た・ばっかりで・　とろんとし・とる。」「あたま(頭)・が・　とろんとし・て・　はたら(働)か・へん。」②力がみなぎっておらず、だらしがない様子。「とろんと・　はし(走)っ・とっ・たら・　みんな(皆)・に・　ぬ(抜)か・れ・てまう・がな。」③液体などに粘り気がある様子。「とろんとし・た・　かれー(カレー)・が・　す(好)きや。」〔②⇒**だらんと**。③⇒**とろっと、とろとろ、とろんとろん**〕

とろんとろん《形容動詞や(ノ)、動詞する》 液体などに粘り気がある様子。「おかゆ(粥)・が・　とろんとろんに・　なっ・てき・た。」〔⇒**とろとろ、とろっと、とろんと**〕

どろんどろん《形容動詞や(ノ)、動詞する》 粘り気があったり、濁ったりしている様子。「なべ(鍋)・の・　なか(中)・が・　につ(煮詰)まっ・て・　どろんどろんに・　なっ・た。」〔⇒**どろどろ、どろっと**〕

どわすれ【度忘れ】《名詞、動詞する》 よく知っているはずであるのに、ふと忘れてしまって、どうしても思い出せないこと。「きのー(昨日)・　き(聞)ー・た・ばっかり・の・　なまえ(名前)・を・　どわすれし・た。」

トン〔**とん**〕【英語＝ton】《名詞》 ①メートル法の重さの単位で、「キロ」の1000倍にあたる重さ。「よん(四)とんづ(積)み・の・　とらっく(トラック)・に・　の(載)せる。」②船の容積や重さを表す単位。「いちまん(一万)とん・も・　ある・　おー(大)けな・　ふね(船)・に・　の(乗)る。」

どん《接頭語》 ①その程度が甚だしいということを、非難する気持ちをこめて強調する言葉。「どんけち(吝嗇)」「どんがら(柄)」「どんげつ(穴)」②ちょうどそれに相当するということを強調する言葉。「どんまんなか(真ん中)」〔⇒**ど**〕

とんカツ〔**とんかつ**〕【豚 ＋ 英語＝cutletの略】《名詞》 豚の肉を平たく切って、小麦粉やパン粉などをつけて、油で揚げたもの。「こんびに(コンビニ)・で・　とんかつ・の・　べんとー(弁当)・を・　こ(買)ー・てき・た。」

どんがね【(胴金)】《名詞》 独楽などの回りにはめてある、小さな鉄板。「どんがね・が・　つ(付)い・とる・　ごま(独楽)・は・　おも(重)たい。」

どんがら【どん柄】《名詞》 人や動物の体の輪郭について受ける感じ。体ぜんたいの姿。体つきの程度。「おー(大)けな・　どんがら・　し・やがっ・て・　はし(走)る・の・が・　おそ(遅)い・なー。」◆特に、悪しざまに言うときに使う言葉である。〔⇒**から【柄】、がら【柄】、ずうたい【図体】、なり【(形)】**〕

とんがらかす【尖らかす】《動詞・サ行五段活用》 ①先を細く、鋭くする。「えんぴつ(鉛筆)・を・　とんがらかす。」②高まった感情を態度などに表す。「そない・に・　め(目)ー・を・　とんがらかさ・ん・でも・　え(良)ー・やろ。」■自動詞は「とんがる【尖る】」「とがる【尖る】」〔⇒**とんがらす【尖らす】**。①⇒**とげる【尖げる】**〕

とんがらし【(唐辛子)】《名詞》 細長い実が深紅色になり、香辛料として使われる植物。また、その実を乾燥させて粉にしたもの。「とんがらし・を・　い(入)れ・て・　つけもん(漬物)・を・　つ(漬)ける。」「うどん(饂飩)・に・　とんがらし・を・　かける。」〔⇒**とうがらし【唐辛子】**〕

とんがらす【尖らす】《動詞・サ行五段活用》 ①先を細く、鋭くする。「はり(針)・の・　さき(先)・を・　とんがらす。」②高まった感情を態度などに表す。「くち(口)・を・　とんがらし・て・　おこ(怒)っ・とる。」■自動詞は「とんがる【尖る】」「とがる【尖る】」〔⇒**とんがらかす【尖らかす】**。①⇒**とげる【尖げる】**〕

とんがる【尖る】《動詞・ラ行五段活用》 ①先が細くて、鋭くなる。「とんがっ・た・　やね(屋根)・が・　きょーかい(教会)・や。」「とんがっ・て・　み(見)える・　やま(山)・に・　のぼ(登)る。」②高まった感情が態度などに表れる。「あさ(朝)・から・　とんがっ・とら・んと・　にっこり・　せー。」■他動詞は「とんがらす【尖らす】」「とんがらかす【尖らかす】」「とげる【尖げる】」〔①⇒**とがる【尖る】**〕

どんかん【鈍感】《形容動詞や(ナ)》 感覚や感じ方が鈍い様子。「お(落)としもの・を・　し・ても・　き(気)・が・　つか・ん・よーな・　どんかんな・　やつ(奴)・や・なー。」■対語＝「びんかん【敏感】」

どんくさい【鈍臭い】《形容詞・アイ型》 感覚や感じ方が鈍い。動作が緩慢で不器用である。頭の働きが鋭くない。「じてんしゃ(自転車)・で・　こけ・て・　どんくさい・やつ(奴)・や。」「かんたん(簡単)な・　けーさん(計算)・を・　まちが(間違)え・て・　どんくさい・ぞー。」

どんぐり【団栗】《名詞》 樫・椚・楢などの、椀の形をした殻に入っている実。「どんぐり・を・　ひら(拾)い・に・　い(行)く。」◆総体的に「ばべのみ【ばべの実】」と言ってしまうことがある。

どんぐりめ〔**どんぐりめー**〕【団栗目】《名詞》 丸くて大きく、くりくりした目。「どんぐりめ・の・　かい(可愛)らしー・　おんな(女)のこ・が・　き(来)・た。」「おー(大)けな・　どんぐりめ・で・　にら(睨)ま・れ・た。」

どんけつ【どん穴】《名詞》 ①腰の後ろ下で、腰掛けるときに下につく、肉のふっくらした部分。動物の胴体の後部で、肛門のあるあたり。臀部。「おー(大)けな・　どんけつ・　し・た・　ひと(人)・が・　わ(割)りこん・で・　すわ(座)っ・た。」②順位をつけたときの後ろの位置。最も後ろの順位。最後尾。最下位。「あいつ・は・　はし(走)っ・たら・　いつも・　どんけつ・や。」「どんけつ・で・も・　ごーかく(合格)・が・　でけ(出来)・たら・　ありがたい・　こと・や。」③前後のあるものの後ろの部分。列などの末尾の位置。「ぎょーれつ(行列)・の・　どんけつ・は・　どこ・や。」〔⇒**しり【尻】、けつ【穴】、どんげつ【(どん穴)】、どんじり【どん尻】**。②⇒**げつ【(穴)】、げっつう【(穴)】、げっとう【(穴等)】、げっとくそ【(穴等糞)】、げっとうしょう【(穴等賞)】、べっとう【(穴等)】、べっとくそ【(穴等糞)】、べっとうしょう【(穴等賞)】、びり**。③⇒**しっぽ【尻尾】**〕

どんげつ【(どん穴)】《名詞》 ①腰の後ろ下で、腰掛けるときに下につく、肉のふっくらした部分。動物の胴体の後部で、肛門のあるあたり。臀部。「どんげつ・が・

おー(大)きすぎ・て・　いす(椅子)・が・　こ(小)まい・なー。」②順位をつけたときの後ろの位置。最も後ろの順位。最後尾。最下位。「はじ(初)め・は・　はや(速)かっ・た・けど・　しま(終)い・に・は・　どんげつ・に・なっ・ても・た。」③前後のあるものの後ろの部分。列などの末尾の位置。「ろーぷ(ロープ)・の・　どんげつ・を・　はしら(柱)・に・　くく(括)る。」〔⇒**しり**【尻】、**けつ**【穴】、**どんけつ**【どん穴】、**どんじり**【どん尻】。②⇒**げつ**【(穴)】、**げっつう**【(穴)】、**げっとう**【(穴等)】、**げっとくそ**【(穴等糞)】、**げっとうしょう**【(穴等賞)】、**べっとう**【(穴等)】、**べっとくそ**【(穴等糞)】、**べっとうしょう**【(穴等賞)】、**びり**。③⇒**しっぽ**【尻尾】〕

ドンゴロス〔**どんごろす**〕【英語＝dungaree から】《名詞》　麻の繊維を編んで作った布。また、それで作った袋。「すな(砂)・を・　どんごろす・の・　ふくろ(袋)・に・い(入)れる。」「どんごろす・の・　どのー(土嚢)・に・すな(砂)・を・　つ(詰)める。」

どんじり【どん尻】《名詞》　①腰の後ろ下で、腰掛けるときに下につく、肉のふっくらした部分。動物の胴体の後部で、肛門のあるあたり。臀部。「ぞー(象)・は・おー(大)けな・　どんじり・や・のー。」②順位をつけたときの後ろの位置。最も後ろの順位。最後尾。最下位。「せーせき(成績)・が・　どんじり・で・　は(恥)ずかしー。」③前後のあるものの後ろの部分。列などの末尾の位置。「ぎょーれつ(行列)・の・　どんじり・は・　いっちょー(一丁)・ほど・　うし(後)ろ・や。」〔⇒**しり**【尻】、**けつ**【穴】、**どんけつ**【どん穴】、**どんげつ**【(どん穴)】。②⇒**げつ**【(穴)】、**げっつう**【(穴)】、**げっとう**【(穴等)】、**げっとくそ**【(穴等糞)】、**げっとうしょう**【(穴等賞)】、**べっとう**【(穴等)】、**べっとくそ**【(穴等糞)】、**べっとうしょう**【(穴等賞)】、**びり**。③⇒**しっぽ**【尻尾】〕

とんする〔**とーんする**〕《動詞・サ行変格活用》　急に、上から下へ位置が変わる。「まど(窓)・を・　ふ(拭)く・の・は・　え(良)ー・けど・　とんせ・ん・よーに・　き(気)ー・つけよ。」「だんばしご(段梯子)・から・　とーんし・たら・　けが(怪我)する・よ。」◆幼児語。〔⇒**おちる**【**落ちる**】〕

とんち【頓知】《名詞》　場面や状況に応じて即席にあらわれる知恵や、切り抜け方。「いっきゅー(一休)さん・の・　とんち・の・　はなし(話)・は・　おもろ(面白)い・なー。」

とんちき《名詞》　ぼんやりしていて気の利かない馬鹿者。他の人たちとは異なって、変わった考えなどを持っている者。「あいつ(彼奴)・は・　とんちき・や・さかい・　なに(何)・を・　い(言)ーだ(出)す・やら・　わから・へん。」

とんちゃく【頓着】《名詞、動詞する》　ものごとを気にかけること。何かにとらわれること。「ひと(人)・の・　ゆ(言)ー・　こと・に・　とんちゃく・を・　せ・ん・　やつ(奴)・や。」

とんちんかん【頓珍漢】《形容動詞や(ナ・ノ)》　言ったり行ったりすることが、ちぐはぐである様子。間が抜けたり、的はずれであったりして、うまくかみ合わない様子。「ねとぼ(寝惚)け・て・　とんちんかんな・　こと・を・　ゆ(言)ー。」「あんた・の・　こた(答)え・は・　とんちんかんや。」

とんでいく【飛んで行く、跳んで行く】《動詞・カ行五段活用》　①急いで移動する。「じっぷんかん(十分間)・で・　とんでいっ・てくる・さかい・　ま(待)っ・とっ・てんか。」②空中を飛んで、移動する。「あめりか(アメリカ)・まで・は・　とんでいか・な・　しょーがない。」〔①⇒**はしっていく**【**走って行く**】〕

とんと《副詞》　①そのことを強く否定する気持ちを表す言葉。まったく問題にならないという様子を表す言葉。「ひと(人)・に・は・　とんと・　おし(教)え・てくれ・へん。」「とんと・　おも(思)いださ・れ・へん。」②全くそのようである様子。すっかり。「それ・は・　とんと・むかし(昔)・の・　こと・や。」◆①は、後ろに打ち消しの言葉を伴うことが多い。〔⇒**てんと**。①⇒**ねっから**【**根っから**】、**ねからはから**【**根から葉から**】、**まるきり**【**丸きり**】、**まるっきり**【**丸っきり**】、**てんで**、**ぜんぜん**【**全然**】〕

とんど《名詞、動詞する》　①庭や広場や路上などで、落ち葉、木切れ、紙屑などを集めて燃やすこと。また、その火。「ひろば(広場)・で・　とんど・を・　し・て・　ぬく(温)もる。」②正月飾りを燃やすこと。左義長。「じゅーよっか(十四日)・の・　ばん(晩)・に・　とんどし・て・おしめ・を・　も(燃)やす。」◆②の場合、正月飾りを焼いたあとの灰は、家の建物の周りに、間隔をおいて置いておくのが習慣であった。〔①⇒**たきび**【**焚き火**】〕

とんとん《形容動詞や(ノ)》　①収支の均衡がとれていて、損も得もない様子。「こ(買)ー・た・　ね(値)ー・と・とんとんで・　う(売)っ・た・さかい・　ひと(一)っつも・　もー(儲)から・へん。」②程度や勢いなどが同じぐらいで、優劣がつけられない様子。力などが釣り合っている様子。互角である様子。「とんとんの・　ちから(力)・や・さかい・　どっち・が・　か(勝)つ・か・わから・へん。」〔②⇒**ちょぼちょぼ**、**どっこいどっこい**〕

とんとん《副詞と》　ものごとが滑らかに、うまく進む様子。「はなし(話)・が・　とんとんと・　まと(纏)まっ・た。」

とんとん《副詞と》　ものを続けざまに軽く叩く様子。「おやじ(親父)・の・　かた(肩)・を・　とんとんと・　たた(叩)い・てやる。」

どんどん《副詞と》　①同じようなものごとがとどこおりなく、次々と続いていく様子。「しごと(仕事)・が・どんどんと・　すす(進)む。」「おきゃく(客)・が・　どんどんと・　き(来)・て・　どんどんと・　もー(儲)かる。」②止めることができないほど、次々と続いていく様子。「ゆき(雪)・が・　どんどん・　ふ(降)っ・てき・た。」③その傾向が強まっていく様子。「どんどん・　のぼりざか(坂)・に・　なっ・ていっ・た。」④遠慮せずにものごとを行う様子。「どんどん・　た(食)べ・てください。」〔①④⇒**どしどし**〕

どんどん《副詞と》　大きな音をたてて、ものを続けて強く叩く様子。「と(戸)ー・を・　どんどんと・　たた(叩)い・て・　し(知)らせる。」

どんな《連体詞》　形や状態などが、どのような。どれほどの程度の。「どんな・　かっこー(格好)・の・　はこ(箱)・が・　よろしい・か。」「どんな・　いろ(色)・の・　ふく(服)・が・　す(好)きでっ・か。」「どんな・　とこ(所)・へ・　い(行)っ・たら・　おし(教)え・てもらえる・ん・やろ。」〔⇒**どないな**〕

どんならん《連体詞》　どうにもならなくて、困ったことである。状況が好転する様子がなくて、どうにも仕方がない。「どない・　こない・　い(言)わ・れ・ても・　どんならん・　こと(事)・です・ねん。」「な(泣)い・て・ばっかり・　おっ・て・　どんならん・　こ(子)ー・や。」「あめ(雨)・ばっかり・　つづ(続)い・て・　どんならん。」◆「どう・に・も・なら・ん」の発音が融合した言葉である。

文末に使われて述語のような働きをすることがあるが、それは「どんならん・　こと・や。」の末語が省略されたものである。〔⇒**どんなん**〕

どんなん《名詞》　形や状態などが、どのようなもの。どれほどの程度のもの。「あんた・が・　す(好)きな・ん・は・　どんなん・です・か。」「どんなん・を・　こ(買)ー・てい き・ましょ・か。」〔⇒**どないなん**〕

どんなん《連体詞》　どうにもならなくて、困ったことである。状況が好転する様子がなくて、どうにも仕方がない。「このごろ・は・　あめ(雨)・が・　ふ(降)りつづい・て・　どんなん・　こと・や。」「きゅー(急)に・　どんなん・　はなし(話)・が・　わ(湧)い・てき・た。」「はら(腹)・が・　へ(減)っ・て・　どんなん。」◆「どう・に・も・なら・ん」の発音が融合した言葉である。文末に使われて述語のような働きをすることがあるが、それは「どんなん・　こと・や。」の末語が省略されたものである。〔⇒**どんならん**〕

トンネル〔**とんねる**〕【英語 = tunnel】《名詞》　地中に穴を開けて鉄道や道路などを通して、通ることができるようにしたもの。「しんかんせん(新幹線)・は・　とんねる・が・　おー(多)い。」「うみ(海)・の・　そこ(底)・の・　とんねる・を・　とー(通)っ・て・　きゅーしゅー(九州)・へ・　い(行)く。」

とんび【鳶】《名詞》　①空中を輪を描いて飛ぶ、焦げ茶色をした、鷹の一種の大型の鳥。「とんび・が・　くるくる・　ま(回)わっ・て・　と(飛)ん・どる。」②男性が和服の上に着ることが多い、幅が広く長い袖をした厚手の外套。「むかし(昔)・は・　とんび・を・　き(着)・た・　ひと(人)・が・　おっ・た・なー。」

どんぴしゃ《形容動詞や(ノ)》①２つのものが少しの狂いもなく、ぴったりと当てはまる様子。「はこ(箱)・の・　なか(中)・に・　どんぴしゃで・　おさ(収)まっ・た。」②計算や予想などがぴったり合う様子。「よそー(予想)・が・　どんぴしゃに・　あ(当)たっ・た。」〔⇒**どんぴしゃり**〕

どんぴしゃり《形容動詞や(ノ)》　①２つのものが、少しの狂いもなく、ぴったりと当てはまる様子。「いた(板)・と・　いた(板)・と・が・　どんぴしゃりで・　すきま(隙間)・は・　でけ(出来)・なんだ。」②計算や予想などがぴったり合う様子。「たて(縦)・と・　よこ(横)・の・　ごーけー(合計)・が・　どんぴしゃりで・　お(合)ー・た。」〔⇒**どんぴしゃ**〕

とんびゃがる【(飛び上がる)、(跳び上がる)】《動詞・ラ行五段活用》　①勢いをつけて、高いところへはね上がる。身をおどらせるようにして、低いところから上に動く。「とんびゃがっ・て・　ぼーる(ボール)・を・　う(受)ける。」「か(勝)っ・て・　とんびゃがっ・て・　よろこ(喜)ぶ。」「ひこーき(飛行機)・が・　とんびゃがっ・ていく。」■対語＝「とびおりる【飛び下りる、跳び下りる】」〔⇒**とびあがる**【飛び上がる、跳び上がる】〕

とんびゃるく【(飛び歩く)】《動詞・カ行五段活用》　同じところに長く留まらずに、方々へ行く。忙しくあちこち動き回る。「あっちこっち・　とんびゃるく・　こと・なんか・　や(止)め・て・　お(落)ちつき・なはれ。」〔⇒**とびあるく**【飛び歩く】〕

とんぷく〔**とんぶく**〕【頓服】《名詞》　常用するのではなく、症状が現れたときに一度だけ服用する薬。「かぜ(風邪)・を・　ひー・た・　とき(時)・に・　とんぷく・を・　の(飲)ん・だ。」

どんぶらこ《副詞と》　水などに浮かんでいる様子を表す言葉。浮き沈みしながら漂っている様子を表す言葉。「どんぶらこ・　どんぶらこと・　もも(桃)・が・　なが(流)れ・てき・た・ん・や・と。」〔⇒**どんぶりこ**〕

どんぶり【丼】《名詞》　①深くて厚みのある、陶器の鉢。「どんぶり・に・　うどん(饂飩)・を・　い(入)れる。」②深くて厚みのある、陶器の鉢に飯を入れて、おかずを上に盛った食べ物。「おやこ(親子)どんぶり・を・　こしらえる。」〔①⇒**どんぶりばち**【丼鉢】。②⇒**どんぶりめし**【丼飯】〕

とんぶりがいす【(とんぶり返す)】《動詞・サ行五段活用》　①表と裏を反対にする。裏返しにする。「かみ(紙)・を・　とんぶりがいし・て・　うらがー(裏側)・に・　めも(メモ)・を・　か(書)く。」②転覆させる。横倒しにさせる。「しょーとつ(衝突)し・て・　こ(小)まい・　ふね(船)・を・　とんぶりがいし・た。」③関係や立場を逆転させる。「ほーむらん(ホームラン)・で・　とんぶりがいし・て・　か(勝)っ・た。」■自動詞は「とんぶりがいる【(とんぶり返る)】」〔⇒**ひっくりかえす**【ひっくり返す】、**ひっくりかやす**【(ひっくり返す)】、**ひっくりかいす**【(ひっくり返す)】、**とんぶりがえす**【とんぶり返す】、**とんぶりがやす**【(とんぶり返やす)】。①⇒**かえす**【返す】、**かやす**【(返す)】、**かいす**【(返す)】〕

とんぶりがいる【(とんぶり返る)】《動詞・ラ行五段活用》　①表と裏が反対になる。裏返しになる。「もけーひこーき(模型飛行機)・が・　とんぶりがいっ・た・まま・　そら(空)・を・　と(飛)ん・どる。」②転覆する。横倒しになる。「どしゃくず(土砂崩)れ・で・　じどーしゃ(自動車)・が・　とんぶりがいっ・とる。」③倒れる。「めまい(目眩)・が・　し・て・　とんぶりがいっ・ても・てん。」④関係や立場が逆転する。「よそー(予想)・と・　ちご(違)・て・　とんぶりがいっ・て・　らくせん(落選)し・ても・た。」■他動詞は「とんぶりがいす【(とんぶり返す)】」〔⇒**とんぶりがえる**【とんぶり返る】、**とんぶりがやる**【(とんぶり返る)】、**ひっくりかえる**【ひっくり返る】、**ひっくりかやる**【(ひっくり返る)】、**ひっくりかいる**【(ひっくり返る)】。①⇒**かえる**【返る】、**かやる**【(返る)】、**かいる**【(返る)】〕

とんぶりがえす【とんぶり返す】《動詞・サ行五段活用》　①表と裏を反対にする。裏返しにする。「いっぱい(一杯)に・　なっ・たら・　とんぶりがえし・て・　うら(裏)・に・　か(書)き・なはれ。」②転覆させる。横倒しにさせる。「たいふー(台風)・が・　ふね(船)・を・　とんぶりがえし・た。」③関係や立場を逆転させる。「せんきょ(選挙)・で・　か(勝)っ・て・　とんぶりがえし・ても・た。」■自動詞は「とんぶりがえる【とんぶり返る】」〔⇒**ひっくりかえす**【ひっくり返す】、**ひっくりかやす**【(ひっくり返す)】、**ひっくりかいす**【(ひっくり返す)】、**とんぶりがやす**【(とんぶり返やす)】、**とんぶりがいす**【(とんぶり返やす)】。①⇒**かえす**【返す】、**かやす**【(返す)】、**かいす**【(返す)】〕

とんぶりがえって　あっぱっぱ【とんぶり返って　あっぱっぱ】《唱え言葉》　体をぐるっと回転させるときに、口にする言葉。2人が向き合って両手をつないだ状態から、くるりと回って背中合わせになるときに、口にする言葉。

とんぶりがえる【とんぶり返る】《動詞・ラ行五段活用》　①表と裏が反対になる。裏返しになる。「かめ(亀)・が・　とんぶりがえっ・て・　もと(元)・に・　よー・　もど(戻)ら・へん。」②転覆する。横倒しになる。「ぼーと(ボート)・が・　とんぶりがえっ・て・　みんな(皆)・

うみ(海)・に・　はまっ・た。」③倒れる。「はし(走)っ・とっ・て・　あし(足)・が・　もつ(縺)れ・て・　とんぶりがえっ・た。」④関係や立場が逆転する。「はじ(初)め・は・　か(勝)っ・とっ・た・のに・　とんぶりがえっ・て・　ま(負)け・ても・た。」■他動詞は「とんぶりがえす【とんぶり返す】」〔⇒**とんぶりがやる**【(とんぶり返る)】、**とんぶりがいる**【(とんぶり返る)】、**ひっくりかえる**【ひっくり返る】、**ひっくりかやる**【(ひっくり返る)】、**ひっくりかいる**【(ひっくり返る)】。①⇒**かえる**【返る】、**かやる**【(返る)】、**かいる**【(返る)】〕

とんぶりがやす【(とんぶり返やす)】《動詞・サ行五段活用》①表と裏を反対にする。裏返しにする。「や(焼)け・てき・たら・　とんぶりがやし・て・　うらがー(裏側)・を・　や(焼)き・なはれ。」②転覆させる。横倒しにさせる。「すもー(相撲)・で・　あいて(相手)・を・　とんぶりがやす。」③関係や立場を逆転させる。「もー・　にてん(二点)・　と(取)っ・て・　しあい(試合)・を・　とんぶりがやし・てまえ。」■自動詞は「とんぶりがやる【(とんぶり返る)】」〔⇒**ひっくりかえす**【ひっくり返す】、**ひっくりかやす**【(ひっくり返す)】、**ひっくりかいす**【(ひっくり返す)】、**とんぶりがえす**【とんぶり返す】、**とんぶりがいす**【(とんぶり返やす)】。①⇒**かえす**【返す】、**かやす**【(返す)】、**かいす**【(返す)】〕

とんぶりがやる【(とんぶり返る)】《動詞・ラ行五段活用》①表と裏が反対になる。裏返しになる。「うら(裏)・と・おもて(表)・が・　とんぶりがやっ・て・　いんさつ(印刷)さ・れ・とる。」②転覆する。横倒しになる。「うえきばち(植木鉢)・が・　かぜ(風)・で・　とんぶりがやっ・とる。」③倒れる。「いし(石)・に・　けつまづい・て・　とんぶりがやっ・た。」④関係や立場が逆転する。「とちゅー(途中)・まで・は・　か(勝)っ・とっ・てん・けど・　とんぶりがやっ・て・　ま(負)け・ても・た。」■他動詞は「とんぶりがやす【(とんぶり返やす)】」〔⇒**とんぶりがえる**【とんぶり返る】、**とんぶりがいる**【(とんぶり返る)】、**ひっくりかえる**【ひっくり返る】、**ひっくりかやる**【(ひっくり返る)】、**ひっくりかいる**【(ひっくり返る)】。①⇒**かえる**【返る】、**かやる**【(返る)】、**かいる**【(返る)】〕

どんぶりこ《副詞と》　水などに浮かんでいる様子を表す言葉。浮き沈みしながら漂っている様子を表す言葉。「まるた(丸太)・が・　どんぶりこと・　う(浮)い・て・　なが(流)れ・とる。」〔⇒**どんぶらこ**〕

どんぶりばち【丼鉢】《名詞》　深くて厚みのある、陶器の鉢。「おーぐ(大食)い・で・　めし(飯)・を・　どんぶりばち・で・　いっぱい(一杯)・　く(食)う。」〔⇒**どんぶり**【丼】〕

どんぶりめし【丼飯】《名詞》　①深くて厚みのある陶器の鉢に飯を入れて、おかずを上に盛った食べ物。「ひる(昼)・は・　どんぶりめし・に・　し・まほ・か。」②普通の茶碗でなく、鉢のように大きな茶碗に盛った飯。「あいつ(彼奴)・は・　どんぶりめし・を・　さんばい(三杯)・も・　く(食)う。」〔①⇒**どんぶり**【丼】〕

とんぼ【蜻蛉】《名詞》　目は複眼で大きく、細長い体をして、薄く透き通った羽が左右2枚ずつある昆虫。「あか(赤)い・　とんぼ・が・　と(飛)ん・どる。」◆種類によって、「やんま」「いととんぼ【糸蜻蛉】」「あかとんぼ【赤蜻蛉】」等の言葉も使う。

どんま【胴馬】《名詞》　馬乗り遊び。◆電柱・壁・塀などを背にして一人が立ち、その股の間に次の者が首を入れて腰を低くする。その後ろに次々と同じ姿勢の者が続いて、「馬」を作る。別のチームの者がその馬に次々と飛び乗って、馬が崩れたら何度でも繰り返す。馬が崩れなかった場合は、立っている一人と、先頭で飛び乗った一人とがじゃんけんをして、飛び乗った者が負けると馬になる。

とんや【問屋】《名詞》　生産者から品物を集めて、小売店などに卸売りをする店。「あそこ・の・　みせ・は・　とんや・や・けど・　こー(小売)り・も・　し・てくれる・そーや。」〔⇒**といや**【問屋】〕

どんより《副詞と、動詞する》　①雲が空を覆って、薄暗い様子。「あめ(雨)・は・　ふ(降)ら・ん・けど・　どんよりし・とる。」②目つきや色合いなどが濁っていて、生気に欠ける様子。「ね(寝)とぼけ・て・　どんよりし・た・め(目)・を・　し・とる。」

とんりゃい【(取り合い)】《名詞、動詞する》　同一のものや、少ない数量のものを、互いに争って奪い合うこと。「きょー(今日)・の・　しあい(試合)・は・　てん(点)・の・　とんりゃい・に・　なっ・た。」〔⇒**とりあい**【取り合い】、**とりやい**【(取り合い)】〕

とんりゃう【(取り合う)】《動詞・ワア行五段活用》　互いに争って奪い合う。「てん(点)・を・　とんりゃう・　しあい(試合)・は・　おもろ(面白)い・なー。」■名詞化＝**とんりゃい**【(取り合い)】〔⇒**とりあう**【取り合う】、**とりやう**【(取り合う)】〕

とんりゃげる【(取り上げる)】《動詞・ガ行下一段活用》　①奪って自分のものとする。「こども(子供)・から・　おとしだま(年玉)・を・　とんりゃげ・て・　ちょきん(貯金)・を・　し・とい・たる。」②没収する。無理に取る。しばらく預かる。「とんりゃげ・た・　けーたいでんわ(携帯電話)・を・　かえ(返)し・たる。」③手に取って上げる。「りーん・と・　な(鳴)っ・た・さかい・　じゅわき(受話器)・を・　とんりゃげる。」■名詞化＝**とんりゃげ**【(取り上げ)】〔⇒**とりあげる**【取り上げる】〕

な

な〔なー〕【名】《名詞》　①他と区別する目的で、人、もの、場所などを呼ぶためにつけたもの。「あんた・の・　なー・は・　なん(何)・と・　ゆ(言)ー・の・かいな。」「なー・の・　わから・ん・　はな(花)・や・けど・　きれー(綺麗)や・なー。」②苗字のあとに、その人を呼ぶためにつけたもの。「おんな(同)じ・　みょーじ(苗字)・の・いえ(家)・が・　おー(多)い・さかい・　なー・で・　くべつ(区別)する。」③何かの理由で世間に知られている人名。評判やうわさ。「な・の・　とー(通)っ・た・　げーにん(芸人)・は・　れー(礼)・が・　たか(高)い・ぞー。」〔⇒**なまえ**【名前】〕

な〔なー〕【菜】《名詞》　葉や茎を食べ物にする植物。「なー・を・　つけもん(漬物)・に・　する。」〔⇒**なっぱ**【菜っ葉】、**なな**【菜々】〕

な【七】《名詞》　数を1音節で数えていくときの「なな【七】」を表す言葉。◆1から10までを「ひ」「ふ」「み」「よ」「い」「む」「な」「や」「こ」「と」と言う。

な〔なー〕《感動詞》　相手の関心を自分の方に向けさせたり、自分の言うことを相手に納得させたり同感させたりしようとするときに発する言葉。「なー・　ちょっと・　き(聞)ー・てほしー・ねん。」「なー・　わし・の・　ゆ(言)ー・　こと・は・　まちご(間違)・とら・へん・やろ。」

な《接続助詞》　もしそうしなければという意味(打ち消しの仮定)を表す言葉。「はし(走)ら・な・　ま(間)にあわ・へん。」「き(聞)か・な・　わから・へん。」「さけ(酒)・を・　の(飲)ま・な・　え(良)ー・　ひと(人)・や・のに。」◆動詞の未然形に接続する。〔⇒**んと、いと**〕

な〔なー〕《終助詞》　①感動した気持ちなどを表す言葉。「きれー(綺麗)な・　はな(花)・や・なー。」「きょー(今日)・は・　たの(楽)しかっ・た・なー。」②相手に念を押したり、自分で納得したりしたりするときに使う言葉。「まちが(間違)い・は・　おま・へん・な。」「は(早)よ・　い(行)こ・い・な。」「きょー(今日)・な・　がっこ(学校)・で・な・　せんせー(先生)・に・な・　おこ(怒)ら・れ・てん。」③禁止したり制止したりすることを表す言葉。「あした(明日)・は・　ちこく(遅刻)する・な。」「そんな・　こと・す・な。」④禁止したり制止したりすることを柔らかく表す言葉。「あした(明日)・は・　ちこく(遅刻)しー・な・よ。」「そんな・　こと・　し・たり・な。」「あんまり・の(飲)み・な。」◆③は動詞などの終止形に接続し、④は動詞などの連用形に接続する。〔②⇒**の**〕

ない【無い】《形容詞・特殊型》　①そのものごとが存在しない。「あかし(明石)・に・は・　たか(高)い・　やま(山)・が・　ない。」②持っていない。備わっていない。足りない。「きょー(今日)・は・　こづか(小遣)い・が・　ない・ねん。」「かお(香)り・が・　ない・　はな(花)・や・なー。」「おも(思)いやり・の・　ない・　やつ(奴)・や。」③ものごとが行われない。予定されていない。「あの・　とし(年)・は・　しんさい(震災)・で・　まつり(祭)・が・　なかっ・てん。」■対語＝「ある【有る、在る】」

ない《助動詞》　前にある言葉を打ち消すときに使う言葉。「きょー(今日)・は・　きのー(昨日)・の・よーに・は・　さむ(寒)い・ない。」「おやじ(親父)・は・　とし(歳)とっ・た・さかい・　げんき(元気)や・ない・ねん。」◆動詞に接続する場合は、「い(行)か・ない」と言うよりも、「いか・ん」「いか・へん」のように「ん」「へん」を使う方が多い。形容詞と形容動詞には、その終止形に接続する。〔⇒**へん、ひん、ん、しまへん、やへん**〕

ないか【内科】《名詞》　内臓の病気を手術しないで治療する医学の分野。また、それを専門とする医者や、病院・医院。「けつあつ(血圧)・が・　たこ(高)ー・て・　ないか・に・　かよ(通)・て・ます・ねん。」■対語＝「げか【外科】」

ないしょ【内緒】《名詞》　①表向きにしないで、人に知らせないこと。関係者以外には公開しないですませてしまうこと。「ないしょ・に・　し・とっ・ても・　どーせ・わかっ・てまう・やろ。」②表座敷でないところ。台所なども含めて、よその人の目につかない部屋。「ないしょ・の・　こと・に・　おとこ(男)・の・　ひと(人)・は・かま(構)わ・んとい・て。」〔①⇒**ないしょごと【内緒事】、ひみつ【秘密】**。②⇒**ないしょのま【内緒の間】、かってのま【勝手の間】**〕

ないしょがね【内緒金】《名詞、動詞する》　①倹約して、こっそり貯めた金。「ないしょがね・を・　し・て・　さけ(酒)・を・　の(飲)み・に・　い(行)く。」②公にはできない金。「ないしょがね・なんか・　もろ(貰)・たら・　あと(後)・が・　おと(恐)ろしー・ぞ。」〔①⇒**へそくり【臍繰り】**〕

ないしょく【内職】《名詞、動詞する》　①本職の他に、収入を得るためにする仕事。「なん(何)・ぞ・　ないしょく・でも・　せ・な・　く(食)・ていか・れ・へん。」②収入を得るために、家事などの合間に自宅でする仕事。「せんそー(戦争)・が・　す(済)ん・だ・　あと(後)・は・　いえ(家)・で・　まっちばこはり(マッチ箱貼)・の・　ないしょくし・よっ・た・なー。」

ないしょごと【内緒言】《名詞》　関係者以外には聞かれないように、限られた人の間でこっそりと話す話。「ひと(人)・の・　おる・　とこ(所)・で・　ないしょごと・　ゆ(言)ー・の・は・　かん(感)じわるい・なー。」

ないしょごと【内緒事】《名詞》　表向きにしないで、人に知らせないこと。関係者以外には公開しないこと。「ないしょごと・に・　し・とき・たい・けど・　そー・も・　いか・へん・やろ。」〔⇒**ないしょ【内緒】、ひみつ【秘密】**〕

ないしょのま〔ないしょのまー〕【内緒の間】《名詞》　表座敷でないところ。台所なども含めて、よその人の目につかない部屋。「ないしょのまー・で・　あそ(遊)び・なはれ。」〔⇒**ないしょ【内緒】、かってのま【勝手の間】**〕

ナイター〔ないたー〕【和製英語＝nighter】《名詞》　運動競技などで、夜間に照明をつけて行うもの。「こーしえん(甲子園)・へ・　はんしん(阪神)・の・　ないたー・を・み(見)・に・　い(行)か・へん・か。」

ないち【内地】《名詞》　国内の土地。その国の旧来からの領土である地域。離島などから見て、本土。「まんしゅー(満州)・から・　ないち・に・　ひきあ(引揚)げ・た。」「ないち・と・　はなれじま(離島)・を・　むす(結)ぶ・　ふね(船)・が・　ある。」■対語＝「がいち【外地】」

ないちまい【内地米】《名詞》　国内で穫れた米。国産の米。「やっぱり・　ないちまい・は・　うま(美味)い・なー。」■対語＝「がいまい【外米】」

ないでも《接続助詞》　①それをしないことがあっても、かまわない、という気持ちを表す言葉。「ちょっと(一寸)・しか・　でけ(出来)・ないでも・　しょがない・やろ。」②強く迫ってこなくても行うつもりはあるという気持ちを表す言葉。「あんた・から・　い(言)わ・れ・ないでも・わし・は・　しゅっせき(出席)し・ます・わい・な。」〔⇒**んでも、いでも、なんでも**〕

ないない【内々】《名詞、形容動詞や(ノ)》　①家族や仲間同士の範囲の中。「ないない・で・　はいく(俳句)・を・つく(作)っ・て・　たの(楽)しん・どる。」②それをするに際して、他の人に知らせないこと。「おやじ(親父)・の・　にゅーいん(入院)・は・　ないないに・　し・て・みんな(皆)・に・　し(知)らせ・んとこ。」③公のことではなく、非公式である様子。他言することを抑制している様子。「ないないや・けど・　あんた・の・　きも(気持)ち・を・　き(聞)ー・とき・たい・ねん。」「まだ・　ゆ(言)ー・たら・　あか・ん・で。ないないに・　し・とい・て・よ。」④自分ひとりの心の内で思ったり感じたりしている様子。「あいつ(彼奴)・の・　こと・は・　ないない・　しんぱい(心配)し・とっ・てん。」〔①②⇒**うちわ【内輪】、うちうち【内々】**〕

ないないする【無い無いする】《動詞・サ行変格活用》　外にあるものを内に入れる。見えないところに隠す。「みんな(皆)・に・　み(見)・られ・ん・よーに・　ないないし・とき。」「て(手)ー・を・　ぽけっと(ポケット)・に・　ないないする。」◆幼児語。〔⇒**ないないぽっぽ【無い無いぽっぽ】(する)**〕

ないないぽっぽ【無い無いぽっぽ】《形容動詞や(ノ)、動詞する》　外にあるものを内に入れている様子。見えないところに隠している様子。「あめ(飴)ちゃん・を・　み(見)・られ・ん・よーに・　ないないぽっぽし・とき。」◆「ぽっぽ」は、ポケット、ふところという意味である。◆幼児語。〔動詞⇒**ないないする【無い無いする】**〕

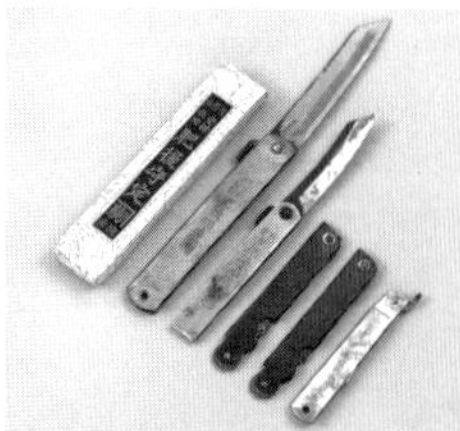
肥後守のナイフ

ナイフ〔**ないふ**〕【英語＝knife】《名詞》　削ったり切ったりするために使う、西洋式の小型の刃物。「ないふ・で・　えんぴつ(鉛筆)・を・　けずる。」◆小学校時代には、肥後守を指すことが多かった。

ないよう〔**ないよー**〕【内容】《名詞》　①入れ物などの中に入っているもの。中にあるもの。「ぜんぶ(全部)・　そろ(揃)・とる・か・　ないよー・を・　よー・　しら(調)べ・とき。」②文章や話によって表していることがら。表現しようとしていること。「はなし(話)・の・　ないよー・は・　さっぱり・　わから・なんだ。」〔⇒**なかみ**【中身】〕

ないよう(に)する〔**ないよー(に)する、ないよ(に)する**〕【無い様(に)する】《動詞・サ行変格活用》　①あったものを無い状態にする。残りを皆無とする。「まえまえ(前々)・から・の・　しゃっきん(借金)・を・　ないよーする。」「しくだい(宿題)・の・　のこ(残り)・を・　ないよーにする。」「かいもん(買物)し・て・　いちまんえんさつ(一万円札)・を・　ないよーにし・ても・た。」②自分の過失や責任などによって、失う。「さいふ(財布)・を・　ないよーし・ても・た。」■自動詞は「ないよう(に)なる【無い様(に)なる】」〔⇒**なよする**【無よする】、**なくする**【無くする】、**のうする**【無うする】〕

ないよう(に)なる〔**ないよー(に)なる、ないよ(に)なる**〕【無い様(に)なる】《動詞・ラ行五段活用》　①あったものが見あたらなくなる。「さいふ(財布)・が・　ないよーになっ・て・　いま(今)・　さが(探)し・とる・　とこ・や。」②すっかり使い果たす。残りが皆無となる。「みんな(皆)・　よー・　く(食)ー・さかい・　ごはん(飯)・が・　ないよーなっ・た。」■他動詞は「ないよう(に)する【無い様(に)する】」〔⇒**なよなる**【無よなる】、**なくなる**【無くなる】、**のうなる**【無うなる】〕

ナイロン〔**ないろん**〕【英語＝nylon】《名詞》　絹に似て軽くて強い、石炭・水・空気などを原料として作った合成繊維。「ないろん・で・　でけ(出来)・た・　ふくろ(袋)・に・　い(入)れる。」

なう【綯う】《動詞・ワア行五段活用》　何本かの藁や糸や紐をねじり合わせて、太い一本のものとする。「てっころ(＝木槌)・で・　う(打)っ・て・から・　なわ(縄)・を・　なう。」「なわ(縄)・を・　のー・て・　わらじ(草鞋)・を・　こしらえる。」◆太いものを作るときは「なう【綯う】」、細いものを作るときは「よる【縒る】」と言うことが多い。■名詞化＝**ない**【綯い】

なえ【苗】《名詞》　種子から芽を出したばかりの草や木。移植する前の幼い草や木。「うめ(梅)・の・　なえ・を・　こ(買)ー・てき・て・　にわ(庭)・に・　う(植)える。」

なえどこ【苗床】《名詞》　種をまいて苗を育てる場所。「なえどこ・の・　なえ・を・　たう(田植)え・に・　する。」

なおさら【尚更】《副詞》　以前のものやことに比べて、今度のものやことは、程度がいっそう進んだり深まったりしていることを表す言葉。「あか・ん・と・　い(言)わ・れ・たら・　なおさら・　し・てみと・ー・　なる。」「やす(安)い・　もの・で・　しまつ(＝倹約)し・た・　つもり・が・　めげ・ても・て・　なおさら・　かね(金)・が・　かかっ・ても・た。」〔⇒**なおのこと**【尚のこと】〕

なおし【直し】《名詞》　①まだ使えそうなものを、あるべき状態に戻すこと。「こしょー(故障)し・た・さかい・　なおし・に・　だ(出)す。」②ものを改造したり改善したりすること。「なおし・を・　し・て・　みせ(店)・の・　よーす(様子)・を・　かえる。」③衣類を縫い改めること。「ゆかた(浴衣)・の・　なおし・を・　する。」〔①⇒**しゅうり**【修理】、**しゅうぜん**【修繕】〕

なおす【直す】《動詞・サ行五段活用》　①具合の悪いところ、間違ったところに手を入れて、望ましい方に改める。修繕して良い状態にする。「こたえ(答)・の・　まちがい・を・　なおす。」「はし(箸)・の・　も(持)ちかた・を・　なおす。」「めげ・た・　はし(橋)・を・　なおす。」②異なった観点や方法などに改める。「かんが(考)えかた・を・　なおし・て・　いち(一)・から・　でなお(出直)す。」③変化したものを元通りにする。「おちゃ(茶)・でも・　の(飲)ん・で・　きげん(機嫌)・を・　なおし・なはれ。」④ある種類の文字を、別の種類の文字に書き換える。ある言語を別の言語に訳す。「かんじ(漢字)・に・　なおし・て・　かく。」「えーご(英語)・を・　にほんご(日本語)・に・　なおす。」⑤単位などを別の種類のものに変更する。「つぼすー(坪数)・に・　なおし・て・　けーさん(計算)する。」■自動詞は「なおる【直る】」■名詞化＝**なおし**【直し】

なおす【治す】《動詞・サ行五段活用》　病気や怪我を、治療などによって、よくする。「ちゅーしゃ(注射)・　う(打)っ・て・　は(早)よ・　なおし・ておくん・なはれ。」■自動詞は「なおる【治る】」■名詞化＝**なおし**【治し】

なおす《動詞・サ行五段活用》　①あるべき場所に納める。「はさみ(鋏)・を・　ひきだし(抽斗)・の・　なか(中)・に・　なおし・とい・てんか。」②元の位置に片付ける。元の様子に復元する。「ち(散)らばっ・とる・　へや(部屋)・を・　なおせ。」◆「なおす【直す】」の③から派生した意味かもしれない。■自動詞は「なおる」〔②⇒**しまう**【終う、仕舞う】〕

なおす【直す】《接尾語》［動詞の連用形に付く］　気持ちややり方などを改めて、もう一度行うという意味を表す言葉。「まちが(間違)い・を・　やりなおす。」「みせ(店)・を・　か(変)え・て・　の(飲)みなおす。」「ほん(本)・を・　よ(読)みなおす。」「るす(留守)・やっ・た・さかい・　で(出)なおす。」■名詞化＝**なおし**【直し】

なおのこと【尚のこと】《副詞》　以前のものやことに比べて、今度のものやことは、程度がいっそう進んだり深まったりしていることを表す言葉。「こっち・の・　ほー(方)・が・　なおのこと・　ほね(骨)がおれる。」「ちかみち(近道)し・た・　つもり・が・　なおのこと・　とーまわ(遠回)り・に・　なっ・ても・た。」〔⇒**なおさら**【尚更】〕

なおる【直る】《動詞・ラ行五段活用》　①具合の悪いところ、間違ったところが望ましい方に改まる。修繕が終わって、よい状態になる。「こしょー(故障)・が・　なおる。」「わる(悪)い・　くせ(癖)・が・　なおる。」②変化したものが元通りになる。「きげん(機嫌)・が・　なおる。」「てんき(天気)・が・　なおっ・てき・た。」■他動詞は「なおす【直す】」■名詞化＝**なおり**【直り】

なおる【治る】《動詞・ラ行五段活用》　治療によったり時間の経過に伴ったりして、病気や怪我がよくなる。「けが(怪我)・を・　し・とっ・た・　きずぐち(傷口)・が・　なおっ・た。」「かぜ(風邪)・が・　は(早)よ・　なおっ・てほしー・なー。」■他動詞は「なおす【治す】」■名詞化＝**なおり**【治り】

なおる《動詞・ラ行五段活用》　①あるべき場所に納まる。「どーぐ(道具)・が・　もと・の・　とこ(所)・へ・　なおっ・とら・へん。」②片付いたり復元できた状態になる。「ち(散)らばっ・た・　まま・で・　なおっ・とら・へん・さかい・　やりなおし・や。」■他動詞は「なおす」

なか【中】《名詞》　①仕切りや囲いなどで取り囲まれたところ。特に、建物や部屋の内側。屋内。「いえ(家)・の・　なか・に・　ひ(日)ー・が・　さしこむ。」②その場所の奥のところ。「ひきだし(抽斗)・の・　もーちょっと・　なか・の・　ほー(方)・に・　はい(入)っ・とる・やろ。」③ものとものとの間。順序で中間にあたるもの。「なか・いちにち(一日)・　やす(休)ん・で・　しごと(仕事)・を・　つづ(続)ける。」④ある一定の範囲。「あかし(明石)・の・　なか・から・　ひと(一)つ・の・　ちーむ(チーム)・が・　だいひょー(代表)・に・　なる。」⑤何かが続いている最中。「ゆき(雪)・の・　ふ(降)っ・とる・　なか・を・　き(来)・てくれ・た。」■対語＝①「そと【外】」〔①⇒**うち**【内】〕

なか【仲】《名詞》　人と人との間柄。人と人との気持ちのつながり方。「あいつ(彼奴)ら・　ふたり(二人)・は・　むかし(昔)・から・　なか・が・　え(良)ー・ねん。」「なか・が・　わる(悪)い・さかい・　こま(困)る。」

ながい【長い】《形容詞・アイ型》　①ものの一方の端から他の端までの隔たりが大きい。「ながい・　はし(橋)・を・　わた(渡)る。」「ながい・　しょーせつ(小説)・を・　よ(読)ん・だ。」「ながい・　しかっけー(四角形)・の・　たんぼ(田圃)・や・なー。」②ある時から他の時までの隔たりが大きい。「ごーかく(合格)する・まで・の・　じゅけんべんきょー(受験勉強)・が・　ながかっ・た。」■対語＝「みじかい【短い】」「みしかい【(短い)】」

ながいき【長生き】《名詞、動詞する》　高齢になるまで生きること。長寿。「ははおや(母親)・は・　ひゃく(百)・まで・　ながいきし・てん。」

ながいす【長椅子】《名詞》　ベンチやソファなどのように、横一列に何人もがかけられるようになっている台。「がっこー(学校)・の・　こーどー(講堂)・の・　ながいす・に・　よにん(四人)・ずつ・　すわ(座)る。」

ながいめ【長いめ】《名詞、形容動詞や(ノ)》　ものの長さや時間が、少し長いこと。比較的長いと思われること。「ながいめの・　ずぼん(ズボン)・の・　すそ(裾)・を・　たくる。」■対語＝「みじかいめ【短いめ】」「みしかいめ【(短いめ)】」「みじかめ【短め】」「みしかめ【(短め)】」〔⇒**ながめ**【長め】〕

なかがわ〔**なかがー**〕【中側】《名詞》　表からは見えないところ。裏の方向に向いた面。「はこ(箱)・の・　なかがー・に・　ごみ(塵)・が・　た(溜)まっ・とる。」■対語＝「そとがわ【外側】」〔⇒**なかっかわ**【(中っ側)】、**うちがわ**【内側】、**うちっかわ**【(内側)】、**うちら**【内ら】、**うちらがわ**【内ら側】〕

ながぐつ【長靴】《名詞》　ゴムや革などで作った、膝の近くまで届く靴。「ながぐつ・　は(履)い・て・　たんぼ(田圃)・へ・　い(行)く。」◆現在では、長靴そのものが、日常生活から姿を消しつつある。〔⇒**ゴムなが**【オランダ語＝gom ＋ 長】〕

なかごろ【中頃】《名詞》　その期間や時代の真ん中のあたり。「にがっき(二学期)・の・　なかごろ・に・　えんそく(遠足)・が・　ある。」「しょーわ(昭和)・の・　なかごろ・に・　はや(流行)っ・た・　うた(歌)・や。」

ながさ【長さ】《名詞》　①ものの端から端までの距離。また、その程度。「あかしかいきょーおーはし(明石海峡大橋)・の・　ながさ・は・　せかいいち(世界一)・や。」「たて(縦)・と・　よこ(横)・の・　ながさ・を・　はか(測)る。」②時間の始まりから終わりまでの隔たり。また、その程度。「ひがん(彼岸)・の・　ころ(頃)・は・　よる(夜)・の・　ながさ・と・　ひる(昼)・の・　ながさ・が・　おんな(同)じや。」〔⇒**ながみじか**【長短】〕

ながし【流し】《名詞》　台所でものを洗ったり、洗い水を流したりする場所。「ちゃわん(茶碗)・は・　ながし・に・　つ(浸)け・とい・てんか。」〔⇒**はしり**【走り】、**はしりもと**【走り元】、**ながしもと**【流し元】〕

ながしかく【長四角】《名詞》　4つの角がすべて直角で、縦の長さとと横の長さが違う4角形。「ながしかく・の・　つくえ(机)・に・　む(向)かいあわせ・で・　すわ(座)る。」〔⇒**ちょうほうけい**【長方形】〕

ながしもと【流し元】《名詞》　台所でものを洗ったり、洗い水を流したりする場所。「ながしもと・で・　まめ(豆)・の・　かわ(皮)むき・を・　する。」〔⇒**ながし**【流し】、**はしり**【走り】、**はしりもと**【走り元】〕

ながす【流す】《動詞・サ行五段活用》　①水や液体などを、低い方へ動くようにする。「みず(水)・を・　みぞ(溝)・に・　ながす。」②水や液体に浮かべて動かす。水や液体がものを移動させる。「おもちゃ(玩具)・の・　ふね(舟)・を・　ながす。」「むかし(昔)・は・　おぼん(盆)・の・　おそな(供)え・を・　うみ(海)・に・　ながし・た。」③体やものに水などをかけて、汚れなどを洗い落とす。「ふろ(風呂)・に・　はい(入)っ・て・　あせ(汗)・を・　ながす。」■自動詞は「ながれる【流れる】」■名詞化＝**ながし**【流し】

ながす【流す】《接尾語・サ行五段活用》［動詞の連用形に付く］　①集中して取り組んでいないとか、気に留めていないとかという意味を表す言葉。「よ(読)みながし・た・さかい・　あたま(頭)・に・　はい(入)っ・とら・へん。」②相手の働きかけを真面目にとらえないで、そらしてしまう様子を表す言葉。「ひと(人)・の・　ゆ(言)ー・こと・を・　えーかげんに・　き(聞)きながす。」

ながズボン〔**ながずぼん**〕【長 ＋ フランス語＝jupon から】《名詞》　洋服で、二股になっていて、腰から下にはくもので、丈が足首のあたりまであるもの。「ちゅーがっこー(中学校)・の・　せーふく(制服)・は・　ながずぼん・や。」■対語＝「はんズボン【半 ＋ フランス語＝jupon から】」

ながそで【長袖】《名詞》　手首までの長さの袖。手首まである長さの服や下着。「さむ(寒)ー・　なっ・た・さかい・　ながそで・の・　しゃつ(シャツ)・を・　き(着)る。」■対語＝「はんそで【半袖】」

ながたらしい〔**ながたらしー**〕【長たらしい】《形容詞・イイ型》　必要以上にだらだらと長い。いやになるほど長い。「ながたらしー・　はなし(話)・は・　き(聞)ー・とる・　ほー(方)・が・　いらいらし・まっ・せ。」〔⇒**ながったらしい**【長ったらしい】〕

なかっかわ〔**なかっかー**〕【(中っ側)】《名詞》　表からは見えないところ。裏の方向に向いた面。「なかっかー・も・　きれー(綺麗)に・　みが(磨)く。」■対語＝「そとっかわ【外っ側】」〔⇒**なかがわ**【中側】、**うちがわ**【内側】、**うちっかわ**【(内側)】、**うちら**【内ら】、**うちらがわ**【内ら側】〕

ながったらしい〔**ながったらしー**〕【長ったらしい】《形容詞・イイ型》　必要以上にだらだらと長い。いやになるほど長い。「ながったらしー・　せっきょー(説教)・は・　ぎゃっこーか(逆効果)や・ぞ。」〔⇒**ながたらしい**【長たらしい】〕

ながつづき【長続き】《名詞、動詞する》　ものごとが、時間の上で途切れずに続くこと。「にっき(日記)・は・　まいとし(毎年)・　ながつづきせー・へん・ねん。」「ながつづきし・とる・　みせ(店)・は・　たいしょー(大将)・が・　しっかり・　し・とる・なー。」

なかなおり【仲直り】《名詞、動詞する》 悪くなっていた人間関係が、以前のように良くなること。「たの(頼)む・さかい・　なかなおりし・てくれ・へん・やろ・か。」

なかなか《副詞、形容動詞や(ノ)》 ①完成段階や終着点に、簡単にはたどり着けないことを表す言葉。たやすくは実現しないことを表す言葉。「なかなか・　はる(春)・に・　なら・へん。」「しんさい(震災)・から・　なかなか・　ふっこー(復興)せー・へん。」「こたえ(答)・が・　なかなか・　わから・へん。」②優れていたり手ごわい感じがしたりして、程度が甚だしいことを表す言葉。「これ・は・　なかなかの・　え(絵)ー・や。」「なかなか・　しんどい・　さかみち(坂道)・や・なー。」「なかなか・　むつか(難)しー・　もんだい(問題)・や。」◆①は、後ろに打ち消しの言葉が続く。〔①⇒**ちょっと**〕

ながなが【長々】《副詞と》 時間や空間について、途切れずに続いていると感じられる様子。「ながなが・　おせわ(世話)・に・　なり・まし・た。」「ながながと・　しゃべ(喋)っ・て・　しんどなっ・た。」「さか(坂)・が・　なかなが・　つづ(続)い・とる。」

なかにわ【中庭】《名詞》 学校や施設などにある、建物と建物の間にある庭。「こーしゃ(校舎)・の・　なかにわ・に・　かだん(花壇)・が・　ある。」

ながねん【長年】《名詞》 何かをし続けて、長い年月が経った間。「ながねん・　えきまえ(駅前)・で・　しょーばい(商売)し・とっ・た・けど・　や(止)める・　こと・に・　なり・まし・た。」

ながばなし【長話】《名詞、動詞する》 長い時間をかけてしゃべること。会話を長い時間にわたって続けること。「ながばなし・に・　なっ・ても・て・　どー・も・　すん・まへ・ん。」「ひと(人)・の・　ながばなし・を・　き(聞)く・の・は・　しんどい・もんや。」「みち(道)・で・　ひさ(久)しぶりに・　お(会)ー・た・　ともだち(友達)・と・　ながばなしし・た。」◆迷惑になるとか、あまり役立たないとかという批判的な気持ちで使うことが多い。

ながびく【長引く】《動詞・カ行五段活用》 なかなか終わりにならず、予定や予想していたよりも時間がかかる。「よ(寄)りあい・が・　ながびー・て・　い(去)な・れ・へん。」

ながほそい【長細い】《形容詞・オイ型》 幅に比べて長さの数値が大きい。痩せていて、背丈が大きい。「ながほそい・　たんぼ(田圃)・や・なー。」■対語＝「ふとみじかい【太短い】」「ふとみしかい【(太短い)】」〔⇒**ほそながい**【細長い】〕

なかま【仲間】《名詞》 一緒に物事を行う人たち。似たような好みや考えなどを持っている、一定の範囲の人たち。「さけの(酒飲)み・の・　なかま・が・　ぎょーさん(仰山)・　おる・ねん。」〔⇒**れんちゅう**【連中】、**れんじゅう**【連中】、**つれ**【連れ】、**グループ**【名詞＝group】〕

なかまうち【仲間内】《名詞》 一緒に物事をする人たちの間柄。似たような好みや考えなどを持っている人たちの集まり。「かいしゃ(会社)・の・　なかまうち・で・　さけ(酒)・を・　の(飲)む。」

なかみ【中身】《名詞》 ①入れ物などの中に入っているもの。中にあるもの。「おいわ(祝)い・の・　なかみ・は・　なん(何)・に・　し・たら・　え(良)ー・ねん・やろ・か。」「かんづめ(缶詰)・の・　なかみ・は・　いわし(鰯)・や。」②文章や話によって表していることがら。表現しようとしていること。ものごとの実質にあたるもの。「なかみ・の・　ない・　はなし(話)・を・　き(聞)く・の・は・　しんどい。」「なかみ・を・　みじか(短)く・　まと(纏)める。」〔⇒**ないよう**【内容】〕

ながみじか〔ながみしか〕【長短】《名詞》 ①ものの端から端までの距離。また、その程度。「えき(駅)・まで・の・　みち(道)・の・　ながみじか・を・　たん(尋)ねる。」②時間の始まりから終わりまでの隔たり。また、その程度。「どっち・の・　せん(線)・の・　でんしゃ(電車)・に・　の(乗)っ・ても・　じかん(時間)・の・　ながみじか・は・　おんな(同)じです・か。」③長いものと短いもの。ものの長さが不揃いであること。「ながみじか・の・　ちが(違)い・が・　おー(大)きー・て・　ぶさいく(不細工)や。」◆①②は、1つのものの長さの場合にも使うが、2つ以上のものの長さを比較するときに使うことも多い。〔①②⇒**ながさ**【長さ】〕

ながめ【眺め】《名詞》 あたりを見渡すこと。見渡して目に入る、自然や人工物のありさまや風物の様子。また、そこから醸し出される趣。「まど(窓)・から・　み(見)える・　ながめ・が・　え(良)ー・なー。」「あわじしま(淡路島)・と・　はし(橋)・の・　ながめ・を・　え(絵)・に・　か(描)く。」〔⇒**けしき**【景色】、**ふうけい**【風景】〕

ながめ【長め】《名詞、形容動詞や(ノ)》 ものの長さや時間が、少し長いこと。比較的長いと思われること。「じかん(時間)・を・　ながめ・に・　とっ・て・　そーだん(相談)・を・　する。」■対語＝「みじかいめ【短いめ】」「みしかいめ【(短いめ)】」「みじかめ【短め】」「みしかめ【(短め)】」〔⇒**ながいめ**【長いめ】〕

ながめる【眺める】《動詞・マ行下一段活用》 ①視野を限定しないで、広く見る。遠くや離れたところを見る。「やま(山)・の・　うえ(上)・から・　まち(町)・を・　ながめる。」②じっくりと見つめる。「よー・　ながめ・たら・し(知)っ・た・　ひと(人)・やっ・た。」③ものごとに加わらないで傍観する。ぼんやりと見る。「じっと・　ながめ・とら・んと・　おまえ・も・　そーじ(掃除)・を・　し・なはれ。」■名詞化＝**ながめ**【眺め】

ながもち【長持ち】《名詞》 衣服などを入れておく、ふたのついた長方形の大きな箱。「ながもち・に・　ふとん(布団)・を・　い(入)れ・とく。」

ながもち【長持ち】《名詞、動詞する》 ものが、長い間、壊れたりしないで役立つこと。消耗品などが、長い間にわたって使えること。「これ・は・　ながもちする・　せっけん(石鹸)・や・なー。」「この・　はこ(箱)・は・　じょーぶ(丈夫)で・　ながもち・を・　する。」

ながや【長屋】《名詞》 ①細長い一棟を、いくつかに区切って、それぞれを一軒として使えるようにした建物。「むかし(昔)・は・　ながや・に・　す(住)ん・どっ・てん。」②細長い形の、一軒の家。「しきち(敷地)・の・　つごー(都合)・で・　ながや・の・　た(建)てかた・に・　なっ・とる。」

なかやすみ【中休み】《名詞、動詞する》 仕事などの途中で、途切れたり休んだりすること。また、その時間や期間。「なかやすみ・を・　はんじかん(半時間)・　とっ・て・　しごと(仕事)・を・　つづ(続)ける。」「いま(今)・は・　つゆ(梅雨)・の・　なかやすみ・や。」

なかゆび【中指】《名詞》 手の5本の指の真ん中にあって、いちばん長い指。「なかゆび・の・　つめ(爪)・を・　き(切)る。」〔⇒**たかたかゆび**【高々指】〕

なかようする〔なかよーする〕【仲良うする】《動詞・サ行変格活用》 人との気持ちのつながり方を良好に保つ。親しい間柄を続ける。「この・　こ(子)・と・　なかよーし・

たっ·て·な。」

なかよし【仲良し】《名詞》 人と人との間柄がよいこと。人と人との気持ちのつながり方がよいこと。親しい間柄。「しょーがっこー(小学校)·の· とき(時)·から·の· なかよし·や。」◆主として、子ども同士の人間関係について言う。

ながら《接続助詞》 2つの動作が同時に並行して行われることを表す言葉。「もの·を· く(食)い·ながら· しゃべ(喋)っ·たら· あか·ん。」「えき(駅)·まで· ある(歩)き·ながら· はなし(話)·を· する。」〔⇒**もって**〕

ながれ【流れ】《名詞》 ①水や液体などが、低い方へ動くこと。また、その動く様子。「みぞ(溝)·の· ながれ·が· わる(悪)い。」②水や液体に浮かんで動いていくこと。また、その様子。「ささぶね(笹舟)·の· ながれ·が· はや(速)い。」③ものが滞ることなく動いていくこと。また、その様子。「くるま(車)·の· ながれ·が· き(切)れ·へん。」

ながれぼし【流れ星】《名詞》 大気圏に入った小さな星や宇宙塵が急に現れて、空気との摩擦によって燃えながら速い速度で落ちるもの。「まど(窓)·を· あ(開)け·て· ながれぼし·を· さが(探)す。」

ながれる【流れる】《動詞·ラ行下一段活用》 ①水や液体などが、低い方へ動く。「かわ(川)·の· みず(水)·が· ながれる。」②水や液体に浮かんで動いていく。「しお(潮)·で· ふね(船)·が· ながれる。」③ものが滞ることなく動いていく。「しろ(白)い· くも(雲)·が· ながれ·ていく。」④予定されていたことが取りやめになる。「あめ(雨)·で· えんそく(遠足)·が· ながれる。」■他動詞は「ながす【流す】」■名詞化＝**ながれ**【流れ】

なか(を)とる【中(を)取る】《動詞·ラ行五段活用》 ①2つの意見の中間的なところで折り合いをつける。「いつ·まで· ゆ(言)ー·とっ·ても· きり·が· ない·さかい· なかとっ·て· き(決)め·な· あか·ん。」②2つの数字の平均的な値を採用する。「なかをとっ·て· ななひゃくえん(七百円)·に· し·とき·まほ·か。」

なき【泣き】《名詞》 悲しさ、苦しさ、嬉しさなどを経験したときに、涙を流したり声を出すことが多い人。ちょっとしたことにもすぐ泣く人。「うち·の· まご(孫)·は· なき·です·ねん。」〔⇒**なきむし**【泣き虫】、**なきみそ**【泣き味噌】、**なきべえ**【泣き兵衛】〕

なぎ【凪】《名詞》 風が吹かず、波が静かであること。「なぎ·で· かぜ(風)·が· あら·へん。」■対語＝「しけ【時化】」

なぎ【(難儀)】《形容動詞や(ナ)、動詞する》 ①ものごとに対応したり処理したりするのに、苦しんだり苦労したりする様子。「あめ(雨)·の· なか(中)·を· なぎし·て· ある(歩)い·てき·た。」②自分にとっては不可能だと思われる様子。「あした(明日)·の· ごぜんちゅー(午前中)·に· し·てしまえ· ゆー·て· なぎな·こと·を· ゆ(言)わ·れ·た。」〔⇒**なんぎ**【難儀】、**どうさ**【動作】〕

なきごえ【泣き声】《名詞》 ①人が悲しさ、苦しさ、嬉しさなどを経験したときに極まって出す声。「あか(赤)んぼー·の· なきごえ·が· き(聞)こえる。」②今にも泣き出しそうな声。悲痛な感じの声。「なきごえ·で· たの(頼)ま·れ·たら· し·てやら·ん· わけ·に·は· いか·へん。」

なきごえ【鳴き声】《名詞》 鳥·虫·獣などの出す声や音色。「あさ(朝)っぱら·から· せみ(蝉)·の· うるさ(煩)い· なきごえ·が· する。」

なきごと【泣き言】《名詞》 自分の不運や不幸を嘆いて、くどくどと訴える言葉。愚痴。「なきごと· ゆ(言)ー·て· に(逃)げ·とっ·たら· あか·ん·やろ。」

なきじゃくる【泣きじゃくる】《動詞·ラ行五段活用》 ①息を急に吸い込むような動作を繰り返しながら泣く。「かわいそー(可哀想)な· ほど· なきじゃくっ·て· なかなか· おさまら·へん。」②周りの人が制止したりなだめたりするのを聞かず、いつまでも声をあげて泣き続ける。「なんぼ· ゆ(言)ー·ても· なきじゃくっ·て· と(止)まら·へん。」〔①⇒**しゃくる**〕

なきつく【泣き付く】《動詞·カ行五段活用》 ①泣きながら、すがりつく。「こども(子供)·が· ははおや(母親)·に· なきつく。」②泣くようにして頼み込む。「しゃっきん(借金)·を· さし·てくれ·と· なきつか·れ·た。」

なきなき【泣き泣き】《副詞、形容動詞や(ノ)》 ①かろうじて。やっとのことで。ぎりぎりの状態で。「なきなき· あめ(雨)·が· ふ(降)ら·なんだ。」「あぶ(危)ない·と· おも(思)·とっ·てん·けど· なきなき· ごーかく(合格)し·た。」②泣きたいほどの辛い気持ちで。「なきなき· いちにち(一日)·に· ごじかん(五時間)· べんきょー(勉強)し·た。」◆「なくなく【泣く泣く】」とも言うが、「なきなき【泣き泣き】」の方が、方言という色合いが強い。この語は、副詞としての用法が大半であるが、形容動詞として活用させる場合もある。〔⇒**なくなく**【泣く泣く】〕

なぎなた【長刀】《名詞》 長い柄の先に、長く反り返った刃をつけた武器。また、それを使う運動競技。「べんけー(弁慶)·が· なぎなた·を· ふ(振)りまわし·た。」「なぎなた·の· しあい(試合)·に· で(出)る。」

なきねいり〔**なきねーり**〕【泣き寝入り】《名詞、動詞する》 ①泣きながら眠ってしまうこと。「わーわー· ゆ(言)ー·とっ·た·けど· なきねいりし·ても·た。」②不本意な扱いを受けながら、どうすることもできなくて、あきらめること。「さぎ(詐欺)·に· おー·たら· なきねーりし·たら· あか·ん·よ。」

なきはらす【泣き腫らす】《動詞·サ行五段活用》 ひどく泣いて、涙でまぶたがふくれる。「なきはらし·た· かお(顔)·で· かいもん(買物)·に· つ(連)れ·ていっ·たら· かわいそー(可哀想)や·で。」

なきべえ〔**なきベー**〕【泣き兵衛】《名詞》 悲しさ、苦しさ、嬉しさなどを経験したときに、涙を流したり声を出すことが多い人。ちょっとしたことにもすぐ泣く人。「ほんま(本真)に· なきベー·で· よー· な(泣)く·なー。」〔⇒**なき**【泣き】、**なきむし**【泣き虫】、**なきみそ**【泣き味噌】〕

なきぼくろ【泣き黒子】《名詞》 目尻や目の下の皮膚にある、黒い小さな点。「なきぼくろ·が· かえって· かい(可愛)らしー。」

なきみそ【泣き味噌】《名詞》 悲しさ、苦しさ、嬉しさなどを経験したときに、涙を流したり声を出すことが多い人。ちょっとしたことにもすぐ泣く人。「この· こ(子)·は· なきみそ·で· こま(困)る·なー。」〔⇒**なき**【泣き】、**なきむし**【泣き虫】、**なきべえ**【泣き兵衛】〕

なきむし【泣き虫】《名詞》 悲しさ、苦しさ、嬉しさなどを経験したときに、涙を流したり声を出すことが多い人。ちょっとしたことにもすぐ泣く人。「おとな(大人)·に· なっ·ても· なきむし·が· なお(直)ら·へん·の·や·なー。」〔⇒**なき**【泣き】、**なきみそ**【泣き味噌】、**なきべえ**【泣き兵衛】〕

なきわらい【泣き笑い】《名詞、動詞する》 ①泣きながら笑ってしまうこと。「なきわらい・の・　おかしな・　かお(顔)・を・　し・とる。」②悲しみと喜びの両面が混じり合っていること。また、それが表情に現れること。「えーが(映画)・を・　み(見)・て・　なきわらいし・た。」

なく【泣く】《動詞・カ行五段活用》 ①人が悲しさ・苦しさや、嬉しさを強く感じて、抑えきれずに涙を流す。「ちょっと(一寸)・の・　こと・で・　ない・たら・　あか・ん・がな。」②悲しさ・苦しさや、嬉しさを表現するために声を出す。「こども(子供)・の・　なく・　こえ(声)・が・　やかま(喧)しー。」③苦しく辛い思いを強く感じる。また、そのような体験をする。「もの・の・　ね(値)ー・が・　たこ(高)ー・て・　ない・とり・ます。」■名詞化＝**なき**【泣き】

なく【鳴く】《動詞・カ行五段活用》 鳥・虫・獣などが、声を出したり、音色を立てたりして訴える。「あさ(朝)・から・　いぬ(犬)・が・　ない・て・　うるさ(煩)い。」「たか(高)い・　き(木)ー・で・　せみ(蝉)・が・　ない・とる。」■名詞化＝**なき**【鳴き】

なぐ【凪ぐ】《動詞・ガ行五段活用》 風が止んで、波が静かになる。「たいふー(台風)・が・　とー(通)りすぎ・て・　うみ(海)・が・　だんだん(段々)・　ない・でき・た。」■対語＝「しける【時化る】」■名詞化＝**なぎ**【凪ぎ】

なぐさみ【慰み】《名詞》 寂しさや悲しさなどを慰めてくれるもの。気晴らしになるもの。「としより(年寄)・の・　なぐさみ・に・　いぬ(犬)・を・　か(飼)う。」

なぐさめる【慰める】《動詞・マ行下一段活用》 言葉をかけたり何かをしたりして、他の人の悲しみや苦しみをやわらげるようにする。相手の失望や落胆などをいたわって、気持ちを晴らしてやる。「だんな(旦那)さん・を・　な(亡)くし・た・　ひと(人)・を・　なぐさめる。」■名詞化＝**なぐさめ**【慰め】

なくする【無くする】《動詞・サ行変格活用》 ①あったものを無い状態にする。残りを皆無とする。「らくがき(落書)・を・　け(消)し・て・　なくする。」②自分の過失や責任などによって、失う。「とけー(時計)・を・　なくし・た・みたいや・さかい・　いっしょ(一緒)・に・　さが(探)し・てくれ・へん・か。」■自動詞は「なくなる【無くなる】」〔⇒**ないよう(に)する**【無い様(に)する】、**なよする**【無よする】、**のうする**【無うする】〕

なくする【亡くする】《動詞・サ行変格活用》 身近な人が、この世からいなくなって、喪失感を持つ。「ともだち(友達)・を・　なくし・て・　つら(辛)い・ん・や。」■自動詞は「なくなる【亡くなる】」〔⇒**のうする**【亡うする】〕

なくなく【泣く泣く】《副詞、形容動詞や(ノ)》 ①かろうじて。やっとのことで。ぎりぎりの状態で。「なん(何)とか・　ごーかく(合格)し・た・けど・　なくなくやっ・た・ん・や・と・　おも(思)う・ねん。」「たいじゅー(体重)・は・　なくなく・　よんじっきろ(四十キロ)・なんや。」②泣きたいほどの辛い気持ちで。「なくなく・　しんどい・　めー・を・　し・て・　たいじゅー(体重)・を・　へ(減)らし・た。」◆この語は、副詞としての用法が大半であるが、形容動詞として活用させる場合もある。〔⇒**なきなき**【泣き泣き】〕

なくなる【無くなる】《動詞・ラ行五段活用》 ①あったものが見あたらなくなる。「こや(小屋)・の・　かぎ(鍵)・が・　なくなっ・た。」②すっかり使い果たす。残りが皆無となる。「こづかい(小遣)・が・　なくなっ・ても・た。」■他動詞は「なくする【無くする】」〔⇒**ないよう(に)なる**【無い様(に)なる】、**なよなる**【無よなる】、**のうなる**【無うなる】〕

なくなる【亡くなる】《動詞・ラ行五段活用》 息が絶える。命がなくなる。この世からいなくなる。「おじー(祖父)さん・が・　なくなっ・た・ん・や・て・なー。」◆「しぬ【死ぬ】」の敬意を込めた言い方であり、「しぬ【死ぬ】」という直接的な言い方を避けた表現である。■他動詞は「なくする【亡くする】」〔⇒**のうなる**【亡うなる】、**いく**【逝く】、**しぬ**【死ぬ】、**くたばる**〕

なぐりがき【殴り書き】《名詞、動詞する》 急いでいて、文字や絵を乱雑に、あるいは乱暴に書くこと。また、そのようにして書いたもの。「なぐりがき・や・さかい・　よ(読)ま・れ・へん。」「こくばん(黒板)・に・　なぐりがきする。」

なぐります【殴ります】《動詞・サ行五段活用》 拳骨や何かの物を使って、相手の頭、顔、体などに力を込めて強く撲つ。「はら(腹)・が・　た(立)っ・た・さかい・　おも(思)いきり・　なぐりまし・たっ・てん。」◆「なぐる【殴る】」よりも荒々しい感じがする。〔⇒**なぐる**【殴る】、**どつく**、**どつきます**、**どやす**、**ぶちます**、**かちます**、**しばく**〕

なぐる【殴る】《動詞・ラ行五段活用》 拳骨や何かの物を使って、相手の頭、顔、体などに力を込めて強く撲つ。「けんか(喧嘩)し・て・　ばっと(バット)・で・　なぐら・れ・た。」〔⇒**なぐります**【殴ります】、**どつく**、**どつきます**、**どやす**、**ぶちます**、**かちます**、**しばく**〕

なけ《副助詞》 ①ものごとの範囲や限度を表す言葉。「こん・なけ・の・　ざいりょー(材料)・が・　あっ・たら・　そいで・　じゅーぶん(十分)や。」②前に置かれた言葉を強調する気持ちを表す言葉。「す(好)きな・なけ・　も(持)っ・ていっ・ても・　かま(構)・へん・ぞ。」③したことに応じて、成果がもたらされるということを表す言葉。「おも(思)いきり・　はし(走)っ・た・なけ・　あっ・て・　でんしゃ(電車)・に・　ま(間)におー・た。」〔⇒**だけ**、**らけ**。①⇒**だけだけ**、**なけなけ**、**らけらけ**〕

なげうち【投げ打ち】《名詞、動詞する》 腹立たしさのあまりに、手元にあるものを投げ飛ばすこと。「なん(何)ぼ・　はら(腹)・が・　た(立)っ・ても・　おぜん(膳)・を・　なげうちし・たら・　あか・ん・がな。」〔⇒**あたん**〕

なげうり【投げ売り】《名詞、動詞する》 現金を手にしたいため、儲けを考えないで安く売ること。「すーぱー(スーパー)・が・　へーてん(閉店)する・　ゆ(言)ー・て・　なげうりし・とる。」

なげく【嘆く】《動詞・カ行五段活用》 ①ひどく心を痛めて悲しみにひたる。「ふる(古)い・　ともだち(友達)・が・　し(死)ん・だ・ん・を・　なげく。」②悲しさや苦しさや腹立たしさなどを口に出して言う。「けーき(景気)・が・　わる(悪)い・の・を・　なげい・とる。」■名詞化＝**なげき**【嘆き】

なげとばす【投げ飛ばす】《動詞・サ行五段活用》 ①相手を放るようにして倒す。「なげとばし・て・　に(逃)げ・ていき・やがっ・た。」②ものを無造作に、遠くへ放る。「かみひこーき(紙飛行機)・を・　なげとばす。」

なけなけ《副助詞》 ものごとの範囲や限度を強く言おうとするときに使う言葉。「こん・なけなけ・　もろ(貰)・た。」〔⇒**だけだけ**、**らけらけ**、**だけ**、**らけ**、**なけ**〕

なげる【投げる】《動詞・ガ行下一段活用》 ①手につかんでいたものを、反動を利用して空中に放り出す。手の力で遠くへ飛ばす。「ぼーる(ボール)・を・　とー(遠)い・　とこ(所)・まで・　なげる。」②相手の体をつかんだりかかえたりして、地面にたたきつけるように転ばせる。

「あいて(相手)・を・　なげ・て・　すもー(相撲)・に・　か(勝)つ。」〔①⇒**ほかす【放下す】、ちゃいする、ぽいする、ほる【放る】、ほりなげる【放り投げる】**〕、**ぶつける**〕

なこうど〔**なこーど、なこど**〕**【仲人】**《名詞、動詞する》　一組の男女の仲立ちをして、結婚を正式にまとめる人。媒酌人。「かいしゃ(会社)・の・　ぶちょー(部長)・に・　なこーどし・てもろ・た。」「わし・は・　なこど・や・さかい・　しき(式)・で・　あいさつ(挨拶)せ・んならん・ねん。」〔⇒**ちゅうにん【仲人】**〕

なごや《名詞》「ふぐ【河豚】」の小さな種類で、毒は薄く、家庭でも気軽に食用にできる魚。「なごや・を・　からあ(空揚)げ・に・　する。」〔⇒**なだら**〕

なさけ【情け】《名詞》　人間味のある温かい気持ち。人や動物を思いやる気持ち。気の毒に思う心。「へーき(平気)で・　わるぐち(悪口)・を・　ゆ(言)ー・て・　ほんま(本真)に・　なさけ・の・　な(無)い・　ひと(人)・や。」

なさけない【情けない】《形容詞・アイ型》　①そのような状況に置かれた自分が惨めに思われる。思い通りにいかなくて残念である。「あいつ(彼奴)・に・　うらぎ(裏切)ら・れ・た・みたいで・　なさけない・　こと・や。」「こども(子供)・が・　ゆ(言)ー・　こと・を・　き(聞)ー・てくれ・へん・さかい・　なさけない。」②惨めに感じられる。「す(捨)て・られ・とる・　ねこ(猫)・が・　なさけない・　こえ(声)・を・　だ(出)し・て・　な(鳴)い・とる。」

なし【梨】《名詞》　春に白い花が咲き、秋に甘くて水分の多いうす茶色の大きな実がなる果樹。「あき(秋)・の・　うんどーかい(運動会)・の・　ころ(頃)・に・は・　なし・が・　うも(美味)ー・に・　なる。」

なし【無し】《名詞》　①ものごとが存在しないこと。持っていないこと。「しゃっきん(借金)・も・　ちょきん(貯金)・も・　なし・や。」「なつ(夏)・は・　ねくたい(ネクタイ)・　なし・で・　す(過)ごす。」②禁止すること。不許可とすること。あってはならないこと。「うそ(嘘)・つい・て・　かく(隠)す・のん・は・　なし・や・ぞ。」「あとだ(後出)し・　なし・で・　じゃんけん・を・　する。」

なしうり【梨瓜】《名詞》　黄色く楕円形で、芳香と甘味のある瓜。「なつ(夏)・に・　なっ・たら・　きいろ(黄色)い・　なしうり・が・　く(食)い・とー・　なる。」◆この瓜は、最近は見かけなくなってしまったようである。

なしろ【苗代】《名詞》　稲の種を蒔いて、苗を育てる田。「たんぼ(田圃)・の・　すみ(隅)・に・　なしろ・を・　つく(作)る。」〔⇒**なわしろ【苗代】**〕

なす【茄子】《接尾語》　人をおとしめて非難するときに使う言葉。「ぼ(呆)けなす」「あほ(阿呆)なす」

ナスタリン〔**なすたりん**〕**【ドイツ語＝(Naphtalin)】**《名詞》　虫除けなどとして使う、光沢があって強い匂いのする白色または無色の結晶。「たんす(箪笥)・に・　なすたりん・を・　い(入)れる。」〔⇒**ナフタリン【ドイツ語＝Naphtalin】**〕

なすび【茄子】《名詞》　夏から秋にかけて薄紫色の花が咲き、紫色で球形や楕円形の実がなる野菜。「なすび・の・　あさづ(浅漬)け・が・　す(好)きや。」◆「なす【茄子】」と言うことは少ない。〔⇒**おなす【お茄子】**〕

なすりつける【擦り付ける】《動詞・カ行下一段活用》　①ものの表面にあてて、こすりつける。「きもの(着物)・の・　そでぐち(袖口)・に・　はな(鼻)くそ・を・　なすりつけ・たら・　あか・ん・よ。」②罪や責任を人のせいにする。「しごと(仕事)・を・　ひと(人)・に・　なすりつけ・やがっ・た。」〔⇒**なする【擦る】**。①⇒**ぬさりつける、ぬさくる、ぬたくる、にじくる**〕

なする【擦る】《動詞・ラ行五段活用》　①ものの表面にあてて、こすりつける。「よご(汚)れ・た・　て(手)ー・で・　ふく(服)・を・　なすら・ん・よーに・　しー・や。」②罪や責任を人のせいにする。「じぶん(自分)・の・　せきにん(責任)・を・　ひと(人)・に・　なすっ・たら・　あか・ん・がな。」〔⇒**なすりつける【擦り付ける】**。①⇒**ぬさりつける、ぬさくる、ぬたくる、にじくる**〕

なぜ【何故】《副詞》　どういう原因・理由などがあってそのようになったのかという疑問や不審の気持ちを表す言葉。「なぜ・　こないに・　かね(金)・が・　かかる・ん・や。」◆発音は、「なで【(何故)】」となることがある。〔⇒**なんぜ【(何故)】、なで【(何故)】、なんで【(何故)】、どうして、どないして**〕

なぜる【(撫ぜる)】《動詞・ザ行下一段活用》　①軽く触れた手のひらを、やさしく動かす。「あたま(頭)・に・　ぼーる(ボール)・が・　あたっ・た・ん・かいな。なぜ・たら・　なお(治)る・　なぜ・たら・　なお(治)る。」②髪を軽くとかす。「ぴんぴんに・　た(立)っ・とる・　かみ(髪)・を・　なぜ・て・　なお(直)す。」〔⇒**なでる【撫でる】**〕

なぞ【謎】《名詞》　ものの実体がよくわからなくて、意味・理由・様子などがはっきりとつかめないこと。また、そのようなもの。「よ(世)のなか・に・は・　なぞ・が・　ぎょーさん(仰山)・　ある。」

なぞなぞ【謎々】《名詞》　言葉遊びの一つで、意外な言い方をヒントにして、隠しているものを言い当てさせようとするもの。「なぞなぞ・で・　こたえ(答)・を・　あ(当)てる。」

なぞる《動詞・ラ行五段活用》　①既に書いてある文字や絵の上を、その通りにたどって、同じように写す。「てほん(手本)・の・　じ(字)ー・を・　なぞっ・て・　れんしゅー(練習)する。」②他の人のしたことを手本のようにして、そっくりまねる。「ひと(人)・の・　し・た・　こと・を・　なぞっ・て・　べんきょー(勉強)する。」

なだかい【名高い】《形容詞・アイ型》　名前や業績などが世の中の人に広く知られている様子。「なだかい・　げーにん(芸人)さん・を・　よ(呼)び・たい・な。」〔⇒**ゆうめい【有名】**〕

なたね【菜種】《名詞》　葉などは食用となり種子からは油を採る、春に黄色い花を咲かせて野や畑を彩る草花。アブラナ。「いちめん(一面)・に・　なたね・の・　きいろ(黄色)い・　はな(花)・が・　さ(咲)い・とる。」〔⇒**なのはな【菜の花】**〕

なたまめ【鉈豆】《名詞》　夏に白または桃色の花を咲かせ、実は弓状に曲がった大きな鞘の中にできる豆。「けんこーちゃ(健康茶)・の・　なか(中)・に・　なたまめ・も・　はい(入)っ・とる。」

なだめすかす【宥め賺す】《動詞・サ行五段活用》　怒ったり泣いたりしている人を慰めて、気持ちを落ち着かせる。「あかご(赤子)・は・　なだめすかす・の・が・　たいへん(大変)や。」〔⇒**なだめる【宥める】、すかす【賺す】**〕

なだめる【宥める】《動詞・マ行下一段活用》　怒ったり泣いたりしている人を慰めて、気持ちを落ち着かせる。「なだめ・ても・　なかなか・　な(泣)きやま・へん。」〔⇒**すかす【賺す】、なだめすかす【宥め賺す】**〕

なだら《名詞》「ふぐ【河豚】」の小さな種類で、毒は薄く、家庭でも気軽に食用にできる種類。「なだら・を・　みそしる(味噌汁)・に・　し・たら・　うま(美味)い・ぞ。」〔⇒**なごや**〕

なつ【夏】《名詞》　四季の一つで春と秋の間にあって、二十四節気では立夏から立秋の前日まで、現在の暦では6月から8月までの期間。「なつ・の・　やす(休)み・が・　いっしゅーかん(一週間)・　ある。」

なつかしい〔**なつかしー**〕【**懐かしい**】《形容詞・イイ型》　昔のことや古いことを思い出したりして、心を引かれ慕わしく思う様子。離れている人や思い出の品などを見て、心を引かれ、慕わしく思う様子。「こども(子供)・の・　ころ(頃)・が・　なつかしー。」「なつかしー・　しゃしん(写真)・を・　み(見)せ・てくれ・た。」

なつく【**懐く**】《動詞・カ行五段活用》　警戒心などを持たずに、慣れ親しくなる。馴染んで付き従う。「いぬ(犬)・が・　か(飼)いぬし・に・　なつく。」「まご(孫)・が・　なつい・てくれる・よーに・　なっ・た。」

なっちゃすみ【(夏休み)】《名詞》　学校や職場などで、夏の期間に暑さを避けるために休むこと。また、その期間。「なっちゃすみ・に・　なっ・たら・　きゃんぷ(キャンプ)・に・　い(行)く・つもり・や。」〔⇒**なつやすみ**【**夏休み**】〕

ナット〔**なっと**〕【英語＝nut】《名詞》　ボルトやビスにはめて、ものを締め付けるのに使う、6角形で内側にねじが切ってある金具。「と(止)め・とる・　なっと・が・　ゆる(緩)ん・どる。」

なっとう〔**なっとー、なっと**〕【**納豆**】《名詞》　①小豆などを茹でて、糖蜜で煮詰めて、砂糖をまぶした菓子。「えんそく(遠足)・の・　おやつ・に・　なっと・を・　も(持)っ・ていく。」②蒸した大豆に納豆菌をはたらかせて作った発酵食品。「むかし(昔)・は・　なっと・なんか・　く(食)・た・　こと・が・　なかっ・た。」◆②の「なっとう【納豆】」を食べる習慣が普及していなかった頃は、もっぱら①の意味で使った。〔①⇒**あまなっとう**【**甘納豆**】〕

なっぱ【**菜っ葉**】《名詞》　葉や茎を食べ物にする植物。「たいふー(台風)・の・　せー・で・　なっぱ・が・　たこ(高)ー・　なっ・た。」「だいこん(大根)・の・　なっぱ・を・　す(捨)てる・の・は・　もったいない・さかい・　つけもの(漬物)・に・　する。」〔⇒**な**【**菜**】、**なな**【**菜々**】〕

なっぱふく【**菜っ葉服**】《名詞》　野外で作業をする人が着る、薄青色のものが多い服。上下一続きになっている作業服。「なっぱふく・に・　きが(着替)え・て・　みぞそーじ(溝掃除)・を・　する。」

なつふく【**夏服**】《名詞》　夏の暑い頃に着る服。「なつふく・は・　あせ(汗)・が・　つ(付)きやすい。」「なつふく・を・　て(手)ー・に・　も(持)っ・て・　あいさつ(挨拶)・に・　いく。」■対語＝「ふゆふく【冬服】」「あいふく【間服、合服】」

なつまけ【**夏負け**】《名詞、動詞する》　夏の暑さのために、体力が衰えること。夏の暑さのために、体調を崩すこと。「なつまけせ・ん・よーに・　めし(飯)・を・　いっぱい(一杯)・　く(食)い・なはれ。」

なつみかん【**夏蜜柑**】《名詞》　蜜柑の一種で、大形で酸味や苦味がやや強い蜜柑で、果実は秋に熟すが翌年の春頃から初夏にかけて出回るもの。「むかし(昔)・の・　なつみかん・は・　むちゃくちゃ(無茶苦茶)に・　す(酸)いかっ・た。」

なつもん【**夏物**】《名詞》　①夏に着るための衣服。「もー・　なつもん・の・　ふく(服)・を・　う(売)っ・とる。」②夏に出盛る食べ物など。「なつもん・の・　やさい(野菜)・が・　で(出)まわっ・とる。」③夏にふさわしい品など。「なつもん・の・　すだれ(簾)・を・　つ(吊)る。」「なつもん・の・　ざぶとん(座布団)・に・　か(替)える。」■対語＝「ふゆもん【冬物】」

なつやすみ【**夏休み**】《名詞》　学校や職場などで、夏の期間に暑さを避けるために休むこと。また、その期間。「なつやすみ・の・　しくだい(宿題)・は・　はよ(早)ー・に・　す(済)まし・とき・なはれ・や。」〔⇒**なっちゃすみ**【(夏休み)】〕

なつやせ【**夏痩せ**】《名詞、動詞する》　夏の暑さのために、食欲が衰えて体が貧弱になること。「わし・は・　まいとし(毎年)・　なつやせし・ます・ねん。」「うち・の・　いぬ(犬)・も・　なつやせ・を・　する。」

なで【(何故)】《副詞》　どういう原因・理由などがあってそのようになったのかという疑問や不審の気持ちを表す言葉。「こない・　なっ・た・ん・は・　なで・か・　わから・へん。」〔⇒**なぜ**【**何故**】、**なんぜ**【(何故)】、**なんで**【(何故)】、**どうして**、**どないして**〕

なでしこ【**撫子**】《名詞》　秋の七草の一つで、花びらの先が細かく分かれており薄紅色などの花を咲かせる植物。「まっか(赤)な・　なでしこ・を・　かびん(花瓶)・に・　さ(挿)す。」

なでる【**撫でる**】《動詞・ダ行下一段活用》　①軽く触れた手のひらを、やさしく動かす。「まご(孫)・の・　あたま(頭)・を・　なで・て・　ほ(褒)め・てやる。」②髪を軽くとかす。「あさ(朝)・　かみ(髪)・を・　なでる・の・を・　わす(忘)れ・た。」〔⇒**なぜる**【(撫ぜる)】〕

なと《副助詞》　いくつかあるもののうちから、例を挙げるために使う言葉。いくつかあるもののうちから、思うがままにどれかを選ぶということを表す言葉。「あか(赤)・なと・　あお(青)・なと・　す(好)きな・　いろ(色)・に・　ぬ(塗)っ・たら・　え(良)ー。」「おちゃ(茶)・なと・　の(飲)ん・で・　ま(待)っ・とっ・てくれる・か。」「どない・なと・　かって(勝手)に・　し・やがれ。」〔⇒**なり**〕

など【**等**】《副助詞》　①いくつかあるもののうちから、それだけに限らないがという気持ちもこめながら、例を挙げて示す言葉。「はな(花)・など・に・　しゅみ(趣味)・が・　ある。」②相手を軽く見たり、自分をへりくだったりするときに使う言葉。「おまえ・など・に・は・　わから・へん・やろ。」「わたし(私)・など・に・は・　とてもとても・　でき(出来)・まへ・ん。」③はっきりさせないで言うときに使う言葉。「おちゃ(茶)・など・　いっぱい・　どー・です・か。」〔⇒**なんか**【**何か**】、**なんど**【(等)】〕

なな【**菜々**】《名詞》　葉や茎を食べ物にする植物。「この・　なな・を・　とり(鶏)・に・　やり・なはれ。」◆幼児語。〔⇒**な**【**菜**】、**なっぱ**【**菜っ葉**】〕

なな【**七**】《名詞(数詞)》　①自然数の6に、1を加えた数。「なな・の・　つ(付)く・　ひ(日)ー・は・　おーやすう(大安売)り・や・そーや。」②ものごとの順序や順位などを表す言葉で、6番目の次に位置するもの。「まえ(前)・から・　なな・の・　せき(席)・に・　すわ(座)る。」〔⇒**ひち**【**七**】〕

なな【**七**】《接頭語》　(後ろの名詞にかかっていく言葉で)7を表す言葉。「なないろ(色)・の・　にじ(虹)・が・　で(出)・た。」〔⇒**ひち**【**七**】〕

ななかげつ【**七か月**】《名詞》　①1年を12に分けたときの、そのななつ分。ほぼ210日の長さ。「いま(今)・　ちゅーもん(注文)し・ても・　て(手)・に・　はい(入)る・まで・　たっぷり・　ななかげつ・　かかる・ん・や・て。」②その月から、中に5つの月を置いてまたがる長さ。「ななかげつめ(目)・の・　はじ(初)め・に・　けんさ(検査)・を・　し・ます。」〔⇒**ななつき**【**七月**】〕

ななつ【七つ】《名詞(数詞＋助数詞)》①自然数の6に、1を加えた数で、個数などをかぞえる場合に使う言葉。「ななつ・の・　ほし(星)・の・　てんとーむし(天道虫)・を・　みつ(見付)け・た。」②7歳。「ななつ・の・　おいわ(祝)い・を・　おく(贈)る。」

ななつき【七月】《名詞》①1年を12に分けたときの、そのななつ分。ほぼ210日の長さ。「ななつき・　た(経)っ・たら・　わし・の・　とーばん(当番)・が・　まー(回)ってくる。」②その月から、中に5つの月を置いてまたがる長さ。「あし(足)かけ・　ななつき・　かかる・　こーじ(工事)・や・そーや。」〔⇒**なながげつ**【七か月】〕

ななついき【七つ行き】《名詞》 1月1日から4月1日までに生まれて、数え歳の7歳で小学校に入学すること。また、その子。「わし・は・　ななついき・やっ・た・さかい・　いちねんせー(一年生)・の・　とき(時)・は・せ(背)ー・が・　ひく(低)かっ・てん。」■対語＝「やっついき【八つ行き】」〔⇒**はやいき**【早行き】、**はよいき**【早行き】〕

ななにん【七人】《名詞》 人数が7であること。「ななにん・で・　いっしゅーかん(一週間)・　いちにち(一日)・ずつ・　とーばん(当番)・を・　する。」〔⇒**ひちにん**【七人】〕

ななばんめ【七番目】《名詞》 ものごとの順序や順位などを表す言葉で、6番目の次に位置するもの。「にゅーじょーこーしん(入場行進)・は・　ななばんめ・に・　き(決)まっ・た。」〔⇒**ひちばんめ**【七番目】〕

ななめ【斜め】《形容動詞や(ノ)》 ある基準に対して、傾いていること。垂直や水平の線や面に対して少しずれていること。平衡を失っていること。「ななめに・　せん(線)・を・　ひ(引)く。」「ふね(船)・が・　ななめに・かたむ(傾)い・とる。」

なに【何】《代名詞》 ①特定のものやことを、内容や実体がわからないものとして指す言葉。「なに・が・　お(起)き・た・の・か・　わから・なんだ。」②特定のものやことととしないで、広く指す言葉。「なに・か・　こ(買)ー・たろ・か。」③物事のすべてを指す言葉。「ここ・に・か(書)い・てある・　こと・は・　なに・も・　わから・へん。」④特定のものやことの名が思い出せないときや、その名がわかっていてもぼかして言うときに使う言葉。「そこ・に・　ある・　なに・を・　と(取)っ・てくれ・へん・か。」〔⇒**なん**【何】〕

なに【何】《副詞》 ①相手の言葉や行動などに疑問を持って、事実を確かめたり質問や詰問などをしたいという気持ちを持ったりしていることを表す言葉。どうして。「なに・　し(知)らんかお(顔)・を・　し・とる・ん・や。」②すべてのことにわたって、そのようであるということを表す言葉。まったく。少しも。「なに・ふじゅー(不自由)・の・　な(無)い・　く(暮)らし・を・し・とる。」〔⇒**なん**【何】〕

なに〔**なにー**〕【何】《感動詞》 驚いたり、問い返したりするときに使う言葉。「なにー・　その・はなし(話)・は・ほんま(本真)・かいな。」〔⇒**なんや**【何や】〕

なにかと【何彼と】《副詞》 一つのことに限らず、いろいろな事柄や内容にわたっている様子を表す言葉。さまざまなものが混じって存在していることを表す言葉。「なにかと・　おせわ(世話)・に・　なり・まし・た。」〔⇒**なんかと**【何彼と】、**なにやかや**【何や彼や】、**なんやかや**【何や彼や】、**なにやかし**【何やかし】、**なんやかし**【何やかし】、**なにやかやと**【何や彼やと】、**なんやかやと**【何や彼やと】〕

なにがなんでも【何が何でも】《副詞》 ①どんなことがあっても絶対にやり通すという強い意志を表す言葉。「なにがなんでも・　ごーかく(合格)できる・よーに・　べんきょー(勉強)し・なさい・な。」「なにがなんでも・　そこ・へ・　い(行)き・たい。」②どんな事情があってもそれは認められないという気持ちを表す言葉。「なにがなんでも・　そんな・　むちゃ(無茶)な・　はなし(話)・は・　き(聞)ー・たら・れ・へん。」

なにかにつけて【何彼につけて】《副詞》 一つのことに限らず、いろいろなことにわたって。「なにかにつけて・しどー(指導)し・てもろ・て・　ありがた(有難)かっ・た。」

なにからなにまで【何から何まで】《副詞》 すっかり全部。何もかも、すべてにわたって。「なにからなにまで・おせわ(世話)・に・　なり・まし・た。」「ふたご(双子)・は・なにからなにまで・　よー・　に(似)・とる。」

なにごと【何事】《名詞》 ①疑問に思うこと。どんなこと。何のこと。「えらい(＝大勢の)・　ひと(人)・や・けど・なにごと・が・　あっ・た・ん・やろ・か。」②すべてのこと。「なにごと・も・　まじめ(真面目)に・　がんば(頑張)り・なはれ。」③問題のあること。特別なこと。「なにごと・も・　お(起)こら・なんだ。」

なにしとつ【(何一つ)】《副詞》 打ち消し表現の度合いを高めるために使う言葉。まったく。「や(焼)け・て・　なにしとつ・　のこ(残)ら・なんだ。」〔⇒**ちっとも**、**ちいとも**、**ちょっとも**【一寸も】、**いっこも**【一個も】、**ひとつも**【一つも】、**ひとっつも**【一っつも】、**しとつも**【(一つも)】、**しとっつも**【(一っつも)】、**とっつも**、**なにひとつ**【何一つ】、**ぜんぜん**【全然】、**なんにも**【何にも】、**なにも**【何も】〕

なにしろ【何しろ】《副詞》 いろいろな事情などがあるにしても、そのことは置いておいて、最も言いたいことを言うと。「あすこ・へ・　い(行)く・の・は・　なにしろ・じかん(時間)・が・　かかる。」〔⇒**なんしろ**【何しろ】、**なにせ**【何せ】、**なんせ**【何せ】、**なんにせえ**【何にせえ】、**なんにしても**【何にしても】、**とにかく**【兎に角】〕

なにせ【何せ】《副詞》 いろいろな事情などがあるにしても、そのことは置いておいて、最も言いたいことを言うと。「なにせ・　このごろ・は・　やさい(野菜)・の・　ね(値)ー・が・　たこ(高)ー・て・　こま(困)る。」「なにせ・べんきょー(勉強)・が・　きら(嫌)いな・　こ(子)ー・や・さかい・　おーじょー(往生)する・わ。」〔⇒**なにしろ**【何しろ】、**なんしろ**【何しろ】、**なんせ**【何せ】、**なんにせえ**【何にせえ】、**なんにしても**【何にしても】、**とにかく**【兎に角】〕

なになに【何々】《代名詞》 具体的な名前を挙げる代わりに、いくつかのものがあることを表す言葉。疑問の内容などを並べあげるときに使う言葉。「きゃんぷ(キャンプ)・の・　とき(時)・に・は・　なになに・が・　い(要)る・の・か・　か(書)い・とい・てください。」

なにひとつ【何一つ】《副詞》 打ち消し表現の度合いを高めるために使う言葉。まったく。「おと(恐)ろしー・もん(物)・は・　なにひとつ・　あら・へん。」〔⇒**ちっとも**、**ちいとも**、**ちょっとも**【一寸も】、**いっこも**【一個も】、**ひとつも**【一つも】、**ひとっつも**【一っつも】、**しとつも**【(一つも)】、**しとっつも**【(一っつも)】、**とっつも**、**なにしとつ**【(何一つ)】、**ぜんぜん**【全然】、**なんにも**【何にも】、**なにも**【何も】〕

なにぶん【何分】《副詞》 ①相手に何としてもお願いしたいというようなときに使う言葉。「なにぶん・　よろしゅー・　おねが(願)い・　し・ます。」②何と言っても。何しろ。「なにぶん・　まだ・　なに・も・　わかっ・とら・へん・　こども(子供)・や・さかい・　しょがない・やろ。」

なにも【何も】《副詞》 ①そのようにする理由がないという気持ちを表す言葉。「なにも・　そないに・　おこ(怒)ら・んでも・　えー・やろ。」②そのような事実や行為がないということを表す言葉。「なにも・　はら(腹)・は・　へ(減)っ・とら・へん。」◆②は、後ろに打ち消しの言葉が伴う。〔⇒**なんも【何も】、なんにも【何も】**〕

なにも【何も】《副詞》 打ち消し表現の度合いを高めるために使う言葉。まったく。「こんな・　もん(物)・　なにも・　やく(役)にたた・へん。」〔⇒**ちっとも、ちいとも、ちょっとも【一寸も】、ひとつも【一つも】、ひとっつも【一っつも】、しとつも【(一つも)】、しとっつも【(一っつも)】、いっこも【一個も】、とっつも、なにひとつ【何一つ】、なにしとつ【(何一つ)】、ぜんぜん【全然】、なんにも【何にも】**〕

なにもかも【何も彼も】《名詞、副詞》 さまざまなものを含んでいる、その全体。それがすべてに行きわたっていること。一つ残らずすべて。「よご(汚)れ・た・　もん(物)・は・　なにもかも・　す(捨)て・ても・た。」「なにもかも・　さんせー(賛成)・は・　でけ(出来)・しま・へん。」「しゃっきん(借金)・を・　なにもかも・　はろ(払)・ても・た。」〔⇒**すっかり、こっきり、こっきら、こっきらこ、こっきらこい、なんにもかも【何にも彼も】、なんもかも【何も彼も】、なんもかんも【(何も彼も)】**〕

なにや【何や】《副詞》 何であるのか。なんとなく。「なにや・　ないしょ(内緒)に・　し・とる・　こと(事)・が・　ある・みたいやっ・た。」〔⇒**なんや【何や】**〕

なにやかし【何やかし】《副詞》 一つのことに限らず、いろいろな事柄や内容にわたっている様子を表す言葉。さまざまなものが混じって存在していることを表す言葉。「なにやかし・　おぼ(覚)え・んと・　いか・ん・　こと・が・　おー(多)い。」〔⇒**なにかと【何彼と】、なんかと【何彼と】、なにやかや【何や彼や】、なんやかや【何や彼や】、なんやかし【何やかし】、なにやかやと【何や彼やと】、なんやかやと【何や彼やと】**〕

なにやかや【何や彼や】《副詞》 一つのことに限らず、いろいろな事柄や内容にわたっている様子を表す言葉。さまざまなものが混じって存在していることを表す言葉。「らいしゅー(来週)・まで・の・　しゅくだい(宿題)・を・　なにやかや・　もろ(貰)・て・ます・ねん。」〔⇒**なにかと【何彼と】、なんかと【何彼と】、なんやかや【何や彼や】、なにやかし【何やかし】、なんやかし【何やかし】、なにやかやと【何や彼やと】、なんやかやと【何や彼やと】**〕

なにやかやと【何や彼やと】《副詞》 一つのことに限らず、いろいろな事柄や内容にわたっている様子を表す言葉。さまざまなものが混じって存在していることを表す言葉。「なにやかやと・　はなし(話)・を・　き(聞)ー・た・けど・　はんぶん(半分)・ぐらい・　わす(忘)れ・ても・た。」「もんく(文句)・を・　なにやかやと・　いっぱい(一杯)・　なら(並)べ・やがっ・た。」〔⇒**なにかと【何彼と】、なんかと【何彼と】、なにやかや【何や彼や】、なんやかや【何や彼や】、なにやかし【何やかし】、なんやかし【何やかし】、なんやかやと【何や彼やと】**〕

なにやら【何やら】《副詞》 ①実態ははっきりしないが、ともかくそれが存在しているように思われるということを表す言葉。「なにやら・　おー(大)きな・　こえ(声)・で・　よ(呼)ん・どる・みたいや。」②何とはなしに、ある傾向が加わってくる様子を表す言葉。「なにやら・　せすじ(背筋)・が・　さむ(寒)ー・　なっ・てき・た。」〔⇒**なんやら【何やら】、なんじゃら【何じゃら】**〕

なにより【何より】《副詞、形容動詞や(ノ)》 それに比べると、ほかのものは問題にならない(あるいは、価値が低い)ということを表す言葉。「いのち(命)・が・　ある・の・が・　なによりや。」「たっしゃ(達者)・が・　なによりや。」「えーが(映画)・を・　み(見)る・の・が・　なにより・　す(好)きや。」〔⇒**なんより【何より】、なによりかより【何より彼より】、なんよりかより【何より彼より】**〕

なによりかより【何より彼より】《副詞、形容動詞や(ノ)》 それに比べると、ほかのものは問題にならない(あるいは、価値が低い)ということを表す言葉。「たとえ・　ほけつ(補欠)・でも・　ごーかく(合格)し・たん・が・　なによりかよりや。」「ほか(他)・の・　かもく(科目)・に・　くら(比)べ・て・　なによりかより・　えーご(英語)・が・　よー・　でけ(出来)る・ねん。」〔⇒**なにより【何より】、なんより【何より】、なんよりかより【何より彼より】**〕

なにわぶし【浪花節】《名詞》 三味線の伴奏で、義理・人情を主題とするような物語に節を付けて一人で語る芸。「ひろさわとらぞー(広沢虎造)・の・　なにわぶし・が・　す(好)きや。」〔⇒**ろうきょく【浪曲】**〕

なぬか【七日】《名詞》 ①1か月のうちの7番目の日。「しょーがつ(正月)・の・　なぬか・に・は・　おかゆ(粥)・を・　た(食)べる。」②1日を7つ合わせた日数。「なぬか・ごと・に・　とーばん(当番)・を・　する。」

なぬかぼん【七日盆】《名詞》 盆を迎えるために、墓掃除などをして準備をする、目印になる日。「もー・　なぬかぼん・に・　なっ・た・なー。」

なぬし【名主】《名詞》 江戸時代に、村の行政を担当した長の人。「せんぞ(先祖)・は・　なぬし・やっ・てん・といな。」〔⇒**しょうや【庄屋】**〕

なのはな【菜の花】《名詞》 葉などは食用となり種子からは油を採る、春に黄色い花を咲かせて野や畑を彩る草花。アブラナ。また、その花。「なのはな・が・　いっぱい(一杯)・　さ(咲)い・て・　きれー(綺麗)や・なー。」〔⇒**なたね【菜種】**〕

なはる《補助動詞・ラ行五段活用》 ⇒**てなはる〔でなはる〕《補助動詞・ラ行五段活用》を参照**

なはる《助動詞》 その動作をする人に敬意を込めた言い方をするときに使う言葉。「い(行)く・の・か・　い(行)か・ん・の・か・　どっち・に・　し・なはる・ん・です・か。」「あした(明日)・は・　いえ(家)・に・　おいで・なはる・か。」「それ・は・　わたし(私)・に・　おくれ・なはれ。」「あんた・の・　おも(思)う・よー・に・　し・なはれ。」◆動詞に直接「はる」を付ける言い方(例えば「行きはる」「しはる」など)は、本方言ではしない。

なびく【靡く】《動詞・カ行五段活用》 長くて柔らかいものが、風や水の動きによって、ゆらゆらと動いてそれに流されるような様子になる。「はた(旗)・が・　なびい・とる。」「くさ(草)・が・　かぜ(風)・に・　なびく。」

ナプキン〔なぷきん〕【英語＝napkin】《名詞》 食事の時に、衣服の汚れを防ぐために胸や膝にかける布。「よご(汚)れ・た・　とこ(所)・は・　なぷきん・で・　ふ(拭)い・とい・てんか。」

なふだ【名札】《名詞》 名前を書いて、胸につけたり、机上に置いたりする紙片や金属片など。「なふだ・を・

つ(付)け・た・ いちねんせー(一年生)・は・ かわい(可愛)らしー・なー。」

ナフタリン〔なふたりん〕【ドイツ語＝Naphtalin】《名詞》 虫除けなどとして使う、光沢があって強い匂いのする白色または無色の結晶。「なふたりん・の・ にお(臭)い・が・ きもの(着物)・に・ つ(付)い・てしも・とる。」〔⇒**ナスタリン【ドイツ語＝(Naphtalin)】**〕

なぶる【嬲る】《動詞・ラ行五段活用》 面白がって、弱い者をからかう。相手を馬鹿にする。「ひと(人)・を・ なぶり・やがっ・て・ ごっつー・ はら(腹)・が・ た(立)っ・た。」〔⇒**おちょくる、ひょとくる**〕

なべ【鍋】《名詞》 ①食べ物を煮たり炒めたり炒ったりするのに使う、底の浅い、金属製または陶器製の道具。「なべ・に・ あな(穴)・が・ あ(空)い・た・さかい・ いかけや(鋳掛屋)・に・ なお(直)し・てもらう。」②その道具で煮ながら食べる料理。「ふゆ(冬)・の・ ばん(晩)・は・ なべ・が・ よろしー・な。」

なべしき【鍋敷き】《名詞》 鍋や釜が熱い時や汚れそうなときに、食卓などに置くもの。「たけ(竹)・を・ あ(編)ん・だ・ なべしき・は・ じょーぶ(丈夫)や。」〔⇒**なべすけ【鍋助け】**〕

なべすけ【鍋助け】《名詞》 鍋や釜が熱い時や汚れそうなときに、食卓などに置くもの。「あつ(熱)い・さかい・ なべすけ・の・ うえ(上)・に・ お(置)き・なはれ。」〔⇒**なべしき【鍋敷き】**〕

なべ なべ そこぬけ そこが ぬけたら かえりましょ〔なーベー なーベー そーこぬけ そーこが ぬけたら かえりましょ〕【鍋 鍋 底抜け 底が 抜けたら 返りましょ】《成句》 子ども同士で相手と向かい合わせになって、手と手をつないで左右に揺らしながら、手をつないだままま、ある段階でくるりと背中合わせになる、その動作のときに唱える言葉。

なま【生】《名詞、形容動詞や(ノ)》 ①魚肉や野菜などの食べ物で、煮たり、焼いたり、干したりしていない、自然のままのもの。「なまの・ たまご(卵)・を・ ごはん(御飯)・に・ かける。」②煮たり、焼いたり、干したりしようとしていて、じゅうぶんにその状態に達していないもの。「この・ いも(芋)・は・ まだ・ なまや。」

なま《形容動詞や(ノ)》 程度がより軽い様子。数量がより少ない様子。「きのー(昨日)・より・ きょー(今日)・の・ ほー(方)・が・ なま・ さぶ(寒)ー・ない。」「さむ(寒)さ・は・ きょー(今日)・の・ ほー(方)・が・ なまや。」「きのー(昨日)・より・は・ いた(痛)み・が・ なまに・ なっ・た。」◆語幹だけの副詞的な用法もある。

なま【生】《接頭語》 ①十分でない様子を表す言葉。「なまに(煮)え」「なまや(焼)け」②中途半端である様子を表す言葉。何となくそのようであるということを表す言葉。「なまかわ(乾)き」③かすかな程度であるという意味を表す言葉。「なまぬく(温)い」〔③⇒**ほろ**〕

なまいき【生意気】《形容動詞や(ナ)》 ①客観的に言えばそれほどでもないのに、偉そうにしたり、知ったかぶりをしたりする様子。でしゃばった態度をとる様子。また、そのように言ったりする様子。「なまいきな・ こと・を・ ゆ(言)ー・よー・です・けど・ や(止)め・といた・ ほー(方)・が・ え(良)ー・と・ おも(思)い・まっ・せ。」②相手のことを、しゃくにさわると感じる様子。「なまいきや・さかい・ なぐ(殴)っ・ても・た。」

なまえ【名前】《名詞》 ①他と区別する目的で、人、もの、場所などを呼ぶためにつけたもの。「あの・ しと(人)・の・ なまえ・を・ し(知)っ・とる・か。」「この・ さかな(魚)・の・ なまえ・を・ おし(教)え・てんか。」「この・ はな(花)・の・ なまえ・は・ わから・へん。」②苗字のあとに、その人を呼ぶためにつけたもの。「みょーじ(苗字)・と・ なまえ・を・ ゆ(言)ー・てください。」③何かの理由で世間に知られている人名。評判やうわさ。「こーえんかい(講演会)・に・は・ なまえ・の・ ある・ ひと(人)・を・ よ(呼)び・たい・なー。」〔⇒**な【名】**〕

なまがし【生菓子】《名詞》 ①饅頭などのような、餡などを使って作った、日持ちのしない和風の菓子。「なまがし・は・ あし(足)・が・ はや(速)い。」②クリームや果物などを使って作った、日持ちのしない洋風の菓子。「せーよー(西洋)・の・ なまがし・も・ きれー(綺麗)や・なー。」■対語＝①「ひがし【干菓子】」

なまがわき〔なまがーき〕【生乾き】《形容動詞や(ノ)》 まだ十分に乾燥しきっていない様子。「あめ(雨)・が・ つづ(続)い・て・ しゃつ(シャツ)・が・ なまがーきや。」

なまぐさい【生臭い】《形容詞・アイ型》 生の魚や肉の臭いがする。「これ・は・ なまぐさい・さかい・ た(食)べにくい・なー。」

なまくら《形容動詞や(ノ)、動詞する》 ①すべき仕事や勉強をしないで、ほうっておく様子。それをする時間の余裕があるのに、しないで無駄に過ごす様子。また、そのようにする人。「なまくらし・て・ がっこー(学校)・を・ やす(休)ん・だら・ あか・ん・よ。」「あいつ(彼奴)・は・ なまくら・や・さかい・ しごと(仕事)・を・ たの(頼)ま・れ・へん。」②ネジなどが利かなくなっている状態。「なまくらに・ なっ・て・ ねじ(螺子)・が・ き(利)ー・とら・へん。」〔⇒**なまくらぼうず【なまくら坊主】**。①動詞⇒**なまける【怠ける】、サボる【フランス語＝sabotageの動詞化】、ずるける、どぶせる【ど臥せる】**。①人⇒**なまけ【怠け】、サボり【フランス語＝sabotageの名詞化】**〕

なまくらぼうず〔なまくらぼーず〕【なまくら坊主】《形容動詞や(ノ)、動詞する》 ①すべき仕事や勉強をしないで、ほうっておく様子。それをする時間の余裕があるのに、しないで無駄に過ごす様子。また、そのようにする人。「うち・の・ こ(子)ー・は・ なまくらぼーずや・けど・ かいしゃ(会社)・で・ はたら(働)く・ こと・に・ なり・まし・てん。」②ネジなどが利かなくなっている状態。「なまくらぼーずで・ ねじ(螺子)・が・ ゆるん・でも・とる。」〔⇒**なまくら**。①動詞⇒**なまける【怠ける】、サボる【フランス語＝sabotageの動詞化】、ずるける、どぶせる【ど臥せる】**。①人⇒**なまけ【怠け】、サボり【フランス語＝sabotageの名詞化】**〕

なまけ【怠け】《名詞、形容動詞や(ノ)》 すべき仕事や勉強をしないで、ほうっておく人。それをする時間の余裕があるのに、しないで無駄に過ごす人。また、そのような様子。「なまけや・さかい・ いっこも・ しけん(試験)・に・ ごーかく(合格)・を・ よー・ せー・へん。」〔⇒**なまくら、なまくらぼうず【なまくら坊主】、サボり【フランス語＝sabotageの名詞化】**〕

なまける【怠ける】《動詞・カ行下一段活用》 すべき仕事や勉強をしないで、ほうっておく。それをする時間の余裕があるのに、しないで無駄に過ごす。「べんきょー(勉強)・を・ なまけ・とっ・たら・ そつぎょー(卒業)・が・ でけ(出来)・へん・ぞ。」■名詞化＝**なまけ【怠け】**〔⇒**なまくら(する)、なまくらぼうず(する)、サボる【フランス語＝sabotageの動詞化】、ずるける、どぶせる【ど臥せる】**〕

な

なまこ【海鼠】《名詞》 海底にすむ、胡瓜のような形をして、いぼがあって柔らかい動物。「なまこ・の・　す(酢)のもん・が・　す(好)きや・ねん。」

なまざかな【生魚】《名詞》 煮たり焼いたり、あるいは干したりしていない魚。「なまざかな・を・　こ(買)ー・て・　でんしゃ(電車)・に・　の(乗)っ・たら・　にお(臭)う・ぞ。」

なます【膾】《名詞》 生の魚や貝などを細かく刻んで酢で調味した食べ物。大根や人参などの野菜を刻んで酢で調味した食べ物。「さば(鯖)・を・　きざ(刻)ん・で・　い(入)れ・た・　なます・を・　こしら(拵)える。」

なまず【鯰】《名詞》 頭と口が大きく、うろこがなく体表がぬるぬるしており、池や川の底の泥の中にすむ魚。「なまず・に・は・　おー(大)けな・　ひげ(髭)・が・　は(生)え・とる。」

なまにえ【生煮え】《形容動詞や(ノ)》 食べ物が十分に煮えていないこと。また、そのようなもの。「この・　いも(芋)・は・　まだ・　なまにえや。」

なまぬくい【生温い】《形容詞・ウイ型》 十分な熱さではないが、少し暖かくなっている。暖かみがわずかにある。「かいろ(懐炉)・は・　あさ(朝)・に・　なっ・ても・　まだ・　なまぬくい。」〔⇒**なまぬるい【生温い】、ほろぬくい【ほろ温い】、ほろぬるい【ほろ温い】**〕

なまぬるい【生温い】《形容詞・ウイ型》 十分な熱さではないが、少し暖かくなっている。暖かみがわずかにある。「なまぬるい・　かぜ(風)・が・　ふ(吹)い・とる。」〔⇒**なまぬくい【生温い】、ほろぬくい【ほろ温い】、ほろぬるい【ほろ温い】**〕

なまみず【生水】《名詞》 飲み水として使う、まだ沸かしていない水。「なまみず・　の(飲)ん・だら・　はらいた(腹痛)・を・　お(起)こし・まっ・せ。」

なまもん【生物】《名詞》 ①餡・クリーム・果物などを使って作った食べ物や、魚などの食べ物で、煮たり焼いたりしていないもの。「この・　まんじゅー(饅頭)・は・　なまもん・や・さかい・　はよ(早)ー・　た(食)べ・ておくれ・んか。」②命があって、永遠性を持たないもの。「にんげん(人間)・も・　なまもん・や・さかい・　いのち(命)・を・　だいじ(大事)に・　せ・な・いか・ん。」

なまやけ【生焼け】《形容動詞や(ノ)》 食べ物が十分に焼けていないこと。また、そのようなもの。「なまやけで・　なか(中)・の・　ほー(方)・まで・　まだ・　ひ(火)・が・　まわ(回)っ・とら・へん。」

なまり【鉛】《名詞》 重くて柔らかく、青みがかった灰色をした金属。「てぐす・の・　さき(先)・に・　なまり・の・　おも(重)り・を・　つ(付)ける。」

なまる【鈍る】《動詞・ラ行五段活用》 ①使っているうちに、刃物の切れ味が悪くなる。「ほーちょ(包丁)・が・　なまっ・た・さかい・　と(研)が・な・　いか・ん。」②その人の技量、勢い、決心などが以前よりも劣った状態になる。「りょーり(料理)・の・　うで(腕)・が・　なまっ・てき・た。」③体力などが弱くなる。「このごろ・は・　くるま(車)・に・　の(乗)る・　こと・が・　ふ(増)え・て・　からだ(体)・が・　なまっ・とる・ねん。」

なみ【波】《名詞》 ①風や振動などによって、海・川・池などの水面が、高くなったり低くなったりして伝わっていくこと。また、水面が高く盛り上がっているところ。「おき(沖)・から・　なみ・が・　よ(寄)し・てくる。」②ものに皺や起伏があること。「たたみ(畳)・の・　おもて(表)・に・　なみ・が・　でけ(出来)・とる。」「たんぼ(田圃)・の・　いね(稲)・が・　なみ・を・　う(打)っ・とる。」③ものごとの調子が、良くなったり悪くなったりすること。「せーせき(成績)・に・　なみ・が・　あっ・て・　あんてー(安定)せー・へん。」

なみ【並み】《名詞、形容動詞や(ノ)》 とりわけ良くもなく、とりわけ悪くもなく、普通であること。また、そのようなもの。「なみの・　にんげん(人間)・に・は・　でけ(出来)・へん・　こと・や。」「なみの・　りょーり(料理)・を・　ちゅーもん(注文)する。」

なみ【並み】《接尾語》［名詞に付く］ 他のものや話題となっているものと、同じ程度であることを表す言葉。同じようなものが続くことを表す言葉。「きふ(寄付)・の・　がく(額)・は・　ひと(人)なみ・で・　え(良)ー・やろ。」「みせ(店)・は・　のき(軒)なみ・　みんな(皆)・　し(閉)まっ・とる。」「きょねん(去年)なみ・の・　あつ(暑)さ・が・　つづ(続)い・とる。」

なみうちぎわ【波打ち際】《名詞》 海や湖などで、沖から波がうち寄せてきて形作られる、水と陸との境界になるところ。「なみうちぎわ・に・　ごみ(塵)・が・　なが(流)れ・てき・とる。」

なみだ【涙】《名詞》 感極まったときや痛みなどがあるときなどに、目からあふれ出る透明な液体。「かふんしょー(花粉症)・で・　なみだ・が・　で(出)・て・　かなん・なー。」〔⇒**あめ【雨】、あめこんこん【雨こんこん】**〕

なむあみだぶつ【南無阿弥陀仏】《名詞》 阿弥陀仏に帰依する気持ちを表して唱える言葉。〔⇒**なんまいだぶつ【(南無阿弥陀仏)】、なんまいだ【(南無阿弥陀)】**〕

なめくじ【蛞蝓】《名詞》 湿ったところにすみ、かたつむりに似ているが、殻を持たない軟体動物。「なめくじ・に・　しお(塩)・を・　か(掛)ける。」〔⇒**なめくじら【(蛞蝓)】**〕

なめくじら【(蛞蝓)】《名詞》 湿ったところにすみ、かたつむりに似ているが、殻を持たない軟体動物。「いど(井戸)・に・　なめくじら・が・　あが(上)っ・てき・とる。」〔⇒**なめくじ【蛞蝓】**〕

なめる【舐める】《動詞・マ行下一段活用》 ①口の中に入れて、舌先で触れてもてあそぶ。歯でかまないで、舌先で触れながら味わう。「なめ・たら・　ちょっと・　から(辛)かっ・た。」「のど(喉)・が・　いた(痛)い・さかい・　あめ(飴)・を・　なめる。」②舌でものに触って濡らす。「きって(切手)・を・　なめ・て・　は(貼)る。」③相手をあなどって軽く見る。馬鹿にする。「わし・を・　なめ・とっ・たら・　あか・ん・ぞ。」〔①⇒**ねぶる、しゃぶる**。②⇒**しがむ**〕

なや【納屋】《名詞》 物を入れてしまっておくための建物や、建物の一部。「すこっぷ(スコップ)・やっ・たら・　なや・に・　ある・やろ。」

なやすい【な易い】《形容詞・ウイ型》 自分の力からすれば、行うことが容易である。大した努力をしなくても、そのことを行うのは容易である。「しけん(試験)・は・　なやすい・　もんだい(問題)・ばっかり・が・　で(出)・た。」■対語＝「むつかしい【難しい】」〔⇒**やすい【易い】、ぼろかす【襤褸滓】、ぼろくそ【襤褸糞】**〕

なやむ【悩む】《動詞・マ行五段活用》 精神的に苦しんだり難儀に感じたりする。負担を感じたりして、強く心配する。「べんきょー(勉強)・が・　わから・へん・さかい・　なやん・だ・　じき(時期)・が・　あっ・てん。」■名詞化＝**なやみ【悩み】**

なよする【無よする】《動詞・サ行変格活用》 ①あったものを無い状態にする。残りを皆無とする。「そーじ(掃除)し・て・　きたな(汚)い・　ところ(所)・を・　なよし・

た。」②自分の過失や責任などによって、失う。「せんざい(洗剤)・を・　こぼ(零)し・て・　いっぽん(一本)・ぜんぶ(全部)・　なよし・ても・た。」■自動詞は「なよなる【無よなる】」〔⇒ないよう(に)する【無い様(に)する】、なくする【無くする】、のうする【無うする】〕

なよなる【無よなる】《動詞・ラ行五段活用》①あったものが見あたらなくなる。「でんわばんごー(電話番号)・を・　ひか(控)え・とっ・た・　かみ(紙)・が・　なよなっ・ても・た。」②すっかり使い果たす。残りが皆無となる。「さけ(酒)・が・　なよなっ・た・さかい・　こ(買)ー・てき・てんか。」■他動詞は「なよする【無よする】」〔⇒ないよう(に)なる【無い様(に)なる】、なくなる【無くなる】、のうなる【無うなる】〕

なら《接続助詞》①仮にそうであるならば、という意味を表す言葉。「い(行)く・の・なら・　わし・も・　つ(連)れ・ていっ・てんか。」「おんな(同)じ・　こと・なら・　つよ(強)い・　ところ・と・　しあい(試合)・を・　し・たい・なー。」②比較することを表す言葉。「それ・と・なら・　こっち・の・　ほー(方)・が・　き(気)にいっ・とる・ねん。」◆やや古風な言い方である。

なら《接尾語》[名詞に付く]　取り上げたものすべてがそうであることを表す言葉。その範囲のすべてであることを表す言葉。「ちか(近)く・の・　やおや(八百屋)・は・　にけん(二軒)なら・　やす(休)み・やっ・た。」「ごにん(五人)なら・　い(行)く・と・　ゆ(言)ー・てくれ・とる。」〔⇒とも【共】〕

ならう【習う】《動詞・ワア行五段活用》①知識や方法などを人に教えてもらう。「しゅーじ(習字)・を・　ならう。」「そろばん(算盤)・を・　ならい・に・　い(行)く。」②教えられたとおりに繰り返し練習して身につける。「さんすー(算数)・の・　か(掛)けざん・を・　もっと・　ちゃんと・　ならわ・な・　あか・ん・やろ。」

ならこされ《接続助詞＋副助詞》その前に述べた内容を強調する働きをする言葉。「おや(親)・ならこされ・　しんぱい(心配)し・てくれる・ん・や。」〔⇒こされ〕

ならす【均す】《動詞・サ行五段活用》①地面などを平らにする。「すこっぷ(スコップ)・で・　つち(土)・の・　でこぼこ(凸凹)・を・　ならす。」②数値を平均する。「ならし・たら・　しゅー(週)・に・　ごじかん(五時間)・ほど・の・　ざんぎょー(残業)・が・　ある。」

ならす【馴らす】《動詞・サ行五段活用》動物に警戒心を捨てさせて、人になつかせる。「もろ(貰)・てき・た・いぬ(犬)・を・　ならす。」「さる(猿)・を・　ならし・て・　げー(芸)・を・　しこむ。」■自動詞は「なれる【馴れる】」

ならす【慣らす】《動詞・サ行五段活用》新しいことがらなどを、当たり前のこととして、特別な感じがなくなるようにする。ある状態や環境になじむようにする。「て(手)ー・を・　つめ(冷)たい・　みず(水)・に・　ならす。」「にじかん(二時間)・の・　れんしゅー(練習)・に・　ならす。」■自動詞は「なれる【慣れる】」

ならす【鳴らす】《動詞・サ行五段活用》楽器や電話などから音が出るようにする。音をあたりに響きわたらせる。「たいこ(太鼓)・を・　ならし・て・　せんでん(宣伝)し・てまわる。」「すいっち(スイッチ)・を・　お(押)し・て・　さいれん(サイレン)・を・　ならす。」■自動詞は「なる【鳴る】」

ならす【生らす】《動詞・サ行五段活用》手を加えて、作物などを実らせる。「え(良)ー・　とまと(トマト)・を・　ぎょーさん(仰山)・　ならし・た・なー。」■自動詞は「なる【生る】」

ならづけ【奈良漬け】《名詞》瓜や大根などを酒粕に漬けた食べ物。「ならづけ・を・　く(食)ー・ても・　かお(顔)・が・　あこ(赤)なる・ねん。」

ならぶ【並ぶ】《動詞・バ行五段活用》①互いに秩序を保って、前後左右などの近い場所に位置する。「ともだち(友達)・の・　みんな(皆)・と・　ならん・で・　しゃしん(写真)・を・　と(撮)る。」「まえ(前)・に・　うま(美味)そーな・　りょーり(料理)・が・　ならん・どる。」②縦または横につながって、列を作る。「よれつ(四列)・に・　ならん・で・　かけあし(駆足)・を・　する。」「よこ(横)・に・　にれつ(二列)・に・　ならん・で・　たいそー(体操)する。」③力などが匹敵し均衡する。「あし(足)・の・　はや(速)さ・は・　あいつ(彼奴)・と・　ならん・どる・ねん。」■他動詞は「ならべる【並べる】」〔⇒なろぶ【並ぶ】〕

ならべる【並べる】《動詞・バ行下一段活用》①互いに秩序を保って、近い場所に位置づける。「しょーぎばん(将棋盤)・に・　こま(駒)・を・　ならべる。」「ふた(二)つ・ならべ・たら・　ちが(違)い・が・　わかる・やろ。」②いくつものものを縦や横、斜めなどにつなげて、列を作る。「きょーしつ(教室)・に・　つくえ(机)・を・　ならべる。」③立て続けにいくつものことを言ったり、出したりする。「あれ・や・　これ・や・と・　こごと(小言)・を・　ならべ・やがっ・た。」■自動詞は「ならぶ【並ぶ】」〔⇒なろべる【並べる】〕

なり【(形)】《名詞》①人やものの身なりや形。外から見たときの様子や形。身に付けている服装などの印象。他人から見られたときの全体的な印象。「なり・を・　きちんと・　せ・な・　わら(笑)わ・れる・ぞ。」②人や動物の体の輪郭について受ける感じ。体ぜんたいの姿。体つきの程度。「なり・は・　ごっつー・ても・　すもー(相撲)・は・　よわ(弱)い。」③人やものの身なりや形。他人から見られたときの全体的な印象。身に付けている服装。「よそ(他所)・へ・　い(行)く・　とき・は・　もー・ちょっと・　え(良)ー・　なり・を・　し・なはれ。」④他人から見ての見栄えや、それについての評価。「なり・を・　き(気)・に・　する。」〔①③⇒すがた【姿】、かっこう【格好】、ふう【風】、ていさい【体裁】。②⇒から【柄】、がら【柄】、ずうたい【図体】、どんがら【どん柄】〕

なり《名詞》①ある動作・作用が、その状態のまま続いているということ。「い(行)っ・た・　なり・　もど(戻)っ・てきー・ひん。」「あん・　なり・　なん(何)・の・　へんじ(返事)・も・　ない。」「なに・も・　かんが(考)え・んと・き(聞)ー・た・　なり・を・　ゆ(言)う。」②他のものの成り行きに任せること。「ともだち・の・　ゆ(言)ー・なり・に・　したが(従)う。」③そのものと変わらないこと。そのものを変えないこと。「み(見)・た・　なり・を・　ほーこく(報告)し・なはれ。」④自分の意思に従っていること。「よ(世)のなか・は・　おも(思)う・　なり・に・は・　いか・へん。」〔⇒まま【儘】〕

なり《接続助詞》①ある動作や作用のあと、すぐに次の動作や作用が起きるとうことを表す言葉。「た(立)ちあがる・なり・　こけ・た。」②動作や作用がそのまま続いていることを表す言葉。「すわ(座)っ・た・なり・　うご(動)か・へん。」

なり《副助詞》いくつかあるもののうちから、例を挙げるために使う言葉。いくつかあるもののうちから、思うがままにどれかを選ぶということを表す言葉。「でんしゃ(電車)・に・　の(乗)る・なり・　ある(歩)く・なり・　す(好)き・に・　し・たら・　え(良)ー。」「なん(何)・なり・　す(好)きな・　もん(物)・を・　も(持)っ・ていけ。」〔⇒**など**〕

なり《接尾語》［名詞に付く］　そのものを含めてすべて一緒に、という意味を表す言葉。「ふた(蓋)・を・　あ(開)け・んと・　はこ(箱)なり・　わた(渡)す。」「ふるたい(風袋)なり・で・　いっかんめ(一貫目)・や。」〔⇒**ぐち、ごと**〕

なり(が)わるい【形(が)悪い】《形容詞・ウイ型》　他人から見られたときの格好や様子がよくなくて、恥ずかしい。世間からの評判が悪く、顔向けできない。見栄えや人聞きが悪い。「らくだい(落第)し・たら・　なりがわるい・さかい・　がんば(頑張)っ・て・な。」「そんな・　きたな(汚)い・　ふく(服)・を・　き(着)・ていっ・たら・　なりわるい・ぞ。」

なりもん【成り物】《名詞》　①木になる柿や蜜柑などの果物。「にわ(庭)・に・は・　なりもん・を・　う(植)え・ん・こと・や。」②西瓜やトマトなどの、果実の実る野菜。「ことし(今年)・は・　すいか(西瓜)・なんか・の・　なりもん・が・　よ(良)ー・　でけ(出来)る・　とし(年)・や。」③田畑から収穫できるもの。「たいふー(台風)・が・　き(来)・て・　なりもん・は・　ぜんめつ(全滅)や。」

なる《名詞》　刈り取った稲を干すために、田圃で組み立てて使うための細い丸太。「たんぼ(田圃)・の・　なる・に・　いね(稲)・を・　か(掛)ける。」〔⇒**なるき**【なる木】〕

なる【成る、為る】《動詞・ラ行五段活用》　①他のものや、他の状態に変わる。「おたまじゃくし(玉杓子)・が・　かえる(蛙)・に・　なる。」「みず(水)たまり・が・　こーり(氷)・に・　なっ・とる。」「かお(顔)・が・　あこ(赤)ー・　なっ・とる。」②人の身分・地位・状況などが別のものに変わる。「しゅっせ(出世)し・て・　しゃちょー(社長)・に・　なっ・た。」「むすこ(息子)・が・　だいがくせー(大学生)・に・　なる。」③その時が来る。「いつのまに・やら・　じゅーがつ(十月)・に・　なっ・た。」「ごじ(五時)・に・　なっ・たら・　しごと(仕事)・を・　やめる。」④その数量に達する。「あ(合)わし・て・　ろくにん(六人)・に・　なっ・た。」「ちょきん(貯金)・が・　ひゃくまんえん(百万円)・に・　なる。」

なる【生る】《動詞・ラ行五段活用》　作物などが実を結ぶ。「おー(大)きな・　かき(柿)・が・　なっ・た。」「うち・で・　なっ・た・　なすび(茄子)・や・けど・　た(食)べ・てくれる・か。」■他動詞は「ならす【生らす】」■名詞化＝**なり**【生り】

なる【鳴る】《動詞・ラ行五段活用》　楽器や電話などから音が出る。音があたりに響きわたる。「ひるやす(昼休)み・の・　さいれん(サイレン)・が・　なっ・た。」「はら(腹)・が・　へ(減)っ・て・　はら(腹)・が・　なっ・とる。」■他動詞は「ならす【鳴らす】」

なる《接尾語・ラ行五段活用》［形容詞の語幹に付く］　そのような状態に変わる。「はし(走)りすぎ・て・　だいぶ・しんどなっ・た。」「あ(上)がっ・ても・て・　かお(顔)・が・　あこ(赤)なっ・た。」「さいふ(財布)・を・　お(落)とし・て・　あお(青)なっ・た。」「おひ(陽)さん・が・　のぼ(昇)っ・て・　まぶ(眩)しなる。」

なるい《形容詞・ウイ型》　締め付けている度合いが弱くて、しっかりしていない。「なるい・　むす(結)びかた・を・　し・たら・　じき(直)に・　ほど(解)ける。」■対語＝「きつい」〔⇒**ゆるい**【緩い】〕

なるき【なる木】《名詞》　刈り取った稲を干すために、田圃で組み立てて使うための細い丸太。「たんぼ(田圃)・で・　つか(使)う・　なるき・を・　たば(束)ね・て・　りやかー(リヤカー)・に・　つ(積)む。」〔⇒**なる**〕

なるべく【成る可く】《副詞》　可能な範囲で、望ましいことを選んだり、望ましいようにすることを表す言葉。「なるべく・　おー(大)きな・　すいか(西瓜)・を・　よ(選)っ・て・　か(買)う。」「なるべく・　おそ(遅)ー・に・　い(行)く。」〔⇒**できるだけ**【出来るだけ】、**でけるだけ**【(出来るだけ)】〕

なるへそ【成るへそ】《副詞》　他人の言うことを聞いて確かにそうだと同感したり賛成したりする気持ちを表す言葉。予想したり予報を受けたりしていたことが、そのとおりになったことに感心して使う言葉。「なるへそ・　おまえ・の・　ゆ(言)ー・とーり・や・なー。」◆おどけて言う言葉である。「へそ」は臍の意であろうか。〔⇒**なるほど**【成る程】〕

なるほど【成る程】《副詞》　他人の言うことを聞いて確かにそうだと同感したり賛成したりする気持ちを表す言葉。予想したり予報を受けたりしていたことが、そのとおりになったことに感心して使う言葉。「なるほど・　き(聞)ー・とっ・た・とーり・の・　おーあめ(大雨)・に・なっ・た。」〔⇒**なるへそ**【成るへそ】〕

なれる【馴れる】《動詞・ラ行下一段活用》　動物が警戒心を捨てて、人になつく。「よー・　なれ・た・　うし(牛)・や・さかい・　おとな(大人)しー。」■他動詞は「ならす【馴らす】」

なれる【慣れる】《動詞・ラ行下一段活用》　①ある事柄にたびたび出会ったり、経験を繰り返したりしているうちに、当たり前のこととなって、特別な感じがなくなる。ある状態や環境になじむようになる。「ちゅーがっこー(中学校)・の・　ぶかつ(部活)・に・　なれ・てき・た。」②繰り返しているうちに、うまくなる。「じてんしゃ(自転車)・に・　の(乗)る・の・に・　なれ・た。」■他動詞は「ならす【慣らす】」

なれる【慣れる】《接尾語・ラ行下一段活用》［動詞の連用形に付く］　その動作や状態などが続いていて、具合がよいことを表す言葉。「す(住)みなれ・た・　いえ(家)・を・　はな(離)れる・の・は・　つら(辛)い。」「つか(使)いなれ・た・　どーぐ(道具)・や・のに・　けが(怪我)・を・し・た。」「は(履)きなれ・た・　くつ(靴)・を・　は(履)い・ていく。」「か(書)きなれ・た・　ふで(筆)・の・　ほー(方)・が・　つか(使)いやすい。」

なろぶ【並ぶ】《動詞・バ行五段活用》　①互いに秩序を保って、前後左右などの近い場所に位置する。「おー(大)けな・　くるま(車)・と・　こ(小)まい・　くるま(車)・と・が・　なろん・どる。」②縦または横につながって、列を作る。「まっすぐ・　たて(縦)・に・　なろば・な・　あかん・やろ。」③力などが匹敵し均衡する。「すーがく(数学)・の・　せーせき(成績)・は・　なろん・どる。」■他動詞は「なろべる【並べる】」〔⇒**ならぶ**【並ぶ】〕

なろべる【並べる】《動詞・バ行下一段活用》　①互いに秩序を保って、近い場所に位置づける。「ふた(二)つ・を・　なろべ・て・　え(良)ー・　ほー(方)・を・　と(取)る。」②いくつものものを縦や横、斜めなどにつなげて、列を作る。「いし(石)・を・　なろべ・て・　くぎり(区切)・を・　つく(作)る。」③立て続けにいくつものことを言ったり、出したりする。「つぎつぎ(次々)に・　ちゅーもん(注文)・を・　なろべ・てくる。」■自動詞は「なろぶ【並ぶ】」〔⇒**ならべる**【並べる】〕

なわ【縄】《名詞》　藁や麻などをよりあわせて作った太い

ひも。「ぐる(周)り・に・ たちいりきんし(立入禁止)・の・ なわ・を・ は(張)る。」「わら(藁)・で・ なわ・を・な(綯)う。」

なわしろ【苗代】《名詞》 稲の種を蒔いて、苗を育てる田。「なわしろ・から・ と(取)っ・てき・た・の・を・ たう(田植)えする。」〔⇒**なしろ**【苗代】〕

なわとび【縄跳び】《名詞、動詞する》 縄の両端を持って回して、一人で跳んだり、大勢で跳び越したりする遊び。「なわとび・の・ うし(後)ろとび・が・ でけ(出来)る・よーに・ なっ・た。」

なわない【縄綯い】《名詞、動詞する》 何本かの藁をねじり合わせて、太い一本のものとすること。「よ(夜)なべ・に・ なわない・を・ し・た。」

なん【何】《代名詞》 ①特定のものやことを、内容や実体がわからないものとして指す言葉。「そこ・に・ ある・の・は・ なん・や。」②特定のものやこととしないで、広く指す言葉。「ここ・に・ ある・の・は・ なん・でも・ひゃくえん(百円)・や。」③物事のすべてを指す言葉。「なん・も・ き(気)・が・ つ(付)か・ず・や。」④特定のものやことの名が思い出せないときや、その名がわかっていてもぼかして言うときに使う言葉。「なん・と・ゆ(言)ー・の・か・ むつか(難)しー・ なまえ(名前)・の・ きかい(機械)・やっ・た。」〔⇒**なに**【何】〕

なん【何】《副詞》 ①相手の言葉や行動などに疑問を持って、事実を確かめたり質問や詰問などをしたいという気持ちを持ったりしていることを表す言葉。どうして。「なん・ ぬかし〔＝言う〕・てけつかる・ん・や。」②すべてのことにわたって、そのようであるということを表す言葉。まったく。少しも。「なん・ おもろ(面白)ない・ はなし(話)・を・ も(持)っ・てき・やがっ・た・ん・や。」〔⇒**なに**【何】〕

なんか【何か】《副助詞》 ①いくつかあるもののうちから、それだけに限らないがという気持ちもこめながら、例を挙げて示す言葉。「やす(休)み・の・ ひ(日)ー・は・さんぽ(散歩)・なんか・ し・とり・ます。」②相手を軽く見たり、自分をへりくだったりするときに使う言葉。「あんた・なんか・ かお(顔)・も・ み(見)・とー・ない。」「わし・なんか・ そんな・ むつか(難)しー・はなし(話)・は・ わかり・まへ・ん。」③はっきりさせないで言うときに使う言葉。「らいしゅー(来週)・なんか・に・ あ(会)える・ ひ(日)ー・は・ な(無)い・やろ・か。」〔⇒**など**【等】、**なんど**【(等)】〕

なんかかんか【(何か彼か)】《副詞と》 一つのことに限らず、いろいろな事柄や内容にわたっている様子を表す言葉。さまざまなものが混じって存在していることを表す言葉。「りょこー(旅行)・に・ い(行)き・たい・と・ゆ(言)ー・たら・ なんかかんか・ もんく(文句)・を・ ゆ(言)ー・て・ はんたい(反対)する。」「なんかかんかと・ けち・を・ つ(付)ける・ ひと(人)・が・ おる。」〔⇒**なんやか**【何やか】、**なんやかや**【何や彼や】、**なんやかい**【何やかい】、**なんやかし**【何や彼し】、**なんやらかやら**【何やら彼やら】、**なんやらかんやら**【(何やら彼やら)】、**なんたらかんたら**【何たらかんたら】、**なんちゃらかんちゃら**【何ちゃらかんちゃら】、**なんじゃらかんじゃら**【(何じゃら彼じゃら)】〕

なんかと【何彼と】《副詞》 一つのことに限らず、いろいろな事柄や内容にわたっている様子を表す言葉。さまざまなものが混じって存在していることを表す言葉。「なんかと・ き(気)ー・を・ つか(使)う・ こと(事)・が・ぎょーさん(仰山)・ ある。」〔⇒**なにかと**【何彼と】、**なにやかや**【何や彼や】、**なんやかや**【何や彼や】、**なにやかし**【何やかし】、**なんやかし**【何やかし】、**なにやかやと**【何や彼やと】、**なんやかやと**【何や彼やと】〕

なんぎ【難儀】《形容動詞や(ナ)、動詞する》 ①ものごとに対応したり処理したりするのに、苦しんだり苦労したりする様子。「とーげ(峠)・を・ こ(越)える・の・に・なんぎし・た。」②自分にとっては不可能だと思われる様子。「そんな・ なんぎな・ こと・ めーれー(命令)せ・んとい・て。」〔⇒**なぎ**【(難儀)】、**どうさ**【動作】〕

なんきゅう〔**なんきゅー**〕【軟球】《名詞》 野球やテニスなどで使う、ゴム製の柔らかいボール。「なんきゅー・や・さかい・ あ(当)たっ・ても・ いと(痛)ー・ない。」■対語＝「こうきゅう【硬球】」

なんきょく【南極】《名詞》 地球の南の端。また、その辺りの寒い地域。「なんきょく・に・ おる・ ぺんぎん(ペンギン)・を・ どーぶつえん(動物園)・で・ み(見)・た。」■対語＝「ほっきょく【北極】」

なんきん【南瓜】《名詞》 蔓性で、夏に黄色の花を咲かせ、黄色く甘みを持った実が食用となる植物。「とーじ(冬至)・に・ なんきん・を・ く(食)う。」〔⇒**カボチャ**【ポルトガル語から】〕

なんきんまめ【南京豆】《名詞》 落花生の繭状の皮をむいたもの。落花生の実を煎って塩味をつけたもの。「なんきんまめ・は・ た(食)べだし・たら・ と(止)まら・へん。」〔⇒**ピーナツ**【英語＝peanut】〕

なんざん【難産】《名詞、動詞する》 普通以上に苦しんで子を生むこと。胎児がなかなか生まれないこと。「なんざん・やっ・た・けど・ じょーぶ(丈夫)な・ こ(子)ー・を・ う(生)ん・だ・ん・やって。」■対語＝「あんざん【安産】」

なんしき【軟式】《名詞》 野球、テニスなどで、柔らかいボールを使ってするスポーツ。「なんしき・の・ やきゅーぶ(野球部)・に・ はい(入)っ・とる。」■対語＝「こうしき【硬式】」

なんじゃら【何じゃら】《副詞》 ①実態ははっきりしないが、ともかくそれが存在しているように思われるということを表す言葉。「なんじゃら・ わけ(訳)・が・ わから・ん・ はなし(話)・を・ はじ(始)め・やがっ・た。」②何とはなしに、ある傾向が加わってくる様子を表す言葉。「なんじゃら・ むつか(難)しー・ はなし(話)・に・ なっ・てき・た。」〔⇒**なにやら**【何やら】、**なんやら**【何やら】〕

なんじゃらかんじゃら【(何じゃら彼じゃら)】《副詞と》 一つのことに限らず、いろいろな事柄や内容にわたっている様子を表す言葉。さまざまなものが混じって存在していることを表す言葉。「なんじゃらかんじゃら・せつめー(説明)し・てくれ・た・けど・ よー・ わから・なんだ。」〔⇒**なんやか**【何やか】、**なんやかや**【何や彼や】、**なんやかい**【何やかい】、**なんやかし**【何や彼し】、**なんやらかやら**【何やら彼やら】、**なんやらかんやら**【(何やら彼やら)】、**なんたらかんたら**【何たらかんたら】、**なんちゃらかんちゃら**【何ちゃらかんちゃら】、**なんかかんか**【(何か彼か)】〕

なんしろ【何しろ】《副詞》 いろいろな事情などがあるにしても、そのことは置いておいて、最も言いたいことを言うと。「なんしろ・ あの・ ひ(日)ー・は・ あさ(朝)・から・ どしゃぶ(土砂降)り・の・ あめ(雨)・やっ・た・なー。」〔⇒**なにしろ**【何しろ】、**なにせ**【何せ】、**なんせ**【何せ】、**なんにせえ**【何にせえ】、**なんにしても**【何にしても】、**とにかく**【兎に角】〕

なんせ【何せ】《副詞》 いろいろな事情などがあるにしても、そのことは置いておいて、最も言いたいことを言うと。「なんせ・ ごるふ(ゴルフ)・は・ かね(金)・が・ かかる・なー。」「なんせ・ もんだい(問題)・が・ むつか(難)しー・て・ いっこも・ わから・なんだ。」〔⇒**なにしろ**【何しろ】、**なんしろ**【何しろ】、**なにせ**【何せ】、**なんにせえ**【何にせえ】、**なんにしても**【何にしても】、**とにかく**【兎に角】〕

なんぜ【何故】《副詞》 どういう原因・理由などがあってそのようになったのかという疑問や不審の気持ちを表す言葉。「なんぜ・ わし・が・ い(行)か・んなん・ねん・な。」〔⇒**なぜ**【何故】、**なで**【(何故)】、**なんで**【(何故)】、**どうして、どないして**〕

なんぞいうたら〔**なんぞゆーたら**〕【何ぞ言うたら】《副詞》 何かというと。いざの時には。「あの・ おとこ(男)・は・ なんぞゆーたら・ かね(金)・を・ か(借)り・に・ く(来)る。」「なんぞゆーたら・ あにき(兄貴)・を・ たよ(頼)り・に・ する。」〔⇒**なんぞいうと**【何ぞ言うと】〕

なんぞいうと〔**なんぞゆーと**〕【何ぞ言うと】《副詞》 何かというと。いざの時には。「こども(子供)・は・ なんぞゆーと・ かね(金)・が・ かかる・なー。」「なんぞゆーと・ こども(子供)・が・ たよ(頼)り・や。」〔⇒**なんぞいうたら**【何ぞ言うたら】〕

なんだ《助動詞》 過去や現在の動作や作用について、打ち消す意味をもつ言葉。仮定の内容を想定して、それを打ち消す意味をもつ言葉。「いそが(忙)しゅー・て・ ほん(本)・を・ よ(読)ま・なんだ。」「の(飲)ま・なんでも・ い(生)き・とれ・る。」「い(要)ら・なんだら・ かえ(返)し・てくれ。」「その・ はなし(話)・は・ し(知)ら・なんでん。」◆「行か・なんだら」と同様の意味を表すものとして、「行か・んなんだら」「行か・へなんだら」「行か・へんなんだら」「行か・へんかったら」「行か・んかったら」などの言い方がある。〔⇒**へんかった、へなんだ**〕

なんたら【何たら】《副詞と》 何であるのかよくわからない、あるいは何であるのかを忘れてしまったというようなことを表す言葉。「なんたら・ ゆ(言)ー・ ひと(人)・や・けど・ なまえ(名前)・を・ わす(忘)れ・ても・た。」〔⇒**なんちゃら**【何ちゃら】、**なんとか**【何とか】、**なんたらかんたら**【何たらかんたら】、**なんちゃらかんちゃら**【何ちゃらかんちゃら】、**なんとかかんとか**【何とかかんとか】〕

なんたらかんたら【何たらかんたら】《副詞と》① 一つのことに限らず、いろいろな事柄や内容にわたっている様子を表す言葉。さまざまなものが混じって存在していることを表す言葉。「なんたらかんたらと・ りくつ(理屈)・を・ つ(付)け・やがる・ん・や。」②何であるのかよくわからない、あるいは何であるのかを忘れてしまったというようなことを表す言葉。「なんたらかんたらと・ ゆ(言)ー・ むつか(難)しー・ なまえ(名前)・の・ ほん(本)・に・ か(書)い・てある・の・や・そーや。」③言葉などが長々と続いているということを表す言葉。「なんたらかんたら・ せつめー(説明)・が・ いっぱい(一杯)・ か(書)い・てあっ・た。」〔⇒**なんちゃらかんちゃら**【何ちゃらかんちゃら】。①⇒**なんやか**【何やか】、**なんやかや**【何や彼や】、**なんやかい**【何やかい】、**なんやかし**【何や彼し】、**なんやらかやら**【何やら彼やら】、**なんやらかんやら**【(何やら彼やら)】、**なんじゃらかんじゃら**【(何じゃら彼じゃら)】、**なんかかんか**【(何か彼か)】。②⇒**なんたら**【何たら】、**なんちゃら**【何ちゃら】、**なんとか**【何とか】、**なんとかかんとか**【何とかかんとか】〕

なんちゃら【何ちゃら】《副詞》 何であるのかよくわからない、あるいは何であるのかを忘れてしまったというようなことを表す言葉。「なんちゃら・ よー・ わから・ん・ じ(字)ー・が・ か(書)い・てあっ・た。」〔⇒**なんたら**【何たら】、**なんとか**【何とか】、**なんたらかんたら**【何たらかんたら】、**なんちゃらかんちゃら**【何ちゃらかんちゃら】、**なんとかかんとか**【何とかかんとか】〕

なんちゃらかんちゃら【何ちゃらかんちゃら】《副詞と》① 一つのことに限らず、いろいろな事柄や内容にわたっている様子を表す言葉。さまざまなものが混じって存在していることを表す言葉。「なんちゃらかんちゃら・ もんく(文句)・ばっかり・ い(言)わ・れ・た。」②何であるのかよくわからない、あるいは何であるのかを忘れてしまったというようなことを表す言葉。「なんちゃらかんちゃら・ わけ・の・ わから・ん・ なまえ(名前)・の・ びょーき(病気)・や・そーや。」③言葉などが長々と続いているということを表す言葉。「いちじかん(一時間)・も・ なんちゃらかんちゃらと・ せつめー(説明)・が・ つづ(続)い・た。」〔⇒**なんたらかんたら**【何たらかんたら】。①⇒**なんやか**【何やか】、**なんやかや**【何や彼や】、**なんやかい**【何やかい】、**なんやかし**【何や彼し】、**なんやらかやら**【何やら彼やら】、**なんやらかんやら**【(何やら彼やら)】、**なんじゃらかんじゃら**【(何じゃら彼じゃら)】、**なんかかんか**【(何か彼か)】。②⇒**なんたら**【何たら】、**なんちゃら**【何ちゃら】、**なんとか**【何とか】、**なんとかかんとか**【何とかかんとか】〕

なんちゅう〔**なんちゅー**〕【何ちゅう】《連体詞》 相手の言うことなどに呆れたり、反発したりする気持ちを表す言葉。何と呆れた。何と馬鹿げた。「いま(今)さら・ なんちゅー・ こと・を・ ゆ(言)ー・てくる・ん・や。」「なんちゅー・ あほ(阿呆)な・ こと(事)・を・ ぬかし・やがる・ん・や。」◆「なん・と・いう【何・と・言う】」の発音が融合した言葉である。

なんで【(何故)】《副詞》 どういう原因・理由などがあってそのようになったのかという疑問や不審の気持ちを表す言葉。「なんで・ しょーばい(商売)・が・ うまいこと・ いか・へん・の・やろ・か。」「きのー(昨日)・は・ なんで・ だま(黙)っ・て・ やす(休)ん・だ・ん・や。」◆発音は、「なんぜ【何故】」となることがある。〔⇒**なぜ**【(何故)】、**なで**【(何故)】、**なんぜ**【何故】、**どうして、どないして**〕

なんでも【何でも】《副詞》 ①区別することなく、どんなものであっても。「なんでも・ え(良)ー・さかい・ は(早)よー・ も(持)っ・てき・てんか。」②どんなものであっても、すべて。「なんでも・ か(書)い・てある・ ひゃっかじてん(百科事典)・は・ べんり(便利)や。」〔⇒**なんでもかんでも**【何でも彼んでも】〕

なんでも《接続助詞》 ①それをしないことがあっても、かまわない、という気持ちを表す言葉。「い(行)か・なんでも・ おこ(怒)ら・れ・へん・やろ。」②強く迫ってこなくても行うつもりはあるという気持ちを表す言葉。「ごちゃごちゃ・ い(言)わ・なんでも・ わし・の・ ほー(方)・から・ い(行)き・ます・よ。」〔⇒**んでも、いでも、ないでも**〕

なんでもかんでも【何でも彼んでも】《副詞》 ①区別することなく、どんなものであっても。「なんでもかんでも・ す(好)きな・ もん(物)・を・ も(持)っ・ていけ。」②どんなものであっても、すべて。「で(出)・てき・た・

りょーり(料理)・を・　なんでもかんでも・　く(食)・ても・た。」「なんでもかんでも・　じぶん(自分)・が・　し・てしまい・たがる・　ひと(人)・や。」〔⇒**なんでも【何でも】**〕

なんでもこい【何でも来い】《形容動詞や(ノ)》　①どのような物事に対しても、恐れない様子。ものごとに自信のある様子。無敵である様子。「あいつ(彼奴)・は・　なんでもこいで・　やりだし・たら・　あと(後)・へ・　ひ(引)か・ん。」②多方面に力がある様子。「うんどー(運動)・やっ・たら・　なんでもこいで・　じょーず(上手)な・　ひと(人)・や。」「うた(歌)・でも・　おど(踊)り・でも・　なんでもこいや。」

なんでもや【何でも屋】《名詞》　①特定のものに限定しないで、さまざまのものを売る店。「いなか(田舎)・の・　やおや(八百屋)・は・　なんでもや・や。」②さまざまの分野を得意としている人。「あいつ(彼奴)・は・　なんでもや・や・さかい・　でんきせーひん(電器製品)・の・　しゅーぜん(修繕)・も・　じょーず(上手)や。」

なんでや(と)いうたら〔なんでや(と)ゆーたら〕【何故や(と)言うたら】《接続詞》　理由はと言えば。どうしてかと言えば。「なんでやゆーたら・　わし・が・　その・　ひと(人)・を・　よー・　し(知)っ・とる・さかい・や。」

なんてん【南天】《名詞》　葉は細かく枝分かれしていて、初夏に白い小花が咲き冬に丸く赤い実がなる、背の低い庭木。「しょーがつ(正月)・の・　かざ(飾)り・に・　なんてん・を・　さ(挿)し・とく。」

なんと【何と】《副詞》　①どのように。どんなふうに。「なんと・　い(言)わ・れ・たって・　や(止)め・へん・ぞ。」②程度のはなはだしさや、言い表しがたい感動を表す言葉。「なんと・　きれー(綺麗)な・　はな(花)・でん・なー。」「なんと・　うれ(嬉)しー・　はなし(話)・やない・か。」◆②は、感動詞としても使う。

なんど【納戸】《名詞》　衣服や家財道具などをしまっておく部屋。住宅の中の物置部屋。「なんど・に・　お(置)い・とる・　たんす(箪笥)・を・　うご(動)かす。」

なんど【何ど】《名詞》　①はっきりさせないで、漠然としたものを指すときに使う言葉。「なんど・　みやげ(土産)・に・　なる・　もん(物)・は・　あら・へん・か。」②食事と食事の間に食べる、軽い食べ物。「おちゃ(茶)・だけ・やのー・て・　なんど・　た(食)べ・たい・なー。」「こども(子供)・が・　なんど・を・　ほ(欲)しがっ・とる。」◆「なんぞ【何ぞ】」という発音になることもある。〔②⇒**おやつ【お八つ】、ええもん【良え物】、ちん【賃】、おちん【お賃】**〕

なんど【(等)】《副助詞》　①いくつかあるもののうちから、それだけに限らないがという気持ちもこめながら、例を挙げて示す言葉。「みまい(見舞)・やっ・たら・　りんご(林檎)・なんど・が・　え(良)ー・の・と・　ちゃ(違)う・やろ・か。」②相手を軽く見たり、自分をへりくだったりするときに使う言葉。「わし・なんど・に・　ゆ(言)ー・ても・　ひ(引)きう(受)け・られ・へん・がな。」③はっきりさせないで言うときに使う言葉。「ともだち(友達)・なんど・に・　てつど(手伝)ー・てくれる・　ひと(人)・は・　おら・ん・やろ・か。」〔⇒**など【等】、なんか【何か】**〕

なんどい【何どい】《感動詞》　相手につっけんどんに対応したり、疑問・非難・反発する気持ちが強かったりするときに、口をついて出る言葉。相手を威嚇するときに発する言葉。「なんどい。なんか・　よー(用)・か。」「なんどい。きたな(汚)い　へや(部屋)・に・　とー(通)し・やがっ・た・なー。」「なんどい。これ・は・　せんえん(千円)・も・　する・ん・かいな。」◆もとは「なん」(代名詞)＋「どい」(終助詞)である。「なんどえ【何どえ】」となることもある。〔⇒**なんどいや【何どいや】、なんやて【何やて】**〕

なんどいや【何どいや】《感動詞》　相手につっけんどんに対応したり、疑問・非難・反発する気持ちが強かったりするときに、口をついて出る言葉。「なんどいや。だれ(誰)・や・と・　おも(思)・たら・　おまはん・かいな。」「なんどいや。あんな・　こと・を・　ゆ(言)ー・たら・あか・ん・やろ。」「なんどいや。それ・は・　おまえ・の・　き(聞)きちが(違)い・やろ。」◆もとは「なん」(代名詞)＋「どい」(終助詞)＋「や」(終助詞)である。〔⇒**なんどい【何どい】、なんやて【何やて】**〕

なんとか【何とか】《副詞、動詞する》　①自分の願いが実現するように神仏などに祈る気持ちを表す言葉。「なんとか・　じしん(地震)・など・が・　お(起)き・ませ・ん・よーに。」②いろいろな工夫や努力をして、課題などを実現しようとする気持ちを表す言葉。「なんとかし・て・　ごーかく(合格)する・まで・　がんば(頑張)り・ます。」③人に勧めたり頼んだりして、自分の願いをかなえたいという気持ちを表す言葉。「なんとか・　たす(助)け・てください・ます・よーに・　おねが(願)い・を・　し・ます。」〔⇒**どうか、どないか。①③⇒どうぞ**〕

なんとか【何とか】《副詞》　①何であるのかよくわからない、あるいは何であるのかを忘れてしまったというようなことを表す言葉。「きのー(昨日)・　なんとか・ちゅー・　ひと(人)・が・　き(来)・た・ぞー。」②手段を尽くして何かをすることを表す言葉。「なんとか・　たす(助)け・てもらえる・よーに・　よろしゅー・　おねが(願)いし・ます。」③十分ではないが、行為や状態などが、曲がりなりにも目的にかなうことを表す言葉。良い結果に到達するまでに時間や手数がかかることを表す言葉。やっとのことで。「い(言)わ・れ・た・　しごと(仕事)・が・　なんとか・　す(済)ん・だ。」〔⇒**なんとかかんとか【何とかかんとか】。①⇒なんたら【何たら】、なんちゃら【何ちゃら】、なんたらかんたら【何たらかんたら】、なんちゃらかんちゃら【何ちゃらかんちゃら】、なんとかかんとか【何とかかんとか】。③⇒どうなと、どうなとこうなと、どうにか、どうにかこうにか、どうなりこうなり、どうぞこうぞ、どうやらこうやら、どうぞ、どうか、どうやら**〕

なんとかかんとか【何とかかんとか】《副詞と》　①何であるのかよくわからない、あるいは何であるのかを忘れてしまったというようなことを表す言葉。「なんとかかんとか・　せつめー(説明)・を・　き(聞)ー・た・けど・　なん(何)・も・　あたま(頭)・の・　なか(中)・に・　のこ(残)っ・とら・へん。」②手段を尽くして何かをすることを表す言葉。「なんとかかんとか・　おねが(願)いし・てみ・ます。」③十分ではないが、行為や状態などが、曲がりなりにも目的にかなうことを表す言葉。良い結果に到達するまでに時間や手数がかかることを表す言葉。何とかして。やっとのことで。「しくだい(宿題)・が・　なんとかかんとか・　お(終)わっ・た。」④言葉などが長々と続いているということを表す言葉。「なんとかかんとか・　いつ・まで・も・　もんく(文句)・を・　ぬかし・やがっ・た。」〔⇒**なんとか【何とか】。①⇒なんたら【何たら】、なんちゃら【何ちゃら】、なんとか【何とか】、なんたらかんたら【何たらかんたら】、なんちゃらかんちゃら【何ちゃらかんちゃら】。③⇒どうなと、どうなとこうなと、どうにか、どうにかこうにか、**

な

どうなりこうなり、どうぞこうぞ、どうやらこうやら、どうぞ、どうか、どうやら】

なんどかど【何どかど】《副詞》 何かをきっかけにして。いろいろなことにかこつけて。「なんどかど・ わし・に・ もんく(文句)・を・ つ(付)け・やがる。」〔⇒**なんどかんど**【何どかんど】〕

なんどかんど【何どかんど】《副詞》 何かをきっかけにして。いろいろにことにかこつけて。「なんどかんど・ まちが(間違)い・は・ な(無)い・か・と・ さが(探)し・てけつかる。」〔⇒**なんどかど**【何どかど】〕

なんどごと【何ど事】《名詞》 突然に起こるような大きな事件・事故。冠婚葬祭などに関する大きな出来事。「なんどごと・が・ あっ・たら・ し(知)らせ・ます・がな。」「なんどごと・の・ とき(時)・は・ てった(手伝)い・に・ い(行)く・さかい・な。」

なんとのう〔なんとのー〕【何と無う】《副詞》 何がどうだという理由がはっきりとあるわけではないが、そのように感じたり思ったりするということを表す言葉。「なんとのー・ かぜぎみ(風邪気味)・や・ねん。」〔⇒**どことのう**【何処と無う】〕

なんとも【何とも】《副詞》 ①特別に取り上げて言うほどのことではないという気持ちを表す言葉。「こけ・た・けど・ なんとも・ あら・へん。」②他のものに例えることができないほど、尋常ではないという気持ちを表す言葉。「なんとも・ よー・ わから・ん・ はなし(話)・や。」◆①は、後ろに打ち消しの言葉が続く。〔⇒**なんともかとも**【何とも彼とも】、**なんともかんとも**【(何とも彼とも)】〕

なんともかとも【何とも彼とも】《副詞》 ①特別に取り上げて言うほどのことではないという気持ちを表す言葉。「らくだい(落第)し・ても・ なんともかとも・ こたえ・へん・ やつ・や。」②他のものに例えることができないほど、尋常ではないという気持ちを表す言葉。「なんともかとも・ おと(恐)ろしい・ じこ(事故)・やっ・た。」◆①は、後ろに打ち消しの言葉が続く。〔⇒**なんとも**【何とも】、**なんともかんとも**【(何とも彼とも)】〕

なんともかんとも【(何とも彼とも)】《副詞》 ①特別に取り上げて言うほどのことではないという気持ちを表す言葉。「しんぱい(心配)・を・ かけ・た・けど・ なんともかんとも・ な(無)かっ・てん。」②他のものに例えることができないほど、尋常ではないという気持ちを表す言葉。「しけん(試験)・は・ なんともかんとも・ むつか(難)しー・ もんだい(問題)・ばっかり・やっ・た。」◆①は、後ろに打ち消しの言葉が続く。〔⇒**なんとも**【何とも】、**なんともかとも**【何とも彼とも】〕

なんなら【何なら】《副詞》 あなたが了解するならば。もし、それでよければ。「なんなら・ あの・ ひと(人)・に・ たの(頼)ん・であげ・まほ・か。」〔⇒**なんやったら**【何やったら】〕

なんにしても【何にしても】《副詞》 いろいろな事情などがあるにしても、そのことは置いておいて、最も言いたいことを言うと。「なんにしても・ かね(金)・が・ ぎょーさん(仰山)・ い(要)る・ん・や。」〔⇒**なにしろ**【何しろ】、**なんしろ**【何しろ】、**なにせ**【何せ】、**なんせ**【何せ】、**なんにせえ**【何にせえ】、**とにかく**【兎に角】〕

なんにせえ〔なんにせー〕【何にせえ】《副詞》 いろいろな事情などがあるにしても、そのことは置いておいて、最も言いたいことを言うと。「なんにせー・ さいご(最後)・は・ めんどー(面倒)・を・ み(見)・たら・な・しょーがない。」〔⇒**なにしろ**【何しろ】、**なんしろ**【何しろ】、**なにせ**【何せ】、**なんせ**【何せ】、**なんにしても**【何にしても】、**とにかく**【兎に角】〕

なんにも【何も】《副詞》 ①そのようにする理由がないという気持ちを表す言葉。「なんにも・ ただ(只)・に・し・てくれ・ん・でも・ え(良)ー・ん・や・さかい・ かね(金)・を・ と(取)っ・てんか。」②そのような事実や行為がないということを表す言葉。「なんにも・ さぶ(寒)い・と・は・ おも(思)わ・へん。」◆②は、後ろに打ち消しの言葉が伴う。〔⇒**なにも**【何も】、**なんも**【何も】〕

なんにも【何にも】《副詞》 打ち消し表現の度合いを高めるために使う言葉。まったく。「らじお(ラジオ)・が・ めげ・ても・て・ なんにも・ き(聞)こえ・へん。」〔⇒**ちっとも、ちいとも、ちょっとも**【一寸も】、**ひとつも**【一つも】、**ひとっつも**【一っつも】、**しとつも**【(一つも)】、**しとっつも**【(一っつも)】、**いっこも**【一個も】、**とっつも、なにひとつ**【何一つ】、**なにしとつ**【(何一つ)】、**ぜんぜん**【全然】、**なにも**【何も】〕

なんにもかも【何にも彼も】《名詞、副詞》 さまざまなものを含んでいる、その全体。それがすべてに行きわたっていること。一つ残らずすべて。「すいがい(水害)・で・ なが(流)さ・れ・て・ なんにもかも・ のこ(残)ら・ず・や。」「じしん(地震)・で・ なんにもかも・ つぶ(潰)れ・ても・た。」〔⇒**すっかり、こっきり、こっきら、こっきらこ、こっきらこい、なにもかも**【何も彼も】、**なんもかも**【何も彼も】、**なんもかんも**【(何も彼も)】〕

なんのかの【何の彼の】《副詞と》 細かいことに至るまで、あれこれと。「なんのかの・ あいつ(彼奴)・に・ もんく(文句)・を・ つ(付)け・られ・た。」〔⇒**なんのかんの**【何の彼の】〕

なんのかんの【何の彼の】《副詞と》 細かいことに至るまで、あれこれと。「なんのかんのと・ まちが(間違)い・を・ さが(探)し・て・ ちゅーい(注意)さ・れ・た。」〔⇒**なんのかの**【何の彼の】〕

なんのきなしに【何の気無しに】《副詞》 特別な気持ちや意図を持たずに。格別な予想などもしないで。何気なく。「なんのきなしに・ さんぽ(散歩)し・とっ・たら・ あめ(雨)・に・ お(遭)ー・ても・た。」

なんのこっちゃ【(何の事や)】《副詞》 出来事などを詠嘆的に述べるときに使う言葉。何とまあ。「なんのこっちゃ・ ながなが(長々)と・ しゃべ(喋)っ・て・ けっきょく(結局)・ わけ(訳)・の・ わから・ん・ はなし(話)・やっ・た。」〔⇒**なんのことや**【何のことや】、**なんのことやら**【何の事やら】、**なんのこっちゃら**【(何の事やら)】〕

なんのこっちゃら【(何の事やら)】《副詞》 出来事などを詠嘆的に述べるときに使う言葉。何とまあ。「なんのこっちゃら・ じかん(時間)・だけ・ なご(長)ー・て・ おもろ(面白)ない・ えーが(映画)・やっ・た。」〔⇒**なんのことや**【何のことや】、**なんのことやら**【何の事やら】、**なんのこっちゃ**【(何の事や)】〕

なんのことや【何の事や】《副詞》 出来事などを詠嘆的に述べるときに使う言葉。何とまあ。「なんのことや・ あほ(阿呆)・みたいな・ はなし(話)・やっ・てん。」〔⇒**なんのことやら**【何の事やら】、**なんのこっちゃ**【(何の事や)】、**なんのこっちゃら**【(何の事やら)】〕

なんのことやら【何の事やら】《副詞》 出来事などを詠嘆的に述べるときに使う言葉。何とまあ。「なんのことやら・ えーかげんな・ こと・しか・ しゃべ(喋)ら・

へん・ねん。」〔⇒**なんのことや**【何のことや】、**なんのこっちゃ**【(何の事や)】、**なんのこっちゃら**【(何の事やら)】〕

なんば【(南蛮)】《名詞》 高さ2メートルぐらいになる植物の葉の付け根にできるもので、円柱形の軸に黄色い実がぎっしり並んでついている作物。「しゅーせんご(終戦後)・は・ なんば・の・ こ(粉)ー・を・ た(食)べ・た・ こと・が・ あっ・た。」〔⇒**とうきび**【唐黍】、**きび**【黍】〕

なんぼ《名詞、副詞》 ①金額の多少を問題にしたり、尋ねたりするときに使う言葉。どれほどの値段。「この・とけー(時計)・ なんぼ・で・ こ(買)ー・た・ん・や。」②数量の多少を問題にしたり、尋ねたりするときに使う言葉。「なんぼ・ほど・ いっぺん(一遍)・に・ つ(積)め・る・ん・やろ・か。」③年齢を尋ねるときに使う言葉。「おとー(父)さん・の・ とし(歳)・は・ なんぼ・です・か。」④どのように、あるいは何度も、そうしたところで、大きな変化がないような場合に使う言葉。「なんぼ・き(聞)ー・ても・ あたま(頭)・に・ はい(入)ら・へん。」〔①②④⇒**いくら**【幾ら】。②③⇒**いくつ**【幾つ】〕

なんぼか《副詞》 どれほどであっても。僅かではあるが。「そっち・の・ はこ(箱)・の・ ほー(方)・が・ なんぼ・か・ まし・や。」

なんぼでも《副詞》 どれほど高額であっても。いくらの数量や金額であっても。「なんぼでも・ い(言)わ・れ・た・ とー(通)り・に・ かね(金)・を・ はら(払)う。」〔⇒**なんぼでもかんぼでも**〕

なんぼでもかんぼでも《副詞》 どれほど高額であっても。いくらの数量や金額であっても。「なんぼでもかんぼでも・ わ(分)け・てほしー・ん・や。」〔⇒**なんぼでも**〕

なんぼなんでも《副詞》 いろいろなことを勘案したとしても。いくらなんでも。どう考えても。「なんぼなんでも・ いちまんえん(一万円)・は・ たか(高)すぎる・やろ。」「なんぼなんでも・ こんど(今度)・の・ やりかた・は・ おかしー・と・ おも(思)う。」「なんぼなんでも・ あんた・から・ しゃっきん(借金)・は・ でけ(出来)・へん。」◆相手を非難する場合などに使うことが多い。

なんぼも《副詞》 とりたてて言うほどでもないことを表す言葉。さほどには。「ま(負)け・た・と・ ゆ(言)ー・た・かて・ てんすー(点数)・は・ なんぼも・ ちが(違)い・が・ あら・へん。」◆後ろに打ち消しの言葉が伴うことが多い。〔⇒**あまり**【余り】、**あまし**【余し】、**あんまり**【余り】、**あんまし**【余し】、**たいして**【大して】〕

なんまいだ【(南無阿弥陀)】《名詞》 阿弥陀仏に帰依する気持ちを表して唱える言葉。〔⇒**なんまいだぶつ**【(南無阿弥陀仏)】、**なむあみだぶつ**【南無阿弥陀仏】〕

なんまいだぶつ【(南無阿弥陀仏)】《名詞》 阿弥陀仏に帰依する気持ちを表して唱える言葉。〔⇒**なんまいだ**【(南無阿弥陀)】、**なむあみだぶつ**【南無阿弥陀仏】〕

なんも【何も】《副詞》 ①そのようにする理由がないという気持ちを表す言葉。「なんも・ あんた・が・ あやま(謝)る・ ひつよー(必要)・は・ あら・へん。」②そのような事実や行為がないということを表す言葉。「なんも・ いた(痛)い・ こと・は・ ない。」◆後ろに打ち消しの言葉が伴うことが多い。〔⇒**なにも**【何も】、**なんにも**【何も】〕

なんもかも【何も彼も】《名詞、副詞》 さまざまなものを含んでいる、その全体。それがすべてに行きわたっていること。一つ残らずすべて。「なんもかも・で・ ごせんえん(五千円)・に・ し・とき・ます。」「おー(大)けな・ かじ(火事)・で なんもかも・ も(燃)え・て・ はい(灰)・に・ なっ・ても・た。」〔⇒**すっかり**、**こっきり**、**こっきら**、**こっきらこ**、**こっきらこい**、**なにもかも**【何も彼も】、**なんにもかも**【何にも彼も】、**なんもかんも**【(何も彼も)】〕

なんもかんも【(何も彼も)】《名詞、副詞》 さまざまなものを含んでいる、その全体。それがすべてに行きわたっていること。一つ残らずすべて。「もんだい(問題)・は・ なんもかんも・ わから・なんだ。」〔⇒**すっかり**、**こっきり**、**こっきら**、**こっきらこ**、**こっきらこい**、**なにもかも**【何も彼も】、**なんにもかも**【何にも彼も】、**なんもかも**【何も彼も】〕

なんや【何や】《副詞》 何であるのか。なんとなく。「なんや・ よー・ わから・ん・ はなし(話)・やっ・た。」〔⇒**なにや**【何や】〕

なんや〔**なんやー**〕【何や】《感動詞》 驚いたり、問い返したりするときに使う言葉。「なんや・ わし・を・ だま(騙)し・た・ん・や・なー。」〔⇒**なに**【何】〕

なんやか【何やか】《副詞》 一つのことに限らず、いろいろな事柄や内容にわたっている様子を表す言葉。さまざまなものが混じって存在していることを表す言葉。「なんやか・ あっ・て・ おもろ(面白)い・ みせ(店)・や。」〔⇒**なんやかや**【何や彼や】、**なんやかい**【何やかい】、**なんやかし**【何や彼し】、**なんやらかやら**【何やら彼やら】、**なんやらかんやら**【(何やら彼やら)】、**なんたらかんたら**【何たらかんたら】、**なんちゃらかんちゃら**【何ちゃらかんちゃら】、**なんじゃらかんじゃら**【(何じゃら彼じゃら)】、**なんかかんか**【(何か彼か)】〕

なんやかい【何やかい】《副詞》 一つのことに限らず、いろいろな事柄や内容にわたっている様子を表す言葉。さまざまなものが混じって存在していることを表す言葉。「なんやかい・ はら(腹)・の・ た(立)つ・ こと・が・ ある。」〔⇒**なんやか**【何やか】、**なんやかや**【何や彼や】、**なんやかし**【何や彼し】、**なんやらかやら**【何やら彼やら】、**なんやらかんやら**【(何やら彼やら)】、**なんたらかんたら**【何たらかんたら】、**なんちゃらかんちゃら**【何ちゃらかんちゃら】、**なんじゃらかんじゃら**【(何じゃら彼じゃら)】、**なんかかんか**【(何か彼か)】〕

なんやかし【何やかし】《副詞》 一つのことに限らず、いろいろな事柄や内容にわたっている様子を表す言葉。さまざまなものが混じって存在していることを表す言葉。「ひっこし(引越)し・て・ なんやかし・ かいもん(買物)・を・ し・まし・た。」「なんやかし・ せわ(世話)・に・ なり・まし・た。」〔⇒**なんやか**【何やか】、**なんやかや**【何や彼や】、**なんやかい**【何やかい】、**なんやらかやら**【何やら彼やら】、**なんやらかんやら**【(何やら彼やら)】、**なんたらかんたら**【何たらかんたら】、**なんちゃらかんちゃら**【何ちゃらかんちゃら】、**なんじゃらかんじゃら**【(何じゃら彼じゃら)】、**なんかかんか**【(何か彼か)】〕

なんやかや【何や彼や】《副詞と》 一つのことに限らず、いろいろな事柄や内容にわたっている様子を表す言葉。さまざまなものが混じって存在していることを表す言葉。「これから・ なんやかや・ おせ(教)・てください・な。」「なんやかや・ わから・ん・ こと・が・ ぎょーさん(仰山)・ ある。」「なんやかやと・ しゅくだい(宿題)・を・ いっぱい(一杯)・ だ(出)さ・れ・た。」〔⇒**なんやか**【何やか】、**なんやかい**【何やかい】、**なんやかし**【何や彼し】、**なんやらかやら**【何やら彼やら】、なんやらかんやら【(何やら彼やら)】、なんたらかんたら【何たらかんたら】、なんちゃらかんちゃら【何ちゃらかんちゃら】、なんじゃらかんじゃら【(何じゃら彼じゃら)】、なんかかんか【(何か彼か)】〕

なんやったら【何やったら】《副詞》　あなたが了解するならば。もし、それでよければ。「なんやったら・　わたし(私)・が・　か(代)わっ・てあげ・ても・　よろしー・けど。」〔⇒**なんなら**【何なら】〕

なんやて【何やて】《感動詞》　相手につっけんどんに対応したり、疑問・非難・反発する気持ちが強かったりするときに、口をついて出る言葉。相手を威嚇するときに発する言葉。「なんやて。もー・　いっぺん・　ゆ(言)ー・てみー。」◆もとは「なん」(代名詞)＋「や」(助動詞)＋「て」(接続助詞)である。「なんじゃて【何じゃて】」となることもある。〔⇒**なんどい**【何どい】、**なんどいや**【何どいや】〕

なんやら【何やら】《副詞》　①実態ははっきりしないが、ともかくそれが存在しているように思われるということを表す言葉。「なんやら・　よー・　わから・へん・　せつめー(説明)・を・　き(聞)かさ・れる・の・は・　しんどい・なー。」②何とはなしに、ある傾向が加わってくる様子を表す言葉。「なんやら・　あめ(雨)・が・　ふ(降)り・そーに・　なっ・てき・た・ぞ。」〔⇒**なにやら**【何やら】、**なんじゃら**【何じゃら】〕

なんやらかやら【何やら彼やら】《副詞と》　一つのことに限らず、いろいろな事柄や内容にわたっている様子を表す言葉。さまざまなものが混じって存在していることを表す言葉。「なんやらかやら・　しなもん(品物)・を・　み(見)せ・てくれ・た。」「なんやらかやら・　あっ・て・　めうつ(目移)り・が・　する。」〔⇒**なんやか**【何やか】、**なんやかや**【何や彼や】、**なんやかい**【何やかい】、**なんやかし**【何や彼し】、**なんやらかんやら**【(何やら彼やら)】、**なんたらかんたら**【何たらかんたら】、**なんちゃらかんちゃら**【何ちゃらかんちゃら】、**なんじゃらかんじゃら**【(何じゃら彼じゃら)】、**なんかかんか**【(何か彼か)】〕

なんやらかんやら【何やら彼んやら】《副詞》　一つのことに限らず、いろいろな事柄や内容にわたっている様子を表す言葉。さまざまなものが混じって存在していることを表す言葉。「なんやらかんやら・　かね(金)・の・　い(要)る・　こと(事)・ばっかり・や。」「ふるてや(古手屋)・に・は・　なんやらかんやら・　わけ(訳)・の・　わから・ん・　もん(物)・が・　ぎょーさん(仰山)・　あっ・た。」〔⇒**なんやか**【何やか】、**なんやかや**【何や彼や】、**なんやかい**【何やかい】、**なんやかし**【何や彼し】、**なんやらかやら**【何やら彼やら】、**なんたらかんたら**【何たらかんたら】、**なんちゃらかんちゃら**【何ちゃらかんちゃら】、**なんじゃらかんじゃら**【(何じゃら彼じゃら)】、**なんかかんか**【(何か彼か)】〕

なんより【何より】《副詞、形容動詞や(ノ)》　それに比べると、ほかのものは問題にならない(あるいは、価値が低い)ということを表す言葉。「けが(怪我)・を・　せ・なんだ・の・が・　なんよりや。」「なんより・　からだ(体)・を・　うご(動)かす・の・が・　す(好)きな・　ひと(人)・や。」〔⇒**なにより**【何より】、**なによりかより**【何より彼より】、**なんよりかより**【何より彼より】〕

なんよりかより【何より彼より】《副詞、形容動詞や(ノ)》　それに比べると、ほかのものは問題にならない(あるいは、価値が低い)ということを表す言葉。「じゅんばん(順番)・は・　うしろ(後)・でも・　きけん(棄権)せ・なんだ・ん・が・　なんよりかよりや。」「なんよりかより・　つ(釣)り・が・　す(好)きな・　やつ(奴)・や。」〔⇒**なにより**【何より】、**なんより**【何より】、**なによりかより**【何より彼より】〕

に

に〔**にー**〕【荷】《名詞》　①ある程度の大きさがあって、自分で持ち運んだり、運搬を依頼したりするもの。「やどがえ(宿替)・の・　にー・を・　くるま(車)・で・　はこ(運)ぶ。」②その人にとって負担になって、厄介に感じるもの。任務となっているもの。「こども(子供)・の・　せわ(世話)・は・　おー(大)きな・　にー・に・　なる。」〔⇒**にもつ**【荷物】〕

に〔**にー**〕【似】《名詞》　何かの共通点などがあって、互いに同じように見えること。また、そのような関係や間柄。「あんた・は・　ちちおや(父親)・に・　にー・の・　こ(子)・や・なー。」

に〔**にー**〕【二】《名詞(数詞)》　①自然数の1に、1を加えた数。「にだい(台)・　つな(繋)い・だ・　でんしゃ(電車)・が・　き(来)・た。」②ものごとの順序や順位などを表す言葉で、1番目の次に位置するもの。「ぷろぐらむ(プログラム)・の・　にー・に・　うつ(移)り・ます。」

にあう【似合う】《動詞・ワア行五段活用》　人やものなどにとって、それがうまく釣り合う。違和感などがなく、ふさわしいものに感じられる。「わたし(私)・に・　におー・た・　ふく(服)・や・と・　おも(思)う・ねん・けど・どない・やろ。」〔⇒**にやう**【(似合う)】〕

にいさん〔**にーさん**〕【兄さん】《名詞》　①兄を敬ったり、親しみを込めたりして言う言葉。「にーさん・　ちょっと(一寸)・　てつど(手伝)ー・てくれ・まへん・か。」②若い男の人を親しんでいう言葉。「ちょっと(一寸)・　そこ・の・　にーさん・　これ・　こ(買)ー・てくれ・へん・か。」③自分の姉の配偶者。「にーさん・は・　げんき(元気)に・　し・とっ・て・です・か。」〔①②⇒**にいちゃん**【兄ちゃん】、**にいやん**【兄やん】〕

にいちゃん〔**にーちゃん**〕【兄ちゃん】《名詞》　①兄を敬ったり、親しみを込めたりして言う言葉。「にーちゃん・　しくだい(宿題)・　おせ(教)・てー・な。」②若い男の人を親しんでいう言葉。「あの・　みせ(店)・に・は・　いたまえ(板前)・の・　にーちゃん・が・　ふたり(二人)・おる。」〔⇒**にいさん**【兄さん】、**にいやん**【兄やん】〕

にいやん〔**にーやん**〕【兄やん】《名詞》　①兄を敬ったり、親しみを込めたりして言う言葉。「うち・の・　にーやん・は・　みっ(三)つ・　としうえ(年上)・や・ねん。」②若い男の人を親しんでいう言葉。「となり(隣)・の・　にーやん・が・　かさ(傘)・を・　か(貸)し・てくれ・た。」〔⇒**にいさん**【兄さん】、**にいちゃん**【兄ちゃん】〕

にえくりかえる【煮えくり返る】《動詞・ラ行五段活用》　①湯などが煮えて、ぐらぐら沸騰する。「ちゃびん(茶瓶)・の・　ゆ(湯)ー・が・　にえくりかえっ・とる。」②平静さを失うほど、ひどく腹が立つ。「あの・　とき(時)・は・　はら(腹)・の・　なか(中)・が・　にえくりかえっ・とっ・てん。」

にえる【煮える】《動詞・ア行下一段活用》　①水やだし汁に入れて熱を加えた食べ物が、やわらかくなったり味がしみ通ったりして、食べられる状態になる。「かんとだき(関東炊)・が・　よー・　にえ・とる。」②水が、湯になったり沸騰したりする。「たらい(盥)・の・　みず

（水）・が・　にえ・て・　ひなたみず（日向水）・に・　なっ・とる。」◆他動詞としては、「にる【煮る】」という言い方はしなくて、「たく【炊く】」と言う。〔⇒**ねえる【煮える】、たける【炊ける】**〕

におい【匂い、臭い】《名詞》 ①漂ってきて、鼻に好ましく心地よく感じるもの。「え（良）ー・　におい・の・　する・　きんもくせー（金木犀）・や。」②漂ってきて、鼻に気持ち悪くくさく感じるもの。「おかしな・　におい・が・　する・さかい・　もー・　た（食）べ・られ・へん。」〔⇒**によい【（匂い、臭い）】、かざ【（香）】、かだ【（香）】**。①⇒**かおり【香り、薫り】**〕

におう【匂う、臭う】《動詞・ワア行五段活用》 ①漂ってくるものが鼻に好ましく、心地よく感じる。「うめ（梅）・の・　はな（花）・が・　におう。」②漂ってくるものが鼻に気持ち悪く、くさく感じる。「がす（ガス）・が・　におー・てき・た・さかい・　なん（何）・か・　おかしー・ぞ。」■名詞化＝**におい【匂い・臭い】**〔⇒**にょう【（匂う、臭う）】、かざる【（香る）】、かだる【（香る）】**。①⇒**かおる【香る、薫る】**〕

にかい【二階】《名詞》 ①建物の、地面から２番目の床。「にかい・に・は・　ふたま（二間）・　ある。」「ひゃっかてん（百貨店）・の・　にかい・の・　うりば（売場）・で・　か（買）い・まし・てん。」②上下の２層の床にして作った建物。「うみ（海）・の・　ちか（近）く・に・　ある・　にかい・の・　いえ（家）・に・　す（住）ん・でみたい・なー。」■対語＝②「ひらや【平屋】」〔②⇒**にかいだて【二階建て】、にかいだち【二階建ち】**〕

にがい【苦い】《形容詞・アイ型》 濃いお茶、コーヒー、薬などを飲んだときのような、さまざまな味でありながら、舌を刺激して不快な感じを与えたり、逆にその刺激を楽しんだりすることのできる味である。「まんじゅー（饅頭）・の・　あと（後）・は・　にがい・　おちゃ（茶）・が・　よろしー・な。」

にかいだち【二階建ち】《名詞》 上下の２層の床にして作った建物。「にかいだち・や・さかい・　うみ（海）・が・　よー・　み（見）える。」■対語＝「ひらや【平屋】」〔⇒**にかい【二階】、にかいだて【二階建て】**〕

にかいだて【二階建て】《名詞》 上下の２層の床にして作った建物。「にかいだて・で・　にわ（庭）・の・　ある・　いえ（家）・が・　ほ（欲）しー・ねん。」■対語＝「ひらや【平屋】」〔⇒**にかい【二階】、にかいだち【二階建ち】**〕

にかいばあさん〔にかいばーさん〕【二階婆さん】《名詞》 子から見て、一家に祖母と曾祖母とがいる状況。また、その場合に、曾祖母を指す言葉。「うち・は・　みんな（皆）・　ながい（長生）き・で・　にかいばーさん・に・　なっ・とる・ねん。」「あの・　ひと（人）・が・　にかいばーさん・です。」◆「にかいじいさん〔にかいじーさん〕【二階爺さん】」がいても当然であるが、平均寿命が短かった時代では、そのようなことは起こりにくく、聞いたことがないように思う。

にかげつ【二か月】《名詞》 ①１年を12に分けたときの、そのふたつ分。ほぼ60日の長さ。「ふたつき・　かかっ・て・　なや（納屋）・を・　かいぞー（改造）し・た。」②その月から次の月にまたがる長さ。「つゆ（梅雨）・は・　にかげつ・に・　わたる。」〔⇒**ふたつき【二月】**〕

にがす【逃がす】《動詞・サ行五段活用》 ①捕まえていたものを放して、自由にさせる。「つ（釣）っ・た・　さかな（魚）・が・　ちー（小）さい・さかい・　にがし・たる。」②捕まえようとして、捕まえそこねる。「はんにん（犯人）・を・　にがし・ても・た。」

にがつ【二月】《名詞》 １年の12か月のうちの２番目の月。「にがつ・の・　みっか（三日）・は・　せつぶん（節分）・や。」〔⇒**にんがつ【二ん月】**〕

にがて【苦手】《形容動詞や（ノ）》 ①気が合わなくて嫌な相手であると思う様子。気詰まりであると感じている様子。「にがてな・　やつ（奴）・の・　となり（隣）・に・は・　すわ（座）り・とー・ない。」「あいつ（彼奴）・と・　はなし（話）・を・　する・の・は・　にがてや。」②得意でない様子。上手でない様子。困難を感じている様子。「うた（歌）・を・　うた（歌）う・の・は・　どーも・　にがてや。」

にがみ【苦味】《名詞》 濃いお茶、コーヒー、薬などを飲んだときのような味。また、その味の度合い。「にがみ・の・　な（無）い・　くすり（薬）・は・　ありがた（有難）い・な。」「にがみ・の・　つよ（強）い・　こーひー（コーヒー）・が・　す（好）きや。」

にがり【苦汁】《名詞》 蛋白質を固める働きがあるので豆腐を作るときなどに使う、海水から塩を結晶させたときに残る苦い液体。「とーにゅー（豆乳）・を・　にがり・で・　かた（固）める。」

にかわ【膠】《名詞》 接着剤などとして使う、動物の骨や皮などを煮た液を冷まして固めたもの。「わ（割）れ・た・　せともん（瀬戸物）・を・　にかわ・で・　ひっつける。」

にきび【面皰】《名詞》 青年期の男女に多く出る、脂肪がかたまって顔などにあらわれる小さな吹き出物。「かお（顔）・の・　にきび・を・　か（掻）い・たら・　あか・ん・がな。」

にぎやか【賑やか】《形容動詞や（ナ）》 ①人やものがたくさん集まって、活気のある様子。「きょー（今日）・の・　だ（出）しもん・は・　にぎやかや・なー。」②いろいろな音が聞こえてくる様子。明るくて陽気であったり、よくしゃべったりする様子。「そーしき（葬式）・の・　とき（時）・は・　にぎやかな・　ひと（人）・は・　ちょっと（一寸）・　こま（困）る・なー。」■対語＝①「さびしい【寂しい】」「さみしい【寂しい】」「さぶしい【（寂しい）】」。②「しずか【静か】」〔⇒**にんぎゃか【（賑んぎゃか）】、にんやか【（賑やか）】**〕

にぎり【握り】《名詞》 ①道具などの、手に持つように作ってある部分。「き（木）ー・で・　でけ（出来）・た・　にぎり・は・　ねつ（熱）・が・　つた（伝）わら・へん。」②酢を入れたご飯の上に生の魚や貝などをのせて、いっしょに握ったもの。「うま（美味）い・　にぎり・を・　く（食）える・　みせ（店）・が・　ある・ねん。」③水で湿した手に塩をつけて、ご飯を三角形や丸形に握り固めたもの。「たけ（竹）のかわ・に・　にぎり・を・　つつ（包）む。」◆③は、中に具を入れたり外側に海苔を巻いたりするものもある。〔①⇒**て【手】、とって【取っ手】**。②⇒**にぎりずし【握り鮨、握り寿司】、すし【鮨、寿司】**。③⇒**にぎりめし【握り飯】、おにぎり【お握り、むすび【結び】】、おむすび【お結び】**〕

にぎりこぶし【握り拳】《名詞》 ぐっと握り固めた手の指。「にぎりこぶし・で・　なぐ（殴）る。」「にぎしこぶし・　ひと（一）つぶん・の・　しお（塩）・を・　ま（撒）く。」〔⇒**げんこつ【拳骨】、ごんけつ**〕

にぎりずし【握り鮨、握り寿司】《名詞》 酢を入れたご飯の上に生の魚や貝などをのせて、いっしょに握ったもの。「かいてんずし（回転寿司）・で・　にぎりずし・を・く（食）う。」〔⇒**にぎり【握り】、すし【鮨、寿司】**〕

にぎりばさみ【握り鋏】《名詞》 手の中に握って使う、小さな鋏。「にぎりばさみ・で・　いと（糸）・を・　き（切）る。」〔⇒**つかみばさみ【掴み鋏】**〕

に

にぎりばし【握り箸】《名詞》 箸をうまく使えなくて、2本の箸をいっしょに握るような形で持つこと。「こども(子供)・の・ にぎりばし・は・ は(早)よ・ なお(直)さ・んと・ あか・ん。」

にぎりめし【握り飯】《名詞》 水で湿した手に塩をつけて、ご飯を三角形や丸形に握り固めたもの。「にぎりめし・と・ つけもん(漬物)・を・ も(持)っ・て・ やま(山)・に・ のぼ(登)る。」◆中に具を入れたり外側に海苔を巻いたりするものもある。〔⇒**にぎり【握り】、むすび【結び】、おにぎり【お握り】、おむすび【お結び】**〕

にぎる【握る】《動詞・ラ行五段活用》 ①手の指をすべて内側に曲げて、何かをその中に収めている形にする。「にぎっ・て・ て(手)・の・ なか・を・ み(見)せ・へん。」②手の指を曲げて、ものをつかむ。また、そのものを放すまいとする。「はんどる(ハンドル)・を・ にぎっ・て・ うんてん(運転)する。」③飯を両手で押し固めて、握り寿司や、握り飯を作る。「まぐろ(鮪)・を・ にぎっ・てんか。」

にく【肉】《名詞》 ①人や動物の体の皮膚の下にあるもの。「おーけが(大怪我)・を・ し・て・ にく・が・ み(見)え・た。」②食用にする、動物や魚の骨を包んでいる柔らかい部分。「た(食)べる・ もん(物)・は・ にく・が・ だいす(大好)きな・ん・や。」③果実の皮の内側にあって、種などを除く部分。「うめ(梅)・の・ にく・を・ にぎ(握)りめし・の・ なか(中)・に・ い(入)れる。」④印鑑に赤い色を付けるために使う、顔料を染み込ませたもの。「いんかん(印鑑)・に・ にく・を・ つ(付)ける。」〔①②⇒**み【身】**。④⇒**いんにく【印肉】、しゅにく【朱肉】**〕

にくい【憎い】《形容詞・ウイ型》 しゃくにさわって、うとましい。可愛らしさがなくて嫌だ。「にくい・と・ おも(思)・とっ・た・けど・ いま(今)・で・は・ す(好)きに・ なっ・た。」

にくい【難い】《接尾語》〔動詞の連用形に付く〕 ①ものごとを簡単には行えないという意味を表す言葉。「かんじ(漢字)・が・ いっぱい(一杯)・ で(出)・てき・て・ よ(読)みにくい・ ほん(本)・や。」「みじ(短)こー・て・ か(書)きにくい・ えんぴつ(鉛筆)・や。」「とー(遠)・て・ い(行)きにくい・ ところ(所)・や・さかい・ くるま(車)・で・ つ(連)れ・ていっ・てもろ・た。」②気持ちの上で、そうすることができないという意味を表す言葉。「い(言)ーにくい・ はなし(話)・を・ おも(思)いきっ・て・ する。」③そのような可能性が低いという意味を表す言葉。「きょーそーりつ(競争率)・が・ たこ(高)ー・て・ ごーかく(合格)しにくい・ がっこー(学校)・や。」「よご(汚)れにくい・ ゆかいた(床板)・を・ は(張)る。」■対語＝「やすい【易い】」〔①②⇒**づらい【辛い】**〕

にくたらしい〔にくたらしー〕【憎たらしい】《形容詞・イイ型》 まったく可愛らしさがない。うとましく思う気持ちが強い。とてもしゃくにさわる。「にくたらしー・こと(事)・を・ する・ やつ(奴)・や。」

にくづき【肉付き】《名詞》 体の肉のつき具合。太ったりやせたりしている具合や、その程度。「いろ(色)・が・くろ(黒)ー・て・ にくづき・の・ え(良)ー・ おっさん・や。」

にくてん《名詞》 鉄板などの上に生地を引いて焼き、その上に肉、野菜などの具を載せて。全体をひっくり返しながら両面を焼いて作る食べ物。「はら(腹)・が・ へ(減)っ・た・ん・やっ・たら・ にくてん・を・ や(焼)い・たろ・か。」◆本来は肉が入っていたものかどうか、よくわからないが、戦後すぐの頃は、肉類がなく野菜を入れただけのものであっても「にくてん」と言っていたように思う。現在では、高砂市が「にくてんの町」として売り出しているが、高砂の場合はこんにゃくが入ることを必須としているようである。

「にくてん」の宣伝幟（高砂市内で）★

にくむ【憎む】《動詞・マ行五段活用》 しゃくにさわって、うとましく感じる。可愛らしさがないと思って嫌う。「ともだち(友達)・を・ にくん・だら・ あか・ん・よ。」

にぐるま【荷車】《名詞》 人力や牛馬の力によって引き、荷物を運ぶ車。「しょーゆ(醤油)・の・ たる(樽)・を・ にぐるま・で・ はこ(運)ぶ。」◆4輪で馬に荷台を引かせるものを「ばりき【馬力】」と言い、2輪で人力で引くものを「しゃりき【車力】」と言った。広義では「リヤカー【和製英語＝rear car】」のようなものも「にぐるま【荷車】」である。

にげごし【逃げ腰】《形容動詞や(ノ)》 任務や責任などから逃れようとする様子。「にげごしで・ べんきょー(勉強)し・とっ・たら・ せーせき(成績)・は・ あ(上)がら・へん・ぞ。」

にげみち【逃げ道】《名詞》 ①その場から逃れることのできる道筋。「にげみち・を・ つく(作)っ・とい・て・ かく(隠)れんぼー・を・ する。」「じしん(地震)・の・ とき(時)・の・ にげみち・を・ かんが(考)え・とく。」②任務や責任などから逃れる方法。「い(言)いわけし・て・ にげみち・に・ し・よー・と・ おも(思)・とる・ん・やろ。」

にげる【逃げる】《動詞・ガ行下一段活用》 ①人につかまらないように、あるいは危険な目に遭わないように、その場から遠くへ離れる。「どろぼー(泥棒)・に・ にげ・られ・ても・た。」「つなみ(津波)・から・ やま(山)・へ・ にげる。」②捕らえられたところから抜け出す。「ひも(紐)・を・ き(切)っ・て・ いぬ(犬)・が・ にげ・とる。」③仕事や責任を避ける。面倒なことから身を避ける。「しんどい・ しごと(仕事)・から・ にげ・たら・ あか・ん。」■名詞化＝**にげ【逃げ】**

にこいち【二個一】《名詞》 2個でひとまとまりになっているもの。2つでひとまとまりになっていること。「でんち(電池)・は・ にこいち・で・ う(売)っ・とる。」「ふた(二)つ・の・ かいしゃ(会社)・が・ にこいち・で・ せんでん(宣伝)・を・ し・とる。」

にごす【濁す】《動詞・サ行五段活用》 透明な水や液体などを、汚したりかき混ぜたりして、透き通らなくする。「あめ(雨)・が・ ふ(降)っ・て・ いけ(池)・を・ にごし・ても・た。」■自動詞は「にごる【濁る】」〔⇒**にごらす【濁らす】**〕

にこっと《副詞、動詞する》 笑いを浮かべて、嬉しそうな顔を瞬間的にする様子。「あか(赤)ちゃん・の・ にこっと する・ かお(顔)・は・ かい(可愛)らしー・なー。」〔⇒**にっこり**〕

にこにこ《副詞と、動詞する》 笑いを浮かべて、嬉しそうな顔をする様子。「にこにこし・とら・なんだら・ おきゃく(客)さん・が・ き(来)・てくれ・へん。」

にこむ【煮込む】《動詞・マ行五段活用》 ①いろいろなものを混ぜて一緒に煮る。「おー(大)けな・ なべ(鍋)・に・ いろんな・ やさい(野菜)・を・ い(入)れ・て・

にこん・だ。」②時間をかけて、よく煮る。「かれー(カレー)・を・　ゆっくり・　にこむ。」■名詞化＝**にこみ【煮込み】**

にごらす【濁らす】《動詞・サ行五段活用》　透明な水や液体などを、汚したりかき混ぜたりして、透き通らなくする。「びん(瓶)・を・　ふ(振)りまわし・て・　にごらさ・ん・よーに・　し・なはれ。」■自動詞は「にごる【濁る】」〔⇒**にごす【濁す】**〕

にごり【濁り】《名詞》　透明な水や液体が、透き通らなくなっていること。また、そのようなものや、そのような部分。「びん(瓶)・の・　そこ(底)・に・　にごり・が・　ある。」

にごる【濁る】《動詞・ラ行五段活用》　①透明な水や液体などが、汚れたりかき混ぜられたりして、透き通らなくなる。混じりものがあって、澄んでいない。「おーあめ(大雨)・で・　かわ(川)・の・　みず(水)・が・　にごっ・とる。」②音や声が鮮明でなくなる。「かぜ(風邪)・を・　ひ(引)ー・て・　にごっ・た・　はなごえ(鼻声)・に・　なっ・た。」■他動詞は「にごす【濁す】」「にごらす【濁らす】」■対語＝「すむ【澄む】」■名詞化＝**にごり【濁り】**

にさんにち【二三日】《名詞、副詞》　２日間もしくは３日間のあいだ。「にさんにち・　よゆー(余裕)・が・　ほ(欲)しー・ねん・けど。」◆数える起点は今日のことが多いが、それ以外の特定の日を起点にすることもある。〔⇒**ふつかみっか【二日三日】**〕

にさんにん【二三人】《名詞》　ごくわずかの人数。２人または３人。「わか(若)い・　ひと(人)・を・　にさんにん・　あつ(集)め・てくれ・へん・やろ・か。」〔⇒**ふたりさんにん【二人三人】**〕

にし【西】《名詞》　①方角の一つで、太陽が沈む方。「にし・の・　ほーがく(方角)・に・　いえしま(家島)・が・　み(見)える。」②北西から南東に向かって吹く、冬の季節風。「にし・が・　ふ(吹)い・て・　さぶ(寒)い。」〔②⇒**にしかぜ【西風】**〕

にじ【虹】《名詞》　夕立の後などに太陽の反対側に現れる、空中の水滴に太陽光が当たって屈折や反射をして弧を描く７色の光の帯。「きれー(綺麗)な・　にじ・が・　で(出)・とる。」

にしあかし【西明石】《固有名詞》　ＪＲ山陽線(神戸線)の西明石駅およびその周辺。「にしあかし・も・　にぎ(賑)やかな・　まち(街)・に・　なっ・た。」〔⇒**にっしゃかし【西明石】**〕

にしえい〔にしえー、にしえ〕【西江井】《固有名詞》明石市大久保町江井島のうちの一つの地域(小字)。「にしえー・の・　みや(宮)はん・の・　した(下)・に・　かいすいよくじょー(海水浴場)・が・　ある。」◆正式には「にしえい【西江井】」であるが、「にしえ【西江】」と言うことも多い。〔⇒**にっしぇ【(西江)】、にっせ【(西江)】**〕

にしえいがしま〔にしえーがしま〕【西江井ヶ島】《固有名詞》　山陽電気鉄道の駅名。「にしえーがしま・の・　みなみ(南)・に・　さかぐら(酒蔵)・が・　ある。」「にしえーがしま・に・は・　むかし(昔)・　かもつでんしゃ(貨物電車)・の・　ほーむ(ホーム)・が・　あっ・た。」〔⇒**にっしぇえがしま【西江井ヶ島】**〕**［巻末「わが郷土」の「にしえいがしま」の項を参照］**

にしかぜ【西風】《名詞》　北西から南東に向かって吹く、冬の季節風。「にしかぜ・が・　ふ(吹)い・て・　み(身)ー・に・　こたえる。」◆東播磨地域は海岸線が南東から北西に向いているが、海岸線が東西にのびているように錯覚しやすい。その場合は、北西から吹く風を、西側から吹くように感じているのである。〔⇒**にし【西】**〕

にじくる《動詞・ラ行五段活用》　ものの表面にあてて、こすりつける。「はな(鼻)くそ・を・　にじくっ・たら・　あか・ん・やない・か。」〔⇒**なする【擦る】、なすりつける【擦り付ける】、ぬさくる、ぬたくる、ぬさりつける**〕

にしじま【西島】《固有名詞》　明石市大久保町のうちの一つの地域(大字)。「にしじま・は・　なかお(中尾)・の・　すんみょっ(住吉)さん・の・　うじこ(氏子)・や。」

にしび【西日】《名詞》　西に沈みかけている太陽。西から照りつける、夕刻の太陽の強い光。「にしび・が・　あ(当)たっ・て・　まぶ(眩)しー。」

にじむ【滲む】《動詞・マ行五段活用》　①水・油・絵の具などの液体などが、まわりに染みて広がる。また、それによって輪郭がぼやける。「いんき(インキ)・が・　にじん・どる。」②汗や血や涙などが、内からうっすらと出る。液体が表面に沁みてくる。「あせ(汗)・が・　にじん・でき・た。」■名詞化＝**にじみ【滲み】**〔⇒**にじゅむ【(滲ゅむ)】**〕

にしむくさむらい【二四六九士】《唱え言葉》　新暦の小の月を並べて順に言う言葉。◆「十」の文字と「一」の文字とを合わせると「士」の文字となる。「西向く侍」という意味を感じさせる言葉である。■対語＝「いっさんごひちはとじゅうに【一三五七八十十二】」〔⇒**にしむくじゅういち【二四六九十一】**〕

にしむくじゅういち【二四六九十一】《唱え言葉》　新暦の小の月を並べて順に言う言葉。■対語＝「いっさんごひちはとじゅうに【一三五七八十十二】」〔⇒**にしむくさむらい【二四六九士】**〕

にしめ【煮染め】《名詞》　野菜や魚や肉などをよく煮て、醤油などの煮汁をじゅうぶんにしみ込ませたもの。「たいふー(台風)・で・　てーでん(停電)・に・　なっ・たら・　いか・ん・さかい・　にしめ・を・　こしらえ・とく。」〔⇒**おにし【(お煮染)】**〕

にしめる【煮染める】《動詞・マ行下一段活用》　野菜や魚や肉などをよく煮て、醤油などの煮汁をじゅうぶんにしみ込ませる。「にしん(鰊)・と・　ごぼう(牛蒡)・を・　にしめる。」◆着ているものが汗などで汚れた場合に、比喩表現として、「よー・　にしめ・た・　しゃつ(シャツ)・を・　き(着)・とる。」と言うことがある。■名詞化＝**にしめ【煮染め】**

にじゅう〔にじゅー〕【二重】《名詞》　同じようなものやことを２つ重ねること。同じようなものやことが２つが重なること。「おいわ(祝)い・を・　にじゅー・に・　もろ(貰)・た。」

にじゅむ【(滲ゅむ)】《動詞・マ行五段活用》　①水・油・絵の具などの液体などが、まわりに染みて広がる。また、それによって輪郭がぼやける。「はんし(半紙)・に・　にじゅん・だ・　じ(字)ー・も・　あじ(味)・が・　ある・なー。」②汗や血や涙などが、内からうっすらと出る。液体が表面に沁みてくる。「なみだ(涙)・が・　にじゅん・でき・とる・さかい・　もー・　こらえ(＝許し)・たり・なはれ。」■名詞化＝**にじゅみ【(滲ゅみ)】**〔⇒**にじむ【滲む】**〕

にじる【躙る】《動詞・ラ行五段活用》　座ったままで、膝を押しつけるようにして少しずつ動く。「しび(痺)れ・が・　きれ・て・　た(立)た・れ・へん・さかい・　にじっ・て・　うご(動)い・てん。」

にしん【鰊】《名詞》　卵を数の子として加工する、北の海にすむ体長30センチほどの細長い魚。「にしん・の・

はい(入)っ・た・　そば(蕎麦)・を・　く(食)・たら・　うま(美味)かっ・た。」

ニス〔**にす**〕【英語＝varnishの略】《名詞》　木材の艶を出すために使う、樹脂をアルコールで溶かして作った塗料。「こーさく(工作)・で・　つく(作)っ・た・　ほんた(本立)て・に・　にす・を・　ぬ(塗)る。」

にせ【贋、偽】《名詞》　①本物に似せて作っているが本物でないこと。また、そのようなもの。「にせ・の・　はんどばっく(ハンドバック)・を・　つかまさ・れ・た。」②その人のように見せかけた別の人。ごまかして他の職業や身分を装う人。「にせ・の・　こども(子供)・が・　でんわ(電話)・を・　か(掛)け・てくる・　さぎ(詐欺)・に・　だま(騙)さ・れ・たら・　あか・ん・ぞ。」■対語＝①「ほんまもん【本真物】」「ほんもの【本物】」「ほんもん【本物】」〔⇒**にせもん**【贋物、偽物、贋者、偽者】。①⇒**まがいもん**【紛い物】、**だまし**【騙し】、**だましもん**【騙し物】〕

にせもん【贋物、偽物、贋者、偽者】《名詞》　①本物に似せて作っているが本物でないこと。また、そのようなもの。「にせもん・や・けど・　よー・　でけ(出来)・た・　しなもん(品物)・や。」②その人のように見せかけた別の人。ごまかして他の職業や身分を装う人。「にせもん・の・　おいしゃ(医者)はん・が・　つか(捕)まっ・た・　そーや。」■対語＝①「ほんまもん【本真物】」「ほんもの【本物】」「ほんもん【本物】」〔⇒**にせ**【贋、偽】。①⇒**まがいもん**【紛い物】、**だまし**【騙し】、**だましもん**【騙し物】〕

にたかよったか【似たか寄ったか】《形容動詞や(ノ)》　よく似ていて、優劣や異同や変化に、大きな違いがない様子。「あいつ(彼奴)ら・　ふたり(二人)・は・　にたかよったかの・　てんすー(点数)・を・　と(取)っ・とる。」〔⇒**にたりよったり**【似たり寄ったり】〕

にたっと《副詞、動詞する》　一瞬、気味悪い感じの笑いや、皮肉を込めたような表情などを表す様子。「よこ(横)・を・　む(向)い・て・　にたっと・　し・やがっ・た・　さかい・　き(気)・に・　なっ・た。」

にたにた《副詞と、動詞する》　気味悪い感じの笑いや、皮肉を込めたような表情などを表す様子。「にたにたし・て・　きも(気持)ち・が・　わる(悪)い・なー。」

にたりよったり【似たり寄ったり】《形容動詞や(ノ)》　よく似ていて、優劣や異同や変化に、大きな違いがない様子。「どこ・の・　みせ(店)・も・　にたりよったりの・　ね(値)ー・や。」〔⇒**にたかよったか**【似たか寄ったか】〕

にち【日】《名詞》　1週間の7日間のうちの最初の日で、前の週の土曜日の次で、月曜日の前にある日。「ど(土)ー・と・　にち・は・　れんきゅー(連休)や。」〔⇒**にちよう**【日曜】、**にっちょう**【(日曜)】、**にちようび**【日曜日】、**にっちょうび**【(日曜日)】〕

にち【日】《助数詞》　①日数を数えるときに使う言葉。「いち(一)にち・か・　ふつか(二日)・は・　よーす(様子)・を・　み(見)・とこ。」②日の順番を数えるときに使う言葉。「にがつ(二月)・の・　じゅーさん(十三)にち・に・　ひら(開)・き・ます。」◆1日から10日までは、「いちにち【一日】」「ふつか【二日】」「みっか【三日】」「よっか【四日】」「いつか【五日】」「むいか【六日】」「なぬか【七日】」「ようか【八日】」「ここのか【九日】」「とおか【十日】」と数えて、「か」を使うことが多いが、「ににち【二日】」「さんにち【三日】」…という数え方もする。11日から20日までは、「じゅういちにち【十一日】」「じゅうににち【十二日】」「じゅうさんにち【十三日】」「じゅうよっか【十四日】」「じゅうごにち【十五日】」「じゅうろくにち【十六日】」「じゅうななにち(または、じゅうひちにち)【十七日】」「じゅうはちにち【十八日】」「じゅうくにち【十九日】」「はつか【二十日】」となって「にち」を使うことが多くなる。21日以後は、11日から20日までの数え方に準じるが、30日は「さんじゅうにち【三十日】」となる。

にち【(満ち)】《名詞》　海面が周期的に沖の方から海岸へ寄せてきて、海面が高くなること。また、そのようになっている状況。「きょー(今日)・は・　ひる(昼)から・　にち・に・　なる。」■対語＝「ひき【引き】」〔⇒**みち**【満ち】、**みちしお**【満ち潮】、**にちしお**【(満ち潮)】〕

にちしお【(満ち潮)】《名詞》　海面が周期的に沖の方から海岸へ寄せてきて、海面が高くなること。また、そのようになっている状況。「だんだん(段々)・　にちしお・に・　なっ・てき・た。」■対語＝「ひきしお【引き潮】」〔⇒**みち**【満ち】、**にち**【(満ち)】、**みちしお**【満ち潮】〕

にちにちそう〔**にちにちそー**〕【日日草】《名詞》　先が5つに裂けた筒状の花を、夏から秋にかけて次々と咲かせる、長楕円形の葉の草。「にちにちそー・の・　かい(可愛)らしー・　ぴんく(ピンク)・の・　はな(花)・が・　さ(咲)い・とる。」

にちばん【日番】《名詞》　一日ごとに代わり合って何らかの用をする仕事。また、その役目を持った人。「にちばん・が・　さいご(最後)・の・　とじ(戸締)まり・を・　する。」〔⇒**にっちょく**【日直】〕

にちひき【(満ち引き)】《名詞》　海面が周期的に沖の方から海岸へ寄せてきて海面が高くなり、また、逆に海面が低くなること。「しおひがり(潮干狩)・は・　にちひき・の・　おー(大)きー・　とき(時)・が・　え(良)ー・ねん。」〔⇒**みちひき**【満ち引き】〕

にちゃこい《形容詞・オイ型》　①不快に感じるほど、粘り気がある。「にちゃこい・　ちゅーいんがむ(チューインガム)・が・　は(歯)ー・に・　ひっつい・た。」②なかなかあきらめることをしないで、どこまでもつきまとったり、ものに執着したりする感じだ。「にちゃこい・　もの・の・　い(言)ーかた・を・　する・　ひと(人)・や。」〔⇒**ねちゃこい**。②⇒**ねつい**、**ねちこい**、**ねつこい**、**ひつこい**、**しつこい**、**ねばこい**【粘こい】、**ねばっこい**【粘っこい】、**しゅうねんぶかい**【執念深い】〕

にちゃつく《動詞・カ行五段活用》　粘り気のあるものが取れないで、くっついたまま粘っている。「にぎりめし・を・　にぎ(握)っ・た・さかい・　ごはんつぶ(御飯粒)・が・　ゆび(指)・の・　さき(先)・で・　にちゃつい・とる。」〔⇒**ねちゃつく**〕

にちゃにちゃ《形容動詞や(ノ)、動詞する》　粘り気のあるものが付いて、不快に感じる様子。「がむ(ガム)・を・　ふ(踏)ん・で・　くつ(靴)・の・　うら(裏)・が・　にちゃにちゃや。」〔⇒**ねちねち**、**ねちゃねちゃ**、**ねばねば**、**ねとねと**〕

にちよう〔**にちよー**〕【日曜】《名詞》　①1週間の7日間のうちの最初の日で、前の週の土曜日の次で、月曜日の前にある日。「にちよー・は・　やきゅー(野球)・を・　み(見)・に・　い(行)く。」②休みであって、活動をしないこと。また、そのような日や時。「きょー(今日)・は・　みみ(耳)・が・　にちよー・や。」〔⇒**にっちょう**【(日曜)】、**にちようび**【日曜日】、**にっちょうび**【(日曜日)】。①⇒**にち**【日】〕

にちようび〔**にちよーび**〕【日曜日】《名詞》　①1週間の7日間のうちの最初の日で、前の週の土曜日の次で、月曜日の前にある日。「にちよーび・は・　あさ(朝)・　ゆっくりと・　お(起)きる。」②休みであって、活動をしないこと。また、そのような日や時。「とけー(時計)・が・　にちよーび・に・　なっ・とる。」〔⇒**にちよう**【日曜】、**にっちょう**【(日曜)】、**にっちょうび**【(日曜日)】。①⇒**にち**【日】〕

にちようひん〔**にちよーひん**〕【日用品】《名詞》 家庭でふだん、毎日のように使う品物。「こんびに(コンビニ)・で・　にちよーひん・を・　か(買)う。」

につ【(満つ)】《動詞・タ行五段活用》 海面が沖の方から海岸へ寄せてきて、海面が高くなる。潮が寄せてくる。「しおひがり(潮干狩)・は・　にっ・てくる・　まえ(前)・に・　お(終)わり・に・　し・ょー。」■対語＝「ひく【引く】」■名詞化＝**にち**【(満ち)】〔⇒**ねつ**【(満つ)】、**ねる**【(満る)】〕

にっか【日課】《名詞》 毎日きまってする仕事や任務。日々に割り当ててする仕事や任務。「ふろそーじ(風呂掃除)・は・　こども(子供)・の・　にっか・に・　し・てます。」

にっき【日記】《名詞》 毎日の出来事や感じたことなどを、一日ごとにまとめて記録するもの。「なつやす(夏休)み・の・　しくだい(宿題)・の・　にっき・が・　でけ(出来)・とら・へん。」

にっき【(肉桂)】《名詞》 暖かい土地にはえる肉桂(にっけい)の木の枝や根の皮を乾燥させて、独特の香りと辛みのある香料としたもの。「にっき・の・　はい(入)っ・た・　けーき(ケーキ)・を・　た(食)べ・た。」

にっきゅう〔**にっきゅー**〕【日給】《名詞》 勤め先から１日いくらと決めて支払われる給料。「あるばいと(アルバイト)・は・　にっきゅー・で・　もろ(貰)・とる・ん・や。」

にづくり【荷造り】《名詞、動詞する》 送ったり運んだりするために、荷物をまとめてくくったり、包んだりすること。「しっかり・　にづくりし・とか・んと・　ほど(解)け・て・　わ(割)れ・まっ・せ。」

につけ【煮付け】《名詞、動詞する》 醤油などの味が食べ物によくしみ込むように煮たもの。「いま(今)・は・　さば(鯖)・の・　につけ・が・　うま(美味)い・　ころ(頃)・や。」

にっこう〔**にっこー**〕【日光】《名詞》 太陽の光。「にっこー・が・　よー・　あ(当)たる・　へや(部屋)・で・　ひるね(昼寝)・を・　する。」

にっこうしゃしん〔**にっこーしゃしん**〕【日光写真】《名詞》 子どもの玩具として作られていたもので、白黒反転した絵の描かれた原版を印画紙の上に重ねて、日光に当てて感光させるようにしたもの。「にっこーしゃしん・は・　じぶん(自分)・でも・　え(絵)ー・が・　か(描)ける。」

日光写真の用具

にっこり《副詞と、動詞する》 笑いを浮かべて、嬉しそうな顔を瞬間的にする様子。「にっこりさ・れ・たら・　こっち・も・　うれ(嬉)しー・　なり・ます・なー。」〔⇒**にこっと**〕

にっし【日誌】《名詞》 学校・会社・団体などで、毎日の出来事などを記録しておくもの。「いちにち(一日)・の・　お(終)わり・に・　にっし・を・　か(書)く。」

にっしぇ【(西江)】《固有名詞》 明石市大久保町江井島のうちの一つの地域(小字)。「えーがしま(江井ヶ島)・の・　えき(駅)・は・　にっしぇ・に・　ある。」〔⇒**にしえい**【西江井】、**にっせ**【(西江)】〕

にっしぇえがしま〔**にっしぇーがしま**〕【西江井ヶ島】《固有名詞》 山陽電気鉄道の駅名。「にっしぇーがしま・から・　ふつーでんしゃ(普通電車)・で・　かよ(通)・とる・ねん。」◆このような発音の崩れとしては、「にしあかし【西明石】」が「にっしゃかし【西明石】」となるなどの例がある。〔⇒**にしえいがしま**【西江井ヶ島】〕

にっしゃかし【西明石】《固有名詞》 ＪＲ山陽線(神戸線)の西明石駅およびその周辺。「にっしゃかし・の・　えきまえ(駅前)・の・　ほてる(ホテル)・で・　どーそーかい(同窓会)・を・　する。」〔⇒**にしあかし**【西明石】〕

にっしゃびょう〔**にっしゃびょー**〕【日射病】《名詞》 強い日光にさらされたときに、高い熱が出たり意識を失って倒れたりする病気。「にっしゃびょー・に・　なら・ん・よーに・　ぼーし(帽子)・を・　かぶ(被)っ・て・　い(行)き・なはれ。」◆必ずしも同一のものではないが、現在は「ねっちゅうしょう【熱中症】」という言葉が取って代わっている。

にっすう〔**にっすー**〕【日数】《名詞》 経過したり累積したりする日の数。「あいつ(彼奴)・の・　ほー(方)・が・　しゅっせき(出席)し・た・　にっすー・が・　おー(多)かっ・た。」〔⇒**ひにち**【日日】〕

にっせ【(西江)】《固有名詞》 明石市大久保町江井島のうちの一つの地域(小字)。「にっせ・に・　いちば(市場)・が・　ある。」〔⇒**にしえい**【西江井】、**にっしぇ**【(西江)】〕

にっちもさっちも【二進も三進も】《副詞》 行き詰まって進むことも退くこともできない様子。窮地に追い込まれて、良い方法が見つからない様子。「みち(道)・が・　じゅーたい(渋滞)し・て・　にっちもさっちも・　いか・なんだ。」◆後ろに打ち消しの言葉を伴う。

にっちゅう〔**にっちゅー**〕【日中】《名詞》 朝から夕方までの間で、太陽が昇って、明るい間。「にっちゅー・は・　ひあ(日当)たり・が・　え(良)ー・さかい・　でんき(電気)・を・　つ(点)け・ん・でも・　えー。」「にっちゅー・も・　お(日)さん・の・　かお(顔)・は・　み(見)・なんだ。」◆同様の時間帯であれば、どのような天候であっても使う。〔⇒**ひるま**【昼間】〕

にっちょう〔**にっちょー**〕【(日曜)】《名詞》 ①１週間の７日間のうちの最初の日で、前の週の土曜日の次で、月曜日の前にある日。「にっちょー・は・　いちにちじゅー(一日中)・　あめ(雨)・やっ・た。」②休みであって、活動をしないこと。また、そのような日や時。「くち(口)・だけ・　うご(動)い・て・　て(手)ー・が・　にっちょー・に・　なっ・とる・ぞ。」〔⇒**にちよう**【日曜】、**にちようび**【日曜日】、**にっちょうび**【(日曜日)】。①⇒**にち**【日】〕

にっちょうび〔**にっちょーび**〕【(日曜日)】《名詞》 ①１週間の７日間のうちの最初の日で、前の週の土曜日の次で、月曜日の前にある日。「にっちょーび・に・　うんどーかい(運動会)・を・　する。」②休みであって、活動をしないこと。また、そのような日や時。「しょーてんがい(商店街)・の・　にっちょーび・は・　みせ(店)・に・　よっ・て・　ちが(違)う・ん・や。」〔⇒**にちよう**【日曜】、**にっちょう**【(日曜)】、**にちようび**【日曜日】。①⇒**にち**【日】〕

にっちょく【日直】《名詞》 ①１日ごとに代わり合って何らかの用をする仕事。また、その役目を持った人。「にっちょく・が・　こくばん(黒板)・を・　け(消)す。」②会社などで、休日などに受付や警備などの当番にあたること。また、そのような役目を持った人。「つき(月)・に・　にかい(二回)・　にっちょく・が・　あ(当)たる・　こ

と・に・　なっ・とる。」〔①⇒**にちばん【日番】**〕

にってい〔**にってー**〕【日程】《名詞》 ①その日やその時間帯について、時間を追って計画している具体的な内容。「この・　ひ(日)・は・　どんな・　にってー・に・　なっ・とる・ん・やろ・か。」②何かを行うための、予定の日。「がくげーかい(学芸会)・の・　にってー・は・　いつ・です・か。」〔②⇒**ひどり【日取り】**、**ひにち【日日】**〕

にっとう〔**にっとー**〕【日当】《名詞》 仕事や任務に対して、一日単位で計算して支払われる給料や手当。「にっとー・を・　だ(出)さ・んと・　てつだ(手伝)い・に・は・　き(来)・てくれ・へん。」

にっぽん【日本】《固有名詞》 我が国の国号。「にっぽん・は・　しまぐに(島国)・や。」〔⇒**にほん【日本】**〕

にっぽんご【日本語】《固有名詞》 我が国の国語(公用語)として、昔から使い今も使っている言葉。「にっぽんご・の・　じょーず(上手)な・　がいこく(外国)・の・　ひと(人)・も・　ふ(増)え・た。」〔⇒**にほんご【日本語】**〕

にっぽんじん【日本人】《固有名詞》 我が国の国籍を持っている人。「にっぽんじん・の・　じゅみょー(寿命)・が・　だんだん・　なご(長)ー・　なっ・てき・とる。」〔⇒**にほんじん【日本人】**〕

につまる【煮詰まる】《動詞・ラ行五段活用》 じゅうぶんに煮えて水分がなくなる。「かれー(カレー)・が・　につまっ・た・さかい・　みず(水)・を・　た(足)さ・んと・　いか・ん。」■他動詞は「**につめる【煮詰める】**」

につめる【煮詰める】《動詞・マ行下一段活用》 水分がなくなるまでじゅうぶんに煮る。「いかなご(玉筋魚)・を・　につめ・て・　くぎに(釘煮)・に・　する。」■自動詞は「**につまる【煮詰まる】**」

にない【担い】《名詞》 持ち運ぶための紐や縄が上部についている、水などを入れる細長い桶。「にない・に・　みず(水)・を・　い(入)れ・て・　すいか(西瓜)・を・　ひ(冷)やす。」◆糞尿などを入れる細長い桶は、「**たんご【担桶】**」「**たご【担桶】**」「**こえたんご【肥担桶】**」「**こえたご【肥担桶】**」「**しょうべんたんご【小便担桶】**」「**しょんべんたんご【小便担桶】**」と言って区別する。〔⇒**いない【(担い)】**〕

になう【担う】《動詞・ワア行五段活用》 ①2人以上で、棒などを使って、ひとつの荷物をかつぐ。「おー(大)けな・　いし(石)・を・　ふたり(二人)・で・　になう。」②ひとりで、棒などを使って、肩で支えて荷物を前後に分けてかつぐ。「みず(水)・を・　い(入)れ・た・　たんご(＝担桶)・を・　にのー・ていく。」■名詞化＝**にない【担い】**〔⇒**いなう【(担う)】**〕

ににん【二人】《名詞》 人数が2であること。1人と1人。「そば(蕎麦)・を・　ににんまえ(前)・　く(食)う。」「ににんさんきゃく(三脚)・で・　きょーそー(競争)する。」〔⇒**ふたり【二人】**〕

にはいず【二杯酢】《名詞》 酢と、醤油(または塩)とを混ぜ合わせた調味料。「にはいず・に・　し・た・　きゅーり(胡瓜)・が・　うま(美味)い。」■類語＝「**さんばいず【三杯酢】**」

にばんて【二番手】《名詞》 質、程度、等級などが最上のものより劣っていること。また、そのようなもの。「この・　しなもん(品物)・は・　にばんて・や。」「あの・　みせ(店)・は・　にばんて・や・　さんばんて(三番手)・の・　もん(物)・を・　やす(安)ー・　う(売)っ・とる。」■対語＝「**いちばんて【一番手】**」「**さんばんて【三番手】**」〔⇒**にりゅう【二流】**〕

にばんなり【二番生り】《名詞》 2度にわたって収穫できる豆・胡瓜・茄子・西瓜などを、2度目に収穫すること。第2期の結実。「にばんなり・の・　なすび(茄子)・を・　ちぎる。」◆場合によっては、「**さんばんなり【三番生り】**」ということもある。■対語＝「**いちばんなり【一番生り】**」

にばんめ【二番目】《名詞》 ものごとの順序や順位などを表す言葉で、1番目の次に位置するもの。「にばんめ・に・　ごーるいん(ゴールイン)し・た。」

にひゃくとおか〔**にひゃくとーか**〕【二百十日】《名詞》 立春から数えて210日目で、9月初めの台風が来るのが多い頃。「ことし(今年)・は・　にひゃくとーか・が・　あ(荒)れ・ん・で・　よかっ・た。」

にぶい【鈍い】《形容詞・ウイ型》 ①動いたり考えたりする力がすばしこくない。鈍感で、まだるっこい。「きょー(今日)・は・　あたま(頭)・が・　ちょっと(一寸)・　にぶい。」②ものの動きや回転が弱くてゆっくりしている。「せんぷーき(扇風機)・の・　まー(回)りかた・が・　にぶい。」③切れ味が悪い。よく切れない。「にぶー・　なっ・た・　ないふ(ナイフ)・を・　と(研)ぐ。」④色が濁った感じで、澄んでいない。「にぶい・　あお(青)・に・　そ(染)める。」⑤音が低く、澄んでいない。「たた(叩)い・たら・　どーん・ちゅー・　にぶい・　おと(音)・が・　し・た。」〔①②⇒**とろい、とろこい、とろくさい、ちょろい、ちょろこい、ちょろくさい、のそい【(鈍い)】、のろい【鈍い】**。①⇒**またい**〕

にぶる【鈍る】《動詞・ラ行五段活用》 ①知的な働きや感覚的な働きの力や勢いが弱くなる。勢いや鋭さがなくなる。腕前が落ちる。「とし(歳)・を・　とっ・て・　しょーぎ(将棋)・の・　かん(勘)・が・　にぶっ・てき・た。」②刃物の切れ味が悪くなる。「ほーちょー(包丁)・が・　にぶっ・た・さかい・　と(研)ぐ。」

にほん【日本】《固有名詞》 我が国の国号。「にほん・の・　むかしばなし(昔話)・を・　き(聞)かし・たる。」〔⇒**にっぽん【日本】**〕

にほんご【日本語】《固有名詞》 我が国の国語(公用語)として、昔から使い今も使っている言葉。「にほんご・に・　かたかな(片仮名)・が・　おー(多)なり・まし・た・な。」〔⇒**にっぽんご【日本語】**〕

にほんしゅ【日本酒】《名詞》 米を発酵させて酒にする、我が国独特の醸造法によってつくられる酒。「ふゆ(冬)・は・　にほんしゅ・の・　あつかん(熱燗)・が・　よろしー・な。」〔⇒**さけ【酒】、せいしゅ【清酒】**〕

にほんじん【日本人】《固有名詞》 我が国の国籍を持っている人。「にほんじん・は・　まじめ(真面目)で・　はたら(働)きすぎや。」「にほんじん・も・　よー・　がいこく(外国)・へ・　い(行)く・よーに・　なっ・た。」〔⇒**にっぽんじん【日本人】**〕

にほんのうえん〔**にほんのーえん**〕【日本脳炎】《名詞》 蚊が媒介して夏に流行することが多く、高熱が出る感染症。「か(蚊)ー・に・　かま・れ・たら・　にほんのーえん・に・　なる・ぞ。」

にほんばれ【日本晴れ】《名詞》 雲一つなく晴れ渡った空。「にほんばれ・で・　うんどーかい(運動会)・が・　でけ(出来)・た。」

にほんま【日本間】《名詞》 畳を敷いて、襖や障子などの建具がある、和風の部屋。「ふすま(襖)・や・　しょーじ(障子)・の・　ある・　にほんま・は・　きも(気持)ち・が・　え(良)ー。」■対語＝「**ようま【洋間】**」〔⇒**わしつ【和室】**〕

にもつ【荷物】《名詞》 ①ある程度の大きさがあって、自分で持ち運んだり、運搬を依頼したりするもの。「りょこー(旅行)・の・ まえ(前)・に・ にもつ・を・ おく(送)っ・とく。」「にもつ・に・ なる・けど・ も(持)っ・てかえっ・ておくん・なはれ。」②その人にとって負担になって、厄介に感じるもの。任務となっているもの。「この・ しごと(仕事)・は・ おー(大)けな・ にもつ・や・ さかい・ みんな(皆)・で・ ちから(力)・を・ あ(合)わし・て・ やら・な・ しょがない。」〔⇒**に【荷】**〕

にもの【煮物】《名詞》 食べ物を煮ること。味を付けて煮た食べ物。「たこ(蛸)・を・ にもの・に・ する。」「さば(鯖)・の・ にもの・が・ く(食)い・たい。」

にやう【(似合う)】《動詞・ワア行五段活用》 人やものなどにとって、それがうまく釣り合う。違和感などがなく、ふさわしいものに感じられる。「その・ ぼーし(帽子)・は・ あんた・に・ よー・ にやい・ます・な。」「げんかん(玄関)・に・ にやう・ はな(花)・を・ い(生)ける。」〔⇒**にあう【似合う】**〕

にやっと《副詞、動詞する》 声を出さずに、意味ありげに軽く笑う様子。一瞬、笑い顔になる様子。「ひと(人)・の・ かお(顔)・を・ み(見)・て・ にやっと・ わら(笑)い・やがっ・た。」〔⇒**にやりと**〕

にやにや《副詞と、動詞する》 声を出さずに、意味ありげに軽い笑いを浮かべる様子。「にやにやし・て・ あいつ(彼奴)・の・ きも(気持)ち・が・ わから・へん。」

にやりと《副詞、動詞する》 声を出さずに、意味ありげに軽く笑う様子。一瞬、笑い顔になる様子。「たからくじ(宝籤)・に・ あ(当)たっ・て・ にやりとする。」〔⇒**にやっと**〕

にゃんこ《名詞》 家で飼われることが多く、形は虎に似て小さくしなやかな体で敏捷な動作をする動物。「よなか(夜中)・に・ にゃんこ・が・ な(鳴)い・て・ やかま(喧)しー。」◆幼児語。〔⇒**にゃんにゃん、ねこ【猫】**〕

にゃんにゃん《名詞》 家で飼われることが多く、形は虎に似て小さくしなやかな体で敏捷な動作をする動物。「かい(可愛)らしー・ にゃんにゃん・を・ だ(抱)い・とる。」◆幼児語。〔⇒**にゃんこ、ねこ【猫】**〕

にゃんにゃん《副詞と》 猫が鳴く様子。また、その鳴き声。「にゃんにゃんと・ うる(煩)そー・に・ ない・とる。」

にゅういん〔にゅーいん〕【入院】《名詞、動詞する》 病気や怪我などを治すために、あるいは検査をするために、ある期間、病院に入ること。「にゅーいんし・とる・ そーや・さかい・ みまい(見舞)・に・ い(行)っ・たら・へん・か。」■対語=「たいいん【退院】」

にゅうえん〔にゅーえん〕【入園】《名詞、動詞する》 ①一定の年齢になって、幼稚園や保育園に入ること。「ことし(今年)・から・ ほいくえん(保育園)・に・ にゅーえん・を・ さし・ます・ねん。」②見学などのために、公園や動物園などに入ること。「にゅーえん・の・ りょーきん(料金)・は・ なんぼ・です・か。」

にゅうがく〔にゅーがく〕【入学】《名詞、動詞する》 一定の年齢に達して、または試験に合格して、小学校・中学校・高等学校・大学などに入ること。「ちゅーがっこー(中学校)・に・ にゅーがくする。」■対語=「そつぎょう【卒業】」

にゅうがくしき〔にゅーがくしき〕【入学式】 その学校で新しく学ぶことになった人に向けて行う儀式。「こーとーがっこー(高等学校)・の・ にゅーがくしき・で・ あたら(新)しー・ ともだち(友達)・と・ でお(出会)ー・た。」

にゅうがくしけん〔にゅーがくしけん〕【入学試験】《名詞》 その学校に入ることを希望する人に対して、選考をするための考査や検査など。「にゅーがくしけん・に・ とー(通)る・よー・に・ べんきょー(勉強)する。」〔⇒**にゅうし【入試】**〕

にゅうし〔にゅーし〕【入試】《名詞》 その学校に入ることを希望する人に対して、選考をするための考査や検査など。「なん(何)とか・ して・ にゅーし・に・ とー(通)り・たい・ねん。」〔⇒**にゅうがくしけん【入学試験】**〕

にゅうし〔にゅーし〕【乳歯】《名詞》 乳幼児の時に生えて、6歳ごろから10歳ごろまでに抜けて永久歯に生え替わる歯。「した(下)・の・ にゅーし・が・ と(取)れ・たら・ べんじょ(便所)・の・ やね(屋根)・に・ ほ(放)りあげる・ん・や。」

にゅうしゃ〔にゅーしゃ〕【入社】《名詞、動詞する》 会社に採用されて、勤めるようになること。「にゅーしゃし・て・ さんねんめ(三年目)・や・ねん。」

にゅうじょう〔にゅーじょー〕【入場】《名詞、動詞する》 会場や式場、あるいは演技をする場所などに入ること。「にゅーじょー・の・ こーしん(行進)・を・ する。」■対語=「たいじょう【退場】」

ニュース〔にゅーす〕【英語=news】《名詞》 ①新しい出来事。出来事を知らせること。「なん(何)ぞ・ おもろ(面白)い・ にゅーす・は・ あら・へん・か。」②ラジオ・テレビ・新聞などで報道される出来事や、それを扱う番組や記事。「このごろ・の・ にゅーす・に・は・ くら(暗)い・ こと・が・ ぎょーさん(仰山)・ ある・なー。」

にゅうせん〔にゅーせん〕【入選】《名詞、動詞する》 優れた作品などを決める選考で、選ばれること。「にゅーせんし・た・さかい・ てんらんかい(展覧会)・に・ だ(出)し・てもらえる。」◆作品などの評価段階の一つとして使われる場合は、「入選」の上に「特選」が設けられたりする。■対語=「らくせん【落選】」〔⇒**とうせん【当選】**〕

にゅうどうぐも〔にゅーどーぐも〕【入道雲】《名詞》 夏空に、もくもくと立ち上るように見える雲。積乱雲。「にゅーどーぐも・が・ で(出)・て・ きょー(今日)・も・ あつ(暑)い・なー。」

によい【(匂い、臭い)】《名詞》 ①漂ってきて、鼻に好ましく心地よく感じるもの。「せんべーや(煎餅屋)・から・ こ(香)ばしー・ によい・が・ し・てくる。」②漂ってきて、鼻に気持ち悪くくさく感じるもの。「たばこ(煙草)・の・ によい・は・ きら(嫌)いや・ねん。」〔⇒**におい【匂い、臭い】、かざ【(香)】、かだ【(香)】**。①⇒**かおり【香り、薫り】**〕

によう【(匂う、臭う)】《動詞・ワア行五段活用》 ①漂ってくるものが鼻に好ましく、心地よく感じる。「しょくどー(食堂)・から・ かれー(カレー)・が・ によー・てくる。」②漂ってくるものが鼻に気持ち悪く、くさく感じる。「とふ(豆腐)・が・ す(饐)え・て・ によー・てくる。」■名詞化=**によい【(匂い、臭い)】**〔⇒**におう【匂う、臭う】、かざる【(香る)】、かだる【(香る)】**。①⇒**かおる【香る、薫る】**〕

にょうぼう〔にょーぼー、にょーぼ〕【女房】《名詞》 夫婦のうちの女性の方。「にょーぼー・が・ こしら(拵)え・てくれ・た・ べんとー(弁当)・ も(持)っ・て・ かいしゃ(会社)・へ・ い(行)っ・とる・ん・や。」「あの・ ひと(人)・は・ だれ・の・ にょーぼー・や・ねん。」◆親しみを込めて言っている感じがするが、ややくだけた言い方でもある。他人の妻について言うことは少ない。

〔⇒**つま【妻】**〕

にら【韮】《名詞》 細長くて平たく、強い匂いがする葉を食用とする野菜。「にら・と・　たまご(卵)・を・　い(入)れ・て・　す(吸)いもん・を・　つく(作)る。」

にらみあい【睨み合い】《名詞、動詞する》 ①仲が悪く、敵意を持って対立すること。また、そのような間柄。「あいつ(彼奴)・と・は・　いつも・　にらみあい・や。」②子ども同士が向かい合って口をつぐんで相手を見つめあって、笑い出した方を負けとする遊び。「にらみあいし・たら・　いっつも・　わろ(笑)・て・　ま(負)け・てまう・ねん。」〔⇒**にらんみゃい【(睨み合い)】**。②⇒**にらめっこ【睨めっこ】**、**にらみっこ【睨みっこ】**、**にらみごく【睨みごく】**〕

にらみあう【睨み合う】《動詞・ワア行五段活用》 ①仲が悪く、敵意を持って対立する。「あの・　ふたり(二人)・は・　いっつも・　にらみおー・て・ばっかり・や。」②鋭い目つきで、互いにじっと見つめる。「みち(道)・で・　いぬ(犬)・が・　にらみおー・とる。」③子ども同士が向かい合って口をつぐんで相手を見つめあって、笑い出した方を負けとする遊びをする。「こたつ(炬燵)・で・　みかん(蜜柑)・を・　た(食)べ・ながら・　にらみおー・て・　あそ(遊)ぶ。」■名詞化＝**にらみあい【睨み合い】**〔⇒**にらんみゃう【(睨み合う)】**〕

にらみごく【睨みごく】《名詞、動詞する》 子ども同士が向かい合って口をつぐんで相手を見つめあって、笑い出した方を負けとする遊び。「にらみごく・を・　し・たら・　おかしー・て・　わろ(笑)・て・　いつも・　ま(負)け・てまう。」〔⇒**にらめっこ【睨めっこ】**、**にらみっこ【睨みっこ】**、**にらみあい【睨み合い】**、**にらんみゃい【(睨み合い)】**〕

にらみだい【睨み鯛】《名詞》 祝いものとして飾り、その場では食べることをしない、焼いた鯛。大きく目を見開いたように見える、焼いた鯛。「しょーがつ(正月)・に・　にらみだい・を・　お(置)い・て・　いわ(祝)う。」

にらみつける【睨み付ける】《動詞・カ行下一段活用》 相手を恐がらせるために、鋭い目つきで、強く目を見据える。「きつい・　め(目)ー・で・　にらみつけ・られ・た。」

にらみっこ【睨みっこ】《名詞、動詞する》 子ども同士が向かい合って口をつぐんで相手を見つめあって、笑い出した方を負けとする遊び。「おこ(怒)っ・た・　かお(顔)・を・　し・て・　にらみっこする。」〔⇒**にらめっこ【睨めっこ】**、**にらみごく【睨みごく】**、**にらみあい【睨み合い】**、**にらんみゃい【(睨み合い)】**〕

にらむ【睨む】《動詞・マ行五段活用》 ①鋭い目つきで相手をじっと見つめる。「でんしゃ(電車)・の・　なか(中)・で・　あし(足)・を・　ふ(踏)ん・で・　にらま・れ・た。」②落ち着いて、見当をつける。「たぶん・　あいつ(彼奴)・が・　し・た・ん・やろ・と・　にらん・どん・ねん・けど・な。」③特別な見方で監視したり警戒したりする。「しっぱい(失敗)し・て・　かちょー(課長)・に・　にらま・れ・とる・ねん。」

にらめっこ【睨めっこ】《名詞、動詞する》 子ども同士が向かい合って口をつぐんで相手を見つめあって、笑い出した方を負けとする遊び。「にらめっこし・て・　あいて(相手)・を・　わら(笑)わし・て・　か(勝)っ・た。」〔⇒**にらみっこ【睨みっこ】**、**にらみごく【睨みごく】**、**にらみあい【睨み合い】**、**にらんみゃい【(睨み合い)】**〕

にらんみゃい【(睨み合い)】《名詞、動詞する》 ①仲が悪く、敵意を持って対立すること。また、そのような間柄。「なか(仲)・が・　わる(悪)ー・て・　にらんみゃい・ばっかし・　し・とる。」②子ども同士が向かい合って口をつぐんで相手を見つめあって、笑い出した方を負けとする遊び。「にらんみゃい・は・　ま(負)ける・さかい・　し・とー・ない・ねん。」〔⇒**にらみあい【睨み合い】**。②⇒**にらめっこ【睨めっこ】**、**にらみっこ【睨みっこ】**、**にらみごく【睨みごく】**〕

にらんみゃう【(睨み合う)】《動詞・ワア行五段活用》 ①仲が悪く、敵意を持って対立する。「にらんみょー・て・　けんか(喧嘩)・ばっかり・　し・とる。」②鋭い目つきで、互いにじっと見つめる。「すもー(相撲)とり・が・　どひょー(土俵)・で・　にらんみゃう。」③子ども同士が向かい合って口をつぐんで相手を見つめあって、笑い出した方を負けとする遊びをする。「きょーだい(兄弟)・で・　にらんみょー・て・　あそ(遊)ん・どる。」■名詞化＝**にらんみゃい【(睨み合い)】**〔⇒**にらみあう【睨み合う】**〕

にりゅう〔にりゅー〕【二流】《形容動詞や(ノ)、名詞》 質、程度、等級などが最上のものより劣っている様子。また、そのようなもの。「にりゅー・の・　せんしゅ(選手)・や・さかい・　しっぱい(失敗)・を・　よー・　する・なー。」■対語＝「**いちりゅう【一流】**」「**さんりゅう【三流】**」〔⇒**にばんて【二番手】**〕

にる【似る】《動詞・ナ行上一段活用》 何かの共通点などがあって、互いに同じように見える。「よー・　に・た・　おやこ(親子)・や。」「あんた・と・　に・とる・よーな・　かんが(考)えかた・を・　し・てます。」◆「にる【似る】」は瞬間的なことを表す言葉でないから、継続を表す助動詞「とる」とつながって、「に・とる」という言い方をすることが多い。「にる」の活用は、ナ行上一段活用であるが、未然形は「にー・へん(にー・ひん)」「にや・へん」「にら・へん」などになることもあり、五段活用に近づいているようにも思われる。■名詞化＝**に【似】**

にわ【庭】《名詞》 ①家や施設などの敷地内で、草花や木が植えてあったり広場になったりしているところ。「にわ・に・　かだん(花壇)・を・　つく(作)る。」②建物の中の、土間の部分。「にわ・で・　もち(餅)つき・を・　する。」「にわ・に・　た(立)っ・とら・んと・　あ(上)がっ・てください。」〔①⇒**かど【門】**〕

にわいし【庭石】《名詞》 庭の景観を良くするために置いてある石。庭に置くための石。「にわいし・に・　こけ(苔)・が・　は(生)え・とる。」

にわかあめ【俄雨】《名詞》 急に降り出す雨。ひとしきり降って止み、すぐに晴れる雨。「は(晴)れ・とる・のに・　にわかあめ・で・　きつね(狐)のよめいり・や。」〔⇒**そばえ**、**とおりあめ【通り雨】**〕

にわき【庭木】《名詞》 庭の景観を良くするために植えてある木。庭に植えるための木。「にわき・の・　えだ(枝)・を・　はらう。」

にわとり【鶏】《名詞》 肉や卵を食用とするために飼育され、鶏冠を持ち、翼が小さくて上手に飛べない鳥。「にわとり・を・　つぶ(潰)し・て・　すきや(焼)き・を・　する。」〔⇒**とり【鶏】**、**こけこっこ**〕

にん【人】《接尾語》 そのような性質や傾向をそなえている人であるということを表す言葉。「くろー(苦労)にん・や・さかい・　ひと(人)・の・　きも(気持)ち・を・　よ(良)ー・　わかっ・てくれる。」

にん【人】《助数詞》 人の数を表す言葉。「ごにん(五人)・が・　そろ(揃)っ・た。」

にんがつ【二ん月】《名詞》 1年の12か月のうちの2番

目の月。「にんがつ・に・は・ うめ(梅)・の・ はな(花)・が・ さ(咲)く。」◆1月、2月、3月…の数字部分を2音節で発音するために、2月を「にんがつ」、4月を「しんがつ」と言うことがあり、12月を「じゅうにんがつ」と言うことがある。5月を「ごんがつ」、9月を「くんがつ」とは言わない。なお、容量を表すときには5合を「ごんごう」と言うことが多い。〔⇒**にがつ【二月】**〕

にんき【人気】《名詞》 世間の人たちから好ましいとして受け入れられたり、もてはやされたりすること。「にんき・の・ ある・ まんざいし(漫才師)・が・ てれび(テレビ)・に・ で(出)・とる。」

にんぎゃか【(賑んぎゃか)**】**《形容動詞や(ナ)》 ①人やものがたくさん集まって、活気のある様子。「ことし(今年)・の・ まつり(祭)・の・ よみせ(夜店)・は・ にんぎゃかや・なー。」②いろいろな音が聞こえてくる様子。明るくて陽気であったり、よくしゃべったりする様子。「にんぎゃかな・ こ(子)ー・で・ ひとり(一人)・で・ しゃべっ・とる。」■対語=①「さびしい【寂しい】」「さみしい【寂しい】」「さぶしい【(寂しい)】」。②「しずか【静か】」〔⇒**にぎやか【賑やか】**、**にんやか【**(賑やか)**】**〕

にんぎょう〔にんぎょー、にんぎょ〕【人形】《名詞》 おもちゃや飾りなどに使ったり演劇用に用いたりするために、土・木・布・セルロイドなどを使って、人の形に似せて作ったもの。「おひな(雛)さん・の・ にんぎょー・を・ かざ(飾)る。」

にんぎょうげき〔にんぎょーげき、にんぎょげき〕【人形劇】《名詞》 人形を操って演じる劇。「ゆび(指)・で・ にんぎょーげき・を・ する。」〔⇒**にんぎょうしばい【人形芝居】**〕

にんぎょうしばい〔にんぎょーしばい、にんぎょしばい〕【人形芝居】《名詞》 人形を操って演じる劇。「じょーるり(浄瑠璃)・の・ にんぎょーしばい・を・ み(見)る。」〔⇒**にんぎょうげき【人形劇】**〕

にんげん【人間】《名詞》 ①生物の中のひとつとしての人類。人を他の動物と区別して言う言葉「いぬ(犬)・は・ ずーっと・ むかし(昔)・から・ にんげん・に・ か(飼)わ・れ・とる。」②他人との関わり方などにあらわれる性格・気性・人物像など。「あいつ(彼奴)・は・ にんげん・が・ わる(悪)い。」「にんげん・が・ でき(出来)・とら・ん。」◆②の意味の場合、相手を突き放して批判的に述べるときは、「ひと【人】」よりも「にんげん【人間】」を使うことが多い。〔⇒**にんげん【人間】**、**ひと【人】**、**しと【**(人)**】**。②⇒**ひとがら【人柄】**、**しとがら【**(人柄)**】**〕

にんじつ【(忍術)**】**《名詞》 姿を隠したり人に気づかれないようにしたりして、いろいろな行動をする技法。「みず(水)・の・ うえ(上)・を・ にんじつ・で・ わた(渡)っ・ていく。」〔⇒**にんじゅつ【忍術】**〕

にんじつつかい【(忍術使い)**】**《名詞》 姿を隠したり人に気づかれないようにしたりして、いろいろな行動をする技法をわきまえている人。「にんじつつかい・が・ やしき(屋敷)・に・ しの(忍)びこん・でくる・ はなし(話)・を・ よ(読)ん・だ。」〔⇒**にんじゃ【忍者】**、**にんじゅつつかい【忍術使い】**〕

にんじゃ【忍者】《名詞》 姿を隠したり人に気づかれないようにしたりして、いろいろな行動をする技法をわきまえている人。「いが(伊賀)・の・ にんじゃ・が・ で(出)・てくる・ はなし(話)・が・ おもしろ(面白)い。」〔⇒**にんじゅつつかい【忍術使い】**、**にんじつつかい【**(忍術使い)**】**〕

にんじゅつ【忍術】《名詞》 姿を隠したり人に気づかれないようにしたりして、いろいろな行動をする技法。「にんじゅつ・で・ どろんと・ き(消)える。」〔⇒**にんじつ【**(忍術)**】**〕

にんじゅつつかい【忍術使い】《名詞》 姿を隠したり人に気づかれないようにしたりして、いろいろな行動をする技法をわきまえている人。「にんじゅつつかい・に・ なっ・て・ たか(高)い・ やね(屋根)・に・ と(飛)びの(乗)り・たい・なー。」〔⇒**にんじゃ【忍者】**、**にんじつつかい【**(忍術使い)**】**〕

にんじょう〔にんじょー〕【人情】《名詞》 思いやりや感謝など、人が一般的に持っている気持ち。人に優しくする心。「しんさい(震災)・の・ とき(時)・は・ まわ(周)り・の・ ひと(人)・の・ にんじょー・が・ み(身)・に・ しみ・た。」

にんじょうみ〔にんじょーみ〕【人情味】《名詞》 人としての心の温かさや、人に優しくする心。「にんじょーみ・が・ あっ・て・ おだ(穏)やかな・ ひと(人)・や。」

にんじん【人参】《名詞》 赤みがかった太く長い根を食用にする野菜。「せーよー(西洋)・の・ にんじん・が・ おー(多)なり・まし・た・な。」〔⇒**ねんじん【**(人参)**】**〕

にんずう〔にんずー〕【人数】《名詞》 人の数。「かぜ(風邪)・で・ けっせき(欠席)し・とる・ にんずー・が・ ふ(増)え・てき・た。」〔⇒**あたまかず【頭数】**〕

にんそう〔にんそー〕【人相】《名詞》 ①人の顔の形や様子。「どんな・ にんそー・の・ ひと(人)・が・ き(来)・た・ん・かいな。」②その人の顔にあらわれると考えられている性格や運勢。「にんそー・で・ うらな(占)う。」

にんにく【大蒜】《名詞》 においの強い、地下の球形の茎を食べる野菜。「にんにく・の・ にお(臭)い・の・ きつい・ りょーり(料理)・は・ きら(嫌)いや。」

にんやか【(賑やか)**】**《形容動詞や(ナ)》 ①人やものがたくさん集まって、活気のある様子。「おーさか(大阪)・は・ にんやかな・ まち(町)・や。」②いろいろな音が聞こえてくる様子。明るくて陽気であったり、よくしゃべったりする様子。「にんやかな・ ひと(人)・は・ みんな(皆)・に・ す(好)か・れる。」■対語=①「さびしい【寂しい】」「さみしい【寂しい】」「さぶしい【(寂しい)】」。②「しずか【静か】」〔⇒**にぎやか【賑やか】**、**にんぎゃか【**(賑んぎゃか)**】**〕

ぬ

ぬいぐるみ【縫いぐるみ】《名詞》 ①袋のようなものに綿などを詰めて、人や動物の形などに似せて作ったもの。「まご(孫)・は・ くま(熊)・の・ ぬいぐるみ・が・ す(好)きや・ねん。」②人や動物の形などに作って、中に人が入って着る布製の衣装。「ひょーごけん(兵庫県)・に・は・ はばたん・の・ ぬいぐるみ・が・ あっ・て・ にんき(人気)・が・ ある・ねん。」

ぬいしろ【縫い代】《名詞》 布を縫い合わせるとき、中に縫い込まれる、端の部分。「ぬいしろ・が・ ほそ(細)い・さかい・ き(気)ー・を・ つけ・て・ ぬ(縫)い・よ。」

ぬいめ【縫い目】《名詞》 ①縫い合わせた布と布との境目。「ぬいめ・の・ いと(糸)・が・ き(切)れ・ても・た。」②布の上に見えている、縫った糸目。「まっすぐな・ ぬいめ・が・ きれー(綺麗)や。」

ぬ

ぬいもん【縫い物】《名詞、動詞する》 ①布を裁って、和服や洋服などに縫い上げること。「ないしょく(内職)・で・ ぬいもん・を・ する。」②縫って作ったもの。「できあ(出来上)がっ・た・ ぬいもん・を・ とど(届)け・に・い(行)く。」〔①⇒**さいほう【裁縫】、はりしごと【針仕事】**〕

ぬう【縫う】《動詞・ワア行五段活用》 ①糸を通した針で布などを指し貫いて、つなぎ合わせる。「きもの(着物)・の・ やぶ(破)れ・た・ ところ(所)・を・ ぬう。」②体の傷口をとじ合わせる。「あし(脚)・に・ けが(怪我)・を・ し・て・ みはり(三針)・ ぬー・た。」

ぬか【糠】《名詞》 玄米などを精白するときに、はがれた果皮が粉のようになったもの。「ぬか・で・ たけのこ(筍)・の・ あく(灰汁)・を・ ぬ(抜)く。」

ぬかす【抜かす】《動詞・サ行五段活用》 ①自分より前を進んでいるものをとらえて、それより前に出る。「とちゅー(途中)・で・ ごにん(五人)・ ぬかし・て・ いちばん(一番)・で・ ごーる(ゴール)・に・ はい(入)っ・た。」②力や能力などが、他の人よりも上になる。「いちねんせー(一年生)・や・けど・ さんねんせー(三年生)・を・ ぬかし・て・ にゅーせん(入選)し・た。」③入れたり加えたりすべきものを漏らす。すべきものを意識的に省略する。「せ・な・ いか・ん・ さぎょー(作業)・を・ ひと(一)つ・ ぬかし・ても・た。」■名詞化＝**ぬかし【抜かし】**〔①②⇒**ぬく【抜く】、おいぬく【追い抜く】、おいこす【追い越す】**。②⇒**おとす【落とす】**〕

ぬかす【吐かす】《動詞・サ行五段活用》 無遠慮に堂々と言い放つ。「なに(何)・を・ あほ(阿呆)みたいな・ こと・を・ ぬかし・てけつかる・ねん。」◆相手の言っている内容や言い方について、批判的に述べる場合に使う言葉。■名詞化＝**ぬかし【吐かし】**〔⇒**たたく【叩く】、こく、くち(を)たたく【口(を)叩く】**〕

ぬかづけ【糠漬け】《名詞、動詞する》 野菜などを糠と塩で漬けること。また、そのようにしてできたもの。「なすび(茄子)・を・ ぬかづけする。」「ぬかづけ・の・ きゅーり(胡瓜)・が・ うま(美味)い。」

ぬかり【抜かり】《名詞》 ①ものごとを行うときの手続きや手段などが不十分であること。「ぬかり・が・ ない・よーに・ よー・ しら(調)べ・なはれ。」②気をゆるめたり安心したりして、必要な注意を怠ること。「ぬかり・が・ あっ・たら・ か(勝)た・れ・へん・ぞ。」〔②⇒**ゆだん【油断】**〕

ぬかる【抜かる】《動詞・ラ行五段活用》 ①手続きや手段などが不十分なまま、ものごとを行う。「い(要)る・ しょるい(書類)・を・ そろ(揃)える・の・が・ ぬかっ・とっ・た。」②気をゆるめたり安心したりして、必要な注意を怠る。「あんた・が・ ぬかっ・とっ・た・さかい・ わしらー・は・ ま(負)け・ても・た・ん・や。」■名詞化＝**ぬかり【抜かり】**〔②⇒**ゆだん【油断】(する)**〕

ぬき【抜き】《接尾語》［名詞に付く］ ①続けて相手を負かすことを表す言葉。「さんにん(三人)ぬき・で・ か(勝)っ・た。」②ものごとを省くことを表す言葉。「れんしゅー(練習)ぬき・で・ しあい(試合)・に・ で(出)・たっ・て・ か(勝)た・れ・へん・やろ。」「あさめし(朝飯)ぬき・で・ けんさ(検査)・を・ う(受)ける。」

ぬきあめ【抜き飴】《名詞》 絵などの輪郭線のところが薄くなっていて、なめることによって外れて、一定の形を抜き出せるようにしてある薄い板状の飴。「じょーず(上手)に・ な(舐)め・なんだら・ ぬきあめ・が・ わ(割)れる・ぞ。」

ぬく【抜く】《動詞・カ行五段活用》 ①堅く止められているものや、きちんとはまっているものを取り出す。「いた(板)・の・ くぎ(釘)・を・ ぬく。」「ふろおけ(風呂桶)・の・ せん(栓)・を・ ぬく。」②いくつかの中から選んで取る。「たな(棚)・から・ いっさつ(一冊)・ ぬい・て・ よ(読)む。」③取り払って、きれいにする。「し(染)み・を・ ぬく。」④自分より前を進んでいるものをとらえて、それより前に出る。「ひとり(一人)・ ぬい・て・ さんい(三位)・に・ あ(上)がっ・た。」⑤力や能力などが、他の人よりも上になる。「じょーきゅーせー(上級生)・を・ ぬい・て・ だいひょー(代表)・に・ えら(選)ば・れる。」⑥入れたり加えたりすべきものを漏らす。すべきものを意識的に省略する。「やす(休)み・を・ ぬい・て・ はたら(働)く。」⑦気持ちを緩めたり、力を省いたりする。「て(手)ー・を・ ぬい・たら・ あか・ん。」「き(気)ー・ ぬい・たら・ ま(負)ける・ぞー。」■自動詞は「**ぬける【抜ける】**」■名詞化＝**ぬき【抜き】**〔②⇒**とりだす【取り出す】**。④⑤⇒**ぬかす【抜かす】、おいぬく【追い抜く】、おいこす【追い越す】**〕

ぬぐ【脱ぐ】《動詞・ガ行五段活用》 ①身に着けているものを取り去る。「ぼーし(帽子)・を・ ぬい・で・ あいさつ(挨拶)する。」「ぬく(温)い・さかい・ てぶくろ(手袋)・を・ ぬぐ。」「うわぎ(上着)・を・ ぬい・で・ て(手)ー・に・ も(持)つ。」「すててこ・を・ ぬぐ。」②身に着けているものすべてを取り去って、裸になる。「ぬい・で・ ふろ(風呂)・に・ はい(入)る。」

ぬくい【温い】《形容詞・ウイ型》 ほんのり暖かい。温度などがほどよく、気持ちがよい。「こ(買)ー・てき・た・ たいや(鯛焼)き・が・ まだ・ ぬくい。」「なら(奈良)・の・ おみずと(水取)り・が・ す(済)ん・で・ ぬくー・なり・まし・た・な。」

ぬくごはん【温ご飯】《名詞》 温かいご飯。「あさ(朝)・は・ ぬくごはん・と・ みそしる(味噌汁)・が・ いちばん(一番)・ え(良)ー。」◆「**ぬくめし【温飯】**」よりは丁寧な言い方。■対語＝「**ひやごはん【冷やご飯】**」。〔⇒**ぬくめし【温飯】**〕

ぬくぬく【温々】《形容動詞や(ノ)、名詞、動詞する》 ①部屋や体などが、ほどよく暖かくて気持ちがよい様子。「こたつ(炬燵)・で・ ぬくぬくと・ し・て・ ほん(本)・を・ よ(読)む。」②食べ物などが、ほどよく温かい様子。「でき(出来)たて・で・ ぬくぬくの・ ぶたまん(豚饅)・を・ か(買)う。」「う(生)みたて・で・ ぬくぬくの・ たまご(卵)・を・ て(手)・に・ も(持)つ。」③特別な苦労をせず、楽をしている様子。「みんな(皆)・と・ おんな(同)じ・よーに・ はたら(働)か・んと・ ぬくぬくし・とる。」

ぬくみ【温味】《名詞》 ほのかな温かさ。「う(生)ん・で・ まだ・ ぬくみ・の・ のこ(残)っ・とる・ たまご(卵)・や。」

ぬくめし【温飯】《名詞》 温かいご飯。「ぬくめし・に・ たまご(卵)・を・ かける。」■対語＝「**ひやめし【冷や飯】**」〔⇒**ぬくごはん【温ご飯】**〕

ぬくめる【温める】《動詞・マ行下一段活用》 体・水・液体・空気などを暖める。「ふろ(風呂)・に・ お(追)いだ(焚)き・を・ し・て・ ぬくめる。」「かいろ(懐炉)・で・ からだ(体)・を・ ぬくめる。」■自動詞は「**ぬくもる【温もる】**」■名詞化＝**ぬくめ【温め】**

ぬくもり【温もり】《名詞》 体やものに感じられる、かすかな暖かさ。「ゆ(湯)たんぽ・は・ あさ(朝)・に・ なっ・

ても・　まだ・　ぬくもり・が・　のこ(残)っ・とる。」

ぬくもる【温もる】《動詞・ラ行五段活用》 体・水・液体・空気などが暖まる。「ゆっくり・　ふろ(風呂)・に・　つ(浸)かっ・て・　ぬくもる。」■他動詞は「ぬくめる【温める】」■名詞化＝**ぬくもり**【温もり】

ぬけ【抜け】《名詞、形容動詞や(ノ)》 ①あるべきものが、落ちていること。落ちている内容。「ちょーめん(帳面)・に・　つ(付)けわす(忘)れ・て・　ぬけ・が・　ある。」②ぼんやりしていて、頼りないところがあること。鋭さに欠けたり手抜かりが生じたりすること。また、そのような人。「あの・　ぬけ・が・　また・　しっぱい(失敗)・を・　し・やがっ・た。」〔①⇒**もれ**【漏れ】。②⇒**まぬけ**【間抜け】、**あほう**【阿呆】、**あっぽ**【阿っ呆】、**だぼ**、**ぼけ**【呆け】、**ばか**【馬鹿】、**ぬけさく**【抜け作】、**あほうたれ**【阿呆垂れ】、**あほうだら**【阿呆垂ら】、**あほんだら**【(阿呆垂ら)】、**あほんだれ**【(阿呆垂れ)】、**だぼさく**【だぼ作】、**ぼけさく**【呆け作】、**ぼけなす**【呆けなす】、**とぼけさく**【惚け作】、**ばかもん**【馬鹿者】、**ばかたれ**【馬鹿垂れ】〕

ぬけあな【抜け穴】《名詞》 ①通り抜けられる穴。「あり(蟻)・の・　ぬけあな・が・　つづ(続)い・とる。」②人が通れるようにするために、密かに掘った穴。「みきじょー(三木城)・が・　せ(攻)め・られ・た・　とき(時)・うおずみじょー(魚住城)・から・　みき(三木)・まで・ぬけあな・が・　あ(有)っ・た・と・　ゆー・　い(言)ーつた(伝)え・が・　のこ(残)っ・とる。」

ぬけがら【抜け殻】《名詞》 昆虫や蛇などが脱皮したあとに残る外皮など。「せみ(蟬)・の・　ぬけがら・が・き(木)ー・に・　いっぱい・　のこ(残)っ・とる。」「へび(蛇)・の・　ぬけがら・を・　み(見)・た。」〔⇒**から**【殻】〕

ぬけさく【抜け作】《名詞、形容動詞や(ノ)》 ぼんやりしていて、頼りないところがあること。鋭さに欠けたり手抜かりが生じたりすること。また、そのような人。「あいつ(彼奴)・は・　ぬけさくや・さかい・　あとさき(後先)・の・　こと・を・　かんが(考)え・とら・へん。」〔⇒**ぬけ**【抜け】、**まぬけ**【間抜け】、**あほう**【阿呆】、**あっぽ**【阿っ呆】、**だぼ**、**ぼけ**【呆け】、**ばか**【馬鹿】、**あほうたれ**【阿呆垂れ】、**あほうだら**【阿呆垂ら】、**あほんだら**【(阿呆垂ら)】、**あほんだれ**【(阿呆垂れ)】、**だぼさく**【だぼ作】、**ぼけさく**【呆け作】、**ぼけなす**【呆けなす】、**とぼけさく**【惚け作】、**ばかもん**【馬鹿者】、**ばかたれ**【馬鹿垂れ】〕

ぬけだす【抜け出す】《動詞・サ行五段活用》 ①中からそっと抜けて出る。「とんぼ(蜻蛉)・が・　かご(籠)・から・ぬけだし・ても・とる。」②好ましくない状況から逃げ出す。「しごと(仕事)・から・　ぬけだし・たら・　あかん。」「ふけーき(不景気)・から・　まだ・　ぬけださ・れ・へん。」■名詞化＝**ぬけだし**【抜け出し】

ぬけぬけ【抜け抜け】《副詞と》 やましさや恥ずかしさなどを感じていない様子。無神経なことを平気で言ったり行ったりする様子。「ぬけぬけと・　うそ(嘘)・を・こき・やがっ・た。」

ぬけみち【抜け道】《名詞、動詞する》 ①目的地に早く行き着ける道。また、その道を通って行くこと。「えき(駅)・へ・　い(行)く・　ぬけみち・が・　ある・ねん。」②あるところへ通じている、あまり知られていない道。また、その道を通って行くこと。「こーば(工場)・の・　よこ(横)・を・　とー(通)っ・て・　かいがん(海岸)・に・で(出)・られる・　ぬけみち・を・　おし(教)え・たる。」③規則などを破らないで、逃れることのできる方法・手段。また、その方法・手段を選ぶこと。「せーじか(政治家)・の・　やつ(奴)ら・は・　いろいろ・　ぬけみち・を・かんが(考)え・とる。」〔①⇒**ちかみち**【近道】、**はやみち**【早道】〕

ぬけめ(が)ない【抜け目(が)ない】《形容詞・特殊型》 自分の利益となることによく気がついて、要領よくふるまう。ものごとに打算的で、しっかりしている。「ぬけめがない・　やつ(奴)・に・　だま(騙)さ・れ・たら・　あか・ん・ぞ。」

ぬける【抜ける】《動詞・カ行下一段活用》 ①あったものが取れたり、なくなったりする。「すこっぷ(スコップ)・の・　え(柄)ー・が・　ぬける。」「じてんしゃ(自転車)・の・　くーき(空気)・が・　ぬけ・た。」②取れてきれいになる。「みず(水)・の・　なか(中)・の・　にご(濁)り・が・ぬけ・た。」③狭いところや、混雑しているところを通り過ぎて、向こう側へ出る。「えきまえ(駅前)・を・ぬける。」「とんねる(トンネル)・を・　ぬける。」④それまでの勢いや力がなくなる。「ぎゃくてん(逆転)さ・れ・て・　きあ(気合)い・が・　ぬけ・ても・た。」「こし(腰)・が・　ぬけ・て・　ある(歩)か・れ・へん。」⑤知恵が足りていない。「ちょっと(一寸)・　ぬけ・た・　ところ・の・ある・　ひと(人)・や。」⑥漏れて落ちる。「わたし(私)・の・　なまえ(名前)・が・　ぬけ・とる。」⑦その場からはずれて、いなくなる。「じちかい(自治会)・の・やくいん(役員)・を・　まだ・　ぬけら・れ・へん・ねん。」「よ(寄)りあ(合)い・から・　ぬけ・てき・た。」■他動詞は「ぬく【抜く】」■名詞化＝**ぬけ**【抜け】

ぬげる【脱げる】《動詞・ガ行下一段活用》 ①身に着けていたものが、離れ落ちる。「はし(走)っ・とっ・て・　くつ(靴)・が・　ぬげ・ても・た。」②身に着けているものを脱ぐことができる。「ひとり(一人)・で・　ふく(服)・が・ぬげる。」

ぬさくる《動詞・ラ行五段活用》 ①ものの表面にあてて、こすりつける。「はな(鼻)くそ・を・　ふく(服)・に・　ぬさくっ・たら・　あか・ん。」②ごてごてとやたらに塗る。塗る必要のないところまで塗る。「ぺんき(ペンキ)・を・ぬさくっ・た・　きたな(汚)い・　かんばん(看板)・が・た(立)っ・とる。」〔⇒**ぬたくる**。①⇒**なする**【擦る】、**なすりつける**【擦り付ける】、**ぬさりつける**、**にじくる**。②⇒**ぬりたくる**【塗りたくる】〕

ぬさりつける《動詞・カ行下一段活用》 ものの表面にあてて、こすりつける。「ずぼん(ズボン)・に・　どろ(泥)・を・　ぬさりつけ・て・　もど(戻)っ・てき・た。」〔⇒**なする**【擦る】、**なすりつける**【擦り付ける】、**ぬさくる**、**ぬたくる**、**にじくる**〕

ぬすっと【盗人】《名詞、動詞する》 他人のものをこっそり取って、自分のものとすること。また、そのようにする人。「るす(留守)・に・　する・　とき(時)・は・　ぬすっと・に・　き(気)ー・を・　つけ・なはれ。」〔⇒**どろぼう**【泥棒】〕

ぬすみぎき【盗み聞き】《名詞、動詞する》 気づかれないように、人の話をそっと聞くこと。「ぬすみぎきせ・んと・　あんた・は・　じぶん(自分)・で・　かんが(考)え・なはれ。」

ぬすむ【盗む】《動詞・マ行五段活用》 自分の所有物でないものをこっそり取って、自分のものにする。「ちょっと(一寸)・の・　すき(隙)・に・　かばん(鞄)・を・　ぬすま・れ・ても・た。」■名詞化＝**ぬすみ**【盗み】〔⇒**とる**【盗る】〕

ぬた《名詞》 魚、貝、野菜などを、ねぎ、わかめなどとともに酢味噌で和えた食べ物。「いか(烏賊)・と・　ねぎ(葱)・で・　ぬた・を・　つく(作)る。」

ぬたくる《動詞・ラ行五段活用》 ①ものの表面にあてて、こすりつける。「かお(顔)・に・　どろ(泥)・を・　ぬたくっ・て・　あそ(遊)ん・どる。」②ごてごてとやたらに塗る。塗る必要のないところまで塗る。「えのぐ(絵具)・を・　ぬたくっ・た・だけ・の・　え(絵)ー・や。」〔⇒**ぬさくる**。①⇒**なする【擦る】**、**なすりつける【擦り付ける】**、**ぬさりつける**、**にじくる**。②⇒**ぬりたくる【塗りたくる】**〕

ぬの【布】《名詞》 糸を機(はた)にかけて作った織物。「しろ(白)い・　ぬの・の・　かーてん(カーテン)・を・　か(掛)ける。」〔⇒**きれ【切れ、布】**〕

ぬのじ【布地】《名詞》 衣服などに仕立てるための織物。加工をしていない織物。「ぬのじ・が・　え(良)ー・さかい・　しあ(仕上)がり・も・　え(良)ー・なー。」〔⇒**きじ【生地】**〕

ぬらす【濡らす】《動詞・サ行五段活用》 ①ものの表面に水などをかけたりしみ込ませたりする。「きって(切手)・の・　うら(裏)・を・　ぬらし・て・　は(貼)る。」②知らない間に、水などがかかったりしみ込んだりしてしまう。意志に反して、ぬれてしまう。「こども(子供)・が・　ふとん(布団)・を・　ぬらし・た。」「せんたくもん(洗濯物)・を・　あめ(雨)・で・　ぬらし・た。」■自動詞は「**ぬれる【濡れる】**」

ぬり【塗り】《名詞》 ①ものを塗ること。塗ったもの。「ぺんき(ペンキ)・の・　ぬり・が・　は(剥)げる。」②漆を塗った器物。漆器。また、その塗り具合。「ぬり・の・　しるわん(汁碗)・に・　す(吸)いもん・を・　い(入)れる。」〔①⇒**ぬりもん【塗り物】**〕

ぬりえ【塗り絵】《名詞、動詞する》 輪郭が線で書かれている絵に、色を塗って楽しむこと。また、そのようなもの。「ざっし(雑誌)・の・　ふろく(付録)・に・　ぬりえ・が・　つ(付)い・とる。」

塗り絵の下絵

ぬりぐすり【塗り薬】《名詞》 皮膚などに塗る薬。「しもやけ(霜焼)・に・　ぬりぐすり・を・　つ(付)ける。」◆対語＝「**のみぐすり【飲み薬】**」

ぬりたくる【塗りたくる】《動詞・ラ行五段活用》 ごてごてとやたらに塗る。塗る必要のないところまで塗る。「がよーし(画用紙)・に・　くれよん(クレヨン)・を・　ぬりたくっ・とる。」〔⇒**ぬさくる**、**ぬたくる**〕

ぬりたて【塗り立て】《名詞、形容動詞や(ノ)》 塗ったばかりで、時間が経っていないこと。また、その塗られたもの。「ぺんき(ペンキ)・の・　ぬりたての・　とこ(所)・に・　て(手)ー・を・　つい・ても・た。」

ぬりつぶす【塗りつぶす】《動詞・サ行五段活用》 下地や外の部分が見えなくなるほどに、隙間なく一面に塗る。「え(絵)・の・　うしろ(後)・を・　あお(青)い・　いろ(色)・ばっかり・で・　ぬりつぶす。」■名詞化＝**ぬりつぶし【塗りつぶし】**

ぬりもん【塗り物】《名詞》 漆を塗った器物。漆器。「ぬりもん・の・　おぼん(盆)・を・　だいじ(大事)に・　つか(使)う。」〔⇒**ぬり【塗り】**〕

ぬる【塗る】《動詞・ラ行五段活用》 ものの表面に塗料や液体などをすりつける。ものの表面に絵の具や塗料などで色をつける。「ぺんき(ペンキ)・を・　いちめん(一面)・に・　ぬる。」「よご(汚)れ・た・　かべ(壁)・を・　ぬっ・て・　きれー(綺麗)に・　する。」■可能動詞は「**ぬれる**」■名詞化＝**ぬり【塗り】**

ぬるい【温い】《形容詞・ウイ型》 液体などが熱くはなく、少し温かい感じである。「ぬるい・　こーひー(コーヒー)・を・　い(入)れなおす。」「ふろ(風呂)・を・　ぬるー・する。」◆適切な温度から外れているという意味で使うこともある。

ぬるっと《副詞、動詞する》 表面が粘液質で、つかもうとしてもすり抜けていくような感触である様子。表面が滑りやすい様子。「ぬるっとし・とる・さかい・　うなぎ(鰻)・を・　つか(掴)む・の・は・　むつか(難)しー。」「こけ(苔)・の・　は(生)え・た・　いし(石)・を・　ふ(踏)ん・だら・　ぬるっとし・て・　こけ・そーに・　なっ・た。」〔⇒**ぬるぬる**〕

ぬるぬる《形容動詞や(ノ)、動詞する》 表面が粘液質で、つかもうとしてもすり抜けていくような感触である様子。表面が滑りやすい様子。「たこ(蛸)・を・　つか(掴)ん・で・　て(手)ー・が・　ぬるぬるや。」「ゆか(床)・が・　ぬるぬるし・て・　すべ(滑)りやすい。」「あぶら(油)・を・　さわ(触)っ・たら・　て(手)ー・が・　ぬるぬるに・　なっ・た。」「ふろおけ(風呂桶)・の・　ぬるぬる・を・　あら(洗)う。」〔⇒**ぬるっと**〕

ぬるめる【温める】《動詞・マ行下一段活用》 お湯などの熱いものに水や氷などを加えて、温度を下げる。「ふろ(風呂)に・　みず(水)・を・　た(足)し・て・　ぬるめる。」「あつ(熱)い・　おちゃ(茶)・を・　ぬるめ・てんか。」

ぬれぎぬ【濡れ衣】《名詞》 悪いことをしていないのに、したように言われること。無実の罪。「ぬれぎぬ・を・　き(着)せ・られ・たら・　もんく(文句)・を・　い(言)わ・な・　あか・ん・ぞ。」

ぬれる【濡れる】《動詞・ラ行下一段活用》 ものの表面に水などがかかったりしみ込んだりする。「こ(小)まい・　かさ(傘)・やっ・た・さかい・　あめ(雨)・で・　からだ(体)・が・　ぬれ・た。」■他動詞は「**ぬらす【濡らす】**」

ぬれる【塗れる】《動詞・ラ行下一段活用》 塗ることができる。「したえ(下絵)・に・　じょーず(上手)に・　いろ(色)・が・　ぬれ・た。」

ね

ね〔ねー〕【根】《名詞》 ①草や木を支えたり栄養分を摂ったりするために、地中に伸び広がっている部分。「ねー・が・　の(伸)び・て・　ひろ(広)がっ・とる。」②ものを支えたり基礎となったりしている、表から見えないところにある部分。「は(歯)ー・の・　ねー・が・　いた(痛)い。」③表面には現れにくいが、生まれつき持っている性格など。「ねー・は・　やさ(優)しい・　こ(子)・や・ねん。」

ね〔ねー〕【値】《名詞》 ①品物を売り買いするときの金額や、サービスなどに対する料金。「せきゆ(石油)・の・　ねー・が・　また・　あ(上)がっ・た。」「さんぱつや(散髪屋)・の・　ねー・が・　あ(上)がる・そーや。」②人やものの価値。評価。「え(良)ー・　はなし(話)・を・　し・てくれ・た・さかい・　あいつ(彼奴)・の・　ねー・も・　あ(上)がっ・た・なー。」〔①⇒**ねだん【値段】**〕

ね〔ねー〕【子】《名詞》 鼠(ねずみ)を表しており、十二支の1番目。「むすこ(息子)・は・　ねー・の・　う(生)まれ・や・ねん。」〔⇒**ねずみ【鼠】**〕

ね〔**ねー**〕《終助詞》 ①相手にやわらかな調子で働きかけたり、同意を求めたりする気持ちを表す言葉。「だいぶ(大分)・ ぬく(温)ー・ なっ・てき・た・ね。」「おい(美味)しー・ もん(物)・を・ た(食)べ・よー・ね。」②相手を引き込むようにして念を押して、納得させようとする気持ちを表す言葉。「いま(今)・の・ はなし(話)・は・ わかっ・た・やろ・ね。」③相手に確かめたり、答えを求めたりするときに使う言葉。「あした(明日)・の・ しゅーごー(集合)・は・ はちじ(八時)・やっ・た・ねー。」

ねあがり【値上がり】《名詞、動詞する》 ものの値段や料金が、従来よりも高くなること。「てんき(天気)・が・ わる(悪)ー・て・ やさい(野菜)・が・ ねあがりし・た。」■対語＝「**ねさがり【値下がり】**」

ねあげ【値上げ】《名詞、動詞する》 ものの値段や料金を、従来よりも高くすること。「すん・まへ・ん・けど・ ねあげせ・な・ やっ・ていけ・まへ・ん・ねん。」■対語＝「**ねさげ【値下げ】**」

ねあせ【寝汗】《名詞》 寝ている間に出る汗。「ひるね(昼寝)し・とっ・て・ ねあせ・を・ かい・た。」

ねいき【寝息】《名詞》 寝ているときに呼吸する息。また、そのときの音。「だい(大)・の・ じ(字)ー・に・ なっ・て・ ねいき・ たて・て・ ね(寝)・とる・なー。」

ねうち【値打ち】《名詞》 ①そのものが持っている価値や、役に立つ程度や度合い。「この・ ばんぐみ(番組)・は・ み(見)る・ ねうち・が・ ある。」②値段に相当する価値や良さ。「これ・は・ いちまんえん(一万円)・の・ ねうち・は・ じゅーぶん(十分)・ ある・と・ おも(思)う。」〔⇒**ねぶち【(値打ち)】**〕

ねうちもん【値打ち物】《名詞》 ①価値のあるものや、役に立つもの。「この・ かばん(鞄)・は・ じゅーねん(十年)・も・ つこ(使)・とる・ ねうちもん・や。」②高額の品物。「ねうちもん・の・ きんどけー(金時計)・は・ わし・の・ たから(宝)・や。」〔⇒**ねぶちもん【(値打ち物)】**〕

ねえ〔**ねー**〕《感動詞》 親しみを込めて呼びかけたり、念を押したりするときに使う言葉。「ねー・ おねが(願)い・が・ ある・ねん。」

ねえさん〔**ねーさん**〕**【姉さん】**《名詞》 ①姉を敬ったり、親しみを込めたりして言う言葉。「ねーさん・の・ だんな(旦那)さん・は・ かいしゃ(会社)・に・ つと(勤)め・とる。」②若い女の人を親しんでいう言葉。「ねーさん・ その・ ぱん(パン)・は・ なんぼ・です・か。」③自分の兄の配偶者。「にゅーいん(入院)し・とっ・て・の・ ねーさん・の・ みまい(見舞)・に・ いく。」〔①②⇒**ねえちゃん【姉ちゃん】、ねえやん【姉やん】**〕

ねえちゃん〔**ねーちゃん**〕**【姉ちゃん】**《名詞》 ①姉を敬ったり、親しみを込めたりして言う言葉。「ねえちゃん・と・ いっしょ(一緒)に・ がっこー(学校)・へ・ い(行)く。」②若い女の人を親しんでいう言葉。「ねーちゃん・ おかんじょー(勘定)・を・ し・ておくれ。」〔⇒**ねえさん【姉さん】、ねえやん【姉やん】**〕

ねえやん〔**ねーやん**〕**【姉やん】**《名詞》 ①姉を敬ったり、親しみを込めたりして言う言葉。「うち・の・ ねーやん・は・ みっ(三)つ・ としうえ(年上)・です・ねん。」②若い女の人を親しんでいう言葉。「あの・ みせ(店)・の・ ねーやん・は・ あいそ(愛想)・が・ え(良)ー・ ひと(人)・や。」〔⇒**ねえさん【姉さん】、ねえちゃん【姉ちゃん】**〕

ねえる〔**ねーる**〕**【煮える】**《動詞・ア行下一段活用》 ①水やだし汁に入れて熱を加えた食べ物が、やわらかくなったり味がしみ通ったりして、食べられる状態になる。「この・ いも(芋)・ よー・ ねー・て・ おい(美味)しー・なー。」②水が、湯になったり沸騰したりする。「ちゃびん(茶瓶)・が・ よー・ ねー・てき・た。」◆他動詞としては、「にる【煮る】」という言い方をしないで、「たく【炊く】」と言う。〔⇒**にえる【煮える】、たける【炊ける】**〕

ねおき【寝起き】《名詞、動詞する》 ①寝ることと起きること。生活すること。「いま(今)・は・ じっか(実家)・で・ ねおきし・とる・ねん。」②眠りから覚めること。また、そのときの気分や機嫌。「ねおき・が・ わる(悪)ー・て・ ぐずぐず・ ゆ(言)ー・とる。」

ねおし【寝圧し】《名詞、動詞する》 ズボンやスカートなどを布団の下に敷いて、折り目をつけたり、しわを伸ばしたりすること。「ふとん(布団)・の・ した(下)・に・ ひ(敷)ー・て・ ずぼん(ズボン)・を・ ねおしする。」

ネオン〔**ねおん**〕**【英語＝neon】**《名詞》 ガラス管にネオンガスなどを封じ入れて、電流を通して美しく光らせ、広告や装飾などに使うもの。「この・ みせ(店)・は・ にぎ(賑)やかな・ ねおん・や・なー。」〔⇒**ネオンサイン【英語＝neon sign】**〕

ネオンサイン〔**ねおんさいん**〕**【英語＝neon sign】**《名詞》 ガラス管にネオンガスなどを封じ入れて、電流を通して美しく光らせ、広告や装飾などに使うもの。「みせ(店)・に・ ねおんさいん・を・ つ(付)ける。」〔⇒**ネオン【英語＝neon】**〕

ねがい【願い】《名詞》 こうあってほしいと心から強く望むこと。また、望む内容。「ねがい・が・ かの(叶)ー・て・ だいいちしぼー(第一志望)・の・ かいしゃ(会社)・に・ はい(入)・れ・た。」〔⇒**きぼう【希望】、のぞみ【望み】、ゆめ【夢】**〕

ねがいましては【願いましては】《連語＝ねがい(動詞)・まし(助動詞)・て(接続助詞)・は(副助詞)》 珠算の問題を読み上げるときに、新たな計算が始まることを気づかせるために発する言葉。「ねがいましては・ さんびゃくごじゅーえん(三百五十円)・なり・ ななじゅーはちえん(七十八円)・なり・ ……」

ねがう【願う】《動詞・ワア行五段活用》 ①こうあってほしいと、心から強く望んだり欲しがったりする。「うま(巧)い・こと・ いく・よーに・ ねごー・とり・ます。」②自分の力ではどうしようもないことを、神や仏にすがって望む。「かないあんぜん(家内安全)・を・ ねがう。」③望んでいることの実現を人に頼む。人に助力や配慮などを求める。「いっしょ(一緒)に・ い(行)っ・てくれる・よーに・ ねごー・てき・まし・てん。」④警察などに、訴えて出る。「あんまりな・ こと・を・ し・よっ・たら・ ねごー・たら・な・ あか・ん。」■名詞化＝**ねがい【願い】**〔①②⇒**いのる【祈る】**〕

ねがえり【寝返り】《名詞、動詞する》 ①横になって寝ているまま、体の向きを変えること。「ねがえり・ うっ・て・ ふとん(布団)・の・ そと(外)・へ・ で(出)・ても・とる。」②味方を裏切って、敵方につくこと。「む(向)こー・の・ かいしゃ(会社)・に・ ねがえり・を・ うた・れ・たら・ うち・が・ こま(困)り・ます・がな。」

ねがえる【寝返る】《動詞・ラ行五段活用》 ①横になって寝たまま、体の向きを変える。「ねがえっ・て・ べっど(ベッド)・から・ お(落)ちる。」②味方を裏切って、敵方につく。「あけちみつひで(明智光秀)・が・ ねがえっ・た。」■名詞化＝**ねがえり【寝返り】**

ねがお【寝顔】《名詞》 寝ているときの顔の様子。「あかご(赤子)・は・ かい(可愛)らしー・ ねがお・や・なー。」

ねがけ【寝がけ】《名詞》 ①寝ようとするとき。「ねがけ・に・ もの・を・ た(食)べ・たら・ あか・ん。」②寝て間もなくのとき。「ねがけ・に・ あめ(雨)・の・ おと(音)・が・ し・て・ め(目)・が・ さ(覚)め・た。」■対語＝「おきがけ【起きがけ】」〔⇒**ねしな**【寝しな】〕

ねかす【寝かす】《動詞・サ行五段活用》 ①眠らせる。寝つくようにさせる。寝たままにしておく。「まご(孫)・を・ さっき・ ねかし・てん。」②立っていたものなどを横に倒す。身を横たえさせる。「お(折)れ・た・ でんしんばしら(電信柱)・を・ ねかす。」③商品や資金などを、活用しないでそのまま手元に置いておく。「う(売)れ・へん・さかい・ ねかし・た・まま・や。」④食べ物を一定の時間、置いておいて、発酵させたり熟成させたりする。「ねかし・て・ みそ(味噌)・に・ する。」〔⇒**ねさす**【寝さす】、**ねらす**【寝らす】〕

ねがはる〔**ねーがはる**〕【値が張る】《動詞・ラ行五段活用》 買い求めるためには多額の支出が必要である。普通よりも値段が高い。「てれび(テレビ)・を・ か(買)いか(替)え・たら・ えらい・ ねーがはっ・た・ん・や。」

ねからはから〔**ねーからはーから**〕【根から葉から】《副詞》 ①そのことを強く否定する気持ちを表す言葉。「ねーからはーから・ あ(当)て・に・ なら・ん・ おとこ(男)・や。」②次から次へと、すべてを出して。「ねーからはーから・ わるぐち(悪口)・を・ なら(並)べ・んでも・え(良)ー・やろ・に。」◆「ねっから【根っから】」を強調した言い方である。①は、後ろに打ち消しの言葉を伴うことが多い。〔①⇒**ねっから**【根っから】、**まるきり**【丸きり】、**まるっきり**【丸っきり】、**てんで**、**とんと**、**てんと**、**ぜんぜん**【全然】〕

ねき《名詞》 ①あるもののすぐ近くの場所。「き(木)ー・の・ ねき・に・ くさ(草)・が・ は(生)え・とる。」「はし(橋)・の・ ねき・に・ やなぎ(柳)・の・ き(木)・が・ ある。」「がっこー(学校)・の・ ねき・に・ ぶんぼーぐや(文房具屋)・が・ ある。」「ねき・で・ しょーぎ(将棋)・を・ み(見)る。」「いど(井戸)・の・ ねき・で・ あそ(遊)ん・だら・ あぶ(危)ない・よ。」②目立たないような場所。「いつ・の・ ま(間)・に・やら・ こんな・ ねき・に・ ぱんや(パン屋)・が・ でき(出来)・とる。」③他の人のかたわら。当事者以外の立場。「ねき・から・ もんく(文句)・を・ ぬかす・な。」④何かの行動などをしたすぐ後。「しい(仕入)れ・た・ ねき・から・ どんどん・ う(売)れ・ても・た。」〔⇒①②**きわ**【際】。①③④⇒**はた**【端】、**わき**【脇】、**そば**【傍、側】。③⇒**よこ**【横】〕

ねぎ【葱】《名詞》 特有の匂いと辛みを持っている、根元が白く、緑の葉が中空の筒のようになって先が尖った細長い野菜。「ねぎ・を・ きざ(刻)ん・で・ みそしる(味噌汁)・に・ い(入)れる。」〔⇒**ねぶか**【根深】〕

ねぎる【値切る】《動詞・ラ行五段活用》 交渉して、付けられている値段よりも安くさせる。「ねぎら・んと・ こ(買)ー・たら・ そん(損)や。」

ねぐせ【寝癖】《名詞》 ①寝ている間に体を動かして寝具を乱してしまうようなことが習慣になっている動作。「ねぐせ・が・ わる(悪)い・さかい・ ふとん(布団)・が・ うご(動)い・てまう。」②寝たときの状態によって、髪の形が崩れておかしくなること。また、その髪の形。「あさ(朝)・ お(起)き・たら・ あたま(頭)・に・ ねぐせ・が・ つ(付)い・とっ・た。」

ネクタイ〔**ねくたい**〕【英語＝necktie】《名詞》 男性の正式の洋装として、ワイシャツの襟に巻いて前で結ぶ、装飾用の細長い布。「はで(派手)な・ ねくたい・を・ し・てき・た・ん・や・なー。」

ねぐるしい〔**ねぐるしー**〕【寝苦しい】《形容詞・イイ型》 暑さ、傷み、体調不良などによって、気持ちよく眠れなくて、耐え難い感じである。「あつ(暑)ー・て・ ねぐるしー・ ばん(晩)・や。」

ねこ【猫】《名詞》 家で飼われることが多く、形は虎に似て小さくしなやかな体で敏捷な動作をする動物。「さかな(魚)・を・ く(食)・ても・た・がいな。ゆだん(油断)・も・ すき(隙)・も・ ない・ ねこ・や。」〔⇒**にゃんこ**、**にゃんにゃん**〕

ねこいらず【猫要らず】《名詞》 燐(りん)などを混ぜて作った、ねずみを駆除するための薬。「てんじょー(天井)・に・ ねずみ(鼠)・が・ おる・さかい・ ねこいらず・でも・ お(置)か・んと・ あか・ん・な。」

ねこぐるま【猫車】《名詞》 土や砂を運ぶための、長い柄のついた一輪車。「ねこぐるま・で・ じゃり(砂利)・を・ はこ(運)ぶ。」

ねごこち【寝心地】《名詞》 寝たときの快適さの具合。「この・ ふとん(布団)・は・ ねごこち・が・ え(良)ー。」

ねこじた【猫舌】《名詞》 熱い食べ物が苦手で、冷ましてからでないと食べられないこと。また、そのような人。「わし・は・ ねこじた・や・さかい・ あつ(熱)い・ もん・は・ こらえ・てー・な。」

ねこぜ【猫背】《名詞》 背中の上の方が曲がっていて、首が前の方に出ていること。また、そのような人。「つくえ(机)・に・ かじりつい・とっ・たら・ ねこぜ・に・なる・ぞ。」

ねごと【寝言】《名詞》 ①眠っているときに、無意識のうちに言う言葉。「きゅー(急)に・ ねごと・ ゆ(言)ー・たら・ びっくりする・がな。」②わけのわからない言葉。理不尽な言葉。「だい(誰)・も・ さんせー(賛成)し・てくれ・へん・よーな・ ねごと・を・ ゆ(言)ー・たら・あか・ん。」

ねこばば【猫糞】《名詞、動詞する》 拾ったものなどを、その持ち主を探すことなどをしないで、こっそり自分のものにすること。「たとえ・ ひゃくえん(百円)・でも・ ねこばばし・たら・ あか・ん。」

ねこびれる【寝こびれる】《動詞・ラ行下一段活用》 何かの原因によって、眠ろうとしても寝入ることができなくて時間が経過する。「きのー(昨日)・の・ ばん(晩)・は・ ねこびれ・て・ あさ(朝)・に・ なっ・て・から・ ねぶ(眠)たい。」〔⇒**ねこぶれる**【寝こぶれる】、**ねそびれる**【寝そびれる】〕

ねこぶれる【寝こぶれる】《動詞・ラ行下一段活用》 何かの原因によって、眠ろうとしても寝入ることができなくて時間が経過する。「もの・を・ かんが(考)え・とっ・たら・ ねこぶれ・ても・た。」〔⇒**ねこびれる**【寝こびれる】、**ねそびれる**【寝そびれる】〕

ねこむ【寝込む】《動詞・マ行五段活用》 ①ぐっすりと熟睡する。「ねこん・どっ・て・ じしん(地震)・に・ き(気)ー・が・ つか・なんだ。」②病気になって、床についたまま過ごす。「かぜ(風邪)・で・ いっしゅーかん(一週間)・ ねこん・どっ・てん。」〔②⇒**ねる**【寝る】、**ねつく**【寝付く】〕

ねころぶ【寝転ぶ】《動詞・バ行五段活用》 ごろりと体を横にする。横になって寝る。「くさ(草)・の・ うえ(上)・に・ ねころん・で・ くも(雲)・を・ み(見)・とっ・た。」

ねさがり【値下がり】《名詞、動詞する》 ものの値段や料金が、従来よりも安くなること。「さんま(秋刀魚)・が・　よー・　と(獲)れ・て・　ねさがりし・た。」■対語＝「ねあがり【値上がり】」

ねさげ【値下げ】《名詞、動詞する》 ものの値段や料金を、従来よりも安くすること。「にわり(二割)・　ねさげし・まし・た。」■対語＝「ねあげ【値上げ】」

ねさす【寝さす】《動詞・サ行五段活用》 ①眠らせる。寝つくようにさせる。寝たままにしておく。「あした(明日)・は・　えんそく(遠足)・や・さかい・　はよ(早)ー・　ねささ・んと・　あか・ん。」②立っていたものなどを横に倒す。身を横たえさせる。「ねささ・んと・　いりぐち(入口)・は・　とー(通)さ・れ・へん。」③商品や資金などを、活用しないでそのまま手元に置いておく。「ちょきん(貯金)・の・　まま・　ねさし・とい・ても・　このごろ・は・　りし(利子)・が・　つか・へん・なー。」④食べ物を一定の時間、置いておいて、発酵させたり熟成させたりする。「ひとばん(一晩)・　ねさし・て・から・　た(食)べる。」「そーめん(素麺)・を・　いちねん(一年)・　ねさし・とく。」〔⇒**ねかす**【寝かす】、**ねらす**【寝らす】〕

ねじ【螺子】《名詞》 ①物を締め付けたり、くっつけたりするための、釘のようなものや丸い孔(あな)に螺旋状の溝をつけたもの。「ねじ・を・　もどい・て・　なか(中)・を・　あ(開)ける。」②ぜんまいを巻きあげるようになっている装置。「はしらどけー(柱時計)・の・　ねじ・を・　ま(巻)く。」

ねじきる【捻じ切る】《動詞・ラ行五段活用》 細長いものの両端を互いに逆方向に回して、2つに切断する。「なが(長)い・　はりがね(針金)・を・　ねじきる。」

ねじくぎ【螺子釘】《名詞》 頭の部分に溝があって、螺旋が切ってある釘。「きり(錐)・で・　あな(穴)・を・　あ(開)け・て・　ねじくぎ・で・　と(留)める。」「ねじくぎ・を・　う(打)っ・たら・　がんじょー(頑丈)に・　なる・やろ。」〔⇒**もくねじ**【木螺子】〕

ねじける【(捻ける)】《動詞・カ行下一段活用》 ①細長いものの両端に逆向きの力が働いて、曲がっている。「なが(長)い・　ろーぷ(ロープ)・が・　まんなか・で・　ねじけ・とる。」②糸や紐などがからまりあって、解けなくなる。「ねじけ・た・　ひも(紐)・を・　もと(元)・に・　もど(戻)す。」③ものごとを素直に受け取らないで、自分が劣っているように思ったり、不利な状況に立たされているように考えたりする。また、その結果、考えや行いが素直でなくなる。「ねじけ・た・　もの・の・　い(言)ーかた・を・　する。」■名詞化＝**ねじけ**【(捻け)】〔⇒**ねじれる**【捻れる】。②⇒**もつれる**【縺れる】。③⇒**ひねくれる**、**ひがむ**【僻む】〕

ねじこむ【捻じ込む】《動詞・マ行五段活用》 ①一つの方向に力を加えて回しながら、中へ入れる。「ぬの(布)・を・　つつ(筒)・の・　なか(中)・に・　ねじこん・でいく。」②力任せに無理矢理に中に入れる。「ひと(一)つ・の・　はこ(箱)・に・　ねじこん・だら・　はこ(箱)・が・　つぶ(潰)れる・ぞ。」③自分の意見をしつこく申し入れる。苦情や文句を言いに押しかける。「しやくしょ(市役所)・へ・　ねじこん・でいっ・た・　ひと(人)・が・　おる・ん・やて。」■名詞化＝**ねじこみ**【捻じ込み】

ねしな【寝しな】《名詞》 ①寝ようとするとき。「ねしな・に・　はみが(歯磨)き・を・　わす(忘)れ・ん・よーに・　せー。」②寝て間もなくのとき。「ねしな・に・　じしん(地震)・が・　あっ・て・　あわ(慌)て・て・　と(飛)びおき・た。」■対語＝「おきしな【起きしな】」〔⇒**ねがけ**【寝がけ】〕

ねじまわし〔**ねじまーし**〕【螺子回し】《名詞》 ねじ釘の頭の溝に当てて、回して締めたり緩めたりする道具。「ねじまーし・で・　ねじ(螺子)・を・　ゆる(緩)める。」〔⇒**ドライバー**【英語＝driver】、**もくねじまわし**【木螺子回し】〕

ねじまわす〔**ねじまーす**〕【捻じ回す】《動詞・サ行五段活用》 ①円形のものなどを、一つの方向に力を加えて回す。「すいどー(水道)・の・　せん(栓)・を・　ねじまーし・た・けど・　うご(動)か・へん。」②細長いものの両端を互いに逆方向に回して、よりを掛けるようにする。「ぞーきん(雑巾)・を・　ねじまーし・て・　つよ(強)ー・に・　しぼ(絞)る。」「なわ(縄)・を・　ねじまーし・て・　よ(縒)り・を・　かける。」③自分の意見をしつこく言い立てる。「はんたい(反対)・ばっかり・　ゆ(言)ー・て・　ねじまわし・やがる・　やつ(奴)・が・　おる。」〔①②⇒**ひねる**【捻る】、**ねじる**【捻る】〕■名詞化＝**ねじまわし**【捻じ回し】

ねしょうがつ〔**ねしょーがつ**〕【寝正月】《名詞》 ふだん忙しくしている人が、正月にどこへも出かけずに、家でゆっくり過ごすこと。「わし・は・　まいとし(毎年)・　ねしょーがつ・や。」

ねしょうべん〔**ねしょーべん**〕【寝小便】《名詞、動詞する》 眠っていて気づかないときに、小便を漏らしてしまうこと。また、その小便。「おー(大)きな・　ちず(地図)・の・　ねしょーべん・や・なー。」〔⇒**ねしょんべん**【(寝小ん便)】〕

ねしょんべん【(寝小ん便)】《名詞、動詞する》 眠っていて気づかないときに、小便を漏らしてしまうこと。また、その小便。「この・　こ(子)ー・は・　まだ・　ねしょんべん・が・　なお(直)ら・へん。」〔⇒**ねしょうべん**【寝小便】〕

ねじる【捻る】《動詞・ラ行五段活用》 ①円形のものなどを、一つの方向に力を加えて回す。「びん(瓶)・の・　ふた(蓋)・を・　ねじっ・て・　あ(開)ける。」②細長いものの両端を互いに逆方向に回して、よりを掛けるようにする。「からだ(体)・を・　ねじっ・て・から・　うで(腕)・を・　ふ(振)りあげる。」〔⇒**ひねる**【捻る】、**ねじまわす**【捻じ回す】〕■名詞化＝**ねじり**【捻り】

ねじれる【捻れる】《動詞・ラ行下一段活用》 ①細長いものの両端に逆向きの力が働いて、曲がっている。「ひぼ(紐)・が・　まんなか・で・　ねじれ・た。」②糸や紐などがからまりあって、解けなくなる。「てぐす(天蚕糸)・が・　ねじれ・て・　つか(使)いもん・に・　なら・ん。」③ものごとを素直に受け取らないで、自分が劣っているように思ったり、不利な状況に立たされているように考えたりする。また、その結果、考えや行いが素直でなくなる。「あいつ(彼奴)・は・　ねじれ・た・　せーかく(性格)・や・さかい・　なかなか・　さんせー(賛成)し・てくれ・へん。」■名詞化＝**ねじれ**【捻れ】〔⇒**ねじける**【捻ける】。②⇒**もつれる**【縺れる】。③⇒**ひねくれる**、**ひがむ**【僻む】〕

ねすぎる【寝過ぎる】《動詞・ガ行上一段活用》 ①度が過ぎるほど長い時間、寝る。「ひる(昼)・に・　ねすぎ・て・　よる(夜)・に・　ね・られ・へん。」②予定していた時刻よりも遅くまで寝ている。「けさ(今朝)・は・　ねすぎ・て・　あわ(慌)て・た。」■名詞化＝**ねすぎ**【寝過ぎ】〔②⇒**ねすごす**【寝過ごす】〕

ねすごす【寝過ごす】《動詞・サ行五段活用》 予定していた時刻よりも遅くまで寝ている。「ねすごし・て・　ちこく(遅刻)し・た。」■名詞化＝**ねすごし**【寝過ごし】〔⇒ね

すぎる【寝過ぎる】〕

ねずみ【鼠】《名詞》①家や畑などにすみ、農作物を食い荒らしたり、病原菌を媒介したりする、繁殖力が強い小動物。「てんじょー(天井)・で・ ねずみ・が・ うんどーかい(運動会)・を・ し・とる。」②白と黒とを混ぜてできる色で、鼠の毛色のような薄い黒色。ものが燃えたあとに残る粉のような色。「きょー(今日)・の・ そら(空)・は・ ねずみ・や。」③十二支の１番目の「子(ね)」。「ねずみ・は・ えと(干支)の・ はじ(初)め・や。」〔①⇒**ちゅうちゅう**。②⇒**ねずみいろ**【鼠色】、**はいいろ**【灰色】。③⇒**ね**【子】〕

ねずみいろ【鼠色】《名詞》 白と黒とを混ぜてできる色で、鼠の毛色のような薄い黒色。ものが燃えたあとに残る粉のような色。「ねずみいろ・の・ くも(雲)・が・ ひろ(広)がっ・とる。」〔⇒**はいいろ**【灰色】、**ねずみ**【鼠】〕

ねぞう〔**ねぞー**〕【寝相】《名詞》 眠っているときの格好。「ねぞー・が・ わる(悪)い・ こ(子)ー・や・なー。」

ねそびれる【寝そびれる】《動詞・ラ行下一段活用》 何かの原因によって、眠ろうとしても寝入ることができなくて時間が経過する。「となり(隣)・の・ へや(部屋)・の・ はなしごえ(話声)・が・ き(気)になっ・て・ ねそびれ・ても・た。」〔⇒**ねこびれる**【寝こびれる】、**ねこぶれる**【寝こぶれる】〕

ねだる【強請る】《動詞・ラ行五段活用》 甘えるようにして、欲しいものを手に入れようとする。愛情や好意に甘えて要求や要望をする。「ねだっ・ても・ なに(何)・も・ こ(買)ー・てき・まへ・ん・よ。」

ねだん【値段】《名詞》 品物を売り買いするときの金額や、サービスなどに対する料金。「しなもん(品物)・が・ おー(多)・て・ ねだん・を・ おぼ(覚)えきら・れ・へん。」〔⇒**ね**【値】〕

ねちがえる【寝違える】《動詞・ア行下一段活用》 寝ているときの姿勢が悪くて、首や肩を痛める。「ねちがえ・て・ くび(首)・が・ まー(回)りにくい。」■名詞化＝**ねちがえ**【寝違え】

ねちこい《形容詞・オイ型》 なかなかあきらめることをしないで、どこまでもつきまとったり、ものに執着したりする感じだ。「ねちこい・ やつ(奴)・と・ つきあう・の・は・ にがて(苦手)や。」「ねちこー・に・ まだ・ ぐずぐず・ ゆ(言)ー・とる。」〔⇒**ねつい**、**ねつこい**、**ひつこい**、**しつこい**、**ねばこい**【粘こい】、**ねばっこい**【粘っこい】、**ねちゃこい**、**にちゃこい**、**しゅうねんぶかい**【執念深い】〕

ねちねち《形容動詞や(ノ)、動詞する》①粘り気のあるものが付いて、不快に感じる様子。「くつ(靴)・の・ うら(裏)・が・ ねちねちし・て・ ある(歩)きにくい。」②長い時間にわたって執拗に繰り返す様子。「ねちねちと・ もんく(文句)・を・ い(言)わ・れ・た。」〔⇒**ねちゃねちゃ**。①⇒**にちゃにちゃ**、**ねばねば**【粘々】、**ねとねと**〕

ねちゃこい《形容詞・オイ型》 ①不快に感じるほど、粘り気がある。「ねちゃこい・ みずあめ(水飴)・が・ した(舌)・に・ ひっつい・とる。」②なかなかあきらめることをしないで、どこまでもつきまとったり、ものに執着したりする感じだ。「かいぎ(会議)・で・ ねちゃこい・ こと・を・ ゆ(言)ー・ やつ(奴)・は・ かなわ・ん・なー。」〔⇒**にちゃこい**。②⇒**ねつい**、**ねちこい**、**ねつこい**、**ひつこい**、**しつこい**、**ねばこい**【粘こい】、**ねばっこい**【粘っこい】、**しゅうねんぶかい**【執念深い】〕

ねちゃつく《動詞・カ行五段活用》 粘り気のあるものが取れないで、くっついたまま粘っている。「せめだいん(セメダイン)・が・ て(手)ー・に・ ねちゃつい・て・ と(取)れ・へん。」〔⇒**にちゃつく**〕

ねちゃねちゃ《形容動詞や(ノ)、動詞する》 ①粘り気のあるものが付いて、不快に感じる様子。「ちゅーいんがむ(チューインガム)・が・ くつ(靴)・の・ うら(裏)・に・ つ(付)い・て・ ねちゃねちゃや。」「あぶら(油)・を・ さわ(触)っ・た・ので・ て(手)ー・が・ ねちゃねちゃする。」②長い時間にわたって執拗に繰り返す様子。「ねちゃねちゃと・ せっきょー(説教)さ・れ・たら・ はら(腹)・も・ た(立)つ・ぞ。」〔⇒**ねちねち**。①⇒**にちゃにちゃ**、**ねばねば**【粘々】、**ねとねと**〕

ねつ【熱】《名詞》 ①手や体に感じる、何かのものの通常よりは高い温度。また、その程度。「でんき(電気)・の・ こーど(コード)・が・ ねつ・を・ も(持)っ・とる。」②平常よりも高くなっている体温。また、その程度。「かぜ(風邪)・を・ ひー・て・ ねつ・が・ さんじゅーはちど(三十八度)・ ある。」③何かのものごとに、一心に集中すること。また、その程度。「けーば(競馬)・に・ ねつ・を・ い(入)れる。」

ねつ【(満つ)】《動詞・タ行五段活用》 海面が沖の方から海岸へ寄せてきて、海面が高くなる。潮が寄せてくる。「だいぶ・ しお(潮)・が・ ねっ・てき・た。」■対語＝「ひく【引く】」〔⇒**につ**【(満つ)】、**ねる**【(満る)】〕

ねつい《形容詞・ウイ型》 なかなかあきらめることをしないで、どこまでもつきまとったり、ものに執着したりする感じだ。「ねつい・ こと・ い(言)わ・んと・ さっさと・ わす(忘)れ・てやり・なはれ。」〔⇒**ねつこい**、**ねちこい**、**しつこい**、**ひつこい**、**ねばこい**【粘こい】、**ねばっこい**【粘っこい】、**ねちゃこい**、**にちゃこい**、**しゅうねんぶかい**【執念深い】〕

ねっから【根っから】《副詞》 ①そのことを強く否定する気持ちを表す言葉。「ねっから・ れんらく(連絡)・を・ し・てき・やへん。」「しんぼー(辛抱)・が・ つよ(強)ー・て・ ねっから・ あきら(諦)め・へん。」②もともと身についたものとして。心底から。「ねっから・ やきゅー(野球)・が・ す(好)きな・ ひと(人)・や。」◆①は、後ろに打ち消しの言葉を伴うことが多い。〔①⇒**ねからはから**【根から葉から】、**まるきり**【丸きり】、**まるっきり**【丸っきり】、**てんで**、**とんと**、**てんと**、**ぜんぜん**【全然】〕

ねつき【寝付き】《名詞》 睡眠の状態になること。また、その様子。「ねつき・が・ よ(良)ー・て・ ばたんきゅー・や。」

ねつく【寝付く】《動詞・カ行五段活用》 ①睡眠の状態になる。「きのー(昨日)・は・ じっき(直)に・ ねつい・た。」②病気になって、床についたまま過ごす。「ひとつき(一月)・ほど・ ねつい・とっ・てん。」■名詞化＝**ねつき**【寝付き】〔②⇒**ねる**【寝る】、**ねこむ**【寝込む】〕

ねつこい《形容詞・オイ型》 なかなかあきらめることをしないで、どこまでもつきまとったり、ものに執着したりする感じだ。「ねつこー・に・ いつ・まで・も・ おんな(同)じ・ こと・を・ ゆ(言)ー・とる。」〔⇒**ねつい**、**ねちこい**、**ひつこい**、**しつこい**、**ねばこい**【粘こい】、**ねばっこい**【粘っこい】、**ねちゃこい**、**にちゃこい**、**しゅうねんぶかい**【執念深い】〕

ねっしん【熱心】《形容動詞や(ナ)》 何かのことに一途に励む様子。心を集中させて、他に心を動かされない様子。「ねっしんに・ ばれー(バレー)・の・ れんしゅー(練習)・を・ する。」「みんな(皆)・ ねっしんに・ はなし(話)・を・　き(聞)ー・てくれ・た。」

ねっちゅう〔**ねっちゅー**〕【熱中】《名詞、動詞する》 一つのことに心を集中させること。「まんが(漫画)・を・　よ(読)む・の・に・　ねっちゅーし・とる。」

ねづわ【寝唾】《名詞》 寝ている間に無意識に垂れる唾。「くち(口)・を・　あ(開)け・て・　ねづわ・を・　た(垂)らし・て・　ね(寝)・とる。」

ねてもさめても【寝ても覚めても】《副詞》 寝ているときでも起きているときでも、その区別がない様子。いつでも、そのことばかりを思い続ける様子。四六時中。「ねてもさめても・　こども(子供)・の・　こと・が・　しんぱい(心配)や。」

ねとねと《形容動詞や(ノ)、動詞する》 粘り気のあるものが付いて、不快に感じる様子。「ちゅーいんがむ(チューインガム)・を・　ふ(踏)ん・で・　くつ(靴)・の・　うら(裏)・が・　ねとねとし・とる。」「おかい(粥)・を・　た(炊)きつめ・たら・　ねとねとに・　なっ・てき・た。」〔⇒**ねばねば**【粘々】、**ねちねち**、**ねちゃねちゃ**、**にちゃにちゃ**〕

ねとぼける【寝惚ける】《動詞・カ行下一段活用》 ①目が覚めたときに、辺りの様子が理解できず、おかしな行動をする。「ひるね(昼寝)し・すぎ・て・　ねとぼけ・とる。」②周りの状況や仕事の内容などにとけ込めないでいる。「かいぎ(会議)・に・　で(出)・て・　ねとぼけ・とっ・たら・　あか・ん・ぞ。」〔⇒**ねぼける**【寝惚ける】〕

ねにもつ〔**ねーにもつ**〕【根に持つ】《動詞・タ行五段活用》 深い恨みなどをいつまでも忘れないでいる。「こども(子供)・の・　とき(時)・の・　こと・を・　いつ・まで・も・　ねーにもっ・たら・　いか・ん・ぞ。」

ねばい【粘い】《形容詞・アイ型》 ①粘り気があって、ものに強くくっつく感じだ。「とくべつ(特別)に・　ねばい・のり(糊)・が・　ほ(欲)しー・ねん。」②途中で投げ出さないで、ものごとを最後までやり遂げようとする気力がある。「ねぼー・　いか・んと・　しあい(試合)・に・か(勝)た・れ・へん。」〔⇒**ねばこい**【粘こい】、**ねばっこい**【粘っこい】〕

ねばこい【粘こい】《形容詞・オイ型》 ①粘り気があって、ものに強くくっつく感じだ。「ねばこい・　かたくりこ(片栗粉)・を・　と(溶)い・て・　あんか(餡掛)け・に・する。」②途中で投げ出さないで、ものごとを最後までやり遂げようとする気力がある。「ねばこい・　しあい(試合)はこび・を・　する・　ちーむ(チーム)・や・なー。」③なかなかあきらめることをしないで、どこまでもつきまとったり、ものに執着したりする感じだ。「ねばこー・　もんく(文句)・を・　ぬかし・やがる。」〔⇒**ねばっこい**【粘っこい】。①②⇒**ねばい**【粘い】。③⇒**ねつい**、**ねちこい**、**ねつこい**、**しつこい**、**ひつこい**、**ねちゃこい**、**にちゃこい**、**しゅうねんぶかい**【執念深い】〕

ねばっこい【粘っこい】《形容詞・オイ型》 ①粘り気があって、ものに強くくっつく感じだ。「ねばっこい・　おかゆ(粥)・を・　ゆ(湯)・で・　うす(薄)める。」②途中で投げ出さないで、ものごとを最後までやり遂げようとする気力がある。「ねばっこい・　はし(走)りかた・を・し・て・　ゆーしょー(優勝)し・た。」③なかなかあきらめることをしないで、どこまでもつきまとったり、ものに執着したりする感じだ。「ねばっこい・　しつもん(質問)・を・　し・やがっ・た。」〔⇒**ねばこい**【粘こい】。①②⇒**ねばい**【粘い】。③⇒**ねつい**、**ねちこい**、**ねつこい**、**しつこい**、**ひつこい**、**ねちゃこい**、**にちゃこい**、**しゅうねんぶかい**【執念深い】〕

ねばつち【粘土】《名詞》 粘り気のある、きめの細かい土。「ふこ(深)ー・　ほ(掘)っ・たら・　ねばつち・が・で(出)・てき・た。」「ねばつち・を・　こ(捏)ねる。」〔⇒**ねんど**【粘土】〕

ねばねば【粘々】《形容動詞や(ノ)、動詞する》 粘り気のあるものが付いて、不快に感じる様子。「のり(糊)・が・て(手)ー・に・　つ(付)い・て・　ねばねばする。」〔⇒**ねとねと**、**ねちねち**、**ねちゃねちゃ**、**にちゃにちゃ**〕

ねばり【粘り】《名詞》 ①ねばねばとして、ものにくっついて、すぐには取れない状態。また、その程度。「ねばり・の・　つよ(強)い・　のり(糊)・や・なー。」「ねばり・の・　な(無)い・　なっとー(納豆)・は・　ものたり・ん。」②あきらめないで、ものごとに辛抱強く取り組むこと。また、その程度。「もー・　ちょっと・　ねばり・が・　ほ(欲)しー・なー。」③飯を炊いている釜から外にあふれ出る粘液。「かま(釜)・の・　ふた(蓋)・の・　とこ(所)・から・　ねばり・が・　で(出)・てき・た。」〔①②⇒**ねばりけ**【粘り気】〕

ねばりけ【粘り気】《名詞》 ①ねばねばとして、ものにくっついて、すぐには取れない状態。また、その程度。「ねばりけ・の・　つよ(強)い・　とろろじる(汁)・は・うま(美味)い・なー。」②あきらめないで、ものごとに辛抱強く取り組むこと。また、その程度。「ねばりけ・が・　な(無)い・さかい・　ぎゃくてん(逆転)さ・れ・て・も・た。」〔⇒**ねばり**【粘り】〕

ねばりづおい【(粘り強い)】《形容詞・オイ型》 ①あることに取り組んで、最後までやり遂げようとする気持ちや力が強い。「ねばりづおい・　しあい(試合)・を・　し・た・さかい・　か(勝)て・た。」②粘り気が強く、くっついたままはがれない力がある。「ねばりづおい・　てーぷ(テープ)・や・さかい・　は(剥)がし・にくい。」〔⇒**ねばりづよい**【粘り強い】。①⇒**しんぼうづよい**【辛抱強い】、**しんぼうづおい**【(辛抱強い)】〕

ねばりつく【粘り着く】《動詞・カ行五段活用》 ねばねばとして、ものに強くくっついてしまって、なかなか取れない状態になる。「こーさく(工作)・を・　し・た・ので・せっちゃくざい(接着剤)・が・　まだ・　ゆび(指)・に・ねばりつい・とる。」

ねばりづよい【粘り強い】《形容詞・オイ型》 ①あることに取り組んで、最後までやり遂げようとする気持ちや力が強い。「ねばりづよーに・　べんきょー(勉強)せー・よ。」②粘り気が強く、くっついたままはがれない力がある。「ねばりづよい・　のり(糊)・や・さかい・　なかなか・　と(取)れ・へん。」〔⇒**ねばりづおい**【(粘り強い)】。①⇒**しんぼうづよい**【辛抱強い】、**しんぼうづおい**【(辛抱強い)】〕

ねばる【粘る】《動詞・ラ行五段活用》 ①ねばねばとして、ものにくっついて、すぐには取れない状態になる。「ねばっ・とる・　はいとりがみ(蠅取紙)・に・　いっぴき(一匹)・　ひっつい・とる。」②あきらめないで、ものごとに辛抱強く取り組む。「もっと・　ねばれ。あきら(諦)め・たら・　あか・ん。」■名詞化＝**ねばり**【粘り】

ねびえ【寝冷え】《名詞、動詞する》 眠っている間に体が冷えること。また、それによって風邪を引いたり腹痛になったりすること。「ねびえせ・ん・よーに・　はらまき(腹巻)・を・　する。」

ねびき【値引き】《名詞、動詞する》 商品の値段を、決めていた額より安くすること。「ねびきせ・な・　こ(買)ー・てくれ・へん。」〔⇒**べんきょう**【勉強】〕

ねぶか【根深】《名詞》 特有の匂いと辛みを持っている、根元が白く、緑の葉が中空の筒のようになって先が尖った細長い野菜。「すきやき(鋤焼)・に・　ふと(太)い・ねぶか・を・　い(入)れる。」〔⇒**ねぎ【葱】**〕

ねぶたい【(眠たい)】《形容詞・アイ型》 今にも眠ってしまいそうな気持ちになっている。「ねぶたかっ・たら・　ひとねい(一寝入)り・　し・なはれ。」〔⇒**ねむたい【眠たい】**〕

ねぶち【(値打ち)】《名詞》 ①そのものが持っている価値や、役に立つ程度や度合い。「これ・は・　めーじ(明治)・に・　か(描)か・れ・た・　ねぶち・の・　ある・　え(絵)ー・や。」②値段に相当する価値や良さ。「この・りょーり(料理)・は・　ごせんえん(五千円)・　だ(出)す・　ねぶち・は・　ある。」〔⇒**ねうち【値打ち】**〕

ねぶちもん【(値打ち物)】《名詞》 ①価値のあるものや、役に立つもの。「これ・は・　ねぶちもん・の・　つぼ(壺)・や。」②高額の品物。「ねぶちもん・や・さかい・　ちょっと(一寸)・　て(手)ー・が・　で(出)ー・へん。」〔⇒**ねうちもん【値打ち物】**〕

ねぶる《動詞・ラ行五段活用》 口の中に入れて、舌先で触れてもてあそぶ。歯でかまないで、舌先で触れながら味わう。「あめ(飴)・を・　ねぶっ・とる・　うち・に・　いつ・の・　ま(間)・に・やら・　ねぶ(眠)っ・ても・とる。」〔⇒**しゃぶる、なめる【舐める】**〕

ねぶる【(眠る)】《動詞・ラ行五段活用》 ①目を閉じて、心や体が活動をやめて、意識がなくなる状態になる。「ねぶっ・て・もて・　の(乗)りすごし・た。」。②ものが使われないで、そのままになっている。「ねぶっ・とる・　つぼ(壺)・や・　さら(皿)・を・　う(売)りはろー・た。」■対語＝①「さめる【覚める】」「おきる【起きる】」〔⇒**ねむる【眠る】**〕

ねぼう〔**ねぼー**〕【寝坊】《形容動詞や(ノ)、動詞する》 朝、遅くまで寝ていること。また、そのような習慣のある人。「ねぼーせ・んと・　さっさと・　お(起)き・なはれ。」〔⇒**ねぼすけ【寝坊助】**〕

ねぼける【寝惚ける】《動詞・カ行下一段活用》 ①目が覚めたときに、辺りの状況が理解できず、おかしな行動をする。「ねぼけ・て・　よろよろ・　ある(歩)い・とる。」②周りの状況や仕事の内容などにとけ込めないでいる。「かいしゃ(会社)・で・　ねぼけ・た・　しごと(仕事)・を・　し・とっ・たら・　きゅーりょー(給料)・を・　もら(貰)わ・れ・へん・ぞ。」〔⇒**ねとぼける【寝惚ける】**〕

ねぼすけ【寝坊助】《形容動詞や(ノ)、動詞する》 ①朝、遅くまで寝ていること。また、そのような習慣のある人。「ねぼすけし・とっ・たら・　がっこ(学校)・に・　おく(遅)れる・ぞ。」②居眠りなどをすること。また、そうする人。「じゅぎょーちゅー(授業中)・に・　ねぼすけする・な・よ。」③目が覚めたときに、辺りの様子が理解できず、なじめない様子。「ねぼすけで・　わけ(訳)・の・　わから・ん・　こと・を・　ゆ(言)ー。」〔①⇒**ねぼう【寝坊】**〕

ねほりはほり〔**ねーほりはーほり**〕【**根掘り葉掘り**】《副詞》 少しずつほじくるようにして、何から何まで残すことなく、こと細かに尋ねる様子。「ねーほりはーほり・き(聞)か・れ・て・　こま(困)っ・ても・た。」

ねま【寝間】《名詞》 ①寝る部屋。寝室。「ねま・に・　かーてん(カーテン)・を・　つ(付)ける。」②寝床。寝るための布団。「ねま・　ひ(敷)ー・てんか。」「ねま・を・　あ(上)げる。」〔②⇒**ねや【寝屋、閨】**〕

ねまき【寝間着、寝巻き】《名詞》 ①夜、寝るときに着るもの。「ねまき・に・　き(着)がえる。」②粗末な服装。「この・　せびろ(背広)・は・　ねまき・や・ねん。」◆②は、粗末なものであるという謙遜の気持ちを表すこともあるが、もっと良いものを持っているという気持ちを表すこともある。

ねむけ【眠気】《名詞》 眠くなること。眠りたいという気持ち。「ねむけ・が・　さし・て・　ゆー(夕)べ・は・　はよ(早)ー・　ね(寝)・た。」〔⇒**ねむたさ【眠たさ】**〕

ねむけざまし【眠気覚まし】《名詞》 眠くなるを避けようとする方法や手段となるもの。「ねむけざまし・に・　おちゃ(茶)・を・　の(飲)む。」

ねむたい【眠たい】《形容詞・アイ型》 今にも眠ってしまいそうな気持ちになっている。「ほん(本)・を・　よ(読)ん・どっ・たら・　ねむとー・　なっ・た。」〔⇒**ねぶたい【(眠たい)】**〕

ねむたさ【眠たさ】《名詞》 眠くなること。眠りたいという気持ち。「きょー(今日)・は・　ねむたさ・に・　か(勝)た・れ・へん。」〔⇒**ねむけ【眠気】**〕

ねむる【眠る】《動詞・ラ行五段活用》 ①目を閉じて、心や体が活動をやめて、意識がなくなる状態になる。「でんしゃ(電車)・に・　ゆ(揺)ら・れ・て・　ねむる・の・は・　きも(気持)ち・が・　え(良)ー・もん・や。」②ものが使われないで、そのままになっている。「よーさん(仰山)・の・　ほん(本)・が・　たな(棚)・に・　ねむっ・とる。」■対語＝①「さめる【覚める】」「おきる【起きる】」〔⇒**ねぶる【(眠る)】**〕

ねもと【根元】《名詞》 ①草や木の、根の出ているところ。「まつ(松)・の・　き(木)ー・の・　ねもと・が・　くさ(腐)っ・とる。」②ものとものとが接したり付いたりしている部分。「いれーひ(慰霊碑)・の・　ねもと・に・　はな(花)・を・　そな(供)える。」③ものごとの基礎や基本にあたるところ。「ねもと・の・　こと(事)・を・　しっかり・　かんが(考)える。」〔①②⇒**つけね【付け根】、もと【元】**〕

ねや【寝屋、閨】《名詞》 寝床。寝るための布団。「お(起)き・たら・　ねや・を・　かたづ(片付)け・なはれ。」〔⇒**ねま【寝間】**〕

ねや《助動詞》 ①現在および未来に関することで、相手に念を押したり、強調したりするときに使う言葉。「じしん(自信)・が・　ある・ねやっ・たら・　その・　がっこー(学校)・を・　う(受)け・たら・　え(良)ー・がな。」「あんた・が・　そない・　ゆ(言)ー・ねやっ・たら・　わし・も・さんせー(賛成)し・たる・わ。」②相手に命令や指示をするときに使う言葉。「そんな・　こと・を・　する・ねや・ない。」◆終助詞「ねん」に助動詞「や」が接続して「ねんや」となり、その発音が融合して「ねや」となったもの。「ねや」は文末に使われるが、打ち消しの言葉「ない」を付けて禁止の意味を表す用法もある。「あほ(阿呆)な・　こと・を・　ゆ(言)ー・ねや・ない。」〔⇒**ねん**〕

ねらい【狙い】《名詞》 目標とするものに当てたり近づいたりしようとして構えること。また、その目標とするもの。「ねらい・を・　き(決)め・て・　う(撃)つ。」「う(受)ける・　がっこー(学校)・の・　ねらい・を・　き(決)め・て・　べんきょー(勉強)する。」

ねらう【狙う】《動詞・ワア行五段活用》 ①目標とするものに当てたり近づいたりしようとして構える。あるいは、そのために行動をする。「まんなか・を・　ねろー・て・　ぼーる(ボール)・を・　ほ(放)る。」②あるものを手に入れようとして、その機会をうかがう。「やっぱり・ゆーしょー(優勝)・を・　ねらう・ん・や。」■名詞化＝

ねらい【狙い】〔⇒めがける【目掛ける】〕

ねらす【寝らす】《動詞・サ行五段活用》 ①眠らせる。寝つくようにさせる。寝たままにしておく。「てれび(テレビ)・を・ け(消)し・て・ ねらす。」②立っていたものなどを横に倒す。身を横たえさせる。「ぼー(棒)・を・ ねらし・て・ だんのした(＝床下)・へ・ い(入)れ・とく。」③商品や資金などを、活用しないでそのまま手元に置いておく。「ぎょーさん(仰山)・ しい(仕入)れ・た・さかい・ ねらし・とかな・ しょーがない。」④食べ物を一定の時間、置いておいて、発酵させたり熟成させたりする。「いちねんかん(一年間)・ ねらし・た・ そーめん(素麺)・を・ ことし(今年)・ た(食)べる。」〔⇒ねかす【寝かす】、ねさす【寝さす】〕

ねり【練り】《名詞》 ①粉末状のものに水を加えて、伸ばしたり固めたりすること。「みず(水)・が・ た(足)ら・ん・さかい・ ねり・が・ ぱさぱさに・ なっ・とる。」「ねり・が・ た(足)ら・ん・ので・ ねりなおせ。」②固いものや粗いものに手を加えて、伸ばしたり固めたりして質の良いものにすること。「ねばつち(粘土)・の・ ねり・が・ た(足)ら・ん。」

ねりあるく【練り歩く】《動詞・カ行五段活用》 列を作って、ゆっくりと歩いていく。左右に足を踏み出したり、踊ったりしながら、ゆっくり進んでいく。「まつり(祭)・で・ よーさん(仰山)の・ しと(人)・が・ ねりあるい・とる。」

ネル〔ねる〕【英語＝ flannel の前半省略形】《名詞》 表面をややけば立たせた、柔らかくて厚い毛織物。「ねる・で・ でけ(出来)・た・ しゃつ(シャツ)・を・ き(着)る。」

ねる【寝る】《動詞・ナ行下一段活用》 ①床に就いて、眠る。「まいばん(毎晩)・ じゅーじ(十時)・に・ ねる。」「すず(涼)しー・ なっ・て・ よー・ ね・れる・よーに・ なっ・た。」②体を横にして休む。「ね・て・ ほん(本)・を・ よ(読)む。」③病気になって、床についたまま過ごす。「かぜ(風邪)・で・ いっしゅーかん(一週間)・ ね・とっ・た。」■対語＝①「おきる【起きる】」〔③⇒ねこむ【寝込む】、ねつく【寝付く】〕

ねる【練る】《動詞・ラ行五段活用》 ①粉末状のものに水を加えて、伸ばしたり固めたりする。「うどんこ(饂飩粉)・を・ ねる。」②固いものや粗いものに手を加えて、伸ばしたり固めたりして質の良いものにする。「あん(餡)・を・ ねる。」③列を作って、ゆっくりと歩く。左右に足を踏み出したり、踊ったりしながら、ゆっくり進む。「ねり・ながら・ ぎょーれつ(行列)・が・ とー(通)っ・ていく。」■名詞化＝ねり【練り】〔①②⇒こねる【捏ねる】〕

ねる【(満る)】《動詞・ラ行五段活用》 海面が沖の方から海岸へ寄せてきて、海面が高くなる。潮が寄せてくる。「もーじき・ しお(潮)・が・ ねっ・てくる・やろ。」■対語＝「ひく【引く】」〔⇒につ【(満つ)】、ねつ〕

ねれる【練れる】《動詞・ラ行下一段活用》 ①いろいろな経験を積んで、人格が円満になる。「あの・ ひと(人)・は・ ねれ・て・ おだ(穏)やかや。」②粉末状のものが伸ばされたり固められたりしている。固いものや粗いものが質の良いものになっている「あん(餡)・が・ よー・ ねれ・た。」

ねん【年】《名詞》 12か月をまとめて表す言葉。「ねん・に・ いっぺん(一遍)・の・ まつ(祭)り・や。」「ねん・に・ いちわり(一割)・の・ りし(利子)・を・ はら(払)う。」〔⇒とし【年】〕

ねん【念】《名詞》 手落ちのないように、じゅうぶんに気をつけること。心配り。「ねん・が・ い(入)っ・た・ てーねー(丁寧)な・ しごと(仕事)・を・ し・とる。」

ねん【年】《助数詞》 年号や西暦などを数える言葉。年次を数える言葉。「ことし(今年)・は・ へーせー(平成)・の・ なん(何)ねん・や。」「ちゅーがっこー(中学校)・の・ さん(三)ねん・に・ なっ・た。」

ねん《終助詞》 ①現在および未来に関することで、相手に念を押したり、強調したりするときに使う言葉。「これ・を・ か(買)い・たい・ねん。」「わし・は・ い(行)く・ つもり・は・ ない・ねん。」②相手に命令や指示をするときに使う言葉。「あんた・から・ たの(頼)む・ねん・ぜ。」◆①の場合、過去に関することを述べる場合は「てん」を使う。「ねん」は文末に使われるが、打ち消しの言葉「ない」を付けて禁止の意味を表す用法もある。「むだづか(無駄遣)い・を・ する・ねん・ない。」〔⇒ねや〕

ねんいり【念入り】《形容動詞や(ノ)》 細かい点まで気を付けて、丁寧にものごとを行う様子。「おもてが(表書)き・は・ ねんいりに・ か(書)か・んと・ いかん。」

ねんがじょう〔ねんがじょー〕【年賀状】《名詞》 新年を祝って、挨拶として出す葉書や手紙。「ことし(今年)・は・ しょーがつ(正月)・に・ なっ・て・から・ ねんがじょー・を・ か(書)い・た。」

ねんがっぴ【年月日】《名詞》 あることが行われたり予定されたりしている、年と月と日。何年何月何日という時。「う(生)まれ・た・ ねんがっぴ・を・ か(書)い・て ください。」

ねんがらねんじゅう〔ねんがらねんじゅー〕【年がら年中】《副詞、名詞》 そうでない日がないくらい、その状況がいつも常に続いていることを表す言葉。「ねんがらねんじゅー・ まご(孫)・の・ あいて(相手)・を・ し・て・ す(過)ごし・とる。」〔⇒ねんびゃくねんじゅう【年百年中】、いちねんじゅう【一年中】、ねんじゅう【年中】〕

ねんかん【年間】《名詞》 ①1年の間。年頭から年末までの、すべての日。「ねんかん・に・ ひゃくにち(百日)・は・ あめ(雨)・が・ ふ(降)る。」②ある年代の間。「しょーわ(昭和)・の・ ねんかん・に・ な(亡)くなっ・た。」

ねんき【年季、年期】《名詞》 一定の、長い期間。「しゅぎょー(修業)する・ ねんき・が・ なが(長)い。」

ねんきがはいる【年季が入る、年期が入る】《動詞・ラ行五段活用》 長い期間をかけて、技術や能力などが磨かれる。「あんたの・ うた(歌)・は・ ねんきがはいっ・とる・なー。」

ねんきん【年金】《名詞》 ある期間、決まった額を掛け続けておいたことと引き替えに、定年後などに毎年いくらと決まって継続して受け取る金。「ねんきん・から・ かいごほけんりょー(介護保険料)・を・ ひ(引)か・れ・とる。」

ねんぐ【年貢】《名詞》 田畑を借りている人が、地主に納める米や金。「えどじだい(江戸時代)・は・ ねんぐ・が・ たか(高)かっ・た・そーや。」

ねんげつ【年月】《名詞》 長い間にわたる、年と月。長い時間の流れ。「しんさい(震災)・から・ にじゅーねん(二十年)・の・ ねんげつ・が・ た(経)っ・た。」〔⇒としつき【年月】〕

ねんごう〔ねんごー〕【年号】《名詞》 明治・大正・昭和・平成など、その天皇が在位していることをもとにして、日本の年に付ける称号。「ねんごー・が・ へーせー(平成)・に・ なっ・て・から・ だいぶ(大分)・ た(経)つ。」

ね

ねんざ【捻挫】《名詞、動詞する》 手や足の関節に無理な力が加わって、くじいて損傷が起こること。「こけ・て・　あしくび(足首)・を・　ねんざし・た。」〔動詞⇒**くんにゃかす、くねる**〕

ねんじゅう〔**ねんじゅー**〕【年中】《名詞、副詞》 ①一年の間。年頭から年末までの、すべての日。「あそこ・は・　ねんじゅー・　やす(休)み・の・　ない・　みせ(店)・や。」②そうでない日がないくらい、その状況がいつも常に続いていることを表す言葉。「ねんじゅー・　いそが(忙)しー・に・　はたら(働)い・てます・ねん。」〔⇒**いちねんじゅう**【一年中】。②⇒**ねんがらねんじゅう**【年がら年中】、**ねんびゃくねんじゅう**【年百年中】〕

ねんじん【(人参)】《名詞》 赤みがかった太く長い根を食用にする野菜。「かれー(カレー)・に・　ねんじん・や・　たまねぎ(玉葱)・を・　い(入)れる。」〔⇒**にんじん**【人参】〕

ねんだい【年代】《名詞》 ①時の流れを区切った、ある一定の時期。「わし・が・　しゅーしょく(就職)し・た・ん・は・　しょーわ(昭和)・の・　よんじゅー(四十)ねんだい・や。」②だいたいの年齢。世代。「ここ・に・　おる・の・は・　みな(皆)・　ねんだい・が・　おんな(同)じや・ねん。」〔②⇒**ねんぱい**【年配、年輩】〕

ねんど【年度】《名詞》 1月から始まる暦とは違って、仕事や事務の都合によって決めた1年の期間。「じちかい(自治会)・の・　あたら(新)しー・　ねんど・は・　さんがつ(三月)・から・や・ねん」

ねんど【粘土】《名詞》 粘り気のある、きめの細かい土。「かーら(瓦)・を・　つく(作)る・　ねんど・を・　ほ(掘)りだす。」〔⇒**ねばつち**【粘土】〕

ねんどざいく【粘土細工】《名詞、動詞する》 粘土を使って、ものの形を作ること。また、その作ったもの。「ずがこーさく(図画工作)・の・　じかん(時間)・に・　どーぶつ(動物)・の・　ねんどざいく・を・　つく(作)っ・た。」

ねんない【年内】《名詞》 その年が終わるまでの期間。「ねんがじょー(年賀状)・は・　ねんない・に・　か(書)け・なんだ。」

ねんね【寝ん寝】《名詞、動詞する》 眠ること。「いつ・の・　ま(間)・に・やら・　ねんねし・ても・とー・なー。」◆幼児語。〔⇒**ねんねん**【寝ん寝ん】〕

ねんねこ《名詞》 乳幼児を背中に背負うときに、上から覆い被せて着る綿入れのはんてん。「このごろ・は・　ねんねこ・を・　き(着)・とる・　ひと(人)・を・　あんまり・　み(見)・ん・よーに・　なっ・た。」〔⇒**おいこ**【負いこ】〕

ねんねん【寝ん寝ん】《名詞、動詞する》 眠ること。「はよ(早)ー・　ねんねんし・なはれ。」◆幼児語。〔⇒**ねんね**【寝ん寝】〕

ねんねん【年々】《副詞》 ①その状況が毎年、同じように繰り返されることを表す言葉。「にわ(庭)・の・　うめ(梅)・は・　ねんねん・　きれー(綺麗)な・　はな(花)・が・　さ(咲)い・てくれる。」②その状況が年を追って、一定の傾向をもって変化していくことを表す言葉。「ねんねん・　とし(歳)・を・　とっ・て・　あし(足)・が・　よわ(弱)っ・てき・た。」〔⇒**まいとし**〕

ねんねんよう〔**ねんねんよー**〕【寝ん寝んよう】《感動詞》 眠りなさいよ、と優しく呼びかける言葉。◆小さな子どもを寝かしつけるときなどに言う。

ねんのため【念の為】《副詞に》 伝える内容を確実にして、間違いのないようにするために。「ねんのために・　ちょーめん(帳面)・に・　か(書)い・とく。」

ねんぱい【年配、年輩】《名詞》 ①だいたいの年齢。世代。「きのー(昨日)・　き(来)・た・ん・は・　どの・ぐらい・の・　ねんぱい・の・　ひと(人)・やっ・た・か。」②かなりの年齢の人。中高年の人。「ねんぱい・の・　おとこ(男)・の・　ひと・が・　き・た。」③生まれてからの年数が、他の人より多いこと。また、その人。「わし・より・　とー(十)・ほど・　ねんぱい・の・　しと(人)・やっ・た。」〔①⇒**ねんだい**【年代】。③⇒**としうえ**【年上】〕

ねんびゃくねんじゅう〔**ねんびゃくねんじゅー**〕【年百年中】《副詞、名詞》 ①そうでない日がないくらい、その状況がいつも常に続いていることを表す言葉。「ねんびゃくねんじゅー・　あさ(朝)・の・　はちじ(八時)・から・　みせ(店)・を・　あ(開)け・とる。」「ねんびゃくねんじゅー・　もんく(文句)・を・　い(言)わ・れ・とる。」②その年その年。どの年も。来る年ごとに。「ねんびゃくねんじゅー・　ちご(違)ー・た・　こども(子供)・が・　にゅーがく(入学)し・てくる。」〔①⇒**ねんがらねんじゅう**【年がら年中】、**いちねんじゅう**【一年中】、**ねんじゅう**【年中】。②⇒**まいとし**【毎年】、**まいねん**【毎年】〕

ねんぶつ【念仏】《名詞》 仏に祈るときに唱える、一定の言葉。「さいごくさんじゅーさんばん(西国三十三番)・の・　ねんぶつ・を・　あげる。」

ねんまつ【年末】《名詞》 一年の終わりの頃。歳末。「ねんまつ・まで・に・　しあ(仕上)げ・ます。」〔⇒**くれ**【暮れ】、**としのくれ**【年の暮れ】〕

ねんりょう〔**ねんりょー**〕【燃料】《名詞》 燃やして熱や光のエネルギーを得るための、薪・炭・石油・ガスなど。「ふろ(風呂)・の・　ねんりょー・も・　むかし(昔)・と・は・　か(変)わっ・てしまい・まし・た・なー。」

ねんりん【年輪】《名詞》 木を横に切ったときに見える、同心円のようになった輪。「ねんりん・が・　つ(詰)ん・どる・　き(木)ー・は・　きれー(綺麗)や。」

ねんれい〔**ねんれー**〕【年齢】《名詞》 生まれてからの経過時間を年という単位で表したもの。「みんな(皆)・　おたが(互)いに・　ねんれー・の・　こと・は・　あんまり・　い(言)ー・と・ない・なー。」〔⇒**とし**【年、歳】〕

ねん(を)いれる【念(を)入れる】《動詞・ラ行下一段活用》 間違いが起こらないように、十分に注意する。「ねんをいれ・て・　さつ(札)・の・　かず(数)・を　かぞ(数)える。」

ねん(を)おす【念(を)押す】《動詞・サ行五段活用》 相手に対して、改めて確かめたり注意を促したりする。「まちが(間違)い・が・　ない・か・　ねんをおし・て・　たし(確)かめる。」

の

の〔**のー**〕【野】《名詞》 広く平らな土地。「のー・に・は・　たんぽぽ(蒲公英)・や・　れんげ(蓮花)・が・　さ(咲)い・とる。」

の〔**のー**〕《感動詞》 相手に呼びかけたり、自分の言うことを相手に納得させようとしたりするときに使う言葉。「のー・　わし・に・も・　それ・を・　ひと(一)つ・　くれ・へん・か。」

の《格助詞(準体助詞)》 ①前の用言的な内容を、体言として扱うことを表す言葉。「あほ(阿呆)な・　まね(真似)・を・　する・の・は・　や(止)め・なはれ。」「おもしろ(面白)い・の・は・　こっち・や。」②前の体言を受けて、「…

のもの」「…のこと」という意味を表す言葉。「おまえ・の・は・　どの・　くつ(靴)・かいな。」〔⇒**のん**、**ん**〕

の《終助詞》 相手に対して疑問を表したり質問したりする気持ちを表す言葉。「あんた・は・　い(行)か・へん・の。」「どこ・へ・　い(行)く・の。」◆強い調子で発音すると、相手を説得したり禁止したりする意味にもなる。〔⇒**のん**、**ん**〕

の〔**のー**〕《終助詞》 相手に念を押したり、自分で納得したりしたりするときに使う言葉。「あした(明日)・は・　はちじ(八時)・に・　しゅーごー(集合)・や・のー。」「そー・や・のー・　あんた・の・　ゆ(言)ー・とーり・や・のー。」◆目上の人に向かっては使いにくい。〔⇒**な**〕

のう〔**のー**〕【脳】《名詞》 ①頭の中にあって、考えたり体を動かしたりする働きを受け持つところ。「のー・に・　えーきょー(影響)・が・　あっ・たら・　こま(困)る・さかい・　けんさ(検査)し・てもらう。」②記憶力や判断力などの、頭の働き。「のー・が・　わる(悪)い。」「きょー(今日)・は・　のー・が・　はたら(働)か・へん。」③頭の上部のてっぺんの部分。「かぜ(風邪)・　ひー・て・　のー・が・　いた(痛)い。」〔①②⇒**のうみそ**【脳味噌】〕

のう〔**のー**〕《名詞》 一本の長い縄に、適当な間隔を置いてたくさんの枝糸を付けて、それに釣り針を付けて、海中に沈めて魚を釣るしかけ。延縄。「のー・の・　はり(針)・の・　いっぽんいっぽん(一本一本)・に・　えさ(餌)・を・　つ(付)ける。」

「のう」を入れた桶　★

のういっけつ〔**のーいっけつ、のいっけつ**〕【脳溢血】《名詞》 脳の中の血管が破れて、脳の中に血があふれる病気。「あいつ(彼奴)・は・　のーいっけつ・で・　にゅーいん(入院)し・とる。」

のうか〔**のーか**〕【農家】《名詞、動詞する》 ①田畑で穀物・野菜・果物などを作る職業。また、その職業に従事すること。「うち・の・　しごと(仕事)・は・　のーか・です。」「のーかし・て・　く(暮)らし・てまん・ねん。」②田畑で穀物・野菜・果物などを作る職業に従事している人の住む家。「のーか・が・　かたまっ・て・　た(建)っ・とる。」〔①⇒**ひゃくしょう**【百姓】、**のうぎょう**【農業】。②⇒**ひゃくしょうや**【百姓家】〕

のうがき〔**のーがき**〕【能書き】《名詞》 ①薬などの効果を説明した書類。品物が良いということを宣伝した言葉。「かみ(紙)・に・　のーがき・が・　いっぱい(一杯)・か(書)い・てある。」②自分の長所や働きを述べたもの。自分に都合の良いことを並べたてたもの。「あいつ(彼奴)・から・　のーがき・を・　き(聞)ー・た・けど・　やく(役)・に・は・　た(立)た・ん。」〔①⇒**こうのうがき**【効能書き】〕

のうかんき〔**のーかんき**〕【農閑期】《名詞》 農作業に時間のゆとりが生じる時期。「のーかんき・に・　なっ・たら・　おんせん(温泉)・に・でも・　い(行)き・たい・なー。」■対語＝「のうはんき【農繁期】」

のうきぐ〔**のーきぐ**〕【農機具】《名詞》 農作業に使う機械や器具。「のーきぐ・の・　しゅーぜんだい(修繕代)・も・　よーけ・　かかり・ます・な。」〔⇒**のうぐ**【農具】〕

のうきょう〔**のーきょー**〕【農協】《名詞》 農民が生産活動や日常生活の向上をめざして作った、助け合いの仕組みで、「農業協同組合」を略した言葉。「のーきょー・に・　ちょきん(貯金)・を・　する。」

のうぎょう〔**のーぎょー**〕【農業】《名詞、動詞する》 田畑で穀物・野菜・果物などを作る職業。また、その職業に従事すること。「のーぎょー・も・　し・にくい・　よ(世)のなか・に・　なっ・てき・た。」〔⇒**ひゃくしょう**【百姓】、**のうか**【農家】〕

のうぐ〔**のーぐ**〕【農具】《名詞》 農作業に使う器具。「のーぐ・も・　だんだん・　きかい(機械)・に・　か(代)わっ・てしも・た。」〔⇒**のうきぐ**【農機具】〕

のうする〔**のーする**〕【無うする】《動詞・サ行変格活用》 ①あったものを無い状態にする。残りを皆無とする。「こんげつぶん(今月分)・の・　こづか(小遣)い・を・　のーし・た。」②自分の過失や責任などによって、失う。「ばくち(博打)・で・　ざいさん(財産)・を・　のーし・ても・た・そーや。」■自動詞は「のうなる【無うなる】」〔⇒**ないよう(に)する**【無い様(に)する】、**なよする**【無よする】、**なくする**【無くする】〕

のうする〔**のーする**〕【亡うする】《動詞・サ行変格活用》 身近な人が、この世からいなくなって、喪失感を持つ。「おやじ(親父)・を・　きょねん(去年)・　のーし・まし・た。」◆「しぬ【死ぬ】」という直接的な言い方を避けた表現である。■自動詞は「のうなる【亡うなる】」〔⇒**なくする**【亡くする】〕

のうそん〔**のーそん**〕【農村】《名詞》 住民の多くが農業に従事して生活している村落。「のーそん・に・も・　こんびに(コンビニ)・が・　でけ(出来)・まし・てん。」

のうたりん〔**のーたりん**〕【能足りん、脳足りん】《形容動詞や(ノ)》 知恵が足りなく、役に立たない様子。また、そのような人。「おまえ・は・　のーたりんや・なー。よー・　かんが(考)え・なはれ・や。」〔⇒**のうなし**【能無し、脳無し】〕

のうたりんしょう〔**のーたりんしょー**〕【能足りん賞、脳足りん賞】《名詞》 知恵が足りなくて役に立たないことや、知恵が足りなくて役に立たない人のことを、ふざけて言う言葉。「あんた・に・は・　のーたりんしょー・を・　あげ・たい・なー。」◆「ノーベル賞」の発音に似せて言う言葉。

のうち〔**のーち**〕【農地】《名詞》 作物を作る田や畑。「ほじょーせーび(圃場整備)・で・　のーち・の・　かたち(形)・も・　か(変)わっ・ても・た。」

のうてん〔**のーてん**〕【脳天】《名詞》 頭のいちばん上のところ。「のーてん・の・　かみ(髪)のけ(毛)ー・が・　うす(薄)ー・　なっ・てき・た。」

のうなる〔**のーなる**〕【無うなる】《動詞・ラ行五段活用》 ①あったものが見あたらなくなる。「ここ・に・　お(置)い・とっ・た・　じびき(字引)・が・　のーなっ・とる。」②すっかり使い果たす。残りが皆無となる。「ぼーるぺん(ボールペン)・の・　いんき(インキ)・が・　のーなっ・ても・た。」■他動詞は「のうする【無うする】」〔⇒**ないよう(に)なる**【無い様(に)なる】、**なよなる**【無よなる】、**なくなる**【無くなる】〕

のうなる〔**のーなる**〕【亡うなる】《動詞・ラ行五段活用》 息が絶える。命がなくなる。この世からいなくなる。「おやじ(親父)・は・　おとどし(一昨年)・　のーなり・まし・た。」◆「しぬ【死ぬ】」の敬意を込めた言い方であり、「しぬ【死ぬ】」という直接的な言い方を避けた表現である。■他動詞は「のうする【亡うする】」〔⇒**いく**【逝く】、**なくなる**【亡くなる】、**しぬ**【死ぬ】、**くたばる**〕

のうのうと〔**のーのーと**〕《副詞、動詞する》 気兼ねや束縛などがなく、のんきに過ごしている様子。ものごとに真剣に取り組まない様子。「のーのーとし・とっ・たら・　なん(何)・も・　すす(進)ん・でいか・へん。」

のうなし〔**のーなし**〕【能無し、脳無し】《形容動詞や(ノ)》 知恵が足りなく、役に立たない様子。また、そのような人。特に、それによって生活力に欠ける様子。「のーなし・で・は・　こま(困)り・まっ・せ。」〔**⇒のうたりん**【能足りん、脳足りん】〕

のうはえ〔**のーはえ**〕【のう延え】《名詞、動詞する》 一本の長い縄に、適当な間隔を置いてたくさんの枝糸を付けて、それに釣り針を付けて、海中に沈めて魚を釣るしかけを使って漁をすること。延縄による漁法。また、それを海中に沈めること。「のーはえ・で・　うなぎ(鰻)・を・　つ(釣)る。」

のうはんき〔**のーはんき**〕【農繁期】《名詞》 田植えや稲刈りなどで、農作業が忙しい時期。「むかし(昔)・は・　のーはんき・は・　がっこー(学校)・が・　やす(休)み・に・　なり・よっ・た・ん・や。」■対語＝「のうかんき【農閑期】」

のうみそ〔**のーみそ**〕【脳味噌】《名詞》 ①頭の中にあって、考えたり体を動かしたりする働きを受け持つところ。「あの・　ひと(人)・は・　のーみそ・が・　いっぱい(一杯)・　つ(詰)まっ・とる・ん・や。」②記憶力や判断力などの、頭の働き。「わし・は・　すーがく(数学)・の・　のーみそ・が・　よわ(弱)い・ねん。」〔**⇒のう**【脳】〕

のうやく〔**のーやく**〕【農薬】《名詞》 農作物の病気や害虫を防いだり、雑草を枯らしたりする薬。「のーやく・を・　つか(使)わ・んと・　やさい(野菜)・を・　つく(作)る。」

ノート〔**のーと**〕【英語＝note】《名詞、動詞する》 ①ものを書くために、同じ大きさの紙を綴じた冊子。「こーかいどー(公会堂)・の・　かぎ(鍵)・を・　あ(開)け・た・　ひと(人)・は・　のーと・に・　なまえ(名前)・を　か(書)い・てください。」②ものごとを書き留めること。「き(聞)ー・た・　こと(事)・を・　のーとする。」〔①**⇒ちょうめん**【帳面】〕

のかす【退かす】《動詞・サ行五段活用》 今ある場所から他に移す。「かわ(川)・の・　かみ(上)・の・　ほー(方)・から・　なが(流)れ・てき・た・　ごみ(塵)・の・　やま(山)・を・　のかす。」◆力の要るような場合に使うことが多い。■自動詞は「のく【退く】」〔**⇒のける**【退ける】、**どかす**【(退かす)】、**どける**【退ける】〕

のき【軒】《名詞》 ①屋根の端の、建物の外壁より外に出ている部分。「のき・の・　まえ(前)・に・　うえきばち(植木鉢)・を・　なら(並)べる。」②屋根の端の、壁から外に出ている部分の下や近くの場所。「のき・の・　かげ(陰)・に・　はい(入)っ・て・　あせ(汗)・を・　ふ(拭)く。」〔①**⇒のきさき**【軒先】。②**⇒のきした**【軒下】〕

のきさき【軒先】《名詞》 ①屋根の端の、建物の外壁より外に出ている部分。また、その先端部分。「つばめ(燕)・が・　のきさき・に・　す(巣)ー・を・　つく(作)っ・とる。」②屋根の端の、壁から外に出ている部分の下や近くの場所。「あつ(暑)い・さかい・　のきさき・の・　かげ(陰)・で・　やす(休)む。」〔**⇒のき**【軒】。②**⇒のきした**【軒下】〕

のきした【軒下】《名詞》 屋根の端の、建物の外壁より外に出ている部分の下。「のきした・で・　ちょっと・　あめ(雨)・の・　や(止)む・の・を・　ま(待)つ。」〔**⇒のき**【軒】、**のきさき**【軒先】〕

のきなみ【軒並み】《名詞、形容動詞や(ノ)》 ①家が軒を並べて建ち続いていること。「かいどー(街道)・に・　なが(長)い・　のきなみ・が・　つづ(続)い・とる。」②並んでいる家々が例外がないほど、そのようであるという様子。「たいふー(台風)・で・　のきなみ・　かわら(瓦)・が・　と(飛)ん・だ。」③同じようなものが例外がないほど、そのようであるという様子。「きり(霧)・が・　で(出)・て・　でんしゃ(電車)・が・　のきなみに・　おく(遅)れ・た。」

のく【退く】《動詞・カ行五段活用》 今ある場所から他に移る。「そーじ(掃除)する・さかい・　ちょっと・　のい・てんか。」■他動詞は「のける【退ける】」「のかす【退かす】」〔**⇒どく**【退く】〕

のけもん【除け者】《名詞》 仲間に加えられない人。仲間はずれ。「のけもん・に・　せ・んと・　わたし(私)・も・　い(入)れ・てんか。」〔**⇒どけもん**【(除け者)】〕

のける【退ける】《動詞・カ行下一段活用》 ①今ある場所から他に移す。「お(落)ち・てき・た・　いし(石)・を・　のける。」②選んで取り去る。選んで区別する。「わる(悪)い・　しなもん(品物)・を・　のける。」「ほ(欲)しい・　ほん(本)・を・　のけ・ておい・た。」◆②は、軽く移すとか除外するとかの意味で使うことが多い。■自動詞は「のく【退く】」〔**⇒どける**【退ける】。①**⇒のかす**【退かす】、**どかす**【退かす】〕

のこ【鋸】《名詞》 木や板などを切るのに使う、たくさんの歯を刻んだ鋼板に柄をつけた道具。「そこ・に・　ある・　のこ・を・　と(取)っ・てんか。」◆「のこぎり」を短く言ったもの。〔**⇒のこぎり**【鋸】〕

のこぎり【鋸】《名詞》 木や板などを切るのに使う、たくさんの歯を刻んだ鋼板に柄をつけた道具。「のこぎり・を・　ひ(引)ー・て・　まるた(丸太)・を・　き(切)る。」〔**⇒のこ**【鋸】〕

のこぎりがま【鋸鎌】《名詞》 刃の先がぎざぎざになっている鎌。「のこぎりがま・で・　ほそ(細)い・　えだ(枝)・を・　ひ(引)きき(切)る。」

のこす【残す】《動詞・サ行五段活用》 ①全体のうちの一部に手をつけないで、そのままにしておく。「めし(飯)・を・　のこし・たら・　あか・ん・がな。」②使わないで、とっておく。「かえ(帰)り・の・　でんしゃちん(電車賃)・を・　のこし・とく。」③何かをとどめて、その場を去る。「めも(メモ)・を・　のこし・て・　かえ(帰)る。」④任務や状況などを、あとまでおいておく。「しゅくだい(宿題)・を・　のこし・た・まま・や。」⑤頑張って、まだ負けてはいない。「どひょーぎわ(土俵際)・で・　のこし・た。」■自動詞は「のこる【残る】」

のこらず【残らず】《副詞》 関係のあるものを、余すところなく全部。「さいふ(財布)・の・　なか(中)・に・　あっ・た・　かね(金)・を・　のこらず・　つこ(使)・ても・た。」

のこり【残り】《名詞》 ①時間や金銭など、経過しなかったり使わなかったりして、余っているもの。「なつやすみ(夏休)・の・　のこり・は・　あと・　とーか(十日)・や。」「さいふ(財布)・に・は・　のこり・　せんえん(千円)・しか・　あら・へん。」②処理が終わっていない部分。「き(木)・の・　も(燃)え・た・　のこり・が・　かま(窯)・の・　なか(中)・に・　ある。」

のこりふく【残り福】《名詞》 ①福引きなどで、良い賞品は後の方に残っているということ。「しょーてんがい(商店街)・の・　ふくび(福引)き・で・　のこりふく・の・　じてんしゃ(自転車)・が・　あ(当)たっ・てん。」②1月10日の前後3日間に「十日戎」と言われる戎神社(恵比須神社、恵比寿神社、蛭子神社などと書かれる)の祭りが行われるが、9日は「よいえびす【宵戎】」「よいえべす【(宵戎)】」、10日は「ほんえびす【本戎】」「ほんえべす【(本戎)】」、11日は「のこりふく【残り福】」と呼ばれる。「まいとし(毎年)・　のこりふく・に・　い(行)き・ます・ねん。」

のこる【残る】《動詞・ラ行五段活用》　①全体のうちの一部がなくならないで、そのままとどまる。「う(売)れ・んと・　ぎょーさん(仰山)・　のこっ・た。」②使わないで余る。差し引きして余る。「ことし(今年)・の・　よさん(予算)・が・　のこっ・た。」③あとにとどまる。去ってしまわない。「のこっ・て・　しごと(仕事)・を・　つづ(続)ける。」④任務や状況などが、あとまで続く。「しごと(仕事)・が・　のこっ・とる。」「つか(疲)れ・が・　のこっ・て・　と(取)れ・へん。」⑤まだ負けてはいない。「ことし(今年)・は・　けっしょーせん(決勝戦)・に・　のこっ・た。」■他動詞は「のこす【残す】」■名詞化＝**のこり**【残り】

のさばる《動詞・ラ行五段活用》　ほしいままに勝手に広がる。横柄な態度でふるまう。勢力を広げる。「ざっそー(雑草)・が・　のさばる。」「わる(悪)い・　やつ(奴)ら・が・　のさばっ・とる。」

のし【熨斗】《名詞》　①包み紙の右上につけることがある、細長い６角形の紙に、黄色い紙を挟んだもの。「のし・を・　つ(付)け・て・　おく(贈)る。」②熨斗や水引の付いた包み紙。熨斗や水引の形が印刷してある包み紙。「かしばこ(菓子箱)・の・　うえ・に・　おそな(供)え・と・　か(書)い・た・　のし・を・　お(置)い・とい・てください。」③家の棟に積むために用いる短冊の形をした平瓦。「のし・を・　さんまい(三枚)・　つ(積)みかさねる。」〔②⇒**のしがみ**【熨斗紙】。③⇒**のしがわら**【熨斗瓦】〕

のしかかる【伸し掛かる】《動詞・ラ行五段活用》　押しつぶすような重みを加える。「じゅーどー(柔道)・で・　のしかから・れ・た。」

のしがみ【熨斗紙】《名詞》　熨斗や水引の付いた包み紙。熨斗や水引の形が印刷してある包み紙。「おかし(菓子)・を・　こ(買)ー・て・　のしがみ・に・　なまえ(名前)・を・　か(書)い・てもらう。」〔⇒**のし**【熨斗】〕

のしがわら〔**のしがーら**〕【熨斗瓦】《名詞》　家の棟に積むために用いる短冊の形をした平瓦。「むね(棟)・に・　のしがーら・を・　ふ(葺)い・ていく。」〔⇒**のし**【熨斗】〕

のしのし《副詞と》　体の重い動物などが、地面を踏みしめるように、ゆっくり歩く様子。「どーぶつえん(動物園)・の・　ぞー(象)・が・　のしのし・　ある(歩)い・とる。」

のしぶくろ【熨斗袋】《名詞》　熨斗や水引が付いた包み紙。熨斗や水引の形が印刷してある小さな袋紙。「おいわ(祝)い・を・　のしぶくろ・に・　い(入)れる。」

のしもち【伸し餅】《名詞》　ついた後で平たく４角にのばした餅。「かと(固)ー・　なら・ん・うち・に・　のしもち・を・　き(切)る。」

のじゅく【野宿】《名詞、動詞する》　野山や、屋根のないところで夜を明かすこと。「てんと(テント)・を・　は(張)っ・て・　のじゅくする。」

のせる【乗せる】《動詞・サ行下一段活用》　乗り物や動物などの上に体を置くようにさせる。乗り物や動物などに、ものを積む。「とらっく(トラック)・に・　はこ(箱)・を・　のせる」◆「のせ・てんか【乗せ・てんか】」が「のし・てんか【乗し・てんか】」となることがあるが、終止形が「のす」という言葉はない。■対語＝「おろす【降ろす、下ろす】」■自動詞は「のる【乗る】」

のせる【載せる】《動詞・サ行下一段活用》　①動物の背中、乗り物の上、台や棚などの上に、ものを置く。「ほん(本)・を・　たな(棚)・に・　のせる。」②文章や写真などを、新聞・雑誌・本などに出す。「みんな(皆)・の・　か(書)い・た・　もん・を・　ぶんしゅー(文集)・に・　のせる。」■対語＝①「おろす【下ろす】」■自動詞は「のる【載る】」

のそ《名詞》　鮫や鱶の幼魚。「のそ・は・　た(炊)い・たら・　こりこりし・て・　うま(美味)い。」

のそ【(鈍)】《形容動詞や(ナ・ノ)、名詞》　動作がゆっくりしていて、てきぱきと動けない様子。決断力が乏しくて、ものごとに対する反応が鈍い様子。また、そのような人。「のそ・が・　また・　ちこく(遅刻)し・てき・た。」「あんな・　のそな・　ひと(人)・に・は・　しごと(仕事)・を・　たの(頼)ま・れ・へん。」〔⇒**のろま**【鈍間】、**のそま**【(鈍間)】、**のろ**【鈍】、**ぐず**【愚図】、**ぐずま**【愚図間】〕

のそい【(鈍い)】《形容詞・オイ型》　①人がものごとを行うのに時間がかかる。動いたり考えたりする力がすばしこくない。鈍感で、まだるっこい。「のそい・　ひと(人)・と・　いっしょ(一緒)に・　しごと(仕事)・を・し・たら・　いらいら(苛々)する。」②ものの動きや回転などが弱くてゆっくりしている。「むかし(昔)・の・　でんしゃ(電車)・は・　のそかっ・た。」〔⇒**のろい**【鈍い】、**ぐずい**【愚図い】、**おそい**【遅い】、**にぶい**【鈍い】〕

のぞく【覗く】《動詞・カ行五段活用》　①隙間や小さな穴を通して、向こうの様子を見る。相手に気付かれないようにして、見る。「ふしあな(節穴)・から・　こや(小屋)・の・　なか(中)・を・　のぞく。」②身を乗り出すようにして、高いところから低いところを見下ろす。「にかい(二階)・の・　べらんだ(ベランダ)・から・　した(下)・を・　のぞく。」③立ち寄ってちょっと見る。ざっと見る。「よみせ(夜店)・を・　のぞい・てみる。」■名詞化＝**のぞき**【覗き】〔⇒**のどく**【(覗く)】〕

のそのそ《副詞と、動詞する》　ものがゆっくり動いたり回転したりする様子。ものごとをゆっくり行う様子。「のそのそ・　いまごろ・　お(起)き・てき・た・ん・かいな。」〔⇒**のろのろ**、**とろとろ**、**ちょろちょろ**〕

のそま【(鈍間)】《形容動詞や(ナ・ノ)、名詞》　動作がゆっくりしていて、てきぱきと動けない様子。決断力が乏しくて、ものごとに対する反応が鈍い様子。また、そのような人。「のそま・に・　まか(任)し・たら・　いつ・　できあ(出来上)がる・ん・か・　わから・へん。」〔⇒**のろま**【鈍間】、**のろ**【鈍】、**のそ**【(鈍)】、**ぐず**【愚図】、**ぐずま**【愚図間】〕

のぞみ【望み】《名詞》　①将来、実現させたいと思うことがら。実現することを願うことがら。また、そのような気持ち。こうあってほしいと心から強く望むこと。また、望む内容。「しょーらい(将来)・の・　のぞみ・は・　がいこく(外国)・で・　はたら(働)く・　こと・や。」②後々に良くなっていくという、明るい可能性。「か(勝)てる・　のぞみ・は・　あら・へん。」〔⇒**きぼう**【希望】。①⇒**ゆめ**【夢】、**ねがい**【願い】〕

のぞむ【望む】《動詞・マ行五段活用》　こうでありたい、こうしたいと、実現することを願う。「はよ(早)ー・　げんき(元気)に・　なっ・てほしー・と・　のぞん・どり・ます・ねん。」◆自分のことについても言い、相手のことについても言う。■名詞化＝**のぞみ**【望み】

のたうつ【のた打つ】《動詞・タ行五段活用》　苦しんで、転がり回る。「きのー(昨日)・は・　はら(腹)・が・　いと(痛)ー・て・　のたうっ・とっ・てん。」

のち【後】《名詞、副詞に》　①ある時から、ある時間が過ぎたあと。また、そのときの事態の展開。「てんきよほー(天気予報)・は・　くも(曇)り・　のち・　は(晴)れ・や。」②これから先。将来。「たいしょく(退職)し・て・　のち・の・　せーかつ(生活)・が・　しんぱい(心配)や。」

のっぺら《形容動詞や(ノ)、動詞する》　一面に平らで、凹凸がない様子。つるつるで変化に乏しい様子。「のっぺらし・た・　かお(顔)・の・　おとこ(男)・や。」〔⇒**のっぺり、のっぺらぼう、のっぺらぼん、ずんべら、ずんべり、ずんべらぼう、ずんべらぼん、ぼんべらぼう、ぼんべらぼん**〕

のっぺらぼう〔**のっぺらぼー**〕《形容動詞や(ノ)》　一面に平らで、凹凸がない様子。つるつるで変化に乏しい様子。「のっぺらぼーの・　かおだ(顔立)ち・の・　ひと(人)・や・さかい・　あんまり・　つよ(強)い・　いんしょー(印象)・は・　ない・ねん。」〔⇒**のっぺら、のっぺり、のっぺらぼん、ずんべら、ずんべり、ずんべらぼう、ずんべらぼん、ぼんべらぼう、ぼんべらぼん**〕

のっぺらぼん《形容動詞や(ノ)》　一面に平らで、凹凸がない様子。つるつるで変化に乏しい様子。「かお(顔)・が・　のっぺらぼんの・　おば(化)け・が・　で(出)・た。」〔⇒**のっぺら、のっぺり、のっぺらぼう、ずんべら、ずんべり、ずんべらぼう、ずんべらぼん、ぼんべらぼう、ぼんべらぼん**〕

のっぺり《形容動詞や(ノ)、動詞する》　一面に平らで、凹凸がない様子。つるつるで変化に乏しい様子。「おー(大)きく・て・　のっぺりし・た・　うり(瓜)・が・　と(穫)れ・まし・てん。」〔⇒**のっぺら、のっぺらぼう、のっぺらぼん、ずんべら、ずんべり、ずんべらぼう、ずんべらぼん、ぼんべらぼう、ぼんべらぼん**〕

のっぽ《名詞、形容動詞や(ノ)》　背が水準を超えて高いこと。細くて背がたいへん高いこと。また、そのような人。「のっぽや・さかい・　よー・　めだ(目立)つ・　ひと(人)・や。」〔⇒**せいたかのっぽ【背高のっぽ】**〕

ので《接続助詞》　理由や根拠などを表す言葉。前に述べることが原因や理由となって、後ろに述べることが起こることを表す言葉。「ね(値)ー・が・　たか(高)い・ので・　しおとろしー・て・　か(買)わ・れ・へん。」〔⇒**さかい、さかいに、さけ、さけに、はかい、はかいに、から、し**〕

ので《終助詞》　相手に対して念を押して言う気持ちを表す言葉。「わし・に・は・　わから・へん・　はなし(話)・や・ので。」〔⇒**さかい、さかいに、さけ、さけに、はかい、はかいに、から**〕

のど【喉】《名詞》　①口の奥から、食道や気管につながる部分で、声の出るところ。「はし(走)っ・たら・　のど・が・　かわ(渇)い・た。」②首の前のところ。「えり(襟)・が・　ほそ(細)ー・て・　のど・が・　くる(苦)しー。」③歌う声。「え(良)ー・　のど・を・　し・とる。」〔①⇒**のどちんこ【喉ちんこ】**〕

のどがつまる【喉が詰まる】《動詞・ラ行五段活用》　食べた物が食道のあたりに詰まって、息苦しくなる。「ちめ(冷)たい・　べんとー(弁当)・やっ・た・さかい・　のどがつまっ・て・　くる(苦)しかっ・た。」〔⇒**むねがつまる【胸が詰まる】**〕

のどく【(覗く)】《動詞・カ行五段活用》　①隙間や小さな穴を通して、向こうの様子を見る。相手に気付かれないようにして、見る。「はしら(柱)・の・　かげ(蔭)・から・　のどく。」②身を乗り出すようにして、高いところから低いところを見下ろす。「がけ(崖)・の・　した(下)・を・　のどい・たら・　おと(恐)ろしかっ・た。」③立ち寄ってちょっと見る。ざっと見る。「かいもん(買物)・の・　かえ(帰)り・に・　ほんや(本屋)・を・　のどく。」■名詞化＝**のどき【(覗き)】**〔⇒**のぞく【覗く】**〕

のどじまん【喉自慢】《名詞》　①歌うことの上手下手を競うこと。「よきょー(余興)・で・　のどじまん・が・　ある・そーや。」②歌うことが上手であると得意げになること。「あいつ(彼奴)・の・　のどじまん・が・　はじ(始)まっ・た。」

のどちんこ【喉ちんこ】《名詞》　①口の奥から、食道や気管につながる部分で、声の出るところ。「のどちんこ・から・　おー(大)きな・　こえ(声)・を・　だ(出)せ。」②口の奥に垂れ下がって見える、やわらかい部分。「のどちんこ・が・　あこ(赤)ー・に・　は(腫)れ・とる。」〔①⇒**のど【喉】**〕

のどぼとけ【喉仏】《名詞》　特に成人男性にはっきりあらわれる、首の部分で前に出っ張っている軟骨。「や(痩)せ・て・　のどぼとけ・が・　で(出)・てき・た。」

のに《接続助詞》　普通に考えられる事柄や、期待をしている事柄に対して、反するような状況や結果になっていることを表す言葉。「ゆ(言)ー・とる・のに・　き(聞)ー・てくれ・へん。」「さむ(寒)い・のに・　うすぎ(薄着)し・とる・ん・か。」「じぶん(自分)・で・　ゆ(言)ー・た・のに・　じっこー(実行)せ・ん・の・は・　おかしー・ぞ。」◆「のに」より前で述べられている事柄が話し手自身のことであれば、「くせに」に置き換えることはできない。〔⇒**のにから、くせに**〕

のに《終助詞》　起こってしまった結果を残念がる気持ちを表す言葉。そのような結果となっていることを残念に思う気持ちを表す言葉。望ましい結果とならなかったことを残念に思う気持ちを表す言葉。「そんな・　こと・は・　せ・ん・でも・　よかっ・た・のに。」「そんな・　あほ(阿呆)な・　こと・は・　やめとい・たら・　よかっ・た・のに。」「あんた・が・　べっちょない・と・　ゆ(言)ー・た・さかい・し・た・のに。」〔⇒**のにから**〕

のにから《接続助詞》　普通に考えられる事柄や、期待をしている事柄に対して、反するような状況や結果になっていることを表す言葉。「こ(来)・んでも・　えー・と・ゆ(言)ー・とる・のにから・　き(来)・たら・　あか・ん・やろ。」「ちこく(遅刻)し・とる・のにから・　あやま(謝)り・も・　せー・へん。」◆「のに」よりも強い気持ちを表す言い方である。「のにから」より前で述べられている事柄が話し手自身のことであれば、「くせに」に置き換えることはできない。〔⇒**のに、くせに**〕

のにから《終助詞》　起こってしまった結果を残念がる気持ちを表す言葉。そのような結果となっていることを残念に思う気持ちを表す言葉。望ましい結果とならなかったことを残念に思う気持ちを表す言葉。「こないに・　がんば(頑張)っ・た・のにから。」◆「のに」よりも強い気持ちを表す言い方である。〔⇒**のに**〕

のばしのばしに【延ばし延ばしに】《副詞、動詞する》　時間を多くとったり、時刻を遅くしたりすることを繰り返している様子。後回しにしている様子。「のばしのばしにし・とっ・たら・　いつ・まで・　た(経)っ・ても・　でけ(出来)・へん・ぞ。」

のばす【伸ばす】《動詞・サ行五段活用》　①空間的に長くする。「つめ(爪)・を・　のばす。」②縮んだものを張るようにさせる。「ずぼん(ズボン)・の・　しわ(皺)・を・　のばす。」③曲がったものをまっすぐにする。「ひとやす(一休)みし・て・　こし(腰)・を・　のばす。」「こたつ(炬燵)・の・　なか(中)・で・　あし(足)・を・　のばす。」④能力・勢力・体格などを発展させる。「うんどー(運動)・の・

ちから(力)・を・　のばす。」■自動詞は「のびる【伸びる】」■対語＝③「まげる【曲げる】」

のばす【延ばす】《動詞・サ行五段活用》①期日や時刻などを先送りする。「たの(頼)ま・れ・とっ・た・　こと・の・　へんじ(返事)・を・　のばし・た。」②時間や空間などで、先の方まで続くようにする。「みち(道)・を・　えきまえ(駅前)・まで・　のばす。」「おーうりだ(大売出)し・を・　もー・　いっしゅーかん(一週間)・　のばし・て・　つづ(続)ける。」③水を加えて薄める。「しる(汁)・を・　のばし・て・　うす(薄)める。」④薄くして、面積を広げる。「もち(餅)・を・　たた(叩)い・て・　のばす。」■自動詞は「のびる【延びる】」

のはら【野原】《名詞》　草などの生えた、広々とした平地。「のはら・の・　なか(中)・の・　いっけんや(一軒家)・に・　す(住)ん・どる。」「のはら・の・　きれー(綺麗)な・　くさ(草)・を・　つ(摘)む。」

のびのび【伸び伸び】《副詞と、動詞する》　体や心が、束縛などを受けず自由でゆったりしている様子。細かなことにとらわれず、余裕を持っている様子。「のびのびと・　たいそー(体操)・を・　する。」

のびのび【延び延び】《形容動詞や(ノ)》　期日や時刻などがしだいに遅れる様子。期日や時刻などが何度も先に変更される様子。「てがみ(手紙)・の・　へんじ(返事)・を・　か(書)く・の・が・　のびのびに・　なっ・てしも・た。」「あめ(雨)・が・　つづ(続)い・て・　しあい(試合)・が・　のびのびに・　なる。」

のびる【伸びる】《動詞・バ行下一段活用》①空間的に長くなる。「ぱんつ(パンツ)・の・　ごむ(ゴム)・の・　ひぼ(紐)・が・　のびる。」②縮んでいたものが張る。「きもの(着物)・の・　しわ(皺)・が・　のびる。」③曲がっていたものが、まっすぐになる。「せすじ(背筋)・が・　しゃんと・　のび・とる。」④能力・勢力・体格などが発展する。「きょねん(去年)・より・　せ(背)ー・が・　ごせんち(五センチ)・も・　のび・た。」⑤疲れて動けなくなる。「あつ(暑)い・　なか(中)・を・　いちにちじゅー(一日中)・　ある(歩)い・て・　のび・ても・た。」■他動詞は「のばす【伸ばす】」■対語＝③「まがる【曲がる】」

のびる【延びる】《動詞・バ行下一段活用》①予定していたのよりも、期日や時刻などが先まで続く。「どーてん(同点)・に・　なっ・て・　しあい(試合)・が・　のび・とる。」②時間や空間などが、先の方まで続く。「たいふー(台風)・が・　き(来)・て・　よてー(予定)・が・　のび・た。」③水が加わって薄まる。「みず(水)・で・　のび・て・　あじ(味)・が・　うす(薄)い。」④薄くなって、面積が広がる。「お(押)しつけ・たら・　もち(餅)・が・　のび・た。」■他動詞は「のばす【延ばす】」

のぼす【上す】《動詞・サ行五段活用》　低いところから高いところへ移動させる。引き上げる。「ふね(船)・を・　はま(浜)・に・　のぼす。」■自動詞は「のぼる【上る、登る】」■対語＝「くだす【下す】」〔⇒**のぼらす**【上らす】〕

のぼせる《動詞・サ行下一段活用》①頭に血が上って、頭や顔が熱くなって、ぼおっとなったり、めまいしたりする。「ふろ(風呂)・に・　なが(長)い・こと・　はい(入)っ・て・　のぼせ・ても・た。」②興奮したり夢中になったりして、冷静さを失う。「おんな(女)・の・　こ(子)・に・　のぼせ・とる。」③思い上がって自信過剰になる。うぬぼれる。「のぼせ・て・　じまん(自慢)・ばっかり・　ゆ(言)ー・てけつかる。」■名詞化＝**のぼせ**

のほほんと《副詞、動詞する》　すべきこともしないで、暢気にしている様子。何も知らないで、ぼんやりしている様子。「のほほんと・　ひるね(昼寝)・ばっかり・　し・とる。」

のぼらす【上らす】《動詞・サ行五段活用》　低いところから高いところへ移動させる。引き上げる。「たこ(凧)・を・　のぼらし・て・　あそ(遊)ぶ。」■自動詞は「のぼる【上る、登る】」■対語＝「くだらす【下らす】」〔⇒**のぼす**【上す】〕

のぼり【上り、登り】《名詞》①低いところから高いところへ移動すること。「みち(道)・が・　だんだん・　のぼり・に・　なっ・てき・た。」「のぼり・は・　えすかれーたー(エスカレーター)・で・　あ(上)がる。」②各地から、京都や東京に向かう方角。「のぼり・の・　おーさか(大阪)いき・の・　とっきゅー(特急)・に・　の(乗)る。」■対語＝「くだり【下り】」

のぼり【幟】《名詞》　寺社、商店などに立てる、文字や絵を描いた細長い布で、片側と上を竿に留めた旗。「しょーてんがい(商店街)・が・　のぼり・を・　た(立)て・て・　うりだ(売出)し・を・　し・とる。」

のぼりくち〔**のぼりぐち**〕【登り口】《名詞》　坂や山などに登るとっかかりの場所。「のぼりくち・が・　きつい・　さか(坂)・に・　なっ・とる。」〔⇒**あがりくち**【上がり口】〕

のぼりざか【上り坂】《名詞》①進行方向にとって、低いところから高いところへ向かう傾斜のある道。「こーべ(神戸)・の・　きたのちょー(北野町)・は・　さんのみや(三宮)・から・　のぼりざか・や。」②状況がしだいに良い方向に向かっていること。「あの・　ころ(頃)・の・　うち・の・　かいしゃ(会社)・は・　のぼりざか・やっ・た。」■対語＝「くだりざか【下り坂】」

のぼりみち【上り道】《名詞》　進行方向に傾斜があって、次第に高くなっていく道。「この・　のぼりみち・を・　い(行)っ・たら・　がっこー(学校)・に・　つ(着)く。」■対語＝「くだりみち【下り道】」

のぼる【上る、登る、昇る】《動詞・ラ行五段活用》①地上の低いところから高いところへ移動する。「きつい・　さかみち(坂道)・を・　のぼる。」「にっちょーび(日曜日)・に・　ともだち(友達)・と・　ろっこーざん(六甲山)・に・　のぼっ・た。」②空中の低いところから高いところへ移動する。「おひ(日)さん・が・　のぼっ・てき・た。」「りりく(離陸)し・た・　ひこーき(飛行機)・が・　ぐんぐん・　のぼっ・ていっ・た。」③かっとした気持ちになる。興奮する。「のぼっ・ても・て・　わけ(訳)・が・　わから・ん・よーに・　なっ・た。」④調子に乗りすぎる。「みんな(皆)・で・　さけ(酒)・　の(飲)ん・で・　のぼっ・て・　やかま(喧)しゅー・に・　しゃべ(喋)る。」■他動詞は①「のぼす【上す】」「のぼらす【上らす】」■対語①＝「くだる【下る】」「おりる【降りる、下りる】」。②＝「しずむ【沈む】」■名詞化＝**のぼり**【上り、登り、昇り】〔①②⇒**あがる**【上がる】〕

のみ【蚤】《名詞》　人や動物の血を吸って安眠を妨害したり病原菌を媒介したりする、よくはねる小さな褐色の昆虫。「のみ・を・　つか(捕)まえ・て・　つぶ(潰)す。」

のみ【鑿】《名詞》　柄の先に刃をつけて、木や石に穴を空けたり、溝を掘ったりする工具。「のみ・で・　しかく(四角)い・　あな(穴)・を・　あ(空)ける。」

のみぐすり【飲み薬】《名詞》　錠剤や液体などの、飲む薬。「にが(苦)い・　のみぐすり・を・　おぶらーと(オブラート)・に・　つつ(包)む。」◆対語＝「ぬりぐすり【塗り薬】」

のみくち【飲み口】《名詞》 ①コップや瓶や缶などで、飲むときに口をつけるところ。「びん(瓶)・の・　のみくち・が・　よご(汚)れ・とる。」②飲み物が喉を通るときの感触や風味。「さっぱりし・た・　のみくち・の・　さけ(酒)・や・なー。」〔①⇒**すいくち**【吸い口】〕

のみこむ【飲み込む】《動詞・マ行五段活用》 ①食べ物をかまずに、口から喉を通して腹の中に入れる。「つるっと・　そーめん(素麺)・を・　のみこむ。」②錠剤や粉末などを、かまずに口から喉を通して腹の中に入れる。「にが(苦)い・さかいに・　くすり(薬)・を・　ひといき(一息)に・　のみこむ。」■名詞化＝**のみこみ**【飲み込み】〔②⇒**のむ**【飲む】〕

のみすけ【飲み助】《名詞》 酒が好きで、よく飲む人。酒を飲むのが習慣になっている人。「あいつ(彼奴)・は・　のみすけ・や・さかい・　いっしょー(一升)・ぐらい・は・　じっき(直)に・　のん・でまう。」

のみもん【飲み物】《名詞》 茶・ジュース・酒など、嗜好品として飲むためのもの。「べんとー(弁当)・と・　のみもん・は・　じぶん(自分)・で・　も(持)っ・てき・てほしー・ねん。」

のみや【飲み屋】《名詞》 酒を飲むことができるように、酒や肴(さかな)を用意して客を迎える店。「えきまえ(駅前)・に・　のみや・が・　でけ(出来)・た。」

のむ【飲む】《動詞・マ行五段活用》 ①液体の食べ物などを、口から喉を通して腹の中に入れる。「のど(喉)・が・　かわ(乾)い・て・　みず(水)・を・　のむ。」「まいばん(毎晩)・　さけ(酒)・を・　のむ。」②錠剤や粉末などを、かまずに口から喉を通して腹の中に入れる。「めし(飯)・の・　あと(後)・で・　くすり(薬)・を・　のむ。」〔②⇒**のみこむ**【飲み込む】〕

のらいぬ【野良犬】《名詞》 飼い主のいない犬。「むかし(昔)・は・　のらいぬ・を・　いぬと(犬捕)り・の・　ひと(人)・が・　つか(捕)まえ・よっ・た。」

のらねこ【野良猫】《名詞》 飼い主のいない猫。「のらねこ・が・　やたら・　ふ(増)え・て・　こま(困)っ・とり・ます。」〔⇒**どらねこ**【どら猫】〕

のり【海苔】《名詞》 ①海中の岩などに、苔のように付いている海藻で、食用とするもの。「いわ(岩)・に・　つ(付)い・た・　のり・を・　むし(毟)りとる。」②アサクサノリなどを、紙のように薄く延ばした食べ物。「おちゅーげん(中元)・に・　のり・を・　おく(贈)る。」「ごはん(飯)・を・　のり・で・　ま(巻)く。」

のり【糊】《名詞》 ①物を貼り付けるのに使う、粘り気のあるもの。「のり・で・　ふー(封)・を・　する。」②布地をしゃんとさせるためにつけるもの。「わいしゃつ(ワイシャツ)・に・　のり・を・　かう(＝施す)。」◆①は、接着剤一般のことについても言う。

のりあい【乗り合い】《名詞》 ①同じ乗り物に、大勢が一緒に乗ること。また、その乗り物。また、一緒に乗っている人。「べらつ(釣)り・に・は・　のりあい・の・　ふね(船)・で・　い(行)き・まほ・か。」②誰でも乗ることができて、運転する路線が決まっている自動車。「この・　みち(道)・は・　のりあい・が・　とー(通)っ・とる。」◆②の意味は、今ではほとんど使われなくなった。〔②⇒**バス**【英語＝bus】〕

のりあわす【乗り合わす】《動詞・サ行五段活用》 同じ乗り物に、偶然に一緒に乗る。「ひさ(久)しぶりに・　ともだち(友達)・と・　おんな(同)じ・　でんしゃ(電車)・に・　のりあわし・て・　びっくりし・た。」

のりおり【乗り降り】《名詞、動詞する》 乗り物に乗ることと降りること。「のりおり・は・　いそ(急)い・でください。」

のりかえ【乗り換え】《名詞、動詞する》 ①鉄道の駅で別の線への列車に乗ること。「にしわき(西脇)・へ・　い(行)く・ん・やっ・たら・　かこがー(加古川)・で・　のりかえする・ん・や。」②種類の違う列車に乗る移ること。「あかし(明石)・で・　とっきゅー(特急)・に・　のりかえ・や。」③ある乗り物から、別の種類の乗り物に乗ること。「ふね(船)・に・　のりかえし・て・　あわじしま(淡路島)・へ・　い(行)く。」

のりかえる【乗り換える】《動詞・ア行下一段活用》 ①鉄道の駅で別の線への列車に乗る。「ひめじ(姫路)・で・　ばんたんせん(播但線)・に・　のりかえ・た。」②種類の違う列車に乗る。「きゅーこー(急行)・から・　ふつー(普通)・に・　のりかえ・た。」③ある乗り物から、別の乗り物に乗ること。「えきまえ(駅前)・から・　ばす(バス)・に・　のりかえる。」■名詞化＝**のりかえ**【乗り換え】

のりこ【乗り子】《名詞》 秋祭りの「だんじり【檀尻】」に乗って太鼓をたたく役割を務める子ども。「にしじま(西島)・の・　だんじり(檀尻)・の・　のりこ・は・　しょーがっこー(小学校)・の・　こども(子供)・や。」

のりこえる【乗り越える】《動詞・ア行下一段活用》 ①ものの上に乗って、それを越えて、向こう側へ出る。「かき(垣)・を・　のりこえ・て・　はい(入)っ・てき・た。」②他の人を抜き去って、さらに前へ進む。「うえ(上)・の・　きゅー(級)・の・　ひと(人)・を・　のりこえ・て・　にゅーしょー(入賞)し・た。」③苦しいところを切り抜ける。「かぜ(風邪)・は・　とーげ(峠)・を・　のりこえ・た・みたいや。」〔①⇒**のりこす**【乗り越す】〕

のりごこち【乗り心地】《名詞》 乗り物などに乗ったときの、座席の様子や、振動の具合などの感じや気持ち。「のりごこち・の・　え(良)ー・　くるま(車)・や・なー。」

のりこす【乗り越す】《動詞・サ行五段活用》 ①乗り物で、降りようと予定していたところの先まで乗っていく。「いねむ(居眠)りし・とっ・て・　のりこし・ても・た。」②ものの上に乗って、それを越えて、向こう側へ出る。「へー(塀)・を・　のりこし・て・　どろぼー(泥棒)・が・　はい(入)っ・た。」■名詞化＝**のりこし**【乗り越し】〔②⇒**のりこえる**【乗り越える】〕

のりつぐ【乗り継ぐ】《動詞・ガ行五段活用》 ある乗り物から別の乗り物に乗り換えて進む。別の線に乗り換えて進む。「でんしゃ(電車)・と・　ばす(バス)・を・　のりつい・で・　やっと・　つ(着)い・た。」■名詞化＝**のりつぎ**【乗り継ぎ】

のりづけ【糊付け】《名詞、動詞する》 ①物と物とを糊で貼り付けること。「こづつみ(小包)・に・　あてな(宛名)・を・　か(書)い・た・　かみ(紙)・を・　のりづけする。」②洗濯した衣類や布の形を整えるために糊を施すこと。「つくえ(机)・の・　うえ(上)・に・　のりづけし・た・　しろ(白)い・　ぬの(布)・を・　ひ(敷)く。」

のりて【乗り手】《名詞》 車・舟・屋台などのような、動くものに乗る人。「まつり(祭)・の・　たいこ(＝布団屋台)・の・　のりて・が・　あつ(集)まら・へん。」

のりと【祝詞】《名詞》 神をまつったり神に祈ったりするときに神主が唱える、古代の言葉を用いた文章。「じちんさい(地鎮祭)・で・　のりと・を・　あ(上)げ・てもらう。」

のりば【乗り場】《名詞》 電車・バス、船などの乗り物に乗るために定められている場所。「えきまえ(駅前)・の・　ばす(バス)・の・　のりば・が・　か(変)わっ・た。」

のりまわす〔**のりまーす**〕【**乗り回す**】《動詞・サ行五段活用》 車や馬などに乗って、自分の意思にそって、あちらこちらを走り回る。「おーとばい(オートバイ)・を・のりまーし・て・ あそ(遊)ん・どる。」

のりもん【**乗り物**】《名詞》 列車、バス、タクシー、船、飛行機など、客を乗せて運ぶ交通機関。「そこ・まで・は・ のりもん・は・ なに(何)・が・ あり・ます・の。」「こども・は・ のりもん・の・ えほん(絵本)・が・ す(好)きや。」◆遊園地などにある、子どもを乗せる遊戯用のものをも言う。

のりもんよい【**乗り物酔い**】《名詞、動詞する》 列車、バス、タクシー、船、飛行機などに乗って揺られることによって、気分が悪くなったり、吐き気をもよおしたりすること。「のりもんよい・に・ なら・ん・よーに・ くすり(薬)・を・ の(飲)ん・どく。」

のる【**乗る**】《動詞・ラ行五段活用》 ①乗り物や動物などの上に体を置く。乗り物や動物などに積まれている。「のぼ(上)り・の・ でんしゃ(電車)・に・ のる。」「とらっく(トラック)・の・ にだい(荷台)・に・ のっ・とる。」②十分に付く。よくなじむ。「よー・ た(炊)か・んと・ あじ(味)・が・ のら・へん。」■対語①＝「おりる【降りる、下りる】」■他動詞は「のせる【乗せる】」■名詞化＝**のり**【**乗り**】

のる【**載る**】《動詞・ラ行五段活用》 ①ものが台や棚などの上に置かれる。「しんぶん(新聞)・の・ うえ(上)・に・ ほん(本)・が・ のっ・とる。」②文章や写真などが、新聞・雑誌・本などに出る。「きのー(昨日)・の・ かじ(火事)・が・ しんぶん・に・ のっ・とる。」■他動詞は「のせる【載せる】」

のれん〔**のーれん**〕【**暖簾**】《名詞》 ①風通しを良くするために、夏などに、部屋と部屋との間に吊す布。「みずたまもよー(水玉模様)・の・ のーれん・を・ つ(吊)っ・たら・ すず(涼)しそーに・ なっ・た。」②店の名や商品名を書いて、店先にかける布。「のれん・が・ で(出)・とら・へん・さかい・ みせ(店)・は・ まだ・ あ(開)い・とら・へん。」

のろ【**鈍**】《形容動詞や(ナ・ノ)、名詞》 動作がゆっくりしていて、てきぱきと動けない様子。決断力が乏しくて、ものごとに対する反応が鈍い様子。また、そのような人。「のろや・さかい・ いっつも・ おく(遅)れ・て・ くる。」「あいつ(彼奴)・の・ のろ・に・は・ あき(呆)れる・なー。」〔⇒**のろま**【**鈍間**】、**のそま**【(**鈍間**)】、**のそ**【(**鈍**)】、**ぐず**【**愚図**】、**ぐずま**【**愚図間**】〕

のろい【**鈍い**】《形容詞・オイ型》 ①人がものごとを行うのに時間がかかる。動いたり考えたりする力がすばしこくない。鈍感で、まだるっこい。「のろい・ しごと(仕事)・で・ もの・の・ やく(役)・に・ たた・ん。」「ある(歩)く・の・が・ のろい。」②ものの動きや回転などが弱くてゆっくりしている。「のろい・ もーたー(モーター)・や・なー。」「ことし(今年)・は・ すず(涼)しー・なる・の・が・ のろい・なー。」③水や液体の流れや、火の勢いなどが弱い。「かりょく(火力)・が・ のろー・て・ ふっとー(沸騰)せー・へん。」④勾配がゆるい。「この・ さか(坂)・は・ さっき・ とー(通)っ・た・ さか(坂)・より・も・ のろい。」〔①②⇒**のそい**【(**鈍い**)】、**ぐずい**【**愚図い**】、**おそい**【**遅い**】、**にぶい**【**鈍い**】〕

のろのろ《副詞と、動詞する》 ものがゆっくり動いたり回転したりする様子。ものごとをゆっくり行う様子。「きり(霧)・が・ こ(濃)いー・さかい・ でんしゃ(電車)・が・ のろのろ・ うご(動)い・とる。」〔⇒**のそのそ**、**とろとろ**、**ちょろちょろ**〕

のろま【**鈍間**】《形容動詞や(ナ・ノ)、名詞》 動作がゆっくりしていて、てきぱきと動けない様子。決断力が乏しくて、ものごとに対する反応が鈍い様子。また、そのような人。「のろまや・さかい・ なかなか・ できあ(出来上)がら・へん。」〔⇒**のそま**【(**鈍間**)】、**のろ**【**鈍**】、**のそ**【(**鈍**)】、**ぐず**【**愚図**】、**ぐずま**【**愚図間**】〕

のん《格助詞(準体助詞)》 ①前の用言的な内容を、体言として扱うことを表す言葉。「そんな・ やく(役)・を・ する・のん・は・ いや(厭)や。」「い(行)っ・てくれる・のん・は・ だれ(誰)・や。」②前の体言を受けて、「…のもの」「…のこと」という意味を表す言葉。「わし・のん・は・ どの・ はこ(箱)・や。」〔⇒**の**、**ん**〕

のん《終助詞》 相手に対して疑問を表したり質問したりする気持ちを表す言葉。「きょー(今日)・は・ しごと(仕事)・を・ せー・へん・のん。」「そんな・ こと・を・ する・のん。」◆強い調子で発音すると、相手を説得したり禁止したりする意味にもなる。〔⇒**の**、**ん**〕

のんき【**暢気**】《形容動詞や(ナ)》 ①あわてることもせず、心配や苦労がなさそうな様子。「のんきに・ いちにち(一日)・を・ す(過)ごし・ても・た。」「たいしょく(退職)し・て・ のんきに・ やっ・てます・ねん。」②几帳面さや注意深さが欠けている様子。「のんきに・ かんが(考)え・て・ す(過)ごし・とっ・たら・ あと(後)・で・ こま(困)る・ぞ。」

のんだくれ【**飲んだくれ**】《名詞》 ①酒をよく飲んで、だらしない人。「いっしょー(一升)・も・ のむ・よーな・ のんだくれ・は・ こま(困)る・なー。」②酒を飲んで、酔いつぶれている人。「のんだくれ・が・ みち(道)・で・ ね(寝)・とる。」

のんのする《動詞・サ行変格活用》 ①自分の家や、元いた場所に戻る。「のんのし・て・ ごはん(飯)・を・ た(食)べ・よー・な。」②来ていた人が去って、いなくなる。「くろ(暗)ー・ なっ・てき・た・さかい・ みんな(皆)・ のんのし・ても・た。」◆幼児語。〔⇒**いぬ**【**去ぬ**】、**かえる**【**帰る**】、**かいる**【(**帰る**)】〕

のんびり《副詞と、動詞する》 ①特別な制約を受けることもなく、心や体がゆったりしている様子。「のんびりと・ のはら(野原)・を・ はいきんぐ(ハイキング)する。」②几帳面さや注意深さが欠けている様子。「のんびり・ こたえ(答)・を・ か(書)い・て・ まちが(間違)い・が・ ぎょーさん(仰山)・ あっ・た。」

は

は〔**はー**〕【**葉**】《名詞》 木や草の、茎や枝に付いている緑色の平らなもの。「さくら(桜)・の・ き(木)ー・の・ はー・が・ かぜ(風)・に・ ゆ(揺)れ・とる。」〔⇒**はっぱ**【**葉っぱ**】〕

は〔**はー**〕【**歯**】《名詞》 ①口の中の上下に並んではえていて、食べ物を噛み砕く働きをするもの。「はー・を・ だ(出)し・て・ わろ(笑)・とる。」②器具や機械などの縁についている、細かな刻み目のあるもの。「は・が・ か(噛)みあわ・んと・ からまー(空回)りし・とる。」「のこぎり(鋸)・の・ はー・の・ めた(目立)て・を・ する。」③下駄の、地面を踏むところ。「はー・が・ ちび・た・さかい・ か(換)え・てもらう。」

は〔**はー**〕【**刃**】《名詞》 ものを切る道具である包丁や鋏などの、直接にものを切る薄く鋭い部分。「かた(硬)

い・　もん(物)・を・　き(切)っ・た・さかい・　はー・が・　こぼ(零)れ・た。」

は〔はー〕【派】《名詞》 心持ちや考え方などでつながりがある仲間。似た考えの人たちの集まり。宗教などの系統。「はー・の・　ちが(違)う・　ひと(人)・と・は・　はなし(話)・が・　あ(合)わ・へん。」「あんた・は・　どっち・の・　はー・なんや。」

ば〔ばー〕【場】《名詞》 ①そこにいるところ。「この・　へや(部屋)・は・　ひとりひとり(一人一人)・の・　ばー・が・　せま(狭)い。」②あることが行われたり、ある目的のために設けられるところ。「ちゅーせん(抽選)・を・　する・　ば・を・　こしら(拵)える。」③状況の変化や流れなどによって作られたことがら。「だれ(誰)ぞ・が・　なん(何)ぞ・　しゃべ(喋)っ・てくれ・んと・　ばー・が・　も(持)た・ん。」〔⇒**ばしょ【場所】**〕

ば〔ぱ〕【羽】《助数詞》 鳥などを数えるのに用いる言葉。「とり(鶏)・を・　さん(三)ば・　こ(飼)ー・とる。」◆「さん(三)ば」のように、撥音のあとでは「ば」となる。「じっ(十)ぱ」のように、促音のあとでは「ぱ」となる。1から10までの数え方は「いちわ」「にわ」「さんば」「しわ」「ごわ」「ろくわ」「ひちわ」「はちわ」「くわ」「じっぱ」のようになる。〔⇒**わ【羽】**〕

ば〔ぱ〕【把】《助数詞》 束にしたものなどを数えるのに用いる言葉。「た(焚)きもん・を・　じっ(十)ぱ・　も(持)っ・てき・てくれ。」◆「さん(三)ば」のように、撥音のあとでは「ば」となる。「じっ(十)ぱ」のように、促音のあとでは「ぱ」となる。1から10までの数え方は「いちわ」「にわ」「さんば」「しわ」「ごわ」「ろくわ」「ひちわ」「はちわ」「くわ」「じっぱ」のようになる。〔⇒**わ【把】**〕

はあ〔はー〕《感動詞》 ①相手に呼ばれて応答したり、相手の言葉を聞いていることを示したりするために発する言葉。「はあ・　いま(今)・　き(来)・た・　とこ・や。」②相手の言うことを承知したり同意したりしたときに発する言葉。「はー・　わし・も・　そー・　おも(思)う・ねん。」③驚き、感動などをしたときに発する言葉。「はー・　これ・は・　なかなか・　え(良)ー・　しなもん(品物)・や。」④疑問の気持ちを表すときに発する言葉。「はー・　そんな・　こと・は・　お(起)こる・やろ・か。」◆④の場合は、尻上がりの発音になることが多い。〔⇒**うん**。①②⇒**はい、へい、へいへい、ん**〕

ぱあ〔ぱー〕《名詞、動詞する》 ①じゃんけんで、5本の指を全部開く「かみ【紙】」の形。「ぱー・を・　だ(出)し・た・さかい・　ぐー・に・　か(勝)っ・た。」②じゃんけんの「かみ【紙】」の形をすること。にぎっている手を、開いて見せること。「て(手)ー・を・　ぱーし・て・　なか(中)・を・　み(見)せ・てんか。」〔①⇒**かみ【紙】**〕

ぱあ〔ぱー〕《名詞、形容動詞や(ノ)》 ①智恵が足りないこと。言動が常軌を逸していること。また、そのような人。「あの・　ぱー・が・　また(又)・　しっぱい(失敗)・を・　し・た。」②不注意などによって起こる、馬鹿げたこと。「きのー(昨日)・は・　ちょっと・　ぱーな・　こと・を・　し・ても・てん。」〔⇒**くるくるぱあ**。①⇒**くるくる**〕

ぱあ〔ぱー〕《形容動詞や(ノ)》 すっかり無くなる様子。ご破算になる様子。「かじ(火事)・で・　ざいさん(財産)・が・　ぱーに・　なる。」

ばあい〔ばーい〕【場合】《名詞》 ①あることが行われている、または起こりそうな時や状況。その時々で変わってくる事情や状況。「わろ(笑)・てる・　ばーい・や・　あら・へん・ぞ。」②ものごとや人をいくつかに分けたときの、それぞれ。「がくせー(学生)・の・　ばあい・は・　ただ(只)・で・　はい(入)れる。」〔⇒**ばやい【(場合)】**。①⇒**とき【時】**〕

ばあさん〔ばーさん、ばさん〕【婆さん、祖母さん】《名詞》 ①年をとった女の人。「でんしゃ(電車)・で・　ばーさん・に・　せき(席)・を・　ゆず(譲)っ・た。」②父または母の、お母さん。「うち・の・　ばーさん・は・　きゅーじゅー(九十)・や・けど・　まだまだ・　げんき(元気)や。」■対語＝「じいさん【爺さん、祖父さん】」〔⇒**おばあさん【お婆さん、お祖母さん】**〕

はあっと《副詞》 ①息を吐いたり、息を吹きかけたりする様子。「はあっと・　いき(息)・を・　ふ(吹)い・て・から・　れんず(レンズ)・を・　みが(磨)く。」②嘆いて、ため息をついている様子「はあっと・　ゆ(言)ー・よーな・　つら(辛)い・　きも(気持)ち・に・　なっ・とる。」

ばあっと《副詞》 ①ものが勢いよく広がる様子。また、広げる様子。「たきび(焚火)・が・　かぜ(風)・で・　ばあっと・　ひろ(広)がっ・た。」②一つにまとまらないで、散らばっている様子。また、散らばらせる様子。「らむね(ラムネ)・の・　たま(玉)・を・　みち(道)・に・　ばあっと・　ま(撒)く。」③動きが速く素早い様子。簡単に済ませる様子。「さいご(最後)・は・　ばあっと・　しごと(仕事)・を・　しあ(仕上)げ・た。」〔①②⇒**ばらっと、ばらばら**。③⇒**さあっと、さっと**〕

ぱあっと《副詞》 ①派手で、人目につく様子。「ぱあっと・　はな(花)・が・　さ(咲)い・た・よーな・　きれー(綺麗)な・　ふく(服)・を・　き(着)・てき・た。」②お金を思い切りよく使う様子。「ぱあっと・　いっぱい(一杯)・　みやげ(土産)・を・　こ(買)ー・た。」

ばあて(が)する〔ばーて(が)する〕【場当て(が)する】《動詞・サ行変格活用》 のぼせてしまって、しっかりとした振る舞いができずに、あわてたり、うろたえたりする。どうしてよいかわからず立ち往生したり、ぼんやりしたりしてしまう。「ばーてがし・て・　じゅんばん(順番)・を・　まちが(間違)え・た。」「ばーてし・て・　おちゃ(茶)・を・　ひっくりかえし・ても・た。」◆その場の状況や雰囲気になじめず「場に当たった」ということに由来するのか、それとも、その場で平静さを失って「場に慌てる」ということに由来するのか。ともかく、人から見ると尋常でないように見える様子であり、滑稽さも伴うのである。〔⇒**うろがくる【うろが来る】**〕

バーナー〔ばーなー、ばーな〕【英語＝burner】《名詞》 ガスなどを燃やして高温にして、ものを焼いたり金属などを溶かしたりする装置。「てっかん(鉄管)・を・　ばーな・で・　や(焼)きき(切)る。」

はあはあ〔はーはー〕《副詞と、動詞する》 ①呼吸が乱れたり苦しがったりしている様子。また、その声。「ごーる(ゴール)・で・　たお(倒)れ・て・　はーはーと・　ゆ(言)ー・とる。」「あつ(暑)ー・て・　いぬ(犬)・が・　はーはーし・とる。」②息を強く吹きかける様子。また、その音。「はーはー・　ふ(吹)い・て・　まど(窓)・を・　ふ(拭)く。」

はあはあ〔はーはー〕《副詞と》 相手の言うことをそのまま受け入れている様子。相手の言うことに抵抗できない様子。「はーはー・　ゆ(言)ー・て・　あたま(頭)・を・　さ(下)げ・とる。」「なん(何)・でも・　はーはーと・　ゆ(言)ー・とっ・たら・　なめ・られ・まっ・せ。」〔⇒**はいはい**〕

はあはあ〔はーはー〕《感動詞》 相手の言うことに気軽に

応じて発する言葉。「はあはあ・　それ・は・　いっこ(一個)・　ごひゃくえん(五百円)・です。」「はーはー・　あんた・の・　ゆ(言)ー・とおり・や。」〔⇒**はいはい**〕

はあま〔**はーま**〕《感動詞》　そんなことは知っているとか、それは当然なことだというような気持ちを表す言葉。「はーま・　きょー(今日)・は・　おーあめ(大雨)・に・　なる・と・　ゆ(言)ー・とっ・た・で。」◆「はあ」と同意しながら、そんなことは既に承知済み、了解済みだ、というような気持ちを表す。〔⇒**さあま**〕

パーマ〔**ぱーま**〕【英語＝permanent wave の略】《名詞、動詞する》　髪の毛に波の形をつけること。また、波の形がついた髪の毛。「はっぴょーかい(発表会)・の・　ひ(日)ー・まで・に・　ぱーまし・とか・んなん・なー。」「ぱーま・を・　あ(当)てる。」「きれー(綺麗)な・　ぱーま・や・なー」◆単に「あてる」と言うだけでも、パーマをかけることを意味することがある。

はあまあ〔**はーまー**〕《感動詞》　言葉を濁すようなときに使う言葉。きちんと判断を下さないようなときに使う言葉。「はーまー・　い(行)っ・ても・　かま(構)・へん・けど・なー。」◆「はあ」と口先では同意しながら、いささか不満や疑問などが残っているような気持ちを表すことが多い。

ハーモニカ〔**はーもにか、はもにか**〕【英語＝harmonica】《名詞》　木の枠組みに音階順に並んでいる金属板が並んでおり、口に当てて呼吸によって音を出す楽器。「はーもにか・で・　こーか(校歌)・を・　ふ(吹)く。」

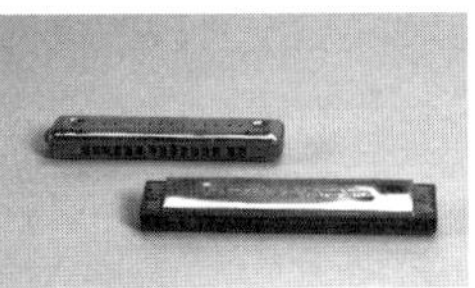
小学生用のハーモニカ

ハール〔**はーる**〕【(英語＝foul)】《名詞》　野球で、打球が1塁線、3塁線の外側にそれること。「はーる・　にほん(二本)・　う(打)っ・て・　さいご(最後)・は・　さんしん(三振)し・てん。」〔⇒**ファール**【**英語＝foul**】〕

ばあんと〔**ばーんと**〕《副詞》　①ものを激しく打ったりたたいたりする様子。また、そのときに出る、やや高い音。「から(空)・の・　せきゆかん(石油缶)・を・　ひ(引)っかけ・たら・　ばーんと・　おー(大)けな・　おと(音)・が・　し・た。」②物が破裂する様子。また、そのときに出る大きく低い音。「ふーせん(風船)・が・　ばーんと・　はでっ・た。」③強く前へ押し出そうとする気持ちを表す様子。決断をする様子。「おも(思)いきっ・て・　ばーんと・　うた(歌)い・なはれ。」〔⇒**どおんと**〕

ぱあんと〔**ぱーんと**〕《副詞》　ものが高い音を出して破裂する様子。また、そのときに出る鋭い音。「じてんしゃ(自転車)・が・　ぱーんと・　ぱんく(パンク)し・た。」

はい【**灰**】《名詞》　ものが燃えたあとに残る粉状のもの。「やきいも(焼芋)・に・　はい・が・　つ(付)い・とる。」「ひばち(火鉢)・に・　はい・を・　い(入)れる。」〔⇒**はえ**【**(灰)**】〕

はい【**肺**】《名詞》　人の場合は左右一対があって肋骨に囲まれており、息を吸ったり吐いたりする働きをする器官。「はい・の・　びょーき(病気)・に・　なる。」

はい【**(蝿)**】《名詞》　食べ物に群がり集まったり台所を飛び回ったりして伝染病を広めることもある、黒色の小さな昆虫。「ごはん(飯)・に・　はい・が・　たか(集)る。」〔⇒**はえ**【**蝿**】〕

はい〔**はーい**〕《感動詞》　①相手に呼ばれて応答したり、相手の言葉を聞いていることを示したりするために発する言葉。「はい・　なんぞ・　よー(用)・だす・か。」②相手の言うことを承知したり同意したりしたときに発する言葉。「はーい・　あんた・の・　ゆ(言)ー・とおり・や。」「はい・　そー・　し・ます。」③相手に注意を促すために発する言葉。「はーい・　こっち・を・　む(向)い・てください。」「はーい・　げんき(元気)・か。」〔⇒**へい、へいへい。①②⇒はあ、うん、ん**〕

ばい【**倍**】《名詞、動詞する》　①同じ数を2つ合わせること。「か(借)っ・た・　かね(金)・を・　ばいし・て・　かえ(返)す。」②同じ数を2つ合わせた数。「やさい(野菜)・は・　きょねん(去年)・の・　ね(値)ー・の・　ばい・に・　なっ・とる。」

ばい《名詞》　子どもが回して遊ぶもので、鋳鉄などでできており浅い円錐形をしているもの。「ばい・を・　まわし・て・　あ(当)て・て・　お(落)としあう。」

ばいと紐

ばい【**倍**】《助数詞》　同じ数を何回か合わせるときに使う言葉。「さんか(参加)・を・　きぼー(希望)する・　ひと(人)・が・　ご(五)ばい・も・　おる。」

はいいろ【**灰色**】《名詞》　白と黒とを混ぜてできる色で、鼠の毛色のような薄い黒色。ものが燃えたあとに残る粉のような色。「うっと(鬱陶)しー・　はいいろ・の・　そら(空)・や・なー。」〔⇒**ねずみいろ**【**鼠色**】、**ねずみ**【**鼠**】〕

はいえん【**肺炎**】《名詞》　細菌によって起こる、肺の組織に起こる炎症。「はいえん・に・　なっ・て・　ねこ(寝込)む。」

バイオリン〔**ばいおりん**〕【英語＝violin】《名詞》　4本の弦があって、毛を張った弓で引いて音を出す小型の楽器。「こ(小)まい・　とき(時)・から・　ばいおりん・を・　なら(習)わす。」

はいきゅう〔**はいきゅー**〕【**配給**】《名詞、動詞する》　日常生活などに使う品物などで数量に限りがあるものを、一定の割合でめいめいに渡すこと。「せんじちゅー(戦時中)・は・　なん(何)・でも・　はいきゅー・やっ・た・ん・で・　こま(困)っ・た・」「さけ(酒)・を・　いっぽん(一本)・ずつ・　はいきゅーする。」

ばいきん【**黴菌**】《名詞》　動植物などに寄生する、微細な単細胞の生物で、病気などのもととなったり、ものを腐らせたりする、有害な微生物。「ばいきん・が・　つ(付)い・とる・さかい・　て(手)ー・を・　よー・　あら(洗)い・よ。」〔⇒**きん**【**菌**】〕

ハイキング〔**はいきんぐ**〕【英語＝hiking】《名詞、動詞する》　野や山を楽しみながら、日帰り程度で歩くこと。「こんど(今度)・の・　にちよー(日曜)・に・　はいきんぐ・に・　い(行)か・へん・か。」「はいきんぐし・とっ・て・　みぞ(溝)・に・　はまっ・た。」

はいく【**俳句**】《名詞》　5・7・5の17音を基本とし、季語を入れて作ることが伝統とされている、日本特有の短い詩。「はいく・を・　つくる・　しゅみ(趣味)・の・　もん(者)・が・　あつ(集)まっ・て・　なら(奈良)・へ・　い(行)く・こと・に・　なっ・とる・ねん。」

はいけい〔**はいけー**〕【**拝啓**】《名詞》　慎んで申し上げるという意味で、手紙の書き始めに、相手を敬って使う言葉。「はいけー・　その・　ご(後)・は・　おか(変)わり・　あり・ませ・ん・か。」

はいけっかく【**肺結核**】《名詞》　結核菌によって肺などが冒される伝染病。「むかし(昔)・は・　はいけっかく・で・　わかじ(若死)に・を・　する・　ひと(人)・が・　おっ・

た。」〔⇒**けっかく【結核】、はいびょう【肺病】**〕

はいけんする【拝見する】《動詞・サ行変格活用》 見ることを、へりくだって言うときに使う言葉。見せていただく。「おかお(顔)・を・　はいけんし・た・ので・　あんしん(安心)し・まし・た。」

はいざら【灰皿】《名詞》 煙草の灰や吸い殻を受ける器。「こっぷ(コップ)・を・　はいざら・の・　か(代)わり・に・し・たら・　あか・ん・がな。」

はいし【廃止】《名詞、動詞する》 それまで続いてきたことをやめて、復活しないこと。不要なものであると判断して、やめること。「しょーひぜー(消費税)・なんか・はよ(早)ー・　はいし・に・　し・てほしー・なー。」「ばす(バス)・の・　せん(線)・が・　はいしさ・れ・ても・て・こま(困)っ・とる・ねん。」

はいしゃ【歯医者】《名詞》 歯や口の中の病気を予防したり治したりする医者。「はいしゃ・へ・　い(行)っ・て・がりがりと・　やら・れる・の・は・　いや(嫌)や。」

はいしゃくする【拝借する】《動詞・サ行変格活用》 借りることを、へりくだって言うときに使う言葉。お借りする。「りやかー(リヤカー)・を・　ちょっと・　はいしゃくし・ても・　よろし・おます・やろ・か。」

はいたたき【(蝿叩き)】《名詞》 飛び回っている蝿を落としたり殺したりするための、短い柄の先に小さな網を取り付けた道具。「なつ(夏)・に・　なっ・たら・　はいたたき・が・　い(要)る。」〔⇒**はえたたき【蝿叩き】**〕

はいたつ【配達】《名詞、動詞する》 商品・郵便物・新聞などを指定された各々の家に届けること。「ぎゅーにゅー(牛乳)・を・　はいたつする・　あるばいと(アルバイト)・を・　する。」「まいあさ(毎朝)・　しんぶん(新聞)・の・　はいたつ・を・　する。」

ばいてん【売店】《名詞》 駅・学校・病院などの構内の一隅にある、ものを売る小さな店。「えき(駅)・の・　ばいてん・で・　けさ(今朝)・の・　しんぶん(新聞)・を・　か(買)う。」

バイト〔**ばいと**〕【ドイツ語＝Arbeit の一部省略】《名詞、動詞する》 本来の仕事以外にする仕事。学生などが収入を得るためにする仕事。「ばいと・に・　ねっちゅー(熱中)し・て・　べんきょー(勉強)・を・　し・よら・へん。」〔⇒**アルバイト【ドイツ語＝Arbeit】**〕

はいとりがみ【(蝿取り紙)】《名詞》 蝿を捕るために吊しておく、粘着性の強い薬品を塗った紙。「はいとりがみ・に・　はい・が・　よーけ・　ひっつい・た。」〔⇒**はえとりがみ【蝿取り紙】**〕

はいな《感動詞》 ①呼びかけに応えて、返事をするときに使う言葉。「はいな・　なん(何)・ぞ・　よー(用)・です・か。」②承知した気持ちを表す言葉。「はいな・　わかっ・とり・ます・がな。」◆「はい」よりは、ややぞんざいな感じを伴う。

パイナップル〔**ぱいなっぷる**〕【英語＝pineapple】《名詞》 松かさを大きくしたような形の皮の中に、黄色い果肉がある熱帯産の果物。「きゅーしゅー(九州)・へ・　しゅーがくりょこー(修学旅行)・に・　い(行)っ・て・　ぱいなっぷる・が・　めずら(珍)しー・と・　おも(思)・た・　じだい(時代)・が・　あっ・た。」

はいのう〔**はいのー**〕【背嚢】《名詞》 軍人などが物品を入れて背中に負う鞄。「かた(肩)・に・　か(掛)ける・より・は・　はいのー・の・　ほー(方)・が・　らく(楽)や。」◆小学生などが学用品を入れて背中に負う鞄のことも言うことがあった。〔⇒**ランドセル【オランダ語＝ransel の変化】**〕

はいはい【這い這い】《名詞、動詞する》 乳幼児が、うつぶせになった状態のままで、手足を使って動くこと。「はいはい・が・　でけ(出来)る・よー・に・　なっ・た。」「はいはいし・て・　こっち・まで・　き(来)・た。」

はいはい《副詞と》 相手の言うことをそのまま受け入れている様子。相手の言うことに抵抗できない様子。「はいはい・　そない・　する・　つもり・だす。」〔⇒**はあはあ**〕

はいはい《感動詞》 相手の言うことに気軽に応じて発する言葉。「はいはい・　あんた・も・　げんき(元気)だす・なー。」◆「はい」よりも、ぞんざいな言い方のように感じることもある。〔⇒**はあはあ**〕

はいびょう〔**はいびょー**〕【肺病】《名詞》 結核菌によって肺などが冒される伝染病。「むかし(昔)・は・　はいびょー・は・　なお(治)ら・ん・　もん・や・と・　おも(思)・とっ・た。」〔⇒**けっかく【結核】、はいけっかく【肺結核】**〕

はいひんかいしゅう〔**はいひんかいしゅー**〕【廃品回収】《名詞、動詞する》 要らなくなり、役に立たなくなったりしたものを集めること。「はいひんかいしゅー・の・　ぎょーしゃ(業者)・が・　まー(回)っ・てき・た。」「つぎ(次)・の・　にちよー(日曜)・に・　こーねんくらぶ(高年クラブ)・が・　はいひんかいしゅーする。」

パイプ〔**ぱいぷ**〕【英語＝pipe】《名詞》 ①液体やガスなどを送るのに使う、金属や合成樹脂などで作られたもの。「よなか(夜中)・に・　ひ(冷)え・て・　すいどー(水道)・の・　ぱいぷ・が・　はれつ(破裂)し・た。」②刻み煙草を吸うときに使う器具。紙巻き煙草に用いる吸い口の部分。「えー・　かっこ(格好)し・て・　ぱいぷ・なんか・す(吸)ー・とる。」〔①⇒**くだ【管】**〕

ハイヤー〔**はいやー、はいや**〕【英語＝hire】《名詞》 貸し切りにした営業用乗用車。「はいや・に・　の(乗)っ・て・　おんせん(温泉)・へ・　い(行)っ・た。」「えきまえ(駅前)・に・は・　はいやー・が・　おら・なんだ。」◆かつての高齢者は、「タクシー」という言葉を使わずに、もっぱら「ハイヤー」を使っていたように思う。

はいりこぐち【入り小口】《名詞》 ①門や玄関などに作られている、小さな入口。「おーど(大戸)・を・　し(閉)め・て・　はいりこぐち・を・　あ(開)け・とく。」②建物などに入ってすぐの場所。「こーかいどー(公会堂)・の・　はいりこぐち・で・　ともだち(友達)・に・　お(会)ー・た。」〔①⇒**こぐち【小口】**〕

はいる【入る】《動詞・ラ行五段活用》 ①外から、ある限られたところへ進み行く。外から中へ移る。「ともだち(友達)・と・　えーがかん(映画館)・へ・　はいる。」②見えていたものの姿が隠れる。「おひ(日)さん・が・　くも(雲)・の・　なか(中)・に・　はいっ・た。」③中に収まる。「この・　はこ(箱)・に・は・　まんじゅー(饅頭)・が・　じっこ(十個)・　はいる。」④手元の金銭が増える。「きゅーりょー(給料)・が・　はいっ・た・さかい・　の(飲)み・に・　い(行)こ・か。」⑤学校に入学する。「むすめ(娘)・が・　こーとーがっこ(高等学校)・に・　はいっ・た。」⑥団体などのメンバーになる。「こーこーせー(高校生)・に・　なっ・て・　せーねんだん(青年団)・に・　はいっ・た。」⑦別のものや、異色のものが加わる。「えんぴつ(鉛筆)・の・　なか(中)・に・　あかえんぴつ(赤鉛筆)・が・　いっぽん(一本)・　はいっ・とる。」⑧その時期になる。「し(知)ら・ん・　ま(間)ー・に・　にがつ(二月)・に・　はいっ・とっ・た。」「かん(寒)・に・　はいっ・たら・　かんげーこ(寒稽古)・が・　はじ(始)まる。」⑨懸命になって、力を加える。「ちから(力)・が・　はいっ・とる・

は

すもー(相撲)・やっ・た。」⑩入学試験やコンクールや選考などに合格する。「きょー(今日)・　はっぴょー(発表)・やっ・た・ん・や・けど・　はいっ・とっ・た・で。」⑪テレビやラジオが受信可能な状態になる。「ちゅーごくご(中国語)・の・　ほーそー(放送)・が・　はいる。」「うち・の・　てれび(テレビ)・は・　あんてな(アンテナ)・の・かげん(加減)・で・　しこく(四国)・の・　きょく(局)・も・　はいる・ねん。」⑫動作や作用などが加わる。「ねん(念)・の・　はいっ・た・　はなし(話)・を・　き(聞)ー・た。」■他動詞は「いれる【入れる】」「ええる【(入える)】」「えれる【(入れる)】」■対語＝「でる【出る】」〔③⑫⇒**いる【入る】**〕

はう【這う】《動詞・ワア行五段活用》　①うつぶせになって、手足や腹をつけて進む。「あか(赤)ちゃん・が・　はう・よーに・　なっ・た。」②立ち上がらないで、擦るようにして動く。四つんばいになる。「あし(足)・が・　よわ(弱)なっ・て・　た(立)た・れ・へん・さかい・　いえ(家)・の・　なか(中)・を・　ほー・て・　うご(動)く。」③虫などが体を擦って進む。「でんでんむし(蝸牛)・が・　は(葉)ー・の・　うえ(上)・を・　はい・よる。」「へび(蛇)・が・　ほー・とる。」「みみず(蚯蚓)・が・　はう・よーな・　じ(字)ー・を・　か(書)く。」④小さな虫が動く。「あり(蟻)・が・　さとー(砂糖)・に・　ほー・て・　あつ(集)まる。」⑤草木の根や、ツタのような植物が、地面や木などにまつわりついて伸びる。「つた(蔦)・が・　でんしんばしら(電信柱)・を・　ほー・て・　あ(上)がっ・とる。」

はえ【蝿】《名詞》　食べ物に群がり集まったり台所を飛び回ったりして伝染病を広めることもある、黒色の小さな昆虫。「はえ・が・　たか(集)ら・ん・よーに・　き(気)ーつけ・や。」〔⇒**はい【(蝿)】**〕

はえ【(灰)】《名詞》　ものが燃えたあとに残る粉状のもの。「すとーぶ(ストーブ)・の・　はえ・を・　か(掻)きだ(出)す。」〔⇒**はい【灰】**〕

はえたたき【蝿叩き】《名詞》　飛び回っている蝿を落としたり殺したりするための、短い柄の先に小さな網を取り付けた道具。「はえたたき・を・　つこ(使)ー・たら・　あら(洗)わ・んと・　きたな(汚)い・がな。」◆「はいたたき」と言う方が多い。〔⇒**はいたたき【(蝿叩き)】**〕

はえとりがみ【蝿取り紙】《名詞》　蝿を捕るために吊しておく、粘着性の強い薬品を塗った紙。「だいどころ(台所)・の・　すみ(隅)・に・　はえとりがみ・を・　つ(吊)っ・とく。」◆「はいとりがみ」と言う方が多い。〔⇒**はいとりがみ【(蝿取り紙)】**〕

はえる【生える】《動詞・ア行下一段活用》　①植物の芽や根が出る。木や草が伸びて育つ。「こないだ・　ま(蒔)い・た・　あさがお(朝顔)・が・　はえ・てき・た。」「いわ(岩)・に・　き(木)ー・が・　はえ・とる。」②歯が表面に出る。「あか(赤)んぼー・に・　は(歯)・が・　はえ・た。」③髭や毛が表面に伸びる。「ひげ(髭)・が・　はえる・よーな・　としごろ(年頃)・に・　なっ・た。」「け(毛)ー・が・　はえる・　くすり(薬)・を・　こ(買)ー・た・けど・　こーか(効果)・が・　あら・へん。」◆「はえ・へん」(打ち消し)を「はえら・へん」と言ったりして、ラ行五段活用への変化が見られる。■他動詞は「はやす【生やす】」

はおり【羽織】《名詞》　和服の上に着る、防寒用または装飾用の、たけの短い衣服。「はおり・を・　はお(羽織)っ・て・　かいもん(買物)・に・　い(行)く。」

はおる【羽織る】《動詞・ラ行五段活用》　着ているものの上に、きちんと着るのではなく、軽くかけて着る。「じゃんぱー(ジャンパー)・を・　はおっ・て・　ある(歩)く。」■名詞化＝**はおり【羽織】**

はか【墓】《名詞》　①亡くなった人や動物の遺体や遺骨などを埋める場所。「ぼん(盆)・に・　なっ・たら・　あんどん(行灯)・を・　も(持)っ・て・　はか・へ・　まい(参)る。」②亡くなった人を葬った場所に立てる、石で作った墓標。「はか・に・　なまえ(名前)・を・　きざ(刻)む。」◆①については、両墓制の名残があるところでは、かつて埋め墓であったところを「さんまい【三昧】」と言い、それとは別に、寺の周りに「はか【墓】」を持っていた。現在では、その区別なく「はか【墓】」と言うことが多くなっている。〔①⇒**さんまい【三昧】、はかば【墓場】**。②⇒**はかいし【墓石】、せきひ【石碑】、せきとう【石塔】**〕

はか【量、捗】《名詞》　時間に応じた、仕事などの進み具合。「この・　さぎょー(作業)・は・　なかなか・　はか・が・　いか・へん。」

ばか【馬鹿】《名詞、形容動詞や(ナ)》　①ぼんやりしていて、頼りないところがあること。鋭さに欠けたり手抜かりが生じたりすること。また、そのような人。「そんな・　こと・　する・　こ(子)・は・　ばかや。」②機能や働きが失われること。効き目がないこと。「ねじ(螺子)・が・　ばかに・　なっ・ても・とる。」③程度が甚だしい様子。「ばかな・　ちから(力)・が・　で(出)る。」〔⇒**あほう【阿呆】**。①②⇒**あっぽ【阿っ呆】、だぼ**。①⇒**ぬけ【抜け】、まぬけ【間抜け】、ぼけ【呆け】、ぬけさく【抜け作】、あほうたれ【阿呆垂れ】、あほうだら【阿呆垂ら】、あほんだら【(阿呆垂ら)】、あほんだれ【(阿呆垂れ)】、だぼさく【だぼ作】、ぼけさく【呆け作】、ぼけなす【呆けなす】、とぼけさく【惚け作】、ばかもん【馬鹿者】、ばかたれ【馬鹿垂れ】**〕

はかい《接続助詞》　理由や根拠などを表す言葉。前に述べることが原因や理由となって、後ろに述べることが起こることを表す言葉。「はら(腹)・が・　へ(減)っ・た・はかい・　うどんや(饂飩屋)・へ・　はい(入)っ・た。」〔⇒**さかい、さかいに、さけ、さけに、はかいに、ので、から、し**〕

はかい《終助詞》　相手に対して念を押して言う気持ちを表す言葉。「じっと・　ここ・に・　おる・はかい。」〔⇒**さかい、さかいに、さけ、さけに、はかいに、ので、から**〕

はがいい〔はがいー〕【歯痒い】《形容詞・イイ型》　ものごとが思うように進展しなくて、いらいらする気持ちになる様子。「こども(子供)・の・　べんきょー(勉強)・の・　しかた(仕方)・を・　み(見)・とっ・たら・　はがいー・て・　しょーがない。」

はかいし【墓石】《名詞》　亡くなった人を葬った場所に立てる、石で作った墓標。「じしん(地震)・で・　はかいし・まで・　こけ・ても・た。」〔⇒**せきとう【石塔】、せきひ【石碑】、はか【墓】**〕

はかいに《接続助詞》　理由や根拠などを表す言葉。前に述べることが原因や理由となって、後ろに述べることが起こることを表す言葉。「あめ(雨)・が・　ふ(降)っ・た・はかいに・　だいぶ(大分)・　すず(涼)しー・　なっ・た。」〔⇒**さかい、さかいに、さけ、さけに、はかい、ので、から、し**〕

はかいに《終助詞》　相手に対して念を押して言う気持ちを表す言葉。「あんた・に・　たの(頼)ん・だ・ん・や・はかいに。」〔⇒**さかい、さかいに、さけ、さけに、はかい、ので、から**〕

はがうく〔はーがうく〕【歯が浮く】《動詞・カ行五段活用》

①歯の付け根がゆるんだように感じられる。「はーがうい・て・　もの・が・　か(噛)み・にくい。」②見え透いたお世辞や、気障な言葉を言うことの喩えの言葉。「はがうい・た・よーな・　ほ(誉)めかた・を・　せ・んとい・てんか。」

はかがいく【量が行く、捗が行く】《動詞・カ行五段活用》　仕事などが順調に、能率よく進んでいく。しなければならない分量を、どんどんこなしていく。残りが少なくなっていく。「きょー(今日)・の・　しごと(仕事)・は・　だいぶん(大分)・　はかがいっ・た・なー。」〔⇒**はかどる**【捗る】〕

はがき【葉書】《名詞》　郵便物として使う、一枚物で大きさの決まった用紙。「はがき・で・　れー(礼)・を・　ゆ(言)ー。」

ばかし《副助詞》　①それ以外のものを排除して、限定する意味を表す言葉。「おんな(同)じ・　しっぱい(失敗)・ばかし・　なんべん(何遍)・も・　し・たら・　あか・ん・やろ。」「ゆ(言)ー・ばかし・で・　なに(何)・も・　し・てくれ・へん。」②おおよその範囲や程度などを表す言葉。「ごひゃくえん(五百円)・ばかし・の・　かし(菓子)・を・　こ(買)ー・て・　みやげ(土産)・に・　する。」③その動作が終わってから、時間が経っていないことを表す言葉。「すいっち(スイッチ)・を・　い(入)れ・た・ばかし・や・さかい・　もー・　ちょっと(一寸)・　ま(待)っ・てんか。」〔⇒**ばっかし、ばかり、ばっかり**〕

ばかしょうじき〔**ばかしょーじき**〕【馬鹿正直】《形容動詞や(ノ)、名詞》　適当に振る舞うことを知らず、あまりに正直すぎて、気が利かなかったり馬鹿を見たりする様子。また、そのような人。「い(言)わ・れ・た・　こと(事)・しか・　せ・ん・　ばかしょーじきな・　おとこ(男)・や。」〔⇒**あほうしょうじき**【阿呆正直】〕

はがす【剥がす】《動詞・サ行五段活用》　何かの面に貼りついていた薄いものを、その面からはぎ取る。しっかり存在していたものをめくり取る。「ふーとー(封筒)・から・　きれー(綺麗)な・　きって(切手)・を・　はがす。」「にわ(庭)・の・　こんくりーと(コンクリート)・を・　はがす。」

ばかす【化かす】《動詞・サ行五段活用》　人の心をだまして、迷わせる。正常な判断ができないように仕向ける。「きつね(狐)・や・　たぬき(狸)・に・　ばかさ・れ・たら・　あか・ん・ぞ。」

ばかすか《副詞と》　①激しく殴ったり、殴られたりする様子。「けんか(喧嘩)し・て・　ばかすか・　やら・れ・ても・た。」②激しく攻撃したり、されたりする様子。「ばかすか・　てん(点)・を・　い(入)れ・られ・た。」③乱暴な勢いで何かをする様子。「ばかすか・　ほ(放)りな(投)げ・たら・　ふくろ(袋)・が・　やぶ(破)れる・やない・か。」〔⇒**ぼかすか**。①②⇒**ぽかすか、ぼかぼか、ぽかぽか**〕

はかせ【博士】《名詞》　学問や専門分野についての知識や技能などが特に詳しい人。「さかな(魚)・の・　こと・は・　なん(何)・でも・　し(知)っ・とる・さかい・　あいつ(彼奴)・は・　はかせ・や・なー。」

はがたつ〔**はーがたつ**〕【歯が立つ】《動詞・タ行五段活用》　①硬いけれども噛める。「かた(硬)い・　りんご(林檎)・に・は・　はーがたたん・なー。」②相手の力に対抗できる。「あの・　ちーむ(チーム)・は・　つよ(強)すぎ・て・　はーがたた・なんだ。」◆後ろに打ち消しを伴う表現が多く、「はがたた・ん」「はがたた・なんだ」などと言う。

ばかたれ【馬鹿垂れ】《名詞、形容動詞や(ノ)》　ぼんやりしていて、頼りないところがあること。鋭さに欠けたり手抜かりが生じたりすること。また、そのような人。「ばかたれ・が・　ごはん(飯)・を・　こぼ(零)し・とる。」〔⇒**ぬけ**【抜け】、**まぬけ**【間抜け】、**あほう**【阿呆】、**あっぽ**【阿っ呆】、**だぼ、ぼけ**【呆け】、**ばか**【馬鹿】、**ぬけさく**【抜け作】、**あほうたれ**【阿呆垂れ】、**あほうだら**【阿呆垂ら】、**あほんだら**【(阿呆垂ら)】、**あほんだれ**【(阿呆垂れ)】、**だぼさく**【だぼ作】、**ぼけさく**【呆け作】、**ぼけなす**【呆けなす】、**とぼけさく**【惚け作】、**ばかもん**【馬鹿者】〕

ばかっと《副詞》　①大きくまとまって、きれいに割れる様子。気持ちよく割れる様子。「こ(小)まい・　すいか(西瓜)・やっ・たら・　て(手)ー・で・　ばかっと・　わ(割)れる。」②何かを入れているものの口が、はずれたり裂けたりして急に大きく開く様子。また、その音。「かばん(鞄)・の・　くちがね(口金)・が・　と(取)れ・て・　ばかっと・　あ(開)い・た。」〔⇒**ぱかっと**。①⇒**ぼかっと、ぽかっと**〕

ぱかっと《副詞》　①大きくまとまって、きれいに割れる様子。気持ちよく割れる様子。「よき(＝斧)・で・　た(焚)きもん・の・　き(木)ー・を・　ぱかっと・　わ(割)る。」②何かを入れているものの口が、はずれたり裂けたりして急に開く様子。また、その軽い音。「こぜにい(小銭入)れ・の・　くち(口)・が・　ぱかっと・　あ(開)い・とる。」〔⇒**ばかっと**。①⇒**ぼかっと、ぽかっと**〕

はかどる【捗る】《動詞・ラ行五段活用》　仕事などが順調に、能率よく進んでいく。しなければならない分量を、どんどんこなしていく。残りが少なくなっていく。「みち(道)・を・　ひろ(広)げる・　こーじ(工事)・が・　はかどっ・とる。」〔⇒**はかがいく**【量が行く、捗が行く】〕

はがね【刃金】《名詞》　かみそりの刃などのように、特に薄い刃。「はがね・で・　えんぴつ(鉛筆)・を・　けず(削)っ・とる。」◆小学生の頃、鉛筆を削る道具を「ナイフ【英語＝knife】」と言っていたが、その一種はいわゆる肥後の守であり、もう一種はかみそりの刃の形をしたものに安全策を施した形のものであった。前者を「ナイフ【英語＝knife】」と言うのに対して、後者を「はがね【刃金】」と言い分けることがあった。

はかば【墓場】《名詞》　亡くなった人や動物の遺体や遺骨などを埋める場所。「むかし(昔)・は・　ひと(人)・が・　し(死)ん・だら・　はかば・を・　ほ(掘)り・に・　いっ・た。」〔⇒**はか**【墓】、**さんまい**【三昧】〕

ばかばか《副詞と》　勢いよくものごとが進んでいく様子。「ばかばか・　しごと(仕事)・を・　する。」「あの・　じだい(時代)・は・　けーき(景気)・が・　よ(良)ー・て・　ばかばかと・　もー(儲)かっ・た。」

ぱかぱか《名詞》　家畜として飼われ農耕・運搬・乗馬などに活用される、たてがみがあって首の長い動物。「ぱかぱか・が・　みち(道)・に・　あっぱ〔＝うんこ〕・を・　おと(落)とし・とる。」◆幼児語。〔⇒**うま**【馬】、**んま**【馬】、**おんまぱかぱか**【お馬ぱかぱか】〕

ぱかぱか《副詞と》　馬が足音を高く立てて歩く様子。また、その音。「うま(馬)・が・　ぱかぱか・　ある(歩)く。」

ばかばかしい〔**ばかばかしー**〕【馬鹿馬鹿しい】《形容詞・イイ型》　つまらない。取るに足りない。常識を逸脱している。「そんな・　はなし(話)・は・　ばかばかしー・て・　き(聞)ー・とら・れ・へん。」〔⇒**ばからしい**【馬鹿らしい】、**あほうらしい**【阿呆らしい】〕

はかま【袴】《名詞》　①和服の上からはき、腰から足首までをおおう、ひだのある衣類。「けんどー(剣道)・の・　せんせー(先生)・が・　はかま・を・　は(履)い・とる。」「はおり(羽織)・と・　はかま・を・　き(着)・たら・　ぴしっと・　ひ(引)きしまる。」②植物の茎を取り巻いて覆っている皮。「つくし(土筆)・の・　はかま・を・　と(取)る。」

はかまいり【墓参り】《名詞、動詞する》 墓へ行って、死者の霊を弔うこと。「ひがん(彼岸)・に・　おや(親)・の・　はかまいり・に・　い(行)く。」◆「はかいき【墓行き】」と言うこともある。

ばかもん【馬鹿者】《名詞、形容動詞や(ノ)》 ぼんやりしていて、頼りないところがあること。鋭さに欠けたり手抜かりが生じたりすること。また、そのような人。「ばかもん・が・　また・　ちこく(遅刻)し・よっ・た。」〔⇒**ぬけ【抜け】**、**まぬけ【間抜け】**、**あほう【阿呆】**、**あっぽ【阿っ呆】**、**だぼ**、**ぼけ【呆け】**、**ばか【馬鹿】**、**ぬけさく【抜け作】**、**あほうたれ【阿呆垂れ】**、**あほうだら【阿呆垂ら】**、**あほんだら【(阿呆垂ら)】**、**あほんだれ【(阿呆垂れ)】**、**だぼさく【だぼ作】**、**ぼけさく【呆け作】**、**ぼけなす【呆けなす】**、**とぼけさく【惚け作】**、**ばかたれ【馬鹿垂れ】**〕

ばからしい〔ばからしー〕【馬鹿らしい】《形容詞・イイ型》 つまらない。取るに足りない。常識を逸脱している。「ほんき(本気)・で・　き(聞)ー・とら・れ・へん・　ばからしー・　はなし(話)・や・なー。」〔⇒**ばかばかしい【馬鹿馬鹿しい】**、**あほうらしい【阿呆らしい】**〕

はかり【秤】《名詞》 ものの重さを量る道具。「やさい(野菜)・を・　き(切)っ・て・　はかり・に・　かける。」◆竿ばかりは「きんじょ」、台ばかりは「かんかん【看貫】」とも言う。

ばかり《副助詞》 ①それ以外のものを排除して、限定する意味を表す言葉。「あさ(朝)・から・　ばん(晩)・まで・　あそ(遊)ん・で・ばかり・で・　べんきょー(勉強)し・よら・へん。」②おおよその範囲や程度などを表す言葉。「ここ・から・は・　いちきろ(一キロ)・ばかり・の・　みち(道)のり・だす。」③その動作が終わってから、時間が経っていないことを表す言葉。「いま(今)・　き(来)・た・ばかり・です。」〔⇒**ばっかし**、**ばかし**、**ばっかり**〕

はかりうり【量り売り】《名詞、動詞する》 買う人の希望する分量を、かさや重さなどで量って売ること。「むかし(昔)・は・　びん(瓶)・を・　も(持)っ・ていっ・て・　しょーゆ(醤油)・の・　はかりうり・を・　し・てもろ・た。」

はかる【計る、量る、測る】《動詞・ラ行五段活用》 はかり、枡(ます)、物差し、時計などを使って、重さ、長さ、容量、時間などを調べたり数えたりする。「あか(赤)んぼ・の・　めかた(目方)・を・　はかる。」「いっしょーびん(一升枡)・で・　はかる。」「さけ(酒)・を・　はかっ・て・　う(売)る。」「たて(縦)・と・　よこ(横)・の・　なが(長)さ・を・　はかる。」「いど(井戸)・の・　そこ(底)・まで・の・　ふか(深)さ・を・　はかる。」「てんじょー(天井)・まで・の・　たか(高)さ・を・　はかる。」「ごひゃくめーとる(五百メートル)・を・　はし(走)る・　じかん(時間)・を・　はかる。」

はがる【填る】《動詞・ラ行五段活用》 特定の空間、枠組み、穴などのようなところに、ぴったりと合って入る。「まど(窓)・の・　わく(枠)・に・　がらす(ガラス)・が・　はがる。」■他動詞は「はげる【填げる】」〔⇒**はまる【填る】**〕

はがれる【剥がれる】《動詞・ラ行下一段活用》 何かの面に貼りついていた薄いものが、その面から取れる。しっかりくっついていたものが、めくれて取れる。「みず(水)・に・　つ(浸)け・とい・た・　きって(切手)・が・　はがれ・た。」

はぎ【萩】《名詞》 秋の七草のひとつで、赤紫や白の小さな花をたくさん咲かせる、背の低い木。「はぎ・の・　むらさきいろ(紫色)・の・　はな(花)・が・　きれー(綺麗)や・なー。」

はきけ【吐き気】《名詞》 食べたものを吐き出したくなる気持ち。「た(食)べ・た・　もん(物)・に・　あ(当)たっ・た・みたいで・　はきけ・が・　し・てき・た。」◆とても不快な気持ちの喩えにも使う。

はぎしり【歯ぎしり】《名詞、動詞する》 眠っているときに、歯をかみ合わせて、ギリギリと音を立てること。「はぎしり・の・　おー(大)けな・　おと(音)・が・　する。」

はきだす【吐き出す】《動詞・サ行五段活用》 ①食べたものを口から外へ出す。「さかな(魚)・の・　ほね(骨)・を・　はきだす。」②心の中にたまっていることを話してしまう。「おも(思)・とる・　こと(事)・を・　はきだし・たら・　らく(楽)に・　なる・やろ。」③蓄えている金品を出す。「ちょきん(貯金)・を・　はきだし・て・　べんしょー(弁償)する。」〔①⇒**ちゅうする**〕

はきだす【掃き出す】《動詞・サ行五段活用》 中にあるごみやほこりなどを、箒などを使って外に出す。「ざしき(座敷)・の・　ごみ(塵)・を・　にわ(庭)・の・　ほー(方)・へ・　はきだす。」

はきだめ【掃き溜め】《名詞》 ごみを集めておいたり捨てたりする場所。「くずかご(屑籠)・の・　ごみ(塵)・を・　はきだめ・に・　す(捨)てる。」〔⇒**ごみすてば【塵捨て場】**〕

はきはき《副詞と、動詞する》 ものの言い方や態度が、はっきりして要領がよい様子。つかえたりためらったりすることなく、言葉や態度に表す様子。「き(聞)か・れ・た・　こと・に・　はきはきと・　こた(答)える。」〔⇒**ちゃきちゃき**、**しゃきしゃき**、**しゃかしゃか**〕

はきもん【履き物】《名詞》 靴、下駄、草履など、地面を歩くときに足につけるもの。「はきもん・を・　は(履)か・んと・　そと(外)・へ・　で(出)・たら・　あか・ん・ぞ。」〔⇒**じょじょ**、**じょり【(草履)】**〕

はきもんや【履き物屋】《名詞》 靴、下駄、草履などを売っている店。「はきもんや・で・　うんどーぐつ(運動靴)・を・　こ(買)ー・た。」

はぎれ【端切れ】《名詞》 織物の半端なもの。織物の裁ち残りの部分。「はぎれ・で・　もよー(模様)・の・よーに・　ぬ(縫)う。」〔⇒**きれ【切れ、布】**〕

はく【泊】《名詞》 自分の家でないところに泊まること。「ふつかめ(二日目)・の・　はく・は・　どこ・です・か。」

はく〔ぱく〕【箔】《名詞》 金属を紙のように薄く延ばしたもの。「ちょこれーと(チョコレート)・の・　あるみ(アルミ)・の・　はく・を・　めくる。」

はく【吐く】《動詞・カ行五段活用》 ①口の中に含んでいたものを外へ出す。「こんな・　とこ(所)・へ・　つば(唾)・を・　はい・たら・　あか・ん。」②胃の中のものを、もどして外に出す。「きぶん(気分)・が・　わる(悪)い・ん・やっ・たら・　はい・てみ・なはれ。」③中にたまっていたものを噴き出す。「けむり(煙)・を・　はい・て・　きしゃ(汽車)・が・　はし(走)る。」〔①⇒**ちゅうする**〕

はく【掃く】《動詞・カ行五段活用》 なでるようにして、箒などでごみを押しやるようにして除ける。払い除くために寄せ集める。また、その結果、その場をきれいにする。「みち(道)・の・　ごみ(塵)・を・　はい・て・　あつ(集)める。」

は

はく【履く】《動詞・カ行五段活用》 衣服などを身に付ける。体にまとい付ける。「はんずぼん(半ズボン)・を・はく。」「うんどーぐつ(運動靴)・を・　はく。」「くつした(靴下)・を・　はく。」「たび(足袋)・を・　はく。」「てぶくろ(手袋)・を・　はく。」◆主として、下半身に付けるものについて言う。

はく〔ぱく〕【泊】《助数詞》 自分の家でないところに泊まる回数を数える言葉。「なん(何)ぱく・の・　りょこー(旅行)・を・　する・ん・かいなー。」

はくい【白衣】《名詞》 医師、看護士、実験する人などが着る、白い上着。「はくい・を・　き(着)・た・　かんごふ(看護婦)さん・が・　おる。」

ばくおん【爆音】《名詞》 自動車、オートバイ、飛行機などのエンジンが発する大きな音。「えらい・　ばくおん・の・　する・　じどーしゃ(自動車)・や・なー。」

はぐき【歯茎】《名詞》 歯の根元を包んでいる肉の部分。「はぐき・から・　ち(血)ー・が・　で(出)・た。」

はくさい【白菜】《名詞》 煮物や漬け物などに使う、しわがあって長円形の葉が重なり合っていて、根元は白くて厚い野菜。「すきやき(鋤焼)・に・　はくさい・を・　い(入)れる。」

はくし【白紙】《名詞》 ①何も書かれていない、白い紙。「いんさつ(印刷)・が・　ぬ(抜)け・とる・　はくし・が・　はい(入)っ・とっ・た。」②質問などに答えないで、何も書いていない答案やアンケート用紙や投票用紙など。「はくし・で・　だ(出)し・たら・　は(恥)ずかしー・ぞ。」

はくしゅ【拍手】《名詞、動詞する》 褒めたい気持ちを表すときや、賛成の気持ちを表すときなどに、手のひらを打ち合わせて音を出すこと。「さんせー(賛成)・の・　ひと(人)・は・　はくしゅ・を・　し・てください。」「げき(劇)・が・　お(終)わっ・た・　とき(時)・に・　みんな(皆)・　はくしゅし・た。」

はくじょう〔はくじょー〕【白状】《名詞、動詞する》 自分のした悪事や失敗談などを隠さないで、人前でありのままをうち明けること。内緒にしていたことを公表すること。「つか(捕)まっ・た・　どろぼー(泥棒)・が・　はくじょーし・た・ん・やて。」

はくじょう〔はくじょー〕【薄情】《形容動詞や(ナ)》 相手の立場に立ってものを考えるようなことがない。人情味に欠けて、よそよそしい。「はくじょーな・　こと・を・　い(言)わ・んと・　かね(金)・を・　か(貸)し・てんか。」〔⇒**みずくさい【水臭い】**〕

はくしょん《名詞、動詞する》 鼻の粘膜が刺激を受けて、急に激しく吹き出す息。「かぜ(風邪)・を・　ひー・て・　ずっと・　はくしょん・が・　つづ(続)い・とる。」〔⇒**くしゃみ【嚔】、くっしゃみ【(嚔)】**〕

はくしょん《副詞と》 くしゃみをする音を表す言葉。「はくしょんと・　い(言)わ・ん・よーに・　ぬく(温)ー・に・　し・とき・なはれ。」〔⇒**くしゃん**〕

はくせんこう〔はくせんこー、はくせんこ〕【白雪羹】《名詞》 米粉と水飴を使ってできた、やや固い干菓子。「はくせんこ・を・　く(食)・たら・　くち(口)・の・　なか(中)・の・　みずけ(水気)・を・　す(吸)わ・れ・てまう。」◆彼岸や盆のお供え菓子として、蓮の花などをかたどったものもある。

ばくだん【爆弾】《名詞》 中に火薬を詰めて、投げたり落としたりして爆発させて相手を攻撃する兵器。「くーしゅー(空襲)・の・　とき(時)・は・　ばくだん・が・　ぎょーさん(仰山)・　お(落)ち・てき・た。」

ばくち【博打】《名詞、動詞する》 ①お金や品物を賭けて、勝負をすること。「ばくち・なんか・　や(止)め・て・　まじめ(真面目)に・　はたら(働)け。」「ばくちし・とっ・て・　み(見)つかっ・たら・　えらい・　めー・に・　あう・ぞ。」②万一の幸運をあてにして行う、成功率の低い危険な行為。「たいふー(台風)・が・　ちか(近)づい・とる・のに・　やま(山)・に・　のぼ(登)る・よーな・　ばくち・は・　や(止)め・なはれ。」

ばくちうち【博打打ち】《名詞》 お金や品物を賭けて、勝負をする人。また、それが好きな人。「しごと(仕事)・も・　せ・んと・　ばくちうち・を・　し・とる・　おとこ(男)・は・　こま(困)る・なー。」

はくちゅう〔はくちゅー〕【白昼】《名詞》 真昼の明るいとき。朝や夕方を除いた、真昼。「はくちゅー・に・　どろぼー(泥棒)・に・　はい(入)ら・れ・た。」〔⇒**ひなか【日中】、ひるひなか【昼日中】、ひるのひなか【昼の日中】、まっぴるま【真っ昼間】、まひる【真昼】**〕

はくちょう〔はくちょー〕【白鳥】《名詞》 冬に北から渡ってくる、首が長く羽が白い大型の水鳥。「はくちょー・が・　と(飛)ん・でくる・　みずうみ(湖)・を・　み(見)・に・　い(行)く。」◆渡り鳥の白鳥を見る機会が少ないから、白い羽を持った鳥を、広く「はくちょう【白鳥】」と言うこともある。

はくちょう〔はくちょー〕【白丁】《名詞》 秋祭りで、神輿を担ぐ人が身につける白い装束。また、その装束を身につけている人。「まつり(祭)・が・　す(済)ん・で・　はくちょー・を・　くりーにんぐ(クリーニング)・に・　だ(出)す。」「わか(若)い・　ひと(人)・は・　たいこ(太鼓＝布団屋台)・を・　かい・て・　ちゅーろー(中老)・の・　はくちょー・が・　みこし(御輿)・を・　かく。」

ぱくっと《副詞》 ①口を大きく開けて、一口で食べる様子。「けーき(ケーキ)・を・　ぱくっと・　た(食)べ・た。」②割れ目や裂け目が、大きく開く様子。「じしん(地震)・で・　みち(道)・に・　ぱくっと・　わ(割)れめ・が・　でけ(出来)・た。」

はくつる【白鶴】《固有名詞》 かつて存在した、白鶴酒造江井ヶ島支店のこと。「はくつる・の・　ひろば(広場)・に・　おー(大)けな・　おけ(桶)・が・　あろ(洗)ー・て・　ほ(干)し・てある。」◆酒の銘柄を指すよりも、その醸造施設のことを指すことが多い。　**〔巻末「わが郷土」の「はくつる」の項を参照〕**

ぱくぱく《副詞と、動詞する》 ①口を大きく開けて食べる様子。軽やかに、盛んに食べる様子。「ぱくぱく・た(食)べ・て・　ぜんぶ(全部)・　たい(平)らげ・た。」②歌わないで、格好だけ口を開け閉めする様子。「し(知)ら・ん・　うた(歌)・やっ・た・さかい・　くち(口)・だけ・　ぱくぱく・　うご(動)かし・とっ・た。」③魚などが、しきりに口を大きく開け閉めする様子。「こい(鯉)・が・　すいめん(水面)・まで・　で(出)・てき・て・　ぱくぱくし・とる。」④ものの合わせ目などが離れて、開いたり閉じたりする様子。「はし(走)っ・たら・　らんどせる(ランドセル)・の・　ふた(蓋)・が・　ぱくぱくする。」

ばくはつ【爆発】《名詞、動詞する》 物質の反応によって、体積が急に増して、光・音・熱などを出して激しく破裂すること。「こーば(工場)・で・　ばくはつ・が・　あっ・た。」「かざん(火山)・が・　ばくはつする。」「がす(ガス)・の・　ばくはつ・は・　おと(恐)ろしー・なー。」

はくぼく【白墨】《名詞》 黒板に文字や図形を書くために、粉末の石膏を棒のように固めた筆記具。「はくぼく・で・　みち(道)・に・　え(絵)ー・を・　かい・た。」〔⇒**はこぼく【(白墨)】、チョーク【英語＝chalk】**〕

はくまい【白米】《名詞》 玄米を搗いて、胚芽や糠を取り除いて、白くした米。「せんじちゅー(戦時中)・は・　はくまい・が・　く(食)え・なん・だ。」

はくらい【舶来】《名詞》 外国で作られて輸入された製品。あか抜けした品物。「はくらい・の・　かんづめ(缶詰)・を・　か(買)う。」「めずら(珍)しー・　たばこ(煙草)・や・けど・　それ・は・　はくらい・かいな。」◆戦後すぐの頃は、「はくらい【舶来】」が価値を持ち、高級品という印象が強かった。■対語＝「こくさん【国産】」〔⇒**はくらいひん**【舶来品】〕

はくらいひん【舶来品】《名詞》 外国で作られて輸入された製品。あか抜けした品物。「はくらいひん・の・　とけー(時計)・を・　こ(買)ー・た。」■対語＝「こくさんひん【国産品】」〔⇒**はくらい**【舶来】〕

はくらんかい【博覧会】《名詞》 文化や産業などの振興を目指して、それらに関する様々なものを集めて展示し、人々に見せる催し。「おーさか(大阪)・で・　ばんこく(万国)はくらんかい・が・　あっ・た・　とき・は・　なんべん(何遍)・も・　み(見)・に・　い(行)っ・た。」◆戦後すぐの頃の博覧会で、その名称が印象に残っているのは、神戸博覧会である。日本貿易産業博覧会の通称が神戸博であった。1950年(昭和25年)のことで、場所は原田の森であり、その跡地にできたのが、今の王子動物園である。もちろん、見に行ったわけではなく、小学校にこの催しのポスターが貼ってあって、そのポスターを何度も何度も見たから記憶に残っているのである。

ぱくる《動詞・ラ行五段活用》 人にわからないように盗む。所有者に黙ったままで自分のものにしてしまう。「ばん(晩)・の・　あいだ(間)・に・　はたけ(畑)・の・　すいか(西瓜)・を・　ぱくら・れ・た。」「あいつ(彼奴)・の・　たばこ(煙草)・を・　いっぽん(一本)・　ぱくっ・たろ。」〔⇒**ちょろまかす**、**へ(を)かます**【屁(を)かます】〕

はぐるま【歯車】《名詞》 歯と歯とを組み合わせて回転を伝達するための、周りに一定の大きさの歯が刻んである、車の形をした部品。「きかい(機械)・の・　はぐるま・が・　はず(外)れ・た。」

はぐれる《動詞・ラ行下一段活用》 同行している人や仲間の人を見失って離れ離れになる。「まつり(祭)・で・　ともだち(友達)・と・　はぐれ・ても・た。」

ばくろう〔**ばくろー**、**ばくろ**〕【博労】《名詞》 牛や馬の売買を仕事にしている人。「ばくろ・が・　うし(牛)・を・　か(買)い・に・　き(来)・た。」

はけ【刷毛】《名詞》 絵の具やペンキや糊などを塗ったり、汚れを払ったりするために、毛を束ねて植えて柄などをつけた道具。「はけ・で・　もよー(模様)・を・　か(描)く。」〔⇒**ブラシ**【英語＝brush】〕

はげ【禿げ】《名詞》 ①頭のあるべきところに毛がないこと。また、頭の毛がない場所。また、頭に毛がない人。「みみ(耳)・の・　よこ(横)・に・　はげ・が・　ある。」②塗ったものがはがれ落ちたり、塗った色があせていること。また、そのような場所。「かんばん(看板)・の・した(下)・の・　ほー(方)・に・　はげ・が・　でけ(出来)・とる。」〔①⇒**ちゃびん**【茶瓶】、**はげちゃびん**【禿げ茶瓶】、**はげちゃん**【禿げちゃん】、**はげあたま**【禿げ頭】〕

はげあたま【禿げ頭】《名詞》 頭のあるべきところに毛がないこと。また、頭の毛がない場所。また、頭に毛がない人。「まえ(前)・の・　ほー(方)・の・　せき(席)・に・　すわ(座)っ・とっ・た・　はげあたま・の・　ひと(人)・は・　だれ(誰)・やっ・てん。」〔⇒**ちゃびん**【茶瓶】、**はげ**【禿げ】、**はげちゃびん**【禿げ茶瓶】、**はげちゃん**【禿げちゃん】〕

はげこむ【填げ込む】《動詞・マ行五段活用》 特定の空間、枠組み、穴などのようなところに、ぴったりと合うように入れる。「わく(枠)・の・　なか(中)・に・　ぼー(棒)・を・　はげこむ。」■名詞化＝**はげこみ**【填げ込み】〔⇒**はめる**【填める】、**はげる**【填げる】、**はめこむ**【填め込む】〕

はげしい〔**はげしー**〕【激しい】《形容詞・イイ型》 ①勢いが強くて、弱まる気配がない。「きのー(昨日)・は・　ごっつ・　はげしー・　あめかぜ(雨風)・やっ・た。」②迫ってくるような力などもあって、ものごとの程度がはなはだしい。「たべもの(食物)・の・　す(好)ききらい・が・　はげしー・　こ(子)ー・や。」

はげちゃびん【禿げ茶瓶】《名詞》 頭のあるべきところに毛がないこと。また、頭の毛がない場所。また、頭に毛がない人。「うち・の・　おやじ(親父)・は・　はげちゃびん・や・ねん。」〔⇒**ちゃびん**【茶瓶】、**はげ**【禿げ】、**はげちゃん**【禿げちゃん】、**はげあたま**【禿げ頭】〕

はげちゃん【禿げちゃん】《名詞》 頭のあるべきところに毛がないこと。また、頭の毛がない場所。また、頭に毛がない人。「あたま(頭)・の・　てっぺん(天辺)・が・　はげちゃん・に・　なっ・とる。」〔⇒**ちゃびん**【茶瓶】、**はげ**【禿げ】、**はげちゃびん**【禿げ茶瓶】、**はげあたま**【禿げ頭】〕

はげちょろけ【禿げちょろけ】《形容動詞や(ノ)》 ①色などが薄くなってしまっている様子。あせている様子。「はげちょろけの・　ふく(服)・を・　き(着)つづけ・とる。」②ペンキなどがはがれて落ちている様子。塗り物などの表面が剥がれたり取れたりしている様子。「ゆーびんぽすと(郵便ポスト)・が・　はげちょろけに・　なっ・ても・とる・さかい・　ぬ(塗)りかえ・てほしー・なー。」〔⇒**はげっちょろけ**【禿げっちょろけ】〕

バケツ〔**ばけつ**〕【英語＝bucket。馬穴】《名詞》 ブリキなどでできていて、上が広がった桶の形で、持ち運びのためのつるが付いていて、水などを入れる物。「ばけつ・で・　どろみず(泥水)・を・　く(汲)みだす。」

はげっちょろけ【禿げっちょろけ】《形容動詞や(ノ)》 ①色などが薄くなってしまっている様子。あせている様子。「ふく(服)・の・　いろ(色)・が・　はげっちょろけに・　なっ・とる。」②ペンキなどがはがれて落ちている様子。塗り物などの表面が剥がれたり取れたりしている様子。「はげっちょろけの・　うるし(漆)・の・　はこ(箱)・に・　い(入)れ・とく。」〔⇒**はげちょろけ**【禿げちょろけ】〕

ばけのかわ【化けの皮】《名詞》 ごまかすための、うわべを飾った見せかけ。「ばけのかわ・を・　は(剥)がし・たら・　やすもん(安物)・やっ・た。」

はげます【励ます】《動詞・サ行五段活用》 他人に言葉をかけて、気持ちを奮い立たせてやる。力づけて努力をさせる。「びょーき(病気)・を・　はよ(早)ー・　なお(治)せ・ゆーて・　はげまし・たっ・た。」

ばけもん【化け物】《名詞》 ①正体のわからないものや、異形のものに姿を変えて現れてくるもの。「ばけもん・の・　で(出)・てくる・　どーわ(童話)・を・　こわ(恐)がっ・とる。」②非常に大きなもの。「ばけもん・の・　たこ(蛸)・が・　つ(釣)れ・た。」③他の人たちとは異なった力の持ち主。「あの・　ばけもん・に・は・　ちから(力)・で・は・　か(勝)た・れ・へん。」〔⇒**おばけ**【お化け】〕

はける【捌ける】《動詞・カ行下一段活用》 ①水などが溜まらないで、よく流れる。「みぞ(溝)・の・　どろ(泥)・

を・　さら(浚)え・たら・　みず(水)・が・　よー・　はける・よーに・　なっ・た。」②品物がよく売れて、残りがなくなる。「ひゃっこ(百個)・　しい(仕入)れ・とい・たん・や・けど・　いつ・の・　ま(間)・に・やら・　はけ・ても・た。」

はげる【剝げる、禿げる】《動詞・ガ行下一段活用》　①表面を覆っていたものが、めくれて取れる。「じゅーばこ(重箱)・の・　うるし(漆)・が・　はげ・た。」「めっき(鍍金)・が・　はげる。」②色や艶などが薄くなる。「ぺんき(ペンキ)・の・　いろ(色)・が・　はげ・てき・た。」③生えていた毛が抜け落ちる。「でぼちん・の・　はげ・た・　ひと(人)・が・　き(来)・た。」■名詞化＝**はげ**【**剝げ、禿げ**】

はげる【填げる】《動詞・ガ行下一段活用》　①特定の空間、枠組み、穴などのようなところに、ぴったりと合うように入れる。「まど(窓)・に・　がらす(ガラス)・を・　はげる。」②ぴったりするように手足などに被せる。「てぶくろ(手袋)・を・　はげ・て・　しごと(仕事)・を・　する。」■自動詞は「はがる【填る】」〔⇒**はめる**【**填める**】。①⇒**はめこむ**【**填め込む**】、**はげこむ**【**填げ込む**】〕

ばける【化ける】《動詞・カ行下一段活用》　①異形のものに姿を変えて出る。「きつね(狐)・が・　ばけ・て・　ひと(人)・を・　だま(騙)す。」②姿形や身につけるものを変えたり、もともとの素性を隠したりして、別人を装う。「けーじ(刑事)・が・　かいしゃいん(会社員)・に・　ばけ・て・　あや(怪)しー・　おとこ(男)・を・　つ(付)け・ていく。」■名詞化＝**ばけ**【**化け**】

はこ【箱】《名詞》　ものが傷んだり汚れたりしないように入れるための、木・紙・金属・プラスチックなどで作った、四角い形をした容器。「みかん(蜜柑)・を・　はこ・に・　つ(詰)める。」

はごいた【羽子板】《名詞》　羽根つきに使う、絵や飾りがあって柄の付いた細長い板。「まご(孫)・に・　はごいた・を・　こ(買)ー・てやる。」

はこぜん【箱膳】《名詞》　個人用に用いた膳。「はこぜん・に・　おちゃわん(茶碗)・や・　はし(箸)・を・　なおし・とく。」

箱膳

はごたえ【歯応え】《名詞》　食べ物をかんだときに、堅さなどの歯に受ける感じ。「はごたえ・の・　ある・　うどん(饂飩)・を・　た(食)べ・た。」◆歯に受ける感じのうち、堅さや弾力性の強いものを表すときに「はごたえ【歯応え】」を使い、柔らかく弾力性の弱いものを表すときには「はざわり【歯触り】」を使うことが多いように思われる。

はこにわ【箱庭】《名詞》　浅く広い箱に土や砂を入れて、小さな木や草を植えて、家・木・橋などの模型を置いて、実際の景色のように作ったもの。「はこにわ・を・　つく(作)っ・て・　あそ(遊)ぶ。」

はこぶ【運ぶ】《動詞・バ行五段活用》　①ものを持ったり車に乗せたりして、他の場所に移す。「にもつ(荷物)・を・　いえ(家)・へ・　はこぶ。」②ある程度離れている場所へ行く。「なんべん(何遍)・も・　あし(足)・を・　はこぶ。」「わざわざ・　こんな・　とこ(所)・まで・　はこん・でいただい・て・　すんません。」

はこぼく【(白墨)】《名詞》　黒板に文字や図形を書くために、粉末の石膏を棒のように固めた筆記具。「はこぼく・で・　きれー(綺麗)な・　じ(字)ー・を・　か(書)く・　ひと(人)・や。」〔⇒**はくぼく**【**白墨**】、**チョーク**【**英語＝chalk**】〕

バザー〔**ばざー**〕【**英語＝bazaar**】《名詞、動詞する》　資金を集めるために、持っているものや作ったものを持ち寄って売る、奉仕的な催し。「いくゆーかい(育友会＝ＰＴＡ)・が・　ばざー・を・　する。」「ばざーし・た・けど・　あんまり・　おかね(金)・が・　あつ(集)まら・なんだ。」

はざかる《動詞・ラ行五段活用》　物と物との狭い間に入る。狭い間に入って動けない状態になる。「しんぶん(新聞)・が・　ぽすと(ポスト)・の・　なか(中)・に・　はざかっ・て・　と(取)ら・れ・へん。」「するめ(鯣)・が・　は(歯)ー・に・　はざかっ・て・　きも(気持)ち・が・　わる(悪)い。」〔⇒**はたかる**、**はだかる**、**はさまる**【**挟まる**】〕

ばさつく《動詞・カ行五段活用》　①ご飯などの水分が少なく、ばらばらになりそうな様子になる。「ごはん(飯)・が・　ばさつい・とる・さかい・　おちゃづ(茶漬)け・に・でも・　し・なはれ。」②髪の毛などが、一つにまとまらないで、ばらばらになっている。「かぜ(風)・が・　つよ(強)ー・て・　あたま(頭)・が・　ばさつい・とる・ねん。」〔①⇒**ぱさつく**〕

ぱさつく《動詞・カ行五段活用》　ご飯などの水分が少なく、ばらばらになりそうな様子になる。「やきめし(焼飯)・が・　ぱさつい・て・　ぽろぽろと・　こぼ(零)れる。」〔⇒**ばさつく**〕

ばさっと《副詞》　①ものが落ちたり覆いかぶさったりして音をたてる様子。また、その音。「かか(抱)え・てい・た・　ちょーめん(帳面)・が・　ばさっと・　お(落)ち・た。」「やね(屋根)・から・　ゆき(雪)・が・　ばさっと・　お(落)ちる。」②ものを勢いよく広げたり切ったりする様子。また、その音。「しんぶん(新聞)・を・　ばさっと・　ひろ(広)げ・て・　よ(読)む。」

ばさばさ《形容動詞や(ノ)、動詞する》　①まとまっていたものが、ばらばらに乱れている様子。髪の毛などをきちんと整えていない様子。「ばさばさに・　なっ・た・　かみ(髪)・を・　とく。」「あさ(朝)・　お(起)き・たら・　あたま(頭)・が・　ばさばさやっ・た。」②乾いたものが触れ合っている様子。また、その音。「かぜ(風)・が・　ふ(吹)い・て・　しゅーろ(棕櫚)・の・　は(葉)ー・が・　ばさばさする。」③大きな音をたてて離れ落ちる様子。また、その音。「かき(柿)・の・　み(実)ー・が・　ばさばさと・　お(落)ちる。」〔①⇒**ぼさぼさ**〕

ぱさぱさ《形容動詞や(ノ)、動詞する》　水分や油気(脂気)が少なく、潤いがない様子。「ごはん(飯)・が・　ぱさぱさに・　なっ・ても・とる。」「ぱさぱさし・た・　かみ(髪)・を・　す(梳)く。」

はさまる【挟まる】《動詞・ラ行五段活用》　①物と物との狭い間に入る。狭い間に入って動けない状態になる。「た(食)べ・た・　もん・が・　は(歯)ー・に・　はさまる。」②人と人との間や、ものとものとの間に位置するようになる。「し(知)ら・ん・　しと(人)・の・　あいだ(間)・に・　はさまっ・て・　すわ(座)る。」■他動詞は「はさむ【挟む】」「はそむ【(挟む)】」〔①⇒**はざかる**、**はたかる**、**はだかる**〕

はさみ【鋏】《名詞》　①２枚の刃で布や紙などを切る道具。「かみ(紙)・を・　はさみ・で・　き(切)る。」②切符などの硬い紙に穴や切れ込みを入れる道具。「きっぷ(切符)・に・　はさみ・を　い(入)れ・てもらう。」③炭や塵などをつまむときに使う道具。「はさみ・を・　も(持)っ・て・　ごみひろい(塵拾)・に・　い(行)く。」④蟹などの脚の、ものを挟む爪の部分。「あかつめ(赤爪)・

の・　かに(蟹)・が・　おー(大)けな・　はさみ・を・　ひら(開)い・とる。」⑤じゃんけんで、２本の指を突き出す形。「はさみ・は・　いし(石)・に・　ま(負)ける。」⑥将棋の駒を盤の上に動かして、相手の駒を前後または左右から挟み取る遊び。「はさみ・を・　し・て・　あそ(遊)ば・へん・か。」〔⇒**はそみ【(鋏)】**。⑤⇒**ぴい**。⑥⇒**はさみしょうぎ【挟み将棋】、はそみしょうぎ【(挟み将棋)】**〕

はさみしょうぎ〔はさみしょーぎ〕【挟み将棋】《名詞、動詞する》　将棋の駒を盤の上に動かして、相手の駒を前後または左右から挟み取る遊び。「はさみしょーぎ・を・　し・て・　じかん(時間)・を・　つぶす。」〔⇒**はさみ【鋏】、はそみ【(鋏)】、はそみしょうぎ【(挟み将棋)】**〕

はさむ【挟む、挿む】《動詞・マ行五段活用》　①ものとものとの間に何かを入れる。「ぱん(パン)・に・　そーせーじ(ソーセージ)・を・　はさん・で・　た(食)べる。」②両側から押さえて動かないようにする。「はし(箸)・で・　はさん・で・　つま(摘)む。」③人と人との間や、ものとものとの間に位置する。「おとこ(男)・の・　ひと(人)・と・　おんな(女)・の・　ひと(人)・に・　ひとり(一人)・ずつ・　はさん・で・　すわ(座)っ・てもらう。」「おーさか(大阪)・を・　はさん・で・　きょーと(京都)・と・　こーべ(神戸)・が・　ある。」④他人が話をしているところへ口出しをする。「い(要)ら・ん・　くち(口)・を・　はさま・んとい・てんか。」■自動詞は「はさまる【挟まる】」■名詞化＝**はさみ【挟み、挿み】**〔⇒**はさむ【(挟む)】**〕

はざわり【歯触り】《名詞》　食べ物をかんだときに、歯に受ける感じ。そのうちでも特に、柔らかく優しい感じ。「はざわり・の・　えー(良)ー・　れんこん(蓮根)・や。」◆歯に受ける感じのうち、柔らかく弾力性の弱いものを表すときに「はざわり【歯触り】」を使い、堅さや弾力性の強いものを表すときには「はごたえ【歯応え】」を使うことが多いように思われる。

はし【橋】《名詞》　①川や海や谷などの上に架け渡して、行き来できるようにしたもの。「あわじしま(淡路島)・へ・　はし・が・　か(架)かっ・た。」②道路や鉄道線路などを越えるために、その上に架け渡した施設。「はし・を・　わた(渡)っ・て・　のりかえ(乗換)・を・　する。」〔②⇒**りっきょう【陸橋】**〕

はし【端】《名詞》　①広がりのあるものの、中心から離れた隅の方の場所。「ざしき(座敷)・の・　はし・の・　ほー(方)・に・　すわ(座)る。」②細長く続いているものの末の部分。「さお(竿)・の・　はし・に・　ぶらさげる。」③要らないとして切り離したものの、小さい方の部分。切れ端。「き(切)っ・た・　き(木)ー・の・　はし・を・　あつ(集)め・て・　も(燃)やす。」④ちょっとした部分。一部分。「はなし(話)・の・　はし・だけ・を　き(聞)ー・た。」〔①②⇒**はしっこ【端っこ】**。②⇒**はな【端】**〕

はし【箸】《名詞》　食べ物を挟むのに使う、２本の細い棒。「はし・の・　も(持)ちかた・が・　おかしい。」

はじ【恥】《名詞》　世間の人に対して、恥ずかしいと感じたり、不名誉だと感じたりすること。自分の弱点を引け目に思うこと。また、そのように感じる具体的な内容。「みち(道)・で・　ころ(転)ん・で・　はじ・を・　かい・た。」

はしか【麻疹】《名詞》　体に赤い斑点ができて発熱する、子どもがかかることが多い感染症。「おー(大)きなっ・て・から・　はしか・に・　なっ・た。」

はしかい《形容詞・アイ型》　①動作が目立って素早い。「はしかい・　うご(動)き・で・　あいて(相手)・の・　ちーむ(チーム)・の・　うら(裏)・を・　かく。」②人のすきをうかがって行動し、抜け目がない。「め(目)・を・　はな(放)し・たら・　じっきに・　おら・ん・よーに・　なる・　はしかい・　やつ(奴)・や。」「はしかい・　こと・を・　かんが(考)え・とる。」③あくが強い食べ物で、喉を刺すような味や臭いなどが感じられる。喉などがむずがゆい。「かぜ(風邪)・を・　ひー・て・　のど(喉)・が・　はしかい。」◆①は、一直線に速く走るという印象ではなく、相手を避けて、右へ左へと敏捷に動き回るという印象である。〔①②⇒**すばしこい**。②⇒**わるがしこい【悪賢い】**。③⇒**いがらい【い辛い】**〕

はしがき【端書き】《名詞》　本や文章のはじめに書く言葉。「ぶんしゅー(文集)・の・　はしがき・を・　か(書)い・てもらう。」

はしから【端から】《副詞》　一つの動作が終わる瞬間にすぐ、という意味を表す言葉。「なら(並)べる・　はしから・　みんな(皆)・が・　て(手)ー・を・　だ(出)す。」「よ(読)む・　はしから・　わす(忘)れ・てまう・さかい・　こま(困)る。」◆前後に異なった動詞が使われるのが普通であるが、前の動詞が自明である場合は、「はしから・　はしから・　う(売)れ・ていく。」というように、前の動詞を省略することもある。

はじく【弾く】《動詞・カ行五段活用》　①瞬間的に力を加えて、ものを跳ね飛ばす。「らむね(ラムネ)・の・　たま(玉)・で・　あいて(相手)・の・　たま(玉)・を・　はじく。」②性質の違うもの同士が、はねのけて寄せ付けない。「ふらいぱん(フライパン)・が・　みず(水)・を・　はじく。」③望ましくないものを除外する。「わる(悪)い・　しなもん(品物)・を・　はじい・ていく。」④算盤の珠を指先で動かして、計算する。あるいは、単に、計算する。「なんぼ・で・　う(売)っ・たら・　え(良)ー・か・　はじい・てみ・てくれ。」

はしくれ【端くれ】《名詞》　①組織や仲間などの一員であるが、役に立ったり目立ったりしない人。「じちかい(自治会)・の・　やくいん(役員)・の・　はしくれ・に・　なっ・てます・ねん。」②木材などを切った、残りの短い部分。「き(木)ー・の・　はしくれ・を・　も(燃)やし・て・　ひ(火)ー・に・　あたる。」◆①は、取るに足りない人というイメージで、自分のことを謙遜して言うことが多い。

はしけ【艀】《名詞》　貨物を運ぶ船で、自分で動くための動力を持たず、他の船に曳いてもらう船。「おき(沖)・の・　ほー(方)・を・　ぼーと(ボート)・に・　ひ(曳)か・れ・て・　はしけ・が・　とー(通)っ・とる。」

はしご【梯子】《名詞》　①高いところへ上るときに使う、左右２本の材木に何段もの横木をつけた道具。「やね(屋根)・に・　はしご・を・　かける。」②民家などの建物で上の階に行くときに使う、簡単な階段。「はしご・を・　いちだん(一段)・ずつ・　ぞーきん(雑巾)・で・　ふ(拭)く。」〔②⇒**はしごだん【梯子段】、だんばしご【段梯子】、だんだん【段々】、かいだん【階段】**〕

はしごだん【梯子段】《名詞》　民家などの建物で上の階に行くときに使う、簡単な階段。「はしごだん・の・　した(下)・を・　おしいれ(押入)・に・　する。」◆仮設の感じで、上の階に差し渡したものを言うこともある。〔⇒**はしご【梯子】、だんばしご【段梯子】、だんだん【段々】、かいだん【階段】**〕

はじさらし【恥晒し】《名詞、形容動詞や(ノ)》　①恥ずかしいことを、周りの人にさらけ出すこと。また、そのようにしている人。「よわ(弱)い・　あいて(相手)・に・

ま(負)け・て・　はじさらしな・　こと(事)・を・　し・ても・た。」②世間の物笑いになること。また、そのようになっている人。「けーさつ(警察)・の・　せわ(世話)・に・　なる・よーな・　はじさらし・を・　し・て・は・　いか・ん・ぞ。」

はじしらず【恥知らず】《名詞、形容動詞や(ナ・ノ)》 ①普通の人にとっては恥ずかしいことでも平気ですること。また、そのようなことをする人。また、そのようにする様子。「ぶたい(舞台)・に・　あ(上)げ・られ・て・　はじしらずな・　かくしげー(隠芸)・を・　させ・られ・た。」②わざと恥ずかしいことをすること。また、そのようにする人。「はじしらず・を・　しょーち(承知)・で・　からおけ(カラオケ)・を・　うと(歌)・てみる。」

はした【端】《名詞》 数量が、満たされるようには揃っていないこと。ちょうどの数に満たないこと。また、そのようなものや、そのような数字。「はした・の・　がく(額)・だけ・は・　べんきょー(勉強)し・とき・まっ・さ。」〔⇒**はんぱ**【**半端**】、**はんつ**【**半つ**】〕

はしたがね【端金】《名詞》 ある額に達しない、半端な金。わずかの金。「こづかい(小遣)・の・よーな・　はしたがね・で・は・　か(買)わ・れ・へん。」

はしっこ【端っこ】《名詞》 ①広がりのあるものの、中心から離れた隅の方の場所。「こーえん(公園)・の・　はしっこ・で・　あそ(遊)ん・どる。」②細長く続いているものの末の部分。「ぼー(棒)・の・　はしっこ・を・　き(切)りお(落)とす。」〔⇒**はし**【**端**】。②⇒**はな**【**端**】〕

はしっていく【走って行く】《動詞・カ行五段活用》 ①急いで移動する。「わす(忘)れもん・に・　き(気)・が・　つい・た・さかい・　じてんしゃ(自転車)・で・　はしっていっ・てくる。」②地上を走って、移動する。「ある(歩)か・んと・　はしっていけ・よ。」〔①⇒**とんでいく**【**飛んで行く、跳んで行く**】〕

ばしっと《副詞》 ①ものを力強く叩く様子。また、その音。「おも(思)いきり・　ばしっと・　せなか(背中)・を・　たた(叩)く。」②ものが大きく割れたり飛び散ったりする様子。また、その音。「すいか(西瓜)・が・　ばしっと・　わ(割)れ・た。」「みず(水)・が・　ばしっと・　あた(辺)り・に・　と(飛)びちっ・た。」③遠慮なくものを言う様子。「ばしっと・　ゆ(言)ー・たら・なんだら・　あいつ(彼奴)・は・　わかっ・てくれ・へん・ねん。」〔③⇒**はっきり**〕

はしっりゃい【(走り合い)】《名詞、動詞する》 走って速さや順位を競うこと。かけっこ。「うんどーかい(運動会)・の・　はしっりゃい・は・　にがて(苦手)や・ねん。」〔⇒**はしりあい**【**走り合い**】、**はしりやい**【**(走り合い)**】、**はしりごく**【**走りごく**】、**はしり**【**走り**】〕

はじまり【始まり】《名詞》 ①新しいことが起こること。また、そのようなとき。「いちがっき(一学期)・の・　はじまり・は・　しがつなぬか(四月七日)・や。」②ものごとの起こりやきっかけなど。「はじまり・は・　ちょっと・し・た・　こと・やっ・てん・けど・　だんだん(段々)・　おーけな・　けんか(喧嘩)・に・　なっ・ても・た。」■対語＝「おわり【終わり】」

はじまる【始まる】《動詞・ラ行五段活用》 ①新しいことが起こって、続いていく。発生する。「ことし(今年)・から・　かいしゃ(会社)づとめ・が・　はじまっ・た。」「ふけーき(不景気)・が・　はじまる。」②動作や状態などが繰り返されて、いつものようになる。「また・　わる(悪)い・　くせ(癖)・が・　はじまっ・た。」■他動詞は「はじめる【始める】」■対語＝「おわる【終わる】」■名詞化＝**はじまり**【**始まり**】

はじめ【始め、初め】《名詞》 ①ものごとの起こりの時。「はじめ・は・　こ(小)んまい・　かいしゃ(会社)・やっ・てん。」②時間の移りゆきの起こりの部分。「はじめ・は・　いちばん(一番)・で・　はし(走)っ・とっ・てん・けど・　だんだん・　ぬ(抜)か・れ・ても・た。」「つき(月)・の・　はじめ・に・　けーかく(計画)・を・　た(立)てる。」③いくつか並べ上げるうちの一番目。「ぷろぐらむ(プログラム)・の・　はじめ・に・　かんぱい(乾杯)・を・　する。」■対語＝「おわり【終わり】」〔①⇒**はな**【**端**】〕

はじめ【初め、始め】《接尾語》[動詞の連用形に付く] それが最初の機会であるということを表す言葉。「ごるふ(ゴルフ)・の・　い(行)きはじめ・は・　あんた・に・　さそ(誘)わ・れ・た・　とき・やっ・てん。」「うた(歌)いはじめ・は・　おー(大)きな・　こえ(声)・を・　だ(出)し・なはれ。」■対語＝「しまい【終い】」

はじめごろ【初め頃】《名詞》 その期間や時代が、新たに起こるあたり。「じゅーがつ(十月)・の・　はじめごろ・に・　たね(種)・を・　ま(蒔)く。」「えどじだい(江戸時代)・の・　はじめごろ・から・　さんきんこーたい(参勤交代)・が・　はじ(始)まっ・た。」■対語＝「おわりごろ【終わり頃】」「しまいごろ【終い頃】」

はじめて【初めて】《副詞》 ①今までに一度もなかったことで、それが最初である様子。「むら(村)・に・　はじめて・　しんごー(信号)・が・　でけ(出来)・た。」②その時になって、かろうじて実現したというような様子。ある経験を経てようやくその状態になる様子。「いま(今)・に・　なっ・て・　はじめて・　わかっ・た。」「はじめて・　ひとり(一人)・で・　じてんしゃ(自転車)・に・の(乗)れ・た。」

はじめる【始める】《動詞・マ行下一段活用》 ①新たに動き出すようにする。開始する。「うどんや(饂飩屋)・を・　はじめる。」②動作や状態などを繰り返して、いつものようにする。「また・　いーわけ(言訳)・を・　はじめ・やがっ・た。」■自動詞は「はじまる【始まる】」■対語＝「おわる【終わる】」■名詞化＝**はじめ**【**始め**】

はじめる【始める】《接尾語・マ行下一段活用》[動詞の連用形に付く] その動作や状態などの新たな動きが認められる、その動作を開始する、という意味を表す言葉。「でんしゃ(電車)・が・　うご(動)きはじめる。」「じびき(字引)・を・　ひ(引)ー・て・　よ(読)みはじめる。」

ばしゃ【馬車】《名詞》 人や荷物を乗せて、馬に引かせる車。「かんこー(観光)・に・　い(行)っ・て・　ばしゃ・に・の(乗)っ・た。」

ばしゃっと《副詞》 ①水面などをたたく様子。また、そのやや鈍い音。「とあみ(投網)・を・　ばしゃっと・　う(打)つ。」②水がものに当たって飛び散る様子。また、そのやや鈍い音。「いけ(池)・の・　こい(鯉)・が・　は(跳)ね・て・　ばしゃっと・　おと(音)・が・　し・た。」〔⇒**ぱしゃっと、ばしゃんと、ぱしゃんと**〕

ぱしゃっと《副詞》 ①水面などをたたく様子。また、そのやや軽い音。「いけ(池)・に・　こいし(小石)・を・　ぱしゃっと・　ほ(放)りこむ。」②水がものに当たって飛び散る様子。また、そのやや軽い音。「ちー(小)さい・さかな(魚)・が・　と(跳)びあがっ・て・　ぱしゃっと・き(聞)こえ・た。」〔⇒**ばしゃっと、ばしゃんと、ぱしゃんと**〕

ばしゃばしゃ《副詞と、動詞する》 ①水面などを続けてたたいている様子。また、そのやや鈍い音。「ぎょーずい(行水)・を・　し・て・　ばしゃばしゃと・　あそ(遊)

ぶ。」②水がものに当たって飛び散り続けている様子。また、そのやや鈍い音。「ばしゃばしゃ・ みず(水)・を・ か(掛)けあう。」〔⇒**ばしゃばしゃ**〕

ぱしゃぱしゃ《副詞と、動詞する》 ①水面などを続けてたたいている様子。また、その軽快感のある音。「こども(子供)・が・ ふろ(風呂)・に・ はい(入)っ・て・ ぱしゃぱしゃと・ ゆ(湯)ー・を・ たた(叩)い・て・ あそ(遊)ん・どる。」②水がものに当たって飛び散り続けている様子。また、その軽快感のある音。「まわ(回)っ・とる・ せんだっき(洗濯機)・で・ ぱしゃぱしゃと・ おと(音)・が・ し・とる。」〔⇒**ばしゃばしゃ**〕

ばしゃんと《副詞》 ①水面などをたたく様子。また、そのやや鈍い音。「ばしゃん・と・ ぷーる(プール)・に・ と(飛)びこむ。」②水がものに当たって飛び散る様子。また、そのやや鈍い音。「ばけつ(バケツ)・の・ みず(水)・を・ ばしゃんと・ みぞ(溝)・に・ あける。」〔⇒**ばしゃっと、ぱしゃっと、ぱしゃんと**〕

ぱしゃんと《副詞》 ①水面などをたたく様子。また、そのやや軽い音。「ぼーぎれ(棒切)・で・ みず(水)・を・ ぱしゃんと・ たた(叩)く。」②水がものに当たって飛び散る様子。また、そのやや軽い音。「あま(雨)だれ・が・ ぱしゃんと・ お(落)ちる。」〔⇒**ばしゃっと、ぱしゃっと、ばしゃんと**〕

ばしょ【場所】《名詞》 ①そこにいるところ。「すわ(座)る・ ばしょ・が・ あら・へん。」②あることが行われたり、ある目的のために設けられるところ。「しんごー(信号)・の・ ある・ ばしょ・で・ おーだん(横断)する。」③状況の変化や流れなどによって作られたことがら。「わし・の・ ゆ(言)ー・ ばしょ・が・ あら・へん。」〔⇒**ば【場】**〕

はしょう〔はしょー〕【歯性】《名詞》 歯の並び方や健康度。「はしょー・が・ わる(悪)い・さかい・ なお(治)す。」

ばしょう〔ばしょー〕【芭蕉】《名詞》 庭などに植える、長い楕円形の葉を持ち、背の高い植物。「あめ(雨)・が・ ばしょー・の・ は(葉)ー・に・ あ(当)たっ・て・ ぱらぱらと・ おー(大)けな・ おと(音)・が・ する。」

ばしょがら【場所柄】《名詞》 その場がどのような性質や雰囲気などを持つものであるのかということ。その場にふさわしいことがら。「ばしょがら・を・ わきまえ・て・ もの・を・ い(言)ー・なはれ。」

ばしょとり【場所取り】《名詞、動詞する》 ものを置いたり人を配置したりして、見物などをする位置や場所をあらかじめ確保すること。「はなみ(花見)・の・ ばしょとり・を・ する。」「ばしょとり・は・ や(止)め・てんか。」

はしら【柱】《名詞》 ①家や橋などを作るときに、土台の上にまっすぐに立てて、上の重いものを支える役割を果たすもの。「はしら・に・は・ ふと(太)い・ き(木)ー・を・ つか(使)う。」②まっすぐに立っているもの。「くい(杭)・を・ はしら・に・ し・て・ はりがね(針金)・を・ ひ(引)っぱる。」「はた(旗)・を・ あ(揚)げる・ はしら・を・ た(立)てる。」

はしらす【走らす】《動詞・サ行五段活用》 ①走るようにさせる。動くようにさせる。「れんしゅー(練習)・の・ため・に・ うんどーじょー(運動場)・を・ はしらす。」「おもちゃ(玩具)・の・ じどーしゃ(自動車)・を・ はしらす。」②急いで行かせる。「しょーゆ(醤油)・が・ き(切)れ・た・んで・ か(買)い・に・ はしらす。」

はしらどけい〔はしらどけー〕【柱時計】《名詞》 柱や壁などに掛けて用いる時計。「はしらどけー・の・ ねじ(螺子)・を・ ま(巻)く。」

振り子のある柱時計

はしり【走り】《名詞》 ①走って速さや順位を競うこと。かけっこ。「おまえ・の・ はしり・は・ おそ(遅)い・なー。」②一緒に走って、走る速さを競う競技。「ひゃくめーとる(百メートル)・の・ はしり・に・ で(出)る・ねん。」③魚、野菜、果物などの、季節に先がけて出回るもの。「たけのこ(筍)・の・ はしり・を・ う(売)っ・とる。」〔①⇒**はしりあい【走り合い】、はしりやい【(走り合い)】、はしっりゃい【(走り合い)】、はしりごく【走りごく】**。②⇒**ときょうそう【徒競争】、よういどん【用意どん】**〕

はしり【走り】《名詞》 台所でものを洗ったり、洗い水を流したりする場所。「はしり・に・ みず(水)・を・ は(張)っ・て・ すいか(西瓜)・を・ ひ(冷)やす。」〔⇒**はしりもと【走り元】、ながし【流し】、ながしもと【流し元】**〕

コンクリート製の走り

はしりあい【走り合い】《名詞、動詞する》 走って速さや順位を競うこと。かけっこ。「せんめーとる(千メートル)・の・ はしりあい・に・ で(出)る・ねん。」〔⇒**はしりやい【(走り合い)】、はしっりゃい【(走り合い)】、はしりごく【走りごく】、はしり【走り】**〕

はしりがき【走り書き】《名詞、動詞する》 ①文字を急いで続けて書くこと。急いで続けて書いた文字。「でんわ(電話)・を・ き(聞)ー・て・ なかみ(中身)・を・ はしりがきし・とい・た。」「はしりがき・の・ めも(メモ)・で・ すん・まへ・ん。」②読みにくいほどの、乱雑に書いた文字。「あいつ(彼奴)・が・ か(書)く・の・は・ いつも・ はしりがき・や・さかい・ よ(読)ま・れ・へん。」

はしりごく【走りごく】《名詞、動詞する》 走って速さや順位を競うこと。かけっこ。「はしりごくし・たら・ だれ(誰)・に・も・ ま(負)け・へん・ぞ。」◆「はしりごっこ【走りごっこ】」の発音が転じたものである。〔⇒**はしりあい【走り合い】、はしりやい【(走り合い)】、はしっりゃい【(走り合い)】、はしり【走り】**〕

はしりたかとび【走り高跳び】《名詞、動詞する》 助走をしてきて踏み切って、横に渡したバーを跳び越えて、その高さを競う競技。「はしりたかとび・は・ ひと(人)・の・ せ(背)ー・ほど・ と(跳)べる。」〔⇒**たかとび【高跳び】**〕

はしりづかい【走り使い】《名詞、動詞する》 あちこちへ動き回って、頼まれた用事を果たすこと。また、それをする人。「かいしゃ(会社)・へ・ はい(入)っ・た・ とき・は・ はしりづかい・ばっかり・ し・とっ・た。」

はしりはばとび【走り幅跳び】《名詞、動詞する》 助走をしてきて片足で踏み切って、できるだけ遠くへ跳んで、その距離を競う競技。「はしりはばとびし・て・ すなば(砂場)・に・ しりもち(尻餅)・を・ つい・た。」■対語＝「たちはばとび【立ち幅跳び】」〔⇒**はばとび【幅跳び】**〕

はしりもと【走り元】《名詞》 台所でものを洗ったり、洗い水を流したりする場所。「はしりもと・の・ すみ(隅)・に・ なまごみ(生塵)・を・ あつ(集)める。」「おちゃわん(茶碗)・は・ はしりもと・に・ つ(浸)け・とい・てんか。」〔⇒**はしり【走り】、ながし【流し】、ながしもと【流し元】**〕

はしりやい【(走り合い)】《名詞、動詞する》 走って速さや順位を競うこと。かけっこ。「む(向)こー・の・ き(木)ー・の・ とこ(所)・まで・ はしりやいし・ょー・か。」〔⇒**はしりあい【走り合い】、はしっりゃい【(走り合い)】、はしりごく【走りごく】、はしり【走り】**〕

はしりよみ【走り読み】《名詞、動詞する》 急いで、ざっと読んだり飛び飛びに読んだりすること。「はしりよみし・た・けど・ あたま(頭)・に・ はい(入)ら・なんだ。」

はしる【走る】《動詞・ラ行五段活用》 ①足を交互に素早く動かして、地面を蹴って進む。「うんどーじょー(運動場)・を・ はしる。」「てんじょー(天井)・で・ ねずみ・が・ はしっ・とる。」②目的地へ急いで行く。「はしっ・て・ しょーゆ(醤油)・を・ こ(買)ー・てき・てんか。」③乗り物などが速く動く。「こくどー(国道)・を・ とらっく(トラック)・が・ はしっ・とる。」④道や川などのように、線状のものが通っている。「いえ(家)・の・ まえ(前)・を・ こくどー(国道)・が・ はしっ・とる。」「みち(道)・の・ うえ(上)・を・ でんせん(電線)・が・ はしっ・とる。」■名詞化＝**はしり【走り】**

ばしん《副詞と》 固いものや分厚いものを勢いよくたたく様子。また、その重い音。「ほ(干)し・た・ たたみ(畳)・を・ たけ(竹)・で・ ばしんと・ たた(叩)い・て・ ほこり(埃)・を・ だ(出)す。」〔⇒**ぱしん**〕

ぱしん《副詞と》 固いものや分厚いものを勢いよくたたく様子。また、そのやや軽い音。「つくえ(机)・を・ ものさ(物差)し・で・ ぱしんと・ たた(叩)い・た。」〔⇒**ばしん**〕

はす【蓮】《名詞》 里芋の葉に似た丸くて大きな葉があり、夏に白や桃色の花が咲く、池などに生えている水草。「はす・の・ は(葉)ー・に・ おそな(供)え・を・ の(載)せる。」◆食用とする根は「れんこん【蓮根】」であって、それを「はす」とは言わない。 ［**巻末「わが郷土」の「はす」の項を参照**］

はず【筈】《名詞》 ①それまでの状況などから判断して、当然そうなるであろうという道理を表す言葉。「あいつ(彼奴)・に・ かぎ(限)っ・て・ そんな・ じけん(事件)・を・ お(起)こす・ はず・は・ ない・やろ。」②確実だと思われることがらを表す言葉。「ろくじ(六時)・に・は・ かえ(帰)っ・てくる・ はず・や。」「あした(明日)・は・ てんき(天気)・に・ なる・ はず・や。」③現実が必然的な結論と食い違っていることに対する不審の気持ちを表す言葉。「か(勝)てる・ はず・や・のに・ ま(負)け・ても・た。」◆形式名詞的に使われるので、「はず」の前には何らかの言葉(修飾語)が置かれる。

バス〔ばす〕【英語＝bus】《名詞》 ①大勢の人を乗せることができる、大型の自動車。「えんそく(遠足)・は・ ばす・で・ い(行)く。」②誰でも乗ることができて、運転する路線が決まっている自動車。「ばす・の・ てーりゅーしょ(停留所)・で・ ま(待)つ。」◆老齢の人の中には、「ぱす」という発音をする人もあった。〔②⇒**のりあい【乗り合い】**〕

はすかい【斜交い】《名詞、形容動詞や(ノ)》 ①直角でなく、斜めの角度に交わっていること。「みち(道)・が・ はすかい・に・ なっ・とる・ よつかど(四つ角)・は・ あぶ(危)ない・ぞ。」②斜め前の位置。「うち・の・ はすかい・に・ みせ(店)・が・ でけ(出来)・た。」③２つのものを、斜めに交差させること。「はすかいに・ たすき(襷)・を・ かける。」〔①②⇒**すじかい【筋交い】**〕

はずかしい〔はずかしー〕【恥ずかしい】《形容詞・イイ型》 ①欠点があったり、なさけないことをしたりして、他人に対してきまりが悪く、面目がない。「みち(道)・で・ こけ・て・ はずかしー。」②相手と比較して気後れがして、引け目を感じる。「しけん(試験)・に・ お(落)ち・て・ はずかしー。」③嬉しいとともに困ってしまうような気持ちである。「そない・ ほ(褒)め・られ・たら・ はずかしー・がな。」

はずかしがり【恥ずかしがり】《名詞、形容動詞や(ノ)》 きまりが悪いとか引け目を感じるとかいう態度を示すことが多い様子。また、そのような人。「はずかしがりで・ ひとり(一人)・で・ よー・ あいさつ(挨拶)・が・ でけ・へん・ねん。」

はずかしがる【恥ずかしがる】《動詞・ラ行五段活用》 きまりが悪いとか引け目を感じるとかいう態度を示す。「ちこく(遅刻)し・て・ はずかしがっ・とる。」■名詞化＝**はずかしがり【恥ずかしがり】**

はずす【外す】《動詞・サ行五段活用》 ①つながっていたものを、次々と取り離す。「ふく(服)・の・ ぼたん(ボタン)・を・ はずす。」②固定されたり収まったりしているものを、取って離れさせる。「ねくたい(ネクタイ)・を・ はずし・て・ せんぷーき(扇風機)・に・ あたる。」「めがね(眼鏡)・を・ はずし・たら・ み(見)え・へん・がな。」③その場から離れたり、別の場所へ追いやったりする。「せき(席)・を・ はずし・とる・ あいだ(間)・に・ かいぎ(会議)・が・ お(終)わっ・とっ・た。」「ちょっと・ この・ ば(場)ー・から・ はずし・とっ・てんか。」■自動詞は「**はずれる【外れる】**」

はずみて【弾み手】《名詞》 話術や芸事などによって、その場を盛り上げるような人。調子よく振る舞う人。「あの・ ひと(人)・は・ はずみて・で・ おど(踊)り・が・ す(好)きや。」

はずむ【弾む】《動詞・マ行五段活用》 ①調子に乗って勢いづく。ものごとを盛大に行う。「はなし(話)・が・ はずん・で・ こんだんかい(懇談会)・が・ ながび(長引)ー・た。」②気持ちよく歌ったり踊ったりする。「あの・ ひと(人)・は・ はずん・で・ うた(歌)・を・ うた(歌)い・よっ・て・や。」③金品を奮発して、人に与える。「もー・ ちょっと(一寸)・ はずん・でくれ・ても・ え(良)ー・のに・なー。」

パズル〔ぱずる〕【英語＝puzzle】《名詞》 考えて問題を解く、知的な遊び。「かんじ(漢字)・の・ ぱずる・を・ かんが(考)える。」

はずれ【外れ】《名詞》 ①くじや抽選などに当たらないこと。あてが外れること。「たからくじ(宝籤)・の・ はずれ・の・ けん(券)・を・ す(捨)てる。」②中心から離れた場所。ある一定の範囲から外に出ていること。「ちゅーがっこー(中学校)・は・ まち(町)・の・ はずれ・の・ ほー(方)・に・ ある・ねん。」■対語＝①「**あたり【当たり】**」〔①⇒**すか、すかたん、すこたん、から【空】**〕

はずれる【外れる】《動詞・ラ行下一段活用》 ①固定されたり収まったりしているものが、取れて離れる。「つよ(強)い・ かぜ(風)・で・ しょーじ(障子)・が・ はずれる。」②抽選や思惑からそれて、当たらない。「けーば(競馬)・の・ よそー(予想)・が・ はずれる。」③目的としている部分や中心から離れた位置にある。「や(矢)ー・が・ まと(的)・から・ はずれ・た。」■対語②③＝「**あたる【当たる】**」■他動詞は「**はずす【外す】**」■名詞化＝**はずれ【外れ】**

はぜ【鯊】《名詞》 海や河口にすむ、口が大きく体が平たく、小さな茶色の魚。「め(目)・の・ まえ(前)・を・ はぜ・が・ およ(泳)い・どる。」

はぜ《名詞》 ①洋服やシャツなどの重なる部分の一方に付けて、他方の穴などに通して、衣服などの合わせ目を留めるのに用いるもの。「わいしゃつ(ワイシャツ)・の・　はぜ・が・　と(取)れ・た。」②爪の形をしていて、足袋や脚絆などの合わせ目を留めるのに用いるもの。「せんたく(洗濯)し・たら・　たび(足袋)・が・　ちぢ(縮)ん・で・　はぜ・が・　と(留)まりにくい。」〔①⇒**ボタン【ポルトガル語＝ botão】**〕

はぜる【爆ぜる】《動詞・ラ行五段活用》 勢いよく裂けて開いたり、飛び散ったりする。激しい勢いで爆発する。「も(燃)え・とる・　たけ(竹)・が・　おー(大)けな・　おと(音)・で・　はぜっ・た。」「い(煎)っ・とる・　ごま(胡麻)・が・　はぜる。」〔⇒**はでる【(爆でる)】**〕

はそみ【(鋏)】《名詞》 ①２枚の刃で布や紙などを切る道具。「はそみ・で・　きれ(布)・を・　き(切)る。」②切符などの硬い紙に穴や切れ込みを入れる道具。「きっぷ(切符)・の・　はそみ・の・　かたち(形)・は・　えき(駅)・に・　よっ・て・　ちが(違)う・ん・や。」③炭や塵などをつまむときに使う道具。「はそみ・で・　も(燃)え・とる・　き(木)・を・　はそ(挟)む。」④蟹などの脚の、ものを挟む爪の部分。「かに(蟹)・の・　はそみ・に・　はそ(挟)ま・れ・た。」⑤じゃんけんで、2本の指を突き出す形。「かみ(紙)・や・さかい・　はそみ・に・　ま(負)け・た。」⑥将棋の駒を盤の上に動かして、相手の駒を挟み取る遊び。「はそみ・の・　しあい(試合)・は・　おもろ(面白)い・なー。」〔⇒**はさみ【鋏】**。⑤⇒**ぴい**。⑥⇒**はさみしょうぎ【挟み将棋】、はそみしょうぎ【(挟み将棋)】**〕

はそみしょうぎ〔はそみしょーぎ〕【(挟み将棋)】《名詞、動詞する》 将棋の駒を盤の上に動かして、相手の駒を前後または左右から挟み取る遊び。「ほんま(本真)の・　しょーぎ(将棋)・を・　し(知)ら・ん・　こども(子供)・が・　はそみしょーぎ・を・　し・とる。」〔⇒**はさみ【鋏】、はそみ【(鋏)】、はさみしょうぎ【挟み将棋】**〕

はそむ【(挟む、挿む)】《動詞・マ行五段活用》 ①ものとものとの間に何かを入れる。「ほん(本)・に・　しおり(栞)・を・　はそむ。」②両側から押さえて動かないようにする。「かに(蟹)・を・　はそん・で・　ばけつ(バケツ)・に・　い(入)れる。」③人と人との間や、ものとものとの間に位置する。「わか(若)い・　ひと(人)・に・　はそま・れ・て・　すわ(座)っ・た。」「ちー(小)さい・　こーえん(公園)・を・　はそん・で・　いえ(家)・が・　つづ(続)い・とる。」④他人が話をしているところへ口出しをする。「ひと(人)・の・　はなし(話)・に・　くち(口)・を・　はそん・で・　うるさ(煩)い・　やつ(奴)・や。」■自動詞は「はさまる【挟まる】」■名詞化＝**はそみ【(挟み、挿み)】**〔⇒**はさむ【挟む】**〕

はた【旗】《名詞》 布や紙などで作り、竿などの先に付けて、飾りにしたり団体などの目印にしたりするもの。「おーえん(応援)・で・　おー(大)けな・　はた・を・　ふ(振)りまわす。」「たいりょー(大漁)・の・　はた・を・　た(立)て・て・　ふね(船)・が・　はし(走)っ・とる。」

はた【端】《名詞》 ①あるもののすぐ近くの場所。「がっこー(学校)・の・　はた・に・　ぶんぼーぐや(文房具屋)・が・　ある。」②他の人のかたわら。当事者以外の立場。「はた・から・　ごちゃごちゃ・　かま(構)わ・んといてんか。」③何かの行動などをしたすぐ後。「よ(読)ん・だ・　はた・から・　わす(忘)れ・ていく。」〔⇒**わき【脇】、そば【傍、側】、ねき**。①⇒**きわ【際】、ふち【縁】、へり【縁】、はたまわり【端周り】、きんじょまわり【近所周り】、きんじょ【近所】**。②⇒**よこ【横】**〕

はだ【肌】《名詞》 ①人や動物の体を覆い包んでいる、外側の皮。「はだ・が・　あ(荒)れ・ん・よーに・　くりーむ(クリーム)・を・　ぬ(塗)る。」②その人から受ける感じや、ものの考え方。「はだ・の・　あ(合)わ・ん・　やつ(奴)・と・　つきあう・の・は・　しんどい。」③ものの表面。「はだ・の・　しろ(白)い・　だいこん(大根)・は・　きれー(綺麗)や・なー。」〔①⇒**ひふ【皮膚】**〕

バター〔ばたー〕【英語＝ butter】《名詞》 牛乳から取った脂を固めて、塩を加えて作った柔らかい食品。「や(焼)く・　まえ(前)・に・　ふらいぱん(フライパン)・に・　ばたー・を・　ぬ(塗)る。」

はだいろ【肌色】《名詞》 ①人の肌のような、すこし赤みを帯びた、薄い黄色。「はだいろ・の・　ばんそーこー(絆創膏)・や・と・　めだ(目立)た・んで・　え(良)ー。」②皮膚の表面の色つや。「げんき(元気)そーな・　はだいろ・の・　あか(赤)ちゃん・や・なー。」

はだか【裸】《名詞》 ①衣類などを身に付けていない体。「はだか・に・　なっ・て・　きが(着替)え・を・　する。」②衣類などを身に付けていない上半身。「はだか・で・　ある(歩)い・たら・　ひ(日)ー・に・　や(焼)ける・ぞ。」③覆うものがないこと。「ふろしき(風呂敷)・に・　つつ(包)ま・んと・　はだか・で・　わた(渡)す。」「はだか・の・　でんきゅー(電球)・が・　ぶらさがっ・とる。」④財産や所持品などがないこと。「かじ(火事)・に・　お(遭)ー・て・　はだか・に・　なっ・ても・た。」〔⇒**はだかんぼう【裸ん坊】**〕

はたかる《動詞・ラ行五段活用》 物と物との狭い間に入る。狭い間に入って動けない状態になる。「うす(薄)い・　ちょーめん(帳面)・が・　かべ(壁)・と・　たんす(箪笥)・の・　あいだ(間)・に・　はたかっ・とる。」〔⇒**はざかる、はだかる、はさまる【挟まる】**〕

はだかる《動詞・ラ行五段活用》 物と物との狭い間に入る。狭い間に入って動けない状態になる。「にく(肉)・が・　は(歯)ー・に・　はだかっ・た。」〔⇒**はざかる、はたかる、はさまる【挟まる】**〕

はだかんぼう〔はだかんぼー、はだかんぼ〕【裸ん坊】《名詞》 ①衣類などを身に付けていない体。「はだかんぼー・に・　なっ・て・　ふろ(風呂)・に・　はい(入)る。」②衣類などを身に付けていない上半身。「ぱんつ(パンツ)・　いっちょー(一丁)・の・　はだかんぼー・や・さかい・　すず(涼)しー・なー。」③覆うものがないこと。「はだかんぼ・で・　おかね(金)・を・　わた(渡)し・たら・　しつれー(失礼)や。」④財産や所持品などがないこと。「しゅーせんご(終戦後)・に・　はだかんぼー・から・　でなお(出直)し・た・」〔⇒**はだか【裸ん坊】**〕

はたき【叩き】《名詞》 部屋や器物の塵をはらうための、棒の先に細く裂いた布などをつけた道具。「はたき・で・　おきもん(置物)・の・　ごみ(塵)・を・　はらう。」〔⇒**うちはらい【打ち払い】**〕

はだぎ【肌着】《名詞》 肌に直接つけて着る下着。「あせ(汗)・を・　かい・た・さかい・　はだぎ・を・　か(替)える。」

はたく【(叩く)】《動詞・カ行五段活用》 ①手やものを使って、力を込めて、瞬間的にものに当てる。「ごっつー・　はら(腹)・が・　た(立)っ・た・さかい・　ほっ(頬)ぺた・を・　はたい・たっ・てん。」②振るようにして取り除く。たたいて落とす。「ふく(服)・に・　つ(付)い・とる・　ごみ(塵)・を・　はたく。」③有り金などを全部使う。「さいふ(財布)・を・　はたい・て・　たからくじ(宝籤)・を・　か(買)う。」◆①は、手を前後に動かして殴りつける

は

ということではなく、平たい手を左右に動かして払うようにたたくことである。■名詞化＝**はたき**【(叩き)】〔①⇒**たたく**【叩く】、**うつ**【打つ】。②⇒**はらう**【払う】〕

はたけ【畑】《名詞》 水を張らないで野菜などを育てる耕地。「はたけ・に・ いも(芋)・の・ なえ(苗)・を・ う(植)える。」「くわ(鍬)・で・ はたけ・を・ かじく。」■対語＝「たんぼ【田圃】」「た【田】」

はたけ《名詞》 頭の皮膚が白くなる病気。「でぼちん・に・ はたけ・が・ でけ(出来)・た。」〔⇒**しらくも**【白雲】〕

はたけしごと【畑仕事】《名詞》 畑で行う、作物を植えたり収穫したりするような仕事。「もんペ・で・ はたけしごと・を・ する。」◆「たんぼしごと【田圃仕事】」という言葉もある。

はたけする【畑する】《動詞・サ行変格活用》 畑を持って、作物を植えたり収穫したりする。「はたけし・てまっ・さかい・ やさい(野菜)・は・ じぶん(自分)とこ・で・ と(穫)れ・ます・ねん。」■類語＝「たんぼする【田圃する】」〔⇒**はたけつくる**【畑作る】〕

はたけつくる【畑作る】《動詞・ラ行五段活用》 畑を持って、作物を植えたり収穫したりする。「やす(休)み・の・ ひ(日)・は・ はたけつくっ・て・ いそが(忙)しー・ し・てます。」■類語＝「たんぼつくる【田圃作る】」〔⇒**はたけする**【畑する】〕

はたける《動詞・カ行下一段活用》 ものとものとの間に挟む。差し入れる。「ほん(本)・に・ おしばな(押花)・を・ はたける。」「かいらんばん(回覧板)・を・ ゆーびんぽすと(郵便ポスト)・に・ はたけ・とい・た・よ。」〔⇒**はだける**〕

はだける《動詞・カ行下一段活用》 ①着ているものの胸元や裾などの合わせ目を開く。「きもの(着物)・の・ むね(胸)・を・ はだけ・て・ みっともない・ かっこ(恰好)・やないか。」②ものとものとの間に挟む。差し入れる。「えんぴつ(鉛筆)・を・ みみ(耳)・に・ はだける。」「るす(留守)やっ・た・さかい・ ぷりんと(プリント)・を・ と(戸)・の・ あいだ(間)・に・ はだけ・た。」〔②⇒**はたける**〕

ばたこ《名詞》 ①荷物を運搬するための、前が1輪、後ろが2輪の小型自動車。オート3輪車。「ばたこ・の・ にだい(荷台)・に・ おー(大)けな・ はこ(箱)・を・ つ(積)む。」②原動機によって走る2輪車。「きょーそー(競走)し・て・ はし(走)りまわる・ ばたこ・の・ おと(音)・が・ うるさ(煩)い。」〔⇒**ばたばた**。②⇒**オートバイ**【英語＝auto bicycleの略】、**たんしゃ**【単車】〕

はだざわり【肌触り】《名詞》 肌に触れたときの良い・悪いなどの感じ。「え(良)ー・ はだざわり・の・ たおる(タオル)・や・なー。」

はだし【裸足】《名詞》 ①足に靴下などをつけないこと。また、その足。「くつした(靴下)・を・ ぬ(脱)い・で・ はだし・に・ なる。」②足に履き物を履かないこと。また、その足。「はだし・で・ にわ(庭)・に・ お(下)り・たら・ くつした(靴下)・が・ よご(汚)れる・やろ。」〔①⇒**すあし**【素足】〕

はたち【二十歳】《名詞》 20歳の年齢。「はたち・に・ なっ・ても・ まだ・ おや(親)・の・ すね(脛)・を・ かじ(囓)っ・とる。」

ばたっと《副詞》 ①ものごとが急に途絶えたり、急に変化したりする様子。「きゃく(客)・が・ ばたっと・ こ(来)・ん・よーに・ なっ・た。」②ものを勢いよく動かしたり閉めたりする様子。また、その音。「と(戸)ー・を・ ばたっと・ し(閉)める。」〔⇒**ばたん(と)**。①⇒**ぱたっと**、**ばったり**〕

ぱたっと《副詞》 ものごとが急に途絶えたり、急に様子が変化したりする様子。「かぜ(風)・が・ ぱたっと・ や(止)ん・だ。」〔⇒**ばたっと**、**ばたん(と)**、**ばったり**〕

ばたばた《名詞》 ①荷物を運搬するための、前が1輪、後ろが2輪の小型自動車。オート3輪車。「ばたばた・が・ やっと・ はい(入)れる・ぐらい・の・ せま(狭)い・みち(道)・や。」②原動機によって走る2輪車。「しんぶんはいたつ(新聞配達)・の・ ひと(人)・は・ ばたばた・に・ の(乗)っ・とる。」〔⇒**ばたこ**。②⇒**オートバイ**【英語＝auto bicycleの略】、**たんしゃ**【単車】〕

ばたばた《名詞》 足で水を打ちながら、手は犬かきのようにする不器用な泳ぎ方。「ばたばた・で・ およ(泳)ぐ・ん・やっ・たら・ でけ(出来)る。」

ばたばた《副詞と》 ①落ちつきなく動く様子。あわただしくものごとを行う様子。「あし(足)・を・ ばたばたと・ さし・て・ およ(泳)ぐ。」②たたいたりして、大きな音を立てる様子。「ほ(干)し・とる・ ふとん(布団)・を・ ばたばた・ たた(叩)く。」③小さなものを、続けざまに激しく動かす様子。また、その音。「かんてき・を うちわ(団扇)・で・ ばたばた・ あお(扇)ぐ。」④ものが続けざまに倒れたり、生きていたものが次々に死んだりする様子。「つよ(強)い・ かぜ(風)・で・ かんばん(看板)・が・ ばたばたと・ お(落)ち・た。」「つ(釣)っ・た・ さかな(魚)・が・ ばたばたと・ し(死)ん・でも・た。」

ぱたぱた《副詞と》 ①軽く払いのけたり打ったりする様子。また、その音。「ふく(服)・に・ つ(付)い・た・ ごみ(塵)・を・ ぱたぱた・ はら(払)う。」②軽い音をたてて勢いよく歩く様子。また、その音。「ぞーり(草履)・を・ はい・て・ ぱたぱたと・ ある(歩)く。」③続けざまに軽く動かす様子。また、その音。「せんす(扇子)・で・ ぱたぱた・ あお(扇)ぐ。」

ばたばたする《動詞・サ行変格活用》 ①落ち着きを失った様子で動く。「あさ(朝)・から・ みんな(皆)・ ばたばたし・て・ で(出)かけ・ていっ・た。」「「ばたばたし・たら・ ほこり(埃)・が・ た(立)つ。」②忙しく立ち働く。「ばたばたし・て・ やす(休)む・ じかん(時間)・が・ な(無)い。」③足で水を打ちながら、手は犬かきのようにして不器用に泳ぐ。「およ(泳)ぐ・の・は・ まだ・ ばたばたする・ こと・しか・ でけ・へん。」

ぱたぱたする《動詞・サ行変格活用》 はたきで建具や家具などのちりを払って、掃除をする。「しょーじ(障子)・を・ ぱたぱたし・て・から・ そーじき(掃除機)・を・かける。」

はたまわり〔**はたまーり**〕【端周り】《名詞》 ①自分が住んでいる家などから近いところ。「うち・の・ はたまーり・は・ たんぼ(田圃)・ばっかり・や。」「やどが(宿替)えし・て・ はたまーり・に・ あいさつ(挨拶)・に・ いく。」②ある場所から近いところ。あるもののそば。「つくえ(机)・の・ はたまーり・を・ そーじ(掃除)する。」〔⇒**きんじょまわり**【近所周り】、**きんじょ**【近所】。②⇒**はた**【端】〕

はたらかす【働かす】《動詞・サ行五段活用》 ①人に仕事をさせる。「あさ(朝)・から・ ばん(晩)・まで・ はたらかさ・れ・た。」②持っている能力を発揮させて活用する。「あたま(頭)・を・ はたらかし・たら・ わかる・やろ。」

はたらき【働き】《名詞》 ①それによって生計を立てていくための職業。また、その内容。「まいにち(毎日)・

はたらき・に・　で(出)・て・ます・ねん。」②能力や機能を活用すること。「あたま(頭)・の・　はたらき・が・　よわ(弱)い。」〔①⇒**しごと【仕事】、つとめ【勤め】**〕

はたらきざかり【働き盛り】《名詞、形容動詞や(ノ)》 熟練などをして、最も能力を発揮して仕事のできる年齢層。体力的に最も仕事に打ち込める年齢層。「はたらきざかりで・　し(死)ん・でしも・て・やっ・てん・と。」

はたらきて【働き手】《名詞》 ①その家の中心になって、収入を得て暮らしを立てていく人。「はたらきて・が・　びょーき(病気)・に・　なっ・たら・　こま(困)る・がな。」②その仕事に熱心に取り組むことのできる人。「え(良)ー・　はたらきて・が・　かいしゃ(会社)・を・　や(辞)め・て・　こま(困)っ・とる・ねん。」〔⇒**はたらきど【働き人】**。②⇒**はたらきもん【働き者】**〕

はたらきど【働き人】《名詞》 ①その家の中心になって、収入を得て暮らしを立てていく人。「あんたとこ・は・　はたらきど・が・　ふたり(二人)・も・　おる・やないか。」②その仕事に熱心に取り組むことのできる人。「え(良)ー・　はたらきど・が・　ぎょーさん(仰山)・　おっ・たら・　かいしゃ(会社)・は・　あんしん(安心)や・なー。」〔⇒**はたらきて【働き手】**。②⇒**はたらきもん【働き者】**〕

はたらきもん【働き者】《名詞》 その仕事に熱心に取り組むことのできる人。「はたらきもん・で・　ひとがら(人柄)・の・　え(良)ー・　わかもん(若者)・や・なー。」〔⇒**はたらきて【働き手】、はたらきど【働き人】**〕

はたらく【働く】《動詞・カ行五段活用》 ①生計を立てていくために、仕事をする。「あさ(朝)・　はよ(早)ー・から・　たんぼ(田圃)・で・　はたらく。」②能力や機能を発揮する。「あたま(頭)・が・　よー・　はたらい・とる。」「よー・　はたらく・　もーたー(モーター)・や。」■名詞化＝**はたらき【働き】**

ばたん《副詞と》 ①ものを勢いよく動かしたり閉めたりする様子。ものや風が強く当たって、大きな音がする様子。また、それらの音。「かんばん(看板)・が・　かぜ(風)・で・　ばたん・　ばたん・　ゆ(言)ー・とる。」「と(戸)ー・を・　ばたんと・　し(閉)める。」②急に倒れる様子。「はし(走)っ・とっ・て・　ばたんと・　こけ・た。」③ものごとが急に途絶えたり、急に様子が変化したりする様子。「ばたんと・　てがみ(手紙)・が・　こ(来)・ん・よーに・　なっ・た。」「きょねん(去年)・ぐらい・から・　ばたんと・　すがた(姿)・を・　み(見)・ん・よーに・　なっ・た。」④思いがけなく出会う様子。「にねん(二年)・ぶり・に・　ばたんと・　お(会)ー・た。」〔②③④⇒**ばったり**。①③⇒**ばたっと**。③⇒**ぱたっと**〕

ばたんきゅう〔ばたんきゅー〕《形容動詞や(ノ)》 疲れや酔いなどで、横になるとすぐに眠ってしまう様子。たどりついた段階で倒れ込んでしまう様子。「ぼーねんかい(忘年会)・から・　かえ(帰)っ・たら・　もー・　ばたんきゅーやっ・た。」「まらそん(マラソン)・の・　ごーる(ゴール)・で・　ばたんきゅーと・　なっ・た。」

はち【八】《名詞(数詞)》 ①自然数の7に、1を加えた数。「たこ(蛸)・の・　あし(足)・の・　かず(数)・は・　はち・や。」②ものごとの順序や順位などを表す言葉で、7番目の次に位置するもの。「ひだり(左)・から・　かぞ(数)え・て・　はち・の・　いち(位置)・に・　なら(並)ん・どる。」

はち〔はっ〕【八】《接頭語》 (後ろの名詞にかかっていく言葉で)8を表す言葉。「はっぽー(方)・に・　みち(道)・が・　わ(分)かれ・とる。」〔⇒**や【八】**〕

はち【鉢】《名詞》 ①皿よりも深くて、上が開いた形になっている食器。「つけもん(漬物)・を・　い(入)れる・　はち・を・　か(買)う。」②木や草を直接に地面に植えるのではなく、置き場所を変えることができるようにして植えるときに使う、陶器製などの入れ物。「はち・に・　あさがお(朝顔)・の・　たね(種)・を・　ま(蒔)く。」〔⇒**はっち【(鉢)】**。②⇒**うえきばち【植木鉢】**〕

はち【蜂】《名詞》 細長い体がくびれていて、針を持っていて敵を刺すことがある、小さな昆虫。「はち・が・　す(巣)ー・を・　つく(作)っ・とる。」〔⇒**ぶんぶん**〕

ばち【罰】《名詞》 悪い行いに対して、神や仏が与える懲らしめ。「えらそーに・　し・とっ・た・　ばち・が・　あ(当)たっ・た。」

ばちあたり【罰当たり】《名詞、形容動詞や(ナ)》 神や仏から罰が与えられてもしかたがないような、よくない行い。特に、親不孝なこと。「おてら(寺)・の・　き(木)ー・に・　のぼ(登)る・よーな・　ばちあたりな・こと(事)・を・　し・たら・　あか・ん。」

はちうえ【鉢植え】《名詞、動詞する》 草花や木を、地面に直接に植えるのではなく、入れ物に植えること。また、そのようにして植えたもの。「あさがお(朝顔)・を・　はちうえする。」

はちがつ【八月】《名詞》 1年の12か月のうちの8番目の月。「はちがつ・に・は・　おぼん(盆)・が・　ある。」「しゅーせんきねんび(終戦記念日)・は・　はちがつ・や。」

はちきれる《動詞・ラ行下一段活用》 ①中身がいっぱいになって、それを入れているものが破れる。「つ(詰)めこん・だら・　ふくろ(袋)・が・　はちきれ・ても・た。」②中身がいっぱいになって、それ以上は入らない状態になっている。「かばん(鞄)・が・　はちきれ・とる。」

ぱちくり《副詞と、動詞する》 ①驚いたりして、盛んに大きくまばたきをする様子。「め(目)・に・　ごみ・が・　はい(入)っ・た・さかい・　ぱちくり・　ぱちくりし・た。」②驚いたりあきれたりする態度などが現れている様子。「いみ(意味)・が・　わから・ん・さかい・　ぱちくりし・とっ・た。」〔①⇒**ぱちぱち**〕

はちじゅうはちや〔はちじゅーはちや〕【八十八夜】《名詞》 立春から数えて88日目で、種蒔きなどの目安となる日。「はちじゅーはちや・が・　ちか(近)づい・た・さかい・　あさがお(朝顔)・の・　たね(種)・を・　ま(蒔)く。」

ばちっ《副詞と》 手をたたいたり、ものをたたいたりするときに音が出る様子。また、その音。「ばちっ・　ばちっと・　て(手)・を・　たた(叩)い・て・　おが(拝)む。」〔⇒**ぱちっ**〕

ぱちっ《副詞と》 ①手をたたいたり、ものをたたいたりするときに音が出る様子。また、その音。「おさいせん(賽銭)・を・　い(入)れ・て・　ぱちっ・　ぱちっと・　たた(叩)い・て・　おが(拝)む。」②目を大きく見開いている様子。「しゃしん(写真)・　と(撮)る・さかい・　ぱちっと・　め(目)ー・　あ(開)け・とい・てんか。」③将棋の駒などを、音を立てて置く様子。「ぱちっと・　こま(駒)・を・　すす(進)める。」④ゴムなど張っているものが切れる様子。「わごむ(輪ゴム)・が・　ぱちっと・　き(切)れ・た。」〔①⇒**ばちっ**〕

はちにん【八人】《名詞》 人数が8であること。「はちにん・　おる・さかい・　ふた(二)つ・の・　くみ(組)・に・　わ(分)け・て・　きょーそー(競争)する。」

ぱちぱち《副詞と》 ①火が音をたてて燃えている様子。また、その音。「き(木)ー・が・　ぱちぱち・　ゆー・て・

も(燃)え・とる。」②手を続けてたたいている様子。また、その音。「ぱちぱち・　て(手)ー・　たた(叩)い・て・　おーえん(応援)する。」③音を出して、火花が飛んでいる様子。また、その音。「でんしんばしら(電信柱)・の・　とらんす(トランス)・から・　ぱちぱちと・　ひばな(火花)・が・　と(飛)ん・だ。」〔⇒**ぱちぱち**〕

ぱちぱち《副詞と》①火がはじけるように、音をたてて燃えている様子。また、その音。「ぱちぱち・　おと(音)・を・　さし・て・　たけ(竹)・が・　も(燃)える。」②鋭い音を出して、火花が飛んでいる様子。また、その音。「よる(夜)・に・　しんかんせん(新幹線)・が・　はし(走)っ・たら・　ときどき・　ぱちぱちと・　ひばな(火花)・が・　と(飛)ん・どる。」③はじけるように手をたたき続けている様子。また、その音。「みんな・が・　ぱちぱちと・　て(手)ー・を・　たた(叩)い・た。」④写真を撮る様子。また、そのシャッターを切る音。「うんどーかい(運動会)・の・　しゃしん(写真)・を・　ぱちぱち・　うつ(写)し・た。」⑤驚いたりして、盛んに大きくまばたきをする様子。「ぱちぱちと・　し・ながら・　めぐすり(目薬)・を・　い(入)れる。」〔①②③⇒**ぱちぱち**。⑤⇒**ぱちくり**〕

はちばんめ【八番目】《名詞》　ものごとの順序や順位などを表す言葉で、7番目の次に位置するもの。「せ(背)・の・　たか(高)い・　じゅん(順)・に・　なら(並)ん・だら・　はちばんめ・やっ・た。」

はちまき【鉢巻き】《名詞、動詞する》　頭の額のまわりに細長い布を巻くこと。また、その細長い布。「はちまき・　し(締)め・て・　きゃく(客)・を・　よ(呼)びこん・どる。」「はちまき・を・　し・て・　おーえん(応援)する。」

はちみつ【蜂蜜】《名詞》　蜜蜂が花から集めてきて巣に蓄えた、甘みの強い液体。「ぱん(パン)・に・　はちみつ・を・　ぬ(塗)っ・て・　た(食)べる。」

はちミリ〔はちみり〕【八ミリ】《名詞》　①幅が8ミリのフィルムを使って撮影する映画。「どーこーかい(同好会)・で・　はちみり・の・　えーが(映画)・を・　つく(作)る。」②幅が8ミリの磁気テープを使って撮影するビデオ・テープ・レコーダー。「はちみり・で・　こども(子供)・の・　うんどーかい(運動会)・を・　と(撮)る。」

8ミリの撮影機

はちもん【八文】《名詞》　知恵や働きが足りないこと。知恵が足りない人。役に立たない人。「あんな・　はちもん・に・　おせ(教)・たっ・ても・　じっき(直)に・　わす(忘)れ・てしまい・よる。」〔⇒**はちもんだら【八文だら】**〕

はちもんだら【八文だら】《名詞》　知恵や働きが足りないこと。知恵が足りない人。役に立たない人。「おまえ・みたいな・　はちもんだら・は・　たよ(頼)り・に・　なら・へん。」〔⇒**はちもん【八文】**〕

ばちゃばちゃ《名詞、動詞する》　①夏の暑いときなどに、たらいに湯や水を入れて、戸外で簡単に汗などを洗い流すこと。「にわ(庭)・の・　たらい(盥)・で・　ばちゃばちゃ・を・　する。」「ばちゃばちゃし・たら・　きも(気持)ち・が・　良(え)ー。」②水と戯れること。水の中で泳ぐこと。「うみ(海)・で・　ばちゃばちゃする。」◆幼児語。〔⇒**ぱちゃぱちゃ、ぎょうずい【行水】、じゃぶじゃぶ、ざぶざぶ**〕

ばちゃばちゃ《副詞と、動詞する》　①水面を何度もたたいたり、水をかきまぜたりする様子。また、その音。「いぬ(犬)かき・で・　ばちゃばちゃし・て・　およ(泳)ぐ。」「ばちゃばちゃと・　せんだく(洗濯)・を・　する。」②水がものに当たって、音をたてながら勢いよく流れている様子。また、その音。「みぞ(溝)・の・　みず(水)・が・　ばちゃばちゃと・　なが(流)れ・とる。」〔⇒**ぱちゃぱちゃ**〕

ぱちゃぱちゃ《名詞、動詞する》　①夏の暑いときなどに、たらいに湯や水を入れて、戸外で簡単に汗などを洗い流すこと。「なつ(夏)・は・　ぱちゃぱちゃ・で・　あせ(汗)・を・　ながす。」②水と戯れること。水の中で泳ぐこと。「ぱちゃぱちゃし・ても・　なかなか・　まえ(前)・へ・　すす(進)ま・へん。」◆幼児語。〔⇒**ぎょうずい【行水】、ばちゃばちゃ、じゃぶじゃぶ、ざぶざぶ**〕

ぱちゃぱちゃ《副詞と、動詞する》　①水面を何度もたたいたり、水をかきまぜたりする様子。また、そのやや高い音。「たらい(盥)・に・　みず(水)・を・　は(張)っ・て・　ぱちゃぱちゃし・て・　あそ(遊)ぶ。」②水がものに当たって、軽い音をたてながら勢いよく流れている様子。また、そのやや高い音。「どかん(土管)・の・　なか(中)・の・　どろ(泥)・を・　と(取)っ・たら・　みず(水)・が・　ぱちゃぱちゃと・　なが(流)れだし・た。」〔⇒**ばちゃばちゃ**〕

ばちゃんと《副詞》　①水が勢いよく跳ね返る様子。また、その音。「たんぼ(田圃)・の・　みぞ(溝)・に・　ばちゃんと・　はまっ・た。」②水に飛び込んだり、水にものが落ちたりする様子。また、その音。「とびうお(飛魚)・が・　ばちゃん・　ばちゃんと・　と(跳)ん・どる。」〔⇒**ぱちゃんと、ぼちゃんと、ぽちゃんと**〕

ぱちゃんと《副詞》　①水が勢いよく跳ね返る様子。また、その小さな音。「あま(雨)だれ・の・　みず(水)・が・　ぱちゃん・　ぱちゃんと・　お(落)ち・とる。」②水に飛び込んだり、水にものが落ちたりする様子。また、その小さな音。「ちー(小)さい・　かえる(蛙)・が・　ぱちゃんと・　いけ(池)・に・　と(飛)びこん・だ。」〔⇒**ばちゃんと、ぼちゃんと、ぽちゃんと**〕

ばちん《副詞と》　①ものを弾く様子。また、そのやや鈍い音。「しゃみせん(三味線)・で・　ばちんと・　おと(音)・を・　だ(出)・す。」②ものを強くたたいたり、綴じたりたりする様子。また、そのやや鈍い音。「ふくろ(袋)・の・　くち(口)・を・　きかい(機械)・で・　ばちん・　ばちんと・　と(留)め・ていく。」「わごむ(輪ゴム)・で・　ばちんと・　と(留)める。」〔⇒**ぱちん**〕

ぱちん《副詞と》　①ものを弾く様子。また、そのやや高い音。「ゆび(指)・の・　さき(先)・で・　ぱちんと・　はじ(弾)く。」②ものを強くたたいたり、綴じたりたりする様子。また、そのやや高い音。「じゅーまい(十枚)・の・　かみ(紙)・を・　ほっちきす(ホッチキス)・で・　ぱちんと・　と(留)める。」〔⇒**ばちん**〕

ぱちんこ《名詞、動詞する》　①多くの釘のある盤に、ばね仕掛けで鉄の玉を弾いて穴に入れる遊技。また、その器械。「えきまえ(駅前)・で・　ぱちんこする。」②Y字型の木や金具にゴム紐を張って、小石などを飛ばす、子どもの遊び道具。「ぱちんこ・で・　がらす(ガラス)・を・　めん・だら・　あか・ん・ぞ。」〔②⇒**いしやり【石遣り】、いっしゃり【(石遣り)】**〕

はつ【初】《名詞》　最初であること。はじめてであること。「こんかい(今回)・が・　はつ・の・　とーせん(当選)・や。」

はつ【発】《接尾語》［名詞に付ける］　ある場所から出発すること。ある時刻に出発すること。「こーべ(神戸)はつ・は・　なんじ(何時)・です・か。」

はつおん【発音】《名詞、動詞する》　言葉を表す音を出すこと。また、その音。「は(歯)ー・が・　ぬ(抜)け・た・ひと(人)・の・　はつおん・は・　き(聞)きとりにくい。」

はつか【二十日】《名詞》　①1か月のうちの20番目の日。「しゅーぎょしき(終業式)・は・　はつか・や。」②1日を20合わせた日数。「この・　しごと(仕事)・は・　はつか・で・　しあ(仕上)げ・てんか。」

はっか【薄荷】《名詞》　葉から清涼感のある香料が作られる、夏から秋に淡紫色の小さな花を咲かせる草。また、それで作られた香料。「はっか・の・　はい(入)っ・た・あめ(飴)・を・　な(舐)め・たら・　すっと・　し・た。」

はっかげつ【八か月】《名詞》　①1年を12に分けたときの、そのやっつ分。ほぼ240日の長さ。「まるまる(丸々)・　はっかげつ・　た(経)た・んと・　けっか(結果)・は・　わから・へん。」②その月から、中に6つの月を置いてまたがる長さ。「はっかげつ・に・　わたっ・て・　こーじ(工事)・が・　つづ(続)く。」〔⇒**やつき**【八月】〕

ばっかし《副助詞》　①それ以外のものを排除して、限定する意味を表す言葉。「うそ(嘘)・ばっかし・　い(言)わ・んとい・てんか。」②おおよその範囲や程度などを表す言葉。「とーか(十日)・ばっかし・　あっ・たら・　でけ(出来)る・やろ。」③その動作が終わってから、時間が経っていないことを表す言葉。「いま(今)・　き(来)・た・ばっかし・や・ねん。」〔⇒**ばかし、ばかり、ばっかり**〕

ばっかり《副助詞》　①それ以外のものを排除して、限定する意味を表す言葉。「わし・ばっかり・　おこ(怒)ら・れ・とっ・た。」「あめ(雨)・ばっかり・　ふ(降)っ・とる。」②おおよその範囲や程度などを表す言葉。「いっしゅーかん(一週間)・ばっかり・　あめ(雨)・が・　つづ(続)い・とる。」③その動作が終わってから、時間が経っていないことを表す言葉。「さっき・　あめ(雨)・が・　や(止)ん・だ・ばっかり・や。」〔⇒**ばっかし、ばかし、ばかり**〕

はっきり《副詞と、動詞する》　①他と区別がついて、あいまいさがない様子。「はっきり・　こた(答)え・てくれ・た・さかい・　あんしん(安心)し・た。」②澄んで、きちんと見える様子。「きょー(今日)・は・　あわじしま(淡路島)・が・　はっきりと・　み(見)える。」③気持ちや意識が晴れやかで、すっきりする様子。「かぜ(風邪)・が・なお(治)っ・て・　あたま(頭)・が・　はっきりし・た。」④遠慮なくものを言う様子。「はっきりと・　ゆ(言)ー・た・さかい・　けんか(喧嘩)・に・　なっ・ても・た。」〔④⇒**ばしっと**〕

ばっきん【罰金】《名詞》　罪や過ちを償わせるために出させるお金。「ちゅーしゃいはん(駐車違反)・で・　ばっきん・を・　と(取)ら・れ・た。」

バック〔**ばっく**〕【英語＝back】《名詞、動詞する》　①人がいたり、ものがあったりする、その後ろの部分。「ばっく・に・　ひと(人)・が・　ごにん(五人)・　おる・　まえ・で・　おど(踊)る。」②絵や舞台などの背景となる部分。「どこ・を・　ばっく・に・　し・て・　しゃしん(写真)・を・　と(撮)り・ます・か。」「げき(劇)・の・　ばっく・の・　え(絵)ー・を・　か(描)く。」③後ろに下がること。「くるま(車)・が・　ばっくし・てくる。」

バッグ〔**ばっぐ、ばっく**〕【英語＝bag】《名詞》　手に提げたり肩に掛けたりして、ものを入れて持ち歩くために、革や布などで作った入れ物。「ばっく・を・　あみだな(網棚)・に・　の(載)せる。」◆年配の人は、語末が「く」と清音になることが多い。〔⇒**かばん**【鞄】〕

はっくにん【八九人】《名詞》　十人たらずの人数。「はっくにん・も・　おっ・たら・　ひとで(人手)・は・　じゅーぶん(十分)や。」

はっけ【八卦】《名詞》　人相や手相などを見て、人の運勢や事柄の吉凶など予想すること。「あ(当)たる・も・はっけ・や・し・　あ(当)たら・ん・の・も・　はっけ・や。」

はっけみ〔**はっけみー**〕【八卦見】《名詞》　人相や手相などを見て、人の運勢や事柄の吉凶など予想することを職業にしている人。「はっけみー・に・　み(見)・てもろ・たら・　ごーかく(合格)でける・と・　い(言)わ・れ・た・よ。」〔⇒**えきしゃ**【易者】〕

ばっさり《副詞と》　①思い切って、捨てたり取り除いたりする様子。「おーそーじ(大掃除)・を・　し・て・　ふる(古)い・　もん(物)・を・　ばっさり・　す(捨)て・た。」②大量のものを勢いよく切る様子。「まつ(松)・の・　えだ(枝)・を・　ばっさりと・　き(切)っ・てしも・た。」

バッジ〔**ばっじ**〕【英語＝badge】《名詞》　①帽子や襟や胸などに付けて、職業・身分・所属・役割などを表すために付ける、金属などで作った小さなしるし。「がっこー(学校)・の・　ばっじ・を・　えり(襟)・に・　つける。」「がくねん(学年)・を・　あらわ(表)す・　ばっじ・も・　ある・ねん。」②記念などのために作って配布する、金属などで作った小さなしるし。「さんかしょー(参加賞)・の・　ばっじ・を・　もろ(貰)・た。」〔⇒**きしょう**【記章、徽章】、**バッチ**【英語＝badge】〕

はっしゃ【発車】《名詞、動詞する》　電車やバスなどが、駅や停留所などから動き出すこと。「はっしゃ・の・　じかん(時間)・に・　おく(遅)れ・ん・よーに・　し・て・な。」

はっしゃ【発射】《名詞、動詞する》　鉄砲の弾や、ロケットなどを打ち出すこと。「こんど(今度)・の・　じんこーえーせー(人工衛星)・の・　はっしゃ・は・　せーこー(成功)・や・そーや。」

はっしゃぐ《動詞・ガ行五段活用》　木でできている樽や桶などが乾燥して、木に隙間ができて、水を入れると漏れて流れてしまう状態になる。「おけ(桶)・が・　はっしゃい・で・　みず(水)・が・　じゃじゃも(漏)れや。」◆木の樽や桶が姿を消すに伴って、この言葉を使う機会も少なくなりつつある。

ばった【飛蝗】《名詞》　細長い体をして、後ろ足を使ってよく飛び跳ねる、草の中にいる昆虫。「ざしき(座敷)・に・　ばった・が・　と(跳)びこん・でき・た。」

はったい《名詞》　湯で溶いて砂糖を加えて食べることが多い、麦を炒ってひいた粉の食物。麦焦がし。「はったい・を・　ゆ(湯)・で・　ね(練)っ・て・　た(食)べる。」〔⇒**はったいこ**【はったい粉】、**おちらし**〕

はったいこ〔**はったいこー**〕【はったい粉】《名詞》　湯で溶いて砂糖を加えて食べることが多い、麦を炒ってひいた粉の食物。麦焦がし。「はったいこ・が・　はな(鼻)・の・　あたま(頭)・に・　つ(付)い・とる・よ。」「はったいこ・は・　こ(香)ばしー・て・　おい(美味)しー。」〔⇒**はったい、おちらし**〕

はったおす【張っ倒す】《動詞・サ行五段活用》　殴って倒す。力いっぱいに殴る。「なまいき(生意気)な・　こと・を・　ぬかす・さかい・　はったおし・てやろ・か・と・　おも(思)・てん。」〔⇒**はりたおす**【張り倒す】、**どつきたおす**【どつき倒す】〕

はったけ【初茸】《名詞》　秋の早い頃にとれる、薄い赤褐色をした食用の茸。「はったけ・に・は・　どく(毒)・の・も・　ある。」

はったり《名詞》　実際よりもよく見せようとして、大げさに言ったりしたりすること。「あいつ(彼奴)・は・　はったり・を・　かまし・て・　もの・を・　ゆ(言)ー・さかい・　き(気)・を・　つ(付)け・なはれ。」

ばったり《副詞と》 ①急に倒れる様子。「ごーる(ゴール)・に・　はい(入)っ・て・　ばったりと・　たお(倒)れる。」②ものごとが急に途絶えたり、急に様子が変化したりする様子。「そつぎょー(卒業)し・て・から・は・　ばったり・　あ(会)わ・ん・よーに・　なっ・た。」③思いがけなく出会う様子。「ひさ(久)しぶりに・　えき(駅)・で・　ばったり・　お(会)ー・た。」〔⇒**ばたん**。②⇒**ばたっと**、**ぱたっと**〕

はっち【(鉢)】《名詞》 ①皿よりも深くて、上が開いた形になっている食器。「はっち・に・　にしめ(煮染)・を・　い(入)れる。」②木や草を直接に地面に植えるのではなく、置き場所を変えることができるようにして植えるときに使う、陶器製などの入れ物。「ほおずき(酸漿)・を・　はっち・で・　こ(買)ー・てき・た。」〔⇒**はち**【**鉢**】。②⇒**うえきばち**【**植木鉢**】〕

バッチ〔**ばっち**〕【**英語＝badge**】《名詞》 ①帽子や襟や胸などに付けて、職業・身分・所属・役割などを表すために付ける、金属などで作った小さなしるし。「せびろ(背広)・の・　えり(襟)・に・　ばっち・を・　つ(付)ける。」②記念などのために作って配布する、金属などで作った小さなしるし。「はいきんぐ(ハイキング)・に・　ごかい(五回)・　さんか(参加)し・たら・　ばっち・が・　もら(貰)える。」〔⇒**きしょう**【**記章、徽章**】、**バッジ**【**英語＝badge**】〕

ぱっち《名詞》 厚手の布でできたズボン下。股引。「さぶ(寒)ー・　なっ・てき・た・さかい・　ぱっち・を・　だ(出)し・てんか。」〔⇒**おじんぱっち**【(お爺ぱっち)】、**おっじゃんぱっち**【(お爺やんぱっち)】、**おんじゃんぱっち**【(お爺やんぱっち)】〕

ばっちい〔**ばっちー**〕《形容詞・イイ型》 ①よごれていて、不潔であったり不衛生であったりしている。「ばっちー・　つくえ(机)・や・さかい・　いっぺん(一遍)・　ぞーきん(雑巾)・で・　ふ(拭)き・なはれ。」②乱暴であって、きちんとしていない。見苦しかったり聞き苦しかったりする様子だ。美観を損ねている。「らくが(落書)き・は・　ばっちー・さかい・　し・たら・　あか・ん・よ。」◆幼児語。〔⇒**ばばい**、**ばばちい**、**ばばっちい**、**きたない**【**汚い**】、**きちゃない**【(汚い)】、**ちゃない**【(汚い)】、**たない**【(汚い)】〕

ぱっちり《副詞と、動詞する》 目の輪郭が際だっている様子。目を大きく見開いている様子。「ぱっちりと・　おー(大)きな・　め(目)ー・を・　し・た・　むすめ(娘)はん・や・なー。」「め(目)ー・を・　ぱっちり・　あ(開)け・て・　よー・　み(見)・なはれ。」

はつでん【**発電**】《名詞、動詞する》 電気を起こすこと。「げんしりょく(原子力)・の・　はつでん・は・　おそ(恐)ろしー・なー。」

はっと《副詞》 それまで見過ごしていたことに気付いて驚く様子。思いがけないことに出会って驚く様子。「でんしゃ(電車)・に・　の(乗)っ・て・から・　わすれもん(忘物)・を・　はっと・　おも(思)いだし・た。」

バット〔**ばっと**〕【**英語＝bat**】《名詞》 野球などで、ボールを打つために使う棒の形をした用具。「ばっと・を・　みじ(短)かいめ・に・　も(持)っ・て・　う(打)つ。」

バット〔**ばっと**〕【**英語＝bat**】《名詞》 かつて存在した、煙草の「ゴールデンバット」という銘柄。「むかし(昔)・は・　いちにち(一日)・に・　ばっと・を・　ひとはこ(一箱)・　す(吸)ー・とっ・た。」

ぱっと《副詞、動詞する》 ①あったものが急に散ったり広がったりする様子。「つか(捕)まえ・よー・と・　し・たら・　せみ(蟬)・が・　ぱっと・　に(逃)げ・た。」②電灯がついたり火が燃え上がったりして、急に明るくなる様子。「ぱっと・　でんき(電気)・が・　つ(点)い・た。」「た(焚)きび・が・　ぱっと・　も(燃)えあがる。」③急に何かが起こる様子。「でんしゃ(電車)・の・　まど(窓)・の・　そと(外)・を・　み(見)・とっ・て・　ぱっと・　さんねんまえ(三年前)・の・　こと・を・　おも(思)いだし・た。」④華やかで人目につく様子。「こんな・　え(絵)ー・で・は・　どー・も・　ぱっとせ・ん・なー。」

はつどうき〔**はつどーき**〕【**発動機**】《名詞》 機械・船・飛行機などで、動力を発生させる機関。エンジン。「こーば(工場)・の・　はつどーき・が・　こしょー(故障)し・た。」

はっとばす【**張っ飛ばす**】《動詞・サ行五段活用》 平手で強く殴る。平手で殴って倒す。「なまいき(生意気)な・　こと・を・　ぬかす・さかい・　かお(顔)・を・　はっとばし・てやっ・た。」〔⇒**はりとばす**【**張り飛ばす**】〕

はっぱ【**葉っぱ**】《名詞》 木や草の、茎や枝に付いている緑色の平らなもの。「いちょー(銀杏)・の・　はっぱ・が・　ち(散)っ・た。」「むし(虫)・が・　だいこん(大根)・の・　はっぱ・を・　く(食)・ても・とる。」〔⇒**は**【**葉**】〕

ぱっぱ《名詞》 タバコという植物の葉を乾かし発酵させて加工し、火を付けて吸うようにしたもの。「おとー(父)ちゃん・の・　ぱっぱ・を・　と(取)っ・てき・てあげ・てんか。」◆幼児語。〔⇒**たばこ**【**煙草**】、**たぼこ**【(煙草)】〕

ぱっぱ《副詞と》 金やものを惜しげもなく使う様子。ためらうことなく物事を行う様子。「かね(金)・を・　そないに・　ぱっぱ・　ぱっぱと・　つこ(使)ー・たら・　あかん・やろ。」「え(良)ー・　ひと(人)・を・　みつけ・て・　ぱっぱと・　よめ(嫁)・に・　い(行)っ・てまい・やがっ・た。」

ぱっぱっ《副詞と》 光などが次々と変化したり、点滅したりする様子。「しんごー(信号)・が・　ぱっぱっと・　しだし・たら・　わた(渡)っ・たら・　あか・ん・よ。」「てれび(テレビ)・の・　がめん(画面)・が・　ぱっぱっと・　か(変)わる。」

はっぴ【**法被**】《名詞》 背中に店の名などを書いた、袖の広い、丈の短い上着。地域の名前や絵などを書き入れて祭りの時に着る、丈の短い上着。「はっぴ・を・　き(着)・て・　おーうりだ(大売出)し・を・　し・とる。」「そろ(揃)い・の・　はっぴ・を・　き(着)・て・　だんじり(檀尻)・を・　かく。」

はつひので【**初日の出**】《名詞》 元日の朝に太陽が昇ること。また、その昇った太陽。「はちぶせやま(鉢伏山)・で・　はつひので・を・　おが(拝)む。」

はっぴょう〔**はっぴょー**〕【**発表**】《名詞、動詞する》 考えや調査結果などを多くの人に知らせること。初めて公開する内容を明らかにすること。「とーせんばんごー(当選番号)・の・　はっぴょー・を・　する。」「ごーかく(合格)はっぴょー・を・　み(見)・に・　い(行)く。」

はっぽう〔**はっぽー**〕【**八方**】《名詞》 あたり一帯。周りのすべての方角。「はっぽー・　み(見)・た・けど・　だれ(誰)・も・　こ(来)・なんだ。」〔⇒**しほうはっぽう**【**四方八方**】、**しほう**【**四方**】〕

はっぽう〔**はっぽー**〕《名詞、動詞する》 両手を広げて行く手を遮って、通れなくすること。ものを邪魔をして通れなくすること。「はっぽーし・て・　とー(通)し・てやら・なんだ。」「かき(垣)・を・　こしらえ・て・　はっ

ぽーし・ても・とる。」〔⇒**とおせんぼう【通せん坊】**〕

はつみみ【初耳】《名詞》　その人にとって初めて聞く話であること。また、そのような話。「そんな・　はなし(話)・は・　はつみみ・や。」

はつめい〔はつめー〕【発明】《名詞、動詞する》　今までなかった技術・製品などを、初めて作り出すこと。「えじそん(エジソン)・は・　ぎょーさん(仰山)・　はつめーし・た・ん・やて。」

はつもうで〔はつもーで〕【初詣】《名詞、動詞する》　新年になって初めて神社仏閣にお参りすること。「はつもーで・に・　いくたじんじゃ(生田神社)・へ・　い(行)っ・てん。」

はつもん【初物】《名詞》　その季節に初めてとれた野菜・果物・魚などの食べ物。「はつもん・の・　きゅーり(胡瓜)・や・さかい・　た(食)べ・ておくん・なはれ。」

はつもんくい【初物食い】《名詞》　①その季節に初めてとれた野菜、果物、魚などを好んで食べること。また、そのようにする人。「はつもんくい・が・　たか(高)い・　まったけ(松茸)・を・　こ(買)ー・てき・た。」②新しく売り出された物などを、すぐに買おうとしたり、実際に買ってしまうこと。目新しいものが好きであること。また、そのようにする人。「はつもんくい・や・さかい・　わけ(訳)・の・　わから・ん・　もん(物)・を・　こ(買)ー・てくる。」〔②⇒**あたらしがり【新しがり】、あたらしもんくい【新し物食い】、あたらしや【新し屋】**〕

はつゆき【初雪】《名詞》　その冬に初めて降る雪。「じゅーにがつ(十二月)・の・　すえ(末)に・　はつゆき・が・　ふ(降)っ・た。」

はつゆめ【初夢】《名詞》　その年に初めて見る夢。「おかしな・　はつゆめ・を・　み・た。」

はつり《感動詞》　子どもの遊びなどで、ルール違反をしたり、負けそうになったりしたときなどに、先ほどのプレイを元に戻して、しなかったことにしてほしいということを宣言するために発する言葉。「あっ・　はつり。もー・　いっかい(一回)・　やらし・てんか。」◆失敗などをした瞬間に、この言葉を発しないと、プレイは承認されて、失敗したことにされてしまう。

はつる《動詞・ラ行五段活用》　①少し削り取って取り除く。量を少し減らす。「き(木)ー・の・　かど(角)・を・　はつっ・て・　まる(円)ー・に・　する。」②力を込めないで、軽く叩く。「はら(腹)・が・　た(立)っ・た・さかい・　かお(顔)・を・　はつっ・たっ・た。」③人に渡す分の一部を、自分が取る。「あいつ(彼奴)・が・　てすーりょー(手数料)・を・　はつり・やがっ・た。」◆①は、斧、ちょんなご、鑿などを使って削り取る場合などに使う。鉋のようなもので引き削る場合には「はつる」とは言わない。②は、平手で叩く場合などに使い、拳で殴る場合には使わない。〔①⇒**へつる、へずる**。③⇒**はねる【撥ねる】**〕

はて【果て】《名詞》　いちばん端のところ。行き着くところ。「そら(空)・の・　はて・は・　どない・　なっ・とる・ん・やろ・なー。」「い(言)ーあい・の・　はて・に・　なぐ(殴)りあい・に・　なっ・た。」

はで【派手】《形容動詞や(ナ)》　①姿形、図柄、色使いなどが目立って華やかな様子。「はでな・　しゃつ(シャツ)・を・　う(売)っ・とる・なー。」「はでな・　え(絵)ー・を・　か(描)く。」②着る人の年齢に比べて着物などが若すぎる様子。「この・　きもの(着物)・は・　わたし(私)・に・は・　ちょっと・　はでや・と・　おも(思)う・ん・や・けど。」③性格や行動などが大げさで、激しい様子。他に比べて目立つ様子。「まつり(祭)・の・　とき(時)・に・　はでな・　けんか(喧嘩)・を・　し・とっ・た。」■対語＝「じみ【地味】」

パテ〔ぱて〕【英語＝putty】《名詞》　ガラスを枠に取り付けるときなどに使う、粘土のような白い接合剤。「まど(窓)・に・　がらす(ガラス)・を・　い(入)れ・て・　ぱて・で・　かた(固)める。」

ばていけい〔ばてーけー〕【馬蹄形】《名詞》　馬のひづめのように、緩く弧を描いた形。「いす(椅子)・を・　ばてーけー・に・　なら(並)べる。」「ばてーけー・の・　じしゃく(磁石)・で・　てつくぎ(鉄釘)・を・　あつ(集)める。」

はてる《接尾語・タ行下一段活用》〔動詞の連用形に付く〕すっかり、そのようなことになる。「あき(呆)れはて・て・　なん(何)・も・　い(言)わ・れ・へん。」「つか(疲)れはて・た・さかい・　ふろ(風呂)・に・　はいっ・て・　ね(寝)・た。」

はでる【(爆でる)】《動詞・ラ行五段活用》　勢いよく裂けて開いたり、飛び散ったりする。激しい勢いで爆発する。「くーき(空気)・を・　い(入)れすぎ・て・　ふーせん(風船)・が・　はでっ・た。」「くり(栗)・の・　み(実)ー・が・　はでっ・て・　お(落)ち・とる。」〔⇒**はぜる【爆ぜる】**〕

ばてる《動詞・タ行下一段活用》　すっかり疲れてしまう。疲れ切って動けなくなる。機械などが故障して、復旧不能なほどになる。「むり(無理)し・て・　はし(走)っ・て・　ばて・ても・た。」「くるま(車)・が・　ばて・て・　うご(動)か・へん・ねん。」

はと【鳩】《名詞》　公園・神社・民家のあたりにいる、目が丸く頭が小さくてくちばしが短い、中型の鳥。「このごろ・は・　はと・が・　ふ(増)え・て・　こま(困)っ・とり・ます。」

はと【波止】《名詞》　①波よけや浸食防止のために作られている、海に突き出した突堤や、海岸と平行に作られている防波堤。「はと・で・　さかな(魚)・を・　つ(釣)る。」②船着き場の役割を持つ突堤。「あわじ(淡路)・から・の・　ふね(船)・が・　はと・に・　つ(着)く。」◆「はとば【波止場】」とは言わない。

パトカー〔ぱとかー〕【英語＝patrol car の略】《名詞》　犯罪・事故などの防止のために巡回したり、犯罪の捜査にあたったりする、警察の自動車。「ぱとかー・の・　さいれん(サイレン)・を・　き(聞)ー・たら・　ここち(心地)・が・　わる(悪)い。」

バトン〔ばとん〕【英語＝baton】《名詞》　リレー競技で走者が持って走り、次の走者に引き継ぐ筒状のもの。「わた(渡)す・　とき(時)・に・　ばとん・を・　お(落)とし・て・　ま(負)け・ても・た。」

はな【花】《名詞》　①植物が茎や枝の先に、実を結ぶために咲かせるもの。「ちゅーりっぷ(チューリップ)・の・　はな・が・　さ(咲)い・た。」②特に、桜のそれを指す言葉。「あかしこーえん(明石公園)・へ・　はな・を・　み(見)ー・に・　い(行)く。」③鑑賞するために、切り取った木の枝や草花などを使って、形を整えて花器などにさすこと。また、その作品。「はな・を・　なろ(習)・とる。」④いちばん望ましかったり良かったりするとき。「わか(若)い・　うち・が・　はな・や。」⑤祭りなどの際の祝儀や寄付金。「まつり(祭)・の・　はな・を・　あつ(集)め・に・　まー(回)る。」〔③⇒**いけばな【生け花】、おはな【お花】**〕

はな【鼻】《名詞》　①顔の真ん中にあって、呼吸をしたり、匂いをかぎわけたりするための器官。「はな・の・　さき(先)・に・　できもん・が・　でけ(出来)・た。」「はな・

で・　いき(息)・を・　し・とる。」②匂いをかぎ分ける力。「いぬ(犬)・は・　はな・が・　え(良)ー。」③鼻孔の粘膜から出る液体。「はな・が・　で(出)・とる・さかい・　ふ(拭)い・たる。」「はな・を・　かむ。」④秋祭りの時に現れる、真っ赤な顔面の猿田彦の神。「はな・が・　で(出)・てき・たら・　こわ(怖)い・ねん。」

はな【端】《名詞》 ①ものごとの起こりの時。「あの・　かいぎ(会議)・の・　とき・は・　はな・から・　ねむ(眠)たかっ・てん。」②細長く続いているものの末の部分。「はと(波止)・の・　はな・まで・　い(行)っ・て・　うみ(海)・に・　お(落)ちる・な・よ。」〔①⇒**はじめ【始め、初め】**。②⇒**はし【端】、はしっこ【端っこ】**〕

はないき【鼻息】《名詞》 ①音が聞こえるほどの、鼻でする呼吸。「つか(疲)れ・とる・みたいや・さかい・　おー(大)きな・　はないき・が・　き(聞)こえる。」②人の態度・姿勢などにあらわれる意気込みや威勢の強さ。「あいつ(彼奴)・は・　えら(偉)そーに・　し・て・　はないき・が・　あら(荒)い。」

はなうた【鼻歌】《名詞》 鼻にかかった小さな声で、歌の節だけを歌うこと。「はなうた・で・　ある(歩)い・て・　ごきげん(機嫌)や・なー。」

はなお【鼻緒】《名詞》 下駄や草履などの、足の指に掛ける紐の部分。「ある(歩)い・とっ・て・　きゅー(急)に・　げた(下駄)・の・　はなお・が・　き(切)れ・た。」〔⇒**はなご【(鼻緒)】**〕

はながきく【鼻が利く】《動詞・カ行五段活用》 匂いをかぎ分ける力に優れている。「たべもんや(食物屋)・は・　はながきか・んと・　しょーばい(商売)・に・　なら・へん。」

はながたかい【鼻が高い】《形容詞・アイ型》 自分の気持ちにかなって、満足に思って誇らしい。「むすこ(息子)・が・　ごーかく(合格)し・て・　はながたかい。」

はなくそ【鼻糞】《名詞、形容動詞や(ノ)》 ①鼻の穴の中で、鼻水が固まったもの。「はなくそ・を・　ほじくる。」②簡単である、容易であるということの喩えとして使う言葉。「こんな・　もんだい(問題)・ぐらい・　はなくそや。」③ごくわずかな数量のもの。「なんぼ・　たの(頼)ん・でも・　はなくそ・だけ・しか・　ま(負)け・てくれ・なんだ。」〔③⇒**みみくそ【耳糞】**〕

はなご【(鼻緒)】《名詞》 下駄や草履などの、足の指に掛ける紐の部分。「げた(下駄)・の・　はなご・を・　すえる。」〔⇒**はなお【鼻緒】**〕

はなごえ【鼻声】《名詞》 ①甘えたりおどけたりして出す、鼻にかかった声。「はなごえ・で・　うた(歌)う。」②風邪をひいたり涙にむせんだりして出る、鼻の詰まった声。「かぜ(風邪)・を・　ひー・て・　はなごえ・に・　なっ・ても・た。」

はなざかり【花盛り】《名詞、形容動詞や(ノ)》 ①花が盛んに咲いていること。また、その時期。「うめ(梅)・の・　はなざかりや・さかい・　み(見)・に・　くる・　ひと(人)・が・　おか(多)い。」②ものごとが盛んに行われて、その頂点にある様子。「ちょーど・　うんどーかい(運動会)・の・　はなざかりの・　ころ(頃)・やっ・た。」

はなし【話】《名詞、動詞する》 ①言葉で伝えること。会話。おしゃべり。「ぼく(僕)・は・　はなし・が・　へた(下手)です・ねん。」②語られる内容。物語の筋。「いそっぷ(イソップ)・の・　はなし・を・　よ(読)ん・でやる。」③世間の噂や評判。「しょーひぜー(消費税)・が・　あ(上)がる・と・　ゆー・　はなし・は・　ほんま(本真)やろ・か。」④相談や交渉。「ややこしい・　はなし・が・　まと(纏)まっ・た。」

はなしあい【話し合い】《名詞、動詞する》 ①お互いに言葉で伝え合うこと。「どーきゅーせーどーし(同級生同士)・の・　はなしあい・は・　たの(楽)しー・なー。」②相談をすること。意見を出し合うこと。「はなしあいし・ても・　けつろん(結論)・が・　で(出)・なんだ。」〔⇒**はなしやい【(話し合い)】**〕

はなしあう【話し合う】《動詞・ワア行五段活用》 ①お互いに言葉で伝え合う。「かんぱい(乾杯)・の・　あと(後)・は・　はなしあう・　じかん(時間)・に・　し・まほ。」②相談する。意見を出し合う。「はなしおー・ても・　へーこーせん(平行線)・やっ・た。」■名詞化＝**はなしあい【話し合い】**

はなしがい【放し飼い】《名詞、動詞する》 家畜を繋がないで広い場所で自由にさせて養うこと。「いぬ(犬)・を・　にわ(庭)・で・　はなしがい・に・　する。」

はなしかける【話し掛ける】《動詞・カ行下一段活用》 ①こちらから相手に向かって話をする。「はなしかけ・ても・　へんじ(返事)・を・　し・てくれ・へん。」②話すことを始める。「あつ(集)まっ・とる・　ひと(人)・が・　すけ(少)ない・けど・　そろそろ・　はなしかけ・まほ・か。」

はなしがはずむ【話が弾む】《動詞・マ行五段活用》 話の中身にみんなの興味や関心があって、次々と話が続く。気持ちよく話が続いていく。「どーそーかい(同窓会)・は・　はなしがはずん・で・　なかなか・　お(終)わら・なんだ。」〔⇒**はなしにはながさく【話に花が咲く】**〕

はなしくい【話食い】《名詞》 他人がしている話に興味を持って、一心に聞いたり、話し合いの輪に入ったりすること。また、そのようにする人。「はなしくい・の・　ひと(人)・が・　き(来)・たら・　はなし(話)・が・　なかなか・　お(終)わら・ん・よーに・　なっ・てまう・がな。」

はなしこむ【話し込む】《動詞・マ行五段活用》 話に夢中になって、長時間にわたって話が続く。落ち着いて十分に話をする。「じかん(時間)・を・　わす(忘)れ・て・　はなしこん・でも・とっ・た。」

はなしにならん【話にならん】《連語＝はなし(名詞)・に(格助詞)・なら(動詞)・ん(助動詞)》 問題にならない。あきれるような状態だ。話すだけの価値がない。「そんな・　たか(高)い・　ね(値)ー・やっ・たら・　はなしにならん。」

はなしにはながさく【話に花が咲く】《動詞・サ行五段活用》 話の中身にみんなの興味や関心があって、次々と話が続く。「むかし(昔)・の・　こと・を・　い(言)ーだし・たら・　はなしにはながさい・て・　たの(楽)しかっ・た。」〔⇒**はなしがはずむ【話が弾む】**〕

はなしはんぶん【話半分】《名詞》 誇張して語られることが多いので、事実はその話の半分ぐらいだと考えるのがよいということ。「はなしはんぶん・に・　き(聞)ー・とか・な・　だま(騙)さ・れ・てまう・ぞ。」

はなしぶり【話し振り】《名詞》 ①話をするときの様子。「お(落)ちつい・た・　はなしぶり・で・　わかりよー・せつめー(説明)し・てくれ・た。」②話し方から察せられる、話の意味や意図など。その人の考えなどが推測できるような言葉遣い。「あの・　はなしぶり・やっ・たら・　まだまだ・　かく(隠)し・とる・　こと・が・　あり・そーだっ・せ。」〔⇒**くちぶり【口振り】**〕

はなしやい【(話し合い)】《名詞、動詞する》 ①お互いに言葉で伝え合うこと。「はなしやいし・て・　じかん(時間)・を・　つぶ(潰)す。」②相談をすること。意見を出し合うこと。「はなしやい・が・　だんだん(段々)・　け

んかごし(喧嘩腰)に・　なっ・てき・た。」〔⇒**はなしあい【話し合い】**〕

はなす【話す】《動詞・サ行五段活用》　①思っていることや感じることなどを言葉にして口に出す。述べる。「おも(思)・とる・　こと・を・　はなし・てみ・なはれ。」②相談する。意見を出し合う。「はなし・たっ・て・　むだ(無駄)や・と・　おも(思)う・ねん。」■名詞化＝**はなし【話し】**〔①⇒**しゃべる【喋る】、ゆう【言う】、くちにする【口にする】**〕

はなす【放す】《動詞・サ行五段活用》　①つかまえていたものを、自由にしてやる。「うで(腕)・を・　つか(掴)ま・んと・　はなし・てほしー・ねん。」「いけ(池)・に・　こい(鯉)・を・　はなす。」②つかんでいたことを、やめる。「ふーせん(風船)・を・　はなし・たら・　そら(空)・へ・　あ(上)がっ・ていっ・た。」

はなす【離す】《動詞・サ行五段活用》　①数量や距離などの差を大きくする。または、その差を大きい状態で保つ。「れつ(列)・と・　れつ(列)・の・　かんかく(間隔)・を・　はなす。」②まとまっていたものを、細かく分ける。別々にして広げる。分離する。「だいこん(大根)・の・　は(葉)ー・と・　ね(根)ー・と・を・　はなす。」■自動詞は「はなれる【離れる】」〔⇒**あらける【空らける】**。①⇒**あける【空ける】**。②⇒**ばらかす**〕

はなすじ【鼻筋】《名詞》　眉毛の間から、鼻の先までの線。「あいつ(彼奴)・は・　はなすじ・が・　とー(通)っ・て・　なかなか・　おとこまえ(男前)や。」

はなせる【話せる】《動詞・サ行下一段活用》　①口に出して述べることができる。「あの・　とき(時)・の・　けんか(喧嘩)・の・　いきさつ(経緯)・を・　はなせる・か。」②外国語などがあやつれる。「ちゅーごくご(中国語)・が・　はなせる・　ひと(人)・は・　おっ・て・やない・です・か。」③物わかりがよくて融通がきく。話が通じる。「あの・　おとこ(男)・は・　はなせる・　やつ(奴)・や。」

はなせる【離せる】《動詞・サ行下一段活用》　①くっついていたものを、分けることができる。「かに(蟹)・の・　あし(足)・は・　かんたん(簡単)に・　どーたい(胴体)・から・　はなせる。」②間を開けることができる。優位を保つ。「ふんば(踏張)っ・たら・　うしろ(後)・の・　せんしゅ(選手)・を・　はなせる・やろ。」

はなせる【放せる】《動詞・サ行下一段活用》　つかまえていたものを自由にしてやっても、心配は要らない。「だいぶ・　おー(大)きなっ・た・さかい・　もー・　いけ(池)・に・　はなせる。」

はなたば【花束】《名詞》　何本かの花を１つに束ねたもの。「そーべつかい(送別会)・で・　はなたば・を・　もろ(貰)・た。」

はなたれ【鼻垂れ】《名詞》　①鼻水を垂れていること。鼻水を垂れている人。「はなたれ・は・　きたな(汚)い・さかい・　ちか(近)く・へ・　こ(来)・んとい・てんか。」②年若い人。「ちゅーがくせー(中学生)・の・　はなたれ・は・　よわ(弱)ー・て・　しあい(試合)・に・　なら・へん。」③経験の乏しい人。「かいしゃ(会社)・へ・　はいっ・て・　にさんねん(二三年)・の・　けーけん(経験)・では・　まだ・　はなたれ・や。」〔⇒**はなたれこぞう【鼻垂れ小僧】**〕

はなたれこぞう〔はなたれこぞー〕【鼻垂れ小僧】《名詞》　①鼻水を垂れている人。「はなたれこぞー・が・　みち(道)・で・　あそ(遊)ん・どる。」②年若い人。「とー(十)・や・　そこら・の・　はなたれこぞー・に・　なに(何)・が・　わかる・かい。」③経験の乏しい人。「まだ・　はなたれこぞー・や・さかい・　あんじょー・　おせ(教)・たっ・てください。」〔⇒**はなたれ【鼻垂れ】**〕

はなち【鼻血】《名詞》　鼻の粘膜から出血すること。鼻から出る血。「おんせん(温泉)・で・　のぼ(上)せ・て・　はなち・が・　で(出)・た。」◆「はなぢ」という濁音になることは少ない。

はなつん【鼻つん】《名詞、形容動詞や(ノ)、動詞する》　①鼻が詰まって、呼吸が苦しいこと。「かぜ(風邪)・を・　ひー・て・　はなつんで・　くる(苦)しー・ねん。」②鼻が詰まって、匂いが嗅ぎ分けられないこと。「はなつんに・　なっ・て・　かざ・を・　か(嗅)が・れ・へん。」

バナナ〔ばなな〕【英語＝banana】《名詞》　熱帯の原産で、細長く黄色い実が房になってつく植物。また、その実。「むかし(昔)・は・　ばなな・が・　たか(高)かっ・た・けど・　いま(今)・は・　あほ(阿呆)みたいな・　ね(値)ー・に・　なっ・とる。」

はなにかける【鼻に掛ける】《動詞・カ行下一段活用》　自分に関することを得意がって、自慢する。「よめ(嫁)はん・が・　きれー(綺麗)や・ゆー・て・　はなにかけ・やがっ・とる・ねん。」

はなにんぎょう〔はなにんぎょー〕【花人形】《名詞》　たくさんの種類の花や葉を、衣裳として飾り付けた見せ物の人形。「あかしこーえん(明石公園)・の・　はなにんぎょー・を・　み(見)・に・　いく。」◆「きくにんぎょう【菊人形】」に似て、かつて明石公園で春に催されていた。

はなび【花火】《名詞》　火薬を混ぜて作ったものに火を付けて、弾け出る光の色や形を楽しむもの。「まつり(祭)・で・　はなび・を・　う(打)ちあげる。」

はなびら【花びら】《名詞》　花を形作っている、一枚一枚の薄いもの。「さくら(桜)・の・　はなびら・が・　ち(散)っ・とる。」

はなべちゃ【鼻べちゃ】《名詞、形容動詞や(ノ)》　①鼻が低いこと。鼻が横に広いこと。また、そのような人。「はなべちゃや・けど・　かい(可愛)らしー・　こ(子)ー・や・なー。」②乗り物などで、前が詰まっているような形のもの。「いま(今)・は・　みんな(皆)・　はなべちゃの・　ばす(バス)・に・　なっ・た。」〔⇒**はなぺちゃ【鼻ぺちゃ】**〕

はなぺちゃ【鼻ぺちゃ】《名詞、形容動詞や(ノ)》　①鼻が低いこと。鼻が横に広いこと。また、そのような人。「にほんじん(日本人)・は・　みな(皆)・　はなぺちゃや。」②乗り物などで、前が詰まっているような形のもの。「むかし(昔)・の・　しんかんせん(新幹線)・は・　はなぺちゃやっ・た。」〔⇒**はなべちゃ【鼻べちゃ】**〕

はなみ〔はなみー〕【花見】《名詞、動詞する》　花、特に桜の花を見て楽しむこと。「はなみ・の・　じぶん(時分)・は・　よー・　あめ(雨)・が・　ふ(降)る。」「あかしこーえん(明石公園)・で・　はなみする。」

はなみち【花道】《名詞》　①劇場で、舞台の端から客席の中に付けた道。「やくしゃ(役者)・が・　はなみち・から・　で(出)・てくる。」②最後に華々しく活躍する状況や場面。人に惜しまれながら引退するとき。また、そのときに周りの人が行う演出。「そーべつかい(送別会)・を・　ひら(開)い・て・　はなみち・を・　こしら(拵)える。」

はなむこ【花婿】《名詞》　結婚式を挙げるときの男の人。新郎。「はなむこさん・は・　どんな・　しごと(仕事)・を・　し・とっ・て・です・のん。」■対語＝「はなよめ【花嫁】」

はなやか【華やか】《形容動詞や(ナ)》　色や形などが派手で美しい様子。きわだって目立って、素晴らしさを感じる様子。勢いが盛んな様子。「はなやかな・　おどり(踊)・を・　み(見)せ・てくれ・た。」

はなよめ【花嫁】《名詞》　結婚式を挙げるときの女の人。新婦。「きれー(綺麗)な・　はなよめさん・や・なー。」■対語＝「はなむこ【花婿】」

はならび【歯並び】《名詞》　歯の並び具合。「はならび・の・　きれー(綺麗)な・　ひと(人)・は・　かい(可愛)らしい。」

はなれ【離れ】《名詞》　母屋から離れたところにある部屋や建物。「にわ(庭)・に・　はなれ・を・　た(建)てる。」

ばなれ【場慣れ】《名詞、動詞する》　何度も経験して、その場や似たような場での振る舞い方に慣れていること。「あの・　ひと(人)・は・　ばなれし・て・　はなし(話)・が・　じょーず(上手)や。」

はなれこじま【離れ小島】《名詞》　陸地から遠く離れたところにある、小さな島。行ったら帰れなくなるような島。「はなれこじま・で・　なが(長)いこと・　く(暮)らし・てみ・たい・なー。」

はなれじま【離れ島】《名詞》　陸地から遠く離れたところにある島。中心の島から離れたところにある島。「ぬしま(沼島)・と・　ゆ(言)ー・　とこ(所)・は・　あわじ(淡路)・の・　はなれじま・や・ねん。」

はなればなれ【離れ離れ】《名詞、形容動詞や(ノ)》　もともと一つであったものが、ばらばらに分かれている様子。２つ以上のものが遠く隔たっている様子。「こども(子供)・が・　げしゅく(下宿)し・た・さかい・　おやこ(親子)・が・　はなればなれや・ねん。」

はなれる【離れる】《動詞・ラ行下一段活用》　①くっついていたり、まとまっていたりするものが分かれる。「ふね(船)・が・　みなと(港)・を・　はなれる。」「のり(糊)・が・　と(取)れ・て・　はなれ・ても・た。」②距離がある。空間としての間隔がある。「がっこー(学校)・は・　いえ(家)・から・　はなれ・た・　ところ(所)・に・　ある。」③間が空く。時間としての間隔がある。「あにき(兄貴)・と・は・　とし(歳)・が・　いつ(五)つ・　はなれ・とる。」■他動詞は「はなす【離す】」

はなれる【放れる】《動詞・ラ行下一段活用》　束縛が解かれて自由になる。「いぬ(犬)・が・　くさり(鎖)・から・　はなれ・て・　ある(歩)い・とる。」

はなわ【花輪】《名詞》　生花や造花で、輪の形に作った飾り物。「かいてんいわい(開店祝)・の・　はなわ・を・　おく(贈)る。」

はな(を)もたす【花(を)持たす】《動詞・サ行五段活用》　名誉や手柄を、その人のものにしてやる。相手を立てる。「としよ(年寄)り・に・　はなをもたし・てあげ・なはれ。」

ばにく【馬肉】《名詞》　食用とする馬の肉。「ばにく・で・　びーる(ビール)・を・　のむ。」〔⇒**さくら**【桜】〕

はね【羽】《名詞》　①鳥や虫などの翼。「はね・を・　ばたばた・　さし・て・　とり(鳥)・が・　と(飛)ん・でいっ・た。」②鳥の体一面にはえていて、真ん中に軸があるもの。「すずめ(雀)・の・　はね・が・　お(落)ち・とる。」③飛行機などの翼。「はね・に・　まーく(マーク)・が・　か(描)い・てある。」〔②⇒**け**【毛】〕

はね【羽根】《名詞》　①器械に付けた、翼の形を模したもの。「せんぷーき(扇風機)・の・　はね・が・　まー(回)る。」②羽子板でつく、玉に鳥の毛を付けたもの。「はね・を・　つ(撞)い・て・　あそ(遊)ぶ。」

はね【撥ね】《名詞》　泥や水が飛び散ったもの。また、それが何かにかかって、付いたもの。「ずぼん(ズボン)・に・　はね・が・　あ(上)がっ・とる。」

ばね【発条】《名詞》　①跳ね上がる力。腰の弾力性や跳躍する力。「からだ(体)・を・　ばね・に・　し・て・　と(跳)ぶ。」②鋼などを巻いたり曲げたりして、強い弾力性や跳ね返る力を持たせたもの。「ばね・が・　かと(硬)ー・て・　すわ(座)りごこち・が・　わる(悪)い。」〔②⇒**スプリング**【英語＝ spring】〕

はねおきる【跳ね起きる】《動詞・カ行上一段活用》　眠っていたり横になっていたりしていた者が、急に眠りから覚めたり勢いよく立ち上がったりする。「めざましどけー(目覚時計)・の・　おー(大)けな・　おと(音)・で・　はねおき・た。」〔⇒**とびおきる**【飛び起きる】〕

はねかえす【跳ね返す】《動詞・サ行五段活用》　押さえられていたものやぶつかってくるものに対して、勢いよく押し返したり、突き飛ばしたりする。「きばせん(騎馬戦)・で・　あいて(相手)・を・　はねかえし・た。」■自動詞は「はねかえる【跳ね返る】」

はねかえる【跳ね返る】《動詞・ラ行五段活用》　①何かに当たって、もとに戻る。「ぼーる(ボール)・が・　かべ(壁)・に・　あたっ・て・　はねかえる。」②ものにあたって、もとの方向に飛び散る。「ごっつい・　あめ(雨)・が・　みち(道)・に・　あたっ・て・　はねかえっ・とる。」■他動詞は「はねかえす【跳ね返す】」

はねがはえたみたいに【羽が生えたみたいに】《副詞》　金や物がなくなるのが速い様子。「もろ(貰)・た・　きゅーりょー(給料)・が・　はねがはえたみたいに・　な(無)いよーなっ・た。」

はねつき【羽根つき】《名詞、動詞する》　羽子板で羽根を打ち合う遊び。「しょーがつ(正月)・に・　はねつき・を・　する・　こども(子供)・が・　おら・へん・なー。」

はねる【跳ねる、撥ねる】《動詞・ナ行下一段活用》　①地面などを蹴って、跳び上がる。「いぬ(犬)・が・　よろこ(喜)ん・で・　はねる。」「おつき(月)さん・で・　うさぎ(兎)・が・　はね・とる。」②液体のものが、飛び散る。「ふらいぱん(フライパン)・の・　あぶら(油)・が・　はね・た。」③はじき飛ばす。「くるま(車)・に・　はね・られ・た。」④刃物で切り落とす。「さかな(魚)・の・　あたま(頭)・を・　はねる。」「いた(板)・の・　よすみ(四隅)・を・　はね・ていく。」⑤取り除く。除外する。「けんさ(検査)し・て・　わる(悪)い・　かたち(形)・の・　もん(物)・を・　はねる。」⑥人に渡す分の一部を、自分が取る。「てまちん(手間賃)・の・　うわまえ(上前)・を・　はねる。」■名詞化＝**はねる**【跳ね、撥ね】〔⑥⇒**はつる**〕

はは【母】《名詞》　親のうち、女性の方。「はは・は・　まだまだ・　げんき(元気)に・　し・とり・ます。」◆実母、継母、義母なども含めて使うことがある。改まった場合などに使うことが多く、日常的には別の言い方をすることが多い。■対語＝「ちち【父】」〔⇒**ははおや**【母親】、**はほや**【(母親)】、**おんなおや**【女親】、**おなごおや**【女親】〕

はば【幅】《名詞》　①横の端から端までの長さ。「みち(道)・の・　はば・を・　ひろ(広)げる・　こーじ(工事)・が・　つづ(続)い・とる。」②２つのものや事柄などの隔たり。「みんな(皆)・の・　かんが(考)え・とる・　こと・に・　はば・が・　あっ・て・　ひと(一)つ・に・　まと(纏)まら・へん。」

ばば【婆】《名詞》　①年をとった女の人。「なん(何)・でも・　もんく(文句)・を・　ゆ(言)ー・てくる・　にく(憎)たらしい・　ばば・や。」②父または母の、お母さん。「にゅーいん(入院)し・とっ・た・　ばば・が・　げんき(元気)に・　なっ・た。」◆侮った語気を含む場合もある。■対語

＝「じじ【爺】」

ばば《名詞、動詞する》 人や動物が、消化された食べ物のかすを肛門から出すこと。また、その排出されたもの。大便。「いぬ(犬)・が・　みち(道)・に・　ばば・を・　し・とる。」〔**⇒うんこ、うんうん、うんち、うんちゃん、あっぱ、べん【便】、くそ【糞】だい【大】**〕

ばば《名詞》 ①トランプなどのジョーカーのカード。「ばばぬ(抜)き・を・　し・て・　あそ(遊)ぶ。」②くじ引きなどで最下等のもの。「くじ(籤)・を・　ひ(引)ー・たら・　ばば・で・　あめ(飴)・　いっこ(一個)・や。」③黄金虫のうち、体の色が薄く白っぽいもの。「ばば・の・　ぶいぶい・を・　いっぴき(一匹)・　つか(捕)まえ・た。」〔③**⇒ばばぶいぶい**〕

ばばい《形容詞・アイ型》 ①よごれていて、不潔であったり不衛生であったりしている。「ばばい・　おてて(手手)・を・　あら(洗)い・なさい。」②乱暴であって、きちんとしていない。見苦しかったり聞き苦しかったりする様子だ。美観を損ねている。「へや(部屋)・が・　ばばい・さかい・　そーじ(掃除)し・なさい。」◆幼児語。〔**⇒ばばちい、ばっちい、ばばっちい、きたない【汚い】、きちゃない【(汚い)】、ちゃない【(汚い)】、たない【(汚い)】**〕

ばばいろ【ばば色】《名詞》 黄色みを帯びた褐色。大便のような色。「たんぼ(田圃)・の・　え(絵)ー・を・　ばばいろ・に・　ぬ(塗)る。」

ははおや【母親】《名詞》 親のうち、女性の方。「うち・の・　ははおや・は・　ひゃくしょー(百姓)・の・　で(出)・や。」◆母と子という関係性を意識して使うことが多い。動物の場合にも使う。■対語＝「ちちおや【父親】」「てておや【(父親)】」〔**⇒はは【母】、はほや【(母親)】、おんなおや【女親】、おなごおや【女親】**〕

ばばがえる【ばば蛙】《名詞》 黒っぽく、土のような色をした蛙。「みぞ(溝)・に・　ばばがえね・が・　おる。」

ばばかき【ばば掻き】《名詞、動詞する》 犬のように、両手で体の下の方へ水をかき込んで、足をばたばたさせて進む泳ぎ方。「およ(泳)ぐ・の・は・　ばばかき・しか・　でけ(出来)・へん・ねん。」〔**⇒いぬかき【犬掻き】**〕

はばかりさん《感動詞》 世話になった相手などに対する感謝や恐縮の気持ちをこめて言う言葉。「おー(大)きに・　はばかりさん。」

ばばくさい【ばば臭い】《形容詞・アイ型》 大便の臭いがする様子。嫌な臭いがする様子。「ばばくさい・　べんじょ(便所)・に・は・　なが(長)い・　じかい(時間)・は・　おら・れ・へん。」〔**⇒うんこくさい【うんこ臭い】、うんちくさい【うんち臭い】、うんちゃんくさい【うんちゃん臭い】**〕

ばばたれごし【ばば垂れ腰】《名詞》 体を屈めて、尻を後ろに付きだしたような、不安定な姿勢。「ばばたれごし・で・　すもー(相撲)し・たっ・て・　か(勝)た・れ・へん・ぞ。」

ばばちい〔ばばちー〕《形容詞・イイ型》 ①よごれていて、不潔であったり不衛生であったりしている。「さわ(触)っ・たら・　ばばちー・さかい・　さわ(触)ら・んとき。」②乱暴であって、きちんとしていない。見苦しかったり聞き苦しかったりする様子だ。美観を損ねている。「ばばちー・　じ(字)ー・や・さかい・　よ(読)ま・れ・へん・がな。」◆幼児語。〔**⇒ばばい、ばっちい、ばばっちい、きたない【汚い】、きちゃない【(汚い)】、ちゃない【(汚い)】、たない【(汚い)】**〕

ばばっちい〔ばばっちー〕《形容詞・イイ型》 ①よごれていて、不潔であったり不衛生であったりしている。「ばばっちー・　あし(足)・を・　あろ(洗)ー・て・から・　うえ(上)・に・　あ(上)がり・なはれ。」②乱暴であって、きちんとしていない。見苦しかったり聞き苦しかったりする様子だ。美観を損ねている。「ばばっちー・　いろ(色)・やのー・て・　きれー(綺麗)な・　いろ(色)・を・　ぬ(塗)ら・んかい・な。」◆幼児語。〔**⇒ばばい、ばばちい、ばっちい、きたない【汚い】、きちゃない【(汚い)】、ちゃない【(汚い)】、たない【(汚い)】**〕

はばとび【幅跳び】《名詞、動詞する》 ①助走をしないで止まったままの姿勢から、できるだけ遠くへ飛んで、その距離を競う競技。「はし(走)ら・んと・　と(止)まっ・た・　まま・で・　はばとびする。」②助走をしてきて片足で踏み切って、できるだけ遠くへ跳んで、その距離を競う競技。「ははとび・は・　ふ(踏)みきる・　ところ(所)・を・　き(決)める・の・が・　むつか(難)しー。」③前記2つの競技を合わせて示す言葉。「たかと(高跳)び・より・も・　はばとび・の・　ほー(方)・が・　おもしろ(面白)い。」〔①**⇒たちはばとび【立ち幅跳び】**。②**⇒はしりはばとび【走り幅跳び】**〕

ばばぬき【ばば抜き】《名詞、動詞する》 トランプなどの札を取り合って、同じものが揃えば捨てていき、「おに」にあたるものが手元に残った者が負けになる遊び。「ばばぬきし・たら・　いつも・　ま(負)ける・ねん。」

ははのひ【母の日】《名詞》 5月の第2日曜日で、子どもが母に感謝する目的で設けられている日。「ははのひ・に・　なん(何)ぞ・　おくりもん(贈物)・を・　せ・んならん・と・　おも(思)・とる・ねん。」

ばばぶいぶい《名詞》 黄金虫のうち、体の色が薄く白っぽいもの。「ばばぶいぶい・も・　ほかさ・んと・　いっしょ(一緒)・に・　かご(籠)・に・　い(入)れ・とく。」〔**⇒ばば**〕

はば(を)きかす【幅(を)利かす】《動詞・サ行五段活用》 他の人を押しのけて、ものを言ったり、行動したりする。勢力をふるう。「かちょー(課長)・が・　はばをきかし・て・　ほか(他)・の・　もん(者)・に・　しごと(仕事)・を・　させ・へん。」〔**⇒はば(を)する【幅(を)する】**〕

はば(を)する【幅(を)する】《動詞・サ行変格活用》 他の人を押しのけて、ものを言ったり、行動したりする。勢力をふるう。「あにき(兄貴)・が・　はばし・て・　おとーと(弟)・が・　こ(小)もー・　なっ・とる。」〔**⇒はば(を)きかす【幅(を)利かす】**〕

はびこる【蔓延る】《動詞・ラ行五段活用》 ①木や草が茂って、伸び広がる。「にわ(庭)・の・　ざっそー(雑草)・が・　はびこっ・て・　こま(困)る。」②望ましくない者が勢いを盛んにしてのさばり、手がつけられなくなる。「なまけもん(怠者)・が・　はびこっ・たら・　あか・ん・がな。」

はぶく【省く】《動詞・カ行五段活用》 ①これまであったものを減らしたり、なくしたりする。「こんかい(今回)・は・　わたし(私)・の・　なまえ(名前)・は・　はぶい・とっ・てんか。」②何らかの工夫をして、手数などを簡略にする。「てま(手間)・を・　はぶい・て・　しごと(仕事)・を・　する。」〔**⇒けずる【削る】**〕

はぶたい【(羽二重)】《名詞》 薄く滑らかで艶のある絹織物。「はぶたい・の・　きもの(着物)・を・　き(着)る。」〔**⇒はぶたえ【羽二重】**〕

はぶたえ【羽二重】《名詞》 薄く滑らかで艶のある絹織物。「これ・は・　ねう(値打)ちもん・の・　はぶたえ・や。」〔**⇒はぶたい【(羽二重)】**〕

はぶり【羽振り】《名詞》 金銭面などで、人がそなえている勢い。また、その程度。「あんな・　たか(高)い・　もん(物)・は・　はぶり・の・　え(良)ー・　ひと(人)・しか・　か(買)わ・れ・へん。」

ばふんし【馬糞紙】《名詞》　藁などを原料にした、黄色っぽい厚紙。「ばふんし・で・　こーさく(工作)・を・　こしら(拵)える。」◆特に、粗悪な感じのする紙を言うことがあった。馬の糞の色をしていることから名付けており、力を加えるとさくさくと砕けてしまいそうな感じがするものもある。〔⇒**ボールがみ**【英語= board から+ 紙】〕

ばべ《名詞》　①常緑で丸く小さく硬い葉を持つ樫の木。ウバメガシ。「ばべ・の・　き(木)ー・に・　のぼ(登)る。」②ウバメガシの木の実。「ばべ・で・　ごま(独楽)・を・　こしらえる。」

はぼたん【葉牡丹】《名詞》　秋から冬にかけて、縮れた葉が牡丹の花のように見えるので、観賞用として植えられる草花。「しょーがつ(正月)・の・　ため・に・　はぼたん・を・　う(植)える。」

はほや【(母親)】《名詞》　親のうち、女性の方。「わしの・　はほや・は・　きゅーじゅー(九十)・に・　なる・ねん。」◆母と子という関係性を意識して使うことが多い。動物の場合にも使う。■対語=「てとや【父親】」〔⇒**はは**【母】、**ははおや**【母親】、**おんなおや**【女親】、**おなごおや**【女親】〕

はま【浜】《名詞》　①海岸に近い地域。「はま・に・　いえ(家)・が・　た(建)っ・とる。」②海岸の砂浜の部分。「はま・の・　ごみひら(塵拾)い・を・　する。」③海の水際に沿った部分。「はま・に・　ふね(船)・を・　つ(着)ける。」〔①⇒**はまて**【浜手】、**はまべ**【浜辺】〕

はまぐり【蛤】《名詞》　殻は３角形に近く、表面が滑らかで、美味がもてはやされる貝。「すいもん(吸物)・に・　おー(大)きな・　はまぐり・が・　はい(入)っ・とる。」

はまこく【浜国】《名詞》　海岸線に沿って通っている国道。とりわけ、旧の国道250号線。「はまこく・は・　にしゃせん(二車線)・しか・　あら・へん。」［**巻末「わが郷土」の「はまこく」の項を参照**］

はまち《名詞》　鰤の、少し小さなもの。「おき(沖)・で・　と(獲)れ・た・　はまち・や・さかい・　うま(美味)い・ぞー。」

はまぢしゃ【浜苣】《名詞》　海岸の砂地に生え、ややちぢれた葉があり、食用にできる植物。「すなはま(砂浜)・に・　はまぢしゃ・が・　は(生)え・とる。」

はまて【浜手】《名詞》　①海岸に近い地域。「はまて・は・　こーば(工場)・が・　なろ(並)ん・どる。」②海岸に向かう方向。「えき(駅)・から・　はまて・に・　ある(歩)い・ていく。」〔①⇒**はま**【浜】、**はまべ**【浜辺】〕

はまべ【浜辺】《名詞》　海岸に近い地域。「はまべ・に・　た(建)っ・とる・　いえ(家)・から・は・　え(良)ー・　けしき(景色)・が・　み(見)える・なー。」〔⇒**はま**【浜】、**はまて**【浜手】〕

はまる【填る】《動詞・ラ行五段活用》　①特定の空間、枠組み、穴などのようなところに、ぴったりと合って入る。「ふた(蓋)・が・　ぴしゃんと・　はまる。」②穴や水の中などに落ちて、入り込む。「どーけ(＝野壺)・に・　はまっ・て・　くさ(臭)い。」■他動詞は「はめる【填める】」〔①⇒**はがる**【填る】。②⇒**おちこむ**【落ち込む】〕

はみ【食み】《名詞》　動物を育てたり、おびき寄せたりするための食べ物。「とり(鶏)・が・　はみ・を・　こつい・とる。」「うし(牛)・の・　はみだい(代)・が・　ぎょーさん(仰山)・　かかる。」◆「はむ(食む)」という動詞は使わなくなっている。〔⇒**えさ**【餌】〕

はみがき【歯磨き】《名詞、動詞する》　①歯を磨いて清潔にすること。「あさばん(朝晩)・に・　はみがきする。」②歯を磨くときに使う粉や、ペースト状のもの。「かお(香)り・の・　え(良)ー・　はみがき・や・なー。」〔②⇒**はみがきこ**【歯磨き粉】、**はみがっこ**【(歯磨っ粉)】〕

はみがきこ〔**はみがきこー**〕【歯磨き粉】《名詞》　歯を磨くときに使う粉や、ペースト状のもの。「はみがきこ・を・　つ(付)け・て・　みが(磨)く。」◆現在では主流を占めるのはペースト状のもので、それも「はみがきこ【歯磨き粉】」と言うが、本来は粉末のものが「はみがきこ」である。〔⇒**はみがき**【歯磨き】、**はみがっこ**【(歯磨き粉)】〕

はみがっこ【(歯磨っ粉)】《名詞》　歯を磨くときに使う粉や、ペースト状のもの。「はみがっこ・の・　か(代)わり・に・　しお(塩)・で・　みが(磨)く。」〔⇒**はみがき**【歯磨き】、**はみがきこ**【歯磨き粉】〕

はみだす【食み出す】《動詞・サ行五段活用》　一定の範囲や場所から、一部分が外へ出る。押されて外部へふくれ出る。「らん(欄)・から・　はみだし・て・　じ(字)ー・を・　か(書)い・とる。」■自動詞は「はみでる【食み出る】」

はみでる【食み出る】《動詞・ダ行下一段活用》　一定の範囲や場所から、一部分が外へ出る。「しゃつ(シャツ)・の・　すそ(裾)・が・　はみで・とる。」■他動詞は「はみだす【食み出す】」

ハム〔**はむ**〕【英語= ham】《名詞》　豚肉を塩漬けにして薫製にした食べ物。「せーぼ(歳暮)・に・　はむ・を・　おく(贈)る。」

はむかう【刃向かう】《動詞・ワア行五段活用》　人の言うことに素直に従わないで、反対したり抵抗したりする。相手に正面から挑む。「どろぼー(泥棒)・に・　はむこー・たら・　けが(怪我)させ・られる・さかい・　や(止)め・とき。」〔⇒**さからう**【逆らう】〕

はめ《名詞》　頭が３角形をして灰褐色の体に輪状の斑紋がある毒蛇。「やま(山)・の・　なか(中)・で・は・　はめ・に・　か(噛)ま・れ・ん・よーに・　き(気)ー・　つ(付)け・て・な。」〔⇒**まむし**【蝮】〕

はめこむ【填め込む】《動詞・マ行五段活用》　特定の空間、枠組み、穴などのようなところに、ぴったりと合うように入れる。「げんかん(玄関)・に・　げたばこ(下駄箱)・を・　はめこん・で・　つく(作)る。」■名詞化=はめこみ【填め込み】〔⇒**はめる**【填める】、**はげる**【填げる】、**はげこむ**【填げ込む】〕

はめる【填める】《動詞・マ行下一段活用》　①特定の空間、枠組み、穴などのようなところに、ぴったりと合うように入れる。「は(貼)りかえ・た・　あた(新)らしー・　しょーじ(障子)・を・　はめる。」②ぴったりするように手足などに被せる。「て(手)・に・　ぐろーぶ(グローブ)・を・　はめる。」■自動詞は「はまる【填る】」〔⇒**はげる**【填げる】。①⇒**はめこむ**【填め込む】、**はげこむ**【填げ込む】〕

はも【鱧】《名詞》　夏の味覚として珍重される、うろこがなく白く細長い魚。「はも・の・　ほね(骨)・を・　き(切)る。」

はもの【刃物】《名詞》　包丁などの、刃のついている道具。「はもの・は・　こども(子供)・の・　め(目)ー・に・　つかん・　ところ(所)・に・　お(置)い・とき・よ。」◆「はもん」という発音にはならない。

はや【早】《副詞》　時の流れや物事の進展について、早いものであるという思いを込めて使う言葉。早くも。既に。「しんさい(震災)・から・　はや・　にじゅーねん(二十年)・も・　た(経)っ・た・ん・や・なー。」「その・　ほん(本)・を・　はや・　はんぶん(半分)・まで・　よ(読)ん・だ・ん・か。」〔⇒**はやから【早から】**〕

はやあし【早足】《名詞》 速度を上げて歩くこと。歩くのが速い人。「はやあし・で・　い(行)か・んと・　ま(間)・に・　あ(合)わ・へん。」「あんた・は・　はやあし・や・さかい・　つ(付)いていか・れ・へん。」

はやい【早い】《形容詞・アイ型》 ①時間的に前の方である。「あさ(朝)・　お(起)きる・の・が・　はやい。」②まだその時になっていない。その時にはまだ間がある。「よてー(予定)・より・も・　はよー・に・　つ(着)い・た。」③他と比較して先の方にある。「みんな(皆)・より・も・　はよー・に・　がっこー(学校)・へ・　い(行)く。」④ものごとを行うのに時間が短くてすむ。素早い。「はよー・に・　しごと(仕事)・が・　す(済)ん・だ。」「はやく・　しくだい(宿題)・を・　やっ・てしまい・なさい。」■対語＝「おそい【遅い】」。■名詞化＝**はやさ【早さ】**

はやい【速い】《形容詞・アイ型》 ①移動や動作に時間がかからない。動きが急いでいる。「ほっかいどー(北海道)・やっ・たら・　ひこーき(飛行機)・の・　ほー(方)・が・　はやい。」②動きが激しい。「しんぞー(心臓)・の・　どきどき・が・　はやい。」■対語＝「おそい【遅い】」「ぐずい【愚図い】」■名詞化＝**はやさ【速さ】**

ばやい【(場合)】《名詞》 ①あることが行われている、または起こりそうな時や状況。その時々で変わってくる事情や状況。「あめ(雨)・の・　ばやい・は・　ちゅーし(中止)する。」「どんな・　ばやい・でも・　お(落)ちつい・て・　うご(動)き・なはれ。」②ものごとや人をいくつかに分けたときの、それぞれ。「とし(年)・の・　はじ(初)め・の・　しゅーかい(集会)・の・　ばやい・は・　しんねんかい(新年会)・に・　する。」〔⇒**ばあい【場合】**。①⇒**とき【時】**〕

はやいき【早行き】《名詞》 1月1日から4月1日までに生まれて、数え歳の7歳で小学校に入学すること。また、その子。「むすこ(息子)・は・　はやいき・で・　いちねんせー(一年生)・に・　なっ・た。」◆数え年で言うと、小学校への入学が「おそいき【遅行き】」よりも1歳早くなるということ。■対語＝「おそいき【遅行き】」〔⇒**はよいき【早行き】、ななついき【七つ行き】**〕

はやいこと【速い事、早い事】《副詞》 ①素早く。短時間で。「しごと(仕事)・を・　はやいこと・　しあ(仕上)げる。」②早期の段階で。遅れないように。「どーそーかい(同窓会)・は・　はやいこと・　はがき(葉書)・で・　あんない(案内)・を・　だ(出)そ・ー。」

はやいはなし【早い話】《副詞が》 簡単に言ってしまえば。先に結論を言うならば。「はやいはなしが・　あんた・は・　い(行)き・とー・ない・ん・や・なー。」

はやいめ〔**はやいめー**〕【早いめ】《名詞、形容動詞や(ノ)》 普通に考えるよりも、すこし早いと思われる程度。通常に比べて少し早いと思われる程度。「はやめに・　かいじょー(会場)・に・　つ(着)い・た。」◆「はやめ【早め】」よりは、「はやいめ【早いめ】」と言うことの方が多い。■対語＝「おそいめ【遅いめ】」〔⇒**はやめ【早め】**〕

はやいめ〔**はやいめー**〕【速いめ】《名詞、形容動詞や(ノ)》 普通に考えるよりも、すこし速いと思われる程度。通常に比べて少し速いと思われる程度。「はじ(初)め・はやいめに・　はし(走)っ・た・さかい・　あと(後)・は・ばて・て・も・た。」■対語＝「おそいめ【遅いめ】」〔⇒**はやめ【速め】**〕

はやいもんがち【速い者勝ち】《名詞、形容動詞や(ノ)》 何かを先にした者の方が利益を得ること。先に申し出た者が権利を確保すること。「はやいもんがちに・　し・たら・　けんか(喧嘩)・に・　なっ・てまう・ぞ。」

はやうまれ【早生まれ】《名詞》 1月1日から4月1日までに生まれること、また、その人。「はやうまれ・や・さかい・　しょーがっこーいちねんせー(小学校一年生)・の・　とき(時)・は・　せ(背)ー・が・　ひく(低)かっ・てん。」■対語＝「おそうまれ【遅生まれ】」〔⇒**はようまれ【早生まれ】**〕

はやおき【早起き】《名詞、動詞する》 朝早く起きること。朝早く起きる人。「きょー(今日)・は・　はやおきし・た・さかい・　きも(気持)ち・が・　え(良)ー。」■対語＝「おそおき【遅起き】」

はやから【早から】《副詞》 時の流れや物事の進展について、早いものであるという思いを込めて使う言葉。早くも。既に。「さっき・　き(来)・た・ばっかり・や・のに・はやから・　い(去)ぬ・ん・か。」「はやから・　べんとー(弁当)・を・　く(食)い・よる・の・か。」「はやから・　あきら(諦)め・たら・　あか・ん・がな。」〔⇒**はや【早】**〕

はやくち【早口】《名詞》 ①ものの言い方が早いこと。「はやくち・で・　しゃべ(喋)る・さかい・　なに(何)・　ゆ(言)ー・とる・ん・や・　よー・　わから・ん。」「あいつ(彼奴)・の・　しゃべ(喋)りかた・は・　いつも・　はやくち・や。」②発音しにくいような言葉や語句を選んで、それを早く言う遊び。また、その言葉。「はやくち・の・ことば(言葉)・は・　よー・　まちが(間違)える。」〔②⇒**はやくちことば【早口言葉】**〕

はやくちことば【早口言葉】《名詞》 発音しにくいような言葉や語句を選んで、それを早く言う遊び。また、その言葉。「はやくちことば・を・　し・て・　した(舌)・を・か(噛)ん・だ。」◆小学生の頃に言っていた憶えがあるのは、「生米・生麦・生卵」「東京特許許可局」など。〔⇒**はやくち【早口】**〕

はやさ【速さ】《名詞》 乗り物やものごとなどの進む度合い。速度。速力。また、その度合いが高いこと。「この・　ふね(船)・の・　はやさ・は・　どれ・ぐらい・です・か。」「びっくりする・よーな・　はやさ・で・　はし(走)っ・とる・ねん。」■対語＝「おそさ【遅さ】」〔⇒**スピード【英語＝speed】**〕

はやざき【早咲き】《名詞》 その花が一般に咲く時季に比べて、早く咲くこと。また、そのような花。「はやざき・の・　うめ(梅)・が・　さ(咲)い・た。」■対語＝「おそざき【遅咲き】」

はやし【林】《名詞》 たくさんの木が集まって生えているところ。「みち(道)・は・　はやし・の・　なか(中)・を・とー(通)っ・ていく。」〔⇒**やま【山】**〕

はやじに【早死に】《名詞、動詞する》 年若いうちに死ぬこと。平均年齢よりかなり早く死ぬこと。「かわいそー(可哀想)な・　こと・やっ・た・けど・　びょーき(病気)・で・　はやじにし・て・も・た・がな。」〔⇒**わかじに【若死に】**〕

はやじまい【早終い】《名詞、動詞する》 いつもより早く、仕事や営業を終えること。「たいふー(台風)・が・　ちか(近)づい・とる・さかい・　はやじまいし・た。」■対語＝「おそじまい【遅終い】」

ハヤシライス〔**はやしらいす**〕【英語＝hash riceから】《名詞》 トマト味などのソースで、牛肉や野菜などを煮込んで、ご飯にかけた料理。「まご(孫)・は・　はやしらいす・が・　ごっつー・　す(好)きや・ねん。」

はやす【生やす】《動詞・サ行五段活用》 ①植物の芽や根が出るようにする。木や草が伸びて育つようにする。「たね(種)・を・　ま(蒔)い・て・　あさがお(朝顔)・を・　はやす。」②草や木などを伸びるにまかせる。「はたけ(畑)・に・　くさ(草)・を・　はやす。」③髭や毛を表面に伸ばす。「ひげ(髭)・を・　はやし・た・　おとこ(男)・の・　ひと(人)・が・　やっ・てき・た。」■自動詞は「はえる【生える】」

はやする【速する】《動詞・サ行変格活用》 速度を増させる。時間をかからなくする。敏捷にする。「はやし・たら・　いちじかん(一時間)・で・　つ(着)ける・やろ。」■対語＝「おそする【遅する】」〔⇒**はよする【速する】**〕

はやする【早する】《動詞・サ行変格活用》 時期や時刻を前の方にする。「ことし(今年)・の・　うんどーかい(運動会)・は・　いっしゅーかん(一週間)・　はやする。」■対語＝「おそする【遅する】」〔⇒**はよする【早する】**〕

はやなる【速なる】《動詞・ラ行五段活用》 速度が増す。時間がかからなくなる。敏捷になる。「じょーず(上手)に・　なっ・て・　どーさ(動作)・が・　はやなっ・た。」■対語＝「おそなる【遅なる】」〔⇒**はよなる【速なる】**〕

はやなる【早なる】《動詞・ラ行五段活用》 時期や時刻が前の方になる。「すいか(西瓜)・が・　みせ(店)・に・　なら(並)ぶ・の・が・　はやなっ・た。」■対語＝「おそなる【遅なる】」〔⇒**はよなる【早なる】**〕

はやね【早寝】《名詞、動詞する》 夜、早い時刻に寝ること。「あした(明日)・は・　えんそく(遠足)・や・さかい・　きょー(今日)・は・　はやねし・なはれ・や。」■対語＝「おそね【遅寝】」

はやねはやおき【早寝早起き】《名詞、動詞する》 夜に早く寝て、翌朝に早く起きること。「はやねはやおきし・たら・　きも(気持)ち・が・　え(良)ー・やろ。」

はやびき【早引き】《名詞、動詞する》 決められている時刻よりも早く、学校や勤め先などを出ること。早退。「かぜ(風邪)・が・　ひど(酷)なっ・た・さかい・　はやびきし・た。」

はやびる【早昼】《名詞》 早めの時刻に食べる昼食。「いちじ(一時)・に・　はじ(始)まる・そーや・さかい・　はやびる・　た(食)べ・て・　で(出)かけ・よー・か。」■対語＝「おそびる【遅昼】」

はやみち【早道】《名詞、動詞する》 ①目的地に早く行き着ける道。また、その道を通って行くこと。「えき(駅)・へ・　い(行)ける・　はやみち・が・　ある。」②目的を達成するための、簡単で便利な方法。また、その方法をとること。「じょーず(上手)に・　え(絵)ー・が・　か(描)ける・よーに・　なる・　はやみち・を・　おし(教)え・てください。」〔⇒**ちかみち【近道】**。①⇒**ぬけみち【抜け道】**〕

はやめ【早め】《名詞、形容動詞や(ノ)》 普通に考えるよりも、すこし早いと思われる程度。通常に比べて少し早いと思われる程度。「さんか(参加)する・　こと・を・　はやめに・　もー(申)しこむ。」◆「はやめ【早め】」よりは、「はやいめ【早いめ】」と言うことの方が多い。■対語＝「おそめ【遅め】」〔⇒**はやいめ【早いめ】**〕

はやめ【速め】《名詞、形容動詞や(ノ)》 普通に考えるよりも、すこし速いと思われる程度。通常に比べて少し速いと思われる程度。「きょー(今日)・は・　いつも・より・は・　はやめに・　はし(走)っ・てみ・よ・か。」「くるま(車)・を・　ちょっと(一寸)・　はやめに・　はし(走)らし・てんか。」◆「はやめ」よりは、「はやいめ」と言うことの方が多い。■対語＝「おそめ【遅め】」〔⇒**はやいめ【速いめ】**〕

はやめる【早める】《動詞・マ行下一段活用》 時期や時刻を、予定していたものより、あるいは恒例としていたものよりも早くする。「うんどーかい(運動会)・を・　きょねん(去年)・より・　いっしゅーかん(一週間)・　はやめ・た。」「きょねん(去年)・より・　はやめ・て・　たね(種)・を・　ま(蒔)く。」■対語＝「おくらす【遅らす、後らす】」

はやり【流行】《名詞》 ある時期に、あるものや事柄が盛んにもてはやされること。また、そのようにもてはやされるものや事柄。「いま(今)・　はやり・の・　うた(歌)・を・　うたう。」「はやり・の・　くつ(靴)・を・　か(買)う。」〔⇒**りゅうこう【流行】**〕

はやりかぜ【流行り風邪】《名詞》 ウイルスによっておこり、高熱を出し、急性肺炎を起こしやすい伝染病。インフルエンザ。「はやりかぜ・やっ・たら・　がっこ(学校)・へ・　い(行)か・んとき・な。」〔⇒**りゅうかん【流感】**〕

はやる【流行る】《動詞・ラ行五段活用》 ①ある時期に、あるものや事柄が盛んにもてはやされる。世の中で盛んに行われる。「みじか(短)い・　すかーと(スカート)・が・　はやっ・た・　こと・が・　ある。」②人気があって、商売などが繁盛する。「よー・　はやっ・とる・　うどんや(饂飩屋)・を・　し(知)っ・とる・ねん。」③病気などが盛んに広がる。「はしか(麻疹)・が・　はやっ・とる・さかい・　き(気)ー・を・　つけ・や。」■名詞化＝**はやり【流行り】**

はよ〔**はよー**〕【早よ】《副詞》 素早く。すぐに。「はよー・　お(起)き・なはれ。」「はよ・　おら・ん・よーに・　なり・やがれ。」「はよー・　かえ(帰)っ・てき・てほしー・ねん。」◆相手に向かって求める気持ちを表すことが多い。

はよいき【早行き】《名詞》 1月1日から4月1日までに生まれて、数え歳の7歳で小学校に入学すること。また、その子。「さんがつ(三月)うまれ・で・　いちばん(一番)・　うし(後)ろ・の・　はよいき・や。」◆数え年で言うと、小学校への入学が「おそいき【遅行き】」よりも1歳早くなるということ。■対語＝「おそいき【遅行き】」〔⇒**はやいき【早行き】、ななついき【七つ行き】**〕

はようまれ【早生まれ】《名詞》 1月1日から4月1日までに生まれること、また、その人。「はようまれ・や・さかい・　てーねん(定年)・も・　はや(早)い・ん・や。」■対語＝「おそうまれ【遅生まれ】」〔⇒**はやうまれ【早生まれ】**〕

はよする【速する】《動詞・サ行変格活用》 速度を増させる。時間をかからなくする。敏捷にする。「もー・　ちょっと(一寸)・　はよせ・んと・　ま(間)にあわ・へん・がな。」■対語＝「おそする【遅する】」〔⇒**はやする【速する】**〕

はよする【早する】《動詞・サ行変格活用》 時期や時刻を前の方にする。「たう(田植)え・を・　はよし・ても・　いねか(稲刈)り・は・　か(変)わら・へん・ぞ。」■対語＝「おそする【遅する】」〔⇒**はやする【早する】**〕

はよなる【速なる】《動詞・ラ行五段活用》 速度が増す。時間がかからなくなる。敏捷になる。「こーべ(神戸)・まで・の・　でんしゃ(電車)・の・　じかん(時間)・が・　はよなっ・た。」■対語＝「おそなる【遅なる】」〔⇒**はやなる【速なる】**〕

はよなる【早なる】《動詞・ラ行五段活用》 時期や時刻が前

の方になる。「しぎょー(始業)・が・　か(変)わっ・て・はよなっ・た・さかい・　ひちじ(七時)・に・　いえ(家)・を・　で(出)る。」■対語＝「おそなる【遅なる】」〔⇒**はやなる【早なる】**〕

はら【腹】《名詞》 ①胸と腰との間で、胃や腸などのあるところ。胃や腸。「はら・を・　こわし・て・　もの・が・　く(食)え・へん。」②母体で、子が宿るところ。「はら・を・　いた(痛)め・た・　こ(子)ー・は・　かわ(可愛)いー。」③心の中。うわべだけでない、本当の気持ちや考え。「あいつ(彼奴)・の・　はら・は・　わかっ・とる・ねん。」④どんなことが起こっても、恐れたり動じたりしない心の持ち方。「はら・を・　す(据)え・て・　れんしゅー(練習)・を・　し・まし・ょー。」〔①②③⇒**おなか【お腹】**。①②⇒**ぽんぽん**。④⇒**どきょう【度胸】**〕

はら【原】《名詞》 草などが生えている、平らで広い土地。田や畑になっていない土地。「くさ(草)・ばっかり・の・　はら・に・　き(木)・を・　う(植)える。」〔⇒**はらっぱ【原っぱ】**〕

ばら【薔薇】《名詞》 美しい花と香りのよさをもてはやして様々の園芸品種が作られた、庭に植える、棘のある低木。「ばら・の・　き(木)ー・を・　さわ(触)っ・て・　いた(痛)かっ・た。」

ばら【散】《名詞》 まとまっていたり、組になっていたりするものを、一つまたは小さな単位に分けたもの。「たばこ(煙草)・を・　ばら・で・　う(売)る。」

はらあて【腹当て】《名詞、動詞する》 胸や腹を覆って、背中で紐を結ぶ形の、小さな子どもが着る肌着。「あつ(暑)い・さかい・　はらあて・だけ・　し・て・　はだか(裸)・で・　ね(寝)・さす。」〔⇒**はらかけ【腹掛け】**〕

はらい【払い】《名詞》 ①代金などを相手に渡すこと。また、その代金。「やおや(八百屋)・の・　はらい・を・　つ(付)け・に・　し・とる。」②溜まっているものなどを取り除くこと。「てんじょー(天井)・の・　すす(煤)はらい・を・　する。」

はらいさげ【払い下げ】《名詞、動詞する》 ①国、自治体、公的機関などが、要らなくなったものを、企業や一般の人などに売り渡すこと。「しんちゅーぐん(進駐軍)・の・　はらいさげ・の・　しなもん(品物)・を・　う(売)っ・とる・　みせ(店)・が・　あっ・た。」②年上の人や先輩などの使ったものを、年下の人や後輩などに譲り渡すこと。「あにき(兄貴)・の・　はらいさげ・の・　ふく(服)・を・　き(着)・とる。」

はらいさげる【払い下げる】《動詞・ガ行下一段活用》 ①国、自治体、公的機関などが、要らなくなったものを、企業や一般の人などに売り渡す。「ぐんじゅひん(軍需品)・を・　はらいさげ・とる・　とき(時)・が・　あっ・た。」②年上の人や先輩などの使ったものを、年下の人や後輩などに譲り渡す。「こも(小)ー・　なっ・た・　ふく(服)・を・　おとーと(弟)・に・　はらいさげる。」■名詞化＝**はらいさげ【払い下げ】**

はらいた【腹痛】《名詞》 食べ過ぎや食あたりなどによって、おなかが痛むこと。「きのー(昨日)・は・　はらいた・で・　うな(唸)っ・とっ・てん。」〔⇒**ぽんぽんいた**〕

はらいっぱい【腹一杯】《形容動詞や(ノ)》 じゅうぶん食べて、満腹である様子。「ばんめし(晩飯)・は・　はらいっぱいに・　た(食)べ・た。」

はらいもどし【払い戻し】《名詞、動詞する》 ①精算などをして、余分の金額を返すこと。「かいひ(会費)・の・あま(余)り・を・　はらいもどしし・た。」②何かの事情が生じて、一旦預かった金を返すこと。「でんしゃ(電車)・が・　おく(遅)れ・て・　とっきゅーけん(特急券)・を・　はらいもどしし・てもろ・た。」③預金や貯金を預けた人に返すこと。「てーき(定期)・が・　まんき(満期)・で・　はらいもどし・に・　なっ・た。」

はらいもどす【払い戻す】《動詞・サ行五段活用》 ①精算などをして、余分の金額を返す。「おさ(納)め・た・ぜーきん(税金)・を・　はらいもどし・てもろ・た。」②何かの事情が生じて、一旦預かった金を返す。「おんがっかい(音楽会)・が・　ちゅーし(中止)・に・　なっ・て・はらいもどさ・れ・た。」③預金や貯金を預けた人に返す。「まんき(満期)・に・　なっ・て・　はらいもどし・てくれ・た。」■名詞化＝**はらいもどし【払い戻し】**

はらう【払う】《動詞・ワア行五段活用》 ①代金や給料などを渡す。借りをなくす。「てーきだい(定期代)・を・はらう。」②振るようにして取り除く。たたいて落とす。「ふく(服)・に・　つ(付)い・た・　ごみ(塵)・を・　はらう。」「き(木)・の・　えだ(枝)・を・　はらう。」■名詞化＝**はらい【払い】**〔①⇒**しはらう【支払う】**。②⇒**はたく【(叩く)】**〕

はらおび【腹帯】《名詞》 腹が冷えるのを防ぐために、腹に当てる幅の広い布や織物。「ねび(寝冷)えせ・ん・よーに・　はらおび・を・　し・て・　ね(寝)・なはれ。」〔⇒**はらまき【腹巻】**〕

はらかけ【腹掛け】《名詞、動詞する》 胸や腹を覆って、背中で紐を結ぶ形の、小さな子どもが着る肌着。「きんたろー(金太郎)・の・よーな・　はらかけし・て・　かい(可愛)らしー・なー。」〔⇒**はらあて【腹当て】**〕

ばらかす《動詞・サ行五段活用》 まとまっていたものを、細かく分ける。別々にして広げる。「ひも(紐)・を・　ほど(解)い・て・　くく(括)っ・とっ・た・　ほそ(細)い・き(木)ー・を・　ばらかし・た。」■自動詞は「ばらける」〔⇒**あらける【空らける】、はなす【離す】**〕

はらがすわる【腹が据わる】《動詞・ラ行五段活用》 覚悟ができていて、物事に動じないで落ち着いている。度胸が据わっていて、落ち着いて行動する。考えがしっかり定まって、他人の言葉などに左右されない。「あいつ(彼奴)・は・　なかなか・　はらがすわっ・た・　やつ(奴)・や。」

はらがたつ【腹が立つ】《動詞・タ行五段活用》 気に入らなくて、しゃくにさわる。怒りを行動に表す寸前の状態になる。「はらがたっ・た・さかい・　て(手)ー・が・　で(出)・ても・た。」

ばらける《動詞・カ行下一段活用》 まとまっていたものが、細かく分かれる。別々になって広がる。「ここ・で・　かいさん(解散)する・と・　ゆ(言)ー・たら・　れつ(列)・が・　ばらけ・た。」■他動詞は「ばらかす」〔⇒**あらく【空らく】**〕

はらごしらえ【腹拵え】《名詞、動詞する》 何かの活動をする前に食事をして、腹を満たしておくこと。「ある(歩)きはじめる・　まえ(前)・に・　はらごしらえし・まほ・か。」

はらす【腫らす】《動詞・サ行五段活用》 皮膚の一部がふくれ上がるような結果を招くことをする。皮膚の一部をふくれ上がるにまかせている。「でぼちん(＝おでこ)・を・　まっか(真赤)っかに・　はらし・て・　どない・し・た・ん。」「な(泣)い・て・　め(目)ー・を・　はらし・とる。」

はらす【晴らす】《動詞・サ行五段活用》 ①空が晴れるようにさせる。「あした(明日)・は・　うんどーかい(運動会)・や・から・　はらし・たい・なー。」②不審や疑念などを解消して、さっぱりした心境になる。「うたが(疑)い・を・はらし・て・　きも(気持)ち・が・　さっぱりし・た。」

はらす【貼らす】《動詞・サ行五段活用》 ①貼ることを認める。「ここ・に・　ぽすたー(ポスター)・を・　はらし・てくれ・へん・か。」②他の人に命じて、貼ることをさせる。「がよーし(画用紙)・に・　さくら(桜)・の・　はな(花)びら・を・　いっぱい・　はらす。」

バラス〔**ばらす**〕【英語 = ballast】《名詞》 ①握りこぶしほどの大きさで、尖った形の石。「れーる(レール)・の・した(下)・に・　ばらす・を・　ひ(敷)く。」②細かな石。「にわ(庭)・に・　ばらす・を・　ま(撒)く。」〔**⇒じゃり**【**砂利**】〕

ばらす《動詞・サ行五段活用》 ①一つにまとまっていたものを、細かく分ける。「きかい(機械)・を・　ばらし・て・そーじ(掃除)する。」②動物や魚を、食料とするために解体する。「とり(鶏)・を・　ばらす。」③人の秘密をあばいて暴露する。「ちゅーがっこー(中学校)・の・　とき(時)・の・　こと・を・　ばらさ・れ・ても・た。」

ばらずし【ばら寿司】《名詞》 寿司飯の上に刺身、卵焼き、海苔、味をつけた野菜などをのせた料理。刺身、卵焼き、海苔、味をつけた野菜などを細かく切って、寿司飯に混ぜたもの。「まつり(祭)・の・　ひ(日)ー・に・　ばらずし・を・　つく(作)る。」〔**⇒ごもくずし**【**五目寿司**】、**ちらし**【**散らし**】、**ちらしずし**【**散らし寿司**】〕

バラック〔**ばらっく**〕【英語 = barrack】《名詞》 ありあわせのものを使って、一時的な間に合わせに作った、小さな建物。「せんご(戦後)・に・　ぎょーさん(仰山)・　ばらっく・が・　た(建)っ・た。」

ばらっと《副詞》 ①ものが勢いよく広がる様子。また、広げる様子。「らじおたいそー(ラジオ体操)・を・　する・ので・　うんどーじょー(運動場)・に・　ばらっと・　ひろ(広)がっ・た。」「びん(瓶)・を・　こかし・たら・　なか(中)・に・　はい(入)っ・とっ・た・　まめ(豆)・が・　ばらっと・　こぼ(零)れ・ても・た。」②一つにまとまらないで、散らばっている様子。また、散らばらせる様子。「ふろしき(風呂敷)・から・　ばらっと・　ほん(本)・が・お(落)ち・た。」「ちゅーりっぷ(チューリップ)・の・はな(花)びら・が・　ばらっと・　お(落)ち・た。」③広がりながら、ものに垂れかかっている様子。「まえがみ(前髪)・が・　ばらっと・　め(目)ー・に・　かかる。」〔①②**⇒ばあっと、ばらばら**〕

ぱらっと《副詞》 ①軽いものが落ちる様子。「しんぶん(新聞)・に・　はさ(挟)ま・れ・とっ・た・　ちらし・が・　ぱらっと・　お(落)ち・た。」②まばらに広く散らす様子。「ごはん(飯)・に・　ごまじお(胡麻塩)・を・　ぱらっと・ふ(振)りかける。」

はらっぱ【原っぱ】《名詞》 草などが生えている、平らで広い土地。田や畑になっていない土地。「はらっぱ・を・はし(走)りまーっ・て・　おに(鬼)ごっこ・を・　する。」〔**⇒はら**【**原**】〕

はらのむし【腹の虫】《名詞》 ①空腹の時に腹鳴りなどがする、腹の中の状況。「はらのむし・が・　な(鳴)い・とる・さかい・　めし(飯)・を・　く(食)お・ー。」②わき起こってくる腹立たしい感情。「あんな・　こと・を・　い(言)わ・れ・たら・　はらのむし・が・　おさまら・へん。」③腹の中に寄生する虫。「くすり(薬)・で・　はらのむし・を・　くだ(下)す。」

はらばた【(腸、腑)】《名詞》 ①動物の内臓。特に、魚の内臓。「はらばた・を・　と(取)っ・て・から・　さかな(魚)・を・　くし(串)・に・　さ(刺)し・て・　や(焼)く。」②人の気持ち。「こんな・　こと・では・　はらばた・が・　おさまら・へん。」〔**⇒はらわた**【**腸、腑**】〕

はらはちぶ【腹八分】《形容動詞や(ノ)》 満腹になる少し手前である様子。「く(食)いすぎ・ん・よーに・　はらはちぶに・　し・とき・なはれ。」〔**⇒はらはちぶんめ**【**腹八分目**】〕

はらはちぶんめ【腹八分目】《形容動詞や(ノ)》 満腹になる少し手前である様子。「はらはちぶんめで・　や(止)め・とこ・か。」〔**⇒はらはちぶ**【**腹八分**】〕

はらはら《副詞と、動詞する》 うまくいくかどうか気をもんで、深く心配をする様子。よくないことを予想して肝をつぶす様子。「はらはらする・　さーかす(サーカス)・を・　み(見)・てき・た。」

ばらばら《形容動詞や(ノ)》 ①ものが勢いよく広がる様子。また、広げる様子。「かぜ(風)・が・　ふ(吹)い・て・おちば(落葉)・が・　ばらばらと・　ひろ(広)がっ・た。」②一つにまとまらないで、散らばっている様子。また、散らばらせる様子。「ばらばらと・　いえ(家)・が・　た(建)っ・とる。」「うんどーじょー(運動場)・の・　あっちこっち・に・　ばらばらと・　あつ(集)まっ・とる。」③一斉でなく、それぞれが異なっている様子。「はちじ(八時)すぎ・から・　ばらばらに・　あつ(集)まりはじめ・た。」④まとまりがない様子。「みんな(皆)・の・　かんが(考)え・が・　ばらばらやっ・た。」⑤粒状のものがものにぶつかる様子。また、その音。「おー(大)きな・あめ(雨)・が・　ばらばらと・　まど(窓)・に・　あ(当)たる。」〔①②**⇒ばあっと、ばらっと**〕

ぱらぱら《副詞と、動詞する》 ①広がりがまばらである様子。一つに固まらないで、分散している様子。「たいいくかん(体育館)・に・　ぱらぱらと・　ひと(人)・が・　おる。」②まばらに振りかける様子。大雑把に振りかける様子。「さかな(魚)・に・　しお(塩)・を・　ぱらぱら・ふ(振)る。」③ページなどをめくる様子。「はじ(初)め・の・　ほー・から・　ぱらぱらと・　み(見)・ていく。」④雨などが少し降る様子。「くも(曇)っ・た・と・　おも(思)・とっ・たら・　ぱらぱらし・てき・た。」

はらぴい〔**はらぴー**〕【腹ぴい】《形容動詞や(ノ)》 下痢などによって、腹を下している様子。「さしみ(刺身)・を・く(食)いすぎ・て・　はらぴーに・　なっ・た。」

はらぺこ【腹ぺこ】《形容動詞や(ノ)》 極端に空腹である様子。「はらぺこや・さかい・　はよ(早)ー・　ごはん(飯)・が・　た(食)べ・たい。」

はらぼて【(腹布袋)】《名詞、形容動詞や(ノ)》 ①腹が膨らんでいること。下腹が出ていること。腹に段々ができていること。「うんどー(運動)せ・なんだ・さかい・　はらぼてに・　なっ・た。」「はらぼてに・　なって・　もー・　く(食)わ・れ・へん。」②妊娠をしていること。「あんた・の・　おく(奥)さん・　はらぼてに・　なっ・とっ・て・や・なー。」〔**⇒ぼてばら**【**(布袋腹)**】。①**⇒ぼて**【**(布袋)**】〕

はらまき【腹巻】《名詞》 腹が冷えるのを防ぐために、腹に当てる幅の広い布や織物。「は(撥)ねまわっ・て・　ね(寝)る・　こ(子)・や・さかい・　はらまき・を・　さし・とる・ねん。」〔**⇒はらおび**【**腹帯**】〕

ばらまく【ばら撒く】《動詞・カ行五段活用》 ①あたり一帯に撒く。あちらこちらに散らして撒く。「にわ(庭)・に・みず(水)・を・　ばらまく。」「すな(砂)・を・　ばらまく。」②金品を多くの人に与える。「せんきょ(選挙)・で・かね(金)・を・　ばらまい・た・　ひと(人)・が・　つか(捕)まっ・た。」■名詞化＝**ばらまき**【**ばら撒き**】

はらもち【腹持ち】《名詞》　食べたものの消化が遅くて、腹の中に残っていること。満腹感が続いていること。「ぱん（パン）・より・　ごはん（飯）・の・　ほー（方）・が・　はらもち・が・　え（良）ー。」

はらわた【腸、腑】《名詞》　①動物の内臓。特に、魚の内臓。「さかな（魚）・の・　はらわた・は・　と（取）っ・て・す（捨）て・んと・　にが（苦）い。」②人の気持ち。「あいつ（彼奴）・に・は・　はらわた・が・　に（煮）えくりかえっ・とる・ねん。」〔⇒**はらばた**【（腸、腑）】〕

はら（を）きめる【腹（を）決める】《動詞・マ行下一段活用》　考えに決断を下す。それより後に起こるであろう良くないことに覚悟をする。「はらをきめ・て・から・　あいて（相手）・の・　いえ（家）・へ・　い（行）く。」

はら（を）たてる【腹（を）立てる】《動詞・タ行下一段活用》　我慢できなくなって安らかさが失せて、不快な気持ちが言動にあらわれる。興奮して荒々しい気持ちになる。「だま（騙）さ・れ・た・　ゆ（言）ー・て・　はらをたて・とる。」〔⇒**おこる**【怒る】〕

はり【針】《名詞》　①糸を通して、布などを縫う、細くて先の尖ったもの。「はり・に・　いと（糸）・を・　とー（通）す。」②細くて先が尖っていて、位置などを示すためのもの。「とけー（時計）・の・　はり・が・　と（止）まっ・とる。」「はかり（秤）・の・　はり・を・　み（見）る・の・を・　まちが（間違）え・た。」③魚を釣るために餌をつけて魚に食わせる、先の曲がったもの。「さかな（魚）・に・　はり・を・　く（食）いちぎら・れ・た。」〔③⇒**つりばり**【釣り針】〕

はり【梁】《名詞》　屋根の重みを支えたり柱を固定したりするために、柱の上に横に渡した木。「この・　いえ（家）・は・　ふと（太）い・　はり・を・　つこ（使）・てる・ん・や・なー。」

はり【鍼】《名詞、動詞する》　体のつぼに、先の尖った金属製のものを使って治療を行う民間療法。また、それに使う細長い器具。「こし（腰）・が・　いた（痛）い・さかい・　はり・に・　かよ（通）・てます・ねん。」

はり【張り】《名詞》　①たるまないで、引き締まっていること。「かお（顔）・の・　はり・が・　な（無）くなっ・て・　むくん・どる。」「はり・の・　ある・　こえ（声）・で・　じょーず（上手）に・　うた（歌）う。」②引っ張る力。「つな（綱）・の・　はり・が・　よわ（弱）い。」③何かに取り組むためのやりがいや意欲。働きかけただけの反応が感じられること。「しごと（仕事）・に・　はり・を・　も（持）た・な・あか・ん。」〔③⇒**はりあい**【張り合い】、**はりやい**【（張り合い）】〕

はりあい【張り合い】《名詞》　①何かに取り組むためのやりがいや意欲。働きかけただけの反応が感じられること。「むすめ（娘）・が・　けっこん（結婚）し・ても・て・　はりあい・が・　すく（少）のー・なっ・た。」②互いに負けないように競り合うこと。互いに譲らずに対抗すること。「おたが（互）い・の・　はりあい・で・　せーせき（成績）・が・　の（伸）び・た。」〔①⇒**はり**【張り】、**はりやい**【（張り合い）】〕

はりあう【張り合う】《動詞・ワア行五段活用》　互いに負けないように競り合う。互いに譲らずに対抗する。「はんしん（阪神）・と・　きょじん（巨人）・が・　はりあわ・んと・　おもろ（面白）ない・なー。」■名詞化＝**はりあい**【張り合い】〔⇒**はんりゃう**【（張り合う）】〕

はりあげる【張り上げる】《動詞・ガ行下一段活用》　声を強く高く出す。「おーごえ（大声）・を・　はりあげ・て・　けんか（喧嘩）せ・んとい・てー・な。」〔⇒**はんりゃげる**【（張り上げる）】〕

はりいた【張り板】《名詞》　洗った布を張って乾かすための板。「きもの（着物）・を・　ほど（解）い・て・　あろ（洗）ー・て・　はりいた・で・　かわ（乾）かす。」

張り板

はりがね【針金】《名詞》　鉄や銅などの金属を線状に細長く延ばしたもの。「ざいもく（材木）・の・　き（切）れはし・を・　はりがね・で・　たば（束）ねる。」〔⇒**ワイヤー**【英語＝wire】〕

はりがみ【貼り紙、張り紙】《名詞》　①ものに紙を貼り付けること。また、その紙。「はこ（箱）・の・　こすれ・た・とこ（所）・に・　はりがみ・を・　はる。」②多くの人に知らせたいことを書いて、張り出す紙。「はりがみ・で・　ちゅーし（中止）・を・　し（知）らす。」

バリカン〔**ばりかん**〕【フランスのBarriquand et Marreの社名から】《名詞》　鉄製の２枚の櫛状の刃を重ねて、頭髪を切るようにした用具。「ばりかん・で・　まるぼーず（丸坊主）・に・　する。」〔⇒**ジャッキ**【英語＝jack】〕

ばりき【馬力】《名詞》　①努めて励もうとする力。頑張ろうとする気構えや活力。「あいつ（彼奴）・は・　なかなか・　ばりき・の・　ある・　やつ（奴）・や。」②馬に引かせる荷車。「ばりき・に・　こめ（米）・を・　の（載）せ・て・　はこ（運）ぶ。」

ばりき【馬力】《数助詞》　ものを動かす力の単位。「ごじゅー（五十）ばりき・の・　もーたー（モーター）・を・　つか（使）う。」

ばりきひき【馬力曳き】《名詞》　馬に引かせる荷車を制御する人。また、その荷車の持ち主。「ばりきひき・を・　しごと（仕事）・に・　する。」

はりきる【張り切る】《動詞・ラ行五段活用》　何かをしようとする意欲があふれている。やる気を出して取り組む。「はりきっ・て・　おど（踊）り・を・　おど（踊）る。」

はりこむ【張り込む】《動詞・マ行五段活用》　①思い切って金品を多く出す。奮発する。「ことし（今年）・は・　はりこん・で・　せびろ（背広）・を・　こ（買）ー・た。」「とし（年）・に・　いっぺん（一遍）・の・　こと・や・さかい・　はりこん・で・　ぼーねんかい（忘年会）・を・　し・まほ・か。」②人にご馳走をする。人に物を買い与える。「いっぺん（一遍）・　ばんめし（晩飯）・を・　はりこん・だろ・か。」「え（良）ー・　とけー（時計）・を・　はりこん・でくれ・た。」◆②の場合、「おごる」は飲食に関わることに限定されるが、「はりこむ」は物品等にも広げて使う。〔①⇒**きばる**【気張る】。②⇒**おごる**【奢る】〕

はりし【歯りし】《名詞》　歯の根元を包んでいる肉の部分。歯茎。「は（歯）ー・が・　ぐらぐらし・て・　はりし・が・　いた（痛）い。」

はりしごと【針仕事】《名詞、動詞する》　縫い針を使ってする作業。布を裁って、和服や洋服などに縫い上げること。「よ（夜）なべ・に・　はりしごとする。」〔⇒**さいほう**【裁縫】、**ぬいもん**【縫い物】〕

はりたおす【張り倒す】《動詞・サ行五段活用》　殴って倒す。力いっぱいに殴る。「はりたおし・たら・　はなぢ（鼻血）・を・　だ（出）し・やがっ・た。」「けんか（喧嘩）し・て・　はりたおさ・れ・た。」〔⇒**はったおす**【張っ倒す】、**どつきたおす**【どつき倒す】〕

はりつけ【磔】《名詞》　罪人を柱や板に縛り付けて突き殺した、昔の刑罰。「あの・　おとこ（男）・が・　つか（捕）まえ・られ・て・　はりつけ・に・　なる・ちゅー・　はなし（話）・や。」

は

ばりっと《副詞》 硬いものや厚いものが、割れたり破れたりする様子。硬いものや厚いものを、割ったり破ったりする様子。また、そのときに発する音。「ふでばこ(筆箱)・を・ ふ(踏)ん・だら・ ばりっと・ つぶ(潰)れ・た。」「だんぼーる(段ボール)・の・ はこ(箱)・を・ ばりっと・ つぶ(潰)す。」〔⇒**ばりんと**〕

ぱりっと《副詞、動詞する》 ①服装などが整っている様子。身に付けている衣服などが新しく、折り目正しい様子。「ぱりっとし・た・ ふく(服)・で・ しゅーしょくしけん(就職試験)・を・ う(受)け・に・ いく。」②張りがあってきちんと整っている様子。「ぱりっと・ のり(糊)・が・ きい・た・ わいしゃつ(ワイシャツ)・を・ き(着)る。」③姿勢・態度などがきちんとしている様子。「しせー(姿勢)・も・ ぱりっとせ・なんだら・ しけん(試験)・に・ とー(通)ら・へん・ぞ。」④小さくて硬いものや厚いものが、割れたり破れたりする様子。小さくて硬いものや厚いものを、割ったり破ったりする様子。また、そのときに発する軽い音。「ぷらすちっく(プラスチック)・の・ はこ(箱)・が・ ぱりっと・ わ(割)れる。」〔④⇒**ぱりんと**〕

はりとばす【張り飛ばす】《動詞・サ行五段活用》 平手で強く殴る。平手で殴って倒す。「ごじゃごじゃ・ ぬかし・やがる・さかい・ よこ(横)っつら・を・ はりとばし・たっ・てん。」「はりとばさ・れ・て・ けが(怪我)・を・ し・た。」〔⇒**はっとばす**【張っ飛ばす】〕

はりばこ【針箱】《名詞》 服を縫ったり繕ったりするための道具や用品を入れる箱。「はさみ(鋏)・は・ はりばこ・に・ なおし(＝収め)・てある。」〔⇒**さいほうばこ**【裁縫箱】〕

針箱

ばりばり《形容動詞や(ノ)》 ①硬いものが擦れ合ったり引き裂かれたりする様子。また、その音。「たいふー(台風)・の・ かぜ(風)・で・ かんばん(看板)・が・ ばりばりと・ めくれ・た。」②弾丸などが連続して打ち出される様子。また、そのときの音。「くーしゅー(空襲)・の・ とき(時)・は・ あめりか(アメリカ)・の・ ひこーき(飛行機)・が・ ばりばりと・ う(撃)っ・てき・た。」③硬いものや歯ごたえのあるものをかみ砕く様子。また、その音。「こーこ(＝沢庵漬け)・を・ ばりばり・ た(食)べる。」④人が若くて元気の良い様子。勢いが盛んで活動的な様子。「あいつ(彼奴)・は・ ばりばり・ はたら(働)く・ おとこ(男)・や。」「わし・は・ まだ・ げんえき(現役)・の・ ばりばりや・ぞー。」◆④の場合、「ぴちぴち」は若者について言うことが多く、「ばりばり」は中堅以上の人について言うことが多い。〔④⇒**ぴちぴち**〕

ぱりぱり《副詞、形容動詞や(ノ)、動詞する》 ①粘り気がない様子。「ぱりぱりし・た・ のり(海苔)・を・ も(揉)ん・で・ めし(飯)・に・ ふ(振)りかける。」②歯切れよく、ものをかむ様子。また、その音。「せんべー(煎餅)・を・ ぱりぱり・ かじ(囓)る。」③凍って硬くなっている様子。「そと(外)・に・ ほ(干)し・とい・た・ たおる(タオル)・が・ ぱりぱりに・ なっ・とる。」

はりぼて【貼りぼて】《名詞》 木や竹をある形に組んで、その上に紙を貼り重ねて、中が空洞になっているもの。張り子。「はりぼて・の・ だるま(達磨)・や・さかい・ おー(大)きー・けど・ かる(軽)い。」

はります【張ります】《動詞・サ行五段活用》 激しく叩く。激しく殴る。「ほ(頬)かんばち・を・ はりまし・てやり・たい・よーな・ きも(気持)ち・や。」〔⇒**はる**【張る】〕

はりやい【(張り合い)】《名詞》 何かに取り組むためのやりがいや意欲。働きかけただけの反応が感じられること。「しんさい(震災)・の・ あと(後)・は・ なに(何)・を・ する・に・も・ はりやい・が・ な(無)かっ・た・もん・や。」〔⇒**はり**【張り】、**はりあい**【張り合い】〕

ばりんと《副詞》 硬いものや厚いものが、割れたり破れたりする様子。硬いものや厚いものを、割ったり破ったりする様子。また、そのときに発する音。「こしかけ(腰掛)・の・ いた(板)・が・ ばりんと・ わ(割)れる。」〔⇒**ばりっと**〕

ぱりんと《副詞》 小さくて硬いものや厚いものが、割れたり破れたりする様子。小さくて硬いものや厚いものを、割ったり破ったりする様子。また、そのときに発する軽い音。「がらす(ガラス)・に・ ぱりんと・ ひび・が・ はい(入)っ・た。」「せんべ(煎餅)・を・ ぱりんと・ か(噛)む。」〔⇒**ぱりっと**〕

はる【春】《名詞》 四季の一つで、冬と夏の間にあって、二十四節気では立春から立夏の前日まで、現在の暦では3月から5月までの期間。「はる・の・ はなみ(花見)・が・ ま(待)ちどーしー・な。」

はる【張る】《動詞・ラ行五段活用》 ①たるみのないように、引っ張って渡す。「うんどーじょー(運動場)・に・ ひも(紐)・を・ はっ・て・ はた(旗)・を・ つ(吊)る。」②周りに伸びて広がる。「たけ(竹)・の・ ね(根)ー・が・ はる。」③液体の表面を覆う。一面に満ちる。「いけ(池)・に・ こーり(氷)・が・ はっ・とる。」④突き出す。突き出る。「ひじ(肘)・を・ はっ・て・ ひと(人)・を・ とー(通)さ・ん・よーに・ する。」「むね(胸)・を・ はっ・て・ ある(歩)け。」⑤いっぱいになって膨れる。「く(食)いすぎ・て・ はら(腹)・が・ はっ・た。」「いっぱい(一杯)・ い(入)れ・て・ ふくろ(袋)・が・ はっ・とる。」⑥押し通す。強く押し出す。「いじ(意地)・を・ はっ・て・ ひ(引)き・よら・へん。」「みえ(見栄)・なんか・ はら・んでも・ え(良)ー。」⑦高くなる。多くなる。「ね(値)ー・が・ はる・ かいもん(買物)・です・な。」⑧激しく叩く。激しく殴る。「よこ(横)っつら・を・ はっ・たっ・た。」〔⑧⇒**はります**【張ります】〕

はる【貼る】《動詞・ラ行五段活用》 平らで薄いものを、糊などを使って、ぴったりとくっつける。「ふーとー(封筒)・に・ きって(切手)・を・ はる。」

はる《補助動詞・ラ行五段活用》 相手や第三者に敬意を表すときに使う言葉。「きのー(昨日)・は・ こーべ(神戸)・へ・ かいもん(買物)・に・ い(行)ってき・はり・まし・た・ん・か。」◆「なに(何)・ し・てはる。」という言い方はするが、「なに(何)・ し・はる。」という言い方はしない。この語とともに、「てはる」という補助動詞がある。

はる《補助動詞・ハ行五段活用》 **⇒てはる〔ではる〕《補助動詞・ハ行五段活用》を参照**

はるかぜ【春風】《名詞》 春のはじめ頃に吹く、暖かみのある風。「なら(奈良)・の・ おみずと(水取)り・も・ す(済)ん・で・ はるかぜ・が・ ふ(吹)く・よーに・ なっ・た。」■関連語＝「あきかぜ【秋風】」

はるさき【春先】《名詞》 春の初め頃。「はるさき・は・ あめ(雨)・が・ よー・ ふ(降)り・まん・なー。」◆夏、秋、冬に同様の言い方はしない。秋には「あきぐち【秋口】」という言葉がある。

はるさめ【春雨】《名詞》 ①澱粉から作った、透き通った糸のような食べ物。「すきやき(鋤焼)・に・ はるさめ・を・

い(入)れる。」②静かに降る、春の雨。「さくら(桜)・の・ はな(花)・に・ はるさめ・が・ ふ(降)っ・とる。」

はるばる【遙々】《副詞と》 遠くから来たり、遠くへ行ったりする様子。「はるばる・ とー(遠)い・ とこ(所)・から・ き(来)・てもろ・て・ すん・まへ・ん。」

はるやすみ【春休み】《名詞》 学校などで、年度の境目である3月末から4月初めにかけて授業を行わず、休むこと。また、その期間。「はるやすみ・が・ お(終)わっ・たら・ くみがえ(組替)・が・ ある。」

はれ【晴れ】《名詞》 雨が降ったり雲が出たりしていなくて、青空が見えて空模様がよいこと。「あさ(朝)・の・うち・は・ はれ・やっ・た。」〔⇒**ひより**【日和】、**てんき**【天気】、**おてんき**【お天気】〕

はれ【腫れ】《名詞》 膿んだり撲ったりして、皮膚の一部がふくれあがっていること。また、そうなっているところ。「まだ・ はれ・が・ ひ(引)か・へん。」

バレー〔**ばれー**〕【英語＝volleyball の略】《名詞、動詞する》 ネットを挟んで、6人または9人ずつで、ボールを落とさないように手で打ち合う競技。「ばれー・で・つきゆび(突指)・を・ し・た。」〔⇒**バレーボール**【英語＝volleyball】〕

バレエ〔**ばれー**〕【フランス語＝ballet】《名詞、動詞する》 音楽に合わせて踊って表現する、西洋の舞台芸術。「ちー(小)さい・ とき(時)・から・ ばれー・を・ なろ(習)・た。」

バレーボール〔**ばれーぼーる**〕【英語＝volleyball】《名詞、動詞する》 ネットを挟んで、6人または9人ずつで、ボールを落とさないように手で打ち合う競技。「ちゅーがっこー(中学校)・の・ ぶかつ(部活)・で・ ばれーぼーる・を・ し・とっ・てん。」〔⇒**バレー**【英語＝volleyball の略】〕

はれぎ【晴れ着】《名詞》 表だったところへ行くときに着る、改まった衣服。「けっこんしき(結婚式)・に・ よ(呼)ば・れ・た・ とき(時)・の・ はれぎ・を・ くりーにんぐ(クリーニング)する。」

はれすがた【晴れ姿】《名詞》 ①晴れ着を着た姿。「ふりそで(振袖)・の・ はれすがた・を・ しゃしん(写真)・に・とる。」②華やかで誇らしげで立派な姿。「むすこ(息子)・の・ そつぎょーしき(卒業式)・の・ はれすがた・を・ み(見)る。」

はれつ【破裂】《名詞、動詞する》 内側からの圧力などによって勢いよく砕け散ること。破れて中のものが出てくること。「すいどーかん(水道管)・が・ はれつし・て・みち(道)・が・ みずびた(水浸)し・や。」

パレット〔**ぱれっと**〕【英語＝palette】《名詞》 絵の具を溶いたり混ぜたりして、色を整えるときに使う板状のもの。「ぱれっと・で・ えのぐ(絵具)・を・ と(溶)く。」

はれま【晴れ間】《名詞》 ①雨などが止んで太陽が見えている、短い時間。降り続いていた雨がやんだ、短い日数。「はれま・に・ ふとん(布団)・を・ ほ(干)す。」「つゆ(梅雨)・の・ はれま・に・ むしぼ(虫干)し・を・ する。」②雲の切れている部分。「はれま・から・ ひこーき(飛行機)・が・ み(見)え・た。」

はれもん【腫れ物】《名詞》 打撲や炎症などによって皮膚の一部が腫れあがって、膿をもったもの。「ほ(頬)っぺた・に・ はれもん・が・ でけ(出来)・て・ かっこ(格好)・が・ わる(悪)い。」〔⇒**できもん**【出来物】、**でけもん**【(出来物)】、**もの**【物】、**おでき**【御出来】〕

はれる【晴れる】《動詞・ラ行下一段活用》 雨が降ったり雲が出たりしなくて、青空が見える。雨が降ったり雲が出たりした状態から、青空が見える状態に変わる。「あした(明日)・は・ はれる・そーや。」「あめ(雨)・が・ や(止)ん・で・ はれ・てき・た。」■名詞化＝**はれ**【晴れ】

はれる【腫れる】《動詞・ラ行下一段活用》 膿んだり撲ったりして、皮膚の一部がふくれあがる。「なぐ(殴)ら・れ・て・ かお(顔)・が・ はれ・た。」■名詞化＝**はれ**【腫れ】

はれる【貼れる】《動詞・ラ行下一段活用》 平らで薄いものを、糊などを使って、ぴったりとくっつけることができる。また、許可を得てそのようにできる。「ここ・に・ ぽすたー(ポスター)・は・ はれ・ます・か。」

ばれる《動詞・ラ行下一段活用》 秘密や嘘が、人に知られてしまう。「けびょー(仮病)・が・ ばれ・ても・た。」

はん【判】《名詞》 文書の責任などを明らかにするために押すもの。また、その押したあと。「はん・を・ い(入)れる・ けーす(ケース)・を・ か(買)う。」「ここ・の・はん・が・ ぬ(抜)け・てまっ・せ。」〔⇒**はんこ**【判子】、**いん**【印】、**いんかん**【印鑑】〕

はん【班】《名詞》 仕事や行動をともにするために、全体をいくつかに組分けした、その一つ一つのもの。小さな単位の集団。「ひと(一)つ・の・ くみ(組)・を・ いつ(五)つ・の・ はん・に・ わ(分)ける。」

はん《接尾語》［人を表す名詞に付く］ 人の名前や職名などにつけて、親しみを込めて敬う気持ちをあらわす言葉。「あんたはん・も・ げんき(元気)で・ おっ・て・かいな。」「きょー(今日)・は・ たなか(田中)はん・も・ やす(休)み・や。」◆「さん【(様)】」よりも、ややくだけた言い方である。親愛感を表すのに役立つこともある。〔⇒**さま**【様】、**さん**【(様)】、**やん**、**たん**〕

ばん【晩】《名詞》 ①太陽が沈んで、薄暗くなる頃。「ふゆ(冬)・は・ ばん・に・ なる・の・が・ はや(早)い。」②日没から日の出までの、空が暗い間。日没から深夜になるまでの時間。「ばん・の・ よりあい(寄合)・に・ い(行)く。」③夕方または夜の食事。「うち・の・ ばん・は・ ひちじごろ(七時頃)・や。」■対語＝「ひる【昼】」〔②⇒**よる**【夜】。③⇒**ばんごはん**【晩ご飯】、**ばんめし**【晩飯】、**ゆうしょく**【夕食】〕

ばん【番】《名詞、動詞する》 ①順番などを決めて任務に当たること。また、その任務に当たる人。また、それが回ってくる順序。「ごねん(五年)・に・ いっかい(一回)・ばん・が・ まー(回)っ・てくる。」②見張ること。また、それをする人。「みせ(店)・の・ ばん・を・ する。」「ばん・は・ おら・へん・の・か。」③交互に行ったりするときに、その人が行うことになる場面。「こんど(今度)・は・ そっち・の・ ばん・や。」〔①⇒**とうばん**【当番】。②⇒**ばんにん**【番人】。③⇒**じゅんばん**【順番】〕

ばん【番】《助数詞》［数を表す言葉に付く］ 順序や等級などを表す言葉。「まえ(前)・から・ ご(五)ばん・に・ なら(並)ぶ。」〔⇒**ばんめ**【番目】〕

ばん【晩】《助数詞》［数を表す言葉に付く］ 夜の回数を数える言葉。「ひと(一)ばん・か・ ふた(二)ばん・か・かんが(考)え・て・から・ へんじ(返事)・を・ し・てくれ。」〔⇒**よさ**【夜さ】〕

パン〔**ぱん**〕【ポルトガル語＝pão】《名詞》 小麦粉を水でこねてイースト菌を加えて、発酵させて焼いた食べ物。「このごろ・ あさ(朝)・は・ ぱん・に・ き(決)め・とる・ねん。」

ばんかい【挽回】《名詞、動詞する》 失ったものや遅れていたものや負けなどを取り返して、もとへ戻すこと。「もー・ いってん(一点)・ ばんかい・や。」

はんがく【半額】《名詞》 決まった金額の半分。「はんがく・

の・　やすうり(安売)・で・　こ(買)ー・た。」「こども(子供)・の・　でんしゃちん(電車賃)・は・　はんがく・や。」

ばんがさ【番傘】《名詞》　油紙を張って作った、日常に使う和風の骨太の傘。「こども(子供)・の・　とき・は・　けんか(喧嘩)し・て・　ばんがさ・で・　たた(叩)きあい・を・　し・た・　こと・が・　ある。」

番傘

ばんがた【晩方】《名詞》　太陽が沈んでから、夜遅くならないまでの時間帯。「ばんがた・に・　よ(寄)せ・てもらい・ます。」■対語＝「あさがた【朝方】」

ハンカチ〔はんかち〕【英語＝ handkerchief の略】《名詞》　四角い形の西洋風の手拭き用の布。「はんかち・で・　なみだ(涙)・を・　ふ(拭)く。」

パンク〔ぱんく〕【英語＝ puncture から】《名詞、動詞する》　①自動車・自転車などのチューブが傷ついて空気が抜けること。「じてんしゃ(自転車)・の・　ぱんく・を・　は(貼)る。」②ものが膨れて破れたり、ものが集まり過ぎて機能がうまく働かなくなったりすること。「く(食)いすぎ・て・　はら(腹)・が・　ぱんくし・そーや。」

ばんぐみ【番組】《名詞》　放送や催し物などの、順番や組み合わせを決めたもの。「きょー(今日)・は・　どんな・　ばんぐみ・が・　ある・ん・やろ。」

はんげつ【半月】《名詞》　①上または下が欠けて半円形に見える月。「にし(西)・の・　そら(空)・に・　はんげつ・が・　のこ(残)っ・とる。」②一か月の半分の日数。「きゅーりょー(給料)・の・　はんげつぶん(分)・を・　もろ(貰)・た。」〔②⇒**はんつき【半月】**〕

はんけん〔はんげん〕【半間】《名詞》　尺貫法の長さで、1 間の長さの半分。3 尺にあたり、およそ 90㎝の長さ。「はんけん・の・　はば(幅)・の・　ふすま(襖)・を・　よんまい(四枚)・で・　しき(仕切)る。」〔⇒**まなか【間中】**〕

はんこ【判子】《名詞》　文書の責任などを明らかにするために押すもの。また、その押したあと。「はんこ・を・　お(落)とし・て・　こま(困)っ・とる・ねん。」「はんこ・が・　うす(薄)い・さかい・　お(押)しなおし・てんか。」〔⇒**はん【判】、いん【印】、いんかん【印鑑】**〕

パンこ〔ぱんこ〕【ポルトガル語＝ pão ＋粉】《名詞》　パンを乾かして細かく砕いたもの。「ぱんこ・を・　つ(付)け・て・　あ(揚)げもん・に・　する。」

はんごう〔はんごー〕【飯盒】《名詞》　野外でご飯を炊く時などに使う、アルミニウムでできた深い容器。「きゃんぷ(キャンプ)・は・　はんごー・で・　ごはん(飯)・を・　たく。」

飯盒

ばんごう〔ばんごー〕【番号】《名詞》　整理を便利にするために、順番を表したり他と区別したりするための数字。「ばんごー・が・　か(書)い・てある・　ふだ(札)・を・　もら(貰)う。」

ばんごうじゅん〔ばんごーじゅん〕【番号順】《名詞》　一つ一つに割り振られた順番。また、それに沿って並べること。「ばんごーじゅん・に・　なろ(並)ん・でください。」

ばんごはん【晩御飯】《名詞》　夕方または夜の食事。「ばんごはん・は・　いつも・　ひちじごろ(七時頃)・や。」■対語＝「あさごはん【朝御飯】」「ひるごはん【昼御飯】」〔⇒**ばんめし【晩飯】、ゆうしょく【夕食】、ばん【晩】**〕

ばんざい【万歳】《名詞、形容動詞や(ノ)、動詞する》　①嬉しいときや、めでたいときに、両手を挙げて気持ちを表すこと。「みんな(皆)・で・　て(手)・を・　あ(上)げ・て・　ばんざいする。」②めでたい様子。祝うべき様子。「けが(怪我)・も・　せ・んと・　かえ(帰)れ・て・　ほんま(本真)に・　ばんざいや。」

ばんざい【万歳】《感動詞》　嬉しいときや、めでたいときに、両手を挙げて気持ちを表すときに大声で言う言葉。「ばんざい。か(勝)っ・た・ぞー。」

はんし【半紙】《名詞》　習字などに使う、あまり上等ではない和紙。「はんし・に・　つつ(包)ん・で・　おかね(金)・を・　わた(渡)す。」

はんじく【(半熟)】《名詞、形容動詞や(ノ)》　①卵などの食べ物の、煮えたり湯だったりする程度がじゅうぶんでないこと。また、そのような状態のもの。「おんせんたまご(温泉卵)・の・　はんじく・が・　うま(美味)い。」②果物の、まだじゅうぶんにうれていないこと。また、そのような状態のもの。「この・　りんご(林檎)・は・　はんじくで・　かた(固)い・なー。」〔⇒**はんじゅく【半熟】**〕

はんしゃ【反射】《名詞、動詞する》　光・音・電波などが、何かの表面に当たって跳ね返ること。「かがみ(鏡)・が・　はんしゃし・て・　まぶ(眩)しー。」

はんじゅく【半熟】《名詞、形容動詞や(ノ)》　①卵などの食べ物の、煮えたり湯だったりする程度がじゅうぶんでないこと。また、そのような状態のもの。「はんじゅくや・さかい・　き(気)ー・　つけ・て・　かわ(皮)・を・　む(剥)き・なはれ。」②果物の、まだじゅうぶんにうれていないこと。また、そのような状態のもの。「まだ・　はんじゅくや・さかい・　もー・　ちょっと・　し・て・から・　ちぎっ・た・　ほー(方)・が・　え(良)ー。」〔⇒**はんじく【(半熟)】**〕

ばんしょ【番所】《名詞》　見張りをするところ。番人が詰めているところ。「むかし(昔)・　はま(浜)・の・　まつばやし(松林)・に・　ばんしょ・が・　あっ・た・そーや。」

はんしょう〔はんしょー、はんしょ〕【半鐘】《名詞》　①火災の時に、火の見櫓で打ち鳴らすための小型の釣り鐘。「はんしょー・が・　な(鳴)っ・とる・けど・　かじ(火事)・は・　どこ・やろ・なー。」②打ち鳴らすための釣り鐘を吊した、火災を見つけるための櫓。火の見櫓。「はんしょー・に・　あが(上)っ・て・　あた(辺)り・を・　み(見)る。」

はんじょう〔はんじょー〕【繁昌、繁盛】《名詞、動詞する》　店などが賑わって栄えること。客の出入りや品物の動きが多いこと。「みせ(店)・が・　はんじょーし・て・　いそが(忙)しー・ねん。」

はんズボン〔はんずぼん〕【半 ＋ フランス語＝ jupno から】《名詞》洋服で、二股になっていて、腰から下にはくもので、丈が膝くらいまでのもの。「なつ(夏)・は・　あつ(暑)い・さかい・　はんずぼん・が・　え(良)ー・なー。」■対語＝「ながズボン【長 ＋ フランス語＝ jupno から】」

はんせい〔はんせー〕【反省】《名詞、動詞する》　それまでの自分の行いなどを振り返って、その善悪や可否などをよく考えること。特に、良くなかったという思いになること。「はんせーし・て・　もー・　いっぺん(一遍)・　でなお(出直)し・や。」

ばんそう〔ばんそー〕【伴奏】《名詞、動詞する》　中心となる歌や楽器の演奏に合わせて、他の楽器で合わせて演奏すること。「ピアノ(ぴあの)・の・　ばんそー・で・　うた(歌)・を・　うた(歌)う。」

ばんそうこう〔**ばんそーこー、ばんそーこ**〕【絆創膏】《名詞》　傷口を守るために貼る、粘り気のある小さな布。「くつず(靴擦)れ・の・　ところ・に・　ばんそーこー・を・　は(貼)る。」

はんそで【半袖】《名詞》　肘までの長さの袖。肘までの長さの服や下着。「あせ(汗)・を・　かく・よーに・　なっ・た・さかい・　はんそで・の・　ふく(服)・に・　きが(着替)える。」■対語＝「ながそで【長袖】」

はんだ【半田】《名詞》　金属をつなぎ合わせるのに使う、錫と鉛の合金。「ふた(二)つ・の・　せん(線)・を・　はんだ・で・　ひ(引)っつける。」

パンタ〔**ぱんた**〕【英語＝pantograph の略】《名詞》　電車や電気機関車の屋根に取り付けられている、電線から電気を取り入れるための装置。「ぱんた・から・　ひばな(火花)・が・　と(飛)ん・どる。」〔⇒**パンタグラフ**【英語＝pantograph】〕

はんたい【反対】《名詞、形容動詞や(ノ)、動詞する》　①上下・左右・前後・表裏などが、普通のものや正しいものとは逆であること。「くつ(靴)・を　はんたいに・　は(履)い・とる。」②人の考えや提案などについて、同意や支持ができないという態度や行動をとること。「となり(隣)・の・　まち(町)・と・の・　がっぺー(合併)・に・　はんたいする。」■対語＝②「さんせい【賛成】」〔①⇒**さか**【逆】、**さかさ**【逆さ】、**さかさま**【逆様】、**さかさん**【逆さん】、**さかたん**【逆たん】、**さかちん**【逆ちん】、**さかとんぶり**【逆とんぶり】、**さかとんぼ**【逆とんぼ】、**さかとんぼり**【逆とんぼり】、**ぎゃく**【逆】〕

はんだい【飯台】《名詞》　何人かで一緒に食事をするときに使う、畳の上に置く、足の短い食卓。ちゃぶ台。「もーじき・　ごはん(飯)・が・　でけ(出来)る・さかい・　はんだい・を・　だ(出)し・とい・てんか。」◆円いものや、長方形のものがあった。脚は折り畳んで部屋の隅に置くようなものが多かった。

パンタグラフ〔**ぱんたぐらふ**〕【英語＝pantograph】《名詞》　電車や電気機関車の屋根に取り付けられている、電線から電気を取り入れるための装置。「しゃこ(車庫)・の・　でんしゃ(電車)・は・　ぱんたぐらふ・を・　お(下)ろし・とる。」〔⇒**パンタ**【英語＝pantograph の略】〕

はんだづけ【半田付け】《名詞、動詞する》　錫と鉛の合金を使って、金属をつなぎ合わせること。「はんだづけ・の・　こて(鏝)・を・　つか(使)う。」

ばんち【番地】《名詞》　住所や所在地などを表すために、地名のあとに、細かく分けて付けた番号。「ばんち・も・　わす(忘)れ・ん・よーに・　ちゃんと・　か(書)い・てください・よ。」

ばんちゃ【番茶】《名詞》　摘み残りの硬い葉などを使ったお茶。「ばんちゃ・を・　さ(冷)まし・て・　すいとー(水筒)・に・　い(入)れる。」

はんちょう〔**はんちょー**〕【班長】《名詞》　小さな集団のいちばん上に立って、その集団の仕事や任務を取り仕切る人。「はんちょー・の・　ゆ(言)ー・　こと・を・　よー・き(聞)け。」

はんつ【半つ】《名詞》　数量が、満たされるようには揃っていないこと。ちょうどの数に満たないこと。また、そのようなものや、そのような数字。「ごにん(五人)・ずつ・で・　くみ(組)・に・　し・たら・　さんにん(三人)・が・　はんつ・に・　なっ・た。」〔⇒**はんぱ**【半端】、**はした**【端】〕

パンツ〔**ぱんつ**〕【英語＝pants】《名詞》　腰から下に履く、短い下着。「ぱんつ・の・　ひも(紐)・が・　き(切)れ・た。」◆比較的ゆったりしたサイズで、木綿などでできている男子用のものを「さるまた【猿股】」と言う。〔⇒**さるまた**【猿股】〕

はんつき【半月】《名詞》　１か月の半分の日数。「ここ・はんつき・は・　さぶ(寒)い・　ひ(日)ー・が・　つづ(続)い・とる。」〔⇒**はんげつ**【半月】〕

バンド〔**ばんど**〕【英語＝band】《名詞》　①ズボンなどの腰の部分を締めるための、皮や布などで作った、平たい紐や帯。「た(食)べすぎ・て・　ばんど・を・　ゆる(緩)める。」②丸めて留めるようにした、幅が広くて平たいもの。「とけー(時計)・の・　ばんど・を・　と(取)りかえる。」「ごむ(ゴム)・で・　でけ(出来)・た・　ばんど・で・　かーど(カード)・を・　たば(束)ねる。」

ばんとう〔**ばんとー**〕【番頭】《名詞》　商店などに雇われている人の中で、いちばん上に立って客の対応などをする人。「なが(長)い・　あいだ(間)・　はたら(働)い・て・　ばんとーさん・に・　しゅっせ(出世)・を・　し・た。」

はんとし【半年】《名詞》　１年の半分。「ことし(今年)・も・　はや(早)・　はんとし・　す(過)ぎ・ても・た。」〔⇒**はんねん**【半年】〕

ハンドバック〔**はんどばっく**〕【英語＝handbag】《名詞》　主として女性が手回り品を入れて、手に提げて持ち歩く小さな鞄。「はんどばっく・に・　てーき(定期)・を・　い(入)れる。」

ハンドル〔**はんどる**〕【英語＝handle】《名詞》　①ぐるぐる回転させたり左右や上下に動かしたりする、機械や器具に付いている取っ手や、握る部分。「いりぐち(入口)・の・　と(戸)ー・に・　つ(付)い・とる・　はんどる・を・　まー(回)す。」②手で握って、機械などを動かすためのもの。「じどーしゃ(自動車)・の・　はんどる・を・　き(切)る。」

はんにち【半日】《名詞》　１日の半分。「はんにち・　かかっ・て・　そーじ(掃除)・を・　する。」〔⇒**ひなか**【日中】〕

はんにん【犯人】《名詞》　法律上の罪を犯した人。「どろぼー(泥棒)・の・　はんにん・が・　つか(捕)まっ・た・そーや。」

ばんにん【番人】《名詞》　見張りをする人。「すいか(西瓜)・を・　と(盗)ら・れ・ん・よーに・　はたけ(畑)・の・　ばんにん・を・　する。」〔⇒**ばん**【番】〕

はんねん【半年】《名詞》　１年の半分。「あの・　かいしゃ(会社)・は・　はんねん・で・　や(辞)め・た。」〔⇒**はんとし**【半年】〕

はんぱ【半端】《名詞、形容動詞や(ナ)》　①数量が、満たされるようには揃っていないこと。ちょうどの数に満たないこと。また、そのようなものや、そのような数字。「はんぱな・　かず(数)・しか・　のこ(残)っ・とら・へん。」②どっちつかずで、はっきりしない様子。いいかげんな様子。「はんぱな・　こと・を・　ゆ(言)ー・たら・　みんな(皆)・が・　まよ(迷)ー・てまう・ぞ。」〔①⇒**はした**【端】、**はんつ**【半つ】〕

はんはん【半々】《名詞、動詞する、形容動詞や(ノ)》　①同じように２つに分けたうちの１つであること。また、そのような数量。また、そのように分けること。「つ(釣)れ・た・　さかな(魚)・を・　はんはんし・て・　も(持)ってかえる。」②両方の実力や形勢などに差がなく、その優劣が同程度であること。「か(勝)つ・か・　ま(負)ける・か・は・　はんはんやろ。」〔⇒**はんぶん**【半分】、**はんぶんはんぶん**【半分半分】、**はんぶはんぶ**【(半分半分)】、**はんぶんずつ**【半分ずつ】。①⇒**はんぶんこ**【半

分個】、はんぶ【(半分)】。②⇒ごぶ【五分】、ごぶごぶ【五分五分】〕

ぱんぱん《形容動詞や(ノ)》 ①中身などがいっぱいになって、破裂しそうなほど膨らんでいる様子。「かばん(鞄)・が・ ぱんぱんに・ なっ・とる。」②満腹になって、それ以上は食べられないという様子。「かれー(カレー)・を・ さんばい(三杯)・も・ た(食)べ・て・ はら(腹)・が・ ぱんぱんや。」

ぱんぱん《副詞と》 ①ものをたたいたり、手を打ち合わせたりする様子。また、その音。「さいせん(賽銭)・を・い(入)れ・て・ ぱんぱんと・ て(手)ー・を・ う(打)つ。」②ものが当たったり、ものが破裂する様子。また、その音。「ぱんぱんと・ はなび(花火)・が・ あ(上)がっ・た。」

はんぶ【(半分)】《名詞、動詞する》 同じように2つに分けたうちの1つであること。また、そのような数量。また、そのように分けること。「ふたり(二人)・で・ はんぶ・ずつ・ た(食)べ・なはれ。」〔⇒**はんぶん**【半分】、**はんぶんこ**【半分個】、**はんはん**【半々】、**はんぶんはんぶん**【半分半分】、**はんぶはんぶ**【(半分半分)】、**はんぶんずつ**【半分ずつ】〕

はんぶはんぶ【(半分半分)】《名詞、動詞する、形容動詞や(ノ)》 ①同じように2つに分けたうちの1つであること。また、そのような数量。また、そのように分けること。「はんぶはんぶに・ し・た・ん・や・さかい・ もんく(文句)・を・ い(言)わ・んとい・てんか。」②両方の実力や形勢などに差がなく、その優劣が同程度であること。「どっち・が・ か(勝)つ・か・ はんぶはんぶやろ・なー。」〔⇒**はんぶん**【半分】、**はんぶんはんぶん**【半分半分】、**はんはん**【半々】、**はんぶんずつ**【半分ずつ】。①⇒**はんぶんこ**【半分個】、**はんぶ**【(半分)】。②⇒**ごぶ**【五分】、**ごぶごぶ**【五分五分】〕

はんぶん【半分】《名詞、動詞する、形容動詞や(ノ)》 ①同じように2つに分けたうちの1つであること。また、そのような数量。また、そのように分けること。「りんご(林檎)・を・ はんぶんに・ き(切)る。」②両方の実力や形勢などに差がなく、その優劣が同程度であること。「ふ(降)る・か・ ふ(降)ら・ん・か・は・ はんぶんや。」〔⇒**はんぶはんぶ**【(半分半分)】、**はんぶんはんぶん**【半分半分】、**はんはん**【半々】、**はんぶんずつ**【半分ずつ】。①⇒**はんぶんこ**【半分個】、**はんぶ**【(半分)】。②⇒**ごぶ**【五分】、**ごぶごぶ**【五分五分】〕

はんぶんこ【半分個】《名詞、動詞する》 同じように2つに分けたうちの1つであること。また、そのような数量。また、そのように分けること。「なかよ(仲良)ー・はんぶんこし・なさい。」◆幼児語。〔⇒**はんぶん**【半分】、**はんはん**【半々】、**はんぶ**【(半分)】、**はんぶんはんぶん**【半分半分】、**はんぶはんぶ**【(半分半分)】、**はんぶんずつ**【半分ずつ】〕

はんぶんずつ【半分ずつ】《名詞、動詞する、形容動詞や(ノ)》 ①同じように2つに分けたうちの1つであること。また、そのような数量。また、そのように分けること。「つ(釣)れ・た・ さかな(魚)・を・ はんぶんずつ・も(持)っ・て・ かえ(帰)る。」②両方の実力や形勢などに差がなく、その優劣が同程度であること。「く(来)る・か・ こ(来)・ん・か・は・ はんぶんずつや。」〔⇒**はんぶはんぶ**【(半分半分)】、**はんぶんはんぶん**【半分半分】、**はんはん**【半々】、**はんぶん**【半分】。①⇒**はんぶんこ**【半分個】、**はんぶ**【(半分)】。②⇒**ごぶ**【五分】、**ごぶごぶ**【五分五分】〕

はんぶんはんぶん【半分半分】《名詞、動詞する、形容動詞や(ノ)》 ①同じように2つに分けたうちの1つであること。また、そのような数量。また、そのように分けること。「もー(儲)け・た・ おかね(金)・を・ はんぶんはんぶんする。」②両方の実力や形勢などに差がなく、その優劣が同程度であること。「さんせー(賛成)・と・ はんたい(反対)・が・ はんぶんはんぶんや。」〔⇒**はんぶはんぶ**【(半分半分)】、**はんぶんずつ**【半分ずつ】、**はんはん**【半々】、**はんぶん**【半分】。①⇒**はんぶんこ**【半分個】、**はんぶ**【(半分)】。②⇒**ごぶ**【五分】、**ごぶごぶ**【五分五分】〕

はんぶんみち【半分道】《名詞》 ①全体の距離の半分の長さ。目的地までの半分の距離。「この・ へん(辺)・で・はんぶちみち・まで・ き(来)・た・ん・やろ・なー。」②すべき仕事などの半分の量。「きのー(昨日)・で・ しごと(仕事)・が・ はんぶんみち・ す(済)ん・だ。」〔①⇒**はんみち**【半道】〕

はんぺら【半ぺら】《名詞》 1枚ものの半分の大きさの紙片。「はんぺら・の・ ほー(方)・の・ かみ(紙)・を・ み(見)・てください。」〔⇒**はんまいもん**【半枚物】〕

はんまい【半枚】《名詞》 1枚の半分の大きさのもの。「はんまい・の・ のり(海苔)・で・ にぎりめし(握飯)・を・ま(巻)く。」

はんまい【飯米】《名詞》 ①飯にして食べるための米。「きゅーりょー(給料)・を・ もろ(貰)ー・ても・ はんまい・ こ(買)ー・たら・ あんまり・ のこ(残)ら・へん・よーな・ じだい(時代)・も・ あっ・た。」②自家消費用の米。「うち・は・ たんぼ(田圃)・が・ ちー(小)さい・さかい・ はんまい・しか・ でけ・へん。」

はんまいもん【半枚物】《名詞》 1枚ものの半分の大きさの紙片。また、そのような量でまとめて書いたもの。「はんまいもん・に・ まと(纏)め・て・ か(書)き・まし・た。」〔⇒**はんぺら**【半ぺら】〕

はんみち【半道】《名詞》 ①1里(約4㎞)の半分の長さ。「はんみち・ほど・や・さかい・ はんじかん(半時間)・ぐらい・で・ ある(歩)ける・やろ。」②全体の距離の半分の長さ。目的地までの半分の距離。「もー・ えき(駅)・まで・の・ はんみち・ い(行)っ・とる・やろ。」〔②⇒**はんぶんみち**【半分道】〕

ばんめ【番目】《助数詞》［数を表す言葉に付く］ 順序や等級などを表す言葉。「さん(三)ばんめ・に・ ごーる(ゴール)・に・ はい(入)っ・た。」〔⇒**ばん**【番】〕

ばんめし【晩飯】《名詞》 夕方または夜の食事。「ふゆ(冬)・の・ ばんめし・は・ なべ(鍋)・が・ え(良)ー・なー。」◆「ばんごはん【晩御飯】」のややぞんざいな言い方である。■対語＝「あさめし【朝飯】」「ひるめし【昼飯】」〔⇒**ばんごはん**【晩ご飯】、**ゆうしょく**【夕食】、**ばん**【晩】〕

ハンモック〔**はんもっく**〕【英語＝hammock】《名詞》 粗く編んだ細長い網のような形で、両端を柱や木に結んで、その上で横になって眠ったり涼んだりするもの。「すず(涼)しー・ とこ(所)・に・ はんもっく・を・ つ(吊)る。」

はんりゃう【(張り合う)】《動詞・ワア行五段活用》 互いに負けないように競り合う。互いに譲らずに対抗する。「きょーだい(兄弟)・で・ おんな(同)じ・ しょーばい(商売)・を・ し・て・ はんりょー・とる。」〔⇒**はりあう**【張り合う】〕

はんりゃげる【(張り上げる)】《動詞・ガ行下一段活用》 声を強く高く出す。「こえ(声)・を・ はんりゃげ・て・ う

た(歌)う。」〔⇒**はりあげる【張り上げる】**〕

ひ

ひ〔ひー〕【日】《名詞》 ①太陽系の中心にあって高い熱と光を出し、地球にも熱と光を与えて万物をはぐくんでいる星。「ひー・が・ のぼ(昇)っ・た。」②太陽から受ける光や熱。「ひー・が・ よー・ あ(当)たる。」③太陽が東に昇ってから、西に沈むまでの間。昼間の時間の長さ。「だんだん(段々)・ ひー・が・ みじこ(短)ー・に・ なっ・てき・た。」④午前0時から午後12時までの間の24時間。あるいは、24時間に近い時間のこと。また、それが経過したり累積したりする数。「しめきり(締切)・まで・ まだ・ ひー・が・ ある。」「ひー・に・ さんじかん(三時間)・ べんきょー(勉強)する。」〔①⇒**おひさん【お日さん】、たいよう【太陽】**。③⇒**ひる【昼】**。④⇒**いちにち【一日】、いちにちじゅう【一日中】**〕

ひ〔ひー〕【火】《名詞》 ①ものが燃えて、光や熱を出しているもの。焼けて赤く熱したもの。「さぶ(寒)い・のに・ ひー・の・ け(気)・が・ な(無)い。」②燃えている炎。「ろーそく(蝋燭)・の・ ひー・が・ ゆ(揺)れ・とる。」③たき火・炭火などの熱源となるもの。「ひばち(火鉢)・の・ ひー・に・ あ(当)たる。」④建物や山林などが燃えること。また、その災害。「きんじょ(近所)・から・ ひー・が・ で(出)・て・ おと(恐)ろしかっ・た。」〔④⇒**かじ【火事】**〕

ひ〔ひー〕【灯】《名詞》 電灯、ろうそく、たいまつなど、暗いところを照らすための用具。また、それによる光。「あわじしま(淡路島)・の・ ひー・が・ み(見)える。」「かいちゅーでんとー(懐中電灯)・の・ ひー・で・ て(照)らす。」〔⇒**あかり【明かり】**〕

ひ〔ひー〕【碑】《名詞》 ことの由来や先人の功績などを後世に伝えるために、言葉、文章、絵などを彫りつけて、記念に建てた石。「いけ(池)・の・ かいしゅーこーじ(改修工事)・が・ す(済)ん・で・ ひー・を・ た(建)て・た。」「かんせーいけ(寛政池)・の・ ひー・の・ たくほん(拓本)・を・ とる。」

ひ【一】《名詞》 数を1音節で数えていくときの「いち【一】」を表す言葉。◆1から10までを「ひ」「ふ」「み」「よ」「い」「む」「な」「や」「こ」「と」と言う。ものを数えるときに「いち」「にー」「さん」「しー」…と数えるよりも「ひ」「ふ」「み」「よ」…と言う方が能率的であるし、何よりも音が滑らかである。長音化して「ひー【一】」「ふー【二】」「みー【三】」…と言うこともある。

ひあがる【干上がる】《動詞・ラ行五段活用》 ①池や田などの水がすっかりなくなって、乾ききる。「あめ(雨)・が・ ふ(降)ら・へん・さかい・ いけ(池)・が・ ひあがっ・て・ そこ(底)・が・ み(見)え・とる。」②金がなくなって生活に困る。「かいしゃ(会社)・を・ くび(首)・に・ なっ・て・ いま(今)・ ひあがっ・とる・ねん。」

ひあそび【火遊び】《名詞、動詞する》 子どもなどが、火を使って遊ぶこと。「ひあそびし・たら・ かじ(火事)・に・ なる・ぞー。」「ひあそびし・たら・ ねしょんべん(寝小便)する・と・ い(言)ー・ます・やろ。」

ひあたり【日当たり】《名詞》 ①日光が当たること。日光の当たり具合。「ひあたり・を・ かんが(考)え・て・ いえ(家)・を・ た(建)てる。」②日光が当たっている場所。「いっしゅーかん(一週間)・ ひあたり・に・ おっ・た・さかい・ まっくろ(真黒)に・ や(焼)け・た。」■対語=「ひかげ【日陰】」〔⇒**ひやたり【(日当たり)】**。②⇒**ひなた【日向】**〕

ピアノ〔ぴあの〕【英語= piano】《名詞》 鍵盤を指でたたくと金属線を打って音が出る仕組みの楽器。「みっ(三)つ・の・ とき(時)・から・ ぴあの・を・ なろ(習)・た・さかい・ じょーず(上手)に・ ひ(弾)ける。」

ひい(ひー)**【一】**《名詞》 数を2音節で数えていくときの「いち【一】」を表す言葉。◆1から10までを2音節で数えていくとき、「いち【一】」「にい【二】」「さん【三】」「しい【四】」「ごお【五】」「ろく【六】」「ひち【七】」(または、「なな【七】」)「はち【八】」「くう【九】」「じゅう【十】」と言うが、もうひとつの系列として「ひい【一】」「ふう【二】」「みい【三】」「よお【四】」「いつ【五】」「むう【六】」「なな【七】」「やあ【八】」「ここ【九】」「とお【十】」とも言う。ただし、単独で「ひい【一】」と言うことはない。

ぴい〔ぴー〕《名詞、動詞する》 ①じゃんけんで、2本の指を突き出す「はさみ【鋏】」の形。ちょき。「ぴー・は・ ぐー・に・ ま(負)ける。」②じゃんけんの「はさみ【鋏】」の形をすること。2本の指を突き出すこと。「ぴー・の・ かたち(形)・は・ ぶいさいん(Vサイン)・と・ ゆ(言)ー・ねん。」〔①⇒**はさみ【鋏】、はそみ【(鋏)】**〕

ビーカー〔びーかー〕【英語= beaker】《名詞》 理科の実験などで使う、口が広く円筒形のガラス容器。「びーかー・で・ ゆ(湯)ー・を・ わ(沸)かす。」

ひいき〔ひーき〕【贔屓】《名詞、動詞する》 ①自分の気に入った人や集まりを、特別に可愛がったり助けたりすること。また、その相手。「はんしん(阪神)・が・ ひーき・の・ きゅーだん(球団)・なんや。」②公平でなく一方だけを重んじたり支持したりすること。自分の気に入った特定の人だけによくすること。「あの・ こ(子)・だけ・を・ ひーきし・たら・ あか・ん・やろ。」〔②⇒**えこひいき【依怙贔屓】、えこひき【(依怙贔屓)】**〕

ひいこら〔ひーこら〕《副詞と、動詞する》 ①生活の経済状態が苦しくなっている様子。「ふけーき(不景気)・で・ ひーこらし・とり・ます。」②体や心が苦しい様子。また、それによって、悲鳴や泣き声を上げている様子。「ひーこら・ い(言)ー・ながら・ えき(駅)・まで・ ある(歩)い・た。」〔⇒**ひいひい、ぴいぴい**〕

ひいじいさん〔ひーじーさん〕【曾祖父さん】《名詞》 父や母の祖父。「ひーじーさん・は・ はちじゅー(八十)・まで・ い(生)き・とっ・た・ん・や・そーや。」

ビーシージー〔びーしーじー〕【フランス語= Bacille de Calmette et Guērin の略。BCG】《名詞》 結核を予防するために用いられたワクチン。「うで(腕)・に・ びーしーじー・の・ ちゅーしゃ(注射)・を・ し・た。」

ビーズ〔びーず〕【英語= beads】《名詞》 婦人服や手芸品などに用いられる、さまざまの色をした小さなガラス玉。「ちー(小)さい・ とき(時)・ びーず・を・ いと(糸)・に・ とー(通)し・て・ あそ(遊)ん・だ。」

ピース〔ぴーす〕【英語= peace】《名詞》 平和という意味の、広く知られていた煙草の銘柄。「ぴーす・を・ ひとはこ(一箱)・ こ(買)ー・てき・てんか。」

ぴいちくぱあちく〔ぴーちくぱーちく〕《副詞と》 ①小鳥がにぎやかに声をたてる様子。また、その声。「あさ(朝)・から・ すずめ(雀)・が・ ぴーちくぱーちくと・ な(鳴)い・とる。」②人がやかましく、あるいは思い思いに話す様子。また、その声。「みんな(皆)・が・

ぴーちくぱーちく・　ゆ(言)ー・て・　はなし(話)・が・　まと(纏)まら・へん。」

ピーテーエー〔**ぴーてーえー**〕【英語＝Parent-Teacher Associationの略。PTA】《名詞》　親と教員が協力して、児童・生徒の教育効果を高める働きをする組織。「ことし(今年)・は・　ぴーてーえー・の・　やくいん(役員)・を・　せ・んならん・　こと・に・　なっ・ても・た。」◆兵庫県内ではかつて「いくゆうかい【育友会】」と言っていたが、なだれのように改名が進んだ。「ピーチーエー」という発音になることもある。〔⇒**いくゆうかい【育友会】**〕

ピーナツ〔**ぴーなつ**〕【英語＝peanut】《名詞》　落花生の繭状の皮をむいたもの。落花生の実を煎って塩味をつけたもの。「ぴーなつ・を・　つま(摘)ん・で・　びーる(ビール)・を・　の(飲)む。」〔⇒**なんきんまめ【南京豆】**〕

ひいばあさん〔**ひーばーさん**〕【曾祖母さん】《名詞》　父や母の祖母。「ひーばーさん・も・　ながい(長生)き・やっ・てん・と。」

ひいひい〔**ひーひー**〕《副詞と、動詞する》　①生活の経済状態が苦しくなっている様子。「せんご(戦後)・は・　みんな(皆)・　ひーひーし・て・　い(生)き・とっ・た。」②体や心が苦しい様子。また、それによって、悲鳴や泣き声を上げている様子。「ひーひー・　い(言)ー・ながら・　えき(駅)・まで・　はし(走)っ・た。」「かいしや(会社)・を・　くび(首)・に・　なっ・て・　ひーひーし・てまん・ねん。」〔⇒**ひいこら、ぴいぴい**〕

ぴいぴい〔**ぴーぴー**〕《副詞と、動詞する》　①下痢になっている様子。「はら(腹)・が・　ぴーぴー・　ゆ(言)ー・とる。」②生活の経済状態が苦しくなっている様子。「こども(子供)・が・　さんにん(三人)・も・　がっこ(学校)・へ・　い(行)っ・とる・さかい・　ぴーぴーし・てます・ねん。」③体や心が苦しい様子。また、それによって、悲鳴や泣き声を上げている様子。「しごと(仕事)・が・　おー(多)すぎ・て・　ぴーぴー・　ゆ(言)ー・とる。」④鳥や虫などが鳴いている様子。また、その声。「すずめ(雀)・の・　こ(子)ー・が・　ぴーぴー・　な(鳴)い・とる。」⑤笛などが鳴っている様子。また、その音。「ちんどんや(屋)・の・　ぴーぴー・　どんどん・ゆー・　おと(音)・が・　き(聞)こえる。」⑥子どもが泣き声をあげている様子。また、その声。「あかんぼ(赤坊)・が・　ぴーぴー・　な(泣)い・て・　と(止)まら・へん。」〔②③⇒**ひいこら、ひいひい**〕

ぴいひゃら〔**ぴーひゃら**〕《副詞と》　笛やラッパなどを鳴らしている様子。また、その音。「むら(村)・の・　みや(宮)はん・から・　ぴーひゃら・　ぴーひゃらと・　き(聞)こえ・てくる。」

ぴいひょろ〔**ぴーひょろ**〕《副詞と》　とんびなどの鳥が鳴いている様子。また、その鳴き声。「たか(高)い・　そら(空)・で・　ぴーひょろ・　ぴーひょろと・　な(鳴)い・とる。」

ぴいぽお〔**ぴーぽー**〕《名詞》　急病人や怪我人を、急いで病院に運ぶ車。「ぴーぽー・に・　の(乗)せ・られ・て・　びょーいん(病院)・へ・　い(行)っ・た。」◆幼児語〔⇒**きゅうきゅうしゃ【救急車】**〕

ぴいぽお〔**ぴーぽー**〕《副詞と》　救急車が非常音を鳴らして走っている様子。また、その音。「よなか(夜中)・に・　ぴーぽーと・　き(聞)こえ・てき・たら・　どきっと・し・ます・なー。」

ピーマン〔**ぴーまん**〕【フランス＝piment】《名詞》　長い円形の実で、中は空洞になっている、辛みのほとんどない唐辛子。「あお(青)い・　ぴーまん・と・　あか(赤)い・　ぴーまん・が・　ある。」

ひいやり〔**ひーやり**〕【冷いやり】《副詞と、動詞する》　肌や舌が、水や空気などを冷たく感じる様子。体が涼しく感じたり、寒さを感じたりする様子。不安やおそれを感じる様子。「あつ(暑)い・さかい・　ひ(冷)ーやりし・た・　びーる(ビール)・が・　の(飲)み・たい。」「じこ(事故)・に・　あ(遭)い・そーに・　なっ・て・　せなか(背中)・が・　ひーやりし・た。」〔⇒**ひんやり【冷んやり】**〕

ひいらぎ〔**ひーらぎ**〕【柊】《名詞》　魔除けなどとして使われることもある、葉の周りに棘があり、秋に白く小さな花を咲かせる常緑樹。「ひーらぎ・の・　えだ(枝)・を・　さ(差)し・て・　まよ(魔除)け・に・　する。」

ビール〔**びーる**〕【オランダ語＝bier】《名詞》　大麦の麦芽にホップや酵母を加えて発酵させた酒。「しごと(仕事)・が・　す(済)ん・だら・　びーる・を・　の(飲)ん・で・　てれび(テレビ)・を・　み(見)る。」

ビールス〔**びーるす**〕【ラテン語＝virusから】《名詞》　インフルエンザ、狂犬病などを引き起こす、細菌よりは小さい病原体。「いんふるえんざ(インフルエンザ)・の・　びーるす・は・　ひつこい・そーや。」

ビールびん〔**びーるびん**〕【オランダ語＝bier＋瓶】《名詞》　ビールを入れる、茶色の専用瓶。「びーるびん・を・　いちりん(一輪)ざし・に・　する。」

ひえこむ【冷え込む】《動詞・マ行五段活用》　①冷たさが一段と強くなる。寒さが進む。「きょーと(京都)・の・　ふゆ(冬)・は・　ひえこむ・そーや。」②冷たさが体にしみ通る。からだ全体が冷たくなってしまう。「ある(歩)い・て・　かえ(帰)っ・てき・た・さかい・　からだ(体)・が・　ひえこん・でも・た。」■名詞化＝**ひえこみ【冷え込み】**

ひえる【冷える】《動詞・ア行下一段活用》　①温度が下がって、暖かみがなくなる。「よる(夜)・に・　なっ・て・から・　ひえ・てき・た。」②体の特定の部分を、特に寒く感じる。「てさき(手先)・が・　ひえる。」③温度を下げようとしたものが、そのとおりになる。「いど(井戸)・で・　ひやし・とい・た・　すいか(西瓜)・が・　ひえ・た。」「ひえ・た・　びーる(ビール)・が・　うま(美味)い・なー。」■他動詞は「ひやす【冷やす】」■名詞化＝**ひえ【冷え】**

びか【美化】《名詞》　美しい状態にすること。きれいにすること。「くらす(クラス)・の・　びか・の・　いーん(委員)・に・　なっ・た。」

ひがあさい〔**ひーがあさい**〕【日が浅い】《形容詞・アイ型》　何かをしたり何かが起こったりしたときから、あまり日数が経っていない。「たね(種)・を・　ま(蒔)い・て・から・　ひーがあさい・さかい・　まだ・　め(芽)ー・が・　で(出)・てこ・ん・なー。」

ひがい【被害】《名詞》　損害を受けること。受けた害。「たいふー(台風)・で・　えらい・　ひがい・や。」

ひがいしゃ【被害者】《名詞》　損害を受けた人。「じしん(地震)・の・　ひがいしゃ・が・　なんまんにん(何万人)・も・　で(出)・た。」「じけん(事件)・の・　ひがいしゃ・を・　たす(助)け・たら・んと・　あか・ん・やろ。」

ひかえ【控え】《名詞》　①忘れないためや、証拠のために書き留めるもの。「ひかえ・の・　かきもん(書物)・を・　のこ(残)し・とく。」②同じように2通以上作った書類のうち、手元に残しておくもの。「この・　ひかえ・は・　いちねんかん(一年間)・　お(置)い・とい・てください。」

ひかえしつ【控え室】《名詞》　儀式や行事などが始まる前に、待っているための部屋。身だしなみを整えたり準備をしたりして、待機するための部屋。「けっこんしきじょー(結婚式場)・の・　ひかえしつ・で・　しんせきどーし(親戚同士)・が・　かお(顔)・を・　あ(合)わす。」

ひかえめ【控え目】《名詞、形容動詞や(ナ・ノ)》　①積極的に行動したり自己主張したりすることを避けて、遠慮がちにふるまうこと。「あいつ(彼奴)・は・　ひかえめな・　しょーぶん(性分)・や。」②量や程度を少な目にすること。「しお(塩)・を・　ひかえめに・　い(入)れる。」

ひがえり【日帰り】《名詞、動詞する》　出かけた先で泊まらないで、その日のうちに帰ること。「ことし(今年)・の・　りょこー(旅行)・は・　ひがえり・に・　き(決)まっ・た。」

ひかえる【控える】《動詞・ア行下一段活用》　①忘れないように、文字にして残す。「でんわばんごー(電話番号)・を・　ちょーめん(帳面)・に・　ひかえ・とく。」②少な目にする。見合わせる。「さとー(砂糖)・を・　ひかえ・た・　けーき(ケーキ)・を・　つく(作)る。」「あんた・は・　くちかず(口数)・を・　ひかえ・なはれ。」■名詞化＝**ひかえ**【控え】〔①⇒**かきとめる**【書き留める】〕

ひがかかる〔**ひーがかかる**〕【火が掛かる】《動詞・ラ行五段活用》　家族や親戚などが亡くなって、忌中になっている。家族や親戚などの死によって不吉な状態にある。「ひーがかかっ・とる・さかい・　ことし(今年)・は・　たいこ(太鼓＝秋祭りの布団屋台)・に・　の(乗)ら・れ・へん。」◆祝い事や神事や交際などに加わるのを避けることがある。その期間は、１年間ぐらいに及ぶことがある。〔⇒**けがれる**【穢れる】〕

ひかげ【日陰】《名詞》　日光の当たらないところ。「おー(大)けな・　き(木)ー・の・　ひかげ・で・　やす(休)む。」■対語＝「**ひなた**【日向】」「**ひあたり**【日当たり】」「**ひやたり**【(日当たり)】」〔⇒**かげ**【陰】〕

ひかげん【火加減】《名詞、動詞する》　火の燃え具合や火力の強さ。また、その調節。「ひかげん・を・　まちが(間違)え・て・　こ(焦)がさ・ん・よーに・　し・なはれ。」

ひがさ【日傘】《名詞》　布や紙などで作って、強い日差しを避けるためにさす傘。「おひ(日)さん・が・　きつい・さかい・　ひがさ・を・　さし・て・　みち(道)・を・　ある(歩)く。」■対語＝「**あまがさ**【雨傘】」

ひがし【東】《名詞》　方角の一つで、太陽が昇る方。「ひがし・の・　そら(空)・が・　あこ(赤)ー・に・　なっ・てき・た。」

ひがし【干菓子】《名詞》　水分を少なくして作った、日持ちのする和風の菓子。「これ・は・　きょーと(京都)・の・　みやげ(土産)・の・　ひがし・です。」■対語＝「**なまがし**【生菓子】」

ひがしえい〔**ひがしえー、ひがしえ**〕【東江井】《固有名詞》　明石市大久保町江井島のうちの一つの地域(小字)。「ひがしえー・の・　む(向)こー・の・　むら(村)・は・　やぎ(八木)・や。」◆正式には「**ひがしえい**【東江井】」であるが、「**ひがしえ**【東江】」と言うことも多い。〔⇒**ひがっしぇ**【(東江)】、**ひがっせ**【(東江)】〕

ひがしじま【東島】《固有名詞》　明石市大久保町江井島のうちの一つの地域(小字)。「ひがしじま・は・　りょーし(漁師)・の・　いえ(家)・が・　おか(多)い。」

ひがっしぇ【(東江)】《固有名詞》　明石市大久保町江井島のうちの一つの地域(小字)。「ひがっしぇ・の・　こーえん(公園)・で・　あそ(遊)ぶ。」〔⇒**ひがしえい**【東江井】、**ひがっせ**【(東江)】〕

ひがっせ【(東江)】《固有名詞》　明石市大久保町江井島のうちの一つの地域(小字)。「ひがっせ・は・　かーらし(瓦師)・が・　おー(多)かっ・た。」〔⇒**ひがしえい**【東江井】、**ひがっしぇ**【(東江)】〕

ぴかっと《副詞、動詞する》　①艶があって、光り輝く様子。光を反射している様子。「ぴかっとし・た・　ゆびわ(指輪)・を・　は(填)め・とる。」②一瞬、鋭く光る様子。「かみなり(雷)・が・　ぴかっと・　ひか(光)っ・て・　びっくりし・た。」〔①⇒**ぴかぴか**、**ぴっかぴか**〕

ぴかぴか《副詞と、形容動詞や(ノ)、動詞する》　①艶があって、光り輝く様子。光を反射している様子。「ぴかぴかし・た・　らんどせる(ランドセル)・を・　おたし(＝背負っ)・て・　いちねんせー(一年生)・が・　ある(歩)い・とる。」②繰り返して光る様子。「ほし(星)・が・　ぴかぴか・　ひか(光)っ・とる。」③品物などが真新しい様子。「おろしたて・の・　ぴかぴかの・　くつ(靴)・を・　は(履)い・ていく。」〔⇒**ぴっかぴか**。①⇒**ぴかっと**〕

ひがむ【僻む】《動詞・マ行五段活用》　ものごとを素直に受け取らないで、自分が劣っているように思ったり、不利な状況に立たされているように考えたりする。また、その結果、考えや行いが素直でなくなる。「しけん(試験)・に・　お(落)ち・て・　ひがん・どる。」「あにき(兄貴)・も・　おとと(弟)・も・　ひがま・し・たら・　あか・ん・ぞ。」■名詞化＝**ひがみ**【僻み】〔⇒**ひねくれる**、**ねじれる**【捻れる】、**ねじける**【(捻ける)】〕

ひからす【光らす】《動詞・サ行五段活用》　①光を放つようにする。点滅させる。「じてんしゃ(自転車)・の・　らんぷ(ランプ)・を・　ひからし・て・　はし(走)る。」②反射させる。「かがみ(鏡)・で・　ひからす。」③艶があるようにして、光り輝く様子を表す。光沢を出す。「くつ(靴)・を・　みが(磨)い・て・　ひからす。」■自動詞は「**ひかる**【光る】」

ひかり【光】《名詞》　①太陽や星や電灯などから出て、目に明るさを感じさせるもの。また、それが反射したもの。「ろっこーさん(六甲山)・から・　み(見)る・　こーべ(神戸)・の・　まち(街)・の・　ひかり・は・　きれー(綺麗)や。」②ものの表面が滑らかで明るく穏やかに感じられるもの。光沢。「めだる(メダル)・を・　みが(磨)い・たら・　ひかり・が・　で(出)・てき・た。」〔②⇒**つや**【艶】〕

ひかる【光る】《動詞・ラ行五段活用》　①光を放つ。光を反射して輝く。「ほし(星)・が・　ひかっ・とる。」「かがみ(鏡)・が・　ひかっ・た。」②反射する。「びる(ビル)・の・　まど(窓)・が・　ひかる。」③艶があって、光り輝く。「うま(美味)そーに・　ひかっ・とる・　りんご(林檎)・を・　かぶる。」④他の人やものよりも優れていて、目立つ。「ちー(小)さい・　ころ(頃)・から・　やきゅー(野球)・の・　うで(腕)・が・　ひかっ・とっ・た。」■他動詞は「**ひからす**【光らす】」■名詞化＝**ひかり**【光】

ひがん【彼岸】《名詞》　春分の日と秋分の日を中心にして、それぞれ、前後の３日間を合わせた７日間。「ひがん・の・　ちゅーにち(中日)・に・　はかまい(墓参)り・に・　い(行)く。」

ひき【引き】《名詞》　①人を引き寄せること。人に便宜を図ったり、人を推薦したりなどすること。「し(知)っ・た・　ひと(人)・の・　ひき・が・　あっ・て・　しゅーしょく(就職)・が・　でけ(出来)・た。」②海岸線が周期的に沖の方へ広がっていき、海面が低くなること。また、そのようになっている状況。「いま(今)・の・　じかん(時間)・の・　しお(潮)・は・　ひき・や。」■対語②＝「**みち**【満ち】」「**にち**【(満ち)】」〔②⇒**ひきしお**【引き

潮】〕

ひき〔**びき、ぴき**〕【匹】《助数詞》 ①生き物を数える言葉。「ねずみ(鼠)・が・　いっ(一)ぴき・　おっ・た。」「さかな(魚)・を・　さん(三)びき・　つ(釣)っ・た。」②相手の人たちを軽んじて言うときに、その人数を数えて言う言葉。「おまえ(前)ら・の・　いっ(一)ぴき・や・　に(二)ひき・に・は・　ま(負)け・へん・ぞ。」◆鳥の場合は、「わ【羽】」という言い方をするが、「ひき【匹】」という言い方をすることも多い。

ひきあう【引き合う】《動詞・ワア行五段活用》 ①双方から互いにたぐり寄せることをする。「うんどーかい(運動会)・で・　つな(綱)・を・　ひきあう。」②苦労しただけの価値や利益がある。価値や利益に見合うものを得る。「やす(休)み・の・　ひ(日)ー・に・　てつど(手伝)ー・たっ・た・のに・　もんく(文句)・を・　い(言)わ・れ・たら・　ひきあわ・へん・わー。」③採算がとれる。商売が成り立つ。「ひきあわ・へん・　しごと(仕事)・は・　ことわ(断)り・たい・ねん。」■名詞化＝**ひきあい**【引き合い】〔⇒**ひっきゃう**【(引き合う)】〕

ひきあげる【引き上げる、引き揚げる】《動詞・ガ行下一段活用》 ①引っ張って高いところに移す。「おー(大)けな・　さかな(魚)・を・　ふね(船)・の・　うえ(上)・に・　ひきあげる。」②金額や比率などを高くする。「がすだい(ガス代)・を・　ひきあげ・られ・た。」③その場所を引き払って、元のところに戻る。「せんそー(戦争)・が・　す(済)ん・で・　がいち(外地)・から・　ひきあげ・てき・た・　ひと(人)・が・　よーさん(仰山)・　おっ・た。」④用件を終えて帰る。用務を終了する。「かかり(係)・の・　ひと(人)・は・　もー・　みんな(皆)・　ひきあげ・ても・た。」〔⇒**ひっきゃげる**【(引き上げる、引き揚げる)】〕

ひきあわす【引き会わす、引き合わす】《動詞・サ行五段活用》 ①知らない人同士を会わせる。仲立ちをつとめて紹介する。「あんた・を・　わたし(私)・の・　ともだち・に・　ひきあわし・たい・と・　おも(思)ー・とる・ん・や。」②いくつかのものを比べて確かめる。「しょるい(書類)・の・　すーじ(数字)・を・　ひきあわし・た・けど・　まちが(間違)い・は・　な(無)かっ・た。」〔⇒**ひっきゃわす**【(引き会わす)、(引き合わす)】〕

ひきうける【引き受ける】《動詞・カ行下一段活用》 ①責任を持って仕事や任務を受け持つ。「じちかい(自治会)・の・　やくいん(役員)・を・　ひきうける。」②仕事や任務を、前の人から受ける。内容をあまり変化させないで継承する。他の人がやっていたことのあとを受け継ぐ。「この・　しごと(仕事)・は・　らいねん(来年)・　あんた・に・　ひきうけ・てもらい・たい・ねん。」■名詞化＝**ひきうけ**【引き受け】〔②⇒**ひきつぐ**【引き継ぐ】〕

ひきかえ【引き換え、引き替え】《名詞》 物と物、またはお金と物とを取り換えること。「おかね(金)・と・　ひきかえ・やない・と・　わた(渡)し・ません。」〔⇒**ひっかえ**【引っ換え、引っ替え】〕

ひきかえす【引き返す】《動詞・サ行五段活用》 進んできた道を元のところへ戻る。「かぜ(風)・が・　つよ(強)ー・なっ・た・の・で・　みなと(港)・に・　ひきかえす。」〔⇒**ひっかえす**【引っ返す】〕

ひきかえる【引き換える、引き替える】《動詞・ア行下一段活用》 ものともの、またはお金とものとを取り換える。「とーせん(当選)し・た・　けん(券)・を・　しょーひん(賞品)・に・　ひきかえる。」■名詞化＝**ひきかえ**【引き換え、引き替え】〔⇒**ひっかえる**【引っ換える、引っ替える】〕

ひきざん【引き算】《名詞、動詞する》 ある数から、他のある数を取り去る計算。減法。「かかっ・た・　ひよー(費用)・を・　ひきざんし・たら・　あかじ(赤字)・に・　なっ・た。」

ひきしお【引き潮】《名詞》 海岸線が周期的に沖の方へ広がっていき、海面が低くなること。また、そのようになっている状況。「ひきしお・で・　いそ(磯)・が・　ひあ(干上)がっ・た。」■対語＝「みちしお【満ち潮】」「にちしお【(満ち潮)】」〔⇒**ひき**【引き】〕

ひきしまる【引き締まる】《動詞・ラ行五段活用》 心や体のゆるんだところがなくなる。「うんどー(運動)し・とる・さかい・　からだ(体)・が・　ひきしまっ・とる。」「あたら(新)しー・　とし(年)・に　なっ・て・　きも(気持)ち・が・　ひきしまる。」■他動詞は「ひきしめる【引き締める】」

ひきしめる【引き締める】《動詞・マ行下一段活用》 ①引っ張って硬く締める。「くく(括)っ・とる・　つな(綱)・を　ひきしめる。」②心や体のゆるんだところをなくす。「ひきしめ・た・　こころも(心持)ち・で・　しあい(試合)・に・　で(出)る。」②家計などの出費を少なくする。「むだづか(無駄遣)い・を・　ひきしめる。」■自動詞は「ひきしまる【引き締まる】」

ひきずる【引き摺る】《動詞・ラ行五段活用》 ①足や着物の裾などを、地面の上などに触れたまま動いていく。「けが(怪我)し・た・　あし(足)・を・　ひきずっ・て・　ある(歩)く。」②ものを地面の上などに触れたまま動かす。「だんぼーる(段ボール)・の・　はこ(箱)・を・　ひきずっ・て・　うご(動)かす。」③本人の意思とは関係なく、無理に引っ張っていく。「な(泣)い・とる・　こ(子)ー・を・　ひきずっ・て・　がっこー(学校)・へ・　つ(連)れ・ていく。」④長引かせた状態のままでいる。「かぜ(風邪)・を・　まだ・　ひきずっ・とる。」

ひきだし【引き出し、抽斗】《名詞》 ①机や箪笥などに何段か設けてある、水平に引いて抜き差しができる箱。「せんす(扇子)・は・　うえ(上)・の・　だん(段)・の・　ひきだし・に・　はい(入)っ・とる・　はず・や。」②預け先から貯金の払い出しを受けること。「きょー(今日)・は・　どよー(土曜)・や・さかい・　ひきだし・は・　でけ・へん。」

ひきだす【引き出す】《動詞・サ行五段活用》 ①見えないところや奥まったところから、引いて外に出す。「たな(棚)・から・　はこ(箱)・を・　ひきだす。」②預け先から貯金の払い出しを受ける。「ちょきん・を・　じゅーまんえん(十万円)・　ひきだす。」■名詞化＝**ひきだし**【引き出し】〔②⇒**おろす**【下ろす】〕

ひきたつ【引き立つ】《動詞・タ行五段活用》 見栄えがするようになる。まわりのものに比べて、際立ってよく見える。「おきもん(置物)・を・　みが(磨)い・たら・　ひきたっ・て・　み(見)える・よーに・　なっ・た。」

ひきつぎ【引き継ぎ】《名詞、動詞する》 仕事や任務を、前の人から受けることや、次の人に渡すこと。また、それに関して説明などをすること。「ひきつぎ・の・　うちあ(打合)わせ・を・　する。」

ひきつぐ【引き継ぐ】《動詞・ガ行五段活用》 仕事や任務を、前の人から受けたり、次の人に渡したりする。内容をあまり変化させないで継承する。「まえ(前)・の・　ひと(人)・が・　たいしょく(退職)し・た・さかい・　しごと(仕事)・を・　ひきつい・だ。」■名詞化＝**ひきつぎ**【引き継ぎ】〔⇒**ひきうける**【引き受ける】〕

ひきつけ【引き付け】《名詞》 小さい子などに起きる、発作性の痙攣。「おとこ(男)・の・ こ(子)ー・は・ よー・ひきつけ・を・ お(起)こす。」

ひきつける【引き付ける】《動詞・カ行下一段活用》 ①小さい子などが、発作的に痙攣を起こす。「ひきつけ・た・ん・で・ どない・ し・たら・ え(良)ー・の・か・ わから・んで・ あわ(慌)て・ても・た。」②自分の方に近づける。「ぼーる(ボール)・を・ ひきつけ・とい・て・ う(打)つ。」③話術や人柄などによって、人を誘い寄せたり信頼感や親近感などを感じさせたりする。「やさい(野菜)・の・ おーやすう(大安売)り・を・ し・て・ きゃく(客)・を・ ひきつける。」■名詞化=**ひきつけ**【引き付け】

ひきつる【引き攣る】《動詞・ラ行五段活用》 ①筋肉が急に縮まって、うまく動かせなくなる。痛くなって痙攣する。「あし(足)・が・ きゅー(急)に・ ひきつっ・た。」②緊張などをして、皮膚が引っ張られるようになる。顔がこわばる。「おこ(怒)っ・て・ かお(顔)・が・ ひきつっ・とる。」〔①⇒**つる**【攣る】〕

ひきて【引き手】《名詞》 戸や障子などを開閉するために、手をかけるところ。また、そこに付けてある金具。「たんす(箪笥)・の・ ひきて・が・ よご(汚)れ・た・さかい・ みが(磨)い・とい・てんか。」

ひきとめる【引き止める】《動詞・マ行下一段活用》 ①去ろうとする人を、とどめる。引っ張るようにして止める。「みち(道)・で・ ともだち(友達)・を・ ひきとめ・て・ はなし(話)・を・ し・た。」②任務などを辞めようとする人を、とどめる。「ひきとめ・て・ もー・ いちねん(一年)・ はたら(働)い・てもろ・た。」■名詞化=**ひきとめ**【引き止め】

ひきとる【引き取る】《動詞・ラ行五段活用》 ①預けてあったり、とどめられていたりするものを受け取る。「ゆーびんきょく(郵便局)・で・ こづつみ(小包)・を・ ひきとる。」②引き受けて、手元に置いたり、世話をしたりする。「いぬ(犬)・を・ ひきとっ・て・ か(飼)う。」■名詞化=**ひきとり**【引き取り】

ひきにく【挽肉】《名詞》 機械で細かくつぶした肉。ミンチ。「ひきにく・の・ だんご(団子)・を・ つく(作)る。」

ひきのばす【引き延ばす】《動詞・サ行五段活用》 ①あらかじめ決められていた時間を長引かせる。「よてー(予定)・の・ じかん(時間)・を・ ひきのばし・て・ せつめー(説明)・を・ つづ(続)ける。」②あらかじめ決められていた日や時刻を遅らせる。「ごーかくはっぴょー(合格発表)・の・ ひ(日)ー・を・ ひきのばさ・れ・た。」■名詞化=**ひきのばし**【引き延ばし】

ひきのばす【引き伸ばす】《動詞・サ行五段活用》 ①引っ張って、細く長くする。「うどん(饂飩)・を・ もっと・ほそ(細)ー・ ひきのばす。」②押さえつけて、薄く広げる。「てっぱん(鉄板)・の・ うえ(上)・で・ おこのみや(好焼)き・を・ ひきのばす。」③写真などを、原板から拡大する。「しゃしん(写真)・を・ ひきのばし・て・み(見)・たら・ はくりょく(迫力)・が・ で(出)・た。」■名詞化=**ひきのばし**【引き伸ばし】

ひきぶとん【(敷き蒲団)】《名詞》 寝る人が体の下に敷く布団。「ひきぶとん・の・ うえ(上)・に・ しーつ(シーツ)・を・ か(掛)ける。」■対語=「かけぶとん【掛け布団】」「うわぶとん【上布団】」「おぶとん【負布団】」〔⇒**しきぶとん**【敷き蒲団】〕

ひきょう〔ひきょー〕【卑怯】《形容動詞や(ナ)》 ずるい気持ちがあったり、勇気がなかったりして、正面から堂々と立ち向かわない様子。「じゃんけん・を・ あと(後)・から・ だ(出)す・の・は・ ひきょーや・よ。」

ひきわけ【引き分け】《名詞》 試合や勝負の勝ち負けが決まらないで終わること。「きのー(昨日)・の・ しあい(試合)・は・ ひきわけ・やっ・た。」

ひきわける【引き分ける】《動詞・カ行下一段活用》 ①試合や勝負の勝ち負けが決まらないで終わる。「はんしん(阪神)・は・ きょじん(巨人)・と・ ひきわけ・た。」②喧嘩などで向かい合っている者を、中に入って分ける。「むり(無理)に・ ひきわけ・て・ けんか(喧嘩)・を・おさめ・た。」■名詞化=**ひきわけ**【引き分け】

ひく【引く】《動詞・カ行五段活用》 ①向こうから手前に向かって力を加えて、動かす。つかんで手元の方へ寄せる。「だんじり(檀尻)・の・ つな(綱)・を・ ひく。」②綱をつけるなどして、従わせるようにする。「たんぼ(田圃)・へ・ うし(牛)・を・ ひー・ていく。」③つながりをつけて、取り込む。「あんてな(アンテナ)・から・ てれび(テレビ)・へ・ せん(線)・を・ ひく。」「じむしょ(事務所)・に・ でんわ(電話)・を・ ひく。」④自分の体の中に受け入れる。身に及ぶようになる。「おとつい(一昨日)・から・ かぜ(風邪)・を・ ひー・とる・ねん。」⑤多くの中から選んで取り出す。探して選び出す。「おーうりだ(大売出)し・の・ ふくびき(福引)・の・ くじ(籤)・を・ ひく。」「わから・へん・ じ(字)ー・を・ じびき(字引)・で・ ひく。」⑥引き算をする。数値を減らす。「うりね(売値)・から・ しいれね(仕入値)・を・ ひく。」⑦値段を安くする。「もー・ いちまんえん(一万円)・ほど・ ひー・てくれ・へん・か。」「てーか(定価)・から・にわり(二割)・ ひー・とき・ます。」⑧長く延ばして書く。線状に書く。「せん(線)・を・ ひー・て・ わく(枠)・を・ つく(作)る。」⑨長く延ばして発音する。「こえ(声)・を・ ひー・て・ うた(歌)う。」⑩一方に片寄っているものを広げる。「ひ(日)・が・ あ(当)たる・ので・かーてん(カーテン)・を・ ひく。」⑪他の人から受け継ぐ。「おや(親)・の・ ち(血)ー・を・ ひー・とる。」⑫一定の範囲を一面に塗る。「ふらいぱん(フライパン)・に・あぶら(油)・を・ ひく。」「ぼーるがみ(ボール紙)・の・おもて(表)・に・ のり(糊)・を・ ひく。」⑬これまでよりも少なくなる。「だいぶ・ ねつ(熱)・が・ ひー・てき・た。」「のど(喉)・の・ は(腫)れ・が・ ひー・た。」⑭位置を退く。下がる。「あと(後)・へ・ ひか・へん・せーかく(性格)・の・ やつ(奴)・や。」⑮役割などから引退する。退職する。「かいしゃ(会社)・を・ ひー・て・のんびり・ し・とる。」⑯海面が海岸から沖の方へ退いて、海面が低くなる。「しお(潮)・が・ ひー・てき・た。」⑰取り寄せる。注文する。「ざっし(雑誌)・を・ まいつき(毎月)・ ひー・とる。」「こーべしんぶん(神戸新聞)・を・ ひー・て・ よ(読)ん・どる。」■対語=①「おす【押す】」、⑯「につ【(満つ)】」「ねつ【(満つ)】」「ねる【(満る)】」

ひく【弾く】《動詞・カ行五段活用》 弦楽器やピアノなどを鳴らして演奏する。「きょーしつ(教室)・の・ おるがん(オルガン)・を・ ひく。」

ひく【挽く】《動詞・カ行五段活用》 ①鋸などの刃物で切って分ける。「まるた(丸太)・を・ ひー・て・ ふた(二)つ・に・ する。」②臼や器械などを使って、豆類や肉を細かく砕く。「こーひー(コーヒー)・の まめ(豆)・を・ひー・てもらう。」

ひく【轢く】《動詞・カ行五段活用》 車輪が人や物などの上を通る。「じどーしゃ(自動車)・に・ ひか・れ・て・ けが(怪我)・を・ する。」

ひく【(敷く)】《動詞・カ行五段活用》 ①ものを平らに広げる。また、その上に位置する。「どーぞ・　ざぶとん(座布団)・を・　ひー・てください。」「ねま(寝間＝布団)・を・　ひー・て・　ね(寝)る。」「むしろ(筵)・を・　ひー・て・　すわ(座)る。」「ござ(莫蓙)・を・　ひく。」②何かの上に、ものを一帯に撒くように広げる。延べ広げて下を押さえつける。「じゅるい・　とこ(所)・に・　じゃり(砂利)・を・　ひく。」〔⇒**しく**【**敷く**】〕

ひくい【低い】《形容詞・ウイ型》 ①上に伸びていない。下の方にある。下からの長さや隔たりが小さい。「せ(背)ー・の・　ひくい・　ひと(人)・は・　まえ(前)・の・　ほー(方)・に・　き(来)・てください。」②序列、身分、地位などが下の方にある。「にゅーしゃ(入社)し・て・　さんねんめ(三年目)・や・さかい・　まだ・　ひくい・　ところ(所)・に・　おる。」③目盛りなどの数字が小さい。度合いが弱い。「けさ(今朝)・は・　きおん(気温)・が・　ひくい。」④音声の振動が少ない。低音である。「ひくい・　こえ(声)・で・　しゃべ(喋)る。」■対語＝「たかい【高い】」

ひくいめ【低いめ】《名詞、形容動詞や(ノ)》 ものの高さやものごとの程度などが、少し低いこと。比較的低いこと。「やさい(野菜)・の・　ね(値)ー・が・　ちょっと(一寸)・　ひくいめに・　なっ・て・　ありがたい。」◆「ひくめ【低め】」よりは、「ひくいめ【低いめ】」と言うことの方が多い。■対語＝「たかいめ【高いめ】」〔⇒**ひくめ**【**低いめ**】〕

ひくさ【低さ】《名詞》 上に伸びていない程度。上の方に届いていない程度。「その・　ふんまえ(＝踏み台)・の・　ひくさ・で・は・　たな(棚)・に・　とど(届)か・へん・やろ。」■対語＝「たかさ【高さ】」

ひくする【低する】《動詞・サ行変格活用》 ①高さを小さくする。「あたま(頭)・を・　ひくせ・んと・　もぐ(潜)ら・れ・へん・ぞ。」②値段を安くする。「ね(値)・を・　ちょっと(一寸)・　ひくし・たら・　よー・　う(売)れ・た。」■自動詞は「ひくなる【低なる】」■対語＝「たかする【高する】」「たこする【高する】」〔⇒**さげる**【**下げる**】〕

びくつく《動詞・カ行五段活用》 驚いたり恐れたりする。また、それによって体が震える。「しょーひぜー(消費税)・が・　あ(上)がる・さかい・　びくつい・とる・ねん。」

びくっと《副詞、動詞する》 ①驚いたり恐れたりする様子。また、それによって体が震える様子。「きゅー(急)に・　なまえ(名前)・を・　よ(呼)ば・れ・て・　びくっとし・た。」②体や物などが細かく揺れ動く様子。「しょーしょー(少々)の・　じしん(地震)・で・は・　びくっと・も・　ゆ(揺)れ・へん・よーに・　つく(作)っ・てある。」「たた(叩)い・ても・　びくっと・も・　うご(動)か・へん。」◆②は、後ろに打ち消しを伴って、力を加えられても動いたりぐらついたりすることがないということを強調する表現になることも多い。

ひくなる【低なる】《動詞・ラ行五段活用》 ①高さが小さくなる。「とし(歳)とっ・て・　しんちょー(身長)・が・　ちょっと(一寸)・　ひくなっ・た。」「うし(後)ろ・の・　ひと(人)・が・　み(見)え・へん・さかい・　まえ(前)・の・　ひと(人)・は・　こし(腰)・を・　かが(屈)め・て・　ひくなれ。」②値段が安くなる。「がそりん(ガソリン)・が・　ひくなっ・た。」■他動詞は「ひくする【低する】」■対語＝「たかなる【高なる】」「たこなる【高なる】」〔⇒**さがる**【**下がる**】〕

ひくひく《副詞と、動詞する》 ①引きつるような感じで、体の一部が、時々、小刻みにふるえる様子。「かぜ(風邪)・を・　ひー・て・　はな(鼻)・が・　ひくひくする。」②しゃっくりが出ている様子。「ひくひくし・て・　と(止)まら・へん・みたいや・さかい・　せなか(背中)・を・　たた(叩)い・て・　びっくりさし・たれ。」③喉が詰まっている様子。「つめ(冷)たい・　べんとー(弁当)・を・　た(食)べ・たら・　ひくひくし・て・　くる(苦)しー・なっ・た。」〔①⇒**ぴくぴく**〕

びくびく《副詞と、動詞する》 よくないことが起こらないかと恐れている様子。「おーあめ(大雨)・で・　がけ(崖)・が・　くず(崩)れ・へん・か・なー・と・　おも(思)・て・　びくびくし・とっ・てん。」

ぴくぴく《副詞と、動詞する》 ①引きつるような感じで、体の一部が、時々、小刻みにふるえる様子。「わさび(山葵)・が・　きつー・て・　のど(喉)・が・　ぴくぴくする。」②料理の材料となっている魚の体などが、まだわずかに動いている様子。「きょー(今日)・　つ(釣)っ・てき・た・　さかな(魚)・が・　まないた(板)・の・　うえ(上)・で・　まだ・　ぴくぴく・　うご(動)い・とる。」〔①⇒**ひくひく**〕

ひくめ【低め】《名詞、形容動詞や(ノ)》 ものの高さやものごとの程度などが、少し低いこと。比較的低いこと。「ひくめの・　ね(値)ー・に・　し・たら・　よー・　う(売)れ・た。」■対語＝「たかめ【高め】」〔⇒**ひくいめ**【**低め**】〕

ひぐれ【日暮れ】《名詞》 太陽が沈む時刻。一日の終わり。空が薄暗くなること。また、そのような頃。「ひぐれ・に・　なら・ん・うち・に・　い(去)に・なはれ。」■対語＝「よあけ【夜明け】」〔⇒**ひのくれ**【**日の暮れ**】、**くれ**【**暮れ**】〕

ひげ【髭】《名詞》 人や動物の口の周りに生えている毛。「むさくるしー・　ひげ・を・　そ(剃)っ・たら・　どない・や・ねん。」

ひけしつぼ【火消し壺】《名詞》 消し炭を作ったり、不要になった火を消したりするために、燃えている薪や炭を入れて密封する壺。「も(燃)え・とる・　き(木)ー・を・　ひけしつぼ・に・　い(入)れ・て・　け(消)す。」〔⇒**けしつぼ**【**消し壺**】〕

ひける【引ける】《動詞・カ行下一段活用》 ①引いて取り除くことができる。引っ張り抜くことができる。「にわ(庭)・の・　くさ(草)・は・　て(手)ー・で・　ひける。」②積極的にはなれない。引っ込み思案になる。「あいて(相手)・が・　つよ(強)い・さかい・　こし(腰)・が・　ひける・なー。」

ひご【籤】《名詞》 籠や提灯などを作るときなどに使う、竹を細く割って削ったもの。「ふと(太)い・　ひご・を・　く(組)ん・で・　たこ(凧)・を・　つく(作)る。」〔⇒**たけひご**【**竹籤**】〕

ひこうき〔ひこーき〕【飛行機】《名詞》 プロペラやジェットエンジンの力で、空を飛ぶ乗り物。「おきなわ(沖縄)・へ・の・　しゅっちょー(出張)・は・　ひこーき・で・　い(行)く。」

ひこうきぐも〔ひこーきぐも〕【飛行機雲】《名詞》 飛行機が低温多湿の空を高く飛んだときにできる、筋のような白い雲。「ひこーきぐも・も・　ゆーや(夕焼)け・に・　なっ・とる。」

ひこうじょう〔ひこーじょー〕【飛行場】《名詞》 飛行機などが発着できるような設備を備えた平らな場所。空港。「せんそーちゅー(戦争中)・は・　かこがわ(加古川)・の・　おのえ(尾上)・に・も・　ひこーじょー・が・　あっ・た。」

ひごて【火鏝】《名詞》 炭火で熱くして、布の皺を伸ばしたり形を整えたりする道具。「ひごて・で・ きもの(着物)・の・ しわ(皺)・を・ の(伸)ばす。」◆金属でできた先端部を炭火の中に入れて熱しておいて使用する。〔⇒**ひのし【火熨】**〕

ひごと【日毎】《名詞、副詞に》 毎日毎日。日がたつにつれて。「ひごとに・ ぬく(温)ー・ なっ・てき・まし・た・なー。」

ひごろ【日頃】《名詞》 ①特別なこともなく、繰り返される日常。「ひごろ・の・ れんしゅー(練習)・を・ さぼっ・とっ・たら・ ま(負)け・てまう・ぞ。」②ずっと以前から最近までにわたる日々。「ひごろ・ い(行)き・たい・と・ おも(思)・とっ・た・ とこ(所)・へ・ やっと・こ(来)・れ・た。」〔①⇒**いつも【何時も】、いっつも【(何時も)】、いっつもかっつも【(何時もかっつも)】、いつもかも【何時もかも】、ふだん【不断、普段】、へいじょう【平常】、へいぜい【平生】、へいじつ【平日】**〕

ひざ【膝】《名詞》 ①座ったときの、ももの上の部分。「ひざ・に・ て(手)・を・ お(置)い・て・ はなし(話)・を・する。」②ももとすねのつなぎ目にある関節の、前側の部分。「こけ・て・ ひざ・を・ す(擦)りむい・た。」〔⇒**ひざぼん【膝ぼん】**〕

ひさし【庇】《名詞》 ①家の出入り口や窓の上に差し出した、小さな屋根。「ひさし・の・ した(下)・に・ つばめ(燕)・が・ す(巣)・を・ つく(作)っ・た。」②帽子の、額の上や周りに差し出している部分。「ひさし・の・ ちー(小)さい・ ぼーし(帽子)・が・ す(好)きや・ねん。」〔②⇒**えん【縁】**〕

ひざし【日差し】《名詞》 太陽の光が差すこと。太陽の光。また、その程度。「きょー(今日)・は・ あさ(朝)・から・ばん(晩)・まで・ くも(曇)っ・て・ ひざし・が・ な(無)かっ・た。」

ひさしぶり【久しぶり】《形容動詞や(ノ)》 前にそのことをしてから、ずいぶん長い時間が経っている様子。長い間隔を置いた様子。「ひさしぶりに・ しょーがっこー(小学校)・の・ どーそーかい(同窓会)・を・ し・た。」〔⇒**せんどぶり**〕

ひざぼん【膝ぼん】《名詞》 ①座ったときの、ももの上の部分。「ひざぼん・が・ み(見)える・ すかーと(スカート)・は・ みっともない。」②ももとすねのつなぎ目にある関節の、前側の部分。「ひざぼん・を・ う(撲)っ・て・ いた(痛)い・ねん。」◆「ぼん」は、「膝小僧」の「小僧」にあたる部分を「坊」と表現し、その発音が変化したものであろうか。類語に「すねぼん【脛ぼん】」がある。〔⇒**ひざ【膝】**〕

ひし【菱】《名詞》 夏に白い花を咲かせて、ダイヤの形の白く堅い実ができる、池などに生えている水草。「ひし・の・ み(実)ー・に・は・ とげ(棘)・が・ あっ・た・なー。」〔⇒**へし【(菱)】**〕

ひじ【肘】《名詞》 腕の関節で、曲がる部分の外側。「はし(走)っ・とっ・て・ こけ・て・ ひじ・を・ す(擦)りむい・た。」

ひしがた【菱形】《名詞》 辺の長さがすべて等しく、どの角も直角でない4角形。「その・ しなもん(品物)・は・ ひしがた・の・ まーく(マーク)・が・ めじるし(目印)・や。」

びじつ【(美術)】《名詞》 ①絵画・彫刻・写真・建築などの、色や形で美しく表現する芸術。「いえ(家)・の・ なか(中)・に・も・ びじつ・の・ ひと(一)つ・ぐらい・は・あっ・た・ ほー(方)・が・ え(良)ー・やろ。」②前項の内容を教える中学校の教科の名。また、高等学校などの芸術の教科のうちの、科目の名。「びじつ・の・ じかん(時間)・に・ こーさく(工作)・も・ し・た。」〔⇒**びじゅつ【美術】**〕

びじつかん【(美術館)】《名詞》 絵画・彫刻・写真・建築などの芸術品を展示して見せるための施設。「びじつかん・で・ めーじ(明治)・の・ じだい(時代)・の・ てんらんかい(展覧会)・を・ み(見)る。」〔⇒**びじゅつかん【美術館】**〕

びしっと《副詞》 ①強い姿勢や厳しい態度でものごとを行う様子。「さぼっ・とる・ やつ(奴)・に・は・ びしっと・おこ(怒)っ・たれ。」②しっかりした姿勢である様子。「びしっと・ せなか(背中)・を・ の(伸)ばせ。」③鋭くたたく様子。ものが折れたり割れたりする様子。また、そのときに発する音。「せなか(背中)・を・ びしっと・どつか・れ・た。」〔⇒**ぴしっと、びしゃっと、ぴしゃっと**〕

ぴしっと《副詞》 ①強い姿勢や厳しい態度でものごとを行う様子。「けーたいでんわ(携帯電話)・を・ がっこー(学校)・に・ も(持)っ・ていく・ こと・は・ ぴしっと・きんし(禁止)・を・ さ・れ・ても・た。」②しっかりした姿勢である様子。「もたもたせ・んと・ ぴしっと・せー。」③鋭くたたく様子。ものが折れたり割れたりする様子。また、そのときに発する音。「たけ(竹)・で・ぴしっと・ たた(叩)か・れ・た。」〔⇒**びしっと、びしゃっと、ぴしゃっと**〕

びしびし《副詞と》 遠慮しないで、厳しく接する様子。「おも(思)いきっ・て・ むすこ(息子)・を・ びしびし・ きた(鍛)える。」

ひしぼる【干しぼる】《動詞・ラ行五段活用》 ①水気がなくなって、乾ききって、形が小さくなる。「みかん(蜜柑)・の・ かわ(皮)・が・ ひしぼっ・とる。」「ほ(干)し・たら・ うめぼし(梅干)・が・ ひしぼっ・ても・た。」②草や木が生気を失って、ぐったりしたり小さくなったりする。開いていた花が、水分を失って閉じたり小さくなったりする。「ひるまえ(昼前)・に・ なっ・たら・ あさがお(朝顔)・の・ はな(花)・が・ ひしぼっ・た。」③空気が抜けたりして小さくなる。「じてんしゃ(自転車)・の・ たいや(タイヤ)・が・ きゅー(急)に・ひしぼっ・ても・て・ の(乗)ら・れ・へん。」〔⇒**へしぼる【(干しぼる)】**。②⇒**しおれる【萎れる】、しぼむ【萎む】、しゅぼむ【(萎む)】、すぼむ【(萎む)】**〕

びしゃいも【びしゃ芋】《名詞》 ふかしたときに、水分が多くて、軟らかすぎる感じになったサツマイモやジャガイモ。「びしゃいも・は・ あんまり・ うま(美味)い・と・ おも(思)わ・ん・なー。」〔⇒**びちゃいも【びちゃ芋】**〕

びしゃっと《副詞、動詞する》 ①強い姿勢や厳しい態度でものごとを行う様子。「おこ(怒)っ・て・ と(戸)・を・びしゃっと・ し(閉)める。」②しっかりした姿勢である様子。「うご(動)か・んと・ びしゃっと・ と(止)まれ。」③鋭くたたく様子。ものが折れたり割れたりする様子。また、そのときに発する音。「たけ(竹)・の・ものさし(物差)・で・ たたい・たら・ ものさし・が・びしゃっと・ わ(割)れ・た。」④水気が多かったり、水分を含んで軟らかかったりする様子。「みず(水)・を・い(入)れすぎ・て・ びしゃっとし・た・ めし(飯)・に・ なっ・た。」⑤水や液体がはねる様子。また、その音。「くるま(車)・に・ びしゃっと・ は(撥)ね・を・かけ・られ・た。」〔⇒**ぴしゃっと**。①②③⇒**びしっと、**

ぴしっと〕

ぴしゃっと《副詞》 ①強い姿勢や厳しい態度でものごとを行う様子。「むり(無理)な・　はなし(話)・やっ・た・さかい・　ぴしゃっと・　ことわ(断)っ・てん。」「ぴしゃっと・　ゆ(言)ー・たら・んと・　わかっ・てくれ・へん。」②しっかりした姿勢である様子。「ゆび(指)・の・　さき(先)・まで・　ぴしゃっと・　の(伸)ばせ。」③鋭くたたく様子。ものが折れたり割れたりする様子。また、そのときに発する音。「うま(馬)・に・　ぴしゃっと・　むち(鞭)・を・　あ(当)てる。」④水気が多かったり、水分を含んで軟らかかったりする様子。「ぴしゃっと・　した・　いも(芋)・は・　あじ(味)・が・　わる(悪)い。」⑤水や液体がはねる様子。また、その音。「みず(水)・を・ま(撒)い・とっ・て・　ひと(人)・に・　ぴしゃっと・　か(掛)け・ても・た。」〔⇒**ぴしゃっと**。①②③⇒**びしっと、ぴしっと**〕

びしゃぬれ【びしゃ濡れ】《形容動詞や(ノ)》 全体がひどく濡れている様子。すっかり濡れている様子。「みぞ(溝)・に・　はまっ・て・　き(着)・とる・　もん(物)・が・　びしゃぬれや。」〔⇒**びしょぬれ【びしょ濡れ】、びちょぬれ【びちょ濡れ】、びちゃぬれ【びちゃ濡れ】、ずぶぬれ【ずぶ濡れ】**〕

びしゃびしゃ《形容動詞や(ノ)、動詞する》 ①すっかり濡れて、しずくが垂れる様子。水浸しである様子。「ごっつい・　あめ(雨)・が・　ふ(降)っ・て・　にわ(庭)・が・びしゃびしゃや。」②水たまりなどを歩く様子。水をはねかえす様子。水がはねかえる様子。また、その音。「びしゃびしゃと・　みず(水)・の・　なか(中)・を・　ある(歩)く。」③水分を多く含んでいる様子。「びしゃびしゃの・　めし(飯)・で・　おかゆ(粥)・みたいに・なっ・ても・た。」〔⇒**びしょびしょ、びちゃびちゃ、びちょびちょ**。①⇒**ずくずく、じゅくじゅく、べしょべしょ**〕

ぴしゃんと《副詞》 ①押しつけられて、ものが簡単に平らになる様子。平らになって薄くて、ふくらみがない様子。「ろーらー(ローラー)・で・　みち(道)・を・　ぴしゃんと・　なら(均)し・とる。」「ほん(本)・の・　あいだ(間)・に・　はさ(挟)ん・だ・　おしばな(押花)・が・ぴしゃんと・　なっ・とる。」②ものが簡単に張りついたり、くっついたりする様子。「じしゃく(磁石)・に・なっ・とる・さかい・　ぴしゃんと・　ひっつい・た。」「しーる(シール)・を・　ぴしゃんと・　は(張)る。」③戸などを厳重に閉ざす様子。音を立てて戸などを閉める様子。また、その音。「ぴしゃんと・　かぎ(鍵)・を・　かけ・られ・ても・た。」「かぜ(風)・が・　つよ(強)ー・て・と(戸)ー・が・　ぴしゃんと・　し(閉)まっ・た。」④鋭くたたく様子。「ゆ(言)ー・　こと・を・　き(聞)か・なんだら・　ぴしゃんと・　たた(叩)か・な・　わかっ・てくれ・へん。」〔①②③⇒**ぺしゃんと**〕

びじゅつ【美術】《名詞》 ①絵画・彫刻・写真・建築などの、色や形で美しく表現する芸術。「びじゅつ・の・　そしつ(素質)・の・　ある・　しと(人)・が・　うらや(羨)ましー。」②前項の内容を教える中学校の教科の名。また、高等学校などの芸術の教科のうちの、科目の名。「びじゅつ・の・　しゅくだい(宿題)・で・　ぽすたー(ポスター)・を・　か(描)く。」〔⇒**びじつ【(美術)】**〕

びじゅつかん【美術館】《名詞》 絵画・彫刻・写真・建築などの芸術品を展示して見せるための施設。「せーよー(西洋)・の・　え(絵)・を・　びじゅつかん・で・　み(見)・た。」〔⇒**びじつかん【(美術館)】**〕

ひじょうぐち〔ひじょーぐち〕【非常口】《名詞》 建物や乗り物などで、突発的な事故などに備えて設けられている、逃げ出すための出口。「りょかん(旅館)・に・　つ(着)い・たら・　はじ(初)めに・　ひじょーぐち・を・かくにん(確認)し・てください。」

びしょぬれ【びしょ濡れ】《形容動詞や(ノ)》 全体がひどく濡れている様子。すっかり濡れている様子。「かぜ(風)・も・　つよ(強)ー・て・　びしょぬれに・　なっ・て・　もど(戻)っ・てき・た。」〔⇒**びしゃぬれ【びしゃ濡れ】、びちょぬれ【びちょ濡れ】、びちゃぬれ【びちゃ濡れ】、ずぶぬれ【ずぶ濡れ】**〕

びしょびしょ《形容動詞や(ノ)》 ①すっかり濡れて、しずくが垂れる様子。水浸しである様子。「あめかぜ(雨風)・で・　ふく(服)・が・　びしょびしょに・　なっ・た。」②水たまりなどを歩く様子。水をはねかえす様子。水がはねかえる様子。また、その音。「みず(水)たまり・を・　びしょびしょと・　ふ(踏)む。」③水分を多く含んでいる様子。「みず(水)・の・　かげん(加減)・を・　まち(間違)ご・て・　びしょびしょの・　ごはん(飯)・に・なっ・た。」〔⇒**びしゃびしゃ、びちゃびちゃ、びちょびちょ**。①⇒**ずくずく、じゅくじゅく**〕

びじん【美人】《名詞》 容貌や容姿が美しい女性。「あんたとこ・の・　むすめ(娘)はん・は・　びじん・や・なー。」

ビス〔びす〕【フランス語＝vis】《名詞》 小型の雄ネジ。「てっぱん(鉄板)・に・　びす・で・　と(留)める。」

ビスケット〔びすけっと〕【英語＝biscuit】《名詞》 小麦粉にバター・牛乳・砂糖などを加えてこねて、型に抜いて焼いた菓子。「こども(子供)・の・　おやつ・に・　びすけっと・を・　か(買)う。」

ピストル〔ぴすとる〕【オランダ語＝pistool】《名詞》 片手に持って弾丸を撃つことのできる、小型の銃。「がいこく(外国)・で・は・　ぴすとる・を・　つこ(使)・た・じけん(事件)・が・　おー(多)い・さかい・　こわ(恐)い・なー。」

ピストン〔ぴすとん〕【英語＝piston】《名詞》 ポンプなどの円筒内にはめ込まれて、密着しながら往復運動をする、筒形や扁平形の栓。「いど(井戸)・の・　ぽんぷ(ポンプ)・の・　ぴすとん・の・　ちょーし(調子)・が・　わる(悪)い。」

ひずむ【歪む】《動詞・マ行五段活用》 外からの力などが加わって、形が歪んだりねじれたりする。「しゃしん(写真)・が・　みず(水)・に・　ぬ(濡)れ・て・　ひずん・だ。」

ひぜに【日銭】《名詞》 収入として毎日、手元に入る金銭。「しょーばい(商売)し・とっ・たら・　ひぜに・が・　はい(入)る。」

ひそひそ《副詞と》 人に聞かれないように、こっそりと小さな声で話す様子。「すみ(隅)っこ・で・　ひそひそと・そーだん(相談)する。」

ひぞる【干反る】《動詞・ラ行五段活用》 乾いて水分がなくなって、反り返る。焼くことによって反り返る。「ほ(干)し・とる・　かきもち(餅)・が・　ひぞっ・てき・た。」「かなあみ(金網)・の・　うえ(上)・で・　かれー(鰈)・の・ひもの(干物)・が・　ひぞっ・とる。」

ひだ【襞】《名詞》 着物などに、段のように細く折り畳んでつけた折り目。「ひだ・の・　つ(付)い・た・　すかーと(スカート)・を・　は(履)く。」

ひたい【額】《名詞》 顔の眉毛の上から、髪の毛の生えているところまでの部分。「ひたい・に・　しわ(皺)・を・よ(寄)せ・て・　かんが(考)え・とる。」〔⇒**でぼちん、でこ、おでこ**〕

ぴたっと《副詞、動詞する》 ①隙間がなく、ちょうどうまく合う様子。「と(戸)ー・が・　ぴたっと・　し(閉)まっ・た。」「き(聞)ー・とっ・た・　こと(事)・と・　ぴたっと・　お(合)ー・た。」「かんが(考)え・とっ・た・　こと(事)・が・　ぴたっと・　あ(当)たっ・た。」②寸法・分量・時間・時刻などが、ある基準に一致する様子。過不足などがない様子。「いっしょーます(一升枡)・に・　ぴたっと・　いっぱい(一杯)・　い(入)れる。」③動きのあったものが、止まる様子。「でんしゃ(電車)・が・　ぴたっと・　と(止)まっ・て・　どあ(ドア)・が・　あ(開)い・た。」〔⇒**ぴったし**。①②⇒**ぴったり、ぴったんこ、びっちり、ぴっちり**。②⇒**ぴちっと、ぴちんと、ぴったし、ぴったり、ぴったんこ、びっちり、ぴっちり、ちょっきり、ちょっきし、ちょうど、きっちり、こっきり、ちょっきり、ちょっきし、ちょうど、きっちり、こっきり**。③⇒**ぴっちり、びっちり、ぴちっと、ぴちんと**〕

ひだね【火種】 火をおこしたり燃やしたりする元となる火。消えないで残っている火。「もー・　ひだね・は・　な(無)い・か・　よー・　しら(調)べ・て・から・　かぎ(鍵)・を・　か(掛)ける。」

ひだり【左】《名詞》 北に向いたとき、西にあたる側。「ひだり・の・　わきばら(脇腹)・が・　いた(痛)い。」■対語＝「みぎ【右】」

ひだりぎっちょ【左ぎっちょ】《名詞》 右の手よりも左の手がよく利くこと。また、そのような人。「ひだりぎっちょ・で・　はし(箸)・を・　も(持)つ。」〔⇒**ぎっちょ、ひだりて【左手】**〕

ひだりて【左手】《名詞》 ①左側にある手。「にもつ(荷物)・を・　ひだりて・で・　さ(提)げる。」②右の手よりも左の手がよく利くこと。また、そのような人。「おまえ(前)・は・　ひだりて・かいな。」③ある場所で、ある方向を向いていることを基準にして、左の方向。「えき(駅)・を・　お(降)り・て・　ひだりて・を・　み(見)・たら・　がっこ(学校)・が・　み(見)える・　はず・や。」■対語＝「みぎて【右手】」〔②⇒**ぎっちょ、ひだりぎっちょ【左ぎっちょ】**〕

ひだりまえ【左前】《名詞》 ①和服を、普通と違って、左の前を内側にして着ること。「こども(子供)・が・　ひだりまえ・に・　おび(帯)・を・　むす(結)ん・どる。」②商売などがうまくいかないこと。金回りが滑らかでなく、収入が乏しいこと。「かいしゃ(会社)・は・　いま(今)・　ちょっと・だけ・　ひだりまえ・なん・や」

ひち【七】《名詞(数詞)》 ①自然数の6に、1を加えた数。「いっしゅーかん(一週間)・は・　ひちにち(日)・や。」②ものごとの順序や順位などを表す言葉で、6番目の次に位置するもの。「ひゃくにん(百人)・も・　で(出)・た・　まらそん(マラソン)・で・　ごーる(ゴール)し・た・　じゅんばん(順番)・は・　ひち・に・　なっ・た。」〔⇒**なな【七】**〕

ひち【七】《接頭語》 (後ろの名詞にかかっていく言葉で)7を表す言葉。「ひちへんげ(変化)・の・　おもろ(面白)い・　しばい(芝居)・やっ・た。」〔⇒**なな【七】**〕

ひちがつ【七月】《名詞》 1年の12か月のうちの7番目の月。「ひちがつ・に・　なっ・たら・　なつやす(夏休)み・が・　はじ(始)まる。」

ひちごさん【七五三】《名詞》 男子は3歳と5歳、女子は3歳と7歳になった年の11月15日に行う、子どもの成長を祝い将来のことを祈る行事。「ひちごさん・の・　みやまい(宮参)り・を・　する。」

ぴちっと《副詞》 ①隙間がなく、ちょうどうまく合う様子。「はこ(箱)・の・　なか・に・　よーかん(羊羹)・が・　ぴちっと・　つ(詰)まっ・とる。」②動きのあったものが、急に止まる様子。「ぴちっと・　でんき(電気)・が・　き(消)え・た。」③寸法・分量・時間・時刻などが、ある基準に一致する様子。過不足などがない様子。「ぴちっと・　ごひゃくぐらむ(五百グラム)・です。」〔⇒**ぴたっと、ぴったし、ぴっちり、びっちり、ぴちんと**。③⇒**ぴたっと、ぴちんと、ぴったし、ぴったり、ぴったんこ、びっちり、ぴっちり、ちょっきり、ちょっきし、ちょうど、きっちり、こっきり**〕

ひちならべ【七並べ】《名詞》 トランプの遊び方の一つで、4種類の七をもとに手持ちの札を並べていき、優劣を競う遊び。「こ(小)まい・　とき(時)・は・　よー・　ひちならべ・を・　し・た・なー。」

ひちにん【七人】《名詞》 人数が7であること。「きぼーしゃ(希望者)・が・　ひちにん・　おる・ねん。」〔⇒**ななにん【七人】**〕

ひちはちにん【七八人】《名詞》 七人または八人程度の人数。「ひちはちにん・で・　ひろば(広場)・の・　くさひ(草引)き・を・　し・た。」

ひちばんめ【七番目】《名詞》 ものごとの順序や順位などを表す言葉で、6番目の次に位置するもの。「あいつ(彼奴)・は・　ひちばんめ・に・　とーじょー(登場)する・　よてー(予定)・や。」〔⇒**ななばんめ【七番目】**〕

びちびち《副詞、形容動詞や(ノ)》 本来は固形物であるものが、柔らかくてなって流動性がある様子。「はら(腹)・が・　とー(通)っ・て・　びちびちの・　うんこ・や。」

ぴちぴち《形容動詞や(ノ)、動詞する》 ①魚や海老などが元気よくはねる様子。「つ(釣)っ・て・　ま(間)なし・の・　ぴちぴちし・た・　さかな(魚)・や・さかい・　うま(美味)い・ぞ。」②水泡がはじけたり、水がはねたりする様子。また、その音。「あわ(泡)・が・　で(出)・て・　さいだー(サイダー)・が・　ぴちぴち・　ゆ(言)ー・とる。」③人が若くて元気の良い様子。勢いが盛んで活動的な様子。「あいつ(彼奴)・は・　ぴちぴち・の・　げんえき(現役)や。」〔③⇒**ぱりぱり**〕

びちびちばば《名詞》 柔らかい大便。「げり(下痢)し・て・　びちびちばば・が・　と(止)まら・へん。」〔⇒**びっちばば**〕

びちゃいも【びちゃ芋】《名詞》 ふかしたときに、水分が多くて、軟らかすぎる感じになったサツマイモやジャガイモ。「これ・は・　た(炊)い・たら・　びちゃいも・に・　なり・そーや。」〔⇒**びしゃいも【びしゃ芋】**〕

びちゃっと《副詞、動詞する》 ①濡れている様子。水気を多く含んでいる様子。「あめ(雨)・に・　あ(当)たっ・て・　じてんしゃ(自転車)・の・　さどる(サドル)・が・　びちゃっとし・とる。」②水などが勢いよく跳ね上がる様子。また、その音。「みずた(水溜)まり・を・　ふ(踏)ん・だら・　びちゃっと・　は(撥)ね・が・　あ(上)がっ・た。」〔⇒**ぴちゃっと**〕

ぴちゃっと《副詞、動詞する》 ①濡れている様子。水気を多く含んでいる様子。「ぴちゃっとし・た・　たおる(タオル)・を・　しぼ(絞)っ・て・　ほ(干)し・とく。」②水などが勢いよく跳ね上がる様子。また、その音。「いし(石)・を・　ほ(放)っ・たら・　ぴちゃっと・　いけ(池)・に・　お(落)ち・た。」〔⇒**びちゃっと**〕

びちゃぬれ【びちゃ濡れ】《形容動詞や(ノ)》 全体がひどく濡れている様子。すっかり濡れている様子。「かばん(カバン)・が・　びちゃぬれに・　なっ・た。」〔⇒**びしょぬれ【びしょ濡れ】、びしゃぬれ【びしゃ濡れ】、びちょ**

ぬれ【びちょ濡れ】、ずぶぬれ【ずぶ濡れ】〕

びちゃびちゃ《形容動詞や（ノ）、動詞する》①すっかり濡れて、しずくが垂れる様子。水浸しである様子。「かわ（川）・に・　はまっ・て・　びちゃびちゃに・　なっ・た。」②水たまりなどを歩く様子。水をはねかえす様子。水がはねかえる様子。また、その音。「びちゃびちゃと・　なみうちぎわ（波打際）・を・　ある（歩）く。」③水分を多く含んでいる様子。「びちゃびちゃの・　ごはん（飯）・は・　おい（美味）しー・ない・なー。」〔⇒**びしゃびしゃ、びしょびしょ、びちょびちょ**。①⇒**ずくずく、じゅくじゅく、べしょべしょ**〕

ぴちゃぴちゃ《副詞と、形容動詞や（ノ）》①水が跳ね返る様子。また、その軽快な音。「ずぼん（ズボン）・に・　ぴちゃぴちゃ・　は（撥）ね・が・　あ（上）がる。」②ものを食べるときにたてる、耳障りな音。「ぴちゃぴちゃと・　させ・んと・　じょーひん（上品）に・　た（食）べ・なはれ。」

びちょぬれ【びちょ濡れ】《形容動詞や（ノ）》　全体がひどく濡れている様子。すっかり濡れている様子。「みず（水）たまり・に・　お（落）とし・た・　ほん（本）・が・　びちょぬれに・　なっ・た。」「あせ（汗）・を・　かい・て・　しゃつ（シャツ）・が・　びちょぬれや。」〔⇒**びしょぬれ**【びしょ濡れ】、**びしゃぬれ**【びしゃ濡れ】、**びちゃぬれ**【びちゃ濡れ】、**ずぶぬれ**【ずぶ濡れ】〕

びちょびちょ《副詞と、形容動詞や（ノ）、動詞する》①すっかり濡れて、しずくが垂れる様子。水浸しである様子。「あめ（雨）・で・　かみ（髪）・も・　びちょびちょに・　なっ・た。」②水たまりなどを歩く様子。水をはねかえす様子。水がはねかえる様子。また、その音。「ずぼん（ズボン）・に・　びちょびちょ・　は（撥）ね・が・　つ（付）く。」③水分を多く含んでいる様子。「きょー（今日）・の・　ゆき（雪）・は・　びちょびちょと・　ふ（降）っ・てくる。」〔⇒**びしゃびしゃ、びしょびしょ、びちゃびちゃ**。①⇒**ずくずく、じゅくじゅく、べしょべしょ**〕

ぴちんと《副詞》①かたい音を立てる様子。また、その音。「いし（石）・が・　あ（当）たっ・て・　ぴちんと・　おと（音）・が・　し・た。」②隙間がなく、ちょうどうまく合う様子。「と（戸）・を・　ぴちんと・　し（閉）める。」③動きのあったものが、急に止まる様子。「きゅー（急）に・　でんき（電気）・が・　ぴちんと・　き（切）れ・た。」④寸法・分量・時間・時刻などが、ある基準に一致する様子。過不足などがない様子。「かぞ（数）え・たら・　ぴちんと・　さんまんえん（三万円）・に・　なっ・た。」〔③⇒**ぴたっと、ぴったし、ぴっちり、びっちり、ぴちっと**。④⇒**ぴたっと、ぴちっと、ぴったし、ぴったり、ぴったんこ、びっちり、ぴっちり、ちょっきり、ちょっきし、ちょうど、きっちり、こっきり**〕

ひつ【櫃】《名詞》　炊いたご飯を保存しておく、円形で木製の入れ物。「おか（代）わり・は・　ひつ・から・　じぶん（自分）・で・　い（入）れ・てください。」◆「ひつ【櫃】」とも言うが、「おひつ【お櫃】」と言うことの方が多い。〔⇒**おひつ**【お櫃】、**めしびつ**【飯櫃】〕

ひっかえ【引っ換え、引っ替え】《名詞》　ものともの、またはお金とものとを取り換えること。「おかね（金）・と・　ひっかえ・に・　わた（渡）す。」「とーせんけん（当選券）・と・　ひっかえ・に・　しょーひん（賞品）・を・　もら（貰）う。」〔⇒**ひきかえ**【引き換え、引き替え】〕

ひっかえす【引っ返す】《動詞・サ行五段活用》　進んできた道を元のところへ戻る。「わす（忘）れもん・を・　と（取）り・に・　ひっかえし・た。」〔⇒**ひきかえす**【引き返す】〕

ひっかえる【引っ替える】《動詞・ア行下一段活用》　ものともの、またはお金とものとを取り換える。「とーせん（当選）し・た・　くじ（籤）・を・　けーひん（景品）・と・　ひっかえ・た。」■名詞化＝**ひっかえ**【引っ換え、引っ替え】〔⇒**ひきかえる**【引き換える、引き替える】〕

ひっかかる【引っ掛かる】《動詞・ラ行五段活用》①ものに掛かって止まる。無造作に吊されている。「ふく（服）・が・　くぎ（釘）・に・　ひっかかっ・て・　やぶ（破）れ・た。」「かべ（壁）・に・　え（絵）ー・が・　ひっかかっ・とる。」②監視や取り締まりなどによって、違反をとがめられる。「すぴーど（スピード）・の・　とりしまり（取締）・に・　ひっかかる。」③騙される。計略などにはまる。「じょーず（上手）な・　ことば（言葉）・に・　ひっかかっ・ても・た。」■他動詞は「ひっかける【引っ掛ける】」

ひっかけ【引っ掛け】《名詞》　スリッパ、サンダルなどのように、無造作に足の先に軽くかけて履くことができるもの。「ほーたい（包帯）・を・　ま（巻）い・て・　ひっかけ・で・　あし（足）・を・　ひ（引）きずっ・て・　ある（歩）い・とる。」〔⇒**つっかけ**【突っ掛け】〕

ひっかける【引っ掛ける】《動詞・カ行下一段活用》①ものに掛けて止まるようにする。無造作に吊す。「ろーぷ（ロープ）・を・　はしら（柱）・に・　ひっかける。」「ふく（服）・を・　はんがー（ハンガー）・に・　ひっかける。」②無意識のうちに、ものに掛かって損傷する。「なん（何）・か・に・　ひっかけ・て・　ずぼん（ズボン）・が・　やぶ（破）れ・とる。」③監視や取り締まりなどによって、違反をとがめる。「かく（隠）れ・とっ・て・　いちじてーし（一時停止）・の・　いはん（違反）・に・　ひっかけ・やがっ・た。」④騙す。計略などにはめる。「まじめ（真面目）な・　ひと（人）・を・　ひっかけ・たら・　あか・ん・ぞ。」⑤酒をちょっと飲む。「かえ（帰）りに・　いっぱい（一杯）・　ひっかけ・て・から・　でんしゃ（電車）・に・の（乗）る。」■自動詞は「ひっかかる【引っ掛かる】」

ぴっかぴか《副詞と、形容動詞や（ノ）、動詞する》①艶があって、光り輝く様子。光を反射している様子。「がらす（ガラス）・を・　ぴっかぴかに・　みが（磨）く。」②繰り返して光る様子。「ひこーき（飛行機）・の・　ひ（灯）・が・　ぴっかぴかと・　ひか（光）っ・とる。」③真新しい様子。「ぴっかぴかの・　しんにゅーせー（新入生）・が・　ある（歩）い・とる。」〔⇒**ぴっかぴか**。①⇒**ぴかっと**〕

ひっきゃう【（引き合う）】《動詞・ワア行五段活用》①双方から互いにたぐり寄せることをする。「つな（綱）・を・　ひっきょー・て・　しょーぶ（勝負）する。」②苦労しただけの価値や利益がある。価値や利益に見合うものを得る。「しんどい・のに・　やす（安）い・　きゅーりょー（給料）・で・は・　ひっきゃわ・へん。」③採算がとれる。商売が成り立つ。「ひっきゃう・　みこ（見込）み・が・　た（立）た・ん・さかい・　うどんや（饂飩屋）・は・　や（止）め・に・　する。」■名詞化＝**ひっきゃい**【（引き合い）】〔⇒**ひきあう**【引き合う】〕

ひっきゃげる【（引き上げる、引き揚げる）】《動詞・ガ行下一段活用》①引っ張って高いところに移す。「ふね（船）・を・　はま（浜）・に・　ひっきゃげる。」②金額や比率などを高くする。「はいとー（配当）・を・　ひっきゃげ・てくれ・た。」③その場所を引き払って、元のところに戻る。「してん（支店）・を・　し（閉）め・て・　ひっきゃげ・ても・た。」④用件を終えて帰る。用務を終了する。「うけつけ（受付）・の・　しと（人）・が・　ひっきゃげ・た・あと（後）・やっ・た。」「にねん（二年）・　た（経）っ・て・か

ひ

ら・ がいち(外地)・を・ ひっきゃげ・てき・た。」〔⇒**ひきあげる【引き上げる、引き揚げる】**〕

ひっきゃわす【(引き会わす、引き合わす)】《動詞・サ行五段活用》 ①知らない人同士を会わせる。仲立ちをつとめて紹介する。「せんぱい(先輩)・に・ ひっきゃわし・てもろ・た。」②いくつかのものを比べて確かめる。「ちょーぼ(帳簿)・を・ ふた(二)つ・ ひっきゃわし・て・ しら(調)べる。」◆短く「ひっきゃす」となることもある。「せんぱい(先輩)・に・ ひっきゃし・たろ・か。」〔⇒**ひきあわす【引き会わす、引き合わす】**〕

びっくり【吃驚】《形容動詞や(ノ)、動詞する》 不意のことや意外なことなどに出会って、ひどく驚いたり動揺したりする様子。「おー(大)けな・ じしん(地震)・で・ びっくりした。」「よなか(夜中)・に・ きゅーきゅーしゃ(救急車)・の・ おと(音)・が・ し・て・ びっくりし・て・ と(飛)びおき・た。」〔⇒**びっくりしゃっくり【吃驚しゃっくり】**〕

ひっくりかいす〔ひっくりがいす〕【(ひっくり返す)】《動詞・サ行五段活用》 ①表と裏を反対にする。裏返しにする。「せんべー(煎餅)・を・ ひっくりかいし・て・ や(焼)く。」②転覆させる。横倒しにさせる。「いんく(インク)・の・ びん(瓶)・を・ ひっくりかいし・て・ えらい・ こと・や。」③関係や立場を逆転させる。「さんてん(三点)・を・ ひっくりかいし・て・ か(勝)っ・た。」■自動詞は「ひっくりかいる【(ひっくり返る)】」〔⇒**ひっくりかえす【ひっくり返す】、ひっくりかやす【(ひっくり返す)】、とんぶりがえす【とんぶり返す】、とんぶりがやす【(とんぶり返やす)】、とんぶりがいす【(とんぶり返やす)】**。①⇒**かえす【返す】、かやす【(返す)】、かいす【(返す)】**〕

ひっくりかいる【(ひっくり返る)】《動詞・ラ行五段活用》 ①表と裏が反対になる。裏返しになる。「ひっくりかいっ・た・ いた(板)・を・ もと(元)・に・ もど(戻)す。」②転覆する。横倒しになる。「たいふー(台風)・で・ ふね(船)・が・ ひっくりかいっ・た。」③立っていたものが倒れる。「いし(石)・に・ けつまずい・て・ ひっくりかいっ・た。」④関係や立場が逆転する。「じゅんばん(順番)・が・ ひっくりかいっ・て・ にばんめ(二番目)・に・ なっ・た。」■他動詞は「ひっくりかいす【(ひっくり返す)】」〔⇒**ひっくりかえる【ひっくり返る】、ひっくりかやる【(ひっくり返る)】、とんぶりがえる【とんぶり返る】、とんぶりがやる【(とんぶり返る)】、とんぶりがいる【(とんぶり返る)】**。①⇒**かえる【返る】、かやる【(返る)】、かいる【(返る)】**〕

ひっくりかえす〔ひっくりがえす〕【ひっくり返す】《動詞・サ行五段活用》 ①表と裏を反対にする。裏返しにする。「ひっくりかえし・て・ うらがー(裏側)・を・ しら(調)べる。」②転覆させる。横倒しにさせる。「あわ(慌)て・て・ ゆのみ(湯飲)・を・ ひっくりかえし・た。」③関係や立場を逆転させる。「ま(負)け・とっ・た・ しあい(試合)・を・ ひっくりかえす。」■自動詞は「ひっくりかえる【ひっくり返る】」〔⇒**ひっくりかやす【(ひっくり返す)】、ひっくりかいす【(ひっくり返す)】、とんぶりがえす【とんぶり返す】、とんぶりがやす【(とんぶり返やす)】、とんぶりがいす【(とんぶり返やす)】**。①⇒**かえす【返す】、かやす【(返す)】、かいす【(返す)】**〕

ひっくりかえる【ひっくり返る】《動詞・ラ行五段活用》 ①表と裏が反対になる。裏返しになる。「あぜ(畦)・で・ かめ(亀)・が・ ひっくりかえっ・とる。」②転覆する。横倒しになる。「たいふー(台風)・の・ かぜ(風)・で・ ふね(船)・が・ ひっくりかえる。」「じこ(事故)・で・ でんしゃ(電車)・が・ ひっくりかえる。」③立っていたものが倒れる。「ごーる(ゴール)・に・ はい(入)っ・て・から・ ひっくりかえっ・た。」④関係や立場が逆転する。「きゅーかい(九回)・に・ なっ・て・から・ しあい(試合)・が・ ひっくりかえっ・た。」■他動詞は「ひっくりかえす【ひっくり返す】」〔⇒**ひっくりかやる【(ひっくり返る)】、ひっくりかいる【(ひっくり返る)】、とんぶりがえる【とんぶり返る】、とんぶりがやる【(とんぶり返る)】、とんぶりがいる【(とんぶり返る)】**。①⇒**かえる【返る】、かやる【(返る)】、かいる【(返る)】**〕

ひっくりかやす〔ひっくりがやす〕【(ひっくり返す)】《動詞・サ行五段活用》 ①表と裏を反対にする。裏返しにする。「すわ(座)っ・とっ・た・ ざぶとん(座布団)・を・ ひっくりかやす。」②転覆させる。横倒しにさせる。「あわ(慌)て・て・ かびん(花瓶)・を・ ひっくりかやし・た。」③関係や立場を逆転させる。「ゆだん(油断)し・て・ ひっくりかやさ・れ・た。」■自動詞は「ひっくりかやる【(ひっくり返る)】」〔⇒**ひっくりかえす【ひっくり返す】、ひっくりかいす【(ひっくり返す)】、とんぶりがえす【とんぶり返す】、とんぶりがやす【(とんぶり返やす)】、とんぶりがいす【(とんぶり返やす)】**。①⇒**かえす【返す】、かやす【(返す)】、かいす【(返す)】**〕

ひっくりかやる【(ひっくり返る)】《動詞・ラ行五段活用》 ①表と裏が反対になる。裏返しになる。「かぜ(風)・で・ かみ(紙)・が・ ひっくりかやっ・とる。」②転覆する。横倒しになる。「きしゃ(汽車)・が・ しょーとつ(衝突)し・て・ ひっくりかやっ・た。」③立っていたものが倒れる。「めまい(目眩)・が・ し・て・ ひっくりかやっ・た。」④関係や立場が逆転する。「ひっくりかやっ・て・ あいつ(彼奴)・の・ ほー(方)・が・ つよ(強)なっ・た。」■他動詞は「ひっくりかやす【(ひっくり返す)】」〔⇒**ひっくりかえる【ひっくり返る】、ひっくりかいる【(ひっくり返る)】、とんぶりがえる【とんぶり返る】、とんぶりがやる【(とんぶり返る)】、とんぶりがいる【(とんぶり返る)】**。①⇒**かえる【返る】、かやる【(返る)】、かいる【(返る)】**〕

びっくりぎょうてん〔びっくりぎょーてん〕【吃驚仰天】《形容動詞や(ノ)、動詞する》 不意のことや意外なことなどにたいそう驚く様子。「おまえ・が・ まんてん(満点)・を・ とる・や・なんて・ びっくりぎょーてんや。」「おも(思)いがけない・ はなし(話)・を・ き(聞)ー・て・ びっくりぎょーてんし・た。」

びっくりさす【吃驚さす】《動詞・サ行五段活用》 ①不意をついた動作をして、驚かせる。「おー(大)けな・ こえ(声)・で・ びっくりささ・んとい・てん・か。」②麺類や豆類などを煮るときに、沸騰した湯に水を差して、温度を下げる。「びっくりささ・んと・ ゆ(湯)ー・が・ こぼ(零)れ・てまう。」

びっくりしゃっくり【吃驚しゃっくり】《形容動詞や(ノ)、動詞する》 不意のことや意外なことなどに出会って、ひどく驚いたり動揺したりする様子。「たからくじ(宝籤)・に・ あ(当)たっ・て・ びっくりしゃっくりし・た。」◆「くり」という脚韻を踏んだ言葉のしゃれで、ややふざけた感じの言い方である。〔⇒**びっくり【吃驚】**〕

ひつけ【火付け】《名詞、動詞する》 悪意を持って、家などにわざと火をつけること。「ひつけ・の・ かじ(火事)・は・ こわ(恐)い・なー。」〔⇒**ほうか【放火】**〕

ひづけ【日付】《名詞》 ①暦の上で年月日を示す数字。「よなか(夜中)・に・　ひづけ・が・　か(変)わる。」②書類などに書き入れる、その書類などを書いた年月日(あるいは月日、あるいは日)。「ひづけ・を・　わす(忘)れ・ん・よーに・　か(書)い・とい・てください。」

ひっこ【挽っ粉】《名詞》 木をのこぎりでひいたときに出る、粉のような屑。おがくず。「のこぎり(鋸)・の・　め(目)ー・に・　ひっこ・が・　た(溜)まっ・て・　うご(動)きにくい。」「き(木)ー・の　はこ(箱)・に・　もみがら(籾殻)・やら・　ひっこ・やら・を・　い(入)れ・て・　そこ・へ・　りんご(林檎)・を・　い(入)れる。」

びっこ【跛】《名詞、形容動詞や(ノ)》 片方の足の具合がよくなくて、滑らかに歩けないこと。また、そのような人。「けが(怪我)・を・　し・て・　びっこ・を・　ひー・て・　がっこー(学校)・に・　かよ(通)っ・た。」〔⇒**ちんば**【跛】〕

ひつこい《形容詞・オイ型》 ①なかなかあきらめることをしないで、どこまでもつきまとったり、ものに執着したりする感じだ。「じぶん(自分)・の・　かんが(考)え・を・　とー(通)そ・ー・と・　し・て・　ひつこい・ほど・　もの・を・　ゆ(言)ー・　やつ(奴)・が・　おる。」②味・香り・色などが濃厚で、あっさりしていない感じだ。「この・　まんじゅー(饅頭)・は・　あま(甘)すぎ・て・　ちょっと・　ひつこい・なー。」〔⇒**しつこい**。①⇒**ねつい、ねつこい、ねちこい、ねばこい**【粘こい】、**ねばっこい**【粘っこい】、**ねちゃこい、にちゃこい、しゅうねんぶかい**【執念深い】〕

ひっこし【引っ越し】《名詞、動詞する》 住む家を変わること。事務所などの拠点を変えること。転宅。「らいげつ(来月)・に・　じむしょ(事務所)・の・　ひっこし・を・　し・ます。」〔⇒**やうつり**【家移り】、**やぶつり**【(家移り)】、**やどがえ**【宿替え】〕

ひっこす【引っ越す】《動詞・サ行五段活用》 住む家を変わる。事務所などの拠点を変える。「こないだ・　こーべ(神戸)・から・　ひっこし・てき・まし・てん。」「ゆーびんきょく(郵便局)・が・　えきまえ(駅前)・へ・　ひっこし・た。」■名詞化＝**ひっこし**【引っ越し】

ひっこます【引っ込ます】《動詞・サ行五段活用》 ①外から力を加えて、中が低く落ち込むようにさせる。周りよりも低く落ち込むようにさせる。「ちゃびん(茶瓶)・を・　お(落)とし・て・　ひっこまし・た。」②膨らんでいるものを、縮むようにさせたり、凹んだようにさせたりする。「びーる(ビール)・の・　あきかん(空缶)・を・　あし(足)・で・　ふ(踏)ん・で・　ひっこまし・て・　ふくろ(袋)・に・　つ(詰)める。」③人や動物が外に出ないようにさせる。引き下がらせる。「あめ(雨)・が・　ふ(降)っ・て・　いえ(家)・の・　なか(中)・に・　ひっこまさ・れ・とる。」④主だったところや、表になるところから引き下がらせる。「えきまえ(駅前)・から・　ひっこまし・た・　とこ(所)・に・　みせ(店)・を・　つく(作)る。」■自動詞は「ひっこむ【引っ込む】」〔⇒**へっこます**【凹ます】。①②⇒**へこます**【凹ます】〕

ひっこむ【引っ込む】《動詞・マ行五段活用》 ①人や動物が、中に入って、外に出ない。引き下がる。「このごろ・は・　さぶ(寒)い・さかい・　おやじ(親父)・は・　まいにち(毎日)・　いえ(家)・に・　ひっこん・どる・ばっかり・や。」②出ていたものが中に入る。後ろへ下がって、表面に出ない。「おまえ・は・　かんけー(関係)・が・　ない・さかい・　ひっこん・どれ。」③中が低く落ち込む。周りよりも低く落ち込む。窪む。「たんぼ(田圃)・の・　あぜ(畦)・が・　ひっこん・どる・の・を・　なお(直)す。」④主だったところ、表になるところから入り込んでいる。「こくどー(国道)・から・　ひっこん・だ・　とこ(所)・に・　いえ(家)・を・　た(建)てる。」■他動詞は「ひっこめる【引っ込める】」〔⇒**へっこむ**【(引っ込む)】。①②③⇒**すっこむ**。〕

ひっこめる【引っ込める】《動詞・マ行下一段活用》 ①出していたものを、中に入れる。「かめ(亀)・が・　くび(首)・を・　ひっこめ・た。」②いったん言ったり出したりしていたものを、取り下げる。「さっき・　ゆ(言)ー・た・　こと・は・　ひっこめ・ます。」■自動詞は「ひっこむ【引っ込む】」〔⇒**へっこめる**【(引っ込める)】、**すっこめる**〕

ひっこんだ【引っ込んだ】《名詞》 ①土地が窪んだところ。凹んだ土地。「うち・の・　たんぼ(田圃)・は・　ひっこんだ・に・　ある・さかい・　みず(水)・が・　た(溜)まりやすい。」「みち(道)・の・　ひっこんだ・に・　た(溜)まっ・た・　みず(水)・が・　こお(氷)っ・とる。」②表通りから奥まったところ。「ひっちこんだ・に・　ある・みせ(店)・や・さかい・　わかりにくい。」〔⇒**へっこんだ**【凹っこんだ】〕

ひっこんだに【引っ込ん谷】《名詞》 周りの土地よりも一段と低くなっている土地。「ひっこんだに・の・　はたけ(畑)・は・　ひあ(日当)たり・が・　わる(悪)ー・て・　じめじめし・とる。」〔⇒**すっぽこだに**【すっぽこ谷】〕

ひつじ【未】《名詞》 羊を表しており、子(ね)から始まる十二支の８番目。「しょーわさんじゅーねん(昭和三十年)・の・　う(生)まれ・や・さかい・　ひつじ・や。」〔⇒**ひつじ**【羊】〕

ひつじ【羊】《名詞》 ①渦巻き状の角があって、灰白色の毛は織物に、肉は食用に利用される、おとなしい性格の家畜。「ろっこーさんぼくじょー(六甲山牧場)・に・は・　ひつじ・が・　ぎょーさん(仰山)・　おる。」②十二支の８番目の「未」。「ひつじ・の・　え(絵)ー・を・　ねんがじょー(年賀状)・に・　いんさつ(印刷)する。」〔①⇒**めえめえ**。②⇒**ひつじ**【未】〕

びっしょり《副詞と》 体や衣類などがすっかり濡れている様子。「あめ(雨)・で・　びっしょり・　ぬ(濡)れ・ても・た。」〔⇒**ぐっしょり、びっしり**〕

びっしり《副詞と》 ①限りのある空間に、隙間なく、いっぱい並んでいる様子。「いえ(家)・が・　びっしり・　た(建)っ・とる。」②体や衣類などがすっかり濡れている様子。「はし(走)っ・て・　びっしり・　あせ(汗)・を・　かい・た。」③はっきりしている様子。正確で間違いがない様子。「まいにち(毎日)・　びっしり・　かお(顔)・を・　み(見)せ・に・　く(来)る。」〔①⇒**ぎっしり**。②⇒**びっしょり、ぐっしょり**。③⇒**きっちり**〕

ひっそり《副詞と、動詞する》 ①物音もしないで静まりかえって、寂しい様子。人気がなく物音がしない様子。「しょーてんがい(商店街)・が・　ひっそりし・とる。」②目立たないようにしている様子。「ひっそり・　ひとり(一人)・で・　く(暮)らし・とる。」③人数が少ない様子。「こんかい(今回)・は・　ひっそりし・た・　あつ(集)まり・や・なー。」

ひったくる《動詞・ラ行五段活用》 人の持っているものや身につけているものを、不意に襲って無理やりに奪い取る。「くらやみ(暗闇)・で・　かばん(鞄)・を・　ひったくら・れ・た。」

ぴったし《形容動詞や(ノ)、動詞する》 ①隙間がなく、ちょうどうまく合う様子。「ぴったし・　つ(詰)まっ・て・　もー・　いっこ(一個)・も・　はい(入)ら・へん。」②寸法・分量・時間・時刻などが、ある基準に一致する様子。過不足などがない様子。「ぴったし・ にせんえん(二千円)・で・ か(買)え・た。」「ぴったし・ じゅーじ(十時)・に・ やってき・た。」③動きのあったものが、止まる様子。「せーぼ(歳暮)・が・ ぴったし・ こ(来)・ん・よーに・ なっ・た。」④よく似合う様子。「ぴったし・ よー・ にや(似合)う・ ぼーし(帽子)・や・な。」〔⇒**ぴたっと、ぴったり、ぴったんこ。**①②③⇒**びっちり、ぴっちり。**②⇒**ぴたっと、ぴちっと、ぴちんと、ぴったり、ぴったんこ、びっちり、ぴっちり、ちょっきり、ちょっきし、ちょうど、きっちり、こっきり。**③⇒**ぴちっと、ぴちんと。**④⇒**ぴたっと**〕

ぴったり《形容動詞や(ノ)、動詞する》 ①隙間がなく、ちょうどうまく合う様子。「にまい(二枚)・の・ かみ(紙)・を・ ぴったり・ つな(繋)ぐ。」②寸法・分量・時間・時刻などが、ある基準に一致する様子。過不足などがない様子。「ぴったり・ よそー(予想)・の・ とー(通)り・に・ なっ・た。」③よく似合う様子。「あんた・に・は・ あか(赤)い・ ふく(服)・が・ ぴったりや。」〔⇒**ぴたっと、ぴったし、ぴったんこ。**①②⇒**びっちり、ぴっちり。**②⇒**ぴたっと、ぴちっと、ぴちんと、ぴったし、ぴったんこ、びっちり、ぴっちり、ちょっきり、ちょっきし、ちょうど、きっちり、こっきり**〕

ぴったんこ《形容動詞や(ノ)、動詞する》 ①隙間がなく、ちょうどうまく合う様子。「にまい(二枚)・の・ かみ(紙)・を・ うらおもて(裏表)・ ぴったんこに・ は(貼)りあわす。」②寸法・分量・時間・時刻などが、ある基準に一致する様子。過不足などがない様子。「あんた・が・ ゆ(言)ー・た・ こと・は・ ぴったんこで・ まちが(間違)い・は・ なかっ・た。」③よく似合う様子。「その・ ねくたい(ネクタイ)・は・ あんた・に・ ぴったんこや。」〔⇒**ぴたっと、ぴったし、ぴったり。**①②⇒**びっちり、ぴっちり。**②⇒**ぴたっと、ぴちっと、ぴちんと、ぴったし、ぴったり、びっちり、ぴっちり、ちょっきり、ちょっきし、ちょうど、きっちり、こっきり**〕

びっちばば《名詞》 柔らかい大便。「はらいた(腹痛)・で・ びっちばば・が・ で(出)・た。」〔⇒**びちびちばば**〕

ピッチャー〔**ぴっちゃー**〕【**英語＝pitcher**】《名詞》 野球やソフトボールで、打者に向かってボールを投げる人。投手。「ぴっちゃー・で・ きゅーかい(九回)・まで・ ずっと・ な(投)げ・た。」

びっちゅう〔**びっちゅー**〕【**備中**】《名詞》 深く掘れるようにするために鍬を改良して、先端が2つ、3つ、4つなどに分かれた歯になっている鍬。「さき(先)・の・ とが(尖)っ・た・ びっちゅー・や・さかい・ き(気)ーつけ・なはれ。」〔⇒**びっちゅうぐわ【備中鍬】**〕

びっちゅうぐわ〔**びっちゅーぐわ**〕【**備中鍬**】《名詞》 深く掘れるようにするために鍬を改良して、先端が2つ、3つ、4つなどに分かれた歯になっている鍬。「びっちゅーぐわ・で・ うね(畝)・を・ ほ(掘)りかえす。」〔⇒**びっちゅう【備中】**〕

びっちり《形容動詞や(ノ)、動詞する》 ①隙間がなく、ちょうどうまく合う様子。「びっちりと・ かぎ(鍵)・が・ あ(合)う。」「けーさん(計算)・の・ とー(通)り・ まちが(間違)いなしで・ びっちりやっ・た。」②隙間なくいっぱい並んでいる様子。ものがたくさんある様子。「せま(狭)い・ へや(部屋)・で・ びっちり・ つ(詰)め・て・ すわ(座)る。」③寸法・分量・時間・時刻などが、ある基準に一致する様子。過不足などがない様子。「いっしょーびん(一升瓶)・に・ びっちり・ いっぱい(一杯)・ あっ・た。」④動きのあったものが、急に止まる様子。「とけー(時計)・が・ びっちり・ と(止)まっ・た。」〔⇒**ぴっちり。**①③④⇒**ぴたっと、ぴったし。**①③⇒**ぴったり、ぴったんこ。**③⇒**ぴたっと、ぴちっと、ぴちんと、ぴったし、ぴったり、ぴったんこ、ぴっちり、ちょっきり、ちょっきし、ちょうど、きっちり、こっきり。**④⇒**ぴちっと、ぴちんと**〕

ぴっちり《形容動詞や(ノ)、動詞する》 ①隙間がなく、ちょうどうまく合う様子。「にまい(二枚)・の・ いた(板)・が・ ぴっちりと・ お(合)ー・て・ すきま(隙間)・は・ あら・へん。」「はこ(箱)・の・ なか(中)・に・ ぴっちり・ はい(入)っ・た。」②隙間なくいっぱい並んでいる様子。ものがたくさんある様子。「おかし(菓子)・が・ はこ(箱)・に・ ぴっちり・ つ(詰)まっ・とる。」③寸法・分量・時間・時刻などが、ある基準に一致する様子。過不足などがない様子。「ぴっちり・ いちりっとる(一リットル)・ はい(入)っ・とっ・た。」④動きのあったものが、急に止まる様子。「ごじ(五時)・に・ れーぼー(冷房)・が・ ぴっちり・ き(切)れ・た・さかい・ びっくりし・た。」〔⇒**びっちり。**①③④⇒**ぴたっと、ぴったし。**①③⇒**ぴったり、ぴったんこ。**③⇒**ぴたっと、ぴちっと、ぴちんと、ぴったし、ぴったり、ぴったんこ、びっちり、ちょっきり、ちょっきし、ちょうど、きっちり、こっきり。**④⇒**ぴちっと、ぴちんと**〕

ぴっちん《名詞》 衣服などの合わせ目をとめる凸型と凹型の、対になった小さな留め金。スナップ。「ぴっちん・が・ はず(外)れ・て・ むね(胸)・が・ あ(開)い・とる。」〔⇒**ぺっちん、ホック【英語＝hook】**〕

ひっつきぐさ【**ひっつき草**】《名詞》 衣服にくっつきやすい実や穂がある草。「ずぼん(ズボン)・に・ ひっつくぐさ・が・ つ(付)い・ても・た。」

ひっつきむし【**ひっつき虫**】《名詞》 いつもくっついて、離れない人。「こ(小)まい・ とき(時)・は・ おかー(母)ちゃん・の・ ひっつきむし・やっ・てん。」

ひっつく【**ひっ付く**】《動詞・カ行五段活用》 ①あるものが、他のものにぴったりとつく。はりついて離れない状態になる。「せめだいん(セメダイン)・が・ て(手)ー・に・ ひっつい・て・ と(取)れ・へん。」②男女が親しくなって、同じように行動する。結婚する。「あいつら(彼奴等)・は・ なか(仲)・が・ よ(良)ー・て・ いつも・ ひっつい・とる・なー。」〔⇒**くっつく【くっ付く】、へっつく【へっ付く】**〕

ヒット〔**ひっと**〕【**英語＝hit**】《名詞、動詞する》 野球やソフトボールで、相手の失策がないのに、1つ以上の塁を得られるようにボールを打つこと。安打。「きょー(今日)・は・ ひっと・を・ さんぼん(三本)・ う(打)っ・た。」

ひっぱり【**引っ張り**】《名詞》 家事などの作業をするときに、着物の上に重ねて着る、婦人用の上っ張り。「きもの(着物)・が・ よご(汚)れ・たら・ いか・ん・さかい・ うえ(上)・に・ ひっぱり・を・ き(着)・なはれ。」

ひっぱりおこす【**引っ張り起こす**】《動詞・サ行五段活用》 倒れているものを強く引き寄せて、立つようにする。「こけ・た・ ひと(人)・を・ みんな(皆)・で・ ひっぱりおこし・た。」「たいふー(台風)・で・ こけ・た・ にわ(庭)・の・ き(木)ー・を・ ひっぱりおこす。」

ひっぱりだこ【**引っ張り蛸**】《形容動詞や(ノ)》 一つのもの、または少ないものを手に入れようとして、あちこちから求めたり実際につかんで引き寄せたりすること。

「かんごし(看護士)・の・　しかく(資格)・が・　あっ・たら・　ひっぱりだこに・　なる・やろ。」

ひっぱる【引っ張る】《動詞・ラ行五段活用》 ①つかんで、強く引き寄せる。「だんぼーるばこ(段ボール箱)・の・　にもつ(荷物)・を・　ひっぱっ・ていく。」「きもの(着物)・の・　そで(袖)・を・　ひっぱっ・たら・　こける・やんか。」②たるまないように、延ばしたり広げたりする。「はしら(柱)・と・　はしら(柱)・の・　あいだ(間)・に・　ろーぷ(ロープ)・を・　ひっぱっ・て・　せんだくもん(洗濯物)・を・　ほ(干)す。」③無理に連れていく。「ひとり(一人)・　た(足)ら・ん・さかい・　あいつ(彼奴)・を・　ひっぱっ・てこー・か。」④長く延ばす。「こえ(声)・を・　ひっぱっ・て・　うた(歌)う。」「お(終)わる・　じかん(時間)・を・　ろくじ(六時)・まで・　ひっぱる。」

ひつよう〔ひつよー〕【必要】《名詞、形容動詞や(ナ)》 何かを行うときに、それを欠くことができないこと。ものごとが成り立つために、なくてはならないこと。そうしなければならないこと。「りょこー(旅行)・に・　い(行)く・に・は・　あと・　なんぼ・ほど・の・　かね(金)・が・　ひつよー・です・か。」

ひでり【日照り】《名詞》 ①夏の期間などに、雨が降らずに晴天の日が続くこと。「ひでり・で・　たんぼ(田圃)・の・　みず(水)・が・　な(無)いよーなっ・た。」②直射日光が強く感じられること。「きょー(今日)・は・　ひでり・が・　きつい。」

ひと【人】《名詞》 ①生物の中のひとつとしての人類。人を他の動物と区別して言う言葉「ふゆ(冬)・に・　なっ・たら・　ひと・が・　い(生)き・とれ・ん・ほど・の・　さむ(寒)さ・に・　なる。」②他人との関わり方などにあらわれる性格・気性・人物像など。また、優れた性格・気性・人物像など。「ひと・が・　よ(良)すぎ・て・　だま(騙)さ・れ・た・ん・や。」③自分以外の人物。周りの人物。「ひと・の・　こと(事)・は・　かま(構)わ・んとき・なはれ。」〔⇒**しと【(人)】**。①②⇒**にんげん【人間】**。②⇒**ひとがら【人柄】、しとがら【(人柄)】**〕

ひと【一】《接頭語》（後ろの名詞にかかっていく言葉で）1を表す言葉。少しという意味を添える言葉。「やりかた(方)・は・　ひととーり・しか・　あら・へん。」「この・　あたり・で・　ひとやす(休)み・を・　し・まへ・ん・か。」「たった・　ひとくち(口)・だけ・です・けど・　どーぞ。」「ひとあしちが(足違)い・で・　あ(会)え・なんだ。」「さっと・　ひとふろ(風呂)・　あ(浴)びる。」「はし(走)っ・て・　ひとあせ(汗)・　かく。」「まー・　これ・で・　ひとあんしん(安心)・や。」「たきぎ(薪)・を・　ひとくく(括)り・に・　する。」◆回数や種類などを表す「通り」に続く言い方を、一から順に言えば、「ひととおり【一通り】」または「しととおり【(一通り)】」、「ふたとおり【二通り】」、「みとおり【三通り】」または「さんとおり【三通り】」、「よとおり【四通り】」または「よんとおり【四通り】」、「いつとおり【五通り】」または「ごとおり【五通り】」、「むとおり【六通り】」または「ろくとおり【六通り】」、「ななとおり【七通り】」または「ひちとおり【七通り】」、「やとおり【八通り】」または「はちとおり【八通り】」、「くとおり【九通り】」または「ここのとおり【九通り】」または「きゅうとおり【九通り】」、「じっとおり【十通り】」または「じゅうとおり【十通り】」または「ととおり【十通り】」となる。〔⇒**しと【(一)】**〕

ひとあたり【人当たり】《名詞》 人と接するときの態度や姿勢。人と話したり対応したりするときに、相手に与える感じ。「ひとあたり・が・　やろ(柔)こい・　ひと(人)・や。」〔⇒**しとあたり【(人当たり)】**〕

ひどい【酷い】《形容詞・オイ型》 ①思いやりが乏しくて悪辣だ。人情味がない。あくどい。「ひどい・　こと・を・　へーき(平気)で・　する。」②好ましくないものの程度が甚だしい。「ひどい・　すいがい(水害)・が・　お(起)き・た。」〔⇒**ひどないな【酷ないな】**。①⇒**えげつい、えげつない、えげつないな**〕

ひといき【一息】《名詞、形容動詞や(ノ)》 ①ほんの短い時間の間。わずかの時間。「ひといき・は・　げんき(元気)・を・　し・とっ・た・けど・　また・　にゅーいん(入院)し・た・らしー。」②息を一回吸い込む間。一気。「のど(喉)・が・　かわ(乾)い・とっ・た・さかい・　じゅーす(ジュース)・を・　ひといきに・　の(飲)ん・だ。」③休まずに続けること。「おもしろ(面白)い・　ほん(本)・やっ・た・さかい・　にじかん(二時間)ほど・で・　ひといきに・　よ(読)ん・でも・た。」④一休みをすること。「ここら・で・　ちょっと(一寸)・　ひといき・　い(入)れ・まほ・か。」⑤更に力を注ぐこと。「もー・　ひといき・　がんば(頑張)っ・てみ・なはれ。」⑥少しである様子。「やま(山)・の・　てっぺん(天辺)・まで・　もー・　ひといきや。」「もー・　ひといきで・　ほーげんしゅー(方言集)・が・　でけあがる・ねん。」〔⇒**しといき【(一息)】**。①⇒**いちじ【一時】、いっとき【一時】、いちどき【一時】、ちょっとま【一寸間】、ちいとま【ちいと間】、ちとま【(一寸間)】、ちっとま【(一寸間)】、しばらく【暫く】**〕

ひといきに【一息に】《副詞》 休むことなく、ぐんぐん進む様子。短い期間に急激な変化を示す様子。「ぼーはてー(防波堤)・まで・　ひといきに・　およ(泳)ぐ。」〔⇒**いっきに【一気に】、しといきに【(一息に)】**〕

ひとえ【一重】《名詞、形容動詞や(ノ)》 そのものだけで、他と重なっていないこと。「やえ(八重)・も・　え(良)ー・けど・　ひとえ・の・　はな(花)・も・　かい(可愛)らしー・なー。」〔⇒**しとえ【(一重)】**〕

ひとえ【単衣】《名詞》 夏の季節を中心にして着る、裏地が付いていない和服。「きょー(今日)・は・　ひとえ・で・は・　ちょっと(一寸)・　さむ(寒)い・やろ。」■対語＝「あわせ【袷】」〔⇒**しとえ【(単衣)】、ひとえもん【単衣物】、しとえもん【(単衣物)】**〕

ひとえもん【単衣物】《名詞》 夏の季節を中心にして着る、裏地が付いていない和服。「もー・　ひとえもん・を・　き(着)る・　きせつ(季節)・に・　なっ・た。」〔⇒**ひとえ【単衣】、しとえ【(単衣)】、しとえもん【(単衣物)】**〕

ひとかど【一角】《形容動詞や(ノ)》 普通のものに比べて、取り立てて価値がある様子。専門家や大人などと同じような資格や能力や技能をそなえている様子。「ひとかどの・　もの・の・　い(言)ーかた・を・　する・　こーこーせー(高校生)・や。」〔⇒**いっかど【一角】、しとかど【(一角)】、いちにんまえ【一人前】、いっぱし【一端】**〕

ひとがら【人柄】《名詞》 他人との関わり方などにあらわれる性格・気性・人物像など。また、優れた性格・気性・人物像など。「ひとがら・の・　まる(円)い・　おとこ(男)・や・さかい・　つきあいやすい。」〔⇒**しとがら【(人柄)】、にんげん【人間】、ひと【人】、しと【(人)】**〕

ひとぎき【人聞き】《名詞》 他人が聞くこと。人が聞いたときに受ける感じや印象。外聞。「ひとぎき・の・　わる(悪)い・　こと・を・　い(言)わ・んとい・てんか。」〔⇒**しとぎき【(人聞き)】**〕

ひとくえ【一くえ】《名詞》 暖めるため燃やす、少しばかりの薪。少しばかりの薪を燃やすこと。「ふろ(風呂)・が・　さ(冷)め・てっ・た・さかい・　ひとくえ・　た(焚)い・てんか。」◆「ふた(二)くえ」というような言い方はない。〔⇒**しとくえ【**(一くえ)**】**〕

ひとくせ【一癖】《名詞》 性格や個性に普通の人とは異なって扱いにくいものがあること。油断できないような性格があること。「あいつ(彼奴)・は・　ひとくせ・　ある・さかい・　ゆだん(油断)・が・　でけ・へん・ぞ。」〔⇒**しとくせ【**(一癖)**】**〕

ひとくち【一口】《名詞》 ①一度に口に入れて食べること。また、その量。「ひとくち・で・　みんな・　た(食)べ・ても・た。」②軽く飲んだり食べたりすること。「ほんの・　ひとくち・だけ・です・けど・　た(食)べ・てください。」「ひとくち・　あじみ(味見)・を・　し・てみる。」③まとめて短く言うこと。「いろいろ・　せつめー(説明)し・てくれ・た・けど・　ひとくち・で・　ゆ(言)ー・たら・どーゆー・　こと・や・ねん。」◆①は、「ふた(二)くち」、「み(三)くち」…という言い方ができる。〔⇒**しとくち【**(一口)**】**〕

ひとけ【人気】《名詞》 人のいる様子や気配。「ひとけ・の・ない・　とこ(所)・に・は・　がいとー(街灯)・を・　つ(付)け・てほしー・なー。」〔⇒**しとけ【**(人気)**】**〕

ひどけい〔ひどけー〕【日時計】《名詞》 盤の中心に立てた棒が太陽に照らされてできる影の長さと方向によって時刻を知る装置。「こーえん(公園)・に・　ひどけー・が・でき(出来)・た。」

ひとこと【一言】《名詞》 ①ごく短い言葉。「ひとこと・　あいさつ(挨拶)・を・　さし・てください。」②一つの言葉。「あいつ(彼奴)・は・　きょー(今日)・は・　ひとこと・も・しゃべ(喋)ら・なん・でん。」〔⇒**しとこと【**(一言)**】**〕

ひとごと【他人事】《名詞》 自分とは直接に関係のないこと。他人にかかわること。「なんぼ・　ちゅーい(注意)し・たっ・ても・　ひとごと・の・よーに・　き(聞)ー・とる。」「ひとごと・や・　ない・ねん・さかい・　み(身)ー・を・　い(入)れ・て・　き(聞)け。」〔⇒**しとごと【**(他人事)**】、よそごと【余所事】**〕

ひところ【一頃】《名詞》 それほど遠くではない、以前のある時期。過去のしばらくの間。「ひところ・は・　あいすきゃんでー(アイスキャンデー)・が・　よー・　う(売)れ・た。」「ひところ・は・　さぶ(寒)い・　ひ(日)ー・が・あり・まし・た・なー。」〔⇒**しところ【**(一頃)**】、いちじ【一時】**〕

ひとさしゆび【人差し指】《名詞》 何かを指し示すときに使う、手の親指の次の指。「ばれー(バレー)・を・　し・て・　ひとさしゆび・を・　つ(突)きゆびし・た。」〔⇒**ひとさしゆべ【**(人差し指)**】、しとさしゆび【**(人差し指)**】、しとさしゆべ【**(人差し指)**】**〕

ひとさしゆべ【(人差し指)**】**《名詞》 何かを指し示すときに使う、手の親指の次の指。「ひとさしゆべ・で・　ちず(地図)・を・　ゆび(指)さす。」〔⇒**ひとさしゆび【人差し指】、しとさしゆび【**(人差し指)**】、しとさしゆべ【**(人差し指)**】**〕

ひとしきり【一頻り】《副詞》 しばらくの間、盛んな状態が続く様子。「あさ(朝)・の・うち・　せみ(蟬)・が・　ひとしきり・　な(鳴)い・とっ・た。」〔⇒**しとしきり【**(一頻り)**】**〕

ひとしごと【一仕事】《名詞、動詞する》 まとまった仕事。一続きの仕事。「よ(夜)なべ・で・　あみもん(編物)・の・　ひとしごと・を・　し・た。」〔⇒**しとしごと【**(一仕事)**】**〕

ひとすじ【一筋】《名詞、形容動詞や(ノ)》 ①一本の細長いもの。「みち(道)・は・　ひとすじ・だけ・や・さかい・　まちが(間違)う・　こと・は・　あら・へん。」「ひとすじ・の・　あか(赤)い・　いと(糸)・が・　お(落)ち・とる。」②一途に集中する様子。「がくせー(学生)・や・のに・　ひとすじに・　さっかー(サッカー)・ばっかり・　やっ・とる。」〔⇒**しとすじ【**(一筋)**】**〕

ひとだま【人魂】《名詞》 青白い光を放って空中を飛ぶという、人の霊。「はか(墓)・に・　ひとだま・が・　で(出)る・ん・やて。」〔⇒**しとだま【**(人魂)**】**〕

ひとちがい【人違い】《名詞、動詞する》 別の人を、ある人と思い違えること。「ともだち(友達)・や・と・　おも(思)・て・　こえ(声)・を・　かけ・たら・　ひとちがい・やっ・た。」〔⇒**しとちがい【**(人違い)**】**〕

ひとつ【一つ】《名詞(数詞＋助数詞)》 ①最も小さな自然数で、個数などをかぞえる場合に使う言葉。「ひとつ・だけ・　う(売)れのこっ・た。」②1歳。「きょー(今日)・は・　ひとつ・の・　たんじょーび(誕生日)・や。」◆1から10までの数え方は、ふつう、「ひとつ【一つ】、ふたつ【二つ】、みっつ【三つ】、よっつ【四つ】、いつつ【五つ】、むっつ【六つ】、ななつ【七つ】、やっつ【八つ】、ここのつ【九つ】、とうお【十】」と言う。その次は「じゅういち【十一】、じゅうに【十二】、じゅうさん【十三】、じゅうし【十四】、じゅうご【十五】、じゅうろく【十六】、じゅうひち【十七】、じゅうはち【十八】、じゅうく【十九】、にじゅう【二十】」と言う。〔⇒**しとつ【**(一つ)**】**〕

ひとつ【一つ】《副詞》 ①何かを始めたり試みたりするときに、軽く気持ち向けるために発する言葉。「むつか(難)しー・けど・　ひとつ・　やっ・てみる・か。」②相手にものを頼むときに、なんとかよろしくという気持ちを表す言葉。「ごきょーりょく(協力)・を・　ひとつ・　よろしく・　おねが(願)いし・ます。」〔⇒**しとつ【**(一つ)**】**〕

ひとづかい【人使い】《名詞》 人に仕事をさせたり動かしたりするときの、させ方。「なん(何)・でも・　めーれー(命令)し・て・　ひとづかい・の・　ごっつー・　あら(荒)い・　ひと(人)・や。」〔⇒**しとづかい【**(人使い)**】**〕

ひとつき【一月】《名詞》 ①1年を12に分けたときの、そのひとつ分。ほぼ30日の長さ。「ひとつき・ごと・に・　きゅーりょー(給料)・を・　もら(貰)う。」「ひとつき・の・　でんきだい(電気代)・が・　ごせんえん(五千円)・を・　こ(超)える。」②その月の枠内におさまる長さ。「ひとつき・に・　よ(寄)りあい・を・　にかい(二回)・し・て・　き(決)め・た。」〔⇒**しとつき【**(一月)**】**。①⇒**いっかげつ【一か月】**〕

ひとづきあい【人付き合い】《名詞》 周りの人との交際。他の人との接し方。「ひとづきあい・が・　へた(下手)で・こま(困)っ・とる。ねん。」〔⇒**しとづきあい【**(人付き合い)**】**〕

ひとっつも【一っつも】《副詞》 打ち消し表現の度合いを高めるために使う言葉。まったく。「ねあ(値上)がり・せ・ん・　もん・は・　ひとっつも・　あら・へん。」〔⇒**ちっとも、ちいとも、ちょっとも【一寸も】、いっこも【一個も】、ひとつも【一つも】、しとつも【**(一つも)**】、しとっつも【**(一っつも)**】、とっつも、なにひとつ【何一つ】、なにしとつ【**(何一つ)**】、ぜんぜん【全然】、なんにも【何にも】、なにも【何も】**〕

ひとづて【人伝】《名詞》 ①人に頼んで伝えてもらうこと。「ひとづて・に・　ゆ(言)ー・てもらう。」②直接ではなく、他の人から伝わること。「それ・は・　ひとづて・に・

ひ

き(聞)ー・た・　はなし(話)・や。」〔⇒**しとづて**【(人伝)】〕

ひとつひとつ【一つ一つ】《副詞、名詞》 ①些細なことまで余すところなく。ひとつの例外もなく、すべて。「ひとつひとつ・　て(手)・に・　と(取)っ・て・　たし(確)かめる。」②たくさんあるものの、それぞれ。「ひとつひとつ・に・　おも(思)いで・が・　ある・さかい・　す(捨)て・られ・へん。」〔①⇒**いちいち**【一々】〕

ひとつも【一つも】《副詞》 打ち消し表現の度合いを高めるために使う言葉。まったく。「きょー(今日)・の・　しけん(試験)・は・　むつか(難)しー・て・　ひとつも・わから・なんだ。」〔⇒**ちっとも、ちいとも、ちょっとも**【一寸も】、**いっこも**【一個も】、**ひとっつも**【一っつも】、**しとつも**【(一つも)】、**しとっつも**【(一っつも)】、**とっつも、なにひとつ**【何一つ】、**なにしとつ**【(何一つ)】、**ぜんぜん**【全然】、**なんにも**【何にも】、**なにも**【何も】〕

ひとで【人出】《名詞》 行楽や買い物などに、人が出て集まること。また、外に出て集まった人。「きょー(今日)・の・　はなみ(花見)・の・　ひとで・は・　すけ(少)ない。」〔⇒**しとで**【(人出)】〕

ひとで【人手】《名詞》 ①仕事に動員することのできる人。また、その人数。「この・　しごと(仕事)・は・　ひとで・が・　ぎょーさん(仰山)・　い(要)る。」「もー・にじゅーにん(二十人)・ほど・　ひとで・が・　ほ(欲)しー。」②他人が支配するものやこと。「せんぞ(先祖)・から・　つた(伝)わっ・とっ・た・　びょーぶ(屏風)・や・かけじく(掛軸)・が・　びんぼ(貧乏)し・て・　ひとで・に・　わた(渡)っ・ても・た。」〔⇒**しとで**【(人手)】〕

ひとで【海星】《名詞》 星の形をして棘が密生している、海底にすむ動物。「あみ(網)・に・　よーさん(仰山)・　ひとで・が・　か(掛)かっ・てき・た。」〔⇒**しとで**【(海星)】〕

ひととおり〔**ひととーり**〕【一通り】《名詞、副詞》 ①初めから終わりまで全部。全体のあらましに関すること。「ひととーり・　よ(読)ん・だ・けど・　よー・　わから・へん。」②複数のものがないこと。「じかん(時間)・が・　なかっ・た・さかい・　けーかく(計画)・を・　ひととーり・だけ・　つく(作)っ・た。」③当面の用が足りる程度の、ごく普通であること。「ひととーり・の・　こと・を・　やっ・とっ・た・ん・では・　ごーかく(合格)・は・でけ・へん。」〔⇒**しととおり**【(一通り)】〕

ひとどおり〔**ひとどーり**〕【人通り】《名詞》 道などを人が行き来すること。「ここらへん・は・　ひとどーり・が・おか(多)い・　とこ(所)・や。」〔⇒**しとどおり**【(人通り)】〕

ひどないな【酷ないな】《連体詞》 ①思いやりが乏しくて悪辣だ。人情味がない。あくどい。「ひどないな・　なぐ(殴)りかた・や・なー。」「もの・の・　い(言)ーかた・が・ひどないな・　やつ(奴)・や。」②好ましくないものの程度が甚だしい。「しけん(試験)・で・　ひどないな・てん(点)・を・　と(取)っ・て・　おこ(怒)ら・れ・た。」「えらい・　ひどないな・　たいふー(台風)・やっ・た。」〔⇒**ひどい**【酷い】。①⇒**えげつい、えげつない、えげつないな**〕

ひとなみ【人並み】《名詞、形容動詞や(ノ)》 世の中の他の人と同じぐらいであること。「ぜーたく(贅沢)せ・なんだら・　ひとなみに・　い(生)き・ていけ・まっ・さ。」〔⇒**しとなみ**【(人並み)】、**せけんなみ**【世間並み】〕

ひとねいり〔**ひとねーり**〕【一寝入り】《名詞、動詞する》 しばらくの間、眠ること。「ひとねいりし・て・から・お(起)き・て・　べんきょー(勉強)する。」〔⇒**しとねいり**【(一寝入り)】〕

ひとばん【一晩】《名詞》 夕方から翌日の朝までの間。夜を一つ経ること。「ひとばん・　かんが(考)え・て・から・へんじ(返事)する・わ。」〔⇒**しとばん**【(一晩)】〕

ひとばんじゅう〔**ひとばんじゅー**〕【一晩中】《副詞》 前夜から朝までずっと同じような状態が続くことを表す言葉。「ひとばんじゅー・　あめ(雨)・が・　ふ(降)りつづい・た。」〔⇒**しとばんじゅう**【(一晩中)】、**よどおし**【夜通し】〕

ひとびと【人々】《名詞》 大勢の人たち。自分以外の人たち。銘々の人。「ひとびと・の・　かんが(考)え・は・　ばらばらや。」「おーむかし(大昔)・に・　い(生)き・とっ・た・　ひとびと・の・　こと・を・　しら(調)べる。」〔⇒**しとびし**【(人々)】〕

ひとふでがき【一筆書き】《名詞、動詞する》 筆記具を紙から離さないで、同じところを行き来しないで、図形を書くこと。また、そのようにして書いたもの。「ひとふでがき・の・　もよー(模様)・を・　か(描)く。」〔⇒**しとふでがき**【(一筆書き)】〕

ひとまえ【人前】《名詞》 ①人の見ているところ。人から見つめられているところ。公衆の面前。「わし・は・　ひとまえ・に・　で(出)る・の・は・　きら(嫌)いや・ねん。」「ひとまえ・で・は・　よー・　はなし(話)・を・　せ・ん。」②人に見える形。他人の手前。「ひとまえ・を・　にっこりし・たら・　え(良)ー・ねん。」〔⇒**しとまえ**【(人前)】〕

ひとまかせ【人任せ】《名詞、動詞する》 仕事などを自分でしないで、人に頼ったり頼んだりしてしまうこと。自分は無関係であるというような姿勢を見せること。「ひとまかせ・に・　し・とっ・たら・　み(身)ー・に・　つ(付)か・へん・で。」〔⇒**しとまかせ**【(人任せ)】〕

ひとまとめ【一纏め】《名詞、動詞する》 ①ばらばらになっているものを一括すること。「ざっし(雑誌)・を・　ひとまとめし・て・　くく(括)る。」「なろ(習)ー・た・　こと・を・　ひとまとめ・に・　ふくしゅー(復習)する。」②似たようなものを同類として扱うこと。「かんが(考)えかた・の・　ちが(違)う・　ひと(人)・を・　ひとまとめ・に・　し・たら・　も(揉)める・ぞ。」〔⇒**しとまとめ**【(一纏め)】〕

ひとまね【人真似】《名詞、動詞する》 ①そのことの意味をじゅうぶんに理解しないで、他の人の行動や特徴にならって、同じようにすること。「ひとまねし・ながら・しごと(仕事)・を・　おぼ(覚)える。」②動物が、人のまねをすること。「おーむ(鸚鵡)・が・　ひとまね・を・し・よる。」〔⇒**しとまね**【(人真似)】〕

ひとまわり〔**ひとまーり**〕【一回り】《名詞、動詞する》 ①ぐるっとまわること。一周すること。「むら(村)・の・　なか(中)・を・　ひとまーりし・て・　きけんかしょ(危険個所)・を・　しら(調)べる。」②役割や分担などが、順にすべてにまわること。「そーじとーばん(掃除当番)・が・ひとまーりし・た。」③十二支が一周する年数である12年。「ひとまーり・　うえ(上)・の・　せんぱい(先輩)・に・　おし(教)え・てもらう。」④ものの大きさなどの一つの段階。「ひとまーり・　こ(小)まい・　さら(皿)・が・ほ(欲)しー。」〔⇒**しとまわり**【(一回り)】〕

ひとみしり【人見知り】《名詞、動詞する》 子どもなどが、見慣れない人を見て、恥ずかしがったり恐がったりすること。「ひとみしり・が・　はげ(激)しー・　こ(子)ー・や。」〔⇒**しとみしり**【(人見知り)】〕

ひとめ【一目】《名詞》 ①ちょっと見ること。一度見ること。「え(良)ー・ しなもん(品物)・か・ どー・か・は・ ひとめ・で・ わかる。」②全体を一度に見渡すこと。「やま(山)・の・ うえ(上)・から・ ひとめ・で・ まち(町)・を・ なが(眺)める。」〔⇒**しとめ【**(一目)**】**〕

ひとめ【人目**】**《名詞》 他人の見る目。人に見られていること。世間からの注目。「ひとめ・を・ き(気)ー・に・ し・とっ・たら・ なに(何)・も・ でけ(出来)・へん・ぞ。」〔⇒**しとめ【**(人目)**】**〕

ひとめにつく【人目に付く**】**《動詞・カ行五段活用》 他のものとは違って、はっきり見える。すぐ人の目に触れる。注目されやすい。「ひとめにつく・ とこ(所)・に・ はりがみ(張紙)・を・ する。」〔⇒**しとめにつく【**(人目に付く)**】、めだつ【**目立つ**】**〕

ひとやすみ【一休み**】**《名詞、動詞する》 仕事などの途中で、しばらくの間、休むこと。「ここら・で・ ひとやすみし・て・ おちゃ(茶)・でも・ の(飲)む・か。」〔⇒**しとやすみ【**(一休み)**】**〕

ひとり【一人、独り**】**《名詞》 ①人数が1であること。個人。相手や仲間がいないこと。「ばす(バス)・の・ おきゃく(客)・は・ ひとり・だけ・やっ・た。」「ひとり・で・ げしゅく(下宿)し・とる。」「ひとり・で・ かんが(考)える。」②結婚していないこと。また、そのような人。「さんじゅー(三十)・に・ なっ・て・ まだ・ ひとり・です。」〔⇒**しとり【**(一人、独り)**】**。②⇒**ひとりもん【**独り者**】、しとりもん【**(独り者)**】、どくしん【**独身**】**〕

ひどり【日取り**】**《名詞》 何かを行うための、予定の日。また、その日を決めること。「けっこんしき(結婚式)・の・ ひどり・を・ き(決)める。」〔⇒**ひにち【**日日**】、にってい【**日程**】**〕

ひとりあたま【一人頭**】**《名詞》 個人に割り当てる数量など。「ひとりあたま・ せんえん(千円)・ずつ・ だ(出)し・てください。」◆「二人あたま」とか「一軒あたま」とは言わない。その点で、「ひとりぶん【一人分】」という使い方とは異なる。〔⇒**しとりあたま【**(一人頭)**】、ひとりぶん【**一人分**】、しとりぶん【**(一人分)**】**〕

ひとりごと【独り言**】**《名詞》 相手がいない場で、ひとりでものを言うこと。また、その言葉。「ぶつぶつ・ ひとりごと・を・ ゆ(言)ー・とる。」〔⇒**しとりごと【**(独り言)**】**〕

ひとりでに【独りでに**】**《副詞》 ①他からの力を借りることなく自然に。自分の意志や意図などとは無関係に。いつの間にか。「かぜ(風)・が・ で(出)・てき・て・ ひとりでに・ と(戸)ー・が・ あ(開)い・て・ びっくりし・た。」「ひなたみず(日向水)・に・ し・とい・たら・ ひとりでに・ ぬく(温)ー・ なる。」②機械などに一定の操作をしておいたとき、あとは自然に動くようになる様子。「じしん(地震)・の・ とき・は・ てれび(テレビ)・が・ ひとりでに・ し(知)らし・てくれる。」〔⇒**しとりでに【**(独りでに)**】**〕

ひとりふたり【一人二人**】**《名詞》 ごくわずかの人数。1人または2人。「いっしょ(一緒)に・ い(行)っ・てくれる・ ひと(人)・が・ ひとりふたり・ おっ・たら・ うれ(嬉)しー・ねん・けど。」◆緊密な一語であるという意識が強い。〔⇒**いちににん【**一二人**】**〕

ひとりぶん【一人分**】**《名詞》 個人に割り当てる数量など。「ひとりぶん・が・ さんぜんえん(三千円)・に・ なり・ます。」〔⇒**しとりぶん【**(一人分)**】、ひとりあたま【**一人頭**】、しとりあたま【**(一人頭)**】**〕

ひとりぼっち【独りぼっち**】**《名詞、形容動詞や(ノ)》 行動をともにする人がいないこと。身寄りや仲間などが存在しないこと。「ひとりぼっちで・ とーきょー(東京)・へ・ しけん(試験)・を・ う(受)け・に・ い(行)っ・た。」〔⇒**しとりぼっち【**(独りぼっち)**】**〕

ひとりもん【独り者**】**《名詞》 結婚していないこと。また、そのような人。「むすこ(息子)・は・ まだ・ ひとりもん・や・ねん。」〔⇒**しとりもん【**(独り者)**】、ひとり【**一人、独り**】、しとり【**(一人、独り)**】、どくしん【**独身**】**〕

ひな【雛**】**《名詞》 ①卵から孵ったばかりの鳥の子。「とり(鶏)・の・ ひな・を・ こ(飼)ー・とる。」②紙や土などで作って着物を着せた、桃の節句のときに飾る人形。「そろそろ・ ひな・を・ かざ(飾)ろ・ー・か。」〔①⇒**ひなどり【**雛鳥**】**。②⇒**ひなにんぎょう【**雛人形**】**〕

ひなか【日中**】**《名詞》 ①一日の半分。または、昼間の半分。「かき(垣)・の・ ぺんき(ペンキ)・を・ ぬ(塗)る・の・に・ ひなか・ かかっ・た。」②真昼の明るいとき。朝や夕方を除いた、真昼。「ひなか・に・ どろぼー(泥棒)・に・ はい(入)ら・れ・た。」「ひなか・に・ はたら(働)か・んと・ あそ(遊)ん・どっ・たら・ あか・ん・やろ。」〔①⇒**はんにち【**半日**】**。②⇒**ひるひなか【**昼日中**】、ひるのひなか【**昼の日中**】、まっぴるま【**真っ昼間**】、まひる【**真昼**】、はくちゅう【**白昼**】**〕

ひなかしごと【日中仕事**】**《名詞》 半日ほどの時間が必要な作業や用務。「おとーと(弟)・の・ いえ(家)・まで・ い(行)く・の・は・ ひなかしごと・や・ねん。」

ひながた【雛形**】**《名詞》 ①文字や絵画などの上達を図るために、模範として真似て練習するためのもの。「ひながた・を・ み(見)・て・ か(書)く。」②書類などの様式や形式を示すもの。「きょーかしょ(教科書)・に・ の(載)っ・とる・ ひながた・を・ み(見)・て・ ずひょー(図表)・を・ つく(作)る。」③実物の形や仕組みを真似て作ったもの。「たてもん(建物)・の・ ひながた・を・ つく(作)っ・て・ いろいろ・ かんが(考)える。」◆②は、実物よりも小さいことが多い。〔①⇒**てほん【**手本**】**。③⇒**もけい【**模型**】**〕

ひなた【日向**】**《名詞》 日光の当たっている場所。「さむ(寒)い・さかい・ ひなた・で・ あそ(遊)ぼ・ー・か。」■対語＝「ひかげ【日陰】」〔⇒**ひあたり【**日当たり**】、ひやたり【**(日当たり)**】**〕

ひなたぼっこ【日向ぼっこ**】**《名詞、動詞する》 寒い季節に、日光に当たって暖まること。「すずめ(雀)・が・ でんせん(電線)・に・ とまっ・て・ ひなたぼっこし・とる。」

ひなたみず【日向水**】**《名詞》 夏の季節に、盥などに入れて、長い時間、日光に当てておいて温度を高めた水。「ひなたみず・で・ ぎょーずい(行水)・を・ する。」

ひなどり【雛鳥**】**《名詞》 卵から孵ったばかりの鳥の子。「ひなどり・や・さかい・ じょーず(上手)に・ よー・と(飛)ば・へん・ねん。」〔⇒**ひな【**雛**】**〕

ひなにんぎょう〔ひなにんぎょー〕【雛人形**】**《名詞》 紙や土などで作って着物を着せた、桃の節句のときに飾る人形。「さんがつみっか(三月三日)・が・ す(済)ん・だら・ ひなにんぎょー・は・ はよ(早)ー・ しまい・なはれ・よ。」〔⇒**ひな【**雛**】**〕

ひなびる【(萎びる)**】**《動詞・バ行上一段活用》 水気がなくなって、縮んで皺が寄る。「れーぞーこ(冷蔵庫)・の・ すみ(隅)・で・ きゅーり(胡瓜)・が・ ひなび・て・ のこ(残)っ・とっ・た。」〔⇒**しなびる【**萎びる**】**〕

ひなまつり【雛祭り**】**《名詞》 3月3日の桃の節句に、雛人形を飾って、女の子の成長や幸せを祈るお祭り。「ひなまつり・の・ あられ・を・ か(買)う。」

ひなん【避難**】**《名詞、動詞する》 災害などで危険な目に

ひ

遭わないように他の場所へ移ること。「つなみ(津波)・の・　とき(時)・は・　はよ(早)ー・　たか(高)い・　とこ(所)・へ・　ひなんし・てください。」

ビニール〔びにーる〕【英語＝vinyl】《名詞》　耐水性や気密性に優れている、布・皮・ゴムなどの代わりに使うことが多い合成樹脂。「ごみ(塵)・を・　びにーる・の・　ふくろ(袋)・に・　い(入)れる。」

ひにく【皮肉】《名詞、形容動詞や(ナ)》　相手を批判したり非難したりするために、わざと事実と反対のことを言ったり、遠回しに意地悪く言ったりすること。また、そのような意図を持った言葉。「そんな・　い(言)ーかた・を・　し・たら・　ひにく・に・　き(聞)こえ・まっ・せ。」

ひにくる【皮肉る】《動詞・ラ行五段活用》　相手を批判したり非難したりするために、わざと事実と反対のことを言ったり、遠回しに意地悪く言ったりする。「ちょっと・　ひにくっ・てみ・た・けど・　ほんにん(本人)・は・　き(気)・が・　つい・とら・へん・みたいや。」■名詞化＝**ひにくり**【皮肉り】

ひにち【日日】《名詞》　①経過したり累積したりする日の数。「できあ(出来上)がる・まで・に・　ひにち・が・　だいぶ(大分)・　かかる。」②何かを行うための、予定の日。「りょこー(旅行)・の・　ひにち・を・　はよ(早)ー・　き(決)め・んと・　いか・ん。」〔①⇒**にっすう**【日数】。②⇒**ひどり**【日取り】、**にってい**【日程】〕

ひにちぐすり【日日薬】《名詞、形容動詞や(ノ)》　時の経過とともに病気や怪我などが治っていくこと。日数が経てば確実に治る見通しのある病気や怪我の様子。「しんぱい(心配)せ・ん・でも・　ひにちぐすりで・　なお(治)る・やろ。」「この・　けが(怪我)・は・　ひにちぐすりや・さかい・　もー・　ちょっと・　しんぼ(辛抱)し・とら・な・　しょー(仕方)・が・　ない。」

ひにひに【日に日に】《副詞》　①午前0時から午後12時までの間の24時間が幾度も繰り返して続く様子。ほぼ同様のことが繰り返される日が続いている様子。一日ごとの単位で。「ひにひに・　はっぴゃくえん(八百円)・ずつ・　でんしゃちん(電車賃)・が・　い(要)る。」②一日ずつ日がたつにつれて。「ひにひに・　くさ(草)・が・　の(伸)び・てき・た。」◆②は、目に見えるような変化があるときに使うことが多い。〔⇒**ひび**【日々】、**いちにちいちにち**【一日一日】。①⇒**まいにち**【毎日】、**まいにちまいにち**【毎日毎日】、**まいにちひにち**【毎日日日】〕

ひね【陳】《名詞》　時間を経て成熟したもの。盛りを過ぎたもの。「ひね・の・　そーめん(素麺)・は・　うま(美味)い・ぞ。」「ひね・の・　しょーが(生姜)・を・　す(擦)りおろす。」

ひねきる【捻切る】《動詞・ラ行五段活用》　指先や爪で、皮膚をつまんで強くねじる。「おこ(怒)ら・れ・て・　ほ(頬)っぺた・を・　ひねきら・れ・た。」〔⇒**ひねる**【捻る】、**つねる**【抓る】、**つめきる**【詰め切る】、**ちめきる**【(詰め切る)】、**ちみきる**【(詰み切る)】〕

ひねくりまわす〔ひねくりまーす〕【捻くり回す】《動詞・サ行五段活用》　①そのものを確かめたりするために、手先で盛んにいじる。「えんぴつ(鉛筆)・を・　ひねくりまーし・ながら・　かんが(考)え・とる。」②盛んに理屈をつけたりして言う。議論のための議論をして、結論がない。「ひねくりまーし・て・　けっきょく(結局)・なに(何)・も・　き(決)まら・ず・や。」

ひねくる【捻くる】《動詞・ラ行五段活用》　①そのものを確かめたりするために、手先でいじる。「ほん(本)・を・　ひねくっ・て・　いた(傷)め・ても・た。」②いろいろ理屈をこじつけたりして言う。相手を困らせるために皮肉っぽく言う。「ひねくら・んと・　ちゃんと・　おし(教)え・てくれ・へん・か。」■名詞化＝**ひねくり**【捻くり】

ひねくれる《動詞・ラ行下一段活用》　①ものごとを素直に受け取らないで、自分が劣っているように思ったり、不利な状況に立たされているように考えたりする。また、その結果、考えや行いが素直でなくなる。「ひねくれ・ても・て・　きょーりょく(協力)し・てくれ・へん。」②形がいびつになっている。「いし(石)・が・　おー(多)い・ところ・に・　う(植)え・た・さかい・　ひねくれ・た・だいこん(大根)・に・　なっ・た。」■名詞化＝**ひねくれ**。〔①⇒**ねじれる**【捻れる】、**ねじける**【(捻ける)】、**ひがむ**【僻む】〕

ひねなすび【陳茄子】《名詞》　古くなったもの。古くなって縮んだ感じになったもの。「ひねなすび・の・　おっ(小父)さん・や・さかい・　すなお(素直)に・　ゆ(言)ー・　こと・を・　き(聞)ー・てくれ・へん。」◆茄子には限らず、いろいろなものについて言う。人について言う場合は、「ひねくれる」というイメージも伴っているように感じられる。

ひねりだす【捻り出す】《動詞・サ行五段活用》　①あれこれ考えて工夫をしたり、考えをまとめたりする。「えー・　あん(案)・を・　ひねりだし・てみ・まほ。」②無理に工面をして、金銭の都合をつける。「どっか・から・　じゅーまんえん(十万円)・ほど・　ひねりだせ・まへ・ん・か。」③小さく丸めたものを、指先のあたりから作り出す。「こもち(小餅)・を・　ひねりだし・て・　まる(丸)める。」

ひねりもち【捻り餅】《名詞》　酒蔵で、酒米が完全に蒸せたかどうかを調べるために、蒸した米を取り出して、押しつぶして餅のように練ったもの。「さかぐら(酒蔵)・から・　ひねりもち・を・　もろ(貰)・た。」◆普通の餅に比べると、きめが細かく、何とも言えない味わいがある。本来は酒蔵の中での検査用であったはずだが、明石市大久保町西島地区にはたくさんの酒蔵があり、そこに勤めている人も多かったので、何らかのつながりによって、「ひねりもち」を口にする機会があった。たくさんの酒蔵で、酒米を蒸すたびごとに、「ひねりもち」もたくさん作られていたのであろう。酒粕は販売の対象になっても、「ひねりもち」は商品にならないという事情も関係があるのだろう。

ひねる【捻る】《動詞・ラ行五段活用》　①円形のものなどを、一つの方向に力を加えて回す。「びん(瓶)・の・　ふた(蓋)・を・　ひねっ・て・　あ(開)ける。」②細長いものの両端を互いに逆方向に回して、よりを掛けるようにする。「からだ(体)・を・　ひねっ・て・　と(跳)ぶ。」③指先や爪で、皮膚をつまんで強くねじる。「ほ(頬)っぺた・を・　ひねっ・て・　ねむけ(眠気)・を・　さ(覚)ます。」④別の方向に変える。「はんどる(ハンドル)・を・　ひねる。」⑤あれこれと考える。「くび(首)・を・　ひねっ・て・　かんが(考)える。」⑥相手に簡単に対応する。「ちょっと・　ひねっ・たら・　か(勝)てる・やろ。」⑦按摩をする。「ひねっ・てもろ・て・　らく(楽)に・なっ・た。」■名詞化＝**ひねり**【捻り】〔①②⇒**ねじる**【捻る】、**ねじまわす**【捻じ回す】。③⇒**ひねきる**【捻切る】、**つねる**【抓る】、**つめきる**【詰め切る】、**ちめきる**【(詰め切る)】、**ちみきる**【(詰み切る)】〕

ひねる【陳る】《動詞・ナ行下一段活用》　①乾物などが古くなって変質する。「ひね・た・　そーめん(素麺)・を・

く(食)う。」②茄子や胡瓜などの野菜が熱しすぎて固くなる。「ひね・た・　きゅーり(胡瓜)・や・さかい・　もー・く(食)わ・れ・へん。」③人が若さを失って、年をとった人のようになる。若い人が老成する。「ひね・た・もの・の・　い(言)ーかた・を・　する・　やつ(奴)・や・なー。」「とし(歳)・の・　わり(割)・に・は・　ひね・た・かん(感)じ・の・　ひと(人)・や。」「ひね・た・　かお(顔)・を・　し・た・　こども(子供)・が・　うた(歌)・を・　うと(歌)ー・とる。」■名詞化＝**ひね【陳】**

ひのいり【日の入り】《名詞》　太陽が地平線より下に沈むこと。また、その時刻。「ひがん(彼岸)・が・　す(過)ぎ・て・だんだん(段々)・　ひのいり・が・　おそ(遅)なっ・てき・た。」■対語＝「**ひので【日の出】**」

ひのき【桧】《名詞》　建築材などとして重んじられる、葉がうろこ状に重なり合ってつき、高さ30～40メートルに達する常緑樹。「ひのき・の・　ふろ(風呂)・に・　はい(入)っ・てみたい・もんや。」

ひのくるま【火の車】《名詞》　お金がなくて、生活が非常に苦しいこと。「ひのくるま・に・　なら・ん・うち・に・なに(何)・か・　かんが(考)え・とき・まほ。」

ひのくれ【日の暮れ】《名詞》　太陽が沈む時刻。一日の終わり。空が薄暗くなること。また、そのような頃。「ひのくれ・まで・に・　しごと(仕事)・を・　す(済)まそ・ー。」■対語＝「**よあけ【夜明け】**」〔⇒**ひぐれ【日暮れ】**、**くれ【暮れ】**〕

ひのけ【火の気】《名詞》　①火の暖かさ。暖かさをもたらす火の熱。「ひのけ・が・　ない・　へや(部屋)・や・さかい・さぶ(寒)かっ・た。」②炎が出るもととなるもの。火元。「かじ(火事)・に・　なら・ん・よーに・　ひのけ・に・き(気)・を・　つける。」

ひのこ【火の粉】《名詞》　火が燃え上がるときに飛び散る、小さな火片。「ひのこ・が・　と(飛)ん・で・　も(燃)えうつっ・たら・　こま(困)る・さかい・　しんぱい(心配)し・た。」

ひのし【火熨】《名詞》　炭火で熱くして、布の皺を伸ばしたり形を整えたりする道具。「ひのし・が・　あつ(熱)すぎ・たら・　きもの(着物)・が・　や(焼)ける。」◆柄杓の形の金属で、桶の部分に炭火を入れて使用する。〔⇒**ひごて【火鏝】**〕

火熨　★

ひので【日の出】《名詞》　太陽が地平線より上に昇ること。また、その時刻。「はやお(早起)きし・て・　ひので・を・み(見)ー・に・　やま(山)・に・　のぼ(登)っ・た。」「きおん(気温)・が・　いちばん(一番)・　ひく(低)い・の・は・　ひので・の・　まえ(前)・や。」■対語＝「**ひのいり【日の入り】**」

ひのべ【日延べ】《名詞、動詞する》　①予定していた日を後にずらすこと。延期。「あめ(雨)・が・　つづ(続)い・て・しあい(試合)・の・　よてー(予定)・が・　ひのべ・に・なっ・た。」②予定していた日数を増やすこと。「もー・ちょっと(一寸)・　ひのべせ・んと・　しごと(仕事)・は・　お(終)わら・へん。」

ひのまる【日の丸】《名詞》　白地に赤い丸をつけた、日本の国旗とされるもの。日章旗。「しゅくじつ(祝日)・に・ひのまる・を・　た(立)てる・　いえ(家)・は・　すけ(少)のー・　なっ・た。」

ひのまるべんとう〔ひのまるべんとー〕【日の丸弁当】《名詞》　白いご飯のまんなかに梅干しを置いた、質素な弁当。「あせみず(汗水)・　なが(流)し・て・　はたら(働)い・た・　あと(後)・は・　ひのまるべんとー・が・　うま(美味)かっ・た・なー。」

ひのもと【火の元】《名詞》　①火を使う場所。火のある場所。「じしん(地震)・の・　とき(時)・は・　まっさきに・ひのもと・を・　け(消)さ・んと・　いか・ん。」②火事の原因となったところ。火事の原因となるもの。「こないだ・の・　ひのもと・は・　うどんや(饂飩屋)・やっ・てん・て。」〔⇒**ひもと【火元】**〕

ひのようじん〔ひのよーじん〕【火の用心】《名詞、動詞する》　火事を出さないように、火の取り扱いに注意をすること。「ふゆ(冬)・に・　なっ・たら・　ひのよーじん・を・　ふ(触)れ・て・　まー(回)り・よっ・た・もん・や。」

ひばし【火箸】《名詞》　炭火などを挟むために用いる、金属製の長い箸。「ひばし・で・　すみ(炭)・を・　はそ(挟)む。」

ひばち【火鉢】《名詞》　灰を入れた中に熾した炭火を入れて、暖をとったり湯を沸かしたりするための用具。「ひばち・で・　て(手)ー・を・　ぬく(温)める。」

座敷などに置く火鉢

ひばな【火花】《名詞》　金属や石がぶつかったり、電気が触れ合ったりしたときに、細かく飛び散る光。「でんしゃ(電車)・から・　あお(青)い・ひばな・が・　と(飛)ん・だ。」

ひばり【雲雀】《名詞》　畑や野原に巣を作り、春には空高く舞い上がって鳴く、雀ぐらいの大きさの鳥。「ひばり・が・　ぴいちく・　な(鳴)い・とる。」

ひび【日々】《名詞、副詞》　①午前0時から午後12時までの間の24時間が幾度も繰り返して続くこと。ほぼ同様のことが繰り返される日が続いていること。一日ごとの単位で。「ひび・の・　こころがま(心構)え・が・　だいじ(大事)や。」「ひび・　いっしょーけんめー(一生懸命)に・　はたら(働)い・てます・ん・や。」「このごろ・は・びょーいん(病院)がよい・の・　ひび・や。」②一日ずつ日がたつにつれて。「ひび・　さむ(寒)さ・が・　きつー・なっ・てき・た。」〔⇒**いちにちいちにち【一日一日】**、**ひにひに【日に日に】**。①⇒**まいにち【毎日】**、**まいにちまいにち【毎日毎日】**、**まいにちひにち【毎日日日】**〕

ひび【皹、皸】《名詞》　①ものの表面にできる、筋のような細かい裂け目。「まど(窓)・の・　がらす(ガラス)・に・ひび・が・　はいっ・とる。」「じしん(地震)・で・　こんくりーと(コンクリート)・に・　ひび・が・　でけ(出来)・た。」②寒さのために、手足などの皮膚にできる、細かい裂け目。「て(手)ー・の・　ひび・が・　いた(痛)む。」〔①⇒**われめ【割れ目】**〕

ひびく【響く】《動詞・カ行五段活用》　①音や声が辺りに伝わる。「おひる(昼)・の・　さいれん(サイレン)・が・　ひびく。」「となり(隣)・の・　いえ(家)・から・　ぴあの(ピアノ)・の・　おと(音)・が・　ひびー・てくる。」②音や声が跳ね返って、反響する。「ひびー・て・　なに(何)・を・ゆ(言)ー・とる・の・か・　わから・へん。」③衝撃や振動が伝わる。「ある(歩)い・たら・　ろーか(廊下)・が・ひびー・て・　こわ(怖)い・なー。」④他のものに良くない影響を与える。「あめふ(雨降)り・の・　ひ(日)ー・は・う(売)りあげ・に・　ひびく。」

ひびょういん〔ひびょーいん〕【避病院】《名詞》　昔あった、法定伝染病にかかった人を隔離して収容し、治療を施し、他への伝染を防ぐための病院。「むかし(昔)・は・でんせんびょー(伝染病)・に・　なっ・たら・　ひびょーいん・に・　はい(入)っ・た・ん・や。」

びびる《動詞・ラ行五段活用》 勢いに押されて、気後れしたり恐れたりして縮こまる。自信を失って、伸び伸びと行動できない状態になる。ひるむ。「びびら・んと・　げんき(元気)・　だ(出)し・て・　い(行)け。」「やじ(野次)・を・　い(言)わ・れ・て・　びびっ・ても・て・　さんしん(三振)し・た。」

ひびわれる【罅割れる】《動詞・ラ行下一段活用》 ものに細かい裂け目ができる。また、そのようにして割れる。「この・　ちゃわん(茶碗)・は・　ひびわれ・とる。」■名詞化＝**ひびわれ【罅割れ】**

ひひん《副詞と》 馬がいななく様子。また、その声。「ひひんと・　な(鳴)い・て・から・　ある(歩)きだし・た。」

びびんちょ《形容動詞や(ノ)、動詞する、名詞》 ①必要以上に用心深くなって、物事に対処できなくなる様子。また、そのような人。「びびんちょせ・んと・　どーどー(堂々)と・　しゃべ(喋)り・なはれ。」②賭事などですっからかんになる様子。また、そのようになった人。「きょー(今日)・は・　けーば(競馬)・で・　びびんちょし・ても・た。」

ひふ【皮膚】《名詞》 人や動物の体を覆い包んでいる、外側の皮。「ふゆ(冬)・に・　なっ・たら・　ひふ・が・　あ(荒)れ・て・　こま(困)る。」〔⇒**はだ【肌】**〕

ひふみよいむなやこと【一二三四五六七八九十】《唱え言葉》 ものを数えるときに、1から10までを数える代わりに、一字一音で言う言葉。◆子どもたちは「ぼんさんがへをこいた」を使うことが多かったが、大人たちが、そんな言い方をはばかる場合は「ひふみよいむなやこと」(「ひとつ」の「ひ」、「ふたつ」の「ふ」、「みっつ」の「み」…、のそれぞれの最初の一音を連ねた言い方)と言っていた。もちろん、ゆっくりと一つ一つを指しながら「ひ・ふ・み・よ・い・む・な・や・こ・と」と言うこともあった。〔⇒**ぼんさんがへをこいた【坊さんが屁をこいた】**〕

ひぼ【(紐)】《名詞》 ものを縛ったりつないだりなどするための、糸・紙・皮などをよりあわせて太くしたもの。「ふる(古)い・　しんぶん(新聞)・を・　ひぼ(紐)・で・　くく(括)っ・て・　まと(纏)める。」〔⇒**ひも【紐】**〕

ひぼし【日干し、日乾し】《名詞、動詞する》 日光に当てて乾かすこと。また、そのようにして乾かしたもの。「ひぼしし・た・　かれー(鰈)・は・　うま(美味)い・ぞー。」

ひぼし【干乾し】《名詞》 食べ物がなくて飢えてやせること。「しごと(仕事)・が・　な(無)かっ・たら・　ひぼし・に・　なっ・てまう・がな。」

ひま【暇】《名詞、形容動詞や(ナ)》 ①余裕のある時間。自分の好きにできる時間。「こんな・　とこ(所)・で・　むだばなし(無駄話)・を・　し・とる・　ひま・は・　あら・へん・ねん。」②何かを行うのに必要な、時の流れの長さ。「つく(作)る・の・に・は・　いっしゅーかん(一週間)・の・　ひま・が・　ほ(欲)しー・なー。」③手が空いていること。仕事をしていないこと。「ひまな・　ひと(人)・は・　てっと(手伝)ー・てくれ・へん・か。」「ひまで・　ひまで・　こま(困)っ・とる・ねん。」〔①⇒**ま【間】**。②⇒**じかん【時間】**〕

ひま(が)いる【暇(が)要る】《動詞・ラ行五段活用》 行うのに時間がかかる。完成させるまでに手間どる。「この・　しごと(仕事)・は・　できあ(出来上)がる・まで・に・　だいぶ(大分)・　ひまがいる。」〔⇒**ひま(が)かかる【暇(が)かかる】**〕

ひま(が)かかる【暇(が)かかる】《動詞・ラ行五段活用》 行うのに時間がかかる。完成させるまでに手間どる。「いちいち(一々)・　かいぎ(会議)・を・　し・とっ・たら・　き(決)まる・まで・に・　ひまがかかっ・て・　しょーがない。」〔⇒**ひま(が)いる【暇(が)要る】**〕

ひまご〔ひーまご〕【曾孫】《名詞》 孫の子。「ながい(長生)きし・たら・　ひーまご・の・　かお(顔)・も・　み(見)・られる・ぞ。」「ひまご・が・　さんにん(三人)・も・　おり・ます・ねん。」

ひまじん【閑人】《名詞》 することがなくて、時間を持て余している人。時間を持て余して、他人のことに何かと口をはさむ人。「ひまじん・が・　ふたり(二人)・で・　しょーぎ(将棋)・を・　し・とる。」「ひまじん・が・　こま(細)かい・　こと・に・　くちだ(口出)し・を・　する。」

ひまつぶし【暇潰し】《名詞、動詞する》 ①空いている時間を過ごす手段や方法。時間を重要でもないことがらのために使うこと。「ひまつぶし・に・　しょーぎ(将棋)・なと・　し・まへ・ん・か。」「えーが(映画)・　み(見)・て・　ひまつぶしする。」②時間を無駄に費やしてしまうこと。「としょかん(図書館)・で・　さが(探)し・た・けど・　み(見)つから・なんで・　ひまつぶし・に・　なっ・ても・た。」

ひまわり〔ひまーり〕【向日葵】《名詞》 太陽の動きにつれて花が回ると言われている、背の高い茎の先に大きな黄色の花をつける草花。「ひまーり・が・　ひと(人)・の・　せ(背)ー・より・　たこ(高)ー・　なっ・た。」

ひみつ【秘密】《名詞》 表向きにしないで、人に知らせないこと。関係者以外には公開しなですませてしまうこと。「だんな(旦那)さん・に・は・　ひみつ・に・　せ・ん・ほー(方)・が・　え(良)ー・と・　おも(思)う・よ。」〔⇒**ないしょ【内緒】、ないしょごと【内緒事】**〕

ひめ【姫】《名詞》 身分の高い人の娘。大切にされている女の人。「おひめさん・が・　で(出)・てくる・　おはなし(話)・が・　す(好)きや・ねん。」

ひめくり【日捲り】《名詞》 毎日、一日ずつはぎ取っていく暦。「はしら(柱)・に・　ひめくり・を・　か(掛)ける。」

ひも【紐】《名詞》 ものを縛ったりつないだりなどするための、糸・紙・皮などをよりあわせて太くしたもの。「たこ(凧)・を・　あ(揚)げ・とっ・たら・　ひも・が・　き(切)れ・た。」〔⇒**ひぼ【(紐)】**〕

ひもじい〔ひもじー〕《形容詞・イイ型》 お腹が空いて、つらい気持ちになっている。空腹を我慢できない状態である。「こども(子供)・に・　ひもじー・　おも(思)い・を・　さし・たら・　あか・ん。」

ひもと【火元】《名詞》 ①火を使う場所。火のある場所。「ひもと・を・　よー・　み(見)・て・から・　ね(寝)る。」②火事の原因となったところ。火事の原因となるもの。「あきや(空家)・が・　ひもと・やっ・た・ん・や・て。」〔⇒**ひのもと【火の元】**〕

ひもの【干物】《名詞》 魚や貝などを切り開いて干したもの。「あじ(鯵)・の・　ひもの・を・　や(焼)く。」◆小さなものは切り開かないで干すこともある。〔⇒**ひらき【開き】**〕

ひや【冷や】《名詞》 冷たい水や、温めていない酒などの飲み物。「きょー(今日)・は・　かん(燗)せ・んと・　ひや・で・　の(飲)も・か。」

びや【(枇杷)】《名詞》 背の高い常緑樹で秋に白い花が咲き、夏の初めにだいだい色の実が生る木。また、その実。「この・　びや・の・　たね(種)・は・　おー(大)きー・なー。」〔⇒**びわ【枇杷】**〕

ひやあせ【冷や汗】《名詞》 恥ずかしいときや、恐ろしいときなどに出る汗。「み(見)つかっ・たら・ えらい・ こと・や・と・ おも(思)・て・ ひやあせ・を・ かい・とっ・てん。」

ひやい【冷やい】《形容詞・アイ型》 固体や気体の温度が低くて、触れると冷ややかな感じがする。「ろーか(廊下)・を・ はだし(裸足)・で・ ある(歩)い・たら・ ひやい・なー。」「ひやい・ こーり(氷)・で・ あたま(頭)・を・ ひ(冷)やす。」■対語＝「あつい【熱い】」「あちい【(熱い)】」〔⇒**ひやこい**【冷やこい】、**ひやっこい**【冷やっこい】、**つめたい**【冷たい】、**ちめたい**【(冷たい)】、**つべたい**【(冷たい)】、**ちべたい**【(冷たい)】〕

ひやかす【冷やかす】《動詞・サ行五段活用》 ①相手が困るようなことを言ったりして、からかう。相手の高まった気持ちに水を差す。「あべっく(アベック)・を・ ひやかし・たら・ あか・ん・がな。」②買う気がないのに店を見て回ったり、値段を聞いたりする。「よみせ(夜店)・を・ ひやかし・に・ い(行)か・へん・か。」■名詞化＝**ひやかし**【冷やかし】

ひゃく【百】《名詞》 ①数の単位で、十の10倍。「ひゃく・ずつ・ かぞ(数)え・て・ ふくろ(袋)・に・ い(入)れる。」②百歳であること。「このごろは・ ひゃく・まで・ げんき(元気)な・ ひと(人)・も・ おー(多)い・なー。」③数が多いこと。「ひゃく・も・ しょーち(承知)・で・ ゆ(言)ー・とる・ねん。」

ひゃくしょう〔**ひゃくしょー**〕【百姓】《名詞、動詞する》 田畑で穀物・野菜・果物などを作る職業。また、その職業に従事すること。「わし・は・ いなか(田舎)・の・ ひゃくしょー・の・ いえ(家)・に・ う(生)まれ・た・ん・や。」〔⇒**のうぎょう**【農業】、**のうか**【農家】。動詞⇒**たんぼつくる**【田圃作る】、**たんぼする**【田圃する】〕

ひゃくしょうや〔**ひゃくしょーや**〕【百姓家】《名詞》 田畑で穀物・野菜・果物などを作る職業に従事している人の住む家。「ひゃくしょーや・に・は・ おー(大)けな・ なや(納屋)・が・ ある。」〔⇒**のうか**【農家】〕

ひゃくにちぜき【百日咳】《名詞》 咳が続いて治るのに日数がかかる、子どもに多い感染症。「ひゃくにちぜき・で・ がっこー(学校)・を・ やす(休)む。」

ひゃくにちそう〔**ひゃくにちそー**〕【百日草】《名詞》 夏から秋にかけて、白・黄・赤・紫などの花が長い間にわたって咲く草花。「ひゃくにちそー・を・ はか(墓)・に・ も(持)っ・ていっ・て・ た(立)てる。」

ひやけ【日焼け】《名詞、動詞する》 ①日に当たって、顔や体の色が黒くなること。「いっぺん(一遍)に・ ひやけし・たら・ かお(顔)・が・ ひりひりする・ぞ。」②ものに日が当たって、色があせたり変わったりすること。「たたみ(畳)・の・ はし(端)・が・ ひやけし・とる。」③長い間雨が降らずに、田畑などが乾いてしまうこと。「ひやけし・て・ なすび(茄子)・が・ ひしぼっ・ても・とる。」

ひやこい【冷やこい】《形容詞・オイ型》 固体や気体の温度が低くて、触れると冷ややかな感じがする。「ひやこい・ わらびもち(蕨餅)・を・ た(食)べ・た。」■対語＝「あつい【熱い】」「あちい【(熱い)】」〔⇒**ひやっこい**【冷やっこい】、**ひやい**【冷やい】、**つめたい**【冷たい】、**ちめたい**【(冷たい)】、**つべたい**【(冷たい)】、**ちべたい**【(冷たい)】〕

ひやごはん【冷やご飯】《名詞》 冷たくなったご飯。「あさ(朝)・の・ のこ(残)り・の・ ひやごはん・を・ おちゃづ(茶漬)け・に・ する。」◆「ひやめし【冷や飯】」よりは丁寧な言い方。■対語＝「ぬくごはん【温ご飯】」〔⇒**ひやめし**【冷や飯】〕

ひやす【冷やす】《動詞・サ行五段活用》 ①冷たくする。「す(擦)りむい・た・ とこ(所)・を・ たおる(タオル)・で・ ひやす。」「いど(井戸)・で・ すいか(西瓜)・を・ ひやす。」②気持ちを落ち着かせる。「あたま(頭)・を・ ひやし・て・ もっぺん・ かんが(考)える。」■自動詞は「ひえる【冷える】」

ひやたり【(日当たり)】《名詞》 ①日光が当たること。日光の当たり具合。「みなみ(南)・に・ む(向)い・た・ ひやたり・の・ え(良)ー・ いえ(家)・や・なー。」②日光が当たっている場所。「ひやたり・で・ しごと(仕事)し・た・ので・ かた(肩)・が・ ひりひりする。」■対語＝「ひかげ【日陰】」〔⇒**ひあたり**【日当たり】。②⇒**ひなた**【日向】〕

ひゃっか【百貨】《名詞》 生活をするのに必要なほとんどすべての種類の商品を、売場を分けて陳列し販売している大型の小売店。「でんしゃ(電車)・の・ かいさつぐち(改札口)・は・ さんよー(山陽)ひゃっか・の・ にかい(二階)・と・ つながっ・とる。」「はんしん(阪神)ひゃっか・の・ ちか(地下)・で・ こ(買)ー・た。」◆「ひゃっかてん【百貨店】」のことを、短く「ひゃっか【百貨】」ということがある。〔⇒**ひゃっかてん**【百貨店】、**デパート**【英語＝department store から】〕

ひゃっかてん【百貨店】《名詞》 生活をするのに必要なほとんどすべての種類の商品を、売場を分けて陳列し販売している大型の小売店。「こーべ(神戸)・の・ ひゃっかてん・で・ う(売)っ・とる。」◆関西では、固有名詞としては「阪急百貨店」「阪神百貨店」「山陽百貨店」などの言い方が多くて、デパートは「駅デパート」「ステーションデパート」のように、多くの店舗を寄せ集めたという印象が伴うことがある。〔⇒**デパート**【英語＝department store から】、**ひゃっか**【百貨】〕

ひゃっかんでぶ【百貫でぶ】《名詞》 極端に肥満である人。「ひゃっかんでぶ・が・ となり(隣)・に・ すわ(座)っ・たら・ せも(狭)ー・て・ かなわ・ん。」◆悪口、または、はやしたてる言葉として使う。

ひやっこい【冷やっこい】《形容詞・オイ型》 固体や気体の温度が低くて、触れると冷ややかな感じがする。「ひやっこい・ あいすきゃんでー(アイスキャンデー)・が・ は(歯)ー・に・ し(沁)み・た。」■対語＝「あつい【熱い】」「あちい【(熱い)】」〔⇒**ひやこい**【冷やこい】、**ひやい**【冷やい】、**つめたい**【冷たい】、**ちめたい**【(冷たい)】、**つべたい**【(冷たい)】、**ちべたい**【(冷たい)】〕

ひやっと【冷やっと】《副詞、動詞する》 ①よくないことが起こりそうだと感じて、心配する様子。危険なことに出会って、はっと驚く様子。背筋に冷たいものが走るように感じる様子。「しょーとつ(衝突)し・そーに・ なっ・て・ ひやっと・ びっくりし・た。」②水や空気が肌に冷たく感じられる様子。「くがつ(九月)・に・ なっ・て・ かぜ(風)・が・ だいぶ(大分)・ ひやっとし・てき・まし・た・なー。」〔⇒**ひやひや**【冷や冷や】。①⇒**ひよひよ**〕

ひやとい【日雇い】《名詞》 一日ごとの契約で雇うこと。また、その雇われた人。「ひやとい・の・ しごと(仕事)・を・ し・た・ こと(事)・も・ ある。」

ひやひや【冷や冷や】《形容動詞や(ノ)、動詞する》 ①よくないことが起こりそうだと感じて、気が気でない様子。「ひやひやし・ながら・ つりばし(吊橋)・を・ わた(渡)っ・た。」②水や空気が肌に冷たく感じられる様子。「くら(蔵)・の・ なか(中)・に・ はい(入)っ・たら・ ひ

ひ

やひやし・とっ・た。」〔⇒**ひやっと【冷やっと】**。①⇒**ひよひよ**〕

ひやひや【冷や冷や】《副詞》 辛うじて。なんとか。わずかの差で。「しけん(試験)・に・は・　ひやひや・　ごーかく(合格)し・た。」〔⇒**ひよひよ**〕

ひやめし【冷や飯】《名詞》 ①冷たくなったご飯。「べんとー(弁当)・は・　ひやめし・や・さかい・　のど(喉)・に・つ(詰)まり・そーや。」②組織などの中で、冷遇されること。「かいしゃ(会社)・で・　ひやめし・を・　く(食)わさ・れる。」■対語＝①「ぬくめし【温飯】」〔①⇒**ひやごはん【冷やご飯】**〕

ヒューズ〔ひゅーず〕【英語＝fuse】《名詞》 強すぎる電流が流れると、切れて危険を防ぐ器具。また、それに使う合金。「きゅー(急)に・　ひゅーず・が・　と(飛)ん・で・　てーでん(停電)し・た。」

ひゅうっと〔ひゅーっと〕《副詞》 強い風が鋭く吹く様子。また、その音。「すきま(隙間)・から・　ひゅーっと・　かぜ(風)・が・　はい(入)る。」〔⇒**ひゅうひゅう**〕

びゅうっと〔びゅーっと〕《副詞》 風が音を立てて、盛んに吹く様子。また、その音。「びゅーっと・　ふ(吹)い・て・　うえきばち(植木鉢)・が・　ころ(転)がさ・れ・とる。」〔⇒**びゅうびゅう**〕

ぴゅうっと〔ぴゅーっと〕《副詞》 風が音を立てて、盛んに吹く様子。また、その高い音。「ぴゅーっと・　ふい・て・　くびすじ(首筋)・が・　さむ(寒)い。」〔⇒**ぴゅうぴゅう**〕

ひゅうひゅう〔ひゅーひゅー〕《副詞と》 強い風が鋭く吹く様子。また、その音。「そと(外)・は・　ひゅーひゅー・　かぜ(風)・が・　ふ(吹)い・とる。」〔⇒**ひゅうっと**〕

びゅうびゅう〔びゅーびゅー〕《副詞と》 風が音を立てて、盛んに吹く様子。また、その音。「びゅーびゅー・　ふい・て・　と(飛)ばさ・れ・そーや。」〔⇒**びゅうっと**〕

ぴゅうぴゅう〔ぴゅーぴゅー〕《副詞と》 風が音を立てて、盛んに吹く様子。また、その高い音。「と(戸)ー・の・　あいだ(間)・から・　ぴゅーぴゅーと・　かぜ(風)・が・　はい(入)っ・てくる。」〔⇒**ぴゅうっと**〕

ひょいと《副詞》 ①軽々と、あるいは気軽にものごとを行う様子。「おも(重)た・そーな・　はこ(箱)・を・　ひょいと・　も(持)ちあげる。」②前触れもなく、突然である様子。「ひょいと・　かお(顔)・を・　だ(出)し・た。」〔①⇒**ひょいひょい**〕

ぴょいと《副詞》 軽く跳んで越える様子。身軽に跳びはねる様子。「りょーあし(両足)・を・　あ(合)わし・て・　ぴょいと・　と(跳)ぶ。」〔⇒**ぴょんと**〕

ひょいひょい《副詞と》 軽々と、あるいは気軽にものごとを行う様子。「でんわ(電話)・を・　か(掛)け・たら・　ひょいひょい・　やっ・てき・た。」〔⇒**ひょいと**〕

ぴょいぴょい《副詞と、動詞する》 何度も、軽く跳んで越える様子。何度も、身軽に跳びはねる様子。「なわと(縄跳)び・を・　ぴょいぴょい・　と(跳)ん・どる。」〔⇒**ぴょんぴょん**〕

ひよう〔ひよー〕【費用】《名詞》 ある事柄を行うのに必要なお金。経費。「りょこー(旅行)・の・　ひよー・を・　つ(積)みたてる。」

ひょう〔ひょー〕【表】《名詞》 ことがらを分類し整理して、線などで区切って、一目でわかるように文字や数字などを書いたもの。「りんぽ(隣保)・ごと(毎)・の・　なまえ(名前)・を・　ひょー・に・　する。」

ひょう〔ひょー〕【票】《名詞》 選挙や採決などのときに、書いて入れる紙片。選挙で、ある候補者の名を書いて入れた人の数。「ひょー・は・　ひとり(一人)・に・　ひと(一)つ・ずつ・や。」「あの・　ひと(人)・に・　ひょー・が・　あつ(集)まり・そーや。」

ひょう〔ひょー〕【雹】《名詞》 冷たい雷雨の時などに降ってくる、小さな粒の氷のかたまり。「ひょー・が・　ふ(降)っ・て・　びにーるはうす(ビニールハウス)・が・　やぶ(破)れ・た。」

ひょう〔ひょー〕【豹】《名詞》 虎よりすこし小さくて、すばしこい動作をする、黄色で黒い斑点の体毛を持った熱帯の動物。「ひょー・は・　どーぶつえん(動物園)・でない・と・　おら・へん。」

ひょう〔ひょー、びょー、ぴょー〕【票】《助数詞》 投票された数などを数える言葉。「さんじっ(三十)ぴょー・の・　さ(差)ー・で・　か(勝)っ・た。」◆「1ぴょー」「2ひょー」「3びょー」というように音が変化する。

ひょう〔ひょー、びょー、ぴょー〕【俵】《助数詞》 米や炭などをたわらに詰めたものを数えるときの言葉。「すみ(炭)・を・　に(二)ひょー・　つ(積)ん・でき・た。」◆「1ぴょー」「2ひょー」「3びょー」というように音が変化する。

びょう〔びょー〕【鋲】《名詞》 ①頭に笠のような形のものが付いて、足の部分が短い、大きな釘。「はしら(柱)・に・　びょー・を・　う(打)つ。」②板や壁などに紙片などを張るときに使う、頭に笠形のものがついた釘。画鋲。「かべ(壁)・に・　びょー・で・　と(留)める。」〔②⇒**おしピン【押し ＋ 英語＝pin】**、**ピン【英語＝pin】**、**がびょう【画鋲】**〕

びょう〔びょー〕【秒】《名詞》 ①時間の長さを表す単位であり、1秒は1分の60分の1にあたる長さ。「ひゃくめーとる(百メートル)・を・　じゅーに(十二)びょー・で・　はし(走)る。」②時刻を表す単位であり、1秒は1分の60分の1にあたる位置にあることを示すもの。「でんしゃ(電車)・は・　ごじ(五時)ごふん(五分)さんじゅー(三十)びょー・に・　はっしゃ(発車)する。」「ひちじごふんにじゅー(七時五分二十)びょー・に・　にっしょく(日食)・が・　はじ(始)まる。」

びよういん〔びよーいん〕【美容院】《名詞》 主として女性の頭髪、顔、姿を美しく整えることを仕事にしている店。「びよーいん・で・　せっと(セット)し・てき・ます。」

びょういん〔びょーいん〕【病院】《名詞》 医師が病人やけが人の診察や治療をするところ。また、そのような施設や設備を持っているところ。「きゅーきゅーしゃ(救急車)・で・　びょーいん・に・　はこ(運)ば・れる。」

びょうき〔びょーき〕【病気】《名詞、動詞する》 ①動物の体のどこかの具合が悪くなって、発熱や痛みなどが生じること。「むり(無理)し・て・　びょーき・に・　なら・ん・よーに・　し・なはれ。」②植えられている植物に異常が生じること。「ことし(今年)・は・　いね(稲)・の・　びょーき・が・　はや(流行)っ・とる。」③人の、直りにくい悪い癖。「ばくち(博打)・は・　あいつ(彼奴)・の・　びょーき・や・ねん。」

ひょうご〔ひょーご〕【標語】《名詞》 考えや目標などを、短く印象的に表した言葉。「こーつーあんぜん(交通安全)・の・　ひょーご・を・　かんが(考)える。」

ひょうさつ〔ひょーさつ〕【表札】《名詞》 家の門や玄関などに掲げる、そこに住んでいる人の名を書いた札。「くろ(暗)ー・て・　ひょーさつ・が・　み(見)え・なんだ。」

ひょうし〔ひょーし〕【表紙】《名詞》 本やノートなどの外側につける、厚手の紙や布などの覆い。「ちょーめん(帳面)・の・　ひょーし・に・　なまえ(名前)・を・　か

(書)く。」「きょーかしょ(教科書)・の・ ひょーし・を・よご(汚)し・た。」

ひょうし〔ひょーし〕【拍子】《名詞》 ①強い音・弱い音、高い音・低い音などが、規則正しく繰り返されること。また、その一区切り。「みな(皆)・で・ ひょーし・を・とっ・て・ おど(踊)る。」②なにかをしたときの、そのはずみ。そうしたとたん。「こけ・た・ ひょーし・に・うで(腕)・を・ お(折)っ・た。」

ひょうしぎ〔ひょーしぎ〕【拍子木】《名詞》 合図や警備などのために、打ち合わせて鳴らす、4角に削った2本の細長い木。「かみしばい(紙芝居)・の・ ひょーしぎ・が・ き(聞)こえる。」「ひょーしぎ・を・ たた(叩)い・て・ ひ(火)のよーじん・の・ よまわ(夜回)り・を・する。」

ひょうしょう〔ひょーしょー〕【表彰】《名詞、動詞する》 良い行いや、立派な成績をたたえて、広く知らせること。「ひょーしょーしき(式)・で・ しょーじょー(賞状)・を・ もら(貰)う。」

ひょうしょうじょう〔ひょーしょーじょー〕【表彰状】《名詞》 良い行いや、立派な成績をたたえるために、そのことを書き記して与える紙片。「こーないまらそん(校内マラソン)・で・ ひょーしょーじょー・を・ もろ(貰)ー・た。」〔⇒**しょうじょう【賞状】**〕

ひょうたん〔ひょーたん〕【瓢箪】《名詞》 夏に白い花が咲き、途中がくびれた形の実がなる蔓草。また、その実を乾かして液体の容器にしたもの。「ひょーたん・に・さけ(酒)・を・ い(入)れる。」〔⇒**ひょったん【(瓢箪)】**〕

ひょうたん〔ひょーたん〕《名詞》 ちょっとした機会。「なまえ(名前)・を・ よ(呼)ば・れ・た・ ひょーたん・に・ふ(振)りかえっ・た。」

びょうにん〔びょーにん〕【病人】《名詞》 体のどこかの具合が悪くなっている人。患者。「びょーにん・が・おる・さかい・ おー(大)きな・ こえ(声)・は・ だ(出)さ・んとい・て。」

ひょうのう〔ひょーのー〕【氷嚢】《名詞》 患部の熱を下げるために、氷や水を入れて冷やす袋。「ひょーのー・を・ つ(吊)っ・て・ でぼちん(＝額)・を・ ひやす。」

ひょうばん〔ひょーばん〕【評判】《名詞》 ①世の中の人々からの良い・悪いなどの評価。「ひょーばん・の・ かれー(カレー)・を・ た(食)べ・に・ い(行)く。」②世間の人が広く知るようになること。「あんた・の・ こと・が・ むらじゅー(村中)・で・ ひょーばん・に・ なっ・とる・ぞ。」

びょうぶ「びょーぶ」【屏風】《名詞》 ふすまを2枚・4枚・6枚とつないだ形のもので、折り曲げて立てて、部屋の仕切りや飾りなどにする家具。「びょーぶ・に・ じ(字)ー・を・ か(書)い・てもらう。」

びょうぶがうら〔びょーぶがうら〕【屏風ヶ浦】《固有名詞》 明石市の八木から江井ヶ島へかけての、断崖が続く海岸。「びょーぶがうら・で・ あかしげんじん(明石原人)・が・ はっけん(発見)さ・れ・てん。」

ひょうめん〔ひょーめん〕【表面】《名詞》 ①ものの外側になっている部分。「かがみ(鏡)・の・ ひょーめん・が・よご(汚)れ・とる。」②外観から受ける、そのものについての印象。外から見た様子や、人目につきやすいところ。「ひょーめん・だけ・ きちんと・ し・とる。」〔②⇒**みかけ【見掛け】、みため【見た目】、みてくれ【見てくれ】、みて【見て】、うわべ【上辺】**〕

ひよけ【日除け】《名詞》 日光を遮るために設けるもの。「ひよけ・の・ かーてん(カーテン)・を・ か(掛)ける。」〔⇒**ひよそい【日よそい】**〕

ひよこ【雛】《名詞》 ①鳥の子。特に、鶏の子。「かど(＝庭)・で・ ひよこ・が・ あそ(遊)ん・どる。」②一人前になっていない人。専門の分野について、未熟な段階にある人。「あいつ(彼奴)・は・ まだ・ ひよこ・でっ・さかい・ なに(何)・も・ わかっ・とら・へん。」〔①⇒**ぴよぴよ**〕

ひょこたん《副詞と》 ①思いがけなくそのような状況になる様子。「いちねん(一年)ぶり・に・ ひょこたんと・ともだち(友達)・に・ お(会)ー・た。」②弾みをつけて軽く動く様子。「ひょこたんと・ あいさつ(挨拶)さ・れ・て・ びっくりし・た。」③びっこをひいて歩いている様子。「ひょこたんと・ あし(足)・を・ ひ(引)きずる。」〔⇒**ぴょこたん、ひょこん**。①⇒**ひょこっと、ぴょこっと、ひょっこり**。②⇒**ぴょこん**。③⇒**へこたん、ぴょこん、へこたんへこたん、ひょこたんひょこたん、ぴょこたんぴょこたん、ひょこんひょこん、ぴょこんぴょこん**〕

ぴょこたん《副詞と》 ①思いがけなくそのような状況になる様子。「いっしゅーかん(一週間)ぶり・に・ ぴょこたんと・ あらわ(現)れ・た。」「あいつ(彼奴)・は・ぴょこたんと・ ほーむらん(ホームラン)・を・ う(打)つ・ とき(時)・が・ ある。」②弾みをつけて軽く動く様子。「ぴょこたんと・ はばと(幅跳)び・を・ と(跳)ぶ。」③びっこをひいて歩いている様子。「まつばづえ(松葉杖)・で・ ぴょこたんと・ ある(歩)く。」〔⇒**ひょこたん、ひょこん**。①⇒**ひょこっと、ぴょこっと、ひょっこり**。②⇒**ぴょこん**。③⇒**へこたん、ぴょこん、へこたんへこたん、ひょこたんひょこたん、ぴょこたんぴょこたん、ひょこんひょこん、ぴょこんぴょこん**〕

ひょこたんひょこたん《副詞と》 びっこをひいて歩いている様子。「ひょこたんひょこたんと・ ある(歩)きにく・そーや。」「けが(怪我)・を・ し・た・さかい・ ひょこたんひょこたんと・しか・ ある(歩)か・れ・へん。」〔⇒**へこたん、ひょこたん、ぴょこたん、ひょこん、ぴょこん、へこたんへこたん、ぴょこたんぴょこたん、ひょこんひょこん、ぴょこんぴょこん**〕

ぴょこたんぴょこたん《副詞と》 びっこをひいて歩いている様子。「たいいん(退院)し・ても・ あし(足)・を・ひ(引)きずっ・て・ ぴょこたんぴょこたんと・ ある(歩)い・た。」〔⇒**へこたん、ひょこたん、ぴょこたん、ひょこん、ぴょこん、へこたんへこたん、ひょこたんひょこたん、ひょこんひょこん、ぴょこんぴょこん**〕

ひょこっと《副詞》 ①思いがけなくそのような状況になる様子。「はんしんたいがーす(阪神タイガース)・も・ひょこっと・ ゆーしょー(優勝)する・ こと・が・ ある・ねん。」「えき(駅)・で・ ひょこっと・ ともだち・に・ お(会)ー・た。」「どーそーかい(同窓会)・に・ひょこっと・ で(出)・てき・た・ ともだち(友達)・に・びっくりし・た。」「みせ(店)・に・ ひょこっと・やってき・た。」②弾みをつけて軽く動く様子。「ひょこっと・ た(立)ちあがる。」〔⇒**ひょこたん、ぴょこたん、ぴょこっと、ぴょこん、ひょこん**。①⇒**ひょっこり**〕

ぴょこっと《副詞》 ①思いがけなくそのような状況になる様子。「おやじ(親父)・の・ かお(顔)・を・ み(見)ー・に・ ぴょこっと・ よ(寄)っ・てみ・た。」②弾みをつけて軽く動く様子。「ぴょこっと・ えしゃく(会釈)・を・ する。」「ぴょこっと・ おじぎ(辞儀)・を・する。」「ねずみ(鼠)・が・ ぴょこっと・ と(飛)び

だし・た。」〔⇒**ひょこたん、ぴょこたん、ひょこっと、ぴょこん、ひょこん**。①⇒**ひょっこり**〕

ひょこひょこ《副詞と》 ①小刻みに、弾むように動く様子。「こーろぎ(蟋蟀)・が・　ひょこひょこ・　と(跳)ん・どる。」②次々と現れる様子。「しょーこ(証拠)・が・　ひょこひょこ・　で(出)・てき・た。」〔①⇒**ぴょこぴょこ**〕

ぴょこぴょこ《副詞と》 ①小刻みに、弾むように動く様子。「ひよこ(雛)・が・　ぴょこぴょこ・　はし(走)っ・とる。」②しきりに頭を下げる様子。「ぴょこぴょこと・　おじぎ(辞儀)・を・　する。」〔①⇒**ひょこひょこ**〕

ひょこん《副詞と》 ①思いがけなくそのような状況になる様子。「ひょこんと・　あし(足)・が・　つ(吊)っ・て・　ある(歩)け・ん・よーに・　なっ・た。」「ひょこんと・　えき(駅)・で・　お(会)ー・た。」②弾みをつけて軽く動く様子。「ぺんぎん(ペンギン)・が・　ひょこんと・　ある(歩)い・た。」「ひょこんと・　て(手)・を・　あ(挙)げ・て・　しつもん(質問)する。」③びっこをひいて歩いている様子。「ひょこんと・　ある(歩)い・とる・の・は・　かわいそー(可哀想)や・なー。」〔⇒**ひょこたん、ぴょこたん**。①⇒**ひょこっと、ぴょこっと、ひょっこり**。②⇒**ぴょこん**。③⇒**へこたん、ぴょこん、へこたんへこたん、ひょこたんひょこたん、ぴょこたんぴょこたん、ひょこんひょこん、ぴょこんぴょこん**〕

ぴょこん《副詞と》 ①弾みをつけて軽く動く様子。「りょーあし(両足)・を・　そろ(揃)え・て・　ぴょこんと・　はばと(幅跳)び・を・　する。」「みち(道)・の・　かど(角)・から・　ぴょこんと・　じてんしゃ(自転車)・が・　で(出)・てき・た。」②びっこをひいて歩いている様子。「いま(今)・は・　ぴょこんと・しか・　ある(歩)か・れ・へん・ねん。」〔⇒**ひょこたん、ぴょこたん、ひょこん**。①⇒**ひょこっと、ぴょこっと、ひょっこり**。②⇒**へこたん、へこたんへこたん、ひょこたんひょこたん、ぴょこたんぴょこたん、ひょこんひょこん、ぴょこんぴょこん**〕

ひょこんひょこん《副詞と》 びっこをひいて歩いている様子。「ひょこんひょこんと・　あし(足)・を・　ひ(引)きずっ・て・　ある(歩)く。」〔⇒**へこたん、ひょこたん、ぴょこたん、ひょこん、ぴょこん、へこたんへこたん、ひょこたんひょこたん、ぴょこたんぴょこたん、ぴょこんぴょこん**〕

ぴょこんぴょこん《副詞と》 びっこをひいて歩いている様子。「つか(疲)れ・て・　ぴょこんぴょこんと・　ある(歩)い・た。」〔⇒**へこたん、ひょこたん、ぴょこたん、ひょこん、ぴょこん、へこたんへこたん、ひょこたんひょこたん、ぴょこたんぴょこたん、ひょこんひょこん**〕

ひよそい【日よそい】《名詞》 日光を遮るために設けるもの。「なつ(夏)・の・　あいだ(間)・は・　にわ(庭)・に・　ひよそい・を・　する。」〔⇒**ひよけ**【日除け】〕

ひょっこり《副詞と》 思いがけなくそのような状況になる様子。「あいつ(彼奴)・が・　どーそーかい(同窓会)・に・　ひょっこり・　で(出)・てき・て・　びっくりし・た。」「いっしゅーかん(一週間)ぶり・に・　ひょっこり・　しゅっせき(出席)し・た。」「きょー(今日)・は・　ひょっこり・　よー・　つ(釣)れ・た。」〔⇒**ひょこたん、ぴょこたん、ひょこっと、ぴょこっと、ひょこん、ぴょこん**〕

ひょったん【(瓢箪)】《名詞》 夏に白い花が咲き、途中がくびれた形の実がなる蔓草。また、その実を乾かして液体の容器にしたもの。「ひょったん・に・　さけ(酒)・を・　い(入)れ・て・　も(持)っ・ていく。」〔⇒**ひょうたん**【瓢箪】〕

ひょっとこ《名詞》 ①口をとがらせて、片方をむいて、滑稽な顔をした男の面。「ひょっとこ・の・　めん(面)・を・　かぶ(被)る。」②男性を侮って言う場合に使う言葉。「あの・　ひょっとこ・が・　また(又)・　しっぱい(失敗)し・やがっ・た。」

ひょっとしたら《副詞》 何かの事情が生じた場合は。都合や場合によっては。「あした(明日)・は・　ひょっとしたら・　あめ(雨)・や・で。」◆ふざけた調子で、「ひょっとせ・んでも・　あした(明日)・は・　あめ(雨)・や。」と言うことがあるが、これは、〔確実に。間違いなく〕という意味である。〔⇒**どうかしたら、どうかすると、どうやすると、どうやしたら、どないかしたら、どないかすると、どないやしたら、どないやすると、ひょっとすると、もしかすると**【**若しかすると**】**、もしかしたら**【**若しかしたら**】〕

ひょっとして《副詞》 今より後のことについて、仮にそのようになったらという意味を表す言葉。「ひょっとして・　けーほー(警報)・が・　で(出)・たら・　ちゅーし(中止)・に・　する。」〔⇒**もし**【**若し**】**、もしも**【**若しも**】**、もしかして**【**若しかして**】〕

ひょっとすると《副詞》 何かの事情が生じた場合は。都合や場合によっては。「ひょっとすると・　あした(明日)・は・　こ(来)・られ・へん・かも・　わから・へん。」〔⇒**どうかしたら、どうかすると、どうやすると、どうやしたら、どないかしたら、どないかすると、どないやしたら、どないやすると、ひょっとしたら、もしかすると**【**若しかすると**】**、もしかしたら**【**若しかしたら**】〕

ひょとくる《動詞・ラ行五段活用》 面白がって、弱い者をからかう。相手を馬鹿にする。「ひと(人)・を・　ひょとくっ・とっ・たら・　しょーち(承知)せー・へん・ぞ。」■名詞化＝**ひょとくり**〔⇒**おちょくる、なぶる**【**嬲る**】〕

ひよひよ《形容動詞や(ノ)、動詞する》 よくないことが起こるのではないかと、気が気でない様子。ものにおびえる様子。「はじ(初)めて・　じてんしゃ(自転車)・に・の(乗)っ・た・　とき(時)・は・　こけ・へん・か・と・　おも(思)・て・　ひよひよやっ・た。」「ばれ・へん・よーに・　ひよひよし・とっ・た。」〔⇒**ひやひや**【**冷や冷や**】**、ひやっと**【**冷やっと**】〕

ひよひよ《副詞で》 辛うじて。なんとか。わずかの差で。「くるま(車)・は・　ひよひよで・　と(止)まっ・て・　しょーとつ(衝突)・は・　せ・なんだ。」〔⇒**ひやひや**【**冷や冷や**】〕

ぴよぴよ《名詞》 鳥の子。特に、鶏の子。「ぴよぴよ・が・　う(生)まれ・た。」「ぴよぴよ・が・　にひき(二匹)・ある(歩)い・とる。」◆幼児語。〔⇒**ひよこ**【**雛**】〕

ぴよぴよ《副詞と》 鶏の子などが鳴く様子。また、その鳴き声。「ぴよぴよと・　な(鳴)い・て・　おやどり(親鶏)・の・　うしろ(後)・を・　つ(付)い・てまわっ・とる。」

ひより【日和】《名詞》 ①晴れ・曇り・雨、気温、風の具合などの空模様。「あした(明日)・は・　どんな・　ひより・やろ・か。」②雨が降ったり雲が出たりしていなくて、青空が見えて空模様がよいこと。「あさ(朝)・から・　ひより・に・　なっ・て・　うれ(嬉)しー・　こと・や。」③人の心が外に現れる様子。「あいつ(彼奴)・は・　きょー(今日)・は・　え(良)ー・　ひより・みたいや。」〔⇒**てんき**【**天気**】。①②⇒**おてんき**【**お天気**】。②⇒**はれ**【**晴れ**】〕

ひょろ《接頭語》 どことなく頼りなさそうな感じを表す言葉。安定感に欠けている様子を表す言葉。「ひょろなが

(長)い・ おとこ(男)・が・ ある(歩)い・とる。」「ひょろみじか(短)い・ つっかえぼー(棒)・や・さかい・ あぶ(危)ない・ かん(感)じ・が・ する。」

ひょろかす《動詞・サ行五段活用》 体の安定を失わせて、転びそうにさせる。足元が定まらないようにさせる。「あいて(相手)・を・ つ(突)い・て・ ひょろかす。」■自動詞は「ひょろける」

ひょろける《動詞・カ行下一段活用》 体が安定を失って、転びそうになる。足元が定まらないで動く。また、実際に転んでしまう。「ひょろけ・て・ でんしんばしら(電信柱)・に・ つか(掴)まっ・た。」■他動詞は「ひょろかす」■名詞化＝**ひょろけ**〔⇒**よろける、ひょろひょろする、ひょろつく**〕

ひょろつく《動詞・カ行五段活用》 体が安定を失って、転びそうになる。足元が定まらないで動く。「たいいん(退院)し・て・ ひさ(久)しぶりに・ ある(歩)い・たら・ あしもと(足元)・が・ ひょろつい・た。」■名詞化＝**ひょろつき**。〔⇒**よろける、ひょろける、ひょろひょろする**〕

ひょろっと《副詞、動詞する》 ①細長くて弱々しい様子。背が高くて痩せている様子。「せ(背)ー・は・ たか(高)い・けど・ ひょろっとし・た・ ひと(人)・や。」②力強さに欠けて、頼りない様子。「ひょろとし・た・ おとこ(男)・や・さかい・ あ(当)て・に・ なら・ん。」〔⇒**ひょろんと**〕

ひょろひょろ《副詞と、形容動詞や(ノ)》 ①細いものが、不安定に長く伸びている様子。「ほそ(細)ー・て・ ひょろひょろの・ きゅーり(胡瓜)・しか・ と(穫)れ・へん。」「へび(蛇)・が・ ひょろひょろと・ ほ(這)ー・とる。」②体が不安定でよろめきそうな様子。足元がしっかりせずに、ふらついている様子。「たいいん(退院)し・た・ばっかり・や・さかい・ みち(道)・を・ ある(歩)い・たら・ ひょろひょろや・ねん。」〔②⇒**よろよろ**〕

ひょろひょろする《動詞・サ行変格活用》 体が安定を失って、転びそうになる。足元が定まらないで動く。「ひとり(一人)・で・ ある(歩)ける・けど・ まだ・ あし(足)・が・ ひょろひょろし・とる。」〔⇒**よろける、ひょろける、ひょろつく**〕

ひょろんと《副詞、動詞する》 ①細長くて弱々しい様子。背が高くて痩せている様子。「あいつ(彼奴)・は・ ひょろんとし・とる・けど・ あし(足)・が・ はや(速)い・ねん。」②力強さに欠けて、頼りない様子。「たの(頼)ん・でも・ ひょろんと・ き(聞)きながし・やがっ・た。」〔⇒**ひょろっと**〕

ぴょんと《副詞》 軽く跳んで越える様子。身軽に跳びはねる様子。「はばと(幅跳)び・を・ ぴょんと・ と(跳)ぶ。」「たんぼ(田圃)・の・ はた・の・ みぞ(溝)・を・ ぴょんと・ こ(越)える。」「ばった(飛蝗)・が・ ぴょんと・ と(跳)ん・だ。」〔⇒**ぴょいと**〕

ぴょんぴょん《副詞と、動詞する》 何度も、軽く跳んで越える様子。何度も、身軽に跳びはねる様子。「うさぎ(兎)・が・ ぴょんぴょんし・て・ はし(走)っ・とる。」〔⇒**ぴょいぴょい**〕

ひら【平】《名詞》 組織の中などで役職に就いていないこと。「むすこ(息子)・は・ ひら・の・ しゃいん(社員)・や・ねん。」

びら《名詞》 広告や宣伝などのために、人々に配ったり張り付けたりする紙。「こーばん(交番)・に・ は(張)っ・てある・ てはいはんにん(手配犯人)・の・ びら・を・ み(見)・た。」〔⇒**ちらし【散らし】**〕

ひらいしん【避雷針】《名詞》 落雷の害を防ぎ地中に放電するために、高い建物の上や煙突などに取り付けた金属の棒。「たか(高)い・ えんとつ(煙突)・に・ ひらいしん・が・ つ(付)い・とる。」〔⇒**かみなりよけ【雷避け】**〕

ひらいもん【(拾い物)】《名詞》 ①落ちているのを取り上げたもの。誰かが落としていって、気づいていないもの。「ひらいもん・は・ ちゃんと・ とど(届)け・なはれ。」②思いがけない儲けもの。予想していなかった幸運なこと。「こんど(今度)・ こ(買)ー・た・ くつ(靴)・は・ なかなか・ ひらいもん・やっ・た。」〔⇒**ひろいもん【拾い物】**〕

ひらう【(拾う)】《動詞・ワア行五段活用》 ①置かれていたり落ちていたりするものを取り上げて、手にする。「みち(道)・の・ ごみ(塵)・を・ ひらう。」②失うはずのものを、失わずに済む。「あの・ ひこーき(飛行機)・に・ の(乗)ら・なんで・ いのち(命)・を・ ひろ・た。」■対語＝「すてる【捨てる】」「してる【(捨てる)】」■名詞化＝**ひらい【拾い】**〔⇒**ひろう【拾う】**〕

ひらおよぎ【平泳ぎ】《名詞、動詞する》 体を下向きにして、両手・両足を蛙のように縮めたり伸ばしたりして進む泳ぎ方。「ひらおよぎ・は・ しんどい・なー。」

ひらがな〔ひらかな〕【平仮名】《名詞》 漢字を崩して書いた字をもとにして作った、日本の表音文字。「かんじ(漢字)・の・ よ(読)みかた・を・ ひらがな・で・ か(書)く。」■対語＝「かたかな【片仮名】」

ひらき【開き】《名詞》 ①あき広がること。あき方。「ひらき・の・ わる(悪)い・ と(戸)ー・や・なー。」②一方を蝶番などでくっつけて、もう一方を前後に開くようにした戸。「ひらき・の・ お(押)しいれ・に・ ざぶとん(座布団)・を・ しまう。」③２つ以上のものの距離や時間や値段や考え方などの隔たりや差。間のあき具合。「ふたり(二人)・の・ かんが(考)え・に・ ひらき・が・ ある。」④魚や貝などを切り開いて干したもの。「さんま(秋刀魚)・の・ ひらき・を・ つく(作)る。」〔②⇒**ひらきど【開き戸】**。③⇒**あらき【空らき】**。④⇒**ひもの【干物】**〕

ひらきど【開き戸】《名詞》 一方を蝶番などでくっつけて、もう一方を前後に開くようにした戸。「まいあさ(毎朝)・ もん(門)・の・ ひらきど・を・ あ(開)ける。」〔⇒**ひらき【開き】**〕

ひらきなおる【開き直る】《動詞・ラ行五段活用》 それまでのおとなしい態度や言葉をやめて、急に厳しい態度をとったり言ったりする。ふてぶてしく反抗的になる。「おーとばい(オートバイ)・の・ おー(大)きな・ おと(音)・に・ もんく(文句)・を・ ゆ(言)ー・たら・ ひらきなおら・れ・た。」■名詞化＝**ひらきなおり【開き直り】**

ひらく【開く】《動詞・カ行五段活用》 ①閉じたり塞がったりしていたものが広がった状態になる。「なぜ(風)・で・ と(戸)ー・が・ ひとりでに・ ひらい・た。」②閉じたり塞がったりしていたものを広がった状態にする。「せーぼ(歳暮)・の・ つつ(包)み・を・ ひらく。」③花が咲く。つぼみがほころぶ。「ちゅーりっぷ(チューリップ)・が・ ひらい・た。」④新しいことを始める。「えきまえ(駅前)・で・ ぱんや(パン屋)・を・ ひらく。」⑤開催する。「どよーび(土曜日)・に・ ぼーねんかい(忘年会)・を・ ひらく。」⑥とまっていたものが、飛び上がる。虫などが空中を動いて進んでいく。「き(木)ー・から・ せみ(蝉)・が・ ひらい・た・ので・ びっくりし・

た。」■対語①＝「しまる【閉まる】」「とじる【閉じる】」、②⑤＝「しめる【閉める】」〔①⇒**あく【開く】**。②⇒**あける【開ける】**。⑥⇒**たつ【立つ】**、**とぶ【飛ぶ、跳ぶ】**〕

ひらける【開ける】《動詞・カ行下一段活用》 ①展望などが広がる。見晴らせる。「やま(山)・の・　てっぺん(天辺)・から・　み(見)・たら・　む(向)こーがわ・が・　ひらけ・た。」②文化が進んでくる。「よ(世)のなか・が・　ひらけ・て・　す(住)みよー・　なっ・た。」③開発が進み、住宅や商店などが増える。「えき(駅)・の・　きたがー(北側)・が・　ひらけ・てき・た。」④物わかりがよい。「あいつ(彼奴)・は・　ひらけ・た・　にんげん(人間)・や・さかい・　おこ(怒)ら・へん。」⑤良い方に向かう。「うん(運)・が・　ひらけ・てき・た。」

ひらたい【平たい】《形容詞・アイ型》 起伏や厚みがなくて、平らである。高さが小さくて、横に広がりがある。「ひらたい・　さら(皿)・に・　い(入)れる。」〔⇒**へべたい【平べたい】**、**ひらべったい【平べったい】**、**べちゃこい**〕

ひらひら《副詞と、動詞する》 ①紙・布・花びらなどの軽くて薄いものが、空中で揺れ動く様子。「はた(旗)・が・　ひらひらする。」「ひらひらと・　はな(花)・が・　ち(散)る。」「ちょーちょ(蝶々)・が・　ひらひらと・　と(飛)ん・でき・た。」②軽く薄いものが小刻みに揺れ動く様子。「かみ(紙)・が・　ひらひらし・とる。」

びらびら《名詞》 布や紙などでできていて、垂れて動いているもの。「よーふく(洋服)・の・　すそ(裾)・に・　びらびら・を・　つ(付)ける。」

びらびら《副詞と、動詞する》 比較的薄いものが、輝いたりしながら揺れ動く様子。「ぽすたー(ポスター)・が・　と(取)れ・そーで・　びらびらし・とる。」「ぎんがみ(銀紙)・が・　びらびら・　ゆ(揺)れ・とる。」

ひらべったい【平べったい】《形容詞・アイ型》 起伏や厚みがなくて、平らである。高さが小さくて、横に広がりがある。「ねんど(粘土)・を・　ひらべっとー・に・　の(延)ばす。」「ひらべったい・　かびん(花瓶)・に・　せ(背)ー・の・　ひく(低)い・　はな(花)・を・　さ(挿)す。」〔⇒**へべたい【平べたい】**、**ひらたい【平たい】**、**べちゃこい**〕

ひらめ【平目】《名詞》 海底の砂地にすむ、両眼は体の左側にあって、体が薄く円く広がっている魚。「これ・は・　かれー(鰈)・やのー・て・　ひらめ・や。」

ひらめく【閃く】《動詞・カ行五段活用》 考えや思いが急に思い浮かぶ。「ね(寝)・て・　かんが(考)え・とっ・て・　え(良)ー・　こと(事)・が・　ひらめい・た。」■名詞化＝**ひらめき【閃き】**

ひらや【平屋】《名詞》 床を一層にして作った建物。「ひらや・の・　おー(大)けな・　いえ(家)・に・　す(住)ん・どる。」■対語＝「にかい【二階】」「にかいだて【二階建て】」「にかいだち【二階建ち】」

びり《名詞》 順位をつけたときの後ろの位置。最も後ろの順位。最後尾。最下位。「びり・で・　ごーる(ゴール)・に・　はい(入)っ・た。」〔⇒**しり【尻】**、**けつ【穴】**、**げつ【(穴)】**、**げっつう【(穴)】**、**どんけつ【どん穴】**、**どんげつ【(どん穴)】**、**どんじり【どん尻】**、**げっとう【(穴等)】**、**げっとくそ【(穴等糞)】**、**げっとうしょう【(穴等賞)】**、**べっとう【(穴等)】**、**べっとくそ【(穴等糞)】**、**べっとうしょう【(穴等賞)】**〕

ぴりつく《動詞・カ行五段活用》 ①微かな雨が降り始める。「ぴりつい・てき・た・ので・　は(早)よ・　い(去)の・か。」②やや辛くて刺激のある味がする。「とんがらし(唐辛子)・の・　あじ(味)・が・　つよ(強)ー・て・　ちょっと(一寸)・　ぴりつい・とる。」

びりっと《副詞、動詞する》 紙や布などが瞬間的に勢いよく裂ける様子。また、その音。「こしか(腰掛)け・た・　とたん(途端)・に・　ずぼん(ズボン)・の・　しり(尻)・が・　びりっと・　やぶ(破)れ・た。」

ぴりっと《副詞、動詞する》 ①電気に感電したような刺激や痛みを感じる様子。「ぬ(濡)れ・た・　て(手)ー・で・　さわ(触)っ・たら・　ぴりっとし・た。」②鋭く辛みを感じる様子。瞬間的に刺激を受けて、しびれる様子。「ぴりっと・　から(辛)い・　さんしょ(山椒)・や・なー。」③微かな雨が降り始める様子。「ぴりっとし・てき・た・さかい・　せんたくもん(洗濯物)・を・　なか(中)・に・　い(入)れ・よー。」

びりっとも《副詞》 まったく動かない様子。びくともしない様子。「お(押)し・たり・　たた(叩)い・たり・　し・た・けど・　びりっとも・　うご(動)か・なんだ。」◆後ろに打ち消しの表現を伴う。

ひりひり《副詞と、動詞する》 ①皮膚や神経が刺されるように痛み続ける様子。「ひ(陽)ー・に・　や(焼)け・て・　せなか(背中)・が・　ひりひりする。」②辛いものを食べたとき、口の中がほてるように感じ続ける様子。「とんがらし(唐辛子)・で・　した(舌)・が・　ひりひりする。」

びりびり《副詞と、動詞する》 ①紙などを破る様子。紙などを破るときに音が出る様子。また、その音。「い(要)ら・ん・よーに・　なっ・た・　ちょーめん(帳面)・を・　びりびり・　やぶ(破)る。」②周りのものを細かく振動させる程度に、大きな音が出ている様子。また、その音。「かみなり(雷)・が・　な(鳴)っ・て・　しょーじ(障子)・が・　びりびりし・た。」◆①は、ゆっくり引き裂いているような感じである。

ぴりぴり《副詞と、動詞する》 ①微かな雨が降り始める様子。「ぴりぴりし・てき・た・さかい・　せんたくもん(洗濯物)・を・　しまい・ましょ・ー。」②刺されるように痛く感じる様子。しびれるような痛みや辛みを感じる様子。「くち(口)・の・　なか・が・　ぴりぴり・　から(辛)い。」③神経が高ぶって張りつめている様子。「みんな(皆)・　ぴりぴりと・　きんちょー(緊張)し・とる。」④紙や布などが続けざまに裂ける様子。紙などが小刻みに震え動く様子。また、その音。「かみ(紙)・を・　ぴりぴりと・　やぶ(破)る。」

ひりょう〔ひりょー〕【肥料】《名詞》 作物の成長をよくするために、土に与える栄養分。土に与えるためのもの。「はな(花)・の・　つち(土)・に・　ひりょー・を・　い(入)れる。」〔⇒**こえ【肥え】**、**こやし【肥やし】**〕

ぴりり《副詞と》 ①刺されるように痛く感じる味の様子。「この・　とんがらし(唐辛子)・は・　ぴりりと・　から(辛)い。」②神経が高ぶって張りつめている様子。「ふたり(二人)・で・　にら(睨)みおー・て・　ぴりりと・　しとっ・た。」③紙や布などが続けざまに裂ける様子。また、その音。「みぞ(溝)・を・　と(跳)びこえ・たら・　ぱんつ(パンツ)・が・　ぴりりと・　やぶ(破)れ・た。」

ひる【昼】《名詞》 ①太陽が東に昇ってから、西に沈むまでの間。昼間の時間の長さ。「だんだん(段々)・　ひる・が・　なご(長)ー・　なっ・てき・た。」②真昼。正午。「ひる・の・　にゅーす(ニュース)・を・　み(見)る。」③正午の頃の食事。「ひる・は・　もー・　た(食)べ・た・か。」■対語＝「よる【夜】」「ばん【晩】」〔①⇒**ひ【日】**。③⇒**ひるめし【昼飯】**、**ちゅうしょく【昼食】**、**ひるごはん**

【昼御飯】〕

ビル〔**びる**〕【英語＝building の略】《名詞》 鉄筋コンクリートなどで造った中・高層の建物。「えきまえ(駅前)・に・ びる・が・ ふ(増)え・た。」〔⇒**ビルデング**【英語＝building】〕

ひるい【蛭】《名詞》 川や溝などにすんで、人の血を吸う環形動物。「みぞ(溝)・に・ はい(入)っ・とっ・たら・ あし(足)・に・ ひるい・が・ ひ(引)っつい・た。」

ひるから【昼から】《名詞》 ①正午を過ぎた頃からの時間帯を大まかに指す言葉。「ひるから・は・ にわ(庭)・を・ そーじ(掃除)し・よー・と・ おも(思)う。」「ひるから・は・ かぜ(風)・が・ の(無)ーなっ・て・ あつ(暑)い。」②正午から夜の 12 時までの時間帯。または、昼から夕方までの時間帯。「ひるから・の・ さんじ(三時)・に・ あつ(集)まる。」■対語＝「ひるまで【昼まで】」〔②⇒**ごご**【午後】〕

ひるごはん【昼御飯】《名詞》 正午の頃の食事。「ひるごはん・は・ べんとー(弁当)・を・ も(持)っ・ていく。」■対語＝「あさごはん【朝御飯】」「ばんごはん【晩御飯】」〔⇒**ひるめし**【昼飯】、**ちゅうしょく**【昼食】、**ひる**【昼】〕

ビルデング〔**びるでんぐ**〕【英語＝building】《名詞》 鉄筋コンクリートなどで造った中・高層の建物。「ひゃっかてん(百貨店)・は・ きゅーかいだて(九階建)・の・ びるでんぐ・や。」◆「ビルジング」などの発音もある。〔⇒**ビル**【英語＝building の略】〕

ひるね【昼寝】《名詞、動詞する》 疲れをとるなどのために、昼間に少しの時間だけ眠ること。「ほいくえん(保育園)・で・は・ まいにち(毎日)・ ひるね・が・ ある・そーや。」〔⇒**ひんね**【(昼寝)】〕

ひるのひなか【昼の日中】《名詞》 真昼の明るいとき。朝や夕方を除いた、真昼。「ひるのひなか・に・ かじ(火事)・が・ お(起)き・た。」〔⇒**ひなか**【日中】、**ひるひなか**【昼日中】、**まっぴるま**【真っ昼間】、**まひる**【真昼】、**はくちゅう**【白昼】〕

ひるひなか【昼日中】《名詞》 真昼の明るいとき。朝や夕方を除いた、真昼。「ひるひなか・に・ さけ(酒)・ の(飲)ん・どっ・たら・ みんな(皆)・に・ わら(笑)わ・れる・で。」〔⇒**ひなか**【日中】、**ひるのひなか**【昼の日中】、**まっぴるま**【真っ昼間】、**まひる**【真昼】、**はくちゅう**【白昼】〕

ひるま【昼間】《名詞》 朝から夕方までの間で、太陽が昇って、明るい間。「ひるま・は・ は(晴)れ・とっ・た・けど・ ばんがた(晩方)・から・ くも(曇)っ・てき・た。」「ひるま・に・ よーじ(用事)・を・ す(済)ます。」◆同様の時間帯であれば、どのような天候であっても使う。〔⇒**にっちゅう**【日中】〕

ひるまで【昼まで】《名詞》 ①正午までの時間帯を大まかに指す言葉。「ひるまで・に・ しあ(仕上)げ・てしまう。」②夜の 12 時から正午までの時間帯。または、朝から12時までの時間帯。「ひるまで・の・ くじ(九時)・に・ かいぎ(会議)・を・ はじ(始)める。」■対語＝「ひるから【昼から】」〔②⇒**ごぜん**【午前】〕

ひるみや【昼宮】《名詞》 2日間にわたって催される秋祭りの2日目。「ひるみや・の・ みやい(宮入)り・は・ じゅーじ(十時)・や。」◆1日目は「よみや【(宵宮)】」「よんみゃ【(宵宮)】」と言う。〔⇒**ほんみや**【本宮】〕

ひるめし【昼飯】《名詞》 正午の頃の食事。「ひるめし・は・ かる(軽)く・ す(済)ます。」■対語＝「あさめし【朝飯】」「ばんめし【晩飯】」◆「ひるごはん【昼御飯】」のややぞんざいな言い方である。〔⇒**ひるごはん**【昼御飯】、**ちゅうしょく**【昼食】、**ひる**【昼】〕

ひるやすみ【昼休み】《名詞、動詞する》 昼食や疲労回復のために、正午前後にしばらく休むこと。また、その時間。「かいしゃ(会社)・の・ ひるやすみ・は・ いちじかん(一時間)・ ある・ねん。」

ひれ【鰭】《名詞》 魚などの背・尾・胸・腹などにあって扇子のような形をして、泳ぐときに使うもの。「たい(鯛)・の・ ひれ・は・ かた(硬)い。」

ひろい【広い】《形容詞・オイ型》 ①ものとものとの間隔や隙間が大きい。空間や面積に余裕がある。「ひろい・ うんどーじょー(運動場)・で・ あそ(遊)ぶ。」②仕切られた幅が大きい。「ひろい・ みち(道)・が・ でけ(出来)・た。」③及ぶ範囲が大きい。「あいつ(彼奴)・は・ よ(読)ん・どる・ ほん(本)・が・ ひろい・さかい・ なん(何)・でも・ し(知)っ・とる。」■対語＝「せまい【狭い】」「せばい【(狭い)】」

ひろいもん【拾い物】《名詞》 ①落ちているのを取り上げたもの。誰かが落としていって、気づいていないもの。「ひろいもん・を・ けーさつ(警察)・に・ とど(届)け・とい・た。」②思いがけない儲けもの。予想していなかった幸運なこと。「しけん(試験)・を・ みっ(三)つ・ う(受)け・たら・ みっ(三)つ・とも・ とーっ(＝合格し)・て・ えらい・ ひろいもん・やっ・た。」〔⇒**ひらいもん**【(拾い物)】〕

ひろう【拾う】《動詞・ワア行五段活用》 ①置かれていたり落ちていたりするものを取り上げて、手にする。「うみ(海)・で・ かいがら(貝殻)・を・ ひろう。」②失うはずのものを、失わずに済む。「ま(負)け・とっ・た・ しあい(試合)・を・ ひろ・た。」■対語＝「すてる【捨てる】」「してる【(捨てる)】」〔⇒**ひらう**【(拾う)】〕

ひろうえん〔**ひろーえん**〕【披露宴】《名詞》 結婚したことを広く知らせるために、客を招いて催す宴席。「ほてる(ホテル)・で・ ひろーえん・を・ する。」

ひろうす〔**ひろーす**〕【(飛龍頭)】《名詞》 豆腐を崩した中に、細かく刻んだ野菜・昆布などを入れて、油で揚げたもの。がんもどき。「かんとだき(関東炊)・に・ ひろーす・を・ い(入)れる。」〔⇒**ひろす**【(飛龍頭)】〕

ビロード〔**びろーど**〕【ポルトガル語＝veludo】《名詞》 表面の毛を立てた、柔らかくて艶のある織物。「しっくり・ し・た・ びろーど・の・ ふく(服)・を・ き(着)る。」〔⇒**ビロド**【ポルトガル語＝veludo】〕

ひろがる【広がる】《動詞・ラ行五段活用》 ①面積や間隔などが大きくなる。「せま(狭)かっ・た・ うんどーじょー(運動場)・が・ ひろがっ・た。」②広々と見渡せる。「まち(町)・の・ まー(周)り・に・は・ たんぼ(田圃)・が・ ひろがっ・とる。」③かたまっていたものが、ばらばらになる。「うんどーじょー(運動場)・に・ ひろがっ・て・ たいそー(体操)・を・ する。」④行きわたる。流行する。「いんふるえんざ(インフルエンザ)・が・ ひろがる。」■他動詞は「ひろげる【広げる】」■対語＝①「せばまる【狭まる】」■名詞化＝**ひろがり**【広がり】

ひろげる【広げる】《動詞・ガ行下一段活用》 ①面積や間隔などを大きくする。「うりば(売場)・を・ ひろげる。」「せま(狭)い・ みち(道)・を・ ひろげる。」②閉じたり畳んだり、収めてあったりしたものを開く。「ほん(本)・を・ ひろげ・て・ よ(読)む。」「みせ(店)・を・ ひろげ・とっ・たん・や・けど・ だれ(誰)・も・ こ(来)・なんだ。」③かたまっていたものを、ばらばらにする。あたり一面に置き並べる。「つみき(積木)・を・ ひろげ・

て・　あそ(遊)ん・どる。」■自動詞は「ひろがる【広がる】」■対語＝①「せばめる【狭める】」〔②⇒**あける**【開ける】〕

ひろさ【広さ】《名詞》 面積の大きさ。面積の大きさの程度。面積が大きいこと。「こーば(工場)・の・　ひろさ・は・　ごせんつぼ(五千坪)・や。」■対語＝「せまさ【狭さ】」「せばさ【(狭さ)】」

ひろす【(飛龍頭)】《名詞》 豆腐を崩した中に、細かく刻んだ野菜・昆布などを入れて、油で揚げたもの。がんもどき。「よー・　あじ(味)・が・　し(染)みこん・どる・　ひろす・や・さかい・　うま(美味)い・なー。」〔⇒**ひろうす**【(飛龍頭)】〕

ビロド〔**びろど**〕【ポルトガル語＝veludo】《名詞》 表面の毛を立てた、柔らかくて艶のある織物。「びろど・の・　うわぎ(上着)・を・　き(着)る。」〔⇒**ビロード**【ポルトガル語＝veludo】〕

ひろば【広場】《名詞》 屋外で大勢の人が集まることのできるような、面積の大きい場所。「えきまえ(駅前)・の・　ひろば・で・　ばす(バス)・に・　の(乗)る。」

ひろびろ【広々】《副詞と、動詞する》 面積が大きい様子。面積が十分にあって、窮屈さを感じない様子。「たんぼ(田圃)・が・　ひろびろと・　つづ(続)い・とる。」「ひろびろし・た・　たいいくかん(体育館)・で・　れんしゅー(練習)する。」

ひろま【広間】《名詞》 大勢の人が集まることのできる、面積の大きい部屋。面積の大きい座敷。「りょかん(旅館)・の・　ひろま・で・　えんかい(宴会)・を・　する。」◆より大きいものは「おおひろま【大広間】」と言う。

びわ【枇杷】《名詞》 背の高い常緑樹で秋に白い花が咲き、夏の初めにだいだい色の実が生る木。また、その実。「びわ・の・　み(実)ー・が・　す(好)きや。」「びわ・を・　ちぎる。」〔⇒**びや**【(枇杷)】〕

ひわり【日割り】《名詞》 ①給料などを１日ごとに割り当てて、計算すること。「ひわり・で・　にっとー(日当)・を・　けーさん(計算)する。」②何日もかかる仕事について、前もって、１日ごとの仕事の予定などを決めること。また、その決めた内容。「で(出)・てくる・　にんずー(人数)・を・　ひわり・で・　き(決)め・とく。」

ひ(を)あらためる〔**ひー(を)あらためる**〕【日(を)改める】《動詞・マ行下一段活用》 予定されていたその日をやめて、別の日にする。「ひーをあらため・て・　でなお(出直)し・てき・まっ・さ。」〔⇒**ひをかえる**【日を変える】〕

ひをかえる〔**ひーをかえる**〕【日を変える】《動詞・ア行下一段活用》 予定されていたその日をやめて、別の日にする。「あした(明日)・は・　つごー(都合)・が・　わる(悪)い・さかい・　ひーをかえ・てんか。」〔⇒**ひ(を)あらためる**【日(を)改める】〕

ひん【品】《名詞》 人やものにそなわっていて、外に現れてくる値打ちや好ましい感じ。「ひん・の・　え(良)ー・　がら(柄)・の・　きもの(着物)・を・　き(着)・とる・なー。」

ひん【品】《接尾語》 それに該当する品物であることを表す言葉。「こーきゅー(高級)ひん・は・　やっぱり・　たか(高)い・　ね(値)ー・や。」「にきゅー(二流)ひん・を・　やすうり(安売)する。」

ひん《助動詞》［動詞や助動詞の未然形に付く］ 前にある言葉を打ち消すときに使う言葉。「だい(台)・の・　うえ(上)・から・　ひとり(一人)・で・　よー・　お(降)り・ひん。」◆動詞や助動詞に接続し、形容詞や形容動詞には接続しない。「へん」を使う方が圧倒的に多いが、「ひん」を多用する人もある。〔⇒**ない、へん、ん、やへん**〕

びん【瓶】《名詞》 ガラス・陶器・金属などで作って、液体などを入れる容器。「びん・を・　お(落)とし・て・　わ(割)っ・ても・た。」「これ・は・　いっしょー(一升)・　はい(入)る・　びん・や。」◆明石市大久保町西島にある酒造会社の中で最大の会社は江井ヶ嶋酒造であるが、その会社の瓶詰めをする蔵を、「びんば【瓶場】」と呼んでいた。「びんば・に・　い(行)っ・とる。」と言えば、その会社でその仕事をしているということがわかった。同様に「しょうちゅうば【焼酎場】」という言葉もあり、今だに、それら言葉を聞くことがある。なお、江井ヶ嶋酒造は、わが国で初めて酒瓶としての一升瓶を作った会社として知られている。

びん【便】《名詞》 ①人、物、手紙などを運ぶ手段。「ひこーき(飛行機)・の・　びん・で・　い(行)く。」「ふね(船)・の・　びん・が・　な(無)い・さかい・　とど(届)け・られ・へん。」②都合の良い機会や伝手。「だれ(誰)・ど・が・　い(行)っ・てくれる・　びん・は・　ない・やろ・か。」「ばす(バス)・の・　え(良)ー・　びん・が・　ある・ん・やっ・たら・　い(行)き・たい・ねん・けど・な。」

ピン〔**ぴん**〕【英語＝pin】《名詞》 ①板や壁などに紙片などを張るときに使う、頭に笠形のものがついた釘。画鋲。「かべ(壁)・に・　かれんだー(カレンダー)・を・　ぴん・で・　と(留)める。」「かみ(紙)・を・　ごまい(五枚)・ずつ・　ぴん・で・　と(留)める。」②衣服などに留めつける用具。「ねくたい(ネクタイ)・の・　ぴん・を・　か(買)う。」③髪の形を整えたり、乱れるのを防ぐために使う用具。「まえがみ(前髪)・を・　ぴん・で・　と(留)める。」〔①⇒**おしピン**【押し ＋ 英語＝pin】、**びょう**【鋲】、**がびょう**【画鋲】〕

ひんがらぼし【ひんがら干し】《形容動詞や(ノ)、名詞》 日光に長時間あたって、水分が乏しくなっている様子。また、そのようになったもの。「かえる(蛙)・が・　ひんがらぼしに・　なっ・とる。」〔⇒**かんからぼし**【かんから干し】、**かんかんぼし**【かんかん干し】〕

ひんがらめ【ひんがら目】《名詞》 左右２つの目の視線が異なった方に向いているように見える目の様子。斜視。やぶにらみ。「あの・　こ(子)・は・　ちょっと・　ひんがらめ・や。」

びんかん【敏感】《形容動詞や(ナ)》 感覚や感じ方が鋭い様子。「びんかんな・　いぬ(犬)・や・さかい・　ちょっと(一寸)・　ものおと(物音)・が・　し・ても・　め(目)ー・を・　さ(覚)まし・て・　ほ(吠)える。」■対語＝「どんかん【鈍感】」

ピンきゅう〔**ぴんきゅー**〕【英語＝ping-pongの略 ＋ 球】《名詞》 卓球の競技で使う、セルロイド製のたま。「おも(思)いきり・　う(打)っ・たら・　ぴんきゅー・が・　へちゃがっ・た。」

ひんけつ【貧血】《名詞》 血液の中の赤血球などが少なくなること。「ひんけつ・で・　ふらふらする。」

ひんしつ【品質】《名詞》 品物の性質やよしあし。「た(食)べる・　もん・は・　ひんしつ・の・　え(良)ー・の・を・　か(買)わ・んと・　あき・まへん。」

ひんじゃく【貧弱】《形容動詞や(ナ)》 ①知識や能力などがじゅうぶんでない様子。「ひんじゃくな・　てがみ(手紙)・しか・　よー・　か(書)か・ん・さかい・　は(恥)ずかしー・ねん。」②品物などが小さかったり上質でなかったりして、見ばえがしない様子。「けっこん(結婚)・の・　いわ(祝)い・は・　ひんじゃくな・　つつみがみ(包

紙)・で・は・　しつれー(失礼)や。」〔②⇒**ひんそう【貧相】**〕

ひんしゅ【品種】《名詞》　農作物や家畜の、同じ種の中での分類の単位。品物の種類。「いね(稲)・の・　ひんしゅ・が・　よ(良)ーなっ・た。」

びんする【便する】《動詞・サ行変格活用》　離れたところにいる人に知らせる。「おとー(父)さん・が・　な(亡)くなっ・た・と・　ゆ(言)ー・て・　びんし・てき・た。」「きゅー(急)な・　こと・で・　よー・　びんせ・んと・　すんまへん。」

ピンセット〔ぴんせっと〕【オランダ語＝ pincet】《名詞》　手に触れてはいけないものや手でつまめないほどの小さなものをつまむための、V字形をした道具。「だっしめん(脱脂綿)・を・　ぴんせっと・で・　つま(摘)ん・で・　しょーどく(消毒)する。」

びんせん【便箋】《名詞》　手紙を書くための、罫線の印刷された用紙。「びんせん・　さんまい(三枚)・に・　びっしり・　か(書)い・て・　おく(送)っ・た。」

ひんそう〔ひんそー、ひんそ〕【貧相】《形容動詞や(ナ)》　①顔つきや姿がみすぼらしいこと。「ひんそな・　かっこ(恰好)・の・　ひと(人)・や・なー。」②品物などが小さかったり上質でなかったりして、見ばえがしない様子。「ひんそーな・　せーぼ(歳暮)・や・けど・　おく(贈)ら・ん・より・は・　ましやろ。」〔②⇒**ひんじゃく【貧弱】**〕

びんづめ【瓶詰め】《名詞、動詞する》　食品や飲料などを瓶に詰めて密封すること。また、瓶に詰められた食品。「のり(海苔)・の・　つくだに(佃煮)・を・　びんづめする。」

ぴんと〔ぴーんと〕《副詞、動詞する》　①線状のものを、勢いよく引っ張る様子。真っ直ぐに張りつめている様子。引き締まっている様子。「いと(糸)・の・　りょーはし(両端)・を・　ぴんと・　ひ(引)っぱる。」「ごむ(ゴム)・が・　ぴーんと・　は(張)っ・て・　き(切)れ・そーに・　なっ・とる。」②広い面が、引っ張られた状態になっている様子。「せろふぁん(セロファン)・を・　ぴーんと・　は(張)る。」③一瞬のうちに、心に浮かぶ様子。緊張している様子。「あいつ(彼奴)・が・　あや(怪)しー・と・　ぴーんと・　き・た。」「まく(幕)・が・　あ(開)く・　まえ(前)・は・　みな(皆)・　ぴーんとし・とっ・た。」〔①⇒**ぴんぴん**〕

ひんね【(昼寝)】《名詞、動詞する》　疲れをとるなどのために、昼間に少しの時間だけ眠ること。「あー・　よー・　ひんねし・た。」〔⇒**ひるね【昼寝】**〕

ぴんぴん《副詞に、形容動詞や(ノ)、動詞する》　①勢いよく、跳ね上がったり反り返ったりして動く様子。新鮮である様子。「つ(釣)っ・た・ばっかり・で・　さかな(魚)・が・　ぴんぴんし・とる」②健康で元気がよい様子。「はちじゅー(八十)・を・　す(過)ぎ・た・けど・　まだ・　ぴんぴんし・て・　はたら(働)い・て・ます。」③線状のものを、勢いよく引っ張る様子。真っ直ぐに張りつめている様子。「ろーぷ(ロープ)・を・　ぴんぴんに・　は(張)る。」④真新しくて、柔らかさがない様子。「ぴんぴんの・　いちまんえんさつ(一万円札)・で・　はら(払)う。」⑤服などが、背丈に比べて短い様子。着物の背丈が足りなくておかしく見える様子。「せ(背)ー・が・　の(伸)び・て・　ふく(服)・が・　ぴんぴんに・　なっ・た・なー。」〔③⇒**ぴんと**。⑤⇒**ちょっぴん、ちょっぴんぴん、ちんちくりん**〕

びんぼう〔びんぼー、びんぼ〕【貧乏】《名詞、形容動詞や(ナ)、動詞する》　お金が乏しくて、生活するのが苦しいこと。財産などが少ないこと。「せんそー(戦争)・の・　あと(後)・は・　みんな(皆)・が・　みんな(皆)・　びんぼーやっ・た・ん・や。」「かじ(火事)・が・　いっ・て・から・は・　びんぼーし・て・ます・ねん。」〔⇒**びんぼうたれ【貧乏垂れ】**〕

びんぼうたれ〔びんぼーたれ、びんぼたれ〕【貧乏垂れ】《名詞、形容動詞や(ノ)、動詞する》　お金が少なくて、生活するのが苦しいこと。「わし・は・　びんぼたれや・さかい・　きふ(寄付)する・の・は・　や(止)め・とく。」◆「びんぼう【貧乏】」であることを口汚く言う言葉。〔⇒**びんぼう【貧乏】**〕

ピンぼけ〔ぴんぼけ〕【オランダ語＝ brandpunt から ＋ 呆け】《名詞、動詞する》　①写真で、ピントが合わず、ぼやけて写ること。ぼやけた写真。「ぴんぼけし・て・　だれ(誰)・を・　うつ(写)し・た・ん・やら・　わから・へん・ねん。」②言動などが的はずれで、肝心な点からずれていること。「あいつ(彼奴)・の・　ゆ(言)ー・　こと・は・　ぴんぼけ・ばっかり・や。」

ピンポン〔ぴんぽん〕【英語＝ ping-pong】《名詞、動詞する》　真ん中にネットを張った台の両側から、セルロイド製の小さなボールをラケットで打ち合う競技。「ひるやす(昼休)み・に・　ぴんぽんし・て・　あそ(遊)ぶ。」〔⇒**たっきゅう【卓球】**〕

ひんやり【冷んやり】《副詞と、動詞する》　肌や舌が、水や空気などを冷たく感じる様子。体が涼しく感じたり、寒さを感じたりする様子。不安やおそれを感じる様子。「ひ(冷)やし・た・　すいか(西瓜)・は・　ひんやりと・　うま(美味)い。」「あさばん(朝晩)・　ひんやりし・てき・て・　きも(気持)ち・が・　よ(良)ー・　なっ・た。」「きた(北)・から・　ひんやりし・た・　かぜ(風)・が・　ふ(吹)い・てくる。」〔⇒**ひいやり【冷いやり】**〕

ふ

ふ〔ふー〕【麩】《名詞》　小麦粉を水でこねて、澱粉を取り去って、蛋白質で作った食品。「すきや(鋤焼)き・に・　ふー・を・　い(入)れる。」

ふ〔ふー〕【歩】《名詞》　将棋の駒のひとつで、前に1つだけ動くことのできるが、敵陣に入って成ると金将と同じ働きをするもの。「あいて(相手)・の・　ふー・を・　と(取)る。」

ふ【二】《名詞》　数を1音節で数えていくときの「に【二】」を表す言葉。◆1から10までを「ひ」「ふ」「み」「よ」「い」「む」「な」「や」「こ」「と」と言う。長音化して「ひー【一】」「ふー【二】」「みー【三】」…と言うこともある。

ぶ〔ぶー〕【部】《名詞》　①同じ趣味や目的を持った者で構成しているまとまり。「ばれー(バレー)・の・　ぶー・に・　はい(入)っ・て・　れんしゅー(練習)する。」②会社・団体などの組織を区分けした単位。「けーり(経理)・の・　ぶー・で・　はたら(働)い・とる。」③全体を何らかの基準で分けた、その一つ一つ。「はし(走)り・は・　あし(足)・の・　おそ(遅)い・　ぶー・に・　はい(入)っ・とる。」「うえ(上)・の・　ぶー・に・　あ(上)がり・たい・ねん。」〔①⇒**クラブ【英語＝ club。倶楽部】**〕

ぶ〔ぶー〕【分】《名詞》　①全体の中に占める大小の関係で、全体の10分の1のこと。「さくら(桜)・は・　まだ・　さん(三)ぶ・ぐらい・の・　さ(咲)き・や。」②全体を100としたときの割合。「割」という数値の10分の1を表す単位。「いちわり(一割)に(二)ぶ・の・　てすーりょー(手数料)・を・　と(取)ら・れる。」③気温や体温などの数値を表す「度」の10分の1を表す単位。「ねつ(熱)・が・　さんじゅーはちど(三十八度)ろく(六)ぶ・　ある。」④尺貫法で長さを表す単位であり、1分は約0.3センチで、10分で1寸となる長さ。「いっすん(一寸)さん(三)ぶ・の・　なが(長)さ・で・　き(切)る。」⑤ある数が全体の数に対して占める大小の関係。また、そのようになる可能性。「どーも・　こっち・に・　ぶー・が・　な(無)い・みたいや。」〔⑤⇒**ぶあい【歩合】、りつ【率】、わりあい【割合】、わんりゃい【(割合)】、わり【割】**〕

ファール〔ふぁーる〕【英語＝foul】《名詞》　野球で、打球が1塁線、3塁線の外側にそれること。「え(良)ー・　あ(当)たり・や・けど・　ふぁーる・に・　なっ・た。」〔⇒**ハール【(英語＝foul)】**〕

ぶあい【歩合】《名詞》　ある数が全体の数に対して占める大小の関係。また、そのようになる可能性。「か(勝)つ・　ぶあい・は・　あ(有)ら・へん・やろ・なー。」〔⇒**ぶ【分】、りつ【率】、わりあい【割合】、わんりゃい【(割合)】、わり【割】**〕

ぶあいそう〔ぶあいそー、ぶあいそ〕【無愛想】《形容動詞や(ナ)、動詞する》　人に好感を持たれるような動作をしなかったり、言葉を出したりしない様子。愛らしさに欠けて、素っ気ない様子。「ぶあいそな・　もの・の・　い(言)ーかた・を・　する。」「あの・　ひと(人)・は・　ぶあいそーする・さかい・　みんな(皆)・に・　す(好)か・れ・へん。」◆「あいそう【愛想】」が主として名詞の働きをするのに対して、「ぶあいそう【無愛想】」は主として形容動詞の働きをする。■対語＝「あいそう【愛想】」

ぶあつい【分厚い】《形容詞・ウイ型》　平たい形のもので、かなりの厚みがある。物の表と裏などの間に幅がある。「ぶあつい・　ほん(本)・を・　しとつき(一月)・　かかっ・て・　やっと・　よ(読)ん・でも・た。」「ぶあつい・　たまごや(卵焼)き・を・　た(食)べ・た。」■対語＝「うすい【薄い】」〔⇒**あつい【厚い】、ふとい【太い】、ぶっとい【(太い)】、ぶとい【(太い)】**〕

ぶあついめ【分厚いめ】《名詞、形容動詞や(ノ)》　ものの厚みが、少し太いこと。比較的太いと思われること。「さぶ(寒)ーなっ・てき・た・さかい・　ぶあついめの・　しゃつ(シャツ)・を・　き(着)る。」■対語＝「うすいめ【薄いめ】」「うすめ【薄め】」〔⇒**ぶあつめ【分厚め】、ふとめ【太め】、ふといめ【太いめ】**〕

ぶあつめ【分厚め】《名詞、形容動詞や(ノ)》　ものの厚みが、少し太いこと。比較的太いと思われること。「ぶあつめの・　てぶくろ(手袋)・を・　は(履)く。」■対語＝「うすめ【薄め】」〔⇒**ぶあついめ【分厚いめ】、ふとめ【太め】、ふといめ【太いめ】**〕

ふあん【不安】《名詞、形容動詞や(ナ)》　うまくいかないかもしれないという恐れがあって、気がかりで落ち着かないこと。また、その気持ち。「あした(明日)・の・　しけん(試験)・が・　ふあんで・　ね(寝)・られ・へん。」

ファン〔ふあん〕【英語＝fan】《名詞》　①スポーツ・芸能などを熱心に愛好する人。「わし・は・　たいがーす(タイガース)・の・　ふあん・や・ねん。」②特定のスポーツ選手や芸能人などを熱心に応援する人。「みそら(美空)ひばり・の・　ふあん・や・さかい・　れこーど(レコード)・を・　よーけ・　も(持)っ・とる。」◆「ふぁん」でなく、「ふあん」という発音が多い。

ふあんふあん《形容動詞や(ノ)、動詞する》　いかにも柔らかく膨らんでいる様子。軽く弾力のある様子。「ふあんふあんの・　ぱん(パン)・は・　あいそ(愛想)ない・なー。」〔⇒**ふわふわ、ふわんふわん、ふんわり、ふわっと**〕

ぶいぶい《名詞》　背中は卵形で光沢のある金緑色の堅い殻におおわれている昆虫。黄金虫。「でんき(電気)・の・　ひ(灯)ー・　めがけ・て・　ぶいぶい・が・　と(飛)ん・でき・た。」〔⇒**かなぶん【金ぶん】**〕

フイルム〔ふいるむ〕【英語＝film】《名詞》　①薄いセルロイド製で、写真を感光させるために使う撮影用品。「しゃしんき(写真機)・に・　ふいるむ・を・　い(入)れる。」②薄いセルロイドに焼き付けた映画やスライドなど。「えーが(映画)・の・　ふいるむ・が・　き(切)れ・て・　かいじょー(会場)・に・　でんき(電気)・が・　つ(点)い・た。」◆「ふぃるむ」でなく、「ふいるむ」という発音が多い。

ぶいん【部員】《名詞》　同じ趣味や目的を持った者で構成しているまとまりに入っている人。会社や団体などの組織を区分けした、それぞれの単位に所属する人。「やきゅー(野球)・の・　ぶいん・が・　ふ(増)え・た。」「かいしゃ(会社)・の・　ぶいん・で・　ぼーねんかい(忘年会)・を・　する。」

ふう〔ふー〕【風】《名詞》　①慣例として行ってきている習わし。しきたり。「そない・　する・の・が・　むら(村)・の・　ふー・や。」「しゅーは(宗派)・が・　ちご(違)・たら・　そーしき(葬式)・の・　ふー・も・　ちが(違)う。」②ものごとのやり方。具合や様子。「あいつ(彼奴)・は・　どーも・　し(知)ら・ん・　ふー・やっ・た。」「こんな・　ふー・に・　する・ん・や・さかい・　まね(真似)し・て・　やっ・てみ・なはれ。」③人やものの身なりや形。外から見たときの様子や形。身に付けている服装などの印象。他人から見られたときの全体的な印象。「もっと・　ましな・　ふー・を・　し・なはれ。」「ふー・を・　かま(構)う。」〔③⇒**なり【形】、かっこう【格好】、すがた【姿】、ていさい【体裁】**〕

ふう〔ふー〕【封】《名詞、動詞する》　①袋のような形のものの口を閉じること。「てがみ(手紙)・の・　ふー・を・　する。」②袋のようなものがしっかり閉じられていること。また、そのようになっているもの。「ふー・を・　き(切)っ・たら・　はよ(早)ー・　た(食)べ・んと・　いか・ん。」

ふう(ふー)【二】《名詞》　数を2音節で数えていくときの「に【二】」を表す言葉。◆1から10までを「ひい【一】」「ふう【二】」「みい【三】」「よお【四】」「いつ【五】」「むう【六】」「なな【七】」「やあ【八】」「ここ【九】」「とお【十】」と言う。ただし、単独で「ふう【二】」と言うことはない。

ふうがわり〔ふーがーり〕【風変わり】《形容動詞や(ナ)》　状況・性質・行動などが普通と変わっている様子。「ふーがーりな・　いえ(家)・が・　た(建)っ・とる。」

ふうけい〔ふーけー〕【風景】《名詞》　見渡して目に入る、自然や人工物のありさまや風物の様子。また、そこから醸し出される趣。その場の有様。「でんしゃ(電車)・の・　まど(窓)・から・　み(見)える・　ふーけー・が・　だんだん・　はる(春)らしゅー・　なっ・てき・た。」〔⇒**けしき【景色】、ながめ【眺め】**〕

ふうさい〔ふーさい〕【風采】《名詞》　身なりや容姿などの様子。また、それによって人に与える印象。「ふーさい・の・　あ(上)がら・ん・　ひと(人)・や・さかい・　さび(寂)しそーや。」〔⇒**みかけ【見掛け】、みため【見た**

目】、みてくれ【見てくれ】〕
ふうせん〔**ふーせん**〕【風船】《名詞》　紙やゴムなどで作った袋の中に空気などを入れて、膨らませる玩具。「まつり(祭)・で・　おー(大)けな・　ふーせん・を・　こ(買)ー・た。」◆「かみふーせん【紙風船】」「ごむふーせん【ゴム風船】」と言い分けることがある。ゴム風船の中に水を入れて、ゴムなどの紐をつけて、手で打ち付ける遊びが流行した時期があった。
ふうせんガム〔**ふーせんがむ**〕【風船ガム】《名詞》　かむことよりも、ふくらませて遊ぶことを目的に作られているチューインガム。「ふーせんがむ・を・　ぷーと・　ふ(吹)い・て・　ふーせん(風船)・を・　こしら(拵)える。」
ふうと〔**ふーと**〕《副詞》　口をすぼめて息を吹きかける様子。風が当たる様子。また、その音や声。「あつ(熱)い・　おちゃ(茶)・を・　　ふーと・　ふ(吹)く。」〔⇒**ふっと**〕
ぷうと〔**ぷーと**〕《副詞》　①汽笛や放屁の音などがする様子。また、その音。「ぷーと・　けーてき(警笛)・が・　な(鳴)っ・て・　びっくりし・た。」「おー(大)きな・　おと(音)・で・　ぷーと・　へ(屁)・を・　こい・た。」②ふくらんでいる様子。ふくれている様子。「ふーせん(風船)・が・　ぷーと・　ふく(膨)らん・どる。」③不平の気持ちや、気合いを入れた気持ちが現れている様子。「ほっぺた・を・　ぷーと・　ふく(膨)らし・て・　おこ(怒)っ・とる。」〔⇒**ぷっと**〕
ふうとう〔**ふーとー**〕【封筒】《名詞》　手紙や書類などを入れる紙の袋。「おかね(金)・を・　ふーとー・に・　い(入)れ・て・　わた(渡)す。」
ふうふ〔**ふーふ**〕【夫婦】《名詞》　結婚している、一組の男の人と女の人。「ふーふ・で・　やまのぼ(山登)り・に・　い(行)く。」〔⇒**みょうと【夫婦】、みおと【夫婦】**〕
ふうふう〔**ふーふー**〕《副詞と、動詞する》　①熱い食べ物や飲み物を、吹いて冷ます様子。熱いものを冷ますために、口をすぼめて、繰り返して吹く様子。また、その音。「おかい(粥)さん・を・　ふーふーし・て・　た(食)べる。」「おしる(汁)・が・　あつ(熱)い・さかい・　ふーふーし・て・から・　た(食)べ・なはれ。」②吹いて火を消す様子。また、その息づかい。「ふーふーし・て・　ろーそく(蝋燭)・を・　け(消)し・て・　けーき(ケーキ)・を・　た(食)べる。」③苦しそうな息づかいをしている様子。生活が苦しそうな様子。「きゅーりょー(給料)・が・　すけ(少)のー・て・　ふーふー・　ゆ(言)ー・てます・ねん。」④他の人から苦しめられたり、仕事などに追い回されたりしている様子。「いちにちじゅー(一日中)・　ふーふー・　ゆ(言)ー・て・　とくいさきまー(得意先回)り・を・　し・た。」◆①②は幼児語。
ぶうぶう〔**ぶーぶー**〕《名詞》　①肉を食べる目的で飼育する、鼻と耳が大きく、ずんぐり太っている家畜。「うら(裏)・で・　ぶーぶー・を・　か(飼)う。」②エンジンの力で車輪を回して道路を進む乗り物。「ひろ(広)い・　みち(道)・は・　ぶーぶー・が・　はし(走)っ・とる・さかい・　き(気)ーつけ・や。」「ぶーぶー・に・　の(乗)っ・て・　どーぶつえん(動物園)・へ・　い(行)く。」◆幼児語。〔①⇒**ぶた【豚】**。②⇒**じどうしゃ【自動車】、じとうしゃ【(自動車)】、ぶっぷ、ぽっぽ、くるま【車】**〕
ぶうぶう〔**ぶーぶー**〕《副詞と》　①他人に向かって、不平や不満を述べる様子。「ぶーぶー・　ゆ(言)ー・たら・　あたら(新)しー・　しなもん(品物)・と・　か(換)え・てくれ・た。」②自動車の警笛、ほら貝などで低い音を鳴らす様子。また、その音。「うし(後)ろ・の・　くるま(車)・が・　ぶーぶーと・　な(鳴)らし・た。」③豚が低い声で鳴く様子。また、その鳴き声。「こや(小屋)・の・　なか(中)・で・　ぶーぶーと・　な(鳴)い・とる。」
ぷうぷう〔**ぷーぷー**〕《副詞と、動詞する》　①らっぱを低い音で鳴らしたり放屁などをしたりしている様子。また、その音。「ぷーぷー・　こい・たら・　くさ(臭)い・やないか。」②湯が沸いて、湯気などが勢いよく吹き出している様子。また、その音。「ちゃびん(茶瓶)・が・　ぷーぷー・　わ(沸)い・とる。」
ふうみ〔**ふーみ**〕【風味】《名詞》　口に含んだときに感じられる、その飲食物がもたらす上品な香りや味わい。「この・　しいたけ(椎茸)・は・　ふーみ・が・　の(無)ー・て・　ものた(物足)ら・ん。」
ふうらいぼう〔**ふーらいぼー**〕【風来坊】《名詞》　①気まぐれで、落ち着きのない人。「あいつ(彼奴)・は・　まち(町)・の・　なか(中)・を・　うろうろし・とる・　ふーらいぼー・や。」②決まった職業を持っていない人。無職の人。「ふーらいぼー・を・　せ・んと・　はたら(働)い・たら・　どない・や。」
ふうりゅう〔**ふーりゅー**〕【風流】《形容動詞や(ナ)》　心を動かしたり心を休めたりするところがあって、上品で味わいのある様子。「ふーりゅーな・　こと(琴)・の・　おと(音)・が・　き(聞)こえる。」
ふうりん〔**ふーりん**〕【風鈴】《名詞》　金属・陶器・ガラスなどで作られた、小さな釣り鐘のような形の鈴で、風に吹かれて出す音を楽しむもの。「ふーりん・が・　りんりん・　な(鳴)っ・とる。」「ひめじ(姫路)・の・　みょーちん(明珍)・の・　ふーりん・は・　ひばし(火箸)・で・　でけ(出来)・とる。」
プール〔**ぷーる**〕【英語＝pool】《名詞》　水を貯めるように作った水泳用の施設。「ぷーる・で・　およ(泳)ぐ・　れんしゅー(練習)・を・　する。」
ぶうん〔**ぶーん**〕《副詞と》　①小さな虫が飛んでくる様子。また、その音。「か(蚊)ー・が・　みみもと(耳元)・で・　ぶーんと・　ゆ(言)ー。」②低く小さく聞こえる音。「ひこーき(飛行機)・が・　たか(高)い・　そら(空)・を・　ぶーんと・　と(飛)ん・どる。」
ぷうんと〔**ぷーんと**〕《副詞、動詞する》　においが強く漂ってくる様子。「くさ(腐)っ・た・　にお(臭)い・が・　ぷーんとする。」
ふえ【笛】《名詞》　①中が空洞になっている竹・木・金属などの管に穴を空けて、息を吹き込んで鳴らす楽器。「ふえ・と・　たいこ(太鼓)・で・　がっそー(合奏)する。」②合図のために、吹いて音を出す道具。ホイッスル。「でんしゃ(電車)・の・　しゃしょー(車掌)・が・　ふえ・を・　ふ(吹)い・た。」
ふえいせい〔**ふえーせー**〕【不衛生】《形容動詞や(ナ)》　体や環境が汚れていて、健康のために良くないと思われる様子。「ふえーせーな・　て(手)ー・で・　たべもん(食物)・を・　さわ(触)っ・たら・　あか・ん。」
フェリー〔**ふぇりー**〕【英語＝ferry】《名詞》　旅客や貨物を、自動車ごと載せて運ぶ船。「あかしかいきょー(明石海峡)・の・　ふぇりー・に・　ばす(バス)・を・　の(載)せる。」〔⇒**へリー【英語＝(ferry)】、フェリーボート【英語＝ferry boat】、へリーボート【英語＝(ferry boat)】**〕
フェリーボート〔**ふぇりーぼーと**〕【英語＝ferry boat】《名詞》　旅客や貨物を、自動車ごと載せて運ぶ船。「あわじしま(淡路島)・へ・の・　ふぇりーぼーと・が・　の(無)ーなっ・ても・た。」〔⇒**フェリー【英語＝ferry】、へリー【英語＝(ferry)】、へリーボート【英語＝(ferry boat)】**〕

ふえる【増える、殖える】《動詞・ア行下一段活用》 ①それまでの数量よりも多くなる。「さんか(参加)する・　きぼーしゃ(希望者)・が・　ふえ・た。」「ことし(今年)・の・　なつ(夏)・は・　か(蚊)ー・が・　ふえ・た。」「つゆ(梅雨)・に・は・　ばいきん(黴菌)・が・　ふえる。」②利益を得て財産などが多くなる。「りし(利子)・で・　ちょきん(貯金)・が・　ふえ・た。」■対語＝「へる【減る】」■他動詞は「ふやす【増やす、殖やす】」

フォーク〔ふぉーく〕【英語＝fork】《名詞》 洋食で、食べ物を刺して口へ運ぶ道具。「すぱげてぃ(スパゲティ)・を・　ふぉーく・で・　た(食)べる。」〔⇒**ホーク**【英語＝(fork)】〕

ふか【鱶】《名詞》 紡錘形をした体の表面はざらざらして、鋭い歯をもって凶暴な海の魚。「ふか・が・　およ(泳)い・どる・さかい・　かいすいよく(海水浴)・は・　き(気)ー・　つ(付)け・なはれ。」〔⇒**さめ**【鮫】〕

ぶか【部下】《名詞》 仕事などにおいて、上司の下にいて、監督や指図を受けて動く人。「かいしゃ(会社)・で・は・　ぶか・が・　じゅーにん(十人)・　おり・ます。」

ふかい【深い】《形容詞・アイ型》 ①水面や表面からの距離が長い。「ふかい・　ほり(堀)・や・さかい・　はまっ・たら・　えらい・　こと・に・　なる。」「ふかい・　とこ・まで・　もぐ(潜)る。」②外までの距離が長い。奥行きが遠い。「おく(奥)・が・　ふかい・　ほらあな(洞穴)・や。」③色や香りなどが濃い。「ふかい・　かお(香)り・の・　おちゃ(茶)・や。」「ふかい・　あお(青)い・　いろ(色)・が・　す(好)きや。」④内容が詳しく濃い。内容を理解するのに骨が折れる。「ごっつー・　ふかい・　はなし(話)・やっ・た・さかい・　よー・　わから・なんだ。」⑤とても親しい。関係が並みの程度ではない。「あの・　いえ(家)・と・は・　ふかい・　つきあい・を・　し・とる。」■対語＝「あさい【浅い】」

ふかさ【深さ】《名詞》 表面から底や奥までの距離。また、それが相当な距離であること。「いけ(池)・の・　ふかさ・を・　はか(測)る。」■対語＝「あささ【浅さ】」

ふかす【吹かす】《動詞・サ行五段活用》 ①吹くようにさせる。「こども(子供)・に・　しゃぼんだま(シャボン玉)・を・　ふかす。」②煙草の煙を口から吐き出す。煙草の煙を深く吸い込まないで、口先だけで吸う。「ひと(人)・の・　はた(側)・で・　たばこ(煙草)・を・　ふかさ・んとい・てんか。」③エンジンの回転を速くする。「ふかし・て・　くるま(車)・を・　はし(走)らす。」

ふかす【蒸かす】《動詞・サ行五段活用》 食べ物に強い湯気をあてて蒸して柔らかくする。「いも(芋)・を・　ふっくらと・　ふかす。」

ぶかつ【部活】《名詞、動詞する》 学校や会社などで、同好の者が行う文化やスポーツなどの活動。「ぶかつし・て・　かえ(帰)っ・たら・　はちじ(八時)・に・　なる。」◆「ぶかつどう【部活動】」を短く言ったもの。

ふかふか《形容動詞や(ノ)》 ふっくらと柔らかく膨れている様子。「ふかふかの・　む(蒸)しぱん(パン)・が・　でけ(出来)・た。」「ほ(干)し・て・　ふかふかに・　なっ・た・　ふとん(布団)・で・　ね(寝)る。」◆熱や蒸気などが加えられて、そのようになることを言うことが多い。

ふがふが《形容動詞や(ノ)》 ①鼻に抜けたような発音をして、他の人には聞き取りにくいように聞こえる様子。「は(歯)ー・が・　ぬ(抜)け・て・　ふがふが・　ゆ(言)ー・とる・さかい・　き(聞)こえにくい。」②食べ物に噛みごたえがない様子。「す(鬆)ー・の・　はい(入)っ・た・　ふがふがの・　だいこん(大根)・は・　おい(美味)し・ない。」

ぶかぶか《形容動詞や(ノ)》 服・帽子・靴・入れ物などが大きすぎて、中に隙間が多くて、ゆる過ぎる様子。「ぶかぶかの・　ぼーし(帽子)・が・　かぜ(風)・で・　と(飛)ん・だ。」「あにき(兄貴)・から・　もろ(貰)ー・た・　ふく(服)・が・　おー(大)きすぎ・て・　ぶかぶかやっ・た。」「はこ(箱)・が・　おー(大)きすぎ・て・　なか(中)・が・　ぶかぶかで・　うご(動)きまー(回)る。」

ぶかぶか《副詞と》 管楽器やアコーデオンなどを勢いよく鳴らす様子。また、その大きく低い感じの音。「ちんどんや(屋)・が・　ある(歩)き・ながら・　ぶかぶか・やっ・とる。」〔⇒**ぷかぷか**〕

ぷかぷか《副詞と》 ①管楽器やアコーデオンなどを勢いよく鳴らす様子。また、その軽い感じの音。「ふえ(笛)・を・　ぷかぷか・　ふ(吹)く。」②ものが水などに軽々と浮かんでいる様子。あちこちに数多く浮かんでいる様子。「し(死)ん・だ・　さかな(魚)・が・　ぷかぷか・う(浮)い・とる。」③煙草をしきりに吹かす様子。「ひと(人)・の・　ちか(近)く・で・　ぷかぷか・　す(吸)わ・んとい・てくれ・へん・か。」〔①⇒**ぶかぶか**〕

ふかぶかと【深々と】《副詞》 行動や姿勢などのありさまや深さが普通以上である様子。「ふかぶかと・　あたま(頭)・を・　さ(下)げる。」「いす(椅子)・に・　ふかぶかと・　すわ(座)る。」◆丁寧に動く様子、ゆったりとした様子などの印象が伴う言葉である。

ふかまる【深まる】《動詞・ラ行五段活用》 程度や様子の度合いが、ますます進む。「あき(秋)・も・　ふかまっ・てき・まし・た・なー。」

ふき【蕗】《名詞》 地下茎から大きな丸い葉を出し、早春には薹(とう)と呼ばれる花茎を出して、白い花を咲かせる植物。「ふき・の・　は(葉)ー・を・　つ(摘)ん・で・　つくだに(佃煮)・に・　する。」

ふきあれる【吹き荒れる】《動詞・ラ行下一段活用》 風が激しく吹く。「たいふー(台風)・が・　いちにちじゅー(一日中)・　ふきあれ・た。」

ふきおろす【吹き下ろす】《動詞・サ行五段活用》 風が、高いところから低いところに向かって強く吹く。「ろっこーざん(六甲山)・から・　つめ(冷)たい・　かぜ(風)・が・　ふきおろす。」

ふきげん【不機嫌】《名詞、形容動詞や(ナ)》 心の有り様が安定していないこと。駄々をこねていること。「あさ(朝)・から・　こども(子供)・が・　ふきげんや・ねん。」■対語＝「きげん【機嫌】」「ごきげん【御機嫌】」

ふきこむ【吹き込む】《動詞・マ行五段活用》 ①風が強く吹いて、風そのものや雨・雪などがすき間から中へ入ってくる。「と(戸)ー・の・　あいだ(間)・から・　かぜ・が・　ふきこん・でくる。」②思い切り息を強く出して、空気を入れる。「ふーせん(風船)・に・　いき(息)・を・　ふきこん・で・　ふく(膨)らす。」

ふきさらし【吹き曝し】《名詞》 囲いや覆いなどがなくて、風や雨が直接あたるままになっていること。また、そのような場所。「ばす(バス)・の・　てーりゅーしょ(停留所)・は・　かこ(囲)い・も・　なん(何)・も・　の(無)ー・て・　ふきさらし・で・　こま(困)っ・た。」

ふきだす【吹き出す】《動詞・サ行五段活用》 ①風が動いて通り始める。「そろそろ・　きたかぜ(北風)・が・　ふきだす・　じぶん(時分)・や。」②笛やらっぱなどを演奏し始める。「とらんぺっと(トランペット)・を・　ふきだし・た・さかい・　やかま(喧)しー。」■名詞化＝**ふきだし**【吹き出し】

ふ

ふきだす【噴き出す】《動詞・サ行五段活用》 ①たまっていた水や蒸気などが、外に向かって勢いよく出る。「かま（釜）・から・　ゆげ（湯気）・が・　ふきだし・とる。」「すいどー（水道）・が・　はれつ（破裂）し・て・　みず（水）・が・　ふきだす。」②体の内にあるものが勢いよく外へ出る。「はし（走）っ・たら・　あせ（汗）・が・　どっと・　ふきだし・た。」

ふきつける【吹き付ける】《動詞・カ行下一段活用》 ①風が勢いよく動いて通る。「ちめ（冷）たい・　きたかぜ（北風）・が・　ふきつける。」②息などを強く出して、かけたり当てたりする。「がらす（ガラス）・に・　いき（息）・を・　ふきつける。」③水やペンキなどを霧のように勢いよく出して、くっつける。「いた（板）・に・　ぺんき（ペンキ）・を・　ふきつける。」

ふきとばす【吹き飛ばす】《動詞・サ行五段活用》 ①風が勢いよく動いて通って、ものを遠くまで空中を動かす。「たいふー（台風）・が・　みせ（店）・の・　かんばん（看板）・を・　ふきとばし・た。」②息を強く出して、ものを飛ばせる。「つくえ（机）・の・　うえ（上）・の・　けしごむ（消ゴム）・の・　くず（屑）・を・　ふきとばす。」③それまでの気持ちや雰囲気を一気に払いのける。「びくびくし・た・　きも（気持）ち・を・　ふきとばす。」

ふきながし【吹き流し】《名詞》 輪のようにした布を竿の先につけて、風になびかせるもの。特に、鯉のぼりに付ける、そのようなもの。「こいのぼり（鯉幟）・の・　ふきながし・が・　ゆ（揺）れ・とる。」

ふきぬける【吹き抜ける】《動詞・カ行下一段活用》 風が勢いよく動いて、通り過ぎる「しょーじ（小路）・を・　かぜ（風）・が・　ふきぬける。」

ふきふきする【拭き拭きする】《動詞・サ行変格活用》 紙や布などでこすって、汚れや水分を取り除く。汚れたところをきれいにする。「あろ（洗）・た・　おちゃわん（茶碗）・を・　ふきふきする。」◆幼児語。〔⇒**ふく**【拭く】〕

ふきふきする【吹き吹きする】《動詞・サ行変格活用》 ①口をすぼめて息を勢いよく出す。「あつ（熱）い・さかい・　ふきふきし・て・　さ（冷）まし・なはれ。」「おかい（粥）さん・を・　ふきふきし・ながら・　た（食）べる。」②息を出して楽器を鳴らす。「ふえ（笛）・を・　ふきふきし・て・　な（鳴）らす。」◆幼児語。〔⇒**ふく**【吹く】〕

ふきぶり【吹き降り】《名詞》 強い雨が落ちているときに、強い風が加わること。「ふきぶりや・さかい・　かさ（傘）・を・　さ（差）さ・れ・へん。」

ふきもどし【吹き戻し】《名詞》 ◆実は、この言葉は方言語彙にはない。細長い筒から大きく息を吹き込むと、ゼンマイのような巻紙がピーンと伸びて、口を離すとヒュルヒュルと巻き戻るという、笛の玩具である。駄菓子屋や祭りの出店で買ったように思う。けれども、きちんとした名前がなかった。「ひゅるひゅる」とか言っていたようにも思うが、確証はない。淡路市に「吹き戻しの里」というところがあり、そこが現在の生産拠点と言ってよい。八幡光雲堂という会社である。

ぶきよう〔**ぶきよー**〕【不器用】《形容動詞や（ナ）》 ①手先でする仕事が上手でない様子。「ぶきよーで・　こま（細）かい・　しごと（仕事）・は・　でけ（出来）・へん。」②ものごとを進める手際が上手でない様子。ものごとをうまく処理できない様子。「しごと（仕事）・が・　ぶきよーで・　いつも・　おこ（怒）ら・れ・て・ばっかり・や。」③抜け目なく立ち回れない様子。「わし・は・　い（生）きかた・が・　ぶきよーや・ねん。」■対語＝「**きよう**【器用】」〔⇒**ぶっきょう**【（不器用）】〕

ふきん【布巾】《名詞》 食器や食卓などを拭く、小さな布きれ。「ふきん・で・　おぜん（膳）・を・　ふ（拭）い・とい・てんか。」〔⇒**ふっきん**【（布巾）】〕

ふく【服】《名詞》 ①体にまといつけるもの。「あそ（遊）ん・どっ・て・　ふく・を・　よご（汚）し・た。」②体にまといつけるもので、日本風のもの。日本古来の衣服。「ふく・の・　そで（袖）・が・　ひ（引）っかかっ・た。」〔⇒**きもの**【着物】、**きもん**【着物】、**きりもん**【着り物】、**べべ**。①⇒**きるもん**【着る物】。②⇒**わふく**【和服】〕

ふく【福】《名詞》 幸せを呼ぶもの。運のいいこと。「ふく・の・　かみ（神）さん・に・　き（来）・てほしー・と・　おも（思）・とる・ねん。」

ふく【副】《名詞》 主なものや、中心となるものの次に位置するもの。補助となるもの。「あいつ（彼奴）・は・　かいちょー（会長）・と・　ちゃ（違）う・ねん・　ふく・や・ねん。」「がっきゅー（学級）・の・　ふくいいんちょー（委員長）・に・　なる。」「じちかい（自治会）・の・　ふくかいちょー（会長）・を・　つと（務）める。」

ふく【拭く】《動詞・カ行五段活用》 紙や布などでこすって、汚れや水分を取り除く。汚れたところをきれいにする。「よご（汚）れ・た・　まど（窓）・を・　ふく。」〔⇒**ふきふきする**【拭き拭きする】〕

ふく【葺く】《動詞・カ行五段活用》 屋根を瓦・藁・トタンなどで覆う。「わら（藁）・で・　やね（屋根）・を・　ふく。」

ふく【噴く】《動詞・カ行五段活用》 ①火、岩石、水、ガスなどが、内側から勢いよく飛び出る。沸騰した湯があふれ出る。「やま（山）・が・　ひ（火）・を・　ふく。」②粉などが一面に現れ出る。「しょーがつ（正月）・の・　かきぐし（柿串）・が・　こ（粉）ー・を・　ふい・とる。」「せーぼ（歳暮）・に・　しお（塩）・を・　ふい・た・　さけ（鮭）・を・　おく（贈）る。」

ふく【吹く】《動詞・カ行五段活用》 ①風が起きる。風が通り抜ける。「かぜ（風）・が・　ふい・て・　すず（涼）しー。」②口をすぼめて息を勢いよく出す。「あつ（熱）い・　おちゃ（茶）・を・　ふい・て・　さ（冷）ます。」③息を出して楽器を鳴らす。「じょーず（上手）に・　はもにか（ハモニカ）・を・　ふく。」④大げさな言い方をする。「ほら（法螺）・を・　ふく。」〔②③⇒**ふきふきする**【吹き吹きする】〕

ふく《動詞・カ行五段活用》 魚のうろこを、こすったり削ったりして取る。「べら・の・　うろこ（鱗）・を・　ふく。」

ふぐ【河豚】《名詞》 うろこがなく、体が丸くて口が小さく、美味なものとして賞賛されるが猛毒を持った魚。「ふぐ・を・　く（食）い・たい・けど・　こわ（恐）い・なー。」

ぶく《動詞・ガ行五段活用》 子どもの遊びなどで、手持ちの札などがなくなって、負けてしまう。「べったん・を・　ぜんぶ（全部）・　と（取）ら・れ・て・　ぶい・ても・た。」

ふくじ【服地】《名詞》 洋服を仕立てるのに使う布地。洋服の生地。「ふくじ・を・　こ（買）ー・て・　した（仕立）て・てもらう。」

ふくしゅう〔**ふくしゅー**〕【復習】《名詞、動詞する》 一度習ったことを、繰り返し勉強したり練習したりすること。「しくだい（宿題）・と・　ふくしゅー・を・　わす（忘）れ・たら・　あか・ん・ぜ。」■対語＝「**よしゅう**【予習】」〔⇒**おさらい**〕

ふくそう〔**ふくそー**〕【服装】《名詞》 衣服や装飾具などを付けた身なり。身につけている衣服など。「きちんとし・た・　ふくそー・で・　い（行）き・なはれ。」

ぶくっと《副詞》 一部分だけが、ふくれたり、浮き上がったりしている様子。「か（蚊）ー・に・　かま・れ・て・　う

で(腕)・が・　ぶくっと・　は(腫)れ・た。」〔⇒**ぷくっと**〕

ぷくっと《副詞》 一部分だけが、ふくれたり、浮き上がったりしている様子。「かばん(鞄)・が・　ぷくっと・　ふく(膨)れ・とる。」〔⇒**ぶくっと**〕

ふくびき【福引き】《名詞、動詞する》 商店の売り出しや宴会の余興などとして使う、当たった人にお金や景品を出すくじ。また、そのようなことをする催し。「おーうりだし(大売出)・の・　ふくびき・で・　あ(当)たっ・た。」「かいしゃ(会社)・の・　ぼーねんかい(忘年会)・で・　ふくびきする。」

ぶくぶく《名詞》 液体の中に空気が入って、丸くふくれた玉。「いけ(池)・の・　そこ(底)・から・　ぶくぶく・が・　あ(上)がっ・てき・た。」「かに(蟹)・が・　ぶくぶく・を・　は(吐)い・とる。」◆幼児語。〔⇒**あわ**【泡】、**あぶく**【(泡)】〕

ぶくぶく《名詞、動詞する》 水や消毒液で口や喉をすすぎ清めてから吐き出すこと。「いえ(家)・に・　もど(戻)っ・たら・　じっき(直)に・　ぶくぶくし・なさい。」◆幼児語。〔⇒**うがい**【嗽】、**がらがら**〕

ぶくぶく《副詞と》 ①液体の中に空気が入って丸くふくれた玉を出している様子。また、それが浮き上がってくる様子。また、その音。「かに(蟹)・が・　ぶくぶくと・　あわ(泡)・を・　だ(出)し・とる。」②口の中に水を含んでうがいをする様子。また、その音。「くち(口)・を・　ぶくぶくと・　ゆす(濯)ぐ。」③軽いものがゆっくりと水中に沈んでいく様子。「お(落)とし・た・　さいふ(財布)・が・　みず(水)・の・　なか(中)・に・　ぶくぶくと・　しず(沈)ん・だ。」④体が肥え太って、締まりがない様子。「さいきん(最近)・　からだ(体)・が・　ぶくぶくと・　し・てき・た。」〔①⇒**ぷくぷく**〕

ぷくぷく《副詞と》 ①液体の中に空気が入って丸くふくれた玉を出している様子。また、それが浮き上がってくる様子。また、その音。「いけ(池)・の・　そこ(底)・から・　あわ(泡)・が・　ぷくぷく・　わ(湧)い・てくる。」②柔らかくふくらんでいる様子。「あか(赤)ちゃん・の・　ぷくぷくと・　し・た・　ほ(頬)っぺた・は・　かい(可愛)らしー。」「ぷくぷくと・　おい(美味)しそーな・　だいふくもち(大福餅)・や。」〔①⇒**ぶくぶく**〕

ふくぶくしい〔**ふくぶくしー**〕【福々しい】《形容詞・イイ型》 顔が丸々としていて、いかにも円満そうに見える様子。お金がいっぱいあって幸福そうに見える様子。「ふくぶくしー・　かお(顔)・を・　し・た・　おとこ(男)・の・　こ(子)ー・や・なー。」

ぶくぶくする《動詞・サ行変格活用》 ①水の中で溺れそうになってもがく。水に溺れる。「おき(沖)・の・　ほー(方)・へ・　い(行)っ・たら・　ぶくぶくする・さかい・　あぶ(危)ない。」②ものが水の中に深く入る。「かなづち(金槌)・を・　お(落)とし・たら・　みぞ(溝)・の・　そこ(底)・に・　ぶくぶくし・ても・た。」③水の奥深いところから泡が立ち続ける。「いけ(池)・が・　ぶくぶくし・とる。」④体が柔らかくふくらむ。「た(食)べすぎ・て・　からだ(体)・が・　ぶくぶくし・てき・た。」〔①⇒**あっぷあっぷする、あっぷっぷする**。②⇒**しずむ**【沈む】〕

ふくむ【含む】《動詞・マ行五段活用》 ①中身に加える。中に包み持つ。「こーつーひ(交通費)・も・　にゅーじょーりょー(入場料)・も・　ふくん・どる。」②相手の考えや気持ちなどを理解する。「こっち・の・　じじょー(事情)・も・　ふくん・どい・てください。」

ふくめる【含める】《動詞・マ行下一段活用》 中身に加えるようにする。同じように扱う。「しょくひ(食費)・も・　ふくめ・た・　やどちん(宿賃)・が・　いちまんえん(一万円)・や。」「かぞく(家族)・も・　ふくめ・て・　さんか(参加)できる・　うんどーかい(運動会)・や・ねん。」

ふくめん【覆面】《名詞、動詞する》 布などで顔を覆い包むこと。また、そのようにして使う布など。「ふくめんし・た・　ごーとー(強盗)・が・　はい(入)っ・た・ん・や・て。」

ふくらす【膨らす】《動詞・サ行五段活用》 中から盛り上がって丸みをもって大きくなるようにする。「ふくらしこ(粉)・を・　い(入)れ・て・　ぱん(パン)・を・　おー(大)きく・　ふくらす。」「おこ(怒)っ・て・　ほ(頬)っぺた・を・　ふくらし・とる。」■自動詞は「ふくらむ【膨らむ】」「ふくれる【膨れる】」〔⇒**ふくらます**【膨らます】〕

ふくらます【膨らます】《動詞・サ行五段活用》 中から盛り上がって丸みをもって大きくなるようにする。「ふーせん(風船)・を・　ふくらます。」■自動詞は「ふくらむ【膨らむ】」「ふくれる【膨れる】」〔⇒**ふくらす**【膨らす】〕

ふくらむ【膨らむ】《動詞・マ行五段活用》 中から盛り上がって丸みをもって大きくなる。中身や規模などが大きくなる。「よーやく・　さくら(桜)・の・　つぼみ(蕾)・が・　ふくらん・でき・た。」「けが(怪我)し・た・　ところ・が・　う(膿)ん・で・　ふくらん・だ。」■他動詞は「ふくらす【膨らす】」「ふくらます【膨らます】」〔⇒**ふくれる**【膨れる】〕

ふくれる【膨れる】《動詞・ラ行下一段活用》 ①中から盛り上がって丸みをもって大きくなる。中身や規模などが大きくなる。「や(焼)い・とる・　もち(餅)・が・　ふくれ・てき・た。」②不機嫌そうな顔をする。「ふくれ・て・　もの・を・　い(言)わ・へん。」■他動詞は「ふくらす【膨らす】」「ふくらます【膨らます】」〔⇒**ふくらむ**【膨らむ】〕

ふくろ【袋】《名詞》 ①紙、布、皮などで作り、中に物を入れて、口を閉じるようにしたもの。「かみ(紙)・の・　ふくろ・に・　おかし(菓子)・を・　い(入)れる。」②植物の実などで、薄皮などで覆われているもの。「この・　みかん(蜜柑)・は・　ふくろ・が・　や(柔)ろこい。」

ふくろう〔**ふくろー、ふくろ**〕【梟】《名詞》 円形の頭部や目が大きく、森に住んで夜に活動する鳥。「とー(遠)い・　とこ(所)・で・　ふくろー・が・　な(鳴)い・とる。」〔⇒**ほくろう**【(梟)】〕

ふくろべ【(綻べ)】《名詞》 ①衣服や靴下などが破れること。また、そうなったところ。「ふくろべ・に・　つ(継)ぎ・を・　あ(当)てる。」②服などの縫い目が解けて隙間ができること。また、そうなったところ。「ふくろべ・が・　でけ(出来)・て・　なか(中)・が・　み(見)え・とる。」〔⇒**ほくろべ**【綻べ】、**ほころべ**【綻べ】〕

ふくろべる【(綻べる)】《動詞・バ行下一段活用》 ①衣服や靴下などが破れる。「いつ・の・　ま(間)・に・やら・　くつした(靴下)・が・　ふくろべ・とる。」②服などの縫い目が解けて隙間ができる。「せなか(背中)・の・　ま(真)んなか・が・　ふくろべ・とる。」■名詞化＝ふくろべ【(綻べ)】〔⇒**ほくろべる**【綻べる】、**ほころべる**【綻べる】〕

ふけ【雲脂】《名詞》 頭の皮膚が乾いて、白く小さく剥がれたもの。「かみ(髪)・の・　け(毛)ー・に・　ふけ・が・　つ(付)い・とる。」

ふけいき〔**ふけーき**〕【不景気】《名詞、形容動詞や(ナ・ノ)》 ①会社や店などが繁盛しない様子。商売の様子や儲かり具合がよくない様子。「みせ(店)・が・　ふけーきに・　なっ・て・　つぶ(潰)れ・た。」②社会全体の経済活動の状況が不振である様子。「よ(世)のなか・　みんな(皆)・　ふけーきに・　なっ・とる。」■対語＝「けいき【景気】」

ふけいざい〔**ふけーざい**〕【**不経済**】《形容動詞や(ナ)》　無駄にお金を使う様子。無駄に費用などがかかる様子。労力や時間などが無駄に費やされる様子。「あま(余)っ・た・　もん(物)・を・　す(捨)て・たり・し・て・　ふけーざいな・　た(食)べかた・を・　せ・んとき。」

ふけつ【**不潔**】《形容動詞や(ナ)》　①汚れていて、さっぱりしていない様子。「あいつ(彼奴)・の・　げしゅく(下宿)・は・　ふけつな・　へや(部屋)・やっ・た。」②細菌などが付いて、衛生上、よくない様子。「ふけつな・　まま・で・　ほっとか・んと・　て(手)ー・を・　あら(洗)え。」③生活の姿勢などがふしだらであること。「ふけつな・　おとこ(男)・の・　こ(子)・と・　つきおー・たら・　あか・ん・よ。」■対語＝「せいけつ【清潔】」

ふける【**耽る**】《動詞・カ行五段活用》　一つのことに一生懸命になって心を奪われる。一つのことに夢中になって、他の大事なことを忘れる。「ほん(本)・を・　よ(読)む・の・に・　ふける。」「あさ(朝)・から・　ばん(晩)・まで・　ぱちんこ(パチンコ)・に・　ふけっ・とる。」

ふける【**老ける**】《動詞・カ行下一段活用》　①老齢になる。年を重ねる。「きょねん(去年)・より・　ひと(一)つ・ふけ・た。」②見た目が老人ぽくなる。年をとったように見える。「げき(劇)・で・　ふけ・た・　やく(役)・を・する。」「とし(歳)・より・　ふけ・て・　み(見)える。」

ふける【**更ける**】《動詞・カ行下一段活用》　①夜が深まる。夜になってから時間が経過する。「だいぶ(大分)・　ふけ・て・　さぶ(寒)なっ・てき・た。」②その時になって、たけなわになる。「あき(秋)・が・　ふけ・てき・た。」

ふご【**畚**】《名詞》　藁などを編んで作った、口の開いた大きな袋状の入れ物。「ふご・に・　べんとー(弁当)・を・　い(入)れ・て・　たんぼ(田圃)・へ・　も(持)っ・ていく。」

畚に入れたお櫃

ふこう〔**ふこー**〕【**不孝**】《名詞、形容動詞や(ナ)、動詞する》　子が親の心に従って行動せず、親を大切にしないこと。子のことで親を悲しませたり心配させたりすること。また、そのようにする子。「おや(親)・を・　だいじ(大事)に・　せ・ん・　ふこーな・　やつ(奴)・や。」◆親以外の人に対して使うこともある。■対語＝「こうこう【孝行】」〔⇒**おやふこう**【**不孝**】〕

ふこう〔**ふこー**〕【**不幸**】《名詞、形容動詞や(ナ)》　①不満を感じたり心配したりすることがあって、恵まれた状態であると感じられないこと。「おく(奥)さん・が・　はやじ(早死)にし・て・　ふこーな・　ひと(人)・や。」②家族や親戚などの、身近な人が死ぬこと。「あんたとこ・ごふこー・が・　あっ・た・ん・や・て・なー。」◆①は、「しあせがわるい【(仕合せが悪い)】」という言い方をすることが多い。■対語＝①「こうふく【幸福】」

ふごう〔**ふごー**〕【**符号**】《名詞》　ものごとの意味や内容を表すために、一定の約束に基づいて、他と区別するように決めた、文字や数字以外の図形。「その・　ふごー・の・　せき(席)・は・　もー・　ちょっと(一寸)・　む(向)こー・の・　ほー(方)・や。」〔⇒**きごう**【**記号**】、**しるし**【**印**】〕

ふごうかく〔**ふごーかく**〕【**不合格**】《名詞、動詞する》　①一定の資格や条件などにかなうかどうかを調べるために、学校・会社・団体などが行う試験に受からないこと。「べんきょー(勉強)し・た・けど・　また(又)・　ふごーかく・やっ・てん。」②能力や品質などが決められた基準に達していないこと。「ふごーかく・の・　しなもん(品物)・は・　いちば(市場)・に・は・　だ(出)さ・れ・へん。」■対語＝「ごうかく【合格】」

ふこうへい〔**ふこーへー**〕【**不公平**】《形容動詞や(ナ)》　判断や対応の仕方などがかたよっていて公正を欠く様子。一方をひいきにする様子。「こないに・　ぜーきん(税金)・　と(取)ら・れる・や・なんて・　ふこーへーや。」■対語＝「こうへい【公平】」

ふさ【**房、総**】《名詞》　①花や実などがたくさん集まって、一つにまとまって枝から垂れ下がったもの。「ばなな(バナナ)・を・　おー(大)けな・　ふさ・で・　か(買)う。」②糸などを束ねて、その先をばらばらに散らして、飾り物としたもの。「ちょーちん(提灯)・の・　ふさ・が・　よご(汚)れ・とる。」

ぶさいく【**不細工**】《名詞、形容動詞や(ナ)》　①ものを作ったときの出来上がりが不格好であること。また、作り方が不器用であること。「ぶさいくな・　はな(花)・の・　い(活)けかた・を・　する。」②器量や立ち居振る舞いが良くないこと。「でんしんばしら(電信柱)・に・　いかたっ・て・　ぶさいくな・　こと・や。」「ぶさいくな・かお(顔)・の・　おっ(小父)さん・や。」「ぶさいくな・ある(歩)きかた・を・　せ・んとき。」③扱い方が無礼であったり、体裁が悪かったりすること。「ぶさいくな・　こと・を・　し・ても・た・さかい・　あやま(謝)り・に・い(行)か・んならん。」

ふさがる【**塞がる**】《動詞・ラ行五段活用》　①空いていたものが閉じる。くっつく。「きずぐち(傷口)・が・　ふさがっ・た。」②前方に何かがあって、通れなくなる。「みち(道)・が・　こーじ(工事)・で・　ふさがっ・とる。」③手や体、器具などや、日時・日程などが、使われていたり予定がきまっていたりして、空いていない状態になっている。「いま(今)・は・　て(手)ー・が・　ふさがっ・とる・さかい・　てつだ(手伝)わ・れ・へん。」■他動詞は「ふさぐ【塞ぐ】」■対語＝「あく【空く】」

ふさぐ【**塞ぐ**】《動詞・ガ行五段活用》　①空いていたものを閉じる。くっつける。「かい(貝)・を・　さわ(触)っ・たら・　かいがら(貝殻)・を・　ふさい・だ。」②前方に何かを設けて、通れなくする。「ちゅーがくせー(中学生)・が・　みち(道)・を・　ふさい・どる・さかい・　ある(歩)か・れ・へん。」③手や体、器具などや、日時・日程などを、使ったり予定を決めたりして、空いていない状態にする。「こっち・が・　だいじ(大事)な・　ぎょーじ(行事)・や・さかい・　ほか(他)・の・　よてー(予定)・で・　ふさが・んとい・て・な。」■自動詞は「ふさがる【塞がる】」■対語＝「あける【空ける】」

ふざける《動詞・カ行下一段活用》　①人を楽しませるために、おどけたことを言ったり、騒いだりする。戯れて遊ぶ。「ふざけ・とっ・て・　がらす(ガラス)・を・　めん・だ。」②真面目でない取り組み方をする。真剣でないような振る舞いをする。「ふざけ・とら・んと・　ちゃんと・　べんきょー(勉強)し・なさい。」〔⇒**じゃれる**、**ほたえる**〕

ふさふさ《形容動詞や(ノ)、動詞する》　細長いものがたくさん集まって垂れ下がっている様子。「かみ(髪)・が・　ふさふさし・とる。」「あの・　いぬ(犬)・の・　しっぽ(尻尾)・は・　ふさふさや。」
ぶさほう〔ぶさほー〕【不作法、無作法】《形容動詞や(ナ)》　礼儀から外れている様子。みっともない感じが伴う様子。「なんに(何)・も・　し(知)ら・ん・さかい・　ぶさほーな・　こと・を・　し・ても・　かんにん(堪忍)し・て・な。」「ぶさほーな・　はな(話)しかた・や・さかい・　はら(腹)・が・　た(立)つ。」
ぶざま【無様、不様】《形容動詞や(ナ)》　みっともなくて、見苦しい様子。体裁が悪くて、見るに耐えられない様子。やり方が下手な様子。「ぶざまな・　かっこー(恰好)・を・　する・な。」「ぶざまな・　ま(負)けかた・を・　し・たら・　なり・が・　わるい。」
ふさわしい〔ふさわしー〕【相応しい】《形容詞・イイ型》　そのものによく似合っている様子。その立場などにとって望ましい様子。「しんにゅーしゃいん(新入社員)・に・　ふさわしー・　ふくそー(服装)・を・　し・なはれ。」
ふし【節】《名詞》　①竹や葦などの茎にある、盛り上がってこぶのようになっている区切り。「たけ(竹)・を・　ふし・の・　うえがわ(上側)・で・　き(切)る。」②木の幹から出た枝のあと。「ふし・の・　すけ(少)ない・　ざいもく(材木)・が・　ほ(欲)しー。」③歌や曲の旋律の流れ。「じょーず(上手)な・　ふし・で・　うた(歌)う。」④話し方の調子や抑揚。「ふし・を・　つ(付)け・て・　しゃべ(喋)る。」
ふじ【藤】《名詞》　幹が蔓のように巻き付いて延びる木で、初夏の頃に長い房のようになった薄紫色の花を咲かせる木。「なかお(中尾)・の・　すみよしじんじゃ(住吉神社)・の・　ふじ・は・　ゆーめー(有名)な・ん・や・で。」
ぶじ【無事】《名詞、形容動詞や(ナ)》　①特別な事件や事故などが起こらずに、変わったことがなく、ものごとが平穏に進むこと。「なが(長)い・　りょこー(旅行)・が・　ぶじに・　お(終)わっ・た。」②大した怪我や病気もなく健康であること。達者であること。また、怪我や病気に遭ったにもかかわらず、命に別状がないこと。「じー(爺)ちゃん・は・　ぶじに・　はちじっさい(八十歳)・に・　なっ・た。」
ふしあな【節穴】《名詞》　板などの節が抜け落ちたあとの穴。「いたがこ(板囲)い・の・　ふしあな・から・　なか(中)・を・　のぞ(覗)く。」◆ものを見る目がしっかりしていないことの比喩としても使う。
ふしぎ【不思議】《形容動詞や(ナ)》　疑問に思うが、その原因や理由などに見当がつかない様子。普通に考えることができず、怪しい様子。「あの・　ざいりょー(材料)・が・　こんな・　おい(美味)しー・　りょーり(料理)・に・　なる・や・なんて・　ふしぎや・なー。」「いつ・の・　ま(間)・に・やら・　さいふ(財布)・が・　の(無)ーなっ・て・　ふしぎな・　こと(事)・や。」
ふしぎがる【不思議がる】《動詞・ラ行五段活用》　その原因や理由などに見当がつかず、疑問に思う。普通に考えることができず、怪しいと感じる。「こども(子供)・は・　なん(何)・でも・　ふしぎがっ・て　のぞ(覗)きこむ・ん・や。」
ふしぶし【節々】《名詞》　手足などの、あちらこちらの関節。「ふゆ(冬)・に・　なっ・たら・　ふしぶし・が・　いた(痛)む。」
ふしまつ【不始末】《名詞》　①ものごとの処理や後始末などが悪いこと。「ひ(火)ー・の・　ふしまつ・は・　えらい・　こと・に・　なり・まっ・せ。」②行いや対応の悪さによって起こる、他人に迷惑をかける出来事。「ふしまつ・を・　おわ(詫)び・に・　い(行)く。」
ふしまわし〔ふしまーし〕【節回し】《名詞》　歌や語り物などの流れにおける、音の高低や調子の変化。「ふしまーし・の・　じょーず(上手)な・　うた(歌)いかた・や・なー。」
ふじゆう〔ふじゆー〕【不自由】《名詞、形容動詞や(ナ)、動詞する》　①思うようにならないこと。不便であること。「ばす(バス)・の・　びん(便)・が・　へ(減)っ・て・　ふじゆーに・　なっ・た。」②物資などが欠乏すること。「せんそーちょくご(戦争直後)・は・　ふじゆーな・　おも(思)い・を・　し・てき・た。」〔⇒**ふじゅう【不自由】**〕
ふじゅう〔ふじゅー〕【不自由】《名詞、形容動詞や(ナ)、動詞する》　①思うようにならないこと。不便であること。「とし(歳)・を・　とっ・て・　あし(足)・が・　だいぶ(大分)・　ふじゅーに・　なっ・てき・た。」②物資などが欠乏すること。「た(食)べる・　もん(物)・に・　ふじゅーする。」「なん(何)・の・　ふじゅー・も・　なく・　おー(大)きなっ・た。」〔⇒**ふじゆう【不自由】**〕
ぶしょう〔ぶしょー〕【不精、無精】《形容動詞や(ナ・ノ)、動詞する》　ちょっとしたことに対しても、体を動かすのを面倒がる様子。途中の経過を省いたりして、きちんと取り組まない様子。怠け心のある様子。「ぶしょーし・て・　ひげ(髭)・を・　の(伸)ばし・とる。」「ぶしょーで・　ちゃんと・　そーじ(掃除)・を・　せー・へん・さかい・　いえ(家)・の・　なか(中)・が・　よご(汚)れ・とる。」〔⇒**ぶしょうたれ【不精垂れ、無精垂れ】**〕
ぶしょうたれ〔ぶしょーたれ、ぶしょたれ〕【不精垂れ、無精垂れ】《形容動詞や(ナ・ノ)、動詞する、名詞》　ちょっとしたことに対しても、体を動かすのを面倒がる様子。途中の経過を省いたりして、きちんと取り組まない様子。怠け心のある様子。また、そのような人。「ぶしょたれ・が・　へや(部屋)・を・　ち(散)らかし・て・ばっかり・　し・とる。」「すわ(座)っ・た・まま・で・　ぶしょたれせ・んと・　た(立)っ・て・　と(取)り・に・　い(行)き・なはれ。」〔⇒**ぶしょう【不精、無精】**。名詞⇒**ぶしょうたれもん【不精垂れ者、無精垂れ者】**〕
ぶしょうたれもん〔ぶしょーたれもん、ぶしょたれもん〕【不精垂れ者、無精垂れ者】《名詞》　ちょっとしたことに対しても、体を動かすのを面倒がる人。途中の経過を省いたりして、きちんと取り組まない人。怠け心のある人。「ぶしょたれもん・に・　そーじ(掃除)・を・　さし・たら・　まんなか・だけ・　は(掃)き・やがっ・た。」〔⇒**ぶしょうたれ【不精垂れ、無精垂れ】**〕
ふしん【普請】《名詞、動詞する》　①建物を建てたり、直したりすること。「ひさ(久)しぶりに・　いえ(家)・を・　ふしんする。」②道路を作ったり、直したりすること。「しんみち(新道)・を・　ふしんし・とる。」〔⇒**ふっしん【普っ請】**〕
ふじんかい【婦人会】《名詞》　地域の女性たちが集まって活動する集団。「ふじんかい・の・　ひと(人)・が・　けーろーかい(敬老会)・の・　せわ(世話)・を・　する。」
ぶすっと《副詞、動詞する》　①ものを断ち切る様子。また、その音。「わら(藁)・の・　たば(束)・を・　ぶすっと・　わぎ(輪切)り・に・　し・ていく。」②やわらかいものに勢いよく突き刺さる様子。やわらかいものを刺す様子。「ほーちょー(包丁)・で・　ぶすっと・　やら・れ・たら・　えらい・　こと・や。」③口数が少なく、愛想がなく、機嫌が悪そうな様子。「ぶすっとし・て・　もの・を・　ゆ(言)わ・へん。」〔⇒**ぶつっと**。③⇒**むすっと、むつっと、むっつり**〕
ふすま【襖】《名詞》　和風の部屋の仕切や押入の戸などに使う、木の骨組みの上に、両側から紙や布を張った建具。「ふすま・の・　は(貼)りかえ・を・　する。」

ふすま【麬】　小麦を精白したときに残る外皮。「ふすま・を・　とり(鶏)・の・　えさ(餌)・に・　する。」〔⇒**もみじ**〕

ふせぐ【防ぐ】《動詞・ガ行五段活用》　①攻めてこられないように守る。好ましくないものが内に入らないように遮る。「ぼーる(ボール)・を・　う(打)ちこま・れる・の・を・　ふせぐ。」②日光や寒さや風などを遮る。「めば(目張)りし・て・　かぜ(風)・を・　ふせぐ。」「ひや(日焼)け・を・　ふせぐ。」③よくないことが起こらないように、手段を講じる。「こーつうじこ(交通事故)・が・　お(起)こら・ん・よーに・　ふせぐ。」「かじ(火事)・を・　ふせぐ。」

ふせっせい〔**ふせっせー**〕【不摂生】《名詞、形容動詞や(ナ)、動詞する》　暴飲暴食や不規則な生活などをして、健康に注意した生活をしないこと。「てつや(徹夜)・ばっかり・　し・て・　ふせっせーし・とっ・たら・　びょーき(病気)・に・　なる・ぞ。」■対語＝「せっせい【摂生】」

ふせる【臥せる】《動詞・ラ行五段活用》　①横になって寝る。「ひるま(昼間)・から・　ふせっ・とっ・たら・　みっともない。」②病気で寝る。病床につく。「いっしゅーかん(一週間)・ほど・　ふせっ・てまし・てん。」◆あしざまに言うときは「どぶせる【ど臥せる】」になる。〔⇒**どぶせる**【ど臥せる】〕

ふせる【伏せる】《動詞・サ行下一段活用》　①顔やものを下に向ける。「よ(読)みさし・の・　ほん(本)・を・　ふせる。」②内緒にする。「この・　はなし(話)・は・　まだ・　ふせ・とい・てほしー・ねん。」〔①⇒**うつぶせる**【俯せる】、**うつむせる**【(俯せる)】、**うつむける**【俯ける】、**うつぶける**【(俯ける)】〕

ふそく【不足】《名詞、形容動詞や(ノ)、動詞する》　①十分でないこと。足りないこと。足りない数量。「こぜに(小銭)・が・　ふそくし・とる・ので・　おつ(釣)り・の・　い(要)ら・ん・よーに・　はろ(払)・てください。」②思い通りにならなくて、気に入らないこと。気に入らないことを態度にあらわすこと。「まー(周)り・の・　ひと(人)・の・　ふそく・を・　ゆ(言)ー・たら・　あき・まへ・ん・で。」〔①⇒**たらず**【足らず】。②⇒**ふへい**【不平】、**ふまん**【不満】〕

ふぞく【附属、付属】《名詞、動詞する》　①主であるものに付いていること。「きかい(機械)・に・　こーど(コード)・は・　ふぞくし・てます。」②大学などの上級学校に付いている学校。「まご(孫)・は・　ふぞく・の・　しょーがっこー(小学校)・に・　い(行)っ・とる・ねん。」

ふそくたらたら【不足たらたら】《形容動詞や(ノ)》　他人に対する不平や不満などを次々に言う様子。「ふそくたらたらと・　い(言)ー・に・　き(来)・た。」〔⇒**もんくたらたら**【文句たらたら】〕

ふた【蓋】《名詞》　①瓶などの口につけて、中身が漏れないようにするもの。「びん(瓶)・の・　ふた・を・　まわ(回)す。」②箱などで、中身の出し入れができるようになっているところ。「はこ(箱)・の・　ふた・を・　あ(開)け・て・　なかみ(中身)・を・　と(取)りだす。」③外のものが入ってくるのを防ぐために、上などに置くもの。「あぶ(危)ない・さかい・　どーけ(＝野壺)・に・　ふた・を・　する。」◆瓶などの場合は「つめ【詰め】」と言うことが多い。〔①③⇒**かぶせ**【被せ】、**せん**【栓】、**つめ**【詰め】。①⇒**キャップ**【英語＝ cap】〕

ふた【二】《接頭語》　(後ろの名詞にかかっていく言葉で)2を表す言葉。「やりかた(方)・は・　ふたとー(通)り・　ある。」「ふたみち(道)・　あっ・て・　まよ(迷)ー・た。」「ふたまた(股)・を・　かけ・たら・　しつれー(失礼)や・ぞ。」

ふだ【札】《名詞》　①文字や記号などを書いた、小さな板や紙。「なまえ(名前)・を・　か(書)い・た・　ふだ・を・　つくえ(机)・の・　うえ(上)・に・　お(置)く。」②神や仏の加護がこもっているとされる、神社や寺で出すお守り。「おふだ・を・　こ(買)ー・てき・て・　まつ(祀)る。」③乗り物や映画館や球場などで、料金を払った証明として渡され、乗車や入場ができるしるしとなっているもの。「しばい(芝居)・を・　み(見)・に・　い(行)く・　ふだ・が・　て(手)・に・　はい(入)ら・へん。」〔②⇒**おふだ**【お札】。③⇒**きっぷ**【切符】、**けん**【券】〕

ぶた【豚】《名詞》　肉を食べる目的で飼育する、鼻と耳が大きく、ずんぐり太っている家畜。「ぶた・の・　にく(肉)・を・　た(食)べる。」〔⇒**ぶうぶう**〕

ぶたい【舞台】《名詞》　芝居や歌や踊りなどの演技をするために設けられている、見物席よりも一段高い場所。「ぶたい・で・　げき(劇)・を・　する。」「たいいくかん(体育館)・の・　ぶたい・に・　あ(上)がっ・て・　はなし(話)・を・　する。」

ふたいとこ【二従兄弟、二従姉妹】《名詞》　従兄弟・従姉妹の関係にある人の子ども同士の関係。父母の従兄弟・従姉妹にあたる人の子。「いっしょ(一緒)の・　しょくば(職場)・の・　ひと(人)・が・　ふたいとこ・やっ・た・　こと・が・　わかっ・た。」〔⇒**またいとこ**【又従兄弟、又従姉妹】〕

ふたえ【二重】《名詞》　①ものが2つ重なっていること。「じゅず(数珠)・を・　ふたえ・に・　し・て・　つか(使)う。」②ひだがあって、上まぶたが二重であるように見えること。また、そのようなまぶた。「ふたえ・の・　かいらしー・　おんな(女)・の・　こ(子)・やっ・た。」〔②⇒**ふたかわめ**【二皮目】〕

ふたおや【二親】《名詞》　その人を生み育てた、父親と母親。父親と母親のどちらも健在であること。「ふたおや・とも・　かいしゃ(会社)・に・　つと(勤)め・とる。」■対語＝「かたおや【片親】」〔⇒**りょうしん**【両親】〕

ふたかわめ【二皮目】《名詞》　ひだがあって、上まぶたが二重であるように見えること。また、そのようなまぶた。「ふたかわめ・の・　かい(可愛)らしー・　こ(子)・や。」〔⇒**ふたえ**【二重】〕

ふたご【双子、二子】《名詞》　同じ母親から、同時に生まれた2人の子。「ふたご・や・さかい・　ほんま(本真)に・　よー・　に(似)・とる・なー。」

ぶたご《形容動詞や(ナ)》　ものごとを行うのが不器用である様子。「なに(何)・を・　さし・て・も・　ぶたごで・　じょーず(上手)に・　でけ(出来)・へん・　こ(子)ー・や・なー。」

ふたことめ【二言目】《名詞》　言い始めは何であっても、次には必ずそのことを言うこと。また、その言葉。「ふたことめ・に・は・　もんく(文句)・ばっかり・　ゆ(言)ー。」

ふたたび【再び】《副詞》　重ねて、もう一度。「ふたたび・　どーそーかい(同窓会)・を・　し・た・の・は・　じゅーねんご(十年後)・やっ・た。」「こーこーじだい(高校時代)・は・　ふたたび・　もど(戻)っ・てくる・　こと・なんか・　あら・へん。」

ふたつ【二つ】《名詞(数詞＋助数詞)》　①自然数の1に、1を加えた数で、個数などをかぞえる場合に使う言葉。「めがね(眼鏡)・を・　ふたつ・　も(持)っ・とる。」「ふたつ・とも・　ほ(欲)しー・ねん・けど・　むり(無理)やろ・か。」②2歳。「まご(孫)・は・　もーじき・　ふたつ・に・　なり・ます。」

ふたつき【二月】《名詞》 ①1年を12に分けたときの、そのふたつ分。ほぼ60日の長さ。「ふたつき・　かかっ・て・　え(絵)ー・を・　いちまい(一枚)・　か(描)い・た。」②その月から次の月にまたがる長さ。「ぶんかさい(文化祭)・は・　じゅーがつ(十月)・と・　じゅーいちがつ(十一月)・の・　ふたつき・に・　またが(跨)る。」〔**⇒にかげつ【二か月】**〕

ふたつわり【二つ割り】《名詞、動詞する》 全体を2つに分けること。2つに分けたひとつ分。「すいか(西瓜)・を・　まんなか・から・　ふたつわり・に・　する。」

ふたば【双葉】《名詞》 草木などが芽を出したばかりの、2枚の小さな葉。「あさがお(朝顔)・の・　ふたば・が・　で(出)・てき・た。」

ふたまた【二股】《名詞》 もとが1つで、先が2つに別れていること。また、そのようなもの。「みち(道)・が・　ふたまた・に・　なっ・とる・　とこ(所)・で・　みぎ(右)・へ・すす(進)め・よ。」「ふたまた・の・　そけっと(ソケット)・に・　らじお(ラジオ)・を・　つな(繋)ぐ。」「ふたまた・に・　まめでんきゅー(豆電球)・を・　つ(付)ける。」

二股のソケット

ぶたまん【豚饅】《名詞》 豚肉を具として挟んで蒸し上げた、中華風の饅頭。「にくまん(肉饅)・は・　ぎゅーにく(牛肉)・で・　ぶたまん・は・　ぶたにく・や。」

ふたみ【二見】《固有名詞》 ①明石市の西部にある町名のひとつで、1951年(昭和26年)の合併前は加古郡二見町であった地域。「ふたみ・は・　りょーしまち(漁師町)・やっ・た。」②山陽電気鉄道の東二見駅のこと。「ふたみ・に・　でんしゃ(電車)・の・　しゃこ(車庫)・が・　ある。」③山陽電気鉄道の東二見駅のあたりの繁華な地域。「ふたみ・の・　しょーてんがい(商店街)・は・　ちょっと(一寸)・　さび(寂)しなっ・てき・た。」

ふたり【二人】《名詞》 人数が2であること。1人と1人。両人。また、夫婦や恋人などの対になっている人。「もー・　ふたり・で・　えーが(映画)・に・　い(行)く・こと・も・　の(無)ーなっ・た。」「む(向)こー・から・く(来)る・　ふたり・とも・　し(知)っ・た・　ひと(人)・や。」〔**⇒ににん【二人】**〕

ふたりさんにん【二人三人】《名詞》 ごくわずかの人数。2人または3人。「ふたりさんにん・　わし・の・　てつだ(手伝)い・を・　し・ておくれ。」◆「ふたり【二人】」と「さんにん【三人】」がやや強く結びついた言葉で、一語という感じが強い。〔**⇒にさんにん【二三人】**〕

ふだん【不断、普段】《名詞》 ①特別なこともなく、繰り返される日常。「しきふく(式服)・やのー・て・　ふだん・の・まま・の・　ふく(服)・で・　き(来)・てください。」「ふだん・は・　からだ(体)・に・　き(気)ー・つけ・てます・か。」②休日でない日。例えば、月曜日から金曜日までの日。「きょー(今日)・の・　でんしゃ(電車)・は・ふだん・の・　じこくひょー(時刻表)・や。」③ずっと以前から最近までにわたる日々。「ふだん・　き(来)・たい・と・　おも(思)・とっ・た・　とこ(所)・へ・　やっと・き(来)・た。」〔**⇒へいじつ【平日】**。①**⇒いつも【何時も】、いっつも【(何時も)】、いっつもかっつも【(何時もかっつも)】、いつもかも【何時もかも】、へいじょう【平常】、へいぜい【平生】、ひごろ【日頃】**〕

ふち【縁】《名詞》 ①ものの周りや端の方。中心からはずれた辺り。「おちゃわん(茶碗)・の・　ふち・が・　か(欠)け・た。」「いけ(池)・の・　ふち・を・　いっしゅー(一周)する。」②ある場所から近いところ。あるもののそば。「がっこー(学校)・の・　ふち・に・　いえ(家)・が・　た(建)っ・とる。」〔**⇒へり【縁】、きわ【際】**。②**⇒ねき、はた【端】**〕

ぶちかます《動詞・サ行五段活用》 相手に強くぶつかっていく。強い一撃を加える。「おも(思)いきり・　ぶちかまさ・なんだら・　か(勝)た・れ・へん・ぞ。」

ぶちこわす【ぶち壊す】《動詞・サ行五段活用》 ①物を荒々しく叩いて、使えないようにする。物をだめにする。「ふる(古)ー・なっ・た・　いぬごや(犬小屋)・を・　ぶちこわし・ても・た。」②物事をだいなしにして、成り行かなくする。「えんだん(縁談)・を・　ぶちこわさ・れ・ても・た。」

ぶちっと《副詞》 急に勢いよく断ち切る様子。また、その音。「ごむ(ゴム)・が・　ぶちっと・　き(切)れ・た。」

ぷちぷち《副詞と》 ①小さいものをつぶす様子。また、その音。「ごま(胡麻)・を・　ゆび(指)・で・　ぷちぷちと・つぶ(潰)す。」②長いものを切り分ける様子。「なが(長)い・　いとごんにゃく(糸蒟蒻)・を・　ぷちぷちと・き(切)る。」〔**⇒ぷつぷつ、ぷつんぷつん**〕

ぶちます《動詞・サ行五段活用》 拳骨や何かの物を使って、相手の頭、顔、体などに力を込めて強く撲つ。「はら(腹)・が・　た(立)っ・た・さかい・　ぶちまし・たっ・てん。」◆「ぶつ」に接尾語「ます」が付いて荒々しい感じを表現したものであるが、現在の本方言では「ぶつ」を使わない。「ます」「まーす」には「回す」のイメージが伴う。似た言葉として「どつきます」「かちます」「はります」などがある。ものを打つ場合や、自分を誤って撲ってしまった場合などにも使うことがある。〔**⇒なぐる【殴る】、なぐります【殴ります】、どつく、どつきます、どやす、かちます、しばく**〕

ぶちゃたる《動詞・ラ行五段活用》 ①ものに突き当たる。衝突する。「じてんしゃ(自転車)・に・　の(乗)っ・とっ・て・でんしんぼーぎ(電信棒木)・に・　ぶちゃたっ・た。」②困難なことに直面する。どうにもならない事柄に会う。「むつか(難)しー・　もんだい(問題)・に・　ぶちゃたっ・て・　なんに(何)・も・　わから・へん。」◆「ぶちあたる【ぶち当たる】」がつづまった言葉であるが、「ぶちあたる」を使うことは少ない。

ぶちょうほう〔ぶちょーほー〕【不調法】《形容動詞や(ナ)、動詞する》 ①ものごとに慣れていなくて、下手な様子。行き届かなくて、体裁がよくない様子。「ぶちょーほーな・　あいさつ(挨拶)・に・　なっ・ても・て・　すん・まへ・ん・でし・た。」②失敗をする様子。しくじる様子。「ぶちょーほーし・て・　こっぷ(コップ)・を・　ひっくりかえし・て・　は(恥)ずかしかっ・てん。」③酒や煙草などがのめない様子。「ぶちょーほーで・　いってき(一滴)・も・　の(飲)め・まへ・ん・ねん。」

ぷちんと《副詞》 ①長く細いものに力が加わって瞬時に切れる様子。また、その音。「わごむ(輪ゴム)・が・　ぷちんと・　き(切)れる。」②それまで続いていた話や放送などが突然切れる様子。「ちゃいむ(チャイム)・が・な(鳴)っ・た・さかい・　はなし(話)・を・　ぷちんと・や(止)め・ても・た。」③丸くて小さなものをつぶす様子。また、その音。「しらみ(虱)・を・　ぷちんと・　つぶ(潰)す。」〔**⇒ぷつんと、ぷっつんと**〕

ぷちんぷちん《副詞と》 力が加わっていくつにも切れたり折れたりする様子。いくつにも切ったり折ったりする様子。「ふる(古)い・　ごむ(ゴム)・や・さかい・　あっち

こっち・で・　ぷちんぷちんと・　き(切)れる。」〔⇒**ぷつんぷつん**〕

ふつう〔**ふつー**〕【普通】《名詞、形容動詞や(ノ)》　①他の多くのものと変わっていない様子。ごくありふれた様子。「べんきょー(勉強)・の・　でき(出来)・は・　ふつーやっ・た。」②標準的なものであって、格別変わったものでないこと。「ふつーの・　ねだん(値段)・の・　ちょーめん(帳面)・を・　こ(買)ー・た。」③物事の量や範囲についての大部分。ものごとの大まかな全体。すべてに行きわたってはいないが、主要なところすべてが、そのようである様子。「あさ(朝)・は・　ふつー・　ろくじ(六時)・に・　お(起)きる。」■対語＝「とくべつ【特別】」「べつ【別】」〔③⇒**たいてい**【大抵】、**たいがい**【大概】、**だいたい**【大体】、**ほとんど**【殆ど】、**おおかた**【大方】、**おおむね**【概ね】、**あらかた**【粗方】、**あらまし**〕

ふつう〔**ふつー**〕【普通】《名詞》　すべての駅や停留所に止まる電車や列車やバスなどの乗り物。「うち・の・　ちか(近)く・の・　えき(駅)・は・　ふつー・しか・　とまら・へん。」◆ＪＲの大都市近郊区間では、「かくえきていしゃ【各駅停車】」と区別して、主要な駅だけに停まるものを「ふつう【普通】」と言うことがある。〔⇒**ふつうでんしゃ**【普通電車】、**かくてい**【各停】〕

ふつうでんしゃ〔**ふつーでんしゃ**〕【普通電車】《名詞》　基本的にはすべての駅に止まる電車。「ふつーでんしゃ・を・　しんかいそく(新快速)・が・　お(追)いぬく。」◆ＪＲの大都市近郊区間では、「かくえきていしゃ【各駅停車】」と区別して、主要な駅だけに停まるものを「ふつう【普通】」と言うことがある。〔⇒**ふつう**【普通】、**かくてい**【各停】〕

ふつか【二日】《名詞》　①１か月のうちの２番目の日。「らいげつ(来月)・の・　ふつか・は・　にちよーび(日曜日)・や。」②１日を２つ合わせた日数。「この・　しごと(仕事)・に・は・　ふつか・　かかる。」

ふつかみっか【二日三日】《名詞、副詞》　２日間もしくは３日間のあいだ。「ふつかみっか・　あっ・たら・　なん(何)とか・　しあ(仕上)げ・ます。」◆数える起点は今日のことが多いが、それ以外の特定の日を起点にすることもある。〔⇒**にさんにち**【二三日】〕

ぶっきょう〔**ぶっきょー**〕【仏教】《名詞》　釈迦が説いた教えに基づいて成立した宗教。「うち・は・　ぶっきょー・の・　しんごんしゅー(真言宗)・や。」

ぶっきょう〔**ぶっきょー**〕【(不器用)】《形容動詞や(ナ)》　①手先でする仕事が上手でない様子。「ぶっきょーで・　こま(細)かい・　まめ(豆)・は・　つま(摘)ま・れ・へん。」②ものごとを進める手際が上手でない様子。ものごとをうまく処理できない様子。「ほーちょ(包丁)・も(持)たし・たら・　ぶっきょーで・　じっき(直)に・　けが(怪我)し・てまう。」③抜け目なく立ち回れない様子。「ぶっきょーで・　しゅっせ(出世)・なんか・　でけ(出来)・へん。」■対語＝「きよう【器用】」〔⇒**ぶきよう**【不器用】〕

ふっきん【(布巾)】《名詞》　食器や食卓などを拭く、小さな布きれ。「しょーゆ(醤油)・を・　こぼ(零)し・た・さかい・　ふっきん・を・　も(持)っ・てき・てんか。」〔⇒**ふきん**【布巾】〕

ぶつくさ《副詞と》　①小さい声で、続けてものを言う様子。また、その声。「ぶつくさと・　なん(何)か・　ゆ(言)ー・とる・けど・　き(聞)こえ・へん・がな。」②不平や不満をつぶやく様子。「ぶつくさ・　ぶつくさ・　もんく(文句)・を・　ぬかし・やがっ・た。」〔⇒**ぶつぶつ**。②⇒**ぐずぐず**【愚図愚図】〕

ふっくら《副詞と、動詞する》　①食べ物などが柔らかくふくらんでいて、望ましく感じられる様子。「ぶたまん(豚饅)・を・　む(蒸)し・たら・　ふっくらと・　でけあ(出来上)がっ・た。」②体や顔が丸々としている様子。「ふっくらし・た・　かお(顔)・の　ひと(人)・が・　たなか(田中)はん・や。」

ぶつける《動詞・カ行下一段活用》　①手につかんでいたものを、反動を利用して空中に放り出す。手の力で遠くへ飛ばす。相手に当てることを目的にして放り出す。「のらいぬ(野良犬)・が・　き(来)・た・さかい・　いし(石)・を・　ぶつけ・て・　お(追)いはろ(払)・た。」②そのままの状態で放置する。うち捨てておく。要らないものとして、置いたり投げ出したりする。「ぬ(脱)い・だ・　もん(物)・を・　ぶつけ・んと・　きちんと・　たた(畳)み・なはれ。」〔⇒**ほかす**【放下す】、**ほりなげる**【放り投げる】、**ちゃいする**、**ぽいする**。①⇒**ほる**【放る】、**なげる**【投げる】。②⇒**すてる**【捨てる】、**してる**【(捨てる)】、**ほったらかす**【放ったらかす】、**ほっちらかす**【放っ散らかす】、**ほっとく**【放っとく】〕

ふっしん【普っ請】《名詞、動詞する》　①建物を建てたり、直したりすること。「ふっしん・が・　す(済)ん・で・　しんせき(親戚)・に・　み(見)・てもらう。」②道路を作ったり、直したりすること。「みんな(皆)・で・　たんぼみち(田圃道)・の・　ふっしん・を・　する。」〔⇒**ふしん**【普請】〕

ぶっそう〔**ぶっそー**〕【物騒】《形容動詞や(ナ)》　世の中が穏やかでない様子。いつか何かが起こりそうで、危険を感じる様子。「ぶっそーな・　こと(事)・が・　つづ(続)い・とる・さかい・　とじ(戸締)まり・は・　きちんと・　し・とき・よ。」「ぶっそーや・さかい・　さいふ(財布)・に・　き(気)ー・　つけよ。」「よなか(夜中)・の・　ひとりある(一人歩)き・は・　ぶっそーや。」「ぶっそーな・　とこ(所)・へ・は・　い(行)く・な・よ。」

ぶつぞう〔**ぶつぞー**〕【仏像】《名詞》　信仰や礼拝の対象としての、彫刻したり絵に描いたりした、仏の姿。「おてら(寺)・の・　ぶつぞー・まで・　ぬす(盗)む・　ばちあ(罰当)たり・が・　おる・ん・や・て。」

ぶったん【(仏壇)】《名詞》　家の中で、祖先の位牌や、仏像などをまつっておく場所。位牌や仏像などを安置する厨子。「ぶったん・に・　はな(花)・を・　そな(供)える。」〔⇒**ぶつだん**【仏壇】〕

ぶつだん【仏壇】《名詞》　家の中で、祖先の位牌や、仏像などをまつっておく場所。位牌や仏像などを安置する厨子。「とこ(床)のま・の・　よこ(横)・に・　ぶつだん・が・　ある。」〔⇒**ぶったん**【(仏壇)】〕

ぶっちゃける【(ぶち明ける)】《動詞・カ行下一段活用》　①知っていることをすべて、隠さないで相手に告げる。「きのー(昨日)・の・　はなし(話)・を・　ないしょ(内緒)・に・　せ・んと・　ぶっちゃける。」②中に入っているものを、一度にすべて外に放り出す。「はこ(箱)・の・　なか(中)・の・　おもちゃ(玩具)・を・　へやじゅー(部屋中)・に・　ぶっちゃけ・ても・た。」

ぶつっと《副詞》　①ものを断ち切る様子。また、その音。「さかな(魚)・の・　み(身)ー・を・　ぶつっと・　ふた(二)つ・に・　き(切)る。」②やわらかいものに勢いよく突き刺さる様子。やわらかいものを刺す様子。「む(蒸)せ・た・か・　どー・か・　いも(芋)・に・　わりばし(割箸)・を・　ぶつっと・　さ(刺)し・てみる。」③口数が少なく、愛想がなく、機嫌が悪そうな様子。「ぶつっと・　し・とっ・たら・　だれ(誰)・も・　こ(買)ー・てくれ・へん・ぞ。」〔**⇒ぶすっと。③⇒むすっと、むつっと、むっつり**〕

ぶっつり《副詞と》 ものごとが急に、すっかり途切れる様子。「あれ・から・　ぷっつり・　なん(何)・の・　れんらく(連絡)・も・　あら・へん。」

ぷっつんと《副詞》 ①長く細いものに力が加わって瞬時に切れる様子。また、その音。「いと(糸)・が・　ぷっつんと・　き(切)れ・ても・た。」②それまで続いていた話や放送などが突然切れる様子。「てーでん(停電)・で・　てれび(テレビ)・が・　ぷっつんと・　き(切)れる。」③丸くて小さなものをつぶす様子。また、その音。「ふーせん(風船)・を・　はり(針)・で・　つ(突)いて・　ぷっつんと・　わ(割)る。」〔**⇒ぷつんと、ぷちんと**〕

ふっと《副詞》 ①何の気なしに何かをする様子。思わず何かの動作をする様子。「ふっと・　そら(空)・を・　み(見)・たら・　ひこーきぐも(飛行機雲)・が・　でき(出来)・とっ・た。」②思いがけず何かが起こる様子。今まで意識していなかったようなことが、特別なきっかけなどなく、急に心に浮かんでくる様子。「まど(窓)・の・　そと(外)・を・　み(見)・とって・　ふっと・　きょねん(去年)・の・　できごと(出来事)・を・　おも(思)いだし・た。」③口をすぼめて息を吹きかける様子。風が当たる様子。また、その音や声。「けーき(ケーキ)・の・　ろーそく(蝋燭)・を・　ふっと・　け(消)す。」「ろーそく(蝋燭)・が・　かぜ(風)・で・　ふっと・　き(消)え・た。」〔**①②⇒ふと。③⇒ふうと**〕

ぷっと《副詞》 ①汽笛や放屁の音などがする様子。また、その音。「おなら・を・　ぷっと・　お(落)とし・た。」②ふくらんでいる様子。ふくれている様子。「ほっぺた・を・　ぷっと・　ふく(膨)らし・た。」③不平の気持ちや、気合いを入れた気持ちが現れている様子。「おこ(怒)っ・て・　ぷっと・　よこ(横)・を・　む(向)い・た。」〔**⇒ぷうと**〕

ぶっとい【(太い)】《形容詞・オイ型》 ①円柱に近い形のものの周りが大きい。「ぶっとい・　うで(腕)・の・　しと(人)・や・なー。」②面状に長く伸びているものの幅が広い。「ぶっとい・　せん(線)・を・　ひ(引)く。」③平たい形のもので、かなりの厚みがある。物の表と裏などの間に幅がある。「ぶっとい・　き(木)ー・を・　かんな(鉋)・で・　けず(削)る。」④声が低くて、ずしりとした重みがある。「ぶっとい・　こえ(声)・で・　うた(歌)・を・　うた(歌)う。」◆対語＝①②④「ほそい【細い】」、③「うすい【薄い】」〔**⇒ふとい【太い】、ぶとい【(太い)】。③⇒ぶあつい【分厚い】、あつい【厚い】**〕

ぷっぷ〔**ぷっぷー**〕《名詞》 ①エンジンの力で車輪を回して道路を進む乗り物。「いえ(家)・の・　まえ(前)・を・　ぷっぷ・が・　とー(通)る・さかい・　き(気)ー・を・　つけ・なはれ。」②電気の力で車輪を回して、レールの上を走る乗り物。「えき(駅)・で・　ぷっぷ・に・　の(乗)っ・て・　こーべ(神戸)・へ・　い(行)く。」◆幼児語。〔**①⇒じどうしゃ【自動車】、じとうしゃ【(自動車)】、ぽっぽ、ぶうぶう、くるま【車】。②⇒でんしゃ【電車】、ちんちん**〕

ぶつぶつ《名詞》 ①皮膚にたくさんできる、小さな盛り上がり。発疹。「あせ(汗)・　かい・て・　せなか(背中)・に・　ぶつぶつ・が・　でけ(出来)・た。」②表面にたくさん並んでいる、小さな突起物。「きゅーり(胡瓜)・に・　ぶつぶつ・が・　ある。」〔**⇒つぶつぶ【粒々】。①⇒ほろせ**〕

ぶつぶつ《副詞と》 ①小さい声で、続けてものを言う様子。また、その声。「ぶつぶつと・　ひとりごと(独言)・を・　ゆ(言)ー。」②不平や不満をつぶやく様子。「かいぎ(会議)・が・　す(済)ん・で・から・　ぶつぶつ・　ゆ(言)ー・ても・　しょがない・やろ。」③小さな粒がたくさんある様子。「がに(蟹)・が・　ぶつぶつ・　あわ(泡)・を・　ふ(吹)い・とる。」④長いものを次々に勢いよく切る様子。また、その音。「だいこん(大根)・を・　ぶつぶつ・　わぎ(輪切)り・に・　する。」〔**①②⇒ぶつくさ。②⇒ぐずぐず【愚図愚図】**〕

ぷつぷつ《副詞と》 ①小さいものをつぶす様子。また、その音。「かずのこ(数子)・を・　ぷつぷつと・　か(噛)む。」②長いものを切り分ける様子。「ねぎ(葱)・を・　ぷつぷつと・　みじか(短)く・　き(切)る。」〔**⇒ぷちぷち、ぷつんぷつん**〕

ぶつめつ【仏滅】《名詞》 六曜の一つで、何をするにも不吉であるとされる日。「きょー(今日)・は・　ぶつめつ・や・さかい・　おいわ(祝)い・を・　も(持)っ・ていか・れ・へん。」■対語＝「だいあん【大安】」

ぷつんと《副詞》 ①長く細いものに力が加わって瞬時に切れる様子。また、その音。「ぱんつ(パンツ)・の・　ごむ(ゴム)・が・　ぷつんと・　き(切)れ・た。」②それまで続いていた話や放送などが突然切れる様子。「でんわ(電話)・が・　ぷつんと・　き(切)れる。」③丸くて小さなものをつぶす様子。また、その音。「のみ(蚤)・を・　ぷつんと・　つぶ(潰)す。」〔**⇒ぷっつんと、ぷちんと**〕

ぷつんぷつん《副詞と》 ①小さいものをつぶす様子。また、その音。「ぷつんぷつんと・　し・た・　は(歯)ごたえ・の・　いくら(イクラ)・や。」②長いものを切り分ける様子。「はりがね(針金)・を・　ぷつんぷつん・　みじか(短)く・　き(切)っ・ていく。」③力が加わっていくつにも切れたり折れたりする様子。いくつにも切ったり折ったりする様子。「はりがね(針金)・が・　くさ(腐)っ・て・　あっちこっち・で・　ぷつんぷつんと・　き(切)れ・とる。」「はさみ(鋏)・で・　ひも(紐)・を・　ぷつんぷつんと・　き(切)る。」〔**①②⇒ぷちぷち、ぷつぷつ。③⇒ぷちんぷちん**〕

ふで【筆】《名詞》 細い軸の先に束にした毛をつけて、それに墨や絵の具などを含ませて文字や絵を書くための道具。毛筆。また、それで書いた文字。「ふで・で・　ねんがじょー(年賀状)・を・　か(書)く。」「ふで・の・　じょーず(上手)な・　ひと(人)・が・　うらや(羨)ましー・なー。」

ぶてこい《形容詞・オイ型》 やや弾力性があって、それなりの厚みがある。「ぶてこい・　きれ(布)・や・さかい・　はさみ(鋏)・で・　き(切)ら・れ・へん。」「ぶてこい・　ぼーるがみ(ボール紙)・や・さかい・　お(折)りまげ・られ・へん。」

ふでばこ【筆箱】《名詞》 鉛筆や消しゴムなどを入れておく箱。「せるろいど(セルロイド)・の・　ふでばこ・を・　こ(買)ー・てもろ・た。」

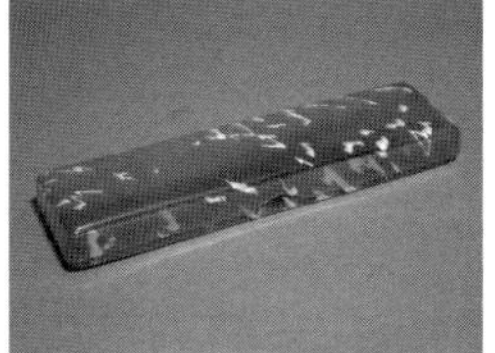
セルロイドでできた筆箱

ブリキでできた筆箱

ふと《副詞》 ①何の気なしに何かをする様子。思わず何かの動作をする様子。「となり(隣)・の・　し(知)ら・ん・

ひと(人)・に・　ふと・　こえ(声)・を・　かけ・た。」②思いがけず何かが起こる様子。今まで意識していなかったようなことが、特別なきっかけなどなく、急に心に浮かんでくる様子。「こども(子供)・の・　とき(時)・の・　こと・を・　ふと・　おも(思)いだし・た。」〔⇒**ふっと**〕

ぶと《名詞》 草地や藪などにいる、蝿に似た小さな虫。ぶよ。「ぶと・が・　と(飛)びまーっ・て・　きしょく(気色)・が・　わる(悪)い。」

ふとい【太い】《形容詞・オイ型》 ①円柱に近い形のものの周りが大きい。「ふとい・　だいこん(大根)・が・　と(穫)れ・た。」②面状に長く伸びているものの幅が広い。「ふとい・　みち(道)・が・　つづ(続)い・とる。」③平たい形のもので、かなりの厚みがある。物の表と裏などの間に幅がある。「ふとい・　ほん(本)・や・さかい・　よ(読)む・の・に・　じかん(時間)・が・　かかる。」「ふとい・　じびき(字引)・を・　あ(開)け・て・　しら(調)べる。」④声が低くて、ずしりとした重みがある。「ふとい・　こえ(声)・で・　どな(怒鳴)る。」◆対語＝①②④「ほそい【細い】」、③「うすい【薄い】」〔⇒**ぶっとい**【(太い)】、**ぶとい**【(太い)】。③⇒**ぶあつい**【分厚い】、**あつい**【厚い】〕

ぶとい【(太い)】《形容詞・オイ型》 ①円柱に近い形のものの周りが大きい。「ぶとい・　からだ(体)・の・　すもんと(相撲取)り・や。」②面状に長く伸びているものの幅が広い。「ぶとい・　てーぷ(テープ)・で・　と(留)める。」「しんかんせん(新幹線)・は・　ぶとい・　れーる(レール)・の・　はば(幅)・や。」③平たい形のもので、かなりの厚みがある。物の表と裏などの間に幅がある。「ぶとい・　しょるい(書類)・は・　いちにち(一日)・で・は・　よ(読)ま・れ・へん。」④声が低くて、ずしりとした重みがある。「ぶとい・　こえ(声)・で・　のらねこ(野良猫)・が・　な(鳴)い・とる。」◆対語＝①②④「ほそい【細い】」、③「うすい【薄い】」〔⇒**ふとい**【太い】、**ぶっとい**【(太い)】。③⇒**ぶあつい**【分厚い】、**あつい**【厚い】〕

ふといめ【太いめ】《名詞、形容動詞や(ノ)》 ①ものの周りが、少し太いこと。比較的太いと思われること。「ふといめの・　だいこん(大根)・を・　つ(漬)ける。」②ものの幅が、少し太いこと。比較的太いと思われること。「もー・　ちょっと・　ふといめの・　せん(線)・を・　ひ(引)ー・てほしー・ねん。」③ものの厚みが、少し太いこと。比較的太いと思われること。「ふといめの・　ちょーめん(帳面)・を・　か(買)う。」■対語＝「ほそいめ【細いめ】」「ほそめ【細め】」、③＝「うすいめ【薄いめ】」「うすめ【薄め】」〔⇒**ふとめ**【太め】。③⇒**ぶあついめ**【分厚いめ】、**ぶあつめ**【分厚め】〕

ぶどう〔**ぶどー**〕【葡萄】《名詞》 秋に小さな丸い実が房になって垂れ下がる、蔓のような茎をした植物。「この・　ぶどー・は・　あも(甘)ー・て・　おい(美味)しー・なー。」

ぶどうしゅ〔**ぶどーしゅ**〕【葡萄酒】《名詞》 葡萄の果汁を発酵させて作った酒。「えーがしましゅぞー(江井ヶ嶋酒造)・は・　やまなしけん(山梨県)・で・　ぶどーしゅ・も・　つく(作)っ・とる・ねん。」

ふところ【懐】《名詞》 ①身につけている着物の胸にあたる部分の内側。「きもの(着物)・の・　ふところ・まで・　かぜ(風)・が・　はい(入)っ・て・　さぶ(寒)い。」②自分が持っている金。自分が自由に使える金。「いま(今)・は・　ふところ・が・　さび(寂)しー・ねん。」〔⇒**ほところ**【(懐)】、**ぽっぽ**〕

ふとじ【太字】《名詞》 線の幅が広く書いてある文字。「ふとじよー(用)・の・　ふで(筆)・で・　か(書)く。」■対語＝「ほそじ【細字】」

ふとなる【太なる】《動詞・ラ行五段活用》 ①それまでよりも幅が大きくなる。「うね(畝)・が・　だんだん(段々)と・　ふとなっ・とる。」②体に肉がついて膨らむ。肉付きがよくなって体重が増える。「あき(秋)・に・　なっ・たら・　たべもん(食物)・が・　うも(美味)ー・て・　ふとなる・ねん。」■対語＝「ほそなる【細なる】」、②＝「やせる【痩せる】」〔②⇒**こえる**【肥える】、**ふとる**【太る】〕

ふとみしかい【(太短い)】《形容詞・アイ型》 幅に比べて長さの数値が小さい。太っていて、背丈が小さい。「ふとみしかい・　あし(足)・の・　いぬ(犬)・や・なー。」■対語＝「ほそながい【細長い】」「ながぼそい【長細い】」〔⇒**ふとみじかい**【太短い】〕

ふとみじかい【太短い】《形容詞・アイ型》 幅に比べて長さの数値が小さい。太っていて、背丈が小さい。「ふとみじかい・　にんじん(人参)・や。」■対語＝「ほそながい【細長い】」「ながぼそい【長細い】」〔⇒**ふとみしかい**【(太短い)】〕

ふとめ【太め】《名詞、形容動詞や(ノ)》 ①ものの周りが、少し太いこと。比較的太いと思われること。「ふとめの・　ずぼん(ズボン)・を・　は(履)く。」②ものの幅が、少し太いこと。比較的太いと思われること。「ふとめの・　がむてーぷ(ガムテープ)・を・　こ(買)ー・てくる。」③ものの厚みが、少し太いこと。比較的太いと思われること。「ふとめの・　いた(板)・を・　にまい(二枚)・に・　わ(割)る。」■対語＝「ほそめ【細め】」「ほそいめ【細いめ】」、③＝「うすめ【薄め】」「うすいめ【薄いめ】」〔⇒**ふといめ**【太いめ】。③⇒**ぶあついめ**【分厚いめ】、**ぶあつめ**【分厚め】〕

ふとる【太る】《動詞・ラ行五段活用》 体に肉がついて膨らむ。肉付きがよくなって体重が増える。「よー・　ふとっ・た・　ぶた(豚)・が・　おる。」■対語＝「やせる【痩せる】」「ほそなる【細なる】」〔⇒**こえる**【肥える】、**ふとなる**【太なる】〕

ふとん【布団、蒲団】《名詞》 ①縫い合わせた布の間に綿や羽毛などを入れて作った寝具。「さぶ(寒)い・さかい・　ふとん・から・　で(出)・とー・ない。」②座るときに敷くために使う、縫い合わせた布の間に綿などを入れて作った小さなもの。「どーぞ・　ふとん・を・　あ(当)て・てください。」◆①の場合、体の下になるのを「しきぶとん【敷き布団】」と言い、体の上になるのを「おぶとん【負布団】」「うわぶとん【上布団】」「かけぶとん【掛け布団】」と言う。〔②⇒**ざぶとん**【座布団】、**おざぶ**【お座布(団)】〕

ふな【鮒】《名詞》 鯉に似ているが口ひげがなく、川や池にすむ、食用にする小さな魚。「びわこ(琵琶湖)・の・　ふな・の・　つくだに(佃煮)・を・　こ(買)ー・た。」

ふなあし【船足】《名詞》 船の進む速さ。「いわやいき(岩屋行)・の・　ふなあし・が・　はよ(速)ー・　なっ・た。」

ふなぞこ【船底】《名詞》 船のいちばん下の部分。「ふなぞこ・から・　あか(＝水)・が・　し(染)みこむ。」

ふなちん【船賃】《名詞》 船に乗ったときに払う料金。船で物を運んだときの輸送料。「いわや(岩屋)・まで・の・　ふなちん・は・　なんぼ・です・か。」

ふなのり【船乗り】《名詞》 船に乗って働くことを職業にしている人。船員。「こども(子供)・も・　ふなのり・に・

する・つもり・や。」

ふなむし【船虫】《名詞》 体長３センチほどの平らな卵形の体をしていて、海岸や船の中などにすんで、素早く動き回る節足動物。「てんま(伝馬)・の・ うえ(上)・を・ ふなむし・が・ は(這)いまわっ・とる。」

ふなよい【船酔い】《名詞、動詞する》 船の揺れによって気分が悪くなること。「べらつ(釣)り・の・ おきゃく(客)さん・が・ ふなよいし・た。」

ふにゃっと《副詞、動詞する》 柔らかく、曲がりやすかったり、ねじれやすかったりする様子。また、そのようになってしまう様子。「うす(薄)い・ せるろいど(セルロイド)・の・ えんぴついれ(鉛筆入)・や・さかい・ つか(掴)ん・だら・ ふにゃっとする。」

ふにゃふにや《形容動詞や(ノ)、動詞する》 ①柔らかく、曲がりやすかったり、ねじれやすかったりする様子。しっかりした姿勢でない様子。「た(炊)きすぎ・て・ だいこん(大根)・が・ ふにゃふにゃに・ なっ・ても・た。」「ふにゃふにゃし・た・ ある(歩)きかた・は・ や(止)め・とき。」②言行がしっかりしていない様子。「ふにゃふにゃ・ ゆ(言)ー・て・ なに(何)・を・ かんが(考)え・とる・ん・か・ よー・ わから・ん。」〔⇒**ふやふや**〕

ふね【船】《名詞》 ①木や鉄などで作り、人や物を乗せて水の上を進む乗り物。「ふね・で・ つ(釣)り・に・ い(行)く。」②刺身などを入れる、底の浅い入れ物。「ふね・に・ はい(入)っ・た・ おつく(造)り・を・ か(買)う。」

ふのり【布海苔】《名詞》 着物などにつける糊の材料にするために煮る、赤紫色の海藻。また、作られたその液体。「ふのり・を・ た(炊)い・て・ のり(糊)・に・ する・」

ぶひん【部品】《名詞》 機械や器具などを組み立てている、いろいろな部分の一つ一つの品。「ぶひん・を・ と(取)りよせ・て・から・ しゅーぜん(修繕)し・まっ・さ。」

ふぶき【吹雪】《名詞》 強い風に吹かれながら横なぐりに降る雪。「ここらへん(辺)・は・ ふぶき・に・ なる・こと・なんか・ めった(滅多)に・ あら・へん。」

ふふん《副詞と》 相手を馬鹿にしたような態度を見せる様子。相手の言葉を軽くあしらうような様子。「ふふんと・ はな(鼻)・で・ わら(笑)い・やがっ・た。」〔⇒**へへん**〕

ぶぶん【部分】《名詞》 全体をいくつかに分けたものの一つ。「なんぼ・か・の・ ぶぶん・に・ わ(分)け・て・ こしらえ・て・から・ ひと(一)つ・に・ つな(繋)ぐ。」■対語＝「ぜんたい【全体】」

ふへい〔ふへー〕【不平】《名詞、形容動詞や(ノ)》 思い通りにならなくて、気に入らないこと。気に入らないことを言葉や態度にあらわすこと。「ごたごた・ ひと(人)・の・ ふへー・を・ なら(並)べ・たら・ あか・ん・よ。」「ふへー・そーな・ かお(顔)・を・ し・とる。」〔⇒**ふまん**【不満】、**ふそく**【不足】〕

ふべん【不便】《名詞、形容動詞や(ナ)》 ①移動するのに都合がよくないこと。「でんしゃ(電車)・は・ いちじかん(一時間)・に・ いっぽん(一本)・だけ・の・ ちょっと(一寸)・ ふべんな・ とこ(所)・や。」②役立たず具合が悪いこと。「つか(使)う・の・が・ むつか(難)しー・て・ ふべんな・ きかい(機械)・や。」■対語＝「べんり【便利】」〔⇒**べんりわるい**【便利悪い】〕

ふまじめ【不真面目】《名詞、形容動詞や(ナ)》 言動に嘘や偽りやごまかしがあったり、一生懸命に取り組んだりしない様子。人柄が誠実でなく、真剣に取り組まない様子。「あんな・ ふまじめな・ やつ(奴)・と・は・ いっしょ(一緒)に・ しごと(仕事)・は・ でけ・へん。」■対語＝「まじめ【真面目】」

ふまん【不満】《名詞、形容動詞や(ナ・ノ)》 自分の思い通りにならなくて、気に入らないこと。気に入らないことを言葉や態度にあらわすこと。気に入らないことが心の中にくすぶり続けること。「なに(何)・が・ ふまんで・ そんな・ かお(顔)・を・ する・ん・や。」■対語＝「まんぞく【満足】」〔⇒**ふへい**【不平】、**ふそく**【不足】〕

ふみあらす【踏み荒らす】《動詞・サ行五段活用》 そうすべきでないところに入り込んで、踏んで押さえつけて、めちゃめちゃにする。「きのー(昨日)・ たね(種)・を・ ま(蒔)い・た・ とこ(所)・を・ いぬ(犬)・が・ ふみあらし・て・も・とる。」〔⇒**ふみにじる**【踏み躙る】〕

ふみいし【踏み石】《名詞》 ①玄関などに置いて、脱いだ履き物をその上に置く石。「ふみいし・の・ うえ(上)・の・ ぞーり(草履)・を・ そろ(揃)える。」②庭などに一定の間隔で飛び飛びに置いてある石。「ふみいし・を・ ふ(踏)ま・なんだら・ くつ(靴)・が・ よご(汚)れる・よ。」

ふみきり【踏切】《名詞》 ①鉄道線路と道路とが同じ平面で交差するところ。「ふみきり・で・ みぎ(右)・と・ ひだり(左)・を・ よー・ み(見)る。」②走り幅跳びなどで、跳び上がるために、強く力を入れて足を踏むこと。また、そのようにする場所。「おも(思)いきっ・て・ ふみきり・を・ せ・な・ あか・ん。」

ふみきりばん【踏切番】《名詞》 鉄道線路と道路とが同じ平面で交差するところの安全を確かめて、遮断機の上げ下げをする人。「むかし(昔)・は・ あかし(明石)・の・ えきまえ(駅前)・に・ ふみきりばん・が・ お(居)っ・た。」◆踏切の自動遮断機や安全装置の設置に伴って、「ふみきりばん【踏切番】」がいる踏切は、ほとんど見かけなくなった。

ふみだい【踏み台】《名詞》 高いところのものを取ったり、高いところで何かをするときに乗る台。足下の高さを補うためのもの。「たな(棚)・の・ もん(物)・を・ お(下)ろす・さかいに・ ふみだい・を・ も(持)っ・てき・てんか。」〔⇒**ふんまえ**【踏ん前】、**あしつぎ**【足継ぎ】〕

ふみたおす【踏み倒す】《動詞・サ行五段活用》 ①踏みつけて、立ててあったものや植えてあったものなどを倒す。「はな(花)・を・ ふみたおし・た・ん・は・ いぬ(犬)・やろ・か・ ねこ(猫)・やろ・か。」②支払うべき代金や借金を、払わないままにする。「か(貸)し・た・ かね(金)・を・ ふみたおさ・れ・ても・てん。」

ふみちゃんこ《形容動詞や(ノ)、動詞する》 やたらに踏みにじっている様子。繰り返して何度も踏みつける様子。「いぬ(犬)・が・ きれー(綺麗)な・ はな(花)・を・ ふみちゃんこに・ し・とる。」

ふみつける【踏み付ける】《動詞・カ行下一段活用》 踏んで押さえつける。「かん(缶)・を・ ふみつけ・て・ ぺちゃんこに・ する。」

ふみにじる【踏み躙る】《動詞・ラ行五段活用》 ①そうすべきでないところに入り込んで、踏んで押さえつけて、めちゃめちゃにする。「かだん(花壇)・を・ ふみにじっ・た・ やつ(奴)・が・ おる。」②人の考えや気持ちを無視したり傷つけたりする。「しんせつ(親切)で・ ゆ(言)ー・てやっ・た・のに・ ひと(人)・の・ きも(気持)ち・を・ ふみにじり・やがっ・た。」〔①⇒**ふみあらす**【踏み荒らす】〕

ふみぬく【踏み抜く】《動詞・カ行五段活用》 ①踏んだ足

で、床などに穴を開ける。「ろーか(廊下)・の・　ゆかいた(床板)・を・　ふみぬい・た。」②尖ったものや、出ている釘などを踏んで、足に突き刺す。「くぎ(釘)・を・　ふみぬい・て・　けが(怪我)・を・　し・た。」

ふみはずす【踏み外す】《動詞・サ行五段活用》 踏むところを間違える。踏むところを間違えて、落ちたり平衡を失ったりする。「かいだん(階段)・を・　ふみはずし・て・　ひょろけ・た。」

ふみふみする【踏み踏みする】《動詞・サ行変格活用》 ①足で押さえて動かないようにする。「たね(種)・を・　ま(蒔)い・た・　ところ・を・　ふみふみし・たら・　あか・ん・よ。」②自分の足を上下に動かして、ものを動かす。「さんりんしゃ(三輪車)・を・　ふみふみする。」◆幼児語。〔⇒**ふむ【踏む】**〕

ふむ【踏む】《動詞・マ行五段活用》 ①足で押さえて動かないようにする。「たんぼ(田圃)・の・　つち(土)・を・　ふむ。」②自分の足を上下に動かして、ものを動かす。「みしん(ミシン)・を・　ふん・で・　ぬ(縫)う。」③評価をしたり、予想や見当をつけたりする。「こ(来)・ん・やろ・と・　ふん・どっ・てん・けど・　やっぱり・　こ(来)・なんだ。」〔①②⇒**ふみふみする【踏み踏みする】**〕

ふめい〔ふめー〕【不明】《名詞、形容動詞や(ノ)》 内容、原因、行き先などがよくわからないこと。「かじ(火事)・の・　げんいん(原因)・は・　ふめーや・そーや。」「この・　はなし(話)・の・　さくしゃ(作者)・は・　ふめーや。」

ふやかす《動詞・サ行五段活用》 水を吸わせて、柔らかく膨れるようにする。「もちごめ(餅米)・を・　ふやかし・て・から・　た(炊)く。」■自動詞は「ふやける」

ふやける《動詞・カ行下一段活用》 ①水を吸って、柔らかく膨れる。「つ(浸)けすぎ・て・　かんてん(寒天)・が・　ふやけ・た。」②だらしない行動や状態である。「ねっしん(熱心)に・　しごと(仕事)・を・　せ・んと・　ふやけ・ても・とる。」■他動詞は①「ふやかす」■名詞化＝**ふやけ**

ふやす【増やす、殖やす】《動詞・サ行五段活用》 ①それまでの数量よりも多くする。「にんずー(人数)・を・　ふやさ・んと・　しごと(仕事)・が・　お(終)わら・へん。」②利益を得て財産などが多くなるようにする。「かぶ(株)・でも・　こ(買)ー・て・　ふやし・たい・けど・　しっぱい(失敗)し・たら・　えらい・　そん(損)・を・　する・やろ・なー。」■対語＝①「へらす【減らす】」「へす【減す】」■自動詞は「ふえる【増える、殖える】」

ふやふや《形容動詞や(ノ)、動詞する》 ①柔らかく、曲がりやすかったり、ねじれやすかったりする様子。しっかりした姿勢でない様子。「この・　ちくわ(竹輪)・は・　ほそ(細)ー・て・　ふやふやや・なー。」②言行がしっかりしていない様子。「ふやふやし・て・　あ(当)て・に・　なら・ん・　ひと(人)・や。」〔⇒**ふにゃふにゃ**〕

ふゆ【冬】《名詞》 四季の一つで秋と春の間にあって、二十四節気では立冬から立春の前日まで、現在の暦では12月から2月までの期間。「ことし(今年)・の・　ふゆ・は・　ぬく(温)い・　ひ(日)ー・も・　おー(多)かっ・た。」

ふゆふく【冬服】《名詞》 冬の寒い頃に着る服。「ふゆふく・の・　うえ(上)・に・　おーばー(オーバー)・を・　き(着)る。」■対語＝「なつふく【夏服】」「あいふく【間服、合服】」

ふゆもん【冬物】《名詞》 ①冬に着るための衣服。「そろそろ・　ふゆもん・の・　しゃつ(シャツ)・を・　だ(出)さ・んと・　いか・ん・なー。」②冬に出盛る食べ物など。「おでん・は・　やっぱり・　ふゆもん・や・なー。」③冬にふさわしい品など。「ふゆもん・の・　かけじく(掛軸)・に・　か(換)える。」■対語＝「なつもん【夏物】」

ふゆやすみ【冬休み】《名詞》 学校や職場などで、年末・年始などに休むこと。また、その期間。「ふゆやすみ・は・　しくだい(宿題)・が・　すく(少)ない・さかい・　うれ(嬉)しー・ねん。」

ふようかぞく〔ふよーかぞく〕【扶養家族】《名詞》 生活の面倒を見て養う、配偶者や親・子など。「かない(家内)・は・　わし・の・　ふよーかぞく・に・　はい(入)っ・てます・ねん。」

ぶよぶよ《形容動詞や(ノ)、動詞する》 ①水分を含んで、膨らんだり凹凸が生じたりする様子。やわらかくて、わずかに弾力がある様子。「ぶよぶよし・た・　ぼーるがみ(ボール紙)・を・　まる(円)く・　ま(曲)げる。」②人や動物が太りすぎて、たくましさに欠ける様子。「ぶよぶよし・た・　からだ(体)・の・　いぬ(犬)・や。」

フライ〔ふらい〕【英語＝fry】《名詞、動詞する》 魚・肉・野菜などにパン粉や溶いた小麦粉をつけて、油で揚げた料理。「えび(海老)・を・　ふらい・に・　する。」〔⇒**あげもん【揚げ物】、てんぷら**【ポルトガル語＝tempero から】、**てんぽら**【ポルトガル語＝tempero から】〕

フライ〔ふらい〕【英語＝fly】《名詞》 野球で、バッターが高く打ち上げた球。「ふらい・を・　と(捕)ら・れ・て・　あうと(アウト)・に・　なっ・た。」

フライパン〔ふらいぱん〕【英語＝frying pan から】《名詞》 揚げものや炒めものなどを作るときに使う、柄の付いた浅い鍋。「ふらいぱん・で・　たまご(卵)・を・　や(焼)く。」

ぶらく【部落】《名詞》 家がひとかたまりになっている、集落の単位としての地域。「しょーがっこー(小学校)・の・　うんどーかい(運動会)・で・　ぶらく・の・　たいこーりれー(対抗リレー)・と・　ゆ(言)ー・の・が・　あっ・て・　ごっつい・　ねつ(熱)・が・　はい(入)っ・た・なー。」〔⇒**むら【村】**〕

ぶらくる《動詞・ラ行五段活用》 上の方にあるものにくくりつけたりはさんだりして、垂れるようにする。「のき(軒)・に・　ふーりん(風鈴)・を・　ぶらくる。」「たおるかけ(タオル掛)・に・　たおる(タオル)・を・　ぶらくる。」◆無造作に行っているような印象が伴う。〔⇒**つらくる【吊らくる】、つらさげる【吊ら下げる】、ぶらさげる【ぶら下げる】、つる【吊る】**〕

ぶらさがり【ぶら下がり】《名詞》 店頭に吊り下げられている、既製の服など。「ぶらさがり・を・　こ(買)ー・て・　き(着)る。」

ぶらさがる【ぶら下がる】《動詞・ラ行五段活用》 ①上の方にあるものを手でつかんで、体を垂らす。「てつぼー(鉄棒)・に・　ぶらさがる。」　②一端がものに付いていて、他方が下の方に垂れる。上の方にあるものにくっついたりして、垂れるようになる。「みのむし(蓑虫)・が・　えだ(枝)・に・　ぶらさがっ・とる。」■他動詞は「ぶらさげる【ぶら下げる】」■名詞化＝**ぶらさがり【ぶら下がり】**〔②⇒**さがる【下がる】**〕

ぶらさげる【ぶら下げる】《動詞・ガ行下一段活用》 上の方にあるものにくくりつけたりはさんだりして、垂れるようにする。「こし(腰)・に・　てぬぐ(手拭)い・を・　ぶらさげる。」■自動詞は「ぶらさがる【ぶら下がる】」■名詞化＝**ぶらさげ【ぶら下げ】**〔⇒**つらくる【吊らくる】、つらさげる【吊ら下げる】、ぶらくる、つる【吊る】**〕

ブラシ〔**ぶらし**〕【英語＝brush】《名詞》 汚れを払ったり、絵の具やペンキや糊などを塗ったりするために、毛を束ねて植えて柄などをつけた道具。「せびろ(背広)・に・ぶらし・を・ かける。」〔**⇒はけ【刷毛】**〕

プラスチック〔**ぷらすちっく**〕【英語＝plastic】《名詞》 熱や圧力を加えて様々な形に加工できる、化学的に合成した樹脂状の物質。「ふ(踏)ん・だら・ ぷらすちっく・の・ ふでばこ(筆箱)・が・ めげ・て・も・た。」

ふらつく《動詞・カ行五段活用》 ①足元が不安定で体が揺れ動く。体の平衡を失ってよろめく。「さけ(酒)・を・の(飲)ん・で・ ふらつき・ながら・ ある(歩)い・た。」②気持ちが不安定で落ち着かない状態である。考えが定まらないで、決断できないでいる。「あたま(頭)・が・ いと(痛)ー・て・ ふらつい・とる・ねん。」「い(行)く・か・ い(行)か・ん・か・ まだ・ ふらつい・とる・ねん。」③あてもなく歩き回る。「やす(休)み・の・ ひ(日)・は・ まち(町)・を・ ふらつい・とる。」

ぶらつく《動詞・カ行五段活用》 ゆっくりした足どりで歩き回る。あちらこちらを動き回る。きちんとした目的地もなく歩く。「かいもん(買物)・がてら・ さんのみや(三宮)・を・ ぶらつく。」〔**⇒うろつく、ぶらぶら(する)**〕

ふらっと《副詞、動詞する》 ①特別な目的や当てもなく行動する様子。十分に考えないで行動する様子。「ふらっと・ さんぽ(散歩)し・とっ・たら・ ともだち(友達)・に・ お(会)ー・た。」②前触れがなく行われる様子。「ともだち(友達)・が・ ふらっと・ いえ(家)・へ・よ(寄)っ・てき・た。」③体の平衡を失ってよろめく様子。「あつ(暑)い・さかい・ みち(道)・で・ ふらっとし・て・ でんしんばしら(電信柱)・に・ もた(凭)れ・た。」〔①**⇒ぶらっと**。①③**⇒ふらふら**〕

ぶらっと《副詞、動詞する》 特別な目的や当てもなく行動する様子。「ぶらっと・ はま(浜)・の・ ほー(方)・へ・ある(歩)い・ていっ・た。」「ぶらっとする・の・も・ ひま(暇)つぶし・に・は・ もってこいや。」〔**⇒ふらっと**〕

プラットホーム〔**ぷらっとほーむ**〕【英語＝plat-form】《名詞》 駅で、乗客が列車に乗り降りしたり、荷物を積み下ろしたりするために、線路に沿って高く作ってある場所。「ぷらっとほーむ・に・ でんしゃ(電車)・が・はい(入)っ・てき・た。」〔**⇒ホーム【英語＝plat-form から】**〕

フラフープ〔**ふらふーぷ**〕【英語＝hula hoop】《名詞、動詞する》 直径1メートルほどのプラスチック製の輪を、体を振りながら落ちないようにして遊ぶこと。また、その遊具。「ふらふーぷし・て・ こし(腰)・が・ いと(痛)ー・なっ・た。」

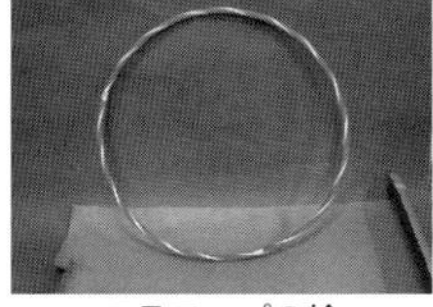
フラフープの輪

ふらふら《副詞と、形容動詞や(ノ)、動詞する》 ①体の平衡を失ってよろめく様子。「とし(歳)・を・ とる・と・あしもと(足元)・が・ ふらふらし・まん・なー。」「あたま(頭)・を・ ふらふら・ うご(動)かす。」②体に異常があって、揺れ動くように感じる様子。「ねつ(熱)・が・ あっ・て・ あたま(頭)・が・ ふらふらする。」③疲れ切っている様子。「いちにちじゅー(一日中)・ た(立)ちっぱなしやっ・た・ん・で・ ふらふらに・ なっ・た。」④心が揺れ動いて、思いが定まらない様子。「ひと(人)・に・ い(言)わ・れ・たら・ よけー(余計)に・きも(気持)ち・が・ ふらふらし・てまう。」⑤特別な目的や当てもなく行動する様子。十分に考えないで行動する様子。「まち(町)・の・ なか(中)・を・ ふらふらと・ ある(歩)きまわっ・とっ・てん。」⑥ものが力無く揺れ続ける様子。「ちょーちん(提灯)・が・ ふらふら・ゆ(揺)れ・とる。」〔①⑤**⇒ふらっと**〕

ぶらぶら《副詞と、形容動詞や(ノ)、動詞する》 ①ものが大きく揺れ動く様子。不安定に動く様子。揺り動かせる様子。「いす(椅子)・に・ すわ(座)っ・て・ あし(足)・を・ ぶらぶらと・ さす。」②ゆっくりした足どりで歩き回る様子。あちらこちらを動き回る様子。「ぶらぶら・ ある(歩)い・とっ・たら・ うみ(海)・に・ で(出)・た。」③仕事をしないで暮らす様子。怠惰に過ごしている様子。「ぶらぶらせ・んと・ しごと(仕事)・を・ し・なはれ・や。」〔②動詞**⇒ぶらつく、うろつく**〕

ぶらんこ《名詞》 つり下げた2本の綱や鎖の先に横木を渡して､そこに乗って前後に揺り動かせる遊具。「ぶらんこ・を・ こ(漕)ぐ。」

ぶらんと《副詞、動詞する》 ①ものにつかまって、ぶら下がる様子。「てつぼー(鉄棒)・に・ ぶらんと・ ぶらさがっ・とっ・てん。」②ものが垂れ下がる様子。「ひょーたん(瓢箪)・が・ ぶらんとし・とる。」

ぶらんぶらん《副詞と、動詞する》 ものが垂れ下がって、不安定である様子。「あし(足)・を・ ぶらんぶらんし・て・ いす(椅子)・に・ すわ(座)っ・とる。」

ふり【**降り**】《名詞》 雨や雪が降ること。また、その様子や程度。「きょー(今日)・の・ ふり・やっ・たら・ かさ(傘)・やのー・て・ かっぱ(合羽)・を・ き(着)・ていく・ほー(方)・が・ え(良)ー・やろ。」

ふり【**振り**】《名詞》 ①竹刀やバットなどの一端を持って、全体や他の端を動かすこと。また、その動かし方。「ばっと(バット)・の・ ふり・が・ うま(上手)い。」②人の振る舞いや仕草。態度や姿勢など。「あいつ(彼奴)・は・ し(知)っ・とっ・て・ し(知)ら・ん・ ふり・を・し・とる。」

ぶり【**鰤**】《名詞》 背中が濃青色で腹が銀白色をしていて美味としてもてはやされる魚で、育つにつれて名前が変わるが、そのいちばん大きくなったもの。「あぶら(脂)・が・ のっ・た・ ぶり・の・ さしみ(刺身)・は・うま(美味)い。」◆成長するにつれて､「つばす」「はまち」「めじろ」「ぶり」と名が変わっていく。

ぶり《接尾語》[数字を表す言葉などに付く] ①時間の間隔があいていることを表す言葉。「みっか(三日)ぶり・に・は(晴)れ・た。」「いっしゅーかん(一週間)ぶり・に・お(会)ー・た。」「はんとし(半年)ぶり・の・ たいいん(退院)・や。」②その数字にあたる数量や金額などを表す言葉。「いっしゅーかん(一週間)ぶり・の・ くすり(薬)・を・ もろ(貰)・た。」「じゅーにん(十人)ぶり・の・ ごはん(飯)・を・ つく(作)る。」「いちねん(一年)ぶり・の・でんきだい(電気代)・は・ ごっつい・ がく(額)・に・なる。」③ある分量や程度に相当するものであることを表す言葉。「こ(小)ぶり・の・ ちゃわん(茶碗)・で・ごはん(飯)・を・ た(食)べる。」〔②**⇒ぶん【分】、がん、がとこ**〕

ふりあげる【**振り上げる**】《動詞・ガ行下一段活用》 全体を揺り動かして、勢いよく上げる。「はら(腹)・が・ た(立)っ・て・ げんこつ(拳骨)・を・ ふりあげ・た。」「よき(＝斧)・を・ ふりあげ・て・ たきもん(＝薪)・を・わ(割)る。」■対語＝「ふりおろす【振り下ろす】」

ふりおろす【**振り下ろす**】《動詞・サ行五段活用》 いったん上げていたものを、勢いよく下げる。「つるはし(鶴嘴)・を・ ふりおろし・て・ あな(穴)・を・ ほ(掘)る。」

■対語＝「ふりあげる【振り上げる】」

ふりかえ【振り替え】《名詞、動詞する》 臨時に他のものと取りかえること。「こくてつ(国鉄)・の・　じこ(事故)・で・　はんきゅー(阪急)・に・　ふりかえ・に・　なっ・た。」「ふりかえ・の・　きゅーじつ(休日)・を・　もら(貰)える・ねん。」

ふりかえる【振り返る】《動詞・ラ行五段活用》 ①首を回すなどして、後ろの方を向く。「だれ(誰)・か・に・　よ(呼)ば・れ・た・　き(気)・が・　し・て・　ふりかえっ・た。」②今までのことを思い出す。今までのことをじっくり考える。「この・　いちねん(一年)・を・　ふりかえる。」〔①⇒**ふりむく**【振り向く】〕

ふりかえる【振り替える】《動詞・ラ行下一段活用》 臨時に他のものと取りかえる。「にちよーしゅっきん(日曜出勤)・の・　やす(休)み・を・　げつよー(月曜)・に・　ふりかえる。」■名詞化＝**ふりかえ**【振り替え】

ふりがな【振り仮名】《名詞》 漢字の読み方を示すために、その漢字の右側などに書くひらがなやカタカナの文字。「ふりがな・　ふ(振)っ・とか・んと・　よ(読)みかた・を・　わす(忘)れ・そーや。」

ブリキ〔ぶりき〕【オランダ語＝blik】《名詞》 表面に錫をメッキした、薄い鉄板。「ぶりき・の・　ばけつ(バケツ)・が・　すけ(少)のー・なっ・て・　ぷらすちっく(プラスチック)・ばっかり・に・　なっ・てき・た。」◆商店などで「鉽力」という文字遣いを見ることがある。

ブリキでできた玩具

ふりきん【振り金】《名詞》 男子が下着などをまったく身につけていない状態。「ふろあ(風呂上)がり・や・　ゆ(言)ー・ても・　ふりきん・で・　ある(歩)い・たり・　する・な。」〔⇒**ふりちん**【振りちん】〕

ふりこ【振り子】《名詞》 吊り下げた重りが、一定の周期で左右に揺れ動くようにした仕掛け。「はしらどけー(柱時計)・の・　ふりこ・が・　と(止)まっ・ても・とる。」

ふりそで【振り袖】《名詞》 未婚の女性の晴れ着として、丈を長くして、脇の下を縫い合わせていない袖の着物。「せーじんしき(成人式)・は・　ふりそで・が・　おー(多)い。」■対語＝「とめそで【留め袖】」

ふりだし【振り出し】《名詞》 ①双六遊びで、駒が出発する場所。「ふりだし・で・　さいころ(賽子)・を・　ふ(振)る。」②物事の出発点。改めて戻った最初の位置。「ふくおか(福岡)・を・　ふりだし・に・　きゅーしゅー(九州)・を・　りょこー(旅行)する。」「すいがい(水害)・に・　お(遭)ー・て・　なん(何)もかも・　の(無)ー・なっ・た・さかい・　ふりだし・から・　やりなおし・や。」

ふりちん【振りちん】《名詞》 男子が下着などをまったく身につけていない状態。「こども(子供)・の・　とき(時)・は・　ふりちん・で・　およ(泳)い・だ。」〔⇒**ふりきん**【振り金】〕

ふりつけ【振り付け】《名詞、動詞する》 歌などに合わせて、踊ったり動いたりする動作を工夫すること。「ぼんおど(盆踊)り・の・　ふりつけ・を・　か(変)え・てみ・たら・　どない・です・か。」

ふりまく【振り撒く】《動詞・カ行五段活用》 辺り一面にばらまく。きちんと整頓されていない状態にある。「えさ(餌)・を・　ふりまい・とっ・たら・　ぎょーさん(仰山)・の・　とり(鳥)・が・　き(来)・た。」〔⇒**まきちらす**【撒き散らす】、**まきちらかす**【撒き散らかす】〕

ふりまわす〔ふりまーす〕【振り回す】《動詞・サ行五段活用》 ①勢いよく動かす。「うで(腕)・を・　ふりまーし・て・　あいず(合図)する。」②自分を中心として、大きな円を描くようにして動かす。「ばっと(バット)・を・ふりまーし・たら・　あぶ(危)ない・やろ。」③思い通りに人を指図する。自分の力を誇示して、周囲の人に強い影響を与える。「あいつ(彼奴)・の・　ゆ(言)ー・　こと・に・　ふりまーさ・れ・たら・　あか・ん。」

ふりむく【振り向く】《動詞・カ行五段活用》 首を回すなどして、後ろの方を向く。「ともだち(友達)・の・　こえ(声)・が・　し・た・さかい・　ふりむい・た。」〔⇒**ふりかえる**【振り返る】〕

ふりょう〔ふりょー〕【不良】《名詞》 ①品行の良くない少年や少女。また、品行の良くないこと。「ふりょー・と・　つきおー・たら・　あか・ん。」②質や状態などが優れていないこと。また、そのような状態や、そのようなもの。「ふりょー・の・　しなもん(品物)・は・　う(売)ら・れ・へん。」「しょーか(消化)ふりょー・の・　たべもん(食物)・で・　げり(下痢)・を・　し・た。」〔①⇒**ちんぴら**〕

ふりょう〔ふりょー〕【不漁】《名詞、形容動詞や(ノ)》 魚などがあまり獲れないこと。「きょねん(去年)・は・　いかなご(玉筋魚)・が・　ふりょーやっ・た。」■対語＝「たいりょう【大漁】」

ふりわける【振り分ける】《動詞・カ行下一段活用》 ①荷物を、前後・左右などの2つに分ける。「みぎ(右)・の・て(手)ー・と・　ひだり(左)・の・　て(手)ー・に・　ふりわけ・て・　も(持)つ。」「かた(肩)・の・　に(荷)ー・を・ふりわける。」②仕事などの全体をわけて、それぞれに受け持たせる。物品や金額などをそれぞれに分配する。「みんな(皆)・で・　きょーりょく(協力)する・さかい・　しごと(仕事)・を・　ふりわけ・てんか。」■名詞化＝**ふりわけ**【振り分け】〔②⇒**わりふる**【割り振る】、**わりあてる**【割り当てる】〕

プリント〔ぷりんと〕【英語＝print】《名詞、動詞する》 ①謄写版などによって簡易的に印刷すること。簡易的に印刷したもの。「しけんもんだい(試験問題)・の・　ぷりんと・が・　くば(配)ら・れ・た。」②型紙を使って布地に模様を染めること。模様を染めた布地。「きれー(綺麗)な・　はながら(花柄)・の・　ぷりんと・や・なー。」

ふる【古】《名詞》 ①使って古くなったもの。「ふる・の・ぼーし(帽子)・を・　かぶ(被)っ・ていく。」②経験を積んで、古参となった人。「ふる・の・　しゃいん(社員)・が・　ぎょーさん(仰山)・　おる。」〔⇒**ふるて**【古手】〕

ふる【降る】《動詞・ラ行五段活用》 空から雨や雪などが落ちてくる。高いところから細かなものや小さなものが落ちてくる。「いつ・まで・も　よー・　ふり・ます・なー。」「もちま(餅撒)き・の・　もち(餅)・が・　うえ(上)・から・　ふっ・てき・た。」■名詞化＝**ふり**【降り】

ふる【振る】《動詞・ラ行五段活用》 ①ものの一端を持って、全体や他の端を動かす。揺り動かす。「すず(鈴)・を・ふっ・て・　おと(音)・を・　だ(出)す。」「つなひ(綱引)き・の・　おーえん(応援)・の・　はた(旗)・を・　ふる。」②勢いをつけて、上からまき散らす。「さかな(魚)・に・しお(塩)・を・　ふっ・て・　お(置)い・とく。」③書いてあるものに、文字や記号などを書き加える。「かんじ(漢字)・に・　ふりがな(仮名)・を・　ふる。」「あかえんぴつ(赤鉛筆)・で・　しるし(印)・を・　ふる。」④仕事や役割などを割り当てる。「ひとりひとり(一人一人)・に・やく(役)・を・　ふる。」「みんな(皆)・に・　ふら・んと・

ふ

ひとり(一人)・で・は・　でけ(出来)・へん。」■名詞化＝**ふり【振り】**

ふるい【古い】《形容詞・ウイ型》 ①作られたり始まったりしてから、時間が経っている。遠い昔のことである。「ふるい・　じだい(時代)・の・　はなし(話)・を・　き(聞)く・の・は・　す(好)きや・ねん。」②斬新さがない。これまでから存在したものである。時代遅れである。「あたま(頭)・が・　ふるい・さかい・　え(良)ー・　ちえ(知恵)・が・　で(出)・てこ・ん。」③変化する前のものである。「た(建)てかえる・　まえ(前)・の・　ふるい・　えき(駅)・は・　おもむ(趣)き・が・　あっ・た。」④新鮮ではない。「この・　さかな(魚)・は・　だいぶ・　ふるー・　なっ・て・　にお(臭)い・が・　する。」■対語＝「あたらしい【新しい】」■名詞化＝**ふる【古】**

ふるう〔ふるー〕【震う】《動詞・ワア行五段活用》 ①寒さ、恐怖、高熱などによって、体が小刻みに動く。「ねつ(熱)・が・　あっ・て・　からだ(体)・が・　ふるー・とる。」②ものや声などが小刻みに揺れる。「でんしゃ(電車)・が・　とー(通)っ・たら・　いえ(家)・が・　ちょっと・　ふるー・ねん。」■他動詞は「ふるわす【震わす】」■名詞化＝**ふるい【震い】**〔⇒**ふるえる【震える】**〕

ふるえ【震え】《名詞》 寒さ、恐怖、高熱などによって、体が小刻みに動くこと。「さむ(寒)すぎ・て・　ふるえ・が・　と(止)まら・へん。」

ふるえる【震える】《動詞・ア行下一段活用》 ①寒さ、恐怖、高熱などによって、体が小刻みに動く。「となり(隣)・が・　かじ(火事)・に・　なっ・て・　ふるえ・とっ・てん。」②ものや声などが小刻みに揺れる。「じしん(地震)・で・　あまど(雨戸)・が・　ふるえ・た。」■他動詞は「ふるわす【震わす】」■名詞化＝**ふるえ【震え】**〔⇒**ふるう【震う】**〕

ふるぎ【古着】《名詞》 何度も着て古くなった洋服や着物。「ふるぎ・や・けど・　だれ(誰)・か・　き(着)・てくれる・ん・やっ・たら・　あげ・まっ・せ。」

ふるぎや【古着屋】《名詞》 何度も着て古くなった洋服や着物を売買している店。「ふるぎや・で・　おーばー(オーバー)・を・　か(買)う。」〔⇒**ふるてや【古手屋】**〕

ふるくさい【古臭い】《形容詞・アイ型》 ①ひどく古ぼけている。時代遅れである。「ふるくさい・　かた(型)・の・　てれび(テレビ)・を・　まだ・　つこ(使)・てます。」「ふるくさい・　かんが(考)えかた・を・　する・　ひと(人)・や。」②似たものがたくさんあって、新しさや珍しさがない。「ふるくさい・けど・　まちご(間違)ー・た・　かんが(考)え・で・は・　ない・と・　おも(思)い・ます・ねん。」

ふるさと【古里、故郷】《名詞》 自分が生まれ育ったり、祖先が生活したりしたところ。「わたし(私)・の・　ふるさと・は・　たじま(但馬)・です。」〔⇒**くに【国】**〕

ふるせ【古せ】《名詞》 生まれてから何年も生きて、大きく育った魚。「あぶらめ・の・　ふるせ・が・　つ(釣)れ・た。」

ふるたい【(風袋)】《名詞》 品物を入れている箱や袋などの重さ。「ふるたい・を・　ひ(引)い・たら・　きゅーひゃくぐらむ(九百グラム)・や。」

ふるて【古手】《名詞》 ①使って古くなったもの。「ふるて・の・　つくえ(机)・を・　あたら(新)しい・の・に・　か(買)いかえる。」②経験を積んで、古参となった人。「この・　かいしゃ(会社)・で・は・　だいぶ・　ふるて・に・　なっ・ても・てん。」〔⇒**ふる【古】**〕

ふるてや【古手屋】《名詞》 何度も着て古くなった洋服や着物を売買している店。「むかし(昔)・は・　えき(駅)・の・　ちか(近)く・に・　ふるてや・が・　あっ・た・ん・や。」〔⇒**ふるぎや【古着屋】**〕

ふるどうぐや〔ふるどーぐや〕【古道具屋】《名詞》 何度も使って古くなった道具や食器などを売買している店。「ふるどーぐや・で・　きね(杵)・と・　うす(臼)・を・　こ(買)ー・た。」

ぶるぶる《副詞と、動詞する》 ①恐ろしさや寒さなどによって、体などが小刻みに震える様子。「さぶ(寒)ー・て・　ぶるぶる・　ふる(震)え・とっ・てん。」②柔らかく揺れる様子。小刻みに揺れる様子。「ぶるぶるし・た・　ぜりー(ゼリー)・を・　た(食)べ・た。」

ふるほん【古本】《名詞》 読んでおいて古くなった本。読んだ後、売りに出された本。「ふるほん・で・　こ(買)ー・たら・　やす(安)ー・　て(手)にはいる・ねん。」

ふるわす【震わす】《動詞・サ行五段活用》 ものや声などを小刻みに揺らす。「こえ(声)・を・　ふるわし・て・　おこ(怒)っ・とる。」「きれー(綺麗)な・　こえ(声)・を・　ふるわし・て・　うた(歌)う。」■自動詞は「ふるえる【震える】」「ふるう【震う】」

ぶるんぶるん《副詞と、動詞する》 ①エンジンなどの回る様子やその音。「へりこぷたー(ヘリコプター)・の・　はね(羽根)・が・　ぶるんぶるんと・　まー(回)りはじめ・た。」②手などを大きく回す様子。「なわと(縄跳)び・の・　なわ(縄)・を・　ぶるんぶるん・　ふ(振)りまわす。」

ぷるんぷるん《形容動詞や(ノ)》 弾力があって揺れている様子。「ぷるんぷるんの・　ぜりー(ゼリー)・を・　た(食)べる。」

ふれあるく【触れ歩く】《動詞・カ行五段活用》 あちらこちらに知らせるために行き巡る。「そーしき(葬式)・が・　でけ・た・さかい・　かね(鐘)・を・　な(鳴)らし・て・　むらじゅー(村中)・に・　ふれあるく。」〔⇒**ふれまわる【触れ回る】**〕

ブレーキ〔ぶれーき〕【英語＝brake】《名詞》 回転している車輪などに働いて、車を減速させたり止めたりする仕掛け。「じてんしゃ(自転車)・の・　ぶれーき・を・　かける。」「くるま(車)・の・　ぶれーき・を・　ふ(踏)む。」

プレゼント〔ぷれぜんと〕【英語＝present】《名詞、動詞する》 人にあげる品物。進物。「こども(子供)・に・　くりすます(クリスマス)・の・　ぷれぜんと・を・　やら・んと・　いか・ん・なー。」〔⇒**おくりもの【贈り物】、つかいもん【使い物】、おつかいもん【御使い物】**〕

ふれまわる〔ふれまーる〕【触れ回る】《動詞・ラ行五段活用》 あちらこちらに知らせるために行き巡る。「よ(寄)りあい・の・　ひ(日)ー・と・　じかん(時間)・を・　ふれまーる。」「よなか(夜中)・に・　ひょーしぎ(拍子木)・を・　たた(叩)い・て・　ひ(火)のよーじん・を・　ふれまわる。」〔⇒**ふれあるく【触れ歩く】**〕

ふれる【触れる】《動詞・ラ行下一段活用》 ①手など、体の一部が人やものにあたる。または、あてる。「かた(肩)・に・　て(手)ー・を・　ふれ・て・　おせ(教)・てやる。」「て(手)・を・　あ(挙)げ・たら・　となり(隣)・の・　ひと(人)・に・　ふれ・た。」②取り上げて言う。「いや(厭)な・　こと・に・は・　ふれ・んとこ・ー・と・　おも(思)う。」③あちらこちらに知らせる。言って回る。「ほーじ(法事)・の・　ひ(日)にち・を・　でんわ(電話)・で・　しんせき(親戚)・に・　ふれる。」■名詞化＝**ふれ【触れ】**〔①⇒**さわる【触る】**〕

ふろ【風呂】《名詞》 ①湯を沸かして湯船の中に入れたもの。また、その湯船。また、その湯船のある浴室。「だいどころ(台所)・の・　よこ(横)・に・　ふろ・が・　ある。」「ふろ・を・　わ(沸)かす。」「ふろ・に・　はい(入)っ・て・　あー・　ごくらく(極楽)や。」②入浴をすること。「ふろ・が・　す(済)ん・で・から・　びーる(ビール)・を・　の(飲)む。」〔⇒**ちゃいちゃい、ちゃぶちゃぶ**。①⇒**ふろば【風呂場】**。②⇒**ゆ【湯】**〕

プロ〔**ぷろ**〕【英語＝professional から】《名詞》　それを専門にしていること。それを職業にしていること。また、そのようにしている人。「ぷろ・の・　さかんや(左官屋)さん・は・　やっぱり・　じょーず(上手)に・　しあ(仕上)げ・てくれる。」「ぷろやきゅー(野球)・は・　はんしん(阪神)・が・　す(好)きや。」

ふろおけ【風呂桶】《名詞》　浴室でその中につかることができるように、沸かした湯をためておくもの。浴槽。「ふろおけ・の・　した(下)・が・　あつ(熱)い・さかいに・　げすいた・を・　しず(沈)める。」

ふろく【付録】《名詞》　①書籍・雑誌などの本体に添えられたもの。「ふろく・に・　かれんだー(カレンダー)・が・　つ(付)い・とる。」②主な役割を担う人に、付き従っている人。「ぼく(僕)・も・　ふろく・で・　つ(付)い・てき・まし・てん。」〔①⇒**おまけ【お負け】**〕

ふろしき【風呂敷】《名詞》　ものを包んで持ち歩くのに使う、大きくて四角い布。「ふろしき・で・　つつ(包)ん・でいか・んと・　かっこ(恰好)わるい・やろ。」

ふろば【風呂場】《名詞》　湯を沸かして湯船の中に入れたもののある浴室。建物の中の、浴室のある場所。「あめ(雨)・の・　ひ(日)・は・　ふろば・に・　せんたくもん(洗濯物)・を・　ほ(干)す。」〔⇒**ふろ【風呂】、ちゃいちゃい、ちゃぶちゃぶ**〕

プロパン〔**ぷろぱん**〕【英語＝propane gas から】《名詞》　家庭用燃料として使われる、石油などから作られる液化ガス。「うち・は・　としがす(都市ガス)・やのー・て・　ぷろぱん・や。」〔⇒**プロパンガス【英語＝propane gas】**〕

プロパンガス〔**ぷろぱんがす**〕【英語＝propane gas】《名詞》　家庭用燃料として使われる、石油などから作られる液化ガス。「うち・は・　ぷろぱんがす・で・　ごはん(飯)・も・　た(炊)く・ねん。」〔⇒**プロパン【英語＝propane gas から】**〕

プロペラ〔**ぷろぺら**〕【英語＝propeller】《名詞》　飛行機や船などを進ませるために、ねじれのついた羽根が発動機によって回転する装置。「ぷろぺら・で・　かぜ(風)・を・　お(起)こす。」

ふろや【風呂屋】《名詞》　お金を取って、一般の人たちを入浴をさせるところ。銭湯。「ふろや・の・　えんとつ(煙突)・が・　み(見)える。」

プロレス〔**ぷろれす**〕【英語＝professional wrestling】《名詞》　興業として行われる、大衆娯楽としての格闘技。「てれび(テレビ)・の・　ぷろれす・で・　りきどーざん(力道山)・を・　み(見)た。」〔⇒**レスリング【英語＝wrestling】**〕

ふわっと《副詞、動詞する》　①風に乗ったりして、軽いものが空中に浮かんで漂う様子。「くも(雲)・が・　ふわっと・　う(浮)い・とる。」②いかにも柔らかく膨らんでいる様子。軽く弾力のある様子。「ふわっとし・た・　ぱん(パン)・が・　や(焼)け・た。」③軽いものや薄いものが、そっと揺れる様子。「かぜ(風)・が・　ふ(吹)い・て・　かーてん(カーテン)・が・　ふわっと・　ゆ(揺)れ・た。」④上の方から広げて、軽く被せる様子。「あみ(網)・を・　ふわっと・　かぶ(被)せる。」〔①②⇒**ふわふわ、ふんわり**。②⇒**ふあんふあん、ふわんふわん**〕

ふわふわ《名詞》　マシュマロやウエハースなどのように、柔らかく軽い感じのする食べ物。「ちー(小)さい・こ(子)ー・に・は・　ふわふわ・を・　た(食)べ・さす・の・が・　えー・やろ。」

ふわふわ《形容動詞や(ノ)、動詞する》　①風に乗ったりして、軽そうに浮いている様子。浮いて漂っている様子。「ふーせん(風船)・が・　ふわふわ・　そら(空)・を・　と(飛)ん・どる。」②いかにも柔らかく膨らんでいる様子。軽く弾力のある様子。「ふとん(布団)・を・　ほ(干)し・たら・　ふわふわに・　なっ・た。」「ふわふわし・た・　かすてら(カステラ)・や・さかい・　うま(美味)い・なー。」③動作や気持ちが落ち着きを失っている様子。「ふわふわし・た・　きも(気持)ち・で・　おっ・たら・　あか・ん・ぞ。」◆語幹だけの副詞的な用法もある。〔①②⇒**ふんわり、ふわっと**。②⇒**ふあんふあん、ふわんふわん**〕

ふわんふわん《形容動詞や(ノ)、動詞する》　いかにも柔らかく膨らんでいる様子。軽く弾力のある様子。「ふわんふわんの・　まんじゅー(饅頭)・を・　た(食)べ・た。」〔⇒**ふわふわ、ふあんふあん、ふんわり、ふわっと**〕

ふん〔**ぷん**〕【分】《名詞》　①時間の長さを表す単位であり、1分は1時間の60分の1にあたる長さ。「せーげんじかん(制限時間)・は・　ご(五)ふん・です。」②時刻を表す単位であり、1分は1時間の60分の1にあたる位置にあることを示すもの。「けさ(今朝)・は・　ろくじ(六時)じっ(十)ぷん・に・　お(起)き・た。」

ふん《感動詞》　①相手の言うことに納得したり同意したりするときに、軽く、ややぞんざいに言う言葉。「ふん・　わかっ・た・よ。」②相手の言うことに反発したり軽蔑したりする気持ちを表す言葉。「ふん・　おまえ(前)ら・に・　わかる・かいや。」「ふん・　そんな・　こと・ぐらい・　ちゃんと・　わかっ・とる・わい。」

ぶん【分】《名詞》　①分配して、一人一人が得る分量。「これ・が・　あんた・の・　ぶん・や。」②ある範囲などに相当するもの。「た(足)ら・ん・　ぶん・は・　みんな(皆)・から・　きふ(寄付)し・てもらう。」③いくつかに分けること。「さん(三)ぶん・の・　いち(一)・ずつ・　も(持)っ・てかえる。」④予想したり判断したりする内容やその様子。「この・　ぶん・やっ・たら・　は(晴)れ・てき・そーや。」〔①⇒**わけまえ【分け前】**〕

ぶん【文】《名詞》　いくつかの言葉を用いて、考えなどをひとまとまりに表現したもの。「むつか(難)しー・て・　わかりにくい・　ぶん・や・なー。」◆「ぶん【文】」と「ぶんしょう【文章】」は厳密に言うと異なるものであるが、同じ意味で使うことが多い。〔⇒**ぶんしょう【文章】**〕

ぶん【分】《接尾語》［数字を表す言葉に付く］　その数字にあたる数量や金額などを表す言葉。「せんえん(千円)ぶん・の・　やさい(野菜)・を・　こ(買)ー・た。」「ごじっつぼ(五十坪)ぶん・の・　はたけ(畑)・が・　ある。」〔⇒**がん、がとこ、ぶり**〕

ふんか【噴火】《名詞、動詞する》　火山が爆発して、水蒸気・ガス・灰・溶岩などを噴き出すこと。「さくらじま(桜島)・が・　ふんかし・た・ん・やて。」

ぶんかい【分解】《名詞、動詞する》　①まとまっているものを個々の要素や部分に細かく分けること。「とけー(時計)・を・　ぶんかいし・て・　おこ(怒)ら・れ・た。」②まとまっているものが細かく分かれたりして、本来の機能を失うこと。「おーかぜ(大風)・で・　いぬごや(犬小屋)・が・　ぶんかいし・ても・た。」■対語＝①「くみたて【組み立て】」

ぶんかのひ〔ぶんかのひー〕【文化の日】《名詞》 国民の祝日の一つで11月3日に設定されており、自由と平和を愛し文化を推進する日。「ぶんかのひ・の・　やす(休)み・は・　きく(菊)・を・　み(見)ー・に・　い(行)こ・か。」◆戦前は「めいじせつ【明治節】」と言われた日で、現行憲法の公布の日でもある。

ふんぎり【踏ん切り】《名詞》 思い切って決断をすること。「いつ・まで・も・　ふんぎり・　つけ・なんだら・　はなし(話)・が・　すす(進)ま・へん。」

ぶんけ【分家】《名詞、動詞する》 家族の誰かが分かれて、別の一家を作ること。また、その家。「うち・の・　とー(父)さん・は・　じなん(次男)・やっ・た・さかい・　ぶんけし・た・ん・や。」

ぶんしゅう〔ぶんしゅー〕【文集】《名詞》 文章や詩などを集めて一冊にまとめた本。「そつぎょー(卒業)する・　とき(時)・に・　つく(作)っ・た・　ぶんしゅー・を・　いま(今)・でも・　も(持)っ・とる。」

ぶんしょう〔ぶんしょー〕【文章】《名詞》 いくつかの文を続けて、ひとまとまりに表現したもの。文字を使って、まとまった考えなどを書き表したもの。「ぶんしょー・の・　じょーず(上手)な・　しと(人)・が・　うらやまし ー・な。」〔⇒**ぶん【文】**〕

ふんすい【噴水】《名詞》 ①水を噴き上がらせるように作った仕かけ。「えきまえ(駅前)・の・　こーえん(公園)・に・　ふんすい・が・　でけ(出来)・た。」②強く噴き上げられた水。「かぜ(風)・が・　ふ(吹)い・て・　ふんすい・が・　ふく(服)・に・　かかっ・た。」「すいどーかん(水道管)・が・　はれつ(破裂)し・て・　ふんすい・に・　なっ・た。」

ぶんすう〔ぶんすー〕【分数】《名詞》 整数(上に書く数)を、整数(下に書く数)で割った数値を、横線を使って、何分の何という形で表したもの。「ぶんすー・で・　ゆ(言)ー・たら・　はちぶん(八分)のさん(三)・に・　なる。」

ふんぞりかえる【ふん反り返る】《動詞・ラ行五段活用》 ①上体を大きく後ろの方に曲げる。「そら(空)・を・　みあ(見上)げ・とっ・たら・　ふんぞりかえっ・て・　よろけ・た。」②偉そうな態度を示すために、体を大きく後ろの方に曲げたような姿勢をとる。また、実際にそのような姿勢でなくても、威張っているのでそのように感じられる。「しゃちょー(社長)・に・　なっ・て・　ふんぞりかえっ・とる。」〔⇒**そりかえる【反り返る】**〕

ぶんだい【分大】《名詞》 薄く伸ばした餅の皮で、小豆の粒餡を包んだ和菓子。やや小ぶりの大福餅。「あかし(明石)・の・　おかし(菓子)・は・　ぶんだい・と・　でっちよーかん(丁稚羊羹)・が・　ゆーめー(有名)や。」◆各地にあるが、明石の「ぶんだい【分大】」は名物である。藤江屋分大という店が有名であるが、他の店でも同じ名前で売っている。〔⇒**ぶんだいもち【分大餅】、ぼたもち【牡丹餅】**〕

ぶんだいもち【分大餅】《名詞》 薄く伸ばした餅の皮で、小豆の粒餡を包んだ和菓子。やや小ぶりの大福餅。「つぶつぶの・　あん(餡)・の・　はい(入)っ・た・　ぶんだいもち・が・　く(食)い・たい・なー。」〔⇒**ぶんだい【分大】、ぼたもち【牡丹餅】**〕

ふんだくる《動詞・ラ行五段活用》 ①乱暴に奪い取る。「みち(道)・で・　かばん(鞄)・を・　ふんだくら・れ・た。」②高額な支払いを求める。「ちょっと・　の(飲)ん・だ・だけ・や・のに・　ごせんえん(五千円)・も・　ふんだくら・れ・た。」

ぶんたん【分担】《名詞、動詞する》 全体をいくつかに分けて受け持つこと。「みんな(皆)・で・　ぶんたんし・て・　そーじ(掃除)・を・　し・た。」

ぶんちん【文鎮】《名詞》 石や金属などでできていて、紙などが動いたり飛び散ったりしないように押さえるもの。「そつぎょー(卒業)・の・　きねんひん(記念品)・で・　ぶんちん・を・　もろ(貰)・た。」

ぶんつう〔ぶんつー〕【文通】《名詞、動詞する》 手紙のやりとりをすること。「がいこく(外国)・の・　ともだち(友達)・と・　ぶんつーする。」

ぷんと〔ぷーんと〕《副詞、動詞する》 ①比較的強いにおいが急に漂ってくる様子。「がす(ガス)・の・　にお(臭)い・が・　ぷんとし・た。」②腹を立てて、ふくれた顔をする様子。「ぷんと・　よこ(横)・を・　む(向)き・やがっ・た。」

ぶんどき【分度器】《名詞》 金属や合成樹脂でできた半円形のものに角度の目盛りをつけて、角度を測る道具。「しょーがっこー(小学校)・の・　とき(時)・は・　ぶんどき・の・　つか(使)いかた・が・　よー・　わから・なんだ。」

ふんどし【褌】《名詞》 ①相撲をとるときに、力士や選手などが股を覆うためにつけるもの。「ふんどし・を・　つか(掴)ん・で・　な(投)げとばす。」②男の人が股を覆うためにつけた、長い布でできた下着。「ふんどし・を・　し(締)め・て・　まつり(祭)・の・　たいこ(＝布団屋台)・を・　かく。」「しょーがっこー(小学校)・の・　とき(時)・の・　かいすいよく(海水浴)・は・　こどもよー(用)・の・　ふんどし・を・　つこ(使)・とっ・た。」〔①⇒**まわし【回し】**〕

ふんばる【踏ん張る】《動詞・ラ行五段活用》 ①開いた腿(もも)に力を入れて、動くまい・倒れまいとして踏みこらえる。「どひょーぎわ(土俵際)・で・　ふんばっ・て・　お(押)しかえす。」②気持ちを集中して、頑張ることを持続する。「もー・　ちょっと(一寸)・　ふんばっ・たら・　できあ(出来上)がる・ぞ。」

ふんふん《感動詞》 相手の言うことに強く肯定的にとらえるときに発する言葉。「ふんふん・　あんた・の・　ゆ(言)ー・とる・　こと・は・　わかっ・た。」

ぶんぶん《名詞》 ①人・獣・鳥・魚などを除いた、大量に生まれて地上・地中・水上・水中などにすむ小さな生き物。特に、とんぼ・蝶・蟬のような、体が頭・胸・腹に分かれ、触角や羽を持つ動物。また、特に羽のあるもの。「ぶんぶん・が・　と(飛)ん・でくる・さかい・　と(戸)ー・を・　し(閉)め・とい・てんか。」②そのうち特に、細長い体がくびれていて、針を持っていて敵を刺すことがある、小さな昆虫。「ぶんぶん・に・　さ(刺)さ・れ・たら・　いた(痛)い・ぞー。」◆幼児語。〔①⇒**むし【虫】、こんちゅう【昆虫】、むいむい【(虫虫)】**。②⇒**はち【蜂】**〕

ぶんぶん《副詞と、動詞する》 ①虫が羽音を立てている様子。また、その音。「はち(蜂)・が・　ぶんぶん・　と(飛)ん・どる。」②機械や器具などが盛んに回転して、風を切っている様子。また、その音。「ごま(独楽)・が・　ぶんぶん・　まわ(回)っ・とる。」「きかい(機械)・の・　ぶんぶん・　まー(回)る・　おと(音)・が・　うるさい。」③うなりの音が出るほどに、強く振り回す様子。また、その音。「ろーぷ(ロープ)・を・　ぶんぶんと・　ふ(振)りまわす。」

ぷんぷん《副詞と、動詞する》 ①強いにおいが立ちこめる様子。「ぽまーど(ポマード)・の・　にお(匂)い・が・　ぷんぷんと・　し・とる。」②何かの気配や様相が強い様子。「あいつ(彼奴)・が・　みんな(皆)・に・　さしず(指図)し・た・　こと・は・　ぷんぷんし・とる。」③強い怒りを表す様子。「むし(無視)さ・れ・た・　ゆ(言)ー・て・ぷんぷん・　おこ(怒)っ・とる。」「ぷんぷんし・て・　あいさつ(挨拶)・も・　し・やがら・へん。」

ふんまえ【踏ん前】《名詞》 高いところのものを取ったり、高いところで何かをするときに乗る台。足下の高さを補うためのもの。「ふんまえ・に・　の(乗)っ・て・　たな(棚)・から・　くすり(薬)・の・　はこ(箱)・を・　お(下)ろす。」〔⇒**ふみだい【踏み台】、あしつぎ【足継ぎ】**〕

踏ん前

ぶんりょう〔ぶんりょー〕【分量】《名詞》 ものの大きさ・重さ・数・割合などの、多い少ないの程度。「さとー(砂糖)・の・　ぶんりょー・を・　すく(少)ないめに・　する。」〔⇒**りょう【量】**〕

ふんわり《副詞と、動詞する》 ①風に乗ったりして、軽そうに浮いている様子。浮いて漂っている様子。「ひこーせん(飛行船)・が・　ふんわりと・　と(飛)ん・どる。」②いかにも柔らかく膨らんでいる様子。軽く弾力のある様子。「ふとん(布団)・を・　ほ(干)し・たら・　ふんわりし・た。」〔⇒**ふわふわ、ふわっと。②⇒ふあんふあん、ふわんふわん**〕

へ

へ〔へー〕【屁】《名詞、動詞する》 ①消化や発酵作用によって腸にたまった気体が尻から出たもの。「だい(誰)・か・　へー・を・　こい・た・ん・ちゃう・か。」②とるに足りないものの喩えとして使う言葉。「あんな・　やつ(奴)・の・　ゆ(言)ー・　こと・なんか・　へー・に・も・　なら・へん。」〔①⇒**おなら、ガス【英語＝gas】**〕

へ〔え〕《格助詞》 動作や作用の行われる方向や目的地などを表す言葉。「えれべーたー(エレベーター)・で・　うえ(上)・へ・　あ(上)がる。」「かいもん(買物)・に・　こーべ(神戸)・へ・　い(行)く。」「いとこ(従兄弟)・へ・　でんわ(電話)する。」〔⇒**いさいて、いさして、へさいて、へさして、い**〕

へい〔へー〕【塀】《名詞》 区画を示すとともに、目隠しや用心のために、家の周りや、敷地の境などに立てる仕切り。「じしん(地震)・で・　ぶろっく(ブロック)・の・　へー・が・　たお(倒)れ・た。」

へい〔へー〕【丙】《名詞》 ものごとの等級の3番目のもの。ものごとの順番の3番目のもの。「しょーがっこー(小学校)・の・　とき(時)・の・　しょーか(唱歌)・は・　こー(甲)・や・　おつ(乙)・で・　のー・て・　へー・やっ・た。」

へい〔へー〕《感動詞》 ①相手に呼ばれて応答したり、相手の言葉を聞いていることを示したりするために発する言葉。「へー・　なん(何)か・　ゆ(言)ー・た・ん・かいな。」②相手の言うことを承知したり同意したりしたときに発する言葉。「へー・　よろ(宜)し・おます。」③相手に注意を促すために発する言葉。「へい・　こっち・を・　む(向)い・て・　はなし(話)・を・　き(聞)け・よ。」〔⇒**はい、へいへい。①②⇒はあ、うん、ん**〕

へいか〔へーか〕【陛下】《名詞》 天皇や皇后などを敬って呼ぶ言葉。「へーか・の・　ことば(言葉)・が・　あった。」

へいかい〔へーかい〕【閉会】《名詞、動詞する》 会を終わりにすること。「きのー(昨日)・の・　よ(寄)りあい・は・　はちじ(八時)・に・　へーかいし・てん。」■対語＝「かいかい【開会】」

へいかん〔へーかん〕【閉館】《名詞、動詞する》 ①映画館や図書館などのように「館」というような名の付くところが、その日の人を入れるのをうち切ること。「ごじ(五時)・で・　へーかん・に・　なっ・てしも・とっ・た。」②「館」というような名の付くところが、休んだり、館としての働きを停止したりすること。「かいそー(改装)・で・　ひとつき(一月)・　へーかんする・ん・やて。」■対語＝「かいかん【開館】」

へいき〔へーき〕【平気】《形容動詞や(ナ)》 まわりの状況などを少しも気にかけない様子。物事に驚かないで、落ち着いて平常心を保っている様子。「かみなり(雷)・が・　な(鳴)っ・ても・　へーきやっ・た。」「あめ(雨)・が・　ふ(降)っ・ても・　へーきで・　でか(出掛)け・てん。」〔⇒**へっちゃら【平っちゃら】**〕

へいきん〔へーきん〕【平均】《名詞、動詞する》 ①多い・少ない、高い・低いなどがないようにならすこと。不揃いがなく、同じような様子であること。「ここ・に・　ある・　りんご(林檎)・は・　おー(大)きさ・が・　へーきんし・とる。」②釣り合いがとれること。釣り合いをとること。「からだ(体)・の・　へーきん・を・　とっ・て・　だい(台)・の・　うえ(上)・を・　ある(歩)く。」③合計の数値を合わせた回数で割って、いくつかの数値をならした値を計算すること。また、その値。「くらす(クラス)・の・　へーきん・より・　え(良)ー・　てん(点)・を・　と(取)っ・てん。」〔③⇒**へいきんてん【平均点】**〕

へいきんだい〔へーきんだい〕【平均台】《名詞》 体育の授業や体操競技などで使う、幅10センチの細長い木が渡してある台。「へーきんだい・で・　よろけ・て・　とちゅー(途中)・で・　お(降)り・ても・た。」

へいきんてん〔へーきんてん〕【平均点】《名詞》 合計の数値を合わせた回数で割って、いくつかの数値をならした値。「となり(隣)・の・　くみ(組)・より・　へーきんてん・が・　たか(高)かっ・た。」〔⇒**へいきん【平均】**〕

へいこら〔へーこら〕《副詞、動詞する》 相手の言うことに迎合したり、機嫌をとったりする様子。相手の言うことやすることに逆らわないで、ぺこぺこ頭を下げたり従ったりする様子。「はんたい(反対)せ・んと・　へーこら・　ゆ(言)ー・とっ・てん。」〔⇒**へいこらへいこら、へいへい**〕

へいこらへいこら〔へーこらへーこら〕《副詞と、動詞する》 相手の言うことに迎合したり、機嫌をとったりする様子。相手の言うことやすることに逆らわないで、ぺこぺこ頭を下げたり従ったりする様子。「まー(周)り・の・　もん(者)・に・　へーこらへーこらし・とっ・たら・　いつ・まで・　たっ・ても・　しゅっせ(出世)でけ・へん・ぞ。」「へーこらへーこらせ・んと・　じぶん(自分)・の・　かんが(考)え・も・　ゆ(言)ー・たら・　え(良)ー・ねん。」〔⇒**へいこら、へいへい**〕

へいさ〔へーさ〕【閉鎖】《名詞、動詞する》 ①入口などを閉じて、出入りできなくなるようにすること。「ゆき(雪)・で・　こーそくどーろ(高速道路)・が・　へーさ・に・　なっ・とる・ん・やて。」②施設や学校などを閉じて、機能を停止したり活動をやめたりすること。「いんふるえんざ(インフルエンザ)・が・　はや(流行)っ・て・　がっきゅー(学級)へーさ・に・　なっ・た。」

へいじつ〔へーじつ〕【平日】《名詞》 ①特別なこともなく、繰り返される日常。「たいふー(台風)・が・　き(来)・ても・　へーじつ・の・　とー(通)り・に・　みせ(店)・を・　あ(開)ける。」②休日でない日。月曜日から金曜日までの日。「でんしゃ(電車)・は・　へーじつ・と・　きゅーじつ(休日)・の・　だいや(ダイヤ)・に・　わかれ・とる。」〔⇒**ふだん【不断、普段】**。①⇒**いつも【何時も】、いっつも【(何時も)】、いっつもかっつも【(何時もかっつも)】、いつもかも【何時もかも】、へいぜい【平生】、ひごろ【日頃】**〕

べいじゅ〔べーじゅ〕【米寿】《名詞》　数え歳の88歳。数え歳の88歳になったお祝い。「みんな(皆)・　あつ(集)まっ・て・　おばー(祖母)ちゃん・の・　べーじゅ・の・　おいわ(祝)い・を・　する。」

へいじょう〔へーじょー〕【平常】《名詞》　特別なこともなく、繰り返される日常。「たいふー(台風)・が・　き(来)・ても・　へーじょー・の・　とー(通)り・に・　えーぎょー(営業)する。」〔⇒**いつも【何時も】、いっつも【(何時も)】、いっつもかっつも【(何時もかっつも)】、いつもかも【何時もかも】、ふだん【不断、普段】、へいぜい【平生】、ひごろ【日頃】、へいじつ【平日】**〕

へいせい〔へーせー〕【平成】《名詞》「昭和」のひとつ次の年号。平成天皇が位についていた時代。「へーせー・も・　いよいよ・　さんじゅーねん(三十年)・に・　なっ・た。」

へいぜい〔へーぜー〕【平生】《名詞》　特別なこともなく、繰り返される日常。「へーぜー・から・　かぜ(風邪)・を・　ひか・ん・よーに・　き(気)ー・　つけ・とる。」〔⇒**いつも【何時も】、いっつも【(何時も)】、いっつもかっつも【(何時もかっつも)】、いつもかも【何時もかも】、ふだん【不断、普段】、へいじょう【平常】、ひごろ【日頃】、へいじつ【平日】**〕

へいたい〔へーたい〕【兵隊】《名詞》　①軍隊で上司の指揮を受ける者。「へーたいさん・が・　ある(歩)い・とる。」②兵士を軍として組織したもの。「へーたい・に・　と(取)ら・れる。」「へーたい・が・　しょーとつ(衝突)する。」

へいてん〔へーてん〕【閉店】《名詞、動詞する》　①店を閉めて、その日の営業を終えること。「へーてん・は・　ばん(晩)・の・　はちじ(八時)・です。」②これまでの営業をやめて、店を閉じること。「すーぱー(スーパー)・が・　へーてんし・ても・た。」■対語＝「かいてん【開店】」

へいねつ〔へーねつ〕【平熱】《名詞》　健康なときの体温。発熱していないときの体温。「へーねつ・より・　にど(二度)・も・　たこ(高)ー・　なっ・とる。」

へいねん〔へーねん〕【平年】《名詞》　①2月が28日で、1年が365日である年。「ことし(今年)・は・　へーねん・で・　らいねん(来年)・が・　うるーどし(閏年)・や。」②農作物の収穫や天気・気温などに関して、特に異変などが現れない、普通の年。いつもの年。「ことし(今年)・の・　ふゆ(冬)・は・　へーねん・に・　くら(比)べ・たら・　だいぶ(大分)・　さぶ(寒)い・なー。」■対語＝①「うるうどし【閏年】」「うるどし【(閏年)】」

へいへい〔へーへー〕《副詞と、動詞する》　相手の言うことに迎合したり、機嫌をとったりする様子。相手の言うことやすることに逆らわないで、ぺこぺこ頭を下げたり従ったりする様子。「へーへーし・て・　はんたい(反対)・を・　よー・　ゆ(言)わ・へん。」〔⇒**へいこら、へいこらへいこら**〕

へいへい〔へーへー〕《感動詞》　①相手に呼ばれて応答したり、相手の言葉を聞いていることを示したりするために発する言葉。「へーへー・　よー・　き(聞)こえ・まっ・せ。」②相手の言うことを承知したり、同意したりしたときに発する声。「へーへー・　あんた・の・　ゆ(言)ー・とーり・に・　し・まっ・さ。」③相手に注意を促すために発する言葉。「へいへい・　ちょっと・　の(退)い・てんか。」〔⇒**はい、へい**。①②⇒**はあ、うん、ん**〕

へいや〔へーや〕【平野】《名詞》　海抜が低くて、山がなくて平らな土地が広がっているところ。「とーげ(峠)・を・　お(下)り・て・　へーや・に・　で(出)てき・た。」「この・　あた(辺)り・は・　ばんしゅー(播州)へーや・や。」

へいわ〔へーわ〕【平和】《名詞》　①心配事・もめ事などがなくて、穏やかで無事なこと。「わ(我)がや・は・　へーわな・　いちねん(一年)・やっ・た。」②戦争や紛争がなく、世の中が治まっていること。「よ(世)のなか・が・　へーわ・で・　ある・　こと・が・　ありがたい。」

ペーシ〔ぺーし〕【英語＝(page)】《名詞》　本やノートの紙の片面。また、その順序を示した数字。「ぺーし・の・　かず(数)・の・　おー(多)い・　ほん(本)・は・　よ(読)む・の・が・　かなわ・ん。」〔⇒**ページ【英語＝page】**〕

ページ〔ぺーじ〕【英語＝page】《名詞》　本やノートの紙の片面。また、その順序を示した数字。「ぺーじ・の・　はし(端)・を・　お(折)っ・て・　めじるし(目印)・に・　する。」「ごひゃく(五百)ぺーじ・も・　ある・　ほん(本)・を・　よ(読)ん・だ。」〔⇒**ペーシ【英語＝(page)】**〕

ベージュ〔べーじゅ〕【フランス語＝beige】《名詞》　明るく薄い茶色。「べーじゅ・の・　こーと(コート)・を・　き(着)・て・　い(行)く。」

ベース〔べーす〕【英語＝base】《名詞》　野球をするときの攻撃や守備の拠点として、内野の4隅にあるもの。また、その位置に置く、座布団のような形をしたもの。「ひっと(ヒット)・を・　う(打)っ・て・　さんるい(三塁)・の・　べーす・まで・　はし(走)っ・た。」〔⇒**るい【塁】**〕

ペーパー〔ぺーぱー〕【英語＝sandpaperから】《名詞》　ものを磨くために、厚紙や布の一面に金剛砂やガラス粉を研磨剤として付着させたもの。「ぺーぱー・で・　き(木)ー・の・　はこ(箱)・を・　みが(磨)く。」

べきっと《副詞》　瞬間的に折れたり、ひびが入ったりする様子。また、そのときの鈍い感じの音。「たいふー(台風)・で・　おー(大)きな・　き(木)ー・が・　べきっと・　お(折)れ・た。」「わりばし(割箸)・を・　べきっと・　ふた(二)つ・に・　お(折)る。」〔⇒**ぼきっと、ぽきっと**〕

べきべき《副詞と》　細いものなどが次々と簡単に折れたり、ひびが入ったりする様子。細く折れやすいものを続けて折る様子。また、そのときの音。「えんぴつ(鉛筆)・の・　しん(芯)・が・　べきべきと・　お(折)れる。」「いぬ(犬)・が・　あば(暴)れ・て・　ひまわり(向日葵)・が・　べきべき・　お(折)れ・ても・た。」〔⇒**ぼきぼき、ぽきぽき**〕

へきり【辺切り】《名詞、動詞する》　区画を作ること。間に境を作ること。また、そのようにしたもの。「べんとーばこ(弁当箱)・に・　ごはん(御飯)・と・　おかず・の・　へきり・を・　する。」〔⇒**しきり【仕切り】、くぎり【区切り】、へっきり【辺っ切り】**〕

へきる【辺切る】《動詞・ラ行五段活用》　用途や内容などに応じて、ものとものとを分けて、境目を作る。区画をつけて分ける。「ついたて(衝立)・で・　へや(部屋)・を・　ふた(二)つ・に・　へきる。」■名詞化＝**へきり【辺切り】**。〔⇒**しきる【仕切る】、くぎる【区切る】、へっきる【辺っ切る】**〕

ぺけ《名詞》　①「×」の符号。「しけん(試験)・に・　ぺけ・が・　いっぱい(一杯)・　ある・やない・か。」②答えとして、正しくないこと。誤っていること。「その・　かんが(考)えかた・は・　ぺけ・や。」〔⇒**ぺけぽん**。②⇒**まち**

がい【間違い】〕

ぺけぽん《名詞》 ①「×」の符号。「ぺけぽん・が・ ぎょーさん(仰山)・ つ(付)い・とる。」②答えとして、正しくないこと。誤っていること。「とーあん(答案)・は・ ぺけぽん・ばっかり・で・ まる(丸)・が・ あら・へん。」〔⇒**ぺけ**。②⇒**まちがい【間違い】**〕

へこき〔**へーこき**〕**【屁こき】**《名詞、動詞する》 ①放屁をすること。「へこきし・た・ん・は・ だれ(誰)・や。」②よく放屁する人。「おまえ(前)・は・ ほんま(本真)に・ へこき・や・なー。」〔②⇒**へこきむし【屁こき虫】**〕

へこきむし〔**へーこきむし**〕**【屁こき虫】**《名詞》 ①触るとくさい臭いを発する、小さな虫。「へこきむし・は・ さわ(触)っ・たら・ あか・ん。」②よく放屁する人。「あいつ(彼奴)・は・ いも(芋)・を・ く(食)・たら・ へこきむし・に・ なる・ねん。」〔②⇒**へこき【屁こき】**〕

へこく〔**へーこく**〕**【屁こく】**《動詞・サ行五段活用》 放屁をする。「へーこい・て・ し(知)らんかお・を・ し・やがっ・とる。」■名詞化＝**へこき【屁こき】**

へこさか【へこ逆】《名詞、形容動詞や(ノ)、動詞する》 ものの上下・左右・前後・表裏などが、逆であること。「あの・ こ(子)・は・ ぞーり(草履)・を・ へこさかに・ は(履)い・とる。」〔⇒**あっちこっち、あっちゃこっちゃ、あっちゃいこっちゃい、へっちゃい、へっちゃいこっちゃい、へこさかだいみょうじん【へこ逆大明神】、あべこべ、へこちん**〕

へこさかだいみょうじん〔**へこさかだいみょーじん**〕**【へこ逆大明神】**《名詞、形容動詞や(ノ)、動詞する》 ものの上下・左右・前後・表裏などが、逆であること。「あんた・の・ は(履)い・とる・ くつ(靴)・は・ へこさかだいみょーじんや・で。」〔⇒**あっちこっち、あっちゃこっちゃ、あっちゃいこっちゃい、へっちゃい、へっちゃいこっちゃい、へこさか【へこ逆】、あべこべ、へこちん**〕

へこたる《動詞・ラ行五段活用》 ①べったりと尻をつけて、しゃがむ。「みち(道)・で・ へこたっ・たら・ みっともない・ぞ。」②元気がなくなって弱る。疲れ果てて座り込む。それ以上はすることをやめる。「やまのぼ(山登)り・の・ とちゅー(途中)・で・ へこたっ・ても・た。」〔①⇒**へたばる、へばる、へたる、へたりこむ【へたり込む】**。②⇒**くたばる、へこたれる**〕

へこたれる《動詞・ラ行下一段活用》 元気がなくなって弱る。それ以上はすることをやめる。「まらそん(マラソン)・を・ とちゅー(途中)・で・ へこたれ・ても・た。」「へこたれ・んと・ ちゃんと・ しけん(試験)・を・ さいご(最後)・まで・ う(受)け・てこい。」〔⇒**くたばる、へたばる、へたりこむ【へたり込む】、へばる、へたる、へこたる**〕

へこたん《副詞と》 びっこをひいて歩いている様子。「げた(下駄)・を・ は(履)い・て・ へこたんと・ し・ながら・ ある(歩)い・とる。」〔⇒**ひょこたん、ぴょこたん、ひょこん、ぴょこん、へこたんへこたん、ひょこたんひょこたん、ぴょこたんぴょこたん、ひょこんひょこん、ぴょこんぴょこん**〕

へこたんへこたん《副詞と》 びっこをひいて歩いている様子。「き(気)のどくな・くらい・ へこたんへこたんと・ し・て・ ある(歩)い・とっ・て・や。」〔⇒**へこたん、ひょこたん、ぴょこたん、ひょこん、ぴょこん、ひょこたんひょこたん、ぴょこたんぴょこたん、ひょこんひょこん、ぴょこんぴょこん**〕

へこちん《名詞、形容動詞や(ノ)、動詞する》 ものの上下・左右・前後・表裏などが、逆であること。「て(手)ー・の・ あ(挙)げかた・が・ へこちんや。」「みんな(皆)・と・ へこちんし・たら・ わら(笑)わ・れ・まっ・せ。」〔⇒**あっちこっち、あっちゃこっちゃ、あっちゃいこっちゃい、へっちゃい、へっちゃいこっちゃい、へこさか【へこ逆】、へこさかだいみょうじん【へこ逆大明神】、あべこべ**〕

べこっと《副詞、動詞する》 ものの一部分が大きくへこむ様子。また、その音。「べんとーばこ(弁当箱)・を・ ふ(踏)ん・でも・たら・ べこっと・ へちゃがっ・た。」〔⇒**べこんと、ぺこっと、ぺこんと**〕

ぺこっと《副詞、動詞する》 ①頭を勢いよく下げて挨拶する様子。「ぺこっと・ おじぎ(辞儀)・を・ する。」②ものの一部分が大きくへこむ様子。また、その音。「おまえ(前)・が・ ある(歩)い・たら・ たたみ(畳)・が・ ぺこっとする。」〔⇒**ぺこんと**。②⇒**べこっと、べこんと**〕

べこべこ《形容動詞や(ノ)、動詞する》 平らなものが歪んでいる様子。歪んでしっかりした形を保っていない様子。「べこべこし・た・ したじ(下敷)き・や・さかい・ じ(字)ー・を・ か(書)きにくい。」「ろーか(廊下)・の・ まんなか・が・ べこべこし・とる。」〔⇒**べこんべこん**〕

ぺこぺこ《名詞》 小型の蛸を釣るときに使う道具。「ぺこぺこ・で・ たこ(蛸)・を・ つ(釣)る。」◆天蚕糸(てぐす)の先に白く丸い陶器を付けて、その周りに爪のようなものを付けた釣り具で、蛸がしがみついてくると即座に引き上げるもの。竿を上下させて釣る様子を「ぺこぺこ」と表現した。この道具を現在も使っているかどうかはわからない。

ぺこぺこ《副詞と、形容動詞や(ノ)、動詞する》 ①特別に強い力を加えなくても、凹む様子。「びーる(ビール)・の・ かんかん(缶々)・を・ ぺこぺこに・ つぶ(潰)す。」「ぺこぺこし・た・(＝華奢な) あるみ(アルミ)・の・ かん(缶)・や。」②とても空腹である様子。「はら(腹)・が・ ぺこぺこや・さかい・ なん(何)・か・ た(食)べさし・てー・な。」③しきりに頭を下げてお辞儀をする様子。卑屈な感じで他の人に迎合する様子。「ぺこぺこせ・んと・ もっと・ むね(胸)・を・ は(張)り・なはれ。」〔⇒**ぺこんぺこん**。③⇒**へらへら**〕

へこます【凹ます】《動詞・サ行五段活用》 ①外から力を加えて、中が低く落ち込むようにさせる。周りよりも低く落ち込むようにさせる。「あきかん(空缶)・を・ ふ(踏)ん・で・ へこまし・た。」②膨らんでいるものを、縮むようにさせたり、凹んだようにさせたりする。「ふーせん(風船)・を・ へこます。」■自動詞は「**へこむ【凹む】**」〔⇒**へっこます【凹っ込ます】、ひっこます【引っ込ます】**〕

へこむ【凹む】《動詞・マ行五段活用》 ①外からの力が加わって、中が低く落ち込む。周りよりも低く落ち込む。「こんくり(コンクリ)・が・ へこん・どる・ とこ・に・ みず(水)・が・ た(溜)まっ・とる。」②ふくらんでいたものが、小さくなって縮む。「くーき(空気)・が・ ぬ(抜)け・て・ ふーせん(風船)・が・ へこん・だ。」■他動詞は「**へこます【凹ます】**」■名詞化＝**へこみ【凹み】**〔⇒**へっこむ【凹っ込む】**。②⇒**しぼむ【萎む】、しゅぼむ【(萎む)】、すぼむ【(萎む)】**〕

べこんと《副詞、動詞する》 ものの一部分が大きくへこむ様子。また、その音。「だんぼーる(段ボール)・の・ はこ(箱)・が・ べこんと・ へちゃがっ・た。」〔⇒**べこっと、ぺこっと、ぺこんと**〕

ぺこんと《副詞、動詞する》 ①頭を勢いよく下げて挨拶する様子。「ぺこんと・　あたま(頭)・を・　さ(下)げ・て・　にこっと・　し・た。」②ものの一部分が大きくへこむ様子。また、その音。「ぼーる(ボール)・が・　あ(当)たっ・て・　ぺこんと・　へっこん・だ。」〔⇒**ぺこっと**。②⇒**べこっと、べこんと**〕

へこんへこん《名詞、副詞と、動詞する》　①横隔膜がけいれんのように収縮して、喉から繰り返して声が出ること。しゃっくり。「へこんへこん・が・　なかなか・　と(止)まら・へん。」②しゃっくりが出ている様子。また、その音。「へこんへこんと・　ゆー・て・　きも(気持)ち・が・　わる(悪)・そーや。」

べこんべこん《形容動詞や(ノ)、動詞する》　平らなものが歪んでいる様子。歪んでしっかりした形を保っていない様子。「べこんべこんの・　せるろいど(セルロイド)・の・　おもちゃ(玩具)・は・　じっき(直)に・　めげ・てまう。」〔⇒**べこべこ**〕

ぺこんぺこん《副詞と、形容動詞や(ノ)、動詞する》　①特別に強い力を加えなくても、凹む様子。「せるろいど(セルロイド)・の・　ぺこんぺこんの・　ふでばこ(筆箱)・に・　えんぴつ(鉛筆)・を・　い(入)れる。」②とても空腹である様子。「ぺこんぺこんや・さかい・　もー・　ある(歩)か・れ・へん。」③しきりに頭を下げてお辞儀をする様子。卑屈な感じで他の人に迎合する様子。「おこ(怒)ら・れ・て・　ぺこんぺこんする。」〔⇒**ぺこぺこ**。③⇒**へらへら**〕

へさいて〔**えさいて**〕《格助詞》　動作や作用の行われる方向や目的地などを表す言葉。「にし(西)・へさいて・　ある(歩)い・た。」「ともだち(友達)・の・　ところ・へさいて・　おいわ(祝)い・を・　おく(送)っ・た。」「なんで・　わし・へさいて・ばっかり・　もんく(文句)・を・　ゆ(言)ー・ん・や。」◆「へ・指し・て」という3語が結びついた言葉であるが、「へ」とほぼ同じ意味で使う。現在では使用例が少なくなっている。〔⇒**いさいて、いさして、へさして、い、へ**〕

へさして〔**えさして**〕《格助詞》　動作や作用の行われる方向や目的地などを表す言葉。「ともだち(友達)・の・　いえ(家)・へさして・　ある(歩)い・た。」「あいつ(彼奴)・へさして・　し(知)らし・たっ・てん。」◆「へ・指し・て」という3語が結びついた言葉であるが、「へ」とほぼ同じ意味で使う。現在では使用例が少なくなっている。〔⇒**いさいて、いさして、へさいて、い、へ**〕

へし【(菱)】《名詞》　夏に白い花を咲かせて、ダイヤの形の白く堅い実ができる、池などに生えている水草。「こども(子供)・の・　ころ(頃)・に・　へし・を・　た(食)べ・た・　こと・が・　あっ・た。」〔⇒**ひし【菱】**〕

べし《助動詞》　自分の意志や義務感などを表す言葉。「きょーじゅー(今日中)・に・　する・べし・やっ・てん・けど・　でけ(出来)・ず・や。」「す・べき・　こと・は・　ちゃんと・　す(済)まし・なはれ。」

へしぼる【(干しぼる)】《動詞・ラ行五段活用》　①水気がなくなって、乾ききって、形が小さくなる。「へしぼっ・て・　かすかすの・　なすび(茄子)・や。」「せっけん(石鹸)・が・　へしぼっ・て・　こも(小)ー・に・　なる。」②草や木が生気を失って、ぐったりしたり小さくなったりする。開いていた花が、水分を失って閉じたり小さくなったりする。「みず(水)・を・　やる・の・を・　わす(忘)れ・た・さかい・　はたけ(畑)・の・　なえ(苗)・が・　へしぼっ・とる。」③空気が抜けたりして小さくなる。「ふーせん(風船)・が・　へしぼっ・ても・た。」〔⇒**ひしぼる【干しぼる】**。②⇒**しおれる【萎れる】、しぼむ【萎む】、しゅぼむ【(萎む)】、すぼむ【(萎む)】**〕

へしゃがる《動詞・ラ行五段活用》　①ものの形がつぶれる。平らにつぶれる。「うんどーかい(運動会)・の・　くみたいそー(組体操)・が・　つぶ(潰)れ・て・　へしゃがっ・ても・た。」②押しつけられて窪む。「まんいんでんしゃ(満員電車)・で・　かばん(鞄)・が・　へしゃがっ・た。」■他動詞は「へしゃげる」「へっしゃげる」「へちゃげる」「へっちゃげる」〔⇒**へちゃがる、へっちゃがる、へっしゃがる**〕

へしゃげる《動詞・ガ行下一段活用》　①ものの形を押しつぶす。平らにつぶす。「じゅーす(ジュース)・の・　かん(缶)・を・　ふ(踏)ん・で・　へしゃげる。」②押しつけて窪ませる。「はら(腹)・を・　お(押)さえ・て・　へしゃげ・てみる。」■自動詞は「へしゃがる」「へっしゃがる」「へちゃがる」「へっちゃがる」〔⇒**へっしゃげる、へちゃげる、へっちゃげる**〕

ぺしゃんこ《形容動詞や(ノ)》　①押しつけられて、平らになる様子。平らになって薄くて、ふくらみがない様子。「かんかん(缶々)・を・　ふ(踏)ん・で・　ぺしゃんこに・　する。」②極端に薄い様子。「このごろ(頃)・の・　てれび(テレビ)・は・　ぺしゃんこに・　なっ・た。」③形勢が悪く、ひどく打撃を受けている様子。やりこめられて、手も足も出ない様子。言い負かされて反論できない様子。「ま(負)け・て・　きも(気持)ち・が・　ぺしゃんこに・　なっ・た。」〔⇒**ぺちゃんこ、ぺっしゃんこ、ぺっちゃんこ**〕

ぺしゃんと《副詞》　①押しつけられて、ものが簡単に平らになる様子。平らになって薄くて、ふくらみがない様子。「おこのみやき(好焼)・を・　ぺしゃんと・　お(押)しつぶす。」②ものが簡単に張りついたり、くっついたりする様子。「ぽすたー(ポスター)・を・　ぺしゃんと・　かべ(壁)・に・　は(張)る。」③戸などを厳重に閉ざす様子。音を立てて戸などを閉める様子。また、その音。「ぺしゃんと・　し(閉)めださ・れ・ても・た。」〔⇒**ぴしゃんと**〕

べしょべしょ《形容動詞や(ノ)、動詞する》　すっかり濡れて、しずくが垂れる様子。水浸しである様子。「かさ(傘)・を・　わす(忘)れ・た・さかい・　ふく(服)・が・　べしょべしょに・　なっ・た。」〔⇒**べちゃべちゃ、びちゃびちゃ、びちょびちょ、びしゃびしゃ、ずくずく、じゅくじゅく**〕

へす【減す】《動詞・サ行五段活用》　それまでの数量よりも少なくする。「とーばん(当番)・の・　かいすー(回数)・を・　へし・てほしー・ねん。」「こないに・　た(食)べ・られ・へん・さかい・　ごはん(飯)・を・　へし・てくれ・へん・か。」■対語＝①「ふやす【増やす】」■自動詞は「へる【減る】」〔⇒**へらす【減らす】**〕

へず《助動詞》　打ち消しの意味を表し、そのような結果になっていることを表す言葉。「ゆ(言)ー・ても・　き(聞)か・へず・　こま(困)っ・た・　やつ(奴)・や。」◆「行か・ん」「行か・へん」は現在や未来のことを表すが、「行か・へず」「行か・へずや」は過去や現在のことを表す。〔⇒**へずや**〕

へずや《助動詞》打ち消しの意味を表し、そのような結果になっていることを表す言葉。「き(聞)ー・た・けど・　い(行)か・へずやっ・てん。」◆「行か・ん」「行か・へん」は現在や未来のことを表すが、「行か・へず」「行か・へずや」は過去や現在のことを表す。〔⇒**へず**〕

へずりとる《動詞・ラ行五段活用》　削って除く。数量をわずかに減らす。「かわ(川)・の・　みず(水)・で・　どて(土

手)・が・　へずりとら・れ・た。」〔⇒**へつりとる**〕

へずる《動詞・ラ行五段活用》　少し削り取って取り除く。量を少し減らす。「ぶあつ(分厚)い・　とこ(所)・を・　かんな(鉋)・で・　へずる。」「ちょっと・ずつ・　へずっ・たら・　ひとりぶん(一人分)・ぐらい・　でけ(出来)る・やろ。」「よさん(予算)・を・　へずら・れ・た。」〔⇒**へつる、はつる**〕

へそ【臍】《名詞》　①腹の真ん中にある窪んだところ。「へそ・の・　まー(周)り・が・　かい(痒)ー。」②ものの真ん中の窪んだり出っ張ったりしているところ。「てっぱん(鉄板)・の・　へそ・に・　ごみ(塵)・が・　た(溜)まっ・とる。」「まんじゅー(饅頭)・に・　へそ・が・　ある。」

へそくり【臍繰り】《名詞、動詞する》　倹約して、こっそり貯めた金。「へそくり・を・　た(貯)め・て・　さけ(酒)・を・　の(飲)み・に・　い(行)く。」〔⇒**ないしょがね【内緒金】**〕

へそまがり【臍曲がり】《名詞、形容動詞や(ノ)》　性格が素直でないこと。ひねくれて、人と同調しなかったり、わざとつっかかったりすること。また、そのような人。「へそまがりで・　なん(何)・でも・　はんたい(反対)する・　しと(人)・や。」

へた【蒂】《名詞》　①果物や野菜などの実の付け根に付いている萼(がく)。「かき(柿)・の・　へた・を・　と(取)っ・て・　す(捨)てる。」②果物などの実で食べにくい場所。「りんご(林檎)・の・　へた・を・　のこ(残)し・て・　た(食)べる。」

へた【下手】《形容動詞や(ナ)、動詞する》　①何かをしたり、作ったりするのがうまくできなくて劣っている様子。何かを行った結果が良好でない様子。「うた(歌)・は・　ほんま(本真)に・　へたや・ねん。」「つきあい・の・　へたな・　ひと(人)・や・さかい・　そん(損)・を・　し・とる。」②適切でない対応の仕方をする。やり方に失敗して、良好でない結果が生じる。「もー(申)しこむ・　とき(時)・に・　へたし・て・　う(受)けつけ・てもらえ・ず・やっ・た。」◆「へたする【下手する】」は、②の意味の場合に限られ、①の場合に使うことはない。■対語①＝「じょうず【上手】」〔⇒**へたくそ【下手糞】**。①⇒**へぼ、へぼい、まずい【拙い】**〕

へた《接続詞》　前の事柄を受けて、後ろの事柄に影響が及んでいくことを表す言葉。「へた・　それ・は・　だれ(誰)・が・　はら(払)う・　こと・に・　なる・ん・や。」〔⇒**ほたら、ほた、ほしたら、ほいたら、へたら、そうしたら、そしたら**〕

べたあし【べた足】《名詞》　足の裏が平たく、土踏まずの部分がない足。扁平足。「べたあし・で・　ぺたぺたと・　ある(歩)い・ていく。」

へたくそ【下手糞】《形容動詞や(ナ)、動詞する》　①何かをしたり、作ったりするのがうまくできなくて劣っている様子。何かを行った結果が良好でない様子。また、そのような様子を見せる人。「およ(泳)ぐ・の・が・　へたくそや。」「こども(子供)・を・　おこる(＝叱る)・の・が・　へたくそで・　けんか(喧嘩)・みたいに・　なっ・とる。」②適切でない対応の仕方をする。やり方に失敗して、良好でない結果が生じる。「へたくそし・て・　でんしゃ(電車)・に・　の(乗)りおく(遅)れ・た。」◆「へた」よりも程度が甚だしい場合に使うことがあるが、「へた」と同等の状態にも使う。「へたくそする【下手糞する】」は、②の意味の場合に限られ、①の場合に使うことはない。〔⇒**へた【下手】**。①⇒**へぼ、へぼい、まずい【拙い】**〕

べたこい《形容詞・オイ型》　それなりの厚みがあって、平べったい。「べたこい・　きれ(布)・や・さかい・　はり(針)・が・　とー(通)ら・へん。」

べたつく【べた付く】《動詞・カ行五段活用》　不快感をもよおすほど、ものが粘りついてくる。「ぽまーど(ポマード)・を・　ぬ(塗)っ・たら・　け(毛)ー・が・　べたつい・た。」〔⇒**べとつく【べと付く】、べちゃつく【べちゃ付く】、べちょつく【べちょ付く】**〕

べたっと《副詞》　①水分や粘り気の多い固形物が、あたりに広がってつぶれている様子。また、それがものにつく様子。「いぬ(犬)・の・　うんこ・を・　ふ(踏)ん・で・　べたっと・　し・た。」②泥やペンキなどを塗りつける様子。または、それが他のものにつく様子。「どろみず(泥水)・を・　は(跳)ねあげ・て・　ずぼん(ズボン)・が・　べたっと・　なっ・た。」「べたっと・　ぺんき(ペンキ)・が・　つ(付)い・ても・た。」③だらしなく、尻をつけて坐り込んでいる様子。「たんぼしごと(田圃仕事)・で・　くたびれ・て・　くさ(草)・の・　うえ(上)・に・　べたっと・　すわ(座)っ・た。」④広く、一面にわたる様子。「べたっと・　つ(継)ぎ・を・　あ(当)てる。」〔①②⇒**べちゃっと、ぺちゃっと、べちょっと、べとっと**。③⇒**ぺたっと**〕

ぺたっと《副詞》　①小さな紙片などを貼り付ける様子。「ほん(本)・に・　ふせん(付箋)・を・　ぺたっと・　は(貼)る。」②だらしなく、尻をつけて坐り込んでいる様子。「なんぼ・　しんどい・と・　ゆ(言)ー・ても・　みち(道)・の・　まんなか・で・　ぺたっと・　すわ(座)っ・たら・　あか・ん・がな。」〔②⇒**べたっと**〕

へたばる《動詞・ラ行五段活用》　①べったりと尻をつけて、しゃがむ。「こんな・　とこ(所)・に・　へたばっ・たら・　ひと(人)・が・　とー(通)ら・れ・へん・やろ。」②元気がなくなって弱る。疲れ果てて座り込む。「きょー(今日)・は・　あつ(暑)ー・て・　へたばっ・ても・た。」③機械などの働きが止まってしまう。「ぱそこん(パソコン)・が・　へたばっ・た・ので・　こま(困)っ・とる。」④組織などが立ちゆかなくなる。倒産する。「ふけーき(不景気)・で・　かいしゃ(会社)・が・　へたばっ・ても・た。」〔⇒**へたる、へばる**。①②⇒**へこたる、へたりこむ【へたり込む】**。②③⇒**くたばる**、②⇒**へこたれる**〕

べたべた《形容動詞や(ノ)、動詞する》　①不快感をもよおすほど、湿気が多すぎたり、ものが粘りついたりしている様子。「あせ(汗)・を・　かい・て・　したぎ(下着)・が・　べたべたし・て・　きも(気持)ち・が・　わる(悪)い。」「て(手)ー・に・　ぺんき(ペンキ)・が・　べたべたと・　つ(付)い・た。」②湿気を帯びて不快な様子。水分を含んでやわらかくなっている様子。「あめ(雨)・が・　よー・　ふ(降)っ・て・　うんどーじょー(運動場)・が・　べたべたや。」③男女が馴れ合ってふざけあっている様子。男女が仲むつまじい様子。「みんな(皆)・の・　まえ(前)・で・　べたべたせ・んとい・てんか。」④肉親や友人などの間柄で、まとわりつくような感じを見せる様子。「こども(子供)・に・　べたべたし・て・　なさ(情)けない・　おや(親)・や。」⑤紙片などをあちらこちらに、たくさん貼り付ける様子。「かべ(壁)・に・　べたべたと・　ぽすたー(ポスター)・を・　は(貼)ら・んとい・てんか。」⑥印鑑・スタンプなどをやたらに押す様子。「こども(子供)・が・　おもしろ(面白)がっ・て・　べたべた・　はんこ(判子)・を・　お(押)し・とる。」◆③④は、周囲の者が不快感を感じるほど、度が過ぎている場合に使うことが多い。〔①②⇒**べちゃべちゃ、びちゃびちゃ、**

べたべた、べとべと。③④⇒いちゃいちゃ。⑤⑥⇒ぺたぺた〕

ぺたぺた《副詞と》 ①草履などを履いて、音を立てて歩く様子。また、その音。「ごむじょり(ゴム草履)・で・ ぺたぺた・ ある(歩)く。」②はだしで歩く様子。「くつ(靴)・を・ ぬ(脱)い・で・ あめ(雨)・の・ なか(中)・を・ よろこ(喜)ん・で・ ぺたぺた・ ある(歩)い・とる。」③紙片などをあちらこちらに、たくさん貼り付ける様子。「せんきょ(選挙)・の・ ぽすたー(ポスター)・を・ ぺたぺた・ は(貼)っ・とる。」④印鑑・スタンプなどをやたらに押す様子。「こども(子供)・が・ はんこ(判子)・を・ ぺたぺた・ お(押)し・て・ あそ(遊)ん・どる。」〔①②⇒**ぺちゃぺちゃ。③④⇒べたべた**〕

へたら《接続詞》 前の事柄を受けて、後ろの事柄に影響が及んでいくことを表す言葉。「へたら・ それ・は・ だれ(誰)・の・ せきにん(責任)・に・ なる・ん・かいなー。」〔**⇒ほたら、ほた、ほしたら、ほいたら、へた、そうしたら、そしたら**〕

へたりこむ【へたり込む】《動詞・マ行五段活用》 ①べったりと尻をつけて、しゃがむ。「つーろ(通路)・に・ へたりこん・だら・ あか・ん・やんか。」②元気がなくなって弱る。疲れ果てて座り込む。「きのー(昨日)・ がんばっ・た・さかい・ きょー(今日)・は・ へたりこん・で・ ね(寝)・とる・そーや。」〔**⇒へこたる、へばる、へたる。②⇒くたばる、へたばる、へこたれる**〕

へたる《動詞・ラ行五段活用》 ①べったりと尻をつけて、しゃがむ。「しんど・ なっ・た・さかい・ き(木)ー・の・ かげ(陰)・で・ へたっ・とっ・てん。」「でんしゃ(電車)・の・ なか(中)・で・ へたっ・たら・ あか・ん・ぞ。」②元気がなくなって弱る。疲れ果てて座り込む。「ろっこーさん(六甲山)・に・ のぼ(登)る・ とちゅー(途中)・で・ へたっ・ても・た。」③機械などの働きが止まってしまう。「さかみち(坂道)・で・ じどーしゃ(自動車)・が・ へたっ・とる。」④組織などが立ちゆかなくなる。倒産する。「おーじしん(大地震)・で・ しやくしょ(市役所)・が・ へたり・そーや。」〔**⇒へたばる、へばる。①②⇒へこたる、へたりこむ【へたり込む】。②③⇒くたばる。②⇒へこたれる**〕

ペタル〔ぺたる〕【英語 = pedal】《名詞》 自転車・ピアノ・機械などの、足で踏んで操作するところ。「じてんしゃ(自転車)・の・ ぺたる・を・ こ(漕)い・で・ さか(坂)・を・ あが(上)る。」〔**⇒ペダル【英語 = pedal】**〕

ペダル〔ぺだる〕【英語 = pedal】《名詞》 自転車・ピアノ・機械などの、足で踏んで操作するところ。「おるがん(オルガン)・の・ ぺだる・を・ ふ(踏)ん・で・ な(鳴)らす。」〔**⇒ペタル【英語 = pedal】**〕

べたんと《副詞》 尻をつけて坐りこむ様子。「ろーか(廊下)・に・ べたんと・ すわ(座)っ・たら・ あか・ん・がな。」〔**⇒ぺちゃんと**〕

ぺたんと《副詞》 ①ものを広げて、平らに貼り付ける様子。「ぺたんと・ ばんそーこー(絆創膏)・を・ は(貼)る。」②元気がなくなって坐り込む様子。「いたま(板間)・に・ ぺたんと・ すわ(座)る。」③印鑑やスタンプなどを押したり、ものを貼り付けたりすることを、勢いよく行う様子。「ちから(力)・を・ い(入)れ・て・ ぺたんと・ かみ(紙)・を・ は(張)りつける。」〔**③⇒ぺったんこ**〕

ぺたんぺたん《副詞と》 平らなものが、張りついたり離れたり、または、すれ合ったりする様子。また、その音。「ほ(干)し・とる・ もーふ(毛布)・が・ かぜ(風)・で・ ぺたんぺたんと・ まど(窓)・に・ あ(当)たる。」〔**⇒ぺったんぺったん**〕

へちま【糸瓜】《名詞》 ①夏に黄色い花が咲き、秋に細長い実をつける、つるの長い植物。「へちま・が・ ぶらぶら・ かぜ(風)・に・ ゆ(揺)れ・とる。」「へちま・の・たな(棚)・を・ こしら(拵)える。」②糸瓜で作った束子(たわし)。「ふろば(風呂場)・に・ へちま・を・ お(置)い・ておく。」

へちまにもならん【糸瓜にもならん】《連語＝へちま(名詞)・に(格助詞)・も(副助詞)・なら(動詞)・ん(助動詞)》 役に立たない。何の効果もない。「おまえ(前)・の・ ゆ(言)ー・ こと・なんか・ なん(何)・の・ へちまにもならん。」「いけん(意見)・を・ ゆ(言)ー・ても・ えーきょー(影響)・は・ へちまもあらへん。」◆「へちまもない【糸瓜も無い】」「へちまもあらへん【糸瓜も有らへん】」という言い方もする。

へちゃ《形容動詞や(ノ)》 ①鼻が低い様子。「へちゃや・けど・ かい(可愛)らしー・ こ(子)ー・や。」②顔が醜い様子。「へちゃや・さかい・ こっち・を・ む(向)か・んとい・てんか。」◆②は、女性のことを指して言うことが多い。〔**⇒へちゃむくれ**〕

へちゃがる《動詞・ラ行五段活用》 ①ものの形がつぶれる。平らにつぶれる。「くるま(車)・に・ ひ(轢)か・れ・て・ ぼーる(ボール)・が・ へちゃがっ・た。」②押しつけられて窪む。「お(落)とし・たら・ べんとばこ(弁当箱)・の・ すみ(隅)・が・ へちゃがっ・た。」■他動詞は「へしゃげる」「へっしゃげる」「へちゃげる」「へっちゃげる」〔**⇒へしゃがる、へっしゃがる、へっちゃがる**〕

ぺちゃくちゃ《副詞と》 口数多く、続けざまにやかましく喋る様子。「でんしゃ(電車)・の・ なか(中)・で・ ぺちゃくちゃ・ しゃべ(喋)る・ やつ(奴)・が・ おっ・て・ やかま(喧)しかっ・た。」〔**⇒ぺちゃぺちゃ**〕

へちゃげる《動詞・ガ行下一段活用》 ①ものの形を押しつぶす。平らにつぶす「だんぼーる(段ボール)・の・ はこ(箱)・を・ ふ(踏)ん・で・ へちゃげる。」②押しつけて窪ませる。「かん(缶)・の・ まんなか・へん・を・ ちょっと(一寸)・ へちゃげる。」■自動詞は「へしゃがる」「へっしゃがる」「へちゃがる」「へっちゃがる」〔**⇒へしゃげる、へっしゃげる、へっちゃげる**〕

べちゃこい《形容詞・オイ型》 ①起伏や厚みがなくて、平らである。高さが小さくて、横に広がりがある。「べちゃこい・ かお(顔)・の・ ひと(人)・や・なー。」②水分を多く含んでいる。「けさ(今朝)・は・ べちゃこい・ ごはん(飯)・に・ なっ・ても・た。」〔**①⇒へべたい【平べたい】、ひらべったい【平べったい】、ひらたい【平たい】**〕

べちゃつく【べちゃ付く】《動詞・カ行五段活用》 不快感をもよおすほど、ものが粘りついてくる。「ちゅーいんがむ(チューインガム)・を・ ふ(踏)ん・で・ くつ(靴)・の・ うら(裏)・が・ べちゃつい・た。」〔**⇒べとつく【べと付く】、べたつく【べた付く】、べちょつく【べちょ付く】**〕

べちゃっと《副詞、動詞する》 ①やわらかいものが、平らにつぶれる様子。水分を含んでいるものが崩れる様子。また、つぶしたり崩したりする様子。「たまご(卵)・を・ お(落)とし・たら・ つぶれ・て・ べちゃっと・ なっ・た。」「だんぼーる(段ボール)・の・ はこ(箱)・が・ べちゃっと・ へっ(凹)こん・だ。」②一面にくっつく様子。一面に浴びる様子。「ふく(服)・に・ ぺんき(ペンキ)・が・ べちゃっと・ つ(付)い・た。」「たんぼ(田圃)・の・ どろ(泥)・が・ ふく(服)・に・ べちゃっと・ つ(付)い・た。」〔⇒**ぺちゃっと、べちょっと、べたっと、べとっと**〕

ぺちゃっと《副詞、動詞する》 ①やわらかいものが、平らにつぶれる様子。水分を含んでいるものが崩れる様子。また、つぶしたり崩したりする様子。「ねんどざいく(粘土細工)・を・ ぺちゃっと・ つぶし・て・ つく(作)りなおす。」②一面にくっつく様子。一面に浴びる様子。「くるま(車)・に・ どろ(泥)・を・ ぺちゃっと・ か(掛)け・られ・た。」〔⇒**べちゃっと、べちょっと、べたっと、べとっと**〕

べちゃべちゃ《形容動詞や(ノ)、動詞する》 ①すっかり濡れて、しずくが垂れる様子。水浸しである様子。「あせ(汗)・ かい・て・ からだ(体)じゅー・ べちゃべちゃする。」②不快感をもよおすほど、ものが粘りついている様子。「くつ(靴)・の・ うら(裏)・に・ ちゅーいんがむ(チューインガム)・が・ べちゃべちゃと・ ひっつい・た。」③湿気を帯びて不快な様子。水分を含んでやわらかくなっている様子。不快感をもよおすほど、湿気が多すぎる様子。「きょー(今日)・の・ めし(飯)・は・ べちゃべちゃで・ うま(美味)ない・がな。」「べちゃべちゃし・た・ ごはん(飯)・や・なー。」〔⇒**べちょべちょ、べたべた、べとべと、びちゃびちゃ、びちょびちょ、びしゃびしゃ**。①⇒**べしょべしょ、ずくずく、じゅくじゅく**。③⇒**べたべた、べとべと**〕

ぺちゃぺちゃ《副詞と》 ①草履などを履いて、音を立てて歩く様子。また、その音。「ながぐつ(長靴)・で・ みず(水)・の・ なか(中)・を・ ぺちゃぺちゃ・ ある(歩)く。」②はだしで歩く様子。「ろーか(廊下)・を・ はだし(裸足)・で・ ぺちゃぺちゃ・ ある(歩)い・とる。」③口数多く、続けざまにやかましく喋る様子。「ひと(人)・が・ せつめー(説明)し・とる・ん・や・さかい・ ぺちゃぺちゃ・ しゃべ(喋)ら・んとい・てんか。」〔①②⇒**ぺたぺた**。③⇒**ぺちゃくちゃ**〕

へちゃむくれ《形容動詞や(ノ)》 ①鼻が低い様子。「でぼちん・が・ で(出)・て・ へちゃむくれの・ はな(鼻)・や。」②顔が醜い様子。「へちゃむくれや・けど・ きも(気持)ち・の・ え(良)ー・ ひと(人)・や。」◆②は、女性のことを指して言うことが多い。〔⇒**へちゃ**〕

ぺちゃんこ《形容動詞や(ノ)》 ①押しつけられて、平らになる様子。平らになって薄くて、ふくらみがない様子。「かばん(鞄)・に・ い(入)れ・とっ・た・ ぱん(パン)・が・ ぺちゃんこに・ なっ・とる。」②極端に薄い様子。「このごろ・の・ けーたいでんわ(携帯電話)・は・ ぺちゃんこに・ なっ・た。」③形勢が悪く、ひどく打撃を受けている様子。やりこめられて、手も足も出ない様子。言い負かされて反論できない様子。「ごっつー・ おこ(怒)ら・れ・て・ ぺちゃんこの・ きも(気持)ち・に・ なっ・た。」〔⇒**ぺしゃんこ、ぺっしゃんこ、ぺっちゃんこ**〕

ぺちゃんと《副詞》 ①踏んだりたたいたりなどして、押しつぶす様子。また、簡単に押しつぶされる様子。「びーる(ビール)・の・ かん(缶)・を・ ふ(踏)ん・で・ ぺちゃんと・ つぶす。」②尻をつけて坐りこむ様子。「じ(地)べた・に・ ぺちゃんと・ すわ(座)っ・て・ きゅーけー(休憩)する。」〔②⇒**ぺたんと**〕

べちょつく【べちょ付く】《動詞・カ行五段活用》 不快感をもよおすほど、ものが粘りついてくる。「のり(糊)・が・ て(手)ー・に・ べちょつい・て・ きも(気持)ち・が・ わる(悪)い。」〔⇒**べとつく**【べと付く】、**べたつく**【べた付く】、**べちゃつく**【べちゃ付く】〕

べちょっと《副詞》 ①水分や粘り気の多い固形物が、あたりに広がってつぶれている様子。また、それがものにつく様子。「あつ(暑)い・さかい・ みち(道)・の・ あすふぁると(アスファルト)・が・ べちょっと・ なっ・とる。」②泥やペンキなどを塗りつける様子。または、それが他のものにつく様子。「ぬ(塗)りたて・の・ ぺんき(ペンキ)・が・ べちょっと・ ふく(服)・に・ つ(付)い・た。」〔⇒**べちゃっと、ぺちゃっと、べたっと、べとっと**〕

べちょべちょ《形容動詞や(ノ)、動詞する》 ①不快感をもよおすほど、ものが粘りついている様子。「あすふぁると(アスファルト)・が・ と(溶)け・て・ べちょべちょする。」②湿気を帯びて不快な様子。水分を含んでやわらかくなっている様子。「かさ(傘)・を・ わす(忘)れ・た・さかい・ ふく(服)・が・ べちょべちょに・ なっ・ても・た。」〔⇒**べちゃべちゃ、べたべた、べとべと**〕

べつ【別】《形容動詞や(ナ・ノ)》 ①他のものと違っている様子。「これ・と・ それ・と・は・ ねだん(値段)・が・ べつに・ なっ・とる。」②同様には扱えない様子。普通一般とは違っている様子。「あんた・は・ らいひん(来賓)・や・さかい・ せき(席)・が・ べつや。」■対語＝②「ふつう【普通】」〔②⇒**とくべつ**【特別】〕

へっきり【辺っ切り】《名詞、動詞する》 区画を作ること。間に境を作ること。また、そのようにしたもの。「となり(隣)・の・ いえ(家)・と・の・ へっきり・に・ ぶろっく(ブロック)・で・ へー(塀)・を・ つく(作)る。」「かばん(鞄)・の・ なか(中)・に・ へっきり・が・ つく(作)っ・てある。」〔⇒**へきり**【辺切り】、**しきり**【仕切り】、**くぎり**【区切り】〕

へっきる【辺っ切る】《動詞・ラ行五段活用》 用途や内容などに応じて、ものとものとを分けて、境目を作る。区画をつけて分ける。「じゅーばこ(重箱)・を・ へっきっ・て・ りょーり(料理)・を・ つ(詰)める。」■名詞化＝**へっきり**【辺っ切り】。〔⇒**へきる**【辺切る】、**しきる**【仕切る】、**くぎる**【区切る】〕

へっこます【凹っ込ます】《動詞・サ行五段活用》 ①外から力を加えて、中が低く落ち込むようにさせる。周りよりも低く落ち込むようにさせる。「ぼーる(ボール)・を・ あ(当)て・て・ かべ(壁)・を・ へっこまし・たら・ あか・ん・ぞ。」②膨らんでいるものを、縮むようにさせたり、凹んだようにさせたりする。「うんどー(運動)し・て・ はら(腹)・を・ へっこまし・なはれ。」③人や動物が外に出ないようにさせる。引き下がらせる。「くび(首)・を・ へっこまし・て・ いぬごや(犬小屋)・から・ だ(出)さ・さ・ん。」④主だったところや、表になるところから引き下がらせる。「みち(道)・から・ いっけん(一間)・ へっこまし・て・ いえ(家)・を・ た(建)てる。」■自動詞は「へっこむ【凹っ込む】」〔⇒**ひっこます**【引っ込ます】。①②⇒**へこます**【凹ます】〕

へっこむ【凹っ込む】《動詞・マ行五段活用》 ①外からの力が加わって、中が低く落ち込む。周りよりも低く落ち込む。「ぼーる(ボール)・が・ あ(当)たっ・て・ つち(土)・の・ かべ(壁)・が・ へっこん・だ。」②ふくらんでいたものが、小さくなって縮む。「ぼーる(ボール)・に・ あな(穴)・が・ あ(開)い・て・ へっこん・だ。」■他動詞は「へっこます【凹っ込ます】」■名詞化＝**へっこみ**【凹っ込み】〔⇒**ひっこむ**【引っ込む】。①②⇒**へこむ**【凹む】。②⇒**しぼむ**【萎む】、**しゅぼむ**【(萎む)】、**すぼむ**【(萎む)】〕

へっこむ【(引っ込む)】《動詞・マ行五段活用》 ①人や動物が、中に入って、外に出ない。引き下がる。「きのー(昨日)・は・ さぶ(寒)い・さかいに・ いえ(家)・に・ へっこん・どっ・てん。」②出ていたものが中に入る。後ろへ下がって、表面に出ない。「おきゃく(客)さん・が・ あっ・た・さかい・ おく(奥)・に・ へっこん・どっ・た。」③中が低く落ち込む。周りよりも低く落ち込む。窪む。「ぼーる(ボール)・が・ あ(当)たっ・て・ かべ(壁)・が・ へっこん・だ。」④主だったところ、表になるところから入り込んでいる。「みち(道)・から・ へっこん・だ・ とこ(所)・に・ いえ(家)・が・ ある。」■他動詞は「へっこめる【(引っ込める)】」■名詞化＝**へっこみ【(引っ込み)】**〔**⇒ひっこむ【引っ込む】**。①②③**⇒すっこむ**〕

へっこめる【(引っ込める)】《動詞・マ行下一段活用》 ①出していたものを、中に入れる。「にもつ(荷物)・を みち(道)・に・ お(置)か・んと・ のき(軒)・の・ した(下)・に・ へっこめる。」②いったん言ったり出したりしていたものを、取り下げる。「あの・ はなし(話)・は・ へっこめ・とく・ こと・に・ する。」■自動詞は「へっこむ【凹っ込む】」〔**⇒ひっこめる【引っ込める】、すっこめる**〕

へっこんだ【凹っこんだ】《名詞》 ①土地が窪んだところ。凹んだ土地。「へっこんだ・の・ たんぼ(田圃)・や・さかい・ みず(水)はけ・が・ わる(悪)い。」「みち(道)・の・ へっこんだ・に・ みず(水)・が・ た(溜)まっ・とる。」②表通りから奥まったところ。「へっこんだ・で・ みせ(店)・を・ し・たら・ きゃく(客)・が・ こ(来)・ん。」〔**⇒ひっこんだ【引っ込んだ】**〕

へっしゃがる《動詞・ラ行五段活用》 ①ものの形がつぶれる。平らにつぶれる。「おも(重)たい・さかい・ した(下)・の・ はこ(箱)・が・ へっしゃがっ・ても・た。」②押しつけられて窪む。「まんいんでんしゃ(満員電車)・で・ からだ(体)・が・ へっしゃがっ・た。」■他動詞は「へしゃげる」「へっしゃげる」「へちゃげる」「へっちゃげる」〔**⇒へちゃがる、へっちゃがる、へしゃがる**〕

へっしゃげる《動詞・ガ行下一段活用》 ①ものの形を押しつぶす。平らにつぶす。「ごみ(塵)・を・ ふ(踏)ん・で・ へっしゃげ・て・ ふくろ(袋)・に・ い(入)れる。」②押しつけて窪ませる。「ねんど(粘土)・を・ へっしゃげ・て・ うす(薄)い・ ちゃわん(茶碗)・の・ かたち(形)・に・ する。」■自動詞は「へしゃがる」「へっしゃがる」「へちゃがる」「へっちゃがる」〔**⇒へしゃげる、へちゃげる、へっちゃげる**〕

ぺっしゃんこ《形容動詞や(ノ)》 ①押しつけられて、平らになる様子。平らになって薄くて、ふくらみがない様子。「した(下)・の・ ほー(方)・に・ つ(積)ん・どっ・た・ はこ(箱)・が・ ぺっしゃんこに・ なっ・た。」②極端に薄い様子。「ぺっしゃんこの・ ぼーるがみ(ボール紙)・や・けど・ かた(硬)い・ねん。」③形勢が悪く、ひどく打撃を受けている様子。やりこめられて、手も足も出ない様子。言い負かされて反論できない様子。「おも(思)いきり・ う(打)ちまくって・ ぺしゃんこに・ し・て・ か(勝)っ・た。」〔**⇒ぺしゃんこ、ぺちゃんこ、ぺっちゃんこ**〕

べっそう〔べっそー〕【別荘】《名詞》 景色のよい土地や避暑・避寒に適した土地に、ふだん住む家とは別に作った家。「うみ(海)・の・ はた(側)・に・ べっそー・が・ た(建)っ・とる。」

へったくれ《名詞》 とるにたりないもの、価値のないものという意味をこめて、実質的な意味を持つ言葉に添えて使う言葉。「しょーがっこー(小学校)・の・ じだい(時代)・は・ しくだい(宿題)・も・ へったくれ・も・ ない・ほど・ あそ(遊)びまわっ・とっ・た。」◆悪態をつくようなときに使うことが多い。

べったり《副詞と、動詞する》 ①粘っこいものなどが一面にくっつく様子。「のり(糊)・が・ べったりと・ つ(付)い・とる。」②頼ったりして、相手にくっついている様子。「ははおや(母親)・に・ べったりし・て・ はな(離)れ・へん。」③尻をつけて座り込む様子。「みち(道)・に・ べったり・ すわ(座)っ・とる。」④いつもそうである様子。そういう状態が続く様子。「いちねんじゅー(一年中)・ べったり・ みせ(店)・を・ あ(開)け・とる。」〔①**⇒べっとり**〕

べったん《名詞、動詞する》 相手のものに打ち当てて潜り込ませたり、相手のものを裏返らせたりして遊ぶための、厚紙で作った長方形または円形の玩具。また、それを使ってする遊び。面子(めんこ)。「ぷろやきゅー(プロ野球)・の・ せんしゅ(選手)・の・ え(絵)ー・が・ か(描)い・てある・ べったん・を・ よーけ・ あつ(集)め・た。」

丸形と長方形のべったん

ぺったんこ《名詞、動詞する》 臼と杵を使うなどして、蒸した餅米を強く押しつぶすように打つこと。「じゅーにがつ(十二月)・の・ にじゅーくにち(二十九日)・に・は・ ぺったんこ・は・ せー・へん・ねん。」◆幼児語。〔**⇒もちつき【餅搗き】**〕

ぺったんこ《副詞と、形容動詞や(ノ)、動詞する》 ①ものごとが完全に合う様子。うまい具合に適合する様子。「ゆ(言)ー・た・ とー(通)り・ ぺったんこや。」「すかーと(スカート)・が・ ぺったんこ・ よー・ にお(似合)・とる・よ。」②印鑑やスタンプなどを押したり、ものを貼り付けたりすることを、勢いよく行う様子。「ぺったんこと・ はん(判)・を・ お(押)す。」〔②**⇒ぺたんと**〕

ぺったんぺったん《副詞と》 ①臼と杵を使って、蒸した餅米などを強く押しつぶすように打つ様子。ものを平たくするために連続してたたく様子。また、その音。「ぺったんぺったんと・ ちょーし(調子)よー・ もち(餅)・を・ つ(搗)く。」②平らなものが、張りついたり離れたり、または、すれ合ったりする様子。また、その音。「すりっぱ(スリッパ)・を・ ぺったんぺったん・な(鳴)らし・て・ ある(歩)く。」〔②**⇒ぺたんぺたん**〕

へっちゃい《名詞、形容動詞や(ノ)、動詞する》 ものの上下・左右・前後・表裏などが、逆であること。「くつ(靴)・を・ へっちゃいに・ は(履)い・とる。」〔**⇒あっちこっち、あっちゃこっちゃ、あっちゃいこっちゃい、へっちゃいこっちゃい、へこさか【へこ逆】、へこさかだいみょうじん【へこ逆大明神】、あべこべ、へこちん**〕

へっちゃいこっちゃい《名詞、形容動詞や(ノ)、動詞する》 ものの上下・左右・前後・表裏などが、逆であること。「しゃつ(シャツ)・を・ まえうしろ(前後)・ へっちゃいこっちゃいに・ き(着)・とる。」「へっちゃいこっちゃいに・ こっち・が・ おこ(怒)ら・れ・ても・た。」〔**⇒あっちこっち、あっちゃこっちゃ、あっちゃいこっちゃい、へっちゃい、へこさか【へこ逆】、へこさかだいみょうじん【へこ逆大明神】、あべこべ、へこちん**〕

へっちゃがる《動詞・ラ行五段活用》 ①ものの形がつぶれ

る。平らにつぶれる。「みち(道)・で・　くるま(車)・に・　ひ(轢)か・れ・て・　かえる(蛙)・が・　へっちゃがっ・とる。」②押しつけられて窪む。「ふーせん(風船)・が・　へっちゃがっ・て・　つぶ(潰)れ・ても・た。」■他動詞は「へしゃげる」「へっしゃげる」「へちゃげる」「へっちゃげる」〔⇒**へしゃがる、へっしゃがる、へちゃがる**〕

へっちゃげる《動詞・ガ行下一段活用》 ①ものの形を押しつぶす。平らにつぶす。「あし(足)・で・　ふ(踏)ん・で・　へっちゃげ・ても・　ふくろ(袋)・に・　はい(入)っ・てしまわ・へん。」②押しつけて窪ませる。「そないに・　へっちゃげ・たら・　はこ(箱)・が・　めげる・がな。」■自動詞は「へしゃがる」「へっしゃがる」「へちゃがる」「へっちゃがる」〔⇒**へしゃげる、へっしゃげる、へちゃげる**〕

へっちゃら【平っちゃら】《形容動詞や(ナ)》 まわりの状況などを少しも気にかけない様子。物事に驚かないで、落ち着いて平常心を保っている様子。「どんな・　こと・　い(言)わ・れ・ても・　へっちゃらや。」〔⇒**へいき【平気】**〕

ぺっちゃんこ《形容動詞や(ノ)》 ①押しつけられて、平らになる様子。平らになって薄くて、ふくらみがない様子。「かんかん(缶々)・が・　ぺっちゃんこに・　なっ・とる。」②極端に薄い様子。「ぺっちゃんこ・の・　かばん(鞄)・を・　かか(抱)え・て・　はし(走)っ・てき・た。」③形勢が悪く、ひどく打撃を受けている様子。やりこめられて、手も足も出ない様子。言い負かされて反論できない様子。「ふごーかく(不合格)・に・　なっ・て・　ぺっちゃんこに・　なっ・て・　なん(何)・も・　する・き(気)ー・が・　お(起)こら・へん。」〔⇒**ぺしゃんこ、ぺちゃんこ、ぺっしゃんこ**〕

べっちょない【(別状ない)**】**《形容詞・特殊型》 とりわけ差し支えは生じない。大丈夫であるから気にしなくてよい。「あんた・が・　やす(休)ん・でも・　べっちょない・さかい・　き(気)・に・　せ・んとき。」「きのー(昨日)・の・　のこ(残)り・の・　すし(寿司)・を・　た(食)べ・ても・　べっちょない・やろ・か。」「でんしゃちん(電車賃)・は・　ごひゃくえん(五百円)・　あっ・たら・　べっちょない・か。」〔⇒**だいじない【大事ない】、だんだい、だんない、かまへん【**(構へん)**】、かめへん【**(構へん)**】、かまん【**(構ん)**】、かまわん【構わん】**〕

べっちん【英語＝velveteen から。別珍**】**《名詞》 明治から大正にかけて、服地・足袋・鼻緒地などに広く活用された、綿の糸で織るビロード。「べっちん・の・　たび(足袋)・を・　は(履)く。」

ぺっちん《名詞》 衣服などの合わせ目をとめる凸型と凹型の、対になった小さな留め金。スナップ。「ぺっちん・が・　はず(外)れ・て・　せなか(背中)・が・　あ(開)い・とる。」〔⇒**ぴっちん、ホック【**英語＝hook**】**〕

べっちん【別珍】《名詞》 軟らかい歯ごたえと、ほのかな甘みが特徴の、明石市で作られている地野菜の瓜。「さらだ(サラダ)・に・　べっちん・も・　い(入)れる。」◆表面がビロードの光沢に似ているので「別珍」と称されたようである。〔⇒**べっちんうり【別珍瓜】**〕

べっちんうり【別珍瓜】《名詞》 光沢のある濃い緑色の卵形をして、軟らかい歯ごたえと、ほのかな甘みが特徴の、明石市で作られている地野菜の瓜。「べっちんうり・を・　あさづ(浅漬)け・に・　する。」◆表面がビロードの光沢に似ているので「別珍」と称されたようである。初夏の味として明石の伝統野菜となっている「べっちんうり」は、浅漬けや粕漬けとして利用されることが多かったが、市内の明石醗酵工業株式会社が、この瓜を使った焼酎「野菜畑　別珍うり」を作ったというニュースが2005年頃にあった。今も作られているかどうかはわからない。〔⇒**べっちん【別珍】**〕

へっついさん【竈さん】《名詞》 土や煉瓦などで築いて、釜や鍋などをかけて、下から火を燃やして煮炊きするようにしたもの。かまど。「へっついさん・に・　かま(釜)・を・　のせる。」〔⇒**くど【竈】、おくど【お竈】**〕

へっつく【へっ付く】《動詞・カ行五段活用》 ①あるものが、他のものにぴったりとつく。はりついて離れない状態になる。「かぜ(風)・が・　ふ(吹)い・て・　まど(窓)・に・　かみ(紙)・が・　へっつい・とる。」「ぺんき(ペンキ)・が・　て(手)・に・　へっつい・て・　なかなか・　と(取)れ・へん・がな。」②男女が親しくなって、同じように行動する。結婚する。「あいつら(彼奴等)・　いつも・　へっつい・とる・なー。」「いつも・　へっつい・とる・ひと(人)・が・　おる・やろ。」〔⇒**ひっつく【ひっ付く】、くっつく【くっ付く】**〕

ベット〔べっと〕【英語＝bed**】**《名詞》 その上で寝るために使う台。「びょーいん(病院)・の・　べっと・で・は・　ね(寝)・られ・へん。」「ねとぼ(寝惚)け・て・　べっと・から・　お(落)ち・た。」◆語末が「ト」となることが多い。〔⇒**しんだい【寝台】**〕

べっとう【(穴等)**】**《名詞》 順位をつけたときの後ろの位置。最も後ろの順位。最後尾。最下位。「がんば(頑張)っ・た・けど・　べっとー・やっ・てん。」〔⇒**しり【尻】、けつ【穴】、げつ【**(穴)**】、げっつう【**(穴)**】、どんけつ【どん穴】、どんげつ【**(どん穴)**】、どんじり【どん尻】、げっとう【**(穴等)**】、げっとくそ【**(穴等糞)**】、げっとうしょう【**(穴等賞)**】、べっとくそ【**(穴等糞)**】、べっとうしょう【**(穴等賞)**】、びり**〕

べっとうしょう【(穴等賞)**】**《名詞》 順位をつけたときの後ろの位置。最も後ろの順位。最後尾。最下位。「はし(走)り・は・　うしろ(後)ろ・から・　いちばん(一番)・の・　べっとーしょー・や。」◆「べっとう【(穴等)】」に、ふざけて「しょう【賞】」をつけた言葉。〔⇒**しり【尻】、けつ【穴】、げつ【**(穴)**】、げっつう【**(穴)**】、どんけつ【どん穴】、どんげつ【**(どん穴)**】、どんじり【どん尻】、げっとう【**(穴等)**】、げっとくそ【**(穴等糞)**】、げっとうしょう【**(穴等賞)**】、べっとう【**(穴等)**】、べっとくそ【**(穴等糞)**】、びり**〕

べっとくそ【(穴等糞)**】**《名詞》 順位をつけたときの後ろの位置。最も後ろの順位。最後尾。最下位。「べっとくそ・でも・　さいご(最後)・まで・　よー・　がんば(頑張)っ・て・　はし(走)っ・た・なー。」〔⇒**しり【尻】、けつ【穴】、げつ【**(穴)**】、げっつう【**(穴)**】、どんけつ【どん穴】、どんげつ【**(どん穴)**】、どんじり【どん尻】、げっとう【**(穴等)**】、げっとくそ【**(穴等糞)**】、げっとうしょう【**(穴等賞)**】、べっとう【**(穴等)**】、べっとうしょう【**(穴等賞)**】、びり**〕

へっともない《副詞に》 あまりにも度を過ごしている様子。ものごとに秩序や根拠が乏しい様子。「へっともないに・　はし(走)っ・たら・　こける・ぞ。」〔⇒**やたら【矢鱈】、めったやたら【滅多矢鱈】、むやみに【無闇に】、むやみやたら【無闇矢鱈】、めちゃめちゃ【目茶目茶】、めちゃくちゃ【目茶苦茶】、めちゃんこ【目茶んこ】、めっちゃくちゃ【目茶苦茶】、めっちゃくっちゃ【目茶苦茶】、へらへっと、へらへっともない**〕

べっとり《副詞と、動詞する》 粘っこいものなどが一面にくっつく様子。「せなか(背中)じゅう・　べっとりと・　あせ(汗)・を・　かい・た。」◆不快感をもよおすような場合に使うことが多い。〔⇒**べったり**〕

べつに【別に】《副詞》 特にとりたてて。とりわけ、これといって。「べつに・　はなし(話)・を・　せ・な・いか・ん・　こと・は・　あら・へん。」「あやま(謝)る・　りゆー(理由)・は・　べつに・　ない・ねん。」◆後ろに打ち消しの言葉を伴う。「べつに。」とだけ言う場合は、「べつに……ない。」という意味を含んだ言い方であることが多い。

へっぴりごし【屁っ放り腰】《名詞、形容動詞や(ノ)》 ①体を屈めて、尻を後ろに突き出した腰つき。「へっぴりごしで・　こけ・そーや。」②自信が持てなくて不安そうな様子。「へっぴりごしで・　しけん(試験)・を・　う(受)け・ても・　とー(通)ら・へん・ぞ。」

べっぴん【別嬪】《名詞》 美しい顔立ちの女性。「おたく(宅)・の・　おじょー(嬢)さん・は・　べっぴんさん・や・なー。」

べつべつ【別々】《形容動詞や(ノ・ナ)》 ①一人一人が違う様子。一つ一つが違う様子。「うち・の・　こども(子供)ら・は・　みんな(皆)・　べつべつの・　しごと(仕事)・を・　し・とる。」②一つ一つが別個である様子。別れ別れになる様子。「べつべつに・　し・て・　ゆーびん(郵便)・で・　おく(送)り・ます。」「べつべつの・　じかん(時間)・に・　しゅっぱつ(出発)する。」

へつりとる《動詞・ラ行五段活用》 削って除く。数量をわずかに減らす。「わし(私)・の・　わ(分)けまえ・を・　へつりとら・れ・た。」〔⇒**へずりとる**〕

へつる《動詞・ラ行五段活用》 少し削り取って取り除く。量を少し減らす。「まるた(丸太)・を・　へつっ・て・　ほそ(細)ー・に・　する。」「おか(多)すぎる・さかい・　めし(飯)・を・　ちょっと(一寸)・　へつっ・てくれ・へん・か。」〔⇒**へずる、はつる**〕

へて《接続詞》 前に述べたことに引き続いて、次に述べることが起こったり行われたりすることを表す言葉。前に述べたことを受けて、付け加えて述べようとすることを表す言葉。「かお(顔)・を・　あろ(洗)・て・　へて・　ひげ(髭)・を・　そ(剃)っ・た。」〔⇒**そうして、そして、そうしてから、そないして、そないしてから、へてから、ほて、ほてから、ほんで、ほんでから**〕

へてから《接続詞》 前に述べたことに引き続いて、次に述べることが起こったり行われたりすることを表す言葉。前に述べたことを受けて、付け加えて述べようとすることを表す言葉。「へてから・　さんのみや(三宮)・で・　かいもん(買物)・を・　し・まし・た。」〔⇒**そうして、そして、そうしてから、そないして、そないしてから、へて、ほて、ほてから、ほんで、ほんでから**〕

へど【反吐】《名詞》 一度食べたり飲んだりしたものを、吐いて戻すこと。また、吐き戻したもの。「の(飲)みすぎ・て・　へど・を・　は(吐)い・た。」〔⇒**げろ、げえ**〕

べとつく【べと付く】《動詞・カ行五段活用》 不快感をもよおすほど、ものが粘りついてくる。「あぶら(油)・が・　て(手)ー・に・　べとつい・とる。」〔⇒**べたつく**【べた付く】、**べちゃつく**【べちゃ付く】、**べちょつく**【べちょ付く】〕

べとっと《副詞》 ①水分や粘り気の多い固形物が、あたりに広がってつぶれている様子。また、それがものにつく様子。「くつ(靴)・の・　うら(裏)・に・　がむ(ガム)・が・　べとっと・　つ(付)い・た。」②泥やペンキなどを塗りつける様子。または、それが他のものにつく様子。「さびど(錆止)め・に・　ぺんき(ペンキ)・を・　べとっと・　ぬ(塗)る。」〔⇒**べちゃっと、ぺちゃっと、べちょっと、べたっと**〕

へとへと《形容動詞や(ノ)》 ひどく疲れて、余力がなくなっている様子。「いちにちじゅー(一日中)・　ある(歩)きまわっ・て　へとへとに・　なっ・た。」

べとべと《形容動詞や(ノ)、動詞する》 ①不快感をもよおすほど、ものが粘りついている様子。「いぬ(犬)・の・　うんこ・を・　ふ(踏)ん・で・　くつ(靴)・の・　うら(裏)・が・　べとべとや。」②湿気を帯びて不快な様子。水分を含んでやわらかくなっている様子。「みぞ(溝)・に・　はまっ・て・　ずぼん(ズボン)・が・　べとべとに・　なっ・た。」「あせ(汗)・　かい・て・　からだ(体)じゅー・が・　べとべとする。」〔⇒**べちゃべちゃ、べちょべちょ、べたべた**〕

へともおもわん〔**へーともおもわん**〕【屁とも思わん】《連語＝へ(名詞)・と(格助詞)・も(副助詞)・おもわ(動詞)・ん(助動詞)》 何とも思わない。びくともしない。「この・ぐらい・の・　やま(山)・に・　のぼ(登)る・こと・は・　へーともおもわん。」◆「へともおもわへん【屁とも思わへん】」などに変化することがある。

へなちょこ【変なちょこ】《形容動詞や(ナ)》 ①普通のものとは違って、とても変わっている様子。ちぐはぐな感じがして、奇妙に感じられる様子。「こくどー(国道)・を・　へなちょこな・　くるま(車)・が・　はし(走)っ・とる。」②未熟で、一人前でない様子。生意気な感じがただよう様子。「へなちょこで・　よわむし(弱虫)・の・　やつ(奴)・や。」〔⇒**へなちょこりん**【変なちょこりん】。①⇒**へんちく**【変ちく】、**へんちくりん**【変ちくりん】、**へんちょこ**【変ちょこ】、**へんちょこりん**【変ちょこりん】、**へんてこ**【変てこ】、**へんてこりん**【変てこりん】〕

へなちょこりん【変なちょこりん】《形容動詞や(ナ)》 ①普通のものとは違って、とても変わっている様子。ちぐはぐな感じがして、奇妙に感じられる様子。「へなちょこりんな・　ぼーし(帽子)・の・　かぶ(被)りかた・を・　し・とる。」②未熟で、一人前でない様子。生意気な感じがただよう様子。「はら(腹)・が・　た(立)つ・ほど・　へなちょこりんな・　もの・の・　い(言)ーかた・を・　する・　やつ(奴)・や。」〔⇒**へなちょこ**【変なちょこ】。①⇒**へんちく**【変ちく】、**へんちくりん**【変ちくりん】、**へんちょこ**【変ちょこ】、**へんちょこりん**【変ちょこりん】、**へんてこ**【変てこ】、**へんてこりん**【変てこりん】〕

へなへな《形容動詞や(ノ)、動詞する》 ①外からの力を受けて、簡単に曲がったり凹んだりして、形が崩れる様子。「おも(重)たい・　もん(物)・を・　ぶらさげ・たら・　さお(竿)・が・　へなへなに・　なっ・た。」「へなへな・の・　ぼーるがみ(ボール紙)・や・さかい・　じょーぶ(丈夫)・な・　はこ(箱)・は・　つく(作)ら・れ・へん。」②人や動物に元気がなく弱々しい様子。「ごーる(ゴール)・に・　つ(着)く・なり・　へなへなと・　すわ(座)りこん・でも・た。」

へなんだ《助動詞》 過去や現在の動作や作用について、打ち消す意味をもつ言葉。仮定の内容を想定して、それを打ち消す意味をもつ言葉。「きのー(昨日)・の・　かみなり(雷)・は・　おー(大)けな・　おと(音)・が・　し・た・けど・　お(落)ち・へなんだ。」「じしん(地震)・が・　お(起)き・へなんだら・　つなみ(津波)・も・　お(起)こら・へん・やろ。」〔⇒**へんかった、なんだ**〕

べに【紅】《名詞》 ①紫がかった鮮やかな赤い色。「べに・

の・ いろ(色)・の・ うめ(梅)・の・ はな(花)・が・す(好)きや。」②食べ物に鮮やかな赤い色を施す着色料。「べに・で・ しょーが(生姜)・に・ いろ(色)・を・つ(付)ける。」③女性が唇に色を添えるために塗る化粧品。「べに・を・ ぬ(塗)っ・て・ けしょー(化粧)・を・し・たら・ かい(可愛)らしー・ なっ・た。」〔①⇒**べにいろ【紅色】**。③⇒**くちべに【口紅】**〕

べにいろ【紅色】《名詞》 紫がかった鮮やかな赤い色。「べにいろ・の・ ばら(薔薇)・の・ はな(花)・が・ よー・めだ(目立)つ。」〔⇒**べに【紅】**〕

べにしょうが〔べにしょーが〕【紅生姜】《名詞》 梅酢に漬けて、強い紅色の色づけをした生姜。「や(焼)きそば・に・ べにしょーが・を・ のせる。」

ペニシリン〔ぺにしりん〕【英語＝penicillin】《名詞》 肺炎やおできなどに効く、青カビの一種から作る抗生物質。「う(膿)ん・でき・た・さかい・ ぺにしりん・を・ う(打)っ・てもらう。」

ベニヤ〔べにや〕【英語＝veneer】《名詞》 天井板・壁板・家具などに使う、薄い板を何枚か張り合わせて作った板。「てんじょー(天井)・に・ べにや・を・ は(張)る。」〔⇒**ベニヤいた【英語 veneer ＋ 板】**〕

ベニヤいた〔べにやいた〕【英語 veneer ＋ 板】《名詞》 天井板・壁板・家具などに使う、薄い板を何枚か張り合わせて作った板。「べにやいた・で・ かこ(囲)い・を・ つく(作)る。」〔⇒**ベニヤ【英語＝veneer】**〕

へのかっぱ【屁の河童】《形容動詞や(ノ)》 ①ものごとをたやすく行う様子。なんでもなくできる様子。「こんな・ さんすー(算数)・なんか・ へのかっぱや。」②自分が置かれている状況を何とも思わず、平気である様子。「ちびっと(一寸)・ぐらい・ もんく(文句)・を・ い(言)わ・れ・ても・ へのかっぱに・ き(聞)ー・とっ・てん。」〔①⇒**あさめしまえ【朝飯前】**、**いちころ【一ころ】**、**おちゃのこ【お茶の子】**、**おちゃのこさいさい【お茶の子さいさい】**〕

へのつっぱりにもならん〔へーのつっぱりにもならん〕【屁の突っ張りにもならん】《連語＝へ(名詞)・の(格助詞)・つっぱり(名詞)・に(格助詞)・も(副助詞)・なら(動詞)・ん(助動詞)》 何の役にも立たない。何の力にもならない。「こども(子供)・に・ てつど(手伝)ー・てもろ・ても・ へーのつっぱりにもならん。」「あいつ(彼奴)・は・ さんしん(三振)・ばっかり・ し・て・ へのつっぱりにもならへん。」◆「へのつっぱりにもならへん」などに変化することがある。

へのへのもへの《名詞》 平仮名の文字を用いて、人の顔かたちの絵を描いたもの。また、それを描くときに、一字ずつ唱える言葉。「へのへのもへの・の・ かお(顔)・の・ かがし(案山子)・が・ た(立)っ・とる。」

へばりつく《動詞・カ行五段活用》 ある面に、強い力でくっつく。ある面から離れないように、ぴったりとくっつく。いつまでも力をゆるめずに努力を続ける。「かい(貝)・が・ いわ(岩)・に・ へばりつい・とる。」「さいご(最後)・の・ さいご(最後)・まで・ へばりつい・て・か(勝)っ・てん。」

へばる《動詞・ラ行五段活用》 ①べったりと尻をつけて、しゃがむ。「むり(無理)し・て・ はし(走)っ・て・ とちゅー(途中)・で・ へばっ・ても・た。」②元気がなくなって弱る。疲れ果てて座り込む。「へばっ・て・ なん(何)・も・ する・ き(気)ー・が・ お(起)こら・へん。」③機械などの働きが止まってしまう。「きかい(機械)・が・ へばっ・て・ なお(直)さ・んと・ あか・ん・ねん。」④組織などが立ちゆかなくなる。倒産する。「かいしゃ(会社)・が・ へばら・ん・よーに・ しゃちょー(社長)・が・ がんば(頑張)っ・とる。」〔⇒**へたばる、へたる**。①②⇒**へこたる、へたりこむ【へたり込む】**。②③⇒**くたばる**。②⇒**へこたれる**〕

へび【蛇】《名詞》 ①細長い円筒形の体で、足がなく、うろこで覆われている動物。「いしがき(石垣)・から・ へび・が・ あたま(頭)・を・ だ(出)し・とる。」②十二支の6番目の「巳」。「ねんがじょー(年賀状)・に・ へび・の・ え(絵)・を・ か(描)く・の・は・ごっつー・ むつか(難)しー。」〔①⇒**くちな【朽ち縄】**、②⇒**み【巳】**〕

べべ《名詞》 ①体にまといつけるもの。「べべ・を・ き(着)・んと・ はだか(裸)・で・ おっ・たら・ さぶ(寒)い・ぞ。」②体にまといつけるもので、日本風のもの。日本古来の衣服。「きれー(綺麗)な・ べべ・を・ き(着)・て・ ぼんおど(盆踊)り・に・ い(行)く。」◆やや幼児語風。〔⇒**ふく【服】、きもの【着物】、きもん【着物】、きりもん【着り物】**。①⇒**きるもん【着る物】**。②⇒**わふく【和服】**〕

へべたい【平べたい】《形容詞・アイ型》 起伏や厚みがなくて、平らである。高さが小さくて、横に広がりがある。「せんべー(煎餅)・みたいに・ へべたい・ まんじゅー(饅頭)・や。」「へべたい・ むね(胸)・の・ ひと(人)・や・さかい・ たよ(頼)りない・なー。」「ゆきだるま(雪達磨)・が・ と(溶)け・て・ へべとー・に・ なっ・ても・とる。」〔⇒**ひらたい【平たい】、ひらべったい【平べったい】、べちゃこい**〕

へべれけ《形容動詞や(ノ)》 酒に酔って、自分のことがよくわからなくなっている様子。「あの・ とき(時)・は・ へべれけに・ よ(酔)ー・とっ・た。」

へへん《副詞と》 相手を馬鹿にしたような態度を見せる様子。相手の言葉を軽くあしらうような様子。「わし・は・ いっしょーけんめー(一生懸命)に・ ゆ(言)ー・た・のに・ へへんと・ き(聞)きながし・やがっ・た。」〔⇒**ふふん**〕

へぼ《形容動詞や(ナ)、動詞する》 何かをしたり、作ったりするのがうまくできなくて劣っている様子。何かを行った結果が良好でない様子。「へぼな・ あいて(相手)・と・の・ しょーぎ(将棋)・は・ おもろ(面白)ない。」〔⇒**へた【下手】、へたくそ【下手糞】、へぼい、まずい【拙い】**〕

へぼい《形容詞・オイ型》 何かをしたり、作ったりするのがうまくできなくて劣っている。「おまえ(前)・の・ え(絵)ー・は・ へぼい・なー。」■対語＝「うまい【上手い】」〔⇒**へた【下手】、へたくそ【下手糞】、へぼ、まずい【拙い】**〕

へや【部屋】《名詞》 家や建物の中に仕切を設けて、いくつかに区切った一つ一つの空間。「べんきょー(勉強)する・ へや・が・ ほ(欲)しー。」

へら【箆】《名詞》 竹・木・金属などを細長く平らに削り、先を薄くした道具。「ねんどざいく(粘土細工)・に・ へら・を・ つか(使)う。」

べら《名詞》 雄と雌では鮮やかな体の色が異なり、磯などにすんでいる海魚。「べら・を・ つ(釣)り・に・ い(行)っ・たら・ ばけつ(バケツ)・に・ いっぱい・ つ(釣)れ・た。」◆雄を「あおべら【青べら】」、雌を「あかべら【赤べら】」と呼び分けている。

へらす【減らす】《動詞・サ行五段活用》 ①それまでの数量よりも少なくする。「かいもん(買物)・に・ い(行)く・ かいすー(回数)・を・ へらす。」「いつ・の・ ま(間)・

に・やら・　こづか(小遣)い・の・　のこ(残)り・を・　へらし・ても・た。」②空っぽにする。「みんな(皆)・　はら(腹)・を・　へらし・て・　ま(待)っ・とる・やろ。」■対語＝①「ふやす【増やす】」■自動詞は「へる【減る】」〔①⇒へす【減す】〕

ぺらっと《副詞、動詞する》 ①紙や布などが薄くて弱々しい様子。「はこ(箱)・を・　ぺらっとし・た・　かみ(紙)・で・　ま(巻)く。」②何気なく、抵抗を感じないでしゃべる様子。「ぺらっと・　くち(口)・を・　すべ(滑)らし・た。」〔⇒**ぺらぺら**〕

へらへっと《副詞》 あまりにも度を過ごしている様子。ものごとに秩序や根拠が乏しい様子。「へらへっと・　た(食)べ・たら・　あと(後)・で・　きぶん(気分)・が・　わる(悪)ー・　なる・ぞ。」〔⇒**やたら【矢鱈】、めったやたら【滅多矢鱈】、むやみに【無闇に】、むやみやたら【無闇矢鱈】、めちゃめちゃ【目茶目茶】、めちゃくちゃ【目茶苦茶】、めちゃんこ【目茶んこ】、めっちゃくちゃ【目茶苦茶】、めっちゃくっちゃ【目茶苦茶】、へっともない、へらへっともない**〕

へらへっともない《副詞に》 あまりにも度を過ごしている様子。ものごとに秩序や根拠が乏しい様子。「なつやす(夏休)み・に・　ほん(本)・を・　へらへっともないに・　よ(読)ん・だ。」〔⇒**やたら【矢鱈】、めったやたら【滅多矢鱈】、むやみに【無闇に】、むやみやたら【無闇矢鱈】、めちゃめちゃ【目茶目茶】、めちゃくちゃ【目茶苦茶】、めちゃんこ【目茶んこ】、めっちゃくちゃ【目茶苦茶】、めっちゃくっちゃ【目茶苦茶】、へらへっと、へっともない**〕

へらへら《副詞と、動詞する》 ①軽薄な感じで、だらしなく笑う様子。平気なふりをして笑う様子。「へらへら・　わろ(笑)ー・て・　ごまか(誤魔化)し・とる。」②人を馬鹿にするように笑う様子。不真面目な様子を見せて笑う様子。「へらへら・　わろ(笑)ー・てくさる・さかい・　はら(腹)・が・　た(立)っ・てん。」③深く考えることをしないで喋る様子。言わなくてもいいことまで喋る様子。「なかみ(中身)・の・　な(無)い・　はなし(話)・を・　へらへらと・　つづ(続)ける。」④卑屈な感じで他の人に迎合する様子。しきりに頭を下げてお辞儀をする様子。「へらへらし・て・　あたま(頭)・を・　さ(下)げつづけ・とる。」〔④⇒**ぺこぺこ、ぺこんぺこん**〕

べらべら《副詞と》 ①とどまるところがないくらい、よくしゃべる様子。「でんしゃ(電車)・の・　なか(中)・で・　べらべらと・　しゃべ(喋)る・　ひと(人)・が・　おっ・て・　うるさ(煩)かっ・た。」②包み隠すことなく、あるいは軽々しくしゃべる様子。「いえ(家)・の・　なか(中)・の・　こと・を・　べらべら・　しゃべ(喋)っ・てまう。」◆①には、しゃべり過ぎることを批判的に見ているような気持ちが含まれる。〔⇒**ぺらぺら**〕

ぺらぺら《副詞と》 ①とどまるところがないくらい、よくしゃべる様子。特に、外国語をすらすらと話す様子。「えーご(英語)・を・　じょーず(上手)に・　ぺらぺら・よー・　しゃべ(喋)る。」②包み隠すことなくしゃべる様子。「ぺらぺらと・　はくじょー(白状)し・た。」③重ねた紙やページを次々とめくる様子。「じびき(字引)・を・　ぺらぺら・　めくっ・て・　しら(調)べる。」◆①には、能力の高さをほめるような気持ちが含まれる。〔①②⇒**べらべら**〕

ぺらぺら《形容動詞や(ノ)、動詞する》 紙や布などが薄くて弱々しい様子。「ぺらぺらの・　ひょーし(表紙)・や・さかい・　やぶ(破)れ・そーや。」「ぺらぺらし・た・　うす(薄)い・　きれ(布)・に・　のり(糊)・を・　ぬ(塗)っ・て・　は(貼)る。」〔⇒**ぺらっと**〕

へり【縁】《名詞》 ①ものの周りや端の方。中心からはずれた辺り。「たたみ(畳)・の・　へり・を・　ふ(踏)ん・だら・　あか・ん・よ。」「ざしき(座敷)・の・　へり・の・ほー(方)・に・　すわ(座)る。」「こくばん(黒板)・の・へり・に・　か(書)く。」②ある場所から近いところ。あるもののそば。「がっこー(学校)・の・　へり・に・　いえ(家)・が・　た(建)っ・とる。」〔⇒**ふち【縁】、きわ【際】**。②⇒**ねき、はた【端】**〕

へリー〔へりー〕【英語＝(ferry)】《名詞》 旅客や貨物を、自動車ごと載せて運ぶ船。「あかしかいきょー(明石海峡)・の・　おーはし(大橋)・が・　でけ(出来)・て・　へりー・の・　かいしゃ(会社)・が・　つぶ(潰)れ・た。」〔⇒**フェリー【英語＝ferry】、フェリーボート【英語＝ferry boat】、へリーボート【英語＝(ferry boat)】**〕

へリーボート〔へりーぼーと〕【英語＝(ferry boat)】《名詞》 旅客や貨物を、自動車ごと載せて運ぶ船。「しま(島)・と・　しま(島)・を・　つな(繋)ぐ・　へりーぼーと・が・ある。」〔⇒**フェリー【英語＝ferry】、へリー【英語＝(ferry)】、フェリーボート【英語＝ferry boat】**〕

ペリカン〔ぺりかん〕【英語＝pelican】《名詞》 くちばしの下側に大きな袋がある、大きな白い水鳥。「ぺりかん・は・　どーぶつえん(動物園)・に・しか・　おら・へん。」

へりくつ【屁理屈】《名詞》 相手を納得させたり言い負かしたりするために言う、筋の通らない、勝手な理由付け。「へりくつ・　こね・て・　ひ(引)きさがら・へん。」

ヘリコプター〔へりこぷたー〕【英語＝helicopter】《名詞》 大きなプロペラが機体の上の方に付いていて、垂直に離着陸し、空中で停まることもできる、比較的小さな航空機。「へりこぷたー・が・　そら(空)・で・　と(停)まっ・とる。」

べりっと《副詞》 ①紙や薄板などが瞬間的に破れたり割れたりする様子。また、そのときに出る音。「いた(板)・を・ふ(踏)ん・だら・　べりっと・　わ(割)れ・ても・た。」②瞬間的に紙を勢いよくはがしたり破ったりする様子。また、そのときに出る音。「ぽすたー(ポスター)・を・べりっと・　やぶ(破)る。」〔①⇒**ぺりっと**〕

ぺりっと《副詞》 ①紙や薄板などが瞬間的に破れたり割れたりする様子。また、そのときに出る音。「したじ(下敷)き・を・　ま(曲)げ・たら・　ぺりっと・　お(折)れ・た。」②煎餅などをかみ砕く様子。また、その音。「おかき・を・　ぺりっと・　か(噛)む。」〔①⇒**べりっと**〕

べりべり《副詞と》 ①紙や薄板などを続けざまに破ったり割ったりする様子。また、そのときに出る音。「ふ(踏)ん・だら・　いた(板)・が・　べりべりと・　わ(割)れ・た。」②紙を続けざまに勢いよくはがしたり破ったりする様子。また、そのときに出る音。「はりがみ(張紙)・を・　べりべりと・　は(剥)がす。」

ぺりぺり《形容動詞や(ノ)》 ①もともと柔らかいものが、硬くなる様子。「や(焼)きすぎ・て・　ほっとけーき(ホットケーキ)・が・　ぺりぺりに・　なっ・た。」②薄いものや紙などを破ったり、折り曲げたりするときに、乾いたような音を出す様子。また、その音。「せんべー(煎餅)・を・　ぺりぺり・　わ(割)っ・て・　た(食)べる。」

へる【減る】《動詞・ラ行五段活用》 ①それまでの数量よりも少なくなる。「ふけーき(不景気)・で・　きゅーりょー(給料)・が・　へっ・た。」②空っぽになる。「はら(腹)・が・　へっ・て・　なん(何)・ぞ・　く(食)い・たい・なー。」■対語＝①「ふえる【増える】」■他動詞は「へらす【減らす】」「へす【減す】」

ベル〔**べる**〕【英語＝bell】《名詞》 手で打ったり、電磁石を用いたりして鳴らす鈴。「べる・を・ お(押)し・て・ し(知)らす。」「じてんしゃ(自転車)・の・ べる・を・ な(鳴)らす。」

ベルト〔**べると**〕【英語＝belt】《名詞》 動力を伝えるために、2つの車に掛け渡す、帯のようなもの。「むかし(昔)・は・ せーまいき(精米機)・の・ べると・が・ よー・ はず(外)れ・た・もん・や。」

べろ《名詞》 口の中にあって、ものをのみ込んだり、味を感じたり、発音を調整したりする器官。「べろ・ だ(出)し・て・ わろ(笑)ー・とる。」「べろ・が・ まわ(回)っ・とら・へん・さかい・ なに(何)・を・ ゆ(言)ー・とる・の・か・ わから・へん。」〔⇒**した**【**舌**】〕

ぺろっと《副詞》 ①照れるときや反発するときなどに、軽く舌を出す様子。「ぺろっと・ した(舌)・ だ(出)し・て・ あたま(頭)・を・ か(掻)い・とる。」②食べ物をすべて食べてしまう様子。「おーも(大盛)り・の・ うどん(饂飩)・を・ ぺろっと・ たいらげ・ても・た。」③皮膚などの薄い部分が、はがれる様子。「やけど(火傷)し・た・ とこ(所)・の・ かわ(皮)・が・ ぺろっと・ む(剥)け・た。」

べろべろ《形容動詞や(ノ)、動詞する》 ①ものをなめたり吸ったりする様子。「いぬ(犬)・に・ べろべろ・ な(舐)め・られ・た。」②かなり深く酒に酔って、正体がなくなった様子。「べろべろに・ よ(酔)ー・て・ よー・た(立)た・れ・へん。」「べろべろに・ よ(酔)う・まで・の(飲)ん・だら・ あか・ん・よ。」◆①の場合、「ぺろぺろ」が軽いタッチであるのに対して、「べろべろ」は、ゆっくり、深くなめている感じである。〔①⇒**ぺろぺろ**。②⇒**べろんべろん、ぐでんぐでん**〕

ぺろぺろ《名詞》 ①わらび餅、プリンなどのような、柔らかい食感の食べ物。「ぺろぺろ・に・ きなこ(黄粉)・を・ まぶし・て・ た(食)べる。」②魚の煮汁が冷えて、プリンのようになったもの。煮こごり。「きのー(昨日)・の・ さかな(魚)・の・ しる(汁)・が・ ぺろぺろ・に・ なっ・とる。」

ぺろぺろ《形容動詞や(ノ)、動詞する》 ①すばやくものを食べる様子。「あっというま(間)・に・ ぺろぺろ・ く(食)ー・ても・た。」②食べ物が柔らかい様子。「ぺろぺろし・た・ くちあ(口当)たり・の・ あいすくりーむ(アイスクリーム)・や。」③ものをなめたり吸ったりする様子。「さら(皿)・の・ そこ(底)・を・ ぺろぺろ・ な(舐)める。」「いぬ(犬)・が・ みず(水)・を・ ぺろぺろ・ す(吸)ー・とる。」「いぬ(犬)・に・ ぺろぺろと・ な(舐)め・られ・た。」〔③⇒**べろべろ**〕

べろまかす《動詞・サ行五段活用》 自慢たらしく見せつける。触らせたり使わせたりしないようにして、見せる。「おかし(菓子)・を・ べろまかし・とい・て・ くれ・へん・ねん。」〔⇒**みせびらかす**【**見せびらかす**】〕

ぺろんと《副詞》 ものが体裁悪く垂れ下がる様子。「せなか(背中)・の・ ほー(方)・から・ しゃつ(シャツ)・が・ ぺろんと・ で(出)・てまっ・せ。」

べろんべろん《形容動詞や(ノ)》 かなり深く酒に酔って、正体がなくなった様子。「あいつ(彼奴)・は・ べろんべろんに・ よ(酔)ー・ても・とる。」◆「べろべろ」よりも程度が進んでいる感じを表す。〔⇒**べろべろ、ぐでんぐでん**〕

へ(を)かます〔**へー(を)かます**〕【屁(を)かます】《動詞・サ行五段活用》 ①放屁をする。「くさ(臭)い・ へーかまし・やがっ・た。」②人にわからないように盗む。所有者に黙ったままで自分のものにしてしまう。「みち(道)・で・ ひろ(拾)・た・ ごひゃくえん(五百円)・を・ とど(届)け・んと・ へーかまし・ても・た。」〔①⇒**へこく**。②⇒**ぱくる、ちょろまかす**〕

へん【変】《形容動詞や(ナ)》 ①怪しく異様な様子。奇妙な様子。不思議だと思う様子。「あの・ ひ(日)・は・ からだ(体)・の・ ちょーし(調子)・が・ へんやっ・てん。」②普通でない様子。一般的でない様子。「へんな・ かんが(考)えかた・を・ し・たら・ まわ(周)り・の・ もん(者)・は・ さんせー(賛成)・を・ し・てくれ・へん。」〔⇒**けったい**【**希体、怪態**】。②⇒**おかしい**【**可笑しい**】〕

へん〔**べん、ぺん**〕【遍】《助数詞》 回数などを表す言葉。「こーべ(神戸)・へ・は・ つき(月)・に・ に(二)へん・か・ さん(三)べん・は・ い(行)く。」「でんわ(電話)・を・ ろっ(六)ぺん・ し・て・ やっと・ つな(繋)がっ・た。」「なん(何)べん・ ゆ(言)ー・たら・ わかる・ん・や。」〔⇒**かい**【**回**】、**ど**【**度**】〕

へん《助動詞》［動詞や助動詞の未然形に付く］ 前にある言葉を打ち消すときに使う言葉。「そんな・ こと・ わから・へん。」「これ・から・は・ にど(二度)と・ い(行)か・へん。」「おし(教)え・てもらわ・れ・へん」◆動詞や助動詞に接続し、形容詞や形容動詞には接続しない。形容詞の打ち消しは「まぶし・ない」、形容動詞の打ち消しは「元気や・ない」というようになる。〔⇒**ない、ひん、ん、やへん**〕

べん【弁】《名詞》 大勢の人に向かって話すこと。考えなどを述べること。また、話す様子や、話すときの言葉の量。「べん・が・ た(立)つ・ ひと(人)・に・は・ か(勝)た・れ・へん。」「べん・が・ おー(多)い・ ひと(人)・に・ だま(騙)さ・れ・ん・よーに・ し・なはれ。」

べん【便】《名詞、動詞する》 ①人や動物が、消化された食べ物のかすを肛門から出すこと。また、その排出されたもの。大便。「けんべん(検便)・の・ べん・を・ も(持)っ・て・ い(行)く。」②交通などの都合がよいこと。「ばす(バス)・の・ べん・が・ え(良)ー・ ところ(所)・に・ す(住)ん・どる。」〔①⇒**うんこ、うんうん、うんち、うんちゃん、ばば、あっぱ、くそ**【**糞**】、**だい**【**大**】〕

ペン〔**ぺん**〕【英語＝pen。オランダ語＝pek から】《名詞》 ①インクを付けて文字などを書く道具。「むね(胸)・に・ ぺん・を・ さ(差)す。」②色を付けたり錆止めをしたりするために塗る、色のある粉を油に溶かしたもの。「いたがこ(板囲)い・に・ くろ(黒)い・ ぺん・を・ ぬ(塗)る。」◆①は、万年筆やボールペンのことも指す。〔②⇒**ペンキ**【**オランダ語＝pek から**】〕

へんかった《助動詞》 過去や現在の動作や作用について、打ち消す意味をもつ言葉。仮定の内容を想定して、それを打ち消す意味をもつ言葉。「きのー(昨日)・は・ あめ(雨)・は・ ふ(降)ら・へんかった。」「い(行)か・へんかったら・ わから・なんだ・やろ。」〔⇒**へなんだ、なんだ**〕

ペンキ〔**ぺんき**〕【オランダ語＝pek から】《名詞》 色を付けたり錆止めをしたりするために塗る、色のある粉を油に溶かしたもの。「いえ(家)・の・ こしいた(腰板)・に・ ぺんき・を・ ぬ(塗)る。」〔⇒**ペン**【**オランダ語＝pek から**】〕

べんきょう〔**べんきょー、べんきょ**〕【勉強】《名詞、動詞する》 ①人から学んで身につけること。学校などで基礎的なことを学ぶこと。将来のために、学問や技術などの向上に励むこと。「こくご(国語)・の・　べんきょー・を・　する。」②苦しい経験であったが、将来のために役立つと思われること。「しい(仕入)れ・を・　まちご(間違)ー・た・けど・　え(良)ー・　べんきょー・に・　なっ・た。」③商品の値段を、決めていた額より安くすること。または、決めていた量より多くすること。「もー・ちょっと(一寸)・だけ・　べんきょーし・てほしー・な。」〔①⇒**がくしゅう【学習】**。③⇒**おまけ【お負け】**、**ねびき【値引き】**。③動詞⇒**まける【負ける】**、**きばる【気張る】**〕

ペンギン〔ぺんぎん〕【英語＝penguin】《名詞》　背中は黒く腹は白い色をした紡錘形の体をしていて、短い足で立って歩く、南極地方などにすむ海鳥。「よちよちある(歩)き・の・　ぺんぎん・が・　かい(可愛)らしー。」〔⇒**ペンギンちょう【英語＝penguin ＋ 鳥】**〕

ペンギンちょう〔ぺんぎんちょー〕【英語＝penguin ＋ 鳥】《名詞》　背中は黒く腹は白い色をした紡錘形の体をしていて、短い足で立って歩く、南極地方などにすむ海鳥。「ぺんぎんちょー・は・　そら(空)・を・　よー・　と(飛)ば・へん・ねん。」〔⇒**ペンギン【英語＝penguin】**〕

へんくつ【偏屈】《形容動詞や(ナ)》　偏ってねじけた性質である様子。気難しく頑固で、他の人と同調しようとしない様子。「へんくつや・さかい・　つきあいにくい・　ひと(人)・や。」〔⇒**へんこつ【偏骨】**、**どうへん**〕

べんごし【弁護士】《名詞》　裁判などで、関係者の権利や利益などを守るために、本人の代理や弁護をする人。「べんごし・を・　たの(頼)ん・で・　そんがいばいしょー(損害賠償)・の・　さいばん(裁判)・を・　する。」

へんこつ【偏骨】《形容動詞や(ナ)》　偏ってねじけた性質である様子。気難しく頑固で、他の人と同調しようとしない様子。「へんこつや・さかい・　じっきに・　おこ(怒)っ・てまう・　やつ(奴)・や。」〔⇒**へんくつ【偏屈】**、**どうへん**〕

へんじ【返事】《名詞、動詞する》　①呼びかけや質問などに対して反応すること。また、そのときの言葉。「よ(呼)ば・れ・たら・　へんじせ・な・　あか・ん・やろ。」②受け取った手紙などに書かれていた事柄について、相手に対して答えるもの。そのうち特に、文字で書くもの。「てがみ(手紙)・の・　へんじ・を・　か(書)く。」

べんじょ【便所】《名詞》　大便や小便をするための設備のあるところ。「べんじょ・を・　か(貸)し・てくれ・へん・か。」◆他に、「トイレ」「ダブリュシー」という言葉も、時には使う。〔⇒**せっちん【雪隠】**、**せんち**、**せんちょ**、**ちょうず【手水】**〕

便所の手洗い器具。下から手で押すと水が流れ出る

べんしょう〔べんしょー〕【弁償】《名詞、動詞する》　他人に与えた損害をつぐなうために、同様の品物や、価値に見合う金額を出すこと。「やきゅー(野球)し・とっ・て　がらす(ガラス)・を・　めん(＝壊し)・で・　べんしょーし・た。」〔動詞⇒**まらう**、**まどう**〕

へんしょく【偏食】《名詞、動詞する》　食べ物に好き嫌いがあって、食べるものが片寄ること。副食物のうち好きなものしか食べないこと。「この・　こ(子)・の・　へんしょく・を・　なお(直)さ・な・　あか・ん。」

へんじん【変人】《名詞》　行動の仕方や考え方などが、普通の人とは違う性格の持ち主。一般の人とは違う行動や考えをして、それを頑固に貫く人。「あの・　しと(人)・は・　へんじん・や・さかい・　おこ(怒)らし・たら・　こわ(恐)い・でー。」〔⇒**かわりもん【変わり者】**〕

へんそう〔へんそー〕【変装】《名詞、動詞する》　①本人とは見えないように、姿や形を変えること。また、その変えた姿。「へんそーし・た・　やつ(奴)・が・　ごーとー(強盗)・に・　はい(入)っ・た・ん・やて。」②何かのモデルとなる人になぞらえて、姿や形を変えること。また、その姿。「えどじだい(江戸時代)・の・　ひと(人)・に・　へんそーする。」

ペンチ〔ぺんち〕【英語＝pinchers から】《名詞》　針金を切ったり、物を挟んだりするのに用いる、先端の内側にぎざぎざがあって鋏の形に似た道具。「お(折)れ・た・　くぎ(釘)・を・　ぺんち・で・　ひ(引)きぬく。」

へんちく【変ちく】《形容動詞や(ナ)》　普通のものとは違って、とても変わっている様子。ちぐはぐな感じがして、奇妙に感じられる様子。「へんちくな・　もの・の・　い(言)ーかた・を・　し・て・　なまいき(生意気)や。」〔⇒**へんちくりん【変ちくりん】**、**へんちょこ【変ちょこ】**、**へんちょこりん【変ちょこりん】**、**へんてこ【変てこ】**、**へんてこりん【変てこりん】**、**へなちょこ【変なちょこ】**、**へなちょこりん【変なちょこりん】**〕

へんちくりん【変ちくりん】《形容動詞や(ナ)》　普通のものとは違って、とても変わっている様子。ちぐはぐな感じがして、奇妙に感じられる様子。「こんな・　へんちくりんな・　じ(字)ー・は・　よ(読)ま・れ・へん。」〔⇒**へんちく【変ちく】**、**へんちょこ【変ちょこ】**、**へんちょこりん【変ちょこりん】**、**へんてこ【変てこ】**、**へんてこりん【変てこりん】**、**へなちょこ【変なちょこ】**、**へなちょこりん【変なちょこりん】**〕

べんちゃら《名詞、動詞する》　相手に迎合した言葉を言うこと。また、その言葉。口先だけが上手であること。「うわやく(上役)・に・　べんちゃら・ばっかり・　い(言)ー・やがっ・て・　あいつ(彼奴)・に・は・　ごっつー・　はら(腹)・が・　た(立)っ・た。」〔⇒**おじょうず【お上手】**〕

へんちょこ【変ちょこ】《形容動詞や(ナ)》　普通のものとは違って、とても変わっている様子。ちぐはぐな感じがして、奇妙に感じられる様子。「へんちょこな・　かっこ(格好)・の・　じどーしゃ(自動車)・が・　はし(走)っ・とる。」〔⇒**へんちく【変ちく】**、**へんちくりん【変ちくりん】**、**へんちょこりん【変ちょこりん】**、**へんてこ【変てこ】**、**へんてこりん【変てこりん】**、**へなちょこ【変なちょこ】**、**へなちょこりん【変なちょこりん】**〕

へんちょこりん【変ちょこりん】《形容動詞や(ナ)》　普通のものとは違って、とても変わっている様子。ちぐはぐな感じがして、奇妙に感じられる様子。「へんちょこりんな・　いえ(家)・が・　た(建)っ・とる。」「へんちょこりんな・　じてんしゃ(自転車)・の・　の(乗)りかた・を・　し・て・　あむ(危)ない。」〔⇒**へんちく【変ちく】**、**へんちくりん【変ちくりん】**、**へんちょこ【変ちょこ】**、**へんてこ【変てこ】**、**へんてこりん【変てこりん】**、**へなちょこ【変なちょこ】**、**へなちょこりん【変なちょこりん】**〕

へんてこ【変てこ】《形容動詞や(ナ)》　普通のものとは違って、とても変わっている様子。ちぐはぐな感じがして、奇妙に感じられる様子。「へんてこな・　ぼーし(帽子)・を・　かぶ(被)っ・とる・なー。」〔⇒**へんちく【変ちく】**、**へんちくりん【変ちくりん】**、**へんちょこ【変ちょこ】**、**へんちょこりん【変ちょこりん】**、**へんてこりん【変て**

こりん】、**へなちょこ**【変なちょこ】、**へなちょこりん**【変なちょこりん】〕

へんてこりん【変てこりん】《形容動詞や(ナ)》 普通のものとは違って、とても変わっている様子。ちぐはぐな感じがして、奇妙に感じられる様子。「へんてこりんな・え(絵)ー・で・ なに(何)・を・ か(描)い・とる・の・か・ わから・へん。」〔⇒**へんちく**【変ちく】、**へんちくりん**【変ちくりん】、**へんちょこ**【変ちょこ】、**へんちょこりん**【変ちょこりん】、**へんてこ**【変てこ】、**へなちょこ**【変なちょこ】、**へなちょこりん**【変なちょこりん】〕

べんとう〔べんとー、べんと〕【弁当】《名詞》 ①勤務先、学校、外出先などで食べるために、入れ物に入れて携行する食事。「えんそく(遠足)・に・ い(行)っ・て・ やま(山)・の・ うえ(上)・で・ べんとー・を・ た(食)べる。」②携行用の食べ物を入れるために、金属などで作られた容器。「あるみ(アルミ)・の・ べんとー・が・ へっこ(凹)ん・だ。」③顔などに付いているご飯粒や、小さな食べ物。「かお(顔)・に・ べんとー・が・ つ(付)い・とる・よ。」〔⇒**おべん**【お弁】。②⇒**べんとうばこ**【弁当箱】〕

へんとうせん〔へんとーせん〕【扁桃腺】《名詞》 喉の奥にある、卵形をしたリンパ腺。「へんとーせん・が・ は(腫)れ・て・ のど(喉)・が・ いた(痛)い。」

べんとうばこ〔べんとーばこ、べんとばこ〕【弁当箱】《名詞》 携行用の食べ物を入れるために、金属などで作られた容器。「べんとーばこ・の・ ふた(蓋)・に・ おちゃ(茶)・を・ い(入)れ・て・ の(飲)ん・だ。」〔⇒**べんとう**【弁当】、**おべん**【お弁】〕

べんとうもち〔べんとーもち、べんともち〕【弁当持ち】《名詞》 ①通勤や通学に弁当を持って行く人。「べんとーもち・が・ よにん(四人)・も・ おる・さかい・ こしら(拵)える・の・が・ たいへん(大変)や。」②半日ですまないことを行うこと。弁当を準備した上で仕事などをすること。「べんとーもち・やない・と・ かえ(帰)っ・てこ・られ・へん。」◆学校へ行く子どもに対しても、「きょー(今日)・は・ ひる(昼)・まで・で・ もど(戻)る・ん・か・ べんとーもち・か。」と尋ねるようなこともあった。

へんぴ【辺鄙】《形容動詞や(ナ)》 ①中心となるような場所から離れていて、不便である様子。「これ・から・ い(行)く・の・は・ へんぴな・ ところ(所)・や・なー。」②都会から離れて、開けていない様子。「へんぴな・ やま(山)・の・ なか(中)・に・ いえ(家)・が・ た(建)っ・とる。」「へんぴな・ すっぽこだに(谷)・に・ たんぼ(田圃)・が・ ある。」

ぺんぺん《副詞、動詞する》 軽く叩くこと。「ごんたし・よっ・たら・ おしり(尻)・を・ ぺんぺんし・まっ・せ。」◆強く叩く場合は「ぱんぱん」となる。

べんり【便利】《名詞、形容動詞や(ナ)》 ①移動するのに都合がよいこと。「べんりな・ とこ(所)・に・ す(住)ん・どる。」②役立って具合がよいこと。「べんりな・ どーぐ(道具)・が・ でけ(出来)・た・ん・や・なー。」■対語＝「ふべん【不便】」〔⇒**べんりええ**【便利良え】〕

べんりええ〔べんりえー〕【便利良え】《形容詞・特殊型》 ①移動するのに都合がよい様子。「べんりえー・ ばす(バス)・が・ はし(走)っ・とる。」②役立って具合がよい様子。「べんりえー・ そーじき(掃除機)・が・ でけ(出来)・た・そーや。」■対語＝「べんりわるい【便利悪い】」〔⇒**べんり**【便利】〕

べんりわるい【便利悪い】《形容詞・ウイ型》 ①移動するのに都合がよくない様子。「とーまー(遠回)りし・て・ はし(橋)・を・ わた(渡)ら・んならん・さかい・ べんりわるい。」②役立たず具合が悪い様子。「おー(大)きすぎ・て・ べんりわるい・ ほーちょー(包丁)・や。」■対語＝「べんりええ【便利良え】」〔⇒**ふべん**【不便】〕

ほ

ほ〔ほー〕【穂】《名詞》 ①米・麦・すすきなどの、茎の先の、花や実が群がって付いているところ。「いね(稲)・の・ ほー・が・ で(出)・てき・た。」②筆などのように、細かな毛が集まってとがった形になっているものの先端部。「ふで(筆)・の・ ほー・の・ さき(先)・が・ わ(割)れ・た。」

ほ〔ほー〕【帆】《名詞》 ①風を受けて船を走らせるために、柱を使って高く揚げる、大きな布。「かぜ(風)・が・ な(無)い・さかい・ ほー・を・ お(下)ろし・た。」②船の帆に使われているような、厚手の布。「ほー・で・ ひよそい(＝日陰を作るための覆い)・を・ つく(作)る。」

ほ〔ぽ〕【歩】《助数詞》 歩くときに足で踏む回数を表す言葉。「きょー(今日)・は・ いちまん(一万)ぽ・も・ ある(歩)い・た・ぜー。」

ほい【(其)】《代名詞》 ①空間的にあるいは心理的に、自分よりも相手に近いもの。「ほい・は・ わし・の・ ぼーし(帽子)・や。」②時間的に、比較的に近いもの。「ほい・から・ やきゅー(野球)・が・ す(好)きに・ なっ・た・ん・や。」③前に話題や意識にのぼったこと。「ほい・を・ きのー(昨日)・ あんた・に・ たの(頼)ん・だ・やろ。」④少し離れたところにいる、目下の人を指す言葉。「あんた・は・ ほい・と・ どーきゅーせー(同級生)・やろ。」〔⇒**それ**【其】、**そい**【(其)】、**ほい**【(其)】、**ほれ**【(其)】、**そいつ**【其奴】、**ほいつ**【(其奴)】〕

ほい《感動詞》 自分や相手を、元気づけたり注意をうながしたりするときにかける言葉。「ほい・ そろそろ・ こし(腰)・を・ あ(上)げ・よー・やない・か。」〔⇒**ほれ**、**それ**〕

ほいから《接続詞》 前の事柄に後の事柄が続くという意味を表す言葉。前の事柄に後の事柄を付け加える意味を表す言葉。そのことの次に。それに加えて。「しやくしょ(市役所)・へ・ い(行)っ・て・ ほいから・ その・ あと(後)・で・ あんたとこ・へ・ よ(寄)る・わ。」〔⇒**ほいでから**、**ほんでから**、**ほてから**、**ほでから**、**ほれから**、**それから**、**そいから**、**そいでから**、**そんでから**〕

ほいくえん【保育園】《名詞》 父母の委託によって、幼い子どもを預かり世話をし守り育てる施設。「ほいくえん・の・ はっぴょーかい(発表会)・を・ み(見)・に・ い(行)く。」〔⇒**ほいくしょ**【保育所】〕

ほいくしょ【保育所】《名詞》 父母の委託によって、幼い子どもを預かり世話をし守り育てる施設。「まご(孫)・は・ ほいくしょ・に・ い(行)っ・て・ます・ねん。」〔⇒**ほいくえん**【保育園】〕

ぽいする《動詞・サ行変格活用》 ①要らないものとして、置いたり投げ出したりする。「お(落)とし・た・ びすけっと(ビスケット)・は・ きたな(汚)い・さかい・ ぽいし・とき・なさい。」②手につかんでいたものを、反動を利用して空中に放り出す。手の力で遠くへ飛ばす。「うみ(海)・に・ む(向)かっ・て・ いし(石)・を・ ぽいする。」◆幼児語。〔⇒**ちゃいする**、**ほかす**【放下す】、**ほ**

りなげる【放り投げる】。①⇒**すてる**【捨てる】、**してる**【(捨てる)】、**ほったらかす**【放ったらかす】、**ほっちらかす**【放っ散らかす】、**ほっとく**【放っとく】、**ぶつける**。②⇒**ほる**【放る】、**なげる**【投げる】、**ぶつける**〕

ほいたら《接続詞》　前の事柄を受けて、後ろの事柄に影響が及んでいくことを表す言葉。「ほいたら・　あした(明日)・は・　やす(休)ま・んと・　しょがない・なー。」〔⇒**ほたら、ほた、ほしたら、へたら、へた、そうしたら、そしたら**〕

ほいつ【(其奴)】《代名詞》　①空間的にあるいは心理的に、自分よりも相手に近いもの。「ほいつ・は・　わし・の・　ぼーし(帽子)・や。」②時間的に、比較的に近いもの。「やきゅー(野球)・が・　す(好)きに・　なっ・た・ん・は・　ほいつ・が・　あっ・て・から・や。」③前に話題や意識にのぼったこと。「ほいつ・を・　きのー(昨日)・　あんた・に・　たの(頼)ん・だ・やろ。」④少し離れたところにいる、目下の人を指す言葉。「ほいつ・は・　もー・　はたち(二十歳)・に・　なっ・とる・やろ。」◆「ほい」よりは、ややぞんざいな言い方である。〔⇒**それ**【其】、**そい**【(其)】、**ほい**【(其)】、**ほれ**【(其)】、**そいつ**【其奴】〕

ほいで《接続詞》　前に述べたことを受けて、あるいは前に述べたことを理由として、後のことを述べるのに使う言葉。そうであるから。そのようなわけで。「ほいで・　その・　はなし(話)・は・　それから・　どない・　なり・まし・た・ん・や。」◆相手に話を促したり話を続けさせたりしようとするときに、相づちのように使う場合もある。〔⇒**そこで、それで、そいで、そんで、ほれで、ほんで、さいで、ほで**〕

ほいでから《接続詞》　前の事柄に後の事柄が続くという意味を表す言葉。前の事柄に後の事柄を付け加える意味を表す言葉。そのことの次に。それに加えて。「ほいでから・　みんな(皆)・で・　うま(美味)い・　もん(物)・を・　た(食)べ・てん。」〔⇒**ほんでから、ほいから、ほてから、ほでから、ほれから、それから、そいから、そいでから、そんでから**〕

ほいでは《接続詞》　①それより前に述べられている内容を前提にして、次の内容に続けていこうとするときに言う言葉。「ほいでは・　うま(巧)いこと・　いか・へん・やろ。」②話が始まったり終わったりするときの切れ目を表す言葉。「ほいでは・　つづ(続)き・は・　あした(明日)・に・　し・まほ。」〔⇒**そいでは、それでは、そんでは、ほれでは、ほんでは、そいなら、それなら、そんなら、ほんなら、ほいなら、ほれなら、ほなら、ほな**〕

ほいでも《接続詞》　今まで述べてきたことと反対の意味で次に続けようとするときに使う言葉。それにもかかわらず。「ほいでも・　なんぼ・　かんが(考)え・ても・　わから・なんだ。」〔⇒**それでも、そいでも、そんでも、ほれでも、ほんでも**〕

ぽいと《副詞》　大きくはないものを、無造作に放り出したり、投げたりする様子。「みちばた(道端)・に・　ぽいと・　ほかし・たら・　あか・ん・やろ。」〔⇒**ぽんと、ぽいんと**〕

ほいどころか《接続詞》　前に述べたようなことだけでは、とうてい収まらないということを表す言葉。「ほいどころか・　きゅー(急)に・　さむ(寒)ーなっ・てき・てん。」〔⇒**それどころか、そいどころか、ほれどころか**〕

ほいなら《接続詞》　①それより前に述べられている内容を前提にして、次の内容に続けていこうとするときに言う言葉。「ほいなら・　そー・と・　は(早)よ・　い(言)え・よ。」②話が始まったり終わったりするときの切れ目を表す言葉。「ほいなら・　じかん(時間)・が・　き(来)・た・さかい・　お(終)わり・ます。」〔⇒**そいでは、それでは、そんでは、ほいでは、ほれでは、ほんでは、そいなら、それなら、そんなら、ほんなら、ほれなら、ほなら、ほな**〕

ほいに《接続詞》　直前に述べた事柄に加えて。「ほいに・　かみなり(雷)・まで・　な(鳴)りだし・た。」〔⇒**それに、そいに、ほれに、そのうえ**【その上】、**そのうえに**【その上に】〕

ほいほい《副詞と》　①軽い気持ちで相手の言うことを受け入れたり、応答したりする様子。軽々しく調子がよい様子。「なん(何)・でも・　ほいほい・　ゆ(言)ー・とっ・たら・　あと(後)・で・　えらい・　こと・に・　なる・ぞ。」②軽快にものごとを行う様子。「にもつ(荷物)・を・　ほいほいと・　とらっく(トラック)・に・　つ(積)みこむ。」③力を合わせるために掛け声をかける様子。また、その掛け声。「よっしゃー・　ほいほい。」

ぼいやり《副詞と、動詞する》　①集中力が欠けて、意識が一点に集中しない様子。間が抜けている様子。「ぼいやりせ・んと・　しっかり・　まえ(前)・を・　み(見)・とれ。」②形、色、記憶などがはっきりしない様子。「かすみ(霞)・が・　かかっ・て・　けしき(景色)・が・　ぼいやりし・とる。」③気が利かなかったり、うかつであったりする様子。「ぼいやりし・て・　あいさつ(挨拶)する・の・を・　わす(忘)れ・た。」〔⇒**ぼんやり、ぼやっと、ぼやんと**。①③⇒**ぼやぼや**。①⇒**ぼけっと、ぼさっと、ぼさぼさ**〕

ボイラー〔**ぼいらー**〕【英語＝boiler】《名詞》　工場などで、湯を沸かしたり蒸気を起こしたりする装置。「ふろや(風呂屋)・に・　おー(大)けな・　ぼいらー・が・　ある。」

ほいろ【火色】《名詞》　強い熱によって起こる、布や布団などの焼け焦げや変色。火気でほのかに焼けた色になったもの。「こたつ(炬燵)・が・　つよ(強)ー・て・　ふとん(布団)・に・　ほいろ・が・　いっ・た。」

ポイント〔**ぽいんと**〕【英語＝point】《名詞》　鉄道線路の分かれ目で、車両を別の線路に入れる仕掛け。「れーる(レール)・の・　ぽいんと・を・　き(切)りかえる。」

ぽいんと《副詞》　大きくはないものを、無造作に放り出したり、投げたりする様子。「いし(石)・を・　おき(沖)・へ・　ぽいんと・　ほ(放)る。」〔⇒**ぽいと、ぽんと**〕

ほう〔**ほー**〕【方】《名詞》　①ある場所を基準にして、東西南北、前後、左右、上下などの向き。おおよそ、それにあたる場所。「うえ(上)・の・　ほー・に・　き(気)・を・　つ(付)け・てください。」「む(向)こー・の・　ほー・を・　さが(探)し・てみ・ます。」②目標としたり向かったりするところ。「おんがく(音楽)・の・　ほー・に・　すす(進)み・たい・と・　かんが(考)え・とる。」③ものを分けたときの一つや、一かたまり。「あんた・は・　どっち・の・　ほー・を・　と(取)り・ます・か。」④分けたときに、そのものが属する側。「くらす(クラス)・で・は・　せ(背)ー・は・　たか(高)い・　ほー・や・ねん。」⑤占いなどにおける吉凶の場所。「そっち・は・　ほー・が・　わる(悪)い・さかい・　こっち・へ・　い(行)き・まっ・さ。」〔①②⑤⇒**ほうがく**【方角】、①②⇒**ほうこう**【方向】〕

ほう〔**ほー**〕【法】《名詞》　①法律や決まりや規則。「そんな・　りくつ(理屈)・に・　あ(合)わ・ん・　ほー・は・　ない・やろ。」②ものごとを達成するために計画的に行う手だてや仕方。「そんな・　ほー・で・　やっ・ても・　あか・ん・やろ。」〔②⇒**ほうほう**【方法】〕

ほ

ほう〔**ほー**〕《副詞》 そのように。「ほー・ し・たら・ か(勝)てる・やろ・か。」「ほー・ し・て・ はんどる(ハンドル)・を・ き(切)っ・た・さかい・ じこ(事故)・に・ なら・なんだ。」◆「そう」の発音が変化したもの。■類語＝「こう」「ああ」「どう」〔⇒**ほない、そう、そない**〕

ほう〔**ほー**〕《感動詞》 相手の言うことを肯定したり、自分の思いなどを確かめたりするときに発する言葉。「ほー・ わかっ・た。」「ほー・か・ そん・なら・ わし・も・ い(行)く・わ。」〔⇒**さい**【(左様)】、**さよ**【左様】、**そう**〕

ぼう〔**ぼー**〕【棒】《名詞》 ①細長い木・竹・金属などでできたもので、手に持てる程度の長さ・重さであるもの。「ぼー・を・ ふ(振)りまわし・たら・ あむ(危)ない・やない・か。」②まっすぐに引いた筋。「ぼー・で・ かこ(囲)ん・で・ ひょー(表)・を・ こしら(拵)える。」〔②⇒**ぼうせん**【棒線】〕

ぼう〔**ぼー**〕【坊】《接尾語》［人の名前に付ける］ 小さな男の子の敬称として使う言葉。「となり(隣)・の・ いえ(家)・の・ とし(俊)ぼー・が・ しょーがっこー(小学校)・に・ はい(入)っ・た。」〔⇒**ぼん**【(坊)】〕

ぼうあんき〔**ぼーあんき**〕【棒暗記】《名詞、動詞する》 意味や理屈などを深く考えず、中身を深く理解しないままで、その言葉や内容をそのまま覚えてしまうこと。「あした(明日)・の・ あいさつ(挨拶)・の・ ことば(言葉)・を・ ぼーあんきする。」〔⇒**まるあんき**【丸暗記】〕

ほういう〔**ほーゆー**〕【ほう言う】《連体詞》 そのような。「ほーゆー・ い(言)ーかた・は・ かど(角)・が・ た(立)つ・さかい・ や(止)め・なはれ。」〔⇒**そういう**【然う言う】〕

ほういうよう〔**ほーゆーよー**〕【ほう言う様】《形容動詞や(ナ)》 そのような様子。「ほーゆーよーに・ なっ・たら・ ありがたい・ねん・けど・なー。」〔⇒**そういうよう**【然う言う様】〕

ぼうえんきょう〔**ぼーえんきょー**〕【望遠鏡】《名詞》 筒にレンズをはめて、遠くのものを大きく見えるようにした道具や装置。「ぼーえんきょー・で・ ほし(星)・を・ み(見)る。」

ほうか〔**ほーか**〕【放火】《名詞、動詞する》 悪意を持って、家などにわざと火をつけること。「ごみばこ(塵箱)・に・ ほーかさ・れ・て・ こま(困)っ・た。」〔⇒**ひつけ**【火付け】〕

ほうか〔**ほーか**〕《感動詞》 相手の言うことを聞いて、それを納得したり、それに疑問を感じたりするときに使う言葉。「ほーか・ ほんなら・ ちょっと・だけ・ きふ(寄付)さ・し・てもらう・わ。」〔⇒**さよか**【左様か】、**さいか**【(左様か)】、**そうか**〕

ぼうがい〔**ぼーがい**〕【妨害】《名詞、動詞する》 相手の邪魔をすること。相手がしようとしていることを、さまたげること。「こーつー(交通)・の・ ぼーがい・に・ なる。」

ほうがく〔**ほーがく**〕【方角】《名詞》 ①ある場所を基準にして、東西南北などの向き。「にし(西)・の・ ほーがく・に・ いえしま(家島)・が・ み(見)える。」「じしゃく(磁石)・で・ ほーがく・を・ しら(調)べる。」②目標としたり向かったりするところ。「うみ(海)・の・ ほーがく・に・ む(向)かっ・て・ ある(歩)く。」③占いなどにおける吉凶の場所。「ほーがく・の・ わる(悪)い・ とこ(所)・に・ いど(井戸)・を・ ほ(掘)っ・たら・ あか・ん。」〔⇒**ほう**【方】。①②⇒**ほうこう**【方向】〕

ほうかご〔**ほーかご**〕【放課後】《名詞》 学校で、その日の授業の終わったあとの時間。「ほーかご・に・ くらぶかつどー(クラブ活動)・を・ し・て・から・ かえ(帰)っ・てくる。」

ほうかて〔**ほーかて**〕《接続詞》 相手の言うことにじゅうぶん賛成したり納得したりしないで、弁解や反論などをするときに使う言葉。そうは言っても。「ほーかて・ そんな・ はなし(話)・は・ し(知)ら・なんだ。」〔⇒**ほやかて、そうかて、そやかて**〕

ほうがんなげ〔**ほーがんなげ**〕【砲丸投げ】《名詞、動詞する》 決められたサークルの中から重い鉄球を投げて到達距離を競う、陸上競技の種目。「ほーがんなげ・で・ にじゅーめーとる(二十メートル)・ な(投)げ・た。」

ほうき〔**ほーき**〕【箒】《名詞》 ちりやごみを掃き寄せる道具。「ほーき・を・ も(持)っ・て・ ちゃんばら・を・ し・て・ あそ(遊)ん・どる。」

ぼうぎ〔**ぼーぎ**〕【棒木】《名詞》 空中に張った電線や電話線を支えるための柱。「き(木)・の・ ぼーぎ・を・ こんくりーと(コンクリート)・の・ ぼーぎ・に・ と(取)りかえ・た。」〔⇒**でんしんばしら**【電信柱】、**でんしんぼうぎ**【電信棒木】、**でんしんぼう**【電信棒】、**でんちゅう**【電柱】〕

ほうきぐさ〔**ほーきぐさ**〕【箒草】《名詞》 収穫して箒の材料としても使える、円錐状に小枝を茂らせる草。「ほーきぐさ・を・ か(枯)らし・て・ ほーき(箒)・に・ する。」

ほうきぼし〔**ほーきぼし**〕【帚星】《名詞》 光の尾を引いて運動をする星。彗星。「ほーきぼし・なんか・ み(見)・た・ こと・は・ あら・へん。」

ぼうぎれ〔**ぼーぎれ**〕【棒切れ】《名詞》 小さく長い木の一部分。丸い木の切れ端。「ぼーぎれ・を・ あつ(集)め・て・ たきもん(焚物)・に・ する。」

ぼうくうごう〔**ぼーくーごー**〕【防空壕】《名詞》 戦時中に、その中に入って空襲から身を守るために作った穴。「むかし(昔)・は・ にわ(庭)・に・ ぼーくーごー・を・ つく(作)っ・とっ・た。」

ぼうくうずきん〔**ぼーくーずきん**〕【防空頭巾】《名詞》 戦時中に、身を守るために頭にすっぽりと付けた、綿入りの被りもの。「ぼーくーずきん・を・ かぶ(被)っ・て・ くらまてんぐ(鞍馬天狗)・の・ まね(真似)・を・ する。」

戦時中の防空頭巾

ぼうグラフ〔**ぼーぐらふ**〕【棒＋英語＝graph】《名詞》 太い線の形を使って、数や量を表した図表。「ぼーぐらふ・に・ し・たら・ もっと・ よー・ わかる・やろ。」

ほうげん〔**ほーげん**〕【方言】《名詞》 ある地域で使われている言葉。「あかし(明石)・の・ ほーげん・を・ のこ(残)し・ておき・たい・さかい・ じてん(辞典)・を・ つく(作)り・ます・ねん。」

ぼうけん〔**ぼーけん**〕【冒険】《名詞、動詞する》 危険が予想されることを、押し切ってすること。うまくいかないことを覚悟の上で行うこと。「となり(隣)・の・ むら(村)・まで・ い(行)く・の・は・ こども(子供)・の・ とき(時)・の・ ぼーけん・やっ・た。」

ほうこう〔**ほーこー**〕【方向】《名詞》 ①ある場所を基準にして、東西南北、前後左右、上下などの向き。おおよそ、それにあたる場所。「えき(駅)・を・ お(降)り・て・から・ ほーこー・が・ わから・ん・よーに・ なっ・

た。」②目標としたり向かったりするところ。「じぶん(自分)・に・　む(向)い・とる・よーな・　ほうこー・の・　がっこー(学校)・に・　はい(入)り・たい。」〔⇒**ほう【方】**、**ほうがく【方角】**〕

ほうこう〔ほーこー〕【奉公】《名詞、動詞する》　①人や国のために身を捧げて仕えること。「せんそーちゅー(戦争中)・は・　くに(国)・に・　ほーこーせー・と・　い(言)わ・れ・た・もん・や。」②住み込みで、店などの主人に仕えて働くこと。雇われて、その家業や家事に従事すること。「おーさか(大阪)・の・　みせ(店)・に・　す(住)みこん・で・　さんねんかん(三年間)・　ほーこーし・た。」

ほうこく〔ほーこく〕【報告】《名詞、動詞する》　ものごとの経過や結果などを知らせること。与えられた任務について、その結果を述べること。また、その内容。「しゅっちょー(出張)・の・　ほーこく・を・　する。」

ほうさく〔ほーさく〕【豊作】《名詞》　農作物の出来がよく収穫量が多いこと。特に、米がたくさん収穫できること。「ことし(今年)・も・　ほーさく・で・　ありがたい・こと・や。」

ほうさん〔ほーさん〕【硼酸】《名詞》　うがいや消毒などに使うもので、硼素を含んだ粉末や結晶。また、それを水に溶かしたもの。「ほーさん・を・　と(溶)かし・て・　うがい・を・　する。」

ぼうさん〔ぼーさん〕【坊さん】《名詞》　お寺の住職。出家して仏門に入った人。「ぼーさん・が・　つきまい(月参)り・に・　き(来)・て・やっ・た。」〔⇒**ぼんさん【(坊さん)】**、**おじゅっさん【(お住さん)】**、**ぼうず【坊主】**〕

ほうじ〔ほーじ〕【法事】《名詞》　故人の追善供養のために命日などに行う仏教の行事。「おやじ(親父)・の・　さんかいき(三回忌)・の・　ほーじ・を・　する。」

ぼうし〔ぼーし〕【帽子】《名詞》　寒暑を防いだり、頭を守ったり、身なりを整えたりするために頭に被るもの。「うんどーかい(運動会)・で・　ぼーし・の・　と(取)りあい・を・　し・た。」◆帽子を頭につけることは、「ぼーし・を・　かぶ(被)る。」「ぼーし・を・　かむ(被)る。」「ぼーし・を・　き(着)る。」と言う。〔⇒**シャッポ【フランス語＝chapeau】**、**シャッポン【フランス語＝chapeau】**〕

ぼうじしゃく〔ぼーじしゃく〕【棒磁石】《名詞》　鉄を引きつける性質を持ち、針の指す向きから方位を知る道具で、一直線の長い形をしたもの。「ぼーじしゃく・を・　いと(糸)・で・　ぶらさげ・て・　きた(北)・は・　どっち・か・　しら(調)べる。」

ほうしゃのう〔ほーしゃのー〕【放射能】《名詞》　放射性元素が壊れて変化するときに出すもの。また、そのような現象。「すいばく(水爆)・の・　じっけん(実験)・で・　で(出)・た・　ほーしゃのー・が・　きつい。」

ぼうず〔ぼーず〕【坊主】《名詞》　①お寺の住職。出家して仏門に入った人。「ぼーず・が・　ある(歩)い・とる。」②小さな男の子を表す言葉。「うち・の・　ぼーず・は・　しょーがっこー(小学校)・に・　い(行)っ・てます・ねん。」③頭髪を短く刈ってある頭や、毛のない頭。「ばりかん(バリカン)・で・　ぼーず・に・　か(刈)っ・てん。」◆①は、ぞんざいな言い方である。②は、親しんで呼ぶ言葉である。「ぼうや【坊や】」「ぼん【(坊)】」「ぼんぼん【(坊々)】」に比べて、ややぞんざいな感じが伴い、自分の子どもにも使う。〔①⇒**ぼうさん【坊さん】**、**ぼんさん【(坊さん)】**、**おじゅっさん【(お住さん)】**。②⇒**ぼうや【坊や】**、**ぼん【(坊)】**、**ぼんぼん【(坊々)】**〕

ぼうず〔ぼーず〕【坊主】《接尾語》［人を表すものなどに付く］　親しみやあざけりの気持ちを表すために付ける言葉。「ごんたぼーず・が・　がらす(ガラス)・を・　わ(割)っ・た。」「な(泣)きむしぼーず・が・　また・　な(泣)い・とる。」「いちねん(一年)ぼーず・が・　ある(歩)い・とる。」「みっか(三日)ぼーず・で・　や(止)め・ても・てん。」

ぼうすい〔ぼーすい〕【防水】《名詞》　水が漏れたりしみこんだりしないようにすること。また、そのようにしたもの。「おくじょー(屋上)・に・　ぼーすい・の・　こーじ(工事)・を・　する。」「ぼーすい・の・　とけー(時計)・で・　すいえー(水泳)・を・　する。」

ぼうずがり〔ぼーずがり〕【坊主刈り】《名詞、動詞する》　男子の頭髪を短く刈ること。また、そのような頭。「しょーがっこー(小学校)・の・　とき(時)・は・　みんな・　ぼーずがり・やっ・た。」〔⇒**まるがり【丸刈り】**〕

ほうせき〔ほーせき〕【宝石】《名詞》　光沢や色彩などが美しくて珍重され、産出量が少ない、金属ではない鉱物。「だいやもんど(ダイヤモンド)・の・　ほーせき・が・　ほ(欲)しー・なー。」

ぼうせん〔ぼーせん〕【棒線】《名詞》　まっすぐに引いた筋。「まちが(間違)え・た・ん・で・　ぼーせん・を・　にほん(二本)・　ひ(引)ー・て・　か(書)きなおす。」〔⇒**ぼう【棒】**〕

ほうせんか〔ほーせんか〕【鳳仙花】《名詞》　夏から秋に赤・白・桃色などの花を下向きにつけ、熟した実に触れると皮がはじけて飛び散る草花。「こーば(工場)・の・　まー(周)り・に・　ほーせんか・が・　う(植)わっ・とる。」

ほうそう〔ほーそー〕【放送】《名詞、動詞する》　①電波などを使って、テレビ、ラジオなどの番組を送ること。「よなか(夜中)じゅー・　てれび(テレビ)・が・　ほーそーし・とる。」②拡声装置を使って多くの人に音声を伝えること。「かくせーき(拡声器)・で・　むら(村)じゅー・に・　ほーそーする。」

ほうそう〔ほーそー〕【疱瘡】《名詞》　高熱と赤い発疹が出る、ウイルスによって伝染する病気。天然痘。「ほーそー・に・　かか(罹)っ・たら・　こま(困)る・ぞ。」

ほうそうきょく〔ほーそーきょく〕【放送局】《名詞》　①テレビやラジオなどの番組を制作し、電波などを発射するところ。「むかし(昔)・は・　すま(須磨)・に・　ほーそーきょく・が・　あっ・た。」②噂などをまき散らす人。「あの・　ほーそーきょく・に・　ゆ(言)ー・たら・　みんな(皆)・に・　し(知)ら・れ・てまう・ぞ。」〔①⇒**きょく【局】**〕

ほうたい〔ほーたい〕【包帯】《名詞》　傷口などを覆うために巻く、布やガーゼなどで作った細長いもの。「でぼちん(＝額)・に・　ほーたい・を・　ま(巻)い・たり・し・て・　どない・　し・た・ん・や。」

ほうだい〔ほーだい〕【放題】《接尾語》［動詞の連用形や助動詞「たい」の終止形に付く］　思う存分に何かをする様子を表す言葉。また、なすがままにさせて放置するということを表す言葉。「い(言)ーたいほーだい・に・　ゆ(言)ー・とる。」「く(食)いほーだい・で・　にせんえん(二千円)・や。」「くさ(草)・が・　の(伸)びほーだい・に・　なっ・とる。」

ぼうたかとび〔ぼーたかとび〕【棒高跳び】《名詞、動詞する》　助走をして、棒を使って、高い横木を跳び越す、陸上競技の種目。「ぼーたかとび・は・　む(向)こーがわ・の・　まっと(マット)・の・　うえ(上)・に・　お(落)ちる・　こと・に・　なっ・とる。」

ほうちょう〔ほーちょー、ほーちょ〕【包丁】《名詞》　食べ物や、その材料を切るのに使う、平たくて薄い刃物。

「ほーちょー・で・　もち(餅)・を・　き(切)る。」〔⇒**ほちょ【(包丁)】**〕

ほうねん〔**ほーねん**〕**【豊年】**《名詞》　米などの穀物がよく実り、収穫の多い年。「ことし(今年)・は・　ありがたい・　こと・に・　ほーねん・やっ・た。」

ほうねんかい〔**ぼーねんかい**〕**【忘年会】**《名詞》　年末に、その年の苦労などを忘れるために行う宴会。「あかし(明石)・の・　ちゅーかりょーりや(中華料理屋)・で・　かいしゃ(会社)・の・　ぼーねんかい・を・　する。」

ほうび〔**ほーび**〕**【褒美】**《名詞》　褒めて与える品物や金、または、表彰状。「どろぼー(泥棒)・を・　つか(捕)まえ・て・　ほーび・を・　もろ(貰)・た。」

ぼうふう〔**ぼーふー**〕**【暴風】**《名詞》　荒れ狂って、激しく吹く風。「たいふー(台風)・が・　ちか(近)づい・て・　あさ(朝)・から・　ぼーふー・が・　ふ(吹)い・とる。」

ぼうふざい〔**ぼーふざい**〕**【防腐剤】**《名詞》　ものが腐るのを防ぐ薬品。「ぼーふざい・が・　はい(入)っ・とる・　もん・は・　く(食)い・とー・ない・なー。」

ぼうふら〔**ぼーふら**〕《名詞》　水たまりなどにいて、体を屈伸させて泳ぐ、蚊の幼虫。「みぞ(溝)・に・　ぼーふら・が・　わ(湧)い・とる。」

ほうほう〔**ほーほー**〕**【方法】**《名詞》　ものごとを達成するために計画的に行う手だてや仕方。「それ・しか・　ほーほー・が・　な(無)かっ・た・ん・かいな。」〔⇒**ほう【法】**〕

ほうぼう〔**ほーぼー**〕**【方々】**《名詞》　あちらこちら。広い範囲。「ほーぼー・に・　し(知)りあい・が・　おる。」「もっと・　ほーぼー・を・　さが(探)さ・んと・　み(見)つから・へん・やろ。」〔⇒**ほうぼら**〕

ぼうぼう〔**ぼーぼー**〕《副詞と》　①火が勢いよく燃える様子。また、その音。「たきび(焚火)・が・　ぼーぼーと・　も(燃)え・て・　ひろ(広)がっ・た・さかい・　びっくりし・て・　あわ(慌)て・た。」②髪の毛、髭などをやたらに伸ばしている様子。「ひげ(髭)・が・　ぼーぼーと・　の(伸)び・て・　みっともない。」

ほうほけきょ〔**ほーほけきょ**〕《名詞》　緑がかった茶色の体で、人家の近くまで来て、早春に美しい声で鳴く鳥。「はる(春)・に・　なっ・た・さかい・　ほーほけきょ・が・　な(鳴)い・とる。」◆幼児語。〔⇒**うぐいす【鶯】**〕

ほうほけきょ〔**ほーほけきょ**〕《副詞と》　鶯が鳴く様子。また、その鳴き声。「き(木)ー・に・　とまっ・て・　ほーほけきょと・　な(鳴)い・とる。」

ほうぼら〔**ほーぼら**〕《名詞》　あちらこちら。広い範囲。「それ・やっ・たら・　ほーぼら・の・　みせ(店)・で・　う(売)っ・とる。」〔⇒**ほうぼう【方々】**〕

ほうめん〔**ほーめん**〕**【方面】**《名詞》　①その辺りの地域。そちらの方の場所。「こーべ(神戸)・から・　む(向)こー・の・　ほーめん・は・　あめ(雨)・が・　ふ(降)っ・とる・みたいや。」②それに関する分野。「びじゅつ(美術)・の・　ほーめん・が・　す(好)きです・ねん。」

ほうもん〔**ほーもん**〕**【訪問】**《名詞、動詞する》　挨拶や用事のために、よその家などを尋ねること。「せんせー(先生)・が・　かてー(家庭)ほーもん・に・　き(来)・て・ねん。」

ぼうや〔**ぼーや**〕**【坊や】**《名詞》　①小さな男の子を表す言葉。「ぼーや・は・　なんぼ(＝何歳)・に・　なっ・た・ん・かいな。」②世間のことがよくわかっていない、若い男。「まだ・　ぼーや・や・さかい・　しごと(仕事)・の・　しんどさ・が・　わかっ・とら・へん。」◆①は、親しんで呼ぶ言葉であって、自分の子どもには使わない。〔①⇒**ぼうず【坊主】、ぼん【(坊)】、ぼんぼん【(坊々)】**〕

ぼうよみ〔**ぼーよみ**〕**【棒読み】**《名詞、動詞する》　抑揚をつけたり間(ま)を置いたりせずに、同じような調子で読むこと。中身を理解しないで、言葉だけを読むこと。「まるで・　おきょー(経)・みたいな・　ぼーよみ・は・　あか・ん・よ。」

ほうらく〔**ほーらく**〕**【(焙烙)】**《名詞》　ものを炒ったり素焼きにしたりするために使う、平たくて底の浅い、素焼きの土鍋。「ほーらく・で・　まめ(豆)・を・　い(炒)る。」

ほうらくじま〔**ほーらくじま**〕**【ほうらく島】**《固有名詞》　江井ヶ島海岸から近くに見える島で、家島群島の一つである上島。「ほーらくじま・の・　ひがし(東)・の・　ほー(方)・に・　ゆーひ(夕日)・が・　はい(入)る。」**［巻末「わが郷土」の「ほうらくじま」の項を参照］**

ほうらくやき〔**ほーらくやき**〕**【(焙烙焼き)】**《名詞》「ほうらく【(焙烙)】」で焼いたような、固焼きの煎餅。「なん(何)・も・　おやつ・が・　ない・さかい・　ほーらくやき・でも・　つく(作)っ・たろ・か。」

ほうりつ〔**ほーりつ**〕**【法律】**《名詞》　国会の議決によって制定され、国民が従わなければならないとされる、国の決まり。「かいごほけん(介護保険)・の・　ほーりつ・が・　か(変)わっ・た。」

ほうれんそう〔**ほーれんそー**〕**【菠薐草】**《名詞》　食用にされる、葉は緑色で根元が赤い草。「ぽぱい(ポパイ)・は・　ほーれんそー・が・　す(好)きや・ねん。」

ほうろう〔**ほーろー**〕**【琺瑯】**《名詞》　金属などの表面にガラス質の上薬を塗って焼き付けたもの。「ほーろー・の・　かんばん(看板)・が・　か(掛)かっ・とる。」「き(木)ー・の・　おけ(桶)・を・　や(止)め・て・　ほーろー・の・　たんく(タンク)・に・　か(変)える。」

琺瑯でできた看板

ほえる【吠える】《動詞・ア行下一段活用》　①動物が警戒や合図のために、大きな声で鳴く。「どーぶつえん(動物園)・で・　とら(虎)・が・　ほえ・とる。」②人が泣きわめく。声をあげて泣く。「こまい・　こ(子)ー・が・　ほえ・て・　うるさ(煩)い。」③人が大きな声で話す。人が遠くまで聞こえるように大声で叫ぶ。「そないに・　ほえ・んと・　お(落)ちつい・て・　しゃべ(喋)り・なはれ。」〔③⇒**どなる【怒鳴る】、わめく【喚く】**〕

ほおかぶり〔**ほーかぶり**〕**【頬被り】**《名詞、動詞する》　頭から顔の左右両側などにかけて手拭いなどを巻いて、直射日光が当たらないようにしたり、顔を隠したりすること。「ほーかぶり・を・　せ・んと・　ひ(陽)・に・　や(焼)ける・ぞ。」「ほーかぶりし・て・　たんぼ(田圃)・の・　しごと(仕事)・に・　い(行)く。」〔⇒**ほかぶり【(頬被り)】**〕

ホーク〔**ほーく**〕**【英語＝(fork)】**《名詞》　洋食で、食べ物を刺して口へ運ぶ道具。「ほーく・で・　にく(肉)・を・　た(食)べる。」〔⇒**フォーク【英語＝fork】**〕

ホース〔**ほーす**〕**【英語＝hoos】**《名詞》　水やガスなどを送るために、ゴムやビニールなどで作った、曲げやすい管。「ほーす・で・　にわ(庭)・に・　みず(水)・を・　ま(撒)く。」

ほおずき〔**ほーずき**〕**【酸漿、鬼灯】**《名詞》　①袋のような萼の中に赤い実ができて、それを口に含んで鳴らして遊ぶことができる、夏に花をつける草。「はちう(鉢植)え・の・　ほーずき・を・　こ(買)ー・た。」②草花の萼そのもの、またはゴム製で、口の中に入れて鳴らして遊ぶ玩具。「ほーずき・を・　か(噛)ん・で・　きゅーきゅーと・　な(鳴)らす。」

ほおたる〔**ほーたる**〕【**蛍**】《名詞》　夏の頃に尾のあたりから青白い光を出して飛ぶ、水辺に住む虫。「かや(蚊帳)・の・　なか(中)・に・　と(捕)っ・てき・た・　ほーたる・を・　はな(放)す。」〔⇒**ほたる**【**蛍**】〕

ボート〔**ぼーと**〕【**英語＝boat**】《名詞》　オールでこぎ進めるものや、エンジンを取り付けたものなどがある、西洋風の小さな舟。「あかしこーえん(明石公園)・の・　ごーのいけ(剛ノ池)・で・　ぼーと・に・　の(乗)っ・た。」

ボーナス〔**ぼーなす**〕【**英語＝bonus**】《名詞》　月ごとの給与とは別に、夏季や年末などに支給される金。ほうびとして与える金品。「ことし(今年)・の・　ぼーなす・は・　きょねん(去年)・より・も・　ぎょーさん(仰山)・　もろ(貰)・た。」〔⇒**しょうよ**【**賞与**】〕

ほおばる〔**ほーばる**〕【**頬張る**】《動詞・ラ行五段活用》　①ほっぺたが膨らむほどに、口いっぱいに食べ物を入れる。「ほーばっ・た・まま・で・　もの・を・　ゆ(言)ー・たら・　なに(何)・を・　ゆ(言)ー・とる・の・か・　わから・へん。」②行おうとしていることが、やや多すぎる状態になっている。仕事の内容が多いので、すべてを扱えない可能性がある。「ちょっと(一寸)・　ほーばっ・た・　こと・を・　かんが(考)え・た・ので・　ぜんぶ(全部)・は・　でけ(出来)・へん・か・も・しれ・ん。」〔⇒**ほばる**【(**頬張る**)】〕

ホーム〔**ほーむ**〕【**英語＝plat-form から**】《名詞》　駅で、乗客が列車に乗り降りしたり、荷物を積み下ろしたりするために、線路に沿って高く作ってある場所。「ほーむ・に・　でんしゃ(電車)・が・　はい(入)っ・てき・た。」「ほーむ・の・　はし(端)・を・　ある(歩)い・たら・　あぶ(危)ない・ぞ。」〔⇒**プラットホーム**【**英語＝plat-form**】〕

ホーム〔**ほーむ**〕【**英語＝home base から**】《名詞》　野球で、捕手の前に置いてある、五角形をした布団状のベースのこと。「ほーむ・に・　もど(戻)っ・て・　てん(点)・が・　はい(入)っ・た。」〔⇒**ほんるい**【**本塁**】〕

ホームラン〔**ほーむらん**〕【**英語＝home run**】《名詞》　野球で、打球が外野スタンドに入るなどして、打者が3つの塁を経過して、打席の前の塁まで帰ることができる安打。「ほーむらん・を・　う(打)っ・て・　ぎゃくてん(逆転)し・た。」〔⇒**ほんるいだ**【**本塁打**】〕

ボール〔**ぼーる**〕【**英語＝ball**】《名詞》　スポーツや遊技に使う、ゴムや皮などで作った丸いもの。「やきゅー(野球)・の・　ぼーる・が・　からだ(体)・に・　あ(当)たっ・た。」「らぐびー(ラグビー)・の・　ぼーる・は・　か(変)わっ・た・　かっこー(格好)・や。」〔⇒**たま**【**球**】、**まり**【**毬**】、**まる**【(**毬**)】〕

ボールがみ〔**ぼーるがみ**〕【**英語＝board から＋紙**】《名詞》　藁や木片などを原料にした、黄色っぽい厚紙。「ぼーるがみ・で・　はこ(箱)・を・　つく(作)る。」〔⇒**ばふんし**【**馬糞紙**】〕

ボールばこ〔**ぼーるばこ**〕【**英語＝board から＋箱**】《名詞》　ボール紙や厚紙で作られた箱。「ぼーるばこ・に・　つ(詰)め・られ・た・　おかし(菓子)・を・　もろ(貰)・た。」

ボールペン〔**ぼーるぺん**〕【**英語＝ball-point pen から**】《名詞》　芯の先の小さな球が回転して、芯の中のインクが出るペン。「なまえ(名前)・は・　ぼーるぺん・で・　か(書)い・てください。」

ボーロ〔**ぼーろ**〕【**ポルトガル語＝bolo**】《名詞》　小麦粉に卵・砂糖を加えて、軽く焼いた小粒の菓子。「あか(赤)ちゃん・に・　ぼーろ・を・　た(食)べ・さす。」

ぼおん〔**ぼーん**〕《副詞と》　鐘などが低く鳴り響く様子。また、その音。「はしらどけー(柱時計)・が・　ぼーんと・　な(鳴)っ・た。」

ほか【**他**】《名詞》　それとは違うものや人。それ以外のものや人。「どーぶつえん(動物園)・の・　ほか・に・　すいぞっかん(水族館)・も・　い(行)き・たい・なー。」「ほか・に・　す(好)きな・　たべもん(食物)・は・　なん(何)・です・か。」〔⇒**よ**【**余**】〕

ほかけぶね【**帆掛け船**】《名詞》　帆を張って、風の力を利用して進む船。「むかし(昔)・は・　ここらー・の・　うみ(海)・でも・　ほかけぶね・が・　よー・　とー(通)り・よっ・た・もん・や。」◆和風の船に使うことが多い。〔⇒**ほまえぶね**【**帆前船**】、**ほまえせん**【**帆前船**】〕

ほかす【**放下す**】《動詞・サ行五段活用》　①そのままの状態で放置する。うち捨てておく。要らないものとして、置いたり投げ出したりする。「こんな・　とこ(所)・へ・　ごみ(塵)・を・　ほかし・たら・　あか・ん・やろ。」「ごはん(飯)・を・　のこ(残)し・て・　ほかし・たら・　ばち(罰)・が・　あ(当)たり・まっ・せ。」「はら(原)っぱ・に・　ねこ(猫)・を・　ほかし・た・　ひと(人)・が・　おる・ねん。」②手につかんでいたものを、反動を利用して空中に放り出す。手の力で遠くへ飛ばす。「した(下)・で・　う(受)ける・さかい・　その・　まど(窓)・から・　ほかし・てくれ。」③取り組んでいたことを途中で止めて放棄する。望みが持てなくて、努力することをやめる。「こんど(今度)・の・　しけん(試験)・は・　むつか(難)しー・て・　ほかし・た。」④執着や関心を失って、関係を持たない。「あんな・　やつ(奴)・の・　ゆ(言)ー・とる・　いけん(意見)・なんか・　ほかし・とけ。」◆「ごみ(塵)・を・　ほかし・とく。」は、ごみを捨てておくという意味であり、「ごみ(塵)・を・　ほっ・とく。」は、ごみを片づけないで、放置しておくという意味である。〔①②③⇒**ほりなげる**【**放り投げる**】。①②⇒**ちゃいする**、**ぽいする**、**ぶつける**。①③⇒**すてる**【**捨てる**】、**してる**【(**捨てる**)】、**ほったらかす**【**放ったらかす**】、**ほっちらかす**【**放っ散らかす**】、**ほっとく**【**放っとく**】。②③⇒**ほる**【**放る**】。②⇒**なげる**【**投げる**】。③⇒**ほりだす**【**放り出す**】、**ほんだす**【**放ん出す**】〕

ぼかす【**暈かす**】《動詞・サ行五段活用》　①色や形などの境目をぼんやりとさせる。「そら(空)・の・　いろ(色)・を・　ぼかし・て・　ぬ(塗)る。」②言葉を濁して、はっきりと言わない。「かんじん(肝腎)な・　とこ(所)・を・　ぼかし・て・　せつめー(説明)し・た・さかい・　なん(何)・の・　こと・やら・　わから・なんだ。」■自動詞は「ぼやける【暈ける】」〔⇒**ぼやかす**【**暈かす**】〕

ぼかすか《副詞と》　①激しく殴ったり、殴られたりする様子。「あたま(頭)・を・　ぼかすかと・　やら・れ・た。」②激しく攻撃したり、されたりする様子。「ぼかすか・　ほーむらん(ホームラン)・を・　う(打)た・れ・た。」③乱暴な勢いで何かをする様子。「だいこん(大根)・を・　はこ(箱)・の・　なか(中)・へ・　ぼかすか・　ほ(放)りこむ。」〔⇒**ばかすか**。①②⇒**ぽかすか**、**ぼかぼか**、**ぽかぽか**〕

ぽかすか《副詞と》　①激しく殴ったり、殴られたりする様子。「ぽかすか・　なぐ(殴)ら・れ・て・　こぶ(瘤)・だらけ・に・　なっ・た。」②激しく攻撃したり、されたりする様子。「ぽかすか・　てん(点)・を・　と(取)ら・れ・て・　ま(負)け・た。」〔⇒**ばかすか**、**ぼかすか**、**ぼかぼか**、**ぽかぽか**〕

ほ

ぼかっと《副詞》 ①大きくまとまって、きれいに割れる様子。気持ちよく割れる様子。「くすだま(玉)・が・ ぼかっと・ わ(割)れ・た。」②まとまった部分が抜け落ちる様子。「だいじ(大事)な・ せつめー(説明)・が・ ぼかっと・ ぬ(抜)け・とる。」〔①⇒**ぽかっと、ばかっと、ぱかっと**〕

ぽかっと《副詞》 大きくまとまって、きれいに割れる様子。気持ちよく割れる様子。「ちょっと・ ほちょ(包丁)・を・ い(入)れ・たら・ すいか(西瓜)・が・ ぽかっと・ わ(割)れ・た。」〔⇒**ぼかっと、ばかっと、ぱかっと**〕

ほかぶり【(頬被り)】《名詞、動詞する》 頭から顔の左右両側などにかけて手拭いなどを巻いて、直射日光が当たらないようにしたり、顔を隠したりすること。「ほかぶりし・た・ どろぼー(泥棒)・が・ はい(入)っ・た。」〔⇒**ほおかぶり【頬被り】**〕

ほかほか《形容動詞や(ノ)、動詞する、名詞》 ものがやわらかくて温かい様子。体が暖まっている様子。また、そのようなもの。「ほかほかの・ べんとー(弁当)・を・ た(食)べる。」「まんじゅー(饅頭)・の・ ほかほか・が・ く(食)い・たい。」「はし(走)っ・たら・ からだ(体)・が・ ほかほかと・ し・てき・た。」

ぼかぼか《副詞に》 ①激しく殴ったり、殴られたりする様子。「ぼかぼかに・ どつい・ても・た。」②激しく攻撃したり、されたりする様子。「ぼかぼかに・ てん(点)・を・ と(取)ら・れ・て・ ま(負)け・た。」〔⇒**ぽかすか、ばかすか、ぼかすか、ぽかぽか**〕

ぽかぽか《形容動詞や(ノ)、動詞する》 体の中までとても暖かく感じられて、気持ちがよい様子。「きょー(今日)・は・ ぽかぽかし・て・ きも(気持)ち・が・ よろしー・なー。」「ふろ(風呂)・から・ あ(上)がっ・たら・ ぽかぽかし・て・ ぎゅーにゅー(牛乳)・が・ うま(美味)い。」

ぽかぽか《副詞に》 ①激しく殴ったり、殴られたりする様子。「あたま(頭)・を・ ぽかぽか・ たた(叩)い・た。」②激しく攻撃したり、されたりする様子。「ぽかぽかに・ ほーむらん(ホームラン)・を・ なんぼん(何本)・も・ う(打)っ・た。」〔⇒**ぽかすか、ばかすか、ぼかすか、ぼかぼか**〕

ほがらか【朗らか】《形容動詞や(ナ)》 気持ちや性格が明るく、わだかまりがなく快活な様子。「ほがらかな・ ひと(人)・や・さかい・ はなし(話)・を・ し・とっ・たら・ こっち・も・ きも(気持)ち・が・ えー。」

ぼかんと《副詞》 ①強く叩く様子。「はら(腹)・が・ た(立)っ・た・さかい・ ぼかんと・ なぐ(殴)っ・たっ・た。」②急に穴や口が大きく開く様子。「おーあめ(大雨)・が・ ふ(降)っ・て・ みち(道)・に・ ぼかんと・ あな(穴)・が・ あ(空)い・とる。」〔⇒**ぽかんと**〕

ぽかんと《副詞、動詞する》 ①強く叩く様子。「せなか(背中)・を・ ぽかんと・ たた(叩)か・れ・た。」②急に穴や口が大きく開く様子。「じしん(地震)・で・ みち(道)・に・ ぽかんと・ あな(穴)・が・ でけ・た。」③驚いたり呆れたりして、ぼんやりしている様子。「おー(大)きな・ とり(鳥)・が・ そら(空)・を・ と(飛)ん・でいく・の・を・ ぽかんと・ み(見)・とっ・た。」④わけがわからなくて呆然としている様子。「せつめー(説明)・が・ むつか(難)しかっ・た・さかい・ みんな(皆)・ ぽかんとし・とっ・た。」〔①②⇒**ぼかんと**〕

ほかんばち《名詞》 顔の脇、耳と口の間のやわらかく、ふっくらとしたところ。「ほかんばち・を・ たた(叩)い・て・ ねむけ(眠気)・を・ さ(覚)ます。」〔⇒**ほっぺた【頬っぺた】、ほべた【(頬べた)】**〕

ぼきっと《副詞》 ①瞬間的に折れたり、ひびが入ったりする様子。また、そのときの鈍い感じの音。「おー(大)けな・ かぜ(風)・で・ まつ(松)・の・ えだ(枝)・が・ ぼきっと・ お(折)れ・ても・た。」②細くて長いものを2つに折ったり、折れたりする様子。また、その鈍い感じの音。「は(干)し・た・ もん(物)・が・ おも(重)たすぎ・て・ さお(竿)・が・ ぼきっと・ お(折)れ・た。」〔⇒**ぽきっと**。①⇒**べきっと**。②⇒**ぼきんと、ぽきんと**〕

ぽきっと《副詞》 ①瞬間的に折れたり、ひびが入ったりする様子。また、その鋭い感じの音。「おも(重)たい・ もん(物)・を・ の(載)せ・た・さかい・ たな(棚)・の・ いた(板)・が・ ぽきっと・ お(折)れ・た。」②細くて長いものを2つに折ったり、折れたりする様子。また、その鋭い感じの音。「た(食)べ・とる・ とちゅー(途中)・で・ わりばし(割箸)・が・ ぽきっと・ お(折)れ・ても・た。」〔⇒**ぼきっと**。①⇒**べきっと**。②⇒**ぼきんと、ぽきんと**〕

ぼきぼき《副詞と》 細いものなどが次々と簡単に折れたり、ひびが入ったりする様子。細く折れやすいものを続けて折る様子。また、そのときのやや鈍い音。「き(木)・の・ えだ(枝)・を・ ぼきぼきと・ お(折)る。」〔⇒**べきべき、ぽきぽき**〕

ぽきぽき《副詞と》 細いものなどが次々と簡単に折れたり、ひびが入ったりする様子。細く折れやすいものを続けて折る様子。また、そのときの鋭い音。「はな(花)・が・ さ(咲)い・とる・ えだ(枝)・を・ ぽきぽき・ お(折)っ・たら・ あか・ん。」〔⇒**べきべき、ぼきぼき**〕

ぼきん【募金】《名詞、動詞する》 多くの人から、寄付金などを集めること。「おてら(寺)・を・ た(建)てかえる・ん・で・ ぼきん・を・ あつ(集)める。」「しんさい(震災)・に・ お(遭)ー・た・ ひと(人)・の・ ため・に・ ぼきんする。」「きょーどー(共同)ぼきん・の・ あか(赤)い・ はね(羽)・を・ つ(付)ける。」

ぼきんと《副詞》 細くて長いものを2つに折ったり、折れたりする様子。また、その鈍い感じの音。「た(食)べおわっ・た・ わりばし(割箸)・を・ ぼきんと・ お(折)る。」〔⇒**ぼきっと、ぽきっと、ぽきんと**〕

ぽきんと《副詞》 細くて長いものを2つに折ったり、折れたりする様子。また、その軽い感じの音。「すねぼん・で・ えだ(枝)・を・ ぽきんと・ お(折)る。」〔⇒**ぼきっと、ぽきっと、ぼきんと**〕

ぼく【僕】《名詞》 自分自身をさす言葉。「あんた・は・ い(行)っ・ても・ ぼく(僕)・は・ い(行)か・へん・ぞ。」◆やや改まった場合に、男性が使う言葉である。〔⇒**あし、あっし、あて、うち【内】、わたい【(私)】、わい、わし、わっし【(私)】、わたし【私】、わて、おれ【俺】、おら【(俺)】、おい【(俺)】**〕

ぼくじゅう〔ぼくじゅー〕【墨汁】《名詞》 ①墨をすった液。「ふで(筆)・を・ ぼくじゅー・に・ つ(浸)ける。」②すぐ使えるようにした墨色の液体。「ぼくじゅー・なんか・ つか(使)わ・ず・に・ じぶん(自分)・で・ すみ(墨)・を・ す(磨)り・なはれ。」

ぼくじょう〔ぼくじょー〕【牧場】《名詞》 牛・馬・羊などを放し飼いにして育てる、広いところ。「ろっこーさん(六甲山)・の・ ぼくじょー・の・ うし(牛)・を・ み(見)ー・に・ い(行)く。」

ボクシング〔ぼくしんぐ〕【英語＝boxing】《名詞》 2人

の選手が両手にグローブをはめて、正方形のリングの上で互いに相手の上半身を打ち合う競技。「てれび(テレビ)・で・　ぼくしんぐ・を・　み(見)る。」〔⇒**けんとう【拳闘】**〕

ぼくとう〔**ぼくとー**〕【木刀】《名詞》　木で、刀の形に作ったもの。「ぼくとー・で・　たた(叩)か・れ・たら・　しない(竹刀)・より・も・　いた(痛)い。」

ほくとひちせい〔**ほくとーひちせー**〕【北斗七星】《名詞》　北の空にある、柄杓の形をして並んでいる7つの星。「ほくとひちせー・は・　じっき(直)に・　み(見)つかる。」

ほくほく《形容動詞や(ノ)、動詞する》　蒸した芋などが、温かく柔らかで、おいしそうな様子。「や(焼)い・て・　ほくほくし・た・　いも(芋)・を・　た(食)べ・た。」〔⇒**ほこほこ**〕

ぼくら〔**ぼくらー**〕【僕ら】《名詞》①自分たちを指す言葉。「ぼくらー・　ふたり(二人)・で・　しかい(司会)・を・　し・ます。」②遠慮したり卑下したりする気持ちをこめて、自分自身を指す言葉。「ぼくらー・に・は・　むつか(難)しー・て・　わかり・まへ・ん。」◆①②ともに、やや改まった場合に、男性が使う言葉である。〔⇒**あしら、あっしら、あてら、うちら【内ら】、わたいら【(私ら)】、わいら【(我ら)】、わしら、わっしら【(私ら)】、わたしら【私ら】、わてら、おれら【俺ら】、おらら【(俺ら)】、おいら【(俺ら)】**〕

ほくろ【黒子】《名詞》　皮膚の表面にある、黒い小さな点。「おや(親)・に・　に(似)・た・　ところ(所)・に・　ほくろ・が・　ある。」

ほくろう〔**ほくろー、ほくろ**〕【(梟)】《名詞》　円形の頭部や目が大きく、森に住んで夜に活動する鳥。「ほくろー・の・　な(鳴)きごえ・は・　きも(気持)ち・が・　わる(悪)い。」〔⇒**ふくろう【梟】**〕

ほくろべ【綻べ】《名詞》　①衣服や靴下などが破れること。また、そうなったところ。「くつした(靴下)・の・　ほくろべ・を・　ぬ(縫)う。」②服などの縫い目が解けて隙間ができること。また、そうなったところ。「ふく(服)・の・　せなか(背中)・に・　ほくろべ・が・　でけ(出来)・た。」〔⇒**ふくろべ【(綻べ)】、ほころべ【綻べ】**〕

ほくろべる【綻べる】《動詞・バ行下一段活用》　①衣服や靴下などが破れる。「ほくろべ・た・　しゃつ(シャツ)・に・　つ(継)ぎ・を・　あ(当)てる。」②服などの縫い目が解けて隙間ができる。「ちから(力)・を・　い(入)れ・たら・　いと(糸)・が・　き(切)れ・て・　ずぼん(ズボン)・が・　ほくろべ・た。」■名詞化＝**ほくろべ【綻べ】**〔⇒**ふくろべる【(綻べる)】、ほころべる【綻べる】**〕

ぼけ【木瓜】《名詞》　春に白や赤などの花が咲き、小さな実を結ぶ、枝にとげのある低い木。「さくら(桜)・の・ころ(頃)・に・は・　ぼけ・も・　さ(咲)い・とる。」

ぼけ【呆け】《名詞、形容動詞や(ナ)》　①ぼんやりしていて、頼りないところがあること。鋭さに欠けたり手抜かりが生じたりすること。また、そのような人。「そんな・　こと・も・　し(知)ら・ん・　ぼけ・かいな。」②頭の働きが鈍くなること。記憶力が減退すること。また、そのような人。「だいぶ・　ぼけ・が・　すす(進)ん・でき・とる。」〔①⇒**ぬけ【抜け】、まぬけ【間抜け】、あほう【阿呆】、あっぽ【阿っ呆】、だぼ、ばか【馬鹿】、ぬけさく【抜け作】、あほうたれ【阿呆垂れ】、あほうだら【阿呆垂ら】、あほんだら【(阿呆垂ら)】、あほんだれ【(阿呆垂れ)】、だぼさく【だぼ作】、ぼけさく【呆け作】、ぼけなす【呆けなす】、とぼけさく【惚け作】、ばかもん【馬鹿者】、ばかたれ【馬鹿垂れ】**。②⇒**とぼけ【惚け】**〕

ほげい〔**ほげー**〕【捕鯨】《名詞》　鯨をつかまえること。「いま(今)・は・　ほげー・が・　むつか(難)しー・　じだい(時代)・に・　なっ・た。」

ほげいせん〔**ほげーせん**〕【捕鯨船】《名詞》　鯨をとるための設備をそなえて、南氷洋へ出かけていた船。「ほげーせん・は・　まえ(前)・の・　ほー(方)・から・　もり(銛)・を・　う(撃)つ。」◆「キャッチャーボート【英語＝catcher boat】」という呼び方もしていた。

ほげいぼせん〔**ほげーぼせん**〕【捕鯨母船】《名詞》　南氷洋で鯨をとる何隻もの捕鯨船の中心になる船。「となんまる(図南丸)・や・　にっしんまる(日新丸)・と・　ゆ(言)ー・　ほげーぼせん・が・　あっ・た・なー。」◆神戸港が捕鯨船団の母港になっていた時代があった。

ぼけさく【呆け作】《名詞、形容動詞や(ノ)》　ぼんやりしていて、頼りないところがあること。鋭さに欠けたり手抜かりが生じたりすること。また、そのような人。「おまえ(前)・みたいな・　ぼけさく・に・は・　たの(頼)ま・れ・へん。」〔⇒**ぬけ【抜け】、まぬけ【間抜け】、あほう【阿呆】、あっぽ【阿っ呆】、だぼ、ぼけ【呆け】、ばか【馬鹿】、ぬけさく【抜け作】、あほうたれ【阿呆垂れ】、あほうだら【阿呆垂ら】、あほんだら【(阿呆垂ら)】、あほんだれ【(阿呆垂れ)】、だぼさく【だぼ作】、ぼけなす【呆けなす】、とぼけさく【惚け作】、ばかもん【馬鹿者】、ばかたれ【馬鹿垂れ】**〕

ほけつ【補欠】《名詞》　欠員を補う予備の人。正選手でない人。「ほけつ・で・　ぜんこくたいかい(全国大会)・に・　い(行)く。」

ポケツ〔**ぽけつ**〕【英語＝pocketから】《名詞》　洋服や鞄などに付いている、小さな物入れ。「ぽけつ・に・　あめ(飴)・を・　い(入)れ・とる。」〔⇒**ポケット【英語＝pocket】、ぽっぽ、たんたん**〕

ぼけっと《副詞、動詞する》　集中力が欠けて、意識が一点に集中しない様子。間が抜けている様子。「ぼけっとし・とっ・て・　くるま(車)・に・　はね・られ・たら・　あか・ん・ぞ。」「おや(親)・が・　きゅー(急)に・　し(死)ん・で・　どない・　し・たら・　え(良)ー・の・か・　わから・ず・に・　ぼけっとし・とる。」〔⇒**ぼさっと、ぼさぼさ、ぼんやり、ぼいやり、ぼやっと、ぼやんと、ぼやぼや**〕

ポケット〔**ぽけっと**〕【英語＝pocket】《名詞》　洋服や鞄などに付いている、小さな物入れ。「ぽけっと・の・　さいふ(財布)・を・　お(落)とさ・ん・よーに・　き(気)ーつける。」〔⇒**ポケツ【英語＝pocketから】、ぽっぽ、たんたん**〕

ぼけなす【呆けなす】《名詞、形容動詞や(ノ)》　ぼんやりしていて、頼りないところがあること。鋭さに欠けたり手抜かりが生じたりすること。また、そのような人。「また(又)・　ぼけなす・が・　まちが(間違)い・やがっ・た。」〔⇒**ぬけ【抜け】、まぬけ【間抜け】、あほう【阿呆】、あっぽ【阿っ呆】、だぼ、ぼけ【呆け】、ばか【馬鹿】、ぬけさく【抜け作】、あほうたれ【阿呆垂れ】、あほうだら【阿呆垂ら】、あほんだら【(阿呆垂ら)】、あほんだれ【(阿呆垂れ)】、だぼさく【だぼ作】、ぼけさく【呆け作】、とぼけさく【惚け作】、ばかもん【馬鹿者】、ばかたれ【馬鹿垂れ】**〕

ぼける【呆ける】《動詞・カ行下一段活用》　①年をとったりして、頭の働きが鈍くなる。記憶力が減退する。「ぼける・　まえ(前)・に・　あかしほーげんしゅー(明石方言集)・を　つく(作)りあげ・てまう・　つもり・なん・や。」②知っているのに、わざと知らないふりをする。正面から対応しない。「し(知)っ・とる・くせに・　ぼけ・てくさる。」「しゃっきん(借金)・を・　たの(頼)ん・だら・　ぼけ・てけつかっ・た。」③色や形などの境目がぼんやりとなる。はっきりしなくなる。「とー(遠)く・の・　もん・が・　ぼけ・て・　よー・　み(見)え・へん。」■名詞化＝**ぼけ【呆け】**〔⇒**とぼける【惚ける】**。③⇒**ぼやける【暈ける】**〕

ほけん【保険】《名詞》　災害・病気・怪我・死亡などの偶然の出来事などによる損害を補償するために、多数の者が資金を出し合い、事故に遭遇した者に一定金額を与える制度。「せーめー(生命)ほけん・に・　い(入)る。」「かさい(火災)ほけん・を・　か(掛)ける。」

ほけんしつ【保健室】《名詞》　学校や会社などで、怪我や急病などの人に手当をしたり、健康保持のための世話をしたりするところ。「ほけんしつ・で・　やす(休)まし・てもろ・てん。」

ほご【反故】《名詞》　文字や絵などを書きつぶして不要になった紙。書く内容などを間違えた紙切れ。「しゅーじ(習字)し・て・　ぎょーさん(仰山)・　ほご・が・　でき(出来)・た。」

ほご【保護】《名詞、動詞する》　危険や損害を受けないように、弱い立場にある人やものを守ること。かばって守ること。「まいご(迷子)・に・　なっ・て・　けーさつ(警察)・に・　ほごさ・れ・とる・そーや。」

ほごしゃ【保護者】《名詞》　未成年の子どもを守り、かばう立場にある、その子どもの親、または親に代わる人。「ほごしゃ・が・　あつ(集)まっ・て・　そーだん(相談)する。」

ほこほこ《形容動詞や(ノ)、動詞する》　蒸した芋などが、温かく柔らかで、おいしそうな様子。「いも(芋)・を・　むしき(蒸器)・で・　ほこほこに・　む(蒸)す。」「や(焼)い・た・　いも(芋)・も・　ほこほこし・て・　うま(美味)い・ぞ。」〔⇒**ほくほく**〕

ぼこぼこ《副詞と、動詞する》　窪みや穴などがたくさんある様子。「ぼこぼこし・た・　いわ(岩)・や・さかい・　ある(歩)きにくい。」

ぼこぼこ《形容動詞や(ノ)》　続けざまに思い切り殴りつける様子。「はら(腹)・が・　た(立)っ・た・さかい・　ぼこぼこに・　い・ても・たっ・た。」「からだ(体)じゅう・を・　ぼこぼこに・　なぐ(殴)る。」

ぽこぽこ《副詞と》　①軽い音をたてるように打ち鳴らす様子。また、その音。「たいこ(太鼓)・を・　ぽこぽこ・　たた(叩)く。」②水中から大きな泡などが次々と浮き上がる様子。また、そのときに発する音。「おんせん(温泉)・が・　ぽこぽこと・　わ(湧)い・とる。」

ほこり【埃】《名詞》　舞い上がるほどの細かな粉末や粒子となって飛び散っている、小さなもの。また、それが舞い降りて、たまったもの。「そーじ(掃除)し・とっ・て・　ほこり・が・　め(目)・に・　はい(入)っ・た。」「くるま(車)・が・　はし(走)っ・て・　ほこり・が・　た(立)っ・た。」〔⇒**ちり【塵】**〕

ほころべ【綻べ】《名詞》　①衣服や靴下などが破れること。また、そうなったところ。「ずぼん(ズボン)・の・　ほころべ・に・　つ(継)ぎ・を・　あ(当)てる。」②服などの縫い目が解けて隙間ができること。また、そうなったところ。「いと(糸)・が・　き(切)れ・て・　ほころべ・に・　なっ・とる。」〔⇒**ほくろべ【綻べ】**、**ふくろべ【(綻べ)】**〕

ほころべる【綻べる】《動詞・バ行下一段活用》　①衣服や靴下などが破れる。「そでぐち(袖口)・が・　ほころべ・てき・た。」②服などの縫い目が解けて隙間ができる。「つくなん・だら・　ずぼん(ズボン)・が・　ほころべ・た。」■名詞化＝**ほころべ【綻べ】**〔⇒**ほくろべる【綻べる】**、**ふくろべる【(綻べる)】**〕

ぽこんと《副詞》　①ものをたたいたり、何かを投げつけたりしたときに出る鈍い音。「あきかん(空缶)・を・　お(落)とし・たら・　ぽこんと・　おと(音)・が・　し・た。」②大きく窪んだり、穴があいたりする様子。また、そのときに出る音。「みち(道)・に・　ぽこんと・　あな(穴)・が・　あい・た。」

ほざく《動詞・カ行五段活用》　勝手気ままにしゃべる。「じぶん(自分)・に・　つごー(都合)・の・　え(良)ー・　こと・を・　ほざい・てけつかる。」◆他人が言っていることを悪し様に述べるときに使う言葉である。

ぼさっと《副詞、動詞する》　集中力が欠けて、意識が一点に集中しない様子。間が抜けている様子。「ぼさっとし・とっ・て・　けーさん(計算)・を・　まちが(間違)え・た。」「ぼさっとし・たら・　こける・ぞ。」〔⇒**ぼけっと、ぼさぼさ、ぼんやり、ぼいやり、ぼやっと、ぼやんと、ぼやぼや**〕

ぼさぼさ《副詞と、形容動詞や(ノ)、動詞する》　①集中力が欠けて、意識が一点に集中しない様子。間が抜けている様子。「ぼさぼさし・とっ・たら・　くるま(車)・に・　はね・られる・ぞ。」②まとまっていたものが、ばらばらに乱れている様子。髪の毛などをきちんと整えていない様子。「ねお(寝起)き・で・　あたま(頭)・の・　け(毛)・が・　ぼさぼさし・とる。」「ふで(筆)・の・　さき(先)・が・　ぼさぼさで・　か(書)きにくい。」〔①⇒**ぼけっと、ぼさっと、ぼんやり、ぼいやり、ぼやっと、ぼやんと、ぼやぼや**。②⇒**ばさばさ**〕

ほし【星】《名詞》　①夜空に、小さく輝いて見える天体。「きょー(今日)・は・　くも(雲)・が・　かかっ・て・　ほし・が・　で(出)・とら・ん・なー。」②小さく丸い形の点。「め(目)ー・の・　なか(中)・に・　ほし・が・　でき(出来)・た。」〔①⇒**ほっさん【(星さん)】**、**おほっさん【(お星さん)】**〕

ぼし【母子】《名詞》　母親と子ども。「ぼし・　とも(共)に・　げんき(元気)や・そーや。」「ぼしてちょー(手帳)・を・　もら(貰)う。」

ほしい〔ほしー〕【欲しい】《形容詞・イイ型》　手に入れたい。自分のものにしたい。「もー・　ちょっと(一寸)・　よけー(余計)に・　きゅーりょー(給料)・が・　ほしー。」

ほしい〔ほしー〕【欲しい】《補助形容詞・イイ型》　⇒**てほしい【て欲しい】《補助形容詞》を参照**

ほしか【干鰯】《名詞》　脂肪を絞ったあとの鰯などを干した肥料。「たんぼ(田圃)・の・　こ(肥)え・に・　ほしか・を・　い(入)れる。」

ほしがき【干し柿】《名詞》　甘くするために、渋柿の皮をむいて干したもの。「しょーがつ(正月)・に・　ほしがき・を・　た(食)べる。」〔⇒**つるしがき【吊るし柿】**、**つるし【吊るし】**〕

ほしがり【欲しがり】《名詞》　人の持っているものを、何でも欲しそうにする人。「ほしがり・に・　み(見)せ・たら・　くれ・と・　ゆ(言)ー・ぞ。」

ほしがる【欲しがる】《動詞・ラ行五段活用》　人の持っているものを、何でも欲しそうにする。「ひと(人)・の・　もん(物)・を・　ほしがっ・たら・　あき・まへ・ん。」■名詞化＝**ほしがり【欲しがり】**

ほしくさ【干し草】《名詞》　家畜の餌にするために、刈り取って干した草。「ほしくさ・を・　にわ(庭)・で・　かわ(乾)かす。」

ほじくる《動詞・ラ行五段活用》 ①つつくようにして、中のものを取り出す。また、そのようにして食べる。「みみ(耳)・を・　ほじくっ・て・　みみくそ(耳糞)・を・　と(取)る。」「かい(貝)・を・　ほじくっ・て・　み(身)・を・　だ(出)し・て・　く(食)う。」②人の秘密や欠点などを、ささいなことまで探す。「わたし(私)・の・　こ(小)まい・　とき(時)・の・　こと・を・　あんまり・　ほじくら・んとい・てんか。」〔⇒**ほじる、ほでる、ほでくる**。①⇒**せせる、せせくる**〕

ほしざお【干し竿】《名詞》 洗濯物を吊したり掛けたりして乾かすための、棒状の長い道具。「あめ(雨)・が・　ふ(降)っ・てき・た・さかい・　ほしざお・の・　もん(物)・を・　と(取)りいれる。」〔⇒**ものほしざお**【物干し竿】、**ものほし**【物干し】〕

ほしぞら【星空】《名詞》 星が輝いている、晴れた夜の空。「きょー(今日)・は・　きれー(綺麗)な・　ほしぞら・や・なー。」

ほしたら《接続詞》 前の事柄を受けて、後ろの事柄に影響が及んでいくことを表す言葉。「ほしたら・　みんな(皆)・で・　べんしょー(弁償)する・　こと・に・　し・まほ・か。」〔⇒**ほたら、ほた、ほいたら、へたら、へた、そうしたら、そしたら**〕

ほしなる【欲しなる】《動詞・ラ行五段活用》 手に入れたい、自分のものにしたいと思う気持ちになる。「もけー(模型)・の・　でんしゃ(電車)・が・　ほしなっ・てん。」

ほしもん【干し物】《名詞、動詞する》 保存するための食べ物や、洗濯した衣類などを、日に干して乾かすこと。日に干して乾かしているもの。「べらんだ(ベランダ)・で・　ほしもん・を・　する。」「きゅー(急)な・　あめ(雨)・で・　ほしもん・が・　ぬ(濡)れ・ても・た。」

ぼしゅう〔**ぼしゅー**〕【募集】《名詞、動詞する》 人やものや作品などを、大勢の人に呼びかけて集めること。「じしん(地震)・の・　みまいきん(見舞金)・を・　ぼしゅーする。」

ほじょ【補助】《名詞、動詞する》 足りない物やお金などを補って助けること。また、その物やお金など。「ほーげんしゅー(方言集)・を・　だ(出)す・の・に・　だい(誰)・ぞ・　ほじょし・てくれ・たら・　うれ(嬉)しー・ねん・けど・なー。」

ほしょうにん〔**ほしょーにん**〕【保証人】《名詞》 お金を借り入れる人や、就職や進学などをする人に関して、身元や人柄などに間違いがないことを請け合って、いざの場合の責任を引き受ける人。「むすこ(息子)・の・　ほしょーにん・に・　なっ・てやっ・てくれ・ませ・ん・か。」

ほじる《動詞・ラ行五段活用》 ①つつくようにして、中のものを取り出す。また、そのようにして食べる。「はな(鼻)・の・　あな(穴)・を・　ほじる。」②人の秘密や欠点などを、ささいなことまで探す。「ほじっ・ても・　ないしょごと(内緒事)・は・　なん(何)・も・　あら・へん・よ。」〔⇒**ほじくる、ほでる、ほでくる**。①⇒**せせる、せせくる**〕

ほす【干す】《動詞・サ行五段活用》 太陽や火にあてて、水分や湿気などを取り除くようにする。「せんたくもん(洗濯物)・を・　さお(竿)・に・　ほす。」〔⇒**かわかす**【乾かす】〕

ポスター〔**ぽすたー**〕【英語＝poster】《名詞》 大勢の人に宣伝するために、絵や文などを書いた大形の張り紙。「うんどーかい(運動会)・の・　ぽすたー・を・　つく(作)る。」

ポスト〔**ぽすと**〕【英語＝post】《名詞》 ①街角や郵便局などに設けられている、手紙・葉書などを出すために入れる箱。「はがき(葉書)・を・　ぽすと・に・　い(入)れ・に・い(行)く。」②手紙・葉書や新聞などを受け取るために、家庭で設けた箱。「ゆーかん(夕刊)・を・　ぽすと・から・　と(取)っ・てくる。」〔⇒**ゆうびんポスト**【郵便＋英語＝post】〕

ボストンバック〔**ぼすとんばっく**〕【英語＝Boston bag】《名詞》 底が長方形で、中ほどが膨らんだ形になっている旅行用の鞄。「も(持)っ・ていく・　もん(物)・を・　ぼすとんばっく・に・　つ(詰)める。」

ほそい【細い】《形容詞・オイ型》 ①円柱に近い形のものの周りが小さい。「ほそい・　たけ(竹)・が・　は(生)え・とる。」②面状に長く伸びているものの幅が狭い。「みち(道)・が・　ほそー・て・　うんてん(運転)し・にくい。」③声に重みがなく、弱々しい。「ほそい・　こえ(声)・で・　しゃべ(喋)っ・とる。」④力が弱い。「しんけー(神経)・が・　ほそい・　ひと(人)・や。」「しょく(食)・が・ほそい。」■対語＝「ふとい【太い】」

ほそいめ【細いめ】《名詞、形容動詞や(ノ)》 ①ものの周りが、少し細いこと。比較的細いと思われること。「ほそいめの・　ずぼん(ズボン)・を・　は(履)く。」②ものの幅が、少し細いこと。比較的細いと思われること。「まー(周)り・を・　ほそいめの・　せん(線)・で・　かこ(囲)む。」③ものの厚みが、少し細いこと。比較的細いと思われること。「ほそいめの・　もんだいしゅー(問題集)・を・　か(買)う。」■対語＝「ふとめ【太め】」「ふといめ【太いめ】」〔⇒**ほそめ**【細め】〕

ほそう〔**ほそー**〕【舗装】《名詞、動詞する》 道路の表面を、煉瓦・コンクリート・アスファルトなどで固めること。「また・　ほそー・を・　ほ(掘)りかえし・て・　こーじ(工事)・を・　し・とる。」

ほそかっぴん【細かっぴん】《形容動詞や(ノ)、名詞》 痩せて骨張って見えて、体重が少ないこと。また、そのような人。「ほそ(細)い・　ずぼん(ズボン)・を・　は(履)い・た・　ほひかっぴんの・　おとこ(男)・が・　ある(歩)い・とる。」〔⇒**ほそかんぴん**【細かんぴん】、**ほそかっぴん**【細かっぴん】、**ほそっぴん**【細っぴん】、**ほそかんぴんたん**【細かんぴんたん】、**やせぼし**【痩せ干し】、**やせかんぴんたん**【痩せかんぴんたん】、**やせぎす**【痩せぎす】、**やせ**【痩せ】〕

ほそかんぴん【細かんぴん】《形容動詞や(ノ)、名詞》 痩せて骨張って見えて、体重が少ないこと。また、そのような人。「めし(飯)・を・　く(食)う・　りょー(量)・が・すけ(少)ない・さかい・　ほそかんぴんや。」〔⇒**ほそかんぴん**【細かんぴん】、**ほそかっぴん**【細かっぴん】、**ほそっぴん**【細っぴん】、**ほそかんぴんたん**【細かんぴんたん】、**やせぼし**【痩せ干し】、**やせかんぴんたん**【痩せかんぴんたん】、**やせぎす**【痩せぎす】、**やせ**【痩せ】〕

ほそかんぴんたん【細かんぴんたん】《形容動詞や(ノ)、名詞》 痩せて骨張って見えて、体重が少ないこと。また、そのような人。「かぜ(風)・が・　ふ(吹)い・たら・と(飛)ば・され・そーな・　ほそかんぴんたんや。」〔⇒**ほそかんぴん**【細かんぴん】、**ほそかっぴん**【細かっぴん】、**ほそっぴん**【細っぴん】、**ほそかんぴんたん**【細かんぴんたん】、**やせぼし**【痩せ干し】、**やせかんぴんたん**【痩せかんぴんたん】、**やせぎす**【痩せぎす】、**やせ**【痩せ】〕

ほそじ【細字】《名詞》 線の幅が狭く書いてある文字。「ほそじ・を・ か(書)く・ ふで(筆)・を・ か(買)う。」■対語＝「ふとじ【太字】」

ぼそっと《副詞》 小声で、たった一言をつぶやくように話す様子。感情を込めないで無愛想に、短い言葉で言う様子。「がっこー(学校)・へ・ い(行)き・とー・ない・と・ ぼそっと・ ゆ(言)ー・た。」◆沈んだ低い声であることが多い。

ほそっぴん【細っぴん】《形容動詞や(ノ)、名詞》 痩せて骨張って見えて、体重が少ないこと。また、そのような人。「ほそっぴんの・ いぬ(犬)・は・ よわ(弱)・そーに・ み(見)える。」〔⇒**ほそかんぴん**【細かんぴん】、**ほそかっぴん**【細かっぴん】、**ほそっぴん**【細っぴん】、**ほそかんぴんたん**【細かんぴんたん】、**やせぼし**【痩せ干し】、**やせかんぴんたん**【痩せかんぴんたん】、**やせぎす**【痩せぎす】、**やせ**【痩せ】〕

ほそながい【細長い】《形容詞・アイ型》 幅に比べて長さの数値が大きい。痩せていて、背丈が大きい。「ほそながい・ かみ(紙)・に・ ひょーご(標語)・を・ か(書)く。」■対語＝「ふとみじかい【太短い】」「ふとみしかい【(太短い)】」〔⇒**ながぼそい**【長細い】〕

ほそなる【細なる】《動詞・ラ行五段活用》 ①それまでよりも幅が小さくなる。「みち(道)・が・ だんだん(段々)と・ ほそなっ・とる。」②体の肉付きが少なくなって、体重が減る。「なつや(夏痩)せ・を・ し・て・ ほそなっ・た。」■対語＝「ふとなる【太なる】」、②「ふとる【太る】」「こえる【肥える】」〔⇒**ほそる**【細る】。②⇒**やせる**【痩せる】〕

ほそびき【細引き】《名詞》 丈夫で細い麻縄。「にもつ(荷物)・を・ ほそびき・で・ くく(括)る。」

ほそぼそ【細々】《副詞と》 ①とても幅が狭い様子。「やまみち(山道)・が・ ほそぼそと・ つづ(続)い・とる。」②とうやらこうやら暮らしているという様子。「ほそぼそと・ し・た・ せーかつ(生活)・を・ し・とり・ます。」③かすかにそれを続けている様子。「ずーっと・ まえ(前)・から・ ほそぼそと・ あかしほーげんしゅー(明石方言集)・を・ つく(作)りつづけ・とる・ねん。」

ぼそぼそ《副詞と》 聞き取れないような小声でつぶやくように話す様子。無愛想に、感情を込めないで話す様子。「ぼそぼそ・ ゆ(言)ー・とっ・たら・ なに(何)・を・ ゆ(言)ー・とる・ん・か・ わから・へん・やないか。」「ぼそぼそと・ わけ(訳)・の・ わから・ん・ はなし(話)・を・ き(聞)かさ・れ・た。」◆沈んだ低い声であることが多い。「ぼそっと」が短い言葉で言うのに対して、「ぼそぼそ」は連続した言葉を述べることを言うという違いがある。〔⇒**もそもそ**〕

ほそみじかい【細短い】《形容詞・アイ型》 幅が狭くて長さが小さい。「ほそみじかい・ ずぼん(ズボン)・を・ は(履)く。」

ほそめ【細目】《名詞》 くりくりした目ではなく、細長い目。「ほそめ・を・ あ(開)け・て・ あた(辺)り・の・ よーす(様子)・を・ み(見)る。」◆類似の言葉に「うすめ【薄目】」があるが、「うすめ」は「あける【開ける】」ものであり、「ほそめ」は目を開けていても細いのである。

ほそめ【細め】《名詞、形容動詞や(ノ)》 ①ものの周りが、少し細いこと。比較的細いと思われること。「ほそめの・ しゃつ(シャツ)・を・ き(着)る。」②ものの幅が、少し細いこと。比較的細いと思われること。「かんかく(間隔)・を・ ほそめに・ する。」③ものの厚みが、少し細いこと。比較的細いと思われること。「ほそめの・ ほん(本)・が・ よ(読)みやすい。」■対語＝「ふとめ【太め】」「ふといめ【太いめ】」〔⇒**ほそいめ**【細いめ】〕

ほそや【細家】《名詞》 家と家の隙間が細くて、わずかに人が通れるようになっている路地。「ほそや・は・ かぜ(風)・が・ とー(通)っ・て・ すず(涼)しー。」

ほそる【細る】《動詞・ラ行五段活用》 ①それまでよりも幅が小さくなる。「ろじ(路地)・の・ さき(先)・が・ ほそっ・て・ い(行)きどまり・に・ なっ・た。」②体の肉付きが少なくなって、体重が減る。「や(痩)せ・て・ ほそっ・て・ ずぼん(ズボン)・が・ だぶだぶに・ なっ・た。」③それまでよりも量が少なくなる。「おじー(祖父)さん・は・ このごろ・ しょく(食)・が・ ほそっ・てき・た。」■対語＝「ふとなる【太なる】」、②「ふとる【太る】」「こえる【肥える】」〔①②⇒**ほそなる**【細なる】。②⇒**やせる**【痩せる】〕

ほた《接続詞》 前の事柄を受けて、後ろの事柄に影響が及んでいくことを表す言葉。「ほた・ あと(後)・で・ もんく(文句)・を・ い(言)わ・れる・かもしれん。」〔⇒**ほたら、ほしたら、ほいたら、へたら、へた、そうしたら、そしたら**〕

ほたえる《動詞・ア行下一段活用》 ①人を楽しませるために、おどけたことを言ったり、騒いだりする。戯れて遊ぶ。「きょーだい(兄弟)・で・ ほたえ・て・ あそ(遊)ん・どる。」「ざしき(座敷)・で・ ほたえ・て・ はし(走)りまわっ・たら・ あか・ん・がな。」②真面目でない取り組み方をする。真剣でないような振る舞いをする。「ほたえ・た・ こたえ(答)・を・ ゆ(言)ー・とっ・たら・ しょーち(承知)せー・へん・ぞ。」③犬や猫などが、相手やおもちゃなどに戯れて遊ぶ。「ねこ(猫)・に・ ぼーる(ボール)・を・ やっ・たら・ ずっと・ ほたえ・とる。」〔⇒**じゃれる**。①②⇒**ふざける**〕

ぼたっと《副詞》 水滴や、水分を含んだ小さなかたまりなどが、鈍い音をたてて落ちる様子。また、その音。「ふで(筆)・の・ さき(先)・から・ ぼくじゅー(墨汁)・が・ ぼたっと・ お(落)ち・た。」◆連続して落ちる場合は「ぼたぼた」「ぼとぼと」と言う。

ぽたっと《副詞》 水滴や、水分を含んだ小さなかたまりなどが、軽く落ちる様子。また、そのときの音。「ばら(薔薇)・の・ はなびら(花弁)・が・ ぽたっと・ お(落)ちる。」◆連続して落ちる場合は「ぽたぽた」「ぽとぽと」と言う。

ぼたぼた《副詞と・に》 ①水や液体が、続けざまにしたたり落ちる様子。また、その音。「けが(怪我)・を・ し・て・ ち(血)ー・が・ ぼたぼた・ で(出)・た。」②体などがずぶぬれである様子。「いけ(池)・に・ はまっ・て・ ぼたぼたに・ なっ・た。」〔⇒**ぼとぼと**、①⇒**ぽとぽと、ぽたぽた**〕

ぽたぽた《副詞と・に》 水や液体が、間隔をおいて落ちる様子。また、その音。「すいどー(水道)・の・ みず(水)・が・ ぽたぽたと・ お(落)ち・とる。」〔⇒**ぼとぼと、ぽとぽと、ぼたぼた**〕

ぼたもち【牡丹餅】《名詞》 ①餅米とうるち米とを混ぜて炊いた飯を軽くついて丸め、餡を入れたりきな粉でまぶしたりしたもの。「ぼたもち・を・ く(食)いすぎ・て・ むねや(胸焼)け・が・ する。」②薄く伸ばした餅の皮で、小豆の餡を包んだ和菓子。大福餅。「あかしめーぶつ(明石名物)・の・ ぼたもち・を・ ぶんだい(分大)・と・ ゆ(言)ー・ねん。」〔①⇒**おはぎ**【御萩】。②⇒**ぶんだい**【分大】、**ぶんだいもち**【分大餅】〕

ほたら《接続詞》 前の事柄を受けて、後ろの事柄に影響が及んでいくことを表す言葉。「みんな(皆)・が・ そない・ ゆ(言)ー・の・やっ・たら・ ほたら・ そない・しょ・ー・か。」〔**⇒ほた、ほしたら、ほいたら、へたら、へた、そうしたら、そしたら**〕

ほたる【蛍】《名詞》 夏の頃に尾のあたりから青白い光を出して飛ぶ、水辺に住む虫。「ほたる・を・ あんまり・み(見)・ん・よーに・ なっ・ても・た。」〔**⇒ほおたる【蛍】**〕

ぼたん【牡丹】《名詞》 古くから観賞用として栽培されてきた、初夏に赤・紫・白などの八重の大きな花を咲かせる木。「にしおか(西岡)・の・ やくしいん(薬師院)・は・ぼたん・で・ ゆーめー(有名)や。」

ボタン〔ぼたん〕【ポルトガル語= botão】《名詞》 洋服やシャツなどの重なる部分の一方に付けて、他方の穴などに通して、衣服などの合わせ目を留めるのに用いるもの。「せびろ(背広)・の・ ぼたん・が・ と(取)れ・た。」〔**⇒はぜ**〕

ボタン〔ぼたん〕【英語= button】《名詞》 指で押して、ベルを鳴らしたり、機械類を動かしたり止めたりする、小さな突起物。「げんかん(玄関)・に・ ある・ ぼたん・を・ お(押)す。」

ぼたんと《副詞》 水滴や、水分を含んだ小さなかたまりなどが、重たげに落ちる様子。また、その音。「つ(積)もっ・た・ ゆき(雪)・が・ やね(屋根)・から・ ぼたんと・ お(落)ち・た。」

ぽたんと《副詞》 水滴や、水分を含んだ小さなかたまりなどが、軽く落ちる様子。また、その音。「かぜ(風)・が・ ふ(吹)い・て・ つばき(椿)・の・ はな(花)・が・ぽたんと・ お(落)ち・た。」

ぼたんゆき【牡丹雪】《名詞》 ふっくらと大きなかたまりで降る雪。「きょー(今日)・の・ ゆき(雪)・は・ ぼたんゆき・や。」

ぽちぶくろ【ぽち袋】《名詞》 心付けなどを入れる、小さな紙袋。小型の祝儀袋。「ぽちぶくろ・に・ い(入)れ・て・ まご(孫)・に・ おとしだま(年玉)・を・ やる。」

ぼちぼち《形容動詞や(ノ)》 ①商売があまり繁盛していない様子。「う(売)りあげ・の・ ほー(方)・は・ ぼちぼちや・なー。」②十分ではないが、まずまず良好であると思われる様子。「ぼちぼち・ え(良)ー・ あじ(味)・に・なっ・てき・た。」◆語幹だけの副詞的な用法もある。〔**⇒ぼつぼつ。②⇒ほどほど【程々】、まあまあ、そこそこ**〕

ぼちぼち《副詞》 ①ものごとにゆっくり取りかかる様子。ものごとがゆっくり始まる様子。「ぼちぼち・ はじ(始)め・んと・ し(締)めきり・に・ ま(間)・に・ あ(合)わ・ん・よー・に・ なる。」②ゆっくりと動いている様子。ゆっくりと経過している様子。「しごと(仕事)・は・ ぼちぼち・ やっ・とり・ます。」③その時刻、時期、状態になりつつある様子。「ぼちぼち・ つゆ(梅雨)・に・ はい(入)る・ん・やろ・なー。」〔**⇒ぼつぼつ、そろそろ**〕

ぼちゃんと《副詞》 ①水が勢いよく跳ね返る様子。また、その音。「こい(鯉)・が・ は(撥)ね・て・ ぼちゃんと・おと(音)・が・ し・た。」②水に飛び込んだり、水にものが落ちたりする様子。また、その音。「ぶーる(プール)・に・ いきなり・ ぼちゃんと・ と(飛)びこむ。」〔**⇒ばちゃんと、ぱちゃんと、ぽちゃんと**〕

ぽちゃんと《副詞》 ①水が勢いよく跳ね返る様子。また、その小さな音。「みぞ(溝)・を・ いきお(勢)いよく・ぽちゃんと・ みず(水)・が・ なが(流)れる。」②水に飛び込んだり、水にものが落ちたりする様子。また、その小さな音。「かえる(蛙)・が・ いけ(池)・に・ ぽちゃんと・ はまっ・た。」〔**⇒ばちゃんと、ぱちゃんと、ぼちゃんと**〕

ほちょ【(包丁)】《名詞》 食べ物や、その材料を切るのに使う、平たくて薄い刃物。「といし(砥石)・で・ ほちょ・を・ と(研)ぐ。」〔**⇒ほうちょう【包丁】**〕

ほっきょく【北極】《名詞》 地球の北の端。また、その辺りの寒い地域。「ほっきょく・の・ こーり(氷)・が・ と(溶)け・よる・ん・やて。」■対語=「なんきょく【南極】」

ホック〔ほっく〕【英語= hook】《名詞》 衣服などの合わせ目をとめる凸型と凹型の、対になった小さな留め金。スナップ。「せなか(背中)・の・ ほっく・が・ と(留)めにくい。」〔**⇒ぺっちん、ぴっちん**〕

ぽっくり《名詞》 台の底をくり抜いて、後ろを丸くして前のめりにした、子供向けの下駄。「ぽっくり・を・は(履)い・て・ ぼんおど(盆踊)り・に・ い(行)く。」〔**⇒こっぽり、こっぽりげた【こっぽり下駄】**〕

ほっさん【(星さん)】《名詞》 夜空に、小さく輝いて見える天体。「ほっさん・を・ み(見)・ながら・ いえ(家)・に・かい(帰)る。」◆親しみを込めた、あるいは感謝や敬意を込めた言い方。〔**⇒ほし【星】、おほっさん【(お星さん)】**〕

ほっそり《副詞と、動詞する》 細くてすらりとしている様子。細くて見栄えの良い様子。体格がきゃしゃな様子。「ほっそりし・た・ からだ(体)・の・ むすめ(娘)はん・や。」

ほったらかし【放ったらかし】《名詞、形容動詞や(ノ)》 ①そのままの状態で放置すること。捨てて顧みないこと。「しくだい(宿題)・を・ ほったらかしに・ し・て・あそ(遊)ん・どる。」②ものごとを途中で止めて放棄すること。「しごと(仕事)・を・ ほったらかしに・ し・て・お(居)ら・ん・よーに・ なっ・た。」〔**⇒ほっちらかし【放っ散らかし】**〕

ほったらかす【放ったらかす】《動詞・サ行五段活用》 ①そのままの状態で放置する。うち捨てておく。「こんな・ とこ(所)・に・ じてんしゃ(自転車)・を・ ほったらかし・とる。」「へんじ(返事)・を・ せ・んと・ ほったらかし・た・ まま・や。」②ものごとを途中で止めて放棄する。「しごと(仕事)・を・ ほったらかし・て・ なに(何)・を・ し・とる・ん・や。」「しくだい(宿題)・を・ほったらかし・て・ てれび(テレビ)・を・ み(見)る。」■名詞化=**ほったらかし【放ったらかし】**〔**⇒ほかす【放下す】、ほっちらかす【放っ散らかす】、ほっとく【放っとく】、ほりなげる【放り投げる】。①⇒すてる【捨てる】、してる【(捨てる)】、ちゃいする、ぽいする、ぶつける。②⇒ほる【放る】、ほりだす【放り出す】、ほんだす【放ん出す】**〕

ほっちっち【放っちっち】《形容動詞や(ノ)》 そのままの状態で放置している様子。かまったり関心を持ったりしない様子。「みんな(皆)・に・ ほっちっちに・ さ・れ・た。」「かも・てくれる・な。ほっちっちに・ し・とい・てんか。」◆やや、ふざけた感じの言い方である。

ぽっちゃり《副詞と、動詞する》 若い女性が少し肥えて、ふくよかで愛嬌のある様子。「ぽっちゃりし・て・ かい(可愛)らしー・ まご(孫)はん・や・なー。」

ほっちらかし【放っ散らかし】《名詞、形容動詞や(ノ)》 ①そのままの状態で放置すること。捨てて顧みないこと。「かばん(鞄)・なんか・ ほっちらかしで・ あそ

(遊)ん・どる。」②投げ散らかすこと。乱雑なままにしておくこと。「へやじゅー(部屋中)・ なんやかや・ ほっちらかしに・ し・とる。」③ものごとを途中で止めて放棄すること。「わから・ん・さかい・ しくだい(宿題)・を・ ほっちらかしに・ し・た。」〔①③⇒**ほったらかし**【放ったらかし】〕

ほっちらかす【放っ散らかす】《動詞・サ行五段活用》 ①そのままの状態で放置する。うち捨てておく。乱雑なままにしておく。「かばん(鞄)・を・ ざしき(座敷)・に・ ほっちらかし・とる。」「いえじゅー(家中)・ ごみ(塵)・を・ ほっちらかし・とる。」②ものごとを途中で止めて放棄する。「しごと(仕事)・を・ ほっちらかし・て・ やきゅー(野球)・の・ ちゅーけー(中継)・を・ み(見)る。」■名詞化=**ほっちらかし**【放っ散らかし】〔⇒**ほかす**【放下す】、**ほったらかす**【放ったらかす】、**ほっとく**【放っとく】、**ほりなげる**【放り投げる】。①⇒**すてる**【捨てる】、**してる**【(捨てる)】、**ちゃいする**、**ぽいする**、**ぶつける**。②⇒**ほる**【放る】、**ほりだす**【放り出す】、**ほんだす**【放ん出す】〕

ぼってり《副詞と、動詞する》 厚くふっくらして、肉付きが豊かである様子。「あいつ(彼奴)・は・ このごろ(頃)・ だいぶ(大分)・ ぼってりし・てき・た・みたいや。」

ほっと《副詞、動詞する》 ①安心したり、緊張から解き放たれたりする様子。また、そんなときに太く息をつく様子。「あの・ はなし(話)・は・ まちが(間違)い・やっ・た・と・ き(聞)ー・て・ ほっとし・た。」②うんざりする様子。ものごとを持て余している様子。また、そんなときにため息をつく様子。「あつ(暑)ー・て・ ほっとし・て・ しごと(仕事)・も・ でけ・へん。」「にっちょー(日曜)・も・ しゅっきん(出勤)・や・さかい・ ほっとし・とる・ねん。」

ぽっと《副詞》 ①急に現れる様子。「ま(曲)がりかど(角)・から・ じてんしゃ(自転車)・が・ ぽっと・ で(出)・てき・た・さかい・ びっくりし・た。」②急に日が射したり、火が見えたりする様子。「おひ(日)さん・が・ くも(雲)・の・ あいだ(間)・から・ ぽっと・ かお(顔)・を・ だ(出)し・た。」③急に煙や炎が立ち上る様子。「かんなくず(鉋屑)・に・ ぽっと・ ひ(火)・が・ つく。」

ほっとく【放っとく】《動詞・カ行五段活用》 ①そのままの状態で放置する。うち捨てておく。乱雑なままにしておく。「まー(周)り・から・ ごじゃごじゃ・ い(言)わ・んと・ ほっとい・てんか。」「う(植)え・て・ ほっとい・たら・ め(芽)・が・ で(出)・てき・た。」「こんな・とこ(所)・に・ ごみ(塵)・を・ ほっとい・たら・ みぐる(見苦)しー・ぞ。」②ものごとを途中で止めて放棄する。「しごと(仕事)・を・ ほっとい・たら・ あか・ん・やない・か。」〔⇒**ほかす**【放下す】、**ほったらかす**【放ったらかす】、**ほっちらかす**【放っ散らかす】、**ほりなげる**【放り投げる】。①⇒**すてる**【捨てる】、**してる**【(捨てる)】、**ちゃいする**、**ぽいする**、**ぶつける**。②⇒**ほる**【放る】、**ほりだす**【放り出す】、**ほんだす**【放ん出す】〕

ほっとけさん【(仏さん)、放っとけさん】《名詞》 ①亡くなった人のことを、ややふざけて言う言葉。「おぼん(盆)・と・ ひがん(彼岸)・に・ なっ・たら・ ほっとけさん・に・ まい(詣)る。」②放っておく、ということをふざけて言う言葉。「あいつ(彼奴)・の・ こと・は・ほっとけさん・に・ し・とこ。」

ぽっとで〔**ぽっとでー**〕【ぽっと出】《名詞》 急に頭角をあらわしてきた者。成り上がり者。「ぽっとでー・で・ ゆーめー(有名)に・ なっ・た・ やくしゃ(役者)・や・けど・ ちから(力)・は・ ない・やろ・なー。」

ホッピング〔**ほっぴんぐ**〕【英語= hopping】《名詞》 一本足の形で、ペダルのようなところに両足を載せて跳び上がって遊ぶ遊具。「ほっぴんぐ・で・ なが(長)い・こと・ と(跳)べる・ きょーそー(競争)・を・ する。」

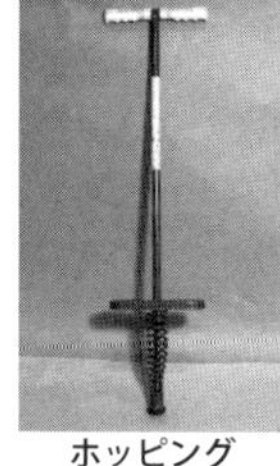
ホッピング

ほっぺた【頬っぺた】《名詞》 顔の脇、耳と口の間のやわらかく、ふっくらとしたところ。「さぶ(寒)ー・て・ ほっぺた・が・ ま(真)っかっかに・なっ・とる。」「ほっぺた・を・ ふく(膨)らし・て・ おこ(怒)っ・とる。」〔⇒**ほべた**【(頬べた)】、**ほかんばち**〕

ぽっぽ〔**ぽっぽー**〕《名詞》 ①機関車にひかれて線路を走る列車。「けむり(煙)・を・ は(吐)い・て・ ぽっぽ・が・き(来)・た。」「ぽっぽー・に・ の(乗)っ・て・ おんせん(温泉)・へ・ い(行)く。」②エンジンの力で車輪を回して道路を進む乗り物。「ぽっぽ・が・ はし(走)っ・とる・ みち(道)・は・ き(気)ーつけ・なはれ。」◆幼児語。①は、ときには、電車のことにも使う。〔①⇒**きしゃ**【汽車】、**きしゃぽっぽ**【汽車ぽっぽ】、**しゅっぽっぽ**、**しっぽっぽ**、**しゅっぽ**。②⇒**じどうしゃ**【自動車】、**じとうしゃ**【(自動車)】、**ぷっぷ**、**ぶうぶう**、**くるま**【車】〕

ぽっぽ《名詞》 ①洋服や鞄などに付いている、小さな物入れ。「て(手)ー・を・ ぽっぽ・に・ い(入)れる。」②身につけている着物の胸にあたる部分の内側。「ぽっぽ・が・ さむ(寒)かっ・たら・ かぜ(風邪)・を・ ひく・ぞ。」③自分が持っている金。自分が自由に使える金。「ぽっぽ・が・ さび(寂)しー・て・ かいもん(買物)・は・ でけ・へん。」④他人のものや公のものを、自分のものにしてしまうこと。「ひと(人)・の・ かね(金)・を・ じぶん(自分)・の・ ぽっぽ・に・ し・たら・ あか・ん・ぞ。」◆①②は、幼児語。③④も幼児語の感じがする。〔①⇒**ポケット**【英語= pocket】、**ポケツ**【英語= pocket から】、**たんたん**。②③⇒**ふところ**【懐】、**ほところ**【(懐)】〕

ぼつぼつ《形容動詞や(ノ)》 ①商売があまり繁盛していない様子。「まだ・ みせ(店)・を・ だ(出)し・て・ はんとし(半年)・や・さかい・ おきゃく(客)さん・は・ ぼつぼつです。」②十分ではないが、まずまず良好であると思われる様子。「この・ けーき(ケーキ)・は・ ぼつぼつの・ でき(出来)・や。」〔⇒**ぼちぼち**。②⇒**ほどほど**【程々】、**まあまあ**、**そこそこ**〕

ぼつぼつ《副詞》 ①ものごとにゆっくり取りかかる様子。ものごとがゆっくり始まる様子。「ぼつぼつ・ ひと(人)・が・ あつ(集)まり・かけ・た。」②ゆっくりと動いている様子。ゆっくりと経過している様子。「しけんべんきょー(試験勉強)・は・ ぼつぼつ・ し・とる。」③その時刻、時期、状態になりつつある様子。「もー・じっき(直)・ じゅーにがつ(十二月)・で・ ぼつぼつ・ さぶ(寒)なり・まん・なー。」〔⇒**ぼちぼち**、**そろそろ**〕

ぼつぼつ《副詞と、名詞》 ①小さな点や粒などが散在する様子。また、その点や粒。「あっちこっち・に・ ぼつぼつと・ ちー(小)さい・ あな(穴)・が・ あ(開)い・とる。」②小さな水滴のようなものが次々と落ちる様子。「あめ(雨)・が・ ぼつぼつ・ ふ(降)りはじめ・た。」

ぽっぽっと《副詞》 一つひとつを手早く配って置いていく様子。「つくえ(机)・の・ うえ(上)・に・ ひと(一)つ・ずつ・ みかん(蜜柑)・を・ ぽっぽっと・ くば(配)る。」

ぽつりぽつり《副詞と》 ①切れ切れに続く様子。「おも(思)いだし・て・ ぽつりぽつりと・ はなし(話)・を・ し・

てくれ・た。」「みちばた(道端)・に・ ぽつりぽつりと・ たんぽぽ(蒲公英)・の・ はな(花)・が・ さ(咲)い・とる。」②小さな水滴のようなものが、続けて落ちる様子。「ぽつりぽつりと・ しずく(滴)・が・ た(垂)れ・とる。」〔⇒**ぽつんぽつん**〕

ほつれる《動詞・ラ行下一段活用》 きちんと束になっている髪や糸などの、先が乱れる。糸などが、ほどけて絡まり合う。「ま(巻)い・とっ・た・ けーと(毛糸)・が・ ほつれ・ても・た。」

ぽつんと《副詞》 ①一つだけが他から離れている様子。「きょーしつ(教室)・の・ なか(中)・に・ ぽつんと・ すわ(座)っ・て・ ま(待)っ・とっ・てん。」「ぽつんと・ ひとこと(一言)・だけ・ ゆ(言)ー・た。」②小さなものが、何かにあたる様子。「あめ(雨)・が・ ぽつんと・ あ(当)たっ・た。」

ぽつんぽつん《副詞と》 ①切れ切れに続く様子。「いえ(家)・が・ ぽつんぽつんと・ た(建)っ・とる。」②小さな水滴のようなものが、続けて落ちる様子。「ぽつんぽつんと・ あめ(雨)・が・ あ(当)たっ・た。」〔⇒**ぽつりぽつり**〕

ほて《接続詞》 前に述べたことに引き続いて、次に述べることが起こったり行われたりすることを表す言葉。前に述べたことを受けて、付け加えて述べようとすることを表す言葉。「おや(親)・の・ かんびょー(看病)・を・ せ・んならん・よーに・ なっ・て・ ほて・ かいしゃ(会社)・を・ や(辞)め・まし・てん。」〔⇒**そうして、そして、そうしてから、そないして、そないしてから、へて、へてから、ほてから、ほんで、ほんでから**〕

ほで《接続詞》 前に述べたことを受けて、あるいは前に述べたことを理由として、後のことを述べるのに使う言葉。そうであるから。そのようなわけで。「ほで・ けっきょく(結局)・ びょーき(病気)・は・ なんとか・ なお(治)り・まし・てん。」◆相手に話を促したり話を続けさせたりしようとするときに、相づちのように使う場合もある。〔⇒**そこで、それで、そいで、そんで、ほれで、ほいで、ほんで、さいで**〕

ぽて【(布袋)】《名詞》 腹が膨らんでいること。下腹が出ていること。腹に段々ができていること。「はら(腹)・の・ ぽて・で・ かんろく(貫禄)・が・ ある・なー。」〔⇒**はらぽて【(腹布袋)】、ぽてばら【(布袋腹)】**〕

ほてい〔**ほてー**〕【布袋】《名詞》 七福神のひとりで、大きな袋を担ぎ、大きな腹の持ち主である存在。「ここ・は・ ほてーさん・を・ まつ(祀)っ・た・ じんじゃ(神社)・や。」

ぽてがはいる【(布袋が入る)】《動詞・ラ行五段活用》 下腹部が出たような体型になる。「よー・ もー(儲)かっ・て・ からだ(体)・に・ ぽてがはいっ・とる。」「ぽて・が・ はいっ・た・ びーるばら(ビール腹)・や。」◆「ぽて」は、七福神の一人である「ほてい【布袋】」の姿に由来している。

ほてから《接続詞》 前に述べたことに引き続いて、次に述べることが起こったり行われたりすることを表す言葉。前に述べたことを受けて、付け加えて述べようとすることを表す言葉。「ほてから・ みんな(皆)・で・ の(飲)み・に・ い(行)き・まし・てん。」「ほてから・ どない・ し・た・ん・です・か。」〔⇒**そうして、そして、そうしてから、そないして、そないしてから、へて、へてから、ほて、ほんで、ほんでから**〕

ほでから《接続詞》 前の事柄に後の事柄が続くという意味を表す言葉。前の事柄に後の事柄を付け加える意味を表す言葉。そのことの次に。それに加えて。「わすれもん(忘物)・に・ き(気)ーつい・て・ ほでから・ あわ(慌)て・て・ と(取)り・に・ い(去)ん・だ・ん・や。」〔⇒**ほいでから、ほんでから、ほいから、ほてから、ほれから、それから、そいから、そいでから、そんでから**〕

ほでくる《動詞・ラ行五段活用》 ①つつくようにして、中のものを取り出す。また、そのようにして食べる。「さかな(魚)・の・ あら(粗)・を・ ほでくる。」②人の秘密や欠点などを、ささいなことまで探す。「こども(子供)・の・ とき(時)・の・ はなし(話)・を・ ほでくら・んでも・ えー・やろ・がい。」〔⇒**ほじる、ほでる、ほじくる。①⇒せせる、せせくる**〕

ぽてばら【(布袋腹)】《名詞》 ①腹が膨らんでいること。下腹が出ていること。腹に段々ができていること。「く(食)いすぎ・て・ ぽてばら・に・ なっ・ても・た。」「ぽてばら・を・ つ(突)きだし・て・ すもー(相撲)・を・とる。」②妊娠をしていること。「かない(家内)・が・ いま(今)・ ぽてばら・に・ なっ・とる・ねん。」〔⇒**はらぽて【(腹布袋)】。①⇒ぽて【(布袋)】**〕

ホテル〔**ほてる**〕【英語 = hotel】《名詞》 西洋式の設備を整えた宿泊施設。「おんせん(温泉)・に・ い(行)っ・て・ ほてる・に・ と(泊)まっ・た。」

ほてる【火照る】《動詞・ラ行五段活用》 ①顔や体が熱く感じるようになる。「は(恥)ずかしー・て・ かお(顔)・が・ ほてっ・た。」②体の一部分が、他の部分に比べて熱くなる。あるいは、体の一部が赤くなる。「う(撲)っ・た・ すねぼん・が・ ほてっ・とる。」

ほでる《動詞・ラ行五段活用》 ①つつくようにして、中のものを取り出す。また、そのようにして食べる。「かに(蟹)・の・ あし(脚)・を・ ほでっ・て・ た(食)べる。」②人の秘密や欠点などを、ささいなことまで探す。「ひと(人)・の・ こと・を・ ほでら・んとき・なはれ。」〔⇒**ほじる、ほでくる、ほじくる。①⇒せせる、せせくる**〕

ほど【程】《名詞》 時間、空間、ものごとなどの程度。また、その限界。「なが(長)さ・の・ ほど・が・ わから・へん。」

ほど【程】《副助詞》 ①おおよその数量や程度を表す言葉。「じっぷんかん(十分間)・ほど・ ま(待)っ・てください。」「いちり(一里)・ほど・ さき(先)・へ・ い(行)っ・たら・ おー(大)けな・ いけ(池)・が・ ある。」②それが一番であることを表す言葉。「やきゅー(野球)・ほど・ おもしろ(面白)い・ もん・は・ あら・へん。」③増えたり重なったりするにつれて、ますます。「き(聞)け・ば・ き(聞)く・ほど・ はら(腹)・が・ た(立)っ・てくる。」〔①②⇒**くらい【位】**〕

ほどう〔**ほどー**〕【歩道】《名詞》 人の歩く道。太い道の両側を区切って、人の歩くところと決めてある部分。「ほどー・を・ ある(歩)く・ ほー(方)・が・ あんしん(安心)や。」

ほときさん【(仏さん)】《名詞》 ①亡くなった人。故人。死者の霊。特に、自分の家の先祖の亡くなった人。「ほときさん・を・ まつ(祀)る。」②仏陀。仏像。「おてら(寺)・の・ ほときさん・を・ おが(拝)む。」③慈悲深い人、気のよい人のことを比喩的に言う言葉。「ほときさん・みたいな・ やさ(優)しー・ せんせー(先生)・や・ねん。」〔⇒**ほとけさん【仏さん】、ほとくさん【(仏さん)】**〕

ほどく【解く】《動詞・カ行五段活用》 ①結んであるものや、縫ってあるものなどを解いて離す。「ねくたい(ネクタイ)・を・ ほどい・て・から・ むす(結)びなおす。」「ふる(古)い・　きもの(着物)・を・　ほどい・て・　ぬ(縫)いなおす。」②巻いてあるものを、次第に緩める。「ま(巻)い・てある・　てーぷ(テープ)・を・　ほどい・ていく。」③もつれているものを解いて離す。「もつ(縺)れ・とっ・た・　てぐす(天蚕糸)・を・　ほどく・の・に・　じかん(時間)・が・　かかっ・た。」■自動詞は「ほどける【解ける】」

ほとくさん【(仏さん)**】**《名詞》 ①亡くなった人。故人。死者の霊。特に、自分の家の先祖の亡くなった人。「うち・は・　ふる(古)い・　いえ(家)・や・さかい・　ほとくさん・が・　おー(多)い・ねん。」②仏陀。仏像。「きょーと(京都)・の・　おてら(寺)・で・　ほとくさん・を・　み(見)てまわる。」③慈悲深い人、気のよい人のことを比喩的に言う言葉。「ほとくさん・みたいに・　なん(何)・でも・　うなず(頷)い・とっ・たら・　そん(損)・を・　する・よ。」〔⇒**ほとけさん【仏さん】、ほときさん【**(仏さん)**】**〕

ほとけさん【仏さん】《名詞》 ①亡くなった人。故人。死者の霊。特に、自分の家の先祖の亡くなった人。「ほとけさん・に・　なっ・た・　ひと(人)・を・　おが(拝)む。」②仏陀。仏像。「ほとけさん・を・　み(見)・とっ・たら・　きも(気持)ち・が・　やす(休)まる。」③慈悲深い人、気のよい人のことを比喩的に言う言葉。「ほとけさん・を・　や(止)め・て・　おに(鬼)・に・　なる。」〔⇒**ほときさん【**(仏さん)**】、ほとくさん【**(仏さん)**】**〕

ほどける【解ける】《動詞・カ行下一段活用》 ①結んであるものや、縫ってあるものなどが、自然に離れる。「ある(歩)い・とっ・て・　くつ(靴)・の・　ひぼ(紐)・が・　ほどけ・ても・た。」②巻いてあるものが、次第に緩む。「とけー(時計)・の・　ねじ(螺子)・が・　ほどけ・た・さかい・　ま(巻)い・た。」■他動詞は「ほどく【解く】」〔①⇒**とける【解ける】**〕

ほところ【(懐)**】**《名詞》 ①身につけている着物の胸にあたる部分の内側。「ほところ・に・　さいふ(財布)・を・　い(入)れる。」②自分が持っている金。自分が自由に使える金。「けーき(景気)・が・　よ(良)ー・なっ・て・　ほところ・が　ぬく(温)・なっ・てっ・た。」〔⇒**ふところ【懐】、ぽっぽ**〕

ぽとっ《副詞と》 水滴や雨粒などが落ちて当たる様子。また、その音。軽いものが落ちる様子。また、その音。「ぽとっ・　ぽとっと・　じゃぐち(蛇口)・から・　みず(水)・が・　お(落)ち・とる。」「むし(虫)・が・　つくえ(机)・の・　うえ(上)・に・　ぽとっと・　お(落)ち・てき・た。」〔⇒**ぽとり、ぽとん、ぼとん**〕

ほどほど【程々】《形容動詞や(ノ)》 ①十分ではないが、まずまず良好であると思われる様子。「こーこーじだい(高校時代)・は・　ほどほどに・　べんきょー(勉強)し・て・　ほどほどに・　あそ(遊)ん・だ。」②行き過ぎないように控えめにする様子。「しお(塩)・は・　ほどほどに・　い(入)れ・て・な。」〔⇒**そこそこ、まあまあ。①⇒ぼつぼつ、ぼちぼち**〕

ぽとぽと《副詞と・に》 ①水や液体が、続けざまにしたたり落ちる様子。また、その音。「すいどー(水道)・の・　せん(栓)・が・　ゆる(緩)ー・て・　みず(水)・が・　ぽとぽと・　お(落)ち・とる。」②体などがずぶぬれである様子。「ゆーだち(夕立)・に・　お(遭)ー・て・　ぽとぽとに・　なっ・た。」〔⇒**ぼたぼた。①⇒ぼとぼと、ぽたぽた**〕

ぼとぼと《副詞と・に》 水や液体が、間隔をおいてしたたり落ちる様子。また、その音。「あまだ(雨垂)れ・が・　ぼとぼとと・　お(落)ちる。」〔⇒**ぽとぽと、ぼたぼた、ぽたぽた**〕

ほとぼり《名詞》 ①火を消したあとに残っている熱。余熱。「こたつ(炬燵)・に・は・　まだ・　ほとぼり・が・　ある。」②ものごとが終わったあとに残っている、高ぶった気持ち。引き続いて持っている興味や関心など。「けんか(喧嘩)・の・　ほとぼり・が・　おさ(収)まっ・とら・へん。」

ほどらい【程らい】《形容動詞や(ノ)》 ①当て推量である。大まかである。「ほどらいに・　ゆ(言)ー・てみ・たら・　あ(当)たっ・た。」「ほどらいに・　かんじょー(勘定)し・て・　おこ(怒)ら・れ・た。」②いいかげんな程度である。適当な状態である。きちんと考えていない。「ほどらいな・　こと・を・　かんが(考)え・とっ・たら・　しっぱい(失敗)する・ぞ。」「ほどらいな・　き(聞)きかた・を・　せ・んと・　ちゃんと・　めも(メモ)・を・　し・とけ。」③ほどよい程度である。「ほどらいな・　あま(甘)さ・の・　おかし(菓子)・で・　うま(美味)い。」〔①②⇒**およそ**〕

ぽとり《副詞と》 水滴や雨粒などが落ちて当たる様子。また、その音。軽いものが落ちる様子。また、その音。「ぽとりと・　あめ(雨)・の・　つぶ(粒)・が・　あ(当)たっ・た。」「ぼたん(牡丹)・の・　はなびら(花弁)・が・　ち(散)っ・て・　ぽとりと・　お(落)ち・た。」〔⇒**ぽとっ、ぽとん、ぼとん**〕

ぽとん《副詞と》 水滴や雨粒などが落ちて当たる様子。また、その音。やや重いものが落ちる様子。また、その音。「ひまーり(向日葵)・の・　おー(大)けな・　はな(花)・が・　ぽとんと・　お(落)ち・た。」〔⇒**ぽとり、ぽとっ、ぼとん**〕

ぼとん《副詞と》 水滴や雨粒などが落ちて当たる様子。また、その音。軽いものが落ちる様子。また、その音。「ぽけっと(ポケット)・から・　じゅーえんだま(十円玉)・が・　いっこ(一個)・　ぼとんと・　お(落)ち・た。」〔⇒**ぽとり、ぽとっ、ぽとん**〕

ほとんど【殆ど】《名詞、副詞》 ①物事の量や範囲についての大部分。ものごとの大まかな全体。すべてに行きわたってはいないが、主要なところすべてが、そのようである様子。「しごと(仕事)・は・　ほとんど・　す(済)ん・だ。」「ほとんど・の・　ひと(人)・が・　かぜ(風邪)・を・　ひか・なんだ。」②多くのうちの、ほんの少ししかない様子。ごく稀にしか。「もんだい(問題)・は・　ほとんど・　わから・なんだ。」◆②は、後ろに打ち消しの表現を伴う。〔①⇒**たいてい【大抵】、たいがい【大概】、だいたい【大体】、おおかた【大方】、おおむね【概ね】、あらかた【粗方】、あらまし、ふつう【普通】。②⇒めったに【滅多に】**〕

ぽとんぽとん《副詞と》 ものや水などが続けざまに、やや重たげに落ちる様子。また、その音。「うま(馬)・の・　うんこ・が・　ぽとんぽとんと・　ころ(転)ん・どる。」〔⇒**ぽとんぽとん**〕

ぽとんぽとん《副詞と》 ①ものや水などが続けざまに、軽く落ちる様子。また、その音。「じゃぐち(蛇口)・から・　みず(水)・の・　ぽとんぽとんと・　ゆ(言)ー・　おと(音)・が・　き(聞)こえる。」②間隔を置いて散らばっている様子。「ちず(地図)・の・　あっちこっち・に・　ぽとんぽとんと・　あか(赤)い・　しるし(印)・を・　つ(付)ける。」〔①⇒**ぽとんぽとんと**〕

ほな《接続詞》 ①それより前に述べられている内容を前提にして、次の内容に続けていこうとするときに言う言葉。「ほな・　もー・　かえ(帰)ら・な・　あか・ん・やろ。」②話が始まったり終わったりするときの切れ目を表す言葉。「ほな・　このへん(辺)・で・　お(終)わり・まほ・か。」〔⇒**そいでは、それでは、そんでは、ほいでは、ほれでは、ほんでは、そいなら、それなら、そんなら、ほんなら、ほいなら、ほれなら、ほなら、ほな**〕

ほない《副詞に》　そのように。「ほない・　つか(疲)れ・た・ん・やっ・たら・　やす(休)み・なはれ。」「ほないに・　おこ(怒)ら・んでも・　え(良)ー・のに。」◆「そない」の発音が変化したもの。■類語＝「こない」「あない」「どない」〔⇒**ほう、そう、そない**〕

ほないな《連体詞》　形や状態などが、それと同じような。それほどの程度の。「ほないな・　もん・は・　もー・て(手)・に・　はい(入)ら・へん。」〔⇒**そんな、そないな、ほんな、さいな**〕

ほないなん《名詞》　形や状態などが、それと同じようなもの。それほどの程度のもの。「ほないなん・は・　もー・う(売)りきれ・てしまい・まし・てん。」〔⇒**ほんなん、そんなん、そないなん**〕

ほなら《接続詞》　①それより前に述べられている内容を前提にして、次の内容に続けていこうとするときに言う言葉。「ほなら・　あした(明日)・は・　しゅっせき(出席)さ・し・てもらい・まっ・さ。」②話が始まったり終わったりするときの切れ目を表す言葉。「ほなら・　そろそろ・　よ(寄)りあい・を・　はじ(始)め・ます。」〔⇒**そいでは、それでは、そんでは、ほいでは、ほれでは、ほんでは、そいなら、それなら、そんなら、ほんなら、ほいなら、ほれなら、ほな**〕

ぼにゅう〔ぼにゅー〕【母乳】《名詞》　母親の乳。「ふたり(二人)・とも・　ぼにゅー・で・　そだ(育)て・た。」

ほね【骨】《名詞》　①動物の体の中で、体を支えている硬いもの。「あし(足)・の・　ほね・を・　お(折)っ・た。」「さかな(魚)・の・　ほね・を・　と(取)る。」②物の中心や芯になるもの。「かさ(傘)・の・　ほね・が・　お(折)れ・た。」

ほねおり【骨折り】《名詞、動詞する》　努力すること。苦労すること。精を出して働くこと。「いろいろ・　ほねおりし・てくれ・て・　ありがとー。」

ほねがおれる【骨が折れる】《動詞・ラ行下一段活用》　苦労をしても、成果がなかなか現れない。「こども(子供)・を・　そだ(育)てる・の・は・　ほねがおれる。」■他動詞は「ほねをおる【骨を折る】」

ほねかわすじえもん〔ほねかーすじえもん〕【骨皮筋衛門】《名詞》　極端に体が細い人。「せんそーちゅー(戦争中)・は・　みんな・　ほねかわすじえもん・みたいな・もん・やっ・た。」

ほねぐみ【骨組み】《名詞》　体や構築物などの、全体のもとになる構造や仕組み。「いえ(家)・の・　ほねぐみ・が・　できあ(出来上)がっ・た。」

ほねなし【骨無し】《名詞、形容動詞や(ノ)》　①元気さや意気地がない様子。また、そのような人。「ほねなしや・　さかい・　なに(何)・も・　ひとり(一人)・で・　よー・せー・へん。」②きちんと貫かれた考えなどがない様子。「ほねなしで・　ひと(人)・の・　い(言)ーなり・に・　なっ・ても・とー。」

ほねやすめ【骨休め】《名詞、動詞する》　仕事の合間などに体を休めること。休んで疲れをとること。「あめ(雨)・が・　ふ(降)っ・て・　え(良)ー・　ほねやすめ・に・　なっ・た。」

ほね(を)おる【骨(を)折る】《動詞・ラ行五段活用》　苦労して取り組む。「ほねをおっ・た・けど・　らくせん(落選)し・た。」■自動詞は「ほねがおれる【骨が折れる】」■名詞化＝**ほねおり【骨折り】**

ほばしら【帆柱】《名詞》　帆をあげるために、船に立てる柱。「ほばしら・が・　にほん(二本)・　ある・　ふね(船)・や。」

ほはっちょ〔ほはっちょー〕【頬張っちょ】《名詞》　耳の下が腫れて顔がふくれたように見えて、熱が出る病気。流行性耳下腺炎。「おとな(大人)・に・　なっ・て・から・　ほはっちょ・に・　なっ・た・さかい・　みんな(皆)・に・　わら(笑)わ・れ・た。」〔⇒**おたふくかぜ【お多福風邪】、おたふく【お多福】**〕

ほはば【歩幅】《名詞》　歩くときの、一歩で進む長さ。「ちょこちょこ・　ある(歩)い・て・　ほはば・が・　ちー(小)さい。」

ほばる【(頬張る)】《動詞・ラ行五段活用》　①ほっぺたが膨らむほどに、口いっぱいに食べ物を入れる。「おー(大)きな・　にぎりめし(握飯)・を・　ほばっ・て・　た(食)べる。」②行おうとしていることが、やや多すぎる状態になっている。仕事の内容が多いので、すべてを扱えない可能性がある。「きょー(今日)・の・　しごと(仕事)・は・　ほばっ・とる・さかい・　ざんぎょー(残業)せ・な・　あか・ん・やろ。」「ひとり・で・　ほばら・んと・　ほか(他)・の・　しと(人)・にも・　たの(頼)ん・だら・　え(良)ー・のに。」〔⇒**ほおばる【頬張る】**〕

ポプラ〔ぽぷら〕【英語＝poplar】《名詞》　公園や街路樹に植えられることが多い、枝がまっすぐ上に延びて箒を立てたようになる落葉の高木。「ぽぷら・の・　なみき(並木)・を・　ある(歩)く。」

ほべた【(頬べた)】《名詞》　顔の脇、耳と口の間のやわらかく、ふっくらとしたところ。「おこ(怒)ら・れ・て・　ほべた・を・　たた(叩)か・れ・た。」〔⇒**ほっぺた【頬っぺた】、ほかんばち**〕

ぼぼ《名詞、動詞する》　①女性の生殖器である、穴状になっているもの。「ぼぼ・の・　け(毛)ー・が・　み(見)え・とる・ぞ。」②人が性交すること。「ぼぼせ・なんだら・　こども(子供)・が・　でけ・へん。」〔⇒**おめこ、おそそ**〕

ほまえせん【帆前船】《名詞》　帆を張って、風の力を利用して進む船。「おき(沖)・を・　ほまえせん・が・　とー(通)っ・とる。」◆洋風の船に使うことが多い。〔⇒**ほかけぶね【帆掛け船】、ほまえぶね【帆前船】**〕

ほまえぶね【帆前船】《名詞》　帆を張って、風の力を利用して進む船。「かぜ(風)・が・　な(無)い・さかい・　ほまえぶね・の・　うご(動)き・が・　おそ(遅)い。」◆洋風の船に使うことが多い。〔⇒**ほかけぶね【帆掛け船】、ほまえせん【帆前船】**〕

ほめる【褒める】《動詞・マ行下一段活用》　優れていることや努力したことなどを挙げて、良く言う。よい評価を与えたり称讃したりする。「え(絵)ー・が・　じょーず(上手)や・ゆーて・　ほめ・てもろ・た。」

ほや【火屋】《名詞》　石油などをしみこませた芯に火をつけて使う照明器具の、火の周りにあるガラス製の覆い。「らんぷ(ランプ)・の・　ほや・の・　すす(煤)・を・　ふ(拭)く。」

ほや〔ほーや〕《感動詞》　相手の言うことに同意したり納得したりするときなどに発する言葉。その通りだ。もっともだ。「ほや・　まちが(間違)い・　あら・へん。」◆「ほやほや」と繰り返して言うことも多い。〔⇒**そや**〕

ほやかい《接続詞》　①相手の言ったことや、前に述べたことなどを受けて、順接的につながることを述べる言葉。「ほやかい・　やっぱり・　あんた・が・　か(勝)つ・

やろ。」②そのような望ましくない結果が予測できていたという気持ちを述べる言葉。「ほやかい・　もっと・　れんしゅー(練習)し・とかな・　あか・なんだ・ん・や。」〔**⇒そやから、そやかい、そやさかい、そやかいに、ほやから、ほやさかい、ほやかいに**〕

ほやかいに《接続詞》 ①相手の言ったことや、前に述べたことなどを受けて、順接的につながることを述べる言葉。「ほやかいに・　あした(明日)・は・　ごじ(五時)・に・　お(起)きら・な・　あか・ん・ねん。」②そのような望ましくない結果が予測できていたという気持ちを述べる言葉。「ほやかいに・　よぼーちゅーしゃ(予防注射)・を・　し・とけ・と・　ゆ(言)ー・た・やろ・がな。」〔**⇒そやから、そやかい、そやさかい、そやかいに、ほやから、ほやかい、ほやさかい**〕

ぼやかす【暈かす】《動詞・サ行五段活用》 ①色や形などの境目をぼんやりとさせる。「そら(空)・の・　いろ(色)・を・　ぼやかし・て・　え(絵)ー・に・　いろ(色)・を・　ぬ(塗)る。」②言葉を濁して、はっきりと言わない。「あたりさわり・の・　ない・よーに・　ぼやかし・て・　ゆ(言)ー・た・さかい・　よー・　わから・なんだ。」■自動詞は「ぼやける【暈ける】」〔**⇒ぼかす【暈かす】**〕

ほやかて《接続詞》 相手の言うことにじゅうぶん賛成したり納得したりしないで、弁解や反論などをするときに使う言葉。そうは言っても。「あいて(相手)・が・　こらえ・てくれ・た・　ゆー・ても・　ほやかて・　やっぱり・　べんしょー(弁償)せ・んと・　いか・ん・やろ。」〔**⇒ほうかて、そうかて、そやかて**〕

ほやから《接続詞》 ①相手の言ったことや、前に述べたことなどを受けて、順接的につながることを述べる言葉。「ほやから・　あした(明日)・は・　あさ(朝)・　ひちじ(七時)・に・　しゅーごー(集合)・や。」②そのような望ましくない結果が予測できていたという気持ちを述べる言葉。「ほやから・　き(気)ーつけ・なはれ・と・　ゆ(言)ー・た・やろ。」〔**⇒そやから、そやかい、そやさかい、そやかいに、ほやかい、ほやさかい、ほやかいに**〕

ぼやき《名詞》 ぶつぶつ不平や不満を言うこと。しきりに愚痴をこぼすこと。また、そのようなことをする人。「ぼやき・が・　また(又)・　ぶつぶつ・　ゆ(言)ー・とる。」

ぼやく《動詞・カ行五段活用》 ぶつぶつ不平や不満を言う。しきりに愚痴をこぼす。「みせ(店)・が・　はんじょー(繁盛)せー・へん・ゆーて・　ぼやい・とる。」■名詞化＝**ぼやき**

ほやけど《接続詞》 前に述べた事柄に対して、反対したり対立したりする事柄を述べようとするときに使う言葉。「あした(明日)・が・　し(締)めきり・や。ほやけど・　まだ・　ま(間)にあう・ぞ。」〔**⇒けど、けんど、けども、けんども、そやけど、そやけども、そやけんど、そやけんども、だけど、だけども、だけんど、だけんども、だが、ほやけども、ほやけんど、ほやけんども、しかし**〕

ほやけども《接続詞》 前に述べた事柄に対して、反対したり対立したりする事柄を述べようとするときに使う言葉。「さいご(最後)・まで・　いっしょーけんめー(一生懸命)に・　はし(走)っ・てん。ほやけども・　いちばん(一番)・に・は・　なれ・なんだ。」〔**⇒けど、けんど、けども、けんども、そやけど、そやけども、そやけんど、そやけんども、だけど、だけども、だけんど、だけんども、だが、ほやけど、ほやけんど、ほやけんども、しかし**〕

ぼやける【暈ける】《動詞・カ行下一段活用》 ①色や形などの境目がぼんやりとなる。はっきりしなくなる。「ゆーや(夕焼)け・の・　そら(空)・が・　ぼやけ・て・　くろ(暗)ー・　なっ・てき・た。」②発言などがはっきりとしない。記憶などがあいまいである。「むかし(昔)・の・　こと・は・　ぼやけ・て・　おぼ(憶)え・とら・へん。」■他動詞は「ぼかす【暈かす】」「ぼやかす【暈かす】」〔①**⇒ぼける【呆ける】、とぼける【惚ける】**〕

ほやけんど《接続詞》 前に述べた事柄に対して、反対したり対立したりする事柄を述べようとするときに使う言葉。「たいふー(台風)・が・　ちか(近)く・に・　じょーりく(上陸)し・てん。ほやけんど・　かぜ(風)・は・　あんまり・　つよ(強)ー・なかっ・てん。」〔**⇒けど、けんど、けども、けんども、そやけど、そやけども、そやけんど、そやけんども、だけど、だけども、だけんど、だけんども、だが、ほやけど、ほやけども、ほやけんども、しかし**〕

ほやけんども《接続詞》 前に述べた事柄に対して、反対したり対立したりする事柄を述べようとするときに使う言葉。「たからくじ(宝籤)・を・　こ(買)ー・てん。ほやけんども・　ひとっつも・　あ(当)たら・なんだ。」〔**⇒けど、けんど、けども、けんども、そやけど、そやけども、そやけんど、そやけんども、だけど、だけども、だけんど、だけんども、だが、ほやけど、ほやけども、ほやけんど、しかし**〕

ほやさかい《接続詞》 ①相手の言ったことや、前に述べたことなどを受けて、順接的につながることを述べる言葉。「ほやさかい・　あんた・に・は・　かね(金)・は・　か(貸)し・とー・ない・ねん。」②そのような望ましくない結果が予測できていたという気持ちを述べる言葉。「ほやさかい・　ほけん(保険)・に・　はい(入)っ・とかな・　あか・なんだ・やろ。」〔**⇒そやから、そやかい、そやさかい、そやかいに、ほやから、ほやかい、ほやかいに**〕

ぼやっと《副詞、動詞する》 ①集中力が欠けて、意識が一点に集中しない様子。間が抜けている様子。「ぼやっとし・とっ・て・　みぞ(溝)・に・　はまっ・た。」②形、色、記憶などがはっきりしない様子。「きり(霧)・が・　で(出)・て・　あた(辺)り・が・　ぼやっと・　し・とる。」②元気がなかったり、気持ちがゆるんでいたりして、意識が明瞭でない様子。「ぼやっとし・とっ・たら・　くるま(車)・に・　ひか・れる・ぞ。」③気が利かなかったり、うかつであったりする様子。「ぼやっと・　せ・んと・　ざぶとん(座布団)・を・　だ(出)し・なはれ。」〔**⇒ぼんやり、ぼいやり、ぼやんと。①③⇒ぼやぼや。①⇒ぼけっと、ぼさっと、ぼさぼさ**〕

ほやほや《形容動詞や(ノ)》 ①できたばかりである様子。ある状態になって間もない様子。「おろし・た・ばっかり・の・　ほやほやの・　くつ(靴)・を・　は(履)い・てき・た。」「よめ(嫁)はん・を・　もろ・て・　ほやほやや。」②温かくて、ふっくらとしている様子。湯気などが温かく立ち上っている様子。やわらかくふくらんでいる様子。「や(焼)きたて・で・　ほやほやの・　ぱん(パン)・は・　やっぱり・　うま(美味)い・のー。」

ほやほや《感動詞》 相手の言うことに強く賛成したり納得したりするときなどに発する言葉。まったくその通りだ。「ほやほや・　おまえ(前)・の・　ゆ(言)ー・の・が・　ただ(正)しー・なー。」〔**⇒そやそや**〕

ぼやぼや《副詞と、動詞する》 ①集中力が欠けて、意識が一点に集中しない様子。間が抜けている様子。「ぼやぼやし・とる・さかい・　ちこく(遅刻)する・ん・や。」②気が利かなかったり、うかつであったりする様子。「ぼやぼやし・て・　どーそーかい(同窓会)・の・　あんないじょー(案内状)・を・　だ(出)す・の・が・　おそ(遅)ー・なっ・た。」〔⇒**ぼんやり、ぼいやり、ぼやんと、ぼやっと**。①⇒**ぼけっと、ぼさっと、ぼさぼさ**〕

ぼやんと《副詞、動詞する》①集中力が欠けて、意識が一点に集中しない様子。間が抜けている様子。「ぼやんとし・て・　みうしな(見失)っ・ても・た。」「ぼやんとし・て・　き(聞)きもらし・ても・た。」②形、色、記憶などがはっきりしない様子。「しょーどしま(小豆島)・が・　ぼやんと・　み(見)える。」「ぼやんと・しか・　み(見)え・へん・さかい・　め(目)ー・を・　しうつ(手術)し・ま す・ねん。」③気が利かなかったり、うかつであったりする様子。「ぼやんと・　せ・ず・に・　れー(礼)・を・　い(言)わ・な・　あか・ん・やろ。」〔⇒**ぼんやり、ぼいやり、ぼやっと**。①③⇒**ぼやぼや**。①⇒**ぼけっと、ぼさっと、ぼさぼさ**〕

ほら【法螺】《名詞》　話を誇張して大げさに言ったり、でたらめを言ったりすること。また、その話。「あいつ(彼奴)・の・　ゆ(言)ー・た・　はなし(話)・は・　ぜったい(絶対)に・　ほら・や。」

ほら《感動詞》　相手の注意を強く促したり、自分自身の気持ちを引き締めたりするときに使う言葉。「ほら・　だれ(誰)・も・　しんよー(信用)し・とら・へん・やない・か。」「ほら・　こっち・を・　み(見)・なさい。」「ほら・　ゆ(言)ー・た・とーりに・　なっ・た・やろ。」「ほら・　こんど(今度)・は・　ま(負)ける・な・よ。」〔⇒**そら、そりゃ、ほりゃ**〕

ほら《名詞＋副助詞》　指示語の「それ【其れ】」の発音が変化したもの「ほれ」に、副助詞の「は」が続いて、発音が融合した「そりゃ」が、さらに発音変化した言葉。そのものは。「ほら・　えらい・　こと(事)・や・なー。」〔⇒**ほりゃ**〕

ぼら【鯔】《名詞》　背中が灰色で腹が白銀色で、体長40センチほどの、河口に近いところにすむ魚。「はと(波止)・から・　ぼら・を・　ひ(引)っかけ・て・　つ(釣)る。」◆小さいものを「いな」と言う。

ほらあな【洞穴】《名詞》　岩や崖や大木などにできる、大きな深い穴。「がけ(崖)・に・　ほらあな・が・　ある。」

ぼらあみ【鯔網】《名詞》　鬼ごっこの一種で、鬼になった者がみんなで手をつないで、つかまっていない者を追いかける、子どもの遊び。◆手をつないだ鬼たちが10人ぐらいになると、迫力があって、まるで網に覆われるようにしてつかまることになる。まるで鯔をすくい取るような、大きな網であるという連想から命名されたのであろうか。かつての子ども時代に、小学校ではごく普通に使っていた言葉であるが、4つの小学校から集まる中学校に進むと、「ぼらあみ」は通用しない言葉であることがわかった。漁村(半農半漁)の色合いの濃い地域特有の言葉であったからであろうか。中学校では、「ふえおに【増え鬼】」という即物的な言葉が使われたのを味気なく思った記憶がある。

ほらがい【法螺貝】《名詞》　山伏などが吹き鳴らすために使う、大きな巻き貝。また、その音。「ほらがい・の・　ひく(低)い・　こえ(声)・が・　き(聞)こえる。」

ぼらかけ【鯔掛け】《名詞、動詞する》　鯔を引っ掛けるようにして釣ること。「ひがしじま(東島)・の・　はと(波止)・で・　ぼらかけ・を・　し・た。」◆釣ると言うよりは、集まってきたのを引っ掛ける感じであるので、このように言う。

ほらそうと〔ほらそーと〕《接続詞》　そのときまでの話題を打ち切って、話題を少し変えるときなどに使う言葉。それはそれとして。「ほらそーと・　あんた・に・　か(貸)し・た・　かね(金)・は・　いつ・　かや(返)し・てくれる・ん・や。」〔⇒**そらそうと、そりゃそうと、ほりゃそうと**〕

ほらふき【法螺吹き】《名詞》　話を誇張して大げさに言ったりでたらめを言ったりすること。また、そのように言う人。「ほらふき・の・　ゆ(言)ー・　こと・を・　しんよー(信用)し・たら・　あか・ん・ぞ。」

ほらほら《感動詞》　相手に向かって強く注意を促すときの言葉。「ほらほら・　よそみ(余所見)・を・　せ・んと・　ある(歩)か・んと・　あむ(危)ない・ぞ。」〔⇒**そらそら、そりゃそりゃ、ほりゃほりゃ**〕

ほり【堀】《名詞》　地面を掘って水を溜めたり、水を通すようにしたところ。「ほり・に・　こい(鯉)・が・　およ(泳)い・どる。」

ほり【彫り】《名詞》　顔の目鼻立ち。ものの凹凸。「ほり・の・　ふか(深)い・　かお(顔)・を・　し・とる・　ひと(人)・や・なー。」

ほりごたつ【掘り炬燵】《名詞》　床(ゆか)をくり抜いて設けた、作りつけの炬燵。「かねも(金持)ち・や・さかい・　ほりごたつ・まで・　こしらえ・とっ・て・や。」

ほりこむ【放り込む】《動詞・マ行五段活用》　乱暴な動作で中に入れる。「いし(石)・を・　いけ(池)・に・　ほりこむ。」「はがき(葉書)・を・　ぽすと(ポスト)・に・　ほりこん・どい・てんか。」◆「いれる【入れる】」を、ややぞんざいに言うときにも使う。■対語＝「ほりだす【放り出す】」「ほんだす【放ん出す】」

ほりだしもん【掘り出し物】《名詞》　安く手に入れることができた、良い品物。思いがけなく手に入った、珍しいもの。「ふるほんや(古本屋)・で・　ほりだしもん・を・　みつ(見付)け・てん。」

ほりだす【放り出す】《動詞・サ行五段活用》　①乱暴な動作で外に出す。「なや(納屋)・から・　す(捨)てる・　もん(物)・を・　ほりだし・た。」②投げるように置く。「かばん(鞄)・を・　ほりだし・て・　あそ(遊)び・に・　い(行)っ・た。」③ものごとを途中でやめて放棄する。「れんしゅー(練習)・を・　ほりだし・て・　い(去)ん・でも・た。」◆「だす【出す】」を、ややぞんざいに言うときにも使う。■対語＝「ほりこむ【放り込む】」〔⇒**ほんだす**【放ん出す】。③⇒**ほかす**【放下す】、**ほる**【放る】、**ほりなげる**【放り投げる】、**ほったらかす**【放ったらかす】、**ほっちらかす**【放っ散らかす】、**ほっとく**【放っとく】〕

ほりなげる【放り投げる】《動詞・ガ行下一段活用》　①手につかんでいたものを、反動を利用して空中に放り出す。手の力で遠くへ飛ばす。「ぼーる(ボール)・を・　おも(思)いきり・　ほりなげる。」②ものごとを途中でやめて放棄する。「せ・な・　いか・ん・　こと(事)・を・　ほりなげ・たら・　あか・ん・やない・か。」③そのままの状態で放置する。うち捨てておく。要らないものとして、置いたり投げ出したりする。「ごみ(塵)・を・　ほりなげ・て・　し(知)らんかお・を・　し・とる。」〔⇒**ほかす**【放下す】、**ほりなげる**【放り投げる】。①②⇒**ほる**【放る】。①③⇒**ちゃいする、ぽいする、ぶつける**。②③⇒**ほったらかす**【放ったらかす】、**ほっちらかす**【放っ散らかす】、**ほっとく**【放っとく】。①⇒**なげる**【投げる】。②⇒**ほりだす**【放り出す】、**ほんだす**【放ん出す】。③⇒**すてる**【捨てる】、**してる**【(捨てる)】〕

ぽりぽり《副詞と》 ①硬いものや歯ごたえのあるものを、軽やかにかみ砕く様子。また、その音。「つけもん(漬物)・を・　ぽりぽり・　か(噛)む。」②爪や指でかき続ける様子。「かい(痒)い・　せなか(背中)・を・　ぽりぽりと・　か(掻)く。」〔⇒**ぼりぼり**〕

ぼりぼり《副詞と》 ①硬いものや歯ごたえのあるものを、軽やかにかみ砕く様子。また、その音。「まめ(豆)・を・　ぼりぼり・　か(噛)む。」②爪や指でかき続ける様子。「あたま(頭)・を・　ぼりぼり・　か(掻)き・ながら・　かんが(考)える。」〔⇒**ぽりぽり**〕

ほりもん【彫り物】《名詞》 ①板に絵模様などを浮かし彫りにしたもの。彫刻。「らんま(欄間)・に・　りっぱ(立派)な・　ほりもん・が・　ある。」②皮膚を針などで傷つけて、着色して文字や模様などを書いたもの。「ほりもん・を・　い(入)れ・とる・　ひと(人)・は・　こわ(恐)い・ねん。」〔②⇒**いれずみ**【入れ墨】〕

ほりゃ《感動詞》 相手の注意を強く促したり、自分自身の気持ちを引き締めたりするときに使う言葉。「ほりゃ・　もーひといき(一息)・や。」「ほりゃ・　かか(抱)え・とる・　はこ(箱)・が・　お(落)ち・そーに・　なっ・とる・よ。」「ほりゃ・　もー・　ひと(一)つ・　か(勝)っ・たら・　ゆーしょー(優勝)・や・ぞ。」〔⇒**そら、そりゃ、ほら**〕

ほりゃ《名詞＋副助詞》 指示語の「それ【其れ】」の発音が変化したもの「ほれ」に、副助詞の「は」が続いて、発音が融合した言葉。そのものは。「ほりゃ・　わし・の・　ほー(方)・が・　まちご(間違)ー・とっ・た。」〔⇒**ほら**〕

ほりゃそうと〔**ほりゃそーと**〕《接続詞》 そのときまでの話題を打ち切って、話題を少し変えるときなどに使う言葉。それはそれとして。「ほりゃそーと・　このごろ・　やさい(野菜)・が・　たこ(高)ー・　なっ・た・なー。」〔⇒**そらそうと、そりゃそうと、ほらそうと**〕

ほりゃほりゃ《感動詞》 相手に向かって強く注意を促すときの言葉。「ほりゃほりゃ・　みず(水)・を・　こぼ(零)し・たら・　あか・ん・がな。」〔⇒**ほらほら、そらそら、そりゃそりゃ**〕

ほりょ【捕虜】《名詞》 戦場などで敵に捕まった人。「なんとか・　ほりょ・に・　なら・んで・　す(済)ん・だ。」

ほる【掘る】《動詞・ラ行五段活用》 ①地面や石、岩などに穴を開けて進む。「ふか(深)い・　いど(井戸)・を・　ほる。」「いぬ(犬)・が・　つち(土)・を・　ほっ・とる。」②土の中に埋まっているものを取り出す。「れんこん(蓮根)・を・　ほる。」「かせき(化石)・を・　ほる。」

ほる【彫る】《動詞・ラ行五段活用》 木・石・金属などの表面を、刃物で刻みつける。彫刻する。「ちょーこくとー(彫刻刀)・で・　ねんがじょー(年賀状)・の・　はんが(版画)・を・　ほる。」

ほる【放る】《動詞・ラ行五段活用》 ①手につかんでいたものを、反動を利用して空中に放り出す。手の力で遠くへ飛ばす。「ゆるい・　ぼーる(ボール)・を・　ほっ・て・　う(打)た・れ・ても・た。」②ものごとを途中で止めて放棄する。「しごと(仕事)・を・　えーかげん(加減)に・　ほっ・て・　あそ(遊)ん・どる。」◆ごみを捨てることを「ごみ・を・　ほる。」と言うことは少なく、「ごみ・を・　すてる。」と言うことが多い。〔⇒**ほかす**【放下す】、**ほる**【放る】、**ほりなげる**【放り投げる】、①⇒**ちゃいする、ぽいする、なげる**【投げる】、**ぶつける**。②⇒**ほったらかす**【放ったらかす】、**ほっちらかす**【放っ散らかす】、**ほっとく**【放っとく】、**ほりだす**【放り出す】、**ほんだす**【放ん出す】〕

ボルト〔**ぼると**〕【英語＝bolt】《名詞》 ねじが刻まれていて、ナットと組み合わせてものを締め付けて固定するための金具。「きかい(機械)・の・　ぼると・を・　ゆる(緩)める。」

ほれ【(其)】《代名詞》 ①空間的にあるいは心理的に、自分よりも相手に近いもの。「ほれ・を・　う(売)っ・てくれ・へん・か。」②時間的に、比較的に近いもの。「ほれ・は・　きのー(昨日)・の・　あさ(朝)・の・　こと・や。」③前に話題や意識にのぼったこと。「せんしゅー(先週)・　たの(頼)ん・だ・　ほれ・の・　へんじ(返事)・を・　き(聞)き・たい・ねん。」④少し離れたところにいる、目下の人を指す言葉。「ほれ・が・　しゃっきん(借金)し・たい・と・　ゆ(言)ー・とる・ねん。」〔⇒**それ**【其】、**そい**【(其)】、**ほい**【(其)】、**ほれ**【(其)】、**そいつ**【其奴】、**ほいつ**【(其奴)】〕

ほれ《感動詞》 自分や相手を、元気づけたり注意をうながしたりするときにかける言葉。「ほれ・　こっち・を・　み(見)・なはれ。」「ほれ・　み(見)ー。さっき・から・　ゆ(言)ー・とっ・た・　とー(通)り・やろ。」〔⇒**ほい、それ**〕

ほれから《接続詞》 前の事柄に後の事柄が続くという意味を表す言葉。前の事柄に後の事柄を付け加える意味を表す言葉。そのことの次に。それに加えて。「こくご(国語)・と・　ほれから・　しゃかい(社会)・が・　す(好)きや。」〔⇒**ほいでから、ほんでから、ほいから、ほてから、ほでから、ほれから、それから、そいから、そいでから、そんでから**〕

ほれだけ《名詞、副詞》 ①そこにある数量や、そのような程度。そこにある、限られたものや分量。「もー・　ほれだけ・しか・　のこ(残)っ・とら・へん・ねん。」②そのものにふさわしい程度。「ふる(古)い・　もん・や・さかい・　ほれだけ・の・　ね(値)ー・が・　します・ねん。」◆代名詞「ほれ」に副助詞「だけ」がついて、それが一語になったものである。〔⇒**それだけ、そんだけ、ほんだけ、それだけだけ、そんだけだけ、ほれだけだけ、ほんだけだけ**〕

ほれだけだけ《名詞、副詞》 ①そこにある数量や、そのような程度。そこにある、限られたものや分量。「ほれだけだけ・　あんた・に・　さ(差)しあげ・ます。」②そのものにふさわしい程度。「ほれだけだけ・の・　しなもん(品物)・やっ・たら・　じゅーまんえん(十万円)・は・し・まっ・せ。」◆代名詞「ほれ」に副助詞「だけ」がついて、強調するために副助詞「だけ」がもう一度ついて、それが一語になったものである。〔⇒**それだけ、そんだけ、ほれだけ、ほんだけ、それだけだけ、そんだけだけ、ほんだけだけ**〕

ほれで《接続詞》 前に述べたことを受けて、あるいは前に述べたことを理由として、後のことを述べるのに使う言葉。そうであるから。そのようなわけで。「ほれで・　その・　あと(後)・は・　どない・　なっ・た・ん・や。」◆相手に話を促したり話を続けさせたりしようとするときに、相づちのように使う場合もある。〔⇒**そこで、それで、そいで、そんで、ほいで、ほんで、さいで、ほで**〕

ほれでは《接続詞》 ①それより前に述べられている内容を前提にして、次の内容に続けていこうとするときに言う言葉。「ほれでは・　みんな(皆)・が・　はんたい(反対)する・やろ。」②話が始まったり終わったりするときの切れ目を表す言葉。「ほれでは・　そろそろ・　はじ(始)め・たい・と・　おも(思)い・ます。」〔⇒**そいでは、それでは、そんでは、ほいでは、ほんでは、そいなら、**

それなら、そんなら、ほんなら、ほいなら、ほれなら、ほなら、ほな〕

ほれでも《接続詞》　今まで述べてきたことと反対の意味で次に続けようとするときに使う言葉。それにもかかわらず。「ほれでも・　まだ・　あきら(諦)め・たり・は・　せー・へん・ぞ。」〔⇒**それでも、そいでも、そんでも、ほいでも、ほんでも**〕

ほれどころか《接続詞》　前に述べたようなことだけでは、とうてい収まらないということを表す言葉。「ほれどころか・　ぜーきん(税金)・を・　よーけ・　と(取)ら・れ・た・がな。」〔⇒**それどころか、そいどころか、ほいどころか**〕

ほれなら《接続詞》　①それより前に述べられている内容を前提にして、次の内容に続けていこうとするときに言う言葉。「ほれなら・　あいて(相手)・に・　ま(負)ける・の・が・　あ(当)たりまえや。」②話が始まったり終わったりするときの切れ目を表す言葉。「ほれなら・　はなし(話)・を・　はじ(始)め・ます。」〔⇒**そいでは、それでは、そんでは、ほいでは、ほれでは、ほんでは、そいなら、それなら、そんなら、ほんなら、ほいなら、ほなら、ほな**〕

ほれに《接続詞》　直前に述べた事柄に加えて。「ほれに・　ゆき(雪)・まで・　ふ(降)っ・てき・やがっ・た。」〔⇒**それに、そいに、ほいに、そのうえ【その上】、そのうえに【その上に】**〕

ほろ【幌】《名詞》　雨風や日光などを防ぐために、車などに付ける覆い。「とらっく(トラック)・の・　にだい(荷台)・の・　ほろ・が・　やぶ(破)れ・てき・た。」

ほろ《接頭語》［形容詞に付く］　かすかな程度であるという意味を表す言葉。「この・　かいろ(懐炉)・は・　まだ・　ほろぬく(温)い。」「さけ(酒)・は・　ほろぬる(温)い・　かん(燗)・に・　し・てほしい。」「ほろにが(苦)い・　ちょこれーと(チョコレート)・や・さかい・　す(好)きや。」〔⇒**なま【生】**〕

ぼろ【襤褸】《名詞、形容動詞や(ノ)》　①使い古して、本来の役割を果たせなくなった衣服や布きれなど。つぎはぎだらけの衣服など。「ぼろ・を・　たば(束)・に・　し・て・　うちはらい(＝はたき)・を・　つく(作)る。」②ものが古くなったり傷んだりしている様子。ほとんど役立たなくなっている様子。また、そのようになったもの。「ぼろの・　じてんしゃ(自転車)・に・　の(乗)っ・て・　はし(走)る。」③知られたくない欠点や失敗。「かく(隠)し・とっ・た・　ぼろ・が・　で(出)・ても・た。」〔①⇒**ぼろぎれ【襤褸切れ】、やぶれぼろ【破れ襤褸】**。②⇒**おんぼろ【おん襤褸】**〕

ぼろ《接頭語》　①程度の甚だしい様子を表す言葉。普通以上に多い様子であることを表す言葉。「あいて(相手)・が・　よお(弱)ー・て・　ぼろが(勝)ち・を・　し・た。」「けーば(競馬)・で・　ぼろもー(儲)けし・た。」②よくない、古くなった、壊れかけているというような意味を表す言葉。「ぼろばけつ(バケツ)・や・さかい・　みず(水)・が・　も(漏)る。」「しず(沈)み・そーな・　ぼろぶね(船)・や。」「わしら・の・　ちゅーがっこーじだい(中学校時代)・は・　ぼろこーしゃ(校舎)・で・　べんきょー(勉強)し・た。」

ぼろい【襤褸い】《形容詞・オイ型》　①傷んだり破れたりしている。粗末である。「ぼろい・　ふく(服)・を・　き(着)・とる。」②弱々しく力がない。「ぼろい・　ちーむ(チーム)・と・　しあい(試合)・を・　し・たっ・て・　おもろ(面白)ない。」

ぼろい《形容詞・オイ型》　①元手や労力がかからない割りに利益が大きい。うまく儲けている。「なん(何)・ぞ・　ぼろい・　しごと(仕事)・は・　おまへ・ん・やろ・か。」②意外なほど収穫が多い。気持ちが良いほど、次々と手に入る。「きょー(今日)・の・　さかなつ(魚釣)り・は・　ぼろかっ・た。」

ぼろかす【襤褸滓】《形容動詞や(ノ)》　①相手を強く批判して、言葉でやりこめる様子。相手に強く批判されて、さんざんである様子。問題にする価値すらないと判断している様子。「しっぱい(失敗)し・て・　ぼろかすに・　ゆ(言)わ・れ・ても・た。」②自分の力からすれば、行うことが容易であるという様子。大した努力をしなくても、そのことを行うのは容易であるという様子。「あいつ(彼奴)・なんか・に・　か(勝)つ・　こと・は・　ぼろかすや。」〔⇒**ぼろくそ【襤褸糞】**。①⇒**みそかす【味噌滓】、みそくそ【味噌糞】、くそみそ【糞味噌】、くそかす【糞滓】**。②⇒**やすい【易い】、なやすい【な易い】**〕

ぼろがち【ぼろ勝ち】《名詞、動詞する》　完全な勝ち。大勝。「じったいれー(十対零)・で・　ぼろがちし・てん。」■対語＝「ぼろまけ【ぼろ負け】」

ぼろぎれ【襤褸切れ】《名詞》　使い古して、本来の役割を果たせなくなった布きれ。「ぼろぎれ・で・　くつ(靴)・を・　みが(磨)く。」〔⇒**ぼろ【襤褸】、やぶれぼろ【破れ襤褸】**〕

ぼろくそ【襤褸糞】《形容動詞や(ノ)》　①相手を強く批判して、言葉でやりこめる様子。相手に強く批判されて、さんざんである様子。問題にする価値すらないと判断している様子。「ぼろくそに・　けな(貶)す。」「ぼろくそに・　ま(負)け・ても・た。」②自分の力からすれば、行うことが容易であるという様子。大した努力をしなくても、そのことを行うのは容易であるという様子。「こんな・　もんだい(問題)・なんか・　ぼろくそに・　でけ(出来)る。」〔⇒**ぼろかす【襤褸滓】**。①⇒**みそかす【味噌滓】、みそくそ【味噌糞】、くそみそ【糞味噌】、くそかす【糞滓】**。②⇒**やすい【易い】、なやすい【な易い】**〕

ほろせ《名詞》　皮膚にできる、小さな盛り上がり。発疹。「か(蚊)ー・に・　か(咬)ま・れ・て・　ほろせ・が・　でけ(出来)・た。」「ほろせ・を・　か(掻)い・たら・　ち(血)ー・が・　で(出)・てき・た。」〔⇒**ぶつぶつ、つぶつぶ【粒々】**〕

ほろっと《副詞、動詞する》　感動して心が詰まる様子。しんみりとする様子。涙ぐんだり、涙を落としたりする様子。「き(気)のどくな・　はなし(話)・を・　き(聞)ー・て・　ほろっと・　し・た。」

ぼろっと《副詞》　①手からすり抜けるようにして、ものを落としてしまう様子。「う(受)け・た・　ぼーる(ボール)・を・　ぼろっと・　お(落)とし・ても・た。」②崩れ落ちたり、欠け落ちたりする様子。「か(枯)れ・た・　えだ(枝)・が・　ぼろっと・　お(折)れ・た。」③そんなつもりではないのに、思わず言ってしまう様子。「ぼろっと・　はくじょー(白状)し・た。」〔⇒**ぽろっと**〕

ぽろっと《副詞》　①手からすり抜けるようにして、ものを落としてしまう様子。「も(持)っ・とっ・た・　こっぷ(コップ)・を・　ぽろっと・　お(落)とし・た。」②崩れ落ちたり、欠け落ちたりする様子。「ちゃわん(茶碗)・の・　はし(端)・が・　ぽろっと・　か(欠)け・た。」③そんなつもりではないのに、思わず言ってしまう様子。「い(言)わ・ん・でも・　え(良)ー・　こと・を・　ぽろっと・　ゆ(言)ー・ても・た。」〔⇒**ぼろっと**〕

ほろにがい【ほろ苦い】《形容詞・アイ型》　①少し苦みが

ほ

あって、うまいと感じる様子。「ほろにがい・ びーる(ビール)・が・ す(好)きや。」②辛さや苦しさが加わっていると感じる様子。「ちゅーがっこー(中学校)・の・ころ(頃)・に・は・ ほろにがい・ おも(思)いで・が・ある。」

ほろぬくい【ほろ温い】《形容詞・ウイ型》 十分な熱さではないが、少し暖かくなっている。暖かみがわずかにある。「あさ(朝)・に・ なっ・ても・ こたつ(炬燵)・が・ほろぬくい・ まま・や。」〔⇒**ほろぬるい**【ほろ温い】、**なまぬくい**【生温い】、**なまぬるい**【生温い】〕

ほろぬるい【ほろ温い】《形容詞・ウイ型》 十分な熱さではないが、少し暖かくなっている。暖かみがわずかにある。「なつ(夏)・に・ なっ・たら・ すいどー(水道)・の・ みず(水)・が・ ほろぬるい。」〔⇒**ほろぬくい**【ほろ温い】、**なまぬくい**【生温い】、**なまぬるい**【生温い】〕

ほろぶ【滅ぶ】《動詞・バ行五段活用》 勢いが衰えて、なくなる。破壊的な打撃を受けて、消え去ってしまう。「きょーりゅー(恐竜)・は・ おーむかし(大昔)・に・ ほろん・だ。」「げんじ(源氏)・に・ ま(負)け・て・ へーけ(平家)・が・ ほろぶ。」

ほろほろ《副詞と》 何気なく動いている様子。特に目当てもない様子。「はまべ(浜辺)・を・ ほろほろと・ さんぽ(散歩)する。」

ぼろぼろ《形容動詞や(ノ・ナ)、動詞する》 ①ものがはがれたり崩れたりしている様子。また、それがこぼれ落ちる様子。「こんくりーと(コンクリート)・の・ かべ(壁)・が・ ぼろぼろに・ なっ・とる。」「はしら(柱)・が・ さ(錆)び・て・ ぼろぼろに・ なっ・て・ お(落)ちる。」「ぱんくず(パン屑)・が・ ぼろぼろと・ こぼ(零)れる。」②ものが傷んだり破れたりしている様子。「しょーじ(障子)・が・ ぼろぼろに・ いた(傷)ん・どる。」「ぼろぼろの・ ほん(本)・や・さかい・ てーねー(丁寧)に・ み(見)・てください。」③水滴が流れ落ちる様子。「なみだ(涙)・を・ ぼろぼろと・ なが(流)す。」

ぽろぽろ《副詞と》 ①粘り気がなく小さなものが、こぼれ落ちたり、あらわれたりする様子。「ぱん(パン)・を・ た(食)べ・て・ ぽろぽろ・ こぼ(零)す。」②予期していないものが、次々とあらわれる様子。「けーさん(計算)・の・ まちが(間違)い・が・ ぽろぽろ・ で(出)・てき・て・ やりなお(直)し・を・ し・た。」③水滴がまとまって流れ落ちる様子。「なみだ(涙)・を・ ぽろぽろ・ こぼ(零)す。」

ぼろまけ【ぼろ負け】《名詞、動詞する》 完全な負け。大負け。「あいて(相手)・が・ つよ(強)すぎ・て・ ぼろまけし・ても・た。」◆本来は「ぼろがち【ぼろ勝ち】」という使い方をしていたのが、〈負け〉にも転用されたのかもしれない。■対語＝「ぼろがち【ぼろ勝ち】」

ぼろもうけ〔ぼろもーけ〕《名詞、動詞する》 元手や労力をあまりかけないで、大きな利益を得ること。「きょー(今日)・は・ けーば(競馬)・で・ ぼろもーけし・た。」

ぼろや【襤褸屋】《名詞》 金属や衣類などの廃品を回収する業者。「ふる(古)い・ しんぶん(新聞)・を・ まと(纏)め・て・ ぼろや・に・ う(売)っ・た。」〔⇒**よせや**【寄せ屋】、**てんや**【てん屋】、**くずや**【屑屋】〕

ぼろんと《副詞》 ①楽器などを弾いたときに出る、低い音。「こんとらばす(コントラバス)・が・ ぼろんと・ き(聞)こえ・た。」②持っていたものを取り落とす様子。また、そのときに出る音。「いねむ(居眠)りし・て・ ほん(本)・を・ ぼろんと・ お(落)とす。」〔②⇒**ぽろんと**〕

ぽろんと《副詞》 ①楽器などを弾いたときに出る、高い音。「こと(琴)・を・ ぽろんと・ な(鳴)らす。」②持っていたものを取り落とす様子。また、そのときに出る音。「ちゃわん(茶碗)・を・ ぽろんと・ お(落)とし・て・ めん・でも・た。」〔②⇒**ぼろんと**〕

ほん【本】《名詞》 文字や絵などを印刷して、比較的分厚いページ数としてまとめたもの。書物。「ねころ(寝転)ん・で・ ほん・を・ よ(読)む。」〔⇒**としょ**【図書】〕

ほん【本】《副詞》 ①そうとしか言えなくて、心の底からそのように思うという気持ちを表す言葉。「はし(走)りすぎ・て・ ほん・ しんどい。」「きょー(今日)・は・ ほん・ ぬく(温)い・ ひ(日)ー・や。」②この上なく。極めて。「ほん・ ちか(近)い・ とこ(所)・に・ えき(駅)・が・ ある・ねん。」〔①⇒**ほんとうに**【本当に】、**ほんに**【本に】、**ほんまに**【本真に】、**まことに**【誠に】、**まったく**【全く】〕

ほん《連体詞》 まったくわずかの。ちょっとした。まさしく。「ほん・ こないだ・まで・は・ あつ(暑)かっ・た・のに・ きゅー(急)に・ すず(涼)し・ なっ・た・なー。」「これ・は・ ほん・ きも(気持)ち・だけ・です。」「あいつ(彼奴)・は・ ほん・ きんじょ(近所)・に・ す(住)ん・どる。」「ほん・ ちょっと(一寸)・だけ・や・けど・ た(食)べ・ておくん・なはれ。」〔⇒**ほんの**〕

ほん〔ぼん、ぽん〕【本】《助数詞》［数を表す言葉に付く］ 細長いものなどを数えるときに使う言葉。「えんぴつ(鉛筆)・が・ さん(三)ぼん・ ある。」「びーる(ビール)・を・ じっ(十)ぽん・ も(持)っ・てき・てほしー・ねん。」

ほん【本】《接頭語》 ①それが属しているものを指し示す言葉。「ほんねん(年)・も・ よろしく・ おねが(願)いし・ます。」「ほんじつ(日)・は・ にわりび(二割引)き・です。」「ほんこー(校)・は・ あした(明日)・が・ うんどーかい(運動会)・です。」②紛れもなく、それそのものであるということを表す言葉。「ほんにん(人)・が・ き(来)・たら・ わた(渡)し・ます。」「この・ なか(中)・で・ ほんもん(物)・は・ どれ・か・ わかり・まっ・か。」

ぼん【盆】《名詞》 ①食べ物や食器などを載せて運ぶ、平らで縁の浅い道具。「ぼん・に・ の(載)せ・て・ おちゃ(茶)・を・ だ(出)す。」②先祖の霊をまつる、8月中頃の仏教行事。「ぼん・に・ きょーだい(兄弟)・で・ はかまい(墓参)り・を・ する。」〔⇒**おぼん**【お盆】〕

ぼん【(坊)】《名詞》 ①小さな男の子を表す言葉。「この・こ(子)・は・ どこ・の・ ぼん・かいなー。」「ぼん・は・とし(歳)・が・ なんぼ・に・ なっ・た・ん・かいなー。」②良家の子ども。「あいつ(彼奴)・は・ えー・ とこ・の・ ぼん・や。」◆①は、親しんで呼ぶ言葉であって、自分の子どもには使わない。〔⇒**ぼんぼん**【(坊々)】。①⇒**ぼうや**【坊や】、**ぼうず**【坊主】〕

ぼん〔ぼーん〕《副詞と》 ①柱時計や鐘などが、重い音で鳴る様子。また、その音。「とけー(時計)・が・ ぼんと・ ろくじ(六時)・を・ う(打)っ・た。」②ものが鈍い音をたてて爆発したり、燃え上がったりする様子。また、その音。「たきび(焚火)・を・ し・とっ・たら・ たけ(竹)・が・ ぼんと・ はぜっ・た。」

ぼん【(坊)】《接尾語》［人の名前に付ける］ 小さな男の子の敬称として使う言葉。「たろ(太郎)ぼん」「よし(芳)ぼん」〔⇒**ぼう**【坊】〕

ほんえびす【本戎】《名詞》 1月10日の前後3日間に「十日戎」と言われる戎神社(恵比須神社、恵比寿神社、蛭子神社などと書かれる)の祭りが行われるが、9日は「よいえびす【宵戎】」、10日は「ほんえびす【本戎】」「ほんえべす【(本戎)】」、11日は「のこりふく【残り福】」と呼ばれる。「ほんえびす」は祭礼の中心の日である。「ほんえびす・の・　ひ(日)ー・は・　ひと(人)・が・　おー(多)い・よ。」〔⇒**ほんえべす【(本戎)】**〕

ほんえべす【(本戎)】《名詞》 1月10日の前後3日間に「十日戎」と言われる戎神社(恵比須神社、恵比寿神社、蛭子神社などと書かれる)の祭りが行われるが、9日は「よいえびす【宵戎】」、10日は「ほんえびす【本戎】」「ほんえべす【(本戎)】」、11日は「のこりふく【残り福】」と呼ばれる。「ほんえべす」は祭礼の中心の日である。「ほんえべす・に・　やなぎはら(柳原)・の・　みや(宮)・に・　まい(参)る。」〔⇒**ほんえびす【本戎】**〕

ぼんおどり【盆踊り】《名詞、動詞する》 8月の盆の頃に、野外で大勢の人が集まって歌などに合わせて踊る行事。「むかし(昔)・は・　しょーがっこー(小学校)・で・　あんどん(行灯)・を・　か(掛)け・て・　ぼんおどり・を・　し・た・もん・や。」

ぽんがし【ぽん菓子】《名詞》 米などに圧力をかけて、一瞬のうちに弾かせて膨らませた菓子。「ぽんがし・は・　ちー(小)さい・　こ(子)ー・でも・　た(食)べやすい。」〔⇒**ぽんせん【ぽん煎】、ぽんぽん、ぽんぽんせんべい【ぽんぽん煎餅】、ぽんぽんがし【ぽんぽん菓子】**〕

ほんき【本気】《名詞、形容動詞や(ノ)》 ①真剣に対応しようとする気持ち。真面目に対応しようとする気持ち。心底からそのように思っていること。「ほんきに・　なっ・て・　れんしゅー(練習)し・た・さかい・　つよ(強)ー・　なっ・た。」②スポーツ、遊び、賭け事などで、正式に勝負をすること。ものを賭けて勝負をすること。「れんしゅー(練習)・が・　す(済)ん・だ・さかい・　いま(今)・から・は・　ほんき・や・ぞー。」■対語＝②「うそき【嘘気】」「うそけ【嘘気】」〔②⇒**ほんけ【本気】**〕

ほんけ【本家】《名詞》 親戚の枝分かれの中で、中心になっている家。分家に対する元の家。「あの・　ひと(人)・は・　ほんけ・の・　あとつ(跡継)ぎ・や。」■対語＝「しんたく【新宅】」「しんたくや【新宅家】」〔⇒**おもや【主家】**〕

ほんけ【本気】《名詞》 スポーツ、遊び、賭け事などで、正式に勝負をすること。ものを賭けて勝負をすること。「ここ・から・は・　ほんけ・の・　しょーぶ(勝負)・や・ぞ。」■対語＝「うそき【嘘気】」「うそけ【嘘気】」〔⇒**ほんき【本気】**〕

ぼんさい【盆栽】《名詞》 鉢などに小さな木や草を植えて、幹や枝葉などを美しく手入れして楽しむもの。「ぼんさい・の・　きく(菊)・の・　てい(手入)れ・を・　する。」

ぼんさん【(坊さん)】《名詞》 ①お寺の住職。出家して仏門に入った人。「まいつき(毎月)・　ぼんさん・が・　おまい(参)り・に・　き(来)・てくれ・て・や・ねん。」②商店などに住み込んで働く人。商家の小僧や丁稚。「こん(小)まい・　とき(時)・は・　こーべ(神戸)・の・　みせ(店)・へ・　ぼんさん・に・　い(行)っ・とっ・た。」〔①⇒**ぼうさん【坊さん】、おじゅっさん【(お住さん)】、ぼうず【坊主】**〕

ぼんさんがへをこいた【坊さんが屁をこいた】《唱え言葉》 ものを数えるときに、1から10までを数える代わりに、一字一音で言う言葉。◆「いち、に、さん、し、ごー、ろく、ひち、はち、くー、じゅー」と言う代わりに、「ぼんさんがへをこいた」と言えば、1から10までを数えたことと見なす。隠れん坊で、〔百まで数えてから探し始める〕というルールなら、「ぼんさんが……」を10回繰り返せばよいということになる。しかも、きちんと「ぼんさんがへをこいた」と言うことをせず、この10音すら、あわてて、いい加減に発音することもなかったわけではない。この言葉の「ぼんさん」は、商家の丁稚を指すということも考えられるが、大半の者はお坊さん(住職)と信じて疑わなかった。お坊さんが放屁するという、あまり考えられない事柄をあげて面白がっているように感じられる。大人たちは、「ひふみよいむなやこと」(「ひとつ」の「ひ」、「ふたつ」の「ふ」、「みっつ」の「み」…、のそれぞれの最初の1音を連ねたもの)という言い方をしていたように思う。〔⇒**ひふみよいむなやこと【一二三四五六七八九十】**〕

ほんじつ【本日】《名詞》 今、過ごしているこの日。「ほんじつ・は・　ひがら(日柄)・も・　よろしー・よーです。」◆「きょう【今日】」の改まった言い方。〔⇒**きょう【今日】**〕

ほんじつはせいてんなり〔ほんじつはせーてんなり〕【本日は晴天なり】《唱え言葉》 マイクなどのテストをするときに、口に出す言葉。「あーあー・　ほんじつはせーてんなり。ほんじつはせーてんなり。」

ほんしょう〔ほんしょー〕【本性】《名詞》 普段は隠れていて見えることが少ない、生まれつきの性質。「けんか(喧嘩)し・て・　ほんしょー・を・　あらわ(現)し・た。」

ほんしょく【本職】《名詞》 ①ある分野に熟達し、詳しい知識・技能などを持っている人。それを専門とする人。「ほんしょく・の・　ひと(人)・は・　やっぱり・　じょーず(上手)や・なー。」②生活を支えている、中心となる仕事。「わし・の・　ほんしょく・は・　のーぎょー(農業)・や。」〔①⇒**くろうと【玄人】、くろと【玄人】**〕

ほんせき【本籍】《名詞》 その人の戸籍のあるところ。「わし・の・　ほんせき・は・　こーべ(神戸)・や・ねん。」

ぽんせん【ぽん煎】《名詞》 ①米などに圧力をかけて、一瞬のうちに弾かせて膨らませた菓子。「こめ(米)・を・　も(持)っ・ていっ・て・　ぽんせん・に・　し・てもらう。」②前項のものを型に入れて煎餅のようにしたもの。「ぽんせん・は・　こ(小)まい・　こ(子)・でも・　た(食)べ・られる。」〔⇒**ぽんぽんせんべい【ぽんぽん煎餅】**。①⇒**ぽんがし【ぽん菓子】、ぽんぽん、ぽんぽんがし【ぽんぽん菓子】**〕

ほんぞん【本尊】《名詞》 ①寺の中心に祀られて、信仰などの中心的な対象となる仏像。「この・　おてら(寺)・の・　ほんぞん・は・　あみだ(阿弥陀)はん・や。」②ものごとや行事などの中心になって行う人。「そーべつかい(送別会)・に・　ほんぞん・が・　ちこく(遅刻)し・たら・　わら(笑)わ・れる・ぞ。」

ほんだけ《名詞、副詞》 ①そこにある数量や、そのような程度。そこにある、限られたものや分量。「よー・う(売)れ・て・　のこ(残)り・は・　ほんだけ・や。」②そのものにふさわしい程度。「ほんだけ・　もんく(文句)・を・　ゆ(言)ー・たら・　き(気)・が・　すん・だ・やろ。」◆代名詞「ほれ」の発音が変化したものに副助詞「だけ」がついて、それが一語になったものである。〔⇒**それだけ、そんだけ、ほれだけ、それだけだけ、そんだけだけ、ほれだけだけ、ほんだけだけ**〕

ほんだけだけ《名詞、副詞》 ①そこにある数量や、そのような程度。そこにある、限られたものや分量。「ほんだけだけ・が・　きょー(今日)・の・　にっとー(日当)・だす。」②そのものにふさわしい程度。「たか(高)い・けど・　ほんだけだけ・の・　ねう(値打)ち・は・　あり・

まっ·せ。」◆代名詞「ほれ」の発音が変化したものに副助詞「だけ」がついて、強調するために副助詞「だけ」がもう一度ついて、それが一語になったものである。〔⇒**それだけ、そんだけ、ほれだけ、ほんだけ、それだけだけ、そんだけだけ、ほれだけだけ**〕

ほんだす【放ん出す】《動詞·サ行五段活用》①乱暴な動作で外に出す。「かばん(鞄)·から·　せんたくもん(洗濯物)·を·　ほんだす。」②投げるように置く。「こんな·　とこ(所)·に·　さいふ(財布)·を·　ほんだし·とい·たら·　あか·ん·やろ。」③ものごとを途中でやめて放棄する。「べんきょー(勉強)·を·　ほんだし·て·　あそ(遊)び·に·　い(行)っ·ても·た。」◆「だす【出す】」を、ややぞんざいに言うときにも使う。■対語＝「ほりこむ【放り込む】」〔⇒**ほりだす【放り出す】**。③⇒**ほかす【放下す】、ほる【放る】、ほりなげる【放り投げる】、ほったらかす【放ったらかす】、ほっちらかす【放っ散らかす】、ほっとく【放っとく】**〕

ほんだな【本棚】《名詞》　本を載せて並べておく棚。「ほんだな·の·　はし(端)·に·　かびん(花瓶)·を·　お(置)く。」

ほんで《接続詞》　①前に述べたことに引き続いて、次に述べることが起こったり行われたりすることを表す言葉。前に述べたことを受けて、付け加えて述べようとすることを表す言葉。「あめ(雨)·が·　ふ(降)っ·てき·て·　ほんで·　かぜ(風)·も·　つよ(強)ー·　なっ·た。」②前に述べたことを受けて、あるいは前に述べたことを理由として、後のことを述べるのに使う言葉。そうであるから。そのようなわけで。「ほんで·　けっきょく(結局)·　なに(何)·も·　き(決)まら·なんだ·ん·や。」◆相手に話を促したり話を続けさせたりしようとするときに、相づちのように使う場合もある。〔①⇒**そうして、そして、そうしてから、そないして、そないしてから、へて、へてから、ほて、ほてから、ほんでから**。②⇒**そこで、それで、そいで、そんで、ほれで、ほいで、さいで、ほで**〕

ほんでから《接続詞》　①前に述べたことに引き続いて、次に述べることが起こったり行われたりすることを表す言葉。前に述べたことを受けて、付け加えて述べようとすることを表す言葉。「しけん(試験)·の·　まえ(前)·の·　ひ(日)ー·に·　なっ·て·　ほんでから·　やっと·　べんきょー(勉強)·を·　はじ(始)め·た。」②前の事柄に後の事柄が続くという意味を表す言葉。前の事柄に後の事柄を付け加える意味を表す言葉。そのことの次に。それに加えて。「ほんでから·　あと(後)·は·　おーげんか(大喧嘩)·に·　なっ·ても·てん。」〔①⇒**そうして、そして、そうしてから、そないして、そないしてから、へて、へてから、ほて、ほてから、ほんで**。②⇒**ほいでから、ほいから、ほてから、ほでから、ほれから、それから、そいから、そいでから、そんでから**〕

ほんでは《接続詞》　①それより前に述べられている内容を前提にして、次の内容に続けていこうとするときに言う言葉。「ほんでは·　ごーかく(合格)でける·　はず·が·　あら·へん。」②話が始まったり終わったりするときの切れ目を表す言葉。「ほんでは·　きょー(今日)·は·　ここ·まで·に·　し·ます。」〔⇒**そいでは、それでは、そんでは、ほいでは、ほれでは、そいなら、それなら、そんなら、ほんなら、ほいなら、ほれなら、ほなら、ほな**〕

ほんでも《接続詞》　今まで述べてきたことと反対の意味で次に続けようとするときに使う言葉。それにもかかわらず。「ほんでも·　ちょっと·　ぬく(温)ー·　なっ·てき·まし·た·なー。」〔⇒**それでも、そいでも、そんでも、ほれでも、ほいでも**〕

ほんてん【本店】《名詞》　営業の中心になっている店。「ほんてん·は·　こーべ(神戸)·の·　もとまち(元町)·に·　ある。」■対語＝「してん【支店】」「でみせ【出店】」

ぽんと〔**ぽーんと**〕《副詞》　①大きくはないものを、無造作に放り出したり、投げたりする様子。「かばん(鞄)·を·　ぽんと·　よこ(横)·に·　お(置)く。」②惜しげもなく金品を差し出す様子。一度に全部を揃えて出す様子。「ぽんと·　きふ(寄付)·を·　し·てくれ·た。」「しゃっきん(借金)·を·　いっぺん(一遍)に·　ぽんと·　はろ(払)·てくれ·た。」③ものがはじけたり抜けたりする様子。また、その音。「こるく(コルク)·の·　せん(栓)·を·　ぽんと·　ぬ(抜)く。」「はい(灰)·の·　なか(中)·で·　くり(栗)·が·　ぽんと·　はぜっ·た。」④柱時計や鐘などが、重い音で鳴る様子。また、その音。「さんじ(三時)·に·　なっ·て·　ぽんと·　な(鳴)っ·た。」⑤軽くたたく様子。「せなか(背中)·を·　ぽんと·　たた(叩)く。」〔①⇒**ぽいと、ぽいんと**〕

ほんとう〔**ほんとー、ほんと**〕【本当】《名詞、形容動詞や(ノ)》　ごまかしや嘘が含まれていないこと。「ほんとーの·　こと·を·　おし(教)え·てください。」〔⇒**ほんま【本真】**〕

ほんどう〔**ほんどー**〕【本堂】《名詞》　本尊をまつってある、寺の中心となる建物。「ほんどー·の·　のき(軒)·に·　すわ(座)っ·て·　けーだい(境内)·を·　なが(眺)め·とっ·た。」

ほんとうに〔**ほんとーに、ほんとに**〕【本当に】《副詞》　そうとしか言えなくて、心の底からそのように思うという気持ちを表す言葉。「この·　しごと(仕事)·は·　ほんとーに·　しんどかっ·た。」「うえだたかひろ(上田岳弘)さん·の·　しょーせつ(小説)·は·　ほんとに·　おもしろ(面白)い·ねん。」〔⇒**ほんに【本に】、ほん【本】、ほんまに【本真に】、まことに【誠に】、まったく【全く】**〕

ほんな《連体詞》　形や状態などが、それと同じような。それほどの程度の。「ほんな·　はなし(話)·は·　わし·は·　き(聞)ー·とら·へん·ぞ。」〔⇒**そんな、そないな、ほないな、さいな**〕

ほんなら《接続詞》　①それより前に述べられている内容を前提にして、次の内容に続けていこうとするときに言う言葉。「ほんなら·　もー·　ちょっと(一寸)·　べんきょー(勉強)さし·てもらい·まっ·さ。」②話が始まったり終わったりするときの切れ目を表す言葉。「ほんなら·　これ·で·　きょー(今日)·は·　お(終)わり·に·　し·ます。」〔⇒**そいでは、それでは、そんでは、ほいでは、ほれでは、ほんでは、そいなら、それなら、そんなら、ほいなら、ほれなら、ほなら、ほな**〕

ほんなん《名詞》　形や状態などが、それと同じようなもの。それほどの程度のもの。「ほんなん·　この·　みせ(店)·で·は·　う(売)っ·とら·へん。」〔⇒**ほないなん、そんなん、そないなん**〕

ほんに【本に】《副詞》　そうとしか言えなくて、心の底からそのように思うという気持ちを表す言葉。「ほんに·　だいぶ·　ぬく(温)ー·　なっ·てき·まし·た·なー。」◆相手の言ったことを肯定的にとらえて発する場合もある。〔⇒**ほんとうに【本当に】、ほん【本】、ほんまに【本真に】、まことに【誠に】、まったく【全く】**〕

ほんにん【本人】《名詞》　そのことに直接関わりを持つ人。

当事者。「ほんにん・が・　い(行)か・なんだら・　ぱすぽーと(パスポート)・は・　くれ・へん・そーや。」

ほんの《連体詞》　まったくわずかの。ちょっとした。「ほんの・　まねほど(＝僅か)・です・けど・　た(食)べ・てお　くん・なはれ。」「わから・ん・　とこ(所)・が・　ほんの・　ちょっと(一寸)・だけ・　あり・ます・ねん。」「ほんの・　しるし(印)・だけ・です・けど・　おれー(礼)・の・　きも(気持)ち・です。」〔⇒**ほん**〕

ほんのり《副詞と》　色や香りや、その他のものが、かすかに現れる様子。「ぱん(パン)・に・　ほんのり・　こ(焦)げめ・が・　つい・た。」「む(向)こー・の・　やま(山)・が・　ほんのり・　み(見)える。」

ほんば【本場】《名詞》　①そのことの発祥地であったり中心となったりするところ。「もとまち(元町)・は・　りゅーこー(流行)・の・　ほんば・や。」②良いものの主な産地。「さけ(酒)・の・　ほんば・は・　やっぱり・　なだ(灘)・や。」「あかし(明石)・は・　たい(鯛)・の・　ほんば・や。」

ほんばこ【本箱】《名詞》　本を並べて入れておく、箱の形をした家具。「ほんばこ・に・　ぶんがくぜんしゅー(文学全集)・を・　なら(並)べる。」

ほんばん【本番】《名詞》　①練習ではなく、本式に行うこと。「ほんばん・で・　しっぱい(失敗)せ・ん・よーに・　しー・や。」②本格的にその時期を迎えること。「つゆ(梅雨)・の・　ほんばん・の・　じき(時期)・に・　なっ・た。」

ほんぶ【本部】《名詞》　ある仕事や仕組みの中で、中心となるところに設ける事務所や詰め所など。「どーそーかい(同窓会)・の・　ほんぶ・は・　がっこー(学校)・に・　お(置)い・とる。」「しゃむしょ(社務所)・に・　まつり(祭)・の・　ほんぶ・を・　つく(作)る。」■対語＝「しぶ【支部】」

ポンプ〔ぽんぷ〕【オランダ語＝pomp】《名詞》　液体や気体に圧力を加えて、それを吸い上げたり他の場所に送ったりする機械。「いど(井戸)・の・　みず(水)・を・　ぽんぷ・で・　く(汲)む。」◆単に「ぽんぷ」と言うだけでも、井戸からの汲み上げポンプを指すことが多かった。

井戸水を汲み上げるポンプ

ほんぶり【本降り】《名詞》　雨や雪の降り方が、強く多いこと。「いよいよ・　ほんぶり・に・　なっ・てき・まし・た・なー。」■対語＝「こぶり【小降り】」

ぼんべらぼう〔ぼんべらぼー〕《名詞、形容動詞や(ノ)》　一面に平らで、凹凸がない様子。つるつるで、変化に乏しい様子。「のー(能)・の・　おめん(面)・は・　ぼんべらぼーの・　かお(顔)・に　・なっ・とる・なー。」〔⇒**ずんべら、ずんべり、ずんべらぼう、ずんべらぼん、のっぺら、のっぺり、のっぺらぼう、のっぺらぼん、ぼんべらぼん**〕

ぼんべらぼん《名詞、形容動詞や(ノ)》　一面に平らで、凹凸がない様子。つるつるで、変化に乏しい様子。「ぼんべらぼんの・　いし(石)・で・　かこ(囲)い・を・　する。」〔⇒**ずんべら、ずんべり、ずんべらぼう、ずんべらぼん、のっぺら、のっぺり、のっぺらぼう、のっぺらぼん、ぼんべらぼう**〕

ぽんぽこ《名詞》　目のまわりに縁があって尾が太い、山にすみ夜行性で、人を騙すと思われている動物。「ぽんぽこ・が・　ちゃがま(茶釜)・に・　ば(化)ける。」◆腹をぽんぽんと叩く動物というイメージで、おどけて言う言葉。◆幼児語。〔⇒**たぬき【狸】、たのき【(狸)】、ぽんぽこだぬき【ぽんぽこ狸】**〕

ぽんぽこ《形容動詞や(ノ)》　①中身がいっぱいになって、入れ物などがはちきれそうになっている様子。「かばん(鞄)・が・　ぽんぽこに・　なっ・とる。」②たくさん食べて、満腹になっている様子。「おも(思)いっきり・　た(食)べ・て・　はら(腹)・が・　ぽんぽこに・　なっ・た。」③妊娠して、お腹が大きくなっている様子。「よめ(嫁)さん・は・　ぽんぽこに・　なっ・て・　ある(歩)きにく・そーや。」〔⇒**ぽんぽこぽん、ぽんぽこぽんのぽん**〕

ぽんぽこだぬき【ぽんぽこ狸】《名詞》　目のまわりに縁があって尾が太い、山にすみ夜行性で、人を騙すと思われている動物。「ぽんぽこだぬき・が・　つきよ(月夜)・の・　ばん(晩)・に・　おど(踊)る・　はなし(話)・が・　ある。」◆腹をぽんぽんと叩く動物というイメージで、おどけて言う言葉。幼児語。〔⇒**たぬき【狸】、たのき【(狸)】、ぽんぽこ**〕

ぽんぽこぽん《形容動詞や(ノ)》　①中身がいっぱいになって、入れ物などがはちきれそうになっている様子。「ふーせん(風船)・が・　ぽんぽこぽんに・　なっ・て・　はでり(＝破裂し)・そーや。」②たくさん食べて、満腹になっている様子。「よー・　よばれ・て・　はら(腹)・が・　ぽんぽこぽんに・　なり・まし・た。」③妊娠して、お腹が大きくなっている様子。「はちかげつ(八ヶ月)・に・　なっ・て・　ぽんぽこぽんです・ねん。」〔⇒**ぽんぽこ、ぽんぽこぽんのぽん**〕

ぽんぽこぽんのぽん《形容動詞や(ノ)》　①中身がいっぱいになって、入れ物などがはちきれそうになっている様子。「りゅっくさっく(リュックサック)・に・　つ(詰)めすぎ・て・　ぽんぽこぽんのぽんに・　なっ・とる。」②たくさん食べて、満腹になっている様子。「ぽんぽこぽんのぽんや・さかい・　もー・　く(食)わ・れ・へん。」③妊娠して、お腹が大きくなっている様子。「ぽんぽこぽんのぽんで・　らいげつ(来月)・　う(生)まれる・　よてー(予定)・です。」〔⇒**ぽんぽこ、ぽんぽこぽん**〕

ぼんぼん【(坊々)】《名詞》　①小さな男の子を表す言葉。「あの・　ぼんぼん・は・　どこ・の・　こ(子)ー・かいな。」②良家の子ども。「ぼんぼん・や・さかい・　くろー(苦労)・を・　し(知)ら・ず・に・　おー(大)きなっ・た・ん・やろ。」◆①は、親しんで呼ぶ言葉であって、自分の子どもには使わない。〔⇒**ぼん【(坊)】**。①⇒**ぼうや【坊や】、ぼうず【坊主】**〕

ぼんぼん《名詞》　小さくて丸い玉で、ふっくらとした感じのもの。「ぼーし(帽子)・の・　てっぺん・に・　けーと(毛糸)・の・　ぼんぼん・が・　つ(付)い・とる。」「ねぎ(葱)・に・　ぼんぼん・が・　いっぱい・　つ(付)い・とる。」

ぽんぽん《副詞と》　ものごとが威勢良く、次々と続いていく様子。また、そのときに出る音。「ぼーる(ボール)・を・　ぽんぽん・　う(打)ちかえす。」「きのー(昨日)・の・　しあい(試合)・は・　ぽんぽん・　ほーむらん(ホームラン)・を・　う(打)た・れ・て・　ま(負)け・た。」「えんりょ(遠慮)・も・　なし・に・　ぽんぽんと・　もの・を・　ゆ(言)ー・　しと(人)・や・なー。」〔⇒**ぽんぽん**〕

ぽんぽん《名詞》　①胸と腰との間で、胃や腸などのあるところ。胃や腸。「た(食)べすぎ・たら・　ぽんぽん・が・　いと(痛)ー・　なり・まっ・せ。」「ぎょーさん(仰山)・　た(食)べ・た・さかい・　ぽんぽん・を・　たた(叩)い・たら・　ぽんぽんと・　おと(音)・が・　する・やろ。」②

母体で、子が宿るところ。「おかー(母)ちゃん・の・　ぽんぽん・が・　おー(大)きなっ・た。」◆幼児語。〔⇒**はら**【腹】、**おなか**【お腹】〕

ぽんぽん《名詞》　①戦後の時期にあった、原動機付きの自転車。「ぽんぽん・は・　さか(坂)・を・　のぼ(登)る・の・が・　らく(楽)や。」②ぽんぽんというエンジン音を立てて走る小型の船。「みなと(港)・に・　ぽんぽん・が・　もど(戻)っ・てき・た。」

ぽんぽん《名詞》　米などに圧力をかけて、一瞬のうちに弾かせて膨らませた菓子。「こめ(米)・を・　はぜらし・た・　ぽんぽん・は・　おい(美味)しー・なー。」〔⇒**ぽんがし**【ぽん菓子】、**ぽんせん**【ぽん煎】、**ぽんぽんせんべい**【ぽんぽん煎餅】、**ぽんぽんがし**【ぽんぽん菓子】〕

ぽんぽん《副詞と》　①ものごとが威勢良く、次々と続いていく様子。また、そのときに出る音。「ぽんぽんと・　つづ(続)け・て・　ぼーる(ボール)・を・　な(投)げる。」「しつもん(質問)・に・　ぽんぽんと・　こた(答)える。」②続けざまに破裂する様子。また、その音。「はなび(花火)・が・　ぽんぽんと・　あ(上)がっ・た。」③軽くたたく様子。「かた(肩)・を・　ぽんぽんと・　たた(叩)か・れ・た。」④遠慮なく次々に言う様子。言葉が淀みなく出てくる様子。「ぽんぽんと・　もんく(文句)・を・　い(言)わ・れ・て・　こま(困)っ・ても・た。」〔①⇒**ぽんぽん**〕

ぽんぽんいた【ぽんぽん痛】《名詞》　食べ過ぎや食あたりなどによって、おなかが痛むこと。「ねび(寝冷)えし・たら・　ぽんぽんいた・に・　なり・まっ・せ。」◆幼児語。〔⇒**はらいた**【腹痛】〕

ぽんぽんがし【ぽんぽん菓子】《名詞》　米などに圧力をかけて、一瞬のうちに弾かせて膨らませた菓子。「ぽんぽんがし・の・　おっちゃん・が・　き(来)・た・さかい・　こめ(米)・を・　も(持)っ・て・　はぜらし・てもらい・に・　い(行)っ・た。」〔⇒**ぽんがし**【ぽん菓子】、**ぽんせん**【ぽん煎】、**ぽんぽん**、**ぽんぽんせんべい**【ぽんぽん煎餅】〕

ぽんぽんせんべい〔**ぽんぽんせんべー**〕【ぽんぽん煎餅】《名詞》　①米などに圧力をかけて、一瞬のうちに弾かせて膨らませた菓子。「むかし(昔)・は・　ぽんぽんせんべー・が・　おい(美味)しー・と・　おも(思)・た・なー。」②前項のものを型に入れて煎餅のようにしたもの。「ぽんぽんせんべー・は・　や(柔)ろこい・さかい・　わ(割)りやすい。」〔⇒**ぽんせん**【ぽん煎】。①⇒**ぽんがし**【ぽん菓子】、**ぽんぽん**、**ぽんぽんがし**【ぽんぽん菓子】〕

ぽんぽんになる《動詞・ラ行五段活用》　①着ているものを脱いで、裸になる。「ぽんぽんになっ・たら・　かぜ(風邪)・を・　ひく・ぞ。」②たくさん食べて、満腹になる。「ぽんぽんになっ・たら・　はし(箸)・を・　お(置)き・なはれ。」◆幼児語。

ほんま【本真】《名詞、形容動詞や(ノ)》　ごまかしや嘘が含まれていないこと。本当であること。真実であること。「ほんまに・　しんよー(信用)し・ても・　えー・の・やろ・か。」「ほんまの・　こと・を・　おし(教)え・てほしー・の・や。」「その・　うそ(嘘)・　ほんま・かい。」〔⇒**ほんとう**【本当】〕

ほんまく《副詞》　自分の力や意欲をありったけ注ぎ込む様子。気のすむまで。「はら(腹)・が・　た(立)っ・た・さかい・　ほんまく・　ぶちまし・たっ・た。」〔⇒**おんまく**、**おもいきり**【思い切り】〕

ほんまに【本真に】《副詞》　そうとしか言えなくて、心の底からそのように思うという気持ちを表す言葉。「つゆ(梅雨)・が・　あ(明)け・て・　ほんまに・　あつ(暑)い・ひ(日)ー・が・　つづ(続)き・ます・なー。」「ほんまに・ひとあめ(一雨)・　ほ(欲)しー。」〔⇒**ほんとうに**【本当に】、**ほんに**【本に】、**ほん**【本】、**まことに**【誠に】、**まったく**【全く】〕

ほんまもん【本真物】《名詞》　①偽物や見せかけの物ではなく、まさしくそのもの。「これ・は・　ほんまもん・の・だいや(ダイヤ)・や・ぞー。」②見せかけでなく、中身が伴っていること。技術などが優れていること。「ほんまもん・の・　せーじか(政治家)・が・　すけ(少)のー・なっ・た・なー。」■対語＝①「にせ【贋、偽】」「にせもん【偽物、贋物】」「まがいもん【紛い物】」「だまし【騙し】」「だましもん【騙し物】」〔⇒**ほんもの**【本物】、**ほんもん**【本物】〕

ほんみや【本宮】《名詞》　２日間にわたって催される秋祭りの２日目。「ほんみや・は・　じゅーがつ(十月)・の・さいご(最後)・の・　にっちょーび(日曜日)・や。」◆１日目は「よみや【(宵宮)】」「よんみゃ【(宵宮)】」と言う。〔⇒**ひるみや**【昼宮】〕

ほんもの【本物】《名詞》　①偽物や見せかけの物ではなく、まさしくそのもの。「ほんもの・の・　きん(金)・で・　でけ(出来)・た・　めだる(メダル)・や。」②見せかけでなく、中身が伴っていること。技術などが優れていること。「ほんもの・の・　うでまえ(腕前)・を・も(持)っ・た・　しょくにん(職人)・は・　おら・ん・よーに・　なっ・た。」■対語＝①「にせ【贋、偽】」「にせもん【偽物、贋物】」「まがいもん【紛い物】」「だまし【騙し】」「だましもん【騙し物】」〔⇒**ほんまもん**【本真物】、**ほんもん**【本物】〕

ほんもん【本物】《名詞》　①偽物や見せかけの物ではなく、まさしくそのもの。「これ・は・　ほんもん・の・　しんじゅ(真珠)・や。」②見せかけでなく、中身が伴っていること。技術などが優れていること。「あいつ(彼奴)・の・　ちから(力)・は・　ほんもん・や。」■対語＝①「にせ【贋、偽】」「にせもん【偽物、贋物】」「まがいもん【紛い物】」「だまし【騙し】」「だましもん【騙し物】」〔⇒**ほんまもん**【本真物】、**ほんもの**【本物】〕

ほんや【本屋】《名詞》　本や雑誌などを売る店。書店。また、その職業の人。「でぱーと(デパート)・の・　ほんや・で・　こ(買)ー・た。」

ぼんやり《副詞と、動詞する》　①集中力が欠けて、意識が一点に集中しない様子。間が抜けている様子。「さっき・まで・　ねとぼ(寝惚)け・て・　ぼんやり・　し・とっ・てん。」②形、色、記憶などがはっきりしない様子。「しょーどしま(小豆島)・が・　ぼんやり・　み(見)え・とる。」③気が利かなかったり、うかつであったりする様子。「ぼんやりせ・んと・　おちゃ(茶)・ぐらい・　だ(出)せ・よ。」〔⇒**ぼいやり**、**ぼやっと**、**ぼやんと**。①③⇒**ぼやぼや**。①⇒**ぼけっと**、**ぼさっと**、**ぼさぼさ**〕

ほんるい【本塁】《名詞》　野球で、捕手の前に置いてある、五角形をした布団状のベースのこと。「さんるい(三塁)・から・　ほんるい・に・　もど(戻)っ・てくる。」〔⇒**ホーム**【英語＝home base から】〕

ほんるいだ【本塁打】《名詞》　野球で、打球が外野スタンドに入るなどして、打者が３つの塁を経過して、打席の前の塁まで帰ることができる安打。「あし(足)・が・はや(速)い・さかい・　はし(走)りまわっ・て・　ほんるいだ・に・　なっ・た。」〔⇒**ホームラン**【英語＝home run】〕

ほ

ま

ま

ま〔まー〕【間】《名詞》 ①部屋などの一区切り。それぞれの目的を持った部屋。「この・ いえ(家)・は・ まー・の・ かず(数)・が・ よーけ・ ある。」「つぎ(次)・の・ まー・に・ お(居)っ・てくれ・へん・か。」「おーせつ(応接)ま・に・ はい(入)っ・てもらう。」②2つ以上のものにはさまれた狭い場所。ものとものとの間の、空いている部分。「たんす(箪笥)・と・ かべ(壁)・の・ まー・に・ お(落)ち・ても・た。」③一続きの時間にはさまれた、別の短い時間。連続している動作や状態が途切れる時。次のことが始まるまでの時間。「つぎ(次)・の・ でんしゃ(電車)・まで・ だいぶ(大分)・ まー・が・ ある。」④余裕のある時間。自分の好きにできる時間。「やす(休)ん・どる・ まー・が・ な(無)い・ほど・ いそが(忙)しかっ・た。」⑤何かをする頃合い。状況。機会。「まー・を・ み(見)・て・ れんらく(連絡)し・まっ・さ。」⑥話しているときの、途切れる短い時間。「ぺらぺら・ しゃべ(喋)ら・んと・ まー・を・ お(置)い・て・ はな(話)し・なはれ。」⑦その人にとっての時の運。巡り合わせ。「じしん(地震)・が・ お(起)き・た・ じかん(時間)・の・ まー・が・ わる(悪)かっ・た。」〔②③⇒**あいだ【間】、あいま【合間】、ま【間】**。②⇒**すき【隙】、すきま【隙間】**。④⇒**ひま【暇】**。⑦⇒**まん**〕

ま〔まー〕【魔】《名詞》 人を迷わせたり悩ませたりして、よくない方へ引き入れる不思議な力。「まー・が・ さし・て・ おかしな・ こと・を・ し・たら・ しんぶん(新聞)・に・ で(出)る・ぞ。」

ま〔まー〕《助動詞》 相手に敬意を表して、丁寧に表現するときに使う言葉。「わし(私)・が・ い(行)き・ま。」◆「ます」の「す」の発音が脱落して「ま」となったり、その「ま」の発音が長音化したりすることがある。ただし、これは終止形だけの現象であって、他の活用形は「ます」と同じである。〔⇒**ます**〕

ま〔まー〕【真】《接頭語》 純粋にそうである、間違いなくそうである、正確にちょうどそのようである、という意味を添える言葉。「えき(駅)・を・ で(出)・て・ まーみぎ(右)・を・ む(向)い・たら・ こーばん(交番)・が・ ある。」「まーまんなか(真中)・に・ ぼーる(ボール)・を・ な(投)げこむ。」「ましかく(四角)・の・ はこ(箱)・に・ い(入)れる。」「まーひがし(東)・へ・ ある(歩)く。」〔⇒**まっ【真っ】、まん【真ん】**〕

まあ〔まー〕《副詞》 ①ためらいながら、ひとまず肯定するような気持ちを表す言葉。「まー・ そーゆー・ こと(事)・に・ し・とき・まほ。」②十分ではないが、まずまずの状態であるということを表す言葉。「あんた・は・ まー・ ごーかく(合格)・に・ し・とこ・ー。」③最終的にどうするかはともかくとして、とりあえずの措置としてそのようにするということを表す言葉。「きょー(今日)・は・ まー・ けっせき(欠席)・に・ さし・とい・てください。」

まあ〔まー〕《感動詞》 驚いたり感心したりするときに、思わず出る言葉。「なんと・ まー・ おい(美味)しー・なー。」「まー・ はや(速)い・ あし(足)・や・なー。」◆女性が使うことが多い。〔⇒**まあまあ**〕

マーガリン〔まーがりん〕【英語＝margarine】《名詞》 植物油・食塩・香料などを原料として練り固めた、バターに似た食品。「や(焼)け・た・ ぱん(パン)・に・ まーがりん・を・ ぬ(塗)る。」

マーク〔まーく〕【英語＝mark】《名詞、動詞する》 ①ものごとの意味や内容を表すために、他と区別するように決めた文字や図形。「まちが(間違)え・ん・よー・に・ する・ため・に・ かばん(鞄)・に・ りぼん(リボン)・の・ まーく・を・ つ(付)ける。」「がっこー(学校)・の・ まーく・を・ ちず(地図)・で・ さが(探)す。」②物事がそうであって間違いではないということを明らかにする、拠りどころとなるもの。事実を証明するもの。「にせもん(偽物)・で・ ない・ こと・を・ しめ(示)す・ まーく・を・ は(貼)る。」〔⇒**しるし【印】**。②⇒**しょうこ【証拠】**〕

まあまあ〔まーまー〕《形容動詞や(ノ)》 ①十分ではないが、まずまず良好であると思われる様子。「しけん(試験)・の・ でき(出来)・は・ まーまーやっ・た。」「まーまーの・ うま(美味)い・ らーめん(ラーメン)・やっ・た。」②行き過ぎないように控えめにする様子。「てつや(徹夜)・は・ まーまーに・ せ・なんだら・ からだ(体)・に・ こたえる・ぞ。」〔⇒**そこそこ、ほどほど【程々】**。①⇒**ぼちぼち、ぼつぼつ**〕

まあまあ〔まーまー〕《感動詞》 ①驚いたり感心したりするときに、思わず出る言葉。「まーまー・ わざわざ・ き(来)・てもろ・て・ すんません。」②相手の気持ちを抑えたりなだめたりするときに用いる言葉。「まーまー・ なん(何)とか・ ゆる(許)し・たっ・てー・な。」〔①⇒**まあ**〕

まい【舞】《名詞》 歌や音楽に合わせて、体や手足を美しく動かして演じること。また、そのような芸能。「せんす(扇子)・を・ も(持)っ・て・ まい・を・ ま(舞)う。」

まい【(前)】《名詞》 ①人の顔が向いている方。自分が進んでいる方向。また、その方向にある場所。「まい・の・ ほー(方)・に・ くるま(車)・が・ と(止)まっ・た。」「まい・に・ うみ(海)・が・ あっ・て・ みは(見晴)らし・が・ え(良)ー。」②その場の中心となっているところ。「きょーしつ(教室)・の・ まい・に・ こくばん(黒板)・が・ ある。」「まい・に・ で(出)・て・ うた(歌)・を・ うた(歌)う。」③人やものの正面。人や動物の体の表側。「がっこー(学校)・の・ まい・は・ こくどー(国道)・が・ はし(走)っ・とる。」④ものごとの初めの部分。または、始まる以前。「かいかい(開会)・の・ まい・に・ おじぎ(辞儀)・を・ する。」⑤現在から隔たった、過去のある時期。「まい・は・ いけ(池)・やっ・た・ とこ(所)・を・ う(埋)めたて・て・ がっこー(学校)・を・ た(建)て・た。」「まい・に・ ゆ(言)ー・た・ こと・を・ もー・ わす(忘)れ・た・ん・かいな。」■対語＝「うしろ【後ろ】」「おしろ【(後ろ)】」〔⇒**まえ【前】**。⑤⇒**まえど【前度】、まいど【(前度)】**。**ぜん【前】**〕

まい《助動詞》 ①しようとする意志がないことを表す言葉。「い(行)こ・と・ い(行)こ・まい・と・ おまえ(前)・の・ かって(勝手)や。」「これ・から・は・ にど(二度)・と・ し・ょー・まい・と・ おも(思)う・ねん。」「あんな・ かって(勝手)な・ やつ(奴)・の・ ゆ(言)ー・ こと・ なんか・ き(聞)ー・たる・まい・な。」②そうではないということを推量したり想像したりする言葉。「まさか・ あした(明日)・は・ あめ(雨)・は・ ふ(降)る・まい。」◆動詞には、「行くまい」「行こまい」、「降るまい」「降ろまい」の両方の接続がある。

まい【(前)】《助数詞》 割り当ての人数分を表すときに使う言葉。それに相当する価値や内容であることを表す言葉。「ごにん(五人)まい・の・ きっぷ(切符)・を・ か(買)う。」〔⇒**まえ【前】**〕

まい【枚】《助数詞》　紙・板・皿・紙幣・貨幣など、平らで薄いものを数える言葉。「さら(皿)・が・　ご(五)まい・ある。」「がよーし(画用紙)・を・　じゅー(十)まい・　か(買)う。」

まい【毎】《接頭語》　それぞれの、そのたびごと、という意味で使う言葉。「まいあさ(朝)・　たいそー(体操)・を・　する。」「まいしゅー(週)・　えーが(映画)・を・み(見)る。」「まいかい(回)・　ちこく(遅刻)する・　もん(者)・が・　おる。」「まいがっき(学期)・に・　きまつしけん(期末試験)・が・　ある。」

まいあがる【舞い上がる】《動詞・ラ行五段活用》　飛び巡るように揺れながら、高く上がる。「かぜ(風)・で・　かみ(紙)・が・　まいあがっ・た。」「きたな(汚)い・　ほこり(埃)・が・　まいあがる。」

まいかい【毎回】《名詞、副詞》　繰り返される、その度ごと。会合などのすべて。「よ(寄)りあい・に・は・　まいかい・　しゅっせき(出席)し・た。」

まいかけ【(前掛け)】《名詞》　①炊事や作業をするときなどに、衣服を汚さないために、腰から下のあたりに付ける丈夫な布。「じゃがいも(馬鈴薯)・を・　まいかけ・で・　う(受)け・て・　はこ(運)ぶ。」「いそが(忙)しー・さかい・　まいかけ・を・　し・た・まま・で・　ごはん(飯)・を・　た(食)べる。」②乳幼児が食事をするときなどに、衣服を汚さないために、顎のあたりから上半身に付ける布。「きれー(綺麗)な・　え(絵)ー・の・　つ(付)い・た・　まいかけ・を・　つ(付)け・て・　ごはん(飯)・を・　た(食)べ・さす。」◆①には、日常的な作業のために厚手で作られているものがあり、宣伝のために会社名、商店名、商品名などが書かれているものもある。〔⇒**まえかけ**【前掛け】、**まいだれ**【(前垂れ)】、**まえだれ**【前垂れ】、**エプロン**【英語＝apron】〕

まいかぜ【舞い風】《名詞》　渦を巻くように吹き起こる強い風。つむじ風。「まいかぜ・で・　き(木)ー・の・　は(葉)ー・が・　みんな(皆)・　ち(散)っ・ても・た。」〔⇒**まいまいかぜ**【舞い舞い風】〕

まいがまう【舞いが舞う】《動詞・ワア行五段活用》　ものごとが支障なく進展する。ものごとのやりくりがつく。「なん(何)とか・　かいしゃ(会社)・は・　まいがもー・とる・ねん。」「こん・だけ・の・　よさん(予算)・やっ・たら・　おー(大)けな・　ぎょーじ(行事)・は・　まいがまわ・ん・　こと・に・　なる・やろ。」

まいから【(前から)】《副詞》　今ではなくて過去の時点から。過去の時点で既に。「まいから・　けーこ(稽古)・を・　つづ(続)け・てき・た。」〔⇒**まえから**【前から】、**まえまえから**【前々から】、**まいまいから**【(前々から)】〕

まいがり【(前借り)】《名詞、動詞する》　まだ受取日になっていないときに、給料などのお金を受け取ること。「まいがりし・とっ・た・　かね(金)・を・　あるばいと(アルバイト)・を・　し・て・　かや(返)す。」〔⇒**まえがり**【前借り】、**さきがり**【先借り】〕

マイク〔まいく〕【英語＝mike。(microphone)】《名詞》　音波を電流に変えるもので、放送や録音をするときに向かって話しかける器械。「おーぜー(大勢)・の・　まえ(前)・で・　まいく・で・　しゃべ(喋)っ・た。」

まいげ【(眉毛)】《名詞》　まぶたの少し上に、弓状に生えている毛。また、その一本一本。「まいげ・の・　うす(薄)い・　こ(子)・や・なー。」〔⇒**まひげ**【(眉毛)】〕

まいげつ【毎月】《名詞》　その月その月。どの月も。来る月ごとに。「まいげつ・の・　しんぶん(新聞)・の・　しゅーきん(集金)・は・　はつかごろ(二十日頃)・に・　なっ・とる。」〔⇒**まいつき**【毎月】〕

まいご【迷子】《名詞》　①一緒にいた人からはぐれること。また、そのようになった人。とりわけ、そのような子ども。「ゆーえんち(遊園地)・で・　まいご・に・　なら・ん・よーに・　き(気)ー・を・　つけ・て・ね。」②道に迷って目的地に行き着けなくなること。また、そのようになった人。「この・　へん(辺)・へ・は・　はじ(初)めて・き(来)・た・ん・で・　ちょっと(一寸)・　まいご・に・なっ・て・　おく(遅)れ・てしまい・まし・た。」

まいこむ【舞い込む】《動詞・マ行五段活用》　①雨や雪や塵などが、風にあおられて舞うようにして入ってくる。「かぜ(風)・が・　つよ(強)ー・て・　すなぼこり(砂埃)・が・　まいこん・でき・た。」②思いがけないものが、届いたり知らせられたりする。「どーそーかい(同窓会)・の・　あんない(案内)・が・　まいこん・でっ・た。」

まいしゅう〔**まいしゅー**〕【毎週】《名詞》　その週その週。どの週も。来る週ごとに。「まいしゅー・の・　きんよーび(金曜日)・に・は・　はんせーかい(反省会)・が・　ある。」

まいだれ【(前垂れ)】《名詞》　①炊事や作業をするときなどに、衣服を汚さないために、腰から下のあたりに付ける丈夫な布。「まいだれ・の・　ぽけっと(ポケット)・に・　りょーしゅーしょー(領収証)・を・　い(入)れる。」②乳幼児が食事をするときなどに、衣服を汚さないために、顎のあたりから上半身に付ける布。「よだれ(涎)・で・　まいだれ・が・　ぬ(濡)れ・ても・とー。」◆①には、日常的な作業のために厚手で作られているものがあり、宣伝のために会社名、商店名、商品名などが書かれているものもある。〔⇒**まいかけ**【(前掛け)】、**まえかけ**【前掛け】、**まえだれ**【前垂れ】、**エプロン**【英語＝apron】〕

まいちもんじ〔**まーいちもんじ**〕【真一文字】《名詞、形容動詞や(ノ)》　まっすぐな様子。一直線である様子。「まーいちもんじに・　なっ・て・　とり(鳥)・が・　と(飛)ん・どる。」「まいちもんじに・　くち(口)・を・　し(締)める。」

まいつき【毎月】《名詞》　その月その月。どの月も。来る月ごとに。「まいつき・　おや(親)・の・　はか(墓)・に・まい(参)る。」〔⇒**まいげつ**【毎月】〕

まいど【(前度)】《名詞》　①現在から隔たった、過去のある時期。「まいど・に・　か(借)っ・た・　かね(金)・を・かい(返)す。」②反復したり継続したりすることがらの、この前のとき。今回のひとつ前のとき。「まいど・に・　お(会)ー・た・ん・は・　はんつきまえ(半月前)・やっ・た。」「まいど・は・　どこまで・　はなし(話)・が・す(済)み・まし・た・かいな。」〔⇒**まえど**【前度】、**ぜん**【前】。①⇒**まえ**【前】、**まい**【(前)】。②⇒**ぜんかい**【前回】、**まえのかい**【前の回】、**まいのかい**【(前の回)】〕

まいど【毎度】《名詞、副詞》　そのことが、いつも繰り返されること。常々、そのようであること。そのたびごと。「あいつ(彼奴)・が・　ちこく(遅刻)する・ん・は・　まいど・の・　こと・や。」「まいど・　おせわ(世話)・に・なっ・とり・ます。」

まいど【毎度】《感動詞》　ありがとうという気持ちを表す言葉。お礼を言うときの言葉。「へー・　まいど。」「まいど・　おおきに。」◆「まいど　ありがとうございます【毎度有り難うございます】」を短く述べる言葉。

まいとし【毎年】《名詞、副詞》　その年その年。どの年も。来る年ごとに。「はつもーで(初詣)・は・　まいとし・　なかお(中尾)・の・　すんみょし(住吉)さん・に・い(行)く・ねん。」〔⇒**まいねん**【毎年】、**ねんびゃくねんじゅう**【年百年中】〕

まいにち【毎日】《名詞》　午前0時から午後12時までの

間の24時間が幾度も繰り返して続くこと。ほぼ同様のことが繰り返される日が続いていること。一日ごとの単位で。「まいにち・　ひちじ(七時)・に・　いえ(家)・を・　で(出)る・ん・や。」「まいにち・　あつ(暑)い・　ひ(日)ー・が・　つづ(続)く・なー。」〔⇒**ひび**【日々】、**いちにちいちにち**【一日一日】、**まいにちまいにち**【毎日毎日】、**まいにちひにち**【毎日日日】、**ひにひに**【日に日に】〕

まいにちひにち【毎日日日】《名詞》 午前0時から午後12時までの間の24時間が幾度も繰り返して続くこと。ほぼ同様のことが繰り返される日が続いていること。一日ごとの単位で。「まいにちひにち・　よしん(余震)・が・　じっかい(十回)・も・　ある。」「まいにちひにち・　かぞく(家族)・の・　しょくじ(食事)・を・　なん(何)・に・　する・の・か・　かんが(考)える・の・も・　たいへん(大変)や。」◆「まいにち【毎日】」を強調した言い方である。〔⇒**ひび**【日々】、**いちにちいちにち**【一日一日】、**まいにち**【毎日】、**まいにちまいにち**【毎日毎日】、**ひにひに**【日に日に】〕

まいにちまいにち【毎日毎日】《名詞》 午前0時から午後12時までの間の24時間が幾度も繰り返して続くこと。ほぼ同様のことが繰り返される日が続いていること。一日ごとの単位で。「まいにちまいにち・　もーしょび(猛暑日)・と・　ねったいや(熱帯夜)・ばっかり・や。」「まいにちまいにち・　やす(休)み・が・　な(無)い・ねん。」◆「まいにち【毎日】」を強調した言い方である。〔⇒**ひび**【日々】、**いちにちいちにち**【一日一日】、**まいにち**【毎日】、**まいにちひにち**【毎日日日】、**ひにひに**【日に日に】〕

まいねん【毎年】《名詞》 その年その年。どの年も。来る年ごとに。「まいねん・　たいふー(台風)・が・　ひと(一)つ・か・　ふた(二)つ・か・　く(来)る。」〔⇒**まいとし**【毎年】、**ねんびゃくねんじゅう**【年百年中】〕

まいのかい【(前の回)】《名詞》 反復したり継続したりすることがらの、この前のとき。今回のひとつ前のとき。「わし・は・　まいのかい・は・　やす(休)ん・だ。」■対語＝「つぎのかい【次の回】」〔⇒**まえど**【前度】、**まいど**【(前度)】、**ぜんかい**【前回】、**まえのかい**【前の回】、**ぜん**【前】〕

まいばらい【(前払い)】《名詞、動詞する》 給料や代金などを先に渡すこと。「しょーがない・なー・　まいばらいし・たる・わ。」■対語＝「あとばらい【後払い】」〔⇒**まえばらい**【前払い】、**さきばらい**【先払い】〕

まいばん【毎晩】《名詞》 その晩その晩。どの晩も。来る晩に。「まいばん・の・　ばんしゃく(晩酌)・が・　たの(楽)しみ・や。」〔⇒**まいよさ**【毎夜さ】〕

まいまい【舞い舞い】《名詞、動詞する》 ①風などによって、くるくる回ること。「おちば(落葉)・が・　まいまいし・とる。」②あるところを中心にして小さな円を描いて回ること。特に、自分がひとりで、その場で回ること。「まいまい・を・　し・て・　め(目)ー・が・　まわ(回)っ・て・　こけ・た。」〔⇒**まいまいこんこ**【舞い舞いこんこ】、**まいまいこんこん**【舞い舞いこんこん】〕

まいまい【(前々)】《名詞、副詞に》 ずっと以前。「まいまいに・　き(決)め・とっ・た・　よてー(予定)・や・さかい・　か(変)え・られ・へん。」〔⇒**まえまえ**【前々】〕

まいまいかぜ【舞い舞い風】《名詞》 渦を巻くように吹き起こる強い風。つむじ風。「まいまいかぜ・で・　ごみ(塵)・が・　いっぱい(一杯)・　と(飛)ん・でき・た。」〔⇒**まいかぜ**【舞い風】〕

まいまいから【(前々から)】《副詞》 今ではなくて過去の時点から。過去の時点で既に。「まいまいから・　まいにち(毎日)・　さんじかん(三時間)・も・　れんしゅー(練習)・を・　し・てき・た・さかい・　ちから(力)・が・つい・てき・とる。」〔⇒**まえまえから**【前々から】、**まえから**【前から】、**まいから**【(前から)】〕

まいまいこんこ【舞い舞いこんこ】《名詞》 水面を急速に旋回する習性がある、体長1センチに満たない水生昆虫。水すまし。「いけ(池)・で・　まいまいこんこ・が・　およ(泳)い・どる。」

まいまいこんこ【舞い舞いこんこ】《名詞、動詞する》 ①風などによって、くるくる回ること。「おちば(落葉)・が・　かぜ(風)・で・　まいまいこんこし・とる。」②あるところを中心にして小さな円を描いて回ること。特に、自分がひとりで、その場で回ること。「まいまいこんこ・を・　し・て・　め(目)・が・　まわ(回)っ・た。」③どうしてよいか判断できず、立ち往生したりまごまごしたりする様子。「じかん(時間)・が・　の(無)ー・て・　まいまいこんこし・ても・た。」〔⇒**まいまいこんこん**【舞い舞いこんこん】。①②⇒**まいまい**【舞い舞い】〕

まいまいこんこん【舞い舞いこんこん】《名詞、動詞する》 ①風などによって、くるくる回ること。「ゆき(雪)・が・　まいまいこんこん・を・　し・て・　ふ(降)っ・てき・た。」②あるところを中心にして小さな円を描いて回ること。特に、自分がひとりで、その場で回ること。「まいまいこんこんし・て・　はしら(柱)・に・　ぶつかっ・た。」③どうしてよいか判断できず、立ち往生したりまごまごしたりする様子。「みんな(皆)・で・　そーだん(相談)し・た・けど・　まいまいこんこんし・て・　なん(何)・も・　き(決)まら・ず・や。」〔⇒**まいまいこんこ**【舞い舞いこんこ】。①②⇒**まいまい**【舞い舞い】〕

まいよさ【毎夜さ】《名詞》 その晩その晩。どの晩も。来る晩に。「まいよさ・　てれび(テレビ)・を・　み(見)・て・から・　ね(寝)る。」〔⇒**まいばん**【毎晩】〕

まいる【参る、詣る】《動詞・ラ行五段活用》 ①神社、寺、墓などに行く。神社、寺、墓などで拝む。「ひがん(彼岸)・に・　はか(墓)・に・　まいっ・た。」「ごーかく(合格)・を・　たの(頼)み・に・　かしま(鹿島)さん・に・　まいる。」②「行く」「来る」をへりくだって言う言葉。「わたし(私)・の・　ほー(方)・から・　まいり・ます。」③体力や勢いなどが衰える。「この・　あつ(暑)さ・に・は・　まいっ・ても・た。」「もーたー(モーター)・が・　まいっ・ても・て・　けむり(煙)・が・　で(出)・た。」④心を奪われる。正気を失って判断力などが希薄になっている。「わか(若)い・　おんな(女)・の・　こ(子)・に・　まいっ・とる。」〔③⇒**よわる**【弱る】。④⇒**いかれる**〕

まう【舞う】《動詞・ワア行五段活用》 ①音楽に合わせて、体を美しく動かして、踊りをする。「はっぴょーかい(発表会)・で・　じょーず(上手)に・　まう。」②空中を軽く飛ぶ。空中をぐるぐる回る。「そら(空)・で・　とんび(鳶)・が・　もー・とる。」③ひらひら揺れながら、上がったり下がったりする。飛びめぐる。「さくら(桜)・の・　はなびら(花弁)・が・　まう。」「どたばた・　あば(暴)れ・たら・　ほこり(埃)・が・　まう・やろ。」

まう【(回う)】《動詞・ワア行五段活用》 ①そのもの全体がくるくる回転する。「ごま(独楽)・が・　くるくる・もー・とる。」②めまいがする。くらむ。「まぶ(眩)しー・て・　め(目)ー・が・　もー・た。」③植えていた野菜類が立ち枯れになる。「あめ(雨)・が・　ふ(降)ら・へん・さかい・　きゅーり(胡瓜)・が・　もー・ても・た。」■他動詞

は「まわす【回す】」〔①⇒まわる【回る】〕

まう《補助動詞･ワア行五段活用》 **⇒てまう〔でまう〕**《補助動詞･ワア行五段活用》**を参照**

まうえ〔**まーうえ**〕【真上】《名詞》 ①真っ直ぐ上のあたり。「いま(今)･ まーうえ･を･ ひこーき(飛行機)･が･ と(飛)ん･どる。」②頭の上の近いところ。「すぴーかー(スピーカー)･が･ まーうえ･に･ あっ･て･ うるさ(煩)い。」■対語＝「ました【真下】」〔**⇒まっうえ【真っ上】**〕

まうしろ〔**まーうしろ**〕【真後ろ】《名詞》 真っ直ぐ前を向いているときの、その反対の方向。「まーうしろ･に･ お(居)っ･たら･ き(気)･が･ つか･へん･やろ。」■対語＝「ままえ【真前】」

まえ【前】《名詞》 ①人の顔が向いている方。自分が進んでいる方向。また、その方向にある場所。「よそみ(余所見)･を･ せ･んと･ まえ･を･ む(向)い･て･ き(聞)き･なさい。」②その場の中心となっているところ。「こーどー(講堂)･の･ まえ･の･ ほー(方)･に･ あつ(集)まる。」③人やものの正面。人や動物の体の表側。「てれび(テレビ)･の･ まえ･で･ なら(並)ん･で･ み(見)る。」④ものごとの初めの部分。または、始まる以前。「しょくじ(食事)･の･ まえ･に･は･ て(手)･を･ あら(洗)い･なはれ。」「まえ･の･ ほー(方)･で･ せつめー(説明)･を･ し･まし･た･やろ。」⑤現在から隔たった、過去のある時期。「まえ･は･ たんぼ(田圃)･やっ･た･ とこ(所)･に･ えき(駅)･が･ でけ(出来)･た。」■対語＝「うしろ【後ろ】」「おしろ【(後ろ)】」〔**⇒まい【(前)】**。⑤**⇒まえど【前度】、まいど【(前度)】、ぜん【前】**〕

まえ【前】《助数詞》 割り当ての人数分を表すときに使う言葉。それに相当する価値や内容であることを表す言葉。「うどん(饂飩)･ さんにん(三人)まえ･を･ たの(頼)み･ます。」「ににん(二人)まえ･の･ しごと(仕事)･を･ ひ(引)きうけ･て･ ひとり(一人)･で･ がんば(頑張)る。」〔**⇒まい【(前)】**〕

まえあし【前足】《名詞》 ①動物の4本足のうち、前の方の2本の足。「いぬ(犬)･が･ まえあし･で･ つち(土)･を･ ほ(掘)っ･とる。」②人が片足を踏み出したときに、踏み出した方の足。「まえあし･の･ つまさき(爪先)･が･ ち(地)･に･ つ(着)く･ とき(時)･に･ うしろあし(後足)･を･ け(蹴)る。」■対語＝「あとあし【後足】」「うしろあし【後ろ足】」「おしろあし【(後ろ足)】」

まえうしろ【前後ろ】《名詞》 ①場所としての前と後ろ。「まえうしろ･に･ おー(大)きな･ びる(ビル)･が･ た(建)っ･た。」「まえうしろ･に･ おーがた(大型)･の･ くるま(車)･が･ なら(並)ん･どる。」②時間としての前と後ろ。「こーえん(講演)･の･ まえうしろ･で･ しかいしゃ(司会者)･が･ はなし(話)･を･ する。」③物事の順序。また、それが逆になること。前と後ろを取り違えて、逆にすること。「しゃつ(シャツ)･を･ まえうしろ･に･ し･て･ き(着)･とる。」〔**⇒まえおしろ【(前後ろ)】、あとさき【後先】、ぜんご【前後】**〕

まえおき【前置き】《名詞、動詞する》 話したり書いたりする中心的な事柄より先に、関連する事柄を述べること。また、その内容。「まえおき･は･ かんたん(簡単)に･ す(済)ます。」

まえおしろ【(前後ろ)】《名詞》 ①場所としての前と後ろ。「ほん(本)･の･ まえおしろ･に･ え(絵)ー･が･ か(書)い･てある。」「しゃつ(シャツ)･の･ まえおしろ･に･ おー(大)きな･ じ(字)ー･が･ か(書)い･てある。」②時間としての前と後ろ。「まえおしろ･に･ おんがく(音楽)･を･ なが(流)す。」③物事の順序。また、それが逆になること。前と後ろを取り違えて、逆にすること。「ぼーし(帽子)･が･ まえおしろ･に･ なっ･とる。」〔**⇒まえうしろ【前後ろ】、あとさき【後先】、ぜんご【前後】**〕

まえかけ【前掛け】《名詞》 ①炊事や作業をするときなどに、衣服を汚さないために、腰から下のあたりに付ける丈夫な布。「まえかけ･を･ し･て･ やさい(野菜)･を･ あら(洗)う。」「ほ(帆)ー･で･ でけ･とる･ みせ(店)･の･ まえかけ･は･ なかなか･ やぶ(破)れ･へん。」②乳幼児が食事をするときなどに、衣服を汚さないために、顎のあたりから上半身に付ける布。「まえかけ･に･ ごはんつぶ(飯粒)･が･ つ(付)い･とる。」◆①には、日常的な作業のために厚手で作られているものがあり、宣伝のために会社名、商店名、商品名などが書かれているものもある。〔**⇒まいかけ【(前掛け)】、まいだれ【(前垂れ)】、まえだれ【前垂れ】、エプロン【英語＝apron】**〕

まえから【前から】《副詞》 今ではなくて過去の時点から。過去の時点で既に。「それ･は･ まえから･ き(決)め･とっ･た･ こと･や･ねん。」〔**⇒まいから【(前から)】、まえまえから【前々から】、まいまいから【(前々から)】**〕

まえがり【前借り】《名詞、動詞する》 まだ受取日になっていないときに、給料などのお金を受け取ること。「きゅーりょー(給料)･の･ まえがり･は･ でけ(出来)･へん。」〔**⇒まいがり【(前借り)】、さきがり【先借り】**〕

まえだれ【前垂れ】《名詞》 ①炊事や作業をするときなどに、衣服を汚さないために、腰から下のあたりに付ける丈夫な布。「まえだれ･を･ し･て･ はいたつ(配達)･に･ い(行)く。」「まえだれ･ し･て･ りょーり(料理)･を･ つく(作)る。」②乳幼児が食事をするときなどに、衣服を汚さないために、顎のあたりから上半身に付ける布。「こぼ(零)さ･ん･よーに･ まえだれ･を･ つ(付)け･たる。」◆①には、日常的な作業のために厚手で作られているものがあり、宣伝のために会社名、商店名、商品名などが書かれているものもある。〔**⇒まいかけ【(前掛け)】、まえかけ【前掛け】、まいだれ【(前垂れ)】、エプロン【英語＝apron】**〕

社名入りの前垂れ

まえど【前度】《名詞》 ①現在から隔たった、過去のある時期。「まえど･に･ いっぺん(一遍)･ けんか(喧嘩)し･た･ こと･が･ ある。」②反復したり継続したりすることがらの、この前のとき。今回のひとつ前のとき。「あんた･に･は･ まえど･の･ とき(時)･に･ おめ(目)･に･ かかり･まし･た･なー。」〔**⇒まいど【(前度)】、ぜん【前】**。①**⇒まえ【前】、まい【(前)】**。②**⇒ぜんかい【前回】、まえのかい【前の回】、まいのかい【(前の回)】**〕

まえどれ【前獲れ】《名詞》 すぐ前の海で獲れた魚介類。地元産の魚介類。「まえどれ･の･ たこ(蛸)･は･ い(活)き･が･ よ(良)ー･て･ うま(美味)い。」「まえどれ･の･ さかな(魚)･やっ･たら･ うおんたな(魚棚)･で･ か(買)い･なはれ。」〔**⇒まえのもん【前の物】**〕

まえのかい【前の回】《名詞》 反復したり継続したりする

ことがらの、この前のとき。今回のひとつ前のとき。「まえのかい・で・　き(決)まら・なんだ・　こと・を・　きょー(今日)・は・　き(決)め・たい・と・　おも(思)ー・とり・ます。」■対語＝「つぎのかい【次の回】」〔⇒**まえど【前度】、まいど【**(前度)**】、ぜんかい【前回】、まいのかい【**(前の回)**】、ぜん【前】**〕

まえのつき【前の月】《名詞》 その月から一月さかのぼった月。「まえのつき・が・　つゆ(梅雨)・やっ・た・さかい・　そこ・から・　こーじ(工事)・が・　おく(遅)れだし・た。」

まえのとし【前の年】《名詞》 その年から一年さかのぼった年。「まえのとし・に・　がっこー(学校)・を・　で(出)・て・　いちねん(一年)・　た(経)っ・て・から・　かいしゃ(会社)・に・　はい(入)っ・た。」

まえのひ〔きえのひー〕【前の日】《名詞》 その日から一日さかのぼった日。「まえのひー・に・　かぜ(風邪)・を・　ひー・て・　えんそく(遠足)・は・　けっせき(欠席)し・てん。」〔⇒**ぜんじつ【前日】**〕

まえのもん【前の物】《名詞》 ①すぐ前の海で獲れた魚介類。地元産の魚介類。「まえのもん・や・さかい・　あたら(新)しー・よ。」②地元産の野菜や穀物。「あの・　すーぱー(スーパー)・の・　やさい(野菜)・は・　まえのもん・や・ねん。」③自宅の庭や、自宅のすぐ近くで収穫できる作物。「まえのもん・を・　ひ(引)ー・てき・て・　おひたし・に・　し・た。」〔①⇒**まえどれ【前獲れ】**〕

まえば【前歯】《名詞》 口の前の方にある、上下の歯。「こけ・て・　あご(顎)・を・　う(撲)っ・て・　まえば・が・　うご(動)い・た。」■対語＝「おくば【奥歯】」

まえばらい【前払い】《名詞、動詞する》 給料や代金などを先に渡すこと。「きゅーりょー(給料)・の・　まえばらい・なんか・　でけ(出来)・へん・がな。」■対語＝「あとばらい【後払い】」〔⇒**まいばらい【**(前払い)**】、さきばらい【先払い】**〕

まえまえ【前々】《名詞、副詞に》 ずっと以前。「まえまえに・　き(聞)ー・た・　はなし(話)・を・　おも(思)いだし・た。」〔⇒**まいまい【**(前々)**】**〕

まえまえから【前々から】《副詞》 今ではなくて過去の時点から。過去の時点で既に。「まえまえから・　やくそく(約束)し・まし・た・さかい・　あんじょー・　おたの(頼)・もーし・ます。」〔⇒**まいまいから【**(前々から)**】、まえから【前から】、まいから【**(前から)**】**〕

まえむき【前向き】《名詞》 ①その場の正面に向けること。「まえむき・に・　たいいくかん(体育館)・の・　いす(椅子)・を・　なら(並)べる。」②顔の正面の方向。「まっすぐ・　まえむき・に・　ある(歩)け。」■対語＝「うしろむき【後ろ向き】」「おしろむき【**(後ろ向き)**】」〔⇒**まえむけ【前向け】**〕

まえむけ【前向け】《名詞》 ①その場の正面に向けること。「すたんど(スタンド)・に・　む(向)かっ・て・　まえむけ・に・　せーれつ(整列)する。」②顔の正面の方向。「よそみ(余所見)・を・　せ・んと・　まえむけ・に・　すす(進)め。」■対語＝「うしろむけ【後ろ向け】」「おしろむけ【**(後ろ向け)**】」〔⇒**まえむき【前向き】**〕

まえより【前寄り】《名詞》 全体の中で、前の部分に属すること。「まえより・の・　せき(席)・に・　すわ(座)っ・てください。」■対語＝「あとより【後寄り】」「うしろより【後ろ寄り】」

まえわたし【前渡し】《名詞、動詞する》 商品や金を、予定の日や約束の日になっていないときに渡すこと。「しなもん(品物)・を・　まえわたし・に・　する。」

まがいもん【紛い物】《名詞》 本物に似せて作っているが本物でないこと。また、そのようなもの。「やす(安)い・と・　おも(思)・たら・　ほんまもん(本真物)・や・のー・て・　まがいもん・を・　つか(掴)まさ・れ・た。」■対語＝「ほんまもん【本真物】」「ほんもの【本物】」「ほんもん【本物】」〔⇒**にせ【贋、偽】、にせもん【贋物、偽物】、だまし【騙し】、だましもん【騙し物】**〕

まがさす〔まーがさす〕【魔が差す】《動詞・サ行五段活用》 よくない考えがふと沸き上がってくる。よくない行動を思わず行ってしまう。「まーがさし・て・　かんにんぐ(カンニング)・を・　し・ても・た。」

まかす【任す】《動詞・サ行五段活用》 ①ものごとの判断や処理などを他の人にゆだねて、その人の考えにそって行わせる。「どこ・へ・　い(行)く・か・は・　あんた・に・　まかし・ます・さかい・　き(決)め・てください。」②自分がしないで、他の人にやってもらう。「かね(金)・を・　はろ(払)・て・　しごと(仕事)・を・　ほか(他)・の・　ひと(人)・に・　まかす。」③制限や束縛をしないで、可能な限り使う。「こっとー(骨董)・を・　かね(金)・に・　まかし・て・　か(買)いこむ。」「ちから(力)・に・　まかし・て・　ひ(引)っぱる。」

まかす【負かす】《動詞・サ行五段活用》 相手に勝つ。相手が負けるようにする。「ま(負)け・て・ばっかり・の・　あいて(相手)・を・　はじ(初)めて・　まかし・たっ・た。」

まかせ　まかせ　よいやまかせ《成句》 秋祭りで、力を合わせて「だんじり【壇尻】」をかき上げるために、みんなで大きな声を出して唱える言葉。

まがぬける〔まーがぬける〕【間が抜ける】《動詞・カ行下一段活用》 ①調子が外れる。肝心なことが抜け落ちている。引き締まった感じがしない。「まーがぬけ・た・よーな・　あいさつ(挨拶)・やっ・た・なー。」②飲食物の新鮮さが失われる。特に、飲食物の刺激的な特性が失われる。「まーがぬけ・た・　さいだー(サイダー)・を・　の(飲)ん・だ。」〔②⇒**きがぬける【気が抜ける】**〕

まがり【間借り】《名詞、動詞する》 お金を払って、建物の一部の部屋を借りて住んだり商売などをしたりすること。「がくせー(学生)・の・　とき(時)・は・　し(知)りあい・の・　いえ(家)・に・　まがりし・とっ・た。」

まがりかど【曲がり角】《名詞》 ①道が直角に、または鋭角のように曲がっているところ。「まがりかど・は・　き(気)・を・　つ(付)け・んと・　あぶ(危)ない・ぞ。」②ものごとの変わり目。「しょーばい(商売)・が・　おかしー・　なっ・てき・た・　まがりかど・は・　にねんまえ(二年前)・やっ・た。」

まかる【負かる】《動詞・ラ行五段活用》 値引きができる。「もー・　ちょっと・　まかる・やろ。」「そら・　むり(無理)や・　もー・　これ・いじょー(以上)・は・　まかり・まへ・ん。」◆可能動詞。

まがる【曲がる】《動詞・ラ行五段活用》 ①まっすぐなものが、曲線を描いたり折れたりする。「せすじ(背筋)・が・　まがっ・とる・ぞ。」②進んでいく向きが変わる。「こーさてん(交差点)・を・　みぎ(右)・に・　まがる。」③道理から外れる。心が素直でなくなる。「まがっ・た・こと・を・　し・たら・　あか・ん。」■他動詞は「まげる【曲げる】」■対語＝①「のびる【伸びる】」

まき【巻き】《名詞》 ①巻くこと。巻いたもの。巻き方。「いと(糸)・の・　まき・が・　ゆる(緩)い。」②ご飯や具を海苔や卵焼きなどで巻いたもの。「まき・を・　さんぼん(三本)・　か(買)う。」〔②⇒**まきずし【巻き寿司】、すし【寿司】**〕

まきあげる【巻き上げる】《動詞・ガ行下一段活用》 ①巻いて上へ引き上げる。すっかり巻いてしまう。「すだれ(簾)・を・ まきあげる。」「じどー(自動)・で・ しゃったー(シャッター)・を・ まきあげる。」②風がものを舞い上がらせる。「おちば(落葉)・を・ まきあげ・て・ ふ(吹)く。」③脅したりすかしたりして、金品を無理に取り上げる。「だま(騙)さ・れ・て・ かね(金)・を・ まきあげ・られ・た。」

まきこむ【巻き込む】《動詞・マ行五段活用》 ①巻いて中に引き込む。「せんぷーき(扇風機)・が・ ひも(紐)・を・ まきこん・で・ と(止)まっ・ても・た。」②本人の意思とは関係なく、やや強引に仲間に引き入れる。「どーそーかい(同窓会)・の・ せわにん(世話人)・に・は・ あいつ(彼奴)・も・ まきこん・だれ。」

まきじゃく【巻き尺】《名詞》 細い布・紙・鋼などに目盛りをつけて、テープのように円く巻き込めるようにした物差し。「まきじゃく・を・ の(伸)ばし・て・ みち(道)・の・ はば(幅)・を・ はか(測)る。」

まきずし【巻き寿司】《名詞》 ご飯や具を海苔や卵焼きなどで巻いたもの。「まきずし・を・ こしら(拵)え・て・ はなみ(花見)・に・ い(行)く。」〔**⇒まき【巻き】、すし【寿司】**〕

まきちらかす【撒き散らかす】《動詞・サ行五段活用》 辺り一面にばらまく。きちんと整頓されていない状態にある。「ちー(小)さな・ かみき(紙切)れ・を・ まきちらかす。」〔**⇒まきちらす【撒き散らす】、ふりまく【振り撒く】**〕

まきちらす【撒き散らす】《動詞・サ行五段活用》 辺り一面にばらまく。きちんと整頓されていない状態にある。「みず(水)・を・ まきちらす。」「ごみ(塵)・を・ まきちらし・たら・ あか・ん・やろ。」〔**⇒まきちらかす【撒き散らかす】、ふりまく【振り撒く】**〕

まきつく【巻き付く】《動詞・カ行五段活用》 他のものの周りに巻くようにくっついて、離れにくくなる。「じてんしゃ(自転車)・の・ ちぇーん(チェーン)・が・ まきつい・ても・た。」

まきもん【巻物】《名詞》 細長い紙に字や絵を書いて、軸として巻いたもの。「にんじゃ(忍者)・の・ まきもん・が・ てんじ(展示)し・てある。」

まぎれこむ【紛れ込む】《動詞・マ行五段活用》 ①多くのものの中に入り交じって、それがある場所がわからなくなる。わからないように入り込む。「だいじ(大事)な・ しょるい(書類)・が・ まぎれこん・で・ どこ・に・ ある・の・か・ わから・へん。」②わからないようにして入る。「まつり(祭)・の・ とき(時)・に・は・ すり(掏摸)・が・ まぎれこん・どる・か・も・しれ・ん。」

まぎわ【間際】《名詞》 その時になる直前。その時が差し迫った段階。「いえ(家)・を・ で(出)る・ まぎわ・に・ べんじょ(便所)・に・ い(行)き・とー・なっ・た。」

まく【幕】《名詞》 ①仕切り、目隠し、風よけ、飾りなどのため、隔てとして使う幅の広い布。「そつぎょーしき(卒業式)・に・ こーはく(紅白)・の・ まく・を・ は(張)る。」②舞台などの前面に垂らす大きな布。「まく・が・ あ(上)がっ・て・ げき(劇)・が・ はじ(始)まっ・た。」

まく【膜】《名詞》 ①生物の器官を包んだり隔てたりしている薄い皮。「みみ(耳)・の・ まく・が・ やぶ(破)れ・た。」②液体の表面などを覆う、薄い皮。「ゆば(湯葉)・の・ まく・が・ でけ(出来)・とる。」

まく【巻く】《動詞・カ行五段活用》 ①長いものを、端から丸めていく。「たいいくかん(体育館)・に・ ひ(敷)ー・た・ しーと(シート)・を・ まく。」②長いものを、ものにからみつける。「ゆび(指)・に・ ほーたい(包帯)・を・ まく。」「くび(首)・に・ まふらー(マフラー)・を・ まく。」③ぐるぐると円く動く。渦を起こす。「みず(水)・の・ うず(渦)・が・ まい・とる。」④回して締める。緩んだものを堅くする。「とけー(時計)・の・ ねじ(螺子)・を・ まく。」

まく【蒔く】《動詞・カ行五段活用》 草や木の種を土に埋めたり、土の上に散らしたりして、芽が出るようにする。「へちま(糸瓜)・の・ たね(種)・を・ まい・た。」〔**⇒うえる【植える】**〕

まく【撒く】《動詞・カ行五段活用》 ものを辺り一帯に散らし広げる。「せつぶん(節分)・に・ まめ(豆)・を・ まく。」「にわ(庭)・に・ みず(水)・を・ まく。」

まぐさ【秣、馬草】《名詞》 牛や馬などの餌として与える藁や干し草。「まぐさ・を・ い(入)れる・ おけ(桶)・を・ あら(洗)う。」〔**⇒かいば【飼い葉】**〕

まぐち【間口】《名詞》 ①家や店や土地などの正面の幅。部屋などの出入りをするところの幅。「まぐち・の・ ひろ(広)い・ みせ(店)・や・なー。」②営業や仕事や研究などの範囲。「まぐち・の・ ひろ(広)い・ しょーばい(商売)・を・ し・とる。」

まくばる【間配る】《動詞・ラ行五段活用》 ①同じような間隔を開けて置く。「うね(畝)・に・ たね(種)・を・ まくばっ・て・ ま(蒔)く。」②むらなく行き渡るように配る。公平に分配をする。「むらじゅー(村中)・に・ くば(配)る・ ちらし・を・ りんぽ(隣保)・ごと・に・ まくばる。」

まくら【枕】《名詞》 ①寝るときに頭をのせて支えるもの。「うち・の・ おばー(祖母)ちゃん・は・ き(木)ー・の・ まくら・を・ つこ(使)・とっ・た。」②他の長いものと直角に交わり、下から受けて支えるもの。特に、漁船などを陸揚げするときに、船底の下にあてがって船の動きを滑らかにするもの。「ふね(船)・を・ のぼ(上)す・ とき・に・ まくら・に・ あぶら(油)・を・ ぬ(塗)る。」〔**②⇒そろばん【算盤】**〕

まくらぎ【枕木】《名詞》 鉄道のレールを固定して支えるとともに重みを平均に分散させるために、レールと直角にして、一定の間隔を置いて敷き並べてある木やコンクリート。「ひっこみせん(引込線)・の・ まくらぎ・の・ あいだ(間)・に・ くさ(草)・が・ は(生)え・とる。」

まくらぎょう〔まくらぎょー〕【枕経】《名詞》 人が亡くなった直後に、亡くなった人の枕元でお坊さんにあげてもらうお経。「きたまくら(北枕)・に・ し・て・ まくらぎょー・を・ あげ・てもらう。」

まくらもと【枕元】《名詞》 横になっている人の枕のそば。「らじお(ラジオ)・を・ まくらもと・に・ お(置)い・て・ き(聞)く。」

まくり【海人草】《名詞》 煎じて回虫駆除薬として使う、円柱のような形で枝分かれして、毛羽がある海藻。「まくり・を・ せん(煎)じ・た・の・は・ の(飲)み・にくい。」〔**⇒まっくり【(海人草)】**〕

まくる【捲る】《動詞・ラ行五段活用》 ①身につけたり上に置いてあったりするものを脱がせたり取り除いたりする。中のものが見える状態にする。「ふとん(布団)・を・ まくっ・て・ お(起)こす。」「しゃつ(シャツ)・の・ うで(腕)・を・ まくる。」②巻くようにして上げる。上げてひっくりかえしたり、取り除いたりする。冊子の次のページを開く。「しーる(シール)・を・ まくっ・て・

じ(字)ー・を・　よ(読)む。」③懸命に仕事をする。「くろ(暗)ー・　なる・まで・に・　まくっ・て・　たんぼしごと(田圃仕事)・を・　する。」■自動詞は「まくれる【(捲れる)】」〔①②⇒**めくる【捲る】**、**むくる【(捲る)】**〕

まくる【捲る】《接尾語・ラ行五段活用》［動詞の連用形に付く］　同じ動作をし続けることを表す言葉。その動作を勢いよくすることを表す言葉。「しゃべ(喋)りまくっ・て・　うるさ(煩)い。」「からおけ(カラオケ)・で・　うた(歌)いまくっ・とる。」

まぐれ《名詞、形容動詞や(ノ)》　たまたまうまくいくこと。運良く成功すること。「いま(今)・の・は・　まぐれや・さかい・　にど(二度)・と・　でけ(出来)・へん。」〔⇒**まぐれあたり【まぐれ当たり】**、**まぐろ**〕

まぐれあたり【まぐれ当たり】《名詞、形容動詞や(ノ)》　たまたまうまくいくこと。運良く成功すること。「まぐれあたりで・　たからくじ(宝籤)・が・　あ(当)たっ・た。」〔⇒**まぐれ**、**まぐろ**〕

まくれる【(捲れる)】《動詞・ラ行下一段活用》　①固定されていたものの一部分が、はがれて上がる。「かーてん(カーテン)・が・　かぜ(風)・で・　まくれ・とる。」②くっついていたものが、はがれて離れる。表面のものがなくなって、内側のものが現れる。「しゃつ(シャツ)・の・　そで(袖)・が・　まくれ・た・まま・や。」■他動詞は「まくる【(捲る)】」〔⇒**めくれる【捲れる】**、**むくれる【(捲れる)】**。②⇒**むける【剥ける】**〕

まぐろ【鮪】《名詞》　刺身などにして食べる、暖かい海にいる大きな赤身の魚。「まぐろ・の・　つく(造)り・で・　いっぱい(一杯)・　の(飲)む。」

まぐろ《名詞、形容動詞や(ノ)》　たまたまうまくいくこと。運良く成功すること。「きのー(昨日)・の・　しあい(試合)・は・　まぐろで・　か(勝)っ・た。」〔⇒**まぐれ**、**まぐれあたり【まぐれ当たり】**〕

まくわうり【真桑瓜】《名詞》　漬け物などにすることが多い、長い楕円の円柱のような緑色の実に、縞模様がある瓜。「まくわうり・を・　つけもん(漬物)・に・　する。」〔⇒**まっかうり【(真桑瓜)】**〕

まけ【負け】《名詞》　戦って相手に敗れること。相手より劣った成績を取ること。「ほれ・　み(見)ー。きょー(今日)・は・　おまえ(前)・の・　まけ・や。」■対語＝「かち【勝ち】」

まけずぎらい【負けず嫌い】《形容動詞や(ナ)、名詞》　勝ち気で意地を張り、負けることが極端に嫌いな様子。また、そのような人。「いもーと(妹)・は・　まけずぎらいで・　くち(口)・が・　うるさ(煩)い。」

まける【負ける】《動詞・カ行下一段活用》　①戦って相手に敗れる。相手より劣った成績を取る。「とちゅー(途中)・で・　こけ・て・　まけ・ても・た。」「けっしょーせん(決勝戦)・で・　まけ・て・　くや(悔)しかっ・た。」②対象となるものを克服することができない。「かぜ(風邪)・に・　まけ・て・　ねこ(寝込)ん・だ。」③皮膚がかぶれる。「うるし(漆)・に・　まけ・て・　かお(顔)・が・　ただ(爛)れ・た。」④商品の値段を、決めていた値段より安くする。または、決めていた量より多くする。「ひゃくぐらむぶん(百グラム分)・　まけ・とき・まっ・さ。」⑤損失を出す。「けーば(競馬)・で・　まけ・た。」■対語＝「かつ【勝つ】」■名詞化＝**まけ【負け】**〔④⇒**きばる【気張る】**、**べんきょう【勉強】(する)**〕

まげる【曲げる】《動詞・ガ行下一段活用》　①まっすぐなものを、曲線にしたり折る形にしたりする。「はりがね(針金)・を・　まげる。」②進んでいく向きを変える。「ふね(船)・を・　ちょっと(一寸)・　みぎ(右)・に・　まげる。」③規則や決めたことなどを変える。特に、良くない方向に変更する。「き(決)め・た・　こと(事)・を・　まげ・たら・　あか・ん・やろ。」■自動詞は「まがる【曲がる】」■対語＝①「のばす【伸ばす】」

まけんき【負けん気】《名詞》　どんなことがあっても負けないぞと思う気持ち。向こう見ずの性格。「まけんき・の・　つお(強)い・　こ(子)ー・や・なー。」「もー・　ちょっと・　まけんき・が・　ほ(欲)しー・なー。」

まご【孫】《名詞》　息子や娘の子ども。子どもの子ども。「まご・が・　しょーがっこー(小学校)・に・　あ(上)がっ・た。」

まごつく《動詞・カ行五段活用》　慣れていなくて、どうしてよいかわからず、迷ってうろたえる。「けーたいでんわ(携帯電話)・の・　つか(使)いかた・で・　まごつい・た。」〔⇒**まごまご(する)**〕

まことに【誠に】《副詞》　そうとしか言えなくて、心の底からそのように思うという気持ちを表す言葉。「まことに・　え(良)ー・　はなし(話)・を・　き(聞)かし・てもろ・て・　ありがとう・ござい・ます。」◆やや改まった場面で使うことが多い。〔⇒**ほんとうに【本当に】**、**ほんに【本に】**、**ほん【本】**、**ほんまに【本真に】**、**まったく【全く】**〕

まごまご《副詞と、動詞する》　①慣れていなくて、どうしてよいかわからず、迷ってうろたえる様子。「きっぷ(切符)・の・　か(買)いかた・が・　わから・んで・　まごまごし・た。」②ものごとが前進しない様子。停滞した行いを繰り返す様子。「まごまごし・とっ・たら・　みんな(皆)・に・　ま(負)け・てまう・ぞ。」〔①動詞⇒**まごつく**〕

まさか《副詞》　いくらなんでも、そのようなことはあるまいという気持ちや判断を表す言葉。「まさか・　きょー(今日)・　く(来)る・　こと・は・　あら・へん・やろ。」◆後ろに打ち消しの言葉を伴う。

まざりもん【混ざり物】《名詞》　正当なもの以外に、違う種類のものが加えられていること。また、その加えられているもの。「まざりもん・が・　はい(入)っ・た・　さけ(酒)・みたいで・　うま(美味)ない・なー。」〔⇒**まぜもん【混ぜ物】**〕

まざる【混ざる、交ざる】《動詞・ラ行五段活用》　①違う要素や違う種類のものが混在している。「こめ(米)・の・　なか(中)・に・　ごみ(塵)・が・　まざっ・とる。」②違う要素や違う種類のものが合わさって、いっしょになる。「うみ(海)・の・　みず(水)・に・　かわ(川)・の・　みず(水)・が・　まざっ・とる。」「あか(赤)い・　えのぐ(絵具)・に・　みどり(緑)・が・　まざっ・た・　いろ(色)・に・　なっ・とる。」■他動詞は「まぜる【混ぜる、交ぜる】」

まし【増し】《名詞》　付け加えて、量をふやしたり、値段を高くしたりすること。また、その量や値段の大きさ。「にちよーび(日曜日)・は・　いちわり(一割)・の・　まし・の・　ねだん(値段)・に・　なっ・とん・ねん。」

まし《名詞、形容動詞や(ナ)》　どちらかと言えば、そのほうが、他よりまだよいということ。比較的、よいということ。「やぶ(破)れ・た・　かさ(傘)・でも・　な(無)い・より・は・　ましや。」「もー・　ちょっと(一寸)・　ましな・　いけん(意見)・を・　ゆ(言)ー・てんか。」

ましかく〔まーしかく〕【真四角】《名詞》　辺の長さが同じで、角度がすべて直角の４角形。正方形。「ましかく・の・　はこ(箱)・に・　おかし(菓子)・を・　つ(詰)める。」〔⇒**まっしかく【真四角】**〕

ました〔**まーした**〕【**真下**】《名詞》①真っ直ぐ下のあたり。「びる(ビル)・の・　ました・は・　かぜ(風)・が・　つよ(強)い。」②山や丘のふもとのあたり。「いえ(家)・は・　ろっこーさん(六甲山)・の・　まーした・に・　ある・ねん。」■対語＝「まうえ【真上】」〔⇒**まっした**【**真っ下**】〕

マジック〔**まじっく**〕【英語＝magic】《名詞》何にでも書ける油性のフエルトペン。「まじっく・で・　らくが(落書)きさ・れ・たら・　き(消)え・へん・ので・　こま(困)る。」◆商標名を普通名詞のように使う言葉。

まじない《名詞、動詞する》①神仏の不思議な力によって、災いを取り除いたり考えられないようなことを起こしてくれたりするようにと祈ること。「よ(良)ー・ない・　こと・が・　つづ(続)い・とる・さかい・　みや(宮)はん・で・　なん(何)・ぞ・　まじない・でも・　し・てもらおー・か。」②何かの策を施して、子どもなどをなだめすかすこと。「やかま(喧)しー・に・　な(泣)く・さかい・　あめだま(飴玉)・を・　やっ・て・　まじない・を・　し・た。」

まじめ【**真面目**】《形容動詞や(ナ)》言動に嘘や偽りやごまかしがなく、一生懸命に取り組む様子。人柄が誠実で、真剣に取り組む様子。「まじめに・　はたら(働)い・とっ・たら・　また(又)・　え(良)ー・　こと・が・　あり・ます・やろ。」「あいつ(彼奴)・は・　まじめ・が・　と(取)りえ・や。」◆語幹だけの副詞的な用法もある。■対語＝「ふまじめ【不真面目】」〔⇒**まとも**〕

ましょ〔**ましょー**〕《助動詞》自分の意志を表したり、他人への誘いかけなどの気持ちをやわらかく表現したりするときに使う言葉。「あした(明日)・は・　はやお(早起)きし・ましょ。」◆丁寧の意味を表す助動詞「ます」に、意志を表す助動詞「う」が続いてできた「ましょう」の発音が「ましょ」になったものである。活用はしないが、経緯から考えて助動詞として扱う。〔⇒**まほ**〕

ましょうめん〔**ましょーめん**〕【**真正面**】《名詞》互いにまっすぐに向かい合っていること。また、その方向。真向かい。「あわじしま(淡路島)・が・　ましょーめん・に・　み(見)える。」〔⇒**まっしょうめん**【**真っ正面**】、**まとも**〕

まじり【**混じり**】《名詞》種類や様子などの違うものが混在していること。「ちが(違)う・　もん(物)・の・　まじり・が・　あっ・たら・　きかい(機械)・が・　と(止)まる・　こと・に・　なっ・とる。」〔⇒**まぜり**【**混ぜり**】〕

まじり【**混じり**】《接尾語》種類や様子などの違うものが混在していることを表す言葉。「あめ(雨)まじり・の・　かぜ(風)・が・　ふ(吹)い・てき・た。」〔⇒**まぜり**【**混ぜり**】〕

まじりけ【**混じり気**】《名詞》種類や性質の異なるものが混在している様子やその中身。他のものが混在している気配。「まじりけ・の・　な(無)い・　ひゅくぱーせんと(百パーセント)・の・　じゅーす(ジュース)・や。」「なん(何)やら・　まじりけ・の・　ある・　さけ(酒)・の・　あじ(味)・や・なー。」〔⇒**まぜりけ**【**混ぜり気**】〕

まじる【**混じる、交じる**】《動詞・ラ行五段活用》①違う種類のものが合わさって一緒になる。「かだんよー(花壇用)・の・　つち(土)・を・　こ(買)ー・たら・　くろつち(黒土)・やら・　おちば(落葉)・やら・　ひりょー(肥料)・やら・が・　まじっ・とっ・た。」②違う種類のものが混在している。「ちりめんじゃこ(縮緬雑魚)・の・　なか(中)・に・　こ(小)まい・　いか(烏賊)・の・　こ(子)・が・　まじっ・とる。」■他動詞は「まぜる【混ぜる、交ぜる】」〔⇒**まぜる**【**混ぜる、交ぜる**】〕

ます【**升**】《名詞》米・醤油・酒などの量をはかるために使う、箱の形などをした道具。「ます・で・　はか(計)っ・て・　しょーゆ(醤油)・を・　う(売)る。」「いっしょー(一升)ます」「ごんごー(五合)ます」◆米をはかる「いっと(一斗)ます」は円形である。

ます【**鱒**】《名詞》海・川・湖などにすみ、薄茶色に黒茶色の斑点がある、鮭に似て鮭よりも小さい魚。「せーぼ(歳暮)・に・　ます・を・　いっぴき(一匹)・　もろ(貰)・た。」

ます《助動詞》相手に敬意を表して、丁寧に表現するときに使う言葉。「ぼく(僕)・が・　い(行)き・ます。」◆終止形は、「あした(明日)・　もど(戻)り・まー。」のように「ま〔まー〕」となることがある。〔⇒**ま**〕

ます《補助動詞・サ行五段活用》⇒**てます**〔**でます**〕《補助動詞・サ行五段活用》を参照

ます《接尾語》[動詞の連用形に付く]　乱暴な感じで行動を起こしたり、その同じ行動を続けたりする、という意味を添える言葉。「あいて(相手)・を・　つ(突)きまし・て・　こかし・た。」「お(押)します」「なぐ(殴)ります」「どつきます」「ぶちます」「はります」「かちます」

まず【**先ず**】《副詞》他のことを差し置いて、それが当面の課題や関心事であることを表す言葉。それが最優先であることを表す言葉。他のことに先んじて、それを行うことを表す言葉。「まず・　きょー(今日)・の・　よてー(予定)・を・　ゆ(言)ー・とき・ます。」

ますい【**麻酔**】《名詞、動詞する》薬を使って、全身や体の一部に感じる痛みや感覚を、一時的になくすこと。「ますい・を・　う(打)っ・て・から・　むしば(虫歯)・を・　ぬ(抜)い・てもろ・た。」

まずい【**不味い**】《形容詞・ウイ型》材料や味付けが良くなくて、美味しくない。「あわ(慌)て・て・　つく(作)っ・た・さかい・　まずい・　もん・や・けど・　た(食)べ・てください。」■対語＝「うまい【(美味ない、上手ない)】」「おいしい【美味しい】」「いける」〔⇒**うまない**【**美味ない**】、**うもない**【(美味ない)】、**あじない**【**味ない**】、**もみない**〕

まずい【**拙い**】《形容詞・ウイ型》①何かをしたり、作ったりするのがうまくできなくて劣っている様子。「よ(読)ま・れ・ん・ほど・　まずい・　じ(字)ー・や。」②ものごとの対応の仕方が適切でない。「あの・　とき(時)・の・　せつめー(説明)・の・　しかた(仕方)・は・　まずかっ・た。」〔①⇒**へた**【**下手**】、**へたくそ**【**下手糞**】、**へぼ**、**へぼい**〕

マスク〔**ますく**〕【英語＝mask】《名詞》ほこりや病菌などを防ぐために、口や鼻を覆うガーゼ製の布。「かぜ(風邪)・を・　ひー・て・　ますく・を・　する。」

ますます【**益々**】《副詞》前よりもさらに程度が高まることを表す言葉。「この・　れんぞくどらま(連続ドラマ)・は・　ますます・　おもろ(面白)ー・　なっ・てき・た。」「しつど(湿度)・が・　ますます・　あ(上)がっ・た。」「あいつ(彼奴)・に・　もんく(文句)・を・　い(言)わ・れ・て・から・　ますます・　はら(腹)・が・　た(立)っ・てき・た。」〔⇒**いっそう**【**一層**】、**よけい**【**余計**】、**よけのこと**【(余計の事)】、**いちだんと**【**一段と**】〕

ませ《名詞、形容動詞や(ノ)》考えることや行うことが、年の割には大人っぽい子ども。殊更に大人っぽく振る舞っている子ども。また、その様子。「しょーがくせー(小学生)・の・くせに・　だいぶ・　ませ・や・なー。」

まぜ《名詞》南の方から吹く風。「ぬく(温)い・　まぜ・が・

ふ(吹)きはじめ・た。」

まぜかえす【混ぜ返す】《動詞・サ行五段活用》 ①調理しているものを、何度もかき混ぜて、ひっくり返す。「やきめし(焼飯)・を・　まぜかえし・て・　こ(焦)げ・ん・よーに・　する。」②脇の方から口出しをして、場所や場面を混乱させる。「あいつ(彼奴)・は・　よ(寄)りあい・を・　まぜかえし・やがっ・た。」〔⇒**まぜかやす**【(混ぜ返す)】〕

まぜかやす【(混ぜ返す)】《動詞・サ行五段活用》 ①調理しているものを、何度もかき混ぜて、ひっくり返す。「にくてん・を・　じょーず(上手)に・　まぜかやし・た。」②脇の方から口出しをして、場所や場面を混乱させる。「ひと(人)・が・　しんけん(真剣)に・　はなし(話)・を・　し・とる・のに・　よこ(横)・から・　まぜかやし・くさっ・た。」〔⇒**まぜかえす**【混ぜ返す】〕

まぜくちゃ【混ぜ苦茶】《形容動詞や(ノ)、動詞する》 いろいろなものが無秩序に混じり合っている様子。いろいろなものを混ぜ合わせている様子。ものごとを混同している様子。「とらんぷ(トランプ)・を・　まぜくちゃに・　し・て・から・　みんな(皆)・に・　くば(配)る。」〔⇒**ごっちゃ、ごった、ごちゃまぜ**【ごちゃ混ぜ】、**ごっちゃまぜ**【ごっちゃ混ぜ】、**ごじゃまぜ**【ごじゃ混ぜ】、**ごたまぜ**【ごた混ぜ】、**ごちゃごちゃ、ごたごた、ごじゃごじゃ、まぜこぜ**【混ぜこぜ】、**まぜこちゃ**【混ぜこちゃ】〕

まぜこぜ【混ぜこぜ】《形容動詞や(ノ)、動詞する》 いろいろなものが無秩序に混じり合っている様子。いろいろなものを混ぜ合わせている様子。ものごとを混同している様子。「いろんな・　いろ(色)・の・　えのぐ(絵具)・を・　まぜこぜに・　する。」〔⇒**ごっちゃ、ごった、ごちゃまぜ**【ごちゃ混ぜ】、**ごっちゃまぜ**【ごっちゃ混ぜ】、**ごじゃまぜ**【ごじゃ混ぜ】、**ごたまぜ**【ごた混ぜ】、**ごちゃごちゃ、ごたごた、ごじゃごじゃ、まぜくちゃ**【混ぜ苦茶】、**まぜこちゃ**【混ぜこちゃ】〕

まぜこちゃ【混ぜこちゃ】《形容動詞や(ノ)、動詞する》 いろいろなものが無秩序に混じり合っている様子。いろいろなものを混ぜ合わせている様子。ものごとを混同している様子。「じょーず(上手)な・　ひと(人)・も・　へた(下手)な・　ひと(人)・も・　まぜこちゃで・　ちーむ(チーム)・を・　つく(作)る。」〔⇒**ごっちゃ、ごった、ごちゃまぜ**【ごちゃ混ぜ】、**ごっちゃまぜ**【ごっちゃ混ぜ】、**ごじゃまぜ**【ごじゃ混ぜ】、**ごたまぜ**【ごた混ぜ】、**ごちゃごちゃ、ごたごた、ごじゃごじゃ、まぜくちゃ**【混ぜ苦茶】、**まぜこぜ**【混ぜこぜ】〕

まぜごはん《名詞》 魚・肉・野菜などのおかず類を混ぜて炊いたご飯。「まったけ(松茸)・を・　もろ(貰)・た・さかい・　まぜごはん・を・　た(炊)い・た。」◆具を米と一緒に炊きあげるものと、炊いた飯に後から具を添えるものとがある。〔⇒**かやくめし**【加薬飯】、**かやくごはん**【加薬御飯】、**ごもくめし**【五目飯】、**ごもくごはん**【五目御飯】、**まぜめし**【混ぜ飯】**たきこみ**【炊き込み】、**たきこみごはん**【炊き込み御飯】〕

まぜめし【混ぜ飯】《名詞》 魚・肉・野菜などのおかず類を混ぜて炊いたご飯。「かき(牡蠣)・を・　い(入)れ・た・　まぜめし・を・　た(炊)く。」◆具を米と一緒に炊きあげるものと、炊いた飯に後から具を添えるものとがある。〔⇒**かやくめし**【加薬飯】、**かやくごはん**【加薬御飯】、**ごもくめし**【五目飯】、**ごもくごはん**【五目御飯】、**まぜごはん**【混ぜ御飯】、**たきこみ**【炊き込み】、**たきこみごはん**【炊き込み御飯】〕

まぜもん【混ぜ物】《名詞、動詞する》 正当なもの以外に、違う種類のものが加えられていること。また、その加えられているもの。「まぜもん・を・　い(入)れ・て・　かさ(嵩)・を・　ふ(増)やし・とる。」〔⇒**まざりもん**【混ざり物】〕

まぜり【混ぜり】《名詞》 種類や様子などの違うものが混在していること。「いろ(色)・の・　ちが(違)う・　たまご(卵)・の・　まぜり・が・　ある。」〔⇒**まじり**【混じり】〕

まぜり【混ぜり】《接尾語》 種類や様子などの違うものが混在していることを表す言葉。「いろ(色)まぜり・で・　ひとたば(一束)・に・　し・て・　う(売)っ・とる・　いろがみ(色紙)・を・　こ(買)ー・た。」〔⇒**まじり**【混じり】〕

まぜりけ【混ぜり気】《名詞》 種類や性質の異なるものが混在している様子やその中身。他のものが混在している気配。「こ(漉)し・て・　まぜりけ・の・　ない・　みず(水)・に・　する。」〔⇒**まじりけ**【混じり気】〕

ませる《動詞・サ行下一段活用》 考えることや行うことが、年齢の割には大人っぽくなる。子どもが殊更に大人っぽくする。「あの・　こ(子)・は・　かんが(考)えかた・が・　ませ・とる。」■名詞化＝**ませ**

まぜる【混ぜる、交ぜる】《動詞・ラ行五段活用》 ①違う種類のものが合わさって一緒になる。「あか(赤)い・　いろ(色)・に・　きいろ(黄色)・が・　まぜっ・たら・　だいだいいろ(橙色)・に・　なる。」②違う種類のものが混在している。「あられ・の・　なか(中)・に・　なんきんまめ(南京豆)・が・　まぜっ・とる。」■他動詞は「まぜる【混ぜる、交ぜる】《ザ行下一段活用》」〔⇒**まじる**【混じる、交じる】〕

まぜる【混ぜる、交ぜる】《動詞・ザ行下一段活用》 ①違う要素や違う種類のものを混在させる。「こめ(米)・に・　もちごめ(餅米)・を・　まぜ・て・　た(炊)く。」②違う要素や違う種類のものを合わせて、いっしょにする。「えのぐ(絵具)・を・　まぜ・て・　あたら(新)しー・　いろ(色)・を・　つく(作)る。」③仲間に加える。全体の数に含める。「おに(鬼)ごっこ・に・　まぜ・てやる。」■自動詞は「まざる【混ざる、交ざる】」「まぜる【混ぜる、交ぜる】《ラ行五段活用》」「まじる【混ぜる、交ぜる】」〔③⇒**よせる**【寄せる】、**よす**【寄す】**いれる**【入れる】、**ええる**【(入える)】、**えれる**【(入れる)】〕

また【股】《名詞》 ①足の付け根のところ。足と足との間。「また・を・　ひら(開)い・て・　しこ(四股)・を・　ふ(踏)む。」②２つ以上のものに分かれているところ。「き(木)ー・に・　のぼ(登)っ・て・　また・に・　こしか(腰掛)ける。」③物干し竿などを上に上げるときに支えるための、先端が２つに分かれている棒。「また・に・　つか(使)える・　え(良)ー・　えだ(枝)・が・　みつ(見付)かっ・た。」

また【又】《接続詞》 前に述べたことに加えて、更に。「あめ(雨)・が・　ふ(降)る・し・　また・　かぜ(風)・も・　で(出)・てき・た。」

また【又】《副詞》 同じことを再び。もう一度。「また・　いつか・　あ(会)い・ましょ・ー。」

まだ【未だ】《副詞》 ①現在でも、そのことが実現していないことを表す言葉。「まだ・　てがみ(手紙)・が・　とど(届)か・へん。」「まだ・　なまこ(海鼠)・は・　た(食)べ・た・　こと・が・　ない。」②そのことから時間が経っていないことを表す言葉。「まだ・　にゅーがく(入学)し・た・ばっかり・や。」③ある状態が続いて、次に予測されるような状態にはなっていないことを表す言葉。「まだ・　あつ(暑)い・　ひ(日)ー・が・　つづ(続)い・とる。」

「まだ・　しゅくだい(宿題)・が・　のこ(残)っ・とる。」④他のことがらと比較すると、こちらの方に多少の良さがあるということを表す言葉。「あつ(暑)い・の・より・も・　まだ・　さぶ(寒)い・　ほー(方)・が・　す(過)ごしやすい。」〔⇒**まだまだ【**未だ未だ**】**、**まだまあ【**未だまあ**】**〕

またい《形容詞・アイ型》　動いたり考えたりする力がすばしこくない。鈍感で、まだるっこい。「またい・　はし(走)りかた・を・　する・　やつ(奴)・や。」「ぼーる(ボール)・を・　と(取)る・の・が・　またい。」〔⇒**とろい**、**とろこい**、**とろくさい**、**ちょろい**、**ちょろこい**、**ちょろくさい**、**のそい【**(鈍い)**】**、**のろい【**鈍い**】**、**にぶい【**鈍い**】**〕

またいとこ【又従兄弟、又従姉妹**】**《名詞》　従兄弟・従姉妹の関係にある人の子ども同士の関係。父母の従兄弟・従姉妹にあたる人の子。「またいとこ・や・さかい・　かお(顔)・は・　し(知)ら・ん・ねん。」〔⇒**ふたいとこ【**二従兄弟、二従姉妹**】**〕

またがし【又貸し**】**《名詞、動詞する》　人から借りたものを、貸し主の承諾を得ないで、さらに別の人に貸すこと。「としょかん(図書館)・の・　ほん(本)・は・　またがしし・たら・　あか・ん・ぞ。」

またかみ〔**またがみ**〕**【**股上**】**《名詞》　ズボンなどの、股の分かれ目から上の部分。また、その長さ。「この・　ずぼん(ズボン)・は・　またかみ・が・　さんじっせんち(三十センチ)・　ある。」

またがる【跨る**】**《動詞・ラ行五段活用》　①股を広げて、両足で挟むようにして乗る。「うま(馬)・に・　またがる。」「じてんしゃ(自転車)・に・　またがる。」②２つ以上の地域・領域・時間などにわたって、かかわる。いくつかの地域に広がる。「にねん(二年)・に・　またがっ・て・　こーじ(工事)・が・　つづ(続)い・とる。」「ひょーごけん(兵庫県)・は・　にほんかい(日本海)・から・　せとないかい(瀬戸内海)・に・　またがっ・とる。」

またぎき【又聞き**】**《名詞、動詞する》　当事者から直接に聞くのではなく、その話を聞いた人から、話の内容を聞くこと。また、その話の内容。「またぎき・や・さかい・　ほんま(本真)・か・　うそ(嘘)・か・　わから・へん。」

またぐ【跨ぐ**】**《動詞・ガ行五段活用》　股を広げて、ものの上を越える。物を踏みつけたり、その上に落ちたりしないで、越える。「みぞ(溝)・を・　またい・で・　む(向)こーがわ(側)・へ・　い(行)く。」「ね(寝)・とる・　ひと(人)・を・　またい・だら・　あき・まへ・ん。」〔⇒**またげる【**跨げる**】**〕

またぐら【股ぐら**】**《名詞》　左右の足の付け根のあたりの内側の間。両側のももを広げてできる空間。「またぐら・に・　ぼーる(ボール)・が・　あ(当)たっ・て・　ごっつい・　いた(痛)かっ・た。」

またげる【跨げる**】**《動詞・ガ行下一段活用》　股を広げて、ものの上を越える。物を踏みつけたり、その上に落ちたりしないで、越える。「たたみ(畳)・の・　へり(縁)・は・　またげ・て・　ある(歩)け。」〔⇒**またぐ【**跨ぐ**】**〕

またずれ【股擦れ**】**《名詞、動詞する》　左右の足の付け根のあたりの内側がこすれて、皮膚がすりむけて痛みを感じること。また、そのようになった傷。「なが(長)い・　みち(道)・を・　ある(歩)い・て・　またずれ・が・　で け(出来)・た。」

または〔**またわ**〕**【**又は**】**《接続詞》　並列的な２つのことがらのどちらかであることを表す言葉。どちらを選んでもよいという条件で２つのことがらを提示する言葉。「でんわ(電話)・か・　または・　めーる(メール)・で・　れんらく(連絡)し・ます。」

まだまあ〔**まだまー**〕**【**未だまあ**】**《副詞》　①現在でも、そのことが実現していないことを表す言葉。「きょー(今日)・は・　まだまー・　たいふー(台風)・は・　しこく(四国)・に・　じょーりく(上陸)し・とら・へん。」②そのことから時間が経っていないことを表す言葉。「まだまー・　ひるめし(昼飯)・を・　く(食)ー・た・ばっかり・や。」③ある状態が続いて、次に予測されるような状態にはなっていないことを表す言葉。「てん(点)・の・と(取)りあい・で・　まだまー・　どっち・が・　か(勝)つ・か・　わから・へん。」④他のことがらと比較すると、こちらの方に多少の良さがあるということを表す言葉。「それ・よりか・　まだまー・　こっち・の・　ふく(服)・の・　ほー(方)・が・　え(良)ー・なー。」〔⇒**まだ【**未だ**】**、**まだまだ【**未だ未だ**】**〕

まだまだ【未だ未だ**】**《副詞》　①現在でも、そのことが実現していないことを表す言葉。「まだまだ・　なん(何)・も・　わかっ・とら・へん。」「まだまだ・　ま(負)け・とら・へん。ばんかい(挽回)・は・　でき(出来)る・ぞ。」②そのことから時間が経っていないことを表す言葉。「まだまだ・　しけん(試験)・は・　はじ(始)まっ・た・ばっかり・や。」③ある状態が続いて、次に予測されるような状態にはなっていないことを表す言葉。「じかん(時間)・ばっかり・　た(経)っ・て・　まだまだ・　き(決)まら・へん。」④他のことがらと比較すると、こちらの方に多少の良さがあるということを表す言葉。「りか(理科)・より・も・　まだまだ・　すーがく(数学)・の・　ほー(方)・が・　よー・　わかる。」〔⇒**まだ【**未だ**】**、**まだまあ【**未だまあ**】**〕

まだら【斑**】**《形容動詞や(ノ)》　①違う色が、ところどころに混じっている様子。「ぬ(塗)っ・た・　ぺんき(ペンキ)・の・　いろ(色)・が・　まだらに・　み(見)える。」②全体が一様に整っていない様子。「しばふ(芝生)・が・　まだらに・　は(生)え・とる。」〔⇒**まんだら【**(斑)**】**、**だんだら【**段だら**】**、**まだらもよう【**斑模様**】**、**まんだらもよう【**(斑模様)**】**、**だんだらもよう【**段だら模様**】**〕

まだらもよう〔**まだらもよー**〕**【**斑模様**】**《形容動詞や(ノ)》　①違う色が、ところどころに混じっている様子。「まだらもよーの・　みけねこ(三毛猫)・が・　ある(歩)い・とる。」②全体が一様に整っていない様子。「へた(下手)な・　さんぱつ(散髪)・やっ・た・さかい・　あたま(頭)・が・　まだらもよーに・　なっ・た。」〔⇒**まだら【**斑**】**、**まんだら【**(斑)**】**、**だんだら【**段だら**】**、**まんだらもよう【**(斑模様)**】**、**だんだらもよう【**段だら模様**】**〕

まち【町**】**《名詞》　①村とともに、郡を構成する地方公共団体。「むら(村)・より・　まち・の・　ほー(方)・が・　おー(大)きい・ん・や。」②人口が多く、家や店がたくさん集まっているところ。にぎやかな地域。「いえ(家)・が・　ふ(増)え・て・　だんだん・　まち・らしー・　とこ(所)・に・　き(来)・た。」〔①⇒**ちょう【**町**】**〕

マチ〔**まち**〕**【**英語＝match を短く言ったもの**】**《名詞》　軸の先に火薬がつけてあり、箱の側面の塗り薬と摩擦して火を付けるもの。「とくよー(徳用)・の・　まち・の・　おー(大)きな・　はこ(箱)・を・　こ(買)ー・てき・た。」「まち・の・　ぼー(棒)・で・　いえ(家)・の・　かたち(形)・を・　こしらえる。」〔⇒**マッチ【**英語＝match**】**〕

まち【区**】**《助数詞》　田圃や畑の枚数を数える言葉。「たんぼ(田圃)・を・　ふた(二)まち・　も(持)っ・とる。」

まちあいしつ【待合室**】**《名詞》　駅や病院などで、時間や順番などを待つための部屋。「まちあいしつ・で・　ともだち(友達)・に・　お(会)ー・た。」

まちがい【間違い】《名詞》 ①答えとして、正しくないこと。誤っていること。やり損なったり、思い違いがあったりして、あるべきものと違った結果や状態となること。「けーさん(計算)・で・　まちがい・が・　あっちこっち・に・　あっ・た。」②他のものと取り違えること。「まちがい・の・　お(起)こら・ん・よーに・　も(持)ちもの・に・　なまえ(名前)・を・　か(書)く。」〔①⇒**ぺけ、ぺけぽん**〕

まちがう【間違う】《動詞・ワア行五段活用》 ①やり損なったり、思い違いがあったりして、あるべきものと違った結果や状態となる。「けーさん(計算)・を・　まちごー・た。」「じかん(時間)・を・　まちご・て・　はよ(早)ー・に・　つ(着)い・ても・た。」②他のものと取り違える。「しょーゆ(醤油)・と・　そーす(ソース)・を・　まちごー・て・　かけ・た。」■名詞化＝**まちがい**【間違い】〔⇒**まちがえる**【間違える】〕

まちがえる【間違える】《動詞・ア行下一段活用》 ①やり損なったり、思い違いがあったりして、あるべきものと違った結果や状態となる。「なまえ(名前)・を・　まちがえ・て・　よ(呼)ん・で・　は(恥)ずかしかっ・た。」「しゅーごー(集合)する・　ばしょ(場所)・を・　まちがえ・た。」②他のものと取り違える。「さとー(砂糖)・と・　しお(塩)・を・　まちがえ・た。」■名詞化＝**まちがえ**【間違え】〔⇒**まちがう**【間違う】〕

まちばし【(待ち暫し)】《名詞》 落ち着いて待とうとする気持ちや態度。「おー(大)きなっ・て・　まちばし・が・　でけ(出来)・てき・た。」〔⇒**まてばし**【(待て暫し)】〕

マチはり〔**まちはり**〕【英語＝match を短く言ったもの ＋ 貼り】《名詞、動詞する》 マッチの小箱にする材料を、糊などを使って小箱に組み立てていくという内職作業。「まちはりし・ても・　てまちん(手間賃)・は・　やす(安)い・　もん・や・ねん。」〔⇒**マッチはり**【英語＝ match ＋ 貼り】〕

まちばり【待ち針】《名詞》 布を縫い合わせるところがずれないようにしたり、その場所の印にしたりするための、頭に小さな玉がついている針。「まちばり・が・　ある・さかい・　ひ(引)っかけ・ん・よーに・　し・なはれ。」〔⇒**まっちばり**【待っち針】〕

まちまち【区々】《形容動詞や(ノ)》 それぞれに異なって、様々である様子。同じであることが期待されるのに、同じでない様子。「みんな(皆)・　まちまちの・　かんが(考)えかた・を・　し・とる。」「まちまちの・　ふくそー(服装)・で・　あつ(集)まっ・た。」

まつ【松】《名詞》 皮は亀甲のように裂け、針のような緑の葉を一年中つけている、神聖なものとして飾りなどに使われることが多い木。「まつ・の・　えだ(枝)・を・　せんてー(剪定)する。」

まつ【待つ】《動詞・タ行五段活用》 ①人や物事などが来るのを、用意して迎える。人や物事などが来るのを期待して、時を過ごす。「げんかん(玄関)・で・　おきゃく(客)さん・を・　まつ。」「あんた・の・　へんじ(返事)・を・　まっ・とる・ねん。」「まち・に・　まっ・た・　えんそく(遠足)・の・　ひ(日)ー・が・　き(来)・た。」②決めていた期限などを延ばす。「すま・ん・けど・　もー・　いちにち(一日)・　まっ・てもらえ・ん・やろ・か。」

まっ【真っ】《接頭語》 純粋にそうである、間違いなくそうである、正確にちょうどそのようである、という意味を添える言葉。「まっしょーめん(正面)・を・　む(向)い・て・　はなし(話)・を・　する。」「まっくろ(黒)な・　ふく(服)・を・　き(着)る。」「まっしろ(白)な・　ゆき(雪)・が・　つ(積)もる。」「まっさらの・　えんぴつ(鉛筆)・を・　けず(削)る。」「まっしょーじき(正直)な・　ひと(人)・や。」◆接頭語「ま(真)」がア行音・カ行音・サ行音に続くときには「まっ」となることが多い。〔⇒**ま**【真】、**まん**【真ん】〕

まっうえ【真っ上】《名詞》 ①真っ直ぐ上のあたり。「あぱーと(アパート)・の・　まっうえ・の・　へや(部屋)・から・　おと(音)・が・　き(聞)こえる。」②頭の上の近いところ。「てんじょー(天井)・が・　ひく(低)ー・て・　まっうえ・が・　うっとー(鬱陶)しー。」■対語＝「**まっした**【真っ下】」〔⇒**まうえ**【真上】〕

まっか【真っ赤】《形容動詞や(ナ・ノ)》 ①たいへん赤く、赤以外の何ものでもない様子。「まっかな・　おひ(日)さん・が・　のぼ(昇)っ・た。」②赤以外の色が含まれていない様子。「まっかに・　ぬ(塗)りつぶし・た・　え(絵)ー・は・　ちょっと(一寸)・　きもちわる(気持悪)い・なー。」〔⇒**まっかいけ**【真っ赤いけ】、**まっかっか**【真っ赤っか】、**まっかいけのけ**【真っ赤いけのけ】、**まっかっかのか**【真っ赤っかのか】〕

まっかいけ【真っ赤いけ】《形容動詞や(ノ)》 ①たいへん赤く、赤以外の何ものでもない様子。「えのぐ(絵具)・で・　て(手)ー・が・　まっかいけに・　なっ・た。」②赤以外の色が含まれていない様子。「ゆーや(夕焼)け・で・　そこらじゅー・は・　まっかいけや。」〔⇒**まっか**【真っ赤】、**まっかっか**【真っ赤っか】、**まっかいけのけ**【真っ赤いけのけ】、**まっかっかのか**【真っ赤っかのか】〕

まっかいけのけ【真っ赤いけのけ】《形容動詞や(ノ)》 ①たいへん赤く、赤以外の何ものでもない様子。「おさる(猿)・の・　おしり(尻)・は・　まっかいけのけや。」②赤以外の色が含まれていない様子。「うえ(上)・から・　した(下)・まで・　まっかいけのけの・　ふく(服)・ばっかり・　き(着)・とる。」〔⇒**まっか**【真っ赤】、**まっかいけ**【真っ赤いけ】、**まっかっか**【真っ赤っか】、**まっかっかのか**【真っ赤っかのか】〕

まっかうり【(真桑瓜)】《名詞》 漬け物などにすることが多い、長い楕円の円柱のような緑色の実に、縞模様がある瓜。「おー(大)けな・　まっかうり・を・　もろ(貰)・た。」〔⇒**まくわうり**【真桑瓜】〕

まつかさ【松笠】《名詞》 松の木の実。松ぼっくり。「かぜ(風)・が・　ふ(吹)い・て・　まつかさ・が・　ぎょーさん(仰山)・　お(落)っ・とる。」「まつかさ・に・　ぺんき(ペンキ)・を・　ぬ(塗)っ・て・　おもちゃ(玩具)・を・　つく(作)る。」

まっかっか【真っ赤っか】《形容動詞や(ノ)》 ①たいへん赤く、赤以外の何ものでもない様子。「さけ(酒)・を・　の(飲)ん・で・　まっかっかの・　かお(顔)・を・　し・とる。」②赤以外の色が含まれていない様子。「まっかっかの・　らんどせる(ランドセル)・を・　せお(背負)っ・た・　こ(子)・が・　はし(走)っ・ていく。」〔⇒**まっか**【真っ赤】、**まっかいけ**【真っ赤いけ】、**まっかいけのけ**【真っ赤いけのけ】、**まっかっかのか**【真っ赤っかのか】〕

まっかっかのか【真っ赤っかのか】《形容動詞や(ノ)》 ①たいへん赤く、赤以外の何ものでもない様子。「しず(沈)む・　まえ(前)・の・　おひ(日)ーさん・は・　まっかっかのかや。」②赤以外の色が含まれていない様子。「さくぶん(作文)・を・　なお(直)さ・れ・て・　げんこーよーし(原稿用紙)・が・　まっかっかのかや。」〔⇒**まっか**【真っ赤】、**まっかいけ**【真っ赤いけ】、**まっかっか**

【真っ赤っか】、まっかいけのけ【真っ赤いけのけ】〕

まっきいろ〔まっきーろ〕【真っ黄色】《形容動詞や(ノ)》 ①たいへん黄色く、黄色以外の何ものでもない様子。「まっきーろ・の・　せーたー(セーター)・を・　き(着)る。」②黄色以外の色が含まれていない様子。「まっきーろの・　ちゅーりっぷ(チューリップ)・の・　はたけ(畑)・が・　ひろ(広)がっ・とる。」◆「まっき」という言い方をすることは、ほとんどない。〔⇒**まっきっき【真っ黄っ黄】、まっきっきのき【真っ黄っ黄の黄】**〕

まっきっき〔まっきっきー〕【真っ黄っ黄】《形容動詞や(ノ)》 ①たいへん黄色く、黄色以外の何ものでもない様子。「まっきっきの・　こ(濃)いー・　くるま(車)・が・　はし(走)っ・とる。」②黄色以外の色が含まれていない様子。「うえ(上)・から・　した(下)・まで・　まっきっきの・　かいすいぎ(海水着)・や・なー。」〔⇒**まっきいろ【真っ黄色】、まっきっきのき【真っ黄っ黄の黄】**〕

まっきっきのき〔まっきっきのきー〕【真っ黄っ黄の黄】《形容動詞や(ノ)》 ①たいへん黄色く、黄色以外の何ものでもない様子。「おつき(月)さん・の・　え(絵)ー・を・　まっきっきのきに・　ぬ(塗)る。」②黄色以外の色が含まれていない様子。「な(菜)のはな・で・　はたけ(畑)・が・　まっきっきのきーや。」〔⇒**まっきいろ【真っ黄色】、まっきっき【真っ黄っ黄】**〕

まっくら【真っ暗】《形容動詞や(ナ・ノ)》 ①たいへん暗い様子。「つき(月)・が・　で(出)・とら・ん・さかい・　みち(道)・が・　まっくらや。」②見通しがつかない様子。「どない・　し・たら・　え(良)ー・の・か・　これから・　さき(先)・が・　まっくらで・　わから・ん。」〔⇒**まっくらけ【真っ暗け】、まっくらけのけ【真っ暗けのけ】**〕

まっくらがり【真っ暗がり】《名詞》 光がまったく届かなくて、暗いところ。暗くて、まったく何も見えないところ。「まっくらがり・の　なか(中)・を・　かいちゅーでんとー(懐中電灯)・を・　て(手)ー・に・　も(持)っ・て・　さが(探)す。」「てーでん(停電)・で・　いえ(家)・の・　なか(中)・は・　まっくらがり・に・　なっ・た。」

まっくらけ【真っ暗け】《形容動詞や(ノ)》 ①たいへん暗い様子。「くら(蔵)・の・　なか(中)・は・　まっくらけで・　なに(何)・も・　み(見)え・へん。」②見通しがつかない様子。「ふけーき(不景気)・で・　これから・　さき(先)・が・　まっくらけや。」〔⇒**まっくら【真っ暗】、まっくらけのけ【真っ暗けのけ】**〕

まっくらけのけ〔まっくらけのけー〕【真っ暗けのけ】《形容動詞や(ノ)》 ①たいへん暗い様子。「つき(月)・が・　で(出)・とら・ん・さかい・　まっくらけのけーの・　みち(道)・を・　ある(歩)い・た。」②見通しがつかない様子。「べんきょー(勉強)・が・　た(足)ら・ん・さかい・　しけん(試験)・は・　まっくらけのけーで・　しんぱい(心配)や。」〔⇒**まっくら【真っ暗】、まっくらけ【真っ暗け】**〕

まっくり【(海人草)】《名詞》 煎じて回虫駆除薬として使う、円柱のような形で枝分かれして、毛羽がある海藻。「まっくり・　の(飲)ん・で・　かいちゅー(回虫)・を・　だ(出)す。」〔⇒**まくり【海人草】**〕

まっくろ【真っ黒】《形容動詞や(ノ・ナ)》 ①たいへん黒く、黒色以外の何ものでもない様子。「かいすいよく(海水浴)・で・　まっくろに・　ひや(日焼)けし・た。」②黒以外の色が含まれていない様子。「じょーききかんしゃ(蒸気機関車)・は・　まっくろで・　ひか(光)っ・とる。」〔⇒**まっくろけ【真っ黒け】、まっくろけのけ【真っ黒けのけ】**〕

まっくろけ【真っ黒け】《形容動詞や(ノ)》 ①たいへん黒く、黒色以外の何ものでもない様子。「やきいも(焼芋)・が・　まっくろけに・　こ(焦)げ・ても・た。」②黒以外の色が含まれていない様子。「まっくろけの・　いぬ(犬)・が・　ある(歩)い・とる。」〔⇒**まっくろ【真っ黒】、まっくろけのけ【真っ黒けのけ】**〕

まっくろけのけ【真っ黒けのけ】《形容動詞や(ノ)》 ①たいへん黒く、黒色以外の何ものでもない様子。「ごはん(飯)・が・　こ(焦)げ・て・　そこ(底)・の・　ほー(方)・は・　まっくろけのけや。」②黒以外の色が含まれていない様子。「まっくろけのけの・　かばん(鞄)・に・　ほん(本)・を・　い(入)れる。」〔⇒**まっくろ【真っ黒】、まっくろけ【真っ黒け】**〕

まっくろびょうたん〔まっくろびょーたん〕【真っ黒瓢箪】《形容動詞や(ノ)》 たいへん黒く、黒以外の何ものでもない様子。異常なまでに真っ黒である様子。「まっくろびょーたんの・　え(絵)ー・や・さかい・　なに(何)・が・　か(描)い・てある・の・か・　よー・　よから・ん。」■対語＝「まっしろびょうたん【真っ白瓢箪】」〔⇒**まっくろびょったん【(真っ黒瓢箪)】、まっくろべったん【(真っ黒瓢箪)】**〕

まっくろびょったん【(真っ黒瓢箪)】《形容動詞や(ノ)》 たいへん黒く、黒以外の何ものでもない様子。異常なまでに真っ黒である様子。「ひ(陽)・に・　よー・　や(焼)け・て・　まっくろびょったんに・　なっ・とる。」■対語＝「まっしろびょったん【(真っ白瓢箪)】」〔⇒**まっくろびょうたん【真っ黒瓢箪】、まっくろべったん【(真っ黒瓢箪)】**〕

まっくろべったん【(真っ黒瓢箪)】《形容動詞や(ノ)》 たいへん黒く、黒以外の何ものでもない様子。異常なまでに真っ黒である様子。「て(手)ー・が・　まっくろべったんに・　よご(汚)れ・とる。」■対語＝「まっしろべったん【(真っ白瓢箪)】」〔⇒**まっくろびょうたん【真っ黒瓢箪】、まっくろびょったん【(真っ黒瓢箪)】**〕

まっさいちゅう〔まっさいちゅー〕【真っ最中】《名詞》 ものごとが最も盛んに行われているとき。それが行われている中心的なとき。「うんどーかい(運動会)・の・　まっさいちゅー・に・　あめ(雨)・が・　ふ(降)りだし・た。」「なつ(夏)・の・　まっさいちゅー・に・　ぼんおど(盆踊)り・を・　する。」〔⇒**まっただなか【真っ直中】**〕

まっさお【真っ青】《形容動詞や(ナ)》 ①たいへん青く、青以外の何ものでもない様子。「まっさおな・　のみもん(飲物)・は・　ちょっと(一寸)・　きも(気持)ち・が・　わる(悪)い・なー。」②青以外の色が含まれていない様子。「きょー(今日)・の・　そら(空)・は・　くも(雲)・が・　の(無)ー・て・　まっさおや。」③青ざめていて、顔色などが優れない様子。「まっさおな・　かお(顔)・を・　し・て・　どない・　し・た・ん。」「さむ(寒)ー・て・　くちびる(唇)・が・　まっさおや。」

まっさかさま【真っ逆様】《形容動詞や(ノ)》 倒れたり落ちたりするものの上下がまったく逆になっている様子。「まっさかさまに・　あたま(頭)・から・　みず(水)・に・　と(飛)びこん・だ。」

まっさら【真っ新】《名詞、形容動詞や(ノ)》 新しくて、手の加わっていないこと。未使用で新しいこと。また、そのようなもの。「まっさらの・　ふく(服)・を・　はじ(初)めて・　き(着)・た。」〔⇒**さら【新】、さらぴん【新品】、さらっぴん【新っ品】、さらっぴんぴいか**(新品ぴいか)〕

まっしかく【真四角】《名詞》 辺の長さが同じで、角度がすべて直角の４角形。正方形。「まっしかく・の・　かみ(紙)・を・　よっ(四)つ・に・　お(折)る。」〔⇒**ましかく【真四角】**〕

まっした【真っ下】《名詞》 ①真っ直ぐ下のあたり。「はんしょー(半鐘)・の・　まっした・から・　のぼ(昇)っ・ていく。」②山や丘のふもとのあたり。「やま(山)・の・　まっした・の・　いえ(家)・は・　どしゃくず(土砂崩)れ・が・　しんぱい(心配)や。」■対語＝「まっうえ【真っ上】」〔⇒**ました【真下】**〕

まっしょうめん〔まっしょーめん〕【真っ正面】《名詞》 互いにまっすぐに向かい合っていること。また、その方向。真向かい。「か(勝)つ・ため・に・は・　まっしょーめん・から・　ぶちあ(当)たっ・ていけ。」〔⇒**ましょうめん【真正面】、まとも**〕

まっしろ【真っ白】《形容動詞や(ナ・ノ)》 ①たいへん白く、白以外の何ものでもない様子。「おしろい(白粉)・を・　ぬ(塗)っ・て・　かお(顔)・が・　まっしろや。」②白以外の色が含まれていない様子。「まっしろな・　しお(塩)・は・　きれー(綺麗)や・なー。」〔⇒**まっしろけ【真っ白け】、まっしろけのけ【真っ白けのけ】**〕

まっしろけ【真っ白け】《形容動詞や(ノ)》 ①たいへん白く、白以外の何ものでもない様子。「さむ(寒)ー・て・　て(手)ー・の・　さき(先)・が・　まっしろけに・　なっ・た。」②白以外の色が含まれていない様子。「ゆき(雪)・が・　ふ(降)っ・て・　ろっこーさん(六甲山)・は・　まっしろけや。」〔⇒**まっしろ【真っ白】、まっしろけのけ【真っ白けのけ】**〕

まっしろけのけ【真っ白けのけ】《形容動詞や(ノ)》 ①たいへん白く、白以外の何ものでもない様子。「この・　しお(塩)・は・　ほんま(本真)に・　まっしろけのけや・なー。」②白以外の色が含まれていない様子。「あたま(頭)・の・　け(毛)ー・が・　まっしろけのけに・　なっ・た。」〔⇒**まっしろ【真っ白】、まっしろけ【真っ白け】**〕

まっしろびょうたん〔まっしろびょーたん〕【真っ白瓢箪】《形容動詞や(ノ)》 たいへん白く、白以外の何ものでもない様子。異常なまでに真っ白である様子。「たいびょー(大病)し・て・　や(痩)せ・て・　まっしろびょーたんに・　なっ・ても・とる。」◆異常なまでに青い場合は「あおびょうたん【青瓢箪】」「あおびょったん【(青瓢箪)】」「あおべったん【(青瓢箪)】」と言う。■対語＝「まっくろびょうたん【真っ黒瓢箪】」〔⇒**まっしろびょったん【(真っ白瓢箪)】、まっしろべったん【(真っ白瓢箪)】**〕

まっしろびょったん【(真っ白瓢箪)】《形容動詞や(ノ)》 たいへん白く、白以外の何ものでもない様子。異常なまでに真っ白である様子。「すいか(西瓜)・を・　き(切)っ・たら・　なか(中)・が・　まっしろびょったんやっ・た。」■対語＝「まっくろびょったん【(真っ黒瓢箪)】」〔⇒**まっしろびょうたん【真っ白瓢箪】、まっしろべったん【(真っ白瓢箪)】**〕

まっしろべったん【(真っ白瓢箪)】《形容動詞や(ノ)》 たいへん白く、白以外の何ものでもない様子。異常なまでに真っ白である様子。「なが(長)い・こと・　にゅーいん(入院)し・て・　からだ(体)・が・　まっしろべったんに・　なっ・た。」■対語＝「まっくろべったん【(真っ黒瓢箪)】」〔⇒**まっしろびょうたん【真っ白瓢箪】、まっしろびょったん【(真っ白瓢箪)】**〕

まっすぐ【真っ直ぐ】《形容動詞や(ナ・ノ)》 ①一定の方向に向かった直線で、まったく曲がったところがない様子。「まっすぐな・　てつどーせんろ(鉄道線路)・が・　つづ(続)い・とる。」②寄り道などをしないで来る様子。「がっこー(学校)・から・　まっすぐに・　かえ(帰)っ・てくる・ん・や・で。」

まった【待った】《名詞、動詞する》 将棋や相撲などで、相手に進行を待ってもらうこと。「まったし・たら・　あか・ん・ねん・で。」

まったく【全く】《副詞》 ①そうとしか言えなくて、心の底からそのように思うという気持ちを表す言葉。はっきりと、そのように感じられる様子。「まったく・　こま(困)っ・た・　ひと(人)・や・なー。」②完全にそのような状態である様子。「わたし(私)・は・　まったく・　かんけー(関係)・が・　あり・ませ・ん。」③課題や問題の答えや何かの所在などが、どうしてもつかめないことを表す言葉。「しけん(試験)・は・　まったく・　わから・なんだ。」◆③は、後ろに打ち消しの言葉を伴う。〔①⇒**ほんとうに【本当に】、ほんに【本に】、ほん【本】、ほんまに【本真に】、まことに【誠に】**。②⇒**まるで、まって、まんで**。③⇒**かいもく【皆目】、さっぱり**〕

まったけ【松茸】《名詞》 ①芳香と風味があって珍重される、秋に赤松の林に生えるきのこ。「かお(香)り・の・　え(良)ー・　まったけ・を・　も(貰)ろ・た。」②さしている傘が風にあおられて、反対向きに広がること。「まったけ・に・　なっ・て・　ほね(骨)・が・　お(折)れ・た。」

まっただなか【真っ直中】《名詞》 ①ものごとが最も盛んに行われているとき。それが行われている中心的なとき。「もみじ(紅葉)・が・　まっただなか・の・　きせつ(季節)・に・　なっ・た。」②広がりのある空間のうちの、最も中心にあたるところ。「おーぜー(大勢)・の・　まっただなか・で・　ひとり(一人)・で・　うた(歌)う。」〔①⇒**まっさいちゅう【真っ最中】**。②⇒**まままんなか【真真ん中】、まっまんなか【真っ真ん中】、どまんなか【ど真ん中】**〕

マッチ〔まっち〕【英語＝match】《名詞》 軸の先に火薬がつけてあり、箱の側面の塗り薬と摩擦して火を付けるもの。「まっち・を・　す(擦)っ・て・　ろーそく(蝋燭)・に・　ひ(火)ー・を・　つ(点)け・てんか。」〔⇒**マチ【英語＝matchを短く言ったもの】**〕

大型の徳用マッチ箱

マッチはり〔まっちはり〕【英語＝match ＋ 貼り】《名詞、動詞する》 マッチの小箱にする材料を、糊などを使って小箱に組み立てていくという内職作業。「まっちはり・の・　ないしょく(内職)・を・　し・とる・ん・です。」◆かって、神戸から姫路にかけては、全国有数のマッチの生産地帯であった。材料を提供されて、マッチ箱を貼って組み立てるのは、明石などでの内職の代表的な仕事であったときがある。外側(「がー」と言う)を作り上げるのが「がーまき」で、内箱(「ひきだし」と言う)を貼って、底入れする作業などがあった。〔⇒**マチはり【英語＝matchを短く言ったもの ＋ 貼り】**〕

まっちばり【待っち針】《名詞》 布を縫い合わせるところがずれないようにしたり、その場所の印にしたりするための、頭に小さな玉がついている針。「まっちばり・で・　しるし(印)・を・　つ(付)け・とく。」〔⇒**まちばり【待ち針】**〕

まっちゃ【真っ茶】《形容動詞や(ノ)》 ①たいへん茶色く、茶色以外の何ものでもない様子。「くさ(草)・が・　か(枯)れ・て・　まっちゃや。」②茶色以外の色が含まれていない様子。「まっちゃの・　くつ(靴)・を・　は(履)く。」〔⇒**まっちゃっちゃ【真っ茶っ茶】、まっちゃっ**

ちゃのちゃ【真っ茶っ茶の茶】〕

まっちゃっちゃ【真っ茶っ茶】《形容動詞や(ノ)》 ①たいへん茶色く、茶色以外の何ものでもない様子。「てっかん(鉄管)・が・ さ(錆)び・て・ まっちゃっちゃや。」②茶色以外の色が含まれていない様子。「へー(塀)・を・ まっちゃっちゃに・ ぬ(塗)る。」〔⇒**まっちゃ【真っ茶】、まっちゃっちゃのちゃ【真っ茶っ茶の茶】**〕

まっちゃっちゃのちゃ【真っ茶っ茶の茶】《形容動詞や(ノ)》 ①たいへん茶色く、茶色以外の何ものでもない様子。「まっちゃっちゃのちゃの・ かみ(髪)・を・ し・た・ おとこ(男)・が・ お(居)る・ぞ。」②茶色以外の色が含まれていない様子。「まっちゃっちゃのちゃの・ いえ(家)・が・ た(建)っ・とる。」〔⇒**まっちゃ【真っ茶】、まっちゃっちゃ【真っ茶っ茶】**〕

まっちゃに【(松脂)】《名詞》 松の木の幹から出る、ねばねばした液。「まつ(松)・の・ き(木)ー・に・ のぼ(登)っ・たら・ まっちゃに・が・ いっぱい(一杯)・ つ(付)い・た。」〔⇒**まつやに【松脂】**〕

まっで《副詞》 ①完全にそのような状態である様子。「まっで・ こども(子供)・みたいな・ こと・を・ い(言)ー・やがる・ねん。」②何かとよく似ているということを表す言葉。「まっで・ ひる(昼)・みたいに・ あか(明)い・つき(月)・や。」〔⇒**まるで、まんで**。①⇒**まったく**。②⇒**ちょうど【丁度】**〕

マット〔まっと〕【英語＝mat】《名詞、動詞する》 ①体操競技などで使う、厚くて柔らかい敷物。また、それを使った体操競技。「たいいくかん(体育館)・で・ まっと・の・ れんしゅー(練習)・を・ する。」②土や水分をぬぐうために置く敷物。「かどぐち(門口)・に・ まっと・を・ ひ(敷)く。」

まつのうち【松の内】《名詞》 正月の松飾りをしておく、1月1日から15日ころまでの期間。「まつのうち・に・ ごたごたし・た・ はなし(話)・を・ する・の・は・ や(止)め・とき・なはれ。」◆松飾りを外して「とんど」をするのは15日が多い。

まつば【松葉】《名詞》 松の木の葉。松の枯れ落ち葉。「まつば・を・ あつ(集)め・て・ も(燃)やす。」〔⇒**こくば**〕

まつばかき【松葉掻き】《名詞、動詞する》 松の落ち葉を掃き集めること。「がんじき・で・ まつばかき・を・ する。」〔⇒**こくばかき【こくば掻き】**〕

まつばぼたん【松葉牡丹】《名詞》 夏から秋にかけて、赤・白・黄色・紫色などの花を咲かせる、地面をはうように背丈の短い草。「まつばぼたん・に・は・ いろんな・ しゅるい(種類)・が・ ある・なー。」〔⇒**つめきりそう【爪切り草】、ちめきりそう【(爪切り草)】**〕

まっぴるま【真っ昼間】《名詞》 真昼の明るいとき。朝や夕方を除いた、真昼。「まっぴるま・に・ どろぼー(泥棒)・に・ はい(入)ら・れ・た。」■対語＝「まよなか【真夜中】」〔⇒**ひなか【日中】、ひるひなか【昼日中】、ひるのひなか【昼の日中】、まひる【真昼】、はくちゅう【白昼】**〕

まっぷたつ【真っ二つ】《形容動詞や(ノ)》 大小の差がほとんどなく、真ん中から2つに分かれている様子。勢いよく2つに割れる様子。「やきいも(焼芋)・を・ まっぷたつ・に・ わ(分)ける。」

まっまんなか【真っ真ん中】《名詞》 広がりのある空間のうちの、最も中心にあたるところ。「こーべ(神戸)・の・ まち(街)・の・ まっまんなか・が・ まらそん(マラソン)・の・ こーす(コース)・に・ なっ・とる。」「まっまんなか・の・ まと(的)・に・ あ(当)てる。」〔⇒**ままんなか【真真ん中】、まっただなか【真っ直中】、どまんなか【ど真ん中】**〕

まつむし【松虫】《名詞》 薄茶色の扁平の体で後ろ脚が長く、秋の頃に「チンチロリン」と鳴く昆虫。「すず(涼)しー・ なっ・て・ まつむし・の・ こえ(声)・も・ き(聞)こえる・よーに・ なっ・た。」

まつやに【松脂】《名詞》 松の木の幹から出る、ねばねばした液。「まつやに・が・ ふく(服)・に・ つ(付)い・て・ と(取)れ・へん。」〔⇒**まっちゃに【(松脂)】**〕

まつり【祭り】《名詞》 ①神をまつる行事や儀式。また、それに関わる行事。「すみよしじんじゃ(住吉神社)・の・ あき(秋)・の・ まつり・が・ はじ(始)まっ・た。」②記念や宣伝などのために、にぎやかに行う行事。「こーえん(公園)・で・ やさい(野菜)・の・ まつり・を・ やっ・とる。」

まつる【祭る、祀る】《動詞・ラ行五段活用》 ①神や仏として、祭壇などを設けてあがめ敬う。神や先祖の霊に対して、供え物や催しをして慰める。「ぶつだん(仏壇)・に・ せんぞ(先祖)・を・ まつっ・とる。」②お供えをする。「すいか(西瓜)・を・ ぶつだん(仏壇)・に・ まつっ・て・から・ さ(下)げ・て・ た(食)べる。」■名詞化＝**まつり【祭り、祀り】**

まつる【纏る】《動詞・ラ行五段活用》 ほつれないようにするために、布の端を折って、内側に縫いつける。「ずぼん(ズボン)・の・ すそ(裾)・を・ まつる。」

まて【馬刀】《名詞》 体長10センチ余りの、2枚で円筒形の細長い貝殻をしていて、砂や泥の中に潜ってすんでいる貝。「まて・を・ つか(掴)ん・だら・ しお(潮)・を・ふ(吹)い・た。」〔⇒**まてがい【馬刀貝】**〕

まて【待て】《名詞》 ひとりの鬼を決めて、鬼が向こうを向いて10までの数を数えている間だけ、他の人は忍び足で鬼に近づいていく、子どもの遊び。鬼が振り返って見るときに、動いておれば「まて」と叫んでつかまえることになる。

まで《副助詞》 ①動作や作用の及ぶ、行き着くところを表す言葉。「あわじしま(淡路島)・の・ みなみ(南)・の・ はし(端)・まで・ い(行)っ・てき・てん。」②時間や数量などの限界を表す言葉。「えき(駅)・で・ ごじ(五時)・まで・ ま(待)っ・とっ・たる。」「いちまんえん(一万円)・まで・は・ だ(出)し・てやる・けど・ それいじょー(以上)・は・ じぶん(自分)・で・ なん(何)・とか・ せー・よ。」「みず(水)・を・ おけ(桶)・の・ はんぶん(半分)・ほど・まで・ い(入)れる。」「はんぶん(半分)・まで・ほど・ い(入)れる。」③あることに、別のことが加わって進展する意味を表す。「たか(高)い・ かいもん(買物)・や・と・ おも(思)っ・た・のに・ しょーひぜー(消費税)・まで・ ぎょーさん(仰山)・ はら(払)わさ・れ・た。」④ある例を挙げて、他のことは言うまでもないという気持ちを表す言葉。極端な例を示して強調する働きをする言葉。「こーはい(後輩)・に・まで・ どーじょー(同情)さ・れ・ても・た。」「かぞく(家族)・の・ もん(者)・まで・ はんたい(反対)し・よる。」〔③④⇒**さえ**〕

まてがい【馬刀貝】《名詞》 体長10センチ余りの、2枚で円筒形の細長い貝殻をしていて、砂や泥の中に潜ってすんでいる貝。「まてがい・を・ ぼー(棒)・で・ つ(突)きさし・たら・ かいがら(貝殻)・を・ ふさ(塞)い・で・ひ(引)っかかっ・てき・た。」〔⇒**まて【馬刀】**〕

まてばし【(待て暫し)】《名詞》 落ち着いて待とうとする気持ちや態度。「こども(子供)・や・さかい・ ほ(欲)し

なっ･たら･　まてばし･が･　あら･へん。」〔⇒**まちばし【(待ち暫し)】**〕

まど【窓】《名詞》 光や風を取り入れたり、外の様子を見たりするために、壁や天井などに作った穴のようなもの。「にかい(二階)･の･　まど･の･　がらす(ガラス)･を･　ふ(拭)く。」

まどう《動詞･ワア行五段活用》 他人に与えた損害をつぐなうために、同様の品物や、価値に見合う金額を出す。「がらす(ガラス)･を･　めん･だ･さかい･　まどー･た。」〔⇒**まらう、べんしょう【弁償】(する)**〕

まどぎわ【窓際】《名詞》 窓のすぐそば。「まどぎわ･に･　はちう(鉢植)え･の･　はな(花)･を･　お(置)く。」

まどぐち【窓口】《名詞》 役所･会社･病院などで、部屋の一部を仕切って外来者と対応して、書類･品物･金などの受け渡しをするところ。また､その係の人。「まどぐち･で･　う(受)けつけ･の･　しごと(仕事)･を･　し･てもらう。」

まとまる【纏まる】《動詞･ラ行五段活用》 ①ばらばらであったものが一つになる。「りょこー(旅行)･に･　も(持)っ･ていく･　もん(物)･が･　まとまっ･た。」「かんが(考)え･を･　せーり(整理)し･て･　なんとか･　じぶん(自分)･の･　いけん(意見)･が･　まとまっ･た。」②意見や考えなどが一致する。結論が導き出される。「しみん(市民)･の･　いけん(意見)･が･　ひと(一)つ･に･　まとまっ･た。」③一つのものとして完成する。「みんな･の･　ぶんしょー(文章)･が･　いっさつ(一冊)･に･　まとまっ･た。」■他動詞は「まとめる【纏める】」

まとめる【纏める】《動詞･マ行下一段活用》 ①ばらばらであったものを一つにする。「ち(散)らかっ･とる･　ごみ(塵)･を･　まとめ･て･　お(置)く。」②意見や考えなどを一致させる。結論を導き出す。「もー･　そろそろ･　ぎちょー(議長)･が･　まとめ･な･　あか･ん･やろ。」③一つのものとして完成させる。「と(撮)っ･た･　しゃしん(写真)･を･　あるばむ(アルバム)･に･　まとめる。」■自動詞は「まとまる【纏まる】」

まとも《名詞、形容動詞や(ナ)》 ①互いにまっすぐに向かい合っていること。また､その方向。真向かい。「まとも･から･　ぶつかっ･てき･た。」②言動に嘘や偽りやごまかしがなく、一生懸命に取り組む様子。人柄が誠実で、真剣に取り組む様子。「どっち･でも･　え(良)ー･　こと･を･　まともに･　かんが(考)え･とる。」③普通のやり方。一般的な方法。「まともに･　やっ･とっ･たら･　あいて(相手)･に･　か(勝)た･れ･へん。」■対語＝「ふまじめ【不真面目】」〔①⇒**ましょうめん【真正面】、まっしょうめん【真っ正面】**。②⇒**まじめ【真面目】**〕

まどり【間取り】《名詞》 家の中の部屋の大きさや配置｡「つか(使)いやすい･よーに･　まどり･を･　かんが(考)える。」

まどろこい《形容詞･オイ型》 早く完成させたり終了させたいと思うのに反して、自分や他の人などの動作や反応が鈍くて、じれったく感じる。思うようにならないで、いらいらする。「まどろこい･　よ(読)みかた･を･　せ･んと･　すらすら･　よ(読)め。」〔⇒**まどろしい、もどかしい**〕

まどろしい〔まどろしー〕《形容詞･イイ型》 早く完成させたり終了させたいと思うのに反して、自分や他の人などの動作や反応が鈍くて、じれったく感じる。思うようにならないで､いらいらする。「せつめー(説明)･が･　まどろしー･て･　よー･　わから･へん。」〔⇒**まどろこい、もどかしい**〕

まどわく【窓枠】《名詞》 窓の周りの細い縁取りの材。「まどわく･を･　さっし(サッシ)･に･　か(変)える。」

まないた【まな板、俎】《名詞》 料理をするときに、材料を載せて、切ったり刻んだりするための厚い板。「まないた･の･　うえ(上)･で･　さしみ(刺身)･を･　つく(作)る。」

まなか【真中】《名詞》 もののちょうど中央のところ。もののちょうど半分。線状のもので両端から等距離にある点。「せ･な･　いか･ん･　こと･の･　まなか･ほど･が･　でけ(出来)･た。」〔⇒**まんなか【真ん中】、ちゅうしん【中心】**〕

まなか【間中】《名詞》 尺貫法の長さで､1間の長さの半分。3尺にあたり、およそ90cmの長さ。「まなか･ほど･の･　すだれ(簾)･を･　つ(吊)る。」〔⇒**はんけん【半間】**〕

まなし【間なし】《形容動詞や(ノ)》 ①間を置かずにものごとが行われる様子。「あさ(朝)･も･　ひる(昼)･も･　まなしに･　た(食)べ･とる･ん･や･なー。」②あることが行われた後、時間を置かないで、次のことになる様子。「あいつ(彼奴)･が･　き(来)･た･ん･は･　でんわ(電話)し･て･から･　まなしや。」

まなつ【真夏】《名詞》 夏のいちばん暑いとき。「まなつ･は･　ぼーし(帽子)･を･　かぶ(被)ら･んと･　いか･ん･ぞ。」■対語＝「まふゆ【真冬】」

まにあう【間に合う】《動詞･ワア行五段活用》 ①期限に遅れないように､ものごとを行うことができる。「ばす(バス)･の･　じかん(時間)･に･　まにおー･た。」②とりあえず足りている。十分にある。「しお(塩)･や･　しょーゆ(醤油)･は･　まにおー･て･ます。」■他動詞は「まにあわす【間に合わす】」

まにあわす【間に合わす】《動詞･サ行五段活用》 ①期限に遅れないように、ものごとを行う。「し(締)めきり･まで･に･　なんとか･　まにあわし･ます。」②その状況をしのぐために、代わりのものなどを使って、その場の役に合わせる。「はしご(梯子)･が･　なかっ･た･さかい･　はこ(箱)･の･　うえ(上)･に･　あが(上)っ･て･　まにあわし･た。」■自動詞は「まにあう【間に合う】」

まにあわせ【間に合わせ】《名詞》 その状況をしのぐために、代わりのものなどを用いて、その場の役に合わせること。また、そのようにしたもの。「きゅー(急)な･　あめ(雨)･に･　お(遭)ー･て･　まにあわせ･に･　びにーる(ビニール)･の･　かさ(傘)･を･　こ(買)ー･た。」

まにもひょったんにもあわん【間にも瓢箪にも合わん】《ま(名詞)･に(格助詞)･も(副助詞)･ひょったん(名詞)･に(格助詞)･も(副助詞)･あわ(動詞)･ん(助動詞)》 ①時刻に遅れてしまう。「いまごろ(今頃)･　いえ(家)･を･　で(出)･た･ん･で･は･　まにもひょったんにもあわん。」②役に立たない。「しごと(仕事)･を･　たの(頼)ん･でも･　まにもひょったんにもあわん･　やつ(奴)･や。」◆①②ともに､「まにあわん【間に合わん】」の強調表現である。

まぬけ【間抜け】《名詞、形容動詞や(ノ･ナ)》 ①ぼんやりしていて、頼りないところがあること。鋭さに欠けたり手抜かりが生じたりすること。また、そのような人。「てーき(定期)･を･　わす(忘)れ･て･　まぬけな･　こと･を･　し･た。」②味などに鋭さがないこと。「まぬけな･　あじ(味)･の･　わさび(山葵)･や･なー。」〔①⇒**ぬけ【抜け】、あほう【阿呆】、あっぽ【阿っ呆】、だぼ、ぼけ【呆け】、ばか【馬鹿】、ぬけさく【抜け作】、あほうたれ【阿呆垂れ】、あほうだら【阿呆垂ら】、あほん**

だら【(阿呆垂ら)】、あほんだれ【(阿呆垂れ)】、だぼさく【だぼ作】、ぼけさく【呆け作】、ぼけなす【呆けなす】、とぼけさく【惚け作】、ばかもん【馬鹿者】、ばかたれ【馬鹿垂れ】〕

まね【真似】《名詞、動詞する》 ①ほかのものに似せること。「さる(猿)・が・ ひと(人)・の・ まね・を・ する。」②よくない行動。軽蔑に値する行い。「おかしな・ まね・を・ せ・んとい・てくれ・へん・か。」〔①⇒**まねし**【真似し】、**まねしごんぼ**【(真似し牛蒡)】〕

まねくそ【真似糞】《名詞》 極端に僅かな数量。「ほんま(本真)に・ まねくそ・です・けど・ た(食)べ・ておくん・なはれ。」「まねくそ・しか・ のこ(残)っ・とら・へん。」

まねくそほど【真似糞程】《名詞》 極端に数量が少ない様子。「あま(余)り・は・ まねくそほど・しか・ おま・へん・ねん。」〔⇒**まねほど**【真似程】、**めくそほど**【目糞程】〕

まねし〔まねしー〕【真似し】《名詞、動詞する》 ①ほかのものに似せること。「あんた・の・ まねしし・て・ つく(作)っ・てみる。」「まねし・ばっかり・ せ・んと・ じぶん(自分)・で・ くふー(工夫)し・なはれ。」②人の真似をするのが得意な人。「まねしー・に・ み(見)せ・たら・ また・ まね・を・ する・やろ・なー。」◆①は「まね【真似】」と言うのと同じ意味である。〔⇒**まねしごんぼ**【(真似し牛蒡)】。①⇒**まね**【真似】〕

まねしごんぼ〔まねしーごんぼ〕【(真似し牛蒡)】《名詞、動詞する》 ①ほかのものに似せること。「ちゅーごく(中国)・は・ にっぽん(日本)・の・ まねしごんぼし・た・ しなもん(品物)・を・ つく(作)る。」②人の真似をするのが得意な人。「あんた・は・ まねしーごんぼ・や・さかい・ み(見)ー・に・ こ(来)・んとい・てんか。」〔⇒**まねし**【真似し】。①⇒**まね**【真似】〕

まねほど【真似程】《形容動詞や(ノ)》 極端に数量が少ない様子。「まねほどの・ いちご(苺)・や・けど・ うち・で・ でけ(出来)・た・ん・です。」〔⇒**めくそほど**【目糞程】、**まねくそほど**【真似糞程】〕

まのび【間延び】《名詞、動詞する》 間隔が普通以上に長くなること。だらけていて、どことなく締まりがないこと。「なが(長)すぎる・ げき(劇)・で・ まのびし・た・ かん(感)じ・やっ・た。」

まはんたい〔まーはんたい〕【真反対】《形容動詞や(ノ)》 まるっきり逆の方向である様子。「まちご(間違)ー・て・ まーはんたいに・ ある(歩)い・とっ・た。」

まびく【間引く】《動詞・カ行五段活用》 ①植物を伸び伸びと生育させるために、密生しているところを引き抜いて、生えている芽の間をあける。「だいこん(大根)・の・ め(芽)ー・を・ まびー・て・ おつゆ(汁)・に・ い(入)れる。」②続いているものの、間にあるものを省く。「たいふー(台風)・が・ ちかづ(近付)い・とる・さかい・ でんしゃ(電車)・を・ まびー・て・ うんてん(運転)し・とる。」■名詞化＝**まびき**【間引き】

まひげ【(眉毛)】《名詞》 まぶたの少し上に、弓状に生えている毛。また、その一本一本。「まひげ・を・ そ(剃)る。」〔⇒**まいげ**【(眉毛)】〕

まひる【真昼】《名詞》 明るいとき。朝や夕方を除いた時間帯。「まひる・は・ でんき(電気)・を・ け(消)し・とこ・ー。」〔⇒**ひなか**【日中】、**ひるひなか**【昼日中】、**ひるのひなか**【昼の日中】、**まっぴるま**【真っ昼間】、**はくちゅう**【白昼】〕

まぶしい〔まぶしー〕【眩しい】《形容詞・イイ型》 それが発する光が強くて見にくくて、見据えることがしにくい。「おひ(日)ーさん・が・ まぶしー。」

まぶす【塗す】《動詞・サ行五段活用》 粉、塩、砂糖などを、そのものの表面に行き渡るように付ける。振りかけて混ぜて行き渡らせる。「だんご(団子)・に・ きなこ(黄粉)・を・ まぶす。」「だいこん(大根)・に・ しお(塩)・を・ まぶし・て・ つ(漬)ける。」

まぶた【瞼、目蓋】《名詞》 目の上を覆っていて、目を開け閉めする皮膚。「ふたえ(二重)・の・ まぶた・が・ かい(可愛)らしー。」◆「めのふた〔めーのふた〕【目の蓋】」という言い方もする。

まふゆ【真冬】《名詞》 冬のいちばん寒いとき。「まふゆ・は・ かぜ(風)・が・ つよ(強)い・さかい・ そと(外)・へ・ で(出)・られ・へん。」■対語＝「**まなつ**【真冬】」

マフラー〔まふらー〕【英語＝muffler】《名詞、動詞する》 寒さを防ぐためや装飾のために、首のまわりに巻く布など。「さぶ(寒)い・さかい・ まふらー・を・ し・て・ い(行)き・なはれ。」〔⇒**くびまき**【首巻き】〕

まぶりさん【(守りさん)】《名詞》 社寺が出す、神や仏が災難から守ってくれたり、良いことを起こしてくれるという札。「まぶりさん・を・ も(持)っ・て・ しけん(試験)・を・ う(受)け・に・ い(行)く。」〔⇒**おまもり**【お守り】、**おまぼり**【(お守り)】、**まもりさん**【守りさん】、**まぼりさん**【(守りさん)】〕

まぶれ【(塗れ)】《接尾語》 体やものに何かがついて、それ一色になったり汚れたりしている様子を表す言葉。「じてんしゃ(自転車)・で・ ひっくりかえっ・て・ ち(血)まぶれ・に・ なっ・た。」「しお(塩)まぶれ・の・ わかめ(若布)・を・ みず(水)・で・ あら(洗)う。」〔⇒**まみれ**【塗れ】〕

まぶれる【(塗れる)】《動詞・ラ行下一段活用》 汗・血・泥・ほこりなど、汚いと思われるようなものが一面につく。「ほこり(埃)・の・ なか(中)・に・ まぶれ・た・さかい・ す(捨)て・ても・た。」〔⇒**まみれる**【塗れる】〕

まへん《助動詞》［動詞や助動詞の連用形に付く］ 前にある言葉を打ち消すときに使う言葉。打ち消しの意味を、丁寧な気持ちを添えて表現する言葉。「そんな・ こと・ わかり・まへん。」「これ・から・は・ にど(二度)と・ い(行)き・まへん。」「おし(教)え・てもらわ・れ・まへん」◆動詞や助動詞に接続し、形容詞や形容動詞には接続しない。〔⇒**しまへん、しやへん**〕

まほ《助動詞》 自分の意志を表したり、他人への誘いかけなどの気持ちをやわらかく表現したりするときに使う言葉。「みんな(皆)・で・ いっしょ(一緒)に・ い(行)き・まほ。」「えーが(映画)・を・ み(見)・まほ・か。」◆丁寧の意味を表す助動詞「ます」に、意志を表す助動詞「う」が続いてできた「ましょう」の発音が「ましょ」になり、さらに「まほ」に変化したものである。活用はしないが、経緯から考えて助動詞として扱う。〔⇒**ましょ**〕

まほう〔まほー〕【魔法】《名詞》 人を惑わす不思議な術。普通ではできないような不思議な力を行う術。「まほー・を・ かけら・れ・て・ きぜつ(気絶)し・た。」

まほうつかい〔まほーつかい〕【魔法使い】《名詞》 人を惑わす不思議な術を使える人。「まほーつかい・の・ おばー(婆)さん・が・ で(出)・てくる・ はなし(話)・は・ こわ(恐)い・なー。」

まほうびん〔まほーびん〕【魔法瓶】《名詞》 真空の層を作るために二重のガラス瓶にして、中に入れた液体などの温度を、長い時間にわたって保てるようにした容器。「つめ(冷)たい・ おちゃ(茶)・を・ まほーびん・に・

い(入)れ・て・　も(持)っ・ていく。」

まぼりさん【(守りさん)】《名詞》　社寺が出す、神や仏が災難から守ってくれたり、良いことを起こしてくれるという札。「はつもーで(初詣)・で・　まぼりさん・を・　か(買)う。」〔⇒**おまもり【お守り】、おまぼり【(お守り)】、まもりさん【守りさん】、まぶりさん【(守りさん)】**〕

まま【(飯)】《名詞》　①米、麦などを炊いて主食とするもの。「あさ(朝)・の・　まま・に・　たまご(卵)・を・　かける。」②生命を維持するためにものを食べること。また、その食べ物。「いちにち(一日)・に・　さんべん(三遍)・　まま・を・　する。」◆①②ともに、やや荒っぽい言葉遣いである。〔⇒**めし【飯】、ごはん【ご飯】、まんま【(飯)】**。②⇒**うまうま【(飯)】、うまんま【(飯)】**〕

まま【儘】《名詞》　①ある動作・作用が、その状態のまま続いているということ。「けさ(今朝)・の・　でんしゃ(電車)・は・　こーべ(神戸)・まで・　た(立)っ・た・　まま・やっ・た。」②他のものの成り行きに任せること。「かぜ(風)・が・　ふ(吹)く・　まま・に・　ふね(船)・が・　なが(流)さ・れ・た。」③そのものと変わらないこと。そのものを変えないこと。「しと(人)・から・　き(聞)ー・た・　まま・を・　つた(伝)える。」④自分の意思に従っていること。「なんぼ・　つか(使)お・ー・と・　おまえ(前)・の・　まま・や。」〔⇒**なり**〕

ままえ〔**まーまえ**〕【真前】《名詞》　真っ直ぐ前を向いて見える方向。「まーまえ・に・　あんた・が・　すわ(座)っ・とっ・たら・　わし・は・　なん(何)・も・　い(言)わ・れ・へん・がな。」「がっこー(学校)・の・　まーまえ・の・　みち(道)・は・　くるま(車)・が・　よー・　とー(通)る。」■対語＝「まうしろ【真後ろ】」〔⇒**しょうめん【正面】**〕

ままおや【継親】《名詞》　血のつながりのない父や母。「ままおや・と・は・　おも(思)わ・れ・へん・ほど・　なか(仲)・が・　え(良)ー。」■対語＝「ままこ【継子】」

ままこ【継粉】《名詞》　粉に水を加えてこねるとき、十分にこなれないで、ぶつぶつした状態で残っていること。また、残っているもの。「この・　おこの(好)みやき・は・　ままこ・に・　なっ・とる。」

ままこ【継子】《名詞》　血のつながりのない子。「ままこ・や・けど・　かわ(可愛)いがっ・て・　そだ(育)て・とる。」■対語＝「ままおや【継親】」「ままはは【継母】」

ままごと【飯事】《名詞》　子どもが玩具などを使って、炊事・食事や家庭生活のまねごとをする遊び。「ちー(小)さい・　こ(子)・と・　いっしょ(一緒)に・　ままごと・を・　し・て・　あそ(遊)ん・どる。」

ままつぶ【飯粒】《名詞》　米を炊いてできたご飯の粒の一つ一つ。「ままつぶ・は・　ひとっ(一)つ・も・　のこ(残)さ・ん・よーに・　た(食)べ・なはれ。」〔⇒**ごはんつぶ【ご飯粒】、ごはんつぼ【(ご飯粒)】、めしつぶ【飯粒】、めしつぼ【(飯粒)】、ままつぼ【(飯粒)】**〕

ままつぼ【(飯粒)】《名詞》　米を炊いてできたご飯の粒の一つ一つ。「ふーとー(封筒)・を・　ままつぼ・で・　は(貼)りつける。」〔⇒**ごはんつぶ【ご飯粒】、ごはんつぼ【(ご飯粒)】、めしつぶ【飯粒】、めしつぼ【(飯粒)】、ままつぶ【飯粒】**〕

ままはは【継母】《名詞》　血のつながりのない母。「ままはは・に・　そだ(育)て・てもろ・た。」◆「ままちち」という言葉は使わない。■対語＝「ままこ【継子】」

ままんなか〔**まーまんなか**〕【真真ん中】《名詞》　広がりのある空間のうちの、最も中心にあたるところ。「へや(部屋)・の・　ままんなか・に・　すわ(座)る。」「まーまんなか・の・　すとらいく(ストライク)・を・　ほ(放)る。」〔⇒**まっまんなか【真っ真ん中】、まっただなか【真っ直中】、どまんなか【ど真ん中】**〕

まみず【真水】《名詞》　塩分の含まれない水。淡水。「ぷーる(プール)・は・　まみず・や・さかい・　からだ(体)・が・　う(浮)きにくい。」■対語＝「しおみず【塩水】」

まみれ【塗れ】《接尾語》　体やものに何かがついて、それ一色になったり汚れたりしている様子を表す言葉。「どろ(泥)まみれ・に・　なっ・て・　あそ(遊)ん・どる。」「あせ(汗)まみれ・で・　れんしゅー(練習)・を・　つづ(続)ける。」「なや(納屋)・を・　かたづ(片付)け・て・　ほこり(埃)まみれ・に・　なっ・た。」〔⇒**まぶれ【(塗れ)】**〕

まみれる【塗れる】《動詞・ラ行下一段活用》　汗・血・泥・ほこりなど、汚いと思われるようなものが一面につく。「あせ(汗)・に・　まみれ・て・　いっしょーけんめー(一生懸命)・　はたら(働)い・とる。」〔⇒**まぶれる【(塗れる)】**〕

まむし【蝮】《名詞》　頭が3角形をして灰褐色の体に輪状の斑紋がある毒蛇。「やま(山)・の・　なか(中)・は・　まむし・が・　おる・かもしれん・ぞ。」〔⇒**はめ**〕

まめ【豆】《名詞》　大豆・小豆・えんどうなど、鞘の中に種ができる植物。また、その種。「まめ・を・　た(食)べ・ながら・　びーる(ビール)・を・　の(飲)む。」〔⇒**まめさん【豆さん】**〕

まめ【肉刺】《名詞》　物にこすれたり圧迫を受けたりして、手や足にできる水膨れ。「まめ・が・　つぶ(潰)れ・て・　いた(痛)い・ねん。」

まめ【豆】《接頭語》［名詞の前に付く］　小さいとか、子どものという意味を表す言葉。「でんち(電池)・を・　つな(繋)い・だら・　まめでんきゅー(電球)・が・　とぼ(点)っ・た。」

まめ【忠実】《形容動詞や(ナ)》　①こつこつと努力を続ける様子。めんどうがらずに物事に取り組む様子。「まめな・　しごと(仕事)・を・　する・　ひと(人)・や・さかい・　たよ(頼)り・に・　なる。」「ちょこちょこと・　まめに・　うご(動)きまわる。」「まめに・　はたら(働)い・て・　かかりちょー(係長)・に・　なっ・た。」②体が丈夫である様子。「みんな(皆)・　まめに・　く(暮)らし・とり・ます。」

まめきゅう〔**まめきゅー**〕【豆球】《名詞》　①理科の実験のときや懐中電灯などに使う、小さな電球。「まめきゅー・に・　えなめるせん(エナメル線)・を・　つな(繋)い・で・　ちー(小)さい・　もーたー(モーター)・を・　まわ(回)す。」②照明器具としての大きな電球のそばに付けられている、小さな電球。「よる(夜)・は・　まめきゅー・に・　し・て・　ね(寝)る。」〔⇒**まめでんきゅう【豆電球】**〕

まめさん【豆さん】《名詞》　大豆・小豆・えんどうなど、鞘の中に種ができる植物。また、その種。「れんたんひばち(練炭火鉢)・で・　まめさん・を・　た(炊)く。」◆食べ物として愛称的な言い方である。〔⇒**まめ【豆】**〕

まめだ【豆狸】《名詞》　小さな狸。幼い狸。◆唱え言葉として、「あめ(雨)・が・　しょぼしょぼ・　ふ(降)る・　ばん(晩)・に・　まめだ・が・　とっくり(徳利)・　も(持)っ・て・　さけ(酒)・　か(買)い・に。」というのがある。

まめたん【豆炭】《名詞》　炭の粉などを原料として、炭団(たどん)の小さな形のようにした燃料。「まめたん・を・　いこし・て・　あんか(行火)・に・　い(入)れる。」

まめでんきゅう〔**まめでんきゅー**〕【豆電球】《名詞》　①理科の実験のときや懐中電灯などに使う、小さな電球。「えなめるせん(エナメル線)・で・　まめでんきゅー・を・　つな(繋)ぐ。」②照明器具としての大きな電球のそばに付けられている、小さな電球。「まっくら(真暗)・は・

こま(困)る・さかい・　まめでんきゅー・を・　つ(点)ける。」〔⇒**まめきゅう**【豆球】〕

まめのこ〔**まめのこー**〕【豆の粉】《名詞》 大豆を煎ってひいて作った、黄色い粉。「もち(餅)・を・　まめのこー・に・　まぶ(塗)し・て・　た(食)べる。」〔⇒**きなこ**【黄粉】〕

まめまき【豆撒き】《名詞、動詞する》 節分に、「福は内、鬼は外」などと唱えながら、災いを払うために煎った豆を撒く行事。「おに(鬼)・は・　そと(外)・と・　ゆ(言)ー・て・　まめまきする。」

まもなく【間もなく】《副詞》 あまり間を置かないで、それが実現することを表す言葉。「まもなく・　でんしゃ(電車)・が・　く(来)る・はず・や。」「けーき(景気)・は・　まもなく・　よ(良)ー・　なる・やろ。」

まもりさん【守りさん】《名詞》 社寺が出す、神や仏が災難から守ってくれたり、良いことを起こしてくれるという札。「こーつーあんぜん(交通安全)・の・　まもりさん・を・　もら(貰)う。」〔⇒**おまもり**【お守り】、**おまぼり**【(お守り)】、**まぼりさん**【(守りさん)】、**まぶりさん**【(守りさん)】〕

まもる【守る】《動詞・ラ行五段活用》 ①他から害を受けないように防ぐ。「じしん(地震)・から・　いえ(家)・を・　まもる。」「どろぼー(泥棒)・に・　はい(入)ら・れ・ん・よーに・　まもる。」②敵対する相手に負けないようにする。「てん(点)・を・　い(入)れ・られ・ん・よーに・　かと(固)ーに・　まもる。」③決められたとおりにして、それに背かないようにする。「やくそく(約束)・を・　きっちり・　まもる。」■名詞化＝**まもり**【守り】■対語＝②「せめる【攻める】」

まよう【迷う】《動詞・ワア行五段活用》 ①目標などがあいまいで、行く方向がわからなくなる。自分が今、どこにいるのか、わからなくなる。間違った方向に進む。「はじ(初)めて・の・　まち(町)・で・　みち(道)・に・　まよ・ても・た。」②考えが決まらなくて、ぐずぐずする。心が乱れて判断ができない。「い(行)こ・か・　い(行)く・まい・か・　まだ・　まよ・とる・ん・や。」

まよなか【真夜中】《名詞》 夜がいちばん更けた時間帯。「まよなか・に・　きゅーきゅーしゃ(救急車)・が・　とー(通)っ・て・　びっくりし・た。」■対語＝「まっぴるま【真っ昼間】」〔⇒**よなか**【夜中】、**しんや**【深夜】〕

マヨネーズ〔**まよねーず**〕【フランス語＝mayonnaise】《名詞》 卵黄・サラダ油・塩・酢などを混ぜて作った、サラダ用の調味料。「たこや(蛸焼)き・に・　まよねーず・を・　ぬ(塗)っ・て・　た(食)べる。」

まらう《動詞・ワア行五段活用》 他人に与えた損害をつぐなうために、同様の品物や、価値に見合う金額を出す。「か(貸)し・てもろ・た・　ほん(本)・を・　うしの(失)ー・て・　おんな(同)じ・　ほん(本)・を・　こ(買)ー・て・まろ・た。」〔⇒**まどう**、**べんしょう**【弁償】(する)〕

マラソン〔**まらそん**〕【英語＝marathon raceから】《名詞、動詞する》 ①42.195㎞を走る陸上競技。「まらそん・は・　にほん(日本)・の・　じょし(女子)・が・　つよ(強)い・ねん。」②体を鍛えるために、長い距離を走ること。「まいあさ(毎朝)・　がっこー(学校)・で・　まらそん・を・　し・とる・ねん。」③まとまった距離を走ること。「ねぼー(寝坊)し・て・　えき(駅)・まで・　まらそんし・た。」

まり【毬】《名詞》 遊技などに使う、ゴムや皮などで作った丸いもの。「おー(大)きな・　どっちぼーる(ドッチボール)・の・　まり・を・　な(投)げる。」◆スポーツに使うものを「まり【毬】」「まる【(毬)】」と言うことはない。〔⇒**まる**【(毬)】、**たま**【玉、球】、**ボール**【英語＝ball】〕

まりつき【鞠つき】《名詞、動詞する》 ゴム、革、布などで作った丸いものを地面に打ちつけて遊ぶこと。「にわ(庭)・で・　まりつきし・て・　あそ(遊)ぶ。」

まる【(毬)】《名詞》 遊技などに使う、ゴムや皮などで作った丸いもの。ゴム、革、布などで作った、遊技に使う丸いもの。「まる・が・　さか(坂)・の・　した(下)・へ・ころ(転)ん・でいっ・た。」◆スポーツに使うものを「まり【毬】」「まる【(毬)】」と言うことはない。〔⇒**まり**【毬】、**たま**【玉、球】、**ボール**【英語＝ball】〕

まる【丸、円】《名詞》 ①円形または球形であるもの。「○」の符号。「まる・の・　なか(中)・だけ・で・　に(逃)げる・ん・や。で(出)・たら・　ま(負)け・や・で。」「まる・が・いつ(五)つ・　ある。」②答えとして、正しいこと。「まる・か・　ぺけ・か・の・　しるし(印)・を・　つける。」「あんた・の・　かんが(考)えかた・は・　まる・や。」③細かく分けないで、全体であるもの。「き(切)ら・んと・　まる・の・　まま・　た(食)べる。」

まる《接頭語》 欠けることなく全部とか、ちょうどそれにあてまるとかの意味を添える言葉。「まるいちにち(一日)・　た(立)ちっぱなしで・　しごと(仕事)し・た。」「あれ・から・　まるにねん(二年)・が・　た(経)っ・た。」「じゅーす(ジュース)・の・　まるの(飲)み・を・　する。」

まるあたり【丸当たり】《形容動詞や(ノ)》 ①ものが、まともに当たる様子。「はま(浜)・から・の・　かぜ(風)・が・　まるあたりや。」②すべてを引き受けなければならなくなっている様子。「ぜんぶ(全部)・の・　しごと(仕事)・が・　ひとり(一人)・に・　まるあたりや。」

まるあらい【丸洗い】《名詞、動詞する》 服や布団などを、ほどいたりしないで、そのまま洗うこと。「ふろおけ(風呂桶)・の・　なか(中)・で・　なつ(夏)・の・　ふとん(布団)・を・　まるあらいし・た。」

まるあんき【丸暗記】《名詞、動詞する》 意味や理屈などを深く考えず、中身を深く理解しないままで、その言葉や内容をそのまま覚えてしまうこと。「しけん(試験)・の・　まえ(前)・に・　まるあんきし・た・けど・　じっき(直)に・　わす(忘)れ・ても・た。」〔⇒**ぼうあんき**【棒暗記】〕

まるい〔**まーるい**〕【丸い、円い】《形容詞・ウイ型》 ①円形や球形をしている。「まるー・　わ(輪)・に・　なっ・て・　すわ(座)る。」「まるい・　おぼん(盆)・に・　の(載)せる。」②角張っていなくて、穏やかな線を持っている。「まるい・　やね(屋根)・の・　いえ(家)・が・　た(建)っ・とる。」③くるくるした感じで愛らしい。「まるい・　め(目)ー・の・　おにんぎょ(人形)さん・は・　かい(可愛)らしー。」④人柄が穏やかである。「もの・の・　い(言)ーかた・も・　まるい・さかい・　そーだん(相談)・が・　しやすい。」〔⇒**まるこい**【丸こい、円こい】〕

まるがお【丸顔】《名詞》 顔が丸く見えること。また、そのような人。「おもなが(面長)・やのー・て・　まるがお・の・　ひと(人)・やっ・た。」■対語＝「おもなが【面長】」

まるかくれんぼう〔**まるかくれんぼー**、**まるかくれんぼ**〕【円隠れん坊】《名詞》 路上に円を描いて区切り、いくつかの場所の名を書いておき、鬼になった者が石を投げて、当たった場所までを往復する間に、他の者たちが隠れることをする、子どもの遊び。鬼が戻ってきた後に、見つけだされる前に、決めたところに帰ってその地点を踏めば生還したことになる。

まるがり【丸刈り】《名詞、動詞する》 男子の頭髪を短く刈ること。また、そのような頭。「やきゅー(野球)・の・せんしゅ(選手)・は・ まるがり・に・ する。」〔⇒**ぼうずがり**【坊主刈り】〕

まるき【丸木】《名詞》 切り倒したままで、削ったり磨いたりしていない木。丸い形のままの木。「おーむかし(大昔)・の・ ひと(人)・は・ まるき・の・ ふね(舟)・に・の(乗)っ・た。」「まるき・の・ はし(橋)・を・ わた(渡)る・の・は・ おと(恐)ろしー。」

まるきこえ〔**まるぎこえ**〕【丸聞こえ】《形容動詞や(ノ)》 言っていることがすっかり周りの人に聞こえている様子。「こごえ(小声)・で・ ゆ(言)ー・ても・ みんな(皆)・に・ まるきこえや。」

まるきり【丸きり】《副詞》 そのことを強く否定する気持ちを表す言葉。まったく問題にならない様子を表す言葉。「あれ・から・ まるきり・ へんじ(返事)・が・ あら・へん。」「まるきり・ げんき(元気)・が・ のーなっ・た。」◆後ろに打ち消しの言葉を伴うことが多い。〔⇒**ねっから**【根っから】、**ねからはから**【根から葉から】、**まるっきり**【丸っきり】、**てんで**、**とんと**、**てんと**、**ぜんぜん**【全然】〕

まるぐち【丸ぐち】《名詞》 まるまるすべて。「ひろ(広)い・たんぼ(田圃)・を・ まるぐち・ う(売)っ・た・そーや。」

まるくび【丸首】《名詞》 シャツなどの襟が首周りに沿って、丸くくりぬいてあるもの。「まるくび・の・ せーたー(セーター)・や・さかい・ すず(涼)しー・なー。」

まるこい【丸こい、円こい】《形容詞・オイ型》 ①円形や球形をしている。「いぬ(犬)・が・ まるこー・ なっ・て・ひなた(日向)ぼっこ・を・ し・とる。」「まるこい・さら(皿)・に・ のせ・て・ だ(出)す。」②角張っていなくて、穏やかな線を持っている。「まるこい・ ぱん(パン)・を・ た(食)べ・た。」③くるくるした感じで愛らしい。「まるこい・ め(目)ー・の・ おんな(女)・の・ こ(子)・が・ うけつけ(受付)・に・ すわ(座)っ・とる。」④人柄が穏やかである。「ゆ(言)ー・ こと・を・ よー・き(聞)ー・てくれる・ まるこい・ ひと(人)・や。」〔⇒**まるい**【丸い、円い】〕

まるごと【丸ごと】《副詞》 ①分けたり残したりしないで、全部をまとめて。「りんご(林檎)・の・ かわ(皮)・を・む(剥)か・んと・ まるごと・ かじ(嚙)る。」②増減したり修正したりすることなく、受け入れる様子。「ひと(人)・の・ ぶんしょー(文章)・を・ まるごと・ うつ(写)し・たら・ あか・ん・やろ。」〔①⇒**まるなり**【丸なり】、**まんなり**【(丸なり)】〕

まるた【丸太】《名詞》 切り倒して、皮を取り除いただけの木。「まるた・の・ でんしんばしら(電信柱)・が・ た(立)っ・とる。」〔⇒**まるたんぼう**【丸太ん棒】〕

まるだし【丸出し】《名詞、動詞する》 隠さないで、すべてをありのまま出すこと。「しり(尻)・を・ まるだし・に・し・て・ みっともない・ やつ(奴)・や・なー。」「はら(腹)・を・ まるだし・に・ し・て・ ね(寝)・たら・ ねび(寝冷)えする・ぞ。」「あほ(阿呆)・を・ まるだし・に・し・て・ しゃべ(喋)っ・とる。」

まるたんぼう〔**まるたんぼー、まるたんぼ**〕【丸太ん棒】《名詞》 切り倒して、皮を取り除いただけの木。「まるたんぼ・を・ た(立)て・て・ かわ(乾)かし・とる。」〔⇒**まるた**【丸太】〕

まるっきり【丸っきり】《副詞》 そのことを強く否定する気持ちを表す言葉。まったく問題にならない様子を表す言葉。「この・ もんだい(問題)・は・ むつか(難)しー・て・ まるっきり・ て(手)ー・が・ つ(付)け・られ・へん。」◆後ろに打ち消しの言葉を伴うことが多い。〔⇒**ねっから**【根っから】、**ねからはから**【根から葉から】、**まるきり**【丸きり】、**てんで**、**とんと**、**てんと**、**ぜんぜん**【全然】〕

まるつぶれ【丸潰れ】《形容動詞や(ノ)》 ①ものが全部だめになること。「たいふー(台風)・が・ き(来)・て・ はたけ(畑)・の・ やさい(野菜)・が・ まるつぶれに・なっ・た。」②信用や面目などが、すっかりなくなってしまうこと。「そんな・ こと・ し・たら・ あんた・の・かお(顔)・が・ まるつぶれや。」

まるで《副詞》 ①完全にそのような状態であるということを表す言葉。「まるで・ はじ(初)め・から・ う(受)けつけ・てくれ・へん。」「まるで・ なん(何)・も・ おぼ(覚)え・とら・へん。」②何かとよく似ているということを表す言葉。「まるで・ ゆき(雪)・みたいな・ しろ(白)さ・や。」〔⇒**まんで**、**まっで**。①⇒**まったく**。②⇒**ちょうど**【丁度】〕

まるなり【丸なり】《副詞》 ①分けたり残したりしないで、全部をまとめて。「ひとりっこ(一人子)・やっ・た・さかい・ まるなり・ いさん(遺産)・を・ もろ(貰)・た・そーや。」②もとの状態のままで、手を加えずに。「まるなり・ だいこん(大根)・を・ も(持)っ・てき・てくれ・た・さかい・ つち(土)・が・ いっぱい(一杯)・ つ(付)い・とっ・た。」〔①⇒**まんなり**【(丸なり)】、**まるごと**【丸ごと】〕

まるのみ【丸飲み】《名詞、動詞する》 ①砕いたり噛んだりしないで、そのまま飲み込むこと。「あめ(飴)・を・まるのみし・たら・ のど(喉)・に・ つ(詰)まる・ぞ。」「にが(苦)い・ くすり(薬)・を・ おぶらーと(オブラート)・に・ つつ(包)ん・で・ まるのみする。」②他人の言ったことを深く考えないで、受け入れてしまうこと。「あいつ(彼奴)・の・ ゆ(言)ー・ こと・を・ まるのみし・たら・ えらい・ めー・に・ あう・ぞ。」〔⇒**まんのみ**【(丸飲み)】〕

まるはだか【丸裸】《形容動詞や(ノ)、名詞》 ①衣類などを何も身に付けていない様子。また、そのような人。「まるはだかの・ こ(子)ー・が・ さんにん(三人)・うみ(海)・で・ およ(泳)い・どる。」②財産などを失って、体の外には何も持っていない様子。また、そのような人。「かじ(火事)・で・ まるはだかに・ なっ・ても・た。」〔⇒**あかはだか**【赤裸】、**すっぱだか**【素っ裸】、**すっとんとん**。①⇒**すっぽん**、**すっぽんぽん**、**すっぽんぽんのまるはだか**【すっぽんぽんの丸裸】〕

まるぺけ《名詞》 ①「○」と「×」の符号。「あんけーと(アンケート)・に・ まるぺけ・を・ い(入)れる。」②答えとして、正しいことと誤っていること。良いことと悪いこと。「この・ こた(答)え・は・ まるぺけ・の・どっち・や・ わから・へん。」

まるぺけつける《動詞・カ行下一段活用》 正誤の判断をする。答案を採点する。「まるぺけつけ・て・ かや(返)し・てもろ・た。」

まるまる【丸々】《副詞と、動詞する》 ふっくらと太っている様子。「まるまるし・た・ あか(赤)ちゃん・や・なー。」

まるまる【丸々】《副詞》 欠けるところがなく、すべてである様子。すっかり全部。「も(持)っ・とっ・た・ かね(金)・を・ まるまる・ つこ(使)・ても・た。」「まるまる・ いっしゅーかん(一週間)・ かけ・て・ しあ(仕上)げ・た。」「あいつ(彼奴)・の・ ゆ(言)ー・ こと・は・

まるまる・　しんよー(信用)せ・ん・　ほー(方)・が・え(良)ー・と・　おも(思)う。」

まるみ【丸み】《名詞》 丸い様子。丸い感じ。丸くなっている程度。「いた(板)・の・　かど(角)・に・　まるみ・を・つ(付)ける。」

まるみえ【丸見え】《形容動詞や(ノ)》 見えないようにしておくべきものが、すっかり見えている様子。内緒にしておくべきものが、すっかりあらわになっている様子。「いえ(家)・の・　なか(中)・が・　まるみえや。」「あんた・の・　い(言)ー・たい・　こと・は・　まるみえやっ・た。」

まるめこむ【丸め込む】《動詞・マ行五段活用》 うまいことを言って、人を自分の思い通りにする。「こーはい(後輩)・を・　まるめこむ。」「めし(飯)・を・　いっしょ(一緒)に・　く(食)ー・て・　まるめこま・れ・ても・た。」

まるめる【丸める】《動詞・マ行下一段活用》 ①丸い形にする。「つ(搗)い・た・　もち(餅)・を・　まるめる。」②髪の毛を剃る。「あたま(頭)・を・　まるめ・て・　ぼん(坊)さん・に・　なる。」

まるもうけ〔**まるもーけ**〕【丸儲け】《名詞、動詞する》 元手がかからず、入る金額のすべてが利益になること。全部、自分の利益になること。あまり努力しないで大きな利益を得ること。「ぼーず(坊主)・は・　まるもーけ・や。」「せんご(戦後)・の・　やみ(闇)・で・　まるもーけし・た・　やつ(奴)・が・　おる。」

まるもち【丸餅】《名詞》 搗いたのちに丸い形にした餅。「しょーがつ(正月)・の・　まるもち・を・　かみだな(神棚)・に・　そな(供)える。」

まるやき【丸焼き】《名詞、動詞する》 分けたりしないで、全体の形のまま焼くこと。また、その焼いたもの。「ひちめんちょー(七面鳥)・の・　まるやき・を・　く(食)・た。」

まるやけ【丸焼け】《名詞、動詞する》 火事ですっかり焼けること。全焼。「まるやけ・で・　なん(何)もかも・の(無)ーなっ・た。」

まわし〔**まーし**〕【回し】《名詞》 相撲をとるときに、力士や選手などが股を覆うためにつけるもの。「いちにんまえ(一人前)に・　まーし・を・　つけ・て・　すもー(相撲)・を・　とる。」〔⇒**ふんどし**【褌】〕

まわす〔**まーす**〕【回す】《動詞・サ行五段活用》 ①そのもの全体がくるくる回転するようにする。「て(手)・の・うえ(上)・で・　ごま(独楽)・を・　まーす。」②円を描くように動かす。「ちくおんき(蓄音機)・の・　はんどる(ハンドル)・を・　まーす。」「と(止)まっ・とっ・た・とけー(時計)・の・　はり(針)・を・　まーす。」③周りを取り巻くようにする。「ぐるぐると・　うで(腕)・を・まーす。」④ものを順に送る。ものを次々に送る。「かいらんばん(回覧板)・を・　まーす。」④湯に水を加える。「あつ(熱)い・さかい・　みず(水)・を・　まーし・て・うめる。」⑤ある液体に別のものを加える。「ういすきー(ウイスキー)・に・　みず(水)・を・　まーす。」■自動詞は「まわる【回る】」「まう【(回う)】」■名詞化＝**まわし**【回し】

まわす〔**まーす**〕【回す】《接尾語・サ行五段活用》［動詞の連用形に付く］ ①盛んに何かをする様子を表す言葉。「ねんど(粘土)・を・　こ(捏)ねまーす。」「はら(腹)・が・た(立)っ・た・んで・　どつきまわし・たっ・た。」②一面や一帯に対して何かをすることを表す言葉。「まー(周)り・を・　なが(眺)めまーす。」③次から次へと何かをすることを表す言葉。「おんな(同)じ・　ぶんしょー(文章)・を・　つか(使)いまわす。」■接尾語(名詞化)＝**まわし**【回し】

まわた〔**まーた**〕【真綿】《名詞》 くずの繭を引きのばして綿のようにしたもの。「まーた・を・　い(入)れ・て・　わたい(綿入)れ・を・　こしら(拵)える。」

まわり〔**まーり**〕【回り、周り】《名詞》 ①順々にたどって行くこと。「ねんまつ(年末)・に・　ひ(火)のよーじん・で・　まーり・を・　する。」②行きわたること。「ひ(火)・の・　まーり・が・　はや(早)い。」③ものの辺り。ものの周辺。「いえ(家)・の・　まーり・を・　そーじ(掃除)する。」④ものの外側のふち。「にもつ(荷物)・の・　まーり・の・　なが(長)さ・を・　はか(測)る。」⑤取り巻いているもの。「まーり・の・　いえ(家)・から・　くじょー(苦情)・が・　く(来)る。」

まわり〔**まーり**〕【回り】《助数詞》 まわる回数を数える言葉。「はり(針)・が・　ひと(一)まーり・　する。」◆干支の 12 年間を「ひとまわり」と表現することがある。「ふた(二)まーり・　としうえ(年上)・の・　ひと(人)」

まわりあわせ〔**まーりあわせ**〕【回り合わせ】《名詞》 意志や努力とは関係なく、うまくいったりいかなかったりする、そのようになる運命。そのようになるべき理由がないのに、おもいがけなく起こること。「まーりあわせ・が・　よ(良)ー・て・　くじ(籤)・に・　あ(当)たっ・た。」〔⇒**めぐりあわせ**【巡り合わせ】〕

まわりくどい〔**まーりくどい**〕【回りくどい】《形容詞・オイ型》 説明の仕方などが直接的でなくて、わかりにくい。余分なことが加わっていて、わかりにくい。「まーりくどー・て・　なに(何)・を・　ゆ(言)ー・とる・ん・か・よー・　わから・ん。」

まわりみち〔**まーりみち**〕【回り道】《名詞、動詞する》 遠回りの道。また、そのような道を通ること。「いつも・　がっこー(学校)・から・　まーりみちし・て・　かえ(帰)っ・てくる。」

まわりもん〔**まーりもん**〕【回り物】《名詞》 地元でとれた野菜や魚などではなく、他の地域でとれて運ばれてきたもの。「この・　いわし(鰯)・は・　まえど(前獲)れ・やの一・て・　まわりもん・や。」

まわる〔**まーる**〕【回る】《動詞・ラ行五段活用》 ①そのもの全体がくるくる回転する。「かざぐるま(風車)・の・はね(羽根)・が・　まーっ・とる。」②円を描くように動く。「じんこーえーせー(人工衛星)が・　ちきゅー(地球)・を・　まわる。」③周りを取り巻くようになる。「き(木)ー・に・　くさ(草)・の・　つる(蔓)・が・　まわっ・とる。」④順々にたどって行く。「りんぽ(隣保)・の・　いえ(家)・を・　まわっ・て・　し(知)らす。」⑤別の所に立ち寄る。「やおや(八百屋)・に・　まーっ・て・から・　かえ(帰)る。」⑥全体に行きわたる。「だんだん(段々)・よ(酔)い・が・　まーっ・てき・た。」⑦ある時刻を過ぎる。「いま(今)・は・　さんじ(三時)・を・　まーっ・た・ところ・や。」⑧よく動く。よく働く。「あたま(頭)・が・よー・　まーる。」「め(目)ー・が・　くるくる・　まわる・　ひと(人)・や・なー。」■他動詞は「まわす【回す】」■名詞化＝**まわり**【回り】〔①⇒**まう**【(回う)】〕

まわれみぎ〔**まーれみぎ**〕【回れ右】《名詞、動詞する》 ①円を描くように、右回りで 180 度回転すること。「まわれみぎし・て・　うし(後)ろ・を・　む(向)く。」②始めていたこと(特に、どこかへ出かけようとしていたこと)を途中で止めること。「まーれみぎし・て・　もど(戻)っ・てき・た。」◆①に類することとして「まわれひだり【回れ左】」もあるが、使用頻度は少ない。

まん《名詞》　その人にとっての時の運。巡り合わせ。「まん・が・　わる(悪)い・　こと・に・　あめ(雨)・が・　ふ(降)りだし・た。」「いま(今)・　もど(戻)っ・た・　とこ・や・さかい・　ちょーど(丁度)・　え(良)ー・　まん・に・　あんた・は・　き(来)・た・なー。」「まん・　よ(良)ー・　でんしゃ(電車)・に・　ま(間)におー・た。」〔⇒**ま【間】**〕

まん【満】《名詞》　生まれたときから1年が過ぎるごとに1歳を加える、年齢の数え方。「まん・で・　ごじゅー(五十)・に・　なり・まし・てん。」◆対語＝「**かぞえ【数え】**」「**かぞえどし【数え年】**」

まん【万】《名詞(数詞)》　数の単位で、千の10倍。百の100倍。十の1000倍。「げっきゅー(月給)・は・　なん(何)まん・　もろ(貰)・とる・ん・や。」「あ(合)わし・て・　に(二)まんえん(円)・に・　なり・ます。」

まん【真ん】《接頭語》　純粋にそうである、間違いなくそうである、正確にちょうどそのようである、という意味を添える言葉。「まんまる(丸)・の・　りんご(林檎)・を・　かじ(囓)る。」「まんま(真)んなか(中)・に・　お(落)ち・た。」◆接頭語「ま(真)」がナ行音・マ行音に続くときには「まん」となることがある。強調するために「ま」「まっ」「まん」を重ねて使うことがあり、「ま(真)っま(真)んなか(中)」のような言い方になることがある。〔⇒**ま【真】**、**まっ【真っ】**〕

まんいん【満員】《名詞、形容動詞や(ノ)》　①乗り物や会場などが、人がいっぱいである様子。いっぱいになって、あふれている様子。「けさ(今朝)・の・　でんしゃ(電車)・は・　まんいんやっ・た。」②決められた人数に達すること。「ごひゃくにん(五百人)・で・　ざせき(座席)・は・　まんいん・です。」

まんえん【万円】《助数詞》　ふざけて、例えば「五百円」を「五百万円」と言うことがある。「ありがとー・　ほな・　おつ(釣)り・　さんびゃくごじゅー(三百五十)まんえん。」

まんが【漫画】《名詞》　いろいろな物語や出来事を、簡略的に描いた絵に言葉を添えて、面白く描き表したもの。「てづかおさむ(手塚治虫)・の・　まんが・は・　つぎ(次)・が・　たの(楽)しみ・やっ・た。」

まんかい【満開】《名詞》　花がすっかり開くこと。すべての花が開くこと。花盛りの状態。「あかしこーえん(明石公園)・は・　さくら(桜)・が・　まんかい・や。」

まんげつ【満月】《名詞》　陰暦15日の夜の、欠けるところがなく、まん丸い月。また、そのような月が出ている夜。「まんげつ・を・　み(見)・ながら・　ある(歩)い・て・　かえ(帰)っ・た。」〔⇒**じゅうごや【十五夜】**〕

まんざい【漫才】《名詞》　2人以上の芸人が滑稽な話やしぐさなどをして、かけあいで観客を楽しませる演芸。「おまえ(前)ら・　ふたり(二人)・の・　はなし(話)・を・　き(聞)ー・とっ・たら・　まるで・　まんざい・みたいや・なー。」

まんざら【満更】《副詞》　そうであるとは限らないということを表す言葉。必ずしも。「あいつ(彼奴)・の・　ゆ(言)ー・　こと・は・　まんざら・　うそ(嘘)・でも・　ない。」◆後ろに打ち消しの言葉が伴う。

まんじゅう〔まんじゅー〕【饅頭】《名詞》　小麦粉で作り醗酵させた皮の中に、餡や肉などを入れて蒸した食べ物。「あこー(赤穂)・の・　しおみ(塩味)まんじゅー・を・　みやげ(土産)・に・　こ(買)ー・てき・た・ぞー。」〔⇒**おまん【お饅(頭)】**〕

まんせい〔まんせー〕【慢性】《名詞》　病気などで、急に悪くはならないが、治るまでに長引く性質のもの。「かぜ(風邪)・が・　まんせー・に・　なっ・ても・た。」

まんぞく【満足】《形容動詞や(ナ)、動詞する》　自分の思い通りになって、気に入らないことなどがない様子。申し分がなく十分に果たされている様子。「はらいっぱい(腹一杯)・　た(食)べ・て・　まんぞくし・た。」「けっしょーせん(決勝戦)・まで・　い(行)け・て・　まんぞくや。」■対語＝「**ふまん【不満】**」

まんだら【(斑)】《形容動詞や(ノ)》　①違う色が、ところどころに混じっている様子。「ちゃいろ(茶色)・と・　しろ(白)・の・　まんだらの・　け(毛)ー・の・　ねこ(猫)・が・　ある(歩)い・とる。」②全体が一様に整っていない様子。「かだん(花壇)・に・　う(植)え・とる・　はな(花)・の・　しゅるい(種類)・が・　おか(多)ー・て・　まんだらや。」〔⇒**まだら【斑】**、**だんだら【段だら】**、**まだらもよう【斑模様】**、**まんだらもよう【(斑模様)】**、**だんだらもよう【段だら模様】**〕

まんだらもよう〔まんだらもよー〕【(斑模様)】《形容動詞や(ノ)》　①違う色が、ところどころに混じっている様子。「ところどころ・　もみじ(紅葉)・に・　なっ・て・　やま(山)・が・　まんだらもよー・に・　なっ・とる。」②全体が一様に整っていない様子。「かぜ(風)・の・　ある・　とこ(所)・と・　ない・　とこ(所)・が・　あっ・て・　うみ(海)・が・　まんだらもよー・に・　なっ・とる。」〔⇒**まだら【斑】**、**まんだら【(斑)】**、**だんだら【段だら】**、**まだらもよう【斑模様】**、**だんだらもよう【段だら模様】**〕

まんで《副詞》　①完全にそのような状態であるということを表す言葉。「まんで・　はなし(話)・が・　つー(通)じ・ひん・ねん。」②何かとよく似ているということを表す言葉。「まんで・　ゆめ(夢)・みたいな・　はなし(話)・や。」〔⇒**まるで**、**まって**。①⇒**まったく**。②⇒**ちょうど【丁度】**〕

まんてん【満点】《名詞》　①試験などで、決められた一番上の点数。また、それに達すること。「まんてん・は・　ひゃくてん(百点)・に・　なっ・とる。」②ものごとが申し分なく、文句がつけられないこと。「さーびす(サービス)・が・　まんてん・の・　え(良)ー・　みせ(店)・や。」

マント〔まんと〕【フランス語＝manteau】《名詞》　袖がなく、体をすっぽり包むようになっている外套。「むかし(昔)・の・　がくせー(学生)・は・　まんと・を・　き(着)・とっ・た。」

まんなか【真ん中】《名詞》　①いろいろのものが集中しているところ。中核の役割を果たして、非常に重要なところ。「おーさか(大阪)・の・　まんなか・は・　しんさいばし(心斎橋)・や。」②もののちょうど中央のところ。線状のもので両端から等距離にある点。円の弧のすべての位置から等距離にある点。「まち(街)・の・　まんなか・に・　ひゃっかてん(百貨店)・が・　ある。」「ひも(紐)・の・　まんなか・を・　はさみ(鋏)・で・　き(切)る。」〔⇒**ちゅうしん**。②⇒**まなか【真中】**〕

まんなり【(丸なり)】《副詞》　①分けたり残したりしないで、全部をまとめて。「ごにん(五人)・で・　すいか(西瓜)・を・　まんなり・　た(食)べ・ても・た。」②もとの状態のままで、手を加えずに。「すいか(西瓜)・を・　き(切)ら・んと・　まんなり・　も(持)っ・てき・た。」〔①⇒**まるなり【丸なり】**、**まるごと【丸ごと】**〕

まんねんひつ【万年筆】《名詞》　ペン軸の中のインクがペン先ににじみ出て、インクをつけることなく書けるようになっているペン。「にゅーがくいわ(入学祝)い・に・

まんねんひつ・を・　もろ(貰)た。」◆入学祝いに万年筆を贈ることは、かつてはよくある風景であったが、今では珍しくなってしまっている。〔⇒**まんねんペン**【万年 ＋ 英語 = pen】〕

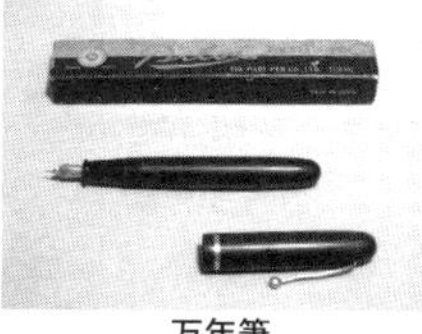
万年筆

まんねんペン〔**まんねんぺん**〕【万年 ＋ 英語 = pen】《名詞》 ペン軸の中のインクがペン先ににじみ出て、インクをつけることなく書けるようになっているペン。「き(消)え・たら・　あか・ん・さかい・　まんねんぺん・で・か(書)い・てんか。」〔⇒**まんねんひつ**【万年筆】〕

まんのう〔**まんのー、まんの**〕【万能】《名詞》 先が分かれていなくて短く、やや幅の広い鍬。「まんのー・で・　つち(土)・を・　ほ(掘)りかえす。」〔⇒**まんのうぐわ**【万能鍬】〕

まんのうぐわ〔**まんのーぐわ、まんのぐわ**〕【万能鍬】《名詞》 先が分かれていなくて短く、やや幅の広い鍬。「まんのーぐわ・で・　いも(芋)・を・　ほ(掘)る。」〔⇒**まんのう**【万能】〕

まんのみ【(丸飲み)】《名詞、動詞する》 ①砕いたり噛んだりしないで、そのまま飲み込むこと。「か(噛)ま・んと・　まんのみし・ても・た。」②他人の言ったことを深く考えないで、受け入れてしまうこと。「しと(人)・の・　ゆ(言)ー・　こと・を・　まんのみせ・んと・　そのまま・　しんよー(信用)せ・ん・　ほー(方)・が・　え(良)ー。」〔⇒**まるのみ**【丸飲み】〕

まんのもん《名詞》 運や偶然によって左右される事柄。どうなるか、わからないもの。「ふくび(福引)き・は・　まんのもん・や・さかい・　あて・に・　し・たら・　あか・ん・よ。」「しけん(試験)・は・　まんのもん・や・さかい・　うまい・こと・　いく・か・　どー・か・　わから・ん。」

まんぷく【満腹】《形容動詞や(ノ)、動詞する》 たくさん食べて、腹いっぱいである様子。「ごっとー(=ご馳走)・を・　よーけ・　よばれ・て・　まんぷくし・た。」

まんべんなく【満遍無く】《副詞》 隅から隅まで、もれなく。すべてに行き届かせて。「ちらし・を・　まんべんなく・　くば(配)る。」◆「まんべんのう(まんべんのー)【満遍無う】」とも言う。

まんま【(飯)】《名詞、動詞する》①米、麦などを炊いて主食とするもの。「まんま・の・　つぶ(粒)・を・　こぼ(零)さ・ん・よーに・　た(食)べ・なはれ。」②生命を維持するためにものを食べること。また、その食べ物。「まんま・が・　ほ(欲)し・そーや・さかい・　みるく(ミルク)・を・の(飲)まし・てやっ・た。」◆幼児語。〔⇒**めし**【飯】、**ごはん**【ご飯】、**まま**【(飯)】。②⇒**うまうま**【(飯)】、**うまんま**【(飯)】〕

まんまえ【真ん前】《名詞》 ①見ている人や、見ている方向の極めて近いところ。「せんせー(先生)・の・　まんまえ・に・　すわ(座)る。」②その時期の直前。「あき(秋)・の・　まつ(祭)り・の・　まんまえ・に・　たいふー(台風)・が・　き(来)・た。」〔①⇒**めのまえ**【目の前】〕

まんまく【幔幕】《名詞》 式場や会場などに張り巡らせる、紅白などの幕。「そつぎょーしき(卒業式)・の・　しきじょー(式場)・に・　こーはく(紅白)・の・　まんまく・を・　は(張)る。」

まんまる【真ん丸、真ん円】《名詞、形容動詞や(ナ・ノ)》 完全に丸いこと。完全に円いこと。「だんご(団子)・を・まんまるに・　まる(丸)める。」「きょー(今日)・は・　まんまるの・　おつき(月)さん・や。」

まんまるい【真ん丸い、真ん円い】《形容詞・ウイ型》 完全に丸い。完全に円い。「まんまるい・　おひ(日)さん・が・のぼ(昇)っ・てき・た。」「まんまるい・　かお(顔)・の・ひと(人)・や。」〔⇒**まんまるこい**【真ん丸こい、真ん円こい】〕

まんまるこい【真ん丸こい、真ん円こい】《形容詞・オイ型》 完全に丸い。完全に円い。「まんまるこい・　かお(顔)・を・　し・た・　ひと(人)・が・　わろ(笑)ー・とる。」「まんまるこい・　なべ(鍋)・の・　ふた(蓋)・や。」〔⇒**まんまるい**【真ん丸い、真ん円い】〕

まんまん【万万】《副詞》 ①そのような可能性は極めて少ないということを表す言葉。「あいつ(彼奴)・が・　やくそく(約束)・を・　やぶ(破)る・　こと・は・　まんまん・　あら・へん・と・　おも(思)う。」②そのような可能性は極めて少ないが、もしもそうなったらということを表す言葉。万一。「あした(明日)・　まんまん・　あめ(雨)・が・　ふ(降)っ・たら・　ちゅーし(中止)・に・　し・まほ・か。」

まんまんちゃん《名詞》 ①仏さんの像。「おてら(寺)・の・まんまんちゃん・を・　おが(拝)む。」②太陽。「あさ(朝)・に・　なっ・たら・　まんまんちゃん・が・　で(出)る。」③月。「こんや(今夜)・の・　まんまんちゃん・は・まんまるこい。」④亡くなった人。「おぼん(盆)・に・なっ・たら・　まんまんちゃん・が・　もど(戻)っ・てくる・ねん・で。」◆幼児語。

まんまんちゃんああん〔**まんまんちゃんあーん**〕《名詞、動詞する》 仏さんの像などを拝むときに、手を合わせて唱えること。「おはか(墓)・に・　まんまんちゃんあーんし・なはれ。」◆幼児語。

まんまんなか【真ん真ん中】《名詞、形容動詞や(ノ)》 完全にものの中央であるところ。「まんまんなかで・　しゃしん(写真)・に・　うつ(写)っ・とる。」「まんまんなか・で・　ふた(二)つ・に・　き(切)る。」〔⇒**どまんなか**【ど真ん中】〕

み

み〔**みー**〕【実】《名詞》 ①花が終わったあとにできる、中に種を包んでいるもの。「かき(柿)・の・　みー・を・　と(取)っ・て・　た(食)べる。」「えんどまめ(豌豆豆)・の・みー・を・　む(剥)く。」②味噌汁や吸い物などの中に入れる野菜・海藻・豆腐・肉などのもの。「わかめ(若布)・を・　しる(汁)・の・　みー・に・　する。」

み〔**みー**〕【身】《名詞》 ①生きている一人の人や一頭の動物の全体。人や動物の頭から足の先までの全体。「じしん(地震)・の・　とき・は・　みー・の・　あんぜん(安全)・が・　だいいち(第一)・や。」②人や動物の体の皮膚の下にあるもの。「けが(怪我)し・て・　みー・が・　わ(割)れ・とる。」③社会の中で生きる、その人の立場。「ひと(人)・の・　みー・に・も・　なっ・てみー。」④人に備わる能力など。「れんしゅー(練習)し・たら・　みー・に・つ(付)く。」⑤食用にする、動物や魚の骨を包んでいる柔らかい部分。「さかな(魚)・の・　みー・と・　ほね(骨)・を・　わ(分)ける。」⑥蓋のある入れ物の、ものを入れる方。「みー・の・　ふか(深)い・　いれもん(入物)・の・　ほー(方)・が・　つか(使)いやすい。」〔①⇒**からだ**【体】、**かだら**【(体)】。②⑤⇒**にく**【肉】〕

み〔**みー**〕【箕】《名詞》 竹などでできていて、穀物を入れて、上下に振り動かして、塵や殻を取り除く道具。「やさい(野菜)・を・　みー・に・　い(入)れ・て・　も(持)っ・てかえる。」◆穀物などを入れてしばらく保存するときにも使う。

み〔みー〕【巳】《名詞》 蛇を表しており、子(ね)から始まる十二支の6番目。「しょーわよんじゅーねん(昭和四十年)・の・　みー・の・　とし(年)・に・　う(生)まれ・てん。」〔⇒**へび【蛇】**〕

み【三】《接頭語》（後ろの名詞にかかっていく言葉で）3を表す言葉。「みいろ(色)・の・　そーめん(素麺)・を・　ゆ(茹)でる。」「みすみ(隅)・に・　はしら(柱)・を・　た(立)てる。」「みつき(月)・　た(経)っ・た。」

み《接尾語》［形容詞の語幹に付く］ そのような感じ、様子、状態であるということを表す言葉。また、そのような場所や位置を表す。「まご(孫)・が・　おー(大)きなる・の・が・　たの(楽)しみ・です。」「かぶ(株)・なんか・に・　て(手)ー・を・　だ(出)し・て・　ふか(深)み・に・　はまっ・たら・　あか・ん・よ。」「おもしろ(面白)み・の・　ない・　しあい(試合)・やっ・た。」

みあい【見合い】《名詞、動詞する》 結婚相手にしようとする人を知るために、紹介者などの仲立ちによって本人同士が会うこと。「このごろ・は・　みあいする・　ひと(人)・は・　すけ(少)のー・　なっ・た。」〔⇒**みやい【(見合い)】**〕

みあう【見合う】《動詞・ワア行五段活用》 ①向かい合って互いに相手を見る。「ふたり(二人)・の・　すもーと(相撲取)り・が・　じっと・　みおー・て・から・　た(立)ちあがっ・た。」②両方の釣り合いがとれている。「もろ(貰)・た・　もん(物)・に・　みあう・　もん(物)・を・　かえ(返)す。」■名詞化＝**みあい【見合い】**〔⇒**みやう【(見合う)】**〕

みあげ【身上げ】《名詞、動詞する》 少し大きめの衣服を縫い上げて、それを小ぶりに調整すること。また、そのようにしたもの。「ちょっと・　ふく(服)・が・　おー(大)きー・さかい・　みあげし・て・　き(着)せる。」〔⇒**みやげ【(身上げ)】**〕

みあげる【見上げる】《動詞・ガ行下一段活用》 ①下の位置から上の方を見る。「ひこーき(飛行機)・の・　おと(音)・が・　し・た・さかい・　そら(空)・を・　みあげ・た。」「みあげる・よーな・　せ(背)ー・の・　ひと(人)・が・　ある(歩)い・とる。」②下の方から上の方へ視線をしだいに動かして、一つのものを見る。「おーおとこ(大男)・を・　みあげる。」③相手を優れていると考えて、称えたり敬ったりする。「なん(何)・でも・　でき(出来)る・　みあげ・た・　ひと(人)・や。」■対語＝「**みおろす【見下ろす】**」、②「**みくだす【見下す】**」「**みさげる【見下げる】**」

みあたる【見当たる】《動詞・ラ行五段活用》 探していたものが見つかる。「なおし(＝納め)・た・　とこ・を・　さが(探)し・た・けど・　みあたら・なんだ。」「だい(誰)・に・たの(頼)ま・れ・た・か・　わす(忘)れ・ても・た・んで・き(聞)ー・た・けど・　たの(頼)ん・だ・　ひと(人)・が・みあたら・なんだ。」

みい（みー）【三】《名詞(数詞)》 数を2音節で数えていくときの「さん【三】」を表す言葉。◆1から10までを「ひい【一】」「ふう【二】」「みい【三】」「よお【四】」「いつ【五】」「むう【六】」「なな【七】」「やあ【八】」「ここ【九】」「とお【十】」と言う。ただし、単独で「みい【三】」と言うことはない。

みい【見い】《補助動詞の命令形のような使い方》 ⇒**てみい〔てみー〕【て見い】《補助動詞の命令形のような使い方》を参照**

みいり【実入り】《名詞》 ①金銭上の利益。また、それを得ること。「しんどい・　しごと(仕事)・の・　わり(割)・に・は・　みいり・が・　よ(良)ー・ない・ねん。」②穀物などの熟し方や実り方。「ことし(今年)・の・　こめ(米)・は・　みいり・が・　え(良)ー・みたいや。」〔①⇒**もうけ【儲け】**〕

みうしなう【見失う】《動詞・ワア行五段活用》 それまで見えていたものの行方などがわからなくなる。「どろぼー(泥棒)・を・　お(追)わえ・ていっ・た・ん・や・けど・　みうしなっ・ても・た。」

みうち【身内】《名詞》 親子兄弟などの血縁関係や、結婚などによってつながりのある関係。また、そのような人。血族と姻族。「だれ(誰)・か・　みうち・の・　ひと(人)・に・　き(来)・てもー・てください。」「となり(隣)・の・　いえ(家)・は・　みうち・に・　ふこー(不幸)・が・　あっ・た・みたいや。」〔⇒**いっけ【一家】、いっとう【一統】、しんるい【親類】、しんせき【親類】**〕

みえ【見栄】《名詞》 人の目を気にして、よく見えるように、うわべを飾ろうとする気持ち。外見から受ける印象を良くする行い。「ひと(人)・に・は・　みえ・が・　ある・さかい・　むり(無理)し・て・　か(買)う・　こと・も・　あり・まっ・しゃろ。」

みえはる【見栄張る】《動詞・ラ行五段活用》 人の目によく見えるように、うわべを飾る。外見から受ける印象を良くする。「みえはっ・て・　たか(高)い・　もん(物)・を・　た(食)べる。」「みえはっ・ても・　じっき(直)に・　じ(地)ー・が・　で(出)・てまい・まっ・せ。」■名詞化＝**みえはり【見栄張り】**

みえみえ【見え見え】《形容動詞や(ノ)》 隠そうとしたり、事実と違うことを述べようとしたりしていることが見え透いている様子。相手や第三者の意図や内容が明白である様子。「みえみえの・　はなし(話)・は・　せ・ん・ほー(方)・が・　え(良)ー。」「あいつ(彼奴)・の・　はなし(話)・は・　うそ(嘘)・が・　みえみえや。」〔⇒**めえめえ【(見え見え)】**〕

みえる【見える】《動詞・ア行下一段活用》 ①自然と目で感じ取ることができる。「いえ(家)・から・　うみ(海)・が・　みえる。」②他の人の目に入るようになってしまう。「したぎ(下着)・が・　みえ・ん・よーに・　ちゃんと・　ふく(服)・を・　き(着)・なはれ。」③見ることができる。「めがね(眼鏡)・を・　か(変)え・たら・　みえる・よーに・　なっ・た。」〔⇒**めえる【(見える)】**。①⇒**めにはいる【目に入る】、めにかかる【目に掛かる】**〕

みおくり【見送り】《名詞、動詞する》 ①気持ちを込めて出かけるのを送り出すこと。人を惜しむ気持ちをもって、別れたり去ったりする人が視界から消えるまで目で追うこと。「がいこく(外国)・に・　しゅっちょー(出張)する・　ひと(人)・の・　みおくり・に・　い(行)っ・た。」②葬式で出棺に立ち会うこと。「そーしき(葬式)・で・　しゅっかん(出棺)・の・　みおくり・を・　し・た。」③計画していたことを行わないで先に延ばすこと。または、行わないこと。「ことし(今年)・は・　ねあ(値上)げ・を・　みおくり・に・　する。」

みおくる【見送る】《動詞・ラ行五段活用》 ①気持ちを込めて出かけるのを送り出す。惜しむ気持ちをもって、別れたり去ったりする人やものを、視界から消えるまで目で追う。「たいしょく(退職)する・　ひと(人)・を・　かいしゃ(会社)・の・　げんかん(玄関)・で・　みおくる。」「め(目)・の・　まえ(前)・を・　とー(通)っ・た・　でんしゃ(電車)・が・　み(見)え・ん・よーに・　なる・まで・　みおくっ・た。」②肉親や世話をした人が亡くなる。また、亡くなる人の最期まで世話をして見届ける。葬式で出棺に立ち会う。「ちち(父)・を・　みおくっ・て・から・　はは(母)・は・　じゅーごねん(十五年)・　い(生)き・た。」③計画していたことを行わないで先に延ばす。または、行わないことにする。「ふけーき(不景気)や・さかい・　ことし(今年)・の・　ぼーねんかい(忘年会)・は・　みおくる・　こと・に・　する。」「じゅんび(準備)・が・　ま(間)にあわ・へん・さかい・　どーそーかい(同窓会)・は・　らいねん(来年)・に・　みおくる。」■名詞化＝**みおくり【見送り】**

みおさめ【見納め】《名詞》　それを見ることがこれで最後になって、二度と見ることができないこと。「はんしん(阪神)・の・　ゆーしょー(優勝)・も・　ことし(今年)・で・　みおさめ・か・も・しれ・へん。」「げっしょく(月食)・は・　なんねん(何年)・か・　さき(先)・まで・　もー・　みおさめ・や。」

みおと【夫婦】《名詞》　結婚している、一組の男の人と女の人。「みおと・に・　なっ・て・　もー・　にじゅーねん(二十年)・に・　なる。」〔⇒**みょうと【夫婦】**、**ふうふ【夫婦】**〕

みおとす【見落とす】《動詞・サ行五段活用》　実際には見たのに、それを意識して見ることができなくて過ぎる。「けんさ(検査)し・た・のに・　ふりょーひん(不良品)・を・　みおとし・た。」■名詞化＝**みおとし【見落とし】**

みおとり【見劣り】《名詞、動詞する》　見かけなどが立派でないこと。見比べてみると、引けをとる感じがすること。「へたくそで・　みおとり・の・　する・　じ(字)ー・や。」■対語＝「**みばえ【見映え】**」

みおぼえ【見覚え】《名詞》　以前に見て、覚えていること。以前に見た記憶があること。「ひさ(久)しぶりの・　どーそーかい(同窓会)・で・　みおぼえ・の・　ある・　かお(顔)・に・　お(会)ー・た。」

みおろす【見下ろす】《動詞・サ行五段活用》　①上の位置から下の方を見る。「ろっこーさん(六甲山)・から・　こーべ(神戸)・の・　まち(街)・を・　みおろす。」②上の方から下の方へ視線をしだいに動かして、一つのものを見る。「あたま(頭)・の・　さき(先)・から・　あしもと(足元)・まで・を・　みおろす。」③相手を劣っていると考えて、あなどる。「あいつ(彼奴)・の・　ちから(力)・は・　まだ・　みおろし・とい・ても・　かま・へん。」■対語＝「**みあげる【見上げる】**」〔③⇒**みくだす【見下す】**、**みさげる【見下げる】**〕

みがいる〔みーがいる〕【身が入る】《動詞・ラ行五段活用》　物事に一生懸命になる。集中して力を注ぐようにする。「みがいら・ん・　べんきょー(勉強)し・とっ・たら・　しけん(試験)・に・　お(落)ちる・ぞ。」「てれび(テレビ)・を・　み(見)・ながら・　べんきょー(勉強)し・たら・　みーがいら・へん・やろ。」◆どちらかというと、他者の様子を表すときに使う。◆「**みがはいる【身が入る】**」とも言う。■他動詞は「**み(を)いれる【身(を)入れる】**」

みがく【磨く】《動詞・カ行五段活用》　何かでこすって、滑らかにしたり艶を出したりする。「ろーか(廊下)・を・　わっくす(ワックス)・で・　みがく。」「どろ(泥)・の・　つ(付)い・た・　くつ(靴)・を・　みがく。」■名詞化＝**みがき【磨き】**

みかけ【見掛け】《名詞》　①外観から受ける、そのものについての印象。外から見た様子や、人目につきやすいところ。「みかけ・は・　え(良)ー・けど・　じっき(直)に・　つぶれ・てまう・　おもちゃ(玩具)・や。」②身なりや容姿などの様子。また、それによって人に与える印象。「みかけ・の・　え(良)ー・　しと(人)・は・　とく(得)や・なー。」〔⇒**みため【見た目】**、**みてくれ【見てくれ】**。①⇒**みて【見て】**、**うわべ【上辺】**、**ひょうめん【表面】**。②⇒**ふうさい【風采】**〕

みかけだおし【見掛け倒し】《名詞、形容動詞や(ノ)》　外見はよいが、中味が伴わないこと。外見が立派で、実際には役に立たないこと。「はこ(箱)・だけ・　きれー(綺麗)で・　みかけだおしの・　おかし(菓子)・や。」「せんきょ(選挙)・の・　とき(時)・は・　え(良)ー・　こと(事)・を・　ゆ(言)ー・た・けど・　みかけだおしやっ・た・なー。」

みかける【見掛ける】《動詞・カ行下一段活用》　①ちらっと見る。意識しないで、偶然に目にする。「でんしゃ(電車)・の・　なか(中)・で・　ともだち(友達)・を・　みかけ・た。」②それを見た経験や記憶がある。「いつも・　よー・　みかける・　ひと(人)・が・　きょー(今日)・は・　お(居)ら・なんだ。」

みかさ【三笠】《名詞》　小麦粉、卵、砂糖などを原料とした円盤状のカステラ風の生地2枚の間に、小豆でできた餡を挟んだもの。「みかさ・は・　あっちこっち・の・　みせ(店)・で・　う(売)っ・とる。」◆商品化されたものを「**みかさ【三笠】**」と呼び、家庭で作るものを「どらやき」と呼ぶ傾向もある。〔⇒**どらやき【銅鑼焼き】**〕

みかた【見方】《名詞》　①ものを見る具体的な方法。どのように見たら理解などが行き届くかという方法。「ちず(地図)・の・　みかた・を・　おし(教)え・てもらう。」②それぞれの人がものを考えたり感じ取ったりする方法。また、その考え方や感じ取り方。「もの・の・　みかた・は・　ひと(人)・に・　よっ・て・　ちゃ(違)う。」

みかた【味方】《名詞、動詞する》　①戦争や競争・試合などで、自分が属している方の仲間。同じ敵に立ち向かうときの仲間。「みかた・は・　さんにん(三人)・しか・　おら・なんだ。」②親愛感を持ち、支援や支持をしたいと思っている相手。「わたし(私)・は・　いつ・でも・　あんた・の・　みかた・や・ぜ。」③仲間として支持をしたり力を貸したりすること。「し(知)っ・とる・　しと(人)・に・　みかたし・た。」■対語＝①②「**てき【敵】**」

みかづき【三日月】《名詞》　陰暦の毎月3日頃に出る、弓形の細い月。また、そのような形。「きょー(今日)・の・　おつき(月)さん・は・　みかづき・や。」「みかづき・みたいな・　かっこー(恰好)・の・　おかし(菓子)・を・　う(売)っ・とる。」

みがって【身勝手】《名詞、形容動詞や(ナ)》　他人を顧みることなく、自分さえよければよいとして、わがままに行動すること。自分に都合のよいようにすること。利己心が強いこと。「けーいち(慶一)・みたいな・　みがってな・　やつ(奴)・と・は・　いっしょ(一緒)に・　しごと(仕事)・を・　し・とー・ない。」「おまえ(前)・は・　みがって・が・　す(過)ぎる・ぞ。」〔⇒**じぶんかって【自分勝手】**〕

みがる【身軽】《形容動詞や(ナ)》　①体が軽く動く様子。身のこなしが軽い様子。「みがるに・　みぞ(溝)・を・　と(飛)びこえる。」②服装など身につけているものが簡単である様子。重い持ち物などを持たない様子。「みがるな・　ふくそー(服装)・で・　あつ(集)まっ・てください。」③足手まといがない様子。責任や義務などがなく、気楽に行動できる様子。「むすこ(息子)・が・　しゅーしょく(就職)し・て・　いえ(家)・を・　で(出)・た・さかい・　みがるに・　なっ・た。」

み

みがわり【身代わり】《名詞》 他の人の代わりになること。また、そのようになった人。「あんな・　ひと(人)・の・　みがわり・に・は・　なり・と一・ない・わ。」

みかん【蜜柑】《名詞》 夏に白い花を咲かせ、秋の終わりに甘みや酸味のある黄橙色の実をつける木。また、その実。「こたつ(炬燵)・に・　はい(入)っ・て・　みかん・を・　た(食)べ・て・　てれび(テレビ)・を・　み(見)る。」

みかんばこ【蜜柑箱】《名詞》 蜜柑を入れるための、木でできた頑丈な箱。「こ(小)まい・　とき(時)・は・　つくえ(机)・が・　な(無)かっ・た・さかい・　みかんばこ・で・　べんきょー(勉強)し・た・ん・や。」◆現在では、段ボールでできた箱のことをも言う。

みき【幹】《名詞》 草や木の主軸として、太く大きく成長した部分。「まつ(松)・の・　みき・から・　かわ(皮)・が・　ぼろぼろと・　お(落)ちる。」■対語＝「えだ【枝】」

みぎ【右】《名詞》 北に向いたとき、東にあたる側。「みち(道)・は・　みぎ・を・　ある(歩)け。」「みぎ・の・　て(手)ー・で・　おちゃわん(茶碗)・を・　も(持)つ。」■対語＝「ひだり【左】」

みぎからひだりへ【右から左へ】《副詞》 入ったお金などが、自分のところに留まらず、すぐに出ていく様子。「きゅーりょー(給料)・を・　もろ(貰)・ても・　じき(直)に・　みぎからひだりへ・　の(無)ーなり・よる。」

みぎて【右手】《名詞》 ①右側にある手。「みぎて・で・　ぼーる(ボール)・を・　な(投)げる。」「みぎて・で・　はんどる(ハンドル)・を・　にぎ(握)る。」②左の手よりも右の手がよく利くこと。また、そのような人。「あんた・は・　ぎっちょ・やのー・て・　みぎて・や・な。」③ある場所で、ある方向を向いていることを基準にして、右の方向。「えき(駅)・の・　みぎて・に・　ばす(バス)・の・のりば(乗場)・が・　ある。」「えきまえ(駅前)・の・　みぎて・に・　ばんや(パン屋)・が・　ある。」■対語＝「ひだりて【左手】」

みぎひだり【右左】《名詞》 北に向いたとき、東に当たる方と西に当たる方。まわり。「えき(駅)・の・　みぎひだり・　りょーほー(両方)・に・　ふみきり(踏切)・が・　ある。」「みんな・の・　まえ(前)・で・　みぎひだり・　はんたい(反対)・に・　し・て・　たいそー(体操)・を・　する。」〔⇒**さゆう【左右】**〕

みくだす【見下す】《動詞・サ行五段活用》 相手を劣っていると考えて、あなどる。「あいて(相手)・を・　みくだし・て・　き(気)・を・　ゆる(緩)め・たら・　ま(負)ける・ぞ。」■対語＝「みあげる【見上げる】」〔⇒**みさげる【見下げる】**、**みおろす【見下ろす】**〕

みくらべる【見比べる】《動詞・バ行下一段活用》 いくつかのものを見て、その違いなどを比較する。「ふた(二)つ・を・　みくらべ・て・　じょーぶ(丈夫)な・　ほー(方)・を・　こ(買)ー・た。」■名詞化＝**みくらべ【見比べ】**

みぐるしい〔みぐるしー〕【見苦しい】《形容詞・イイ型》 見た感じが良くないので、他人に対して恥ずかしいという気持ちが生じる状態である。見ている方が不愉快になるほどである。「い(言)わ・れ・て・　い(言)ーかえす・の・は・　みぐるしー。」〔⇒**みっともない**、**みとみない【見とみない】**、**みにくい【醜い】**〕

みけ【三毛】《名詞》 白・黒・茶色の毛の混じった猫。「さっと・　に(逃)げ・た・けど・　みけやっ・た・よーな・　き(気)・が・　する。」〔⇒**みけねこ【三毛猫】**〕

みけねこ【三毛猫】《名詞》 白・黒・茶色の毛の混じった猫。「みけねこ・が・　ひなた(日向)ぼっこ・を・　し・とる。」〔⇒**みけ【三毛】**〕

みけん【眉間】《名詞》 額の真ん中の、眉と眉との間の部分。「みけん・に・　しわ(皺)・を・　よ(寄)せ・て・　にら(睨)ん・どる。」〔⇒**めけん【(眉間)】**〕

みこ【巫女、神子】《名詞》 神事に奉仕をして、神主などの手助けをする未婚の女性。「みや(宮)はん・の・　みこさん・が・　さけ(酒)・を・　つ(注)い・でくれ・た。」

みこし【御輿】《名詞》 中にご神体が納められているとして、神社の祭りのときにかつぐもの。「あき(秋)・の・　まつ(祭)り・に・は・　みこし・も・　で(出)る。」

みごたえ【見応え】《名詞》 見るだけの価値があること。見て満足すること。「こんど(今度)・の・　えーが(映画)・は・　みごたえ・が・　あっ・た。」

みごと【見事】《形容動詞や(ナ)》 ①手際や成果などが立派で優れている様子。「みごとな・　きく(菊)・です・ね。」「みごとな・　せーせき(成績)・を・　とる。」②完全である様子。すっかりそのようである様子。「きょー(今日)・は・　みごとに・　ま(負)け・まし・た。」

みこみ【見込み】《名詞》 将来についての可能性や見通しなど。「なん(何)とか・　あした(明日)・まで・に・　できあ(出来上)がる・　みこみ・が・　つい・た。」「らいねん(来年)・の・　さんがつ(三月)・に・　かいてん(開店)する・　みこみ・や。」〔⇒**めど【目処】**〕

みごろ【見頃】《名詞》 見るのにちょうどよい時期。「あかしこーえん(明石公園)・の・　さくら(桜)・は・　いま(今)・が・　みごろ・や・そーや。」

みごろし【見殺し】《名詞、動詞する》 困り苦しんでいる人を見ていながら、助けようとしないこと。また、助けられないこと。「ともだち(友達)・が・　こま(困)っ・とる・の・を・　みごろし・に・は・　でけ・へん。」

みさげる【見下げる】《動詞・ガ行下一段活用》 相手を劣っていると考えて、あなどる。「ひと(人)・を・　みさげ・やがっ・て。おぼ(覚)え・とけ・よ。」■対語＝「みあげる【見上げる】」〔⇒**みくだす【見下す】**、**みおろす【見下ろす】**〕

みしかい【(短い)】《形容詞・アイ型》 ①ものの一方の端から他の端までの隔たりが小さい。「みしかい・　えんぴつ(鉛筆)・や・さかい・　か(書)きにくい。」②ある時から他の時までの隔たりが小さい。「いつも・と・　ちご(違)・て・　みしかい・　はなし(話)・やっ・た。」■対語＝「ながい【長い】」〔⇒**みじかい【短い】**〕

みじかい【短い】《形容詞・アイ型》 ①ものの一方の端から他の端までの隔たりが小さい。「みじかい・　ほー(方)・の・　れつ(列)・に・　なら(並)ぶ。」②ある時から他の時までの隔たりが小さい。「しけん(試験)・の・　じかん(時間)・が・　みじこー・て・　こた(答)え・が・　か(書)け・なんだ。」■対語＝「ながい【長い】」〔⇒**みしかい【(短い)】**〕

みしかいめ【(短いめ)】《名詞、形容動詞や(ノ)》 ものの長さや時間が、少し短いこと。比較的短いと思われること。「き(木)ー・の・　えだ(枝)・を・　みしかいめに・　き(切)る。」■対語＝「ながいめ【長いめ】」「ながめ【長め】」〔⇒**みじかいめ【短いめ】**、**みじかめ【短め】**、**みしかめ【(短め)】**〕

みじかいめ【短いめ】《名詞、形容動詞や(ノ)》 ものの長さや時間が、少し短いこと。比較的短いと思われること。「あいさつ(挨拶)・は・　みじかいめ・が・　ありがたい。」■対語＝「ながいめ【長いめ】」「ながめ【長め】」〔⇒**みしかいめ【(短いめ)】**、**みじかめ【短め】**、**みしかめ【(短め)】**〕

みしかめ【(短め)】《名詞、形容動詞や(ノ)》 ものの長さや時間が、少し短いこと。比較的短いと思われること。「はなし(話)・は・　みしかめに・　たの(頼)み・ます。」■対語＝「ながいめ【長いめ】」「ながめ【長め】」〔⇒**みじかいめ【短いめ】、みしかいめ【(短いめ)】、みじかめ【短め】**〕

みじかめ【短め】《名詞、形容動詞や(ノ)》　ものの長さや時間が、少し短いこと。比較的短いと思われること。「みじかめの・　ずぼん(ズボン)・を・　は(履)く。」■対語＝「ながいめ【長いめ】」「ながめ【長め】」〔⇒**みじかいめ【短いめ】、みしかいめ【(短いめ)】、みしかめ【(短め)】**〕

みしきる【(毟し切る)】《動詞・ラ行五段活用》　①草や糸や髪の毛などを、何本か一緒につまんで引き抜いたり切ったりする。「ほど(解)け・そーな・　いと(糸)・を・　みしきる。」②一かたまりや一続きになっているものを、手で細かく分ける。「するめ・は・　かた(硬)い・さかい・　みしきら・れ・へん。」③つながった状態であったものを、力を入れて切り離す。「じてんしゃ(自転車)・の・　ちぇーん(チェーン)・を・　みしきっ・て・　ぬす(盗)ま・れ・た。」④他の人のものを奪い取る。「たか(高)い・　きふ(寄付)・を・　みしきら・れ・た。」〔⇒**むしる【毟る】、みしる【(毟る)】、むしきる【毟し切る】**。②③⇒**ちぎる【千切る】**〕

みしたる【見したる】《動詞・ラ行五段活用》　他の人に見せてやる。「ちょっと(一寸)・　ともだち(友達)・に・　みしたっ・てくれ・へん・か。」◆「みせたる」は、動詞「みせる【見せる】」に助動詞「たる」が接続したものと見ることができる。けれども、「みしたる」は動詞部分を切り離して独立させることが難しい(すなわち、「みしる」という動詞はない)ので、「みしたる」を一語と考える。

みしっと《副詞》　木、板、骨組みなどがきしむ様子。また、その音。さらに、それによって瞬間的に砕けたり、つぶれたりする様子。「はしご(梯子)・が・　みしっと・ゆ(言)ー・て・　きも(気持)ち・が・　わる(悪)い。」〔⇒**めきっと、めりっと**〕

みしみし《副詞と、動詞する》　木、板、骨組みなどが続けてきしむ様子。また、その音。さらに、それによって瞬間的に砕けたり、つぶれたりする様子。「じしん(地震)・で・　てんじょー(天井)・が・　みしみしする。」〔⇒**めきめき、めりめり**〕

みしる【(毟る)】《動詞・ラ行五段活用》　①草や糸や髪の毛などを、何本か一緒につまんで引き抜いたり切ったりする。「にわ(庭)・の・　くさ(草)・を・　みしる。」②一かたまりや一続きになっているものを、手で細かく分ける。「ぱん(パン)・を・　みしっ・て・　た(食)べる。」③つながった状態であったものを、力を入れて切り離す。「きっぷ(切符)・を・　みしっ・て・　はんけん(半券)・を・　かえ(返)す。」④他の人のものを奪い取る。「ひったくり・に・　かばん(鞄)・を・　みしら・れ・た。」⑤作物などを、枝や茎などからもぎ取る。「はたけ(畑)・で・　さんどまめ(三度豆)・を・　みしる。」〔⇒**むしる【毟る】**。①②③④⇒**むしきる【毟し切る】、みしきる【(毟し切る)】**。②③⑤⇒**ちぎる【千切る】**〕

ミシン〔みしん〕【英語＝sewing-machine から】《名詞》　布などを縫い合わせたり刺繍を施したりするのに使う機械。「よ(夜)なび・に・　みしん・を・　ふ(踏)む。」

足踏み式のミシン

みす【見す】《動詞・サ行五段活用》　①人に示して、目に入るようにする。人の見るがままに任せる。「わたし(私)・のん・は・　みし・てやら・へん。」②医者の診察を受ける。「むすこ(息子)・を・　びょーいん(病院)・の・　せんせー(先生)・に・　みし・た。」〔⇒**みせる【見せる】、めす【(見す)】**〕

みず【水】《名詞》　海・川・雨・雪などとして自然の中に存在する、本来は味や匂いがなく、透き通っている、生物の存在に不可欠な冷たい液体。「あせ(汗)・　かい・て・　みず・が・　の(飲)み・とー・　なっ・た。」■対語＝「ゆ【湯】」

みずあめ【水飴】《名詞》　澱粉に麦芽酵素を加えて作った、柔らかく粘り気がある飴。「しょーがっこー(小学校)・の・　とき(時)・　りか(理科)・で・　みずあめ・を・　つく(作)った。」

みずいろ【水色】《名詞》　晴れた大空や、澄んだ水のような色。薄い青色。「おきなわ(沖縄)・の・　うみ(海)・は・　ほんま(本真)に・　みずいろ・やっ・た。」◆「そらいろ【空色】」と同じように使うことがあるが、しいて言えば、「そらいろ」よりもやや薄い色と考えてよかろう。〔⇒**そらいろ【空色】**〕

みずうみ【湖】《名詞》　陸地内に淡水がたまったところで、池よりも大きくて深いもの。「とーじょーこ(東条湖)・は・　じんこー(人工)・の・　みずうみ・や・ねん。」

みずかき【水掻き】《名詞》　遊泳などに役立たせるために、水鳥や蛙などが持っている、足の指と指との間にある薄い膜。「あひる(家鴨)・が・　みずかき・で・　ばたばた・　やっ・とる。」

みずかさ【水嵩】《名詞》　川や池などの水の量。とりわけ、堤防などに迫る水面の高さ。「あめ(雨)・が・　ふ(降)っ・て・　かわ(川)・の・　みずかさ・が・　ふ(増)え・た。」

みすぎ【見過ぎ】《形容動詞や(ノ)》　テレビや漫画などを見ることが多くて、問題がある様子。「おかしな・　まね(真似)・を・　し・て・　あんた・は・　てれび(テレビ)・の・　みすぎや・なー。」

みずぎ【水着】《名詞》　泳ぐときに身につける衣類。「むかし(昔)・は・　みずぎ・や・なんか・　あら・へん・さかい・　みんな(皆)・　ふんどし(褌)・やっ・た。」

みずくさ【水草】《名詞》　淡水の水中または水辺にはえる草。「みぞ(溝)・の・　みずくさ・に・　はな(花)・が・　さ(咲)い・た。」

みずくさい【水臭い】《形容詞・アイ型》　①水っぽくて味が乏しい。味がついていないようで良くない。「みずくさい・　しる(汁)・の・　うどん(饂飩)・や・のー。」②親しい間柄であるのに他人行儀である。相手の立場に立ってものを考えるようなことがない。人情味に欠けて、よそよそしい。「ひと(人)・が・　こま(困)っ・とっ・ても・　し(知)ら・ん・　かお(顔)・を・　し・とる・よーな・　みずくさい・　やつ(奴)・や。」〔①⇒**うすい【薄い】、もみない、あじない【味ない】、あまい【甘い】**。②⇒**はくじょう【薄情】**〕

みずぐすり【水薬】《名詞》　液体になっている薬。「にが(苦)い・　みずぐすり・は・　の(飲)みにくい・なー。」■対語＝「こぐすり【粉薬】」「こなぐすり【粉薬】」

みずぐるま【水車】《名詞》　流れる水や落ちる水によって、羽根のついた車を回して、動力を得るしくみ。「みぞ(溝)・に・　みずぐるま・が・　ある。」◆「すいしゃ【水車】」と言うこともある。

み

みずけ【水気】《名詞》 ①食べ物などの中に含まれている水分の量。「みずけ・の・　おー(多)い・　すいか(西瓜)・や・なー。」②水や飲用物などの液体。「のど(喉)・が・　かわ(乾)いた・さかい・　みずけ・が・　ほ(欲)しー。」〔⇒**すいぶん【水分】**。①⇒**しるけ【汁気】**〕

みずしごと【水仕事】《名詞、動詞する》 ①職業上しなければならない、水を使った仕事。「ふゆ(冬)・の・　みずしごと・は・　つら(辛)い・なー。」②炊事や洗濯などの、水を使ってする家事。「みずしごと・が・　す(済)ん・で・　てれび(テレビ)・を・　み(見)る。」

みずしぶき【水飛沫】《名詞》 水が風に吹かれたりものに当たったりして、細かく飛び散ったもの。「たき(滝)・の・　みずしぶき・が・　すず(涼)しー・て・　きも(気持)ち・が・　え(良)ー。」〔⇒**しぶき【飛沫】**〕

みずたま【水玉】《名詞》 ①丸い水滴となったもの。また、そのようになって飛び散るもの。「のき(軒)・から・　みずたま・が・　お(落)ち・てくる。」②洋服地などで、小さい円を散らしたような模様。「みずたま・の・　ねくたい(ネクタイ)・を・　し(締)める。」

みずたまり【水溜まり】《名詞》 道路や広場などの窪みで、雨水などが集まっているところ。「げた(下駄)・を・　は(履)い・て・　みずたまり・の・　なか(中)・を・　ある(歩)く。」

みずでっぽう〔**みずでっぽー**〕【水鉄砲】《名詞》 筒の先の小さな穴から水を押し出すようにして飛ばす玩具。「ぎょーずい(行水)し・ながら・　みずでっぽー・で・　あそ(遊)ぶ。」◆竹筒を使って自作することも多かった。

市販された水鉄砲

みすてる【見捨てる】《動詞・タ行下一段活用》 きちんとした人間関係を保つべき人であるのに、相手にしなくなる。相手の困った様子を目にしながら、援助や応援などをしない。「おやじ(親父)・に・　みすて・られ・た。」「はんしん(阪神)・は・　よお(弱)ー・　なっ・たら・　ふあん(ファン)・に・　みすて・られる・ぞ。」

みずな【水菜】《名詞》 煮物や漬け物などに使う、葉の切れ目が細かくなっている野菜。「しゃきしゃきの・　みずな・を・　さらだ(サラダ)・に・　い(入)れる。」

みずはけ【水捌け】《名詞》 雨水や流した水などの流れ具合。あるいは、水のしみ込む具合。また、その程度。「みずはけ・の・　え(良)ー・　うんどーじょー(運動場)・は・　ありがたい。」

みずひき【水引】《名詞》 贈り物などの包みに結ぶときに使う、こよりを糊で固めて金銀・紅白・黒白などの色に染め分けたもの。「おそな(供)え・に・　みずひき・を・　か(掛)ける。」

みずびたし【水浸し】《名詞、形容動詞や(ノ)》 地面の上に水がいっぱい溜まること。ものが水の中にすっかり浸かること。「こないだ・の・　たいふー(台風)・で・　この・　あた(辺)り・は・　みずびたしに・　なっ・た。」

みずぶくれ【水膨れ】《名詞》 皮膚の一部に水がたまって膨れること。また、膨れたもの。「やけど(火傷)・を・　し・て・　みずぶくれ・が・　でき(出来)・た。」

みずまくら【水枕】《名詞》 発熱しているときなどに、頭などを冷やすために、中に氷や水を入れて使う、ゴムなどでできている枕。「ねつ(熱)・が・　ある・さかい・　みずまくら・で・　あたま(頭)・を・　ひ(冷)やす。」◆氷を入れた場合は「こおりまくら【氷枕】」と言うことがある。

みずむし【水虫】《名詞》 足の指の間がただれて水ぶくれなどができて、痒くなる皮膚の病気。「みずむし・で・　あし(足)・が・　くさ(臭)い。」

みずや【水屋】《名詞》 食器や食べ物を入れておく戸棚。「みずや・に・　はい(蠅)・が・　はい(入)ら・ん・よーに・　する。」〔⇒**みんじゃ【(水屋)】**〕

みずをまわす【水を回す】《動詞・サ行五段活用》 液体を水で薄める。「ういすきー(ウイスキー)・が・　つよ(強)い・さかい・　みずをまーし・て・　の(飲)む。」〔⇒**もどす【戻す】**〕

みせ【店】《名詞》 商品を売るところや、飲食をさせるところ。「えきまえ(駅前)・に・は・　みせ・が・　ぎょーさん(仰山)・　ある。」「おー(大)けな・　すーぱー(スーパー)・が・　でけ(出来)・て・　こ(小)まい・　みせ・が・　つぶ(潰)れ・た。」◆特に、野菜(や食料品)などを売る店のことを言う場合もある。「みせ・や・けど・　さかな(魚)・も・　う(売)っ・とる。」〔⇒**みせや【店屋】**〕

みせじまい【店終い】《名詞、動詞する》 ①営業を終えて、その日の店を閉めること。閉店。「もー・　そろそろ・　みせじまい・に・　しょー・か。」②営業してきた店をやめること。廃業。「あらもんや(荒物屋)・が・　みせじまいし・ても・た。」■対語＝「みせびらき【店開き】」

みせびらかす【見せびらかす】《動詞・サ行五段活用》 自慢たらしく見せつける。触らせたり使わせたりしないようにして、見せる。「あたら(新)しー・　ほん(本)・を・　みんな(皆)・に・　みせびらかす。」〔⇒**べろまかす**〕

みせびらき【店開き】《名詞、動詞する》 ①その日の店を開けて、営業を始めること。開店。「しょーてんがい(商店街)・の・　みせびらき・は・　はちじごろ(八時頃)・や。」②店として新たに営業を始めること。開業。「たこやきや(蛸焼屋)・が・　みせびらきし・た。」■対語＝「みせじまい【店終い】」

みせもん【見せ物】《名詞》 ①演芸や珍しいものなどで、お金を取って見せるもの。「まつ(祭)り・に・　みせもん・が・　く(来)る・ん・や・そーや。」②周りの人から、おもしろ半分に見られるもの。「わたし(私)・は・　みせもん・や・ない・さかい・　あっち・へ・　い(行)っ・てんか。」

みせや【店屋】《名詞》 商品を売るところや、飲食をさせるところ。「こんびに(コンビニ)・が・　でけ(出来)・て・　むかし(昔)・の・　みせや・が・　つぶ(潰)れ・ても・た。」〔⇒**みせ【店】**〕

みせる【見せる】《動詞・サ行下一段活用》 ①人に示して、目に入るようにする。人の見るがままに任せる。「ほいくえん(保育園)・で・　かみしばい(紙芝居)・を・　みせる。」「せつめーしょ(説明書)・を・　みせ・てんか。」「きっぷ(切符)・を・　みせ・てください。」②医者の診察を受ける。「ほ(放)っ・とか・んと・　じびか(耳鼻科)・に・　みせ・な・　あか・ん・がな。」〔⇒**みす【見す】、めす【(見す)】**〕

みそ【味噌】《名詞》 大豆を蒸して砕き、麹や塩を混ぜて醗酵させて作る調味料。「むかし(昔)・は・　いえ(家)・で・　みそ・を・　つく(作)り・よっ・た。」

みそ【味噌】《接尾語》［動詞の連用形や、形容詞・形容動詞の語幹などに付く］ そのような傾向の人を、からかったり、蔑んだりして言う言葉。「な(泣)きみそ・が・　また・　な(泣)い・とる。」「また・　ま(負)け・て・　よわ(弱)みそ・や・なー。」〔⇒**むし【虫】**〕

みぞ【溝】《名詞》 ①地面を細長く掘って、水を流すようにしたもの。「みぞ・に・　どじょー(泥鰌)・が・　おる。」②戸や障子などを通すための、敷居や鴨居などにある、細長い窪み。「みぞ・に・　ろー(蝋)・を・　ぬ(塗)っ・て・　ふすま(襖)・の・　あ(開)けし(閉)め・を・　しやすく・する。」③すき間。凹んだところ。「みぞ・が・　でけ・ん・よーに・　しーと(シート)・を・　し(敷)きつめる。」④小さな凹面や穴。「はり(針)・の・　みぞ・に・　いと(糸)・を・　とー(通)す。」

みぞおち【鳩尾】《名詞》 胸の真ん中で、腹に接するあたりの窪んだところ。「ぼーる(ボール)・が・　みぞおち・に・　あ(当)たっ・て・　くる(苦)しー。」

みそかす【味噌滓】《形容動詞や(ノ)》 相手を強く批判して、言葉でやりこめる様子。相手に強く批判されて、さんざんである様子。問題にする価値すらないと判断している様子。「ともだち(友達)・や・さかい・　みそかすに・　ゆ(言)ー・たら・　あか・ん・やろ。」〔⇒**みそくそ**【味噌糞】、**くそみそ**【糞味噌】、**くそかす**【糞滓】、**ぼろかす**【襤褸滓】、**ぼろくそ**【襤褸糞】〕

みそくそ【味噌糞】《形容動詞や(ノ)》 相手を強く批判して、言葉でやりこめる様子。相手に強く批判されて、さんざんである様子。問題にする価値すらないと判断している様子。「さんしん(三振)し・たら・　みんな(皆)・に・　みそくそに・　おこ(怒)ら・れ・た。」〔⇒**みそかす**【味噌滓】、**くそみそ**【糞味噌】、**くそかす**【糞滓】、**ぼろかす**【襤褸滓】、**ぼろくそ**【襤褸糞】〕

みそこし【味噌漉し】《名詞》 薄く細く削った竹で編んだ、目の粗い入れ物。笊(ざる)。「そーめん(素麺)・を・　みそこし・に・　い(入)れ・て・　みず(水)・を・　き(切)る。」

みそこなう【見損なう】《動詞・ワア行五段活用》 ①見る機会を失う。間違えて見る。「よそみ(余所見)し・とっ・て・　あいず(合図)・を・　みそこなっ・た。」②間違った見方や評価をする。「あんな・　ひと(人)・と・は・　おも(思)・とら・なんだ。えらい・　みそこなっ・た。」◆②は、良く見ていたが実際はそうではなかった、というような場合に使う。

みそしる【味噌汁】《名詞》 味噌を溶かし、野菜・豆腐・わかめなどの具を入れた汁。「あさめし(朝飯)・に・は・　みそしる・が・　な(無)かっ・たら・　あか・ん・ねん。」

みそべや【味噌部屋】《名詞》 料理の材料や台所用具などが置いてあるところ。「おとこ(男)・の・　しと(人)・は・　みそべや・へ・　はい(入)ら・ん・よーに・　し・てんか。」◆味噌が置いてあるところ、という意から生まれた言葉。意味を広げて、台所という意味で使うこともある。

みぞれ【霙】《名詞》 ①空中で溶けかかって、雨まじりになって降る雪。「ゆき(雪)・が・　みぞれ・に・　か(変)わっ・てき・た。」②かき氷に砂糖蜜をかけたもの。「しょーぎ(床几)・に・　すわ(座)っ・て・　みぞれ・を・　た(食)べる。」

みたいや《助動詞》 ①あるものが何かに似ているという意味(比況)を表す言葉。まるでそうだと思うという意味を表す言葉。「うそ(嘘)・みたいな・　ほんま(本真)の・　はなし(話)・や・ねん。」②はっきりしないが、そうであるらしいという意味(推量)をあらわす言葉。「あした(明日)・は・　あめ(雨)・が・　ふ(降)る・みたいや。」③同類のことがらの中から、取り上げて示すという意味を表す言葉。「こーべ(神戸)・みたいな・　おー(大)けな・　まち(町)・へ・　い(行)っ・たら・　どこ・に・　どんな・　みせ(店)・が・　ある・やら・　よー・　わから・へん。」◆形容動詞の終止形と同じように、「みたいや」の他に、「みたいだ」「みたいです」「みたいだす」の形もある。〔①②⇒**ようや**〕

みため【見た目】《名詞》 ①外観から受ける、そのものについての印象。外から見た様子や、人目につきやすいところ。「この・　おもちゃ(玩具)・は・　みため・は・　え(良)ー・けど・　じっき(直)に・　めげ・ても・た。」②身なりや容姿などの様子。また、それによって人に与える印象。「うけつけがかり(受付係)・に・は・　みため・の・　え(良)ー・　ひと(人)・が・　すわ(座)っ・とる。」〔⇒**みかけ**【見掛け】、**みてくれ**【見てくれ】。①⇒**みて**【見て】、**うわべ**【上辺】、**ひょうめん**【表面】。②⇒**ふうさい**【風采】〕

みち【道】《名詞》 ①主に地表にあって、ある地点とある地点を結んで、人や車が通るようにしたところ。「みち・で・　あそ(遊)ん・だら・　あむ(危)ない・よ。」②歩いている途中。進んでいる途中。「ここ・まで・　く(来)る・　みち・で・　かんが(考)え・とっ・てん。」③あるところまでの距離。「がっこー(学校)・まで・の・　みち・は・　とー(遠)い。」④どのような手段や方法をとればよいかという見通し。「なん(何)・ぞ・　え(良)ー・　みち・を・　かんが(考)え・なんだら・　か(勝)た・れ・へん。」⑤専門の分野。「いしゃ(医者)・の・　みち・に・　すす(進)む。」〔①⇒**どうろ**【道路】。②⇒**みちみち**【道々】〕

みち【満ち】《名詞》 海面が周期的に沖の方から海岸へ寄せてきて、海面が高くなること。また、そのようになっている状況。「みち・に・　なっ・たら・　うみ(海)・の・　みず(水)・が・　はんたい(反対)・に・　なが(流)れる。」■対語＝「ひき【引き】」〔⇒**にち**【(満ち)】、**みちしお**【満ち潮】、**にちしお**【(満ち潮)】〕

みちあんない【道案内】《名詞、動詞する》 ①目的地や道順を教えるために、同行すること。「みちあんない・まで・　し・てもろ・て・　すま・ん・　こと・でし・た。」②目的地や道順を教えること。目的地や道順を教えるための図や言葉。また、そのような内容を書き記した標識など。「えきまえ(駅前)・に・　みちあんない・の・　かんばん(看板)・が・　ある・やろ。」

みちくさ〔**みちぐさ**〕【道草】《名詞、動詞する》 ①目的地までの途中で、他の場所に立ち寄って、時間を費やすこと。「みちくさし・て・　れんげ(蓮花)・の・　はな(花)・を・　つ(摘)ん・でき・た。」②途中で、他のことに時間を費やすこと。「べつ(別)・の・　しごと(仕事)・を・　し・た・ん・は・　さんねん(三年)・ほど・の・　みちくさ・やっ・た。」〔⇒**よりみち**【寄り道】〕

みちしお【満ち潮】《名詞》 海面が周期的に沖の方から海岸へ寄せてきて、海面が高くなること。また、そのようになっている状況。「みちしお・に・　なっ・てき・た・さかい・　きょー(今日)・の・　しおひが(潮干狩)り・は・　もー・　おしま(終)い・や。」■対語＝「ひきしお【引き潮】」〔⇒**みち**【満ち】、**にち**【(満ち)】、**にちしお**【(満ち潮)】〕

みちじゅん【道順】《名詞》 目的地に行くまでに通るところの順序。「ちゅーがっこー(中学校)・まで・の・　みちじゅん・を・　おし(教)え・ておくん・なはれ。」

みちすじ【道筋】《名詞》 ①目的地までに通っていくところ。「えき(駅)・まで・の・　みちすじ・に・　ゆーびんきょく(郵便局)・が・　ある。」②大きな道路に面しているところ。「みちすじ・に・　おー(大)きな・　みせ(店)・を・　ひら(開)い・とる。」③ものごとの道理や論理的な順序。また、その正しさ。「あんた・の・　はなし(話)・は・　みちすじ・が・　おかしー・ぞ。」〔③⇒**すじみち**【筋道】、**すじ**【筋】〕

みちづれ【道連れ】《名詞》 目的地に向かって一緒に行くこと。途中で出会って行動をともにすること。また、そのようにする人。「ひめじ(姫路)・から・　き(来)・た・　ひと(人)・と・　みちづれ・に・　なっ・た。」

みちばた【道端】《名詞》 道路の端っこの部分。道路の近くのあたり。「みちばた・に・　ごみ(塵)・を・　す(捨)てる・　ひと(人)・が・　おる。」

みちひき【満ち引き】《名詞》 海面が周期的に沖の方から海岸へ寄せてきて海面が高くなり、また、逆に海面が低くなること。「このごろ・は・　しお(潮)・の・　みちひき・が・　おー(大)きー・なー。」〔⇒**にちひき【(満ち引き)】**〕

みちみち【道々】《名詞、副詞》 歩いている途中。進んでいる途中。歩きながら。進みながら。「みちみち・で・　そーだん(相談)し・ながら・　なんとか・　つ(着)い・た。」「みちみち・　しゃしん(写真)・を・　と(撮)り・ながら・　き(来)・まし・てん。」〔⇒**みち【道】**〕

みつ【蜜】《名詞》 ①植物から出る、甘くねばねばした液体。「ちょーちょ(蝶々)・が・　はな(花)・の・　みつ・を・　す(吸)ー・とる。」②砂糖などを溶かして作る、甘い液体。「みかん(蜜柑)・を・　みつ・に・　つ(漬)ける。」

みっか【三日】《名詞》 ①1か月のうちの3番目の日。「じゅーいちがつ(十一月)・の・　みっか・は・　ぶんか(文化)のひ(日)・や。」②1日を3つ合わせた日数。「その・　しごと(仕事)・は・　みっか・で・　でけ(出来)る。」

みっかばしか【三日麻疹】《名詞》 子どもがかかることの多い、リンパ腺が腫れて微熱を伴って発疹が出る伝染病。風疹。「おとな(大人)・に・　なっ・て・から・　みっかばしか・に・　かか(罹)っ・た。」

みっかぼうず〔みっかぼーず〕【三日坊主】《名詞》 とても飽きやすくて長続きしないこと。また、そのような人。「にっき(日記)・を・　か(書)い・ても・　みっかぼーず・で・　お(終)わっ・てまう・ねん。」

みっかよっか【三日四日】《名詞、副詞》3日間もしくは4日間のあいだ。「みっかよっか・の・　あいだ(間)・に・　うかが(伺)い・まっ・さ。」◆数える起点は今日のことが多いが、それ以外の特定の日を起点にすることもある。〔⇒**さんよっか【三四日】**〕

みつかる【見付かる】《動詞・ラ行五段活用》 ①探し続けていたものを探し出すことができる。「うしの(失)ー・とっ・た・　さいふ(財布)・が・　みつかっ・た。」②人に探し出されてしまう。好ましくないことを発見される。「かく(隠)れ・てい・た・けど・　みつかっ・ても・た。」■他動詞は「みつける【見付ける】」

みつき【三月】《名詞》 ①1年を12に分けたときの、そのみっつ分。ほぼ90日の長さ。「みつき・　のち(後)・に・　また・　あ(逢)い・ましょ・ー。」②その月から、次の次の月にまたがる長さ。「みつき・に・　わたっ・て・　こーじ(工事)・を・　する。」〔⇒**さんかげつ【三か月】**〕

みっき〔みっきー〕《名詞、動詞する》 試合や遊びなどをしている途中で、少しの間、中断したりメンバーから抜け出したりすること。また、そのときに発する合図の言葉。「べんじょ(便所)・へ・　い(行)き・とー・　なっ・た・さかい・　ちょっと(一寸)・　みっき・や。」〔⇒**みった、みっち、たんま、タイム【英語＝time】**〕

みつける【見付ける】《動詞・カ行下一段活用》 ①探し続けて探し出す。「てんけん(点検)し・て・　まちが(間違)い・を・　みつけ・なはれ。」②たまたま目にする。「いけ(池)・で・　おたまじゃくし(玉杓子)・を・　みつけ・た。」③これまでにしばしば目にしている。その内容などをよく知っており、珍しく思わない。「みつけ・た・　けしき(景色)・が・　かじ(火事)・で・　の(無)ーなっ・ても・た。」■自動詞は「みつかる【見付かる】」〔③⇒**みなれる【見慣れる】**〕

みった《名詞、動詞する》 試合や遊びなどをしている途中で、少しの間、中断したりメンバーから抜け出したりすること。また、そのときに発する合図の言葉。「たろ(太郎)ちゃん・は・　みったし・て・　まだ・　もど(戻)っ・てこ・ん。」〔⇒**みっき、みっち、たんま、タイム【英語＝time】**〕

みっち《名詞、動詞する》 試合や遊びなどをしている途中で、少しの間、中断したりメンバーから抜け出したりすること。また、そのときに発する合図の言葉。「くつ(靴)・の・　ひも(紐)・が・　ほど(解)け・た・さかい・　ちょっと・　みっち・や。」〔⇒**みっき、みった、たんま、タイム【英語＝time】**〕

みっちゃ《名詞、形容動詞や(ノ)》 ①皮膚に痣(あざ)などがあること。あばた。「かお(顔)・に・　みっちゃ・が・　ある。」②動物や虫の体の色が一様でないこと。「みっちゃの・　ぶいぶい・が・　と(飛)ん・でき・た。」

みっつ【三つ】《名詞(数詞＋助数詞)》 ①自然数の2に、1を加えた数で、個数などをかぞえる場合に使う言葉。「その・　はこ(箱)・を・　みっつ・とも・　も(持)っ・てき・て・ください。」②3歳。「となり(隣)・の・　いえ(家)・の・　こ(子)ー・は・　みっつ・や。」

みっつわり【三つ割り】《名詞、動詞する》 全体を3つに分けること。3つに分けたひとつ分。「りんご(林檎)・を・　みっつわりする・の・は・　むつか(難)しー・なー。」〔⇒**みつわり【三つ割り】**〕

みっともない《形容詞・特殊型》 見た感じが良くないので、他人に対して恥ずかしいという気持ちが生じる状態である。見ている方が不愉快になるほどである。「みっともない・よーな・　しけん(試験)・の・　てんすー(点数)・を・　と(取)っ・たら・　あか・ん・ぞ。」〔⇒**みぐるしい【見苦しい】、みとみない【見とみない】、みにくい【醜い】**〕

みつば【三つ葉】《名詞》 ①葉柄が長くて葉が3枚の小葉からできている、香りが良くて食用にする草。「ちゃわんむ(茶碗蒸)し・に・　みつば・を・　い(入)れる。」②葉が3枚あること。また、そのようなもの。「みつば・の・　くろーばー(クローバー)・やっ・たら・　なんぼ・でも・　ある。」

みつばち【蜜蜂】《名詞》 蜂蜜を集めるために飼う、大群をなして社会生活をする蜂の一種。「みつばち・に・　れんげ(蓮花)・の・　みつ(蜜)・を・　す(吸)わす。」

みつまた【三つ又】《名詞》 道や川などが3本に分かれていること。先の方が3つに分かれている器具。「えだ(枝)・が・　みつまた・に・　なっ・とる。」「みつまた・の・　そけっと(ソケット)・を・　つか(使)う。」

みつりん【密林】《名詞》 熱帯地方にある、樹木が密生している森林。「みつりん・から・　たーざん(ターザン)・が・　で(出)・てくる。」〔⇒**ジャングル【英語＝jungle】**〕

みつわり【三つ割り】《名詞、動詞する》 全体を3つに分けること。3つに分けたひとつ分。「いさん(遺産)・を・　きょーだい(兄弟)・で・　みつわり・に・　する。」〔⇒**みっつわり【三つ割り】**〕

みて【見て】《名詞》 外観から受ける、そのものについての印象。外から見た様子や、人目につきやすいところ。「みて・は・　よ(良)ー・ない・けど・　なかなか・　うま(美味)い・　まんじゅー(饅頭)・や。」〔⇒**みかけ【見掛け】、み**

ため【見た目】、みてくれ【見てくれ】、うわべ【上辺】、ひょうめん【表面】〕

みてくれ【見てくれ】《名詞》 ①外観から受ける、そのものについての印象。外から見た様子や、人目につきやすいところ。「みてくれ・が・　え(良)ー・　もん(物)・が・　よー・　う(売)れる。」②身なりや容姿などの様子。また、それによって人に与える印象。「みてくれ・の・　かい(可愛)らしー・　こ(子)・が・　うけつけ(受付)・に・　おる。」〔⇒**みかけ【見掛け】、みため【見た目】**。①⇒**みて【見て】、うわべ【上辺】、ひょうめん【表面】**。②⇒**ふうさい【風采】**〕

みとおし〔みとーし〕【見通し】《名詞》 ①さえぎるものがなくて、手前から遠くまでが一目で見えること。「きょー(今日)・は・　あわじしま(淡路島)・の・　みなみ(南)・の・　ほー(方)・まで・　みとーし・が・　きく。」②先のことについて予想や見当をつけて、方向性を持つこと。「いっしゅーかん(一週間)・で・　でけ(出来)る・か・　どー・か・　しごと(仕事)・の・　みとーし・を・　つける。」

みとおす〔みとーす〕【見通す】《動詞・サ行五段活用》 ①さえぎるものがなくて、手前から遠くまでが一目で見える。「とー(通)り・を・　えき(駅)・まで・　みとーす・こと・が・　でける。」②初めから終わりまでのすべてを見る。「さんじかん(三時間)・　かけ・て・　えーが(映画)・を・　みとーし・た。」③先のことについて予想や見当をつけて、方向性を持つ。「つぎ(次)・の・　こと・を・　みとーし・て・　しごと(仕事)・を・　せ・な・あか・ん・がい。」■名詞化＝**みとおし【見通し】**

みとみない【見とみない】《形容詞・特殊型》 見た感じが良くないので、他人に対して恥ずかしいという気持ちが生じる状態である。見ている方が不愉快になるほどである。「おまえ(前)・の・　な(泣)きがお(顔)・なんか・　みとみない・わい。」■似たような意味を表す言葉に、「ききとみない【聞きとみない】」「しとみない【仕とみない】」「いきとみない【行きとみない】」などがある。〔⇒**みぐるしい【見苦しい】、みっともない、みにくい【醜い】**〕

みとめ【認め】《名詞》 日常的に、確認などのために使う印鑑。また、その印影。「みとめ・を・　お(押)し・て・　かきとめ(書留)・を・　う(受)けとる。」■対語＝「じついん【実印】」〔⇒**みとめいん【認め印】**〕

みとめいん【認め印】《名詞》 日常的に、確認などのために使う印鑑。また、その印影。「みとめいん・やのー・て・　じついん(実印)・を・　つか(使)っ・てください。」■対語＝「じついん【実印】」〔⇒**みとめ【認め】**〕

みどり【緑】《名詞》 ①草木の葉のような色。「たう(田植)え・が・　すん・で・　たんぼ(田圃)・が・　みどり・に・　なっ・た。」②草や木。また、草や木の新芽。「みどり・が・　おー(多)い・　こーえん(公園)・を・　さんぽ(散歩)する。」「はる(春)・に・　なっ・て・　みどり・が・　で(出)・てき・た。」③進んでもよいという意味を表す交通の合図。「あか(赤)・の・　しんごー(信号)・が・　みどり・に・　か(変)わっ・た。」〔⇒**みどりいろ【緑色】**。①③⇒**あお【青】、あおいろ【青色】**。③⇒**みどりしんごう【緑信号】、あおしんごう【青信号】**〕

みどりいろ【緑色】《名詞》 ①草木の葉のような色。「き(木)ー・の・　さく(柵)・を・　みどりいろ・に・　ぬ(塗)る。」②進んでもよいという意味を表す交通の合図。「みどりいろ・に・　なる・まで・が・　なが(長)い・　こーさてん(交差点)・や。」〔⇒**みどり【緑】**。②⇒**あお【青】、あおいろ【青色】、みどりしんごう【緑信号】、あおしんごう【青信号】**〕

みどりしんごう〔みどりしんごー〕【緑信号】《名詞》 進んでもよいという意味を表す交通の合図。「みどりしんごー・まで・　ゆっくり・　ま(待)て。」■対語＝「きしんごう【黄信号】」「あかしんごう【赤信号】」〔⇒**あお【青】、あおいろ【青色】、みどり【緑】、みどりいろ【緑色】、あおしんごう【青信号】**〕

みどりのひ〔みどりのひー〕【みどりの日】《名詞》 国民の祝日の一つで5月4日に設定されており、自然に親しみ、その恩恵に感謝し豊かな心を育む日。「みどりのひー・に・　ろっこーざん(六甲山)・の・　はいきんぐ(ハイキング)・を・　する。」

みとるまに〔みとるまーに〕【見とる間に】《副詞》 短い時間のうちに状況などが急速に変わる様子を表す言葉。「みとるまに・　かわ(川)・の・　みずかさ(水嵩)・が・　ふ(増)え・てき・て・　びっくりし・た。」〔⇒**みるまに【見る間に】、みるみる【見る見る】、みるみるうちに【見る見るうちに】**〕

みとれる【見惚れる、見蕩れる】《動詞・ラ行下一段活用》 人や風景などに心を奪われて、うっとりとして見入る。「きしゃ(汽車)・の・　まど(窓)・から・　けしき(景色)・に・　みとれ・とっ・た。」

みな【皆】《名詞、副詞》 ①その場にあるものすべて。関係あるものすべて。「たいふー(台風)・で・　うえきばち(植木鉢)・が・　たな(棚)・から・　お(落)ち・て・　みな・めげ・ても・た。」②その場にいる人すべて。関係のある、すべての人。その組織に属するすべての人。「あつ(暑)なっ・て・　みな・　うわぎ(上着)・を・　ぬ(脱)い・どる。」◆自分に都合のよいように言うときに、自分以外の誰かがそうであることを「みな【皆】」と表現することがある。「みな・　けーたい(携帯)・を・　こ(買)ー・てもろ・とる。」〔⇒**みんな【皆】**。①⇒**ぜんぶ【全部】、あるだけ【有るだけ】、あんだけ【有んだけ】**。②⇒**ぜんいん【全員】**〕

みなおす【見直す】《動詞・サ行五段活用》 ①誤りなどがないか、もう一度よく点検をする。「ひび(輝)・が・　はい(入)っ・とら・ん・か・　どー・か・　いっぺん(一遍)・よー・　みなおし・てみー。」②点検して良くないことを改善する。「じちかい(自治会)・の・　きそく(規則)・を・　みなおし・た。」③改めて価値などを認識する。評価を変える。「あいつ(彼奴)・の・　ゆーき(勇気)・を・　みなおし・た。」

みなと【港】《名詞》 船が停泊して、旅客の乗降や貨物の積み下ろしができるように設備などを整えてあるところ。「ふぇりー(フェリー)・が・　みなと・に・　つ(着)い・た。」「あかし(明石)・の・　みなと・から・　あわじい(淡路行)き・が・　で(出)る。」［**巻末「わが郷土」の「みなと」の項を参照**］

みなみ【南】《名詞》 方角の一つで、太陽が昇る方に向かって右手の方。「みなみ・に・　あわじしま(淡路島)・が・　み(見)える。」「みなみ・から・　かぜ(風)・が・　ふ(吹)い・てくる。」

みならい【見習い】《名詞、動詞する》 正式な仕事に就く前に実地に訓練や教育を受けること。仕事をしながら仕事の仕方を覚えること。また、そのような段階の人。「みならい・の・　うんてんしゅ(運転手)・や・さかい・　へた(下手)くそや。」

みなれる【見慣れる】《動詞・ラ行下一段活用》 これまでにしばしば目にしている。その内容などをよく知っており、珍しく思わない。「さとがえ(里帰)りし・て・　みなれ・た・　むら(村)・を・　ある(歩)い・た。」〔⇒**みつける【見付ける】**〕

みにくい【醜い】《形容詞・ウイ型》　見た感じが良くないので、他人に対して恥ずかしいという気持ちが生じる状態である。見ている方が不愉快になるほどである。「しと(人)・の・　わるくち(悪口)・を・　ゆ(言)ー・の・は・　みにくい。」「じゅーえん(十円)・や・　にじゅーえん(二十円)・の・　こと・で・　ごちゃごちゃ・　ゆ(言)ー・の・は・　みにくい・ぞ。」〔⇒**みぐるしい【見苦しい】、みっともない、みとみない【見とみない】**〕

みにくい【見難い】《形容詞・ウイ型》　①見ているものをはっきり識別しにくい。「こん(小)まい・　じ(字)ー・で・　みにくい。」②見ている場所などがよくなくて、はっきり見えない。「うし(後)ろ・の・　ほー(方)・の・　みにくい・　せき(席)・やっ・てん。」■対語＝「**みやすい【見易い】**」

みにつく〔みーにつく〕【身に付く】《動詞・カ行五段活用》　覚え込んだ知識や技能などが自分のものになる。「きれー(綺麗)な・　ことば(言葉)・が・　みについ・た・　ひと(人)・や・さかい・　かん(感)じ・が・　え(良)ー。」■他動詞は「**みにつける【身に付ける】**」

みにつける〔みーにつける〕【身に付ける】《動詞・カ行下一段活用》　知識や技能などを覚え込んで自分のものとする。「ちゃんと・　し・た・　あいさつ(挨拶)・の・　しかた(仕方)・を・　みーにつける。」■自動詞は「**みにつく【身に付く】**」

みぬき【身抜き】《名詞》　鶏卵を殻のままゆでたもの。また、その殻を取り去った中身。「みぬき・の・　から(殻)・を・　む(剥)く。」「みぬき・に・　しお(塩)・を・　ふ(振)っ・て・　た(食)べる。」◆「**にぬき【煮抜き】**」という言葉を初めて聞いたときは違和感を覚えたという記憶がある。ゆで卵は、ゆでて作るものであって、煮て作るものではないという気持ちからであったろうか。煮るというのは何かの味付けを加えるもので、ゆでるというのは味付けをしないものという意識があったからかもしれない。生卵のまま割ると、どろっとした卵全体が流れ出る。それに比べると、ゆで卵は、黄身と白身がはっきりと分かれて、身がきちんとする(抜ける)から「**みぬき【身抜き】**」と言うのだろうと思っていた。

みのうえ【身の上】《名詞》　①人が生まれてから現在までに経験してきた事柄。「みのうえ・の・　はなし(話)・を・　する。」②その人の境遇や暮らし向き。一生の運命。「ひと(人)・の・　みのうえ・の・　こと・は・　あんまり・　き(聞)か・ん・　ほー(方)・が・　え(良)ー・やろ。」

みのまわり〔みのまーり〕【身の回り】《名詞》　①ふだん、体につけたり使ったりするもの。また、ふだんのごく普通の行動。「りょこー(旅行)・に・　も(持)っ・ていく・　みのまーり・の・　もん(物)・を・　かばん(鞄)・に・　い(入)れる。」②その人をとりまく日常の生活。生活によって生じる雑事。「ちちおや(父親)・の・　みのまーり・の・　せわ(世話)・を・　する。」

みのむし【蓑虫】《名詞》　木の枝や葉をつづって袋状の巣を作ってすんでいる、蛾の幼虫。「みのむし・が・　えだ(枝)・に・　ぶらさがっ・とる。」

みのる【実る】《動詞・ラ行五段活用》　穀物や草木の実ができる。実が熟する。「いね(稲)・が・　だいぶ(大分)・　みのっ・てき・た。」■名詞化＝**みのり【実り】**

みばえ【見映え】《名詞、動詞する》　見かけなどが立派であること。見比べてみると、優れた感じがすること。「みばえ・の・　え(良)ー・　もの・を・　おく(贈)る。」■対語＝「**みおとり【見劣り】**」

みはからう【見計らう】《動詞・ワア行五段活用》　①見比べて、望ましいものを決める。「ごせんえん(五千円)・ほど・の・　もん(物)・を・　みはかろー・て・　こ(買)ー・てき・てんか。」②それが望ましいものであろうと、大まかな見当をつける。「じかん(時間)・を・　みはかろー・て・　いえ(家)・を・　で(出)る。」

みはらし【見晴らし】《名詞》　広く遠くまで見渡すこと。また、そのようにして眺められる一面の景色。「みはらし・の・　えー・　てんぼーだい(展望台)・に・　つ(着)い・た。」

みはり【見張り】《名詞、動詞する》　辺りの様子に注意を払いながら、番をすること。また、そのようにする人。「すいかばたけ(西瓜畑)・を・　みはりする。」「みち(道)・の・　かど(角)・に・　みはり・の・　ひと(人)・が・　た(立)っ・とる。」

みはる【見張る】《動詞・ラ行五段活用》　辺りの様子に注意を払いながら、番をする。目を見開いて、じっと見る。「じゅんさ(巡査)・が・　みはっ・とる。」■名詞化＝**みはり【見張り】**

みぶん【身分】《名詞》　①世の中での地位。社会や団体における地位や資格。「あんた・は・　かいしゃ(会社)・の・　なか(中)・で・　たか(高)い・　みぶん・に・　おる・ん・やろ。」②その人の置かれている環境や身の上。「いま(今)・は・　たいしょく(退職)し・て・　らく(楽)な・　みぶん・な・ん・や。」

みぶんしょうめいしょ〔みぶんしょーめーしょ〕【身分証明書】《名詞》　その学校や会社などに属していることを明らかにする書き付け。「みぶんしょーめーしょ・を・　み(見)せ・て・　てーき(定期)・を・　こ(買)ー・た。」◆現在では「**せいとしょう【生徒証】**」「**しゃいんしょう【社員証】**」などと言うことが多い。

みほん【見本】《名詞》　①商品などの様子を知らせるために、そのものの全部や一部分、あるいは典型的なところを取り出して示すもの。サンプル。「みほん・を・　み(見)・て・から・　ちゅーもん(注文)する。」②目の前や近くにある、良い例や代表的な例。「あいつ(彼奴)・は・　うんどー(運動)・の・　じょーず(上手)な・　ひと(人)・の・　みほん・や。」

みまい【見舞い】《名詞、動詞する》　病気・怪我・災難などにあった人を訪ねたり手紙などを書いたりして慰めること。また、その人に贈るお金や品物など。「ともだち(友達)・の・　びょーき(病気)・の・　みまい・に・　い(行)く。」「ひがい(被害)・を・　う(受)け・た・　とこ(所)・に・　みまい・を・　おく(送)っ・た。」

みまわす〔みまーす〕【見回す】《動詞・サ行五段活用》　自分のいる位置から、周りの様子を見る。何かを探そうとして方々を見る。「し(知)っ・た・　ひと(人)・が・　おら・ん・かな・と・　おも(思)・て・　みまーし・た。」

みまわり〔みまーり〕【見回り】《名詞、動詞する》　あちこちを動き回って監視や観察や警戒などをすること。また、そのようにする人。「きょー(今日)・は・　みまーり・の・　とーばん(当番)・の・　ひ(日)ー・や。」

みまわる〔みまーる〕【見回る】《動詞・ラ行五段活用》　監視や観察や警戒などをするために動き回る。巡回する。「ひょーしぎ(拍子木)・を・　も(持)っ・て・　むら(村)・の・　なか(中)・を・　みまーる。」■名詞化＝**みまわり【見回り】**

みみ【耳】《名詞》　①動物の頭部にあって、音を聞く働きをする器官。「ぼーる(ボール)・が・　みみ・に・　あ(当)たっ・て・　いた(痛)かっ・た。」②音を聞くこと。また、その能力。「みみ・が・　よ(良)ー・ない。」「みみ・が・　とー(遠)・　なっ・た。」③物の両側に付いていて、持ち上げたりするときに手で持つところ。「なべ(鍋)・の・　みみ・を・　つか(掴)む。」④紙・布などのように平たいものの縁の部分。「しょくぱん(食パン)・の・　みみ・も・　のこ(残)さ・んと・　た(食)べ・なはれ。」〔③⇒**とって【取っ手】**〕

みみがいたい【耳が痛い】《形容詞・アイ型》　自分の悪いところを指摘されて、聞くのが辛い。「ごんたし・とっ・た・さかい・　こども(子供)・の・　とき(時)・の・　こと・を・　い(言)わ・れ・たら・　みみがいたい・ねん。」

みみかき【耳掻き】《名詞》　耳の中の掃除をする、杓子のような形をした小さな器具。「みみかき・で・　みみ(耳)・を・　ほじくる。」

みみがとおい〔みみがとーい〕【耳が遠い】《形容詞・オイ型》　聴力が弱い。「ちょっと(一寸)・　みみがとおー・　なっ・て・　ほちょーき(補聴器)・を・　つこ(使)・て・ます・ねん。」

みみがはやい【耳が早い】《形容詞・アイ型》　うわさなどの情報を人より早く聞きつける。「あんた・は・　みみがはよー・て・　なん(何)・でも・　し(知)っ・とる・ねん・な。」

みみくそ【耳糞】《名詞》　①耳の中にできる垢(あか)。「そーじ(掃除)し・たら・　おー(大)けな・　みみくそ・が・　あっ・た。」②ごくわずかな数量のもの。「みみくそ・だけ・　きふ(寄付)し・てくれ・た。」〔②⇒**はなくそ【鼻糞】**〕

みみざわり〔みみざーり〕【耳障り】《形容動詞や(ナ)》　聞いていて、うるさく思ったり不愉快に感じたりする様子。聞こえるものが気になって仕方がない様子。「ひこーき(飛行機)・の・　おと(音)・が・　みみざーりや。」

みみず【蚯蚓】《名詞》　暗がりの中へ進む性質を持ち、薄赤く紐のような形をしていて、土の中にすむ動物。「うね(畝)・を・　かじい・たら・　みみず・が・　ぎょーさん(仰山)・　おっ・た。」〔⇒**めめず【(蚯蚓)】**〕

みみたぶ【耳朶】《名詞》　耳の下の方に垂れ下がっている、柔らかくふくらんだ部分。「みみたぶ・に・　きらきら・を・　つ(付)け・た・　わか(若)い・　こ(子)ー・が・　ふ(増)え・た・なー。」

みみだれ【耳垂れ】《名詞》　耳の穴から分泌物が流れ出ている病気。また、流れ出ているもの。「むかし(昔)・は・　おっ・た・よーに・　おも(思)・た・けど・　いま(今)・は・　みみだれ・の・　こ(子)ー・は・　おら・へん・なー。」

みみっちい〔みみっちー〕《形容詞・イイ型》　①お金のことに細かくて、けちくさい。倹約しようとして、出し惜しみをする。「みみっちー・　こと・を・　ゆ(言)わ・んと・　ぽーんと・　きふ(寄付)し・たれ・や。」②細かいことにまで過度にこだわっている。「けーさん(計算)・が・　みみっちー・て・　ややこしー・なー。」〔⇒**こみっちい**〕

みみにする【耳にする】《動詞・サ行変格活用》　何気なく聞き知る。人づてに知る。「おじー(祖父)さん・が・　にゅーいん(入院)し・て・やっ・た・と・　みみにし・た・ん・や・けど・　ほんま(本真)です・か。」

みみにちよう〔みみにちよー〕【耳日曜】《形容動詞や(ノ)》　聞こえていても、聞こうとする気持ちがない様子。あるいは、話の内容を受け入れようとしない様子。「みみにちよーや・さかい・　なに(何)・を・　ゆ(言)ー・ても・　き(聞)ー・たら・へん。」〔⇒**みみにっちょう【(耳日曜)】**〕

みみにっちょう〔みみにっちょー〕【(耳日曜)】《形容動詞や(ノ)》　聞こえていても、聞こうとする気持ちがない様子。あるいは、話の内容を受け入れようとしない様子。「きょー(今日)・は・　みみにっちょーや・さかい・　なん(何)・も・　い(言)わ・んとい・て・な。」〔⇒**みみにちよう【耳日曜】**〕

みみにはいる【耳に入る】《動詞・ラ行五段活用》　人づてにうわさ話などを聞く。うわさで知る。「もー・　あんた・の・　みみにはいっ・とる・ん・かいなー。はや(早)い・なー。」

みみにはさむ【耳に挟む】《動詞・マ行五段活用》　ちらっと聞く。偶然に聞き知る。「あんた・の・　うわさ(噂)・を・　みみにはさん・だ。」〔⇒**みみにはそむ【(耳に挟む)】**〕

みみにはそむ【(耳に挟む)】《動詞・マ行五段活用》　ちらっと聞く。偶然に聞き知る。「あか(赤)んぼ・が・　う(生)まれ・た・と・　みみにはそん・だ・さかい・　おいわ(祝)い・を・　も(持)っ・ていっ・た。」〔⇒**みみにはさむ【耳に挟む】**〕

みみもと【耳元】《名詞》　耳のすぐそば。「ふたり(二人)・で・　みみもと・で・　はな(話)し・とっ・たら・　まー(周)り・の・　もん(者)・は・　き(気)・に・　なる・がな。」

みみ(を)かす【耳(を)貸す】《動詞・サ行五段活用》　周りの人には内緒にして、特定の相手だけに言い伝える。または、そのようにして聞く。相談に乗る。「ちょっと(一寸)・　すま・ん・けど・　みみかし・てくれ・へん・か。」

みみ(を)すます【耳(を)澄ます】《動詞・サ行五段活用》　小さな声や音も聞き漏らすまいとして、心を落ち着かせて聞こうとする。聞き耳を立てる。「みみをすまし・て　まちが(間違)え・ん・よーに・　はなし(話)・を・　き(聞)く。」

みみ(を)そろえる【耳(を)揃える】《動詞・ア行下一段活用》　決められた額のお金をきちんと準備する。「か(借)っ・た・　かね(金)・を・　みみをそろえ・て・　かえ(返)し・たい・けど・　きゅー(急)に・は・　むり(無理)や。」

みもち【身持ち】《名詞》　人としての行動の仕方。生活の態度。日頃の行い。「みもち・が・　わる(悪)い・さかい・　よめ(嫁)はん・が・　に(逃)げ・ても・た・そーや。」

みもと【身元】《名詞》　①その人がどんな人であるのかを明らかにするような、名前・生まれ・経歴・住所などを合わせた情報。「みもと・の・　よー・　わかっ・た・　ひと(人)・は・　あんしん(安心)や。」②責任や援助などを引き受けることも覚悟するほどの、その人の一身上に関すること。「わし・が・　おまえ(前)・の・　みもと・を・　ひ(引)きうけ・たる。」

みや【宮】《名詞》　日本固有の信仰の対象である神をまつってあるところ。「なかお(中尾)・の・　みや・で・　まめ(豆)まき・が・　ある。」「みや・で・　おが(拝)ん・でもろ・た。」〔⇒**じんじゃ【神社】**〕

みやい【(見合い)】《名詞、動詞する》　結婚相手にしようとする人を知るために、紹介者などの仲立ちによって本人同士が会うこと。「わしらー・は・　みやい・で・　し(知)りおー・た・ん・や・ねん。」〔⇒**みあい【見合い】**〕

みやいり【宮入】《名詞、動詞する》　秋祭りで、各地区の布団太鼓が、神社に集まること。また、その時。「ひるみや(昼宮)・の・　みやいり・は・　じゅーじ(十時)・に・　なっ・とる・ん・や。」

みやう【(見合う)】《動詞・ワア行五段活用》　①向かい合って

み

互いに相手を見る。「ちょっとのま(間)・　みやー・て・　ちゅーがっこー(中学校)・の・　どーきゅーせー(同級生)・やっ・た・と・　き(気)・が・　つい・た。」②両方の釣り合いがとれている。「ごせんえん(五千円)・に・　みやう・　しなもん(品物)・を・　か(買)う。」■名詞化＝**みやい**【(見合い)】〔⇒**みあう**【見合う】〕

みゃく【脈】《名詞》 ①動物の体内を血液が流れる管。血管。「てくび(手首)・の・　みゃく・が・　どこ・や・　わから・へん。」②心臓が血を押し出すたびに起こる、血管の規則正しい動き。脈拍。「はし(走)っ・た・　あと(後)・や・さかい・　みゃく・が・　はよ(速)ー・　なっ・とる。」

みやげ【土産】《名詞》 ①旅先で買い求めて家人や友人などに持って帰る、その土地の産物など。「みやげ・に・　だんご(団子)・を・　こ(買)ー・てき・た・よ。」②よその家などを訪問するときに持っていく贈り物。「かしおり(菓子折)・でも・　みやげ・に・　も(持)っ・ていく・か。」

みやげ【(身上げ)】《名詞、動詞する》 少し大きめの衣服を縫い上げて、それを小ぶりに調整すること。また、そのようにしたもの。「せ(背)ー・が・　たこ(高)ー・　なっ・た・さかい・　みやげ・を・　ほど(解)く。」〔⇒**みあげ**【身上げ】〕

みやげばなし【土産話】《名詞、動詞する》 旅先で見聞きしたことについて、帰ってから家人や友人などに語り聞かせる話。「かえ(帰)っ・てき・たら・　みやげばなし・ておくれ。」

みやこ【都】《名詞》 政治の中心地として、多数の人口を有する町。皇居のあるところ。「きょーと(京都)・が・　みやこ・やっ・た・　とき(時)・の・　はなし(話)・や。」

みやすい【見易い】《形容詞・ウイ型》 ①見ているものをはっきり識別できる。「みやすい・　じ(字)ー・を・　か(書)い・てんか。」②見ている場所などがよくて、はっきり見える。「はなび(花火)・の・　みやすい・　ばしょ(場所)・は・　どこ・やろ。」■対語＝「みにくい【見難い】」

みやまいり【宮参り】《名詞、動詞する》 神社に参拝すること。特に、生まれたばかりの赤ちゃんを連れて神社に参拝すること。「みやまいり・に・　い(行)っ・て・　かんぬし(神主)さん・に・　おが(拝)ん・でもらう。」

みょう〔**みょー**〕【妙】《形容動詞や(ナ)》 ①普通でない様子。変わっている様子。「みょーな・　かっこー(恰好)・の・　ひと(人)・が・　き(来)・た。」②不思議な様子。おかしい様子。「このごろ(頃)・　みょーに・　き(気)・に・　なっ・とっ・てん。」◆一風、変わっているという意味の場合は、「すいな【粋な】」とも言う。

みょうけんさん〔**みょーけんさん**〕【妙見さん】《名詞》 日蓮宗の信者の人たち。「ふゆ(冬)・の・　さぶ(寒)い・　とき(時)・に・　みょーけんさん・が・　たいこ(太鼓)・を・　たた(叩)い・て・　まー(回)っ・てくる。」

みょうじ〔**みょーじ**〕【苗字、名字】《名詞》 代々その家に継承される、家の名。氏名の「氏」の方。「ここら・は・　おんな(同)じ・　みょーじ・が・　おー(多)い・ねん。」〔⇒**みよじ**【(苗字)】、**せい**【姓】〕

みょうと〔**みょーと**〕【夫婦】《名詞》 結婚している、一組の男の人と女の人。「みょーと・に・　なっ・て・　じゅーねん(十年)・　た(経)っ・た。」〔⇒**みおと**【夫婦】、**ふうふ**【夫婦】〕

みよし《名詞》 小型の木造船の最前部で、波を左右に切り分けて進む部分。舳先。「みよし・から・　いかり(錨)・を・　ほ(放)りこむ。」■対語＝「とも【艫】」

みよじ【(苗字)】《名詞》 代々その家に継承される、家の名。氏名の「氏」の方。「めずら(珍)しー・　みよじ・の・　ひと(人)・や・なー。」〔⇒**みょうじ**【苗字】、**せい**【姓】〕

みより【身寄り】《名詞》 いざというときに頼ることのできる家族や親戚など。世話になって身を寄せるところ。「みより・が・　なかっ・たら・　どこ・に・　れんらく(連絡)し・たら・　え(良)ー・ね・やろ。」

ミリ〔**みり**〕【フランス語＝milli】《名詞》 メートル法の単位で、基本単位の1000分の1であることを表す言葉。1ミリは1メートルの1000分の1で、1センチの10分の1の長さである。「ご(五)みり・の・　はば(幅)・で・　せん(線)・を・　ひ(引)く。」

みりょく【魅力】《名詞》 接する人の心をとらえて、引き付ける力を持つ素晴らしいもの。「ちかごろ(近頃)・は・　みりょく・の・　ある・　せーじか(政治家)・は・　すけ(少)ない・なー。」

みりん【味醂】《名詞》 蒸した餅米と米麹を焼酎に入れて糖化させた、料理などに使う甘みのある酒。「みりん・を・　てりやき(照焼)・の・　あじつ(味付)け・に・　つか(使)う。」

みる【見る】《動詞・マ行上一段活用》 ①目を向ける。目によってものの存在や動きなどを知る。「よこ(横)・に・　おる・　ひと(人)・を・　みる。」②娯楽や学習などのために見物する。眺める。「あかし(明石)・で・　えーが(映画)・を・　みる。」③読む。目を通す。「きのー(昨日)・の・　かじ(火事)・を・　しんぶん(新聞)・で・　みる。」④ものの状態などを調べる。「あし(味)・の・　ぐあい(具合)・を・　みる。」「ふろ(風呂)・の・　かげん(加減)・を・　みる。」⑤世話や処理をする。「おや(親)・を・　みん・なら・ん・ねん。」「ちょっと・　い(行)・てくる・さかい・　こども(子供)・を・　み・とっ・て・か。」

みる【診る】《動詞・マ行上一段活用》 体の様子を調べる。医者が診察をする。「かぜ(風邪)・みたいやっ・た・さかい・　み・てもろ・た。」

みる【見る】《補助動詞・マ行上一段活用》 ⇒**てみる**〔**でみる**〕【て見る】《補助動詞・マ行上一段活用》**を参照**

みるまに〔**みるまーに**〕【見る間に】《副詞》 短い時間のうちに状況などが急速に変わる様子を表す言葉。「みるまに・　ぐんぐん・　や(痩)せ・ても・た。」〔⇒**みとるまに**【見とる間に】、**みるみる**【見る見る】、**みるみるうちに**【見る見るうちに】〕

みるみる【見る見る】《副詞》 短い時間のうちに状況などが急速に変わる様子を表す言葉。「みるみる・　かぜ(雨)・が・　つよ(強)なっ・た。」〔⇒**みとるまに**【見とる間に】、**みるまに**【見る間に】、**みるみるうちに**【見る見るうちに】〕

みるみるうちに【見る見るうちに】《副詞》 短い時間のうちに状況などが急速に変わる様子を表す言葉。「みるみるうちに・　ゆき(雪)・が・　つ(積)もっ・た。」〔⇒**みとるまに**【見とる間に】、**みるまに**【見る間に】、**みるみる**【見る見る】〕

みわけ【見分け】《名詞》 ①目で見て区別すること。「ふたご(双子)・や・さかい・　みわけ・が・　つか・へん。」②よく見て、良いか悪いかなどを判断する。また、その判断。「そらもよー(空模様)・で・　い(行)く・か・　や(止)める・か・の・　みわけ・を・　する。」

みわける【見分ける】《動詞・カ行下一段活用》 ①目で見て区別する。「いろ(色)・の・　ちが(違)い・を・　みわける。」②よく見て、良いか悪いかなどを判断する。「すいか(西瓜)・が・　う(熟)れ・とる・か・　どー・か・を・　みわける。」■名詞化＝**みわけ**【見分け】

みわたす【見渡す】《動詞・タ行五段活用》 広い範囲を、遠くまで眺める。全体を見る。「やま(山)・の・　うえ(上)・から・　うみ(海)・の・　ほー(方)・を・　みわたす。」

み(を)いれる【身(を)入れる】《動詞・ラ行下一段活用》 一生懸命に物事に取り組む。集中して力を注ごうとする。「みをいれ・て・　べんきょー(勉強)せ・んと・　ごーかく(合格)せー・へん・よ。」■自動詞は「みがいる【身が入る】」

み(を)かためる〔**みー(を)かためる**〕【身(を)固める】《動詞・マ行下一段活用》 結婚して家庭を持つ。「あんた・も・　そろそろ・　みーをかため・なはれ。」

み(を)ひく〔**みー(を)ひく**〕【身(を)引く】《動詞・カ行五段活用》 それまでの任務や立場などから退く。第一線を退く。「みーをひー・て・　むすこ(息子)・に・　みせ(店)・を・　まか(任)す。」

みんじゃ【(水屋)】《名詞》 食器や食べ物を入れておく戸棚。「みんじゃ・に・　い(入)れ・とい・た・　さかな(魚)・が・　こご(凍)っ・た。」〔⇒**みずや**【水屋】〕

みんな【皆】《名詞、副詞》 ①その場にあるものすべて。関係あるものすべて。「じこ(事故)・で・　でんしゃ(電車)・が・　みんな・　と(止)まっ・ても・た。」②その場にいる人すべて。関係のある、すべての人。その組織に属するすべての人。「みんな・が・　はくしゅ(拍手)・を・　し・てくれ・た。」〔⇒**みな**【皆】。①⇒**ぜんぶ**【全部】、**あるだけ**【有るだけ】、**あんだけ**【有んだけ】。②⇒**ぜんいん**【全員】〕

みんみん《副詞と》 大形の蝉が鳴いている様子。また、その声。「あさ(朝)・から・　みんみんと・　うるさ(煩)い・　せみ(蝉)・や・なー。」

みんみんぜみ【みんみん蝉】《名詞》 黒い体に緑の斑紋がある、大型の蝉。「みんみんぜみ・が・　やかま(喧)しー・に・　な(鳴)く。」

みんよう〔**みんよー**〕【民謡】《名詞》 人々の間から生まれて、その土地の人々の生活や感情を盛り込んで、歌い継がれてきている歌。「でかんしょ・は・　たんば(丹波)・の・　ささやま(篠山)・の・　みんよー・や。」

む

む【六】《名詞(数詞)》 数を1音節で数えていくときの「ろく【六】」を表す言葉。◆1から10までを「ひ」「ふ」「み」「よ」「い」「む」「な」「や」「こ」「と」と言う。熟語の言い方としては「むいろ(色)・に・　わ(分)ける。」など。

む【六】《接頭語》 (後ろの名詞にかかっていく言葉で)6を表す言葉。「こんど(今度)・で・　むたびめ(度目)・の・　たいせん(対戦)・や・ねん。」〔⇒**ろく**【六】〕

むいか【六日】《名詞》 ①1か月のうちの6番目の日。「こんげつ(今月)・の・　むいか・は・　どよーび(土曜日)・や。」②1日を6つ合わせた日数。「げつよー(月曜)・から・　どよー(土曜)・まで・の・　むいか・　みせ(店)・が・　あ(開)い・とる。」

むいむい【(虫虫)】《名詞》 人・獣・鳥・魚などを除いた、大量に生まれて地上・地中・水上・水中などにすむ小さな生き物。特に、とんぼ・蝶・蝉のような、体が頭・胸・腹に分かれ、触角や羽を持つ動物。「むいむい・が・　と(飛)ん・でき・た。」「な(菜)っぱ・に・　つ(付)い・とる・　むいむい・を・　あら(洗)う。」◆幼児語。〔⇒**むし**【虫】、**こんちゅう**【昆虫】、**ぶんぶん**〕

むいむいする【(剥い剥いする)】《動詞・サ行変格活用》 野菜や果物の表面を覆っている皮を取り去る。外側を覆っているものを取り除いて、中のものを分ける。「りんご(林檎)・を・　むいむいし・たろ・か。」◆幼児語。「むきむきする」よりも、「むいむいする【剥き剥きする】」の方が、より幼児性が強い印象がある。〔⇒**むく**【剥く】、**むきむきする**【剥き剥きする】〕

むう〔**むー**〕【六】《名詞(数詞)》 数を2音節で数えていくときの「ろく【六】」を表す言葉。◆1から10までを「ひい【一】」「ふう【二】」「みい【三】」「よお【四】」「いつ【五】」「むう【六】」「なな【七】」「やあ【八】」「ここ【九】」「とお【十】」と言う。ただし、単独で「むう【六】」と言うことはない。

むえんぼとけ【無縁仏】《名詞》 死んだ後を弔ったり祀ったりする身寄りがない仏。「だれ(誰)・も・　まい(参)っ・てこ・ん・　むえんぼとけ・が・　ある。」

むかい【向かい】《名詞》 2つのものが互いに正面として対し合っていること。「とこや(床屋)・の・　むかい・に・　ある・　みせ(店)・で・　こ(買)ー・た。」〔⇒**むかいあわせ**【向かい合わせ】〕

むかい【迎い】《名詞》 ①こちらに向かって来る人に対して、玄関などに出て、待ち受けること。また、そのようにする人。「げんかん(玄関)・で・　なら(並)ん・で・　むかい・を・　する。」②その人のいるところまで、人や乗り物などを遣わすこと。「おいしゃ(医者)はん・を・　むかい・に・　い(行)っ・た。」〔⇒**むかえ**【迎え】。①⇒**でむかい**【出迎い】、**でむかえ**【出迎え】〕

むかいあわせ【向かい合わせ】《名詞、形容動詞や(ノ)》 2つのものや2人が、互いに正面として対し合っていること。「よしだ(吉田)はん・の・　むかいあわせに・　すわ(座)る。」■対語＝「せなかあわせ【背中合わせ】」〔⇒**むかい**【向かい】〕

むかいかぜ【向かい風】《名詞》 進む方向の前から吹いてくる風。「むかいかぜ・で・　ある(歩)きにくい。」■対語＝「おいかぜ【追い風】」

むかう【向かう】《動詞・ワア行五段活用》 ①目的とする方へ顔を向けたり、動いていったりする。「ある(歩)い・て・　にし(西)・に・　むかう。」「つくえ(机)・に・　むこー・て・　べんきょー(勉強)する。」②前方から来るものに抵抗したり対抗したりする。「おや(親)・に・　むかっ・て・　くちごた(口答)え・を・　する・な。」「もっと・　しょーめん(正面)・から・　あいて(相手)・に・　むこー・ていけ。」③その時期や状態になろうとする。「これ・から・は・　さぶ(寒)い・　きせつ(季節)・に・　むかう。」「びょーき(病気)・が・　え(良)ー・　ほー(方)・に・　むかう。」■名詞化＝**むかい**【向かい】

むかえ【迎え】《名詞》 ①こちらに向かって来る人に対して、玄関などに出て、待ち受けること。また、そのようにする人。「げんかん(玄関)・で・　しゃちょー(社長)・の・　むかえ・を・　する。」②その人のいるところまで、人や乗り物などを遣わすこと。「こども(子供)・を・　むかえ・に・　い(行)く。」「むかえ・の・　じどーしゃ(自動車)・が・　き(来)・まし・た・よー。」〔⇒**むかい**【迎い】。①⇒**でむかえ**【出迎え】、**でむかい**【出迎い】〕

むかいみず【迎い水】《名詞》 井戸から汲み上げる管の中に水がなくなって、ポンプで汲み上げられないときに、ポンプに流し入れる水。呼び水。「むかいみず・を・　く(汲)ん・で・　おい・とく。」〔⇒**むかえみず**【迎え水】〕

むかえみず【迎え水】《名詞》 井戸から汲み上げる管の中に水がなくなって、ポンプで汲み上げられないときに、ポンプに流し入れる水。呼び水。「ぽんぷ(ポンプ)・が・すか・に・　なっ・とる・さかい・　むかえみず・を・い(入)れる。」〔⇒**むかいみず【迎い水】**〕

むかえる【迎える】《動詞・ア行下一段活用》　①こちらに向かって来る人を待ち受ける。「えき(駅)・で・　ともだち(友達)・を・　むかえる。」「しんにゅーしゃいん(新入社員)・を・　むかえる・　じき(時期)・に・　なっ・た。」②呼んで、来てもらう。「せんせー(先生)・を・　むかえ・て・　どーそーかい(同窓会)・を・　ひら(開)い・た。」③時間が経って、その時期になる。「あつ(暑)い・　なつ(夏)・を・　むかえ・た。」■対語＝①②「おくる【送る】」■名詞化＝**むかえ【迎え】**

むかし【昔】《名詞》　現在から見て、ある程度の年月を隔てた、以前の時期。「だいぶ(大分)・　むかし・の・　こと・を・　おも(思)いだし・た。」■対語＝「いま【今】」「いんま【(今)】」

むかしにんげん【昔人間】《名詞》　古風な考え方や生活習慣を身につけている人。昔気質の人。「むかしにんげん・に・は・　ぱそこん(パソコン)・てな・　もん(物)・は・わかる・はず・が・　あら・へん。」

むかしばなし【昔話】《名詞》　①ずっと以前の話題。以前に経験したことなどを思い出してする話。「としよ(年寄)り・が・　むかしばなし・を・　し・てまし・てん。」②ずっと以前から伝えられてきた、子供向きの話。「ももたろー(桃太郎)・の・　むかしばなし・を・　え(絵)ー・に・　か(描)く。」

むかつき《名詞》　①胃の中のものを吐きそうになること。「むかつき・が・　なお(治)ら・へん・さかい・　くすり(薬)・を・　の(飲)む。」②強い怒りがこみ上げてくること。しゃくに障ること。「あいつ(彼奴)・に・　もんく(文句)・を・　い(言)わ・れ・て・　むかつき・が・　おさまら・へん。」〔⇒**むかむか**〕

むかつく《動詞・カ行五段活用》　①胃の中のものを吐きそうになる。「くるま(車)・に・　よ(酔)ー・て・　むかつい・た。」②強い怒りがこみ上げてくる。しゃくに障る。「むかつく・よーな・　はなし(話)・は・　や(止)め・とい・てんか。」■名詞化＝**むかつき**。〔⇒**むかっと(する)、むかむか(する)**〕

むかっと〔**むかーっと**〕《副詞、動詞する》　①胃の中のものを吐きそうになる様子。「の(飲)みすぎ・て・　むかーっとし・て・　は(吐)い・ても・た。」②強い怒りがこみ上げてくる様子。しゃくに障る様子。「こーじ(耕二)・の・やつ(奴)・が・　あることないこと・　ぬかし・やがっ・て・　むかっーとし・た。」〔⇒**むかむか**。動詞⇒**むかつく**〕

むかっぱら【むかっ腹】《名詞》　わけもなく腹立たしく思うこと。わけもなく腹を立てること。「あいつ(彼奴)・の・　かお(顔)・を・　み(見)・たら・　むかっぱら・が・た(立)っ・て・　しょーがない。」

むかで【百足】《名詞》　じめじめしたところに住み、平たくて細長い体で、たくさんの節と足のある虫。「うえきばち(植木鉢)・を・　の(除)け・たら・　した(下)・に・むかで・が・　おっ・た。」

むかできょうそう〔**むかできょーそー**〕【百足競争】《名詞》　何人もがはけるようにした長い下駄を、その人数ではいて、速く歩くことを競う遊び。「うんどーかい(運動会)・で・　むかできょーそー・を・　する。」

むかむか《副詞と、動詞する、名詞》　①胃の中のものを吐きそうになる様子。「でんしゃ(電車)・の・　なか(中)・で・　ぐあい(具合)・が・　わる(悪)なっ・て・　むかむかし・た。」「くすり(薬)・を・　の(飲)ん・だら・　むかむか・は・　なお(治)っ・た。」②強い怒りがこみ上げてくる様子。しゃくに障る様子。「あいつ(彼奴)・は・　なん(何)でもかんでも・　はんたい(反対)し・やがる・さかい・　むかむかする。」〔⇒**むかっと**。動詞⇒**むかつく**。名詞⇒**むかつき**〕

むかわり《名詞》　人が亡くなって満１年になること。また、そのときに営む法事。「おやじ(親父)・の・　むかわり・の・　とき(時)・に・　きょーだい(兄弟)・が・　あつ(集)まっ・た。」〔⇒**いっしゅうき【一周忌】**〕

むき【向き】《名詞》　①動いているものや動こうとするものの、進んでいこうとする方向や方角。「かぜ(風)・の・むき・が・　か(変)わっ・た。」②そのものの正面が指している方向や方角。「いえ(家)・の・　むき・は・　みなみ(南)・や。」③その人にちょうど似合ったり適したりしていること。「これ・は・　おんな(女)・の・　ひと(人)むき・の・　ひがさ(日傘)・や。」「ちゅーがくせー(中学生)むき・の・　ほん(本)・を・　よ(読)む。」◆③は、単独では使わず、複合語を作る。

むぎ【麦】《名詞》　多くの禾(のぎ)があり６月頃に実る、食糧や家畜の餌などに使われる、畑で作る穀物。「むぎ・の・　こ(粉)ー・で・　ぱん(パン)・を・　や(焼)く。」「むぎ・の・　ほ(穂)ー・が・　の(伸)び・てき・た。」◆大麦・小麦・裸麦などの総称である。

むぎあき【麦秋】《名詞》　麦が実って収穫をする、５月の頃。「いま(今)・は・　むぎあき・で・　いそが(忙)しー。」

むぎちゃ【麦茶】《名詞》　殻つきの大麦を煎って、煎じる材料としたもの。また、暑い季節などに、それを煎じて茶として飲むもの。「なつ(夏)・は・　むぎちゃ・が・よろしー・なー。」

むぎばたけ【麦畑】《名詞》　麦を作る畑。「むぎばたけ・で・くろべ・を・　ぬ(抜)い・て・　ふえ(笛)・に・　する。」

むきむきする【剥き剥きする】《動詞・サ行変格活用》　野菜や果物の表面を覆っている皮を取り去る。外側を覆っているものを取り除いて、中のものを分ける。「みかん(蜜柑)・の・　かわ(皮)・を・　むきむきする。」◆幼児語。〔⇒**むく【剥く】、むいむいする【(剥い剥いする)】**〕

むぎわら【麦藁】《名詞》　麦の実を取ったあとの茎。「むぎわら・で・　にんぎょー(人形)・を・　つく(作)る。」〔⇒**むんぎゃら【(麦藁)】**〕

むぎわらぼうし〔**むぎわらぼーし**〕【麦藁帽子】《名詞》　実を取ったあとの麦の茎を編んで作った帽子。「なつ(夏)・は・　むぎわらぼーし・が・　すず(涼)し・そーや。」〔⇒**むんぎゃらぼうし【(麦藁帽子)】**〕

むく【向く】《動詞・カ行五段活用》　①ある方向や方角が正面になるように動く。「こえ(声)・の・　し・た・　ほー(方)・を・　むく。」②その方向や方角に面している。「みなみ(南)・に・　むい・た・　いえ(家)・を・　た(建)てる。」③ちょうど似合ったり適したりしている。「かぞくづ(家族連)れ・に・　むい・た・　しょくどー(食堂)・や。」■他動詞は「むける【向ける】」■名詞化＝**むき【向き】**

むく【剥く】《動詞・カ行五段活用》　①野菜や果物の表面を覆っている皮を取り去る。外側を覆っているものを取り除いて、中のものを分ける。「はこ(箱)・の・　つつみがみ(包紙)・を・　むく。」「ばなな(バナナ)・の・　かわ(皮)・を・　むく。」②大きく見開く。強く見せる。「さる(猿)・が・　め(目)ー・を・　むい・たり・　は(歯)ー・を・むい・たり・　し・とる。」■自動詞は「むける【剥ける】」〔①⇒**むきむきする【剥き剥きする】、むいむいす**

る【(剥い剥いする)】〕

むくち【無口】《形容動詞や(ナ)、名詞》 口数が少なく、黙りがちである様子。また、そのような人。「むくちな・こ(子)ー・で・ こま(困)っ・とり・ます。」■対語＝「しゃべり【喋り】」

むくっと《副詞》 ①急に、あるいはゆっくりと、起きたり立ち上がったりする様子。「いぬ(犬)・が・ むくっと・た(立)っ・た・さかい・ びっくりし・た。」②煙や雲などがわきあがる様子。「むくっと・ にゅーどーぐも(入道雲)・が・ わ(湧)い・とる。」〔①⇒**むっくり**〕

むくみ【浮腫み】《名詞》 疲れや病気によって、体またはその一部がはれて膨れること。また、そのようになっている部分。「まだ・ あし(足)・の・ むくみ・が・ なお(治)ら・へん。」

むくむ【浮腫む】《動詞・マ行五段活用》 疲れや病気などのために、体またはその一部がはれて膨れる。「ほ(頬)っぺた・が・ ちょっと(一寸)・ むくん・どる・みたいや。」■名詞化＝**むくみ**【浮腫み】

むくむく《副詞と》 ①煙や雲などが、重なり合うように、後から後から出てくる様子。「やま(山)・の・ なか(中)・で・ みず(水)・が・ むくむく・ わ(涌)い・とる。」「にゅーどーぐも(入道雲)・が・ むくむくと・ で(出)・とる。」「けむり(煙)・が・ むくむく・ た(立)ちのぼる。」②厚く膨らんでいる様子。「むくむくし・た・け(毛)ー・の・ いぬ(犬)・や・なー。」〔①⇒**もくもく**〕

むぐむぐ《副詞と、動詞する》 ①口を十分に開けないで、ものをかむ様子。食べ物をほおばって、かむ様子。「ちゅーいんがむ(チューインガム)・を・ むぐむぐ・か(噛)ん・どる。」②ものを言いかけて、口だけ動かす様子。「かし(歌詞)・を・ し(知)ら・なんだ・さかい・ くち(口)・だけ・ むぐむぐし・とっ・た。」③発音が明瞭でない様子。「むぐむぐ・ ゆ(言)ー・とる・けど・ よー・き(聞)こえ・へん。」〔⇒**もぐもぐ、もごもご**〕

むくる【(捲る)】《動詞・ラ行五段活用》 ①身につけたり上に置いてあったりするものを脱がせたり取り除いたりする。中のものが見える状態にする。「ふとん(布団)・を・ むくっ・て・ お(起)こす。」②巻くようにして上げる。上げてひっくりかえしたり、取り除いたりする。冊子の次のページを開く。「かべ(壁)・に・ は(貼)っ・てある・ ぽすたー(ポスター)・を・ むくっ・て・ す(捨)てる。」「ひ(日)めくり・を・ むくる。」■自動詞は「むくれる【(捲れる)】」〔⇒**めくる**【捲る】、**まくる**【捲る】〕

むくれる【(捲れる)】《動詞・ラ行下一段活用》 ①固定されていたものの一部分が、はがれて上がる。「おし(知)らせ・の・ はりがみ(貼紙)・が・ むくれ・とる。」②くっついていたものが、はがれて離れる。表面のものがなくなって、内側のものが現れる。「かべ(壁)・が・ むくれ・て・ お(落)ち・とる。」③冊子が次のページに繰られる。「かぜ(風)・で・ ほん(本)・の・ ぺーじ(ページ)・が・ むくれる。」■他動詞は「むくる【(捲る)】」〔⇒**めくれる**【捲れる】。①②⇒**まくれる**【(捲れる)】。②⇒**むける**【剥ける】〕

むける【向ける】《動詞・カ行下一段活用》 ある方向に対置するように、ものの正面方向を変える。「かお(顔)・を・ みぎ(右)・に・ むけ・たり・ ひだり(左)・に・むけ・たり・して・ はなし(話)・を・ する。」「てれび(テレビ)・を・ いりぐち(入口)・に・ むける。」■自動詞は「むく【向く】」■名詞化＝**むけ**【向け】

むける【剥ける】《動詞・カ行下一段活用》 くっついていたものが、はがれて離れる。表面のものがなくなって、内側のものが現れる。「ひ(陽)・に・ や(焼)け・て・ かお(顔)・の・ かわ(皮)・が・ むける。」「つつみがみ(包紙)・が・ むけ・ても・て・ なかみ(中身)・が・ み(見)え・ても・とる。」■他動詞は「むく【剥く】」〔⇒**めくれる**【捲れる】、**むくれる**【(捲れる)】、**まくれる**【(捲れる)】〕

むこ【婿】《名詞》 ①結婚相手の男性。「おむこさん・は・どんな・ かた(方)・です・か。」②結婚して娘の夫となった男性。「むこ・が・ たいしょくいわ(退職祝)い・を・ し・てくれ・た。」■対語＝「よめ【嫁】」

むこう〔**むこー、むこ**〕【向こう】《名詞》 ①自分から見て、正面の方向や前の方向。「まっすぐ・ むこー・へ・ ある(歩)く。」「むこー・の・ やま(山)・に・ のぼ(登)り・たい。」②自分のいる場所から離れていて、これから目指して行こうとするところ。「むこー・で・ ま(待)っ・とっ・てくれ・へん・か。」③直接見ることができない、あちら側。「やま(山)・の・ むこー・に・は・ なに(何)・が・ ある・ん・やろ。」④何かをする相手の人。先方の人。「むこー・から・ でんわ(電話)・が・ かかっ・てくる・ はず・や。」「この・ じこ(事故)・は・ むこ・の・ふちゅーい(不注意)や・ねん。」

むこういき〔**むこーいき、むこいき**〕【向こう意気】《名詞》 がむしゃらに進んで、後へ引かないこと。相手に対抗し負けまいとすること。また、そのような心持ちや性格。「あいつ(彼奴)・は・ むこーいき・が・ つよ(強)い・さかい・ ゆ(言)ー・たら・ ひ(引)っこま・へん。」

むこうずね〔**むこーずね、むこずね**〕【向こう脛】《名詞》 膝から足首までの間の前側の部分。「いし(石)・に・けつまずい・て・ こけ・て・ むこーずね・を・ う(撲)っ・た。」

むこはん【婿はん】《名詞》 結婚相手の男性を、敬意を込めて言う言葉。「むこはん・は・ はおりはかま(羽織袴)・で・ しき(式)・に・ で(出)・た。」■対語＝「よめはん【嫁はん】」

むさくるしい〔**むさくるしー**〕【むさ苦しい】《形容詞・イイ型》 衣服や室内の様子などが、整っていなくて、汚らしい。「むさくるしー・ いえ(家)・や・けど・ あ(上)がっ・ておくん・なはれ。」◆実際にはそうでなくても。謙遜して使うことも多い。〔⇒**むさくろしい**【(むさ苦しい)】〕

むさくろしい〔**むさくろしー**〕【(むさ苦しい)】《形容詞・イイ型》 衣服や室内の様子などが、整っていなくて、汚らしい。「むさくろしー・ かっこー(格好)・を・ し・て・あらわ(現)れ・た。」「むさくろしー・ へや(部屋)・や・さかい・ み(見)せ・られ・へん。」〔⇒**むさくるしい**【むさ苦しい】〕

むし【虫】《名詞》 ①人・獣・鳥・魚などを除いた、大量に生まれて地上・地中・水上・水中などにすむ小さな生き物。特に、とんぼ・蝶・蝉のような、体が頭・胸・腹に分かれ、触角や羽を持つ動物。「つくえ(机)・の・ うえ(上)・を・むし・が・ は(這)いまわっ・とる。」②人体などに寄生する小さな動物。「はら(腹)・の・ なか(中)・の・ むし・を・ くだ(下)す。」③人の心の中にあって、体や気持ちにさまざまな影響を与えると考えられるもの。「はら(腹)・の・ むし・が・ おさまら・へん。」④心の中が普通の人とだいぶ違った傾向を持っている人。「あいつ(彼奴)・は・ めし(飯)・より・ まんが(漫画)・が・ す(好)きな・ むし・や。」⑤空気を注ぎ入れるところについている、空気を押さえて漏れないようにするためのゴム製の短い管。「じてんしゃ(自転車)・の・　ちゅーぶ(チューブ)・の・　むし・を・　か(替)える。」〔①⇒**むいむい**【(虫虫)】、**ぶんぶん**、**こんちゅう**【昆虫】〕

むし【虫】《接尾語》［動詞の連用形や、形容詞・形容動詞の語幹などに付く］　そのような傾向の人を、からかったり、蔑んだりして言う言葉。「おー(大)きなっ・て・　な(泣)きむし・が・　なお(直)っ・た。」「おこ(怒)りむし・や・さかい・　じっき(直)に・　もんく(文句)・を・　い(言)ー・に・　く(来)る。」「うちべんけー(内弁慶)・の・　よわ(弱)むし・や。」〔⇒**みそ**【味噌】〕

むじ【無地】《名詞》　布・紙などの全体が一つの色で、模様のないこと。また、そのようなもの。「むじ・の・　ふく(服)・を・　き(着)る。」「むじ・の・　ふくろ(袋)・に・　おかね(金)・を・　つつ(包)む。」

むしあつい【蒸し暑い】《形容詞・ウイ型》　風の通りがなくて、湿り気が多く気温が高い。暑さがこもるように感じられる。「ぼんち(盆地)・や・さかい・　きょーと(京都)・の・　なつ(夏)・は・　むしあつい・そーや。」

むしおさえ【虫抑え、虫押さえ】《名詞》　少し食べて、空腹感をやわらげるようにすること。一時しのぎに食べるもの。「まんじゅー(饅頭)・を・　ひと(一)つ・　た(食)べ・て・　むしおさえ・に・　する。」◆食事の時刻に間があるときなどに食べるものである。

むしがあう【虫が合う】《動詞・ワア行五段活用》　性質などが気に入って、相性がよい。「えらそーな・　はな(話)しかた・を・　する・　やつ(奴)・は・　むしがあわ・ん。」〔⇒**むしがすく**【虫が好く】〕

むしかご【虫籠】《名詞》　捕まえた虫を入れて飼うための籠。「むしかご・に・　かまきり(蟷螂)・を・　い(入)れる。」

むしがすく【虫が好く】《動詞・カ行五段活用》　性質などが気に入って、相性がよい。「むしがすか・ん・　やつ(奴)・と・は・　いっしょ(一緒)に・　しごと(仕事)・を・　し・とー・ない。」〔⇒**むしがあう**【虫が合う】〕

むしきる【毟し切る】《動詞・ラ行五段活用》　①草や糸や髪の毛などを、何本か一緒につまんで引き抜いたり切ったりする。「て(手)ー・で・　むしきら・んと・　はさみ(鋏)・を・　つか(使)い・なはれ。」②一かたまりや一続きになっているものを、手で細かく分ける。「ぱん(パン)・を・　むしきっ・て・　た(食)べる。」③つながった状態であったものを、力を入れて切り離す。「まんいんでんしゃ(満員電車)・で・　ぼたん(ボタン)・を・　むしきら・れ・た。」④他の人のものを奪い取る。「ぜーきん(税金)・を・　むしきら・れる。」〔⇒**むしる**【毟る】、**みしる**【(毟る)】、**みしきる**【(毟し切る)】。②③⇒**ちぎる**【千切る】〕

むしば【虫歯】《名詞》　細菌によって侵されて、傷んだり穴があいたりした歯。「いしゃ(医者)・へ・　い(行)っ・て・　むしば・を・　なお(治)し・てる・ねん。」

むしパン〔**むしぱん**〕【蒸し ＋ ポルトガル語＝ pão パン】《名詞》　小麦粉にイースト菌を加えて、発酵させてから、ふかした食べ物。「いえ(家)・で・　むしぱん・を・　こしらえる。」

むしピン〔**むしぴん**〕【虫 ＋ 英語＝ pin】《名詞》　標本を作るときなどに使う、虫を突き刺して留めるための針。「むしぴん・で・　ごまい(五枚)・の・　かみ(紙)・を・　と(留)める。」◆書類を何枚かまとめるときなどにも使う。

むしぶろ【蒸し風呂】《名詞》　湯を使わず、密閉した浴室で湯気によって体を温める風呂。「あめ(雨)・が・　ふ(降)ら・んと・　きょー(今日)・は・　むしぶろ・みたいに・　あつ(暑)い・なー。」◆サウナ風呂はこれにあたるが、現実には家庭に蒸し風呂はなく、比喩表現として使うことが多い。

むしぼし【虫干し】《名詞、動詞する》　夏の土用の頃などに、虫食いや黴(かび)を防ぐために、衣類などを風や日光に当てること。「つゆ(梅雨)・が・　あ(明)け・た・ので・　むしぼしする。」

むしまんじゅう〔**むしまんじゅー**〕【蒸し饅頭】《名詞》　小麦粉で作り醗酵させた皮の中に、餡や肉などを入れて蒸した食べ物のうち、店頭で蒸しながら売っているものや、自宅などで作って蒸すもの。「ありまおんせん(有馬温泉)・で・　こ(買)ー・た・　むしまんじゅー・を・　ほーば(頬張)っ・て・　た(食)べ・た。」

むしむし【蒸し蒸し】《副詞と、動詞する》　湿気が多くて暑く感じる様子。「あめふ(雨降)り・で・　まど(窓)・を・　し(閉)め・とっ・たら・　むしむしと・　きぶん(気分)・が・　わる(悪)い。」「きょー(今日)・は・　あさ(朝)・から・　むしむしする。」〔動詞⇒**むす**【蒸す】〕

むしめがね【虫眼鏡】《名詞》　小さなものを大きくして見るための、焦点距離の短い凸レンズでできた道具。「むしめがね・で・　こ(小)まい・　じ(字)ー・の・　じびき(字引)・を・　み(見)る。」「ほーげんしゅー(方言集)・の・　こーせー(校正)・に・は・　むしめがね・が・　い(要)る・ねん。」

むしやき【蒸し焼き】《名詞、動詞する》　材料を鍋や釜に入れて、蓋で密閉して焼くこと。また、そのようにしてできた料理。「いも(芋)・を・　むしやき・に・　する。」

むしゃくしゃ《副詞と、動詞する》　①怒りの気持ちが強くなる様子。いらいらしたり腹を立てたりしている様子。「みんな(皆)・から・　もんく(文句)・を・　い(言)わ・れ・て・　むしゃくしゃし・た。」②すっきりしないものが残って、いらいらしている様子。「あさ(朝)・から・　むしゃくしゃし・た・　きぶん(気分)・が・　つづ(続)い・とる。」〔⇒**むしゃむしゃ**。①⇒**むらむら**〕

むしゃむしゃ《副詞と、動詞する》　①周りの人を気にしないで、勢いよく食べる様子。「むしゃむしゃと・　りんご(林檎)・に・　かぶりつい・て・　た(食)べる。」②怒りの気持ちが強くなる様子。いらいらしたり腹を立てたりしている様子。「むしゃむしゃする・よーな・　こと・を・　い(言)わ・んとい・てんか。」③すっきりしないものが残って、いらいらしている様子。「どーも・　むしゃむしゃし・て・　しごと(仕事)する・　き(気)・に・　なら・ん。」〔②③⇒**むしゃくしゃ**。②⇒**むらむら**〕

むしょうに〔**むしょーに**〕【無性に】《副詞》　前後のつながりもなく、気持ちがつのったり行動したりする様子。その気持ちが強くなって、どうしても抑えることができない様子。「あの・　とき(時)・の・　こと・を・　おも(思)いだし・たら・　むしょーに・　はら(腹)・が・　た(立)っ・て・　しょーがない。」

むしる【毟る】《動詞・ラ行五段活用》　①草や糸や髪の毛などを、何本か一緒につまんで引き抜いたり切ったりする。「にわ(庭)・の・　くさ(草)・を・　みんな(皆)・で・　むしっ・た。」②一かたまりや一続きになっているものを、手で細かく分ける。「ほ(干)し・た・　いわし(鰯)・を・　や(焼)い・て・　むしっ・て・　く(食)う。」③つながった状態であったものを、力を入れて切り離す。「まんいんでんしゃ(満員電車)・で・　ぼたん(ボタン)・を・　むしら・れ・た。」④他の人のものを奪い取る。「そば(蕎麦)・　いっぱい(一杯)・で・　せんごひゃくえん(千五百円)・も・　むしら・れ・た。」⑤作物などを、枝や茎などからもぎ取る。「いちご(苺)・を・　むしっ・て・　た(食)べる。」〔⇒**みしる**【(毟る)】。①②③④⇒**むしきる**【毟し切る】、**みしきる**【(毟し切る)】。②③⑤⇒**ちぎる**【千切る】〕

むしろ【筵】《名詞》　藁や藺草(いぐさ)などで編んで作った敷物。「むしろ・を・　ひ(敷)ー・て・　こし(腰)・を・　お(下)ろす。」

むじんとう〔**むじんとー**〕【無人島】《名詞》　人が住んでいない島。「たかさご(高砂)・の・　おき(沖)・の・　ほーらくじま(島)・は・　むじんとー・や。」

むす【蒸す】《動詞・サ行五段活用》　①強い蒸気を当てて、食べ物などを熱する。「ぶたまん(豚饅)・を・　むし・て・　う(売)っ・とる。」②湿気が多くて暑く感じる。「きょー(今日)・は・　あさ(朝)・から・　むす・さかい・　あせ(汗)びっしょりや。」〔②⇒**むしむし**【蒸し蒸し(する)】〕

むすこ【息子】《名詞》　親から見て、自分の子である男子。「むすこ・が・　こーとーがっこー(高等学校)・に・　はい(入)っ・た。」■対語＝「むすめ【娘】」

むすっと《副詞、動詞する》　口数が少なく、愛想がなく、機嫌が悪そうな様子。「へんじ(返事)・も・　せ・んと・　むすっと・　した(下)・を・　む(向)い・とる。」〔⇒**むつっと**、**ぶつっと**、**ぶすっと**、**むっつり**〕

むすび【結び】《名詞》　水で湿した手に塩をつけて、ご飯を3角形や丸形に握り固めたもの。「やまのぼ(山登)り・の・　べんとー(弁当)・に・　むすび・を・　も(持)っ・ていく。」◆中に具を入れたり外側に海苔を巻いたりするものもある。〔⇒**にぎりめし**【握り飯】、**にぎり**【握り】、**おにぎり**【お握り】、**おむすび**【お結び】〕

むすびと【結び処】《名詞》　糸や紐などを結び合わせたところ。「この・　ひぼ(紐)・の・　むすびと・は・　どこ・なん・や。」〔⇒**むすびめ**【結び目】〕

むすびめ【結び目】《名詞》　糸や紐などを結び合わせたところ。「むすびめ・が・　ほど(解)きにくい。」〔⇒**むすびと**【結び処】〕

むすぶ【結ぶ】《動詞・バ行五段活用》　①離れているものをつないだり縛ったりする。「なわ(縄)・の・　はし(端)・と・　はし(端)・を・　むすぶ。」②別々のものや離れているものなどを合わせて、関係づける。「となり(隣)・の・　ひと(人)・と・　て(手)・を・　むすぶ。」「あわじ(淡路)・の・　いわや(岩屋)・と・　むすぶ・　ふぇりーぼーと(フェリーボート)・は・　はいし(廃止)・に・　なっ・ても・た。」③口や手などを固く閉じる。「おとこ(男)・の・　こ(子)・は・　くち(口)・を・　むすん・どけ。」■名詞化＝**むすび**【結び】

むすめ【娘】《名詞》　①親から見て、自分の子である女子。「むすめ・が・　こーこー(高校)・を・　そつぎょー(卒業)し・た。」②若くて結婚していない時の女子。また、人生の中のそのような時代。「むすめ・の・　とき(時)・に・　りょーり(料理)・を・　なろ(習)ー・た。」■対語＝①「むすこ【息子】」

むすめむこ【娘婿】《名詞》　娘の結婚相手である男性。「うち・の・　むすめむこ・は・　やくば(役場)・に・　つと(勤)め・とる。」◆息子の嫁のことは「むすこよめ」とは言わない。「むすこ・の・　よめ」という言い方になる。

むせかえる【噎せ返る】《動詞・ラ行五段活用》　煙などによって息が詰まりそうになって、ひどく咳き込む。「となり(隣)・で・　たばこ(煙草)・を・　す(吸)わ・れ・て・　むせかえっ・た。」〔⇒**むせる**【噎せる】〕

むせかえる【蒸せ返る】《動詞・ラ行五段活用》　温度や湿度が高く風がない状態で、ひどく不快に感じる。極端に蒸し暑い状態が続く。ひどく蒸し暑く感じられる。「かんかんで(照)りで・　むせかえっ・た・　いちにち(一日)・やっ・た。」〔⇒**むせる**【蒸せる】〕

むせる【噎せる】《動詞・サ行下一段活用》　①煙などによって息が詰まりそうになって、咳き込む。「たきび(焚火)・に・　あたっ・とっ・て・　けむり(煙)・に・　むせ・た。」②食べ物が喉に詰まって苦しくなる。「むせ・た・さかい・　せなか(背中)・を・　さすっ・てやっ・た。」〔①⇒**むせかえる**【噎せ返る】〕

むせる【蒸せる】《動詞・サ行下一段活用》　温度や湿度が高く風がない状態で、不快に感じる。「ことし(今年)・の・　なつ(夏)・は・　いつ・まで・も・　むせ・まん・なー。」〔⇒**むせかえる**【蒸せ返る】〕

むだ【無駄】《名詞、形容動詞や(ナ)》　①それを行っただけの効果がないこと。「いまさら(今更)・　はし(走)っ・ても・　むだや。でんしゃ(電車)・に・は・　ま(間)にあわ・へん。」②役に立たない使い方をすること。「ぜーきん(税金)・を・　むだに・　つか(使)わ・ん・とい・てほしー。」

むだごと【無駄事】《名詞、動詞する》　何かをしても効果がないことがら。したけれども役に立たないことがら。「むだごと・や・と・　おも(思)う・　しごと(仕事)・を・　てつだ(手伝)わさ・れ・た。」

むだごと【無駄言】《名詞、動詞する》　何の役にも立たない、単なるおしゃべり。役に立たない言葉。「むだごと・ばっかり・　ゆ(言)ー・て・　よ(寄)りあい・が・　ながび(長引)ー・た。」〔⇒**むだばなし**【無駄話】〕

むだづかい【無駄遣い】《名詞、動詞する》　お金や物を、役に立たない方面や必要としない方面に使うこと。「むだづかいせ・んと・　いま(今)・は・　ちょきん(貯金)し・とき。」「ぜーきん(税金)・の・　むだづかい・は・　や(止)め・てんか。」「かみ(紙)・の・　むだづかい・は・　もったい(勿体)ない。」

むだばなし【無駄話】《名詞、動詞する》　何の役にも立たない、単なるおしゃべり。「みち(道)・で・　むだばなしし・とっ・て・　じかん(時間)・が・　た(経)っ・ても・た。」〔⇒**むだごと**【無駄言】〕

むち【鞭】《名詞》　人や動物を打ったり、人にものを指し示したりするときに使う、細長い棒や革紐。「うま(馬)・に・　むち・を・　う(打)つ。」「かけず(掛図)・を・　むち・で・　さ(指)し・て・　せつめー(説明)する。」

むちゃ【無茶】《形容動詞や(ナ)、動詞する》　①異常と思われるほど、程度がはなはだしい様子。「むちゃな・　ひろ(広)さ・を・　ひとり(一人)・で・　そーじ(掃除)し・た・ん・や。」②あまりにも筋道が通らない様子。ものごとに秩序や根拠が乏しい様子。「あした(明日)・まで・に・　せー・　ゆ(言)ー・て・　そら・　むちゃやろ。」③乱暴をする様子。「こども(子供)・に・　むちゃし・たら・　あかんぞ。」〔⇒**むちゃくちゃ**【無茶苦茶】、**めちゃくちゃ**【滅茶苦茶】、**めちゃめちゃ**【(滅茶滅茶)】、**めちゃんこ**【目茶んこ】、**めっちゃくちゃ**【滅茶苦茶】、**めっちゃくっちゃ**【滅茶苦茶】。①⇒**むっちゃ**【(無茶)】、**めっちゃ**【滅茶】〕

むちゃくちゃ【無茶苦茶】《形容動詞や(ナ)、動詞する》　①異常と思われるほど、程度がはなはだしい様子。「くら(暗)がり・やっ・た・さかい・　むちゃくちゃに・　おと(恐)ろしかっ・た。」②あまりにも筋道が通らない様子。ものごとに秩序や根拠が乏しい様子。「むちゃくちゃな・　やりかた・を・　し・た・さかい・　あないに・　す(好)か・ん・を・　く(食)ろ・た。」③乱暴をする様子。「いぬ(犬)・が・　たんぼ(田圃)・を・　むちゃくちゃに・　し・くさっ・た。」〔⇒**むちゃ【無茶】、めちゃくちゃ【滅茶苦茶】、めちゃめちゃ【(滅茶滅茶)】、めちゃんこ【目茶んこ】、めっちゃくちゃ【滅茶苦茶】、めっちゃくっちゃ【滅茶苦茶】**。①⇒**むっちゃ【(無茶)】、めっちゃ【滅茶】**〕

むちゃもん【無茶者】《名詞》　道理にかなわないことを言ったりしたりする者。無法者。「むちゃもん・に・は・　あいて(相手)・に・　なら・ん・　ほー(方)・が・　え(良)ー。」

むちゅう〔むちゅー〕【夢中】《形容動詞や(ノ)》　①一生懸命になって取り組む様子。一つのことに熱中する様子。「きってあつ(切手集)め・に・　むちゅーに・　なっ・た・　こと・が・　あっ・た。」②興奮したり我を忘れたりして、心の中が普段とは異なっている様子。「みんな・が・　と(飛)びこん・だ・さかい・　わし・も・　むちゅーで・　と(飛)びこん・だ。」

むつかしい〔むつかしー〕【難しい】《形容詞・イイ型》　①内容の理解がしにくくて、手間がかかる。「むつかしー・　はなし(話)・の・　しかた・やっ・た。」②なかなか結末がつかず、手間がかかる。「はんたい(反対)する・　ひと(人)・も・　おー(多)い・さかい・　き(決)める・の・は・　むつかしー・と・　おも(思)う。」③複雑で面倒であって取り組みにくい。「てつづ(手続)き・が・　ぎょーさん(仰山)・　あっ・て・　むつかしー・　こと・や。」④機嫌が悪い様子である。不愉快そうである。「あさ(朝)・から・　むつかしー・　かお(顔)・を・　し・とる。」⑤相手と気軽に接しにくい。相手が扱いにくい。「むつかしー・　ひと(人)・が・　ひとり(一人)・　おっ・たら・　はなし(話)・が・　おさ(収)まら・へん・やん。」◆濁音で「むずかしい」と言うことは少ない。■対語①②③＝「やすい【易い】」「なやすい【な易い】」〔⇒**むつかしないな【難しないな】**〕

むつかしないな【難しないな】《連体詞》　①内容がわかりにくくて、理解するのに手間がかかる。「むつかしないな・　もんだい(問題)・や・さかい・　こたえ(答)・が・　わから・へん。」②なかなか結末がつかず、手間がかかる。「よ(寄)りあい・は・　むつかしないな・　こと・に・　なっ・て・　まだ・　なに(何)・も・　き(決)まっ・とら・へん。」③複雑で面倒であって、やりにくい。「むつかしないな・　か(書)きかた・を・　せ・な・　いか・ん・よーや。」④機嫌が悪い様子である。不愉快そうである。「むつかしないな・　かお(顔)・を・　せ・んと・　にっこりせー。」⑤相手と気軽に接しにくい。相手が扱いにくい。「むつかしないな・　ひと(人)・と・は・　はなし(話)・を・　し・とー・ない。」◆濁音で「むずかしないな」と言うことは少ない。〔⇒**むつかしい【難しい】**〕

むつかしや【難し屋】《名詞》　自我が強くて、神経質で、人と同調することをしないような人。扱いにくい人。「むつかしや・が・　ひとり(一人)・　おっ・たら・　そーだんごと(相談事)・が・　まと(纏)まら・へん。」

むつき【襁褓】《名詞》　乳幼児などの尻に当てて、大小便を受ける布や紙。「まご(孫)・は・　だいぶ(大分)・　おー(大)きなっ・て・　むつき・が・　とれ・た。」〔⇒**おむつ【お襁】、おしめ【お襁】**〕

むつき【六月】《名詞》　①1年を12に分けたときの、そのむっつ分。ほぼ180日の長さ。「じちかいひ(自治会費)・は・　むつき・で・　にせんえん(二千円)・や。」②その月から、中に4つの月を置いてまたがる長さ。ほぼ半年にまたがる長さ。「むつき・に・　わたっ・て・　ごたごた・が・　つづ(続)い・た。」〔⇒**ろっかげつ【六か月】**〕

むっくり《副詞と》　急に、あるいはゆっくりと、起きたり立ち上がったりする様子。「め(目)ーさまし・て・　むっくりと・　お(起)き・てき・た。」「うし(牛)・が・　むっくり・　た(立)ちあがっ・た。」〔⇒**むくっと**〕

むっちゃ【(無茶)】《副詞》　異常と思われるほど、程度がはなはだしい様子。「えき(駅)・まで・は・　むっちゃ・　とー(遠)かっ・てん。」〔⇒**めっちゃ【滅茶】、むちゃ【無茶】、むちゃくちゃ【無茶苦茶】、めちゃくちゃ【滅茶苦茶】、めちゃめちゃ【(滅茶滅茶)】、めちゃんこ【目茶んこ】、めっちゃくちゃ【滅茶苦茶】、めっちゃくっちゃ【滅茶苦茶】**〕

むっつ【六つ】《名詞(数詞＋助数詞)》　①自然数の5に、1を加えた数で、個数などをかぞえる場合に使う言葉。「ひとふくろ(一袋)・に・　まんじゅー(饅頭)・が・　むっつ・　はい(入)っ・とる。」②6歳。「むっつ・に・　なっ・て・　いよいよ・　にゅーがく(入学)・や・なー。」

むつっと《副詞、動詞する》　口数が少なく、愛想がなく、機嫌が悪そうな様子。「お(起)きぬけ・で・　むつっとし・た・　かお(顔)・を・　し・とる。」「き(聞)ー・ても・　むつっとし・て・　なん(何)・も・　こた(答)え・へん。」〔⇒**むすっと、ぶつっと、ぶすっと、むっつり**〕

むっつり《副詞と、動詞する》　口数が少なく、愛想がなく、機嫌が悪そうな様子。「いつも・　むっつりし・とる・さかい・　はなし(話)・が・　しにくい・　ひと(人)・や。」〔⇒**むすっと、むつっと、ぶつっと、ぶすっと**〕

むっつりや【むっつり屋】《名詞》　愛想がなく、口数が少ない人。「むっつりや・の・　おとこ(男)・の・　こ(子)・や・なー。」〔⇒**だんまりや【黙んまり屋】**〕

むっと〔むーっと〕《副詞、動詞する》　①相手の言動などに怒りなどを感じて不機嫌になる様子。また、それを表情に現す様子。機嫌が悪くなって、口を閉ざす様子。「むーっとし・て・　なに(何)・を・　ゆ(言)ー・ても・　へんじ(返事)・を・　し・てくれ・へん。」②暑さや強い臭いなどが迫ってくる様子。暑さや臭いによって息が詰まりそうな様子。「へや(部屋)・ん・　なか(中)・が・　むーっとし・とる・さかい・　まど(窓)・を・　あ(開)け・たら・　どない・です・か。」

むとんちゃく【無頓着】《形容動詞や(ナ)》　相手の事情や気持ちなどについて気にかけない様子。ものごとを気にかけず、細かな注意が行き届かない様子。「いえ(家)・の・　なか(中)・が・　よご(汚)れ・とっ・ても・　むとんちゃくな・　ひと(人)・や。」

むなくそ(が)わるい【胸糞(が)悪い】《形容詞・ウイ型》　気分を害されて腹が立つ。不愉快で、いまいましく思う。「なん(何)やかや・　もんく(文句)・を・　い(言)ー・やがっ・て・　むなくそわるい・　やつ(奴)・や。」〔⇒**むねがわるい【胸が悪い】**〕

むなぐら【胸倉】《名詞》　衣服の左右の襟が重なって合わさるあたり。「むなぐら・　つか(掴)ん・で・　は(張)りたおし・てやり・たかっ・た。」

むなもと【胸元】《名詞》　胸のあたり。着ているものの胸の合わせ目のところ。「むなもと・に・　さぶ(寒)い・　かぜ(風)・が・　びゅーんと・　はい(入)る・さかい・　えりま(襟巻)き・を・　し・た。」「むなもと・を・　つか(掴)ま・れ・て・　なぐ(殴)ら・れ・てん。」

むにゃむにゃ《名詞》　①はっきりと意味を伝えることをしない言葉。「おく(悔)やみ・の・　とき(時)・は・　むにゃむにゃ・を・　ゆ(言)ー・しか・　あら・へん。」②念仏。

「おぼー(坊)さん・が・　むにゃむにゃ・を・　い(言)ー・よっ・て・やろ。」◆②は幼児語。

むにゃむにゃ《副詞と》 ①わけのわからないことを小声でつぶやく様子。「むにゃむにゃ・　い(言)わ・んと・　はっきり・　い(言)ー・なはれ。」②言いたくないことを、わけのわからない言い方にして、あいまいにしてしまう様子。「むにゃむにゃと・　ゆ(言)ー・て・　ごまか(誤魔化)し・やがっ・た。」③寝言を言う様子。「よだれ・　た(垂)らし・て・　むにゃむにゃ・　ゆ(言)ー・とる。」

むね【胸】《名詞》 ①体の前の部分で、首と腹の間の部分。「こけ・て・　むね・を・　う(撲)っ・た。」②肋骨の内側にある、心臓や肺などの内蔵。「むね・の・　びょーき(病気)・で・　な(亡)くなっ・た。」③人の感情、気持ち、考えなど。心の中。「むね・に・　て(手)ー・　あ(当)て・て・　よー・　かんが(考)え・てみー。」

むね【棟】《名詞》 屋根の背にあたる、一番高いところ。「むね・に・　からす(鴉)・が・　とまっ・とる。」

むね【棟】《助数詞》 建物を数えるのに使う言葉。「かじ(火事)・で・　ふた(二)むね・が・　や(焼)け・た・そーや。」

むねあげ【棟上げ】《名詞、動詞する》 家を建てるときに、主な骨組みができて、棟木を上げること。また、そのときに行う祝い事。「かんぬし(神主)さん・に・　き(来)・てもー・て・　むねあげ・を・　する。」〔⇒**たてまえ**【建て前】〕

むねがいっぱいになる【胸が一杯になる】《動詞・ラ行五段活用》 感激などをして心が強く動かされる。涙が出そうになる。「かわいそー(可哀相)な・　はなし(話)・を・　き(聞)ー・て・　むねがいっぱいになっ・た。」〔⇒**むねがつまる**【胸が詰まる】〕

むねがつまる【胸が詰まる】《動詞・ラ行五段活用》 ①感激などをして心が強く動かされる。涙が出そうになる。「えーが(映画)・を・　み(見)・て・　むねがつまっ・た。」②食べた物が食道のあたりに詰まって息苦しくなる。「つめ(冷)たい・　べんとー(弁当)・を・　た(食)べ・とっ・て・　むねがつまっ・た。」〔①⇒**むねがいっぱいになる**【胸が一杯になる】。②⇒**のどがつまる**【喉が詰まる】〕

むねがどきどき【胸がどきどき】《形容動詞や(ノ)、動詞する》 心に苦痛や圧迫を感じて、動悸が激しくなったり緊張したりする様子。「むねがどきどきし・て・　じょーず(上手)に・　うた(歌)え・なんだ。」〔⇒**どきがむねむね**【どきが胸々】〕

むねがわるい【胸が悪い】《形容詞・ウイ型》 ①気分が優れず、胸のあたりが詰まるようである。「ふね(船)・に・　よ(酔)ー・て・　むねがわるい。」②気分を害されて腹が立つ。不愉快で、いまいましく思う。「みんな(皆)・の・　まえ(前)・で・　おこ(怒)ら・れ・て・　むねがわるい・ねん。」〔②⇒**むなくそ(が)わるい**【胸糞(が)悪い】〕

むねやけ【胸焼け】《名詞、動詞する》 食べ過ぎや、胃の具合の悪さによって、胸の辺りが焼けつくように感じられること。「やきいも(焼芋)・を・　た(食)べすぎ・て・　むねやけ・が・　する。」

むね(を)はる【胸(を)張る】《動詞・ラ行五段活用》 自信のある様子を見せる。誇らしい様子を見せる。「これまで・　がんば(頑張)っ・た・ん・や・さかい・　むねをはっ・て・　しけん(試験)・を・　う(受)け・てき・なはれ。」

むやみに【無闇に】《副詞》 あまりにも度を過ごしている様子。ものごとに秩序や根拠が乏しい様子。「むやみに・　た(食)べ・たら・　あか・ん・よ。」〔⇒**やたら**【矢鱈】、**めったやたら**【滅多矢鱈】、**むやみやたら**【無闇矢鱈】、**めちゃめちゃ**【目茶目茶】、**めちゃくちゃ**【目茶苦茶】、**めちゃんこ**【目茶んこ】、**めっちゃくちゃ**【目茶苦茶】、**めっちゃくっちゃ**【目茶苦茶】、**へらへっと**、**へっともない**、**へらへっともない**〕

むやみやたら【無闇矢鱈】《副詞に》 あまりにも度を過ごしている様子。ものごとに秩序や根拠が乏しい様子。「むやみやたらに・　の(飲)みすぎ・たら・　あと(後)・で・　こま(困)る・ぞ。」〔⇒**やたら**【矢鱈】、**めったやたら**【滅多矢鱈】、**むやみに**【無闇に】、**めちゃめちゃ**【目茶目茶】、**めちゃくちゃ**【目茶苦茶】、**めちゃんこ**【目茶んこ】、**めっちゃくちゃ**【目茶苦茶】、**めっちゃくっちゃ**【目茶苦茶】、**へらへっと**、**へっともない**、**へらへっともない**〕

むら【村】《名詞》 ①町とともに、郡を構成する地方公共団体。「むら・が・　た(建)て・た・　こーかいどー(公会堂)・に・　あつ(集)まる。」②田舎で家が集まっているところ。「やま(山)・の・　なか(中)・に・も・　ちー(小)さい・　むら・が・　ある。」③家がひとかたまりになっている、集落の単位としての地域。「にしじま(西島)・の・　むら・に・　じちかい(自治会)・が・ある。」「むら・の・　よ(寄)りあい・に・　い(行)く。」〔①⇒**そん**【村】、②⇒**ぶらく**【部落】〕

むら【斑】《形容動詞や(ナ)》 ①色の濃淡などがあって、まだらである様子。「かべ(壁)・の・　ぬ(塗)りかた・が・　むらやっ・た。」②ものごとが安定しておらず、変わりやすい様子。「むらに・　た(食)べ・とっ・たら・　からだ(体)・に・　わる(悪)い。」③気持ちが一定しないで、変わりやすい様子。「むらな・　やつ(奴)・や・さかい・　やくそく(約束)・なんか・　まも(守)っ・てくれ・へん。」

むらぐい【斑食い、群食い】《名詞、動詞する》 ①食べるときと食べないときの差が大きいこと。「むらぐいし・て・　あさ(朝)・は・　く(食)わ・へん。」②大いに食いあさること。「す(好)きな・　もん(物)・が・　あっ・たら・　むらぐいし・よる・ねん。」

むらさき【紫】《名詞》 茄子の皮の色のような、赤と青の間の色。「むらさき・の・　ふろしき(風呂敷)・に・　つつ(包)む。」〔⇒**むらさきいろ**【紫色】〕

むらさきいろ【紫色】《名詞》 茄子の皮の色のような、赤と青の間の色。「むらさきいろ・の・　あさがお(朝顔)・が・　さ(咲)い・た。」〔⇒**むらさき**【紫】〕

むらす【蒸らす】《動詞・サ行五段活用》 煮たり炊いたりした後、ふたを開けずに、食べ物にじゅうぶん湯気を通してふっくらとさせる。「ごはん(飯)・を・　むらし・て・から・　た(食)べる。」〔⇒**うます**【熟ます】〕

むらむら《副詞と、動詞する》 ①何かをきっかけにして急に強い気持ちがつのる様子。「やる・　き(気)・が・　むらむら・　わ(湧)い・た。」②怒りの気持ちが強くなる様子。いらいらしたり腹を立てたりしている様子。「はら(腹)・が・　た(立)っ・て・　むらむらし・てき・た。」③性欲が起こる様子。「わか(若)い・　おんな(女)・の・　こ(子)・が・　ぎょーさん(仰山)・　おる・けど・　むらむらし・たら・　あか・ん・ぞ。」〔②⇒**むしゃくしゃ**、**むしゃむしゃ**〕

むり【無理】《形容動詞や(ナ)、動詞する》 ①理屈に合わない様子。ものごとの筋が通らない様子「き(決)まり・から・　ゆ(言)ー・たら・　あんた・の・　かんが(考)え・は・　むりな・　ところ・が・　ある。」②ものごとを押し切って強引に行う様子。筋道が通らないと知りながら行う様子。過度に行う様子。「むりし・たら・　あと(後)・で・　こま(困)る・やろ。」③行うのがとても難しい様子。「いっしゅーかん(一週間)・で・　する・の・は・　むりな・　しごと(仕事)・や。」〔②⇒**むりから【無理から】、むりと【無理と】、むりやり【無理矢理】**〕

むりから【無理から】《副詞に、動詞する》　ものごとを押し切って強引に行う様子。筋道が通らないと知りながら行う様子。過度に行う様子。「むりからに・　つ(連)れ・ていか・れ・た。」〔⇒**むりと【無理と】、むりやり【無理矢理】、むり【無理】**〕

むりと【無理と】《副詞に、動詞する》　ものごとを押し切って強引に行う様子。筋道が通らないと知りながら行う様子。過度に行う様子。「にんずー(人数)・が・　た(足)ら・ん・さかい・　むりとに・　せんしゅ(選手)・に・　さ・れ・ても・た。」〔⇒**むりから【無理から】、むりやり【無理矢理】、むり【無理】**〕

むりやり【無理矢理】《形容動詞や(ナ)、動詞する》　ものごとを押し切って強引に行う様子。筋道が通らないと知りながら行う様子。過度に行う様子。「やりかた・が・　むりやりやっ・た・さかい・　みんな(皆)・が・　めーわく(迷惑)し・た。」〔⇒**むりと【無理と】、むりから【無理から】、むり【無理】**〕

むりょう〔むりょー〕【無料】《名詞》　入場したり利用したりするための料金が要らないこと。「むりょー・や・さかい・　おーぜー(大勢)・が・　き(来)・てくれる・やろ。」■対語＝「ゆうりょう【有料】」

むれ【群れ】《名詞》　動物などの多くが一箇所に集まっていること。また、その集まり。「さかな(魚)・が・　むれ・に・　なっ・て・　およ(泳)い・どる。」

むれる【蒸れる】《動詞・ラ行下一段活用》　①炊きあがったご飯などから水分がひいて、食べ頃になる。「じっぷん(十分)・ほど・　おい・たら・　よー・　むれる・やろ。」②風通しが悪かったりして、不快に感じるほど、熱や湿気がこもる。「なつ(夏)・の・　あいだ(間)・は・　くつ(靴)・が・　むれ・て・　こま(困)る。」

むんぎゃら【(麦藁)】《名詞》　麦の実を取ったあとの茎。「むんぎゃら・を・　すとろー(ストロー)・に・　し・て・　の(飲)む。」〔⇒**むぎわら【麦藁】**〕

むんぎゃらぼうし〔むんぎゃらぼーし〕【(麦藁帽子)】《名詞》　実を取ったあとの麦の茎を編んで作った帽子。「むんぎゃらぼーし・を・　かぶ(被)っ・て・　やきゅー(野球)・を・　おーえん(応援)する。」〔⇒**むぎわらぼうし【麦藁帽子】**〕

むんと〔むーんと〕《副詞、動詞する》　蒸し暑さや臭いによって、息が詰まりそうになる様子。「でんしゃ(電車)・の・　なか(中)・で・　ぱたぱた・　けしょー(化粧)さ・れ・たら・　むーんとし・て・　きも(気持)ち・が・　わる(悪)い・なー。」〔⇒**むんむん**〕

むんむん《副詞と、動詞する》　蒸し暑さや臭いが強く漂う様子。蒸し暑さや臭いによって、息が詰まりそうな様子。「へや(部屋)・の・　なか(中)・が・　むんむんし・とる・さかい・　まど(窓)・を・　あ(開)け・た。」〔⇒**むんと**〕

め

め〔めー〕【目】《名詞》　①ものを見る働きをする器官。「めー・の・　ちか(近)く・に・　ほくろ(黒子)・が・　ある。」「めー・が・　くさ(腐)る・ほど・　よー・　ね(寝)・た。」②裸眼でものを見る能力。視力。「めー・が・　わる(悪)い。」「めー・が・　ちか(近)い。」③ものを見るときの目の様子。目つき。「おかしな・　めー・で・　み(見)・んとい・て・ほしー・な。」④見張ったり注目したりすること。視線。「まー(周)り・の・　めー・が・　き(気)・に・　なる。」⑤判断や見通しを持つ基準となるような見方。「こども(子供)・の・　めー・で・　み(見)る。」⑥ものを見分ける力。鑑識眼。「やきもん(焼物)・を・　み(見)る・　めー・が・　ある。」⑦何かの経験の積み重ねになったり、何かの転機になったりするようなことがら。「つら(辛)い・　めー・に・　お(遭)ー・た。」⑧区切られた小さな隙間。「たたみ(畳)・の・　めー・に・　ごみ(塵)・が・　た(溜)まる。」「あみ(網)・の・　めー・が・　あら(粗)い。」「じょーぎ(定規)・の・　め・は・　みり(ミリ)・の・　たんい(単位)・に・　なっ・とる。」⑨一列に連なっているものの一つ一つ。「のこぎり(鋸)・の・　めー・を・　やすり(鑢)・で・　みが(磨)く。」⑩しるしになっているもの。「さいころ(賽子)・の・　めー・は・　さん(三)・が・　で(出)・た。」〔①⇒**めめ【目々】**。③⇒**めつき【目付き】**〕

め〔めー〕【芽】《名詞》　植物の種、根、枝先からふくらんで、葉、茎、花などに成長するもの。「あさがお(朝顔)・の・　めー・が・　で(出)・た。」「さくら(桜)・の・　めー・が・　あこ(赤)ー・　なっ・てき・た。」

め〔めー〕【(匁)】《名詞》　尺貫法で重さを表す単位であり、1匁は約3.75グラムで、1貫の1000分の1にあたる重さ。「にく(肉)・を・　さんびゃく(三百)め・　か(買)う。」〔⇒**もんめ【匁】**〕

め〔めー〕【目】《接尾語》　①ものの順番を表す言葉。「いちにち(一日)め」「ふたり(二人)め」「さんばん(三番)め」「よんちょー(四丁)め」②ものの境や区切りを表す言葉。「けーき(ケーキ)・に・　き(切)れめ・を・　い(入)れる。」「たんぼ(田圃)・の・　さかい(境)め・に・　しるし(印)・を・　た(立)てる。」③度合い、性質、傾向などを表す言葉。「はや(早)いめー・に・　あつ(集)まる。」「ね(値)ー・を・　たか(高)いめ・に・　き(決)める。」「ふと(太)いめー・の・　まるた(丸太)・を・　た(立)てる。」「ひか(控)えめ・の・　ねだん(値段)・に・　する。」

め【奴】《接尾語》　いやだと思う人をあしざまに言うときに使う言葉。「あほ(阿呆)め・が・　また・　しっぱい(失敗)し・やがっ・た。」「あの・　くそがき(糞餓鬼)め・が・　また・　がらす(ガラス)・を・　めん・だ。」「いぬ(犬)・の・よーな・　ちくしょー(畜生)め・でも・　かわ(可愛)いー・もんや・なー。」

めあて【目当て】《名詞》　目を付けて見るところ。目指すところ。手に入れようとねらうもの。「めあて・を・　も(持)っ・て・　べんきょー(勉強)する。」「えき(駅)・を・　めあて・に・　し・て・　ある(歩)く。」〔⇒**あて【当て】、あてど【当て所】**〕

めい〔めー〕【姪】《名詞》　兄弟・姉妹の子で、女の子。「めー・の・　けっこんしき(結婚式)・に・　で(出)る。」■対語＝「おい【甥】」

めい〔めー〕《名詞》　細い円柱状をしていて、乾燥させると黒褐色になり食用となる海藻。ひじき。「めー・と・　あ(揚)げ・と・を・　いっしょ(一緒)に・　た(炊)い・たら・　うま(美味)い。」

めいげつ〔めーげつ〕【名月】《名詞》　曇りなく美しく見える満月。特に、陰暦8月15日の夜の月。「こんや(今夜)・の・　つき(月)・は・　めーげつ・や・なー。」

めいさん〔めーさん〕【名産】《名詞》　それぞれの土地にできる、有名な産物。特産品。「あかし(明石)・の・　めーさん・の・　たこ(蛸)・の・　ほ(干)し・た・ん・を・　おく

（送）っ・たる・ぞ。」

めいし〔**めーし**〕【名刺】《名詞》 名前・職業・身分・住所などを印刷していて、挨拶するときなどに相手に差し出す小型のカード。「たいしょく（退職）し・たら・ めーし・が・ の（無）ーなっ・て・ さみ（寂）しー・ こと・や。」

めいじ〔**めーじ**〕【明治】《名詞》「大正」のひとつ前の年号。明治天皇が位についていた時代。「にちろせんそー（日露戦争）・は・ めーじ・の・ じだい（時代）・の・ こと・や。」

めいしょ〔**めーしょ**〕【名所】《名詞》 景色がよかったり、歴史上で有名であったりして、人々に広く知られているところ。「ここら・の・ つき（月）・の・ めーしょ・は・ すま（須磨）・や。」

めいしん〔**めーしん**〕【迷信】《名詞》 科学的には理屈に合わないことを正しいと信じること。また、そのように信じている事柄。「すいか（西瓜）・と・ てんぷら（天麩羅）・が・ く（食）いあわせ・や・と・ ゆ（言）ー・の・は・ めーしん・だっ・か。」

めいじん〔**めーじん**〕【名人】《名詞》 それぞれの道を極めた人。その道で優れた力を持っている人。「あの・しと（人）・は・ さかなつ（魚釣）り・の・ めーじん・や・なー。」「うそ（嘘）つき・の・ めーじん・は・ こま（困）る・なー。」

めいちゅう〔**めーちゅー**〕【命中】《名詞、動詞する》 弾や矢などや、狙っていることがらが、目当てとしているところに当たること。「や（矢）ー・が・ まと（的）・に・ めーちゅーし・た。」

めいにち〔**めーにち**〕【命日】《名詞》 人が亡くなった日に当たる、毎年または毎月のその日。「いっしゅーき（一周忌）・を・ めーにち・の・ ちょっと（一寸）・ まえ（前）・の・ にっちょーび（日曜日）・に・ する。」

めいぶつ〔**めーぶつ**〕【名物】《名詞》 ①その土地特有の名高い産物。「これ・は・ こーべ（神戸）・の・ めーぶつ・の・ かわらせんべー（瓦煎餅）・や。」②評判になっている、有名な人やもの。「ふじわらせんせー（藤原先生）・は・ がっこー（学校）・の・ めーぶつ・に・ なっ・とる・ せんせー（先生）・やっ・た。」

めいぼ〔**めーぼ**〕【名簿】《名詞》 一定の枠組みなどに基づいて、大勢の人の名前が書いてある本や帳簿。「そつぎょーせー（卒業生）・の・ めーぼ・は・ にまんにん（二万人）・も・ の（載）っ・とる。」

めいめい〔**めーめー**〕【銘々】《名詞、副詞》 メンバーなどのひとりひとり。「きっぷ（切符）・は・ めーめー・が・ も（持）っ・てください。」「すきかって（好勝手）な・ こと・を・ めーめー・ ゆ（言）ー・て・ やかま（喧）しー・なー。」〔⇒**めんめ**【（銘々）】**、それぞれ**〕

めいれい〔**めーれー**〕【命令】《名詞、動詞する》 下位に立つ相手に自分の考えや仕事内容などを言いつけること。また、その内容。「あした（明日）・ しゅっちょー（出張）せー・と・ めーれーさ・れ・た。」

めいろ〔**めーろ**〕【迷路】《名詞》 入ってしまうと出口がわからなくなるような、迷いやすい道。「おーさか（大阪）・の・ ちかどー（地下道）・に・ はい（入）っ・たら・ めーろ・で・ どっち・へ・ い（行）っ・たら・ え（良）ー・の・か・ わから・ん・よーに・ なる。」

めいわく〔**めーわく**〕【迷惑】《名詞、形容動詞や（ナ）、動詞する》 ある人のしたことによって、相手や周囲の人が困ったり嫌な思いを持ったりすること。また、その内容。「じこ（事故）・で・ でんしゃ（電車）・が・ と（止）まっ・て・ えらい・ めーわくし・た。」

めうえ【目上】《名詞》 その人より年齢や地位などが上の人。「めうえ・を・ だいじ（大事）に・ せ・な・ あかん・やろ。」■対語＝「**めした**【目下】」

めうつり【目移り】《名詞、動詞する》 次々に別のものに心を引かれること。あれこれ見て心が迷うこと。「でんきや（電気屋）・で・ てれび（テレビ）・を・ み（見）・たら・ めうつりし・て・ どれ・を・ か（買）う・か・ き（決）まら・へん。」

メーター〔**めーたー**〕【英語＝ meter、metre】《名詞》 ①電気・ガス・水道などの使用量や、自動車の走行距離、その他を自動的に表す器械。「でんき（電気）・の・ めーたー・を・ しら（調）べ・に・ く（来）る。」「ふゆ（冬）・は・ でんき（電気）・の・ めーたー・が・ よー・ あ（上）がる。」②メートル法の長さの基本の単位。「ひめじ（姫路）・の・ えきまえ（駅前）・は・ ごじゅー（五十）めーたー・の・ おーどー（大通）り・や。」〔②⇒**メートル**【フランス語＝ mètre】〕

メートル〔**めーとる**〕【フランス語＝ mètre】《名詞》 ①メートル法の長さの基本の単位。「ひゃく（百）めーとる・の・ きょーそー（競走）・を・ する。」②電力契約で、使用量に応じて費用を払う仕組み。「てーがく（定額）・を・ めーとる・に・ か（変）える。」◆②については、今では考えられないことであるが、かつて、電気代には、「ていがく【定額】」と「めーとる」とがあった。戦後の昭和20年代にはその制度は残っていた。「ていがく」は、家屋内の電灯の数に応じて電気代を払うもので、電灯の増設はできなかった。電球が2つとか3つとかで契約をしていた。電球は買うものではなかった。タングステン電球はフィラメントがよく切れた。電球が切れたときは、電力会社の店（取次店かもしれない）に電球を持っていって、新しい電球に取り替えてもらっていた。「めーとる」の家は、「ていがく」の家に比べて、当然、格が高い家のように思われていた。その時代には、停電は珍しくなかった。〔①⇒**メーター**【英語＝ meter、metre】〕

めえめえ〔**めーめー**〕《名詞》 ①2本の角が後ろに向かって弓形に伸びて、体には白く短い毛が生えて、雄にはあごひげがある動物。「めーめー・の・ おちち（乳）・を・ の（飲）み・なはれ。」②渦巻き状の角があって、灰白色の毛は織物に、肉は食用に利用される、おとなしい性格の家畜。「なつ（夏）・の・ はじ（初）め・に・ めーめー・の・ け（毛）・を・ か（刈）る。」◆幼児語。〔①⇒**やぎ**【山羊】。②⇒**ひつじ**【羊】〕

めえめえ〔**めーめー**〕【（見え見え）】《形容動詞や（ノ）》 隠そうとしたり、事実と違うことを述べようとしたりしていることが見え透いている様子。相手や第三者の意図や内容が明白である様子。「おまえ（前）・の・ い（言）ー・たい・ こと・は・ めーめーや。」〔⇒**みえみえ**【見え見え】〕

めえめえ〔**めーめー**〕《副詞と》 羊や山羊が鳴く様子。また、その鳴き声を表す言葉。「めーめー（＝山羊）・が・ めーめー・ な（鳴）い・とる。」

めえる〔**めーる**〕【（見える）】《動詞・ア行下一段活用》 ①自然と目で感じ取ることができる。「きょー（今日）・は・ よー・ は（晴）れ・て・ しこく（四国）・まで・も・が・ めー・とる・ぞ。」②他の人の目に入るようになってしまう。「せの（背伸）び・を・ し・たら・ へそ（臍）・が・ めーる・ぞ。」③見ることができる。「こくばん（黒板）・の・ ちー（小）さい・ じ（字）・でも・ めーる・か。」〔⇒**みえる**【見える】。①⇒**めにはいる**【目に入る】、**めに**

かかる【目に掛かる】〕

めがかたい〔めーがかたい〕【目が堅い】《形容詞・アイ型》 なかなか眠ろうとしない。眠ろうとしても目がさえている。「めーがかとー・て・　ずっと・　お(起)き・とる。」

めかくし【目隠し】《名詞、動詞する》 ①目を手や布などで覆って見えなくすること。また、その布など。「かくれんぼ・の・　とき・　て(手)ー・で・　めかくしする。」②外から家の中が見えないようにすること。また、そのための覆い。「めかくし・に・　き(木)ー・を・　う(植)える。」

めがける【目掛ける】《動詞・カ行下一段活用》 ①目標とするものに当てたり近づいたりしようとして構える。あるいは、そのために行動をする。「えき(駅)・を・　めがけ・て・　ある(歩)い・た・けど・　とちゅー(途中)・で・　みち(道)・を・　まちが(間違)え・た。」「まと(的)・を・　めがけ・て・　う(撃)つ。」②あるものを手に入れようとして、その機会をうかがう。「たからくじ(宝籤)・の・　いっとー(一等)・を・　めがけ・て・　か(買)いつづける。」〔⇒**ねらう【狙う】**〕

めがこえる〔めーがこえる〕【目が肥える】《動詞・ア行下一段活用》 芸術作品などの良いものを見慣れて、見分ける力がある。鑑識眼がある。「あいつ(彼奴)・は・　やきもん(焼物)・の・　めーがこえ・とる・みたいや。」

めがさめる〔めーがさめる〕【目が覚める】《動詞・マ行下一段活用》 眠った状態から現実に戻る。「けさ(今朝)・は・　ろくじ(六時)・に・　めがさめ・た。」

めかた【目方】《名詞》 ①重いこと。また、その程度。「かんかん(看貫)・で・　めかた・を・　はか(計)る。」②人や動物などの体の重さ。「しょくよく(食欲)・の・　あき(秋)・で・　めかた・が・　ふ(増)え・ても・た。」〔①⇒**おもさ【重さ】、おもたさ【重たさ】、おもみ【重み】、かんめ【貫目】**。②⇒**たいじゅう【体重】**〕

めがね【眼鏡】《名詞》 ①ものをよく見えるようにしたり、強い光線から目を守ったりするために、レンズやガラスで作って目にかける器具。「こーこーせー(高校生)・の・　とき(時)・から・　ちかめ(近目)・に・　なっ・て・　めがね・を・　か(掛)け・とる。」②２つの円のある形をした、正月用の簡単なお飾り。「かってぐち(勝手口)・に・も・　めがね・を・　かざ(飾)る。」

めがまう〔めーがまう〕【目が舞う】《動詞・ワア行五段活用》 ①自分の周囲が動揺したり回転したりしているように見える。「たか(高)い・　とこ(所)・へ・　あが(上)っ・たら・　めーがもー・て・　した(下)・を・　み(見)・られ・へん。」②たいへん忙しい状況が続く。「く(来)る・　ひと(人)・が・　おー(多)すぎ・て・　めーがもー・ても・た。」〔⇒**めがまわる【目が回る】**〕

めがまわる〔めーがまわる、めーがまーる〕【目が回る】《動詞・ラ行五段活用》 ①自分の周囲が動揺したり回転したりしているように見える。「しんかんせん(新幹線)・から・　そと(外)・を・　み(見)とっ・たら・　めーがまーっ・た。」②たいへん忙しい状況が続く。「きょー(今日)・は・　しごと(仕事)・が・　おー(多)すぎ・て・　めーがまーる。」〔⇒**めがまう【目が舞う】**〕

めがむく〔めーがむく〕【目が剥く】《動詞・カ行五段活用》 高価であることに驚く。「みんな(皆)・　めーがむい・て・　よー・　か(買)わ・へん。」◆「めをむく【目を剥く】」とも、「めがむける【目が剥ける】」とも言う。「ね(値)ー・を・　き(聞)ー・て・　めーがむけ・た。」

めかんち【目かんち】《名詞》 ①視覚に障害がある人。盲目の人や、片目が見えにくい人。「めかんち・が・　ひと(人)・の・　あし(足)・を・　ふ(踏)ん・でいき・よっ・た。」②片目の人。眼帯をつけて片目である状態の人。「ひだり(左)・の・　め(目)ー・の・　しうつ(手術)・を・　し・て・　いま(今)・は・　めかんち・に・　なっ・とる・ねん。」③ものがよく見えていないこと。ものの考え方に偏りがあること。「べんきょー(勉強)せ・なんだら・　めかんち・に・　なる・ぞ。」〔⇒**かんち**〕

めぎちゃんこ《形容動詞や(ノ)》 あまりにもひどく壊している様子。「とけー(時計)・を・　ぶんかい(分解)し・て・　めぎちゃんこに・　し・ても・た。」

めきっと《副詞》 木や板、骨組みなどがきしむ様子。また、その音。さらに、それによって瞬間的に砕けたり、つぶれたりする様子。「こしか(腰掛)け・たら・　いす(椅子)・が・　めきっと・　なっ・た。」〔⇒**めりっと、みしっと**〕

めきめき《副詞と、動詞する》 ①木や板、骨組みなどが続けてきしむ様子。また、その音。さらに、それによって瞬間的に砕けたり、つぶれたりする様子。「ろーか(廊下)・が・　めきめきと・　ゆ(言)ー・とる。」「じしん(地震)・で・　こや(小屋)・が・　めきめきと・　つぶ(潰)れ・た。」②際立って力などが伸びる様子。「せーせき(成績)・が・　めきめき・　の(伸)び・た。」〔①⇒**みしみし、めりめり**〕

めぐ《動詞・ガ行五段活用》 壊したり潰したりする。破損させる。台無しにする。「ぼーる(ボール)・を・　あ(当)て・て・　まど(窓)・の・　がらす(ガラス)・を・　めん・でも・た。」■自動詞は「めげる」

めくそ【目糞】《名詞》 目から出た液が、目の縁に固まってついたもの。「めくそ・が・　つ(付)い・とる・さかい・　かお(顔)・を・　あろ(洗)・てこい。」〔⇒**めやに【目脂】、めやね【(目脂)】、めめくそ【目々糞】、やに【脂】、やね【(脂)】**〕

めくそほど【目糞程】《形容動詞や(ノ)》 極端に数量が少ない様子。「めくそほどの・　きゅーりょー(給料)・しか・　くれ・へん。」〔⇒**まねほど【真似程】、まねくそほど【真似糞程】**〕

めぐまれる【恵まれる】《動詞・ラ行下一段活用》 才能や機会などが十分に与えられて、幸せな状態になっている。満ち足りた環境や境遇になっている。「あんた・は・　え(良)ー・　こ(子)・を・　も(持)っ・て・　めぐまれ・とる・なー。」

めぐむ【恵む】《動詞・マ行五段活用》 気の毒に思って、自分の持っている物や金を与える。「がいこく(外国)・の・　こども(子供)・の・　こと・を・　てれび(テレビ)・で・　み(見)・たら・　めぐん・でやり・たい・と・　おも(思)う・　こと・も・　ある・なー。」

めくら【盲】《名詞》 目が見えないこと。また、そのような人。「めくら・の・　ひと(人)・に・　あんま(按摩)・を・　し・てもろ・た。」

めくらめっぽう〔めくらめっぽー〕【盲滅法】《形容動詞や(ナ)》 見当もつけないで、物事を行う様子。目的もなく行動する様子。「めくらめっぽーに・　はし(走)っ・て・　こけ・た。」

めぐり【巡り】《名詞》 一定の経路をぐるっと回ること。順に回っていくこと。隅々まで行きわたること。「ち(血)ー・の・　めぐり・が・　わる(悪)ー・て・　しもや(霜焼)け・に・　なっ・た。」

めぐりあわせ【巡り合わせ】《名詞》 意志や努力とは関係なく、うまくいったりいかなかったりする、そのようになる運命。そのようになるべき理由がないのに、おもいがけなく起こること。「しけん(試験)・に・は・　とー(通)ら・へん・　めぐりあわせ・やっ・た・ん・やろ・か。」〔⇒**まわりあわせ【回り合わせ】**〕

めくる【捲る】《動詞・ラ行五段活用》　①身につけたり上に置いてあったりするものを脱がせたり取り除いたりする。中のものが見える状態にする。「たたみ(畳)・を・　めくっ・たら・　ふる(古)い・　しんぶん(新聞)・が・　で(出)・てき・た。」「すかーと(スカート)・を・　めくる。」②巻くようにして上げる。上げてひっくりかえしたり、取り除いたりする。冊子の次のページを開く。「かれんだー(カレンダー)・を・　めくる。」「ほん(本)・の・　ぺーじ(ページ)・を・　めくる。」■自動詞は「**めくれる【捲れる】**」〔⇒**むくる【(捲る)】、まくる【捲る】**〕

めくれる【捲れる】《動詞・ラ行下一段活用》　①固定されていたものの一部分が、はがれて上がる。「おし(知)らせ・の・　かみ(紙)・が・　めくれ・ても・とる。」「すかーと(スカート)・が・　めくれ・とる。」②くっついていたものが、はがれて離れる。表面のものがなくなって、内側のものが現れる。「こしいた(腰板)・の・　き(木)ー・が・　めくれ・て・　いた(傷)ん・どる。」③冊子が次のページに繰られる。「し(知)ら・ん・　あいだ(間)・に・　めくれ・て・　つぎ(次)・の・　ぺーじ(ページ)・に・　なっ・とる。」■他動詞は「**めくる【捲る】**」〔⇒**むくれる【(捲れる)】**。①②⇒**まくれる【(捲れる)】**。②⇒**むける【剥ける】**〕

めげ《名詞》　壊れたり潰れたりしたもの。壊れた破片。「がらす(ガラス)・の・　めげ・が・　お(落)ち・とる・さかい・　き(気)ーつけ・て・な。」「せんべー(煎餅)・の・　めげ・を・　やす(安)ー・　う(売)っ・とる。」「めげ・の・　せんべー(煎餅)・を・　た(食)べる。」

めげちゃんこ《形容動詞や(ノ)》　あまりにもひどく壊れている様子。粉々になっている様子。「かびん(花瓶)・を・　お(落)とし・て・　めげちゃんこに・　なっ・た。」

めげる《動詞・ガ行下一段活用》　壊れたり潰れたりする。破損する。台無しになる。「つよ(強)い・　かぜ(風)・が・　ふ(吹)い・て・　かんばん(看板)・が・　お(落)ち・て・　めげ・た。」◆気持ちがくじける、という意味で使うことは少ない。■他動詞は「めぐ」■名詞化＝めげ

めけん【(眉間)】《名詞》　額の真ん中の、眉と眉との間の部分。「めけん・に・　けが(怪我)・を・　し・たら・　かっこわる(格好悪)い。」〔⇒**みけん【眉間】**〕

めざし【目刺し】《名詞》　串や藁で刺し連ねた、鰯の干物。「こんろ(焜炉)・で・　めざし・を・　や(焼)く。」

めざまし【目覚まし】《名詞》　①目を覚ますこと。意識をはっきりさせること。「めざまし・に・　みず(水)・を・　いっぱい(一杯)・　の(飲)む。」②予定の時刻にベルなどが鳴る仕掛けになっている時計。「めざまし・の・　おと(音)・が・　うるさ(煩)い・さかい・　と(止)め・て・　もーいっぺん・　ね(寝)・た。」〔②⇒**めざましどけい【目覚まし時計】**〕

めざましどけい〔めざましどけー〕【目覚まし時計】《名詞》　予定の時刻にベルなどが鳴る仕掛けになっている時計。「えんそく(遠足)・の・　あさ(朝)・は・　めざましどけー・を・　ろくじ(六時)・に・　あ(合)わし・とく。」〔⇒**めざまし【目覚まし】**〕

めざわり【目障り】《形容動詞や(ナ)》　見ていて、邪魔に思ったり不愉快に感じたりする様子。見えるものが気になって仕方がない様子。「まえ(前)・の・　ひと(人)・が・　めざわりで・　ぶたい(舞台)・が・　よー・　み(見)え・へん。」

めし【飯】《名詞》　①米、麦などを炊いて主食とするもの。「くど・の・　かま(釜)・で・　た(炊)い・た・　めし・は・　うま(美味)い。」②生命を維持するためにものを食べること。また、その食べ物。「あさ(朝)・の・　めし・は・　ぱん(パン)・に・　し・とる・ねん。」〔⇒**ごはん【ご飯】、まま【(飯)】、まんま【(飯)】**。②⇒**うまうま【(飯)】、うまんま【(飯)】**〕

めしごしらえ【飯拵え】《名詞、動詞する》　食事の準備をすること。「はよ(早)ー・　めしごしらえせ・んと・　ま(間)にあわ・ん。」〔⇒**ごはんごしらえ【ご飯拵え】、こしらえ【拵え】、したく【支度】**〕

めした【目下】《名詞》　その人より年齢や地位などが下の人。「めした・に・　えら(偉)そーに・　し・たら・　あかん・よ。」■対語＝「**めうえ【目上】**」

めしつぶ【飯粒】《名詞》　米を炊いてできたご飯の粒の一つ一つ。「ほ(頬)っぺた・に・　めしつぶ・が・　つ(付)い・とる・ぞ。」〔⇒**ごはんつぶ【ご飯粒】、ごはんつぼ【(ご飯粒)】、めしつぼ【(飯粒)】、ままつぶ【飯粒】、ままつぼ【(飯粒)】**〕

めしつぼ【(飯粒)】《名詞》　米を炊いてできたご飯の粒の一つ一つ。「めしつぼ・を・　こぼ(零)し・たら・　あかん・がな。」〔⇒**ごはんつぶ【ご飯粒】、ごはんつぼ【(ご飯粒)】、めしつぶ【飯粒】、ままつぶ【飯粒】、ままつぼ【(飯粒)】**〕

めしびつ【飯櫃】《名詞》　炊いたご飯を保存しておく、円形で木製の入れ物。「みんな・　よー・　た(食)べ・た・さかい・　めしびつ・が・　から(空)・に・　なっ・た。」〔⇒**おひつ【お櫃】、ひつ【櫃】**〕

めしべ【雌蘂】《名詞》　花の真ん中にあって、雄蘂から花粉を受けるもの。「なんきん(南瓜)・の・　めしべ・に・　かふん(花粉)・を・　つける。」■対語＝「**おしべ【雄蘂】**」

めじり【目尻】《名詞》　目の、耳に近い方の端。「めじり・に・　しわ(皺)・を・　よ(寄)せ・て・　おこ(怒)っ・とる。」

めじるし【目印】《名詞》　見つけやすい手がかりとして付けたもの。「めじるし・に・　りぼん(リボン)・を・　むす(結)ん・どく。」

めじろ《名詞》　鰤(ぶり)の成長過程で、「はまち」と「ぶり」の間に位置する大きさの魚。「めじろ・と・　だいこん(大根)・を・　いっしょ(一緒)に・　た(炊)く。」◆つばす→はまち→めじろ→ぶり、と呼び名が変化する。

めしわん【飯碗】《名詞》　ご飯を入れるための、陶器などで作った半球形の容器。「あたら(新)しー・　めしわん・を・　か(買)う。」〔⇒**ちゃわん【茶碗】**〕

めす【雌】《名詞》　動物で、妊娠や産卵をする能力のある方。「この・　いぬ(犬)・は・　めす・です。」■対語＝「**おす【雄】**」〔⇒**めん【(雌)】、めんた【(雌太)】**〕

めす【(見す)】《動詞・サ行五段活用》　①人に示して、目に入るようにする。人の見るがままに任せる。「ちょっと(一寸)・　それ・を・　めし・てんか。」「しくだい(宿題)・を・　ともだち(友達)・に・　めし・たっ・た。」②医者の診察を受ける。「いしゃ(医者)・に・　めさ・んと・　かって(勝手)に・　はんだん(判断)し・たら・　あか・ん。」〔⇒**みせる【見せる】、みす【見す】**〕

めずらしい〔めずらしー〕【珍しい】《形容詞・イイ型》　①数量的に、めったにない。稀なものである。「こない・に・　さむ(寒)い・　ふゆ(冬)・は・　めずらしー。」②普通のものとは違っている。変わっている。「めずらしー・　おかし(菓子)・を・　た(食)べ・た。」〔⇒**めんら**

め

しい【(珍しい)】〕
めずらしがり【珍しがり】《名詞》 珍しいものばかりを選り好みすること。また、そのような人。「しゅじん(主人)・は・　こっとーず(骨董好)き・の・　めずらしがり・や・さかい・　こま(困)り・ます。」◆新しいものばかりを選り好みすることや、そのようにする人は、「あたらしがり【新しがり】」である。〔⇒**めずらしもんずき**【珍し物好き】〕
めずらしがる【珍しがる】《動詞・ガ行五段活用》 めったにないと思う。普通とは違っていると思う。「みんな(皆)・は・　めずらしがっ・て・　た(食)べ・てくれ・た。」■名詞化＝**めずらしがり**【珍しがり】〔⇒**めんらしがる**【(珍しがる)】〕
めずらしもんずき【珍し物好き】《名詞》 珍しいものばかりを選り好みすること。また、そのような人。「めずらしもんずき・や・さかい・　けーたいでんわ(携帯電話)・も・　ひと(人)・より・　さき(先)・に・　こ(買)ー・た。」〔⇒**めずらしがり**【珍しがり】〕
めだか【目高】《名詞》 池や川などにすみ、水面近くを群れて泳ぐ小さな魚。「このごろ・は・　めだか・が・　すけ(少)のー・　なっ・た。」
めだつ【目立つ】《動詞・タ行五段活用》 他のものとは違って、はっきり見える。すぐ人の目に触れる。注目されやすい。「めだっ・て・　せ(背)ー・の・　たか(高)い・　ひと(人)・が・　き(来)・た。」〔⇒**ひとめにつく**【人目に付く】、**しとめにつく**【(人目に付く)】〕
めたて【目立て】《名詞》 のこぎりなどの刃の鈍くなったものを、鋭くすること。「のこぎり(鋸)・の・　めたて・を・　し・たら・　よー・　き(切)れる・よーに・　なっ・た。」
めだま【目玉】《名詞》 ①目の中の玉。眼球。「めだま・を・　むい・て・　おこ(怒)っ・とる。」②人の注意を引くためのもの。「やす(安)い・　たまご(卵)・を・　めだま・に・　し・て・　う(売)っ・とる。」〔①⇒**めんたま**【目ん玉】、**めのたま**【目の玉】、**めっくりだま**【目っくり玉】〕
めだまがとびでる【目玉が飛び出る】《動詞・ダ行下一段活用》 値段が高くて驚く。それによって、買うことをやめる。「めだまがとびでる・よーな・　ねだん(値段)・やっ・た・さかい・　か(買)う・の・を・　や(止)め・た。」〔⇒**めんたまがとびでる**【目ん玉が飛び出る】、**めっくりだまがとびでる**【目っくり玉が飛び出る】〕
めだまやき【目玉焼き】《名詞、動詞する》 フライパンに生卵を落として、卵黄を崩さないようにして焼いたもの。「あさ(朝)・は・　ぱん(パン)・と・　めだまやき・を・　く(食)う。」
メタル〔**めたる**〕【英語＝medal】《名詞》 功績のある人や競技の入賞者などに贈られたり、何かの記念として制作されたりする、金属板に絵や字などを刻印したもの。「え(絵)ー・の・　こんくーる(コンクール)・に・　にゅーしょー(入賞)し・て・　めたる・を・　もろ(貰)・た。」〔⇒**メダル**【英語＝medal】〕
メダル〔**めだる**〕【英語＝medal】《名詞》 功績のある人や競技の入賞者などに贈られたり、何かの記念として制作されたりする、金属板に絵や字などを刻印したもの。「おりんぴっく(オリンピック)・の・　めだる・が・　じっこ(十個)・を・　こ(超)え・た。」〔⇒**メタル**【英語＝medal】〕
めちゃくちゃ【滅茶苦茶】《形容動詞や(ナ)、動詞する》 ①異常と思われるほど、程度がはなはだしい様子。「きょー(今日)・の・　しけん(試験)・は・　めちゃくちゃに・　むつか(難)しかっ・てん。」「めちゃくちゃな・　せーせき(成績)・を・　とっ・て・　おこ(怒)ら・れ・た。」②あまりにも筋道が通らない様子。ものごとに秩序や根拠が乏しい様子。「あんた・の・　ゆ(言)ー・とる・こと・は・　めちゃくちゃや・さかい・　き(聞)ー・てやら・れ・へん。」「そんな・　めちゃくちゃな・　ね(値)ー・やっ・たら・　だれ(誰)・も・　か(買)わ・へん・やろ。」③乱暴をする様子。「はら(腹)・が・　た(立)っ・た・さかい・　めちゃくちゃに・　し・ても・たっ・た。」④壊れ方がひどい様子。「めちゃくちゃに・　なっ・た・　はこ(箱)・を・　しゅーぜん(修繕)する。」〔⇒**めちゃめちゃ**【(滅茶滅茶)】、**めちゃんこ**【目茶んこ】、**めっちゃくちゃ**【滅茶苦茶】、**めっちゃくっちゃ**【滅茶苦茶】。①②③⇒**むちゃ**【無茶】、**むちゃくちゃ**【無茶苦茶】。①⇒**むっちゃ**【(無茶)】、**めっちゃ**【滅茶】〕
めちゃちゃ【目ちゃちゃ】《形容動詞や(ノ)》 ①目が大きくない様子。目元が大きく見開いていない様子。「めちゃちゃや・けど・　かいらしー・　こ(子)ー・や。」②目のあたりが赤くなったり、ただれたりしている様子。「めちゃちゃに・　なっ・とる・さかい・　めぐすり(目薬)・を・　さし・なはれ。」
めちゃめちゃ【(滅茶滅茶)】《形容動詞や(ノ)、動詞する》 ①異常と思われるほど、程度がはなはだしい様子。「めちゃめちゃな・　てんすー(点数)・で・　ま(負)け・た。」②あまりにも筋道が通らない様子。ものごとに秩序や根拠が乏しい様子。「めちゃめちゃな・　いけん(意見)・は・　き(聞)ー・てやら・れ・へん。」③乱暴をする様子。「めちゃめちゃし・たら・　けーさつ(警察)・に・　ひ(引)っぱら・れる・ぞ。」④壊れ方がひどい様子。「こっぷ(コップ)・を・　お(落)とし・たら・　めちゃめちゃに・　めげ・ても・た。」〔⇒**めちゃくちゃ**【滅茶苦茶】、**めちゃんこ**【目茶んこ】、**めっちゃくちゃ**【滅茶苦茶】、**めっちゃくっちゃ**【滅茶苦茶】。①②③⇒**むちゃ**【無茶】、**むちゃくちゃ**【無茶苦茶】。①⇒**むっちゃ**【(無茶)】、**めっちゃ**【滅茶】〕
めちゃんこ【目茶んこ】《形容動詞や(ノ)、動詞する》 ①異常と思われるほど、程度がはなはだしい様子。「めちゃんこな・　せーせき(成績)・で・　ふごーかく(不合格)・に・　なっ・た。」②あまりにも筋道が通らない様子。ものごとに秩序や根拠が乏しい様子。「めちゃんこな・　いけん(意見)・を・　ゆ(言)ー・　やつ(奴)・が・　おっ・た。」③乱暴をする様子。「めちゃんこし・たら・　あいつ・が・　かわいそー(可哀想)や。」④壊れ方がひどい様子。「くるま(車)・が・　しょーとつ(衝突)し・て・　めちゃんこに・　つぶ(潰)れ・とる。」〔⇒**めちゃくちゃ**【滅茶苦茶】、**めちゃめちゃ**【(滅茶滅茶)】、**めっちゃくちゃ**【滅茶苦茶】、**めっちゃくっちゃ**【滅茶苦茶】。①②③⇒**むちゃ**【無茶】、**むちゃくちゃ**【無茶苦茶】。①⇒**むっちゃ**【(無茶)】、**めっちゃ**【滅茶】〕
めつき【目付き】《名詞》 ものを見るときの目の様子。「めつき・の・　わる(悪)い・の・が・　うろつい・とる・さかい・　き(気)ー・を・　つけ・なはれ。」〔⇒**め**【目】〕
めっき【鍍金】《名詞、動詞する》 金属の上に、他の金属の薄い膜を被せて、美しく見せたり、錆が出ないようにすること。また、そのようにしたもの。「きしょー(徽章)・に・　きん(金)・の・　めっき・を・　する。」
めっくりだま【目っくり玉】《名詞》 目の中の玉。眼球。「おー(大)きな・　めっくりだま・の・　いぬ(犬)・や。」◆特に、大きな目を指して言うことが多い。〔⇒**めだま**【目玉】、**めんたま**【目ん玉】、**めのたま**【目の玉】〕
めっくりだまがとびでる【目っくり玉が飛び出る】《動詞・

ダ行下一段活用》 値段が高くて驚く。それによって、買うことをやめる。「めっくりだまがとびで・て・ か(買)え・なんだ。」〔⇒**めだまがとびでる**【目玉が飛び出る】、**めんたまがとびでる**【目ん玉が飛び出る】〕

めったに【滅多に】《副詞》 多くのうちの、ほんの少ししかない様子。ごく稀にしか。「かいすいよく(海水浴)・に・は・ めったに・しか・ い(行)か・へん。」◆後ろに打ち消しの言葉を伴う。〔⇒**ほとんど**【殆ど】〕

めったやたら【滅多矢鱈】《副詞に》 あまりにも度を過ごしている様子。ものごとに秩序や根拠が乏しい様子。「かいがいりょこー(海外旅行)・で・ めったやたらに・ かいもん(買物)・を・ し・て・ かえ(帰)っ・てき・た。」〔⇒**やたら**【矢鱈】、**むやみに**【無闇に】、**むやみやたら**【無闇矢鱈】、**めちゃめちゃ**【目茶目茶】、**めちゃくちゃ**【目茶苦茶】、**めちゃんこ**【目茶んこ】、**めっちゃくちゃ**【目茶苦茶】、**めっちゃくっちゃ**【目茶苦茶】、**へらへっと、へっともない、へらへっともない**〕

めっちゃ【滅茶】《副詞》 異常と思われるほど、程度がはなはだしい様子。「えき(駅)・まで・ はし(走)っ・て・ めっちゃ・ しんどかっ・てん。」〔⇒**むっちゃ**【(無茶)】、**むちゃ**【無茶】、**むちゃくちゃ**【無茶苦茶】、**めちゃくちゃ**【滅茶苦茶】、**めちゃめちゃ**【(滅茶滅茶)】、**めちゃんこ**【目茶んこ】、**めっちゃくちゃ**【滅茶苦茶】、**めっちゃくっちゃ**【滅茶苦茶】〕

めっちゃくちゃ【滅茶苦茶】《形容動詞や(ノ)、動詞する》 ①異常と思われるほど、程度がはなはだしい様子。「あいつ(彼奴)・の・ えーご(英語)・は・ めっちゃくちゃで・ わから・へん。」②あまりにも筋道が通らない様子。ものごとに秩序や根拠が乏しい様子。「じぶんかって(自分勝手)な・ めっちゃくちゃな・ かんが(考)え・を・ し・たら・ あか・ん・ぞ。」③乱暴をする様子。「めっちゃくちゃし・たっ・たら・ な(泣)い・て・ い(去)ん・でも・た。」④壊れ方がひどい様子。「ねんどざいく(粘土細工)・を・ お(落)とし・たら・ めっちゃくちゃに・ ばらばらに・ なっ・た。」〔⇒**めちゃくちゃ**【滅茶苦茶】、**めちゃめちゃ**【(滅茶滅茶)】、**めちゃんこ**【目茶んこ】、**めっちゃくっちゃ**【滅茶苦茶】。①②③⇒**むちゃ**【無茶】、**むちゃくちゃ**【無茶苦茶】。①⇒**むっちゃ**【(無茶)】、**めっちゃ**【滅茶】〕

めっちゃくっちゃ【滅茶苦茶】《形容動詞や(ノ)、動詞する》 ①異常と思われるほど、程度がはなはだしい様子。「めっちゃくっちゃな・ じ(字)ー・や・さかい・ よ(読)ま・れ・へん。」②あまりにも筋道が通らない様子。ものごとに秩序や根拠が乏しい様子。「めっちやくっちゃな・ かんが(考)え・に・は・ だい(誰)・も・ さんせー(賛成)せ・ん・ぞ。」③乱暴をする様子。「めっちゃくっちゃし・たら・ ふくしゅー(復讐)さ・れる・ぞ。」④壊れ方がひどい様子。「たまご(卵)・を・ お(落)とし・て・ めっちゃくっちゃに・ なっ・ても・た。」〔⇒**めちゃくちゃ**【滅茶苦茶】、**めちゃめちゃ**【(滅茶滅茶)】、**めちゃんこ**【目茶んこ】、**めっちゃくちゃ**【滅茶苦茶】。①②③⇒**むちゃ**【無茶】、**むちゃくちゃ**【無茶苦茶】。①⇒**むっちゃ**【(無茶)】、**めっちゃ**【滅茶】〕

めでたい【目出度い】《形容詞・アイ型》 ①ものごとが望ましい状態になって、喜び祝うのにふさわしい。「きゅーじゅー(九十)・まで・も・ い(生)き・られ・て・ めでたい・ こと・や。」②馬鹿正直で、お人好しである。「なに(何)・を・ い(言)わ・れ・ても・ にこにこし・とっ・たら・ めでたい・と・ おも(思)わ・れる・ぞ。」〔⇒**おめでたい**【お目出度い】〕

めど【目処】《名詞》 将来についての可能性や見通しなど。また、目指すところ。「いつ・ できあ(出来上)がる・か・ その・ めど・は・ つい・とら・へん。」〔⇒**みこみ**【見込み】〕

めにかかる〔**めーにかかる**〕【目に掛かる】《動詞・ラ行五段活用》 ①これまでになかったものが目に入る。「やおや(八百屋)・で・ かき(柿)・が・ めにかかる・ じき(時期)・に・ なっ・た。」「めがね(眼鏡)・が・ めにかから・ん・ので・ さが(探)し・とる・ねん。」②探し物が見つかる。「さが(探)し・とる・ねん・けど・ まだ・ めにかから・へん・ねん。」③自然と目で感じ取ることができる。「めにかから・ん・よーな・ はや(速)さ・で・ はし(走)る。」③人に会う。直接、対面する。「あの・ひと(人)・に・ めにかかっ・て・ たの(頼)み・たい・こと・が・ ある・ねん。」◆③は、「あう【会う】」よりも敬意を込めた言い方である。〔③⇒**みえる**【見える】、**めえる**【(見える)】、**めにはいる**【目に入る】〕

めにしむ〔**めーにしむ**〕【目に染む】《動詞・マ行五段活用》 ①目を痛く刺激する。「けむり(煙)・が・ めにしみ・た。」②印象的に見える。鮮やかに目に入る。「めーにしむ・よーな・ みどり(緑)・の・ きせつ(季節)・に・なっ・た。」〔⇒**めにしゅむ**【(目に染む)】〕

めにしゅむ〔**めーにしゅむ**〕【(目に染む)】《動詞・マ行五段活用》 ①目を痛く刺激する。「めぐすり(目薬)・が・めにしゅむ。」②印象的に見える。鮮やかに目に入る。「こども・の・ ころ(頃)・に・ み(見)・た・ はなびたいかい(花火大会)・が・ めーにしゅん・で・ わす(忘)れ・られ・へん。」〔⇒**めにしむ**【目に染む】〕

めにつく〔**めーにつく**〕【目に付く】《動詞・カ行五段活用》 良いことや良くないことが、目立って見える。「がらすこっぷ(ガラスコップ)・の・ よご(汚)れ・が・ めについ・た。」

めにはいる〔**めーにはいる**〕【目に入る】《動詞・ラ行五段活用》 自然と目で感じ取ることができる。「あないに・ おー(大)きな・ はこ(箱)・が・ めーにはいら・なんだ・か。」〔⇒**みえる**【見える】、**めえる**【(見える)】、**めにかかる**【目に掛かる】〕

めにみえて〔**めーにみえて**〕【目に見えて】《副詞》 他のものに比べて目立って。変化がはっきりとわかるほどに。「ごーや(ゴーヤ)・の・ み(実)ー・が・ めーにみえ・て・ おー(大)きなっ・てき・た。」

めのいろ(を)かえる〔**めーのいろ(を)かえる**〕【目の色(を)変える】《動詞・ア行下一段活用》 心の中の様子の変化によって、目つきや態度を変える。「やっと・ めのいろかえ・て・ べんきょー(勉強)する・よーに・ なっ・た。」

めのかたき〔**めーのかたき**〕【目の敵】《名詞》 何かにつけて憎く思うこと。また、そのように思う人。「あいつ(彼奴)・は・ わし・を・ めのかたき・に・ し・やがっ・とる・ん・や。」

めのたま【目の玉】《名詞》 目の中の玉。眼球。「めのたま・に・ きず(傷)・が・ つ(付)く。」〔⇒**めだま**【目玉】、**めんたま**【目ん玉】、**めっくりだま**【目っくり玉】〕

めのつけどころ〔**めーのつけどころ**〕【目の付け所】《名詞》 気をつけて見るところ。着眼点。「あんた・は・ めーのつけどころ・が・ ちご(違)・とる・さかい・ まちが(間違)い・が・ おー(多)い・ん・や。」

めのどく〔**めーのどく**〕【目の毒】《形容動詞や(ノ)》 見ると欲しくなってしまうので、見ない方がよいという様子。「ひゃっかてん(百貨店)・へ・ つ(連)れ・ていっ・たら・　めーのどくに・　なる。」

めのまえ〔めーのまえ〕【目の前】《名詞》 ①見ている人や、見ている方向の極めて近いところ。「かいじょー(会場)・に・　なろ(並)ん・どっ・たら・　めのまえ・で・　ひと(人)・が・　たお(倒)れ・て・　びっくりし・た。」②すぐ近い将来。「あき(秋)・の・　まつり(祭)・が・　めーのまえ・に・　ちか(近)づい・た。」〔①⇒**まんまえ【真ん前】**〕

めばちこ【目ばちこ】《名詞》 瞼のあたりに腫れ物ができる病気。ものもらい。「めばちこ・が・　でけ(出来)・て・　かっこわる(格好悪)い・ねん。」

めばり【目張り】《名詞、動詞する》 窓、戸、障子などに紙などを貼って、隙間をふさぐこと。また、それに用いるもの。「かぜ(風)・が・　はい(入)ら・ん・よーに・　しょーじ(障子)・に・　めばりする。」

めばる【目張】《名詞》 体長20センチぐらいで黒い横縞があり、目や口が大きい近海魚。「めばる・を・　しょーゆ(醤油)・で・　た(炊)く。」

めまい【目眩】《名詞、動詞する》 周囲が動いたり回転したりしているような感覚に襲われること。目がくらむこと。「たか(高)い・　とこ(所)・から・　した(下)・を・　み(見)・たら・　めまい・が・　する。」「みち(道)・で・　めまいし・て・　ひょろけ・た。」

めめ【目々】《名詞》 ものを見る働きをする器官。「めめ・を・　ちゃーんと・　あ(開)け・て・　み(見)・なはれ。」◆幼児語。〔⇒**め【目】**〕

めめ《名詞》 その人自身。「めめ・の・　こと・を・　たな(棚)・に・　あ(上)げ・とい・て・　ひと(人)・の・　わるくち(悪口)・を・　ゆ(言)ー・たら・　あか・ん・よ。」〔⇒**じぶん【自分】**、**めんめ【(銘々)】**〕

めめくそ【目々糞】《名詞》 目から出た液が、目の縁に固まってついたもの。「かお(顔)・を・　あら(洗)っ・て・　めめくそ・を・　と(取)れ。」〔⇒**めくそ【目糞】**、**めやに【目脂】**、**めやね【(目脂)】**、**やに【脂】**、**やね【(脂)】**〕

めめず【(蚯蚓)】《名詞》 暗がりの中へ進む性質を持ち、薄赤く紐のような形をしていて、土の中にすむ動物。「うえきばち(植木鉢)・の・　した(下)・に・　めめず・が・　おる。」〔⇒**みみず【蚯蚓】**〕

めめら〔めめらー〕《名詞》 ①その人自身たち。「しょーがっこー(小学校)・の・　とき(時)・の・　めめらー・の・　くみ(組)・の・　どーそーかい(同窓会)・を・　し・た。」②あなたたち。「それ・は・　めめらー・で・　かんが(考)え・なはれ。」

めめんちょ《感動詞、動詞する》 それは駄目だよ、してはいけない、などと叱るときの言葉。「めめんちょ。そんな・　こと・を・　し・たら・　あか・ん。」「こんど(今度)・し・たら・　めめんちょする・ぞ。」◆幼児語。

めもと【目元】《名詞》 目のまわり。目の下の辺り。「めもと・に・　ほくろ(黒子)・が・　あっ・て・　かい(可愛)らしー。」「にっこりし・た・　めもと・の・　ひと(人)・で・　かん(感)じ・が・　え(良)ー。」

めもり【目盛り】《名詞》 はかり・ものさし・温度計などに刻んである、数量を示すためのしるし。「めーたー(メーター)・の・　めもり・を・　よ(読)む。」

めやす【目安】《名詞》 目当てとしたり基準としたりする、大体のところ。「きふ(寄付)・は・　し・ょー・と・　おも(思)う・けど・　どの・ぐらい・　し・たら・　えー・の・か・　めやす・が・　わから・へん。」

めやに【目脂】《名詞》 目から出た液が、目の縁に固まってついたもの。「ねお(寝起)き・で・　かお(顔)・に・　めやに・が・　つ(付)い・とる。」〔⇒**めくそ【目糞】**、**めめくそ【目々糞】**、**めやね【(目脂)】**、**やに【脂】**、**やね【(脂)】**〕

めやね【(目脂)】《名詞》 目から出た液が、目の縁に固まってついたもの。「てぬぐ(手拭)い・で・　めやね・を・　ふ(拭)き・なはれ。」〔⇒**めくそ【目糞】**、**めめくそ【目々糞】**、**めやに【目脂】**、**やに【脂】**、**やね【(脂)】**〕

メリケンこ【英語＝American ＋ 粉】《名詞》 パン・菓子・うどんなどの原料として使う、小麦の実をひいて作った粉。「めりけんこ・で・　どらや(焼)き・を・　つく(作)る。」〔⇒**こむぎこ【小麦粉】**〕

めりっと《副詞》 木や板、骨組みなどがきしむ様子。また、その音。さらに、それによって瞬間的に砕けたり、つぶれたりする様子。「じしん(地震)・で・　がらす(ガラス)・に・　めりっと・　ひび(皹)・が・　はい(入)っ・た。」〔⇒**めきっと**、**みしっと**〕

めりめり《副詞と、動詞する》 ①木や板、骨組みなどが続けてきしむ様子。また、その音。さらに、それによって瞬間的に砕けたり、つぶれたりする様子。「おも(重)み・で・　した(下)・の・　ほー(方)・の・　はこ(箱)・が・　めりめり・　つぶ(潰)れ・た。」②ものが音を立てて、はがれていく様子。「たいふー(台風)・で・　かんばん(看板)・が・　めりめりと・　と(取)れ・て・　と(飛)ん・だ。」〔①⇒**めきめき**、**みしみし**〕

メロン〔めろん〕【英語＝melon】《名詞》 まん丸い形の瓜の一種で、香りがよくて甘い実の果物。「みま(見舞)い・に・　めろん・を・　こ(買)ー・ていく。」

め(を)かける〔めー(を)かける〕【目(を)掛ける】《動詞・カ行下一段活用》 成長や発展を期待して、気持ちを込めて面倒を見る。心を寄せていたわる。心に留めて応援する。「ちょっと・　はし(走)り・が・　はや(速)かっ・た・さかい・　めーかけ・て・　おし(教)え・てもろ・た。」「しゅーじ(習字)・が・　じょーず(上手)やっ・た・ので・　せんせー(先生)・に・　めーかけ・てもろ・とっ・た。」

め(を)さます〔めー(を)さます〕【目(を)覚ます】《動詞・サ行五段活用》 目を閉じて、心や体が活動をやめている状態から、現実にもどる。「けさ(今朝)・は・　ろくじ(六時)・に・　めーをさまし・た。」〔⇒**おきる【起きる】**〕

め(を)すえる〔めー(を)すえる〕【目(を)据える】《動詞・ア行下一段活用》 一か所をじっと見つめる。視線をそらさないで見る。「めーをすえ・て・　こっち・を・　にら(睨)ん・どる。」

め(を)そらす〔めー(を)そらす〕【目(を)反らす】《動詞・サ行五段活用》 真っ直ぐ見ないで、他の方を見る。「は(恥)ずかし・そーに・　めーをそらし・た。」

め(を)つける〔めー(を)つける〕【目(を)付ける】《動詞・カ行下一段活用》 ①警戒しようとして、特に注意する。「めーをつけ・られ・て・　いっつ(何時)も・　おこ(怒)ら・れ・とっ・た。」②立派なものとして注目する。「めーつけ・とっ・た・　すもーと(相撲取)り・が・　ゆーしょー(優勝)し・た。」

め(を)とおす〔めー(を)とーす〕【目(を)通す】《動詞・サ行五段活用》 一通り見る。「あさ(朝)・は・　いちばん(一番)・に・　しんぶん(新聞)・に・　めーをとーす・の・が・　にっか(日課)・や。」

め(を)はなす〔めー(を)はなす〕【目(を)離す】《動詞・サ行五段活用》 見ているのをやめる。少しの間、見ないでおく。「ちょっと(一寸)・　めーをはなし・とる・うち・に・　ねこ(猫)・に・　さかな(魚)・を・　と(盗)ら・れ・た。」

め(を)ひからす〔めー(を)ひからす〕【目(を)光らす】《動

詞・サ行五段活用》 警戒する気持ちを持って、注意をして見張る。「じゅんさ(巡査)・が・　めーをひからし・て・　けーかい(警戒)し・とる。」

め(を)ひく〔めー(を)ひく〕【目(を)引く】《動詞・カ行五段活用》 人目につく。注目を集める。「めーひく・よーな・　はで(派手)な・　ふく(服)・を・　き(着)・とる。」

め(を)まかす〔めー(を)まかす〕【目(を)まかす】《動詞・サ行五段活用》 ①周囲が動いたり回転したりしているような感覚に襲われる。「ぐるぐる・　まー(回)っ・て・　めーをまかし・た。」②一時的に意識を失う。気絶する。「にかい(二階)・から・　かちゃだけ・て・　めーをまかし・た。」③たいそうびっくりする。「やさい(野菜)・が・　たか(高)い・の・に・　めーまかし・た・けど・　か(買)わ・な・　しょーがない。」〔①②⇒**め(を)まわす【目(を)回す】**〕

め(を)まわす〔めー(を)まーす〕【目(を)回す】《動詞・サ行五段活用》 ①周囲が動いたり回転したりしているような感覚に襲われる。「たか(高)い・　とこ(所)・から・　した(下)・を・　み(見)・て・　めーまーし・た。」②一時的に意識を失う。気絶する。「あつ(暑)い・の・で・　めーまーし・て・　たお(倒)れ・ても・た。」「めーまーし・た・さかい・　きゅーきゅーしゃ(救急車)・を・　よ(呼)ん・だ。」③忙しくて、あわてて惑う。「げつまつ(月末)・は・　いそが(忙)しー・て・　めーまーし・てます・ねん。」「きょー(今日)・は・　しごと(仕事)・が・　ぎょーさん(仰山)すぎ・て・　めーまわし・た。」〔①②⇒**め(を)まかす【目(を)まかす】**〕

め(を)むく〔めー(を)むく〕【目(を)剥く】《動詞・カ行五段活用》 ①大きな目を見開く。「だま(騙)さ・れ・た・と・　ゆ(言)ー・て・　めーむい・て・　おこ(怒)り・よっ・た。」②高い金額に驚く。「めーむい・ても・て・　よー・　か(買)わ・なんだ。」

めん【面】《名詞》 何かの顔をかたどって作り、顔に付けるかぶりもの。「さる(猿)・の・　めん・を・　かぶ(被)っ・て・　げき(劇)・に・　で(出)る。」

めん【綿】《名詞》 わたの実からとれる繊維でできた布や、それを加工してできた織物。「めん・の・　くつした(靴下)・の・　ほー(方)・が・　じょーぶ(丈夫)や。」「めん・で・　でけ(出来)・た・　しゃつ(シャツ)・を・　き(着)る。」

めん【雌】《名詞》 動物の女性にあたるもの。「めん・の・　せみ(蝉)・は・　な(鳴)か・へん。」「ここ・は・　めん・の・　まつ(松)・が・　ぎょーさん(仰山)・　は(生)え・とる。」■対語＝「おん【雄】」〔⇒**めんた【雌太】**、**めす【雌】**〕

めんかい【面会】《名詞、動詞する》 わざわざ出かけていって人に会うこと。わざわざやって来た人に会うこと。「びょーいん(病院)・へ・　みま(見舞)い・に・　い(行)っ・た・ん・や・けど・　めんかい・は・　でき・なんだ。」「しごとちゅー(仕事中)・の・　めんかい・は・　あか・ん・ねん・て。」

めんきょ【免許】《名詞》 公的な制度として、特定の内容について許しを与えること。「うんてん(運転)・の・　めんきょ・を・　と(取)り・に・　い(行)く。」「せんせー(先生)・に・　なる・　めんきょ・を・　もら(貰)う。」

めんじょう〔めんじょー〕【免状】《名詞》 ①公的な制度として、許しを与えたことの証明書。「あの・　ひと(人)・は・　おちゃ(茶)・の・　めんじょー・を・　も(持)っ・とっ・て・や。」②学校で決められた課程を終えたことを証明する書き物。「こーとーがっこー(高等学校)・の・　そつぎょー(卒業)・の・　めんじょー・を・　もろ(貰)・た。」〔②⇒**そつぎょうしょうしょ【卒業証書】**〕

めんせつ【面接】《名詞、動詞する》 ①人と人とがじかに会うこと。「ほごしゃかい(保護者会)・で・　めんせつ・が・　ある・ねん。」②入学試験や入社試験の一環として、受験者の人柄や能力などを確かめるために、その人に直接会って話をしたり質問したりなどをすること。「りれきしょ(履歴書)・を・　も(持)っ・て・　かいしゃ(会社)・の・　めんせつ・を・　う(受)け・に・　い(行)っ・てき・てん。」

めんた【(雌た)】《名詞》 動物の女性にあたるもの。動物で、妊娠や産卵をする能力のある方。「うち・の・　いぬ(犬)・は・　めんた・や・ねん。」「めんた・の・　ねこ(猫)・が・　やかま(喧)しー・に・　な(鳴)い・とる。」◆やや蔑視したような感じの言い方である。人の女性を罵倒するような言い方にも使う。■対語＝「おんた【(雄た)】」〔⇒**めす【雌】**、**めん【(雌)】**〕

めんたま【目ん玉】《名詞》 目の中の玉。眼球。「さかな(魚)・の・　めんたま・を・　た(食)べる。」〔⇒**めだま【目玉】**、**めのたま【目の玉】**、**めっくりだま【目っくり玉】**〕

めんたまがとびでる【目ん玉が飛び出る】《動詞・ダ行下一段活用》 値段が高くて驚く。それによって、買うことをやめる。「か(買)い・たかっ・た・けど・　ねだん(値段)・を・　き(聞)ー・て・　めんたまがとびで・て・　て(手)ー・が・　で(出)・なんだ。」〔⇒**めだまがとびでる【目玉が飛び出る】**、**めっくりだまがとびでる【目っくり玉が飛び出る】**〕

めんちょう〔めんちょー〕【面ちょう】《名詞》 顔にできる悪性の腫れ物。「めんちょー・が・　でけ・て・　かお(顔)・が・　いが(歪)ん・どる。」

めんどい《形容詞・オイ型》 ①容貌や容姿が醜い。「めんどい・　かお(顔)・を・　し・た・　いぬ(犬)・や・なー。」②体裁がよくない。見苦しくて恥ずかしい。「なんべん・も・　てーせー(訂正)する・の・は・　めんどい・　こと・や。」

めんどくさい【面倒臭い】《形容詞・アイ型》 手数がかかって厄介だ。するのが億劫である。「めんどくさい・けど・　もーいっぺん・　けーさん(計算)しなおし・てくれ・へん・か。」〔⇒**じゃまくさい【邪魔臭い】**〕

めんどくさがり【面倒臭がり】《名詞》 手数がかかることを厄介だと思う人。するのが億劫であると考える人。「あいつ(彼奴)・は・　めんどくさがり・や・さかい・　ややこしい・　しごと(仕事)・を・　ひと(人)・に・　お(押)しつけ・てくる。」〔⇒**じゃまくさがり【邪魔くさがり】**〕

めんどくさがる【面倒臭がる】《動詞・ラ行五段活用》 手数がかかることを厄介だと思う。するのが億劫であると考える。「へんじ(返事)・を・　か(書)く・の・を・　めんどくさがっ・とる。」■名詞化＝**めんどくさがり【面倒臭がり】**〔⇒**じゃまくさがる【邪魔臭がる】**〕

めんどり【雌鶏】《名詞》 雌のにわとり。「めんどり・が・　たまご(卵)・を・　う(生)む。」■対語＝「おんどり【雄鶏】」

めんまつ【雌松】《名詞》 海岸近くに多く生える、樹皮が赤褐色の松。赤松。「せ(背)ー・の・　ひく(低)い・　めんまつ・が・　は(生)え・とる・　はやし(林)・や。」■対語＝「おんまつ【雄松】」

めんめ【(銘々)】《名詞》 ①メンバーなどのひとりひとり。「みち(道)・を・　ある(歩)く・　とき・は・　めんめ・で・　き(気)ー・　つけよ。」②その人自身。「そんな・　こと・を・　し・たら・　めんめ・が・　こま(困)る・　こと・

に・　なる・ん・や・で。」〔①⇒**めいめい【銘々】、それぞれ**。②⇒**めめ、じぶん【自分】**〕

めんらしい〔**めんらしー**〕【(珍しい)】《形容詞・イイ型》 ①数量的に、めったにない。稀なものである。「あんた・が・　しゅっせき(出席)し・てくれる・や・なんて・　めんらしー・　こと・や・なー。」②普通のものとは違っている。変わっている。「めんらしー・　かたち(形)・の・　かいがら(貝殻)・を・　ひろ(拾)・た。」〔⇒**めずらしい【珍しい】**〕

めんらしがる【(珍しがる)】《動詞・ラ行五段活用》 めったにないと思う。普通とは違っていると思う。「きいろ(黄色)い・　あさがお(朝顔)・が・　さ(咲)い・て・　みんな(皆)・で・　めんらしがっ・とっ・てん。」■名詞化＝**めんらしがり【(珍しがり)】**〔⇒**めずらしがる【珍しがる】**〕

も

も〔**もー**〕【藻】《名詞》 水草や海藻などの、水の中に生える植物。「きんぎょばち(金魚鉢)・に・　もー・を・　い(入)れ・てやる。」

も《副助詞》 ①同じようなものを並べて言ったり、同様のものが他にもあることを匂わせたりするときに使う言葉。「しょーぎ(将棋)・も・　ご(碁)ー・も・　す(好)きや。」「どいつ(何奴)・も・　こいつ(此奴)・も・　あて・に・　なら・へん。」②他と同じだという気持ちを表すときに使う言葉。「わたし(私)・も・　いっしょ(一緒)に・　い(行)き・たい。」③極端な場合を取り上げて、それすら例外でないということを表す言葉。「せんもんか(専門家)・の・　ひと(人)・も・　わかっ・てくれ・へん・ねん。」「こんな・　こと・も・　し(知)ら・へん。」④予想される程度を超えていたり、限界に達していたりすることを表す言葉。「いちじかん(一時間)・も・　ま(待)っ・とっ・た・ん・や。」「ごせんえん(五千円)・も・　くれ・た。」

もう〔**もー**〕《名詞、動詞する》 ①肉や乳を食用とするために飼われ、かつては運搬・耕作などのために使われていた、頭に２本の角があり皮膚は白・黒・褐色の短い毛でおおわれている動物。「もー・が・　ある(歩)い・とる。」②両の手足を地につけて這う形になること。「おしり(尻)・を・　ふ(拭)い・たる・さかい・　もー・を・　し・なはれ。」◆幼児語。〔⇒**もうもう**。①⇒**うし【牛】**。②⇒**よつんばい【四つん這い】**〕

もう〔**もー、も**〕《副詞》 ①既にその状態や時期になっていることを表す言葉。「もー・　いまごろ(今頃)・は・　こーべ(神戸)・に・　つ(着)い・とる・やろ。」②今にもそのようになるということを表す言葉。時を隔てることなく、まもなく。「もー・　く(来)る・　じぶん(時分)・や。」③現在の状況に何かを加えることを表す言葉。「もー・　ちょっと(一寸)・　ま(待)っ・てみよ・か。」「も・　ひと(一)つ・　ほ(欲)しー。」④まったく。「しんどい・さかい・　もー・　あか・ん。」〔②⇒**もうつい**〕

もうかる〔**もーかる**〕【儲かる】《動詞・ラ行五段活用》 ①金銭上の利益になる。「ばざー(バザー)・を・　し・たら・　だいぶ(大分)・　もーかる・か・も・しれ・ん。」②有用なものがあとに残る。「こども(子供)・の・　とき(時)・に・　やきゅー(野球)・を・　やっ・て・　きた(鍛)え・とる・さかい・　びょーき(病気)・に・　かか(罹)りにくー・て・　もーかっ・た。」■他動詞は「**もうける【儲ける】**」

もうけ〔**もーけ**〕【儲け】《名詞》 金銭上の利益。また、それを得ること。「もーけ・が・　の(無)ー・て・　とんとんや(＝差し引きゼロだ)。」〔⇒**みいり【実入り】**〕

もうける〔**もーける**〕【儲ける】《動詞・カ行下一段活用》 ①金銭上の利益を得る。「みせ(店)・を・　だ(出)し・て・から・　だいぶ(大分)・　もーけ・た。」②有用なものをあとに残す。うまくいく。「しけん(試験)・の・　やま・が・　あ(当)たっ・て・　もーけ・た。」■自動詞は「**もうかる【儲かる】**」■名詞化＝**もうけ【儲け】**

もうしあげる〔**もーしあげる**〕【申し上げる】《動詞・ガ行下一段活用》 「**いう【言う】**」を特別に強くへりくだった言い方にした表現。「おわ(詫)び・を・　もーしあげ・た・けど・　なかなか・　こらえ・てくれ・なんだ。」

もうしあわす〔**もーしあわす**〕【申し合わす】《動詞・サ行五段活用》 言葉を交わして約束する。相談をして取り決める。「きふ(寄付)・を・　ことわ(断)る・　こと・を・　むらじゅー(村中)・で・　もーしあわす。」■名詞化＝**もうしあわせ【申し合わせ】**

もうしこみ〔**もーしこみ**〕【申し込み】《名詞》 ①相手が受け入れてくれることを期待して、願望や意思を相手に伝えること。「けっこん(結婚)・の・　もーしこみ・を・　する。」②参加や応募をするための手続きをすること。「りょこー(旅行)・に・　さんか(参加)する・　もーしこみ・を・　し・た。」

もうしこむ〔**もーしこむ**〕【申し込む】《動詞・マ行五段活用》 ①相手が受け入れてくれることを期待して、願望や意思を相手に伝える。「けっこん(結婚)・を・　もーしこん・だら・　ことわ(断)ら・れ・た。」②参加や応募をするための手続きをする。「けんこーしんだん(健康診断)・に・　もーしこん・だ。」■名詞化＝**もうしこみ【申し込み】**

もうしでる〔**もーしでる**〕【申し出る】《動詞・ダ行下一段活用》 願望や意思などを自分から進んで、言って出る。「ことし(今年)・は・　いーん(委員)・を・　や(止)め・さし・てほしい・と・　もーしで・た。」■名詞化＝**もうしで【申し出】**

もうしとつ〔**もーしとつ、もしとつ**〕【(もう一つ)】《形容動詞や(ノ)》 何か足りないところがある様子。欠けていて、不満が残る様子。「ことし(今年)・の・　こめ(米)・は・　もしとつや。」「この・　うどんや(饂飩屋)・の・　あじ(味)・は・　もーしとつや。」〔⇒**もうひとつ【もう一つ】、もっとつ**〕

もうしわけない〔**もーしわけない**〕【申し訳ない】《形容詞・特殊型》 相手にたいへんすまない思いを持って、詫びる気持ちを表す言葉。言い訳のしようがない。弁解の余地がない。「がらす(ガラス)・を・　めん(＝壊し)・で・　もーしわけない・　こと・を・　し・まし・た。」

もうす〔**もーす**〕【申す】《動詞・サ行五段活用》 「言う〔ゆー〕」をへりくだった言い方や丁寧な言い方にした表現。「しゅじん(主人)・が・　そない・　もーし・てます・ねん。」

もうす〔**もーす**〕【申す】《補助動詞・サ行五段活用》 上位の者に対してへりくだった気持ちを表す言葉。「きょー(今日)・も・　よろしゅー・　おたの(頼)・もーし・ます。」

もうする〔**もーする**〕《動詞・サ行変格活用》 牛のような格好をして、四つん這いになる。「せま(狭)い・　ところ(所)・を・　もーし・て・　くぐ(潜)る。」◆幼児語。

もうそう〔**もーそー**〕【孟宗】《名詞》 背が高くて幹が太くて、節と節の間隔が比較的に短い竹。「もーそー・の・たけのこ(筍)・が・　うま(美味)い。」

もうちょう〔**もーちょー**〕【**盲腸**】《名詞》 ①大腸と小腸の境目にあって、袋のようになっている部分。「もーちょー・は・ の(無)ー・ても・ え(良)ー・ん・や・そーや。」②それが炎症を起こして痛むこと。虫垂炎。「もーちょー・に・ なっ・て・ にゅーいん(入院)し・た。」

もうつい〔**もーつい、もつい**〕《副詞》 今にもそのようになるということを表す言葉。時を隔てることなく、まもなく。「もーつい・ つゆ(梅雨)・に・ なり・ます・やろ。」「ばす(バス)・は・ もつい・ く(来)る・と・ おも(思)う。」◆「もう」を強めた言い方である。〔⇒**もう**〕

もうとう〔**もーとー**〕【**もう疾う**】《形容動詞や(ノ)》 ずっと以前である様子。かなり早くである様子。「しくだい(宿題)・は・ もーとーに・ す(済)まし・た。」◆「とう【疾う】」を強めた言い方である。〔**とう**【**疾う**】〕

もうひとつ〔**もーひとつ、もひとつ**〕【**もう一つ**】《形容動詞や(ノ)》 何か足りないところがある様子。欠けていて、不満が残る様子。「しんけん(真剣)さ・が・ もーひとつ・ た(足)ら・へん。」「この・ え(絵)ー・の・ でき(出来)・は・ もーひとつや。」◆語幹だけの副詞的な用法もある。〔⇒**もうしとつ**【(もう一つ)】、**もっとつ**〕

もうふ〔**もーふ**〕【**毛布**】《名詞》 寝具などに用いる、厚手の毛織物。「ねび(寝冷)えせ・ん・よーに・ もーふ・を・ か(掛)け・とき。」

もうもう〔**もーもー**〕《名詞、動詞する》 ①肉や乳を食用とするために飼われ、かつては運搬・耕作などのために使われていた、頭に２本の角があり皮膚は白・黒・褐色の短い毛でおおわれている動物。「もーもー・が・ たんぼ(田圃)・を・ す(鋤)い・とる。」②両の手足を地につけて這う形になること。また、その姿勢で前進すること。「おしり(尻)・を・ ふ(拭)い・たげる・さかい・ もーもーし・なさい。」「もーもー・を・ し・て・ こっち・まで・ おいで。」◆幼児語。〔⇒**もう**。①⇒**うし**【**牛**】。②⇒**よつんばい**【**四つん這い**】〕

もうもう〔**もーもー**〕《副詞と》 牛が鳴く様子。また、その声。「かいば(飼葉)・を・ やっ・たら・ もーもーと・ よろこ(喜)ん・だ。」

もうもうと〔**もーもーと**〕【**濛々と**】《副詞、動詞する》 霧・小雨・煙・ほこりなどが立ちこめて、あたりが薄暗くぼんやりしている様子。「ゆげ(湯気)・が・ もーもーと・ た(立)っ・とる。」「むかし(昔)・の・ けんどー(県道)・は・ ばす(バス)・が・ はし(走)っ・た・ あと(後)・は・ もーもーと・ ほこり(埃)・が・ た(立)っ・た。」

もうろうと〔**もーろーと**〕【**朦朧と**】《副詞、動詞する》 ①意識がぼんやりして、はっきりしない様子。「おじー(祖父)さん・は・ だいぶ・ もーろーとし・てき・とる・ねん。」②霞んで、ものの形がはっきりしない様子。「もーろーと・ きり(霧)・が・ かかっ・とる。」

もうろく〔**もーろく**〕【**耄碌**】《名詞、動詞する》 年をとって、頭や体の働きが衰えること。「もーろくし・たら・ ながい(長生)き・は・ し・とー・ない。」

もえさし【**燃えさし**】《名詞》 木ぎれなどで、燃え切らないで残っているもの。「もえさし・に・ ちゃんと・ みず(水)・を・ かけ・とい・て・な。」

もえる【**燃える**】《動詞・ア行下一段活用》 ①火がついて、炎が出る。灰になるまで炎を出し続ける。「たいまつ(松明)・が・ もえ・とる。」②火災が発生する。「きんじょ(近所)・が・ もえ・て・ えらい・ こと・やっ・た。」■他動詞は「もやす【燃やす】」〔①⇒**やける**【**焼ける**】〕

モーター〔**もーたー**〕【英語＝motor】《名詞》 電力によって回転し、ものを動かす力を起こす機械。「もーたー・が・ や(焼)け・て・ でんしゃ(電車)・が・ と(止)まっ・た。」

もおる〔**もーる**〕【**(戻る)**】《動詞・ラ行五段活用》 ①元の場所に帰る。元の場所に向かって逆に進む。「てんきょさき(転居先)・が・ わから・ん・ ゆー・て・ はがき(葉書)・が・ もーっ・てき・た。」「らんなー(ランナー)・が・ ほんるい(本塁)・へ・ もーっ・てくる。」②自宅に帰る。「おーい・ いま(今)・ もーっ・た・ぞ。」③元の状態に返る。「はんどる(ハンドル)・が・ もと(元)・に・ もーっ・ても・た。」■名詞化＝**もおり**【(戻り)】〔⇒**もどる**【**戻る**】〕

もがく【**藻掻く**】《動詞・カ行五段活用》 ①自由になろうとして、苦しんで手足を動かす。ばたばた暴れる。「おぼ(溺)れ・そーに・ なっ・て・ もがい・た。」②焦っていらいらする。苦しみから逃れるために、いろんなことをする。「とし(歳)とっ・て・から・ もがか・ん・よーに・ し・たい・なー。」■名詞化＝**もがき**【**藻掻き**】〔⇒**あがく**【**足掻く**】〕

もく【**木**】《名詞》 １週間の７日間のうちの５日目で、水曜日の次、金曜日の前にある日。「らいしゅー(来週)・は・ か(火)ー・もく・ど(土)ー・が・ やす(休)み・に・ なっ・とる。」〔⇒**もくよう**【**木曜**】、**もっきょう**【(木曜)】、**もくようび**【**木曜日**】、**もっきょうび**【(木曜日)】〕

もくぎょ〔**もくぎょー**〕【**木魚**】《名詞》 うろこの形が彫りつけられた魚が口を開けた形をして中が空洞になっており、お経をよむときに叩く、木で作られた仏具。「よめ(嫁)はん・の・ さと(里)・は・ そーとーしゅー(曹洞宗)・で・ もくぎょー・を・ たた(叩)い・て・ おまい(参)りする・ねん。」

もぐさ【**艾**】《名詞》 お灸に用いるもので、よもぎの葉を干して作り、葉の裏の白毛を集めて綿のようにしたもの。「せなか(背中)・に・ もぐさ・を・ お(置)い・て・ ひ(火)・を・ つける。」

もくじ【**目次**】《名詞》 本などで、内容の見出しを順序立てて並べたもの。「もくじ・を・ み(見)・て・ か(書)い・てある・ ところ(所)・を・ さが(探)す。」

もくせい〔**もくせー**〕【**木製**】《名詞》 木を材料にして道具などを作ること。また、木で作られたもの。「いす(椅子)・は・ もくせー・の・ ほー(方)・が・ きも(気持)ち・が・ え(良)ー。」

もくぞう〔**もくぞー**〕【**木造**】《名詞》 木を主な材料にして建物や構造物などを作ること。また、木を主な材料にして作られたもの。「しょーがっこー(小学校)・の・ とき(時)・の・ もくぞー・の・ こーしゃ(校舎)・が・ なつ(懐)かしい。」「むかし(昔)・は・ ゆか(床)・が・ もくぞー・の・ でんしゃ(電車)・が・ はし(走)っ・とっ・た・なー。」

もくたん【**木炭**】《名詞》 木を蒸し焼きにして作った燃料。「せんそーちゅー(戦争中)・の・ もくたん・を・ た(焚)い・て・ はし(走)る・ ばす(バス)・は・ さか(坂)・を・ よー・ のぼ(上)ら・へん・さかい・ お(降)り・て・ うし(後)ろ・から・ お(押)し・たり・ し・た・ こと・が・ ある。」

もくてき【**目的**】《名詞》 何かをするときに、実現しようとして目指すところ。「きふ(寄付)・の・ もくてき・が・ よー・ わから・へん・さかい・ きょーりょく(協力)し・たい・と・ おも(思)・ても・ でき(出来)・まへ・ん・ねん。」

もくとう〔**もくとー**〕【**黙祷**】《名詞、動詞する》 亡くなった人の安らかな成仏を願って、無言のまま心の中で祈ること。「しゅっかん(出棺)・の・　とき(時)・に・　みんな(皆)・で・　もくとーする。」「しんさい(震災)・の・お(起)き・た・　じかん(時間)・に・　あ(合)わし・て・もくとーし・た。」

もくねじ【木螺子】《名詞》 頭の部分に溝があって、螺旋が切ってある釘。「ちょーつがい(蝶番)・を・　もくねじ・で・　と(留)める。」〔⇒**ねじくぎ【螺子釘】**〕

もくねじまわし〔もくねじまーし〕【木螺子回し】《名詞》 ねじ釘の頭の溝に当てて、回して締めたり緩めたりする道具。「もくねじまーし・で・　ねじ(螺子)・を・　し(締)める。」〔⇒**ドライバー【英語＝ driver】、ねじまわし【螺子回し】**〕

もくひょう〔もくひょー〕【目標】《名詞》 何かを成し遂げたり行き着いたりしようとして、目印とするもの。「ぽーとたわー(ポートタワー)・を・　もくひょー・に・し・て・　ある(歩)く。」

もくめ【木目】《名詞》 木の切り口に現れている、年輪などが作り出す線や模様。「きれー(綺麗)な・　もくめ・の・　つくえ(机)・や・なー。」

もくもく《副詞と》 煙や雲などが、重なり合うように、後から後から出てくる様子。「きしゃ(汽車)・が・　もくもくと・　けむり(煙)・を・　は(吐)い・て・　はし(走)る。」「えんとつ(煙突)・から・　くろ(黒)い・　けぶり(煙)・が・　もくもくと・　で(出)・とる。」〔⇒**むくむく**〕

もくもく【黙々】《副詞と》 黙ってものごとに集中する様子。周りのことを気にかけないで、ものごとを行う様子。「もくもくと・　ごはん(飯)・を・　た(食)べる。」「なん(何)にも・　しゃべ(喋)ら・んと・　もくもくと・　しごと(仕事)・を・　する。」

もぐもぐ《副詞と、動詞する》 ①口を十分に開けないで、ものをかむ様子。食べ物をほおばって、かむ様子。「は(歯)・が・　いと(痛)ー・て・　もぐもぐ・　か(噛)む・しか・　しょーがなかっ・てん。」②ものを言いかけて、口だけ動かす様子。「もぐもぐ・　ゆ(言)ー・とっ・た・さかい・　なん(何)・か・　よー・　わから・なんだ。」③発音が明瞭でない様子。「もぐもぐし・た・　はつおん(発音)・や・さかい・　ゆ(言)ー・とる・　こと(事)・が・よー・　わから・へん。」〔⇒**むぐむぐ、もごもご**〕

もくよう〔もくよー〕【木曜】《名詞》 1週間の7日間のうちの5日目で、水曜日の次、金曜日の前にある日。「おいしゃ(医者)はん・は・　もくよー・の・　ひる(昼)から・は・　やす(休)み・や。」〔⇒**もく【木】、もっきょう【(木曜)】、もくようび【木曜日】、もっきょうび【(木曜日)】**〕

もくようび〔もくよーび〕【木曜日】《名詞》 1週間の7日間のうちの5日目で、水曜日の次、金曜日の前にある日。「もくよーび・は・　ひちじかんめ(七時間目)・が・ある・ねん。」〔⇒**もく【木】、もくよう【木曜】、もっきょう【(木曜)】、もっきょうび【(木曜日)】**〕

もぐら【土竜】《名詞》 口がとがってシャベルのような手をして、土の中に穴を掘ってすむ、鼠に似た動物。「もぐら・は・　まだ・　み(見)・た・　こと・が・　あら・へん。」

もぐり【潜り】《名詞、形容動詞や(ノ)》 ①正式・公式ではなく、密かに物事を行うこと。また、そのようにする人。「もぐりの・　たくしー(タクシー)・が・　おる・けど・の(乗)っ・たら・　あか・ん・よ。」②体を頭ごと水の中に沈めること。「もぐり・で・　かい(貝)・を・　あつ(集)める。」

もぐる【潜る】《動詞・ラ行五段活用》 ①体を頭ごと水の中に沈める。水の底に向かっていく。「うみ(海)・に・もぐっ・て・　さかな(魚)・を・　つ(突)く。」②ものの下や中に入り込む。「だんのした(＝床下)・に・　もぐっ・て・　そーじ(掃除)・を・　する。」「ふとん(布団)・に・もぐっ・て・　まだ・　ね(寝)・とる。」■名詞化＝**もぐり【潜り】**

もくれん【木蓮】《名詞》 春に、葉が出る前に白や紫色などの大きな花を咲かせる、庭に植えることが多い落葉樹。「かぜ(風)・が・　ふ(吹)い・たら・　もくれん・の・はな(花)・が・　よー・　ち(散)っ・て・　こま(困)る。」

もくろく【目録】《名詞》 所蔵物や贈り物などの名前を整理して書き並べたもの。「きふ(寄付)・の・　もくろく・を・　わた(渡)す。」「ゆいのーや(結納屋)・で・　もくろく・を・　つく(作)っ・てもらう。」

もけい〔もけー〕【模型】《名詞》 実物の形や仕組みを真似て作ったもの。「しゅみ(趣味)・は・　もけー・の・　ひこーき(飛行機)・を・　こしら(拵)え・て・　と(飛)ばす・こと・や。」◆実物よりも小さいことが多い。〔⇒**ひながた【雛形】**〕

もこもこ《副詞、形容動詞や(ノ)》 ①水や泥などが、後から後から湧き上がってくる様子。「いけ(池)・の・そこ(底)・から・　みず(水)・が・　もこもこ・　わ(湧)い・とる。」②毛織物や編み物などが毛羽立っている様子。「けーと(毛糸)・の・　てぶくろ(手袋)・が・　もこもこに・　なっ・た。」

もごもご《副詞と、動詞する》 ①口を十分に開けないで、ものをかむ様子。食べ物をほおばって、かむ様子。「するめ(鯣)・を・　もごもご・　か(噛)ん・どる。」②ものを言いかけて、口だけ動かす様子。「くち(口)・を・　もごもご・　うご(動)かし・とる・けど・　こえ(声)・が・　で(出)・とら・へん。」③発音が明瞭でない様子。「もごもご・　い(言)わ・んと・　もっと・　はっきり・　き(聞)こえる・よーに・　い(言)え。」〔⇒**もぐもぐ、むぐむぐ**〕

もし【若し】《副詞》 ①今より後のことについて、仮にそのようになったらという意味を表す言葉。「もし・　あした(明日)・　あめ(雨)・やっ・たら・　うんどーかい(運動会)・は・　えんき(延期)し・ます。」②既に事実となっていることについて、仮にそうでなくて別のことであったらという意味を表す言葉。「もし・　えどじだい(江戸時代)・に・　う(生)まれ・とっ・たら・　なに(何)・を・し・とる・やろ・なー。」〔⇒**もしも【若しも】、もしかして【若しかして】。①⇒ひょっとして**〕

もしかしたら【若しかしたら】《副詞》 何かの事情が生じた場合は。都合や場合によっては。「もしかしたら・あした(明日)・は・　こ(来)・られ・へん・か・も・　わから・へん。」〔⇒**どうかしたら、どうかすると、どうやすると、どうやしたら、どないかしたら、どないかすると、どないやしたら、どないやすると、ひょっとしたら、ひょっとすると、もしかすると【若しかすると】**〕

もしかして【若しかして】《副詞》 ①今より後のことについて、仮にそのようになったらという意味を表す言葉。「もしかして・　い(行)け・なんだら・　ごめん(御免)・な。」②既に事実となっていることについて、仮にそうでなくて別のことであったらという意味を表す言葉。「もしかして・　あの・　じこ(事故)・さえ・　なかっ・たら・と・　おも(思)う・と・　くや(悔)しー・ねん。」〔⇒**もし【若し】、もしも【若しも】。①⇒ひょっとして**〕

もしかすると【若しかすると】《副詞》 何かの事情が生じた場合は。都合や場合によっては。「この・　たいふー(台風)・は・　もしかすると・　じょーりく(上陸)する・か・も・　しれ・ん。」〔⇒**どうかしたら、どうかすると、ど**

うやすると、どうやしたら、どないかしたら、どないかすると、どないやしたら、どないやすると、ひょっとしたら、ひょっとすると、もしかしたら【若しかしたら】〕

もしも【若しも】《副詞》 ①今より後のことについて、仮にそのようになったらという意味を表す言葉。「もしも・ あんた・が・ おく(遅)れ・たら・ ま(待)た・んと・ い(行)き・まっ・せ。」②既に事実となっていることについて、仮にそうでなくて別のことであったらという意味を表す言葉。「もしも・ うた(歌)・が・ うまかっ・たら・ げーにん(芸人)・に・ なり・たかっ・た・ん・や。」〔⇒**もし**【若し】、**もしかして**【若しかして】。①⇒**ひょっとして**〕

もしもし《感動詞》 近くにいる人や、電話の相手などに呼びかける言葉。「もしもし・ て(手)ー・から・ はんかち(ハンカチ)・が・ お(落)ち・まし・た・よ。」「もしもし・ き(聞)こえ・てまっ・しゃろ・か。」

もじもじ《副詞と、動詞する》 遠慮したり、恥ずかしがったりして、すぐに行動できないで、ためらっている様子。「はじ(初)めて・の・ ひと(人)・と・ お(会)ー・たら・ もじもじし・て・ なに(何)・も・ い(言)わ・れ・へん。」

もじゃもじゃ《副詞と、名詞》 手入れをしていなくて、密生している毛や髭などが乱雑な感じである様子。「もじゃもじゃ・の・ あたま(頭)・の・ け(毛)ー・を・ ちょっと(一寸)・は・ てい(手入)れし・なはれ・よ。」

もず【百舌】《名詞》 気性が荒く、昆虫やとかげなどを食べる、雀より少し大きい鳥。「あき(秋)・に・ なっ・たら・ もず・が・ よー・ と(飛)ん・でくる。」

もぞうし〔**もぞーし**〕【模造紙】《名詞》 図表などを書くときに使う、表面が滑らかで大きな上質紙。「もぞーし・で・ にほんし(日本史)・の・ ねんぴょー(年表)・を・ つく(作)っ・た。」

もそもそ《副詞と》 聞き取れないような小声でつぶやくように話す様子。無愛想に、感情を込めないで話す様子。「もそもそ・ ゆ(言)ー・て・ なん(何)・の・ こと・やら・ わから・なんだ。」〔⇒**ぼそぼそ**〕

もぞもぞ《副詞と》 ①小さな虫などが鈍く見えるような動作で動き回る様子。「しんぶん(新聞)・の・ うえ(上)・を・ なん(何)・やら・ もぞもぞ・ うご(動)い・とる。」②動作や態度がはっきりしないで、鈍い様子。体を小さく動かす様子。「もぞもぞせ・んと・ じっと・し・とり・なはれ。」

もたす【持たす】《動詞・サ行五段活用》 ①持つようにさせる。「ひと(人)・に・ にもつ(荷物)・を・ もたさ・んと・ じぶん(自分)・で・ も(持)ち・なはれ。」②持って行かせる。「しんせき(親戚)・の・ いえ(家)・に・ おみやげ(土産)・を・ もたし・た・ん・や。」③費用を払わせる。「きょー(今日)・の・ はら(払)い・は・ あいつ(彼奴)・に・ もたそ・ー・か。」④変わらないようにする。保たせる。「れーぞーこ(冷蔵庫)・に・ い(入)れ・て・ いっしゅーかん(一週間)・ もたす。」■自動詞は「もつ【持つ】」

もたつく《動詞・カ行五段活用》 ものごとが円滑に進まないで滞る。動作や行動がはっきりしなくて滑らかに進まない。「しかい(司会)・が・ もたつい・て・ じかん(時間)・が・ かかっ・てもた。」「もたつい・て・ へた(下手)な・ しゃべ(喋)りかた・を・ し・た。」

もたもた《副詞、動詞する、名詞》 しっかりした考えや態度が現れず、ものごとが円滑に進まない様子。前進しないで滞っている様子。「もたもた・が・ あっ・て・ なかなか・ はじ(始)まら・へん。」「もたもたせ・んと・ じょーず(上手)に・ せつめー(説明)し・てほしー・なー。」

もたらかす【凭らかす】《動詞・サ行五段活用》 体やものを、しっかりしたものに寄せかけて、安定した状態にする。「はしご(梯子)・を・ へー(塀)・に・ もたらかす。」■自動詞は「もたれる【凭れる】」。〔⇒**もたらす**【凭らす】〕

もたらす【凭らす】《動詞・サ行五段活用》 体やものを、しっかりしたものに寄せかけて、安定した状態にする。「じてんしゃ(自転車)・を・ かべ(壁)・に・ もたらす。」■自動詞は「もたれる【凭れる】」。〔⇒**もたらかす**【凭らかす】〕

もたれる【凭れる】《動詞・ラ行下一段活用》 ①体などを、しっかりしたものに寄せかけて、楽な状態や安定した状態になる。「いす(椅子)・に・ もたれ・て・ いねむ(居眠)り・を・ する。」「ひと(人)・に・ もたれ・んと・ じぶん(自分)・で・ かんが(考)え・んかい。」②食べ物がきちんと消化されないまま胃に溜まっていて、気持ち悪く感じる。「く(食)いすぎ・て・ い(胃)ー・に・ もたれる。」■他動詞は、①の場合「もたらす【凭らす】」「もたらかす【凭らかす】」

もち【餅】《名詞》 ①餅米を蒸して搗いた食べ物。「く(九)ー・の・ ひ(日)・の・ もち・は・ つ(搗)か・ん・もん・や。」②粘り気が強くて、ついて餅にしたり、赤飯や菓子の原料として使ったりする米。「たんぼ(田圃)・に・ もち・も・ つく(作)っ・とる。」〔②⇒**もちごめ**【餅米】〕

もち【黐】《名詞》 赤い実をつけ、樹皮からは粘着性のある物質がとれる、常緑で背の高い木。「もち・の・ み(実)ー・が・ きれー(綺麗)や。」〔⇒**もちのき**【黐の木】〕

もち【持ち】《名詞》 ①手などで支えたり提げたりすることこと。「みぎて(右手)・で・の・ ほー(方)・が・ もち・が・ らく(楽)や。」②品質や機能が衰えず初期の状態を維持すること。「この・ すみ(墨)・は・ す(擦)っ・ても・ へ(減)ら・んと・ もち・が・ え(良)ー。」「この・ ろーそく(蝋燭)・は・ もち・が・ なが(長)い。」③手にして使うようなもので、その人にちょうど似合ったり適したりしていること。「それ・は・ おとこ(男)もち・の・ かさ(傘)・や。」④費用を負担すること。「りょこー(旅行)・の・ ひよー(費用)・は・ かいしゃ(会社)もち・や。」⑤所有すること。「かね(金)もち・の・ おっ(小父)さん・が・ おご(奢)っ・てくれ・た。」「とち(土地)もち・の・ おーがね(大金)もち・の・ いえ(家)・や。」

もちあげる【持ち上げる】《動詞・ガ行下一段活用》 ①手などでものを持って、上に上げる。「おも(重)たい・もん(物)・を・ もちあげる・ とき・に・は・ ぎっくりごし(腰)・に・ き(気)・を・ つけ・なはれ・よ。」②人を褒めておだてる。「もちあげ・られ・て・ しごと(仕事)・を・ たの(頼)ま・れ・た。」

もちごめ【餅米、糯米】《名詞》 粘り気が強くて、ついて餅にしたり、赤飯や菓子の原料として使ったりする米。「もちごめ・を・ い(入)れ・て・ せきはん(赤飯)・を・ た(炊)く。」■対語＝「ただまい【只米、尋常米】」〔⇒**もち**【餅】〕

もちだす【持ち出す】《動詞・サ行五段活用》 元あった場所から、他の場所へ運んで移す。「ふとん(布団)・を・ べらんだ(ベランダ)・に・ もちだし・て・ かぜ(風)・に・ あ(当)てる。」

もちつき【餅搗き】《名詞、動詞する》 臼と杵を使うなどして、蒸した餅米を強く押しつぶすように打つこと。「もちつき・に・　つか(使)う・　うす(臼)・と・　きね(杵)・を・　だ(出)し・てき・とい・てんか。」〔⇒**ぺったんこ**〕

もちっと〔もーちっと〕《副詞》 現在の有り様よりも少し程度を進めることを表す言葉。「もちっと・　まえ(前)・の・　ほー(方)・へ・　き(来)・てくれ・へん・か。」〔⇒**もちょっと**〕

もちぬし【持ち主】《名詞》 それを自分のものとしている人。所有者。「この・　わすれもん(忘物)・の・　もちぬし・は・　お(居)っ・て・やない・です・か。」

もちのき【黐の木】《名詞》 赤い実をつけ、樹皮からは粘着性のある物質がとれる、常緑で背の高い木。「もちのき・から・　とりもち・が・　でける。」〔⇒**もち【黐】**〕

もちほり【餅放り】《名詞、動詞する》 祝い事や行事などがあるときに、大勢の人に向けて餅を投げ与えること。「おみや(宮)はん・で・　しょーがつ(正月)・に・　もちほり・が・　ある。」〔⇒**もちまき【餅撒き】**〕

もちまき【餅撒き】《名詞、動詞する》 祝い事や行事などがあるときに、大勢の人に向けて餅を投げ与えること。「むねあ(棟上)げ・で・　もちまきする。」〔⇒**もちほり【餅放り】**〕

もちもち【餅々】《副詞と、動詞する》 食べ物に粘り気や弾力がある様子。「もちもちし・た・　まんじゅー(饅頭)・で・　おい(美味)しー。」〔⇒**もっちり**〕

もちもん【持ち物】《名詞》 自分の所有としているもの。手に持っているもの。「もちもん・を・　わす(忘)れ・ん・よーに・　する。」

もちゃつく《動詞・カ行五段活用》 粘り気があって、ものにくっついて離れないように感じられる。「もち(餅)・が・　は(歯)ー・に・　ひっつい・て・　もちゃつい・た・かん(感)じ・が・　する。」

もちょっと〔もーちょっと〕《副詞》 現在の有り様よりも少し程度を進めることを表す言葉。「もちょっと・にんずー(人数)・が・　ふ(増)え・たら・　ありがたい・ねん・けど・なー。」〔⇒**もちっと**〕

もちろん【勿論】《副詞》 言うまでもなく明らかであるということを表す言葉。当然のことであるということを表す言葉。「わたし(私)・は・　もちろん・　い(行)き・ます・よ。」

もつ【持つ、保つ】《動詞・タ行五段活用》 ①手で握ったり手の上に載せたりする。「かたて(片手)・で・　はんどる(ハンドル)・を・　もつ。」②身に付けて、体から離さない。携行する。「わす(忘)れ・ん・よーに・　てーき(定期)・を・　もっ・とる・か。」③自分のものとする。所有する。「きょねん(去年)・から・　けーたいでんわ(携帯電話)・を・　もっ・とる。」④自分が引き受ける。負担する。「きょー(今日)・の・　こーひーだい(コーヒー代)・は・わし・が・　もち・ます。」⑤力や性質や気持ちなどが備わる。「ねば(粘)りけ・を・　もっ・た・　はし(走)りかた・を・　し・とる。」「すいえー(水泳)・に・は・　じしん(自信)・を・　もっ・とる・ねん。」⑥そのままの状態で続く。長く使用に耐える。腐らない。「つくだに(佃煮)・に・　し・とい・たら・　みつき(三月)・は・　もつ。」「この・　かいろ(懐炉)・は・　あさ(朝)・まで・　もつ。」「え(良)ー・　もん(物)・は・　なが(長)いこと・　もつ。」◆①～⑤の意味で使う場合は他動詞であり、⑥は自動詞である。■名詞化＝**もち【持ち】**

もつい《副詞》 もうすぐ。間もなく。「もつい・　く(来)る・やろ・さかい・　いらいらせ・んと・　ま(待)っ・とき・なはれ。」

もっきょう〔もっきょー〕【(木曜)】《名詞》 1週間の7日間のうちの5日目で、水曜日の次、金曜日の前にある日。「もっきょー・は・　ないたー(ナイター)・が・　あら・へん・ねん。」〔⇒**もく【木】、もくよう【木曜】、もくようび【木曜日】、もっきょうび【(木曜日)】**〕

もっきょうび〔もっきょーび〕【(木曜日)】《名詞》 1週間の7日間のうちの5日目で、水曜日の次、金曜日の前にある日。「もっきょーび・まで・に・　へんじ(返事)・を・　ほ(欲)しー・と・　おも(思)う・ん・や。」〔⇒**もく【木】、もくよう【木曜】、もっきょう【(木曜)】、もくようび【木曜日】**〕

もっきん【木琴】《名詞》 長さの違う木の板を音階の順に並べて、先端に玉を付けた2本の棒で叩いて鳴らす楽器。「がくげーかい(学芸会)・で・　もっきん・を・がっそー(合奏)する。」◆鉄の板でできている楽器は「てっきん【鉄琴】」と言う。〔⇒**シロホン【ドイツ語＝Xylophon】**〕

もっこ《名詞》 土などを運ぶときに使う、藁などを網に編んで四隅に綱を付けた入れ物。「すな(砂)・を・　もっこ・に・　い(入)れ・て・　ふたり(二人)・で・　かい・ていく。」

もっこう〔もっこー〕【木工】《名詞》 木を使って家具やおもちゃなどを作ること。「ぎじつかてー(技術家庭)・の・じかん(時間)・に・　もっこー・で・　ほんた(本立)て・を・　こしらえ・た・　こと・が・　あっ・た。」

もっさり《副詞と、動詞する》 動作や作品などがあか抜けしていない様子。人柄などが野暮ったく洗練されていない様子。行動などが無粋で気がきかない様子。「もっさりし・た・　はな(話)しかた・を・　する・　しと(人)・や。」「もっさりし・た・　ふく(服)・を・　き(着)・とる。」〔⇒**もっちゃり**〕

もったいつける【勿体付ける】《動詞・カ行下一段活用》 わざと意味ありげに、重々しい態度をとる。持っているものを、人になかなか渡そうとしない。「もったいつけ・た・　はな(話)しかた・を・　し・やがる。」〔⇒**もったいぶる【勿体ぶる】**〕

もったいない【勿体ない】《形容詞・アイ型》 ①使えるものが捨てられたり、使う価値のあるものが疎んじられたりして、惜しい。「ごはんつぶ(飯粒)・を・　こぼ(零)し・て・　もったいない・やない・か。」「じかん(時間)・を・むだ(無駄)・に・　し・て・　もったいない・　こと・を・し・た。」②過分の気遣いや行為に対して、おそれ多い。身に過ぎてありがたい。「そないに・　ほ(褒)め・られ・て・　もったいない・　こと・です。」

もったいぶる【勿体ぶる】《動詞・ラ行五段活用》 わざと意味ありげに、重々しい態度をとる。持っているものを、人になかなか渡そうとしない。「もったいぶっ・た・　い(言)ーかた・を・　せ・んとい・てんか。」「もったいぶら・んと・　ちょっと(一寸)・　み(見)せ・てんか。」〔⇒**もったいつける【勿体付ける】**〕

もっちゃそび【(持ち遊び)】《名詞、動詞する》 ①ものをいじくりまわすこと。「たべもん(食物)・を・　もっちゃそび・に・　し・たら・　あき・まへ・ん。」「ふでばこ(筆箱)・を・　もっちゃそびし・て・　めん・でも・た。」②子どもが遊びに使う道具。慰みものとして、もてあそぶもの。「あか(赤)んぼー・の・　もっちゃそび・を・　こ(買)ー・てくる。」〔②⇒**おもちゃ【玩具】**〕

もっちゃり《副詞と、動詞する》 動作や作品などがあか抜けしていない様子。人柄などが野暮ったく洗練されていない様子。行動などが無粋で気がきかない様子。「もっちゃりし・た・　もの・の・　い(言)ーかた・を・　する・　ひと(人)・や・なー。」〔⇒**もっさり**〕

もっちり《副詞と、動詞する》 食べ物に粘り気や弾力がある様子。「もっちりし・て・　おいしー・　ごはん(飯)・や・なー。」〔⇒**もちもち【餅々】**〕

もって《接続助詞》 2つの動作が同時に並行して行われることを表す言葉。「ある(歩)き・もって・　ぱん(パン)・を・　た(食)べ・たら・　あか・ん・ぞ。」「よ(読)み・もって・　ときどき(時々)・　かんが(考)える。」「な(泣)き・もって・　おこ(怒)ら・れ・とる。」〔⇒**ながら**〕

もってこい【持って来い】《形容動詞や(ノ)》 最も適していて、ぴったり合う様子。うってつけで、ちょうど似合っている様子。「しかい(司会)・やっ・たら・　あいつ(彼奴)・が・　もってこいや。」

もっと《副詞》 更に、それ以上に。現状よりも、いっそう。「もっと・　おやつ・　ちょーだい。」「もっと・　みぎ(右)・の・　ほー(方)・も・　きちんと・　ふ(拭)い・とい・てんか。」「もっと・　もっと・　げんき(元気)・を・　だ(出)し・て・　ある(歩)け。」

もっとつ《形容動詞や(ノ)》 何か足りないところがある様子。欠けていて、不満が残る様子。「まえ(前)・の・　しちょー(市長)・は・　もっとつや・っ・た・なー。」〔⇒**もうひとつ【もう一つ】、もうしとつ【(もう一つ)】**〕

もっとも【尤も】《形容動詞や(ナ)》 いろいろな点から判断して、いかにも理屈に合っている様子。そうするだけの理由がある様子。「あんた・の・　ゆ(言)ー・　こと・は・　もっともや・けど・　みんな(皆)・が・　さんせー(賛成)し・てくれる・と・は・　かぎ(限)ら・へん・よ。」

もっともらしい〔もっともらしー〕【尤もらしい】《形容詞・イイ型》 いかにも理屈に合っているように見える。いかにもそうするだけの理由があるようである。「もっともらしー・　い(言)ーかた・を・　する・けど・　はら(腹)・の・　なか(中)・は・　よー・　わから・へん。」「もっともらしー・　わけ(訳)・を・　ゆ(言)ー・たら・　みんな(皆)・が・　さんせー(賛成)し・てくれる・やろ。」

もっとらしい〔もっとらしー〕【(尤らしい)】《形容詞・イイ型》 ①もう少しそれらしく見える。「もっとらしー・　はなし(話)・を・　せ・なんだら・　みな(皆)・が・　わら(笑)う・ぞ。」②一見、きちんと整っているように見える。表面を取り繕っている様子である。「い(言)ーのがれする・ん・やっ・たら・　もっとらしー・　うそ(嘘)・を・　つき・なはれ。」

もっぺん【(も一遍)】《副詞》 改めてもう一度。「なに(何)・ゆ(言)ー・とん・ねや。もっぺん・　ゆ(言)ー・てみー。」◆「もう」と「いっぺん【一遍】」がつながって、発音が融合した言葉。

もつらかす【縺らかす】《動詞・サ行五段活用》 ①糸や紐などがからまりあって、解けなくなるようにしてしまう。わざとしたわけではないが、からみついて、ほどけなくしてしまう。「つりどーぐ(釣道具)・を・　さわ(触)っ・とっ・て・　もつらかし・ても・た。」②話やことがらの筋が乱れさせて、解決や収拾がつかなくなるようにしてしまう。「はなし(話)・を・　もつらかし・たら・　あか・ん・やない・か。」■自動詞は「もつれる【縺れる】」〔⇒**もつらす【縺らす】**〕

もつらす【縺らす】《動詞・サ行五段活用》 ①糸や紐などがからまりあって、解けなくなるようにしてしまう。わざとしたわけではないが、からみついて、ほどけなくしてしまう。「にほん(二本)・の・　さお(竿)・を・　もつらし・た。」②話やことがらの筋が乱れさせて、解決や収拾がつかなくなるようにしてしまう。「はなし(話)・を・　もつらし・たら・　けんか(喧嘩)・に・　なる・ぞ。」■自動詞は「もつれる【縺れる】」〔⇒**もつらかす【縺らかす】**〕

もつれる【縺れる】《動詞・ラ行下一段活用》 ①糸や紐などがからまりあって、解けなくなる。「いと(糸)・が・　もつれ・ても・て・　ほど(解)け・へん。」②正常さを失って、思うように動かなくなる。「あし(足)・が・　もつれ・て・　ひょろけ・そーで・　ある(歩)か・れ・へん・ねん。」「した(舌)・が・　もつれ・て・　い(言)ーにくい。」③話やことがらの筋が乱れて、解決や収拾がつかなくなる。「はな(話)しあい・が・　もつれ・て・　けんか(喧嘩)・に・　なっ・ても・た。」■他動詞は「もつらす【縺らす】」「もつらかす【縺らかす】」■名詞化＝**もつれ【縺れ】**〔①⇒**ねじれる【捻れる】、ねじける【(捻ける)】**〕

もてあます【持て余す】《動詞・サ行五段活用》 取り扱ったり始末したりするのに困る。相手とつきあうのに骨が折れる。「じかん(時間)・が・　ありすぎ・て・　もてあまし・ても・た。」「て(手)・に・　お(負)え・ん・　やんちゃぼーず・を・　もてあます。」

もていく【持て行く】《動詞・カ行五段活用》 何かを持って、どこかへ行く。「はか(墓)・へ・　はな(花)・を・　もていっ・てん。」

もてくる【持て来る】《動詞・カ行変格活用》 何かを持って、どこかから来る。「いえ(家)・から・　なに(何)・を・　もてき・た・ん・や。」

もてる【持てる】《動詞・タ行下一段活用》 ①多くの人の間で人気がある。異性にもてはやされる。「こえ(声)・が・　よ(良)ー・て・　みんな(皆)・に・　もてる。」「おんな(女)・の・　ひと(人)・に・　もてる・　かお(顔)つき・や。」②持つことができる。「おも(重)たい・けど・　む(向)こー・まで・　もてる・やろ。」

もと【元、本】《名詞》 ①ものごとの中心や起点にあたるところ。「ここ・を・　もと・に・　し・て・　ひろ(広)がっ・ていく。」「ひ(火)・の・　もと・に・　き(気)・を・　つ(付)ける。」②草や木の、根の出ているところ。「うめ(梅)・の・　き(木)・の・　もと・に・　くさ(草)・が・　いっぱい・　は(生)え・とる。」③ものとものとが接したり付いたりしている部分。「くさ(腐)っ・とる・　えだ(枝)・を・　もと・から・　き(切)る。」④そのものを作り上げた原料となるもの。「しょーゆ(醤油)・の・　もと・は・　まめ(豆)・や。」⑤その働きや作用を生じさせるために必要なもの。「あの・　しょーばい(商売)・は・　もと・が・　ぎょうさん(仰山)・　い(要)る。」⑥そのものの以前の状況。「もと・は・　さかなや(魚屋)・を・　し・とっ・た。」〔②③⇒**ねもと【根元】、つけね【付け根】**〕

もとい【元い】《感動詞》 しまった、間違えた、という気持ちを表して、発言を取り消して言い改めようとするときに言う言葉。「もとい・　い(言)ーなおし・ます。」◆間違ったことを言ったすぐ後でなければ、この言葉を発する意味が失せる。

もどかしい〔もどかしー〕《形容詞・イイ型》 早く完成させたり終了させたいと思うのに反して、自分や他の人などの動作や反応が鈍くて、じれったく感じる。思うようにならないで、いらいらする。「おまえ(前)・に・　やらし・とい・たら・　もどかしー・て・　かなわ・ん・さかい・　わし・が・　する。」〔⇒**まどろこい、まどろしい**〕

もどす【戻す】《動詞・サ行五段活用》 ①もとの場所や、もとの持ち主のところに位置させる。元の状態に復元する。「すこっぷ(スコップ)・を・　もと(元)・　あっ・た・　ところ(所)・へ・　もどす。」②食べたり飲んだりしたものを吐き出す。「きぶん(気分)・が・　わる(悪)ー・なっ・て・　もどし・た。」③液体を水で薄める。「のーしゅくじゅーす(濃縮ジュース)・を・　もどし・て・　の(飲)む。」④水を使ってやわらかくする。「かんてん(寒天)・を・　みず(水)・で・　もどす。」■自動詞は「もどる【戻る】」■名詞化＝**もどし**【戻し】〔①⇒**かえす**【返す】、**かいす**【(返す)】、**かやす**【(返す)】。②⇒**あげる**【上げる】。③⇒**みずをまわす**【水を回す】〕

もどおり〔**もとどーり**〕【元通り】《名詞》　以前にあったのと同じ位置や同じ状態。「やぶ(破)れ・た・　ところ(所)・を・　もとどーり・に・　なお(直)し・て・　かえ(返)す。」

もとのもくあみ【元の黙阿弥】《形容動詞や(ノ)》　一時は盛んになったものが、また元のようになってしまう様子。良くなったものが再び悪くなってしまう様子。「とちゅー(途中)・は・　か(勝)っ・とっ・てん・けど・　さいご(最後)・は・　もとのもくあみに・　なっ・ても・た。」

もともと【元々】《副詞は、形容動詞や(ノ)》　①現今にそのようになったのではなく、初めから既にそうであったことを表す言葉。元来。「もともと・　がいこく(外国)・に・　い(行)く・　つもり・は・　なかっ・てん。」②当初はそのような様子であったということを表す言葉。「あいつ(彼奴)・は・　もともとは・　まじめ(真面目)な・　おとこ(男)・やっ・た。」③何かをした結果が、以前の状態と変わらない様子。損も得も生じない様子。「さんしん(三振)し・ても・　もともとや・ちゅー・　きも(気持)ち・で・　おも(思)いきっ・て・　う(打)て。」「うまいこと・　いか・なんでも・　もともとです。」

もどり【戻り】《名詞》　①元の場所に帰ること。元の場所に向かって逆に進むこと。「もどり・に・　あめ(雨)・に・　ふ(降)ら・れ・た。」②釣り針などの先にある、逆向きに尖って出た部分。「さお(竿)・の・　さき(先)・の・　もどり・で・　て(手)ー・を・　ひっかけ・た。」〔②⇒**もんどり**【(戻り)】〕

もどる【戻る】《動詞・ラ行五段活用》　①元の場所に帰る。元の場所に向かって逆に進む。「ほーむらん(ホームラン)・を・　う(打)た・れ・て・　しあい(試合)・は・　ふ(振)りだし・に・　もどっ・た。」「すぺーすしゃとる(スペースシャトル)・ちゅー・　もん・が・　もどっ・てき・た。」②自宅に帰る。「さけ(酒)・　の(飲)ん・で・　よ(酔)ー・て・　よなか(夜中)・に・　もどっ・てき・た。」③元の状態に返る。「さんがつ(三月)・に・　なっ・た・のに・　ふゆ(冬)・の・　さむ(寒)さ・に・　もどっ・てしも・た。」■他動詞は「もどす【戻す】」■名詞化＝**もどり**【戻り】〔⇒**もおる**【(戻る)】〕

もと(を)とる【元(を)取る】《動詞・ラ行五段活用》　出した金額以上の利益を手にする。払った金額以上のものを得る。「ばいきんぐ(バイキング)・で・　いっぱい(一杯)・　く(食)ー・て・　もとをとっ・た。」

もぬけのから【蛻の殻、裳抜けの空】《形容動詞や(ノ)》　人がいなくて、住まいや寝床などがからっぽになっていること。「よに(夜逃)げし・て・　もぬけのからに・なる。」

もの【者】《名詞》　具体的な誰かのことを、客観的に述べたり、卑下や軽蔑の気持ちを伴って述べたりするときなどに使う言葉。「わし・みたいな・　もの・で・も・　い(行)っ・ても・　え(良)ー・ん・かいな。」◆自分のことを指す場合は、「ひと【人】」は使いにくく、「もの【者】」「もん【者】」になることが多い。〔⇒**もん**【者】〕

もの【物】《名詞》　①存在することを人が感じることのできる物体や物質。「もの・を・　だいじ(大事)に・　せ・な・　あか・ん。」②何かの用に使うための物体。役に立つ働きをする物体など。「え(良)ー・　もの・が・　やす(安)ー・　て(手)・に・　はい(入)っ・た。」③考えていることや気持ちを、声や文字に表したもの。「お(会)ー・ても・　もの・も・　い(言)わ・へん。」④何かをするときの対象。「もの・を・　おぼ(覚)える・の・が・　はや(速)い。」⑤ことがらの筋道。ことがらの理由。「もの・が・　わから・ん・　ひと(人)・や・さかい・　こま(困)る・なー。」◆①は、具体的に挙げないで、概括的に言うときなどにも使う。〔①⇒**もん**【物】。③⇒**ことば**【言葉】〕

もの【物】《名詞》　打撲や炎症などによって皮膚の一部が腫れあがって、膿をもったもの。「もの・が・　でけ(出来)・ても・　か(掻)い・たら・　あか・ん。」〔⇒**できもん**【出来物】、**でけもん**【(出来物)】、**はれもん**【腫れ物】、**おでき**【御出来】〕

もの【者】《接尾語》　そのような傾向を持っている人を表す言葉。「どーらく(道楽)もの・で・　かねづか(金遣)い・が・　あら(荒)い。」〔⇒**もん**【者】〕

もの【物】《接尾語》［動詞や助動詞の連用形に付く］　そのような内容や物体であることを表す言葉。「あいつ(彼奴)・を・　やと(雇)っ・た・ん・は・　え(良)ー・　ひろ(拾)いもの・や。」「おもろ(面白)い・　よ(読)みもの・を・　さが(探)す。」「しら(調)べもの・が・　ある・ねん。」「い(入)れもの・で・　う(受)ける・」「ぬ(縫)いもの・を・する。」〔⇒**もん**【物】〕

ものいり【物要り】《名詞、形容動詞や(ノ)》　①お金がかかる様子。出費が多い様子。「むすめ(娘)・が・　おったら・　なに(何)・かと・　ものいりや・なー。」「ふたご(双子)・や・さかい・　いっぺん(一遍)に・　ものいりや。」②普段とは異なる出費がある様子。「ことし(今年)・は・　まつり(祭)・の・　とーばん(当番)・で・　なん(何)やかや・　ものいりな・　こと・や。」「こども(子供)・が・　にゅーがく(入学)する・　とき・は・　ものいりや・なー。」

ものいわず【もの言わず】《名詞》　無口な人。寡黙な人。「むすこ(息子)・は・　ものいわず・で・　あいそ(愛想)・が・　な(無)い・ねん。」

ものうり【物売り】《名詞》　商品を持ち歩いて売ること。行商。また、それをする人。「むかし(昔)・の・　ものうり・は・　お(押)しうり・は・　せ・なんだ。」

ものおき【物置】《名詞》　普段しょっちゅう使わない物などをしまっておくところ。また、そのような目的を持った小屋。「だんぼーる(段ボール)・の・　はこ(箱)・を・　ものおき・に・　お(置)い・とく。」

ものおと【物音】《名詞》　何かのものが起こす音。「よなか(夜中)・に・　ものおと・が・　し・て・　びっくりし・た。」

ものおぼえ【物覚え】《名詞》　ものごとを記憶すること。また、その能力。「ものおぼえ・が・　わる(悪)ー・て・　ものわす(物忘)れ・が・　ひど(酷)なっ・た。」

ものごころつく【物心つく】《動詞・カ行五段活用》　子どもが成長して世の中のことがわかるようになる。記憶が痕跡をとどめるような年齢になる。「ものごころつい・た・　とき(時)・に・は・　うみ(海)・で・　あそ(遊)ん・どっ・た。」

ものごっつい《形容詞・ウイ型》　①普通に考えられる程度

を超えていて、びっくりするほど、たいへんである。「ものごっつい・　ふね(船)・が・　おき(沖)・を・　とー(通)っ・とる。」②普段などとは違っていて、恐ろしさを感じる様子である。「はんしんだいしんさい(阪神大震災)・の・　じしん(地震)・は・　ものごっつい・　もん・やっ・た。」〔⇒**ものすごい【もの凄い】**〕

ものごと【物事】《名詞》　生活の中にあるいろいろな事柄や、その有り様。「じゅんび(準備)・を・　しっかり・せ・んと・　ものごと・は・　うま(巧)く・　いか・へん。」

ものさし【物差し】《名詞》　長さを測ったり、あてがって直線を引いたりするするときに使う、横に長い道具。「さんじっせんち(三十センチ)・の・　ものさし・で・　あたま(頭)・を・　たた(叩)か・れ・た。」〔⇒**さし【差し】、せんひき【線引き】、じょうぎ【定規】、しゃく【尺】**〕

ものすごい【もの凄い】《形容詞・オイ型》　①普通に考えられる程度を超えていて、びっくりするほど、たいへんである。「ものすごい・　はや(速)さ・で・　はし(走)る。」②普段などとは違っていて、恐ろしさを感じる様子である。「ものすごい・　かお(顔)・を・　し・て・　おこ(怒)っ・とる。」〔⇒**ものごっつい**〕

ものずき【物好き】《形容動詞や(ナ)》　普通の人がしなかったり興味を持たなかったりすることを、好んで行う様子。「よ(世)のなか・に・は・　ものずきな・　ひと(人)・が・　いっぱい(一杯)・　おる。」

ものたりん【もの足りん】《形容詞・特殊型》　大事なものが抜け落ちているようで、なんとなく満足できない。「きょー(今日)・の・　えーが(映画)・は・　ものたりんかっ・た。」◆「ものたりない」から転じた言葉で、「ものたりんかっ・た」のようにもなるので形容詞としての働きがあるが、終止形は他の形容詞と異なる。

ものでき【もの出来】《名詞》　皮膚にしばしば腫れ物ができること。また、そのような傾向のある人。「こども(子供)・の・　ころ(頃)・は・　ものでき・やっ・てん。」〔⇒**ものでけ【もの出来】**〕

ものでけ【もの出来】《名詞》　皮膚にしばしば腫れ物ができること。また、そのような傾向のある人。「ものでけ・や・さかい・　いっつも・　かお(顔)・が・　は(腫)れ・とる。」〔⇒**ものでき【もの出来】**〕

ものになる《動詞・ラ行五段活用》　技能や能力などが完成の域に近づく。ある分野・方向などで一人前になる。「あんな・　しごと(仕事)・の・　しかた(仕方)・やっ・たら・　ものになら・ん・なー。」

ものの《接続助詞》　この言葉の前後が逆の意味になって、事態がうまく発展しないことを表す言葉。…であるけれども。「い(行)っ・た・ものの・　い(入)れ・てもらえ・ず・や。」〔⇒**もんの**〕

ものほし【物干し】《名詞》　①洗濯物を吊したり掛けたりして乾かすための、棒状の長い道具。「ものほし・の・　さお(竿)・を・　か(買)いか(替)える。」②洗濯物を乾かすための、日当たりのよい場所。「うち・は・　にかい(二階)・の・　べらんだ(ベランダ)・を・　ものほし・に・し・とる。」〔①⇒**ものほしざお【物干し竿】、ほしざお【干し竿】**〕

ものほしざお【物干し竿】《名詞》　洗濯物を吊したり掛けたりして乾かすための、棒状の長い道具。「むかし(昔)・は・　たけ(竹)・の・　ものほしざお・を・　つこ(使)・とっ・た。」〔⇒**ものほし【物干し】、ほしざお【干し竿】**〕

ものまね【物真似】《名詞、動詞する》　人や動物などの身振りや声などを真似ること。また、その芸。「さる(猿)・の・　ものまね・を・　する。」

ものもち【物持ち】《形容動詞や(ノ)、名詞》　①お金や物をたくさん持っている様子。「あんた・は・　ものもちで・　きもの(着物)・を・　ぎょーさん(仰山)・　も(持)っ・とる・ねん・なー。」②同じ物を大事にいつまでも大事に使う様子。「だいじ(大事)に・　つこ(使)・ー・て・　ものもち・が・　え(良)ー・ん・や。」

ものわかり【物わかり】《名詞》　ものごとの状況や道理を理解すること。また、そのような能力。「ものわかり・が・　え(良)ー・　ひと(人)・は・　つきあい・が・　しやすい。」

ものわすれ【物忘れ】《名詞、動詞する》　ものごとを忘れやすいこと。ものごとを忘れてしまうこと。「このごろ・は・　よー・　ものわすれ・を・　し・て・　しと(人)・に・　わら(笑)わ・れる・ねん。」

ものわらい【物笑い】《名詞》　周りの者にばかにされ、笑われること。何かの機会に引き合いに出して、ばかにして笑うこと。「きんじょ(近所)・の・　ものわらい・に・なっ・たら・　あか・ん・がな。」

もはん【模範】《名詞》　正しくて見習うべき人や行い。「あんた・は・　おとーと(弟)・や・　いもーと(妹)・の・　もはん・に・　なり・なはれ・よ。」〔⇒**てほん【手本】**〕

もふく【喪服】《名詞》　弔意を表して葬式や法事などで着る、黒い色の衣服。「そーしき(葬式)・に・　もふく・を・き(着)る。」

もみ【籾】《名詞》　①稲から採ったままの、外側の皮のついた米。「なわしろ(苗代)・に・　もみ・を・　ま(蒔)く。」②米の実を包んでいる外側の皮。玄米を取り去ったあとに残る外側の皮。「かど(庭)・で・　もみ・を・　も(燃)やす。」〔①⇒**もみごめ【籾米】**。②⇒**もみがら【籾殻】**〕

もみ【樅】《名詞》　針のような細長い緑の葉が、小枝の両側についている木。「くりすますつりー(クリスマスツリー)・は・　もみ・の・　き(木)・や。」

もみ【揉み】《名詞》　指で押さえたりつまんだりすること。「かた(肩)・の・　もみ・を・　し・てくれ・へん・か。」

もみあう【揉み合う】《動詞・ワア行五段活用》　入れ乱れて強く押し合う。「せば(狭)い・　いりぐち(入口)・や・さかい・　はい(入)る・　とき(時)・に・　もみおー・た。」■名詞化＝**もみあい【揉み合い】**

もみがら【籾殻】《名詞》　米の実を包んでいる外側の皮。玄米を取り去ったあとに残る外側の皮。「もみがら・は・　こ(肥)え・に・　なる。」〔⇒**もみ【籾】、もみぬか【籾糠】**〕

もみくちゃ【揉みくちゃ】《形容動詞や(ノ)》　①人の間に挟まれて、思うように動けないようになっている様子。人波の中で押し流されるしかない様子。「あさ(朝)・の・　まんいんでんしゃ(満員電車)・で・　もみくちゃに・なっ・た。」②押されたりつままれたりして、しわになっている様子。「ぽけっと(ポケット)・の・　なか(中)・で・　もみくちゃに・　なっ・とる・　せんえんさつ(千円札)・を・　み(見)つけ・た。」

もみごめ【籾米】《名詞》　稲から採ったままの、外側の皮のついた米。「もみごめ・を・　かど(庭)・で・　ほ(干)す。」〔⇒**もみ【籾】**〕

もみじ【紅葉】《名詞》　①秋の終わりに、木の葉の色が赤や黄色に変わること。また、赤や黄色に変わった葉。「ありま(有馬)・へ・　もみじ・を・　み(見)・に・　い(行)く。」②掌の形をした葉で、秋の紅葉や黄葉が美しい木。「みのー(箕面)・の・　めーぶつ(名物)・は・　もみじ・の・てんぷら(天麩羅)・や。」

もみじ《名詞》　小麦を精白したときに残る外皮。「もみじ・

を・　うし(牛)・に・　く(食)わす。」〔⇒**ふすま【麩】**〕

もみすり【籾擦り】《名詞、動詞する》 外側の皮のついた米を、臼や機械にかけて皮を取り去ること。玄米にすること。「むかし(昔)・は・　もみすり・も・　おーしごと(大仕事)・やっ・た。」

もみない《形容詞・アイ型》 ①材料や味付けが良くなくて、美味しくない。「もみない・　りょーり(料理)・を・　だ(出)し・たら・　は(恥)ずかしい。」②水っぽくて味が乏しい。味がついていないようで良くない。「きょー(今日)・の・　ごはん(飯)・は・　もみない・　こめ(米)・や・なー。」③味を感じることができない。「かぜ(風邪)・を・　ひー・て・　たべもん(食物)・が・　もみない・ねん。」■対語＝「うまい【(美味ない)】」「おいしい【美味しい】」「いける」〔⇒**あじない【味ない】**。①③⇒**うまない【美味ない】、うもない【(美味ない)】**。①⇒**まずい【不味い】**。②⇒**うすい【薄い】、みずくさい【水臭い】、あまい【甘い】**〕

もみぬか【籾糠】《名詞》 米の実を包んでいる外側の皮。玄米を取り去ったあとに残る外側の皮。「もみぬか・を・　まくら(枕)・の・　なか(中)・に・　い(入)れる」〔⇒**もみ【籾】、もみがら【籾殻】**〕

もむ【揉む】《動詞・マ行五段活用》 ①両手を擦り合わせる動作を繰り返して行う。「さぶ(寒)い・さかい・　りょーて(両手)・を・　もむ。」②両手に挟んでこすることを繰り返す。「な(菜)っぱ・を・　もん・で・　つ(漬)ける。」「かみ(紙)・を・　もん・で・　こより(紙縒)・を・　つく(作)る。」③指で押さえたりつまんだりする。「もぐさ・を・　もん・で・　ひ(火)ー・を・　つ(点)ける。」④心配する。「あんた・の・　こと・を・　き(気)ー・　もん・どっ・てん。」■名詞化＝**もみ【揉み】**

もめごと【揉め事】《名詞》 考えなどが対立して争いになっていること。紛争。「きんじょ(近所)・と・　もめごと・が・　お(起)き・ん・よーに・　し・なはれ。」〔⇒**ごたごた、ごじゃごじゃ、ごちゃごちゃ**〕

もめる【揉める】《動詞・マ行下一段活用》 ①言い合いや論争が起こって決着がつかない状態になる。「よ(寄)りあい・が・　もめ・て・　なかなか・　き(決)まら・へん。」②気がかりで、気持ちが落ち着かなくなる。「むすこ(息子)・の・　じゅけん(受験)・で・　き(気)・が・　もめる。」

もめん【木綿】《名詞》 ①綿の実のまわりにできる柔らかい毛から作った糸。「ふと(太)い・　もめん・で・　ぬ(縫)ー。」②綿の実のまわりにできる柔らかい毛から作る繊維。「この・　きじ(生地)・は・　もめん・や。」「もめん・の・　しーつ(シーツ)・を・　ひ(敷)く。」③きめが粗く感じる、豆乳を固めて圧搾して上澄みを除いて作った豆腐。「きぬ(絹)・より・　もめん・が・　す(好)きや。」〔①⇒**もめんいと【木綿糸】**。③⇒**もめんごし【木綿漉し】、もめんどうふ【木綿豆腐】**〕

もめんいと【木綿糸】《名詞》 綿の実のまわりにできる柔らかい毛から作った糸。「もめんいと・を・　はり(針)・に・　とー(通)す。」〔⇒**もめん【木綿】**〕

もめんごし【木綿漉し】《名詞》 きめが粗く感じる、豆乳を固めて圧搾して上澄みを除いて作った豆腐。「もめんごし・を・　ひややっこ(冷奴)・で・　た(食)べる。」■対語＝「きぬごし【絹漉し】」〔⇒**もめん【木綿】、もめんどうふ【木綿豆腐】**〕

もめんどうふ〔もめんどーふ〕【木綿豆腐】《名詞》 きめが粗く感じる、豆乳を固めて圧搾して上澄みを除いて作った豆腐。「もめんどーふ・に・　しょーゆ(醤油)・を・　かける。」■対語＝「きぬどうふ【絹豆腐】」〔⇒**もめん【木綿】、もめんごし【木綿漉し】**〕

もめんばり【木綿針】《名詞》 木綿の布を縫うための、針穴がやや大きい針。「なが(長)い・　もめんばり・で・　ぬ(縫)う。」■類語＝「きぬばり【絹針】」

もも【腿】《名詞》 足の膝から上の、腰までの部分。「はし(走)りすぎ・て・　もも・が・　いと(痛)ー・　なっ・た。」

もも【桃】《名詞》 ①薄赤い花が咲き、甘くて種の大きな実がなる果樹。また、その実。「にわ(庭)・で・　もも・が・　さ(咲)い・とる。」「おかやま(岡山)・の・　もも・を・　おく(送)っ・てもろ・た。」②薄い赤色。ピンク。「もも・の・　くれよん(クレヨン)・で・　ぬ(塗)る。」〔②⇒**ももいろ【桃色】**〕

ももいろ【桃色】《名詞》 薄い赤色。ピンク。「ももいろ・の・　ちゅーりっぷ(チューリップ)・が・　きれー(綺麗)や。」〔⇒**もも【桃】**〕

ももける《動詞・カ行下一段活用》 毛織物や編み物や紙などが、こすれて表面が毛羽立つ。「よー・　つこ(使)・た・　てぶくろ(手袋)・が・　ももけ・た。」

もや【靄】《名詞》 空気中の水蒸気が冷えて細かい水滴となって、地表近くに煙のように浮かび、遠くがぼんやり見える現象。「もや・が・　で(出)・て・　とー(遠)い・　とこ(所)・が・　み(見)え・へん。」〔⇒**きり【霧】、かすみ【霞】**〕

もやし《名詞》 野菜や穀類の種に光をあてずに発芽させて、白く長く伸ばして食用とするもの。「ちゅーかそば(中華蕎麦)・に・　もやし・が・　はい(入)っ・とる。」

もやす【燃やす】《動詞・サ行五段活用》 火をつけて、炎を出させる。灰になるまで炎を出し続けさせる。「いま(今)・は・　にわ(庭)・で・　おちば(落葉)・を・　もやし・たら・　もんく(文句)・を・　い(言)わ・れる。」■自動詞は「もえる【燃える】」〔⇒**やく【焼く】、たく【焚く】、やきやきする【焼き焼きする】**〕

もやもや《名詞、副詞と、動詞する》 ①煙や湯気などが立ちこめて、ものがぼんやりとしている様子。「もやもやし・て・　よー・　み(見)え・へん。」②ものごとが解決したり明らかになったりしないので、気持ちがすっきりしないで乱れている様子。「きも(気持)ち・の・　もやもや・が・　おさまら・へん。」③記憶や考えなどが定まらず、あいまいである様子。「じゅーねんまえ(十年前)・の・　こと・や・さかい・　もやもやし・て・　よー・　おぼ(憶)え・とら・ん。」

もやる【靄る】《動詞・ラ行五段活用》 水蒸気が小さな水滴となって空中に漂って、遠方がかすんでいる。「けさ(今朝)・の・　うみ(海)・は・　だいぶ(大分)・　もやっ・とる。」

もよう〔もよー〕【模様】《名詞》 ①ものの表面などに施して飾りとする形や絵。「もよー・の・　つ(付)い・た・　はこ(箱)・が・　ある。」②ものごとの様子。有り様。また、予想した内容。「あした(明日)・の・　そら(空)・は・　よ(良)ー・ない・　もよー・や。」

もよおし〔もよーし〕【催し】《名詞》 計画的に人々を集めて行う行事や会合など。「しみんかいかん(市民会館)・で・　おんがく(音楽)・の・　もよーし・が・　ある。」

もよおす〔もよーす〕【催す】《動詞・サ行五段活用》 計画を立てて、人々を集めて、行事や会合などを開く。「おど(踊)り・の・　かい(会)・を・　もよーし・ます・から・　み(見)・に・　き(来)・てください。」■名詞化＝**もよおし【催し】**

もらいどく【貰い得】《名詞》 人からものを受け取りながら、代金を払わなかったりお礼をしなかったりして、もらった人が利益を得るようになること。「これ・を・　う(受)けとっ・てくれ・なんだら・　わたし(私)・の・　もらいどく・に・　なっ・てまう・がな。」

もらいなき【貰い泣き】《名詞、動詞する》 泣いている人に同情して、つられて一緒に泣くこと。「そーしき(葬式)・で・　もらいなき・を・　し・た。」

もらいもん【貰い物】《名詞》 人から代価なしで受け取ったもの。「もらいもん・の・　おかえ(返)し・を・　する。」

もらう【貰う】《動詞・ワア行五段活用》 ①人からものを受け取って、自分のものとする。「たんじょーび(誕生日)・に・　おくりもん(贈物)・を・　もろ・た。」「え(良)ーもん・　もー・た。」②勝負を自分の勝ちとする。「あした(明日)・の・　しあい(試合)・は・　もろ・た。」③病気をうつされる。「えーがかん(映画館)・へ・　い(行)っ・て・　かぜ(風邪)・を・　もろ・てき・た。」④嫁、婿、養子などを迎える。「よめ(嫁)はん・は・　ひめじ(姫路)・から・　もろ・た。」

もらう【貰う】《補助動詞・ワア行五段活用》 **⇒てもらう〔でもらう〕【て貰う】**《補助動詞・ワア行五段活用》**を参照**

もらす【漏らす】《動詞・サ行五段活用》 ①液体・気体・音・光・においなどが、僅かな隙間から外に出るような結果にしてしまう。「いやほん(イヤホン)・から・　おー(大)けな・　おと(音)・を・　もらし・とる。」「しょんべん(小便)・を・　もらす。」②内緒にしておくべきことを、表に出してしまう。隠していたことを他に知らせてしまう。「まだ・　はっきり・　き(決)まっ・とら・へん・さかい・　ほか(他)・の・　ひと(人)・に・は・　もらさ・ん・よーに・　し・て・な。」③入れるべきものを、抜かしたり落としたりする。「めーぼ(名簿)・から・　もらし・とっ・て・　すん・まへ・ん。」■自動詞は「もれる【漏れる】」

もらす【漏らす】《接尾語・サ行五段活用》［動詞の連用形に付く］ うっかりしていて、すべきことを落としてしまう。「だいじ(大事)な・　こと・を・　き(聞)きもらし・たら・　こま(困)る・ぞ。」「ばんち(番地)・を・　か(書)きもらし・た・さかい・　はがき(葉書)・が・　とど(届)か・なんだ。」■名詞化＝もらし【漏らし】

もり【森】《名詞》 まわりに比べて、際立ってたくさんの木が茂っているところ。「き(木)・を・　き(伐)ら・ん・さかい・　おー(大)けな・　もり・に・　なっ・ても・とる。」

もり【銛】《名詞》 長い柄の先に尖った金具を取り付けて、投げたり突いたりして、魚などを獲る道具。「うみ(海)・に・　もぐ(潜)っ・て・　もり・で・　さかな(魚)・を・　つ(突)く。」

もり【森】《固有名詞》 明石市大久保町西島のうちの一つの地域(小字)。「もり・も・　にしじま(西島)・も・　いっしょの・　じちかい(自治会)・に・　なっ・とる。」◆「もり【森】」は「にしじま【西島】」と同等の村であったが、明治時代に合併した。現在の「にしじま」の自治会は「もり」を含めて2000世帯を超える構成メンバーとなっている。ただし、この地域内にあっても、大規模な集合住宅はそれぞれで自治会を構成している。

もり〔もーり〕【守】《名詞、動詞する》 赤ちゃんや子どもなどの面倒を見て遊んでやること。また、それをする人。「いもーと(妹)・の・　もり・を・　する。」「ちょっと(一寸)・の・　あいだ(間)・　もりし・とっ・てくれ・へん・か。」「もり・を・　ひとり(一人)・　やと(雇)う。」〔⇒**こもり【子守】**〕

もりあがる【盛り上がる】《動詞・ラ行五段活用》 ①中から膨らんで高くなる。「なみ(波)・が・　もりあがっ・て・　う(打)ちよせ・てくる。」「かばん(鞄)・が・　ぽんぽこに・　もりあがっ・とる。」②気持ちや雰囲気などが、抑えきれないほどの力でわき起こる。「あき(秋)・の・　まつり(祭)・が・　もりあがっ・た。」■名詞化＝**もりあがり【盛り上がり】**

もりもり《副詞と》 ①旺盛な食欲で、どんどん食べる様子。「どんぶり・を・　さんばい(三杯)・も・　もりもり・く(食)ー・た。」②ものごとに勢いよく取り組んで、それをこなしていく様子。「もりもりと・　しごと(仕事)・を・　かたづ(片付)ける。」③活力がみなぎっている様子。「やる・　き(気)・が・　もりもりと・　わ(湧)い・てき・た。」

もる【盛る】《動詞・ラ行五段活用》 ①山の形に高く積み上げる。「うね(畝)・に・　つち(土)・を・　もる。」②器にいっぱい入れて満たす。「ごはん(飯)・を・　やま(山)・の・よー・に・　もる。」

もれ【漏れ】《名詞》 ①液体・気体・光などが、小さな隙間から外に出ること。「がす(ガス)・の・　もれ・は・　こわ(恐)い・さかい・　き(気)ーつけ・なはれ。」②あるべきものが、落ちていること。落ちている内容。「じてん(辞典)・の・　こーもく(項目)・に・　もれ・が・　ある。」〔②**⇒ぬけ【抜け】**〕

もれる【漏れる】《動詞・ラ行下一段活用》 ①液体・気体・音・光・においなどが、僅かな隙間から外に出てしまう。「すいどーかん(水道管)・に・　ひび(罅)・が・　はい(入)っ・て・　みず(水)・が・　もれ・とっ・た。」「まど(窓)・から・　あか(灯)り・が・　もれる。」②内緒にしておくべきことが、表に出てしまう。隠していたことが他に知れる。「ないしょ(内緒)ごと・が・　もれ・て・も・た。」③入れるべきものが、抜かされたり落とされたりする。「でんきだい(電気代)・が・　もれ・とる・さかい・　ごーけー(合計)・が・　まちご(間違)・とる。」■他動詞は「もらす【漏らす】」。■名詞化＝もれ【漏れ】

もろい【脆い】《形容詞・オイ型》 ①硬いものであるのに、衝撃に弱くて、こわれやすい。欠けやすい。「は(刃)ー・の・　もろい・　ほーちょー(包丁)・や・なー。」②土などに固さや粘り気がない。「もろい・　つち(土)・や・さかい・　あめ(雨)・が・　ふ(降)っ・たら・　じっき(直)に・　くず(崩)れ・てまう。」③精神的に弱くて、持ちこたえる気力が乏しい。「りーど(リード)さ・れ・たら・　もろー・に・　ま(負)け・てまう。」

もろもろ《形容動詞や(ノ)、動詞する》 ①中に入っているものが十分に溶けきらないで、濁った状態である様子。あるいは、濁りなどが生じている様子。「さけ(酒)・が・　もろもろに・　なっ・とる・さかい・　の(飲)ん・だら・　あか・ん。」②中に入れたものが十分に溶けきらないで残っている様子。「めりけんこ(メリケン粉)・が・　もろもろで・　ままこ(継子)・に・　なっ・ても・とる。」

もん【紋】《名詞》 ①代々伝えられている、その家のしるし。「もんつ(紋付)き・に・　もん・を・　い(入)れる。」②円い模様。同心円となっている模様。その他いろいろな模様。「いし(石)・を・　ほ(放)っ・たら・　いけ(池)・に・　もん・が・　でけ(出来)る。」

もん【門】《名詞》 建物や敷地の外構えに設けた出入り口。また、それを示す柱や建物。「おー(大)けな・　もん・の・　ある・　えー(家)・や・なー。」

もん【者】《名詞》 具体的な誰かのことを、客観的に述べたり、卑下や軽蔑の気持ちを伴って述べたりするときなどに使う言葉。「えらい・　で(出)しゃばっ・て・　もの・を・　ゆ(言)ー・　もん・が・　おる。」〔**⇒もの【者】**〕

もん【物】《名詞》 存在することを人が感じることのできる物体や物質。「そんな・ もん・ どこ・へ・ い(行)っ・た・か・ わから・へん。」「どんな・ もん・を・ よーい(用意)し・とっ・たら・ よろしー・か。」◆具体的に挙げないで、概括的に言うときなどにも使う。〔⇒**もの**【物】〕

もん【文】《助数詞》 靴や足袋などの底の長さを表す単位であり、1文は約2.4cmにあたる長さ。「と(十)もんはん(半)・の・ くつ(靴)・を・ は(履)く。」

もん《接続助詞》 理由をあげて自分を正当化したり、自分に向けられたことを非難したりして、それを理由にしておいて、次の内容に続けようとする場合に使う言葉。「わし・は・ し(知)ら・ん・もん・ あんた・に・ おし(教)え・たら・れ・へん。」

もん《終助詞》 理由をあげて自分を正当化したり、自分に向けられたことを非難したりして、詠嘆的な気持ちを表すときに使う言葉。「そやかて・ わし・は・ し(知)ら・ん・ねん・もん。」

もん【者】《接尾語》 そのような傾向を持っている人を表す言葉。「あわ(慌)てもん・や・さかい・ じっき(直)に・ わす(忘)れ・てまい・よる。」「ばか(馬鹿)もん・が・ また(又)・ しっぱい(失敗)し・た。」〔⇒**もの**【者】〕

もん【物】《接尾語》［動詞や助動詞の連用形に付く］ そのような内容や物体であることを表す言葉。「たの(頼)まれもん・を・ とど(届)ける。」「りっぱ(立派)な・ ほ(彫)りもん・が・ ある・ らんま(欄間)・や。」「つ(漬)けもん・を・ つ(漬)ける。」「げんかん(玄関)・に・ お(置)きもん・が・ ある。」「ば(化)けもん・が・ で(出)る。」〔⇒**もの**【物】〕

もんえい〔**もんえー、もんえ**〕【門衛】《名詞、動詞する》 施設や会社などの門にいて、出入りの見張りなどをすること。また、それをする人。「もんえー・の・ ひと(人)・に・ よ(呼)びとめ・られ・た。」〔⇒**もんばん**【門番】、**しゅえい**【守衛】〕

もんか《終助詞》 強く打ち消して拒否する気持ちを表す言葉。そうではないという意味のことを、反語的に表す言葉。「い(行)か・ん・と・ ゆ(言)ー・たら・ ぜったい(絶対)に・ い(行)く・もんか。」〔⇒**もんかい、かい、かれ、か、かえ**〕

もんかい《終助詞》 強く打ち消して拒否する気持ちを表す言葉。そうではないという意味のことを、反語的に表す言葉。「そないに・ もんく(文句)・ ゆ(言)ー・ん・やっ・たら・ こんな・ しごと(仕事)・ し・たる・もんかい。」〔⇒**もんか、かい、かれ、か、かえ**〕

もんく【文句】《名詞》 ①文章などの中の短い言葉。「うた(歌)・の・ もんく・を・ わす(忘)れ・ても・た。」②不平や不満などの言い分。苦情。「もんく・ばっかり・ なら(並)べ・やがっ・て・ はら(腹)・が・ た(立)つ。」

もんくいい〔**もんくいー**〕【文句言い】《名詞》 口答えをしたり、不平や不満などをよく口にする人。理屈や意見をまくし立てる人。「もんくいー・が・ ひとり(一人)・ おっ・たら・ よ(寄)りあい・が・ も(揉)め・て・ かなわ・ん。」〔⇒**もんくたたき**【文句叩き】、**もんくたれ**【文句垂れ】、**もんくぬかし**【文句ぬかし】〕

もんくたたき【文句叩き】《名詞》 口答えをしたり、不平や不満などをよく口にする人。理屈や意見をまくし立てる人。「もんくたたき・が・ また・ なん(何)ぞ・ い(言)ーだす・の・と・ ちゃ(違)う・か。」〔⇒**もんくいい**【文句言い】、**もんくたれ**【文句垂れ】、**もんくぬかし**【文句ぬかし】〕

もんくたらたら【文句たらたら】《形容動詞や(ノ)》 他人に対する不平や不満などを次々に言う様子。「もんくたらたらと・ ぬかし・やがっ・て・ こーじ(耕二)・の・やつ(奴)・は・ こま(困)っ・た・ もん・や。」〔⇒**ふそくたらたら**【不足たらたら】〕

もんくたれ【文句垂れ】《名詞》 口答えをしたり、不平や不満などをよく口にする人。理屈や意見をまくし立てる人。「きのー(昨日)・の・ かいぎ(会議)・でも・ もんくたれ・が・ ごちゃごちゃ・ ぬかし・やがっ・た。」〔⇒**もんくいい**【文句言い】、**もんくたたき**【文句叩き】、**もんくぬかし**【文句ぬかし】〕

もんくぬかし【文句ぬかし】《名詞》 口答えをしたり、不平や不満などをよく口にする人。理屈や意見をまくし立てる人。「あの・ もんくぬかし・が・ なん(何)か・い(言)ー・た・そーに・ し・とる。」〔⇒**もんくいい**【文句言い】、**もんくたたき**【文句叩き】、**もんくたれ**【文句垂れ】〕

もんく(を)たたく【文句(を)叩く】《動詞・カ行五段活用》 口答えをしたり、不平や不満などをよく口にする。理屈や意見をまくし立てる。「しんい(新入)り・の・くせに・ もんくたたき・やがる。」◆「もんくばっかりたたく【文句ばっかり叩く】」のように、途中に別の語がはさまることもある。■名詞化＝**もんくたたき**【文句叩き】

もんしろちょう〔**もんしろちょー**〕【紋白蝶】《名詞》 白い羽に黒い紋がある、中型の蝶。「な(菜)のはな(花)・に・ もんしろちょー・が・ とまっ・とる。」

もんだい【問題】《名詞》 ①答えを出させるために尋ねることがら。「きょー(今日)・の・ しけん(試験)・の・ もんだい・は・ むずか(難)しかっ・た。」②課題を含んだ事柄。解決が求められている面倒な事柄。「きょー(今日)・は・ はいひんかいしゅー(廃品回収)・の・ もんだい・を・ かんが(考)え・ます。」③対象となることがら。「それ・は・ また・ べつ(別)の・ もんだい・や。」

もんちゃく【悶着】《名詞》 気持ちの食い違いや意見の対立などから起こる、ごたごたした争いごと。いざこざ。「あいつ(彼奴)・が・ もんちゃく・を・ お(起)こし・やがっ・た・ん・や。」「ひと(一)もんちゃく・が・ あっ・て・ あと(後)・で・ お(落)ちつい・た。」

もんつき【紋付き】《名詞》 背中や袖などに家の紋がついている、正式の場で着る和服。「もんつき・を・ き(着)・て・ しき(式)・に・ で(出)る。」「もんつき・に・ はかま(袴)・を・ は(履)く。」

もんどり【(戻り)】《名詞》 釣り針などの先にある、逆向きに尖って出た部分。「つ(釣)れ・た・ さかな(魚)・を・ もんどり・から・ はず(外)す。」〔⇒**もどり**【戻り】〕

もんなし【文無し】《名詞、形容動詞や(ノ)》 ごく僅かのお金も持っていない人。ごく僅かのお金も持っていない様子。「かじ(火事)・が・ いっ・て・ もんなしに・なっ・ても・た。」〔⇒**いちもんなし**【一文無し】〕

もんの《接続助詞》 この言葉の前後が逆の意味になって、事態がうまく発展しないことを表す言葉。…であるけれども。「せつめー(説明)・の・ ぶんしょー(文章)・を・ よ(読)ん・でみ・た・もんの・ いみ(意味)・が・ わから・へん。」〔⇒**ものの**〕

もんばん【門番】《名詞、動詞する》 施設や会社などの門にいて、出入りの見張りなどをすること。また、それをする人。「はい(入)ろ・ー・と・ し・たら・ もんばん・の・ ひと(人)・に・ よ(呼)びとめ・られ・た。」〔⇒**もんえい**【門衛】、**しゅえい**【守衛】〕

もんぺ《名詞》 女の人がはく、袴のような形をして、裾の狭くなったズボンのような形の衣服。「せんじちゅー(戦時中)・は・　みんな(皆)・　もんぺ・を・　は(履)い・とっ・た。」

もんぺ

もんめ【(匁)】《名詞》 尺貫法で重さを表す単位であり、1匁は約3.75グラムで、1貫の1000分の1にあたる重さ。「かん(貫)・やのー・て・　もんめ・の・　たんい(単位)・で・　はか(計)る。」◆実際の重さを表すときには、「ごひゃく(五百)め」のように「め【(匁)】」を使うことが多い。〔⇒**め【(匁)】**〕

もんやけど《接続助詞》 何かのつながりで、対比されることがらを続けて言うことを表す言葉。「し(知)っ・とる・もんやけど・　ちょっと(一寸)・　どわす(度忘)れし・た。」〔⇒**んやけど、けど、けども、けんど、けんども、ところが**〕

や

や〔やー〕【矢】《名詞》 細い竹の棒でできていて、弓のつるにつがえて射るもの。「おーぎ(扇)・の・　まと(的)・に・　やー・が・　あ(当)たる。」

や【屋、家】《接尾語》 ①専門とする職業を表す言葉。また、その職業に就いていることを表す言葉。「あの・　ひと(人)・は・　さかな(魚)や・を・　やっ・とる・ねん。」「くりーにんぐ(クリーニング)や・の・　となり(隣)・に・　こーえん(公園)・が・　ある。」「べんごし(弁護士)や・の・　おとこ(男)・は・　あたま(頭)・が・　え(良)ー・なー。」②店の名に添える言葉。「きむら(木村)や・の・　たまごやき(玉子焼)・は・　うまい・なー。」③家を表す言葉。「にかい(二階)や・を・　た(建)てる。」④そのような性質をそなえた人であることを表す言葉。「のんびりや・や・さかい・　ちこく(遅刻)・を・　よー・　する。」「むつか(難)しや・の・　おとこ(男)・は・　あつかい(扱)い・にくい。」「だんま(黙)りや・や・さかい・　なに(何)・を・　かんが(考)え・とる・ん・か・　よー・　わから・ん。」「うれ(嬉)しがりや・が・　よろこ(喜)ん・で・　おど(踊)っ・とる。」

や【八】《名詞》 数を1音節で数えていくときの「はち【八】」を表す言葉。◆1から10までを「ひ」「ふ」「み」「よ」「い」「む」「な」「や」「こ」「と」と言う。熟語の言い方としては「さくら(桜)・が・　やえ(重)・に・　さ(咲)い・とる。」など。

や【八】《接頭語》 (後ろの名詞にかかっていく言葉で)8を表す言葉。「やいろ(色)・の・　おりがみ(折紙)・を・　ちぎっ・て・　はりえ(貼絵)・を・　つく(作)る。」〔⇒**はち【八】**〕

や《助動詞》 ①その内容を肯定できると判断して、はっきりと強く言い切る(断定)ときに使う言葉。「そんな・　こと・　うそ(嘘)・や。」②疑問の気持ちを表すときに使う言葉。「だれ(誰)・が・　めん・だ・ん・やろ・か。」「だれ(誰)・が・　き(来)・た・ん・や。」③相手に対して説明したり、命令したりするするときに使う言葉。「じぶん(自分)・の・　あたま(頭)・で・　かんが(考)える・ん・や。」〔⇒**じゃ**〕

や《副助詞》 ①はっきりしていないことを言うときに使う言葉。「い(行)く・や・　い(行)か・ん・や・　あした(明日)・に・　なら・なんだら・　わから・へん。」②同じようなものをいくつか並べて言うときに使う言葉。「おー(大)きー・の・や・　ちー(小)さい・の・や・　いろいろ・　なら(並)ん・どる。」「まんじゅー(饅頭)・や・　せんべー(煎餅)・や・　いっぱい・　た(食)べ・たい・　もん(物)・が・　ある。」〔⇒**やら、やか**。①⇒**か**。②⇒**とか、たら**〕

や〔やー〕《終助詞》 相手に呼びかけたり強く勧めたり念を押したりするときに使う言葉。「もー・　そろそろ・　い(去)の・い・や。」「そんな・　こと・を・　せ・んとき・や。」「まー・　よー・　き(聞)け・や。」「もー・　や(止)め・なはれ・や。」〔⇒**よ、やい、よい、いな**〕

やあ〔やー〕【八】《名詞(数詞)》 数を2音節で言うときの「8」を表す言葉。◆1から10までを「ひい【一】」「ふう【二】」「みい【三】」「よお【四】」「いつ【五】」「むう【六】」「なな【七】」「やあ【八】」「ここ【九】」「とお【十】」と言う。ただし、単独で「やあ【八】」と言うことはない。

やあ〔やー〕《感動詞》 ①相手に呼びかけたり、応答したりするときに使う言葉。「やー・　こんにちは。」②何かを始めるときなどに、意気を高めたり開始の合図としたりして、かける言葉。「いま(今)・から・　はじ(始)める・ぞー・　やー。」

やあさん〔やーさん〕《名詞》 暴力団組織などに属している人。「やーさん・に・は・　あいて(相手)・に・　なら・んとき。」

やあれこ　やあれこ　いっさんじゃい〔**やーれこ　やーれこ　いっさんじゃい**〕《成句》 秋祭りの時に、だんじりを引っ張るときの言葉。また、だんじりの太鼓を叩いたときの音を聞きなした発音。

やい《終助詞》 相手に呼びかけたり強く勧めたり念を押したりするときに、意味を強めて使う言葉。「わし・は・　そない・　おも(思)う・ねん・やい。」「は(早)よ・　せ・ん・かい・やい。」「そろそろ・　い(行)け・やい。」「なに(何)・を・　かんが(考)え・とる・ん・やい。」〔⇒**や、よ、よい、いな**〕

やい【(合い)】《接尾語(名詞を作る)》［動詞の連用形に付く］ 相手や周りの人と同じ動作をすることを表す言葉。相手や周りの人と競う状態になることを表す言葉。「みんな(皆)・で・　い(言)ーやい・に・　なっ・ても・た。」「しあい(試合)・は・　てん(点)・の・　と(取)りやい・に・　なっ・た。」〔⇒**やいこ【(合いこ)】、やいっこ【(合いっこ)】、あい【合い】、あいこ【合いこ】、あいっこ【合いっこ】**〕

やいこ【(合いこ)】《接尾語(名詞を作る)》［動詞の連用形に付く］ 相手や周りの人と同じ動作をすることを表す言葉。相手や周りの人と競う状態になることを表す言葉。「お(押)しやいこ・を・　し・て・　ぬく(温)もる。」「はし(走)りやいこ・を・　し・て・　か(勝)っ・た。」〔⇒**やい【(合い)】、やいっこ【(合いっこ)】、あい【合い】、あいこ【合いこ】、あいっこ【合いっこ】**〕

やいこしい〔やいこしー〕《形容詞・イイ型》 ①込み入ってわかりにくい。複雑である。「この・　えき(駅)・は・　やいこしー・て・　なんべん(何遍)・　き(来)・ても・　まよ(迷)ー・てまう。」②解決の見込みが立たない。「あの・　ふたり(二人)・は・　いざこざ・が・　あっ・て・　やいこしー・　こと・に・　なっ・とる。」③解くのが困難である。「やいこしー・　もんだい(問題)・や・さかい・　いっこも・　わから・へん。」④怪しげである。「やいこしー・　しと(人)・が・　とーし(投資)・の・　かんゆー(勧誘)・を・　し・とる・らしー。」「やいこしー・　はなし

(話)・に・は・　の(乗)ら・んとき。」〔⇒**ややこしい**〕

やいこらやいこら《副詞と》 一つのことについてうるさく言う様子。しつこく催促したり命じたりして、相手に迫るような様子。細部に至るまであれこれと指図をする様子。「やいこらやいこら・　さしず(指図)さ・れ・て・　こま(困)っ・とる・ん・や。」「やいこらやいこら・い(言)わ・んでも・　かね(金)・は・　はら(払)う・がな。」〔⇒**やいのやいの、やいやい、やんやん**〕

やいっこ【(合いっこ)】《接尾語(名詞を作る)》［動詞の連用形に付く］ 相手や周りの人と同じ動作をすることを表す言葉。相手や周りの人と競う状態になることを表す言葉。「はじ(初)め・は・　お(落)ちつい・て・　はなし(話)・を・　し・とっ・てん・けど・　だんだん・　い(言)ーやいっこ・に・　なっ・ても・てん。」〔⇒**やい**【(合い)】、**やいこ**【(合いこ)】、**あい**【合い】、**あいこ**【合いこ】、**あいっこ**【合いっこ】〕

やいと【(焼処)】《名詞、動詞する》 つぼにあたる皮膚の上に置いたもぐさに火をつけて、その熱の刺激で病気を治す方法。「かた(肩)・が・　こ(凝)る・さかい・　おー(大)きな・　やいと・を・　し・てん。」「ごんた・ばっかり・し・よっ・たら・　やいとする・ぞー。」〔⇒**きゅう**【灸】、**おきゅう**【お灸】、**あちち**【熱ちち】、**あつつ**【熱つつ】、**あちゃちゃ**【熱ちゃちゃ】〕

やいと(を)すえる【(焼処(を)据える)】《動詞・ア行五段活用》 ①発する熱の刺激で病気を治すために、皮膚の上に置いたもぐさに火をつける。「やいとをすえ・たら・かたこ(肩凝)り・が・　なお(治)っ・た。」②将来のことを考えて、一時的に辛い思いをさせる。「ごんたぼーず(坊主)・や・さかい・　いっぺん(一遍)・　やいとをすえ・んと・　いか・ん・なー。」〔⇒**おきゅう(を)すえる**【お灸(を)据える】〕

やいな《終助詞》 相手に尋ねるときに、語気を強めて使う言葉。「そんな・　こと・を・　い(言)ー・やがっ・た・ん・は・　だれ(誰)・やいな。」〔⇒**いな、ぞいな、かいな**〕

やいのやいの《副詞と》 一つのことについてうるさく言う様子。しつこく催促したり命じたりして、相手に迫るような様子。細部に至るまであれこれと指図をする様子。「だれ(誰)・でも・　やいのやいのと・　い(言)わ・れ・たら・　はら(腹)・が・　た(立)つ・がな。」〔⇒**やいこらやいこら、やいやい、やんやん**〕

やいます【(遣います)】《動詞・サ行五段活用》「与える」ということを謙譲して言う言葉。献上する。「あの・　ほん(本)・は・　ともだち(友達)・に・　やいまし・た。」「いぬ(犬)・に・　えさ(餌)・を・　やいます。」◆動詞「やる【遣る】」に、丁寧の意の助動詞「ます」が続いて一語に熟した言葉である。けれども、丁寧語というよりはむしろ謙譲の気持ちが込められた言葉になっている。ただし、動物などを相手に使うこともあって、その場合は敬意は消えている。〔⇒**やえます**【(遣えます)】、**あいます**【(上います)】、**あえます**【(上えます)】、**あげます**【上げます】、**さしあげる**【差し上げる】〕

やいます【(遣います)】《補助動詞・サ行五段活用》 ⇒**てやいます〔でやいます〕**【(て遣います)】《補助動詞・サ行五段活用》**を参照**

やいやい《副詞と》 一つのことについてうるさく言う様子。しつこく催促したり命じたりして、相手に迫るような様子。細部に至るまであれこれと指図をする様子。「は(早)よ・　せー・と・　やいやいと・　ゆ(言)ー・てくる。」「はた(端)・から・　やいやい・　い(言)わ・んと・だま(黙)っ・て・　み(見)・とれ。」〔⇒**やいこらやいこら、やいのやいの、やんやん**〕

やうち【家内】《名詞》 ひとつの世帯の家族全員。「やうち・で・　おい(美味)しく・　いただき・まし・た。」「やうち・　よ(寄)っ・て・　しごと(仕事)・を・　し・た・けど・　とーか(十日)・も・　かかっ・ても・た。」◆家族でなくても、メンバーの全員という意味で使うこともある。〔⇒**やうちじゅう**【家内中】、**いえじゅう**【家中】、**ええじゅう**【(家中)】、**いっか**【一家】、**かないじゅう**【家内中】、**かぞくじゅう**【家族中】〕

やうちじゅう〔やうちじゅー〕【家内中】《名詞》 ①ひとつの世帯の家族全員。「やうちじゅー・　とらんぷ(トランプ)・が・　す(好)きな・ん・や。」②家の中すべての場所。「やうちじゅー・　さが(探)し・た・けど・　み(見)つから・なんだ。」◆①は、家族でなくても、メンバーの全員という意味で使うこともある。〔⇒**いえじゅう**【家中】、**ええじゅう**【(家中)】。①⇒**やうち**【家内】、**いっか**【一家】、**かないじゅう**【家内中】、**かぞくじゅう**【家族中】〕

やうつり【家移り】《名詞、動詞する》 住む家を変わること。転宅。「あたら(新)しー・　あぱーと(アパート)・に・　やうつりする・ねん。」〔⇒**やぶつり**【(家移り)】、**やどがえ**【宿替え】、**ひっこし**【引っ越し】〕

やえ【八重】《名詞》 花や歯などが、いくつも重なっていること。「やえ・の・　さくら(桜)・が・　きれー(綺麗)に・　さ(咲)い・とる。」

やえば【八重歯】《名詞》 一本の歯のわきに重なるように生えている歯。「やえば・が・　かい(可愛)らしー。」

やえます【(遣えます)】《動詞・サ行五段活用》「与える」ということを謙譲して言う言葉。献上する。「おれー(礼)・に・　なん(何)・ぞ・　やえまさ・んと・　いか・ん・がな。」◆動詞「やる【遣る】」に、丁寧の意の助動詞「ます」が続いて一語に熟した言葉である。けれども、丁寧語というよりはむしろ謙譲の気持ちが込められた言葉になっている。ただし、動物などを相手に使うこともあって、その場合は敬意は消えている。〔⇒**やいます**【(遣います)】、**あいます**【(上います)】、**あえます**【(上えます)】、**あげます**【上げます】、**さしあげる**【差し上げる】〕

やえます【(遣えます)】《補助動詞・サ行五段活用》 ⇒**てやえます〔でやえます〕**【(て遣えます)】**を参照**

やおや【八百屋】《名詞》 野菜を中心とした食料品を売る店。「このへん・の・　やおや・は・　なん(何)でもや・や。」〔⇒**あおもんや**【青物屋】〕

やか《副助詞》 ①はっきりしていないことを言うときに使う言葉。「だれ(誰)・やか・　き(来)・た・みたいや。」②同じようなものをいくつか並べて言うときに使う言葉。「え(絵)ー・やか・　まーく(マーク)・やか・が・　か(書)い・てある。」「なん(何)・やか・　かん・やか・　いけん(意見)・が・　ぎょーさん(仰山)・　で(出)・た。」③さげすむような気持ちを表す言葉。「さけ(酒)・やか・の(飲)ん・だら・　あか・ん・ぞ。」「そんなん・やか・　い(要)ら・ん・わい。」〔①②⇒**やら、や**。①⇒**か**。②⇒**とか、たら**〕

やがく【夜学】《名詞》 夜に授業をする学校。「はたら(働)き・ながら・　やがく・で・　べんきょー(勉強)し・た。」〔⇒**やかん**【夜間】〕

やかたぶね【屋形船】《名詞》 屋根のある家の形をしたものをつけた日本風の遊覧船。「おーさか(大阪)・の・　よどがわ(淀川)・に・も・　やかたぶね・が・　ある・ん・やて。」◆折り紙の形にも「やかたぶね」というのがある。

やかましい〔やかましー〕【喧しい】《形容詞・イイ型》 ①声や音が大きく騒がしくて、気持ちが落ち着かない。騒がしくて我慢ができない。「やかましー・がな。しず(静)かに・ せー。」②他の人の行動などに対して、細かいことまで言って、指示や拘束をする度合いが高い。「うち・は・ やかましー・ ははおや(母親)・や・ねん。」〔⇒**じゃかましい**【(喧しい)】、**うるさい**【煩い】。①⇒**そうぞうしい**【騒々しい】〕

やかましや【喧し屋】《名詞》 ①口やかましい人。盛んにしゃべりまくる人。「あの・ やかましや・は・ しゃべ(喋)りだし・たら・ と(止)まら・へん。」②いろいろ意見を述べる傾向の強い人。苦情などを言いたがる人。「やかましや・が・ き(聞)ー・たら・ もんく(文句)・を・ ゆ(言)ー・てくる・ぞ。」③人の欠点などを見つけて叱りたがる人。「やかましや・に・ み(見)つかっ・たら・ えらい・ こと・や・ぞ。」

やがる《補助動詞・ラ行五段活用》［動詞の連用形に付く］ 相手の動作を強く非難したり蔑んだりするときに使う言葉。「こんな・ こと・を・ し・やがっ・た。」「あほ(阿呆)な・ こと・を・ い(言)ー・やがる。」◆さらに強める場合には「くさりやがる」「さらしやがる」「さらしくさる」となることがある。この語とともに、「てやがる」という補助動詞もある。〔⇒**くさる、さらす、さらしやがる、くさりやがる、てさらす、てくさる、てやがる、てさらしやがる、てくさりやがる**〕

やがる《補助動詞・ラ行五段活用》 **⇒てやがる**〔でやがる〕《補助動詞・ラ行五段活用》**を参照**

やかん【夜間】《名詞》 ①日没から日の出までの間。夜の間。「うんどーじょー(運動場)・を・ つか(使)う・ とき・ やかん・は・ しょーめー(照明)・を・ する。」②夜に授業をする学校。「やかん・を・ そつぎょー(卒業)し・た。」〔②⇒**やがく**【夜学】〕

やき【焼き】《名詞》 ①焼くこと。焼いた具合。焼いたもの。「やき・の・ かげん(加減)・に・ き(気)ー・を・ つ(付)ける。」「たまご(卵)・の・ やき・が・ じょーず(上手)や。」②熱した金属を急に冷やして硬くすること。「かたな(刀)・に・ やき・を・ く(繰)りかえす。」③人を良い方に向かわせるために、厳しく懲らしめたり鍛え上げたりすること。「やき・を・ い(入)れ・んと・ よわ(弱)い・まま・に・ なっ・てまう・ぞ。」〔②⇒**やきいれ**【焼き入れ】〕

やぎ【山羊】《名詞》 2本の角が後ろに向かって弓形に伸びて、体には白く短い毛が生えて、雄にはあごひげがある、羊に似た動物。「やぎ・の・ ちち(乳)・を・ しぼ(絞)る。」〔⇒**めえめえ**〕

やきいれ【焼き入れ】《名詞、動詞する》 熱した鋼を急に冷やして硬くすること。「かたな(刀)・に・ やきいれ・を・ し・て・ つよ(強)ー・ する。」〔⇒**やき**【焼き】〕

やきがまわる〔やきがまーる〕【焼きが回る】《動詞・ラ行五段活用》 人柄やものの形や内容に角張ったところがなくなって円満な感じになる。「あの・ やくしゃ(役者)・は・ やきがまーっ・て・ え(良)ー・ あじ(味)・が・ で(出)・てき・た。」

やきたて【焼き立て】《名詞、形容動詞や(ノ)》 焼き上げてから時間がたっていないこと。また、そのようなもの。「やきたての・ せんべー(煎餅)・は・ こー(香)ばしー・て・ うま(美味)い。」〔⇒**やきやき**【焼き焼き】〕

やきつく【焼き付く】《動詞・カ行五段活用》 ①調理をしているときに、食べ物などが焼けて、調理用具などにくっつく。「さかな(魚)・が・ こ(焦)げ・て・ あみ(網)・に・ やきつい・ても・た。」②長時間に使用している機械やモーターなどが、過熱してその機能を発揮しなくなる。「もーたー(モーター)・が・ やきつい・て・ おかしな・ かざ・が・ する。」〔⇒**やけつく**【焼け付く】〕

やきとうふ〔やきとーふ、やきどーふ〕【焼き豆腐】《名詞》 堅めに作った豆腐をあぶって焦げ目をつけたもの。「やきとーふ・を・ おでん・に・ い(入)れる。」〔⇒**やきどふ**【(焼き豆腐)】、**おやき**【お焼き】〕

やきどふ【(焼き豆腐)】《名詞》 堅めに作った豆腐をあぶって焦げ目をつけたもの。「すきや(鋤焼)き・に・ やきどふ・を・ い(入)れる。」〔⇒**やきとうふ**【焼き豆腐】、**おやき**【お焼き】〕

やきなおし【焼き直し】《名詞、動詞する》 ①一度焼いたものを、もう一度焼くこと。また、そのようにしたもの。「さ(冷)め・た・ おこの(好)みやき・を・ やきなおしし・て・ た(食)べる。」②発表や提出などをしたことのあるものに、少しだけ手を加えて作り直すこと。また、そのようにしたもの。「やきなおし・は・ や(止)め・て・ がらっと・ つく(作)りなおせ。」

やきなおす【焼き直す】《動詞・サ行五段活用》 一度焼いたものを、もう一度焼く。「つめ(冷)とー・ なっ・た・さかい・ やきなおし・てんか。」■名詞化＝**やきなおし**【焼き直し】

やきば【焼き場】《名詞》 人が亡くなった後、その遺体を焼いて、骨を拾うところ。斎場。「あかし(明石)・の・ やきば・は・ わさか(和坂)・に・ ある。」

やきめし【焼き飯】《名詞》 ご飯に野菜、肉、卵などの具を加えて炒めて調理したもの。チャーハン。「さ(冷)め・た・ ごはん(飯)・を・ やきめし・に・ する。」

やきもき《副詞と、動詞する》 気をもんで、いらだつ様子。あれこれ考えて心配する様子。「れんらく(連絡)・が・ な(無)い・さかい・ やきもきし・とっ・た。」

やきもち【焼き餅】《名詞、動詞する》 ①火で焼いた餅。「うま(美味)い・ やきもち・を・ く(食)・た。」②自分の愛する者や関心を持つ者の心が他に向くのを恨み憎むこと。「あいつ(彼奴)・は・ じっき(直)に・ やきもち・を・ や(焼)く。」

やきもん【焼き物】《名詞》 ①土や石の粉で形を作り、うわぐすりを塗って焼いた器。陶磁器。「しゅみ(趣味)・は・ やきもん・です。」②魚や肉などを火で焼いた食べ物。「さかな(魚)・の・ にもん(煮物)・と・ やきもん・を・ つく(作)る。」〔①⇒**せともん**【瀬戸物】〕

やきやき【焼き焼き】《名詞、形容動詞や(ノ)》 焼き上げてから時間がたっていないこと。また、そのようなもの。「やきやきの・ いも(芋)・を・ ほーば(頬張)る。」「やきやきやっ・たら・ え(良)ー・ かお(香)り・が・し・て・ うま(美味)い。」〔⇒**やきたて**【焼き立て】〕

やきやきする【焼き焼きする】《動詞・サ行変格活用》 ①火をつけて、炎を出させる。灰になるまで炎を出し続けさせる。「おちば(落葉)・を・ やきやきし・て・ あたろ・ー・か。」②火に当てて、食べられるようにする。「ひばち(火鉢)・で・ もち(餅)・を・ やきやきする。」③火や熱源にあてて加工する。「ひばし(火箸)・を・ まっか(赤)に・ やきやきする。」④日光に当てて皮膚を黒くする。「やきやきし・て・ くろ(黒)ー・ なっ・た・なー。」◆幼児語。〔⇒**やく**【焼く】。①⇒**もやす**【燃やす】、**たく**【焚く】〕

やきゅう〔やきゅー〕【野球】《名詞、動詞する》 9人ずつのチームで、攻撃と守備を繰り返し、攻撃の際には投げられたボールをバットで打ち、塁を回って生還した得点を競う運動競技。「まっくろ(黒)に・　ひや(日焼)けし・た・　やきゅー・の・　せんしゅ(選手)・が・　なら(並)ん・どる。」「やきゅーし・て・　あそ(遊)ぼ・ー。」

やきゅうじょう〔やきゅーじょー〕【野球場】《名詞》 野球の試合などをするところ。「あかしこーえん(明石公園)・に・は・　ふた(二)つ・　やきゅーじょー・が・　ある。」〔⇒**きゅうじょう**【球場】〕

やきゅうぼう〔やきゅーぼー〕【野球帽】《名詞》 野球選手がかぶっているような、前の方だけにツバのある帽子。「やきゅーぼー・に・　はんしん(阪神)・の・　まーく(マーク)・を・　つ(付)ける。」

やき(を)いれる【焼き(を)入れる】《動詞・ラ行下一段活用》 ①刀などの熱した金属を急に冷やして硬くする。「なんべん(何遍)・も・　やきをいれ・て・　かたな(刀)・を・　きた(鍛)える。」②人を良い方に向かわせるために、刺激を与えて、厳しく懲らしめたり鍛え上げたりする。「やきをいれ・た・さかい・　このごろ・は・　ちょっと(一寸)・　べんきょー(勉強)する・よーに・　なっ・た。」

やきん【夜勤】《名詞、動詞する》 夜に働くこと。また、その労働。「いっしゅーかん(一週間)・に・　いっぺん(一遍)・　やきん・が・　ある。」

やく【役】《名詞》 ①任務として割り当てられ、果たさなければならない仕事や用務。「ことし(今年)・は・　りんぽ(隣保)・の・　だいひょー(代表)・の・　やく・が・　あ(当)たっ・とる・ねん。」②人の上に立つような、高い地位や任務。「とし(歳)・を・　とっ・て・から・　ぶちょー(部長)・の・　やく・が・　つい・た。」③演劇や映画などの中で、それぞれの人が受け持って演じるもの。「わるもん(悪者)・の・　やく・を・　する・の・は・　きら(嫌)いや・ねん。」〔①⇒**やくめ**【役目】〕

やく【厄】《名詞》 昔からの言い伝えで、健康上の災難に遭いやすいと考えられて、慎み深く振る舞わなければならないとされる年齢。「ことし(今年)・は・　やく・に・　あ(当)たっ・とる・ねん。」〔⇒**やくどし**【厄年】〕

やく【焼く】《動詞・カ行五段活用》 ①火をつけて、炎を出させる。灰になるまで炎を出し続けさせる。「ごみくず(塵屑)・を・　やく。」②火に当てて、食べられるようにする。「さかな(魚)・を・　やく。」「ぱん(パン)・を・　とーすたー(トースター)・で・　やく。」③火や熱源にあてて加工する。「すみ(炭)・を・　やく。」④日光に当てて皮膚を黒くする。「かいすいよく(海水浴)・で・　からだ(体)・を・　やい・た。」⑤人の面倒を見る。「いま(今)・は・　おかん・の・　せわ(世話)・を・　やい・とる。」■自動詞は「やける【焼ける】」■名詞化＝やき【焼き】〔①⇒**もやす**【燃やす】、**たく**【焚く】。①②③④⇒**やきやきする**【焼き焼きする】〕

やく【妬く】《動詞・カ行五段活用》 自分の愛する者や関心を持つ者の心が他に向くのを恨み、ねたむ。他人をうらやましく、ねたましく感じる。「ひと(人)・の・　こと・を・　やい・たら・　あき・まへ・ん。」■自動詞は「やける【妬ける】」

やく《補助動詞・カ行五段活用》［動詞の連用形に付く］ あれこれと何かをしてまわる、あちらこちらで何かをするという意味を表す言葉。「たん(尋)ね・やい・た・けど・　わから・なんだ。」「きんじょ(近所)・に・　わし・の・　わるくち(悪口)・を・　い(言)ー・やい・とる・やろ。」「やす(休)み・の・　ひ(日)・は・　と(飛)び・やい・て・　いえ(家)・に・　おら・へん。」〔⇒**やるく**、**あるく**【歩く】、**さがす**【探す】〕

やくいん【役員】《名詞》 会社や団体などの中で、そこを代表したり特別の任務や役柄についたりしている人。催しや会合などで、決められた仕事を受け持つ人。「じちかい(自治会)・の・　やくいん・を・　し・てまん・ねん。」

やぐさい【や臭い】《形容詞・アイ型》 ものが火に焼けて、焦げる臭いがする。特に、紙や布が焦げるような臭いがする。「こたつ(炬燵)・が・　やぐさい・さかい・　ちょっと・　しら(調)べ・てみ・てくれ・へん・か。」〔⇒**こげくさい**【焦げ臭い】〕

やくしゃ【役者】《名詞》 ①役に扮して、芝居などを演じることを仕事にしている人。俳優。「ぶたい(舞台)・の・　やくしゃ・に・　なり・たい・ねん。」②その場その場のかけひきや弁舌などに長じている人。「あいつ(彼奴)・は・　やくしゃ・や・さかい・　だま(騙)さ・れ・たら・あか・ん・ぞ。」

やくじんさん【厄神さん】《名詞》 健康上の災難に遭いやすいと考えられて、慎み深く振る舞わなければならないとされる年齢の人に対して厄払いをする神社。また、その厄払いの祭礼の日。「たいのはた(多井畑)・に・　ある・　やくじんさん・に・　まい(参)る。」「きょー(今日)・から・　やくじんさん・が・　はじ(始)まる。」

やくそく【約束】《名詞、①動詞する》 ①後に行うことに関して、あらかじめ取り決めて、それを守ることを誓うこと。「あした(明日)・　あ(会)う・　やくそく・を・　し・た。」「やくそくし・た・ん・やっ・たら・　ちゃんと・　まも(守)れ。」②社会や団体などで、秩序を守るために、従わなければならない規準。物事を行う方法や順序などを決めたもの。「みち(道)・は・　みぎがわ(右側)・を・　ある(歩)く・　やくそく・に・　なっ・とる。」〔②⇒**きまり**【決まり】、**きそく**【規則】〕

やくたたず【役立たず】《形容動詞や(ノ)、名詞》 何かに対して有効な働きをしない様子。また、そのような人やもの。「なに(何)・を・　たの(頼)ん・でも・　わす(忘)れ・ても・て・　やくたたずな・　やつ(奴)・や。」「だんだん・　おく(遅)れ・てまう・さかい・　やくたたずの・　とけー(時計)・や。」

やくだつ【役立つ】《動詞・タ行五段活用》 何かに対して有効にはたらく。何かに対して効果や価値を発揮する。「わし・の・　ゆ(言)ー・た・　こと・が・　ちょっと(一寸)・は・　やくだっ・た・よーや。」「くろー(苦労)・を・　し・とい・たら・　あと(後)・で・　やくだつ・やろ。」■他動詞は「やくだてる【役立てる】」。〔⇒**やくにたつ**【役に立つ】〕

やくだてる【役立てる】《動詞・タ行下一段活用》 何かに対して有効にはたらくようにする。何かに対して効果や価値を発揮するようにする。「こま(困)っ・とる・　ひと(人)・に・　やくだて・てもらう・よーに・　ぼきん(募金)・を・　する。」■自動詞は「やくだつ【役立つ】」〔⇒**やくにたてる**【役に立てる】〕

やくどし【厄年】《名詞》 昔からの言い伝えで、健康上の災難に遭いやすいと考えられて、慎み深く振る舞わなければならないとされる年齢。「ことし(今年)・は・　やくどし・や・さかい・　むり(無理)・は・　せ・んとこ・ー。」◆「やく」の前年のことを「まえやく【前厄】」と言い、「やく」の終わった次の年を「あとやく【後厄】」と言う。男女で、厄年の年齢は異なる。〔⇒**やく**【厄】〕

やくにたつ【役に立つ】《動詞・タ行五段活用》 何かに対して有効にはたらく。何かに対して効果や価値を発揮する。「べんきょー(勉強)し・た・　こと・が・　やくにたっ・た。」■他動詞は「やくにたてる【役に立てる】」〔⇒**やくだつ**【役立つ】〕

やくにたてる【役に立てる】《動詞・タ行下一段活用》 何かに対して有効にはたらくようにする。何かに対して効果や価値を発揮するようにする。「い(要)ら・ん・ もん(物)・を・ ほか(他)・の・ ひと(人)・の・ やくにたてる・ ため(為)・に・ きふ(寄付)する。」■自動詞は「やくにたつ【役に立つ】」〔⇒**やくだてる**【役立てる】〕

やくにん【役人】《名詞》 国や地方公共団体の役所に勤めている人。公務員。「やくにん・みたいな・ もの・の・ い(言)ーかた・を・ する。」◆融通のきかない、堅苦しい人のたとえにも使う。

やくば【役場】《名詞》 町長または村長がいて、地方公共団体である町または村が行政事務を取り扱うところ。「むかし(昔)・の・ やくば・が・ しやくしょ(市役所)・の・ しゅっちょーしょ(出張所)・に・ なっ・とる。」◆「ちょうやくば【町役場】」または「むらやくば【村役場】」とも言う。

やくみ【薬味】《名詞》 食べ物の味を引き立たせるために少し添える、ネギ、唐辛子などの香辛料など。「そーめん(素麺)・の・ やくみ・に・ しそ(紫蘇)・の・ は(葉)ー・を・ そ(添)える。」

やくめ【役目】《名詞》 任務として割り当てられ、果たさなければならない仕事や用務。「おまえ(前)・は・ じぶん(自分)・の・ やくめ・を・ は(果)たさ・な・ あか・ん・ぞ。」〔⇒**やく**【役】〕

やくよけ【厄除け】《名詞、動詞する》 ①健康上の災難に遭いやすいと考えられて、慎み深く振る舞わなければならないとされる年齢の人に対して、その厄を払いのけること。「やくよけ・に・ おまい(詣)り・を・ する。」②不幸な出来事などが続いて起こったときに、それがさらに続かないように払いのけること。「やくよけ・に・ いっぱい(一杯)・ の(飲)み・まほ・か。」

やぐら【櫓】《名詞》 ①木の枠で組んで、上に布団などをかぶせるもの。「こたつ(炬燵)・の・ やぐら・が・ あつ(熱)ー・ なっ・とる。」②祭りなどの中心に置いて、音頭をとったり太鼓を鳴らしたりするためにつくった、高い台。「ぼんおど(盆踊)り・の・ やぐら・で・ たいこ(太鼓)・を・ たた(叩)く。」

やぐるま【矢車】《名詞》 鯉のぼりの竿の先につけるもので、軸のまわりに矢の形のものを放射状に付けて、風で回るようにした羽。「やぐるま・が・ おと(音)・を・ た(立)て・て・ まわ(回)っ・とる。」

やぐるまそう〔**やぐるまそー**〕【矢車草】《名詞》 茎にも葉にも白い綿毛が密生していて、初夏の頃に菊によく似た形の、青や青紫色などの花を咲かせる植物。「やぐるまそー・は・ ぼんぼん・の・ はな(花)・や。」

やくわり【役割】《名詞、動詞する》 それぞれの人に任務などを割り当てること。また、割り当てられた任務。「ひとりひとり(一人一人)・に・ やくわりする。」「まつり(祭)・の・ とき・の・ やくわり・を・ き(決)める。」「みんな(皆)・ それぞれ・ ちが(違)う・ やくわり・に・ なっ・とる。」

やけ【自棄】《名詞》 ものごとが思うようにならないので、どうにでもなれという気持ちになること。また、それによって無茶な行動をとったりすること。「やけ・を・ お(起)こし・たら・ つづ(続)け・られ・へん・ぞ。」

やけ《接尾語》[動詞の連用形に付く] ①その動作などをする、ちょうどその時。「くすり(薬)・の・ の(飲)みやけ・に・ せき(咳)・が・ で(出)・て・ こなぐすり(粉薬)・が・ と(飛)ん・でも・た。」②その動作をしている途中。「がっこー(学校)・の・ い(行)きやけ・に・ えんぴつ(鉛筆)・を・ か(買)う。」〔⇒**がけ、しな、し**〕

やけくそ【自棄糞】《形容動詞や(ノ)》 ものごとが思うようにならないので、どうにでもなれという気持ちになる様子。また、それによって無茶な行動をとったりする様子。「なに(何)・を・ し・ても・ もんく(文句)・ばっかり・ い(言)わ・れる・さかい・ もー・ やけくそや。」〔⇒**やけのかんぱち**【自棄のかんぱち】、**やけのやんぱち**【自棄のやんぱち】〕

やけちゃ【焼けちゃ】《名詞、動詞する》 火や熱湯などに触れて、皮膚がただれること。また、そのようになったところ。「おちゃ(茶)・を・ ひっくりがえし・て・ やけちゃ・を・ し・た。」〔⇒**やけど**【火傷】、**あちち**【熱ちち】、**あちゃちゃ**【熱ちゃちゃ】、**あつつ**【熱つつ】〕

やけつく【焼け付く】《動詞・カ行五段活用》 ①調理をしているときに、食べ物などが焼けて、調理用具などにくっつく。「もち(餅)・が・ あみ(網)・に・ やけつい・た。」②長時間に使用している機械やモーターなどが、過熱してその機能を発揮しなくなる。「きかい(機械)・が・ やけつい・て・ と(止)まっ・ても・た。」〔⇒**やきつく**【焼き付く】〕

やけど【火傷】《名詞、動詞する》 火や熱湯などに触れて、皮膚がただれること。また、そのようになったところ。「ゆたんぽ(湯湯婆)・で・ やけどし・て・ みずぶく(水膨)れ・が・ でけ(出来)・た。」〔⇒**やけちゃ**【焼けちゃ】、**あちち**【熱ちち】、**あちゃちゃ**【熱ちゃちゃ】、**あつつ**【熱つつ】〕

やけのかんぱち【自棄のかんぱち】《形容動詞や(ノ)》 ものごとが思うようにならないので、どうにでもなれという気持ちになる様子。また、それによって無茶な行動をとったりする様子。「やけのかんぱちで・ しあい(試合)・を・ し・たら・ か(勝)てる・ はず・が・ あら・へん。」◆「やけのやんぱち」という言い方が崩れたものであろうか。〔⇒**やけくそ**【自棄糞】、**やけのやんぱち**【自棄のやんぱち】〕

やけのやんぱち【自棄のやんぱち】《形容動詞や(ノ)》 ものごとが思うようにならないので、どうにでもなれという気持ちになる様子。また、それによって無茶な行動をとったりする様子。「やけのやんぱちで・ しけん(試験)・を・ う(受)け・たら・ とー(通)ら・なんだ。」〔⇒**やけくそ**【自棄糞】、**やけのかんぱち**【自棄のかんぱち】〕

やける【焼ける】《動詞・カ行下一段活用》 ①火がついて、炎が出る。灰になるまで炎を出し続ける。「ろーでん(漏電)・で・ いえ(家)・が・ やける。」②中まで熱が通って、食べ物ができあがる。「ぱん(パン)・が・ よー・ やけ・た。」③火や日光などによって熱くなったり色が変わったりする。「すなはま(砂浜)・が・ やけ・て・ あつ(熱)い。」④日光に当たって、皮膚の色が黒くなる。「でぼちん・と・ はな(鼻)・の・ あたま(頭)・が・ よー・ ひ(陽)・に・ やけ・とる。」⑤空や雲の色が赤くなる。「にし(西)・の・ そら(空)・が・ やけ・とる。」⑥食べ物がじゅうぶん消化しないで、胸が熱くなったようで苦しくなる。「く(食)いすぎ・て・ むね(胸)・が・ やけ・て・ ずつない。」⑦人の面倒に手がかかる。心遣いが求められる。「こども・の・ せわ(世話)・が・ やける。」■他動詞は「やく【焼く】」■名詞化＝やけ【焼け】〔①⇒**もえる**【燃える】〕

やける【妬ける】《動詞・カ行下一段活用》 他人のことがねたましく感じられる。「いもーと(妹)・が・ かわい(可愛)がられ・とる・と・ おも(思)・て・ あにき(兄貴)・

が・　やけ・とる。」■他動詞は「やく【妬く】」

やける【自棄る】《動詞・カ行下一段活用》 ものごとが思うようにならなくて、どうにでもなれという気持ちになる。集中したり戦ったりしようとする気持ちを失う。「なんぼ・　し・ても・　か(勝)た・れ・へん・ので・　やけ・ても・た。」■名詞化＝**やけ**【自棄】

やご《名詞》 池などにすむ、とんぼの幼虫。「やご・が・　いっぱい(一杯)・　うようよし・とる。」

やごう〔**やごー**〕【屋号、家号】《名詞》 ①商店などに付ける名前。「かんばん(看板)・に・　やごー・が・　か(書)い・てある。」②昔から互いに呼び慣わしている、一般の家の名前。「うち・の・　やごー・は・　せーはったん・と・　ゆ(言)ー・ねん。」［**巻末「わが郷土」の「やごう」の項を参照**］

や

やこされ【副助詞】 言っていることの特定の部分を強調するために使う言葉。だからこそ。「おや(親)・やこされ・　おまえ(前)・の・　こと・を・　しんぱい(心配)し・とる・ん・や・ぞ。」◆古典文法の「こそ…あれ」という係り結びに由来する言葉である。

やさい【野菜】《名詞》 副食にするために、畑などで育てる植物。「ひで(日照)り・で・　やさい・の・　ねだん(値段)・が・　たこ(高)ー・　なっ・た。」〔⇒**あおもん**【**青物**】〕

やさがし【家捜し】《名詞、動詞する》 家の中をくまなく探すこと。「やさがしし・た・けど・　ほけん(保険)・の・　しょーしょ(証書)・が・　で(出)・てこ・ん。」

やさしい〔**やさしー**〕【優しい】《形容詞・イイ型》 ①穏やかでおとなしい。上品で美しい。その人に対して警戒心を感じることがない。「やさしー・　ひと(人)・や・さかい・　おー(大)きな・　こえ(声)・で・　おこ(怒)っ・たり・　せー・へん。」「やさしい・　かん(感)じ・が・　する・　え(絵)ー・や・なー。」②他人に対する思いやりがある。態度や性格などが素直である。「もー・　ちょっと(一寸)・　やさしー・に・　お(教)せ・てくれ・へん・か。」

やし【椰子】《名詞》 大きな葉が幹の頂に群がってはえる、熱帯地方の背の高い木。「みなみたいへーよー(南太平洋)・の・　しま(島)・に・　やし・の・　き(木)・が・　は(生)え・とる。」

やじ【野次】《名詞》 人の言動に対して、大声でからかったり冷やかしたりすること。また、その言葉。「はんしん(阪神)・が・　ま(負)け・たら・　こーしえん(甲子園)・の・　やじ・は・　ものすごい・　もん・や。」

やじうま【野次馬】《名詞》 自分に関係のないことについて、のぞき込んだり騒ぎ立てたりするような人。「かじ(火事)・を・　み(見)・に・　い(行)く・　やじうま・が・　ぎょーさん(仰山)・　おる。」

やしき【屋敷】《名詞》 ①家が建っている一区切りの土地。敷地。「うち・の・　やしき・は・　せま(狭)い・ねん。」②広い敷地に建つ立派な構えの家。「ごっつい・　やしき・に・　す(住)ん・どる・ん・や・なー。」

やしなう【養う】《動詞・ワア行五段活用》 子どもなどをはぐくんで育てる。人や動物の生活の面倒を見る。扶養する。「やす(安)い・　きゅーりょー(給料)・で・　かぞく(家族)・を・　やしなう・の・は・　しんどい・　こと・や。」「いぬ(犬)・を・　にひき(二匹)・　やしなう。」■名詞化＝**やしない**【**養い**】

やしょく【夜食】《名詞》 夕食の後、夜遅くなってとる簡単な食事。「やしょく・に・　らーめん(ラーメン)・を・　た(食)べる。」

やじるし【矢印】《名詞》 方向、道順などを教えるために、矢の形を書いて示したもの。「かいじょー(会場)・まで・の・　みちすじ(道筋)・の・　ま(曲)がりかど(角)・に・　やじるし・を・　か(書)い・た・　かみ(紙)・を・　は(張)っ・とく。」

やすあがり【安上がり】《形容動詞や(ノ)》 値段や費用が安くて済むこと。「え(良)ー・　みせ(店)・が・　あっ・た・さかい・　きょー(今日)・の・　ひるめしだい(昼飯代)・は・　やすあがりやっ・た。」

やすい【易い】《形容詞・ウイ型》 ①内容の理解がすぐにできて、手間がかからない。「やすい・　もんだい(問題)・や・さかい・　じかん(時間)・は・　かから・へん。」「やすい・　ことば(言葉)・で・　せつめー(説明)し・てある。」②自分の力からすれば、行うことが容易である。大した努力をしなくても、そのことを行うのは簡単である。「はなし(話)・を・　まと(纏)める・の・は・　やすい・こと・や。」③簡単明瞭で無理なく取り組める。「しょるい(書類)・の・　か(書)きかた・は・　やすかっ・た。」■対語＝「むつかしい【難しい】」〔②⇒**なやすい**【**な易い**】、**ぼろかす**【**襤褸滓**】、**ぼろくそ**【**襤褸糞**】〕

やすい【安い】《形容詞・ウイ型》 値段が張らない。予想していたよりも金がかからない。「やさい(野菜)・の・　ねだん(値段)・が・　やすー・　なっ・てき・て・　ありがたい。」■対語＝「たかい【高い】」

やすい【易い】《接尾語》〔動詞の連用形に付く〕 ①ものごとを楽々と行うことができるという意味を表す言葉。「よ(読)みやすい・　ほん(本)・や・さかい・　うれ(嬉)しー。」「これ・は・　こた(答)え・が・　だ(出)しやすい・　もんだい(問題)・や。」②気持ちの上で、そうすることに抵抗感がないという意味を表す言葉。「き(来)やすい・　みせ(店)・や・さかい・　また(又)・　こ(来)ー・な。」「かちょー(課長)・は・　はな(話)しやすい・　ひと(人)・や。」「なん(何)・でも・　そーだん(相談)しやすい・　ともだち(友達)・が・　おる・ねん。」③そのような可能性が高いという意味を表す言葉。「も(燃)えやすい・　き(木)・を・　た(炊)きつけ・に・　する。」「あめ(雨)・が・　ふ(降)りやすい・　そらもよー(空模様)・や。」「わ(割)れやすい・　こっぷ(コップ)・に・　ちゅーい(注意)し・てください。」「すとーぶ(ストーブ)・を・　つけ・たら・　まど(窓)・が・　くも(曇)りやすー・　なる。」■対語＝「にくい【難い】」

やすいめ〔**やすいめー**〕【安いめ】《名詞、形容動詞や(ノ)》 ものの値段が少し安いこと。比較的安いこと。「たまねぎ(玉葱)・は・　きょねん(去年)・より・　ちょっと・　やすいめー・に・　なっ・とる。」■対語＝「たかいめ【高いめ】」〔⇒**やすめ**【**安め**】〕

やすうり【安売り】《名詞、動詞する》 普通よりも安い値段で売ること。「やおや(八百屋)・が・　やすうりし・とる。」

やすっぽい【安っぽい】《形容詞・オイ型》 ①品質がよくなくて、いかにも値段が低いように見える。「やすっぽい・　かばん(鞄)・や・けど・　あいちゃく(愛着)・が・　ある・ねん。」②品格がなく軽々しい。「あんな・　こと・　ゆ(言)ー・たら・　にんげん(人間)・が・　やすっぽー・　み(見)える。」

やすみ【休み】《名詞》 ①仕事や活動などを止めること。心や体を楽にして休憩や休息をすること。「にじっぷんかん(二十分間)・の・　やすみ・を・　とる。」②商店などが営業しないこと。「せっかく・　い(行)っ・た・のに・　でぱーと(デパート)・は・　やすみ・やっ・た。」②勤務先や学校などが通常のことを行わないこと。「たいふー(台風)・で・　がっこー(学校)・が・　やすみ・に・　なっ・

た。」④都合によって、勤務先や学校などに行かないこと。「しいどい・さかい・　きょー(今日)・は・　やすみ・に・　する。」

やすむ【休む】《動詞・マ行五段活用》　①仕事や活動などを止める。心や体を楽にして、休憩や休息をする。安らかにする。「さか(坂)・の・　とちゅー(途中)・で・　ちょっと(一寸)・　やすむ。」②商店や会社などが営業しない。「つごー(都合)・で・　みっかかん(三日間)・　みせ(店)・を・　やすむ。」③都合によって、勤務先や学校などに行かない。「かぜ(風邪)・を・　ひー・た・さかい・　やすみ・たい・と・　おも(思)・とる・ねん。」■名詞化＝**やすみ**【休み】

やすめ【安め】《名詞、形容動詞や(ノ)》　ものの値段が少し安いこと。比較的安いこと。「もっと・　やすめに・し・てくれ・たら・　か(買)える・ねん・けど。」■対語＝「たかめ【高め】」〔⇒**やすいめ**【安いめ】〕

やすめる【休める】《動詞・マ行下一段活用》　していることを止めるようにする。心や体を楽にして、休息するようにする。「て(手)ー・を・　やすめ・て・　ちょっと(一寸)・　きゅーけー(休憩)・に・　し・まへ・ん・か。」

やすもん【安物】《名詞》　値段が安く、品質の悪い品物。「やすもん・　こ(買)ー・たら・　けっきょく(結局)・　そん(損)・に・　なる。」

やすやす【易々】《副詞と》　ものごとをきわめて容易に行う様子。込み入っていなくて、わかりやすい様子。「ちょっと・　はし(走)っ・たら・　でんしゃ(電車)・に・　やすやす・　ま(間)におー・た。」〔⇒**かんたん**【簡単】(に)〕

やすり【鑢】《名詞》　①鋼の表面に細かい溝を刻みつけて、金属や木などを擦って、削り取ったり滑らかにしたりする道具。「のこぎり(鋸)・に・　やすり・を・　かける。」②謄写版の原紙に文字を書き付けるときに使う金属製の板。「がりばん(ガリ版)・の・　やすり・が・　ちび・て　き・た。」

やせ【痩せ】《形容動詞や(ノ)、名詞》　痩せて骨張って見えて、体重が少ないこと。また、そのような人。「あんた・は・　やせの・　おーぐ(大食)い・や・なー。」〔⇒**ほそかんぴん**【細かんぴん】、**ほそかっぴん**【細かっぴん】、**ほそっぴん**【細っぴん】、**ほそかんぴんたん**【細かんぴんたん】、**やせぼし**【痩せ干し】、**やせかんぴんたん**【痩せかんぴんたん】、**やせぎす**【痩せぎす】〕

やせかんぴんたん【痩せかんぴんたん】《形容動詞や(ノ)、名詞》　痩せて骨張って見えて、体重が少ない様子。また、そのような人。「せんそーちゅー(戦争中)・は・　みんな・　やせかんぴんたんやっ・た。」〔⇒**ほそかんぴん**【細かんぴん】、**ほそかっぴん**【細かっぴん】、**ほそっぴん**【細っぴん】、**ほそかんぴんたん**【細かんぴんたん】、**やせぼし**【痩せ干し】、**やせぎす**【痩せぎす】、**やせ**【痩せ】〕

やせぎす【痩せぎす】《形容動詞や(ノ)、名詞》　痩せて骨張って見えて、体重が少ない様子。また、そのような人。「やせぎすに・　なら・ん・よーに・　めし(飯)・を・どんどん・　く(食)い・なはれ。」〔⇒**ほそかんぴん**【細かんぴん】、**ほそかっぴん**【細かっぴん】、**ほそっぴん**【細っぴん】、**ほそかんぴんたん**【細かんぴんたん】、**やせぼし**【痩せ干し】、**やせかんぴんたん**【痩せかんぴんたん】、**やせ**【痩せ】〕

やせすぎ【痩せ過ぎ】《名詞、形容動詞や(ノ)》　標準的な人よりもかなり細い体格であること。また、そのような人。「あんた・は・　やせすぎや・さかい・　もっと・めし(飯)・を・　く(食)え。」■対語＝「こえすぎ【肥え過ぎ】」

やせぼし【痩せ干し】《形容動詞や(ノ)、名詞》　痩せて骨張って見えて、体重が少ない様子。また、そのような人。「わたし(私)・は・　こ(小)まい・　とき(時)・は・やせぼしでし・てん。」〔⇒**ほそかんぴん**【細かんぴん】、**ほそかっぴん**【細かっぴん】、**ほそっぴん**【細っぴん】、**ほそかんぴんたん**【細かんぴんたん】、**やせかんぴんたん**【痩せかんぴんたん】、**やせぎす**【痩せぎす】、**やせ**【痩せ】〕

やせる【痩せる】《動詞・サ行下一段活用》　①体の肉付きが少なくなって、体重が減る。「にゅーいん(入院)し・て・から・　さんきろ(三キロ)・も・　やせ・た。」「やせた・　なすび(茄子)・が・　でけ(出来)た。」②肥料が乏しくなったりして、土の質が落ちて、作物を育てる力が減る。土地の生産力が低くなる。「やせ・た・　はたけ(畑)・や・さかい・　でき(出来)・が・　わる(悪)い。」■対語＝「こえる【肥える】」。①「ふとる【太る】」「ふとなる【太なる】」■名詞化＝**やせ**【痩せ】〔①⇒**ほそなる**【細なる】、**ほそる**【細る】〕

やたけた《形容動詞や(ナ)》　①いい加減な性格である様子。「あいつ(彼奴)・は・　やくそく(約束)・を・　まも(守)ら・ん・　やたけたな・　やつ(奴)・や。」②行動などが乱雑である様子。「やたけたな・　じ(字)ー・や・さかい・　よ(読)みにくい。」

やたまき【(八幡巻)】《名詞》　煮て下ごしらえをした牛蒡を芯にして、穴子、鰻、牛肉などで巻いて、煮たり付け焼きをしたりして作る料理。「べんとー(弁当)・に・　やたまき・を・　い(入)れる。」〔⇒**やわたまき**【八幡巻】〕

やたら【矢鱈】《副詞に》　あまりにも度を過ごしている様子。ものごとに秩序や根拠が乏しい様子。「きょー(今日)・は・　あさ(朝)・から・　やたら・　いそが(忙)しかっ・た。」「やたらに・　あれ・　せー・　これ・　せー・と・　い(言)わ・れ・て・　こま(困)っ・た。」〔⇒**めったやたら**【滅多矢鱈】、**むやみに**【無闇に】、**むやみやたら**【無闇矢鱈】、**めちゃめちゃ**【目茶目茶】、**めちゃくちゃ**【目茶苦茶】、**めちゃんこ**【目茶んこ】、**めっちゃくちゃ**【目茶苦茶】、**めっちゃくっちゃ**【目茶苦茶】、**へらへっと**、**へっともない**、**へらへっともない**〕

やちん【家賃】《名詞》　家を借りている人が、家の持ち主に払うお金。「やちん・は・　まいつき(毎月)・　きちんと・　はろ(払)・てます。」

やつ【奴】《名詞》　①人を軽蔑して、突っ放すように言う言葉。「あんな・　じぶんかって(自分勝手)な・　やつ・は・きら(嫌)いや。」②目下の人などを親しんで言う言葉。「あんな・　え(良)ー・　やつ・は・　おら・ん・なー。」③物や事を指して、ぞんざいに言う言葉。「そっち・の・おー(大)きー・　やつ・を・　う(売)っ・てんか。」

やっかい【厄介】《形容動詞や(ナ)、名詞》　手数がかかって煩わしい様子。込み入って面倒な様子。人の面倒を見るのに手数がかかる様子。「ともだち(友達)・に・　やっかい・を・　かける。」「やっかいな・　はなし(話)・に・なっ・た。」〔⇒**せわ**【世話】〕

やつき【八月】《名詞》　①1年を12に分けたときの、そのやっつ分。ほぼ240日の長さ。「こーしゅー(講習)・は・　さいてー(最低)・でも・　やつき・　かかる・そーや。」②その月から、中に6つの月を置いてまたがる長さ。「やつきめ(目)・に・　また・　よ(寄)せ・てもらい・まっ・さ。」〔⇒**はっかげつ**【八か月】〕

やっき【躍起】《形容動詞や(ノ)》　気持ちが急いたり高ぶっ

たりして、むきになる様子。一生懸命に取り組む様子。「やっきに・ なっ・て・ こども(子供)・を・ そだ(育)て・た。」

やっきょく【薬局】《名詞》 薬剤師が調剤したり既製の薬などを売ったりする店。「やっきょく・で・ めぐすり(目薬)・を・ か(買)う。」〔⇒**くすりや【薬屋】**〕

やつける【遣つける】《動詞・カ行下一段活用》 ①相手をひどい目にあわせる。相手を負かす。「きょねん(去年)・ま(負)け・た・ あいて(相手)・を・ やつける。」②小動物などを殺す。「むかで(百足)・を・ やつけ・たっ・た。」〔⇒**やっつける【遣っつける】**〕

やっさもっさ《副詞、動詞する》 大勢が集まって何かを言い合ったり、し合ったりする様子。ごたごたとして、まとまりに欠けたり、もめたりしている様子。「やっさもっさ・ はなし(話)・を・ し・た・けど・ けつろん(結論)・は・ で(出)ずじまいや。」「やっさもっさし・て・ いえ(家)・の・ なか(中)・を・ さが(探)し・た。」

やっつ【八つ】《名詞(数詞＋助数詞)》 ①自然数の7に、1を加えた数で、個数などをかぞえる場合に使う言葉。「やっつ・ はい(入)っ・た・ かしおり(菓子折)・を・も(持)っ・ていっ・た。」②8歳。「やっつ・の・ とき(時)・から・ そろばん(算盤)・を・ なろ(習)ー・た。」

やっついき【八つ行き】《名詞》 4月2日から12月31日までに生まれて、数え歳の8歳で小学校に入学すること。また、その子。「うち・の・ こ(子)ー・は・ みんな(皆)・ やっついき・や。」■対語＝「ななついき【七つ行き】」〔⇒**おそいき【遅行き】**〕

やっつける【遣っつける】《動詞・カ行下一段活用》 ①相手をひどい目にあわせる。相手を負かす。「からだ(体)・で・は・ ま(負)ける・さかい・ くち(口)・で・ やっつけ・たれ。」②小動物などを殺す。「いし(石)・を・ ぶつけ・て・ へび(蛇)・を・ やっつけ・た。」〔⇒**やつける【遣つける】**〕

やつで【八つ手】《名詞》 手のひらのような切れ込みのある大きな葉で、冬に白い小花の集まった丸い房をつける背の低い木。「べんじょ(便所)・の・ うら(裏)・に・ やつで・を・ う(植)える。」

やってくる【遣って来る】《動詞・カ行変格活用》 ①向こうの方から近づいてくる。離れたところから、こちらに向かう。押し寄せる。「また・ ことし(今年)・も・ たいふー(台風)・が・ やってくる・ きせつ(季節)・に・ なっ・た。」②ある仕事や生活を続けながら現在に至る。「なん(何)とか・ ここ・まで・ やってこ・れ・た・の・も・ みなさん(皆様)・の・ おかげ・です。」

やっと《副詞》 数や量がたくさんある。基準とする数や量よりも大きい。「はたけ(畑)・で・ と(穫)れ・た・ いちご(苺)・を・ やっと・ もろ(貰)・た。」〔⇒**おおい【多い】、おかい【(多い)】、ようけ、ようさん【(仰山)】、ぎょうさん【仰山】、じょうさん【(仰山)】、どっさり、たくさん【沢山】、たんと、いっぱい【一杯】**〕

やっと《副詞》 途中であれこれの曲折はあったが、望んでいたことが実現したということを表す言葉。「なが(長)かっ・た・けど・ やっと・ つゆ(梅雨)・が・ あ(明)け・た。」「やっと・ くるま(車)・が・ か(買)える・だけ・の・ かね(金)・が・ た(貯)まっ・た。」〔⇒**ようやく【漸く】、ようよう【(漸う)】、やっとこさ、やっとこしょ、やっとこせ**〕

やっとこ《名詞》 焼けた鉄を挟んだり、金属の板や針金を曲げたりするのに使う、釘抜きに似た道具。「やっとこ・で・ くぎ(釘)・を・ ぬ(抜)く。」

やっとこさ《副詞で》 途中であれこれの曲折はあったが、望んでいたことが実現したということを表す言葉。「やっとこさ・ あつ(暑)さ・が・ やわ(和)らい・だ。」「やっとこさ・ しゅくだい(宿題)・が・ でけ(出来)・た。」〔⇒**ようやく【漸く】、ようよう【(漸う)】、やっと、やっとこしょ、やっとこせ**〕

やっとこさ《感動詞》 座ったり立ち上がったりするときの掛け声や、その際の思いを表す言葉。力を入れたり一休みをしようとしたりするときなどに、かけ声として使う言葉。「やっとこさ・ ほんなら・ ここら・で・ ひとやす(一休)みし・まほ。」〔⇒**やっとこしょ、やっとこせ、どっこいしょ、どっこらしょ**〕

やっとこしょ《副詞》 途中であれこれの曲折はあったが、望んでいたことが実現したということを表す言葉。「やっとこしょ・ だんだん(段々)・ ぬく(温)ー・なっ・てき・た。」「やっとこしょ・ たう(田植)え・が・す(済)ん・だ。」〔⇒**ようやく【漸く】、ようよう【(漸う)】、やっと、やっとこさ、やっとこせ**〕

やっとこしょ《感動詞》 座ったり立ち上がったりするときの掛け声や、その際の思いを表す言葉。力を入れたり一休みをしようとしたりするときなどに、かけ声として使う言葉。「そら・ やっとこしょ・ もー・ ひといき(一息)・や。」〔⇒**やっとこさ、やっとこせ、どっこいしょ、どっこらしょ**〕

やっとこせ《副詞》 途中であれこれの曲折はあったが、望んでいたことが実現したということを表す言葉。「やっとこせ・ くぎ(釘)・が・ ぬ(抜)け・た。」「むすこ(息子)・が・ やっとこせ・ しゅーしょく(就職)し・てくれ・た。」「やっとこせ・ ごーかく(合格)・や。」〔⇒**ようやく【漸く】、ようよう【(漸う)】、やっと、やっとこさ、やっとこしょ**〕

やっとこせ《感動詞》 座ったり立ち上がったりするときの掛け声や、その際の思いを表す言葉。力を入れたり一休みをしようとしたりするときなどに、かけ声として使う言葉。「げんき(元気)・を・ だ(出)し・て・ それ・ やっとこせ。」〔⇒**やっとこさ、やっとこしょ、どっこいしょ、どっこらしょ**〕

やっぱし【(矢っ張し)】《副詞》 ①前と同じようである、あるいは他と同じようであるということを表す言葉。「やっぱし・ しんかんせん(新幹線)・で・ い(行)く・こと・に・ する・わ。」②違ったようになることを期待したが、そうはいかないで、結局は普通に予想していたとおりになったことを表す言葉。「やっぱし・ たからくじ(宝籤)・は・ あ(当)たら・なんだ。」「やっぱし・ こた(答)え・は・ わから・なんだ。」③期待したことを裏切らないで、その通りになったことを表す言葉。「やっぱし・ あんた・や・さかい・ でけ(出来)る・ こと・な・ん・や。」〔⇒**やっぱり【(矢っ張り)】**〕

やっぱり【(矢っ張り)】《副詞》 ①前と同じようである、あるいは他と同じようであるということを表す言葉。「この・ まち(町)・も・ やっぱり・ らーめんや(ラーメン屋)・が・ おか(多)い・の一。」②違ったようになることを期待したが、そうはいかないで、結局は普通に予想していたとおりになったことを表す言葉。「やっぱり・ ちゅーせん(抽選)・に・ はず(外)れ・た。」「やっぱり・ さんか(参加)し・ない・ こと・に・ する。」③期待したことを裏切らないで、その通りになったことを表す言葉。「やっぱり・ せんもんか(専門家)・に・は・か(勝)た・れ・へん。」〔⇒**やっぱし【(矢っ張し)】**〕

やつれる【窶れる】《動詞・ラ行下一段活用》 病気、心労、老齢などのために、体が痩せるなどして衰えて見苦しくなる。身に着けている服装などが見苦しく見える。「ねこ(寝込)ん・でも・て・　だいぶ(大分)・　やつれ・た・みたいや。」

やて《副助詞》 極端な例を示して強調する言葉。「おまえ(前)・やて・　その・ぐらい・の・　こと・は・　わかる・やろ。」「だれ(誰)・やて・　まちが(間違)う・　こと・は・ある・わい・な。」〔**⇒かて、でも**〕

やて《終助詞》 聞いたことを別の人に伝えるときに、それが伝聞であることを表す言い方。…だそうだ。「あめ(雨)・で・　うんどーかい(運動会)・は・　ちゅーし(中止)・やて。」◆断定の助動詞「や」に、接続助詞「て」が続いた言葉が一語になったもの。〔**⇒やといな、やといや**〕

やど【宿】《名詞》 ①住んでいるところ。すみか。「からす(鴉)・が・　おやど・に・　かえ(帰)っ・ていく。」②旅行者を泊めるための設備を整えて、料金を取って営業している建物。とりわけ、和風の建物。「なつ(夏)・の・りょこー(旅行)・の・　やど・を・　よやく(予約)する。」〔②**⇒やどや【宿屋】、りょかん【旅館】**〕

やといな《終助詞》 聞いたことを別の人に伝えるときに、それが伝聞であることを表す言い方。…だそうだ。「ことし(今年)・の・　つゆ(梅雨)・は・　なが(長)い・ん・やといな。」「ひとり(一人)・で・は・　い(行)き・とみない・ん・やといな。」◆断定の助動詞「や」に、格助詞「と」が付いて、それに伝聞の意味を表す「いな」が続いたもの。〔**⇒やといや、やて**〕

やといや《終助詞》 聞いたことを別の人に伝えるときに、それが伝聞であることを表す言い方。…だそうだ。「さんぱつや(散髪屋)・は・　あした(明日)・が・　やす(休)み・やといや。」◆断定の助動詞「や」に、格助詞「と」が付いて、それに伝聞の意味を表す「いや」が続いたもの。〔**⇒やといな、やて**〕

やとう【雇う】《動詞・ワア行五段活用》 ①お金を払って、人に仕事をしてもらう。「みせばん(店番)・に・　あるばいと(アルバイト)・を・　やとう。」②お金を払って、乗り物などを自分の意志のとおりに使う。「きょーと(京都)・の・　かんこー(観光)・に・　はいやー(ハイヤー)・を・　やとう。」■名詞化＝**やとい【雇い】**

やどがえ【宿替え】《名詞、動詞する》 住む家を変わること。転宅。「すま(須磨)・の・　だんち(団地)・へ・　やどがえする。」〔**⇒やうつり【家移り】、やぶつり【(家移り)】、ひっこし【引っ越し】**〕

やどがに【宿蟹】《名詞》 巻き貝の貝殻の中にすむ、海老や蟹に似ている動物。「やどがに・が・　いし(石)・の・うえ(上)・を・　ある(歩)い・とる。」〔**⇒やどかり【宿借り】**〕

やどかり【宿借り】《名詞》 巻き貝の貝殻の中にすむ、海老や蟹に似ている動物。「しお(潮)・が・　ひ(引)ー・た・さかい・　やどかり・が・　ぎょーさん(仰山)・　で(出)・てき・た。」〔**⇒やどがに【宿蟹】**〕

やどちん【宿賃】《名詞》 宿屋やホテルなどに泊まったときに支払う料金。宿泊料。「やどちん・が・　やす(安)い・とこ(所)・を・　さが(探)す。」

やどや【宿屋】《名詞》 旅行者を泊めるための設備を整えて、料金を取って営業している建物。とりわけ、和風の建物。「しょーがっこー(小学校)・の・　しゅーがくりょこー(修学旅行)・は・　いせ(伊勢)・の・　やどや・に・と(泊)まっ・た。」〔**⇒やど【宿】、りょかん【旅館】**〕

やない【柳井】《固有名詞》 明石市魚住町金ヶ崎のうちの一つの地域(小字)。「やない・の・　こー(子)ら・も・　えーがしましょーがっこー(江井島小学校)・に・　かよ(通)う・よーに・　なっ・た。」〔**巻末「わが郷土」の「やない」の項を参照**〕

やない《助動詞》 ①打ち消す意味を表す言葉。…ではない。「あいつ(彼奴)・は・　し(知)ら・ん・　やつ(奴)・やない。」「さが(探)し・とっ・た・ん・は・　ぼーるぺん(ボールペン)・やのー・て・　まんねんひつ(万年筆)・や。」②打ち消しの表現を用いながら、人を誘う気持ちを表す言葉。…しよう。「そろそろ・　い(行)こ・やない・か。」③禁止する気持ちを表す言葉。…するな。「ことわ(断)ら・んと・　だま(黙)っ・て・　の(飲)む・やない・ぞ。」

やなぎ【柳】《名詞》 枝が糸のように垂れて葉が細長い、水辺で多く見られる落葉樹。「ほり(堀)・の・　まー(周)り・に・　やなぎ・が・　う(植)え・てある。」

やなぎごうり〔やなぎごーり〕【柳行李】《名詞》 背の低い柳の若木の皮をむいて乾燥させて編んで作った、箱の形をした物入れ。「やなぎごーり・の・　べんとーばこ(弁当箱)・に・　い(入)れる。」

衣類などを収納する大型の柳行李

やに【脂】《名詞》 ①木の幹などから出る、水飴のような色をした粘り気のある液。また、それが固まったもの。「まつ(松)・の・　やに・が・　つ(付)い・て・　にちゃにちゃする。」②目から出た液が、目の縁に固まってついたもの。「かお(顔)・を・　あろ(洗)ー・て・　やに・を・と(取)る。」③煙草が燃えたときにできて、パイプなどにたまる、粘り気のある液。「やに・で・　ぱいぷ(パイプ)・が・　つ(詰)まっ・た。」〔**⇒やね【(脂)】。②⇒めやに【目脂】、めやね【(目脂)】、めくそ【目糞】、めめくそ【目々糞】**〕

やぬし【家主】《名詞》 貸している家の持ち主。「やぬし・に・　やちん(家賃)・を・　はら(払)う。」

やね【屋根】《名詞》 ①雨や寒さなどを防ぐために、建物の上の部分を覆うもの。「かーら(瓦)・で・　やね・を・ふ(葺)く。」②ものの上の部分を覆っているもの。「じどーしゃ(自動車)・の・　やね・に・　ゆき(雪)・が・　つ(積)もっ・とる。」

やね【(脂)】《名詞》 ①木の幹などから出る、水飴のような色をした粘り気のある液。また、それが固まったもの。「き(木)ー・の・　やね・が・　つい・て・　と(取)れ・へん。」②目から出た液が、目の縁に固まってついたもの。「め(目)ー・に・　やね・が・　つ(付)い・とる・ぞ。」③煙草が燃えたときにできて、パイプなどにたまる、粘り気のある液。「ぱいぷ(パイプ)・の・　やね・を・　ふ(拭)い・て・　と(取)る。」〔**⇒やに【脂】。②⇒めやに【目脂】、めやね【(目脂)】、めくそ【目糞】、めめくそ【目々糞】**〕

やばい《形容詞・アイ型》 ①不確かで信頼できない。良い状態が続かないようだ。「あの・　かいしゃ(会社)・は・　だいぶ(大分)・　やばい・らしー。」②持ちこたえられないで、壊れそうである。危なっかしい。「つよ(強)い・　かぜ(風)・が・　ふ(吹)い・て・　とたんやね(トタン屋根)・が・　やばい。」③自分の姿や、隠していた事柄が、周りにわかってしまいそうである。「もーちょっとで・　み(見)つかり・そーで・　やばかっ・た。」〔①②**⇒やばたい。①⇒あぶない【危ない】、あむない【(危ない)】**〕

やばたい《形容詞・アイ型》 ①不確かで信頼できない。良い状態が続かないようだ。「しけん(試験)・を・　う(受)け・て・も・　ごーかく(合格)・は・　やばたい・と・　おも(思)う･ねん。」②持ちこたえられないで、壊れそうである。危なっかしい。「やばたい･　くく(括)りかた･を･　し･たら･　ほど(解)け･てまう･ぞ。」〔⇒**やばい**。①⇒**あぶない【危ない】、あむない【(危ない)】**〕

やぶ【藪】《名詞》 ①竹が集まって生えているところ。また、竹、背の低い木、草などが群がって生えていて、踏み込んで行きにくいところ。「やぶ･の･　なか(中)･に･　たけのこ(筍)･が･　で(出)･とる。」②技術がつたなく、あてにならない医者。「やぶ･や･さかいに･　びょーき(病気)･の･　なまえ(名前)･も･　おせ(教)･てくれ･へん。」〔①⇒**たけやぶ【竹藪】**。②⇒**やぶいしゃ【藪医者】**〕

やぶいしゃ【藪医者】《名詞》 技術がつたなく、あてにならない医者。「やぶいしゃ･に･　み(診)･てもろ･て･　くすり(薬)･を･　もろ･てき･た。」〔⇒**やぶ【藪】**〕

やぶいり【藪入り】《名詞、動詞する》 嫁いだ娘が、一時、実家に帰ること。「こんど(今度)･の･　にっちょー(日曜)･に･　むすめ(娘)･が･　やぶいり･で･　もど(戻)っ･てくる。」

やぶつり【(家移り)】《名詞、動詞する》 住む家を変わること。転宅。「いえ(家)･を･　た(建)て･て･　やぶつりする。」〔⇒**やうつり【家移り】、やどがえ【宿替え】、ひっこし【引っ越し】**〕

やぶる【破る】《動詞･ラ行五段活用》 ①紙や布などを引き裂いたり穴を開けたりして、だめにする。まとまった形のものを壊してだめにする。「ほん(本)･の･　ページ(ページ)･を･　やぶっ･て･　す(捨)てる。」②壊して開ける。「から(殻)･を･　やぶっ･て･　ひな(雛)･が･　う(生)まれる。」③決めたことをだめにする。規則などを無視した行動をする。「やくそく(約束)･を･　やぶる･の･は･　こま(困)る･なー。」④相手を負かす。勝つ。「はんしん(阪神)･が･　きょじん(巨人)･を･　やぶる。」⑤押しのけて進む。超える。「これ･まで･の･　きろく(記録)･を･　やぶる。」■自動詞は、①②「やぶれる【破れる】」■名詞化＝**やぶり【破り】**

やぶれぼろ〔やぶれぼーろ〕【破れ襤褸】《名詞、形容動詞や(ノ)》 使い古して、本来の役割を果たせなくなった衣服や布きれなど。つぎはぎだらけの衣服など。「やぶれぼーろ･を･　き(着)る。」「やぶれぼろの･　ちょーめん(帳面)･に･　か(書)く。」「やぶれぼーろの･　かさ(傘)･を･　さす。」〔⇒**ぼろ【襤褸】、ぼろぎれ【襤褸切れ】**〕

やぶれる【破れる】《動詞･ラ行下一段活用》 紙や布などが引き裂かれたり穴が開いたりする。「かぜ(風)･で･　ぽすたー(ポスター)･が･　やぶれ･た。」■他動詞は「やぶる【破る】」■名詞化＝**やぶれ【破れ】**

やへん《助動詞》 前にある言葉を打ち消すときに使う言葉。「そんな･　こと･は･　し･やへん･ねん。」「きょー(今日)･は･　てつや(徹夜)し･て･　ね(寝)･やへん。」◆「こ(来)･やへん」「し･やへん」「み(見)･やへん」など、カ行変格活用動詞、サ行変格活用動詞、上一段活用動詞に接続する。〔⇒**ない、ひん、ん、へん**〕

やほい《終助詞》 そのものの正体や実態について疑問を感じていることを表す言葉。また、相手の言うことに同感することを表す言葉。「いつ(何時)･から･　はじ(始る)まる･ん･やほい。」「そーゆー･　いけん(意見)･に･　さんせー(賛成)･やほい。」〔⇒**やらほい、じゃらほい、じゃほい**〕

やぼったい【野暮ったい】《形容詞･アイ型》 あか抜けしていない。洗練されていない。「やぼったい･　かけじく(掛軸)･を･　か(掛)け･とる。」

やま【山】《名詞》 ①平地よりもうんと高く盛り上がったところ。「ろっこー(六甲)･の･　やま･に･　のぼ(登)る。」②たくさんの木が集まって生えているところ。「やま･で･　まつば(松葉)･を･　あつ(集)める。」「まったけ(松茸)の･　で(出)る･　やま･を･　も(持)っとる。」③うずたかく盛り上げたもの。「ごみ(塵)･の･　やま･に･　なっ･とる。」「せんたくもん(洗濯物)･の･　やま･が･　でけ(出来)･とる。」④生死や運命をわける、いちばん大事なところ。通り過ぎれば後は楽に展開するようになるところ。「いしゃ(医者)･から･　こんばん(今晩)･が･　やま･や･と･　い(言)わ･れ･た。」⑤もしもの幸運をねらって行うこと。偶然をあてにする予想。「しけん(試験)･に･　やま･を･　かける。」「やま･が･　あたっ･て･　え(良)ー･　てん(点)･が･　と(取)れ･た。」「やま･が･　はずれ･て･　そん(損)･を･　し･た。」〔②⇒**はやし【林】**〕

やまいも【山芋】《名詞》 とろろなどにして根を食べる、山野に自生する、つる性の植物。「やまいも･を･　す(擦)っ･て･　ごはん(飯)･に･　かける。」〔⇒**やまのいも【山の芋】、じねんじょ【自然薯】**〕

やまおく【山奥】《名詞》 山に囲まれた、辺鄙なところ。「こんな･　やまおく･に･も･　いえ(家)･が･　ある。」

やまかん【山勘】《名詞》 直感的なものだけで当てずっぽうに判断すること。また、その内容。「しけん(試験)･で･　やまかん･が･　あ(当)たっ･た。」

やまくずし【山崩し】《名詞、動詞する》 将棋盤に将棋の駒を無造作に積んでおいて、音を立てることなく、駒を抜き取る子どもの遊び。「えんがー(縁側)･で･　やまくずし･を･　し･て･　あそ(遊)ぶ。」

やまのいも【山の芋】《名詞》 とろろなどにして根を食べる、山野に自生する、つる性の植物。「しょんがつ(正月)･の･　ふつか(二日)･の･　あさ(朝)･は･　やまのいも･で･　とろろ･を･　つく(作)る。」〔⇒**やまいも【山芋】、じねんじょ【自然薯】**〕

やまのくさ【山の草】《名詞》 正月の飾りに付ける、羽状に分かれた大形の葉の裏が白い羊歯。「しょーがつ(正月)･の･　かざ(飾)り･に･　やまのくさ･を･　むす(結)ぶ。」〔⇒**うらじろ【裏白】**〕

やまのぼり【山登り】《名詞、動詞する》 ある程度の高さの山に登ること。「にっちょーび(日曜日)･に･　ろっこーさん(六甲山)･へ･　やまのぼり･に･　い(行)く。」〔⇒**とざん【登山】**〕

やまびこ【山彦】《名詞》 山や谷などで、大声を出すと、しばらくしてその声がはね返ってくること。また、その声。「とり(鳥)･の･　こえ(声)･が･　やまびこ･に･　なっ･て･　き(聞)こえ･てくる。」

やまぶき【山吹】《名詞》 春に黄色い五弁の花を咲かせる、山野に自生する背の低い木。「かわ(川)･の･　はた(端)･に･　やまぶき･が･　さ(咲)い･とる。」

やまぶし【山伏】《名詞》 山に籠もって修行をしている僧侶。「やまぶし･の･　ほらがい(法螺貝)･が･　き(聞)こえる。」

やまほど【山ほど】《副詞》 限りがないほど、たくさんある様子。「い(言)ー･たい･　こと(事)･は･　やまほど･ある。」〔⇒**やまもり【山盛り】**〕

やまみち【山道】《名詞》 山の中を通り抜けていく道。「やまみち･の･　とちゅー(途中)･に･　たき(滝)･が･　あっ･た。」

やまもり【山盛り】《名詞、形容動詞や(ノ)、動詞する》

高く盛り上げること。高く盛り上がっていること。また、そのようになっているもの。「とまと(トマト)・を・　やまもりし・て・　う(売)っ・とる。」

やまもり【山盛り】《副詞》 限りがないほど、たくさんある様子。「しくだい(宿題)・が・　やまもり・　ある。」「きょー(今日)・は・　やまもり・　ある(歩)い・た。」〔⇒**やまほど**【山ほど】〕

やまやま《形容動詞や(ノ)》 希望しても、その通りにならない様子を、残念に思う気持ちを込めて言う言葉。「かね(金)・を・　か(貸)し・たり・たい・の・は・　やまやまや・けど・　こっち・も・　な(無)い・ねん。」

やまる【止まる】《動詞・ラ行五段活用》 続いていたものが終わる。動いていたものが落ち着く。自然と止まる。「きのー(昨日)・から・の・　つお(強)い・　かぜ(風)・が・　やまっ・た・みたいや。」「きょーだいげんか(兄弟喧嘩)・は・　もー・　やまっ・た・か。」

やまわけ【山分け】《名詞、動詞する》 得たものなどを、みんな同じようになるように、大まかに分けること。「さかな(魚)・が・　ぎょーさん(仰山)・　つ(釣)れ・た・さかい・　みんな(皆)・で・　やまわけし・た。」

やま(を)かける【山(を)かける】《動詞・カ行下一段活用》 万一の幸運に望みを託す。当たるだろうと思って、または、当たることを願って、予想を立てる。「やまをかけ・たり・　せ・んと・　ぜんぶ(全部)・　べんきょー(勉強)し・とか・んと・　あか・ん・よ。」

やみ【闇】《名詞》 ①光がなくて真っ暗なこと。「こんや(今夜)・は・　つき(月)・が・　で(出)・とら・ん・　やみ・や。」②先の見通しがつかないこと。「しけん(試験)・に・　お(落)ち・て・　いま(今)・は・　やみ・の・　なか(中)・や。」③正式に認められているわけではない方法による取引。また、その商品や値段。「せんじちゅー(戦時中)・は・　やみ・で・　こめ(米)・を・　こ(買)ー・た。」

やみよ【闇夜】《名詞》 月が出ていなくて、真っ暗な夜。「きょー(今日)・は・　やみよ・や・から・　かいちゅーでんとー(懐中電灯)・を・　も(持)っ・ていき・よ。」

やむ【止む】《動詞・マ行五段活用》 続いているものが止まって、終わりになる。「つよ(強)い・　あめ(雨)・が・　やん・だ。」「のど(喉)・の・　いた(痛)み・が・　やん・でほしー。」

やめる【止める、辞める】《動詞・マ行下一段活用》 ①それまで続けていたものを打ち切る。終わりにする。「はし(走)る・の・を・　やめ・て・　ある(歩)く。」②するつもりであったことを、しないことにする。「たいふー(台風)・が・　く(来)る・ので・　あした(明日)・の・　うんどーかい(運動会)・は・　やめる。」③勤めや役目から退く。退職や退任をする。「てーねん(定年)・で・　かいしゃ(会社)・を・　やめる。」「びょーき(病気)・に・　なっ・て・　じちかいちょー(自治会長)・を・　やめる。」

やもめ【(寡婦)】《名詞》 配偶者に死別した人。「あいつ(彼奴)・は・　おく(奥)さん・を・　な(亡)くし・て・　やもめ・や。」

やもり《名詞》 夜などに出てきて足の裏で壁などに吸い付く、黒みがかった灰色をした、トカゲに似た平たい動物。「やもり・が・　かべ(壁)・を・　のぼ(上)り・よる。」

ややこしい〔**ややこしー**〕《形容詞・イイ型》 ①込み入ってわかりにくい。複雑である。「ややこしー・　せつめー(説明)・で・　よー・　わから・ん。」②解決の見込みが立たない。「ややこしー・　さいばん(裁判)・に・　なっ・とる・そーや。」③解くのが困難である。「ややこしー・　けーさん(計算)・で・　なんべん(何遍)・　やっ・ても・　こた(答)え・が・　あ(合)わ・へん。」④怪しげである。「ややこしー・　はなし(話)・に・は・　の(乗)ら・ん・ほー(方)・が・　え(良)ー。」〔⇒**やいこしい**〕

やら《副助詞》 ①はっきりしていないことを言うときに使う言葉。「ひよー(費用)・が・　どれ・ぐらい・　い(要)る・の・やら・　わから・へん。」「なん(何)・やら・　ゆ(言)ー・とる・けど・　き(聞)こえ・へん。」②同じようなものをいくつか並べて言うときに使う言葉。「ぱん(パン)・やら・　けーき(ケーキ)・やら・が・　いっぱい(一杯)・　なら(並)ん・どる。」「なん(何)・やら・　か・やら・　はなし(話)・が・　むつか(難)しー・ねん。」〔⇒**やか**、**や**。①⇒**か**。②⇒**とか**、**たら**〕

やらかい【(柔らかい)】《形容詞・アイ型》 ①力を加えると、形が変わりやすい。簡単に曲げたりのばしたりできる。ふっくらしている。「あつあつの・　やらかい・　ごはん(飯)・は・　うま(美味)い・なー。」②しなやかである。「やらかい・　たけ(竹)・を・　き(伐)っ・て・　たなばた(七夕)・に・　つか(使)う。」③頭の働きや人柄が柔軟である。「あいつ(彼奴)・は・　やらかい・さかい・　つきあいやすい。」■対語＝「かたい【硬い、固い】」〔⇒**やろこい**【(柔らこい)】、**やらこい**【(柔ろこい)】。①⇒**ゆるい**【緩い】〕

やらかす《動詞・サ行五段活用》 してしまう。引き起こしてしまう。「ごーがわい・て・　けんか(喧嘩)・を・　やらかし・ても・た。」◆すべきでないことを、してしまうというニュアンスが伴う。

やらこい【(柔らこい)】《形容詞・オイ型》 ①力を加えると、形が変わりやすい。簡単に曲げたりのばしたりできる。ふっくらしている。「やらこい・　ねんど(粘土)・を・　こ(捏)ね・て・　どーぶつ(動物)・の・　かたち(形)・を・　つく(作)る。」②しなやかである。「たいそーせんしゅ(体操選手)・は・　やらこい・　からだ(体)・を・　し・とる・ん・や・なー。」③頭の働きや人柄が柔軟である。「やらこい・　あたま(頭)・で・　え(良)ー・　ぶんしょー(文章)・を・　か(書)く・　ひと(人)・や。」■対語＝「かたい【硬い、固い】」〔⇒**やらかい**【(柔らかい)】、**やろこい**【(柔らこい)】。①⇒**ゆるい**【緩い】〕

やらしい〔**やらしー**〕【(嫌らしい)】《形容詞・イイ型》 ①いかにも嫌な感じがする。不愉快である。「かね(金)・の・　こと・に・　なっ・たら・　やらしー・　やつ(奴)・や。」②好色で性的な傾向が強い。「その・　ことば(言葉)・は・　ちょっと(一寸)・　やらしー・なー。」〔⇒**いやらしい**【嫌らしい】〕

やらほい《終助詞》 そのものの正体や実態について疑問を感じていることを表す言葉。また、相手の言うことに同感することを表す言葉。「この・　ふしぎ(不思議)な・　もん(物)・は・　なん(何)・やらほい。」「おまえ(前)・の・　かんが(考)え・に・　さんせー(賛成)・やらほい。」〔⇒**やほい**、**じゃらほい**、**じゃほい**〕

やり【槍】《名詞》 細長い棒の先に尖った刃を付けて、遠くへ突きやる武器。「やり・を・　も(持)っ・て・　う(討)ちいりし・た・　はなし(話)・や。」

やりかえる【遣り替える】《動詞・ア行下一段活用》 改めてもう一度行って、改善する。「あら(荒)っぽい・　しごと(仕事)・を・　し・やがっ・た・さかい・　はじ(初)め・から・　やりかえ・な・　しょーがない。」

やりかけ【遣り掛け】《名詞》 途中まで行っていて、まだ全部終わっていないこと。また、そのような事柄。「しくだい(宿題)・を・　やりかけ・に・　し・て・　あそ(遊)び・に・　い(行)っ・ても・た。」〔⇒**しかけ**【仕掛け】〕

やりかた【遣り方】《名詞》 何かを実現させるための手段や方法。「そーじ(掃除)・の・ やりかた・も・ わから・ん・の・が・ おる。」〔⇒**しかた**【仕方】、**すべ**【術】〕

やりくち【遣り口】《名詞》 ものごとを行う方法や手段など。「きたな(汚)い・ やりくち・は・ や(止)め・とい・てんか。」◆良くない場合について使うことが多い。

やりつける【遣り付ける】《動詞・カ行下一段活用》 そのようにすることに慣れている。「むつか(難)しー・ しごと(仕事)・は・ やりつけ・とる・ ひと(人)・に・ まか(任)す。」〔⇒**しつける**【仕付ける】〕

やりっぱなし【遣りっ放し】《名詞》 何かをした後、整理や後始末をしないこと。途中で止めてしまうこと。「そーじ(掃除)・を・ やりっぱなし・で・ かいもん(買物)・に・ で(出)かける。」〔⇒**しっぱなし**【仕っ放し】〕

やりっぱなす【遣りっ放す】《動詞・サ行五段活用》 何かをして、整理や後始末をしないでおく。途中で止めてしまう。「しくだい(宿題)・を・ やりっぱなし・ておか・んと・ こた(答)え・を・ み(見)・て・ たし(確)かめ・なさい。」■名詞化＝**やりっぱなし**【遣りっ放し】〔⇒**しっぱなす**【仕っ放す】〕

やりて【遣り手】《名詞》 ものごとをきちんと処理していく腕前のある人。「あの・ ひと(人)・は・ かいしゃ(会社)・の・ なか(中)・でも・ やりて・や・そーや。」

やりなおし【遣り直し】《名詞、動詞する》 間違ったことや不完全なことについて、最初から根本的に改めて行って、間違いを改めたり不備を補ったりすること。「そんな・ そーじ(掃除)・の・ しかた(仕方)・は・ あか・ん。やりなおし・を・ せー。」〔⇒**しなおし**【仕直し】〕

やりなおす【遣り直す】《動詞・サ行五段活用》 間違ったことや不完全なことについて、最初から根本的に改めて行って、間違いを改めたり不備を補ったりする。「とちゅー(途中)・で・ まちご(間違)ー・た・さかい・ そろばん(算盤)・を・ やりなおす。」■名詞化＝**やりなおし**【遣り直し】〔⇒**しなおす**【仕直す】〕

やりなげ【槍投げ】《名詞、動詞する》 競技用の槍を投げて飛んだ距離を競う、陸上競技の種目。「りくじょーぶ(陸上部)・で・ やりなげ・の・ せんしゅ(選手)・に・なる。」

やる【遣る】《動詞・ラ行五段活用》 ①人を他の場所へ行かせる。「つか(使)い・の・ もん(者)・を・ やる・さかい・ わた(渡)し・てやっ・てください。」②ものを他の所へ移す。「うでどけー(腕時計)・は・ どこ・へ・ やっ・た・ん・かいなー。」③目下の者に与える。「おかし(菓子)・を・ おとーと(弟)・に・ やる。」④動物や植物に与える。「いぬ(犬)・に・ えさ(餌)・を・ やる。」「はな(花)・に・ みず(水)・を・ やる。」⑤「する」のぞんざいな言い方。「せつめーかい(説明会)・を・ やり・まっ・さかい・ き(来)・てください・よ。」⑥生活する。生きていく。「くる(苦)しー・けど・ なんとか・ やっ・とる。」⑦食べたり飲んだりする。「ばんめし(晩飯)・の・ とき(時)・に・ びーる(ビール)・を・ いっぱい(一杯)・ やる。」

やるく《補助動詞・カ行五段活用》［動詞の連用形に付く］ あれこれと何かをしてまわる、あちらこちらで何かをするという意味を表す言葉。「はし(走)り・やるい・て・ きふ(寄付)・を・ たの(頼)ん・だ。」「い(言)ー・たい・こと・を・ い(言)ー・やるい・とる。」「と(飛)び・やるい・て・ いえ(家)・に・ おら・へん。」〔⇒**やく**、**あるく**【歩く】、**さがす**【探す】〕

やれやれ《形容動詞や(ノ)》 ①ものごとが一段落して、安心したりほっと一息ついたりする様子。「むすめ(娘)・が・ よめ(嫁)・に・ い(行)っ・て・ やれやれや。」②行ったことがうまくいかず、骨折り損でがっかりしている様子。「あんな・ やれやれな・ しごと(仕事)・は・ もー・ し・とー・ない。」

やれやれ《感動詞》 ①安心したり、ほっとしたりしたときなどに、口に出る言葉。「やれやれ・ たす(助)かっ・た。」「やれやれ・ やっと・ お(終)わっ・た。」②疲れたときやがっかりしたときなどに、口に出る言葉。「やれやれ・ もっぺん・ やりなお(直)し・や。」

やろこい【(柔ろこい)】《形容詞・オイ型》 ①外から力を加えると、形が変わりやすい。簡単に曲げたりのばしたりできる。ふっくらしている。「つきたて・の・ やろこい・ もち(餅)・を・ く(食)う。」②しなやかである。「からだ(体)・が・ やろこい・ ひと(人)・や・なー。」③頭の働きや人柄が柔軟である。「わか(若)い・ ひと(人)・の・ やろこい・ かんが(考)え・が・ ほ(欲)しー・なー。」■対語＝「かたい【硬い、固い】」〔⇒**やらかい**【(柔らかい)】、**やらこい**【(柔ろこい)】。①⇒**ゆるい**【緩い】〕

やわたまき【八幡巻】《名詞》 煮て下ごしらえをした牛蒡を芯にして、穴子、鰻、牛肉などで巻いて、煮たり付け焼きをしたりして作る料理。「しょーがつ(正月)・の・ じゅーばこ(重箱)・に・ やわたまき・も・ つ(詰)める。」〔⇒**やたまき**【(八幡巻)】〕

やん《終助詞》 相手に語りかけて、念を押したり同意を得ようとしたりするような気持ちを表す言葉。「せ(急)かさ・んでも・ もーじき・ い(行)く・やん。」「えらい・ たか(高)い・ おかし(菓子)・やん。」「あいつ(彼奴)・は・ なかなか・ 元気(元気)・やん。」〔⇒**やんか**〕

やん《接尾語》［人を表す名詞に付く］ 人の名前や職名などにつけて、親しみを込めて敬う気持ちをあらわす言葉。「あんた・の・ にー(兄)やん・は・ なんぼ・ としうえ(年上)・でっ・か。」◆「さん【(様)】」「はん」よりも、更にくだけた言い方のように感じられる。〔⇒**さま**【様】、**さん**【(様)】、**はん**、**たん**〕

やんか《終助詞》 相手に語りかけて、念を押したり同意を得ようとしたりするような気持ちを表す言葉。「だれ(誰)・も・ き(来)ー・ひん・やんか。」「それ・は・ わし・の・ げた(下駄)・やんか。」〔⇒**やん**〕

やんちゃ《形容動詞や(ナ)、動詞する、名詞》 子どもがわがままを言ったり、いたずらをしたりする様子。一人前の人が、だらしなく人並みでない様子。また、そのような人。「こども(子供)・が・ やんちゃする。」「しょーがっこー(小学校)・に・ はい(入)っ・た・のに・ まだまだ・ やんちゃや。」「あんな・ やんちゃな・ ひと(人)・に・は・ そーだん(相談)でけ・へん。」

やんぴ《名詞、動詞する》 続けていた遊びなどを、終わりにすること。「もー・ このへん・で・ やんぴ・に・しょ・ー。」〔⇒**やんぺ**、**やんぴこっぴ**〕

やんぴこっぴ《名詞、動詞する》 続けていた遊びなどを、終わりにすること。「おもろ(面白)ない・さかい・ もー・ やんぴこっぴ・や。」〔⇒**やんぴ**、**やんぺ**〕

やんぺ《名詞、動詞する》 続けていた遊びなどを、終わりにする。「きょー(今日)・の・ しょーぎ(将棋)・は・ このへん・で・ やんぺしょ・ー。」〔⇒**やんぴ**、**やんぴこっぴ**〕

やんま【蜻蜓】《名詞》 大きなとんぼをまとめた言い方。「やんま・を・ つか(捕)まえ・て・ ひょーほん(標本)・に・ する。」

やんやん《副詞と》 一つのことについてうるさく言う様子。しつこく催促したり命じたりして、相手に迫るような様子。細部に至るまであれこれと指図をする様子。「やんやん・ やかま(喧)しー・に・ い(言)わ・んとい・てんか。」〔⇒**やいこらやいこら、やいのやいの、やいやい**〕

やんわり《副詞と》 ①ゆっくりと程度が進むようす。ゆっくりと体に感じられてくる様子。「やんわりと・ だんぼー(暖房)・が・ き(利)ー・てき・た。」「やんわり・ かぜ(風)・が・ ふ(吹)い・とる。」②きつい感じを与えないように、やわらかく穏やかにものごとを行う様子。角が立たないように言ったりしたりする様子。「やんわりと・ ことわ(断)ら・れ・た。」〔①⇒**じんわり、じわっ**〕

ゆ

ゆ〔**ゆー**〕【湯】《名詞》 ①温度が高くなっている、味や匂いがなく透き通った液体。「ゆー・を・ わ(沸)かす。」「あつ(暑)ー・て・ すいどー(水道)・の・ みず(水)・が・ ゆー・みたいに・ なっ・とる。」②入浴をすること。「あー・ え(良)ー・ ゆー・やっ・た。」■対語＝①「みず【水】」〔②⇒**ふろ【風呂】、ちゃいちゃい、ちゃぶちゃぶ**〕

ゆいごん【遺言】《名詞、動詞する》 自分の死を自覚した人が、死後のために、家族や周囲の人などに言い残すこと。また、その言葉。「おやじ(親父)・の・ ゆいごん・を・ まも(守)っ・て・ しごと(仕事)・を・ う(受)けつぐ。」〔⇒**いいごん【(遺言)】**〕

ゆいのう〔**ゆいのー**〕【結納】《名詞、動詞する》 婚約が成立したしるしに、互いに金品を取り交わすこと。また、その儀式や金品。「ゆいのー・が・ す(済)ん・で・ しき(式)・は・ あき(秋)・の・ よてー(予定)・や。」〔⇒**いいのう【(結納)】、たのみ【頼み】**〕

ゆう〔**ゆー**〕【(柚)】《名詞》 蜜柑の一種で、香りがよく酸味が強い凸凹した黄色の実を付ける木。また、その実。「うどん(饂飩)・に・ ゆー・を・ い(入)れ・て・ かお(香)り・を・ つ(付)ける。」〔⇒**ゆず【柚】**〕

ゆう〔**ゆー**〕【優】《名詞》 成績や品質の評価をするとき、優れた段階にあること。「ゆー・の・ はんこ(判子)・を・ もろ(貰)・た。」◆一般に「しゅう【秀】」「ゆう【優】」「りょう【良】」「か【可】」の段階となることが多い。「しゅう【秀】」を除いた3段階もある。

ゆう〔**ゆー**〕【言う】《動詞・ワア行五段活用》 ①思っていることや感じることなどを言葉にして口に出す。述べる。「あんた・ さっき・は・ なに(何)・を・ ゆー・た・かいなー。」「ごーがわい・た・さかい・ ゆわ・いでか。」②言葉で相手に伝える。「せんげつ(先月)・ てがみ(手紙)・で・ ゆー・た・ はず・や。」③誰かに言いつける。「ゆー・たろ・ ゆー・たろ・ せんせー(先生)・に・ ゆー・たろ。」④ものや機械などがそのような音を立てる。音が聞こえてくる。「きいーっ・と・ ゆー・て・ くるま(車)・が・ と(停)まっ・た。」「たいふー(台風)・で・ と(戸)ー・が・ がたがた・ ゆー。」〔①⇒**しゃべる【喋る】、はなす【話す】、くちにする【口にする】**。②⇒**つく**〕

ゆう〔**ゆー**〕【結う】《動詞・ワア行五段活用》 ①髪の毛などを綺麗にまとめる。髪の毛などを決まった形に整える。「びよーいん(美容院)・へ・ い(行)っ・て・ かみ(髪)・を・ ゆー・てもらう。」②細長いものを結んで整える。「ふね(船)・を・ つな(繋)ぐ・ ろーぷ(ロープ)・は・ ちゃんと・ ゆー・とかな・ ほど(解)け・てまう・ぞ。」〔②⇒**ゆわえる【結わえる】、いわえる【(結わえる)】**〕

ゆううつ〔**ゆーうつ**〕【憂鬱】《形容動詞や(ナ)》 天候や自分を取り巻く環境などが望ましくなく、気持ちが晴れ晴れとしないこと。心配事などがあって気がかりな状態が続くこと。「つゆ(梅雨)・が・ つづ(続)い・て・ ゆーうつや。」

ゆうえんち〔**ゆーえんち**〕【遊園地】《名詞》 楽しく過ごせるように、遊び道具や娯楽施設などが備えてあるところ。「このごろ・は・ でぱーと(デパート)・の・ おくじょー(屋上)・の・ ゆーえんち・が・ の(無)ーなっ・た。」「しょーがっこー(小学校)・の・ ころ(頃)・は・ たからづか(宝塚)・の・ ゆーえんち・へ・ えんそく(遠足)・に・ い(行)っ・た。」

ゆうかい〔**ゆーかい**〕【誘拐】《名詞、動詞する》 人をだまして連れていってしまうこと。「こども・が・ ゆーかい・さ・れ・ん・よーに・ き(気)ー・ つけ・たり・よ。」◆子どもを誘拐することについては、「ことり【子取り】」という言葉もある。〔⇒**ことり【子取り】**〕

ゆうがた〔**ゆーがた**〕【夕方】《名詞》 太陽が西に傾いてから、あたりが暗くなるまでの時間帯。「ゆーがた・に・ なっ・たら・ はよ(早)ー・ かえ(帰)っ・ておいで。」■対語＝「あさがた【朝方】」

ゆうかん〔**ゆーかん**〕【夕刊】《名詞》 毎日2回発行される新聞で、夕方に発行され(配達され)る新聞。「ゆーかん・を・ はいたつ(配達)する・ あるばいと(アルバイト)・を・ し・とる・ん・や。」◆かつては「ゆうかん【夕刊】」だけを発行する新聞もあった。■対語＝「ちょうかん【朝刊】」

ゆうかん〔**ゆーかん**〕【勇敢】《形容動詞や(ナ)》 困難なものに立ち向かって、勇ましく行動する様子。「かわ(川)・で・ ひと(人)・を・ たす(助)け・た・ ゆーかんな・ ひと(人)・が・ ひょーしょー(表彰)さ・れ・た・そーや。」

ゆうき〔**ゆーき**〕【勇気】《名詞》 ものごとに恐れず立ち向かおうとする、精神の強い力。「きょー(今日)・の・ しあい(試合)・は・ ゆーき・ だ(出)し・ていか・な・ ま(負)け・てまう・ぞ。」

ゆうぎ〔**ゆーぎ**〕【遊戯】《名詞》 ①小さな子どもが、音楽に合わせてする踊り。「ほいくえん(保育園)・で・ ゆーぎ・を・ なろ(習)ー・て・ いえ(家)・でも・ それ・を・ し・とる。」②遊んで楽しむこと。「ゆーぎ・の・ ため・に・ きゅーりょー(給料)・を・ だ(出)し・とる・ん・や・ない。ちゃんと・ しごと(仕事)・を・ せ・んかい・な。」

ゆうしゅう〔**ゆーしゅー**〕【優秀】《形容動詞や(ナ)》 他のものに比べてたいへん優れている様子。「あいつ(彼奴)・は・ こども(子供)・の・ とき(時)・から・ あたま(頭)・が・ ゆーしゅーやっ・た。」

ゆうしょう〔**ゆーしょー**〕【優勝】《名詞、動詞する》 競争や競技などで1位になること。「やきゅー(野球)・の・ けんたいかい(県大会)・で・ ゆーしょーし・た。」

ゆうしょく〔**ゆーしょく**〕【夕食】《名詞》 夕方または夜の食事。「ゆーしょく・の・ とき(時)・に・は・ いつも・ ばんしゃく(晩酌)・を・ し・まん・ねん。」■対語＝「ちょうしょく【朝食】」「ちゅうしょく【昼食】」〔⇒**ばんごはん【晩ご飯】、ばんめし【晩飯】、ばん【晩】**〕

ゆうずう〔**ゆーずー、ゆーず**〕【融通】《名詞、動詞する》

①お金や物品などを互いに都合しあうこと。「じゅーまんえん(十万円)・ほど・ ゆーずーし・てもらえ・ません・やろ・か。」「この・ どーぐ(道具)・を・ ひとつきかん(一月間)・ ゆーずする。」②その場に応じて、ものごとをうまく処理すること。「あたま(頭)・が・ かと(堅)ー・て・ ゆーずー・の・ きか・ん・ ひと(人)・は・ こま(困)る・なー。」「そない・ かちんかちんに・ なら・んと・ ゆーず・を・ つけ・て・ やり・なはれ。」

ゆうだち〔**ゆーだち**〕【夕立】《名詞》 夏の午後に、急に激しく降り出して、しばらくたつと止む雨。「ゆーだち・の・ あと(後)・で・ きれー(綺麗)な・ にじ(虹)・が・ で(出)・た。」〔⇒**よだち**【夜立】〕

ゆうちょう〔**ゆーちょー**〕【悠長】《形容動詞や(ナ)》 気長に構えて、のんびり落ち着いている様子。のろのろして、間延びしている様子。「ゆーちょーに・ し・とっ・たら・ でんしゃ(電車)・に・ おく(遅)れる・ぞ。」「ゆーちょーな・ はな(話)しかた・を・ する・ ひと(人)・や。」

ゆうて〔**ゆーて**〕【言うて】《格助詞》 発言や引用の内容が終わることを示すときに使う言葉。「あいつ(彼奴)・は・ い(行)く・ゆーて・ へんじ(返事)し・てき・た。」「しんぶん(新聞)・に・は・ あした(明日)・は・ え(良)ー・ てんき(天気)・や・ゆーて・ か(書)い・てある。」◆「と(格助詞)」+「ゆう【言う】(動詞)」+「て(接続助詞)」が結びついて、ひとつの言葉に熟し、「と」が発音されなくなったものである。〔⇒**ゆて**【(言て)】、**と**〕

ゆうてきかす〔**ゆーてきかす**〕【言うて聞かす】《動詞・サ行五段活用》 よくわかるように言って、納得させたり教え諭したりする。「ゆーてきかし・たら・ こ(小)まい・ こども(子供)・でも・ わかっ・てくれる。」◆「いいきかす【言い聞かす】」は「いい…」と発音するが、「いうてきかす【言うて聞かす】」は「ゆう…」と発音する。〔⇒**いいきかす**【言い聞かす】〕

ゆうてゆう〔**ゆーてゆー**〕【言うて言う】《動詞・ワア行五段活用》「ゆう【言う】」を強調して表現する言葉。「あいつ(彼奴)・は・ そんな・ こと・を・ ゆーていー・よっ・た・か。」「あつ(厚)かましー・さかい・ そないな・ こと・ ゆーてゆわ・れ・へん・がな。」◆格助詞「ゆうて【言うて】」に動詞「ゆう【言う】」が結びついて、一語の動詞となったものである。したがって、本来は「…と言う」という意味であるが、その格助詞の部分の意味が脱落していったと考えられる。

ゆうとうせい〔**ゆーとーせー**〕【優等生】《名詞》 ①技能や能力が他の人よりも優れている人。特に、そのような児童・生徒・学生。「ちゅーがっこー(中学校)・の・ とき(時)・は・ ゆーとーせー・やっ・た。」②人の言うことに素直に対応する人。人間的な面白味に欠ける人。「ゆーとーせー・の・ こた(答)えかた・や・けど・ きも(気持)ち・が・ こもっ・とら・へん。」■対語=「れっとうせい【劣等生】」

ゆうひ〔**ゆーひ**〕【夕日】《名詞》 夕方に沈む太陽。夕方の、沈む前の太陽。また、その光。「ゆーひ・の・ しゃしん(写真)・を・ と(撮)り・に・ い(行)く。」■対語=「あさひ【朝日】」

ゆうびん〔**ゆーびん**〕【郵便】《名詞》 ①手紙・葉書・小包などを送り届ける制度やその仕事。「ゆーびん・の・ あるばいと(アルバイト)・を・ し・とる。」②届けられる手紙・葉書・小包など。「きょー(今日)・は・ まだ・ ゆーびん・が・ こ(来)・ん。」

ゆうびんきって〔**ゆーびんきって**〕【郵便切手】《名詞》 料金を払ったしるしとして、手紙や葉書などに貼る小さな紙。「ゆーびんきって・を・ は(貼)っ・て・ ぽすと(ポスト)・に・ い(入)れ・とい・てんか。」〔⇒**きって**【切手】〕

ゆうびんきょく〔**ゆーびんきょく**〕【郵便局】《名詞》 信書などの集配や貯金や保険などを扱う窓口があるところ。「ゆーびんきょく・へ・ よ(寄)っ・て・ はがき(葉書)・を・ か(買)う。」〔⇒**きょく**【局】〕〔**巻末「わが郷土」の「ゆうびんきょく」の項を参照**〕

ゆうびんポスト〔**ゆーびんぽすと**〕【郵便 + 英語= post】《名詞》 ①街角や郵便局などに設けられている、手紙・葉書などを出すために入れる箱。「えきまえ(駅前)・の・ ゆーびんぽすと・に・ てがみ(手紙)・を・ い(入)れる。」②手紙・葉書や新聞などを受け取るために、家庭で設けた箱。「こづつみ(小包)・は・ ゆーびんぽすと・に・ はい(入)ら・へん・ねん・で。」〔⇒**ポスト**【英語= post】〕

ゆうべ〔**ゆーべ**〕【夕べ】《名詞》 昨日の夜。今朝までの夜。「ゆーべ・は・ あつ(暑)ー・て・ ねぐる(寝苦)しかっ・た。」〔⇒**ゆんべ**【(夕べ)】〕

ゆうめい〔**ゆーめー**〕【有名】《形容動詞や(ナ)》 名前や業績などが世の中の人に広く知られている様子。「おりんぴっく(オリンピック)・に・ で(出)・て・ ゆーめーに・ なっ・た。」「あの・ がっこー(学校)・は・ やきゅー(野球)・で・ ゆーめー・や。」〔⇒**なだかい**【名高い】〕

ゆうやけ〔**ゆーやけ**〕【夕焼け】《名詞、動詞する》 太陽が沈む頃、西の空が赤く染まること。「ゆーやけ・の・ そら(空)・を・ からす(鴉)・が・ と(飛)ん・どる。」「にし(西)・が・ ゆーやけし・とる。」■対語=「あさやけ【朝焼け】」

ゆうらんせん〔**ゆーらんせん**〕【遊覧船】《名詞》 海・湖・川・港などのあちらこちらを見物して回る船。「こーべこー(神戸港)・の・ ゆーらんせん・に・ の(乗)っ・たら・ あかしかいきょーおーはし(明石海峡大橋)・が・ み(見)える。」

ゆうりょう〔**ゆーりょー**〕【有料】《名詞》 入場したり利用したりするための料金が必要であること。「ここ・から・ む(向)こー・の・ せき(席)・は・ ゆーりょー・です。」■対語=「むりょう【無料】」

ゆうれい〔**ゆーれー、ゆーれ**〕【幽霊】《名詞》 死んだ人の魂が仏になれなくて、この世に現れ出ると考えられているもの。「なつ(夏)・に・ なっ・たら・ おば(化)け・や・ ゆーれー・の・ はなし(話)・が・ おー(多)なる。」「さんまい(=埋め墓)・から・ ゆーれ・が・ で(出)る。」〔⇒**ゆうれん**【(幽霊)】〕

ゆうれん〔**ゆーれん**〕【(幽霊)】《名詞》 死んだ人の魂が仏になれなくて、この世に現れ出ると考えられているもの。「ゆーれん・の・ まね(真似)・を・ し・て・ みんな(皆)・を・ びっくりさし・たろ。」〔⇒**ゆうれい**【幽霊】〕

ゆおう〔**ゆおー**〕【(硫黄)】《名詞》 火薬、マッチ、ゴムなどの原料の一つになっているもので、燃えると青い炎をあげて、独特の臭いのする亜硫酸ガスを発する元素。「ゆおー・の・ つお(強)い・ にお(臭)い・の・ する・ おんせん(温泉)・に・ つ(浸)かっ・た。」〔⇒**いおう**【硫黄】〕

ゆおうていく〔**ゆおーていく**〕【(祝うて行く)】《動詞・カ行五段活用》 結婚、出産、新築などの慶事に対して、相手のところへ金品を持って、喜びの言葉を述べに行く。「ともだち(友達)・が・ いえ(家)・を・ た(建)て・た・さかい・ ゆおーていっ・た。」〔⇒**いおうていく**【祝うて

行く】〕

ゆか【床】《名詞》 建物で、地面から高くなっている平面に板などを平らに張ったところ。「こども(子供)たち・が・ にかい(二階)・で・ あば(暴)れる・さかい・ ゆか・が・ しんぱい(心配)や。」「たいいくかん(体育館)・の・ ゆか・に・ まっと(マット)・を・ ひ(敷)く。」

ゆかいた【床板】《名詞》 建物の平面であるところに張る板。「ろーか(廊下)・の・ ゆかいた・が・ ぎしぎしと・な(鳴)る。」

ゆがく【湯掻く】《動詞・カ行五段活用》 野菜などをやわらかくしたり、あくを取ったりするために、熱湯にくぐらせる。食べ物をさっと茹でる。食べ物をしばらくの時間、熱湯に浸す。「ほうれんそー(菠薐草)・を・ ゆがい・て・ おした(浸)し・に・ する。」■名詞化＝**ゆがき**【湯掻き】〔⇒**いがく**【(湯掻く)】〕

ゆかたりばったり【(行き当たり場当たり)】《形容動詞や(ノ)》 深く考えたり計画を立てたりしないで、その時の成り行きや思いつきなどで行動する様子。「ゆかたりばったりの・ べんきょー(勉強)し・とっ・たら・ ごーかく(合格)・は・ でけ・へん・ぞ。」〔⇒**いきゃたりばったり**【(行き当たり場当たり)】、**いきあたりばったり**【(行き当たり場当たり)】、**いかたりばったり**【(行き当たり場当たり)】、**ゆきゃたりばったり**【(行き当たり場当たり)】、**ゆきあたりばったり**【(行き当たり場当たり)】〕

ゆかたる【(行当たる)】《動詞・ラ行五段活用》 ①進んでいって、相手やものに触れたり、ぶち当たったりする。「みち(道)・の・ かど(角)・で・ じてんしゃ(自転車)・に・ ゆかたっ・た。」②幅が狭くて通ることができなくなる。穴や通路などにものが限界まで入って、塞がっている。進もうとするところにものがいっぱいになって先へ進めなくなる。「はこ(箱)・が・ おー(大)きー・さかい・ はしら(柱)・に・ ゆかたっ・て・ い(入)れ・られ・へん。」③行き止まりになる。都合の悪いことに遭遇する。「じこ(事故)・に・ ゆかたっ・て・ ばす(バス)・が・ おく(遅)れ・た。」〔⇒**いかたる**【(行当たる)】、**いきゃたる**【(行当たる)】、**ゆきゃたる**【(行当たる)】。②⇒**つかえる**【支える】、**つまる**【詰まる】〕

ゆがみあう【歪み合う】《動詞・ワア行五段活用》 互いに憎んで対立する。「ともだち(友達)・と・ ゆがみおー・た・ とき(時)・が・ あっ・た。」■名詞化＝**ゆがみあい**【歪み合い】〔⇒**いがみあう**【(歪み合う)】〕

ゆがみちゃんこ【歪みちゃんこ】《形容動詞や(ノ)》 形が曲がったりねじれたりして、整っていない様子。「ゆがみちゃんこの・ じ(字)ー・を・ か(書)い・たら・ は(恥)ずかしー・やろ。」〔⇒**いがみちゃんこ**【(歪みちゃんこ)】〕

ゆがむ【歪む】《動詞・マ行五段活用》 ①曲がったりねじれたりして、整った形でなくなる。「たいふー(台風)・で・ てれび(テレビ)・の・ あんてな(アンテナ)・が・ ゆがん・だ。」②心持ちが素直でない状態になる。心がねじける。「きも(気持)ち・が・ ゆがま・ん・よーに・ の(伸)びのびと・ そだ(育)て・たり・なはれ。」■他動詞は「ゆがめる【歪める】」■名詞化＝**ゆがみ**【歪み】〔⇒**いがむ**【(歪む)】〕

ゆがめる【歪める】《動詞・マ行下一段活用》 ①曲げたりねじったりして、整った形でないようにする。自然な形でなくする。「かお(顔)・を・ ゆがめ・て・ かな(悲)しん・どる。」②他の人の心持ちを素直でない方向にし向ける。他の人をねじけた心にする。「こども(子供)・は・ ゆがめ・ん・よーに・ だいじ(大事)に・ せ・な・あか・ん。」■自動詞は「ゆがむ【歪む】」〔⇒**いがめる**【(歪める)】〕

ゆき【雪】《名詞》 空気中の水蒸気が冷えて、細かい氷の結晶になって地上に降るもの。「ことし(今年)・は・ ゆき・が・ つ(積)もら・なんだ。」

ゆき【裄】《名詞》 和服で、背中の中心の縫い目から袖口までの長さ。「おー(大)きなっ・て・ ゆき・が・ みじこ(短)ー・ なっ・てき・た・な。」

ゆきあたりばったり【(行き当たり場当たり)】《形容動詞や(ノ)》 深く考えたり計画を立てたりしないで、その時の成り行きや思いつきなどで行動する様子。「ゆきあたりばったりで・ はなし(話)・を・ はじ(始)め・たら・ おかしな・ すじが(筋書)き・に・ なっ・ても・てん。」〔⇒**いきゃたりばったり**【(行き当たり場当たり)】、**いきあたりばったり**【(行き当たり場当たり)】、**いかたりばったり**【(行き当たり場当たり)】、**ゆきゃたりばったり**【(行き当たり場当たり)】、**ゆかたりばったり**【(行き当たり場当たり)】〕

ゆきがっせん【雪合戦】《名詞、動詞する》 いくつかのグループに分かれて、雪を丸めてぶつけ合う遊び。「しょーがっこー(小学校)・の・ うんどーじょー(運動場)・で・ ゆきがっせん・を・ し・た・ こと・が・あっ・た・なー。」

ゆきさき【行き先】《名詞》 ①行こうとする目的の場所。ものごとの終着点。結論。「ゆきさき・は・ おんせん(温泉)・に・ し・まほ・か。」②人生のこれから先。将来。「ゆきさき・に・ こま(困)っ・た・ こと・が・ でけ(出来)・ても・ がんば(頑張)り・なはれ・よ。」〔⇒**いきさき**【行き先】〕

ゆきだるま【雪達磨】《名詞》 雪を固めて、人の姿に似た丸い形にしたもの。「ゆきだるま・の・ あたま(頭)・に・ばけつ(バケツ)・を・ かぶ(被)せる。」「ゆきだるま・が・ でけ(出来)る・ほど・ ゆき(雪)・が・ ふ(降)っ・た・ん・は・ ひさ(久)しぶりや。」

ゆきひら【行平】《名詞》 注ぎ口のついた片手付きの鍋。特に、ふたの付いた土鍋。「ゆきひら・で・ おかい(粥)・を・ た(炊)く。」

ゆきゃたりばったり【(行き当たり場当たり)】《形容動詞や(ノ)》 深く考えたり計画を立てたりしないで、その時の成り行きや思いつきなどで行動する様子。「ゆきゃたりばったりの・ えき(駅)・で・ お(降)り・たら・やっぱ(矢張)り・ まちご(間違)ー・とっ・てん。」〔⇒**いきゃたりばったり**【(行き当たり場当たり)】、**いきあたりばったり**【(行き当たり場当たり)】、**いかたりばったり**【(行き当たり場当たり)】、**ゆきあたりばったり**【(行き当たり場当たり)】、**ゆかたりばったり**【(行き当たり場当たり)】〕

ゆきゃたる【(行当たる)】《動詞・ラ行五段活用》 ①進んでいって、相手やものに触れたり、ぶち当たったりする。「よ(酔)ー・た・ やつ(奴)・が・ ゆきゃたっ・てき・た。」②幅が狭くて通ることができなくなる。穴や通路などにものが限界まで入って、塞がっている。進もうとするところにものがいっぱいになって先へ進めなくなる。「めし(飯)・が・ のど(喉)・に・ ゆきゃたっ・て・ くる(苦)しー。」③行き止まりになる。都合の悪いことに遭遇する。「ろーじ(路地)・が・ ゆきゃたっ・て・ ひ(引)っかえし・た。」〔⇒**いかたる**【(行当たる)】、**いきゃたる**【(行当たる)】、**ゆかたる**【(行当たる)】。②⇒**つかえる**【支える】、**つまる**【詰まる】〕

ゆくえ【行方】《名詞》 行ったところ。去って行った先。

存在する場所。「いんかん(印鑑)・が・　どこ・へ・　まぎ(紛)れこん・だ・か・　ゆくえ・が・　わから・ん・ねん。」〔⇒**いくえ**【行方】〕

ゆくえふめい〔**ゆくえふめー**〕【行方不明】《名詞、形容動詞や(ノ)》 行ったところがわからないこと。特に、安否がわからないこと。「おまえ(前)・は・　どーそーかいめーぼ(同窓会名簿)・で・は・　ゆくえふめーに・　なっ・とる・ぞ。」〔⇒**いくえふめい**【行方不明】〕

ゆくゆく【行く行く】《名詞》 これから先。将来。「ゆくゆく・は・　おー(大)きな・　かいしゃ(会社)・に・　なる・やろ。」〔⇒**いくいく**【行く行く】〕

ゆげ【湯気】《名詞》 熱いものの表面や湯などから立ち上る、液体が気体になって白い煙のように見えるもの。「こーひー(コーヒー)・の・　ゆげ・から・　え(良)ー・　かお(香)り・が・　する。」〔⇒**いげ**【(湯気)】〕

ゆこう〔**ゆこー**〕【(衣桁)】《名詞》 衣服などを掛けるために、衝立式になっていて部屋の隅などに置く家具。「ゆこー・に・　せびろ(背広)・を・　か(掛)ける。」〔⇒**いこう**【衣桁】〕

ゆさぶる【揺さぶる】《動詞・ラ行五段活用》 力を加えて、前後・左右・上下などに小刻みに震えるように動かす。「き(木)ー・に・　のぼ(登)っ・て・　ゆさぶる。」■名詞化＝**ゆさぶり**【揺さぶり】〔⇒**ゆする**【揺する】、**ゆすぶる**【揺すぶる】、**いする**【(揺する)】、**いさぶる**【(揺さぶる)】、**いすぶる**【(揺すぶる)】、**ゆる**【揺る】、**ゆらす**【揺らす】〕

ゆざめ【湯冷め】《名詞、動詞する》 入浴した後、体が冷えて寒さを感じるようになること。「ふろ(風呂)・から・　あがっ・て・　はだか(裸)・で・　おっ・た・さかい・　ゆざめし・た。」

ゆさゆさ《副詞と》 重みを感じさせながら、ものがゆっくり大きく揺れる様子。重みのあるものを揺らせる様子。「こいのぼり(鯉幟)・の・　さお(竿)・が・　かぜ(風)・で・　ゆさゆさ・　ゆ(揺)れる。」「おー(大)きな・　たけ(竹)・を・　き(伐)っ・て・　ゆさゆさと・　かつ(担)い・でき・た。」〔⇒**ゆっさゆっさ**〕

ゆず【柚】《名詞》 蜜柑の一種で、香りがよく酸味が強い凸凹した黄色の実を付ける木。また、その実。「うどん(饂飩)・に・　ゆず・の・　かわ(皮)・を・　けず(削)っ・て・　い(入)れる。」〔⇒**ゆう**【(柚)】〕

ゆすぐ【濯ぐ】《動詞・ガ行五段活用》 ①ものを水の中で揺り動かして、汚れを洗う。ざっと洗う。「おむつ(襁褓)・を・　みず(水)・で・　ゆすぐ。」②水などを口に含み、揺り動かして口の中を綺麗にする。「のど(喉)・が・　かさかさする・さかい・　うがいぐすり(薬)・で・　くち(口)・を・　ゆすぐ。」■名詞化＝**ゆすぎ**【濯ぎ】〔⇒**いすぐ**【(濯ぐ)】〕

ゆすぶる【揺すぶる】《動詞・ラ行五段活用》 力を加えて、前後・左右・上下などに小刻みに震えるように動かす。「とーし(＝篩)・を・　ゆすぶっ・て・　ちー(小)さい・　すな(砂)・を・　お(落)とす。」■名詞化＝**ゆすぶり**【揺すぶり】〔⇒**ゆする**【揺する】、**ゆさぶる**【揺さぶる】、**いする**【(揺する)】、**いさぶる**【(揺さぶる)】、**いすぶる**【(揺すぶる)】、**ゆる**【揺る】、**ゆらす**【揺らす】〕

ゆすらうめ〔**ゆすらんめ**〕【梅桃】《名詞》 庭に植えられることが多い木で、春に梅に似た白い花を咲かせ、初夏に紅色の小さな実をつける、背の低い木。「にわ(庭)・に・　ゆすらうめ・が・　さ(咲)い・た。」〔⇒**いすらうめ**【(梅桃)】〕

ゆする【揺する】《動詞・ラ行五段活用》 力を加えて、前後・左右・上下などに小刻みに震えるように動かす。「ねむ(眠)っ・とる・　やつ(奴)・を・　ゆすっ・て・　お(起)こす。」「とーし(＝篩)・で・　ゆすっ・て・　こいし(小石)・を・　の(除)ける。」〔⇒**ゆさぶる**【揺さぶる】、**ゆすぶる**【揺すぶる】、**いする**【(揺する)】、**いさぶる**【(揺さぶる)】、**いすぶる**【(揺すぶる)】、**ゆる**【揺る】、**ゆらす**【揺らす】〕

ゆずる【譲る】《動詞・ラ行五段活用》 ①自分の所有するものや地位・権利などを、しかるべき人に与える。「よ(読)ん・でも・た・　ほん(本)・を・　ともだち(友達)・に・　ゆずっ・てやっ・た。」②自分は遠慮して、相手を先にしたり重んじたりする。「でんしゃ(電車)・で・　せき(席)・を・　ゆずる。」◆①は、売る場合にも使う。

ゆだる【茹だる】《動詞・ラ行五段活用》 ①湯の中でじゅうぶん煮られた状態になる。「そーめん(素麺)・が・　ゆだっ・た。」②高い気温で身体が火照るような状態になる。風呂に浸かっていて熱くなる。「ふろ(風呂)・で・　ゆだっ・て・　のぼせ・た。」■他動詞は「ゆでる【茹でる】」〔⇒**いだる**【(茹だる)】〕

ゆだん【油断】《名詞、動詞する》 気をゆるめたり安心したりして、必要な注意を怠ること。「ゆだん・が・　あっ・た・さかい・　か(勝)て・なんだ。」「ゆだんせ・ん・よーに・　し・て・　こくどー(国道)・を・　おーだん(横断)し・なはれ。」〔⇒**ぬかり**【抜かり】。動詞⇒**ぬかる**【抜かる】〕

ゆたんぽ【湯湯婆】《名詞》 金属または陶器でできていて、中に湯を入れて、寝床などで手足などを暖めるもの。「さぶ(寒)い・さかい・　ゆたんぽ・を・　だ(抱)い・て・　ね(寝)る。」

陶器製のゆたんぽ

金属製のゆたんぽ

ゆっきょちゃん【(幸男ちゃん)】《固有名詞》 これは極めて個人的な項目である。私の名前は、幼友達などからは、このように呼ばれている。個人にとって、語彙の中心にあるのは固有名詞であるのかもしれない。◆「西明石(にしあかし)」が「にっしゃかし」に、「土山(つちやま)」が「つっちゃま」になるように、「イ段の音＋ア行・ヤ行の音」が連続する場合に、前の音が促音となり、後ろの音が拗音となることがある。「はなび(花火)・を・　う(打)ちあげる」が「うっちゃげる」となるのも同様である。

ゆっくら《副詞と、動詞する》 ①動作や気持ちにゆとりを持って、時間などにせかされない様子。「どーぞ・　ゆっくら・　ごはん(飯)・を・　た(食)べ・てください。」②動作や作用に時間がかかったり、時間をかけたりしている様子。「はじ(初)めて・　し・た・　しごと(仕事)・やっ・た・さかい・　ゆっくらと・しか・　でけ・なんだ。」◆「ゆっくり」よりも、鷹揚に構えて急がない印象がある。〔⇒**ゆっくり**〕

ゆっくり《副詞と、動詞する》 ①動作や気持ちにゆとりがあって、時間などにせかされない様子。「やす(休)み・の・　ひ(日)ー・は・　ゆっくり・　す(過)ごす。」②動作や作用に時間がかかったり、時間をかけたりしている様子。「ゆっくりと・　かけあし(駆足)・を・　し・て・　うんどーじょー(運動場)・を・　まー(回)る。」「えらい・

ゆっくりし・た・ しごと(仕事)・の・ すす(進)みぐあい(具合)・や・なー。」〔⇒**ゆっくら**〕

ゆっさゆっさ《副詞と》 重みを感じさせながら、ものがゆっくり大きく揺れる様子。重みのあるものを揺らせる様子。「たけやぶ(竹藪)・の・ たけ(竹)・が・ ゆっさゆっさと・ ゆ(揺)れ・とる。」「じしん(地震)・で・ びる(ビル)・の・ たか(高)い・ ところ・が・ ゆっさゆっさと・ うご(動)く。」〔⇒**ゆさゆさ**〕

ゆったり《副詞と、動詞する》 ①落ち着いてゆとりを持っている様子。落ち着いてくつろいでいる様子。「ゆったりし・た・ にってー(日程)・の・ りょこー(旅行)・やっ・た。」②着ているものや居場所などが、窮屈でなくて余裕のある様子。「ゆったりし・た・ ゆかた(浴衣)・を・ き(着)る。」「ゆったりと・ ひろ(広)い・ ざせき(座席)・に・ すわ(座)る。」

ゆて【(言て)】《格助詞》 発言や引用の内容が終わることを示すときに使う言葉。「し(知)ら・ん・ゆて・ へんじ(返事)し・とい・た。」◆「と(格助詞)」＋「ゆう【言う】(動詞)」＋「て(接続助詞)」が結びついて、ひとつの言葉に熟し、「と」が発音されなくなり、さらに「ゆうて」が短く発音されるようになったものである。〔⇒**ゆうて【言うて】、と**〕

ゆでぼし【茹で干し】《名詞》 大根を細く切ってから茹でて、それを干したもの。「ゆでぼし・を・ おつい(汁)・の・ み(実)ー・に・ する。」〔⇒**ゆでぼしだいこん【茹で干し大根】**〕

ゆでぼしだいこん〔**ゆでぼしだいこ**〕【茹で干し大根】《名詞》 大根を細く切ってから茹でて、それを干したもの。「ことし(今年)・は・ だいこん(大根)・が・ よーけ・ と(穫)れ・た・さかい・ ゆでぼしだいこん・を・ つく(作)ろ・か。」〔⇒**ゆでぼし【茹で干し】**〕

ゆでる【茹でる】《動詞・ダ行下一段活用》 野菜などを、調味料などを加えずに、熱い湯だけで煮る。「と(獲)っ・てき・た・ たこ(蛸)・を・ ゆでる。」「ほーれんそー(菠薐草)・を・ ゆで・たら・ え(良)ー・ いろ(色)・に・ なっ・た。」■自動詞は「ゆだる【茹だる】」〔⇒**いでる【(茹でる)】**〕

ゆのみ【湯飲み】《名詞》 お湯やお茶などを飲むときに使う陶器の小さな碗。「これ・は・ たんばやき(丹波焼)・の・ ゆのみ・や。」〔⇒**ゆのみぢゃわん【湯飲み茶碗】**〕

ゆのみぢゃわん【湯飲み茶碗】《名詞》 お湯やお茶などを飲むときに使う陶器の小さな茶碗。「ゆのみぢゃわん・を・ お(落)とし・て・ わ(割)っ・ても・た。」〔⇒**ゆのみ【湯飲み】**〕

ゆば【湯葉】《名詞》 豆乳に熱を加えて、表面に薄皮を生じさせ、それをすくい取ったもの。また、その薄皮を乾燥させたもの。「すいもん(吸物)・に・ ゆば・を・ い(入)れる。」

ゆび【指】《名詞》 手足の先の、5本に分かれ出ている部分。「ゆび・の・ さき(先)・が・ つめ(冷)たい。」「かく(隠)れんぼ・を・ する・ もん(者)・ この・ ゆび・に・ たか(集)れ。」〔⇒**ゆべ【(指)】、いび【(指)】、いべ【(指)】**〕

ゆびさし【指差し】《名詞》 縫い物をするとき、針の頭を押すために指にはめる、金属や皮などでできている道具。「はり(針)・を・ ゆびさし・で・ お(押)さえる。」〔⇒**ゆびぬき【指貫き】**〕

ゆびぬき【指貫き】《名詞》 縫い物をするとき、針の頭を押すために指にはめる、金属や皮などでできている道具。「ゆびぬき・で・ お(押)し・たら・ はり(針)・が・ お(折)れ・た。」〔⇒**ゆびさし【指差し】**〕

ゆびわ【指輪】《名詞》 指にはめて装飾とする金属の輪。「けっこん(結婚)・の・ ゆびわ・を・ もら(貰)う。」〔⇒**いびわ【(指輪)】**〕

ゆべ【(指)】《名詞》 手足の先の、5本に分かれ出ている部分。「えんそく(遠足)・の・ ひ(日)ー・まで・を・ ゆべ・を・ お(折)っ・て・ かぞ(数)える。」〔⇒**ゆび【指】、いび【(指)】、いべ【(指)】**〕

ゆみ【弓】《名詞》 ①弦が張ってあって、矢をつがえて射るもの。「はくぶつかん(博物館)・で・ むかし(昔)・の・ ゆみ・を・ み(見)・た。」②日本の武道で、弓で矢を射る技術や作法。弓道。「ゆみ・を・ れんしゅー(練習)する。」

ゆめ【夢】《名詞》 ①眠っているときに、実際の出来事のように頭の中に描かれるもの。「つき(月)・へ・ い(行)っ・た・ ゆめ・を・ み(見)・た。」②将来、実現させたいと思うことがら。実現することを願うことがら。「やきゅーせんしゅ(野球選手)・に・ なり・たい・ ゆめ・を・ も(持)っ・とる。」③不確かで、実現しそうにないこと。「ゆめ・の・ はなし(話)・を・ かんが(考)え・ても・ やく(役)・に・ た(立)た・ん。」〔②⇒**きぼう【希望】、のぞみ【望み】、ねがい【願い】**〕

ゆらす【揺らす】《動詞・サ行五段活用》 前後・左右・上下などに動かす。「つりばし(吊橋)・を・ ゆさゆさ・ ゆらす。」■自動詞は「ゆれる【揺れる】」〔⇒**ゆる【揺る】、ゆする【揺する】、ゆさぶる【揺さぶる】、ゆすぶる【揺すぶる】、いする【(揺する)】、いさぶる【(揺さぶる)】、いすぶる【(揺すぶる)】**〕

ゆらっと《副詞、動詞する》 軽い感じで、大きく一度揺れ動く様子。大きく一度揺らす様子。「じしん(地震)・が・ ゆらっと・ き(来)・た。」

ゆらゆら《副詞と、動詞する》 ①物体が不安定に、大きく揺れ動く様子。ゆっくり、何度も揺り動かす様子。「みのむし(蓑虫)・が・ ぶらさがっ・て・ ゆらゆらし・とる。」「からだ(体)・を・ ゆらゆらと・ させる。」②水蒸気などが立ち上る様子。「ゆらゆら・ ゆげ(湯気)・が・ た(立)っ・とる。」③考えや言動などに一貫性がなく、揺れ動いて定まらない様子。「かんが(考)え・が・ ゆらゆらし・とる。」〔①③⇒**ぐらぐら、ぐれんぐれん**〕

ゆり【百合】《名詞》 笹に似た葉をしていて、夏に白・黄・橙色などの筒型の大きな花をつける植物。「ゆり・の・ はな(花)・を・ い(生)ける。」

ゆりうごかす【揺り動かす】《動詞・サ行五段活用》 振ったり揺らせたりして動かす。「しけんかん(試験管)・の・ なか(中)・を・ ま(混)ぜる・よーに・ ゆりうごかす。」

ゆりおこす【揺り起こす】《動詞・サ行五段活用》 相手の体を揺らせるようにして目を覚まさせる。「えき(駅)・に・ つ(着)い・た・さかい・ ゆりおこし・た。」

ゆりね【百合根】《名詞》 食用にする、百合の鱗茎。「ちゃわんむ(茶碗蒸)し・に・ ゆりね・を・ い(入)れる。」

ゆりもどし【揺り戻し】《名詞》 地震で揺れた後に、時間を置いてまた揺れること。余震。「びっくりする・ほど・ おー(大)けな・ ゆりもどし・が・ あっ・た。」〔⇒**ゆれもどし【揺れ戻し】**〕

ゆりわ【揺り輪】《名詞》 米櫃の大きくて浅いもの。米と籾(もみ)を揺り分けるときなどに使う、丸くて浅い桶。「ゆりわ・で・ ごはん(飯)・に・ す(酢)ー・を・ し・て・ ま(混)ぜる。」

ゆる【揺る】《動詞・ラ行五段活用》 前後・左右・上下などに動かす。力を加えて、前後・左右・上下などに小刻みに震えるように動かす。「ぶらんこ・を・　ゆっ・て・　あそ(遊)ぶ。」■自動詞は「ゆれる【揺れる】」〔⇒**ゆらす【揺らす】、ゆする【揺する】、ゆさぶる【揺さぶる】、ゆすぶる【揺すぶる】、いする【(揺する)】、いさぶる【(揺さぶる)】、いすぶる【(揺すぶる)】**〕

ゆるい【緩い】《形容詞・ウイ型》　①締め付けている度合いが弱くて、しっかりしていない。隙間があるように感じられる。「や(痩)せ・てき・て・　ばんど(バンド)・が・　ゆるい・よーに・　かん(感)じる。」②勾配などが急でない。「ゆるい・　さかみち(坂道)・を・　のぼ(上)る。」③対応の仕方が厳しくない。人柄がゆったりしている。「いんしゅうんてん(飲酒運転)・の・　とりしまり(取締)・が・　ゆるい・の・は・　あか・ん・やろ。」④心身に辛く感じることはない。続けたり完成させたりするのが容易である。「ゆるい・　しごと(仕事)・や・さかい・　き(気)・が・　らく(楽)や。」⑤感覚的な刺激が弱い。「ゆるい・　たばこ(煙草)・を・　す(吸)う。」⑥硬さが足りない。粘り気がない。力を加えると、形が変わりやすい。簡単に曲げたり伸ばしたりできる。「きょー(今日)・の・　かれー(カレー)・は・　ゆるい。」「あめ(雨)・が・　ふ(降)っ・て・　にわ(庭)・の・　つち(土)・が・　ゆるい。」■対語＝①②③④⑤「きつい」〔①⇒**なるい**。⑥⇒**やらかい【(柔らかい)】、やろこい【(柔らこい)】、やらこい【(柔ろこい)】**〕

ゆるす【許す】《動詞・サ行五段活用》　①過ちや罪を咎めないですませる。「けんか(喧嘩)・の・　あいて(相手)・を・　ゆるし・たる。」②ある行為をしてもよいとして認める。希望どおりにさせる。「あるばいと(アルバイト)する・　こと・を・　ゆるし・てもろ・た。」③引き締まった気持ちを弱くする。「き(気)・を・　ゆるし・とっ・たら・　ぎゃくてん(逆転)さ・れる・ぞ。」■名詞化＝**ゆるし【許し】**〔①⇒**こらえる【堪える】かんべん【勘弁】**(する)、**かんにん【堪忍】**(する)。③⇒**ゆるめる【緩める】**〕

ゆるむ【緩む】《動詞・マ行五段活用》　①ものを締め付けていた度合いが弱くなる。「なっと(ナット)・が・　ゆるん・で・　お(落)ち・た。」②勢いが弱まる。「さか(坂)・が・　だいぶ・　ゆるん・でき・た。」③人に対する厳しさが緩和する。「きそく(規則)・が・　ゆるん・で・　うれ(嬉)しー・なー。」④引き締まった気持ちが弱くなる。「き(気)・が・　ゆるん・で・　ま(負)け・ても・た。」⑤季節の厳しさが和らぐ。「ひがん(彼岸)・が・　すん・で・　さむ(寒)さ・が・　ゆるん・だ。」■他動詞は「ゆるめる【緩める】」■対語＝「しまる【締まる、絞まる】」■名詞化＝**ゆるみ【緩み】**

ゆるめる【緩める】《動詞・マ行下一段活用》　①ものを締め付けていた度合いを弱くする。「ねじ(螺子)・を・　ゆるめる。」②勢いを弱める。「くるま(車)・の・　すぴーど(スピード)・を・　ゆるめる。」③人に対する厳しさを緩和する。「れんしゅー(練習)・の・　しかた(仕方)・を・　ゆるめる。」「と(取)りしまり・を・　ゆるめる。」④引き締まった気持ちを弱くする。「き(気)ー・を・　ゆるめ・たら・　てん(点)・を・　と(取)ら・れ・ても・た。」■自動詞は「ゆるむ【緩む】」■対語＝「しめる【締める、絞める】」〔④⇒**ゆるす【許す】**〕

ゆれもどし【揺れ戻し】《名詞》　地震で揺れた後に、時間を置いてまた揺れること。余震。「ゆれもどし・が・　なんべん(何遍)・も・　つづ(続)い・て・　きも(気持)ち・が・　わる(悪)い。」〔⇒**ゆりもどし【揺り戻し】**〕

ゆれる【揺れる】《動詞・ラ行下一段活用》　①ものが前後・左右・上下などに動いて、不安定な状態になる。「き(木)ー・の・　は(葉)ー・が・　ゆれ・とる。」②気持ちが定まらない。「い(行)く・か・　い(行)か・ん・か・　まだ・　きも(気持)ち・が・　ゆれ・てまん・ねん。」■他動詞は「ゆらす【揺らす】」「ゆる【揺る】」■名詞化＝**ゆれ【揺れ】**

ゆわ【(岩)】《名詞》　簡単に動かせないほどの、石の大きなかたまり。「おーあめ(大雨)・で・　つち(土)・が・　なが(流)れ・て・　ゆわ・まで・　ころ(転)ん・でき・た。」〔⇒**いわ【岩】**〕

ゆわえる【結わえる】《動詞・ア行下一段活用》　①細長いものを結んで整える。「みずひき(水引)・を・　きちんと・　ゆわえる。」②細長いものの一方の端を、何かに結びつける。紐などの端と端とを結ぶ。他のものに結んで締める。「いぬ(犬)・の・　つな(綱)・を・　き(木)ー・に・　ゆわえる。」■名詞化＝**ゆわえ【結わえ】**〔⇒**いわえる【(結わえる)】**。①⇒**ゆう【結う】**。②⇒**しばる【縛る】、くくる【括る】**〕

ゆんべ【(夕べ)】《名詞》　昨日の夜。今朝までの夜。「ゆんべ・　み(見)・た・　ゆめ(夢)・は・　おと(恐)ろしかっ・た。」〔⇒**ゆうべ【夕べ】**〕

よ

よ〔よー〕【世】《名詞》　①人間が関わり合いを持ちながら生活を営んでいるところ。「きゅーじっさい(九十歳)・で・　よ・を・　さ(去)っ・た。」「らく(楽)し・て・　かねもー(金儲)けする・の・が・　よ・の・　ふーちょー(風潮)・や。」②人が生まれてから死ぬまでの期間。また、それよりも前のことや、それより後のことなど。「あの・　よ・に・は・　まだ・　い(行)き・とー・ない。」③移りゆく時の流れの中で、ある特徴を持つものとして、前後から区切られた、まとまった期間。人の一生を区切った、ある期間。「しょーわ(昭和)・の・　よー・と・　いま(今)・と・は・　だいぶ・　ちが(違)う。」「せんそー(戦争)・の・　よ・は・　にど(二度)と・　けーけん(経験)し・たい・と・は・　おも(思)わ・へん。」〔③⇒**じだい【時代】**〕

よ〔よー〕【夜】《名詞》　日没から日の出までの、空が暗い間。「ふゆ(冬)・は・　よ・が・　あ(明)ける・の・が・　おそ(遅)い・なー。」「よ・が・　ふ(更)け・て・　もど(戻)っ・てき・よっ・た。」◆「よ・が・　あける。」と言うことが多く、「よる・が・　あける。」と言うことは少ない。「よる・に・　なる。」と言うが、「よ・に・　なる。」とは言わない。〔⇒**よる【夜】、よさり【夜さり】**〕

よ〔よー〕【余】《名詞》　①それとは違うものや人。それ以外のものや人。「あんた・の・　よー・の・　ひと(人)・は・　い(行)か・へん・の・か。」「これ・は・　わし・が・　し・たる・けど・　よー・の・　こと・は・　じぶん(自分)・で・　し・なはれ。」②配ったり割り当てたりしたものの余りのもの。「みんな・に・　みっ(三)つ・ずつ・　くば(配)っ・て・　そいで・　よー・が・　あっ・たら・　あんた・に・　あげる。」〔①⇒**ほか【他】**。②⇒**よぶん【余分】**〕

よ【四】《接頭語》　(後ろの名詞にかかっていく言葉で)4を表す言葉。「よたび(度)・　たいせん(対戦)し・て・　まだ・　ま(負)け・は・　な(無)い・ねん。」「よすみ(隅)・を・　むす(結)ぶ。」「よいろ(色)・の・　えんぴつ(鉛筆)・を・　つか(使)う。」〔⇒**よん【四】**〕

よ

よ〔**よー**〕《終助詞》 ①ものに感じた気持ちを表す言葉。「あー・　こま(困)っ・た・よ。」②相手に呼びかけたり強く勧めたり念を押したりするときに使う言葉。「もっと・　は(早)よ・　せ・ん・かい・よ。」〔①⇒**わい、がい**。②⇒**や、やい、よい、いな**〕

よあけ【**夜明け**】《名詞》 太陽が昇る時刻。一日の始まり。夜が終わって明るくなること。「よあけ・の・　ころ(頃)・が・　いちばん・　さむ(寒)い。」■対語＝「ひぐれ【日暮れ】」「ひのくれ【日の暮れ】」〔⇒**よあさ**【**夜朝**】、**あけ**【**明け**】〕

よあさ【**夜朝**】《名詞》 夜が終わって朝になりかける頃。気温の低い暁の頃。「よあさ・は・　さぶ(寒)い・さかいに・　ふとん(布団)・を・　け(蹴)っ・て・　かぜ(風邪)・を・　ひか・ん・よーに・　き(気)ー・を・　つけ・や。」〔⇒**よあけ**【**夜明け**】〕

よい【**宵**】《名詞》 太陽が沈んで間もない頃。夜がまだ更けない頃。「よい・に・　なっ・て・　すず(涼)しー・　かぜ(風)・が・　ふ(吹)きだし・て・　きも(気持)ち・が・　え(良)ー。」〔⇒**よいのくち**【**宵の口**】〕

よい【**酔い**】《名詞》 ①酒を飲んで、気分がぼうっとしていること。また、その程度。「びーる(ビール)・　にほん(二本)・で・　だいぶ(大分)・　よい・が・　まー(回)っ・てき・た。」「かぜ(風)・に・　あ(当)たっ・て・　よい・を・　さ(醒)ます。」②乗り物などに揺られて、気分が悪くなっていること。また、その程度。「のりもん(乗物)・の・　よい・が・　ひど(酷)い。」

よい《終助詞》 相手に呼びかけたり強く勧めたり念を押したりするときに使う言葉。「は(早)よー・　こっち・へ・　き(来)・なはれ・よい。」〔⇒**や、よ、やい、いな**〕

よいえびす【**宵戎**】《名詞》 1月10日の前後3日間に「十日戎」と言われる戎神社(恵比須神社、恵比寿神社、蛭子神社などと書かれる)の祭りが行われるが、9日は「よいえびす【宵戎】」、10日は「ほんえびす【本戎】」「ほんえべす【(本戎)】」、11日は「のこりふく【残り福】」と呼ばれる。「よいえびす【宵戎】」は言わば前夜祭にあたる日である。「にしのみや(西宮)・の・　よいえびす・に・　まい(参)る。」〔⇒**よいえべす**【(**宵戎**)】〕

よいえべす【(**宵戎**)】《名詞》 1月10日の前後3日間に「十日戎」と言われる戎神社(恵比須神社、恵比寿神社、蛭子神社などと書かれる)の祭りが行われるが、9日は「よいえびす【宵戎】」、10日は「ほんえびす【本戎】」「ほんえべす【(本戎)】」、11日は「のこりふく【残り福】」と呼ばれる。「よいえびす【(宵戎)】」は言わば前夜祭にあたる日である。「よいえべす・も・　ひと(人)・が・　おー(多)い・なー。」〔⇒**よいえびす**【**宵戎**】〕

よいしょ《感動詞》 ①重いものを持ち上げるなどの動作を起こそうとして、力を入れるときなどのかけ声。「よいしょ・　こらしょ・　どっこいしょ。」②相手の言うことを肯定するときに、応じて言う言葉。「よいしょ・　わかっ・た・　わかっ・た。」〔①⇒**こらしょ**〕

よいのくち《名詞》 太陽が沈んで間もない頃。夜がまだ更けない頃。「けさ(今朝)・は・　はやお(早起)きし・た・さかい・　よいのくち・や・のに・　もー・　ねぶ(眠)とー・　なっ・た。」◆「よい【宵】」とほぼ同じと考えてよかろうが、「よい【宵】」のはじめの頃を指すというイメージもある。〔⇒**よい**【**宵**】〕

よいよい《名詞、動詞する》 小さな子どもが、足を踏みしめるようにして、たどたどしく歩くこと。「ひとり(一人)・で・　た(立)て・る・よーに・　なっ・た・さかい・　もーじき・　よいよいする・よーに・　なる・やろ。」〔⇒**よいよいよい**〕

よいよいよい《名詞、動詞する》 小さな子どもが、足を踏みしめるようにして、たどたどしく歩くこと。「よいよいよいし・て・　こっち・まで・　き(来)・た。」◆「よいよい」よりも長い時間、歩き続けているような印象もある。〔⇒**よいよい**〕

よう〔**よー**〕【**用**】《名詞》 しなければならない仕事や任務。対応すべき事柄。用件。「よー・が・　あっ・たら・　でんわ(電話)し・てください。」〔⇒**ようじ**【**用事**】、**ごよう**【**御用**】〕

よう【**酔う**】《動詞・ワア行五段活用》 ①酒を飲んで、気分がよくなったり、心身の状態が正常でなくなったりする。「よー・た・　ともだち(友達)・を・　おく(送)っ・ていく。」②乗り物などに揺られて、気分が悪くなる。「つ(釣)り・に・　い(行)っ・て・　ふね(舟)・に・　よー・た。」■名詞化＝**よい**【**酔い**】

よう〔**よー**〕《副詞》 ①しようとしてもできないということ(不可能)を表す言葉。「そんな・　むつか(難)しー・　しごと(仕事)・は・　よー・　せ・ん・わ。」②しようとする気持ちになれないことを表す言葉。「そんな・　は(恥)ずかしー・　こと・は・　よー・　い(言)わ・ん・わ。」③十分にできるということ(可能)を表す言葉「もー・　よー・　およ(泳)ぐ・　こと・が・　できる・ねん。」「ひとり(一人)・で・　よー・　い(行)ける・か。」◆①②ともに、後ろに打ち消しの言葉が伴う。③は、後ろに可能の意味を持つ言葉が伴う。

よう〔**よー**〕【**良う**】《副詞》 ①相手の行為を望ましいことであると思っている様子。「よー・　がんば(頑張)っ・た・なー。」「よー・　ごーかく(合格)し・た・もんや。」「よー・　き(来)・てくれ・た・なー。」②十分であると感じたり、満足したりしている様子。「もー・　よー・　いただき・まし・た。」③能力を十分に発揮している様子。うまく。上手に。「よー・　か(描)け・た・　え(絵)ー・や。」④そのことがしばしば起こる様子。しょっちゅう。「よー・　ちこく(遅刻)・を・　する・　ひと(人)・や。」「ことし(今年)・は・　よー・　あめ(雨)・が・　ふ(降)る。」⑤心を込めて、ものごとに接する様子。「この・　はなし(話)・は・　よー・　き(聞)ー・てほしい・ねん。」⑥相手に対して腹立たしさなどを感じている様子。相手の行為に対して、非難する気持ちを持っている様子。「よー・　わし・を・　だま(騙)し・やがっ・た。」「よー・　そんな・　うそ(嘘)・の・　はなし(話)・を・　し・やがっ・た・もんや。」⑦その程度が極めて深い様子。「よー・　に(似)た・　ひと(人)・や・なー。」「よー・　わかる・　はなし(話)・やっ・た。」◆驚いた気持ちや褒める気持ちをこめて使われることが多い。〔①⑥⇒**よくも**【**良くも**】〕

よう〔**よー**〕《感動詞》 親しみを込めて、相手に呼びかける言葉。または、呼びかけに応じる言葉。「よー・　げんき(元気)に・　やっ・とる・か。」「よー・　なん(何)・か・　よー(用)・だっ・か。」

よう〔**よー**〕【**曜**】《接尾語》 1週間の7日間のそれぞれの日に付ける言葉。「げつ(月)よー・は・　だいきゅー(代休)・や。」「か(火)よー・も・　あめ(雨)・みたいや。」「なん(何)よー・が・　きゅーぎょー(休業)・でっ・か。」〔⇒**ようび**【**曜日**】〕

ようい〔**よーい**〕【**用意**】《名詞、動詞する》 物事を行う前に、それがうまく始められるように前もって環境などを整えること。あらかじめ取り揃えたりすること。「あした(明日)・から・の・　りょこー(旅行)・の・　よーい・は・　でけ(出来)・た。」〔⇒**じゅんび**【**準備**】、**したく**

よ

【支度】〕

ようい〔**よーい**〕【用意】《感動詞》 競技などを始める際、準備態勢を整えさせて、動作を起こさせようとするときに発するかけ声。「いち(位置)・に・　つ(着)い・て。よーい。どん。」

よういどん〔**よーいどん**〕【用意どん】《名詞、動詞する》 ①一緒に走って、走る速さを競うこと。一定の距離を走って、走る速さを競うこと。また、そのような競技。「よーいどん・で・　いちばん(一番)・に・　なっ・た。」②互いに勝ち負けを争うこと。互いにせりあうこと。「けーさん(計算)・の・　よーいどん・を・　する。」③同時に一斉に始めること。また、その合図。「よーいどん・で・　はじ(始)める・さかい・　さき(先)・に・　し・たら・あか・ん・ぞ。」〔①**⇒ときょうそう【徒競争】、きょうそう【競走】、はしり【走り】**。②**⇒きょうそう【競争】**〕

よういわん〔**よーいわん**〕【よう言わん】《連語＝よう(副詞)・いわ(動詞)・ん(助動詞)》 あきれはてて、何も言えなくなったときに使う言葉。開いた口がふさがらない。「むちゃくちゃ(無茶苦茶)に・　ぜーきん(税金)・を・と(取)ら・れ・て・　よーいわん・わ。」◆「よういわん・わ」のように使う場合は感動詞のような働きが強い。「よういわんかっ・た」のように使うと、その場の状況を説明しているようにみえる。

ようおかえり〔**よーおかえり**〕【良うお帰り】《感動詞》 ①家族や親しい人などを送り出すときに、無事に帰ることを祈って言う言葉。「おそ(遅)ー・　なら・ん・よーに・よーおかえり・な。」②家族や親しい人などが帰ってきたときに、出迎えてねぎらって言う言葉。「よーおかえり。しんどかっ・た・やろ。」

ようおこし〔**よーおこし**〕【良うお越し】《感動詞》 人を迎えるときに、いらっしゃい、よくおいでくださった、という気持ちを込めて言う挨拶の言葉。「よーおこし。おげんき(元気)・そーです・な。」◆商店だけでなく、一般家庭で人を迎える場合などでも使う。

ようか〔**よーか**〕【八日】《名詞》 ①１か月のうちの８番目の日。「しぎょーしき(始業式)・は・　よーか・や。」②１日を８つ合わせた日数。「よーか・　あったら・　できあ(出来上)がる・やろ。」

ようかん〔**よーかん**〕【羊羹】《名詞》 餡と寒天を混ぜて、練ったり蒸したりして固めた和菓子。「あかし(明石)・の・　めーぶつ(名物)・は・　でっち(丁稚)よーかん・や。」

ようき〔**よーき**〕【陽気】《名詞》 気候や天候。特に、のどかで暑過ぎず寒過ぎず、生活するのに望ましい気候や天候。「さくら(桜)・が・　さ(咲)い・て・　え(良)ー・よーき・に・　なり・まし・た・なー。」「よーき・の・かげん(加減)・で・　からだ(体)・が・　いた(痛)む・　こと・が・　おます・ん・や。」

ようき〔**よーき**〕【陽気】《形容動詞や(ナ)》 性格や雰囲気が明るい感じで、からっとして朗らかな様子。「よーきな・　ひと(人)・や・さかい・　ともだち(友達)・も・ぎょーさん(仰山)・　おる。」「きょー(今日)・は・　しばい(芝居)・を・　み(見)・て・　よーきに・　す(過)ごし・まほ。」■対語＝「いんき【陰気】」

ようきょく〔**よーきょく**〕【謡曲】《名詞》 能楽の言葉に節を付けてうたうこと。また、その能楽の言葉。「かくしげー(隠芸)・で・　よーきょく・を・　き(聞)かす。」〔**⇒うたい【謡い】**〕

ようけ〔**よーけ、よけ**〕《副詞、形容動詞や(ノ)》 ①数や量がたくさんある。基準とする数や量よりも大きい。「きのー(昨日)・は・　よーけ・　あめ(雨)・が・　ふ(降)り・まし・た・なー。」「りょーて(両手)・に・　よーけの・　もの(物)・を・　も(持)っ・て・　はこ(運)ぶ。」②２つのものを比較して、程度がよりいっそう強まることを表す言葉。「あつ(暑)い・の・より・も・　さぶ(寒)い・　ほー(方)・が・　よーけ・　こま(困)る。」「きょー(今日)・の・ほー(方)・が・　きのー(昨日)・より・　よけに・　しんどい。」〔①**⇒おおい【多い】、おかい【(多い)】、ようさん【(仰山)】、ぎょうさん【仰山】、じょうさん【(仰山)】、どっさり、たくさん【沢山】、たんと、やっと、いっぱい【一杯】**〕

ようさい〔**よーさい**〕【洋裁】《名詞、動詞する》 洋服のデザインを考えたり、裁ったり縫ったりすること。「よーさい・を・　べんきょー(勉強)し・て・　じょーず(上手)に・　なっ・た。」「よーさい・の・　がっこー(学校)・へ・い(行)っ・て・　べんきょー(勉強)し・とる。」■対語＝「わさい【和裁】」

ようさん〔**よーさん**〕【(仰山)】《副詞、形容動詞や(ノ)》 数や量がたくさんある。基準とする数や量よりも大きい。「よーさんの・　おいわ(祝)い・を・　もろ(貰)・て・　すん・まへ・ん。」〔**⇒おおい【多い】、おかい【(多い)】、ようけ、ぎょうさん【仰山】、じょうさん【(仰山)】、どっさり、たくさん【沢山】、たんと、やっと、いっぱい【一杯】**〕

ようし〔**よーし**〕【用紙】《名詞》 何かの目的のために使われる紙。一定の書式などに基づいて作られている紙。「もーしこみ(申込)・の・　よーし・を・　ください。」「この・　よーし・は・　なん(何)・に・　つか(使)う・ん・です・か。」「げんこー(原稿)よーし・の・　ますめ(升目)・に・　い(入)れ・て・　か(書)く。」

ようし〔**よーし**〕【養子】《名詞》 生家とは違う家の戸籍に入って、その家の子となること。また、その人。「うち・は・　おんな(女)・の・　こ(子)・ばっかり・や・さかい・　よーし・　もろ(貰)・てん。」

ようじ〔**よーじ**〕【用事】《名詞、動詞する》 しなければならない仕事や任務。対応すべき事柄。用件。「よーじ・が・　すん・だら・　おちゃ(茶)・を・　の(飲)み・まほ。」「よーじ・が・　なかっ・たら・　しょーぎ(将棋)・でも・し・まほ・か。」〔**⇒よう【用】、ごよう【御用】**〕

ようじ〔**よーじ**〕【楊枝】《名詞》 歯に挟まったものを取り除いたり、食べ物を差して取ったりするときに使う、先の尖った小さな棒。「ちょっと(一寸)・　そこ・の・よーじ・を・　と(取)っ・てんか。」〔**⇒つまようじ【爪楊枝】**〕

ようしき〔**よーしき**〕【洋式】《名詞》 西洋風の形や、西洋風のやり方。「よーしき・の・　りょーり(料理)・や・さかい・　ふぉーく(フォーク)・を・　つか(使)わ・んならん。」「よーしき・の・　べんじょ(便所)・に・　はい(入)る。」■対語＝「わしき【和式】」

ようしつ〔**よーしつ**〕【洋室】《名詞》 板敷きやカーペット敷きなどで、ドアなどがある、西洋風の部屋。「よーしつ・の・　てーぶる(テーブル)・で・　ごはん(飯)・を・た(食)べる。」■対語＝「わしつ【和室】」〔**⇒ようま【洋間】**〕

ようしゃ〔**よーしゃ**〕【容赦】《名詞、動詞する》 ①相手の過ちなどを許して、とがめないこと。「まち(間違)ご・た・　とき・は・　ようしゃ・を・　おねが(願)いし・まっ・せ。」②手加減を加えること。控えめに行動すること。「どこ・から・でも・　よーしゃせ・んと・　せ(攻)め・てこい。」

ようじょう〔**よーじょー**〕【**養生**】《名詞、動詞する》 ①病気や怪我が治るように、体を休めて元気を取り戻すようにすること。「えー・　もん・　た(食)べ・て・　よーじょーする。」②健康を維持するために、体を大事にすること。「とし(歳)・を・　とっ・たら・　ふだん(普段)・から・の・　よーじょー・が・　だいじ(大事)や。」〔②⇒**せっせい【摂生】**〕

ようじん〔**よーじん**〕【**用心**】《名詞、動詞する》 よくないことが起きないように、あらかじめ対策を立てて気をつけること。万一に備えて注意を行き届かせること。「どろぼー(泥棒)・に・　はい(入)ら・れ・ん・よーに・　よーじんする。」「ひ(火)・の・　よーじん・を・　する。」

ようじんぶかい〔**よーじんぶかい**〕【**用心深い**】《形容詞・アイ型》 じゅうぶんに気をつけて慎重に物事を行おうとする気持ちが強い。「よーじんぶかい・　ひと(人)・や・さかい・　むり(無理)・を・　し・よら・へん。」

ようす〔**よーす**〕【**様子**】《名詞》 ①外から観察してわかる、ものごとの有り様や状態。「うち・の・　こ(子)・は・　がっこー(学校)・で・は・　どんな・　よーす・です・か。」②人の姿や身なりの有り様。「じょーひん(上品)な・　よーす・を・　し・た・　ひと(人)・やっ・た。」③人のそぶり。ものごとの変化していく気配。「がっかりし・た・　よーな・　よーす・やっ・た。」「こっち・は・　あめ(雨)・が・　やみ・そーな・　よーす・です。」

ようすする〔**よーすする**〕【**様子する**】《動詞・サ行変格活用》 ①気取ってポーズをとる。自分をとりつくろう。「あの・　こ(子)ー・は・　よーすし・て・　でんしゃ(電車)・に・　の(乗)っ・とる。」「こまい・　こ(子)ー・や・けど・　ひと(人)・が・　き(来)・たら・　よーすする・ねん。」②泣き顔になる。今にも泣き出しそうな状態になる。「よーすし・てき・た・さかい・　もー・　せ(責)め・たら・んとき。」

ようせい〔**よーせー**〕【**陽性**】《名詞》 病気・免疫などの検査で、その反応がはっきりあらわれること。「つべるくりん(ツベルクリン)・で・　よーせー・やっ・た。」■対語＝「いんせい【陰性】」

ようせいこう〔**よーせーこー**〕【**養成工**】《名詞》 製造業などの会社で、入社後に社員教育をする予定で採用する人。「みつびし(三菱)・の・　よーせーこー・で・　べんきょー(勉強)し・とる。」◆かつては、工業高校に入学・卒業しなくても、自社で一定期間行う社員教育が充実していた。

ようせつ〔**よーせつ**〕【**溶接**】《名詞、動詞する》 金属などのつなぎ目を熱で溶かしてつなぎ合わせること。「れーる(レール)・を・　よーせつし・て・　なご(長)ー・　つな(繋)ぐ。」

ようそんな〔**よーそんな**〕《連語＝よう(副詞)・そんな(連体詞)》 ①礼を言われたときなどに、謙遜して発する言葉。いいえ、どういたしまして。とんでもない。「よーそんな。　れー(礼)・を・　ゆ(言)ー・てもらう・よーな・　こと・は・　し・とり・まへ・ん・がな。」②予想外のように感じて、びっくりしたときに発する言葉。「そないに・　たか(高)い・　ね(値)ー・なん・かいな。よーそんな。」③ひどいことだと思うときに発する言葉。「いじ(苛)め・られ・た・ん・かいな・　よーそんな・　こと・を・　する・ん・や・なー。」◆感動詞のような使い方をすることが多いが、連体修飾の使い方もする。

ようたんぼう〔**よーたんぼー、よーたんぼ**〕【**酔うたん坊**】《名詞》 酒に酔っぱらって正常な状態でなくなっている人。酔漢。「よーたんぼー・が・　みち(道)・で・　ね(寝)・とる。」

ようち〔**よーち**〕【**幼稚**】《形容動詞や(ナ)》 ①年齢が幼い様子。「まだまだ・　いつ(五)つ・や・さかい・　よーちな・　こ(子)ー・や。」②考え、知識、技能などが十分に発達していない様子。「よーちな・　かんが(考)え・を・　ゆ(言)ー・て・　みんな(皆)・に・　わら(笑)わ・れ・た。」

ようちえん〔**よーちえん**〕【**幼稚園**】《名詞》 小学校に入学する前の子どもに、集団生活に慣れさせて心身の発達を促すための教育を行うところ。「よーちえん・の・　ねんしょーぐみ(年少組)・に・　い(行)っ・てます。」

ようてん〔**よーてん**〕【**陽転**】《名詞、動詞する》 ツベルクリン反応検査で、陰性だった者が陽性に変わること。「びーしーじー(ＢＣＧ)・を・　う(打)っ・て・　よーてんし・た。」

ようび〔**よーび**〕【**曜日**】《名詞》 １週間の７日間に、日曜日から土曜日までとして割り振られた名前。「みんな(皆)・が・　あつ(集)まりやすい・　よーび・は・　いつ・やろ・な。」◆この場合は「よう【曜】」と言うことはしない。

ようび〔**よーび**〕【**曜日**】《接尾語》 １週間の７日間のそれぞれの日に付ける言葉。「さんぱつや(散髪屋)・は・　げつ(月)よーび・が・　やす(休)み・や。」「もく(木)よーび・の・　ひる(昼)から・が・　ひま(暇)や・ねん。」「なん(何)よーび・に・　い(行)っ・たら・　よろしー・か。」〔⇒**よう【曜】**〕

ようふく〔**よーふく**〕【**洋服**】《名詞》 西洋風の衣服。西洋から伝わった衣服。「しょーがっこー(小学校)・の・　ころ(頃)・は・　よーふく・やない・　こ(子)ー・も・　おっ・た。」■対語＝「わふく【和服】」

ようぶん〔**よーぶん**〕【**養分**】《名詞》 生き物が育つために必要な成分。栄養になる成分。「よーぶん・が・　た(足)ら・ん・と・　おも(思)・て・　ひりょー(肥料)・を・やっ・た。」

ようま〔**よーま**〕【**洋間**】《名詞》 板敷きやカーペット敷きなどで、ドアなどがある、西洋風の部屋。「よーま・に・　くーらー(クーラー)・を・　つ(付)ける。」■対語＝「にほんま【日本間】」〔⇒**ようしつ【洋室】**〕

ようや〔**よーや、よや**〕《助動詞》 ①あるものが何かに似ているという意味(比況)を表す言葉。まるでそうだと思うという意味を表す言葉。「もみじ(紅葉)・の・よーな・　かい(可愛)らしー・　て(手)ー・や・なー。」「ねむ(眠)っ・とる・よな・　こえ(声)・で・　へんじ(返事)し・たら・　あか・ん・がな。」②はっきりしないが、そうであるらしいという意味(推量)をあらわす言葉。「ひる(昼)から・は・　あめ(雨)・が・　ふ(降)りだす・よーや。」「どーやら・　あした(明日)・は・　あめ(雨)・の・よや。」「もー・　よさん(予算)・が・　な(無)い・よーや。」◆名詞に続く場合は格助詞「の」を介して接続する。形容動詞の終止形と同じように、「ようや」の他に、「ようだ」「ようです」「ようだす」の形もある。〔⇒**みたいや**〕

ようやく〔**よーやく**〕【**漸く**】《副詞》 途中であれこれの曲折はあったが、望んでいたことが実現したということを表す言葉。「よーやく・　ぬく(温)ー・　なっ・てっ・た。」「よーやく・　つゆ(梅雨)・が・　あ(明)け・た。」「よーやく・　しけん(試験)・に・　ごーかく(合格)し・た。」〔⇒**ようよう【(漸う)】、やっと、やっとこさ、やっとこしょ、やっとこせ**〕

ようよう〔**よーよー**〕【**(漸う)**】《副詞》 途中であれこれの曲折はあったが、望んでいたことが実現したということを表す言葉。「よーよー・　すず(涼)しゅー・　なっ・てき・まし・た・なー。」「よーよー・　しゃっきん(借金)・が・　な(無)いよーなっ・た。」〔⇒**ようやく【漸く】、やっと、やっとこさ、やっとこしょ、やっとこせ**〕

ようりょう〔**よーりょー**〕【要領】《名詞》　ものごとを行う方法。とりわけ、その最も肝要な部分。また、それを実行するこつ。「しごと(仕事)・の・　よーりょー・を・　なら(習)う。」「この・　きかい(機械)・を・　つか(使)う・　よーりょー・が・　わから・へん。」「しごと(仕事)・を・　する・　よーりょー・が・　へた(下手)や。」

よお(**よー**)【四】《名詞(数詞)》　数を２音節で数えていくときの「よん【四】」を表す言葉。◆１から10までを「ひい【一】」「ふう【二】」「みい【三】」「よお【四】」「いつ【五】」「むう【六】」「なな【七】」「やあ【八】」「ここ【九】」「とお【十】」と言う。ただし、単独で「よお【四】」と言うことはない。

ヨーチン〔**よーちん**〕【ドイツ語＝Jodtinktur から】《名詞》　傷口の消毒などに使う赤褐色の液体。「す(擦)りむい・たら・　よーちん・を・　ぬ(塗)っ・とき。」◆「ヨードチンキ」をつづめて言う言葉。

よか《格助詞、副助詞》　①比較する基準や対象を表す言葉。「あにき(兄貴)・よか・　よー・　べんきょー(勉強)する。」②他に方法や手段などがないという気持ちを表す言葉。「ばす(バス)・が・　ない・さかい・　ある(歩)く・よか・　しょがない。」「たの(頼)め・る・　ひと(人)・は・　あんた・よか・　おら・へん。」「だま(黙)っ・て・き(聞)く・よか・　しょーがない。」③ある範囲のものだけであるということを表す言葉。ものごとの範囲や限度を表す言葉。「じゅーにん(十人)・よか・　き(聞)き・に・　き(来)・てくれ・なんだ。」◆②③は、後ろに打ち消しの言葉が伴うことが多い。〔⇒**よりか**。①②⇒**より**。②③⇒**しか**〕

よかぜ【夜風】《名詞》　夜に吹く風。「はま(浜)・に・　おっ・たら・　よかぜ・が・　すず(涼)しー。」

よき《名詞》　頑丈な刃のついた鉄片に短い柄をつけた、木などを割るのに使う道具。斧。「たきもん(＝薪)・を・　よき・で・　わ(割)る。」〔⇒**てよき【手よき】**〕

よきょう〔**よきょー**〕【余興】《名詞、動詞する》　宴会などのときに、面白さを出して会を盛り上げるためにする演芸など。「そーべつかい(送別会)・の・　よきょー・で・　らくご(落語)・を・　やる。」

よく【欲】《名詞》　自分のものにしたいとか、自分でやってみたいとか思う気持ち。「よく・を・　だ(出)し・たら・　あき・まへ・ん。」「よく・の・　つよ(強)い・　やつ(奴)・に・は・　あき(呆)れる・なー。」

よく【欲】《形容動詞や(ナ)》　ものをほしがる気持ちが、他の人よりも強い様子。けちである様子。「よくな・　こと・を・　ゆ(言)ー・て・　みんな・を・　こま(困)らせ・とる。」

よくい【欲い】《形容詞・ウイ型》　ものをほしがる気持ちが、他の人よりも強い。けちである。「ひと(人)・の・　もん・まで・　も(持)っ・てかえっ・てしも・て・　よくい・　こと・を・　する・　やつ(奴)・や。」〔⇒**よくどしい【欲どしい】**〕

よくじつ【翌日】《名詞》　その日の、次の日。「うんどーかい(運動会)・の・　よくじつ・は・　だいきゅー(代休)・に・　なる。」■対語＝「ぜんじつ【前日】」〔⇒**あくるひ【明くる日】、あけのひ【明けの日】、あとのひ**〔**あとのひー**〕**【後の日】**〕

よくたれ【欲たれ】《名詞、形容動詞や(ノ)、動詞する》　ほしがる気持ちが、他の人よりも強いこと。分け前を他の人よりも多く取ろうとすること。また、そのような人。「よくたれや・さかい・　ひと(人)・の・　もん(物)・を・　なん(何)・でも・　ほ(欲)しがる。」〔⇒**よくちん【欲ちん】、よくばり【欲張り】、よくぼり【(欲張り)】**〕

よくちん【欲ちん】《名詞、形容動詞や(ノ)、動詞する》　ほしがる気持ちが、他の人よりも強いこと。分け前を他の人よりも多く取ろうとすること。また、そのような人。「よくちんや・さかい・　じぶん(自分)・の・　ぶん(分)・を・　よーけに・　しょ・ー・と・　する。」〔⇒**よくたれ【欲たれ】、よくばり【欲張り】、よくぼり【(欲張り)】**〕

よくどしい〔**よくどしー、よくどーしー**〕【欲どしい】《形容詞・イイ型》　ものをほしがる気持ちが、他の人よりも強い。けちである。「よくどしー・に・　せ・んと・　ひと(人)・の・　こと・も・　かんが(考)え・なはれ。」〔⇒**よくい【欲い】**〕

よくばり【欲張り】《名詞、形容動詞や(ノ)、動詞する》　ほしがる気持ちが、他の人よりも強いこと。分け前を他の人よりも多く取ろうとすること。また、そのような人。「あんな・　よくばりな・　ひと(人)・は・　めずら(珍)しー。」〔⇒**よくたれ【欲たれ】、よくちん【欲ちん】、よくぼり【(欲張り)】**〕

よくばる【欲張る】《動詞・ラ行五段活用》　必要以上にほしがる気持ちが強く、他の人より多くのものを取ろうとする。「そないに・　よくばっ・ても・　ひとり(一人)・で・　ぜんぶ(全部)・は・　た(食)べ・られ・へん・やろ。」■名詞化＝**よくばり【欲張り】**〔⇒**よくぼる【(欲張る)】**〕

よくぼけ【欲呆け】《形容動詞や(ノ)、動詞する》　欲が強くて、他のことを見失っていること。また、それによって、かえって失敗すること。「とし(歳)・を・　とっ・て・　よくぼけし・たら・　みっともない・ぞ。」

よくぼり【欲(張り)】《名詞、形容動詞や(ノ)、動詞する》　ほしがる気持ちが、他の人よりも強いこと。分け前を他の人よりも多く取ろうとすること。また、そのような人。「よくぼり・が・　みんな(皆)・　かきあつめ・て・　も(持)っ・ていき・やがっ・た。」〔⇒**よくたれ【欲たれ】、よくちん【欲ちん】、よくばり【欲張り】**〕

よくぼる【(欲張る)】《動詞・ラ行五段活用》　必要以上にほしがる気持ちが強く、他の人より多くのものを取ろうとする。「よくぼっ・て・　ひと(人)・と・　けんか(喧嘩)する。」■名詞化＝**よくぼり【(欲張り)】**〔⇒**よくばる【欲張る】**〕

よくめ【欲目】《名詞》　自分の都合の良いように、ものごとを実際よりもよく見ること。また、その見方。「おや(親)・の・　よくめ・で・　こども(子供)・が・　よー・み(見)える。」

よくも【良くも】《副詞》　①相手の行為を望ましいことであると思っている様子。「よくも・　こないに・　こま(細)かい・　え(絵)ー・が・　か(描)け・た・もん・や・なー。」②相手に対して腹立たしさなどを感じている様子。相手の行為に対して、非難する気持ちを持っている様子。「よくも・　うそ(嘘)・を・　つい・た・な。」〔⇒**よう【良う】**〕

よくよく《副詞》　①そうなることは避けられないことである様子。「あの・　とき(時)・は・　よくよく・　うん(運)・が・　む(向)い・とら・なんだ・ん・や。」②他に方法や手段がなくて、どうにも仕方がなくなった様子。「よくよく・の・　こと・が・　あっ・たら・　れんらく(連絡)し・て・な。」

よけい〔**よけー、よけ**〕【余計】《名詞、形容動詞や(ナ)》 ①一定の数量や必要な数量よりも、多くあること。「よてー(予定)・より・ ごにん(五人)・ よけーに・ あつ(集)まっ・た。」②必要な度を超えて、無益・無駄であること。ない方がよいのに、あること。「はた(端)・から・ よけな・ こと(事)・を・ い(言)わ・んとい・てんか。」〔⇒**よぶん**【余分】〕

よけい〔**よけー、よけ**〕【余計】《副詞に》 ①前よりもさらに程度が高まることを表す言葉。「あま(甘)やかし・た・さかい・ よけ・ ゆ(言)ー・ こと・を・ き(聞)か・ん・よーに・ なっ・た・ん・や。」②そのことによって、むしろ逆の方向に向かうことを表す言葉。あべこべに。「そんな・ こと・を・ し・たら・ よけ・ そん(損)する・ぞ。」〔⇒**よけのこと**【(余計の事)】。①⇒**ますます**【益々】、**いっそう**【一層】、**いちだんと**【一段と】。②⇒**かえって**【却って】〕

よけのこと【(余計の事)】《副詞》 ①前よりもさらに程度が高まることを表す言葉。「せつぶん(節分)・が・ すん・で・から・ よけのこと・ さむ(寒)さ・が・ きび(厳)しー・ なっ・た。」「さっき・より・も・ よけのこと・ はら(腹)・が・ へ(減)っ・てき・た。」「こっち・の・ ほー(方)・が・ よけのこと・ ね(値)ー・が・ たか(高)い・ん・と・ ちゃ(違)う・か。」②そのことによって、むしろ逆の方向に向かうことを表す言葉。あべこべに。「いっぺん・ ま(負)け・て・から・ よけのこと・ やるき(気)・が・ で(出)・てき・た。」〔⇒**よけい**【余計】。①⇒**ますます**【益々】、**いっそう**【一層】、**いちだんと**【一段と】。②⇒**かえって**【却って】〕

よける【避ける】《動詞・カ行下一段活用》 ①出会ったり、ぶつかったりしないように、近づかないようにしたり脇へ寄ったりする。「まえ(前)・から・ き(来)・た・ くるま(車)・を・ よける。」②望ましくないものに合わないようにする。災害などから逃れるために対策をとる。「たいふー(台風)・を・ よけ・て・ ふね(船)・が・ ひなん(避難)し・てくる。」〔⇒**さける**【避ける】〕

よこ【横】《名詞》 ①上下に広がる方向に対して、水平に広がる方向。前後に広がる方向に対して、左右に広がる方向。また、その長さ。「よこ・の・ なが(長)さ・は・ たて(縦)・の・ にばい(二倍)・も・ ある。」②他の人のかたわら。当事者以外の立場。「よこ・で・ み(見)・とら・んと・ しごと(仕事)・を・ てっと(手伝)ー・てんか。」■対語＝①「たて【縦】」「たつ【(縦)】」〔②⇒**ねき**、**はた**【端】、**そば**【傍、側】、**わき**【脇】〕

よこあい【横合い】《名詞》 正面ではなく、左右などの横の方向。脇の方。かたわら。「よこあい・から・ こども(子供)・が・ はし(走)っ・てき・た。」〔⇒**よこて**【横手】、**よこっちょ**【横っちよ】〕

よこう〔**よこー**〕【予行】《名詞、動詞する》 儀式や演技などがうまく行えるように、前もって本番と同じように練習すること。「うんどーかい(運動会)・の・ よこー・が・ あめ(雨)・で・ の(延)び・た。」〔⇒**よこうえんしゅう**【予行演習】〕

よこうえんしゅう〔**よこーえんしゅー**〕【予行演習】《名詞、動詞する》 儀式や演技などがうまく行えるように、前もって本番と同じように練習すること。「よこーえんしゅー・で・は・ いっとー(一等)・やっ・てん・けど・なー。」〔⇒**よこう**【予行】〕

よこがお【横顔】《名詞》 正面からではなく、横から見た顔。横向きの顔。「はなすじ(鼻筋)・が・ とー(通)っ・て・ りっぱ(立派)な・ よこがお・や。」

よこぎる【横切る】《動詞・ラ行五段活用》 道や海などで、何かの前方を通って、一方の側から他方の側へ行く。「こくどー(国道)・を・ でんしゃ(電車)・の・ せんろ(線路)・が・ よこぎっ・とる。」「ふぇりーぼーと(フェリーボート)・の・ まえ(前)・を・ ぎょせん(漁船)・が・ よこぎる。」

よごしちゃんこ【汚しちゃんこ】《形容動詞や(ノ)》 汗・泥・油などが付いて、ずいぶん美しさが失われていたり、不潔であったりする様子。また、わざとそのようにしている様子。「どろ(泥)んこあそ(遊)び・を・ し・て・ ふく(服)・を・ よごしちゃんこに・ し・ても・とる。」

よごす【汚す】《動詞・サ行五段活用》 汗・泥・油などの、汚いものを付けて、美しさを失わせたり、不潔にしたりする。不純物などを混じらせて汚くする。「どろ(泥)んこ・で・ からだじゅー(体中)・を・ よごす。」「ふく(服)・を・ よごさ・ん・よーに・ き(気)ーつけ・て・ ごはん(飯)・を・ た(食)べ・なはれ。」■自動詞は「よごれる【汚れる】」■名詞化＝**よごし**【汚し】

よこだおし【横倒し】《名詞》 立っていたものが倒れて横向きになること。「だっせん(脱線)し・て・ でんしゃ(電車)・が・ よこだおし・に・ なっ・た。」

よこづけ【横付け】《名詞、動詞する》 船や車などを、目的の場所にぴったりと近づけること。「げんかん(玄関)・に・ くるま(車)・を・ よこづけする。」

よこったげに【横ったげに】《副詞》 正面ではなく横に向いた形である様子。「いす(椅子)・に・ よこったげに・ すわ(座)っ・て・ ぎょーぎ(行儀)・が・ わる(悪)い・こと・や。」「あわ(慌)て・て・ よこったげに・ はし(走)る。」「がに(蟹)・が・ よこったげに・ ある(歩)い・とる。」〔⇒**よこむき**【横向き】〕

よこっちょ【横っちよ】《名詞》 正面ではなく、左右などの横の方向。脇の方。かたわら。「よこっちょ・に・ かばん(鞄)・を・ かか(抱)え・て・ えき(駅)・まで・ はし(走)る。」「よこっちょ・に・ かく(隠)れ・とっ・て・ み(見)つから・なんだ。」〔⇒**よこあい**【横合い】、**よこて**【横手】〕

よこっつら【横っ面】《名詞》 顔の側面。「よこっつら・を・ はち(蜂)・に・ さ(刺)さ・れ・た。」〔⇒**よこつら**【横面】〕

よこづな【横綱】《名詞》 ①相撲の番付で一番上の階級。また、その階級の力士。「わし・の・ こども(子供)・の・ じだい(時代)・の・ よこづな・は・ たいほー(大鵬)・と・ かしわど(柏戸)・や。」②同じようなものの中で、最も優れたもの。「この・ くつ(靴)・は・ は(履)きごこち(心地)・の・ よ(良)さ・で・は・ よこづな・や。」

よこつら【横面】《名詞》 顔の側面。「はら(腹)・が・ た(立)っ・た・さかい・ よこつら・を・ はりまし・たっ・た。」〔⇒**よこっつら**【横っ面】〕

よこて【横手】《名詞》 正面ではなく、左右などの横の方向。脇の方。かたわら。「がっこー(学校)・の・ よこて・に・ こーばん(交番)・が・ ある。」〔⇒**よこあい**【横合い】、**よこっちょ**【横っちよ】〕

よこどり【横取り】《名詞、動詞する》 他人のものを脇から無理に奪い取ること。「わ(分)けまえ・を・ よこどりさ・れ・ても・た。」「おー(大)けな・ いぬ(犬)・が・ えさ(餌)・を・ よこどりし・た。」

よこばら【横腹】《名詞》 胸の側面で、腕の付け根より下の部分。「か(蚊)ー・に・ さ(刺)さ・れ・て・ よこばら・が・ かい(痒)い・ねん。」〔⇒**わきばら**【脇腹】、**わき**

【脇】〕

よこみち【横道】《名詞》 ①本道から分かれている、別の道。「よこみち・を・　とー(通)る・　ほー(方)・が・　はや(早)い・ぞ。」②ものごとの本筋や話題の中心からそれた方向。「よこみち・の・　はなし(話)・ばっかり・　し・て・　けつろん(結論)・が・　で(出)ー・へん。」③人として望ましくない方向や生き方。「よこみち・へ・　はい(入)っ・て・　わる(悪)い・　こと・を・　し・たら・　あか・ん・よ。」〔⇒**わきみち**【脇道】〕

よこむき《副詞に、名詞》 正面ではなく横に向いた形である様子。「じてんしゃ(自転車)・の・　にだい(荷台)・に・　よこむきに・　すわ(座)る。」〔⇒**よこったげに**【横ったげ】〕

よこむすび【横結び】《名詞、動詞する》 結び目が横長にできるような結び方。「のしがみ(熨斗紙)・が・　よこむすび・に・　なっ・とる。」■対語＝「たてむすび【縦結び】」「たつむすび【立つ結び】」

よこめ【横目】《名詞》 顔を動かさないで、目だけ横に動かして見ること。また、その目つき。「ほ(欲)し・そーに・　おかし(菓子)・を・　よこめ・で・　み(見)・とる。」

よごれ【汚れ】《名詞》 美しさを失わせたり不潔にさせたりする、汗・泥・油などの汚いもの。混じった不純物など。「へや(部屋)・の・　よごれ・が・　めだ(目立)っ・とる。」「じーぱん(ジーパン)・の・　すそ(裾)・に・　よごれ・が・　ある。」

よごれる【汚れる】《動詞・ラ行下一段活用》 汗・泥・油などの、汚いものが付いて、美しさを失ったり、不潔になったりする。不純物などが混じって汚くなる。「あせ(汗)・　かい・て・　しゃつ(シャツ)・が・　よごれ・た。」■他動詞は「よごす【汚す】」■名詞化＝**よごれ**【汚れ】

よさ【良さ】《名詞》 良いと思われる点。良いと思われる程度。長所。「あいつ(彼奴)・の・　よさ・は・　ひとがら(人柄)・が・　え(良)ー・　こと・や。」「かん(勘)・の・　よさ・で・は・　ひと(人)・に・　ま(負)け・へん・　つもり・や。」■対語＝「わるさ【悪さ】」

よさ【夜さ】《助数詞》 夜の回数を数える言葉。「ひと(一)よさ・も・　ふた(二)よさ・も・　はいた(歯痛)・で・　ね(寝)・られ・なんだ。」〔⇒**ばん**【晩】〕

よさり【夜さり】《名詞》 ①日没から日の出までの、空が暗い間。「よさり・は・　さむ(寒)かっ・た・なー。」②空が暗くなって、夜になった頃。日没後の比較的早い時間帯。「しくだい(宿題)・を・　よさり・の・　うち・に・　し・てしまう。」〔①⇒**よる**【夜】、**よ**【夜】。②⇒**よさりがた**【夜さり方】〕

よさりがた【夜さり方】《名詞》 空が暗くなって、夜になった頃。日没後の比較的早い時間帯。「よさりがた・から・　つよ(強)い・　かぜ(風)・が・　ふ(吹)きだし・た。」〔⇒**よさり**【夜さり】〕

よしあし【良し悪し】《名詞、形容動詞や(ノ)》 ①良いか悪いかということ。また、その区別。「かん(勘)・の・　よしあし・で・　しょーぶ(勝負)・が・　き(決)まる。」②良いことも悪いこともあって、一概には言えないこと。とりわけ、良いとは言えないこと。「おー(大)きい・　かいしゃ(会社)・に・　はい(入)っ・たら・　とー(遠)い・　とこ(所)・へ・　てんきん(転勤)・に・　なっ・て・　よしあしや。」〔⇒**よしわるし**【良し悪し】〕

よしず【葭簾】《名詞》 掛け垂らして部屋の内外を区切ったり、日光をさえぎったりするための、細い葭(葦)を糸で編み連ねたもの。「よしず・の・　は(張)っ・てある・　みせ(店)・で・　こーり(氷)・を・　く(食)ー。」

よしゅう〔**よしゅー**〕【予習】《名詞、動詞する》 これから学ぶところを、前もって勉強したり練習したりすること。「よしゅーせ・なんだら・　べんきょー(勉強)・が・　わから・ん・よーに・　なっ・てまう・ぞ。」■対語＝「ふくしゅう【復習】」〔⇒**したしらべ**【下調べ】〕

よしわるし【良し悪し】《名詞、形容動詞や(ノ)》 ①良いか悪いかということ。また、その区別。「この・　やりかた・の・　よしわるし・を・　き(決)め・てんか。」②良いことも悪いこともあって、一概には言えないこと。とりわけ、良いとは言えないこと。「はよ(早)ー・　みま(見舞)い・に・　い(行)く・の・も・　よしわるしや。」〔⇒**よしあし**【良し悪し】〕

よす【寄す】《動詞・サ行五段活用》 ①あるものをある場所に近づける。「ふね(舟)・を・　はと(波止)・に・　よし・た。」②離れた場所にいた人やものをひとつの所にいるようにする。集めて片づける。「ごみ(塵)・を・　よし・て・　ちりと(塵取)り・に・　い(入)れる。」③こちらに近づく。「ごみ(塵)・が・　こっち・へ・　よし・てき・た。」④相手のところへ行く。「あした(明日)・　よし・てもらい・ます。」⑤足し算をする。数を加える。「いりよー(入用)・を・　よし・たら・　なんぼ・に・　なり・ます・か。」⑥仲間に加える。全体の数に含める。「おに(鬼)ごっこ・に・　よし・てー。」〔⇒**よせる**【寄せる】。⑥⇒**いれる**【入れる】、**えええる**【(入える)】、**えれる**【(入れる)】、**まぜる**【混ぜる、交ぜる】〕

よすみ【四隅】《名詞》 四角いものの４つの角。「ふろしき(風呂敷)・の・　よすみ・を・　あ(合)わし・て・　たた(畳)む。」

よせがね【寄せ鉦】《名詞》 葬式が行われることを、村の中に触れて回るときに打ち鳴らす、平たいもの。また、それをたたいた音。「よせがね・が・　き(聞)こえる・けど・　だい(誰)・が・　し(死)ん・でやっ・た・ん・やろ。」◆葬式が始まる１～２時間前に触れて回って、葬式に駆けつけることができるように配慮するものである。近隣に葬儀場が整備され自宅で葬式を執り行うことがなくなったことに並行して、「よせがね【寄せ鉦】」を叩いて回ることもなくなった。

よせや【寄せ屋】《名詞》 金属や衣類や紙類などの廃品を回収する業者。「よせや・が・　き(来)・たら・　しんぶん(新聞)・を・　だ(出)し・とい・てんか。」〔⇒**てんや**【てん屋】、**ぼろや**【襤褸屋】、**くずや**【屑屋】〕

よせる【寄せる】《動詞・サ行下一段活用》 ①あるものをある場所に近づける。「つくえ(机)・を・　かべ(壁)・の・　ほー(方)・に・　よせる。」②離れた場所にいた人やものをひとつの所にいるようにする。集めて片づける。「ごみ(ごみ)・を・　ひとところ(一所)・に・　よせる。」③こちらに近づく。「おー(大)きな・　なみ(波)・が・　よせ・てき・た。」④相手のところへ行く。「ちか(近)い・　うち・に・　よせ・てもらい・ます。」⑤足し算をする。数を加える。「こーつーひ(交通費)・を・　ぜんぶ(全部)・　よせ・たら・　さんぜんえん(三千円)・に・　なっ・た。」⑥仲間に加える。全体の数に含める。「りょこー(旅行)・の・　はなし(話)・が・　ある・そーや・けど・　わたし(私)・も・　よせ・てもらわ・れ・へん・やろ・か。」「ぼく(僕)・も・　かく(隠)れんぼ・に・　よせ・てほしー・ねん。」■自動詞は「よる【寄る】」〔⇒**よす**【寄す】。②⇒**あつめる**【集める】、**あつべる**【集べる】。⑥⇒**いれる**【入れる】、**えええる**【(入える)】、**えれる**【(入れる)】、**まぜる**【混ぜる、交ぜる】〕

よそ【余所】《名詞》 ①自宅以外の場所。家族や親戚など以外の人。「よそ・に・　と(泊)まる。」「よそ・の・　しと(人)・に・も・　あいさつ(挨拶)し・なはれ。」②自分の側でないもの。自分の属していないところ。「よせん(予選)・で・　よそ・の・　がっこ(学校)・に・　ま(負)け・た。」「らくだ(駱駝)・は・　よそ・の・　くに(国)・に・　す(住)ん・どー・　どーぶつ(動物)・や。」■対語＝②「うち【内】」

よそいき【余所行き】《名詞、動詞する》 ①自宅から他のところへ出かけること。とりわけ、行楽などの楽しみを伴う外出。「ちょっと(一寸)・　よそいきし・て・　るす(留守)・に・　し・てまし・てん。」②着物や服のうち、特別立派なもの。最も上等の着物。外出するときに着る、特別な衣服。晴れ着。「よそいき・に・　きが(着替)える。」③改まった言葉や行動など。「きょー(今日)・は・　よそいき・の・　こえ(声)・で・　あいさつ(挨拶)し・ます。」〔②⇒**いっちょうらい**【(一張羅)】〕

よそいきのかお【余所行きの顔】《名詞》 化粧をして整えた顔。とりすました顔。「びよーいん(美容院)・へ・　い(行)っ・て・　よそいきのかお・に・　する。」

よそう〔**よそー**〕【予想】《名詞、動詞する》 前もってあれこれと推測して、経過や結果などの見込みをつけること。また、その内容。「けーば(競馬)・の・　よそー・が・　はず(外)れ・た。」〔⇒**けんとう**【見当】〕

よそごと【余所事】《名詞》 自分とは直接に関係のないこと。他人にかかわること。「じぶん(自分)・の・　こと・や・のに・　よそごと・みたいに・　ゆ(言)ー・とる。」〔⇒**ひとごと**【他人事】、**しとごと**【(他人事)】〕

よそみ【余所見】《名詞、動詞する》 ①見るべき方向以外に目を向けること。正面ではなく他の方を見ること。「よそみし・て・　じてんしゃ(自転車)・に・　の(乗)っ・とっ・たら・　でんしんばしら(電信柱)・に・　ぶちあ(当)たる・ぞ。」②集中力を欠いて、きょろきょろすること。「じゅぎょーちゅー(授業中)・に・　よそみ・ばっかり・　し・とっ・たら・　あか・ん・ぞ。」〔①⇒**わきみ**【脇見】〕

よそもん【余所者】《名詞》 その土地で生まれ育った人でなく、他の土地から移住してきた人。他の国から来た人。自分たちのグループに属していない人。「よそもん・や・さかい・　むら(村)・の・　しきた(仕来)り・が・　わから・へん。」

よだち〔**よーだち**〕【夜立】《名詞》 夏の午後に、急に激しく降り出して、しばらくたつと止む雨。「よだち・に・　お(遭)ー・て・　びしょぬ(濡)れに・　なっ・た。」「かさ(傘)・を・　も(持)っ・とら・ん・　とき(時)・に・　よーだち・に・　お(遭)ー・た。」◆夜に近い時間帯という感覚で言っているのか、「ゆうだち【夕立】」の発音が変化したものか、判断しにくい。〔⇒**ゆうだち**【夕立】〕

よたよた《形容動詞や(ノ)、動詞する》 ①年老いて、気力や体力が衰えている様子。「いちにちじゅー(一日中)・　よたよたと・　す(過)ごし・てます・ねん。」②怪我をしていたりして、歩くことが不自由である様子。「よたよたと・　し・て・　まっすぐに・　ある(歩)か・れ・へん。」③酒に酔って歩き方が定まらない様子。「よ(酔)ー・て・　よたよたし・ながら・　ある(歩)い・て・かえ(帰)っ・た。」④どう対処していいのか、困っている様子。「みせ(店)・は・　よたよたし・て・　つぶ(潰)れ・そーや。」〔①②⇒**よぼよぼ**〕

よだれ【涎】《名詞》 無意識のうちに、あるいは意識しても止めることができなくて、口の外に流れ出る唾液。「あか(赤)んぼ・が・　よだれ・を・　く(繰)る。」「うし(牛)・の・　よだれ・は・　なかなか・　き(切)れ・へん。」

よだれかけ【涎掛け】《名詞》 乳児の首に掛けて、よだれを受ける布。「ぬ(濡)れ・た・　よだれかけ・を・　か(換)え・てやる。」

よだれくり【涎繰り】《名詞、形容動詞や(ノ)》 口の外に唾液を流れ出させている人。また、その様子。「この・　こ(子)ー・は・　ほんま(本真)に・　よだれくりや・なー。」〔⇒**よだれたらし**【涎垂らし】〕

よだれたらし【涎垂らし】《名詞、形容動詞や(ノ)》 口の外に唾液を流れ出させている人。また、その様子。「よだれたらしや・さかい・　よだれか(涎掛)け・を・　つ(付)け・たる。」〔⇒**よだれくり**【涎繰り】〕

よちよち《副詞と、動詞する》 ①小さな子どもが、ちょっと不安定な様子で歩く様子。「やっと・　よちよちと・　ある(歩)ける・よーに・　なった。」「たたみ(畳)・の・　うえ(上)・で・　よちよちし・とる。」②重いものを持ったりすることによって、足どりが安定しない様子。老人・病人・怪我人などの足どりがこころもとない様子。「おじー(爺)さん・が・　よちよちと・　ある(歩)く。」

よっか【四日】《名詞》 ①1か月のうちの4番目の日。「ごがつ(五月)・の・　よっか・は・　みどりのひ(日)・や。」②1日を4つ合わせた日数。「しけん(試験)・が・　よっか・　つづ(続)く・ねん。」

よっかいつか【四日五日】《名詞、副詞》 4日間もしくは5日間のあいだ。「よっかいつか・も・　た(経)っ・たら・　つゆ(梅雨)・は・　あ(上)がり・ます・やろ。」◆数える起点は今日のことが多いが、それ以外の特定の日を起点にすることもある。◆「いつかむいか【五日六日】」、「むいかなぬか【六日七日】」…という言い方もしないわけではないが、使用頻度は極端に少なくなるので、見出し語としては取り上げないことにする。〔⇒**しごにち**【四五日】〕

よつかど【四つ角】《名詞》 2本の道が直角に交わっているところ。「よつかど・は・　いっぺん(一遍)・　と(止)まり・なはれ。」〔⇒**よつつじ**【四つ辻】、**よつすじ**【四つ筋】、**じゅうじろ**【十字路】〕

よつき【四月】《名詞》 ①1年を12に分けたときの、そのよっつ分。ほぼ120日の長さ。「しはらい(支払)・が・　よつき・ぶん・　たまっ・とる。」②その月から、中に2つの月を置いてまたがる長さ。「よつき・に・　わたっ・て・　かいがいしゅっちょー(海外出張)する。」〔⇒**よんかげつ**【四か月】〕

よっこいしょ《感動詞》 ①重いものを持ち上げたり動かしたりする際に、力を入れたり弾みをつけたりするときの掛け声や、その際の思いを表す言葉。「よっこいしょ・と・　おー(大)きな・　はこ(箱)・を・　うご(動)かす。」②座ったり立ち上がったりするときの掛け声や、その際の思いを表す言葉。「よっこいしょ・と・　かけごえ(掛声)・　か(掛)け・て・　た(立)た・んと・　おれ・ん・よーな・　とし(歳)・に・　なっ・ても・た。」〔⇒**どっこいしょ**、**どっこらしょ**、**よっこらしょ**。①⇒**うんとこさ**、**うんとこせ**、**うんとこしょ**、**うんとしょ**〕

よっこらしょ《感動詞》 ①重いものを持ち上げたり動かしたりする際に、力を入れたり弾みをつけたりするときの掛け声や、その際の思いを表す言葉。「よっこらしょ。けが(怪我)せ・ん・よーに・　ゆっくり・　も(持)っ・ていこ・ー・な。」②座ったり立ち上がったりするときの掛け声や、その際の思いを表す言葉。「よっこらしょ・あの・　いす(椅子)・に・　すわ(座)ろ・ー・か。」〔⇒**どっ**

こいしょ、どっこらしょ、よっこいしょ。①⇒うんとこさ、うんとこせ、うんとこしょ、うんとしょ〕

よっしゃ《感動詞》 引き受けたり容認したりする気持ちを表す言葉。「よっしゃ・ わし・に・ まか(任)し・とい・てくれ。」

よつすじ【四つ筋】《名詞》 2本の道が直角に交わっているところ。「よつすじ・の・ しんごー(信号)・を・ ちゃんと・ まも(守)れ・よ。」〔⇒**よつつじ**【四つ辻】、**よつかど**【四つ角】、**じゅうじろ**【十字路】〕

よつだま【四つ玉】《名詞》 算盤で今使われている、珠が、はりの上に1つ、下に4つついているもの。「よつだま・の・ そろばん(算盤)・を・ つこ(使)ー・て・ れんしゅー(練習)する。」■対語＝「いつつだま【五つ玉】」

よったり【四人】《名詞》 人数が4であること。「わし・は・ きょーだい(兄弟)・が・ よったり・やっ・てん。」「こども(子供)・は・ よったり・ おる・ねん。」◆「ひとり【一人】」「ふたり【二人】」「さんにん【三人】」の次は「よにん【四人】」の他に「よったり【四人】」とも言う。〔⇒**よにん**【四人】〕

よっつ【四つ】《名詞(数詞＋助数詞)》 ①自然数の3に、1を加えた数で、個数などをかぞえる場合に使う言葉。「おーえんだん(応援団)・が・ うんどーじょー(運動場)・の・ とーざいなんぼく(東西南北)・の・ よっつ・の・ ほーがく(方角)・に・ わ(分)かれ・る。」②4歳。「よっつ・に・ なっ・て・ よーちえん(幼稚園)・に・ い(行)っ・とる。」

よつつじ【四つ辻】《名詞》 2本の道が直角に交わっているところ。「よつつじ・に・ ある・ おかしや(菓子屋)さん・で・ か(買)い・まし・てん。」〔⇒**よつかど**【四つ角】、**よつすじ**【四つ筋】、**じゅうじろ**【十字路】〕

よっつわり【四つ割り】《名詞、動詞する》 全体を4つに分けること。4つに分けたひとつ分。「いさん(遺産)・の・ よっつわり・を・ もら(貰)う。」〔⇒**よつわり**【四つ割り】〕

よってこって【寄ってこって】《副詞》 大勢の人が集まって、心を合わせたり示し合わせたりして。「よってこって・ わし・の・ いけん(意見)・に・ はんたい(反対)し・やがっ・た。」「よってこって・ しごと(仕事)・を・ し・たら・ いっぺん(一遍)に・ す(済)ん・でも・た。」〔⇒**よってたかって**【寄って集って】〕

よってたかって【寄って集って】《副詞》 大勢の人が集まって、心を合わせたり示し合わせたりして。「よってたかって・ わし・に・ しごと(仕事)・を・ お(押)しつけ・やがっ・た。」「よってたかって・ なぐ(殴)り・に・き(来)・よっ・た。」〔⇒**よってこって**【寄ってこって】〕

ヨット〔**よっと**〕【英語＝yacht】《名詞》 3角の帆を張って風を受けて走る、スポーツ用の西洋風の小型船。「よっと・で・ あわじしま(淡路島)・へ・ い(行)く。」「よっと・の・ まーく(マーク)・の・ つい・た・ えんぴつ(鉛筆)・や。」

よっぱらう【酔っ払う】《動詞・ワア行五段活用》 酒を飲んで、精神的・身体的に普通でなくなる。酒が体に盛んにまわる。「びーる(ビール)・ いっぱい(一杯)・ の(飲)ん・だら・ よっぱらう・ほど・ よわ(弱)い・ねん。」

よっぽど【余っ程】《副詞、形容動詞や(ノ)》 ①普通に考えられるよりも、程度をかなり超えている様子。「よっぽど・ はら(腹)・が・ た(立)っ・とっ・た・さかい・あないに・ おこ(怒)っ・た・ん・やろ・なー。」「そん・だけ・ ゆ(言)ー・ん・や・さかい・ あいつ(彼奴)・も・ よっぽどの・ こと・なん・やろ。」②思い切ってことを起こそうかとしている心の様子。「あんまり・にも・ むちゃ(無茶)な・ こと・を・ い(言)ー・やがる・さかい・ よっぽど・ どつい・たろ・か・と・ おも(思)・た・ん・や。」

よつわり【四つ割り】《名詞、動詞する》 全体を4つに分けること。4つに分けたひとつ分。「すいか(西瓜)・を・ よつわりし・て・ く(食)う。」〔⇒**よっつわり**【四つ割り】〕

よつんばい《名詞、動詞する》 両の手足を地につけて這う形になること。また、その姿勢で前進すること。「よつんばい・に・ なっ・て・ ほらあな(洞穴)・を・ くぐ(潜)る。」〔⇒**もうもう**〕

よてい〔**よてー**〕【予定】《名詞、動詞する》 後に行うことなどを前もって決めておくこと。また、その内容。「その・ ひ(日)ー・は・ よてー・が・ つ(詰)まっ・とる・ので・ い(行)け・まへ・ん。」「げつまつ(月末)・に・ そーべつかい(送別会)・を・ よてーする。」

よどおし〔**よどーし**〕【夜通し】《副詞》 前夜から朝までずっと同じような状態が続くことを表す言葉。「きのー(昨日)・は・ よどーし・ てれび(テレビ)・で・ さっかー(サッカー)・を・ み(見)・とっ・た。」〔⇒**ひとばんじゅう**【一晩中】、**しとばんじゅう**【(一晩中)】〕

よなか【夜中】《名詞》 ①夜がいちばん更けた時間帯。「よなか・まで・ ほん(本)・を・ よ(読)ん・どっ・てん。」②日付が変わる、午前0時頃。「もー・ よなか・を・ まー(回)っ・た・ぞ。」〔①⇒**まよなか**【真夜中】、**しんや**【深夜】〕

よなが【夜長】《名詞》 秋になって、日没が早くなり夜が長くなったと感じられること。また、その長い時間。「あき(秋)・の・ よなが・に・ ほん(本)・を・ よ(読)む。」

よなきそば【夜鳴き蕎麦】《名詞》 夜にラッパなどを吹いたり、音楽を鳴らしながら売りに来る蕎麦。「よなきそば・の・ おと(音)・が・ する。」

よなび【(夜業)】《名詞、動詞する》 昼間の仕事で間に合わなかった分を、夜にも引き続いてすること。夜の時間を惜しんで仕事をすること。また、その仕事の内容。「よなび・に・ はりしごと(針仕事)・を・ する。」〔⇒**よなべ**【夜業】、**よなべしごと**【夜業仕事】、**よなびしごと**【(夜業仕事)】〕

よなびしごと【(夜業仕事)】《名詞、動詞する》 昼間の仕事で間に合わなかった分を、夜にも引き続いてすること。夜の時間を惜しんで仕事をすること。また、その仕事の内容。「わし・は・ てれび(テレビ)・を・ み(見)る・の・が・ よなびしごと・や・ねん。」〔⇒**よなべ**【夜業】、**よなび**【(夜業)】、**よなべしごと**【夜業仕事】〕

よなべ【夜業】《名詞、動詞する》 昼間の仕事で間に合わなかった分を、夜にも引き続いてすること。夜の時間を惜しんで仕事をすること。また、その仕事の内容。「しごと(仕事)・が・ だいぶ(大分)・ のこ(残)っ・ても・た・さかい・ よなべする。」〔⇒**よなび**【(夜業)】、**よなべしごと**【夜業仕事】、**よなびしごと**【(夜業仕事)】〕

よなべしごと【夜業仕事】《名詞、動詞する》 昼間の仕事で間に合わなかった分を、夜にも引き続いてすること。夜の時間を惜しんで仕事をすること。また、その仕事の内容。「めし(飯)・を・ す(済)まし・て・から・ よなべしごと・で・ なわ(縄)・を・ な(綯)う。」〔⇒**よなべ**【夜業】、**よなび**【(夜業)】、**よなびしごと**【(夜業仕事)】〕

よにげ【夜逃げ】《名詞、動詞する》 借金などで行き詰まって、その土地におれなくなって、夜中にこっそりと家を捨てて逃げ出すこと。「いつ・の・ ま(間)ー・に・か・

しゃっきん(借金)・で・　よにげし・た。」

よにん【四人】《名詞》 人数が4であること。「よにん・で・　とらんぷ(トランプ)・を・　する。」〔⇒**よったり【四人】**〕

よのなか【世の中】《名詞》 人々が集まって暮らしているところ。人々が生活している現実社会。自分が生きている社会。「よのなか・に・は・　いろんな・　しと(人)・が・　おる・ん・や・なー。」〔⇒**せけん【世間】**〕

よばれます【呼ばれます】《感動詞》 食事をはじめるときの挨拶の言葉。◆食事を準備してくれた相手への感謝の気持ちを表す。〔⇒**いただきます【頂きます】**〕

よばれる【呼ばれる】《動詞・ラ行下一段活用》 ①他の人から声をかけられる。「そつぎょーしき(卒業式)・は・　ひとり(一人)・ずつ・　なまえ(名前)・を・　よばれる。」②指名を受けて、引き寄せられる。「ほんしゃ(本社)・に・　よばれ・て・　けんしゅー(研修)・を・　う(受)ける。」③声をかけられて、招待を受ける。「めー(姪)・の・　けっこんしき(結婚式)・に・　よばれ・とる・ねん。」④ご馳走になる。「おい(美味)しー・　もん(物)・を・　よばれ・た。」

よばんめ【四番目】《名詞》 ものごとの順序や順位などを表す言葉で、3番目の次に位置するもの。「ひだり(左)・から・　よばんめ・の・　いえ(家)・が・　やまだ(山田)はん・や。」〔⇒**よんばんめ【四番目】**〕

よび〔よーび〕【予備】《名詞》 足りなくなる場合や必要になる場合に備えて、前もって用意しておくこと。また、用意しておくもの。「おかね(金)・を・　よび・に・　ちょっと・　よけー(余計)に・　も(持)っ・ていく。」

よびすて【呼び捨て】《名詞、動詞する》 人を指し示したり、人を呼んだりするときに、敬称をつけないで、その人の名前だけを言うこと。「えら(偉)い・　ひと(人)・は・　よびすて・に・　でけ・へん。」

よびだす【呼び出す】《動詞・サ行五段活用》 ①声や文字で知らせて、来させる。「こーないほーそー(校内放送)・で・　よびだす。」②呼びかけて、外へ出す。「いえ(家)・の・　そと(外)・へ・　よびだし・た。」■名詞化＝**よびだし【呼び出し】**

よぶ【呼ぶ】《動詞・バ行五段活用》 ①他の人に向かって声をかける。「なまえ(名前)・を・　よぶ。」②声をかけて、自分の方に来させる。「でんわ(電話)・で・　たくしー(タクシー)・を・　よぶ。」③招待をする。「ともだち(友達)・を・　いえ(家)・に・　よぶ。」④ご馳走をしたり、ご馳走になったりする。「たんじょーかい(誕生会)・で・　うま(美味)い・　もん・を・　よん・だろ・か。」「おちゃ(茶)・　いっぱい(一杯)・　よん・でー・な。」

よふけ【夜更け】《名詞》 夜遅い頃。深夜。「よふけ・に・　うちあげはなび(打上花火)・を・　さ・れ・たら・　うるそ(煩)ー・て・　ね(寝)・られ・へん。」

よぶん【余分】《名詞、形容動詞や(ナ)》 ①一定の数量や必要な数量よりも、多くあること。「みんな(皆)・より・　よぶんに・　はたら(働)い・た。」②配ったり割り当てたりしたものの余りのもの。「よぶん・は・　つぎ(次)・の・　とき・に・　つか(使)お・ー。」③必要な度を超えて、無益・無駄であること。ない方がよいのに、あること。「よぶんな・　こと・は・　い(言)わ・んとき。」〔①③⇒**よけい【余計】**。②⇒**よ【余】**〕

よほう〔よほー〕【予報】《名詞》 天気や交通などの状況を前もって推測して、知らせること。また、その知らせ。「てんき(天気)・の・　よほー・が・　き(気)・に・　なる。」

よぼう〔よぼー〕【予防】《名詞、動詞する》 病気や災害などが起こらないように、前もって防ぐ手だてをとること。「にっしゃびょー(日射病)・の・　よぼー・に・　ぼーし(帽子)・を・　かぶ(被)る。」

よぼうちゅうしゃ〔よぼーちゅーしゃ〕【予防注射】《名詞》 感染症にかからないように、注射によってワクチンなどを体内に入れること。「いんふるえんざ(インフルエンザ)・の・　よぼーちゅーしゃ・を・　し・た。」

よぼよぼ《形容動詞や(ノ)、動詞する》 ①年老いて、気力や体力が衰えている様子。「よぼよぼに・　なら・ん・うち・に・　し・とき・たい・　こと・が・　いっぱい(一杯)・　ある。」②怪我をしていたりして、歩くことが不自由である様子。「よぼよぼと・　ある(歩)く・さかい・　あし(足)・が・　おそ(遅)い。」〔⇒**よたよた**〕

よぼる《動詞・ラ行五段活用》 液体を容器の口から注いで容器を元に戻した後に、液体が容器の口から縁を伝わって流れる。「しょーゆさ(醤油差)し・から・　しょーゆ(醤油)・が・　よぼっ・とる。」「よぼら・ん・よーに・　じょーず(上手)に・　そーす(ソース)・を・　かけ・なはれ。」◆この言葉の意味を表す全国共通語は見あたらない。「こぼれる【零れる】」「つたわる【伝わる】」「ながれる【流れる】」などとは異なる意味を表す言葉である。

よまわり〔よまーり〕【夜回り】《名詞、動詞する》 火事や盗難などを防ぐために、夜に見回ること。また、それをする人。「とし(年)・の・　く(暮)れ・に・は・　よまーり・の・　とーばん(当番)・が・　あっ・た。」

よみ【読み】《名詞》 ①文字で書かれたものを読むこと。「よみ・　か(書)き・　そろばん(算盤)・を・　なら(習)う。」②文字で記された言葉をどう発音するかということ。「むつか(難)しー・　じ(字)ー・の・　よみ・を・　しら(調)べる。」③現在の状況をもとに、先々のことを見通すこと。「やっぱ(矢張)り・　よみ・が・　あさ(浅)かっ・た・なー。」

よみがい【読み甲斐】《名詞》 読むのに値する価値や効果。読むのに努力を要する分量。「この・　ほん(本)・は・　いろいろ・　おし(教)え・られ・て・　よみがい・が・　あっ・た。」〔⇒**よみで、よみごたえ【読み応え】**〕

よみかけ【読みかけ】《名詞》 途中まで読むこと。途中まで読んでやめること。「ほん(本)・を・　よみかけ・に・　し・て・　ねむ(眠)っ・ても・とっ・た。」〔⇒**よみさし【読みさし】**〕

よみごたえ【読み応え】《名詞》 読むのに値する価値や効果。読むのに努力を要する分量。「しんどかっ・た・けど・　なかなか・　よみごたえ・が・　あっ・た。」〔⇒**よみで、よみがい【読み甲斐】**〕

よみさし【読みさし】《名詞》 途中まで読むこと。途中まで読んでやめること。「よみさし・の・　ほん(本)・を・　としょかん(図書館)・に・　かや(返)し・た。」〔⇒**よみかけ【読みかけ】**〕

よみさす【読みさす】《動詞・サ行五段活用》 途中まで読む。読んでいる途中でやめる。「よみさし・て・　や(止)め・たら・　あか・ん・やろ。」■名詞化＝**よみさし【読みさし】**

よみせ【夜店】《名詞》 縁日などが行われている夕方や夜に、道端でものを売る店。催し物として夜に出す店。「よみせ・を・　ひやかし・に・　い(行)く。」

よみち【夜道】《名詞》 夜の暗い道。「あめ(雨)・が・　ふ(降)っ・とる・　よみち・は・　きも(気持)ち・が・　わる(悪)い。」

よみで〔よみでー〕【読みで】《名詞》 読むのに値する価値

や効果。読むのに努力を要する分量。「よみでー・の・ある・ ぶあつ(分厚)い・ ほん(本)・や・さかい・みっか(三日)・は・ かかる・やろ。」〔⇒**よみがい【読み甲斐】、よみごたえ【読み応え】**〕

よみもん【読み物】《名詞》 小説・物語など、気軽に楽しんで読めるもの。「かしほんや(貸本屋)・で・ よみもん・を・ か(借)っ・た。」

よみや【(宵宮)】《名詞》 2日間にわたって催される秋祭りの初日。「よみや・は・ どよーび(土曜日)・の・ ひる(昼)から・ はじ(始)まる。」◆「夜宮」ではなく、「宵宮」の発音がつづまったものと思われる。2日目は「ひるみや【昼宮】」「ほんみや【本宮】」と言う。〔⇒**よんみや【(宵宮)】**〕

よめ【嫁】《名詞》 ①結婚相手の女性。「よめ・が・ さとがえ(里帰)りし・た。」②結婚して息子の妻となった女性。「よめ・は・ かいしゃ(会社)・に・ つと(勤)め・とる。」■対語＝「むこ【婿】」

よめいり【嫁入り】《名詞、動詞する》 女性が結婚して、相手の男性の家の一員になること。とつぐこと。また、その儀式。「よめいり・の・ ひど(日取)り・が・ き(決)まっ・た。」

よめはん【嫁はん】《名詞》 結婚相手の女性を、敬意を込めて言う言葉。「よめはん・が・ じっか(実家)・に・ かえ(帰)っ・て・ おさん(産)・を・ し・た。」■対語＝「むこはん【婿はん】」

よめる【読める】《動詞・マ行下一段活用》 ①読むことができる。「こ(小)まい・ じ(字)ー・が・ よめ・ん・よーに・なっ・た。」②あらかじめ判断ができる。「か(勝)つ・か・ ま(負)ける・か・ よめ・ん・なー。」

よもぎ【蓬】《名詞》 灰白色の葉裏に毛が生えて、かぐわしい香りのする野草で、若葉を摘んで餅などに入れることがある草。「よもぎ・で・ だんご(団子)・を・ つく(作)る。」

よやく【予約】《名詞、動詞する》 品物の売買、乗り物などの座席、宿泊先、出席する時刻などを前もって約束すること。また、その約束の内容。「はいしゃ(歯医者)・の・ じかん(時間)・を・ よやくする。」

よゆう〔よゆー〕【余裕】《名詞、形容動詞や(ノ)》 ①必要な量より多く豊かであること。また、その数量。「きょー(今日)・は・ じかん(時間)・に・ よゆー・が・ ある。」「よさん(予算)・に・ よゆー・が・ の(無)ー・ なっ・た。」②ゆったり落ち着いた気持ちでいる様子。「きょー(今日)・の・ しあい(試合)・は・ よゆーで・ み(見)・ておら・れ・た。」〔①⇒**あまり【余り】**〕

より【縒り】《名詞》 紐や糸などをねじり合わせて、逆方向に回すような力を両端から繰り返して加えること。「ろーぷ(ロープ)・に・ より・を・ かける。」

より《格助詞》 ①時間や空間の起点や通過点を表す言葉。「ここ・より・ まえ(前)・に・ なら(並)ん・でください。」「しあい(試合)・は・ にじ(二時)・より・ はじ(始)まる。」②比較する基準や対象を表す言葉。「ばす(バス)・より・ でんしゃ(電車)・の・ ほー(方)・が・ やす(安)い・やろ。」「やきゅー(野球)・より・ さっかー(サッカー)・が・ す(好)きや・ねん。」「あっち・のん・より・こっち・のん・が・ おもしろ(面白)・そーや。」「きょー(今日)・は・ きのー(昨日)・より・は・ さぶ(寒)ー・ない。」③順序などを表す言葉。「す(好)きな・ もん・より・ た(食)べはじ(始)める。」④他に方法や手段などがないという気持ちを表す言葉。「こー・ なっ・たら・わし・が・ やる・より・ ほーほー(方法)・が・ あら・へん。」「ある(歩)く・より・ しょーがない。」「あたま(頭)・を・ さ(下)げ・て・ たの(頼)む・より・ あら・へん。」「かんが(考)えかた・は・ これ・より・ あら・へん。」〔①③⇒**から。**②④⇒**よか、よりか、しか**〕

よりあい【寄り合い】《名詞、動詞する》 ①相談や決め事などのために、人々が集まること。また、その集まり。「むら(村)・の・ じちかい(自治会)・の・ よりあい・に・い(行)く。」②雑多なものの集まり。「あの・ みせ(店)・は・ やすもん(安物)・の・ よりあい・や。」〔⇒**よんりゃい【(寄り合い)】**〕

よりか《格助詞、副助詞》 ①比較する基準や対象を表す言葉。「あした(明日)・よりか・ あさって(明後日)・の・ほー(方)・が・ てんき(天気)・が・ え(良)ー・みたいや。」②他に方法や手段などがないという気持ちを表す言葉。「だま(黙)っ・とる・よりか・ しょー(仕方)・が・あら・へん・なんだ。」③ある範囲のものだけであるということを表す言葉。ものごとの範囲や限度を表す言葉。「しくだい(宿題)・を・ み(見)せ・てくれる・の・は・あんた・よりか・ おら・へん。」◆②③は、後ろに打ち消しの言葉が伴うことが多い。〔⇒**よか。**①②⇒**より。**②③⇒**しか**〕

よりさがす【選り探す】《動詞・サ行五段活用》 多くのものの中から選ぶ。ものを選ぶためにかきまわす。「おもちゃ(玩具)・を・ よりさがし・て・ なん(何)もかも・ほ(放)りだし・とる。」

よりつく【寄り付く】《動詞・カ行五段活用》 そばへ寄ってくる。「おこ(怒)りっぽい・ ひと(人)・や・さかい・ みんな(皆)・が・ よりつか・へん。」「みち(道)・を・ ある(歩)い・とっ・たら・ ねこ(猫)・が・ よりつい・てき・た。」

よりどり【選り取り】《形容動詞や(ノ)》 多くのものの中から、自分の好みのものを自由に選び取る様子。「よりどりで・ いっこ(一個)・ ごひゃくえん(五百円)・や。」〔⇒**よりどりみどり【選り取り見取り】**〕

よりどりみどり【選り取り見取り】《形容動詞や(ノ)》 多くのものの中から、自分の好みのものを自由に選び取る様子。「よりどりみどりで・ す(好)きな・ もん(物)・を・ と(取)り・なはれ。」〔⇒**よりどり【選り取り】**〕

よりによって【選りに選って】《副詞》 ①最も望ましくない事態になったという気持ちを表す言葉。「よりによって・ うんどーかい(運動会)・の・ ひ(日)・に・ たいふー(台風)・が・ き(来)・た。」②他の人が念を入れて選んだものが、よくなかったという批判の気持ちを表す言葉。「よりによって・ げてもん・を・ こ(買)ー・てき・た。」

よりみち【寄り道】《名詞、動詞する》 ①目的地までの途中で、他の場所に立ち寄ること。「よりみちせ・んと・かい(帰)っ・てこい・よ。」②途中で、他のことに時間を費やすこと。「ちょっと・ よりみちし・て・ いま(今)・は・ よびこー(予備校)・に・ い(行)っ・とる。」〔⇒**みちくさ【道草】**〕

よる【夜】《名詞》 日没から日の出までの、空が暗い間。「よる・は・ はや(早)め・に・ みせ(店)・を・ し(閉)める。」■対語＝「ひる【昼】」〔⇒**よ【夜】、よさり【夜さり】、ばん【晩】**〕

よる【寄る】《動詞・ラ行五段活用》 ①あるものに向かって近づく。「あつ(暑)い・さかい・ こっち・へ・ よら・んとい・て。」②目的の場所へ行く途中に、ついでに他の場所を訪れる。「すーぱー(スーパー)・に・ よっ・て・から・ かえ(帰)る。」③離れた場所にあった人やものなどが、ひとつの所に移動する。「むら(村)・の・ うんどーかい(運動会)・に・ おーぜー(大勢)・が・ よっ・た。」④真ん中ではなくて、少し片側に位置する。「えき(駅)・から・ ちょっと(一寸)・ にし(西)・に・ よっ・た・ ところ(所)・に・ ちゅーがっこー(中学校)・が・ある。」⑤年齢が多くなる。「とし(歳)・が・ よっ・た・ ひと(人)・が・ ぎょーさん(仰山)・ あつ(集)まっ・た。」⑥皺や波などが重なってできる。「かお(顔)・に・ しわ・が・ よっ・た。」■他動詞は「よせる【寄せる】」■名詞化＝**より**【寄り】〔③⇒**あつまる**【集まる】、**あつばる**【集ばる】〕

よる【選る】《動詞・ラ行五段活用》 ①いくつかのものの中から、目的、基準、好みなどにかなうものを取り出す。「じぶん(自分)・の・ す(好)きな・ がら(柄)・の・くつした(靴下)・を・ よる。」②基準などに従って、区切って別々にする。「つか(使)える・ かみ(紙)・を・ よっ・て・ のこ(残)し・とき・なはれ。」「も(燃)える・ごみ(塵)・を・ よっ・て・ ふくろ(袋)・に・ い(入)れる。」〔⇒**えらぶ**【選ぶ】。②⇒**わける**【分ける】〕

よる【縒る】《動詞・ラ行五段活用》 紐や糸などをねじり合わせて、逆方向に回すような力を両端から繰り返して加える。「いと(糸)・を・ よっ・て・ ひも(紐)・に・ する。」「かみ(紙)・で・ こより(紙縒)・を・ よる。」◆細いものを作るときは「よる【縒る】」、太いものを作るときは「なう【綯う】」と言うことが多い。■名詞化＝**より**【縒り】

よる《助動詞》 ①動作や状態が継続していることを表す言葉。…しつつある。…している。「がっこー(学校)・へ・ い(行)き・よる・ とちゅー(途中)・で・ わすれもん(忘物)・に・ き(気)・が・ つい・た。」「にし(西)・の・ほー(方)・で・ かじ(火事)・が・ いき・よる。」「おゆ(湯)・が・ わ(沸)き・よる。」「ろーそく(蝋燭)・の・ ひ(灯)ー・が・ き(消)え・よる。」②過去の習慣や経験などを表す言葉。「かいもん(買物)・は・ あかし(明石)・の・ まち(町)・へ・ い(行)き・よっ・た。」③相手や第三者の行動を非難する気持ちで使う言葉。「ゆ(言)ー・ こと・を・ き(聞)っ・きょら・ん。」◆①は、自分との距離を保って、やや突き放した見方をしているような語感がある。〔⇒**とる**、**とう**〕

よれよれ《形容動詞や(ノ)》 布・紙・衣服などが、古くなったり皺がよったりして、張りがなくなっている様子。「よれよれに・ なっ・た・ かみ(紙)・を・ ぽけっと(ポケット)・から・ だ(出)し・た。」「あめ(雨)・に・ぬ(濡)れ・て・ ずぼん(ズボン)・が・ よれよれに・なっ・た。」

よれる【縒れる】《動詞・ラ行下一段活用》 ねじったような状態になる。まくれ上がったような状態になる。「ずぼん(ズボン)・の・ すそ(裾)・が・ よれ・とる・さかいに・ なお(直)し・なはれ。」

よろける《動詞・カ行下一段活用》 体が安定を失って、足元がふらついて、転びそうになる。足元が定まらないで動く。また、実際に転んでしまう。「みち(道)・を・ある(歩)い・とっ・て・ よろけ・て・ しりもち(尻餅)・を・ つい・た。」〔⇒**ひょろける**、**ひょろひょろする**、**ひょろつく**〕

よろこび【喜び】《名詞》 良くて嬉しく思うことがら。結婚・出産・合格・昇進などの嬉しい出来事。「べーじゅ(米寿)・の・ よろこび・を・ いわ(祝)う。」

よろこぶ【喜ぶ】《動詞・バ行五段活用》 良いことがあって好ましく思う。望ましい出来事に満足して、嬉しく思う。また、そのような気持ちを態度で現す。「ことし(今年)・も・ みんな(皆)・ げんき(元気)やっ・た・ん・で・ よろこん・どり・ます・ねん。」「しあい(試合)・に・ か(勝)っ・て・ みんな(皆)・ よろこん・どっ・た。」■名詞化＝**よろこび**【喜び】〔⇒**ころこぶ**〕

よろしい〔**よろしー**〕【宜しい】《形容詞・イイ型》 ①立派で優れている様子。たいへん良く、難点がない様子。満足した気持ちになる様子。「この・ え(絵)・は・ なかなか・ よろしー・なー。」②相手の言うことを聞き入れたり許容したりするときに使う言葉。差し支えない。「おまえ(前)・の・ かんが(考)え・とる・よーに・し・たら・ よろしー。」③それ以上は要らないという様子。「きょー(今日)・は・ もー・ さかな(魚)・は・ よろしー・ねん。」◆③は、婉曲に断る気持ちを表す言葉でもある。〔⇒**けっこう**【結構】、**ええ**【(良え)】〕

よろしおあがり【宜しお上がり】《連語＝よろし(形容詞)・おあがり(動詞)》 「いただきます」や「ごちそうさま」という言葉に応えて、どうぞ召し上がってくださいという気持ちや、よく召し上がっていただいたという気持ちや、お粗末さまという気持ちなどを述べる言葉。〔⇒**よろしゅうおあがり**【宜しゅうお上がり】〕

よろしく【宜しく】《副詞》 ①その場の成り行きや状況にうまく適合するようにする様子。「みんな(皆)・で・ よろしく・ やっ・とい・てんか。」②ひとにものを頼むときなどに使う挨拶の言葉。「きょー(今日)・は・ ひとつ・ よろしく・ おねが(願)いし・ます。」〔⇒**よろしゅう**【宜しゅう】〕

よろしゅう〔**よろしゅー**〕【宜しゅう】《副詞》 ①その場の成り行きや状況にうまく適合するようにする様子。「よろしゅー・ き(決)め・とい・てください。」②ひとにものを頼むときなどに使う挨拶の言葉。「よろしゅー・おたの(頼)・もーし・ます。」〔⇒**よろしく**【宜しく】〕

よろしゅうおあがり〔**よろしゅーおあがり**〕【宜しゅうお上がり】《連語＝よろしゅう(形容詞)・おあがり(動詞)》 「いただきます」や「ごちそうさま」という言葉に応えて、どうぞ召し上がってくださいという気持ちや、よく召し上がっていただいたという気持ちや、お粗末さまという気持ちなどを述べる言葉。〔⇒**よろしおあがり**【宜しお上がり】〕

よろよろ《副詞と、形容動詞や(ノ)、動詞する》 体が不安定でよろめきそうな様子。足元がしっかりせずに、ふらついている様子。「よろよろと・ ある(歩)く・ ひと(人)・や・さかい・ しんぱい(心配)や。」「よろよろし・ながら・ ある(歩)い・とる。」〔⇒**ひょろひょろ**〕

よわい【弱い】《形容詞・アイ型》 ①ものに力や勢いがない。体や心がしっかりしていない。「ことし(今年)・の・ちーむ(チーム)・は・ よわい。」「てつぼー(鉄棒)・は・ よわい・ねん。」「き(気)・が・ よわい・ やつ(奴)・や・なー。」②長持ちしない。丈夫でなく、壊れやすい。「よわい・ かんぶくろ(紙袋)・や・さかい・ き(気)ー・つけ・て・ も(持)っ・ていっ・てんか。」③きっちりとしなくて、微かである。「かいちゅーでんとー(懐中電灯)・の・ ひかり(光)・が・ よわい。」④健康でない。体力が優れない。「おやじ(親父)・は・ このごろ・ だいぶ・ よおー・に・ なっ・た。」⑤得意でない。対応しきれない。「ふね(船)・に・は・ よおー・て・ よ(酔)ー・てまう・ねん。」⑥きつい態度がとれない。「おじー(祖父)さん・は・ まご(孫)・に・は・ よわい」■対語＝「つよい【強い】」「つおい【(強い)】」

よわき【弱気】《名詞、形容動詞や(ノ)》 性格、心の持ち

よ

方、考え方などがしっかりしていなくて、周囲から逃げ出そうとしていること。消極的で、勇気が足りないこと。気性が弱くて、他に譲ってしまうこと。「ものわす(物忘)れ･が･　ひどなっ･て･　よそ･へ･　い(行)く･　こと･は･　だいぶ･　よわきに･　なっ･てき･とる。」■対語＝「つよき【強気】」

よわたり【世渡り】《名詞、動詞する》 世の中を生きていくこと。暮らしを立てていくこと。人との関係を取り結ぶこと。「むくち(無口)で･　よわたり･が･　へた(下手)や。」

よわみ【弱み】《名詞》 他人に対して引け目を感じるところ。他人に狙われて恐れているところ。弱点。「ひと(人)･の･　よわみ･に･　つけこみ･やがっ･た。」■対語＝「つよみ【強み】」

よわみそ【弱味噌】《名詞》 意気地のない人。意志などがしっかりしていない人。「よわみそ･で･　くら(暗)い･とこ(所)･が･　おと(恐)ろしー･やて。」〔⇒**よわむし【弱虫】、しがんだ**〕

よわむし【弱虫】《名詞》 意気地のない人。意志などがしっかりしていない人。「よわむし･で･　なん(何)･でも･　ひと(人)･に･　たよ(頼)る。」〔⇒**よわみそ【弱味噌】、しがんだ**〕

よわる【弱る】《動詞･ラ行五段活用》 ①体力や勢いなどが衰える。「からだ(体)･が･　よわっ･てき･た。」②処置や判断のしようがなくて苦しむ。困惑する。「わか(若)い･　とき(時)･　しゅーしょく(就職)でき･ず･に･　よわっ･てん。」③物やお金がなくて、苦しむ。「しゃっきん(借金)･で･　よわっ･とる･ねん。」〔①⇒**まいる【参る】**。②③⇒**こまる【困る】**〕

よん【四】《名詞(数詞)》 ①自然数の3に、1を加えた数。「よん･の･　だんたい(団体)･に･　わ(分)け･て･　きょーそー(競争)する。」②ものごとの順序や順位などを表す言葉で、3番目の次に位置するもの。「おりんぴっく(オリンピック)･で･　よん･の･　じゅんい(順位)･やっ･たら･　めだる(メダル)･は･　もら(貰)わ･れ･へん。」〔⇒**し【四】**〕

よん【四】《接頭語》 (後ろの名詞にかかっていく言葉で)4を表す言葉。「えき(駅)･へ･　い(行)く･　みち(道)･は･　よんとー(通)り･　ある。」〔⇒**よ【四】**〕

よんかげつ【四か月】《名詞》 ①1年を12に分けたときの、そのよっつ分。ほぼ120日の長さ。「こーじ(工事)･はまる･よんかげつ･　かかる。」②その月から、中に2つの月を置いてまたがる長さ。「しがつ(四月)･の･　お(終)わり･から･　ひちがつ(七月)･の･　はじ(初)め･まで･　こーじ(工事)･は･　よんかげつ･に･　わたる･よてー(予定)･や。」〔⇒**よつき【四月】**〕

よんばんめ【四番目】《名詞》 ものごとの順序や順位などを表す言葉で、3番目の次に位置するもの。「しはつ(始発)･から･　よんばんめ･の･　でんしゃ(電車)･に･の(乗)る。」〔⇒**よばんめ【四番目】**〕

よんみゃ【(宵宮)】《名詞》 2日間にわたって催される秋祭りの初日。「このごろ(頃)･は･　よんみゃ･は･　だんじり(壇尻)･が･　むら(村)･の･　なか(中)･を･　まー(回)る･だけ･や。」◆「宵宮」の発音がつづまったものと思われる。2日目は「ひるみや【昼宮】」「ほんみや【本宮】」と言う。〔⇒**よみや【(宵宮)】**〕

よんりゃい【(寄り合い)】《名詞、動詞する》 ①相談や決め事などのために、人々が集まること。また、その集まり。「にっちょー(日曜)･に･　よんりゃいし･て･　き(決)める。」②雑多なものの集まり。「いろんな･　みせ(店)･の･　よんりゃい･の･　しょーてんがい(商店街)･や。」〔⇒**よりあい【寄り合い】**〕

ら

ら〔らー〕【等】《接尾語》［人や動物や段階･場所などを表す言葉に付く］ ①人や動物などが複数であることを表す言葉。「ぼく(僕)らー･の･　なかま(仲間)･は･　ごにん(五人)･や。」「あいつ(彼奴)らー･に･は･　なかなか･　ゆだん(油断)･が･　でけ･へん･ぞ。」②人が同等であったり同類であったりするものをまとめて指す言葉。「いまい(今井)らー･が･　い(行)っ･てくれる･ねん。」③自分をへりくだるときに使う言葉。「わしらー･に･は･　でけ(出来)･まへ･ん。」④段階や場所などのおよその見当を表す言葉。「きょー(今日)･の･　しごと(仕事)･は･　そこらー･で･　おい･とき･なはれ。」〔①⇒**たち【達】**〕

ラーメン〔らーめん〕【中国語から。拉麺】《名詞》 中国風の麺を茹でてスープに入れて、焼き豚などを加えた食べ物。「ひるめし(昼飯)･は･　らーめん･で･　す(済)まそ･ー。」◆元々は「しなそば【支那蕎麦】」と言うことが多かったように思う。〔⇒**しなそば【支那蕎麦】、ちゅうかそば【中華蕎麦】、ちゅうか【中華】**〕

ライオン〔らいおん〕【英語＝lion】《名詞》 アフリカなどの草原に住む、体長2メートルほどで、褐色や黄土色の短い毛で、雄にはたてがみがある猛獣。「さふぁりぱーく(サファリパーク)･で･　らいおん･を･　み(見)･た。」〔⇒**しし【獅子】**〕

らいげつ【来月】《名詞》 今月の次の月。「らいげつ･に･なっ･たら･　よ(寄)せ･てもらい･ます。」◆「らいげつ【来月】」の次の月は「さらいげつ【再来月】」「らいらいげつ【来来月】」と言う。■対語＝「せんげつ【先月】」

らいしゅう〔らいしゅー〕【来週】《名詞》 今日が属している日曜日から土曜日までの7日間の、その一つ次の7日間。「らいしゅー･の･　げっちょー(月曜)･は･　ふりかえきゅーじつ(振替休日)･や。」◆「らいしゅう【来週】」の次の週は「さらいしゅう【再来週】」「らいらいしゅう【来来週】」と言う。■対語＝「せんしゅう【先週】」

らいねん【来年】《名詞》 今年の次の年。「はんしん(阪神)･は･　らいねん･こそ･は･　ゆーしょー(優勝)･や。」◆その次の年は「さらいねん【再来年】」。■対語＝「きょねん【去年】」「きょうねん【(去年)】」、「さくねん【昨年】」

らいひん【来賓】《名詞》 会合や式典などに招いた大切な客。公式行事などに招待した客。「らいひん･を･　しきじょー(式場)･に･　あんない(案内)する。」

らいらいげつ【来来月】《名詞》 今月の2か月後。来月の次の月。「らいらいげつ･が･　おーぼ(応募)･の･　しめきり(締切)･や。」〔⇒**さらいげつ【再来月】**〕

らいらいしゅう〔らいらいしゅー〕【来来週】《名詞》 今週の2週後。来週の次の週。「らいらいしゅー･の･　どよーび(土曜日)･に･　もーいっぺん･　あつ(集)まっ･てください。」〔⇒**さらいしゅう【再来週】**〕

らえる《助動詞》 ①他から働きかけを受ける意味(受身)を表す言葉。「みち(道)･を･　たん(尋)ね･らえ･た･けど･　わから･なんだ。」②そうすることができるという意味(可能)を表す言葉。「この･　こ(子)･は･　じゅー

(十)・まで・　かぞ(数)え・らえる・よーに・　なっ・た。」③自然にそうなるという意味(自発)を表す言葉。「さき(先)・の・　こと・が・　あん(案)じ・らえ・て・　しょーがない。」④その動作などをする人を敬うこと(尊敬)を表す言葉。「けさ(今朝)・は・　なんじ(何時)・に・　お(起)き・らえ・まし・た・ん。」◆「らえる」は、「られる」と同様に上一段活用動詞、下一段活用動詞、カ行変格活用動詞に接続する。同じ活用型の補助動詞も同様である。〔⇒**られる**〕

らく【楽】《形容動詞や(ナ)、動詞する》 ①心や体に負担がかからず、安らかでゆったりしている様子。「おや(親)・を・　らくに・　さし・たり・たい。」「かしこ(畏)まら・んと・　らくに・　し・てください。」「ねつ(熱)・が・　さ(下)がっ・て・　らくに・　なっ・た。」②十分なゆとりを持って、それが行える様子。たやすい様子。簡単な様子。「こんど(今度)・の・　しやい(試合)・は・　らくに・　か(勝)て・た。」③可能である様子。差し支えがなく、大丈夫である様子。「きょー(今日)・の・　よ(寄)りあい・に・　で(出)る・の・は・　らくや。」

らくがき【落書き】《名詞、動詞する》 紙や布などにいたずら半分で字や絵などを書く(描く)こと。汚してはいけない塀や壁などに、字や絵などを書く(描く)こと。また、そのようにして書かれた(描かれた)もの。「らくがき・に・　し・て・は・　じょーず(上手)や・なー。」「みち(道)・に・　ちょーく(チョーク)・で・　らくがきし・て・　あそ(遊)ん・だ。」「へー(塀)・に・　らくがき・を・　さ・れ・た。」

らくご【落語】《名詞》 伝統的な芸能で、滑稽な話を身振りや手振りを交えて語り、話の終わりに落ち(下げ)がついている、一人で語る話。「ベーちょー(米朝)さん・の・　らくご・を・　き(聞)ー・た。」

らくご【落伍】《名詞、動詞する》 力が足りなくて、仲間などについていけなくなること。他の人たちより遅れること。「いっぺん(一遍)・　らくごし・たら・　お(追)いつく・の・は・　むり(無理)や。」

らくせん【落選】《名詞、動詞する》 ①優れた作品などを決める選考で、漏れること。「いっかい(一回)・ぐらい・　らくせんし・ても・　き(気)ー・　お(落)とさ・んと・　もーいっぺん・　がんば(頑張)っ・てみ・なはれ。」②選挙での得票数が少なくて、選ばれないこと。「あの・　ひと(人)・は・　なんべん(何遍)・　らくせんし・ても・　また・　りっこーほ(立候補)し・とる。」■対語＝「とうせん【当選】」、①「にゅうせん【入選】」

らくだ【駱駝】《名詞》 ①首と足が長く、背中に瘤(こぶ)のある、砂漠にすむ大形のけもの。「ふたこぶ(二瘤)・の・　らくだ・を・　どーぶつえん(動物園)・で・　み(見)・た。」②灰褐色をした毛織物。「ふゆ(冬)・に・は・　らくだ・の・　しゃつ(シャツ)・を・　き(着)る。」

らくだい【落第】《名詞、動詞する》 ①一定の資格や条件などにかなうかどうかを調べるために、学校・会社・団体などが行う試験に受からないこと。「べんごししけん(弁護士試験)・に・　ごへん(五遍)・も・　らくだいし・とる。」②能力や品質などが決められた基準に達していないこと。「そんな・　うた(歌)いかた・で・は・　まだまだ・　らくだい・や。」③成績が悪くて、上の学年や段階などに進めないこと。卒業できないこと。「らくだいし・ても・　また・　がんば(頑張)っ・たら・　え(良)ー・やん。」■対語＝①②「ごうかく【合格】」

らくらく【楽々】《副詞と》 ものごとが非常にたやすくできる様子。身体的あるいは精神的な苦痛を伴わないで行うことができる様子。「たか(高)い・　やま(山)・に・　らくらくと・　のぼ(登)る。」

らけ《副助詞》 ①ものごとの範囲や限度を表す言葉。「あと・　いちじかん(一時間)・らけ・　しごと(仕事)し・てくれ・へん・か。」②前に置かれた言葉を強調する気持ちを表す言葉。「こん・らけ・　がんば(頑張)っ・ても・　ほ(褒)め・てもらわ・れ・へん。」③したことに応じて、成果がもたらされるということを表す言葉。「だいぶ(大分)・　べんきょー(勉強)し・た・らけ・　せーせき(成績)・が・　あ(上)がっ・た。」〔⇒**だけ、なけ**。①⇒**だけだけ、なけなけ、らけらけ**〕

ラケット〔らけっと〕【英語＝racket】《名詞》 テニス、卓球、バドミントンなどで、ボールや羽根を打つのに使う道具。「あたら(新)しー・　らけっと・を・　こ(買)ー・てもろ・た。」

らけらけ《副助詞》 ものごとの範囲や限度を強く言おうとするときに使う言葉。「こん・らけらけ・で・　ごひゃくえん(五百円)・に・　ま(負)け・とく・わ。」〔⇒**だけだけ、なけなけ、だけ、らけ、なけ**〕

らしい〔らしー〕《助動詞》 ①伝聞などに基づいて、ものごとを推し量ることを表す言葉。「あした(明日)・も・　あめ(雨)・が・　つづ(続)く・らしー。」②婉曲的に断定することを表す言葉。「どーやら・　あんた・の・　ほー(方)・が・　わる(悪)い・らしー・なー。」

らしい〔らしー〕《接尾語》［名詞や、形容詞や形容動詞の語幹に付く］ いかにもそれに相応しいということを表す言葉。そのものの特徴をよく備えているということを表す言葉。「こども(子供)らしー・　はきはきし・た・　へんじ(返事)・を・　する。」「あいつ(彼奴)らしー・　りっぱ(立派)な・　さいご(最期)・やっ・た。」「はる(春)らしー・　いちにち(一日)・やっ・た。」「ばか(馬鹿)らしー・　まちが(間違)い・を・　し・た。」「かい(可愛)らしー・　おんな(女)・の・　こ(子)・や・なー。」

ラジオ〔らじお〕【英語＝radio】《名詞》 ①放送局から電波で音声を送る通信方法。また、それを用いた通信や、その番組内容。「らじお・で・　はんしん(阪神)・の・　しあい(試合)・を・　き(聞)く。」②放送局からの電波をとらえて聞く受信機。「けーたいよー(携帯用)・の・　らじお・を・　こ(買)ー・た。」

真空管を使ったラジオ

らす《助動詞》 ①人に何かをするようにしむけるという意味(使役)を表す言葉。「は(早)よ・　こども(子供)・に・　ふく(服)・を・　き(着)・らせ。」②人にそれをすることを認めるという意味(許可)や、それをするがままにさせておくという意味(放任)を表す言葉。「ぬぶ(眠)たい・ん・やっ・たら・　かって(勝手)に・　ね(寝)・らし・とい・たれ。」◆「らす」は、「さす」と同様に上一段活用動詞、下一段活用動詞、カ行変格活用動詞に接続する。同じ活用型の補助動詞も同様である。〔⇒**す、さす**〕

らっかさん【落下傘】《名詞》 上空を飛行中の航空機から飛び降りたり、ものを投下させたりするときに、安全に地面に着けるようにするための、半球形をして傘の形に開く用具。「らっかさん・で・　へりこぷたー(ヘリコプター)・から・　お(降)りる。」

らっぱ【喇叭】《名詞》 ①息を強く吹いて音を出す、先が朝顔のように広がっている金管楽器。「らっぱ・　ふ

(吹)い・て・　とふや(豆腐屋)・が・　まー(回)っ・てき・た。」②大げさであったり、嘘が混じっていたりする話。「あいつ(彼奴)・の・　はなし(話)・は・　らっぱ・や・さかい・　き(気)・を・　つ(付)け・なはれ。」

らっぱのみ【喇叭飲み】《名詞、動詞する》　水、ジュース、酒などを入れた瓶に直接、口をつけて飲むこと。「いっしょーびん(一升瓶)・を・　らっぱのみする・　おーざけの(大酒飲)み・や。」◆瓶の尻を高く上げて、まるでラッパを吹いているような形になるので、このように言う。〔⇒**くちのみ【口飲み】**〕

ラムネ〔らむね〕【英語＝ lemonade の変化】《名詞》　①炭酸水に砂糖や香料などで味をつけた飲み物。「のど(喉)・が・　かわ(渇)い・て・　さいだー(サイダー)・か・　らむね・が・　ほ(欲)しなっ・た。」②子どもが遊びに使う、ガラスの小さな球。「みちいっぱい(道一杯)に・　らむね・を・　ひろ(広)げ・て・　あそ(遊)ん・だ。」◆②は、ラムネを入れた瓶の口に使われている玉のことを指して、このように言う。〔②⇒**ラムネのたま【英語＝ lemonade ＋ の玉】**〕

ラムネの飲み物を入れる瓶

ラムネがし〔らむねがし〕【英語＝ lemonade ＋ 菓子】《名詞》　炭酸水に砂糖などで味をつけた飲み物を思わせて、清涼な味のする小粒の菓子。「らむねがし・で・　くち(口)・を・　すず(涼)しゅー・　する。」

ラムネのたま〔らむねのたま〕【英語＝ lemonade ＋ の玉】《名詞》　子どもが遊びに使う、ガラスの小さな球。「らむねのたま・を・　みち(道)・に・　ひろ(広)げ・て・　あ(当)てあい・を・　し・て・　あそ(遊)ぶ。」◆ラムネを入れた瓶の口に使われている玉のことを指して、このように言う。〔⇒**ラムネ【英語＝ lemonade の変化】**〕

ラムネの玉

られる《助動詞》　①他から働きかけを受ける意味(受身)を表す言葉。「きれー(綺麗)な・　じ(字)ー・や・ゆーて・　みんな(皆)・に・　ほめ・られ・た。」②そうすることができるという意味(可能)を表す言葉。「ことし(今年)・は・　あつ(暑)い・さかい・　まだ・　なつふく(夏服)・が・　き(着)・られる。」③自然にそうなるという意味(自発)を表す言葉。「きのー(昨日)・の・　しっぱい(失敗)・が・　なんべん(何遍)も・　かんが(考)え・られ・て・　あたま(頭)・から・　はな(離)れ・へん。」④その動作などをする人を敬うこと(尊敬)を表す言葉。「すし(寿司)・か・　なん(何)・ど・　た(食)べ・られ・ませ・ん・か。」◆「られる」は、「らえる」と同様に上一段活用動詞、下一段活用動詞、カ行変格活用動詞に接続する。同じ活用型の補助動詞も同様である。〔⇒**らえる**〕

らん【欄】《名詞》　枠で区切られている、文字などを書くために決められた場所。「じ(字)ー・は・　らん・の・　なか(中)・に・　か(書)い・てください。」

らん【蘭】《名詞》　東洋系のものや西洋系のものがあって、花は独特の形で品種が多く、鉢植えで観賞用に栽培される草花。「らん・の・　はな(花)・の・　てんらんかい(展覧会)・を・　み(見)・に・　い(行)く。」

らんがい【欄外】《名詞》　枠のある、決められた場所以外のところ。「つごー(都合)・が・　わる(悪)い・　ばあい(場合)・は・　らんがい・に・　その・よーに・　か(書)い・とい・てください。」

らんかん【欄干】《名詞》　転落を防いだり飾りとしたりするために、橋や階段などのふちに設けられている手摺り。「おー(大)きな・　はし(橋)・の・　らんかん・に・　もた(凭)れ・て・　はなし(話)・を・　する。」

らんざつ【乱雑】《形容動詞や(ナ)》　①ごたごたしていて秩序がない様子。散らかっていて整理がついていない様子。「らんざつな・　へや(部屋)・を　かたづ(片付)け・なさい。」②細かいところには注意が行き届かず、荒っぽい様子。「らんざつな・　じ(字)ー・を・　か(書)い・とる。」■対語＝「ていねい【丁寧】」

ランチ〔らんち〕【英語＝ launch】《名詞》　艀(はしけ)などを引っ張ったり、大きな船との連絡に使ったりする、エンジン付きの小型の船。「おき(沖)・を・　らんち・が・　とー(通)っ・とる。」

らんとう〔らんとー〕【乱闘】《名詞、動詞する》　敵と味方が入り乱れて争ったり、殴り合ったりすること。「ぷろれす(プロレス)・は・　ときどき(時々)・　らんとー・を・　する。」

ランドセル〔らんどせる〕【オランダ語＝ ransel の変化】《名詞》　小学生などが学用品を入れて背中に負う鞄。「まご(孫)・の・　にゅーがくいわ(入学祝)い・に・　らんどせる・を・　か(買)う。」〔⇒**はいのう【背嚢】**〕

昭和時代のランドセル

ランニング〔らんにんぐ〕【英語＝ running shirt の略】《名詞》　袖がなく、襟の部分が大きく開けられている、男子用の下着。「らんにんぐ・　いちまい(一枚)・で・　しごと(仕事)・を・　する。」

ランプ〔らんぷ〕【英語＝ lamp】《名詞》　石油などをしみこませた芯に火をつけて、まわりをガラスの火屋で囲っている照明器具。「らんぷ・の・　あぶら(油)・を・　つ(注)ぎたす。」「らんぷ・の・　ほや(火屋)・を・　みが(磨)く。」

らんぼう〔らんぼー〕【乱暴】《形容動詞や(ナ)、動詞する》　他人に対して荒々しい行いをしたり、粗雑な言葉を口にしたりすること。「ひと(人)・に・　らんぼーし・たら・　あか・ん・よ。」「らんぼーな・　しゃべ(喋)りかた・を・　する・　ひと(人)・や・なー。」

らんま【欄間】《名詞》　和室の通風や装飾のために、鴨居と天井との間に、透かし彫りの板や格子などをはめた部分。「らんま・に・　え(良)ー・　ちょーこく(彫刻)・が・し・てある。」

り

り【里】《名詞》　尺貫法の長さの単位で、1里はおよそ3930メートルの長さ。「いちじかん(一時間)・に・　いち(一)り・を・　ある(歩)く。」「むかし(昔)・の・　ひと(人)・は・　いちにち(一日)・に・　ひち(七)り・も・　はち(八)り・も・　ある(歩)い・た。」

りいん〔りーん〕《副詞と》　電話・ベル・鈴などが尾を引くように鳴る様子。また、その音。「じむしょ(事務所)・で・　りーん・　りーんと・　な(鳴)っ・とる・ぞ。」「でんわ(電話)・の・　りーん・で・　め(目)・が・　さ(覚)め・た。」

りえき【利益】《名詞》　①事業などによって得る、金銭上の儲け。利潤。「う(売)りあげ・が・　すく(少)のー・て・りえき・が・　あ(上)がら・へん。」②役に立ったり、ためになったりすること。「みんな(皆)・の・　りえき・を・かんが(考)え・て・　じちかい(自治会)・の・　ぎょーじ(行事)・を・　き(決)める。」

りか【理科】《名詞》 自然にあるものや、自然の出来事などについて教える、小学校、中学校、高等学校の教科の名。「りか・の・　じっけん(実験)・で・　しけんかん(試験管)・を・　わ(割)っ・ても・た。」

りく【陸】《名詞》 地球上で、水におおわれないで、土地が広がっているところ。「りく・に・　す(住)ん・どる・どーぶつ(動物)・は・　あし(足)・が・　はや(速)い。」「りく・に・　あ(上)がっ・て・　うみがめ(海亀)・が・　たまご(卵)・を・　う(生)む。」■対語＝「うみ【海】」

りくぐん【陸軍】《名詞》 主に陸上で戦闘や防衛にあたる軍隊。「りくぐん・の・　せんしゃ(戦車)・が・　はし(走)っ・とる。」■対語＝「かいぐん【海軍】」

りくじょう〔りくじょー〕【陸上】《名詞》 ①地続きに土地が広がっているところの上。「ふね(船)・やのー・て・りくじょー・で・　はこ(運)ぶ。」②走る、投げる、跳ぶことなどを競う運動競技の総称。「ぶかつ(部活)・で・りくじょー・を・　し・とる。」〔②⇒**りくじょうきょうぎ【陸上競技】**〕

りくじょうきょうぎ〔りくじょーきょーぎ〕【陸上競技】《名詞》 走る、投げる、跳ぶことなどを競う運動競技の総称。「わたし(私)・は・　りくじょーきょーぎ・の・　たんきょり(短距離)・が・　せんもん(専門)・や。」〔⇒**りくじょう【陸上】**〕

りくち【陸地】《名詞》 ①地球上で水に覆われていない部分。地続きに土地が広がっているところ。「うみ(海)・の・　む(向)こー・に・　りくち・が・　み(見)え・てき・た。」②山ではなく平らな土地が広がっているところ。「あわじしま(淡路島)・は・　りくち・が・　すく(少)ない・よーに・　み(見)える・けど・　へーや(平野)・も・ある・ん・や。」

りくつ【理屈】《名詞》 ①世間の人がもっともだと考えている考え方。筋道の通った論理。「それ・は・　りくつ・が・　とー(通)っ・とら・ん・　はなし(話)・や。」②自分の考えを合理化するために、無理につじつまを合わせた考え方。論理ばかりに片寄ること。「りくつ・ばっかり・　ゆ(言)ー・て・　しごと(仕事)・を・　せ・ん・　おとこ(男)・や。」

りこん【離婚】《名詞、動詞する》 男女が夫婦としての法律上の関係をやめて、別れること。「りこんし・たら・こども(子供)・が・　かわいそー(可哀相)や。」■対語＝「けっこん【結婚】」

りし【利子】《名詞》 お金を貸したり預けたりしたことに対して、一定の割合で受け取る報酬。「このごろ・は・ぎんこー(銀行)・に・　ちょきん(貯金)し・ても・　りし・なんか・　あ(当)て・に・　でけ(出来)・へん。」〔⇒**りそく【利息】**〕

りす【栗鼠】《名詞》 森林にすんで木の上を走り回る、鋭い前歯と、房のような長い尾をもつ小動物。「かい(可愛)らしー・　りす・が・　き(木)ー・の・　うえ(上)・に・す(棲)ん・どる。」

リズム〔りずむ〕【英語＝rhythm】《名詞》 音の強弱、長短、高低などが一定の間隔などを伴って繰り返されるときの、音の組み合わせや規則的な流れ。「りずむ・に・あ(合)わし・て・　おど(踊)る。」

りそく【利息】《名詞》 金銭を貸したり預けたりしたことに対して、一定の割合で受け取る報酬。「さらきん(サラ金)・で・　かね(金)・を・　か(借)っ・たら・　たか(高)い・　りそく・を・　と(取)ら・れる・ぞ。」〔⇒**りし【利子】**〕

りつ【率】《名詞》 ある数が全体の数に対して占める大小の関係。また、そのようになる可能性。「もー(儲)かる・　りつ・の・　たか(高)い・　しょーばい(商売)・を・する。」「ちょきん(貯金)・の・　りし(利子)・の・　りつ・が・　ひく(低)い。」〔⇒**ぶあい【歩合】、ぶ【分】、わりあい【割合】、わんりゃい【(割合)】、わり【割】**〕

りっきょう〔りっきょー〕【陸橋】《名詞》 道路や鉄道線路などを越えるために、その上に架け渡した施設。「たじま(但馬)・の・　あまるべ(余部)・の・　りっきょー・が・か(架)けかえ・られ・た。」〔⇒**はし【橋】**〕

リックサック〔りっくさっく〕【ドイツ語＝Rucksack】《名詞》 山登りやハイキングなどのとき、食べ物や持ち物や装備品などを入れて背負う袋。「りっくさっく・に・べんとーばこ(弁当箱)・と・　すいとー(水筒)・を・　い(入)れ・て・　も(持)っ・ていく。」

りっこうほ〔りっこーほ〕【立候補】《名詞、動詞する》 選挙のときに、選ばれる側に立つことを名のり出ること。「わし・の・　ともだち(友達)・が・　しかいぎいん(市会議員)・に・　りっこーほし・た。」

リットル〔りっとる〕【フランス語＝litre】《名詞》 メートル法で容積・体積を表す単位。1000立方センチが1リットルである。「いち(一)りっとる・　はい(入)っ・た・　ぎゅーにゅー(牛乳)・の・　ぱっく(パック)・を・か(買)う。」

リットルびん〔りっとるびん〕【フランス語＝litre ＋ 瓶】《名詞》 醤油などを入れるための2リットル入りのガラス瓶。「しょーゆ(醤油)・は・　りっとるびん・で・　か(買)い・よっ・た。」◆酒などを入れる「いっしょうびん【一升瓶】」に対して、醤油などを入れる瓶はやや容量の多い、2リットル入りになっていた。

りっぱ【立派】《形容動詞や(ナ)》 ①周りの人が感心するような様子。もの怖じせず、堂々として見事である様子。「りっぱな・　あいさつ(挨拶)・を・　する。」「りっぱな・　たいかく(体格)・を・　し・とる。」「りっぱな・　いえ(家)・を・　た(建)て・た・ん・や・なー。」②特に劣っているところが見あたらないほど、内容や外観などが優れている様子。「しけん(試験)・で・　りっぱな・　せーせき(成績)・を・　と(取)り・なはれ・よ。」

リボン〔りぼん〕【英語＝ribbon】《名詞》 飾りや目印などのために使う、綺麗な色をした、幅の狭い布。「にゅーがくしき(入学式)・で・　りぼん・を・　つ(付)け・てもらう。」「あたま(頭)・に・　りぼん・を・　し・て・　かい(可愛)らしー・なー。」

リムまわし〔りむまーし、りんまーし〕【英語＝rim ＋ 回し】《名詞、動詞する》 自転車の車輪の外枠(リム)や、樽や桶のたがの廃物などを利用して、それを道路などで転がして走る遊び。「りむまーしし・て・　みち(道)・を・　はし(走)りまーる・　とき・は・　じどーしゃ(自動車)・に・　ちゅーい(注意)し・なはれ・よ。」◆リムという言葉を、車輪の「輪(りん)」と誤解して発音していたこともあるように思われる。〔⇒**わまわし【輪回し】**〕

リヤカー〔りやかー〕【和製英語＝rear car】《名詞》 人が引いたり自転車につないで引いたりする、荷台の広い2輪車。「じてんしゃ(自転車)・で・　りやかー・を・　ひ(引)っぱっ・ていく。」

りゃく【略】《名詞、動詞する》 ①本来あるべきものを省いて簡単にすること。予定からはずすこと。「じかん(時間)・が・　ない・さかい・　はじ(初)め・の・　あいさつ(挨拶)・は・　りゃくし・ます。」②内容を縮めて簡単にすること。「みじ(短)こーに・　りゃくし・て・　せつめー(説明)する。」

りゃくしき【略式】《名詞》 目的やあり方を損なわない範囲で、ものごとの一部分を省いたり、簡単にしたりしたもの。「りゃくしき・の・　ちず(地図)・を・　か(書)い・て・　せつめー(説明)する。」

りゃくず【略図】《名詞》 わかりやすく伝えるための、必要なところだけを書いた図。「いえ(家)・の・　まど(間取)り・を・　りゃくず・で・　せつめー(説明)する。」「きんじょ(近所)・の・　よーす(様子)・を・　りゃくず・に・　か(書)く。」

りゃくれき【略歴】《名詞》 その人の今までの学業や仕事などの歴史のあらまし。また、それを記したもの。「はなし(話)・の・　まえ(前)・に・　こーし(講師)・の・　りゃくれき・を・　しょーかい(紹介)する。」

りゆう〔りゆー〕【理由】《名詞》 ものごとが、そのようであるわけ。根拠づけたりつじつまを合わせたりする内容。「き(決)まり・を・　か(変)える・　りゆー・を・　ちゃんと・　せつめー(説明)せ・なんだら・　みんな(皆)・が・　さんせー(賛成)し・てくれ・へん・やろ。」「けっせき(欠席)する・　りゆう・を・　とど(届)ける。」

りゅう〔りゅー〕【龍】《名詞》 ①体は大蛇に似て、頭に2本の角があり、口のあたりに長い髭をもった、想像上の動物。「りゅー・の・　え(絵)・の・　かけじ(掛軸)・を・　か(掛)ける。」②十二支の5番目の「辰」。「りゅー・を・　いもばん(芋版)・で・　ほ(彫)る。」〔⇒**たつ【龍】**。②⇒**たつ【辰】**〕

りゅうがく〔りゅーがく〕【留学】《名詞、動詞する》 外国など、よその土地に行って学問・芸術・技術などを勉強すること。「いちねんかん(一年間)・　あめりか(アメリカ)・へ・　りゅーがくする。」

りゅうかん〔りゅーかん〕【流感】《名詞》 ウイルスによっておこり、高熱を出し、急性肺炎を起こしやすい伝染病。インフルエンザ。「流行性感冒」の略。「りゅーかん・に・　かかっ・て・　がっこー(学校)・へ・　い(行)け・なんだ。」〔⇒**はやりかぜ【流行り風邪】**〕

りゅうぎ〔りゅーぎ〕【流儀】《名詞》 ①芸事や武道などで、以前から伝えられてきたやり方。「おちゃ(茶)・の・　りゅーぎ・を・　まも(守)る。」②その人やその家などに特有のやり方。「ひと(人)・に・　よっ・て・　りゅーぎ・が・　ちが(違)う。」

りゅうぐう〔りゅーぐー〕【竜宮】《名詞》 深海の底にあるという、想像上の宮殿。「りゅーぐー・から・　かえ(帰)っ・た・　うらしまたろー(浦島太郎)・の・　はなし(話)・を・　まご(孫)・に・　き(聞)かし・てやる。」〔⇒**りゅうぐうじょう【竜宮城】**〕

りゅうぐうじょう〔りゅーぐーじょー〕【竜宮城】《名詞》 深海の底にあるという、想像上の宮殿。「りゅーぐーじょー・の・　おとひめ(乙姫)さん・に・　あ(会)う。」〔⇒**りゅうぐう【竜宮】**〕

りゅうこう〔りゅーこー〕【流行】《名詞、動詞する》 一時的に急な勢いで、病気や嗜好などが世の中に広がること。「ことし(今年)・の・　りゅーこー・の・　ふく(服)・を・　き(着)る。」〔⇒**はやり【流行】**〕

りゅうこうか〔りゅーこーか〕【流行歌】《名詞》 主として日本で作られた、大衆的な音楽。ある時期に、生活感情などを反映して、人々の心をとらえて広く好まれ歌われる歌。「みそら(美空)ひばり・の・　りゅーこーか・が・　す(好)きやっ・た。」〔⇒**かようきょく【歌謡曲】**〕

りゅうせんけい〔りゅーせんけー〕【流線型】《名詞》 空気や水の抵抗を少なくして速く走らせるために、乗り物などの角を滑らかな形にしたもの。「りゅーせんけー・の・　しんかんせん(新幹線)・が・　はし(走)っ・とる。」

りゅうちょう〔りゅーちょー〕【流暢】《形容動詞や(ナ)》 つかえないで、滑らかに話したり動いたりする様子。「がいこくじん(外国人)・や・のに・　りゅーちょーな・　にほんご(日本語)・を・　はな(話)す・なー。」「げた(下駄)・を・　は(履)い・て・　りゅーちょーに・　おど(踊)る。」

りゅうは〔りゅーは〕【流派】《名詞》 芸術や武道などで、やり方や考え方などの違いから生じたそれぞれの系統。「き(決)まり・の・　すく(少)ない・　りゅーは・の・　ほー(方)・が・　ありがたい・と・　おも(思)う。」

りよう〔りよー〕【利用】《名詞、動詞する》 ①そのものの持つ特徴や利点をうまく生かして、役に立つように使うこと。「すーぱー(スーパー)・の・　わりびきけん(割引券)・を・　りよーする。」②そのためにあるわけでないものを、うまく使って何か別のものに役立てること。「はいぶつ(廃物)・の・　りよー・で・　おきもん(置物)・を・　つく(作)る。」③自分の都合のよいように使うこと。「ほーりつ(法律)・を・　りよーし・て・　かねもー(金儲)け・を・　し・やがっ・た。」

りょう〔りょー〕【漁】《名詞》 魚や貝などを獲ること。「うみ(海)・が・　あ(荒)れ・て・　りょー・は・　やす(休)み・や。」

りょう〔りょー〕【寮】《名詞》 学生や勤め人などが、自宅を離れて共同で生活する施設。「がくせーじだい(学生時代)・は・　りょー・に・　はい(入)っ・とっ・た。」〔⇒**きしゅくしゃ【寄宿舎】**〕

りょう〔りょー〕【量】《名詞》 ものの大きさ・重さ・数・割合などの、多い少ないの程度。「ことし(今年)・は・　あめ(雨)・の・　りょー・が・　おー(多)い・なー。」「みず(水)・の・　りょー・を・　すく(少)なめに・　し・て・　た(炊)く。」〔⇒**ぶんりょう【分量】**〕

りょう〔りょー〕【良】《名詞》 成績や品質の評価をするとき、普通よりは優れた段階にあること。「りょー・や・さかい・　あんまり・　わる(悪)ー・ない・ん・や。」◆一般に「しゅう【秀】」「ゆう【優】」「りょう【良】」「か【可】」の段階となることが多い。「しゅう【秀】」を除いた3段階もある。

りょうあし〔りょーあし〕【両足】《名詞》 左右2つの足の双方。「りょーあし・に・　まめ(肉刺)・が・　でけ(出来)・た。」■対語＝「かたあし【片足】」

りょうがえ〔りょーがえ〕【両替】《名詞、動詞する》 ①異なった通貨の間で、ある貨幣を同じ価値の他の貨幣に取り替えること。「えん(円)・と・　どる(ドル)・の・　りょーがえ・を・　する。」②同一通貨の中で、ある貨幣や通貨を単位の異なる貨幣や通貨に取り替えること。「いちまんえんさつ(一万円札)・を・　りょーがえし・てもらう。」

りょうがわ〔りょーがー〕【両側】《名詞》 左右や表裏などのように相対する2つの側の両方。「みち(道)・の・　りょーがわ・に・　ひろ(広)がっ・たら・　あか・ん。」■対語＝「かたがわ【片側】」「かたっかわ【片っ側】」

りょうきん〔りょーきん〕【料金】《名詞》 そのものを使ったり利用したりしたことに対して支払う金銭。「えーが(映画)・の・　りょーきん・が・　あ(上)がっ・た。」

り

りょうし〔**りょーし**〕【漁師】《名詞》 水産物を獲ったり、養殖したりする職業。また、それを仕事としている人。「おやじ(親父)・は・ りょーし・を・ し・とる。」「かいしゃ(会社)・を・ や(辞)め・て・ りょーし・に・ なる。」〔⇒**ぎょぎょう**【漁業】〕

りょうしゅうしょう〔**りょーしゅーしょー**〕【領収証】《名詞》 一方が金品などを渡して、他方が手に入れたということを証明する書き付け。「かね(金)・を・ わた(渡)し・たら・ ちゃんと・ りょーしゅーしょー・を・ もら(貰)え・よ。」〔⇒**うけとり**【受け取り】〕

りょうしん〔**りょーしん**〕【両親】《名詞》 その人を生み育てた、父親と母親。「びんぼー(貧乏)やっ・た・さかい・ りょーしん・とも・に・ はたら(働)い・とっ・た。」〔⇒**ふたおや**【二親】〕

りょうて〔**りょーて**〕【両手】《名詞》 ①左右２つの手の双方。「りょーて・で・ かか(抱)える。」②金銭などに関して、10という数字を意味する言葉。「りょーて(＝例えば、10万円)・は・ ちょっと・ たか(高)い・やない・か。」■対語＝「かたて【片手】」

りょうはし〔**りょーはし**〕【両端】《名詞》 長いものや広いものの両方の末の部分。「なわ(縄)・の・ りょうはし・を・ も(持)っ・て・ まー(回)す。」「ふろしき(風呂敷)・の・ りょーはし・を・ むす(結)ぶ。」■対語＝「かたはし【片端】」

りょうほう〔**りょーほー、りょーほ**〕【両方】《名詞》 ２つあるものの双方。「りょーほー・ あ(合)わし・て・ せんえん(千円)・で・ こ(買)ー・た。」■対語＝「かたほう【片方】」「かたいっぽう【片一方】」「かたっぽう【片っ方】」〔⇒**じょうほう**【(両方)】、**りょほ**【(両方)】、**じょほ**【(両方)】〕

りょうり〔**りょーり**〕【料理】《名詞、動詞する》 材料を煮たり焼いたりなどの手を加えて、おいしく食べられるようにすること。また、そのようにして作ったもの。「りょーり・が・ じょーず(上手)な・ おく(奥)さん・やっ・たら・ ありがたい。」

りょうわき〔**りょーわき**〕【両脇】《名詞》 ①胸の側面で、腕の付け根より下の部分の、左右の双方。「しんぶん(新聞)・と・ ゆーびんぶつ(郵便物)・を・ りょーわき・に・ はさ(挟)む。」②ものの傍の、相対する２つの側。「いえ(家)・の・ りょーわき・に・ みぞ(溝)・が・ ある。」

りょかん【旅館】《名詞》 旅行者を泊めるための設備を整えて、料金を取って営業している建物。とりわけ、和風の建物。「みなと(港)・の・ そば(傍)・に・ ある・ りょかん・に・ と(泊)まっ・た。」〔⇒**やどや**【宿屋】、**やど**【宿】〕

りょこう〔**りょこー**〕【旅行】《名詞、動詞する》 ある期間、住んでいるところを離れて、あるいは移動しながら過ごすこと。「たまに・は・ おく(奥)さん・を・ りょこー・に・ つ(連)れ・ていっ・てあげ・なはれ。」◆鉄道・バス・飛行機などの交通機関を利用するものを言う。〔⇒**たび**【旅】〕

りょひ【旅費】《名詞》 旅行に必要な、交通費や宿泊料などのお金。「おんせんりょこー(温泉旅行)・の・ りょひ・を・ つ(積)みたてる。」

りょほ【(両方)】《名詞》 ２つあるものの双方。「それ・は・ りょほ・とも・ ほ(欲)しー・ねん。」「りょほ・の・ て(手)・で・ かか(抱)える。」■対語＝「かたほう【片方】」「かたいっぽう【片一方】」「かたっぽう【片っ方】」〔⇒**りょうほう**【両方】、**じょうほう**【(両方)】、**じょほ**【(両方)】〕

リリアン〔**りりあん**〕【英語＝lily yarn】《名詞》 色の付いた太糸を使って紐のように編んでいく手芸。また、それに用いるもの。「おんな(女)・の・ こ(子)ー・が・ りりあん・を・ し・とる。」

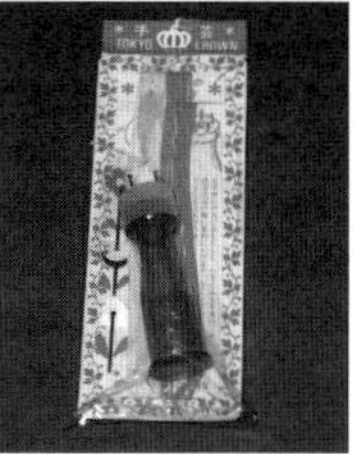
リリアンに使う手芸のセット

リレー〔**りれー**〕【英語＝relay】《名詞、動詞する》 ①出来るだけ速く届けるために、ものを次々と受け継いで次の人に渡していくこと。「ばけつ(バケツ)で・ みず(水)・を・ りれーする。」②陸上競技や水泳競技など、1チームの選手が、順番に決められた距離を走ったり泳いだりして、合計の速さを競うもの。「よんひゃくめーとる(四百メートル)りれー・の・ せんしゅ(選手)・に・ なる。」

りれきしょ【履歴書】《名詞》 その人がたどってきた学業や仕事などに関することを、時間の順番に書き記したもの。「りれきしょ・を・ か(書)い・て・ めんせつ(面接)・を・ う(受)け・に・ い(行)く。」

りん【鈴】《名詞》 ①何かを告げるために、振ったりたたいたりして鳴らす金属製の道具。「げんかん(玄関)・の・ りん・が・ な(鳴)っ・た。」②仏壇に置いて、経を読むときなどにたたいて音を出すもの。「せんこー(線香)・を・ た(立)て・て・ りん・を・ な(鳴)らす。」

りん【厘】《助数詞》 ①昔のお金の単位で、1円の1000分の1にあたるもの。「いっせん(一銭)ご(五)りん・の・はがき(葉書)・で・ しょーしゅー(召集)さ・れ・た。」②尺貫法で長さの単位で、1寸の100分の1にあたるもの。「なが(長)さ・は・ にすん(二寸)さんぶ(三分)よん(四)りん・や。」③割合の単位で、1の1000分の1を表すもの。「だりつ(打率)・は・ さんわり(三割)さんぶ(三分)さん(三)りん・や。」

りんかく【輪郭】《名詞》 もののまわりの形を表す線。「くろ(暗)ー・て・ やま(山)・の・ りんかく・が・ よー・ わから・へん。」

りんかんがっこう〔**りんかんがっこー**〕【林間学校】《名詞》 夏季に山や高原などで集団生活をして、体を鍛えたり学習したりする行事。「なつやす(夏休)み・に・ りんかんがっこー・に・ い(行)く。」

りんご【林檎】《名詞》 寒い土地で栽培されて、春に白い花が咲き、秋に球形の甘酸っぱい果実を実らせる木。また、その果実。「りんご・で・ じゃむ(ジャム)・を・ つく(作)る。」「しゅーがくりょこー(修学旅行)・の・ とき(時)・に・ りんごが(狩)り・を・ し・た。」

りんじ【臨時】《名詞》 ①決まったときでなく、必要なときに行うこと。「りんじ・の・ でんしゃ(電車)・に・ の(乗)る。」②継続することではなく、その時限りであること。「りんじ・に・ ひと(人)・を・ やと(雇)う。」

りんじゅう〔**りんじゅー**〕【臨終】《名詞》 人の命が終わるとき。人が死にゆく間際。死の瞬間。「おばー(祖母)ちゃん・の・ りんじゅー・は・ よなか(夜中)・やっ・た。」〔⇒**しにぎわ**【死に際】、**さいご**【最期】〕

りんりき【(人力)】《名詞》 人を乗せて、人が引いていく２輪車。「えきまえ(駅前)・で・ りんりき・に・ の(乗)っ・た。」〔⇒**じんりきしゃ**【人力車】、**じんりき**【人力】、**りんりきしゃ**【(人力車)】〕

りんりきしゃ【(人力車)】《名詞》 人を乗せて、人が引いていく２輪車。「たくしー(タクシー)・が・ でけ(出来)る・まえ(前)・は・ りんりきしゃ・やっ・た。」〔⇒**じんりきしゃ**【人力車】、**じんりき**【人力】、**りんりき**【(人力)】〕

りんりん《副詞と》　金属が何度も触れ合う様子。また、その音。「かぜ(風)・が・　ふ(吹)い・たら・　ふーりん(風鈴)・が・　りんりんと・　な(鳴)る。」

る

るい【塁】《名詞》　野球をするときの攻撃や守備の拠点として、内野の４隅にあるもの。また、その位置に置く、座布団のような形をしたもの。「なんとかし・て・　るい・に・　で(出)・んと・　てん(点)・が・　と(取)れ・へん。」〔⇒**ベース**【英語＝base】〕

るす【留守】《名詞、動詞する》　①住んでいる人などが外に出かけていて、家にいないこと。「るす・やっ・たら・　もーいっぺん(一遍)・　い(行)きなお(直)さ・な・　しょがない・なー。」「きのー(昨日)・は・　るすし・てまし・てん。」②活動していないことにすること。「きょー(今日)・は・　みみ(耳)・　るす・や・ねん。なに(何)・も・　い(言)わ・んとい・てんか。」

るすばん【留守番】《名詞、動詞する》　住んでいる家の人が不在となるときに、一人だけ家に残ったり、別の人が家人に代わったりして、その家を守ること。また、その役目をする人。「るすばん・を・　しっかり・　たの(頼)み・まっ・せ。」「いぬ(犬)・が・　るすばんし・とり・ます・ねん。」

ルンペン〔**るんぺん**〕【ドイツ語＝Lumpen(襤褸、の意)から】《名詞》　一定の住所や職業がなく、さまよって生活をしている人。「むかし(昔)・は・　こーえん(公園)・なんか・に・　るんぺん・が・　おっ・た。」

れ

れい〔**れー**〕【礼】《名詞、動詞する》　①感謝の気持ちをあらわすためにおくる、言葉や金品。「せわ(世話)・に・　なっ・た・　れー・を・　ゆ(言)ー。」②敬意を表したり、人間関係を円滑にしたりするために、頭を下げること。「あたま(頭)・を・　さげ・て・　かる(軽)く・　れー・を・　する。」〔②⇒**おじぎ**【お辞儀】〕

れい〔**れー**〕【例】《名詞》　同じようなものごとの中から、そのよりどころや代表的な見本として、特に取り上げて示すことがら。「なん(何)・か・　れー・を・　か(書)い・てくれ・たら・　わかりやすい・ん・や・けど。」

れい〔**れー**〕【霊】《名詞》　①死んだ人の魂。「おぼん(盆)・に・　せんぞ(先祖)・の・　れー・が・　もど(戻)っ・てくる。」②目に見えず、想像を超えた不思議な力を持っているもの。「れー・に・　と(取)りつか・れ・たら・　こま(困)る・ぞー。」

れい〔**れー**〕【零】《名詞》　①数がまったくないこと。正でも負でもない数字。「かんだんけー(寒暖計)・が・　れー・まで・　さ(下)がっ・た。」「すーがく(数学)・の・　しけん(試験)・は・　むつか(難)しー・て・　れーてん(点)・やっ・た。」②能力などがまったくないこと。「ひと(人)・から・の・　しんよー(信用)・は・　れー・や。」〔⇒**ぜろ**【英語＝zero】〕

れいか〔**れーか**〕【零下】《名詞》　温度計の示す値がセ氏零度よりも低いこと。また、その割合や数値。「けさ(今朝)・は・　れーかさんど(三度)・に・　なっ・た。」

れいがい〔**れーがい**〕【例外】《名詞》　いつものやり方などから外れていること。一般的な基準や原則から外れていること。「よ(世)のなか・に・は・　れーがい・も・　ある・わい・なー。」

れいぎ〔**れーぎ**〕【礼儀】《名詞》　社会生活をしていく上で、人に対して失礼にならないようにする作法や、その具体的なしぐさ。「れーぎ・　ただ(正)しー・　ひと(人)・や・なー。」

れいきゅうしゃ〔**れーきゅーしゃ**〕【霊柩車】《名詞》　遺体を収めた棺を運ぶ自動車。「まっくろ(黒)・の・　れーきゅーしゃ・が・　とー(通)り・よる。」

れいじょう〔**れーじょー**〕【礼状】《名詞》　感謝の気持ちを伝える手紙や葉書など。「はや(早)め・に・　れーじょー・を・　か(書)い・とけ・よ。」

れいぞうこ〔**れーぞーこ**〕【冷蔵庫】《名詞》　①食べ物を低い温度で保存するために、中を冷たくしてある箱形の入れ物。「むかし(昔)・は・　こーり(氷)・で・　ひ(冷)やす・　れーぞーこ・を・　つこ(使)・とっ・た。」②氷を入れて冷やすものに代わって登場した、電気の力を用いて食品などを冷やして貯蔵する入れ物。「てーでん(停電)・で・　れーぞーこ・の・　なか(中)・の・　もん(物)・が・　いた(傷)ん・だ。」〔②⇒**でんきれいぞうこ**【電気冷蔵庫】〕

上段に氷を入れて使う冷蔵庫

れいど〔**れーど**〕【零度】《名詞》　セ氏温度計では水が凍る温度で、温度を測るときの起点となる位置。「けさ(今朝)・は・　ごっつい・　ひ(冷)え・て・　れーど・より・　した(下)・に・　なっ・た。」

れいとう〔**れーとー**〕【冷凍】《名詞、動詞する》　保存するために食べ物などを凍らせること。また、凍らせたもの。「こ(買)ー・てき・た・　さかな(魚)・を・　れーとー・に・　する。」

れいねん〔**れーねん**〕【例年】《名詞》　毎年そのようにすると決まっているものごとの、いつもの年。自然現象などの傾向としてそのようになっていることがらの、いつもの年。「あき(秋)・の・　まつり(祭)・は・　れーねん・　じゅーがつ(十月)・の・　さいご(最後)・の・　どよー(土曜)・と・　にちよー(日曜)・やっ・てん。」「たいふー(台風)・は・　れーねん・　にかい(二回)・ぐらい・　やっ・てくる。」

れいふく〔**れーふく**〕【礼服】《名詞》　冠婚葬祭などの儀式のときに着る服。「こんばん(今晩)・　おつや(通夜)・が・　でけ・た・さかい・　れーふく・を・　だ(出)し・てんか。」

れいぼう〔**れーぼー**〕【冷房】《名詞、動詞する》　電気の力などによって、室内や車内などの温度を外より下げて、涼しくすること。また、そのための装置。「れーぼー・の・　つい・た・　でんしゃ(電車)・は・　ありがたい。」■対語＝「だんぼう【暖房】」〔⇒**クーラー**【英語＝cooler】〕

レース〔**れーす**〕【英語＝lace】《名詞》　細い糸で透かし模様を作って編んだ布。「れーす・に・　なっ・とる・　ふく(服)・を・　き(着)る。」

レール〔**れーる**〕【英語＝rail】《名詞》　①電車や汽車を支えて進む方向などを定める鉄製の軌条。「れーる・の・　はた(側)・で・　あそ(遊)ん・だら・　あぶ(危)ない・ぞ。」②引き戸やカーテンの開閉のために取り付けた棒状のもの。「れーる・に・　あぶら(油)・を・　ぬ(塗)っ・て・　すべ(滑)りやすい・よーに・　する。」〔①⇒**せんろ**【線路】〕

れきし【歴史】《名詞》 人間の社会やいろいろな物事の、昔から今までの移り変わりの有り様。また、それを書き記したもの。「がっこー(学校)・で・ にほん(日本)・の・れきし・を・ べんきょー(勉強)する。」「れきし・の・ある・ がっこー(学校)・に・ はい(入)る。」◆特に、長い期間にわたるものを指して言うことがある。

レコード〔**れこーど**〕【英語＝record】《名詞》 音楽などが録音されている溝のある円盤。「れこーど・を・ かけ・て・ それ・に・ あ(合)わし・て・ おど(踊)る。」

ＬＰ盤のレコード

レスリング〔**れすりんぐ**〕【英語＝wrestling】《名詞》 ①２人の競技者がマット上で組み合って、相手の両肩をマットに押さえつけることによって勝敗を決める格闘技。「にっぽん(日本)・は・ れすりんぐ・が・ つお(強)い。」②興業として行われる、大衆娯楽としての格闘技。「がいとーてれび(街頭テレビ)・で・ れすりんぐ・を・ み(見)・た。」〔②⇒**プロレス**【英語＝professinal wrestling】〕

れつ【列】《名詞》 順に長く並んだもの。「れつ・に・ わ(割)りこま・ない・よーに・ し・てください。」

れっしゃ【列車】《名詞》 鉄道線路を走らせるために、機関車・客車・貨車・電車などをつないで編成したもの。「かもつ(貨物)・の・ れっしゃ・が・ よんじゅーだい(四十台)・も・ つな(繋)い・で・ はし(走)っ・とる。」

レッテル〔**れってる**〕【オランダ語＝letter】《名詞》 品名や内容や社名を書いて、瓶や缶や商品などに貼りつける紙。「さけ(酒)・の・ びん(瓶)・に・ れってる・が・ は(貼)っ・てある。」

れっとうせい〔**れっとーせー**〕【劣等生】《名詞》 技能や能力が他の人よりも劣っている人。特に、そのような児童・生徒・学生。「じまん(自慢)でけ・へん・けど・ わし・は・ しょーがっこー(小学校)・の・ とき(時)・は・ れっとーせー・やっ・た・ん・や。」■対語＝「ゆうとうせい【優等生】」

レモン〔**れもん**〕【英語＝lemon】《名詞》 香りが良くて酸っぱい、黄色で楕円形をした果物。また、その果実を実らせる木。「こーちゃ(紅茶)・に・ れもん・を・ い(入)れる・の・が・ す(好)きや。」

れる《助動詞》 ①他から働きかけを受ける意味(受身)を表す言葉。「えき(駅)・へ・の・ みち(道)・を・ き(聞)か・れ・た。」「むり(無理)に・ い(行)かさ・れ・てん。」②そうすることができるという意味(可能)を表す言葉。「ごふん(五分)・で・ い(行)か・れる・ ばしょ(場所)・や。」「じょーず(上手)に・ か(書)か・れる・か。」③自然にそうなるという意味(自発)を表す言葉。「じしん(地震)・の・ とき(時)・の・ こと・が・ おも(思)いださ・れる。」「こどもじだい(子供時代)・の・ こと・が・ おも(思)わ・れる。」④その動作などをする人を敬うこと(尊敬)を表す言葉。「あんた・は・ いつ・ い(行)か・れ・まし・た・ん。」◆「れる」は、「える」と同様に五段活用動詞に接続する。同じ活用型の補助動詞にも接続する。〔⇒**える**〕

れんあい【恋愛】《名詞、動詞する》 特定の異性に特別な感情を持って、一組の男女が互いに恋しく思い慕うこと。「うち・の・ むすめ(娘)・は・ れんあいし・て・けっこん(結婚)し・た・ん・や。」

れんが【煉瓦】《名詞》 壁や路面に使う、粘土に砂や石灰などを混ぜて固めて焼いた赤褐色の用材。「れんが・で・ でけ(出来)・た・ そーこ(倉庫)・が・ た(建)っ・とる。」

れんきゅう〔**れんきゅー**〕【連休】《名詞》 休みの日が続くこと。また、続いた休みの日。「ごがつ(五月)・の・ れんきゅー・に・ りょこー(旅行)する。」◆一般には土曜日、日曜日、祝日などが続く意味であるが、勤務の割り振りなどによって、曜日と関係のなく休みが続くことも指す。

れんげ【蓮華、紫雲英】《名詞》 田畑・野原・土手などに群がって生え、春に小さな赤紫色の花を咲かせる草。「たんぼ(田圃)・に・ れんげ・を・ う(植)え・て・ こえ(肥)・に・ する。」

れんげ【(連木)】《名詞》 食べ物などをすり鉢ですりつぶすために使う先の丸い棒。「すりばち(擂鉢)・に・ じゃがいも(馬鈴薯)・を・ い(入)れ・て・ れんげ・で・ つぶ(潰)す。」〔⇒**すりこぎ**【擂り粉木】〕

れんこん【蓮根】《名詞》 食用にする、蓮の地下茎。「れんこん・を・ てんぷら(天麩羅)・に・ する。」

れんさい【連載】《名詞、動詞する》 文章や小説などを続き物として、雑誌や新聞などに何回かに分けて続けて載せること。「いま(今)・ れんさいさ・れ・とる・ しょーせつ(小説)・が・ す(好)きや・ねん。」

れんしゅう〔**れんしゅー**〕【練習】《名詞、動詞する》 学問や技能やスポーツなどを確実に身に付けて向上させるために、繰り返して習ったり行ったりすること。「ふだん(普段)・から・の・ れんしゅー・が・ た(足)ら・へん・さかい・ ま(負)け・ても・た・ん・や。」〔⇒**けいこ**【稽古】〕

れんじゅう〔**れんじゅー**〕【連中】《名詞》 一緒に物事を行う人たち。似たような好みや考えなどを持っている、一定の範囲の人たち。「ふりょー(不良)・の・ れんじゅー・が・ あつ(集)まっ・とる。」〔⇒**れんちゅう**【連中】、**つれ**【連れ】、**なかま**【仲間】、**グループ**【名詞＝group】〕

レンズ〔**れんず**〕【英語＝lens】《名詞》 ものを大きく見たり小さく見たりする目的で、ガラスなどの片面または両面を丸く作り、光線を集めたり発散させたりするもの。「まいあさ(毎朝)・ めがね(眼鏡)・の・ れんず・を・ふ(拭)く。」

れんぞく【連続】《名詞、動詞する》 同じようなものごとが次から次へと続いていること。また、続けること。「この・ みち(道)・は・ しんごー(信号)・が・ れんぞくし・とる。」

れんたん【練炭】《名詞》 太く短い円柱形で何本かの細い穴が通っている、石炭や木炭などの粉を練り固めて作った燃料。「こんろ(焜炉)・で・ れんたん・を・ いこす。」

れんたんひばち【練炭火鉢】《名詞》 熾した練炭を入れたるための素焼きの陶器を中に収めていて、暖をとったり湯を沸かしたりする用具。「れんたんひばち・に・ ちゃびん(茶瓶)・を・ か(掛)け・ておく。」

れんちゅう〔**れんちゅー**〕【連中】《名詞》 一緒に物事を行う人たち。似たような好みや考えなどを持っている、一定の範囲の人たち。「わか(若)い・ れんちゅー・が・ もっと・ がんば(頑張)ら・んと・ あか・ん・やろ。」〔⇒**れんじゅう**【連中】、**つれ**【連れ】、**なかま**【仲間】、**グループ**【名詞＝group】〕

レントゲン〔**れんとげん**〕【Röntgen】《名詞》 透過性の強い電磁波の性質を利用して、体の中の様子などを写し出すもの。「けんこーしんだん(健康診断)・で・ れんとげん・を・ と(撮)る。」

れんらく【連絡】《名詞、動詞する》 ①交通機関などのつながりがあること。つながりをつけること。「あかし(明石)・から・　れんらく・の・　ふね(船)・が・　ある。」②情報などを知らせること。必要なことがらを通知すること。「そーしき(葬式)・が・　でけ・た・さかい・　みんな(皆)・に・　れんらくする。」

れんらくせん【連絡船】《名詞》 対岸や島々と結んで人や物を運ぶ船。「あわじいき(淡路行)・の・　れんらくせん・に・　の(乗)る。」

ろ

ろ〔ろー〕【炉】《名詞》 火を燃やすところ。かまどなどで、火を燃やしている部分。「おくど・の・　ろー・の・　なか(中)・に・　はい(灰)・が・　たまっ・とる。」

ろ〔ろー〕【櫓】《名詞》 和船の船尾につけて、押したり引いたりして漕ぎ進めるための道具。「てんま(伝馬)・の・　ろー・を・　こ(漕)い・で・　つ(釣)り・に・　い(行)く。」

ろ〔ろー〕【絽】《名詞》 一定の間隔を置いて隙間を作って模様にした、絹でできた薄い布地。「ろー・の・　のれん(暖簾)・が・　すず(涼)しそーや。」

ろう〔ろー〕【蝋】《名詞》 動物や植物から採るもので、脂肪に似て柔らかく、溶けやすく燃えやすい物質。「しきい(敷居)・に・　ろー・を・　ぬ(塗)っ・て・　すべ(滑)りやすー・　する。」

ろうか〔ろーか〕【廊下】《名詞》 ①建物の中にあって、部屋と部屋を結ぶ細長い通り道。「びょーいん(病院)・の・　ろーか・を・　はし(走)っ・たら・　あか・ん。」②建物と建物とをつなぐ細長い通路。「ろーか・に・　やね(屋根)・が・　ない・さかい・　あめ(雨)・が・　ふ(降)っ・たら・　こま(困)る・ねん。」〔②⇒**わたりろうか【渡り廊下】**〕

ろうか〔ろーか〕【老化】《名詞、動詞する》 ①年をとること。年をとるにしたがって、体の働きが衰えていくこと。「からだじゅー(体中)・が・　ろーかし・てき・て・　あっちこっち・が・　いた(痛)い・ねん。」②ものが古びて、もとの機能を失っていくこと。「ごむ(ゴム)・が・　ろーかし・て・　ちぎれ・ても・た。」

ろうがん〔ろーがん〕【老眼】《名詞》 年をとって眼球の遠近調節が鈍くなって、近くのものが見えにくくなること。また、そのようになった眼。「ろーがん・に・　なっ・て・　ちかめ(近目)・の・　めがね(眼鏡)・が・　い(要)ら・ん・よーに・　なっ・た。」

ろうがんきょう〔ろーがんきょー〕【老眼鏡】《名詞》 老眼になった人向けの、凸レンズの眼鏡。「ろーがんきょー・を・　か(掛)け・て・　しんぶん(新聞)・を・　よ(読)む。」

ろうきょく〔ろーきょく〕【浪曲】《名詞》 三味線の伴奏で、義理・人情を主題とするような物語に節を付けて一人で語る芸。「いま(今)・は・　ろーきょく・の・　ばんぐみ(番組)・は・　あんまり・　あら・へん・なー。」〔⇒**なにわぶし【浪花節】**〕

ろうご〔ろーご〕【老後】《名詞》 年をとってから後のこと。「たいしょく(退職)し・て・から・の・　ろーご・が・　なが(長)い。」

ろうじん〔ろーじん〕【老人】《名詞》 年齢を重ねた人。「ろーじん・の・　あつ(集)まり・で・　そーだん(相談)し・てみる・わ。」〔⇒**としより【年寄り】、とっしょり【(年寄り)】**〕

ろうすい〔ろーすい〕【老衰】《名詞》 年をとって体がひどく弱ること。「がん(癌)・やの一・て・　ろーすい・で・　し(死)に・たい。」◆かつては、死因が「老衰」とされるものが多く、「老衰」は身近な言葉であった。

ろうそく〔ろーそく〕【蝋燭】《名詞》、明かりをとるために、糸やこよりを芯にして、周りを蝋で円柱の形に固めたもの。「ろーそく・を・　とも(灯)し・て・　せんこ(線香)・に・　ひ(火)・を・　つける。」

ろうそくたて〔ろーそくたて〕【蝋燭立て】《名詞》 仏壇などで、蝋燭を立てて灯すための器具。「ろーそくたて・を・　こかし・たら・　かじ(火事)・に・　なる・ぞ。」

ろうでん〔ろーでん〕【漏電】《名詞、動詞する》 電線や電気器具の絶縁不良によって、流れてはいけないところへ電気が流れること。「ろーでんし・たら・　あぶ(危)ない・さかい・　よー・　しら(調)べ・てください・な。」

ろうどう〔ろーどー〕【労働】《名詞、動詞する》 収入を得るために、体や頭を使って働くこと。「ろーどー・の・　じかん(時間)・は・　はちじかん(八時間)・や。」

ろうどうくみあい〔ろーどーくみあい〕【労働組合】《名詞》 働いている人たちが、自分たちの権利を守り、働く条件を良くすることを目指して作る団体。「むかし(昔)・は・　でんしゃ(電車)・の・　ろーどーくみあい・が・　すとらいき(ストライキ)・を・　し・た。」

ろうどく〔ろーどく〕【朗読】《名詞、動詞する》 鑑賞したり紹介したりするために、文章や詩などを周りの人によくわかるように声に出して読むこと。「じょーず(上手)な・　ろーどく・を・　き(聞)く・の・は・　きも(気持)ち・が・　え(良)ー。」

ろうにん〔ろーにん〕【浪人】《名詞、動詞する》 ①仕えている主人のもとを去り、禄を失った武士。「てれび(テレビ)・で・　ろーにん・の・　で(出)・てくる・　はなし(話)・を・　み(見)る。」②入学試験に失敗して、次の年の合格を目指している人。「ろーにん・は・　いちねんかん(一年間)・だけ・や・ぞー。らいねん(来年)・　あか・なんだら・　はたら(働)け。」

ろうひ〔ろーひ〕【浪費】《名詞、動詞する》 お金・時間・力などを不必要なことに対してまで、無駄に使うこと。「でんき(電気)・を・　つけっぱなしに・　し・て・　ろーひし・たら・　あか・ん・ぞ。」

ろうや〔ろーや〕《名詞》 悪いことをした人を捕まえて、閉じこめておくところ。罪を犯して、刑の決まった人を収容するところ。「ひと(人)・の・　もん(物)・を・　ぬす(盗)ん・だら・　ろーや・に・　い(入)れ・られる。」◆現代の制度のもとでは「けいむしょ【刑務所】」と言うが、同じ意味で「ろうや【牢屋】」と言うこともある。〔⇒**けいむしょ【刑務所】**〕

ロープ〔ろーぷ〕【英語＝rope】《名詞》 麻糸や針金などをよりあわせて作った、丈夫な綱。「ふね(船)・の・　ろーぷ・を・　しっかり・　くく(括)る。」

ロープウエー〔ろーぷうえー〕【英語＝ropeway】《名詞》 空中に鋼製のロープを張って運搬用の箱を吊して、人やものを運ぶもの。「すま(須磨)・の・　はちぶせやま(鉢伏山)・の・　ろーぷうえー・に・　の(乗)っ・た。」〔⇒**くうちゅうケーブル【空中＋英語＝cable】**〕

ローマじ〔ろーまじ〕【ローマ字】《名詞》 アルファベットの文字を使って日本語の言葉を書き表すこと。また、そのようにして書かれたもの。「まご(孫)・が・　ろーまじ・を・　よ(読)める・よーに・　なっ・た。」

ろく【六】《名詞(数詞)》 ①自然数の5に、1を加えた数。「しょーがっこー(小学校)・の・　がくねん(学年)・

は・　ろく・に・　わ(分)かれ・とる。」②ものごとの順序や順位などを表す言葉で、5番目の次に位置するもの。「じっさつ(十冊)・の・　うち・の・　ろく・まで・　よ(読)ん・だ。」

ろく〔ろっ〕【六】《接頭語》（後ろの名詞にかかっていく言葉で)6を表す言葉。「おてら(寺)・に・　ろっかく(角)・の・　おどー(堂)・が・　た(建)っ・とる。」〔⇒**む**【六】〕

ろくおん【録音】《名詞、動詞する》 再生するために、音や声をレコードやテープなどに収めること。また、収められた音。「きのー(昨日)・の・　らじお(ラジオ)・を・　ろくおんし・た。」「しーでー(CD)・の・　ろくおん・は・　おと(音)・が・　す(澄)ん・で・　あじけ(味気)ない。」

ろくおんき【録音機】《名詞》 音や声を記録するための機械。かつて、一般には、テープを使って記録する機械。テープレコーダー。「ろくおんき・を・　まわ(回)し・て・　はなし(話)・を・　き(聞)く。」

オープンリールの録音機

ろくがつ【六月】《名詞》 1年の12か月のうちの6番目の月。「ろくがつ・の・　はじ(初)め・に・　たう(田植)え・を・　する。」

ろくしょう〔ろくしょー〕【緑青】《名詞》 銅の表面にできる、有毒な緑色の錆。「てら(寺)・の・　やね(屋根)・の・　ろくしょー・が・　きれー(綺麗)や。」

ろくすっぽ【碌すっぽ】《副詞》 十分でない様子。あまり勉勉でない様子。あまり熱を入れていない様子。「わし・の・　はなし(話)・を・　ろくすっぽ・　き(聞)ー・とら・へん。」「ろくすっぽ・　しごと(仕事)・が・　でけ(出来)・ん・　やつ(奴)・や。」◆後ろに打ち消しの言葉を伴う。〔⇒**ろくに**【碌に】、**ろくろく**【碌々】〕

ろくでなし【碌でなし】《名詞、形容動詞や(ノ)》 ものの役に立たない様子。働きがなく、のらくらしている様子。また、そのような人。「しゅーしょく(就職)せ・んと・　ちょっとのま(間)・は・　ろくでなしの・　せーかつ(生活)・を・　し・とっ・た。」

ろくでもない【碌でもない】《形容詞》 ものの役に立たない。何の価値もない。「ろくでもない・　もん(物)・を・か(買)わさ・れ・ても・た。」

ろくな【碌な】《連体詞》 ①十分な。まともな。満足のいく。「よお(弱)ー・て・　ろくな・　しあい(試合)・が・でけ・へん。」②望ましい。役に立つ。「ろくな・　にんげん(人間)・に・　なろ・と・　おも(思)・たら・　ちゃんと・　べんきょー(勉強)し・なはれ・よ。」◆①は、後ろに打ち消しの言葉を伴う。

ろくに【碌に】《副詞》 十分でない様子。あまり勉勉でない様子。あまり熱を入れていない様子。「きのー(昨日)・は・　たいふー(台風)・が・　き(来)・て・　ろくに・　ね(寝)・とら・へん・ねん。」◆後ろに打ち消しの言葉を伴う。〔⇒**ろくすっぽ**【碌すっぽ】、**ろくろく**【碌々】〕

ろくにん【六人】《名詞》 人数が6であること。「ろくにん・が・　さんせー(賛成)し・てくれ・た。」

ろくばんめ【六番目】《名詞》 ものごとの順序や順位などを表す言葉で、5番目の次に位置するもの。「うけつけばんごー(受付番号)・は・　ろくばんめ・やっ・た。」

ろくひちにん【六七人】《名詞》 6人または7人程度の人数。「きょーしつ(教室)・に・は・　まだ・　ろくひちにん・しか・　き(来)・とら・なんだ。」

ろくぼく【肋木】《名詞》 何本かの柱の間に丸い横木をたくさん取り付けた、体操用具。「ろくぼく・を・　のぼ(上)っ・て・　した(下)・を・　み(見)る。」

ろくろ【轆轤】《名詞》 重いものを引っ張ったり、持ち上げたりするときに、滑車を回しながら使う道具。「ろくろ・を・　まー(回)し・て・　ふね(船)・を・　はま(浜)・に・　ひ(引)っぱりあげる。」◆漁船を海岸に引き上げるときなどに用いるものも言う。

ろくろく【碌々】《副詞》 十分でない様子。あまり勉勉でない様子。あまり熱を入れていない様子。「あいつ(彼奴)・と・　はなし(話)・を・　する・　じかん(時間)・が・　ろくろく・　なかっ・た。」◆後ろに打ち消しの言葉を伴う。〔⇒**ろくすっぽ**【碌すっぽ】、**ろくに**【碌に】〕

ロケット〔ろけっと〕【英語＝rocket】《名詞》 筒の中に入れた火薬などを爆発させて、後ろへ噴き出す勢いの反動で飛ぶしかけ。また、そのような飛行物。「じんこーえーせー(人工衛星)・を・　ろけっと・で・　う(打)ちあげる。」

ろこつ【露骨】《形容動詞や(ナ)》 普通なら抑えていることを、隠さずむき出しで表現する様子。遠慮をしないで表現する様子。むき出しになっている様子。「ろこつな・　もの・の・　い(言)ーかた・を・　する・　ひと(人)・や・なー。」

ろじ〔ろーじ〕【路地】《名詞》 広い道などから脇に入ったところにある、建物と建物との間の狭い道。「こども(子供)・が・　ろじ・に・　あつ(集)まっ・て・　あそ(遊)ん・どる。」「ろーじ・は・　くるま(車)・が・　こ(来)・ん・さかい・　こども(子供)・の・　あそびば(遊場)・に・　え(良)ー。」〔⇒**しょうじ**【小路】〕

ろじ【露地】《名詞》 覆いがなく、むき出しになっている地面。「ろじ・に・　いちご(苺)・を・　う(植)える。」

ろっかげつ【六か月】《名詞》 ①1年を12に分けたときの、そのむっつ分。ほぼ180日の長さ。「じちかいひ(自治会費)・は・　ろっかげつぶん(分)・を・　いっぺん(一遍)に・　はろ(払)・た。」②その月から、中に4つの月を置いてまたがる長さ。ほぼ半年の長さ。「ろっかげつ・も・　かけ・たら・　できあ(出来上)がり・は・　あき(秋)・に・　なる・ん・かいな。」〔⇒**むつき**【六月】〕

ろっこつ【肋骨】《名詞》 胸の内側を囲むように、背骨から前に曲がって出ている左右12本ずつの骨。「こけ・て・　むね(胸)・を・　う(撲)っ・て・　ろっこつ・に・　ひび(罅)・が・　はい(入)っ・た。」〔⇒**あばら**【肋】、**あばらぼね**【肋骨】〕

ろば【驢馬】《名詞》 馬に似てそれより小さく、灰色の体で耳が長い動物。「ろば・の・　ぱんや(パン屋)・が・　き(来)・た。」

わ

わ〔わー〕【輪】《名詞》 ①細長いものを曲げて円い形にしたもの。また、人などが並んで、そのような形を作っているもの。「わー・に・　なっ・て・　すわ(座)る。」②軸の周りを回って、車を動かすもの。「じてんしゃ(自転車)・の・　わー・を・　まー(回)し・て・　あそ(遊)ぶ。」③桶や樽などの外側を堅く締める、金属や竹で作ったもの。「おけ(桶)・の・　わー・が・　はず(外)れ・た。」

わ〔わー〕《終助詞》 ①調子を和らげたりやさしくしたりする言葉。「そない・　おも(思)・た・ん・や・わ。」「あめ(雨)・が・　ふ(降)っ・てき・た・わ。」②疑問の気持ちや、相手に行動を促そうとする気持ちなどを表す言葉。「そんな・　こと・を・　し・とっ・たら・　おく(遅)れる・よ。は(早)よ・　い(行)っ・たら・わ。」

わ【羽】《助数詞》 鳥などを数えるのに用いる言葉。「からす(鴉)・が・　いち(一)わ・　と(飛)ん・どる。」◆「3 ば」のように、撥音のあとでは「ば」となる。「10(じっ)ぱ」のように、促音のあとでは「ぱ」となる。1 から 10 までの数え方は「1 わ」「2 わ」「3 ば」「4(し)わ」「5 わ」「6 わ」「7(ひち)わ」「8 わ」「9(く)わ」「10(じっ)ぱ」となる。〔⇒**ば【羽】**〕

わ【把】《助数詞》 束にしたものなどを数えるのに用いる言葉。「ほうれんそー(菠薐草)・が・　に(二)わ・　ある。」「たきもん(焚物)・を・　いち(一)わ・　も(持)っ・てき・てんか。」◆「3 ば」のように、撥音のあとでは「ば」となる。「10(じっ)ぱ」のように、促音のあとでは「ぱ」となる。1 から 10 までの数え方は「1 わ」「2 わ」「3 ば」「4(し)わ」「5 わ」「6 わ」「7(ひち)わ」「8 わ」「9(く)わ」「10(じっ)ぱ」になる。〔⇒**ば【把】**〕

ワープロ〔**わーぷろ**〕【英語＝ word processor の略】《名詞》 文章の入出力や、記憶・編集などの処理を行う器械。(かつては専用の器械があったが、後に生産が取りやめとなった。)「わーぷろ・で・　う(打)っ・たら・　きれー(綺麗)な・　しょるい(書類)・が・　でけ(出来)る。」

ワープロ専用機

わあわあ〔**わーわー**〕《副詞と》 ①大勢の人が大きな声を出して話したり騒いだりする様子。大勢でがやがやと言い立てる様子。いろんな意見を出し合う様子。また、それらの声。「いっぺん(一遍)に・　わーわー・　い(言)わ・んと・　ひとり(一人)・ずつ・　しゃべ(喋)っ・てくれ。」②子どもなどが大声で泣く様子。うるさくわめき立てるように泣く様子。また、その泣き声。「まいご(迷子)・が・　わーわー・　な(泣)い・とる。」〔①⇒**わいわい**。②⇒**わんわん**〕

わあん〔**わーん**〕《感動詞》 子どもなどが、大声を出して泣くときの声。「わーん・　あいすくりーむ(アイスクリーム)・を・　お(落)とし・ても・た。」〔⇒**ああん**〕

わい【(我)】《名詞》 ①自分自身を指す言葉。「それ・は・　わい・に・　まか(任)し・とい・てんか。」②相手を指す言葉。相手を悪し様に言ったり見下したりするときに使う言葉。「わい・が・　し・た・ん・やっ・たら・　ちゃんと・　あやま(謝)り・なはれ。」◆主として男性が使う言葉で、親しい人や目下に向かって使うことが多い。〔①⇒**あし、あっし、あて、うち【内】、わたい【(私)】、わし、わっし【(私)】、わたし【私】、わて、おれ【俺】、おら【(俺)】、おい【(俺)】、ぼく【僕】**。②⇒**きさま【貴様】、われ、おまえ【お前】、おまい【(お前)】、おどら、おんどら、おどれ、おんどれ、おのれ【己】**〕

わい《終助詞》 ①ものに感じた気持ちを表す言葉。「そんな・　こと・　し(知)ら・ん・の・や・わい。」②相手に強く響くように自分の意図を伝えようとするときに使う言葉。やや突き放した感じで、自分の言いたいことを相手に強く伝えようとするときに使う言葉。「わい・は・　し(知)ら・ん・わい。」「おまえ(前)・が・　せきにん(責任)・を・　と(取)ら・な・　あか・ん・の・や・わい。」「そー・かい・　そー・かい・　わかっ・た・わい。」◆さらに強める場合は、別の終助詞を添えて、「わい・な」「わい・や」となる。〔⇒**がい**。①⇒**よ**〕

ワイシャツ〔**わいしゃつ**〕【英語＝ white shirt の意味】《名詞》 男性が背広などの下に着用する、襟付きで袖のついた衣服。「わいしゃつ・は・　まいにち(毎日)・　と(取)りかえ・て・　き(着)・なはれ。」〔⇒**カッターシャツ【カッター ＋ 英語＝ shirt】、カッター、シャツ【英語＝ shirt】**〕

わいとこ【わい所】《名詞》 ①自分の家。「いっぺん(一遍)・　わいとこ・へ・　あそ(遊)び・に・　こ(来)・やへん・か。」「わいとこ・で・　さけ(酒)・を・　の(飲)ま・へん・か。」②自分の家族。自分の家庭。「わいとこ・は・　みんな(皆)・　あさ(朝)・が・　はや(早)い・ねん。」③自分の妻。「わいとこ・は・　いま(今)・　にゅーいん(入院)し・とる・ん・や。」◆男性が使う言葉で、親しい人や目下に向かって使うことが多い。〔⇒**わしとこ【わし所】、わいね【(わい家)】、うちね【(内家)】、うちとこ【内所】、うちとことこ【内所々】、うっとこ【(内所)】、うっとことこ【(内所々)】、わたしとこ【私所】、わたいとこ【(私所)】、わてとこ【わて所】**。③⇒**うちのやつ【内の奴】**〕

わいね〔**わいねー**〕【(わい家)】《名詞》 ①自分の家。「わいねー・は・　うみ(海)・に・　ちか(近)い・ねん。」②自分の家族。自分の家庭。「わいねー・は・　こえ(声)・が・　おー(大)きー・　すじ(筋)・や。」③自分の妻。「わいね・は・　りょーり(料理)・が・　へた(下手)や。」◆男性が使って、えらそうな感じが伴う言葉である。〔⇒**わいとこ【わい所】、わしとこ【わし所】、うちね【(内家)】、うちとこ【内所】、うちとことこ【内所々】、うっとこ【(内所)】、うっとことこ【(内所々)】、わたしとこ【私所】、わたいとこ【(私所)】、わてとこ【わて所】**。③⇒**うちのやつ【内の奴】**〕

ワイヤー〔**わいやー**〕【英語＝ wire】《名詞》 鉄や銅などの金属を線状に細長く延ばしたもの。「わいやー・を・　たば(束)・に・　し・て・　でけ(出来)・た・　ふと(太)い・　せん(線)・を・　は(張)る。」◆太く頑丈なものや、何本も縒り合わせたものを「ワイヤー」と言い、細いものを「はりがね【針金】」と言うことがある。〔⇒**はりがね【針金】**〕

わいら〔**わいらー**〕【(我ら)】《名詞》 ①自分たちを指す言葉。「わいらー・は・　しょーわ(昭和)・の・　じだい(時代)・の・　こども(子供)・や。」「そんな・　こと・は・　わいら・　わかっ・とる・ぞ。」②遠慮したり卑下したりする気持ちをこめて、自分自身を指す言葉。「わいらー・に・　そんな・　こーきゅー(高級)な・　はなし(話)・は・　わから・へん・がな。」③相手たちを指す言葉。「わいらー・　もー・　ちょっと(一寸)・　じょーず(上手)に・　うた(歌)・を・　うた(歌)え。」「おれ(俺)・は・　わいら・に・　ま(負)け・たり・なんか・　せー・へん・　つもり・や。」〔①②⇒**あしら、あっしら、あてら、うちら【内ら】、わたいら【(私ら)】、わしら、わっしら【(私ら)】、わたしら【私ら】、わてら、おれら【俺ら】、おらら【(俺ら)】、おいら【(俺ら)】、ぼくら【僕ら】**〕

わいわい《副詞と》 大勢の人が大きな声を出して話したり騒いだりする様子。大勢でがやがやと言い立てる様子。いろんな意見を出し合う様子。また、それらの声。「みんな(皆)・で・　わいわいと・　ゆ(言)ー・て・　いっこも(＝少しも)・　いけん(意見)・が・　まと(纏)まら・へん。」〔⇒**わあわあ**〕

わが【我が】《連体詞》 自分自身の。「わが・　こと・ばっかり・　かんが(考)え・てくさる。」〔⇒**わがの【我がの】**〕

わかい【若い】《形容詞・アイ型》 ①動物が生まれたり、植物が芽を出したりしてからの年月が少ない。「わかい・　ひと(人)・が・　うらや(羨)ましー。」「わかい・　め

(芽)ー・が・　で(出)・とる。」②他の人と比べて、年下である。「あにき(兄貴)・より・　みっ(三)つ・　わかい。」③人生経験や知恵などがしっかりと身に付いていない。未熟である。「かんが(考)えかた・が・　まだまだ・　わかい。」④年齢とは関係なく、元気がある。老いぼれていない。「き(気)・が・　わかい・　ひと(人)・や。」⑤植物の実などがじゅうぶんに熟していない。「まだ・　わかい・　うり(瓜)・や・さかい・　にが(苦)い・なー。」

わかいし【(若い衆)】《名詞》　元気がよく、年若い男性。「わかいし・が・　あそ(遊)びまーっ・とっ・たら・　あかん・やろ。」〔⇒**わかいしゅう**【**若い衆**】、**わかもん**【**若者**】〕

わかいしゅう〔**わかいしゅー、わかいしゅ**〕【若い衆】《名詞》　元気がよく、年若い男性。「わかいしゅ・は・　もっと・　むら(村)・の・　やく(役)・に・　た(立)っ・てほしー・な。」〔⇒**わかいし**【(**若い衆**)】、**わかもん**【**若者**】〕

わがえ〔**わがえー**〕【(我が家)】《名詞》　私の家。自分の家。「わがえー・の・　こと・だけ・で・　あたま(頭)・が・　いっぱい(一杯)や。」◆「うっとこ【(内所)】」が自分自身の家を表すのに対して、「わがえ【(我が家)】」は、自分自身とともに他者自身の家のことも表す。

わかがえる【若返る】《動詞・ラ行五段活用》　体力などを取り戻して若々しくなる。若々しい様子になる。「かみ(髪)・を・　みじ(短)こー・に・　き(切)っ・て・　わかがえっ・た。」■名詞化＝**わかがえり**【**若返り**】

わがし【和菓子】《名詞》　饅頭、餅菓子、羊羹などのような、日本風の菓子。「わがし・は・　ひも(日持)ち・が・　みじか(短)い。」

わかじに【若死に】《名詞、動詞する》　年若いうちに死ぬこと。平均年齢よりかなり早く死ぬこと。「じこ(事故)・で・　わかじにし・た・　ひと(人)・は・　かわいそー(可哀想)や。」〔⇒**はやじに**【**早死に**】〕

わかす【沸かす】《動詞・サ行五段活用》　水などを熱して煮え立たせる。水などの温度を上げる。「こーひー(コーヒー)・の・　ゆ(湯)ー・を・　わかす。」「きょー(今日)・は・　はや(早)め・に・　ふろ(風呂)・を・　わかそ・ー・か。」■自動詞は「わく【沸く】」

わかて【若手】《名詞》　①働き盛りで元気がある若い人。「わかて・は・　よー・　めし(飯)・を・　く(食)ー・なー。」②集団の中で年若い部類に属する人。「わかて・の・　ぴっちゃー(ピッチャー)・が・　がんば(頑張)っ・てくれ・た・さかい・　か(勝)て・た・ん・や。」■対語＝「としより【年寄り】」「とっしょり【(年寄り)】」

わがの【我がの】《連体詞》　自分自身の。「わがの・　こと・は・　じぶん(自分)・で・　せー。」「おご(奢)っ・てもらわ・んと・　わが・の・　かね(金)・で・　めし(飯)・を・　く(食)う。」〔⇒**わが**【**我が**】〕

わがまま【我が儘】《形容動詞や(ナ)、名詞》　他人のことなどは気にしないで、自分の都合のよいようにする様子。自分のしたいように振る舞う様子。「わがままな・　こと・を・　ゆ(言)わ・んと・　なん(何)・でも・　た(食)べ・なはれ。」〔⇒**かって**【**勝手**】、**えてかって**【**得手勝手**】、**きまま**【**気儘**】、**かってきまま**【**勝手気儘**】、**わがままかって**【**勝手気儘**】〕

わがままかって【勝手気儘】《形容動詞や(ナ)、名詞》　他人のことなどは気にしないで、自分の都合のよいようにする様子。自分のしたいように振る舞う様子。「わがままかってに・　きょーしつ(教室)・の・　なか(中)・を・　うご(動)きまーっ・たら・　あか・ん・ぞ。」〔⇒**かって**【**勝手**】、**えてかって**【**得手勝手**】、**きまま**【**気儘**】、**かってきまま**【**勝手気儘**】、**わがまま**【**我が儘**】〕

わがみ【我が身】《名詞》　自分自身の立場。自分自身の体。「みな(皆)・　わがみ・の・　こと・ばっかり・　かんが(考)え・とる。」

わかめ【若布】《名詞》　不規則に羽根状に分かれており、浅い海の海底に生えている、料理に多用する海藻。「たけのこ(筍)・と・　わかめ・を・　いっしょ(一緒)に・　た(炊)い・たら・　うま(美味)い・ぞ。」

わかめ【若芽】《名詞》　草や木や球根などから新しく出たばかりの芽。「きく(菊)・の・　わかめ・を・　さしき(挿木)する。」〔⇒**しんめ**【**新芽**】〕

わかもん【若者】《名詞》　元気がよく、年若い人。青少年。「わかもん・が・　もの・を・　く(食)い・ながら・　みち(道)・を・　ある(歩)い・とる。」◆男女ともを含めて使う。〔⇒**わかいし**【(**若い衆**)】、**わかいしゅ**【**若い衆**】〕

わからずじまい【分からず仕舞い】《形容動詞や(ノ)》　不審や疑問であったことが明らかにならないままになってしまう様子。「あの・　ほん(本)・の・　ゆくえ(行方)・は・　わからずじまいや。」

わからずや【分からず屋】《名詞》　ものごとの道理がわからない人。自分の思い通りにならないと気がすまない人。いくら説明しても理解・納得しようとしない人。「あんな・　わからずや・が・　ごてはじ(始)め・たら・　はなし(話)・が・　なかなか・　まと(纏)まら・へん。」

わかりきった【分かりきった】《連体詞》　もともとからわかっている。誰にもわかっている。「わかりきった・　はなし(話)・を・　なんべん(何遍)・も・　せ・んといて・か。」

わかる【分かる、解る】《動詞・ラ行五段活用》　①知ろうとしていたことの意味・内容・事情などを理解する。「よー・　せつめー(説明)し・てくれ・た・さかい・　わかっ・た。」②はっきりしていなかったことが、明らかになる。「にゅーがくしけん(入学試験)・の・　けっか(結果)・が・　わかる。」③世の中のことや、人の気持ちなどを知って、それに添うようにする。「はなし(話)・が・　よー・　わかる・　ひと(人)・に・　たの(頼)み・なはれ。」■名詞化＝**わかり**【**分かり、解り**】

わ

わかれ【別れ】《名詞》　それまで一緒にいた人が離れること。「そつぎょーしき(卒業式)・の・　わかれ・が・　つら(辛)い。」

わかれめ【分かれ目】《名詞》　①離れるところ。分岐点。「まいばら(米原)・が・　ほくりく(北陸)・へ・の・　わかれめ・や。」②ものごとの違いが現れるところ。「ここ・が・　か(勝)ちま(負)け・の・　わかれめ・や。」

わかれる【分かれる】《動詞・ラ行下一段活用》　①それまで一つであったものが別々になる。「みち(道)・が・　ふたまた(二股)・に・　わかれ・とる。」②全体がいくつかに区切られている。「じゅーにん(十人)・ごと・に・　わかれ・た・　はん(班)・に・　なっ・とる。」■名詞化＝**わかれ**【**分かれ**】

わかれる【別れる】《動詞・ラ行下一段活用》　①それまで一緒にいた人が離れる。「す(好)きやっ・た・　ひと(人)・と・　わかれる。」「みんな(皆)・と・　わかれ・て・　ひとり(一人)・で・　でんしゃ(電車)・に・　の(乗)る。」②夫婦や恋人などがそれまでの関係を解消する。「わかれ・て・　こども(子供)・と・　いっしょ(一緒)に・　す(住)む。」③生死を別にする。「ごねんまえ(五年前)・　だんな(旦那)さん・に・　わかれ・た。」■名詞化＝**わかれ**【**別れ**】

わき【脇】《名詞》 ①胸の側面で、腕の付け根より下の部分。「わき・に・　にもつ(荷物)・を・　はさ(挟)む。」②あるもののすぐ近くの場所。「かばん(鞄)・を・　つくえ(机)・の・　わき・に・　お(置)く。」③他の人のかたわら。当事者以外の立場。「あんた・の・　わき・に・　お(居)ら・し・てください。」④何かの行動などをしたすぐ後。「おぼ(憶)え・た・　わき・から・　つぎつぎ(次々)と・　わす(忘)れ・てまう・がな。」〔①⇒**わきばら**【**脇腹**】、**よこばら**【**横腹**】。②③④⇒**そば**【**傍、側**】、**ねき**、**はた**【**端**】。③⇒**よこ**【**横**】〕

わきばら【脇腹】《名詞》 胸の側面で、腕の付け根より下の部分。「と(戸)ー・に・　ぶちあたっ・て・　わきばら・が・　いと(痛)ー・　なっ・た。」〔⇒**わき**【**脇**】、**よこばら**【**横腹**】〕

わきまえる【弁える】《動詞・ア行下一段活用》 ものごとの筋道や論理などをよく知っている。善悪や正邪などのけじめを心得る。「じぶん(自分)・の・　たちば(立場)・を・　わきまえ・とき・なはれ。」■名詞化＝**わきまえ**【**弁え**】

わきみ【脇見】《名詞、動詞する》 見るべき方向以外に目を向けること。正面ではなく他の方を見ること。「うんてん(運転)し・とっ・て・　わきみし・たら・　あか・ん・ぞ。」〔⇒**よそみ**【**余所見**】〕

わきみち【脇道】《名詞》 ①本道から分かれている、別の道。「わきみち・の・　ほー(方)・が・　ひと(人)・が・　すけ(少)ない。」②ものごとの本筋や話題の中心からそれた方向。「はなし(話)・が・　わきみち・に・　はい(入)っ・とる・やない・か。」③人として望ましくない方向や生き方。「こども(子供)・が・　わきみち・へ・　い(行)か・ん・よーに・　き(気)ー・を・　つける。」〔⇒**よこみち**【**横道**】〕

わぎり【輪切り】《名詞、動詞する》 円筒形や球形のものを、切り口が輪の形になるように切ること。断面が円い形のものを断面に沿って切り分けること。「だいこん(大根)・を・　わぎり・に・　し・て・　かんとだ(関東炊)き・に・　する。」

わく【枠】《名詞》 ①木・竹・金属などで作った縁。仕切のための囲い。「まど(窓)・は・　さっし(サッシ)・より・　き(木)ー・の・　わく・の・　ほー(方)・が・　え(良)ー。」「わく・の・　なか(中)・に・　こんくりーと(コンクリート)・を・　なが(流)す。」②決められた範囲や限界。「いちじかん(一時間)・の・　わく・で・　はなし(話)・を・　する。」「ひと(一)つ・の・　わく・の・　なか(中)・に・　ひと(一)つ・の・　じ(字)・を・　か(書)く。」

わく【湧く】《動詞・カ行五段活用》 ①水や液体がたえず地面から噴き出す。「どっこいしょ(＝浅井戸)・が・　わい・とる。」「おんせん(温泉)・が・　わく。」②魚や虫などが一面に、多数あらわれる。「いかなご(玉筋魚)・が・　よー・　わい・とる・そーや。」「ことし(今年)・は・　ぎょーさん(仰山)・　か(蚊)ー・が・　わい・とる。」

わく【沸く】《動詞・カ行五段活用》 水などが熱せられて煮え立つ。水などの温度が上がる。「よーやく・　ふろ(風呂)・が・　わい・た。」■他動詞は「**わかす**【**沸かす**】」

わくわく《副詞、動詞する》 嬉しさや楽しさで心が弾む様子。期待や心配で心が落ち着かない様子。「あした(明日)・は・　えんそく(遠足)・や・さかい・　こども(子供)・が・　わくわくし・とる。」

わけ【訳】《名詞》 ①物事や言葉の意味内容。物事の筋道。「なん(何)やら・　わけ・の・　わから・ん・　はなし(話)・を・　き(聞)かさ・れ・た。」「ことば(言葉)・の・　わけ・が・　わから・へん・さかい・　じびき(字引)・で・　しら(調)べる。」②そのようになった事情・経緯。どうしてそうなったのかという原因・理由。「おく(遅)れ・た・　わけ・を・　せつめー(説明)する。」③そのことに関わる、望ましくない事情。「わけ・が・　あっ・て・　やす(安)い・　しなもん(品物)・や・ねん。」〔③⇒**つごう**【**都合**】〕

わけぎ【分葱】《名詞》 葉が細く全体が小ぶりで、株分けで増える、葱の変種。「わけぎ・を・　ぬた・に・　する。」

わけへだて【分け隔て】《名詞、動詞する》 相手によって異なった扱い方をすること。「きょーだい(兄弟)・を・　わけへだてし・たら・　あか・ん・よ。」

わけまえ【分け前】《名詞》 分配して、一人一人が得る分量。「つ(釣)っ・た・　さかな(魚)・の・　わけまえ・を・　もら(貰)う。」〔⇒**ぶん**【**分**】〕

わける【分ける】《動詞・カ行下一段活用》 ①基準などに従って、区切って別々にする。「ごみ(塵)・を・　ふた(二)つ・の・　ふくろ(袋)・に・　わけ・て・　い(入)れる。」②ひとつのものをいくつかに割って配る。「おかね(金)・を・　みんな(皆)・に・　わける。」③ひとつのものや一面にあるものを両側に押し開く。「くさ(草)・を・　わけ・て・　まえ(前)・へ・　すす(進)む。」④お金をもらって品物や権利などを他の人などに渡す。「やさい(野菜)・を・　やす(安)ー・　わけ・てもろ・てん。」◆④は、一部を渡すことも、全部を渡すことも、この言葉で表す。〔①②③⇒**わけわけ**【**分け分け**】**(する)**。①⇒**よる**【**選る**】。④⇒**うる**【**売る**】〕

わけわけ【分け分け】《名詞、動詞する》 ①基準などに従って、区切って別々にすること。「ちょっと(一寸)・だけ・や・けど・　わけわけし・て・　みんな(皆)・で・　た(食)べる。」②ひとつのものをいくつかに割って配ること。「すいか(西瓜)・を・　わけわけし・て・　た(食)べ・なはれ。」「ふたり(二人)・で・　べつ(別)の・　もん(物)・を・　ちゅーもん(注文)し・て・　わけわけ・を・　し・て・　た(食)べ・たら・　おい(美味)しー・よ。」③ひとつのものや一面にあるものを両側に押し開くこと。「びにーる(ビニール)・の・　ふくろ(袋)・を・　わけわけし・て・　なかみ(中身)・を・　だ(出)す。」◆やや幼児語的であるが、言葉を重ねて表現する関西弁の特徴が現れていて、温かみが感じられる。「はんぶん(半分)・ずつ・　た(食)べる。」とか「わ(分)けおー・て・　た(食)べる。」とか言うよりも、親近感のある表現である。食べることだけでなく、仕事を「わけわけし・て」担当し、協力することもある。〔動詞⇒**わける**〕

わゴム〔わごむ〕【輪 ＋ オランダ語＝ gom】《名詞》 ものをまとめるようなときに使う、輪の形にした紐状のゴム。「わごむ・が・　き(切)れ・て・　ばらばらに・　なっ・た。」〔⇒**ちぶ**〕

わさ【輪さ】《名詞》 紐などを輪のように結んだもの。「わさ・を・　つく(作)っ・て・　ひぼ(紐)・を・　とー(通)す。」

わさい【和裁】《名詞、動詞する》 着物などの和服のデザインを考えたり、裁ったり縫ったりすること。「ないしょく(内職)・で・　わさい・を・　する。」■対語＝「**ようさい**【**洋裁**】」

わざと《副詞》 何かの意図があって、強いてそのようにする様子。「わざと・　ちこく(遅刻)し・た・ん・と・　ちゃ(違)う・か。」〔⇒**わざわざ**〕

わさび【山葵】《名詞》 山野の渓流にはえて、根や茎は辛く、薬味や味付けなどに使う作物。「さしみ(刺身)・に・

わさび・を・ そ(添)える。」

わざわざ《副詞》 ①そのことのために努力したり、特別の心遣いで行ったりする様子を表す言葉。「かいしゃ(会社)・を・ やす(休)ん・で・ わざわざ・ みま(見舞)い・に・ き(来)・てくれ・た。」②何かの意図があって、強いてそのようにする様子。「わざわざ・ めが(＝壊さ)・ん・でも・ え(良)ー・のに。」〔①⇒**せっかく【折角】**。②⇒**わざと**〕

わし【鷲】《名詞》 森や山にすみ、嘴や爪の尖った、目の鋭い、大型の鳥。「そら(空)・から・ わし・が・ ちか(近)づい・てき・たら・ おと(恐)ろしー・なー。」〔⇒**たか【鷹】**〕

わし【和紙】《名詞》 こうぞ、みつまたなどを原料として、日本古来のやり方で昔から作られてきた手漉きの紙。「わし・で・ でけ・とる・ はがき(葉書)・に・ ふで(筆)・で・ か(書)く。」

わし《名詞》 自分自身を指す言葉。「おまい(前)・が・ い(行)か・んでも・ わし・が・ い(行)っ・たる。」◆主に男性が使って、えらそうな感じが伴う言葉である。女性の場合は「わっし【(私)】」と言うのが、落ち着いた感じを与える。〔⇒**あし、あっし、あて、うち【内】、わたい【(私)】、わい、わっし【(私)】、わたし【私】、わて、おれ【俺】、おら【(俺)】、おい【(俺)】、ぼく【僕】**〕

わしき【和式】《名詞》 日本風の形や、日本風のやり方。「こーしゅーべんじょ(公衆便所)・も・ わしき・が・ へ(減)っ・てき・た。」■対語＝「ようしき【洋式】」

わしつ【和室】《名詞》 畳を敷いて、襖や障子などの建具がある、和風の部屋。「わしつ・に・ ぶつだん(仏壇)・を・ お(置)く。」■対語＝「ようしつ【洋室】」〔⇒**にほんま【日本間】**〕

わしとこ【わし所】《名詞》 ①自分の家。「わしとこ・は・ えき(駅)・から・ じっぷん(十分)・ほど・や・ねん。」②自分の家族。自分の家庭。「わしとこ・の・ ばんめし(晩飯)・は・ ひちじ(七時)・や。」③自分の妻。「わしとこ・は・ びょーき(病気)・ひとつ・ し・よら・へん。」◆男性が使って、えらそうな感じが伴う言葉である。〔⇒**わいとこ【わい所】、わいね【(わい家)】、うちね【(内家)】、うちとこ【内所】、うちとことこ【内所々】、うっとこ【(内所)】、うっとことこ【(内所々)】、わたしとこ【私所】、わたいとこ【(私所)】、わてとこ【わて所】**。③⇒**うちのやつ【内の奴】**〕

わしゃ《名詞(＋副助詞)》 私は。「わしゃ・ そんな・ こと・し(知)ら・ん。」「そんな・ こと・を・ わしゃ・に・ ゆ(言)ー・な。」◆もともとは「わし＋は」が「わしゃ」となったのであるが、「わしゃ」を名詞のように使うこともある。

わしら〔わしらー〕《名詞》 ①自分たちを指す言葉。「わしらー・は・ まだ・ ま(負)け・へん・ぞ。」②遠慮したり卑下したりする気持ちをこめて、自分自身を指す言葉。「わしら・ そんな・ むつか(難)しー・ こと・は・ わから・へん。」◆①②ともに、主に男性が使う言葉である。〔⇒**あしら、あっしら、あてら、うちら【内ら】、わたいら【(私ら)】、わいら【(我ら)】、わっしら【(私ら)】、わたしら【私ら】、わてら、おれら【俺ら】、おらら【(俺ら)】、おいら【(俺ら)】、ぼくら【僕ら】**〕

わすれ【忘れ】《名詞》 ものをよく忘れること。忘れ癖のある人。「あの・ わすれ・に・ たの(頼)ん・でも・ おぼ(覚)え・とら・へん・やろ。」〔⇒**わっせ【(忘せ)】**〕

わすれもん【忘れ物】《名詞、動詞する》 持ってくるべきであるのに、うっかりどこかに置いたままにすること。また、そのようにしたもの。「でんしゃ(電車)・の・ あみだな(網棚)・に・ わすれもん・を・ し・た。」〔⇒**わっせもん【(忘せ物)】**〕

わすれる【忘れる】《動詞・ラ行下一段活用》 ①経験したり覚えたりしたことが、記憶から消えてしまう。「き(聞)ー・た・ はし(端)・から・ みんな(皆)・ わすれ・とる。」②他のことに夢中になったり、うっかりしたりして、ある事柄に気がつかない。「じかん(時間)・が・た(経)つ・の・を・ わすれ・て・ あそ(遊)ぶ。」③うっかりして、すべきことを、しないままにする。「はがき(葉書)・を・ ぽすと(ポスト)・に・ い(入)れる・の・を・ わすれ・た。」■名詞化＝**わすれ【忘れ】**。〔⇒**わっせる【(忘っせる)】**〕

わせ【早生、早稲】《名詞》 普通より早くできる稲や野菜や果物など。「わせ・の・ みかん(蜜柑)・が・ もー・ みせ(店)・に・ で(出)・とる・がな。」■対語＝「おくて【晩生、晩稲】」

わた【綿】《名詞》 ①実の中から、柔らかい毛が出てきて、繊維がとれる植物。「わた・を・ う(植)え・たら・ きーろ(黄色)い・ はな(花)・が・ さ(咲)い・た。」②その木から採れる、白く柔らかな繊維のかたまり。「わた・を・ う(打)ちなおし・て・ つか(使)う。」

わたあめ【綿飴】《名詞》 砂糖を溶かして、綿のように噴き出させたお菓子。「まつり(祭)・に・ で(出)・とる・ みせ(店)・で・ まご(孫)・に・ わたあめ・を・ こ(買)ー・てやる。」〔⇒**わたがし【綿菓子】**〕

わたい【(私)】《名詞》 自分自身を指す言葉。「わたい・は・ そんな・ はなし(話)・は・ き(聞)ー・とら・しませ・ん。」〔⇒**あし、あっし、あて、うち【内】、わい、わし、わっし【(私)】、わたし【私】、わて、おれ【俺】、おら【(俺)】、おい【(俺)】、ぼく【僕】**〕

わたいとこ【(私所)】《名詞》 ①自分の家。「わたいとこ・は・ えき(駅)・の・ みなみ(南)・の・ ほー(方)・です。」②自分の家族。自分の家庭。「わたいとこ・は・ みな(皆)・ あさ(朝)・が・ はや(早)い・ねん。」③自分の夫。自分の妻。「わたいとこ・は・ わたい・より・ みっ(三)つ・ としうえ(年上)・です・ねん。」〔⇒**うちね【(内家)】、うちとこ【内所】、うちとことこ【内所々】、うっとこ【(内所)】、うっとことこ【(内所々)】、わたしとこ【私所】、わてとこ【わて所】、わいとこ【わい所】、わしとこ【わし所】、わいね【(わい家)】**。③⇒**うちのひと【内の人】、うちのやつ【内の奴】**〕

わたいら〔わたいらー〕【(私ら)】《名詞》 ①自分たちを指す言葉。「こんしゅー(今週)・は・ わたいらー・が・ そーじ(掃除)・の・ とーばん(当番)・や。」②遠慮したり卑下したりする気持ちをこめて、自分自身を指す言葉。「わたいら・が・ い(行)かし・てもろ・ても・ よろ(宜)しー・ん・か。」◆①②ともに、主として女性が使う言葉である。〔⇒**あしら、あっしら、あてら、うちら【内ら】、わいら【(我ら)】、わしら、わっしら【(私ら)】、わたしら【私ら】、わてら、おれら【俺ら】、おらら【(俺ら)】、おいら【(俺ら)】、ぼくら【僕ら】**〕

わたいれ【綿入れ】《名詞》 表地と裏地の間に薄く綿を入れた、冬用の和服。「わたいれ・の・ ねんねこ・で・ お(負)たす。」

わたがし【綿菓子】《名詞》 砂糖を溶かして、綿のように噴き出させたお菓子。「よみせ(夜店)・で・ わたがし・を・ か(買)う。」〔⇒**わたあめ【綿飴】**〕

わたし【私】《名詞》 自分自身を指す言葉。「わたし・は・ びょーき(病気)し・た・ こと・が・ な(無)い・ねん。」

◆やや改まった場で使うことが多い言葉である。〔⇒**あし、あっし、あて、うち【内】、わたい【(私)】、わい、わし、わっし【(私)】、わて、おれ【俺】、おら【(俺)】、おい【(俺)】、ぼく【僕】**〕

わたしとこ【私所】《名詞》 ①自分の家。「わたしとこ·は· にかいだ(二階建)て·や·ねん。」②自分の家族。自分の家庭。「わたしとこ·の· ばんごはん(晩御飯)·は· ひちじごろ(七時頃)·や。」「わたしとこ·に·は· かね(金)·は· あら·へん·ねん。」②自分の夫。自分の妻。「わたしとこ·は· いま(今)·まで· びょーき(病気)し·た· こと·が· あら·しま·へん·ねん。」〔⇒**うちね【(内家)】、うちとこ【内所】、うちとことこ【内所々】、うっとこ【(内所)】、うっとことこ【(内所々)】、わたいとこ【(私所)】、わてとこ【わて所】、わいとこ【わい所】、わしとこ【わし所】、わいね【(わい家)】**。③⇒**うちのひと【内の人】、うちのやつ【内の奴】**〕

わたしぶね【渡し船】《名詞》 人や物を乗せて、対岸へ運ぶ船。「つ(釣)り·を· する· はと(波止)·まで· わたしぶね·で· つ(連)れ·ていっ·てもらう。」

わたしら〔**わたしらー**〕【私ら】《名詞》 ①自分たちを指す言葉。「わたしら·は· いつ·から· こーたい(交替)する·ん·です·か。」②遠慮したり卑下したりする気持ちをこめて、自分自身を指す言葉。「わたしら·でも· もろ(貰)·ても· え(良)ー·ん·か。」〔⇒**あしら、あっしら、あてら、うちら【内ら】、わたいら【(私ら)】、わいら【(我ら)】、わしら、わっしら【(私ら)】、わてら、おれら【俺ら】、おらら【(俺ら)】、おいら【(俺ら)】、ぼくら【僕ら】**〕

わたす【渡す】《動詞·サ行五段活用》 ①乗り物に乗せたり、橋を通らせたり、泳がせたりして、海や川などの対岸へ行かせる。「おき(沖)·の· はと(波止)·へ· わたし·てくれる· ふね(船)·に· の(乗)る。」②一方から他方へ移らせる。「やくいん(役員)·を· べつ(別)·の· しと(人)·に· わたす。」③相手やみんなの手元に届ける。「おい(甥)·に· ごーかく(合格)·の· おいわ(祝)い·を· わたす。」「しゅっせきしゃ(出席者)·に· さんかしょー(参加賞)·を· わたす。」■自動詞は「わたる【渡る】」

わたりどり【渡り鳥】《名詞》 燕や雁などのように海を渡って、毎年、季節によって住むところをかえる鳥。「つばめ(燕)·は· はる(春)·に· なっ·たら· やっ·てくる· わたりどり·や。」

わたりろうか〔**わたりろーか**〕【渡り廊下】《名詞》 建物と建物とをつなぐ細長い通路。「やね(屋根)·の· な(無)い· わたりろーか·は· こま(困)る·なー。」◆小学校時代の校舎を思い出すと、屋根がなく、渡り板を敷き並べていたようなものであっても「わたりろうか【渡り廊下】」と言っていたように思う。〔⇒**ろうか【廊下】**〕

わたる【渡る】《動詞·ラ行五段活用》 ①乗り物に乗ったり、橋を通ったり、泳いだりして、海や川などの対岸へ行く。「あかしかいきょーおーはし(明石海峡大橋)·を· わたっ·て· あわじ(淡路)·へ· い(行)く。」「うみ(海)·を· わたる· れんらくせん(連絡船)·が· はいし(廃止)·に· なっ·た。」②一方から他方へ移る。「き(気)ーつけ·て· ふみきり(踏切)·を· わたる。」「たんぼ(田圃)·が· ひと(人)·の· て(手)ー·に· わたっ·ても·た。」③相手やみんなの手元に届く。「おかし(菓子)·が· みな(皆)·に· わたっ·た。」■他動詞は「わたす【渡す】」

わたる【渉る、亘る】《動詞·ラ行五段活用》 ①ある期間、中断しないで続く。「まつり(祭)·は· みっか(三日)·に· わたっ·て· つづ(続)く。」②ある範囲に、広がり及ぶ。「ここら·の· いったい(一帯)·に· わたっ·て· ごみ(塵)·が· ち(散)らばっ·とる。」

わちゃくちゃ【わ茶苦茶】《形容動詞や(ナ)》 ①筋道が通らなかったり、秩序がなかったりする様子。「あんな· わちゃくちゃな· かんが(考)え·に·は· さんせー(賛成)でけ·へん。」②乱雑になっている様子。「かばん(鞄)·の· なか(中)·が· わちゃくちゃや。」③壊れてしまっている様子。駄目になっている様子。「ほーむらん(ホームラン)·を· う(打)た·れ·て· しあい(試合)·は· わちゃくちゃに· なっ·ても·た。」〔⇒**わや、わやくそ【わや糞】、わっちゃくちゃ【(わ茶苦茶)】**〕

わっし【(私)】《名詞》 自分自身を指す言葉。「だい(誰)·も· い(行)か·へん·の·やっ·たら· わっし·が· い(行)かし·てもらい·ます。」〔⇒**あし、あっし、あて、うち【内】、わたい【(私)】、わい、わし、わたし【私】、わて、おれ【俺】、おら【(俺)】、おい【(俺)】、ぼく【僕】**〕

わっしら〔**わっしらー**〕【(私ら)】《名詞》 ①自分たちを指す言葉。「わっしら·が· みまわ(見回)り·を· する。」②遠慮したり卑下したりする気持ちをこめて、自分自身を指す言葉。「わっしら· よー· ごーかく(合格)し·とら·へん·の·です。」〔⇒**あしら、あっしら、あてら、うちら【内ら】、わたいら【(私ら)】、わいら【(我ら)】、わしら、わたしら【私ら】、わてら、おれら【俺ら】、おらら【(俺ら)】、おいら【(俺ら)】、ぼくら【僕ら】**〕

わっせ【(忘せ)】《名詞》 ものをよく忘れること。忘れ癖のある人。「わっせ·が· ひとっつも· なお(直)ら·へん。」〔⇒**わすれ【忘れ】**〕

わっせもん【(忘せ物)】《名詞、動詞する》 持ってくるべきであるのに、うっかりどこかに置いたままにすること。また、そのようにしたもの。「わっせもん·を· し·て· やす(休)みじかん(時間)·に· いえ(家)·へ· と(取)り·に· もど(戻)る。」〔⇒**わすれもん【忘れ物】**〕

わっせる【(忘っせる)】《動詞·サ行下一段活用》 ①経験したり覚えたりしたことが、記憶から消えてしまう。「きのー(昨日)·の· こと·でも· じっき(直)に· わっせ·てまう。」②他のことに夢中になったり、うっかりしたりして、ある事柄に気がつかない。「あわ(慌)て·て· いえ(家)·を· で(出)·て· かさ(傘)·を· も(持)っ·てくる·の·を· わっせ·た。」③うっかりして、すべきことを、しないままにする。「しくだい(宿題)·を· わっせ·た。」■名詞化＝**わっせ【(忘っせ)】**〔⇒**わすれる【忘れる】**〕

わっちゃくちゃ【(わ茶苦茶)】《形容動詞や(ナ)》 ①筋道が通らなかったり、秩序がなかったりする様子。「わっちゃくちゃな· はな(話)しかた·を· し·たら· き(聞)ー·とる· ひと(人)·が· こま(困)る·やろ。」②乱雑になっている様子。「そーじ(掃除)·を· せー·へん·さかい· いえ(家)·の· なか(中)·が· わっちゃくちゃに· なっ·とる。」③壊れてしまっている様子。駄目になっている様子。「みず(水)·に· ぬ(濡)れ·て· とけー(時計)·が· わっちゃくちゃに· なっ·ても·た。」〔⇒**わや、わやくそ【わや糞】、わやくちゃ【わや苦茶】**〕

ワット〔**わっと**〕【英語＝watt】《名詞、助数詞》 電力をはかる単位。「わっと·が· おー(大)きー·さかい· あか(明)い·なー。」「ひゃく(百)わっと·の· でんきゅー

(電球)・を・　か(買)う。」

わっと《副詞》 ①一つ所に一斉に集まる様子。「えさ(餌)・を・　ま(撒)い・たら・　はと(鳩)・が・　わっと・　あつ(集)まっ・た。」②一斉に声を上げる様子。「みんな(皆)・が・　わっと・　わろ(笑)ー・た。」③急に泣き出す様子。また、その声。「こらえ・とっ・た・けど・　やっぱり・　わっと・　な(泣)きだし・た。」

わて《名詞》 自分自身を指す言葉。「わて・　ほんま(本真)に・　よー・　い(言)わ・ん・わ。」◆女性が使うことが多い。〔⇒**あし、あっし、あて、うち**【内】、**わたい**【(私)】、**わい、わし、わっし**【(私)】、**わたし**【私】、**おれ**【俺】、**おら**【(俺)】、**おい**【(俺)】、**ぼく**【僕】〕

わてとこ【わて所】《名詞》 ①自分の家。「わてとこ・の・　うら(裏)・に・は・　いけ(池)・が・　ある。」②自分の家族。自分の家庭。「わてとこ・は・　みんな(皆)・　かれー(カレー)・が・　す(好)きや。」③自分の夫。自分の妻。「わてとこ・は・　きょー(今日)・は・　かいもの(買物)・に・　い(行)っ・て・　るす(留守)・です。」◆「あてとこ【あて所】」という発音になることもある。〔⇒**うちね**【(内家)】、**うちとこ**【内所】、**うちとことこ**【内所々】、**うっとこ**【(内所)】、**うっとことこ**【(内所々)】、**わたしとこ**【私所】、**わたいとこ**【(私所)】、**わいとこ**【わい所】、**わしとこ**【わし所】、**わいね**【(わい家)】。③⇒**うちのひと**【内の人】、**うちのやつ**【内の奴】〕

わてら〔**わてらー**〕《名詞》 ①自分たちを指す言葉。「さんじ(三時)・に・　なっ・たら・　わてら・が・　こーたい(交替)し・ます。」②遠慮したり卑下したりする気持ちをこめて、自分自身を指す言葉。「わてらー・　あほ(阿呆)や・さかい・　むつか(難)しー・て・　わから・へん。」〔⇒**あしら、あっしら、あてら、うちら**【内ら】、**わたいら**【(私ら)】、**わいら**【(我ら)】、**わしら、わっしら**【(私ら)】、**わたしら**【私ら】、**おれら**【俺ら】、**おらら**【(俺ら)】、**おいら**【(俺ら)】、**ぼくら**【僕ら】〕

わな【罠】《名詞》 ①鳥や獣をおびき寄せて、生け捕りにする仕掛け。「いたち(鼬)・が・　おる・らしー・ので・　わな・でも・　つく(作)っ・たろ・か。」②他人をだまして陥れる計略。「しごと(仕事)・を・　う(請)けあう・の・は・　え(良)ー・けど・　わな・が・　ない・か・　き(気)ーつけ・なはれ。」

わなげ【輪投げ】《名詞、動詞する》 離れたところから輪を投げて、立てた棒にかける遊び。また、それに使う道具。「わなげ・の・　だい(台)・を・　つく(作)っ・て・　ぺんき(ペンキ)・を・　ぬ(塗)る。」「ひま(暇)や・さかい・　わなげし・て・　あそ(遊)ん・だ。」

わに【鰐】《名詞》 大きな口に鋭い歯を持ち、全身うろこで覆われて、扁平の大きな形をした、熱帯の川や沼にすむ動物。「こーべ(神戸)・の・　どーぶつえん(動物園)・に・　わに・が・　おっ・た。」

わはは《感動詞》 大きく口を開いて豪快に笑うときの声。「わし・の・　はなし(話)・を・　き(聞)ー・て・　わはは・ゆーて・　わら(笑)い・やがっ・た。」

わびしい〔**わびしー**〕【侘びしい】《形容詞・イイ型》 ①心を慰めるものがなくて、心細くてやるせない気持ちである。「わびしー・　やま(山)・の・　なか(中)・を・　とー(通)っ・た。」②貧しく、みすぼらしくて、気持ちが晴れない。「きょー(今日)・の・　ひるめし(昼飯)・は・　わびしー・　もん・やっ・た。」

わふく【和服】《名詞》 体にまといつけるもので、日本風のもの。日本古来の衣服。「わふく・を・　き(着)・て・　むすめ(娘)・の・　そつぎょーしき(卒業式)・に・　で(出)る。」■対語＝「ようふく【洋服】」〔⇒**ふく**【服】、**きもの**【着物】、**きもん**【着物】、**きりもん**【着り物】、**べべ**〕

わまわし〔**わまーし、わーまーし**〕【輪回し】《名詞、動詞する》 自転車の車輪の外枠(リム)や、樽や桶のたがの廃物などを利用して、それを道路などで転がして走る遊び。「じどーしゃ(自動車)・が・　こ(来)・ん・　とこ(所)・で・　わまーし・を・　し・て・　あそ(遊)ぶ。」〔⇒**リムまわし**【英語＝rim ＋ 回し】〕

輪回しに使う輪

わめく【喚く】《動詞・カ行五段活用》 ①遠くまで聞こえるように大声で叫ぶ。大きな声で話す。「こども(子供)・が・　な(泣)い・て・　わめー・とる。」②怒りの気持ちを表すために荒々しく怒鳴る。相手を脅しつけるように大声を出す。「ゆ(言)ー・　こと・を・　き(聞)か・へん・さかい・　わめい・たっ・た。」〔⇒**どなる**【怒鳴る】。①⇒**ほえる**【吠える】。②⇒**かちわめく**【かち喚く】〕

わや《形容動詞や(ナ)》 ①筋道が通らなかったり、秩序がなかったりする様子。「そんな・　わやな・　はなし(話)・は・　だれ(誰)・も・　しんよー(信用)し・てくれ・へん・ぞ。」②乱雑になっている様子。「へやじゅー(部屋中)・　わやに・　し・て・　かた(片)づけ・とら・ん。」③壊れてしまっている様子。駄目になっている様子。「あの・　はなし(話)・は・　なん(何)もかも・　わやに・　なっ・ても・た。」「とけー(時計)・を・　ぶんかい(分解)し・て・　とーとー(到頭)・　わやに・　し・ても・た。」〔⇒**わやくそ**【わや糞】、**わやくちゃ**【わや苦茶】、**わっちゃくちゃ**【(わ茶苦茶)】〕

わやくそ【わや糞】《形容動詞や(ナ)》 ①筋道が通らなかったり、秩序がなかったりする様子。「おまえ(前)・の・　かんが(考)え・は・　わやくそや・さかい・　ひと(人)・に・は・　つーよー(通用)せー・へん。」②乱雑になっている様子。「いぬ(犬)・が・　はたけ(畑)・を・　ふ(踏)みまわっ・て・　わやくそに・　し・ても・た。」③壊れてしまっている様子。駄目になっている様子。「うま(巧)いこと・　いっ・とっ・た・　はなし(話)・を・　わやくそに・　し・てまい・やがっ・た。」〔⇒**わや、わやくちゃ**【わや苦茶】、**わっちゃくちゃ**【(わ茶苦茶)】〕

わやくそにする【わや糞にする】《動詞・サ行変格活用》 ①ものごとを駄目にする。ものを壊す。「お(落)とし・て・　とけー(時計)・を・　わやくそにし・ても・た。」②まとまりを乱す。「きのー(昨日)・の・　よ(寄)りあい・は・　あいつ(彼奴)・が・　いら・ん・　こと・を・　ゆ(言)ー・て・　わやくそにし・やがっ・た。」③馬鹿にする。ふざける。「みんな(皆)・で・　わるぐち(悪口)・を・　ゆ(言)ー・て・　わやくそにし・たら・　かわいそー(可哀想)や・なー。」〔⇒**わやにする、わやくちゃにする**【わや苦茶にする】〕

わやくちゃ【わや苦茶】《形容動詞や(ナ)》 ①筋道が通らなかったり、秩序がなかったりする様子。「あいつ(彼奴)・の・　ゆ(言)ー・　いけん(意見)・は・　わやくちゃや・さかい・　き(聞)ー・たら・　あか・ん・ぞ。」②乱雑になっている様子。「すいがい(水害)・で・　いえ(家)・の・　なか(中)・が・　わやくちゃに・　なっ・た。」③壊れてしまっている様子。駄目になっている様子。「けーき(ケーキ)・を・　お(落)とし・て・　わやくちゃに・　なっ・た。」〔⇒**わや、わやくそ**【わや糞】、**わっちゃくちゃ**【(わ茶苦茶)】〕

わ

わやくちゃにする【わや苦茶にする】《動詞･サ行変格活用》①ものごとを駄目にする。ものを壊す。「ひ(火)･が･　つよ(強)すぎ･て･　こ(焦)げ･て･　すきや(焼)き･を･　わやくちゃにし･ても･た。」②まとまりを乱す。「こーじ(耕二)･の･　やつ(奴)･が･　ごじゃごじゃと･　ぬかし･て･　よ(寄)りあい･を･　わやくちゃにし･ても･た。」③馬鹿にする。ふざける。「わし･の･　こと･を･　わやくちゃにし･やがっ･た。」〔⇒**わやくそにする**【わや糞にする】、**わやにする**〕

わやにする《動詞･サ行変格活用》①ものごとを駄目にする。ものを壊す。「らじお(ラジオ)･を･　なお(直)そ一･と･　し･た･ん･や･けど･　けっきょく(結局)･　わやにし･ても･た。」②まとまりを乱す。「き(決)まりかけ･とっ･た･のに･　いら･ん･　こと･を･　ゆ(言)ー･て･　わやにし･てまい･やがっ･た。」③馬鹿にする。ふざける。「みんな(皆)･で･　わし･の･　こと･を･　わやにし･やがっ･た。」〔⇒**わやくそにする**【わや糞にする】、**わやくちゃにする**【わや苦茶にする】〕

わら【藁】《名詞》　稲や麦の茎を干したもの。「わら･で･　おしめ(注連)･を･　つく(作)る。」「わら･を･　お(追)いだ(炊)き･に･　つか(使)う。」

わらい【笑い】《名詞、形容動詞や(ノ)》①ものごとを喜んだり面白がったりして、顔をやわらげたり声を立てたりすること。「な(泣)き･も･　わらい･も･　あんた･の･　す(好)きな･よーに･　し･なはれ。」②ものごとを喜んだり面白がったりして、よく声に出す癖のある人。また、そのようにする様子。「あの･　こ(子)ー･は･　わらいや･さかい･　いっぺん(一遍)･　わら(笑)いだし･たら･　と(止)まら･へん。」〔②⇒**げら**〕

わらいごと【笑い事】《名詞》　笑ってすませるような、小さな事柄。深刻でないこと。「おーごと(大事)･に･　なら･んと･　わらいごと･で･　す(済)ん･だら･　ありがたい･　こと･や。」

わらいばなし【笑い話】《名詞》①滑稽な内容の話。「らくご(落語)･の･　わらいばなし･は･　おもろ(面白)い。」②笑いながら話す程度の、気楽な話やばかばかしい話。「さいふ(財布)･を･　お(落)とし･た･ゆーて･　おーさわ(大騒)ぎ･を･　し･た･けど･　いえ(家)･の･　なか(中)･から･　で(出)･てき･て･　わらいばなし･で･す(済)ん･だ･ん･や。」

わらいむし【笑い虫】《名詞》　おかしいことに出会うと、笑いこける人。「あの･　こ(子)･の･　わらいむし･が･　なかなか･　と(止)まら･へん。」

わらいもん【笑い物、笑い者】《名詞》　人に馬鹿にされて笑いの種になるものや人。「きんじょ(近所)･の･　わらいもん･に･　なる。」

わらう【笑う】《動詞･ワア行五段活用》①喜んだり面白がったりして、口許をゆるめて声に出す。「まんざい(漫才)･を･　み(見)･て･　げらげら･　わら(笑)う。」②喜んだり面白がったりして、目を細めて表情に表す。「あか(赤)んぼ･が･　にこっと･　わらう。」③馬鹿にする。あざけって、さげすむ。「しっぱい(失敗)し･た･けど･　わらわ･んとい･てんか。」■名詞化＝**わらい**【笑い】

わらかす【笑かす】《動詞･サ行五段活用》①人を笑うようにさせる。「あの･　まんざい(漫才)･は･　よー･　ひと(人)･を･　わらかす･なー。」②軽蔑に値することである。軽蔑される。「あれ･で･　だいがくせー(大学生)･や･と･は･　わらかす･よ･なー。」■名詞化＝**わらかし**【笑かし】〔⇒**わらわす**【笑わす】〕

わらける【笑ける】《動詞･カ行下一段活用》　自然と笑える。自然と笑いが生じる。「ごっつい･　わらける･　らくご(落語)･や。」

わらじ【草鞋】《名詞》　藁を編んで足の形に作り、紐で足に結んではくもの。「おてら(寺)･の･　もん(門)･に･　おー(大)けな･　わらじ･が･　つ(吊)っ･てある。」〔⇒**わらんじ**【(草鞋)】〕

わらしごと【藁仕事】《名詞、動詞する》　藁を打ったり、縄をなうたり、藁で何かを作ったりする作業。「わらしごと･で･　なわ(縄)･を･　な(綯)う。」「いえ(家)･の･　なか(中)･で･　わらしごとし･たら･　ごみ(塵)･が･　いっぱい･　た(貯)まっ･た。」

わらばい【藁灰】《名詞》　火鉢に入れたり肥料にしたりして使う、藁を燃やした後にできる粉状のもの。「わらばい･を･　ひばち(火鉢)･に･　い(入)れる。」「かぜ(風)･が･　ふ(吹)い･て･　わらばい･が･　と(飛)びまーる。」

わらび【蕨】《名詞》①葉は食用になり根から蕨粉をとる、山地に生えて早春に巻いた新芽を出す植物。「わらび･や･　ぜんまい･を･　と(採)る。」②蕨粉を原料にした餅。「なつ(夏)･に･　なっ･たら･　わらび･を･　う(売)り･に･　く(来)る。」〔②⇒**わらびもち**【蕨餅】〕

わらびもち【蕨餅】《名詞》　蕨粉を原料にした餅。「わらびもち･に･　きなこ(黄粉)･を･　まぶ(塗)す。」〔⇒**わらび**【蕨】〕

わらぶき【藁葺き】《名詞》　屋根を藁で覆うこと。藁で覆った屋根。「わらぶき･を･　かわらやね(瓦屋根)･に･　か(変)える。」■対語＝「かわらぶき【瓦葺き】」〔⇒**わらや**【藁屋】、**わらやね**【藁屋根】〕

わらぼうき〔わらぼーき〕【藁箒】《名詞》　藁で作った、ごみなどを掃く用具。「わらぼーき･は･　さき(先)･が･　じっき(直)に･　ちび･てまう。」◆材質による名付け方には、他に「しゅろぼうき【棕櫚箒】」「たけぼうき【竹箒】」などがある。

わらや【藁屋】《名詞》　屋根を藁で覆うこと。藁で覆った屋根。「うち･の･　さと(里)･の･　いえ(家)･は･　わらや･です･ねん。」■対語＝「かわらやね【瓦屋根】」〔⇒**わらやね**【藁屋根】、**わらぶき**【藁葺き】〕

わらやね【藁屋根】《名詞》　屋根を藁で覆うこと。藁で覆った屋根。「わらやね･に･　くさ(草)･が･　は(生)え･とる。」■対語＝「かわらやね【瓦屋根】」〔⇒**わらや**【藁屋】、**わらぶき**【藁葺き】〕

わらわす【笑わす】《動詞･サ行五段活用》①人を笑うようにさせる。「おもろ(面白)い･　こと･を･　ゆ(言)ー･て･　ひと(人)･を･　わらわす･の･が･　す(好)きや。」②軽蔑に値することである。軽蔑される。「そんな･　あほ(阿呆)な･　しつもん(質問)し･て･　ひと(人)･を･　わらわし･たら･　あか･ん。」〔⇒**わらかす**【笑かす】〕

わらんじ【(草鞋)】《名詞》　藁を編んで足の形に作り、紐で足に結んではくもの。「わらんじ･の･　はなご(鼻緒)･が･　き(切)れる。」〔⇒**わらじ**【草鞋】〕

わり【割】《名詞》①全体の中に占める大小の関係で、全体の10分の1のこと。全体を10としたときの比率。「だりつ(打率)･が･　さん(三)わり･を･　こ(超)え･た。」②ある数が全体の数に対して占める大小の関係。また、そのようになる可能性。「ごにん(五人)･に･　ひとり(一人)･の･　わり･で･　ちゅーせん(抽選)･が･　あ(当)たる。」③一方の程度から見た他方の程度。特に、損得に関することなど。「これ･は･　わり･が･　あ(合)わ･ん･　しごと(仕事)･や･の一。」〔②⇒**ぶあい**【歩合】、**ぶ**【分】、**りつ**【率】、**わりあい**【割合】、**わんりゃい**【(割合)】〕

わ

わりあい【割合】《名詞》 ある数が全体の数に対して占める大小の関係。また、そのようになる可能性。「とーせん(当選)する・ わりあい・は・ はんぶん(半分)・ぐらい・やろ。」〔⇒**ぶあい**【歩合】、**ぶ**【分】、**りつ**【率】、**わんりゃい**【(割合)】、**わり**【割】〕

わりあい【割合】《副詞に・と》 他のものや以前のことと比較してみると、思いのほかに望ましい状況であるという気持ちを表す言葉。予想よりも望ましい状況であるという気持ちを表す言葉。「このごろ・の・ はんしん(阪神)・は・ わりあいに・ つよ(強)ー・ なっ・てき・た。」◆思いのほかに望ましくない状況であるという気持ちを表す場合にも使うことがある。〔⇒**わんりゃい**【(割合)】、**わりかた**【割り方】、**わりかし**【割りかし】、**わりと**【割と】、**わりに**【割に】〕

わりあて【割り当て】《名詞》 仕事などの全体をわけて、それぞれに受け持たせること。物品や金額などをそれぞれに振り分けること。また、そのようにして受け持たせたり振り分けたもの。「きふ(寄付)・の・ わりあて・を・ する。」〔⇒**わりふり**【割り振り】〕

わりあてる【割り当てる】《動詞・タ行下一段活用》 仕事などの全体をわけて、それぞれに受け持たせる。物品や金額などをそれぞれに分配する。「そーじ(掃除)・の・ くいき(区域)・を・ わりあてる。」「きふ(寄付)・の・ がく(額)・を・ わりあてる。」■名詞化＝**わりあて**【割り当て】〔⇒**わりふる**【割り振る】、**ふりわける**【振り分ける】〕

わりかし【割りかし】《副詞》 他のものや以前のことと比較してみると、思いのほかに望ましい状況であるという気持ちを表す言葉。予想よりも望ましい状況であるという気持ちを表す言葉。「わりかし・ おもろ(面白)い・ えーが(映画)・やっ・た。」「わりかし・ とー(遠)い・ とこ(所)・まで・ い(行)っ・た・ん・や。」◆思いのほかに望ましくない状況であるという気持ちを表す場合にも使うことがある。〔⇒**わりあい**【割合】、**わんりゃい**【(割合)】、**わりかた**【割り方】、**わりと**【割と】、**わりに**【割に】〕

わりかた【割り方】《副詞》 他のものや以前のことと比較してみると、思いのほかに望ましい状況であるという気持ちを表す言葉。予想よりも望ましい状況であるという気持ちを表す言葉。「きょー(今日)・は・ わりかた・ え(良)ー・ てんき(天気)・や。」「わりかた・ しんどい・ しごと(仕事)・や。」◆思いのほかに望ましくない状況であるという気持ちを表す場合にも使うことがある。〔⇒**わりあい**【割合】、**わんりゃい**【(割合)】、**わりかし**【割りかし】、**わりと**【割と】、**わりに**【割に】〕

わりき【割り木】《名詞》 薪を小割りにしたもの。割った木。「よき(＝斧)・で・ わりき・を・ つく(作)る。」「しょんがつ(正月)・ ゆ(言)ー・たら・ え(良)ー・ もん・や。ゆき(雪)・より・ しろ(白)い・ まま(飯)・ た(食)べ・て・ わりき・みたいな・ とと(魚)・ そ(添)え・て。」(これは、唱え言葉である。)

わりきれる【割り切れる】《動詞・ラ行下一段活用》 ①割り算の答えに、余りが出ない。「さん(三)・で・ わりきれる・ かず(数)・が・ べんり(便利)や・ねん。」②納得して、気持ちがおさまる。論理的にうなずくことができる。「わりきれ・ん・ きも(気持)ち・で・ もど(戻)っ・てき・た。」

わりこむ【割り込む】《動詞・マ行五段活用》 ①人と人との間を押し分けて入る。きちんと並んでいるところへ、ルールを無視して横から入り込む。「れつ(列)・の・ よこ(横)・から・ わりこん・だら・ あき・まへ・ん。」②人が話をしているところに、脇から口をはさむ。「はなし(話)・に・ わりこん・でくる・ あつ(厚)かましー・ やつ(奴)・が・ おる。」■名詞化＝**わりこみ**【割り込み】

わりざん【割り算】《名詞》 ある数が、他のある数の何倍であるかを調べる計算。除法。「わりざんし・て・ ひと(一)つ・の・ ね(値)ー・は・ なんぼ・や・ しら(調)べる。」

わりと【割と】《副詞》 他のものや以前のことと比較してみると、思いのほかに望ましい状況であるという気持ちを表す言葉。予想よりも望ましい状況であるという気持ちを表す言葉。「きょー(今日)・は・ わりと・ しんどい・ しごと(仕事)・やっ・た。」「わりと・ たか(高)い・ ね(値)ー・や・さかい・ か(買)わ・なんだ。」◆思いのほかに望ましくない状況であるという気持ちを表す場合にも使うことがある。〔⇒**わりあい**【割合】、**わんりゃい**【(割合)】、**わりかた**【割り方】、**わりかし**【割りかし】、**わりに**【割に】〕

わりに【割に】《副詞》 他のものや以前のことと比較してみると、思いのほかに望ましい状況であるという気持ちを表す言葉。予想よりも望ましい状況であるという気持ちを表す言葉。「わりに・ じかん(時間)・の・ かかる・ しごと(仕事)・やっ・た。」◆思いのほかに望ましくない状況であるという気持ちを表す場合にも使うことがある。〔⇒**わりあい**【割合】、**わんりゃい**【(割合)】、**わりかた**【割り方】、**わりかし**【割りかし】、**わりと**【割と】〕

わりばし【割り箸】《名詞》 端から半分ほどのところまで割れ目がつけてあり、2つに割って使うようになっている、木や竹でできた箸。「べんとー(弁当)・を・ こ(買)ー・た・けど・ わりばし・が・ つ(付)い・とら・へん。」

わりびき【割り引き】《名詞、動詞する》 決まった金額からある程度の金額を安くすること。「おーうりだ(大売出)し・の・ ひ(日)ー・に・ わりびき・で・ う(売)る。」「ちょっと(一寸)・ぐらい・ わりびきし・てくれ・ても・ え(良)ー・やろ・に。」

わりびく【割り引く】《動詞・カ行五段活用》 ①売るときに、決まった金額からある程度の金額を安くする。「のこ(残)っ・た・ しなもん(品物)・を・ わりびー・て・ う(売)る。」②表面よりも、中味を小さく見積もる。「あいつ・の・ ゆ(言)ー・ こと・は・ ちょっと(一寸)・ わりびー・て・ かんが(考)え・とか・んと・ えらい・ め(目)ー・に・ あう・ぞ。」■名詞化＝**わりびき**【割り引き】

わりふり【割り降り】《名詞》 仕事などの全体をわけて、それぞれに受け持たせること。物品や金額などをそれぞれに振り分けること。また、そのようにして受け持たせたり振り分けたもの。「そーじ(掃除)・の・ にんずー(人数)・の・ わりふり・を・ かんが(考)える。」〔⇒**わりあて**【割り当て】〕

わりふる【割り振る】《動詞・ラ行五段活用》 仕事などの全体をわけて、それぞれに受け持たせる。物品や金額などをそれぞれに分配する。「きふ(寄付)・の・ きんがく(金額)・を・ みな(皆)・に・ わりふる。」■名詞化＝**わりふり**【割り振り】〔⇒**わりあてる**【割り当てる】、**ふりわける**【振り分ける】〕

わる【悪】《名詞》 ①悪い性格や考えの人。よくない行動をする人。「わる・の・ まね(真似)・を・ し・たら・ あ

わ

か・ん・よ。」②芝居や物語などに出てくる悪役の人。「あの・　ひと（人）・は・　わる・みたいや。」「わる・が・　せ（攻）め・てき・た。」「あれ・は・　わる・か・　え（良）ー ほー・か・　わから・へん。」〔②⇒**わるもん【悪者】**〕

わる【割る】《動詞・ラ行五段活用》　①力を加えて、ものをいくつかに分ける。破ったり砕いたりして、壊す。「て（手）ー・が・　すべ（滑）っ・て・　さら（皿）・を・　わっ・ても・た。」②細かく分けて、小さくする。「き（木）ー・を・　ほそ（細）ー・に・　わる。」③水や液体を加えて、薄める。「ういすきー（ウイスキー）・を・　みず（水）・で・わる。」④割り算をする。「ひゃく（百）・を・　さん（三）・で・　わる。」◆②は、縦方向に行うときに使うことが多い。■自動詞は「われる【割れる】」■名詞化＝**わり【割り】**

わる【悪】《接頭語》　よくないことや、程度が過ぎることを表す言葉。「わるぢえ（知恵）・を・　はたら（働）かす。」「えらい・　わるまん・やっ・た・なー。」

わるい【悪い】《形容詞・ウイ型》　①正邪や善悪などから判断して、正しくない。好ましくない。「せーふ（政府）・の・　やりかた・が・　わるい。」「てんき（天気）・が・　わるー・　なり・そーや。」②水準に達しないで、劣っている。まずい。「がっこー（学校）・の・　せーせき（成績）・が・　わるー・て・　らくだい（落第）し・た。」③相手や第三者にすまないという気持ちである。自分を責めるような気持ちである。「ともだち（友達）・に・　わるい・　こと・を・　し・た。」④美しいとか望ましいとかの評価ができない。醜い。「ある（歩）く・　しせー（姿勢）・が・　わるい。」■対語＝「ええ【良え】」

わるがしこい【悪賢い】《形容詞・オイ型》　悪いことを考えることに頭が働く。ずるくて抜け目がない。人のすきをうかがって行動し、抜け目がない。「わるがしこい・　からす（鴉）・が・　ごみすてば（塵捨場）・を・　ねろ（狙）ー・とる。」〔⇒**はしかい**〕

わるぎ【悪気】《名詞》　他人に害を与えようとしたり、だまそうとしたりする気持ち。人が心の中に持っている悪意。「あいつ（彼奴）・に・　わるぎ・が・　あっ・た・ん・やない・さかい・　かんにん（堪忍）し・たっ・て・な。」

わるくち〔**わるぐち**〕【悪口】《名詞》　他の人を悪く言うこと。また、その言葉。「わるくち・を・　い（言）わ・れ・て・　おこ（怒）っ・とる。」

わるさ【悪さ】《名詞》　悪いと思われる点。悪いと思われる程度。短所。「てんき（天気）・の・　わるさ・を・　しんぱい（心配）し・て・　かさ（傘）・を・　も（持）っ・ていく。」■対語＝「よさ【良さ】」

わるさ【悪さ】《名詞、動詞する》　ふざけて無益なことや、人の迷惑になるようなことをすること。人に害を与える、よくない行為をすること。また、そのような内容のこと。「こども（子供）・が・　わるさし・て・　はな（花）・を・　お（折）っ・ても・とる。」「いぬ（犬）・が・　わるさし・て・　うえきばち（植木鉢）・を・　めん（＝壊し）・だ。」〔⇒**いたずら【悪戯】**〕

わるぢえ【悪知恵】《名詞》　悪いことをしようとして働かせる能力。よこしまな考え。「しょーがっこー（小学校）・に・　い（行）く・よーに・　なっ・たら・　わるぢえ・も・　だいぶ（大分）・　つい・てくる。」

わるまん【悪まん】《名詞》　①時の巡り合わせがよくないこと。非運。「きょねん（去年）・は・　わるまん・で・　しけん（試験）・に・　お（落）ち・ても・た。」②折悪しく起こった出来事。「あんた・が・　き（来）・てくれ・た・　とき（時）・は・　ちょーど・　るす（留守）・に・　し・とっ・て・　わるまん・で・　すん・まへ・ん・でし・た。」

わるもん【悪者】《名詞》　①人に害を与えることをする人。性格などが望ましくない人。「わるもん・が・　で（出）・てくる・　しばい（芝居）・や・けど・　おもろ（面白）い・よー。」②良く思われない立場に立たされる人。芝居や物語などに出てくる悪役の人。「いっつ（何時）も・　わし・を・　わるもん・に・　し・やがる・ねん。」◆小学生の時代などでは、映画・紙芝居・物語などに登場する人物を「わるもん【悪者】」と「ええ・もん〔えー・もん〕【良え・者】」に分けてしまうということがあった。「ええ・もん」は２語という意識がある。〔②⇒**わる【悪】**〕

わるやく【悪役】《名詞》　責任などを引きかぶる役割。良く思われない立場に立つという役割。「えーが（映画）・の・　わるやく・に・　で（出）・とる。」「こんど（今度）・の・　こと・で・は・　おやじ（親父）・が・　わるやく・に・　なっ・た。」◆対語は、「ええ・やく〔えー・やく〕【良え・役】」と言うが、「ええ・やく」は２語という意識がある。

われ《名詞》　相手を指す言葉。相手をののしったり、ぞんざいに扱ったりするときに、相手を指して使う言葉。「われ・の・　ほー（方）・から・　なぐ（殴）っ・てき・た・ん・やろ。」◆「われ」は２人称の言葉であって、かつては、「われ」を１人称では使うことはなかった。〔⇒**きさま【貴様】、わい、おまえ【お前】、おまい【（お前）】、おどら、おんどら、おどれ、おんどれ、おのれ【己】**〕

われめ【割れ目】《名詞》　①ものの表面にできる、筋のような細かい裂け目。「がらす（ガラス）・の・　われめ・で・　て（手）ー・を・　き（切）ら・ん・よーに・　き（気）ー・を・　つけ・なはれ。」「ぷらすちっく（プラスチック）・の・　われめ・に・　てーぷ（テープ）・を・　は（貼）る。」②地面などで、線のように引き破られて、離れているところ。「いけ（池）・が・　ひあ（干上）がっ・て・　われめ・が・　でき（出来）・とる。」〔①⇒**ひび【罅】**。②⇒**さけめ【裂け目】**〕

われもん【割れ物】《名詞》　①陶磁器、ガラスなどのように割れやすいもの。割れる可能性のあるもの。「われもん・や・さかい・　だいじ（大事）に・　はこ（運）ん・で・な。」②割れたりして壊れたもの。「われもん・は・　どこ・に・　す（捨）て・たら・　よろしー・か。」

われる【割れる】《動詞・ラ行下一段活用》　①力が加わって、ものがいくつかに分かれる。破れたり砕けたりして、壊れる。「ちゃわん（茶碗）・が・　われ・た。」②割り算で、割り切れる。「さん（三）・で・　われる・　かず（数）・が・　え（良）ー・ねん。」■他動詞は「わる【割る】」■名詞化＝**われ【割れ】**

わん【椀】《名詞》　飲食物を盛りつけるための、木や陶磁器などで作った半球形の食器。「ぬ（塗）り・の・　わん・を・　か（買）う。」◆「めしわん【飯椀】」「しるわん【汁椀】」というように言い分ける。

わん《副詞と》　犬などの動物が、短く鳴く様子。また、その声。「いぬ（犬）・が・　ひとこえ（一声）・だけ・　わんと・　な（鳴）い・た。」

わんこう〔**わんこー、わんこ**〕【わん公】《名詞》　古くから愛玩用や防犯用などに飼われてきた、利口で聴覚や嗅覚に敏感な動物。「かい（可愛）らしー・　わんこ・が・　おる。」◆「わんこ」には可愛らしさが、「わんこー」には憎げな気持ちが伴うように聞こえることがある。〔⇒**いぬ【犬】、わんわん、わんちゃん**〕

わんさか《副詞と》　①物がたくさん集まる様子。「ばざー（バザー）・の・　しなもん（品物）・が・　わんさか・　あつ

(集)まっ・た。」②人が大勢集まったり押しかけたりする様子。「けんぶつ(見物)・の・　ひと(人)・が・　わんさか・　き(来)・た。」◆①②ともに、歓迎する気持ちを表現することがあるとともに、多すぎてうんざりするという気持ちを表すこともある。「わんさか　わんさか」と二度続けて言うことも多い。〔⇒**わんさと**〕

わんさと《副詞》　①物がたくさん集まる様子。「せーり(整理)し・たら・　す(捨)てる・　もの(物)・が・　わんさと・　あっ・た。」②人が大勢集まったり押しかけたりする様子。「やじうま(野次馬)・が・　わんさと・　き(来)・た。」◆①②ともに、歓迎する気持ちを表現することがあるとともに、多すぎてうんざりするという気持ちを表すこともある。〔⇒**わんさか**〕

わんしょう〔**わんしょー**〕【**腕章**】《名詞》　大勢が集まる場所などにおいて、係や役割などを担っていることを示すために、服の袖の上部につけるしるし。「とーばん(当番)・の・　わんしょー・を・　つ(付)ける。」

ワンダン〔**わんだん**〕【英語＝ one down より】《名詞》　野球で、相手側の好守備によって、攻撃資格を一つ失った段階のこと。「やっと・　わんだん・に・　なっ・た。」◆子どもの遊び言葉。英語の「down」を日本語の「段」(ひとつの段階)のように聞き分けていたような傾向が感じられる。攻撃資格の減少に伴って、「ノーダン」「ワンダン」「ツーダン」「チェンジ」と進んでいく。

わんちゃん《名詞》　古くから愛玩用や防犯用などに飼われてきた、利口で聴覚や嗅覚に敏感な動物。「わんちゃん・の・　くびわ(首輪)・を・　か(買)う。」〔⇒**いぬ【犬】、わんわん、わんこう**〕

ワンパン〔**わんぱん**〕【英語＝ one bound より】《名詞、動詞する》　野球などで、球が一度地面などに当たって跳ね上がること。「わんぱん・で・　う(受)け・た・さかい・　せーふ(セーフ)・や。」

ワンパンやきゅう〔**わんぱんやきゅー**〕【英語＝ one bound より ＋ 野球】《名詞・動詞する》　小さな子どもの遊びで、柔らかいボールを使って、打ったときには地面にたたきつけて跳ね返るようにすることを義務づけた野球。「ひろば(広場)・で・　わんぱんやきゅー・を・　する。」

わんりゃい【(割合)】《名詞》　ある数が全体の数に対して占める大小の関係。また、そのようになる可能性。「しょーゆ(醤油)・と・　す(酢)ー・を・　はんはん(半々)・の・　わんりゃい・で・　い(入)れる。」〔⇒**ぶあい【歩合】、ぶ【分】、りつ【率】、わりあい【割合】、わり【割】**〕

わんりゃい【(割合)】《副詞に・と》　他のものや以前のことと比較してみると、思いのほかに望ましい状況であるという気持ちを表す言葉。予想よりも望ましい状況であるという気持ちを表す言葉。「あんた・は・　わんりゃい・　きれー(綺麗)な・　じ(字)ー・を・　か(書)く・ん・や・なー。」「やす(安)かっ・た・けど・　わんりゃい・　え(良)ー・　しなもん(品物)・や。」◆思いのほかに望ましくない状況であるという気持ちを表す場合にも使うことがある。〔⇒**わりあい【割合】、わりかた【割り方】、わりかし【割りかし】、わりと【割と】、わりに【割に】**〕

わんわん《名詞》　古くから愛玩用や防犯用などに飼われてきた、利口で聴覚や嗅覚に敏感な動物。「わんわん・を・　つ(連)れ・て・　さんぽ(散歩)・に・　い(行)く。」◆幼児語。〔⇒**いぬ【犬】、わんこう、わんちゃん**〕

わんわん《副詞と》　①子どもなどが大声で泣く様子。うるさくわめき立てるように泣く様子。また、その泣き声。「みち(道)・で・　こけ・て・　わんわん・　な(泣)い・とる。」②犬が鳴く様子。また、その鳴き声。「となり(隣)・の・　いぬ(犬)・が・　よなか(夜中)・に・　わんわんと・　な(鳴)い・て・　め(目)・が・　さ(覚)め・た。」③蚊などがたくさん集まって、羽音が聞こえてくる様子。また、その音。「やぶ(藪)・の・　なか(中)・に・は・　か(蚊)ー・が・　わんわん・　おる。」④声が割れたり、音がうるさく反響したりする様子。また、その声や音。「すぴーかー(スピーカー)・の・　おと(声)・が・　わんわんと・　やかま(喧)しー。」〔①⇒**わあわあ**〕

ん

ん《感動詞》　①相手に呼ばれて応答したり、相手の言葉を聞いていることを示したりするために発する言葉。「ん・　なん(何)・か・　ゆ(言)ー・た・かいなー。」②相手の言うことを承知したり同意したりしたときに発する言葉。「ん・　わし・に・　まか(任)し・とい・てんか。」〔⇒**はあ、はい、うん、へい、へいへい**〕

ん《助動詞》〔動詞や助動詞の未然形に付く〕　前にある言葉を打ち消すときに使う言葉。「あした(明日)・は・　い(行)か・ん・　つもり・や。」◆動詞や助動詞に接続し、形容詞や形容動詞には接続しない。形容詞の打ち消しは「まぶ(眩)し・ない」、形容動詞の打ち消しは「げんき(元気)や・ない」というようになる。「ん」と「へん」との使い方に差はないが、口調の上で「ん」が続きにくい場合がある。〔⇒**ない、へん、ひん、やへん**〕

ん《格助詞(準体助詞)》　①前の用言的な内容を、体言として扱うことを表す言葉。「べんきょー(勉強)する・ん・か・　せー・へん・の・か。」②前の体言を受けて、「…のもの」「…のこと」という意味を表す言葉。「それ・は・　わし・ん・や。」〔⇒**のん、ん**〕

ん《終助詞》　相手に対して疑問を表したり質問したりする気持ちを表す言葉。「もー・　ゆ(言)ー・　こと・は・　な(無)い・ん。」「「そんな・　こと・を・　し・て・　え(良)ー・ん。」◆強い調子で発音すると、相手を説得したり禁止したりする意味にもなる。〔⇒**の、のん**〕

んか《終助詞》　疑問や詰問の気持ちを表す言葉。…しないか。…せよ。「は(早)よー・　い(行)か・んか。」「げんき(元気)・を・　だ(出)し・て・　もっと・　ある(歩)き・んか。」「もー・　ひとくち(一口)・　の(飲)ま・んか。」◆強い命令口調になると「い(行)か・んかい」「の(飲)み・んかい」「の(飲)ま・んかい」と言う。〔⇒**んかい**〕

んかい《終助詞》　疑問や詰問の気持ちを表す言葉。…しないか。…せよ。「もー・　や(止)め・んかい。」「だま(黙)っ・て・　き(聞)か・んかい・な。」「もっと・　はよ(速)ー・　はし(走)ら・んかい。」〔⇒**んか**〕

んかて《接続助詞》　それをしなくても、という意味を表す言葉。「い(言)わ・れ・んかて・　わかっ・とる・がな。」「そないに・　せか・んかて・　ま(間)にあう・わい。」◆もとは、「ん」(打ち消しの助動詞)＋「かて」(接続助詞)であるが、2語が1語に熟している度合いが高い。〔⇒**んかとて**〕

んかとて《接続助詞》　それをしなくても、という意味を表す言葉。「はし(走)ら・んかとて・　でんしゃ(電車)・に・　ま(間)にあう・やろ。」◆もとは、「ん」(打ち消しの助動詞)＋「かとて」(接続助詞)であるが、2語が1語に熟している度合いが高い。〔⇒**んかて**〕

んじまい【**ん終い**】《補助形容動詞や(ノ)》〔動詞の未然形に付く〕　その行為などをしないで終わってしまうことを

表す言葉。「びょーいん(病院)・へ・　みま(見舞)い・に・　い(行)か・んじまいに・　なっ・ても・た。」「き(聞)か・んじまいで・　わか(別)れ・た。」「むつか(難)しー・て・　けっきょく(結局)・　わから・んじまいで・　お(終)わっ・ても・た。」〔⇒**ずじまい【ず終い】**〕

んで《接続助詞》　打ち消しの意味を述べておいて、後ろで述べる内容に続いていくことを表す言葉。「たん(尋)ねる・　こと・を・　せ・んで・　かえ(帰)っ・てき・た。」「の(飲)ま・んで・　そん(損)し・た。」〔⇒**いで、んと**〕

んでか《終助詞》　その動作を必ずする、または、しないではおれない、ということを、反語を用いて表す言葉。「あいつ(彼奴)・に・は・　はら(腹)・が・　た(立)つ・さかい・　なぐ(殴)ら・んでか。」〔⇒**いでか**〕

んでも《接続助詞》　①それをしないことがあっても、かまわない、という気持ちを表す言葉。「あした(明日)・は・　こ(来)・んでも・　え(良)ー。」「おまえ(前)・が・　せ・んでも・　かま・へん。」②強く迫ってこなくても行うつもりはあるという気持ちを表す言葉。「やいやい・　い(言)わ・んでも・　かね(金)・は・　はら(払)い・ます・がな。」◆「せ・んでも・　えー。」が「せ・ーでも・　えー。」となることがある。「んでも」は、「なんでも」の「な」が脱落したと考えることもできる。〔⇒**いでも、なんでも、ないでも**〕

んと《接続助詞》　①打ち消しの意味を述べておいて、後ろで述べる内容に続いていくことを表す言葉。「かね(金)・を・　はら(払)わ・んと・　い(去)ん・でも・た。」②もしそうしなければという意味(打ち消しの仮定)を表す言葉。「い(行)か・んと・　わから・へん・やろ。」〔①⇒**んで、いで**。②⇒**な、いと**〕

んとく《助動詞》　しないでおくという意志を表す言葉。「おもろ(面白)ない・みたいや・さかい・　あの・　えーが(映画)・は・　み(見)・んとく・ねん。」

んならん《助動詞》　しなければならないという義務や責任を表す言葉。「あしたじゅう(明日中)・に・　い(行)か・んならん・　ところ(所)・が・　ある・ねん。」「し(死)ぬ・まで・に・　あかしにちじょーせーかつごじてん(明石日常生活語辞典)・を・　つく(作)っ・とか・んならん・と・　おも(思)・とる。」〔⇒**んなん**〕

んなん《助動詞》　しなければならないという義務や責任を表す言葉。「あした(明日)・まで・に・　い(行)か・んなん。」「せ・んなん・　こと・は・　はよ(早)ー・　すまし・なはれ。」「にんげん(人間)・は・　い(生)きる・　ため・に・は・　く(食)わ・んなん・やろ。」〔⇒**んならん**〕

んま【(馬)】《名詞》　相手と気持ちや考え方などが合うかどうかということ。性格や気心の合致のしかた。「あいつ(彼奴)・と・は・　んま・の・　あ(合)わしかた・が・　むつか(難)しー・ねん。」〔⇒**うま【馬】**〕

んま【午】《名詞》　馬を表しており、子(ね)から始まる十二支の7番目。「わしら・の・　がくねん(学年)・は・　んま・の・　とし(年)・と・　ひつじ(未)・の・　とし(年)・や。」〔⇒**うま【午】、うま【馬】、んま【馬】**〕

んま【馬】《名詞》　①家畜として飼われ農耕・運搬・乗馬などに活用される、たてがみがあって首の長い動物。「んま・が・　みち(道)・を・　ある(歩)い・とる・の・は・　めずら(珍)しい。」②十二支の7番目の「午」。「んま・の・　え(絵)ー・を・　はんが(版画)・で・　す(刷)る。」〔⇒**うま【馬】**。①⇒**ぱかぱか、おんまぱかぱか【お馬ぱかぱか】**。②⇒**うま【午】、んま【午】**〕

んまがあう【(馬が合う)】《動詞・ワア行五段活用》　相手と気が合う。相性が良い状態である。意気投合する。「あの・　ふたり(二人)・は・　んまがあわ・へん・みたい・や。」〔⇒**うまがあう【馬が合う】**〕

んやけど《接続助詞》　何かのつながりで、対比されることがらを続けて言うことを表す言葉。「つよ(強)ーに・　ゆ(言)ー・た・んやけど・　き(聞)ー・てくれ・なんだ。」〔⇒**もんやけど、けど、けども、けんど、けんども、ところが**〕

ん

文法と活用表

まえがき

ここには、1965年(昭和40年)頃の明石の言葉を見つめて、その当時にまとめたものをそのまま記載します。

本書『明石日常生活語辞典―俚言と共通語の橋渡し―』は、祖父母、父母の世代と自分たちの世代の明石の言葉の姿を記録しようとするものです。

明石方言の文法と活用表は、語彙の変化のような速さはありませんが、ゆっくりと変わっていっています。1965年頃と本書刊行時点とでは、変化を遂げていることもあります。本書刊行時点での文法と活用表を載せることは可能ですが、それによって1965年頃の姿が隠れてしまうことになります。1965年頃の明石方言の文法や活用表をまとめたものは、他の研究者によって発表されていないと思います。

現在や将来の明石方言の文法や活用表は、のちの研究者によってまとめていただくことができますが、ここでは、1965年頃の状況を提示することの方を重視したいと考えます。

凡　例

①ここでは1965年当時にまとめた形のままで記述します。したがって本書の辞書部分の考え方や記述の仕方と異なっていることをお許しください。
②方言はカタカナで記します。意味を明確に表すために漢字も使いますが、漢字の後ろには(　)を付けて、カタカナで読み方を記します。
③意味の分かりにくい部分には、〔　〕内に共通語訳を記します。
④本文中に方言の例文をはさむ場合は、《　》を用います。
⑤話題になっている言葉には＝＝＝を付けます。また、関連して注意していただきたいところには―――を付けます。
⑥同じ場合に2つの言い方が可能なときには　／　を付けて、併記します。
ただし、2つ以上の言い方が可能なことが自明である場合は、必ずしもそういう方法はとりません。
⑦例文には番号を付けますが、これは厳密な区別をしたものではありません。
⑧動詞・形容詞・形容動詞・助動詞の活用表を、末尾に一括して掲げます。
品詞についての説明を読むときには、各活用表を参照して見てくださるようお願いします。
⑨品詞等をどのように判断するかということについては、辞典部分と異なった判断をしているものがあります。1965年当時のままで記していることをご了解ください。
⑩この章の末尾（789～790頁）に、補説を記して、辞典部分との違いなどについて述べています。

第１章　動詞

1 活用形の種類

動詞の活用表は別表(784ページ以降)の通りである。活用形の種類については、「中等文法・口語」のものを骨子として多少の分割統合を行う。動詞にあっては７つの活用形を設け、それぞれ、未然形第１、未然形第２、連用形第１、連用形第２、終止連体形、仮定形、命令形と名付ける。

(1)未然形第１……いわゆる未然形に、意志・推量を表す「ウ」が融合してしまった形である。

㊟　語源的には「ウ」が融合したものであると考えるが、当方言には、現在、単独の「ウ」はない。

(2)未然形第２……否定を表す「ン」に続く形である。

(3)連用形第１……丁寧な表現を示す「マス」に続く形である。

(4)連用形第２……過去・完了を表す「タ」に続く形である。

(5)終止連体形……いわゆる終止形と連体形とは形が同じであるので合わせて一つのものとする。

(6)仮定形……いわゆる仮定形に、仮定条件を表す「バ」が融合してしまった形である。

㊟　語源的には「バ」が融合したものであると考えるが、当方言には、現在、単独の「バ」はない。

(7)命令形……いわゆる命令形である。

2 活用の種類

(A)五段活用

共通語において一段活用の動詞である「借(か)りる」「染(し)みる」「足(た)りる」などは、本方言では「借(カ)ル」「染(シュ)ム」「足(タ)ル」となって、五段活用をする。以下に説明を加える。

(1)カ行五段活用……連用形第２はイ音便になるが、「行(イ)ク」の連用形第２に限って促音便になる。また、短く「イ」となる。例えば、《早(ハ)ヨ　行(イ)ッテコイ。／…行(イ)テコイ。》、《行(イ)ッタリ　来(キ)タリシテ、ウロウロ　シトッタ。　／行(イ)タリ　…》のようになる。

(2)ガ行五段活用……連用形第２はイ音便になるが、「メグ」〔壊す〕の連用形第２に限って撥音便になる。例えば、《コンナ　モン　メンデマエ。》、《メンダラ　アカン。》のようになる。

(3)サ行五段活用……「サス」の連用形第２に限って「サシ」「サイ」の両方になる。例えば、《蚊(カー)ガ　刺(サ)シテ　カイイ〔痒い〕。／…刺(サ)イテ…》、《沸(ワ)イテッタサカイ　水(ミズ)注(サ)シトイテ。／…注(サ)イトイテ。》、《傘(カサ)差(サ)シテ　行(イ)カンカイ。／…差(サ)イテ…》、《指(ユビ)指(サ)シテ　教(オセ)タル。／…指(サ)イテ…》のようになる。サ行五段活用の連用形がイ音便化することは、古くは広く行われていたと思われるが、現在では「サス」だけに行われており、しかも、「サス」のイ音便もだんだん使われなくなる傾向にある。

(B)ワ行五段活用

ワ行五段活用をする動詞は、他の五段活用の動詞とは性質を異にしているので、別に扱う。ワ行五段活用の動詞を、終止連体形の語尾に注目して、アウ型、ウウ型、オウ型と分類する。アウ型とは「買ウ(ｋａｕ)」のようなもの、ウウ型とは「吸ウ(ｓｕｕ)」のようなもの、オウ型とは「酔ウ(ｙｏｕ)」のようなものである。また、「ユウ(言ウ・結ウ)」だけは更に特殊な活用をするので別扱いをしてユウ型とする。なお、本方言にあっては、イウ型、エウ型というワ行五段活用動詞はない。

また、同じアウ型のものであっても、３モーラのものと、それ以外のものとは、少し違うようすを見せるので、活用表では、２モーラのもの、３モーラのもの、４モーラ以上のものに分ける。

ウウ型とオウ型とは同じ活用をする。したがって、ワ行五段活用動詞は大別すれば、アウ型、ウウ型・オウ型、ユウ型の３つに分類できる。

ウウ型動詞のうち「食(ク)ウ」だけは、連用形第２が「ク」となる。例えば、《モー　食(ク)テモタ。》のようになる。

ユウ型動詞は「言(ユ)ウ」と「結(ユ)ウ」の2語だけである。しかし、この2語はやや異なる活用をするので、活用表には2語とも記す。「言(ユ)ウ」の未然形第1、未然形第2、仮定形の「イオ」「イワ」「イワ」のそれぞれの「イ」は、「イ」と「ユ」との中間的な発音である。また、「言(ユ)ウ」の連用形第1に助動詞「ヨル」「ヤガル」などが接続する場合に限って「イイ」は「イ」となる。例えば、《アンナ　コト　言(イ)ヨル。》、《他人(ヒト)ノ　悪口(ワルグチ)バッカリ　言(イ)ヤガッテ。》のようになる。

(C)上一段活用

一段活用動詞のラ行五段化は、本方言においてもかなりの程度にまで進んでいる。そこで、別表の活用表(785ページ)を2段に分けて、上段に一段活用の型を、下段に五段活用の型を書く。そして、仮に、前者を本来型、後者を五段化型と名付ける。本来型の未然形第1、五段化型の連用形第2はなく、終止連体形と仮定形は両型に共通である。語例は2モーラのもの(語幹と語尾との区別がつかない)と3モーラ以上のものの両方がある場合は並べてあげておくが、2モーラのものは「着(キ)ル」「似(ニ)ル」「見(ミ)ル」の3語だけである。

上一段活用の動詞は少なく、ア行上一段活用のもの、ハ行上一段活用のものはない。

㊟　共通語に見られる、ア行上一段活用の「用(もち)いる」「居(い)る」「老(お)いる」は、本方言では「使(ツカ)ウ」「居(オ)ル」「年寄(トシヨ)ル」という語を使う。「悔(く)いる」「強(し)いる」「射(い)る」などは使わず、まったく違う表現を用いる。

共通語に見られる、ハ行上一段活用の「干(ひ)る」は、本方言では「乾(カワ)ク」「引(ヒ)ク」という語を使う。

なお、上一段活用動詞のうち、「落(オ)チル」に限っては、本来型、五段化型の他に五段活用の「落(オ)ツ」がある。「落(オ)チル」と「落(オ)ツ」は意味に違いはない。

	未然形第　1	未然形第　2	連用形第　1	連用形第　2	終　止連体形	仮定形	命令形
落チル	****	オチ	オチ	オチ	オチル	オチラ	オチ(ー)
	オチロ	オチラ	オチリ	****			オチレ
落　ツ	オト	オタ	オチ	オッ	オツ	オタ	オテ

①心配(シンパイ)センデモ　落(オ)チヘンワイ。／…落(オ)チラヘンワイ。／…落(オ)タヘンワイ。

②梯子(ハシゴ)カラ　落(オ)チテ　怪我(ケガ)シタ。／…落(オ)ッテ…

③落(オ)チラ　面白(オモロ)イノニノー。／落(オ)タ…

(D)下一段活用

下一段活用の動詞も、本来型と五段化型とに分ける。上一段活用の動詞と同じように、本来型の未然形第1、五段化型の連用形第2はなく、終止連体形、仮定形は両型に共通である。活用表の語例には、2モーラのもの、3モーラ以上のものを並べて挙げておくが、2モーラのものは「出(デ)ル」「寝(ネ)ル」の2語だけである。共通語と比較すると、本方言にはハ行下一段活用の動詞がない。「合(あ)わせる」「被(かぶ)せる」「任(まか)せる」などは、本方言においては「合(ア)ワス」「被(カム)ス／被(カブ)ス」「任(マカ)ス」を使い、それらの語は五段活用をする。

㊟　共通語に見られるハ行下一段活用の「経(へ)る」は、本方言では「通(トー)ル」「経(タ)ツ」という語を使う。

(E)カ行変格活用、サ行変格活用

サ行変格活用の連用形第1に、丁寧の「マス」と打消の「ヘン」がついた形の「シマヘン」に限って、助動詞のように用いることがある。《モー　コイカラワ行(イ)カシマヘン。》、《ソンナ　事(コト)誰(ダイ)モ　シヤシマヘン。》のように用いて、丁寧な打消である。「行(イ)キマヘン」よりも「行(イ)カシマヘン」の方が、より丁寧である。

㊟「シマヘン」の形で「しない」の丁寧な表現ともなる。例えば、《何(ナン)ニモ　シマヘン。》のような使い方である。

(F)特殊活用

「オマス」「ガイマス」の2語に限って特殊な活用をする。本方言にあっては、活用形の一部を欠く動詞はこの2語だけである。「オマス」は「有(ア)ル」の丁寧な語であり、「ガイマス」はそれの最も丁寧な語である。《ソレ　ドコニ　オマシタン(ありましたのか)。》、《何(ナン)ニモ　ガイマヘンケンド　充分(ジューブン)　食(タ)ベテオクンナハレ。》のように言う。なお、「オマス」「ガイマス」ともに、助動詞としても使う。

3 各活用形の用法

(A)未然形第1

未然形第1は、助動詞「ウ」と融合してしまった形である。本方言においては、この形はカ行変格活用動詞・サ行変格活用動詞を除いて、すべて短く発音するから分割が不可能である。

未然形第1は、主として、話し手の意志を表すのに用いる。

①一遍(イッペン)　行コ〔ト〕　思(オモ)トンネン。
面白(オモロ)ナイサカイ　止(ヤ)メロ。

自分の意志を述べることから進んで、相手を誘う意で用いることもある。

②明日(アシタ)　一緒(イッショ)ン〔一緒に〕　行(イ)コ。
八時半(ハチジハン)ノ　電車(デンシャ)ニ　乗(ノ)ロ。

誘いかけが更に進むと、頭ごなしの命令になる。ただし、この用法は少ない。

③遊(アソ)ンドラント　仕事(シゴト)　ショー。
ソンナ　木(キー)　登(ノボ)ットッタラ　危(アムナ)イサカイ　早(ハ)ヨ　オリロ。

また、未然形第1には、仮定あるいは推量を表す用法がある。

④行(イ)コト　行(イ)コマイト　オ前(マイ)ノ　勝手(カッテ)ヤ。
金(カネ)ガ　有(ア)ロト　無(ナ)カロト　買(カ)ワナ　ショガナイ。
雨(アメ)ガ　降(フ)ロト　休(ヤス)マヘンデ。
雨(アメ)ガ　降(フ)ロト　風(カゼ)ガ　吹(フ)コト　行(イ)ッテコイ。
雨(アメ)ガ　降(フ)ロガ　風(カゼ)ガ　吹(フ)コガ　行(イ)ッテコイ。

この場合、「(行コ)ト(行コ)マイト」「(有ロ)ト(無カロ)ト」のような形で相反する条件を並べる用法と、「(降ロ)ト(吹コ)ト」「(降ロ)ガ(咲コ)ガ」の形で条件を並べる(例示する)用法との2つがある。《雨(アメ)ガ　降(フ)ロト　休(ヤス)マヘンツモリヤ。》の形で用いることは少ない。

未然形第1を打ち消すには、それが意志の意であれば助動詞「マイ」を付け、未来・推量の意であれば、終止連体形にしてから「マイ」を付ける。

〈早(ハ)ヨ　行(イ)コ。〉　→　〈モー　行(イ)コマイ。〉
〈雨(アメ)ガ　降(フ)ロト、～〉　→　〈降(フ)ルマイト、～〉

(B)未然形第2

未然形第2は、助動詞「ン」「ヘン」「ス」「サス」「ラス」などとともに用いて、単独で文節を構成することはない。

未然形第2は、活用表を作成するにあたって問題のあるところなので、若干の説明を加える。

別表の動詞活用表の未然形第2の欄は、表が煩雑になることを避けるために、ア段音だけを記しておく。しかし、未然形第2に打消の助動詞「ヘン」が接続する場合に限って、ア段音の他にエ段音も使う。例えば、「読(ヨ)ム」の打消は、「読(ヨ)マヘン」でもあり、「読(ヨ)メヘン」でもあり、両者の使用頻度はほぼ同等である。このことは、五段活用動詞と、上一段・下一段活用動詞の五段化型とのすべてにわたって言えることである。

ここで紛らわしいことは、未然形第2のエ段音のものに「ヘン」が接続するものと、可能動詞に「ヘン」が接続するものとが、形もアクセントも同じであるということである。例えば、《木(キー)　折(オ)レヘン。》は、「木を折らない」の意なのか、「木を折ることができない」の意なのかは、話の前後関係から判断するしか仕方がないのである。

次に、上一段･下一段活用動詞のうち「着(キ)ル」「似(ニ)ル」「見(ミ)ル」「出(デ)ル」「寝(ネ)ル」の2モーラの語に「ヘン」が付く場合、本来型に接続するときは、「着(キ)ーヘン」と未然形第2を長く発音するか、または「着(キ)ヤヘン」と「ヤ」を介する。

①寒(サブ)イサカイ　ナカナカ　芽(メー)　出(デ)ーヘン。　／…出(デ)ラヘン。　／…出(デ)ヤヘン。

なお、カ行変格活用動詞に「ヘン」が接続する場合は、「来(キ)ヤヘン」「来(ケ)ーヘン」であり、サ行変格活用動詞に「ヘン」が接続する場合は「シヤヘン」「セーヘン」である。

②マダ　来(キ)ヤヘン、遅(オソ)イナー。　／…来(ケ)ーヘン…

③ワシ　何(ナン)ニモ　シヤヘンデ。　／…セーヘンデ。

(C)連用形第1

連用形第1は、中止法に用いて、動作などを列挙する。その際は、「スル」で受ける。

①アッチデ　尋(タン)ネ、コッチデ　聞(キ)キシテ、ヤット　家(エー)ガ　ワカッタ。
電車(デンシャ)ニ　遅(オク)レ、ソノ　電車(デンシャ)ガ　遅(オク)レシテ　エライ　遅刻(チコク)シテモタ。

また、連用形第1は、命令の意味でも用いる。連用形第1を用いる命令法は、命令形を用いる命令法よりも語気が弱く、やわらかな感じである。女性が用いることが多い。

②落(オ)トサンヨーニ　気(キー)ツケテ　行(イ)キ。
コッチイ　来(キ)テ　座(スワ)リ。
オ前(マエ)ノ　好(ス)キナヨーニ　シー。

また、連用形第1は畳語として用いて、「…しつつ」の意味を持たせることがある。接続助詞「モッテ」と同じ意味である。

③ヨソ見(ミ)　シーシー　歩(アル)イトッタラ　危(アム)ナイ。
テレビ　見(ミ)ー見(ミ)ー　飯(メシ)　食(ク)ウ。

なお、畳語の形は、「…したばかり」という意で用いることもある。

④出来(デケ)出来(デケ)ノ　パンダッサカイ　ウマイデッセ。
炊(タ)キ炊(タ)キノ　飯(メシ)。　／飯(メシ)ノ　炊(タ)キ炊(タ)キ。

以上のそれぞれの用法において、「着(キ)ル」「来(ク)ル」「スル」など一段活用、変格活用で2モーラの動詞は「着(キ)ー」「来(キ)ー」「シー」などのように長音となる。

(D)連用形第2

いわゆる音便形に相当するものであるが、とりたてて説明しなければならない用法はない。

(E)終止連体形

まとめて終止連体形とする。言い切りの用法と、連体修飾の用法とを持っている。

終止連体形についても、活用表に関して補足を記しておく。

終止連体形に「サカイ」「ケド」などが接続する場合は、《乗(ノ)ルサカイ》よりも《乗(ノ)ッサカイ》となる方が多い語がある。終止連体形が、このように促音便化するのは、五段活用動詞のうちサ・タ・ラ行のもの、上一段・下一段活用のもの、カ行変格活用・サ行変格活用・特殊活用のものである。

①ジッキ〔すぐに〕　来(ク)ッサカイ　待(マ)ットッテナ。
ココニ　オマッケド　メゲ〔壊れ〕トリマンナー。

また、終止連体形に「ネン」などが接続する場合には、《見(ミ)ルネン。》よりも《見(ミ)ンネン。》となる方が多い語がある。終止連体形が、このように撥音便化するのは、五段活用動詞のうちナ・ラ行のもの、上一段・下一段活用のもの、カ行変格活用・サ行変格活用・特殊活用のものである。

②分(ワカ)カラヘンサカイ　行(イ)テ　調(シラ)ベンネン。

更に、カ行変格活用・サ行変格活用の動詞に、禁止を表す終助詞「ナ」が接続する場合は、その終止連体形は「ク」「ス」ともなる。

③ソナイ　朝(アサ)　早(ハヨ)ーカラ　来(ク)ナ。
人(シト)ガ　好(ス)カンヨーナ　コトワ　スナ。

㊟　カ行変格活用動詞に「ナ」が接続すると、「クナ」「クンナ」「クルナ」の3つの形になり、カ行変格活用動詞に「ナ」が接続すると、「スナ」「スンナ」「スルナ」の3つの形になる。

(F)仮定形

本方言では、仮定条件を表すには、連用形第2に「タラ」を付けるのが普通である。ここに仮定形としてあげるのは、助詞の「バ」と融合してしまった形で、やや古風な感じがするものである。したがって、仮定条件であればどんな場合にでも使うというわけではない。仮定形を使う表現法はかなり狭いものでしかないのである。以下、それについて述べる。仮定形を用いるのは、次のような場合である。

(a) 仮定形の後ろに「良(エ)ー」という語がくる場合。仮定形の用法ではこの場合が最も多い。
暇(ヒマ)ヤッタラ　遊(アソ)ビニ　来(ク)ラ　良(ヨ)カッタノニ。
用心(ヨージン)ガ　悪(ワル)ケラ　犬(イヌ)飼(カ)ワ　良(エ)ーネン。

(b) 同一の動詞を2回用いて、後ろの動詞に可能を表す助動詞が付いている場合。あるいは、後ろの動詞が可能動詞である場合。
行(イ)カ　行(イ)カレン　コトワ　ナイケド。　／行(イ)カ　行(イ)ケン…
一遍(イッペン)ニ　持(モ)タ　持(モ)タレッケンド　無理(ムリ)　センデモ良(エ)ー。　／…持(モ)テッケンド…

後ろの動詞は肯定・否定のいずれであってもかまわないのであるが、否定を用いる《行(イ)カ　行(イ)カレン　コト　ナイ。　／行(イ)カ　行(イ)ケン　コト　ナイ。)の形が慣用句となって固定しているように思われる。

読(ヨ)マ　読(ヨ)メン　コト　ナイケド、チョツト　シンドイナ。
買(カ)ワ　買(カ)エン　コト　ナイケド、ヤメトクワ。

(c) 並列的に用いる場合。用いる動詞は同一のものである。
世(ヨ)ン中(ナカ)ニワ　良(エ)ー　人(シト)モ　居(オ)ラ、悪(ワル)イヤツモ　居(オ)ルヤロ。
山モ　有ラ　川モ　有ルヤロ。

(d)その他、次のような用法がある。
百万円(ヒャクマンエン)　有(ア)ラ　ドナイヤ　ワカラヘンケンド、タッタ　コンダケヤッタラ　チョット　無理(ムリ)ヤナ。
七十点(ナナジッテン)　取(ト)ラ　マー　人並(ヒトナ)ミヤ。

前者は「ワカラヘンケド」という言い方にポイントがありそうに思える。後者のような言い方は少ないが、滅んでしまってはいない。

(G)命令形

命令形の用法は共通語と同じであって特に説明は必要ではない。ただ、上一段・下一段活用動詞のうち本来型の連用形第1と命令形が同形であるので、例えば、《早(ハ)ヨ　降(オ)リ》が連用形命令法か命令形命令法か、区別がつきにくいように思えるが、これはアクセントで区別できる。

第２章 形容詞

1 活用形の種類

形容詞の活用表は別表(786ページ)の通りである。活用形の種類については、動詞とはやや異なるものにする。形容詞にあっては５つの活用形を設け、それぞれ、未然形、連用形第1、連用形第2、終止連体形、仮定形と名付ける。

(1)未然形第1……いわゆる未然形に、意志・推量を表す「ウ」が融合してしまった形である。

㊟　語源的には「ウ」が融合したものであると考えるが、当方言には、現在、単独の「ウ」はない。

(2)連用形第1……動詞「ナル」に続く形である。

(3)連用形第2……過去・完了を表す「タ」に続く形である。

(4)終止連体形……いわゆる終止形と連体形とは形が同じであるので合わせて一つのものとする。

(5)仮定形……いわゆる仮定形に、仮定条件を表す「バ」が融合してしまった形である。

㊟　語源的には「バ」が融合したものであると考えるが、当方言には、現在、単独の「バ」はない。

2 活用の種類

形容詞を５つの型に分ける。すなわち、アイ型、イイ型、ウイ型、エエ型、オイ型である。アイ型とは「長イ(nagai)」のようなものであり、以下の各型もこれに準じて分類する。形容詞をこのように分類するのは、連用形第１の形が異なることによる。ただし、イイ型、ウイ型、エエ型、オイ型の４つは同じような活用を示すから、大別すると、アイ型と、それ以外の４つの型との、２つになる。

エエ型は「大(オー)ケー」の１語しか見あたらない。「良(エ)ー」は、「大(オー)ケー」とは異なる活用をするので切り離して、「無(ナ)イ」とともに特殊型として扱う。したがって「大(オー)ケー」も特殊型に入れればよいのかもしれないが、エエ型を設けて５つの活用型を並べる方が活用表がすっきりすると考えて、別表のようにする。

また、「綺麗(キレエ)」など、形容詞と形容動詞の両方の活用表にわたる活用をするものがあるが、これらについては形容動詞の項で説明する。

特殊活用型の「無(ナ)イ」「良(エ)ー」の２語には、語幹と語尾の区別がない。

㊟　「無(ナ)イ」「良(エ)ー」の語幹は感嘆文を作れないが、「ナ」「ヨ」を語幹と見ることも可能である。

3 各活用形の用法

(A)未然形

推量を表すのに未然形を用いる。ただし、普通は《高(タカ)イヤロナー。》のように形容詞の終止連体形に、断定の助動詞「ヤ」の未然形を付けて表すことが多い。形容詞の未然形を用いて推量を表すのはやや古風な感じがする。使用者は中・老年層に限られるようである。

①コンナ　良(エ)ー　モンヤッタラ　ダイブ　高(タカ)カロナー。

やはり推量の意味であるが、「…ト…マイト」という慣用句の形で使うことがある。「…であろうと…でなかろうと」の意である。

②ウマカロト　ウマカロマイト　腹(ハラ)ガ　ヘットルサカイ　食(ク)ワナ　ショガナイ。

さらに、この形がくずれて、「…トナカロト」の形になることもある。「…であろうとなかろうと」の意であり、意味は同じである。

③ウマカロトナカロト　腹(ハラ)ガ　ヘットルサカイ　食(ク)ワナ　ショガナイ。

(B)連用形第1

連用形第１は「ナル」に続く形である。「ニ」「テ」などに続くときは、《長(ナゴ)ーニ》《欲(ホ)シーテ》というように長音となる。

連用形第１は打ち消しに使うことがある。

①ダイブ　歩(アル)イタケンド、マダ　シンドナイワ。
　アッコノ　店(ミセ)ワ　安(ヤス)ナイ。

打ち消しを表すには、連用形第１に「ナイ」「オマヘン」が接続するほかに、《コレヤッタラ　ソナイ　短(ミジカ)イナイ。》、《今(イマ)ノ　トコワ　忙(イソガ)シイコト　ナイネン。》、《心配(シンパイ)セーデモ　危(アム)ナイコト　オマヘン。》などの形がある。

なお、「ナル」に続く場合、アイ型のものから《長(ナゴ)　ナル。》の他に、《長(ナガ)　ナル。》という形がないわけではないが、不自然な感じが伴う。

(C)連用形第２

連用形第２は「タ」「テン」が付く形である。「テ」は連用形第１にも付くが、連用形第１に付く《軽(カル)ーテ》と、連用形第２に付く《軽(カル)カッテ》とには、やや差がある。《軽(カル)ーテ　楽(ラッ)キャ。》は言えるが、《軽(カル)カッテ　楽(ラッ)キャ。》は言えない。

(D)終止連体形

共通語における用法と大差ない。「ネン」「ソーヤ」「ヨーヤ」「ヤロ」「ラシイ」等にも続く。

(E)仮定形

形容詞の仮定形は、動詞・形容動詞の仮定形に比べて、使う度合が高い。仮定の意味では、連用形第２に「タラ」が付く形とは、使用頻度がほぼ同じである。

①暗(クラ)ケラ　電気(デンキ)　ツケンカイ。
　寒(サム)ケラ　「寒(サム)イ」　言(ユ)ータラ　良(エ)ーノニ。
　難(ムズカ)シケラ　教(オセ)タルド。

また、仮定形は中止法に用いて、列挙する用法がある。

②釘(クギ)モ　無(ナ)ケラ　カナヅチモ　無(ナ)イ。

この用法で使う場合には、仮定形に「ナ」が付くことがある。

③頭(アタマ)モ　良(ヨ)ケラナ、体(カラダ)モ　丈夫(ジョーブ)ヤ。

(F)語幹

語幹は感嘆文に用いる。感嘆は、この他にも、終止形を用いたり、別の言い回しをしたりして表現できるが、語幹を用いるのが、最も引き締まった感じを与えて効果的である。ただし、特殊活用の「無(ナ)イ」「良(エ)ー」には、この用法がなく、終止連体形を代用するのが普通である。

①アー　暗(クラ)。電池(デンチ)〔懐中電灯〕　ドコニ　シモタカイナー。
　アー　難(ムツカ)シ。イッコモ〔全然〕　ワカラヘン。

また、語幹は様態を表す助動詞「ソーヤ」と結び付く性質がある。

②ソッチノ　箱(ハコ)ワ　軽(カル)ソーヤナー。

ただし、特殊活用の「無(ナ)イ」「良(エ)ー」は、《無(ナ)サソーヤ》、《良(ヨ)サソーヤ》となる。

さらに、畳語として次のような用法もある。

③ヌクヌクノ　飯(メシ)。　／ウドンノ　アツアツ。

付・連体詞「大ケナ」について

本方言においては、形容詞「大(おお)きい」にあたるものが「大(オー)ケー」であり、連体詞「大(おお)きな」にあたるものが「大(オー)ケナ」である。連体詞「大(オー)ケナ」に限って、他の連体詞とは違った働きも持っている。

《大(オー)ケー　箱(ハコ)。》《コノ　箱(ハコ)　ゴッツイ〔ずいぶん〕　大　(オー)ケーナ。》

《大(オー)ケナ　箱(ハコ)。》《コノ　箱(ハコ)　ゴッツイ〔ずいぶん〕　大　(オー)ケナナ。》

前の行の例が形容詞、後の行の例が連体詞であるが、このように連体詞が述語となることがある。これは「大(オー)ケナ」に限ったことであり、他の連体詞には見られない。

㊟　「大(オー)ケナ」に対する語として「小(チー)サナ」が考えられるが、本方言では「コマイ」(形容詞)を使う。「コマイ」に対する連体詞はない。

第3章 形容動詞

1 活用形の種類

形容動詞の活用表は別表(787ページ)の通りである。活用形の種類については、動詞・形容詞とは異なる。形容動詞にあっては7つの活用形を設け、それぞれ、未然形、連用形第1、連用形第2、連用形第3、終止形、連体形、仮定形と名付ける。

(1)未然形……いわゆる未然形に、意志・推量を表す「ウ」が融合してしまった形である。

㊟　語源的には「ウ」が融合したものであると考えるが、当方言には、現在、単独の「ウ」はない。

(2)連用形第1……動詞「ナル」に続く形である。

(3)連用形第2……中止法に用いる形である。

(4)連用形第3……過去・完了を表す「タ」に続く形である。

(5)終止形……いわゆる終止形である。

(6)連体形……いわゆる連体形である。

(7)仮定形……いわゆる仮定形に、仮定条件を表す「バ」が融合してしまった形である。

㊟　語源的には「バ」が融合したものであると考えるが、当方言には、現在、単独の「バ」はない。

2 活用の種類

(1)ナ型とノ型

形容動詞にあっては終止形と連体形とを分けるが、連体形が「…ナ」となるものと、「…ノ」となるものとがある。前者をナ型、後者をノ型として区別する。ただし、ナ型とノ型とは連体形が異なるだけであって、他に差異はない。

(2)原型と丁寧型

同一の形容動詞には、必ず「…ヤ」の形と「…ダス」の形とがある。前者を原型、後者を丁寧型として区別する。丁寧型には未然形がない。連用形第1、連用形第2、連体形、仮定形は、原型と丁寧型の両方に共通である。したがって、丁寧形独自の活用形は、連用形第3と終止形だけであるが、これらを原型の連用形第3、終止形と認めるのは無理があると思うので、2行に分ける活用表とする。

なお、丁寧型の未然形にあたる表現には「…ダッシャロ」という言い方を用いる。原型の終止形には「…ヤ」の他に「…ジャ」の形もあるが、ほとんど使わない。(老人の一部が使うのと、戯れのような使い方だけである。)

3 各活用形の用法

(A)未然形

未然形は、助動詞「ウ」と融合してしまった形であり、推量の意味を表すのに用いる。

①ドヤ〔どうだ〕上手(ジョーズ)ヤロ。　／上手(ジョーズ)ナヤロ。

アノ　辺(アタ)リヤッタラ　静(シズ)カヤロナー。

なお、推量の意味を表すには、未然形を用いる他に、《上手(ジョーズ)ナヤロ》のように、連体形に断定の助動詞「ヤ」の未然形を付けて表すことも多い。ただし、ノ型のものには、それはない。

(B)連用形第1

「ナル」などに続く形であるが、中止法のように用いることもある。

①モット　素直(スナオ)ニ、正直(ショージキ)ニ　セーヨ。

(C)連用形第2

中止法に用いる。

①アンタモ　元気(ゲンキ)デ　結構(ケッコ)ダンナ。

話(ハナシ)ガ　急(キュー)デ　ドナイ　ショーカ　迷(マヨ)トンネン。

これは、理由を述べているのであるが、それを強調する用法として《行(イ)クノガ　イヤデ　イヤデ　ショーガナイネン。》のように、連用形第2を繰り返して用いる言い方がある。

また、連用形第2は、叙述を並列的にする働きもある。

②コノ　箱(ハコ)ワ　丈夫(ジョーブ)デ　軽(カル)イ。

(D)連用形第3

いわゆる音便形である。用法は、共通語におけるのと大差はない。

(E)終止形

言い切りの形のうち、丁寧型のものは「…ダス」が「…ダー」となる傾向がある。また、終止形に「ナー」とか「モン」などが付く場合は、「ダス」が「ダン」となる。

《アンタニ　負(マ)ケズ　ワシモ　マダ　元気(ゲンキ)ダー。》

《アンタモ　歌(ウタ)ガ　上手(ジョーズ)ダンナー。》

《便利(ベンリ)ダンモンデ　行(イ)クノガ　苦(クー)ニ　ナラヘン。》

(F)連体形

連体形は、連体修飾をすることを除くと、終止形と同じ働きをする。

(G)仮定形

仮定表現はふつう、仮定形を使わず《静(シズ)カヤッタラ　～》というように、連用形第3に「タラ」を付けて表す。仮定形を用いる表現法はかなり狭いが、以下にそれを列挙する。

(a)動詞の場合と同じように、仮定形の後ろに「良(エ)ー」という語が続く場合。

アイツノ　言(ユ)ー　コトガ　ホンマナラ　良(エ)ーケドナ。

ソナイ　便利(ベンリ)ナラ　買(コ)ーテモ　良(エ)ーナー。

値(ネー)ガ　同(オンナ)ジナラ　大(オー)ケー　ホーガ　良(エ)ーヤロ。

(b)助詞「コサレ」に続く場合。この用法は(a)に比べて、用いることが少ない。

親(オヤ)ガ　元気(ゲンキ)ナラコサレ、心配(シンパイ)セント　学校(ガッコ)イ　行(イ)トレンネン。

(c)その他、《…ヤッタラ》と同じ用法もないわけではない。

ソナイ　便利(ベンリ)ナラ　ウチモ　ー(シト)ツ　買(コ)ートコカ。

(H)語幹

語幹には、様態を表す助動詞「ソーヤ」が付く。

①昨日(キノー)ワ　元気(ゲンキ)ソーヤッテンケンド。

助動詞「ラシイ」「ミタイヤ」、助詞「カ」などが語幹に付く場合もあるが、これらの語は連体形にも付くことができる。

②今年(コトシ)ノ　祭(マツリ)ワ　ニギヤカラシイ。　／…ニギヤカナラシイ。

アノ　辺(ヘン)ワ　駅(エキ)ニ　近(チカ)イケンド、静(シズ)カカ。　／…静(シズ)カナカ。

4 特殊な活用を示すもの

形容動詞には特殊な活用をするものがある。煩雑さを避けるために別表の活用表には記さないので、ここで説明をする。

(A)語幹が同じで、形容詞にも形容動詞にも活用するもの。

「綺麗(キレエ)ヤ」「四角(シカク)ヤ」「黄色(キイロ)ヤ」などは形容動詞として活用するとともに、語幹は同じであっても「綺麗(キレエ)」「四角(シカク)イ」「黄色(キイロ)イ」というように形容詞としての活用もする。

<table>
<tr><td>形容動詞</td><td>未然形</td><td>連用形
第1</td><td>連用形
第2</td><td>連用形
第3</td><td>終止形</td><td>連体形</td><td>仮定形</td></tr>
<tr><td>原型
キレエヤ</td><td>キレエヤロ</td><td rowspan="2">キレエニ</td><td rowspan="2">キレエデ</td><td>キレエヤッ</td><td>キレエヤ</td><td rowspan="2">キレエナ</td><td rowspan="2">キレエナラ</td></tr>
<tr><td>丁寧型
キレエダス</td><td>****</td><td>キレエダシ</td><td>キレエダス</td></tr>
<tr><td>形容詞</td><td>未然形</td><td>連用形
第1</td><td></td><td>連用形
第2</td><td>終止形</td><td>連体形</td><td>仮定形</td></tr>
<tr><td>キレエ</td><td>キレカロ</td><td>キレ(エ)</td><td>****</td><td>キレカッ</td><td>キレエ</td><td>キレエ</td><td>キレケラ</td></tr>
</table>

①綺麗(キレエ)ナ　花(ハナ)ダンナー。　／綺麗(キレエ)　花(ハナ)…

②アノ　花(ハナ)ゴッツイ〔ずいぶん〕　綺麗(キレエ)ヤッタナー。／…キレカッタナー。

(B)連体形が語幹と同じ形になるもの。

「同(オンナ)ジヤ」などは、「同(オンナ)ジ」となって、語幹と同形になる。

(C)形容動詞に「スル」が付いて、サ行変格活用動詞化するもの。

「丈夫(ジョーブ)ヤ」「達者(タッシャ)ヤ」「元気(ゲンキ)ヤ」などの語は、語幹に「スル」を付けて、サ行変格活用動詞にすることがある。

動詞	未然形 第1	未然形 第2	連用形 第1	連用形 第2	終止 連体形	仮定形	命令形
ゲンキスル	ゲンキ ショー	ゲンキセ	ゲンキシ	ゲンキシ	ゲンキスル	ゲンキスラ	ゲンキ セー

①コラ、モット　元気(ゲンキ)ショー。

(「元気を出せ。」の意。未然形第1を用いた命令法。)

②アノ　オバーチャンモ　達者(タッシャ)シトッテヤ。

第４章 助動詞 付・補助動詞

助動詞の活用表は別表(787ページ以降)のとおりである。活用表は各用言に準じて作成する。特殊型活用のものにあっては、未然形・連用形・終止連体形・仮定形・命令形に分けるが、一部の活用形を欠くものが多い。

助動詞の記述については、動詞への接続の仕方で６つに分けて記すが、これは便宜上のものにすぎない。

助動詞と補助動詞の区別は難しい。どの程度まで熟すれば助動詞と考えればよいのか、あるいは、個々の語についてどの程度まで熟していると判断するのかという判断は困難である。ここでは、補助動詞の一部をも加えて記すことにする。

なお、便宜を考えて２語以上をまとめて説明することもある。

また、項目の見出しを「タ［ダ］」のように書くものがある。これは、助詞･助動詞に共通することであるが、前にある語によって「タ」とも「ダ」ともなることを示す。濁音化する場合は、前にある語が撥音便であるとき(例・「飛(ト)ンダ」)、または、前にある語がイ音便であるとき(例・「漕(コ)イダ」)の２通りであると思われる。したがって、このような清濁現象のことについては、以下の説明の中では改めて取り上げることはしない。

Ⅰ　動詞の未然形第１に接続する助動詞

1 マイ

①モー　コンナ　コト　ショーマイナ。
行(イ)コト　行(イ)コマイト　オ前(マイ)ノ　勝手(カッテ)ヤ。
②マダ　降(フ)ロマイ　思(オモ)テ　傘(カサ)　持(モ)ッテコズヤ。

「マイ」は打消を表すのであるが、打消の意志(①)と、打消の推量(②)の両方がある。ただし、打消の推量として使うことは少なく、その場合は《マダ降(フ)ラヘンヤロ　思(オモ)テ…》という言い方をするのが普通である。なお、「(行コ)ト(行コ)マイト…」の形は慣用句として、しばしば使う(①)。

「マイ」は活用をしない助動詞であるから、助詞に入れてもよいかとも思うが、従来からの考え方にしたがって助動詞として扱う。動詞の他に、動詞型活用の助動詞の未然形第１にも接続する。

㊟ 「マイ」は、語源としては「マジ」のイ音便「マジイ」から変化した語であると言われている。

Ⅱ　動詞の未然形第２に接続する助動詞

1 ス、サス、ラス

①コラッ。コマイ〔幼い〕 子(コー)オ　泣(ナ)カシタラ　アカン。
アイツニ　ヤラサ　良(エ)ーネン。
②コッチイ　来(コ)サセ。　／…来(コ)ラセ。
残(ノコ)リワ　犬(イヌ)ニ　食(タ)ベサシトキ。／…食(タ)ベラシトキ。

「ス」「サス」「ラス」は使役の意味で用いる。ただし、それ以外の意味として、《先(サキ)　行(イ)カシテモラウデ。》というような許容の意味と、《ドナイナト　言(イ)ワシトケ。》というような自由に放任する意味とがある。また、《親父(オヤジ)オ　早(ハ)ヨ　死(シ)ナシテモタ。》というような、自分の意のままにならないことを表すこともある。しかし、大きく一まとめにすれば使役ということになるだろう。

「ス」は五段活用動詞に、「サス」「ラス」はそれ以外の動詞に接続する(①・②)。

一段活用動詞に使役の助動詞が付くと《調(シラ)ベラス》のようになる。この場合、(1)「調(シラ)べ」が動詞(一段動詞の本来型)で、「ラス」が助動詞であるのか、(2)「調(シラ)ベラ」が動詞(一段動詞の五段化型)で、「ス」が助動詞であるのか、その判断は難しい。

しかし、一段動詞には、これとは別に、「サス」が付いて《調(シラ)ベサス》という言い方もある。

この場合は「調(シラ)べ」が動詞で、「サス」が助動詞である。したがって、《調(シラ)ベラス》も「調(シラ)べ」が動詞で「ラス」が助動詞であると考えるのが自然であろう。そうすると、上一段・下一段活用の動詞の五段化型には、使役の助動詞は接続しないということになる。

一段活用動詞と力行変格活用動詞には「サス」「ラス」の両方が付くが、《食(タ)べサス》《来(コ)サス》よりも、《食(タ)べラス》《来(コ)ラス》の方が、方言色を強く感じる。一般には、「ラス」の方が多く使われている。

サ行変格活用動詞に接続する《セラス》などという言い方はない。その場合は、《サス》という使役動詞を使う。例えば、《皆(ミンナ)　アイツニ　サシトケ。》のようにである。

「ス」「サス」「ラス」は助動詞にも接続するが、特殊活用の助動詞「オマス」「ガイマス」には接続しない。

2 レル、ラレル〔受身〕

①押(オ)サレテ　コケソーヤッタ。
　立(タ)タサレテ　アホラシカッタ。
②見(ミ)ラレタラ　アカンサカイ　隠(カク)シトコ。

「レル」「ラレル」は受身を表す。「レル」は五段活用の動詞に接続し(①)、「ラレル」はその他の動詞に接続する(②)。助動詞にも接続するが、その役割分担は動詞と同じであって、五段型活用の助動詞には「レル」が接続し、一段型活用の助動詞には「ラレル」が接続する。

カ行変格活用動詞に接続するときは《今(イマ)ゴロ　来(キ)ラレタラ　バレテシマウ。／…来(コ)ラレタラ…》のように「キ」「コ」の両方に付き、サ行変格活用動詞に接続するときは《ソンナ　コトシラレテ　黙ットッタラ　アカン。／…セラレテ…》のように「シ」「セ」の両方に付く。「来(キ)」「シ」に接続する方が方言色を感じる。

3 レル、ラレル〔可能・自発〕

①ソンナン　一週間(イッシューカン)デ　編(ア)マレルカ。
　自分(ジブン)ノ　コトガ　情(ナサ)ケ無(ノ)ー　思(オモ)ワレテ　辛(ツラ)イ。
②誰(ダイ)デモ　見(ミ)ラレルソーヤ。
　ソナイ　遊(アソ)ンドッタラ　先(サキ)ガ　案(アン)ジラレラー。
　　㊟「案(アン)ジラレラー」は、「案(アン)ジラレルワ」の「ルワ」が融合して、「ラー」となった。

「レル」「ラレル」は受身の他に、可能・自発を表す。しかし、可能・自発の意味の「レル」「ラレル」には未然形第1および命令形がないので、受身の「レル」「ラレル」とは別のものとして扱う。

「レル」は五段活用の動詞に接続するほか、《調(シラ)ベレル》《見(ミ)レル》などというように一段活用の動詞に付くこともある。

五段活用の動詞の多くには可能動詞が存在する。したがって、五段活用の動詞においては「レル」を用いる《読(ヨ)マレル》《立(タ)タレル》などよりも、可能動詞《読(ヨ)メル》《立(タ)テル》などを用いる方が多い。

「ラレル」は、一段活用動詞およびカ行変格活用動詞に接続する。サ行変格活用動詞にも「ラレル」が付いて《シラレル》とならないわけではないが、ふつうは《ヒトリデ　デケル。》というように「デケル」を用いる。

「レル」「ラレル」は助動詞にも接続する。

4 ン、ヘン

①マダ　行(イ)カヘンノカ。　／…行(イ)カンノカ。
②ソンナ　事(コト)オ　シトッタラ　間(マー)ニ　合(ア)ワレヘン。／…合(ア)ワレン。

「ン」「ヘン」は打消を表す。動詞および助動詞「ス」「サス」「ラス」「レル」「ラレル」「タガル」の未然形第2に接続する。「ヘン」は一般に使われやすいが、「ン」には使用の際に制約がある。すなわち、「ン」で終わって後ろに語がないような場合は「ン」を用いることは不自然な感じがする。

×《有(ア)ラン。》　×《走(ハシ)ラン。》
○《有(ア)ラヘン。》○《走(ハシ)ラヘン。》
○《走(ハシ)ラン　時(トキ)ワ…　》
○《走(ハシ)ラヘン　時(トキ)ワ…　》

Ⅲ　動詞の連用形第1に接続する助動詞

1 タイ、トミナイ、タガル、トミナガル

①映画(エーガ)ガ　見(ミ)トーテ　ショガナイネン。　／…見(ミ)ターテ…
来(キ)タケラ　付(ツ)イテコンカイ。
②学校(ガッコー)イ　行(イ)キトミノーテ　困(コマ)ッテマウ。　／…行(イ)キトミナーテ…
シトミナカッタラ　ヤメトケ。
③何(ナン)デモ　カンデモ　買(カ)イタガリマンネン。
風呂(フロ)イ　入(ハイ)リタガラヘンネン。
④勉強(ベンキョー)シトミナガルノデ　弱(ヨワ)ットンネン。
行(イ)キトミナガッタラ　行(イ)カサイデモ　エー。

「タイ」は、話し手自身の希望を表すのが主であるが、話し手以外の希望を表すこともある。「タイ」は形容詞型の活用をする。したがって、形容詞と同じように、語幹を用いて《アー　読(ヨ)ミタ。》のような感嘆表現もできる。また、連用形第1は、「ト(ー)」の形と「タ(ー)」の形の両方があり、《見(ミ)トーテ／見(ミ)ターテ》のようになる。

「トミナイ」は「タイ」とは逆の意味を持っている。「度(ト)ウモ無(ナ)イ」から「トミナイ」に変化したものと思われる。すなわち、「タイ」の連用形第1「トー」に打消の「ナイ」が付いて「トーナイ」となり、それが「トミナイ」になったものであろう。したがって、《行(イ)キトーナイ》、《行(イ)キタナイ》(この2例は「ナイ」を用いたもの)、《行(イ)キトミナイ》(「トミナイ」を用いたもの)の3つの言い方はいずれも同じ意味であり、3つとも広く用いられている。「トミナイ」も形容詞型の活用をする。だから、《アー、シトミナ。》のような言い方もあり、連用形第1は「トミナ(ー)」「トミノ(ー)」の両方がある。

「タイ」「トミナイ」ともに、動詞の他に、助動詞の「ス」「サス」「ラス」「レル」「ラレル」の連用形第1にも接続する。

「タガル」「トミナガル」は「タイ」「トミナイ」の語幹「タ」「トミナ」に接尾語「ガル」が付いてできたものである。他の語との接続は「タイ」「トミナイ」と同様である。

「タイ」「トミナイ」は、主として話し手の希望を表すのに対して、「タガル」「トミナガル」は主として第三者の希望を表すという点に違いがある。

2 マス

①ワシモ　一緒(イッショ)ニ　行(イ)キマッサ。
㊟「行(イ)キマッサ」は、「行(イ)キマスワ」が融合して、「マッサ」となった。
コノ　道(ミチ)　マッスグ　行(イ)タラ　役場(ヤクバ)エ　行(イ)カレマス。
②コノ　犬(イヌ)　アンタニ　アゲマス。
ワシガ　行(イ)テキタゲマッサカイ　待(マ)ットッテオクンナーレ。

「マス」は聞き手に対する敬意を表す。それは、丁寧表現であったり、謙譲表現であったりする。丁寧表現としての「マス」は広く使われているが、謙譲の意味を表すのは「アゲル」(差し上げる、の意の動詞)と、助動詞「タゲル」に付く場合だけであると思われる。

丁寧の意味で用いる「マス」は、動詞の他に「ス」「サス」「ラス」「レル」「ラレル」「タガル」「トミナガル」などの助動詞の連用形第1にも接続する。

3 ソーヤ、ソーダス〔様態〕

①モージキ　始(ハジ)マリソーヤ。
寒(サブ)ソーナ　顔(カオ)　シテ。マー　火(ヒー)ニ　アタレ。
元気(ゲンキ)ソーナ　人(シト)ダンナー。
②雨(アメ)ガ　降(フ)リソーダンナ。

「ソーヤ」は「…という様子である」という様態の意味を表す。丁寧に言うときには「ソーダス」を使う(②)。

「ソーヤ」「ソーダス」は、動詞の他に、助動詞の連用形第１及び、形容詞・形容動詞の語幹に接続する。

4 ヨル

①何(ナニ)オ　シヨルノン。
ボチボチ〔ぼつぼつ〕　始(ハジ)メヨロカイ。
②ドコヤ　行(イ)ッキョリマシタ。

㊟「行(イ)ッキョリマシタ」は、「行(イ)キヨリマシタ」の崩れた形である。一般には、崩れた形の方が多く使われている。

「ヨル」には、「…している」という継続の意味(①)と、「…してしまった」という完了及びその結果を表す意味(②)との２つがある。

前者は、本方言の「トル」と同じ意味・用法で、現在進行形を表している。後者は、例えば《山田君(ヤマダクン)、オラヘンカ。》という問に対して、《ドコヤ　行(イ)ッキョッタ。》という答が行われる。過去形で用いられる、このような文は「行ってしまった。」ということよりも、「行ってしまったから、ここにはいない。」という結果の方に重点が置かれていると考えられる。「テ(シ)マウ」に近い意味である。

「ヨル」は、動詞の他に、助動詞にも接続する。

5 ヤク、ヤルク

①ドコイ　行(イ)ッキャッキョンノ。

㊟「行(イ)ッキャッキョンノ」は、「行(イ)キヤキヨルノ」の崩れた形である。

話(ハナシ)バッカリ　シヤイテ、ショーナイ　ヤツヤ。／…シヤルイテ…

「ヤク」は「…しあるく」の意である。すなわち、《行(イ)キヤク》は「あちらこちらへ行き歩く」であり、《話(ハナシ)オ　シヤク》は「話をし歩く(話をして回る)」の意である。しかし、その意味は、「歩く」ということよりも「…し続ける」「…してまわる」といったことの方に重点が置かれている。「ヤク」の他に「ヤルク」という言い方もあるが、「ヤク」の方が多く使われる。

「ヤク」「ヤルク」は、動詞の他に、助動詞の連用形第１にも接続する。

6 ナハル、テオクンナハル

①早(ハ)ヨ　行(イ)キナハラ　ヨロシーノニ。
②ドーゾ　通(トー)ッテオクンナハレ。
③ドナイナト　シナハレ。

「ナハル」は尊敬の意味で、共通語の「なさる」にあたる(①)。しかし、わざとぞんざいな気持ちで使うこともある(③)。

尊敬の意で用いられる場合で、自分の希望をも加えた意で「テオクンナハル」が用いられることもある(②)。「…ておくれなさる」である。(この場合は連用形第２に接続する。)

「ナハル」は、動詞の他に、助動詞の連用形第１にも接続する。

7 サラス、クサル、ヤガル

①ドコイ　行(イ)キサラスノヤ。／…行(イ)キクサルノヤ。／…行(イ)キヤガルノヤ。
零点(レーテン)　取(ト)ッテキサラシトンネン。／…取(ト)ッテキクサットンネン。／…取(ト)ッ

テキヤガットンネン。
チェッ、マタ　雨(アメ)ガ　降(フ)ッテキサラシタ。／…降(フ)ッテキクサッタ。／…降(フ)ッテキヤガッタ。

「サラス」「クサル」「ヤガル」はいずれも、口汚く罵る気持ちを表す。相手のことをなじるのであるが、《ワシガ　行(イ)キサラサ　ヨカッテンケドナ。／…行(イ)キクサラ…／…行(イ)キヤガラ…》というように、自分をさげすむことよって、相手に当てつけを言おうとする用法もある。「サラス」「クサル」「ヤガル」は、いずれも同じニュアンスを持っており、相互に入れ換えてもかまわない。一番よく用いられるのは「ヤガル」であり、「サラス」と「クサル」はほぼ同等に使われる。

「サラス」「クサル」「ヤガル」とも、動詞の他に助動詞にも接続する。

「サラス」は本動詞でもある。この場合は、「スル」の卑語である。たとえば、《勝手(カッテ)ニ　サラセ。》《何(ナニ)オ　サラシタンヤ。》のように用いられる。動詞「スル」に助動詞「サラス」が付いた「シ(ー)サラス」と、動詞「サラス」とは、ニュアンスの違いはないが、後者の方が広く使われている。

《ドナイナト　シーサラセ。》
《ドナイナト　サラセ。》

8 スル

①アッチイ　行(イ)キ、コッチイ　行(イ)キシテ　探(サガ)シタ。
②シンドナリシマシタサカイ　休(ヤス)ンドリマシタ。

「スル」が使われることは、まれである。《アッチイ　行(イ)キ、コッチイ行(イ)キ　探(サガ)シタ。》とか、《シンドナリマシタサカイ　休(ヤス)ンドリマシタ。》のように「スル」を使わなくても、意味・語感には違いはない。「…(行キ)、(行キ)シテ…」のような構文は慣用句のようになっているから「スル(シテ)」を使うこともあるが、《シンドナリシマシタサカイ　…》のような言い方は、ほとんどしないと言ってもよい。

IV　動詞の連用形第２に接続する助動詞

1 タ［ダ］、テン［デン］

①一生懸命(イッショケンメ)　走(ハシ)ッテッタ。
オ前(マエ)ガ　読(ヨ)ンダラ　貸(カ)シテナ。
②腹(ハラ)ガ　減(ヘ)ッテン。

「タ」は過去・完了を表し、共通語と大差はない。「タ」は終止連体形と仮定形だけがある。連用形に「テ」があるとも考えられるが、本稿では、「テ」は接続助詞として扱う。一方、「テン」は変化しない語である。しかし、常に連用形第２に付き、過去・完了を表し、その性質が「タ」に似ているので助動詞として扱う。

「タ」と「テン」を比べると、「タ」は単純な過去・完了の意であるが、「テン」は相手に訴えたり念を押したりする気持ちが含まれている。例えば、《昨日(キノー)　来(キ)タ。》は「来た」という事実を述べるだけであるが、《昨日(キノー)　来(キ)テン。》は「来たのだよ」と相手に念を押す気持ちがある。終助詞が付いて《昨日(キノー)　来(キ)テンデ。》となると、「来たのだよ。それなのに、あなたは、なぜいなかったか。」というような憤慨を表すことにもなる。それに対して、《昨日(キノー)来(キ)タデ。》は「来た」という事実が強く表現されるだけである。

「タ」「テン」は、動詞の他に、形容動詞及び助動詞にも付く。

2 トル［ドル］、ントル［ンドル］

①本(ホン)ナト　読(ヨ)ンドッテカ。
マダ　出来(デケ)トラヘンネン。
飯(メシ)　食(ク)ワントレ、コノ　阿呆(アホ)。
②明日(アシタ)マデニ　読(ヨ)ンドケヨ。

コノ　辺(ヘン)デ　待(マ)ットコカイ。
マダ　持(モ)ッテコントイテ。

「トル」は「テオル」のつづまったもので、動作が進行していることと、動作が完了したこと及びその結果を表す。したがって、《大(オー)ケナ　家(エー)　建(タ)テトル。》とだけ言うと、「大きな家を建てつつある」のか「建てた」のか紛らわしい。動作が進行しているという意味では《読(ヨ)ンドル》の他に《読(ヨ)ミヨル》というように「ヨル」を用いることもできるので、紛らわしさは一部解消できる。

「トク」は「テオク」のつづまったもので、そのまま放置する意や、ある動作を予め行うという意を表す。《勝手(カッテ)ニ　怒(オコ)ラシトケ。》が前者、《明日(アシタ)マデニ　書(カ)イトキマス。》が後者にあたる。

「トク」は、時には「トル」と同じ意味で用いられることがある。「トク」が、放置するという意味で用いられる場合である。たとえば、《待(マ)ットク》は、待つという動作のままで放置することを表し、《待(マ)ットル》は、待つという動作を続けることを表すので、結局、同じ意味になる。《チョット　持(モ)ットッテクレ。／…持(モ)ットイテクレ。》《コノ　本(ホン)　読(ヨ)ンドレ。／…読(ヨ)ンドケ。》のように、長時間にわたる動作を表す動詞が使われる文に、こういう現象が生じるのではないかとも思われる。

「トル」「トク」ともに、動詞の他に、助動詞にも付く。「トル」「トク」の打消には「ントル」「ントク」という、固定した形が使われる。《読(ヨ)ンドル》の打消には《読(ヨ)マントル》と《読(ヨ)ンドラヘン》の両方がある。「ントル」「ントク」は未然形第２に付く。「トル」「トク」が濁音化する動詞(「読(ヨ)ム」など)に「ントル」「ントク」が付く場合は、《読(ヨ)マントル》《読(ヨ)マンドル》の清濁両方がある。清音の方が使われやすい。

③ タル［ダル］、タゲル［ダゲル］、タイマス［ダイマス］

①読(ヨ)ンダルサカイ　聞(キ)ートレヨ。
一遍(イッペン)　見(ミ)テッタロ。
菓子(カシン)　買(コ)ータラ〔買ってやれば〕良(エ)ーノニ。
②ワシガ　シタゲマッサカイ　心配(シンパイ)セントキナハレ。
早(ハ)ヨ　行(イ)ッタゲンカイ。
③早(ハヤ)イトコ　シタイマセ。

「タル」「タゲル」「タイマス」はそれぞれ、「テヤル」「テアゲル」「テアゲマス」のつづまったものである。「タル」に敬意は含まれていないが、「タゲル」「タイマス」には敬意がある。しかし、「タゲル」「タイマス」ともに、自分と同等の人か目下の人に向かって使うのが普通である。

「タル」は「…してやる」という意味の他に、話し手の意志を表すこともある。たとえば、《ウマソーヤナ、食(ク)タロ。》と言う。また、「タル」の仮定形と、過去・完了を表す「タ」の仮定形とはどちらも「タラ」であるが、これはアクセントや文脈で区別できる。前者は「タル」の、後者は「タ」の、それぞれ仮定形である。

《菓子(カシン)　買(コ)ータラ　良(エ)ーノニ。》
《菓子(カシン)　買(コ)ータラ　高(タコ)ーテ　ビックリシタ。》

「タル」「タゲル」「タイマス」は、動詞の他に助動詞にも接続する。

④ テケツカル［デケツカル］

①何(ナン)　シテケツカル、コノ　阿呆(アホ)ガ。
②セーダイ〔せいぜい〕　他人(シト)ノ　悪口(ワルグチ)　言(ユ)ーテケツカレ。

「テケツカル」は、相手を口汚く罵る語である。「サラス」「クサル」「ヤガル」よりも語気が強まる。

この項の「テケツカル」から後ろは「テ……」という語が続くが、これらの語は、助詞「テ」と必ず結合して使われるので「テ……」で一語と見る。これらの「テ……」の各語は、動詞の連用形第２の他に、助動詞「ス」「サス」「ラス」「レル」「ラレル」「タガル」「トミナガル」「マス」などの連用形第2にも付くが、いちいち注記はしないことにする。

5 テコマス［デコマス］

①ワシモ　行(イ)テコマシタロ。
　行(イ)テコマソ。
②勉強(ベンキョー)セント　遊(アソ)ンデコマシタラ　承知(ショーチ)セーヘンド。

「テコマス」は卑語である。主として、自分の意志を表す。「タル」を使うのよりも荒々しい(①)。また、相手や第三者の意志を表すこともある(②)。その場合は「テケツカル」とほぼ同じ意味である。ただし、後者の意味で使われることは多くはない。

6 テマウ［デマウ］、テシマウ［デシマウ］

①モー　読(ヨ)ンデモタ。　／…読(ヨ)ンデシモタ。
②昼(ヒル)マデニ　シテマオカイ。　／…シテシマオカイ。

「テマウ」は「テシマウ」のつづまった形である。普通は「テマウ」が用いられるが、丁寧に言おうとする場合には「テシマウ」が用いられる。「テマウ」は過去･完了の意であるが、「タ」「ネン」とは違って、動作の継続の要素もいくらか加わっている。

「ヨル」を用いて《ドコヤ　行(イ)ッキョッタ。》という言い方と、「テマウ」を用いる《ドコヤ　行(イ)テモタ。》という言い方とは、意味に違いはないのであるが、前者の方が柔らかい感じを持っている。

7 テイク［デイク］、テクル［デクル］、テミル［デミル］、テクレル［デクレル］、テモラウ［デモラウ］

これらの各語は、持っている意味がそれぞれ異なるが、ここでは一まとめにする。それぞれ「行(イ)ク」「来(ク)ル」「見(ミ)ル」「呉(ク)レル」「貰(モラ)ウ」の意は、なくなっている、もしくは薄らいでいるので、補助動詞と考える。

①忘(ワス)レンヨーニ　持(モ)ッテイケヨ。　／…持(モ)ッテケヨ。
②奥(オク)ノ　手(テー)オ　考(カンガ)エテッタナ。
③チョット　食(ク)テミ、ウマイデ。
④ソンナ　心配(シンパイ)シテクレンデモ　良(エ)ーノニ。
⑤チョット　教(オセ)テモライタイネンケンド。

「テイク」に限って「テク」になることがある(①)。これら5つの語は、共通語と同じ意味･用法であり、特に説明する事柄はない。

V　動詞の終止連体形に接続する助動詞

1 ヤ、ジャ、ネン

①ソンナ　コト　言(ユ)ーテ　オ前(マエ)ワ　知(シ)ランノヤロ。
　アイツワ　モー　来(ク)ルヤロ。
②ソラ〔それは〕　ソージャ。

「ヤ」「ジャ」は断定の意を表す。動詞･形容詞の終止連体形には「ヤ」「ジャ」の未然形第1「ヤロ」「ジャロ」が付くだけである。助動詞に付く場合も同じである。これらの語に付く場合は《来(ク)ルヤロ》の他に、《来(ク)ルノヤロ》と「ノ」を介することがある。また、「ヤ」「ジャ」が体言に付く場合は、次のように用いられる。

③良(エ)ー　物(モン)ナダケアッテ　高(タカ)イナー。
　悪(ワル)カッタンワ　ワシヤ。　／…ワシジャ。

「ジャ」は老年層を除けば、ほとんど用いられない。「ジャ」を女性が使うことは、ほとんどない。

④アイツモ　ソナイ　言(ユ)ーネン。　／…言(ユ)ーネ。
　ワシ　シンドイネン。　／…シンドイネ。

「ネン」は活用しない語である。しかし、意味の上で「ヤ」に近く、用法も似ているので助動詞と考える。「ネン」は「ネ」となることもあり、次のような用法も持っている。

行(イ)クネンヤッタラ　早(ハ)ヨ　用意(ヨーイ)セー。　／行(イ)クネヤッタラ…

2 ソーヤ、ソーダス〔伝聞〕

①十時(ジュージ)カラ　始(ハジ)マルソーヤ。

②アノ　船(フネ)　速(ハヤ)イソーヤ。

③田中(タナカ)ハンワ　マダ　元気(ゲンキ)ヤソーダス。　／…元気(ゲンキ)ナソーダス。

④明日(アシタ)ワ　休(ヤス)ミヤソーナノー。

「ソーヤ」は伝聞の意を表し、「ソーダス」はその丁寧な言い方である。動詞・形容詞の終止連体形、形容詞の終止形･連体形に付き、助動詞には各用言に準じて付く。言い切りの形は「ソーヤ」「ソーダス」の他に、連体形「ソーナ」に終助詞「ノ」を付けるのが普通である。

3 ヨーヤ、ヨーダス

①アノ　船(フネ)　モージキ　出(デ)ルヨーヤナー。　／…． 出(デ)ルヨーナナー。

②腹(ハラ)　減(ヘ)ットルヨーダスナ、飯(メシ)　食(タ)ベテイキナハレ。

「ヨーヤ」は様態を表し、「ソーヤ〔様態〕」とほぼ同じ意味である。すなわち、《出(デ)ルヨーヤ》と《出(デ)ソーヤ》とは、ほぼ同じである。

4 ミタイヤ、ミタイダス

①モージキ　出来(デケ)ルミタイヤ。　／…出来(デケ)ルミタイダス。

②恐(オト)ロシーミタイナ　格好(カッコ)　シトル。

③阿呆(アホ)ミタイナ　コト　言(ユ)ーナ。

「ミタイナ」も様態を表すのであるが、動詞・形容詞に付く言い方は《出来(デケ)ソーヤ》《恐(オトロ)シソーナ》と「ソーナ」を用いて表現することが多い。名詞に付く言い方は広く行われている。

5 ラシー

①ボチボチ　始(ハジ)マルラシーナ。

②寒(サブ)イラシーナ、震(フル)トルノン　違(チャ)ウカ。

③アノ　辺(ヘン)ワ　ダイブ　静(シズ)カナラシー。／…静(シズ)カラシー。

④ドーヤラ　違(チゴ)トッタラシー。

⑤アッコニ　オルノワ　ウチノ　子(コー)ラシー。

「ラシー」は、共通語の使い方と大差がない。「ヨーヤ」の意に近く、推定を示したり(①など)、断定を避けて婉曲的に表現したり(④)する。体言に付いたときには､「それにぴったりした性質を持っている」という意味を表すこともある。

Ⅵ　動詞には接続しない助動詞

1 ダス

①今日(キョー)ワ　暑(アツ)イダンナー。

㊟「暑(アツ)イダンナー」は、「暑(アツ)イダスナー」の変化したものである。

②ドーヤラ　未(マ)ダラシイダス。

「ダス」は、話し手の判断を表すとともに、聞き手への敬意も表している。

「ダス」は動詞には付かない。共通語「です」に見られるような《明日は降るでしょう。》のような言い方はしない。本方言では、このような場合は、《明日(アシタ)ワ　降(フ)リマッシャロ。》となって、「ダス」の領分ではなくなってしまうのである。

「ダス」は形容詞の終止連体形、助動詞、体言に付く。

2 オマス、ガイマス

①昨日(キノー)ワ　エライ〔随分〕寒(サブ)オマシタナー。　／…寒(サブ)ガイマシタナー。
②コレワ　アンタノ　分(ブン)デオマス。／…分(ブン)デガイマス。

「オマス」は「ダス」の丁寧な形であり、「ガイマス」は「ダス」のさらに丁寧な形である。
「オマス」「ガイマス」は、形容詞及び助動詞の連用形第1に付く。体言には助詞「デ」を介して接続する。
「オマス」「ガイマス」は、本動詞としては「有(ア)ル」の丁寧な形である。

第5章 助詞

助詞の分類は、「中等文法・口語」における分け方に従って、第1類から第4類までに分類する。個々の語をどの類に属させるのが適切であるか、あるいは、助詞と考えることが適切であるか、という問題も残る。しかし、細かなことには深入りしないで、以下に述べるような程度に分類する。
また、項目の見出しの「テ［デ］」のような書き方は、助動詞の場合と同じで、清濁現象のことについては、いちいち注記しない。
なお、見出しには、使われているものをすべて挙げるように努めるが、単に発音上の関係によるものは挙げないことにする。

Ⅰ　第1類の助詞

1 ガ

①犬(イヌ)ガ　ヤカマシーニ　鳴(ナ)イトル。
　出来(デケ)ルダケ　早(ハヤ)イ　方(ホ)ガ　アリガタイネンケド。
②肩(カタ)ガ　凝(コ)ッテ　困(コマ)ットンネン。
③アノ　本(ホン)ガ　欲(ホ)シーナー。
④ソンナ　シンドイ　コトガ　出来(デケ)ルカイヤ。
⑤神戸(コーベ)ヤッタラ　ワシガ　行(イ)テッタル〔行ってきてやる〕。
　昨日(キンノ)ノ　大雨(オーアメ)デ　ドコヤガ　崩(クズ)レタソーヤ。

動作・作用・状態の主体や対象を表す「ガ」は、共通語と同じ意味・用法であるが、本方言では省略して、使わないことも多い。ただし、「ワ」や「オ」に比べると省略する度合は小さい。
省略するのは、主として次のような場合である。(ａ)「肩(カタ)ガ　凝(コ)ル(コト)」が「肩凝(カタコ)リ」となるように、主語と述語の結合度が大きい場合(②)。(ｂ)主語が比較的短くて、述部に形容詞を使う場合(③)。(ｃ)形式名詞「コト」に続く場合(④)。(ｄ)代名詞に続く場合 及び 疑問代名詞に不確かさを表す助詞「ヤ(ヤラ)」が付いたものに続く場合(⑤)。

2 ノ、ノン、ン

①電車(デンシャ)ノ　切符(キップ)　買(コ)ータカ。
②雨(アメ)ノ　降(フ)ル　日(ヒー)ワ　困(コマ)リマンナー。
③コラ〔これは〕ウットコ〔我が家〕ノヤ。／…ウットコノンヤ。
④ソッチノ　大(オー)ケーノ　クレ。　／…大(オー)ケーノン…
　大(オー)ケナン。　／大(オー)ケナノン。
　　㊟「大(オー)ケー」は形容詞、「大(オー)ケナ」は連体詞である。
⑤ガラス　メンダ〔壊した〕ン　誰(ダイ)ドイ。　／…メンダノン…
　アイツ　イツン　ナッタラ　来(ク)ルンヤロ。／…来(ク)ルノンヤロ。

「ノ」の用法のうち、連体修飾の文節を作ったり(①)、主述関係を示したり(②)するのは共通語と同じである。準体助詞として使われる場合のみ、「ノ」の他に「ノン」と「ン」がある(③・④・⑤)。「ノン」は「ノ」よりも意味がやや強まる。「ノ」は、動詞・助動詞の一部及び連体詞「大(オー)ケナ」に接続する場合には「ン」となる(④・⑤)。

また、動詞・形容詞に接続する場合は、次の例のように「ノ」が「ネ」「ネン」になることがあるが、これは助動詞として扱う。

⑥晴(ハ)レルネヤッタラ　置(オ)イトクンヤケド。／晴(ハ)レルネンヤッタラ…
寒(サブ)イネヤッタラ　モー　一枚(イチマイ)　着(キ)ランカイ。／寒(サブ)イネンヤッタラ…

3 オ

①橋(ハシ)オ　渡(ワタ)ッテ　マッスグ　行(イ)タラ　郵便局(ユービンキョク)ダス。
②ドッチオ　見(ミ)トルンヤ、コッチオ　向(ム)カナ　アカン　言(イ)ヨンノニ。

動作の対象を表す「オ」は通常、省略する。「オ」を使うと強い表現になるので、特に意味を強める必要がある場合(②)には使う。

4 ニ、ン

①茶瓶(チャビン)ニ　水(ミズ)　入(エ)ーテッテカ〔入れてきてくれるか〕。
②花見(ハナミ)ニ　行(イ)コカイ。
③明日(アシタ)ワ　五時(コジ)マデン　起(オ)キランナラン〔起きなければならない〕。
④急行(キューコ)ン　乗(ノ)ッタラ　早(ハ)ヨ　着(ツ)ク。

「ニ」は共通語と同じ用法であるが、帰着する場所を表す用法(共通語の「ヘ」にあたるもの)はない。「ニ」は撥音の直後などの場合(①・②)を除いて「ン」となるのが普通である。

また、「ニ」には事物を並べ挙げる用法がある。この場合に限って「ニ」は「ン」とはならない。

⑤帳面(チョーメン)ニ　鉛筆(インピツ)ニ　削(ケズ)リ〔鉛筆削り→ナイフ〕。
瓜(ウリ)ニ　トマト、要(イ)リマヘンカ。

5 イ、エ

①ドコイ　持(モ)ッテイクノン。
コッチイ　来(コ)イ。
②今日(キョー)　明石(アカシ)(イ)　行(イ)テキタンヤ。
③神戸ー　集マルソーヤ。
④アノ　家(エー)ノ　息子(ムスコ)、法政(ホーセー)エ　入(ハイ)ッタソーヤ。

方向や、帰着する場所を示す「イ」は、「イ」と「エ」との中間的な発音が多い。「イ」と発音されることはあるが、はっきり「エ」と発音されることはほとんどない。ただし、次のような特例がある。(ａ)後ろに来る語が「イ」で始まる場合は、その影響を受けて、「イ」はほとんど消えかかって発音される(②)。(ｂ)前にある語の語尾がエ段音の場合は、「イ」は「エ」になって、前にある語の語尾を長音化させる(③)。(ｃ)前にある語の語尾がエ段音の長音である場合には、はっきり「エ」と発音される(④)。

6 イサイテ、エサイテ、イサシテ、エサシテ

①コノ　道(ミチ)オ　マッスグ　西(ニシ)イサイテ　行(イ)タラ　小学校(ショーガッコ)ダス。
②神戸(コーベ)ーサイテ　行(イ)ク。
③風(カゼ)ガ　キツイ　トコイサシテ　雨(アメ)モ　降(フ)ッテッタサカイ、エライ　難儀(ナギ)シタデ。

「イ」のやや古風なものに「イサイテ」があるが、老人層以外にはあまり用いない。「イサイテ」が「エサイテ」などに変化することは「イ」の場合と同じである。(ただし、「イサイテ」は、後ろに来る語が「イ」で始まるか否かに影響されることはない。)「イサイテ」は「イ」よりも意味が強まる感じがするが、それは頻繁には耳にしない語であるからだろうか。

「イサイテ」は、「イ・指(サ)シテ」がイ音便化したものであるが、現在では「イサイテ」が多く使われ、「イサシテ」が使われることは少ない。

7 ト

①皆(ミナ)ト　一緒(イッショ)ニ　行(イ)クンヤ。
昨日(キノー)ワ　アイツト　遊(アソ)ビニ　行(イ)ッタ。
②釘(クギ)ト　金槌(カナズチ)ト　ペンチ　持(モ)ッテッテクレ〔持ってきてくれ〕。
③モー　来(ク)ルヤロト　思(オモ)トンネンケドナー。
明日(アシタ)　来(ク)ルト　言(イ)ヨッタ。
④パチント　叩(タタ)イタッテン〔叩いてやったのだよ〕。
ニヤット　笑(ワロ)トッタ。
ゲラゲラト　笑(ワラ)ウ。

「ト」のうち、「と共に」というような意味を表すものは、だいたい共通語と同じである(①)。また、事物を並べ挙げる用法も共通語と同じである(②)。しかし、「…ト言ウ」とか「…ト思ウ」などの「ト」は脱落するのが普通である(③)。ただし、《何(ナン)チュー　コト　言(イ)ヨンノンヤ〔言っているのだ〕。》というように「ト言ウ」を融合した言い方もあるが、この場合は、もう一度「言(イ)ウ」という動詞を用いなければならないから、この「チュー」は接辞と見るのかよいかもしれない。しかも、「チュー」は《何(ナン)チュー　コト　シヨルンヤ〔しているのか〕。》とか《何(ナン)チュー　コト思(オモ)トンネヤ〔思っているのだ〕。》というようにも用いられる。

また、擬態語・擬音語の後ろに来る「ト」は省略されることは少ないが、「ゲラゲラ」「ドスンドスン」のような同一語の繰り返しの場合には「ト」は省かれる(④)。

8 ユーテ、ユテ

①アイツ　来(ク)ルユーテ　言(イ)ヨッタデー。
②ソナイユテ　言(ユ)ートッテヤッタ〔言われていた〕。
③パチンユーテ　大(オー)ケナ　音(オト)ガ　シタ。
④アンマリ　大工(ダイク)サンユーテ　無(ナ)カッタンカ。

本方言では、引用には「ト」が用いられず、そのかわりに「ユーテ」が用いられる。しかし、「ユーテ…言ウ」という言い方だけであって、「ユーテ…思ウ」ということはほとんど言わない。「ユーテ」は引用文を直接に受ける(①)ことの他に、具体的な引用でなく漠然としたものを受ける(②)こともある。また、擬声語を受けること(③)もあるが、この場合は、「ト」とは違って《ガタンガタンユーテ揺レタ。》のように、同一語の繰り返しの擬声語をも受ける。さらに、「ユーテ」には、共通語の「って」にあたる用法(④)がある。「ユーテ」は普通、長呼されるが、「ユテ」と短くなることもある。

9 カラ

①市民病院行(シミンビョーインイ)キノ　バスワ　ドコカラ　乗(ノ)リマンノン。
六時(ロクジ)カラ　始(ハジ)マルソーヤ。
②窓(マド)カラ　見(メ)ールヤロ。

動作の起点(①)や経由(②)を示す「カラ」は共通語と大差がないが、共通語に見られるような、受身の作用の出どころを表す用法はない。

また、「カラ」には次の例のように、意味を強める副助詞的な使い方もある。

③オ前(マイ)　早(ハヤ)カラ〔早くも〕　出来(デケ)タン。

10 ヨカ、ヨリ

①ソレヨカ　アレノ　方(ホ)ガ　良(エ)ー。　／ソレヨリ　…
バス　待(マ)ットルヨカ　歩(アル)イタ　方(ホ)ガ　早(ハヤ)イ。　／…待(マ)ットルヨリ　…
②ソナイ　スルヨカ　ショガナイナー。／…スルヨリ…／…スルシカ…
コレヨカ　無(ナ)イネン。／コレヨリ…／コレシカ…

比較の基準(①)や限定(②)の意味を表す「ヨカ」は共通語の「より」にあたる。体言または動詞・

助動詞の終止連体形を受ける。「ヨカ」の他に「ヨリ」も広く使われている。限定の意味での用法では「ヨカ」「ヨリ」の他に副助詞の「シカ」も同様に使われている。

11 デ

①自転車(ジテンシャ)デ　行(イ)テッタンヤ。
②ドコデ　買(コ)ータン。

手段(①)や場所(②)などを表す「デ」は共通語と変わりはない。

12 ヤ、ヤラ

①アレヤ　コレヤデ　忙(イソガ)シーネン。
　牛(ウシ)ヤ　馬(ウマ)オ　飼(コ)ートル　家(エー)ワ　少(スケ)ノナッタ。
②本(ホン)ヤラ　帳面(チョーメン)ヤラ　鉛筆(エンペツ)ヤラ　買(コ)ータ。
　神戸(コーベ)ヤラ　大阪(オーサカ)イ　行(イ)タラ　売(ウ)ットリマッサ。
③赤(アカ)イノンヤ　青(アオ)イノンヤ　黒(クロ)イノンガ　有(ア)ル。

並べ挙げるのに用いられる「ヤ」「ヤラ」は、体言(①·②)または体言相当のもの(③)に付く。その場合、《牛(ウシ)ヤラ馬(ウマ)ヤラオ　飼(カ)ウ。》という言い方と、《牛(ウシ)ヤラ　馬(ウマ)オ　飼(カ)ウ。》という言い方の２通りがある。つまり、並べ挙げた最後の体言(または、体言相当のもの)にも「ヤ」「ヤラ」を付けることが可能であり、むしろ、そのような言い方が、付けない言い方よりも広く行われている。

「ト」が《蜜柑(ミカン)ト　林檎(リンゴ)》というように、それだけを指して用いられるのに対して、「ヤ」を使って《蜜柑(ミカン)ヤ　林檎(リンゴ)》と言えば例示である。したがって、共通語において《蜜柑や　林檎などを　食べる。》という言い方があるが、その「など」という語とほとんど同じ意味合いで用いられているのが、一番後ろの体言(または、体言相当のもの)に付く「ヤ」「ヤラ」である。なお、共通語の「など」にあたるものは、別に「ナンカ」があるが、並列した例示に用いられることは少ない。

なお、一つの文において「ヤ」と「ヤラ」を混ぜて用いることは、ほとんどない。

Ⅱ　第２類の助詞

1 ト

①ドナイ　ナロト　構(カマ)ヘン。
②暗(クロ)カロト　心配(シンパイ)　要(イ)ランデ。
③ホンマヤロト　嘘(ウソ)ヤロト　子供(コドモ)ワ　信用(シンヨー)シタリ〔信用してやれ〕。
④行(イ)コト　行(イ)コマイト　オ前(マイ)ノ　勝手(カッテ)ヤ。
⑤何(ナニ)オ　シトロト〔していようとも〕　良(エ)ーデ。

「ト」は共通語の「とも」にあたり、ある事柄を仮定条件として、それに関わりなく進行することを表す。仮定条件が１つであること(①・②・⑤)の他に、相反する２つのことを条件として慣用句的に用いられること(③・④)も多い。「ト」は動詞・形容詞・形容動詞・助動詞の未然形第１に付き、助動詞「マイ」に限って終止連体形に付く。

「ト」は、しだいに使われなくなる傾向にあり、《ドナイ　ナッテモ　構(カマ)ヘン。》という言い方が広く行われているが、老若に関わらず使われるので、古風な言い方であるとは感じられない。

2 テモ［デモ］

①調(シラ)ベテモ　ワカラヘンナンダ。
②コノ　紙(カミ)ワ　薄(ウス)ーテモ　丈夫(ジョーブ)ヤ。／…薄(ウス)カッテモ…
③今(イマ)　元気(ゲンキ)ヤッテモ　明日(アシタ)ノ　コトワ　ワカラヘン。
④明日(アシタ)ワ　雨(アメ)ヤッテモ　行(イ)ク。

「テモ」は、予想される結果と反対の事実が起こることを表す。確定条件(①・②)と仮定条件(③・

④)の両方がある。動詞の連用形第1、形容詞の連用形第1・連用形第2、形容動詞の連用形第3に接続する。助動詞は各用言に準じるとともに、特殊活用の助動詞「ン」「ヘン」「ダス」のそれぞれの連用形に接続する。なお、形容詞の連用形第1に付いても連用形第2に付いても意味に違いはない。

3 タッテ［ダッテ］、タテ［ダテ］、タッテモ［ダッテモ］、タテモ［ダテモ］

①調(シラ)ベタッテ　ワカラヘンナンダ。
②欲(ホ)シカッタテ　買(カ)ワレヘンヤロ。
③静(シズ)カヤッタッテモ　アノ　図書館(トショカン)ワ　遠(トー)イサカイ　行(イ)キニクイ。
④ソンナ　コト　言(イ)ヨッタテモ　ワシノ　知(シ)ッタ　事(コッ)チャナイワイ。

「タッテ」も「テモ」と同じく確定(①・④)及び仮定(②・③)の両方があるが、どちらも予想される結果と反対の事実が起こることを表す。意味の上でも、「テモ」と軽重の差はなく、互いに入れ換えてもニュアンスは変わらない。動詞・形容詞の連用形第2、形容動詞の連用形第3に接続する。助動詞はそれぞれの用言に準じるとともに、特殊活用の助動詞「ン」「ヘン」「ダス」の連用形に接続する。「タッテ」は「タテ」ともなり、また、特に意味を強める場合には「タッテモ」「タテモ」となる。

4 タトコデ［ダトコデ］

①読(ヨ)ンダトコデ　ワカラヘンヤロ。
②欲(ホ)シカッタトコデ　買(カ)ワレナ〔買えないと〕　ショガナイ。
③ココワ　静(シズ)カヤッタトコデ　便利(ベンリ)ガ　悪(ワル)イナー。
④ソンナ　所(トコ)イ　行(イ)キタガッタトコデ　無理(ムリ)ヤ。

「タトコデ」は、ある事柄が無益に終わるか、さらによくないことを引き起こすことを予想させる意味を持っている。老若を問わず用いられるが、「テモ」や「タッテ」に比べると使用頻度は少ない。接続は「タッテ」と同じである。

5 カテ

①読(ヨ)ンダカテ　ワカラヘンヤロ。
②行(イ)カンカテ　カマヘン。

「カテ」は過去・完了の助動詞「タ」または否定の助動詞「ヘン」「ン」の終止連体形に付く。予想される結果と反対の事実が起こることを表すが、「テモ」や「タッテ」よりも意味が強い。

6 ケンド、ケド、ケンドモ、ケドモ

①怪我(ケガ)ワ　スッ〔する〕ケンド　病気(ビョーキ)ン　ナッタ　コト　ナイ。
②チョット　寒(サブ)イケド　辛抱(シンボ)セー。
③コノ　子(コー)ワ　元気(ゲンキ)ヤケンドモ　怪我(ケガ)モ　ヨー　スンネン。
④ソヤケドモ　今(イマ)ワ　方式(ホーシキ)ガ　違(チガ)ウネン。
⑤郵便局(ユービンキョク)イ　行(イ)ッケンド　ツイデニ　用事(ヨージ)アラヘンカ。

「ケンド」は、予想される結果と反対の事実が起こることを示すこと(①・②・③・④)が主であるが、前後の事柄を対比して続けること(⑤)もある。動詞・形容詞・形容動詞・助動詞の終止形(または、終止連体形)に接続する。「ケンド」は「ケド」ともなり、「ケンドモ」「ケドモ」となると意味がやや強まる。

なお、「ケンド」には、他に、終助詞としての用法もある。

⑥昨日(キノー)アイツニ　言(ユ)ートイテンケンド。
⑦コレワ　ワシノンヤケンドモ。

7 モンノ

①ショガナイサカイ　行(イ)クモンノ　ホンマワ　行(イ)キタナイネン。
②寒(サブ)イモンノ　風(カゼ)ガ　ナイサカイ　ヨロシーナ。

③今(イマ)ワ　綺麗(キレー)ナモンノ　ジッキ　汚(ヨゴ)レテマウヤロナ。
④呼(ヨ)ンダモンノ　誰(ダイ)モ　出(デ)テケーヘン。

「モンノ」は、ある事柄を一応認めるが、それにも関わらず別のことをも主張しようとするものである。したがって、「テモ」「タッテ」「ケド」などとは少し違うニュアンスをそなえている。主として老年層に用いられているが、使用頻度は少なくなりつつある。動詞・形容詞の終止連体形、形容動詞の連体形に接続する。助動詞はそれぞれの用言に準じるとともに、特殊型活用の終止連体形に付く。

8 タトコガ［ダトコガ］

①去(イ)ンダトコガ　誰(ダレ)モ　戻(モド)ットラヘンナンダ。
②走(ハシ)ッタトコガ　間(マー)ニ　合(ア)ワヘンヤロ。

「タトコガ」は、予想される結果と反対の事実が起こること(①)、または、起こるであろうこと(②)を表す。前者の場合は共通語の「けれども」にあたり、後者の場合は共通語の「ても」にあたる。動詞の連用形第2に接続する。

9 ノニ、ノンニ

①始(ハジ)マルノニ　誰(ダイ)モ　来(キ)トラヘン。
②金(カネ)ガ　ナイノンニ　買(カ)エルカイ。
③イツモワ　丈夫(ジョーブ)ヤノニ　病気(ビョーキ)ン　ナッタ。／…丈夫（ジョーブ)ナノニ…
④雨(アメ)ガ　降(フ)ットルノンニ　出(デ)ラレルカイナ。

「ノニ」も、予想される結果と反対の事実が起こることを表す、逆接的な用法（①・③)が主である。また、「ノニ」には「ノニ…カイ」と呼応して話し手の主張を強める働きもする(②·④)。その2つの違いは、たとえば次のようになる。

《イツモワ　丈夫(ジョーブ)ヤノニ　病気(ビョーキ)ン　ナッタ。》
《イツモ　　丈夫(ジョーブ)ヤノニ　病気(ビョーキ)ン　ナルカイ〔なるものか〕。》

「ノニ」は「ノンニ」となることも多い。動詞・形容詞の終止連体形に付き、形容動詞は終止形・連体形の両方に付く(③)。終止形が用いられる方が多い。助動詞はそれぞれの用言に準じるとともに、特殊型活用助動詞の終止連体形に付く。

また、「ノニ」には、不服の気持ちや、詰め寄る気持ちを表す終助詞としての用法もある。

⑤金(カネ)ヤッタラ　有(ア)ルノンニ。
⑥廊下(ローカ)　付(ツ)イトル　言(イ)ヨンノニ。

10 クセニ、ワリニ

①知(シ)ットルクセニ　教(オセ)テクレヘン。
　行(イ)キタイクセニ　行(イ)キタイト　言(ユ)ワヘン。
②安(ヤス)イワリニ　良(エ)ーナー。

「クセニ」「ワリニ」は、話し手の価値判断などが濃厚にはいる語であるが、《知(シ)ットルノニ》《安(ヤス)イノニ》などという言い方も可能であるから、「クセニ」「ワリニ」を助詞と考える。「クセニ」は形容動詞の終止形に付きにくく、「ワリニ」は形容動詞の終止形に付くことがない。(形容動詞の連体形には、「クセニ」「ワリニ」とも、付く。)したがって、助動詞との接続も一部変わるが、動詞・形容詞との接続は「ノニ」と同じである。

なお、「クセニ」は「ノニ」と同じように終助詞的な用法があるが、「ワリニ」にはそのような用法は、ほとんどない。

③昨日(キノー)ワ　一日中(イチンチジュー)　遊(アソ)ンドッタクセニ。

11 サカイ、サカイニ、カイ、カイニ、ハカイ、ハカイニ、ハカ、カ

①ジッキニ　戻(モー)ルサカイ　待(マ)ットッテナ。
②寒(サブ)イサカイニ　外(ソト)イ　出(デ)ントキ。

③アノ　子(コ)ワ　元気(ゲンキ)ナサカイ　心配(シンパイ)イラン。　／…元気(ゲンキ)ヤサカイ　…

④雨(アメ)ガ　降(フ)ットルサカイニ　今日(キョー)ワ　行(イ)カヘン。

「サカイ」はものごとの原因や理由を表し、共通語の「から」とか「ので」に相当する。動詞･形容詞の終止連体形、形容動詞の終止形・連体形に接続する。助動詞はそれぞれの用言に準じるとともに、特殊型活用助動詞の終止連体形に付く。ただし、断定の助動詞「ヤ」(形容動詞型活用)に限って、終止形「ヤ」に付き、連体形「ナ」には付かない。

「サカイ」「サカイニ」の使用頻度はほぼ同じであるが、「サカイ」「サカイニ」は場合によっては次のようになることもある。

⑤雨(アメ)　降(フ)ルソーヤカイ　取(ト)リ入(イ)レトケヨ。

⑥静(シズ)カヤカイニ　良(エ)ーナー。

⑦ソヤカ　モー　仕事(シゴト)　一筋(ヒトスジ)ヤ。

このように「カイ」「カイニ」「カ」となるのは、上接語の語尾が「ヤ」のとき、すなわち、形容動詞の終止形または助動詞「ヤ」「ヨーヤ」「ソーヤ」の終止形に接続する場合に限られる。

また、老人層に限って「サカイ」「サカイニ」が「ハカイ」「ハカイニ」になる傾向がある。

⑧アノ　子(コー)ワ　元気(ゲンキ)ヤハカ　心配(シンパイ)イラン。

「ハカ」と言うことはあっても、「ハカニ」とか「サカ」とか言うことはない。

なお、「サカイニ」「カイニ」「ハカイニ」の「ニ」は、「ニ」と発音されることよりも、「サカイン」などと「ン」となることが多い。

「サカイニ」は、原因･理由を表す接続助詞「モン」と合わさって「モンヤサカイ」となることもある。

⑨寒(サブ)イモンヤサカイ　家(エー)ニ　ヒッコンドリマンネン。

この場合、《寒イサカイ》や《寒イモン》よりも、意味はやや強まる。

12 モン、モ、モンデ

①雨(アメ)ガ　降(フ)ルモン　今日(キョー)ワ　行(イ)カヘン。

②危(アム)ナイモ　ヤメヤ。

③元気(ゲンキ)ナモン　心配(シンパイ)セーデモ　良(エ)ー。　／元気(ゲンキ)ヤモン…

④行(イ)キタイモ　行(イ)カシテーナ。

「モン」は原因･理由を表し、共通語の「もので」とか「ので」にあたる。本方言の「ノデ」に近いが、それよりもいくらか強い意味を表す。「モン」の他に「モ」があり、意味は変わらないが、使用頻度は「モン」より少なくなっている。動詞・形容詞の終止連体形、形容動詞の終止形・連体形に接続する。助動詞はそれぞれの用言に準じるとともに特殊型活用助動詞の連用形に接続するが、助動詞「ヤ」(形容動詞型活用)に限って連体形「ナ」には付かない。

「モン」は、丁寧な表現の文においては「モンデ」となることがある。

⑤危(アム)ナイモンデ　ヤメダス。

また、「モン」は不平や恨みの意味を込めて反駁し、訴えたり甘えたりする気持ちを表す終助詞的な用法もある。

⑥ワシカテ　欲(ホ)シイノヤモン。

⑦アンナ　コト　言(ユ)ーノンヤモンナ。

13 シ、シー

①昔(ムカシ)ナノリ　ママデ　オル　人(シト)モ　アルシ、イロイロヤ。

②天気(テンキ)ワ　良(エ)ーシ、風(カゼ)モ　ナイシ、モッテコイヤ。

③アノ　子(コ)ワ　元気(ゲンキ)ヤシ　心配(シンパイ)センデモ　良(エ)ー。／…元気(ゲンキ)ナシ…

④酒(サケ)モ　飲(ノ)マヘンシ　煙草(タバコ)モ　吸(ス)ワヘンシ　立派(リッパ)ナ　人(ヒト)

ダス。

「シ」は共通語と同じで、並べ挙げるのに用いる。その場合、いろんな事柄を列挙することによって意味を強めたり(②・④)、事実を並べることによって判断を下そうとしたり(①・③)するのである。動詞・形容詞の終止連体形、形容動詞の終止形・連体形に接続する。助動詞はそれぞれの用言に準じるとともに、特殊型活用の助動詞の終止連体形に接続する。ただし、形容動詞型活用の助動詞「ヤ」に限って、連体形「ナ」には接続しない。「シ」は普通、短呼されるが、時には《天気(テンキ)ワ　良(エ)ーシー、風(カゼ)モ　ナイシー、…》のように長呼されることもある。「シ」は、「シテ」(サ行変格活用動詞に接続助詞「テ」が付いたもの)と結合して「シシテ」となって、切迫した状況を表すこともある。

⑤試験(シケン)ガ　近(チカ)イシシテ　困(コマ)ットンネン。

⑥停電(テーデン)ヤノニ　蠟燭(ローソク)　有(ア)ラヘンシシテ　慌(アワ)テテモタ。

また、「シ」には終助詞として、強調する気持ちを表す用法もある。この場合は、たいてい長呼される。

⑦何(ナン)ニモ　セーヘンシー。

⑧明日(アシタ)、神戸(コーベ)ー　行(イ)クンヤシー。

この「シ(シー)」は、幼児がよく使い、一部の女性も用いる。

⑭ テ［デ］

①早(ハ)ヨ　行(イ)テ、早(ハ)ヨ　戻(モー)レ。

②暗(クロ)ーテ　ヨー　見(メ)ーヘンナー。

③アノ　時(トキ)ワ　元気(ゲンキ)ヤッテ　心配(シンパイ)　ナカッタ。

④行(イ)キタガッテ　仕様(ショ)ガナイネン。

「テ」は共通語と同じで、前後を接続したり、理由を示したりするのに用いられる。動詞の連用形第2、形容詞の連用形第1及び連用形第2、形容動詞の連用形第3に接続する。助動詞はそれぞれの用言に準じる。

「テ」は、敬語としても用いられる。本方言においては、敬語の主流を「テ」が担っている。

⑤オ茶(チャ)　飲(ノ)ンデダッカ。／…飲(ノ)ンデカ。

⑥ドコイ　行(イ)ッキョッテノン。

「テ」に「ダス」「ナハル」などの敬意を表す助動詞を付けること(⑤)もあるが、それを付けなくても、軽い敬意を表すことになる(⑥)。本方言では、共通語のような《お行きになる》や《来られる》という言い方はなく、敬語はほとんど「テ」を用いて表す。

⑮ モッテ、モットイテ

①ラジオ　聞(キ)キモッテ　仕事(シゴト)スル。

笑(ワラ)イモッテ　話(ハナシ)スル。

②風(カゼ)ニ　吹(フ)カレモッテ　昼寝(ヒンネ)シタラ　良(エー)　気分(キブン)ヤ。

③知(シ)リモッテ　教(オセ)テクレヘン。／知(シ)リモットイテ…

「モッテ」は共通語の「ながら」にあたり、2つの動作が同時に行われる意味を表すこと(①・②)が主であるが、逆接で「にもかかわらず」という意味を表すこともある(③)。後者の場合に限って、「モッテ」は「モットイテ」という形になることがある。「モットイテ」は「モッテオイテ」の短縮された形であろう。動詞・助動詞(動詞型活用のもののみ)の連用形第1に接続する。一段活用のものにあっては、本来型・五段化型の両方の連用形第1に付くが、本来型の方に付くことが多い。「見(ミ)ル」「来(ク)ル」「スル」などのような短い語に接続する場合は、「見(ミ)ーモッテ」などと上接語が長呼されることが多い。

また、「モッテ」を用いるかわりに、動詞を2回繰り返したり、動詞に助動詞が付いたものを2回繰り返したりすることによって、2つの動作が同時に行われることを表すことがある。

④ラジオ　聞(キ)キ聞(キ)キ　仕事(シゴト)スル。

笑(ワラ)イ笑(ワラ)イ　話(ハナシ)スル。

⑤風(カゼ)ニ　吹(フ)カレ吹(フ)カレ　歩(アル)ク。

なお、「にもかかわらず」の意味で用いられる「モッテ」は、このような言い方に改めることはできない。

⑯ タリ［ダリ］

①行(イ)ッタリ　行(イ)カナンダリデ　休(ヤス)ム　コトモ　多(オカ)イ。

②暑(アツ)カッタリ　寒(サム)カッタリ　オカシナ　天気(テンキ)ヤ。

③アイツノ　言(ユ)ー　コトワ　ホンマヤッタリ　ウソヤッタリヤ。

「タリ」は共通語と同じで、「あるいは…し、あるいは…する」という意味を表す。動詞・形容詞の連用形第2、形容動詞の連用形第3に接続する。助動詞はそれぞれの用言に準じる。

④泣(ナ)カシタリ　シタラ　アカン。

この場合の「タリ」には「スル」が続くことが多い。

Ⅲ　第3類の助詞

1 ワ

①明日(アシタ)ノ　晩(バン)ワ　良(エ)ー　月(ツキ)ヤソーヤ。

②オ前(マエ)ワ　マダ　選挙(センキョ)ニ　行(イ)テコズヤロ。

③ソンナ　コト　ワシャ　知(シ)ラン。

④加古川(カコガー)ワ　乗(ノ)リ換(カ)エテ　行(イ)カンナラン。

⑤コッチノ　花(ハナ)ー　綺麗(キレ)オマンナー。

「ワ」は共通語と大差がないが、省略されることが多い。特に意味を強調したり(①)、改まった言い方をしたりする場合でないと使わないことが多い。

「ワ」は「コレワ」が「コラ」になったり、「ワシワ」が「ワシャ」になったりする(③)ように、代名詞と融合する性質がある。このことは、使用頻度が高いので自然とそうなるのであるかもしれない。また、「ワ」の付く語の語尾がア段音の場合は、その語尾を長音化する(⑤)が、その語の語尾がア段の長音である場合は「ワ」と発音する(④)。

2 モ

①誰(ダイ)モ　来(キ)トラヘン。

②アイモ　コイモ　皆(ミーンナ)　欲(ホ)シイ。

「モ」は、ある一つの事柄を挙げて他を類推したり強調したり(①)、同類のものを並べ挙げたり(②)するが、どちらも共通語と同じである。

3 カテ、カッテ、カトテ、カテモ

①動(イゴ)ク　コトカテ　出来(デケ)ヘン。

②子供(コドモ)ヤッタカトテ　知(シ)ットル。

③山(ヤマ)カッテ　海(ウミ)カッテ　見(メ)ールドー。

「カテ」も「モ」と同じ意味であるが、「カテ」の方が意味が強まる。さらに、「カテ」「カッテ」よりも「カトテ」「カテモ」の方が意味が強い。また、「カテ」には慣用句化した《ソーカテ》というのがあり、共通語の「だって」にあたる。

《ソーカテ　知(シ)ラナンデンモン。》

4 コソ

①イヤ　コッチャコソ　悪(ワル)カッタンヤ。

②口(クチ)ニコソ　出(ダ)サヘンケンド、腹(ハラ)デワ　思(オモ)ートル。

「コソ」は強めの意味で用いられる。けれども、已然形で受ける法は行われていない。すなわち、《家

(イエ)ニコソ　居(オ)レ、何(ナン)ニモ　シヤヘン。》《口(クチ)デコソ　言(イ)エ、ヨー　セーヘン。》のような場合は、《コソ　居ルケンド》《コソ　言(ユ)ーケンド》のように、「コソ…ケンド」の形で表現されることが多い。なお、「コソ」は用いられることは少ないが、古風であるという感覚はない。

5 コサレ

①行(イ)ッタラコサレ　会(ア)エタンヤ。

②親(オヤ)ナラコサレ　金(カネ)　出(ダ)シタルンヤ。

「コサレ」は「コソ…アレ」のつづまったものである。助動詞「ヤ」(断定)、「タ」(過去・完了)のそれぞれ仮定形「ナラ」「タラ」に接続する。共通語の「…なればこそ」にあたる。

本方言には已然形の用法がなく、「コソ」を已然形で結ぶことが行われていないことは先に述べた。けれども、現に「コソ」や「コサレ」の語があることから判断すると、古くは「コソ」を已然形で受けていたであろうことは想像できる。ところで、「コソ」を已然形で受けることが廃れて「コサレ」だけが行われているということは「コサレ」の定着が相当古い時代のものであり、また、「コソ」と「アレ」が強い固着性を持ったものであると考えられる。

6 サエ

①金(カネ)ガ　アッテサエシタラ　パチンコ　シトル。

②暇(ヒマ)ガ　アッテサエ　遊(アソ)ンドル。

③米(コメ)サエ　買(カ)ワレヘンノニ　酒(サケ)ナンカ　飲(ノ)マレヘン。

「サエ」は、そのことだけで後ろに述べることが満足されるという意味(①・②)を表すのが主である。この場合、副助詞「テ」に接続するのであるが、「サエ」の後ろには「シタラ」が続くのが自然な言い方である(①)。けれども、「シタラ」を省略した言い方(②)も、しばしば行われている。

また、「サエ」は、体言または、体言相当のものに付いて(③)、一つのことを挙げて他を類推させる働きで使われることもある。しかし、この用法は十分には熟しておらず、《米(コメ)カテ…》の方が普通の言い方である。

共通語に見られる《湯さえあれば、それで結構です。》のような、それと限って他のことは考えないという意味での用法は《湯(ユー)ガ　有(ア)ッタラ　ソレデ　結構(ケッコ)ダス。》《湯(ユー)ガ　有(ア)ッテサエシタラ　…》と表現されることが多い。

7 デモ

①本(ホン)デモ　読(ヨ)ンデ　待(マ)ットッテクレ。

②ソンナ　事(コッ)チャッタラ　誰(ダイ)デモ　知(シ)ットラ。

「デモ」は例示を表し、共通語とほとんど差がない。

8 ヨカ、シカ

①昨日(キノー)ワ　五時間(ゴジカン)ヨカ　寝(ネ)ラズヤ。　／…五時間(ゴジカン)シカ　…

②マダ　チョビット〔少し〕ダケヨカ　出来(デケ)トラヘン。／…チョビットダケシカ…

③ソナイ　スルヨカ　ショガナイナー。　／…スルシカ…

「ヨカ」「シカ」は限定を示し、体言、動詞・助動詞の終止連体形、副助詞の「ダケ」「グライ」などに接続する。また、「ヨカ」には比較の基準を示す用法があることは既に述べた。

「中等文法・口語」では、「より」は第1類に、「しか」は第3類の助詞になっているが、本方言には、この両者の意味を兼ね備えた「ヨカ」が広く用いられている。したがって、次の例のように、比較を表しているのか、限定を表しているのかを、微妙な点で区別することも起こる。

《ソレヨカ　良(エ)ーノン、無(ナ)カッテン。》

《ソレヨカ、良(エ)ーノン、無(ナ)カッテン。》

この2つは、アクセントに違いはない。読点の違い(発音するときの、区切り方の違い)だけである。前者は比較の意であり、「ヨリ」に置き換えることができる。後者は限定の意であり、「シカ」「ヨリ」

に置き換えることができる。

㊟　この２つの例文は、表現している内容自体には差がない。しかし、話し手は、無意識のうちであっても比較の用法を使うか、限定の用法を使うかを決めて言っており、それがどちらの用法であるかは聞き手も判断できる。

9 マデ

①チョット　ソコマデ　行(イ)キマンネン。
朝(アサ)カラ　晩(バン)マデ　時間(ジカン)ガ　カカッタ。
②オ前(マエ)マデ　付(ツ)イテ来(ク)ンノン。

「マデ」は共通語と同じである。動作などの及ぶ点(①)や、極端なものから他を類推させる働き(②)を持っている。

10 ナリ、ナーリ

①一週間(イッシューカン)ホド　寝(ネ)タナリヤ。
汚(キタナ)イナーリ　ホットイタラ　アカン。
帽子(ボーシ)ノナリ　入(ハイ)ッタラ　困(コマ)リマス。
②衝突(ショートツ)スンナリ　火(ヒー)ガ　出(デ)タ。
駅(エキ)イ　着(ツ)クナリ　電車(デンシャ)ガ　出(デ)テモタ。
③箱(ハコ)ナリ　皆(ミーンナ)　持(モ)ッテイケ。
皮(カワ)ナーリ　食(ク)テモタ。

「ナリ」の用法は、大別すると３つになる。

(ａ)動作･状態などが継続していることを表す。過去･完了を表す助動詞「タ」の終止連体形、形容詞の終止連体形、形容動詞の連体形、体言に格助詞「ノ」が付いたもの、連体詞に接続する(①)。

(ｂ)動詞の終止連体形に付いて「…するやいなや」「…したとたん」という意味を表す(②)。

(ｃ)名詞に直接付いて「…のまま」「…ごと」という意味を表す(③)。

このうち、(ａ)と(ｃ)の場合は、「ナリ」は「ナーリ」と長呼されることがある。

(ａ)の場合は、《寝(ネ)タママヤ。》《汚(キタナ)イママニ　ナットル。》のように「ママ」に置き換えることができる。「コレ」「ソレ」「アレ」「ドレ」に付くときは、例外なく「コンナリ」「ソンナリ」「アンナリ」「ドンナリ」となる。

(ｃ)の場合は、《箱(ハコ)グチ》《皮(カワ)グチ》のように「グチ」に置き換えることができる。共通語の「なり」にあたるものは、本方言では「ナト」である。したがって、「ナリ」は《行くなり止めるなり、自分で決めなさい。》のような用法はない。

11 バッカシ、バカシ、バッカリ、バカリ

①映画(エーガ)　見(ミ)テバッカシ　オル。
②映画(エーガ)バカシ　見(ミ)トル。
③今(イマ)　来(キ)タバッカリヤ。

「バッカシ」には「だけ」というような限定の意味(①・②)と、「…したばかり」というような、完了して間もない状態(③)とを表す。前者の場合は、体言または体言相当のもの、接続助詞「テ」などに接続する。共通語に見られる形容動詞に付く用法、例えば《綺麗なばかりで、役には立たない。》のようなのはない。後者の場合は、過去・完了を表す助動詞「タ」の終止連体形に接続する。

共通語に見られる程度を表す用法、例えば《一時間ばかりかかった。》のような言い方はない。その場合は「ホド」を使って《一時間(イチジカン)ホド》となる。

「バッカシ」が最も多く使われているが、他に「バカシ」と短呼されることもある。「バッカリ」「バカリ」もあるが、やや共通語的な印象を受ける。

12 ダケ、ナケ

①オ前(マエ)ダケニ　コレ　ヤル。　／オ前(マエ)ニダケ…
②ソンナケ　アッタラ　十分(ジューブン)ヤ。
③黙(ダマ)ッテ　座(スワ)ットルダケヤッタラ　アカン。
④行(イ)クダケヤッタラ　行(イ)クケド、何(ナン)モ　ヨー　センデ。
⑤コンダケダケ　オ前(マエ)ン　ヤル。
⑥アノ　花(ハナ)、高(タカ)イダケデ　綺麗(キレ)ナイナ。
⑦正直(ショージキ)ナダケモ　阿呆(アホ)ノ　ウチヤ。

「ダケ」には限定の意味(①・③・④・⑥・⑦)と、程度の意味(②)とがある。体言、動詞・形容詞・助動詞の終止連体形、形容動詞の連体形に接続する。体言には直接付くとともに、間に助詞を介することもある。助詞が「ダケ」の上に付いても、下に付いても意味に違いはない(①)。なお、程度の意味の場合は、体言にしか付かない。

《コンダケダケ》のように「ダケ」を２回繰り返す用法もある(⑤)が、これは主として、代名詞に接続する場合に起こる。

「ダケ」が程度の意味で用いられることは少ない。けれども、程度と限定の意味の区別はわかりにくく、文の前後関係や語気によって判断しなければならないことも、しばしばある。しかし、代名詞に「ダケ」が付く場合に関しては、次のようなことが言えそうである。すなわち、限定の意味で《これのみ》と言う場合は《コレダケ》のようになり、程度の意味で《これぐらい》と言う場合は《コンダケ》のようになる。その理由は、限定の意味の場合は「コレ」を強調するために、撥音便化しないためである。

そうすると、前述の《コンダケダケ》の場合は、前の「ダケ」は程度を表し、後ろの「ダケ」は程度を表しているということがわかる。《コレダケダケ》という言い方がほとんど無いということからも、それが言える。したがって、《コンダケダケ》は「これぐらいのみ」というような意味である。ただし、お菓子を手ですくって《コンダケダケ　アゲル。》という言い方もある。けれども、それは「コレ」と限定したものを指すよりも「手にいっぱい」といった量の程度に主眼を置いた言い方である。

なお、代名詞「コレ」「ソレ」「アレ」「ドレ」などが撥音便化して「コン」「ソン」「アン」「ドン」となる場合(すなわち、程度の意味の場合)に限って、「ダケ」は「ナケ」となることもある。

13 ホド

①三遍(サンベン)ホド　行(イ)タ。
　コップニ　半分(ハンブン)ホド　入(ハイ)ットル。
②大(オー)ケーホド　良(エ)ー。
　綺麗(キレー)ナホド　嬉(ウレ)シー。
③早(ハヤ)ケラ　早(ハヤ)イホド　都合(ツゴー)ガ　良(エ)ー。

「ホド」は共通語と大差はない。おおよその分量・程度(①)を示したり、事柄や状態の高まりに比例して、他の事柄や状態が高まること(②・③)を示す。前者の場合は、体言及び動詞・助動詞に接続する。後者の場合は、動詞・形容詞の終止連体形、形容動詞の連体形、及び助動詞(それぞれの用言に準じる)に接続する。共通語の《多ければ多いほど…》にあたる用法として「…ケラ…ホド」の形がある。

共通語の《口もきけないほどびっくりする。》のような、ある事柄を挙げることによって動作や状態の程度を示す用法は《モノモ　言(ユ)ワレヘングライニ　ビックリスル。》というように表現することが多い。なお、慣用句化したものに「良(エ)ーホド」がある。

④良(エ)ーホド〔十分に〕　走(ハシ)ッタサカイ、モー　シンドイ。

14 グライ

①三十人(サンジューニン)グライ　居(オ)ッテヤッタ。
②コレグライ　有(ア)ッタラ　良(エ)ーヤロ。　／コノグライ…

③マダマー〔もっと〕 出来(デケ)ルクライヤッテンケンド、途中(トチュー)デ　ヤメタ。

④走(ハシ)ル　コトグライ　誰(ダレ)ニモ　負(マ)ケヘン。

「グライ」も共通語とほぼ同じである。おおよその分量や程度を示す(①・②)場合には体言に付くのであるが、《アノグライ》《ソノグライ》というように連体詞に付くこともある。他には、ある事柄を例示し、その程度に弱い・軽いものとして扱う(③・④)という意味もある。「グライ」の他に「クライ」も使われるが、頻度は低い。

⑮ ナンカ、ヤンカ、ヤカ、ヤカイ、ヤナイカ、ヤナイカラ、ヤナヤカヤ、ヤナンヤカンヤ

①ワシヤンカ　ソンナ　事(コト)　出来(デケ)ヘン。

②昨日(キノー)ヤナイカラ　モー　真夏(マナツ)ミタイニ　暑(アツ)カッタナー。

③石鹸(セッケン)ヤ　ハナカミ〔ちり紙〕ナンカノ　日用品(ニッチョーヒン)。

「ナンカ」などの8語は例示する意味を表し、共通語の「など」にあたる。8つの語は相互に置き換えることができるが、長い語(「ヤナンヤカンヤ」など)が短い語(「ヤカ」など)よりも意味が強まるということはほとんどない。見出しは、ほぼ、使用頻度の高いものから順に挙げておいた。長い語は早口に発音され、話している人自身も無意識的に発音するため、はっきり文字化できないようなものもある。

⑯ ラ、ラー

①オ前(マイ)ラ　ソンナ　心配(シンパイ)センデモ　良(エ)ー。

②アンタトコラー　日当(ヒアタ)リガ　良(エ)ーナー。

③去年(キョネン)ラー　コナイ　寒(サブ)ナカッタナー。

「ラ」は「ナンカ」と同じ意味であるが、使用範囲は狭くなっている。「ラ」は人を表す名詞(普通名詞・固有名詞・代名詞)(①)、または人の所有するもの(名詞)(②)、時間を表すもの(③)に付く。「ラ」「ラー」の使用頻度はほぼ同等である。

⑰ ナト

①ドコイナト　行(イ)ケ。

　ドコナトイ　行(イ)ケ。

　ドコナト　行(イ)ケ。

②「元気(ゲンキ)ヤ」ナト　言(ユ)ーテ　葉書(ハガキ)ナト　オコサ〔よこせば〕 良(エ)ーノニ。

③読(ヨ)ムナト　書(カ)クナト　セー。　/読(ヨ)ミナト　書(カ)キナト　…

④アイツナト　オ前(マエ)ナトガ　行(イ)ケ。

「ナト」は体言、動詞、引用文などを受けて、厳しく限定せずに、軽くおおよそのところを指すのに用いられる。けれども、詳しく見るなら、やや違った意味も持っているようにも見える。すなわち、「ナト」が1回だけ使われている場合(①・②)は例示として使われているのであって《本(ホン)ナト読(ヨ)モカ。》は「本」にあまりこだわらない。本であっても新聞であっても雑誌であっても構わないという気持ちである。けれども、「ナト」が2回以上使われている場合(③・④)は、その融通性が狭くなる。なるべく並べ挙げたものの中からの選択を迫ろうとするように見える。

「ナト」が動詞に接続する場合は、その動詞は終止連体形、連用形第1のどちらであってもよい(③)。使用頻度もほぼ互角である。しかし、《読(ヨ)ムナト　書(カ)キナト　…》のように前が終止形、後ろが連用形第1という言い方は許容されるが、その逆の《読(ヨ)ミナト　書(カ)クナト　…》は不自然で、避けられる。普通は、動詞の活用形はどちらか一つに統一される。

「ナト」は「ナリト」がつづまってできたものであろう。

⑱ ヤ、ヤラ

①何(ナン)ノ　コトヤ　ワカラヘン。

②誰(ダイ)ヤラニ　渡(ワタ)シトイタデ。　/誰(ダイ)ニヤラ…・

③大(オー)ケーノンヤ　コマイノンヤ　イッパイ　アル。

「ヤ」は疑問を表す語に付いて、不確かなこと(①･②)を表す。また、事物を並べ挙げる用法(③)もある。共通語の「やら」にほぼ相当する。「ヤ」「ヤラ」とも広く用いられているが,「ヤラ」は共通語的である。

⑲ カ

①酒(サケ)カ　ビール　飲(ノ)ミタイナ。

②行(イ)クノンカ　行(イ)カヘンノンカ　早(ハ)ヨ　決(キ)メヨー。

「カ」は、体言または体言相当のものに付いてどれか一つを選び取るという意味を表す。「ヤ」が付加的であるのに対して「カ」は排他的である。《飴(アメ)カ　煎餅(センベ)カ　食(タ)ベタイナ。》のような使い方をする。後ろの「カ」が省略されるのは、短い名詞に付く場合に限られる。

⑳ カイナ

①誰(ダレ)ニカイナ　ヤッタ〔あげた〕。　／誰(ダレ)カイナニ…

②ドナイ　ナルカイナ　ワカラヘン。

「カイナ」は「ヤ」に近い意味である。すなわち、疑問を表す語に付いて、不確かなことを表す。「ヤ」と違う点は、「…カイナ」で一息いれて考えてみるというような感じがあるということである。「ヤ」には、それがない。例えば《誰(ダレ)ニカイナ　ヤッタ。》は、「あげた」相手を思い出そうとしている感じであり、《誰(ダレ)ニヤ　ヤッタ。》は、「あげた」相手は誰であってもいいのであって、「あげた」行為のことを述べているに過ぎない。このような違いがある。

「カイナ」は、自分自身に問いかけることが主であるが、次の例のように、他人に問いかけることもある。この場合は、終助詞「カ」「コ」「ノン」を用いる疑問よりも丁寧な疑問である。

③アンタ　コノゴロ　勉強(ベンキョー)シトルカイナ。

㉑ ド、ドカ、ドカド

①何(ナン)ド　ウマイ　モン　アラヘンカ。

②ソコラヘンノ　板(イタ)　ドイドカ　一枚(イチマイ)　トッテクレ。

③何(ナン)ドカドト　文句(モンク)　ツケヤガンネン。

「ド」も疑問を表す語に付く。共通語の「ぞ」とか「か」とかにあたる。不確かなこと(①･②)や、一定していないこと(③)を表す。

㉒ タラ

①ステレオタラ　言(ユ)ー　モン　買(コ)ーテン。

②何(ナン)タラ　カタラ　文句(モンク)　言(ユ)ーネン。

③綺麗(キレー)タラ　汚(キタナ)イタラ　言(ユ)ーテモ　ドーモ　ナラヘン。

「タラ」は、語または句が、次に来る語を同格の関係で修飾することを示す(①)。共通語の「とやら」にあたる。また、「タラ」は、事物や動作などを例示的に並列・列挙する(②・③)。共通語の「トカ」にあたる。前者の場合は名詞だけに接続する。後者の場合は、体言、引用文などを受ける。

Ⅳ　第４類の助詞

① カ、カー、カイ

①コレ　借(カ)ッテイッテ　構(カマ)ヘンノンカ。

②モー　宿題(シクダイ)　シテモタカー。

③アイツ　今日(キョー)　来(ク)ルノント　違(チゴ)タカイ。

④ドナイ　言(ユー)タラ　良(エ)ーノンカ　ワカラヘン。

「カ」は疑問を表す(①･②)が、尋ねる側でおおよその答が予想できて念を押す場合(③)とか、自分自身に問いかけるような感じの場合(④)にも使われる。動詞･形容詞の終止連体形、形容動詞の連体形、助動詞(それぞれの用言に準じる)、助詞、体言というように、ほとんどの品詞に付く。「カ」「カー」

「カイ」の順で意味は強くなる。

2 コ、コー

①オ前(マエ)　ホンマニ　見(ミ)テッタンコ。

②モー　宿題(シクダイ)　シテモタコー。

「コ」も「カ」と同じく疑問を表すのであるが、「カ」とは少し趣を異にしている。例えば、《モー　宿題(シクダイ)　シテモタカー。》は「シテモタ」か否かを尋ねることだけであるのに対して、《モー　宿題(シクダイ)　シテモタコー。》は、尋ねる側で相手の答がほぼ予想できて、そのことに非難や不信を投げかける気持ちがうかがえる。「もう宿題をやってしまったか。やっていないのに遊んでばかりいてはだめじゃないか。」というような気持ちである。接続は「カ」と同じで、ほとんどの品詞に付く。「コー」と長呼されると、意味が少し強くなる。

3 ノ、ノン、ン

①金崎(カナサキ)ノ　家(エー)モ　廊下付(ローカツ)キ　違(チガ)ウノン。

②下(シタ)ワ　廊下(ローカ)　有(ア)ンノカ　無(ナ)イノカ　知(シ)ラン。

③何時(ナンジ)カラ　始(ハジ)マルンヤ。

「ノ」「ノン」は質問に使われる。《廊下(ローカ)　有(ア)ンノ。》や《何時(ナンジ)カラ　始(ハジ)マルン。》という言い方は少なく、「ノ」「ン」の下に、改めて「カ」「ヤ」などの疑問を表す助詞や助動詞が付くのが普通である。「ノン」は意味が強いので、その必要があまりない。

4 ナ、ナイ

①危(アム)ナイサカイ　走(ハシ)ンナ。　／…走(ハシ)ンナイ。／…走(ハシ)リナ。

②ソンナ　阿呆(アホ)ラシイ　コト　スナイ。

「ナ」は禁止を表す。動詞または助動詞の終止連体形に付く場合は「ナ」と「ナイ」の両方がある。「ナイ」の方が意味が強まる。また、動詞または助動詞の連用形第1に付く場合は「ナ」のみであって「ナイ」は付かない(①)。連用形第1に付く方が、終止連体形に付くのよりも、柔らかい禁止になる。

5 デ、デー

①明日(アシタ)　マタ　来(ク)ルデ。

②アッコマデ　歩(アル)イタラ　シンドイデー。

③ソンナ　コトグライ　簡単(カンタン)ヤデ。　／…簡単(カンタン)ナデ。

④窓(マド)　ギョーサン〔たくさん〕　アケトンデー。

「デ」は文の終わりに使われて、話の内容について軽く念を押し、注意を促すのに用いられる。共通語の「ぜ」にあたる。男女とも使う。本方言では「ザ」と「ダ」、「ぜ」と「デ」、「ゾ」と「ド」の発音がしばしば混同される。この「デ」も、もとは「ぜ」であっただろうと思われる。しかし、今は「ぜ」と発音することはない。「デー」と長呼されることが多いが「デ」「デー」ともに意味の軽重はほとんど感じられない。動詞・形容詞の終止連体形、形容動詞の終止形・連体形に接続する。助動詞にはそれぞれの用言に準じて接続する。

6 ド、ドー、ゾ、ゾー、ドイ、ゾイ

①モー　行(イ)クドー。

②朝(アサ)　早(ハヤ)イサカイ　寒(サブ)イドー。

③誰(ダイ)モ　居(オ)ラヘンサカイ　静(シズ)カヤゾ。　／…. 静(シズ)カナゾ。

④来(キ)テミイ。綺麗(キレー)ナ　虹(ニジ)ヤド。

「ド」も、話している内容について念を押して主張するのに用いられる。しかし、「デ」と「ド」とを比較すれば、「ド」の方が、聞き手に対する念の押し方が強いと思われる。けれども、「デ」よりも「ド」の方が荒々しい言い方であるという印象が強いから、女性は、「ド」を使うことをなるべく避け

ようとしている。

接続は「デ」とまったく同様である。この語も語源はやはり「ゾ」であって、それが「ド」になったものと思われる。「ド」「ゾ」ともに使われるが「ド」の方が多い。さらに、それぞれの語は長呼されることの方が多いから、使用頻度は「ドー」「ド」「ゾー」「ゾ」の順になる。

なお、「ド」には、他に、次の例に見られるように疑問・反語の用法があり、この場合に限って「ド」「ゾ」などの他に「ドイ」「ゾイ」という形も用いられる。

⑤誰(ダレ)ガ　コンナ　コト　シタンドー。　／…シタンドイ。

⑥何故(ナンデ)　ソンナ　コト　出来(デケ)ンノンゾー。／…出来(デケ)ンノンゾイ。

ただし、これらの疑問・反語の文には、疑問詞があわせ用いられる。「カ」や「コ」や「ノ」のように単独で疑問の意を表すことはできない。

㊟　例えば《行(イ)クカ。》とは言えるが《行(イ)クドイ。》とは言えない。《ドコイ　行(イ)クノンドイ。》のように言わなければならない。

7 ガ、ガー、ガイ、ガレ

①イツヤラ　オ前(マエ)ニ　渡(ワタ)シタヤロガ。

②アノ　本(ホン)　良(エ)ーケド　高(タカ)イガー。

③嘘(ウソ)　ダマシタリスルカイ、ホンマノ　コトヤガイ。

④ソナイ　何(ナン)ベンモ　言(イ)ワンカテ　行(イ)クガレ。

「ガ」は断定したり言い聞かせたりする気持ちで、念を押すのに用いられる。「ガ」「ガー」「ガイ」の順で意味が強まる。「ガレ」は荒々しく下品な感じがするので、あまり使われない。動詞・形容詞の終止連体形、形容動詞の終止形に接続し、助動詞はそれぞれの用言に準じる。

8 カイ、カレ

①早(ハ)ヨ　行(イ)テ　前(マエ)ノ　方(ホ)ニ　座(スワ)ロカイ。

②心配(シンパイ)セーデモ　別状(ベッチョ)ナイヤロカイ。

③ワシワ　ソンナ　所(トコ)イ　行(イ)クカレ。

④コンナ　暗(クラ)イサカイ　ドコイ　アタルヤ　ワカルカイ。

「カイ」「カレ」は動詞または助動詞に接続する。動詞・助動詞の未然形第1に接続する場合は、意志や推量の意味を強める働きをする。したがって、《行(イ)コカイ。》と《行(イ)コ。》とは意味に違いはないが、強さでは異なる。

動詞・助動詞の終止連体形に接続する場合は「…するものか」というような反語の意味になる。この場合は、「カイ」の他に「カレ」も使われるが、「カレ」は下品な感じである。

したがって、《走(ハシ)ロカイ。》は「走ろうよ。」という意味であり、《走(ハシ)ルカイ。》は「走るものか。」という意味である。形は似ていても、意味は正反対に近いものとなっている。また、前項の《走(ハシ)ルガイ。》は《走(ハシ)ロカイ。》に近いが、《走(ハシ)ロカイ。》が自分からの積極的な姿勢を示しているのに対して、《走(ハシ)ルガイ。》は他人から言われてから行うというような消極的な態度である点に違いがある。

また、「カイ」「カレ」が打消の助動詞「ン」に付く場合に限って、相手に命令する意味になる。

⑤早(ハ)ヨ　煙草(タバコ)　買(コ)ーテッテクレンカイ。

⑥文句(モンク)　言(ユ)ワント　行(イ)カンカレ。

なお、その場の語気にもよるが、《買(コ)ーテコンカイ。》《行(イ)カンカイ。》などと、《買(コ)ーテコイ。》《行(イ)ケ。》などとは、意味の強さはほとんど変わらない。《行(イ)カンカレ。》のように「カレ」を用いるものは、《行(イ)カンカイ。》や《行(イ)ケ。》よりも強くなる。

9 ヤ、ヤー

①早(ハ)ヨ　為(セ)ーヤ。　／…為(シ)ーヤ。

読(ヨ)メヤー。読(ヨ)ミヤ。

②マー　ソナイ　言(イ)ワント　見(ミ)テミイヤ。

「ヤ」は動詞･助動詞の命令法(連用形第１及び命令形)に付いて、その命令を強めるが、その一方で、その命令口調を和らげる働きもしている。つまり、単に《読(ヨ)メ。》や《見(ミ)テミイ。》と言うよりも念を押した言い方であるとともに、高飛車な命令を避ける働きもしている。たいていは「ヤ」と短呼されるが、「ヤー」となることもある。命令形に付く場合よりも、連用形第１に付く場合の方が、柔らかな命令口調になるが、これは動詞・助動詞の性質による。命令形命令法と連用形命令法の違いである。

「ヤ」は、動詞・助動詞の未然形第１に付いて《十時(ジュージ)マデニ　行(イ)コヤ。》のように意志を強めることもあるが、やや外来的な感じがする。《十時(ジュージ)マデニ　行(イ)コカイ。》とか《…　行(イ)コカイノー。》の方が自然である。

⑩ ヨ、ヨー

①遅(オク)レンヨーニ　行(イ)キヨ。　／…行(イ)ケヨ。

②コノ　ボール　受(ウ)ケリヨー。／…受(ウ)ケレヨー。

受(ウ)ケラシヨ。／受(ウ)ケラセヨ。

「ヨ」も「ヤ」と同じく動詞･助動詞の命令法に付いて、その命令を強める働きをする。特に強調する場合には「ヨー」と長呼される。

「ヨ」は意味･用法とも「ヤ」と同じである。「ヤ」「ヨ」ともに、男女どちらも使って、その区別はない。

⑪ ナ、ナー

①アー　眠(ネブ)ト　ナッタナー。

②アノ　人(シト)ワ　良(エ)ー　仕事(シゴト)　シヨッタアッテンケドナ。

③オ前(マエ)モ　ソナイ　思(オモ)トンネンヤロナー。

④ドナイ　書(カ)イテアンネンナ。

⑤新聞(シンブン)オナー、持(モ)ッテッテ。

「ナ」は文の終わりに用いることが多いが､文節の切れ目にも用いる(⑤)。念を押して言いかける意であるが、詳しくみれば、細かな分類もできる。すなわち、軽い詠嘆(①)、軽い主張(②)、同意を求める(③)､尋ねる(④)。間投的に念を押す(⑤)などである。共通語の「ね(え)」にあたる。「ナ」「ナー」とも、ほぼ同じ頻度で使われている。主として女性が使うが、男性も使う。

この「ナ」と、禁止を表す「ナ」とは、文字で書けば区別がつかないこともあるが、アクセントでは区別できる。

⑫ ノ、ノー

①眠(ネム)ト　ナッタノー。

②早(ハ)ヨ　行(イ)コカイノ。

③ソラノー、エライ　事(コッ)チャッタデー。

「ノ」も「ナ」と同じように、文の終わりや文の切れ目に使われて、念を押して言いかける気持ちを表す。「ノ」と短呼されることは少ない。「ナ」が柔らかい感じであるのに対して､「ノ」はぶっきらぼうな感じである。したがって、女性が「ノ」を使うことはなるべく避けられている。

⑬ ワ、ワー

①風邪(カゼ)　ヒーテモテ　アカンワー。

②アンナ　所(トコ)デ　手(テー)振(フ)ットラ。

③ワシガ　ヤリマッサ。

「ワ」は、話の内容について軽く主張する語である。表現を和らげて、丸みをつける感じである。用言及び助動詞に接続する。

「ワ」が動詞または動詞型活用助動詞に付く場合は、「ワ」がウ段音に結び付いて、動詞または助動詞の語尾をア段音に変える(②)。

《オ前(マエ)ニ　ヤルワ。》 → 《オ前(マエ)ニ　ヤラ。　／…ヤラー。》

《行(イ)キトミナガルワ。》 → 《行(イ)キトミナガラ。　／行(イ)キトミナガラー。》

また、「ワ」が「マス」「デス」「ダス」「オマス」「ガイマス」に付く場合は、それぞれ「マッサ」「デッサ」「ダッサ」「オマッサ」「ガイマッサ」となる(③)。ただし、「ダス」「オマス」「ガイマス」については「ダー」「オマー」「ガイマー」で代用することもある。

㊟ 「ダス」と「ダー」とはニュアンスが異なる。むしろ、「ダッサ」と「ダー」とは同じである。

《コラ〔これは〕 ホンマダッサ。　／…ホンマダー。》

⑭ セ、セー

①モージキ　出来(デケ)マッセ。

②アン〔あれ〕ダケ　アッタラ　十分(ジューブン)ダッセー。

「セ」も「ワ」とよく似た働きをする。「セ」の語源はおそらく「エ」であろうと思われる。それが「マス」「デス」「ダス」「オマス」「ガイマス」と融合して「マッサ」「デッサ」「ダッサ」「オマッサ」「ガイマッサ」となる。断定したり、言い張ったり、言い聞かせたりする気持ちで、念を押すのに使われる。長呼・短呼は、ほぼ同じ程度の使用頻度である。

⑮ テ、ッテ

①心配(シンパイ)センデモ　別状(ベッチョ)ナイッテ。

②明日(アシタ)ワ　晴(ハ)レルテ。

「テ」は強意の働きをしているのであるが、他の強意の助詞とは異なって使用範囲が狭い。話し相手が疑問や不安・不信などを抱いているような場合に用いられて、その疑問や不安などを吹き飛ばそうとする気持ちが込められている。

⑯ トイ

①今日(キョー)　学校(ガッコ)デ　叱(オコ)ラレテントイ。

②マタ　電車賃(デンシャチン)ガ　上(ア)ガルトイナ。

「トイ」は「…という事だ」という意味である。助動詞の「ソーヤ」は単に伝聞の意味だけであるが、「トイ」は話し手の感情・感想を言外に含んでいる。《学校(ガッコ)デ　叱(オコ)ラレテントイ。》は言外に、馬鹿なことをしたものだというような気持ちを、《電車賃(デンシャチン)ガ　上(ア)ガルトイナ。》は言外に、困ったことだなあというような気持ちを込めている。

⑰ イ、ヨ、ヨイ、エ

前述した「ナ」「ガ」「ワ」などは「ナイ」「ガイ」「ワイ」のように「イ」を付けて意味を強めたが、「イ」は単独で体言に付くこともあるので、独立した助詞と考える。

①日曜(ニッチョー)ノ　十時(ジュージ)イナ、忘(ワッ)セタラ　アカンデー。／…十時(ジュージ)ヨナ…／…十時(ジュージ)ヨイナ…

②ソレガイナ。

昨日(キノー)　来(キ)タン　誰(ダレ)エナ。

「イ」「ヨ」は、前にある語がエ段音で終わっている場合は「エ」に変わる。「ヨイ」は、他のものよりもさらに意味が強い。

活用表

1　動詞活用表(その1)　五段活用

型	語例	未然形第1	未然形第2	連用形第1	連用形第2	終止連体形	仮定形	命令形
カ行五段	置ク	オコ	オカ	オキ	オイ	オク	オカ	オケ
ガ行五段	研グ	トゴ	トガ	トギ	トイ	トグ	トガ	トゲ
サ行五段	押ス	オソ	オサ	オシ	オシ	オス	オサ	オセ
タ行五段	立ツ	タト	タタ	タチ	タッ	タツ	タタ	タテ
ナ行五段	死ヌ	シノ	シナ	シニ	シン	シヌ	シナ	シネ
バ行五段	呼ブ	ヨボ	ヨバ	ヨビ	ヨン	ヨブ	ヨバ	ヨベ
マ行五段	読ム	ヨモ	ヨマ	ヨミ	ヨン	ヨム	ヨマ	ヨメ
ラ行五段	乗ル	ノロ	ノラ	ノリ	ノッ	ノル	ノラ	ノレ

【補充例】　カ行五段…書ク、動(イゴ)ク、泣ク、歩ク、飽(ア)ク、吹ク
ガ行五段…泳グ、継(ツ)グ、凪(ナ)グ、メグ〔壊す〕、担(カツ)グ
サ行五段…貸ス、返ス、指(サ)ス、試(タメ)ス、コカス〔倒す〕
タ行五段…勝ツ、待ツ、撃(ウ)ツ、持ツ、目立ツ
ナ行五段…去(イ)ヌ
バ行五段…飛ブ、喜ブ、転ブ、運ブ、遊ブ
マ行五段…積ム、編ム、飲ム、進ム、踏ム、涼(スズ)ム、包ム
ラ行五段…取ル、借ル、走ル、送ル、腐ル、蹴ル、積モル

2　動詞活用表(その2)　ワ行五段活用

「型」の欄の「2・3・4」の数字はモーラ数を示す。

型	語例	未然形第1	未然形第2	連用形第1	連用形第2	終止連体形	仮定形	命令形
ワ行五段アウ型2	買ウ	カオ	カワ	カイ	コー	カウ	カワ	カエ
同　同　3	嫌ウ	キラオ	キラワ	キライ	キロ(ー)	キラウ	キラワ	キラエ
同　同　4	扱ウ	アツカオ	アツカワ	アツカイ	アツコー	アツカウ	アツカワ	アツカエ
同　ウウ型2	吸ウ	スオ	スワ	スイ	スー	スウ	スワ	スエ
同　同　3	掬ウ	スクオ	スクワ	スクイ	スク(ー)	スクウ	スクワ	スクエ
同　オウ型2	酔ウ	ヨオ	ヨワ	ヨイ	ヨー	ヨウ	ヨワ	ヨエ
同　同　3	迷ウ	マヨオ	マヨワ	マヨイ	マヨ(ー)	マヨウ	マヨワ	マヨエ
同　同　4	争ウ	アラソオ	アラソワ	アラソイ	アラソー	アラソウ	アラソワ	アラソエ
同　ユウ型2	言ウ	イオ	イワ	イイ	ユー	ユー	イワ	イエ
同　同　2	結ウ	ユオ	ユワ	ユイ	ユー	ユウ	ユワ	ユエ

【補充例】　ワ行五段アウ型2モーラ…舞ウ、綯(ナ)ウ
ワ行五段アウ型3モーラ…貰(モラ)ウ、歌ウ、洗ウ、狙ウ、イラウ〔触る〕
ワ行五段ウウ型2モーラ…食ウ、縫ウ
ワ行五段オウ型3モーラ…思ウ、誘ウ

3　動詞活用表(その3)　上一段活用

型	語例	未然形第1	未然形第2	連用形第1	連用形第2	終止連体形	仮定形	命令形
カ行上一段	着ル	＊＊＊＊	キ(ー)	キ	キ	キル	キラ	キー
		キロ	キラ	キリ	＊＊＊＊			キレ
	起キル	＊＊＊＊	オキ	オキ	オキ	オキル	オキラ	オキー
		オキロ	オキラ	オキリ	＊＊＊＊			オキレ
ガ行上一段	過ギル	＊＊＊＊	スギ	スギ	スギ	スギル	スギラ	スギー
		スギロ	スギラ	スギリ	＊＊＊＊			スギレ
ザ行上一段	損ル	＊＊＊＊	ネジ	ネジ	ネジ	ネジル	ネジラ	ネジー
		ネジロ	ネジラ	ネジリ	＊＊＊＊			ネジレ
タ行上一段	落チル	＊＊＊＊	オチ	オチ	オチ	オチル	オチラ	オチー
		オチロ	オチラ	オチリ	＊＊＊＊			オチレ
ナ行上一段	似ル	＊＊＊＊	ニ(ー)	ニ	ニ	ニル	ニラ	ニー
		ニロ	ニラ	ニリ	＊＊＊＊			ニレ
バ行上一段	浴ビル	＊＊＊＊	アビ	アビ	アビ	アビル	アビラ	アビー
		アビロ	アビラ	アビリ	＊＊＊＊			アビレ
マ行上一段	見ル	＊＊＊＊	ミ(ー)	ミ	ミ	ミル	ミラ	ミー
		ミロ	ミラ	ミリ	＊＊＊＊			ミレ
ラ行上一段	降リル	＊＊＊＊	オリ	オリ	オリ	オリル	オリラ	オリー
		オリロ	オリラ	オリリ	＊＊＊＊			オリレ

【補充例】　ザ行上一段…綴(ト)ジル、煎(セン)ジル
バ行上一段…延ビル、錆(サ)ビル
ラ行上一段…懲(コ)リル

4　動詞活用表(その4)　下一段活用

型	語例	未然形第1	未然形第2	連用形第1	連用形第2	終止連体形	仮定形	命令形
ア行下一段	冷エル	＊＊＊＊	ヒエ	ヒエ	ヒエ	ヒエル	ヒエラ	ヒエー
		ヒエロ	ヒエラ	ヒエリ	＊＊＊＊			ヒエレ
カ行下一段	負ケル	＊＊＊＊	マケ	マケ	マケ	マケル	マケラ	マケー
		マケロ	マケラ	マケリ	＊＊＊＊			マケレ
ガ行下一段	上ゲル	＊＊＊＊	アゲ	アゲ	アゲ	アゲル	アゲラ	アゲー
		アゲロ	アゲラ	アゲリ	＊＊＊＊			アゲレ
サ行下一段	伏セル	＊＊＊＊	フセ	フセ	フセ	フセル	フセラ	フセー
		フセロ	フセラ	フセリ	＊＊＊＊			フセレ
ザ行下一段	混ゼル	＊＊＊＊	マゼ	マゼ	マゼ	マゼル	マゼラ	マゼー
		マゼロ	マゼラ	マゼリ	＊＊＊＊			マゼレ
タ行下一段	捨テル	＊＊＊＊	シテ	シテ	シテ	シテル	シテラ	シテー
		シテロ	シテラ	シテリ	＊＊＊＊			シテレ
ダ行下一段	出ル	＊＊＊＊	デ	デ	デ	デル	デラ	デー
		デロ	デラ	デリ	＊＊＊＊			デレ
	茹デル	＊＊＊＊	ユデ	ユデ	ユデ	ユデル	ユデラ	ユデー
		ユデロ	ユデラ	ユデリ	＊＊＊＊			ユデレ

型	語例	未然形第1	未然形第2	連用形第1	連用形第2	終止連体形	仮定形	命令形
ナ行下一段	寝ル	＊＊＊＊	ネ	ネ	ネ	ネル	ネラ	ネー
		ネロ	ネラ	ネリ	＊＊＊＊			ネレ
	尋ネル	＊＊＊＊	タンネ	タンネ	タンネ	タンネル	タンネラ	タンネー
		タンネロ	タンネラ	タンネリ	＊＊＊＊			タンネレ
バ行下一段	調ベル	＊＊＊＊	シラベ	シラベ	シラベ	シラベル	シラベラ	シラベー
		シラベロ	シラベラ	シラベリ	＊＊＊＊			シラベレ
マ行下一段	止メル	＊＊＊＊	トメ	トメ	トメ	トメル	トメラ	トメー
		トメロ	トメラ	トメリ	＊＊＊＊			トメレ
ラ行下一段	晴レル	＊＊＊＊	ハレ	ハレ	ハレ	ハレル	ハレラ	ハレー
		ハレロ	ハレラ	ハレリ	＊＊＊＊			ハレレ

【補充例】　ア行下一段…考エル、越エル、変エル、植エル
カ行下一段…受ケル、出来(デケ)ル、コケル〔倒れる〕
ガ行下一段…ドッシャゲル〔衝突する〕
サ行下一段…寄セル、被(カム)セル、乗セル
ダ行下一段…撫デル
バ行下一段…食ベル、比ベル
マ行下一段…染メル、集メル、歪(イガ)メル
ラ行下一段…流レル、隠レル、暮レル

5　動詞活用表(その5)変格活用・特殊活用

型	語例	未然形第1	未然形第2	連用形第1	連用形第2	終止連体形	仮定形	命令形
カ行変格	来ル	コー	コ	キ	キ	クル	クラ	コイ
サ行変格	スル	ショー	セ	シ	シ	スル	スラ	セー

型	語例	未然形第1	未然形第2	連用形第1	連用形第2	終止連体形	仮定形	命令形
特殊	オマス	＊＊＊＊	オマ	＊＊＊＊	オマシ	オマス オマー	オマサ	＊＊＊＊
特殊	ガイマス	＊＊＊＊	ガイマ	＊＊＊＊	ガイマシ	ガイマス ガイマー	ガイマサ	＊＊＊＊

6　形容詞活用表

型	語例	未然形	連用形第1	連用形第2	終止連体形	仮定形
アイ型	長イ	ナガカロ	ナゴ(ー)	ナガカッ	ナガイ	ナガケラ
イイ型	欲シイ	ホシカロ	ホシ(ー)	ホシカッ	ホシイ	ホシケラ
ウイ型	軽イ	カルカロ	カル(ー)	カルカッ	カルイ	カルケラ
エエ型	大ケー	オーケカロ	オーケ(ー)	オーケカッ	オーケー	オーケケラ
オイ型	細イ	ホソカロ	ホソ(ー)	ホソカッ	ホソイ	ホソケラ
特殊型	無イ	ナカロ	ノー	ナカッ	ナイ	ナケラ
	良ー	ヨカロ	ヨー	ヨカッ	エー	ヨケラ

【補充例】　アイ型…暗イ、浅イ、甘イ、偉イ、狭イ、近イ、苦(ニガ)イ、若イ
イイ型…濃(コ)イイ、涼シイ．苦シイ、珍(メンラ)シイ、難(ムツカ)シイ
ウイ型…熱イ、渋イ、低イ、古イ、醜イ、安イ
オイ型…賢イ、遠イ、強(ツオ)イ、広イ、太イ、柔(ヤロ)コイ

7　形容動詞活用表

型	語例	未然形	連用形第1	連用形第2	連用形第3	終止形	連体形	仮定形
ナ型	静カヤ	シズカヤロ	シズカニ	シズカデ	シズカヤッ	シズカヤ	シズカナ	シズカナラ
丁寧	静カダス	＊＊＊＊			シズカダシ	シズカダス		
ノ型	本真ヤ	ホンマヤロ	ホンマニ	ホンマデ	ホンマヤッ	ホンマヤ	ホンマノ	ホンマナラ
丁寧	本真ダス	＊＊＊＊			ホンマダシ	ホンマダス		

【補充例】　ナ型…元気ヤ、便利ヤ、上手ヤ
ノ型…別ヤ、同(オンナ)ジヤ

8　助動詞活用表(その1)　五段動詞型

語	未然形第1	未然形第2	連用形第1	連用形第2	終止連体形	仮定形	命令形
ス	ソ	サ	シ	シ	ス	サ	セ
サス	サソ	ササ	サシ	サシ	サス	ササ	サセ
ラス	ラソ	ラサ	ラシ	ラシ	ラス	ラサ	ラセ
タガル	タガロ	タガラ	タガリ	タガッ	タガル	タガラ	＊＊＊＊
トミナガル	トミナガロ	トミナガラ	トミナガリ	トミナガッ	トミナガル	トミナガラ	＊＊＊＊
マス	マソ	マサ	マシ	マシ	マス マー	マサ	マセ
ヨル	ヨロ	ヨラ	ヨリ	ヨッ	ヨル ヨー	ヨラ	ヨレ
ヤク	ヤコ	ヤカ	ヤキ	ヤイ	ヤク	ヤカ	ヤケ
ヤルク	ヤルコ	ヤルカ	ヤルキ	ヤルイ	ヤルク	ヤルカ	ヤルケ
ナハル	＊＊＊＊	ナハラ	ナハリ	ナハッ	ナハル	ナハラ	ナハレ
サラス	サラソ	サラサ	サラシ	サラシ	サラス	サラサ	サラセ
クサル	クサロ	クサラ	クサリ	クサッ	クサル	クサラ	クサレ
ヤガル	ヤガロ	ヤガラ	ヤガリ	ヤガッ	ヤガル	ヤガラ	ヤガレ
トル	トロ	トラ	トリ	トッ	トル トー	トラ	トレ
ントル	ントロ	ントラ	ントリ	ントッ	ントル ントー	ントラ	ントレ
トク	トコ	トカ	トキ	トイ	トク	トカ	トケ
ントク	ントコ	ントカ	ントキ	ントイ	ントク	ントカ	ントケ
タル	タロ	タラ	タリ	タッ	タル	タラ	タレ
タイマス	タイマソ	タイマサ	タイマシ	タイマシ	タイマス	タイマサ	タイマセ
テケツカル	＊＊＊＊	テケツカラ	テケツカリ	テケツカッ	テケツカル	テケツカラ	テケツカレ
テコマス	テコマソ	テコマサ	テコマシ	テコマシ	テコマス	テコマサ	テコマセ
テマウ	テマオ	テマワ	テマイ	テモ	テマウ	テマワ	テマエ
テシマウ	テシマオ	テシマワ	テシマイ	テシモ	テシマウ	テシマワ	テシマエ
テイク	テイコ	テイカ	テイキ	テイッ	テイク	テイカ	テイケ
テモラウ	テモラオ	テモラワ	テモライ	テモロ	テモラウ	テモラワ	テモラエ

オマス	＊＊＊＊	オマ	＊＊＊＊	オマシ	オマス オマー	オマサ	＊＊＊＊
ガイマス	＊＊＊＊	ガイマ	＊＊＊＊	ガイマシ	ガイマス ガイマー	ガイマサ	＊＊＊＊

9　助動詞活用表(その2)　一段動詞型

※印を付けているものは。使われることが少ない。

語	未然形 第1	未然形 第2	連用形 第1	連用形 第2	終止 連体形	仮定形	命令形
レル〔受身〕	＊＊＊＊ レロ	レ レラ	レ レリ	レ ＊＊＊＊	レル	レラ	レ レレ
ラレル〔受身〕	＊＊＊＊ ラレロ	ラレ ラレラ	ラレ ラレリ	ラレ ＊＊＊＊	ラレル	ラレラ	ラレ ラレレ
レル〔可能・自発〕	＊＊＊＊ ＊＊＊＊	レ レラ	レ レリ	レ ＊＊＊＊	レル	レラ	＊＊＊＊ ＊＊＊＊
ラレル〔可能・自発〕	＊＊＊＊ ＊＊＊＊	ラレ ラレラ	ラレ ラレリ	ラレ ＊＊＊＊	ラレル	ラレラ	＊＊＊＊ ＊＊＊＊
タゲル	＊＊＊＊ タゲロ	タゲ タゲラ	タゲ タゲリ	タゲ ＊＊＊＊	タゲル	タゲラ	タゲ タゲレ
テクレル	＊＊＊＊ ＊＊＊＊	テクレ テクレラ	テクレ ※テクレリ	テクレ ＊＊＊＊	テクレル	テクレラ	テクル ※テクレレ
テミル	＊＊＊＊ テミロ	テミ テミラ	テミ ※テミリ	テミ ＊＊＊＊	テミル	テミラ	テミ ※テミレ

10　助動詞活用表(その3)　変格動詞型

語	未然形 第1	未然形 第2	連用形 第1	連用形 第2	終止 連体形	仮定形	命令形
スル	ショー	セ	シ	シ	スル	スラ	セー
テクル	テコー	テコ	テキ	テキ	テクル	テクラ	テコイ

11　助動詞活用表(その4)　形容詞型

語	未然形	連用形 第1	連用形 第2	終止 連体形	仮定形
タイ	タカロ	ト(ー)	タカッ	タイ	タケラ
トミナイ	トミナカロ	トミノ(ー)	トミナカッ	トミナイ	トミナケラ
ラシー	＊＊＊＊	ラシ(ー)	ラシカッ	ラシー	＊＊＊＊

12　助動詞活用表(その5)　形容動詞型

語	未然形	連用形 第1	連用形 第2	連用形 第3	終止形	連体形	仮定形
ソーヤ(①) ソーダス(①)	ソーヤロ ＊＊＊＊	ソーニ	ソーデ	ソーヤッ ソーダシ	ソーヤ ソーダス	ソーナ	ソーナラ
ヤ ダス	ヤロ ＊＊＊＊	ニ	デ	ヤッ ダシ	ヤ ダス ダー	ナ	ナラ
ジャ ダス	ジャロ ＊＊＊＊	ニ	デ	ジャッ ダシ	ジャ ダス ダー	ナ	ナラ
ソーヤ(②) ソーダス(②)	ソーヤロ ＊＊＊＊	ソーニ	ソーデ	ソーヤッ ソーダシ	ソーヤ ソーダス	ソーナ	ソーナラ

<table>
<tr><td>ヨーヤ</td><td>ヨーヤロ</td><td rowspan="2">ヨーニ</td><td rowspan="2">ヨーデ</td><td>ヨーヤッ</td><td>ヨーヤ</td><td rowspan="2">ヨーナ</td><td rowspan="2">ヨーナラ</td></tr>
<tr><td>ヨーダス</td><td>＊＊＊＊</td><td>ヨーダシ</td><td>ヨーダス</td></tr>
<tr><td>ミタイヤ</td><td>ミタイヤロ</td><td rowspan="2">ミタイニ</td><td rowspan="2">ミタイデ</td><td>ミタイヤッ</td><td>ミタイヤ</td><td rowspan="2">ミタイナ</td><td rowspan="2">ミタイナラ</td></tr>
<tr><td>ミタイダス</td><td>＊＊＊＊</td><td>ミタイダシ</td><td>ミタイダス</td></tr>
</table>

ソーヤ、ソーダス(①)は様態、ソーヤ、ソーダス(②)は伝聞。
ダスは、動詞には直接、接続しない。

13　助動詞活用表(その6)　特殊活用

語	未然形	連用形	終止 連体形	仮定形	命令形
マイ	＊＊＊＊	＊＊＊＊	マイ	＊＊＊＊	＊＊＊＊
ン	＊＊＊＊	イ ナン	ン	ナ	＊＊＊＊
ヘン	＊＊＊＊	ヘイ ヘナン	ヘン	ヘナ	＊＊＊＊
タ	＊＊＊＊	＊＊＊＊	タ	タラ	＊＊＊＊
テン	＊＊＊＊	＊＊＊＊	テン	＊＊＊＊	＊＊＊＊
ネン	＊＊＊＊	＊＊＊＊	ネン ネ	＊＊＊＊	＊＊＊＊

「文法と活用表」で述べていることについての補説
（辞典部分との違いなどについて）

○ 748頁の、（B）ワ行五段活用　について
　ワ行五段活用について、辞典部分ではすべて、ワア行五段活用と記す。活用語尾が「わ・い・う・え・お」となって、ア行とワ行とにわたるからである。アウ型、ウウ型、オウ型、ユウ型の区別は容易に判断できると考えて、辞典部分ではその区別は記さない。

○ 755頁の、（2）原型と丁寧型　について
　「…ヤ」の形、「…ダス」の形の他に、共通語と同形の「…ダ」の形、「…デス」の形もあるが、この頁ではそのことについて触れていない。辞典部分では「…ダ」の形（原型）、「…デス」の形（丁寧型）も取り上げる。

○ 758頁以降の、第4章　助動詞、付・補助動詞　と　766頁以降の、第5章　助詞　とについて
　それぞれの語をこれらの品詞に分類すべきかどうか迷うところがないわけではない。辞典部分では異なる判断をしているものがある。ご了解いただきたい。

○ 766頁以降の、Ⅰ　第1類の助詞　について
　これらの助詞は、ほぼ格助詞に相当する。

○ 769頁以降の、Ⅱ　第2類の助詞　について
　これらの助詞は、ほぼ接続助詞に相当する。

○ 774頁以降の、Ⅲ　第3類の助詞　について
　これらの助詞は、ほぼ副助詞に相当する。

○ 779 頁以降の、Ⅳ　第４類の助詞　について

これらの助詞は、ほぼ終助詞に相当する。

○ 786 頁の、形容詞活用表　について

「欲シイ」の終止形は「ホシイ」と記しているが、このような発音については、辞典部分では長音「ホシー」の形で記す。

わが郷土

この章の前半は辞典項目の追加説明で、五十音順に記しています。後半の【参考】は、広い話題についての説明です。

アップル【英語＝ apple】

アップルは、ジュースのような味や風味がする飲み物であるが、子どもの頃は、それが正式の名称であるように思っていた。けれども、英語でアップルというのはりんごのことであると知ったときから、ちょっとおかしいと思い始めた。

朝日新聞（大阪本社）夕刊に「勝手に関西遺産」という連載記事があり、2012年（平成24年）4月25日に「アップル」が取り上げられた。記事の中から、筆者の思いと共通する事柄が書かれている部分を引用する。

> 「アップル」と聞くと、普通なら世界的な企業を連想しそうだ。ところが、神戸の下町っ子はジュースを思い浮かべる、らしい。
>
> 神戸市兵庫区の駄菓子屋「淡路屋」で、アップルは「定番」だった。近所のおばあちゃんも、学校帰りの小学生も買いに来る。
>
> 180ミリリットル、120円。いまどき珍しい透明のガラス瓶。ものすご～く薄い黄色で、瓶を握る指が透けて見える。間違いなく、着色料のなせる技だ。ラベルすら貼っていないから、何となく怪しい。　…（中略）…
>
> 戦後間もないころ、「みかん水」というジュースが親しまれた。中身はそれと同じなのだそうだ。水に砂糖、着色料、香料、酸味料を加えたもの。もちろん、無果汁。

この引用文のうち、「薄い黄色」という部分だけは、そうであったような、なかったような気がする。赤い色があったようにも思う。記事には、終戦後、神戸の長田区や兵庫区にはラムネやサイダーを作る零細業者が集まっており、1950年代半ばにはアップルもあったということも書かれている。特定の業者のオリジナル商品ではなく、それぞれが作り、販売していたようだという。

明石地域の駄菓子屋さんでも、このアップルが売られており、子供たちも、この時代にはラムネやアップルを飲んでいた。サイダーはアップルに比べると、ちょっと高級なイメージが伴っていた。

あなもん【穴門】

鉄道線路の下を潜るトンネルで、内側には赤レンガなどが張られ、形はアーチ式である。人だけが通って、車が通るようにはできていない。

阪神間にも明石にも同様のものがある。谷崎潤一郎の『細雪』の中には「マンボウ」という言葉が使われているが、「あなもん」と同じもののことを指しているようである。また、鉄道以外でも、高くなっている道路の下や、農業用水路の下を潜るものも、狭く細いものであれば「あなもん」と言っておかしくないと思われる。「あなもん」は、文字通り穴のような感じがして、閉塞感があり、狭く鬱陶しい通り道である。

神戸市中央区の元町駅前に穴門商店街がある。ＪＲ山陽本線（神戸線）の南側であるが、昔は今のような高架線のガードでなくて、線路の下が穴門のようになっていたのかもしれない。

うんどうかい【運動会】

終戦から数年経った頃に小学校に入学した筆者は、明石市立江井島小学校の秋の運動会のときに次のような歌を歌った。

屏風ヶ浦の　秋たけて
海にも波の　花が咲き
野には千草の　色萌えて
眺め優れし　わが庭よ

「江井ヶ島から東に続く屏風ヶ浦海岸がすっかり秋になって、海上の波はまるで花が咲き乱れているように見える。海だけではなく野原にもいろいろな花が咲き乱れていて、素晴らしい眺めである。小学校の校庭はそんなところにあるのだ」という意味である。

この内容では校区内の様子や校庭を賛えるようであるが、その校庭で繰り広げられる運動会を喜び合う歌であり、気持ちを鼓舞する歌でもある。

筆者が小学生の頃の運動会は9月の実施ではなくて、10月であった。運動会の日の楽しみである弁当と結びつくのは、栗や梨などの季節感であった。じゅうぶんに秋らしくなってから運動会が開かれていたのである。

屏風ヶ浦の断崖上に広がる住宅地。海岸沿いには明石川河口まで「浜の散歩道」が続く。

この歌はメロディが印象的で、今でも秋になったら思い出すし、歌うこともできる。けれども、記憶にあるのは、この1番の歌詞だけである。

江井島小学校の『百年のあゆみ』には、この歌が紹介されている。そこには2番も3番も載っているが、2番や3番を歌った記憶はない。

2番と3番の歌詞は次のとおりである。

空いと清く　気は澄みて
スプーンレースに　かけくらべ
ダルマ送りに　綱引きと
我らが胸は　さやかなり

いざ皆来たれ　我が友よ
日ごろ鍛えし　この腕を
示さん時は　今なるぞ
あわれ楽しき　運動会

小学生の時代は、子どもたちがいろんな遊びを始めるときに、「戦闘ー開始ーっ！」と言って始めることをしていた。終戦後の日も浅い頃には、その言葉の意味の重さなどおかまいなしに、この言葉を使っていたように思う。この歌の３番の歌詞にもそのような気配を感じる。

えいがしま【江井ヶ島】

「えいがしま」という地名の文字遣いについては、行政上は「江井島」を使うが、「江井ヶ島」も駅名や郵便局名をはじめとして多く使われている。

本来は江井ヶ島であるが、今では江井島が優勢である。兵庫県内には「ヶ」を入れない尼崎市という表記があるが、関東では「ヶ」を入れた神奈川県茅ヶ崎市や茨城県龍ヶ崎市がある。山の名前では、全国的に槍ヶ岳、駒ヶ岳、笠ヶ岳など「ヶ」を入れた表記が優勢である。

古くから使われ続けている名称には「ヶ」を入れたものが残っている。山陽電気鉄道本線には「江井ヶ島」駅と「西江井ヶ島」駅がある。

1951年（昭和26年）の旧・明石市と大久保町・魚住村・二見町の西部3町村の合併時に始まった明石市営バスは、2012年には民営に完全移行して、現在は神姫バスと山陽バスが市内の路線を継承している。それとは別に、「T aco（たこ）バス」と呼ばれるコミュニティバス（民営で受託）がある。バスのルート名のひとつを「江井ヶ島ルート」と言うが、バス停名は「江井島港」となっていて、表記が混在している。

行政は、明石市立江井島小学校、江井島中学校や江井島保育所をはじめとしてすべて「江井島」に統一している。小学校の名称は、戦後の昭和20年代から既に「江井島」であった。会社・商店などの名称には両方があるが、「神鷹」の銘柄等で知られる老舗酒造メーカーは「江井ヶ嶋酒造」という文字遣いである。

かぶしき【株式】

江井ヶ島では、戦後（昭和20～30年代）の頃までは、江井ヶ嶋酒造株式会社のことを「かぶしき」と呼んでいた。それ以前から、この言葉は長く使われていたのだろう。株式会社という組織が珍しかった時代に設立されたので、社名を言うまでもなく、「かぶしき」と言えば、この会社のことであると了解されたようである。

西宮市から神戸市に至る灘五郷に対して、明石市を中心とした酒造地帯を西灘と呼ぶことがある。江井ヶ嶋酒造は、地域の酒造家が合同して、明治時代に株式会社として設立したものである。

日経ビジネス（編）『会社の寿命　盛者必衰の理』（新潮文庫）の巻末に「日本の会社ベスト100の変遷」という資料が掲載されている。明治29年（上期）の総資産額によるデータが掲載されているが、その80位に「江井ヶ島酒造」の名があがっている。この年トップの「鐘淵紡績」の総資産額が3284千円であるのに対して、「江井ヶ島酒造」は213千円となっている。

江井ヶ嶋酒造は、日本酒のメーカーのように考えられているが、実際には各種の酒類を醸造する総合的な会社である。このような会社は兵庫県内では唯一で、全国的に見ても珍しいと思われる。

『江井ヶ嶋酒造株式会社百年史』の巻末にある「年表」によれば、江井ヶ嶋酒造株式会社の発起人会が開催され、会社設立願書が知事に宛てて提出されたのは1888年（明治21年）のことで、この年の6月11日に設立の許可が出ている。資本金3万円で会社が設立された。1888年は神戸－姫路間の山陽鉄道（後に国有化）が開通した年で、翌1889年には大日本帝国憲法が公布されている。

日本初の株式会社は、国立銀行条例に基づき1873年（明治6年）7月20日に設立された第一国立銀行だと言われている。また、一般的な会社法規である商法に基づき設立された日本で最初の株式会社は、1893年（明治26年）に設立された日本郵船だとも言われている。

この会社を「かぶしき」と呼ぶのは、周辺を探しても株式会社など無かった時代の、郷土自慢の誇らしさが詰まった言葉であったと思う。江井ヶ島に有力な銀行の支店があったことは何の不思議もない。

江井ヶ嶋酒造の酒蔵は住民の生活に溶け込んでいる。

江井ヶ嶋酒造株式会社は、その時から、ただの一度も社名を変更することなく、また、本社所在地を他の土地に移すことなく、今日まで続いている。

『江井ヶ嶋酒造株式会社百年史』に、主要製品として、次のものが挙げられている。右側は商品名である。

清　酒	神鷹、日本魂
合成清酒	百合正宗
焼　酎	白玉焼酎、むぎ焼酎福寿天泉
味　醂	白玉本みりん
ウイスキー	ホワイトオークウイスキー
ブランデー	シャルマンブランデー
果実酒	シャルマンワイン、白玉ワイン
リキュール	白玉梅酒
雑　酒	福建老酒

言うまでもないことであるが、同じ商品名のもとに、さまざまな等級や容量のものが作られている。日本酒の銘柄はかつて日本魂が中心であったが、現在は、東京方面で人気のあった神鷹を中心的な銘柄として推進している。

若山牧水に「白玉の歯にしみとほる秋の夜の酒はしづかに飲むべかりけれ」という歌があるが、酒と「白玉」という言葉の関連性は深く、焼酎、味醂、ワイン、梅酒にこの言葉を用いている。

かまくら

1931年（昭和6年）4月18日、兵庫県明石市（当時は、まだ明石郡大久保町）の西八木海岸で、直良信夫氏が、古い人骨の一部を発見した。明石原人、明石人、西八木人骨などとも呼ばれる化石人骨は、第2次大戦中の1945年（昭和20年）5月25日の東京大空襲によって現物が焼失してしまう。数奇な運命をたどった人骨である。

明石原人は現代的であるとして、原人ではなく縄文時代以降の新人であるという説が強まったが、1985年（昭和60年）には国立歴史民俗博物館（千葉県佐倉市）の春成秀爾助教授（当時）が中心になって、西八木海岸で発掘調査を行った。西八木海岸は江井ヶ島のすぐ東隣である。

春成秀爾さんは、その著書『「明石原人」とは何であったか』（日本放送出版協会）で、明石原人の発掘、評価、再検討の道筋をたどって書いているが、その中に次のような記述がある。

> 発掘基地は、現場から西一キロの明石市江井ヶ島にある「かまくら旅館」にした。初めは、現場近くの公共施設を借りて自炊するつもりだった。しかし、人数も多いし、期間も長い。困っていると、織田健一が、知合いの同旅館に声をかけてくれ、二つ返事で引き受けてもらった。乏しい予算しかない発掘調査団が、宿泊をのぞめる旅館ではなかった。ところが観光シーズンの端境期であったことと、地元のＰＲになる名誉なことだからと、経営者が破格の値で引き受けてくれた。聞けば若主人は、私とは中学、高校とも数年後輩であった。昔、明石に住んでいた人間が明石で仕事をするということが、すべてをうまく運ばせたのであった。数多くの発掘をこなしてきたというある大学院生は、毎日毎日、海の幸のご馳走に、「こんな極楽みたいな現場は初めて」と感想をもらした。

春成秀爾さん、織田健一さん、筆者（橘）は、中学校、高等学校の同級生である。「かまくら旅館」の経営者は橘田さん（地元では「きった」と、促音で発音する）であるが、中学、高校の後輩ということが文章に書かれている。「海の幸のご馳走」という言葉があるが、当時は、漁協も今のように海苔養殖に傾斜しておらず、魚の水揚げも多かったと思われる。

江井ヶ島は景勝の地であるが、交通事情の進化で、宿泊客が少なくなったからであろうか、明石市西部で随一の本格的な観光旅館であった「かまくら」は既に営業をやめてしまっている。

きゅうしょく【給食】

筆者にとって給食の思い出はたくさんあるが、1年生のときから給食が始まっていたのかどうか、記憶はあいまいである。

江井島小学校は、1949年（昭和24年）の10月に学校給食指定校となり、11月に給食物資保管倉庫が完成し、12月から学校給食の充実が図られたようである。その内容は、いも汁、シチュー、みそ汁、肉汁、ミルクとなっていて簡素な感じがする。

メニューはしだいに変化していったはずであるが、思い出したことがある。ある時期までは、ご飯を家から持っていって、おかずだけが給食であったという記憶がある。それがどのぐらいの期間続いたのか、記憶は薄らいでいる。また、コッペパンが給食に出ていた時期もある。たぶん、卒業するまではコッペパンが続いたのだろうと思う。パンは貴重品であるから、欠席した者には、近くの友達が自宅にパンを届けることをした。

給食用の食器は、円くて背丈のある金属製のもので、ふた、おかず入れ、ご飯入れの3つを組み合わせたものだった。毎日、持っていって、持ち帰った。

戦後の学校給食について語られるとき、脱脂粉乳をはじめとして、食べる気持ちが起こらないものが多かったという話がよく出てくる。けれども、学校給食がまずくて食べられなかったという記憶はなく、むしろ給食は楽しみであった。シチューというものを初めて食べたのは給食であった。脱脂粉乳が混じっていたかどうか知らないが、あの味と香りは好まれていた。

あの給食を誰が作っていたのか、ということになると、しだいに専任の人になったと思うが、江井島小学校では、一時期、保護者が調理の当番をしていた。学校で母に出会って、今日は給食の当番で来ている日なんだと思ったことがあった。

ぎんこう【銀行】

小学校の時には「こども銀行」という制度があったが、集まったお金を預けるのは、神戸銀行江井ヶ島支店である。神戸銀行は、太陽神戸銀行→太陽神戸三井銀行→さくら銀行→三井住友銀行と変遷するが、神戸銀行の時代でも有力な都市銀行であった。

神戸銀行は1936年（昭和11年）に、当時の兵庫県内に本店をもっていた銀行のうち、資本金や預金高が大きく、堅実な業績を示していた神戸岡崎・五十六・西宮・灘商業・姫路・高砂・三十八の7つの銀行が合併して設立されたそうである。合併前の江井ヶ島支店は、明石市に本店を置いていた五十六銀行のものかもしれない。

江井ヶ島支店は黒っぽい、風格のある建物であった。子どもから見れば店内の天井は高く見えた。昭和40年ごろ、神戸銀行の時代に江井ヶ島支店は廃止となった。その建物は地元の明石信用金庫が江井ヶ島支店として継承したが、しばらく経ってから別の場所に移転し、古い建物は取り壊された。

江井ヶ島のようなところに都市銀行の支店があった理由は明確である。酒造業などで全国と取引のあった事業所が存在した江井ヶ島には銀行が必要であったのである。

こうか【校歌】

筆者が小学生であった頃から現在まで、江井島小学校の校歌は変わることなく歌い継がれている。1番の歌詞は、次のとおりである。

波静かなる　瀬戸の内
明石の浦の　磯づたい
遠き祖先の　築きけん
船瀬の跡さえ　なお残る
家並みにぎわう　わが郷土
ああ江井島　我らの誇り

波穏やかな瀬戸内海の明石海岸にある江井ヶ島は、遠い遠い昔から祖先の人たちが生活を続けて、古い港も残っている。多くの人たちが甍を並べて住んでいる江井ヶ島は何と誇らしいところである。この校歌を歌えば、そのようなイメージが小学生の頭の中にも浮かんでくるのである。

この校歌は、格調が高いけれども、どちらかと言えば難解である。古語が散りばめられ、古典文法に沿った言葉遣いになっている。例えば、過去の推量を表す古語の助動詞「けん」の正確な意味は、小学生にはとうていわからないだろう。「船瀬」は小学生が使うような国語辞典には載っていない。

けれども、年配の卒業生でも歌詞は正確に口に出るから、言葉が身についてしまっている。現代語として使われにくい「船瀬」が船着き場であるということは小学生でも察しがつきそうである。「家並みにぎわうわが郷土」という誇らしさを支えにして、大声で歌う。むしろ、年齢を経るにつれて、校歌の意味がすこしずつ正確にわかるようになって、ますます愛着のある歌に感じられるのである。

江井島小学校の校歌の2番の歌詞は、次のとおりである。

名も美しき　赤根川
流れをはるか　尋ぬれば
明治四年に　創（はじ）まれり
「精於萬（よろずにくわし）」と　横書きの
文字珍しき　わが校舎
ああ江井島　我らの誇り

赤根川は小さな川であるが、「茜」という言葉と発音が同じで、優雅な響きを持っている。「川」との縁語で「流れ」が使われているが、その「流れ」は川の流れから歴史の流れに置き換えられて、学校の歴史が詠まれていく。明治4年は郷学校の発足で、翌5年に小学校になった。けれども古い方の年号を出発点と見なしたのだろう。我が国最初の近代的学校制度を定めた教育法令である学制は、1872年（明治5年）8月に公布されている。

当初の校名は江井島という地名ではなく貫道小学校である。儒教などの影響が強かったのだろう。「貫道」は、諸橋轍次著『大漢和辞典』によると「道理をよく悟る」という意味である。「貫道之器」という言葉もあって、それは文章のことを言う。文章は道をあらわし述べるものであるからである。

「精於萬（よろずにくわし）」というのは扁額に書かれている言葉であるから横に長いのである。右から左に向かって一文字ずつ書かれている。今は江井島小学校の体育館に掲げられている。「精」にはいろいろな意味があるが、明らかで詳しい、つまびらかである、こまかいという意味がある。また、正しい、美しいという意味もある。「萬」とは何かといえば、やはり、人たる道のことを言っているのではなかろうかと推察する。

江井島小学校の校歌の3番の歌詞は、次のとおりである。

未来（すえ）栄えゆく　人の世の
礎（いしずえ）となる　良き子らよ
広き世界を　結ぶべき
平和の心を　高めんと
いま誓い合う　わが校歌
ああ江井島　我らの誇り

3番もすこし堅い言葉が使われているが、ここには江井ヶ島の地域独特の内容は歌われていない。「すえ」は末であるから、小学生にも、将来のことだと理解できるだろう。「いしずえ」の意味も成長するにつれて理解できるようになるだろう。

ところで、この校歌がいつ制定されたかということについてであるが、筆者が小学生であった頃には、ずっと昔から歌われ続けてきた校歌であると思っていた。小学生にとっては古めかしい言葉が並んでいると感じることも、ひとつの理由であったかもしれない。

桜の季節の江井島小学校

江井島小学校の『百年のあゆみ』という冊子に、「百年のあゆみ」を略記した数ページがあるが、それを見ると、1952年（昭和27年）9月に「新作校歌発表音楽会を開催」とある。できてから星霜を経てきた校歌であるが、それでも、筆者が小学校に入学したときには旧の校歌が歌われていたことになる。4年生のときから歌われ始めたということになるのであるが、そのような「新しくできた校歌を歌い始めた」という印象はなかった。それ以前の校歌は頭の中のどこを探しても浮かんでこないのである。

このような格調の高い校歌の作詞者は阪口保さんである。阪口さんは、1897年（明治30年）三重県の生まれで、1989年（平成元年）に92歳で没している。歌詞からも推察できるが、阪口さんは万葉集の研究者である。阪口さんは、旧制中学校を卒業した後、高等女学校の教員等をしながら、高等学校（旧制）教員国語科の免許を得ている。姫路高等女学校（後の姫路東高等学校）、加古川高等女学校（後の加古川西高等学校）を経て、戦後は神戸山手短期大学の教授を長く務め、同短大の名物教師として学長の地位まで上り詰めた。後には神戸市外国語大学でも教えた。独学で万葉研究を続け、『万葉集大和地理辞典』『万葉林散策』などの著書の他、『万葉地理研究・兵庫編』などの共著がある。歌人としても知られた阪口さんは、兵庫県歌人クラブの代表を長く務め、兵庫県文化賞も受賞している。歌集には『羇旅陳思』などがある。

万葉の時代からの故地である名寸隅（江井ヶ島）と、万葉学者・歌人の発想とが結びついて江井島小学校校歌は生まれている。万葉の故地にふさわしい校歌の作詞者と言えるだろう。阪口さん55歳のときの作品である。

校歌の作曲者は野村退蔵さんで、明石市立二見小学校の校長を務めた人である。野村さんは、地域の古謡や遊び歌などを情熱的に採譜した人だと言われている。

言葉は万葉と結びつき、メロディは地域の古くからの歌心に裏打ちされているのが江井島小学校の校歌であると言ってもよいだろう。

こどもぎんこう（子供銀行）

戦後の一時代、「こども銀行」というのがあった。現在では、中学校や高校で模擬的に株式の売買をさせたりして金融の仕組みを知るという教育もあるようだが、「こども銀行」は、児童が銀行などと連絡して自主的に運営していた貯蓄制度である。すべての学校で行っていたのか、そうでないのかは知らない。1か月に1度か2度、「貯金の日」があったように思う。高学年になったとき、その貯金の係になる児童もいた。

こども向けの専用の通帳が作られて、口座番号がつけられていた。簡単な記号や数字であったが、ある友だちに「B－29」の番号が割り当てられて、みんながオオーという声を上げた記憶がある。終戦から年月が経っていない頃のことで、戦闘機の型番と一致したのである。

たぶん、児童がお金を運んだのではなく、銀行の方から取りに来てもらっていたのだろうと思う。小学校の職員室にあった電話機で、取っ手をグルグル回して電話局（江井ヶ島郵便局の中にあった）にかけて、電話番号を告げて神戸銀行江井ヶ島支店につないでもらって、銀行の方と話をした記憶がある。銀行との連絡も児童にさせていたのである。お金が集まったから取りに来てくださいというような内容を告げたのだろう。

さかぐら【酒蔵、酒倉】

神戸市の灘区や東灘区で「灘の酒蔵探訪」という行事が、秋に行われている。酒蔵の公開はこの時期に限ったものではなく、ほとんどの酒蔵が一年中、見学者を受け入れているが、スタンプ・ラリーが秋の行事になっているのである。

明治の面影を残す江井ヶ嶋酒造の酒蔵

灘の酒蔵を見学しても、その蔵の中にあるものは、筆者にとっては、さして珍しいものではない。子どもの頃、江井ヶ島のあちこちにあった酒蔵の中をうろちょろしたことがある。寒い頃の風物詩だったと思うが、あちこちの広場（酒蔵の敷地内）では大きな桶が横に向けられて、並べてあった。この大桶は仕込みや酒の貯蔵のために使うものであるが、洗って干してあったのである。木でできた桶で、竹のタガがはめられていた。直径は子どもの背丈以上である。その大きな桶の中に腰を下ろして日向ぼっこをしたり、中で遊んだり、桶に上っていって桶にまたがったりした。転がして、少し位置を移動させるという悪戯もしたように思う。今にして思えば、不思議なことなのであるが、酒蔵の人から注意を受けたことはあるかもしれないが、怒鳴られたり追い出されたりという記憶はない。蔵人と呼ばれる人たちは、冬季に丹波の方から来るのであるが、通年の従業員はたいてい地元の人であったというのが理由であったのかもしれない。酒蔵の中を徘徊できたのも、同じ理由からであろう。大桶は乾燥させるのが目的で、少しぐらい汚れても、次に使う時にきれいに洗浄したのであろう。

じしん【地震】

筆者は第2次世界大戦中に生まれて、それ以来、ずっと同じところに住んでいる。当然のことであるが、1946年（昭和21年）12月21日に起きた昭和南海地震はかすかな記憶が残っている。けれども、地震だ！と言って家族みんなが驚いたというような程度であって、恐い思いをした記憶はない。戦後に鳥取で地震があったとか、福井で地震があったとかも聞いたが、わがことのようには思っていなかった。

子どもの頃の、自宅近くの海岸は、まったく無防備な状態であったと言ってもよい。浸食は進んでいたが、道路のすぐそばまで砂浜があった。海岸にゴミが捨てられたり、海岸でゴミを燃やしたりしていたから、きれいな海岸とは言えなかったが、魚釣りも海水浴もした。裸で家を飛び出して、すぐ海に飛び込めた。

台風の後、自宅近くの海岸のコンクリート道路がみごとに破壊されてしまっていた風景は目に焼きついている。荒波は遠慮なく海岸に襲いかかっていたように思う。

和歌山で大水害があったときは、海岸に材木類が流れ着いてきて、大人たちが海岸に上げていたことがあった。調べてみると、1953年（昭和28年）7月のことのようである。

要するに、幼かった頃に恐いと思っていたのは台風や暴風雨であって、地震ではなかったのである。

しま【島】

江井ヶ島の地名を大別すると「○江井」と「○島」とがあり、それに「東」「西」が付く。東から順に、東江井、西江井、東島、西島である。東江井は日常的には「ひがしえ（東江）」と言い、西江井も「にしえ（西江）」と言っている。普段の発音では東江が「ひがっせ」、西江が「にっせ」となることもある。

江井ヶ島の地名の由来は、上記のこととは別に、魚のエイと結びつけた話などが流布している。江井ヶ島海水浴場の傍に「江井島」を説明した石碑が建っていて、そこに彫られている文章は次のようになっている。

むかし、江井島一帯は「嶋」と呼ばれていました。この「嶋」に港をつくった行基というお坊さんが、海上安全の祈とうをしている時、港の中にタタミ二枚ほどもある大きな「エイ」が入ってきました。村びとたちは、気味悪がってエイを追い払おうとしましたが、いっこうに去ろうとしません。行基がエイに酒を飲ませてやると、エイは、満足そうに沖へ帰っていきました。このことがあってから、だれいうとなく、「エイが向ってくる嶋－鱏向島」と呼ばれるようになったということです。

また、江井島一帯はむかしから「西灘の寺水」と呼ばれる良い水の出るところとして知られています。そこで、「ええ水が出る井戸のある嶋」がつまって「江井島」になったともいわれています。

江井ヶ島のことを「島」と呼ぶ言い方は、現在にも残っている。江井ヶ島の海岸でエイが釣れた経験はあるから、「エイが向ってくる嶋＝鱏向島」という説は突飛ではないかもしれないが、「行基がエイに酒を飲ませてやると、エイは、満足そうに沖へ帰っていきました」というのはおとぎ話のように聞こえないでもない。東島の古刹・長楽寺に残る「長楽寺縁起」にこの話が書かれているようである。

上記の話が長楽寺の創基の時期からの言い伝えとすると、「播磨風土記」などが作られた時代と大きく異ならない。風土記の地名伝承は、現代から見ると信憑性に乏しいような話もあるが、昔の人たちのものの考え方や感性に基づいて考えられたものであるとすると、一笑に付すようなことをしなくてもよいのではないかと思う。

淡路島を望むところに建てられた「江井島」碑

しょうわ【昭和】

赤根川の河口の西側にあり、のちに白鶴酒造江井ヶ島支店となるのが昭和酒造株式会社である。白鶴酒造江井ヶ島支店となってからも、この酒蔵を「しょうわ」と呼び続ける人がいた。

白鶴酒造の『白鶴二百三十年の歩み』の巻末年表に次のようなことが書いてある。

1927年（昭和2年）8月2日
　昭和酒造株式会社設立（江井ヶ島）
1947年（昭和22年）9月1日
　嘉納合名会社、昭和酒造株式会社　合併
　白鶴酒造株式会社に改称　　資本金三六五万円

昭和酒造というのが嘉納（白鶴）の子会社であるのか、別の資本かは明確ではないが、2社が合併して白鶴酒造になったという。その昭和酒造を引き継いだのが白鶴酒造の江井ヶ島支店の酒蔵であった。

社史を読むと、昭和酒造がその当時の白鶴酒造のピンチを救ったというような記述もあった。

しろ【城】

兵庫県の城の代表格は世界遺産でもある国宝・姫路城である。明石市の城と言えば明石城で、あたり一帯は兵庫県立明石公園になっている。ところで、江井ヶ島にも城がある。魚住城である。今、魚住城跡には明石市教育委員会が説明板を設置しており、次のように書かれている。

一　魚住城は南北朝時代に赤松氏の一族である魚住長範によって魚住町中尾に築かれた。
一　天正六年（一五七八）、魚住頼治は毛利軍が三木城へ兵糧を運ぶ基地として西嶋の丘に柵を巡らし新しい城を構えた。天正八年（一五八〇）に、三木城の廃城とともに廃絶した。
一　平成十年の発掘調査で魚住城の堀割の一部と考えられる遺構が見つかり、ここに城があったことが確認された。

魚住城址は小公園になっている

別所長治は、織田信長に叛いて毛利元就についたが、別所を攻める羽柴秀吉軍と三木合戦になった。別所氏についた魚住氏が、兵糧攻めにあっている友軍に兵糧物資を輸送するための補給基地としたのが魚住城である。

江井ヶ島は前面に海があるが、山らしいものはない。魚住城は平城である。海路からの交通には恵まれているが、北に離れた三木城にどのように兵糧を運んだのだろうか。子供の頃には「魚住城から三木までトンネルが掘られていて、物資を運んだのだ」という説がまことしやかに流布しており、江井ヶ嶋酒造株式会社の敷地の西側、断崖のようになっているところがトンネルの入り口だという者もいたが、これは大人たちも信じている説だったのだろうか。今ではそんなことを信じている人はいない。

説明板が設置されているのは住宅地の真ん中で、小さな児童公園になっているところであるが、筆者の記憶では、ずっと以前は、この地点より少し南の坂道に「魚住城跡」という木柱が立っていたように思う。発掘調査によって堀割の一部が発見されて、遺構の位置がずらされたのかもしれない。

スタンプ【英語＝stamp】

山陽電気鉄道は、かつて、すべての駅に観光用のスタンプを設置していたことがあり、そのスタンプを集めるという催しも行っていた。

駅のスタンプは、かつての国鉄がディスカバー・ジャパンを合い言葉に旅行意欲を喚起しようとして、全国的にスタンプを整備し、ブームとなったことがある。

ところで、山陽電鉄のスタンプはその時が最初というわけではない。それより前にも、主要駅や、観光客が主体となる駅にはスタンプがあった。

すべての駅に設置されたスタンプは既に姿を消して

しまっている。山陽電鉄は全駅自動改札を推し進めて、その結果として主要駅以外は無人化されたから、今ではスタンプを置いても管理が行き届かなくなることだろう。

さて、昭和の終わり頃のスタンプの印影はと言えば、西江井ヶ島駅のスタンプには、日本酒の酒蔵とウイスキー蒸留所が描かれ、蒸留所の空には風見鶏の姿がある。さらに、魚住城跡の標柱があり、沖には淡路の島影が見える。

一方、魚住駅のスタンプには、藤の花で有名な中尾・住吉神社と、牡丹で知られる薬師院（通称はボタン寺）が描かれている。海に向かって開放的な風景が広がるのが住吉神社である。

かつて使われていた山陽電鉄のスタンプ

魚住駅は、ＪＲの駅名と区別するために、正確には山陽魚住駅と言う。この魚住駅は、西江井ヶ島駅と同時に開設された。終戦直前の1945年（昭和20年）7月20日から営業を休止したが、2年後の1947年（昭和22年）11月15日に再開している。いずれにしても、国鉄（現・ＪＲ西日本）魚住駅の開設よりは古い。

ためいけ【溜め池】

兵庫県の溜め池の数は全国で最多である。播磨平野や淡路島は雨が少なく、灌漑用の溜め池が必要である。『明石のため池』（明石市教育委員会発行）という本の後ろの方に、30ページ近くにわたって「ため池データベース」というのがあって、明石市内にある111か所の溜め池の写真とともに、所在地、堤高、堤長、貯水量、満水面積や、管理している水利組合やため池協議会の名が書かれている。

桜の名所でもある明石公園には剛ノ池という、春は花に埋まる池があるが、この池の満水面積は31720平方メートルである。剛ノ池は有名な池であっても、大きな池の部類には入らないようである。

明石市大久保町の大字名としての江井島と西島にある池は、次の通りである。

皿池	堤長 1940 メートル
	満水面積 107150 平方メートル
谷池	堤長 1456 メートル
	満水面積 69990 平方メートル
切池	堤長 313 メートル
	満水面積 8350 平方メートル
下切池	堤長 296 メートル
	満水面積 6750 平方メートル
納戸池	堤長 430 メートル
	満水面積 19130 平方メートル
上池	堤長 560 メートル
	満水面積 19220 平方メートル
新池	堤長 275 メートル
	満水面積 17920 平方メートル
皿池	堤長 300 メートル
	満水面積 19710 平方メートル
大池	堤長 954 メートル
	満水面積 54250 平方メートル

はじめの２つの池の管理は江井ヶ島土地改良区、あとの７つの池の管理は西島水利組合である。はじめの２つの池は圧倒的に大きい池である。

皿池という名の池が２つあるが、池の底が周囲の田んぼと変わらないような、底の浅い池を皿池と言うから、皿池という名の池はあちこちに存在する。

これらのため池は、鳥をはじめとする動物や、水生植物にとっての生活環境を提供していて、貴重な存在になっている。特に、直径２メートルほどの大きな葉を持つオニバスのあるところとして、全国的に知られている。

江井ヶ島には大きな溜め池がいくつも残っている

ハスの生い茂る溜め池のそばを山陽新幹線が走る

でんしゃ【電車】

1960年前後の頃は、現在とはまったく様子が違って、西江井ヶ島駅のあたりの山陽電気鉄道本線より北側は田圃と溜め池だけで、民家はほとんど無かった。西島の集落の北の外れに西江井ヶ島駅があるという感じであった。もちろん、それより北を走る国鉄（当時）山陽本線の列車はよく見えた。

山陽電気鉄道は、兵庫（神戸市）－明石間は兵庫電気軌道株式会社として開業し、明石－姫路間は明姫電気鉄道株式会社として開業（2年後に神戸姫路電気鉄道に改称）した。両者が宇治川電気（現在の関西電力）電鉄部となった時期があるが、1933年（昭和8年）に独立して山陽電気鉄道となった。

当初の社名からもわかるが、兵庫－明石間は道路併用区間もあり、駅間距離が短く、電圧は600ボルトになっていた。明石－姫路間は高速運転ができるように直線区間が長く、駅間距離も長く、電圧は1500ボルトになっていた。連結点の明石に２つの駅があった時代があるが、線路や電圧（1500ボルト化）を改めて、1928年（昭和３年）から兵庫－姫路間の直通運転を実現している。

兵庫－明石間は既に開業100年を超えたが、明石－姫路間の開業は1923年（大正12年）８月19日である。筆者が子どもの頃には、２両連結の大型車や小型車が特急、急行、普通電車として走っていた。特急に使われた800型はロマンスシートをそなえた大型車で、子どもの頃には「新車」と呼んでいた。「新車」が時々は普通電車にも使われたが、その時は大喜びであった。急行に使われた車両のうち700番台は旧国鉄の63型と同型で、全国の私鉄に戦後の車両不足の緊急対策として導入されたが、標準軌の鉄道会社に導入されたのは山陽電鉄が唯一であった。この電車が普通電車に使われたときも喜んで乗った。

市立の大久保中学校に通学した時代は、西江井ヶ島（または江井ヶ島）駅と中八木駅の間を電車通学した。自転車で通った友だちもあるが、電車通学の方が多かったように思う。「しんしゃ（新車）」というのは、その時代の呼び名で、子ども達だけの呼び名であったかもしれない。国鉄山陽本線の西明石－姫路間が電化されたのは中学生の頃であった。

山陽電鉄の江井ヶ島駅

どっこいしょ

「どっこいしょ」という言葉を聞くと、「あ　よいよい　こらこら…」と踊り出したくなるような気持ちになるが、実はそれとはまったく違った意味である。江井ヶ島の周辺は良い水の湧き出るところで、そのうちの、浅い井戸、地表に湧き出している井戸のことを「どっこいしょ」と言う。

『明石のため池』（明石市教育委員会発行）に、「どっこんしょ」という項目があって、次のようなことが書かれている。

> 「どっこんしょ」あるいは「どっこいしょ」と呼ばれる湧き水が、谷八木から二見までの海岸線や川沿いにあったことが、地元の年配の人たちの話によくでてきます。
>
> 子どもの頃、海で魚を突くために、松陰（まつかげ）から谷八木の海岸まで歩いていく途中、いつものように崖の下から湧き水が出ているところで休憩し、汗をかいた顔を洗うことにしていたそうです。また、海で魚を突いたり、泳いだりした後、今度は、海岸の砂浜にも湧き水が出ているところがあり、そこで真っ黒になった体を洗い、そして乾いた喉に冷たい水を流し込む。その水がなんともいえないほど、おいしかったそうです。
>
> 戦前には、谷八木にこのような湧き水が10数ヶ所あったそうです。戦後には、大きな工場が大量に地下水を汲み上げるようになり、湧き水は次々に枯れてしまったそうです。

大久保町の北の方にある松陰から、谷八木の海岸へ歩いて行った「年配の人」の体験談として語られているのであるが、湧き水は崖の下などにあった。

筆者は、江井ヶ島に住み続けているのであるが、呼び名は「どっこいしょ」である。確かに崖のようなところにもあったとは思うが、大きな酒蔵などの中にも水が湧き出しているところがあって、石やコンクリートで囲ってあった。目の前へこんこんと湧き出してきて、もったいないのであるが、流れっぱなしになっていた。大量の地下水の汲み上げが原因で涸れていったのかもしれないが、今では「どっこいしょ」の存在は忘れ去られてしまっている。

筆者の家には井戸があったが、井戸といってもせいぜい地表面から３メートル程度の深さの水面だった。海岸に近いが、塩分などは全く含まれていない。水に恵まれていることと、江井ヶ島を中心とした地域の酒造りとは密接なつながりがある。

にしえいがしま【西江井ヶ島】

筆者が小学生か中学生の頃だったと思うが、父と一緒に山陽電鉄の電車で明石へ出かけて帰ろうとしたときのことを思い出す。当時、切符は窓口で買ったのであるが、父が「西口まで」と言って切符を買ったのには驚いた。問答が繰り返されることもなく、窓口からは西江井ヶ島駅までの切符が差し出された。

西江井ヶ島駅は、1944年（昭和19年）４月１日に改称されている。開業以来それまでは「江井ヶ島西口」駅であった。改称から十何年か経っても「西口」は通用したのである。昔も今も山陽電鉄には「○○西口」という名の駅は他にないということも理由の一つであったのかもしれない。

山陽電鉄の西江井ヶ島駅

その西江井ヶ島駅は上り線と下り線にそれぞれホームがあるが、かつては下りホームの南側にもう一つのホームがあった。駅の東の方から側線が引き入れられて、そのホームに入線できるようになっていた。駅の東側には、上り線と下り線との間の渡り線が設けられ、上り・下りの入れ替えもできるようになっていた。

電車に乗るときには改札口があった。小さな駅であっても、当時はすべての駅が有人であった。けれども南側のホームは、改札の外にあって、ホームに上ることができた。これは、実は貨物用で、西江井ヶ島駅にあったのは貨物用の引き込み線とホームで、草が生えているようなホームだった。

当初はたぶん酒の輸送という役割を持っていたのだろう。けれども、筆者の記憶では、貨物用のホームには、いつも白い粉が落ちて残っていたように思う。近くの魚住町西岡に1926年（大正15年）創業の丸尾製粉（現在の社名は、丸尾カルシウム）があって、石灰岩を原料として炭酸カルシウム製品を作っていた。作られた製品の輸送に山陽電鉄の貨物電車も使われていたのだろうと思う。

茶色の貨物電車は、その角張った車両に荷物を載せることができるが、無蓋の貨車を１～２両引っ張って走っていることもあった。貨物輸送が自動車に押されるようになって山陽電鉄の貨物輸送は1960年頃に全面的に廃止された。西江井ヶ島駅前には日本通運の取扱店もあったが、いつの間にか廃止された。西江井ヶ島駅の南側には、乗客用ホームに接して、山陽電鉄従業員用の５階建ての集合住宅が建てられたが、近年、取り壊された。

はくつる【白鶴】

神戸・灘の酒である「白鶴」は、かつて江井ヶ島でも造られていた。

その理由は、白鶴酒造株式会社の支店が江井ヶ島にあって、酒蔵があったということである。大きな酒蔵が何棟も並んで、その南側に小さな事務所があった。この白鶴の蔵の広場に干してあった大桶の中に入って、遊ぶことをしていた。

古い酒蔵は改修されて、別の会社がレストランとして経営している

昭和20年代から30年代の前半頃は、自動車が発達していなかった。4トン積みのトラックとか、小さなオート三輪はあったが、自動車以外の輸送手段にも頼っていた。「馬力」という、馬に引かせた荷車で、江井ヶ島港から米や芋（焼酎の原料）などを運んでいる風景は日常的なものであった。（焼酎は白鶴ではなく、別の会社で作っていた。）その仕事に携わっている人を「馬力引き」と呼んでいた。

白鶴酒造の酒造用の水を井戸から蔵へ運ぶことを仕事にしている人もあった。「馬力」より小さい車にタンクを積んで、引いていた。車を引く綱を肩にかけて２人で引っ張っている姿をよく見かけた。「肩引き」という言葉があったが、それが車のことを指すのか、作業に当たっている人を指すのか、今となっては断言しにくい。

「白鶴」の酒が江井ヶ島でも造られていたということの、もう一つの事情は、江井ヶ島の他の酒蔵で造られた酒が、トラックの大きなタンクに詰められて、運び出されていたということである。タンクに「白鶴」と書かれていたから、間違いなく白鶴へ運ばれていたはずである。江井ヶ島は酒造地として知られているから、自社の銘柄でも売り出していたが、白鶴の中にブレンドされていたこともあった。

以上の話は昔日のものとなった。白鶴の支店はとっくの昔に廃止になった。そして時が流れて、レストランチェーンの会社が旧・白鶴の酒蔵を買い、それを活用した店が誕生してからも20年以上の時が流れている。そのレストランは「明石江井島酒館」というのであるが、ここで造られる明石ブルワリーの地ビールは高品質で、数々の賞を得ている。また「日本徳利博物館」「酒蔵資料館」も併設され、資料としての価値も高い施設になっている。

はす【蓮】

世界通信社が発行している教材学習ニュースに「オニバス」を扱ったものがものがある。1999年（平成11年）7月15日の発行である。

「絶滅が心配される貴重な水草」というタイトルで、「直径２メートルにもなる大きな葉と全身をおおう鋭いトゲが特徴の水草で、スイレン科の一年草です。太平洋側は宮城県、日本海側は新潟県を北限として、本州、四国、九州の主に平野部に分布していますが、近年、埋め立てや水質汚濁などが進み、激減しています。全国に60～70か所となってしまった産地の保護が急がれます。」という説明がある。

載せられている写真は「兵庫県明石市の西島大池」で、「日本一の群生地で、池一面をびっしりとオニバスの大きな葉がおおっています。」と書かれている。

この希少な植物は、兵庫県レッドデータブックのＢランクである。オニバスの観察会は西島ため池協議会の主催で、継続的に開催されている。

はまこく【浜国】

明石市は海岸線に沿って東西に長い市域である。交通は東西方向には便利であるが、南北方向には便利とは言えない。明石市大久保町西島には東西の交通路が貫いている。

鉄道は、山陽電気鉄道本線が走って、西江井ヶ島駅がある。普通電車しか停まらないから、特急に乗るには東二見駅（西へ２つ目）か山陽明石駅（東へ６つ目）で乗り換えなければならないが、直通特急は山陽姫路駅と阪神梅田駅（大阪市北区）とを昼間でも15分間隔で結んでいる。

その北側には西日本旅客鉄道（ＪＲ西日本）の山陽新幹線が走っているが、地域内に駅はない（当然！）。乗るのなら東に5㎞ほど離れた西明石駅ということになる。

さらにその北側にＪＲ西日本の山陽本線（通称・神戸線）が走っているが、ごく一部区間だけが西島の地域内を通っている。大久保駅と魚住駅の中間の南方に西島があるのである。

道路は、もともとは山陽電鉄の南側を走るのが国道250号であった。これは神戸市を起点にして（神戸市から西明石までは国道２号と重複区間）、兵庫県の瀬戸内側を走って加古川市、高砂市、姫路市、相生市、赤穂市を通って岡山市に至る道路である。旧来の県道を格上げしたもので「浜国道」略して「浜国」と呼ばれた。

交通量の増加に従って、1980年に西明石から高砂市曽根まで新しい道が作られ「明姫幹線」と呼ばれている。今は、その道が国道250号となって、山陽電鉄の南側の道は格下げされて、兵庫県道718号明石高砂線となっている。県道→国道→県道と変遷した道路である。この道路は1960年より少し前までは舗装されていなかった。筆者が子どもの頃は自動車の通行量も少なくて、道路をリレー競技で走った記憶がある。

国道2号は残念ながら西島の地域内を走っていなくて、少し北に離れている。山陽新幹線と明姫幹線とは、江井島中学校の北東の位置で立体交差している。

兵庫県道718号、江井ヶ島駅前から西方を望む

海路としては、隣の集落・東島に江井ヶ島港がある。けれども漁港であって、旅客とは関係がない。何十年も前はベラ釣りで知られた港で、観光バスからの乗客を受けて、夏に漁船がベラ釣りに出港していく風景を見たことがある。今の漁業は海苔の養殖が中心になっている。

ほうらくじま【ほうらく島】

明石から姫路に至る海岸線は東西に一直線ではなく、東から西に行くにつれて海岸線が後退していくようになっている。地図を見るとわかるが、その角度は45度ぐらいある。

江井ヶ島から見る海岸風景は、真南に淡路島が横たわっている。西南西に小豆島が見えて、ほぼ真西に家島群島がある。天気の悪いときには、淡路島が霞むが、小豆島は見えずに家島群島だけが見えるというときもある。距離から言えば、家島までの距離の2倍ほど離れたところに小豆島があるからである。

家島群島は、姫路市、たつの市、相生市の沖合に広がって、東西は26.7km、南北は18.5kmにわたり、大小40余りの島々がある。

もとは、飾磨郡家島町であったが、現在は合併して姫路市の一部になっている。「いえしま」と読むが、中には「えじま」と呼んでいる人が江井ヶ島にはいた。かつて、この島からは、護岸突堤などに使う石を積んだ船がやってきて、江井ヶ島や近くの海に石を投げ込んでいる風景をよく見た。「石船」と呼んでいた。

その群島の中で、最も近くに見える島を「ほうらくじま」と呼んでいる。無人島であるが、半円のように見える島である。その名の由来は知らないが、幼い頃は、「焙烙」のような円い島というイメージを持っていた。円い焙烙の一部分が水面上に浮かんでいるように感じたのである。今も同じように感じている。地図には「上島」と記載されている島である。

いつも沖合に浮かんでいる島は、子供にとっては「山のあなたの空」の向こうに存在するような島であったから、瀬戸内海を通る客船に乗って、「ほうらく島」を裏側から見たときにはびっくりし、夢から覚めたような思いになった憶えがある。

みなと【港】

江井ヶ島にも小さな港がある。『明石市史　下巻』（明石市役所発行）で明石の近代を扱ったところに「江井ヶ島港の改修」という項があり、その中に次のような記述が見られる。

> 明治三十一年六月明石郡長の勧めと江井ヶ島酒造協会の発起によって港湾改修期成同盟会が結成され、明治四十一年に工費九三〇〇円の予算で起工したが、さらに工事の完全を期して一五〇〇〇円をもって大正四年（一九一五）六月完成した。
>
> 江井ヶ島地方は当時明石郡重要物産の首位を占める清酒の醸造地で、その消長は地方経済界に影響を及ぼす所が大きく、その販路の拡張は交通の便否に大いに関係があるため、ここに巨額の経費を支出して港湾改修に努めた。

江井ヶ島漁港

清酒が「明石郡重要物産の首位」であると書かれている。明石郡は海岸線から後背地までの広い地域に及んでいて、現在の明石市だけではなく、神戸市垂水区と西区を含む地域であった。この地域の現在の工業製品はさまざまな分野に広がっているが、この時代は清酒が重要物産の首位を占めていたという。とりわけ江井ヶ嶋酒造株式会社の役割が大きかったことは言うまでもない。

江井ヶ島港からは清酒が機帆船によって積み出され、原料なども機帆船によって運ばれてきていた。実は、筆者の家は祖父の代まで、漁業とともに、機帆船による運搬の仕事もしていた。持ち船の「順栄丸」は第2次世界大戦のときに差し出すように軍から命じられ、その機帆船がどこに回航され、どのように使われたかはわからないということを聞いている。戦後も江井ヶ島港では天啓丸などの機帆船が活躍していたことが記憶にある。かつての江井ヶ島港は、さして大きくはない機帆船が母港としていた港であって、今の江井ヶ島港は漁港としての役割だけになっている。

やごう【屋号、家号】

江井ヶ島は古くからの村落であるから、同じ地域に同じ苗字の家が多くある。西島には、卜部、今井、西海、岸本などとともに橘を名乗る家もある。この地域の墓を見ると江戸時代あたりからの家系が読みとれる家はたくさんある。

そんな古くからの地域であるから、家号で呼ばれる家も多い。橘の姓を名乗る筆者の家は「せいはっつぁん」と呼ばれている。幼い頃、「あんた・は・　せーはったん・とこ・の・　こ（子）・や・なー。」と言われてびっくりしたことがあるが、だんだん家号のことに気づくようになった。漢字で書くと「清八さん」で、「さん」が「たん」になるのは自然な発音変化である。先祖の名前が何代も生き続けている。私の名前は幸男である、発音が崩れると「幸男ちゃん」は「ゆっきょちゃん」になる。小学生の頃は、そのように呼ばれていたし、今でも呼ばれると嬉しい気持ちがする。

江井ヶ島の「ふるさとの文化を学ぶ会」が発行した『島のみゝぶくろ』には、「ひがっせの家号」「にっせの家号」「ひがしじまの家号」「もりの家号」「にしじまの家号」が、それぞれの地域の地図に書き込んだ形で載っている。「ひがっせ」は東江井、「にっせ」は西江井、その他は東島、森、西島のことである。

そのうちの「にしじまの家号」地図には40近い名前が挙げられている。その家号を、いくつかに分類してみる。一つ一つの家号の由来を確かめたわけではないから、間違っているかもしれない。

まず、人の名前（先祖の名前）に基づくと思われるものを、五十音順に列挙する。「くろべはん」「ごえはん」「こさやん」「じゅうべはん」「しょうやん」「せいはっつぁん」「せえべはん」「そうべはん」「たろべはん」「たんちゃん」「にさやん」「はちべはん」「はっちょみさん」「まごべはん」「もよみさん」「よんちゃん」である。「はんだいはん」「まさかど」もここに加わるのかもしれない。「きし」は古岸（こぎし）という苗字の省略形である。

次に、家業に由来すると思われるものを、やはり五十音順に並べる。「うえきや」「おいしゃはん」「かさや」「こんや」「さかば」「すりばちや」「せともんや」「とふや」「はこや」「わたや」である。順に、植木屋、医者、笠屋（傘屋）、紺屋、酒場（酒造業）、擂り鉢屋（窯業）、瀬戸物屋、豆腐屋、箱屋、綿屋と考えられる。「しんば」は新しい酒場かもしれない。

関連して、店の屋号と思われるものに「いちばや」「かわさきや」「しなのや」がある。「かわじん」というのも屋号かもしれない。

「アメリカはん」は洋風の住まいの一家をそのように呼んだもの、「てらまえ」は極楽寺の前の家、「やまのうえ」はちょっと高い位置に建っている家、「たんぼなか」は田圃の中の家のようである。珍しい呼び名は「いんきょ」（隠居）である。

この地図には書かれていないが、「てら」（寺＝極楽寺）、「とこや」（床屋＝理髪）、「みせ」（店＝八百屋）という呼び名もあった。

やない【柳井】

柳井地区は、元は明石郡魚住村の大字・金ヶ崎の一部であるが、魚住小学校までの通学距離が長く、江井島小学校が近かった。昭和26年に明石郡大久保町・魚住村、加古郡二見町の3町村が明石市に合併したときに、江井島小学校の校区に変更された。以来、70年ほどになり、もはや紛れもない江井ヶ島地区の一員である。

江井ヶ島には桜の名所がいくつかあるが、その一つは柳井地区の赤根川沿いの桜並木である。赤根川は大久保町西脇のあたりを経て、柳井を通って、西島で海に流れ入る。柳井のあたりでは右岸に桜並木がある。河畔の道は舗装されていて、小さな車は通れるが、地区の幹線道路ではない。桜にとっては、それがかえってありがたいことになっている。桜の木の下で弁当を広げることはできにくいけれども、そぞろ歩きにはふさわしい場所である。知る人ぞ知る、すなわち、あまり知られていない、静かな名所である。

ゆうびんきょく【郵便局】

江井ヶ島郵便局について、その歴史を含めて明快に書かれている記事がある。1982年（昭和57年）1月6日の神戸新聞の記事であって、次のようなことが書かれている。

郵便局舎としては明石市内で最古の大久保町江井島、江井ヶ島郵便局が十八日から新局舎へ移転する。現局舎は人間で言えば還暦に近く、大正時代末期から地元の発展ぶりを見守ってきた。

同局は明治三十五年十一月、当時の江井ヶ嶋酒造社長だった卜部兵吉さん（故人）が現局舎の近くで開局。大正十二年三月、当時としてはモダンな現在の木造二階建て局舎（延べ百二十五平方メートル）を新築し移転した。

近くには西灘と呼ばれた清酒産地があり、同局には今も当時の隆盛を物語る書類が保存されている。開局後間もない明治三十八年三月二十六日付けで逓信大臣あてに提出された「電報受取所設置願い」は地元有志や郵便局長、酒造会社、精米会社などの連名で「現在、当地の清酒は年産三万石（約五千四百キロリットル）あり、他地方との取引もひんぱんになっている。しかし、電報を扱っている国鉄大久保駅からは三千メートルもあり不便きわまりない。これまで配達の遅れで商機を逸したこともある。費用はすべて地元負担とするので、ぜひ電報取扱所を設置してほしい」と書き込まれている。

前局長の波部アキさんは「昭和四十一年八月までは電報や電話を取り扱っていたが、あのころは本当に大変でした」と懐かしそう。電話がまだ普及しておらず、正月には年賀電報が殺到。二見などまで配達に行ったことも多い、という。

移転が予定されている新局舎は現局舎の北東約一キロの国道250線近く。木造二階建て約百二平方メートルで、局名も「江井ヶ島郵便局」が「明石江井ケ島郵便局」に変わる。

江井ヶ島郵便局は卜部兵吉さんが開局したそうであるが、卜部兵吉さんは江井ヶ嶋酒造の創立はもちろん、江井島小学校の運営にも尽力された。

江井ヶ島は西灘と呼ばれた酒造地であり、早くから開設された郵便局も金融機関として重要な役割を果たしていたことだろう。電報は国鉄大久保駅が扱っており、江井ヶ島にも電報受取所が必要であるとして、郵便局に通信機関としての役割を付け加えたのも重要な出来事である。

古い郵便局には電話交換業務があったように思うし、郵便局内に公衆電話の施設があった。何かの用で郵便局へ行ったら、たまたま電信の業務中で、「朝日のア」「子供のコ」「桜のサ」「算盤のソ」「手紙のテ」などという言葉が聞こえてくることも、たびたび経験した。

移転後の明石江井ヶ島郵便局は山陽電気鉄道江井ヶ島駅の近くにある。もとの江井ヶ島郵便局の跡は、今は民家が建てられている。

【参考】　江井ヶ島の人口

全国的に人口減少が続いているが、2018年（平成30

年）に中核都市となった明石市の人口は微増の傾向が続いている。

明石郡大久保町、同魚住村、加古郡二見町が、明石市と合併したのは1951年（昭和26年）のことである。今でも、いろいろな統計などでは、本庁地区（合併前の旧・明石市の地域）、大久保地区、魚住地区、二見地区という分類がされている。

2019年（令和元年）7月1日現在の、住民基本台帳に基づく人口は次のようになっている。(国勢調査などの人口とは異なる。)

合計	30万3597人
本庁地区	13万9834人
大久保地区	8万4062人
魚住地区	4万9549人
二見地区	3万0152人

本庁地区よりも、他の3地区の合計の方が数字は大きい。

大久保地区の人口約8万人は、兵庫県下で言うと、三木市やたつの市に近く、魚住地区の人口約5万人は小野市や加西市に匹敵する。二見地区の人口は養父市を超えている。

大久保町に属する江井ヶ島地区（江井島と西島を合わせた地域）の人口・世帯数は次のようになっている。

地区	人口	世帯数
江井島	6133人	2720世帯
西島	9782人	4159世帯

江井ヶ島は人口が1万6千人ほどで、明石市全体の5.5%ほどを占めているのである。

【参考】「えいがしま」の「が」

「えいがしま」の鉄道の玄関口は山陽電気鉄道「江井ヶ島駅」である。駅の南に県道718号の交差点（実際には五差路）があるが、信号機に掲げられている表示は「江井島」である。その交差点から50メートルほど行ったところに郵便局があるが、その局名は「明石江井ケ島郵便局」である。駅名の「ヶ」は小さな文字で、郵便局名の「ケ」は大きな文字である。

一つ西の西江井ヶ島駅を下車して南に下がると酒造会社の老舗の「江井ヶ嶋酒造株式会社」がある。地域の学校の名前は「江井島小学校」「江井島中学校」である。

どのような表記をしようとすべて「えいがしま」と読むのであるが、「が」の部分の書き方は異なっている。

「江井島」「江井ヶ島・江井ケ島」「江井ヶ嶋」の他にも「江井が島」という表記も成り立ちそうである。行政は「江井島」で統一しているが、その他の分野ではいろいろな書き方がされている。

「えいがしま」の「が」は、格助詞である。前に体言（名詞）があって、後ろの体言（名詞）との仲立ちをして、その2つの体言の関係を示す働きをしている。例えば「我が国」とか「君が代」とかの「が」がそれに当たる。(現代語では、「我が」という語は熟したものとして、一語の連体詞として扱っている。)

古典を読んでいると「梅が枝」（梅の枝）とか「梅が香」（梅の香り）とかの表現が出てくる。そのような「が」は、「えいがしま」の「が」と同じ働きをしている。

その「が」と同じような働きをするものに「沖つ白波」（沖の白波）のような「つ」という格助詞や、「目な子」（目の子、熟して一語の「眼（まなこ）」となる）のような「な」という格助詞もある。もちろん「梅の花」のような「の」という格助詞も古くから使われている。

「えいがしま」の「が」は、「江井」と「島」という二つの体言を結びつける働きをしていて、現代風に言えば「江井の島」ということになる。

当然のことであるが、「が」「つ」「な」「の」という格助詞は、省略されることなく表記されてきた。けれども、現代では（とりわけ地名表記では）、書かれなくなる傾向にある。阪急・阪神などの「三宮」（神戸市）駅に対してＪＲは「三ノ宮」を使っているが、ＪＲ「西ノ宮」（西宮市）駅は、近年「西宮」に改められた。

さて、「江井ヶ島」の「ヶ」は面白い働きをする文字である。「西瓜が三ヶある。」と書けば「三こ」と読むし、「会場は三ヶ所に分かれる。」と書けば「三か所」と読む。「桃太郎は鬼ヶ島へ行った。」と書けば「鬼が島」と読む。

「ヶ」は「こ」「か」「が」と読まれるが、不思議なのは「ヶ」という清音を表す文字が、「が」という濁音にも読まれることである。

日本語には、かつては濁音が表記されなかったという歴史があるが、「ヶ」に関しては、それとは別の話になる。

この「ヶ」は、片仮名の「ケ」とは違って、「箇」という漢字、または「个」という漢字を略して表記していると考えられている。漢字の性格を持っているから「ヶ」には幾通りもの読み方があるというわけである。

「えいがしま」を「江井ヶ島」と書くことはあっても、「江井け島」と書くことはあり得ない。「ヶ」を平仮名で書く場合は、その発音に応じて「こ」「か」「が」のどれかで書き分けなければならない。現在の公用文などでは、「ヶ」に当たる部分は、平仮名の「か」で統一している。

さて、明石市内の「が」に関わる地名を見てみると、3種類に分けられる。

① 平仮名の「が」を使っているもの……「大久保町緑が丘」「魚住町錦が丘」「旭が丘」「藤が丘」「松が丘」「松が丘北町」
② 片仮名の「ヶ」を使っているもの……「魚住町金ヶ崎（かながさき）」
③ 「が」の部分を表記しないもの　……「大久保町江井島」「和坂（かにがさか）」

自治体の名称に「ヶ」を使っているかどうかを調べてみると、使っているのは、関東を中心とした東日本に見られる。茨城県龍ヶ崎市、埼玉県鳩ヶ谷市（川口市に合併）、千葉県鎌ヶ谷市、千葉県袖ヶ浦市、神奈川県茅ヶ崎市、長野県駒ヶ根市などである。

「ヶ」を使わないのには、埼玉県越谷（こしがや）市、埼玉県熊谷（くまがや）市、岐阜県各務原（かかみがはら）市、兵庫県尼崎（あまがさき）市などがある。

「ヶ」を「か」と発音する例には、原子燃料サイクル施設があることで知られる青森県六ヶ所（ろっかしょ）村などがある。

小さな地名では、国会議事等のある「霞ヶ関」「霞が関」、自衛隊基地のある「市谷」「市ヶ谷」など、地名（住居表示）と駅名などで表記のゆれがあるところはたくさんある。

「ヶ」の表記を省いても正しく発音される場合は、「ヶ」を省いてもよいと思うが、「ヶ」を省くことによって発音が変化することは考えものである。例えば、岐阜県各務原市には「ヶ」が使われていないが、それを「かかみがはら」でなく「かかみはら」が多くなって、それが定着してしまうと、地名の発音を変化させたことになる。

「ケ」の有無があるバス停の名前

「えいがしま」は、たとえ「江井島」と表記しても、「が」を省いて発音しないようにすべきである。「えいしま小学校」などという発音をしてはならないということであるが、今のところ、その心配はないと思われる。

【参考】 江井島小学校の学校日誌

江井ヶ島の長楽寺には、明石市教育委員会が立てた説明板があって、次のように書いてある。

一　天平十六年（七四四）、行基菩薩の開基。建永二年（一二〇七）三月、法然上人が四国に流される時、教化を受け浄土宗になったといわれる。
二　明和年中（一七六四～一七七一）に開かれた寺子屋が、明治四年に郷学校、翌五年には明石最初の小学校である貫道小学校（今の江井島小）となった。

江井ヶ島の人たちにとっては、地元の学校が明石市内で最初の小学校であるというのは大きな誇りになっている。江井島小学校は後に、長楽寺の北側のちょっと高台になっているところに建てられたが、筆者が学んだ頃は、その位置にあった。その後、江井島小学校は建て替えに伴って、さらに北の地に移ったが、その跡地は明石市立少年自然の家として活用されている。

筆者は、1949年（昭和24年）4月に、当時の明石郡大久保町立江井島小学校に入学し、途中で合併により設置者が変わって、1955年（昭和30年）3月に明石市立江井島小学校を卒業した。

もうずいぶん前のことであるが、この6年間のことを再現してみたいという思いから、江井島小学校の「学校日誌」を見せていただいたことがあった。筆者も教職にあったということもあり、閲覧を許された。応接室のような部屋で、日誌のページを繰りながらメモを取らせていただいた。

戦後の混乱期に小学生になったのであるが、あの頃、自分たちには教科書があったのだろうかということを振り返ってみると、しばらくの間は教科書が無かったような気がしてならない。社会科の教材であったと思うが、『まさおのたび』というのが配られて、それが印象に残っている。（この『まさおのたび』は、先年、東京書籍が復刻をしたのを入手することができて、懐かしい気持ちになった。）

平屋建ての木造校舎であったが、5・6年生になると2階建ての「新校舎」（と呼んでいた）に入ることができた。学校の運動場からは山陽電鉄の2両連結の電車はもちろん、遠くを走る国鉄・山陽本線の蒸気機関車に引かれた列車も見えた。

その6年間の記録である。

《昭和24年度》

4月15日　前任の熊谷校長が退職。橋本侑一教頭、校長に昇格。
9月 8日　江井島地区立江井島幼稚園設立。
10月 1日　学校給食指定校となる。
10月12日　秋季運動会を開催。
10月20日　幻灯機を購入。
10月25日　映画による視覚教育の実施に着手。
11月 2日　校内放送設備が完成。
11月15日　6年生の奉仕作業により砂場が完成。
11月20日　農具室を改良し、給食物資保管倉庫が完成。これにより、給食調理室の設備が充実。
9月～12月　全児童の身体検査を実施。
12月 6日　学校給食の充実を図る。（月曜日…いも汁、火曜日…シチュー、水曜日…ミルク、木曜日…みそ汁、金曜日…肉汁、土曜日…ミルク）
1月10日　学校購買部を新設。
2月24日　明石郡連合音楽会に出演。
3月 3日　学芸会を開催。（4日まで）
3月 5日　敬老会を開催。

《昭和25年度》

4月18日　庭園に草花苗を植え付け。
4月22日　大久保町会教育委員が視察。
5月 9日　こどもの日記念小運動会を開催。
5月18日　全校清潔教育強調週間を始める。
6月 3日　国旗掲揚柱竣工式を挙行。
6月 4日　参議院議員選挙棄権防止運動を展開。
7月 3日　明石郡視聴覚教育研究委員会生まれる。
同日　明石郡学校保健体育研究会生まれる。どちらも、本部を江井島小学校に置く。
7月11日　寄生虫駆除剤を服用。
7月14日　海水浴を実施。（4年生以上）
7月20日　校舎の樋工事が完了。
7月21日　運動場の拡張工事に着手。（完成は昭和26年2月）
7月22日　放送室（スタジオ）が完成。
9月 3日　台風のため草木が倒れ、バックネットが倒壊。
9月12日　夏休み作品展覧会および父兄会を開催。
9月29日　砂取り作業を実施。（全採取量、約90台分）
10月 2日　遠足及び修学旅行を実施。（6年生…京都・奈良、5年生…大阪、4年生…宝塚、3年生…神戸、2年生・1年生・幼稚園…須磨）
10月 6日　球根を植え付け。花壇を整備。
10月22日　秋季運動会を開催。
11月 3日　明石郡連合運動会に参加。（魚住中学校にて）
11月 6日　農繁休業。
11月10日　兵庫県教育委員選挙棄権防止運動を展開。
12月12日　豚の種付けが完了。
1月 1日　新年祝賀式を挙行。（育友会によりミカンを配付）
1月10日　大久保町の解町式を挙行。

1月15日　明石市合併祝賀会を開催。
1月24日　冬休み作品展覧会および父兄会を開催。
2月 1日　江井島小学校子ども銀行を開始。
2月10日　学芸会を開催。(11日まで)
2月23日　学校給食について兵庫県教育長より表彰される。
3月 3日　明石郡連合音楽会に出場。
3月15日　敬老会を開催。

《昭和26年度》
4月 5日　柳井地区の児童33名を江井島小学校に編入。
4月 7日　運動場の周囲にタチバナモドキを植え付け。
4月16日　明石市立江井島幼稚園を小学校に併設して開園。
4月21日　給食用の食器を整備。
4月23日　市長・市会議員選挙棄権防止運動を展開。
4月24日　遠足を実施。
4月28日　温床を作製。
4月30日　知事・県会議員選挙棄権防止運動を展開。
5月 3日　小運動会を開催。
5月 5日　こどもの日の行事を実施。
(幻灯・おとぎ話・コンクール等)
5月10日　江井島小学校改築推進委員会が結成される。
5月17日　給食炊事婦2名が任命される。
6月 4日　よい歯の児童を表彰。
6月11日　砂取り作業を実施。
6月16日　狂言「ぶす」鑑賞会を開催。
7月 9日　羽仁説子女史の講演会を開催。
(婦人会が対象)
10月 7日　秋季運動会を開催。
10月15日　台風ルースが来襲。
10月19日　遠足を実施。
11月 6日　研究授業を実施。
(3年ろ組・高木先生、他)
12月10日　研究授業を実施。(3年い組・渡辺先生)
1月15日　創立記念日。展覧会を開催。
1月19日　全校のシラミ駆除を実施。
1月29日　気象観測所を整備。
3月 1日　学芸会を開催。(2日まで)
3月 3日　敬老会を開催。
3月 8日　学校給食の希望をA型(週5日)に決定。
3月25日　豚小屋が完成。

《昭和27年度》
4月 7日　橋本校長の送別式を挙行。
4月 8日　大西正次校長の新任式を挙行。
5月 2日　憲法公布・講和発効記念式を挙行。
同日　小運動会を開催。
5月13日　遠足を実施。
(明石公園、王子公園、阪神パーク)
5月29日　子ども銀行のことで、神戸銀行から表彰を受ける。
6月23日　給食調理室改築完成祝賀式を挙行。
8月 4日　児童盆踊り大会を開催
8月24日　人形劇鑑賞会を開催。(夜、運動場にて)
9月 8日　梶又一氏、ハーモニカ指導のため来校。
9月 9日　夏休み作品展覧会を開催。
9月27日　敬老会を開催。
10月12日　秋季運動会を開催。
10月22日　遠足を実施。(京都、宝塚、姫路)
1月12日　冬休み作品展覧会を開催。
1月30日　校内ドッジボール大会を開催。
3月 3日　学芸会を開催。(4日まで)

《昭和28年度》
4月28日　遠足を実施。
(3年生以上…阪神パーク、2年生・1年生…明石)
5月 2日　憲法記念日・こどもの日記念運動会を開催。
5月16日　映画会を開催。
5月26日　新校地の地均し工事の地鎮祭を挙行。
6月 4日　よい歯の児童を表彰。
6月 9日　使丁の前田柾一氏が死去、その告別式に参列。
6月11日　写生大会を開催。
7月10日　海水浴を実施。(14日まで)
7月25日　児童盆踊り大会を開催。行灯掛けを行う。
7月28日　地区対抗ソフトボール大会を開催。
(30日まで)
8月20日　神戸大学学生による人形劇を鑑賞。
9月 7日　夏休み作品展覧会を開催。
9月15日　敬老会を開催。
9月25日　台風13号による豪雨・大雨のため授業を中止。
9月30日　育友会の映画会を開催。
10月 4日　秋季運動会を開催。バザーを実施。
10月27日　遠足を実施。
(5年生…京都、4年生…姫路、3年生…垂水、2年生・1年生…舞子)
11月 3日　小運動会を開催。
11月11日　明石市西部音楽会に出場。
(二見小学校にて)
11月20日　校内の植物に名札を付ける。
12月24日　学芸会を開催。
1月12日　書き初め展覧会を開催。
2月 8日　校内ドッジボール大会を開催。
2月27日　学芸会を開催。バザーを実施。
(28日まで)
3月 8日　新築地鎮祭を挙行。
3月12日　新築のため庭園取り壊し。

《昭和29年度》
4月 6日　天皇陛下を奉迎するため舞子に遠足。
5月17日　遠足を実施。(全校、高砂浜へ潮干狩り)
5月27日　老朽校舎の調査のため、県・市の係員が来校。
6月 4日　よい歯の児童を表彰。
7月26日　新講堂・新教室の上棟式を挙行。
同日　清水川関を迎えて相撲大会を開催。
8月 7日　児童盆踊り大会を開催。あんどん掛けを行う。
8月23日　幻灯会を、地区ごとに開催。(25日まで)
9月13日　台風12号来襲により非常態勢をとる。
9月26日　台風15号来襲。
10月 5日　6年生、奈良・伊勢方面へ修学旅行を実施。(6日まで)
10月23日　秋季運動会を開催。
10月29日　相撲大会を開催。
11月 3日　明石市民体育大会に出場。
11月11日　第2期工事申請書を提出。
11月24日　第1期工事の完工検査を実施。
12月 2日　落成式を挙行。(午前10時より)

（来賓50人、校下の人150人）
同日　落成祝賀演芸大会を開催。
（午後7時～11時）
（1000人の参加があって盛会。）
11月　4日　敬老会を開催。
12月14日　新講堂を一般用映画会に初めて公開。
12月18日　明石市連合音楽会、江井島小学校で開催。
12月22日　バレーと狂言の鑑賞会を開催。
1月　7日　小畠潤、通学途上に山陽電鉄事故により死去。
1月15日　落成と成人の日を記念して、音楽会を市と共同主催で開催。
1月21日　マラソン大会を開催。
2月　1日　校内ドッジボール大会を開催。
3月　5日　学芸会を開催。（6日まで）
3月24日　卒業式を挙行。

《小学校時代の思い出すことなど》

【1年生（昭和24年度）】

小学校時代の学級数は2つで、「い組」と「ろ組」であった。1組・2組でなく、A組・B組でもないところが昔風である。

幼稚園のことを書いておく。小学校に入学する前年に、土曜幼稚園（と呼んだように思う）があった。行く気があるかないかなどと問われて、何回か行ったような記憶がある。あれは正式に幼稚園ができる前の試行であったのだろう。幼稚園が明石郡大久保町立でなく、江井島地区立であったというのはどういう経緯によるのだろうか。地域でお金を出し合って運営したのだろうか。

秋季運動会は、現在よりも遅くて、秋が深まっていく頃に行われていた。それだけではなくて、1学期に「小運動会」が行われたという記憶がある。1学期は、練習を繰り返して開催するようなものではなく、規模の小さい運動会だったと思う。

幻灯機は、フィルムをくるくる巻いたものを1コマずつずらしていくようになっていた。せいぜい十数コマである。円い小さな筒にフィルムが入っていて、筒に題名が書いてあった。幻灯を見せてもらうのは楽しみだった。映画（もちろん白黒）を見る機会は少なく、幻灯（これは天然色）を見ることの方が多かったと思う。

給食の思い出はいっぱいあるが、1年生のときから給食が始まっていたのかどうか、記憶はあいまいである。校内には購買部があって、ノートや消しゴムなどを買ったような記憶がある。

【2年生（昭和25年度）】

国内どこも同様だったと思うが、衛生状態はよくなかった。体の中に回虫などがいる子どもは珍しくなかった。眼病のトラホームにかかっている子どももたくさんいた。保健室で、洗眼液を受ける器具を目の下に当てて、洗眼してもらった経験がある。洗眼の後、粘っこい薬をガラスの棒のようなもので目に塗ってもらった。

学校では豚を飼っており、鶏も飼っていたかもしれない。自宅に豚を飼っている家もあった。この頃はウサギを飼うことが多くて、家庭でも学校でもウサギの姿をよく見た。学級委員の中に、栽培係や飼育係があった。夏休みなどには水やり当番が決められて、何回か学校に行ったように思う。

農繁休業という休暇があったが、農家の子どもが取ったのか、全員が取ったのか、記憶はない。

夏休みや冬休みが終わってから、講堂で開かれる作品展覧会は、毎年続いた恒例の行事だった。絵や工作や習字など、休みが終わったら提出することが義務づけられていた。

草木を倒し、バックネットを倒壊させたのはジェーン台風である。9月3日に高知県室戸岬のすぐ東を通り、徳島県日和佐町付近に上陸、淡路島を通過し、12時過ぎには神戸市垂水区付近に再上陸した台風である。兵庫・大阪・和歌山などの府県で大きな被害が出て、死者は400人近くになったが、江井ヶ島で高潮などの浸水被害があったのかどうか、記憶にはない。

秋の遠足で須磨へ行ったことを憶えている。今のように大型電車ではなく2両編成であったから、遠足は貸切電車に乗ることになる。山陽電鉄の須磨浦公園駅で降りて、鉢伏山に登った。鉢伏山にロープウエイが架けられて、須磨浦公園駅の位置が変わったのは後のことである。現駅の少し西に、崖にへばりつくような無人駅があって、降りたらすぐに階段を上る構造になっていたと記憶している。

学校は整備が進んでいた。国旗掲揚柱竣工式とか校舎樋工事完了とか放送室完成とかが記録されており、運動場の拡張工事も行われたようである。運動場が北に少し広がって、生け垣としてタチバナモドキが植えられたことは憶えている。

砂場の砂は、江井ヶ島海岸の砂を運んだ。「砂運び」は何年にもわたって行われたように思う。2年生のときに砂運びをしたかどうかはわからないが、3、4年生ぐらいから上では何回か駆り出されたように思う。大きな砂場ではないが、作り替えたり場所が変わったりした記憶もあるから、そのたびに砂を運んだのだろう。

「子ども銀行」は2年生のときに始まった。通帳はぺらぺら二つ折りの紙片であったように思う。

冬休み期間中の1月1日には学校に行った。新年祝賀式があって校長先生の話を聞いた。ミカンを2つずつ（だったと思う）もらって帰った。帰りに赤根川のところへ来ると、消防団が出初めとして放水していたのを眺めた記憶がある。

明石郡大久保町、同魚住村、加古郡二見町が明石市に編入されたのは1951年（昭和26年）1月10日である。合併後には、浜県道に市営バスが走り始めた。

この合併の後に、明石市と神戸市の合併問題が起こった。子供心にも、いつ神戸市明石区大久保町になるのかなぁなどと考えたことがあるが、1955年（昭和30年）に住民投票が行われて、反対多数で不成立となった。

旧・明石郡の伊川谷村、玉津村、櫨谷（はぜたに）村、押部谷村、平野村、神出（かんで）村、岩岡村は、1947年（昭和22年）3月に神戸市に編入されて垂水区の一部になった。（後に、この地域だけが神戸市西区として分離）したがって、1950年頃の明石郡は大久保町と魚住村の2つだけである。大久保町には大久保小学校と江井島小学校があり（後に谷八木小学校と山手小学校が誕生）、魚住村には魚住小学校と錦浦（きんぽ）小学校があった。何年生の時か、錦浦小学校で開かれた連合音楽会に行ったという記憶がある。自分の校区を出て、どこかへ行ったりすると印象に残る。

【3年生（昭和26年度）】

明石市への合併に伴い、江井島小学校の校区が拡大した。魚住村（合併後は魚住町）金ヶ崎の児童は魚住小学校に通学していたが、かなり離れたところにあった。金ヶ崎のうちの柳井地区は、金ヶ崎の中心集落からも離れた南部にあり、江井島小学校が近くに見えていた。合併後は柳井地区を江井島小学校の校区とした。この地区の全児童数は33名であるから、ひとつの学年では数名だった。それでも、友だちが増えたことは嬉しい出来事である。

選挙棄権防止運動というのがあって、何人かでグループを作って、家々を回って、「もう、選挙に行ってきましたか」と投票を促して回った記憶がある。地域を回って、今どき考えられないようなことをやっていたと思うが、当時の選挙は休日でなくウイークデーに行うのが常であった。

6月に狂言「ぶす」の鑑賞会をしている。江井ヶ嶋酒造株式会社の社員の方々に能や狂言の同好の集まりがあって、小学校で見せてもらったことがある。身につけている装束に目を見張った憶えがある。

ルース台風というのは、ジェーン台風ほどではないが、頭に残っている名前である。10月14日夜に鹿児島県に上陸し、速い速度で九州を縦断し、山口県・島根県を経て日本海に出て、北陸・東北地方を通って15日夕方には三陸沖に進んだ。兵庫県は直撃されていないが、勢力の強い台風で、暴風半径が非常に広かったので全国で暴風が吹いたようである。台風の後は、いろんなものが吹き飛ばされてしまって、新鮮な印象を持った。

3年生のときにも、砂取り作業とか、全校のシラミ駆除とかがあった。砂運びは、江井ヶ島海岸の砂を丈夫な布袋に入れて、砂浜から、「かまくら旅館」と阪本燃料店との間の細い道を通って、細い坂を登って小学校に運んだ。

【4年生（昭和27年度）】

夏休み期間中に児童盆踊り大会が開かれた。この年から始まったのだろうか。よくわからないが、1、2年生の頃に参加した記憶はない。盆踊りを前にして、1学期の末頃から、「江井ヶ島音頭」の歌を習って、踊りの振り付けを覚えた。「来いよ　揃（そろ）たか　学校（がっこ）の庭に　コリャサ　歌は新作　新踊り　ヨーイヤサ…」と続く歌であった。なんだか大人の歌のように感じた。「歌は新作　新踊り」という言葉があるが、古いものを再活用したのか、このときの「新作」なのかはわからない。「学校の庭に」というところは、もともとは「お寺の庭に」となっていたのを小学校で開催するから言い換えたのだと聞いたことがある。お寺の境内での盆踊り大会に使われた歌かもしれないが、詳しい経緯は定かではない。

1学期の末から、盆踊りの会場に並べる行灯を一人、一つずつ割り当てられて準備をした。朝顔を書いたり、向日葵を描いたり、星を描いたり、障子紙を張った行灯に水彩絵の具を使って、さまざの絵を工夫した。行灯の横側には自分の名前を書き入れた。当日は、夕闇が迫る頃から、児童も父母たちも学校に集まった。運動場にはずらりと行灯が掛け並べられていた。薄暗い照明を受けながら、何重にもなった円の中で踊ったが、子ども心にはずいぶん長い時間だったように思う。大人も子どももいっしょになった行事だったが、夜店やバザーのようなものがあったような記憶はない。

小学校ではいろいろなものを見たり聞いたりする機会があった。人形劇やハーモニカについては記憶が残っている。地域では、広場を囲ってスクリーンを設けて、入場料を取って、夜に映画会をするようなこともあった。映画も幻灯も人形劇も大きな楽しみであった。

夏休み作品展覧会や冬休み作品展覧会は一日だけの日付になっているが、実際には何日も続いていたと思う。講堂の壁面いっぱいに掲示物が並び、フロアには工作などの作品があふれていた。最初の日に、先生に引率されて見に行き、あとは昼休みなどに自由に見に行った。保護者の姿も見かけた。優れた作品には、「一等」「二等」だったか「優」「良」だったか忘れたが、小さなラベルが貼ってあった。

校庭で盛んだったのはドッジボールである。体育の時間にもしたし、休憩時間にもした。それでも足りずに早朝に集まってすることもあった。あれは、校内ドッジボール大会にそなえての練習だったのだろうか。

どんま（胴馬）、陣取り、べったん（メンコ）、ラムネ玉遊びなどは、主として近所の友だち同士の遊びで、学校ではドッジボール、鬼ごっこなどの多人数でする遊びに興じていたように思う。鉄棒、うんてい、攀登棒、ブランコ、滑り台、平均台など、学校にしかない遊具を使った遊びもした。

とにもかくにも、朝から晩まで遊んでいたという記憶が残っている。学年の異なる子どもが集まって、木登りもしたし、田圃の中を駆けめぐるようなこともした。海岸で魚釣りもした。それでも大きな事故は起きない、のどかで伸びやかな時代であった。

【5年生（昭和28年度）】

6月に、小使いさん（と、当時の子どもは呼んでいた）の前田さんが亡くなった。告別式は東島の長楽寺で行われ、その式に参列したことを憶えている。小使い室からは、給食の時に当番が大きなヤカンにお茶を入れて運んだ。小使い室の入口辺りには井戸が掘られていて、つるべで水を汲み上げていた。

学校の行事の中で、何回も行われたように思うのは写生会である。春の小運動会、秋の運動会、冬の学芸会などは恒例のものとなっていたが、写生会も何度もあったように思う。記録されている回数よりも多く行われたのではないだろうか。画板を抱えて写生に行った。白い画用紙の他に、赤・青・黄色などの色画用紙に人気があった時代であるが、写生会は白い画用紙に限定されていたかもしれない。校内で書くこともあれば海岸や港の近くへ出かけていくこともあった。田圃に腰をおろして、みんなで並んで描くこともあった。

学芸会でバザーが始まったのがこの年であるようだが、前売り券方式の完全予約制であった。余分なものを作って無駄にしてはいけないという時代であったからだろう。うどんとか蜜豆とかのメニューがあったことを思い出す。

戦後の混乱もおさまってきたからだろうか、学校施設・設備の充実が図られるようになってきた。新校地の地均し工事の地鎮祭とか、新築地鎮祭とか、新築のため庭園取り壊しとかが行われるようになった。教室が新しくなったわけではないが、新しい講堂の建築が始まった。

小さな2階建ての講堂は風格があったが、狭苦しい建物であったと記憶している。職員室などがあった建物も、明治・大正の面影を持った建物であった。撤去された講堂は、後に東江井に移築されて使われたが、今は存在しない。

神戸大学学生による人形劇鑑賞も記憶の片隅にある。夕刻から、運動場の一画で行われた。直接の関係はないかもしれないが、夕鶴の話の人形劇か幻灯かを見たことが頭の中に残っている。このときの人形劇であったか、他のときであったのか、あいまいである。

台風13号のことが記録されている。台風を「号」で呼ぶようになったのはいつからのことかは知らないが、この年の13号は、9月25日に志摩半島から伊勢湾を経て知多半島に上陸したようである。四国から関東地方にかけて、暴風雨により被害が続出したようである。昔は大きな台風に襲われることが多かったというのが、子どもの頃の思い出である。

【6年生（昭和29年度）】

天皇の行幸を迎えるために子どもたちが動員されることがあり、神戸の舞子へ行った記憶がある。天皇の乗ったお召し列車を迎えるのであるが、通過中は頭を下げておるようにという指示があったように思う。舞子のどこであったのかは記憶にない、たぶん舞子駅近くの舞子公園のあたりであっただろう。第5回全国植樹祭が神戸の小束山で行われたときの行幸である。天皇の宿泊は舞子ビラであったようである。舞子ビラは明治天皇の弟・有栖川宮熾仁親王の別邸を活用したものであるから、そこが宿泊地であることに何の不思議もないが、そうすると、あれはお召し列車でなく、自動車に頭を下げたのかなぁという思いもあり、事実はよくわからない。

7月に清水川関を迎えて小学校の運動場で相撲大会が開かれた。大相撲の清水川関は地元・明石市二見町の出身である。最高位は小結で、このときも小結であったように記憶している。本名は鉾浦（ほこうら）光男（みつお）と言うのだということが、いまだに頭に残っている。土俵では、何人もの小学生が一度にかかっていって、びくともしなかったように思う。清水川は1925年（大正14年）生まれであるので、このときは29歳あたりの年齢である。引退後は年寄・間垣として後進の指導にあたったが、1979年（昭和54年）に没している。

遠足については、どの学年のときにどこへ行ったのかはきちんと憶えているはずはない。けれども、潮干狩りが何度かあった。加古川市の別府（べふ）海岸や高砂市の海岸は恰好の場所だったが、今は埋め立てられて工場用地になってしまっている。小学校時代の遠足の目的地を思い出すままに書くと、宝塚遊園地、阪神パーク、明石の菊人形などがあるが、それらはすべて廃止（閉鎖）されてしまっている。

最大の行事である修学旅行は奈良と伊勢であった。ルートを正確に憶えているわけではないが、大阪の近鉄・鶴橋駅の印象は強く残っている。自分たちが乗る電車を待っている間に、茶色や緑色などの、いろいろな型式の電車が次々とやってきて、出ていった。当時の山陽電鉄は30分に1本程度であったから、その頻度に驚いた。

奈良は東大寺、手向山八幡宮などを見てから、電車で伊勢に向かったはずである。1泊2日の限られた日程であった。奈良からも近鉄で伊勢に向かった。伊勢は当時は宇治山田市であったが、宇治山田に着いてから伊勢神宮までは、1両編成の電車に乗った。かなり長い直線区間があって、電車の最前部で線路の先を眺めていた記憶がある。それが三重交通神都線の電車（のちに廃止）であったということは後で知った。

宿泊は二見浦の宿屋であった。当時の近鉄の線路は宇治山田までであったから、2日目には、短い区間を国鉄に乗って、終点の鳥羽駅まで行った。伊勢で訪れたところは内宮、二見浦、真珠島などあった。土産はあらかじめ注文をとっていたように思う。今は赤福餅が知られているが、頭の中に印象として残るのは生姜板である。のしの形のボール紙の入れ物に、砂糖を固めたようなお菓子で、生姜の味のするものが入っていた。

校舎や講堂の工事のことがいろいろ頭に残っている。校舎は普通教室ではなく、職員室や特別教室などのある建物であったように思う。子どもから見れば、何かが新しくなるというのはとても嬉しいことであった。7月に新講堂の上棟式があり、このときには玉串をささげるという役に筆者が選ばれたので憶えている。運動場の整備に駆り出されることがたびたび、あった。

江井島小学校の校門と校舎

12月に落成式と落成祝賀演芸大会が行われたようである。演芸会の時刻が午後7時から11時までと記録されているのに驚く。江井ヶ島の港の近くで演芸大会があって、漫談の西条凡児さんが出演したのを見たことがある。それが夜であったことは憶えているが、この日のことであったかどうかはわからない。

この時代に時間割というものは、当然あったことと思うが、それにこだわりなく伸び伸びと過ごさせてもらったように思う。学校の周りの田圃を駆け回ったのも、写生などで学校から出かけてなかなか帰らなかったのも、授業時間中のことだったと思う。

【参考】　万葉集と江井ヶ島

名寸隅（なきすみ）は、現代の地名としては使われていない。これは、万葉集の歌に詠まれた地名である。

万葉集・巻6に笠金村（かさのかなむら）の長歌と短歌が収められている。歌のはじめの数字は国歌大観番号である。その詞書きは次のようになっている。

> 三年丙寅（へいいん）の秋九月十五日、播磨国の印南郡（いなみのこほり）に幸（みゆき）したまひし時に、笠朝臣金村（かさのあそみかなむら）の作りし歌一首　短歌を并（あは）せたり

神亀3年（726年）9月15日に、聖武天皇の印南郡への行幸に際して笠金村が作った歌である。その笠金

村の長歌は、次のとおりである。

935　名寸隅の　船瀬ゆ見ゆる　淡路島　松帆の浦
に　朝なぎに　玉藻刈りつつ　夕なぎに　藻
塩焼きつつ　海人娘子　ありとは聞けど　見
に行かむ　よしのなければ　ますらをの　心
はなしに　たわやめの　思ひたわみて　たも
とほり　我はそ恋ふる　船梶をなみ

現代語に直すと、「名寸隅の舟泊まりから見える淡路島の松帆の浦に、いつも朝凪に玉藻を刈り、いつも夕凪に藻塩を焼いて、海辺で仕事をしている乙女がそこにいるとは聞くが、見に行くすべもないので、男心がうちひしがれて、まるで女性のようにしおれて、うろうろと進みかねて恋い慕っていることだ。舟も梶もないので」となる。

この歌には、名寸隅（江井ヶ島）と淡路島の位置関係が明確に示されている。名寸隅の船瀬から淡路島の松帆の浦が見えるのである。松帆の浦は、淡路島の最北端で、明石海峡に突き出したようになっている。現在の神戸淡路鳴門自動車道の明石海峡大橋よりも西側である。

江井ヶ島灯台から淡路島を望む(望遠レンズ使用)

名寸隅（江井ヶ島）は明石市中心部から8㎞ほど西に離れている。松帆の浦は、名寸隅からは南東の方角にあたり、明石海峡を隔てて松帆の浦と、その近くにある江碕灯台が見える。名寸隅からは、特に突き出たような形には見えない。

松帆の浦に行ってみると、あたりは松林であり、会社の保養施設などもあるが、観光開発や住宅開発は進んでいない。冬に訪れると荒涼とした感が否めない。むしろ、「朝なぎに玉藻刈りつつ　夕なぎに藻塩焼きつつ」という風情が残っていると言える。

反歌として、次の2首が収められている。

936　玉藻刈る海人娘子ども見に行かむ船梶もがも
波高くとも

937　行き巡り見とも飽かめや名寸隅の船瀬の浜に
しきる白波

936の歌を現代語に直すと、「玉藻を刈る松帆の浦の乙女たちを見に行けるような舟や梶があればよいのに。波が高くても」となる。

937の歌を現代語に直すと、「行きめぐっていくら見ても、見飽きることがあろうか。名寸隅の舟泊まりの浜に、次々寄せる白波は」となる。

937の歌を刻んだ碑が、名寸隅との繋がりの強い明石市魚住町中尾の住吉神社の境内に建てられている。西島地区は、この住吉神社の氏子である。

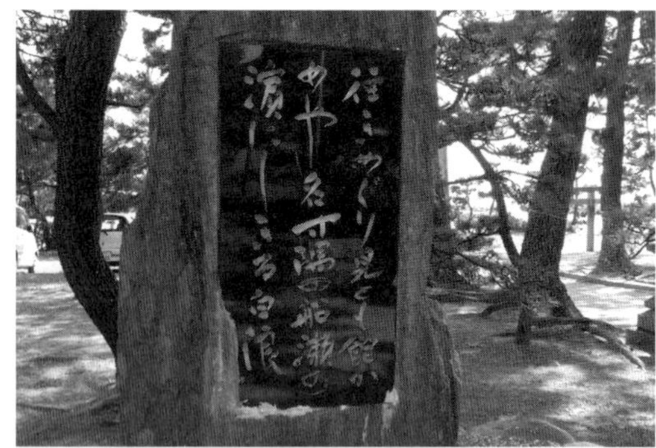

中尾住吉神社に建つ「往きめぐり…」の歌碑

先年、赤根川河口で発掘が行われて、そこが名寸隅の船瀬の遺跡であることが確認されている。

笠金村は、天皇の行幸に従って歌を作る役割を担っていたが、この歌は天皇をたたえる表現ではなく、個人的な恋の歌である。しかも、「海人娘子　ありとは聞けど」という伝聞で、噂を聞いて恋い慕っているのである。「船梶をなみ」であり、「見に行かむよし」がないのである。

淡路島の大阪湾沿いを東浦と言い、播磨灘に面しているところを西浦と言う。東浦は淡路島の背骨のような山の向こう側で、直接には見えないから想像の世界になる。それに対して、松帆の浦から西浦にかけての海岸線は名寸隅からは見える。あそこが松帆の浦だとわかるから現実の世界である。

そうではあるが、松帆の浦にいるという海人娘子の姿は、名寸隅からは見えるはずもないし、海を渡ることもできない。

935の長歌が〈舟も梶もない〉と言うのに対して、936では〈舟や梶が欲しい〉と言っているのであるが、実現性の乏しい願望である。

ところで、935には波のことは述べられていない。937では「しきる白波」となっているが、それは渚にうち寄せる波のことである。江井ヶ島の海岸には今も「しきる白波」がうち寄せている。荒々しい白波ではなく、わずかに泡立つような白波である。936では「波高くとも」となっているが、これは、仮に波が高くてもという意味で、現実に波が高いと言っているのではない。

白い砂浜が広がる江井ヶ島海岸で、夏のラジオ体操が行われている

名寸隅では、冬の季節風の吹く頃や台風の時には波が高くなるが、普段は穏やかな海である。現在の江井ヶ島の海上では平穏な海を活用して、海苔の養殖が盛んである。

さて、話を少し広げる。百人の歌人の秀歌を一首ずつ選び集めたのが百人一首であるが、とりわけ、小倉百人一首が広く知られている。小倉百人一首は藤原定家が選び、後の人が補修したとするのが一般的な説で、もちろん定家自身の歌も入っている。

その藤原定家の歌は、

来ぬ人をまつほの浦の夕なぎに焼くや藻塩の身もこがれつつ

であるが、新勅撰和歌集に収められている歌から選んだのである。

この歌の意味は、「いくら待っても来てくれない人を待っている私は、松帆の浦の夕凪の時に焼く藻塩のように、身も焦がれるほどに恋い続けている」ということである。

この歌の「まつほ」は、「来ぬ人を待つ」と「松帆の浦」が掛けられている。また、「まつほの浦の夕なぎに焼くや藻塩の」は「こがれ」にかかる序詞だと考えてもよいが、それでも松帆の浦で藻塩を焼く情景が脳裏に浮かんでくる。「焼く」「藻塩」「こがれ」は縁語になっている。

この定家の歌は本歌取りという手法を用いている。以前に詠まれた歌をうまく活用して、自分の歌に活かすというやり方で、和歌の世界では修辞技巧の一つとして広く行われている。

言うまでもなく、笠金村の長歌の「（名寸隅の　船瀬ゆ見ゆる　淡路島）松帆の浦に（朝なぎに　玉藻刈りつつ）夕なぎに　藻塩焼きつつ」を下敷きにして、31音の短歌に作り上げたのである。笠金村の使った「恋ふる」を、定家は「こがれ」に置き換えている。

笠金村の生没年は不詳であるが、715年～733年頃に盛んに作歌をしていた。藤原定家の生没年は1162年～1241年である。

【参考】　富田砕花の歌と江井ヶ島

『歌風土記　兵庫縣』（神戸新聞社、1960年（昭和25年）12月1日発行）は、詩人・富田砕花（とみたさいか）が兵庫県内を行脚して、短歌を数首ずつ神戸新聞に掲載したのをまとめた本である。396首の歌は摂津、播磨、丹波、但馬、淡路の国別に並べてあり、戦後すぐの県内各地の情景を、懐かしさをこめて思い起こさせる作品である。後に砕花は神戸新聞の詩の選評も行い、県内各地の学校の校歌の作詞も行っている。筆者が最初に勤めた学校である県立加古川東高等学校の校歌も富田砕花の作詞である。

富田砕花は1890年（明治23年）生まれで1984年（昭和59年）に没した。芦屋市に富田砕花の旧居が保存されている。

『歌風土記　兵庫縣』に、「明石郡・大久保町江井ヶ島」と題された3首がある。

雲凝（こ）りて重く閉ぢたる屏風浦（びょうぶがうら）けふはしまきて浪ぞ騒げる
東島の船瀬を越してしぶき入る秋浪荒き日の海のいろ
酒蔵を棚田のまにま建てつらねひそけき秋の江井ヶ島かも

1首目。明石市の林崎、藤江、八木から江井ヶ島にかけての海岸は、10メートルを越す断崖が続いている。波に洗われて地層が露出し、切り立った断崖が屏風のように見えることから屏風ヶ浦と呼ばれてきた。今では海岸の護岸と養浜が行われて遊歩道である「浜の散歩道」が整備されている。かつては、浸食されて崩れ落ちる断崖から、明石原人の腰骨や象の化石が発掘された。

この歌の「しまく」という動詞は、風などが吹き巻くという意味で、旋風である。雲が重く垂れている海岸に旋風が吹いて、白波が立ち騒いでいるというのである。歌としては重厚な感じがするが、江井ヶ島は温暖な地域だから、吹き荒ぶ風は日常的な風景ではない。「けふ（今日）」は普段とは違った情景になっているのである。

2首目。砕花は、江井ヶ島を波の荒れるイメージでとらえている。1首目では「しまきて浪ぞ騒げる」と言い、2首目では「しぶき入る秋浪荒き」と詠んでいる。

東島は江井ヶ島の字の名のひとつで、船瀬のあった名寸隅は西島である。けれども、東島はもともと漁業を中心とした集落で、現在の江井ヶ島港は東島にある。現代と結びつけるなら、「東島の船瀬」と言うのが似つかわしいと考えたのであろう。

「船瀬を越してしぶき入る」というのは台風のような猛烈な風を感じてしまうが、砕花はそんな日を思い浮かべたのであろうか。江井ヶ島は穏やか曲線の明石海岸の中で、東から見ると少しだけ突き出た恰好になっていて、突堤には小さな灯台が設けられている。

3首目。江井ヶ島は酒どころで、酒蔵が建ち並んでいた。人々の洋酒志向によって、日本酒の醸造元は減ってしまったが、今も酒作りが続いている。酒蔵の辺りには静かさが漂う。「ひそけき」空気である。

「棚田」というと、山や丘を切り開いたような地形を思い浮かべるが、江井ヶ島は平坦な土地である。棚田があろうはずはない。短く緩い坂道がある程度である。かつては酒蔵が建て連ねられていたが、ほんのちょうとした坂道の向こうに酒蔵が見えるというのが実際の姿である。酒蔵が集中していた大久保町西島の地は、もともと半農半漁の土地であるから、それを表すのに「棚田」という言葉がふさわしいと考えたのかもしれない。

【参考】　名寸隅の船瀬

江井島港には、1993年（平成5年）11月に兵庫県によって、その由来を書いた碑が建てられた。その碑文には次のことが書かれている。

往きめぐり見とも飽かめや名寸隅の船瀬の浜にしきる白波

奈良時代のはじめ、聖武天皇が播磨の国に来られたとき、随行の歌人、笠金村が江井島の浜に始終白波が寄せて来る眺めを讃えた和歌です。

名寸隅の船瀬とは、江井島の赤根川河口に石椋で築島を設けた港の旧称で、その後、魚住泊と呼ばれ、播磨・摂津の五泊の一つとして重要な港でした。各泊の間はそれぞれ一日の航程の距離で、僧行基が定めたとされています。沖合には好漁場が多く、鯛や蛸の獲れる港としてもよく知られています。

この度の物揚場築造工事で、石椋に使用されていた玉石が数多く発見されたので、当時をしのび、ここに集めてモニュメントを建立しました。

この言葉によると、「名寸隅の船瀬とは…旧称で、その後、魚住泊と呼ばれ」たとなっている。「名寸隅」と「魚住」の両方が併用された時代があったのかどうかということは即断できないが、この2つの新古については、「名寸隅」が古く、「魚住」が新しいと言えるだろう。また、「名寸隅」と書いて「うおすみ」（または「うおずみ」）と読んだということは考えにくい。

けれども、「名寸隅」を「魚住」とも書いて「なすみ」と読んで、その「なすみ」という発音が、文字に引かれて「うおずみ」という発音に変わった、という考え方は理解しやすい。

名寸隅の船瀬の跡とされる赤根川河口

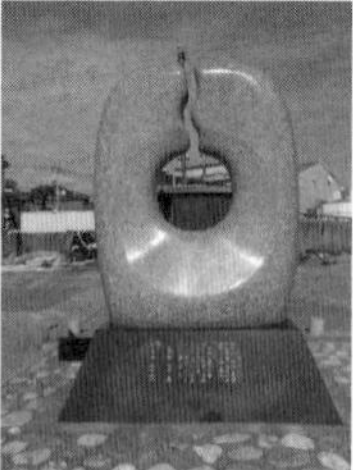

船瀬を記念する「泊」の碑

【参考】　江井ヶ島の産業（酒造、瓦づくりなど）

昔は、山陽電鉄の西江井ヶ島駅を南に行くと、古い酒蔵があちこちに見られた。明石の酒どころでもあり、播磨地方でも最大の酒造地であったところである。今では、酒蔵が少なくなり、昔の面影も失われている。かつての酒造会社が酒造りをやめてからも、酒蔵がそのまま放置（保存）されていたが、その後、あちこちの酒蔵が解体されて姿を消し、分譲宅地として家々が立ち並ぶようになった。現在、江井ヶ島で酒造を行っているのは江井ヶ嶋酒造、太陽酒造、大和酒造の3社だけになった。

『あかし　市街全図・産業観光案内』という古い冊子がある。日本観光文化協会（明石市大蔵町）の編集で、1956年（昭和31年）10月25日の発行である。その中に「醸造蔵元案内」というのがあって、次の名前があげられている。また、蔵元に一つずつ銘柄が載せられている。

大久保町江井島
　明石酒造組合
　池田平蔵商店　初笑
　田中酒造合名会社　玉箒
　田中広治商店　太陽
　三木酒造合資会社　白菊
大久保町西島
　卜部酒造会社　天啓
　江井島酒造会社　神鷹
　恵美須酒造会社　聖泰
　白鶴酒造会社江井島支店　白鶴
　藤田酒造合資会社　蛤正宗
　本卜部商店　桃正宗
　大和酒造株式会社　大和鶴

明石酒造組合は酒造業者の集まりで、かつては江井ヶ島駅前に小さなビルがあった。会社名はちょっと雑な書き方になっていて、株式会社・合名会社・合資会社がきちんと書き分けられているわけではない。江井島酒造会社というのは江井ヶ嶋酒造株式会社のことで、田中広治商店の後身が太陽酒造である。

江井ヶ島の酒造会社の他に、明石市西部には、大久保町に3社、魚住町中尾・西岡に4社があった。

酒造りが途絶えることによって、かつての銘柄が記憶から薄らいでいくことは残念なことである。

酒どころとして知られる灘五郷というのは西宮市と神戸市にある五か所の酒造場の集まりであるが、神戸市では灘区よりもむしろ東灘区にあたる。神戸市の市域拡張で灘区が先に生まれ、東灘区が後から生まれたことによるのである。

太陽酒造の古い蔵

灘の酒は衆知のことであるが、兵庫県内のもう一つの酒どころに「西灘」がある。酒造地としての西灘は、江井ヶ島およびその周辺のことを指している。それは「灘」に肩を並べたいという思いに由来するのだろうが、江井ヶ島およびその周辺の酒造場で造られる酒のラベルには、「兵庫県・西灘　○○酒造」と書かれていた。「兵庫県明石市」ではなく「兵庫県・西灘」なのである。

「西灘」と本家の「灘」とは規模が全く異なるが、同じような酒どころとして切磋琢磨してきたし、白鶴酒造の例のような交流もあった。

海に面した地域のことを「灘」と呼ぶのは、姫路市沿岸部の「灘のけんか祭り」の例からもわかるように、あちこちの地名に使われている。明石市西部でも沿岸部を灘と呼んだことがあったようで、そこで造られた酒を灘酒と呼んだが、神戸の灘の酒が有名になるにつれて、紛らわしさを避けるために西灘と呼ぶようになったという説もあるようである。

なお江井ヶ島には酒造業の他に、いろいろな産業があった。

瓦を作る工場、土管を作る工場、蛸壺を作る工場などが、江井ヶ島のあちこちにあった。それらの工場から、風向きによって黒い煙が近づいてくると洗濯物などを取り入れるという風景は日常的であった。瓦や蛸壺などを焼く前に、成形して並べて干しているのもよく見かけた。瓦工場は江井ヶ島の東隣の八木地域の辺りにもたくさんあった。

現在では、瓦、土管、蛸壺作りの工場はすべてなくなった。

漁業は、魚を捕る漁業から海苔養殖に傾斜している。漁船は海苔養殖や摘み取りの作業に向くような構造になっている。

江井ヶ島全体の産業、特に「ものづくり」は50年ぐらい前とは一変してしまっている。

【参考】　ワインとウイスキー

江井ヶ嶋酒造は進取に満ちた取り組みをしてきた。江井ヶ嶋酒造がウイスキー製造免許を取ったのが1919年（大正８年）で、国産初の本格ウイスキーが寿屋（現サントリー）から発売されたのが1929年（昭和４年）である。

1991年（平成３年）11月に、市内を対象にした建築文化賞に選ぶことが始まった。この賞は、美しい町並みを守り、育て、作り出すような優れた建物を表彰し、快適で魅力ある町作りを進めようという趣旨で設けられたものである。

その第１回に選ばれたのは、太陽神戸銀行（現・三井住友銀行）明石支店、藤江屋分大本店ビル、県立弓道場（明石公園内）、ノーリツ明石本社工場、明石愛老園、江井ヶ嶋酒造蒸留所である。江井ヶ嶋酒造蒸留所というのは、1984年（昭和59年）に新しいウイスキー蒸留所として竣工したもので、スコットランド地方の様式を取り入れた造りである。

江井ヶ嶋酒造は1919年（大正８年）にウイスキー製造免許を取得し、100年の歴史を刻んできている。ホワイトオークという銘柄である。ホワイトオーク蒸留所はモルトを中心にシングルモルトとブレンデッドを製造しており、会社側は「モルトの香りが高くモルトウイスキー本来の味わいを楽しめる」と言っている。「ホワイトオーク・地ウイスキーあかし」などのラベルで売り出している。

その蒸留所は、周囲の黒っぽい酒蔵群の中にあって、さわやかな空気が流れる感じの白亜の建物である。神戸を舞台にしたＮＨＫテレビの朝の連続ドラマ「風見鶏」が放送されたのは1977年（昭和52年）10月からの半年間であったが、この蒸留所にも、鶏をかたどった風向計の風見鶏が設けられている。

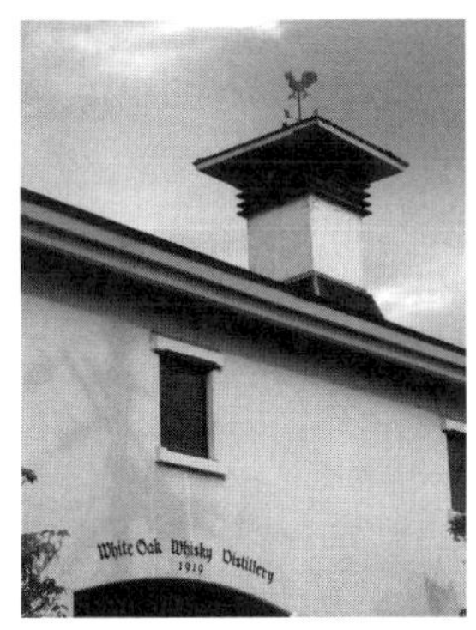

1919年創始と表示されているウイスキー醸造場

江井ヶ嶋酒造はワインも作っている。江井ヶ嶋酒造のシャルマンという銘柄のワインは、標高600メートルの山梨県白州町のおよそ１ヘクタールの農園で育てられたブドウで作られている。また、かつては大分県に焼酎工場も持っていた。

【参考】　海岸沿いの防潮堤

明石市の海岸の道路沿いに続く防潮堤は、低いところでは人の腰の高さぐらいであるが、高いところでは人の背たけを超える。筆者の自宅近くの西島海岸では、高いところでは道路面からは３メートル近くになる。津波や高潮から守ってくれるという頼もしさはあるが、鬱陶しさは否定できない。

時には子どもたちが防潮堤に駆け上って遊ぼうとすることがあるが、この高さではよほどの助走をしないと駆け上ることはできない。少し低くなっているところには駆け上って腰を掛けたり、防潮堤の上を歩いている姿も見かける。砂浜の方に落ちると、高低差が大きいので怪我をしかねず、はらはらドキドキすることがある。

海岸沿いに続く、背の高い防潮堤

防潮堤が高くても、台風の時などで南西からの風が強いときは、しぶきが舞い上がったりして、道路が水浸しになることがある。そのようなときは、塩を含んだ風が吹くから、風がおさまった後、家屋の黒い瓦が塩分で白く見えることもあった。そうなると、黒瓦の重なっている部分に塩分が残って瓦の腐食が進んでしまう。黒瓦よりも色瓦（赤瓦や青瓦など）の方が海岸線の家屋の屋根には向いていると言われたことがあった。

この防潮堤がなかった頃は、道路のそばに砂浜が続いていたのだった。

【参考】　江井ヶ島から生まれた芥川賞作家

2019年１月16日に第160回芥川賞の選考会が開かれて、上田岳弘（うえだたかひろ）さんの作品「ニムロッド」が選ばれた。これまでに上田さんは、新潮新人賞、三島由紀夫賞、芸術選奨文部科学大臣新人賞などを受賞している。

上田さんは1979年、明石市大久保町西島の生まれである。早稲田大学の出身であるが、地元の明石市立江井島小学校、同江井島中学校、県立明石西高等学校を卒業している。

江井ヶ島から芥川賞作家が誕生したことは、地元の人たちの誇りがひとつ増えたということである。

上田さんは、江井島まちづくり協議会が発行する『ワンダフル江井島』35号（2019年２月10日発行）に、次の文章を寄せている。

自分で本を読む習慣ができる前だった小学生の頃、「図書」の時間が好きだった。代本板を手に、図書室の埃っぽい空気を吸い込んで、書架の間を歩き回る。低学年の頃は、挿絵の多い児童文学のシリーズ物が好みだった。高学年になるとシャーロック・ホームズにはまった。学年が上がるごとに、教室のある階も上になる。４階の窓際の席で「図書」の時間に借りた本を読んでいたのは、6年生の頃の記憶だ。読み疲れて目を上げると、ふわふわと踊る黄土色のカーテンの隙間から、赤根川がそそぐ海岸が見えた。

【参考】　選抜高校野球での明石商業高校の活躍

2019年3月下旬から阪神甲子園球場で開催された第91回選抜高等学校野球大会で、明石市立明石商業高等学校は、果敢な戦いぶりで、国士舘高校、大分高校、智弁和歌山高校を破り、ベスト4に進出した。

明石商業高校は、戦後の1953年（昭和28年）4月の創立であるが、中学校や小学校に間借りする形でスタートした。校舎等が整備されたのは2年後の10月で、場所は現在の江井島小学校の位置である。

1978年（昭和53年）7月に魚住町長坂寺に新築移転し、現在に続いている。明石商業高校が移転した後、その跡地に江井島小学校が新築移転した。（元の江井島小学校の跡地は、明石市立少年自然の家として整備された。）

江井島小学校の正門脇には「明商発祥の地」の記念碑が建てられている。傍には校歌を記した碑もある。記念碑の裏側には、江井ヶ島の地で学んだ生徒数が9500余人であることが記されている。

なお、戦後の早い時期に明石市内にあった全日制高校は明石高校、明石南高校、明石商業高校の3校であるが、いずれも甲子園の全国大会に出場した経験を持っている。

筆者紹介

ここには、方言に関する著作物、論文などに限って掲げる。

著作物（単独執筆）

『　』は書名であり、頁は当該書の総頁数を示す。

『神戸・和田岬の言葉』
［和田神社、1990 年（平成 2 年）11 月 3 日発行、B 5 判、286 頁］

『ことば旅』……播磨方言語彙の意味・用法、ほか
［私家版、1995 年（平成 7 年）11 月 3 日発行、B 5 判、96 頁］

『明石方言の語法　（ことば旅 2）』
［私家版、1997 年（平成 9 年）7 月 8 日発行、B 5 判、82 頁］

『ひょうごの方言　－暮らしに息づくふるさとの言葉』
［神戸新聞総合出版センター、2004 年（平成 16 年）9 月 30 日発行、B 6 判、231 頁］

『みんなで集めた明石の言葉』
［私家版、2012 年（平成 24 年）8 月 20 日発行、A 4 判、28 頁］

著作物（共同執筆）

『　』は書名であり、「　」は、執筆した項目の表題である。
頁は、当該書における、はじめの頁と終わりの頁を示す。

『兵庫県大百科事典』（上・下 2 巻。神戸新聞出版センター編）
［神戸新聞出版センター、1983 年（昭和 58 年）10 月 1 日発行］
「状態・数量の方言」 上巻・1274 ～ 1276 頁
「人体・動作の方言」 上巻・1349 ～ 1351 頁
「日時・天気の方言」 下巻・415 ～ 416 頁

『兵庫県の方言　－兵庫県方言収集緊急調査報告書』（兵庫県民俗調査報告 12）
［兵庫県教育委員会、1989 年（平成元年）3 月 31 日発行］
「神戸市兵庫区」（解説および文字化資料）　11 ～ 75 頁

『ひょうごの方言・俚言』（和田實・鎌田良二編）
［神戸新聞総合出版センター、1992 年（平成 4 年）5 月 1 日発行］
「人体・動作の方言」 102 ～ 112 頁
「状態・数量の方言」 112 ～ 117 頁
「日時・天気の方言」 118 ～ 123 頁

『兵庫県ことば読本』（兵庫県高等学校教育研究会国語部会編）
［東京書籍、2003 年（平成 15 年）3 月 1 日発行］
「はじめに　－この本の目的」 2 ～ 3 頁
「方言って何だ　－方言の基礎知識－」 6 ～ 9 頁
「共通語では言い表せないものがある　－兵庫県方言の語句－」 66 ～ 81 頁
「方言の宝庫をみんなで調べよう　－方言調査の手引－」 112 ～ 139 頁

『方言からみた丹波』（講座「丹波学」報告書）
［丹波の森公苑、2005 年（平成 17 年）3 月発行］
「文化の宝庫　方言Ⅰ　方言調査法を学ぶ」 8 ～ 12 頁
「文化の宝庫　方言Ⅱ　ここにこんな言葉が（調査を持ち寄る）」 20 ～ 30 頁

『小・中学生向け「地域語教材」開発のための基礎的研究』（甲南大学総合研究所叢書 122）
［甲南大学総合研究所、2014 年（平成 26 年）2 月 28 日発行］
「鹿児島県における共通語教育に関する調査とその考察
－小・中学校における共通語・方言指導のあり方に着目して－」 7 ～ 27 頁

論文・エッセイ等

「　」は、執筆した項目の表題であり、『　』は収められている書名である。
頁は、当該書における、はじめの頁と終わりの頁を示す。
標題の後に◆印のあるものは、それまでに発表したものを改稿したもの、あるいは、そのまま載録されたものなどである。

「播州方言の動詞」
［『研究集録・第1集』所収。兵庫県立加古川東高等学校、1966年（昭和41年）3月20日発行、1～9頁］

「明石方言の形容詞」
［『日本方言研究会第12回研究発表会発表原稿集』所収。日本方言研究会、1971年（昭和46年）5月21日発行、97～106頁］

「神戸言葉の姿　－方言収集緊急調査から－」
［『兵庫国漢・第30号』所収。兵庫県高等学校教育研究会国語部会、1983年（昭和58年）3月31日発行、32～46頁］

「方言散歩（1）『芋』は、どんな芋？」
［『兵庫教育・7月号』所収。兵庫県教育委員会、1988年（昭和63年）7月10日発行、68頁］

「方言散歩（2）陽気な雨、ソバエ」
［『兵庫教育・9月号』所収。兵庫県教育委員会、1988年（昭和63年）9月10日発行、41頁］

「方言散歩（3）借りていないのにハラウ」
［『兵庫教育・10月号』所収。兵庫県教育委員会、1988年（昭和63年）10月10日発行、70頁］

「方言散歩（4）“秘密”レツガイの鯛」
［『兵庫教育・11月号』所収。兵庫県教育委員会、1988年（昭和63年）11月10日発行、67頁］

「方言散歩（5）『何は南瓜、唐茄子』」
［『兵庫教育・12月号』所収。兵庫県教育委員会、1988年（昭和63年）12月10日発行、70頁］

「方言散歩（6）正月はいいものだ…」
［『兵庫教育・1月号』所収。兵庫県教育委員会、1989年（昭和64年）1月10日発行、69頁］

「方言散歩（7）ニコッとするような語彙」
［『兵庫教育・2月号』所収。兵庫県教育委員会、1989年（平成元年）2月10日発行、69頁］

「方言散歩（8）明るい空と赤い空」
［『兵庫教育・3月号』所収。兵庫県教育委員会、1989年（平成元年）3月10日発行、39頁］

「方言散歩（9）あれば便利な言葉」
［『兵庫教育・4月号』所収。兵庫県教育委員会、1989年（平成元年）4月10日発行、69頁］

「方言散歩（10）天気ダ、天気ジャ、天気ヤ」
［『兵庫教育・5月号』所収。兵庫県教育委員会、1989年（平成元年）5月10日発行、69頁］

「方言散歩（11）ところ変われば会話も変わる」
［『兵庫教育・6月号』所収。兵庫県教育委員会、1989年（平成元年）6月10日発行、70頁］

「方言散歩（12）無形の文化財にも目を向けて」
［『兵庫教育・7月号』所収。兵庫県教育委員会、1989年（平成元年）7月10日発行、68頁］

「滋賀県大津市坂本方言における身体感覚を表すオノマトペ」
［『方言資料叢刊・第2巻』所収。方言研究ゼミナール、1992年（平成4年）4月1日発行、106～111頁］

「東京都中央区佃方言の比喩語について」
［『方言資料叢刊・第3巻』所収。方言研究ゼミナール、1993年（平成5年）5月10日発行、56～60頁］

「兵庫県明石市大久保町西島方言の比喩語について」
［『方言資料叢刊・第3巻』所収。方言研究ゼミナール、1993年（平成5年）5月10日発行、130～135頁］

「神戸方言談話資料の文字化と文節・単語単位の索引の作成」

［『日本方言研究会第56回研究発表会発表原稿集』所収。日本方言研究会、1993年（平成5年）5月21日発行、51～58頁］

「私の鉄道方言辞典（上）」
［『鉄道文学・第10号』所収。三重大学鉄道文学研究会、1993年（平成5年）7月10日発行、9～16頁］

「私の鉄道方言辞典（中）」
［『鉄道文学・第11号』所収。三重大学鉄道文学研究会、1994年（平成6年）2月1日発行、5～14頁］

「ワープロソフトを用いた方言談話資料の索引の作成」
［『人文学と情報処理・第3号』所収。勉誠社、1994年（平成6年）2月10日発行、71～76頁］

「私の鉄道方言辞典（下）」
［『鉄道文学・第14号』所収。三重大学鉄道文学研究会、1995年（平成7年）7月20日発行、14～23頁］

「播磨方言語彙の意味・用法」
［『播磨学紀要・創刊号』所収。播磨学研究所、1995年（平成7年）8月15日発行、78～89頁］

「新科目『現代語』における方言教材の取り上げ方」
［『ことば旅』所収。私家版、1995年（平成7年）11月3日発行、11～34頁］

「兵庫県明石市大久保町西島方言の比喩語について」◆
［『ことば旅』所収。私家版、1995年（平成7年）11月3日発行、35～41頁］

「播磨方言語彙の意味・用法」◆
［『ことば旅』所収。私家版、1995年（平成7年）11月3日発行、42～57頁］

「私の鉄道方言辞典」◆
［『ことば旅』所収。私家版、1995年（平成7年）11月3日発行、58～88頁］

「神戸言葉の姿　－方言収集緊急調査から－」◆
［『日本列島方言叢書17　近畿方言考⑤（兵庫県）』所収。ゆまに書房、1996年（平成8年）10月25日発行、228～242頁］

「播州方言の動詞」◆
［『日本列島方言叢書17　近畿方言考⑤（兵庫県）』所収。ゆまに書房、1996年（平成8年）10月25日発行、328～336頁］

「播磨方言語彙の意味・用法（2）」
［『播磨学紀要・第3号』所収。播磨学研究所、1997年（平成9年）7月10日発行、107～124頁］

「播磨独特の『ラク』や『ピリピリ』　－播州弁の極めつきは」
［『B anCul・冬号』所収。姫路市文化振興財団、1998年（平成10年）12月31日 発行、38～39頁］

「高校生が行う方言の調査　－「総合的な学習の時間」への一つの提案－」
［『兵庫国漢・第45号』所収。兵庫県高等学校教育研究会国語部会、1999年（平成11年）3月31日発行、3～16頁］

「播磨方言語彙の意味・用法（3）」
［『播磨学紀要・第5号』所収。播磨学研究所、1999年（平成11年）12月30日発行、89～115頁］

「『兵庫県ことば読本』の刊行　－編集の経緯、利用の方法などについて－」
［『兵庫国漢・第49号』所収。兵庫県高等学校教育研究会国語部会、2003年（平成15年）3月31日発行、88～94頁］

「国語教育を素朴に語る（14）　方言を置き去りにしない国語教育を」
［『月刊国語教育・2月号』所収。東京法令出版、2005年（平成17年）2月1日発行、47頁］

「国語教育を素朴に語る（34）　方言ゆうたら、温うて、ええもんや」
［『月刊国語教育・10月号』所収。東京法令出版、2006年（平成18年）10月1日発行、94頁］

「文字に書かれた言葉の地域差①　モータープール」
［『月刊国語教育・10月号』所収。東京法令出版、2009年（平成21年）10月1日発行、90～91頁］

「文字に書かれた言葉の地域差②　駅下り、駅筋、駅入口、駅前」

［『月刊国語教育・11 月号』所収。東京法令出版、2009 年（平成 21 年）11 月 1 日発行、90 ～ 91 頁］

「文字に書かれた言葉の地域差③　山側、海側・浜側」
［『月刊国語教育・12 月号』所収。東京法令出版、2009 年（平成 21 年）12 月 1 日発行、90 ～ 91 頁］

「文字に書かれた言葉の地域差④　国道」
［『月刊国語教育・1 月号』所収。東京法令出版、2010 年（平成 22 年）1 月 1 日発行、64 ～ 65 頁］

「文字に書かれた言葉の地域差⑤　地名の短縮形」
［『月刊国語教育・2 月号』所収。東京法令出版、2010 年（平成 22 年）2 月 1 日発行、90 ～ 91 頁］

「文字に書かれた言葉の地域差⑥　深夜・早朝」
［『月刊国語教育・3 月号』所収。東京法令出版、2010 年（平成 22 年）3 月 1 日発行、90 ～ 91 頁］

「文字に書かれた言葉の地域差⑦　入口　1」
［『月刊国語教育・4 月号』所収。東京法令出版、2010 年（平成 22 年）4 月 1 日発行、62 ～ 63 頁］

「文字に書かれた言葉の地域差⑧　入口　2」
［『月刊国語教育・5 月号』所収。東京法令出版、2010 年（平成 22 年）5 月 1 日発行、86 ～ 87 頁］

「文字に書かれた言葉の地域差⑨　入口　3」
［『月刊国語教育・6 月号』所収。東京法令出版、2010 年（平成 22 年）6 月 1 日発行、82 ～ 83 頁］

「文字に書かれた言葉の地域差⑩　交通弱者用押ボタン・ほか」
［『月刊国語教育・7 月号』所収。東京法令出版、2010 年（平成 22 年）7 月 1 日発行、82 ～ 83 頁］

「文字に書かれた言葉の地域差⑪　東詰・西詰など」
［『月刊国語教育・8 月号』所収。東京法令出版、2010 年（平成 22 年）8 月 1 日発行、82 ～ 83 頁］

「文字に書かれた言葉の地域差⑫　「地名＋私鉄名」の組み合わせ」
［『月刊国語教育・9 月号』所収。東京法令出版、2010 年（平成 22 年）9 月 1 日発行、82 ～ 83 頁］

「文字に書かれた言葉の地域差⑬　先発・次発・次々発」
［『月刊国語教育・10 月号』所収。東京法令出版、2010 年（平成 22 年）10 月 1 日発行、82 ～ 83 頁］

「文字に書かれた言葉の地域差⑭　解除中・休工中」
［『月刊国語教育・11 月号』所収。東京法令出版、2010 年（平成 22 年）11 月 1 日発行、82 ～ 83 頁］

「文字に書かれた言葉の地域差⑮　補遺（その後）」
［『月刊国語教育・12 月号』所収。東京法令出版、2010 年（平成 22 年）12 月 1 日発行、82 ～ 83 頁］

「行っちゃう・来ちゃうは、明石の言葉とはチャウねん」
［『明石大門・34 集』所収。明石ペンクラブ、2014 年（平成 26 年）5 月 24 日発行、101 ～ 108 頁）］

「じいさまはヤマへしばかりに　－明石の「日常生活語辞典」を作るということ－」
［『新明石大門・1 集』所収。明石ペンクラブ、2017 年（平成 29 年）6 月 24 日発行、77 ～ 87 頁）］

「地域の言葉について思うこと」
［『新明石大門・2 集』所収。明石ペンクラブ、2018 年（平成 30 年）6 月 23 日発行、74 ～ 81 頁）］

研究発表

「明石方言の形容詞」
日本方言研究会　第 12 回研究発表会　1971 年（昭和 46 年）5 月 21 日　　会場・関西外国語大学

「方言談話資料の詳細な索引を作る」
方言研究ゼミナール　平成 4 年度研究発表会　1992 年（平成 4 年）4 月 28 日　　会場・六甲荘（神戸）

「神戸方言談話資料の文字化と文節・単語単位の索引の作成」
日本方言研究会　第 56 回研究発表会　1993 年（平成 5 年）5 月 21 日　　会場・立命館大学

「新科目『現代語』における方言教材の取り上げ方」
全国高等学校国語教育研究連合会　第 26 回研究大会　1993 年（平成 5 年）10 月 8 日　会場・兵庫県立須磨東高等学校

「『日常生活語辞典』の編纂と、その記述の方法　－兵庫県明石方言を例にして」
日本方言研究会　第104回研究発表会　2017年（平成29年）5月12日　　会場・関西大学

受賞

村尾育英会（神戸）学術賞　　1993年（平成5年）3月6日
受賞テーマ　「神戸方言談話資料の文字化と文節・単語単位の索引の作成」

播磨学研究所　播磨サポートプロジェクト　　1994年（平成6年）4月1日
研究テーマ　「播磨方言語彙の記述的研究」

ラジオ放送

「ひょうごの方言」
ラジオ関西　兵庫県高齢者放送大学講座　　2005年（平成17年）6月18日

「ひょうごの方言　Ⅱ」
ラジオ関西　兵庫県高齢者放送大学講座　　2018年（平成30年）11月10日

ブログの記事

ブログ（ http://tachibana-yukio.cocolog-nifty.com/blog ）は、2006年（平成18年）8月29日に開設し、満12年を経過し、その間、1日も休み無く記事を掲載してきた。1日に複数の記事を掲載したこともあるから、掲載記事数は5800を超えた。
記事には日本語全般に関するものも多いのであるが、ここには、方言に関するものに限って紹介する。
記事の検索は、タイトル名を入力するか、掲載開始の日付に従って行ってください。

「兵庫県の方言」
［掲載開始、2006年（平成18年）10月12日。連載記事数、4回］

「ゆったり　ほっこり　方言詩」
［掲載開始、2007年（平成19年）2月1日。連載記事数、42回］

「暮らしに息づく郷土の方言」
［掲載開始、2007年（平成19年）8月11日。連載記事数、10回］

「姫路ことばの今昔」
［掲載開始、2007年（平成19年）9月1日。連載記事数、12回］

「私の鉄道方言辞典」
［掲載開始、2007年（平成19年）9月13日。連載記事数、17回］

「明石日常生活語辞典」
［掲載開始、2009年（平成21年）7月8日。連載記事数、2605回］

なお、上記の他に、本書巻末の「わが郷土」の文章のもとになった記事が多数ある。

勤務先等の一覧　（左端の数字は、年度当初における年齢）

22　1965年度（昭和40年度）兵庫県立加古川東高等学校・教諭　教務部
23　1966年度（昭和41年度）兵庫県立加古川東高等学校・教諭　教務部
24　1967年度（昭和42年度）兵庫県立加古川東高等学校・教諭　第1学年担任（22回生）
25　1968年度（昭和43年度）兵庫県立加古川東高等学校・教諭　第2学年担任（22回生）
26　1969年度（昭和44年度）兵庫県立加古川東高等学校・教諭　第3学年担任（22回生）
27　1970年度（昭和45年度）兵庫県立加古川東高等学校・教諭　第2学年担任（24回生）
28　1971年度（昭和46年度）兵庫県立加古川東高等学校・教諭　第3学年担任（24回生）
29　1972年度（昭和47年度）兵庫県立加古川東高等学校・教諭　第1学年担任（27回生）
30　1973年度（昭和48年度）兵庫県立加古川東高等学校・教諭　第3学年担任（26回生）
31　1974年度（昭和49年度）兵庫県立加古川東高等学校・教諭　第3学年担任（27回生）
32　1975年度（昭和50年度）兵庫県立姫路西高等学校・教諭　第1学年担任（30回生）

33　1976 年度（昭和 51 年度）兵庫県立姫路西高等学校・教諭　第 2 学年担任（30 回生）
34　1977 年度（昭和 52 年度）兵庫県立姫路西高等学校・教諭　第 3 学年担任（30 回生）
35　1978 年度（昭和 53 年度）兵庫県立姫路西高等学校・教諭　第 1 学年担任（33 回生）
36　1979 年度（昭和 54 年度）兵庫県立姫路西高等学校・教諭　第 2 学年担任（33 回生）
37　1980 年度（昭和 55 年度）兵庫県立姫路西高等学校・教諭　第 3 学年担任（33 回生）
38　1981 年度（昭和 56 年度）兵庫県立姫路西高等学校・教諭　第 1 学年担任（36 回生）
39　1982 年度（昭和 57 年度）兵庫県立姫路西高等学校・教諭　第 2 学年担任（36 回生）
40　1983 年度（昭和 58 年度）兵庫県立姫路西高等学校・教諭　第 3 学年担任（36 回生）
41　1984 年度（昭和 59 年度）兵庫県立神戸高等学校・教諭　第 1 学年担任（39 回生）
42　1985 年度（昭和 60 年度）兵庫県立神戸高等学校・教諭　第 2 学年担任（39 回生）
43　1986 年度（昭和 61 年度）兵庫県立教育研修所・高校教育研修課・指導主事
44　1987 年度（昭和 62 年度）兵庫県立教育研修所・高校教育研修課・指導主事
45　1988 年度（昭和 63 年度）兵庫県立教育研修所・高校教育研修課・指導主事
46　1989 年度（平成元年度）兵庫県立明石西高等学校・教諭　第 3 学年担任（12 回生）
47　1990 年度（平成 2 年度）兵庫県立明石西高等学校・教諭　第 1 学年主任（15 回生）
48　1991 年度（平成 3 年度）兵庫県立明石西高等学校・教諭　第 2 学年主任（15 回生）
49　1992 年度（平成 4 年度）兵庫県立明石西高等学校・教諭　第 3 学年主任（15 回生）
50　1993 年度（平成 5 年度）兵庫県立明石西高等学校・教諭　教務部長
51　1994 年度（平成 6 年度）兵庫県立明石西高等学校・教諭　総務部長
52　1995 年度（平成 7 年度）兵庫県立舞子高等学校・教頭
53　1996 年度（平成 8 年度）兵庫県立舞子高等学校・教頭
54　1997 年度（平成 9 年度）兵庫県立舞子高等学校・教頭
55　1998 年度（平成 10 年度）兵庫県立播磨南高等学校・教頭
56　1999 年度（平成 11 年度）兵庫県立淡路聾学校・校長
兵庫県立淡路盲学校・校長（兼任）
57　2000 年度（平成 12 年度）兵庫県立淡路聾学校・校長
兵庫県立淡路盲学校・校長（兼任）
58　2001 年度（平成 13 年度）兵庫県立明石西高等学校・校長
59　2002 年度（平成 14 年度）兵庫県立明石西高等学校・校長
60　2003 年度（平成 15 年度）関西大学入学試験部・非常勤職員
61　2004 年度（平成 16 年度）関西大学入学試験部・非常勤職員
甲南大学文学部・非常勤講師
甲南女子大学文学部・非常勤講師
62　2005 年度（平成 17 年度）関西大学入学試験部・非常勤職員
甲南大学文学部・非常勤講師
甲南女子大学文学部・非常勤講師
神戸女子大学文学部・非常勤講師
63　2006 年度（平成 18 年度）甲南大学教職教育センター・教授
甲南女子大学文学部・非常勤講師
64　2007 年度（平成 19 年度）甲南大学教職教育センター・教授
神戸学院大学人文学部・非常勤講師
65　2008 年度（平成 20 年度）甲南大学教職教育センター・教授
神戸学院大学人文学部・非常勤講師
66　2009 年度（平成 21 年度）甲南大学教職教育センター・教授
神戸学院大学人文学部・非常勤講師
67　2010 年度（平成 22 年度）甲南大学教職教育センター・教授
神戸学院大学人文学部・非常勤講師
68　2011 年度（平成 23 年度）甲南大学教職教育センター・教授
神戸学院大学人文学部・非常勤講師
69　2012 年度（平成 24 年度）甲南大学文学部・非常勤講師
神戸学院大学人文学部・非常勤講師

おわりに

大学の卒業論文で「明石方言の語法」をテーマに選んで以来、方言への関心をずっと持ち続けてきました。はじめの頃は語法(文法)などに関心を持ち、研究発表などもしましたが、次第に語彙(単語)への関心が強まってきました。

気づいた単語は用例とともに、当時広く行われていたＢ６判カードを作って、ひとつずつ記録していきました。パーソナルコンピュータを使い始めたのは、ジャストシステムのワープロ・ソフト「太郎」がバージョンアップされて「一太郎」として発売された頃です。ＮＥＣのＶＭ２というデスクトップが伴侶でした。この段階から、カードを使うことをやめて、パソコン入力によって資料を蓄積することにしました。

文化庁の各地方言収集緊急調査の兵庫県調査員を務めたのは昭和の終わり頃でしたが、私が担当した神戸市の調査をもとにした『神戸・和田岬の言葉』を刊行したのは1990年(平成２年)でした。

それ以後は明石の方言集をまとめることが大きなテーマになりましたが、仕事が管理職になったりして、集中して作業を続けることが出来ないような状況も続きました。高等学校を退職した後の10年間は大学教育に携わりました。70歳を迎えて、やっと明石方言に取り組む時間が、まとまって得られるようになりました。

その途中のそれぞれの段階で、思い出したように明石方言に取り組みましたが、辞典の本文の記述の仕方について、二転、三転、その方向性を変えましたから、その度に全体を読み返して、多くの時間を費やすような結果になりました。

最終的に定めた記述の仕方は、「『日常生活語辞典』の編纂と、その記述の方法　－兵庫県明石方言を例にして－」と題して、2017年(平成29年)の日本方言研究会第104回研究発表会で発表させていただきました。その後も、記述の仕方を一部、手直しして、やっと最終原稿をまとめることができました。思えば、遅々とした歩みであったように思います。

原稿は、自分ひとりの手仕事として書き続けてきました。パソコンを使いましたが、ワープロ機能だけで、高度な使い方は出来ていません。すなわち、手書きがワープロ印字になったというに過ぎません。ひとりの手仕事ですから、ミスもあると思います。何度も何度も全体を通して読み直しましたが、ミスが皆無であるとは思いません。多少のミスは大目に見てくださるようお願いします。

いつ終わるとも知れない作業を続けていると、まとめあげるまでに自分の命が続くのかという心配も湧いてきます。重大な持病があるわけではありませんが、人の命ははかないものです。

そこで考えたことは、ブログを開設してそこに記録し続けていけば、刊行にたどり着けなかった場合でも資料が残る、他の人に利用していただける方途はある、ということでした。ブログの連載は、2009年(平成21年)7月8日に始めて、改訂作業のありのままもブログに載せました。連載した記事は2605回になりました。ただし、これだけの回数のブログ記事を通覧していただくことは、実際には無理なことです。

ブログはそのまま公開し続けていますが、本書は、ブログの最終原稿のままではなく、さらに加除・修正を加えた内容になっています。

どうしても書いておきたいことがあります。

埋蔵文化財の報告書は公費でおびただしく刊行され、公立図書館でも受け入れを辞退するほどの氾濫ぶりだという報道を読んだことがあります。埋蔵文化財が発見されると、調査段階から多額の公費が投入されているようです。

方言については調査研究の費用も、成果の刊行費も、すべて個人負担に委ねられています。同じ文化的所産でありながら、埋蔵文化財の調査と、その他の民俗文化財の調査とを比べると、理解しがたいほど落差が大きいのです。埋蔵文化財の調査は公的な仕事であり、方言を調べることは個人が勝手に行っていることだ、という判断がされているように、私には感じられるのです。

前述のように私はたまたま文化庁の各地方言収集緊急調査に携わりましたが、それを除けば、ここ何十年もの間、国(文化庁)も兵庫県も明石市も、組織的な方言調査は一度も行っておりません。

方言は目に見えるものではありません。使われなくなったり、変化を遂げていても、気付かれにくいのです。それが埋蔵文化財とは異なるところです。目に見えるものだけに力を注ぐという文化財行政が変化していってくれることを願わずにはおれません。

けれども、このような形にまとめて、出版にこぎつけられたことは、幸せなことであると思っています。私にとっては高額な出版費用を使っての、人生でただ一度の道楽です。

もう一つ、別のことを書きます。2019年に明石市は市制施行100年を迎えました。政治・経済・文化などの1世紀の歩みを記録しておくことは重要なことですが、明石市はこの節目の年に市史のようなものを出版しないようです。市政などの公的な記録も大事でしょうが、民俗・言葉などの市民レベルの生活の記録も重要です。ぜひ取り組んでいただきたいと思います。

ともかくも、出版物の形で残せることになりました。後の時代の人が行う方言研究の資料として使っていただける役割を果たせたら嬉しいと思います。

写真をご提供くださった明石市立文化博物館にお礼を申し上げます。ありがとうございました。

また、前田智彦さまをはじめ、武蔵野書院の皆さまにもお世話になりました。長期にわたる筆者校正をじっと待っていてくださいました。記して感謝の気持ちを申し上げます。

言葉は元号によって変化したり、区切られたりするようなものではありません。けれども、明治（祖父母の生まれた時代）から大正（父母の生まれた時代）を経て、昭和（自分たちと子たちの生まれた時代)、平成（孫たちの生まれた時代）へと続き、令和はもちろん、さらに後のちまで伝わっていく、大きな文化遺産なのです。

令和への改元の日、5月1日に記す。

橘　幸男

橘　幸男(たちばな・ゆきお)

1942年(昭和17年)7月8日　明石市生まれ。
明石市立江井島小学校、明石市立大久保中学校、
兵庫県立明石高等学校、神戸大学教育学部卒業。
それ以後のことは「筆者紹介」のページでご覧ください。

電　　話　080 - 6117 - 9846
メ ー ル　tachibana@actv.zaq.ne.jp

明石日常生活語辞典—俚言と共通語の橋渡し—

2019年9月1日　初版第1刷発行

著　者：橘　幸男
発行者：前田智彦
発行所：武蔵野書院
〒101-0054
東京都千代田区神田錦町3-11　電話03-3291-4859　FAX 03-3291-4839
印　刷：三美印刷株式会社
製　本：有限会社佐久間紙工製本所

ISBN 978-4-8386-0722-8 Printed in Japan